U0906724

中国留学人员创业年鉴

RETURNED CHINESE SCHOLARS PIONEER YEARBOOK

2016

教育部留学服务中心
科学技术部火炬高技术产业开发中心
人力资源和社会保障部留学人员和专家服务中心
中国国际人才交流中心
致公党中央留学人员委员会
北京海外学人科技发展中心
编

中国致公出版社
China Zhigong Press

《中国留学人员创业年鉴》编委会

《中国留学人员创业年鉴》编辑部

编辑说明

一、2015年，“大众创业、万众创新”点燃中国经济增长新引擎，成为“新常态”时代鲜明的主题。“互联网+”“众创空间”催生的新业态、新生态，让“海创”与“众创”、线上与线下、孵化与投资更为紧密结合，留学人员创业园等传统创业载体和新型孵化器焕发蓬勃活力，海外留学人员回国创新创业正迎来最好机遇期。据统计，2015年，我国各类留学回国人员人数达到40.91万人；从1978年到2015年底，留学回国人员总数已经达到221.86万人。截至2015年底，中央“千人计划”已分11批引进5208名海外高层次人才。全国已建成各级各类留学人员创业园近300家，在园企业超过2万家，有超过5万名留学人员在园创业和工作，留学回国人员正成为推动“双创”热潮的生力军。

为了记录2015年度中国留学人员回国创业创新工作情况，教育部留学服务中心、科学技术部火炬高技术产业开发中心、人力资源和社会保障部留学人员和专家服务中心、中国国际人才交流中心、致公党中央留学人员委员会、北京海外学人科技发展中心联合编纂出版《中国留学人员创业年鉴》2016年卷。

二、《中国留学人员创业年鉴》2016年卷是本书自2007年首次出版以来连续出版的第十卷。2016年卷力图全面、准确、客观地反映2015年度中国留学人员回国创业创新工作情况，展现2015年度留学人员创业创新的环境与发展状况，为中央及各地政府有关部门和社会各界了解、研究我国留学人员创业群体和创业创新环境建设提供有价值的参考，同时，也为广大留学人员回国创业创新提供服务。

三、《中国留学人员创业年鉴》2016年卷共设六个部分，分别为综合篇、政策篇、园区篇、人物篇、社团篇、附录篇。其中重点收录了2015年度中央及国家部委领导有关留学工作和创业创新的讲话77篇；中央“千人计划”和国家有关部门单位及地方海外引才计划89项；2015年度国家和地方颁布的有关人才引进和鼓励创业创新的政策法规128条；2015年度各地运行的留学人员创业园220家；2015年度入选中央“千人计划”的留学归国创业人才62人；2015年度在留学人员创业园内发展的企业7727家；各类留学人员团体60家。同时，也收录了2015年度在留学回国服务工作中具有推动作用的重要事件等。

四、在中央有关单位的指导下，在全国各地教育、科技、人社、外专等职能部门以及致公党各地留学人员工作委员会、留学回国服务机构、留学人员创业园、留学人员团体的大力支持与协助下，《中国留学人员创业年鉴》2016年卷如期完成。在此，谨向有关单位致以诚挚的感谢！

五、由于编纂工作浩繁，难免会有疏漏和不足之处，希望广大读者给予批评指正。

《中国留学人员创业年鉴》编委会

二〇一六年七月

目 录
Contents

第一部分 综合篇

2015年度国家及有关部委领导讲话汇编

中央及地方海外引才计划实施一览

第二部分 政策篇

天津市

河北省

山西省

内蒙古自治区

辽宁省

吉林省

黑龙江省

上海市

江苏省

浙江省

安徽省

福建省

江西省

山东省

河南省

湖北省

湖南省

广东省

广西壮族自治区

海南省

重庆市

四川省

云南省

西藏自治区

甘肃省

青海省

宁夏回族自治区

新疆维吾尔自治区

第三部分 园区篇

北京市

上海市

江苏省

浙江省

第四部分 人物篇

第五部分 社团篇

第六部分 附录篇

第一部分

综合篇

2015年度国家及有关部委领导讲话汇编

习近平：人才是创新的根基，要择天下英才而用之

（2015年3月5日）

2015年3月5日下午，中共中央总书记、国家主席、中央军委主席习近平在参加他所在的十二届全国人大三次会议上海代表团审议时强调，惟改革者进，惟创新者强，惟改革创新者胜。上海要按照"四个全面"战略布局，凝心聚力，奋发有为，继续当好全国改革开放排头兵、创新发展先行者，为全国改革发展稳定大局作出更大贡献。

习近平指出，上海要加快向具有全球影响力的科技创新中心进军。他说，新世纪新时期，一些科技成果转换速度非常快，一些新产业爆发释放出巨大能量，使我们意识到必须推动要素集合，推动协同创新，形成创新力量。

习近平强调，创新是引领发展的第一动力。抓创新就是抓发展，谋创新就是谋未来。适应和引领我国经济发展新常态，关键是要依靠科技创新转换发展动力。必须破除体制机制障碍，面向经济社会发展主战场，围绕产业链部署创新链，消除科技创新中的"孤岛现象"，使创新成果更快转化为现实生产力。实施创新驱动发展战略，根本在于增强自主创新能力。人才是创新的根基，创新驱动实质上是人才驱动，谁拥有一流的创新人才，谁就拥有了科技创新的优势和主导权。要择天下英才而用之，实施更加积极的创新人才引进政策，集聚一批站在行业科技前沿、具有国际视野和能力的领军人才。

（新华网）

习近平：留学人员是统战工作新的着力点

（2015年5月18日）

2015年5月18日至20日，中央统战工作会议在北京召开。中共中央总书记、国家主席、中央军委主席习近平在会上发表重要讲话。他强调，全面贯彻落实党的十八大和十八届三中、四中全会精神，坚持以邓小平理论、"三个代表"重要思想、科学发展观为指导，深入研究统战工作面临的形势，扎扎实实做好统一战线各方面工作，巩固和发展最广泛的爱国统一战线，为推进"四个全面"战略布局，为实现"两个一百年"奋斗目标、实现中华民族伟大复兴的中国梦，提供广泛力量支持。

习近平强调，要高度重视和做好新经济组织、新社会组织中的知识分子工作，引导他们发挥积极作用。留学人员是人才队伍的重要组成部分，也是统战工作新的着力点。要坚持支持留学、鼓励回国、来去自由、发挥作用的方针，鼓励留学人员回国工作或以多种形式为国服务。要加强和改善对新媒体中的代表性人士的工作，建立经常性联系渠道，加强线上互动、线下沟通，让他们在净化网络空间、弘扬主旋律等方面展现正能量。

（新华网）

习近平：发展速度要靠创新驱动和人才

（2015年5月26日）

2015年5月26日下午，中共中央总书记、国家主席习近平来到位于杭州高新区的海康威视数字技术股份有限公司视察。

在企业研究所，当得知技术团队平均年龄只有28岁，正着眼前沿开展未来技术研究，习近平十分高兴。他对围拢过来的科技人员说，看到这么多年轻的面孔，我很欣慰。我在浙江工作时，省委和省政府就提出了"八八战略"。这不是拍脑瓜的产物，而是经过大量调查研究提出来的发展战略，聚焦如何发挥优势、如何补齐短板这两个关键问题。不要口号化，口号化最终就是泡沫化。要抓实实在在的、有针对性的工作。浙江的人才优势要继续巩固和发展，还要与时俱进、更上层楼。

习近平指出，要可持续的速度、有质量和效益的速度，不是瓜菜代的速度、少慢差费的速度、傻大笨粗的速度。这要靠创新驱动和人才。要立体化地培育人才，特别是对高端的尖子人才更要爱护。有了源源不断的人才优势，中华民族伟大复兴指日可待。

离开钱江新城，习近平又来到杭州海康威视数字技术股份有限公司，察看产品展示和研发中心，对他们拥有业内领先的自主核心技术表示肯定。习近平指出，企业持续发展之基、市场制胜之道在于创新，各类企业都要把创新牢牢抓住，不断增加创新研发投入，加强创新平台建设，培养创新人才队伍，促进创新链、产业链、市场需求有机衔接，争当创新驱动发展先行军。习近平对簇拥在身边的年轻科研人员表示，人才是最为宝贵的资源，只要用好人才，充分发挥创新优势，我们国家的发展事业就大有希望，中华民族伟大复兴就指日可待。

（中国网）

习近平：积极培育新业态和新商业模式

（2015年5月27日）

2015年5月27日，中共中央总书记、国家主席、中央军委主席习近平在浙江召开华东7省市党委主要负责同志座谈会，听取对“十三五”时期经济社会发展的意见和建议。

座谈会上，上海市委书记韩正、江苏省委书记罗志军、浙江省委书记夏宝龙、安徽省委书记张宝顺、福建省委书记尤权、江西省委书记强卫、山东省委书记姜异康先后发言。在听取大家发言后，习近平发表重要讲话。

习近平强调，产业结构优化升级是提高我国经济综合竞争力的关键举措。要加快改造提升传统产业，深入推进信息化与工业化深度融合，着力培育战略性新兴产业，大力发展服务业特别是现代服务业，积极培育新业态和新商业模式，构建现代产业发展新体系。综合国力竞争说到底是创新的竞争。要深入实施创新驱动发展战略，推动科技创新、产业创新、企业创新、市场创新、产品创新、业态创新、管理创新等，加快形成以创新为主要引领和支撑的经济体系和发展模式。

（国际在线）

习近平：谋创新就是谋未来

（2015年7月17日）

2015年7月17日，中共中央总书记、国家主席、中央军委主席习近平在长春召开部分省区党委主要负责同志座谈会，听取对振兴东北地区等老工业基地和“十三五”时期经济社会发展的意见和建议并发表重要讲话。

习近平强调，抓创新就是抓发展，谋创新就是谋未来。不创新就要落后，创新慢了也要落后。要激发调动全社会的创新激情，持续发力，加快形成以创新为主要引领和支撑的经济体系和发展模式。要积极营造有利于创新的政策环境和制度环境，对看准的、确需支持的，政府可以采取一些合理的、差别化的激励政策。要改善金融服务，疏通金融进入实体经济特别是中小企业、小微企业的管道。

（新华网）

习近平：把创新作为引领发展的第一动力

（2015年10月29日）

2015年10月26日至29日，中国共产党第十八届中央委员会第五次全体会议在北京举行。全会审议通过了《中共中央关于制定国民经济和社会发展第十三个五年规划的建议》。中共中央总书记、国家主席、中央军委主席习近平就《建议》向全会作了说明，并在全会第二次全体会议上作了重要讲话。

习近平强调，创新发展注重的是解决发展动力问题。我国创新能力不强，科技发展水平总体不高，科技对经济社会发展的支撑能力不足，科技对经济增长的贡献率远低于发达国家水平，这是我国这个经济大个头的“阿喀琉斯之踵”。新一轮科技革命带来的是更加激烈的科技竞争，如果科技创新搞不上去，发展动力就不可能实现转换，我们在全球经济竞争中就会处于下风。为此，我们必须把创新作为引领发展的第一动力，把人才作为支撑发展的第一资源，把创新摆在国家发展全局的核心位置，不断推进理论创新、制度创新、科技创新、文化创新等各方面创新，让创新贯穿党和国家一切工作，让创新在全社会蔚然成风。

（《求是》）

习近平：热情欢迎各国企业和创业者在华投资兴业

（2015年12月16日）

2015年12月16日，第二届世界互联网大会在浙江省乌镇开幕。中共中央总书记、国家主席习近平出席开幕式并发表主旨演讲。

习近平说，当前，世界经济复苏艰难曲折，中国经济也面临着一定下行压力。解决这些问题，关键在于坚持创新驱动发展，开拓发展新境界。中国正在实施“互联网+”行动计划，推进“数字中国”建设，发展分享经济，支持基于互联网的各类创新，提高发展质量和效益。中国互联网蓬勃发展，为各国企业和创业者提供了广阔市场空间。中国开放的大门永远不会关上，利用外资的政策不会变，对外商投资企业合法权益的保障不会变，为各国企业在华投资兴业提供更好服务的方向不会变。只要遵守中国法律，我们热情欢迎各国企业和创业者在华投资兴业。我们愿意同各国加强合作，通过发展跨境电子商务、建设信息经济示范区等，促进世界范围内投资和贸易发展，推动全球数字经济发展。

（新华网）

李克强：为创客空间添把柴

（2015年1月4日）

2015年1月4日下午，中共中央政治局常委、国务院总理李克强来到广东省深圳市，先后深入柴火创客空间、前海微众银行、华为技术有限公司考察调研，他称赞“创客”充分展示大众创业、万众创新的活力，现场见证我国首家互联网银行的第一笔贷款，并考察华为公司最新技术实验室、“专利墙”及终端产品展示。

在深圳柴火创客空间，李克强体验各位年轻“创客”的创意产品，称赞他们充分对接市场需求，创客创意无限。他说：“创客们的奇思妙想和丰富成果，充分展示了大众创业、万众创新的活力。这种活力和创造，将会成为中国经济未来增长的不熄引擎。”空间创始人表示，柴火寓意“众人拾柴火焰高”，他希望总理能成为柴火创客的荣誉会员。李克强欣然应答：“好，我再为你们添把柴！”

（《深圳特区报》）

李克强：新动能蕴涵于万众创新伟力之中

（2015年1月9日）

2015年1月9日，中共中央、国务院在北京隆重举行国家科学技术奖励大会。中共中央政治局常委、国务院总理李克强代表党中央、国务院在大会上讲话。全文如下：

今天，我们在这里隆重召开国家科学技术奖励大会，表彰为我国科技事业作出突出贡献的科技工作者。刚才，习近平总书记和其他中央领导同志，向获得国家最高科学技术奖的于敏院士和其他获奖人员代表颁了奖。在此，我代表党中央、国务院，向全体获奖人员表示热烈祝贺！向全国广大科技工作者表示崇高敬意和诚挚问候！向参与中国科技事业的外国专家表示衷心感谢！

国家科学技术奖是一面旗帜，展示的是一批标志性重大科技成果，营造的是崇尚科学、尊重人才、褒扬先进的氛围。我们期待并相信，在获奖者的激励下，全社会形成万众创新的热潮，中华大地处处充满无限生机和创造活力。

创新是中华民族生生不息的秉性、发展进步的动力。人民是创新的主体，一部5000多年的中华文明史，就是人民在实践中探索创新的历史。中华民族自古以来就是具有蓬勃创造活力的民族，四大发明在世界发明史上熠熠生辉。近代以后中华民族历经磨难，但创新图强的步伐从未停歇。新中国成立以来，我们坚持自力更生、大力推动自主创新，改革开放点燃了博采互鉴、以开放促进创新创造的火种，汇聚起推动经济社会发展的强大动力，中国速度、中国力量、中国创新让世界瞩目。

今天中国的现代化建设进入了关键时期。我们既要在较短时间内走完发达国家上百年走过的工业化道路，又要在新一轮世界科技革命和产业变革中迎头赶上。我国经济发展进入新常态，既要保持中高速增长，又要向中高端水平迈进，必须依靠创新支撑。我们现在拥有巨大的创新空间。人民温饱问题解决后，多样化需求引领创新；基本商品供应充足，资源环境约束加剧，推动企业加快创新；人们挑战自我、主动创造的意识增强，造就社会包容创新。国家繁荣发展的新动能，就蕴涵于万众创新的伟力之中。

我们将坚定不移地走创新驱动发展之路，进一步解放思想、敢为人先，不囿旧制、不循成例；进一步解放和发展社会生产力、激发和增强社会创造力，推动持续发展；进一步促进社会公平正义，使人人皆可创新、创新惠及人人，为大众创业提供支撑。

如果说万众创新的潮流推动中国这艘大船行稳致远，那么改革就是推动创新的重要动力。创新既包括技术创新，更要以体制机制创新为条件。要通过全面深化改革，破除一切束缚创新的桎梏，让一切想创新能创新的人有机会、有舞台，让各类主体的创造潜能充分激发、释放出来，形成大众创业、万众创新的生动局面。

第一，加快完善激励和保护创新的制度体系。我们将加快改革科技成果产权制度、收益分配制度和转化机制，让科研人员取得更多股权期权等合法权益，更好体现知识和创造的价值。既要用事业和荣誉鼓励科技人员创新，也要用必要的物质奖励激励科技人员创新。要更加严格有效地保护知识产权，用法治保障创新的权益。同时，也要破除技术壁垒、行政垄断的藩篱，营造公平竞争的市场和法治环境。

第二，加快完善引导企业创新的市场体系。推动万众创新，需要市场和政府两手发力。一方面，企业要担起创新的重担，构建企业主导的政产学研用协同创新机制。另一方面，政府要合理规划科技布局，从主导科技资源配置向注重市场监管、平台建设转变，从选拔式、分配式扶持向普惠式、引领式转变。创新型小微企业对市场需求反应灵敏，既要通过简政放权，让初创企业雨后春笋般生长起来，又要通过财税金融政策、种子基金、风险投资等方式，扶上马、送一程，帮助他们克服创业初期的艰难。

第三，加快完善强化基础研究的投入体系。近些年来我国科技成果不断涌现，正处于量变到质变的时期。基础研究是关系能否早日实现质变突破的带有决定性的因素。我国发展到了这个阶段，技术上遇到的“天花板”越来越多，引进门槛越来越高，必须更加注重原始创新能力，促进基础研究与应用研究、技术开发协作贯通，实现原始创新与再创新、集成创新融合迸发。基础研究大多是公共产品、是短板，国家财政无论多么困难，都将持续加大稳定支持力度。同时要加大企业基础研究投入，鼓励社会资金与政府基金合作，形成全社会共担机制。

第四，加快完善支撑创新的人才体系。人力资源丰富是我国最大的禀赋优势，必须把提升人力素质放在优先位置，大力培养创新型人才。要逐渐把更多资源投到“人”身上而不是“物”上面，改革人才评价体系，让潜心研究的人心无旁骛、厚积薄发，让创新创业的人有施展空间、无后顾之忧。我们要有海纳百川、求贤若渴的气度，不拘一格用好人才，既要吸引海归人才、外国人才来华创业，也要支持本土培养人才勇攀高峰，还要鼓励草根创新、蓝领创新人才各展其能。青年人才正处于创新创造的活跃期，要为他们雪中送炭、加油鼓劲。老一辈科学家有着奖掖后学的优良传统，应当形成薪火相传、人才辈出的生动局面。

第五，加快完善包容创新的文化环境。创新文化是推动创新创造的重要精神力量。从科学研究、国民教育到创业就业等各个领域，都要鼓励创新思维。要倡导科学民主、淡泊名利、追求卓越，摒弃急功近利、学术失范等行为，破除论资排辈、门户之见、头衔崇拜，以真才实学论英雄，敢于让青年人挑大梁、出头彩。要营造鼓励探索、宽容失败和尊重人才、尊重创造的氛围，使创新成为一种价值导向、一种生活方式、一种时代气息，在全社会形成浓郁的创新文化氛围，为创新提供丰厚肥沃的土壤。

同志们！创新引领国家和民族发展的未来。让我们紧密团结在以习近平同志为总书记的党中央周围，大力实施创新驱动发展战略，为建设创新型国家、实现“两个一百年”奋斗目标、实现中华民族伟大复兴的中国梦不懈奋斗！

（《人民日报》）

李克强：大众创业、万众创新是取之不竭的“金矿”

（2015年1月21日）

2015年1月21日，国务院总理李克强在瑞士达沃斯出席世界经济论坛2015年年会，并在全会上发表题为《维护和平稳定 推动结构改革 增强发展新动能》的特别致辞。全文如下：

很高兴时隔5年再次来到达沃斯，出席世界经济论坛2015年年会。达沃斯小镇十分宁静祥和，但我们所处的世界却并不平静，国际社会需要应对新局势。我还听说，达沃斯曾经是治疗肺病的疗养地，因为盘尼西林的发明而转型。时至今日，达沃斯已经成为“头脑风暴”的智力中心，世界也需要新的“盘尼西林”来应对新挑战。

毋庸讳言，当今世界远非太平，地区热点、局部冲突以及恐怖袭击等此起彼伏，对人类社会构成现实威胁；全球经济又复苏乏力，主要经济体走势分化，大宗商品价格反复波动，通货紧缩迹象更雪上加霜。不少人对世界前景抱有悲观情绪，认为不仅和平与安宁出了问题，发展也难见曙光。

有哲人说过，当问题出现的时候，不能用曾经制造问题的办法去解决它。老问题的解决，不能再从对抗、仇恨、封闭中谋答案；新问题的应对，更要在对话、协商、合作中找出路。我们要吸取历史经验，运用时代智慧，寻求各方利益的最大公约数。人类在艰难时刻，总是能激起突破困境的勇气，迸发出变革创新的力量。

面对复杂的国际局势，我们主张要坚定维护和平稳定。今年是世界反法西斯战争胜利70周年。保持世界和平稳定，符合各国人民共同利益。二战后形成的国际秩序和普遍公认的国际关系准则，必须维护而不能打破，否则繁荣和发展也就无从谈起。国家间应摈弃冷战思维与零和游戏，“赢者通吃”是行不通的。任何地区热点和地缘冲突，都应坚持通过政治手段、以和平方式寻求解决。我们反对一切形式的恐怖主义。中国将继续走和平发展道路，维护地区稳定，无意与任何国家一争高下。世界各国都要像爱护自己的眼睛一样爱护和平，让文明理性正义之花开遍世界。

面对多元的世界文明，我们主张要共同促进和谐相处。文化多样性与生物多样性一样，是我们这个星球最值得珍视的天然宝藏。人类社会是各种文明都能盛开的百花园，不同文化之间、不同宗教之间，都应相互尊重、和睦共处。同可相亲，异宜相敬。国际社会应以海纳百川的胸怀，求同存异、包容互鉴、合作共赢。

面对多变的经济形势，我们主张要大力推动开放创新。国际金融危机爆发7年来的实践证明，唯有同舟共济，才能渡过难关。在相互依存的世界里，各国有权根据自己的国情制定经济政策，但是也应加强同其他国家的宏观政策协调，扩大利益汇合点，实现共同发展。欧洲有谚语讲：“面对变革之风，有人砌围墙，有人转风车。”我们倡导顺势而为，坚定不移推进自由贸易，旗帜鲜明反对保护主义，积极扩大区域经济合作，打造全球价值链，迎接新科技革命的到来。宏观政策固然重要，但结构性改革势在必行，这是国际社会的共识。尽管难度很大，但也应该坚持去做，这样才能形成全球创新合力，增强世界发展的新动能。

女士们，先生们！

我知道，与会者对中国经济前景很关注，或许有人担忧受到中国经济速度放缓的拖累，还有人担忧受到中国经济转型的冲击。因此，我想多介绍中国的情况。

当前，中国经济发展进入新常态，经济由高速增长转为中高速增长，发展必须由中低端水平迈向中高端水平，为此要坚定不移推动结构性改革。

应当看到，中国经济增速有所放缓，既有世界经济深度调整的大背景，也是内在的经济规律。现在，中国经济规模已居世界第二，基数增大，即使是7%的增长，年度现价增量也达到8000多亿美元，比5年前增长10%的数量还要大。经济运行处在合理区间，不一味追求速度了，紧绷的供求关系变得舒缓，重荷的资源环境得以减负，可以腾出手来推进结构性改革，向形态更高级、分工更复杂、结构更合理的发展阶段演进。这样，中国经济的“列车”不仅不会掉挡失速，反而会跑得更稳健有力，带来新机遇，形成新动能。

刚刚过去的2014年，我们就是按照这个思路做的。面对下行压力，我们没有采取强刺激，而是强力推进改革，尤其是政府带头改革，大力简政放权，激发市场和企业的活力。全年GDP增长7.4%，在世界主要经济体中是最高的；城镇新增就业1300多万人，在经济放缓情况下不减反增，登记失业率、调查失业率都是下降的；CPI上涨2%，低于年初预期目标。事实说明，我们出台的一系列宏观调控政策是正确的、有效的。更重要的是结构性改革迈出新步伐。

不可否认，2015年，中国经济仍面临较大下行压力。在这种情况下如何选择？是追求短期更高增长，还是着眼长期中高速增长，提升发展质量？答案是后者。我们将继续保持战略定力，实施积极的财政政策和稳健的货币政策，不会搞“大水漫灌”，而是更加注重预调微调，更好实行定向调控，确保经济运行在合理区间，同时着力提升经济发展的质量和效益。

我们正在采取有效措施防范债务、金融等潜在风险。中国储蓄率高达50%，能够为经济增长提供充裕资金。地方性债务70%以上用于基础设施建设，是有资产保障的。金融体制改革也正在推进。我在这里要向大家传递的信息是，中国不会发生区域性、系统性金融风险，中国经济不会出现“硬着陆”。

要看到，中国还是一个发展中国家，实现现代化还有很长的路要走。和平是中国发展的基础条件，改革开放和人民对幸福美好生活的追求是发展的最大动力。中国城乡和区域发展空间广阔，国内需求潜力巨大。以中高速再发展一二十年，中国的面貌就会持续改善，也会给世界带来更多发展机遇。

中国经济要顶住下行压力，实现“双中高”，就需要对传统思维“说不”，为创新体制“叫好”，下决心推进结构性改革。要创新宏观调控，增添微观活力，调整城乡、区域和产业结构，促进比较充分的就业特别是年轻人的就业，改善收入分配和民生福祉。这需要付出艰辛努力，但是我们将不畏困难。只有沿着促改革、调结构的路子坚定走下去，才能使中国经济长期保持中高速增长，发展迈向中高端水平。

中国经济要行稳致远，必须全面深化改革。用好政府和市场这“两只手”，形成“双引擎”。一方面要使市场在资源配置中起决定性作用，培育打造新引擎；另一方面要更好发挥政府作用，改造升级传统引擎。

我们说要打造新引擎，就是推动大众创业、万众创新。中国有13亿人口、9亿劳动力、7000万企业和个体工商户，人民勤劳而智慧。如果把全社会每一个细胞都激活，就会使整个经济肌体充满生机，进而汇聚成巨大的推动力量。大众创业、万众创新蕴藏着无穷创意和无限财富，是取之不竭的“金矿”。

这使我想起30多年前的中国农村改革，放开搞活，让农民自主决定生产经营，调动了广大农民的积极性，结果只用了短短几年时间，就解决了长期没有解决的吃饭问题。制度创新激发了亿万人的创造力，也改变了亿万人的命运。两个月前，我去了中国东部的一个村庄，那里有700多户人家，却开设了2800多家注册网店，每天向世界各地售出超过3000万件各类商品。这就是勤劳肯干大众创业的生动写照。

今天的中国，需要开发活力的新源泉。活力来自多样性，多样性的碰撞产生智慧的火花，点燃创新发展的火炬。大众创业、万众创新不仅能释放民智民力，扩大内需和居民消费，增加社会财富，增进大众福祉。更重要的是，让所有人都有平等机会和舞台实现人生价值，推进社会纵向流动，实现社会公平正义。

管制束缚创新，竞争促进繁荣。我们将进一步深化行政体制改革，继续取消和下放行政审批事项，全面清理非行政许可，推行市场准入负面清单制度，为市场主体松绑减负。这也有利于压缩寻租和腐败的空间。我们将依法保护知识产权，尽力营造鼓励进取、宽容失败的环境，同时保护各类合法产权。

我们说要改造传统引擎，重点是扩大公共产品和公共服务供给。中国经济发展虽然取得很大成就，但公共产品与服务不足仍是“短板”。目前，中国人均公共设施资本存量仅为西欧国家的38%、北美国家的23%；服务业水平比同等发展中国家低10个百分点；城镇化率比发达国家低20多个百分点。这当中蕴藏着公共产品与服务的巨大空间。增加这方面供给，属于政府分内的职责，是改善民生的必要举措，也是扩大内需的重要推手。

今年，我们确定了包括中西部铁路、水利工程、各类棚户区和城乡危房改造、污染防治等重点投资领域。政府在加大财政投入的同时，不再唱“独角戏”，而是通过深化投融资改革，打破垄断，吸引社会资金和外资参与，采取政府和民营合作（PPP）、中外合作以及政府购买服务等方式，放大投资效应。如近年中国西部省区建设一家污水处理厂，需要资金3.35亿元人民币，成功吸引德国一家水务公司参与投资，德方股比占到70%。

我们将推进财税改革，给企业尤其是服务型企业减税降费，推出扶持中小企业的新举措。深化金融改革，继续推进利率、汇率市场化，加快发展中小金融机构特别是民营银行，发展多层次资本市场。推动价格改革，大幅缩减政府定价种类和项目，最大限度放开价格管制。同时，注重发挥政府在“软环境”建设中的作用，扮演好市场监管的角色，打造国际化、市场化、法治化的营商环境，为所有市场主体提供优质高效的公共服务。

女士们，先生们！

中国改革与发展将给世界带来更多商机。我们将进一步放宽外资准入，探索准入前国民待遇加负面清单管理模式，对中外企业一视同仁，重点有序扩大金融、教育、文化、医疗、养老等服务业对外开放，推广上海自贸区经验，让各国投资者能挖掘出源源不断的“富矿”。

我们还将创新对外投资合作方式，中国高铁、核电、航空、电信等优势行业“走出去”，对接当地市场需求，也是在国际市场竞争中接受检验。其中不少产品本来就是中外合作生产的，出口本身就是共同开拓第三方市场。我们提出“一带一路”建设，愿与相关国家需求相结合，合作推进。

瑞士达沃斯是世界滑雪胜地。大家知道，滑雪有三要素：速度、平衡、勇气。对中国经济而言，就是要主动适应新常态，保持中高速度的增长，平衡好稳增长和调结构的关系，以壮士断腕的勇气推进改革。只要我们坚持改革开放不动摇，着力推进结构性改革，推动大众创业、万众创新，扩大公共产品、公共服务供给，用“双引擎”助力“双中高”，中国经济就一定能够摆脱“中等收入陷阱”的“魔咒”，走上持续健康发展的轨道，同时为世界经济带来更大机遇。

我相信，只要国际社会携起手来，坚守和平稳定的底线，秉持和谐相处的理念，激活开放创新的动力，就没有克服不了的艰难险阻，我们赖以生存的这个世界就会迎来一个更加美好的未来！

（新华网）

李克强：把“草根原创”汇成驱动发展的新动力

（2015年1月26日）

2015年1月26日下午，国务院总理李克强主持召开座谈会，听取专家学者和企业界人士对《政府工作报告》的意见建议。

会上，来自高校、科研单位、金融机构的专家学者对当前经济形势各抒己见，来自互联网、电子信息、创业投资、建筑材料等行业的企业负责人分别就行业发展及经济走势谈了看法。大家认为，在去年复杂严峻的国内外形势下，我国经济实现了7.4%的增长，特别是在理顺政府与市场关系、激发市场活力上取得明显成效，鼓励创业创新又有很大突破，人民生活也有新改善，这很不容易。李克强说，去年改革发展取得的成绩，是全国上下共同努力的结果，也包括在座各位的辛勤付出和贡献。今年工作千头万绪，发展还是第一要务，我们面临的困难和挑战不少，任务相当艰巨，需要大家齐心协力。

会上，发展研究中心吴敬琏、中国（海南）改革发展研究院迟福林、国务院参事室姚景源谈到，当前增长放缓，部分企业经营困难，建议把更多精力放在改革上，用结构性改革破解结构性矛盾，通过发展现代服务业等高端产业，提高经济效率。李克强说，当前中国经济发展进入新常态，必须按下全面深化改革的“快进键”，用好政府和市场这“两只手”，打造“双引擎”，让传统产业加快升级、新兴生产力加快成长，实现新常态下稳增长与调结构的平衡，使保持中高速增长、迈向中高端水平成为中国经济发展的主旋律。

清华大学吴晓灵、银河证券左小蕾、中国银行曹远征提出，要实施松紧适度的货币政策，加快推进金融改革，稳定市场预期。李克强强调，当前多重矛盾叠加，宏观调控难度加大，必须继续创新调控思路和方式，宏观政策既要坚持基本取向，又要动静相宜、主动作为，围绕区间调控实施更加及时精准、有力有效的定向调控。今年要进一步深化财税金融等重点改革，在强实体、促创新、惠民生、防风险等方面更大发力。

百度公司李彦宏、联想集团杨元庆、中关村集团于军、中建材集团宋志平分别从激励创新、发展创业金融、促进企业“走出去”和国有企业改革等方面提了建议。李克强说，解放和发展生产力，当前就是要促进大众创业、万众创新。为此简政放权不能停步，放管结合要落到实处，营造宽松、公平的竞争环境，让千万人的创意与市场需求结合，把“草根原创”迸发出的新元素、新模式汇聚成驱动经济发展的新动力。国有企业要紧扣提高活力和竞争力深化改革，在看准的领域抓紧“破题”，努力走在创新发展、升级发展的前列。

（中国政府网）

李克强：构建面向人人的“众创空间”

（2015年1月28日）

2015年1月28日，国务院总理李克强主持召开国务院常务会议。他强调，顺应网络时代推动大众创业、万众创新的形势，构建面向人人的“众创空间”等创业服务平台，对于激发亿万群众创造活力，培育包括大学生在内的各类青年创新人才和创新团队，带动扩大就业，打造经济发展新的“发动机”，具有重要意义。

会议指出，一要在创客空间、创新工厂等孵化模式的基础上，大力发展市场化、专业化、集成化、网络化的“众创空间”，实现创新与创业、线上与线下、孵化与投资相结合，为小微创新企业成长和个人创业提供低成本、便利化、全要素的开放式综合服务平台。二要加大政策扶持。适应“众创空间”等新型孵化机构集中办公等特点，简化登记手续，为创业企业工商注册提供便利。支持有条件的地方对“众创空间”的房租、宽带网络、公共软件等给予适当补贴，或通过盘活闲置厂房等资源提供成本较低的场所。三要完善创业投融资机制。发挥政府创投引导基金和财税政策作用，对种子期、初创期科技型中小企业给予支持，培育发展天使投资。完善互联网股权众筹融资机制，发展区域性股权交易市场，鼓励金融机构开发科技融资担保、知识产权质押等产品和服务。四要打造良好创业创新生态环境。健全创业辅导指导制度，支持举办创业训练营、创业创新大赛等活动，培育创客文化，让创业创新蔚然成风。

（人民网）

李克强：使中国成为各类人才创新创业的沃土

（2015年2月10日）

2015年2月10日下午，国务院总理李克强在人民大会堂同部分在华工作的外国专家亲切会见并座谈。李克强代表中国政府和人民，向外国专家和亲属致以诚挚慰问和新春祝福，向所有关心和支持中国改革开放和现代化建设事业的国际友人表示衷心感谢。

著名经济学家、诺贝尔经济学奖得主迈克尔·斯宾塞和埃德蒙德·菲尔普斯、创意设计学家于尔约·索塔马、著名未来学家约翰·奈斯比特、机械工程学家克莱顿·牟德等就中国宏观经济走向、发展创新型经济、国际人才合作、中国与世界的变革等谈了看法和建议。李克强同专家们深入互动交流。

李克强表示，中国经济要长期保持中高速增长、向中高端水平迈进，必须实施结构性改革，走转变发展方式、提质增效升级之路，最大的动力来自改革和创新。激发大众创业、万众创新活力，不仅可以应对当前经济下行压力，而且有助于增强经济持续发展动力。我们将继续深入推进简政放权、放管结合、依法行政，建立鼓励创新创造的制度和生态体系，营造公平诚信守法的文化氛围，给创新者以激励，给创造者以空间，给创业者以保障，发展创新型经济。同时发挥国际人才的智慧，为他们提供施展才华、创业发展的舞台，让东西方智慧在这里碰撞、科技在这里交流、文化在这里融汇，为解决人类社会面临的难题提供更多创新方案。

李克强指出，中国将全面加大人才引进来和走出去双向开放力度，降低国外人才引进门槛，简化投资兴业、出入境等手续，让拿“绿卡”更加便捷、创业就业一路畅通、程序公开透明。加强“软环境”建设，在公共产品和服务等方面提供更多国际化“窗口”，让更多外国人才愿意来、留得住，使中国成为各类人才创新创业的沃土。

李克强强调，中国新的发展方式是开放的，也是与各国互利共赢的。中国作为发展中大国，在推进现代化的进程中将同世界更好地合作，形成命运共同体、发展共同体，维护世界和平与发展，促进全人类的福祉。

（新华网）

李克强：培育和催生经济社会发展新动力

（2015年3月5日）

2015年3月5日上午，第十二届全国人民代表大会第三次会议在人民大会堂开幕。国务院总理李克强作政府工作报告。他强调，做好今年政府工作，要把握住稳定和完善宏观经济政策、保持稳增长与调结构的平衡、培育和催生经济社会发展新动力这三个要点。

李克强指出，培育和催生经济社会发展新动力。当前经济增长的传统动力减弱，必须加大结构性改革力度，加快实施创新驱动发展战略，改造传统引擎，打造新引擎。一方面，增加公共产品和服务供给，加大政府对教育、卫生等的投入，鼓励社会参与，提高供给效率。这既能补短板、惠民生，也有利于扩需求、促发展。另一方面，推动大众创业、万众创新。这既可以扩大就业、增加居民收入，又有利于促进社会纵向流动和公平正义。我国有13亿人口、9亿劳动力资源，人民勤劳而智慧，蕴藏着无穷的创造力，千千万万个市场细胞活跃起来，必将汇聚成发展的巨大动能，一定能够顶住经济下行压力，让中国经济始终充满勃勃生机。政府要勇于自我革命，给市场和社会留足空间，为公平竞争搭好舞台。个人和企业要勇于创业创新，全社会要厚植创业创新文化，让人们在创造财富的过程中，更好地实现精神追求和自身价值。

李克强强调，企业是技术创新的主体。要落实和完善企业研发费用加计扣除、高新技术企业扶持等普惠性政策，鼓励企业增加创新投入。支持企业更多参与重大科技项目实施、科研平台建设，推进企业主导的产学研协同创新。大力发展众创空间，增设国家自主创新示范区，办好国家高新区，发挥集聚创新要素的领头羊作用。中小微企业大有可为，要扶上马、送一程，使“草根”创新蔚然成风、遍地开花。

（中新网）

李克强：为大众创业、万众创新清障搭台

（2015年3月23日）

2015年3月23日上午，国务院总理李克强在人民大会堂会见来华出席中国发展高层论坛2015年年会的境外代表，并同他们座谈交流。

杜邦公司董事长柯爱伦，哥伦比亚大学教授、诺贝尔经济学奖得主斯蒂格利茨，《金融时报》首席经济评论员马丁·沃尔夫等6人，代表在座百余位来自世界500强企业负责人，国际知名大学、研究机构和媒体的专家学者，围绕深化中外合作、促进社会公平、产业升级、防范金融风险、供需结构平衡、气候变化和社会建设等广泛议题发表看法。李克强一一回答代表们的提问。

李克强表示，当前中国经济与世界经济高度融合。中国经济进入新常态，我们主动适应，推进结构性改革，培育经济增长新动能，打造“双引擎”，促进经济保持中高速增长、迈向中高端水平。政府将大力简政放权，不做竞技场的“收票员”和“运动员”，而是做好“裁判员”，为大众创业、万众创新清障搭台，激发市场活力和社会创造力。同时，政府还要兜住底线，为困难群众提供基本生活保障，为创业者特别是青年人创业解除后顾之忧，促进社会公平，推动经济社会协调发展。

李克强指出，中国政府正在推进新一轮高水平对外开放。我们将继续放宽市场准入，重点扩大服务业开放，同时加强知识产权保护，为外商营造稳定透明的政策环境、高效规范的行政环境和公平竞争的市场环境。中国对外开放的大门会越开越大。希望在华外资企业把握中国经济发展大势，共享中国发展机遇，实现共同发展。

李克强强调，“中国制造2025”围绕创新驱动、智能转型、绿色发展，将在国际合作中进一步提升中国制造业水平。欢迎各国企业积极参与，利用国际产能合作等机会共同开发第三方市场。希望有关国家放宽对华高技术出口限制，倡导贸易自由化和投资便利化，共同反对保护主义。中外加

强经济技术合作有利于双方，也有利于世界。

与会外方代表表示，中国经济发展与世界经济密切相关，国际社会高度关注。本次论坛是了解中国经济转型发展的很好机会。跨国公司愿积极参与中国改革开放进程，希望看到中国经济持续稳定发展。

（《人民日报》）

李克强：让创业创新成为时代潮流

（2015年5月7日）

2015年5月7日，中共中央政治局常委、国务院总理李克强先后来到中国科学院和北京中关村创业大街考察调研。他强调，推动大众创业、万众创新是充分激发亿万群众智慧和创造力的重大改革举措，是实现国家强盛、人民富裕的重要途径，要坚决消除各种束缚和桎梏，让创业创新成为时代潮流，汇聚起经济社会发展的强大新动能。

李克强来到中科院物理所，听取基础研究和原创成果介绍，他走进超导实验室和电子显微镜实验室，对相关领域研发进展和设备自主研制情况表示肯定。李克强说，基础研究的深度和广度，决定着国家原始创新动力和活力，只有夯实这个“地基”，才能矗起国家核心竞争力的“大厦”。推动我国产业发展向中高端水平迈进，必须有基础研究支撑。要加大对基础研究的支持力度，攻克一批重大关键技术难题，以更多高水平原创性成果推动应用研究和产业升级。

李克强与院士和青年科学家代表交谈，祝贺中科院学部成立60周年。他说，大众创业、万众创新的兴起为广大科技人员施展才华提供了更加广阔的舞台，要坚守老一辈科学家的求真精神，形成奖掖后进的创新文化，不为名利所动，瞄准世界科技前沿，对接经济社会发展新需求，坐得住、钻得进、研得深，加强科技成果转化，在创新发展和全球竞争中争做领跑者。党和政府始终关心科研人员，要发挥体制机制创新的杠杆作用，让科研人员的智慧产生乘数效应，为他们解除后顾之忧，使他们获得与贡献相匹配的待遇和尊严，让创新旗帜高高扬起。

众创空间是互联网时代促进创新创业的新平台。李克强来到中关村创业大街3W咖啡屋，与众多“创客”交流，询问他们的创业经历和创新想法，听到拉勾网介绍通过“互联网+”的方式促进100多万人就业，李克强予以肯定。他说，稳增长为的是保就业，创业创新是稳增长保就业的重要基础。全社会要积极创造条件，促进众创空间蓬勃兴起，推动各类创新要素融合互动，让一代“创客”的奋斗形象伴随着中国经济的升级，成为创新中国、智慧经济的重要标识。

李克强来到联想之星，考察为科技人员创业创新服务情况，并与来自全国各地参加培训的创业者交流。李克强称赞这里不仅创造财富，而且培养创造财富的人。他说，当今时代，创业创新不再是少数人的专业，而是多数人的机会，要通过“双创”使更多的人富起来，实现人生价值。对创新创业的呵护和扶助，是最现实、最长远的发展之道和惠民之策。要使各类孵化器不当盆景，而是做苗圃成基地，为初创企业解燃眉之急，筑发展基础，让破土的幼苗长成参天大树。

李克强来到中关村创业大街创业会客厅，对他们为小微企业和创业者提供法律、金融、人力资源、知识产权保护、创业场所等便捷优惠服务表示赞许。李克强说，当前中国经济发展正处于新旧动力转换的关键时期，要保持经济运行在合理区间，使新的增长点破茧而出，简政放权、放管结合、强化服务改革必须跑出加速度，这是政府的应尽职责，我们不仅要简政有力，把该放的放到位，更要在监管和服务上下功夫，持续为大众创业、万众创新清障搭台，释放中国经济的无限活力。

（新华网）

李克强：为在华创业发展提供更广阔的舞台

（2015年7月6日）

2015年7月6日下午，国务院总理李克强在北京会见出席首届世界华侨华人工商大会的全体代表，并发表重要讲话。

下午3时30分，李克强来到人民大会堂金色大厅，同代表们亲切握手，并合影留念。在热烈的掌声中，李克强发表重要讲话。他首先代表中国政府，对首届世界华侨华人工商大会的召开表示衷心祝贺，向到会的侨胞表示热烈欢迎，并通过大家向全世界华侨华人致以诚挚问候和良好祝愿。

李克强说，6000多万海外侨胞是中华民族大家庭的重要成员，一代又一代华侨华人自强不息，艰苦创业，用勤劳和智慧创造了不平凡的业绩。广大侨胞始终情牵桑梓，心系中华，为实现中华民族的独立和解放、为推动中国的改革开放和现代化建设，作出了特殊的重要贡献。故乡人民永远铭记你们的历史功绩！

李克强指出，在世界经济复苏艰难曲折、国内经济面临较大下行压力的情况下，我们推出一系列稳增长促改革调结构惠民生的重大举措，在区间调控基础上加大定向调控力度，实现了经济社会发展总体平稳，上半年经济运行保持在合理区间，主要经济指标趋稳向好。

李克强强调，中国正着眼于保持经济中高速增长和迈向中高端水平“双目标”，着力打造大众创业、万众创新和增加公共产品、公共服务“双引擎”。同时，加快推进新型工业化、信息化、城镇化和农业现代化，拓展区域发展新空间。我们深入推进简政放权放管结合优化服务，进一步放宽市场准入，鼓励创新创业，不断改善营商和投资环境。我们有信心、有能力应对各种风险挑战，推动经济持续健康发展。这将为广大侨胞在华创业发展提供更广阔的舞台。

李克强表示，广大华侨华人是推动各国和世界经济发展的重要力量，也是促进中国经济与世界交流融合的重要纽带。中国要全面建成小康社会，实现“两个一百年”奋斗目标和中华民族伟大复兴的中国梦，离不开广大侨胞的热情支持和积极参与，也必将给你们的事业发展带来更多机遇。李克强对与会华侨华人代表提出以下殷切希望：

一是当好促进中国经济转型发展的“生力军”，充分发挥海外华侨华人在资金、技术、管理、商业网络等方面的优势，更广泛、更深入地参与中国经济建设，在助推中国经济提质增效升级的同时，实现自身事业的更大发展，共同分享中国改革发展的“红利”。

二是架起中外经济合作共赢的“彩虹桥”，结合自身专业成就卓著、政商人脉广泛、熟悉当地法律规则等特点，为推进“一带一路”建设、国际产能和装备制造合作发挥积极作用，为中国企业走出去积极牵线搭桥，促进中国与世界经济深度融合、互相促进、互利共赢。

三是打造华商在世界上的“新形象”，继续发扬中华民族传统美德，与住在国人民一道，创业兴业、团结互助、和睦相容，诚信守法经营，承担社会责任，为当地经济社会发展贡献智慧和力量。希望大家客观真实介绍中国经济社会发展情况，增进中国人民与各国人民之间的相互了解和友谊。

（新华网）

李克强：加快打造大众创业、万众创新新引擎

（2015年7月9日）

2015年7月9日，中共中央政治局常委、国务院总理李克强主持召开部分省（区）政府主要负责人经济形势座谈会并作重要讲话。

李克强强调，促进和巩固经济稳定向好，必须着力以推进结构性改革促结构调整，坚持把简政放权、放管结合、优化服务推向纵深，实施创新驱动，加快打造大众创业、万众创新新引擎，聚焦惠民生、补短板、强实体，以增加公共产品、公共服务供给促进传统引擎升级。通过拓展新需求，做大新亮点，培育新动能，形成稳增长的强大合力。

李克强指出，当前地方经济发展走势分化，越是改革步子大、结构调整起步早，越能赢得主动和先机。要时刻绷紧发展这根弦，充分发挥中央和地方两个积极性，鼓励地方对接国家战略、发挥各自优势，竞相迸发活力。一要多出深化改革开放的“硬招”。敢为人先，创新体制机制，打通政策阻点，营造有利于大众创业、万众创新的良好环境。抓住“一带一路”和国际产能合作机遇，推动装备“走出去”，在更高水平的开放中实现产业升级，打造国际竞争新优势。二要多出针对性强的“实招”。积极扩大有效投资，特别是要增加中西部地区公共产品和服务供给。既定项目要马上开工，已有资金要尽快到位，项目储备要超前谋划。这既拉动当前增长，又促进可持续发展。三要多出提升发展能力的“新招”。积极推进结构调整，实施“中国制造2025”和“互联网+”行动，围绕企业和群众需要，提升服务业水平，发展新产品、新技术、新业态、新模式，促进新旧动力加快转换，努力使下半年我国经济发展和民生改善继续保持向好势头。

（中国政府网）

李克强：促进科技与大众创业万众创新深度融合

（2015年7月27日）

2015年7月27日，中共中央政治局常委、国务院总理李克强出席国家科技战略座谈会并作重要讲话。他代表党中央、国务院对中国科学院学部成立60周年表示热烈祝贺，向全体院士和全国广大科技工作者致以问候和敬意。

李克强首先观看了中科院学部历史沿革、科研成果以及科技战略咨询图片展示。座谈会上，中科院负责人介绍了学部发展情况，孙家栋、谢毅院士做了发言。李克强对他们提出的建议积极回应。他说，60年来，中科院学部聚焦国家战略需求，几代院士胸怀强国富民之志，淡泊名利、刻苦钻研，创造了一项又一项世界领先的科技成果，为增强我国综合国力、提升国际地位做出了重大贡献。当前，我国进入升级发展的关键阶段，要在世界科技革命中抢占制高点，破解资源环境等约束，实现新旧动能转换，关键是要做强科技这个第一生产力，用好创新这把“金钥匙”，实现科技与经济深度融合，促进经济保持中高速增长、迈向中高端水平。

李克强指出，实施创新驱动发展战略，要坚持把科技创新摆在国家发展全局的核心位置，既发挥好科技创新的引领作用和科技人员的骨干中坚作用，又最大限度地激发群众的无穷智慧和力量，形成大众创业、万众创新的新局面。要依托“互联网+”平台，集众智搞创新，厚植科技进步的社会土壤，打通科技成果转化通道，实现创新链与产业链有效对接，塑造我国发展的竞争新优势。更好发挥“一次分配”的作用，使千千万万人靠创业自立、凭创新出彩，在平等参与现代化进程中通过辛勤劳动和智慧富起来，共同分享改革和发展成果，实现人生价值和精神追求。

李克强强调，要把科技与人民群众的创造力在更大范围、更深程度、更高层次上融合起来，既要“顶天”，努力突破核心关键技术，勇攀世界科技高峰，又要“立地”，通过大众创业、万众创新将科技成果转化为现实生产力。为此，一要持续释放改革这个最大红利。进一步推进简政放权、放管结合、优化服务等改革，坚决破除对创业创新的不合理束缚，创新科研投入、科技管理、收益分配、科研协同和政府服务等机制，使广大科研人员能够自主决策、潜心研究。二要依托“互联网+”等新技术新模式构建最广泛的创新平台。鼓励发展众创、众包、众扶、众筹等，使创新资源配置更灵活、更精准，凝聚大众智慧，形成内脑与外脑结合、企业与个人协同的创新新格局。同时，通过创新监管模式营造公开公平的竞争环境。三要用好我国人力资源这个最丰富的“本钱”。尊重知识、尊重人才，使创业创新者贡献有回报、权益有保护、社会有地位，增强全社会持久创新的

动力，在创业创新实践中造就高素质的人才大军。

李克强说，中科院是我国科技事业发展的国家队和思想库，各位院士是我国科技创新的杰出代表。希望大家倍加珍惜昨天的荣誉，切实担负今天的使命，奋力创造明天的辉煌，一如既往争做科技创新的领跑者、青年英才的培育者、科学精神的传播者，为实现“两个一百年”奋斗目标和中华民族伟大复兴中国梦贡献新的力量。

（《人民日报》）

李克强：“双创”是推动发展的强大动力

（2015年9月10日）

2015年9月10日，国务院总理李克强在大连国际会议中心出席第九届夏季达沃斯论坛开幕式，并发表特别致辞。全文如下：

很高兴和大家在金秋九月相聚于美丽的大连。我代表中国政府，对夏季达沃斯论坛在大连召开表示热烈祝贺，对各位远道而来的嘉宾表示热烈欢迎，向媒体界的朋友们表示诚挚谢意。

昨天我一到大连，就去看了一家创客公司，这个企业仅有10名员工，用了短短两年时间创业，取得的业绩给我留下深刻印象。他们利用互联网平台吸引了28万注册用户，开发了近百个创客产品。其中一项业务是创新机床的开发利用模式，对东北地区约3万多台各类机床数据进行汇集，不仅把机床的生产和需求更好对接，提高了利用率，更重要的是，他们汇聚28万注册用户的智慧，对许多机床进行智能改造，提供解决方案。他们雄心勃勃地计划，不仅通过改造使机床性能升级，而且还要集众智制造新的智能机床。像这样的小企业，在中国有千千万万，他们的创意难以想象，无论成功与否，都是在扮演着新领军者的角色，展现着未来经济发展的希望，也是在参与描绘中国和世界经济增长的新蓝图。

当前，世界经济复苏乏力，不少国际机构调低了全球增长预期。越是面对复杂混沌的局面，越应该提振信心、看到希望。这次论坛以“描绘增长新蓝图”为主题，也是汇集众智和众识，寻找全球未来发展之路，很有现实意义。

刚才我之所以讲在大连的见闻，也是想从一个侧面回答对中国经济现状和走势乃至对世界未来的关切。这里，我想告诉大家，现在中国经济的走势是缓中趋稳、稳中向好，但稳中有难，总体上机遇大于挑战。正是大众的创业创新精神和热情，使我们增强了克服时艰的信心。我们有能力实现今年中国经济社会发展的主要目标任务，并为未来打下可持续发展的坚实基础。

在世界经济增长放缓的背景下，今年上半年中国经济增长7%，这是殊为不易的。因为这是在10万亿美元经济规模上的增长，是高基数上的增长，比过去增长两位数的量还要大，这个速度在世界主要经济体中仍居前列。更令人欣喜的是，中国的经济结构在加快优化升级。服务业已占GDP的“半壁江山”，消费对经济增长贡献率达到60%；高技术产业增速明显快于整个工业，信息、文化、健康、旅游等消费需求旺盛，节能环保、绿色经济发展方兴未艾，新的经济增长点在催生中加快形成。

中国经济的平稳发展造福了人民。人民的感受是最重要的。今年以来，就业稳定扩大，上半年城镇新增就业718万人，完成全年目标的72%，大城市城镇调查失业率为5.1%左右。同时全国居民人均可支配收入增速高于经济增速，农村居民收入增速快于城镇居民，居民消费能力增强，物价保持基本稳定，社会消费品零售额增长超过10%。我曾经多次说过，只要能够保证比较充分的就业、居民收入增长与经济同步、生态环境不断改善，经济增长速度高一点、低一点都是可以接受的。

中国经济的平稳发展也惠及世界。今年上半年，中国对世界经济增长的贡献率约30%。由于全球大宗商品价格大幅下跌，中国进出口从金额上看在放缓，但进口的大宗商品实物量并未减少，甚至还有所增加。中国将在“优进优出”中实施更加积极的进口政策，今后进口商品的数量还会更多，因为我们要扩大内需。中国对外投资继续保持较快增长。出境旅游人数大幅增加，去年超过1亿人次，今年上半年同比增长10%。中国游客出国既“游”且“购”，这说明，中国的老百姓对经济发展前景总的说是乐观的，因为中国人有量入为出的传统，如果没有稳定的收入来源，是不敢消费的。当然不可忽视的是中国还有7000多万贫困人口，但确实有相当多的人已经进入中等收入群体，有着巨大且快速增长的消费需求。事实证明，中国不是世界经济风险之源，而是世界经济增长的动力源之一。

中国经济也面临不少困难和下行压力，但仍然在合理区间运行。作为一个与国际市场密切关联的经济体，全球经济情况总体偏弱，中国不可能独善其身，同时国内长期积累的深层次矛盾在逐步显现。中国经济进入新常态，正处于新旧动能转换阶段，实现制造业从粗放增长到集约增长的升级发展，从过度依赖投资拉动到消费和投资协调拉动的转换，是一个充满阵痛、十分艰难的过程，其间经济增长难免有波动起伏，这是调整转型时期的一种正常现象，用中医的话说是“脉象”。近两个月，有的指标虽然出现下滑或波动，但前期采取的一系列政策措施正在逐步见效，经济中的积极因素在增多，有些指标又出现走强，经济稳定的基本面没有改变。正可谓形有波动，势仍向好。对经济短期波动，我们不会随之起舞，但也不会掉以轻心。我们正在采取必要的定向调控、相机调控、精准调控措施，主要是缩小短期波幅，防止产生传导、放大效应。一旦经济出现滑出合理区间的可能，我们将有足够的能力来应对，中国经济不会出现“硬着陆”，这不是空话。近几年，尽管经济下行压力较大，但我们没有超发货币，没有搞大规模强刺激，主要依靠改革增强经济活力，既稳定了经济，也为下一步调控留下了空间。中国中央政府财政赤字率在世界主要经济体中是较低的。中国创新宏观调控政策工具箱里的工具还有不少，就像下围棋一样，既落好眼前的每个子、有针对性地出招，顶住当前经济下行压力，又要留出后手、谋势蓄势，促进经济长期健康发展。

女士们，先生们！

我们说中国经济未来向好、更好，并不是盲目乐观，而是有基础、有条件、有动力的。

一方面，中国经济有巨大潜力和内在韧性。中国新型工业化、信息化、城镇化、农业现代化进程处在深入推进阶段，蕴含着强劲的国内市场需求。中国地域幅员辽阔且产业类型多样，东方不亮西方亮、这业不兴那业兴。中国经济的支撑并非独木一根，而是“四梁八柱”，具有很强的抗冲击能力和韧性。当前，中国人民正在为实现到2020年全面建成小康社会的宏伟目标而奋斗，这也必将凝聚起强大的社会力量。

另一方面，中国推进结构性改革正在源源不断释放改革红利。中国仍是世界上最大的发展中国家。发展是硬道理，是解决中国一切问题的基础和关键。发展必须是科学的发展，是有质量、有效益、可持续的发展。实现这样的发展，必须依靠改革开放。我们正在全面深化改革，加快推进结构性改革，实施创新驱动发展战略，努力把经济潜在增长率充分挖掘出来，保持经济中高速增长、迈向中高端水平。今年以来，财税、投融资、价格等领域市场化改革不断深入，消除市场准入限制、促进公平竞争的措施接连推出，围绕推进结构调整的改革力度加大。金融领域总的是按市场化、法治化的方向，继续稳步推进金融体制改革，积极培育公开透明、长期稳定健康发展的资本市场，同时继续加强和完善风险管理，坚决守住不发生区域性系统性金融风险的底线。我国居民储蓄率高，外汇储备多，有相当充裕的金融总量。现在池子里的水已经很多，关键是怎么用好池子里的水，让它动起来、活起来，而且流向实体经济。我们将通过结构性改革举措，着力盘活存量，挖掘存量资金潜力，优化资源配置，提高效率。最近，我们在降息降准过程中采取了一系列改革措施，下一步将继续放宽民间资本进入金融领域的限制，积极发展民营银行，融资担保和金融租赁，更好支持实体经济发展。我们完善人民币汇率中间价报价机制，目的是使人民币汇率形成机制更加市场化。我们将继续保持人民币汇率在合理均衡水平上的基本稳定，稳步实现人民币资本项下可兑换。年底之前，还将建成人民币跨境支付系统，以利于人民币离岸市场更好地发展，支持中国装备走出去。坚决守住不发生区域性系统性金融风险的底线。

对中国来说，结构性改革是要激发全体人民的无穷创造力。去年，我在夏季达沃斯论坛上提出，要推动大众创业、万众创新，这是结构性改革和结构调整的重要内容。我们持续推进简政放权、放管结合、优化服务等改革，减免小微企业税费，建立创投引导基金，推动“互联网+”行动，实施“中国制造2025”等。这一系列重大措施，极大调动了广大人民群众的创业创新热情，这个热潮正在中国大地蓬勃兴起。参与创业创新的，不仅有大学生、农民工、留学归国人员，也有很多科研人员和企业的技术、管理骨干，可以说草根与精英并肩。大众创业、万众创新即“双创”的平台是多样的，不仅有小微企业，很多大企业也纷纷加入创业创新行列，引入众创、众包、众扶、众筹等平台，触发了生产方式、管理方式的变革，企业内部员工线上创意有回报、线下岗位有工资，外部创客既参与创新又分享成果，还孵化了一大批小微企业。很多科研机构依托互联网开展协同研发，大大提高了科技创新效率。

“双创”是推动发展的强大动力。人的创造力是发展的最大本钱，中国有9亿多劳动力，每年有700多万高校毕业生，越来越多的人投身到创业创新之中，催生了新供给、释放了新需求，成为稳增长的重要力量。“双创”是扩大就业的有力支撑。经济增速放缓而就业不减反增，主要是因为新的市场主体快速增长，通过简政放权、商事制度等改革，每天有1万多家新企业注册成立，这持续了一年半以上，创造了大量就业机会，现在这一势头未减。“双创”是发展分享经济的重要推手。目前全球分享经济呈快速发展态势，是拉动经济增长的新路子，创业创新通过分享、协作方式来搞，门槛更低、成本更小、速度更快，这有利于拓展我国分享经济的新领域，让更多的人参与进来。“双创”是收入分配模式的创新。千千万万人靠创业创新增收，更好发挥了“一次分配”的作用，初步探索了一条中国特色的众人创富、劳动致富之路，有利于形成合理的分配格局。“双创”是促进社会公正的有效途径。无论什么人，只要有意愿、有能力，都可以靠创业自立、凭创新出彩，都有平等的发展机会和社会上升通道，更好体现尊严和价值。

推动大众创业、万众创新，需要全面、可及性强的公共产品、公共服务供给。在这方面，也要靠结构性改革。政府不唱“独角戏”，鼓励社会资本、外商投资一起干。我们通过推广政府购买社会服务、政府与私营资本合作、特许经营等市场化办法，鼓励和引导民间投资参与公共产品、公共服务领域的建设和运营管理，同时放宽外商投资市场准入，形成了多元供给新模式。今后，我们将继续推进这方面改革，使创业创新过程更顺畅、经济发展之路更平稳、人民生活水平更提高。

女士们，先生们！

中国改革的过程是不断扩大开放的过程，也是不断融入世界的过程，中国开放的大门将越开越大。我们利用外商投资总的政策不会变，具体政策会向更多吸引外资、放开更宽领域的方向变化。比如今年我们继续扩大外资投资的领域，限制类条目取消了50%，为了推动外资投资的便利化，我们把核准制基本上改为了备案制。我们将继续努力把中国打造成为世界上最具吸引力的投资目的地。

近期国际金融市场的动荡，已对世界经济复苏进程产生影响。各国加强宏观经济政策协调，协力保持金融市场稳定，促进全球经济重回健康增长轨道，已成为当务之急。国际金融危机发生以来的实践证明，单靠量化宽松政策难以解决制约增长的结构性障碍，而且可能带来负外部效应，着眼点还是要放在做强实体经济上。这需要各国对内推进结构性改革，对外加强国际合作。我们提出建设“一带一路”，开展国际产能合作，就是要进一步扩大中国的开放，就是要重塑有利于发挥各国比较优势、更加均衡和普惠的全球产业链，打造互利共赢、包容共进的世界发展和利益共同体。

目前世界各国处在不同发展阶段，通过国际产能合作，不仅可以有效对接各方供给与需求，而且可以用供给创新带动需求扩大。发展中国家工业化、城镇化正在加快发展，对适用技术装备和基础设施建设需求强劲；不少中等收入国家和发达国家的装备与基础设施也需要更新改造。由于受制于资金短缺，有些需求被抑制。从各自的比较优势看，发达国家关键技术装备先进，但成套装备和产品因价格较高销路受限；许多发展中国家自然资源丰富、劳动力成本低，但产业、产品多数在低端；中国拥有中端装备产能，性价比高，综合配套和工程建设能力强，外汇储备充裕，但产业需要转型升级。开展三方合作，把各自优势结合起来，可以较低价格提供较高质量的装备和产品，降低建设成本，更好满足不同国家需要；也有利于各国破解产业发展难题、提升产业层次，推动全球产业链高中低端深度融合；不仅可以开拓国际市场，也可以拓展中国市场。这就好比凸透镜聚光，把各方供给与需求聚焦，让各方利益交汇，从而凝聚起全球经济稳定增长的新动能。

开展国际产能合作是一举多得、三方共赢之道，得到越来越多的发达国家、发展中国家响应，我们愿在其中发挥承上启下的桥梁和纽带作用。国际产能合作为各国企业提供了巨大商机，希望企业家们抓住机遇，积极寻找合作机会，创新合作模式，不断取得成效。国际产能合作涉及面广，需要各国政府、国际组织和金融机构大力支持，建议各方将国际产能合作纳入双边多边合作机制框架，加强协调、共同促进。中国将发挥外汇储备多的优势，为参与国际产能合作的中外企业提供融资便利。只要我们各方共同发力，国际产能合作就一定能在世界经济发展史上留下浓墨重彩的篇章，这也是描绘世界经济增长新蓝图的篇章。

女士们，先生们！

我们生活在同一个世界，发展于全球化时代，你中有我、我中有你，大家都在同一条船上。面对促进全球经济复苏的共同任务，国际社会应当同舟共济，加强协调，携手推进结构性改革，协力推动完善自由、开放、非歧视的多边贸易体制。中国将坚持走和平发展道路，坚持互利共赢的开放战略，与各国一道共同推动包容平衡的增长、绿色可持续的发展，打造利益共同体和发展共同体，共创人类美好新未来！

（新华网）

李克强：欢迎在中国为志趣而创新、为发展而创业

（2015年9月30日）

2015年9月30日，国务院总理李克强在北京人民大会堂会见荣获2015年度中国政府“友谊奖”的外国专家和他们的亲属。

李克强代表中国政府，向获奖外国专家表示热烈祝贺，并向所有在华工作的外国专家、支持中国现代化建设的国际友人和他们的亲属致以诚挚问候和衷心感谢。

李克强表示，“友谊奖”不仅体现了中国人民同各国人民的友谊，也承载着维护世界和平、促进共同发展的重要责任。中国愿与各国共同努力，以真挚的友谊和真诚的合作，建设美好和谐的世界。

李克强指出，当前中国正在实施创新驱动发展战略，倡导大众创业、万众创新，调动社会方方面面的积极性和创造力，使中国经济发展方式由过度依赖自然资源转向更多依靠人力资源，推动实现更高质量、更优结构、更可持续的发展。欢迎外国人才在中国为志趣而创新，为发展而创业，开展多种形式的合作。

李克强强调，中国政府努力保障外国人的合法权益。我们实施简政放权、放管结合，破除阻碍人才流动发展的体制机制桎梏，提供更多国际化、个性化的服务，在签证、居留等方面创造更加宽松和便利的环境。中国将进一步扩大开放外国人才承担国家科研项目、参与国家科技奖励评选、评定专业职称资格、评选外籍院士等，对中外人才一视同仁，为各类人才提供自由发展的空间、自主创新的条件和实现自我价值的环境。希望外国专家继续为中国的发展建言献策，作出特有的贡献。

（人民网）

李克强：坚持创新驱动，扎实推进“双创”

（2015年10月19日）

2015年10月19日，中共中央政治局常委、国务院总理李克强在北京出席首届“全国大众创业万众创新活动周”，并考察主题展区。

李克强来到中关村活动周启动仪式主会场，北京、辽宁、上海、安徽、湖北、四川、陕西、深圳等省市和计划单列市政府主要负责人通过视频汇报了当地创业创新相关情况。5位创业创新者上台以点赞手势推出“双创”活动周标识。李克强发表即席讲话，他说，当前，我国发展进入新常态，正处在发展方式和新旧动能转换的关键期，要以大众创业、万众创新这一结构性改革激发全社会创造力，打造发展新引擎，今年在世界经济低迷和金融市场动荡的情况下，前三季度我国经济增长6.9%，保持在7%左右，尤其是就业比较充分，其中“双创”起了重要支撑作用。“双创”也有力促进结构调整，将推动发展从过度依赖自然资源转向更多依靠人力资源，促进经济中高速增长、迈向中高端水平。

李克强分别来到科技人员、基层群体和青年创业项目展区，看到高校师生研发的国内首台金属3D打印设备、脑起搏器等项目，以及基层工人和返乡农民等的创新成果，他勉励大家说，大众创业、万众创新首要在“创”，核心在“众”。在今天的互联网时代，无论“草根”还是精英，都可以投身创业创新，一展长才。“双创”也是收入分配改革和促进社会公正的切入点，可以增加大量就业岗位，为创业创新者提供更加公平的机会和通畅的上升通道，特别是让青年人有广阔的空间驰骋，让更多人通过自己的努力富起来。

在大型企业创业平台展区，海尔集团等企业介绍，他们借助“双创”实现升级发展，带来边际效益递增。李克强说，“双创”不是小微企业的专利，也是大企业的优势，要主动拥抱“双创”，通过众创、众包、众扶、众筹等新模式，带来大中小企业生产方式和组织管理模式变革，催生新的工业革命，这不仅将促进传统产业改造升级，也会推动现代服务业等新兴业态加快成长。

在听取几位海归博士的超薄柔性显示项目介绍后，李克强指出，“双创”需要全方位对外开放，不能闭门造车，要登高望远、放开胸怀，面向全球引进各种要素资源尤其是人才资源，发展颠覆性技术，与世界科技革命和产业变革深度融合，与各国创新彼此对接，实现合作共赢。

随着李克强现场按下按钮，全国首个专门服务于创新创业的网络众扶平台正式启动上线。他说，政府要做创业创新者的“后台服务器”，通过不断完善所需的公共产品和服

务，不断清除制约“双创”的障碍，不断织牢民生保障之网，增强创业创新者试错的底气和勇气。同时推动“双创”要注重实效，提高政策的协调性和针对性，把“双创”与简政放权、放管结合、优化服务有机结合，防止一阵风、走过场，尊重市场规律，注意保护知识产权，保护消费者权益，维护公平竞争，使产品和服务质量有保证、可提升，让“双创”扎扎实实向前推进。

李克强向围拢过来的创客们说，以创新赢得未来已成为这个时代的新共识，“双创”精神正在塑造当代中国人的新品格。“双创”活动周要成为创意交流、思想碰撞和成果转化的平台。祝愿那些优秀的初创项目，能在这里遇见各自的“天使”。希望大家用更多创业创新的故事为我们这个时代立传，续写中国发展新辉煌。

（新华网）

李克强：着力培育更多高层次青年人才

（2015年11月30日）

2015年11月30日，中共中央政治局常委、国务院总理李克强会见中国博士后青年创新人才座谈会代表，并发表重要讲话。他首先代表党中央、国务院对我国博士后制度实施30周年取得的成绩表示祝贺，向全国博士后青年创新人才表示问候，向为博士后事业作出贡献的人们表示感谢！

李克强说，30年来，在各方面高度重视和共同努力下，博士后制度从无到有、从小到大，走过了不平凡的历程，博士后群体已成为国家创新型人才中的一支骨干力量。目前，博士后科研流动站和工作站覆盖全部学科门类和经济社会发展主要领域，广大博士后活跃在经济发展、社会事业、科学研究、产业升级一线，作出了独特贡献。

李克强指出，我国最大的国情是人口众多，最大的优势是可以培养全世界规模最大的人才队伍。“十三五”时期，我们要有效应对发展面临的能源资源和环境等刚性约束，提高全要素劳动生产率，在世界新一轮科技革命和产业变革中抢占先机，实现跨越“中等收入陷阱”，都必须把创新驱动放在更加突出的位置，更多依靠人才资源支撑，以大众创业万众创新增强发展新动能，在供给和需求两个方面推进结构性改革，促进经济中高速增长、迈向中高端水平。

李克强说，博士后具有深厚知识基础和探索创新能力，是实施创新驱动发展战略的高层次人才群体。他提出三点希望：一要争做创新突破的探索者。瞄准国际前沿，在基础研究领域以十年磨一剑、甘坐冷板凳的精神，沉下心来潜心向学，进行探索性创新研究，不断向未知领域进军、向科技和学术高峰攀登。二要争做创业创新的践行者。聚焦经济社会发展需要，推动产学研用紧密结合，更多深入基层实际，更多发挥企业作为创新主体的作用，将创新成果加快转化为现实生产力。与各地众创空间有机对接，促进大众创业、万众创新上水平，让更多人拥有施展才华的平台，创造就业岗位，创造社会财富。三要争做世界创新潮流的弄潮者。树立世界眼光，加强国际交流与合作，敢于在国际上参与竞争，在开放发展中提升自身能力。

李克强指出，博士后制度是改革开放的产物，要在深化改革中实现更好发展。进一步解放思想，开拓思路，以提高博士后研究人员培养质量为核心，构建符合青年人才成长规律的管理制度。完善评估机制和创新创业激励政策，资助创业孵化和科技成果转化。着力营造有利于尊重人才、尊重创造、鼓励创新、宽容失败的氛围。广大博士后导师要奖掖后学、甘为人梯，为国家未来发展培育更多人才种子。

（中国政府网）

李克强：要注重吸引海归人才、外国人才

（2015年12月3日）

2015年12月3日，中共中央政治局常委、国务院总理李克强主持召开国家科技教育领导小组第二次全体会议，研究科技创新2030—重大项目，听取国家中长期教育改革和发展规划纲要中期总结评估情况汇报，谋划今后五年教育改革发展。

会上，科技部、教育部分别作了汇报，国家科技教育领导小组成员进行了讨论。李克强说，“十二五”时期我国科技和教育事业取得显著成就，有力支撑了经济社会发展大局。“十三五”时期科技教育发展要有新突破，必须在实施科教兴国战略中更好贯彻落实创新、协调、绿色、开放、共享的发展理念，更好发挥科教对增强发展新动能、提高发展质量效益，提升国民素质、促进社会进步的重要作用，努力保持经济中高速增长、迈向中高端水平。

李克强说，顶住当前经济下行压力稳增长，加快转变发展方式调结构，跨越“中等收入陷阱”和实现“两个一百年”奋斗目标，都要靠创新驱动发展，必须远近结合、梯次接续，从全局上做好前瞻部署。一要面向世界科技前沿和经济社会发展主战场，在国家战略必争领域超前布局，选择实施一批牵一发动全身的重大科技项目和重大工程，让更多中青年领军人才担当大任。把基础研究和应用研究更好结合，聚焦核心关键技术加强攻关，力争取得重大颠覆性创新和群体性技术突破，努力塑造先发优势、实现引领发展。二要广泛运用众创、众包、众扶、众筹，推动大众创业、万众创新，汇聚全社会的资源和“智源”，调动大中小企业和各类创新主体积极性，推动新兴产业成长，形成尊重知识、尊重人才、尊重创造的浓厚氛围，使重大科技突破有广阔的社会沃土。三要加快科技体制创新，既要加大统筹力度，打破条块分割、部门局限，集中力量协同攻坚，又要充分发挥市场机制作用，推进产业链、创新链、资金链有机融合，形成多元投入格局，建立“沿途下蛋”机制，边出成果边应用，不断提升科技资源配置和科技创新效率。四要搭建国际科技合作的重要平台，不仅支持本土高端人才勇攀高峰，还要注重吸引海归人才、外国人才来华开展科研联合攻关，拓展开放合作的深度和广度。

（《人民日报》）

刘云山：使人才工程成为人才建功立业的重要平台

（2015年8月5日）

2015年8月5日，受习近平总书记委托，中共中央政治局常委、中央书记处书记刘云山，在北戴河看望暑期休假专家并同大家座谈，代表党中央、国务院向广大专家人才致以亲切问候。

邀请专家暑期到北戴河休假，是党和国家重视和关心专家人才的一项制度性安排。自2001年以来，党中央、国务院先后邀请15批800多位专家学者参加休假活动，今年有54人参加。

座谈会上，南京工业大学教授欧阳平凯、中国航天科技集团公司研究员王巍、中国科学院高能物理研究所研究员王贻芳、河南省农科院研究员张新友、湖北工业大学教授汤亚杰、中国社科院研究员高培勇先后发言。大家结合各自实际，介绍科研情况、交流工作体会，就推进创新驱动发展、加强基础研究和应用研究、培养青年人才等提出意见建议。

刘云山在听取专家代表发言后说，崇尚创新的民族充满希望，致力创新的社会生机勃勃。实施创新驱动发展战略，关键是发挥好人才的作用。希望广大专家人才积极适应经济发展新常态，紧跟科技进步大势，为实现更高质量、更好效益、更可持续发展贡献力量。要聚焦转方式、调结构、促改革，聚焦新型工业化、信息化、城镇化、农业现代化，聚焦“一带一路”、京津冀协同发展、长江经济带建设等重大战略，把握主攻方向、深化科研创新，更好以创新驱动赢得发展主动。

刘云山说，实施创新驱动发展战略，既需要科技创新的支撑，也需要文化创新的引领。只有把哲学社会科学创新与自然科学、工程技术创新放在同等重要位置，发挥好自然科学人才与哲学社会科学人才的作用，才能形成创新的气象。要坚定我们的道路自信、理论自信、制度自信，保持我们的文化自信和价值观自信，更好以文化力量激发创造活力。希望各方面专家人才弘扬追求真理、严谨务实的优良传统，自觉践行社会主义核心价值观，在重大科技攻关、培养青年才俊和立德治学方面发挥引领作用。

刘云山强调，各级党委和政府要认真落实党管人才原则，完善激励机制，创造良好环境，在创新实践中发现人才、培育人才、凝聚人才。党政负责同志要与专家人才交朋友，帮助解决实际困难，当好“后勤部长”。党委组织部门要加强对人才工作的组织协调，深入实施“千人计划”、“万人计划”，使人才工程成为人才建功立业的重要平台。要多宣传优秀专家人才的科研成果，展示他们的科技人生，点赞他们的科学精神，推动形成崇尚科学、尊重创新、爱才重才的社会风气。

（新华网）

张高丽：全面深化改革，激发创业创新新活力

（2015年3月22日）

2015年3月22日上午，中国发展高层论坛2015年年会在北京开幕。中共中央政治局常委、国务院副总理张高丽出席开幕式并致辞。

张高丽指出，中国经济发展进入新常态，是以习近平同志为总书记的党中央审时度势作出的重大战略判断。新常态下的中国，发展仍然是解决一切问题的基础和关键，必须坚持发展这个硬道理，抓好发展这个第一要务。中国发展仍处于可以大有作为的重要战略机遇期，要加快转变经济发展方式、调整优化经济结构、提高发展质量效益，促进经济在发展中升级，在升级中发展。

张高丽强调，新常态要有新思路、新作为。我们必须紧紧围绕“四个全面”战略布局，主动适应和引领经济发展新常态，在新的历史起点上开创中国经济社会发展新局面。我们将全面深化改革，最大限度激发全社会创业创新创造的新活力；强化创新驱动，加快形成经济保持中高速增长和迈向中高端水平的新动力；优化空间格局，着力培育新的经济增长极和增长带；坚持以人为本，满足人民群众不断提高生活水平的新期待；建设生态文明，推动形成人与自然和谐发展的现代化建设新格局。

张高丽说，对外开放是中国经济持续繁荣的重要动力，也是中国与世界共享发展机遇的必然要求。我们将坚持对外开放基本国策，加快构建开放型经济新体制，探索实施更为开放的新举措，打造稳定公平透明可预期的营商环境，全面提高开放型经济水平。中国倡议共建丝绸之路经济带和21世纪海上丝绸之路，发起筹建设立亚投行和丝路基金，得到众多国家的积极响应。欢迎各国投资者加入“一带一路”建设，互利合作、共赢发展，共创美好未来。

张高丽表示，2014年中国经济运行总体平稳、稳中有进。今年以来，中国经济下行压力有所加大，我们将坚持稳中求进工作总基调，继续实施积极的财政政策和稳健的货币政策，更加注重定向调控，着眼于保持中高速增长和迈向中高端水平“双目标”，坚持稳政策稳预期和促改革调结构“双结合”，着力打造大众创业、万众创新和增加公共产品、公共服务“双引擎”，保持经济运行在合理区间，促进经济平稳健康发展和社会和谐稳定。我们要主动作为、奋发有为、真抓实干、敢于担当，为实现“两个一百年”奋斗目标、实现中华民族伟大复兴的中国梦而努力奋斗。

（新华网）

张高丽：推动创业创新，打造经济社会发展新引擎

（2015年5月27日）

2015年5月27日，中共中央政治局常委、国务院副总理张高丽，在重庆调研，了解经济运行、推动长江经济带发展、创业就业和培育自主品牌等情况。张高丽深入到可实梦微企创业园成长工场，考察了微型企业创业就业情况；前往重庆航运交易所，了解长江航运交易情况，并听取了重庆推进“一带一路”建设和推动长江经济带发展有关工作汇报；走进长安汽车研究总院，察看产品展示、汽车碰撞实验室，看望研发人员。

张高丽强调，要做好创业就业工作，推动大众创业、万众创新，激发亿万群众智慧和创造力，打造经济社会发展新引擎。要坚持简政放权、放管结合、优化服务，用改革的办法为各类市场主体搭建创业创新平台，用市场的力量创造更多就业机会。中小企业是国民经济中最活跃的细胞，在促进经济增长、技术创新、增加税收、吸纳就业、改善民生等方面具有不可替代的重要作用。要落实好中央促进中小企业发展的各项政策措施，不断优化中小企业发展环境，推动中小企业转型升级。科技创新是发展的内生动力，自主品牌是企业的效益源泉。要深入实施创新驱动发展战略，突出企业在技术创新中的主体地位，加快培育一批具有创新能力、知识产权和知名品牌的创新型企业，推动我国从经济大国迈向创新大国、经济强国。

（新华网）

张高丽：持续深入推进大众创业、万众创新

（2015年10月19日）

2015年10月19日，中共中央政治局常委、国务院副总理张高丽出席在北京举办的2015年大众创业万众创新高峰论坛并讲话。

张高丽说，党的十八大作出了实施创新驱动发展战略的重大部署。习近平总书记指出，实施创新驱动发展战略刻不容缓，必须紧紧抓住科技创新这个“牛鼻子”，切实营造实施创新驱动发展战略的体制机制和良好环境，加快形成我国发展新动源。李克强总理多次对加快实施创新驱动发展战略，推动大众创业万众创新作出指示批示和进行重要部署。在党中央、国务院正确领导下，通过实施一系列重大举措，极大地调动了广大人民群众的创业创新热情，大众创业万众创新热潮正在中国大地蓬勃兴起，取得的成绩值得充分肯定。

张高丽强调，我国经济发展进入新常态，必须加快实施创新驱动发展战略，在更大范围、更高层次、更深程度上推进大众创业万众创新，促进经济持续健康发展。要以大众创业万众创新激发新活力、新动力，使各种要素更加公平、自由、快捷地进行有效配置，促进经济保持中高速增长。要以大众创业万众创新培育新产业、新业态，结合实施“互联网+”行动计划和“中国制造2025”，着力把一批新兴产业培育成主导产业，促进移动互联网、云计算、大数据、物联网等与现代制造业融合，推动经济迈向中高端水平。要以大众创业万众创新催生新职业、新岗位，实现更加充分更高质量的就业，让更多的人富起来，实现机会公平、权利公平、人人参与又人人受益的包容性增长。要完善体制机制、加大政策支持、强化人才支撑、营造良好氛围，为大众创业万众创新提供有力保障。

张高丽表示，国家的繁荣发展离不开人民群众的创造力。我们要更加紧密地团结在以习近平同志为总书记的党中央周围，加快实施创新驱动发展战略，持续推进大众创业万众创新，为全面建成小康社会、实现中华民族伟大复兴的中国梦作出新的更大贡献。

（新华网）

张高丽：促进新技术、新产业、新业态蓬勃发展

（2015年12月1日）

2015年12月1日，中共中央政治局常委、国务院副总理张高丽在广东调研期间，主持召开“一带一路”建设工作座谈会。

张高丽指出，创新是国家发展的必由之路。习近平总书记指出，我国经济发展要突破瓶颈、解决深层次矛盾和问题，根本出路在于创新。李克强总理也对创新驱动发展提出了明确要求。我们要按照中央的决策部署，坚持把创新作为引领发展的第一动力，努力塑造更多依靠创新驱动、更多发挥先发优势的引领型发展。要紧紧抓住科技创新这个“牛鼻子”，加强基础研究，强化原始创新、集成创新和引进消化吸收再创新。要推动大众创业、万众创新，实施“互联网+”行动计划和“中国制造2025”，促进新技术、新产业、新业态蓬勃发展。要强化企业创新主体地位，加快形成一批有国际竞争力的创新型领军企业。要高起点规划、高标准建设自贸试验区，积极探索深化改革扩大开放的新鲜经验，打造参与国际竞争新优势、对外开放新高地。

（新华网）

马凯：大力促进各类人才创业创新创造

（2015年4月18日）

2015年4月18日，第十三届中国国际人才交流大会暨“深圳论坛”在深圳召开，中共中央政治局委员、国务院副总理马凯出席开幕式并讲话。

马凯指出，人才资源是第一资源。中国政府高度重视人才工作，大力实施人才强国战略，实行对外开放的人才政策，充分开发利用国内、国际两类人才资源、两个人才市场，为中国现代化建设提供了强有力的人才保障。中国经济社会发展取得的巨大成就，凝聚着中国人民的自身努力，也与世界各国优秀人才的参与和支持密不可分。

马凯强调，中国人民正在为实现中华民族伟大复兴的中国梦而努力奋斗，中国经济正在实施创新驱动战略、实现提质增效升级、打造增长新引擎，发展的中国为国内外人才施展才华提供了更加宽广的舞台。要全面深化改革，破除不利于人才发展、束缚人才成长的体制机制障碍，极大激发各类人才创业创新创造活力。要实行更加积极开放、更加有效的人才政策，降低国外人才引进门槛，为国内外人才交流合作打通更加便捷的道路。要全面推进依法治国，健全人才领域立法，严格知识产权保护执法，切实保护人才的合法权益，为中外人才发展营造公平、公正、公开的法治环境。希望中外优秀人才抓住难得的历史机遇，奋发有为、开拓创新，在中国实现事业发展的美好未来。

（人民网）

马凯：掀起青年创业创新热潮

（2015年10月22日）

2015年10月22日，“中国创翼”青年创业创新大赛总决赛在北京中关村国家自主创新示范区会议中心举行。中共中央政治局委员、国务院副总理马凯出席颁奖仪式并讲话。

马凯强调，要认真贯彻落实党中央、国务院决策部署，把青年人的智慧发挥出来、积极性调动起来，使青年创业创新、草根创业创新、大众创业创新蔚然成风，为实现中国经济“双中高”和中华民族伟大复兴的中国梦作出更大贡献。

马凯充分肯定了大赛取得的积极成果，指出青年人有朝气、有活力，富于开创和探索精神，是国家的未来、创业创新的希望，要顺应时代潮流，抓住历史机遇，积极投身创业创新实践，勇当大众创业、万众创新的先锋队和主力军。

马凯强调，创业创新是历史的选择、时代的召唤，要汇聚全社会力量，共同推动形成青年人创业创新的热潮。各级政府要加快构建有利于大众创业、万众创新蓬勃发展的政策环境、制度环境和公共服务体系。各人民团体和社会公益组织要积极关心和支持创业创新工作，共同助力创业创新者茁壮成长。广大企业、创业服务平台和投资机构要主动为青年人提供个性化、多元化的指导和帮助。新闻媒体要积极营造有利于创业创新的良好舆论环境。

（人民网）

刘延东：为大众创业万众创新营造良好环境

（2015年4月15日）

2015年4月15日，中共中央政治局委员、国务院副总理刘延东到北京中关村考察了创新工场、天使汇、3W咖啡、36氪等创业服务机构，与创业者深入交流，并主持召开座谈会，听取创投机构和创业者代表对创新创业的意见建议。

刘延东指出，当前我国处于全面建成小康社会的关键阶段，推进大众创新创业已成为实现经济中高速增长和迈向中高端水平的新动力，也是释放人才红利与实现个人梦想的重要契合点。

刘延东强调，要抓住新技术革命和产业变革的重要机遇，适应创新创业主体大众化趋势，大力发展技术转移转化、科技金融等科技服务业，完善场地、网络、资金、人才等扶持政策，支持众创空间等降低成本、良性发展，为大众创新创业提供低价优质的服务平台和发展空间。进一步深化行政审批制度改革，充分发挥市场机制作用，优化创新创业的管理与服务，完善事中事后监管，为市场主体松绑加力。有效利用国家自主创新示范区、高新区等资源集聚优势，促进创新创业要素自由流动，支持科技型中小企业秉持“人无我有、人有我优、人优我精”理念，走“专、精、特、新”的发展道路，努力做优做强做大，打造大众创业创新的发展新引擎。引导广大青年树立正确就业创业观念，加大创业扶持力度，降低创新创业门槛，帮助更多青年创业者施展才华、建功立业。大力弘扬敢为人先、宽容失败的创新精神，宣传先进典型和创业事迹，营造积极向上的创新文化。

（新华网）

刘延东：大力推进开放式创新，积极融入全球创新网络

（2015年6月19日）

2015年6月19日，“春晖杯”中国留学人员创新创业大赛10周年纪念暨2015年中美青年创客大赛启动仪式在美国匹兹堡举行，国务院副总理刘延东出席并致辞。

刘延东代表中国政府祝贺活动成功举办并表示，当今时代，创新已是不可抗拒的潮流，创新能力日益成为世界可持续发展的重要力量。无论在中国还是美国，创新创业都是青年共同关注的“热词”。当前，中国正在大力实施创新驱动发展战略，力争到2020年全面建成小康社会。我们正在全面深化改革，推动大众创业、万众创新，大力推进开放式创新，积极融入全球创新网络。创新创业关键在人才。“春晖杯”创新创业大赛实施10年来，成为引导在外留学生回国创新创业的重要平台。我们热诚欢迎更多留学人员以多种方式参与国家建设，也欢迎世界各国有志青年来中国创新创业。

（新华网）

刘延东：引入科技源头活水，开拓双创广阔天地

（2015年10月21日）

2015年10月21日下午，由科技部举办的科技引领创新创业座谈会在中关村国家自主创新示范区展示中心会议中心举行。中共中央政治局委员、国务院副总理刘延东出席会议并讲话。全文如下：

为推动实施创新驱动发展战略，展示“双创”成果，在全社会营造良好氛围，经国务院批准，从今年开始举办“全国双创活动周”。前天，李克强总理出席主会场启动仪式，强调要以大众创业、万众创新这一结构性改革激发全社会创造力，打造发展新引擎；要不断完善所需的公共产品和服务，不断清除制约“双创”的障碍，不断织牢民生保障之网，增强创业创新者试错的底气和勇气。昨天，我赴吉林大学参加首届中国“互联网+”大学生创新创业大赛总决赛活动，很受鼓舞。今天下午，又来到中关村参观并与大家座谈，研究落实习近平总书记、李克强总理关于“双创”的系列讲话精神，重点就科技引领创新创业，听一听同志们的意见和建议。

刚才，看了获奖成果展示并和获奖者进行了交流。六位同志的发言谈得很好，有亲身的体会、深入的思考和独特的见解，提的意见和建议都非常中肯，听后感到振奋，也很受启发。会后，请科技部等部门认真研究采纳。下面，我谈几点意见。

一、推进大众创业、万众创新是大势所趋，潮流所向

党中央、国务院高度重视大众创业、万众创新工作。习近平总书记强调，要以科技创新为核心引领全面创新，以体制机制改革激发创新活力，既要抓住关键联合攻关，更要加快科技成果转化，促进科技和经济结合。李克强总理在今年政府工作报告中提出，推动大众创业、万众创新，就是要激发蕴藏在亿万人民群众中的无穷智慧和创造力，使千千万万人靠创业自立、凭创新出彩。国务院常务会多次专题研究“双创”工作，对推进大众创业、万众创新做出全面部署。我在北京、天津、吉林等地调研时，也感受到大众创业、万众创新精神已经深入人心，众创空间发展方兴未艾。这充分说明党中央、国务院作出大众创业、万众创新的战略部署，符合时代潮流，具有广泛社会基础和巨大发展需求。

第一，从经济方面看，推进大众创业、万众创新是稳增长、调结构的关键举措。国际金融危机以来，世界经济格局深刻调整，复苏依然乏力，竞争日趋激烈。发达国家普遍实施“再工业化”战略，积极抢占高端产业领域话语权；发展中国家也在加快推进工业化进程，主动承接中低端产业及资本转移，对我国经济发展构成了巨大挑战，亟待依靠创新创业重塑竞争优势，“突破重围”。当前，我国经济总体上缓中趋稳、稳中向好，但仍然面临较大下行压力，能源资源环境刚性约束、区域发展不平衡等问题日益突出。面对短期稳增长和中长期调结构的双重压力，原有依靠规模扩张的粗放式发展模式已经难以为继，必须依靠科技创新，实现新旧动力转换，推动经济“爬坡过坎”。加快推进大众创业、万众创新，有利于更好激发“人”这一重要生产力的创新活力，催生一大批“专、精、特、新”的中小微企业，打造更多个性化、多样化、定制化的产品和服务，激发市场需求，引领消费升级。从某种意义上讲，大众创业、万众创新是远近结合、长短衔接的重要着力点，运用得好，完全可以成为经济发展的新引擎，释放新产业新业态蓬勃发展动能，不断培育新经济增长点，打造创新型经济。

第二，从科技方面看，推进大众创业、万众创新是加快科技成果转化、促进科技经济结合的重要突破口。近年来，我国科技投入不断加大，自主创新能力不断增强。2014年，全社会研发经费达2000多亿美元，研发人员规模达到390万人，发明专利申请量同比增速超过10%。但也要看到，我们辛辛苦苦研究出来的成果很多都沉淀在高校、科研院所内，束之高阁，而经济发展亟需的科技成果又难以满足。加快推进大众创业、万众创新，将有助于破除科技成果转化不力、不顺、不畅的痼疾，促使科技资源和科研能力转移到市场主体之中，把科技创新的“源头活水”引入经济主战场，增强经济发展新动能。

第三，从社会方面看，推进大众创业、万众创新是全面建成小康社会、实现中国梦的必然要求。习近平总书记指出，中国梦归根到底是人民的梦，必须紧紧依靠人民来实现。当前，我国进入了全面建成小康社会的攻坚阶段，必须

要通过大众创业、万众创新，破除阻碍人民群众干事创业的体制机制障碍，使千千万万人依靠创新创业富裕起来。加快推进大众创业、万众创新，有益于释放更多人才红利，激发出每一个社会细胞的创造活力，为每个有创新创业梦想的人打造自主创业的空间，增添经济增长新动力。不管是贫家子弟，还是社会精英，只要有决心，付出努力，走对路子，都可以成就自己的梦想，让千千万万的创新创业梦汇聚成“中国梦”。

二、大众创业、万众创新成效初现，潜力巨大

当前，我们正处在大众创业、万众创新蓬勃发展的“创时代”。各地、各部门按照党中央、国务院决策部署，出台了一系列政策措施，积极主动在审批程序上做减法，在优化服务上做加法，完善创业环境、拓展创业渠道、增进创业活力，激励全社会以创新引领创业、以创业激发创新，充分点燃了创新创业这个发展的新引擎。主要呈现四个特点。

一是大众草根渐渐成为创新创业主体。本届政府以来，国务院加快推进简政放权，特别是通过商事制度改革，极大激发了全社会创新创业活力，新增市场主体呈“井喷式”增长。现在全国平均每天有1万多户企业诞生，越来越多的大众、草根成为创新创业的主力军。很多年轻创业者几乎是白手起家，在简陋的厂房或宿舍里发明创造，通过艰苦奋斗，实现自己的梦想。这也是继上世纪90年代“下海”潮之后，出现的新一轮创业热潮，创新创业已经不是少数人的专利，而是多数人的机会，是普通群众的机会。

二是众创、众包、众扶、众筹百花齐放。在互联网条件下，不仅有千军万马的个人和小企业投身创新创业，一些大企业也在积极探索众创、众包、众扶、众筹等方式参与创新，多样化的众创空间如雨后春笋，蓬勃发展。比如，有的企业建立了开放式的创新平台，为内部员工与社会人员构建了一个创新创业生态圈，让所有人都能利用企业的产业资源搞创新。再如，有的企业建立创投加速器，入选团队可以在北京、西雅图、伦敦等多个城市免费使用办公空间，还能得到专家辅导，受到创业者的欢迎。

三是创新创业服务体系不断健全。近年来，各地、各部门不断在公共服务上下工夫，创新服务手段，优化财政支持方式，打造各类创新创业平台，为创业者提供“接地气”的服务和产品。与此同时，第三方服务也在悄然兴起。比如，中关村的创业会客厅、杭州的梦想小镇等，根据企业个性化需求，提供注册登记、知识产权、法律咨询、资金融通等“一站式”创业服务，发挥了越来越重要的作用。各类社会机构组织的投资路演、创业论坛、培训辅导等活动也成为了创新创业服务的重要力量。

四是创新创业活动丰富多彩。中国创新创业大赛已经成功举办了四届，成为了一道靓丽的社会品牌。前三届共有近3.2万家企业参赛，促成创业投资近100亿元。今年举办的第四届大赛，目前已有2.7万多家企业参赛，接近前三届的总和，参赛热情空前高涨。各地也积极采取各种行动，吸引创业人才和创新资源。比如，中关村启动了“创业中国”引领工程，今年上半年新创办科技企业9000多家；成都实施了“创业天府”行动，上半年新增科技企业8300多家。

应该说在各地、各部门的不懈努力下，大众创业、万众创新总体发展态势良好。但必须清醒地认识到，面临新形势、新问题，一些改革举措没有很好落实，仍然存在“玻璃门”“弹簧门”现象；一些金融机构、大企业和高校院所及其他社会力量参与创新创业的深度和广度还不够，这都需要我们深入进行剖析，不断深化改革，扫除阻碍创新创业的羁绊。

三、科技引领大众创业、万众创新重任在肩，使命光荣

实施创新驱动发展战略，推动以科技创新为核心的全面创新，关键就是要把科技创新与大众创业、万众创新在更大范围、更深程度、更高层次上结合起来，有效促进科技成果与现实生产力对接，促使各类创新要素融合互动，以汇聚起经济社会发展的强大动力。要进一步发挥好科技引领作用，充分释放创新创业的巨大潜力，推动我国经济保持中高速增长，向中高端迈进。重点要加强以下三方面工作：

一要抓改革，有的放矢破除大众创业、万众创新壁垒。当前，创新创业依然面临着诸多体制障碍。要以《促进科技成果转化法》的实施为契机，找准制约创新创业的“卡脖子”问题，切中阻碍科技成果转化、“牵一发而动全身”的体制机制要豁。要从根本上清除制约科技成果转化的障碍，抓实抓好科技成果使用、处置和收益权管理改革，探索适应无形资产特点的国有资产管理方式，不断为创新创业输入原创性科技成果。要完善科研人员创新创业的激励机制，解放股权激励与现行有关规定存在的冲突问题，真正让科技人员创业能够持其股、得其利、创其富。国务院常务会已决定把目前在国家自主创新示范区试点的4项所得税政策，推广至全面。要抓紧制定出台操作细则，尽快将政策落地。

二要聚要素，形成合力解决大众创业、万众创新难点。大众创业、万众创新是社会性系统工程，需要全社会各类主体积极参与，共同解决创新创业的难点和痛点。要积极探索利用众创、众包、众扶、众筹等新模式，建立大众创业、万众创新服务云平台，解决初创企业融资难、市场难、融资贵、场租贵等“两难两贵顽疾”。要集聚整合创新创业资源，加速创新创业要素流动，调动丰富的社会资本、专业人才、服务机构为创业者提供高水平、全要素、便利化的服务。要尊重市场规律，以开放包容的态度对待市场孕育出的新产品、新服务、新业态，让创新创业的“未知种子”在丰沃土壤里生长壮大。

三要求实效，因地制宜打造大众创业、万众创新亮点。当前，大众创业、万众创新正在全国如火如荼开展，各地、各部门要善于运用辩证思维谋划创新创业，结合地方自然禀赋、产业基础和文化特色，打造创新创业优势和长板。要尊重创新的规律，既不能懒政庸政不作为，也要防止“一哄而上”，“盲目跟风”。要最大限度地发挥市场配置创新创业资源、选择创新创业方向的决定性作用，走出一条因地制宜、扬长避短、各具特色的创新创业之路，打造创新创业新名片和新亮点。

同志们，大众创业、万众创新是发展的动力之源，也是富民之道、公平之计、强国之策。希望同志们勇立时代潮头，在创业创新浪潮中砥砺前行，奋勇争先，成就梦想。各地、各部门要携起手来，紧紧抓住大众创业、万众创新带来的发展机遇，为经济新常态不断注入新动力、拓展新空间，为实施创新驱动发展战略、建成创新型国家做出积极贡献。

最后，预祝全国双创活动周圆满成功！祝各位创业者和创业企业，马到成功、再创佳绩！

（《科技日报》）

刘延东：深入实施创新驱动发展战略

（2015年11月11日）

2015年11月11日，中共中央政治局委员、国务院副总理刘延东在《人民日报》上发表署名文章。全文如下：

实施创新驱动发展战略，是《中共中央关于制定国民经济和社会发展第十三个五年规划的建议》（以下简称《建议》）的重点和亮点，充分体现了以习近平同志为总书记的党中央确立发展新理念、开拓发展新境界的坚定决心与历史担当。我们要深刻领会其精神实质，准确把握其根本要求，切实增强深入实施创新驱动发展战略的自觉性和坚定性。

一、深刻理解实施创新驱动发展战略的重大意义

创新发展是《建议》提出的五大发展理念之首，是贯穿《建议》全篇的重大战略思想。创新驱动发展战略是落实创新发展理念的具体行动，是一个立足全局、面向全球、聚焦关键、带动整体的国家战略，而不是一个短期的、局部的战略。这是党中央在我国发展关键时期作出的重大决策，契合我国发展的历史逻辑和现实逻辑。

（一）创新发展是我国发展的形势所迫。

经过几十年的持续快速发展，我国经济总量跃居世界第二，人均GDP接近8000美元。但同时，产业层次低、发展不平衡和资源环境刚性约束增强等矛盾愈加凸显，处于跨越“中等收入陷阱”的紧要关头。当前我国经济发展进入新常态，基本特点是速度变化、结构优化和动力转换，其中动力转换最为关键，决定着速度变化和结构优化的进程和质量。从国际经验看，二战后只有少数经济体从低收入成功迈向高收入，迈过“中等收入陷阱”实现了现代化，他们的一条重要经验在于紧紧依靠科技创新打造了竞争的新优势，从而提升了自身在全球价值链条中的位势。未来五年是全面建成小康社会决胜阶段，能否成功转变发展方式，能否成功推进产业升级，能否成功跨越“中等收入陷阱”，关键是看能否依靠创新打造发展新引擎，创造一个新的更长的增长周期。

（二）创新发展是国际竞争的大势所趋。

当前世界范围内新一轮科技革命和产业变革蓄势待发，信息技术、生物技术、新材料技术、新能源技术广泛渗透，带动以绿色、智能、泛在为特征的群体性技术突破，重大颠覆性创新不时出现，对国际政治、经济、军事、安全、外交等产生深刻影响，甚至改变国家力量对比，成为重塑世界经济结构和竞争格局的关键。世界各大国都在积极强化创新部署，如美国再工业化战略、德国工业4.0战略、低碳经济发展战略、新成长战略、高技术战略等应运而生。创新已经成为大国竞争的新赛场，谁主导创新，谁就能主导赛场规则和比赛进程。我国既面临赶超跨越的难得历史机遇，也面临差距进一步拉大的风险，只有努力在创新发展上进行新部署、实现新突破，才能跟上世界发展大势，把握发展的主动权。

（三）创新发展是民族复兴的国运所系。

一个国家是否强大不仅取决于经济总量、领土幅员和人口规模，更取决于它的创新能力。近代以来，世界经济中心几度转移，其中有一条清晰的脉络，就是科技中心一直是支撑经济中心地位转移的强大力量。领先科技和尖端人才流向哪里，发展的制高点和经济的竞争力就转向哪里。近500年以来，世界经历了数次科技革命，一些欧美国家抓住了蒸汽机革命、电气革命和信息技术革命等重大机遇，一跃而成为世界大国和世界强国；反之，我国却由全球经济规模最大的国家沦为落后挨打的半封建半殖民地国家，其中一个很重要的原因就是与科技革命失之交臂。面向未来，只有真正用好科学技术这个最高意义上的革命力量和有力杠杆，走出一条从人才强、科技强到产业强、经济强、国家强的发展路径，才能实现中华民族伟大复兴的中国梦。

（四）创新发展是我国科技创新的必然选择。

新中国成立以来，经过几代人的艰苦努力，我国科技创新能力显著增强，科研体系日益完备，整体水平正处于从量的增长向质的提升的跃升期。在基础科学、前沿科学和战略高技术领域，取得了一批具有国际影响力的重大研究成果。企业创新能力快速提升，发明专利授权量居世界第二，企业申请占60%以上。产业的技术含量不断提升，高速铁路、核电、第四代移动通信、特高压输变电等一系列重大技术取得突破，带动产品和装备走向世界。我国巨大市场规模、完备产业体系、多样化消费需求，与移动智能时代创新效率提升相结合，为技术、产品和产业创新提供了广阔空间，使我国创新驱动具备了动力转换、发力加速的基础。同时也要看到，我们的科技储备还有待加强，高端人才仍然十分急缺，关键核心技术受制于人的局面尚未得到根本解决，许多产业仍处于全球价值链的中低端，制约创新发展的思想观念和深层次体制机制的障碍迫切需要革除。

站在新的历史起点上，面对新的现实挑战，今天的中国比历史上任何时候都更加需要确立创新发展理念、实施创新驱动发展战略，这是关系我国发展全局的重大抉择。

二、牢牢把握创新是引领发展的第一动力的核心要义

《建议》对创新在国家经济社会发展中的重要地位和作用作了崭新概括，提出了“创新是引领发展的第一动力”的重大论断，强调“让创新贯穿党和国家一切工作”。这是马克思主义关于发展的理论在中国的最新探索，是“科学技术是第一生产力”重要思想的创造性发展，使我们党对创新的认识、发展的认识达到了历史的新高度。

现代社会的发展，始终面临着需求无限性和能力有限性之间的矛盾，持续增加要素有效供给并形成高效组合，不断提高生产力水平，一直都是各国长期努力的方向。在传统的发展方式下，土地包括水资源和矿产资源、劳动力、资本等对经济发展起主导作用，决定着经济增长的规模和速度。而创新驱动的基本特征是，全社会持续的知识积累、技术进步和劳动力素质提升成为推动经济增长的基本方式。在创新驱动的发展方式中，土地、资本等传统要素仍然发挥着不可替代的作用，但创新上升到了第一位。

创新不仅能提高传统生产要素的效率，还能够创造新的生产要素，形成新的要素组合。特别是通过技术、制度、管理、商业模式等方面创新，引导创新要素和传统要素形成新组合，实现从土地、资本等传统要素主导发展转为创新驱动发展，为经济持续发展提供源源不断的内生动力。自然资源会越用越少，而科技和人才等创新要素却会越用越多。世界上拥有资源禀赋差不多的国家，由于创新能力的不同，综合国力截然不同。在我们这样一个人口规模大、人均自然资源少的国家，创新对发展的速度、规模、结构、质量、效益越来越起决定性作用，只有充分发挥“第一动力”的作用，才能创造新常态下的新优势。

（一）必须把创新摆在国家发展全局的核心位置。

坚持在“四个全面”战略布局、“五位一体”建设的大局中来思考和谋划创新，让创新贯穿党和国家一切工作，成为国家意志和全社会的共同行动。在政策制定、制度安排和资源配置中，要把科技创新作为最重要的战略资源，优先考虑。构建有利于促进创新的体制架构，提高创新资源的集聚能力和使用效率。要加大科技投入，发挥财政资金撬动作用，引导社会资源投入创新，形成财政资金、金融资本、社会资本多方投入的新格局，扩大创新创业投资规模。

（二）必须不断推进理论创新、制度创新、科技创新、文化创新等各方面创新。

我们讲的创新，是以科技创新为核心的全面创新。理论创新是社会发展和变革的先导，是各类创新活动的思想灵魂和方法来源。制度创新是持续创新的保障，是激发各类创新主体活力的关键。科技创新是国家竞争力的核心，是全面创新的主要引领。文化创新是一个民族永葆生命力和富有凝聚力的重要基础，是各类创新活动不竭的精神动力。要通过创新破除制约创新的思想障碍和制度藩篱，促进科技创新与理论创新、制度创新、文化创新等持续发展和全面融合，打通科技创新和经济社会发展之间的通道，让一切劳动、知识、技术、管理、资本的活力竞相迸发，释放巨大的发展潜能。

（三）必须让创新在全社会蔚然成风。

崇尚创新，国家才有光明前景，社会才有蓬勃活力。创新发展是全民参与、全民推动的宏伟事业。要强化创新的法治保障，培育公平、开放、透明的市场环境，健全激励创新的体制机制，营造良好的创新生态，增强各类市场主体的创新动力。倡导敢为人先、勇于冒尖的创新自信，使创新成为全社会的一种价值导向、一种生活方式、一种时代气息。推动大众创业、万众创新，鼓励发展众创、众包、众扶、众筹空间，让每个有创新意愿的人都有机会和空间，加速形成人人崇尚创新、人人希望创新、人人皆可创新的社会氛围。

三、加快塑造更多依靠创新驱动、更多发挥先发优势的引领型发展

《建议》将坚持创新发展、着力提高发展的质量和效益作为“十三五”期间战略任务予以部署，明确要求要把发展基点放在创新上，塑造更多依靠创新驱动、更多发挥先发优势的引领型发展。这是未来五年经济发展思路的重大转变。

领先和领跑是保持高端、赢得优势的关键，创新驱动发展战略实质上也是一个打造先发优势的战略。我国作为发展中大国，过去几十年比较好地利用了后发优势，创造了经济发展史上的奇迹。但长期以来不少产业和产品处于跟踪仿制阶段，路越走越窄。目前后发优势的利用空间逐步缩小，需要创造自己的先发优势，培育高端要素、高端产业、创新高地，加快形成高端引领的发展格局。

（一）依靠创新汇聚融合高端要素，培育我国经济发展新动力。

随着技术、信息、制度、人才和企业家才能为代表的创新要素比重不断提升，培育经济发展新动力，必须高度重视聚集高新技术、高端装备、高级人才和高水平服务等，发展以技术、品牌、质量为核心的新产品、新产业和新市场。特别要做好创新转化为产业活动的“加法”，推动新技术、新产业、新业态、新机制融合发展，无中生有、有中生新，释放新需求，创造新供给，发现和培育新增长点。

（二）依靠创新培育发展高端产业，构建我国经济发展新优势。

创新要落到形成更具竞争力的产业优势上。要紧紧抓住经济竞争力提升的核心关键、社会发展的紧迫需求、国家安全的重大挑战，构建结构合理、先进管用、开放兼容、自主可控、具有国际竞争力的现代产业技术体系，以技术的群体性突破支撑引领新兴产业集群发展，使我国产业的科技含量更高、附加值更高。加快“互联网+”行动的落实，发展新一代信息网络技术，增强经济社会发展的信息化基础。围绕“中国制造2025”，发展智能绿色制造技术，推动制造业向价值链高端攀升。围绕国家能源战略，发展安全清洁高效的现代能源技术，推进能源供给与消费革命。围绕国家粮食安全战略，发展生态绿色高效安全的现代农业技术，促进农业提质增效和可持续发展，等等。

（三）依靠创新打造形成创新高地，拓展我国经济发展新空间。

创新是区域发展的重要基石和有力支撑，必须聚焦国家区域发展战略，配置创新要素，加快构建区域创新增长极。要推进京津冀协同创新共同体建设，促进长江经济带创新发展，推动区域一体化协同发展；瞄准“一带一路”建设等，统筹国内外创新资源，建设面向沿线国家的科技创新基地，加强国际创新产能合作。要加快推进北京、上海打造具有全球影响力的科技创新中心，以国家自主创新示范区、国家高新区和全面创新改革试验区等为重要载体，建设若干具有强大带动力的创新型城市和区域创新中心，形成若干高水平、有特色优势的产业聚集区，逐步提高我国经济发展的整体水平。

四、充分发挥科技创新在全面创新中的引领作用

全面创新是涉及生产力、生产关系的全要素、全系统、全方位变革，各类创新中最重要、最关键、最核心的是科技创新，最困难、最具挑战的也是科技创新，科技创新对生产力和生产关系都具有决定性影响。习近平总书记指出：“谁牵住了科技创新这个牛鼻子，谁走好了科技创新这步先手棋，谁就能占领先机、赢得优势。”为此，《建议》强调要发挥科技创新在全面创新中的引领作用。

（一）加强基础研究，注重原始创新。

基础研究是科技进步的先导。要稳定支持重点学科方向的自由探索，切实加强重大交叉前沿领域的前瞻部署，强化创新源头供给。围绕世界科学前沿方向和国家战略需求建设一批具有国际先进水平的科研基地，推进有特色高水平大学和科研院所建设，在重大创新领域组建一批国家实验室，加强大科学装置等重大科研基础设施建设，强化科技资源开放共享，并凝聚一批走在世界科学前沿的高水平团队。积极提出并牵头组织国际大科学计划和大科学工程，为我国和世界科学发展作出积极贡献。

（二）坚持战略和前沿导向，突破关系发展全局的重大技术。

战略前沿技术事关国家的核心竞争力和长远发展。要采取差异化策略和非对称性措施，强化重点领域关键环节的重大技术研发，实现弯道超车。瞄准国际科技前沿，加快突破新一代信息通信、新能源、新材料、航空航天、生物医药、智能制造等领域核心技术。着眼保障国家安全，加强深海、深地、深空和信息安全领域的战略高技术部署。围绕城镇化、环境治理、人口健康、公共服务及可持续发展的瓶颈制约，探索系统性技术解决方案，促进民生改善。面向未来，还要在量子通信、新一代信息网络、类脑机器人、纳米等领域，尽快部署启动一批重大科技项目，力争在国家战略优先领域率先跨越。

（三）强化企业创新主体地位和主导作用，形成一批有国际竞争力的创新型领军企业。

企业创新能力是国家竞争能力重要体现。近年来我国企业创新能力快速提升，但依靠科技创新进入世界500强的企业仍然不多。要健全技术创新的市场导向机制，促进企业真正成为技术创新决策、研发投入、科研组织和成果转化的主体。要支持行业领军企业构建高水平研发机构，鼓励开展基础性前沿性创新研究，吸引集聚全球优秀人才，培育具有国际竞争力的创新型企业。引导中小微企业走“专精特新”发展道路，构建技术创新公共服务平台，鼓励商业模式创新。强化普惠性政策支持，完善企业研发费用加计扣除政策，扩大固定资产加速折旧实施范围，推动设备更新和新技术广泛应用。

（四）推动跨领域跨行业协同创新，加快政产学研用深度融合。

着眼创新资源和要素的有效汇聚，推动各创新主体打破壁垒开展深度合作，充分释放人才、资本、信息、技术等创新要素的活力。鼓励企业主导构建产业技术创新联盟，支持联盟承担产业共性技术研发重大项目，完善产业创新链。加强各类技术和知识产权交易平台建设，促进创新要素的高效流动和有效配置；建立从实验研究、中试到规模化生产的全过程科技创新融资模式，促进科技成果资本化、产业化。建立军民融合重大科研任务形成机制，促进军民两用技术双向转化。

（五）构建规模宏大的人才队伍，激发科技人员的积极性。

创新驱动实质上是人才驱动。围绕重点学科领域和创新方向，造就一批世界水平的科学家、科技领军人才、工程师和高水平创新团队。实施更加积极的创新人才引进政策，注重培养一线创新人才和青年科技人才，大力提高全民科学素质。要为科研人员营造更加宽松的科研环境，改革科研评价和奖励制度，健全人才流动机制，赋予创新领军人才更大人财物支配权、技术路线决策权，实行以增加知识价值为导向的分配政策，提高科研人员成果转化收益分享比例，鼓励人才弘扬奉献精神。

（六）推动政府职能从研发管理向创新服务转变，营造良好创新生态。

这是科技管理方式的重大改革，要求政府更加注重抓宏观、抓战略、抓前瞻、抓基础、抓环境、抓监督，更加注重向创新链前后端延伸，更加注重优化政策供给，更加注重营造良好创新生态，形成全链条统筹推进的工作格局。建立国家高层次创新决策咨询机制，提高科技创新决策的科学化和民主化水平。改革中央财政科技计划管理，完善计划项目生成机制和实施机制，更加聚焦国家战略目标，强化科技同经济对接、创新成果同产业对接、创新项目同现实生产力对接。在体现国家意志的战略领域和市场失灵的公共领域要积极作为，切实加大对基础研究和战略前沿、共性关键技术研究的稳定支持力度。综合运用各类政策，形成一系列激励创新创业的政策工具箱，积极营造有利于知识产权创造和保护的法治环境、公平竞争的市场环境和崇尚创新创业的文化环境。

（七）坚持全球视野，全方位推进开放创新。

当前全球创新要素开放性流动显著增强，为我国有效利用国际创新资源、提高创新起点提供了有利条件。要紧跟世界科技发展趋势，加强科技外交和科技国际化布局的顶层设计，统筹国内国外两种资源，全面提升国际科技合作水平。支持企业面向全球布局创新网络，鼓励建立海外研发中心，按照国际规则并购、合资、参股国外创新型企业和研发机构，提高海外知识产权运营能力。鼓励外商投资战略性新兴产业、高新技术产业、现代服务业，支持外资机构在中国设立技术研发机构，实现引资、引技、引智相结合。深入参与全球科技创新治理，主动设置全球性创新议题，深化创新对话机制，积极参与重大国际科技合作规则制定，共同应对粮食安全、能源安全、环境污染、气候变化以及公共卫生等全球性挑战。

我们要紧密团结在以习近平同志为总书记的党中央周围，大力弘扬创新理念，深入实施创新驱动发展战略，为建设创新型国家、实现中华民族伟大复兴的中国梦而努力奋斗！

（《人民日报》）

李源潮：积极投身科技创新创业创优

（2015年5月23日）

2015年5月23日，第十七届中国科协年会在广州开幕。中共中央政治局委员、国家副主席李源潮出席并讲话。全文如下：

今天，第十七届中国科协年会在广州召开。我受中央委托，向各位科技专家、各位嘉宾和广大科技工作者致以亲切的问候！向广东省委、省政府对年会的支持表示感谢！

刚才，启德主席和小丹省长做了很好的讲话，我听了很受启发。广东尤其是深圳的转型发展、创新驱动给人印象深刻，令人倍感振奋，广东正在走一条“创新驱动先行”的发展路子。本届年会以“创新驱动先行”为主题，很有意义。我国经济发展进入新常态，迫切需要加快从要素驱动、投资规模驱动为主向以创新驱动为主转变。中国改革开放30多年快速发展，主要优势来自低成本优质劳动力，引进资金、技术和先进管理，利用国外资源和国际市场。在快速发展过程中，我们付出了巨大的资源环境代价，原有的发展优势正在逐渐减弱，发展动力的转换要求日益迫切。习近平总书记强调，老路走不通，新路在哪里?就在科技创新上。也就是说，方式转换、创新驱动，科技要先行。希望广大科技工作者牢记习近平总书记的重托，深刻认识实现创新驱动的时代责任，弘扬老一辈科技工作者爱国奉献、锐意创新的精神，奋力投身科技创新创业创优，在推动创新型国家建设、推进“四个全面”战略布局中作出应有贡献。

一、希望广大科技工作者抓住科技创新的时代机遇，多出世界一流的原创性科技成果

当前，世界新一轮科技革命和产业变革正在孕育兴起。里夫金的《第三次工业革命》、《零边际成本社会》，布莱恩约弗森的《第二次机器革命》，描绘了新一轮技术革命的发展图景，及其对社会制度的深刻影响。尽管对科技发展的趋势还众说不一，但各国之间争夺未来科技经济战略制高点的竞争已日趋激烈。欧盟实施“地平线2020”科研规划，美国实施“再工业化”战略，德国启动“工业4.0平台”。谁能抓住新一轮科技革命的机遇，谁就能在未来的竞争中占据主动。

科技落后是近代中国贫穷落后的重要根源，科技追赶是中国现代化追赶的重要任务。中国科技现代化的追赶，是从新中国成立后全面起步的，独立的国防和工业体系，“两弹一星”为代表的重大科技成果，造就一大批各行各业科技领军人物和骨干人才。改革开放开启了中国科技事业奋起追赶的新征程，尊重知识、尊重人才，实施科教兴国战略，建设创新型国家，科学技术的第一生产力作用日益突出。在航空航天、高速铁路、深海探测、北斗导航、生物技术、超导材料等许多领域，中国科技工作者取得了世界瞩目的成绩。但总的来说，中国的科技现代化仍走在追赶的道路上。科技界对我国科技当前的创新水平有一个“三跑并存”的判断：在1500多项主流科技中，处于领跑水平的10%，处于并跑水平的20%，处于跟跑水平的70%。这表明，我国原创性科技创新能力还亟待增强。如果关键核心技术受制于人的局面得不到根本转变，中华民族伟大复兴的梦想就难以实现。

在全国人民为实现中国梦而奋斗的今天，当代科技工作者赶上了中华民族伟大复兴的好时代。从我国目前的科技条件积累和人才储备看，应该也完全能够在新一轮科技革命中自立于世界优秀民族之林。改革开放以来，国家先后实施了863、973、重大科技专项等计划，累计建设国家工程研究中心132个、国家实验室154个，认定企业技术中心1098家，很多科研设备都是全球最先进的。2014年，全社会研发投入1.33万亿元，占GDP比重超过了2%，已经与欧盟国家持平。中国的科技人才有6800万人，35岁以下的超过三分之一，每年新增理工科大学毕业生500多万人。这几年，留学回国人员每年超过30万。乔布斯曾对奥巴马说，苹果公司在中国生产，是因为不仅能招到70万工人，还能聘到3万工程师，如果美国能为苹果提供这么多工程师，他就把生产线迁回美国。现在的中国是科技创新的沃土。希望广大科技工作者把握创新机遇，增强创新自信，瞄准世界科技前沿，立足国家发展需要，潜心钻研、刻苦攻关，努力取得更多世界一流的原创性科技成果。

二、希望广大科技工作者积极投身科技创业，为推动经济社会发展作出更大贡献

科技创业是科技创新转化为现实生产力的必然需要，也是科技人员实现人生价值的重要途径。改革开放以来，中国的科技创业潮一波高过一波。第一次是上世纪80年代的科技人员下海潮，柳传志创办联想，王选创办方正，段永基创办四通，中关村电子一条街名扬海内外，上海的“星期天”工程师在苏南一带大受欢迎。第二次是90年代的新科技创业潮，通过引进消化吸收再创新，以海尔、长虹等为代表的国有企业实现了二次创业，留学海外的张朝阳、李彦宏、邓中翰等借鉴国际先进技术、先进经验回国创办高科技企业。第三次是新世纪以来的互联网创业潮，阿里巴巴、腾讯、京东、小米等一批科技企业迅速成长起来，马云、马化腾、刘强东、雷军成为青年创业的偶像。科技创业为中国经济发展不断注入新的活力，开辟新的增长点。

当今中国的科技创业正进入一个“互联网+”的新时代。昨天展览的三维海洋信息平台、脑卒中评估系统都很了不起。移动互联、人工智能、大数据、云计算等新技术与各种新产业、新业态、新商业模式融合发展，科技创业的空间更加广阔。十八届三中全会以来，深化科技体制改革的举措不断出台，科技创业的政策环境更加优化。中央《关于加快实施创新驱动发展战略的若干意见》明确了科技人员离岗创业、科技成果入股分红、职务发明转化收益等一系列政策鼓励科技创业。中国科协实施创新驱动助力工程，为科技人员走出高校院所，到地方和企业开展创业服务搭建了平台；建立“海外人才离岸创业基地”，吸引了一批海外人才来华创业。社会各界对科技人员创业充满期待，天使投资看好互联网IT企业，股民追捧科技创业股。好风凭借力，送我上青云。希望广大科技工作者抓住高科技、新产业、大市场融合发展的产业创新机遇，抓住全面深化改革，鼓励大众创业、万众创新的优惠政策机遇，把握市场需求和社会需要，积极领办创办科技企业，以更多更好的产品和服务造福百姓生活、推动经济发展。

三、希望广大科技工作者树立科技创优的追求，努力让科学技术的效益发挥到最大最好

创优是创新创业的基础。科技事业的发展，既需要大批从事科技创新创业的领军人物和骨干力量，又需要大批把技术应用、技术革新、技术推广、人才培养和科学普及工作做到最优的一线科技工作者。江西地矿局高级工程师杨衍忠，退休后20年如一日，整理了近600万字的地质勘探资料，为赣南地区找矿工作提供了科学依据。甘肃庄浪县农技推广中心吴永斌，跑遍西北5省，推广自己精心培育的高产抗病马铃薯“庄薯3号”3300多万亩。四方车辆厂研磨工宁允展，手工研磨高铁转向架精度达到0.05毫米，保证了中国高铁核心部件的质量。南京军区总医院黎介寿教授，爱才惜才、提携后学，亲自培训了近两万名学生。中国科技馆原馆长李象益，从科学研究转向科学普及，一干就是几十年，他的贡献得到国际认可，获得了科普界最高奖“卡林加”奖。

与世界先进国家相比，中国科技水平的差距既有创新能力的不足，也有创优能力的不足。我们需要更多的杨衍忠、吴永斌、宁允展、黎介寿、李象益。希望广大科技工作者发扬严谨求实、追求卓越的科学精神，立足本职岗位创先争优，为推广最新科技成果、提高科技应用效益、提升公民科学素质扎实工作。中国科协采集的老科学家学术成长资料已出版50册，科学家的先进事迹要大力弘扬。同时，还要大力宣传那些在田间地头、工厂车间、深山老林等基层一线精益求精、默默奉献的优秀科技工作者。我们要在全社会倡导追求科学、追求进步、追求奉献的新风正气，促进社会主义核心价值观成为全民的精神支柱。

今年初，中央下发了《关于加强和改进党的群团工作的意见》。各级科协组织要认真贯彻落实中央精神，创新科协工作，扎实改进作风，认真听取科技工作者的意见建议，为他们创新创业创优搞好服务。各级党委、政府要按照中央《意见》要求，加强对科协工作的领导和支持，为广大科技工作者创新创业创优当好“后勤部长”。

今年是中国人民抗日战争暨世界反法西斯战争胜利70周年，中国的独立富强凝聚着千千万万中华儿女的鲜血和汗水，凝聚着一代又一代科技工作者的牺牲和奉献。希望广大科技工作者紧密团结在以习近平同志为总书记的党中央周围，以国家富强、民族振兴、人民幸福为己任，积极投身创新型国家建设，为实现“两个一百年”奋斗目标和中华民族伟大复兴的中国梦作出更大贡献。

（中国科协网站）

李源潮：青年是大众创业万众创新的先锋

（2015年10月21日）

2015年10月21日，中共中央政治局委员、国家副主席李源潮在北京中关村国家自主创新示范区出席“全国大众创业万众创新活动周·青年创新创业论坛”。他希望广大青年响应中央号召，做大众创业、万众创新的先锋。

论坛开始前，李源潮参观了大众创业万众创新展览，详细询问了青年创业创新的金属3D打印、水下机器人、移动电子商务综合服务平台、专业基础云计算等项目的情况，勉励大家干得更好，为国家创新发展多做贡献。李源潮在论坛上指出，青年是创业创新的生力军，国家特别需要并大力支持青年创业创新。青年创业创新要符合国家和社会发展需要，要千里之行始于足下，脚踏实地从小事做起。要经得住困难的考验、失败的考验、各种诱惑的考验，守法创业、诚信创业、合作创业，以恒心和毅力坚持不懈地创业。共青团和有关部门要共同为青年创业创新服务，大力宣传青年创业创新典型，帮助、支持和引导广大青年做大众创业、万众创新的先锋。

（新华网）

赵乐际：完善服务机制，广泛汇聚海外英才

（2015年1月21日）

2015年1月21日，中共中央政治局委员、中央组织部部长赵乐际主持召开中央人才工作协调小组第41次会议。他强调，要深入学习贯彻习近平总书记关于人才工作的重要指示精神，坚持党管人才原则，适应创新驱动发展、区域发展、“走出去”等重大战略，实行更积极、更开放、更有效的政策，加快形成具有国际竞争力的人才制度优势，努力建设一支规模宏大的创新型人才队伍，为实现“两个一百年”奋斗目标、实现中华民族伟大复兴的中国梦提供有力人才支撑。

赵乐际指出，经济发展进入新常态，人才事业站在新起点，要进一步明确人才工作的方向、布局和抓手。要遵循社会主义市场经济规律、人才成长规律，深化人才发展体制机制改革，完善人才使用、流动、激励和成果转化机制。要进一步健全留学人员回国服务、外国人永久居留等政策，充分发挥市场需求的导向作用和用人单位的主体作用，广泛汇聚海外英才。要分析人才形势、把握人才需求，进一步改善结构、提升质量，有效服务国家重大发展战略。要发挥党政部门、高校、科研院所、企业等各方面优势，共同做好人才工作。要重视对人才的团结引导服务，加强思想联系，在全社会大兴识才、爱才、敬才、用才之风，使人才更感光荣、更受尊重。

（中国政府网）

赵乐际：坚定不移地推进“千人计划”

（2015年3月4日）

2015年3月1日至5日，国家“千人计划”入选者专题培训班在中央党校举办，84名“千人计划”入选者参加此次研修。3月4日下午，中共中央政治局委员、中央书记处书记、中组部部长赵乐际与学员座谈并讲话，强调要坚定不移地推进“千人计划”。整理如下：

今天我们来与“千人计划”专家研修班学员座谈，有两个目的：一是看望大家，二是借此机会听取意见建议。刚才大家从不同角度谈了体会和建议，我们将认真研究这些意见建议，坚定不移地推进“千人计划”。借此机会，我讲三个方面内容。

第一，关于“千人计划”。

“千人计划”具有历史意义。从实践看，这个计划非常成功，随着时间推移，它的成功会不断得到进一步的证明。因此，作为一个国家级的计划、一个大的人才计划，或者以“千人计划”为代表的人才工程，我们一定要坚定不移地推进下去、实施好，而且要越搞越好。

对“千人计划”专家要信任信赖。引进的海外高层次人才，是一个具有特殊优势的群体，我们要信任信赖、放手使用，让他们人尽其才、才尽其用。

第二，谈点感受。

听了大家的发言，我有一个感受，就是拳拳赤子心、殷殷爱国情。大家放弃优越条件，克服不少困难，毅然回来报

效祖国，把个人的成功与祖国的发展强盛联系起来，服务国家、服务社会、服务人民，体现的是一个境界和志向。正如古人所说，“以身许国，何事不敢为”，大家都是这样的以身许国者。

我到中组部工作后接触不少“千人计划”专家，包括调研也抽出时间去看看“千人计划”专家工作的情况。在地方工作的时候，也经常与各方面的人才见面交流。从调研、媒体等渠道了解到大家不少创新业绩，感到这个群体有这样一些特点：一是融入快。大家回国或者来华，是来干事的，心里想的是创新、是事业。在这个过程中，各位以项目为抓手、以产业为依托，能够主动与国内专家结合、与自己带回来的人才结合，形成了一个个以“千人计划”专家为带头人的团队。

我春节前到成都高新区调研，看望了“千人计划”创业团队，他们团结创业的氛围很浓。刚才大家发言讲到，“千人计划”专家都有相当长一段时间在国内生活，出去一段再回来，除了家国情怀以外，对国情是了解的、熟悉的，特别是对自己的领域很熟悉、接地气。二是创新多。“千人计划”专家已经成为我们科技创新的中坚力量，比如在细胞凋亡机理、量子通信、植物逆境生长、纳米材料、地球深探、遗传育种、铁基超导和高纯钛量产等方面，都取得了很好的成就。这方面，各位专家包括没有参加这次座谈会的“千人计划”专家，以及各类人才工程引进的海外高层次人才，包括我们国内成长起来的专家，都洒下辛勤的汗水，取得实实在在的成果。

“千人计划”实施已经有7年了，经过这几年的奋斗，取得的成就、发展的态势已经是可喜可贺，必将是雨后春笋、竞相涌现。同时，对“千人计划”专家创新创业成果的期待，我们不能急功近利，要有科学的态度和耐心。三是反响好。“千人计划”已经引进海外高层次人才4180人，包括发达国家科学院院士50人。同时在“千人计划”带动下，各地各部门已通过各种引才项目，引进高层次人才3万多人。现在很多部门、各省都有自己的引才工程，包括西部也有自己的引才工程。中组部主要抓好国家级层面的重大引才工程，各省、各市乃至发达地区的县，都可以结合实际搞人才工程。

人才对于我们国家进一步发展太重要了，我们国家既需要国家级引进的高层次人才，也需要各省区市、各方面引进的优秀人才，还需要“万人计划”培养土生土长的人才。培养引进人才、发挥人才作用，在这方面花些钱，是值得的，符合国家发展的需要。引进重视人才应该成为全社会的行为和文化。

第三，谈点希望。

一是希望更好融入中华民族伟大复兴的中国梦。时代呼唤人才，国家需要人才，事业渴求人才。

现在，我们比历史上任何时期都更接近实现中华民族伟大复兴的宏伟目标；比历史上任何时期都有信心、都有能力实现这个目标；也比历史上任何时期都更需要广开进贤之路、广纳天下英才。习近平总书记多次强调，创造正当其时，圆梦适得其势。中国梦是全体中国人民的梦，也是各位专家的梦，大家从事的研究领域、所做的工作，都与实现“两个一百年”奋斗目标、实现中华民族伟大复兴的中国梦息息相关。第一个“一百年”，也就是在建党一百年、在2020年全面建成小康社会，距今仅有五年多的时间。第二个“一百年”，也就是建国100年时，我们要建成富强民主文明和谐的社会主义现代化国家。两个目标是联系在一起的，这正是中华民族走向复兴的关键时刻，我们大家在自己不同的岗位上来参与、来为之奋斗，确实是正当其时、恰逢其势。

大家在国外有长期学习工作的积累，能够参与我们民族复兴的事业，是很有意义的。《诗经·小雅》的一篇序中说，“菁菁者莪，乐育材也”，是用植物茁壮成长比喻人才，希望人才辈出，能为社会所用。作为富有活力、富有创造力的“千人计划”专家，一定要把个人梦与中国梦结合起来，把个人追求与祖国需要结合起来，用科技创新成果助力中国梦，为实现国家富强、民族振兴、人民幸福贡献智慧和力量。

二是希望更好服务国家重大发展战略。“盖有非常之功，必待非常之人。”

各位专家一定要面向世界科技前沿，面向国家重大需求，面向国民经济主战场，面向重要的基础研究，为提升我国综合国力和国际竞争力奋发进取、建功立业。比如实施创新驱动发展战略，需要增强自主创新能力、培育新的经济增长点，在新技术、新产品、新业态、新模式上取得新突破。比如推进“一带一路”战略，需要在国际产业、能源、金融、生态环境保护等领域迈出新步伐。比如推进新型工业化，推动传统产业向中高端迈进，解决制约大型舰船、飞机、汽车制造等“卡脖子”问题，需要在基础材料、基础零部件、基础工艺、基础软件等方面取得新进展。比如实现人的全面发展，促进生产便捷、生活舒适、生态文明，需要在云计算、物联网、大数据、清洁能源、智能电网、生物技术、生命科学等方面取得新提升。

各位“千人计划”专家，长期活跃在科技创新最前沿，与国际同行深度合作和交流很多，视野开阔、信息灵通、创新能力强，完全可以在重点战略中体现优势、发挥作用。“千人计划”专家中，近48%分布在企业一线，在“十二五”规划确定的节能环保、高端装备制造、新能源新材料等战略新兴产业中，攻克了许多科技难关。相信大家在“十三五”规划实施中，更会乘势而上，发挥更重要的作用。

三是希望涌现更多的大师大家。习近平总书记强调，要择天下英才而用之，广泛吸引各类创新人才特别是我们最缺的人才，如首席科学家、战略科学家、世界级科技大师等。

要成为这样的尖端人才，需要付出艰辛努力。惟其尖端，才更应追求；惟其艰辛，才更显勇毅。要成为大师大家，必须具有忠诚、干净、担当的品格，具有大胸襟、大视野、大作为；必须弘扬科学精神、遵循科研规律、运用科学方法；必须发扬安专迷精神，对自己从事的工作安稳心神、专心致志、迷恋至深，这是从事科学事业基本的精神、文化，或者说是一个专家骨子里的东西；必须勇于攻克关键技术、核心技术，特别是原创性技术；必须既做科技创新的开拓者，又做提携后学的领路人，不断发现、培养、举荐人才，为拔尖创新人才脱颖而出铺路搭桥。

最后，希望“千人计划”专家们，在与国际交流中，讲好中国故事、传递中国声音，让世界更多了解全面、真实、立体的中国。从事人才工作的同志，对各位专家一定要多关心、多联系、多服务、多支持，让大家更加舒心、安心、放心地工作生活。

（《中国组织人事报》）

赵乐际：集聚具有国际视野和能力的领军人才

（2015年3月28日）

2015年3月27日至28日，中共中央政治局委员、中央组织部部长赵乐际在天津调研。其间，专门调研了滨海新区的人才工作。

在华大基因产业研究院、大众汽车自动变速器（天津）有限公司、国际生物医药联合研究院，赵乐际认真听取有关情况介绍，详细了解科研人员工作生活情况，听取他们的意见建议。他强调，创新驱动实质上是人才驱动，要实施更积极、更开放、更有效的创新人才引进政策，集聚一批站在行业科技前沿、具有国际视野和能力的领军人才。强化分配激励，让科技人员、创新人才得到合理回报。要抓住建设天津自由贸易试验区这个契机，进一步创新人才发展体制机制，构建具有国际竞争力的人才制度和发展环境。

（新华网）

陈昌智：切实发挥企业在创新中的主体作用

（2015年5月14日）

2015年5月14日，第四届中国（西部）高新技术产业与金融资本对接推进会在成都举行，全国人大常委会副委员长、民建中央主席陈昌智出席开幕式并致辞。

陈昌智在讲话中说，本次推进会的主题是“强化科技金融深度融合，助推产业创新驱动发展”。研究这一主题，正确分析当前经济形势，提出有针对性的建议，对于解决经济发展中的困难和问题有着积极的意义。2013年以来，面对世界经济复苏艰难、国内经济下行压力加大、自然灾害频发、多重矛盾交织的复杂形势，新一届政府不为经济一时波动而采取短期强刺激政策，而是更加注重中长期的健康发展，抗住了经济下行压力，推动了经济改革步伐，实现了我国社会经济发展主要预期目标。尤其可喜的是结构调整取得积极进展，产业结构继续优化：一季度第三产业增加值占GDP49.0%，比上年同期提高1.1个百分点，高于第二产业4.1个百分点；内需贡献继续提高，最终消费支出占GDP比重为64.9%，比上年同期提高1.1个百分点；节能降耗继续取得新成效，万元GDP能耗同比下降4.3%。但我们必须清醒地看到，经济社会发展面临的外部环境仍然复杂多变，国内经济仍存在一定下行压力。尤其是随着我国经济增长速度放缓，工业生产能力过剩矛盾日益突出，这已成为影响国民经济发展的重要因素。比如我国多数制造行业存在产能过剩，并且产能过剩行业波及面宽，正在从传统行业向新兴行业蔓延。从产能利用率看：钢铁行业为72%、水泥行业为73%、电解铝行业为72%、平板玻璃为65%、船舶行业为75%。这些产能严重过剩行业仍有一批在建、拟建项目，造成过剩呈加剧之势。此外，光伏行业、风电设备行业、部分原材料行业和消费品行业也存在过剩问题。如此大面积的产能过剩，浪费社会资源，造成环境污染，制约经济发展的提质增效。

陈昌智指出，分析我国产能过剩的具体情况，不难发现政府推动是一个重要原因。一些地方政府过度追求经济快速增长，热衷于建设投资拉动大、工业增加值和税收贡献高的项目；竞相出台土地、投资、财政、信贷等方面的优惠政策，甚至零地价供地，借以吸引更多的投资。从行业内部分析，一个重要的原因就是我国不少企业技术创新意识和能力不强，科技创新不够，产品创新不多，企业发展层次不高，产品差别化程度小，竞争仍处在较低层次，主要依靠拼规模、拼价格，扩大生产能力来发展。

陈昌智强调，解决这些问题，必须依靠创新。我国高新技术产业发展过程表明，科技创新在化解产能过剩中具有重要作用，有助于促进传统产业转型升级和新兴产业健康发展，这是实现经济发展提质增效，破解资源环境问题，提升我国产业核心竞争力的重要内容。VC/PE等股权投资方式作为一种创新金融工具和创业活动的孵化器，在促进科技成果转化、推动自主创新方面发挥着巨大作用，被称为国家创新发展的助推器。科技与金融的融合对于促进高新技术产业与金融对接具有重要意义。四川省高新技术产业发展的成绩也印证了这一点，2013年，四川全省高新技术产业总产值在上年基础上再上两个千亿台阶，突破1万亿元，达到10341.7亿元，继续居西部首位。这对于四川经济的提质升级发挥了重要作用。

最新发布的《国家创新指数报告2013》显示，我国创新能力稳步上升，国家创新指数排名在全球40个主要国家中升至第十九位，比上年提高1位。但《报告》同时指出，我国创新基础仍比较薄弱，企业创新投入强度和创新绩效亟待提高，要提升国家创新能力仍需持续加大投入，付出长期努力。尤其是我国企业创新投入强度和创新绩效亟待提高，企业完全走上创新驱动发展道路还面临很多的挑战。应对这些挑战，其核心唯有改革！5月9日，国务院印发《关于进一步促进资本市场健康发展的若干意见》，提出推进股票发行注册制改革、加快多层次股权市场建设、培育私募市场等等多项举措，无不是市场化改革导向的充分体现。《意见》是新时期全面深化资本市场改革的纲领性文件，勾画出资本市场顶层设计的路线图，必将进一步释放改革利好，激发市场活力，为资本市场发展夯筑更加坚实的基础，为实现创新驱动发展创造更为有利的政策环境。

围绕促进风险投资行业发展，进一步推动科技与金融深度融合，陈昌智谈了几点看法：

一、推动金融改革，适应科技创新发展。首先，要继续坚持推进利率市场化，促进银行经营模式转型，提升银行为产业创新发展提供资金的动力。其次，提高金融资源配置效率。多方面的金融需求需要多层次的金融服务供给，在严格金融监管的前提下，让各层次金融市场的力量充分发挥作用，鼓励各种类型的资本参与金融体系的改革，优化金融资源配置。第三，激发民间资本活力。加快金融改革，推出存款保险制度，成立民营银行，规范民间借贷，发挥民间融资在促进小微企业经济创新、发展壮大民营经济和推进经济结构转型升级等方面的重要作用。

二、推动政府改革，促进产业创新驱动发展。首先，要控制地方政府的债务规模，规范地方政府的举债行为，这是让市场在资源配置中起决定性作用的重要前提。只有切实控制、适当缩小政府的权力空间，减少政府对资源的直接配置，才能矫正多年来积累形成的严重的要素比价扭曲，从而推动依据市场规则、市场价格、市场竞争配置资源，实现效率最优化和效益最大化。其次，实行负面清单管理，培育中小微创新企业，鼓励服务业创新发展。地方政府应放开服务业民资准入，鼓励民资进入由政府主导的市政公共基础设施建设领域，发展混合所有制经济，利用参股、承包、收益分享等各种方式加大公有部门和民营部门的合作。第三，切实发挥企业在创新中的主体作用。企业是市场最基础的构成单位，企业的主体作用发挥好了，市场的决定性作用也才有可能发挥好。

三、推动投资改革，加快风险投资事业发展。风险投资对于企业创新有着强大的促进作用。2013年，我国风险投资行业的发展，受境内IPO通道关闭等多重因素的影响，行业经受了募资、投资、退出的全面挑战，但在新环境下出现了一些新动向：一是并购退出成为较为普遍的退出渠道，多元化的退出选择为我国风险投资行业进一步走向成熟起到一定的促进作用。二是市场环境孕育出一些新型的创投平台，“车库咖啡”等类似“创新型孵化器”创投平台的出现，说明民间资本和民间创新在有机的结合，这对建设创新型国家具有重大的意义。三是投资阶段开始逐步前移，目前，投资阶段前移已经成为众多投资机构的标准策略。

（《四川日报》）

陈昌智：中小微企业的互联网时代机遇

（2015年9月28日）

2015年9月28日，全国人大常委会副委员长、民建中央主席陈昌智出席“2015年上海中小企业发展奉贤论坛”并作主旨演讲。节录如下：

当前，云计算、大数据、物联网、移动互联网、人工智能等新一代技术高速发展，正成为引领未来经济社会发展的重要力量，深刻地改变着并将继续改变传统产业的模式和方式。2015年李克强总理所作的政府工作报告，将“互联网+”提升至国家战略层面，今年7月国务院印发《关于积极推进“互联网+”行动的指导意见》，明确了未来三年以及十年的“互联网+”发展目标。

虽然互联网发展道路充满曲折和风险，相关的技术和模式也不尽完美，但是，未来，互联网还将进一步改变世界，这一趋势不可阻挡，不可逆转，因此，作为企业，尤其是广大中小微企业，互联网可以拥抱，更值得参与。

互联网为我们带来了三大机遇：

机遇之一，我们直接面对的消费群体之众，超出想象：据研究，2015年，全球网民将超过32亿人，我国网民将近7亿人，如此巨大的网民群体，都是我们的目标客户。'

机遇之二，互联网产业发展之快，超出预期：2014年全年，社会消费品零售总额实际增长10.9%，网上零售同比增长49.7%，网上销售额占零售总额比重超过10%。

机遇之三，产业增长空间之大，难以估量。相关数据显示，2013年底，智能手机消费占比已经超过70%；2014年，中国空调市场销量同比微涨0.7%，但智能空调的销售增幅超300%。随着“中国制造2025”和“互联网+”两大战略的推进，未来，智能家电、智能家居、智能穿戴、智慧城市、智慧交通等将得到极大发展，互联网向衣食住行、医教文卫等全面嵌入，市场增长空间，难以估量。

当然，互联网在提供机遇的同时，也带来众多挑战：

第一，飞速发展的技术和相对固化的理念间的巨大落差。

互联网技术的发展，为提高经济效率和社会公平提供了无限可能，但许多中小企业仍以观望为主，有的甚至认为“‘互联网+’是国家战略，只与大企业有关”。截至2014年12月，中小型企业的互联网使用率不足85%，而这仅仅是使用率，还未统计应用、产出等数据。可见，在这场新兴互联网经济潮流中，广大的中小企业相比传统大型企业和外企有较大差距。而导致这种差距的，主要还是理念差距。“看不见-看不起-看不懂-来不及”是马云对人们面对新商机时所做出反应的经典总结，尤其对于传统民营企业家来说，固守陈旧理念反而可能会成为其向互联网思维转型的最大障碍。事实上，“互联网+”与德国工业4.0有异曲同工之妙，德国工业4.0绝不是大企业的“专利”，中小企业也能受惠于其中。我们举办这样的论坛，首先不是为了解决企业界朋友们的技术进步问题，更多是试图解决理念更新问题。

第二，飞速发展的互联网经济和相对固定的管理体系存在巨大落差。

在企业内部，表现为：相当部分的中小企业认为建一个网站就是“互联网+”了，并未深入思考如何通过互联网来实现传统领域的营销或信息管理等。例如，90%的企业都已经做了网站，但是这些企业中可能只有1%企业在网上接过订单，原因是网站不具备成交力和传播力。互联网与中小企业的融合，绝不简单等同于“传统业务+互联网”。此外，中小企业大多把互联网看成是一个用于营销的工具，企业的其他部分如需求调研、生产研发、人力资源等诸多环节，和互联网并未发生实质上的关系。

在行业和产业内部，表现为：各行各业都把互联网作为化解各自落后生产方式和无效产能的“神器”，造成更大程度和更大范围的低水平、低质量的重复生产。比如，互联网商业对实体店铺的需求量在下降，但各地缺乏特色和需求的中央商务区（CBD）建设依然如火如荼。

在政府管理层面，表现为：工业时代形成的各项规制制约着互联网经济的发展。在企业登记环节，一些虚拟化的企业遭遇登记注册困难；在经营环节，一些基于互联网的企业遭遇市场准入禁止和资质认定困难。

第三，知识信息爆炸式增长和我们自身能力有限的落差。

一方面，中小企业互联网应用能力不强，大多数中小企业缺乏充裕的资金来投资信息化建设，也难以组建专业技术团队来保障后期的运营维护，尤其是小微企业因无人员、无技术、资金少而在互联网化方面进展缓慢，甚至尚未“触网”。由于诸多因素和客观条件的限制，中小企业很难完全依靠自身完善企业信息化建设。另一方面，越来越多的免费互联网应用服务正在涌现，O2O等面向中小企业的各类应用突飞猛进，但这些新技术、服务、产品与中小企业之间的对接却不畅通。根据工信部去年在全国范围内开展的问卷调查显示，在被调查的中小企业中，目前应用了云计算技术的企业占11%，应用了移动互联网技术的企业占91.3%，应用了大数据技术的企业占15%，应用了物联网技术的企业占26%，应用了3D打印技术的企业占9.2%。可见，除了移动互联网技术外，其他新一代信息技术的应用比例都很低，中小企业掌握新一代信息技术的能力需要提高。

随着互联网的迅速崛起以及发展，“企业互联网化”是中小企业必须面对的重大课题。下面我谈几点看法，供同志们参考。

第一，深度融合。互联网思维不是单纯的表面形式改变，而是企业内部意识形态的改变。因此，中小企业应主动适应和研究新情况，与互联网深度融合：一是充分理解和运用互联网思维来实现企业经营模式、商业模式的创新和变革，整合线上线下各类资源；二是将定制和个性化服务作为核心理念，推动产品创新、生产制造、营销等环节的规模化与定制化的统一，以数据为驱动，以客户为中心，形成在互联网环境下可持续发展的新的竞争力；三是促进以物联网、云计算、大数据、人工智能为代表的创新技术渗透到企业办公、研发、生产、销售及服务等各个环节，最终完成企业互联网化的转变。

第二，顺应市场。互联网时代，信息的快速传播和放大，给我们造成了一个错觉，好像只要搭上互联网，人人都能成功。在这种错觉的误导下，我们的经营者往往会滋长自大情绪，自我定位和评价非正常膨胀，到后来反而在无情的市场规则面前伤痕累累。有的经营者，在没有进行充分的市场调查和可行性评估的情况下，仅凭自己的一厢情愿，倾全力投入某一项目，难免遭遇重大损失。可见，认真研究市场、顺应市场需求、顺应市场的变化是十分重要的。

第三，练好内功。互联网为我们提供的更大的外力和空间，但企业产品质量的提升、企业内部管理的改善，是企业生存永恒的主题。如今，网购的广度和强度增长迅速，特别是年轻消费者，网购已经成为主要消费途径，但网购商品的质量参差不齐，信誉和服务还有很大问题，解决这些缺陷和问题，一方面要靠平台设计的改革，但归根结底，还是要靠企业自身努力来解决。和所有事物一样，互联网也是双刃剑，企业产品质量好、功能多，市场份额可以很快提高，甚至出现爆炸式增长，但一旦出现质量问题和信誉问题，也可能兵败如山倒。因此，我们的经营者，还得保持定力，练好内功。

（民建中央网站）

陈竺：向海内外留学人员致以新春慰问

（2015年2月17日）

2015年春节来临之际，全国人大常委会副委员长、欧美同学会•中国留学人员联谊会会长陈竺发表致海内外留学人员的新春慰问信。全文如下：

各位学长，留学人员朋友们：

新春伊始，万象更新。值此新春佳节即将来临之际，我谨代表欧美同学会•中国留学人员联谊会，向你们和你们的家人致以诚挚的问候和美好的祝福！

刚刚过去的2014年是全面深化改革元年。以习近平同志为总书记的党中央，深刻洞察国际国内大势，主动适应经济发展新常态，坚定不移地推进全面深化改革和全面依法治国，积极推动“一带一路”建设，带领全国各族人民共同努力，深化改革开放取得重大进展，经济社会持续稳步发展，人民生活水平快速提高，国际地位迅速上升，实现中华民族伟大复兴的“中国梦”更加深入人心。在全面深化改革进程中，海内外广大留学人员充分发挥自身优势和特长，围绕改革发展献计出力，为亿万人民共同的事业贡献出了自己的智慧和力量。在此，我向你们表示由衷的感谢和崇高的敬意！

2015年是全面深化改革的关键之年，是全面推进依法治国的开局之年，也是全面完成“十二五”规划的收官之年。各项战略目标的实现离不开人才的支撑，这为广大留学人员施展才华、建功立业提供了宽广的舞台。衷心希望广大留学人员能继承和发扬留学报国的光荣传统，坚守爱国主义精神，矢志刻苦学习，奋力创新创造，积极促进对外交流，把自己的梦想与中国梦紧密联系在一起，在同全国各族人民实现中国梦的壮阔征程中，努力实现报国理想和人生价值。

欧美同学会是一个拥有百年光辉历史的留学人员组织。百余年来，始终高举留学报国的爱国主义旗帜，团结凝聚了一代又一代留学人员，为国家强盛和民族复兴作出了卓越贡献。过去的一年，是欧美同学会新百年的开启之年。我会以习近平总书记在欧美同学会成立100周年庆祝大会上的重要讲话为行动指南，围绕中心、服务大局，积极发挥人才荟萃的优势，组织海内外留学人员为国服务；积极发挥智力密集的优势，为国家经济社会发展建言献策；积极发挥对外联系广泛的优势，多方面开展对外交流与合作；全年各项工作顺利完成，这是广大留学人员辛勤奉献和大力支持的结果，更是党和政府关心、重视、支持广大留学人员和留学工作的结果。在新的一年里，我们将更加关心广大留学人员的学习、工作和生活，及时反映留学人员的愿望和诉求，维护留学人员的合法权益，使欧美同学会真正成为广大留学人员可以信赖和依靠的温馨家园；我们将继续助力广大留学人员的事业发展，支持和帮助留学人员创新创业，为留学人员更好地发挥作用搭建平台；我们将紧跟时代前进的步伐，更好地适应当前的新形势和新要求，着力把欧美同学会建设成为留学报国的人才库、建言献策的智囊团、开展民间外交的生力军，不断开创留学报国事业新局面。

伟大的事业，激发着奋进的力量；改革的步伐，昭示着广阔的前景。留学人员朋友们，让我们携手共进，为实现“两个一百年”奋斗目标、实现中华民族伟大复兴的中国梦作出新的更大贡献！

最后，祝大家新春快乐，吉祥幸福，万事胜意！

（欧美同学会网站）

陈竺：留学报国实现人生价值和社会价值

（2015年7月5日）

2015年7月5日，全国人大常委会副委员长、农工党中央主席、欧美同学会·中国留学人员联谊会会长陈竺在天津出席中央统战部第二期归国留学人才研修班结业式并讲话。

陈竺说，建设一支高水平的留学人员代表人士队伍，是中共中央提出的明确要求。习近平总书记在中央统战工作会议上强调，留学人员是人才队伍的重要组成部分，也是统战工作新的着力点。充分体现了党和国家对留学人员群体的高度重视，也为新时期留学人员工作指明了方向。留学人员要更好地发挥作用，核心就在留学报国。希望广大留学人员始终高举留学报国旗帜，当好爱国主义精神的坚守者和继承人，为实现国家富强、民族振兴和人民幸福不懈奋斗；积极投身留学报国实践，当好服务国家社会发展的领路者和带头人，在承担更多社会责任中实现人生价值和社会价值；不断扩大海外联络，当好欧美同学会事业的助推者和代言人，为服务“四个全面”战略布局、实现“两个一百年”奋斗目标和中华民族伟大复兴的中国梦作出更大贡献。

（今晚网）

陈竺：创新创业是广大留学人员的报国之门

（2015年7月28日）

2015年7月28日，欧美同学会·中国留学人员联谊会第四届年会暨海归创新创业（贵阳）峰会在贵阳市开幕，全国人大常委会副委员长、欧美同学会·中国留学人员联谊会会长陈竺出席并讲话。全文如下：

今天，我们相聚在美丽的、爽爽的贵阳，隆重召开欧美同学会·中国留学人员联谊会第四届年会暨海归创新创业（贵阳）峰会。我谨代表欧美同学会·中国留学人员联谊会，向出席峰会的各位嘉宾和留学人员表示热烈的欢迎！向给予本次峰会大力支持的贵州省委省政府、贵州省委统战部、贵阳市委市政府表示衷心的感谢！

上世纪八十年代，我有幸到法国求学，两位法国文坛巨匠的话，让我印象非常深刻。一位是雨果，他曾经说过：“已经创造出来的东西比起有待创造的东西来说，是微不足道的。”另一位是罗曼·罗兰，他在《论创造》一文中写道：“我创造，所以我生存。”这两句话从哲学的角度，道出了创造和创造力的伟大之处以及对人们生活的重要意义。那么如何将创造力付诸实践，让创造产生价值？我以为，这需要一个充满智慧而艰辛的过程，这个过程归纳起来就是四个字——创新创业，这也正是此次贵阳峰会的主题所在。

借此机会，我谈三点认识，和大家交流。

一、创新创业是人类文明进步的动力之源

马克思说过，“创造是一个很难从人民意识中排除的观念。”讲的是人类的活动一刻也离不开创造，当然也离不开创新创业这个创造的过程。那什么是创新创业？创新就是改进或创造新的事物，创业则是创新成果产业化的实践；合起来讲，创新创业是人们谋求生存、创造生活、追求幸福的实现方式，更是人类文明进步的源头活水和不竭动力。

纵观人类社会发展的历程，无论什么样的时代，都绕不开创新创业这个主题。创新和创业就像一对“孪生兄弟”，相伴而生、共同成长，在不断发展的时代潮流中，相互转化、相互依存。众所周知，对火的控制和使用，结束了人类茹毛饮血的时代，开辟了征服自然界的新纪元；而大规模用火烧制陶器，铸造青铜器、铁器等，则产出各类生活用品和生产工具，提高了生产生活效率，并使之成为人们赖以生活的技能与行业。蒸汽机的发明，创新了能源利用方式，大大提升了社会生产力；而蒸汽机在各类生产工具中的使用，迅速提高了以制造业为代表的各类行业的生产效率，扩大了产业规模，带动了人们大规模的创业与就业。电子计算机的发明，大大提升了计算速度，被誉为“第三次技术革命”；而计算机和网络技术的大规模应用和实践，让即时通讯、电子商务、人工智能等产业蓬勃发展，使人类真正进入了信息化时代，享受了生活的便捷与创业就业的便利。

可以说，创新是人类文明的阶梯，创业是社会进步的桥梁，两者在人类社会发展历史中都发挥了巨大的作用。从某种意义来讲，一部人类文明进步史，就是一部不断创新创业的创造史，是人类创新智慧和创业实践的共同结晶。创新创业就像一台永不熄灭的引擎，以强劲的动力推动着人类从蒙昧无知一步步走向现代文明。

历史是一面镜子，能够记载过去，更能映射未来。当前，全球范围内的创新创业活动风起云涌，特别是以3D打印技术、智能机器人等为代表的科技创新和科技创业正如火如荼，这也为世界未来的发展指明了方向。人类社会的发展进步，不仅要解放社会生产力，更要解放社会创造力。创新创业作为打开社会创造力之门的钥匙，必将驱动着历史车轮继续飞速旋转，为人类文明进步提供源源不断的强大动力。

二、创新创业是中华民族复兴的必由之路

创新是中华民族鲜明的禀赋，创业是华夏文明得以传承的基石。中华民族自古就有创新创业的理念和传统。《诗经》有云：“周虽旧邦，其命维新”，把革故鼎新作为立国安邦的长远使命。孟子提出“君子创业垂统，为可继也”的思想，鼓励人们创立功业，传给子孙后代。唐代诗人刘禹锡说过：“以不息为体，以日新为道”，告诫人们要不懈追求、坚持创新。无论是我国古代的“四大发明”，还是先人们在天文、算数、医学、农业等多个领域创造的累累硕果，都对世界文明进步作出了巨大贡献，产生了深远影响。

明代中后叶，中国封建统治者闭关锁国，阻碍了国内的创新活动和创业发展，使得中国没能跟上西方产业革命的步伐，同世界创新发展潮流渐行渐远，最终陷入落后挨打的被动局面。究其根源，就是创新不足、创业匮乏导致的经济、科技、国防等领域的全面落后。

新中国成立后，特别是改革开放以来，开启了中国人民自力更生、自主创新的大门，中华大地上点燃了创新创业的火种，掀起了创新创业的热潮，为经济社会发展注入了新的活力。从“两弹一星”的横空出世，到人工合成胰岛素的成功；从载人航天取得重大突破，到高铁产业得到蓬勃发展；从北京中关村如火如荼的创业大军，到“世界500强”中国企业超过100家，一次次创新创造，一幕幕创业实践，为国家强盛、社会发展提供了坚强支撑。历史和实践充分证明，中国要发展、要进步，必须走中国特色自主创新道路。只有不断开展创新创业实践，才能实现中华民族伟大复兴的中国梦。

党的十八大作出了实施创新驱动发展战略的重大部署，强调科技创新是提高社会生产力和综合国力的战略支撑，必须摆在国家发展全局的核心位置。习近平总书记指出，不能总是用别人的昨天来装扮自己的明天，不能永远跟在别人的后面亦步亦趋，再次强调了创新创业的重要性。李克强总理在今年两会上指出，“大众创业、万众创新”是中国经济未来发展的双引擎之一，把创新创业提到了前所未有的高度。

在我国经济进入新常态、传统发展动力不足的形势和背景下，党和政府已经敏锐地预见和把握了创新创业这个时代主题。“一带一路”战略布局的提出，“亚投行”的积极筹建，《中国制造2025》的制定颁布，“众创空间”和“互联网+”的推动实施，无不把创新创业放在国家发展的重要位置，吸引越来越多的人们投身到创新创业的实践中来，使得创新创业逐渐成为一种价值取向、一种生活方式、一种时代气息，融入到社会发展的各个角落，植根于每一位国人的心中。

三、创新创业是广大留学人员的报国之门

盖有非常之功，必待非常之人。如果把创新创业看作“非常之功”，那么我认为，广大留学人员就是“非常之人”。据统计，84%的中国科学院院士、75%的中国工程院院士、80%的国家863计划首席科学家、77%的教育部直属高校校长、62%的博士生导师和71%的国家级教学研究基地主任，都有过出国留学或海外工作经历。目前，全国各级留学人员创业园达305家，入园企业近3万家，有超过5万名留学人员在园创业和工作。在美国纳斯达克上市的上百家中国企业中，80%是由留学人员创办和管理的。已归国的留学人员当中，硕士以上学历者有1/3的人有创业的需求与愿望。据了解，在北京中关村创业大街的创业者中有15%是海归；博士以上学历创业者中，海归占了60%以上。实践证明，留学人员是科技创新的开拓者和创业大潮的推动者，为我国创新创业发展作出了重要贡献。

留学世界、圆梦中国，是当代中国留学人员最迫切的心声。留学报国是留学人员最本质的追求和特征。留学人员经过多年海外历练，掌握着先进的科学技术与知识，富于创新精神、饱含创业热情，在创新创业方面具有先天的比较优势。我认为，创新创业是留学人员报效祖国的最佳途径和方式，是时代为留学人员打开的一扇报国之门。广大留学人员理应当仁不让、奋勇向前，在祖国创新创业发展的康庄大道上留下自己光辉的足迹。让我们感到高兴的是，在创新创业的队伍中，不仅有80后、90后年轻的海归的身影，也有事业有成、重新启航的二次创业者，从他们身上，我们看到了创新创业思想、创新理念的绵延不绝、薪火传承。

当今世界，创新创业的重要性日益凸显。对于一个国家、一个民族而言，创新不仅是推动历史向前发展的必然，更是不容错过的高速列车。面对全球新一轮科技革命与产业变革的机遇和挑战，面对我国经济发展新常态下的形势和特点，面对实现“两个一百年”奋斗目标的任务和要求，如何激发创新活力和潜能，推动“大众创业、万众创新”的战略，已成为社会普遍关注的问题，对留学人员来说亦是如此。欧美同学会打造的海归创业学院，正是助推海归创新创业、报国圆梦的平台与窗口，也是我们围绕中心、服务大局、服务广大留学人员的切实举措，希望能发挥越来越大的作用。

我认为，留学人员在创新创业的过程中应该学习和掌握“三种特质”。一是要以政治家的眼光把握方向，找准自身优势和国内实际的契合点，努力达到“1加1大于2”的效果。二是要以企业家的胆识抓住机遇，在机会真正到来的时候敢于出手、快人一步，掌握先机和主动权；三是要以科学家的定力埋头苦干，耐得住枯燥和寂寞，坚守信念、矢志不渝，为梦想倾力付出。只要具备了这“三种特质”，我想，留学人员完全能够在创新创业的道路上，干出一番事业，创出一片天地。

各位来宾、各位学长！

欧美同学会·中国留学人员联谊会是一个具有百年历史传承的全国性归国留学人员组织。2013年10月，习近平总书记出席欧美同学会成立100周年庆祝大会并发表重要讲话，充分肯定了欧美同学会百年来发展进步的光荣历程，提出欧美同学会要“立足国内，开拓海外，努力成为留学报国的人才库、建言献策的智囊团、开展民间外交的生力军”，为欧美同学会今后的发展指明了方向。今年5月召开的中央统战工作会议指出，留学人员是我国人才队伍的重要组成部分，也是统战工作新的着力点，进一步强化了留学人员统战工作的重要地位。今年7月召开的中央党的群团工作会议则指出，党的群团工作肩负着庄严使命，要切实保持和增强党的群团工作和群团组织的政治性、先进性、群众性，组织动员广大人民群众更加紧密地团结在党的周围，共同谱写实现“两个一百年”奋斗目标、实现中华民族伟大复兴中国梦的新篇章。习近平总书记在欧美同学会百年庆祝大会上的重要讲话和中央统战工作会议、中央党的群团工作会议的召开，为留学报国事业描绘了光明前景，提供了强大动力，也为欧美同学会开展工作搭建了更广舞台，提出了更高要求。我们要适应形势任务的发展变化，切实把欧美同学会建设好、发展好，把广大留学人员团结好、凝聚好，引导激励广大留学人员弘扬留学报国精神，积极投身中国梦的生动实践，共同画好同心圆。

贵州是中国古人类的发祥地之一，具有深厚的历史文化传统和丰富多彩的多民族文化氛围，也是具有光荣革命历史的地方。这里人才辈出，曾涌现出许多优秀的留学人员代表，如“近代刻铜三大家”之一姚华，知名教育家黄齐生，中国共产党的“一大”代表、创始人之一邓恩铭，共产党的著名领导人王若飞等。近年来，贵州按照中央西部大开发战略，确立了“加速发展、加快转型、推动跨越”的主基调，在大数据引领、大健康目标、现代农业、文化旅游等新兴产业方面取得了令人瞩目的成绩，特别是贵州省出台了一系列引进海外高层次人才的政策，成为留学人员学成报国的一方热土。相信广大留学人员一定可以在这里找到施展才华、实现个人抱负的机会。

各位来宾、各位学长！

当今世界的发展格局正在发生深刻变化，中国在世界范围内的影响力和话语权正在逐步增强。在这全球变革的新时代，一定会有一些人成为改变世界的推动者，留学人员必将是其中的重要成员，这也是时代赋予我们的光荣使命。希望广大留学人员以这次峰会为契机，积极投身创新创业实践，为国家和贵州经济社会发展献计出力，进一步开创留学报国事业的新局面。

（中央统战部网站）

陈竺：发展的中国需要更多海外人才

（2015年9月24日）

2015年9月24日上午，2015中国西部海外高新科技人才洽谈会在成都开幕，全国人大常委会副委员长、欧美同学会·中国留学人员联谊会会长陈竺出席开幕式并讲话。

陈竺说，当前，我国经济发展进入新常态，大众创业万众创新正成为经济增长的新引擎。实施创新驱动发展战略、推动创新创业发展，需要团结凝聚各类人才，特别是具有国际视野的海外人才。海外人才是我国人才队伍的重要组成部分，是助力创新创业的重要力量，是推动留学报国事业的重要支撑。本届“海科会”将“汇聚海外英才”纳入主题，体现了对海外人才价值和作用的深刻认识，也是切合西部地区人才状况和发展实际的有效举措。近年来，包括四川在内的西部地区先后出台一系列引进海外高层次人才和科技项目的优惠政策，成为海外人才回国发展、创新创业的一方热土。发展的中国需要更多海外人才，开放的中国欢迎来自世界各地的英才。希望广大海外人才通过“海科会”这个平台，找到属于自己的发展机遇，让创新创业梦想落地生根、开花结果，在西部大开发的历史伟业和实现中华民族伟大复兴中国梦的伟大征程中创造无愧于时代的光辉业绩。

（《华西都市报》）

万钢：经济新常态下科技工作必须有所作为

（2015年1月10日）

2015年1月10日上午，2015年全国科技工作会议在北京会议中心举行。全国政协副主席、科技部部长万钢作工作报告，强调在经济新常态下科技工作必须有所作为。

万钢指出，在党中央、国务院的坚强领导下，科技战线紧紧围绕落实创新驱动发展战略，以问题为导向推进科技改革攻坚克难，以提高宏观统筹能力为核心切实转变政府职能，以重大战略需求为牵引大力提升自主创新能力，为我国在新常态下推进经济社会持续稳步发展作出积极贡献。2014年，全社会R&D支出预计达到13400亿元，其中企业支出占76%以上；R&D占GDP比重预计可达2.1%；国际科技论文数量稳居世界第2位，被引次数上升至第4位；国内有效发明专利预计达66万件，比上年增长12%；全国技术合同成交额达8577亿元，比上年增长14.8%；国家高新区总收入达到23万亿元，比上年增长15%。各项科技工作取得新的重要进展：科技体制改革系统推进，创新驱动发展战略顶层设计有序展开，科技计划管理改革、科技成果转移转化、科技资源开放共享、科技评价激励、科技基础制度建设等重点领域取得实质突破；大力夯实科技基础，自主创新能力显著增强；着力突破重大技术瓶颈制约，支撑引领经济社会发展取得新成效；稳步推进区域创新发展，区域科技工作开创新局面；完善政策环境，创新生态系统进一步优化；积极融入全球创新网络，科技合作开放迈上新台阶。

万钢强调，当前我国科技工作步入新时期。党中央、国务院对科技工作提出了更高要求，社会各界对科技创新寄予了更高期望，经济社会发展对科技发展提出了更加紧迫的战略需求，科技工作面临大有可为的战略机遇，也面临前所罕见的重大挑战。特别是我国经济发展进入新常态，科技工作必须要有新的作为；我国科技实力和水平迈进跟踪、并行、领跑兼有的新阶段，科技发展必须要有新的思路；全球创新形态和竞争格局正在发生深刻变化，科技管理必须要有新的机制。科技系统应清醒认识到我国科技创新工作与党中央、国务院的新要求相比存在的差距，抓住并用好新常态蕴含的战略机遇，着力实现科技工作的三个转变：一是科技发展战略部署要实现从“小局”到“大局”的转变，要在加快科技自身发展的同时，下大力气增强科技对经济社会发展的支撑引领能力。二是科技创新的依托力量要实现从“小众”到“大众”的转变，既要充分激发科技界的积极性创造性，又要充分释放企业、市场和全社会的创新活力。三是科技资源配置要实现从“小投入”到“大投入”的转变，既要用好财政科技投入，又要引导好全社会资源向创新配置的积极性。

万钢强调，做好2015年科技工作要着力把握好四个方面：一要突出重大需求和问题导向，提升自主创新能力，支撑经济中高速发展和提质增效；二要深入破除体制机制障碍，不断激发创新活力，营造大众创业、万众创新的良好氛围；三要加速科技成果转化，把创新成果变成实实在在的产业活动和市场效益，创造新的增长点；四要进一步转变政府职能，提高科技创新治理和依法行政能力。要重点推进八项任务：一是做好创新驱动发展战略顶层设计，研究编制“十三五”科技创新规划；二是构建新型科技计划管理模式，全面优化科技资源配置；三是全面深化科技体制改革，突破创新驱动的体制机制障碍；四是加快重大专项和重点专项的部署实施，为经济社会发展提供有效支撑；五是大力增强科技持续创新能力，加速赶超引领步伐；六是落实国家区域发展战略，着力提升区域创新发展水平；七是大力推动科技成果转化和科技服务业发展，进一步激发全社会创新创业活力；八是深化科技全方位开放合作，进一步塑造国际创新合作竞争新优势。

在会上，万钢还特别强调要重视科技宣传。他说，要充分发挥传统媒体作用，积极利用微博微信等新兴媒体，统筹形成宣传规模效益，大力提升传播交流能力和舆论引导能力，同时结合筹备“十二五”重大科技成就展，向全社会积极宣传展示我国科技战线的重大成果、优秀人物和时代精神。

（《科技日报》）

万钢：创新创业没有失败

（2015年1月16日）

2015年1月16日下午，全国政协副主席、科技部部长万钢参观了中关村创业大街，并与创业者、创业导师、投资机构等进行座谈，针对大众创业、万众创新发表重要讲话。

万钢指出，中关村创新效率最高。在新一轮创新创业的大潮中，中关村走在了前列。目前，中关村创业的社会氛围正在形成。创业载体以及专业化、社会化的创业服务体系，共同形成了良好的创业生态。中关村创业的环境越来越好，多证联办、免费孵化等政策让创业者创办公司非常容易，开放的氛围也让越来越多的人可以来到创业大街参与创业，为全国做出了很好的示范。各种创业思想在这里碰撞，创业的奇思妙想与市场的对接迸出巨大的能力，正是万众创新的最好诠释。

万钢强调，创新创业没有失败，创业是人生经历，是一种精神，也是造梦旅程。未来，要推动一批适合于众人创新创业的空间——“众创空间”的发展，充分发挥市场力量，鼓励和引导市场资金走向前端，支持早期创业。政府要转变职能，更多着眼于创造环境，降低创业门槛，让创业者更容易创业，共同营造大众创业、万众创新的氛围和环境。

（科技部网站）

万钢：创业是个实现梦想的历程

（2015年1月24日）

2015年1月24日，全国政协副主席、科技部部长万钢对上海创新创业环境建设情况开展调研，实地走访了起点创业营、苏河汇、新车间等三家科技创业服务机构，并召开座谈会，与IC咖啡、乔杰创、Innospace、IPOClub、启创中国、檀风资本、杨浦科技创业中心等创新创业服务机构负责人进行了交流讨论。

万钢一行首先来到起点创业营，参观考察了创新创业孵化环境，听取了优纳科技、饿了么、猎上网等创业公司负责人的介绍并同他们进行了交流。随后，来到种子投资机构苏河汇和上海创客组织“新车间”，详细了解了互联网创业的视频媒体“出类视频”目前的栏目形态、团队构成、发展方向；并亲自体验了O.S.G开源智能眼镜、3D打印、平衡车、魔幻耳机等创客成果。

在下午召开的促进上海创新创业座谈会上，万钢听取了上海科技创业服务机构的发展及服务科技企业创新创业的情况汇报，对相关科技创业服务机构近年来取得的成绩给予了充分肯定。他指出，聚焦于早期科技和创新型创业企业的孵化培育工作是一件非常重要的事情，政府部门要进一步转变职能，降低创新创业门槛、加强财政对创新创业的引导和支持、充分发挥市场作用，让创业更简单，更集聚，加快上海向具有全球影响力科技创新中心进军。最后，万钢说，创业没有失败。创业是一种经历，一种历练，一种担当，是一个造梦的过程。希望有更多有想法、有能力的年轻人们积极地投入到创新创业的队伍中去，掀起大众创业、万众创新的浪潮。

（科技部网站）

万钢：整合创新创业政策，大力发展众创空间

（2015年3月2日）

2015年3月2日，为积极响应党中央、国务院关于创新推动大众创业、万众创新的指示精神，研究发展众创空间的措施和手段，加快形成大众创业、万众创新的良好局面，科技部举行发展众创空间推进大众创新创业电视电话会议。全国政协副主席、科技部部长万钢出席并讲话。全文如下：

骏马奔腾辞旧岁，三阳开泰迎春来。在这暖意融融的新春，首先我代表科技部，向参加今天会议并长期支持科技工作的国务院相关部门同志，向辛勤工作在全国科技战线上的各位同仁致以诚挚的祝福，祝大家在新的一年里身体健康、工作顺利、阖家幸福！

刚刚过去的2014年，是加快落实创新驱动发展战略，主动适应引领经济发展新常态的一年，也是大众创业、万众创新浪潮在神州大地激流涌动的一年。党中央、国务院高度重视大众创新创业。习近平总书记在2014年中央经济工作会议上强调，市场要活、创新要实、政策要宽，营造有利于大众创业、市场主体创新的政策制度环境。李克强总理关于大众创新创业多次作出重要指示，强调要释放民智民力，增进大众福祉，以大众创业、万众创新打造经济发展的新引擎。

1月28日，李克强总理主持召开国务院常务会议，研究确

定支持发展“众创空间”的政策措施，为创业创新搭建新平台。会议指出，顺应网络时代推动大众创业、万众创新的形势，构建面向人人的“众创空间”等创业服务平台，对于激发亿万群众创造活力，培育包括大学生在内的各类青年创新人才和创新团队，带动扩大就业，打造经济发展新的“发动机”，具有重要意义。近期，国务院办公厅还将印发《关于发展众创空间推进大众创新创业的指导意见》。今天我们召开全国电视电话会议就是要认真传达和贯彻落实国务院常务会议及相关指示精神，以此作为行动指南和工作指导，进一步深化对大众创新创业工作的认识，做好新时期全面推进大众创新创业的工作部署。刚才中关村管委会郭洪同志、成都市科技局唐华同志和深圳柴火创客空间的潘昊同志都做了非常精彩的发言，下面我结合国务院常务会议精神，谈三个方面：

一、改革开放为大众创新创业构建了良好环境和发展格局

30多年前，改革开放的重大决策推动中国经济发展实现了历史性转折，遍布各地的国家自主创新示范区、高新技术开发区、大学科技园和科技企业孵化器有力地促进了科技与经济紧密结合，支撑了经济社会的快速发展。近年来，全球科技创新和经济发展格局正在发生深刻变革，党的十八大做出了实施创新驱动发展战略的重大部署，把握住了世界创新格局调整时期技术、人才、资本等创新要素聚焦中国的战略机遇，推动我国经济发展方式和产业结构不断优化，给大众创新创业提供了良好的基础设施和市场环境。

当前，全国科技企业孵化器1600多家，在孵企业8万余家，提供就业岗位175万多个，已毕业企业超过5.5万家，其中上市和挂牌企业近500家；大学科技园115家，大学生科技创业基地200多家，每年新增就业岗位超过15万个；2014年，中关村自主创新示范区诞生科技企业1.3万余家、武汉东湖超过5000家，115家国家级高新区总收入达23万亿元，保持了两位数增长，每年吸纳应届毕业生超过50万人；技术市场体制不断健全，2014年全国技术合同成交额达8577亿元；创业投融资市场体系日益完善，全国创业投资机构1400多家，资本总量超过3500亿元。

创新创业环境的改善，带动全国创新创业格局不断优化，规模加速扩大，效率显著提升，大众创新创业呈现出一些新特点。一是创业主体从“小众”到“大众”，出现了以90后草根创业者、大企业高管及连续创业者、科技人员创业者、留学归国创业者为代表的创业“新四军”。越来越多的草根群体投身创业，使创新创业成为一种价值导向、生活方式和时代气息。二是创业服务从政府为主到市场发力，涌现出车库咖啡、创客空间、天使汇等一大批市场化新型创业服务机构。天使、创投等投融资服务快速发展，投资路演、咨询辅导、技术转移等专业服务加快兴起。一些成功企业家担任起创业导师和天使投资，形成了奖掖后进的创业氛围。三是创业活动从内部组织到开放协同，互联网、开源平台降低了创业边际成本。技术市场促进了技术成果与社会需求和资本的对接。高校院所开放仪器设备，大企业建立开放创新平台，带动更多人选择创业。四是创业理念从技术供给到需求导向，在技术创新的基础上，出现了更多商业模式创新，改变了商品供给和消费方式。社交网络链接了创业者奇思妙想与用户的个性化需求，用户体验成为创新创业的出发点。

二、大众创新创业具备基础条件和重要意义

我们看到了大众创新创业繁荣活跃的现象，还要透过现象看到其出现的必然原因和基础条件。一是新技术革命为大众创新创业提供了便捷工具。互联网、大数据、开源软件、开源硬件、3D打印等新技术的出现，让社会大众可以方便、快速地将创意和想法转化为现实产品，降低了创业的门槛和成本。二是科技创新和体制改革，为大众创新创业提供了条件保障。我国信息产业在移动通信、宽带网络、超级计算、卫星导航、光通信、服务器等的创新能力走向世界前列，互联网企业为全社会提供了电子商务、社交网络、O2O等创新平台，以互联网应用为核心的创新创业应运而生、迅速崛起。三是高素质人才为大众创新创业提供了智慧源泉。以当代大学生为主的青年创新群体掌握了扎实的科学基础、网络技术和开放的视野，可以轻松快捷地了解到外面的世界正在发生什么，社会大众需要什么，从而激发出他们的奇思妙想和创新创意。四是改革开放为大众创新创业提供了宽松包容的政策环境。商事改革、第三方支付、网络小贷等改革措施创造了政策和金融支撑条件。宽容失败、鼓励个性的社会氛围让越来越多的人改变了观念，理解和认同创新创业的社会价值，从而吸引更多人投身创业。

当前我国已经进入增速换挡、结构调整、方式转变和动力转变的新常态，适应和引领新常态既是挑战，也是创新创业大发展、大繁荣的重要历史机遇，我们要从以下几方面深刻理解推进大众创新创业对适应和引领经济发展新常态的重要意义。

大众创新创业是稳增长的新动力。从消费需求来看，当前模仿型排浪式消费阶段基本结束，个性化、多样化消费渐成主流。推进大众创新创业将加快建立以市场需求为导向的创业生态，帮助创业者制造出满足个性化需求的高质量利基产品（即缝隙产品），挖掘产业“长尾”中蕴藏的富饶金矿，充分激发和释放新的消费潜力；从投资需求看，传统产业经过多年快速发展趋于饱和，大众创新创业将引导社会资本投向新技术、新产品、新业态和新商业模式，不断创造新的投资空间，并创新投融资方式，保持适当的投资规模，实现经济中高速增长。

大众创新创业是调结构的新途径。从发展态势来看，大众创新创业能在互联网、智能制造等新兴产业、服务业及传统产业与新兴产业跨界融合的领域培育出新的经济增长点，催生出新的产业形态，带动传统产业转型升级。大众创新创业将会在各行各业培育出铺天盖地的初创企业。这些企业经过市场的大浪淘洗，一部分势必将脱颖而出，成长为顶天立地的“小巨人”，推动产业升级目标的实现。

大众创新创业是创新产业组织的新方式。随着互联网、开源技术平台等对大众创业者的普及和开放，个体能够成为产业资源的组织者，去中心化的自组织生产开始出现，传统大规模生产模式逐渐向柔性化、智能化、专业化方向发展，按需生产、规模定制正在变为现实。开放的社交网络使创业者和用户能充分交流产品体验及个性需求。用户作为产业生态中的重要角色，将直接参与到产品构思、设计、制造、改进等环节。“众筹、众包、众创”的融资模式和生产方式，将改变封闭的产业资源配置方式，让智力资源和社会资本更加自由流动。

大众创新创业是创新驱动的新活力。就业是经济转型阶段的最大压力。目前，每年有近800万应届毕业生和海归留学生需要就业。要用好这批素质高、思想活跃的创新创业高质量人力资本。要鼓励和支持社会力量通过举办创业沙龙、起点训练营等创业辅导和培训活动，使年轻的创业者学习经验掌握技能；要形成勇于创新、宽容失败的社会环境，充分发挥人在创新创业中的核心作用，释放出每一个社会细胞的创造活力，使创新创业成为新的生活气息、价值追求和社会取向。

三、推进大众创新创业是新时期科技工作的重要任务

全面推进大众创新创业，要按照党中央、国务院决策部署，努力营造良好的创新创业生态环境，帮助大众创新创业者应用新技术、开发新产品、创造新需求、培育新市场、打造新经济。下面我就工作推进提几点要求：

一要切实提高思想认识，形成发展共识与合力。科技创新要服务于经济社会发展的大局。当前，我国经济发展亟须培育新的增长点，在更广范围内释放全社会的创新创业活力，不断增强创新发展的驱动力。各级科技主管部门务必要把推进大众创新创业作为一项重要的长期工作任务抓实抓好，使其切实服务于地方经济社会发展。要不断加强与相关部门沟通协调，持续优化创新创业环境。要根据国务院常务会议精神和国办即将印发的《意见》精神，结合各地实际情况制定具体的工作实施方案，做出有目标、有计划、有责任的工作部署。各地区之间要建立联系机制，交流和借鉴好的工作方法与经验，促进人才、技术等创新创业资源在地区间自由流动和有效配置，形成大众创新创业全国“一盘棋”的良好格局。

二要集聚整合创新创业政策，大力发展众创空间等新型创业服务机构。众创空间的含义是工作空间、网络空间、交流空间和资源共享空间。发展众创空间要最大限度地盘活利用好国家自主创新示范区、国家高新区、大学科技园、科技企业孵化器，激励高校、院所开放科技资源，共享科研仪器设备，优化和完善现有创业服务机构的服务业态和运营机制，为创业者提供低成本、便利化、全要素的创业服务平台。

各地方要充分发挥创新创业资源的集聚效应和创新创业活动的规模优势，有效聚集各类创业服务机构和创业人员，构建用户参与、互帮互助、创业辅导、金融支持的开放式创业生态系统。要认真梳理国家及地方现行的支持大众创新创业的相关政策，发挥政策集聚和“互联互通”的系统有效性，不断加大政策落实力度，让所有创业者都能“用其智、得其利、创其富”。

三要完善体制机制，提升创新创业服务水平。各地方要着力发挥传统孵化器在基础设施方面和新型创业服务机构在专业服务方面的互补优势，促进传统孵化器与新型创业服务机构的深层融合，联合建立“创业苗圃—孵化器—加速器”孵化链条，为初创企业提供全流程服务。各地方要鼓励社会力量依托传统孵化器发展新型创业服务机构，引导创新创业服务向着市场化、专业化、网络化、开放化方向发展，满足新时期大众创新创业的新需求。科技企业孵化器要坚持与时俱进，不断创新体制机制，从“重资产、轻服务”逐步转向“轻资产、重服务”，结合成果转化政策试点，探索新的激励手段，充分调动各方人员积极性。

四要加快转变政府职能，强化市场配置资源的决定性作用。各地方政府应加强对大众创新创业的宏观引导、公共服务产品供给和市场监管，营造公平合理的市场竞争环境。凡是市场机制有效的领域，要充分发挥市场配置创新创业资源的决定性作用，坚持让市场选择大众创新创业的方向和路径，让价格机制和供需关系来调节大众创新创业的规模和形式，避免直接干预创新创业活动，更不能用已有的管理体系和工作手段去“强行引导”大众创新创业发展。

在市场机制失灵的阶段和领域，政府要着力完善创新创业政策体系和制度体系，保障创新创业者合法权益和竞争秩序；不断夯实创新创业基础设施，提高政府公共服务水平；政府对初创企业的扶持方式要从选拔式、分配式支持向普惠式、引领式转变，形成公平竞争、优胜劣汰的市场经济秩序。要继续办好各类创新创业大赛，积极参与国际创新创业大赛，通过“跑马场上选骏马”实现“市场对接配资源”；要转变财政支持方式，发挥财政资金撬动社会资本的杠杆作用，通过市场机制有效地引导技术、资本、人才等创新资源，用政府对创新创业的“小投入”吸引来社会资本的“大投入”，形成市场化的创新资源配置格局。

发展众创空间全面推进大众创新创业，既是新常态下经济社会发展的必然要求，又是实施创新驱动发展战略的重要社会基础，还是党和国家赋予我们的光荣而艰巨的工作使命。科技部将把推进大众创新创业作为重要工作抓手，全力以赴做好创新创业公共服务，推动科技创新与经济社会发展紧密结合。目前科技部正在抓紧研究制定发展众创空间，推进大众创新创业的实施方案，并已着手启动“创业中国”行动计划，旨在营造良好的创新创业生态环境，激发全社会的创新创业活力，形成新常态下经济发展的新动力。2月4日，中关村已率先启动“创业中国”中关村引领工程；2月8日，成都市启动了“创业天府”行动；上海、江苏、浙江、湖北、河南等地也在积极筹备相关行动计划。大众创业、万众创新的火炬已经在960万平方公里土地上点燃，即将在全国兴起大众创业、万众创新的燎原之势。

同志们，回顾过去，我们为生逢其时而庆幸，展望未来，我们强烈感受到自己所肩负的责任更加重大。我坚信，在以习近平同志为总书记的党中央坚强领导下，科技战线的各位同仁一定能够肩负起时代赋予的光荣使命，以更加饱满的热情投身到推进大众创新创业的伟大事业中，不断解放思想，锐意进取，营造好大众创业、万众创新的生态环境，让每个有创业愿望的人都拥有自主发展、创新创富的空间，让每个有志成才的人都拥有人生出彩、梦想成真的机会，凝聚起亿万中国人的智慧和力量，努力开创大众创业、万众创新的恢弘局面，为实现中华民族伟大复兴作出新的更大的贡献。

（科技部网站）

万钢：让大众创业万众创新形成燎原之势

（2015年3月11日）

2015年3月11日上午，十二届全国人大三次会议新闻中心在梅地亚中心多功能厅举行记者会，科技部部长万钢就科技改革与发展回答中外记者提问。万钢表示，大众创业、万众创新是我们国家创新创业的新特征、新趋势，这方面我国有很好的基础。

万钢说，在技术方面，通过互联网、开源等技术的应用，减少了创业活动的成本，促进了更多创业者的加入；通过社交网络和信息平台，缩短了开发者和使用者的距离，提升了用户体验，加快了创新步伐。在服务方面，从政府发力转向市场发力，专业化的新型创业孵化机构联合创业投资、

互联网金融，通过投资、路演、交流、推广、培训、辅导等增值服务，降低了创业门槛，提升了创业成功率。创业主体逐渐由小众走向大众，由精英走向“草根”，有越来越多的大学毕业生、归国留学生、科技人员以及企业高管都开始了自己的创业之路，创新创业已经形成了一种价值导向、生活方式和时代气息。

万钢说，我国科技孵化器在大众创新创业方面有很好的基础，目前全国的科技企业孵化器已经超过了1600家，大学科技园有115家，在孵的企业有8万多家，就业人数有170多万。全国活跃的创业投资机构有1000多家，资本总量超过3500亿元，互联网的接入超过6.3亿，固网普及率已经达到50%。技术交易也很活跃，2014年，全国的技术交易成交额达到了8577亿，近年来以15%的增速增长。

怎么把大众创业、万众创新的基础和创业者的需求对接起来，能够最大地发挥市场配置资源的特性，万钢表示，这是一个很重要的环节。国务院办公厅下发了《关于发展众创空间推进大众创业创新的意见》，针对创新创业活动的阶段性特点提出了推动大众创业、万众创新的一些具体措施。科技部等6个部门专门召开了全国的电视电话会议，对贯彻落实《意见》进行全面部署，使大众的万众创业、万众创新形成星火燎原之势。

（新华网）

万钢：点燃大众创新创业的火炬

（2015年3月13日）

2015年3月，全国政协副主席、科技部部长万钢在《紫光阁》杂志2015年第3期上发表署名文章。全文如下：

前不久的中央经济工作会议强调要营造有利于大众创新创业、市场主体创新的政策和制度环境。近期国务院常务会议专题研究大众创新创业，对发展“众创”空间等创新创业服务平台作出部署。贯彻落实党中央、国务院指示精神，适应新形势新要求，亟须把全社会创新创造活力更好激发出来，把创新驱动新引擎加快发动起来，为适应和引领经济发展新常态提供强有力支撑。

一、创新创业大众化成为科技经济发展重要趋势

大众创新创业的兴起代表了新一轮科技创新和产业变革的必然走势。本世纪初，伴随移动通信、互联网的普及和用户的快速增长，美欧许多高校和高科技企业通过设立实验平台、开放源代码软件和硬件设施，支持在校大学生和非专业技术人员把面向市场的创意转化为实际产品。其可贵之处在于将传统意义上专业技术人员的“小众”创新变成了非专业人员都可以广泛参与的“大众”创新，大大拓展了创新群体、提升了创新效益。作为科技经济的一个“新浪潮”，大众创新创业正在全球范围内加速成长，“众创”环境不断完善，“众创”空间加快发展，“众创”群体不断扩大。

经过多年努力，我国创新创业环境不断完善。特别是近年来，随着全面深化改革和继续扩大开放，我国迎来世界科技创新格局调整时期技术、人才、资本等创新要素聚焦中国的战略机遇，创业服务基础设施和市场环境得到很大改善。2014年，全国科技企业孵化器超过1600家，大学科技园115家，在孵企业8万余家，就业人数175万。全社会的创新创业意识高涨；创新创业观念与时俱进，新型创新创业模式不断涌现。

我国创新创业从“小众”走向“大众”的速度不断加快。创新创业日益成为具有强烈时代气息的社会价值导向和生活方式，出现了以大学生等年轻创业者、大企业高管及连续创业者、科技人员创业者、留学归国创业者为代表的创业“新四军”，越来越多草根群体投身创业。创新创业活动从内部组织向开放集聚加快转变，创新创业理念从技术供给向需求导向加快转变，创新创业服务从政府为主向市场发力加快转变。

二、大众创新创业是引领经济发展新常态的重要引擎

大众创新创业是保持经济中高速增长的重要动力。保持经济中高速增长必须更多依靠创新驱动，为经济增长提供新的强劲动能，而大众创新创业有利于充分释放每个社会细胞的创造活力，是把创新驱动发展战略真正落到实处的重要基础。当前我国模仿型排浪式的消费阶段已基本结束，个性化、多样化消费渐成主流，推进大众创新创业有利于加快建立以细分市场需求为导向的创业生态，帮助创业者制造出满足个性化需求的高质量利基产品（也即缝隙产品），挖掘产业“长尾”中蕴藏的富饶“金矿”，充分激发和释放新的消费潜力。从投资看，大众创新创业有利于“唤醒”社会资本投向新技术、新产品、新业态和新商业模式的积极性，创造新的投资空间。

大众创新创业是发现和培育新的增长点、加快经济结构调整和发展方式转变的重要途径。新常态下，要真正在转方式、调结构上取得突破性进展，亟须在培育新的经济增长点上狠下功夫。不能仅仅依靠政府的力量，必须把市场的内生活力充分激发出来，而大众创新创业是发现细分市场需求、从而培育新经济增长点的有效方式。大众创新创业主要集中在互联网、智能制造等新兴产业和服务业与传统产业跨界融合的领域，对于催生新的产业形态意义十分重大。大众创新创业的浪潮将会在各行各业培育出“铺天盖地”的初创企业，经过市场大浪的淘洗，一部分企业势必脱颖而出，成长为顶天立地的“小巨人”乃至引领未来经济发展的骨干企业。这是我国经济结构调整和发展方式转变的重大力量来源。

大众创新创业还是推动体制机制改革特别是科技创新和产业组织方式变革的重要力量。随着互联网、3D打印、开源软硬件等对大众创业者的普及和开放，个体生产者在产业资源组织中的能力将不断提高，开源组织的生产方式将越来越多地出现，这必将带动传统工业化时代大规模、流水线的生产模式逐渐转向柔性化、智能化、专业化的生产方式，按需定制、按需生产成为可能，促使产业组织型态进一步趋于扁平和开放。“众筹”“众包”等融资模式和生产方式，也将进一步改变传统的产业资源配置方式，有利于人才和智力资源在全社会更加自由地流动。

三、把大众创新创业的巨大潜能充分释放出来

着力发展众创空间，构建开放式创业综合服务平台。发展众创空间关键是要为大众创业者提供开放高效的工作网络以及交流和服务载体。要在深入研究总结车库咖啡、

创新车间、创客空间等新型孵化模式的基础上，充分发挥社会力量的主力军作用，优化和完善现有创业服务机构的服务业态和运营机制，利用国家自主创新示范区、国家高新区、大学科技园和高校、科研院所的有利条件，为创业者提供低成本、便利化、全要素的工作空间、网络空间、社交文化空间和资源共享空间。充分发挥创业服务机构的集聚效应和创业规模优势，释放创新创业政策集聚和“互联互通”的有效性，坚持创新与创业相结合、线上与线下相结合、孵化与投资相结合，打造“互帮互助”“用户参与”的开放式创业生态系统。

着力抓好制度安排，破除创新创业体制机制障碍。进一步推进事业单位科技成果使用、处置和收益管理改革试点，完善科技人员创业股权激励机制。加强与部门之间的协调协作，推动商事制度改革，针对众创空间等新型创业服务机构集中办公等新特点，简化住所登记手续，采取一站式窗口、网上申报、多证联办等措施为创业企业工商注册提供便利。加强对“草根原创”成果的知识产权保护，着力避免大企业凭借规模优势阻碍小企业创新。

着力加强财政资金引导，鼓励社会资本支持创新创业。结合中央财政科技计划（专项、基金等）管理改革，进一步发挥财政资金杠杆作用，通过阶段参股等方式引导社会资本支持天使投资群体和创业投资机构发展。发挥地方的主体作用，加强国家层面与地方的协调联动，采取积极措施，对众创空间等新型创业服务机构的房租、宽带费用、公共软件和开发工具等给予适当补贴引导。通过政府购买服务等方式，支持众创空间等创业服务机构为初创企业提供咨询、知识产权、检验认证和技术转移等高端服务。鼓励创业服务功能集聚区的健康发展，聚集相关科技服务业态。

着力完善创业投融资机制，破解初创企业和小微企业融资难题。积极探索开展互联网股权众筹融资试点，以“众筹”支持“众创”，以“众创”促进“众筹”。促进区域性股权市场的规范健康发展，服务初创企业融资，完善天使投资、创业投资退出和流转机制，加快创业板机制创新。加大力度发展科技金融，鼓励银行业金融机构提供科技融资担保、知识产权质押、股权质押等金融服务。

着力发展创新创业文化，培育良好社会氛围。积极支持众创空间等社会力量举办创业沙龙、创业训练营等各种类型的创业培训活动。健全创业辅导机制，鼓励企业家、天使投资人等担任创业导师。加强部门协同，促进创业教育课程进课堂，支持高校和科研院所为大学生等创业提供场所和公共服务。支持各领域各层次创新创业大赛，形成赛马场上选骏马、市场对接配资源的公开遴选机制。加强宣传和舆论引导，在全社会营造创新创业良好文化氛围。

（《紫光阁》）

万钢：以改革思维打造大众创业万众创新的新引擎

（2015年3月26日）

2015年3月26日，全国政协副主席、科技部部长万钢在《光明日报》上发表署名文章。全文如下：

随着我国加快落实创新驱动发展战略，主动适应和引领经济发展新常态，大众创业、万众创新的浪潮在神州大地上激流涌动。习近平总书记在2014年中央经济工作会议上强调，市场要活、创新要实、政策要宽，营造有利于大众创业、市场主体创新的政策制度环境。李克强总理在2015年《政府工作报告》中提出，打造大众创业、万众创新和增加公共产品、公共服务“双引擎”，推动发展调速不减势、量增质更优，实现中国经济提质增效升级。近日，国务院办公厅印发了《关于发展众创空间推进大众创新创业的指导意见》，全面部署推进大众创业、万众创新工作。

一、大众创业、万众创新是新时期的重大社会改革

李克强总理在今年两会记者会上言简意赅地指出，大众创业、万众创新，实际上是一个改革。回顾过去，1978年，为发展农业生产，中共中央作出实行农村土地家庭联产承包责任制的改革决定，极大地激发出亿万农民生产经营的积极性，从根本上改变了我国农业发展的格局。1980年，温州市工商局发出中国改革开放后第一张“个体工商户营业执照”，标志着私营经济的合法地位被认可，千千万万的城市居民从此当上了“个体户”，成为我国市场经济探索和社会财富积累的一支重要力量。1993年，计划经济时代的标志“粮票”被正式取消，近40年的“票证经济”就此落幕，闲置在农村的剩余劳动力得到解放，大量农村人口开始涌入城市，为中国城市建设和经济发展奇迹作出了不可磨灭的贡献。

大众创业、万众创新不简单是一句口号，也不是要在社会上刮一阵风，而是要通过一系列政策制度安排，实实在在地释放出新一轮的改革红利，在更广范围内激发和调动亿万群众的创新创业积极性，让创新创业从“小众”走向“大众”，让创新创业的理念深入民心，在全社会形成大众创新创业的新浪潮，打造经济发展和社会进步的新引擎。

二、大众创业、万众创新为适应和引领新常态注入强大动力

当前，我国经济进入增速换挡、结构优化、动力转换的新常态，推进大众创业、万众创新就是要鼓励大众创业者应用新技术、开发新产品、创造新需求，培育新市场、打造新业态，为经济发展注入源源不断的动力和活力。

大众创新创业是保持“中高速”的新动力。从扩大消费需求看，推进大众创新创业将加快建立以市场需求为导向的创业生态，帮助创业者制造出满足个性化、多样化消费需求的高质量利基产品，挖掘产业“长尾”中蕴藏的富饶金矿，充分激发和释放新的消费潜力；从增加投资需求看，大众创新创业将引导社会资本投向新技术、新产品、新业态和新商业模式，不断创造新的投资空间，创新投融资方式，保持经济中高速增长。

大众创新创业是迈向“中高端”的新途径。大众创新创业能在互联网、智能制造等新兴产业及传统产业与新兴产业跨界融合的领域培育出铺天盖地的初创企业，催生出新的产业形态，培育新的经济增长点。一方面带动传统产业转型升级，另一方面这些初创企业经过市场的大浪淘洗，一部分势必脱颖而出，成长为顶天立地的科技“小巨人”，推动产业结构迈向中高端。

大众创新创业是创新产业组织的新方式。随着互联网、开源技术平台等对大众创业者的开放普及，个体能够成为产业资源的组织配置者，去中心化的自组织生产开始出现，从而带动传统大规模生产逐渐向柔性化、智能化、专业化方向发展，按需生产、规模定制正在变为现实。开放的社交网络使用户作为产业生态中的重要角色，直接参与到产品构思、设计、制造、改进等环节，与创业者充分交流产品创意、体验及个性需求。“众筹”“众包”“众创”的融资模式和生产方式，将优化封闭的产业资源配置方式，让智力资源、产业资源、社会资本更加自由流动。

三、大众创业、万众创新将有力促进社会发展与进步

大众创业、万众创新从提出到现在不足一年，却已经在全社会形成广泛共识，这不仅仅是因为大众创新创业对经济的推动贡献，也反映出大众创新创业具有强大的社会基础，被广大人民群众认同和期待。

大众创新创业有利于促进社会纵向流动。我国改革开放三十多年极大地改善了人民生活水平，但收入分配制度、社会基本保障、城乡二元经济结构等社会问题依然存在，社会底层群众和年轻人发展存在“玻璃天花板”的体制性障碍。推进大众创新创业就是要打破一切体制机制的障碍，促进社会资源和社会财富的自由分配，让每个有创新创业愿望的人都拥有自主创业的空间，让每个有梦想的人都拥有人生出彩的机会，让全体人民群众特别是年轻人和贫困家庭的孩子有更多的上升通道。

大众创新创业有利于满足人的最高需求。马斯洛需求层次理论将自我实现列为人的最高需求。经济的快速发展基本满足了人们的物质生活需求，越来越多的人需要通过创造来满足自我实现的需求。大众创业、万众创新的根本目标就是要给人民群众创造出满足人生需求、实现人生价值的发展渠道，让自主发展的精神在人民当中蔚然成风，让社会的每一个细胞都保持着不断追求卓越的积极心态和精神风貌。

大众创新创业有利于促进社会公平正义。实现大众创新创业从根本上是要通过完善法治环境和加大简政放权，建设法治政府、创新政府、廉洁政府和服务型政府，促进国家治理体系和治理能力现代化。政府要不断加强自身建设，增强执行力和公信力，破除一切不公平、不合理、制约人民群众创新创造的政策制度障碍，让政府的权力运行在阳光下，让有权者不可任性也不敢任性，让人民群众都能感受到公平正义之风。

四、推进大众创新创业具备了良好环境和基础条件

改革开放30多年，我国创新创业环境得到极大改善。当前全国科技企业孵化器1600多家，在孵企业8万余家，毕业企业超过5.5万家，其中上市和挂牌企业近500家；大学科技园115家，大学生科技创业基地200多家，每年新增就业岗位超过15万个；2014年，中关村自主创新示范区诞生科技企业1.3万余家、武汉东湖超过5000家，115家国家级高新区总收入达23万亿元，每年吸纳应届毕业生超过50万人；技术市场体制不断健全，2014年全国技术合同成交额达8577亿元；创业投融资市场体系日益完善，全国创业投资机构1400多家，资本总量超过3500亿元。创新创业环境的改善带动我国创新创业愈加活跃，规模加速扩大，效率显著提升。

透过大众创新创业繁荣活跃的现象，不难看出其出现的必然原因和基础条件。一是新技术革命为大众创新创业提供了便捷工具。互联网、大数据、开源软硬件、3D打印等新技术的出现，让社会大众可以方便地将创意和想法形象化，并快速转化为现实产品，降低了创业的门槛和成本。二是科技创新和体制改革为大众创新创业提供了条件保障。我国信息产业在移动通信、宽带网络、超级计算、卫星导航、智能终端、光通信等方面的创新能力和产业规模走在世界前列，互联网企业提供了电子商务、社交网络、O2O等创新平台，带动以互联网应用为核心的创新创业应运而生并迅速崛起。三是高素质人才为大众创新创业提供了智慧源泉。由于几十年坚持不断的教育发展，以当代大学生为主的青年创新创业群体具备了扎实的科学基础、网络技术和开放视野，可以轻松快捷地了解到外面的世界正在发生什么，社会大众需要什么，从而激发出他们的奇思妙想和创新创意。四是改革开放为大众创新创业提供了宽松包容的政策环境。商事改革、第三方支付、P2P金融等改革措施创造了政策支撑条件。宽容失败、鼓励个性的社会文化氛围让越来越多的人改变了观念，理解、认同和投身创新创业，使得创新创业成为一种价值导向、生活方式和时代气息。

五、落实《意见》精神，将大众创新创业作为科技创新工作重要抓手

新时期全面推进大众创业、万众创新，要深入贯彻落实《关于发展众创空间推进大众创新创业的指导意见》精神，努力营造良好的创新创业生态环境，将大众创新创业作为科技创新工作的重要内容和抓手。

一是提高思想认识，形成发展共识与合力。当前，我国经济发展亟须培育新的增长点，在更广范围内释放全社会的创新创业活力，不断增强创新发展的驱动力。各级科技管理部门要高度重视大众创新创业的战略意义，把推进大众创业、万众创新作为一项重要的长期工作任务抓实抓好，使科技创新的“小局”服务好经济社会发展的“大局”。各地区之间要建立联系机制，交流借鉴工作方法与经验，促进人才、技术等创新创业资源在地区间自由流动和有效配置，形成大众创新创业全国“一盘棋”的良好格局。

二是集聚整合创新创业资源和政策，大力发展众创空间等新型创业服务机构。发展众创空间不是“大兴土木”搞建设，而是要把已有设施条件用好，最大限度地盘活利用国家自主创新示范区、国家高新区、大学科技园、科技企业孵化器的创新创业资源，激励高校、院所开放科研仪器设备和科技服务，完善现有创业服务机构的服务业态和运营机制，发挥创新创业资源的集聚效应和创新创业活动的规模优势，为创业者提供低成本、便利化、全要素、开放式的创业服务平台。发展众创空间要认真梳理国家及地方现行的支持大众创新创业的相关政策，发挥政策集聚和“互联互通”的系统有效性，切实加大政策落实力度，让所有创业者都能“用其智、得其利、创其富”。

三是完善体制机制，提升创新创业服务水平。进一步完善多层次资本市场体系，强化资本对大众创新创业的推进作用。着力发挥传统孵化器在基础设施方面和新型创业服务机构在专业服务方面的互补优势，促进传统孵化器与新型创业服务机构的深层融合，联合建立“创业苗圃—孵化器—加速器”孵化链条，为初创企业提供全流程服务。鼓励社会力量依托传统孵化器发展新型创业服务机构，引导创新创业服务向着市场化、专业化、网络化、开放化方向发展，满足新时期大众创新创业的新需求。国有科技企业孵化器要坚持与时俱进，不断创新体制机制，从“重资产、轻服务”逐步转向

"轻资产、重服务"。高校、院所要结合科技成果管理改革试点政策和正在修订的《科技成果转化法》，积极探索调动各方创新创业积极性的新机制。

四是加快转变政府职能，强化市场配置资源的决定性作用。政府应加强对大众创新创业的宏观引导、公共服务和市场监管，营造公平合理的市场竞争环境。凡是市场机制有效的领域，政府要顺势而为，充分发挥市场配置创新创业资源的决定性作用，坚持让市场选择大众创新创业的方向和路径，让价格机制和供需关系来调节大众创新创业的规模和形式，避免直接干预创新创业活动，更不能用已有的管理体系和工作手段去"引导"大众创新创业发展。在市场机制失灵的阶段，政府要着力完善创新创业政策体系和制度体系，保障创新创业者合法权益和竞争秩序。不断夯实创新创业基础设施，提高政府公共服务水平。政府对初创企业的扶持方式要从选拔式、分配式支持向普惠式、引领式转变，发挥财政资金撬动社会资本的杠杆作用，用政府对创新创业的"小投入"吸引来社会资本的"大投入"，形成市场化的创新资源配置格局和公平竞争、优胜劣汰的市场经济秩序。

推进大众创业、万众创新不会一帆风顺。"喊破嗓子不如甩开膀子"，只有按照"四个全面"战略布局，以时不我待的改革精神和破釜沉舟的改革勇气，破除制约大众创新创业的各种障碍，才能充分调动起亿万人民群众的创新创业热情，激发出全社会的智慧才能和创造活力，助力经济发展实现"双中高"目标，推进我国小康社会全面建成。

（《光明日报》）

万钢：努力营造良好的创新创业生态体系

（2015年4月17日）

2015年4月17日，全国政协副主席、科技部部长万钢就大众创新创业在合肥开展调研。在先后参观调研了中国科技大学量子通信项目、江淮公司新能源汽车项目后，万钢主持召开了大众创新创业座谈会。

万钢指出，大众创业、万众创新是促进社会发展的深刻改革，其意义绝不亚于30多年前那场改革。大众创业、万众创新不是一句简单的口号，而是要形成一系列的政策制度安排，靠改革去落实，从而把民间的创造力激发出来。

万钢强调，推进大众创业创新是保持经济"中高速"发展的新动力、新途径。对促进传统产业转型升级，培育和发展新业态、新经济具有重要意义。从大众创业创新产生的铺天盖地的初创企业中，必将会成长出一批顶天立地的"小巨人"，从而推动整个产业结构迈向中高端。

万钢指出，要把推进大众创业创新作为实施创新驱动发展战略的重要抓手。要提高认识，形成发展共识与合力；要聚集整合创业创新资源和政策，大力发展众创空间等新型创业服务机构；要加快转变政府职能，强化市场配置资源的决定性作用，努力营造良好的创新创业生态体系。

（《科技日报》）

万钢：深化科技体制改革，推进大众创新创业

（2015年5月23日）

2015年5月23日，第十七届中国科协年会在广州开幕。在开幕式结束后举行的大会特邀报告会上，全国政协副主席、科技部部长万钢做了题为《深化科技体制改革，推进大众创新创业》的报告。全文如下：

党的十八大提出了创新驱动发展的战略，党中央、国务院高度重视创新驱动发展各项措施的落实。习近平总书记指出，当今世界谁牵住科技创新这个牛鼻子，谁走好科技创新这步棋，谁就能占领先机、赢得优势。在今年两会期间，习近平总书记在参加活动时提出，创新是引领发展的第一动力，抓创新就是抓发展，谋创新就是谋未来，要适应和引领我国经济发展的新常态，关键还是要依靠科技创新转换发展动力。李克强总理要求，要以更大的力度来推进科技体制机制的改革，用政府权力的减法来换取创新创业的乘法，形成大众创业、万众创新的新态势。

下面，我从科技创新的新趋势和新特征，深化科技体制改革、营造良好创新环境，加强政策支持、推进大众创新创业这三个方面来讲讲工作体会和今后的发展。

首先，新科技革命正在推动广泛而深刻的产业变革。

进入新世纪以来，以信息技术、生物技术、新材料技术、新能源技术为代表的新一轮科技革命加速发展，并带动着产业的变革。特别是2008年国际金融危机以来，新科技革命推动全球经济结构加速调整，直接推动了战略性新兴产业的兴起和发展壮大。近几年，我们深深地感受到新科技革命以前所未有的方式来影响改变着社会生产的方式、社会生产生活的方式以及思维方式的转变，发展变化的速度远超于我们的想象。技术创新、商业模式、金融资本的深度融合，正在加速推动产业变革步伐。经济发展新常态对科技创新提出巨大需求，创新驱动发展要以科学研究、技术创新为核心，促进制度创新、管理创新、产业组织创新、商业模式创新和业态创新，推动经济向形态更高级、分工更精细、结构更合理的阶段演进。

经过改革开放30多年的努力和奋斗，我国经济发展走向了世界的第二位，我们的自主创新能力得到了快速的提升。刚才李源潮副主席在讲话中特别提到中国科技创新能力的提升，无论是在基础研究还是在产业发展，或者在高科技以及国防领域的发展，都对我国进一步创新驱动发展奠定了很好的基础。我们庞大的市场规模、完备的产业体系、多样化的需求，与当前互联网时代创新成本的下降和创新效率的提升

相结合，为技术、产品和产业创新提供了广阔空间。当前，我国经济进入新常态，要更加注重发展的质量和效益。经济结构调整需要新兴技术、产品、产业提升和替代传统产业，发展动力要从要素的驱动转向创新驱动，人才团队和政策环境成为创新的关键要素。

在互联网时代，我们又迎来了大众创新创业的新时代，互联网、大数据和开源软硬件的发展，可以更方便快捷地将创意和发明转化为现实产品，它降低了创新创业的门槛和成本。开放的社交网络，使用户成为产业生态中的重要角色，直接参与到产品构思、设计、制造、改进等环节，让创客的奇思妙想直接与用户和市场沟通。个性化需求的增长，可以使创业者创造高质量的缝隙产品，挖掘产业“长尾”中隐藏富饶的金矿。而风险投资、互联网金融等各类投资融资方式，为创新创业提供全过程的金融服务，使人人都可以成为天使投资者。在经济新常态下，大众热情投身于创新活动，政府和全社会都要积极的支持和推动。

第二，深化科技体制改革、营造良好创新环境。

以科技创新带动产业变革。我们要立足当前、着眼未来，加强基础研究和源头创新，看准的战略方向要超前部署，持续不断地支持和推动，培育竞争新优势。在关键的领域要突破关键来带动整体，着力于突破共性关键技术和系统集成，及早占领标准的高地，形成对市场的带动力。对于创新的成果我们要通过示范引领、提升拓展。通过应用示范，使创新产品在市场竞争考验中不断完善和成熟，也使用户更早地了解和熟悉产品，使科技创新的成果能够成为市场应用产品，从而成为现实的生产力。在所有的过程当中，产品的研发创制和市场的过程当中，需要我们及时破除壁垒，推动全面创新。要高度重视商业模式的创新，不断深化改革，营造更好的市场环境，推动管理创新和制度创新，来促进科技创新与金融资本相结合。在这种情况下，我们必须深化科技体制改革，营造良好创新环境。

新的科技革命和产业变革，要深刻认识到它将重塑全球经济结构，使产业和经济竞争的场地和规则发生转换。目前世界主要国家都在加速调整创新战略，我国即将面临着赶超跨越的难得机遇，也面临着差距被拉大的巨大挑战，唯有着力于创新驱动，才能赢得发展的主动权。

应对新科技革命的要求，需要建立完善更加符合于科技创新的体制和机制。要进一步明确政府和市场分工，构建和统筹配置创新资源的新机制；要建设各类创新主体的系统互动，创新要素顺畅流动、高效配置的生态系统；要完善激励创新的政策体系，保护科技创新的法律制度，来激发广大科技人员和全社会创新创业的积极性和创造性。

去年以来，党中央、国务院加快推动科技体制改革的步伐推出了一批重大举措。党中央、国务院专题研究科技工作10多次，年初，国务院办公厅颁发了《关于强化企业技术创新主体地位全面提升企业创新能力的意见》，加快推动企业成为技术创新主体地位。3月份，国务院颁发《关于加强中央财政科研项目和资金管理改革的若干意见》，强化了中央财政科技经费管理，再造科技项目的管理流程。深化院士制度改革，更好地发挥院士的作用。修订《科技成果转化法》，形成新的科技成果收益权、处置权的安排，在国家自主创新示范区内开展了各项试点工作。中共中央、国务院深入研究了《关于深化中央财政科技计划（专项、基金等）管理改革的方案》，建立完善以目标和绩效为导向的科技计划管理体制。国务院颁布《关于国家重大科研基础设施和大型科研仪器向社会开放的意见》，着力推动科技资源向全社会开放与共享。今年年初，国务院常务会议研究制定“众创空间”的政策措施，支持关于众创空间推动大众创新创业的指导意见。

优化科技创新资源配置是深化科技体制改革的一项重要任务，它的目的是强化顶层设计，打破条块分割，统筹科技资源。建立目标明确和绩效导向的管理制度，形成职责规范、科学高效、公开透明的组织管理机制，更加符合科技创新规律，更加高效配置科技资源，更加强化科技与经济紧密结合。要面向世界科技前沿、面向国家重大需求、面向国民经济主战场，建立需求导向，分类指导，超前部署，瞄准突破口和主攻方向，建立围绕着重大任务来推动科技创新的新机制。要求围绕产业链部署创新链，围绕创新链完善资金链，统筹衔接基础研究、应用开发、成果转化、产业发展等各个环节，更加主动有效地服务于经济结构调整和提质增效升级。

优化科技创新资源配置，要建立跨部门的科技计划管理联席会议，构建高层次的战略咨询和综合评审委员会，科技项目将委托专业机构，政府要加强关于评估与监管和动态调整的机制，与此同时，要继续建立好国家科技信息和国家科技报告体制，中央财政科技计划将从国家自然科学基金、国家重大专项、重点研发计划、技术创新引导专项（基金）和基地和人才方面进行全方位的部署。着力推进科技资源开放共享，建立国家重大基础设施和大型科研仪器向社会开放的制度。实施全国统一的创新调查制度和科技报告制度，建立统一的国家科技管理平台，进一步提高科技资源利用效率，让更多的科技资源能够为全社会创新所用。

目前，《促进科技成果转化法》正在修订过程中，它主要包括四个方面内容：首先是加强科技成果信息发布。向全社会公布科技项目实施情况以及科技成果和相关知识产权信息，提供科技成果的信息查询、筛选等公益服务。二是引导和激励科研机构积极转化科研成果。要求完善科技成果处置权、收益分配制度，规定国家设立的研发机构、高校对其持有的科技成果，可以自主决定转让、许可或者作价投资。三是强化企业在科技成果转化中的主体作用。鼓励企业与研究开发机构、高校以及其他组织，共同开展研究开发、成果应用与推广、标准研究与制定等活动。四是加强对于科技成果的转化服务。国家培育和发展技术市场，鼓励创办科技中介服务机构，支持根据产业和区域发展需要建设的公共研究开发平台，支持科技企业孵化器、国家大学科技园等科技企业的孵化机构。国务院颁发了《关于加快科技服务业发展若干意见》的49号文件，重点发展研究开发、技术转移、检测检验认证、创业孵化、知识产权、科技咨询等一系列专业科技服务和综合科技服务，创新服务模式，延展服务链，来促进科技服务业向专业化、网络化、规范化、国际化的发展。

这些年来，我国的技术交易市场得到了快速的发展，从本世纪初的1200多亿，到去年全社会交易金额达到8677亿，相信大力开展科技服务业可以更好地促进科技成果的转化和应用和市场的推广。

今年年初，党中央、国务院颁发了《关于深化体制机制改革 加快实施创新驱动发展战略的意见》，强调要全面创新，把科技创新摆在国家发展全局的核心位置，统筹推进科技体制改革和经济社会领域改革，来统筹推进科技、管理、品牌、组织、商业模式创新，统筹推进军民融合创新，统筹推进引进来和走出去合作创新，实现科技创新、制度创新、开放创新的有机统一和协调发展。

总之，党中央、国务院的这一系列重大改革举措，根本目的在于加快实施创新驱动发展战略，提升劳动、信息、知识和技术、管理、资本的效率和效益，增强科技进步对经济发展的贡献度，营造大众创业、万众创新的政策环境和制度环境，为进入创新型国家提供有力保障。

第三，加强政策支持，推进大众创新创业。

近些年来，大众创新创业呈现出新特点，创业活动从内部组织到开放创新，互联网、开源平台降低了创业技术门槛和边际成本。技术市场促进了技术成果与社会需求和资本的对接，带动更多人选择创业。创业群体从“小众”走向“大众”，出现了以大学毕业生，大企业的高管以及连续创业者，科技人员创业者和留学归国创业者为代表的创业“新四军”，创新创业成为一种价值导向、生活方式和时代气息。创业理念从技术供给到需求导向的转变，在技术创新的基础上，出现了更多商业模式创新。社交网络链接了创业者奇思妙想与用户的个性化需求，用户体验成为创新创业的出发点。创业服务从政府为主到市场发力，涌现出一大批市场化新型创业服务机构，各地政府提供了普惠型的政策支持，种子、天使、创投等投融资服务快速发展，一些成功企业家担任起创业导师和天使投资人。

各具特色的创新活动开拓了新市场，催生新业态，以颠覆式和迭代式为特色的技术创新，利用技术的突破、积累和不断完善，创造新产品，满足新需求，开展新的市场空间。比如新型的展示，新型的仪器设备有很大的产业发展优势。以重新配置资源为特色的创新，利用互联网、大数据把传统的商业活动变得更加简单，提高了配置效率、降低商业成本，以商业模式创新催生新业态。很多在我们身边的新型的服务态也成为一种特色创新，通过互联网的交流平台，使众多个性化的需求获得了专业化的服务。

更要高度重视的是一些企业正在开放平台提供创新资源，一些企业将层级式的管理方式改造为扁平化的新型创业平台，企业内部架构从过去的“上下级关系”变成了“投资人与创业者关系”，企业从“产品制造者”变身为“创客制造者”。比如，海尔开展“内部创业”，依托原有的技术和服务平台，开放自身创新资源和供应链资源，为创业者提供设计、制造、销售等方面的系统支持。这些都将深刻地改变企业创新的形态。

在创客空间，成千上万的创客正在利用开源软硬件和互联网工具努力把各种创意转化为现实的产品。为了他们的创新，我们必须提供相应的空间，通过市场化的机制、专业化的服务和资本化的途径，构建低成本、便利化、全要素的开放式的创业服务平台，为他们提高工作空间、网络空间、交流空间和共享空间。依托互联网和开源平台，它正在构建需求导向、开放平等、组织灵活、广泛参与为特点的新型社会协作方式。新型的资金融资方式，以低成本、多样化、大众化的方式为更多的创新创意募集了社会资本。众创、众筹、众包的创新组织、融资特色和生产方式，将重构市场配置的方式，让智力资源、产业资源、社会资本更加自由地流动。

我国经过多年努力，已经具备了发展众创空间的良好条件，目前全国科技企业孵化器有1600多家，在孵企业8万余家，就业人数达到17多万人，大学科技园和大学生创业基地都已形成相当规模，中关村2014年新增的科技型企业就达到1.3万家，全国创业投资机构达到1400多家，创业投资资本总量超过3500亿元，各类科技支行174家，“新三板”挂牌企业突破了1500家，技术市场也得到快速发展。

在此基础上，要进一步构建电力化、全要素的众创空间，要总结创客空间、创业咖啡、创业工厂等新型的孵化机制，促进传统的孵化器与新型服务机构的深层次融合，优化“创业苗圃-孵化器-加速器”的全流程的孵化服务。坚持创新与创业的结合，线上与线下的结合，孵化与投融资的结合，打造互帮互助、用户参与的开放式创新系统。要发挥好财政引导资金的杠杆作用，综合运用创业投资资金，贷款风险补偿、绩效奖励等方式，引导社会资金投入创新创业，发挥多层次资本市场作用，开展互联网股权众筹融资试点，完善天使投资、创业投资推出和流转的机制。

当前创业一个很重要的方面就是要建立健全创业辅导制度。要鼓励有丰富经验和创业资源的企业家、天使投资人和专业学者来担任创业导师，组织成创业团队，举办创业沙龙、创业大讲堂、创业训练营等创业培训活动，使年轻的创业者能够得到及时的指导。最近，教育部颁发了关于创新创业交流课程的文件。要鼓励为大学生提供创业场所、公共服务和资金支持，以创业带动就业。要继续办好中国创新创业大赛等赛事活动，为投资机构和创新创业者来提供对接平台。

在新形势下要更加注重创新创业知识产权的保护，完善知识产权保护相关法律，研究新兴商业模式下，创新成果新形态和知识产权的保护方法。比如在开源的环境下怎么样保护好创新者的产权?这就需要我们在新的形势下进行新的沿革。在实施的过程中，实现更加严格的知识产权保护制度，要特别重视对中小企业知识产权的保护，将侵权行为的信息纳入社会信用的记录。要破除限制新技术、新产品、新商业模式发展不合理的准入形态，形成公开透明的市场准入标准体系。同时，我们也正在思考怎么用“众创”思维解决科学和技术难题。互联网时代的科研活动组织方式同样会发生变化，“众创”的方式可以促进多学科的学科交叉，变冥思苦想为交流共享，通过相互交流来激发灵感，“众包”的思维可以让更多人能够发挥自身的优势和专长，来聚集目标共同解决科学技术的难题。

总之，当今时代，创新创业不再是少数人的专业，而是多数人的机会，要通过创新创业使更多的人来创造社会的价值，实现人生的梦想。大众创新创业将进一步来释放中国经济发展的改革红利、创新红利和人才红利，也是对政府职能转变、制度创新的重大需求。创新创业是一个充满风险、满含艰辛的历程，创业者既要直面困难、敢于担当，也要遵循规律、勇于进取，要为他们创造更好的政策和环境。我们要着力破除制约创新的思想障碍和制度藩篱，营造有利于创新创业的良好氛围，激发全社会的创新活力和创造潜能，为实现中国梦的宏伟目标贡献智慧和力量。

今天李源潮副主席代表中央向我们提出要继续加强创新、创业、创优的各方面的要求，这也是对我们的激励和鼓励。让我们共同努力，为实现中国梦的宏伟目标来贡献智慧和力量。

（中国科协网站）

万钢：用创新创业蓄积中国经济新动能

（2015年6月11日）

2015年6月11日，《经济日报》刊登就大众创业、万众创新采访全国政协副主席、科技部部长万钢的文章。全文如下：

记者：我们在采访中发现，创新创业者的需求更加多元，并非单一地需要办公室、厂房等硬设施，更需要融资扶持等诸多“看不见”的软服务。您怎么看这一问题？

万钢：《经济日报》此次对创新创业平台的深度调研采访，契合了“大众创业、万众创新”的时代大势，很有意义。这些不同类型的平台是当下创新创业最为活跃的地方，不断涌现着新业态、新现象，集中呈现了创新创业发展的新趋势。

现阶段的“大众创业、万众创新”不同于上世纪80年代的个体经营浪潮。现在的创业者的多元需求正体现了当下创新创业的新特点，那就是——创业主体从“小众”到“大众”，越来越多的草根群体投身创业；创业活动从内部组织到开放集聚，创新创业不再是单枪匹马，而是互帮互助；创业理念从技术供给到需求导向，满足个性化需求成为创新创业的出发点；创业服务从政府为主到市场发力，涌现出一批市场化的新型孵化机构。

创新创业者之所以更多地需要“软服务”，是因为互联网、大数据、开源软硬件、3D打印等新技术的出现，让他们可以更加方便地将创意和想法形象化，并快速转化为现实产品，不再过多地依赖硬件基础设施。

同时，伴随着科技创新和体制改革的推进，我国信息产业的创新能力和产业规模走在世界前列，互联网企业提供了电子商务、社交网络、O2O等创新平台，从而带动以互联网应用为核心的创新创业应运而生并迅速崛起。

以当代大学生为主的青年创新创业群体，具备扎实的科学基础、网络技术和开放视野，可以轻松、快捷地了解到外面的世界正在发生什么，社会大众需要什么，从而激发出他们的奇思妙想和创新创意，继而可以“轻资产”地从事更多科技含量高的创新创业。

记者：创业服务的一个特点，就是从政府为主到市场发力。我们看到，很多创新创业平台即便是政府主管，也都采用市场化的运行方式。在支持“双创”过程中，政府和市场的力量如何协调共进？

万钢：这个问题很关键。

“大众创业、万众创新”从本质上讲是一种市场行为，需要发挥市场在资源配置中的决定性作用。同时，“大众创业、万众创新”也是一个改革，能够促进社会纵向流动、促进社会公平正义，为中国经济发展蓄积新动能，因此，需要政府职能的转变，需要科技体制改革、商事制度改革等一系列措施去保障。“大众创业、万众创新”的这种双重属性，决定了必须依靠政府和市场力量的协同。政府应加强对大众创新创业宏观引导、保障公共服务产品供给和通过市场监管等，营造公平合理的市场竞争环境。凡是市场机制有效的领域，要充分发挥市场配置创新创业资源的决定性作用，避免直接干预创新创业活动。在市场机制失灵的阶段和领域，政府要着力完善创新创业政策体系和制度体系，保障创新创业合法权益和竞争秩序。

政府的力量要和市场之力协调，就必须将着力点放在公共服务、引导示范上。比如，要支持公共技术平台建设，支持中小企业公共服务平台和服务机构建设，促进社会科技基础条件平台开放共享，加强电子商务基础建设等；要深化商事制度改革，为创业企业工商注册提供便利，对众创空间等新型孵化机构的房租、宽带接入费用和公共软件等给予适当财政补贴；要鼓励科技人员和大学生创业，加快推进中央级事业单位科技成果使用、处置和收益管理改革试点，完善科技人员创业股权激励机制，推进实施大学生创业引领计划，为大学生创业提供场所、公共服务和资金支持；要加强创业导师队伍的建设，为初创群体提供市场导引、技术支撑、社会交流和融资知识传播等服务；要加强政府和社会资本合作，探索建立中央带动地方、财政资金引导民间资金的联动机制，辅以政策激励，引导社会资本集聚并投向创新创业；还要完善创业投融资机制，开展互联网股权众筹融资试点，规范和发展服务小微企业的区域性股权市场，鼓励银行业金融机构为科技型中小企业提供金融服务；围绕创客群体，形成众创、众包和众筹的创新创业的生态与服务体系，有利于降低创业的门槛，提高创新创业的效率。

记者：各级政府在支持创新创业方面出台了很多政策措施。但我们在采访中发现，不少创业者并不完全知晓自己能够享受到哪些支持和优惠政策。请您简单宣讲一下。

万钢：正因为看到这一点，所以国家在这方面作了不少部署。

今年3月，国务院办公厅印发了《关于发展众创空间推进大众创新创业的指导意见》，全面部署推进“大众创业、万众创新”工作，其中的一项基本原则就是加强政策集成。《意见》提出要总结推广创客空间、创业咖啡、创新工场等新型孵化模式，充分利用国家自主创新示范区、国家高新技术产业开发区、科技企业孵化器、小企业创业基地、大学科技园和高校、科研院所的有利条件，发挥行业领军企业、创业投资机构、社会组织等社会力量的主力军作用，构建一批低成本、便利化、全要素、开放式的众创空间。发挥政策集成和协同效应，实现创新与创业相结合、线上与线下相结合、孵化与投资相结合，为广大创新创业者提供良好的工作空间、网络空间、社交空间和资源共享空间。

需要强调的是，发展众创空间不是“大兴土木”搞建设，而是要把已有设施条件用好，最大限度地盘活利用国家自主创新示范区、国家高新区、大学科技园、科技企业孵化器的创新创业资源，激励高校、院所开放科研仪器设备和科技服务，完善现有创业服务机构的服务业态和运营机制，发挥创新创业资源的集聚效应和创新创业活动的规模优势，为创业者提供低成本、便利化、全要素、开放式的创业服务平台。

同时，发展众创空间还要认真梳理国家各部门及地方现行的支持大众创新创业的各类相关政策，发挥政策集聚和“互联互通”的系统有效性，加强咨询与服务，切实加大政策落实力度，让所有创业者都能“用其智、得其利、创其富”。

记者：通过这次采访，我们从微观层面鲜明感受到创新创业对其所在区域发展带来的促进。从宏观层面看，大众创新创业对新常态下的中国经济发展将会带来哪些影响？

万钢：“大众创业、万众创新”为中国经济发展蓄积了新动能。当前，我国经济进入增速换挡、结构优化、动力转换的新常态，推进“大众创业、万众创新”就是要鼓励大众创业者应用新技术、开发新产品、创造新需求，培育新市场、打造新业态，为经济发展注入源源不断的动力和活力。

大众创新创业是保持“中高速”的新动力。从扩大消费需求看，推进大众创新创业将加快建立以市场需求为导向的创业生态，帮助创业者制造出满足个性化、多样化消费需求的高质量利基产品，挖掘产业“长尾”中蕴藏的富饶金矿，充分激发和释放新的消费潜力；从增加投资需求看，大众创新创业将引导社会资本投向新技术、新产品、新业态和新商业模式，不断创造新的投资空间，创新投融资方式，保持经济中高速增长。

大众创新创业也是迈向“中高端”的新途径。大众创新创业能在互联网、智能制造等新兴产业及传统产业与新兴产业跨界融合的领域培育出铺天盖地的初创企业，催生出新的产业形态，培育新的经济增长点。一方面带动传统产业转型升级；另一方面促进初创企业经历市场的大浪淘洗，脱颖而出，成长为顶天立地的科技“小巨人”，推动产业结构迈向中高端。

大众创新创业还是创新产业组织的新方式。随着互联网、开源技术平台等对大众创业者的开放普及，个体能够成为产业资源的组织配置者，去中心化的自组织生产开始出现，从而带动传统大规模生产逐渐向柔性化、智能化、专业化方向发展，按需生产、规模定制正在变为现实。开放的社交网络使用户作为产业生态中的重要角色，直接参与到产品构思、设计、制造、改进等环节，与创业者充分交流产品创意、体验及个性需求。“众创”“众包”“众筹”的创新组织生产方式和融资模式，将优化封闭的产业资源配置方式，让智力资源、产业资源、社会资本更加自由流动。

记者：很多创业者因为畏惧失败，背负着较为沉重的心理压力。您认为全社会应如何形成宽容失败的氛围？

万钢：我个人认为创新创业没有失败一说。创业是一种很有价值的人生经历，在某种程度上说更是一种历练和精神。中国需要创造宽容失败的环境，因为胜从败中来。

就拿爱迪生发明电灯泡来说，如果他在999次实验后停下来，也许人类还得再晚几年使用上电灯泡。

创新创业的过程其实是一个能力增长的过程，即便失败也一样存在价值，就像问路一样，有人能用实践告诉你某条路走不通、到不了，也是非常可贵的。

创业群体中少数人的成功，可带动几倍于此群体人数的高质量就业。创业者中初次不成功而屡试终胜者经常可见。还有一些经历过多次成功与失败的连续创业者，他们已将创业作为坚定的价值取向，依靠自身的丰富经验成为初创者的导师。因此，我们应该通过共同努力营造一个宽容失败的和谐环境，让每一位创新创业者能专注地完成自己的目标，不怕失败、不畏艰险，只有这样，“大众创业、万众创新”的潜力才能真正释放。

我们尤其要注重对青年学子创新创业的宽容和支持。目前，每年有近800万应届毕业生和海归留学生需要就业。要用好这批素质高、思想活跃的创新创业高质量人力资本，就必须形成勇于创新、宽容失败的社会环境，宽容创业中可能出现的大大小小的问题，充分发挥人在创新创业中的核心作用，释放出每一个社会细胞的创造活力，让人才卸掉畏惧失败的心理包袱，使创新创业成为新的生活气息、价值追求和社会取向。

（《经济日报》）

万钢：进一步营造创新创业环境

（2015年10月15日）

2015年10月15日，中央宣传部、中央直属机关工委、中央国家机关工委、科技部等举办“辉煌十二五”系列报告会第十场报告会，全国政协副主席、科技部部长万钢围绕“十二五”以来特别是党的十八大以来我国科技发展成就作报告。

万钢在报告中指出，“十二五”期间，我国在加强创新创业载体建设、完善服务体系、加强科技与金融融合、促进科技成果转化等方面出台了一系列政策措施，有力推动了大众创新创业热潮。

2015年上半年，全国新登记企业同比增长19%，中关村平均每天诞生130家企业。国家自主创新示范区总数达到10家，国家高新区总数达到129家，园区生产总值占全国GDP的11%。全国40%的高新技术企业、45%的技术合同成交额、四分之一的全国发明专利授权产生于国家高新区。国家高新区去年新增注册企业超过8万家，新吸纳大学毕业生超过50万人。

谈到营造创新创业环境方面的举措和成效，万钢表示，首先，加强众创空间、星创天地等创业孵化载体建设，健全服务与培训机制，推动开源平台和科研仪器设施开放共享。目前，各类科技企业孵化器超过1600家，在孵企业8万家，吸纳就业人数超过175万人。2014年国家技术转移示范机构达453家，技术（产权）交易机构30家，中国创新驿站83家，区域性技术转移联盟20个。今年上半年，全国技术交易额达3079亿元，增速11.7%。

其次，推动科技金融深度融合，改善中小企业融资环境。通过中国创新创业大赛帮助3000家参赛企业与合作银行建立合作关系，向近1000家企业贷款授信，额度超过185亿元。联合深交所、全国股份转让系统和招商银行实施“科技型中小企业成长路线图计划2.0”，在高新区实施“千鹰展翼”计划，专业化、市场化、协同高效的科技金融服务体系正在形成。

（《中国高新技术产业导报》）

万钢：创新创业正成为一种新的时代特征

（2015年10月27日）

2015年10月27日至28日，“2015浦江创新论坛”在上海召开，全国政协副主席、科技部部长万钢出席并发表主旨演讲。

万钢强调，科技创新已经成为引领中国发展的核心战略。科技发展适应新常态要求，“十二五”以来在各领域取得了重大突破。在互联网时代，科技创新正呈现出新的特征。创业活动从过去的内部组织转移到开放协调，物联网开放平台降低了创业的门槛和边际成本，技术市场和资本对接促进创业群体从小众向大众转变，创新创业正成为一种新的生活方式和时代特征。李克强总理近一年来视察过多处创业空间，要求以市场化、专业化和资本化途径，来构建低成本、便利化、全要素、开放式和国际化创业服务平台。通过创新与创业的结合、线上与线下的结合、孵化和投资的结合，全国各地200多个众创空间、1600多家孵化器和加速器，以及120多个高新区共同构成了开放式创新系统。同时，政府通过建立健全创业辅导制度，搭建创新创业大赛平台，鼓励大型企业开展协同创新和“创客制造”，营造公开透明、公平公正、开放有效的生态环境，以及更加宽松和包容的社会环境，使更多的人们得以激发创新活力，实现创业梦想。

（新浪网）

万钢：积极引导、支持和服务人才创新创业

（2015年11月14日）

2015年11月14日，中国致公党第十四届中央常务委员会第十二次会议在长沙召开，全国政协副主席、致公党中央主席万钢出席会议并讲话。

万钢要求，中国致公党要继续为“十三五”规划的编制和落实尽心出力，紧紧围绕创新、协调、绿色、开放、共享五大发展理念深入调研，进一步聚焦创新和完善宏观调控方式、推动区域协调发展、推动可持续发展、扩大对外开放、推进健康中国建设等重点难点问题积极建言献策；要充分发挥自身优势，为实施创新驱动和转型升级贡献力量。积极引导、支持和服务归侨侨眷、归国留学人员、海外高层次人才创新创业，增强他们在大众创业、万众创新中的主体意识，为国家重大战略献计出力；要注重发挥“侨”“海”特色，为“十三五”规划顺利实施营造良好的环境，及时反映所联系群众的诉求，努力做好港澳台同胞、海外侨胞等的凝心聚力工作，为实现中华民族伟大复兴的中国梦贡献力量。

（中国侨网）

万钢：积极投身到大众创业、万众创新的大潮中去

（2015年11月14日）

2015年11月14日，致公党湖南省委和湖南省人力资源和社会保障厅共同主办的第二届青年海归发展论坛在长沙举行。全国政协副主席、致公党中央主席、科技部部长万钢出席论坛。

万钢在讲话中指出，大众创业、万众创新需要全体人民共同努力、共同参与，使全社会创新创业活力充分迸发出来，真正让创新成为驱动发展的新引擎。在这个过程中，特别需要一大批优秀人才发挥引领作用和主体作用。从海外归来的年轻的“80后”“90后”优秀人才，都怀揣着侨海报国的共同心愿，希望大家积极投身到大众创业、万众创新的大潮中去，为实现中华民族伟大复兴的中国梦作出自己的贡献。

（人民政协网）

万钢：要让创客们群马奔腾

（2015年12月11日）

2015年12月11日下午，全国政协副主席、科技部部长万钢在参加完2015中国（东莞）国际科技合作周后，走访考察大安数码城。

在大马创业营，万钢会见了十名两岸四地的创客代表。万钢表示，当下正是鼓励创新创业的时代，创客要把握住这个机遇，较强互相之间的交流与学习，以“众创”，实现自己天马行空的想法，形成群马奔腾的局面，为新技术、新应用、新市场做贡献。同时，他鼓励创客们多参加各类创新创业大赛，让更多的大众认识自己，积极传播正能量。

（光明网）

白春礼：科技创新前沿永无止境，未来激动人心

（2015年7月5日）

2015年7月5日，中国科学院院长白春礼在《人民日报》上发表题为《创造未来的科技发展新趋势》的署名文章。全文如下：

当前，全球新一轮科技革命和产业变革方兴未艾，科技创新正加速推进，并深度融合、广泛渗透到人类社会的各个方面，成为重塑世界格局、创造人类未来的主导力量。我们只有认清趋势、前瞻擘划，才能顺势而为、抢抓机遇。从宏观视角和战略层面看，当今世界科技发展正呈现以下十大新趋势。

颠覆性技术层出不穷，将催生产业重大变革，成为社会生产力新飞跃的突破口。作为全球研发投入最集中的领域，信息网络、生物科技、清洁能源、新材料与先进制造等正孕育一批具有重大产业变革前景的颠覆性技术。量子计算机与量子通信、干细胞与再生医学、合成生物和“人造叶绿体”、纳米科技和量子点技术、石墨烯材料等，已展现出诱人的应用前景。先进制造正向结构功能一体化、材料器件一体化方向发展，极端制造技术向极大（如航母、极大规模集成电路等）和极小（如微纳芯片等）方向迅速推进。人机共融的智能制造模式、智能材料与3D打印结合形成的4D打印技术，将推动工业品由大批量集中式生产向定制化分布式生产转变，引领“数码世界物质化”和“物质世界智能化”。这些颠覆性技术将不断创造新产品、新需求、新业态，为经济社会发展提供前所未有的驱动力，推动经济格局和产业形态深刻调整，成为创新驱动发展和国家竞争力的关键所在。

科技更加以人为本，绿色、健康、智能成为引领科技创新的重点方向。未来科技将更加重视生态环境保护与修复，致力于研发低能耗、高效能的绿色技术与产品。以分子模块设计育种、加速光合作用、智能技术等研发应用为重点，绿色农业将创造农业生物新品种，提高农产品产量和品质，保障粮食和食品安全。基因测序、干细胞与再生医学、分子靶向治疗、远程医疗等技术大规模应用，医学模式将进入个性化精准诊治和低成本普惠医疗的新阶段。智能化成为继机械化、电气化、自动化之后的新“工业革命”，工业生产向更绿色、更轻便、更高效的方向发展。服务机器人、自动驾驶汽车、快递无人机、智能穿戴设备等的普及，将持续提升人类生活质量，提升人的解放程度。科技创新在满足人类不断增长的个性化多样化需求、增进人类福祉方面，将展现出超乎想象的神奇魅力。

“互联网+”蓬勃发展，将全方位改变人类生产生活。新一代信息技术发展和无线传输、无线充电等技术实用化，为实现从人与人、人与物、物与物、人与服务互联向“互联网+”发展提供丰富高效的工具与平台。随着大数据普及，人类活动将全面数据化，云计算为数据的大规模生产、分享和应用提供了基础。工业互联网、能源互联网、车联网、物联网、太空互联网等新网络形态不断涌现，智慧地球、智慧城市、智慧物流、智能生活等应用技术不断拓展，将形成无时不在、无处不在的信息网络环境，对人们的交流、教育、交通、通信、医疗、物流、金融等各种工作和生活需求作出全方位及时智能响应，推动人类生产方式、商业模式、生活方式、学习和思维方式等发生深刻变革。互联网的力量将借此全面重塑这个世界和社会，使人类文明继农业革命、工业革命之后迈向新的“智业革命”时代。

国际科技竞争日趋激烈，科技制高点向深空、深海、深地、深蓝拓进。空间进入、利用和控制技术是空间科技竞争的焦点，天基与地基相结合的观测系统、大尺度星座观测体系等立体和全局性观测网络将有效提升对地观测、全球定位与导航、深空探测、综合信息利用能力。海洋新技术突破正催生新型蓝色经济的兴起与发展，多功能水下缆控机器人、高精度水下自航器、深海海底观测系统、深海空间站等海洋新技术的研发应用，将为深海海洋监测、资源综合开发利用、海洋安全保障提供核心支撑。地质勘探技术和装备研制技术不断升级，将使地球更加透明，人类对地球深部结构和资源的认识日益深化，为开辟新的资源能源提供条件。量子计算机、非硅信息功能材料、第五代移动通信技术（5G）等下一代信息技术向更高速度、更大容量、更低功耗发展。第五代移动通信技术有望成为未来数字经济乃至数字社会的“大脑”和“神经系统”，帮助人类实现“信息随心至、万物触手及”的用户体验，并带来一系列产业创新和巨大经济及战略利益。

前沿基础研究向宏观拓展、微观深入和极端条件方向交叉融合发展，一些基本科学问题正在孕育重大突破。随着观测技术手段的不断进步，人类对宇宙起源和演化、暗物质与暗能量、微观物质结构、极端条件下的奇异物理现象、复杂系统等的认知将越来越深入，把人类对客观物质世界的认识提升到前所未有的新高度。合成生物学进入快速发展阶段，从系统整体的角度和量子的微观层面认识生命活动的规律，为探索生命起源和进化开辟了崭新途径，将掀起新一轮生物技术的浪潮。人类脑科学研究将取得突破，有望描绘出人脑活动图谱和工作机理，有可能揭开意识起源之谜，极大带动人工智能、复杂网络理论与技术发展。前沿基础研究的重大突破可能改变和丰富人类对客观世界与主观世界的基本认知，不同领域的交叉融合发展可望催生新的重大科学思想和科学理论。

国防科技创新加速推进，军民融合向全要素、多领域、高效益深度发展。受世界竞争格局调整、军事变革深化和未来战争新形态等影响，主要国家将重点围绕极地、空间、网络等领域加快发展“一体化”国防科技，信息化战争、数字化战场、智能化装备、新概念武器将成为国防科技创新的主要方向。大数据技术将使未来战争的决策指挥能力实现根本性飞跃，推动现代作战由力量联合向数据融合方向发展，自主式作战平台将成为未来作战行动的主体。军民科技深度融合、协同创新，在人才、平台、技术等方面的界限日益模糊。随着脑科学与认知技术、仿生技术、量子通信、超级计算、材料基因组、纳米技术、智能机器人、先进制造与电子元器件、先进核能与动力技术、导航定位和空间遥感等的重大突破，将研发更多高效能、低成本、智能化、微小型、抗

毁性武器装备，前所未有地提升国防科技水平，并带动众多科技领域实现重大创新突破。

国际科技合作重点围绕全球共同挑战，向更高层次和更大范围发展。全球气候变化、能源资源短缺、粮食和食品安全、网络信息安全、大气海洋等生态环境污染、重大自然灾害、传染性疾病疫情和贫困等一系列重要问题，事关人类共同安危，携手合作应对挑战成为世界各国的共同选择。太阳能、风能、地热能等可再生能源开发、存贮和传输技术的进步，将提升新能源利用效率和经济社会效益，深刻改变现有能源结构，大幅提高能源自给率。据国际能源署（IEA）预测，到2035年可再生能源将占全球能源的31%，成为世界主要能源。极富发展潜能的新一代能源技术将取得重大突破，氢能源和核聚变能可望成为解决人类基本能源需求的主要方向。人类面临共同挑战的复杂性和风险性、科学研究的艰巨性和成本之高昂，使相互依存与协同日趋加深，将大大促进合作研究和资源共享，推动高水平科技合作广泛深入开展，并更多上升到国家和地区层面甚至成为全球共同行动。

科技创新活动日益社会化、大众化、网络化，新型研发组织和创新模式将显著改变创新生态。网络信息技术、大型科研设施开放共享、智能制造技术提供了功能强大的研发工具和前所未有的创新平台，使创新门槛迅速降低，协同创新不断深化，创新生活实验室、制造实验室、众筹、众包、众智等多样化新型创新平台和模式不断涌现，科研和创新活动向个性化、开放化、网络化、集群化方向发展，催生越来越多的新型科研机构和组织。以“创客运动”为代表的小微型创新正在全球范围掀起新一轮创新创业热潮，以互联网技术为依托的“软件创业”方兴未艾，由新技术驱动、以极客和创客为重要参与群体的“新硬件时代”正在开启。这些趋势将带来人类科研和创新活动理念及组织模式的深刻变革，激发出前所未有的创新活力。

科技创新资源全球流动形成浪潮，优秀科技人才成为竞相争夺的焦点。一方面，经济全球化对创新资源配置日益产生重大影响，人才、资本、技术、产品、信息等创新要素全球流动，速度、范围和规模都将达到空前水平，技术转移和产业重组不断加快。另一方面，科技发达国家强化知识产权战略，主导全球标准制定，构筑技术和创新壁垒，力图在全球创新网络中保持主导地位，新技术应用不均衡状态进一步加剧，发达国家与发展中国家的“技术鸿沟”不断扩大。发达国家利用优势地位，通过放宽技术移民政策、开放国民教育、设立合作研究项目、提供丰厚薪酬待遇等方式，持续增强对全球优秀科技人才的吸引力。新兴国家也纷纷推出各类创新政策和人才计划，积极参与科技资源和优秀人才的全球化竞争。

全球科技创新格局出现重大调整，将由以欧美为中心向北美、东亚、欧盟“三足鼎立”的方向加速发展。随着经济全球化进程加快和新兴经济体崛起，特别是国际金融危机以来，全球科技创新力量对比悄然发生变化，开始从发达国家向发展中国家扩散。从2001年到2011年，美国研发投入占全球比重由37%下降到30%，欧洲从26%下降到22%。虽然以美国为代表的发达国家目前在科技创新上仍处于无可争议的领先地位，但优势正逐渐缩小，中国、印度、巴西、俄罗斯等新兴经济体已成为科技创新的活跃地带，在全球科技创新“蛋糕”中所占份额持续增长，对世界科技创新的贡献率也快速上升。全球创新中心由欧美向亚太、由大西洋向太平洋扩散的趋势总体持续发展，未来20—30年内，北美、东亚、欧盟三个世界科技中心将鼎足而立，主导全球创新格局。

正如雨果所说：与有待创造的东西相比，已经创造出来的东西是微不足道的。科技创新的前沿永无止境，科技创新的未来激动人心。我们要准确把握世界科技发展新趋势，树立创新自信，抢抓战略机遇，实施创新驱动发展战略，加快建成世界科技强国，为实现中华民族伟大复兴的中国梦提供强有力科技支撑。

（《人民日报》）

白春礼：推动创新创业，发展创客经济

（2015年7月16日）

2015年7月16日，中国科学院院长、党组书记白春礼应邀为辽宁省领导干部作题为《新科技革命和产业变革与创新驱动发展战略》的专题报告。他强调，我国产业发展既面临着难得的机遇，也面临着严峻的挑战，要做好创新驱动发展战略的顶层设计，强化重点领域和关键环节的任务部署，科技界要牢记使命，按照“三个面向”要求，努力提升自主创新能力，积极发挥科技引领、支撑与服务作用。

报告会上，白春礼在回顾世界上五次科技革命的过程和影响后表示，科学革命是技术革命和产业革命的先导和源泉，错失历次科技和产业革命的机遇，是我国近代以来长期落后的重要原因。近年来，中国科学院组织了200多位高水平专家，持续开展科技发展新态势研究，聚焦未来世界科技发展新趋势。

他表示，新科技革命和产业革命将引发产业技术和组织的深刻变革，为后发国家赶超跨越提供了战略机遇；我国经济发展水平不断提高和市场不断扩大、社会需求越来越旺盛，为我国科技创新提供了强大动力；全球化、信息化深入发展，为我国充分利用各类创新资源、在更高起点上发展提供了有利条件。

白春礼指出，目前我国产业发展创新能力和核心竞争力仍然较弱，总体处于国际分工低中端，一些重点领域还处于跟踪模仿为主的阶段，一些关键核心技术仍受制于人；企业整体创新能力薄弱，产业整体发展水平不高，技术储备明显不足，75%的大中型企业未建立研发中心，创新产出低，核心专利少；产业发展的能源资源消耗强度大，矿产资源对外依存度不断提高，发展中不平衡、不协调、不可持续问题依然突出，人口、资源、环境压力大；企业“走出去”战略受到发达国家的阻挠和限制。

白春礼强调，在此情况下，创新驱动发展是大势所趋，势在必行。未来，要做好创新驱动发展战略的顶层设计，强化重点领域和关键环节的任务部署，要推动产业技术体系创新；优化区域创新，打造区域增长极；加强原始创新，增强源头供给；壮大创新主体，引领创新发展；深化军民融合，促进创新互动；推动创新创业，发展创客经济；建设高水平人才队伍，牢筑创新根基；实施重大科技项目和工程，实现重点跨越。

（《中国科学报》）

白春礼：大众创业、万众创新为发展提供新动能

（2015年9月22日）

2015年9月22日，中国科学院院长白春礼在哈佛大学访问期间，应邀做了题为《中国的科学技术与创新》的演讲。

白春礼用详实的数据、生动的案例，并结合亲身经历，介绍了中国自改革开放以来在科研条件方面的很大改善，以及在科技创新方面所取得的巨大进步，特别是在量子通讯、粒子物理等前沿领域取得了一批原创成果，以及在载人航天、高速铁路、移动通信等领域实现了一系列关键技术突破，带动了产业技术水平提升。中国的科技创新不仅支撑引领了相关产业的发展，而且也孵化培育出华为、联想、百度、阿里巴巴、腾讯等一大批创新型企业。中国之所以能够取得上述成就，主要得益于国家战略的强力推动、经济社会发展的需求牵引、全社会科技投入持续快速增加，以及改革开放不断释放创新活力。

白春礼指出，中国的科技创新正在呈现由“量”的积累向“质”的飞跃转变；由“点”的突破向“面”的提升转变。但就创新能力和水平而言，中国与美国等科技发达国家相比还有很大差距，在创新的体制机制和政策环境方面也还存在许多挑战。

白春礼强调，世界新一轮科技革命和产业变革正在孕育兴起，中国经济发展进入新常态，呈现出速度变化、结构优化、动力转化的新特征，对科技创新的支撑引领作用提出了更加紧迫的新要求。中国政府坚持创新发展的基本理念，正在以更大的决心和力度，深入实施创新驱动发展战略。一是大力推动以科技创新为核心的全面创新，着力建设创新型国家。二是大力倡导大众创业、万众创新，为经济社会发展提供充沛而强劲的新动能。三是大力深化科技体制改革，营造激励创新的公平竞争环境。四是大力推进国际合作与交流，以更加主动开放的姿态融入全球创新网络。

（科学网）

尹蔚民：大力实施人才强国战略

（2015年2月2日）

2015年2月，人力资源和社会保障部部长尹蔚民在《求是》2015年第3期上发表题为《大力实施人才强国战略——深入学习习近平总书记关于人才工作的重要论述》的署名文章。全文如下：

党的十八大以来，习近平总书记关于做好人才工作、实施人才强国战略的一系列重要论述，体现了党中央对各级各类人才的关心和重视，突出了人才工作在全局中的重要战略地位，极大地丰富了中国特色社会主义人才理论内涵。深入学习领会习近平总书记关于人才工作的重要论述，努力推进我国由人口大国向人才强国转变，是当前和今后一个时期现实而紧迫的重要任务。

一、习近平总书记的重要论述是强大思想理论武器

习近平总书记关于人才工作的一系列重要论述，是在科学分析人才成长规律、准确把握国际国内发展大势的基础上作出的重要论断，视野开阔、思想深刻、内涵丰富。既有深邃的历史眼光，又有深刻的时代洞察力；既有立足于国家发展全局的战略把握和宏观指导，又有着眼于人才工作的具体部署；既有思想理论创新，又有管用务实的思想方法、工作方法和工作要求，是指导我们扎实做好各项人才工作、实现由人口大国向人才强国转变的强大思想理论武器。

习近平总书记深刻指出，国家的强盛，归根到底必须依靠人才；我们比历史上任何时期都更接近实现中华民族伟大复兴的宏伟目标，我们也比历史上任何时期都更加渴求人才；没有一支宏大的高素质人才队伍，全面建成小康社会的奋斗目标和中华民族伟大复兴的中国梦就难以顺利实现。这些重要论述，将人才作为我们党治国理政的关键资源，深刻揭示了人才对于民族振兴、国家富强的重大现实意义和深远历史意义，吹响了全面推进人才强国战略的战斗号角。深入学习领会习近平总书记重要讲话精神，就是要从党和国家战略全局出发，切实增强人才工作的机遇意识和忧患意识，加快确立人才优先发展的战略布局，更好发挥人才资源对经济社会发展的基础性、战略性、决定性作用。

习近平总书记反复强调，要树立强烈的人才意识，寻觅人才求贤若渴，发现人才如获至宝，举荐人才不拘一格，使用人才各尽其能；要择天下英才而用之；不唯地域引进人才，不求所有开发人才，不拘一格用好人才；人是科技创新最关键的因素，创新的事业呼唤创新的人才；创新驱动实质上是人才驱动。这些重要论断，进一步阐释了做好人才工作的战略思维和科学理念，是进一步做好人才工作的重要遵循。深入学习领会习近平总书记重要讲话精神，就是要把服务发展作为人才工作的方向，以强烈的人才意识，善于培养人才、凝聚人才、使用人才，促进经济社会可持续发展。

习近平总书记要求，要用好用活人才，建立更为灵活的人才管理机制，打通人才流动、使用、发挥作用中的体制机制障碍；要着力破除束缚人才发展的思想观念，推进体制机制改革和政策创新；各级党委、政府要继续完善凝聚人才、发挥人才作用的体制机制，进一步调动优秀人才创新创业的积极性；为了加快形成一支规模宏大、富有创新精神、敢于承担风险的创新型人才队伍，要重点在用好、吸引、培养上下功夫。这些新要求，紧紧抓住制约人才工作的瓶颈和要害，科学分析了亟待破除的体制壁垒和政策障碍，进一步明确了人才事业改革发展的目标任务。深入学习领会习近平

总书记重要讲话精神，就是要进一步解放思想，牢固树立责任担当意识，把改革创新体制机制作为政府人才工作的着力点，创造人尽其才的政策环境。

二、向人才强国转变是时代赋予的重要使命

实施人才强国战略，实现由人口大国向人才强国转变，是形势发展的必然要求，是以习近平同志为总书记的党中央站在党和国家事业发展全局的高度作出的重大战略部署。

从全球范围看，日趋激烈的国际竞争对加快建设人才强国提出新挑战。随着经济全球化深入发展，世界范围内创新要素加速流动，知识创造和技术创新进程不断加快，新的科技革命和产业变革呈现加速态势，正在深刻影响和改变着世界经济格局。为在新一轮全球产业结构调整中抢占制高点，赢得未来发展先机，许多国家都把大力引进开发高端人才、增强核心领域创新能力提升到国家发展战略的核心层面。世界主要国家制定了新型产业发展战略，启动了百余项专门计划，各国对人才的争夺日趋白热化，这对我国参与国际人才竞争、引进和留住人才形成巨大挑战。深入实施人才强国战略，加快向人才强国转变，统筹开发利用国际国内人才资源，打造更具国际竞争力的人才制度优势，是增强国家核心竞争力的必然选择。

从国内发展看，经济发展新常态对加快建设人才强国提出新的更高要求。随着人口和劳动力结构的逐步变化，人口红利和要素驱动力减弱，传统产业供给能力大幅超出需求，我国经济结构亟需调整优化，向中高端迈进。经济发展要实现新动力、优结构、可持续，将更多依靠人力资本质量和技术进步，必须让创新成为驱动发展的新引擎。人才是创新的根基，是创新的核心要素，我们必须坚持人才优先发展，创新人才体制机制，主动调整人才培养结构，做好人才培养、评价、使用工作，全面提升人力资源素质，加快建设一支规模宏大、结构合理的高层次创新创业人才队伍和高素质技能人才队伍，最大限度释放创新活力，积极推动人才强国建设。

从人才工作自身看，加快实现向人才强国转变是我们面临的重要课题。人才特别是科学家、科技人才、企业家和技能人才等创新型人才是实施创新驱动战略的主力军。这些年我国的人才队伍规模日益壮大，人才体制机制改革和政策创新稳步推进，人才环境日益优化，重大人才工程引领示范作用不断增强，人才服务体系逐步健全，各项人才工作取得积极进展。但也必须清醒地看到，我国人才发展总体水平与世界先进水平相比仍有较大差距，人才队伍的整体规模、素质能力、结构分布与经济社会发展需求还不相适应。我国科技创新人才分布失衡，企业科技人员比例较低；创业创新能力不强，许多人才难以实现技术与商业之间的对接；科技人才供给与经济发展需求脱节，“科学家和工程师的可获得性”在全球排名靠后；科技人力资源大而不强，创新产出低下、转化不足；产业发展急需的实用型技能人才普遍缺乏，高技能人才占比较低。同时，制约人才发展和发挥作用的体制机制障碍尚未消除，人才公共服务体系还不健全。这些都是制约我国向人才强国转变的难点，需要我们在工作中深入研究，着力破解。

三、着力推进人口大国向人才强国转变

做好新形势下人才工作，推动我国由人口大国向人才强国转变，必须坚持党管人才原则，尊重劳动、知识、人才、创造，加快确立人才优先发展战略布局，扎实推进人才工作迈上新台阶。

以高层次、高技能人才为重点建设一支高素质人才队伍。这是整个人才队伍建设的战略重点，要紧紧围绕创新驱动发展战略，主动跟进和对接经济结构调整，大规模开发培养“两高”人才，进而带动整体人才队伍不断发展壮大。要以经济社会发展需求为导向，围绕产业链、科技链打造人才培养链，增强企业自主创新能力，完善产学研协同创新体系，着力打造一批能够突破关键技术、引领学科发展、带动产业转型的领军人才。加大高技能人才培养力度，健全和完善以企业行业为主体、职业院校为基础、学校教育与企业培养紧密联系、政府推动与社会支持相互结合的高技能人才培养体系，加快培育支撑中国制造、中国创造的高技能人才队伍。

扎实推进人才体制机制和政策创新。要坚持以用好用活人才为核心，紧紧围绕重点领域和关键环节推进改革创新，破除人才成长和发挥作用的体制机制障碍。改革人才评价机制，破除论资排辈、头衔崇拜，加快分类推进职称制度改革步伐，将科技成果转化运用实施纳入考评范围；继续改革完善职业资格管理，深化事业单位人事制度改革，进一步推行技师、高级技师聘任制度，探索建立企业首席技师制度；完善人才流动机制，打破地域、所有制、身份等制度性障碍；完善激励保障机制，推动工资收入分配制度改革，推动知识、技术、管理、技能等生产要素按贡献参与分配，完善人才评选表彰制度；完善各类人才创新创业扶持政策，改善基层人才工作、生活条件，拓展职业发展空间。

建立健全人才公共服务体系。强化人才公共服务是转变政府职能的基本要求，也是人才工作的本质属性。要推动政府人才管理职能向创造良好环境、提供优质服务、营造创新生态体系转变。建立健全人力资源市场服务体系，培育专业化人才服务机构，开发公共服务产品。围绕重点领域人才需求，制定发布紧缺急需人才目录。加强人才创业技能培训和创业服务指导，提高创业成功率。积极打造以留学人员创业园、博士后工作站和流动站、专家服务基地、继续教育基地为主体的高层次人才服务平台，加快国家级高技能人才培训基地、公共实训基地、技能大师工作室等高技能人才服务平台建设。健全职业技能鉴定公共服务体系。建立健全全国一体化的人才公共服务网络，为各类人才提供全方位、个性化、便捷性的服务。

加大国外人才和智力引进工作力度。坚持高端引领、需求导向、以用为本，重点引进能够带动突破关键技术、发展高新技术产业、带动新兴学科的战略型人才和创新创业的领军人才，大力引进一批重点领域急需紧缺的高层次人才和专门人才。抓紧研究制定引进国外人才和智力工作的指导意见，坚持实施更加开放的人才政策，研究提出引进国外人才和智力工作的总体思路、主要目标、重点任务、保障措施和实施机制，加快制定中国特色的人才签证、绿卡和居留政策，探索制定技术移民法律制度，逐步形成国际人才竞争制度优势。完善引进国外人才和智力的政策体系和服务体系，制定并定期调整外国人在中国境内工作指导目录。树立人才引进柔性观念，不断拓宽吸引国外人才和智力的渠道。

不断提高政府人才工作综合管理水平。坚持党管人才原则，加强与党委组织部门的配合，围绕国家创新驱动发展战略和经济结构优化升级，充分发挥人力资源社会保障部门作为政府人才工作综合管理部门的职能作用。实施更加积极的人才政策，正确处理政府与市场的关系，以发挥各类创新主体作用为核心，加强政府人才工作的顶层设计和总体规划，加快制定人才政策法规，深化人才管理制度改革，构建人才公共服务体系，培育和发展人力资源市场，积极破解人才工作重点领域和关键环节的重大问题和难点问题。加强政府部门的密切配合，加快建立健全上下贯通、系统联动、部门协作的政府人才工作机制。

（《求是》）

尹蔚民：努力开创引进海外人才工作新局面

（2015年2月12日）

2015年2月12日，人力资源社会保障部人才工作领导小组召开2015年第一次会议，深入学习领会习近平总书记关于人才工作的重要指示精神，研究贯彻落实措施，总结2014年人才工作，研究部署今年工作任务。中组部副部长、人社部部长尹蔚民出席会议并讲话。

尹蔚民指出，习近平总书记1月3日对引进用好海外人才作出的重要批示，是总书记关于人才工作的最新论述，提出了很多新思想、新要求、新论断，充分体现了总书记择天下英才而用之的战略思想。作为政府人才工作综合管理部门，我们要以高度的政治责任感和使命感，认真学习领会总书记批示精神，坚决贯彻落实，努力开创引进海外人才工作的新局面。

尹蔚民要求，贯彻落实好批示精神，一要制定实施更积极、更开放、更有效的人才引进政策法规，加强引才政策的顶层设计，着力增强人才政策的开放度，不断增强人才政策的普惠性和均衡性；二要持之以恒地推进实施更具吸引力、影响力的海外人才计划，配合中组部实施好“千人计划”，实施好留学回国重点项目；三要健全完善更具竞争力的海外人才引进体制机制，健全市场配置机制、鼓励创新创造的分配激励机制，健全完善工作机制；四要健全完善更加优质的海外人才服务保障体系，健全服务组织、创新服务方式、提升服务水平。

（《中国组织人事报》）

尹蔚民：为“双创”新引擎增添动力

（2015年10月19日）

2015年10月19日，2015年大众创业万众创新高峰论坛在北京举行，人力资源和社会保障部部长尹蔚民出席论坛并做了题为《做好新时期就业创业工作，为“双创”新引擎增添动力”》的专题发言。

尹蔚民指出，就业是民生之本，创业是就业之源。党中央、国务院历来高度重视就业创业工作，特别是党的十八大以来，把鼓励创业摆在了更加重要的位置。十八届三中全会提出，要完善扶持创业的优惠政策，形成政府激励创业、社会支持创业、劳动者勇于创业新机制。按照党中央、国务院的决策部署，人力资源社会保障部门立足自身职能，主要从四个方面推动创业工作：一是着力推动创业扶持政策的落实。今年以来，国务院先后出台了《关于进一步做好新形势下就业创业工作的意见》《关于支持农民工等人员返乡创业的意见》等文件，从税费减免、小额信贷、资金补贴、场地安排等方面，明确了对高校毕业生、复转军人、城镇困难人员、返乡农民工自主创业的扶持政策。二是把创业培训和创业服务作为公共就业服务的重要内容，对有创业愿望和培训需求的劳动者广泛开展创业培训、创业指导和创业孵化等帮扶服务。三是指导有条件的地区开展创建创业型城市活动，不断完善组织领导、政策支持、创业培训、创业服务以及工作考核体系，进一步优化创业环境。四是组织实施重点群体的创业活动，包括“大学生创业引领计划”“留学人员回国创业启动支持计划”等专项行动，重点为高校毕业生、留学回国人员等创业提供支持。

尹蔚民指出，当前，世界经济增长乏力，我国经济发展进入新常态，处于新旧动能转换阶段。就业局势虽然总体稳定，但也面临总量压力不减、结构性矛盾愈加突出的新挑战。面对新形势，党中央、国务院明确要加快实施创新驱动发展战略，制定出台了一系列推进“大众创业、万众创新”的政策措施，作出了全面部署。举办“双创活动周”，是推动“大众创业、万众创新”的又一重大举措。

尹蔚民表示，我们要以本次“双创活动周”为契机，深入贯彻落实党中央、国务院关于推进“大众创业、万众创新”的决策部署，切实履行人社部门职能职责，会同有关部门重点抓好以下工作。

一是深入实施“大学生创业引领计划”。推动普通高校加快普及创业教育，有针对性地强化创业培训，推行企业注册登记、银行开户等服务便利化，研究整合发展高校毕业生就业创业基金，多渠道提供资金、经营场所支持，加强创业公共服务，动员社会力量助力大学生创业，努力使大学生创业的规模、比例不断扩大和提高。

二是进一步抓好支持农民工等人员返乡创业政策细化、实化和落实。健全工作机制，明确任务分工，细化《鼓励农民工等人员返乡创业三年行动计划纲要》七项行动计划，并抓好组织实施，跟踪工作进展，及时总结推广经验，指导地方结合产业转移和新型城镇化，制定更优惠的政策措施，加大支持力度，帮助更多返乡创业人员实现创业就业。

三是继续抓好留学回国人员创业帮扶工作。进一步完善支持政策，抓好“千人计划”“留学人员回国创业启动支持计划”“高层次留学人才回国资助”等专项人才计划的实施，指导地方加强留学回国人员创业园等服务平台建设，健全服务体系，强化服务功能，汇聚各方资源，重点扶持一批留学回国人员的创业项目。

四是抓好高校、科研院所等事业单位专业技术人员离岗创业政策细化和落实。研究制定离岗创业人员人事管理、工资福利待遇、社保缴纳、职称评聘、岗位等级晋升等方面的具体规定，明确权利义务，完善科技人员创业股权激励政策，激发科技人员创造力。

尹蔚民表示，推进大众创业、万众创新，是当前及今后一个时期稳增长、扩就业、激发亿万群众创造力、推动经济迈向中高端的重要途径，需要全社会共同努力。各级人力资源社会保障部门要进一步提高认识，增强责任感和使命感，把鼓励支持“双创”作为新时期的一项重要任务，立足本职、服务大局，用实际行动为“双创”新引擎增添新动力。

（《中国组织人事报》）

裘援平：实施创新举措，凝聚海内外中华儿女意志

（2015年6月19日）

2015年6月19日，国务院侨办主任裘援平出席第七届中国·天津华侨华人创业发展洽谈会开幕式并致辞。

裘援平说，中国成为全球第二大经济体后，全面深化改革、继续扩大开放，推出“一带一路”、京津冀协同发展、创新驱动等重大发展战略，积极打造中国经济和区域合作升级版，迎来新一轮改革开放发展热潮。

裘援平指出，今天的中国比任何时候都更需要凝聚海内外中华儿女意志，都更渴求广纳天下英才和创新发展力量。中国在海外几千万侨胞，拥有丰富的智力资源、雄厚的经济实力、广泛的商业人脉、拳拳的报国之心，他们为中国的改革开放和现代化建设做出了重要贡献。

裘援平表示，国务院侨办将围绕国家大局和海外侨胞、归侨侨眷需要，把引进海外高端人才和科技成果、整合调动侨商力量摆在更加突出的位置，实施创新举措，凝聚侨心、汇聚侨智、发挥侨力、维护侨益，努力把海外侨胞和归侨侨眷中蕴涵的宝贵资源，转化为服务国家和地方发展建设的强大力量，帮助侨胞搭上中国发展的快车。

（《北欧时报》）

王志刚：加大力度营造大众创业、万众创新的良好生态

（2015年1月11日）

2015年1月11日，2015年全国科技工作会议在北京闭幕。科技部党组书记、副部长王志刚作总结讲话强调，科技界要增强责任感和紧迫感，并指出今年工作要着重推动解决的问题。

王志刚说，要做好今年的工作，首先必须深刻领会中央对科技工作的新要求，特别是中央关于必须把科技创新摆在国家发展全局的核心位置的要求，要坚持把增强自主创新能力作为最根本的任务，着力解决经济社会发展的重大瓶颈制约；要把破除体制机制障碍作为最紧迫的任务，着力打通科技创新和经济社会发展之间的通道；要把人才队伍建设作为最优先的任务，以人才强、科技强推动产业强、经济强、国家强；要营造大众创业、万众创新的良好生态，最大限度地解放和激发科技第一生产力的潜能。

科技创新如何适应经济发展新常态、怎样把创新驱动发展战略落到实处、转向创新驱动要破除哪些体制机制障碍、如何管好用好中央财政科研经费、如何调动“人”的积极性、如何推动区域创新、如何促进军民科技融合？在王志刚看来，要做好今年的科技工作必须认真考虑这七个问题。他表示，面对我国经济新常态和国际经济再平衡，科技创新要拿出新对策，主动作为，按照“市场要活、创新要实、政策要宽”的要求，积极培育新的经济增长点。

他强调，当前，最重要的是做好创新驱动发展的统筹布局和任务落实。要把握好“一个核心”、坚持“双轮驱动”，“一个核心”就是要加快推动以科技创新为核心的全面创新，促进各方面资源向创新配置、各方面力量向创新集成。“双轮驱动”就是要把增强自主创新能力、破除体制机制障碍“两个轮子”同步转动起来，要同步推进科技和经济、科技管理等改革。同时，要重点处理好“出成果”与“用成果”、政府和市场的关系。

王志刚指出，目前我国科技体制机制存在一些不利于创新的障碍，如成果转移转化不畅、协同创新的生态没有有效建立、科技评价激励体系不适应等。他指出，要解决这些问题，要坚持问题导向，对症下药，提高改革措施的质量；要转好统筹协调，更加注重改革的系统性、整体性和协同性；要使改革措施落地，及时跟踪、检查、评估和调整；要处理好改革和继承的关系。

王志刚表示，管好用好中央财政科研经费是下一步工作的重点之一。针对科技资源配置分散封闭重复、目标聚焦不够、管理不够规范等问题，去年国家出台了《关于改进和加强中央财政科研项目和经费管理的若干意见》和《关于深化中央财政科技计划（专项、基金等）管理改革方案》两个文件。科技计划管理改革的方向已明确，关键是要抓好落实，要“磨刀、砍柴”同步推。“磨刀”即做好管理平台、制度建设等基础性工作，“砍柴”就是做好计划整合和实施等工作。同时要处理好原有计划体系与新的计划体系的关系，还要把握好改革的节奏。

王志刚指出，要加大力度营造大众创业、万众创新的良好生态，推动形成“千军万马”齐创新的生动局面。

对于激发科技人员积极性，他强调，关键是要形成正确的评价激励导向，重点是要完善分类评价标准和方法，突出业绩和时间贡献，加快推进“三评”改革，要减少评审数量，简化评审环节，规范评审时间，让科技人员潜心科研。在科技奖励方面，要加快修订《国家科学技术奖励条例》，使奖励回归学术性和荣誉性。他突出强调，要发挥好科学家、科技人员对全社会价值导向的引领作用。在推动区域创新方面，王志刚说，一是要加快推进区域创新全面改革试验，支持有条件的省份率先建设区域创新体系；二是要鼓励区域联合，协同创新。他最后还强调要推动军民科技融合。

（《科技日报》）

王志刚：把推动大众创新创业作为科技改革发展重大任务

（2015年3月2日）

2015年3月2日，为积极响应党中央、国务院关于创新推动大众创业、万众创新的指示精神，研究发展众创空间的措施和手段，加快形成大众创业、万众创新的良好局面，科技部举行发展众创空间推进大众创新创业电视电话会议。科技部党组书记、副部长王志刚主持会议并做会议总结。

王志刚对落实好国务院部署和本次会议精神提出几点要求。一是要高度重视。各地方、各部门要深入学习习近平总书记系列重要讲话精神，充分认识推动大众创新创业的重要作用和意义，把这项工作作为当前科技改革发展的一项重大任务，及时传达本次会议精神，结合各地实际，做好工作部署。二是要深化改革。要针对大众创新创业的发展规律和现实需求，下决心破除体制机制障碍，优化创新创业政策，激发各类创新创业者的活力，完善创新创业服务体系，切实加大资金投入和条件保障力度，进一步提高创新创业公共服务水平。三是要加强协调。科技管理部门要主动加强与发改、教育、工信、财政、人社等部门的工作协调，共同研究完善推进大众创新创业的政策措施。要注重发挥企业、金融机构、投资机构、服务机构等社会力量的作用，使他们成为推动创新创业的主力军。国家自主创新示范区、国家高新区等要充分利用创新资源密集、政策先行先试的优势，在创新创业中发挥示范引领作用。四是要总结宣传。各地方要顺势利导，主动服务，及时发现和总结好的做法、好的经验和模式，大力弘扬创新创业文化和创客精神，加大对典型经验和突出人才的宣传力度，在全社会营造大众创业、万众创新的良好氛围。

（科技部网站）

王志刚：推动政府职能从研发管理向创新服务转变

（2015年11月15日）

2015年11月，科技部党组书记、副部长王志刚在《求是》2015年第22期上发表署名文章。全文如下：

《中共中央关于制定国民经济和社会发展第十三个五年规划的建议》提出“推动政府职能从研发管理向创新服务转变”，牵住了深化科技体制改革的“牛鼻子”，对落实创新发展理念、深入实施创新驱动发展战略、加快我国经济发展动力转换和核心竞争力提升具有重大意义。认真学习贯彻落实中央精神，抓住关键点，打通关节点，转变政府职能，强化创新服务，是我们当前和今后一个时期的重大任务。

一、加快这一转变是改革创新治理的迫切需要

中央提出实施创新驱动发展战略，为更好发挥广大科技工作者和企业家才能、释放全社会创新活力提供了广阔空间，相应地对政府在科技和创新管理职能与治理格局方面也提出新的更高要求。“研发管理”更多面向的是科研单位，更多运用的是管理手段，更多聚焦的是研发环节，更多着力的是组织科研活动；“创新服务”面向的是产学研用、大中小微等各类创新主体，围绕从研发到产业化应用的创新全链条，采取的主要是服务方式。从研发管理转向创新服务，实质上是营造良好创新环境，对接经济社会发展重大需求和创新活动的部署、引导，发挥企业在技术创新中的主体地位，这是政府履行创新职能方式方法和体制机制的深刻变革。

激活创新第一动力必须深化体制机制改革。我国经济发展进入新常态，创新成为引领发展的第一动力。实施创新驱动发展战略，推动以科技创新为核心的全面创新，发挥好科技创新与各方面创新的乘数效应，形成以创新为引领和支撑的发展方式刻不容缓。把创新驱动“新引擎”尽快发动起来，亟须协同转动科技创新和体制机制创新“两个轮子”，以创新提升生产力，以改革激发创新潜能，加快完善与创新发展相适应的体制机制和生产关系。

完善创新体制机制要求加快创新治理方式变革。当前全球创新态势发生深刻变化，改善创新治理成为大势所趋。特别是新科技革命和产业变革孕育兴起，带动以信息技术为核心的技术群交叉融合、加速突破，创新主体更多元、活动更多样、路线更多变、链条更灵巧，基础研究、应用研究、技术开发和产业化边界更模糊，科技、商业模式、产业等创新协同更紧密，创新创业大众化趋势更明显，国际科技经济竞争演化为创新生态和创新体系的竞争。主要发达国家和金砖国家纷纷把创新提到国家战略的核心层面进行部署，着力科技引领，再造产业竞争力。我们亟须采取更有力的措施，切实增强面对新科技革命和产业变革的快速反应能力与持久竞争能力。

转变政府职能是完善创新治理的题中要义。创新的根本力量在市场、在社会、在广大科技人员和企业家身上，深化科技体制改革的一个基本方向就是加快健全技术创新市场导向机制，充分发挥市场在创新资源配置中的决定性作用和更好发挥政府作用。加快转变政府职能，坚持面向世界科技前沿、面向国家重大需求、面向国民经济主战场，着力抓好基础研究和原始创新、抓好共性关键技术和重大科技突破、抓好创新生态环境营造，全方位系统化加强创新服务的要求非常迫切。这也是转变政府职能，打造大众创业、万众创新和增加公共产品、公共服务“双引擎”的紧迫需要。

二、转变职能就是要更好释放全社会创新活力

加快政府职能从研发管理转向创新服务，要着眼国家创新体系建设这一目标、抓住理顺政府和市场关系这一关键、突出科技和经济结合这一重点、紧扣激发“人”的积极性创造性这一根本，把全社会创新创业活力更加充分地激发出

来、释放出来。特别是我国社会主义市场经济体制正在全面深化改革中不断完善，政府转变职能越主动，越有利于发挥市场和社会的创新力量，越有利于全社会创新创业队伍的扩大和总体效能的提高。

更好面向“多主体”履行创新职能，加快国家创新体系建设。随着我国创新规模不断扩大，创新主体发展不平衡、创新活动“孤岛化”和“碎片化”等问题日益突出。政府履行创新职能，应加快从更多面向科研单位转为面向包括科研单位在内的各类创新主体，在继续鼓励高校、科研机构等强化科技创新的同时，更好激发产学研用、大中小微企业等各类创新主体的积极性和内生动力，并促进各创新主体优势互补、开放协同，整体提升创新的效能。

更好运用“服务”履行创新职能，进一步理顺政府和市场关系。政府履行创新职能，应加快从注重“管”转为主要采取服务方式。新形势下，要更好遵循科技创新和社会主义市场经济两个规律，市场能做的放手让市场“说话”，健全市场配置创新资源、决定创新报酬等体制机制；政府应坚持简政放权、放管结合、优化服务，更多为各类创新主体松绑减负、清障搭台。

更好围绕“全链条”履行创新职能，促进科技和经济深度结合。实现科技与经济更加紧密的结合是我国改革发展必须关注的重大课题。政府履行创新职能，应加快从更多围绕研发环节拓展为从研发到产业化应用的创新全链条，在推进科技研发的同时，着力从科技体制改革和经济社会领域改革两方面同步发力，打通科技创新和经济社会发展之间的通道，把“出成果”和“用成果”更有机地统一起来。

更好营造“生态”履行创新职能，充分激发“人”的积极性创造性。我国已成为具有重要影响的科技大国，但自主创新能力特别是原创能力仍是重大“短板”，创新活动“见物不见人”等现象仍然存在，根子就在于以人为本的创新观念还没有完全树立、适宜创新的生态环境还没有完全建立。政府履行创新职能，应加快从具体组织科研活动转为更好营造创新生态环境，把优化创新生态摆在更重要的位置，牢牢抓住“人”这一创新根本，特别是要充分激发广大科技人员内生动力和发挥好企业家在推动企业成为创新主体过程中的关键作用，使科技人员和企业家在创新中更好受益、企业在创新中更多赢利、社会在创新中更快发展，变“要我创新”为“我要创新”，变“小众创新”为“小众”和“大众”共同创新。

三、加快政府职能从研发管理转向创新服务的步伐

多年来，我国科技改革围绕促进科技经济紧密结合、壮大市场导向的创新力量不断向前推进，政府职能也得到不断优化。特别是近年来，中央财政科技计划（专项、基金等）管理改革、行政审批和商事制度改革等一系列重大改革付诸实施，转变职能力度进一步加大。这一基本的改革取向要继续坚持，着力简政放权，把该放的更好放到位，切实避免对微观创新活动的不当干预；着力放管结合，把该管的更好管起来，落实战略规划、政策标准、重大攻关、评价监管、体制改革、法治保障等职责，夯实环境营造等基础工作，做好创新平台建设和公共服务，切实补强创新服务“短板”。

加强创新宏观引导。坚持把宏观引导作为政府服务创新的基本方式。抓好科技创新战略规划的统筹制定和落地实施，加强技术预测，对中长期创新方向适时合理引导。抓好更有国际竞争力的技术标准制定，推动节能、环保、安全等市场准入标准更好应用，加快提升产业技术水平。健全普惠的创新政策体系，加强部门之间、中央与地方之间的合理分工和高效协调，推进科技和经济政策、供给侧和需求侧政策更好结合，畅通创新成果转移转化渠道，强化创新链、产业链和市场需求的衔接。用好评价监管“指挥棒”，根据不同创新活动特点，从科技和经济等多维度系统健全创新导向的评价激励体系。

抓好创新源头供给。加强创新服务不是弱化研发，关键是要完善推进研发的方式，这对政府要求更高。始终把基础前沿、共性关键、社会公益和战略高技术研究作为基础工程来抓，提升我国科学发现、技术发明和科学方法总结的水平，使我国科技发展的能力更强、基础更牢，为我国经济社会发展、国家安全提供更多基础性、原创性成果，筑牢我国创新驱动发展战略的科学与技术基础，并对国际科学技术发展作出更多贡献。采取差异化策略和非对称措施，用好集中力量办大事的制度“法宝”，调动各方力量实施国家科技重大专项、重大项目和工程，依靠创新积极应对经济社会发展和国家安全等方面的重大挑战和战略性问题。

改进创新资源配置。深化中央财政科技计划（专项、基金等）管理改革，再造管理流程，提高资金使用效益。创新财政投入方式，把握好稳定支持和竞争择优的“平衡点”，完善并用好研发费用加计扣除等税收政策，以政府“小投入”撬动全社会“大投入”。加快科技金融创新发展，壮大符合我国国情、适合创新创业的金融服务，促进市场和社会资本更多投入。

强化创新公共服务。加快发展适应大科学时代创新活动特点、支撑高水平创新的基础设施和公共平台。引导社会资本参与建设社会化技术创新服务平台，完善专业化技术转移服务体系，推动分布式网络化的创新，孵化创新型小微企业。完善大型科学仪器设备、科学数据等基础条件，建立健全科技决策咨询、创新调查、科技报告等基础制度，加快资源开放共享。

完善创新人才制度。坚持把人才作为创新的根基。创新人才发展和收益分配机制，调动科学家和科技人员、企业家、技能型人才和大众创新创业者等各类人才积极性，促进人才更好流动。优化人才成长环境，实施更加积极的人才引进政策，大力培养汇聚科技创新领军人才。发展“众创”空间，鼓励人人创新，降低大众创新创业成本。

优化创新能力布局。鼓励多样化创新主体健康发展，用好区域创新这一综合载体，促进产学研用、军民科技深度融合与协同创新，构建高效率国家创新体系。特别是引导企业加快成为技术创新决策、科研组织、研发投入和成果转化应用的主体，鼓励企业加大基础前沿投入力度。推动健全现代大学制度和科研院所制度，培育面向市场的新型研发机构，增强高校、科研单位原始创新和服务发展能力。

提升创新开放水平。坚持以全球视野谋划和推动创新。加强创新基地建设、人才培养交流、重大科学工程等国际合作，更高水平走出去、引进来，提升开放条件下的自主创新能力。丰富和深化创新对话，更好布局全球创新网络，增强全球配置创新资源能力。加强国际同行评价，提高国家科技计划对外开放水平。主动设置全球性创新议题，更好参与全球科技创新治理活动和规则制定。

营造创新友好环境。良好创新生态是科技人员潜心研究和全社会创新创业深厚的土壤。特别是需要培育开放公平的市场环境，大力加强知识产权创造、运用、管理和保护，更好体现创新品牌和创新者价值。健全保护创新的法治环境，

推动构建综合配套的法治保障体系，使全社会创新更加规范、更有活力。营造崇尚创新的文化环境，加快科学精神和创新价值的传播塑造，动员全社会更好理解和投身创新。

让我们紧密团结在以习近平同志为总书记的党中央周围，深入实施创新驱动发展战略，加快政府职能转变，履行好创新服务职能，走出一条人才强、科技强促进产业强、经济强、国家强的路子，为引领经济发展新常态、协调推进“四个全面”战略布局、实现“两个一百年”奋斗目标和中华民族伟大复兴的中国梦作出新的更大贡献！

（《求是》）

张来武：汇聚创业力量，增强创业动力

（2015年4月16日）

2015年4月16日至17日，2015年全国社会发展科技工作会议在北京召开。科技部党组成员、副部长张来武就如何在经济“新常态”下开展社会发展科技工作做科技创业者行动报告。

张来武强调，要深刻认识推动大众创新创业是加快实施创新驱动发展战略，适应和引领经济发展新常态的必然选择；要通过实施科技创业者行动，盘活科技要素，汇聚创业力量，增强创业动力，优化创业环境，塑造创业品牌，以创业促创新，以创业促发展，激发全社会创业活力，推动创业主体从“小众”向“大众”转变，推动创新创业从供给思维向需求导向转型，加快推进“一、二、三产融合、全链条增值、品牌化、专业化”新经济模式的发展；要本着“试点先行，分步实施”原则，在社会发展领域以“健康”和“环保”两个领域为重点，重点推进“两大行动”（“百万名医师基层服务创业专项行动”和“中药产业创业专项行动”）、“两大工程”（“食品安全”工程和“水安全”工程）、“两大创新”（“创新大挑战”和“创新品牌行”）三项重点任务。

（科技部网站）

曹健林：构建面向人人的创业平台

（2015年2月6日）

2015年2月6日，国务院新闻办举行国务院政策例行吹风会，科技部副部长曹健林就发展“众创空间”，推进大众创业、万众创新等方面的政策进行解读并答记者问。

曹健林介绍，随着全面深化改革和继续扩大开放，我国创业服务基础设施和市场环境得到很大改善。截至2014年年底，全国科技企业孵化器超过1600家，在孵企业8万余家，就业人数超过175万人；目前批准建立的国家高新区115家，园区注册企业超过50万家，仅中关村国家自主创新示范区2014年新增科技企业达1.3万家；全国创业投资机构1000余家，资本总量超过3500亿元；全年近30万项技术成果通过技术市场转移转化，技术合同成交额超过8577亿元；全国互联网用户超过6.3亿，固定宽带家庭普及率近50%。

曹健林表示，创业环境日新月异，创业观念与时俱进，带动创新创业规模不断增大、效率显著提高，出现了大众创业、草根创业的“众创”现象，呈现一些新特点：一是创业服务从政府为主到市场发力，涌现出一批市场化的新型孵化机构；二是创业主体从“小众”到“大众”，越来越多的草根群体投身创业；三是创业活动从内部组织到开放集聚，创新创业不再是单枪匹马，而是互帮互助；四是创业理念从技术供给到需求导向，满足个性化需求成为创新创业的出发点。

曹健林指出，当前，我国创业环境不断改善，但创业者还有更多期盼，比如希望创业成本更低些，企业工商注册能更便利些，投融资机制能更顺畅，政府能多对初创企业雪中送炭。针对这些情况，今年1月28日召开的国务院常务会议提出，要大力发展市场化、专业化、集成化、网络化的“众创空间”，实现创新与创业、线上与线下、孵化与投资相结合，提供低成本、便利化、全要素的开放式创业综合服务平台。会议确定，一要在创客空间、创新工场等孵化模式的基础上，大力发展“众创空间”，为小微创新企业成长和个人创业提供低成本、便利化、全要素的开放式综合服务平台。二要加大政策扶持。适应“众创空间”等新型孵化机构集中办公等特点，简化登记手续，为创业企业工商注册提供便利。支持有条件的地方对“众创空间”的房租、宽带网络、公共软件等给予适当补贴，或通过盘活闲置厂房等资源提供成本较低的场所。三要完善创业投融资机制。发挥政府创投引导基金和财税政策作用，对种子期、初创期科技型中小企业给予支持，培育发展天使投资。完善互联网股权众筹融资机制，发展区域性股权交易市场，鼓励金融机构开发科技融资担保、知识产权质押等产品和服务。四要打造良好创新创业生态环境。健全创业辅导指导制度，支持举办创业训练营、创业创新大赛等活动，培育创客文化，让创新创业蔚然成风。

目前，“众创空间”在我国已经有很多发展基础，有很多政策支持，如支持高新技术企业的政策、支持中小企业的政策等。国家高新区和孵化器以及相关企业采取多种具体措施支持创业创新，如为创业者提供50—100平方米的空间，提供1—3年房租免费和宽带免费，提供一些加工制造的设备，以及帮助创业者找专家等。特别是金融方面，一些地方银行和风险投资可以支持本地和国外创业者。总之，我国从吸引人才到提供工作场地，提供信息交流的手段，再到提供加工测试的一些必备设备，帮助他们打开市场，都可能给予一些具体的帮助。据了解，自2009年以来，在北京、深圳、武汉、杭州、西安、成都、苏州等创新创业氛围较为活跃的地区涌现出创新工场、车库咖啡、创客空间、天使汇、亚杰商会、联想之星、创业家等近百家新型孵化器。这些新型孵化器各具特色，产生了新模式、新机制、新服务、新文化，集聚融合各种创新创业要素，营造了良好的创新创业氛围，成为科技服务业的一支重要新兴力量。

曹健林强调，发展“众创空间”不是大兴土木搞新建设，而是要在研究创客空间、创新工场等孵化模式的基础上，坚持政府引导和市场主导，利用国家自主创新示范区、高新区和高校院所的有利条件，不断优化现有创业服务机构的服务业态和运营机制，发挥创新创业政策“互联互通”系统有效性，构建面向人人的创业平台。

（中国政府网）

曹健林：大众创新创业为经济发展注入新动力

（2015年8月19日）

2015年8月，科技部党组成员、副部长曹健林在《紫光阁》杂志2015年第8期上发表题为《大众创新创业：为经济发展注入新动力》的署名文章。全文如下：

近年来，以互联网为代表的新一轮科技革命和产业变革带动了全球创新创业的热潮，世界多个国家都将创新创业作为拉动经济复苏和增长的重要支点。我国实施创新驱动发展战略与这一潮流形成了历史性交汇，为适应和引领经济发展新常态注入了新动力。

一、科技改革发展为大众创新创业创造了良好条件

改革开放三十多年来，我国政府不断深化科技体制改革，使科技创新创业环境得到了根本性改善。

一是科技体制改革为大众创新创业提供了制度保障。1985年开始推进的科技体制改革，核心内容是推动科技与经济紧密结合，通过放宽放活科研机构和科研人员管理，引导科技人员领办或创办科技企业，促进科技成果尽快地转化成现实生产力。上世纪90年代初，我国开始建设国家高新区，高新区里发展出的孵化器专门服务科技型中小企业发展，成为创新创业服务机构的雏形。那时，一部分科技人员陆续“下海”创办小微科技企业，掀起了第一波科技创新创业热潮。

二是科技创新成果为大众创新创业开拓了广阔发展空间。近年来，我国不断加大科技投入力度，科技创新成果显著。2014年国际科技论文数量稳居世界第2位，有效发明专利66万件，全国技术合同成交额8577亿元。特别是信息通信、新能源、新材料、生物医药等新兴产业蓬勃发展，为创新创业提供了巨大的市场空间和技术支持。同时，互联网、开源平台、3D打印等新技术工具，降低了创新创业的门槛和成本，去中心化的自组织生产开始出现。

三是科技创新基础设施为大众创新创业提供了条件保障。我国移动通信、宽带网络、超级计算、卫星导航、服务器等领域的信息产业快速发展。在这些技术和相应基础设施的支撑下，促进了以互联网应用为核心的创新创业迅速崛起。同时，我国政府还持续推动建设国家科研基础设施和大型科研仪器开放共享平台，鼓励高校、科研院所、大型企业为大众创新创业者提供高水平专业化的科研设备和科技服务。

四是制造业发展为大众创新创业奠定了产业基础。过去三十年来，我国在实体制造业方面高速发展，建立了完整的制造业生态产业链，成为名副其实的“世界工厂”，220多种工业品产量和制造业净出口均居世界第一位。雄厚的制造业基础为大众创新创业提供了良好的产业环境，特别是给“互联网+”提供了重要的发展方向和广阔的市场空间。

五是高素质人才为大众创新创业输入智慧源泉。我国目前每年的大学毕业生有700多万，其中理工类学生居多，他们具备了比较扎实的科学基础和开放的视野。年轻的大学生与掌握了核心技术和专利产权的海归人才、积累了丰富科技创新成果的科研人员、拥有一技之长的农民工，一同构成了大众创新创业的生力军，为创新创业注入了源源不竭的鲜活力量。

二、大众创新创业正在全国扎实推进

党中央、国务院高度重视大众创新创业，先后出台了一系列重要文件，对推进大众创业、万众创新做出全面工作部署。有关部门、各地方政府、国家自主创新示范区和国家高新区积极采取行动，抓好贯彻落实，各项工作正在有序开展中。

一是新制定了创新创业支持政策。近期，天津市出台了《关于发展众创空间推进大众创新创业的若干政策措施》，四川省出台了《关于全面推进大众创业万众创新的意见》，广东省、浙江省等地也陆续出台了推进创新创业的政策文件。这些有利政策进一步优化了创新创业环境，激发出市场主体创新创业活力。

二是积极推进众创空间发展。近日，北京市召开了促进众创空间建设推进会，为京西创业公社等25家机构授牌“北京市众创空间”。上海创客中心与90多家科技创业服务机构共同发起成立国内首个众创空间联盟，市科委出资300万元补贴联盟成员单位2014年度公益服务活动。武汉市将光谷创业咖啡等14家机构纳入了国家级科技企业孵化器管理服务体系。

三是加强科技公共服务供给。各地积极构建区域创新创业服务平台，为创业者提供更多的便利化增值服务。成都市建立“科创通”平台，将线下创新创业资源通过互联网有效整合，从财政支持、投融资对接等方面全方位支持初创企业发展。上海市建立了国家技术转移东部中心，通过跨区域、跨国间技术转移，打造链接全球创新资源的创业服务平台，有效推进高水平科技创业。在地方政府支持下，科易网、蓝海网等科技服务平台也正在积极探索创新创业服务的新模式。

四是加大财政引导支持力度。各地不断加大财政支持力度，创新支持方式，引导社会资本支持大众创新创业。广东省拟在2015年至2018年统筹安排25亿元用于创业补贴项目支出。天津市设立专项资金，对认定的众创空间给予100万—500万元财政补助。四川省设立创新创业投资引导基金，首期资金规模约2亿元。浙江省2015年在全省发放了1亿元科技创新券，支持各类创新企业、创业者及服务机构50余万家。

五是组织实施创新创业工程。各地正在通过打造创新创业品牌，集聚吸引创业人才和创新资源。中关村率先启动“创业中国”引领工程，成都市启动“创业天府”行动，上海市启动“创业浦江”行动，江苏省、青岛市、河南省也陆续开展了相关行动计划。第四届中国创新创业大赛地区分赛正在全国各省（区、市）火热进行。前三届大赛共吸引31784家创业企业和团队参赛，促成创业投资近100亿元，银行贷款授信逾200亿元。

三、营造更好的创新创业生态环境

大众创业、万众创新本质上是市场行为和实践活动。政府既要科学理性，更要积极有为，通过政府权力做减法和公共服务做加法来换取市场活力充分释放的乘法，营造公开透明、公平竞争、开放有序、并蓄包容的创新创业生态环境，最大限度地释放出人民群众的创新创业潜力。

一是激发更多科技人才创新创业。政府制定政策要“对症下药”，解决科研人员转化成果动力不足、大学生创业经验不够、海外人才创业身份受限、返乡人员创业门槛过高等瓶颈问题，让人民群众敢于创业、乐于创业、便于创业。对科技创新创业要特别予以重视，破除科技人员创业面临的体制障碍，让创业者有其股、得其利、创其富。鼓励他们应用新技术、开发新产品、创造新需求、培育新业态，为经济发展实现“双中高”目标提供新的支撑点。

二是引导和规范社会资本支持创新创业。政府应通过设立引导基金、风险补偿等措施，引导社会资本投入创新创业。另一方面，近来兴起的以众筹为代表的互联网金融，大大降低了创新创业的投资门槛和中小企业融资成本，但缺乏必要的法律规范，存在较大风险。政府要趋利避害，借鉴美国“JOBS法案”等经验，在平台资质、募资总额、投资者能力等方面加强监管和规范，为大众创新创业保驾护航。

三是营造宽松的市场环境。市场监管要做到与时俱进，对大众创新创业孕育产生的新模式、新业态要积极引导和扶持，放宽市场准入条件。还要着力破除行业保护壁垒，鼓励大众创新创业进入能源、交通等行业领域，找到更广阔的市场空间。抓紧落实好国务院“三证合一”“一照一码”等商事制度改革意见，进一步放宽和方便企业注册。完善知识产权保护制度，维护科技型中小企业在技术创新、商业模式创新等方面的合法权益。

四是加强创新创业公共服务。政府要通过政府采购、奖励补助等方式，引导支持服务机构为创业者提供办公场地、宽带网络、创业导师、投资路演、研发设备等服务和设施。针对众包等发展面临的信任机制问题，政府既要支持大企业建立开放创新平台，为创业者提供诚信有保障的创新协作网络，还要积极探索通过PPP等模式建立高水平的创新众包平台，形成万众挑战创新的新机制，全面提高创新创业公共服务水平。

五是营造创新创业文化氛围。“鼓励创新、崇尚创业、敢冒风险、不惧失败”的创新创业文化，是推进大众创新创业，推动我国迈向创业型经济的社会文化基础。要继续办好中国创新创业大赛、创新挑战赛、创业导师行等公益活动，在全社会树立一批创新创业的典型和榜样，使创新创业逐渐成为新的就业方式和价值导向，激发出全民创新创业热情。

（《紫光阁》）

刘利民：创业是当代海归最鲜明的特征

（2015年8月16日）

2015年8月16日，第十届中国留学人员创新创业论坛暨欧美同学会北京论坛在北京举行。教育部副部长、欧美同学会·中国留学人联谊会党组副书记、副会长刘利民出席开幕式并致辞。他指出，创业是当代海归最鲜明的特征。未来要充分发挥留学人员的整体作用，拓展留学人员创新创业的领域，畅通留学人员建言献策的渠道，提高对留学人员的服务水平。

刘利民表示，科技是国家强盛之机，创新是民族进步之魂，创新的事业呼唤创新的人才。改革开放以来随着我国综合国力增强和各项事业的蓬勃发展，海外留学人员不断回归祖国，在国家发展、经济发展和社会事业的各个领域，发挥越来越重要的作用，已经成为我国社会结构中举足轻重一支特殊群体和社会力量。

刘利民指出，海外留学人员新形势下，中国留学人员呈现出以下几个特征：一、留学人员呈规模化，大众化的趋势。二、留学人员素质层次化，多元化、分布领域多样化。三、留学人员回国服务方式多元化。四、创新创业已经成为海归的新时尚。特别是高管留学人员回国服务增多，越来越多的海鸥参加到了回国服务的行列当中。五、留学人员参政议政的意愿强烈，愿意积极为国家建言献策。六、具有中国情怀，思想主流，积极健康。七、留学人员拥有国际视野，是重要国际化人才贮备资源。

刘利民指出，在这七大特征中，创业是当代海归最鲜明的特征。在技术创新和创业方面，他们回国带来先进生产技术管理经验以及法律知识和文化理念，成为我国社会发展新的经济增长点和人才技术的重要辐射点，特别是新经济和高科技企业的创办，使我国在很多领域迅速缩短和发达国家的差距。

刘利民指出，未来要充分发挥留学人员的整体作用，拓展留学人员创新创业的领域，畅通留学人员建言献策的渠道，提高对留学人员的服务水平，健全留学人员工作机制，并以中国留学人员创新创业论坛和海归创业学院这样高层次活动形式为抓手，搭建政府部门与海归创新创业人才专家学者、企业单位之间的交流与经验分享平台。

刘利民同时对留学人员提出三点希望：第一，希望广大海内外留学人员抓住大众创新、万众创业的时代机遇，积极参与到当代中国最伟大的创新创业大潮中来，施展才华、作出贡献。第二，希望海内外留学人员更多发挥留学人员专业优势，积极为国家建言献策、群力群策，使留学人员群体成为中国新型智库建设的生力军。第三，希望留学人员积极加入到欧美同学会在全国各地的留学人员组织，发挥各地留学人员之家的作用，在国家重视群体群团组织的积极作用大背景下作出新的更大贡献。

（人民网）

张建国：传承深厚友谊，广纳天下英才

（2015年6月5日）

2015年6月，人力资源和社会保障部副部长、国家外国专家局局长张建国在《国际人才交流》杂志2015年第6期上发表署名文章。全文如下：

5月的莫斯科，春风拂面，气候宜人。5月8日，在出席俄罗斯纪念卫国战争胜利70周年庆典活动之际，习近平主席专门安排时间会见了40余名原苏联援华专家、在华工作过的俄罗斯专家以及他们的亲属代表，带去了中国人民的诚挚谢意和美好祝愿。

这是我国国家最高领导人首次在国外会见外国专家，并与他们座谈交流，充分反映了我们党和国家对引进国外人才和智力工作的高度重视，进一步彰显了经济发展新常态下中国政府“择天下英才而用之”的崭新人才观，集中体现了全球化时代中国政府更加开放的战略眼光和文明自信。

一、不忘老朋友，珍视和传承中俄深厚友谊

今年是世界反法西斯战争胜利70周年。传承深厚友谊，展望美好未来，是此次习近平主席在国外主持召开外国专家座谈会的重要主题之一。

“中俄两国山水相依，两国人民心心相印。结识新朋友，不忘老朋友，这是中华民族的传统美德。我在此访期间举行这次会见，就是希望同各位老朋友共同追忆激情燃烧的奋斗岁月，共同传承我们两国人民的深厚友谊，共同开创中俄关系更加美好的明天。”习近平主席亲切的开场白，使与会专家感受到来自中国政府和中国人民的真诚情谊和融融暖意，赢得了大家热烈的掌声。

原苏联建筑专家、北京与上海展览馆等建筑项目负责人托罗普采夫之子谢而盖•托罗普采夫，中国科学院—马普学会计算生物学伙伴研究所所长哈托维奇先后发言。他们表示，在庆祝俄罗斯卫国战争胜利70周年前夕受到习主席的接见十分高兴。苏联专家同中国人民共同建设奋斗的日子留下了难忘的回忆，也为俄中两国人民的友谊奠定了基础。当前俄中关系迅速发展，两国人民联系日益紧密。俄中要永远做好邻居、好朋友！

习近平主席认真倾听，不时记录，不时点头表示赞同。

与会专家代表发言后，习近平主席发表了重要讲话。他深情回顾了曾为中国建设和发展做出积极贡献的原政务院经济总顾问、苏联援华专家组总负责人阿尔希波夫，武汉长江大桥总设计师西林，浙江省首位外籍劳动模范、1998年荣获中国政府“友谊奖”的西特里维等专家的感人事迹，高度评价了俄罗斯专家对中国现代化建设做出的突出贡献。讲话如叙家常、感人至深，充满了对俄罗斯人民的温暖情谊。

“1958年，周恩来总理亲自授予阿尔希波夫中国政府感谢状和中苏友谊奖章。回国后阿尔希波夫回忆道：我把中国视为第二故乡……我的心一半在俄罗斯，一半留在了中国。1984年以来，他多次率团访华，谱写了中俄友好的动人篇章。他以自己的行动证明无愧于中俄人民友好使者这一光荣称号。”

“1953年至1957年，作为武汉长江大桥的总设计师，西林和中国同行用非凡的智慧和辛勤的汗水攻克了多项技术难关，使大桥提前两年建成并节省了大量经费。毛泽东主席当即写下诗句，‘一桥飞架南北，天堑变通途’，表达了全国人民的喜悦心情。在西林的墓碑上，一面镌刻着他的肖像和生卒年月，另一面则镌刻着武汉长江大桥。”

“真正的朋友不是把友谊挂在口头上，而是为彼此做一切办得到的事情。”习近平主席引用了俄罗斯哲学家别林斯基的一句名言和中国古语“吃水不忘挖井人”，再次对中俄友谊的开拓者、传承者及其后人，表示了最诚挚的谢意。

习近平主席的讲话赢得了与会专家和家属的高度评价，他们抑制不住内心的激动，对受邀参加会见深感荣幸并表示感谢，纷纷表示这是一场感人至深的会见。

原苏联英雄飞行员之子，“全俄老战士委员会”中国分委会主席叶甫盖尼•阿巴索夫说，“今天亲眼见到习主席，感觉习主席不但是一位英明的政治家，也是一位亲切的朋友。”

尤里亚斯涅夫上校微笑着说，“习主席是一位非常平易近人的领导人，我非常感谢中国一直没有忘记我们。你瞧，我又多了一枚来自中国的奖章，挂上它，我的心里真是温暖。”

短短半小时的座谈，大家意犹未尽。座谈结束后，习近平主席来到与会专家们中间，与大家握手道别。会场洋溢着亲切、温馨的气氛。

二、更加开放包容，择天下英才而用之

致天下之治者在人才。中国国家最高领导人在国外与外国专家的座谈活动，内涵深远，意义重大，必将载入我国引智事业的发展史。它向外界传递了一个明确信号：中国政府对中俄两国人民的深情厚谊无比珍视，对中俄两国人才交流合作的前景充满信心，对中国引进国外人才和智力工作高度重视。

“国之交在于民相亲，民相亲在于心相通。”与会专家认为，习近平主席的重要讲话，树立了中国讲情义的大国形象，体现了中国是一个开放、包容的国家，对深化中俄全面战略协作伙伴关系具有重要意义。作为中俄友谊的见证者、传承者，他们一定会将两国友谊巩固好、发展好。

原苏联援华专家组总负责人阿尔希波夫的长孙安德烈•阿尔希波夫说，“我们家人始终认为，务必要维护和发展中俄两国人民的友谊基础，要让年青一代了解中国的成就，了解中俄关系的发展状况。衷心希望中俄两国永远保持睦邻友好关系！”

“我非常荣幸三次受到习主席接见！习主席会见我们，本身就展示了他对外国科技工作者的重视，俄中关系也正是在他的推动下不断向前发展。”发言专家哈托维奇会后激动地说。

眼科医生杜申在黑龙江大庆被称作“来自俄罗斯的光明使者”。“在中国期间，我感受到中国人民的深情厚谊，因此我才会如此留恋中国。今天，习主席温暖的话语更是坚定了我继续为中国人民服务的决心。”杜申会后动情地说。

中国的引进国外人才和智力工作起步于新中国成立之初。面对满目疮痍、百废待兴的新中国，中央政府积极寻求和开辟利用国外智力的途径，特别是与原苏联的合作。在1949年之后的十多年间，近三万名苏联优秀专家参与到援华建设的热潮中，其中直接参与的重大项目就有156个，为我国工业化体系的初创做出了重要贡献。

中国改革开放以来，成千上万名俄罗斯专家，其中不乏老一代苏联专家的后代，继承先辈的光荣传统和优良品质，投身中国现代化建设，成为中俄全面战略协作伙伴关系不可或缺的重要组成部分，在巩固和发展中俄两国人民友谊方面发挥了重要的桥梁和纽带作用。座谈中，习近平主席动情地表示，“在我自己的从政生涯里，多次同俄罗斯专家有过交流。他们崇高的精神风范，高超的职业水准，对中国人民的满腔热忱，都给我留下了深刻印象。”

改革开放30余年来，在邓小平同志“利用外国智力和扩大对外开放”重要讲话的指引下，中国的引进国外智力工作揭开了新篇章。1984年，武汉柴油机厂引进了著名的“洋厂长”格里希，成为中国海纳百川的标志性事件。自此，在中国工业、农业、科技、教育等各行各业，帮助我们进行现代化建设的国外优秀人才络绎不绝，中国进入了一个招贤纳士、贤者云集的新时代。在学习世界、融入世界的过程中，我们创造了举世瞩目的发展成就，中国人民的理念、眼界和知识等也随之发生了巨大变化。

十八大以来，党和国家更加重视引进国外人才和智力工作。在不到3年的时间里，习近平主席先后三次与外国专家座谈交流，听取意见建议，并提出了一系列新思想、新定位、新要求，进一步丰富和发展了科学的人才观，充分体现了“择天下英才而用之”的战略思想。

“开放可以倒逼改革”。今天的中国，改革事业进入攻坚期、深水区，唯有依靠创新驱动、转型升级，才能实现从“制造”到“智造”的飞跃，引领和支撑经济发展的新跨越。创新与转型之要，首在人才。我们一方面要培养国内人才，另一方面要实行更加开放的人才政策，大力吸引、汇聚天下英才而用之，更加积极主动地引进国外高层次人才，加快协调推进“四个全面”战略布局的人才和智力储备。

这次座谈会现场，每个座位上都摆放着我们精心设计制作的《友谊地久天长——俄罗斯专家在中国》纪念画册，画册扉页印着习近平主席的深情寄语：“中国要永远做一个学习大国，愿以更加开放包容的姿态，加强同世界各国的互容、互鉴、互通。热忱欢迎外国专家和优秀人才以各种方式参与中国现代化建设。”这些意味深长的话语，不仅充分体现了座谈会的主旨，更为我们深入推进新时期引智事业改革发展提供了基本遵循，进一步彰显了新时期我国广纳天下英才的更高眼界和更宽胸怀。

5月8日上午，人力资源和社会保障部部长尹蔚民还为与会专家代表逐一佩戴了我们精心制作的“中俄友谊纪念章”。

三、更加奋发有为，再创引智事业新佳绩

习近平主席关于引进国外人才和智力工作的系列重要讲话和重要批示，使全国外专系统干部职工深受鼓舞、倍感振奋。同时也深感肩上沉甸甸的责任和光荣的使命。作为引进外国人才工作的职能部门，国家外国专家局将把学习贯彻习近平主席重要讲话和重要批示精神作为当前和今后一个时期的首要政治任务，牢固树立“择天下英才而用之”的人才观，以更加奋发有为的精神状态和勇于担当的责任意识，认真学习领会，坚决贯彻落实。

制定实施更积极、更开放、更有效的人才引进政策。进一步增强人才政策的开放度，在出入境、居留等方面为外国人才来华提供更多便利。加快建立以技术移民制度为核心的引进外国人才法律体系，切实保障外国人才合法权益。逐步完善外国人才国民待遇制度，积极营造尊重、关心和支持外国人才的良好氛围，推动形成更具国际竞争力的人才制度优势。

坚持高端引领，大力引进、培养和用好高端紧缺人才。围绕协调推进“四个全面”的战略布局，在全球视野下谋划人才问题，招纳四方之才。以深入实施“外专千人计划”和高端外国专家项目为引领，瞄准前沿、突出重点，更加有效地引进和利用国外高端优质人才资源，切实优化引进人才的质量结构。积极学习借鉴国外人才资源开发的有益经验，加强同世界各国的互容、互鉴、互通，在更大范围、更广领域、更高层次上深化国际人才交流合作。严格落实中央和习近平主席对出国（境）培训工作的新要求，压缩培训规模，优化培训结构，规范培训管理，进一步提高培训的针对性和实效性。

加快职能转变，充分发挥市场需求的导向作用和用人单位的主体作用。健全国际人才市场体系，加快发展专业化、国际化人才市场，激发用人单位、中介组织、外国人才等各类市场主体的活力，努力形成顶尖人才施展才华、潜心创造的良好条件，为他们搭建实现梦想的平台。更好发挥外国专家主管部门在规划制定、政策引导、示范推广、监督检查等宏观管理方面的作用，规范审批事项，优化审批流程，创新管理方式，强化服务保障，让外国人才在中国的工作生活更舒心、更安心。

“良禽择木而栖”。今天，中国梦的伟大愿景、丰沃的创业土壤，为各路人才施展才华提供了更加广阔的用武之地。圆梦的中国吸引着更多国外优秀人才，开放的中国欢迎全球的英才。我们将更加紧密地团结在以习近平同志为总书记的党中央周围，坚定改革信心，凝聚改革力量，奋力攻坚克难，努力开创引智事业的美好明天，为实现“两个一百年”的奋斗目标和中华民族伟大复兴的中国梦做出更大贡献！

（《国际人才交流》）

李卓彬：争夺国际高端人才应成为国家战略

（2015年8月16日）

2015年8月16日，第十届中国留学人员创新创业论坛暨欧美同学会北京论坛在北京举行。中国侨联副主席李卓彬在开幕式上指出，争夺国际高端人才，特别是侨界精英，并为他们创造创新创业的公平竞争生态环境，应该成为国家战略。

李卓彬指出，十八大以来党中央高度重视人才工作，人才领域的改革之广度、力度和深度前所未有。习近平总书记曾指出，国家的强盛归根到底在人才，要择天下英才而用之。在今天这样一个信息化的时代，人才是决定国家创新力关键所在。“在后金融危机时期，为了抢占世界知识经济发展的至高点，许多国家开始通过修改移民政策、开放人才市场、设立双向计划等措施，面向全球吸引创新创业顶尖人才，例如美国积极出台移民改革法案，欧盟不断改进研发创新框架计划，印度、越南等发展中国家正在制定吸引人才的政策和计划。”李卓彬称，“新一轮全球人才战争号角已经吹响。”

李卓彬认为，随着近年来留学人员群体数量迅速扩大和层次水平不断提升，留学生群体和新侨人才已经发展成国家现代化建设独特资源，也是连接中国梦与世界梦的纽带。“争夺国际高端人才，特别是侨界精英，并为他们创造创新创业的公平竞争生态环境，应该成为国家战略。”

李卓彬说，中国侨联作为党和政府联系广大归侨、侨界和海外侨胞的纽带，一直致力于发挥侨联力量和优势，参与改革开放和现代化建设事业，今后我们将一如既往地围绕中心、服务大局。以拓展海外工作、拓展新侨工作为重点，满腔热情建好侨胞之家，发挥组织优势、挖掘服务资源，鼓励支持广大海外侨胞和新侨人才回国创新创业。

（人民网）

RETURNED CHINESE SCHOLARS PIONEER

YEARBOOK 2016

综合篇

中央及地方海外引才计划实施一览

中国留学人员创业年鉴 2016

中央引进海外高层次人才“千人计划”

计划简介

2008年12月，中共中央办公厅转发《中央人才工作协调小组关于实施海外高层次人才引进计划的意见》（中办发〔2008〕25号），启动实施海外高层次人才引进“千人计划”。主要围绕国家发展战略目标，从2008年开始，用5到10年，在国家重点创新项目、重点学科和重点实验室、中央企业和国有商业金融机构、以高新技术产业开发区为主的各类园区等，引进并有重点地支持一批能够突破关键技术、发展高新产业、带动新兴学科的战略科学家和领军人才回国（来华）创新创业。

此后，中央组织部又先后下发《引进海外高层次人才暂行办法》（中组发〔2008〕28号）、《“千人计划”短期项目实施细则》（组厅字〔2010〕29号）、《青年海外高层次人才引进工作细则》（组厅字〔2010〕63号）、《“千人计划”高层次外国专家项目工作细则》（组通字〔2011〕45号），以及《“千人计划”顶尖人才与创新团队项目实施细则》《部分急需人文社会科学领域海外高层次人才引进试行方案》等文件。“千人计划”在实践中得到不断完善，从最初的创新长期、创业2个项目，逐步拓展为顶尖人才与创新团队、创新长期（含人文社科项目）、创新短期、创业、青年、外国专家、文化艺术人才、新疆西藏项目等8 个子项目，形成涵盖各年龄段、各领域、各层次海外人才的完整引才体系。

组织领导

中央“千人计划”由海外高层次人才引进工作小组负责组织领导和统筹协调。工作小组由中央组织部、人力资源和社会保障部会同教育部、科技部、中国人民银行、国资委、中国科学院、中央统战部、外交部、发改委、工业和信息化部、公安部、财政部、侨办、中国工程院、自然科学基金委、外专局、共青团中央、中国科协等单位组成。同时，在中央组织部人才工作局设立海外高层次人才引进工作专项办公室，作为工作小组的日常办事机构，负责“千人计划”的具体实施。

创新人才长期项目

（一）引进对象及条件

创新人才长期项目的引才对象应符合以下基本条件：

1．全职回国（来华）工作；

2．年龄一般不超过55岁；

3．在国外著名高校、科研院所担任相当于教授职务的专家学者，或是在国际知名企业和金融机构担任高级职务的专业技术人才和经营管理人才。

（二）申报评审程序

海外高层次人才一般应与国内高校、科研机构、企业、商业金融机构等用人单位达成明确的工作意向后，由用人单位进行申报。基本程序是：

1．用人单位与海外高层次人才达成意向后，填写《海外高层次人才引进申报书》，按程序报国家重点创新项目、重点学科和重点实验室、中央企业和国有商业金融机构等平台；

2．平台牵头组织单位组织专家对申报人选进行评审，提出建议人选报海外高层次人才引进工作专项办公室；

3．海外高层次人才引进工作专项办公室将人选提交“千人计划”专家顾问组审核后，报海外高层次人才引进工作小组审批。

（三）特殊政策待遇

对通过创新人才长期项目引进的海外高层次人才，授予“国家特聘专家”称号，享受相应的工作条件和一定生活待遇：

1．相应工作条件。可担任高等院校、科研院所、中央企业、国有商业金融机构一定的领导职务或专业技术职务；可担任国家重大科技专项、863、973、自然科学基金等项目负责人；可申请政府部门的科技资金、产业发展扶持资金等，用于在中国境内开展科学研究或生产经营活动；可参与国家重大项目咨询论证、重大科研计划和国家标准制定、重点工程建设等工作；担任项目负责人的，在规定的职责范围内，有权对经费使用、人员聘任等作出决定；可参加国内各种学术组织，参加中国科学院院士（外籍院士）、中国工程院院士（外籍院士）评选；可作为各类政府奖励候选人。

2．一定生活待遇。外籍人才及其随迁外籍配偶和未成年子女，可办理《外国人永久居留证》，或2—5年有效期的多次往返签证；具有中国国籍的引进人才，可不受出国前户籍所在地的限制，选择在国内任一城市落户；中央财政给予引进人才每人人民币100万元的一次性补助，有关地方或部门给予配套支持；享受医疗照顾人员待遇；引进人才及其配偶子女，可参加中国境内各项社会保险，包括基本养老、基本医疗、工伤保险等；可参照当地居民购房政策，购买自用商品房一套；五年内境内工资收入中的住房补贴、伙食补贴、搬迁费、探亲费、子女教育费等，按照国家税收法律法规的有关规定，予以税前扣除；引进人才的配偶由用人单位妥善安排工作或发放生活补贴；教育部门为引进人才的子女就学提供便利；用人单位参照引进人才回国（来华）前的收入水平，一并考虑应为其支付的各种生活补贴，协商确定合理薪酬。

创新人才短期项目

（一）引进对象及条件

人选除应符合创新人才长期项目规定的基本引才标准外，还须符合以下基本条件：

1．系国家科技、产业发展和学科建设急需、紧缺领域的领军人才或学术技术带头人；

2．在国内工作单位固定，有明确具体的工作目标任务，能作出实质性贡献；

3．已与用人单位签订至少连续3年、每年在国内工作不少于2个月的工作合同，并明确合同期内工作成果知识产权的归属。

（二）申报评审程序

按照创新人才长期项目规定的程序进行申报评审。

（三）特殊政策待遇

1．中央财政给予创新人才短期项目引进人才每人人民币50万元的补助。根据引进人才的实际需要，可为其办理出入境、医疗、保险等手续。

2．创新人才短期项目引进人才在合同期满后申请全职回国（来华）工作的，在签订聘用合同后，由用人单位提出申请，报专项办同意，可直接进入创新人才长期项目。授予“国家特聘专家”称号，由中央财政再为其发放人民币50万元的补助。

创业人才项目

（一）引进对象及条件

创业人才项目的引才对象应符合以下基本条件：

1．一般应在海外取得学位；

2．有海外创业经验或曾在国际知名企业担任中高级管理职位3年以上；

3．为所在企业的主要创办人，所创办企业成立1年以上、5年以下，拥有的专利或技术成果国际先进，能够填补国内空白、符合国家鼓励的重点产业发展方向、具有市场潜力并进行产业化生产。

（二）申报评审程序

符合条件的创业人才由企业所在高新技术产业开发区、留学人员创业园等进行申报。基本程序是：

1．申报人填写《海外高层次人才引进申报书》，由所在园区按程序向所在省（区、市）党委组织部申报。

2．省（区、市）党委组织部组织有关部门审核或评审后报海外高层次人才引进工作专项办公示。

3．科技部、人力资源和社会保障部组织技术专家、管理专家和风险投资专家进行评审，海外高层次人才引进工作专项办公室对推荐人选把关后，报工作小组领导审批。

（三）特殊政策待遇

对通过创业人才项目引进的海外高层次人才，授予“国家特聘专家”称号，享受相应的工作条件和一定生活待遇。具体待遇参照创新人才长期项目执行。

青年千人计划项目

（一）引进对象及条件

“青年千人计划”项目的引进对象应符合以下基本条件：

1．从事自然科学研究，年龄在40周岁以下；

2．在海外知名高校取得博士学位，并有3年以上的海外科研工作经历；

3．申报时在海外知名高校、科研机构或知名企业研发机构有正式教学或科研职位；

4．引进后全职回国工作；

5．为所从事科研领域同龄人中的拔尖人才，有成为该领域学术技术带头人的发展潜力；

6．对有突出研究成果的在读博士研究生，可以破格引进。

（二）申报评审程序

在海外高层次人才引进工作专项办公室指导下，由教育部、科技部、中科院、自然科学基金委联合设立平台，负责“青年千人计划”的申报评审工作。基本程序是：

1．用人单位和海外人才达成引进意向后，按申报通知要求向平台提出申请；

2．平台组织专家进行通讯评审后，分批次组织会议评审，以面谈方式议定拟引进人才名单，并进行公示；

3．对公示异议人员，由海外高层次人才引进工作专项办公室组织专家复审；

4．海外高层次人才引进工作小组批准引进人才名单。

（三）特殊政策待遇

中央财政给予“青年千人计划”项目引进人才每人人民币50万元的一次性补助。根据拟引进人才所在学科领域、能力水平的差异，按进度分批给予每位引进人才科研经费补助100万—300万元。参照创新人才长期项目的有关政策，给予引进人才相应的其他工作条件和生活待遇。

外专千人计划

（一）引进对象及条件

目前重点引进长期项目专家（至少连续来华工作3年、每年不少于9个月）。其人选应符合“千人计划”的引才标准，申报人选的年龄可放宽到65岁。

（二）申报评审程序

在海外高层次人才引进专项办公室指导下，国家外国专家局设立平台，负责“外专千人计划”的申报评审工作。基本程序是：

1．用人单位与拟引进人选进行接洽并达成初步意向后，填写“外专千人计划”引进申报书，向各省、自治区、直辖市外国专家局和部委外国专家管理部门申报；

2．国家外国专家局组织专家对申报人选进行评审后，报海外高层次人才引进工作专项办公室；

3．专项办组织专家顾问组进行审核把关后，报工作小组批准；

4．专项办向有关部门下发“外专千人计划”引进专家名单。据此，用人单位与“外专千人计划”引进专家签订工作合同，办理相关手续，并保证“外专千人计划”专家按合同约定及时到岗工作。

（三）特殊政策待遇

“外专千人计划”专家在出入境、居留、医疗、保险、住房、税收、薪酬等方面享受“千人计划”特定政策和待遇。中央财政给予“外专千人计划”长期项目专家每人人民币100万元的一次性补助，并根据工作需要，经用人单位向从事科研工作、特别是从事基础研究的外国专家提供总计300万—500万元科研经费补助。国家外国专家局根据“外专千人计划”专家在华工作年限给予适当补助，专项用于提高其医疗、养老保障水平。授予“外专千人计划”长期项目专家“国家特聘专家”称号。

顶尖人才与创新团队

（一）引进对象和条件

1．属自然科学或工程技术领域国际顶尖专家，引进后全职在国内工作至少5年；

2．具备以下条件之一：诺贝尔奖、图灵奖、菲尔兹奖等国际大奖获得者；美国、英国、加拿大、澳大利亚等发达国家科学院院士或工程院院士；在世界一流大学、科研机构任职的国际著名学者；国家急需紧缺的其他顶尖人才。

（二）申报评审程序

采取“一事一议、特事特办”的方式进行引进。

文化艺术人才项目

（一）引进对象及条件

重点围绕我国文化艺术领域实际需要，试点引进文物保护、图书管理、创意设计等领域的高层次人才。申报主体为国有文化单位、艺术院校。从事研究工作的申报人，一般应在海外取得博士学位，不超过55周岁；从事舞台艺术和创意设计的申报人，可适当放宽学历和年龄要求。申报时一般应未全职在国内工作；已经在国内工作的，回国时间应在一年内。申报长期项目的，引进后应全职回国或来华工作；申报短期项目的，要求在国内连续工作至少3年，每年不少于2个月。申报人累计申报次数原则上不超过2次。申报人还应符合下列条件之一：

1. 在国际著名艺术团体担任艺术总监、首席指挥、乐队首席或声部首席、歌剧舞剧主演、舞蹈指导、高级舞美设计师、高级舞台技师等重要职务，或在国际知名艺术院校担任教授职务3年以上，其业务水平受到业内专家的肯定。

2. 在国际知名文化机构、企业担任高级经营管理职务，近5年来策划、组织、推广过国际性文化项目或具有较大国际影响的文化活动。

3. 在国际著名高校、科研机构、文化机构担任高级研究职务，从事文物保护、图书馆学、舞台艺术等专业的研究应用，取得了较大成就，在领域内有较高知名度。

4. 在国际大型文化企业担任高级文化创意设计职务，或业内知名创意设计大师，其作品顺应时代要求，创意独特，影响广泛，产生了良好的社会效益和经济效益。

（二）申报评审程序

用人单位与申报人达成初步意向后，应由学术（技术）委员会或类似机构，组织专家对申报人的学术（技术）水平进行评价，通过后签订正式工作合同或意向协议，再分别填写申报书按程序报送。

新疆西藏项目

（一）引进对象及条件

引进主体为在新疆、西藏的高等院校、科研机构、企业和高新技术产业开发区为主的各类园区等用人单位。创新人才须具备以下条件：从事自然科学或工程技术领域研究；年龄不超过40周岁；在海外取得硕士以上学位，在国内取得硕士学位人员需在国外连续工作3年以上；为所在科研领域同龄人中的优秀人才，有成为该领域学术或技术带头人的发展潜力。引进后全职在新疆或西藏工作至少3年。在新疆、西藏创业的，条件可适当放宽。

（二）申报评审程序

申报人按要求填写《国家“千人计划”申报书（新疆项目、西藏项目）》及相关材料，按隶属关系报党委组织部，经审核后报专项办。

实施成果

2015年，有1028名海外高层次人才入选“千人计划”回国（来华）工作。截至2015年底，中央“千人计划”共分11批引进5208名海外高层次人才，包括：创新人才长期项目2036人；创新人才短期项目322人；创业人才项目751人；青年千人计划项目1778人；外专千人计划244人；顶尖人才10人、创新团队12个；文化艺术人才项目16人；新疆西藏项目49人。“千人计划”专家回国后，积极投身祖国现代化建设事业，在各自领域取得了显著成绩，成为国家创新创业生力军。

海外高层次人才创新基地名录

为推动海外高层次人才引进计划顺利实施，加大海外高层次人才引进力度，集中引进一批优秀海外高层次人才和团队，加速重点领域科技突破和促进高新技术产业发展，促进科研管理体制和人才工作机制创新，为海外高层次人才创新创业提供更为优越的环境和条件，2008年，中央人才工作协调小组决定建设“海外高层次人才创新创业基地”。目前，已建成115家。

企业（44家）

东风汽车公司技术中心
国家核电技术有限公司核电技术研发中心
中国商用飞机有限责任公司
中国核工业集团公司
中国石油天然气集团公司
中国海洋石油总公司
国家电网公司
中国华能集团公司
中国国电集团公司
中国长江三峡集团公司
中国电信集团公司
中国电子信息产业集团公司
中国第一重型机械集团公司
鞍山钢铁集团公司
宝钢集团公司
武汉钢铁（集团）公司
中国铝业公司
中粮集团有限公司
中国建筑材料集团公司
深圳华为技术有限公司
中兴通讯股份有限公司
青岛海尔集团公司
奇瑞汽车股份有限公司
中国钢研科技集团公司
中国石油化工集团公司
中投公司
中国中化集团公司
中国南方电网有限责任公司
中国联合网络通信集团有限公司
国家开发投资公司

中国化工集团公司
中国航天科技集团公司
中国第一汽车集团公司
中国兵器工业集团公司
中国移动通信研究院
中国华电集团公司
中国航空工业集团公司
中国大唐集团公司
无锡尚德太阳能电力有限公司
中国神华集团有限责任公司北京低碳清洁能源研究所
广州汽车集团股份有限公司
中国东方电气集团公司
中国兵器装备集团公司
新奥科技发展有限公司

高校（18家）

华中科技大学武汉光电国家实验室
北京大学北京分子科学国家实验室
浙江大学
哈尔滨工业大学
苏州大学
吉林大学
中国科技大学合肥微尺度物质科学国家实验室
上海交通大学船舶与海洋工程国家实验室
南京大学
中山大学
四川大学
北京航空航天大学
清华大学工程科学与技术研究中心
复旦大学
西安交通大学
厦门大学
上海财经大学
中国科技大学

科研院所（17家）

北京生命科学研究所
中国农业科学院
中国医学科学院（北京协和医学院）
中国科学院深圳先进技术研究院
中国气象科学研究院
城市环境研究所
中科院物理研究所
中科院金属研究所沈阳材料科学国家实验室
中国科学院大连化学物理研究所
中国科学院地质与地球物理研究所
宁夏林业研究所
第三军医大学
中科院上海生命科学研究院
天津国际生物医药联合研究院
中国林业科学研究院
中国科学院生物物理所
合肥公共安全技术研究院

园区及其他（36家）

中关村科技园区
武汉东湖新技术开发区
深圳高新技术产业园区
杭州高新技术产业开发区
大连高新技术产业园区
广州经济技术开发区
重庆北部新区
海漕河泾新兴技术开发区
昆山高新技术产业开发区
哈尔滨高新技术产业开发区
长沙国家高新技术产业开发区
浙江海外高层次人才创新园
西安高新技术产业开发区
无锡高新技术产业开发区
天津滨海高新技术产业开发区
杨凌农业高新技术产业示范区
郑州高新技术产业园区
厦门火炬高技术产业开发区
深圳市前海深港现代服务业合作区
宁波国家高新技术产业开发区
江宁经济技术开发区
广州天河科技园、软件园
北京经济技术开发区
天津经济技术开发区
上海张江高科技园区
成都高新技术产业开发区
苏州工业园区
上海紫竹科学园区
上海杨浦知识创新基地
上海国际汽车城
上海陆家嘴金融贸易区
南昌国家高新技术产业开发区
济南高新技术产业开发区
常州科教城
包头国家稀土高新技术产业开发区
泰州医药高新技术产业开发区

“千人计划”服务窗口

人力资源和社会保障部留学人员和专家服务中心“千人计划”服务窗口
地址：北京市海淀区学院路30号博士后公寓办公楼308室
邮编：100083
电话：86-10-82388262，62322968，62330841
传真：86-10-62321842
邮箱：lxck@mohrss.gov.cn
网址：www.chinatalents.gov.cn

北京海外学人中心
地址：北京市海淀区中关村海淀北二街10号泰鹏大厦二层
邮编：100080
电话：86-10-82484512，82484527
传真：86-10-82484513
邮箱：fuwu@8610hr.cn
网址：www.8610hr.cn

天津市外国专家局
地址：天津市和平区解放北路167号
邮编：300040
电话：86-22-23325724
传真：86-22-23124051
邮箱：gaoshouzhen@126.com
网站：tianjin.caiep.org

河北省专家与留学人员服务中心
地址：河北省石家庄市维明北大街118号
邮编：050000
电话：86-311-88616759
传真：86-311-88616759
邮箱：heblxry@163.com

山西省委组织部人才办
地址：山西省太原市迎泽大街369号
邮编：030071
电话：86-351-4019948，4019578，4019675，4045801
传真：86-351-4045801
邮箱：sxswrcb@163.com
网址：www.sx-talents.gov.cn

山西省人社厅海外人才服务中心
地址：山西省太原市迎泽西大街80号希望大厦七层
邮编：030024
电话：86-351-6177978
传真：86-351-6177978
邮箱：yuedingan@163.com
网址：sotsc.caiep.org

内蒙古自治区专家服务中心
地址：内蒙古呼和浩特市新华大街63号6号楼711室
邮编：010055
电话：86-471-6261805，6945448
传真：86-471-6261805
邮箱：wulijimenghe@yahoo.com.cn

辽宁省委组织部人才工作处
地址：辽宁省沈阳市和平区和平南大街45号
邮编：110086
电话：86-24-23128870，23128933
传真：86-24-23128987
邮箱：lnyszj@163.com

吉林省人才工作领导小组办公室
地址：吉林省长春市人民大街1551A号
邮编：130051
电话：86-431-88906130
传真：86-431-88906136
邮箱：jlyjrc@163.com
网站：www.jlrc.cn

黑龙江省人力资源和社会保障厅专业技术人员管理处
地址：黑龙江省哈尔滨市南岗区长江路130号乐业大厦
邮编：150001
电话：86-451-87130140
传真：86-451-87130140
邮箱：rstwanghaiquan@163.com

上海市人才服务中心
地址：上海市闸北区梅园路77号人才大厦4楼402室
邮编：200070
电话：86-21-32508038，32508071，32508053，32508039，32508065，32508076
传真：86-21-32508051
邮箱：qianrenfuwush@163.com
网址：www.hwrcw.com

江苏省“千人计划”服务窗口（省人社厅人才开发办）
地址：江苏省南京市中山北路49号机械大厦28楼
邮编：210008
电话：86-25-83236093
传真：86-25-83236093
邮箱：sunyanlong@jshrss.gov.cn，rckfb@jshrss.gov.cn
网址：www.jslxrycy.com.cn

浙江省海外高层次人才引进服务中心窗口
地址：浙江省杭州市莫干山路73号金汇大厦1115室
邮编：310005
电话：86-571-88394838，88394818
传真：86-571-88394838
邮箱：chl@zjlx.gov.cn

安徽省人力资源和社会保障厅专家服务中心
地址：安徽省合肥市花园街4号安徽科技大厦5楼D座
邮编：230001
电话：86-551-2633393，2639175
传真：86-551-2614559
邮箱：zjzx@ah.hrss.gov.cn
网站：www.ah.hrss.gov.cn

福建省引进人才服务中心（福建省留学回国人员工作站）
地址：福建省福州市鼓楼区思儿亭路11号专家服务中心4层
电话：86-591-87679659，88520071
传真：86-591-88520059
邮箱：gzz@fjrs.gov.cn
网站：www.fjrs.gov.cn/xxgk/cszy/slxhgrygzz

江西省留学人员服务中心
地址：江西省南昌市省府北二路92号
邮编：330046
电话：86-791-6273399
传真：86-791-6273399
邮箱：jiangshup@163.com

山东省留学人员和专家服务中心
地址：山东省济南市燕子山路2号531室
邮编：250014
电话：86-531-88597979
传真：86-531-88597986
邮箱：shandongok@gmail.com
网站：www.sdlx.sdrs.gov.cn

河南省委组织部人才工作处
地址：河南省郑州市金水路18号
邮编：450003
电话：86-371-65902779

传真：86-371-65902779
邮箱：yurencaichu@126.com

湖北省引进海外高层次人才服务窗口（湖北省人才中心）
地址：湖北省武汉市武昌区八一路58号湖北省军转培训基地三楼310室
邮编：430071
电话：86-27-87710366转8310
传真：86-27-87891420
邮箱：54626374@qq.com

湖南省人事厅专业技术人员管理处
地址：湖南省长沙市韶山路1号省委大院三办公楼336室
邮编：410011
电话：86-731-82217017
传真：86-731-82216512
邮箱：zz820714@126.com

广东省高层次人才服务专区
地址：广东省广州市天河路13号润粤大厦三楼
邮编：510075
电话：86-20-37603176
传真：86-20-37603193
邮箱：gccrcfw@gdrc.com
网站：www.gccrc.cn

海南省人力资源和社会保障厅专业技术人员管理处
地址：海南省海口市国兴大道9号省政府大楼361室
邮编：570203
电话：86-898-65200849
传真：86-898-65200850
邮箱：zhangyun949@126.com

重庆市海外高层次人才引进工作专项办公室
地址：重庆市渝中区人民路252号市级机关综合大楼2001室
邮编：400015
电话：86-23-63897545
传真：86-23-63895979
邮箱：cqycbgs@163.com
网站：www.cqdj.cn

四川省专家和留学人员服务中心
地址：四川省成都市东二巷号省人事厅六楼
邮编：610015
电话：86-28-86741860
传真：86-28-86613352
邮箱：sclxfwzx@163.com
网站：www.scrc.gov.cn/zjfwzx

云南省人才工作领导小组办公室
地址：云南省昆明市广福路8号省委办公楼1-547室
邮编：650228
电话：86-871-3991619
传真：86-871-3991651
邮箱：ynrcgz@163.com

陕西省“千人计划”一站式服务窗口
地址：陕西省西安市西二路万景商务中心1105室
邮编：710004
电话：86-29-87543436
传真：86-29-87543436
邮箱：zhaojun71316@163.com

甘肃省人力资源和社会保障厅博士后和留学回国人员工作处
地址：甘肃省兰州市城关区皋兰路78号兴业大厦
邮编：730000
电话：86-931-8960774
传真：86-931-8826150
邮箱：gsbshc@126.com
网站：www.rst.gansu.gov.cn

国家有关部门单位海外人才引进计划

教育部

长江学者奖励计划

“长江学者奖励计划”是国家教育部与香港李嘉诚基金会于1998年共同启动实施的高层次人才计划，包括特聘教授、讲座教授岗位制度和长江学者成就奖。计划通过特聘教授岗位制度的实施，延揽大批海内外中青年学界精英参与我国高等学校重点学科建设，带动重点学科赶超或保持国际先进水平，并在若干年内培养、造就一批具有国际领先水平的学术带头人，以提高我国高校在世界范围内的学术地位和竞争实力。

“长江学者奖励计划”自实施以来，汇聚了一批海内外有影响的学科领军人才，创造了一批关键领域的重大标志性科研成果，培养了一大批高素质青年创新人才。截至2011年底，全国高校共聘任“长江学者”1801人，其中特聘教授1190人、讲座教授611人，26名华人学者荣获“长江学者成就奖”。先后有85名长江学者当选中国科学院、中国工程院院士，170人成为“973”首席科学家。

2011年，教育部实施了新的“长江学者奖励计划”，与中央“千人计划”“青年英才开发计划”等共同构成了我国高层次人才培养支持体系。新的“长江学者奖励计划”继续实施特聘教授、讲座教授项目，每年支持高校聘任50名讲座教授、150名特聘教授；讲座教授人选全部面向海外知名大学教授，与“千人计划”形成衔接；特聘教授人选面向海外知名大学副教授，与“千人计划”形成梯队。新的“长江学者奖励计划”由中央财政专项经费支持，面向全国高等学校，加大对人文社科、中西部高校的支持力度，取消申报限额，鼓励通过个人自荐、专家推荐、驻外使（领）馆举荐等多种形式应聘。特聘教授聘期为5年，聘期内享受每年20万元奖金；讲座教授聘期为3年，聘期内享受每月3万元奖金。2015年，“长江学者奖励计划”增设青年学者项目，重点支持高校面向海内外培养引进在学术上崭露头角、创新能力强、发展潜力大，恪守学术道德和教师职业道德的优秀青年学术带头人。

2015年，“长江学者奖励计划”共有412人被教育部认定为长江学者特聘教授、讲座教授、青年学者。

春晖计划

“春晖计划”是国家教育部于1996年起设立实施的一项支持留学人员回国服务的重点引智项目，全称“教育部资助留学人员短期回国工作专项经费”，由教育部拨出专项经费资助在外留学人员短期回国工作。

主要资助对象：获得博士学位并在本专业领域取得较突出学术成就的留学人员（包括已获得国外长期、永久居留权或留学再入境资格者）。申请者应已落实国内接待(邀请）单位和短期回国工作计划。

主要资助形式：回国的单程或双程国际旅费。

主要资助范围：应邀回国参加学术会议；回国进行科研合作和学术交流；组织短期研讨班、讲习班、联合指导博士生；引进技术对贫困地区进行扶贫开发；参加国有大中型企业技术改造；教育部或驻外使（领）馆教育处（组）批准的其他短期回国服务活动。

申请程序：“春晖计划”专项经费常年受理，择优资助。申请者可直接向各使（领）馆教育处（组）查询教育部发布的当年资助目录，然后向使（领）馆教育处（组）提出申请。

“春晖计划”实施以来，在驻外使领馆教育处组的密切配合下，在各地有关政府部门和高等院校的大力支持下，在广大在外留学人员的积极响应下，密切配合国家改革和发展的战略，以多种方式为我国经济建设和社会发展提供知识贡献和人才支持，在留学人员中产生了广泛的积极的影响，激发了广大在外留学人员的爱国热情。至2006年底，“春晖计划”实施10年，共资助140多个留学人员团体、12000人次短期回国工作，并于2000年增设“春晖计划”海外留学人才学术休假回国工作项目。

2006年，教育部和科技部开始共同定期举办“春晖杯”中国留学人员创新创业大赛（简称“春晖杯”创新创业大赛）活动。通过“春晖杯”创新创业大赛，充分调动海外优秀留学人员回国创业热情，鼓励海外留学人员积极申报创新创业项目，创造条件支持参赛者与留学人员创业园、大学科技园和企业进行项目对接，根据项目技术水平、投资前景、效益预测和产业化情况，组织留学人员创业园、大学科技园、风险投资机构和国内企业家对项目进行评审、洽谈和择优颁奖，推动留学人员回国创办高新技术企业。近几年，“春晖杯”创新创业大赛在有关驻外使（领）馆教育处（组）的支持和推动下，设立了北美、法国、德国及墨尔本分赛区，鼓励更多在外学习和工作的优秀留学人员积极参与到“大众创业、万众创新”的时代浪潮中，实现回国创新创业的梦想。

截至2015年底，“春晖杯”创新创业大赛已成功地连续举办了十届，共遴选出1759个留学人员创业项目，其中，已有300多个项目在国内落地孵化，并有超过20名留学人员成功入选中央“千人计划”，社会影响力和品牌感召力不断扩大。

高校学科创新引智计划

“高等学校学科创新引智计划”（简称“111计划”）由国家教育部和国家外国专家局于2006年共同启动实施。计划瞄准国际学科发展前沿，围绕国家目标，结合高等学校具有国际前沿水平或国家重点发展的学科领域，以国家重点学科为基础，以国家、省、部级重点科研基地为平台，从世界排名前100位的大学或研究机构的优势学科队伍中，引进、汇聚1000余名海外学术大师、学术骨干，配备一批国内优秀的科研骨干，形成高水平的研究队伍，建设100个左右世界一流的学科创新基地，努力创造具有国际影响的科研成果，提高高等学校的整体水平和国际地位。创新引智基地遴选范围以“985工程”“211工程”高等学校为先导，逐步扩展到有国家重点学科的高等学校。

2012年，“高等学校学科创新引智计划”启动首批新建引智基地评审工作，有厦门大学“细胞应激生物学创新引智基地”、南京大学“生命分析化学创新引智基地”等34个引智基地予以批准立项。

2013年，有清华大学“先进燃烧能源科学与技术创新引智基地”等45个引智基地予以批准立项。

2014年，有北京大学“区域生态与环境（污染与气候变化）创新引智基地”等44个引智基地予以批准立项。

2015年，有北京航空航天大学“超低功耗自旋存储与计算创新引智基地”等47个引智基地予以批准立项。

人力资源和社会保障部

中国留学人员回国创业启动支持计划

“中国留学人员回国创业启动支持计划”由国家人力资源和社会保障部于2009年9月正式启动实施。计划每年在全国范围内遴选一批创新能力强、发展潜力大、市场前景好的留学回国人员创办的企业，在创办初始阶段予以重点支持，以加快其科技成果转化，实现企业快速发展。留学人员回国创业启动支持资金项目经费将专门用于支持遴选出的留学回国人员创办的企业，对于经人社部审批确定的重点创业项目，一次性给予创业支持资金50万元；对于确定的优秀创业项目，一次性给予创业支持资金20万元；相关地方应给予相应配套资金支持。

“中国留学人员回国创业启动支持计划”的申报需同时具备以下条件：

（一）企业法定代表人应为留学回国人员，一般应获得硕士以上学位；

（二）拥有自主知识产权或发明专利，技术创新性强，具有市场潜力；

（三）熟悉相关领域和国际规则，有经营管理能力，如有海外自主创业经验者可优先考虑；

（四）企业注册时间不超过3年；

（五）企业注册资金现金资产不低于50万元，留学人员出资额占企业注册资本的50%以上；

（六）企业法人诚信守法，无违法犯罪记录。

2010年，“中国留学人员回国创业启动支持计划”共确定支持创业项目34项。

2011年，“中国留学人员回国创业启动支持计划”共确定支持创业项目48项。

2012年，“中国留学人员回国创业启动支持计划”共确定支持创业项目51项。

2013年，“中国留学人员回国创业启动支持计划”共确定支持创业项目66项。

2014年，“中国留学人员回国创业启动支持计划”共确定支持创业项目68项。

2015年，“中国留学人员回国创业启动支持计划”共确定支持创业项目66项。

赤子计划

“赤子计划”全称“海外赤子为国服务行动计划”，是国家人力资源和社会保障部在2009年提出的一项智力报国计划，是对原人事部1988年以来每年开展的留学回国专家服务团专项活动的拓展，旨在更大范围、更广领域、更高层次上吸引海外留学人员及留学人员团体参与祖国建设。

“赤子计划”具体包括以下六类：

（一）人社部组织的示范性留学人员为国服务活动；

（二）人社部留学人员和专家服务中心组织的留学人员为国服务活动；

（三）人社部与各地方人民政府联合主办的大型留学人员人才项目交流及为国服务活动；

（四）人社部资助支持由地方人力资源社会保障部门具体组织的留学人员为国服务活动；

（五）人社部资助支持由有关部门具体组织的留学人员为国服务活动；

（六）人社部资助支持由海外留学人员团体具体组织的为国服务活动。

2010年“赤子计划”正式启动实施，在全国范围内共组织开展了36项为国服务活动，除提供经费支持外，人社部还在人才、信息、政策等多方面积极提供支持和帮助，累计吸引遍及美、日、欧等地几十个国家100多个专业技术领域的人才为国服务上千人次，促成上万项人才技术合作项目参与对接，产生了良好的人才和社会效应，在海内外产生了广泛的影响。

2011年，人社部继续扩大“赤子计划”规模，把海外中国留学人员组织和华人华侨专业团体纳入“赤子计划”资助范围，共有39项活动纳入“赤子计划”。

2012年，有36项各地各部门申报的留学人员为国服务活动入选“赤子计划”，共吸引各类海外人才回国（来华）服务达上万人次，7000多个人才技术合作项目参与对接，达成合作意向2000多个。

2013年，“赤子计划”在河北、甘肃、陕西、西藏等省市重点开展了30余项留学人员为国服务活动，紧密围绕地方经济社会发展需求，活动领域不断拓展，规模不断扩大。

2014年，“赤子计划”在北京、天津、浙江、山西、新疆等省市重点开展了30项留学人员为国服务活动，全年共吸引各类海外人才为国服务近万人次，6000多个技术合作项目参与对接，签订协议600多项，签约总额达30多亿元。

2015年，“赤子计划”围绕国家重大发展战略布局，积极搭建“大众创业，万众创新”平台，畅通海外学子的报国之门，从由地方、部门及海外留学人员团体等41家单位申报的60个项目中遴选了32个项目进行支持，全年共吸引世界各地留学人才为国服务超过1万人次，近6000个人才技术合作项目参与对接，签订合作协议或达成合作意向超过3000个。

高层次留学人才回国资助计划

“高层次留学人才回国资助计划”启动于2002年，是国家人力资源和社会保障部为进一步加大吸引留学和海外高层次人才工作的力度，按照原人事部《开展高层次留学人才回国资助试点工作的意见》有关要求开展的一项重要工作。“高层次留学人才回国资助计划”重点就我国急需发展的信息科学、生命科学、新材料、新能源、现代制造业、航空航天等领域，以及关系国计民生或有重要影响的行业，每年资助10名左右回国工作的高层次留学人才。资助额度为每人60万元，其中中央财政30万元，地方配套30万元。自2011年起，人社部在北京、上海、重庆、江苏、山东、江西等省市和工信部、农业部、卫生部、国资委等部委开展试点工作。

“高层次留学人才回国资助计划”的申报条件为：

（一）具有中国国籍；

（二）在海外（国外、境外）获得博士学位；

（三）有2年以上在国外跨国公司、国际组织、著名高校、科研院所等从事工程技术、教学、科研、管理等工作经历，并担任公司高级管理职务或具有相当于副教授（副研究员）以上专业技术职务，取得显著成绩，或拥有较好产业化开发前景的专利、发明或专有技术；

（四）国家急需并能在国内每年稳定工作9个月以上；

（五）2014年1月1日以后回国工作；

（六）年龄一般在50周岁以下。

2015年，全国有10人成为“高层次留学人才回国资助”人选。截至2015年底，“高层次留学人才回国资助计划”累计资助134名高层次留学回国人才。

留学人员科技活动项目择优资助

“留学人员科技活动项目择优资助”由原国家人事部设立于1985年，是鼓励留学人员回国工作或以多种形式为国服务的重要举措，目前已经成为支持广大留学人员回国创业、开展科技创新、为国服务的重要措施，以及跟踪世界最新科技成果、实现科技成果转化的重要渠道。其目标一是适应留学人员回国工作发展需要，鼓励和吸引留学人员回国工作，发挥留学人员在经济社会发展和科技创新中的重要作用；二是资助新近回国的留学人员从事科技研究，支持留学人员从事重点攻关项目、技术改造项目、具有广泛应用前景的新技术研发项目等，为推动我国经济社会发展作出贡献；三是鼓励和支持海外留学人员短期回国开展合作研究、学术技术交流、考察、讲学等为国服务活动，实现智力回归。

“留学人员科技活动项目择优资助”申报条件包括：在外留学1年以上，学有所成，新近回国工作；取得硕士以上学位或获得中级以上专业技术职称；能独立主持研究开发工作，有培养发展前途；申报项目属于领先水平，具有应用开发前景，可产生良好的经济和社会效益。

“留学人员科技活动项目择优资助”申报类别分为重点、优秀、启动三类。其中，重点项目（10万—20万元）主要资助留学回国人员从事国家重点攻关项目、重大技术改造项目、具有广泛应用前景的技术创新等项目；优秀项目（5万—10万元）主要资助留学回国人员主持的省部级重点科技攻关或技术改造项目，或某一学科领域具有领先水平的研究开发项目；启动项目（2万—5万元）主要资助新近回国或即将回国的留学人员从事某一学科或技术领域的研究。

中国科学院

中科院“百人计划”

中科院“百人计划”由中国科学院于1994年启动，是我国最早实施的高目标、高标准和高强度支持的人才引进与培养计划。原计划在二十世纪的最后几年中，以每人200万元的资助力度引百余名海内外优秀青年人才，培养一批跨世纪的学术带头人。1994年，朱日祥、曹健林、卢柯等14人成为首批支持对象。1998年起，为适应改革发展的新形势，中科院对“百人计划”的定位和管理进行了优化和调整，随着“国内百人”“项目百人”等子项目的相继设立，逐步形成了适应不同科研活动人才需求、引才引智相结合的人才计划体系。

经过20多年的持续努力，截至2015年底，中科院“百人计划”共引进培养优秀人才2300余人，其中，90%以上具有海外学习或工作经历，不仅使中科院顺利实现了人才队伍的“代际转移”，更为中国科学凝聚和培养了一大批高水平的科技领军人才和拔尖人才。

2015年5月，根据近年来海外人才群体结构呈现的新特征，中科院启动了新的率先行动“百人计划”，由原来针对海外青年人才的单一层次的引进调整为分类分层引进海外优秀人才。其中，“学术帅才”项目针对海外领军人才的引进，“技术英才”项目针对工程技术人才的引进，“青年俊才”项目针对具有发展潜力的青年人才引进。对学术帅才，引入国际评估机制，支持每位学术帅才及其团队700万元人才专项经费和100万元基建经费；对技术英才，强化其与现有科研团队的融合，支持每位技术英才100万—200万元人才专项经费和60万元基建经费；对青年俊才，采用先期培养、择优支持的模式，即由中科院先期支持两年，支持科研经费80万元，两年后再进行综合评估，择优60%予以重点支持，支持每人200万元人才专项经费和60万元基建经费。

2015年底，中科院率先行动“百人计划”首批59个学术帅才岗位和84个技术英才岗位对外公布，面向海外公开招聘，并向全院109个单位下达青年俊才指标599个。

中国科学技术协会

海智计划

“海外智力为国服务行动计划”（简称“海智计划”）由中国科协与35家海外科技团体于2003年12月共同发起，2004年2月正式启动实施，得到中组部、人事部（现人力资源和社会保障部）支持。“海智计划”旨在发挥桥梁纽带作用，加强与海外华人科技团体的联系，充分发挥海外人才和智力优势，发动全国学会和地方科协共同参与，为海外人才回国工作、为国服务搭建平台。“海智计划”和海外科技团体本着“团结奋斗，爱国奉献”的精神，遵循“平等、互利、开放、务实”的原则开展合作，通过开展多种形式的学术交流、项目合作、技术咨询、技术引进和专项考察等活动，为国家社会和经济建设贡献力量。

“海智计划”作为我国引智工作的重要组成部分，是中央“千人计划”的窗口之一，有力地配合了“千人计划”引进海外高层次人才工作，积极推动海外的专家、学者为我国的社会发展作出贡献，得到中国科协、中组部、人社部的支持和肯定。中国科协“十二五”规划中，“海智计划”被列为重点任务之一；中组部转发的“中央人才协调小组人才工作重点”明确指示：要继续推进“海智计划”；中央“千人计划”网站和宣传册均对“海智计划”进行介绍和报导；每年召开的留学人员回国服务工作部际联席会议都对海智工作予以表扬和肯定。

自2004年启动实施至今，“海智计划”在引进海外技术项目、推荐适用人才、为地方政府提供咨询服务、培养高端人才、提高国内学术期刊水平等方面做了大量工作。截至2015年底，“海智计划”联系的海外科技团体已从最初的35家增至91家，遍及主要留学国家；聘请57名海外科技团体的代表作为中国科协海智专家；在全国17个省区建立起49个“海智计划”工作基地。

地方海外高层次人才引进计划

北京市

北京市“海外人才聚集工程”

2009年4月，中共北京市委出台《关于实施北京海外人才聚集工程的意见》，启动实施北京“海外人才聚集工程”（简称“海聚工程”）。“海聚工程”作为北京市聚揽海外高层次人才、打造人才之都的重要措施，从2009年开始，拟用5到10年时间，在市级重点创新项目、重点学科和重点实验室、市属高等院校、科研院所、医院、国有企业和商业金融机构及中关村科技园区、北京经济技术开发区等高新技术产业开发区，聚集10个由战略科学家领衔的研发团队，聚集50个左右由科技领军人才领衔的高科技创业团队，引进并有重点地支持200名左右海外高层次人才来京创新创业。“海聚工程”经过不断完善和成长，已形成全职工作类、青年项目、短期项目、外专长期项目、外专短期项目、创业类、创业团队项目等七大类别。通过评审的人才，市政府将给予一次性奖励100万元人民币资助以及其他扶持政策。

截至2015年底，北京市“海外人才聚集工程”共分十一批认定759名海外高层次人才，其中，192人入选中央“千人计划”。海聚人才的年龄集中在30至50岁之间，处于科技人才科学研究、科技创新以及自主创业的最佳年龄段；海聚人才绝大多数在海外具有丰富学习和工作经历，在知名高校、研究机构或知名企业担任中高层以上技术或管理职务，学术技术水平和管理能力得到业界的认同，其中，当选海外院士的有4名，在海外高校、研究机构担任教授（研究员）职务的有113名，副教授职务50名；海聚人才分布在321个用人单位，其中，173家海聚创业企业引进海聚人才235名。

中关村“高端领军人才集聚工程”

2008年，北京市委、市政府出台《中关村高端领军人才聚集工程方案》。计划围绕把中关村科技园区建设成为全国自主创新示范区和全球科技创新中心的目标，从2009年开始，用2到3年时间，聚集3至5个由战略科学家领衔的研发团队，分别建成具有国际一流水平的科学研究所（研究中心）；聚集50个左右由高端领军科技创新创业人才领衔的高科技创业团队；聚集20个左右由高端领军创业投资家和科技中介人才领衔的创业服务团队。入选人才将获得北京市委组织部、市公安局、市财政局、市人力社保局、市卫计委、中关村管委会等政府部门，提供的资金补助、居留与出入境、进口税收、医疗、住房保障等差异化政策支持。

截至2015年底，中关村“高端领军人才集聚工程”共分八批认定高端领军人才239人（团队），覆盖新一代信息技术、生物医药、能源环保等战略性新兴产业领域，汇聚了以雷军等为代表的一批优秀企业家，产生了奇虎360、猎豹、中科创达、神州付等一批新锐上市公司，带动了以互联网金融、车联网、智能家居、智慧医疗等一批新兴业态，全面推动了产业升级转型，初步形成了示范区“高端引领、带动全局”的人才发展格局。

北京市海淀区“海英计划”

2011年，北京市海淀区政府出台《海淀区促进创新创业人才发展支持办法》，提出实施“北京市海淀区人才聚集和培育计划”（简称“海英计划”）。2012年7月，“海英计划”作为海淀区“1+10”政策体系之一正式发布并启动。计划配套1亿元人才发展专项资金，在战略性新兴产业领域重点引进一批高端创新、创业领军人才，加快培养一批青年英才，从项目、资金、生活等多个方面对入选人才给予有力的支持。入选“海英计划”的领军人才可享受最高30万元奖励、房租补贴、子女教育等支持；“青年英才”可获得30万元创业资金、股权投资等支持。

截至2015年底，海淀区“海英计划”共有421人入选。

北京市朝阳区“凤凰计划”

2010年，北京市朝阳区委、区政府针对在文化创意产业、服务业、金融业等重点产业上高端人才缺口仍较大的问题，建立“1+2”海外人才工作体系，实施“凤凰计划”，每年投入3000万元用于对海外高层次人才创新创业的奖励和扶持。被认定的海外高层次人才每人可获20万元奖励，创业类高层次人才创办企业可获得50万元奖励，配套政策包括《朝阳区关于大力推进海外学人工作的实施意见》《朝阳区鼓励海外高层次人才创业和工作暂行办法》《望京留学人员创业园扶持办法》等，在创业资金、办公用房、贷款担保、市场开拓及教育、医疗等方面给予扶持。

2015年，北京市朝阳区第六批“凤凰计划”认定海外高层次人才20名，资助企业团队2个、初创企业49家。截至2015年底，北京市朝阳区“凤凰计划”认定的海外高层次人才累计达134人，资助的创业团队、海归创业企业和聘用留学人员的在区企事业单位分别共计9个、107家和200余家，其中，高新技术、文化创意、“互联网+”创业项目比重较大。

天津市

天津市“千人计划”

2009年12月，天津市委、市政府出台《天津市实施海外高层次人才引进计划的意见》和《天津市引进创新创业领军人才暂行办法》，启动实施天津市“千人计划”。计划从2009年起，用5到10年时间，在全市重点创新项目、重点学科和重点实验室、企业和商业金融机构、以高新技术产业开发和成果转化为主的各类园区等领域，引进并重点支持1000名左右能够突破关键技术、发展高新技术产业、带动新兴学科和新兴产业的国际一流科学家和科技创新创业领军人才，以及金融、文化、教育、社会工作、社会科学等领域业绩突出、知名度高的人才。对海外高层次创新人才资助每人人民币100万元、引进创业人才资助每人人民币300万元，并将颁发“天津市特聘专家”证书，提供相关优惠政策支持。

2015年，天津市专门成立了引进人才服务中心，设立“千人计划”服务窗口，建立高层次留学人员“联系卡”制度，依托人才“绿卡”经办体系，进一步优化各项服务。

截至2015年底，天津市“千人计划”共引进创新创业人才534人，全市留学人员总量达2.88万人，其中，入选中央“千人计划”140人，承担国家“863”“973”在内的各类专项4100多项，创办企业1500余家，注册资金近40亿元。

河北省

河北省“百人计划”

2009年11月，河北省委、省政府出台《关于实施海外高层次人才引进计划的意见》，启动实施河北省“百人计划”。计划从2010年起，用5到10年时间，主要围绕河北省“四大攻坚战”确定的工作目标，支持和引进100名左右能够突破关键技术、带动新兴产业、发展高新技术的海外高层次人才，重点引进河北发展战略性新兴产业和重点产业技术改造所急需的科技创新人才和高层次创业人才。对引进人才，实行“省级特聘专家”制度，省财政将给予每人100万元的经费资助，并在配偶安置、子女就学、解决住房、社会保障等方面给予支持。

2015年，河北省第六批“百人计划”有17名海外高层次创新创业人才入选。截至2015年底，河北省 “百人计划”共分六批引进83人。

山西省

山西省“百人计划”

2009年，山西省委出台《海外高层次人才引进计划实施意见》，相关厅局配套制定了《山西省引进海外高层次人才办法》，启动实施山西省“百人计划”。计划从2009年开始，用5到10年时间，在国家和省重点创新项目、重点学科和重点实验室、省属企业和商业金融机构、以高新技术开发区为主的各类创新创业基地等，引进并有重点地支持100名左右的高层次人才回山西创新创业，并建设10个左右海外高层次人才创新创业基地。省财政设立“山西省引进海外高层次人才专项资金”，每年拨付5000万元，各用人单位再配套5000万元，用于改善引进人才的工作和生活条件。对纳入“百人计划”的引进人才，给予每人100万元的资助，并作为“山西特聘专家”列入省委联系的高级专家队伍。2013年，山西省“百人计划”新增设青年项目、外专项目及合作建设项目3个子项目。

截至2015年底，山西省“百人计划”共分八批引进海外高层次人才356名。

内蒙古自治区

内蒙古自治区“草原英才”工程

2010年，内蒙古自治区开始实施“草原英才”工程。工程包括“两院”院士引进和培养工程、领军人才引进和培养工程等10个子项，由自治区党委组织部组织实施，围绕自治区科学发展大局，特别是优势特色产业发展的总体布局和趋势，用5年左右时间有计划、有重点、有针对性地引进一批海内外高层次领军人才和创业团队。同时，通过“以引进带培养，以培养促引进”的方式，加大高层次人才培养力度，全面提升自治区高层次人才队伍的自主创新能力，打造以呼和浩特、包头、鄂尔多斯“金三角”为中心区域的“草原硅谷”。2011年9月，自治区党委、自治区政府出台《内蒙古自治区“草原英才”工程若干政策规定（试行）》发布，在资金扶持、生活待遇、服务保障等方面，为各类人才在内蒙古创新创业提供有力支持和全方位服务。2013年5月，自治区党委组织部下发《关于进一步推进“草原英才工程”的实施意见》，提出要组织实施好“三大平台”建设和“十大百人计划”，每年新增培育“草原英才”150名，每年力争入选中央“万人计划”3人，入选中央“千人计划”3人。

截至2015年底，内蒙古自治区“草原英才”工程共培育 “草原英才”916名、创新创业团队306个，建设创新创业基地69个，引进培育中央“千人计划”专家13名。

辽宁省

辽宁省“十百千高端人才引进工程”

2008年，中共辽宁省委组织部发布《关于辽宁省实施“十百千高端人才引进工程”的意见》，重点围绕辽宁优先发展的重点产业，面向在辽宁工作或有回辽宁工作意向的海外人员，重点引进数十名在国际学术技术界享有一定声望，为某一领域的开拓者、奠基人或对某一领域的发展有过重大贡献的著名科学家、世界一流的科技顶尖人才；引进数百名拥有高新技术成果，能够领办或创办高新技术企业，在国内同行业的综合竞争实力处于领先地位，具有承接重大项目研发、关键技术革新能力，并能领衔组建国内一流的科技创新团队科技领军人才；引进数千名拥有符合辽宁重点产业发展专有成果或技术，并具备成果转化和产业化能力，具有辽宁产业发展、项目建设急需的特殊专长的创新创业人才。对“十、百、千”三个层次的人才，将一次性给予20万—500万元的启动资金，提供落户、安排配偶工作和子女入学等方面的便捷服务，享受企业注册登记、项目申报等优先权及相关待遇。

截至2015年底，辽宁省“十百千高端人才引进工程”共引进126名创新创业人才，包括“百人”层次人选27名，“千人”层次人选99名，全省入选中央“千人计划”97人。

大连市“海创工程”

2008年9月，大连市出台《大连市关于实施海外学子尖端人才归国创业工程的意见》，启动实施“海创工程”。目标是通过5年努力，吸引50位海外学子尖端人才到大连兴办高新技术企业，从而优化全市产业结构，转变经济发展方式，增强城市核心竞争力。获得“海创工程”创业扶持资金立项的项目，最高可得到200万元创业扶持资金、200万元的创业投资、200万元的资金担保或贷款贴息；项目承担企业可获得连续3年免租金提供100平方米的办公场地，并为海外学子尖端人才提供连续3年免租金100平方米的生活公寓，优惠价格租用1000平方米的生产厂房等政策扶持。

截至2015年底，大连市“海创工程”共分六批有85名海外学子入围，有46名优秀海外学子入选得到专项资金扶持，全市拥有中央“千人计划”专家 54人，位居全省第一。

吉林省

吉林省“高层次创新创业人才引进计划”

2009年，吉林省委、省政府相继出台《引进高层次创新创业人才实施办法》《引进人才服务与管理暂行办法》等政策文件，启动实施“高层次创新创业人才引进计划”。对于引进的创办科技型企业的创业人才，由省财政给予每人（团队）不低于100万元的一次性资助，由落户园区提供不少于200平方米工作场所和不少于150平方米住房公寓，3年内免收租金，并在资助资金、薪酬待遇、办公场所、股权分配、企业注册、财税金融、配偶就业、子女入学等11个方面提供政策支持。

截至2015年底，吉林省“高层次创新创业人才引进计划”共分五批引进148人。

上海市

上海市“千人计划”

2010年，上海市委、市政府出台《上海市实施海外高层次人才引进计划的意见》，启动实施该市“千人计划”，力争用5到10年时间，围绕国家重大战略和上海重点发展战略目标的人才需求，引进一批紧缺急需的海外高层次人才。上海市“千人计划”包括创新人才长期项目、创新人才短期项目、创业人才项目和“外专千人计划”项目。对入选人才，将授予“上海特聘专家”称号，至少可获得100万元的项目资助，并可享受居留和出入境、落户、资助、医疗、保险、住房、税收、配偶安置、薪酬、通关、子女就学、优化服务等12个方面的特定生活待遇。2012年6月，为了落实“千人计划”配套政策，上海市政府侨办设立了“上海市海外高层次人才引进专窗”（简称“千人计划”引才专窗），为引进人才提供一口受理、快速便捷、高效优质的服务。

截至2015年底，上海市“千人计划”共分五批有676名海外高层次人才入选。

上海市“浦江人才计划”

上海市人力资源和社会保障局与市科委于2005年设立“浦江人才计划”，每年出资4000万元（后增至4750万元），向回国的留学人员提供工作创业启动资金支持。根据实际情况，来沪工作创业的留学人员按照创业项目类别可以获得5万至50万元的资助。

截至2015年底，上海市“浦江人才计划”累计资助2787名留学人员（团队）。

上海市“海外高层次人才集聚工程”

2003年8月至2007年2月，上海先后实施了“万名海外留学人才集聚工程”“万名海外人才集聚工程”以及“引进千名香港专才计划”，成功引进了21944名海外人才，其中留学人员15420名、外国专家4791名、港澳台地区专才1733名。第一轮集聚工程主要是集聚和吸引留学人员，营造上海吸引集聚海外人才的良好氛围。第二轮集聚工程则突出对高层次、重量级、关键性的领军人才的集聚。在前两轮万名海外人才集聚工程的基础上，2007年3月，新一轮“海外高层次人才集聚工程”启动，重点引进紧缺急需的海外高层次人才。

在上海市“海外高层次人才集聚工程”“千人计划” “浦江人才计划”等引才措施的推动下，截至2015年底，在沪工作和创业的留学人员已达13万余人，留学人员在沪创办企业4900余家；有771名海外高层次人才入选中央“千人计划”，其中24人入选国家“外专千人计划”；1186人入选上海市“领军人才计划”；在沪两院院士173人，“百千万人才工程”国家级人选371人；常住上海的外国专家达8.8万余人，45位外国专家荣获中国政府“友谊奖”。

江苏省

江苏省“双创计划”

2006年12月，江苏省委、省政府出台《关于加强高层次创新创业人才队伍建设的意见》，启动实施江苏省“高层次创新创业人才引进计划”（简称“双创计划”）。计划从2007年开始，省财政每年投入2亿元（2010年增至4亿元）专项资金，围绕江苏省优先发展的重点产业，每年面向海内外引进200名左右高层次创新创业人才或团队，着力打造一批竞争优势明显的高新技术产品群和企业群。“双创计划”经过10年发展，目前包括双创人才、双创团队和双创博士三大项目。双创人才项目分为创业、企业创新、高校创新、科研院所创新、卫生创新、文化创新、高技能创新等7个类别；双创团队项目分为科技、战略性新兴产业、软件和互联网、教育、现代农业、服务外包、卫生、诺贝尔奖获得者、外国院士、“千人计划”研究院等10个类别；双创博士项目分为创业、企业创新、企业博士后、县级医院创新、世界名校、科技副总、产业教授指导博士等7个类别。在支持政策方面，对入选的双创人才，3年内省级财政给予50万元或100万元的创新创业资金资助，其中用于补助个人的不得低于30%，并不得抵扣工资待遇。对入选的双创团队，在已获得各相关主管部门给予300万元至3000万元的项目经费资助基础上，3年内省级财政给予300万元至800万元的人才经费资助，其中用于补助团队成员的不得低于30%，并不得抵扣工资待遇。如属世界一流水平的双创团队，或属由省政府直接组织建设的省级重大科技创新平台急需引进的团队，采取一事一议、特事特办的方式，给予特别支持。此外，对入选的人才或团队，优先推荐申报国家“千人计划”“万人计划”，优先推荐申报省“科技企业家培育工程”“333工程”等计划，优先向金融机构、担保公司、风险投资公司推荐融资项目，享受省各地、各部门制定的引进高层次人才相关优惠政策和待遇。同时，按照国家、省引进高层次人才有关政策，为引进的高层次人才提供工作条件、签证、落户、医疗、保险、税收、配偶安置、子女入学、驾照转换等方面支持与服务。

通过团队引进、核心人才带动引进、高新技术项目开发引进等方式，江苏省“双创计划”2007年资助引进115名高层次人才，2008年引进181人，2009年引进269人，2010年引进362人，2011年引进352人，2012年引进500人，2013年引进503人，2014年引进415人，2015年引进420人。截至2015年底，江苏省“双创计划”共分九批引进3131名领军人才。在“双创计划”带动下，全省形成了93个专项引才计划，累计资助引进16000多名创业创新人才，已成为江苏人才工作的品牌工程。

南京市“创业南京”人才计划

2011年，南京市委、市政府出台《领军型科技创业人才引进计划实施细则（试行）》，启动实施“321人才计划”。计划用5年时间，引进3000名领军型科技创业人才，重点培养200名科技创业家，加快集聚100名中央“千人计划”创业人才。截至2014年底，南京市“321人才计划”分六批共引进领军型科技创业人才2551人，注册企业2336家。入选人才中，96%以上是硕士和博士，包括147名中央“千人计划”专家和144名江苏省“双创计划”人才。

2015年11月，南京市委、市政府出台《关于“创业南京”人才计划的实施意见》。计划在“十三五”期间，聚焦创新型、服务型、枢纽型、开放型、生态型的“五型经济”主攻方向，重点集聚100名科技顶尖专家、培育200名创新型企业家、引进3000名高层次创业人才、引领20000名青年大学生创业，打造具有国际影响和独特优势的产业科技人才高地。其中，“高层次创业人才引进计划”作为“321人才计划”的改进升级版，将从2016年起，用5年时间，以区（园区）为主体，引进扶持3000名高层次创业人才，市级层面从中择优遴选并重点扶持1000名高层次创业人才。引进人才通过区（园区）遴选认定的，由区（园区）给予不少于50万元初创扶持；通过市级遴选认定的，由市财政再给予100万元扶持。根据人才发展和项目运营实际需要，提供100平方米左右的创业场所和100平方米左右的人才公寓，3年内免收租金，或给予租金补贴。同时，在政务服务、市场服务、金融支撑、科技服务、创业辅导、首购首用、人力资源、税收优惠、生活配套等九个方面提供配套服务。

截至2015年底，南京市已拥有中央“千人计划”专家306名，其中，由南京自主培养的50名，大多是创业类人才。

无锡市“530”计划

2006年5月，无锡市委、市政府启动实施“530”计划，计划在5年内引进不少于30名领军型海外留学人才到无锡创新创业。2008年，无锡市推出“后530计划”；2009年，推出“泛530计划”，实施无锡市“千人计划”，前后出台20多个“530计划”配套文件，并提出打造集聚高层次人才、培育高新技术产业、发展高端服务业、具有高品质人居环境的“东方硅谷”。2012年，无锡市委出台《关于深化“530”计划，建设“东方硅谷”的意见》《关于推进“东方硅谷”建设的意见》，通过深化实施“530”计划，大力引进国际国内顶尖人才、科技创业领军人才、中介服务领军人才、科技创新领军人才、社会事业领军人才，加快“东方硅谷”建设步伐。计划到2014年，海外高层次创新创业人才突破8000人；到2016年，海外高层次创新创业人才突破1万人。

截至2013年底，无锡市“530”计划累计注册企业1840家，吸引各类人才1.6万多人，其中，有1193家“530”企业正常运行，集中于新兴产业领域，总注册资本81.3亿元。“530”企业创业者入选中央“千人计划”78人，占全市引进和培育中央“千人计划”的75%；入选江苏省“双创计划”224人，占全市省“双创人才”的81%。

自2014年起，无锡市“530计划”结合“东方硅谷”建设，将人才引进重点转向引进国际国内顶尖人才、社会事业领军人才、中介服务领军人才、高级经营管理人才以及企业柔性引进外国专家、海外智力。2015年，无锡市开始酝酿新的“太湖人才计划”。

徐州市“彭城英才计划”

2009年7月，徐州市委、市人民政府出台《关于加强高层次创新创业人才队伍建设的意见》，启动施“高层次创新创业人才引进计划”（即“彭城英才计划”）。计划在5年内，重点围绕该市优先发展的重点产业、重大项目和具有竞争优势领域，至少新引进10个高水平创新创业团队、100名创新创业领军人才、500名高层次创新创业紧缺人才。2014年，徐州市出台《徐州市高层次创新创业人才引进计划实施办法》，对全市高层次人才引进的对象条件和相关扶持政策进行了明确，在科技、融资、学术、生活、税费减免等方面提供集成扶持。对引进的创新创业团队，经省评审认定，按不同层次给予300万—3000万元项目经费支持，同时给予团队领军人才和核心成员50万—200万元的资助。创业领军人才给予不低于200万元项目资金资助。全职引进创新领军人才给予不低于100万元项目资金资助；非全职引进创新领军人才给予50万—100万元项目资金资助。高层次创新创业紧缺人才给予30万—100万元项目资金资助。同时，市级财政每年安排3000万元引导资金，联合其他创投机构成立“彭城英才创投基金”，对人才创业项目进行扶持。

截至2015年底，徐州市“彭城英才计划”共引进1400余名高层次人才，其中海外高层次创新创业人才565人，全市拥有中央“千人计划”专家超过60名、江苏省“双创计划”人才190人名、“双创博士”148名、省“创新团队”10个。

常州市“龙城英才计划”

2011年8月，常州市在全面完成两轮“千名海外人才集聚工程”目标任务的基础上，启动实施“龙城英才计划”。“千名海外人才集聚工程”是常州市在2006年9月开始实施的大规模领军人才引进工作，两轮共引进领军型创新创业人才467名，并带动引进了2000多名海外高层次人才，有12人入选国家“千人计划”，83人入选江苏省“双创计划”。“龙城英才计划”计划在未来5年，围绕重点培育和发展的新能源、新材料、高端装备制造、生物技术和新医药、节能环保、软件和服务外包、物联网和新一代信息技术等七大新兴产业，引进并大力支持1000名领军型人才，由此带动10000名各类高层次人才。同时，整合政府资源，撬动各类资本对创业企业进行聚焦式投资，重点支持200家领军型人才创业企业实施股权融资，助推创业企业加速发展。2013年12月，常州市推出3.0版“龙城英才计划”，投入6亿元资金面向全球邀请人才赴常州创新创业。计划到2015年末，累计支持300家由知名创投机构或该市重点企业首先股权投资、人才投资基金和人才引导基金跟进股权投资的领军人才创业重点企业加速发展，并有企业成功上市；到2020年，累计支持800家领军人才创业重点企业加速发展，并有一批企业成功上市，形成“龙城英才计划”上市板块，打造新兴产业领军企业集群。

2015年12月，常州市委、市政府出台《关于深化人才工作体制机制改革，全力推进“龙城英才”创新创业的实施意见》，根据领军人才创业项目发展阶段性需求，构建“引进性资助、扶持性资助、激励性资助”相互支撑的分层分类支持体系。“龙城英才计划”领军人才创业企业注册落户后，除可给予最高300万元创业无偿资金资助和最高1000万元“股权+债权”资金扶持，创业成效显著、取得较好经济效益和社会效益的，还将择优给予最高150万元奖励。

截至2015年底，常州市“龙城英才计划”共引进签约落户1543个领军人才创业项目。2015年，落地人才创办的企业销售达75.8亿元，同比增长47%，其中，销售超千万元的达到101家。

苏州市“姑苏创新创业领军人才计划”

2007年，苏州市政府按照《中共苏州市委 苏州市人民政府关于加快创新创业人才队伍建设的意见》精神，出台《关于实施姑苏创新创业领军人才计划的意见》，重点根据苏州产业发展布局和新兴产业规划，在新兴信息、生物、新能源、高端装备制造、新材料、节能环保、新能源汽车等战略性新兴产业领域，以及现代服务业、现代农业等重点领域，引进带项目、带技术、带资金在苏州创新创业的领军型人才。对于引进人才安家补贴、科研经费、工作场所、风险投资、信贷风险补偿等方面予以资助扶持。

2010年3月，苏州市全面推进“姑苏人才计划”，“姑苏创新创业领军人才计划”纳入“姑苏人才计划”体系，计划5年内择优资助1000名领军人才。对于创新创业领军人才，将给予50万—250万元的安家补贴；根据创业项目的规模和进度，给予100万—400万元的科研经费资助；提供不少于100平方米的工作场所并免3年租金；提供最高500万元的担保融资贷款、30万元科技保险费补贴、50万元贴息资助等。

截至2015年底，“姑苏创新创业领军人才计划”已累计立项资助674个高层次人才（团队）。在“姑苏创新创业领军人才计划”带动下，苏州市已引进海外高层次人才2.2万多人，拥有中央“千人计划”专家187名，其中，创业类107名，名列全国大中城市第一位；江苏省“双创计划”人才579名，连续九年位居全省第一。

南通市“江海英才计划”

2009年，南通市委、市政府出台《关于大力实施人才强市战略的意见》和《关于实施江海英才计划的意见》，启动实施引进高层次科技领军人才及团队的“江海英才计划”。计划5年内，面向海内外引进100名高层次创业领军人才、1000名工程技术关键人才、10000名紧缺专业人才。引进人才可根据条件给予50万—500万元的项目启动资金、20万—150万元的购房补贴、3年内每月1000—5000元的生活津贴；对落地创业人才3年内免费提供不少于200平方米创业场所，并给予投融资、家属就业、子女就学等多方面的优惠。对特殊优秀人才，还可采取一人一议的灵活引才政策。此外，设立了江海杰出英才奖、留学回国人员成就奖、高技能人才成就奖，分别给予100万元、20万元、10万元奖励。

截至2015年底，南通市“江海英才计划”共分八批引进207名高层次创新创业人才（团队），其中，创业类113人（团队）、创新类94人（团队），全市拥有中央“千人计划”专家120人、江苏省“双创计划” “双创博士”211人（团队），全市留学回国人员总数突破3000人。

连云港市“高层次创新创业领军人才集聚工程”

2009年，连云港市委、市政府出台《加快引进高层次人才实施办法》和《关于实施创业创新领军人才集聚工程的意见》，启动实施“高层次创新创业领军人才集聚工程”。计划在5年时间里，采用招聘、调动、特聘等多种引进方式，从海内外高校、科研院所、世界500强企业和国内知名企业，引进500名左右高层次创业创新人才，其中，创业创新领军人才不少于50名。创业领军人才可享受30万—150万元的资金扶持、不少于100平方米的免租用房以及税收奖励、融资担保等优惠政策；创新领军人才可享作价入股、30万—100万元的资金扶持以及立项支持等优惠政策。此外，领军人才可获得“高层次人才服务金卡”，在创办企业、手续办理、住房保障、休假体检、旅游候车、子女入学、家属随迁等10个方面享受特殊待遇。

2015年，连云港市“高层次创新创业领军人才集聚工程”有26人入选。截至2015年底，“高层次创新创业领军人才集聚工程”共分三批入选86人。

淮安市“淮上英才计划”

2013年2月，淮安市委、市政府出台《关于组织实施“淮上英才计划”的意见》。计划从2013年起，用3年左右时间，围绕淮安重点产业、重点领域和重点学科引进10个创新创业团队、100名创新创业领军人才、1000名创新创业急需人才。经认定的创新创业团队，按照不同层次给予资金支持。A类：由诺贝尔奖获得者，国内外科学院、工程院院士领衔的创新创业团队，每个团队给予2000万—3000万元项目经费资助；B类：中央“千人计划”人才团队及同等层次创新创业团队，每个团队给予1000万—2000万元项目经费资助；C类：经认定的其他创新创业团队，每个团队给予300万—1000万元项目经费资助。经认定的创新创业领军人才，给予30万—100万元项目资金资助，特殊人才一事一议。经认定的创新创业急需人才，给予不超过30万元项目资金资助。此外，给予融资、税收、住房、创业创所等方面支持，并协调解决引进人才的工作条件、签证、落户、医疗、保险、配偶安置、子女入学、驾照转换等问题。

2015年，淮安市“淮上英才计划”资助创新创业团队11个、创新创业领军人才62名。

盐城市“创新创业领军人才引进计划”

2009年，盐城市委、市政府出台《关于加强创新创业领军人才队伍建设的意见》，启动实施“创新创业领军人才引进计划”，重点引进两院院士、国家重大科研项目的主持人、国家级学科带头人、高层次创新型人才、科技型创业人才等该市急需的领军型高层次人才及团队。对引进的领军人才，将给予每人（团队）100万—300万元创新创业资金资助，并优先推荐进入江苏省“双创计划”和“三三三高层次人才培养工程”。对领军人才领办、创办的企业实现税收增长50%以上的，3年内个人所得税地方留成全额返还。引进人才的单位提供不少于130平方米的租住房，同级财政一次性给予20万—50万元安家补助。2015年，盐城市出台“515”人才引进三年行动计划，计划从2015年到2017年，市县两级计划投入40亿元，每年引进5万名大学生、1万名专门人才和500名领军人才，“创新创业领军人才引进计划”相应升级。

截至2015年底，盐城市“创新创业领军人才引进计划”共分五批引进资助创新创业领军人才（团队）项目522个，资助金额近10亿元，其中，创业项目103个，资助金额2.51亿元。

扬州市“绿扬金凤计划”

2010年，扬州市委、市政府启动实施“绿扬金凤计划”，包括“百名创业创新领军人才引进计划”和“百名优秀博士人才集中招引活动”。计划在3年内，市财政每年设立1亿元人才专项资金，引进100名创业创新领军人才、100名优秀博士人才。对创业领军人才，按照重点推荐项目、优先推荐项目、一般推荐项目，分别给予300万元、200万元、100万元资助；对创新领军人才，分别给予150万元、100万元、50万元资助。对于优秀博士人才，到扬州企业工作的，给予每人6万元补助；到事业单位工作的，给予每人3万元补助。2013年底，扬州市又集中出台“6+1”人才政策，在金融支持、载体建设、住房保障、医疗保健、子女教育等方面为人才开启“绿色通道”。

截至2015年底，扬州市“绿扬金凤计划”共资助创业创新领军人才336人、优秀博士人才576人，市县两级资助资金合计3.69亿元。在“绿扬金凤计划”吸引带动下，有近2000名海内外创业创新领军人才（团队）和优秀博士落户扬州，全市拥有中央“千人计划”专家达48人。

镇江市“331计划”

2008年8月，镇江市委、市政府制定出台《镇江市引进培育创新创业领军人才三年行动计划》，启动实施“331计划”。计划用3年时间，引进培育30个领军人才团队和100名领军人才。市县两级财政共设立1亿元的专项资金，用于为领军人才提供创业扶持、安家资助和学术交流。每个创业项目和创新项目可分别获得最高300万元、100万元的创业启动资金和创新资助资金。同时，还可享受风险投资、资金担保、技术成果入股、税收优惠等方面的优惠政策。

2015年，镇江市第八批“331计划”引进资助60个领军人才（团队）。截至2015年底，镇江市“331计划”共分八批引进资助559个人才（团队），带动引进海内外高层次创新创业人才2000多名，其中，中央“千人计划”专家89名、江苏省“双创计划”人才278人。

宿迁市“创业创新领军人才集聚计划”

2011年12月，宿迁市委、市政府出台《关于进一步加强创业创新领军人才引进工作的意见》，在原“宿迁市百名创业创新领军人才集聚计划”完成的基础上，继续扩大实施“创业创新领军人才集聚计划”。计划到2020年，全市引进创业创新领军人才1000名左右，其中进入国家和省级计划支持的领军人才300人，带动引进各类高层次人才2000名左右。对创业领军人才，分别按A类300万元、B类100万元、C类50万元给予创业启动资金；对创新领军人才，分别按A类150万元、B类50万元、C类30万元给予创新启动资金。自主创业领军人才项目企业注册以后，提供股权融资、贷款贴息担保、生产及办公用房、物业服务等支持。此外，引进的领军人才在住房、子女入园入学、医疗、保险等方面享受优惠政策。

截至2015年底，宿迁市“创业创新领军人才集聚计划”共引进资助领军人才（团队）203人。

浙江省

浙江省“千人计划”

2009年，浙江省委、省政府出台《关于大力实施海外优秀创业创新人才引进计划的意见》，启动实施“海外高层次人才引进计划”（简称浙江省“千人计划”）。计划通过5到10年时间，引进并重点支持1000名左右能够突破关键技术、发展高新技术产业、带动新兴学科的学科带头人、科技领军人才和高层次创业人才，争取其中300名左右入选中央海外高层次人才引进“千人计划”。浙江省“千人计划”包括创新人才长期项目、创新人才短期项目（即“海鸥计划”）、创业人才项目和“外专千人”项目。对入选创新、创业和“外专”项目的，授予“浙江省特聘专家”称号，享受相应的工作条件和特定的生活待遇，包括给予一次性100万元的科学技术人才奖励，地方政府相应配套奖励；优先推荐参评中央“千人计划”及相关荣誉称号和各类奖励；发放《浙江省海外高层次人才居住证》并根据有关规定享有相应权益。对入选“海鸥计划”的，给予一次性50万元的省政府科学技术人才奖励，根据引进人才实际需要，可为其提供出入境、医疗、保险等方面优惠便利。

2015年，浙江省第八批“千人计划”有205名海外高层次人才入选。截至2015年底，浙江省“千人计划”共分八批有1418人入选，其中，企业创业人才330名，占23%；企业创新人才584名，占41%；入选人才创办的企业中有6家已上市，28家已启动上市，95家拟于近3年启动上市。在浙江省“千人计划”引领带动下，到浙江创业创新的海外高层次人才快速增长，目前全省已累计引进海外人才10万多人，其中，具有硕士以上学历的海外人才达1.6万余人；451人入选中央“千人计划”，居全国第4位；中央“千人计划”创业人才达105名，位居全国第二。

杭州市全球引才“521”计划

2010年，杭州市委、市政府出台《杭州市全球引才“521”计划实施意见》。计划从2010年开始，用5年时间，面向全球引进20个以上海外优秀创业创新团队，100名以上带着重大项目、带领关键技术、带动新兴学科的海外高层次创业创新人才。入选“521”计划的人才，将根据有关规定享受资助资金、人才住房、安家补助、医疗保健、社会保险、配偶安置、子女就学和永久居留或多次往返签证等相关政策待遇，优先推荐参评中央“千人计划”和浙江省“千人计划”。

截至2015年底，杭州市全球引才“521”计划共分五批次引进172名创业创新人才和17个创业创新团队。在“521”计划带动下，全市拥有中央“千人计划”专家233名、浙江省“千人计划”专家395名；累计引进海外留学人员2.3万人，省市领军型创新创业团队47个；海外留学人员在杭创办企业1238家，总投资368亿元，实现技工贸总收入277亿元。

宁波市“3315计划”

2011年，宁波市委、市政府出台《关于实施海外高层次人才引进“3315计划”的意见》。计划从2011年开始，用5到10

年时间，围绕“六个加快”战略部署，以各类开发区、科研机构和留创园、研发园、创意园等为载体，引进并重点支持一批海外高层次人才来甬创新创业，力争其中30名列入中央“千人计划”、300名列入省海外高层次人才引进计划、1000名列入市海外高层次人才引进计划，新增海外创新创业人才5000名。到2020年，在宁波市创新创业的海外人才突破10000名。对入选的海外高层次创新创业人才及其团队，将一次性给予100万元的创新创业资助，并可根据不同情况享受“一事一议”、家属子女安顿等方面的优惠政策。入选中央“千人计划”和浙江省“千人计划”的给予额外的配套资助，随同引进的团队成员最高给予100万元的资助。

截至2015年底，宁波市“3315计划”累积引进333名海外高层次人才和97个高端团队，其中，198人入选中央“千人计划”、73人入选浙江省“千人计划”；“3315计划”人才和团队共创办企业231家，其中，140家实现销售、76家实现盈利；“3315”企业集聚具有海外背景的人才602人，引进博士576人、硕士820人，带动就业8000余人。

温州市“580海外精英引进计划”

2011年3月，温州市委、市政府出台《温州市“580海外精英引进计划”实施办法》。计划从2011年开始，用5年时间，将面向全球遴选80名左右能够突破关键技术、发展高新产业、推动创新发展的海外高层次人才，助力“十二五”发展。列入“580海外精英引进计划”的人才，将由温州市委、市政府授予“温州市特聘专家”称号，并给予30万元的专项人才奖励，以及创业资助、投融资支持等，并可在住房、技术和人力资本入股、随迁配偶安置、子女教育等方面享受有关优惠待遇。对入选国家、浙江省“千人计划”的，还将分别给予100万元和50万元的奖励。

2015年，温州市“580海外精英引进计划”有23名海外高层次人才入选。截至2015年底，温州市“580海外精英引进计划”共入选106人，全市拥有中央“千人计划”专家21名、浙江省“千人计划”人才87名。

嘉兴市“创新嘉兴·精英引领计划”

2009年12月，嘉兴市委、市政府出台《关于加强创业创新人才队伍和创新团队建设的若干意见》《“创新嘉兴·精英引领计划”实施办法（试行）》和《嘉兴市重点创新团队遴选办法》，启动实施“创新嘉兴·精英引领计划”。计划从2010年起，用5年左右时间，引进培育100名具有省内、国内领先水平的嘉兴市创业创新领军人才，其中引进50名海外高层次人才，争取20名进入“省海外高层次人才引进计划”和中央“千人计划”。同时，打造100个左右嘉兴市重点创新团队，由此带动各领域建设一批不同层次、方向明确、结构合理、开拓创新、团结协作、特色鲜明的创新团队。对创业创新领军人才，一次性给予100万—300万元创业启动资金；对研发性项目落户地，提供不少于100平方米建筑面积的工作场所，3年内免收租金；对企业创办后3年内所得税形成的地方财政收入部分，全额奖励给企业用于研发或扩大生产。对重点创新团队，给予30万—100万元的创新资助。此外，将在子女入学、家属就业等方面给予优惠。

截至2015年底，“创新嘉兴·精英引领计划”共分七批有683个创业创新领军人才及项目入选，财政拨付各类启动和奖励资金达5.66亿元。前六批创业类领军人才及项目，已有462个在嘉兴注册落户、成立公司，其中，规上企业达到32家，10家企业销售超过亿元，6家企业已成功上市挂牌。

湖州市“南太湖精英计划”

2008年4月，湖州市委、市政府出台《关于推进创新团队和领军人才队伍建设的若干意见》，启动实施“南太湖精英计划”。计划用5年时间，重点在生物医药、环保节能、电子信息、新材料、新能源和现代农业等六大产业中引进一批带项目、带技术、带资金、具有自主创新能力的留学归国科技领军人才及其创新团队。给予领军型创业团队创业启动资金、领军型创新团队创新项目产业化配套资金扶持，其中A类300万元、B类200万元、C类100万元，注册企业可享受由落户县区提供的不少于100平方米的工作场所；给予创新领军人才创新项目产业化30万—100万元的配套资金扶持；给予创新领军人才短期项目10万—30万元的资助。同时，优先推荐申报中央“千人计划”“万人计划”、浙江省“千人计划”、省领军型创新创业团队、省院士专家工作站等各类人才科技计划，并按省财政奖励额度给予配套资助。入选领军型创新创业团队负责人和创新领军人才可享受“湖州服务绿卡”以及在子女入学、医疗保健、家属就业等方面的各项待遇。

截至2015年底，湖州市“南太湖精英计划”共引进领军型创业创新团队和人才430个。

绍兴市“330海外英才计划”

2010年3月，绍兴市委、市政府出台《绍兴市“330海外英才计划”实施办法》。计划从2010年开始，用3年时间，在绍兴市六大传统优势产业和先进装备制造、新材料、生物医药、节能环保、新能源、新兴信息等战略性新兴产业，能够突破关键技术、培育高新产业、推动创新发展的海外高层次人才，争取有20名以上进入中央、省“千人计划”。对入选的海外高层次人才，将授予“绍兴市特聘专家”称号，享受相应的工作条件和特定的生活待遇。评审结果为A类、B类、C类的，分别给予500万、300万、100万元的创新创业启动资金；提供不少于200平方米的3年免租工作场所，或者给予相当于200平方米办公场所的租金补贴；落户后可按成本价申购100—160平方米的人才住房，或享受30万—100万元的购房补贴，或享受限期10年每年3万—6万元的租房补贴。此外，还可享受贷款贴息、永久居留或多次往返签证、落户、医疗保健、社会保险、子女就学等方面优惠政策和便利服务。

截至2015年底，绍兴市“330海外英才计划”共引进签约落户海外高层次人才187名，其中，中央“千人计划”专家25名、浙江省“千人计划”人才44名，引进人才创办的企业累计实现销售26.5亿元。

金华市“双龙计划”

2010年，金华市启动实施“海内外英才引进计划”，鼓励高层次人才带技术、带成果、带资金到金华创业创新，对优秀创业项目给予最高500万元的资助。计划推出后，受到海内外人才热切关注，共引进落户18个领军人才项目。2012年底，为进一步加大人才引进力度，金华市委、市政府决定在原政策基础上，实施创业创新领军团队和人才引进“双龙计划”。计划用5年时间，每年投入至少1亿元资金，面向海内外集聚一批达到国际先进水平的科技创新团队、一批行业地位突出的创业创新领军人才、一批专业技术发展潜力较大的后备领军人才。对新兴产业带动明显的科技创新团队，最高可获2000万元资助；对引进的两院院士或相当层级的国际顶尖人才，奖励资助不少于1000万元。另外，在税收优惠、人才住房和其他配套服务方面，也将享受多项优厚待遇。

截至2015年底，金华市“双龙计划”共引进创业创新领军团队和人才项目106个，全市累积自主申报和引进中央“千人计划”专家、浙江省“千人计划”人才105名。2015年，全市“千人计划”“双龙计划”创业类人才所创办的企业共实现产值5.5亿、税收4822万元。

台州市“500精英计划”

2011年9月，台州市委、市政府出台《关于扶持高层次人才创业创新的若干意见》及相关的配套政策文件，启动实施“500精英计划”。计划每年投入全市可用财力的1.5%，用5年左右时间，引进和扶持500名左右高层次人才到台州创业创新。计划实施五年来，已建成了产业经济、社会事业两大领域，创业、创新和紧缺三大类别，创业、创新长期项目、创新短期项目、紧缺和领军型团队等5个子类别的高层次人才引进体系。入选“500精英计划”的创业人才，项目正式落户并启动后，3年内按照A类、B类、C类三个层次，分别给予最高1000万元、600万元、400万元的项目启动资金资助，并享受个人待遇。入选创新带项目的人才，按照A类、B类、C类三个层次，分别给予100万元、50万元、30万元的科研经费资助，并享受个人待遇。入选领军型创新创业团队给予最高1000万元的经费资助，对具有国际顶尖水平的团队采取“一事一议”方式专题论证支持方式与额度。此外，入选人才还可按相关政策享受创业场所免租、贷款贴息、住房、医疗、子女就学等其它各项政策待遇。

截至2015年底，台州市“500精英计划”共引进创业创新人才392名，其中，入选中央“千人计划”21人，入选浙江省“千人计划”55人；创办“500精英”企业77家，注册资金达6.8亿元，吸引本土企业投资3.5亿元。

安徽省

安徽省“百人计划”

2009年8月，安徽省委、省政府下发《关于加强引进海外高层次人才工作的实施意见》，启动实施安徽省引进海外人才“百人计划”。计划用5到10年时间，引进并重点支持100名左右能够突破关键技术、发展高新产业、带动新兴学科的科技领军人才到皖创新创业。对入选“百人计划”的海外高层次人才，将授予“安徽特聘专家”称号，并在准入政策、税收政策、工作待遇、生活保障等各个方面，提供政策支持。

2015年，安徽省第五批“百人计划”有20名海外高层次人才入选。截至2015年底，安徽省“百人计划”共分五批入选102名人。

合肥市“百人计划”

2011年1月，合肥市委、市政府出台《中共合肥市委关于深入实施人才强市战略的意见》《“百人计划”工程建设实施方案》等系列文件，启动实施引进海内外高层次人才“百人计划”。计划从2011年起，用5年时间，围绕合肥市优先发展的支柱产业、高新技术产业和现代服务业，面向海内外引进该市急需紧缺的能够突破核心技术、发展高新产业、带动新兴学科的创新创业领军人才100名。引进的高层次创新创业人才，可享受10万—200万元的奖励补贴，并享受居留和出入境、落户、子女入学、配偶就业、医疗保险等方面的政策待遇。

2015年，合肥市“百人计划”有28名高层次创新创业人才入选，其中创新类24人、创业类4人。截至2015年底，合肥市“百人计划”共分五批引进87名高层次创新创业人才，全市拥有“两院”院士82人、中央“千人计划”专家195人、安徽省“百人计划”专家80人。

福建省

福建省“海纳百川”高端人才聚集计划

2010年1月，福建省委、省政府出台《福建省引进高层次创业创新人才暂行办法》，实施“引进高层次创业创新人才计划”（简称“百人计划”），重点支持国内外高层次创业创新人才和团队到福建创业工作。截至2013年底，福建省“百人计划”共分两批引进117名高层次创业创新人才、19个高层次人才创新团队。

2013年3月，福建省委、省政府在“百人计划”基础上，启动实施“海纳百川”高端人才聚集计划。计划在未来5年内，省、市、县三级财政投入人才经费100亿元，实施福建省引进高层次创业创新人才“百人计划”，每年评选100名福建省引进高层次创业创新人才，分别给予入选省引才“百人计划”的团队300万元、海外人才200万元、国内人才100万元补助；实施留学人员来闽创业启动支持计划，对经评审确定的重点创业项目和优秀项目，分别给予一次性创业支持资金50万元和20万元，各设区的市给予配套支持；实施福建省特殊支持高层次人才“双百计划”，每年评选200名科技创业人才、科技创新人才、企业高级经营管理人才、百千万工程领军人才、青年拔尖人才、哲学社会科学领军人才等各类高层次人才，作为福建省特殊支持的高层次人才由省人才专项经费给予特殊支持。

截至2015年，福建省“百人计划”共分四批入选高层次创业创新人才354名、创业创新团队50个。

厦门市“双百计划”

2010年，厦门市委、市政府出台《厦门市引进海外高层次人才暂行办法》和《关于加快建设海西人才创业港，大力引进领军型创业人才的实施意见》，每年投入1.5亿元，计划用5到10年时间，引进100名海外高层次人才和300名领军型创业人才（简称“双百计划”）。对引进的海外高层次人才，给予每人100万元补助，并在科研经费、职称评聘等方面给予支持；对引进的领军型创业人才，提供100万至500万元创业启动资金、100至500平方米的创业场所（五年免租金），并提供政府创投、贷款贴息等方面支持。同时，在住房、配偶就业、子女就学、社会保险等方面可享受优惠待遇。

2015年，厦门市第八批“双百计划”有9名海外高层次人才、100名领军型创业人才入选。截至2015年底，厦门市“双百计划”共分八批评选海外高层次人才和领军型创业人才636名，全市拥有中央“千人计划”专家76名、福建省“百人计划”人才（团队）110人，留学回国人员近1万人。

江西省

江西省“赣鄱英才555工程”

2010年，江西省委、省政府以培养高层次人才和急需紧缺人才为重点，启动实施“赣鄱英才555工程”。 从2010年开始，在10年之内，实施“创新创业人才引进计划”，面向海内外引进500名左右急需紧缺的高层次人才到赣创新创业；实施“高端人才柔性特聘计划”，柔性引进500名左右具有国际先进水平、国内顶尖水平的高端人才为赣发展服务；实施“领军人才培养计划”，立足本省选拔并重点培养500名左右高层次创业创新人才。对入选“创新创业人才引进计划”和“领军人才培养计划”的人员，自然科学类人选分期给予每人100万—300万元人民币的项目资助，人文社会科学类人选分期给予每人10万—50万元人民币的项目资助；用人单位为引进人才提供不小于120平方米的住房（3年内免租金或提供相应租房补贴），并按不少于1：1的比例给予配套经费支持。对入选“高端人才柔性特聘计划”的人员，一次性给予用人单位30万—50万元人民币的项目资助，用人单位、主管部门和当地财政提供配套经费支持，用于改善引进人才的工作和生活条件。同时，为入选人才提供居留和出入境、落户、医疗、保险、税收、住房、配偶安置、子女就学等方面的服务。

截至2015年底，“赣鄱英才555工程”共分三批引进创新创业人才（团队）688个。

南昌市“洪城计划”

2011年3月，南昌市委、市政府出台《南昌市建设“人才管理改革试验区”的十项举措》，启动实施“洪城计划”，面向海内外引进一批同时带项目、带技术、带资金、带团队的领军型创新创业人才到南昌创业。引进人才的创业项目经项目可行性、技术水平、市场前景、团队实力、财务评价等综合评审，可评定为A、B、C三类并按“三个一，三个三”的特殊政策给予特别扶持。“三个一”是指：每个创业项目的投资企业（公司）注册后一个月内，由企业注册所在县区提供不少于100平方米的创业场所免费使用三年，不少于100平方米住房公寓免费使用三年；由市政府按A、B、C三类分别给予创业启动资金100万元、70万元、50万元。“三个三”是指：属高新技术产品产业化项目且生产过程中流动资金不足的，由市、县区财政控股的担保公司按A、B、C三类分别提供不低于300、200、100万元的贷款资金担保；属科技开发项目并据投资需求，由市科技风险投资资金按A、B、C三类分别给予不低于300、200、100万元的创业投资；属技术成果入股投资项目的，技术成果可按注册资本不低于30%作价入股。

截至2015年底，南昌市“洪城计划”共引进人才项目68个，吸引各类创新创业人才200余人。

山东省

山东省“泰山产业领军人才工程”

2014年，山东省委、省政府出台《进一步完善提升泰山学者工程的意见》和《实施泰山产业领军人才工程的意见》，将“泰山学者”工程进行优化拓展，突出服务产业发展导向。该工程的主要目标是：到2020年，以各类企业、园区、产业基地等为依托，面向海内外引进培养1000名左右“高精尖缺”产业领军人才，集聚形成1000个左右产业人才团队。工程重点支持产业创新类、科技创业类、产业技能类三类领军人才，其中，计划支持400名左右带技术、带项目、带资金到山东省创办科技企业的领军人才，形成400个左右的创业团队，培育一批高成长性的科技人才企业。对入选产业创新类、科技创业类、产业技能类的每名产业技能人才或团队，将分别给予300万—500万元、100万—500万元、50万元的经费资助。此外，各级各有关部门将在项目立项等方面，对领军人才给予优先支持；在领军人才居留落户、子女入学、家属安置、医疗保健等方面，按省级高层次人才待遇提供便利条件；对领军人才落地创办的企业，给予经费、公共技术服务平台、办公场地、投融资服务等方面的支持等。

2015年，山东省“泰山产业领军人才工程”首批认定175人，包括产业创新类101人、科技创业类67人、产业技能类7人，全省拥有中央“千人计划”专家达到174名，选聘“泰山学者”875名

济南市“5150引才计划”

2009年，为吸引海内外优秀创新创业人才到济创业发展，济南市启动实施“5150引才计划”。计划用5年左右时间，面向海内外引进150名能够提高城市竞争力、推动高新技术产业发展的高层次创新创业人才。市财政设立每年规模为1亿元的人才引进专项资金，用于对引进人才的创业资助、科研补助、待遇补贴、住房安置、引进奖励等。引进的高层次领军人才，最高可享受创业启动资金300万元、安家费100万元；引进的高层次创新人才，可享受科研启动资金最高200万元、工作津贴每月最高1万元。截至2011年底，济南市“5150引才计划”共分五批引进高层次创新创业人才209名，提前完成计划目标。

2012年6月，济南市在完成“5150引才计划”目标任务的基础上，启动实施海内外高层次人才引进倍增计划（简称“5150引才倍增计划”）。计划力争用7到8年时间，围绕创新型城市建设、发展现代产业体系和经济结构调整，大力引进海内外顶尖人才和创新科技型人才、产业领军型人才和能够支撑现代服务业、现代农业发展的急需紧缺高端人才。

截至2015年底，济南市“5150引才计划”（含“5150引才倍增计划”）共分八批引进高层次创新创业人才411名、高层次创新创业团队19个，全市拥有中央“千人计划”专家已达35名。

青岛市“创业创新领军人才计划”

2012年，青岛市委、市政府制定出台“青岛英才211计划”及16项引才子计划，分高端人才、重点人才和支撑人才三个层次实施百万人才集聚行动，力争用10年时间，使全市人才资源总量突破240万人。青岛市“创业创新领军人才计划”作为其中的高端人才计划，计划围绕新一代信息、新医药、新能源、新材料、高端装备、现代服务业、海洋产业等我市优先发展的重点产业，引进培育并择优资助2000名能够突破关键技术、发展高新技术产业、带动新兴学科和新兴产业发展的创业创新领军人才。

2014年7月，青岛市科技局、市委组织部、市财政局联合制定了《青岛市科学技术局创业创新领军人才计划实施细则（试行）》，对“创业创新领军人才计划”的实施作出了进一步明确。根据入选青岛市“创业创新领军人才计划”的领军人才的创业创新水平及业绩、项目可行性、市场前景、预期经济社会效益、依托单位保障能力等评审结果，将分别给予50万—400万元项目经费和30万—100万元安家补贴经费支持，以及提供办公用房、人才公寓、“一卡通”服务、入选国家“千人计划”和山东省“泰山学者海外特聘专家”的配套资金等相关政策支持。

2014年9月，青岛市“创业创新领军人才计划”首批入选70人，共获得7500余万元项目经费资助。2015年，青岛市第二批“创业创新领军人才计划”有34名创业领军人才、25名创新领军人才入选，其中，包括中央“千人计划”专家7人、“长江学者”1人、中科院“百人计划”专家3人、山东省“泰山学者”4人，海归博士14人。截至2015年底，青岛市“创业创新领军人才计划”共分两批引进123人，全市拥有“千人计划”专家140人，山东省“泰山学者”115人。

淄博市“淄博英才计划”

2014年，淄博市委、市政府出台《淄博英才计划实施办法（试行）》，启动实施“淄博英才计划”，与山东省“泰山产业领军人才工程”相互衔接。计划到2020年，以企业为主体，围绕新材料、精细化工、新医药、新能源和节能环保、汽车及机电装备、电子信息等战略性新兴产业以及现代服务业、现代农业发展，引进并重点支持60名左右高层次科技创新人才、60名左右高层次科技创业人才。对入选人才作为项目负责人承担的科技创新项目，一次性给予30万—50万元科研成果产业化配套资金，从市级应用技术研究与开发专项资金中列支；优先纳入市产业发展基金扶持范围，以阶段性股权投资等方式对入选人才所在的企业给予支持；入选人才所在企业优先享受一次性创业补贴、创业岗位开发补贴；根据企业实际需求，由企业注册所在区县负责提供不少于100平方米的办公及研发场所和不少于100平方米的住房租赁使用，3年内免收租金。

2015年，首批“淄博英才计划”有19名海内外高层次人才入选，包括科技创新类英才10人、科技创业类英才9人。

烟台市“双百计划”

2009年7月，烟台市委、市政府出台《关于实施高端人才引进“双百计划”的意见（试行）》。计划在未来5年内，围绕实施山东半岛蓝色经济区、胶东半岛高端产业聚集区和黄河三角洲高效生态区建设等“三大战略”，突出重点产业发展、关键领域突破和科技创新需要，面向海内外引进100名高端创新人才、100名高端创业人才，其中海外优秀人才30名以上。

2015年12月，烟台市出台《关于深化拓展高端人才（团队）引进“双百计划”的意见》，对“双百计划”进行升级。根据《意见》，将围绕战略性新兴产业领域和现代服务业领域，引进100名高端创新人才和100名高端创业人才，围绕蓝色产业重点领域，引进30个蓝色产业领军人才创新团队和创业团队。入选高端创新创业人才，最高可获得600万资金支持。入选蓝色产业领军人才团队的，给予300万—600万元团队资助。此外，为入选的高端人才（团队）办理“烟台优才卡”，提供配偶安置、子女入学、医疗保健、居留与出入境、人才联谊等配套服务。对烟台科技进步、产业升级具有重大拉动作用的高端人才

（团队），可一事一议，进一步加大支持力度。

截至2015年底，烟台市“双百计划”共有高端创新创业人才（团队）120人入选，全市拥有中央“千人计划”专家47名、山东省“泰山学者”和“泰山产业领军人才”98名。

潍坊市“高层次创新创业人才引进扶持计划”

2010年2月，潍坊市委、市政府出台《潍坊市高层次创新创业人才引进扶持计划》。计划用5年时间重点引进和扶持100名左右高层次人才到潍坊创新创业。各级财政设立引进高层次创新创业人才专项扶持资金，对经评审确定的高层次创新创业人才一次性给予100万元资金补助；从事科技开发项目的，经论证、审批，根据其项目的投资需求，引导各级产业投资资金或创业投资资金给予股权投资、融资租赁或担保等扶持措施，股权投资比例最高可达项目实际投资总额的30%；对具有市场需求的高新技术产品产业化生产过程中流动资金不足的，可给予不低于贷款利息总额50%的贴息优惠，贴息总额最高可达100万元，贴息期最长可达2年；以技术成果入股投资的，经评估，其技术成果最高可按注册资本35%作价入股；引进海外人才创办的独资或合资企业，符合条件的可登记注册为外商投资企业并享受相关优惠政策；享受市里有关引进高层次人才的子女入托入学、家属安置等优惠政策。海外留学人才居留、出入境和落户等事宜，享受绿色通道相关待遇。对特别优秀的人才和特别重要的项目，经审核评定，可给予数额更大的资金扶持和更优惠的政策支持；对引进人才过程中遇到的特殊问题，可采取“一事一议、特事特办”方式解决等。

截至2015年底，潍坊市“高层次创新创业人才引进扶持计划”共分五批引进扶持114人，发放补助累积11400万元。

济宁市海外人才引进“511”计划

2010年2月，济宁市委、市政府出台《关于实施海外人才引进“511”计划的意见》。计划从2010年起，用5年左右的时间，重点引进100名领军科研型、领头创业型、领办项目型海外高层次人才，着力打造100个高层次人才创新创业平台，力争海外人才总体引进数量达到1000人的规模。对人才带项目到济宁创新创业的，综合科技含量、市场前景、风险评估等因素，进行百分制评分，按A、B、C三个等级，由市财政分别给予100万元、60万元、30万元的创新创业启动资金。其中，创业人才所带项目属关键领域核心技术，开发价值特别重大的，给予300万元资金扶持或按个案专项扶持。此外，还可享受贷款贴息、财政补贴，优先推荐申报国家、省科研项目等其他优惠待遇。

截至2015年底，济宁市海外人才引进“511”计划共分四批引进73人，全市拥有中央“千人计划”专家16名。

河南省

河南省“百人计划”

2009年6月，河南省委、省政府出台《关于引进海外高层次人才的意见》，启动实施河南省海外高层次人才引进计划（简称河南省“百人计划”）。计划用5到10年时间，在国家和省重点创新项目、重点学科和重点实验室、重点企业和地方商业、金融机构、以高新技术产业开发区为主的各类园区引进并有重点地支持120名左右能突破关键技术、发展高新产业、带动新兴学科的领军人才到河南创新创业。入选人才可获得每人120万元的一次性奖金资助，入选中央“千人计划”的，同时享受国家100万元一次性补助。并在税费、医疗、保险、住房、配偶就业、子女教育等方面给予特殊保障。

截至2015年底，河南省“百人计划”共分四批引进41名海外高层次创新创业人才。

郑州市“智汇郑州·1125聚才计划”

2015年5月，郑州市委、市政府出台《关于引进培育创新创业领军人才（团队）的意见》，启动实施“智汇郑州·1125聚才计划”。计划用5年左右时间，投入40亿元，重点引进1000名掌握核心技术资源、具有较强创新创业能力的领军人才和高层次创新创业紧缺人才，100个领军型科技创新创业团队；培养200名具有国际化视野和持续创新能力、拥有核心自主知识产权的科技创业企业家；汇聚50名以上“两院”院士、中央“千人计划”等国内顶尖专家型人才。对引进的创新创业领军团队，经评审认定，按不同层次给予支持。国家最高科学技术奖获得者、“两院”院士领衔的创新创业团队，每个团队给予2000万—3000万元项目产业化扶持资金资助；中央“千人计划”“万人计划”专家领衔的团队或达到“千人计划”“万人计划”专家水平的创新创业团队，每个团队给予500万—1000万元项目产业化扶持资金资助；经认定的市级以上其他创新创业团队，每个团队给予100万—300万元项目产业化扶持资金资助。配套出台的“1+7”政策体系，内容涵盖创新创业人才引进、专项资金管理、科技创业企业家培育、激励分配机制以及引进人才服务保障等七大方面，是郑州市历史上含金量最高、分量最重、最有吸引力的人才政策。

2015年，郑州市“智汇郑州·1125聚才计划”首批入选29个创新创业领军团队、72名创新创业领军人才和紧缺人才，共计发放项目产业化扶持资金3.2亿元。

洛阳市“河洛英才计划”

2015年6月，洛阳市委、市政府出台《关于实施“河洛英才计划”加快引进创新创业人才（团队）的意见（试行）》。计划5年内拿出不少于20亿元，用于引进和培育创新创业人才（团队），力争组织引进创新创业团队50个以上，吸引500名以上高层次人才到洛阳创新创业，创办科技型创新型企业200家以上。创新创业人才（团队）包括领军型创新创业人才（团队）、高层次创新创业人才（团队）、紧缺型创新创业人才（团队），经综合评估项目预期产值、税收、就业等经济社会效益指标后，将按不同层次给予支持。其中，给予领军型创新创业人才（团队）不低于5000万元的启动资助；给予高层次创新创业人才（团队）不低于3000万元的启动资助；给予紧缺型创新创业人才（团队）不低于1000万元的启动资助。此外，在场地、税收、出入境、落户、住房安置、配偶就业、子女入学、医疗、市内旅游等方面享受优惠政策。

2015年，洛阳市“河洛英才计划”共分两批引进认定创新创业人才（团队）11个。

湖北省

湖北省“百人计划”

2009年6月，湖北省委、省政府出台《湖北省引进海外高层次人才实施办法》等配套人才引进措施，启动实施湖北省“百人计划”。计划用5到10年时间，从海外引进200名紧缺的高层次创新创业型人才，其中创业人才不低于50%，以为支撑中部崛起战略提供人才保证和智力支持。在资金支持上，将对入选的海外高层次人才一次性给予每人100万元或50万元的补助，对创业人员的部分研发项目和规模生产项目给予贷款贴息政策，并享受8项税收优惠政策，包括免征某些个人所得税以及减免某些企业所得税和营业税等。同时，授予“湖北省特聘专家”称号，在出入境、居留、子女入学等方面享受相关优惠政策。2014年，湖北省“百人计划”新增创业团队项目，给予每个团队200万—300万元资金扶持。

2015年，湖北省第六批“百人计划”有73名海外高层次人才入选。截至2015年底，湖北省“百人计划”共分六批引进海外高层次人才321人（团队6个），全省共有273人入选中央“千人计划”，数量位居全国前列。

武汉市“黄鹤英才计划”

2011年，武汉市委、市政府为推进人才强市战略，启动实施“黄鹤英才计划”。计划到2015年，引进和培养100名具有世界领先水平的领军人才，1000名具有国内领先水平的高层次创新创业人才。入选者在汉领办、创办企业或研发机构，择优给予创业扶持资金。对入选的领军人才，按项目给予300万—500万元的资金支持；对入选的高层次人才，按项目给予50万—100万元的资金支持；科技创新和科技创业人才每人可获30万元资助，知识产权人才每人获10万元资助，用于项目研究、人才培养、团队建设等；民营企业入选人才参加出国培训班，进高校、访外企。此外，入选者在汉创业活动给予当年度利息额25%的贷款贴息，贴息总额最高可达100万元；优先申报国家、省、市专家和政府津贴评选等。

2015年，武汉市“黄鹤英才计划”有80名高层次创新创业人才入选。截至2015年底，武汉市“黄鹤英才计划”共分四批入选229人。

襄阳市“隆中人才支持计划”

2009年4月，襄阳市委、市政府出台《关于实施隆中人才支持计划的若干意见（试行）》。计划通过创业资助、融资支持、科研资助、政府奖励、住房优惠等8个方面的优惠政策，引进和培育紧缺产业高层次人才和团队，对重点推荐项目、优先推荐项目、一般推荐项目分别给予企业300万元、200万元、100万元不等的创业启动资金；提供适宜工作场所免三年租金；对高新技术开发或产业化生产项目给予150万—300万元担保贷款，并在税收优惠、政府奖励、科技扶持等方面予以支持。

截至2015年底，襄阳市“隆中人才支持计划”共分六批资助项目25个，实际资助金额3050万元；资助创新创业团队9个。通过“隆中人才支持计划”平台，全市引进和培育中央“千人计划”专家6人，湖北省“百人计划”专家10人。

湖南省

湖南省“百人计划”

2009年，中共湖南省委人才工作领导小组发布《关于引进海外高层次人才的实施意见》，启动实施湖南省海外高层次人才“百人计划”。计划围绕湖南经济社会发展战略目标，用5年左右时间，在湖南省重点创新项目、重点学科和重点实验室、国家级科技合作基地、省属国有企业、以高新技术产业开发区为主的各类园区等，引进100名左右能够突破关键技术、发展高新产业、带动新兴学科的海外高层次人才。对引进的人才，省财政将按照每人60万元的标准给予资助，并发放《永久居留证》，同时通过由12个部门联合组成的引进海外高层次人才服务窗口对引进专家实行一站式服务，发放“一本通”服务手册，以全程代理方式办理居留、出入境、落户、配偶安置、子女入学、医疗、保险、住房、税收等各项政策待遇手续，及时帮助解决实际问题。

2015年，湖南省“百人计划”有41名海外高层次人才入选。截至2015年底，湖南省“百人计划”共分七批引进海外高层次人才180名。

长沙市“3635”计划

2009年，长沙市开始实施《长沙市引进国际高端人才三年行动计划（2009—2011年）》（“313”计划），计划从2009年起到2011年，3年内引进100名高端人才、30个高端人才团队，以此带动全市高层次创新创业人才队伍建设。截至2012年底，长沙市“313”计划共有102人、17个高端人才团队入选，完成了计划任务。

2014年2月，长沙市制定和启动了新的《长沙市引进紧缺急需和战略性人才计划》（“3635”计划），面向全球引进紧缺急需和战略型人才。计划用3年时间，支持鼓励以企业为主体的用人单位，在工程机械、汽车及零部件、生物医药、电子信息及现代物流、新能源及新材料、文化创意等6个重点产业领域，引进500名左右经济社会发展紧缺急需和战略型人才。其中，领军人才50名左右，高级经营管理和研发人才100名左右，专业技术骨干人才350名。在安家补助方面，“3635”计划对自主创业或与用人单位签订三年以上聘用合同的引进人才，最高给予100万元的安家补助，分年度按比例支付到位。在创业扶持方面，对入选“3635”计划的人才帮助协调融资贷款，并按同期银行贷款基准利率发生利息额的50%，给予每个项目不超过3年的贷款贴息；对带项目、专利创业的人才，还将进行跟踪评估和持续支持，对经评审成长前景好的项目，优先推荐享受科技、发改、工信等相关部门各类资金、人才项目支持。同时，制定了后续奖励政策，将根据人才发挥作用情况和入库税收增长情况，给予创业型企业和引进人才单位每年最高100万元的奖励。此外，高层次人才被引进后可享受安家补助、创业扶持和奖励政策，并可在落户通关、住房保障、子女就学、医疗服务、社会保险、配偶安置等方面享受绿色通道待遇。

截至2015年底，长沙市“3635”计划共分两批引进人才164名，拨付资助资金3820万元。

岳阳市“高层次创新创业人才引进计划”

2015年2月，岳阳市委、市政府出台《关于加强高层次创新创业人才引进工作的实施办法（试行）》，启动海内外创新创业人才引进工作。全职引进的领军人才、高级专业技术人才、高成长性优秀青年人才等高层次创新人才，将分别给予100万、50万、10万元的安家补助；柔性引进的领军人才和高级专业技术人才（每年在岳工作时间应不少于2个月），将分别给予50万、30万元的工作补助；全职引进的创新人才，还可享受为期3年的每人每月1000—3000元的生活补贴。对高层次创业人才（团队），最高可给予500万元的创业启动资金资助和连续3年、单个企业年度贴息总额不超过60万元的贷款贴息；创业人才从事科技开发活动的，最高给予100万元的科研资金补助。引进的高层次创新创业人才，在落户、配偶安置、子女就学、休假疗养等方面享受相关优惠政策。引进期间，在经济社会发展和财政增收方面为岳阳作出重大贡献的创新创业人才，给予最高可达100万元的政府奖励。

2015年，岳阳市“高层次创新创业人才引进计划”首批有17人入选。

广东省

广东省“珠江人才计划”

2008年，广东省出台《广东省引进创新科研团队评审暂行办法》《广东省引进领军人才评审暂行办法》，并于2009年11月首次面向海内外实施引进首批创新创业团队、领军人才工作，启动实施“珠江人才计划”。其中，对引进的世界一流水平、对广东省产业发展有重大影响、能带来重大经济效益和社会效益的创新创业团队，省财政给予8000万—1亿元的专项工作经费；对引进的国内顶尖水平、国际先进水平的创新创业团队，省财政给予3000万—5000万元的专项工作经费；引进国内先进水平的创新创业团队，省财政给予1000万—2000万元的专项工作经费。对引进的领军人才，省财政提供每人500万元专项工作经费和100万元住房补贴。

2015年，广东省第五批“珠江人才计划”引进26个创新创业团队和20名领军人才。截至2015年底，广东省“珠江人才计划”已分五批引进117个创新创业团队和89名领军人才。在“珠江人才计划”带动下，自2008年以来，广东省共引进海外高层次人才3.1万人、国外创新团队250个，每年来粤工作的外国专家达13.5万人次，占全国总数的22.6%，居全国首位。

广州市“创新创业领军人才百人计划”

2010年9月，广州市委、市政府出台《关于加快吸引培养高层次人才的意见》，启动实施“创新创业领军人才百人计划”。计划用5到10年时间，面向海内外并重点面向海外，依托市科技重大专项计划、市级以上重点学科和重点实验室、市属企业和在穗金融机构、以高新技术产业开发区为主的各类园区等平台，引进扶持300名左右创新创业领军人才到广州创业发展；其中创业领军人才200名左右，其他各类创新领军人才100名左右。根据广州市扶持创业领军人才的政策，除享受住房补贴、子女入学、配偶就业、医疗保障、休假体检等高层次人才政策外，政府还将给予300万—500万元的创业启动资金；100—500平方米的工作场所，3年内免收场租；市属风险投资公司给予最高500万元的股权投资；产业化项目最高给予100万元的贷款贴息；特别优秀的留学回国创业人员，还将一次性给予30万—100万的安家费。

截至2015年底，广州市留学回国人员已累计超过5万人，创办企业2000多家，全市拥有中央“千人计划”入选者129人，省市认定高层次人才270人，广州市“创业创新领军人才”80人。

深圳市“孔雀计划”

2011年4月，深圳市委、市政府出台《关于实施引进海外高层次人才“孔雀计划”的意见》及5个配套文件。计划在未来5年，重点引进并支持50个以上海外高层次人才（团队）和1000名以上海外高层次人才到深圳创业创新，吸引带动1万名以上各类海外人才到深圳工作，并每年投入3亿—5亿元，用于海外高层次人才配套服务和创新创业专项资助。纳入“孔雀计划”的海外高层次人才，可享受80万—150万元的奖励补贴及居留和出入境、落户等特定待遇；对引进的海外高层次人才（团队），将给予最高8000万元的专项资助。

2011年，深圳市“孔雀计划”首批认定海外高层次人才61名；2012年，认定123名；2013年，认定270名；2014年，认定322名；2015年，认定443名。截至2015年底，深圳市“孔雀计划”共认定海外高层次人才1219名（包括86名外籍高级专家），累计引进“孔雀团队”和广东省创新科研团队59个，全市入选中央“千人计划”208人，居广东省内各市前列。

珠海市“蓝色珠海高层次人才计划”

2013年8月，珠海市委、市政府出台《关于“蓝色珠海高层次人才计划”的实施意见》。计划从2014年起，用5年时间，从海内外引进和培养60个掌握先进创新成果、拥有自主知识产权、产业化前景广阔的创新创业团队，500名在某一领域造诣较深、业内普遍认可且为该市急需紧缺的各类高层次人才来珠海创新创业，以此提升珠海市中高端产业竞争力。计划面向创新创业团队和高层次创新创业人才，扶持政策包括：项目经费扶持、优先推荐申报国家和省级计划、工作场地租金补贴、研发费用补贴、住房保障、工作津贴补助，以及补充养老保险和特定医疗保障等16个方面。其中，入选的创新创业团队可享受包括项目启动补贴、项目投资和担保贷款等最高2000万元的项目经费扶持；高层次人才的创业项目可享受包括创业补贴、创业投资和担保贷款等最高200万元的项目经费补贴。

截至2015年底，在“蓝色珠海高层次人才计划”的推动下，珠海市近年来共选拔产生高层次人才349名；引进诺贝尔奖得主2名；培养和引进中央“千人计划”专家33名，包括创业类专家10名；2个团队入选广东省创新创业团队、7人入选广东省领军人才。目前，在珠海发展的留学人员超过6000人，有硕士学位的占90%以上，创业人员超过600人，创办企业260余家。全市高层次创业人才中留学人员占比超过80%，全市“三高一特”企业高管中留学人员占比超过40%。

惠州市“天鹅计划”

2013年10月，惠州市发布《引进领军人才和创新团队“天鹅计划”实施方案》。计划从2013年起，力争5年内引进100名左右高水平的科技领军人才和30个以上具有省内领先水平以上的科技创新团队来惠创新创业，以进一步优化该市支柱产业和战略性新兴产业领域的人才队伍结构，提升企业自主创新能力。对被认定为第一类领军人才的，在到惠工作并签订资助协议后给予100万元一次性专项工作经费资助，对已入惠州户籍的给予50万元一次性住房补贴，在与用人单位签订的工作合同期内给予每月10000元人才津贴补助；对被评审确定为第一类（具有国际先进水平）科技创新团队的，在到惠工作并签订资助协议后分批给予共1000万元专项工作经费资助。

截至2015年底，惠州市“天鹅计划”分两批引进创新团队16个、领军人才36名，包括1名中国籍爱尔兰院士和4名中央“千人计划”专家，全市拥有中央“千人计划”专家达到11名。

东莞市“创新创业人才引进计划”

2009年5月，东莞市政府出台《关于加快引进创新创业领军人才的实施意见》。计划围绕东莞市“三重”建设、园区建设、特色区域建设需求，每年面向海内外，着重引进战略性新兴产业、先进制造业、优势传统产业、现代服务业、现代农业等产业领域，取得先进创新成果、拥有自主知识产权、产业化前景广阔的10名左右创新创业领军人才。对引进的创新领军人才，给予100万元创新启动资金扶持；已获立项支持的，项目实施2年后根据其营业额和税收、技术创新推进、行业带动、技术项目绩效等目标完成情况给予100万元创新奖励。对引进的创业领军人才，给予200万元创业启动资金扶持；已获立项支持的，项目实施2年后以其营业额和税收为主要指标，结合其高层次人才集聚、行业带动等目标完成情况给予最高300万元创业奖励。此外，创新创业领军人才在住房、医疗、社保、税收、通关、配偶安置、子女入学等方面享受特殊待遇。

截至2015年底，东莞市“创新创业人才引进计划”共分四批引进35人，已有11个领军人才项目实现产出，全市拥有中央“千人计划”“万人计划”专家共26名。

广西壮族自治区

广西“八桂学者”计划

2010年，广西壮族自治区党委、自治区人民政府出台了《关于加快吸引和培养高层次创新创业人才的意见》等“1+3”人才政策文件，实施“八桂学者”计划，重点和优先解决制约区域发展的高层次人才短板，并启动一批重大人才工程。计划到2020年，争取累计设置“八桂学者”岗位100个，引进和培养100名高层次领军人才，培育100个以上以“八桂学者”为核心、400—600名中青年科研技术骨干为中坚的高水平科研创新团队。“八桂学者”处于广西高层次人才开发“金字塔”格局中的塔尖部分，每两年面向海内外公开选聘一次，每轮聘期5年，实行动态管理。在科研经费上，广西自治区财政每年给每位“八桂学者”及其科研团队提供科研补助经费，自然科学类60万元，人文社科类20万元；每轮聘期设岗单位提供的科研配套经费，自然科学类不低于500万元，人文社科类不低于50万元，其中启动经费分别不低于200万元和20万元。在岗位津贴支持方面，每年给予每位全职“八桂学者”20万元税后岗位津贴，每年给予每位“八桂学者”所带科研团队提供20万元税后岗位津贴，由“八桂学者”根据团队成员实际贡献大小自主决定分配。在安家待遇上，对于从广西自治区以外引进的全职“八桂学者”，一次性给予100万元税后安家费（住房补贴）；区内受聘“八桂学者”，未享受房改优惠政策的，参照执行。

截至2015年底，广西壮族自治区共分三批从海内外聘任“八桂学者”67名，其中，第一批26名，第二批25名，第三批16名，为全区重点产业、重大项目和重要科研创新平台以及优势企事业单位的发展提供了有力的人才支撑。

钦州市“520”计划

2012年11月，钦州市委、市政府出台《钦州市实施“520”计划引进领军型创业人才工作方案》。计划从2012年开始，力争用5年时间，围绕该市打造石化、装备制造两大千亿元产业和电子信息、新材料、新能源、生物技术等战略性新兴产业，以及中马钦州产业园区主导产业，力争引进领军型创业人才20名。对引进的每个领军型创业人才，给予“2个100、2个300”的重金资助政策，即资助不低于100万元的创业启动资金和提供不少于100平方米的创业场所，给予不低于300万元的创业风险投资和不低于300万元的融资担保。此外，还将提供产业政策、作价入股、场所支持、个税奖励等政策扶持，以及住房待遇和安家费补贴、配偶子女就业入学、落户、社保、居留和入境等方面生活扶持。

截至2015年底，钦州市“520”计划共引进领军型创业人才3名。

海南省

海南省“高层次创新创业人才计划”

2009年8月，为推进海南国际旅游岛建设，海南在全省范围内开展实施“海南省高层次创新创业人才”的申报和评审工作，申报评审对象主要有A、B两类创新创业人才。A类为自主创业型人才，指在符合海南省重点发展的优势产业或领域，以带技术、带项目、带资金的形式来海南省投资创办科技型企业的高层次人才；B类为创新型人才，指落户海南省的企事业单位所引进的掌握关键技术，能创建省级以上重点学科、重点实验室和工程技术研究中心，或能提升海南省重大创新项目、重点学科、重点实验室、工程技术研究中心以及企事业单位研发机构的技术研发水平和国际化管理水平的高层次研发人才、高级创意人才。通过评审、确认资格的受资助人才，将享受包括一次性拨给100万—200万元的创新创业启动经费在内的六项优惠政策、六项重点支持和六项优先服务，并享受妥善解决工作条件、签证、落户、执业资格、医疗、保险、税收、配偶安置、子女入学等方面的待遇。

截至2015年底，海南省“高层次创新创业人才计划”共认定9名人才，给予创新创业资金资助和安家补助费共计1420万元。

重庆市

重庆市“百人计划”

2009年11月，重庆市委组织部发布《重庆市百名海外高层次人才集聚计划实施办法》，启动实施重庆市“百人计划”。计划从2009年起，用5年时间，在重点创新项目、重点学科和重点实验室、重点企业、重点园区等，引进100名左右海外高层次人才到重庆创新创业。入选人才将授予“重庆市特聘专家”称号，纳入市委直接联系的高级专家范围，作为中央“千人计划”优先推荐人选以及各类政府奖励候选人，并按类别对应享受《重庆市引进高层次人才若干优惠政策规定》所列的相关待遇。

2015年，重庆市“百人计划”有16名海外高层次人才入选。截至2015年底，重庆市“百人计划”共分七批有115名海外高层次人才入选。

四川省

四川省“千人计划”

2013年，四川省正式启动海内外高层次人才引进“千人计划”，取代此前的海外引才“百人计划”。2009年初，四川省推出了应对国际金融危机、支撑灾后重建、着眼长远发展的“百人计划”，计划用5到10年时间，在重点创新项目、重点学科和重点实验室、省属企业和在川金融机构、以高新技术产业开发区为主的各类园区等四大领域，分批引进并重点支持200名左右海外高层次人才来川创新创业。截至2012年底，共分四批引进232名海外高层次人才、9个顶尖创新创业团队，提前完成计划目标。

四川省“千人计划”作为“百人计划”的拓展，计划用5年时间，围绕四川省七大优势产业以及六大战略性新兴产业发展需要，面向海内外支持引进100个左右顶尖团队、1000名左右高层次人才到四川创新创业。对引进人才，分别给予创业人才、创新人才每人100万元、50万元的一次性资助；对引进团队，给予每个创业团队300万—500万元的一次性资助，给予每个创新团队200万元的一次性资助，同时市、县将分别给予配套资助。入选者还将在出入境及居留、配偶安置、子女入学、医疗保险、激励表彰等方面享受相关特殊待遇。

2015年，四川省“千人计划”再次拓展延伸，在原创新人才、创业人才、创新团队、创业团队项目的基础上，新增青年人才、人文社科专项、贫困地区专项3个项目。

2015年，四川省“千人计划”入选高层次创新创业人才154名、创新创业团队19个，将获得2015年“天府英才工程”资金列支的1.41亿元资助。入选者包括创业领军人才28名、创新领军人才53名、青年人才61名、人文社科专项10人、贫困地区专项2人，以及创业团队8个、创新团队11个。154名高层次人才中，包括中央“千人计划”37人，九成以上具有国内外知名高校博士学位。此前，四川省财政已投入6亿元，分六批（含四批“百人计划”）支持引进441名海内外高层次人才及33个创新创业团队。

截至2015年底，四川省“千人计划”共分七批支持引进595名海内外高层次人才及52个创新创业团队，他们分布在生物医药、电子信息、新能源新材料及高端装备制造等重点行业和关键领域，已经成为引领该省创新创业发展和产业结构转型升级的重要力量。

成都市“成都人才计划”

2011年5月，成都市出台《引进高层次创新创业人才实施办法》，每年投入1.2亿元的专项引才资金，启动实施“成都人才计划”。计划用5到10年时间，在高新技术产业和战略性新兴产业领域引进1000名左右高层次人才来蓉创新创业，其中，50名以上海外高层次人才入选中央“千人计划”、100名以上入选四川省“百人计划”。对入选的高层次创新创业人才，每人给予100万元补助，同时，用人单位和区（市）县政府分别给予配套资助，并享受相关优惠待遇。2012年9月，“成都人才计划”拓展实施海外短期项目、青年项目和顶尖团队项目，给予青年及海外短期项目引进人才各50万元人民币资助，给予顶尖创新创业团队项目入选团队总额500万元人民币资助，形成了海外人才梯次引进、立体开发的政策体系。

截至2015年底，“成都人才计划”共引进海外高层次人才349名、顶尖团队28个，全市拥有中央“千人计划”专家167人、四川省“千人计划”专家374名，呈现出人才加速聚集的态势。

贵州省

贵州省“百人领军人才计划”

2013年6月，贵州省人才工作领导小组发布《贵州省“百千万人才引进计划”实施办法》，重点围绕新材料、高端装备制造、生物医药、节能环保、电子信息、新能源等战略性新兴产业和特色优势产业、现代农业、现代服务业发展，大力实施“百人领军人才计划”“千人创新创业人才计划”和“万人专业技术人才计划”，引进领军人才100名左右、创新创业人才1000名左右、专业技术人才10000名左右，形成一批具有核心竞争力的创新创业人才团队和人才集群。其中，“百人领军人才计划”作为“百千万人才引进计划”的顶层设计，面向在重点领域掌握核心技术，具有原始创新或集成创新能力，能够引领和带动某一专业领域科技进步和产业发展；或具有成果转化能力，来黔创办企业、领办企业，实施科技成果产业化，引领和带动某一重点领域产业发展；或者在现代物流、金融投资、信息服务、旅游文化、商贸流通等现代服务业领域有重大创新突破并取得显著效果的人才和团队。引进当年分别给予每人100万元、50万元的奖励；第二年、第三年项目达产并实现预期效益目标，经考核认定，分别继续给予每人100万元、50万元的奖励，并在配偶安置、子女入学、医疗等方面给予保障，以及优先推荐各类项目申报、贷款贴息补助等扶持待遇。

截至2015年底，贵州省“百人领军人才计划”共有22人入选，“千人创新创业人才计划”共有42人入选。

云南省

云南省“海外高层次人才引进计划”

2009年，云南省委、省政府出台《关于做好海外高层次人才引进工作的实施意见》和《云南省引进海外高层次人才暂行办法》，启动实施“海外高层次人才引进计划”。计划用5年至10年时间，引进100名左右能够突破关键技术、发展高新产业、带动新兴学科的海外高层次人才。省财政厅设立专项经费，给予经评审认定的引进人才每人一次性100万元人民币的工作生活资助，用人单位、主管部门和州（市）政府配套其他资金，用于改善引进人才的工作和生活条件。同时，为引进人才提供居留、出入境、落户、医疗、子女就学、配偶安置、税收、海关等方面的优惠待遇。

截至2015年底，云南省“海外高层次人才引进计划”共分四批引进海外高层次人才95人。

昆明市引进海外高层次人才“三五工程”

2011年4月，昆明市启动实施引进海外高层次人才“三五工程”。计划从2011年开始，用5年时间，面向全球，在重点创新创业项目、重点产业园区、重点学科领域引进50名左右海外高层次人才，其中集聚5名左右在重点产业国内领先、达到国际水平的海外高层次人才。对引进的创业人才，A类项目给予100万元的一次性创业启动资金资助；B类项目给予60万元的一次性创业启动资金资助；C类项目给予40万元的一次性创业启动资金资助。对引进的创新人才或团队，将给予50万元的一次性创新研发经费资助。同时，根据有关规定享受住房补贴、医疗保健、社会保险、配偶安置、子女就学和永久居留或多次往返签证等相关政策待遇，并优先列入市科技部门重点扶持项目，优先安排申报国家、省各类科技计划项目。

截至2015年底，昆明市引进海外高层次人才“三五工程”共有16个人才项目入选，引进的人才在关键技术的重大突破、重点项目的研发和研发成果的应用转化等工作中，发挥了不可替代的作用。

陕西省

陕西省“百人计划”

2009年5月，陕西省委、省政府出台《陕西省引进高层次人才暂行办法》，启动实施引进高层次人才“百人计划”，鼓励和吸引高层次人才到陕西创业工作。计划从2009年开始，省财政每年安排不少于5000万元专款，用5到10年时间，引进并重点支持200名高层次人才。引进人才由省财政给予每人50万元的一次性资助，并作为特聘专家享受为其提供相应的生活待遇。此后，随着陕西省“百人计划”逐步发展完善，扩展为包括创新人才全职项目、创新人才短期项目、创业人才项目、“青年百人计划”在内的一个引才体系。

截至2015年底，陕西省“百人计划”共分七批引进362名高层次创新创业人才，包括创新人才全职项目191人、创新人才短期项目80人、创业人才项目31人、“青年百人计划”60人。其中，116人入选中央“千人计划”。

西安市“5211计划”

2010年4月，西安市出台《引进海外高层次人才实施办法》，启动实施引进海外高层次人才“5211计划”。计划从2010年开始，用5到10年时间，引进符合中央“千人计划”条件的海外高层次人才20名左右；引进符合陕西省“百人计划”条件的海外高层次人才100名左右；以“五大主导产业”人才需求为重点，在高新技术产业、现代装备制造业、旅游业、现代服务业、文化产业，以及航空航天、生物工程、新能源、新材料、金融、管理、法律等领域，围绕西安市重点工程和项目引进1000名左右急需紧缺的海外高层次人才。进入中央“千人计划”和陕西省“百人计划”的引进人才，分别给予每人50万元和30万元的配套资助，“市级引进人才”给予每人10万元的一次性资助。用人单位和主管部门也将酌情给予资金配套支持，用于改善引进人才的工作生活条件。

截至2015年底，西安市“5211计划”共引进海外高层次人才78人，全市拥有入选陕西省“百人计划”海外高层次人才48人。

甘肃省

甘肃省“百人计划”

2009年，甘肃省委、省政府结合2008年中央实施的“千人计划”，制定了《关于进一步鼓励和吸引海外高层次人才来甘肃工作的意见》（简称“百人计划”）。计划自2009年起，有重点、有针对性地引进100名左右海外高层次人才，集聚20—30名能够突破关键技术、发展高新产业、带动新兴学科的战略科学家和科技创新创业领军人才。其中，业绩突出的海外领军人才及其团队，在甘肃省可获得10万元的一次性奖励资助。对引进后担任博士生导师的，每人每月发放津贴1200元；对入选第一、二层次甘肃省领军人才的，每人每月分别发放津贴2000元、1500元。同时，在职称评定、医疗卫生保障、出入境、子女入学、配偶就业等方面将给予照顾、提供方便，优先推荐申报国务院政府特殊津贴、国家有突出贡献中青年专家、甘肃省优秀专家。

截至2012年底，甘肃省“百人计划”已累计引进海外高层次人才达到102名，提前完成了计划任务。

青海省

青海省“昆仑英才”计划

2014年，青海省人才工作领导小组发布《青海省“昆仑英才”计划实施办法》，重点引进一批科技创新创业领域的领军人才，培养一批素质好、能力强、成果多的创新创业人才团队。“昆仑英才”计划分三类，分别是引进海内外高层次优秀人才来青海全职服务的引才项目，以引进海内外高层次优秀人才来青海短期智力服务为主要内容的引智项目，以培养高层次创新创业人才为主要任务的重点支持项目。对引才项目人才给予30万元的一次性生活补助，由用人单位提供100平方米左右的住房，或由省级财政给予一次性购房补贴10万元；对引智项目人才给予10万元的一次性生活补助，在青工作期间的住房由用人单位负责落实；对培养项目人才给予5万—10万元的一次性特殊支持，以及科研项目资助、职称评定倾斜等。同时，引才、引智项目人才每年可获得5万元和3万元的青海高原生活补贴；在青创办战略新兴型企业的，可享受省内有关技术创新、项目前期费、项目投资等补助资金。

2015年，青海省“昆仑英才”计划首批认定引才项目3人、引智项目5人。

宁夏回族自治区

宁夏“海外引才百人计划”

2009年，宁夏回族自治区出台《引进海外高层次科技人才创新创业暂行办法》，启动实施“海外引才百人计划”。计划从2009年开始，自治区政府每年专门安排1000万元，用5到10年时间，在自治区重点创新项目、特色产业、优势学科和重点实验室、工程技术研究中心、大中型企业和国有商业金融机构、以高新技术产业开发区为主的各类创新创业园区等，引进并有重点地支持200名左右海外高层次科技人才到宁夏创新创业。对引进的创新人才，自治区财政给予引进单位30万—50万元的补助，用于改善引进人才的工作和生活条件。对带高新技术成果、项目来宁夏实施转化或从事高新技术项目研究开发的，符合宁夏产业发展方向的，自治区财政给予一定数额的创新创业扶持资金。此外，对引进的高层次人才在居留和出入境、落户、医疗、保险、住房、职称评审、子女就业、配偶安置等方面给予特殊优惠。

截至2015年底，宁夏“海外引才百人计划”共分三批引进36名海外高层次人才，其中2人入选中央“千人计划”。

新疆维吾尔自治区

“千人计划”新疆项目

“千人计划”新疆项目是中央人才协调小组贯彻落实中央新疆工作座谈会精神，于2011年8月专门设立的引进海外高层次人才项目。旨在加大对新疆引进海外高层次人才的支持力度，采取差别化引才政策，争取用3年时间为新疆引进100名海外创新创业人才。“千人计划”新疆项目启动以来，新疆出台了《新疆维吾尔自治区高层次人才引进暂行办法》等政策，组织用人单位广泛开展一系列引才活动，已吸引了一批海外高层次人才到新疆创业发展，为推进新疆跨越式发展和长治久安提供人才和智力支持。

截至2015年底，共有38人通过海外高层次人才引进工作办公室评审，入选“千人计划”新疆项目。

综合篇

2015年度留学人员创新创业大事记

2015年度中国留学人员创新创业大事记

2015年，“大众创业、万众创新”点燃中国经济增长新引擎，成为“新常态”时代鲜明的主题，“双创”浪潮以一种势不可挡的态势在960万平方公里的华夏大地上喷薄而出、奔涌流动，海外留学人员回国创业洪流随潮而起，愈发壮大，留学回国服务工作面临新形势。而“互联网+”“众创空间”催生的新业态、新生态，让“海创”与“众创”、线上与线下亲密“联姻”，包括留学人员创业园在内的传统创业载体进入了转型期，也迎来了机遇期。

1月

09日 2014年度国家科学技术奖励大会隆重举行

1月9日，中共中央、国务院在北京隆重举行国家科学技术奖励大会。党和国家领导人习近平、李克强、刘云山、张高丽出席大会并为获奖代表颁奖。李克强代表党中央、国务院在大会上讲话，张高丽主持大会。中共中央总书记、国家主席、中央军委主席习近平首先向获得2014年度国家最高科学技术奖的中国科学院院士、中国工程物理研究院高级科学顾问于敏颁发奖励证书，并同他热情握手，表示祝贺。随后，习近平等党和国家领导人向获得国家自然科学奖、国家技术发明奖、国家科学技术进步奖和中华人民共和国国际科学技术合作奖的代表颁奖。中共中央政治局常委、国务院总理李克强在讲话中代表党中央、国务院，向全体获奖人员表示热烈祝贺，向全国广大科技工作者表示崇高敬意和诚挚问候，向参与中国科技事业的外国专家表示衷心感谢。中共中央政治局委员、国务院副总理刘延东在会上宣读了《国务院关于2014年度国家科学技术奖励的决定》。国家科学技术进步奖特等奖获得者、“天河一号高效能计算机系统”项目第一完成人、国防科技大学计算机学院院长廖湘科代表全体获奖人员发言。

10日 2015年全国科技工作会议

1月10日至11日，2015年全国科技工作会议在北京召开。会议主题是全面落实党的十八大和十八届三中、四中全会以及中央经济工作会议精神，深入贯彻习近平总书记系列重要讲话精神，深化科技体制改革，加快落实创新驱动发展战略，总结2014年科技工作，明确2015年工作思路，研究部署科技改革发展重点举措，加快推进创新型国家建设。会议传达学习了习近平总书记关于科技创新的一系列重要思想和论断、指示，宣读了李克强总理、刘延东副总理关于科技工作的重要批示和要求。全国政协副主席、科技部部长万钢作工作报告，科技部党组书记、副部长王志刚作总结讲话。会上印发了《中共科学技术部党组关于落实创新驱动发展战略加快科技改革发展的意见》。

10日 第五届“赢在21世纪”北美高层次人才创业大赛

1月10日，第五届“赢在21世纪”北美高层次人才创业大赛在美国硅谷圣塔克拉拉会议中心举行，近3000人出席了此次北美地区最大规模的创业活动。大赛参赛团队以海外华人和留学生为主，项目覆盖了云计算、移动互联网、物联网、生物医药及器械、新材料、新能源、集成电路和系统、光电和装备等领域。经过创业团队的展示、评委的选评，参与决赛的20支团队10支进入最终决赛，然后再竞争最后的奖项。经过一番角逐，由零辐射无线充电团队摘取特等奖，微传感结构安全监测和智能图形识别图形设计云平台两个团队获得一等奖。北美创业大赛由美中高层次人才交流协会、清华企业家协会、北大企业家俱乐部、硅谷中国天使会联合主办，经过5年的发展，规模逐年扩大，为中美人才、资本、市场的互动交流提供了优质平台，促成200多个创业团队在国内园区落户。本届大赛有500多个项目和团队参赛，国内多个城市和园区参与。

27日 2015年全国引进国外智力工作会议

1月27至28日，全国引进国外智力工作会议在北京召开。会议深入学习党的十八届三中、四中全会精神以及习近平总书记系列重要讲话精神，特别是在上海与外国专家座谈会上的重要讲话精神，总结了2014年的引智工作，分析引进国外人才和智力工作面临的形势，部署2015年重点任务。会议提出，在我国经济发展进入新常态时期，要更加积极主动地引进国外人才特别是高层次创新型人才参与中国的改革发展和现代化建设。要调整工作方向，务求工作实效，着重实现三个方面的转型升级：一是适应全面深化改革的需要，从政府主导转向市场发力；二是适应深入推进依法行政、加快建设法治政府的要求，依法全面履行外国专家主管部门的职能；三是适应构建开放型经济新体制和不断拓展深化外交战略布局的总体要求，深入实施更加开放的人才政策。

28日 国务院召开常务会议加大扶持“众创空间”

1月28日，国务院总理李克强主持召开国务院常务会议，确定支持发展“众创空间”的政策措施，为创业创新搭建新平台。会议指出，顺应网络时代推动大众创业、万众创新的形势，构建面向人人的“众创空间”等创业服务平台，对于激发亿万群众创造活力，培育包括大学生在内的各类青年创新人才和创新团队，带动扩大就业，打造经济发展新的“发动机”，具有重要意义。一要在创客空间、创新工场等孵化模式的基础上，大力发展市场化、专业化、集成化、网络化的“众创空间”，实现创新与创业、线上与线下、孵化与投资相结合，为小微创新企业成长和个人创业提供低成本、便利化、全要素的开放式综合服务平台。二要加大政策扶持。适应“众创空间”等新型孵化机构集中办公等特点，简化登记手续，为创业企业工商注册提供便利。支持有条件的地方对“众创空间”的房租、宽带网络、公共软件等给予适当补贴，或通过盘活闲置厂房等资源提供成本较低的场所。三要完善创业投融资机制。发挥政府创投引导基金和财税政策作用，对种子期、初创期科技型中小企业给予支持，培育发展天使投资。完善互联网股权众筹融资机制，发展区域性股权交易市场，鼓励金融机构开发科技融资担保、知识产权质押等产品和服务。四要打造良好创业创新生态环境。健全创业辅导指导制度，支持举办创业训练营、创业创新大赛等活动，培育创客文化，让创业创新蔚然成风。

2月

04日 科技部正式启动“创业中国行动”

2月4日，科技部火炬中心、北京中关村科技园区管委会在北京启动“创业中国中关村引领工程”，标志着科技部鼓励创新创业的“创业中国行动”正式启动，预计国内首批22个国家高新区将循序推进开展。作为科技部落实创新驱动发展战略的举措之一，“创业中国行动”将根据各地高新区的资源禀赋、发展情况，聚焦发展专业孵化器和创新型孵化器，探索适合互联网、创客等新型创新创业的孵化模式，通过“众创空间”等模式为小微企业提供低成本、便利化、全要素的开放服务平台。后续将继续研究完善行动纲要，以分类指导、循序推进为基本原则，陆续推向试点国家级高新区。同日，“国家高新区互联网跨界融合创新示范工程”也在中关村启动。

3月

02日 国务院出台《关于发展众创空间推进大众创新创业的指导意见》

3月2日，国务院办公厅印发《关于发展众创空间推进大众创新创业的指导意见》，部署推进大众创业、万众创新工作。《意见》指出，顺应网络时代大众创业、万众创新的新趋势，加快发展众创空间等新型创业服务平台，营造良好的创新创业生态环境，是加快实施创新驱动发展战略，适应和引领经济发展新常态的重要举措，对于激发亿万群众创造活力，打造经济发展新引擎意义重大。《意见》明确，推进大众创新创业要坚持市场导向、加强政策集成、强化开放共享、创新服务模式，重点抓好加快构建众创空间、降低创新创业门槛、鼓励科技人员和大学生创业、支持创新创业公共服务、加强财政资金引导、完善创业投融资机制、丰富创新创业活动、营造创新创业文化氛围八个方面的任务。《意见》强调，各地区、各部门要高度重视推进大众创新创业工作，积极落实促进创新创业的各项政策措施，切实加大资金投入、政策支持和条件保障力度，在有条件的地区开展创业示范工程，鼓励各地积极探索新机制、新政策，营造良好创新创业环境。

02日 科技部召开发展众创空间推进大众创新创业电视电话会议

3月2日，科技部召开发展众创空间推进大众创新创业电视电话会议。全国政协副主席、科技部部长万钢出席并讲话，科技部党组书记、副部长王志刚主持会议并做会议总结。据介绍，当前我国大众创新创业呈现出五个新特点：一是创业服务从政府为主到市场发力，天使投资、创业投资、互联网金融等投融资服务快速发展；二是创业主体从“小众”到“大众”，出现了以大学生等90后年轻创业者、大企业高管及连续创业者、科技人员创业者、留学归国创业者为代表的创业“新四军”；三是创业活动从内部组织到开放协同，互联网、开源技术平台等促进了更多创业者的集聚；四是创业载体从注重“硬条件”到更加注重“软服务”；五是创业理念从技术供给到需求导向，出现了更多商业模式创新。科技部将大力发展众创空间等新型创业服务机构，构建开放式创业生态系统，积极推进大众创新创业。

02日 科技日报社推出《科技创新大讲堂》

3月2日，由科技日报社主办、科技部青年联合会协办的《科技创新大讲堂》开讲。科技部党组成员、科技日报社社长王志学主持讲堂。创新工场董事长李开复作为首期演讲嘉宾，作了主题为“数字革命与新创业浪潮——从创新工场实践看中国科技创业”的演讲，这也是李开复病中首次复出在内地公开演讲。据介绍，科技创新大讲堂以讲故事中说创新、创新中论战略为基本特色，迎合当前大众创业、万众创新的潮流，围绕创新驱动主题，每期遴选一位嘉宾，通过创新故事的讲述，分享创新思想、创新战略、创新文化等的精髓，构建创新思想的表达平台，进一步推动以科技创新为核心的全面创新，也让更多的创业者和创新路上的人们，在创新驱动成为新常态的今天，得以更加务实的思考。

05日 “创客”首次写入政府工作报告

3月5日，第十二届全国人民代表大会第三次会议在人民大会堂开幕。国务院总理李克强在政府工作报告的总结回顾中指出，2014年我国着力培育新的增长点，促进服务业加快发展，支持发展移动互联网、集成电路、高端装备制造、新能源汽车等战略性新兴产业，互联网金融异军突起，电子商务、物流快递等新业态快速成长，众多“创客”脱颖而出，文化创意产业蓬勃发展。在2015年工作计划中，多个章节体现了对创业创新的关注。比如，“推动大众创业、万众创新，这既可以扩大就业、增加居民收入，又有利于促进社会纵向流动和公平正义。”“个人和企业要勇于创业创新，全社会要厚植创业创新文化，让人们在创造财富的过程中，更好地实现精神追求和自身价值。”“大力发展众创空间，增设国家自主创新示范区，办好国家高新区，发挥集聚创新要素的领头羊作用。中小微企业大有可为，要扶上马、送一程，使‘草根’创新蔚然成风、遍地开花。”

05日 教育部发布2014年度我国出回国留学人员情况统计数据

3月5日，教育部发布2014年度我国出回国留学人员情况统计数据。据统计，2014年度我国出国留学人员总数为45.98万人，其中：国家公派2.13万人，单位公派1.55万人，自费留学42.30万人。2014年度各类留学回国人员总数为36.48万人，其中：国家公派1.61万人，单位公派1.26万人，自费留学33.61万人。 2014年度与2013年度的统计数据相比较，我国出国留学人数和留学回国人数均有进一步增加。出国留学人数增加4.59万人，增长了11.09%；留学回国人数增加1.13万人，增长了3.20%。从1978年到2014年底，各类出国留学人员总数达351.84万人。截至2014年底，以留学身份出国，在外的留学人员有170.88万人，其中108.89万人正在国外进行相关阶段的学习和研究。改革开放以来，留学回国人员总数达180.96万人，有74.48%的留学人员学成后选择回国发展。

17日 2015年留学人员回国服务工作部际联席会议

3月17日，2015年留学人员回国服务工作部际联席会议在北京召开。会议学习贯彻习近平总书记等中央领导同志的重要批示精神，总结交流2014年留学人员回国服务工作，研究推进2015年的重点任务。人社部、教育部、科技部、财政部等18家联席会议成员单位和4家列席单位的相关同志参加了会议，中组部人才局有关领导出席会议。人社部副部长汤涛主持会议并讲话。会议提出，2015年将充分发挥联席会议平台作用，深入研究留学人员回国工作普遍关心的创新创业、信息沟通、岗位对接、档案管理、毕业派遣、安置落户、公平就业、创业支持、入境通关、社会保障、医疗教育等方面的突出问题，营造留学回国人员回流扎根、充分发挥作用的良好环境。

21日 中国发展高层论坛2015年会

3月21日至23日，由国务院发展研究中心主办的中国发展高层论坛2015年会在北京钓鱼台国宾馆举行，这是论坛自2000年设立以来连续举办的第十六届年会。本届论坛的主题为“新常态下的中国经济”，论坛围绕产业升级与绿色增长、节能减排与环境保护、创新驱动的新型城镇化、构建公平可持续的社会保障体系等重要议题及经济社会发展和改革开放中的近20个热点问题进行深入研讨。中共中央政治局常委、国务院总理李克强会见出席论坛的境外代表并座谈，中共中央政治局常委、国务院副总理张高丽出席论坛开幕式并发表主旨演讲。出席会议的外方代表有国际货币基金组织总裁拉加德、亚洲开发银行行长中尾武彦、经合组织秘书长古利亚、美国前国务卿基辛格、施耐德电气公司总裁赵国华、诺贝尔经济学奖获得者斯蒂格里茨等来自国际组织、跨国公司的领导人和国际知名学者300多人。来自国内有关部委、企业和学术界的代表300多人参加会议。

29日 2015“创业在上海”创新创业大赛启动

3月29日，上海众创空间大会暨2015“创业在上海”创新创业大赛启动仪式在上海市科技创业中心举行。上海市科委在会上发布了“创业浦江”行动计划，科技部火炬中心、上海市科委、共青团上海市委员会等单位领导共同启动2015“创业在上海”创新创业大赛，并为上海众创空间联盟揭牌，8家上海创业学院获得授牌。“创业浦江”行动计划通过实施“全城创客”“创业启明”“便捷创业”“安心创业”“专精创业”“巅峰创业”“点赞创业”“创业共治”八项重大行动，预计到2020年，上海将形成要素齐全、功能完善、合作开放、专业高效、氛围活跃的创业服务体系，基本形成政府、市场和社会多元参与的科技创业治理结构和治理机制，集聚海外创业者等各类科技创业者超过20万人，培育和积聚一大批专业化、市场化、社会化创业服务组织和众创空间，全市机构式天使投资和创业投资基金超过100支，成为我国创业“养分”最充沛的区域。

4月

12日 “春晖杯”创新创业大赛第七届视频对接洽谈会

4月12日，由教育部、科技部共同主办的“春晖杯”中国留学人员创新创业大赛在扬州举行第七届视频对接洽谈会。本次活动由教育部留学服务中心、科技部火炬中心、中国留学人员创业园联盟和中共扬州市委组织部共同主办。活动现场视频连线了美国纽约、澳大利亚墨尔本海外分会场，与远在海外的学子们深入沟通洽谈，进行互动问答，并组织了来自第九届“春晖杯”大赛部分入围项目与扬州本地企业进行网络视频洽谈。自2009年以来，“春晖杯”大赛已携手扬州广陵区成功举办了七届“网洽会”，直接或间接引进国家“千人计划”19名、江苏省“双创人才”24名、江苏省“双创博士”30名、扬州市“绿扬金凤计划”创新创业领军人才35名，累计签约项目80多个，“千人计划”专家为企业解决技术难题20多个，通过“网洽会”活动了解扬州、接触扬州的国内外学者达到数千人。

17日 联合办公空间“优客工场”启动

4月17日，欧美同学会·中国留学人员联谊会“海归创业学院”成立暨“优客工场”启动新闻发布会在北京举行。连日来备受关注的欧美同学会商会会长、原万科集团高级副总裁毛大庆的首个创业项目也随之揭开面纱。据介绍，“优客工场”由红杉资本、真格基金与国内数个投资机构共同发起，毛大庆与多位知名企业家联合创始，除常规服务内容外，为创业者提供导师、投资、财务、法律、银行等重点服务模块，针对处在技术创新、创业初、中级阶段的创业者，提供高品质、价格适宜的联合办公空间。“优客工场”经过1个多月的筹备，目前已签署十多个政企共建、租赁和合作项目，有近10家创业企业和组织机构在洽商进驻，未来1个月内还将陆续在中关村、金融街、望京及北京各区核心地段签约下一批重点项目。

18日 第十三届中国国际人才交流大会

4月18日至19日，由国家外国专家局和深圳市人民政府主办的第十三届中国国际人才交流大会在深圳举办。大会主要内容包括15个板块，涵盖展览洽谈、人才招聘、项目对接、高峰论坛、人才培训、专题研讨等各项内容，新增了中国国际软件人才项目投资交流会、亚太人力资源开发与服务博览会，以及跨国技术转移大会深圳峰会、国际教育展、国际职业技术教育展等多项内容，从规模和内容上来讲超越以往各届。大会期间共举办包括专业会议在内的110多场活动，展览总面积达70000平方米。为期两天的活动，共有81000多人次进场参观洽谈；有来自72个国家和地区的4200多家海外专业组织、培训机构、高等院校、人才中介和科技企业参与；海外代表3500多人，全国各省市人力资源、外专系统、企业等单位共5800多位专业代表参会。据不完全统计，各省市与专业组织、培训机构、留学人员达成的引智项目合作意向达2200多项。据悉，第十四届中国国际人才交流大会将于明年4月18日在深圳举办，今后每届大会时间都按此固定下来。

21日 河南省第二届海外高层次人才智力引进暨项目对接洽谈会

4月21日，以“集聚海外人才智力，服务河南发展伟业”为主题的第二届海外高层次人才智力引进暨项目对接洽谈会在郑州举行。人才项目对接洽谈会分六个专场进行，分别是高层次海外留学人才创新创业论坛、人才项目推介洽谈专场、先进制造业专场、现代服务业专场、现代农业专场和生物医药专场，同时举办了高层次海外留学人才创新创业论坛。来自32个国家和地区的教授、专家组织代表、海外留学人才169人参加洽谈会，河南省内89家企事业单位、科研院校与国外专家组织、海外高层次人才进行了面对面的对接洽谈。当天共签订第一批合作协议38项，达成合作意向57项。据悉，近年来河南省通过实施“对外开放专项行动计划”“国际人才交流合作项目资助计划”“海外英才中原行活动”等一系列项目，每年引进各类海外人才1万人以上。特别是2014年，中国郑州航空港区引智试验区成为全国第三个国家级的引智试验区，为海外人才智力集聚河南拓展了新的空间。

24日 2015年第四届中国创新创业大赛启动

4月24日，由科技部、教育部、财政部和全国工商联共同指导举办的2015年第四届中国创新创业大赛正式启幕。会议对第三届大赛的优秀组织机构、优秀投资机构、优秀创业服务机构颁奖，并授予招商银行特别贡献奖。据悉，前三届大赛共计参赛企业和团队31784家，通过大赛平台获得各种融资约300亿元。招商银行自2012年至2014年，连续3年公益支持大赛，建立了招商银行创新创业公益基金，成为中国创新创业大赛的重要合作伙伴。大赛还得到了全国600多个创投机构的1500余名创投专家积极参与了大赛的整个评审过程，实现创业投资融资意向近百亿元人民币。第四届大赛第一阶段主要按省区市进行地区赛，评选出来的优秀企业和团队将在第二阶段划分7个领域在7个不同城市进行总决赛。第四届大赛还设立了独立赛区，在广东省广州市设立中国创新创业大赛港澳台大赛，在四川省绵阳市设立中国创新创业大赛军转民大赛，在广东省深圳市设立中国创新创业大赛创客大赛。

24日 第八届中国留学人员南京国际交流与合作大会

4月24日至25日，第八届留学人员南京国际交流与合作大会在南京国际博览中心举行。大会期间，2015年度“321计划”创业大赛总决赛同步启动。本届南京留交会吸引1100余名海外留学人员、800多名国内博士报名参会，参会人数稳步增加，申报创业项目517个，技术合作项目305个。据悉，南京留交会自2008年开始举办，前7届已引进3200多名海内外博士，累计吸引1.4万名海内外人才参加。自2012年起，大会设立了南京“321计划”创业大赛。本届创业大赛预赛共有16个国家和地区的320位海外专家和留学人员参赛，其中有29名选手参加总决赛，最终20人分获一、二、三等奖，其中，移动互联网、生物医药等成为热门领域。会上还举办了南京领军型科技创业人才创业训练营和6个创业主题沙龙。

25日 第十届“春晖杯”中国留学人员创新创业大赛启动

4月25日，由教育部和科技部共同主办的第十届“春晖杯”中国留学人员创新创业大赛启动仪式在北京举行。2013年“春晖杯”大赛首次在美国旧金山设立海外分赛区，次年又增设了纽约分赛区，两年来，分赛区为大赛输送了很多优质的创新创业项目。本届“春晖杯”创新创业大赛将继续推广海外分赛区模式，设立北美分赛区和法国分赛区，分赛区组织工作将覆盖整个美国、加拿大和法国。本届大赛还将在美国举行“春晖杯”中国留学人员创新创业大赛十周年纪念活动暨2015中美青年创客大赛启动仪式，在年底与中国留学人员广州科技交流会结合与当届入围留学人员进行创业交流、对接洽谈和组织颁奖等活动，并适时推出大赛十周年发展报告和创业成果展览。据悉，在我国驻外使（领）馆教育处（组）和在外留学人员团体的大力支持下，在国内创业园、大学科技园和投融资机构等众多协办单位的积极配合下，在广大海外留学人员的广泛参与下，截至2014年底，大赛共遴选出1564个留学人员创新创业项目，通过对其中616个入围项目的反馈统计，目前已有312个入围项目的留学人员顺利走上回国创业的道路，其中已有20人被评为国家“千人计划”专家，取得了丰硕的成果。

25日 中国海外青年贵州创新创业发展大会

4月25日，由中国侨联、贵州省委统战部、贵州省侨联联合举办的中国海外青年贵州创新创业发展大会在贵阳召开，吸引了来自世界各地的200多位海外青年参会。大会发布了《中国海外青年贵州创新创业发展倡议书》，举办了“在贵海外青年创新创业成果推介展示”，展示了厦门以晴集团、贵州圣济堂集团等20多家海外青年在贵投资企业的创新创业成果，展示了贵州良好的创新创业环境。大会共签约5个项目，总投资4亿元，所签项目涉及旅游、新材料、IT、人才引进等多个领域。会后举办了中国侨联青年委员会“块数据与城市发展”讲坛，就贵州企业转型升级中的困惑与机遇、在贵海外青年创新创业发展等问题进行了探讨。部分参会嘉宾还赴黔西南州开展反法西斯战争胜利70周年暨抗日战争胜利70周年纪念活动，并在兴义市开展实地考察和投资洽谈。

5月

16日 科技部举办众创空间展览

5月16日至24日，作为2015全国科技活动的重要组成部分，由科技部主办的众创空间展览在北京民族文化宫成功举办。展览启动仪式上，国务院总理李克强发来贺信，国务院副总理刘延东，中共北京市委书记郭金龙，科技部部长万钢，科技部党组书记、副部长王志刚参加了启动仪式。60余家众创空间和企业、40余个展品参加此次展览，通过对众创空间、互联网跨界融合和中国创新创业大赛三个主题的有机融合，充分展示了我国“大众创业、万众创新”的优秀成果，展现了全国各地创业者无限的创造活力、卓越的创新能力和高涨的创业热情。众创空间展区以讲述故事和实景再现的方式展示了12个具有不同特色的众创空间；互联网跨界融合展区以多媒体加实物演示的方式展示了互联网+健康、互联网+农业、互联网+行业服务等六个互联网跨界融合行业中的16家典型企业；中国创新创业大赛成果区则通过视频、图片、文字等形式系统总结了大赛举办三年来取得的成绩，8个具有代表性的大赛获奖项目和优秀团队也在展览上亮相。

19日 2015中美青年创客大赛中国赛区启动

5月19日，由教育部主办的2015中美青年创客大赛中国赛区启动仪式在北京举行。大赛以“共创未来”为主题，以促进中美人文交流为特色，关注可持续发展领域，结合创新设计理念和前沿科技，打造具有社会意义和产业价值的全新产品或应用。启动仪式后，北京、天津、上海、成都、南京、厦门、深圳七个分赛区的各项活动将逐步展开。2014年，作为第五轮中美人文交流高层磋商机制配套活动之一，首届中美青年创客大赛成功举办。其间，参赛队伍紧紧围绕“创新改变生活”的主题，创造出了“漂流瓶”“城市树邻”“智能家居”等具有一定挖掘潜力及开发价值的优秀作品，通过混合组队、共同创意、合作分享，中美青年创客选手之间加深了相互理解，体现了良好的协同创新与合作共赢的精神，已成为中美人文交流亮点活动。第六轮中美人文交流高层磋商将于2015年6月在美国举行，“中美青年创客大赛”中美分赛区届时也将启动。

20日 “创新创业引领中原”系列活动启动

5月20日，由科技部、河南省政府共同推动的“创新创业引领中原”系列活动在郑州启动。在启动仪式上，河南省人民政府发布了《关于发展众创空间推进大众创新创业的实施意见》，启动了第四届中国创新创业大赛河南赛区暨“河南省科技创业雏鹰大赛”，“创新创业引领中原——互联网+河南省科技型中小企业服务平台”同步上线，并对河南省首批经科技部批复的6家“众创空间”进行了授牌，发布了《创新创业引领中原共同倡议书》。此外，与会专家针对众创空间发展和新三板政策做了专题报告，创投机构对部分项目进行了投融资路演。“创新创业引领中原”系列活动的举办，旨在贯彻落实党中央、国务院战略部署，推进大众创新创业的具体举措，通过加快发展众创空间等新型创业服务平台，全面激发全社会创新创业活力，营造良好的创新创业生态环境，打造区域经济发展新引擎。

24日 第十届“春晖杯”创新创业大赛在线访谈活动

5月30日，由教育部、科技部主办的第十届“春晖杯”中国留学人员创新创业大赛在济南高新区举行在线访谈活动。来自各地留学人员创业园、大学科技园代表和各地方人才工作管理部门的负责人，以及“春晖杯”大赛组委会办公室的代表，就留学人员在报名“春晖杯”大赛中遇到的问题、留学人员回国创业的环境、政策问题等与网友展开了在线答疑与交流。这也是大赛的一项常规在线培训活动。此次在线访谈活动得到了在世界各地学习和工作的中国留学人员的积极响应，在韩中国博士生联谊会、全韩中国学人学者联谊会、在韩中国国家公派留学人员联谊会、墨尔本中国博士沙龙、全法学联、全英学联、西班牙中国学联等海外留学人员团体积极与主会场进行了交流互动，来自美国、韩国、法国、芬兰、英国、西班牙、日本、澳大利亚等国家的留学人员，在线提交了他们对大赛及创业所关注的问题，涉及大赛概况、参赛须知、创业环境、创业技巧、融资对策、园区情况、创业经验等，组委会工作人员和有关专家共计回答问题80余个。

6月

09日 第十七届浙江省海外高层次人才智力合作洽谈会

6月9日，在宁波举行的第十七届浙江投资贸易洽谈会期间，浙江省人社厅、宁波市人社局共同举办了海外高层次人才智力引进洽谈活动。本次引才活动共邀请来自美、德、法、日等17个国家22个专家组织的28位代表参加，与浙江百余家企事业单位推出的480余项涉及信息、环保、健康、旅游、时尚、金融、高端装备七大产业及现代农业引智项目进行了对接洽谈，初步达成意向432项。会后，这些外国专家组织代表还应邀赴绍兴新昌、湖州等地进行了深入洽谈和实地考察。据统计，自1999年以来，通过历届“浙洽会”平台，浙江省共引进海外各类专家5100余人次，解决技术难题6200余项，为浙江企业在技术改造、产品研发、科学管理等方面作出了积极贡献，取得了显著的经济效益和社会效益。

11日 国务院下发《关于大力推进大众创业万众创新若干政策措施的意见》

6月11日，国务院下发《关于大力推进大众创业万众创新若干政策措施的意见》，对创业从工商登记、创业知识产权保护、财税、金融、投资等多方面给予相关政策支持。同时，《意见》指出，要加快发展创业孵化服务。大力发展创新工场、车库咖啡等新型孵化器，做大做强众创空间，完善创业孵化服务；引导和推动创业孵化与高校、科研院所等技术成果转移相结合，完善技术支撑服务；加强创业创新信息资源整合，支持各类创业创新大赛。此外提出，支持境外人才来华创业。发挥留学回国人才特别是领军人才、高端人才的创业引领带动作用。继续推进人力资源市场对外开放，建立和完善境外高端创业创新人才引进机制。进一步放宽外籍高端人才来华创业办理签证、永久居留证等条件，简化开办企业审批流程，探索由事前审批调整为事后备案。引导和鼓励地方对回国创业高端人才和境外高端人才来华创办高科技企业给予一次性创业启动资金，在配偶就业、子女入学、医疗、住房、社会保障等方面完善相关措施。加强海外科技人才离岸创业基地建设，把更多的国外创业创新资源引入国内。

18日 中国创新创业大赛创客大赛落幕

6月18日，中国创新创业大赛创客大赛颁奖典礼在深圳市举行。创客大赛由科技部高技术火炬中心、深圳市科技创新委员会、深圳市光明新区管理委员会共同指导，深圳市科技企业孵化器协会主办。大赛采取按届、按领域举办的赛制，即每届赛事突出一个竞赛领域主题，根据领域技术特点和需求确定赛事举办周期和预决赛组织方式。大赛主题设定在可穿戴设备、智能机器人、智能装备、无人机等领域。组委会设立了500万的天使基金并搭建了众筹平台，奖项设置为综合奖一、二、三等奖和优秀奖及分项奖。大赛自去年11月份启动以来，在全国征集无人机项目，受到创客们的热切关注，共收集到200多个项目报名。2015年6月6日，全国20多支队伍汇聚深圳进入复赛，来自西安、深圳、北京、哈尔滨、广州等12个项目最终进入决赛，并角逐出了冠军和优胜团队。

19日 “春晖杯”中国留学人员创新创业大赛十周年纪念活动

6月19日，“春晖杯”中国留学人员创新创业大赛十周年纪念活动暨2015中美青年创客大赛启动仪式在美国宾西法尼亚州匹兹堡市举行。国务院副总理刘延东出席活动并致辞。她在讲话中指出，当今时代，创新已是不可抗拒的潮流，创新能力日益成为世界可持续发展的重要力量。当前，中国正在全面深化改革，推动大众创业、万众创新，大力推进开放式创新，积极融入全球创新网络。创新创业关键在人才，“春晖杯”创新创业大赛实施10年来，成为引导在外留学生回国创新创业的重要平台，热忱欢迎更多留学人员以多种方式参与国家建设，也欢迎世界各国有志青年来中国创新创业。活动中举办了“春晖杯”大赛十周年和中美青年创客大赛图片展。此外，来自风投机构及“春晖杯”优秀创业企业的专家，与现场中美青年代表就创新创业的相关议题做了深入的交流和互动。

29日 2015中国海外学子创业周

6月29日至30日，2015中国海外学子创业周主体活动在大连世博广场举行。本届海创周继续秉承“海纳英才•创业中国”的主题，以打造服务海外人才归国创业的国家级平台为主线，举办了创新创业论坛、海外高层次人才座谈会、海外人才项目对接洽谈会、项目路演暨“海创工程”项目评审，以及工业设计大赛、海外学子园区行等地方特色活动。共有500多位携带项目的海外留学人员，1500多位政府机构、科研院所、大专院校和企业代表，200多家国内外创业投资机构代表参会，两天到会洽谈的海内外人才达到4000余人。据初步统计，活动期间实现对接项目112项，其中拟成立公司18项，融资需求58项，在技术、市场领域合作意向项目36项，现场洽谈重点推进项目58项，有432人与近173个企事业单位达成用人意向。在主体活动结束后的几天时间里，部分海外学子还受邀赴省内各城市和大连各区市县、先导区及重点企事业单位考察洽谈。

7月

02日 第二届“华创杯”创业大赛颁奖

7月2日，在2015华侨华人创业发展洽谈会开幕式上，第二届“华创杯”创业大赛颁奖仪式在武汉东湖国际会议中心举行，智慧气象、超高精度互联网用户实时定位系统等10个项目分别荣获一、二、三等奖。“华创杯”创业大赛由国务院侨办、湖北省人民政府、武汉市人民政府主办，本届大赛共有来自美国、法国、新加坡、德国、芬兰、日本、乌克兰、香港、台湾等全球32个国家和地区的272个项目参赛，此次入围决赛的10个项目集中在IT光电子、生物医药、TMT等高精尖领域。大赛获奖者除获得优厚的奖金外，主办方进一步提高了对其项目转化的支持力度。获奖项目人只要符合相关资质条件，可直接进入湖北省“百人计划”考察阶段，不需要再进入专家评审。同时，如果项目在湖北落户，还能按落户地入选当地人才计划，如光谷3551人才计划、襄阳隆中人才支持计划等。

05日 首届中国留学人员创业园 · 海创大赛启动

7月5日，首届中国留学人员创业园 • 海创大赛暨中国（济南）药谷创新创业大赛启动仪式在济南药谷举行。大赛以“筑梦中国，创享未来”为主题，采用“双赛合一”形式。其中，“海创大赛”由中国留学人员创业园联盟发起主办，聚焦海外人才项目；“药谷大赛”由济南高新区管委会和联盟共同主办，面向生物医药领域，同步开展赛事活动。科技部、教育部、人力资源和社会保障部、国家外国专家局、致公党中央等大赛指导单位有关部门领导，以及大赛组织单位、投资机构、创业导师、创业企业、留学人员团体代表出席启动仪式。大赛的举办，旨在响应党中央、国务院“大众创业、万众创新”以及“充分发挥利用国际国内人才资源，积极引进和用好海外人才”的号召，发挥中国留学人员创业园作为海外人才创新创业支撑载体的作用，同时整合政府、高校、科研院所、服务机构、企业等各类创新创业要素，以及行业基金、创业投资的资本驱动力量，并结合“济南药谷”产业优势和需求，挖掘和培育海内外优秀人才和项目，通过培训、评选、对接、投资、落地等服务手段，帮助创业者们疏通渠道、降低风险，实现快捷创业。活动中，创业导师、投资机构、创业企业和参赛人员代表分别做了发言，并举行了“中国留学人员创业园联盟济南工作站”揭牌仪式。

08日 2015海外赤子北京行

7月8日至10日，由北京市委组织部、北京市人力资源和社会保障局、北京海外学人中心联合主办的“2015海外赤子北京行”活动在京举行。此次活动共有来自美国、加拿大、澳大利亚、英国、德国、法国、日本等14个国家及地区的100余名海外高层次人才参加，包括对北京市属医院、高校、企业有工作意向的60余位海外人才。受邀人员中有85%以上获得博士学位，来京创新创业的意向强烈，创业类海外学人全部携带具体项目来京参会，项目涉及生物医药、电子信息、金融管理、文化教育、新能源和新材料等10余个领域。活动举办了“2015北京海聚论坛”“海外人才交流座谈会”以及“2015海外赤子北京行专业峰会”“海外人才创业大赛暨项目对接会”“北京重点园区、市属医疗、科研单位考察交流”等活动。“海外赤子北京行”活动已举办五届，为广大海外人才和北京搭建了一条联系沟通的桥梁和纽带。

10日 2015年（第七届）苏州国际精英创业周

7月10日至12日，以“汇聚全球智慧、打造创业天堂”为主题的2015年（第七届）苏州国际精英创业周成功举办。本届创业周以“立足苏州、面向全省、辐射全国、影响海外”为总体目标，采用主会场和十大分会场上下联动的运作模式，其中主会场活动设在苏州国际博览中心，活动面积约25000平方米，共吸引了来自20多个国家和地区的2477名高层次创新创业人才，携带2526个创新项目前来对接洽谈，创下历史新高。大会期间，正式签约项目541个，达成合作意向项目658个。苏州国际精英创业周自2009年以来，已成功举办了六届，共有来自20多个国家的近10200名海内外高层次人才受邀参会，其中博士占比70.2%，累计携带10483个创新创业项目参与对接。落户项目持有人中入选国家“千人计划”65人，入选江苏省“双创计划”111人，入选姑苏领军人才161名，区域科技领军人才565名。创业周活动的“磁场效应”大大加速了高层次人才和高层次创新团队的聚集存量，为实现苏州发展路径从“人口红利”向“人才红利”的转变提供了强大支持。

8月

14日 2015（第十六届）全国留学人员创业园年会

8月14日，2015（第十六届）全国留学人员创业园年会在青海省海东市召开。本届年会由中国留学人员创业园联盟、海东市人民政府、海东工业园区管委会共同主办，以“新常态，新园区，新人才”为主题，结合当前国家对留学工作和国际人才开发所提出的要求，围绕留学人员创业园如何拓宽引才范畴和服务对象，加强园区内新型孵化服务平台建设，打造更为开放化、立体化、多元化的创新环境与创业空间等议题，共同探讨新时期、新常态下的园区发展思路。会上，中国留学人员创业园联盟发布了《中国留学人员创业园发展指引》。作为一份行业指导性文件，《指引》明确了留学人员创业园建设的宗旨、定位、条件、功能，并提出了国际化、网络化、特色化、市场化、品牌化的发展目标，以及相关引导、促进办法。

21日 首届重庆海外人才创新创业项目对接洽谈会

8月21日，由重庆市委组织部、市人力社保局主办的2015年重庆海外人才创新创业项目对接洽谈会在渝举行。来自北美、欧洲等地区的海外高层次人才带着项目，与重庆市20个工业园区、75家企业和20家风投机构对接洽谈，共达成项目合作协议11个，其中创新创业项目8个，人才引进项目3个，涉及创新创业人才110余人，投资金额1.2亿元，涉及生物医药、汽车、化工、环保节能、远程医疗等领域。据悉，重庆为海外人才提供了非常优惠的政策，包括创业激励、降低成本、创新公共服务、分配激励和项目扶持等，并组建了30亿元的众创、民营经济和工业振兴资金，对符合条件的创新创业项目，给予投资补助、贷款贴息等扶持，并实行所得税15%的财税优惠政策。

9月

06日 第九届“春晖杯”创新创业大赛产生预入围项目

9月6日至9日，由教育部留学服务中心、科技部火炬中心共同主办的第十届“春晖杯”中国留学人员创新创业大赛评审阶段的工作在宁波圆满进行。本届大赛自启动以来，共收到符合受理条件的参赛项目276个，其中，来自北美赛区的参赛项目182个（美国151个，加拿大31个），来自法国赛区的参赛项目29个。来自全国各相关留学人员创业园、风险投资机构和留学人员企业的领导及专家等60余人组成的评审团，按照生物医药、电子信息、光机电与新材料、新能源、资源与环境、现代服务业、文化创意、现代农业等项目类型分成8个小组，对这些项目进行了认真细致的评审。经过初审、复审和通审3个环节，共评出预入围项目195个。随后，预入围项目在“春晖杯”创业大赛网站上进行为期7天的公示。

08日 第三届内蒙古“草原英才”高层次人才合作交流会

9月8日，第三届内蒙古“草原英才”高层次人才合作交流会暨呼包鄂人才创新创业周活动在呼和浩特市开幕。此次活动在呼和浩特市设立主会场，同时包头市、鄂尔多斯市设立分会场。来自海内外创业投资公司、科研机构、知名高校等单位的200多名高层次人才参加了创新创业周。其间，举办了“草原英才”工程成果展示、呼和浩特留创园和内蒙古自治区国家大学科技园成果展示、呼包鄂招才引智推介会、京蒙高层次人才合作论坛、高端人才招聘会、互联网+人才创新商业模式研讨会等活动。据悉，内蒙古“草原英才”工程实施以来，全区共培养引进“草原英才”712名，其中，有13人入选国家“千人计划”，5人入选国家“万人计划”。

24日 2015中国西部海外高新科技暨高端人才洽谈会

9月24日至26日，以“汇聚海外英才・创新创业西部”为主题的2015中国西部海外高新科技暨高端人才洽谈会在成都举行。包括诺贝尔奖得主物理学家丁肇中、化学家阿达・尤纳斯以及9位知名海外院士在内的600余位国际知名专家学者和海外高层次人才代表赴川参会，并吸引了欧美同学会、美国“百人会”等60多个海外华侨华人专业社团；参会代表携带450个各类高新科技项目赴川对接洽谈；美国硅谷15个市长组成代表团首度参加海科会，与成都平原城市群的市长们开展合作对话；举办首届“海科杯”全球华侨华人创新创业大赛等各类招才引智活动20场。活动期间共有182名海外人才与四川54家重点企业及产业园区、高等学校、科研院所签订了引智协议。其中，博士164人，占比达90%。签约项目34个，签约金额65.15亿元。“海科会”作为西部地区最具影响力的重大科技与人才交流活动，已连续举办13届，共吸引全球5000多名海外华侨华人赴川考察洽谈，引进海外高层次人才572名，合作科技项目1032个。

10月

19日 2015年全国大众创业万众创新活动周

10月19日至23日，以“创业创新——汇聚发展新动能”为主题的2015年全国大众创业万众创新活动周隆重举办。中共中央政治局常委、国务院总理李克强在北京出席活动，考察主题展区，并发表即席讲话。张高丽、马凯、刘延东、李源潮等党和国家领导人出席系列活动。活动周由国务院从2015年起开始设立，定于每年10月举行，其间将在中国各地举办政策宣传、展览展示、经验交流、信息发布、文化传播、互动对接、投资交易、成果转化等活动，促进各类创业创新要素聚集交流对接。首届活动周在北京中关村国家自主创新示范区展示中心设立主会场，在上海、深圳、西安、成都、武汉、沈阳、合肥等城市分别设立分会场，同时在长春、广州等城市组织若干重大活动。据初步统计，活动周期间，主会场共举办48场专题活动，有21000多人次参观了主题展示，地方分会场共举行专题活动800余场，接待观众近百万人次。在成果方面，主会场共开展投资对接活动28场，签署合作协议38项；地方分会场开展投资对接活动191场，签署合作协议494项，投资金额86.36亿元，达成合作意向967项，引进各类高层次人才1148人。

23日 2015年中国・福建海外人才创业周

10月23日至29日，2015年中国・福建海外人才创业周活动在福州市启动，活动由福建省人社厅会同省委组织部、福州市政府、厦门市政府、莆田市政府、海峡人才市场共同主办。创业周期间，举办了2015年福建（福州）海外人才与项目对接洽淡会，近百名海外高层次人才现场开展项目对接和智力服务洽谈，并组织了留学人员创业项目竞赛、优秀项目路演、专场对接、人才政策宣讲等活动。自2011年开始，福建省已连续举办四届“海外人才创业周”，共邀请近500名海外高层次人才来闽对接洽谈，达成人才智力引进、项目技术合作及落地创业意向1200余项，吸引近百名海外高层次人才落地福建，有16人（团队）入选福建省“百人计划”。

24日 第六届中国・河北海内外高层次人才洽谈会

10月24日，作为河北省年度规模最大、层次最高的高级人才洽谈会，第六届中国河北海内外高层次人才洽谈会在石家庄举办。大会征集筛选了全省重点企事业单位207家，提供各类高层次人才需求岗位2130余个，需求岗位主要集中在装备制造、医药卫生、机械制造、金融、IT等行业。大会受到全国重点高校和科研院所的高度关注，来自清华大学、北京大学等19所京津冀、吉林、陕西等省的重点高校和科研院所组织硕士博士团集体参会，更吸引了一些归国创业人才也来河北寻找机会。据统计，有50多名专家学者、1600多名国内重点高校的硕博士和各类高级经营管理人才、技术人才到会，各类参会人才约3200余人；供需双方达成意向1031人次，拟签约聘用368人次。中国河北海内外高层次人才洽谈会由河北省人民政府主办，河北省人力资源和社会保障厅承办，自2010年开始，目前已成功举办五届。

11月

16日 2015全球创业周中国站开幕

11月18日，由中国民主促进会、科技部、教育部、共青团中央、上海市人民政府发起并作为指导单位，上海市大学生科技创业基金会主办的2015（第九届）创业周暨全球创业周中国站活动在上海科技馆开幕。本次中国站活动将在一周内发起近百场各具特色的创业活动，超过100家投资机构、1000名投资人和企业家、10000名创业者参与其中。同时，首设“创业加油站”展区，集合各类创业服务机构为创业者提供场地、融资、招聘、媒体推广、政策咨询等方面的服务。据悉，全球创业周由英、美、中等国于2008年发起并推动，迄今已覆盖约158个国家。中国站活动也已在全国17个省、123个城市、超过160所高校开展，收集了逾2万份创业计划书，活动参与者累计超过15万人。

12月

04日 2015首届中国留学人员创业园·海创大赛决赛颁奖

12月4日至6日，首届中国留学人员创业园·海创大赛暨中国（济南）药谷创新创业大赛决赛和颁奖仪式在济南高新区举行。30个入围大赛决赛的创业团队现场进行项目路演和评审答辩，经过激烈角逐，12个项目最终脱颖而出，分获“海创杯”“药谷杯”一、二、三等奖。决赛期间，举办了“中国济南药谷论坛”，探讨了信息技术与生物医药的跨界融合；召开了“中国留学人员创业园百家企业服务年总结座谈会”，交流了创业园区如何更好服务于企业的经验；组织了全国留学人员创业园“海创杯”体育邀请赛，加深了园区和企业间的感情联络。在颁奖典礼结束后，大赛组委会将发挥全国留学人员创业园载体优势，陆续开展考察、对接活动，并根据参赛团队、投资机构和引才单位的需求，提供更多后续服务支持。中国留学人员创业园联盟还将搭建“海创邦”平台，推出“海创之星”计划，进一步整合“海创大赛”以及项目对接、技术合作、成果落地、投融资等服务。

05日 2015上海海归千人创业大会

12月5日，以“创新创业，梦圆上海”为主题，由上海千人计划专家联谊会等单位联合主办的“2015上海海归千人创业大会”举行。大会不仅联合北美高层次人才创业大赛、北京侨创大会，共同启用“中国海归创业大会”品牌，还通过聚集和孵化一批具有创新活力的企业加快建立“海归千人科技创新中心”平台。活动内容包括分享成功、圆桌论坛、海归嘉年华三部分，700多名海归高层次人才参会，并邀请成功企业家、著名天使投资人、成功创业团队做了主题演讲。大会还举行了《创业体验II》发布仪式、第四批上海“千人计划”颁证仪式、上海高层次人才“一卡通”（人才金卡）启用仪式、上海海归千人科技创新中心筹建签约仪式。据悉，截至2015年上半年，上海市留学回国人员已超过15万，入选国家“千人计划”专家771人、上海“千人计划”专家557人，选择留在上海创业、就业的海内外高层次人才日益增多，海归创新创业展现出新局面、新业态。

19日 第十届“春晖杯”创新创业大赛对接活动和颁奖

12月19日至20日，第十届“春晖杯”中国留学人员创新创业大赛在广州举行颁奖大会，来自18个国家和地区的155位入围第十届“春晖杯”创新创业大赛的中国留学人员荣获“春晖杯”创新创业大赛优胜奖。入围项目留学人员在教育部“春晖计划”的资助下汇聚广州，分别参与了创业交流、项目展示和对接洽谈等系列活动。留学人员共与国内留学人员创业园、科技企业孵化器、投资机构和企业，进行了466对次的洽谈，并与创业园区签署入驻意向112份；与投资机构和企业签署投资与合作意向35份。“春晖杯”留学人员创业企业成果展则展出了46家“春晖杯”创业企业和产品，与来自各地的企业、科研院所、投资机构和地方政府的代表进行了洽谈。同时，“春晖杯”创业者代表还与第十届“春晖杯”创新创业大赛入围者进行了广泛的交流，新老“春晖杯”入围留学人员之间形成了良好的互动。

21日 第七届“海外学子浙江行”活动

12月21日，第七届“海外学子浙江行”活动在杭州启动，同期举行了海外学子项目交流会。来自美、英、德、日、加、澳等十多个国家的100余位海外高层次人才代表和海外企业代表前来参会，携带的对接交流项目涵盖新一代信息技术、生物医药、高端装备制造等领域。“海外学子浙江行”活动由浙江省委组织部、浙江省科技厅、浙江清华长三角研究院共同发起，此前已连续举办六届，共有600多名海外高层次人才参加。据统计，参会人才中现已落户浙江的超过200人，入选国家“千人计划”16人、浙江省“千人计划”45人。截至2015年底，通过“海外学子浙江行”活动落户浙江的项目总投资额超过20亿元，带动各类投资近100亿元，在提升区域创新能力、引进海外高端项目、与浙江本土企业良性互动等方面发挥出了重要的作用。

21日 第十七届中国留学人员广州科技交流会

12月21日至22日，第十七届中国留学人员广州科技交流会成功举办。本届留交会以“纳天下英才、助创新驱动”为主题，以创新而务实的形式，创下了“三个之最”：海外人才参会人数之多及层次之高创历届之最；国内各城市参与程度之高及态度之积极创历届之最；人才项目对接之热烈及需求之多创历届之最。据初步统计，参加本届留交会海外人才达2500多人，其中，有外裔专家150名，22位中外科学院院士，300多位“千人计划”专家。海外人才带来科技和创业项目1162个，其中，“千人计划”专家项目300多项、“春晖杯”获奖项目195项、中美创客大赛获奖项目150项、独联体参会项目200项，自由参会海外人才项目317项，涉及新一代信息技术、新材料、高端装备制造、生物医药、节能环保等领域，覆盖范围广。

2015年度出回国留学人员统计数据

据教育部发布统计数据显示，2015年度我国出国留学人员总数为52.37万人，其中：国家公派2.59万人，单位公派1.60万人，自费留学48.18万人。2015年度各类留学回国人员总数为40.91万人，其中：国家公派2.11万人，单位公派1.42万人，自费留学37.38万人。2015年度与2014年度的统计数据相比较，我国出国留学人数和留学回国人数均有进一步增加。出国留学人数增加6.39万人，增长了13.9%；留学回国人数增加4.43万人，增长了12.1%。随着年度回国人数与出国人数的增长，两者之间的差距呈逐渐缩小趋势。年度出国/回国人数比例从2006年的3.15∶1下降到了2015年的1.28∶1。从1978年到2015年底，各类出国留学人员累计达404.21万人。其中：126.43万人正在国外进行相关阶段的学习和研究；277.78万人已完成学业；221.86万人在完成学业后选择回国发展，占已完成学业群体的79.87%。

2015年度中国留学人员创业园建设与发展情况

据中国留学人员创业园联盟发布统计数据显示，截至2015年底，全国各地挂牌并实际运营的各级各类留学人员创业园总数为298家。全国30个省、自治区、直辖市均建立了留学人员创业园。其中，江苏省、山东省、浙江省、北京市、广东省园区数量位列全国前五，占全国留学人员创业园总量的69.8%。从区域分布来看，主要集中在华北和华东地区，占全国留学人员创业园总量的73.1%。其中，华北地区58家，占总量的19.4%；东北地区9家，占3.0%；华东地区160家，占53.7%；华中地区21家，占7.0%；华南地区33家，占11.1%；西南地区9家，占3.0%；西北地区8家，占2.7%。2015年内，共新建园区11家，分布在江苏、福建、江西、山东、广东、重庆、新疆等地，与2014年相比有所增多，全国园区数量整体呈平稳递增趋势。据初步统计，截至2015年底，全国留学人员创业园累计孵化企业超过4万家；在园企业超过2万家，年内新增企业超过2000家；有超过5万名留学人员在园创业和工作，年内新增留学人员数量超过3000名。

第二部分

政策篇

中共中央 国务院关于深化体制机制改革加快实施创新驱动发展战略的若干意见

（中发〔2015〕8号）

创新是推动一个国家和民族向前发展的重要力量，也是推动整个人类社会向前发展的重要力量。面对全球新一轮科技革命与产业变革的重大机遇和挑战，面对经济发展新常态下的趋势变化和特点，面对实现“两个一百年”奋斗目标的历史任务和要求，必须深化体制机制改革，加快实施创新驱动发展战略，现提出如下意见。

一、总体思路和主要目标

加快实施创新驱动发展战略，就是要使市场在资源配置中起决定性作用和更好发挥政府作用，破除一切制约创新的思想障碍和制度藩篱，激发全社会创新活力和创造潜能，提升劳动、信息、知识、技术、管理、资本的效率和效益，强化科技同经济对接、创新成果同产业对接、创新项目同现实生产力对接、研发人员创新劳动同其利益收入对接，增强科技进步对经济发展的贡献度，营造大众创业、万众创新的政策环境和制度环境。

——坚持需求导向。紧扣经济社会发展重大需求，着力打通科技成果向现实生产力转化的通道，着力破除科学家、科技人员、企业家、创业者创新的障碍，着力解决要素驱动、投资驱动向创新驱动转变的制约，让创新真正落实到创造新的增长点上，把创新成果变成实实在在的产业活动。

——坚持人才为先。要把人才作为创新的第一资源，更加注重培养、用好、吸引各类人才，促进人才合理流动、优化配置，创新人才培养模式；更加注重强化激励机制，给予科技人员更多的利益回报和精神鼓励；更加注重发挥企业家和技术技能人才队伍创新作用，充分激发全社会的创新活力。

——坚持遵循规律。根据科学技术活动特点，把握好科学研究的探索发现规律，为科学家潜心研究、发明创造、技术突破创造良好条件和宽松环境；把握好技术创新的市场规律，让市场成为优化配置创新资源的主要手段，让企业成为技术创新的主体力量，让知识产权制度成为激励创新的基本保障；大力营造勇于探索、鼓励创新、宽容失败的文化和社会氛围。

——坚持全面创新。把科技创新摆在国家发展全局的核心位置，统筹推进科技体制改革和经济社会领域改革，统筹推进科技、管理、品牌、组织、商业模式创新，统筹推进军民融合创新，统筹推进引进来与走出去合作创新，实现科技创新、制度创新、开放创新的有机统一和协同发展。

到2020年，基本形成适应创新驱动发展要求的制度环境和政策法律体系，为进入创新型国家行列提供有力保障。人才、资本、技术、知识自由流动，企业、科研院所、高等学校协同创新，创新活力竞相迸发，创新成果得到充分保护，创新价值得到更大体现，创新资源配置效率大幅提高，创新人才合理分享创新收益，使创新驱动发展战略真正落地，进而打造促进经济增长和就业创业的新引擎，构筑参与国际竞争合作的新优势，推动形成可持续发展的新格局，促进经济发展方式的转变。

二、营造激励创新的公平竞争环境

发挥市场竞争激励创新的根本性作用，营造公平、开放、透明的市场环境，强化竞争政策和产业政策对创新的引导，促进优胜劣汰，增强市场主体创新动力。

（一）实行严格的知识产权保护制度。

完善知识产权保护相关法律，研究降低侵权行为追究刑事责任门槛，调整损害赔偿标准，探索实施惩罚性赔偿制度。完善权利人维权机制，合理划分权利人举证责任。

完善商业秘密保护法律制度，明确商业秘密和侵权行为界定，研究制定相应保护措施，探索建立诉前保护制度。研究商业模式等新形态创新成果的知识产权保护办法。

完善知识产权审判工作机制，推进知识产权民事、刑事、行政案件的“三审合一”，积极发挥知识产权法院的作用，探索跨地区知识产权案件异地审理机制，打破对侵权行为的地方保护。

健全知识产权侵权查处机制，强化行政执法与司法衔接，加强知识产权综合行政执法，健全知识产权维权援助体系，将侵权行为信息纳入社会信用记录。

（二）打破制约创新的行业垄断和市场分割。

加快推进垄断性行业改革，放开自然垄断行业竞争性业务，建立鼓励创新的统一透明、有序规范的市场环境。

切实加强反垄断执法，及时发现和制止垄断协议和滥用市场支配地位等垄断行为，为中小企业创新发展拓宽空间。

打破地方保护，清理和废除妨碍全国统一市场的规定和做法，纠正地方政府不当补贴或利用行政权力限制、排除竞争的行为，探索实施公平竞争审查制度。

（三）改进新技术新产品新商业模式的准入管理。

改革产业准入制度，制定和实施产业准入负面清单，对未纳入负面清单管理的行业、领域、业务等，各类市场主体皆可依法平等进入。

破除限制新技术新产品新商业模式发展的不合理准入障碍。对药品、医疗器械等创新产品建立便捷高效的监管模式，深化审评审批制度改革，多种渠道增加审评资源，优化流程，缩短周期，支持委托生产等新的组织模式发展。对新能源汽车、风电、光伏等领域实行有针对性的准入政策。

改进互联网、金融、环保、医疗卫生、文化、教育等领域的监管，支持和鼓励新业态、新商业模式发展。

（四）健全产业技术政策和管理制度。

改革产业监管制度，将前置审批为主转变为依法加强事中事后监管为主，形成有利于转型升级、鼓励创新的产业政策导向。

强化产业技术政策的引导和监督作用，明确并逐步提高生产环节和市场准入的环境、节能、节地、节水、节材、质量和安全指标及相关标准，形成统一权威、公开透明的市场准入标准体系。健全技术标准体系，强化强制性标准的制定和实施。

加强产业技术政策、标准执行的过程监管。强化环保、质检、工商、安全监管等部门的行政执法联动机制。

（五）形成要素价格倒逼创新机制。

运用主要由市场决定要素价格的机制，促使企业从依靠过度消耗资源能源、低性能低成本竞争，向依靠创新、实施差别化竞争转变。

加快推进资源税改革，逐步将资源税扩展到占用各种自然生态空间，推进环境保护费改税。完善市场化的工业用地价格形成机制。健全企业职工工资正常增长机制，实现劳动力成本变化与经济提质增效相适应。

三、建立技术创新市场导向机制

发挥市场对技术研发方向、路线选择和各类创新资源配置的导向作用，调整创新决策和组织模式，强化普惠性政策支持，促进企业真正成为技术创新决策、研发投入、科研组织和成果转化的主体。

（六）扩大企业在国家创新决策中话语权。

建立高层次、常态化的企业技术创新对话、咨询制度，发挥企业和企业家在国家创新决策中的重要作用。吸收更多企业参与研究制定国家技术创新规划、计划、政策和标准，相关专家咨询组中产业专家和企业家应占较大比例。

国家科技规划要聚焦战略需求，重点部署市场不能有效配置资源的关键领域研究，竞争类产业技术创新的研发方向、技术路线和要素配置模式由企业依据市场需求自主决策。

（七）完善企业为主体的产业技术创新机制。

市场导向明确的科技项目由企业牵头、政府引导、联合高等学校和科研院所实施。鼓励构建以企业为主导、产学研合作的产业技术创新战略联盟。

更多运用财政后补助、间接投入等方式，支持企业自主决策、先行投入，开展重大产业关键共性技术、装备和标准的研发攻关。

开展龙头企业创新转型试点，探索政府支持企业技术创新、管理创新、商业模式创新的新机制。

完善中小企业创新服务体系，加快推进创业孵化、知识产权服务、第三方检验检测认证等机构的专业化、市场化改革，壮大技术交易市场。

优化国家实验室、重点实验室、工程实验室、工程（技术）研究中心布局，按功能定位分类整合，构建开放共享互动的创新网络，建立向企业特别是中小企业有效开放的机制。探索在战略性领域采取企业主导、院校协作、多元投资、军民融合、成果分享的新模式，整合形成若干产业创新中心。加大国家重大科研基础设施、大型科研仪器和专利基础信息资源等向社会开放力度。

（八）提高普惠性财税政策支持力度。

坚持结构性减税方向，逐步将国家对企业技术创新的投入方式转变为以普惠性财税政策为主。

统筹研究企业所得税加计扣除政策，完善企业研发费用计核方法，调整目录管理方式，扩大研发费用加计扣除优惠政策适用范围。完善高新技术企业认定办法，重点鼓励中小企业加大研发力度。

（九）健全优先使用创新产品的采购政策。

建立健全符合国际规则的支持采购创新产品和服务的政策体系，落实和完善政府采购促进中小企业创新发展的相关措施，加大创新产品和服务的采购力度。鼓励采用首购、订购等非招标采购方式，以及政府购买服务等方式予以支持，促进创新产品的研发和规模化应用。

研究完善使用首台（套）重大技术装备鼓励政策，健全研制、使用单位在产品创新、增值服务和示范应用等环节的激励和约束机制。

放宽民口企业和科研单位进入军品科研生产和维修采购范围。

四、强化金融创新的功能

发挥金融创新对技术创新的助推作用，培育壮大创业投资和资本市场，提高信贷支持创新的灵活性和便利性，形成各类金融工具协同支持创新发展的良好局面。

（十）壮大创业投资规模。

研究制定天使投资相关法规。按照税制改革的方向与要求，对包括天使投资在内的投向种子期、初创期等创新活动的投资，统筹研究相关税收支持政策。

研究扩大促进创业投资企业发展的税收优惠政策，适当放宽创业投资企业投资高新技术企业的条件限制，并在试点基础上将享受投资抵扣政策的创业投资企业范围扩大到有限合伙制创业投资企业法人合伙人。

结合国有企业改革设立国有资本创业投资基金，完善国有创投机构激励约束机制。按照市场化原则研究设立国家新兴产业创业投资引导基金，带动社会资本支持战略性新兴产业和高技术产业早中期、初创期创新型企业发展。

完善外商投资创业投资企业规定，有效利用境外资本投向创新领域。研究保险资金投资创业投资基金的相关政策。

（十一）强化资本市场对技术创新的支持。

加快创业板市场改革，健全适合创新型、成长型企业发展的制度安排，扩大服务实体经济覆盖面，强化全国中小企业股份转让系统融资、并购、交易等功能，规范发展服务小微企业的区域性股权市场。加强不同层次资本市场的有机联系。

发挥沪深交易所股权质押融资机制作用，支持符合条件的创新创业企业发行公司债券。支持符合条件的企业发行项目收益债，募集资金用于加大创新投入。

推动修订相关法律法规，探索开展知识产权证券化业务。开展股权众筹融资试点，积极探索和规范发展服务创新的互联网金融。

（十二）拓宽技术创新的间接融资渠道。

完善商业银行相关法律。选择符合条件的银行业金融机构，探索试点为企业创新活动提供股权和债权相结合的融资服务方式，与创业投资、股权投资机构实现投贷联动。

政策性银行在有关部门及监管机构的指导下，加快业务范围内金融产品和服务方式创新，对符合条件的企业创新活动加大信贷支持力度。

稳步发展民营银行，建立与之相适应的监管制度，支持面向中小企业创新需求的金融产品创新。

建立知识产权质押融资市场化风险补偿机制，简化知识产权质押融资流程。加快发展科技保险，推进专利保险试点。

五、完善成果转化激励政策

强化尊重知识、尊重创新，充分体现智力劳动价值的分配导向，让科技人员在创新活动中得到合理回报，通过成果应用体现创新价值，通过成果转化创造财富。

（十三）加快下放科技成果使用、处置和收益权。

不断总结试点经验，结合事业单位分类改革要求，尽快将财政资金支持形成的，不涉及国防、国家安全、国家利益、重大社会公共利益的科技成果的使用权、处置权和收益权，全部下放给符合条件的项目承担单位。单位主管部门和财政部门对科技成果在境内的使用、处置不再审批或备案，科技成果转移转化所得收入全部留归单位，纳入单位预算，实行统一管理，处置收入不上缴国库。

（十四）提高科研人员成果转化收益比例。

完善职务发明制度，推动修订专利法、公司法等相关内容，完善科技成果、知识产权归属和利益分享机制，提高骨干团队、主要发明人受益比例。完善奖励报酬制度，健全职务发明的争议仲裁和法律救济制度。

修订相关法律和政策规定，在利用财政资金设立的高等学校和科研院所中，将职务发明成果转让收益在重要贡献人员、所属单位之间合理分配，对用于奖励科研负责人、骨干技术人员等重要贡献人员和团队的收益比例，可以从现行不低于20%提高到不低于50%。

国有企业事业单位对职务发明完成人、科技成果转化重要贡献人员和团队的奖励，计入当年单位工资总额，不作为工资总额基数。

（十五）加大科研人员股权激励力度。

鼓励各类企业通过股权、期权、分红等激励方式，调动科研人员创新积极性。

对高等学校和科研院所等事业单位以科技成果作价入股的企业，放宽股权奖励、股权出售对企业设立年限和盈利水平的限制。

建立促进国有企业创新的激励制度，对在创新中作出重要贡献的技术人员实施股权和分红权激励。

积极总结试点经验，抓紧确定科技型中小企业的条件和标准。高新技术企业和科技型中小企业科研人员通过科技成果转化取得股权奖励收入时，原则上在5年内分期缴纳个人所得税。结合个人所得税制改革，研究进一步激励科研人员创新的政策。

六、构建更加高效的科研体系

发挥科学技术研究对创新驱动的引领和支撑作用，遵循规律、强化激励、合理分工、分类改革，增强高等学校、科研院所原始创新能力和转制科研院所的共性技术研发能力。

（十六）优化对基础研究的支持方式。

切实加大对基础研究的财政投入，完善稳定支持和竞争性支持相协调的机制，加大稳定支持力度，支持研究机构自主布局科研项目，扩大高等学校、科研院所学术自主权和个人科研选题选择权。

改革基础研究领域科研计划管理方式，尊重科学规律，建立包容和支持“非共识”创新项目的制度。

改革高等学校和科研院所聘用制度，优化工资结构，保证科研人员合理工资待遇水平。完善内部分配机制，重点向关键岗位、业务骨干和作出突出成绩的人员倾斜。

（十七）加大对科研工作的绩效激励力度。

完善事业单位绩效工资制度，健全鼓励创新创造的分配激励机制。完善科研项目间接费用管理制度，强化绩效激励，合理补偿项目承担单位间接成本和绩效支出。项目承担单位应结合一线科研人员实际贡献，公开公正安排绩效支出，充分体现科研人员的创新价值。

（十八）改革高等学校和科研院所科研评价制度。

强化对高等学校和科研院所研究活动的分类考核。对基础和前沿技术研究实行同行评价，突出中长期目标导向，评价重点从研究成果数量转向研究质量、原创价值和实际贡献。

对公益性研究强化国家目标和社会责任评价，定期对公益性研究机构组织第三方评价，将评价结果作为财政支持的重要依据，引导建立公益性研究机构依托国家资源服务行业创新机制。

（十九）深化转制科研院所改革。

坚持技术开发类科研机构企业化转制方向，对于承担较多行业共性科研任务的转制科研院所，可组建成产业技术研发集团，对行业共性技术研究和市场经营活动进行分类管理、分类考核。

推动以生产经营活动为主的转制科研院所深化市场化改革，通过引入社会资本或整体上市，积极发展混合所有制，推进产业技术联盟建设。

对于部分转制科研院所中基础研究能力较强的团队，在明确定位和标准的基础上，引导其回归公益，参与国家重点实验室建设，支持其继续承担国家任务。

（二十）建立高等学校和科研院所技术转移机制。

逐步实现高等学校和科研院所与下属公司剥离，原则上高等学校、科研院所不再新办企业，强化科技成果以许可方式对外扩散。

加强高等学校和科研院所的知识产权管理，明确所属技术转移机构的功能定位，强化其知识产权申请、运营权责。

建立完善高等学校、科研院所的科技成果转移转化的统计和报告制度，财政资金支持形成的科技成果，除涉及国防、国家安全、国家利益、重大社会公共利益外，在合理期限内未能转化的，可由国家依法强制许可实施。

七、创新培养、用好和吸引人才机制

围绕建设一支规模宏大、富有创新精神、敢于承担风险的创新型人才队伍，按照创新规律培养和吸引人才，按照市场规律让人才自由流动，实现人尽其才、才尽其用、用有所成。

（二十一）构建创新型人才培养模式。

开展启发式、探究式、研究式教学方法改革试点，弘扬科学精神，营造鼓励创新、宽容失败的创新文化。改革基础教育培养模式，尊重个性发展，强化兴趣爱好和创造性思维培养。

以人才培养为中心，着力提高本科教育质量，加快部分普通本科高等学校向应用技术型高等学校转型，开展校企联合招生、联合培养试点，拓展校企合作育人的途径与方式。

分类改革研究生培养模式，探索科教结合的学术学位研究生培养新模式，扩大专业学位研究生招生比例，增进教学与实践的融合。

鼓励高等学校以国际同类一流学科为参照，开展学科国际评估，扩大交流合作，稳步推进高等学校国际化进程。

（二十二）建立健全科研人才双向流动机制。

改进科研人员薪酬和岗位管理制度，破除人才流动的体制机制障碍，促进科研人员在事业单位和企业间合理流动。

符合条件的科研院所的科研人员经所在单位批准，可带着科研项目和成果、保留基本待遇到企业开展创新工作或创办企业。

允许高等学校和科研院所设立一定比例流动岗位，吸引有创新实践经验的企业家和企业科技人才兼职。试点将企业任职经历作为高等学校新聘工程类教师的必要条件。

加快社会保障制度改革，完善科研人员在企业与事业单位之间流动时社保关系转移接续政策，促进人才双向自由流动。

（二十三）实行更具竞争力的人才吸引制度。

制定外国人永久居留管理的意见，加快外国人永久居留管理立法，规范和放宽技术型人才取得外国人永久居留证的条件，探索建立技术移民制度。对持有外国人永久居留证的外籍高层次人才在创办科技型企业等创新活动方面，给予中国籍公民同等待遇。

加快制定外国人在中国工作管理条例，对符合条件的外国人才给予工作许可便利，对符合条件的外国人才及其随行家属给予签证和居留等便利。对满足一定条件的国外高层次科技创新人才取消来华工作许可的年龄限制。

围绕国家重大需求，面向全球引进首席科学家等高层次科技创新人才。建立访问学者制度。广泛吸引海外高层次人才回国（来华）从事创新研究。

稳步推进人力资源市场对外开放，逐步放宽外商投资人才中介服务机构的外资持股比例和最低注册资本金要求。鼓励有条件的国内人力资源服务机构走出去与国外人力资源服务机构开展合作，在境外设立分支机构，积极参与国际人才竞争与合作。

八、推动形成深度融合的开放创新局面

坚持引进来与走出去相结合，以更加主动的姿态融入全球创新网络，以更加开阔的胸怀吸纳全球创新资源，以更加积极的策略推动技术和标准输出，在更高层次上构建开放创新机制。

（二十四）鼓励创新要素跨境流动。

对开展国际研发合作项目所需付汇，实行研发单位事先承诺，商务、科技、税务部门事后并联监管。

对科研人员因公出国进行分类管理，放宽因公临时出国批次限量管理政策。

改革检验管理，对研发所需设备、样本及样品进行分类管理，在保证安全前提下，采用重点审核、抽检、免检等方式，提高审核效率。

（二十五）优化境外创新投资管理制度。

健全综合协调机制，协调解决重大问题，合力支持国内技术、产品、标准、品牌走出去，开拓国际市场。强化技术贸易措施评价和风险预警机制。

研究通过国有重点金融机构发起设立海外创新投资基金，外汇储备通过债权、股权等方式参与设立基金工作，更多更好利用全球创新资源。

鼓励上市公司海外投资创新类项目，改革投资信息披露制度，在相关部门确认不影响国家安全和经济安全前提下，按照中外企业商务谈判进展，适时披露有关信息。

（二十六）扩大科技计划对外开放。

制定国家科技计划对外开放的管理办法，按照对等开放、保障安全的原则，积极鼓励和引导外资研发机构参与承担国家科技计划项目。

在基础研究和重大全球性问题研究等领域，统筹考虑国家科研发展需求和战略目标，研究发起国际大科学计划和工程，吸引海外顶尖科学家和团队参与。积极参与大型国际科技合作计划。引导外资研发中心开展高附加值原创性研发活动，吸引国际知名科研机构来华联合组建国际科技中心。

九、加强创新政策统筹协调

更好发挥政府推进创新的作用。改革科技管理体制，加强创新政策评估督查与绩效评价，形成职责明晰、积极作为、协调有力、长效管用的创新治理体系。

（二十七）加强创新政策的统筹。

加强科技、经济、社会等方面的政策、规划和改革举措的统筹协调和有效衔接，强化军民融合创新。发挥好科技界和智库对创新决策的支撑作用。

建立创新政策协调审查机制，组织开展创新政策清理，及时废止有违创新规律、阻碍新兴产业和新兴业态发展的政策条款，对新制定政策是否制约创新进行审查。

建立创新政策调查和评价制度，广泛听取企业和社会公众意见，定期对政策落实情况进行跟踪分析，并及时调整完善。

（二十八）完善创新驱动导向评价体系。

改进和完善国内生产总值核算方法，体现创新的经济价值。研究建立科技创新、知识产权与产业发展相结合的创新驱动发展评价指标，并纳入国民经济和社会发展规划。

健全国有企业技术创新经营业绩考核制度，加大技术创新在国有企业经营业绩考核中的比重。对国有企业研发投入和产出进行分类考核，形成鼓励创新、宽容失败的考核机制。把创新驱动发展成效纳入对地方领导干部的考核范围。

（二十九）改革科技管理体制。

转变政府科技管理职能，建立依托专业机构管理科研项目的机制，政府部门不再直接管理具体项目，主要负责科技发展战略、规划、政策、布局、评估和监管。

建立公开统一的国家科技管理平台，健全统筹协调的科技宏观决策机制，加强部门功能性分工，统筹衔接基础研究、应用开发、成果转化、产业发展等各环节工作。

进一步明晰中央和地方科技管理事权和职能定位，建立责权统一的协同联动机制，提高行政效能。

（三十）推进全面创新改革试验。

遵循创新区域高度集聚的规律，在有条件的省（自治区、直辖市）系统推进全面创新改革试验，授权开展知识产权、科研院所、高等教育、人才流动、国际合作、金融创新、激励机制、市场准入等改革试验，努力在重要领域和关键环节取得新突破，及时总结推广经验，发挥示范和带动作用，促进创新驱动发展战略的深入实施。

各级党委和政府要高度重视，加强领导，把深化体制机制改革、加快实施创新驱动发展战略，作为落实党的十八大和十八届二中、三中、四中全会精神的重大任务，认真抓好落实。有关方面要密切配合，分解改革任务，明确时间表和路线图，确定责任部门和责任人。要加强对创新文化的宣传和舆论引导，宣传改革经验、回应社会关切、引导社会舆论，为创新营造良好的社会环境。

中共中央
国务院
2015年3月13日

中共中央 国务院
关于构建开放型经济新体制的若干意见

（中发〔2015〕13号）

对外开放是我国的基本国策。当前，世界多极化、经济全球化进一步发展，国际政治经济环境深刻变化，创新引领发展的趋势更加明显。我国改革开放正站在新的起点上，经济结构深度调整，各项改革全面推进，经济发展进入新常态。面对新形势新挑战新任务，要统筹开放型经济顶层设计，加快构建开放型经济新体制，进一步破除体制机制障碍，使对内对外开放相互促进，引进来与走出去更好结合，以对外开放的主动赢得经济发展和国际竞争的主动，以开放促改革、促发展、促创新，建设开放型经济强国，为实现“两个一百年”奋斗目标和中华民族伟大复兴的中国梦打下坚实基础。

一、构建开放型经济新体制的总体要求

全面贯彻落实党的十八大和十八届二中、三中、四中全会精神，坚持使市场在资源配置中起决定性作用和更好发挥政府作用，坚持改革开放和法治保障并重，坚持引进来和走出去相结合，坚持与世界融合和保持中国特色相统一，坚持统筹国内发展和参与全球治理相互促进，坚持把握开放主动权和维护国家安全。主动适应经济发展新常态，并与实施“一带一路”战略和国家外交战略紧密衔接，科学布局，选准突破口和切入点，发挥社会主义制度优势，把握好开放节奏和秩序，扬长避短、因势利导、有所作为、防范风险、维护安全，积极探索对外经济合作新模式、新路径、新体制。总体目标是，加快培育国际合作和竞争新优势，更加积极地促进内需和外需平衡、进口和出口平衡、引进外资和对外投资平衡，逐步实现国际收支基本平衡，形成全方位开放新格局，实现开放型经济治理体系和治理能力现代化，在扩大开放中树立正确义利观，切实维护国家利益，保障国家安全，推动我国与世界各国共同发展，构建互利共赢、多元平衡、安全高效的开放型经济新体制。

（一）建立市场配置资源新机制。促进国际国内要素有序自由流动、资源全球高效配置、国际国内市场深度融合，加快推进与开放型经济相关的体制机制改革，建立公平开放、竞争有序的现代市场体系。

（二）形成经济运行管理新模式。按照国际化、法治化的要求，营造良好法治环境，依法管理开放，建立与国际高标准投资和贸易规则相适应的管理方式，形成参与国际宏观经济政策协调的机制，推动国际经济治理结构不断完善。推进政府行为法治化、经济行为市场化，建立健全企业履行主体责任、政府依法监管和社会广泛参与的管理机制，健全对外开放中有效维护国家利益和安全的体制机制。

（三）形成全方位开放新格局。坚持自主开放与对等开放，加强走出去战略谋划，实施更加主动的自由贸易区战略，拓展开放型经济发展新空间。继续实施西部开发、东北振兴、中部崛起、东部率先的区域发展总体战略，重点实施“一带一路”战略、京津冀协同发展战略和长江经济带战略，推动东西双向开放，促进基础设施互联互通，扩大沿边开发开放，形成全方位开放新格局。

（四）形成国际合作竞争新优势。巩固和拓展传统优势，加快培育竞争新优势。以创新驱动为导向，以质量效益为核心，大力营造竞争有序的市场环境、透明高效的政务环境、公平正义的法治环境和合作共赢的人文环境，加速培育产业、区位、营商环境和规则标准等综合竞争优势，不断增强创新能力，全面提升在全球价值链中的地位，促进产业转型升级。

二、创新外商投资管理体制

改善投资环境，扩大服务业市场准入，进一步开放制造业，稳定外商投资规模和速度，提高引进外资质量。改革外商投资审批和产业指导的管理方式，向准入前国民待遇加负面清单的管理模式转变，促进开发区体制机制创新和转型升级发展。

（五）统一内外资法律法规。修订中外合资经营企业法、中外合作经营企业法和外资企业法，制定新的外资基础性法律，将规范和引导境外投资者及其投资行为的内容纳入外资基础性法律。对于外资企业组织形式、经营活动等一般内容，可由统一适用于各类市场主体法律法规加以规范的，按照内外资一致的原则，适用统一的法律法规。保持外资政策稳定、透明、可预期，营造规范的制度环境和稳定的市场环境。

（六）推进准入前国民待遇加负面清单的管理模式。完善外商投资市场准入制度，探索对外商投资实行准入前国民待遇加负面清单的管理模式。在做好风险评估的基础上，分层次、有重点放开服务业领域外资准入限制，推进金融、教育、文化、医疗等服务业领域有序开放，放开育幼养老、建筑设计、会计审计、商贸物流、电子商务等服务业领域外资准入限制，进一步放开一般制造业。在维护国家安全的前提下，对于交通、电信等基础设施以及矿业等相关领域逐步减少对外资的限制。

（七）完善外商投资监管体系。按照扩大开放与加强监管同步的要求，加强事中事后监管，建立外商投资信息报告制度和外商投资信息公示平台，充分发挥企业信用信息公示系统的平台作用，形成各政府部门信息共享、协同监管、社会公众参与监督的外商投资全程监管体系，提升外商投资监管的科学性、规范性和透明度，防止一放就乱。

（八）推动开发区转型升级和创新发展。加强国家级经济技术开发区、高新技术产业开发区、海关特殊监管区域以及省级开发区等各类开发区规划指导、创新发展。发挥开发区的引领和带动作用，大力发展先进制造业、生产性服务业和科技服务业，推动区内产业升级，建设协同创新平台，实现产业结构、产品附加值、质量、品牌、技术水平、创新能力的全面提升。推动开发区绿色、低碳、循环发展，继续深化节能环保国际合作。不断改善投资环境，进一步规范行政管理制度，完善决策、执行、监督和考核评价体系，避免同质竞争，努力把开发区建设成为带动地区经济发展和实施区域发展战略的重要载体、构建开放型经济新体制和培育吸引外资新优势的排头兵、科技创新驱动和绿色集约发展的示范区。

三、建立促进走出去战略的新体制

实施走出去国家战略，加强统筹谋划和指导。确立企业和个人对外投资主体地位，努力提高对外投资质量和效率，促进基础设施互联互通，推动优势产业走出去，开展先进技术合作，增强我国企业国际化经营能力，避免恶性竞争，维护境外投资权益。

（九）确立并实施新时期走出去国家战略。根据国民经济和社会发展总体规划以及对外开放总体战略，完善境外投资中长期发展规划，加强对走出去的统筹谋划和指导，提供政策支持和投资促进。鼓励企业制定中长期国际化发展战略，兼顾当前和长远利益，在境外依法经营。督促企业履行社会责任，树立良好形象。

（十）推进境外投资便利化。研究制定境外投资法规。贯彻企业投资自主决策、自负盈亏原则，放宽境外投资限制，简化境外投资管理，除少数有特殊规定外，境外投资项目一律实行备案制。加快建立合格境内个人投资者制度。加强境外投资合作信息平台建设。

（十一）创新对外投资合作方式。允许企业和个人发挥自身优势到境外开展投资合作，允许自担风险到各国各地区承揽工程和劳务合作项目，允许创新方式走出去开展绿地投资、并购投资、证券投资、联合投资等。鼓励有实力的企业采取多种方式开展境外基础设施投资和能源资源合作。促进高铁、核电、航空、机械、电力、电信、冶金、建材、轻工、纺织等优势行业走出去，提升互联网信息服务等现代服务业国际化水平，推动电子商务走出去。积极稳妥推进境外农业投资合作。支持我国重大技术标准走出去。创新境外经贸合作区发展模式，支持国内投资主体自主建设和管理。

（十二）健全走出去服务保障体系。加快同有关国家和地区商签投资协定，完善领事保护制度，提供权益保障、投资促进、风险预警等更多服务，推进对外投资合作便利化。保障我国境外人员人身和财产安全。发挥中介机构作用，培育一批国际化的设计咨询、资产评估、信用评级、法律服务等中介机构。

（十三）引进来和走出去有机结合。推进引进外资与对外投资有机结合、相互配合，推动与各国各地区互利共赢的产业投资合作。发挥我国优势和条件促进其他国家和地区共同发展。鼓励企业开展科技创新、项目对接、信息交流、人力资源开发等多方面国际合作。支持地方和企业做好引资、引智、引技等工作，并积极开拓国际市场。通过各类投资合作机制，分享我国引进来的成功经验，推动有关国家营造良好投资环境。

四、构建外贸可持续发展新机制

保持外贸传统优势，加快培育外贸竞争新优势，着力破解制约外贸持续发展和转型升级的突出问题。全面提升外贸竞争力，提高贸易便利化水平，完善进出口促进体系，健全贸易摩擦应对机制，大力发展服务贸易，促进外贸提质增效升级。

（十四）提高贸易便利化水平。强化大通关协作机制，实现口岸管理相关部门信息互换、监管互认、执法互助。加快国际贸易“单一窗口”建设，全面推行口岸管理相关部门“联合查验、一次放行”等通关新模式。依托电子口岸平台，推动口岸管理相关部门各作业系统横向互联，建立信息共享共用机制。探索开展口岸查验机制创新和口岸管理相关部门综合执法试点。加快海关特殊监管区域整合优化。加快一体化通关改革，推进通关作业无纸化。与主要贸易伙伴开展检验检疫、认证认可和技术标准等方面的交流合作与互认。加强口岸检验检疫综合能力建设，完善产品质量安全风险预警和快速反应体系。整合和规范进出口环节经营性服务和收费。

（十五）培育外贸竞争新优势。优化市场布局和贸易结构。稳定传统优势产品出口，进一步推进以质取胜战略，提升出口产品质量、档次和创新要素比重，扩大大型成套设备和技术出口。加强外贸诚信体系建设，规范进出口秩序。鼓励企业开展科技创新和商业模式创新，加快培育以技术、品牌、质量、服务为核心的外贸竞争新优势。鼓励发展跨境电子商务、市场采购贸易等新型贸易方式。积极解决电子商务在境内外发展的技术、政策问题，在标准、支付、物流、通关、检验检疫、税收等方面加强国际协调，参与相关规则制定，创新跨境电子商务合作方式，融入国外零售体系，化解相关贸易摩擦。优化进口商品结构，鼓励先进技术、关键设备和零部件进口，稳定资源性产品进口，合理增加一般消费品进口。培育国际大宗商品交易平台。提高一般贸易和服务贸易比重，推动加工贸易转型升级，提升产业层次，提高加工贸易的质量和附加值，延长加工贸易产业链，提高加工贸易增值率。

（十六）建立健全服务贸易促进体系。提升服务贸易战略地位，着力扩大服务贸易规模，推进服务贸易便利化和自由化。鼓励发展生产性服务贸易。依托大数据、云计算、物联网、移动互联网等新技术，推动服务业转型，培育服务新业态。创新服务贸易金融服务体系，建立与服务贸易相适应的口岸管理和通关协作模式。提高货物贸易中的服务附加值，促进制造业与服务业、货物贸易与服务贸易协调发展。推进国内服务市场健全制度、标准、规范和监管体系，为专业人才和专业服务跨境流动提供便利。制定与国际接轨的服务业标准化体系，加强与服务贸易相关的人才培养、资格互认、标准制定等方面的国际合作。促进服务外包升级，提升服务跨境交付能力，建设好服务外包示范城市。

（十七）实施质量效益导向型的外贸政策。支持技术含量高、附加值大、资源和能源消耗低、环境污染小、产业关联度强的对外贸易活动，实现外贸绿色低碳可持续发展。进一步完善出口退税制度，优化出口退税流程。健全出口信用保险体系。加强贸易风险、汇率风险监测分析，适时公布有关风险提示，引导企业有效规避出口风险。

（十八）健全贸易摩擦应对机制。强化中央、地方、行业协会商会、企业四体联动的综合应对机制，指导企业做好贸易摩擦预警、咨询、对话、磋商、诉讼等工作。有理有节、化解分歧、争取双赢，以协商方式妥善解决贸易争端，对滥用贸易保护措施和歧视性做法，善于运用规则进行交涉和制衡。依法开展贸易救济调查，维护国内产业企业合法权益。

五、优化对外开放区域布局

建设自由贸易园区，立足东中西协调、陆海统筹，扩大对港澳台开放合作，推动形成全方位的区域开放新格局，以区域开放的提质增效带动经济的协调发展。

（十九）建设若干自由贸易试验园区。深化上海自由贸易试验区改革开放，扩大服务业和先进制造业对外开放，形成促进投资和创新的政策支持体系，并将部分开放措施辐射到浦东新区，及时总结改革试点经验，在全国复制推广。依托现有新区、园区，推动广东、天津、福建自由贸易试验区总体方案全面实施，以上海自由贸易试验区试点内容为主体，结合地方特点，充实新的试点内容，未来结合国家发展战略需要逐步向其他地方扩展，推动实施新一轮高水平对外开放。

（二十）完善内陆开放新机制。抓住全球产业重新布局机遇，以内陆中心城市和城市群为依托，以开发区和产业聚集区为平台，积极探索承接产业转移新路径，创新加工贸易模式，以加工贸易梯度转移重点承接地为依托，稳妥推进有条件的企业将整机生产、零部件、原材料配套和研发、结算等向内陆地区转移，形成产业集群，支持在内陆中心城市建立先进制造业中心。鼓励区域合作共建产业园区，促进内陆贸易、投资、技术创新协调发展。支持内陆城市增开国际客货运航线，发展江海联运，以及铁水、陆航等多式联运，形成横贯东中西、联结南北方的对外经济走廊。

（二十一）培育沿边开放新支点。将沿边重点开发开放试验区、边境经济合作区建成我国与周边国家合作的重要平台，加快沿边开放步伐。允许沿边重点口岸、边境城市、边境经济合作区在人员往来、加工物流、旅游等方面实行特殊方式和政策。按有关规定有序进行边境经济合作区新设、调区和扩区工作。稳步发展跨境经济合作区，有条件的可结合规划先行启动中方区域基础设施建设。建设能源资源进口加工基地，开展面向周边市场的产业合作。鼓励边境地区与毗邻国地方政府加强务实合作。

（二十二）打造沿海开放新高地。发挥长三角、珠三角、环渤海地区对外开放门户的作用，建设若干服务全国、面向世界的国际化大都市和城市群，建成具有更强国际影响力的沿海经济带。推动京津冀协同发展。支持沿海地区发展高端产业、加强科技研发，加快从全球加工装配基地向研发、先进制造基地转变，推进服务业开放先行先试。依托长江黄金水道，推动长江经济带发展，打造中国经济新支撑带，建设陆海双向对外开放新走廊。

（二十三）扩大对香港、澳门和台湾地区开放。发挥港澳地区的开放平台与示范作用，深化内地与港澳更紧密经贸关系安排，加快实现与港澳服务贸易自由化。建设好深圳前海现代服务业示范区、珠海横琴新区、广州南沙新区。鼓励内地企业与港澳企业联合走出去。支持内地企业赴港融资，将境外产业投资与香港金融资本有机结合。鼓励内地企业与港澳企业联合成立投资基金，通过多种方式开展投资合作。促进澳门经济适度多元。促进海峡两岸经济关系正常化、制度化、自由化，逐步健全两岸经济合作机制。加强两岸产业合作、双向贸易投资及便利化方面的合作。充分发挥海峡西岸经济区、平潭综合实验区、昆山深化两岸产业合作试验区等的先行先试作用。深化和拓展与港澳台地区高校、科研院所、企业间科技研发和创新创业方面的合作。

六、加快实施“一带一路”战略

实施“一带一路”战略，以政策沟通、设施联通、贸易畅通、资金融通、民心相通为主要内容，全方位推进与沿线国家合作，构建利益共同体、命运共同体和责任共同体，深化与沿线国家多层次经贸合作，带动我国沿边、内陆地区发展。

（二十四）推进基础设施互联互通。加快形成国际大通道，构建联通内外、安全通畅的综合交通运输网络，完善交通合作平台与机制。巩固和扩大电力输送、光缆通信等合作。深化能源资源开发与通道建设合作。

（二十五）深化与沿线国家经贸合作。相互扩大市场开放，深化海关、检验检疫、标准、认证、过境运输等全方位合作，培育壮大特色优势产业，推动我国大型成套设备、技术、标准与沿线国家合作。加大非资源类产品进口力度，促进贸易平衡。推动企业在沿线国家设立仓储物流基地和分拨中心，完善区域营销网络。加强与沿线国家的产业投资合作，共建一批经贸合作园区，带动沿线国家增加就业、改善民生。鼓励发展面向沿线国家的电子商务，倡导电子商务多边合作。

（二十六）密切科技人文交流。扩大与沿线国家互派留学规模，鼓励有实力的高校走出去办学，开展境外教育合作。推进国际卫生合作。加强与沿线国家科技合作，采取多种方式联合开展重大科研攻关。推动产学研协同配合，把重点经贸项目合作与科技人文交流紧密结合起来。推进对外文化合作与交流，与沿线国家互办文化年、艺术节等活动，支持沿线国家申办国际重大赛事，加强与沿线国家旅游投资合作，联合打造具有丝绸之路特色的国际精品旅游线路和旅游产品。

（二十七）积极推进海洋经济合作。大力发展海洋经济，制定促进海洋经济发展的政策法规。妥善处理争议和分歧，建立海上经济合作和共同开发机制。加强国际远洋渔业合作。

（二十八）扎实推动中巴、孟中印缅经济走廊建设。中巴、孟中印缅两个经济走廊与推进“一带一路”建设关联紧密，要进一步深化研究、推动合作。积极探索孟中印缅经济走廊框架下四方合作模式，制定经济走廊务实合作计划，推出一批易操作、见效快的早期收获项目。共同推进编制中巴经济走廊建设远景规划，指导我国企业有序参与建设活动。

七、拓展国际经济合作新空间

巩固和加强多边贸易体制，加快实施自由贸易区战略，积极参与全球经济治理，做国际经贸规则的参与者、引领者，扩大国际合作与交流，努力形成深度交融的互利合作网络。

（二十九）坚持世界贸易体制规则。维护多边贸易体制在全球贸易投资自由化中的主渠道地位，坚持均衡、普惠、共赢原则，反对贸易投资保护主义。积极落实“巴厘一揽子”协议，推动后巴厘工作计划制定，争取尽早完成多哈回合谈判。推进《信息技术协定》扩围和《环境产品协定》谈判，推动我国加入《政府采购协定》谈判。支持世贸组织继续加强贸易政策监督机制、完善争端解决机制。进一步加强贸易政策合规工作。

（三十）建立高标准自由贸易区网络。加快实施自由贸易区战略，坚持分类施策、精耕细作，逐步构筑起立足周边、辐射“一带一路”、面向全球的高标准自由贸易区网络，积极扩大服务业开放，加快推进环境保护、投资保护、政府采购、电子商务等新议题谈判，积极推进国际创新合作。积极落实中韩、中澳自由贸易区谈判成果，打造中国—东盟自由贸易区升级版，推进中国与有关国家自由贸易协定谈判和建设进程，稳步推进中欧自由贸易区和亚太自由贸易区建设，适时启动与其他经贸伙伴的自由贸易协定谈判。

（三十一）积极参与全球经济治理。推进全球经济治理体系改革，支持联合国、二十国集团等发挥全球经济治理主要平台作用，推动金砖国家合作机制发挥作用，共同提高新兴市场和发展中国家在全球经济治理领域的发言权和代表性。全面参与国际经济体系变革和规则制定，在全球性议题上，主动提出新主张、新倡议和新行动方案，增强我国在国际经贸规则和标准制定中的话语权。

（三十二）构建多双边、全方位经贸合作新格局。坚持正确的义利观，弘义融利，因地制宜，务实合作。丰富中美新型大国关系的经贸内涵，深化中欧多领域合作，协同推进中美、中欧投资协定谈判，统筹国内改革与对外开放进程。促进中俄经贸关系跨越式发展。深化同发展中国家合作。加强与“一带一路”沿线国家的宏观政策沟通与协调。完善区域次区域合作机制，发挥亚太经合组织、亚欧会议、上海合作组织作用，强化中非、中阿、中拉等合作机制。推进大湄公河、中亚、图们江、泛北部湾等次区域合作。多双边合作机制要加强统筹、提高效率、讲求实效。

（三十三）建立国际经贸谈判新机制。抓紧建立依法有序、科学高效、协调有力、执行有效的谈判机制。统筹谈判资源和筹码，科学决策谈判方案，优化谈判进程。加强谈判方案执行、监督和谈判绩效评价，提高对外谈判力度和有效性。充分发挥有关议事协调机制的积极作用，完善国际经贸谈判授权和批准制度。

八、构建开放安全的金融体系

提升金融业开放水平，稳步推进人民币国际化，扩大人民币跨境使用范围、方式和规模，加快实现人民币资本项目可兑换。

（三十四）扩大金融业开放。在持续评估、完善审慎监管和有效管控风险的基础上，有序放宽证券业股比限制，有序推进银行业对外开放，形成公平、有序、良性的金融生态环境。提升金融机构国际化经营水平，鼓励金融机构审慎开展跨境并购，完善境外分支机构网络，提升金融服务水平，加强在支付与市场基础设施领域的国际合作。建立健全支持科技创新发展的国际金融合作机制。

（三十五）推动资本市场双向有序开放。积极稳妥推进人民币资本项目可兑换。便利境内外主体跨境投融资。扩大期货市场对外开放，允许符合规定条件的境外机构从事特定品种的期货交易。研究境内银行、证券公司等金融机构和企业在有真实贸易和投资背景的前提下，参与境外金融衍生品市场。在风险可控的前提下，研究逐步开放金融衍生品市场。

（三十六）建立走出去金融支持体系。构建政策性金融和商业性金融相结合的境外投资金融支持体系，推动金融资本和产业资本联合走出去。完善境外投融资机制，探索建立境外股权资产的境内交易融资平台，为企业提供“外保内贷”的融资方式。发展多种形式的境外投资基金，推进丝路基金、亚洲基础设施投资银行、金砖国家新开发银行设立和有效运作，构建上海合作组织融资机构。用好投融资国际合作机制，选准重点，积极推进与“一带一路”沿线国家合作。

（三十七）扩大人民币跨境使用。推进亚洲货币稳定体系、投融资体系和信用体系建设。推进本币互换合作，进一步扩大经常项目人民币结算规模，支持跨国企业集团开展人民币资金集中运营业务。在涉外经济管理、核算和统计中使用人民币作为主要计价货币。加快人民币跨境支付系统建设，进一步完善人民币全球清算体系。进一步拓宽人民币输出渠道，鼓励使用人民币向境外进行贷款和投资。建设区域性人民币债券市场，进一步便利境外机构投资境内债券市场，支持境外机构在境内发行人民币债务融资工具，稳妥推进境内金融机构和企业赴境外发行人民币债券。支持离岸市场人民币计价金融产品的创新，加快人民币离岸市场建设，扩大人民币的境外循环。

（三十八）完善汇率形成机制和外汇管理制度。有序扩大人民币汇率浮动区间，增强人民币汇率双向浮动弹性。深化外汇管理体制改革，进一步便利市场主体用汇，按照负面清单原则推进外商投资企业外汇资本金结汇管理改革。创新国家外汇储备使用方式，拓宽多元化运用渠道。

九、建设稳定、公平、透明、可预期的营商环境

加强对外开放的法治建设，坚持依法开放，大力培育开放主体，充分发挥行业协会商会作用，着力构建稳定、公平、透明、可预期的营商环境。

（三十九）加强开放型经济法治建设。适应对外开放不断深化形势，完善涉外法律法规体系，重大开放举措要于法有据，营造规范的法治环境。发挥法治的引领和推动作用，加快形成高标准的贸易投资规则体系。以保护产权、维护契约、统一市场、平等交换、公平竞争、有效监管为基本导向，推进对内对外开放的立法、执法与司法建设。积极参与国际经贸法律交流。强化涉外法律服务，维护我国公民、法人在海外及外国公民、法人在我国的正当经济权益。

（四十）大力培育开放主体。完善国有资本对外开放的监管体系，积极发展混合所有制经济，鼓励各类所有制企业发挥自身优势，深度参与国际产业分工协作。支持国内企业吸纳先进生产要素，培育国际知名品牌，增强参与全球价值链的广度和深度，形成一批具有国际知名度和影响力的跨国公司。鼓励国内优势企业建立海外生产加工和综合服务体系，在全球范围内配置资源、开拓市场，拓展企业发展新空间。

（四十一）优化市场竞争环境。建立统一开放、竞争有序的市场体系和监管规则。加快转变政府职能，完善经济管理体制和运行机制，逐步建立权力清单制度，加强知识产权保护和反垄断制度建设，健全全社会诚信体系，清理妨碍全国统一市场和公平竞争的各种规定和做法，保证各类所有制企业依法平等使用生产要素、公开公平公正参与市场竞争、同等受到法律保护。

（四十二）改善科技创新环境。加快实施创新驱动发展战略，积极融入全球创新网络，全面提高我国科技创新的国际合作水平，更多更好利用全球创新资源。着力构建以企业为主体、市场为导向、产学研相结合的技术创新体系，健全技术创新激励机制，支持企业参与全球创新资源配置，在开放合作中提高自主创新能力。完善引进消化吸收再创新的机制，鼓励企业加强技术研发国际合作，加快新技术新产品新工艺研发应用。积极参与国际大科学计划和工程，开展多层次、多领域、多形式的国际科技合作。

（四十三）发挥行业协会商会作用。充分发挥行业协会商会在制定技术标准、规范行业秩序、开拓国际市场、应对贸易摩擦等方面的积极作用，提高协会商会组织协调、行业自律管理能力。坚持行业协会商会社会化、市场化改革方向，推进行业协会商会工作重心转向为企业、行业、市场服务。支持协会商会加强与国际行业组织的交流合作，建设国际化服务平台，改革内部管理体制和激励机制，增强可持续发展能力。加强境外中资企业协会商会建设。

十、加强支持保障机制建设

培养适应开放型经济新体制要求的人才队伍，健全对外交流渠道，做好人文交流和对外宣传，进一步完善支持保障措施。

（四十四）实施开放的人才政策。加强人才培养，构建科学有效的选人用人机制，充分集聚国际化的人才资源。健全引进人才制度，完善外国人永久居留制度，营造吸引海外高层次人才的良好工作、生活环境。支持和推荐优秀人才到国际组织任职工作。积极探索职业资格国际、地区间互认。鼓励并支持从事国际合作的社会化专业队伍加快发展，更好利用社会资源开展国际合作。

（四十五）打造对外开放战略智库。加强中国特色新型智库建设，发挥智库作用，增进国际间智库研究交流，打造拥有国际视野和战略意识的智库力量，提高对外开放战略谋划水平和国际经贸合作服务能力。加强对有关国家、区域、重点合作领域的前瞻性研究，为我国政府和企业提供政策建议和智力支持。

（四十六）做好人文交流和对外宣传。坚持与时俱进，强化国际传播能力建设，推动中国文化走出去，在对外开放中切实保障文化安全和教育安全。综合运用国际国内两种资源，培养造就更多优秀国际化人才。办好博鳌亚洲论坛，深化与世界经济论坛的合作，利用国际平台发出中国声音，深化世界各国与我国的相互了解和信任。与世界各国政党、政府、企业、民间组织、学术界和媒体广交朋友。鼓励走出去企业以多种方式培养本土技术人才，增信释疑，推动民心相通，凝聚共识和力量，营造于我有利的国际舆论和外部发展环境。

十一、建立健全开放型经济安全保障体系

要大力加强对外开放的安全工作，在扩大开放的同时，坚持维护我国核心利益，建立系统完备、科学高效的开放型经济安全保障体系，健全体制机制，有效管控风险，切实提升维护国家安全的能力。

（四十七）完善外商投资国家安全审查机制。完善外商投资国家安全审查的法律制度，制定外商投资国家安全审查条例。建立与负面清单管理模式相适应的外商投资国家安全审查制度。完善国家安全审查范围，加强事中事后监管，充分发挥社会监督作用，确保安全审查措施落到实处。

（四十八）建立走出去风险防控体系。综合运用经济、外交、法律等多种方式，规范走出去秩序，防止一哄而上、恶性竞争，维护国家形象，推动我走出去企业成为正确义利观的自觉践行者。加强境外风险防控体系建设，提升对外投资合作质量和水平。强化对国有和国有控股企业走出去经营活动的监督与管理，加强审计，完善国有企业境外经营业绩考核和责任追究制度，确保国有资本的安全与效益，防止国有资产流失，防范假借走出去侵吞国有资产的行为。

（四十九）构建经贸安全保障制度。加快出口管制立法，加快构建和实施设计科学、运转有序、执行有力的出口管制体系，完善出口管制许可和调查执法体制机制，积极参与出口管制多边规则制定。进一步加强和完善产业安全预警机制。

（五十）健全金融风险防控体系。坚持便利化与防风险并重，形成适应开放需要的跨境金融监管制度，健全宏观审慎管理框架下的外债和资本流动管理体系，完善系统性风险监测预警、评估处置以及市场稳定机制，加强对短期投机性资本流动和跨境金融衍生品交易的监测，防范和化解金融风险。创新国际优惠贷款使用模式，用好国际商业贷款，推动外债形式多元化。健全走出去金融监管体系。加强金融监管的国际交流与合作机制建设，预防危机，维护区域金融稳定。

各地区各部门要从全局和战略高度，深刻认识构建开放型经济新体制的重大意义，将思想和行动统一到党中央、国务院的决策部署上来，适应构建开放型经济新体制的要求，加强党的领导，落实工作责任，完善工作机制，精心组织实施。要加强对开放战略问题的研究，创新工作方法，及时总结经验，认真研究解决构建开放型经济新体制中遇到的新情况新问题，不断开创高水平对外开放新局面。

中共中央
国务院
2015年5月5日

国务院关于大力推进大众创业万众创新若干政策措施的意见

（国发〔2015〕32号）

推进大众创业、万众创新，是发展的动力之源，也是富民之道、公平之计、强国之策，对于推动经济结构调整、打造发展新引擎、增强发展新动力、走创新驱动发展道路具有重要意义，是稳增长、扩就业、激发亿万群众智慧和创造力，促进社会纵向流动、公平正义的重大举措。根据2015年《政府工作报告》部署，为改革完善相关体制机制，构建普惠性政策扶持体系，推动资金链引导创业创新链、创业创新链支持产业链、产业链带动就业链，现提出以下意见。

一、充分认识推进大众创业、万众创新的重要意义

——推进大众创业、万众创新，是培育和催生经济社会发展新动力的必然选择。随着我国资源环境约束日益强化，要素的规模驱动力逐步减弱，传统的高投入、高消耗、粗放式发展方式难以为继，经济发展进入新常态，需要从要素驱动、投资驱动转向创新驱动。推进大众创业、万众创新，就是要通过结构性改革、体制机制创新，消除不利于创业创新发展的各种制度束缚和桎梏，支持各类市场主体不断开办新企业、开发新产品、开拓新市场，培育新兴产业，形成小企业“铺天盖地”、大企业“顶天立地”的发展格局，实现创新驱动发展，打造新引擎、形成新动力。

——推进大众创业、万众创新，是扩大就业、实现富民之道的根本举措。我国有13亿多人口、9亿多劳动力，每年高校毕业生、农村转移劳动力、城镇困难人员、退役军人数量较大，人力资源转化为人力资本的潜力巨大，但就业总量压力较大，结构性矛盾凸显。推进大众创业、万众创新，就是要通过转变政府职能、建设服务型政府，营造公平竞争的创业环境，使有梦想、有意愿、有能力的科技人员、高校毕业生、农民工、退役军人、失业人员等各类市场创业主体“如鱼得水”，通过创业增加收入，让更多的人富起来，促进收入分配结构调整，实现创新支持创业、创业带动就业的良性互动发展。

——推进大众创业、万众创新，是激发全社会创新潜能和创业活力的有效途径。目前，我国创业创新理念还没有深入人心，创业教育培训体系还不健全，善于创造、勇于创业的能力不足，鼓励创新、宽容失败的良好环境尚未形成。推进大众创业、万众创新，就是要通过加强全社会以创新为核心的创业教育，弘扬“敢为人先、追求创新、百折不挠”的创业精神，厚植创新文化，不断增强创业创新意识，使创业创新成为全社会共同的价值追求和行为习惯。

二、总体思路

按照“四个全面”战略布局，坚持改革推动，加快实施创新驱动发展战略，充分发挥市场在资源配置中的决定性作用和更好发挥政府作用，加大简政放权力度，放宽政策、放开市场、放活主体，形成有利于创业创新的良好氛围，让千千万万创业者活跃起来，汇聚成经济社会发展的巨大动能。不断完善体制机制、健全普惠性政策措施，加强统筹协调，构建有利于大众创业、万众创新蓬勃发展的政策环境、制度环境和公共服务体系，以创业带动就业、创新促进发展。

——坚持深化改革，营造创业环境。通过结构性改革和创新，进一步简政放权、放管结合、优化服务，增强创业创新制度供给，完善相关法律法规、扶持政策和激励措施，营造均等普惠环境，推动社会纵向流动。

——坚持需求导向，释放创业活力。尊重创业创新规律，坚持以人为本，切实解决创业者面临的资金需求、市场信息、政策扶持、技术支撑、公共服务等瓶颈问题，最大限度释放各类市场主体创业创新活力，开辟就业新空间，拓展发展新天地，解放和发展生产力。

——坚持政策协同，实现落地生根。加强创业、创新、就业等各类政策统筹，部门与地方政策联动，确保创业扶持政策可操作、能落地。鼓励有条件的地区先行先试，探索形成可复制、可推广的创业创新经验。

——坚持开放共享，推动模式创新。加强创业创新公共服务资源开放共享，整合利用全球创业创新资源，实现人才等创业创新要素跨地区、跨行业自由流动。依托"互联网+"、大数据等，推动各行业创新商业模式，建立和完善线上与线下、境内与境外、政府与市场开放合作等创业创新机制。

三、创新体制机制，实现创业便利化

（一）完善公平竞争市场环境。进一步转变政府职能，增加公共产品和服务供给，为创业者提供更多机会。逐步清理并废除妨碍创业发展的制度和规定，打破地方保护主义。加快出台公平竞争审查制度，建立统一透明、有序规范的市场环境。依法反垄断和反不正当竞争，消除不利于创业创新发展的垄断协议和滥用市场支配地位以及其他不正当竞争行为。清理规范涉企收费项目，完善收费目录管理制度，制定事中事后监管办法。建立和规范企业信用信息发布制度，制定严重违法企业名单管理办法，把创业主体信用与市场准入、享受优惠政策挂钩，完善以信用管理为基础的创业创新监管模式。

（二）深化商事制度改革。加快实施工商营业执照、组织机构代码证、税务登记证"三证合一""一照一码"，落实"先照后证"改革，推进全程电子化登记和电子营业执照应用。支持各地结合实际放宽新注册企业场所登记条件限制，推动"一址多照"、集群注册等住所登记改革，为创业创新提供便利的工商登记服务。建立市场准入等负面清单，破除不合理的行业准入限制。开展企业简易注销试点，建立便捷的市场退出机制。依托企业信用信息公示系统建立小微企业名录，增强创业企业信息透明度。

（三）加强创业知识产权保护。研究商业模式等新形态创新成果的知识产权保护办法。积极推进知识产权交易，加快建立全国知识产权运营公共服务平台。完善知识产权快速维权与维权援助机制，缩短确权审查、侵权处理周期。集中查处一批侵犯知识产权的大案要案，加大对反复侵权、恶意侵权等行为的处罚力度，探索实施惩罚性赔偿制度。完善权利人维权机制，合理划分权利人举证责任，完善行政调解等非诉讼纠纷解决途径。

（四）健全创业人才培养与流动机制。把创业精神培育和创业素质教育纳入国民教育体系，实现全社会创业教育和培训制度化、体系化。加快完善创业课程设置，加强创业实训体系建设。加强创业创新知识普及教育，使大众创业、万众创新深入人心。加强创业导师队伍建设，提高创业服务水平。加快推进社会保障制度改革，破除人才自由流动制度障碍，实现党政机关、企事业单位、社会各方面人才顺畅流动。加快建立创业创新绩效评价机制，让一批富有创业精神、勇于承担风险的人才脱颖而出。

四、优化财税政策，强化创业扶持

（五）加大财政资金支持和统筹力度。各级财政要根据创业创新需要，统筹安排各类支持小微企业和创业创新的资金，加大对创业创新支持力度，强化资金预算执行和监管，加强资金使用绩效评价。支持有条件的地方政府设立创业基金，扶持创业创新发展。在确保公平竞争前提下，鼓励对众创空间等孵化机构的办公用房、用水、用能、网络等软硬件设施给予适当优惠，减轻创业者负担。

（六）完善普惠性税收措施。落实扶持小微企业发展的各项税收优惠政策。落实科技企业孵化器、大学科技园、研发费用加计扣除、固定资产加速折旧等税收优惠政策。对符合条件的众创空间等新型孵化机构适用科技企业孵化器税收优惠政策。按照税制改革方向和要求，对包括天使投资在内的投向种子期、初创期等创新活动的投资，统筹研究相关税收支持政策。修订完善高新技术企业认定办法，完善创业投资企业享受70%应纳税所得额税收抵免政策。抓紧推广中关村国家自主创新示范区税收试点政策，将企业转增股本分期缴纳个人所得税试点政策、股权奖励分期缴纳个人所得税试点政策推广至全国范围。落实促进高校毕业生、残疾人、退役军人、登记失业人员等创业就业税收政策。

（七）发挥政府采购支持作用。完善促进中小企业发展的政府采购政策，加强对采购单位的政策指导和监督检查，督促采购单位改进采购计划编制和项目预留管理，增强政策对小微企业发展的支持效果。加大创新产品和服务的采购力度，把政府采购与支持创业发展紧密结合起来。

五、搞活金融市场，实现便捷融资

（八）优化资本市场。支持符合条件的创业企业上市或发行票据融资，并鼓励创业企业通过债券市场筹集资金。积极研究尚未盈利的互联网和高新技术企业到创业板发行上市制度，推动在上海证券交易所建立战略新兴产业板。加快推进全国中小企业股份转让系统向创业板转板试点。研究解决特殊股权结构类创业企业在境内上市的制度性障碍，完善资本市场规则。规范发展服务于中小微企业的区域性股权市场，推动建立工商登记部门与区域性股权市场的股权登记对接机制，支持股权质押融资。支持符合条件的发行主体发行小微企业增信集合债等企业债券创新品种。

（九）创新银行支持方式。鼓励银行提高针对创业创新企业的金融服务专业化水平，不断创新组织架构、管理方式和金融产品。推动银行与其他金融机构加强合作，对创业创新活动给予有针对性的股权和债权融资支持。鼓励银行业金融机构向创业企业提供结算、融资、理财、咨询等一站式系统化的金融服务。

（十）丰富创业融资新模式。支持互联网金融发展，引导和鼓励众筹融资平台规范发展，开展公开、小额股权众筹融资试点，加强风险控制和规范管理。丰富完善创业担保贷款政策。支持保险资金参与创业创新，发展相互保险等新业务。完善知识产权估值、质押和流转体系，依法合规推动知识产权质押融资、专利许可费收益权证券化、专利保险等服务常态化、规模化发展，支持知识产权金融发展。

六、扩大创业投资，支持创业起步成长

（十一）建立和完善创业投资引导机制。不断扩大社会资本参与新兴产业创投计划参股基金规模，做大直接融资平台，引导创业投资更多向创业企业起步成长的前端延伸。不断完善新兴产业创业投资政策体系、制度体系、融资体系、监管和预警体系，加快建立考核评价体系。加快设立国家新兴产业创业投资引导基金和国家中小企业发展基金，逐步建立支持创业创新和新兴产业发展的市场化长效运行机制。发展联合投资等新模式，探索建立风险补偿机制。鼓励各地方政府建立和完善创业投资引导基金。加强创业投资立法，完善促进天使投资的政策法规。促进国家新兴产业创业投资引导基金、科技型中小企业创业投资引导基金、国家科技成果转化引导基金、国家中小企业发展基金等协同联动。推进创业投资行业协会建设，加强行业自律。

（十二）拓宽创业投资资金供给渠道。加快实施新兴产业“双创”三年行动计划，建立一批新兴产业“双创”示范基地，引导社会资金支持大众创业。推动商业银行在依法合规、风险隔离的前提下，与创业投资机构建立市场化长期性合作。进一步降低商业保险资金进入创业投资的门槛。推动发展投贷联动、投保联动、投债联动等新模式，不断加大对创业创新企业的融资支持。

（十三）发展国有资本创业投资。研究制定鼓励国有资本参与创业投资的系统性政策措施，完善国有创业投资机构激励约束机制、监督管理机制。引导和鼓励中央企业和其他国有企业参与新兴产业创业投资基金、设立国有资本创业投资基金等，充分发挥国有资本在创业创新中的作用。研究完善国有创业投资机构国有股转持豁免政策。

（十四）推动创业投资“引进来”与“走出去”。抓紧修订外商投资创业投资企业相关管理规定，按照内外资一致的管理原则，放宽外商投资准入，完善外资创业投资机构管理制度，简化管理流程，鼓励外资开展创业投资业务。放宽对外资创业投资基金投资限制，鼓励中外合资创业投资机构发展。引导和鼓励创业投资机构加大对境外高端研发项目的投资，积极分享境外高端技术成果。按投资领域、用途、募集资金规模，完善创业投资境外投资管理。

七、发展创业服务，构建创业生态

（十五）加快发展创业孵化服务。大力发展创新工场、车库咖啡等新型孵化器，做大做强众创空间，完善创业孵化服务。引导和鼓励各类创业孵化器与天使投资、创业投资相结合，完善投融资模式。引导和推动创业孵化与高校、科研院所等技术成果转移相结合，完善技术支撑服务。引导和鼓励国内资本与境外合作设立新型创业孵化平台，引进境外先进创业孵化模式，提升孵化能力。

（十六）大力发展第三方专业服务。加快发展企业管理、财务咨询、市场营销、人力资源、法律顾问、知识产权、检验检测、现代物流等第三方专业化服务，不断丰富和完善创业服务。

（十七）发展“互联网+”创业服务。加快发展“互联网+”创业网络体系，建设一批小微企业创业创新基地，促进创业与创新、创业与就业、线上与线下相结合，降低全社会创业门槛和成本。加强政府数据开放共享，推动大型互联网企业和基础电信企业向创业者开放计算、存储和数据资源。积极推广众包、用户参与设计、云设计等新型研发组织模式和创业创新模式。

（十八）研究探索创业券、创新券等公共服务新模式。有条件的地方继续探索通过创业券、创新券等方式对创业者和创新企业提供社会培训、管理咨询、检验检测、软件开发、研发设计等服务，建立和规范相关管理制度和运行机制，逐步形成可复制、可推广的经验。

八、建设创业创新平台，增强支撑作用

（十九）打造创业创新公共平台。加强创业创新信息资源整合，建立创业政策集中发布平台，完善专业化、网络化服务体系，增强创业创新信息透明度。鼓励开展各类公益讲坛、创业论坛、创业培训等活动，丰富创业平台形式和内容。支持各类创业创新大赛，定期办好中国创新创业大赛、中国农业科技创新创业大赛和创新挑战大赛等赛事。加强和完善中小企业公共服务平台网络建设。充分发挥企业的创新主体作用，鼓励和支持有条件的大型企业发展创业平台、投资并购小微企业等，支持企业内外部创业者创业，增强企业创业创新活力。为创业失败者再创业建立必要的指导和援助机制，不断增强创业信心和创业能力。加快建立创业企业、天使投资、创业投资统计指标体系，规范统计口径和调查方法，加强监测和分析。

（二十）用好创业创新技术平台。建立科技基础设施、大型科研仪器和专利信息资源向全社会开放的长效机制。完善国家重点实验室等国家级科研平台（基地）向社会开放机制，为大众创业、万众创新提供有力支撑。鼓励企业建立一批专业化、市场化的技术转移平台。鼓励依托三维（3D）打印、网络制造等先进技术和发展模式，开展面向创业者的社会化服务。引导和支持有条件的领军企业创建特色服务平台，面向企业内部和外部创业者提供资金、技术和服务支撑。加快建立军民两用技术项目实施、信息交互和标准化协调机制，促进军民创新资源融合。

（二十一）发展创业创新区域平台。支持开展全面创新改革试验的省（区、市）、国家综合配套改革试验区等，依托改革试验平台在创业创新体制机制改革方面积极探索，发挥示范和带动作用，为创业创新制度体系建设提供可复制、可推广的经验。依托自由贸易试验区、国家自主创新示范区、战略性新兴产业集聚区等创业创新资源密集区域，打造若干具有全球影响力的创业创新中心。引导和鼓励创业创新型城市完善环境，推动区域集聚发展。推动实施小微企业创业基地城市示范。鼓励有条件的地方出台各具特色的支持政策，积极盘活闲置的商业用房、工业厂房、企业库房、物流设施和家庭住所、租赁房等资源，为创业者提供低成本办公场所和居住条件。

九、激发创造活力，发展创新型创业

（二十二）支持科研人员创业。加快落实高校、科研院所等专业技术人员离岗创业政策，对经同意离岗的可在3年内保留人事关系，建立健全科研人员双向流动机制。进一步完善创新型中小企业上市股权激励和员工持股计划制度规则。鼓励符合条件的企业按照有关规定，通过股权、期权、分红等激励方式，调动科研人员创业积极性。支持鼓励学会、协会、研究会等科技社团为科技人员和创业企业提供咨询服务。

（二十三）支持大学生创业。深入实施大学生创业引领计划，整合发展高校毕业生就业创业基金。引导和鼓励高校统筹资源，抓紧落实大学生创业指导服务机构、人员、场地、经费等。引导和鼓励成功创业者、知名企业家、天使和创业投资人、专家学者等担任兼职创业导师，提供包括创业方案、创业渠道等创业辅导。建立健全弹性学制管理办法，支持大学生保留学籍休学创业。

（二十四）支持境外人才来华创业。发挥留学回国人才特别是领军人才、高端人才的创业引领带动作用。继续推进人力资源市场对外开放，建立和完善境外高端创业创新人才引进机制。进一步放宽外籍高端人才来华创业办理签证、永久居留证等条件，简化开办企业审批流程，探索由事前审批调整为事后备案。引导和鼓励地方对回国创业高端人才和境外高端人才来华创办高科技企业给予一次性创业启动资金，在配偶就业、子女入学、医疗、住房、社会保障等方面完善相关措施。加强海外科技人才离岸创业基地建设，把更多的国外创业创新资源引入国内。

十、拓展城乡创业渠道，实现创业带动就业

（二十五）支持电子商务向基层延伸。引导和鼓励集办公服务、投融资支持、创业辅导、渠道开拓于一体的市场化网商创业平台发展。鼓励龙头企业结合乡村特点建立电子商务交易服务平台、商品集散平台和物流中心，推动农村依托互联网创业。鼓励电子商务第三方交易平台渠道下沉，带动城乡基层创业人员依托其平台和经营网络开展创业。完善有利于中小网商发展的相关措施，在风险可控、商业可持续的前提下支持发展面向中小网商的融资贷款业务。

（二十六）支持返乡创业集聚发展。结合城乡区域特点，建立有市场竞争力的协作创业模式，形成各具特色的返乡人员创业联盟。引导返乡创业人员融入特色专业市场，打造具有区域特点的创业集群和优势产业集群。深入实施农村青年创业富民行动，支持返乡创业人员因地制宜围绕休闲农业、农产品深加工、乡村旅游、农村服务业等开展创业，完善家庭农场等新型农业经营主体发展环境。

（二十七）完善基层创业支撑服务。加强城乡基层创业人员社保、住房、教育、医疗等公共服务体系建设，完善跨区域创业转移接续制度。健全职业技能培训体系，加强远程公益创业培训，提升基层创业人员创业能力。引导和鼓励中小金融机构开展面向基层创业创新的金融产品创新，发挥社区地理和软环境优势，支持社区创业者创业。引导和鼓励行业龙头企业、大型物流企业发挥优势，拓展乡村信息资源、物流仓储等技术和服务网络，为基层创业提供支撑。

十一、加强统筹协调，完善协同机制

（二十八）加强组织领导。建立由发展改革委牵头的推进大众创业万众创新部际联席会议制度，加强顶层设计和统筹协调。各地区、各部门要立足改革创新，坚持需求导向，从根本上解决创业创新中面临的各种体制机制问题，共同推进大众创业、万众创新蓬勃发展。重大事项要及时向国务院报告。

（二十九）加强政策协调联动。建立部门之间、部门与地方之间政策协调联动机制，形成强大合力。各地区、各部门要系统梳理已发布的有关支持创业创新发展的各项政策措施，抓紧推进“立、改、废”工作，将对初创企业的扶持方式从选拔式、分配式向普惠式、引领式转变。建立健全创业创新政策协调审查制度，增强政策普惠性、连贯性和协同性。

（三十）加强政策落实情况督查。加快建立推进大众创业、万众创新有关普惠性政策措施落实情况督查督导机制，建立和完善政策执行评估体系和通报制度，全力打通决策部署的“最先一公里”和政策落实的“最后一公里”，确保各项政策措施落地生根。

各地区、各部门要进一步统一思想认识，高度重视、认真落实本意见的各项要求，结合本地区、本部门实际明确任务分工、落实工作责任，主动作为、敢于担当，积极研究解决新问题，及时总结推广经验做法，加大宣传力度，加强舆论引导，推动本意见确定的各项政策措施落实到位，不断拓展大众创业、万众创新的空间，汇聚经济社会发展新动能，促进我国经济保持中高速增长、迈向中高端水平。

国务院

2015年6月11日

国务院关于加快构建大众创业万众创新支撑平台的指导意见

（国发〔2015〕53号）

当前，全球分享经济快速增长，基于互联网等方式的创业创新蓬勃兴起，众创、众包、众扶、众筹（以下统称四众）等大众创业万众创新支撑平台快速发展，新模式、新业态不断涌现，线上线下加快融合，对生产方式、生活方式、治理方式产生广泛而深刻的影响，动力强劲，潜力巨大。同时，在四众发展过程中也面临行业准入、信用环境、监管机制等方面的问题。为落实党中央、国务院关于大力推进大众创业万众创新和推动实施“互联网+”行动的有关部署，现就加快构建大众创业万众创新支撑平台、推进四众持续健康发展提出以下意见。

一、把握发展机遇，汇聚经济社会发展新动能

四众有效拓展了创业创新与市场资源、社会需求的对接通道，搭建了多方参与的高效协同机制，丰富了创业创新组织形态，优化了劳动、信息、知识、技术、管理、资本等资源的配置方式，为社会大众广泛平等参与创业创新、共同分享改革红利和发展成果提供了更多元的途径和更广阔的空间。

众创，汇众智搞创新，通过创业创新服务平台聚集全社会各类创新资源，大幅降低创业创新成本，使每一个具有科学思维和创新能力的人都可参与创新，形成大众创造、释放众智的新局面。

众包，汇众力增就业，借助互联网等手段，将传统由特定企业和机构完成的任务向自愿参与的所有企业和个人进行分工，最大限度利用大众力量，以更高的效率、更低的成本满足生产及生活服务需求，促进生产方式变革，开拓集智创新、便捷创业、灵活就业的新途径。

众扶，汇众能助创业，通过政府和公益机构支持、企业帮扶援助、个人互助互扶等多种方式，共助小微企业和创业者成长，构建创业创新发展的良好生态。

众筹，汇众资促发展，通过互联网平台向社会募集资金，更灵活高效满足产品开发、企业成长和个人创业的融资需求，有效增加传统金融体系服务小微企业和创业者的新功能，拓展创业创新投融资新渠道。

当前我国正处于发展动力转换的关键时期，加快发展四众具有极为重要的现实意义和战略意义，有利于激发蕴藏在人民群众之中的无穷智慧和创造力，将我国的人力资源优势迅速转化为人力资本优势，促进科技创新，拓展就业空间，汇聚发展新动能；有利于加快网络经济和实体经济融合，充分利用国内国际创新资源，提高生产效率，助推“中国制造2025”，加快转型升级，壮大分享经济，培育新的经济增长点；有利于促进政府加快完善与新经济形态相适应的体制机制，创新管理方式，提升服务能力，释放改革红利；有利于实现机会公平、权利公平、人人参与又人人受益的包容性增长，探索一条中国特色的众人创富、劳动致富之路。

二、创新发展理念，着力打造创业创新新格局

全面贯彻党的十八大和十八届二中、三中、四中全会精神，按照党中央、国务院决策部署，加快实施创新驱动发展战略，不断深化改革，顺应“互联网+”时代大融合、大变革趋势，充分发挥我国互联网应用创新的综合优势，充分激发广大人民群众和市场主体的创业创新活力，推动线上与线下相结合、传统与新兴相结合、引导与规范相结合，按照“坚持市场主导、包容创业创新、公平有序发展、优化治理方式、深化开放合作”的基本原则，营造四众发展的良好环境，推动各类要素资源集聚、开放、共享，提高资源配置效率，加快四众广泛应用，在更大范围、更高层次、更深程度上推进大众创业、万众创新，打造新引擎，壮大新经济。

——坚持市场主导。充分发挥市场在资源配置中的决定性作用，强化企业和劳动者的主体地位，尊重市场选择，积极发展有利于提高资源利用效率、激发大众智慧、满足人民群众需求、创造经济增长新动力的新模式、新业态。

——包容创业创新。以更包容的态度、更积极的政策营造四众发展的宽松环境，激发人民群众的创业创新热情，鼓励各类主体充分利用互联网带来的新机遇，积极探索四众的新平台、新形式、新应用，开拓创业创新发展新空间。

——公平有序发展。坚持公平进入、公平竞争、公平监管，破除限制新模式新业态发展的不合理约束和制度瓶颈，营造传统与新兴、线上与线下主体之间公平发展的良好环境，维护各类主体合法权益，引导各方规范有序发展。

——优化治理方式。转变政府职能，进一步简政放权，强化事中事后监管，优化提升公共服务，加强协同，创新手段，发挥四众平台企业内部治理和第三方治理作用，健全政府、行业、企业、社会共同参与的治理机制，推动四众持续健康发展。

——深化开放合作。“引进来”与“走出去”相结合，充分利用四众平台，优化配置国际创新资源，借鉴国际管理经验，积极融入全球创新网络。鼓励采用四众模式搭建对外开放新平台，面向国际市场拓展服务领域，深化创业创新国际合作。

三、全面推进众创，释放创业创新能量

（一）大力发展专业空间众创。鼓励各类科技园、孵化器、创业基地、农民工返乡创业园等加快与互联网融合创新，打造线上线下相结合的大众创业万众创新载体。鼓励各类线上虚拟众创空间发展，为创业创新者提供跨行业、跨学科、跨地域的线上交流和资源链接服务。鼓励创客空间、创业咖啡、创新工场等新型众创空间发展，推动基于“互联网+”的创业创新活动加速发展。

（二）鼓励推进网络平台众创。鼓励大型互联网企业、行业领军企业通过网络平台向各类创业创新主体开放技术、开发、营销、推广等资源，鼓励各类电子商务平台为小微企业和创业者提供支撑，降低创业门槛，加强创业创新资源共享与合作，促进创新成果及时转化，构建开放式创业创新体系。

（三）培育壮大企业内部众创。通过企业内部资源平台化，积极培育内部创客文化，激发员工创造力；鼓励大中型企业通过投资员工创业开拓新的业务领域、开发创新产品，提升市场适应能力和创新能力；鼓励企业建立健全股权激励机制，突破成长中的管理瓶颈，形成持续的创新动力。

四、积极推广众包，激发创业创新活力

（四）广泛应用研发创意众包。鼓励企业与研发机构等通过网络平台将部分设计、研发任务分发和交付，促进成本降低和提质增效，推动产品技术的跨学科融合创新。鼓励企业通过网络社区等形式广泛征集用户创意，促进产品规划与市场需求无缝对接，实现万众创新与企业发展相互促动。鼓励中国服务外包示范城市、技术先进型服务企业和服务外包重点联系企业积极应用众包模式。

（五）大力实施制造运维众包。支持有能力的大中型制造企业通过互联网众包平台聚集跨区域标准化产能，满足大规模标准化产品订单的制造需求。结合深化国有企业改革，鼓励采用众包模式促进生产方式变革。鼓励中小制造企业通过众包模式构筑产品服务运维体系，提升用户体验，降低运维成本。

（六）加快推广知识内容众包。支持百科、视频等开放式平台积极通过众包实现知识内容的创造、更新和汇集，引导有能力、有条件的个人和企业积极参与，形成大众智慧集聚共享新模式。

（七）鼓励发展生活服务众包。推动交通出行、无车承运物流、快件投递、旅游、医疗、教育等领域生活服务众包，利用互联网技术高效对接供需信息，优化传统生活服务行业的组织运营模式。推动整合利用分散闲置社会资源的分享经济新型服务模式，打造人民群众广泛参与、互助互利的服务生态圈。发展以社区生活服务业为核心的电子商务服务平台，拓展服务性网络消费领域。

五、立体实施众扶，集聚创业创新合力

（八）积极推动社会公共众扶。加快公共科技资源和信息资源开放共享，提高各类公益事业机构、创新平台和基地的服务能力，推动高校和科研院所向小微企业和创业者开放科研设施，降低大众创业、万众创新的成本。鼓励行业协会、产业联盟等行业组织和第三方服务机构加强对小微企业和创业者的支持。

（九）鼓励倡导企业分享众扶。鼓励大中型企业通过生产协作、开放平台、共享资源、开放标准等方式，带动上下游小微企业和创业者发展。鼓励有条件的企业依法合规发起或参与设立公益性创业基金，开展创业培训和指导，履行企业社会责任。鼓励技术领先企业向标准化组织、产业联盟等贡献基础性专利或技术资源，推动产业链协同创新。

（十）大力支持公众互助众扶。支持开源社区、开发者社群、资源共享平台、捐赠平台、创业沙龙等各类互助平台发展。鼓励成功企业家以天使投资、慈善、指导帮扶等方式支持创业者创业。鼓励通过网络平台、线下社区、公益组织等途径扶助大众创业就业，促进互助互扶，营造深入人心、氛围浓厚的众扶文化。

六、稳健发展众筹，拓展创业创新融资

（十一）积极开展实物众筹。鼓励消费电子、智能家居、健康设备、特色农产品等创新产品开展实物众筹，支持艺术、出版、影视等创意项目在加强内容管理的同时，依法开展实物众筹。积极发挥实物众筹的资金筹集、创意展示、价值发现、市场接受度检验等功能，帮助将创新创意付诸实践，提供快速、便捷、普惠化服务。

（十二）稳步推进股权众筹。充分发挥股权众筹作为传统股权融资方式有益补充的作用，增强金融服务小微企业和创业创新者的能力。稳步推进股权众筹融资试点，鼓励小微企业和创业者通过股权众筹融资方式募集早期股本。对投资者实行分类管理，切实保护投资者合法权益，防范金融风险。

（十三）规范发展网络借贷。鼓励互联网企业依法合规设立网络借贷平台，为投融资双方提供借贷信息交互、撮合、资信评估等服务。积极运用互联网技术优势构建风险控制体系，缓解信息不对称，防范风险。

七、推进放管结合，营造宽松发展空间

（十四）完善市场准入制度。积极探索交通出行、无车承运物流、快递、金融、医疗、教育等领域的准入制度创新，通过分类管理、试点示范等方式，依法为众包、众筹等新模式新业态的发展营造政策环境。针对众包资产轻、平台化、受众广、跨地域等特点，放宽市场准入条件，降低行业准入门槛。（交通运输部、邮政局、人民银行、证监会、银监会、卫生计生委、教育部等负责）

（十五）建立健全监管制度。适应新业态发展要求，建立健全行业标准规范和规章制度，明确四众平台企业在质量管理、信息内容管理、知识产权、申报纳税、社会保障、网络安全等方面的责任、权利和义务。（质检总局、新闻出版广电总局、知识产权局、税务总局、人力资源社会保障部、网信办、工业和信息化部等负责）因业施策，加快研究制定重点领域促进四众发展的相关意见。（交通运输部、邮政局、人民银行、证监会、银监会、卫生计生委、教育部等负责）

（十六）创新行业监管方式。建立以信用为核心的新型市场监管机制，加强跨部门、跨地区协同监管。建立健全事中事后监管体系，充分发挥全国统一的信用信息共享交换平台、企业信用信息公示系统等的作用，利用大数据、随机抽查、信用评价等手段加强监督检查和对违法违规行为的处置。（发展改革委、工业和信息化部、工商总局、相关行业主管部门负责）

（十七）优化提升公共服务。加快商事制度改革，支持各地结合实际放宽新注册企业场所登记条件限制，推动“一址多照”、集群注册等住所登记改革，为创业创新提供便利的工商登记服务。简化和完善注销流程，开展个体工商户、未开业企业、无债权债务企业简易注销登记试点。推进全程电子化登记和电子营业执照应用，简化行政审批程序，为企业发展提供便利。加强行业监管、企业登记等相关部门与四众平台企业的信息互联共享，推进公共数据资源开放，加快推行电子签名、电子认证，推动电子签名国际互认，为四众发展提供支撑。进一步清理和取消职业资格许可认定，研究建立国家职业资格目录清单管理制度，加强对新设职业资格的管理。（工商总局、发展改革委、科技部、工业和信息化部、人力资源社会保障部、相关行业主管部门负责）

（十八）促进开放合作发展。有序引导外资参与四众发展，培育一批国际化四众平台企业。鼓励四众平台企业利用全球创新资源，面向国际市场拓展服务。加强国际合作，鼓励小微企业和创业者承接国际业务。（商务部、发展改革委牵头负责）

八、完善市场环境，夯实健康发展基础

（十九）加快信用体系建设。引导四众平台企业建立实名认证制度和信用评价机制，健全相关主体信用记录，鼓励发展第三方信用评价服务。建立四众平台企业的信用评价机制，公开评价结果，保障用户的知情权。建立完善信用标准化体系，制定四众发展信用环境相关的关键信用标准，规范信用信息采集、处理、评价、应用、交换、共享和服务。依法合理利用网络交易行为等在互联网上积累的信用数据，对现有征信体系和评测体系进行补充和完善。推进全国统一的信用信息共享交换平台、企业信用信息公示系统等与四众平台企业信用体系互联互通，实现资源共享。（发展改革委、人民银行、工商总局、质检总局牵头负责）

（二十）深化信用信息应用。鼓励发展信用咨询、信用评估、信用担保和信用保险等信用服务业。建立健全守信激励机制和失信联合惩戒机制，加大对守信行为的表彰和宣传力度，在市场监管和公共服务过程中，对诚实守信者实行优先办理、简化程序等“绿色通道”支持激励政策，对违法失信者依法予以限制或禁入。（发展改革委、人民银行牵头负责）

（二十一）完善知识产权环境。加大网络知识产权执法力度，促进在线创意、研发成果申请知识产权保护，研究制定四众领域的知识产权保护政策。运用技术手段加强在线创意、研发成果的知识产权执法，切实维护创业创新者权益。加强知识产权相关法律法规、典型案例的宣传和培训，增强中小微企业知识产权意识和管理能力。（知识产权局牵头负责）

九、强化内部治理，塑造自律发展机制

（二十二）提升平台治理能力。鼓励四众平台企业结合自身商业模式，积极利用信息化手段加强内部制度建设和管理规范，提高风险防控能力、信息内容管理能力和网络安全水平。引导四众平台企业履行管理责任，建立用户权益保障机制。（网信办、工业和信息化部、工商总局等负责）

（二十三）加强行业自律规范。强化行业自律，规范四众从业机构市场行为，保护行业合法权益。推动行业组织制定各类产品和服务标准，促进企业之间的业务交流和信息共享。完善行业纠纷协调和解决机制，鼓励第三方以及用户参与平台治理。构建在线争议解决、现场接待受理、监管部门受理投诉、第三方调解以及仲裁、诉讼等多元化纠纷解决机制。（相关行业主管部门、行政执法部门负责）

（二十四）保障网络信息安全。四众平台企业应当切实提升技术安全水平，及时发现和有效应对各类网络安全事件，确保网络平台安全稳定运行。妥善保管各类用户资料和交易信息，不得买卖、泄露用户信息，保障信息安全。强化守法、诚信、自律意识，营造诚信规范发展的良好氛围。（网信办、工业和信息化部牵头负责）

十、优化政策扶持，构建持续发展环境

（二十五）落实财政支持政策。创新财政科技专项资金支持方式，支持符合条件的企业通过众创、众包等方式开展相关科技活动。充分发挥国家新兴产业创业投资引导基金、国家中小企业发展基金等政策性基金作用，引导社会资源支持四众加快发展。降低对实体营业场所、固定资产投入等硬性指标要求，将对线下实体众创空间的财政扶持政策惠及网络众创空间。加大中小企业专项资金对小微企业创业基地建设的支持力度。大力推进小微企业公共服务平台和创业基地建设，加大政府购买服务力度，为采用四众模式的小微企业免费提供管理指导、技能培训、市场开拓、标准咨询、检验检测认证等服务。（财政部、发展改革委、工业和信息化部、科技部、商务部、质检总局等负责）

（二十六）实行适用税收政策。加快推广使用电子发票，支持四众平台企业和采用众包模式的中小微企业及个体经营者按规定开具电子发票，并允许将电子发票作为报销凭证。对于业务规模较小、处于初创期的从业机构符合现行小微企业税收优惠政策条件的，可按规定享受税收优惠政策。（财政部、税务总局牵头负责）

（二十七）创新金融服务模式。引导天使投资、创业投资基金等支持四众平台企业发展，支持符合条件的企业在创业板、新三板等上市挂牌。鼓励金融机构在风险可控和商业可持续的前提下，基于四众特点开展金融产品和服务创新，积极发展知识产权质押融资。大力发展政府支持的融资担保机构，加强政府引导和银担合作，综合运用资本投入、代偿补偿等方式，加大财政支持力度，引导和促进融资担保机构和银行业金融机构为符合条件的四众平台企业提供快捷、低成本的融资服务。（人民银行、证监会、银监会、保监会、发展改革委、工业和信息化部、财政部、科技部、商务部、人力资源社会保障部、知识产权局、质检总局等负责）

（二十八）深化科技体制改革。全面落实下放科技成果使用、处置和收益权，鼓励科研人员双向流动等改革部署，激励更多科研人员投身创业创新。加大科研基础设施、大型科研仪器向社会开放的力度，为更多小微企业和创业者提供支撑。（科技部牵头负责）

（二十九）繁荣创业创新文化。设立“全国大众创业万众创新活动周”，加强政策宣传，展示创业成果，促进投资对接和互动交流，为创业创新提供展示平台。继续办好中国创新创业大赛、中国农业科技创新创业大赛等赛事活动。引导各类媒体加大对四众的宣传力度，普及四众知识，发掘典型案例，推广成功经验，培育尊重知识、崇尚创造、追求卓越的创新文化。（发展改革委、科技部、工业和信息化部、中央宣传部、中国科协等负责）

（三十）鼓励地方探索先行。充分尊重和发挥基层首创精神，因地制宜，突出特色。支持各地探索适应新模式新业态发展特点的管理模式，及时总结形成可复制、可推广的经验。支持全面创新改革试验区、自由贸易试验区、国家自主创新示范区、战略性新兴产业集聚区、国家级经济技术开发区、跨境电子商务综合试验区等加大改革力度，强化对创业创新公共服务平台的扶持，充分发挥四众发展的示范带动作用。（发展改革委、科技部、商务部、相关地方省级人民政府等负责）

各地区、各部门应加大对众创、众包、众扶、众筹等创业创新活动的引导和支持力度，加强统筹协调，探索制度创新，完善政府服务，科学组织实施，鼓励先行先试，不断开创大众创业、万众创新的新局面。

国务院

2015年9月23日

国务院办公厅关于发展众创空间推进大众创新创业的指导意见

（国办发〔2015〕9号）

为加快实施创新驱动发展战略，适应和引领经济发展新常态，顺应网络时代大众创业、万众创新的新趋势，加快发展众创空间等新型创业服务平台，营造良好的创新创业生态环境，激发亿万群众创造活力，打造经济发展新引擎，经国务院同意，现提出以下意见。

一、总体要求

（一）指导思想。全面落实党的十八大和十八届二中、三中、四中全会精神，按照党中央、国务院决策部署，以营造良好创新创业生态环境为目标，以激发全社会创新创业活力为主线，以构建众创空间等创业服务平台为载体，有效整合资源，集成落实政策，完善服务模式，培育创新文化，加快形成大众创业、万众创新的生动局面。

（二）基本原则。

坚持市场导向。充分发挥市场配置资源的决定性作用，以社会力量为主构建市场化的众创空间，以满足个性化多样化消费需求和用户体验为出发点，促进创新创意与市场需求和社会资本有效对接。

加强政策集成。进一步加大简政放权力度，优化市场竞争环境。完善创新创业政策体系，加大政策落实力度，降低创新创业成本，壮大创新创业群体。完善股权激励和利益分配机制，保障创新创业者的合法权益。

强化开放共享。充分运用互联网和开源技术，构建开放创新创业平台，促进更多创业者加入和集聚。加强跨区域、跨国技术转移，整合利用全球创新资源。推动产学研协同创新，促进科技资源开放共享。

创新服务模式。通过市场化机制、专业化服务和资本化途径，有效集成创业服务资源，提供全链条增值服务。强化创业辅导，培育企业家精神，发挥资本推力作用，提高创新创业效率。

（三）发展目标。到2020年，形成一批有效满足大众创新创业需求、具有较强专业化服务能力的众创空间等新型创业服务平台；培育一批天使投资人和创业投资机构，投融资渠道更加畅通；孵化培育一大批创新型小微企业，并从中成长出能够引领未来经济发展的骨干企业，形成新的产业业态和经济增长点；创业群体高度活跃，以创业促进就业，提供更多高质量就业岗位；创新创业政策体系更加健全，服务体系更加完善，全社会创新创业文化氛围更加浓厚。

二、重点任务

（一）加快构建众创空间。总结推广创客空间、创业咖啡、创新工场等新型孵化模式，充分利用国家自主创新示范区、国家高新技术产业开发区、科技企业孵化器、小企业创业基地、大学科技园和高校、科研院所的有利条件，发挥行业领军企业、创业投资机构、社会组织等社会力量的主力军作用，构建一批低成本、便利化、全要素、开放式的众创空间。发挥政策集成和协同效应，实现创新与创业相结合、线上与线下相结合、孵化与投资相结合，为广大创新创业者提供良好的工作空间、网络空间、社交空间和资源共享空间。

（二）降低创新创业门槛。深化商事制度改革，针对众创空间等新型孵化机构集中办公等特点，鼓励各地结合实际，简化住所登记手续，采取一站式窗口、网上申报、多证联办等措施为创业企业工商注册提供便利。有条件的地方政府可对众创空间等新型孵化机构的房租、宽带接入费用和用于创业服务的公共软件、开发工具给予适当财政补贴，鼓励众创空间为创业者提供免费高带宽互联网接入服务。

（三）鼓励科技人员和大学生创业。加快推进中央级事业单位科技成果使用、处置和收益管理改革试点，完善科技人员创业股权激励机制。推进实施大学生创业引领计划，鼓励高校开发开设创新创业教育课程，建立健全大学生创业指导服务专门机构，加强大学生创业培训，整合发展国家和省级高校毕业生就业创业基金，为大学生创业提供场所、公共服务和资金支持，以创业带动就业。

（四）支持创新创业公共服务。综合运用政府购买服务、无偿资助、业务奖励等方式，支持中小企业公共服务平台和服务机构建设，为中小企业提供全方位专业化优质服务，支持服务机构为初创企业提供法律、知识产权、财务、咨询、检验检测认证和技术转移等服务，促进科技基础条件平台开放共享。加强电子商务基础建设，为创新创业搭建高效便利的服务平台，提高小微企业市场竞争力。完善专利审查快速通道，对小微企业亟需获得授权的核心专利申请予以优先审查。

（五）加强财政资金引导。通过中小企业发展专项资金，运用阶段参股、风险补助和投资保障等方式，引导创业投资机构投资于初创期科技型中小企业。发挥国家新兴产业创业投资引导基金对社会资本的带动作用，重点支持战略性新兴产业和高技术产业早中期、初创期创新型企业发展。发挥国家科技成果转化引导基金作用，综合运用设立创业投资子基金、贷款风险补偿、绩效奖励等方式，促进科技成果转移转化。发挥财政资金杠杆作用，通过市场机制引导社会资金和金融资本支持创业活动。发挥财税政策作用支持天使投资、创业投资发展，培育发展天使投资群体，推动大众创新创业。

（六）完善创业投融资机制。发挥多层次资本市场作用，为创新型企业提供综合金融服务。开展互联网股权众筹融资试点，增强众筹对大众创新创业的服务能力。规范和发展服务小微企业的区域性股权市场，促进科技初创企业融资，完善创业投资、天使投资退出和流转机制。鼓励银行业金融机构新设或改造部分分（支）行，作为从事科技型中小企业金融服务的专业或特色分（支）行，提供科技融资担保、知识产权质押、股权质押等方式的金融服务。

（七）丰富创新创业活动。鼓励社会力量围绕大众创业、万众创新组织开展各类公益活动。继续办好中国创新创业大赛、中国农业科技创新创业大赛等赛事活动，积极支持参与国际创新创业大赛，为投资机构与创新创业者提供对接平台。建立健全创业辅导制度，培育一批专业创业辅导师，鼓励拥有丰富经验和创业资源的企业家、天使投资人和专家学者担任创业导师或组成辅导团队。鼓励大企业建立服务大众创业的开放创新平台，支持社会力量举办创业沙龙、创业大讲堂、创业训练营等创业培训活动。

（八）营造创新创业文化氛围。积极倡导敢为人先、宽容失败的创新文化，树立崇尚创新、创业致富的价值导向，大力培育企业家精神和创客文化，将奇思妙想、创新创意转化为实实在在的创业活动。加强各类媒体对大众创新创业的新闻宣传和舆论引导，报道一批创新创业先进事迹，树立一批创新创业典型人物，让大众创业、万众创新在全社会蔚然成风。

三、组织实施

（一）加强组织领导。各地区、各部门要高度重视推进大众创新创业工作，切实抓紧抓好。各有关部门要按照职能分工，积极落实促进创新创业的各项政策措施。各地要加强对创新创业工作的组织领导，结合地方实际制定具体实施方案，明确工作部署，切实加大资金投入、政策支持和条件保障力度。

（二）加强示范引导。在国家自主创新示范区、国家高新技术产业开发区、小企业创业基地、大学科技园和其他有条件的地区开展创业示范工程。鼓励各地积极探索推进大众创新创业的新机制、新政策，不断完善创新创业服务体系，营造良好的创新创业环境。

（三）加强协调推进。科技部要加强与相关部门的工作协调，研究完善推进大众创新创业的政策措施，加强对发展众创空间的指导和支持。各地要做好大众创新创业政策落实情况调研、发展情况统计汇总等工作，及时报告有关进展情况。

国务院办公厅
2015年3月2日

国务院办公厅关于加快推进“三证合一”登记制度改革的意见

（国办发〔2015〕50号）

为加快推进“三证合一”登记制度改革，经国务院同意，现提出如下意见。

一、充分认识推行“三证合一”登记制度改革的重要意义

“三证合一”登记制度是指将企业登记时依次申请，分别由工商行政管理部门核发工商营业执照、质量技术监督部门核发组织机构代码证、税务部门核发税务登记证，改为一次申请、由工商行政管理部门核发一个营业执照的登记制度。全面推行“三证合一”登记制度改革，是贯彻党的十八大和十八届二中、三中、四中全会精神，落实国务院决策部署，深化商事登记制度改革的重要举措。加快推进这一改革，可以进一步便利企业注册，持续推动形成大众创业、万众创新热潮。这是维护交易安全、消除监管盲区的有效途径，是推进简政放权、建设服务型政府的必然选择，对于提高国家治理体系和治理能力现代化水平，使市场在资源配置中起决定性作用和更好发挥政府作用，具有十分重要的意义。各地区、各部门要站在全局高度充分认识这一改革的重要意义，提高思想认识，加强协调配合，确保这一利国利民的改革举措顺利实施。

二、改革目标和基本原则

（一）改革目标。

通过“一窗受理、互联互通、信息共享”，将由工商行政管理、质量技术监督、税务三个部门分别核发不同证照，改为由工商行政管理部门核发一个加载法人和其他组织统一社会信用代码的营业执照，即“一照一码”登记模式。

（二）基本原则。

1．便捷高效。要按照程序简便、办照高效的要求，优化审批流程，创新服务方式，提高登记效率，方便企业准入。

2．规范统一。要按照优化、整合、一体化的原则，科学制定“三证合一”登记流程，实行统一的“三证合一”登记程序和登记要求，规范登记条件、登记材料。

3．统筹推进。大力推行一窗受理、一站式服务工作机制，将“三证合一”登记制度改革与全程电子化登记管理、企业法人国家信息资源库建设、企业信用信息公示系统建设、政务信息共享平台建设、统一社会信用代码制度建设等工作统筹考虑、协同推进。

三、改革步骤和基本要求

（一）改革步骤。

现阶段，已试行“一窗受理、并联审批、三证统发”登记模式改革和“一窗受理、并联审批、核发一照、一照三号”登记模式改革的省、自治区、直辖市可继续试点；支持上海、广东、天津、福建自贸试验区率先推行“一照一码”登记模式改革试点。各地区要积极推进“三证合一”登记制度改革各项工作，做好实施“一照一码”登记模式改革各项准备工作，待统一社会信用代码实施后，2015年底前在全国全面推行“一照一码”登记模式。

（二）基本要求。

1．统一申请条件和文书规范。要以方便企业办事、简化登记手续、降低行政成本为出发点，按照企业不重复填报登记申请文书内容和不重复提交登记材料的原则，依法梳理申请事项，统一明确申请条件，整合简化文书规范，实行“一套材料”和“一表登记”申请，并在“一窗受理”窗口公示申请条件和示范文本。

2．规范申请登记审批流程。按照“三证合一”登记制度改革的新要求，整合优化申请、受理、审查、核准、公示、发照等程序，缩短登记审批时限。“一个窗口”统一受理企业申请并审核后，申请材料和审核信息在部门间共享，实现数据交换、档案互认。电子登记档案与纸质登记档案具有同等法律效力。各地区要结合本地区实际，制定简明易懂的“三证合一”登记办事指南，明确企业设立（开业）登记、变更登记、注销登记等各个环节的操作流程。

3．优化登记管理服务方式。适应实行“三证合一”登记制度改革的需要，加快推进“一个窗口”对外统一受理模式，方便申请人办理。要坚持公开办理、限时办理、透明办理，坚持条件公开、流程公开、结果公开。除涉及国家秘密、商业秘密或个人隐私外，要及时公开登记企业的基础信息。各相关部门要切实履行对申请人的告知义务，及时提供咨询服务，强化内部督查和社会监督，提高登记审批效率。

4．建立跨部门信息传递与数据共享的保障机制。要加大信息化投入，按照统一规范和标准，改造升级各相关业务信息管理系统，实现互联互通、信息共享。充分利用统一的信用信息共享交换平台，推动企业基础信息和相关信用信息在政府部门间广泛共享和有效应用。积极推进“三证合一”申请、受理、审查、核准、公示、发照等全程电子化登记管理，最终实现“三证合一”网上办理。

5．实现改革成果共享应用。实行“三证合一”登记制度改革后，企业的组织机构代码证和税务登记证不再发放。企业原需要使用组织机构代码证、税务登记证办理相关事务的，一律改为使用“三证合一”后的营业执照办理。实行更多证照合一的，只要与本意见的原则和要求相一致，都可以先行先试。各地区、各部门、各单位都要予以认可和应用。

四、保障措施

（一）加强组织领导。县级以上地方各级人民政府要建立“三证合一”登记制度改革领导机制，切实加强组织领导和协调，落实工作责任，为顺利实施“三证合一”登记制度改革提供必要的人员、场所、设施和经费保障。要加强对“三证合一”登记制度改革的跟踪了解和检查指导，加大统筹和督查力度，及时协调解决改革中出现的重大问题。

（二）加强协同推进。“三证合一”登记制度改革涉及工商行政管理、质量技术监督、税务及其他相关职能部门，各地区、各部门要建立协同推进工作机制，加强信息化保障，形成工作合力。有序做好已登记企业（包括已试点“三证合一”登记制度改革的企业）原发证照换发工作，与统一社会信用代码的过渡期相衔接，变更换证不能收费。过渡期内，原发证照（包括各地探索试点的“一照三号”营业执照、“一照一号”营业执照）继续有效，过渡期结束后一律使用加载统一社会信用代码的营业执照，原发证照不再有效。强化法制保障，认真梳理“三证合一”登记制度改革涉及营业执照、组织机构代码证、税务登记证的法律、法规、规章及规范性文件，及时进行修订和完善，努力使“三证合一”涉及的各个环节衔接顺畅，保证“三证合一”登记制度改革顺利实施。

（三）加强宣传引导。要充分利用各种新闻媒介，加大对“三证合一”登记制度改革的宣传解读力度，及时解答和回应社会关注的热点问题，在全社会形成关心改革、支持改革、参与改革的良好氛围。

国务院办公厅

2015年6月23日

国家发展改革委 中国科协 关于共同推动大众创业万众创新工作的意见

（发改高技〔2015〕3065号）

为贯彻落实党的十八届五中全会精神，深入实施创新驱动发展战略，全面推进大众创业、万众创新，激发创新创业活力，释放新需求，创造新供给，推动新技术、新业态、新模式、新产业蓬勃发展，按照党中央、国务院关于推动大众创业、万众创新的系列工作部署，国家发展改革委和中国科协就协同推动“双创”工作提出以下意见。

一、建立协同推进工作机制

创新是引领发展的第一动力，推动大众创业、万众创新是实施创新驱动发展战略的核心内容。在全面推进双创工作中，充分发挥科技工作者在创新创业中的生力军作用，对提升双创质量和水平至关重要。依托推进大众创业万众创新部际联席会议制度，国家发展改革委、中国科协建立部门会商和协同推进工作机制，同时动员各级发展改革委、科协和各类全国学会，充分激发科技工作者创新创业积极性，调动更多科技创新资源共同推进双创工作，扩大双创工作的覆盖面和影响力。各地发展改革委、科协和学会要深刻认识科技工作者在推动双创工作中的重要作用，加快建立合作机制，明确工作职责分工，结合工作实际制定具体实施方案，积极主动开展工作。

二、搭建创新创业活动平台

按照国务院的统一部署，国家发展改革委会同有关部门和地方继续办好全国大众创业万众创新活动周（下文简称活动周），推动活动周的制度化、长期化、国际化，将活动周打造成为宣传国家政策、展示优秀项目、推出优秀人才的双创品牌活动平台。中国科协作为活动周的承办单位，负责研究提出每年活动周主题、实施方案等，做好组织筹备工作，持续推动活动周常办常新、办出特色、办出品牌。国家发展改革委、中国科协以活动周网站为基础，共同建设双创服务互联网平台，打造永不落幕的活动周。中国科协充分发挥全国学会、企业科协力量，结合创新驱动助力工程、院士专家工作站、“讲、比”活动等工作机制，依托现有的科技信息服务平台，建设创新创业综合数据资源库和专家库，为双创提供专业支撑。各地发展改革委、科协和学会要持续跟踪、选拔和推荐一批优秀项目和人才，努力拓展双创工作资源，协助推进现有工作平台和互联网平台无障碍对接。

三、推动建设创新创业服务基地

国家发展改革委和中国科协共同推动建设全国双创服务中心，建立创新、协作、开放、共享新机制，着力打造多主体协作、多要素联动、多领域协同、全周期管理、线上线下结合的国家级双创服务中心，面向全国开展交流交易、信息加工、技术支持、展示宣传、综合评价等双创服务工作。国家发展改革委在实施双创示范基地三年行动计划中，充分依托科协资源，依托学会服务站、院士专家工作站、专家服务中心等组织机构，为科技工作者和初创企业提供创新创业服务。各地发展改革委要积极支持科技工作者创新创业基地、创业孵化基地等建设。各地科协以“海外智力为国服务行动计划”为基础，支持海外科技人才离岸创业基地建设，探索实行国际通行的科学研究和技术研发、创业机制，聚集一批海外高层次创业人才和团队。

四、支持科技工作者创新创业

各地发展改革委和科协要大力支持科技工作者创新创业，促进科技工作者将创新创业意愿转化为行动。要充分发挥企业科协、园区科协的作用，通过组建产业创新联盟、创客联合会等方式，跟踪服务一批创新型初创企业，帮助不同行业、不同背景、不同阶段的创业者实现跨界、交流、互助、合作。各级科协组织和学会要充分发挥优势，组织成功创业者、知名企业家、专家学者为创业企业提供创业辅导和技术指导，面向需求开展科技信息转化应用、科技成果转化、科技成果鉴定评估等咨询服务，利用信息化手段开展各种知识服务与创新教育服务。各级科协组织和学会要通过举办各类创业培训活动和创新科技成果交易会、项目对接会等活动，为创业企业和优秀项目提供展示舞台，提高创业企业的竞争力。

五、加强创新创业宣传工作

国家发展改革委、中国科协将加强与中央和地方各大主流媒体、都市类媒体和网络媒体合作，共同推出内容丰富、形式多样的双创节目，宣传创新创业典型，展示双创人物风采。中国科协结合全国科普日等重点科普活动，明确双创宣传主题，广泛宣传创新创业代表性人物和事迹。各地发展改革委、科协和各级学会要积极组织推动在本地开展各具特色的宣传工作，发现和推荐一批科技工作者创新创业典型，加强宣传，引导科技工作者参与创新创业实践，营造创新创业良好环境，着力培育创新创业文化。

六、拓展创新创业融资渠道

国家发展改革委和各地发展改革委要进一步完善创业投资政策环境，加快发展创业投资。在国家新兴产业创业投资引导基金运作过程中，在重点领域选择、项目投资咨询等方面充分发挥各级科协、专业学会的优势和资源。中国科协与中国邮储银行等金融机构合作在有条件的地方设立金融服务中心，有关地方发展改革委要将金融服务中心作为推动双创工作的重要抓手，结合金融服务中心开展试点示范，为创新型小微企业提供便捷金融服务。

七、加强创新创业监测评估

强化对双创工作的监督检查和绩效考核，定期开展政策落实情况督查。国家发展改革委委托中国科协开展双创政策措施落实情况、双创环境优化情况、双创效果等的监测评估，定期发布企业和区域双创活跃指数等监测报告。国家发展改革委组织开展新兴产业发展、双创战略、双创评价体系研究，发布年度《中国大众创业万众创新发展报告》、季度《创新创业形势分析报告》，建立和完善双创评价体系。中国科协支持学会开展科技成果评价、科技型企业信用评估、技术标准、检验检测等第三方评估和服务。

各地发展改革委、科协、学会要按照本意见要求，加强统筹协调，探索创新，完善服务，科学组织，不断拓展大众创业、万众创新的空间，打造双创蓬勃发展新局面，培育经济发展新动能，加快实现发展动力转换，促进我国经济保持中高速增长、向中高端水平迈进。

国家发展改革委
中国科协
2015年12月24日

关于促进东北老工业基地创新创业发展打造竞争新优势的实施意见

（发改振兴〔2015〕1488号）

实施东北地区等老工业基地振兴战略以来，东北地区自主创新能力不断提升，创新创业环境得到改善，但制约科技与经济结合的体制机制障碍依然突出，创业活动不活跃，新兴产业发展滞后，科教优势未能有效转化为经济优势。为贯彻落实《国务院关于近期支持东北振兴若干重大政策举措的意见》（国发〔2014〕28号），应对东北经济不断加大的下行压力，推动东北老工业基地发展方式由主要依靠要素驱动向更多依靠创新驱动转变，再造区域竞争新优势，提出以下意见。

一、总体要求

（一）指导思想。

贯彻落实党的十八大和十八届三中、四中全会精神，深入学习贯彻习近平总书记系列重要讲话精神，按照党中央、国务院决策部署，深刻认识、主动适应经济发展新常态，深化体制机制改革，完善创新创业发展环境，实施创新驱动发展战略，激发区域创新活力和创业热情，推进全民创业带动产业繁荣，推动东北老工业基地经济保持中高速增长、产业结构向中高端迈进。

（二）基本原则。

问题导向，重点突破。坚持把破解制约东北创新创业发展的突出矛盾作为出发点，打通科技成果向现实生产力有效转化通道，依靠创新创业促进产业转型升级。

深化改革，激发活力。围绕提升东北地区市场化程度、深化国有企业和科研院所管理体制改革、推进全面创业等重点施策，充分释放区域创新创业活力。

创新驱动，转型升级。在东北地区建立市场导向的技术创新体系，围绕产业链部署创新链，依托“互联网+”、云计算、大数据等，促进传统产业提质增效，支持新兴产业和新业态大发展，形成发展新动力。

人才为本，强化激励。把留住人才放在优先位置，积极引进人才，使科研人员获得与贡献相匹配的待遇和尊严，使创新创业在东北老工业基地蔚然成风。

上下联动，形成合力。统筹好中央政府顶层设计和地方政府责任主体之间的关系。国务院有关部门加强指导和协调，东北地方政府相关部门充分发挥主观能动性，扎实推进各项工作。

二、完善促进创新创业发展的体制机制

（三）进一步推进政府简政放权。

东北地方政府相关部门要进一步深化行政审批制度改革，全面清理、调整与创新创业相关的审批、认证、收费、评奖事项，将保留事项向社会公布。深化商事制度改革，市场主体住所（经营场所）登记允许“一址多照”和“一照多址”，实现营业执照、组织机构代码证、税务登记证和社会保险登记证等“多证合一”。完善市场准入“一个窗口”制度，推进“先照后证”改革。按照《辽宁省企业投资项目管理体制改革试点方案》要求，抓好鞍山市、沈阳市铁西区投资项目管理体制改革试点，尽快形成可复制可推广的经验并全面实施。

（四）建立健全产权保护机制。

加强专利执法、商标执法和版权执法，加强行政执法部门与司法机关之间信息互联互通。加强对重点产业、关键核心技术、基础前沿领域知识产权保护力度。支持企业、产业技术联盟构建专利池，建设基于互联网的研究开发、技术转移、检测认证、知识产权与标准、科技咨询等服务平台。加强对各类企业法人财产权的保护。依法保护企业家创新收益。企业以法人财产权依法自主经营、自负盈亏，有权拒绝任何组织和个人无法律依据的要求。

（五）完善科技创新资金分配机制。

深化地方科技计划（专项、基金等）管理改革，优化整合资源，建立目标明确和绩效导向的管理制度。地方财政科技资金进一步加大对科技型中小微企业支持力度，积极引导社会资本和金融资本支持创新创业。更多运用财政后补助、间接投入等方式，支持企业开展创新活动。探索采用创新券、创业券等方式，支持企业购买高校和科研院所科技成果和科技服务。

（六）加快社会信用体系建设。

选择有条件的地区，开展重点高新技术企业信用评级试点工作，建立高新技术企业信用报告制度，开展信用融资。推动地方政府建立完善覆盖所有社会成员的统一信用信息共享平台，实现信用信息的互联互通与资源共享，构建“互联网+监管”机制。开展信用“红、黑名单”建设，构建守信激励和失信惩戒机制，营造“守信光荣、失信可耻”的社会舆论氛围。

（七）深化国有企业改革提升创新效率。

坚持国有企业改革的市场化方向，探索混合所有制的多种实现形式，增强企业的创新活力和竞争力。推动总部在东北的商业类中央企业将产能严重过剩领域的国有资本有序向关键性、战略性、基础性和先导性行业领域调整集中。东北各省（自治区）修订省属国企负责人考核制度，针对不同行业分类指导，加大技术创新指标在业绩考核中的比重，在本省（自治区）

各选择若干个国有企业开展研发投入按一定比例视作经营利润的考核改革试点。研究制定国有企业对重要技术人员和经营管理人员实施股权激励和分红激励的实施办法。

（八）支持民营企业提高创新能力。

鼓励有条件的民营企业设立院士专家工作站，加强科研基地建设。落实和完善政府采购促进中小创新企业发展的相关措施，放宽民营企业进入军品科研生产和维修的准入领域和采购范围。支持民营企业牵头承担国家科技项目，组建产业与技术创新联盟。推动完善中小企业创新服务体系，建立中小企业公共技术服务联盟。东北高校和科研院所要积极面向社会开放科研和检测平台，为中小企业创新创业活动提供仪器设备和人才支撑。

（九）营造鼓励创新创业的文化氛围。

树立崇尚创新、宽容失败的价值导向，大力培育企业家精神和创客文化。高校、科研院所和职业院校要深化教育改革，营造敢为人先、敢冒风险的氛围与环境，培养学生创新精神、创业意识和创新创业能力。充分利用微博、微信等网络新媒体，生动讲述老工业基地艰苦奋斗、开拓进取的创新创业故事。充分发挥社会组织的作用，积极开展各类公益活动。

三、建立市场导向的技术创新体系

（十）以企业为主体推进创新链整合。

以突破制约东北产业发展关键核心技术、延伸产业链条、培育新兴产业集群为目标，组织实施东北振兴重大创新工程，打通基础研究、应用开发、中试和产业化之间的创新链条。支持机器人、轨道交通、石墨等东北现有国家级产业与技术创新联盟开展协同创新，突破产业发展技术瓶颈。加强航空装备、半导体装备、生物制药等东北现有省级产业与技术创新联盟能力建设。在现代农牧业机械装备、碳纤维、光电晶体材料装备、生物育种、云计算等领域积极培育发展一批产业与技术创新联盟。实施企业创新百强工程，开展区域骨干企业创新转型试点。深入实施国家技术创新工程。以产业与技术创新联盟为重点（见附件），支持东北创新链整合。

（十一）大力促进高校和科研院所成果转化。

推行职称分类评审，将科技成果转化情况和技术合同成交额作为高校院所考核评价的重要指标，将科技成果转化纳入科技人员考评体系，对在技术转移、科技成果转化中贡献突出的，可破格评定相应专业技术职称。东北地区高校和科研院所要明确科技成果使用权、处置权和收益权管理的办事机构及工作流程。结合事业单位养老保险制度改革，支持东北地区制定出台科研人员在企业与事业单位之间流动社保关系转移接续政策措施。

（十二）建设创新基础平台。

在吉林省布局综合极端条件试验装置、在黑龙江省布局空间环境地面模拟装置等国家重大科技基础设施。鼓励中科院院级技术创新与转化平台、黑龙江省工业技术研究院、沈鼓-大工研究院、远大科技园和长春中俄科技园等探索支持创新创业发展的新模式。实施中科院“率先行动”计划，在东北地区共同支持建设沈阳材料科学国家（联合）实验室、中科院机器人与智能制造创新研究院、吉林省精密光电领域国家重大创新基地。支持中国农业科学院果树研究所（兴城）建立北方果树良种苗木繁育和技术转化中心。

（十三）打造东北创新创业发展新高地。

在沈阳开展全面创新改革试验，授权其在知识产权、科研院所、高等教育、人才流动、国际合作、金融创新、激励机制、市场准入等方面进行改革试验，研究提出一批适合东北特点和实际的创新政策，及时总结推广经验，发挥示范带动作用。支持大连金普新区等国家级新区加强体制机制创新和自主创新，引领发展方式转变。积极推动沈阳、大连高新区设立国家自主创新示范区，研究国家自主创新示范区在东北其他地区的布局，形成东北创新创业发展的重要支撑带。开展创新型省份建设试点，推进沈阳、大连、长春、哈尔滨等创新型试点城市建设，带动区域创新驱动发展。依托城区老工业区或其搬迁改造承接区，建设老工业基地创新创业发展示范区，打造老工业城市竞争新优势，中央预算内城区老工业区搬迁改造等专项资金支持示范区创新创业能力建设。鼓励铁岭、四平、通辽等地开展协同创新合作，做大做强东北省际间经济发展带，培育后发优势区域。深化与京津冀、环渤海地区融合发展，建设东戴河中关村合作园区，积极承接中关村、中科院产业转移和科技成果转化。通过打造创新创业发展新高地，形成东北新的增长极和增长带。

（十四）加强对外创新合作。

通过双边科技合作机制，推进东北地区与周边国家科技合作，推动农业相关园区与美大地区创新合作。加强哈尔滨、长春、呼伦贝尔、丹东、延边等地国家国际科技合作基地建设。支持沈阳中德高端装备制造产业园、大连中日韩循环经济示范基地、大连中以高技术产业合作重点区域建设。按照国务院统一部署，支持大连跨境电商综合试验区建设。优先支持东北装备“走出去”和国际产能合作，支持装备制造企业并购海外科技型企业，设立海外研发机构，开展国际行业标准对接和产品认证，鼓励依托互联网建设“走出去”综合服务平台。加强边境口岸改造及查验设施建设，实现统一电子通关，促进发展跨境电子商务。

四、促进大众创业

（十五）推动壮大创业者群体。

东北地方政府相关部门要积极出台扶持本地创业的政策举措。组织实施东北地区创业导师计划，建设一批高水平创业导师队伍。对于高校、科研院所等事业单位专业技术人员离岗创业的，经原单位同意可在3年内保留人事关系，与原单位其他在岗人员同等享有参加职称评聘、岗位等级晋升和社会保险等方面的权利。鼓励高校和科研院所开发开设大学生创新创业教育课程，依托科技企业孵化器、大学科技园等机构搭建创业教育实践平台。支持高校为有意愿、有潜质的学生制定创新创业培养计划，设立学生创业基金，建设学生创业孵化器。允许学生在完成学业的前提下休学创业。落实支持劳动者创业的税费减免、担保贷款、场地安排等扶持政策，加强培训和服务，支持下岗失业人员、退役军人、返乡农民工等群体创业。鼓励利用现有乡镇工业园区、闲置厂房校舍和科研培训设施等为农民创新创业提供孵化服务。

（十六）加快构建众创空间。

支持东北地区汽车电子、生物医药等特色专业孵化器建设。改造利用老厂区老厂房，为创业者提供个性化的创业空间。鼓励发展“大连科技指南针”等科技创业服务平台，葫芦岛泳装产业、辽源袜业等电子商务公共服务平台。支持沈阳、哈尔滨开展小微企业创业创新基地城市示范工作。在东北地区组织开展创新创业大赛、科技创新创业人才投融资集训营，为创业者与投资机构提供对接平台。

（十七）加大创业投资支持。

推动各类政策性产业投资基金、创业投资引导基金加大对东北地区的支持。加快推进东北有条件的地区设立创业投资引导基金。鼓励国家级、省级经济技术开发区和高新技术开发区设立创业投资引导基金。创新债券品种，通过专项债券支持东北地区创新创业。全面落实创业投资税收优惠政策，完善外商投资创业投资企业规定，引导支持大众创业。

五、打造产业竞争新优势

（十八）推动“互联网+现代农业”发展。

推动互联网与农业生产、经营、管理、服务各环节加速融合，培育一批网络化、智能化、精细化的现代种养模式，加快完善新型农业经营体系，建立健全农产品质量安全保障、农业信息监测预警等管理服务体系，打造高端绿色有机食品产业，推进农村一二三产业融合发展。大力推进绿色食品、地理标志农产品品牌建设，培育五常大米、大小兴安岭和长白山林区林特产品、蒙东牛羊肉、辽东海产品等一批国内外知名品牌。鼓励建设东北优质农畜产品展示展销中心，积极开展网上经营，加强农产品全程冷链物流体系建设，实现线上线下融合发展。

（十九）促进传统制造业提质增效。

加快推进新一代信息技术与制造业深度融合，促进工业互联网、云计算、大数据在企业研发设计、生产制造、经营管理、销售服务等全流程和全产业链的综合集成应用。在东北地区实施服务型制造行动计划，引导和支持制造业企业延伸服务链条，从主要提供产品制造向提供产品和服务转变。鼓励优势制造业企业剥离生产性服务业，通过业务流程再造，提供社会化、专业化服务。推进钢铁、有色、化工、建材等行业绿色改造升级，加快机械、船舶、汽车、食品等行业智能化改造，加强质量、品牌和标准建设，打造一批具有国际竞争力的产业基地和区域特色产业集群。支持沈阳、大连、长春、哈尔滨、齐齐哈尔、葫芦岛等地先进装备制造业发展，在电力装备、轨道交通、造船、海工装备等领域形成一批世界级产业基地。支持打造阜新液压、丹东仪器仪表、铁岭和四平专用车、大庆石油石化装备、霍林郭勒高端铝材等产业集群。推动在沈阳、大连、哈尔滨设立军民融合发展示范园区工作，发展军民两用高技术产业，积极布局国家大型军工项目，形成从主机到配套的完整产业链。实施一批重点技术装备首台（套）项目，将东北重大技术装备产品纳入《首台（套）重大技术装备推广应用指导目录》。实施首台（套）重大技术装备保险补偿机制试点，中央财政对符合条件的东北地区投保企业保费补贴予以支持。

（二十）发展壮大新兴产业。

出台实施东北地区培育和发展新兴产业三年行动计划，拓展新兴产业市场空间，发展一批有基础、有优势、有竞争力的新兴产业。支持中心城市打造国内领先的新兴产业集群。加快推进沈阳、哈尔滨等地壮大工业机器人及智能装备产业规模，形成优势产业集群。推进沈飞、哈飞等企业与国际大型航空企业开展重大项目合作，在沈阳、哈尔滨建设国家级航空产业基地。扶持沈阳、大连集成电路设计、制造及装备产业发展，完善集成电路产业链。壮大长春光电子、卫星应用、生物制药等新兴产业规模。积极打造东北二三线城市新兴产业名片。支持本溪、通化等地加快化学创新药物、现代中药等新品种研制及产业化。发展高纯石墨、石墨烯等高端产品，在鸡西、鹤岗等地建设石墨及深加工产业集群。支持大庆、铁岭等地发展高端碳纤维、玄武岩纤维、聚酰亚胺纤维等高性能纤维。发挥森林、草原、湿地、湖泊、冰雪、民俗、边境等资源优势，建设国内知名生态旅游和休闲养老目的地。

（二十一）促进新业态大发展。

积极实施“互联网+”行动计划，围绕各行业产品、生产线、供应链及商业模式等环节，开展跨界融合创新。依托本地实体经济，积极发展电子商务、供应链物流、互联网金融等新兴业态。支持电子商务向基层延伸，鼓励在电子商务领域就业创业。支持企业利用互联网开展面向全球的技术资源合作、在线科技服务、创新众筹，促进智能设计、众创研发、协同制造、网络化实时服务等产业组织模式创新。支持沈阳加快智慧城市建设。加强对吉林市等电子商务示范城市的支持。推进哈尔滨、葫芦岛、绥芬河开展跨境电子商务（出口），支持当地非金融机构开展第三方支付业务。

六、建设富有创新创业精神的人才队伍

（二十二）把留住人才放在优先位置。

完善人才激励机制，鼓励高校、科研院所和国有企业强化对科技、管理人才的激励，建立健全充分体现智力劳动价值的分配机制。东北地区高校和科研院所科技成果转化所获收益用于奖励科研负责人、骨干技术人员等重要贡献人员和团队的比例，可以提高到不低于50%。鼓励设立高校毕业生创新创业基金，通过创业本金补助、贷款补贴等方式，引导大学毕业生在本地就业创业。个人以非货币性资产投资东北地区高新技术企业的，投资者在取得股息红利或转让股权时一并缴纳个人所得税。东北地区高新技术企业以非货币性资产评估增值部分转增个人投资者股本的，投资者在取得股息红利或转让股权时一并缴纳个人所得税。

（二十三）加强人才培养与引进。

依托职业院校、技工院校，加强东北重点产业急需技能人才培训，发展现代职业教育。国家“千人计划”“万人计划”、中科院“百人计划”等人才计划，积极支持东北地区人才培养与引进。积极开展引进国外智力工作，建立国家高层次科技人才及团队柔性引进机制，鼓励东北各省（自治区）加大引进国外智力专项投入，集聚海外高层次创新创业人才和智力。在沈阳、大连、长春、哈尔滨和大庆开展人才引进改革试点，建立人才引进专项基金，支持引进高层次人才。组织实施东北地区高层次人才援助计划，通过建设科技领军人才创新驱动中心等方式，带动技术、智力、管理、信息等创新要素流向东北地区。鼓励东北省级以上高新区与北京中关村、上海张江等国家自主创新示范区建立人员交流机制。

（二十四）培育一批引领创新创业发展的企业家。

充分发挥企业家在创新决策中的重要作用，建立常态化的政府与企业间创新交流咨询制度。依托知名跨国公司、国外高水平大学和境外培训机构，培育具有世界眼光、战略思维、创新精神和开拓能力的优秀企业家。借助沈阳制博会、东北亚博览会、中国-俄罗斯博览会等展会平台，以及组织参加海外展览会等方式，引导企业家参与国际合作与竞争，提高经营管理水平和国际视野。鼓励地方人民政府实施本地优秀企业家培育计划。在东北地区率先实施职业经理人试点。

七、加强政策保障和组织实施

（二十五）强化政策支持。

支持沈阳、长春、哈尔滨、大连等城市开展促进科技和金融结合试点。支持一批成长性好、发展潜力大、符合条件的科技型企业优先上市。探索建立农业科技成果交易中心。支持大连商品交易所开发上市新品种，试点农产品期货期权。支持符合条件的企业通过发行公司债券、资产证券化方式融资，拓展融资渠道。在东北地区开展外债宏观审慎管理试点。在东北地区发展创业投资和区域性股权市场，服务中小微企业融资。支持政策性银行、开发性金融机构、商业银行与创业投资、股权投资机构结合，探索投贷联动、债贷结合等融资模式。东北中小企业信用再担保股份有限公司等担保机构要加大对创新型企业的支持力度。鼓励东北地区民间资本依法发起设立民营银行、互联网金融机构等，支持中小微企业和新兴产业发展。支持东北地区金融机构开展知识产权（技术、产品和服务）质押贷款，在符合国家规定的前提下依托现有产权交易场所开展知识产权交易。跨认定机构区域转移生产能力又被迁入地认定的高新技术企业，继续享受原有所得税减免优惠政策。

（二十六）抓好组织实施。

发展改革委、科技部、人力资源社会保障部、中科院等有关部门按照职能分工，抓紧落实促进创新创业的各项政策措施，形成政策合力。东北三省和内蒙古自治区人民政府相关部门作为责任主体，要高度重视推进创新创业工作，密切配合，加强组织协调，结合地方实际制定具体实施方案，明确工作部署，落实责任分工，省级发展改革部门负责牵头每半年将实施情况汇总上报。

附件：重点产业与技术创新联盟（略）

国家发展改革委
科技部
人力资源社会保障部
中科院
2015年6月26日

人力资源社会保障部办公厅
关于做好留学回国人员自主创业工作有关问题的通知

（人社厅函〔2015〕19号）

各省、自治区、直辖市及新疆生产建设兵团人力资源社会保障厅（局），各副省级市人力资源社会保障局：

为落实国务院办公厅《关于做好2014年全国普通高等学校毕业生就业创业工作的通知》（国办发〔2014〕22号）和中组部、人力资源社会保障部《关于支持留学人员回国创业意见的通知》（人社部发〔2011〕23号）精神，切实做好留学回国人员自主创业工作，现就有关问题通知如下：

一、在国外接受高等教育并获得本科以上学历的留学回国人员比照国内高校毕业生，享受高校毕业生自主创业优惠政策。

二、符合政策规定条件的留学回国人员可凭国外学历学位证书和教育部国外学历学位认证，在创业地人力资源社会保障部门留学人员回国服务机构登记备案，可按规定享受创业指导、创业培训、工商登记、融资服务、税费减免、场地扶持、人事代理、档案保管、职称评定、社会保险办理和接续等各项服务和政策优惠。

三、各级人力资源社会保障部门要明确留学回国人员享受高校毕业生自主创业扶持政策的工作流程，指导各地留学回国人员服务中心、留学人员创业园、留学人员工作站等留学人员回国服务机构不断创新服务手段和方式，加强与公共就业人才服务机构及工商、税务、银行等相关部门的协调衔接，将留学人员回国服务机构作为统一受理窗口，有条件的可实行一站式服务，为留学回国人员申请享受创业优惠政策提供便利。

四、各地要高度重视留学回国人员自主创业工作，切实加强组织领导，加大投入，充实留学人员回国服务机构工作力量，将这项工作纳入留学人员回国服务体系建设和大学生创业引领计划实施工作考核范畴，确保政策落实、服务到位。

五、各地执行中遇到问题，请及时向人力资源社会保障部专业技术人员管理司反馈。

人力资源社会保障部办公厅
2015年1月16日

中共科学技术部党组
关于落实创新驱动发展战略 加快科技改革发展的意见

（国科党组发〔2015〕1号）

2014年，在党中央、国务院的正确领导下，科技体制改革取得重大突破，科技创新支撑引领经济社会发展取得新成效，科技工作在党和国家全局中的战略地位进一步提升。2015年是全面落实重大改革任务的关键之年，是全面推进依法治国的开局之年，也是全面完成“十二五”规划、谋划“十三五”的承上启下之年。为贯彻落实中央对科技工作的新要求，加快实施创新驱动发展战略，提出如下意见。

一、深入学习贯彻习近平总书记系列重要讲话精神，明确2015年工作总体思路

当前，全球科技革命和产业变革正在孕育新突破，我国经济发展进入速度变化、结构调整、动力转换的新常态，要素的规模驱动力减弱，经济增长将更多依靠人力资本质量和技术进步，突破发展瓶颈制约比任何时候都更需要强大的科技支撑。面对新的发展形势和国际竞争格局，以习近平同志为总书记的党中央把实施创新驱动发展战略摆在了更加突出的位置，为科技工作指明了方向，提出了新要求。我们要认真学习、深刻领会中央决策部署，切实增强落实创新驱动发展战略、加快科技改革发展的使命感、紧迫感和责任感。

2015年科技工作的总体思路是：全面落实党的十八大和十八届三中、四中全会精神，认真学习贯彻习近平总书记系列重要讲话精神，围绕全面建成小康社会、全面深化改革、全面推进依法治国、全面从严治党的任务部署，聚焦实施创新驱动发展战略，以深化科技体制改革为动力，切实增强自主创新能力，推动以科技创新为核心的全面创新，推进科技治理体系和治理能力现代化，努力完成“十二五”规划各项任务，为适应和引领经济发展新常态提供有力支撑。

做好2015年科技工作要重点把握以下四个方面：一要突出重大需求和问题导向，面向世界科技前沿、面向国家重大需求、面向国民经济主战场，加强创新发展的战略谋划和系统布局，强化基础研究和原始创新能力，着力解决制约我国发展的重大科技问题，打造创新发展加速度，支撑经济中高速发展和提质增效；二要继续破除体制机制障碍，既要加大已出台的改革举措落实力度，又要找准新的改革突破方向和重点，不断激发广大科技人员和各类创新主体的创新活力，营造大众创业、万众创新的环境和氛围；三要务求实效，加速科技成果转化，把创新成果变成实实在在的产业活动和市场效益，创造新的增长点，培育新业态，带动新就业；四要依法行政，进一步转变政府职能，加强党建和自身能力建设，提高科技创新治理能力。

二、主动适应经济发展新常态，做好创新驱动发展的统筹布局

1．加强创新驱动发展战略整体谋划和落实。制订实施创新驱动发展战略总体方案，明确实施思路、目标任务和保障措施。建立落实工作机制，明确任务分工，推动出台一批针对性强、可操作的政策措施，形成促进创新驱动发展的体制机制和政策环境。

2．编制国家“十三五”科技创新发展规划。系统梳理“十二五”科技发展重大成就，加强经验总结和宣传。围绕重大战略需求，组织重点领域技术预测及国家关键技术选择，找准主攻方向和突破口，统筹谋划未来5年科技创新发展的总体布局。加强地方、行业部门科技规划的协调衔接，引导科技资源合理优化配置。

3．凝练实施一批重大科技项目和重大工程。对现有重大科技专项进行聚焦调整，进一步明确战略目标和重点任务。围绕面向2030年我国经济社会发展的重大战略需求，在新一代信息技术、新能源和环境、生物和健康、智能制造等领域，凝练一批体现国家战略意图的重大科技项目和重大工程，加强与已有专项布局的衔接和统筹，启动若干项目、工程论证和实施。

4．加强创新政策法规体系和监督评估体系总体设计。根据创新驱动发展和依法行政要求，系统梳理现有创新政策法规，加强政策法规制定预评估，研究提出政策调整和完善重点，凝练新的政策方向，制定科技立法工作计划，形成多种政策工具有机衔接的政策法规体系。建立统一的评估监管和动态调整机制，构建全链条的监督评估体系。

三、系统推进科技体制改革，进一步营造创新生态环境

1．以科技计划管理改革为突破口，优化科技创新资源配置。落实《国务院关于改进加强中央财政科研项目和资金管理的若干意见》和《关于深化中央财政科技计划（专项、基金等）管理改革的方案》，构建公开统一的国家科技管理平台，优化科技计划（专项、基金等）布局，再造科研项目和资金管理流程。制定符合改革要求的科技计划和资金管理办法，开展重点专项试点，加强分类指导。组建部际联席会议、战略咨询与综合评审委员会，完善科技计划管理统筹决策和咨询机制。制定专业机构管理制度及遴选办法，结合试点对现有科研管理类事业单位进行改造，构建专业化的项目管理机制。初步建成统一的国家科技管理信息系统和中央财政科研项目数据库。加强对计划实施和资金使用的监督评估，完善科研信用体系和责任倒查机制。

2. 推进“三评”改革，充分调动科技人员积极性创造性。继续推进科研评审、人才评价和机构评估改革，规范“三评”工作的时间、周期和方式等，形成合理的评价机制。推动完善科技人才分类评价标准和操作办法，结合重大人才工程实施开展分类评价试点工作。修订《国家科学技术奖励条例》及实施细则，健全公开提名推荐制度，规范评审流程和办法，完善评价标准和指标体系。修订《社会力量设立科学技术奖管理办法》，推动社会力量设奖有序发展。推动研究制定科研事业单位科研人员薪酬制度改革办法，建立与创新业绩和贡献相适应的激励机制。

3. 推动《促进科技成果转化法》修订和相关配套措施制定，加快构建科技成果转化体系。总结和推广科技成果使用处置收益管理改革试点政策，做好《促进科技成果转化法》宣传、落实和配套措施制定工作。修订和完善科技计划知识产权管理制度，将知识产权管理纳入全流程管理。推动科研院所和高校、企业等创新主体健全知识产权组织机构。制订国家科技报告共享服务管理办法，建立科技报告质量控制体系，规范科技报告的使用和服务。落实《国务院关于国家重大科研基础设施和大型科研仪器向社会开放的意见》，建立统一开放的网络管理平台，制定标准规范和评估激励办法，开展平台服务共享后补助试点，推进科技资源开放共享。加快发展技术市场，研究制定技术转移服务标准，推进高校和科研院所建立健全技术转移机构，以信息化网络连接各区域技术转移平台，推动跨行业、跨区域、跨国技术转移。

4. 健全企业主导的产学研协同创新机制，提升企业技术创新能力。建立政府与企业创新对话机制，让更多的企业参与科技发展战略、规划、政策和指南制定。支持大中型企业建立健全高水平研发机构，牵头组织实施关键共性技术和重大产品研发项目，引导其加大基础前沿技术研发的投入。激发中小企业创新活力，制定科技型中小企业标准，开展科技型中小企业培育工程试点，完善区域性中小企业技术创新服务平台建设布局，发展壮大一批“科技小巨人”。促进产学研用深度融合，建立产业技术创新联盟形成市场化、运行规范化、管理社会化的发展机制，支持联盟编制产业技术路线图，承担重大科技项目，制定技术标准，构建产业创新链，提升产业核心竞争力。

5. 深化科研院所分类改革，推进现代院所制度建设。结合事业单位分类改革，完善公益类科研院所分类改革方案。研究制定科学研究事业单位领导人员管理暂行办法。制定科研机构创新绩效评价工作办法和指标体系，开展创新绩效评价试点。支持地方围绕区域重大产业发展技术需求，建设一批产业导向明确、产学研紧密结合的新型研发机构，探索非营利性运行模式和市场化用人机制，完善税收扶持政策。

四、进一步发挥科技创新支撑引领作用，培育发现新的增长点

1. 部署若干重大基础和前沿科学任务，抢占未来战略制高点。自由探索类基础研究聚焦前沿，注重学科发展与学科交叉，鼓励原始创新。需求导向类基础研究更加聚焦国家重大战略任务，强化顶层设计和统筹协调。加强脑科学、量子通信与量子计算等战略部署，加强干细胞与转化医学、合成生物学、石墨烯与新型电子器件等重点专项创新链设计，加强纳米、蛋白质、发育与生殖、全球气候变化、“深空”“深海”“深地”“深蓝”等重大科学研究前瞻性布局。

2. 加快实施科技重大专项，提升重点领域核心竞争力。准确把握技术路线和方向，聚焦重点，协同攻关，着力攻克一批核心关键技术，研制一批重大战略产品，建设一批重大示范工程。推动重大技术研发与创新基地建设、人才队伍培养相结合，提升相关领域的自主创新能力。发挥市场机制和企业主体作用，产学研用紧密结合，边研发边转化，通过完善市场准入和示范应用等政策措施，加速重大专项成果应用和产业化。

3. 全链条部署重点研发计划，解决经济社会发展突出问题。

以核心技术研发和商业模式创新为抓手，培育新兴产业生长点。加强清洁能源、新能源汽车、信息网络、遥感与导航、生物等领域的部署和研发，实现关键部件技术突破，提高系统集成能力。加大对云计算、移动互联网、物联网、大数据等技术开发和应用的支持，加快形成新业态。落实《国务院关于加快科技服务业发展的若干意见》，开展区域和行业试点示范，培育科技服务业新模式，打造一批特色鲜明、功能完善、布局合理的科技服务业集聚区。

以夯实制造业基础技术能力为重点，推动传统产业向中高端发展。围绕现代制造企业管控、智能车间、高端成套工艺装备、制造基础共性技术、智能机器人、3D打印等内容进行重点部署，推动制造业智能化、绿色化、服务化发展。围绕结构、功能、电子、纳米等新材料前沿方向及钢铁、有色、石化、纺织、轻工、建材等行业需求，实施一批重点专项，突破和解决产业发展中瓶颈和技术短板问题。

以提质增效、安全生态为方向，大力发展现代农业。重点部署生物育种、农机装备、信息技术等重大关键技术攻关，推动农业和农村发展方式向一二三产业融合、全链条增值、品牌化专业化发展转型。大力实施粮食丰产、渤海粮仓等科技示范工程，依托国家农业科技园区及其联盟，搭建农业科技金融、农村信息、创新品牌公共服务平台。进一步完善科技特派员制度，培育新型职业农民，加快构建新型农业社会化科技服务体系。

以提高生活质量和改善人居环境为目标，推动科技创新惠及民生。聚焦人口健康、资源环境、公共安全等民生重点领域，组织实施大气污染防治、土壤环境整治、水安全、医疗器械、重大疾病防控、食品安全等一批重点专项。研究制定新型城镇化系统技术解决方案，推进智慧城市建设试点。以国家可持续发展实验区等为载体，发挥科技创业者作用，完善转化推广体系，加快推进民生科技成果应用。

4. 完善技术创新引导专项的市场导向实施机制，促进大众创业万众创新。扩大科技成果转化引导基金规模，健全完善理事会和受托管理单位工作机制，吸引优秀创业投资管理团队联合成立一批子基金。采取以奖代补等方式扶持企业共性技术平台和服务体系建设。试点启动贷款风险补偿支持方式，为科技企业创新创业建立贷款“绿色通道”。开展第二批科技和金融结合试点，面向市场需求，推动产品、组织和服务创新，推进各具特色的科技金融专营机构和服务中心建设。开展科技企业信用体系建设试点。发展专业孵化器和创新型孵化器，探索基于互联网、创客等新型孵化方式，提升专业服务能力。实施“创业中国行动”，加强创业教育和培训，举办中国创新创业大赛。

5．优化整合基地和人才专项，夯实科技创新基础。深入实施创新人才推进计划、“千人计划”“万人计划”等重大人才工程，制定人才、项目、基地紧密结合的措施。突出以用为本，完善推荐办法、评议程序、支持机制和政策保障，引进培养一批高层次创新创业人才。全面梳理现有国家重点实验室、工程实验室、工程中心、科技基础条件平台等，按照功能定位研究提出合理归并和分类整合方案，优化科研基地布局。围绕重大科技任务、重大科学工程、重大科学方向推进国家实验室建设。支持青岛海洋科学与技术国家实验室建设，探索新的管理体制和运行机制。在整合共享基础上，加强科研条件资源开发应用和科学考察、计量计准、物种标本、科学数据等科研基础性工作。

6．加强区域创新分类指导，推动区域协同发展。制定实施方案和支持措施，推动北京、上海等建设具有全球影响力的科技创新中心。编制京津冀协同发展科技专项规划，推动京津冀协同创新共同体建设。完善政策机制、强化资源整合，支撑长江经济带创新发展。优化国家自主创新示范区布局，按照“东转西进”设想，加大培育指导力度，坚持高标准依托创新特色鲜明、综合实力和区域代表性强的国家高新区建设国家自主创新示范区，支持示范区深化改革和政策先行先试。以升促建，稳步推进省级高新区升级。开展高新区创新驱动发展示范工程，加快创新型产业集群建设，推动高新区提质增效。研究制定推动区域全面创新改革试验总体方案，选择若干省区市启动试点，推动创新型省和创新型城市建设。继续推进对口援疆、援藏、援青和科技扶贫工作。

7．积极融入全球创新网络，拓展创新发展国际空间。优化塑造国际科技创新合作区域新格局，落实“一带一路”战略，制定国际科技合作区域布局总体规划，推动内蒙古向北开放桥头堡建设，推动新疆同中亚国家、西南省区同东盟南亚国家的科技合作。进一步加强政府间科技合作，深入开展创新对话和合作，实施以高水平联合研究中心为代表的若干国际科技合作旗舰项目和“科技伙伴计划”，建设对外科技合作示范平台，建立国际科技合作开放新机制。积极参与大科学计划和国际科技组织，加大主导开展应对全球性挑战的协同合作。完善与港澳台地区科技合作机制，大力推动两岸四地科技创新协同发展。组织实施国际科技合作重大项目，引导和支持行业领军企业设立海外研发中心，鼓励国内产业技术联盟等参与国际技术转移。

五、加强党建和自身能力建设，保持良好工作作风和精神状态

1．加强思想理论武装，把学习贯彻习近平总书记重要讲话精神引向深入。深入开展学习贯彻习近平总书记系列重要讲话精神活动，用讲话精神武装头脑、指导实践、推动工作，把讲话精神落实到忠诚信仰上、严于律己上和勇于担当上，不断强化政治意识、大局意识，以更加奋发有为的精神状态做好科技工作。

2．加强党建工作。坚持党要管党、全面从严治党，将党建工作放在全部工作的重要位置，融入中心工作、推动中心工作、服务中心工作。进一步严明党的政治纪律、组织纪律和廉政纪律，杜绝“七个有之”。按照“三严三实”专题教育活动要求，开展党课教育，召开专题民主生活会，推动改进作风规范化、常态化、机制化。严肃党内政治生活，严守党内政治生活准则。落实制度治党要求，不断提高党建工作制度化水平。落实《科技部党组关于进一步落实党建责任制 加强基层党组织建设的意见》，强化一把手抓党建的责任，严格履行“一岗双责”。加强对科技系统党建工作指导。

3．发挥部党组领导核心作用。坚持民主集中制，加强科技工作重大事项统筹协调和决策部署，严格执行“三重一大”决策制度，完善党组领导科技工作制度化建设。健全党组中心组（扩大）理论学习务虚会和党组重大问题调研制度，加强科技改革发展重大问题的战略研究。建立重大任务台账制度，明确时间进度安排和责任单位，加强督促检查，狠抓落实。

4．加快政府职能转变，推进依法行政。进一步调整完善科技部机构职能设置，加强创新发展与改革的宏观管理，重点做好战略、规划、政策、布局、评估、监管等工作。加强依法行政，深化行政审批改革，扎实推进科技创新立法，建立规范性文件合法性审核机制，全面推进政府信息公开，提高科技管理法治水平。

5．加强反腐倡廉建设。认真落实党风廉政建设主体责任和监督责任，大力加强党风廉政建设。落实中央八项规定精神，坚决纠正“四风”。完善、推进惩治和预防腐败体系建设，深入推进廉政风险防控机制建设。强化干部监督和重大科技决策部署、科研项目实施和经费管理使用等重点领域及关键环节的监督检查，加大巡视检查和案件查办力度，确保权力规范运行。

6．加强科技管理干部队伍建设。进一步加强领导班子建设，完善干部选拔任用和考核评价机制，推动交流转任和多岗位锻炼，健全、落实日常从严管理和监督制度。落实干部教育培训规划，加强理想信念、道德品德教育和业务学习，提高科技管理能力。围绕复合型机关干部、专业化事业单位干部和职业化驻外干部建设，打造一支信念坚定、为民服务、勤政务实、敢于担当、清正廉洁的干部队伍。

7．加强机关作风建设和文化建设。巩固拓展群众路线教育实践活动、专项巡视和跟踪审计整改工作取得的重大成果，继续抓好整改工作，建立长效机制。引导广大干部践行社会主义核心价值观，树立“讲政治、守纪律，讲大局、肯奉献，讲学习、懂科技，讲团结、善沟通”的良好形象，做“正雅之人”、树“正雅之风”。“倡导君子之交、反对市井庸俗，倡导五湖四海、反对团团伙伙，倡导干事谋发展、反对官油子，倡导在状态、反对慵懒散”，营造风清气正的正气场，人人输出正能量。

中共科学技术部党组
2015年1月8日

科技部关于进一步推动科技型中小企业创新发展的若干意见

（国科发高〔2015〕3号）

为深入贯彻党的十八大、十八届三中全会精神，全面落实《中共中央 国务院关于深化科技体制改革加快国家创新体系建设的意见》（中发〔2012〕6号），实施创新驱动发展战略，深化科技体制改革，充分发挥市场在资源配置中的决定性作用和更好发挥政府作用，激发科技型中小企业技术创新活力，促进科技型中小企业健康发展，现提出以下意见：

一、推动科技型中小企业创新发展的重要意义

科技型中小企业是指从事高新技术产品研发、生产和服务的中小企业群体，在提升科技创新能力、支撑经济可持续发展、扩大社会就业等方面发挥着重要作用。长期以来，在党中央国务院和各部门、各地方的大力支持下，科技型中小企业取得了长足发展。但是，我国科技型中小企业仍然面临创新能力有待加强、创业环境有待优化、服务体系有待完善、融资渠道有待拓宽等问题。因此，需要进一步凝聚各方力量，培育壮大科技型中小企业群体，带动科技型中小企业走创新发展道路，为经济社会发展提供重要支撑。

二、鼓励科技创业

（一）支持创办科技型中小企业。鼓励科研院所、高等学校科研人员和企业科技人员创办科技型中小企业，建立健全股权、期权、分红权等有利于激励技术创业的收益分配机制。支持高校毕业生以创业的方式实现就业，对入驻科技企业孵化器或大学生创业基地的创业者给予房租优惠、创业辅导等支持。

（二）加快推进创业投资机构发展。鼓励各类社会资本设立天使投资、创业投资等股权投资基金，支持科技型中小企业创业活动。探索建立早期创投风险补偿机制，在投资损失确认后可按损失额的一定比例，对创业投资企业进行风险补偿。

（三）加强创新创业孵化生态体系建设。推动建立支持科技创业企业成长的持续推进机制和全程孵化体系，促进大学科技园、科技企业孵化器等创业载体功能提升和创新发展。加大中小企业专项资金等对创业载体建设的支持力度。

三、支持技术创新

（四）支持科技型中小企业建立研发机构。支持科技型中小企业建立企业实验室、企业技术中心、工程技术研究中心等研发机构，提升对技术创新的支撑与服务能力。对拥有自主知识产权并形成良好经济社会效益的科技型中小企业研发机构给予重点扶持。

（五）支持科技型中小企业开展技术改造。鼓励和引导中小企业加强技术改造与升级，支持其采用新技术、新工艺、新设备调整优化产业和产品结构，将技术改造项目纳入贷款贴息等优惠政策的支持范围。

（六）通过政府采购支持科技型中小企业技术创新。进一步完善和落实国家政府采购扶持中小企业发展的相关法规政策。各级机关、事业单位和社团组织的政府采购活动，在同等条件下，鼓励优先采购科技型中小企业的产品和服务。鼓励科技型中小企业组成联合体共同参加政府采购与首台（套）示范项目。

四、强化协同创新

（七）推动科技型中小企业开展协同创新。推动科技型中小企业与大型企业、高等学校、科研院所开展战略合作，探索产学研深度结合的有效模式和长效机制。鼓励高等学校、科研院所等形成的科技成果向科技型中小企业转移转化。深入开展科技人员服务企业行动，通过科技特派员等方式组织科技人员帮助科技型中小企业解决技术难题。

（八）鼓励高校院所和大型企业开放科技资源。引导和鼓励有条件的高等学校、科研院所、大型企业的重点实验室、国家工程（技术）研究中心、大型科学仪器中心、分析测试中心等科研基础设施和设备进一步向科技型中小企业开放，提供检验检测、标准制定、研发设计等科技服务。

（九）吸纳科技型中小企业参与构建产业技术创新战略联盟。以产业技术创新关键问题为导向、形成产业核心竞争力为目标，引导行业骨干企业牵头，广泛吸纳科技型中小企业参与，按市场机制积极构建产业技术创新战略联盟。

五、推动集聚化发展

（十）充分发挥国家高新区、产业化基地的集聚作用。以国家高新区、高新技术产业化基地、现代服务业产业化基地、火炬计划特色产业基地、创新型产业集群等为载体，引导科技型中小企业走布局集中、产业集聚、土地集约的发展模式，促进科技型中小企业集群式发展。

（十一）引导科技型中小企业走专业化发展道路，提升产品质量、塑造品牌。支持科技型中小企业聚焦“新技术、新业态、新模式”，走专业化、精细化发展道路。鼓励科技型中小企业做强核心业务，推进精益制造，打造具有竞争力和影响力的精品和品牌。

六、完善服务体系

（十二）完善科技型中小企业技术创新服务体系。充分发挥地方在区域创新中的主导作用，通过政策引导和试点带动，整合资源，加快建设各具特色的科技型中小企业技术创新公共服务体系。鼓励通过政府购买服务的方式，为科技型中小企业提供管理指导、技能培训、市场开拓、标准咨询、检验检测认证等服务。

（十三）充分发挥专业中介机构和科技服务机构作用。开放并扩大中小企业中介服务机构的服务领域、规范中介服务市场，促进各类专业机构为科技型中小企业提供优质服务。充分发挥科技服务机构作用，推动各类科技服务机构面向科技型中小企业开展服务。

七、拓宽融资渠道

（十四）完善多层次资本市场，支持科技型中小企业做大做强。支持科技型中小企业通过多层次资本市场体系实现改制、挂牌、上市融资。支持利用各类产权交易市场开展科技型中小企业股权流转和融资服务，完善非上市科技公司股份转让途径。鼓励科技型中小企业利用债券市场融资，探索对发行企业债券、信托计划、中期票据、短期融资券等直接融资产品的科技型中小企业给予社会筹资利息补贴。

（十五）引导金融机构面向科技型中小企业开展服务创新，拓宽融资渠道。引导商业银行积极向科技型中小企业提供系统化金融服务。支持发展多种形式的抵质押类信贷业务及产品。鼓励融资租赁企业创新融资租赁经营模式，开展融资租赁与创业投资相结合、租赁债权与投资股权相结合的创投租赁业务。鼓励互联网金融发展和模式创新，支持网络小额贷款、第三方支付、网络金融超市、大数据金融等新兴业态发展。

（十六）完善科技型中小企业融资担保和科技保险体系。引导设立多层次、专业化的科技担保公司和再担保机构，逐步建立和完善科技型中小企业融资担保体系，鼓励为中小企业提供贷款担保的担保机构实行快捷担保审批程序，简化反担保措施。鼓励保险机构大力发展知识产权保险、首台（套）产品保险、产品研发责任险、关键研发设备险、成果转化险等科技保险产品。

八、优化政策环境

（十七）进一步加大对科技型中小企业的财政支持力度。充分发挥中央财政资金的引导作用，逐步提高中小企业发展专项资金和国家科技成果转化引导基金支持科技创新的力度，凝聚带动社会资源支持科技型中小企业发展。加大各类科技计划对科技型中小企业技术创新活动的支持力度。鼓励地方财政加大对科技型中小企业技术创新的支持，对于研发投入占企业总收入达到一定比例的科技型中小企业给予补贴。鼓励地方政府在科技型中小企业中筛选一批创新能力强、发展潜力大的企业进行重点扶持，培育形成一批具有竞争优势的创新型企业和上市后备企业。

（十八）进一步完善落实税收支持政策。进一步完善和落实小型微利企业、高新技术企业、技术先进型服务企业、技术转让、研究开发费用加计扣除、研究开发仪器设备折旧、科技企业孵化器、大学科技园等税收优惠政策，加强对科技型中小企业的政策培训和宣传。结合深化税收制度改革，加快推动营业税改征增值税试点，完善结构性减税政策。

（十九）实施有利于科技型中小企业吸引人才的政策。结合创新人才推进计划、海外高层次人才引进计划、青年英才开发计划和国家高技能人才振兴计划等各项国家人才重大工程的实施，支持科技型中小企业引进和培养创新创业人才，鼓励在财政补助、落户、社保、税收等方面给予政策扶持。鼓励科技型中小企业与高等学校、职业院校建立定向、订单式的人才培养机制，支持高校毕业生到科技型中小企业就业，并给予档案免费保管等扶持政策。鼓励科技型中小企业加大对员工的培训力度。

（二十）加强统计监测与信用评价体系建设。建立公平开放透明的市场规则，加大对市场中侵害科技型中小企业合法利益行为的打击力度。研究发布科技型中小企业标准，建立科技型中小企业资源库，健全科技型中小企业统计调查、监测分析和定期发布制度。加快科技型中小企业信用体系建设，开展对科技型中小企业的信用评价。

推动科技型中小企业创新发展既是一项事关创新型国家建设的长期战略任务，也是加快转变经济发展方式的迫切需求，更是进一步落实创新驱动发展战略的关键路径之一。各地方科技管理部门要高度重视科技型中小企业工作，加强与有关部门的沟通协调，结合各地情况，制定本意见的贯彻落实办法，采取有效政策措施，切实推动科技型中小企业创新发展。

科技部
2015年1月10日

发展众创空间工作指引

（国科发火〔2015〕297号）

为深入贯彻落实《国务院办公厅关于发展众创空间推进大众创新创业的指导意见》（国办发〔2015〕9号）和《国务院关于大力推进大众创业万众创新若干政策措施的意见》（国发〔2015〕32号），进一步明确众创空间的功能定位、建设原则、基本要求和发展方向，指导和推动众创空间科学构建、健康发展，特制定本工作指引。

一、目的意义

众创空间是顺应新一轮科技革命和产业变革新趋势、有效满足网络时代大众创新创业需求的新型创业服务平台。众创空间作为针对早期创业的重要服务载体，为创业者提供低成本的工作空间、网络空间、社交空间和资源共享空间，与科技企业孵化器、加速器、产业园区等共同组成创业孵化链条。众创空间的主要功能是通过创新与创业相结合、线上与线下相结合、孵化与投资相结合，以专业化服务推动创业者应用新技术、开发新产品、开拓新市场、培育新业态。

发展众创空间是推动大众创业、万众创新的有力抓手，是深入落实创新驱动发展战略、优化创新创业生态环境的重要举措，对于激发全社会创新创业活力、加速科技成果转移转化、培育经济发展新动能、以创业带动就业具有重大意义。

二、基本原则

众创空间作为新型创新创业服务平台，需要在实践中不断探索发展。在建设过程中要遵循创新创业的客观规律、尊重各类市场主体的首创精神，重点把握好以下原则。

政府支持，市场主导。有效发挥政府引导和服务创新创业的职能作用，不断优化创新创业生态环境，集成相关政策支持众创空间发展。充分发挥市场配置资源的决定性作用，以社会力量为主，采用市场化机制发展众创空间。

科技引领，资源集聚。加速科技成果转移转化和科技资源开放共享，加强与高校、科研院所和企业的有效互动，吸引社会资本等要素参与创新创业，以科技创新为核心推动全面创新，发挥科技型创业在大众创新创业中的骨干和引领作用。

强化服务，持续发展。积极利用“众包”“众筹”“众扶”等手段，重点强化众创空间的服务功能，通过市场化机制、专业化服务、资本化途径、网络化支撑、集成化应用和国际化链接，不断提高服务质量和水平，构建可持续的商业化发展模式。

因地制宜，分类指导。各地根据本地产业特点和自身优势，构建专业化、差异化、多元化的众创空间，努力形成特色和品牌。不断总结各种类型众创空间发展的新模式和新机制，制定和完善具有针对性的支持政策和措施。

三、主要特征

众创空间是创新创业孵化链条的重要组成部分，既具备创业孵化载体的一般特点，也具有鲜明的自身特征。

低成本服务。充分利用已有条件，盘活存量设施和场地，通过开放共享降低运营成本，向创新创业者提供低成本的创业场地、设备设施、宽带网络、开源软硬件、商务服务等基础条件和服务。

便利化条件。选择交通和生活便利、便于创业者集聚的区域构建众创空间，提供一站式、高效率的商事、商务、政务和科技等相关服务。

全要素融合。具备较强的资源整合能力，积极推进资本、技术、人才、市场等要素不断融合，为创新创业提供全方位的增值服务。

开放式平台。通过线上与线下相结合，面向大众创新创业者开放设备设施、信息资源和工作空间，提供交流、分享、互动的社交平台。

四、建设条件

各类社会组织和有志于服务大众创新创业的个人，都可以根据各自的发展目标和资源禀赋，创办各具特色的众创空间，一般应具备以下条件。

（一）众创空间的发起者和运营者，要具备运营管理和专业服务能力，可以是法人或其他社会组织，也可以是依托上述组织成立的相对独立的机构。

（二）众创空间的服务团队和主要负责人要具备一定行业背景、丰富的创新创业经历和相关行业资源，人员的知识结构、综合素质、业务技能和服务能力能够满足大众创新创业服务需求。

（三）众创空间应具备完善的基本服务设施，能够为创新创业者提供一定面积的开放式办公空间。专注于特定产业或技术领域的众创空间，还应提供研究开发、检验测试等公共技术平台。

（四）众创空间应提供免费或低成本的办公条件，建有线上服务平台，整合利用外部创新创业资源，开展多元化的线下活动，促进创新创业者的信息沟通交流。

五、服务功能

发展众创空间重在完善和提升创新创业服务功能，要通过便利化、全方位、高质量的创业服务，让更多人参与创新创业，让更多人能够实现成功创业。

（一）集聚创新创业者。要以专业化服务与社交化机制吸引和集聚创新创业群体。充分激发创业者创新潜能和创业活力，发现和培育优秀创业团队和初创企业，针对不同类型创业人群特点，提供满足个性化需求的服务，提升创业者能力。

（二）提供技术创新服务。加强与高新技术产业开发区、科技企业孵化器、大学科技园、高校、科研院所及第三方科技服务机构的全面对接，为创业者提供检验检测、研发设计、小试中试、技术转移、成果转化等社会化、专业化服务，提高技术支撑服务能力。

（三）强化创业融资服务。利用互联网金融、股权众筹融资等方式，加强与天使投资人、创业投资机构的合作，完善投融资模式，吸引社会资本投资初创企业。拓展孵化服务模式，在提供一般性增值服务的同时，以股权投资等方式与创业企业建立股权关系，实现众创空间与创业企业的共同成长。

（四）开展创业教育培训。积极与高校合作，开展针对大学生的创业教育与培训，引导大学生科学创业。鼓励众创空间开展各类公益讲堂、创业论坛、创业训练营等活动，建立创业实训体系。

（五）建立创业导师队伍。建立由天使投资人、成功企业家、资深管理者、技术专家、市场营销专家等组成的专兼职导师队伍，制定清晰的导师工作流程，完善导师制度，建立长效机制。

（六）举办创新创业活动。积极开展投资路演、宣传推介等活动，举办各类创新创业赛事，为创新创业者提供展示平台。积极宣传倡导敢为人先、百折不挠的创新创业精神，大力弘扬创新创业文化。

（七）链接国际创新资源。有效整合利用全球创新创业资源，广泛开展与海外资本、人才、技术项目及孵化机构的交流与合作，实现创新创业要素跨地区、跨行业自由流动。引进国外先进创业孵化理念和模式，搭建国际创新创业合作平台，开拓国际合作业务，促进跨国科技企业孵化，提升孵化能力。

（八）集成落实创业政策。深入研究和掌握各级政府部门出台的创新创业扶持政策，向创业者宣传并协助相关政府部门落实商事制度改革、知识产权保护、财政资金支持、普惠性税收政策、人才引进与扶持、政府采购、创新券等政策措施。

六、保障措施

（一）充分发挥市场主体作用。大企业要发挥市场优势、产业优势和创新优势，构建开放式、协同式的创新平台，让创业企业能够快速实现产品和市场对接。高校、科研院所要发挥人才、项目和科研资源的优势，以众创空间为载体，支持科研人员、高校师生转化科研成果、开展科技创业。科技企业孵化器和大学科技园，要充分利用现有资源和孵化经验，积极推进众创空间建设工作。投融资机构等要充分发挥资本优势和项目甄别优势，通过众创空间培育和支持创业企业快速成长。鼓励和支持建立众创空间联盟等社会组织，加强行业自律，促进交流协作。

（二）加大政府引导扶持力度。各地科技管理部门、国家自主创新示范区、国家高新技术产业开发区要积极引导和支持众创空间发展，出台务实管用的政策措施，构建和完善创新创业生态系统。有条件的地方要对众创空间的房租、宽带接入、公共软硬件、教育培训、导师服务、创业活动等费用给予适当财政补贴。积极支持众创空间参与中国创新创业大赛、中国创新挑战赛等创新创业赛事。

（三）加强协同推进。各地科技管理部门要加强与相关部门的工作协调，研究完善推进大众创新创业的政策措施，加强对发展众创空间的指导和支持。开展大众创新创业政策落实情况调研，及时总结先进经验，加强典型案例和经验宣传。

（四）开展评估监测。研究开展对众创空间的评估，把创业服务能力、服务创业者数量、初创企业存活率等作为重要的评估指标。将符合条件、运行良好的众创空间经备案后纳入国家级科技企业孵化器管理服务体系。各地科技管理部门要扎实开展对众创空间的统计监测工作，定期将情况汇总上报科技部，为进一步指导和推动众创空间发展提供数据支撑。

科技部

2015年9月8日

“创业中国”中关村引领工程（2015—2020年）

（国科火字〔2015〕51号）

为贯彻党中央、国务院关于进一步激励大众创业、万众创新，打造中国经济发展新的“发动机”的指示精神，落实科技部“创业中国行动”，发挥中关村对全国创新发展的示范带动作用，构建面向人人的“众创空间”，引领中国创业进入新时代，特制定本实施方案。

一、总体要求

（一）指导思想。

以实施创新驱动发展战略为统领，以建成具有全球影响力的科技创新中心为目标，按照立足高端、顶层设计、放眼全球、引领未来的原则，主动适应我国经济发展新常态，进一步转变政府职能，用政府权力的“减法”换取创新创业热情的“乘法”，持续优化有利于创新创业的生态系统，让创新创业的血液在全社会自由涌动，依靠市场机制和产业化创新，培育新技术、新产品、新服务、新业态和新商业模式，形成新的经济增长点，构建“高精尖”经济结构，为首都乃至全国形成创新驱动发展新格局做出新贡献。

（二）发展目标。

到2020年，中关村形成创业要素集聚化、孵化主体多元化、创业服务专业化、创业活动持续化、运营模式市场化、创业资源开放化的发展格局，持续产生具有“改变世界”梦想的创业者和拥有“颠覆性”技术创新、商业模式创新的企业，成为全球原创思想的发源地和高科技创业者实现梦想的首选地。

1．国内外高端创业人才高度聚集。形成以创业系、连续创业者、“90后”创业者、海外创业者为代表的创业“新四军”，中关村科技创业者超过20万人。

2．各类创业群体高度活跃。领军企业、高校院所成为孵化创业者的摇篮，大企业创业人才溢出效应凸显，创业系超过50个，新兴产业领域高质量创业企业超过10万家。

3．创业金融服务资源更加丰富。中关村天使投资案例及投资金额占全国一半以上，天使投资人超过3000名。新设立天使投资和创业投资基金超过100支，投资金额超过1000亿元。通过银行、创投、担保、保险、融资租赁、小额贷款等金融服务机构，为5000家以上优质创业企业提供金融服务。

4．创业服务体系更加完善。中关村创业服务机构超过500家，创新型孵化器超过80家，在海外设立的创业服务机构超过50家，培育1至2家创业服务机构上市。直接服务创业者的创业导师超过1000人，创业咨询专业机构超过100家，创业咨询师超过1000人，青年创业公寓超过20家，创业社区超过10个。

5．以创业为荣的理念深入人心。高校院所、投资机构、创新型孵化器等主体举办的国际性、全国性创业大赛、创业沙龙、创业培训等创业活动超过2万场。鼓励创新、宽容失败的创业文化蔚然成风，大公司骨干投身创业成为一种潮流，连续创业成为一种工作方式，形成“不以成败论英雄”的创业观。

二、实施七大工程

（一）高校院所育苗工程。

推动高校院所成为培育青年创业者的大本营。

1．主要任务

充分释放高校院所创新创业潜力，支持清华、北大、中科院等高校院所为青年创业者搭建展示才华、实现梦想的舞台，鼓励科技人员和大学生投身创业者的行列，成就一批充满激情、怀揣梦想的90后创业精英，引领科技创业的新潮流。

2．实施路径

大力开展创业教育和创业孵化。支持高校院所开设创业课程，传播创业理念，营造青年科技人员和大学生敢于创业、乐于创业的氛围。充分发挥大学科技园、大学生创业园、科技企业孵化器的作用，推广清华x-lab、启迪之星、北大创业营的经验，为大学生创业者提供创业培训、工商注册、创业交流、融资对接等服务，解决大学生创业初期的资金和经验不足等难题。

打造高校科技成果转化和技术转移新平台。支持高校不断创新产业技术研究院的运营机制和管理模式，大力推广北航先进工业技术研究院、北林生态环保产业技术研究院等机构的运作模式，为高校科技人员和大学生创业者提供中试开发、技术转移、成果孵化等服务。

建设一批大学生创业示范基地。支持大学生创业园联盟与产业基地、企业合作，组织中关村企业家、天使投资人等走进校园，作为兼职导师开设创业课程，向大学生传授创业经验，提供创业沙龙、导师扶持、天使投资等综合创业服务。

建设北京高校大学生创业服务中心。以中关村创业服务体系和高校大学生创业服务体系为基础，整合政府部门、高校院所、投资机构、创业服务机构等各类资源，在中关村创业大街建设北京高校大学生创业服务中心，为大学生创业者提供政策咨询、工商注册、信息对接、产品展示等一站式服务，形成高校大学生创业服务的“接力机制”。

（二）领军企业摇篮工程。

支持领军企业成为孵化创业企业的“超级航母”。

1．主要任务

推广百度、联想、华为、腾讯等领军企业的经验，面向企业内部员工和外部创业者提供资金、技术和平台，形成开放的产业生态圈，培育和孵化具有前沿技术和全新商业模式的创业企业，产生多个从领军企业走出来的创业系。

2．实施路径

构建创业孵化平台。支持领军企业凭借技术优势和产业整合能力，面向世界科技前沿技术，开展新一代移动通信、大数据、云计算、节能环保、生物医药等新兴技术领域的产业孵化。通过“平台+创投+市场”的孵化模式，实现创业辅导、技术支持、产品构建、创业投资、市场推广等核心孵化功能。

带领创业企业“走出去”。支持领军企业加强与全球知名高校、企业、科研机构合作，通过自建、并购、合资、参股、租赁等多种方式建立海外孵化基地，建立信息和市场资源共享渠道，帮助创业企业吸引全球科技资源和资本，组织产业链上下游创业企业开拓国际市场。

（三）创客组织筑梦工程。

为创客组织营造蓬勃发展的环境。

1．主要任务

充分发挥中关村在智能硬件领域的产业优势，支持中关村创客组织与领军企业、高校院所等科技创新资源对接，通过北京创客空间、清华创客社团等各类创客组织，为智能硬件产业发展提供专业人才和创业项目。

2．实施路径

为创客活动聚集提供项目孵化空间。在中关村西区、学院路、上地、四季青等区域，继续支持发展一批创客空间模式的智能硬件孵化器和加速器，进一步扩大智能硬件孵化空间。

营造创客发展生态环境。整合中关村开放实验室资源，大力建设公共技术与推广服务平台。支持企业开放设备和研发工具，为创客群体提供工业设计、3D打印、检测仪器等电子和数字加工设备。支持智能硬件产业联盟为创客群体提供开模、加工制造等服务。

支持硬件创新服务业。将硬件研发、体验、推广销售、融资、孵化等创新服务纳入中关村现代服务业试点。推动建设集成电路与电子元器件交易服务平台，建设产品发布和众筹平台，聚集市场推广和品牌策划机构，提升创客产品知名度。支持为创客群体提供技术研发、咨询、技术转让等技术服务，探索形成协同创新合作机制。

培育创客文化。加大对创客、极客等智能硬件爱好者的鼓励和支持，支持清华创客、人大附中等智能硬件创新实践和科普教育基地开展创新教育活动。支持创客空间等机构组织创客大赛，在创业大街、中关村国际数字设计大厦、中关村展示中心等建设实体展示体验中心，集中展示中关村创客智能硬件产品，提升公众对创客产品的体验。

（四）创业人才集聚工程。

建立聚集全球高端创业人才的生态圈。

1．主要任务

积极在全球范围内吸引和延揽优秀人才到中关村创新创业，构建出跨境人才联络、跨境合作创业等平台组成的创业人才生态圈，形成具有国际竞争力的创业人才发展生态环境，持续开发世界一流的高端创业人才及团队。

2．实施路径

拓宽吸引高端创业人才的渠道。发挥中关村在硅谷、多伦多、伦敦、法兰克福等地设立的海外联络机构的作用，立足产业定位开发海外人才，加大集聚外籍创业人才的力度。充分发挥中关村科学城、未来科技城发展优势，大力集聚以外籍高端人才为代表的创新创业人才资源。支持跨国企业地区总部、研发中心、分支机构、结算中心入驻中关村，营造有利于海外人才干事创业的环境。

打造海外人才创业平台。通过中关村高端人才创业基地、中关村海外人才创业园、中关村留学人员创业园等创业服务机构，贯通国际创新要素的流动渠道，优先支持海外创业人才入驻，重点支持一批具有国际视野、持有核心技术的创业团队。

打造人力资源服务产业链。根据创业企业发展需求，培育一批为新兴产业领域创业企业提供人力资源服务的新型“猎头”公司，吸引一批国际知名人才中介机构入驻，推动人才培训、测评、招聘、人事代理等专业服务机构的快速发展。

（五）创业金融升级工程。

推动中关村天使投资发展，完善创业金融服务体系。

1．主要任务

大力支持以IDG、红杉、晨兴、洪泰为代表的各类创业投资机构设立天使投资基金，引导社会资本投向新兴产业领域创业企业。不断聚集金融服务资源，完善技术和资本高效对接的机制。构建包括科技信贷、天使投资、创业投资、科技保险、融资租赁、多层次资本市场在内的创业金融服务体系。

2．实施路径

设立三支特色天使投资基金。发挥中关村天使投资和创业投资引导资金的作用，实施风险补贴支持政策，引导投资机构对中关村创业企业进行投资。一是与新兴产业领军企业、创新型孵化器等共同发起设立创业系投资基金；二是与知名社会天使投资机构共同发起设立连续创业者投资基金；三是与高校院所等机构共同发起设立“90后”创业者投资基金。

建设投资人与项目信息对接平台。支持天使投资联盟等平台性社会组织建立天使投资人备案制度和天使投资项目库，开展天使投资人培训、天使投资项目与金融机构交流对接、天使投资案例研究、发布行业报告等天使投资公共服务活动。

引导银行、担保等机构加强对创业企业的信贷支持。发挥中关村小微企业信贷风险补偿资金和债务性融资风险补贴支持资金的引导作用，建立正向激励和风险分担相结合的债务性融资风险补偿机制。发挥多层次资本市场的枢纽作用，引导和鼓励创业企业在股权众筹平台、区域股权交易市场进行展示挂牌和融资。

（六）创业服务提升工程。

推动中关村创业服务业快速发展。

1．主要任务

持续构建市场主导、政府支持的创业服务体系，大力发展市场化、专业化、集成化、网络化的“众创空间”，推动中关村创业服务新业态快速发展。支持各类创业服务平台之间的合作联动与资源开放共享，聚集创意、人才、资金、产品、技术等创业要素和行业资源，为创业企业提供从创业项目到产业化的全过程服务。

2．实施路径

催生一批多元化的新型创业服务机构。以创新工场、车库咖啡、36氪、微软加速器、亚杰商会等创新型孵化器为示范，鼓励各类创新主体根据创业者的需求，采用快捷高效的资源获取方式，有效组织人才、技术、资本、市场等各种要素，兴办具有“新服务、新生态、新潮流、新概念、新模式、新文化”等六新特征的新型孵化机构。

提升一批科技企业孵化器的服务能力。以清华科技园、北大科技园、中关村软件园孵化器、中关村生命园孵化器等为示范，发挥大学科技园、科技企业孵化器、专业孵化基地、留学人员创业园等孵化机构的基础服务资源优势，建立健全孵化服务团队的激励机制和入驻企业流动机制，加快社会资本和创业孵化的深度融合，打破物理空间局限，不断聚合各类创业要素，与创新型孵化机构形成涵盖项目发现、团队构建、投资对接、商业加速、后续支撑的全过程孵化链条。

培育一支高端化的创业导师队伍。支持中关村金种子工程、清华经管创业者加速器、北大创业训练营等各类创业服务平台聘请企业家、天使投资人、专家学者担任创业导师，为创业企业提供有针对性的创业辅导。鼓励成功的创业者、企业家辅导投资新的创业者，形成创业者—企业家—天使投资人—创业导师的互助机制。

整合一批专业化的咨询服务机构。支持咨询公司、投资机构、会计师事务所、律师事务所、知识产权机构、技术交易所等机构为创业企业提供专业服务，与新型创业服务机构共同构建标准化、网络化、低成本的创业公共服务平台。

建设一批市场化的新型创业公寓。支持建设以you+为代表的创业公寓，为创业者提供集公共办公区、会议室、活动区和住宿区为一体的价廉宜居的创业空间，打造中国青年创业者的新型社交网络。

建设一批生态化的创业示范社区。以中关村创业大街为示范，支持各园区、大型企业以产业转型升级为契机，通过盘活办公楼宇和厂房，聚集相关产业联盟、创业服务机构，营造交流、沟通、碰撞、开放、共享的创业氛围，重点打造以中关村创业大街、知春路、锦秋国际、华清嘉园、长远天地为代表的10个国内外知名的创业示范社区。

建设一批国际化的跨境创业平台和孵化载体。进一步支持创业服务机构在海外自建、收购、合作设立跨国海外创业孵化平台，发挥“中关村硅谷创新中心”、“中以创新合作转移中心”等机构的作用，拓宽开发利用国际创新资源的渠道。支持国际知名孵化机构与中关村创业服务机构合作设立分支机构或共建孵化平台。鼓励中关村创业服务机构加入国际孵化组织，推动中关村创业孵化机构国际化发展，逐步建成中关村全球孵化网络体系。

（七）创业文化示范工程。

大力弘扬中关村创新创业文化。

1．主要任务

打造一批创业活动品牌，营造“鼓励创新、宽容失败”的文化氛围，培育中关村创业家精神，鼓励创客文化、极客精神，加大对创新创业文化的宣传力度，形成更加有利于“大众创业、万众创新”的舆论导向。

2. 实施路径

塑造中关村引领创业的品牌形象。加大对成功创业者、青年创业者、天使投资人、创业导师、创业服务机构的宣传力度，利用新媒体广泛开展新闻报道，推广先进经验和模式。推出一批中关村创业形象大使，通过演讲、沙龙、论坛、创业大赛、媒体访谈等方式向全球传播中关村创业精神，树立一批新时代创业者的偶像。

开展系列全球性大型创业活动。支持各类创业服务机构开发利用全球创业资源，举办WISE互联网创业者大会、黑马大赛、创客嘉年华、极客大赛、创新中国DEMO CHINA等跨地区跨领域的全国性、国际性的创业活动。积极探索全球孵化创业项目的有效措施，营造“创业无时差、创新零距离”的创业环境。

打造世界顶级的中关村创业盛会。举办中关村创业节，邀请全球顶级的企业家、天使投资人、创业者汇聚中关村，介绍全球创业趋势、投资趋势、技术和商业模式发展趋势，组织具有全球影响力的创业大赛、技术论坛、产品展示等活动，聚集世界知名创业导师与创业者互动交流。

三、保障措施

（一）支持各类人才创业的措施。

1. 支持海外高端人才到中关村创业。面向中关村企业外籍法人代表、外籍高级经营管理人才和掌握核心技术、关键技术的专业技术人才提供申请《外国专家证》的便利。逐步放开对外籍留学人才创业就业的限制，提供申请就业许可、工作居留许可的便利。

2. 支持海外人才、30岁以下“雏鹰人才”到中关村创办企业，给予一次性创业启动资金，用于房租补贴、设备购置、团队建设及技术研发等。

3. 支持高等学校科技人员和高等学校学生（含在校学生和毕业两年之内的毕业生）创业。对高校科技人员创办的科技企业，按照不超过科技人员出资额度的20%给予资金支持；对高等学校教师作为天使投资人投资的学生科技创业企业，按照不超过教师出资额度的50%给予专项资金支持。

4. 积极探索有利于创新创业的人才激励机制，落实并不断创新股权激励、股权奖励等试点政策，形成以劳动、资本、技术、管理等要素按贡献参与分配的办法。

（二）支持创业企业创新发展的措施。

1. 支持创业企业研发生产新技术新产品（服务），经认定后可享受政府采购和推广应用等相关政策支持。

2. 支持创业企业购买信用中介服务、认证中介服务、知识产权中介服务、评估服务、技术转移服务、法律服务等高端科技中介服务，根据实际发生的费用，给予一定比例的资金支持。

3. 支持创业企业积极申请国际和国内商标、发明专利，参与国际和国内行业标准的创制，根据商标注册、专利授权及标准创制情况，给予一定比例的资金支持。

4. 支持创业企业技术转移转化。技术所有权转让或5年以上非独占许可使用权转让，在一个纳税年度内转让所得不超过500万元的部分免征企业所得税，超过500万元的部分减半征收企业所得税。

5. 为创业企业工商注册提供便利。设立示范区企业注册登记一站式窗口，采取网上申报、多证联办等措施，简化注册流程，缩短受理时间，降低创业成本。

6. 支持行业领军企业、创业投资机构、社会组织等社会力量建立创业孵化集聚区，安排专业服务团队、提高孵化空间使用效率，为创业企业提供集中办公住所注册、税务、财务、社保等代理服务及创业咨询、投融资等增值服务。

（三）支持创业金融发展的措施。

1. 对创业投资机构、高校院所、领军企业及科技企业孵化器等机构在中关村示范区设立的天使投资和创业投资基金，中关村管委会最高可按30%的比例参股，并按一定比例给予补贴。

2. 对中关村有限合伙制创业投资企业采取股权投资方式，投资于未上市的中小高新技术企业2年以上的，该有限合伙制创业投资企业的法人合伙人，可按其投资额的70%，在股权持有满2年的当年，抵扣该法人合伙人从该有限合伙创业投资企业分得的应纳税所得额。

3. 积极开展担保融资、信用贷款、知识产权质押贷款、股权质押贷款、信用保险和贸易融资、并购贷款、产业链融资等信贷创新试点，对符合条件的企业按照其信用星级给予20%—45%的贷款贴息支持。

4. 对银行、担保等信贷机构为符合条件的创业企业提供融资而发生的不良贷款给予30%—50%的补偿和分担。对银行、担保机构为符合条件的创业企业开展的信贷创新产品业务，按照每年新增业务规模的1%给予风险补贴支持。

（四）支持创业服务机构发展的措施。

1. 支持高校院所、行业领军企业及其他各类创新主体建设孵化器、公共技术服务平台、公共信息服务平台、公共培训服务等创业服务平台，对所需运营、设备配置及维护等费用给予一定比例的资金支持。

2. 支持知识产权服务机构、开放实验室等专业服务机构为创业企业提供专利代理、商标注册、新产品检测开发等服务，根据服务创业企业的数量和质量给予一定比例的资金支持。

（五）支持弘扬创业文化的措施。

1. 支持条件成熟的高校院所和企业创办“创业学院”，支持高校院所开设系统化、专业化的创业教育课程和创业培训，对于收效显著、影响力大的项目授予“中关村梦想课堂”和“中关村梦想实验室”的称号。

2. 鼓励企业家、天使投资人和专家学者担任创业导师，为创业企业提供有针对性的辅导。对号召力强、成效显著的导师，授予“中关村优秀创业导师”荣誉称号。

3. 支持各类创业服务机构承办跨地区跨领域的全国性、国际性的创业大赛、全球路演等活动，根据活动的影响力、规模、效果及实际支出等情况，给予一定比例的资金支持。

四、推进机制

（一）加大区域创新合作力度。积极引导首都创新资源向周边地区辐射，推动构建京津冀协同创新共同体；加强与上海张江、天津滨海、武汉东湖、深圳等国家自主创新示范区的协同创新，推动创新要素资源集聚与共享，在国家实施“一带一路”战略中有所作为；扎实推进先行先试政策落实，扩大政策覆盖面和受益面，带动全国各高新区的整体发展，在国家创新创业生态系统建设中发挥示范引领作用。

（二）强化跨部门联动合作机制。发挥中关村创新平台的优势和作用，完善与科技部、教育部、工信部、国家工商总局、国家税务总局等部委的部市会商工作机制，研究制定促进科技创业的改革试点政策。加强与市教委、市科委、市人力社保局、市地税局、市工商局、市知识产权局等管理部门在落实工商注册、税收政策、人才流动和专利成果保护等方面的合作，进行先行先试，持续突破阻碍科技创新创业的体制机制。

（三）面向全球开放创新发展。进一步优化市场环境、法治环境和政策环境，加强中关村与硅谷等国际创新中心的合作，拓宽创业者的国际视野，促进创业企业和创业服务机构与全球创新创业资源链接，带动人才、技术、资本各类要素的双向流动，促进创新要素国际化循环与全球化配置，加快构建跨境创新创业生态系统，为建设具有全球影响力的科技创新中心奠定基础。

科学技术部火炬高技术产业开发中心
中关村科技园区管理委员会
2015年2月2日

工业和信息化部
关于做好推动大众创业万众创新工作的通知

（工信部企业〔2015〕167号）

各省、自治区、直辖市及计划单列市、新疆生产建设兵团中小企业主管部门：

为贯彻落实国务院在2015年政府工作报告重点工作部门分工中提出的“中小微企业大有可为，要扶上马、送一程，使‘草根’创新蔚然成风、遍地开花”的任务，我们研究提出了聚焦政策、完善机制、集聚资源，以营造有利于大众创业、万众创新的良好生态环境为目标的工作思路。现将有关工作通知如下：

一、做好推动大众创业万众创新工作的重要意义

大众创业、万众创新（以下简称“双创”）是党中央、国务院在新形势下为促进经济平稳发展做出的重大战略部署，是扩大就业、增加居民收入、推动创新、促进社会纵向流动和公平正义的重要举措，是稳增长、调结构的重要引擎，是创新驱动发展的本质要求，是让老百姓过上好日子，创业致富的有效途径。中小企业是“双创”的重要主体，各级中小企业主管部门要统一思想、提高认识，以推动“双创”为主线，把促进中小企业发展与推动经济提质增效升级、促进民生持续改善结合起来，认真履职、主动作为，扎实推进工作，着力优化环境，让千千万万的创业者、创新者想创业、想创新，能创业、能创新。

二、推动“双创”工作的主要任务

（一）全面推动政策落实。要采取有效措施，积极配合有关部门加大力度落实好《国务院关于进一步支持小型微型企业健康发展的意见》（国发〔2012〕14号）、《国务院关于扶持小型微型企业健康发展的意见》（国发〔2014〕52号）、《国务院关于进一步做好新形势下就业创业工作的意见》（国发〔2015〕23号）和《国务院办公厅关于发展众创空间推进大众创新创业的指导意见》（国办发〔2015〕9号）等文件，打通政策落实“最后一公里”，确保各项优惠政策真正惠及广大中小微企业。

（二）加快创业基地建设。要充分利用经批准的各类工业园区或闲置厂房、楼宇等建设创业基地，完善公共服务设施，提高服务质量，切实缓解创业场地难、创业成本高等问题。鼓励有条件的创业基地积极构建低成本、便利化、全要素、开放式的众创空间。要按照《工业和信息化部国家小型微型企业创业示范基地建设管理办法》（工信部企业〔2015〕110号）要求，加强省级创业示范基地建设和认定管理，并在此基础上培育一批基础设施完备、服务功能齐全、服务业绩突出、社会公信度高、示范带动作用强的国家小型微型企业创业示范基地，为广大创新创业者提供良好的工作空间、网络空间、社交空间和资源共享空间。要积极与相关部门共同做好小微企业创业创新基地城市示范工作。

（三）完善中小企业服务体系。要以国家中小企业公共服务示范平台和中小企业公共服务平台网络建设为重点，进一步完善中小企业服务体系。发挥示范平台服务质量好、带动作用强、公信力高和平台网络覆盖广、触角长，以及贴近企业、了解需求的优势，带动社会服务资源，创新服务模式，拓宽服务领域，提高服务效率，为中小企业提供找得着、用得起、有保障的创业创新服务。要积极完善和推广中小企业服务券制度，支持服务机构和公共服务平台为创业创新企业提供免费或低收费服务。

（四）加强投融资服务。全面贯彻落实国务院关于缓解中小企业融资难、融资成本高系列文件要求，继续深化工业和信息化部与交通、建设、农业银行签署的《中小企业金融服务战略合作协议》，加强与金融部门协同配合，继续开展与所在地银行业分支机构的合作，创新政银合作模式，务实帮助小微企业提高获得信贷支持的能力。加强中小企业信用担保体系建设，引导担保机构为创业创新企业提供融资担保服务。推进中小企业担保贷款保证保险工作。鼓励有条件的地区加快建立中小企业发展基金，引导创业投资、风险投资更多地向创业创新企业投资，满足创业初期、早中期创新型企业融资需求。鼓励发展投贷联动、知识产权质押等融资新模式，支持互联网金融机构、股权众筹融资平台规范发展，不断增强对创业创新企业的融资支持。

（五）强化创业创新培训。要利用各类创业创新培训资源，创新培训模式，开发针对不同创业创新群体、创业创新活动特点的创业创新培训项目，帮助创业者提高创业创新能力和知识产权、质量品牌意识，使他们敢于创业创新、能够创业创新。要建立健全创业辅导制度，培育一批专业创业辅导师，建立一支创业辅导师资队伍，加强创业辅导，开展贴身帮扶，提高创业创新成功率。鼓励有条件的地区组织军转民技术培训及政策解读，支持中小企业运用军转民技术创业创新发展。

（六）实施“互联网+小微企业”行动计划。互联网与各行业各领域的融合，不仅能促进新技术、新产品、新业态的培育发展，也能为“双创”提供肥沃的土壤。各地要在继续抓好中小企业信息化推进工程和中小企业两化融合能力提升行动的基础上，支持引导信息服务商通过云计算、大数据和移动互联网、物联网等信息技术，为小微企业的财务管理、生产过程、采购与营销、质量检验、人力资源管理、客户服务和物流等核心业务发展提供信息化应用服务。积极推广电子商务在小微企业中的应用，鼓励依托中小企业平台网络构建电子商务平台。

（七）开展丰富多彩的“双创”活动。要积极组织开展创业创新大赛、创客大赛、创新成果和创业项目展示推介、创业大讲堂、创业沙龙、创业训练营等丰富多彩的创业创新活动，激发大众创业、万众创新的激情和活力。

（八）加大“双创”的宣传力度。要充分利用各种媒体资源，加强创业创新政策宣传、解读，帮助创业者和小微企业知晓政策、用好政策。要树立一批创业创新典型，总结推广典型经验，宣传报道创业创新先进人物事迹，营造弘扬创业创新精神，宽容失败、勇于开拓的社会氛围，让大众创业、万众创新蔚然成风，遍地开花。

三、工作要求

各地中小企业主管部门要高度重视“双创”工作，加强对创业创新工作的领导，要主动与相关部门沟通、协调配合，结合本地区实际制定具体工作方案，切实做到任务明确、责任落实，扎实推动“双创”工作开展。请于2015年11月30日前对推动“双创”工作情况进行总结，并报送我部。

工业和信息化部

2015年5月19日

北京市人民政府
关于大力推进大众创业万众创新的实施意见

（京政发〔2015〕49号）

推进大众创业、万众创新，是实施创新驱动发展战略、构建高精尖经济结构、疏解北京非首都功能的重大举措，对建设全国科技创新中心、促进首都经济提质增效、推动京津冀协同发展具有重要意义。为深入贯彻落实《国务院关于大力推进大众创业万众创新若干政策措施的意见》（国发〔2015〕32号）和《国务院办公厅关于发展众创空间推进大众创新创业的指导意见》（国办发〔2015〕9号）等文件精神，适应和引领经济发展新常态，以创新带动创业，有效激发全社会创新潜能和创业活力，特提出以下实施意见。

一、总体要求

（一）指导思想。

深入贯彻落实党的十八大和十八届三中、四中全会精神，深入学习贯彻习近平总书记系列重要讲话和对北京工作的重要指示精神，坚持和强化首都城市战略定位，充分发挥市场在资源配置中的决定性作用和更好发挥政府作用，不断强化中关村国家自主创新示范区的示范引领作用和核心载体功能，以优化创新创业生态为主线，着力营造创新创业氛围，着力培育创新创业形态，着力完善创新创业布局，着力释放创新创业活力，积极构建有利于大众创业、万众创新的政策制度环境和公共服务体系，努力打造引领全国、辐射周边的创新发展战略高地和具有全球影响力的高端创新中心，为建设国际一流的和谐宜居之都提供有力支撑。

（二）基本原则。

强化自主创新。大力提升自主创新能力，推动在重要科技和重大产业领域涌现一批具有国际领先水平、拥有自主知识产权和核心技术的科技成果及产业化项目，形成创新驱动发展的新引擎、新动力，努力成为国家自主创新的重要源头和原始创新的主要策源地。

加快全面创新。坚持以推动科技创新为核心，以破除制约创新创业发展的体制机制障碍为重点，在人才、金融、市场环境、知识产权、国际合作等重要领域和关键环节取得新突破，努力营造良好的创新创业环境。

聚焦高端创新。积极引导各类创新创业主体和创新创业活动向高端产业领域、产业链高端环节和高端业态集中，着力突破关键共性技术，把调整疏解和创新发展结合起来，推动形成创新创业的高端发展态势。

推进协同创新。落实京津冀协同发展战略，整合区域创新资源，完善区域创新体系，打造协同创新共同体。完善创新创业空间布局，引导创业人才、团队、平台向郊区县转移，促进中关村国家自主创新示范区“一区十六园”加快发展。

（三）主要目标。

到2017年，率先建成创新创业要素集聚、服务专业、布局优化的国家级新兴产业“双创”示范基地，在产业核心技术和关键环节涌现出一批创新创业企业，形成一批服务体系完善、发展成效明显的众创空间，初步形成京津冀协同创新、互利共赢的局面，使北京成为全国高端创新创业的核心区与发源地。

到2020年，创新创业政策体系更加健全，创新创业生态全面优化，覆盖全市的创新创业服务体系基本建成，各类创新创业主体高度活跃，创新创业国际合作水平显著提高，创新创业促进经济转型升级的作用更加明显，高技术产业全员劳动生产率进一步提升，使北京成为具有全球影响力的创新创业地区。

二、主要任务

（一）积极构建创新创业服务体系。

强化人才服务。加强海外人才来京创业服务，为符合条件的海外人才创办企业提供启动资金；推动出台外籍高层次人才取得永久居留资格程序便利化试点，完善医疗、住房、税收等相关优惠措施；探索中央在京和市属高等学校、科研院所等事业单位聘用外籍人才的路径，研究制定事业单位招聘外籍人才的认定标准。加大对科技人员创业的支持，鼓励高等学校、科研院所增设科技成果转化岗位，允许拥有科技成果的教师和科技人员在一定期限内离开原岗位专职创办企业，允许教师兼职参与科技成果转移转化。完善大学生创业服务体系，积极落实大学生创业引领计划；研究在中关村国家自主创新示范区开展大学生创业社保登记试点；推进高等学校大学生创业园建设，支持各类创业服务机构为大学生创业提供创业导师、创业培训等服务。

强化金融服务。围绕中关村建设国家科技金融创新中心，优化资本市场，支持全国中小企业股份转让系统发展，推动互联网和高新技术企业挂牌；探索建立工商登记部门与区域性股权市场的股权登记对接机制，支持创业企业开展股权质押融资；鼓励机构间私募产品报价与服务系统在京发展，为创业企业拓展融资渠道。创新金融机构支持方式，探索投贷联动融资模式，抓紧推动相关试点落地；加快发展普惠金融，探索完善银行、保险、证券、信托、创业投资等机构间的合作模式，构建包括科技信贷、科技保险、集合融资、融资租赁在内的创业金融服务体系，鼓励银行业金融机构向创业企业提供一站式、系统化的金融服务。加快发展互联网金融，支持有条件的金融机构建设创新型互联网平台，依法依规设立互联网支付机构、网络借贷平台、网络金融产品销售平台等；积极开展股权众筹融资试点，打造中关村股权众筹中心，支持中关村股权众筹联盟发展，争取互联网股权众筹平台等方面的优惠政策在中关村国家自主创新示范区先行先试。大力发展创业投资，落实国家新兴产业“双创”三年行动计划，积极创建国家级新兴产业“双创”示范基地；鼓励和引导社会资本开展天使投资，支持各类主体为投资人和创业者搭建天使投资对接平台；研究制定符合市场规律的各类资本投入、退出创业项目的配套政策，不断完善创业投资机构激励约束和监督管理机制。推动外商投资与境外投资发展，落实国家外商投资创业投资企业的相关规定，做好外商投资创业投资企业的设立审批工作，简化创业投资机构境外投资备案手续；研究建立境外投资信息平台，推动开展创业投资机构与境外高端研发项目对接活动。

强化公共平台服务。充分发挥国家重大科技基础设施、首都科技条件平台、首都科技大数据平台、中关村开放实验室等公共条件平台作用，支持高等学校、科研院所、重点实验室、大型企业向社会开放共享科研仪器设备、科技成果、科技人才等资源，为初创期科技型企业提供联合研发、委托研发、中试试验等服务。充分发挥北京技术市场等技术转移转化平台作用，支持各类技术转移服务机构发展，对接初创期科技型企业技术转移转化需求，促进科技成果转化落地；健全完善市场定价机制，鼓励高等学校、科研院所设立技术转移服务机构，采取转让、许可、作价入股等方式开展科技成果转移转化活动。充分发挥技术研发创新平台作用，支持建设国家和市级工程（技术）研究中心、工程实验室、企业技术中心等技术研发创新平台，并推进与国家联合共建创新平台，集聚创新创业服务资源；支持社会力量围绕创新创业需求，搭建研发试验平台、中试平台、检验检测平台等市场化、专业化创新服务平台。

强化知识产权服务。推进知识产权运营服务平台建设，积极做好全国知识产权运营公共服务平台在京落地的相关支持工作；完善知识产权公共信息、专题数据库、保护、商用化等服务平台，加强知识产权信息传播利用，强化知识产权投融资服务。培育知识产权新兴服务业态，加快推进知识产权运营服务试点，推动中关村国家知识产权服务业集聚发展试验区建设；实施知识产权服务品牌机构培育计划，引导服务机构与各类创新主体对接，支持服务机构提高知识产权分析评议、运营实施、评估交易、保护维权、投融资等服务水平。强化知识产权保护服务，增强知识产权综合行政执法能力，促进知识产权行政执法保护与司法保护紧密衔接，推动知识产权纠纷调解仲裁，加快形成行政执法、司法审判、调解仲裁等多渠道维权保护模式。

（二）着力培育创新创业发展形态。

推进众创空间集约发展。鼓励行业领军企业发展服务化众创空间，引导和支持有条件的行业领军企业将内部资源平台化，面向企业内部和外部创业者提供资金、技术和服务支撑，开拓新的业务领域和创新产品。支持发展网络化众创空间，鼓励大型互联网企业等向各类创新创业主体开放技术、管理等资源，降低创业门槛和成本；推动基于“互联网+”的创新创业活动加速发展，促进众包服务发展，有效减少创业人口集聚，提高人均创业产出效率。大力发展中关村创新型孵化器，围绕创新创业团队在融资、辅导、宣传、技术等方面的迫切需求，鼓励发展投资促进型、培训辅导型、媒体延伸型、专业服务型等创新型孵化器。全力推进众创空间集聚发展，进一步提升中关村创业大街在研发孵化平台搭建、科技金融服务、创业人才培养、知识产权保护、技术交易等方面对大众创新创业的支撑能力，推动创新创业功能向沿线街道纵深辐射；支持各区县以产业转型升级为契机，通过盘活办公楼宇和厂房设施，建设众创空间集聚区。

推进高精尖领域创新创业。支持高端产业领域创新创业，鼓励各类创新创业主体聚焦金融、信息、科技等生产性服务业，节能环保、新一代信息技术、生物等战略性新兴产业，以及文化创意等高端产业领域开展创新创业活动。促进产业链高端环节创新创业，积极发展专业技术服务、检验检测服务和评估咨询服务；积极引导创业项目向概念创意、研发测试、设计服务、系统集成、品牌经营、供应链管理、互联网营销等高附加值环节集中。鼓励高端业态创新创业，积极推进传统产业与新兴业态融合发展，大力推进电子商务、互联网教育、互联网金融、互联网健康、智慧能源、智慧农业、智能制造等业态发展，推动生活性服务业规范化、连锁化、便利化、品牌化、特色化发展。

推进科技文化融合创新。积极培育科技文化融合优势企业，推进经营性文化艺术事业单位转企改制，形成一批有特色、有实力的骨干文化创意企业，鼓励科技型中小企业与骨干文化创意企业进行多层次合作。加强科技文化创新创业载体建设，搭建文化金融创新应用、多媒介综合信息服务和权威智库发展等体系，支持建设以创意设计、动漫游戏、数字出版、新闻媒体、文化信息服务等为重点的文化产业众创空间。加快建设科技文化融合基地，积极推进北京“设计之都”建设，大力扶持各类中小微设计企业创新发展；加强中关村国家级文化和科技融合示范基地建设，围绕文化产品与服务的创意创作、设计制作、展示传播、消费体验等环节，开展科技文化关键共性技术攻关与成果推广应用。

推进提升国际化发展水平。吸引集聚国际创新创业资源，通过合作共建、资源共享等多种方式在京建设国际化创业服务机构，带动本市创业服务模式创新；积极引导创业服务机构与国际技术转移机构对接，开展技术交易及国际技术转移服务，引进一批国际领先的原创技术；鼓励和引导国内资本与国际优秀创业服务机构合作设立众创空间等新型创业服务平台。打造创新创业对外交流平台，围绕新兴产业领域创新创业对外发展需求，依托中关村海外联络机构、中国国际技术转移中心等载体，建设国际创新创业合作平台，推动人才、技术、管理等方面的交流合作。支持各类创业服务机构国际化发展，通过在海外设立科技园区、与海外优秀孵化机构合作、开展联合孵化等多种方式，搭建创新创业企业国际化发展平台。

（三）全面优化创新创业空间布局。

打造高端创新创业核心区。加快海淀区“一城三街”建设，集聚发展创业服务业、科技金融服务业、信息和软件服务业、知识产权和标准化服务业，升级打造特色鲜明的众创空间，为大众创新创业营造良好的市场化服务环境。改造提升中关村南北大街，依据区段功能定位，结合楼宇空间布局和现有业态，分类进行科技创新项目置换和创业服务机构引入，将中关村南北大街建设成为创新创业大街，形成开放度更高、服务范围更广、辐射带动力更强的创新创业型经济集聚区。

打造南北创新创业发展带。建立围绕研发服务和高新技术产业服务创新的北部创新创业发展带，以海淀区北部、昌平区南部和顺义区部分区域为重点，大力推进研发服务、信息服务等高端产业创新创业项目，加快战略性前沿技术研发，促进高新技术成果孵化转化，积极建设科技成果交易核心区。建立围绕高技术制造业和战略性新兴产业技术创新、产品创新的南部创新创业发展带，以北京经济技术开发区和大兴区整合后的空间资源为依托，统筹布局通州、房山产业园区，形成新一代信息技术、生物、高端装备制造、新能源、新材料、新能源汽车等产业创新创业集群，积极建设技术创新总部聚集地。

打造郊区县创新创业特色园区。建设郊区县高端创新成果转化和产业化基地，聚焦纳米科技、通用航空、新能源、新能源汽车、智能制造、数字信息等重点领域，在郊区县建设一批技术支撑和创业投资能力强、专业服务水平高、领域特色鲜明的产业孵化平台和小企业创业基地。建立郊区县与中心城创新成果对接和应用机制，建设需求对接和新技术、新产品（服务）推介平台，推动中心城的高端研发成果在郊区县率先应用；支持郊区县建设一批协同创新中心、科技新城、特色园区、创新创业社区等创新创业载体，引导更多创业项目向郊区县转移布局，推进郊区县创新创业差异化、特色化发展。

打造京津冀协同创新创业体系。聚焦市场环境、金融服务、知识产权、科研教育、人才流动、国际合作等重要领域和关键环节，推进区域一体化技术市场、金融市场、产权市场、人力资源市场建设，促进区域创新创业资源共享和优化配置。加强区域创新创业政策衔接，统筹协调区域内的财政税收、投融资、产权交易、技术研发、政府采购等普惠性创新创业支持政策相互衔接，研究争取将中关村国家自主创新示范区的先行先试政策扩展至京津冀共建试点示范园区，并逐步推广到京津冀区域。强化区域创新创业载体共建，依托京津冀“4+N”功能承接平台，支持本市制造业龙头企业新增产能在津冀地区布局，引导和推动本市部分创新创业项目向曹妃甸协同发展示范区、张（家口）承（德）生态功能区、天津滨海—中关村科技园区、新机场临空经济区等区域转移，以创新创业带动战略合作功能区共建。优化区域创新创业公共服务，推动在京优质医疗卫生、教育等资源通过对口支援、共建共管、办分院分校、整体搬迁等方式向京外发展，逐步提高区域公共服务均衡化水平，提升区域创新创业服务保障能力。

（四）不断完善创新创业保障机制。

完善公平竞争市场机制。按照国家公平竞争审查工作安排，建立完善公平竞争审查机制，加大对不利于创新创业的垄断协议和滥用市场支配地位以及其他不正当竞争行为的调查和处置力度。完善全市企业信用信息体系，建立统一共享的小微企业名录，推进统一社会信用代码工作；推动行政机关行政处罚、司法机关司法裁决，以及行业协会、商会对会员实施惩戒的信息归集到企业信用信息公示系统，完善以信用管理为基础的创新创业监管模式。完善政府和社会资本合作模式，扩大社会资本投资途径，引导社会资本参与教育、医疗、养老、文化等领域的公共产品与服务供给；鼓励非公有资本以参股、独资、合资、合作、项目融资等方式参与垄断行业经营。

完善政府创新服务机制。建立便捷商事服务机制，全面实施“三证合一”“一照一码”登记制度，完善北京工商E网通服务平台，推进全程电子化登记与审核服务；开展企业自治名称和经营范围，以及科技类、文化创意类企业住所和经营场所分离登记管理试点，探索集群注册登记模式，积极推进“先照后证”改革，实现便捷登记。转变政府服务方式，全面推广中关村创业会客厅的一站式创业服务模式，以创业企业共性需求为核心，支持市场化服务机构通过商业模式设计，提供政策法律咨询、注册登记、知识产权、科技金融等服务；建立创新创业网络化服务平台，提高政府服务效率和水平。加大简政放权力度，深化行政审批制度改革，全面调整优化与创新创业相关的审批、认证、收费等事项；建立政府、市场和社会多元参与的创新创业治理结构和机制，引导众创空间自主探索、自我管理、自律发展，依托社会机构等组织开展众创空间评选、创业项目遴选、业务指导和监督管理。

完善科技成果转化机制。强化科技成果转化政策激励，赋予高等学校、科研院所科技成果自主处置使用权，高等学校、科研院所科技成果转化所获收益可按70%及以上的比例，划归科技成果完成人以及对科技成果转化做出重要贡献的人员所有。激发高等学校、科研院所创新活力，推进应用研究创新与市场需求对接，鼓励高等学校、科研院所拥有科技成果的科技人员创办科技型企业并持有股权；推进高等学校、科研院所采用技术许可的方式促进科技成果对外转移转化，对高等学校、科研院所等事业单位以科技成果作价入股的企业，放宽股权奖励、股权出售对企业设立年限和盈利水平的限制。构建新型创新创业实体，鼓励市属科研院所、企业主动承接中央在京高等学校、科研院所的知识产权和科技成果转化转移，并通过引入社会资本等方式，积极发展混合所有制创新平台；积极推动协同创新研究院、大数据研究院等新型研究机构发展；搭建军民融合协同创新平台及科技创新服务平台，促进军民两用技术推广应用和融合发展。

完善财税政策扶持机制。优化财政资金统筹机制，厘清政府与市场的边界，财政资金重点支持市场不能有效配置资源的基础研究、战略性前沿技术、关键共性技术领域，重点支持有效需求尚未形成、市场机制尚未发挥作用的新兴产业，重点支持处于孵化期、初创期等早中期阶段的科技型小微企业，重点支持要素市场、知识产权、人才培养、成果转化等创新创业环境建设。创新财政资金扶持方式，深入实施首都科技创新券政策，加大对优秀创业团队和小微企业的资助和引导力度；更多运用财政后补助、间接投入等方式支持开展创新创业；在确保公平竞争的前提下，鼓励对众创空间等孵化机构使用的办公用房、用水、用能、网络等软硬件设施给予适当优惠；推进中关村现代服务业试点，加大对创业孵化的扶持力度。完善普惠性税收优惠政策，积极落实企业研发费用加计扣除的优惠政策，配合国家有关部门研究完善企业研发费用计核方法；继续落实中关村国家自主创新示范区有限合伙制创业投资企业法人合伙人抵扣应纳税所得额的优惠政策，配合国家有关部门继续完善相关政策，逐步将科技型中小企业纳入适用政策的所投资企业范围，研究提高投资额在应纳税所得额中税收抵扣比例；配合国家有关部门修订完善高新技术企业认定办法。加大创新技术、产品（服务）政府采购力度，研究建立符合技术创新和产业发展方向的政府采购标准体系，建设面向全国的新技术、新产品（服务）政府采购推广应用平台；探索建立“首购首用”风险补偿机制，促进创业期企业新技术、新产品（服务）的推广应用。

三、组织保障

（一）加强组织领导。建立由市发展改革委、市科委、中关村管委会牵头，各区县政府和市政府各有关部门参加的大力推进大众创业万众创新工作机制，加强对全市创新创业工作的统筹指导和综合协调，强化部门协同和上下联动，切实形成合力，全力推进大众创业万众创新蓬勃发展。

（二）狠抓责任落实。各区县政府、市政府各有关部门要统一思想，提高认识，按照任务分工，扎实推进各项工作落实。各单位要制定推进计划，明确工作任务、时间节点、责任人和保障措施，确保促进创新创业的各项政策落到实处。

（三）强化督查评估。市政府各有关部门要完善创新创业信息统计指标体系，建立信息报送、任务动态调整、年度考核评价工作机制，强化对政策措施落实情况的督查督导和跟踪分析，重大问题及时提请市政府研究解决，确保各项任务顺利推进。

（四）加大宣传力度。市有关部门要统筹做好对大众创业万众创新工作的新闻宣传、政策解读和舆论引导工作，积极发挥“全国大众创业万众创新活动周”等展示平台作用，及时总结和推广先进经验，努力营造大众创业万众创新的良好氛围。

北京市人民政府
2015年10月19日

中关村国际人才创新创业生态系统建设工程

（京人才发〔2015〕3号）

为深入贯彻落实党中央的十八大，十八届三中、四中全会精神和习近平总书记关于人才工作的系列重要讲话精神，根据市委市政府关于北京加快建设全国科技创新中心的部署要求，结合中关村国家级人才管理改革试验区建设实际，着眼于面向全球吸引人才、竞争人才、实用人才，大幅度提高外籍人才比例，增强首都人才发展的国际竞争力，市人才工作领导小组决定，支持中关村加快打造国际人才创新创业生态系统。

一、总体要求

紧紧围绕中关村建设具有全球影响力的科技创新中心的目标，构建由跨境人才联络、跨境协同创新、跨境合作创业、跨境创业金融、国际知识产权运营及标准创制等平台共同构筑的创新创业生态系统，打造跨境协同创新共同体，形成具有国际竞争力的人才发展生态环境，持续开发世界一流的高端人才及团体，依靠人才智力优势，加快打造“高精尖”经济结构、现代产业体系与开放型经济体系，更好地服务国家创新战略和人才战略。

二、具体目标

用3—5年时间，逐步建成国际人才创新创业生态系统，以极具高端人才为核心，积极开发以外国专家、外籍高级专业技术人才、外籍高级经营管理人才、外籍创业人才“四支队伍”为代表的外籍人才资源，带动知识、技术、资本、市场等各类发展要素的流动，将中关村打造成为人才国际化发展“软口岸”和全球最具吸引力的创新创业中心之一。

——外籍人才数量明显提升。支持用人单位采取直接引进、“柔性”聘用或境外就地开发等方式，集聚外籍人才。中关村外籍人才及港澳台人才总量超过2万人，外国专家数量超过4000人。中关村海外高层次人才超过1500人，海外留学人才超过5万人。

——人才国际化发展特征鲜明。政产学研用协同创新体系更加符合创新资源国际化配置的需要；就地开发境外人才资源和创业项目的平台进一步拓宽、载体不断丰富；高端人才开展国际学术交流、技术合作、创业投资等活动更加活跃；企业及其人才境外投资与海外并购的渠道更加通畅，在国际知识产权保护及标准创制方面打开新局面。

——创新创业生态系统不断优化。以行业领军企业、高校和科研机构、高端人才、天使投资和创业金融、创业服务以及创业文化等为支撑要素的国际化创新创业生态系统逐步形成，有利于国际人才创新创业的市场环境、法治环境进一步优化，人才、技术、资本高效对接的服务体系逐步完善，符合开放型经济体系要求的人才发展格局逐步建立。

三、主要任务

（一）深入实施大人才工程。深入贯彻落实国家“千人计划”、北京“海聚工程”，持续加大海外高层次人才引进力度。制定吸引和支持国际顶尖人才及其创新团队的政策。深入实施中关村“高聚工程”，逐步加大引进外籍高端人才比例。启动实施北京高校“高精尖创新中心建设计划”，依托学科优势，引进国际顶尖领军人才及创新团队，支持顶尖科学家到中关村转化前沿技术成果。推动“科技北京百名领军人才培养工程”等市级重大人才工程向中关村倾斜政策资源，进一步支持国际创新创业人才引进工作。（落实单位：市委组织部、市人力社保局、市教委、市科委、中关村管委会、市人才工作领导小组相关成员单位）

（二）拓宽国际人才创新平台。充分发挥中关村科学城、未来科学城的发展优势，吸引和集聚以外籍高端人才为代表的国际人才资源。支持新型科研机构建设，重点推动北京生命科学研究所、北京纳米能源与系统研究所、国家作物分子设计工程技术中心等机构，建立与国际接轨的科研管理体制和人才发展机制，吸引更多外籍人才投身科技创新。根据首都总部经济发展的需要，支持跨国公司地区总部、研发中心、分支机构、结算中心入驻中关村，打造有利于国际人才干事创业的“创新生态圈”。（落实单位：市委组织部、市科委、市经济信息化委、市商务委、中关村管委会）

（三）打造国际人才创业平台。不断加强中关村海外人才创业园工作体系建设，立足产业定位开发海外人才，逐步加大吸引和集聚外籍创业人才的力度。深化“中关村高端人才创业基地”建设工作，优先支持外籍创业人才入驻。实施“中关村雏鹰人才发展计划”，选育具有发展潜力的国际青年创业团队，采取线上线下相结合的方式，培育和孵化一批前沿技术项目，建成国际化、市场化的人才开发机制。支持中关村房山园加快建设海聚人才创新创业基地，在中关村石景山园等分园区建设“国际人才港”。（落实单位：中关村管委会、海淀区、朝阳区、石景山区、房山区等相关区县）

（四）支持企业开发国际人才。充分发挥领军企业在开发和使用人才中的主体作用，面向全球知名高校与科研机构引进或聘用外籍高级专业技术人才，吸引和延揽著名跨国公司企业外籍高级经营管理人才，招聘和使用一定数量的外籍留学生，增强企业核心竞争力。支持领军企业与高校、科研机构合作，采取政产学研用相结合的协同创新机制，以更宽视野、在更大范围吸引国际顶尖创新人才。建立领军企业集聚顶尖人才的联系服务机制，落实人才引进配套政策、支持办法及保障措施。（落实单位：市人力社保局、市教委、市科委、中关村管委会）

（五）打造跨境协同创新平台。支持领军企业“走出去”，与境外高校、科研机构合作建设开放实验室，逐步建成中关村全球开放实验室网络体系，就地开发使用境外高端人才与科技资源。支持领军企业在海外设立研发机构，聘用国际一流人才从事技术研发和产品创新工作，增强整合全球创新资源的能力。加快推进“中关村硅谷创新中心”建设工作，积极支持加拿大渥太华“国际孵化中心”发展，统筹“芬华创新北京中心”和“中以创新合作转移中心”等技术转移合作平台的优势资源，促进人才与技术要素的国际化循环。（落实单位：中关村管委会及相关分园区管委会、中关村发展集团）

（六）建设跨境合作创业平台。支持中关村知名高校、企业、科研机构创建海外孵化器、海外研发中心等，直接面向全球吸引高端人才。依托中关村创新型孵化器，大力发展基于互联网技术的境内外无时差创业竞赛活动，遴选支持一批具有国际视野、拥有核心技术和关键技术的创业团队。建立与高校校友会联系合作的长效机制，广开人才推荐选拔渠道，繁荣创业合作活动，吸引海外校友到中关村创业。统筹中关村软件园、生命园、互联网金融园等专业特色园区创业服务资源，贯通国际创新要素流动渠道，引进“高精尖”外籍人才和产业资源。（落实单位：市教委、中关村管委会、中关村发展集团）

（七）完善跨境科技金融服务。深化落实中关村人才管理改革试验区返程投资、外汇管理创新等政策，构建有利于资本跨境流动的服务体系，促进跨境贸易和投融资的便利化。发挥政府引导资金的作用，支持中关村创新主体设立境外投资和并购引导基金。支持企业通过在境外资本市场上市、开展境外投资或并购活动，进一步增强配置国际高端要素和资源的能力，提升企业国际化发展的水平和核心竞争力。探索通过股权投资、人才引进以及产业化载体相结合的国际技术转移新模式，推动国际领先重大技术成果在中关村的转化和产业化。面向北京“海聚工程”入选者等高层次人才，统筹产业化项目投资基金等资源，支持人才转化创新成果。（落实单位：市金融局、市财政局、市科委、中关村管委会、中关村发展集团）

（八）建设国际人才市场体系，宣传推介中关村人力资源服务业开放政策，吸引国际人才中介机构入驻，大力引进一批具有国际先进水平的人力资源跨国机构，培育一批内资龙头企业，打造一批基于互联网技术和市场化机制的新型人才开发服务平台。根据企业发展需求，推动人才培训、测评、招聘、人事代理及法律咨询等专业服务机构和企业的国际化发展，打造相对完整的人力资源服务产业链。将人力资源服务业纳入中关村现代服务业支持范围。在中关村加快建设中国（北京）人力资源服务产业园。（落实单位：市人力社保局、市财政局、中关村管委会、海淀区）

（九）抢占知识产权与技术标准制高点。大力支持中关村企业开展知识产权全球化布局，支持产业技术联盟、企业等市场主体采取成立专利运营基金、加强与相关国际组织合作等方式，依靠市场化运营和具有创造性的商业模式，推动以知识产权为支撑的知识经济的发展。充分发挥重点产业知识产权联盟和中关村产业技术联盟的功能作用，支持领军企业及其人才团队参与创制或主导创制国际技术标准，促进专利与技术标准有效融合，政府相关部门支持其发布、推广技术标准。积极支持国际标准租住、学会、行业协会等入驻中关村，提速国际化发展步伐。（落实单位：市知识产权局、市政府外办、市科委、市民政局、中关村管委会、海淀区等相关区县）

（十）营造国际人才发展“软环境”。办好2015年度国际科技园区协会（IASP）第32届年会等一批国际交流合作活动。积极引入国际创新创业资源，打造“类海外创业环境”，培育和弘扬创业文化。支持中关村企业建设“you+”等创业社区，发挥好中关村企业家创新社区促进会等新型社会组织的功能，打造创新创业与宜居宜业功能定位相结合的国际人才集聚区。调整完善有利于国际人才发展的医疗、住房、配偶安置、子女教育等配套服务政策。（落实单位：市委组织部、市政府外办、中关村管委会等市人才工作领导小组相关成员单位、海淀区等相关区县）

四、工作要求

（一）加强组织领导。市人才工作领导小组各成员单位、各区县人才工作领导小组要充分发挥职能作用，明确责任分工、细化落实重点任务。中关村创新平台人才工作组要承担具体任务，科学把握工程实施进度，探索新机制、总结新经验，不断取得新成果。市人才工作领导小组办公室牵头对该项工程进行任务分解，将工作责任落实到各有关部门、区县。

（二）统筹工作资源。注重统筹市级层面人才政策资源，加大集成整合力度，共促中关村人才发展，带动首都人才国际化发展。注重统筹财政资金投入，推动市级层面重大人才工程、项目资源向中关村倾斜，以财政投资带动社会投资，形成多元化人才投资渠道。注重调动社会各方面积极性，依托新型社会组织、产业技术联盟等载体开展工作，实现政府、市场、社会资源的有机融合。

（三）创新工作方式。在国际人才创新创业生态系统建设工程的顶层设计下，不断创新手段、丰富内容，根据北京市、中关村国际化发展需要和人才实际需求，完善工程内容、优化实施方法，推动国际人才开发体系始终与时俱进、灵活开放。

附件：中关村国际人才创新创业生态系统建设工程任务分解表（略）

北京市人才工作领导小组办公室

2015年3月17日

中关村高端领军人才聚集工程实施细则

（中科园发〔2015〕3号）

为深入贯彻落实党的十八大，十八届三中、四中全会精神和习近平总书记系列重要讲话精神，立足新时期首都城市战略定位，着眼于构建“高精尖”经济结构，发挥中关村作为国家自主创新示范区和人才管理改革试验区的优势，着力完善人才发展体制机制，持续优化人才创新创业生态系统，推动中关村加快向具有全球影响力的科技创新中心进军，根据《关于印发中关村高端领军人才聚集工程方案的通知》（京发〔2008〕28号），结合新形势新要求，现对中关村高端领军人才聚集工程（以下简称高聚工程）实施细则修订如下：

第一章 总 则

第一条 在北京市人才工作领导小组领导下，发挥中关村创新平台派驻单位的职能作用，由中关村创新平台人才工作组牵头，组建专项工作小组，负责实施推进高聚工程。

第二条 专项工作小组设立专项办公室（以下简称专项办），由中关村科技园区管理委员会（以下简称中关村管委会）人才资源处会同委内相关处室组成，具体承担日常工作。

第三条 专项办委托中关村企业家顾问委员会，联系高校和科研机构、中关村规模以上企业、创业投资机构、科技和人才中介机构、创业服务机构、新型社会组织等，组建“高聚工程”人才评价与遴选委员会，负责发现、评价、遴选高端领军人才。

第四条 评价与遴选委员会由国内外顶尖专家学者、领军企业家、知名投资人、创业导师、新型社会组织负责人等高端领军人才组成。在“高聚工程”集中评审阶段，采取“抽签制”方式，随机确定评委名单，分专业领域承担人才评价及遴选任务。

第五条 评价与遴选委员会主要承担以下职能：

（一）发现和推荐高端创新创业人才。

（二）以人才的能力、业绩和贡献为主要依据，建立定性与定量相结合的人才评价体系。

（三）对“高聚工程”入选者的事业发展提供有建设性的指导和咨询意见。

第六条 “高聚工程”主要包括：创新领军人才、创业领军人才、领军企业家、投资家、创新创业服务领军人才5类。

第七条 “高聚工程”的支持资金纳入中关村管委会部门预算，从中关村国家自主创新示范区（以下简称中关村示范区）专项资金中列支，按年度预算经费额度进行安排。

第二章 创新领军人才的评价标准与支持政策

第八条 创新领军人才是指在战略性新兴产业领域从事前沿科学技术研究，具有丰富科研经验和较强自主创新能力，善于研发转化先进技术成果、创制国际国内技术标准，在中关村示范区转化科技成果的高端领军人才。

第九条 创新领军人才应同时具备下列条件：

（一）年龄在55周岁（含）以下。

（二）须为参评当年起前3年内在中关村示范区转化科技成果的人才，或在参评当年拟在中关村示范区转化科技成果，且所持技术成熟度较高的人才。

（三）研究领域为“中关村战略性新兴产业集群创新引领工程”确定的领域，已经取得了经第三方专业机构认可的具有自主知识产权的科技成果（即拥有国际发明专利或技术成熟度较高的国内发明专利）；或曾主持国内外重点科研项目、关键技术应用项目。

（四）在中关村示范区企业工作，担任研发机构主要负责人、关键研发项目主持人及以上职务的创新人才；或在国内外著名高校、研究机构取得相当于副教授、副研究员及以上职称，并通过创办企业、与企业合作实施、进行技术转让等方式到中关村示范区转化科技成果的创新人才。

第十条 对45周岁（含）以下、从京外（含海外）地区首次到中关村示范区转移转化先进技术成果的科技创新人才以及中关村自主创新能力建设所特需的科学家、工程师，经人才遴选与评价委员会集体研究后，可适当放宽评价标准与条件，予以优先支持。

第十一条 专项办委托中关村企业家顾问委员会接收汇总人才申报材料，每年集中开展一次人才评价与遴选工作。

第十二条 以原始创新能力、技术先进性及成熟度、科技成果价值、成果转化及产业化前景、知识产权自主性等为主要指标，对创新领军人才进行评价。

第十三条 创新领军人才可获以下支持：

（一）给予创新领军人才100万元人民币的一次性补助。

（二）依托中关村相关产业投资基金、科技成果转化股权投资基金及并购基金，对其创新成果转化予以优先支持。

（三）面向中关村企业、新型科研机构创新领军人才开通教授级高级工程师职称评审直通车，提供申报和参评便利。

（四）按照国家外国人出入境管理法律法规和签证签发相关要求，为外籍创新领军人才及其配偶和未满18周岁的未婚子女，协调办理2至5年多次入境有效的签证，以及工作许可和工作类居留证件。根据个人意愿，视实际贡献，为外籍创新领军人才及其配偶和未满18周岁的未婚子女，申请办理《外国人永久居留证》。

（五）具有中国国籍、在北京市行政区域内工作的“高聚工程”创新领军人才，视实际贡献及本人需求，由市人力社保局办理人才引进。

（六）创新领军人才可享受医疗照顾人员待遇，由北京市卫生行政部门发放医疗证，按照“就近就便”的原则，在全市相关三级甲等医院，开设绿色就诊通道，提供便捷医疗服务。

（七）面向回国定居或来华工作连续1年以上的创新领军人才，个人进境规定范围内合理数量的科研、教学物品及生活自用物品，海关依据有关规定予以免税验放。

（八）根据中关村人才公共租赁住房有关政策，优先提供入住支持。

（九）根据创新领军人才事业发展需要，提供其他有针对性的支持措施。

第三章 创业领军人才的评价标准与支持政策

第十四条 创业领军人才是指熟悉国际规则，善于把握市场经济规律、善于吸附和转化前沿技术成果、善于推动商业模式创新，所创办的企业符合中关村战略性新兴产业、文化创意产业发展方向，具有高成长性特点、能经受市场检验的高端领军人才。

第十五条 创业领军人才应同时具备下列条件：

（一）年龄在55周岁（含）以下。

（二）在中关村示范区创办企业的时间一般在5年（含）以内。

（三）自有资金（含技术入股）占企业创业投资的30%及以上。

（四）创业领域为“中关村战略性新兴产业集群创新引领工程”确定的领域，且自创业以来，企业资产情况良好，年营业收入实现了持续增长。

（五）所创办企业拥有自主知识产权的核心、关键技术，或合法转化了达到国际先进水平的技术成果；所创办企业具有重要商业模式创新特征，未来市场预期较好。

（六）拥有创业价值观正确、结构合理、长期稳定的创业核心团队。

第十六条 视行业特点，对于所创办的企业累计获得创业投资超过3000万元（含）人民币，或参评当年的上一年度企业营业收入达到1000万元人民币的创业领军人才，予以优先支持。

对于企业年营业收入实现50%及以上连续增长的创业领军人才，对于在中关村战略性新兴产业领域多次创业、连续创业的人才或从京外（含海外）地区到中关村示范区二次创业的人才，予以优先支持。

对于部分前期投入较高、收益较低，但今后可能实现高速增长的创业企业及其领军人才，35周岁（含）以下具有重大创业潜力的青年创业人才，由人才遴选与评价委员会集体研究后，适当放宽第十五条（三）、（四）款评价标准与条件。

第十七条 专项办委托中关村企业家顾问委员会接收汇总人才申报材料，每年集中开展一次人才评价与遴选工作。

第十八条 以企业成长性、核心技术或关键技术的自主性及可持续创新能力、商业模式创新特征与市场前景、人才团队稳定性等为主要指标，对创业领军人才进行评价。

第十九条 创业领军人才可获以下支持：

（一）给予创业领军人才100万元人民币的一次性补助。

（二）依托中关村相关产业投资基金、科技成果转化股权投资基金及并购基金，对人才创业项目予以优先支持。

（三）根据北京市在中关村示范区开展新技术新产品推广应用的政策，对创业领军人才所在企业落实相应的支持措施。

（四）面向中关村企业创业领军人才开通教授级高级工程师职称评审直通车，提供申报和参评便利。

（五）按照国家外国人出入境管理法律法规和签证签发相关要求，为外籍创业领军人才及其配偶和未满18周岁的未婚子女，协调办理2至5年多次入境有效的签证，以及工作许可和工作类居留证件。根据个人意愿，视实际贡献，为外籍创业领军人才及其配偶和未满18周岁的未婚子女，申请办理《外国人永久居留证》。

（六）具有中国国籍、在北京市行政区域内工作的“高聚工程”创业领军人才，视实际贡献及本人需求，由市人力社保局办理人才引进。

（七）创业领军人才可享受医疗照顾人员待遇，由北京市卫生行政部门发放医疗证，按照“就近就便”的原则，在全市相关三级甲等医院，开设绿色就诊通道，提供便捷医疗服务。

（八）根据中关村人才公共租赁住房有关政策，优先提供入住支持。

（九）对于从海外初次归国创业，或具有海外留学背景从京外地区来中关村创业的人才，优先协调海外人才创业园提供人才落地、项目孵化等支持与服务。

（十）优先推荐创业领军人才参评国家和北京市重点人才工程、计划；推荐参选北京市、区（县）人大代表；推荐提名北京市、区（县）政协委员、青联委员等。

（十一）根据创业领军人才事业发展需要，提供其他有针对性的支持措施。

第四章 领军企业家的评价标准与支持政策

第二十条 领军企业家是指具有国际视野、战略眼光及卓越经营管理才干，善于驾驭全球经济一体化发展浪潮和市场经济规律，领导企业创造了显著的经济效益，有力推动了经济社会发展且社会责任感较强的高端领军人才。

第二十一条 领军企业家应具备下列条件之一：

（一）主营业务范围为“中关村战略性新兴产业集群创新引领工程”确定的领域，且参评当年上一年度，企业营业收入超过100亿元（含）人民币的中关村企业董事长、总裁（总经理）或担任同级别管理职务的领军人才。

（二）注册或结算中心在中关村示范区、注册或结算中心在北京地区但在中关村示范区设立了研发（分支）机构的世界500强企业境外投资公司投资的企业、著名跨国公司地区总部的董事长、总裁（总经理）或担任同级别管理职务的领军人才。

（三）在中关村示范区投资建设新型孵化载体、发展混合所有制经济、开放本企业优质科研资源的中央企业地区总部、市属国有企业董事长、总裁（总经理）或担任同级别管理职务的领军人才。

（四）近5年内为中关村科技型中小微企业贷款额度累计超过100亿元（含）人民币的境内外金融机构地区总部董事长、总裁（总经理）或担任同级别管理职务的领军人才。

（五）其他中关村发展所特需的企业经营管理领军人才。

第二十二条 专项办委托中关村企业家顾问委员会接收汇总人才申报材料。对于申报参评“高聚工程”领军企业家的人才，不开展集中评审。专项办委托中关村企业家顾问委员会对参评人才进行资格审查与尽职调查，报专项工作小组审核。

第二十三条 领军企业家可获以下支持：

（一）为领军企业家所在的企业开拓国际市场、进行境外投资及海外并购等提供支持与服务。根据《中关村国家自主创新示范区国际化发展专项资金管理办法》（中科园发〔2014〕1号）规定，对领军企业家所在企业的国际合作项目给予相关资金支持。

（二）根据《中关村国家自主创新示范区建设人才特区的若干意见》（京发〔2011〕5号），在非公有制经济领域，允许领军企业家持有境外关联公司的股权，为其所在企业提供简化外汇资本金结汇手续的便利。

（三）按照国家外国人出入境管理法律法规和签证签发相关要求，为外籍领军企业家及其配偶和未满18周岁的未婚子女，协调办理2至5年多次入境有效的签证，以及工作许可和工作类居留证件。根据个人意愿，视实际贡献，为外籍领军企业家及其配偶和未满18周岁的未婚子女，申请办理《外国人永久居留证》。

（四）具有中国国籍、在北京市行政区域内工作的“高聚工程”领军企业家，视实际贡献及本人需求，由市人力社保局办理人才引进。

（五）领军企业家可享受医疗照顾人员待遇，由北京市卫生行政部门发放医疗证，按照“就近就便”的原则，在全市相关三级甲等医院，开设绿色就诊通道，提供便捷医疗服务。

（六）推荐领军企业家参选北京市、区（县）人大代表；推荐提名北京市、区（县）政协委员、青联委员等。

（七）根据领军企业家事业发展需要，提供其他有针对性的支持措施。

第五章 投资家的评价标准与支持政策

第二十四条 投资家是指熟悉国际规则，具有敏锐投资眼光和丰富的资本运作经验，面向中关村企业从事天使投资、创业投资、风险投资等活动，且投资成功率较高的高端领军人才。

第二十五条 投资家应具备下列条件之一：

（一）在中关村开展天使投资活动3年及以上，累计投资超过5000万元（含）人民币的天使投资机构（组织）的主要负责人。

（二）在中关村示范区注册成立创业投资、风险投资机构且参评当年在中关村投资总额超过3000万元（含）人民币的境内外投资机构董事长、总裁（总经理）、主要合伙人及担任同级别管理职务的领军人才。

（三）近3年内对中关村企业累计投资超过1亿元（含）人民币的风险投资机构董事长、总裁（总经理）、主要合伙人或担任同级别管理职务的领军人才。

（四）其他中关村发展所特需的投资人才。

第二十六条 专项办委托中关村企业家顾问委员会接收汇总人才申报材料，每年集中开展一次人才评价与遴选工作。

第二十七条 以投资额度、投资机构品牌及影响力、被投企业数量、成活率和成长性、被投企业的认可度、投资机构所缴纳的企业所得税等为主要指标，对投资家进行评价。

第二十八条 投资家可获以下支持：

（一）根据《中关村国家自主创新示范区天使投资和创业投资支持资金管理办法》（中科园发〔2014〕41号）有关规定，对投资家所在机构投资的初创企业，提供一定的配套资金支持。

（二）对于投资家主导投资的符合条件的创业企业，依托中关村相关产业投资基金、科技成果转化股权投资基金及并购基金，给予被投创业企业的项目优先支持。

（三）对于投资家主导投资的符合条件的创业企业，根据北京市在中关村示范区开展新技术新产品推广应用相关政策，给予被投创业企业相应支持措施。

（四）按照国家外国人出入境管理法律法规和签证签发相关要求，为外籍投资家及其配偶和未满18周岁的未婚子女，协调办理2至5年多次入境有效的签证，以及工作许可和工作类居留证件。根据个人意愿，视实际贡献，为外籍投资家及其配偶和未满18周岁的未婚子女，申请办理《外国人永久居留证》。

（五）具有中国国籍、在北京市行政区域内工作的“高聚工程”投资家，视实际贡献及本人需求，由市人力社保局办理人才引进。

（六）投资家可享受医疗照顾人员待遇，由北京市卫生行政部门发放医疗证，按照“就近就便”的原则，在全市相关三级甲等医院，开设绿色就诊通道，提供便捷医疗服务。

（七）根据投资家事业发展需要，提供其他有针对性的支持措施。

第六章 创新创业服务领军人才的评价标准与支持政策

第二十九条 创新创业服务领军人才是指运用现代科技知识与手段、分析研究方法以及经验、信息等要素为科技型企业提供社会化、专业化服务，降低创新成本、促进创新活动、推动科技成果转移转化的服务业高端领军人才。

第三十条 创新创业服务领军人才应具备以下条件之一：

（一）由国家或北京市认定的、近3年内在中关村示范区累计实现1亿元（含）人民币以上技术交易额的技术转移机构、技术交易市场、科技条件平台等机构主要负责人。

（二）近3年内，由外商投资、港澳台服务者投资或中外合资（合作）创办的科技中介、人力资源服务机构、知识产权和标准运营服务机构、审计机构及律师事务所、会计师事务所主要负责人，且所在机构为中关村示范区企业提供服务的数量与质量达到行业顶尖水平。

（三）近3年内，在标准创制、市场开拓、技术攻关等方面发挥核心作用，在行业内具有重要影响力的中关村产业技术联盟等新型社会组织理事长、秘书长。

（四）近3年内，在中关村示范区成功孵化100家（含）以上的科技型创业企业并培育了至少1家上市公司的孵化机构主要负责人；或中关村创新型孵化器主要负责人。

（五）其他中关村发展所特需的科技服务业领军人才。

第三十一条 专项办委托中关村企业家顾问委员会接收汇总人才申报材料，每年集中开展一次人才评价与遴选工作。

第三十二条 着眼于培育和发展现代服务业，以新型社会组织和科技服务专业机构的服务数量及质量、业界评价、被服务企业的认可度、经济贡献与社会效益等为主要指标，对创新创业服务领军人才进行评价。

第三十三条 创新创业服务领军人才可获以下支持：

（一）按照国家外国人出入境管理法律法规和签证签发相关要求，为外籍创新创业服务领军人才及其配偶和未满18周岁的未婚子女，协调办理2至5年多次入境有效的签证，以及工作许可和工作类居留证件。根据个人意愿，视实际贡献，为外籍创新创业服务领军人才及其配偶和未满18周岁的未婚子女，申请办理《外国人永久居留证》。

（二）具有中国国籍、在北京市行政区域内工作的“高聚工程”创新创业服务领军人才，视实际贡献及本人需求，由市人力社保局办理人才引进。

（三）创新创业服务领军人才可享受医疗照顾人员待遇，由北京市卫生行政部门发放医疗证，按照“就近就便”的原则，在全市相关三级甲等医院，开设绿色就诊通道，提供便捷医疗服务。

（四）根据中关村人才公共租赁住房有关政策，优先提供入住支持。

（五）鼓励创新创业服务领军人才所在单位聘用海外留学人才，市有关部门为其聘用人才优先提供工作许可和工作类居留证件的申请便利。

（六）根据《中关村国家自主示范区国际化发展专项资金管理办法》（中科园发〔2014〕1号），给予创新创业服务领军人才所在单位的国际合作项目相关资金支持。

（七）根据创新创业服务领军人才事业发展需要，提供其他有针对性的支持措施。

第七章 遴选办法与监督管理

第三十四条 发布中关村“高聚工程”实施细则，广泛开展政策宣传与推介工作。

第三十五条 “高聚工程”在每年上半年组织实施。其中，领军企业家的推荐时间、申报程序不受限制。

第三十六条 优化高端领军人才遴选程序：

（一）由专项办委托中关村企业家顾问委员会，接收汇总相关申报材料，进行合规性审查。

（二）中关村企业家顾问委员会组建不同专业领域的人才评价与遴选委员会，每个委员会至少应由5名国内外专家随机组成。

（三）人才评价与遴选委员会根据“高聚工程”实施细则提出的人才评价要点，采取集中评审、尽职调查等方式对人才进行综合评价。

（四）中关村企业家顾问委员会综合人才评价与遴选委员会的意见，提出入选人才的建议名单，报专项办。

（五）专项办对“高聚工程”入选者建议名单进行公示。

（六）公示无异议的，由专项办向专项工作小组提交建议名单；经专项工作小组审核同意，报中关村管委会主任办公会通过后，落实相关支持政策。

第三十七条 对“高聚工程”入选者颁发证书。

第三十八条 面向中央“千人计划”、北京“海聚工程”入选者，按照视同原则，纳入“高聚工程”支持政策的范围，但不重复补助资金。

第三十九条 依托“高聚工程”，建设“中关村人才圈”，搭建高端领军人才交流合作的平台。

第四十条 “高聚工程”的实施过程接受纪检（监察）部门、财政部门、审计部门以及媒体、公众的监督。

第四十一条 “高聚工程”入选者应对申报材料真实性负责。

第四十二条 “高聚工程”建立退出机制。对于违法违纪、涉及境内外知识产权纠纷、违背社会诚信的人才，取消入选资格，追回补助资金。

第八章 附 则

第四十三条 本细则由中关村管委会负责解释。

第四十四条 本细则自发布之日起30日后施行，原《中关村高端领军人才聚集工程实施细则》（中科园发〔2010〕7号）同时废止。

中共北京市委组织部
北京市公安局
北京市财政局
北京市人力资源和社会保障局
中关村科技园区管理委员会
2015年1月29日

中共天津市委 天津市人民政府
关于打造科技小巨人升级版的若干意见

（津党发〔2015〕27号）

为深入实施创新驱动发展战略，助推科技型中小企业发展，做优做强做大科技小巨人企业，促进产业转型升级和经济提质增效，提出如下意见。

一、总体要求和发展目标

（一）总体要求

全面贯彻落实党的十八大和十八届三中、四中、五中全会精神，深入贯彻习近平总书记系列重要讲话精神，抓住用好多重战略叠加机遇，创新发展理念，以推动科技小巨人企业能力升级为核心、规模升级为支撑、服务升级为保障，着力聚集国内外高端创新资源，着力促进协同创新和开放创新，着力构建科学完善的创新生态系统，努力形成创新要素充分涌流、科技活力竞相迸发、科技小巨人企业顶天立地的生动局面，为推进国家自主创新示范区建设、基本建成全国产业创新中心和先进制造研发基地作出更大贡献。

（二）发展目标（2015—2020年）

——群体规模显著扩大。全市科技型中小企业总量达到10万家，科技小巨人企业达到5000家，国家高新技术企业达到5000家。

——企业实力显著增强。科技小巨人企业年主营业务收入超过5亿元的达到1000家、超过10亿元的达到350家，科技领军企业达到200家，实现“小巨人大品牌”。工业领域科技小巨人企业产值占规模以上工业总产值比重达到55%，增加值率、成长性和税收贡献率高于全市平均水平。

——创新水平显著提升。建成具有行业领先水平和国内外影响力的产业技术研究院5家，聚集国家级科研院所、海内外高水平研发机构及产业化基地200家，新建企业创新平台和研发机构300家，开发掌握一批具有国际先进水平的关键核心技术，“杀手锏”产品超过300项。

二、重点任务

（一）着力推进能力升级

一是实施领军企业培育工程。建立科技小巨人领军企业动态管理制度，每年遴选创新能力强、成长速度快的科技小巨人企业，重点开展领军企业创新转型试点，实行“一企一策”和定制化联系帮扶，支持企业与国内外高校、科研院所、研发机构等联合建立一批高水平的实验室、工程中心、跨境研发中心等，以企业为主体实施一批产业创新重大项目，开展专利消零和专利强企行动，加快关键核心技术突破和产品创新。实施科技小巨人大品牌培育计划，组织专业机构为企业进行品牌设计与策划。

二是实施“小升高”工程。建立高新技术企业培育备选库，每年选择一批具有成长性的科技型中小企业，在技术创新、专利创造、研发人员聚集等方面给予政策倾斜，重点支持企业与京津冀高校和科研院所建立共同开展技术研发、成果转化等持续创新的新机制。加大认定工作培训和服务力度，引导各类资源和服务向企业聚集，推动一批符合条件的科技型中小企业成为市级和国家级高新技术企业。每年认定市级高新技术企业800家，新增国家级高新技术企业600家。

三是实施高端人才引进培养工程。深入实施“千人计划”“千企万人支持计划”“特殊人才支持计划”“创新创业人才推进计划”等人才引进培养计划，延伸人才“绿卡”服务，开展科技成果收益分配和股权激励等试点，加快建设“双创特区”，吸引聚集海内外高端人才来津创新创业。完善企业与高校高端创新人才联合培养和双向流动机制，加大科技特派员选派力度，建立校企协同创新推动成果转化的有效机制。在职科技人员在完成本职工作的基础上，可采取兼职兼薪方式创业或服务企业创新。强化新型企业家培养工程，建立天津领军企业家俱乐部，加强与国内外知名创新人士和企业家的交流合作，不断提升企业家创新发展的意识和能力。到2020年，企业聚集各类高水平创新人才万人以上。

（二）着力推进规模升级

一是实施“小壮大”工程。每年在科技小巨人企业中选择增速不低于20%的高成长企业，逐一确定培育目标，制定个性化帮扶方案，建立专门的政策性贷款担保基金，支持创新项目、融资对接、人才引进等，建立达标奖励制度，促进企业倍增式发展。支持200家企业开展“制造+服务”、内部创业和“龙头企业+引进培育”、互联网跨界融合等商业模式创新试点，推动企业从制造向服务延伸，支持企业“触网”，引导企业加速扩张或裂变式发展。

二是实施并购“双百”工程。鼓励企业充分利用境内外两种资源，加强与“一带一路”沿线国家的科技合作，通过收购、兼并、合作等方式快速获得国内外先进技术、人才团队、知名品牌、市场份额等，建立跨区域的生产基地、研发中心、跨境采购中心、离岸结算中心等，提升开放创新水平，促进企业集团化、规模化发展。设立并购基金，引导支持金融资本、社会资本参与企业并购活动，发挥资本市场在并购重组中的主渠道作用。组织开展企业并购专题培训，引导中介机构支持企业制定并购战略，提供法律、金融和风险管理咨询服务。支持企业参与国际知名专业组织、产业联盟、权威机构开展的相关活动，培育一批规模型、总部型、控股型企业。到2020年，并购国内外企业分别达到100家以上。

三是实施企业上市融资工程。鼓励企业利用资本市场，通过资本运作实现快速持续发展。支持企业实行股份制改造，完善治理机制，明晰股本结构，实施股权激励。支持企业利用境内外多层次资本市场实现上市和挂牌，扩大科技企业融资规模。实行市和区县联动，组织开展企业股改和上市培训，帮助企业引进金融人才，引导金融、法律、会计、评估、证券、股权投资等机构参与服务科技型中小企业股份制改造和上市工作。到2020年完成股份制改造科技型企业达到750家，上市和挂牌科技型企业达到400家。

（三）着力推进服务升级

一是优化政府公共服务。围绕服务企业创新发展，加大简政放权力度，强化科技、商事、人才等体制改革，抓好“一颗印章管审批”“一张绿卡管引才”等“十个一”制度建设，建立完善一站式、全方位的公共服务平台和网络，推动政府服务高效化便利化。以区县为主，面向国家自主创新示范区分园和众创空间等载体建立政府服务专员制度，发挥政府购买服务作用，促进各类专业服务机构和中介机构向各类载体聚集。落实好政府采购支持中小企业发展政策，保证参与政府采购的科技小巨人企业充分享受优惠政策。

二是优化技术平台服务。围绕战略性新兴产业和优势支柱产业，支持企业与高校、科研院所合作建立产业公共技术平台，聚集科技研发、检测检验、技术转移、专利代理、财务和法律等专业服务机构，形成“创新服务不出园区”的科技创新与服务体系。支持“科淘网”等科技服务电商平台发展，引导发展一批众扶创业平台和众包创新平台，形成“互联网+科技服务”的新型科技服务模式，强化大型科研仪器等资源的开放共享。实施企业创新券制度，支持企业利用公共科技资源开展产学研合作。

三是优化科技金融服务。深入推进以“助小微、促创新、促创业”为内容的“一助两促”活动，着力解决中小微企业融资难问题。提高科技金融专营机构服务水平，提升区县科技金融对接平台功能，创新科技金融产品，设立科技担保基金，推动投保贷联动，引导企业利用各类债务工具融资。积极发挥各类财政资金引导和杠杆作用，通过母基金引导社会资金建立种子基金、天使投资基金、风险投资基金、新兴产业投资基金等，鼓励风险投资基金、银行、保险、证券、信托等机构合作，促进众筹、众创、众包、众扶与金融有效嫁接，构建满足科技型中小企业不同发展阶段需求的多层次、多渠道投融资保障体系。

四是优化园区服务。以国家自主创新示范区为依托，引导各类园区转变发展理念和模式，打造服务创新创业的软硬环境和富有活力的创新生态系统。围绕产业定位，拓展产业链，布局创新链，完善资金链和服务链，建设一批服务产业创新、孵化培育、产业集群的产业技术研究院和产业技术创新战略联盟。支持各类园区完善服务功能和提升服务能力，建设集创新、孵化、研发、金融、商务、教育、医疗、文化等于一体的创新社区。强化京津冀协同创新，支持各类园区吸引聚集高校和科研院所在津建立新型研发机构、研发转化与产业化基地，组建技术转移服务联盟，吸引首都资源提供延伸服务。

三、政策措施

（一）加大财政扶持力度

“十三五”期间，实施打造科技小巨人升级版“政策聚焦”，市财政每年统筹投入15亿元，滨海新区及各功能区每年投入15亿元，其他区县每年投入20亿元，全市每年共计投入财政资金50亿元。强化政策宣讲培训，帮助企业用足用好用到位，切实发挥支持引导作用。

（二）落实财政支持政策

一是支持各类基金设立。市财政每年安排资金6亿元，五年合计30亿元。设立10亿元政府担保基金，主要用于为高成长科技小巨人企业贷款提供担保；设立5亿元产业并购引导基金，主要用于带动社会资本参与企业境内外并购重组等；设立10亿元创业投资引导基金和5亿元天使投资引导基金，按30%参股引导社会资金设立产业投资基金，利用市场化机制筛选项目、投资新兴产业和科技型中小企业等。

二是支持企业能力建设。市财政每年安排资金5亿元，五年合计25亿元。主要用于市级产业技术研究院建设；对企业组织实施重大创新项目及开发“杀手锏”产品等，给予100万—300万元资助，市和区县财政各负担50%；对企业引进的国家级科研院所及共建研发转化基地、企业重点实验室、工程中心、境外研发机构等，给予平均200万元补助，区县财政给予1：1的配套资金支持；对实施京津冀协同创新项目、开展商业模式创新试点、购买海外先进技术、创建品牌等，给予一定资金支持。

三是奖励企业创新发展。市财政每年安排资金4亿元，五年合计20亿元。主要用于对首次获批的国家高新技术企业按照规模大小分别给予30万—50万元奖励，其中：区县财政对于申请认定国家高新技术企业的先按上述标准50%的比例给予补助，待认定后市财政再按上述标准50%的比例给予奖励；对完成股份制改造的科技型企业，给予最高30万元奖励；对获评中国驰名商标、名牌产品等国家品牌的企业，给予50万—100万元奖励，市和区县财政各负担50%；对组建产业技术创新战略联盟、开展大型科研仪器共享、创业大赛获奖项目等，给予一定资金奖励；对于企业利用公共科技资源开展创新活动，给予创新券奖励。

（三）加强区县财政投入

滨海新区及各功能区、其他区县要安排财政资金配套用于市级政策落实，并结合本地区实际制定相关措施，推动科技小巨人企业做优做强做大。

四、组织保障

（一）强化组织领导

市科技型中小企业发展工作领导小组要加强对打造科技小巨人升级版工作的领导。市科技型中小企业发展联席会议要加强调度协调，研究解决问题。各区县党委和政府要把打造科技小巨人升级版工作摆在突出位置，明确任务，落实责任，集中力量抓紧抓好。相关职能部门要制定具体实施方案和政策落实办法，加强协作，密切配合，提供优质服务和保障。

（二）严格督查考核

加强对各区县和各功能区打造科技小巨人升级版工作进展情况的指导服务和督促检查，完善科技小巨人企业统计分析制度，对企业发展情况及时进行跟踪监测和研究分析。建立考核制度，将打造科技小巨人升级版工作情况纳入各级领导班子考核范围。加强干部帮扶，对350家年主营业务收入超过10亿元的科技小巨人企业各安排1名局级领导干部、对1000家年主营业务收入超过5亿元的科技小巨人企业各安排1名处级领导干部，固定联系帮扶2年，建立工作台账，每半年进行一次考核评估。

（三）营造浓厚氛围

加强对打造科技小巨人升级版工作的宣传报道，树立一批企业与企业家典型，发挥示范带动作用。每年举办小巨人创新论坛，邀请国家部委领导同志、知名专家和企业家到会演讲交流，组织开展市领导同志与科技小巨人企业家互动活动等。鼓励社会团体、社会组织等开展各类创新创业主题活动，培育一批面向国际的创新创业文化品牌。继续组织好天津市创新创业大赛，弘扬创新创业精神，培育创客文化，增强全社会创新创业活力。

中共天津市委
天津市人民政府
2015年12月9日

天津市引进人才“绿卡”管理暂行办法

（津党厅〔2015〕27号）

第一条 为创新人才引进工作机制，减少工作流程和审核要件，缩短办理时限，提高办事效率，提供优质服务，营造引才、用才的良好环境，在全市实施引进人才“绿卡”（以下简称“人才绿卡”）制度。

第二条 人才绿卡是符合发放条件的各类人才来津工作办理相关手续的凭证，人才绿卡持有人（以下简称“持卡人”）在办理引进手续和在津生活等方面享受人才绿卡规定的服务项目。人才绿卡分为“A卡”和“B卡”，市人才办、市人力社保局负责设计制作。

第三条 人才绿卡通过“天天问津”人才网站平台进行信息交互、业务办理，并与相关职能部门和办理机构互联互通，实现“一点采集、多点共享、全程管理、快速办理”。

第四条 “A卡”主要面向下列范围的高层次人才发放：

（一）航空航天、生物技术、新型信息与网络、新能源、新材料、节能环保、高端装备制造等战略性新兴产业发展急需的紧缺人才；

（二）高效设施农业、绿色生态农业、观光休闲农业等发展急需的紧缺人才；

（三）金融、现代物流、电子商务、科技服务、信息服务、文化创意、旅游、会展、社会服务等现代服务业发展急需的紧缺人才；

（四）教育、卫生、社科理论、新闻出版、文化艺术领域的优秀人才；

（五）拥有自主知识产权和授权发明专利，本人或率团队来本市创新创业的紧缺人才；

（六）能够提升本市在国际国内知名度和影响力的各类紧缺人才。

第五条 符合本市引进人才政策，与用人单位签订1年（含）以上劳动（聘用）合同或工作协议，且具备以下条件之一的高层次人才可申领“A卡”：

（一）诺贝尔奖获得者，中国科学院、工程院院士；

（二）国家和省级“千人计划”人选、创新创业领军人才人选及列入国家和省部级重点人才引进和培养计划的人选；

（三）获得国务院特殊津贴专家、突出贡献专家等国家级或省部级称号的专家；

（四）获得国家级奖励或省部级一等奖的（科学技术奖、社科奖、专利奖、新闻出版奖、文化艺术奖等）专家；

（五）担任过国家和省部级科技项目（首席科学家、单项主持人）、工程项目、重点实验室负责人的专家；

（六）奥运会、亚运会、世锦赛等重大比赛中的冠军及其主教练、“中华技能大奖”获得者；

（七）来津前在世界五百强企业、国内五百强企业担任过中层及以上职务的人员；来津后在我市百强企业担任中层及以上职务或在我市“千企万人”企业担任副总及以上职务的人员；

（八）具有博士学位或高级职称的专业人才；

（九）申请积分落户已取得办理天津市常住户口证明书的高级技师；

（十）具有本科以上学历，来津创办科技型企业或来津投资设立企业注册资本500万元（含）以上（到位率80%）的海内外投资（合伙）人；

（十一）用人单位聘请的高层次外国专家；

（十二）用人单位柔性引进的高端人才或我市经济社会发展急需的其他高层次人才。

第六条 “A卡”由符合申领条件的高层次人才本人提出申请，由其所在单位或主管部门负责申报。市人才综合服务中心（以下简称“服务中心”）集中受理人才绿卡申请、材料审核、绿卡发放、政策咨询和跟踪服务等工作。

第七条 “A卡”持卡人可办理以下15项服务事项：

外省市调入人员关系接转、留学回国人员来津工作派遣、本人及家属落户、居住登记（居住证）、社保卡、人才公寓、子女入学、医疗保健证、出入境证件申请、小客车增量指标配置摇号或竞价、留学人员国（境）外学习及工作年限认定、海外高层次留学人才周转房申请、高层次人才科研及教学用品进境免税核准证明、天津市引才专项资金申请、进境携运物品（高层次人才以携运方式进境科研及教学用品的验放、回国定居或者来华工作连续1年以上的高层次人才进境自用物品审批）。

第八条 符合申领“A卡”条件的高层次人才可以根据《天津市人才绿卡使用手册》（以下简称“使用手册”），结合本人实际选择相关服务事项，并按使用手册要求向用人单位提交相关要件，由用人单位汇总后申报。用人单位登陆“天天问津”人才门户网站，在线填报并提交《引进人才绿卡基本信息情况登记表》，服务中心进行网上预审。

第九条 服务中心应当在收到用人单位提交的信息后24小时内进行预审并反馈。通过预审的，用人单位或个人向服务中心提交书面材料。材料一致的，由服务中心扫描后存入人才绿卡信息管理系统，并将人才基本信息采录到“A卡”，当场制卡，由用人单位发放到申请人。

第十条 服务中心设立市人力社保局、市公安局、市卫生计生委等部门服务窗口，现场办理持卡人关系接转、落户手续、医疗保健证等事项。设立高层次人才集体户，具备条件的持卡人可选择落户集体户。各区县各部门各单位建立的人才公寓，可以作为“A卡”持卡人及家属落户地。

第十一条 “B卡”面向非本市户籍来津工作或创业的全日制大学本科毕业生和硕士研究生发放。

第十二条 以调动方式来津工作、个人创业或留学回国人员可到服务中心申领“B卡”；毕业2年内的全日制大学本科生、硕士研究生可到市教委大中专毕业生就业指导中心申领“B卡”。

第十三条 “B卡”持卡人可办理以下7项服务事项：

外省市调入人员关系接转、留学回国人员来津工作派遣、本人及家属落户、大学生创业培训、创业小额担保贷款、创业房租补贴和社会保险补贴。

第十四条 持卡人到各相关职能部门办理服务事项时，各职能部门通过人才绿卡信息管理系统，读取持卡人基本信息和要件信息，按使用手册明确的流程、要件、时限办理。

第十五条 各职能部门按照职责分工，分别办理持卡人的申请事项和相关手续。

第十六条 市人才办建立人才绿卡工作协调机制，牵头组织市人力社保局、市公安局、市教委、市卫生计生委、市财政局、市交通运输委和天津海关等相关部门成立人才绿卡工作协调小组，小组办公室设在市人力社保局，负责统筹协调相关问题。

第十七条 本办法由市人才办、市人力社保局负责解释。

第十八条 本办法自2015年6月1日起实施，有效期两年。

中共天津市委办公厅
天津市人民政府办公厅
2015年5月28日

天津市人民政府
关于发展众创空间推进大众创新创业的政策措施

（津政发〔2015〕9号）

为深入贯彻落实《中共中央国务院关于深化体制机制改革加快实施创新驱动发展战略的若干意见》（中发〔2015〕8号）和《国务院办公厅关于发展众创空间推进大众创新创业的指导意见》（国办发〔2015〕9号），努力营造良好的创新创业生态环境，激发全社会创造活力，形成大众创业、万众创新的生动局面，打造天津经济发展新引擎，特制定如下政策措施：

一、加快构建众创空间

按照市场化原则，支持鼓励企业、投资机构、行业组织等社会力量投资建设或管理运营创客空间、创业咖啡、创新工场等新型孵化载体，打造一批低成本、便利化、全要素、开放式的众创空间。各区县、滨海新区各功能区、各高校要充分利用老旧厂房、闲置房屋、商业设施等资源进行整合和改造提升，为众创空间免费提供专门场所。统一制定众创空间认定管理办法，高校众创空间由市教委组织认定，区县及滨海新区各功能区众创空间由市科委组织认定。实施众创空间示范工程建设，到2016年，全市每所普通本科高校、独立设置的高职学院、独立学院至少建设1个众创空间，各区县、滨海新区各功能区至少建设3至4个众创空间，全市众创空间超过100个。

二、支持建立众创服务平台

综合运用购买服务、资金补助、无偿资助、业务奖励等方式，鼓励支持研发设计、科技中介、金融服务、中试孵化、成果交易、认证检测等众创服务平台建设，政府部门服务要延伸到众创空间，为创业者提供政策咨询、项目推介、开业指导、融资服务、补贴发放等“一站式”创业服务。建立健全科研设施、仪器设备、宽带接入和科技文献等资源向创客企业开放的运行机制，实现资源共享。

三、降低创新创业门槛

深化商事制度改革。放宽企业注册资本登记条件，高校毕业生创办企业首次出资额允许为零。放宽企业名称登记条件，缩短登记时间。简化住所登记手续，可“一址多照”和“一照多址”，允许众创空间内按工位注册企业。采取业务代办、“一站式”窗口、网上申报、多证联办、快捷登记取照等措施，为创客企业工商注册提供便利。

四、鼓励支持大学生创业

支持高校建设一批创业实践和孵化基地，进一步完善学科安排、课程设置、评价体系和教育资源分配，加强创新创业技能教育。允许在校大学生利用弹性学制休学创业，在校大学生利用弹性学制休学创业的可视为参加实践教育，并计入实践学分。支持高校建立专门机构，加强学生创业的管理和服务，积极开展创业辅导培训，鼓励教师带领或辅导学生创业，在职称评定、绩效考核上给予倾斜。将大学生创业扶持期由3年延长至7年，即毕业前2年和毕业后5年。外地高校毕业生在津创业的，准予落户，并给予相应政策扶持。

五、鼓励支持科技人员创业

支持高校、科研院所、国有企事业单位的科技人员离岗创业，对在津转化科技成果或创办科技型中小企业的，5年内保留其原有身份、编制和职称，档案工资正常晋升。在职科技人员在完成本职工作的基础上，可采取兼职兼薪方式创业或服务企业创新。

六、实施科技成果使用、处置和收益改革

赋予市属高校、科研院所等事业单位科技成果使用和处置自主权，科技成果转化所得全部归所在单位，并按照不少于50%的比例奖励科技成果完成人和为科技成果转化作出贡献的人员。科研机构、高等院校转化职务科技成果以股份或出资比例等股权形式给予个人奖励，经确认后暂不征收个人所得税，待其转让该股权时按照有关规定计征。

七、加大财政资金支持引导力度

对经认定的众创空间，分级分类给予100万至500万元的一次性财政补助，用于初期开办费用，高校众创空间补助资金由市财政负担，区县及滨海新区各功能区众创空间补助资金由市和区县财政按7：3的比例负担。引导众创空间运营商设立不少于300万元的种子基金，主要用于对初创项目给予额度不超过5万元、期限不超过2年的借款，以及收购创业者的初创成果，市财政按30%比例参股，不分享基金收益，基金到期清算时如出现亏损，先核销财政资金权益。对众创空间内企业招用高校毕业生，给予1年岗位补贴和3年社会保险补贴。大学生创业且租赁房屋的，据实给予补贴，最高不超过每月1800元，补助期为2年。

八、完善创业投融资服务

支持天使投资、创业投资、股权投资等发展，争取开展互联网股权众筹融资试点。加大创业信贷支持力度，大学生自主创业可申请最高30万元的小额担保贷款，已成功创业且带动就业5人以上、经营稳定的创业者，可给予贷款再扶持，总额度最高不超过50万元，期限不超过2年，并给予贷款贴息。鼓励使用专利技术进行质押贷款、入股、转让。创新创业企业可纳入我市中小微企业贷款风险补贴政策范围。

九、营造创新创业浓厚氛围

定期举办创新创业大赛，获奖项目的创业者获得金融机构发放的“创业卡”，无需抵押可直接获得贷款。鼓励各类社会团体组织创新创业论坛、草根创业者大会、科技创业产品展等活动。利用夏季达沃斯论坛、融洽会、津洽会等会展活动，为创新创业者搭建交流平台。加强新闻宣传和舆论引导，报道一批创新创业先进事迹，树立一批创新创业典型人物，培育创客文化，让创新创业在全社会蔚然成风。

十、加强工作组织推动

市科委负责全市创新创业工作的组织和协调，对各项工作进行督查考核。市科委、市教委、团市委要定期组织点评、分析、交流活动，及时解决存在问题。各区县、各部门要按照职能分工，积极落实促进创新创业的各项政策措施，结合各自实际制定具体实施方案，明确工作部署，切实加大资金投入、政策支持和条件保障力度。

天津市人民政府
2015年5月11日

天津市留学人员来津创业房租补贴申领办法

（津人社局发〔2015〕26号）

第一条 为落实《人力资源社会保障部办公厅关于做好留学回国人员自主创业工作有关问题的通知》（人社厅函〔2015〕19号）和《市人力社保局等七部门关于印发贯彻落实进一步加快民营经济发展意见的实施细则的通知》（津人社局发〔2014〕20号）的要求，结合本市实际，制定本办法。

第二条 回国时间不超过5年，在我市各区县租用经营场地创办企业，或在市、区两级认定的留学人员创业园或专业孵化器内注册企业且本人为该企业的法定代表人，企业运营良好的，可以申领来津创业房租补贴。

第三条 来津创业房租补贴依据创业者和招用人员数量，按照每人10平方米、每平方米每天补贴1元、最多不超过60平方米的标准计算，最长补贴24个月。

第四条 申领房租补贴需提供以下材料：

（一）《天津市留学人员创办企业房租补贴申请表》（一式3份，附件1）、《天津市留学人员创办企业员工花名册》（一式3份，附件2）；

（二）留学人员身份证（护照）复印件、留学回国证明或学历学位认证书复印件；

（三）工商营业执照原件及复印件；

（四）用人单位与从业人员签订的劳动（聘用）合同复印件；

（五）经营场地证明、租房协议复印件。

第五条 申领房租补贴按以下程序进行：

（一）申报。留学人员向企业生产（经营）所在地区县人力社保部门提出上一季度房租补贴的申请，区县人力社保部门自接到企业申请之日起5个工作日内完成初审并填写《天津市留学人员创办企业房租补贴发放汇总表》（附件3）报市外专局。

（二）审核。市外专局自收到区县人力社保部门初审材料之日起5个工作日内进行复审，对符合条件的报市人力社保局。

（三）审批。市人力社保局自收到复审材料之日起7个工作日内进行审批。

（四）拨付。对符合条件的企业，市人力社保局于审批完毕之日起5个工作日内拨付上一季度的房租补贴。

第六条 有下列情形之一的不能申领房租补贴：

（一）使用自有房屋创业的；

（二）留学人员因各种原因在房租补贴享受期内停业、歇业的，补贴至停业、歇业日止。

第七条 各级人力社保部门应当加强对房租补贴工作的管理与监督，对弄虚作假骗取补贴资金的，依法依规追究相关责任。

第八条 本办法由市人力社保局、市外专局负责解释。

第九条 本办法自2015年1月1日起施行。

附件：1．天津市留学人员创办企业房租补贴申请表（略）

2．天津市留学人员创办企业员工花名册（略）

3．天津市留学人员创办企业房租补贴发放汇总表（略）

市人力社保局

市外专局

2015年4月1日

天津市“十三五”期间引进海外人才智力规划

（津人社局发〔2015〕100号）

“十二五”以来，在市委、市政府领导下，在国家外专局和有关各方大力支持下，全市引智引才系统紧紧围绕滨海新区开发开放、京津冀协同发展等国家重大战略的实施和“美丽天津”建设的需要，扎实推进“十二五”引智引才规划的实施，取得了明显的成效。“十二五”期间，全市引进海外人才的数量大幅增加，人才结构持续优化，人才素质不断提升，作用发挥更加充分，创新成果大量涌现，引智引才工作在促进全市经济社会事业发展中发挥了独特的不可替代的作用。由于受各种主客观因素的影响，“十二五”期间，我市的引智引才工作也存在着高层次人才尤其是领军型人才紧缺，以及发展不够均衡，运行不够规范，协作不够紧密，效能尚需提高等一系列具体问题，需要在“十三五”期间切实加以改进。

“十三五”时期，是我国大力推进“四个全面”重大战略的关键时期，也是天津加快实施京津冀协同发展、自由贸易试验区建设、滨海新区开发开放、国家自主创新示范区以及“一带一路”建设五大发展战略，加快实现中央对天津的定位，全面建成高质量小康社会，不断开创美丽天津新局面的关键时期。天津要切实承担起中央赋予的历史责任，必须牢固树立创新、协调、绿色、开放、共享的发展理念，坚持“天津发展靠人才”的战略思路，正确研判形势，主动适应变化，坚持把握关键，进一步解放思想，改革创新，求真务实，整体推进，下大力气提高引进海外人才努力工作的质量、效率和实效，努力为天津各项事业的持续健康发展提供有力的人才支持和智力支撑。

根据天津市和国家外国专家局“十三五”规划，以及《天津市中长期人才发展规划（2010—2020年）》，结合我市引进海外人才智力工作的需要与实际，编制本规划。

一、指导思想

“十三五”期间，我市引进海外人才智力工作的指导思想是：以邓小平理论、“三个代表”重要思想和科学发展观为指导，认真贯彻习近平总书记系列重要讲话精神，按照“四个全面”战略布局，坚持发展是第一要务，牢固树立创新、协调、绿色、开放、共享的发展理念，紧密围绕我市经济社会事业发展的总体部署，自觉遵循人才工作的指导方针和国际人才智力流动开发的基本规律，突出工作重点，创新工作机制，实化工作载体，强化保障体系，优化人才环境，全面落实国家和我市引智引才的重点任务，为加快构筑国际化人才高地，确保我市“十三五”经济和社会事业发展目标的实现提供有力的海外人才和智力支撑。

二、基本原则

“十三五”期间，我市引智引才工作必须遵循的基本原则是：

（一）坚持服务中心，突出重点。要把服务中心、促进发展作为引智引才工作的根本出发点，紧紧围绕我市实施重大国家战略，加快“美丽天津”建设的紧迫需要，突出重点、把握关键、落实载体，努力在我市重点领域、重点产业、重点学科以及重大项目的建设发展进程中，提供人才和智力保障，为不断提升我市的自主创新能力、国际竞争实力创造条件。

（二）坚持环境优先，锐意创新。要把人才环境建设摆在优先位置，通过政策创新、机制创新、服务创新，最大限度地满足海外人才的工作生活需要，切实营造更加开放、更有效率、充满活力的引智引才环境，为引进、留住、用好海外人才创造条件。

（三）坚持高端引领，以用为本。要把引进国际领军人才和高端专家，充分发挥人才作用作为引智引才工作的首要任务，实施品牌工程，搭建聚才平台，优化激励机制，不断提升海外人才智力引进的层次和结构，大力提升海外人才特别是高层次人才的融合能力、创新动力和贡献水平。

（四）坚持规范引导，有序推进。要充分发挥主管部门的主导作用、用人单位的主体作用、人才市场的引导作用，利用政策法规、公共服务、市场监管、评价考核和典型示范等手段措施，促进基层单位、用人主体、市场中介等充分发挥主观能动性，确保引智引才工作的规范运行，有序推进。

（五）坚持强化保障，确保实效。要高度重视引智引才保障体系建设，通过构建优质高效的政策体系、平台体系、服务体系、资源体系等保障系统，促进引智引才工作的深入推进。要切实增强成效意识，集中资源、重点实施，努力在形成成果、推广成果、应用成果等方面取得新的突破和进展，不断提高引智引才工作的显示度和影响力。

三、工作目标

（一）总体目标。

根据我市经济社会中长期发展规划和我市人才工作的总体布局，“十三五”期间，我市引进海外人才智力工作的总体目标是：全面提升引进海外人才智力工作的水平和质量，努力形成高端汇聚、增长持续、满足需要的聚集优势；形成多方参与、特色鲜明、充满活力的开发优势；形成素质优良、贡献突出、成果丰富的竞争优势；形成政策完备、机制顺畅、服务高效的环境优势；形成投入有力、资源丰富、基础巩固的保障优势，加快构筑与城市定位相适应的国际化人才高地。

（二）具体目标。

1．规模不断扩大。“十三五”期间，力争引进留学人员1.5万人，新引进留学人员企业1000家，在津留学人员总数达到4.3万人。引进各类外国专家10万人次。选派5000名优秀人才出国（境）培训。力争实施引智项目2000项，形成优秀引智成果500项。

2．结构更加合理。引进的外国专家中，经济技术类专家达到60%，高层次专家力争达到30%。引进的留学人员中，高层次人才力争达到20%。滨海新区引进海外人才数量占全市引进总量的比例力争达到40%。我市重点工程、重大项目、重点学科等关联单位引进的海外人才数量，较“十二五”期间有较大比例的增长。

3．效能更加突出。海外人才在我市应用基础和前沿技术研究、新兴产业和智能制造发展、现代服务业培育、都市型农业发展方面的贡献水平明显提升。留学人员、外国专家承担的科技项目、开发项目，以及创新成果获得奖励、申报专利、发表论文数较“十二五”期间有明显的增长。“十三五”期间，依托引智引才创新成果获得的经济效益力争超百亿元。

4．环境更加优化。政策落实更加到位，部门合作更加紧密，公共服务更加高效，个性服务更加专业，海外人才对我市的政策环境、工作环境、生活环境和人文环境的满意度不断提高。

5．保障更加有力。信息系统建设不断提速，网络经办事项超过80%，高层次海外人才库、创新创业项目库、成果库建设和应用取得积极进展。资金投入稳步增长，直接用于引智引才的专项投入较“十二五”增加30%。海外协作机构数量不断增加，合作更加紧密，作用更加突出。

四、主要任务

为实现“十三五”时期引进海外人才智力工作的目标任务，将围绕重点工作、常项工作、基础工作三个方面，合理布局、有序推进、抓出成效，切实推动引智引才工作全面深化、提质增效。

（一）重点工作。

“十三五”时期，将围绕国家重大战略实施，“美丽天津”建设，以及全面创新改革试验等重点任务，把握关键、落实载体、逐项实施，切实体现引智引才工作在服务中心、支持重点方面的独特作用。

1．主动参与京津冀协同发展。一是推动工作联动。建立目标责任制，围绕京津冀协同发展对于引智引才工作的实际需求，制定工作计划，明确目标任务和工作重点。建立运行协调机制，定期召开京津冀引智引才工作联席会，通报情况，研究任务，会商难点，推动工作。二是推进人才共引。定期举办京津冀海外人才智力岗位需求全球发布活动，探索组织海外人才联合招聘活动，联合开展海外高层次人才暨创新成果对接交流等活动，推动人才共引实践。三是实现资源共用。建立京津冀海外引智引才协作机构共享机制，探索组建京津冀海外人才联谊会，深入实施“院市引智合作”计划，积极开展“二次引进”外籍专家的实践，实现资源的互通共用。建立信息互通制度，推动京津冀信息平台和数据库实现互联互通。探索海外高层次人才资质互认互准，破除海外人才在三地间流动的体制机制障碍。四是促进成果共享。合力推进京津冀引智基地联盟建设，积极培育京津冀引智成果展示示范基地，组织京津冀引智引才成果展示推广活动，促进创新成果的推广应用。

2．积极支持自由贸易试验园区建设。一是提供政策支持。切实掌握自贸区在现代制造、高端服务、科技研发等领域的引智引才需求。探索实施自贸区引智引才政策清单，推动自贸区形成自有的引智引才政策。举办引智引才政策应用培训班，切实提升政策应用水平。完善政策应用成效评估体系，推动政策持续优化。二是推进国际交流。支持建立海外机构联系制度，帮助自贸区建设一批引智引才海外工作站。采取立项倾斜、经费支持、加强指导的方式，支持自贸区选派优秀管理和技术人才出国（境）培训。联合举办国际高研班和专题学术论坛，促进人才智力领域的国际交流与合作。三是开展创新实践。推动“双创”特区建设，在下放权力、放宽限制、规范管理等方面推出创新性举措。支持建设自贸区国际“智库”，推动创建海外人才离岸创业基地，不断推进引才模式创新。

3．努力推进自主创新示范区建设。一是推动平台建设。加快推进留学人员创业园等孵化平台建设，联合重点区县共同建设中国（天津）海外创新成果孵化中心，积极构建聚才平台体系。支持建设创新创业成果转化基地，努力推动创新成果转化。支持自创区建设人力资源服务中心、公共服务窗口，构建大型科学仪器、科技文献情报共享机制，不断完善科技创新支持平台体系。二是推动政策应用。通过印发支持自创区引智引才政策汇编，建立政策权威发布平台，组织政策发布活动等形式，及时发布引智引才政策。开展引智引才政策走进自创区活动，组织政策应用经验交流会，促进政策的实施和应用。三是推动招才引智。完善网络招聘、组团招聘、定向招聘等模式，联合举办创新创业大赛，大力聚集高端人才。用好支持人才中介的专门政策，充分发挥市场在聚集高端人才方面的独特作用。切实发挥海外人才典型的示范引领效应，吸引更多海外人才到自创区合作发展。

4. 自觉承担全面创新改革任务。一是创新海外人才引进机制。大力实施“千人计划”、高端外国专家项目、外国首席科学家等引进高层次人才专项计划，引进一批具有国际影响力的领军人才。努力开展创新试点，探索建立外籍应届毕业生引进机制，争取实施技术移民和“高校国际化示范学院”试点。二是创新海外人才管理机制。深入实施《外国人在天津工作管理暂行办法》，实行外国专家证和外国人就业证统一办理，探索外国人分类管理模式。转变政府职能，减少海外人才准入、审批、许可等环节的具体事项，转移下放部分职能。加大事中、事后监管力度，加快建设天津市海外人才诚信档案，为规范在津海外人才的管理和服务创造条件。三是创新海外人才服务机制。用好用足人才“绿卡”制度，切实提供高效便捷服务。落实海外人才需求调查制度，实施外国人聘用单位备案登记制度，设立外国高层次专家特别津贴，探索实施“海外人才品质生活提升计划”，不断提高海外人才满意度。

5. 切实支持“美丽天津”建设。一是认真落实局市共建协议。实施工作会商制度，定期召开联席会议，研究计划，确定任务。实施计划分解制度，确定阶段目标，明确责任分工，推动协议稳步实施。落实成果通报制度，引导各方落实工作、形成成果。二是大力实施引智引才专项。扎实推进“四清一绿”等引智专项的实施，明确立项重点，引进高端人才，形成创新成果。建立重点项目跟进制度，加强指导，提供支持，推动项目尽快形成效益。启动实施“智助美丽社区建设计划”，积极引进海外智力成果，推动社区建设的标准化、国际化进程。三是努力推动创新成果应用。围绕“四清一绿”等引智专项的实施，完善成果收集、成果评估、成果展示机制，大力开展“海外人才美化净化环境成果推广”等活动，加快创新成果的转化应用。

同时，根据滨海新区开发开放、“一带一路”建设等国家重大战略实施的需要，不断优化引智引才政策，搭建创新创业平台，创新管理服务模式，大力聚集海外高层次人才和创新项目，不断形成创新创业成果，为国家和我市重大战略及重点任务的实施和落实，提供有力的人才支持和智力保障。

（二）常项工作。

“十三五”时期，将着眼海外人才聚集、人才素质提升、海外人才开发和成果展示应用等工作重点，细化任务，明确载体，有序推进，确保引智引才经常性工作的稳步实施。

1. 实施海外人才聚集工程。大力聚集海外人才，是“十三五”引智引才工作的重中之重。一是继续完善发现机制。深入实施海外机构推荐、国内机构推荐、以才荐才等运行制度，加快优化海外引智引才协作机构布局，努力建立国内机构分类联系制度，切实发挥海外招才引智大使的作用，积极应用奖励人才中介的激励政策，确保我市在全球范围内持续不断地发现、对接一批高层次的海外人才和创业项目。完善海外高层次人才数据库，推动人才资源的共享共用。二是努力完善发布机制。定期开展海外人才智力需求征集活动，借助权威的媒体网络等发布平台，面向全球集中和定向发布我市的发展环境、引才政策、人才业绩和岗位需求。三是积极完善对接机制。充分利用引进海外人才智力网上招聘洽谈会，以及中国国际人才交流大会、广州留交会等平台载体，对接引进海外人才。采用“多批次、小团组”的方式，组织重点单位赴海外开展定向洽谈、深度对接。创新海外招才引智联动模式，联合我驻外使领馆共同组织海外人才创新创业大赛、“海外高层次人才津门行”等活动。四是切实构建评价机制。采用购买服务方式，委托专业机构提出人才评价标准，承接人才评价业务，开展人才评价实践，支持用人单位有针对性引进急需人才。

2. 实施人才素质提升工程。加快本土人才国际化、国际人才本土化进程，是人才素质提升工程的核心内容。一是推进专业素质提升。加快出国（境）培训专业化、规范化进程，通过加强立项管理、目标管理、过程管理和绩效管理，帮助参训人员系统学习和吸收国外的先进理念、先进技术、先进方法，不断提升国际化的专业素质。利用“国际名师讲堂”、国际学术研讨等载体，帮助在津的各类人才加强国际交流，跟踪国际前沿，提升专业素质。二是推进融合能力提升。以提升和加快海外人才的适应能力、融入进程为重点，以“海外人才岗前培训”、海外人才“中国日”活动为载体，帮助海外人才最大限度地了解国情市情、法律法规、人文环境和岗位要求，尽快适应和融入新环境、新岗位。三是推进实践能力提升。以实施创业导师计划、创新创业训练营、创新创业沙龙等为载体，帮助海外人才把握创新创业的规律、创新创业的关键、创新创业的技能，提升科研、管理等方面的实战能力。四是推进发展能力提升。以帮助海外人才形成战略思维、制订长远规划为重点，以建设天津市海外人才创新创业学院，实施海外人才高校兼职计划、名企挂职计划为抓手，帮助海外人才开阔视野，着眼长远，谋篇布局，不断提升发展能力。实施“天津市留学人员企业百强扶助计划”，加快培育一批有影响的留学人员企业。

3. 实施海外人才开发工程。充分发挥海外人才的作用，是引智引才工作的关键环节。一是发挥在破解难题方面的作用。规范项目合同，在找准关键难题、细化目标任务的基础上，推动用人单位与海外人才签订工作合同，明确权利责任。支持要素对接，采取项目支持、政策倾斜、渠道对接等多种方式，帮助海外人才对接用好要素资源。实施目标考核，对海外人才执行合同的绩效进行考核，并依据考核结果实施奖惩。二是发挥在带培骨干方面的作用。以带培科研助手、举办学术讲座、开展专题研讨、形成管理制度、申报研究成果等为重点，引导海外人才切实发挥在带培青年骨干方面的独特作用。三是发挥在拓展资源方面的作用。探索海外资源登记制度，推动用人单位及时了解掌握海外人才联系紧密的海外高校、科研机构、高端人才等相关资源。推动海外资源应用，主管部门定期汇总并发布海外资源信息，开展试点工作，组织经验交流，实行成果通报，促进用人单位用好用足海外资源。四是发挥在支持决策方面的作用。加强天津市海外人才智库建设，选聘高端专家，完善相关政策，鼓励海外高层次人才围绕天津市重点发展领域，会诊把脉，建言献策。规范建言课题的形成机制，实化对策建言的提交机制，强化对策建言的跟进机制，切实发挥广大海外人才在支持我市科学决策方面的积极作用。

4. 实施创新创业成果展示工程。创新创业成果的展示推广，是检验引智引才工作成效的重要标志。一是汇聚创新创业成果。充分发挥社会专业机构的作用，细化统计指标，构建汇集网络，优化运行机制，定期收集我市海外人才的创新创业成果。同时，加强创新创业成果库建设，为成果展示应用创造条件。二是展示创新创业成果。大力开展“海河友谊奖”评选表彰等特色活动，充分利用网络媒体、交流平台、重大活动等载体，全方位宣传展示海外人才的创新成果、优秀人才的事迹风采、引智引才的经验模式，不断扩大引智引才工作的社会影响。三是推广创新创业成果。认真梳理创新创业的重点成果，切实制订成果推广计划，充分发挥示范基地作用，扎实开展成果推广实践，加大引智引才成果的推广力度。深入开展“企校引智合作”等特色活动，促进优秀成果应用推广。

（三）基础工作。

“十三五”时期要着眼引智引才工作的整体推进、长远发展，大力抓好引智引才基础性工作，积极构建引智引才保障体系，为引进海外人才智力工作持续健康发展奠定坚实的基础。

1．优化政策体系。一是建立政策“立项”制度。研究制定我市引智引才政策“立项”实施办法，规范政策立项、研究、审批、公布等关键环节，提高政策的科学性、权威性。二是建立政策“清单”制度。定期梳理现有政策，严格按照继续执行、有待调整、终止废止等进行分类，定期在权威的媒体、网站予以公布，为引智引才政策的充分应用创造条件。三是建立政策“评估”制度。委托专业机构定期对政策的应用情况、实际效果等进行评估，并对政策的保留、调整、废止提出意见建议，促进引智引才政策的持续优化。

2．构建平台体系。一是完善引才平台。进一步规范和加强留学人员创业园、引智成果示范推广基地（单位）和国际人才市场建设，为引进、开发海外人才提供平台支持。二是建设信息平台。加强引智引才信息化建设，探索“互联网+引智引才”的模式，构建网络信息平台，完善海外人才数据库、项目库、成果库等数据平台，为引智引才工作提供信息和数据支撑。三是用好支持平台。定期发布天津市重点研发平台目录，引导海外人才充分利用高端研发平台，加快创新创业进程。采用财政支持、委托承办的模式，定期举办有影响的国际学术交流活动，突出主题，形成品牌，为我市高层次人才跟踪国际学术前沿，提升创新创业能力提供保障。探索建立天津市支持留学人员企业专项引导基金，加强与风投机构、金融机构、科技转化平台的对接联系，为海外人才创新创业提供支持。

3．创新服务体系。一是建立需求调查机制。拓展信息调查的渠道，加强与专业机构的合作，开展专题调查活动，切实梳理、汇聚和掌握人才需求。积极用好“联系卡”“千人计划”联谊会、创新创业沙龙等载体，及时了解掌握高层次人才的个性化需求。二是提升公共服务效率。加快推进人才综合服务中心、国际人才交流协会建设，充分发挥人才“绿卡”的服务功能，切实推行服务窗口社会化评价制度，进一步提升服务质量和效率。调整人才服务窗口的布局，推动人才服务事项集中办理、就近办理。三是推动市场化服务。引导社会中介机构开发个性化服务产品，提供“一人一策”“一企一策”服务，帮助海外人才增强适应能力、对接创新要素、整合各类资源、维护合法权益，切实提高服务层次和水平。

4．优化运行体系。一是加强计划引导。围绕不同时期的工作重点，制定年度工作计划、月度工作条目、每周工作安排，推动重点工作、常项工作、基础工作的有序运行。二是实践典型带动。定期研究确定若干先行先试的工作重点，委托试点单位承接任务，探索实践，在此基础上，总结经验，形成模式，推广应用。三是强化日常管理。在转变职能，下放权力，简化手续的基础上，加强事中、事后管理力度，规范制度，创新模式，确保各项管理规范有序。四是加强督导考核。制定引智引才工作考核实施办法，分解任务，明确责任，定期考核，及时通报，切实形成上下联动、整体推进的工作格局。

5．构建资源体系。一是建立协作机制。主动接受国家人力社保部、国家外专局，以及市人才工作领导小组的领导和指导，主动对接公安、教育、科技、外事等部门，形成配合紧密、有序运行的工作机制。二是拓展海外资源。充分借助国家外专局、驻外使领馆等力量，突出重点，着眼需要，主动对接一批外国专家组织、留学生组织和海外中介机构，签订协议，明确任务，开展合作，为引智引才工作的顺利开展提供海外资源支持。三是整合专家资源。规范天津市引智引才专家咨询委员会建设，聚集高端专家，加强制度建设，切实发挥专家在人才评价、项目评审等方面的独特作用。四是争取加大投入。积极争取国家和市财政、用人单位以及社会各界加大对于引智引才的投入，规范资金使用制度，提升资金使用效率，加强资金使用监管，确保资金使用效益的最大化。

市人力社保局
市外专局
2015年12月31日

中共河北省委 河北省人民政府
关于深化科技体制改革加快推进创新发展的实施意见

（冀发〔2015〕14号）

为贯彻落实《中共中央国务院关于深化体制机制改革加快实施创新驱动发展战略的若干意见》（中发〔2015〕8号）精神，深入推进以科技创新为核心、产业创新为重点、体制机制创新为保障的全面创新，营造大众创业、万众创新的政策环境和制度环境，结合我省实际，提出如下实施意见。

一、建立技术创新市场导向机制

（一）完善企业为主体的产业技术创新机制。

充分发挥市场在科技资源配置中的决定性作用，完善“企业出题、政府立题、协同破题”的技术创新组织模式，坚持课题来自市场需求、成果交由市场检验、绩效通过市场评估、财政支持由市场决定的创新决策方式。支持企业成为技术创新决策、研发投入、科研组织和成果转化的主体。面向经济建设的省科技重大专项和重大项目、重点科技工程等，均应以企业为主体实施；应用开发类项目，均应由企业牵头开展以成果转化为目的的产学研协同创新。实施企业研发费用投入后补助政策，支持企业自主决策先行投入开展创新活动。强化普惠性政策支持，推动技术、人才等创新要素向企业聚集。

完善企业研发费用计核方法，调整目录管理方式，扩大研发费用加计扣除优惠政策适用范围。高新技术企业发生的职工教育经费支出，不超过工资薪金总额8%的部分，可在计算应纳税所得额时扣除；超过部分，可在以后纳税年度结转扣除。落实《国务院关于进一步做好新形势下就业创业工作的意见》（国发〔2015〕23号）精神，允许企业转增股本分期缴纳个人所得税。

建立科技创新创业券制度，积极推进创新创业券试点工作，与京津相互衔接、统筹使用，主要用于支持科技型中小企业购买创新服务、购置研发设备、开展技术合作，以及为创业者提供社会培训、管理咨询、检验检测等服务，降低创新创业投入成本。

（二）探索创业孵化的新机制新模式。

大力发展“孵化+创投”“创业导师+持股孵化”“创业培训+天使投资”等创业孵化服务模式，构筑“互联网+”创业服务网络体系，完善“创业苗圃—孵化器—加速器—产业园区”的创业孵化服务链条，积极推广众包、云设计等新型研发组织模式和创新创业模式，鼓励依托3D打印、网络制造等先进技术开展面向创业者的社会化服务，加速培育创新型市场主体。

大力发展众创空间等新型孵化机构，建设一批低成本、便利化、全要素、开放式的众创空间和科技创业社区。引导科技型领军企业围绕创新需求和产业链上下游配套，设立众创空间，面向企业内部和外部创业者提供资金、技术和服务支撑。对盘活存量资源，利用老旧厂房、闲置房屋和商业设施等创办众创空间的，优先认定为省级众创空间，并给予一定资金支持。对经认定的省级以上众创空间，省财政连续3年给予房租补贴和宽带资费补贴，市县财政对其在孵企业，自纳税年度起3年内，比照高新技术企业税收优惠标准给予一定补助。

探索企业研发机构和科技企业孵化器优先供地政策，各设区市优先安排县（市、区）中小企业创业辅导基地建设用地，原则上每县（市、区）每年不少于50亩。工业用地建设的省级以上创业服务中心、大学科技园、众创空间、创业苗圃、留学人员创业园等科技企业孵化器和省级以上创业辅导基地，在不改变孵化服务用途前提下，其载体房屋可按幢、层等有固定界限的部分为基本单元进行产权登记并出租或分割出售。

鼓励各类创新创业载体和社会组织，开展创业路演、创业大赛和创业论坛等社会性创新创业活动，省财政根据活动效果给予一定后补助。对河北省创新创业大赛等获奖项目，优先纳入省级科技计划支持。

（三）推进新型研发机构和创新组织建设。

完善产学研协同创新机制，探索建立全新的运行机制、用人机制、管理机制和激励机制，支持骨干企业与高等学校、科研院所合作共建工程技术研究中心、重点实验室、企业技术中心、院士工作站和其他研发机构。支持组建新型产业研究院，创新产业技术研发组织方式，加强创新资源的统筹整合。

鼓励行业骨干企业联合省内外高等学校、科研院所、企业以及银行等金融机构，运用市场机制，组建以技术标准和专利许可为纽带的产业技术创新战略联盟等协同创新组织，对运作规范、效果突出的联盟给予适当运行经费补贴，允许符合条件的联盟作为项目组织单位参与省重大科技项目和重点科技示范工程建设。支持联盟、学会、协会等科技社团组织为科技人员和创业企业提供咨询服务。鼓励社会力量创办科技研发服务机构，实行企业化运营。

（四）健全优先使用创新产品和服务的政府采购制度。

建立健全符合国际规则的支持采购创新产品和服务的政策体系，落实和完善政府采购促进中小企业创新发展的相关措施，有针对性地制定采购标准，降低采购门槛，扩大对中小企业创新产品和服务的采购比例。制定创新产品认定办法，鼓励采取竞争性谈判、竞争性磋商、单一来源采购等非招标方式，通过首购、订购、远期约定购买以及政府购买服务等方式，促进创新产品的研发和规模化应用。研究完善首台（套）重大技术装备鼓励政策，对首购首用国产首台（套）产品的单位，给予一定资助。

二、完善科技金融深度融合机制

（一）拓宽技术创新的间接融资渠道。

强化信贷、保险、担保和融资租赁等对科技创新的支持，完善风险补偿机制。引导各地设立科技型中小企业贷款风险补偿资金和保证保险补偿资金，对合作银行向依法纳税的科技型中小企业发放贷款形成的坏账损失，按比例给予补偿；对申请小额贷款保证保险的科技型中小企业和承保保险公司，分别给予保费补贴和风险补偿。省财政整合设立省级科技型中小企业贷款风险补偿金，对市县风险补偿资金支出按一定比例给予奖补。

支持金融机构、投资机构在各设区市和有条件的县（市、区）设立科技支行、科技担保、科技保险等科技金融专营机构。科技支行每新增1位客户，按其首笔业务一般准备的一定比例给予补贴，对银行科技信贷的风险损失、科技型中小企业融资担保产生的代偿损失给予补偿，对科技型中小企业购买科技保险产品予以保费资助。按照国家有关政策，推动具备条件的民间资本依法发起设立民营科技银行。

（二）创新科技金融产品和服务。

推动政策性银行对符合条件的企业创新活动加大信贷产品创新力度。探索商业银行为企业创新活动提供股权和债权相结合的融资服务方式，与创业投资机构、保险机构实现投保贷联动。

支持知识产权金融发展。深化专利权质押融资工作，简化质押融资流程，建立市场化风险补偿机制，健全第三方专利价值分析评估制度，积极争取与天津市共建京津冀知识产权质押融资处置平台。扩大专利保险试点范围，加快培育和规范专利保险市场，优化险种运营模式。

鼓励发展互联网股权众筹、首台（套）产品保险、创业保险、集合债券等新型金融工具，拓宽企业融资渠道。

（三）壮大创业投资规模。

扩大省创业投资引导基金和科技成果转化基金规模，重点用于支持对接国家科技成果转化引导基金、设立京津冀科技成果转化基金、与有条件的设区市共设创业投资引导基金，发挥对接国家基金、引导社会投资、汇聚金融资本的杠杆作用。

扩大省创业投资引导基金规模，整合设立1亿元的省天使投资引导基金，与天使投资人、创业孵化机构等社会资本及市县财政资金共同组建天使投资基金，重点支持种子期、初创期科技型中小企业和创客项目。省级资金按一定比例参股，不分享基金收益。

加强创业投资制度建设，完善创投机构激励约束机制、监督管理机制，省财政对创投机构租用的办公场地给予房租补贴，按其工作业绩给予一定奖励。适当放宽创业投资企业投资高新技术企业的条件限制，允许将享受投资抵扣政策的创业投资企业范围扩大到有限合伙制创业投资企业法人合伙人，推行国有创业投资机构国有股转持豁免政策。探索保险资金投资创业投资基金、股权投资基金的方式方法。建立创业投资行业协会，加强行业自律管理和协调服务。

（四）强化资本市场对创新创业的支持。

实施科技型中小企业上市培育计划，建立省市县科技型中小企业上市后备库，加强政策对接、资本对接、转板对接等专项辅导服务。

引导和鼓励科技型中小企业在中小板、创业板、新三板和石家庄股权交易所等多层次资本市场上市、挂牌融资，对上市、挂牌成功的企业由省市县财政按一定比例分别给予相应奖励。支持挂牌上市科技型中小企业通过增发股份、发行债券和股权质押融资等方式实现再融资，支持上市企业并购重组做大做强。

探索建立专业化、市场化的知识产权交易机构，探索开展知识产权证券化业务试点。

三、健全成果转化激励机制

（一）下放职务科技成果使用、处置和收益权。

国有企业事业单位科技成果转移转化所得收入全部留归本单位分配，纳入单位预算，实行统一管理，处置收入不上缴国库，其中，研发团队、成果完成人或科技成果转化重要贡献人员所得不低于70%。单位主管部门和财政部门对科技成果在境内的使用、处置和收益分配不再审批或备案。国有企业事业单位在两年内没有实施成果转化时，允许成果完成人（团队）与单位协商自行实施转化，其所得收益按上述办法分配。

国有企业事业单位科技成果转化所获收益用于人员激励支出的部分，纳入工资总额管理，但不计入工资总额基数，不作为计提依据。加大对科研工作的绩效激励力度。完善事业单位绩效工资制度，健全鼓励创新创造的分配激励机制。

以专利权作价出资入股方式设立科技型中小企业的，在公司注册资本中所占比例不受限制，省财政给予作价环节评估费及作价额补贴。

（二）加大科研人员股权激励力度。

鼓励各类企业通过股权、期权和分红等激励方式，调动科研人员创新积极性。探索实施国有企业股权激励和员工持股制度，试点省属国有企业对重要科技和管理人员实施股权和期权激励。

对高等学校和科研院所等事业单位以科技成果作价入股的企业，放宽股权激励、股权出售对企业设立年限和盈利水平的限制。高新技术企业和科技型中小企业科技人员通过科技成果转化取得股权奖励收入时，可在5年内分期缴纳个人所得税。

（三）强化科技人员考核评聘的成果转化导向。

改革高等学校、科研院所科研评价制度，对从事基础研究、应用研究和成果转化的进行分类考核评价。在高等学校、科研院所专业技术职称评聘与岗位考核中，将成果转化应用情况与论文指标要求同等对待，技术转让成交额与纵向项目指标要求同等对待。

重大科技成果完成人和为科技成果转化作出突出贡献人员可破格评聘专业技术职称，不受岗位比例限制。探索高级职称直聘制度，开展事业单位高级职称直接评聘试点。

深化省级科技奖励改革，提高重点产业和企业主体科研成果获奖比例，优化奖种设置，增设产业技术创新奖。

（四）构建互联互通覆盖全省的技术产权交易体系。

建立京津冀技术交易联盟，实施标准化、一体化服务，促进国家和京津重大科技成果在我省转化。支持中国国际技术转移中心、中国技术交易所等在省级层面建设区域性技术交易中心，在各设区市设立工作站，实现资源共享、互联互通。构建“科冀云”服务平台，建设科技人才库、科技企业项目库、科技成果专利库、技术创新需求库和成果转化案例库，为科技成果转化提供一站式服务。加快构建符合我省特点的技术转移体系，鼓励省属科研机构和高等学校设立专门的技术转移机构。对新认定省级以上技术转移、技术交易机构，省财政最高给予30万元的一次性奖励。

对技术合同认定登记机构，省财政按其合同登记额的1‰给予奖励性后补助，单个机构每年奖励额度不超过20万元。企事业单位承担政府购买服务事项的，依服务内容可签订技术合同，经技术合同认定登记后，享受促进科技成果转化的相关税收和奖励等优惠政策。

四、改革科技管理体制机制

（一）深化省级科技计划（专项、基金等）管理改革。

按照“统筹、分类、放活、透明、监管”的原则，突出解决统筹机制不够健全、重大需求不够聚焦、市场取向不够明晰、资源配置“碎片化”等问题，构建公开统一的省科技管理平台，成立由省科技部门牵头，省财政、发展改革等相关部门参加的科技计划（专项、基金等）管理联席会议，组建省科技创新专家咨询委员会，建立申报、评审、评估、监管一体的科技管理体系。

（二）优化整合科技计划（专项、基金等）布局。

根据全省经济社会发展需求和科技创新规律，对接国家科技计划体系设置，大幅减少科技计划（专项、基金等）数量，通过撤、并、转等方式将省各部门管理的各类省级财政科技计划（专项、基金等）优化整合成基础研究计划、重大科技专项、重点研发计划、技术创新引导计划和创新能力提升计划等5类科技计划（专项、基金等），全部纳入统一的省科技计划信息系统管理，加强项目查重，避免重复申报和重复资助。

强化科技计划（专项、基金等）项目分类管理，应用基础研究项目突出创新导向，公益性科研项目聚焦社会需求，市场引导类项目突出企业主体，重大科研项目突出目标导向，建立科技计划（专项、基金等）动态调整机制。

（三）创新项目生成和管理机制。

转变政府科技管理职能，逐步由政府直接管理项目转变为第三方专业机构管理项目，切实提高科技资源配置质量效率和市场化、专业化水平。

完善项目指南制定和发布机制，规范项目立项程序，加强项目验收和结题审查，实施项目全过程痕迹管理，实现项目管理全过程可申诉、可查询、可追溯，完善科研信用管理制度。

改进专家遴选制度，优化评审专家结构。扩大企业家、风险投资人、金融机构和行业协会专家参与市场导向类项目评估评审的比重；实行评审专家轮换、调整机制和回避制度，强化专家自律，确保评审公平公正。探索省级财政科技计划（专项、基金等）对个人创业、个体创新活动的支持模式。

（四）改进财政科技经费投入方式。

对基础前沿类科技计划（专项、基金等），强化稳定性、持续性支持，鼓励研究机构自主布局科研项目，扩大高等学校、科研院所学术自主权和个人科研选题选择权。对市场导向明确的科技计划（专项、基金等），综合运用财政后补助、间接投入、风险补偿和创投引导等方式，支持企业自主决策、先行投入，充分发挥财政资金的杠杆效应和引导作用。对公益性研究强化行业目标和社会责任评价，定期对公益性研究机构组织第三方评价，将评价结果作为财政支持的重要依据，引导建立公益性研究机构依托政府资源服务行业创新机制。

规范科研项目预算管理，探索将人力成本纳入各类科技计划（专项、基金等）项目预算，完善科研项目间接费用管理制度，强化绩效激励，合理补偿项目承担单位间接成本和绩效支出，项目承担单位应结合一线科研人员实际贡献，公开公正安排绩效支出，充分体现科研人员的创新价值。下放预算调整审批权限。

改进项目结转结余资金管理办法，在研项目年度剩余资金可以结转下一年度继续使用；项目完成任务并通过验收，且承担单位信用评价好的，项目结余资金在当年可由单位统筹安排用于科研活动的直接支出，并将使用情况报项目主管部门；按规定允许统筹使用的项目结余资金当年未使用完的，未通过验收或整改后通过验收的，以及承担单位信用评价差的，结余资金按原渠道收回。

五、创新人才培养、用好和引进机制

（一）构建创新型人才培养模式。

围绕我省发展的战略需求，建立产业对人才需求的预测调整机制，完善与产业发展需求相适应的人才评价机制，优化产业人才结构，创新产业人才培养方法和模式。深入实施“巨人计划”、科技英才“双百双千”“三三三人才工程”等高层次人才培养计划，培养造就一批杰出创新创业团队。实施青年拔尖人才开发计划、杰出青年科学基金计划，打造一批科技领军人才后备力量。加快建立服务创新驱动发展的科技智库。

建立人才国际化培养平台，加强与国内外知名大学、科研院所等机构合作，共同培养高层次人才，择优资助高层次人才参加国内外高水平学术交流活动，吸引国内外知名职业培训机构在我省设立分支机构。

深化高等学校创新创业教育改革，提高大学生创新创业能力，促进大众创业、万众创新。推进部分普通本科高等学校向应用型高等学校转型，探索校企联合招生、联合培养模式。

（二）健全创新人才合理流动机制。

破除人才流动的体制机制障碍，完善创新人才薪酬、岗位管理制度和社保关系转移接续政策，健全创新人才供需信息发布制度，鼓励党政机关、企事业单位和社会各方面之间人才合理流动，激发各类人才创新创业活力。

研究制定鼓励创新型企业人才到高等学校、科研单位兼职的制度办法。引导高等学校、科研院所根据科研工作需要，设立一定比例流动岗位，吸引有创新实践经验的企业家和企业科技人才兼职从事教学或科研工作，试行将企业任职经历作为高等学校新聘工程类教师的必要条件。

鼓励高等学校、科研院所在职科技人员在完成本职工作的基础上，采取兼职兼薪方式创业或服务企业创新。支持在职科技人员离岗创业或到省内企业从事科研、成果转化工作，其人事关系3—5年内可保留在原单位，由原单位继续为其缴纳单位部分的养老、失业、医疗等社会保险，档案工资正常晋升，专业技术职务晋升按原渠道申报但不受指标限制，创业创新所得收入归个人所有。将离岗创业情况与单位考核挂钩，不核减离岗创业人员工资等财政经费，可用于聘用人员或奖励本单位在岗工作人员。

（三）完善人才引进制度。

完善吸引国内外高层次和急需紧缺人才到我省工作的激励机制，对带技术、带成果、带项目在我省实施科技成果转化的国内外高层次领军人才及其创新创业团队，符合条件的优先纳入我省“巨人计划”、科技英才“双百双千”推进计划，视项目情况给予100万至1000万元的项目支持资金。实施好“百人计划”等省高端人才引进计划，依托我省企业事业单位驻外机构、海外侨团或科研团体等资源，根据我省产业发展需要，在发达国家和地区设立河北引才引智工作协作机构，重点引进产业升级和学科发展急需的海外高层次人才和工作团队。

作出突出贡献的柔性引进人才，可享受省内高层次科技人才激励政策。对我省企业、高等学校、科研机构等国有企业事业单位引进的高层次人才，积极探索采用年薪工资、协议工资、项目工资等方式进行聘任管理。积极推进实施科研关键岗位和重大科技项目负责人公开招聘制度。

发挥企业引才引智主体作用，企业引进高层次人才的购房补贴、安家费和科研启动经费允许在缴纳企业所得税前扣除。对引进各类高层次人才或团队，并对当地经济社会发展作出重要贡献的企业，由所在市县政府给予奖励。

放宽在我省工作外国专家取得外国人永久居留证的条件，“河北省外国专家燕赵友谊奖”获奖专家、“外专百人计划”专家、执行国家重点和省级重点引智项目的外国专家，其本人及其外籍配偶和未满18周岁外籍子女，可申请办理永久居留手续。对持有外国人永久居留证的外籍高层次人才在创办科技型企业等创新活动方面，给予中国籍公民同等待遇。

（四）建立健全创业导师制度。

鼓励拥有丰富创业经验和创业资源的企业家、天使投资人等担任创业导师。设立省级创业导师专项资金，实施“创新创业导师河北行动计划”，支持创业导师在我省领办、创办、合办众创空间，开展创业辅导，根据工作业绩给予相应的资助和奖励。对作出突出贡献的，纳入省级高层次创业人才管理序列。

建立京津冀创业导师库，对入库的京津创业导师到我省创办领办科技型中小企业的，只备案不再认定，直接纳入省级科技型中小企业计划，享受相应支持政策。

对创业导师与高等院校、企业共同创办创业学院、创业嘉年华、创客训练营等培训机构，开展专业实务培训的，视其效果给予一定资金支持。

六、构建开放合作的创新体系

（一）构筑京津冀协同创新共同体。

按照《京津冀协同发展规划纲要》对我省在京津冀协同发展中的总体定位和创新发展格局中的分工要求，积极探索与京津共设基金、共搭平台、共建园区、共建基地、共促转化，提升产业协同创新能力，推进区域创新资源互联互通和开放共享，完善区域创新体系，以协同创新引领协同发展。

全力推进河北•京南G45科技成果转化试验区建设。秉承“京津研发、河北转化，科技要素、生态底板”的理念，明确“对接京津桥头堡、创新创业新地标”的战略定位，实行“省级统筹、市县主导、市场运作、企业主体”的管理模式，全面推行PPP建设模式和TOD开发模式，争取设立与京津“三区联动、无缝对接、错位发展”的国家科技成果转化试验区，构建集人才特区、制度特区、资本特区、智慧特区、服务特区于一体的战略性标志性平台。加快建设环首都现代农业科技示范带，打造支撑性强、带动力大的农业协同创新战略平台。

加强与京津的职称、人事档案和社会保障等人才制度衔接。京津高新技术企业整体或部分迁入我省，给予1年认定过渡期，过渡期后1年内被认定为高新技术企业的，省市县财政按一定比例给予相应奖励。建立利益分享机制，采取跨行政区异地合作等模式，建立企业跨省市设立研发中心、孵化器、生产基地等税收分成机制。

（二）支持国内外高等学校、科研院所科技成果在我省实施产业化。

支持国内外高等学校、科研院所在我省建设独立法人的分支机构、研发组织、技术转移和孵化中介机构，享受省内各项支持政策。对国内外高等学校、科研院所带技术、带成果在我省实施产业化的重大项目，可“一事一议”，优先入驻省级以上高新区和开发区、安排建设用地、列入省级科技计划给予重点支持。

（三）加强和扩大国际创新合作。

吸引创新要素跨境流动。推进跨国公司和世界知名研发机构在我省设立独立研发机构，与我省高等学校、科研院所和科技企业合作成立联合实验室或联合研发中心，发展一批国际科技合作平台和基地，优先给予省级认定和运营经费补助。对我省企业在境外设立、合办或收购研发机构的，省财政按其当年实际投资额的10%予以补助，最高不超过500万元。

探索以共建合作园、互设分基地和联合成立创投基金等多种方式，深化国际创新交流与合作。引导鼓励省内资本与境外合作设立新型创业孵化平台，引进境外先进创业孵化模式。

鼓励外资开展创业投资业务，放宽对外资创业投资基金投资限制，支持中外合资创业投资机构发展。鼓励创业投资机构加大对境外高端研发项目投资力度，积极分享境外高端技术成果。

科研人员因公临时出国执行科研项目（科学实验、观测、勘探、采集、合作研究等）、出席国际会议、执行多双边科技合作协议等，其团组人数、在外停留时间、出国批次，根据实际任务需要和人员身份实行分类管理。

七、营造良好创新创业生态

（一）建立有利于创新的法治保障体系。

统筹推进地方科技立法，修订促进科技成果转化条例、高新技术产业开发区条例等地方性法规，及时开展涉及科技创新的法规、规章的立改废释工作。加强科技法律法规监督检查，提高运用法治思维和法治方式推动创新创业的能力。加大科技创新和成果转化司法保障力度，明确司法政策导向，依法维护科研人员创新创业合法权益。

（二）系统推进全面创新改革试验。

加强科技、经济、社会等方面的政策、规划和改革举措的统筹协调和有效衔接，增强创新政策普惠性、连贯性和协同性。建立健全创新政策协调督查制度，开展政策执行评估，推动科技政策惠及各类创新主体。

支持开展各类创新改革试点，在要素流动、激励机制、市场准入等方面鼓励先行先试，推进系统性、协同性创新改革试验。在全省开展创新型城市、创新型园区和创新型城镇等试点示范，支持龙头企业创新转型试点，努力在创新发展的重要领域和关键环节取得新突破，及时总结推广经验，发挥示范和带动作用。

（三）深化创新创业的商事制度改革。

全面推行“三证合一”“先照后证”和网上申报等制度，按照国家统一部署，建立法人和其他组织统一社会信用代码制度，实现“一照一码”，推进全程电子化登记和电子营业执照应用，为创业企业提供工商注册便利。放松经营范围登记管制，放宽科技型中小企业场所登记条件限制，推动“一址多照”“一照多址”和集群注册。

完善产业准入制度，制定和实施产业准入负面清单，加强重点领域产业准入标准体系建设，放宽“互联网+”等新兴行业市场准入，改进对与互联网融合的金融、医疗健康、教育培训等企业的监管，依托“互联网+”、大数据等推动各行业创新商业模式，促进产业跨界融合发展。鼓励龙头企业结合乡村特点建立电子商务交易服务平台、商品集散平台和物流中心。

降低创新创业门槛，推动创新与创业相结合、线上与线下相结合、孵化与风险投资相结合，完善创新创业服务模式。允许初创企业依法合规自愿变更股东，工商管理部门不实施实质性认定审查。

（四）实行严格的知识产权保护制度。

深入实施知识产权“三优”工程，加强知识产权创造、运用、保护和管理，促进知识产权与经济融合。研究制定商业模式等新形态创新成果的知识产权保护办法。

完善知识产权审判工作机制，积极发挥知识产权审判庭作用。建立健全知识产权行政执法体系，引导支持各市县明确承担执法职责的机构，依法履行市场监管职责。探索知识产权综合行政执法，强化知识产权行政执法与司法衔接，建立知识产权诉调对接机制，提高知识产权保护效率。支持在我省建立中国知识产权执法华北调度中心。

健全知识产权维权援助体系，完善维权中心对执法办案的支持协助机制。加快知识产权系统社会信用体系建设，将专利侵权假冒等信息纳入社会信用记录。

（五）健全创新驱动发展考核评价体系。

发挥创新考核的导向标和指挥棒作用，将研发投入强度、高新技术产业增加值增长率、万人发明专利拥有量、科技型中小企业增长率、规模以上工业企业中研发机构比重和技术合同交易额增长率等，作为市县年度考核的重要内容，并将考核结果作为干部选拔任用的参考。

完善省属国有及国有控股企业经营业绩考核制度，加大技术创新在考核中的比重，明确国有及国有控股企业研发投入视同利润的考核措施。

探索建立包括创新主体、创新投入、创新人才、创新成果、创新环境等指标在内的创新能力评价指数（河北创新指数），对区域创新能力进行量化评价，并逐步向全省推广。

各地各部门要明确责任、分解任务，制定配套细则和操作规程，明确时间表和路线图，确保国家和省创新驱动发展战略的重大举措和政策措施落地生根。

中共河北省委
河北省人民政府
2015年9月30日

河北省人民政府
关于发展众创空间推进大众创新创业的实施意见

（冀政发〔2015〕15号）

为贯彻落实《国务院办公厅关于发展众创空间推进大众创新创业的指导意见》（国办发〔2015〕9号）精神，加快发展众创空间等新型创业服务平台，提升创新创业服务能力，形成创新创业新生态，激发大众创新创业活力，打造经济发展新引擎，结合我省实际，提出如下实施意见：

一、加快构建众创空间

（一）改造提升一批众创空间。重点依托高新技术产业开发区、经济（技术）开发区、科技企业孵化器、小企业创业基地、大学科技园和高等学校、科研院所等，形成一批创新创业、线上线下、孵化投资相结合的新型众创空间。盘活现有的闲置办公楼、商业设施、老旧厂房等，改造提升一批具有公益性、社会化、开放式运作的众创空间。

（二）引进共建一批众创空间。鼓励支持京津众创空间在我省设立分支机构，大力推进我省与京津合作共建，积极引进国内外品牌服务。对京津等地认定的众创空间落户我省的，直接纳入省级建设计划，优先支持。

（三）支持创建一批众创空间。鼓励行业领军企业、特色产业龙头企业，围绕自身创新需求和产业链上下游配套，创办各类特色鲜明、需求指向明确的众创空间。

二、激活壮大创新创业主体

（四）鼓励科技人员创新创业。省内高等学校、科研院所科技人员要求离岗创业的，3年内保留其原有身份和职称，档案工资正常晋升，符合条件的可正常申报晋升相应专业技术职务。高等学校、科研院所研发团队在我省实施各类科技成果转化、转让获得的收益，其所得不低于70%。

（五）鼓励大学生创新创业。高等学校要开设创新创业课程，加强创业培训。允许在校大学生休学从事创业活动，休学时间可视为其参加实践教育时间。扩大“青年创业引领计划”扶持范围，毕业5年内的高等学校毕业生，初次创业创办小微型科技企业的，给予3年的社会保险补贴。

（六）吸引高端人才来冀创新创业。对优秀创业人才、创业导师等来冀创办的科技型中小企业，直接纳入省级科技型中小企业扶持计划，按照初创期、成长期、壮大期、上市期四个梯度，优先享受省市科技型中小企业创新资金支持。对来冀创业的海外高层次人才和京津优秀人才，优先推荐列入河北省“百人计划”、省管优秀专家、青年拔尖人才、省政府特殊津贴专家、“三三三人才工程”。对带技术、带成果、带项目在冀实施成果转化的高层次人才、创新团队优先纳入河北科技英才“双百双千”推进工程。

三、构建多元化创业投融资体系

（七）壮大天使投资资金。整合设立1亿元省天使投资引导基金，发挥财政资金的杠杆效应和引导作用，通过引导基金鼓励天使投资机构对种子期、初创期的科技企业投资，提供高水平创业指导及配套服务。省级资金按一定比例参股，不分享基金收益，基金到期清算时如出现亏损，先行核销省级资金权益。设立创业投资风险补偿基金，用于金融机构向小微企业提供创业投资和贷款的风险补偿。

（八）支持多层次资本市场融资。积极引导和鼓励创业企业在中小板、创业板、新三板、区域股权交易市场等多层次资本市场上市、挂牌融资，对上市、挂牌成功的企业分别给予150万元、150万元、100万元、30万元省级奖励。鼓励商业银行设立科技支行，推进知识产权质押融资，开展科技小额贷款试点，积极开展互联网股权众筹融资试点。

（九）加大财税政策支持。省、市科技型中小企业资金要将众创空间和初创期科技型中小企业作为支持重点。通过中小企业发展专项资金，运用阶段参股、风险补助和投资保障等方式，引导社会资金投资于入驻众创空间的科技型中小企业。对新认定的省级众创空间，分类给予一定的财政补助，用于初期开办费用、服务平台建设、设备购置等。根据年度服务绩效，省、市对众创空间等新型孵化机构的房租、宽带接入费、公共软件、开发工具、创业培训、中介服务等给予适当补贴，省级补贴额度最高不超过20万元。各级财政扶持创业服务机构的各类财政补助、奖励等财政拨款，符合《财政部国家税务总局关于专项用途财政性资金企业所得税处理问题的通知》（财税〔2011〕70号）条件的不征收企业所得税。

四、营造创新创业环境

（十）降低创新创业门槛。深化商事制度改革，对众创空间创业主体办理注册登记手续，采取一站式窗口、网上申报、多证联办等措施，认真落实“三证合一”“先照后证”“一址多照”和“一照多址”改革措施，为创业企业工商注册提供便利。

（十一）提升公共服务能力。建立我省创新券制度，采取购买服务、后补助、业务奖励等方式，支持为创新创业提供知识产权、检验检测认证、技术转移、财务、法律、战略咨询、电子商务、数据分析等服务。加快构建京津冀“科技服务云”，推进京津冀科技资源开放共享，推动建立京津冀区域统筹使用的创新券制度。充分发挥河北省中小企业公共技术服务平台网络作用，依托各类中小企业公共技术服务平台，全面开展线上线下、创新创业服务。

（十二）建立健全创业辅导制度。培育一批专业创业导师，鼓励成功创业者、知名企业家、天使投资人和专家学者等担任创业导师，为众创空间、创业群体提供策划、咨询、辅导等服务。组建京津冀创业导师团，开展创业导师河北行、创业大讲堂、创业嘉年华、创客训练营等活动。对作出突出贡献的，纳入省级高层次创业人才管理序列，授予“河北省杰出创业导师”称号。

（十三）弘扬创业文化。组织各类创业大赛，继续办好河北创新创业大赛，支持我省大学生参与中国创新创业大赛、国际创新创业大赛等活动，并对获奖项目择优纳入省级科技计划。大力培育创新精神和创客文化，加强大众创新创业的宣传和引导，树立一批创新创业典型，营造大众创业、万众创新的浓厚氛围。

五、强化协调联动

（十四）加强组织领导。各级各部门要结合自身职责，积极落实和完善促进创新创业的各项措施，制定具体实施方案，明确工作部署，切实加大政策扶持、资金投入、条件保障力度。各级科技部门要及时研究解决存在的问题，加强对众创空间、创新创业的指导和扶持。

（十五）开展试点示范。依托高新技术产业开发区、经济（技术）开发区、大学科技园、特色产业集群和高新技术产业化基地等，开展创新创业试点示范，积极探索推进大众创新创业的新机制、新模式，不断完善创新创业服务体系。

河北省人民政府
2015年5月28日

河北省人民政府关于大力推进大众创业万众创新若干政策措施的实施意见

（冀政发〔2015〕41号）

为贯彻落实《国务院关于大力推进大众创业万众创新若干政策措施的意见》（国发〔2015〕32号）精神，营造我省有利于大众创业、万众创新的良好政策环境、制度环境和公共服务体系，结合我省实际，提出如下实施意见：

一、营造统一透明、规范有序的创业环境

（一）创新行政审批和市场监管机制。加快转变政府职能，进一步简政放权，全面清理调整与创业创新相关的审批、认证、收费、评奖事项，将保留事项向社会公布；落实国家取消和下放的行政审批事项，强化部门协同，推进土地预审、环评、城市规划等事项同步放权。创新政府监管方式，制定科学有效的市场监管规则、流程和标准，实行“双随机”抽查、“互联网+监管”等模式，建立全省统一的市场监管信息平台，加强事中事后监管。完善涉企收费目录管理制度，继续减免部分涉企收费，清理取消各项不合规收费，进一步降低创业创新成本。（省编委办、省财政厅、省人力资源社会保障厅、省法制办、省发展改革委、省国土资源厅、省环境保护厅、省住房城乡建设厅、省工商局、省质监局、省食品药品监管局等部门按职能分别负责）

（二）维护公平竞争市场秩序。推动《河北省公共信用信息管理条例》制定进程，建立全省统一的信用信息共享平台，完善定期分行业公布失信企业黑名单制度，加大政策惩戒力度，使失信者“一处失信，处处受限”。加大反垄断和反不正当竞争力度，清除设置行业壁垒、市场分割的规定和做法，打击达成垄断协议、滥用市场支配地位、虚假宣传、仿冒、价格欺诈等不正当竞争行为。（省发展改革委、人行石家庄中心支行、省质监局、省工商局、省国税局、省地税局、省商务厅等部门负责）

（三）深化商事制度改革。全面推进“三证合一、一照一码”，推动“一址多照”“一照多址”、集群注册等住所登记改革，进一步释放场地资源。开展电子营业执照试点，推行网上申请、网上受理、网上审核、网上发照和网上公示，提高市场主体注册登记的便利化水平。开展个体工商户、未开业经营企业及无债权债务企业简易注销程序试点，建立便捷的市场退出机制。依托企业信用信息公示系统建设小微企业名录，增强创业企业信息透明度。（省工商局、省质监局、省国税局、省地税局等部门负责）

（四）加强创业知识产权保护。健全知识产权保护和运用制度，加强商业模式等新形态创新成果的知识产权保护，开展创业企业商标注册指导服务。推动京津冀知识产权执法保护一体化建设，建立知识产权重大案件办理协作通道。加强专业市场和各类展会的知识产权保护，完善知识产权快速维权与维权援助机制。强化行政执法与司法衔接，建立知识产权诉调对接机制，提高知识产权保护效率。（省知识产权局、省工商局、省新闻出版广电局等部门负责）

二、完善财税扶持政策

（一）加大财政资金支持力度。省、市财政要统筹安排各类支持中小微企业和创业创新的资金，强化资金预算执行和监管，加强资金使用绩效评价。实施新兴产业“双创”三年行动计划，支持建立一批国家级、省级新兴产业“双创”示范基地，对创业创新基础设施类重大项目给予财政资金支持。鼓励有条件的设区市、省直管县（市）政府设立创业基金，发挥财政资金杠杆作用，引导社会资金和金融资本共同支持创业创新。对新认定的省级众创空间，分类给予一定的财政补助；根据年度服务绩效，省、市对众创空间等新型孵化机构的房租、宽带接入费、公共软件、开发工具、创业培训、中介服务等给予适当补贴。（省财政厅、省发展改革委、省科技厅、省工业和信息化厅等部门负责）

（二）充分发挥政府采购的引导作用。落实国家关于政府采购促进中小企业发展的有关政策，部门预留年度政府采购预算总额的30%以上，专门面向中小企业采购；鼓励各级机关、事业单位和社团组织，在同等条件下优先采购科技型、“专精特新”和获得“名牌产品（服务）”称号的中小企业的产品和服务。加强对采购单位的政策指导和监督检查，督促采购单位改进采购计划编制和项目预留管理，增加对小微企业产品和服务的采购额度。鼓励采用首购、订购、远期约定购买等非招标采购方式，促进创新产品的研发和规模化应用。（省财政厅、省发展改革委、省工业和信息化厅、省科技厅、省公共资源交易监督办公室、省质监局等部门负责）

（三）落实税收支持政策。严格落实国家扶持小微企业、高新技术企业、技术先进型服务企业、科技企业孵化器、大学科技园、技术转让、研发费用加计扣除等税收优惠政策。对符合条件的众创空间和投向创业创新活动的天使投资等给予税收优惠支持，落实创业投资企业享受70%应纳税所得额税收抵免政策。积极争取中关村国家自主创新示范区企业转增股本、股权奖励分期缴纳个人所得税等试点政策惠及我省。（省财政厅、省国税局、省地税局、省科技厅、省发展改革委等部门负责）

三、构建多元化投融资体系

（一）创新银行支持方式。鼓励各类银行开发符合大众创业万众创新特点的结构性、复合性金融产品和服务，支持金融机构扩大知识产权、股权、仓单、订单、应收账款和票据等质押贷款规模。鼓励金融机构、投资机构在有条件的设区市设立科技支行、科技担保、科技保险等新型专营机构，支持商业银行探索为企业创新活动提供股权和债权相结合的融资服务方式。鼓励商业银行发展互联网金融业务，引导河北银行等地方性金融机构向县域及以下增设网点、延伸服务。设立省级科技型中小企业贷款风险补偿金，建立科技贷款风险补偿机制。（人行石家庄中心支行、河北银监局、河北保监局、省金融办、省知识产权局、省财政厅、省科技厅等部门负责）

（二）强化创业投资引导。加快组建省战略性新兴产业创业投资引导基金、省科技成果转化引导基金等，发挥对接国家基金、引导社会基金、汇聚金融资本的杠杆作用和乘数效应。鼓励有条件的设区市、省直管县（市）政府以及经济技术开发区、高新技术产业开发区设立新兴产业创业投资基金，大力培养本土创业投资团队，吸引和集聚海内外优秀创投企业到我省发展。加快建立创业投资考核评价体系，不断完善政策支持、融资及退出、监管和预警等制度。建立省创业投资行业协会，加强行业自律管理和协调服务。（省发展改革委、省财政厅、省科技厅、省商务厅等部门负责）

（三）拓宽创业投资融资渠道。鼓励保险业投资机构与商业银行、保险公司等开展市场化合作，推动发展投贷联动、投保联动、投债联动等新模式。发挥国有资本在创业创新中的作用，引导鼓励国有企业参与新兴产业创投基金、国有资本创业投资基金、开发区创业投资基金等。设立省天使投资引导基金，聚合天使投资人、创业孵化等社会资本和财政资金，重点支持种子期、初创期中小微企业项目。发挥电商天使投资基金作用，支持小微电商企业加快发展。放宽外商投资准入限制，支持外商投资企业来冀设立创业投资机构或开展创业投资业务。（河北保监局、河北银监局、人行石家庄中心支行、省发展改革委、省科技厅、省国资委、省财政厅、省商务厅、省工商局等部门负责）

（四）增强资本市场融资能力。支持符合条件的创业企业在中小板、创业板、新三板、区域股权交易市场等多层次资本市场上市、挂牌融资，对上市、挂牌成功的分别给予200万、200万、150万和30万元省级奖励。鼓励创业企业利用公司债、中期票据、短期融资券等方式融资，支持符合条件的发行主体发行小微企业增信集合债等债券创新品种。支持互联网金融发展，引导和鼓励众筹融资平台规范发展，开展公开、小额股权众筹融资试点，加强风险控制和规范管理。（省金融办、省财政厅、省工商局、省发展改革委、人行石家庄中心支行、河北银监局、河北证监局等部门负责）

四、激发大众创业创新活力

（一）鼓励专业技术人员创业。支持省内高等学校、科研院所等事业单位专业技术人员离岗创办科技型企业或到省内企业从事科研、成果转化工作，对经原单位同意离岗的3年内保留人事关系，与其他在岗人员同等享有参加专家评选、职称评聘、岗位晋升和社会保险等权利。符合条件的科研院所科技人员经所在单位批准，可带科研项目和成果、保留基本待遇到企业开展创新工作或创新创业。省内高等学校、科研院所的科技人员可按照中关村国家自主创新示范区股权激励等有关政策创办科技型企业，放宽股权奖励、股权出售的企业设立年限和盈利水平限制。（省人力资源社会保障厅、省教育厅、省科技厅、省财政厅、省国资委等部门负责）

（二）鼓励海内外高端人才到我省创业。对拥有先进技术和自主知识产权的人才或团队到我省实施成果转化的项目，经评审后给予科研经费支持；对回国领军人才、高端人才创办的科技型中小企业，优先安排省、市财政资金补助。对引进的高层次人才优先推荐列入省管优秀专家、青年拔尖人才、省政府特殊津贴专家、“三三三人才工程”“双百双千”等人才工程支持。启动“外专百人计划”，大力引进各类高层次和急需紧缺高端人才。放宽来冀外国专家永久居留证条件，列入省重点人才工程的外国专家，其本人及其外籍配偶和未满18周岁外籍子女，可申请办理永久居留手续，享受与中国公民同等待遇。（省人力资源社会保障厅、省发展改革委、省科技厅、省财政厅、省公安厅等部门负责）

（三）支持大学生自主创业。深入实施青年创业引领计划，省级设立高等学校毕业生创业就业基金，对符合产业发展方向的大学生创业项目提供股权投资、融资担保等服务；对在省内注册公司、通过科技成果转化创业的高等学校毕业生，经认定后给予一定比例资助。鼓励高等学校成立创业创新服务中心，创建大学生孵化园，促进科技成果转化与大学生创业有机结合。研究制定弹性学制管理办法，合理设置创业创新学分，建立学分积累与转换制度，支持在校学生保留学籍休学创办科技型企业。加强对大学生创业的辅导服务，采取信息化手段实现大学生创业手续办理、岗位对接、政策享受、就业援助等全程化、网络化、便利化。（省教育厅、省财政厅、省人力资源社会保障厅等部门负责）

（四）支持农村劳动力创业。大力发展农村电子商务，鼓励龙头企业结合乡村特点建立电子商务交易服务平台、商品集散和物流中心，带动农村劳动力创业。支持返乡创业聚集发展，每个县（市）重点建设一家农民工返乡创业园，打造具有区域特色的创业集群。大力发展休闲农业与乡村旅游，创建一批乡村旅游创客示范基地。鼓励创业意识领先、能力较强的农村青年，充分开发乡村潜在价值，发展农产品深加工和林下经济，促进农村一二三产融合发展。（省商务厅、省农业厅、省人力资源社会保障厅、省旅游局、省林业厅等部门负责）

（五）畅通人才流动渠道。深化社会保障制度改革，推进机关、企事业单位等各方面人才自由流动。加强社保、住房、教育、医疗等公共服务体系建设，完善跨区域转移接续制度。鼓励京津周边市、县（市、区）率先推进医疗保险、子女入学、户籍管理、证照资质等方面的互通互认改革，破除京津科技人才来我省创业创新的制度障碍。建立完善省、市、县人才需求信息网络，定期发布产业政策、发展重点和急需紧缺职业（工种），引导全省人才培养和流动方向。（省人力资源社会保障厅、省住房城乡建设厅、省卫生计生委、省教育厅、省公安厅等部门负责）

五、强化创业创新服务支撑

（一）加快发展大众创业平台。鼓励各类开发区、产业集群、科技企业孵化器、创业辅导基地、大学科技园等创新体制机制，建设一批线上线下、孵化投资相结合的众创空间。鼓励各级政府盘活老旧厂房、闲置办公楼等设施，建设一批低成本、便利化、开放式的创业服务平台。鼓励行业领军企业、特色优势企业，建设一批需求明确、特色鲜明的创业孵化器。吸引省外特别是京津投资主体来我省创建一批众创空间或设立分支机构，对经认定的众创空间直接纳入省级建设计划，优先予以支持。组建京津冀创业导师团，开展创业大讲堂、创业嘉年华、创客训练营等活动，对作出贡献突出的，纳入省级高层次创业人才管理序列。（省科技厅、省发展改革委、省工业和信息化厅、省商务厅、省教育厅等部门负责）

（二）建强创业创新技术平台。加强以企业为主体的创新能力建设，对新认定或绩效评价为优秀的省级以上企业技术中心给予一定奖励。建设3D打印、网络制造等公共研发平台，开展面向企业的社会化服务。充分利用全省重点实验室、工程实验室、工程（技术）研究中心等创新资源和研发条件，健全大型科学仪器资源共享服务联盟，为大众创业、万众创新提供有力支撑。加快构建京津冀“科技服务云”，实现“河北省大型科学仪器资源共享服务联盟”“首都科技条件平台”“天津市仪器共享服务平台（科服网）”互联互通和资源共享。（省发展改革委、省财政厅、省科技厅、省工业和信息化厅等部门负责）

（三）促进“互联网+”创业创新。加快构建河北省“互联网+”创业创新网络体系，集聚创业创新资源，为小微企业提供找得着、用得起、有保障的服务。深化与阿里巴巴、腾讯、浪潮、神州数码等大型互联网企业合作，发挥其产业整合和技术优势，向小微企业和创业团队开放平台入口、计算、存贮和数据资源。建立完善河北省中小企业公共服务平台网络、市场主体信用信息公示系统等平台，运用互联网、大数据等技术为创业创新提供数据共享和高效服务，积极推广众包、用户参与设计、云设计等创业创新模式。（省发展改革委、省工业和信息化厅、省科技厅、省工商局等部门负责）

（四）打造创业创新区域平台。按照国家要求，加快编制实施京津冀全面创新改革试验方案，支持石家庄、保定、廊坊市与北京、天津市开展系统性、整体性、协同性创新改革试验，在创新创业体制机制方面探索可复制、可推广的改革经验，率先实现创新发展。研究制定促进全省战略性新兴产业集聚发展的实施意见，依托创新基础好、特色优势明显的产业园区、示范区等，建设一批战略性新兴产业集聚发展基地，形成区域发展新动源。（省发展改革委、省科技厅、省工业和信息化厅、省商务厅等部门负责）

（五）提升基层创业能力。完善和推广中小企业服务券制度，探索利用创业券、创新券等新方式，支持服务机构对创业者及创新企业提供社会培训、管理咨询、研发设计等公益性或低成本服务。鼓励开展各类创业创新讲座、论坛、培训、创业创新大赛等活动，为创业者提供内容丰富、形式多样的公共服务和展示平台。在普通高等学校、职业学校、技工院校开设具有行业特点、与创业创新密切相关的专业课程，建设一批创业创新教育实践平台和实训基地。实行新型职业农民培育工程，培育一批生产经营型、专业技能和专业服务型农民。（省科技厅、省工业和信息化厅、省发展改革委、省教育厅、省人力资源社会保障厅、省农业厅、省商务厅等部门负责）

六、建立协同推进工作机制

（一）加强统筹协调。建立由省发展改革委牵头的推进大众创业、万众创新省级部门联席会议制度，加强对全省创业创新工作的统筹、指导和协调，落实工作责任，强化督导检查，及时研究解决工作推进中的问题。建立“双创”工作督导机制，每年对设区市、省直管县（市）“双创”工作进行总结评估，对政策措施不力、目标任务落实不好、工作成效差的，在全省予以通报。（省发展改革委、省科技厅、省工业和信息化厅等部门负责）

（二）推动工作落实。各地各部门要高度重视推进大众创业创新工作，结合实际制定具体实施方案，明确工作任务，切实加大资金投入、政策支持和条件保障力度。同时，积极探索推进大众创业、万众创新的新机制、新政策，不断完善创业创新服务体系。（省发展改革委、省科技厅、省工业和信息化厅、省财政厅、省国税局、省地税局等部门负责）

（三）营造良好氛围。各地各部门要加强舆论引导，积极倡导敢为人先、敢冒风险、宽容失败的文化氛围和创业生态。媒体要加大对大众创业、万众创新的宣传力度，聚焦社会舆论导向，汇集各方新动能，引领河北加速转型升级、实现绿色崛起。（省委宣传部、省新闻出版广电局等部门负责）

河北省人民政府
2015年10月26日

石家庄市人民政府关于大力推进大众创业万众创新若干政策措施的实施意见

（石政发〔2015〕65号）

为全面贯彻党中央、国务院和省委、省政府关于大众创业、万众创新的决策部署，加快实施创新驱动发展战略，激发全社会创新潜能和创业活力，打造促进发展“新引擎”，加快转型升级、跨越赶超，建设幸福石家庄步伐，特提出以下意见。

一、总体思路和主要目标

围绕“创新、协调、绿色、开放、共享”五大发展理念，坚持改革推动，进一步简政放权，优化服务，加强创业创新制度供给，营造良好环境；坚持以人为本，切实解决创业者面临的瓶颈问题，激发各类市场主体创业创新活力；坚持政策协同，有效整合资源，集成落实政策，确保扶持政策便利化、可操作、能落地；坚持开放共享，立足京津冀区域，建立和完善线上与线下、国内与国外、政府与市场等开放合作新机制；坚持全面发展，实现创业创新区域、行业全覆盖，以“草创”“初创”群体为重点，以主城区为示范，形成创业创新的生态体系，促使“大众创业、万众创新”在我市蔚然成风，汇聚成经济社会发展的巨大动能，为率先全面建成小康社会提供强大支撑。

到2017年，实现全市创业创新主体从小规模到大众化、创业创新载体从重点突破到全面建设、服务体系由放开放活到专业辅导的转变。全市各类孵化载体达到200家，其中众创空间达到100家，孵化器达到60家，每个省级以上开发区（园区）建成1个以上中小企业科技园区（加速器）。每年新增市级以上科技创新平台50家，每年新认定高新技术企业50家，每年新认定科技型中小企业600家，每年新增创业创新投资机构10家。每年新增创业创新团队200个、创客1600个，每年返乡创业的大学生、农民工分别达到500个、1000个。

二、构建一批各具特色的众创空间

加快推进众创空间发展，鼓励社会资本兴办一批创业社区、创业大街、创客空间等“双创”载体；鼓励企业利用老旧厂房、闲置办公楼等设施，建设一批低成本、便利化、开放式的“双创”平台；支持各类开发区联合特色优势企业建设一批需求明确、特色鲜明的创业创新工场；鼓励县（市）、区与京津及其他“211”“985”院校、优势企业开展协同创新，共建各类创业创新载体；支持县（市）、区与辖区内高校院所、企业利用周边存量土地和楼宇联合设立创业创新载体，形成围绕高校院所和企业发展的创业群落。主城四区和高新区各建设3家以上，四组团县区各建设2家以上，其他县（市）、区各建设1家规范化、标准化众创空间，实现众创空间等创业创新载体全域覆盖。每年设立3000万元补贴资金，对经评审认定为市级以上的众创空间，每年给予30万至50万元的补贴；对入驻市级以上众创空间的个人或单位，经评审认定在入驻的第一年给予50%的租房费用补贴，最高不超过2万元。（牵头部门：市科技局）

三、培育一批创业主体

鼓励市属高校、科研院所等事业单位专业技术人员离岗创业，经原单位同意，可在3年内保留人事关系，与原单位其他在岗人员同等享有参加专家项目评选、职称评聘、岗位等级晋升和社会保险等方面的权利。符合条件的科研院所科研人员经所在单位批准，可带着科研项目及成果、保留基本待遇到企业开展科技创新或创办企业。支持农民工、大学生和退役士兵等人员返乡创业，对高校毕业生到农村基层创业的，除享受国家、省、市规定的创业补助外，另给予不超过1年的生活补贴，补贴标准为每人每月1000元；对返乡创业的农民工和创业的灵活就业人员，由当地县（市）、区政府给予一定的创业补助。建立担保基金持续补充机制，对符合政策规定条件的各类创业主体给予最高10万元、毕业2年内的高校毕业生给予最高20万元的贷款，并给予全额贷款贴息。每年设立1000万元的职业院校创业创新专项资金，支持市属中等职业学校和高等院校在校生创业创新。鼓励企事业人员发挥技术、管理等优势连续创业，在创业项目选择、创业团队组建等方面给予支持，对获得创业投资的连续创业者，经评审认定给予不超过投资额50%、最高不超过1000万元的政策性担保。每年设立200万元奖励资金，从持有专利要扩大规模的小微企业和自主创业的个体创客中，遴选50个分别给予4万元一次性奖励。（事业单位人员、大学生、退役士兵、农民工、灵活就业人员创业创新支持牵头部门：市人社局；职业院校“双创”资金牵头部门：市教育局；政策性担保牵头部门：市发改委；小微企业和创客奖励牵头部门：市科技局）

四、吸引一批高端人才来石创业创新

对入选国家“千人计划”“长江学者”和河北省“百人计划”的人才带项目来我市创业工作，在国内首次落地的，经评审后分别给予300万至500万元的科研经费支持。对带动领先技术或先进技术项目落地的人才一次性给予购房补贴60万至100万元；对租住房屋的据实报销，每年租房报销总额不超过5万元。对租赁厂房直接生产经营的人才或团队，2年内给予租赁费用补贴，当年最多不超过200万元。对列入石家庄市“支持计划”的高层次人才，给予每人每年10万元的专项经费资助，每月享受1000元的岗位补贴，每年集中组织一次健康体检。人才或团队家属有就业愿望的，在政策允许前提下，最大限度满足本人就业意愿。子女接受义务教育的，由当地教育行政部门协调安排学校就读。有落户要求的，即报即批。加大对在科技进步活动中做出突出贡献的个人和组织的奖励力度，市级科学技术特别奖奖励50万元，科学技术进步奖一、二、三等奖分别奖励8万元、5万元、3万元。（牵头部门：市科技局）

五、扶持一批科技企业孵化器

鼓励优势企业与国内外优质资本合作设立新型孵化平台，引进专业化管理团队，提升孵化能力，加快技术成果转化。对新认定的国家级、省级、市级孵化器分别给予500万元、100万元、20万元的一次性奖励；对绩效评价为优秀的专业管理团队，给予20万元的奖励。（牵头部门：市科技局）

六、打造一批创业创新产业园区

依托省级以上开发区（园区），加快中小企业科技园区（加速器）建设，对入驻“双创”企业达到30家以上的，经评审认定一次性给予50万元至100万元的奖励。每个县（市）、区至少打造1家运行模式先进、配套设施完善、服务环境优质、带动作用强的企业创业示范基地，认定为国家、省级小微企业“创业”示范基地和省中小企业创业辅导基地的，按照上级支持资金规模，市级按1∶1比例给予配套资金支持；市级示范基地每家给予50万元一次性奖励，由市县两级按照1∶1比例安排。（加速器建设牵头部门：市科技局；示范基地建设牵头部门：市工信局）

七、壮大一批创新型企业

加快科技型中小企业发展，设立2亿元的市级科技型中小微企业融资支持资金池，1亿元用于天使投资、风险投资、创业投资等引导基金，1亿元用于贷款风险补偿，支持有技术、有产品、有市场的中小企业贷款融资。开展创新型企业创建，对新认定为国家级、省级、市级的创新型企业，分别给予100万元、50万元、30万元的一次性奖励。对获得授权的小微企业首件发明专利申请费、代理费给予全额补贴；对年授权发明专利达10件以上且增长率超过30%的企业、市属高校和科研院所给予10万元奖励。（引导基金牵头部门：市发改委；贷款风险补偿牵头部门：市金融办；创新型企业、发明专利奖励牵头部门：市科技局）

八、发展一批科技创新平台

加强以企业为主体的创新能力建设，鼓励各行业企业建设创新平台，西部5县区每年新增1家以上、其他县（市）、区每年新增2家以上市级以上科技创新平台，对新认定（建成）的国家级、省级、市级企业技术中心、工程研究中心、工程实验室及工程技术研究中心、重点实验室分别给予500万元、100万元、10万元的一次性奖励。对新建的院士工作站，市财政给予

50万元的一次性资助；对新建的博士后科研工作站和博士后科研流动站，市财政分别给予20万元的一次性资助。鼓励科研院校、企业加入大型科学仪器资源共享服务联盟，对利用共享资源进行科技研发的“双创”人员，给予50%的费用补助。（企业技术中心、工程研究中心、工程实验室牵头部门：市发改委；院士和博士后工作站、工程技术研究中心、重点实验室、共享服务联盟牵头部门：市科技局）

九、做强一批创新服务平台

依托智慧城市建设，加快大数据、云计算、物联网和移动互联网融合发展，构建“互联网+”创业创新网络体系，向小微企业和创业团队开放平台入口、计算、存储和数据资源，促进众创、众包、众扶、众筹等模式创新。引导信息服务、咨询服务、融资服务、财务服务、法律维权、知识产权、技术交易等机构，为创业企业提供专业、高端的协同服务。围绕生物医药、新一代信息技术、先进制造、节能环保、新材料等新兴产业，设立一批产业发展研究院及技术研究院，市政府以股权投资方式，给予每个产业发展研究院200万元、技术研究院100万元资金支持。认定为国家试点的中小企业服务平台、电子商务公共服务平台、城市共同配送平台，按照上级支持资金规模，市级按1：1比例给予配套资金支持。（“互联网+”创新、产业发展研究院设立牵头部门：市发改委；协同服务机构、产业技术研究院建设牵头部门：市科技局；中小企业服务平台、电商公共服务平台、城市共同配送平台建设牵头部门：市商务局）

十、成立一批创新金融机构

鼓励金融机构、投资机构在县（市）、区设立科技支行、科技担保、科技保险等新型专营机构；支持银行发展互联网金融业务，并向县域及以下增设网点、延伸服务；引导和鼓励众筹融资平台规范发展，开展公开、小额股权众筹融资试点。增强资本市场融资能力，支持符合条件的创业企业到中小板、创业板、新三板、石家庄股权交易所等多层次资本市场进行融资，对新上市挂牌成功的分别给予200万元、200万元、150万元和30万元一次性奖励。鼓励挂牌上市企业转板，企业在多层次市场转板，享受差额资金补助。（牵头部门：市金融办）

十一、建设一批科技成果转化基地

鼓励省级以上产业园区主动承接京津及国内外科技成果转移，对在石家庄市域范围内进行产业化项目建设的高新技术成果持有人和高新技术成果产业化项目投资人，经评审认定，给予50万至500万元的高新技术成果落地奖励。对高层次人才或团队来石家庄实施科技成果项目转化，产生经济效益和社会效益后，经评审认定给予100万至300万元的研发经费补助。对掌握国际领先技术、生成重大项目带动新兴产业发展的，经评审认定给予1000万元至5000万元的项目支持资金。（高新技术成果奖励牵头部门：市发改委；高层次人才引进支持牵头部门：市科技局）

十二、加强统筹协调和责任落实

各级各部门要严格按照《国务院关于大力推进大众创业万众创新若干政策措施的意见》（国发〔2015〕32号）和河北省人民政府《关于大力推进大众创业万众创新若干政策措施的实施意见》（冀政发〔2015〕41号）文件要求，各司其职，各负其责，出台扶持政策，制定推进方案，细化工作措施，确保大众创业万众创新各项政策措施落到实处。建立推进“双创”工作长效机制，成立“双创”工作领导小组，并由市发改委牵头建立推进“双创”工作部门联席会议制度，加强对全市“大众创业、万众创新”的统筹、指导和协调，落实工作责任，强化督导检查，及时研究解决工作推进中的问题。各牵头部门按照责任分工，制定本部门的具体实施细则和专项资金（基金）补助、奖励、补偿管理办法，确保政策措施落地生根。（联席会议牵头部门：市发改委；各牵头部门负责制定实施细则）

十三、营造良好创业创新环境

转变政府职能，简政放权，全面清理调整与创业创新相关的审批、认证、收费、评奖事项，将保留事项向社会公布，减少审批事项，加强事中事后监管，构建“双创”绿色通道。深化商事制度改革，全面推进“三证合一、一照一码、一址多照、一照多址、集群注册”等改革，提高市场主体注册登记便利化水平。强化创业创新知识产权保护，健全知识产权保护和运用制度，完善知识产权快速维权与维权援助机制，建立知识产权诉调对接机制。建立更加完备的信用体系，搭建统一的信用信息共享平台，实行失信企业黑名单制度，加大政策惩戒力度，维护公平竞争市场秩序。（转变政府职能牵头部门：市编委办；知识产权保护牵头部门：市科技局；诚信体系建设牵头部门：市发改委；商事制度改革牵头部门：市工商局）

十四、强化创业创新服务

各县（市）、区政府要在每一个孵化载体中设立行政服务工作站，配置创业服务专管员，为创业创新者全程代办各种行政审批手续。构建市场主导、政府扶持的创业创新服务体系，整合行业专家、职业咨询师、优秀企业家等各类人才资源，建立导师队伍，按照市场化方式，为创业创新主体提供教育培训、项目评审、创业辅导、政策咨询等服务。建立创业创新项目库，定期举行项目专题推介会，开展项目推介。（设立行政服务站牵头单位：各县（市）、区政府；创业服务牵头部门：市人社局；创新服务牵头部门：市科技局）

十五、加强金融服务支持

发挥政府创投引导基金作用，对种子期、初创期科技型中小企业给予支持，引导支持天使投资、创业投资基金、风险投资公司加大对各类“创客”、小微企业的金融支持。加快推进政府、银行、保险、投资机构的合作，设立科技担保专营机构，逐步建立政策性、商业性、行业性、互助性等多元化的创业创新融资担保体系。鼓励金融机构开发科技融资担保、知识产权质押等产品和服务，为各类创业创新主体提供多样化的金融服务。（创投引导基金牵头部门：市发改委；科技担保机构建设牵头部门：市工信局；开发金融产品牵头部门：市金融办）

十六、加大创业创新宣传力度

积极倡导敢为人先、宽容失败的创新文化，树立崇尚创新、创业致富的价值导向，大力培育创业精神和创客文化，将奇思妙想、创新创意转化为实实在在的创业活动。加强各类媒体对大众创业创新的新闻宣传和舆论引导，每年召开一次全市创业创新表彰大会，对创业创新先进典型、优秀孵化载体、各类促进机构，以及科技进步、成果转化获奖单位和个人进行表彰奖励，让大众创业、万众创新在全社会蔚然成风，引领和带动全市加速转型升级、跨越赶超，实现绿色崛起。（宣传工作牵头部门：市委宣传部；创业创新表彰工作牵头部门：市发改委）

以上政策原则上不重复享受。本意见自印发之日起施行，由市发改委负责解释，具体实施细则或办法由牵头部门另行制定。

附件：（以下略）

1．石家庄市落实商事登记制度改革政策实施细则
2．石家庄市创业创新投资引导基金实施细则
3．石家庄市大众创业万众创新政策性担保资金管理办法
4．石家庄市职业院校创业创新专项资金管理办法
5．石家庄市事业单位专业技术人员离岗创业实施细则
6．石家庄市支持创业基地建设实施细则
7．石家庄市科学技术奖励工作实施细则
8．石家庄市科技企业孵化器（加速器）、优秀管理团队奖励实施细则
9．石家庄市众创空间补贴资金管理办法
10．石家庄市小微企业和自主创业创客奖励资金管理办法
11．石家庄市创新型企业奖励实施细则
12．石家庄市引进高层次科技创新创业人才实施细则
13．石家庄市利用大型科学仪器资源共享服务联盟共享资源进行科技研发的“双创”人员补助实施细则
14．石家庄市电子商务公共服务平台配套资金管理办法
15．石家庄市城市共同配送公共服务平台配套资金管理办法
16．石家庄市推进中小商贸流通企业公共服务平台项目实施细则
17．石家庄市中小商贸流通企业公共服务平台配套资金管理办法

石家庄市人民政府
2015年12月28日

沧州市人民政府
发展众创空间推进大众创新创业的十条措施

（沧政字〔2015〕30号）

为贯彻落实《河北省人民政府关于发展众创空间推进大众创新创业的实施意见》（冀政发〔2015〕15号），加快发展众创空间等创新创业服务平台，激发全社会创造活力，形成大众创业、万众创新的生动局面，推进我市“创新之城”建设，特制定如下措施：

一、加快构建众创空间

按照市场化原则，大力发展低成本、便利化、全要素、开放式的众创空间。鼓励支持企业、投资机构、行业组织等社会力量投资建设或管理运营创客空间、创业咖啡、创新工厂、创业社区、高校双创基地等新型创业载体。到2017年，各县（市、区）、高校至少建设1个众创空间，全市众创空间达到40个。

各县（市、区）、各有关单位要充分利用老旧厂房、闲置房屋、商业设施等资源进行整合，根据实际需求，建设投资促进型、培训辅导型、媒体延伸型、专业服务型、创客孵化型等不同服务类型的众创空间。支持京津众创空间来我市设立分支机构，大力推进我市与京津合作共建，引进国内外品牌服务。支持在沧高校院所与所在县市区利用楼宇联合建设创新创业载体。鼓励行业领军企业、特色产业龙头企业，围绕自身创新需求和产业链上下游配套，创办各类特色鲜明、需求指向明确的众创空间。制定众创空间认定标准和管理办法，开展创新创业试点示范，积极探索推进大众创新创业的新机制、新模式，不断完善创新创业服务体系。

二、支持建立众创服务平台

综合运用购买服务、后补助、业务奖励等方式，鼓励支持研发设计、科技中介、金融服务、中试孵化、成果交易、认证检测等众创服务平台建设，鼓励科技企业孵化器从创业孵化载体基础设施建设向科技服务主体培育转变。大力推动专业孵化器和科技企业加速器建设，鼓励新兴产业领军企业通过“平台+创投+市场”的孵化模式，培育和孵化具有全新商业模式的创业企业。政府部门要为创业者提供政策咨询、项目推介、开业指导、融资服务、补贴发放等“一站式”创业服务。要建立健全科研设施、仪器设备、宽带接入和科技文献等资源向创客企业开放的运行机制，实现资源共享。

三、降低创新创业门槛

深化商事制度改革。放宽企业注册资本登记条件，高校毕业生创办企业首次出资额允许为零。放宽企业名称登记条件，缩短登记时间。认真落实“三证合一”“先照后证”“一址多照”和“一照多址”改革措施，允许众创空间内按工位注册企业。采取“一站式”窗口、网上申报、多证联办、快捷登记取照等措施，为创客企业工商注册提供便利。

四、鼓励支持大学生创业

支持高校院所开设创新创业课堂，加强创业培训，建设一批创业实践和孵化基地。允许在校大学生休学从事创业活动，休学时间可视为其参加实践教育时间。在校大学生扩大“青年创业引领计划”扶持范围，毕业5年内的高校毕业生创办科技企业的，给予3年的社会保险补贴。凡到经认定的市级以上众创空间创业的在校大学生，办公用房两年内免交租金。

五、鼓励支持科技人员创业

支持高校、科研院所、国有企事业单位的科技人员离岗创业，对领办、创办科技型中小企业的，3年内保留其原有身份、编制和职称，符合条件的可正常申报晋升相应专业技术职务。赋予市属高校、科研院所研发团队或成果完成人科技成果的使用权、经营权和处置权，实施各类科技成果转化、转让获得的收益，其所得不低于70%。创办的科技型中小企业自认定之日起，3年内新增财政贡献的50%给予财政资金奖励。

六、加大财政支持力度

市、县两级设立众创空间引导资金，发挥财政资金的杠杆效应和引导作用，鼓励社会资金对种子期、初创期的科技企业投资，提供高水平创业指导及配套服务。根据年度服务绩效，对众创空间的房租、宽带接入费、公共软件、开发工具、创业培训、中介服务等给予不少于20万元的补贴。创业企业的项目、产品符合要求，可申请市科技计划予以支持。对经认定的众创空间，由所在县（市、区）给予不少于20万元的一次性财政补助，用于初期开办费用、服务平台建设、设备购置等。

七、完善创业投融资服务

积极引导和鼓励创业企业在中小板、创业板、新三板、区域股权交易市场等多层次资本市场上市、挂盘融资。市设立1亿元创业投资风险补偿基金，有条件的县（市、区）要设立相应基金，用于金融机构向小微企业提供创业投资和贷款的风险补偿，引导银行进一步加大对创客企业的信贷支持。鼓励商业银行设立科技支行，推进专利权质押和科技担保融资。支持第三方科技金融服务平台建设，通过整合科技金融服务资源，实现资源共享、业务协同，为创业企业提供投融资、IPO中介、资产管理、创业指导、投贷联动、并购重组等全方位科技金融服务。

八、壮大创业导师队伍

培育和引进一批专业创业导师，成立创业导师联合会。发挥市场机制，聘请企业家、经理人、投资人等担任创客专职导师，对创客创业提供各方面的针对性辅导。鼓励成功创业者、知名企业家、天使投资人和专家学者等担任志愿创业导师，为创客提供免费创业辅导，形成创客、企业家、天使投资人、创业导师的互助机制。积极对接“首都创业导师志愿服务团”，加强科技合作，促进我市创业服务机构发展。对成效突出的创业导师给予资助补贴和奖励。

九、营造创新创业浓厚氛围

支持各类众创空间的创客创新实践和科普教育基地开展创新教育活动，宣传创业典型。支持众创空间组织举办创新创业大赛，鼓励各类社会团体组织创新创业论坛、草根创业者大会、科技创业产品展等活动。加强新闻宣传和舆论引导，报道一批创新创业先进事迹，培育创客文化，营造大众创业、万众创新的浓厚氛围。

十、加强工作组织推动

市、县两级建立众创空间联席会议制度。各级、各部门要按照职能分工，积极落实和完善促进创新创业的各项措施，结合各自实际制定具体的实施方案，明确工作部署，切实加大政策扶持、资金投入、条件保障力度。

沧州市人民政府
2015年9月2日

中共山西省委 山西省人民政府
关于实施科技创新的若干意见

（晋发〔2015〕12号）

为认真贯彻落实省委十届六次全会和全省经济工作会议精神，实现科技创新新突破，着力解决我省科技创新能力不足、科技投融资体系不健全、科技创新体制不顺、机制不灵活、改革滞后和政策不完善等问题，特别是科技创新认识不到位、氛围不浓厚、政策不落实、与产业结合不紧，以及企业作为创新主体的作用尚未有效发挥和人才团队严重匮乏等突出问题，现就实施科技创新提出如下意见。

一、指导思想和主要目标

深入贯彻党的十八大，十八届三中、四中全会和习近平总书记系列重要讲话精神，全面落实《中共中央国务院关于深化体制机制改革加快实施创新驱动发展战略的若干意见》（中发〔2015〕8号），围绕“四个全面”战略布局，坚持需求导向、改革取向、人才为先、遵循规律和全面创新的原则，加快实施创新驱动发展战略，推动我省“六大发展”。

到2020年，全省研究与试验发展经费（R&D）占地区生产总值（GDP）的比重达到2.5%以上。科技创新城核心区基本建成，煤基科技攻关取得重大突破，引领支撑煤炭产业“六型转变”，在煤炭清洁高效利用方面作出突出贡献。高新技术产业增加值占地区生产总值比重、科技成果转化率、科技进步对经济增长的贡献率力争达到全国平均水平，形成创新驱动发展新局面。

二、统筹推进全面创新

（一）形成以科技创新为核心的全面创新新格局。统筹推进以科技创新为核心的经济和社会发展等领域的体制机制创新，统筹推进技术创新、产品创新、企业创新、商业模式创新、管理创新和体制机制创新，统筹推进军民融合创新。实现科技创新、制度创新、开放创新的有机统一和协同发展。

（二）建立以产业创新为重点的科技创新新机制。围绕产业链部署创新链，依靠科技创新做好“煤”与“非煤”两篇大文章。以大型煤炭企业为主导，推动煤炭、焦化、冶金、电力等传统支柱产业实现“六型”转变。在高端装备制造、新能源、现代煤化工、新材料、节能环保、食品医药、现代农业、现代服务业等新兴领域，组织实施一批重点科技计划、应用示范工程和重大产业化项目，实现创新发展。

三、深化科技管理体制机制改革

（三）改革省级科技计划（专项、基金）管理体制。强化顶层设计，搭建公开统一的山西省科技管理平台，建立省科技计划管理部门联席会议制度，成立战略咨询与综合评审委员会，优化形成符合我省实际、与国家五大计划衔接的省级科技计划体系。建立依托专业机构管理科研项目的机制，政府部门不再直接管理具体项目。

（四）建立省科技重大专项和重点项目形成与立项机制。聚焦我省煤基产业创新重大任务，以清洁高效利用为主线，编制《煤基低碳产业创新链》年度版，形成科技重大专项。着眼高新技术产业培育发展，组织实施重点攻关项目。加强过程管理，制定出台“山西省重点产业创新链及项目管理办法”、“山西省科技招投标管理暂行办法”，建立与国家重大专项、重点项目对接机制。

（五）加快推进科研项目经费管理改革。加大《国务院关于改进加强中央财政科研项目和资金管理的若干意见》的落实力度，积极研究建立符合科研规律、适应创新驱动发展要求的科技经费管理新模式，实行绩效管理，提升使用效益。

（六）深化高等院校科研体制改革。加大科技成果转化和技术转让在高校职称评审条件中的权重，对教学科研型和科研教学型教师形成正确导向。调整专业设置，突出学科特色，打造一批服务产业创新的学科群。建立政府牵头、高校和企业参加的定期沟通机制，实施面向产业需求的协同创新计划，推动高校成果在我省转化，推动企业技术难题在高校解决。

（七）深化省属科研院所改革。强化科研属性，深化分类改革。支持建设中试基地、技术研发实验平台。支持建设集应用技术研发、成果转化为一体的新型研发机构。支持以股份制形式改革或与企业联合成立研发中心。对具有公益性服务职能的，以政府购买服务的方式予以支持。

四、强化企业技术创新主体地位

（八）推进企业成为技术创新决策主体。企业要建立开发经营和科技创新一体化决策机制，把技术创新作为企业重大决策事项。政府要吸纳企业参与研究制定技术创新规划、政策和重大科技项目的决策。

（九）支持企业完善技术创新组织。强化大型企业创新示范作用。支持企业建立省级以上重点(工程)实验室、工程(技术)研究中心、企业技术中心等研发机构。力争到2020年全省规模以上工业企业都有研发活动，建立研发机构占比超过15%。培育发展高新技术企业、科技型中小微企业。建立健全技术创新服务体系，引导中小微企业开展创新活动。

（十）引导企业牵头科技攻关和创新成果转化。支持建立以产权为纽带、产学研合作的产业技术创新战略联盟。鼓励有条件的骨干企业牵头开展重大科技研发活动。构建由企业牵头、产学研协同的科技攻关机制。对企业取得技术创新成果并推广应用的，政府予以后补助或奖励补贴。建立政府采购“首台（套）”重大新产品制度。落实国家重大装备的“首台（套）”保险政策。

（十一）鼓励企业加大技术创新投入。探索运用财政补助机制激励引导企业建立研发准备金制度，有计划、持续性地增加研发投入。全面落实企业研发投入视同利润制度。省属重点国有企业研发投入占主营业务收入的比重达到1.5%以上。把研发投入和技术创新能力作为政府支持企业技术创新的前提条件。全面落实普惠性财税优惠政策，完善企业研发费用计核办法，做好企业研发费用加计扣除政策的落实工作。

五、加速科技成果向现实生产力转化

（十二）提高科技成果转化源头价值。改革科技成果评价办法，加大对科技成果转化绩效良好的高校、科研机构的支持力度。实行科技报告制度。实行科技成果后补助和协议后补助政策。

（十三）落实成果转化激励政策。下放科技成果使用、处置和收益权。财政支持的高等院校、科研院所的知识产权授权后2年内未实施转化的，须公开挂牌交易。

加大科研人员股权激励力度。在利用财政资金设立的高等院校和科研院所中，将职务发明成果转让收益在重要贡献人员、所属单位之间合理分配，对奖励科研负责人、骨干技术人员和团队的收益比例提高到50%以上。专利技术或科技成果作价出资最高可占注册资本的70%。

鼓励企业实施科研人员股权、期权、分红等激励政策。国有企事业单位对职务发明完成人、科技成果转化重要贡献人员和团队的奖励，计入当年单位工资总额，不作为工资总额基数。

（十四）发展科技成果交易市场。面向全球优选科技成果，建设科技成果储备、交易中心。稳定和健全各级技术市场管理机构。加快培育一批熟悉科技政策和行业发展的社会化、市场化、专业化科技中介服务机构。建立健全科技成果“线上线下”登记制度和转移转化交易机制。积极推动财政资金支持形成的公共科技成果及其他各类科技成果入场交易。

六、建立重点人才团队和平台协同发展的机制

（十五）加大高层次人才及团队引进力度。研究建立引进高端人才团队的资金支持方式，创新省级各类人才专项资金使用方式，围绕我省产业发展重点领域，利用5—10年的时间，引进和培育30—50个有望形成重大产品、重点产业，解决重大关键技术问题的高端人才团队。要采取“产业资本+人力资本”的模式，积极引进国内外企业集团和跨国公司，特别要力争引进其核心研发团队或成立分支机构。省、市、县或有关企业、单位同比例配套资金，明确责任，完善政策，全面推进引进工作。继续深入实施“百人计划”“三晋学者”计划。

（十六）建立健全更为灵活的科研人才及团队双向流动机制。打破身份限制，改进科研人员薪酬和岗位管理制度，鼓励高校、科研院所科研人员到企业兼职，兼职经历纳入专业技术职务考核内容。符合条件的科研院所的科研人员经所在单位批准，可带着科研项目和成果到企业开展创新工作或创办企业，3年保留原有身份和职称。允许高等学校和科研院所设立流动岗位，支持企业技术人员承担科研教学任务。完善科研人员在企业与事业单位之间流动时社保关系转移接续政策。

（十七）创新人才评价机制。完善企业、高校和科研院所科技人员的评价标准，引导科技人员分类发展。遵循科研成果产出规律，探索合理考评周期。

（十八）制定科技资源（大型科学仪器设备、公共数据）共享政策和制度。发布“大型科学仪器设备开放共享目录”和“山西省科技基础条件平台开放共享目录”。建立统一开放的科技资源网络管理与服务平台。出台企、事业单位科技资源开放共享的财政激励政策。

（十九）优化重点平台布局。按功能定位分类整合重点（工程）实验室、工程（技术）研究中心。围绕全省转型发展需求、重点产业领域和重点学科，制定“山西省重点科技创新平台和团队建设组织管理办法”，在原有平台基础上探索建立重点平台和重点人才团队，实行一体化规划、一体化培育和集中投入机制。支持省级创新平台升级为国家级平台。

七、构建多元化科技投融资体系

（二十）建立财政科技投入稳定增长机制。积极增加省本级财政科技投入，加大市县财政科技投入。创新财政资金投入机制，完善稳定性支持、引导性支持、奖励和后补助等方式。发挥好与国家基金委联合设立的煤基低碳联合研究基金的作用，支持发展煤炭清洁利用等推动科技创新发展的各类联合基金。

实施科技创新券政策，每年安排一定金额的科技创新券，对科技型中小微企业购买创新服务、开展技术合作等给予支持。

（二十一）加快创业投资发展。设立科技成果转化基金，设立创业投资引导基金，通过阶段参股、跟进投资、风险补助（补偿）、投资保障、收益让渡等方式，引导国内外创业投资基金、私募股权投资基金、天使投资等在我省开展创投业务。落实国家对种子期、初创期创新活动投资的税收优惠政策，允许有限合伙制创业投资企业实行税收抵扣。

（二十二）完善科技金融服务。建立科技成果转化引导资金支持、风投资金参与、产权交易一体化的协同转化机制。加快科技小额贷款公司、科技支行、科技担保公司等科技金融机构建设。大力推进知识产权质押融资。建立科技型中小微企业创新产品市场应用的保险机制。

建立政府引导科技型企业进入资本市场的引导资金，鼓励支持有条件的高新技术企业在国内主板、中小企业板、创业板和“新三板”挂牌、上市融资。对在主板、中小企业板、创业板上市的，由省本级财政给予100万元的一次性奖励；对在“新三板”上市的，奖励50万元；对在山西股权交易中心挂牌并完成股份制改造、实现融资成功的，奖励10万元。

积极探索股权众筹、网络借贷等互联网融资新模式，支持创新创意企业开展非标融资。

八、实施重大科技创新工程

（二十三）科技创新城建设工程。严格执行规划，创新省、市、城联动的科技城管理发展模式，打造国际低碳技术创新高地、国家煤基产业科技中心、山西转型综改试验先导区、“互联网+”创新产业集聚区、低碳智慧创新城。着力开展引进人才团队及创新政策试验、科技成果和金融结合试点、大型科学仪器设备共建共享示范，建成国家煤基低碳自主创新示范区的核心区。

构建服务于全省的科技资源、创业孵化、科技金融三大公共科技服务平台，形成我省创新创业的龙头示范基地。利用云计算、大数据、移动互联网等信息技术手段，建设集创新资源共享、信息交互、成果转化、技术转移、企业培育、资本对接于一体，“线上”“线下”友好互动的科技服务新业态。

（二十四）低碳创新发展工程。实施煤基低碳科技重大专项，在煤炭清洁高效利用技术、煤层气开发利用技术、高端煤化工技术、节能环保技术、高效储能技术以及CO_2捕集、封存和利用技术方面组织重大技术攻关，实现核心技术重大突破。

做大做强低碳发展高峰论坛，建立专门机构，筹建永久会址，调动社会化力量，实行市场化运营，使论坛成为低碳新理念的传播平台、低碳新成果的展示平台、低碳新技术的交易平台。

抓好晋城市国家低碳城市试点。推进低碳机关、低碳企业、低碳社区示范行动。

（二十五）新兴产业培育壮大工程。围绕我省高端装备制造、新材料、新能源、现代煤化工、节能环保、信息技术、食品医药、现代农业、文化旅游、现代服务业等新兴产业，开展科技重大攻关行动，突破一批具有引领和带动作用的核心关键技术，形成一批有竞争力的新产品、新企业、新业态。

（二十六）园区提质升级工程。加强分类指导，明确主攻方向，完善各类园区创新体系。太原、长治高新区要突破空间限制，搭建增材制造、“互联网+”等创新创业平台，充分发挥国家级高新区的示范带动作用。加快推进各级各类经济技术开发区建设科技创新园，探索新建一批省级高新区和高新技术产业化示范基地，不断拓展高新产业发展空间。优化园区管理体制，吸引国内优秀园区运营公司、企业和社会组织参与园区管理，参股孵化器、加速器和园区建设。

发挥园区创新资源富集的优势，大力发展低成本、全要素、便利化、开放式的众创空间，打造最优“创客栖息地”。

九、推动形成深度融合的开放创新局面

（二十七）加速融入全球研发创新网络。积极推动引资、引技、引智有机结合，支持世界一流大学、科研院所和世界500强企业在我省设立新型产业技术研究院和产业化基地，鼓励跨国公司、行业领军企业在我省设立研发中心、财务中心、销售

中心等功能性机构，推动国外高端创新资源与我省创新需求紧密对接。鼓励和支持我省企业到境外设立、兼并和收购研发机构，探索建设国际联合研究中心、国际技术转移中心。

（二十八）深化区域科技合作。建立省部会商机制，落实会商议定事项，在区域创新体系建设、产业转型等方面争取国家更多支持。加强与环渤海及京津冀地区科技合作，开展区域协同创新，实现互利共赢。扩大科技计划开放合作。鼓励省外、国外研发机构和高校联合我省单位承接省科技重大专项和重点攻关项目。

（二十九）推进军民融合创新。建立健全地方、军队、企业、社会融合创新体制机制，研究制定深化军民融合创新的指导意见。在符合国家和省发展规划的领域，对军地联合攻关项目给予优先支持。在创新平台、人才引进、资源共享方面，充分发挥军工与地方优势互补作用，合力推动军民深度融合发展。

十、营造良好的创新创业环境

（三十）强化科技创新意识。各级各部门领导干部要树立强烈的科技创新意识，想创新、学创新、敢创新、会创新，主动支持、引导、服务大众创业、万众创新。每年召开全省科技创新奖励大会，对创新企业和人才进行表彰。

（三十一）营造遵循规律、鼓励创新、宽容失败的环境氛围。开展创新型城市、创新型企业、创新型社区等认定和奖励。加大全民科学素质纲要实施力度，举办科普展览、讲座，建设科普画廊、科普基地。充分运用各类媒体，拓宽传播渠道，宣传重大科技成果、典型创新人物和企业，培育良好的创新文化。

（三十二）依法保护知识产权。加大对知识产权创造、保护、运用的扶持力度。推动企业建立知识产权预警机制，健全权利人维权机制，完善知识产权审判工作机制。加大对知识产权侵权和假冒行为的打击力度，将侵权行为信息纳入社会信用记录。

（三十三）加强科研诚信建设和信用管理。建立科技人员和项目评审专家诚信档案。发挥高校、科研院所和学术团体的自律功能，加强科研活动信息公开，加大对学术不端行为的惩罚力度。

（三十四）强化创新绩效考核。把创新驱动发展成效纳入对地方领导干部的考核范围。强化目标责任考核，加大科技创新指标权重。

（三十五）落实各级职责任务。各级党委和政府要从全局的高度，建立完善“一把手抓第一生产力”工作机制，围绕实施科技创新，制定细化工作方案，出台具体办法措施，确保各项政策措施有效落实。

中共山西省委
山西省人民政府
2015年8月17日

山西省大力推进大众创业万众创新的实施方案

（晋政发〔2015〕49号）

为深入贯彻落实《国务院关于大力推进大众创业万众创新若干政策措施的意见》（国发〔2015〕32号）、《国务院关于加快构建大众创业万众创新支撑平台的指导意见》（国发〔2015〕53号）精神，加快推进山西创新驱动发展战略实施进程，营造良好的创业创新生态环境，激发全省上下创业创新动力，打造经济增长新引擎，结合我省实际，制定本方案。

一、指导思想

坚持改革导向、市场导向、问题导向和服务导向，深入贯彻落实全省科技创新推进大会精神，以培育创业创新主体为主线，以构建众创空间等创业服务平台为载体，以营造良好的创业创新政策环境、市场环境为抓手，以激活创新活力、实现创业便利为目标，有效整合资源，集成落实政策，完善服务模式，优化体制机制，培育创新文化，激发全社会创新创业的热情，力争到2020年，全省创新创业政策环境、制度环境和公共服务体系更加健全，各类市场主体创业创新活力得到有效释放，创新创业主体从小众向大众转变，创新创业载体从重点布局向全面建设转变，初步实现以创新支持创业、创业带动就业的良性互动发展。

二、重点任务

（一）构建各具特色的创新创业载体。

1．培育各类众创空间。综合运用购买服务、资金补助、业务奖励等方式，大力扶持发展创业咖啡、创客空间、创新工场等灵活多样的新型创业孵化平台，建设发展市场化、专业化、集成化、网络化众创空间型创业园区，为创业者提供政策咨询、项目推介、创业指导、融资服务、补贴发放等“一站式”创业服务。加快以降低成本为重要内容的创业场所建设，不断增加小微企业载体空间和补贴面积，积极盘活闲置商业用地、工业厂房、企业库房等低成本载体资源，加快权属登记，为企业个人房屋租赁提供便利，为闲置房屋融资提供条件。对于利用闲置的商业用房、工业厂房、企业库房、物流设施和家庭住所进行创业的，在办理房屋租赁、交易、抵押时，各级房地产管理部门应开辟绿色通道，提供便利。充分发挥行业领军企业的主力军作用，鼓励企业建立专业化孵化器和平台，推动大中型企业带动产业链上的小微企业发展，实现产业集聚和抱团发展。引导和支持省属大型企业利用现有国家及省级技术中心、国家及省重点实验室等各类创新平台，投资并购小微企业，创建具有山西特色的服务平台，面向企业内部和外部创业者提供资金、技术和服务支撑。依托我省中小企业服务体系建设专项资金，加快推进全省中小企业公共服务平台网络建设，重点加强各级创业基地内公共服务平台和新增产业集群窗口服务平台建设，提升平台网络的服务能力，扩大服务覆盖面，逐步实现我省中小企业公共服务平台网络“1+150”的目标。依托我省3D数字化制造行业技术中心和3D打印产业技术研究院，搭建3D打印公共服务平台，开展样品快速制造、三维反求逆向设计、3D扫描、3D检测、3D打印、3D工业动漫、新产品试制、企业产品三维数字化以及快速制造技术培训等面向创业者的社会化服务。建立免费宽带、低价工位、免费开发工具和公共软件使用的新模式，探索众创空间运行的新机制。加快建立创业企业、天使投资、创业投资统计指标体系，规范统计口径和调查方法，加强监测和分析。（责任单位：省科技厅、省国资委、省经信委、省商务厅、省住房城乡建设厅、省人力资源社会保障厅、省统计局）

2．促进军民创新资源融合。按照科研开发、军工成果转化和产业化分类建立动态调整的军民融合产业重点项目库，实施一批重大军民结合产业化项目，促进军民创新资源融合。充分发挥省标准化工作领导小组作用，确定军民产品标准可以双向转化的目录，将我省军工标准纳入省标准奖励范围，加大对转化成民用标准的支持力度，完善军民两用技术项目实施、信息交互和标准化协调机制。以省内国家级及省级重点实验室、企业技术中心为基础，加强与军工科研机构合作，推动建立军民融合联合重点实验室、行业技术中心和产业技术战略联盟，强化协同创新、成果共享。编制军工向地方、地方向军工开放的科研创新载体和重大设施目录清单，制定开放共享管理办法，有序推动我省民用重点实验室、技术中心向军工企业开放，国防科技工业重点实验室、重大试验设施向相关民用领域开放。（责任单位：省经信委、省质监局、省国防科工办）

3．加强创新创业示范基地建设。2015年底前，省级建设1个集创业孵化、创业园区、创业服务、创业培训和创业实训等功能于一体的创新创业示范基地，每个设区市建设1个综合性创业示范基地。2016年6月底前，创业型城市创建县（市、区）各建设1个创业孵化示范基地和创业示范园区。省级每年认定10个创业孵化示范基地和创业示范园区，并根据入驻实体个数、创业孵化成功率、促进就业人数、实现经济价值等从省级创业资金中给予200万—300万元的一次性补助，补助资金主要用于为入驻企业提供就业创业服务、房租减免及基地和园区管理运行经费，不得用于人员经费和基本建设支出。（责任单位：省人力资源社会保障厅、省商务厅）

（二）营造更为宽松的创新创业市场环境。

4．维护公平竞争市场秩序。落实好国家有关公平竞争审查制度，建立统一透明、有序规范的市场环境。以整合各类市场主体信用信息资源、完善征信记录为基础，加快推进企业信用信息公示“全省一张网”建设，为政府部门、社会单位和个人查询行政机关依法公开的市场主体行政许可、行政处罚等信用信息、各类市场主体公示的年度报告信息、资质许可等即时信息提供一站式服务。加快省级信用信息共享平台建设，实现信用信息的互联互通，实现“一处违法、处处受限”的守信联合激励、失信联合惩戒目标，营造诚实守信的信用环境。按照国家工商总局的授权，依照《中华人民共和国反垄断法》的有关规定，严肃查处损害竞争、妨碍创业创新发展的垄断协议和滥用市场支配地位的行为。依照《中华人民共和国反不正当竞争法》的有关规定，严厉查处各种限制竞争、仿冒、虚假宣传、商业贿赂、违法有奖销售、侵犯商业秘密等不正当竞争行为。充分运用知识产权宣传周、专利周、“护航”专项行动等契机，积极开展专项执法检查，加大对侵权假冒、假冒专利行为的查处力度。探索建立重大知识产权纠纷多部门共同协调机制，为知识产权纠纷行政调解提供良好平台。（责任单位：省发展改革委、省工商局、省科技厅、省知识产权局、省法制办）

5．营造宽松便捷准入环境。继续落实国家商事制度改革统一部署，做好工商营业执照、组织机构代码和税务登记证“三证合一”“一照一码”登记制度改革实施工作。鼓励和支持各地结合实际探索试行更多证照合一的登记模式。全面严格落实“先照后证”改革，推进全程电子化登记和电子营业执照应用，放宽市场主体住所（经营场所）登记条件，探索开展企业名称登记管理改革试点和企业简易注销试点，支持企业自主决定经营事项，推进创业企业注册自主商标，切实加强商标品牌建设，持续创新优化登记方式，减少市场主体准入环节，最大限度降低创业成本，激发市场主体活力。（责任单位：省工商局）

6．全面正确履行政府职能。继续做好我省取消和调整行政审批项目等事项工作，严格落实“一备案、两报送”制度，切实提高取消和调整行政审批项目等事项的“含金量”，变部门“端菜”为群众“点菜”，最大限度为市场主体解缚松绑。按照国务院及省政府关于清理规范行政审批中介服务的有关要求，制定清理规范省政府部门行政审批中介服务工作方案，全面清理妨碍创业发展的行政审批中介服务事项，编制省政府部门行政审批中介服务事项清单。在编制公布省政府部门权力清单和责任清单的基础上，进一步加强对市、县推行权力清单制度的指导，确保省、市、县三级权力清单制度的有机衔接。（责任单位：省审改办、省直相关部门）

（三）培育和激活创新创业主体。

7．提高科技人员创业创新积极性。结合事业单位分类改革工作，尽快将财政资金支持形成的不涉及国防、国家安全、国家利益、重大社会公共利益的科技成果的使用权、处置权和收益权，全部下放给符合条件的项目承担单位。科技成果转移转化所得收入全部留归单位，纳入单位预算，实行统一管理，处置收入不上缴国库。加大科研人员股权激励力度，鼓励各类企业通过股权、期权、分红等激励方式，调动科研人员创新积极性。财政资助的科研创新发展类项目，项目承担单位应结合一线科研人员实际贡献，公开公正安排绩效支出，充分体现科研人员的创新价值。允许和鼓励高校、科研院所和国有企业专业技术人员在完成本单位安排的各项工作任务前提下在职创业，其收入归个人所有。细化科研人员创业期间人事待遇的有关政策，对高校、科研院所等事业单位专业技术人员离岗创业的，经原单位同意，可在3年内保留人事关系，与原单位其他在岗人员同等享有参加职称评聘、岗位等级晋升和社会保险等方面的权利。原单位应当根据专业技术人员创业的实际情况，与其签订或变更聘用合同，明确权利义务。完善职务发明制度，高等院校、科研院所和国有企业转让和转化职务发明成果所得净收益，可按至少50%的比例划归参与研发与转化的科技人员及其团队拥有；创办企业并以专利技术或科技成果出资入股的，作价金额最高可达公司注册资本的70%。（责任单位：省科技厅、省教育厅、省人力资源社会保障厅、省财政厅）

8．引导大学生为主的青年创业创新。积极组织和鼓励各高校开展创业实践活动，通过举办创业论坛、创业讲座、创业大赛等形式，提高大学毕业生创业技能。积极开展大学生创业培训专项活动，使每一所学校和每一名有创业意愿的高校毕业生都能享受到政府补贴，实现“两个全覆盖”。深入实施大学生创业引领计划，鼓励有条件的高校建设大学生创业基地，鼓励成功创业者、知名企业家、天使投资人和专家学者等担任志愿创业导师，为创客提供免费创业辅导，形成创客、企业家、天使投资人、创业导师的互动对接机制。建立健全弹性学制管理办法，放宽学生修业年限，允许调整学业进程、保留学籍休学创业。推动高校将创业教育纳入人才培养方案，使学生掌握创业所需的基本知识，培养创业精神，锻炼创业能力。依托大学生创新平台，开展“山西省高等学校大学生创新创业训练计划”，举办各类大学生竞赛，支持学生开展创新创业实践，提升学生的创新精神、实践动手能力和创业能力。对高校毕业生自主创业的，按规定落实创业场地租金补贴、小额担保贷款、税费减免等创业扶持政策。允许全日制在校学生休学创业，凡进入大学生创业孵化基地或者创业园区创业的学生，其进入基地创业的时间可视为参加学习、实训、实践教育的时间，并按相关规定计入学分。（责任单位：省教育厅、省人力资源社会保障厅）

9．吸引海外高层次人才来晋创业创新。支持“海智计划”工作基地建设，推动建立外籍高端人才来晋创业管理数据库。认真落实扩大申请永久居留外国人工作单位范围，为外籍高层次人才提供签证及居留便利，以更加灵活的方式吸引海外人才来晋创新创业。对来晋工作的符合我省规定条件的海外高层次人才，给予一定数额的创业资金资助，统筹解决好其配偶就业、子女入学、医疗、住房、社会保障等问题，为其创新创业提供良好的生活环境。（责任单位：省公安厅、省外事侨务办、省人力资源社会保障厅、省科协、省财政厅）

10．鼓励农村劳动力创业创新。实施“山西省青年农场主计划”，以技能培训、创业指导、政策扶持、跟踪服务为重点，分产业、分类型培育一批现代青年农场主，激活农村青年自身创造活力，提高创业兴业能力，充分发挥其示范带动作用，使之成为深化农村改革、促进现代农业发展的骨干力量。鼓励返乡农民工发展农民合作社、家庭农场等新型农业经营主体。支持和引导各地整合发展一批返乡创业孵化基地、返乡创业园区和涉农电商产业园，聚集创业要素，降低创业成本。（责任单位：省农业厅、省人力资源社会保障厅）

11．支持电子商务创业带动就业。从事网络创业经工商登记注册或在网络平台实名注册的网络商户从业人员，享受相应创业扶持政策。其他网络商户从业人员，可认定为灵活就业人员，享受灵活就业人员扶持政策，其中在网络平台实名注册、稳定经营且信誉良好的网络商户创业者，可按规定享受小额担保贷款及贴息政策。各类创业孵化基地要为电子商务创业人员提供场地支持和创业孵化服务。（责任单位：省商务厅、省人力资源社会保障厅）

（四）加强创业创新的全方位支持。

12．强化财政资金引导。整合现有支持中小微企业及创新创业资金，优化支出结构，充分发挥财政资金引导和乘数效应，通过奖励、贴息、股权投资等方式，重点支持创业创新众创空间、公共服务体系建设、中小微企业融资模式创新、科技成果转化等，提高财政资金的受益面和覆盖率。统筹利用省级现有资金，研究制定加大创业咖啡、创客空间、创新工场、小微企业创业基地等众创空间孵化机构的优惠政策。加大对创新产品和服务的采购力度，积极支持中小企业参与政府采购。鼓励有条件的地方政府注入引导资金，以私募方式吸引社会资本参与共同设立创业基金，通过股权投资、债权投资等市场化运作方式，投资中小企业和新兴企业。继续落实科技创新投入作为模拟利润考核的政策。引导和鼓励省属企业参与新兴产业创业投资基金、设立国有资本创业投资基金等，研究制定鼓励国有资本参与创业投资的系统性政策措施，完善国有创业投资机构激励约束机制、监督管理机制。各地政府要根据就业创业状况和就业创业工作目标，在财政预算中合理安排就业专项资金和创业资金，并形成正常增长机制。按照系统规范、精简效能的原则，明确省、市、县政府间促进就业创业政策的功能定位，严格支出责任划分。全面启用就业资金管理信息系统，建立审批电子档案和网络监控平台，规范资金审批流程，防范资金使用风险。全面开展就业专项资金使用绩效评价工作，提高就业专项资金使用效益。（责任单位：省财政厅、省人力资源社会保障厅、省发展改革委、省国资委）

13．构建多元化金融服务体系。鼓励和支持银行提高针对创业创新企业的金融服务专业化水平，不断创新产品和服务，引导银行结合自身产品研发针对创业创新企业的特色信贷产品，向创业创新企业提供结算、融资、理财、咨询等系统化的金融服务，加大创业创新企业信贷投放。推动银行优化机构网点布局，支持在条件成熟的地区设立中小微企业的专营支行、社区支行，提高网点向下延伸水平。以开发区（园区）为载体，吸引更多金融机构进驻，鼓励银行设立一站式金融服务平台，探索建立投贷联动金融服务模式，提高创业创新企业融资效率。推动银行与其他部门加强合作，对创业创新企业给予有针对性的股权和债权融资支持。

支持符合条件的国有企业和地方政府投融资平台发行“小微企业增信集合债券”，募集资金在有效监管下通过商业银行转贷管理，支持小微企业融资。支持我省互联网金融发展，引导和鼓励众筹融资平台规范发展，开展公开、小额众筹融资试点。支持符合条件的创业企业通过发行短期融资券、中期票据等方式在银行间市场进行票据融资，提高融资效率，降低融资成本。培育和支持符合条件的创业企业上市（挂牌）。加快完善山西股权交易中心功能，出台股权质押办法，开展创业创新企业股权质押融资。大力发展天使投资基金和创业投资基金等私募基金，为创新创业企业提供充足的私募股权融资。开展省内专利质押融资工作试点，鼓励各类担保机构为专利权质押融资提供担保服务。将小额担保贷款调整为创业担保贷款，凡在我省以个体、合伙经营和组织起来创业（包含网络创业），且已办理《就业创业证》（原《就业失业登记证》）的城乡劳动者，均可申请享受我省创业担保贷款及贴息扶持政策。对高校毕业生在高新技术领域实现自主创业的，贷款额度可提高到20万元。各地要在整合各类担保基金基础上，充实创业贷款担保基金，并根据年度业务量和绩效考核结果建立持续补充机制，每年增加投入。建立创业担保基金绩效考评机制，实行贷款发放考核奖励办法。完善担保基金呆坏账核销办法，将基金代偿率提高到25%。依托创业园区、众创空间等创业创新平台，推行联保互保创业贷款担保方式。加快山西省创业扶持小额贷款有限责任公司和山西省创业融资服务中心的启动运营。政策性小额贷款公司符合规定的享受相关优惠政策。　　发挥保险的融资增信功能，支持保险机构发展各种信用保险和贷款保证保险，帮助解决创业创新融资难问题。探索开展专利保险试点，利用保险机制，加大专利创新成果保护力度。鼓励发展相互保险等业务，支持设立多种形式的相互保险组织。吸引保险资金参与创业创新，丰富创业创新融资模式。（责任单位：省金融办、山西银监局、山西证监局、人行太原中心支行、省科技厅、省商务厅、省人力资源社会保障厅、山西保监局）

14．强化用地支持。优化创新创业相关机构所涉及的农用地转用和建设用地征收的行政审批流程，实行网上办公，切实提高审查工作的透明度和审批速度，为创新创业机构用地开辟有效的绿色通道。合理分配年度用地计划指标，有效保障创新创业用地。各级国土资源管理部门在进行年度用地计划指标安排时，对新产业发展快、用地集约且需求大的地区，可适度增加年度新增建设用地指标。根据土地利用总体规划和城市发展规划，推动打造一批具有带头示范效应的创新创业集聚区。支持利用工业、仓储等用房、用地兴办符合规划的服务业，涉及原划拨土地使用权转让或改变用途的，经批准可采取协议出让方式供应。对符合国土资源部规定的行业目录的工业用地，可以采取先出租后出让、在法定最高年限期内实行缩短出让年期等方式出让土地。国土资源部门在闲置土地的处置工作中，将收回的闲置土地优先用于创新创业。（责任单位：省国土资源厅）

15．落实税收优惠政策。落实扶持小微企业发展、高新技术企业、科技企业孵化器、大学科技园、研发费用加计扣除、固定资产折旧等各项税收优惠政策。对符合条件的众创空间等新型孵化机构适用科技企业孵化器税收优惠政策。自2014年1月1日至2016年12月31日，对金融机构农户小额贷款的利息收入免征营业税；对金融机构农户小额贷款的利息收入，在计算应纳税所得额时，按90%计入收入总额；对保险公司为种植业、养殖业提供保险业务取得的保费收入，在计算应纳税所得额时，按90%计入收入总额。将企业吸纳就业税收优惠的人员范围由登记失业一年以上人员调整为登记失业半年以上人员。对符合税法规定条件的高校毕业生、登记失业人员等重点群体从事个体经营的，在3年内可按国家规定享受税收最高上浮限额减免等政策。对符合条件的创业投资企业采取股权投资方式投资未上市的中小高新技术企业2年以上的，可以按照其投资额的70%在股权持有满2年的当年抵扣该创业投资企业的应纳税所得额，当年不足抵扣的，可在以后纳税年度结转抵扣。在全省147个办税服务厅开通服务就业创业网上受理、预约咨询、网上办税的便捷渠道，针对性解决自主创业复转军人和大学毕业生等人群的涉税事宜，使其在最短的时间内享受到国家税收优惠政策，并提供跟踪服务，全程辅导。（责任单位：省国税局、省地税局）

16．资助优秀创业项目。定期举办全省性的创业大赛和优秀创业项目评选活动，广泛开展创业训练营、创业项目展示推介、创业者沙龙等活动，所需资金通过政府购买就业创业服务的方式从同级就业专项资金中支出。对评选出的省级优秀创业项目和获得省级以上创业大赛（包括其他省市的省级比赛）前5名且在我省登记注册的创业项目，从省级创业资金中给予一定的项目补助。（责任单位：省人力资源社会保障厅）

（五）提升创新创业的公共服务能力。

17．加快创业孵化平台建设。鼓励支持创业孵化基地与产业园区一体化发展模式，为处于不同发展阶段的创业者和中小微企业提供创业孵化服务，并根据创业基地的孵化企业毕业率、在孵企业户数和创业带动就业岗位数量等因素从创业资金中给予孵化载体建设资助和孵化服务补贴。支持建设一批以大学生创新创业俱乐部、创业沙龙为代表的创业苗圃，支持建设一批以“孵化+创投”“互联网+”等为主要特色的新型孵化器，鼓励依托高新区、经济区、工业园区等产业聚集区域建设具有特色定位的创业孵化载体。依托各类众创空间、科技企业孵化器、大学科技园、小微企业创业基地等，在全省逐步形成“创业苗圃+孵化器+加速器+产业园区”的全过程、全方位创新创业孵化服务体系。（责任单位：省科技厅、省教育厅、省商务厅、省人力资源社会保障厅）

18．创新服务模式。积极探索O2O服务模式，建立科技创业服务平台，把互联网基因注入科技服务业，实现创业大赛服务、科技创业咨询服务、中小企业信息服务、项目申报服务、技术交易服务、科技金融服务和创业培训服务。充分发挥创业服务中心、生产力促进中心、知识产权服务机构等公益性服务机构的作用，推动组建科技服务业联盟，聚集各类服务资源。完善中小企业创新服务体系，加快推进创业孵化、知识产权服务、第三方检验检测认证等机构的专业化、市场化改革，壮大技术交易市场。支持大型连锁零售企业向社会提供第三方物流服务，开展商贸物流城市共同配送试点，推广统一配送、共同配送等模式。（责任单位：省科技厅、省发展改革委）

19．推进科技资源共享。大力实施公众创业创新服务行动，建立健全科研设施、仪器设备和科技文献等资源向创客企业开放的运行机制，建立统一开放的省级科技资源网络管理平台，将分布在高校、科研院所、部分企业、省级科技创新服务平台、各类重点实验室、工程（技术）研究中心等机构的科研设施与仪器纳入平台管理，通过创新券等形式向社会开放。鼓励高校、科研院所及有条件的企业向创客及创业企业开放设备、研发工具、科学数据、科技文献（论文）、科技报告等科技资源，为创客群体提供工业设计、3D打印、产品检测等服务。支持组建科技成果交易大市场，线上提供科技成果发布、知识产权登记、技术转移、技术合同登记等服务功能，线下实现科技宣传、成果展示、技术交易、创业咨询等服务功能，形成科技成果交易大集市。（责任单位：省科技厅、省财政厅、省教育厅、省经信委、省发展改革委）

20．推进创业创新教育。在普通高等学校、职业院校（含技工院校）全面推进创新创业教育，把创新创业课程纳入教学计划和学生考核评价体系。加强高校创新创业教育与创业就业指导专兼职导师队伍建设，建立和完善创业导师队伍绩效考核体系，将创新创业教育业绩作为岗位聘用和绩效考核的重要指标，将提高高校教师创新创业教育的意识和能力作为岗前培训、课程轮训、骨干研修的重要内容。（责任单位：省教育厅）

21．加大创业培训力度。鼓励各类创业服务平台聘请企业家、经理人、投资人等担任创业导师，对大众创业提供针对性辅导，有条件的地方可根据专职导师服务的时间、内容和成效等给予相应的报酬。组织、发动我省创新创业企业、创客参加各类创业创新大赛山西赛区比赛，择优推荐优秀组织、团队参加国家级赛事。鼓励企业、社会组织利用自有创业场所、资金、技术、项目、队伍等资源，对有创业意愿人员开展不超过6个月的创业实训。对参加创业实训人员在实训后6个月内实现创业且稳定经营半年以上的，可给予5000元的创业实训补贴。（责任单位：省人力资源社会保障厅、省科技厅）

三、组织保障

（一）加强组织领导。

建立由省发展改革委牵头的山西省推进大众创业万众创新厅际联席会议制度，加强顶层设计和统筹协调。重大事项要及时向省政府报告。各有关部门要按照职能分工，积极落实促进创新创业的各项政策措施，明确时间表、路线图和成果形式，将任务逐项分解到位、落实到人，务求有进展、有突破、有实效。各市、县要高度重视，加强对创新创业工作的组织领导，结合本地区实际，明确工作部署，落实工作责任，切实加大资金投入、政策支持和保障力度，推动本方案确定的各项任务落实到位。

（二）加强宣传引导。

各地、各部门要通过各种新闻媒体特别是互联网等新兴媒体进行广泛宣传，营造浓厚的创业创新氛围。要强化政策解读，提供咨询服务，汇编扶持指南、创业指引等小册子，确保广大创业企业、创新群体都知晓、能理解、会运用。要开展多层次的创业创新交流活动，支持各类创新创业平台的创客创新实践和科普教育基地开展创新教育活动，支持众创空间组织各类创客大赛，有条件的地方可建设众创空间的实体展示体验中心。要弘扬创新精神，树立创业典型，使创业创新成为全社会共同的价值追求和行为习惯。

（三）加强协调推进。

要充分发挥省发展改革委牵头抓总作用，进一步加强与各相关部门的沟通联系，密切配合，协同联动，互相支持，形成合力，确保推进大众创业万众创新工作上下衔接、整体推进。各地要做好大众创新创业政策落实情况调研、发展情况统计汇总等工作，及时报告有关进展情况，进一步完善推进大众创新创业的政策措施。

附件：山西省推进大众创业万众创新厅际联席会议成员名单（略）

山西省人民政府
2015年12月10日

山西省人民政府办公厅
关于发展众创空间推进大众创新创业的实施意见

（晋政办发〔2015〕83号）

为全面贯彻落实《国务院办公厅关于发展众创空间推进大众创新创业的指导意见》（国办发〔2015〕9号）和《中共山西省委 山西省人民政府关于实施科技创新的若干意见》（晋发〔2015〕12号）精神，顺应网络时代大众创业、万众创新的新趋势，加快发展众创空间等新型创业服务平台，营造良好的创新创业生态环境，经省人民政府同意，现提出如下实施意见。

一、加快构建众创空间。鼓励企业、投资机构、行业组织、企业孵化器投资建设新型孵化载体，构建一批低成本、便利化、全要素、开放式的众创空间。高新区、大学科技园和省级中小企业创业基地等各类园区要充分利用老旧厂房、闲置房屋以及商业设施等资源，为众创空间免费或低价提供专门场所。

实施众创空间示范工程建设。到2017年，全省设区的市及太原、长治国家高新区至少各建成3个众创空间，普通本科高校、有条件的高职院校至少各建成1个众创空间，建成省级大学生创新创业园1个，全省众创空间达到100个。

二、支持建立众创服务平台。综合运用购买服务、资金补助、业务奖励等方式，鼓励支持研发设计、科技金融、创业孵化、成果交易、认证检测等众创服务平台建设，为创业者提供政策咨询、项目推介、创业指导、融资服务、补贴发放等“一站式”创业服务。建立免费宽带、低价工位、免费开发工具和公共软件使用的新模式，探索众创空间运行的新机制。促进科研设施、仪器设备和科技文献等资源向创客、企业开放，实现资源共享；对共享仪器设备的运行维护费用，由设备管理单位申请财政补贴。加大对知识产权创造、保护、运用的扶持力度。

三、深化商事制度改革。采取业务代办、“一站式”窗口、网上申报、多证联办、快捷登记取照等措施，为企业注册登记提供便利。针对众创空间内设立企业的，可凭孵化机构出具的证明，申请住所（经营场所）登记，允许“一址多照”，按工位注册企业。除法律另有规定和国务院决定保留的工商登记前置审批事项外，其他事项一律不得作为工商登记前置审批事项。

四、鼓励支持大学生创业。实施弹性学制，允许高校大学生保留学籍休学创业，学生休学年限按照相关规定执行。鼓励扶持毕业5年内高校毕业生以及毕业学年高校毕业生自主创业、合伙经营或者组织起来创业，具体措施按《山西省人民政府办公厅关于扶持高校毕业生创业的意见》（晋政办发〔2014〕40号）执行。加强大学生创业培训，鼓励大学生等各类青年创业者进入大学科技园、省级大学生创新创业园和科技企业孵化器等载体创业孵化，每年遴选和扶持一批省级优秀大学生创业项目，实现创业教育、创业培训、创业实践和创业实战的有机结合。

五、鼓励支持科技人员创业。支持高校、科研院所等事业单位专业技术人员创办、领办或合办科技型企业，对于离岗创业的，经原单位同意，3年内保留人事关系，与原单位其他在岗人员享有同等参加职称评聘、岗位等级晋升和社会保险等方面的权利。原单位应当根据专业技术人员创业的实际情况，与其签订或变更聘用合同，明确权利义务。允许和鼓励高校、科研院所科技人员在完成本职工作前提下在职创业，其收入归个人所有。

六、实施科技成果使用、处置和收益改革。省属高校、科研院所等事业单位享有科技成果使用和处置自主权，科技成果转化所得全部归所在单位，并按照不低于50%的比例奖励科技成果完成人和为科技成果转化做出贡献的人员。事业单位对职务发明完成人、科技成果转化重要贡献人员和团队的奖励，计入当年单位工资总额，不作为工资总额基数，不纳入绩效工资管理。

七、加大财政资金引导力度。省财政设立扶持众创空间发展专项资金，用于众创空间的开办、众创服务平台的建设、场地租赁、宽带接入、公共软件开发等经费补助和参股众创空间种子基金等。对经认定的众创空间，给予一次性财政补助；对众创空间运营商设立大额种子基金的，省财政专项资金按一定比例参股，不分享基金收益，基金到期清算时如出现亏损，先核销财政资金权益。众创空间补助及种子资金使用管理办法由省科技厅和省财政厅另行制定。

八、完善创业投融资服务。支持天使投资、创业投资、股权投资以及互联网股权众筹融资等发展。加大创业信贷支持力度，鼓励小额担保贷款机构向科技型创业企业提供信贷服务。鼓励使用知识产权进行质押贷款、入股、转让。探索以众创空间运营商为担保主体，为众创空间内创客企业提供"统借统还"形式的贷款担保。

九、营造创新创业浓厚氛围。每年举办山西省创新创业大赛，鼓励风险投资支持创业团队的获奖项目。利用我省举办的国际低碳高峰论坛，为创新创业者搭建交流平台；定期举办创客经验交流活动。鼓励企业、高校、社会团体等举办创新创业论坛、科技创业产品展等活动。

十、加强工作组织推动。由省科技厅牵头，省教育厅、省财政厅、省人力资源社会保障厅、省国资委、省工商局、省中小企业局、省金融办等部门配合，负责全省大众创新创业工作的组织和协调，对各项工作进行督查考核。研究制定《山西省众创空间认定管理办法》，规范众创空间的认定和管理工作。各市、县和省人民政府有关部门按照职能分工，积极落实各项政策措施。

山西省人民政府办公厅
2015年9月1日

内蒙古自治区人民政府关于大力推进大众创业万众创新若干政策措施的实施意见

（内政发〔2015〕120号）

为贯彻落实《国务院关于大力推进大众创业万众创新若干政策措施的意见》（国发〔2015〕32号）精神，加快构建有利于大众创业、万众创新蓬勃发展的政策环境、制度环境和公共服务体系，推动我区经济结构调整、打造发展新引擎、增强发展新动力、走创新驱动发展道路，现提出如下实施意见。

一、创新体制机制，实现创业创新便利化

（一）完善公平竞争市场环境。深化行政审批制度改革，在全区全面开展权力清单、责任清单编制公布工作。推进投资项目审批制度改革，落实企业投资项目网上并联核准制度，加快建设投资项目在线审批监管平台。清理规范涉企收费项目，再取消和降低一批行政事业性收费及标准，制定公布涉企收费目录清单，做到清单之外无收费。加快自治区公共信用信息平台建设，加强企业信用信息公示系统、金融业征信平台等信用信息平台与公共信用信息平台的资源整合和信息共享。建立完善"红、黑名单"制度，规范企业信用信息发布制度，把创业主体信用与市场准入、享受优惠政策挂钩，完善以信用管理为基础的创业创新监管模式。按照国家实行市场准入负面清单制度的统一要求，研究制定落实国家负面清单制度的具体措施，确保各类市场主体依法平等进入清单之外领域。

（二）加快推进商事制度改革。实施营业执照、组织机构代码证、税务登记证"三证合一""一照一码"，进一步完善"一个窗口"制度和"先照后证"制度。积极推动企业设立、变更、注销等登记业务全程电子化，逐步实现"三证合一"网上办理。

（三）加强知识产权运用与保护。加强专利执法、商标执法和版权执法，集中查处一批侵犯知识产权的案件。推进知识产权交易与运营，加快建立全区知识产权运营公共服务平台，推动基于互联网的研究开发、技术转移、检测认证、知识产权与标准、科技咨询等服务平台建设，培育一批知识产权运营机构。在创新企业中贯彻落实《企业知识产权管理规范》，引导企业建立知识产权管理体系，促进品牌、技术创新，提升企业核心竞争力。

（四）建立健全创业创新人才培养与流动机制。自治区财政通过整合现有专项资金，加大对人才引进与培养的支持力度，积极争取国家"千人计划""万人计划"、中科院"百人计划"等人才计划支持，大力实施"人才强区"工程和"草原英才"工程，壮大创业创新群体。加快完善创业创新课程设置，自治区各高校要面向全体学生开发开设研究方法、学科前沿、创业基础、就业创业指导等方面的必修课和选修课，纳入学分管理。加强创业实训体系建设，各高校要积极开展大学生创业创新培训计划，探索创业培训、创业模拟训练、创业基地实训一体化的创业培训模式。加强创业导师队伍建设，组织实施自治区创业导师计划，建立健全创业辅导制度，聘请知名科学家、创业成功者、企业家、风险投资人担任专业课、创新创业课授课或指导教师，建设全区千名优秀创新创业导师人才库。推动人才自由顺畅流动，结合事业单位养老保险制度改革，制定出台科研人员在企业事业单位之间流动社保关系转移接续政策措施。

二、加大财税、金融扶持力度，优化创业创新融资环境

（五）加大财政资金支持和统筹力度。各级财政要根据创业创新需要，统筹安排各类支持小微企业和创业创新的资金，加大对创业创新的支持力度。支持有条件的盟市、开发区、孵化器和产业园区设立创业创新基金，扶持创业创新发展。鼓励各地区对创业基地、众创空间等孵化机构在办公用房、用水、用能、网络等软硬件设施给予优惠或补贴，减轻创业者负担。发挥政府采购支持作用，通过预留采购预算制度、给予评审优惠和信用担保贷款等方式，积极促进中小微企业发展，把政府采购与支持创业发展紧密结合起来。

（六）加快完善普惠性税收措施。认真研究中关村国家自主创新示范区税收试点政策，抓紧落实企业转增股本分期缴纳个人所得税、股权奖励分期缴纳个人所得税等已推广至全国的试点政策。对国家和自治区出台的扶持小微企业、科技企业孵化器、大学科技园、众创空间、创业投资企业以及促进高校毕业生、残疾人、退役军人、登记失业人员创业就业等税收优惠政策进行全面系统梳理，制定公布国家和自治区创业创新税收优惠政策目录，确保各项优惠政策落到实处。

（七）加强资本市场体系建设。组织实施自治区培育企业上市工程，加强对创业企业和创新型企业的上市辅导和政策扶持，鼓励和引导符合条件的创业企业通过改制上市、新三板挂牌、区域股权交易中心挂牌、发行债券等方式募集资金。大力发展区域性股权市场，扩大内蒙古股权交易中心办事机构覆盖面，打造自治区培育企业上市工程的基础平台和创业创新的综合服务平台。扩大债券市场融资规模，支持符合条件的发行主体发行小微企业增信集合债、中小企业私募债、项目收益债、战略性新兴产业专项债券等企业债券。

（八）创新银行支持方式。鼓励各类银行机构在创业基地、科技企业孵化器、大学科技园、高新技术开发区和各类产业园区等创业创新集聚区开办科技银行和创业创新银行，创新组织架构、管理方式和金融产品，向创业创新企业提供结算、融资、理财、咨询等一站式系统化的金融服务。

（九）丰富创业融资新模式。大力支持互联网金融发展，鼓励银行、证券、保险、小额贷款公司和担保机构积极开展互联网金融领域的产品和服务创新，提升金融服务广度、深度，引导民间资本规范发展互联网金融业务，支持和引导众筹融资平台规范发展。落实创业担保贷款政策，扩大创业担保贷款规模，对符合条件的创业企业和创业人员给予创业担保贷款，财政部门按规定安排贷款贴息所需资金。积极推动知识产权质押融资、专利许可费收益权证券化、专利保险等服务常态化、规模化发展，支持知识产权金融发展。

三、大力培育发展创业投资，支持创业起步成长

（十）建立和完善创业投资引导机制。在自治区重点产业发展基金总量中安排5亿元组建自治区新兴产业创业投资引导基金，与国家新兴产业创业投资引导基金形成配套，引导社会资本支持大众创业、万众创新，快速扩大自治区创业投资基金规模。创新京蒙合作专项资金投资方式，研究设立京蒙合作基金。鼓励各盟市设立创业投资引导基金，各盟市发起设立的创业投资基金和天使投资基金，可申请自治区新兴产业创业投资引导基金参股。促进自治区新兴产业创业投资引导基金、重点产业发展基金、服务业发展基金、科技协同创新基金等协同联动，形成促进创业创新的合力。推动组建自治区创业投资行业协会，加强行业自律，促进创业投资企业规范健康发展。

（十一）加大创业投资政策扶持力度。制定出台培育促进创业投资加快发展的政策措施，在市场准入、注册登记、财政出资让利、基金管理公司和管理团队、人才引进等方面研究提出扶持政策，鼓励和引导国内外优秀基金管理公司和团队到我区开展创业投资业务。拓宽创业投资资金供给渠道，鼓励商业银行等金融机构与创业投资机构开展合作，推动发展投贷联动、投保联动、投债联动等新模式。引导和鼓励有条件的国有企业、政府投融资平台公司参与新兴产业创业投资基金，设立国有资本创业投资基金。探索建立自治区保险投资基金，引导保险资金参与创业投资基金。

四、发展创业服务，建设创业创新平台

（十二）加快发展创业孵化服务。加快创业孵化体系建设，重点打造包头稀土高新区科技创业服务中心、内蒙古软件园、留学人员创业园、内蒙古大学科技园、赤峰蒙东云计算科技企业孵化器等50个国家级和自治区级科技企业孵化器。鼓励和引导各地区盘活闲置的商业用房、工业厂房、企业库房、物流设施和家庭住所、租赁房等资源，大力发展创新工场、车库咖啡、创客空间等新型孵化器，推动建设100个众创空间，为创业者提供低成本办公场所和居住条件。整合各类创业创新载体，研究制定科学规范的创新创业孵化标准，对符合标准的创新创业载体集中给予政策扶持，提升创新创业孵化功能。鼓励和引导天使投资、创业投资机构在各类创业孵化器开展投资业务，完善投融资模式。支持社会力量开展创业培训等服务，对达到一定规模和标准的创业培训可享受自治区创业培训相关补贴政策。制定出台自治区促进科技服务业发展的政策措施，加快发展研究开发、技术转移、知识产权、检验检测认证、创业孵化、科技咨询、科技金融、科学技术普及等科技服务业以及企业管理、财务咨询、市场营销、人力资源、法律顾问、现代物流等第三方专业化服务。

（十三）积极发展“互联网+”创业创新服务。推动“互联网+”创新平台与众创空间孵化载体的有效对接，使创新资源配置更灵活、更精准，实现创新与创业相结合、创业与就业相结合、线上与线下相结合、孵化与投资相结合，为创业者提供低成本、便利化、全要素的工作空间、网络空间、社交空间和资源共享空间。加强政府数据开放共享，推动云计算数据中心、互联网企业和基础电信企业向创业者开放平台入口、数据信息、计算能力等资源，提高创业创新企业信息化应用水平。

（十四）积极探索创业券、创新券等公共服务新模式。鼓励有条件的盟市探索通过创业券、创新券等方式，为创业者和创新企业提供社会培训、管理咨询、检验检测、软件开发、研发设计等服务，降低企业创新投入成本，促进产学研合作，激发创新活力。自治区财政从支持创业就业和科技创新的资金中安排一部分资金，根据各盟市创业券、创新券兑现额度给予一定比例的补助。

（十五）加强创业创新平台建设。加强创业创新信息资源整合，建立创业政策集中发布平台。定期组织举办自治区创业创新大赛、大学生创业创新大赛和职业院校技能大赛，鼓励开展各类公益讲坛、创业论坛、创业培训等活动，支持举办各类科技创新、创意设计、创业计划、创新成果、创业项目展示推介等专题活动和竞赛，搭建创业者交流平台，培育创业文化。支持参与国内外创新创业大赛，为创业者与投资机构提供对接平台。制定完善国家和自治区重点实验室、工程（技术）研究中心、工程实验室等科研平台向社会开放机制，将高校科技创新资源开放情况纳入评估考核标准，探索形成科技资源向全社会开放的长效机制，为大众创业、万众创新提供技术支撑。

五、激发创造活力，拓展创业渠道

（十六）发挥企业创新主体作用。坚持国有企业改革的市场化方向，探索混合所有制的多种实现形式，增强企业的创新活力和竞争力。研究制定国有企业对重要技术人员和经营管理人员实施股权激励和分红激励的实施办法。充分调动民营企业的创新积极性，支持民营企业牵头承担国家和自治区科技计划项目，构建以企业为主导、产学研合作的产业技术创新战略联盟。通过财政后补助、间接投入等方式，支持企业自主决策、先行投入，开展重大产业关键共性技术、装备和标准的研发攻关。鼓励有条件的企业设立院士专家工作站。推动完善自治区中小企业创新服务体系，建立中小企业公共技术服务联盟。

（十七）激发各类人才创业创新活力。把留住人才放在创业创新人才队伍建设的优先位置，完善人才激励机制，鼓励高校、科研院所和国有企业强化对科技、管理人才的激励，将自治区高校和科研院所成果转化所获收益用于奖励科研负责人、骨干技术人员等重要贡献人员和团队的比例，提高到不低于70%。深入实施大学生创业引领计划，自治区各高校要设置合理的创业创新学分，探索将学生开展创新实验、发表论文、获得专利和自主创业等情况折算为学分，建立创业创新档案和成绩单。实施弹性学制，放宽学生修业年限，允许在校大学生调整学业进程，保留学籍休学创业。鼓励高校设立创业创新奖学金，表彰优秀创业创新大学生。扩大高校毕业生创业发展资金规模，逐步提高高校毕业生创业补助标准。在国外接受高等教育的留学回国人员，凭教育部国外学历学位认证，比照国内高校毕业生享受就业创业优惠政策。

（十八）大力支持基层创业和草根创业。支持电子商务向农村牧区延伸，启动实施"宽带乡村"工程，大幅度提高行政村通宽带率。引导和鼓励电子商务交易平台依托现有农村牧区电商服务站、商业网点等实现渠道下沉，推动农村牧区依托互联网创业。全面落实支持农牧民工等返乡人员创业的政策措施，支持返乡农牧民工、大学生村官、农村牧区能人等创办家庭农牧场、农牧业合作社和小微企业等市场主体，围绕休闲农牧业、农畜产品深加工、农村牧区旅游、农村牧区服务业等开展创业，促进返乡创业集聚发展。完善基层创业支撑服务，鼓励各地区在十个全覆盖工程推进过程中，开展农牧民创业园和创业孵化项目建设，搭建农牧民创业创新平台，支持农牧民自主创业。

六、加强统筹协调，完善保障措施

（十九）加强组织领导和政策协同。自治区和各盟市建立由发展改革部门牵头的推进大众创业万众创新部门联席会议制度，明确目标任务、责任分工和工作进度，完善工作协调机制，形成推进工作合力。各地区、各有关部门要系统梳理已出台的有关支持创业创新的各项政策措施，加强政策间的统筹衔接，制定公布创业创新政策目录，增强政策普惠性、连贯性和协同性。

（二十）开展创业创新改革试点。选择部分有条件的地区积极开展创业创新改革试点，努力在市场公平竞争、知识产权、科技成果转化、人才培养和激励、金融创新、开放创新、科技管理体制等方面取得重大改革突破，及时总结推广经验，发挥示范和带动作用。

（二十一）加强舆论宣传和政策落实情况督查。组织新闻媒体集中开展宣传报道活动，大力宣传创业创新相关政策、典型案例和经验、优秀创业者、创新人才和团队，努力营造勇于探索、鼓励创新、宽容失败的文化和社会氛围。定期组织开展推进大众创业万众创新政策措施落实情况监督检查，完善督查督导机制，建立和完善政策执行评估体系和通报制度，确保各项政策措施落地生根。

附件：任务分工和进度要求（略）

内蒙古自治区人民政府

2015年10月26日

内蒙古自治区人民政府办公厅关于加快发展众创空间的实施意见

（内政办发〔2015〕124号）

为深入贯彻落实《国务院办公厅关于发展众创空间推进大众创新创业的指导意见》（国办发〔2015〕9号）精神，加快推进众创空间发展，营造有利于创新创业的生态环境，激发全社会创新创业活力，结合自治区实际，现提出如下意见。

一、众创空间是顺应网络时代创新创业特点和需求，通过市场化机制、专业化服务和资本化途径，构建低成本、便利化、全要素、开放式的新型创业服务平台。其基本构成要件包含：具备独立法人资格的运营主体；一定规模的固定办公场所和创新创业承载空间；与科技创新相配套的服务保障和管理团队；一定数量的创新创业者及相应的创新创业活动；专业化、特色化的众创主题。

二、各地区、各有关部门要大力发展众创空间，将众创空间建设发展作为本地区和本部门推进大众创业万众创新的重要举措，列入地区和行业发展规划。到2020年，全区围绕“五大基地”和科技创新重点领域，建成自治区示范性众创空间100家，基本覆盖全区优势特色发展领域和战略性新兴产业。各建设主体应本着“需求导向、特色发展”的理念，围绕不同类型创新创业的特点，充分依托高新技术产业开发区、科技企业孵化器、留学生创业园以及大学科技园、大学生创业见习基地、新型研发机构和社会资源，高效利用现有厂房、闲置房屋、商业楼盘等资源，进行适应性改造，建设一批创业者空间、创客咖啡、创新工场等各具特色的众创空间。

三、各地区、各有关部门应调整优化科技专项资金结构，安排众创空间发展资金，采取主导建设、联合建设、运行补贴、绩效奖励等形式，支持引导本区域和本行业的众创空间建设，并对众创空间基本公共服务和专业科技服务等加强引导和支持，保障众创空间建设健康有序发展。

四、依托内蒙古科技创新综合信息系统开设众创空间专栏，建立众创空间共享平台，汇集扶持政策和科技资源，发布创新创业信息。共享平台免费向众创空间与创新创业者、投融资机构开放，实现纵向贯通、横向联通。各众创空间要充分利用互联网，对创新创业活动提供线上与线下相结合的网络服务。

五、众创空间应为创新创业者提供必要的工作空间和良好的创新创业环境，场地租赁费用应低于一般商驻租金。对具备条件的众创空间，由众创空间发展资金给予房租、宽带接入费用补贴。

六、众创空间面向创新创业者服务建设的公共技术平台，可申请纳入自治区大型科研仪器及科研基础设施开放共享网络平台，对符合开放共享条件的，由自治区财政科技专项资金给予运行补贴。

七、众创空间聘任企业家、天使投资人、专家学者作为创业导师，其完成规定服务任务且驻地服务时间满一年的，经众创空间考核合格和科技主管部门核准后，可申请自治区科技特派员创业行动计划给予支持。

八、各地区、各有关部门安排科技金融风险补偿资金，建立知识产权质押融资等科技贷款风险补偿机制，鼓励银行、担保公司、保险等金融机构对众创空间实施的创新创业项目提供科技担保贷款、知识产权质押贷款、股权质押贷款、科技保险等方式的金融服务。

九、创新创业者在众创空间实施的创新创业项目，可依托众创空间申报各级各类科技计划项目，在同等条件下给予优先立项支持。建立众创空间与内蒙古股权交易中心的联动机制，为创新创业企业提供全方位、定制式的资本市场综合服务，形成与创新创业相匹配的，以投融资、上市孵化和要素流转为核心的资本市场支撑体系。

十、众创空间帮助创新创业项目成功获得天使投资、创业投资等社会资本投入，成效突出的，由众创空间发展资金对众创空间给予奖励。

十一、鼓励众创空间联合投融资机构和创新创业服务机构组建众创空间联盟，将其作为众创空间资源共享、交流合作、引进国内外优秀创新创业服务资源的平台。

十二、鼓励众创空间联盟和众创空间为创业者开展创新创业交流及培训活动，对其组织开展的区域性、全国性和国际性的创新大赛、创业大讲堂、创业训练营等公益性活动，由众创空间发展资金给予补贴。

内蒙古自治区人民政府办公厅

2015年11月16日

辽宁省人民政府
关于推进大众创业万众创新若干政策措施

（辽政发〔2015〕61号）

为贯彻落实《国务院关于大力推进大众创业万众创新若干政策措施的意见》（国发〔2015〕32号），形成大众创业、万众创新的良好发展环境，为辽宁经济社会发展注入新动力，打造新引擎，制定以下政策措施。

一、加强宣传引导，弘扬创业创新精神

（一）宣传引导大众创业、万众创新。利用报刊、广播电视、网络等媒体，广泛宣传国家、省推进大众创业、万众创新系列重要文件，解读关于创新体制机制、发展众创空间、优化财税政策、加强创业投资等扶持政策。通过开展多层次的创业创新交流活动，学习借鉴先进经验，形成可复制、可推广的发展模式。大力弘扬创新精神，树立创业典型，使创业创新成为全社会共同的价值追求和行为习惯。（各市政府，各有关部门共同牵头）

二、创新体制机制，实现创业便利化

（二）进一步简政放权，转变政府职能。全面清理、调整与创业创新相关的审批、认证、收费、评奖事项，向社会公布保留事项。（省编委办牵头，省经济和信息化委、省财政厅、省地税局、省工商局、省物价局、省国税局配合）按照国家规定免收初创企业的行政事业性收费。（省财政厅、省物价局共同牵头）事业单位对初创企业开展各类行政审批前置性、强制性评估、检测、论证等服务，按政府价格主管部门核定收费标准减半征收。（省物价局牵头，省财政厅、各市政府配合）研究制定规范和改进行政审批有关工作的实施意见，实行“一个窗口受理”、推行受理单制度、实行办理时限承诺制等措施。集中清理与创业投资相关的审查、评价、评估等中介服务，向社会公布省政府部门行政审批中介服务事项清单，规范中介服务行为。(省编委办牵头，各有关部门配合)积极推行全省各级政府工作部门权责清单制度，严格执行《省政府工作部门权责清单》，督促指导市县完成权力清单制度建设工作。（省编委办牵头，各级政府配合）

（三）依法依规反垄断和反不正当竞争。积极开展垄断案件违法线索核查工作，对涉嫌违法的行为和问题形成专题报告，并报国家工商总局认定；对不属于垄断违法行为，但涉嫌不正当竞争行为的，要依法进行调查处理。开展“集中整治不正当竞争突出问题”专项整治工作，对电信服务、交通运输、水电气供应公用企业限制竞争行为，医药购销、工程建设、教育服务、政府采购、金融等领域的商业贿赂行为，汽车、家用电器等的虚假宣传行为，农资、建材、汽配、家具等的侵权和仿冒行为开展专项整治。（省工商局牵头）

（四）加强信用体系建设。贯彻落实《辽宁省企业信用信息征集发布使用办法》（省政府令第220号），做好企业信用信息发布和管理工作。根据《辽宁省失信黑名单企业惩戒联动实施办法（试行）》，进一步完善失信企业黑名单数据库。抓紧制定《辽宁省政府部门公示企业信息管理办法》、《辽宁省失信主体联合惩戒管理办法》，形成失信联合惩戒长效机制，构建以信用为核心的新型市场监管机制。建设全省企业信用信息公示系统数据共享交换平台，为实现政府部门统一公示企业信息和实施失信主体联合惩戒提供技术保障。（省发展改革委、省工商局共同牵头）

（五）推进“三证合一”“一照一码”登记制度改革。贯彻落实《国务院办公厅关于加快推进“三证合一”登记制度改革的意见》（国办发〔2015〕50号）、《辽宁省人民政府关于全面实施“一照一码”登记制度改革的意见》（辽政发〔2015〕39号），改造升级全省工商行政管理和“三证合一”综合登记业务系统，组织实施“一照一码”登记制度改革。（省工商局牵头）

（六）落实“先照后证”改革。贯彻落实《国务院关于取消和调整一批行政审批项目等事项的决定》（国发〔2015〕11号）、《国务院关于“先照后证”改革后加强事中事后监管的意见》（国发〔2015〕62号）和《工商总局关于严格落实先照后证改革严格执行工商登记前置审批事项的通知》（工商企注〔2015〕65号）要求，执行《工商登记前置审批事项目录》和《企业变更登记、注销登记前置审批指导目录》，除法律规定和国务院决定保留的工商登记前置审批事项，以及市场主体设立后进行变更登记、注销登记依法需要前置审批的，其他事项一律不作为工商登记前置审批事项，并加强“先照后证”改革后的事中事后监管。（省工商局牵头）

（七）推进全程电子化登记和电子营业执照应用。贯彻落实工商总局电子营业执照试点工作意见、电子营业执照技术方案和企业登记全程电子化实施方案，建设全省电子营业执照系统，实现全程电子化登记和电子营业执照应用。（省工商局牵头）

（八）放宽新注册企业场所登记条件限制。推进“一址多照”、集群注册等住所登记改革，为创业创新提供便利的工商登记服务。（省工商局牵头）

（九）完善市场准入和退出机制。贯彻落实《国务院关于促进市场公平竞争维护市场正常秩序的若干意见》（国发〔2014〕20号），严格执行国家发展改革委、商务部制定的市场准入负面清单，支持各类市场主体依法平等准入。组织开展企业简易注销试点。依托省企业信用信息公示系统，建立全省小微企业名录，形成支持小微企业发展的信息互联互通机制。（省工商局牵头）

（十）健全知识产权保护和运用机制。建立面向创业创新的专利申请绿色通道，对亟需授权的核心专利申请，报请国家知识产权局优先审查；对在融资、合作等过程中需要出具专利法律状态证明的，优先办理专利登记簿副本。鼓励新兴产业创投基金投资的企业购买专利技术，对企业购买专利技术的交易额，从基金股份退出企业时政府所得的收益分配中给予补偿。（省发展改革委、省知识产权局共同牵头）

（十一）建设知识产权运营服务平台。打造以沈阳、大连市知识产权交易中心为基础，中国国际专利技术与产品交易会为重要内容的专利交易体系。推进知识产权网上交易，与国家知识产权运营平台衔接，建立包括专利确权、专利评估、专利托管、专利风险预警、知识产权质押融资、知识产权贷款担保、知识产权保险等内容的省级知识产权运营服务平台。（省知识产权局牵头，沈阳、大连市政府配合）

（十二）完善知识产权维权制度。制定快速维权工作流程，缩短审核申请材料时间、确权周期和专利侵权调处案件处理周期。实行首问责任制，对于申请材料齐全的案件，审查合格后即予立案。推进知识产权维权区域合作机制，及时移交跨区域知识产权案件。加强知识产权维权援助体系建设，深入企业开展现场办公，帮助企业解决专利纠纷中存在的实际问题。开展打击侵犯知识产权和制售假冒伪劣商品专项执法行动，依法加大对反复侵权、恶意侵权等行为的处罚力度。（省知识产权局牵头）

（十三）完善权利人维权机制。在专利权利纠纷处理过程中，当部分权利人因客观原因不能自行收集证据时，要依法加大依职权主动调查取证力度；行政机关能够自行采集的证据如专利文件、专利权属等，不再要求权利人提供。采取行政调解等多种途径解决非诉讼纠纷。（省知识产权局牵头）

（十四）加强创业导师队伍建设。吸纳有实践经验的创业者、职业经理人等加入创业师资队伍，组建由优秀企业家、专家学者、各类名师大师等组成的创业导师志愿团队。完善创业导师（专家）库，对创业者分类、分阶段进行指导。建立创业导师绩效评估和激励机制。（省教育厅、省科技厅、省经济和信息化委、省财政厅、省人力资源社会保障厅共同牵头）

（十五）破除人才自由流动制度障碍。进一步完善国有企业以事定人、以岗用人的选人用人制度。以市场化为导向，对专业技术强、工作急需的岗位，坚持专岗专用、特岗特用，向社会公布人才需求标准。通过公开招聘、竞争上岗、直接聘任等方式，使社会优秀人才进入国有企业。（省国资委牵头）

（十六）完善省属企业考核机制。将科技创新指标纳入省属企业经营业绩考核体系，列入分类指标并按照《辽宁省省属企业技术创新工作量化考核办法》进行考核。鼓励企业加大科技投入、加快科技产出，引导企业提高科技竞争力。（省国资委牵头）

三、优化财税政策，强化创业扶持

（十七）完善税收财政政策措施，支持小微企业发展。落实国家各项税收政策，制定小微企业税收优惠政策落实工作方案，加强政策宣传与执行，建立政策落实联动机制。升级纳税申报系统，完善申报自动计税功能，设置小微企业电子统计台账；建立小微企业汇算清缴退税监控台账，开辟退税绿色通道；设立“小微企业优惠政策落实咨询服务岗”，实行“首问责任制”，为纳税人提供办税便利。（省国税局、省财政厅共同牵头）统筹设立鼓励创业创新专项资金，制定资金管理办法，保证奖励、补助等政策措施落实到位。（省财政厅牵头）

（十八）放宽政府采购准入条件，发挥政府采购支持作用。不得以注册资本金、资产总额、营业收入、从业人员人数、利润、纳税额等规模条件设置政府采购准入条件。（省经济和信息化委、省财政厅、省地税局共同牵头）

四、搞活金融市场，实现便捷融资

（十九）探索建立大众创新众筹平台。依法依规开展股权众筹融资试点，鼓励众创空间组织创新产品开展股权众筹，为创业创新提供融资服务。（省政府金融办牵头，辽宁证监局配合）

（二十）推动保险资金参与创业创新。建立科技保险理赔绿色通道，切实做好保险服务工作。鼓励保险主体与科研机构、中介机构和科技型企业建立共同参与的科技保险产品创新机制，在科技型中小企业自主创业、融资、企业并购等方面提供保险支持。（省科技厅、省政府金融办、辽宁保监局共同牵头）

（二十一）加快知识产权金融发展。创新知识产权投融资方式，提高知识产权抵质押贷款评估值，建立知识产权质物处置机制。设立质押融资风险补偿基金，向重点行业、重点领域企业倾斜，提高资金支持的精准度，放大政策效果。建立完善风险补偿基金管理制度，确保基金使用透明化、科学化、制度化，降低银行贷款风险。（省发展改革委、省知识产权局同牵头）

五、扩大创业投资，支持创业起步成长

（二十二）建立健全创业投资引导机制。设立辽宁省创业投资基金。在高端装备制造、新一代信息技术、新材料、新能源、生物、节能环保、新能源汽车等重点发展的战略性新兴产业和高技术产业领域，通过引导基金吸引社会资本，设立若干只创业投资基金。积极与国家创业投资引导基金对接，争取国家资金支持。基金重点投向初创期、早中期创新型企业，推动企业快速成长。通过政府适度让利，鼓励创业投资基金更多向创业企业成长的前端延伸，在做好创业投资的基础上积极发展天使投资，帮助小微企业解决融资问题。丰富创业投资基金的拟投项目选择，推动创业投资发展。（省发展改革委牵头）

（二十三）拓宽创业投资资金供给渠道，加大信贷支持力度。政府主导的融资担保公司可对创投机构投资的初创期、成长期科技企业，按投资额的50%、最高不超过500万元的标准给予担保，担保费由企业所在地财政补贴，并按照担保额的一定比例给予担保机构风险补偿。创新金融产品，积极为创业创新企业融资提供支持。（省政府金融办牵头，省财政厅、人民银行沈阳分行、辽宁银监局配合）

（二十四）推动创业投资“引进来”，吸引外资参与创业投资。深化商事登记制度改革，依法实行准入前国民待遇加负面清单的外商投资登记管理模式，按照内外资一致的管理原则，放宽外商投资准入。完善外资创业投资机构管理制度，鼓励外资开展创业投资业务。鼓励中外合资创业投资机构发展，做好外商投资创业投资企业市场准入工作。（省外经贸厅、省工商局共同牵头）

六、优化创业服务，构建创业生态

（二十五）加强创业孵化服务，支持发展众创空间。充分利用老厂房、旧仓库、存量商务楼宇以及传统文化街区等资源打造新型众创空间。鼓励设立劳模、国家级技能大师工作室、农村创新驿站等众创空间形式。鼓励符合条件的众创空间，引入创业投资为创业者提供资金支持和融资服务。（各市政府，省科技厅、省经济和信息化委、省财政厅、省住房城乡建设厅、省人力资源社会保障厅、省农委共同牵头）

（二十六）发展“互联网+”创业创新服务。通过政府在收益分配中适度让利，鼓励新兴产业创业投资基金和天使基金参与互联网孵化器建设。推进政府和社会信息资源共享，优先支持省内企业和创业创新团队开发运营政务信息资源。（省发展改革委、省经济和信息化委、省科技厅共同牵头）

七、建设创业创新平台，增强支撑作用

（二十七）打造创业创新公共平台，推进创业教育培训。在普通高等院校、职业学校、技工院校开设创业创新类课程，融入专业课程和就业指导课程体系。到2020年，力争实现参加创业培训的大学生人数不低于应届高校毕业生总人数的10%。组织开展形式多样的农村青年、返乡人员创业技能培训。（省教育厅、省财政厅、省人力资源社会保障厅、省农委、省科协共同牵头）

（二十八）充分发挥各类科技创新平台作用。各级政府建设的重点（工程）实验室、工程（技术）研究中心等科技基础设施以及利用财政资金购置的重大科学仪器设备，要按照成本价向创业创新企业开放。鼓励企业、高等院校和科研院所的科研设施向创业创新企业开放。（省教育厅、省科技厅、省发展改革委共同牵头）

（二十九）发展第三方专业化服务。鼓励创业投资基金投资创业创新服务实体，推动企业管理、财务咨询、市场营销、人力资源、法律顾问、知识产权、检验检测、现代物流等第三方专业化服务发展。归属政府的基金投资收益，可按50%的比例分配给投资管理团队。（省发展改革委牵头）

（三十）发展创业创新区域平台。大力推进沈阳市依托全面创新改革试验平台在创业创新体制机制改革方面积极探索，发挥示范带动作用，为创业创新制度体系建设提供可复制、可推广的经验。依托沈阳市国家小微企业创业基地示范城市建设，加强对大学生、复转军人、返乡创业群体、失业人员、妇女和残疾人等创业服务，促进创业创新与经济社会发展相互促进、良性发展。（沈阳市政府牵头）

（三十一）推动创业创新场所建设。将创业创新用地优先纳入供地计划，优先保障供应。鼓励创业创新企业盘活存量用地，对工业用地在符合规划、不改变原用途的前提下，提高土地利用率和增加容积率的，不再收取或调整土地有偿使用费。建设众创空间，使用原属划拨国有土地，改变用途后符合规划但不符合《划拨用地目录》的，除经营性商品住宅外，可经评估后补交土地出让金，补办出让手续；利用工业用地建设的作为创业创新场所房屋，在不改变用途的前提下，可按幢、层、套、间等有固定界限的部分为基本单元进行登记，依法出租或转让。（省国土资源厅牵头）

八、激发创造活力，发展创新型创业

（三十二）激发科技人员创业积极性。高等院校、科研院所的职务科技成果转化收益可由重要贡献人员、所属单位约定分配，未约定的，从转让收益中提取不低于70%比例用于奖励做出重要贡献的人员和团队；从事创业创新活动的业绩作为职称评定、岗位聘用、绩效考核的重要依据。（省教育厅、省科技厅、省人力资源社会保障厅共同牵头）

（三十三）完善企业激励机制。积极探索技术要素参与分配的有效形式。鼓励企业实施岗位分红权激励、项目收益分红权激励、科技成果入股等中长期激励办法，吸引和保留核心科技人才。（省科技厅、省财政厅、省国资委共同牵头）

（三十四）鼓励在外辽宁籍工程技术人才回乡创业创新。实施“工程技术人才回归创业工程”，对“回归”的工程技术人才，在研发项目立项、职称评定等方面给予倾斜支持；进一步完善人才社会服务与保障机制。（省人力资源社会保障厅、省教育厅、省农委、省卫生计生委共同牵头）

（三十五）建立科研人员双向流动机制。贯彻落实高等院校、科研院所等专业技术人员离岗创业政策，对经同意离岗的可在3年内保留人事关系，并与原单位其他在岗人员同等享有参加职称评聘、岗位等级晋升和社会保险等方面的权利。所在单位应当根据专业技术人员创业实际情况，与其签订或变更聘用（劳动）合同，明确权利义务。支持高等院校、科研院所高级科研人员带领团队参与企业协同创新，并给予生活津贴补助。（省教育厅、省科技厅、省人力资源社会保障厅、省国资委共同牵头）

（三十六）为大学生创业创造便利条件。优先支持开展创业创新的学生转入相关专业学习。允许学生保留学籍休学创业创新。建立健全弹性学制管理办法，将高校毕业生自主创业扶持政策范围延伸至普通高校在校大学生。鼓励创业投资和天使投资参与普通高校大学科技园、产学研合作基地、创业孵化基地等建设。可将投资收益中归属政府部分的50%分配给投资管理团队。发展天使投资支持大学生自主创业。（省教育厅、省财政厅、省人力资源社会保障厅共同牵头）

（三十七）鼓励境外人才来辽创业。吸引各类海内外人才来辽创办科技型企业，简化外籍高端人才来辽开办企业审批流程，探索改革事前审批为事后备案。（省外经贸厅牵头、省工商局配合）

（三十八）实施留学人才来辽创业创新支持计划。引导、吸引重点领域、行业急需紧缺专门人才来辽创新创业，对创新能力强、发展潜力大、市场前景好的企业，在创办初始阶段予以重点支持。（省人力资源社会保障厅牵头，省发展改革委配合）

（三十九）建立和完善境外高端创业创新人才引进机制。为外籍高层次人才和投资者来华创业、投资提供入境及居留便利等服务，积极争取国家政策支持。符合条件的，为其办理签证和居留许可提供便利。引进的高层次外籍人员及家属需多次临时出入境的，公安机关出入境管理部门可为其换发5年多次有效、每次停留不超过180天的R字签证；需在中国工作或长期居留的，凭相关证明材料为其签发2—5年有效的外国人居留证件；符合办理永久居留条件的，可申请办理永久居留手续。未进入重点引才计划的高层次人才及其家属子女办理签证和居留手续，按照海外高层次留学人才回国工作绿色通道有关规定执行。（省公安厅、省人力资源社会保障厅共同牵头）

九、拓展城乡创业渠道，实现创业带动就业

（四十）推动电子商务向基层延伸。鼓励电子商务第三方交易平台渠道下沉，带动基层人员创业。推动创业投资参与有条件的县、乡建设一批农村互联网创业园，为农村电商提供网站建设、仓储配送、网络技术等服务，可将政府收益的50%分配给投资管理团队。（省发展改革委、省服务业委、省财政厅、省人力资源社会保障厅共同牵头）

（四十一）支持返乡创业集聚发展。深入实施农村青年创业富民行动、大学生返乡创业计划，制定返乡人员创业扶持政策。鼓励设立各类返乡创业园，以土地租赁方式进行返乡创业园建设的，形成的固定资产归建设方所有。做好返乡人员社保关系转移接续等工作，及时将电子商务等新兴业态创业人员纳入社保覆盖范围，探索完善返乡创业人员社会兜底保障机制，降低创业风险。（各市政府，省农委、省国土资源厅、省住房城乡建设厅、省服务业委、省卫生计生委共同牵头）

十、加强统筹协调，完善工作机制

各地区、各部门要高度重视，把推进大众创业、万众创新放在重要位置，加强沟通协调，密切配合协作，形成工作合力。以沈阳市开展全面创新改革试验为契机，学习借鉴其他省份的新举措新思路，积极争取国家政策支持。各地区要结合实际制定具体工作方案，细化政策措施，确保落到实处。各有关部门要根据本通知要求，及时制定或完善配套措施。省政府将对贯彻落实工作适时开展督导检查，确保推进大众创业、万众创新的各项政策措施落地生效。

辽宁省人民政府

2015年11月27日

辽宁省人民政府办公厅
关于发展众创空间推进大众创新创业的实施意见

（辽政办发〔2015〕94号）

为贯彻落实国务院《关于发展众创空间推进大众创新创业的指导意见》（国办发〔2015〕9号）和省委、省政府“四个驱动”发展战略，指导全省大力发展众创空间，营造良好的创新创业生态环境，进一步激励大众创业、万众创新，打造经济发展新引擎，经省政府同意，现提出以下意见。

一、总体要求

各地区、各部门要从推进辽宁老工业基地新一轮全面振兴的战略高度，抓好众创空间建设发展，推进大众创新创业。以实施创新驱动发展战略为统领，以持续优化创新创业生态环境为目标，进一步转变政府职能，简政放权，优化服务，用政府权力的“减法”换取创新创业活力的“乘法”，持续构建市场主导、政府支持的以众创空间为代表的创新创业服务体系。充分发挥市场配置资源的决定性作用，不断完善和落实创新创业政策，以开放共享促进创新资源的整合利用，为大众创新创业提供全链条增值服务。大力培育新技术、新产品、新业态和新商业模式，形成新的经济增长点，为全省经济提质增效升级做出贡献。

二、主要任务

（一）积极构建众创空间。

支持行业领军企业、创业投资机构等社会力量，充分利用重点园区、科技企业孵化器（以下简称孵化器）、大学科技园、创业（孵化）基地、大学生创业基地，以及高等院校、科研院所的各类创新创业要素，采取创新与创业、孵化与投资相结合，突出低成本、便利化、全要素、开放式的特点，构建一批投资促进、培育辅导、媒体延伸、专业服务、创客孵化等不同类型的市场化众创空间。引导项目、资金和人才等创新创业资源向众创空间集聚。沈阳、大连国家高新区要以争创国家自主创新示范区为契机，打造一批全省产业创新最活跃、高端创业资源最丰富、孵化服务功能最完善的高新众创空间。（责任单位：各市政府、省科技厅、省经济和信息化委、省教育厅，列在首位者为牵头单位，下同）

（二）提升创新创业孵化机构的服务功能。

省级以上孵化器、大学科技园等创新创业孵化机构要按照众创空间要求，利用互联网和开源技术，突破物理空间，为创业企业或团队提供包括工作空间、网络空间、社交空间、资源共享空间在内的创业场所，开展市场化、专业化、集成化、网络化的创新创业服务。建立健全孵化服务团队激励机制和入驻企业流动机制，优化和完善服务业态和运营机制。集聚创新创业要素，形成全过程孵化链条，建立“创业苗圃+孵化器+加速器”的梯级孵化体系。（责任单位：各市政府、省科技厅、省教育厅、省人力资源社会保障厅、省中小企业局）

（三）鼓励创办创新型企业。

引导和支持高等院校、科研院所的科技人员以及留学归国人员、大学生、企业离岗人员创办创新型企业。率先在高新区推广实施中关村6条先行先试创新政策。推进省属高校、科研院所科技成果使用、处置和收益权管理改革，完善科技人员创业股权激励和分红激励机制。利用中国（大连）海外学子创业周平台，吸引海外学子和优秀项目。实施大学生创业工程和大学生创业引领计划，支持大学生创业团队创新创业。（责任单位：省教育厅、省科技厅、省人力资源社会保障厅、省财政厅）

（四）强化科技资源开放共享。

建立健全大型科研仪器设备、科学数据、科技文献等科技基础条件平台面向众创空间和创业企业开放的运行机制。依托高等院校和科研院所建立的省级以上工程技术（研究）中心、重点实验室等创新载体，要为大众创新创业开放共享科技资源。全省重点建设的产业共性、专业和综合服务三类创新平台，以及各类产业研发和检测平台，要采取新体制和新机制为众创空间发展和创业企业成长提供孵化服务，并将服务情况纳入绩效评价范围。省级以上产业技术创新战略联盟要吸纳众创空间加盟，为创业企业成长提供便利条件。（责任单位：省科技厅、省教育厅）

（五）完善创新创业服务模式。

按照市场化机制、专业化服务和资本化途径的要求，为大众创新创业提供全链条增值服务。建立科技创新券制度，支持创业企业向高等院校、科研院所购买科技研发、科研成果等多元创新资源及服务。采取政府购买服务方式，支持中介机构为创业企业提供法律、知识产权、财务管理等服务，支持创业孵化机构打造“无费区”。深化商事制度改革，采取“一站式”窗口、认证集中办公区域等措施，为创业企业提供工商注册等市场主体准入的便利服务。建立众创空间创业辅导制度，组建由企业家、天使投资人、专家学者等组成的创业导师团队，建立创业导师数据库及相应的绩效评估和激励机制。（责任单位：省科技厅、省教育厅、省财政厅、省人力资源社会保障厅、省中小企业局、省工商局）。

（六）建立创新创业投融资机制。

积极争取国家股权众筹融资试点，支持辽宁股权交易中心开展互联网非公开股权融资业务，深化对科技创新和中小微等挂牌企业的服务。推动各市、重点园区设立股权投资引导基金，吸引社会资本参与发起设立专业化的创业（风险）投资基金，为创业（风险）投资机构创造良好投资环境。支持重点园区、孵化器设立、引进天使投资基金，培育和发展天使投资群体。鼓励金融机构在试点园区加快设立科技金融专营（分支）机构，贴近创业企业，创新金融产品、工具和服务方式，提升知识产权质押、股权质押和小额信用贷款、科技保险、科技担保等金融业务水平。开通“贷款绿色通道”，为创业企业提供无抵押贷款和倾斜性贷款帮扶。（责任单位：省政府金融办、省发展改革委、省科技厅）

（七）营造创新创业文化氛围。

办好中国（大连）海外学子创业周、辽宁创新创业大赛、大学生创业大赛、科技活动周等活动。支持众创空间等创新创业服务机构举办创业沙龙、创业文化周、创业训练营等活动，实现系列化、常态化、持续化，打造一批具有辽宁特色的创业活动品牌。发挥高等院校教育引导作用，大力推进创新创业教育。利用传统媒体和新媒体，积极宣传成功创业者、青年创业者、天使投资人、创业导师、创业服务机构，塑造一批辽宁创业典型，发挥示范带动作用，推广先进的创业经验和创业模式，形成大众创业、万众创新的舆论导向。（责任单位：省科技厅、省发展改革委、省教育厅）

（八）加大财政资金引导和扶持力度。

充分发挥辽宁省产业（创业）投资引导基金引导、撬动作用，吸引社会资本参与设立产业（创业）投资基金、天使基金，通过市场化运作，投资于新兴产业和高技术产业初期、早中期的创新型企业。支持重点园区、孵化器设立信贷担保基金（风险资金池）、过桥贷款基金等，综合运用股权投资、夹层资本、信贷风险分担补偿、投贷联动、投债联动以及绩效奖励等方式，引导创业投资机构、金融机构等金融资源投资新兴产业和高技术产业早中期的创新型企业，为创新创业企业获得首次融资创造条件。省科技专项、大学生创业资金等要重点支持众创空间内创业企业及团队。对众创空间的房租、宽带接入费用、用于创业服务购置的公共软件、开发工具，以及举办各类创业活动等支出费用，给予适当补贴。（责任单位：省发展改革委、省科技厅、省教育厅、省财政厅、省政府金融办）

三、有关要求

1．加强组织领导。各级政府、各有关部门要加强互动、形成合力，将推进大众创新创业纳入重要议事日程，制定实施方案并抓好落实，在资金投入、政策扶持等方面加大保障力度。在重点园区实施一批创新创业示范工程，明确目标、任务、实施路径和保障措施，探索和积累新机制、新政策、新做法，在全省进行复制和推广。各有关部门要按照职责分工，搞好顶层设计，制定工作方案，形成联合推进大众创新创业的长效机制。加强政策集成，切实落实现有创新创业政策，研究制定新的政策措施。（责任单位：省科技厅、各市政府、省政府各有关部门）

2．强化日常管理。建立由部分国家级孵化器、大学科技园、创业（孵化）基地等组成的全省众创空间联盟，对全省众创空间的创新创业服务提供指导和帮助。对发展众创空间推进大众创新创业在政策落实、创新举措、发展成效和存在问题等方面情况，各地区、各部门要认真总结，及时报告。（责任单位：省科技厅、各市政府、省政府各有关部门）

辽宁省人民政府办公厅

2015年11月11日

中共沈阳市委 沈阳市人民政府
关于实施“盛京人才”战略打造具有国际竞争力
人才高地的意见

（沈委发〔2015〕9号）

为全面贯彻落实党的十八大和十八届三中、四中全会精神，推动沈阳在新一轮东北振兴中当先锋打头阵，加快建设国家中心城市，现就深入实施“盛京人才”战略，打造具有国际竞争力人才高地制定如下意见。

一、总体要求

1．指导思想。认真学习贯彻落实习近平总书记系列重要讲话精神，落实中央和省委人才工作战略部署，紧扣全市经济社会发展重大需求，坚持聚焦人才、教育、科技、创新等要素，加快推进人才发展体制机制改革和政策创新，统筹实施人才引进、培育、创新激励和服务保障计划，培养造就一批高层次创新创业人才，引导和支持大众创业、万众创新，为沈阳振兴发展提供强大人才智力支撑。

2．主要目标。以高层次人才为重点，培养和引进一批在关键领域掌握前沿核心技术、拥有自主知识产权的创新型人才和高水平创新团队，使我市人才队伍满足经济社会发展需要。到2020年，我市人才总量在全国副省级城市中位居前列，人才队伍建设居国内一流水平，国际竞争力显著增强。大力支持全市各领域培养和引进高层次人才，依托国家“千人计划”和省“十百千”高端人才引进工程，引进300名左右海外高层次人才；依托国家“万人计划”、省“双千计划”人才工程和“盛京人才支持计划”，培养500名左右国内高层次人才；选拔创新型领军人才60人、市级优秀专家300人；引进和培养10个达到国际先进水平、50个具有国内先进水平的创新创业团队；高层次人才总量达到2万人左右。

3．基本原则。坚持引进和培养相结合，既要注重引进外部高层次人才，又要注重培育本地优秀人才；坚持高端和实用相结合，既要注重引进人才的质量，又要注重人才效率的发挥；坚持当前和长远相结合，既要注重时效性引进急需短缺人才，又要注重前瞻性引育具有发展潜力的中青年人才。

4．高层次人才及团队分类界定。根据《沈阳市高层次人才及团队认定标准》，结合全市当前和今后一段时间经济社会发展实际需要，重点引进和培养高层次人才，主要包括：顶尖人才、杰出人才、领军人才、拔尖人才、高级人才等五个层次。

重点引进和培养的团队分为创新团队和创业团队两类。创新团队是指以高层次创新人才为核心，创新业绩显著或有较大的创新潜力，依托高校、科研院所或企业研发平台和项目，致力于创新成果产业化的人才团队。创业团队是指带技术、项目、资金落户沈阳创业，技术和产品有较好的市场前景，符合我市产业发展导向和技术创新需求，能引领我市产业发展和技术创新的优秀团队。

二、实施高端人才引进计划，集聚一批急需紧缺高层次人才

5．积极引进顶尖人才。立足高端引领、整体开发，围绕创建国家中心城市目标，加快推进国家自主创新示范区建设，重点引进一批在关键领域掌握前沿核心技术、拥有自主知识产权的国内外顶尖创新创业人才。市属单位引进1名顶尖人才，市委、市政府给予人才1000万元资金资助。对顶尖人才和团队的重大项目实行“一事一议”，最高可获得1亿元项目资助。（市人才办牵头，市人社局、市发改委、市财政局、市科技局配合）

6．加大海内外高层次人才和人才团队引进。依托我市科技重大专项计划、市级以上重点学科和重点实验室、大型企业和在沈金融机构、各类科技产业园区等平台，积极引进海内外人才和团队，对市属单位引进的杰出人才，给予100万—500万元资金资助。实施沈阳市领军型创新创业团队引进培育计划，人才团队项目经评审认定后给予50万—3000万元项目资助。面向汽车及零部件、装备制造、电子信息、医药化工、农产品深加工、民用航空、有色金属深加工、智能机器人、现代建筑等优势产业和新兴产业，引进紧缺人才。（市人才办牵头，市委统战部、市人社局、市财政局、市科技局配合）

7．加大中青年人才引进力度。有计划引进和支持一批45周岁以下中青年科技创新人才，人选要具有特殊优秀的科学研究和技术创新潜能，课题研究方向和技术路线具有重要创新前景，提供稳定的支持经费用于开展课题研究、参加交流培训、购置研发设备、提供安家服务。深入推动引博工程，以企事业单位为主体，每年引进一批专业技术领域急需紧缺的优秀博士（博士后），享受3年每月2000元人才专项资金资助。积极引进海内外博士来沈创业，技术或专利达到国内外领先水平的，给予10万—50万创业启动资金。（市人社局牵头，市人才办、市财政局配合）

8．完善柔性引才机制。完善我市柔性引才制度，对部分不愿意改变国籍、户籍、外国永久居留权的国内外高层次人才和特殊人才，制定规定给予户籍居民同等待遇。鼓励国内外紧缺高层次人才采取柔性流动方式来沈从事兼职、咨询、讲学、科研、创业和技术合作或其他专业工作，服务全市重大工程、重大项目。对我市引进的高端外国专家实行年薪资助，按照年薪30万—50万元、50万—80万元、80万元以上3个区间，分别按年薪的40%、50%、60%的标准给予资助，资助金额最高不超过60万元。对列入国家外国专家局引智项目和“千人计划”配套引智工程资助的外国专家，实行1：1配套资助。（市人社局牵头，市财政局配合）

9．探索市场化引才新机制。充分发挥企业、高校、科研机构等用人单位的引才主体作用，广泛发动全市各单位各系统提出人才需求和举荐各类人才。鼓励和支持用人单位加大对紧缺创新创业人才的引进力度。支持人才中介服务业发展，积极引进国内外知名人才中介机构。充分调动高层次人才和人才中介机构引才积极性，通过中介引才、以才引才、亲情引才，努力提高引才精准度。建立实施引才激励制度，对为我市引进国内外顶尖人才、杰出人才、优秀创新创业团队的个人和中介组织，分别给予50万元、20万元、30万元奖励。（市人社局牵头，市财政局配合）

三、实施人才重点培育计划，大力培养创新型人才

10．规范和完善人才荣誉表彰制度。进一步健全我市人才荣誉制度，完善全市创新型领军人才和优秀专家评选机制，实施初审、平台评审和专家顾问组审核三层评审，切实把取得重大科技成果、运用自主知识产权创新创业、促进高新技术产业发展、推动经济社会进步的各类专业技术人才选拔上来进行重点培养。对在沈工作的“两院”院士授予“沈阳市荣誉优秀专家”称号，给予沈阳市优秀专家待遇；对在沈工作的国家“千人计划”人才、国家“万人计划”人才，授予“沈阳市特聘专家”称号，给予沈阳市优秀专家待遇。提高沈阳市优秀专家津贴标准，提升专家待遇。建立“沈阳市政府特殊津贴”制度，给予有突出贡献的人才荣誉和适当物质奖励。对做出突出贡献的外国专家，以市政府名义进行表彰奖励，颁发“沈阳玫瑰奖”。对于高层次人才取得的各项成绩和荣誉，要在沈阳日报等主流媒体大力宣传。有计划地组织优秀专家到国（境）外交流培训。组织开展优秀专家智力支持行动、专家服务团活动，引导人才深入一线服务发展、发挥作用。（市人才办、市人社局牵头，市委宣传部配合）

11．实施盛京人才支持计划。统筹全市各类人才培养支持项目，根据不同层次、不同类别人才特点，遴选出500名左右盛京人才，市人才工作领导小组审议通过后入选“盛京人才支持计划”，对入选者给予5万—100万元个人奖励和相关政策支持，对杰出人才、领军人才、优秀专家和青年拔尖人才领办科技企业实现企业境内首次公开发行上市的，最高补助300万元；实现企业境外首次公开发行上市或境外证券交易所买壳上市或在柜台交易市场买壳上市后转板至主板或创业板的，一次性补助300万元。加强与国家、省重大人才工程评选平台沟通联系，有计划地从“盛京人才支持计划”中择优推荐，对入选国家“千人计划”“万人计划”、省“十百千高端人才引进工程”中“十”层次的人才，给予50万—100万元支持经费，用于开展自主选题研究和团队建设。（市人才办牵头，市人社局、市财政局、市科技局、市委宣传部、市卫计委、市法院、市教育局、市金融办等配合）

12．支持院士工作站、博士后科研工作站建设。坚持以需求为导向、项目为纽带、企业为主体，深入推进院士工作站建设，加大院士工作站支持创建力度，发挥院士专家智力优势。对做出突出贡献的院士和工作开展好的工作站给予50万—100万元奖励。大力实施博士后培养工程，发展博士后科研工作站，制定《沈阳市博士后科研工作站管理办法》，资助科研项目启动经费，对做出较大贡献的博士后工作站给予10万—50万元奖励，每招收一名博士后研究人员，给予5万元资助。鼓励博士后科研项目进行高新技术成果转化。（市人社局、市科协牵头，市财政局配合）

13．加大各类优秀人才扶持培养力度。培养一批具有全球战略眼光和市场开拓意识、管理创新能力、社会责任感强的优秀企业家，把引才、引智、引资、引商、引企业紧密结合起来。支持优秀企业家入选各类人才计划，在市级荣誉、参政议政、投资服务、医疗保健等方面享受高层次人才政治和生活待遇。深入实施高技能人才培训补助计划，对列入培训补助计划的项目给予全额资助。组织和推动优秀高技能人才开展国（境）外交流培训。（市人社局、市财政局、市国资委、市经信委、市卫计委负责）

四、实施人才创业激励计划，激发各类人才建功立业

14．建设人才管理试验区和创业基地。加快人才管理试验区、高端装备制造业人才管理试验区试点建设，拓展创新创业服务内容，以政策创新全面激发人才创新创业活力，打造区域人才竞争高地。以争创国家自主创新示范区为契机，充分发挥区域现有优势，依托国家大学科技城、沈阳材料国家实验室、国际新兴产业园科技创新驱动优势，加快建设国家级人才创业基地；以沈阳机器人产业基地建设为契机，重点引进和培育机器人领域领军人才，出台优惠政策，建立机器人产业人才创业基地；以建设中德沈阳高端装备产业园为契机，依托装备制造业、现代建筑产业、医药产业等优势产业加快建设国家级人才创业基地。出台优惠政策，鼓励高层次人才到基地创业。（浑南区、铁西区牵头，市人才办、市财政局配合）

15．着力搭建海内外人才创业平台。鼓励各级政府、企业、在沈高校、科研院所作为多元化投资主体投资建设各类创业平台，实现专业技术、项目、人才和服务资源的集聚。设立创业种子基金，重点支持各类高层次人才创业发展。运用阶段参股、跟进投资、科技风险投资、风险补偿等方式，为高层次人才创新创业提供融资服务。（市财政局、市科技局、各区县（市）政府、各高校、科研院所负责）

16．突出对科技和创新成果的激励。对引进的市属高层次创新创业人才和团队，在成果转化的初期，经评审后，可给予50万—500万元的资助；来沈创业的国家“千人计划”海内外高层次人才，按照投资额不少于1：1的比例给予股权投资，股权投资资金最高限额5000万元。允许和鼓励高校、科研院所和国有企事业单位职务发明成果的所得收益，按至少50%、最多90%的比例划归参与研发的科技人员及其团队所有；领军人才创办的企业，知识产权等无形资产可按至少50%、最多90%的比例折算为技术股份。（市科技局牵头，市财政局、各高校、科研院所、国有企事业单位配合）

17．引导和鼓励科技成果就地转化。建立校地战略合作机制，加强政产学研合作，促进科技成果、科研产品就地转化。对在沈的科技型企业转化科技成果并取得重大经济效益的，以后补助的方式给予重奖。整合科技项目资金，重点支持拥有符合产业发展方向、具有自主知识产权项目和技术的高层次人才创新创业。按照国家有关规定，符合条件的科研院所的科研人员经所在单位批准，可带着科研项目和成果，保留基本待遇到企业开展创新工作或创办企业。（市科技局牵头，各高校、科研院所、国有企事业单位配合）

18．创新高层次人才分配机制。探索人才资本产权激励办法，推进生产要素按贡献大小参与分配改革，建立健全重实绩、重贡献，向优秀人才和关键岗位倾斜的分配机制。各地区各部门可在职务科技成果转化的收益中，提取一定比例奖励项目完成人员和有贡献的人员，也可采取协议方式高薪聘用高层次人才，实行一流人才、一流业绩、一流报酬。支持国有企业及民营企业实行首席专家、特聘专家制度，给予特殊津贴，吸引留住高层次人才。对于在沈创业的高层次人才，根据其上年度企业缴税情况及所做贡献，以人才专项资金予以奖励。（市人社局牵头，市人才办、市经信委、市国资委配合）

19．加大人才创业融资扶持。探索建立创业投资引导基金、转贷引导基金、政策性担保、风险池资金等融资扶持资金，引导社会资本投资人才项目和企业，逐步提高财政资金间接扶持比例。鼓励金融机构加大对人才创业企业和项目的多渠道融资支持。对符合条件的人才创办企业，积极推荐股改、挂牌、上市，利用多层次资本市场加快发展。（市金融办牵头，市财政局、市科技局配合）

五、实施人才服务保障计划，完善高层次人才服务保障体系

20．建立科学规范的人才评价和分类机制。采用国际通行标准，以能力和业绩为主要尺度，突出用人单位的主体作用，探索符合不同人才评价特点的评价方法，建立重在社会和业内认可的，以政府为主导、用人单位为主体、第三方专业评价机构参加的国际化人才评价机制。成立高层次人才评定委员会，按学科领域设立若干专家评估组。制定高层次人才确认办法和认定标准以及高层次人才团队评审办法，建立项目评审、人才测评相结合的评价指标体系，科学评价人才。经确认和评定进入我市高层次人才库的各类人才，同一项目或待遇符合我市多项人才政策规定条件的，按照“就高、从优、不重复”的原则享受优惠政策。围绕沈阳创新驱动战略和产业发展重点，坚持定性与定量相结合，细化人才评价标准，划分人才层次，逐步建立层次清、标准高、易操作的人才分类评价制度。（市人社局负责）

21．搭建人才服务综合平台。制定和落实服务用人单位及高层次人才的办法措施，设立高层次人才服务“绿色通道”，帮助企事业单位等用人主体做好海外高层次人才引进工作，为引进的高层次人才及其家属在信息咨询、户口转迁、身份证办理、提供人才公寓、简化出入境手续、税务登记、社会保障等方面提供“一站式”服务，建立人才交流、产品对接、成果转化的高品质人才交流服务平台。在发达国家建立海外人才工作联络站，形成国际性引才服务网络。建设高层次人才中介服务机构，重点引进和培养3—5家国际知名猎头公司，着力培养本土的猎头公司。（市人社局牵头，市公安局、市国税局、市地税局配合）

22．妥善解决人才住房保障和岗位聘用。为我市引进和培养的高层次人才和创新创业人才提供多渠道的住房保障。对顶尖人才采取一人一议的方式解决住房问题；对我市引进和培养的杰出人才由市和区、县（市）两级财政、用人单位按一定比例给予50万—100万元的购房补贴；领军人才给予30万—50万元的购房补贴。对引进的顶尖人才、杰出人才和领军人才，事业单位可申请设置特设岗位。事业单位引进的博士及以上人才，若本单位编制已满的，由主管部门申请，经市编委办批准，在本系统内调剂解决。（市人社局牵头，市编委办、市财政局、市房产局、各区县（市）政府配合）

23. 提升人才服务整体功能。实施“人才项目专人服务计划”，由政府购买公共服务，指派专人或组建服务（技术）团队，为引进的海内外高层次人才创新创业提供市场、融资、生产、管理等全方位、零距离服务。建立引进海内外高层次人才的跟踪服务机制，对于创新创业过程中存在困难的，在政策允许范围内，给予相应的支持。完善专家疗养制度，对业绩优秀的专家予以关心和照顾。对引进的高层次人才，帮助其解决来沈后子女在本市中小学（幼儿园）就学问题，统筹解决家属安置等实际困难。积极为高层次人才提供优质医疗服务，顶尖人才、杰出人才、领军人才享受特殊医疗待遇政策。（市人社局牵头，市人才办、市教育局、市卫计委、市民政局配合）

24. 加大吸引培养高层次人才投入。完善市人才专项资金管理使用，为高层次人才和创新团队项目实施提供保障。各级政府和部门要加大对人才的资金投入，进一步整合资源，统筹各部门、各领域的相关专项资金，在符合项目支持条件的前提下向相关人才方面倾斜。同时，建立健全以用人单位为主，市和区、县（市）两级政府分级负担、社会力量广泛支持的多渠道、多层次的经费投入机制。（市人才办牵头，市财政局、各区县（市）政府配合）

六、切实加强对高层次人才队伍建设的组织领导

25. 建立引进培养高层次人才责任机制。要加强对人才工作的领导，把引进培养高层次人才工作列入区县（市）年度工作目标考核，切实做到“一把手”抓“第一资源”。建立领导问责制度，定期组织高层次人才满意度调查和工作评估，对引进培养高层次人才工作严重滞后、本地区用人单位和高层次人才投诉较多，或者高层次人才流失严重的地区和部门，给予通报批评；对引进培养高层次人才工作弄虚作假的，按有关规定给予严肃处理。建立高层次人才联系制度，各级党政领导要采取多种方式与高层次人才保持经常联系沟通，了解其思想状况、工作情况和发展需求，对其工作、学习和生活上的困难要及时给予解决。

26. 强化引进培养高层次人才工作协调机制。“盛京人才”战略在市委、市政府的统一领导下，市人才工作领导小组组织实施，具体由市人才办负责牵头抓总、统筹协调，督促检查政策落实情况，牵头实施重大人才工程和人才项目、重要人才平台建设等工作。相关职能部门各司其职、加强协作。各区县（市）、各部门要围绕全市高层次人才队伍建设总目标，结合实际，科学制定本地区、本部门人才工作目标和实施办法。

本意见由沈阳市人才工作办公室负责解释。

中共沈阳市委
沈阳市人民政府
2015年9月2日

沈阳市人民政府
关于大力推进大众创业万众创新的实施意见

（沈政发〔2015〕40号）

推进大众创业、万众创新是富民之道、公平之计、强国之策，对于推动我市经济结构调整和产业转型升级、增强发展新动力、走创新驱动发展道路具有重要意义。为全面贯彻落实中共中央、国务院关于大力推进大众创业万众创新的一系列政策措施，推进我市大众创业万众创新，激发全社会创业创新发展活力，结合我市实际，制定本实施意见。

一、指导思想

贯彻落实党的十八大和十八届三中、四中全会精神，深入学习贯彻习近平总书记系列重要讲话精神，按照党中央、国务院决策部署，主动适应经济发展新常态，以实施全面创新改革试验为契机，进一步深化体制机制改革，完善创新创业发展环境，实施创新驱动发展战略，激发全社会创新活力和创业热情，推进全民创业带动产业繁荣，营造有利于大众创业、万众创新的政策环境和制度环境，增强经济社会发展的内生动力，在新一轮振兴发展中打造新优势、实现新跨越。

二、基本原则

——坚持深化改革，营造创业环境。进一步简政放权、放管结合、优化服务，增强创业创新制度供给，完善扶持政策和激励措施，营造均等普惠环境。破解制约创业创新发展的瓶颈问题，打通科技成果向现实生产力有效转化通道，依靠创业创新促进产业转型升级。

——坚持需求导向，激发创业活力。尊重创业创新规律，切实解决创业者的资金需求、信息需求、政策需求、技术需求、服务需求，最大限度释放各类市场主体创业创新活力，开辟就业新空间，拓展发展新天地，解放和发展生产力。

——坚持创新驱动，增强发展动力。进一步完善以市场为导向的技术创新体系，围绕产业链部署创新链，依托“互联网+”、云计算、大数据等新兴产业和新兴业态，促进传统产业提质增效，加快培育新的经济增长点。

——坚持人才为本，强化激励机制。把留住人才放在优先位置，积极引进人才，使科研人员获得与贡献相匹配的待遇和尊严，使创新创业蔚然成风。

三、主要任务

（一）创新体制机制，营造创业创新政策环境。

1．进一步推进政府简政放权。深化行政审批制度改革，全面清理、调整与创新创业相关的审批、认证、收费、评奖事项，将保留事项向社会公布。简化审批手续，缩短审批时限。按照《辽宁省企业投资项目管理体制改革试点方案》要求，抓好铁西区投资项目管理体制改革试点，尽快形成可复制可推广的经验并全面实施。（市政务服务办、发展改革委）

2．深化商事制度改革。健全“三证合一”登记制度，全面推行工商营业执照、组织机构代码证、税务登记证“三证合一”。尽快实施“一照一码”。落实“先照后证”改革，按照国家统一部署，推进全程电子化登记和电子营业执照应用。放宽新注册企业场所登记条件限制，推动“一址多照”、集群注册等住所登记改革，为创业创新提供便利的工商登记服务。（市工商局）

3．加强创业知识产权保护。加大知识产权交易推进工作力度，完善知识产权快速维权与维权援助机制，缩短侵权处理周期。加大对反复侵权、恶意侵权等行为的处罚力度。完善权利人维权机制，完善行政调解等非诉讼纠纷解决途径。（市科技局（市知识产权局）、工商局、文广局、国资委）

4．建立便捷的市场退出机制。结合休眠企业和个体工商户实际，制定出台企业简易注销登记办法和吊销休眠企业、个体工商户营业执照的指导意见。对小微企业的处罚采取以告诫为主的方式，为企业创造宽松的经营环境。（市工商局）

（二）优化财税政策，强化创业扶持。

5．全面开展小微企业创业创新基地示范城市建设工作。落实小微企业创业创新空间、拓宽融资渠道、公共服务体系建设、科技成果转化等方面的财税政策，营造良好的政策和制度环境。（市财政局）

6．完善普惠性税收措施。落实科技企业孵化器、大学科技园、研发费用加计扣除、固定资产加速折旧等税收优惠政策。对符合条件的众创空间等新型孵化机构赋予其科技企业孵化器相应的税收优惠政策。落实国家提高增值税、营业税起征点的税收优惠政策。（市国税局、地税局）

7．减免行政事业性收费。对登记失业人员、残疾人、复转军人以及普通高校毕业生从事个体经营，按规定免收管理类、登记类、证照类等相关行政事业性收费。（市财政局、各相关部门）

8．发挥政府采购支持作用。完善促进中小企业发展的政府采购政策，改进采购计划编制和项目预留管理。加大创新产品和服务的采购力度，把政府采购与支持创业发展紧密结合起来。（市财政局）

（三）拓宽融资渠道，促进创业投资。

9．充分发挥政府性基金对社会资本带动作用。设立振兴发展基金、大学生及青年创业就业发展基金、各类种子基金、天使基金等，采取投资入股方式探索支持小微企业创新发展模式。（市财政局、科技局、经济和信息化委、团市委及市直各部门）

10．完善政府“助保贷”风险补偿机制。进一步扩大政府“助保贷”风险补偿资金规模，支持我市重点“小微池”企业发展；探索引入保险机制，开展政、银、保、企四方参与、风险共担合作经营模式，支持合作金融机构向无抵押、无质押、无担保的小微企业给予信用贷款，充分发挥财政资金杠杆作用。（市经济和信息化委、财政局，各区、县（市）政府）

11．支持公司制小微企业开展股权质押登记、动产抵押登记，并开展利用质押和抵押登记进行融资的宣传工作。对符合股权质押登记和动产抵押登记条件的企业，提供“一站式”服务，予以即时办理。（市工商局）

12．支持创业担保贷款发展。小额担保贷款调整为创业担保贷款。凡在我市以个体、合伙经营和组织起来创业从事各类自主创业项目（国家限制的行业除外），且已办理《就业创业证》的城乡劳动者，以及当年吸纳就业人数达到原有职工总数15%及以上的小微企业，均可享受我市创业担保贷款扶持政策。（市人力资源社会保障局、财政局、金融办、人民银行沈阳分行营管部）

13．鼓励保险业支持创业创新企业发展。发挥保险业服务优势，鼓励保险业根据我市企业需求，创新金融产品、提升服务水平，支持创业创新企业发展。（市金融办）

（四）构筑创新平台，完善支撑体系。

14．完善孵化平台。新建、改建、扩建一批中小微企业创业创新孵化器。对购置必要的设备、管理软件及公共设施改造等支出，按实际完成投资给予投资补助。（市经济和信息化委、科技局、人力资源社会保障局）

15．加快构建众创空间。利用城区老工业区、老厂区、老厂房等闲置场地，构建低成本、便利化、全要素、开放式的众创空间。根据众创空间面积、资金投入、引进项目及企业数量、吸引投资等要素，按评定等级给予适当运营费用补助。（市科技局）

16．加快创新能力建设。建设一批国家和省级工程实验室、工程研究中心、企业技术中心、国家重点实验室、工程技术研究中心。推广中科院技术创新与转化平台、沈鼓-大工研究院、远大科技园等创新发展新模式。加快建设机器人创新研究院、机器人检测与评定中心、机器人质量检验中心、工业研究院等一批重点创新平台。（市科技局、发展改革委、经济和信息化委，各区、县（市）政府）

17．获批国家和省级重点实验室、工程研究中心、工程实验室、企业技术中心、工程技术研究中心或检测中心、企业工业设计中心等创新平台建设的单位和企业，给予专项补助。（市经济和信息化委、科技局、发展改革委、财政局、服务业委）

18．加快重大科技资源的服务共享。建立统一的资源共享网络平台，将科技基础设施、大型科研仪器设备以及专利信息资源向社会开放共享。制定鼓励政策，对创新平台检验检测、工艺验证、产品研制、试验研究等大型仪器设备向社会开放服务的，按照一定比例给予补助。（市科技局、发展改革委、经济和信息化委、质监局、各区、县（市）政府）

19. 加强对外创新合作。支持中德高端装备制造产业园、中法生态园、中白工业园、远大现代农业等中外合作项目建设，优先支持装备企业“走出去”和国际产能合作，设立海外研发机构，鼓励依托互联网建设“走出去”综合服务平台。（市外经贸局）

（五）打造创业生态，拓宽创业渠道。

20. 促进科技成果转化。落实科技成果转化政策，支持科技研发成果在我市转化应用。对于小微企业购买转化高校、院所等科研机构成果的，按实际发生技术交易额的一定比例给予奖励。对企业实现转化、投产并取得效益的科技成果转化项目，经认定，按照技术交易额给予适当补助。鼓励支持小微企业引进海外先进技术并消化、吸收再创新，按照省企业引进海外先进适用技术专项资金支持政策给予等额配套支持。（市科技局、经济和信息化委）

21. 对商贸企业、服务型企业、劳动就业服务企业中的加工型企业和街道社区具有加工性质的小型企业实体，招用持《就业失业登记证》或《就业创业证》人员、自主就业退役士兵的，扣减营业税、城市维护建设税、教育费附加和企业所得税优惠。（市国税局、地税局）

22. 对成果明显的创业孵化基地、科技孵化器、重点产业集群创业创新基地，按照基地达到的面积标准和吸纳企业户数给予不同标准的专项资金补贴，按照带动就业人数不同，给予基地一定奖励。（市人力资源社会保障局、经济和信息化委、科技局、财政局）

23. 支持电子商务向基层延伸。引导和鼓励集办公服务、投融资支持、创业辅导、渠道开拓于一体的市场化网商创业平台发展。鼓励龙头企业结合乡村特点建立电子商务交易服务平台、商品集散平台和物流中心。（市服务业委）

24. 鼓励电子商务领域就业创业。经工商登记注册且已办理《就业创业证》的网络商户从业人员，同等享受各项就业创业扶持政策。未进行工商登记注册在第三方网络交易平台上的网络商户从业人员，可认定为灵活就业人员，享受灵活就业人员扶持政策，其中在第三方网络交易平台上实名注册、稳定经营且信誉良好的网络商户创业者，可按规定享受创业担保贷款及贴息政策。（市人力资源社会保障局、财政局、工商局、人民银行沈阳分行营管部）

25. 支持返乡创业发展。结合城乡区域特点，建立有市场竞争力的协作创业模式，形成各具特色的返乡人员创业联盟。引导返乡创业人员融入特色专业市场，打造具有区域特点的创业集群和优势产业集群。深入实施农村青年创业富民行动，支持返乡创业人员因地制宜围绕休闲农业、农产品深加工、乡村旅游、农村服务业等开展创业，完善家庭农场等新型农业经营主体发展环境。（市人力资源社会保障局、农经委、规划国土局、服务业委、地税局、工商局、旅游局、金融办）

（六）强化创新服务，培育新增长点。

26. 发展“互联网+”创业服务。加快建设“互联网+”创业网络体系，建设一批小微企业创业创新基地，促进创业与创新、创业与就业、线上与线下相结合，降低全社会创业门槛和成本。（市经济和信息化委）

27. 加强政府数据开放共享，推动大型互联网企业和基础电信企业向创业者开放计算、存储和数据资源；积极推广众包、用户参与设计、云设计等新型研发组织模式和创业创新模式。（市大数据局）

28. 大力发展第三方专业服务。加快发展企业管理、财务咨询、市场营销、人力资源、法律顾问、知识产权、检验检测、现代物流等第三方专业化服务，不断丰富和完善公益创业服务。（市人力资源社会保障局、财政局）

29. 开展“创业大街”和“创业园区”创建活动。各区、县（市）要结合本地区实际，建立“创业大街”、“创业园区”。对进入区域创业的企业和个体工商户，在登记注册等方面提供方便快捷的准入服务。（市工商局、各区、县（市）政府）

30. 鼓励各区、县（市）积极争创省级创业型区县（市），对政策落实好、创业环境优、工作成效显著，被认定为省级创业型区县（市）的，市财政部门按省奖励标准给予一次性50万就业专项奖励。（市人力资源社会保障局、财政局）

31. 推进以企业为主体的创新链整合。以突破制约产业发展关键核心技术为重点，延伸产业链条，组织实施重大创新工程，打通基础研究、应用开发、中试和产业化之间的创新链条。强化机器人、轨道交通、航空装备、半导体装备、生物制药、云计算等产业与技术创新联盟建设，促进协同发展和创新链整合。（市科技局、经济和信息化委）

32. 进一步壮大新兴产业。组织编制新兴产业三年行动计划，发展壮大一批我市有基础、有优势、有竞争力的新兴产业和龙头企业。组织编制机器人、民用航空、信息服务等新兴产业项目实施方案。通过产业链、资金链、创新链、政策链推动产业转型升级。（市发展改革委、经济和信息化委）

33. 大力培育新兴业态。落实市政府《关于我市优先培育新兴业态的指导意见》，大力培育互联网金融、电子商务、文化创意、会展业等新兴业态。（行业主管部门各负其责）

（七）完善人才激励机制，激发主体活力

34. 全面做好新形势下人才工作。落实国家“千人计划”、“万人计划”、中科院“百人计划”及我市“盛京人才”战略，加强人才培养与引进。大力发展现代职业教育。开展人才引进改革试点工作。（市人才办、人力资源社会保障局）

35. 对省政府认定的引进海外研发团队项目，按照省有关政策进行等额配套奖励。对市政府认定的引进海外研发团队项目给予专项补助。（市人力资源社会保障局）

36. 支持科研人员创业创新。加快落实高校、科研院所等专业技术人员离岗创业政策，对经同意离岗的可在3年内保留人事关系，建立健全科研人员双向流动机制。高校和科研院所科技成果转化所获收益用于奖励科研负责人、骨干技术人员等重要贡献人员和团队的比例不低于50%。对高端科技人才投身小微企业科技研发工作的，给予适当奖励。（市人力资源社会保障局、科技局、教育局）

37. 支持大学生创业。落实沈阳市大学生创业引领计划，普及创业教育，加强创业培训，提供工商登记和银行开户便利，提供资金和创业经营场所支持，着力解决人才后顾之忧，吸引高学历毕业生服务沈阳经济发展。（市人力资源社会保障局、教育局、财政局、房产局、工商局）

四、加强组织领导，落实各项任务

38．加强组织领导。成立以市长任组长、常务副市长任常务副组长、相关副市长任副组长的沈阳市推进大众创业万众创新工作领导小组，组织开展我市大众创业万众创新工作，协调解决工作中的重大问题。领导小组办公室设在市发展改革委，负责日常工作。

39．建立联席会议制度。由领导小组办公室作为召集单位，定期召开联席会议，通报我市大众创业万众创新工作进展情况，研究审定各领域有关创业创新工作的实施方案，制定支持大众创业万众创新的相关政策。

40．营造鼓励创新创业的氛围。树立崇尚创新、宽容失败的价值导向，大力培育创客文化。高校、科研院所和职业院校要深化教育改革，营造敢为人先、敢冒风险的氛围与环境，培养学生创新精神、创业意识和创新创业能力。

41．切实抓好工作落实。各地区、各部门、各单位要进一步统一思想认识，高度重视，对照《国务院关于大力推进大众创业万众创新若干政策措施的意见》（国发〔2015〕32号）任务分工和进度安排，落实工作责任，形成政策合力，主动作为、敢于担当，积极研究解决新问题，及时总结推广经验做法，抓紧落实促进大众创业万众创新的各项政策措施，确保各项政策措施落地生根。

沈阳市人民政府
2015年8月25日

大连市支持高层次人才创新创业若干规定

（大委发〔2015〕8号）

第一章 总 则

第一条 为支持高层次人才创新创业，深入实施创新驱动发展战略，加快形成“大众创业、万众创新”的良好局面，助推我市“两先区”建设，制定本规定。

第二条 本规定适用于高层次人才及团队在连创新创业，主要包括高层次人才创新支持、科技人才创业支持、重点领域创新团队支持、重点产业紧缺人才引进、海外优秀专家集聚5项专项计划及相关配套服务。

第三条 通过实施本规定，做大人才增量、做优人才存量，使高层次人才创新创业活动更好地服务我市经济社会发展。到2020年，支持具有突出成就的高层次人才120名，培养在产学研协同创新上具备较大发展潜力的青年科技储备人才660名，支持取得先进科技成果、掌握核心关键技术、带动我市重点领域和战略性新兴产业发展的科技创业人才120名、创新团队120个，引进我市重点产业急需紧缺人才1200名，支持海外引智项目600项，培育一批具有创新精神的科技精英和企业家。

第四条 实施本规定坚持以下原则：

（一）创新机制，激发活力。坚持政府引导与市场配置、社会参与有机结合，增强人才体制机制灵活度和人才政策开放度，最大限度激发高层次人才的创造力。

（二）整体规划，打造品牌。统筹设计，集成现行政策，实施专项支持计划，发挥整体竞争优势，构建统分结合、纵横配套的人才政策体系，打造大连人才工作品牌。

（三）产业集聚，高端引领。围绕我市重点发展的产业、行业和领域，引进培养服务经济社会发展的高层次人才、紧缺型人才和创业型人才，发挥创新创业示范作用。

第二章 专项计划

第五条 实施高层次人才创新支持计划，鼓励高层次人才在连开展创新性研究。

（一）顶尖及领军人才。每年支持具有较高学术造诣、较强创新能力、较大社会影响力的高层次人才20名左右。支持人选主要包括中国科学院院士、中国工程院院士、国家“万人计划”杰出人才人选、长江学者特聘教授、国家“千人计划”创新人才长期项目人选、国家杰出青年科学基金获得者、国家“百千万人才工程”百人层次人选、国家创新人才推进计划中青年科技创新领军人才人选等。

给予高层次人才连续2年、每年200万元项目资金支持。高层次人才承担国家科技计划项目，按政策予以配套支持；科研项目成果通过技术市场在连实现转化和产业化，符合条件的给予最高100万元补贴。

（二）中青年创新人才。每年遴选培养杰出青年科技人才10名左右、青年科技之星100名左右，年龄分别不超过40周岁和35周岁。

获评杰出青年科技人才，给予连续2年、每年50万元项目资金支持；获评青年科技之星，一次性给予10万元项目资金支持。中青年创新人才承担国家、省级科技计划项目，按政策予以配套支持；入选国家“千人计划”“万人计划”及相当层次人才工程的，给予一次性最高100万元项目资金支持。

第六条 实施科技人才创业支持计划。鼓励拥有自主知识产权或掌握核心技术，具有自主创业经验，熟悉相关产业领域的高层次人才开展创业活动。每年支持创业项目20项，支持周期3—5年。支持人选主要包括国家“千人计划”创业人才人选、国家创新人才推进计划科技创新创业人才人选等，年龄一般不超过55周岁；其企业注册时间不超过5年，经营业绩良好且市场开发前景广阔。

入选项目在支持周期内，给予总额100万—500万元创业扶持资金；取得社会化风险投资支持的，可给予风险投资总额20%的风险跟投支持，总额最高200万元；获得银行贷款的，给予当年利息额50%的贷款贴息，总额最高100万元；创业人才承担国家科技计划项目且在连实施，按政策予以配套支持。

第七条 实施重点领域创新团队支持计划。支持企业引进和培养以领军型人才或技术型专家为核心的创新团队，依托我市重点发展领域的平台和项目，实施有望突破核心技术、提升产业水平的创新活动。每年遴选支持创新团队20个，支持周期3—5年。创新团队应有承担重大科研课题、重点工程和重大建设项目经历，核心成员5人以上且与企业签订正式合同；团队带头人每年在连工作时间累计9个月以上，其他核心成员6个月以上。

入选团队在支持周期内，给予总额100万—300万元项目资金支持；研发成果实现产业化且市场前景广阔的，给予最高500万元产业化配套资金；产业化项目取得社会化风险投资支持的，可给予风险投资总额20%的风险跟投支持，总额最高500万元；产业化项目获得银行贷款的，给予当年利息额50%的贷款贴息，总额最高100万元。团队核心成员承担国家科技计划项目且在连实施，按政策予以配套支持。

第八条 实施重点产业紧缺人才引进计划。面向石化、装备制造、造船、电子信息、新能源、新材料、电子商务、金融、期货交易、软件和信息服务、旅游、现代农业等重点产业、行业和领域，以及教育、文化、卫生等社会事业领域，建立大连市重点产业紧缺人才目录年度发布制度。

全职引进符合大连市重点产业紧缺人才目录的紧缺型人才，岗位需求程度达到“一般紧缺”以上且具有硕士以上学位、高级专业技术资格或国家二级以上职业资格的，享受政府薪酬补贴，每年遴选支持200名左右。岗位需求“一般紧缺”的，补贴标准为10万元；岗位需求“比较紧缺”的，补贴标准为15万元；对有助于提升企业核心竞争力、扩大市场占有率以及推进重点项目建设的“非常紧缺”人才，补贴标准为20万—30万元。

第九条 实施海外优秀专家集聚计划。鼓励企事业单位引进拥有先进科技成果和管理理念、我市重点产业和领域急需紧缺的高层次外国专家、港澳台专家及持有国外长期居留资格证的华裔专家。海外优秀专家应与引智单位签订正式聘用合同或合作协议，原则上每年累计在连工作时间不少于1个月。每年引进各类海外专家1000人次，其中优秀项目专家500人次；遴选支持引智项目100项，推广引智项目成果10项。

海外专家项目获得国家和省级立项的，给予引智项目单位最低1：1资金配套支持。获得市级立项的，给予引智项目单位资金支持。对引进专家针对性强，促进企业科技创新和新产品、新技术、新工艺研发，解决企业发展技术瓶颈问题的中小企业项目，每项给予10万—20万元资助；对引进专家层次较高，掌握关键核心技术，推动我市优势产业健康发展的专项项目，每项给予30万—50万元资助；对引进专家层次高，掌握世界前沿技术，引领和带动作用显著，在我市战略性新兴产业领域发挥重大作用的重点项目，每项给予80万—100万元资助。同时，对于引智成果突出，创造效益明显的项目，将在项目研发周期内给予持续支持。鼓励引智成果示范推广，对引进专家层次较高、成果示范推广价值较大、具有较好的产业化前景的项目，每项给予10万—20万元资助；对引进专家层次高、成果带动作用突出、示范推广产生显著经济社会效益的项目，每项给予30万—50万元资助。

第三章 配套服务

第十条 完善“科技指南针”线上线下服务载体建设，建成汇聚知识、技术、资本、人才等创新要素，为全市科技型创新企业和高层次人才提供科技金融、技术研发、资源共享、创业孵化等专业化服务平台。

（一）科技创新平台。在连企业、高校、科研机构承担建设国家级或省级工程技术（研究）中心、企业技术中心、重点实验室、工程实验室的，分别给予200万元和50万元补贴。获批设立国家博士后科研工作站、辽宁省博士后创新实践基地的，分别给予50万元和20万元建站资助。建设产业技术研究院，培育协同创新基地，支持高层次人才开展协同创新。

（二）资源共享平台。支持大型科学仪器、分析检测试验、科技文献查询检索等资源共享平台建设和运营。发挥“科技指南针”服务平台载体作用，注册会员可免费使用万方数据资源。高层次人才创新创业可享受大型仪器设备共享补贴。

（三）科技金融平台。设立科技金融专营机构，促进科技与金融合作对接。发挥市创业投资引导基金作用，引导设立创业投资基金、私募股权投资基金等投资机构。政府首批出资2亿元并逐步增加资金规模，以科技成果转化引导、科技担保、科技风险补偿、科技保险补贴等政策手段引导和支持科技金融专属产品开发和应用。

（四）创业服务平台。推进科技创业导师行动计划和国家级标杆孵化器培育计划，建立支持科技创业企业成长的持续推进机制和全程孵化体系。市级以上创业孵化基地成功孵化科技人才创业项目的，给予20万—50万元孵化补贴；遴选创新型孵化器、创客空间、大学科技园等创业服务平台，给予最高200万元补贴。

第十一条 及时为符合政策规定的引进高层次人才及其共同居住生活的配偶、未成年子女办理落户、居留证件或签证等相关手续。海外优秀专家持非“Z”字签证入境的，如需在连长期工作，可不受签证种类限制，直接为其办理外国专家证和工作类居留证件，其外籍配偶和未满18周岁子女可办理2—5年外国人居留证件。

第十二条 对符合条件的高层次人才，给予发放特诊医疗证、开辟就医就诊绿色通道、享受免费体检等方面服务。海外优秀专家长期在连工作服务，聘请单位为其办理社会保险的，给予每人每月缴费额度50%补贴；聘请单位为其购买《外籍及港澳台人士综合医疗保险》的，给予每人每年保费额50%的商业补充保险补贴。

第十三条 整合人才公共服务资源，构建宣传、服务和招聘一体化的服务体系。

（一）开辟高层次人才服务窗口，为高层次人才开展创新创业活动提供政策咨询、落户办理、居留许可、档案管理、子女就学、配偶就业、医疗保健、项目申报、企业注册登记等一站式服务。

（二）发挥“海创周”引才纳智平台作用，拓展“政校企”招聘协作平台，与国内重点城市及高校建立信息发布协作体。针对重点产业、行业或领域的高层次人才、紧缺型人才需求，定期组织企事业单位赴国内外招聘。

（三）鼓励我市人力资源服务机构发展高级人才寻访业务，招徕海内外高层次人才来连创新创业。每成功推荐一名全职引进的高层次人才，符合条件的一次性给予2万—10万元奖励。设立外埠引才工作站或联系点，符合条件的一次性给予5万—10万元建站资助。

第十四条 围绕高层次人才流动配置、培养使用、评价激励、产学研合作、服务主导产业发展等，推进人才管理领域改革创新。

（一）建立健全人才奖励荣誉制度。设立大连人才功勋奖，授予为我市经济社会发展做出卓越贡献的个人或团队，每3年选拔奖励一次，每次不超过5名，每人给予30万元津贴；选拔市突出贡献专家、优秀专家，每人分别给予5万元和2万元津贴；选拔市政府特殊津贴人员、特聘专家突出贡献奖，每人给予2万元津贴；实施“星海友谊奖”评选表彰，获评国家及省、市“友谊奖”的，每人给予1万元津贴。

（二）入选本规定的高层次人才申报国家及省、市重大人才工程和项目，予以优先推荐或重点支持；参加专业技术资格评审且符合考核认定条件的，可即时办理考核认定；在市属事业单位从事技术研发、成果转让工作且符合条件的，创办科技型中小企业或以个人股份进入科技型企业，经本单位同意，3年内保留人事关系，允许回原单位申报专业技术资格，其在企业从事本专业工作期间的业绩，可作为专业技术资格评价依据。

（三）具有突出创新创业能力的国内外顶尖人才，以及对我市经济社会发展做出突出贡献的高层次人才，由市人才工作领导小组审定，可按“一事一议、特事特办”原则，实施个性化支持政策。

第四章 工作机制

第十五条 本规定由市人才工作领导小组在市委、市政府统一领导下组织实施。市委组织部、市科技局、市财政局、市人社局牵头协调，有关部门各司其职、协作配合。

第十六条 市及区市县（开放先导区）要分别建立支持高层次人才创新创业专项资金，保障本规定的实施。享受本规定财政扶持政策的高层次人才和团队，所在单位管理权限或税收征管权限属区市县（开放先导区）的，财政扶持资金由市、区市县（开放先导区）两级财政按照1：1比例分担。

第十七条 建立绩效评估机制，科学设置考评指标体系，引入第三方评价机构进行评估。根据绩效评估情况，及时调整完善本规定有关政策，提高财政资金使用绩效。

第十八条 建立考核评估与人选退出机制，运用市场化手段评价、激励人才。坚持用人单位主体作用，规范用人单位与高层次人才之间的契约行为。对作用发挥不明显或存在品行不端、违法乱纪等行为的，经核实认定，取消对其支持政策。

第十九条 面向海内外宣传推介大连人才工作品牌，提高知名度和影响力。加强高层次人才创新创业突出事迹宣传，营造全社会爱才识才用才重才的良好氛围，形成引得进、留得住、用得好的人才发展环境。

第五章 附 则

第二十条 本规定所称全职引进，一般是指在连创业或与我市用人单位签订不少于5年劳动（聘用）合同，在连缴纳社会保险并取得合法居留手续。柔性引进，一般是指不转入人事关系和工资关系，只与我市用人单位签订聘用协议，实行季节工作制或短期工作制。

第二十一条 鼓励支持高层次人才到北三市、长海县创新创业，同等条件下优先支持其入选本规定的专项计划。

第二十二条 大连市“海外高层次人才引进”“领军人才培养”“企业博士后人才集聚”“高端医学人才引进”等重大政策所引进和培养的高层次人才在连创新创业，比照享受本规定配套服务政策，具体办法另行制定。

第二十三条 高层次人才在连创新创业，同一项目或待遇符合我市多项人才政策规定条件的，按照“就高不重复”的原则兑现相关待遇。

第二十四条 本规定由市人才工作领导小组办公室会同市科技局、市人社局等有关部门负责解释。各区市县（开放先导区）可根据本规定，结合实际制定相应政策措施。

第二十五条 本规定自发布之日起施行。以前有关规定，凡与本规定不一致的，以本规定为准。

中共大连市委

大连市人民政府

2015年3月27日

吉林省人民政府
关于推进大众创业万众创新若干政策措施的实施意见

（吉政发〔2015〕54号）

推进大众创业、万众创新，激发全社会创业创新活力，是破解当前经济发展遇到的新困难和挑战的重要举措，是推动新一轮振兴发展的动力之源。为贯彻落实《国务院关于大力推进大众创业万众创新若干政策措施的意见》（国发〔2015〕32号）精神，结合我省实际，现提出以下实施意见：

一、总体思路和主要目标

（一）总体思路。认真贯彻党的十八大和十八届二中、三中、四中、五中全会精神以及习近平总书记来吉林省视察时重要讲话精神，按照“发挥五个优势、推进五项举措、加快五大发展”要求，着眼激发调动全社会的创业创新热情，坚持放宽政策、放开市场、放活主体，通过体制机制创新、健全普惠性政策措施，构建有利于创业创新的政策环境、制度环境和公共服务体系，形成创业创新的良好氛围，以创业带动就业，以创新促进发展，为推动新一轮振兴发展集聚新动能。

——突出营造环境。围绕激发市场主体活力，从完善体制机制、搞活体制机制入手，推进简政放权，转变政府职能，寓管理于服务之中，加快形成同市场完全对接、充满内在活力的体制机制，为创业者提供更加优质的服务。

——突出释放活力。尊重创业创新规律，鼓励有创业意愿且有创业能力的人迈出“第一步”，切实解决创业者面临的资金需求、市场信息、政策扶持、技术支撑、公共服务等问题，最大限度拓展市场空间，创造更多的创业机会。

——突出政策协同。统筹全省创业、创新、就业各类政策，加强部门和地方的协同，完善政策目录，加强政策联动，提供政策“套餐”，鼓励先行先试，推广创业创新经验，努力形成政策合力，为创业创新助力。

——突出开放合作。抢抓“一带一路”、东北新一轮振兴、中韩经贸合作等国家战略机遇，坚持“引进来”“走出去”，促进人才、资本、技术、知识等创新要素跨地区、跨行业自由流动，主动参与竞争，提升市场化程度。

（二）主要目标。普惠性政策扶持体系更加完善，创业创新服务体系初步形成，各类创业创新公共服务平台支撑作用显著增强，各类市场主体创业创新步伐加快，不断开办新企业、开发新产品、开拓新市场、培育新产业，形成小企业“铺天盖地”、大企业“顶天立地”的发展格局，打造新引擎，形成新动力。

二、优化创业环境

（三）完善公平竞争的市场环境。加快实施信息惠民、智慧城市等民生工程，增加公共产品和服务供给，创造更多创业机会。落实国家公平竞争审查制度，推动建立统一透明、有序规范的市场环境。清理规范涉企收费项目，完善收费目录管理制度，制定事中事后监管办法。完善信用信息共建共享平台，逐步在行政管理、社会公共服务、市场交易、社会信息体系建设等领域推广使用。

（四）推进商事制度改革。加快“五证合一”登记制度改革，推进全程电子化登记和电子营业执照应用。简化住所登记手续，实行“一址多照”“一照多址”等住所登记改革。执行国家市场准入等负面清单，破除不合理的行业准入限制。探索开展企业简易注销试点，建立便捷的市场退出机制。建立吉林省企业信用信息公示系统，建设小微企业名录，增强创业企业信息透明度。

（五）严格保护知识产权。严格执行国家有关法律、法规，完善知识产权快速维权与维权援助机制，加大对反复侵权、恶意侵权等行为的处罚力度，将恶意侵权纳入社会信用体系。加大对商业场所、展会、电子商务服务、文化传媒创意等领域的知识产权保护和监管力度。建立知识产权第三方评估体系，为专利转让、知识产权质押等创造公平环境。

（六）健全人才培养和流动机制。建立重点产业、行业、企业人才需求动态监测体系，促进创业人员与岗位需求对接。加快完善创业创新教育体系，将创业创新课程纳入学分管理，建立在线开放课程学习和学分认定制度。推进社会保障制度改革，破除人才自由流动的制度障碍，实现党政机关、企事业单位、社会各方面人才顺畅流动，让有梦想、有意愿、有能力的人才能够脱颖而出。

三、优化支持创业的财税政策

（七）加大财政资金支持力度。通过现有各类创业投资引导基金，发挥财政资金杠杆作用，通过市场机制引导社会资本和金融资本支持创业创新，重点支持初创期、种子期、发展期的科技型企业。各地区可研究对孵化机构的办公用房、用水、用电、网络等软硬件设施给予适当补贴，并通过政府购买服务，减轻创业者负担。加大对创业创新载体支持力度，对于社会创建各类新型孵化器，按照孵化的项目数量和产生的社会效益，各地区可研究给予适当支持。

（八）落实普惠性税收政策。落实科技企业孵化器、大学科技园、研发费用加计扣除、固定资产加速折旧等税收优惠政策。对符合条件的众创空间等新型孵化机构，适用科技企业孵化器税收优惠政策。按照国家试点推广要求，推广中关村国家自主创新示范区税收试点政策，落实企业转增股本分期缴纳个人所得税政策、股权奖励分期缴纳个人所得税试点政策。落实扶持小微企业发展以及促进高校毕业生、残疾人、退役军人、登记失业人员等创业就业的各项税收政策。

（九）发挥政府采购支持作用。完善促进中小企业发展的政府采购政策，加强对采购单位的政策指导和监督检查，加强对创新产品和创新服务的政府采购，加大对中小微企业发展的支持力度。

四、强化支持创业的金融服务

（十）支持创业企业融资。发挥资本市场作用，引导和鼓励创业企业在主板、中小板、创业板、“新三板”上市（挂牌）融资。推动创业企业通过发行各类债券、资产支持证券（票据）、吸收私募基金等方式融资。打通并完善中小微企业市场融资渠道，尤其是上市融资渠道，保护早期风险投资者的投资意愿。

（十一）创新银行支持方式。鼓励银行开展针对创业企业的金融服务，优化管理方式，提供多样化金融产品。推动银行与其他金融机构合作，探索为企业创新活动提供股权和债权相结合的融资服务，与创业投资、股权投资机构实现投贷联动。探索知识产权质押融资市场化风险补偿机制，简化知识产权质押融资流程。

（十二）完善融资担保体系。鼓励政府出资的融资机构对创业创新贷款担保取消反担保条件，简化小额担保贷款申请手续，开展网上申请和办理服务。

（十三）拓宽创业融资渠道。鼓励创业企业利用债券市场融资或利用“新三板”进行股权转让融资。引导互联网金融健康发展，大力发展知识产权、股权质押融资，加快发展科技保险，推进专利保险试点，争取开展股权众筹融资试点。

五、扩大创业投资

（十四）建立创业投资引导机制。争取国家新兴产业创业投资基金、科技型中小企业创业投资引导基金、国家科技成果转化基金等基金与我省各类创业投资基金合作，扩大我省创业投资基金规模。加快推动创业投资资金、科技型中小企业创业投资引导资金、中小企业和民营经济发展基金等各类政策性基金协同联动。推进省创业投资行业协会建设，加强行业自律，组织风险投资、创业投资、产业投资、并购投资等联合开展创业创新投资活动。

（十五）拓宽创业投资资金供给渠道。实施新兴产业“双创”三年行动计划，建立一批新兴产业创业创新示范基地，建立引导社会资金支持创业创新的有效机制。探索“财、银、投、保、债”联动新模式，加大对创业创新企业的融资支持。

（十六）发展国有资本创业投资。引导和鼓励国有企业参股省新兴产业创业投资基金，发挥国有企业行业和资本优势，优化创业投资基金结构。

（十七）推动创业投资“引进来”与“走出去”。鼓励域外创业投资机构来我省开展创投业务，重点围绕我省优势特色产业，加大创业辅导力度，强化项目梳理、遴选，定期举办路演、推介活动。引导和鼓励省内创业投资机构加大对域外高端研发项目的投资，分享创新成果。鼓励省内外创业投资机构合作发展，互惠共赢。

六、发展创业服务业

（十八）鼓励发展创业孵化服务。鼓励发展新服务、新生态、新潮流、新概念、新模式、新文化“六新”特征的新型孵化机构，形成创新与创业相结合、线上与线下相结合、孵化与投资相结合的孵化培育体系。支持各类园区整合场地、人才、技术和产业资源，吸引区域骨干企业、投资机构等社会力量参与众创空间建设。引导和鼓励各类创业孵化器与天使投资、创业投资相结合，完善“天使投资+合伙人制+股权众筹”等新型投融资模式。引导和推动创业孵化机构与高校、科研院所开展技术合作，完善技术支撑服务。

（十九）加快发展第三方创业服务。加快发展企业管理、财务咨询、市场营销、人力资源、法律顾问、知识产权、检验检测、现代物流等第三方专业化服务，培育和发展一批创业服务企业。推动中介机构创新服务方式，提升服务能力，向技术集成、产品设计、工艺配套等领域拓展。

（二十）发展“互联网+”创业服务。加快建设“互联网+”创业网络服务体系，建设一批小微企业创业创新基地，建设培训平台，开展线上培训。推进国家电子商务示范城市、示范基地、示范企业建设，实施小微电子商务企业培育计划，推进中小城市和农村电子商务发展。

七、完善创业创新服务平台

（二十一）建设创业创新公共平台。搭建帮扶创业信息平台，增强信息透明度，完善“一站式”服务功能。支持和鼓励有条件的高校、科研院所、企业创建创新型孵化器，为有创业意愿、有创业能力的科研人员和青年学生提供创业支持。依托省级以上重点实验室、工程实验室、工程（技术）研究中心、企业技术中心等平台，健全面向中小微企业的开放共享机制。鼓励省级以上产业园区、产业集聚区建设专业化创业创新平台。加快建设中德工业园、中俄科技园、中韩产业园等园区，落实促进小微企业发展的支持政策。

（二十二）健全公共服务体系。搭建风险投资与创业创新成果对接平台，推进科技成果熟化转化。建设和完善科技企业孵化器和大学科技园等公共基础设施，加快建设长春北湖科技园和吉林青年创业园。推广辽源东北袜业园“平台+服务”的发展模式，为创业者提供厂房、设备等标准化设施，配套金融、人力资源、研发检测、信息网络、营销策划、投资咨询等专业化服务，推动实现“零成本投资创业”。鼓励大型企业建立专业技术孵化平台，联合高校、科研院所、金融机构等开展技术成果转化和交易。

（二十三）推动创业创新发展联盟建设。构建区域创业创新发展联盟，以企业为主体，加快产业链整合，布局全产业链的产业协同发展体系，促进各地差异化、互补式发展。围绕传统新兴特色产业组建各类产业创业创新发展联盟，实现创业创新资源的共享和流动。

八、激发创业主体的创业活力

（二十四）调动科研人员创业积极性。探索高校、科研院所等事业单位科研人员在职创业、离岗创业有关政策。对于离岗创业的人员，经原单位同意，可在3年内保留人事关系，与其他在岗人员同等享有参加职称评聘、岗位等级晋升和社会保险等方面的权利。结合事业单位分类改革要求，将财政资金支持形成的，不涉及国防、国家安全、国家利益、重大社会公共利益的科技成果，项目承担单位享有其使用权、处置权和收益分配权，单位主管部门和财政部门对科技成果在境内的使用、处置不再审批或备案。科技成果转化所得收入全部留归单位，纳入单位预算，实行统一管理，处置收入不再上缴国库。高校、科研机构科研人员职务发明成果在本省转化所获净收益（或成果形成股权、股权收益），以不低于70%的比例奖励给成果完成人（团队）和为科技成果转化作出重要贡献人员，奖励比例上不封顶。鼓励国有科技型企业建立科研人员激励机制，对职务发明成果发明人给予股权和分红激励。

（二十五）支持大学生（技工院校毕业生）创业。实施大学生（技工院校毕业生）创业引领计划，鼓励高校（技工院校）设立就业创业基金。建立健全大学生（技工院校毕业生）创业指导服务机构，推进创业俱乐部和创业园建设，强化创业教育和培训体系建设。设立大学生创业服务中心，为大学生创业提供政策咨询、信息对接、产品展示等一站式服务。依托大学科技园等创业创新平台打造创业教育实践基地，利用各级工商业联合会、协会、商会资源为大学生提供零成本实习见习。引导和鼓励成功创业者、知名企业家、天使和创业投资人、专家学者等担任兼职创业导师，提供创业方案、创业渠道等创业辅导。鼓励在校大学生创业，支持有条件的学校实行弹性学制，放宽修业年限，允许调整学业进程和保留学籍休学创业。依托吉林大学、东北师范大学、长春理工大学等开展各类创业创新大赛，积极参加国家组织的各类创业创新活动。

（二十六）支持域外人才来我省创业。鼓励域外院士、“千人计划”专家、知名企业家等高端人才，特别是吉林籍高端人才，带技术、带项目、带资金来我省创办科技型企业。省引才计划重点向创业类人才和企业急需紧缺人才倾斜，对入选省引才计划的创业人才，省人才开发基金给予资金支持。实施省高层次人才创业基地支持计划，重点支持一批科技企业孵化器、科技创业园等创业孵化平台，集聚各类高端人才在我省创业。加快建设长春高新技术产业开发区、吉林高新技术产业开发区等留学人员创业园，完善办公场所免房租等优惠政策。各地区可研究对回国创业高端人才和境外高端人才来我省创办高科技企业给予一次性创业启动资金，在配偶就业、子女入学、医疗、住房、社会保障等方面完善支持政策。

（二十七）鼓励农村劳动力创业。依托现有园区，建设一批农民返乡创业基地，鼓励各类企业和社会机构利用现有资源，搭建一批农民创业示范基地和见习基地。扶持有技能、资金和经营能力的农民工返乡创业，带头创办家庭农场、领办农民合作社和兴办农业社会化服务组织，落实定向减税和普遍性降费政策。培训一批农民创业辅导员，建立专兼职教师、专业技术人员与创业农民结对帮扶制度，鼓励中高等职业院校毕业生回乡创业。支持农民网上创业，大力发展“互联网+电子商务”，积极组织创业农民与企业、市场和园区对接，推进农村青年创业富民行动。

（二十八）促进退役军人、自主就业退役士兵群体就业。完善促进自主择业军转干部、自主就业退役士兵就业创业政策，组织实施就业技能培训和创业培训，搭建就业创业服务平台。鼓励有条件的地方和单位建设军队转业干部创业孵化基地，提供相关政策扶持。

九、拓展城乡就业渠道

（二十九）落实电子商务促进政策。经工商登记注册的网络商户从业人员，同等享受各项就业创业扶持政策。未进行工商登记注册的网络商户从业人员，可认定为灵活就业人员，享受灵活就业人员扶持政策。加快建设电子商务创业园区，支持各类创业孵化基地为电子商务创业人员提供场地支持和创业孵化服务。

（三十）完善基层创业支撑服务。加强社保、住房、教育、医疗等公共服务体系建设，完善跨区域转移接续制度，促进创业人员自由流动。完善政府购买培训服务机制，逐步提高职业培训补贴标准。支持各类办学主体通过独资、合资、合作等形式举办民办职业教育培训。建设职业技能公共实训基地，强化职业技术培训，提高就业者素质。

十、营造创业创新的社会氛围

（三十一）营造良好的社会氛围。加强对大众创业、万众创新的新闻宣传和舆论引导，重点推介创业创新的成功案例和典型人物，充分发挥创业创新榜样的激励作用。树立崇尚创新、创业致富的价值导向，培育企业家精神和创客文化，引导全社会支持创业创新工作，引导各类劳动者转变观念，努力将新想法、新创意转化为创业活动。

十一、保障措施

（三十二）加强组织领导。建立由省发展改革委牵头的推进大众创业万众创新部门联席会议制度，统筹协调推进大众创业、万众创新相关工作，研究提出政策措施建议，及时向省政府报告有关工作进展情况。

（三十三）加强政策统筹。各地、各部门要梳理支持创业创新的政策，加强政府、企业、创业者之间的信息沟通和相互协作，积极开展支持创业创新的各类试点工作，探索支持创业创新的新政策、新机制。

（三十四）加强责任落实。各地、各部门要结合实际制定具体的政策措施，明确目标任务，落实工作分工，加强协调联动，强化对政策落实情况的检查督查，促进形成大众创业、万众创新蓬勃发展的良好局面。

附件：任务分工表（略）

吉林省人民政府

2015年12月23日

吉林省人民政府办公厅
关于发展众创空间推进大众创新创业的实施意见

（吉政办发〔2015〕31号）

为深入贯彻落实党中央、国务院关于进一步激励大众创业、万众创新、打造中国经济发展新引擎的决策部署，加快推动我省众创空间健康发展，促进大众创新创业，根据《国务院办公厅关于发展众创空间推进大众创新创业的指导意见》（国办发〔2015〕9号）精神，经省政府同意，提出以下实施意见：

一、总体要求

（一）指导思想。以实施创新驱动发展战略为统领，按照国务院关于营造良好创新创业环境、激发全社会创新创业活力的部署和要求，主动适应经济发展新常态，深入推进体制机制改革，加大简政放权力度，加快政府职能转变，有效整合资源，集成落实政策，完善服务模式，培育创新文化，激发市场活力，引导和推动我省众创空间快速发展，加快形成“大众创业、万众创新”的生动局面，打造我省经济社会发展的新引擎。

（二）基本原则。

打破行政壁垒。坚持改革，简政放权，破除一切制约大众创新创业的思想障碍和制度藩篱，消除行政管理横向、纵向限制，紧扣创新创业实际需求，不断完善并建立有利于创新创业的政策体系，优化市场环境，降低创新创业成本，保障创新创业者的合法权益，增强大众创新创业的吸引力。

遵循市场规律。充分发挥市场配置资源的决定性作用，以社会力量为主构建市场化的众创空间。坚持“事前”不干预，让市场优化众创空间资源配置、决定众创空间的运营模式和服务方向，促进创新创意与市场需求和社会资本有效对接。加强“事中”指导和“事后”扶持，助推众创空间成长壮大，助力大众创新创业。

创新孵化模式。充分运用互联网和开源技术，打破地域界限和体系内封闭循环，整合利用各方资源，构建“进入自愿、退出自由、互助互利、共同发展”的开放式创新创业孵化服务机构，为广大创新创业者提供开放式的工作空间、网络空间、交流空间、资源共享空间以及基本生存服务和深度特色服务，满足大众创新创业需求。

（三）发展目标。到2020年，形成完善的创新创业政策体系、服务体系和浓厚的社会创新创业文化氛围。培育一批天使投资人和创业投资机构；建成100家以上能有效满足大众创新创业需求、具有较强专业化服务能力的众创空间等新型创业服务平台；实现在孵企业达到5000家以上、聚集创客1万人以上，累计毕业企业达到1000家以上；努力孵化出一批具有高成长潜力的高新技术企业，培养出一批高水平的创业企业家，转化一批高水平的自主创新成果，使我省的众创空间等新型创业服务平台建设跻身全国中前列，在全省形成中小企业不断涌现、不断成长壮大的新局面，为创新型吉林建设奠定坚实基础。

二、重点任务

（一）加快构建众创空间。建立部门联动，发挥政策集成和协同效应，加快推进我省众创空间建设。加强传统孵化机构升级改造，建立健全孵化机构服务和评价指标体系，引导现有孵化机构完善以提高服务能力为核心的管理体制机制，加快引入现代企业运营模式，打破物理空间局限，释放创新创业优惠政策集聚和“硬件”设施完善的优势，吸引各类创新创业要素聚合，加快形成与众创空间要求相适应的服务能力。加强优势资源的利用，支持国家高新技术产业开发区充分发挥体制和政策优势，整合场地、人才、技术和产业资源，吸引区域骨干企业、投资机构等社会力量参与众创空间建设，在全新的起点上推动创新创业服务规模化、体系化发展，努力将国家高新技术产业开发区打造成创业链与科技链、资金链、产业链深度融合开放式的创新创业生态社区。加强新型孵化机构建设，借鉴创客空间、创业咖啡、创新工场等新型孵化模式和建设经验，结合省情，适时制定加快推进以众创空间为重点的孵化机构建设与发展意见，加大省级科技创新专项资金向孵化机构倾斜力度，催生一批具有新服务、新生态、新潮流、新概念、新模式、新文化“六新”特征的新型孵化机构，形成创新与创业相结合、线上与线下相结合、孵化与投资相结合的孵化培育体系。

（二）鼓励科技人员创新创业。结合事业单位分类改革，加快下放科技成果使用、处置和收益权，将财政资金支持形成的不涉及国防、国家安全、国家利益、重大社会公共利益的科技成果使用权、处置权和收益权，全部下放给符合条件的项目承担单位，单位主管部门和财政部门对科技成果在境内的使用、处置不再审批或备案，科技成果转移转化所得收入全部留归单位，纳入单位预算，实行统一管理，收入不上缴国库。提高科研人员成果转化收益比例，对用于奖励科研负责人、骨干技术人员等重要贡献人员和团队的收益比例，可以从现行不低于20%提高到不低于70%；国有企业事业单位对职务发明完成人、科技成果转化重要贡献人员和团队的奖励，计入当年单位工资总额，不作为工资总额基数；鼓励各类企业通过股权、期权、分红等奖励方式，激励科研人员创新。建立健全科研人员流动机制，科研院所中符合条件的科研人员经所在单位批准，可保留基本待遇，带着科研项目和成果到企业开展创新工作或创办企业，免除科研人员创新创业的后顾之忧。

（三）扶持大学生创新创业。继续推进大学生创业引领计划，进一步抓好创业培训、工商登记、融资服务、税收减免、社会保险等各项优惠政策落实。支持高校建立健全大学生创新创业培训机制，开设创新创业教育课程，并纳入学分管理；鼓励高校设立配备有必要工具和材料的“创新屋”，培养大学生勇于把“想法变成现实”的创客精神。支持大学生开展创业实践活动，允许在校学生休学创业、微商创业；对符合条件的大学生创办、领办企业项目中的初创企业，按国家和我省有关就业创业政策给予支持；对专门服务于大学生创业的“苗圃”孵化机构，在认定省级科技企业孵化器时给予倾斜；鼓励高校多渠道筹集资金，为大学生自主创业提供保障。

（四）推进全民创业。深入推进全民创业工程，培育更多的创业主体。开展创业培训，实施“万名创业者、万名小老板”培训计划，对有创业意愿的复转军人、归国劳务人员和个体经营者等社会各类人员进行创业启蒙基础教育。加强服务平台体系建设，进一步完善覆盖省、市、县三级的各类公共服务平台和平台网络，并搭建帮扶创业信息平台——创宝网，为创业者和创业企业提供政策指导、管理咨询、人才培训、创业辅导、技术支持、市场开拓、融资担保、法律维权、电子商务和事务代理等方面服务。统筹省级中小企业和民营经济发展引导资金使用，加强孵化机构建设，为全民创业提供良好条件。

（五）降低创新创业门槛。释放商事制度改革红利，允许初创企业和电子商务专营企业将住所（经营场所）登记为众创空间等孵化机构地址，实行“一址多照”；允许众创空间等孵化机构扩大经营范围，实行“非禁即入”；允许在创客空间、创业咖啡、创新工场等新型孵化机构内在孵企业使用新兴行业和新兴业态用语表述行业名称。创新工商服务机制，采取提前介入、现场指导、预约服务、网上申报、全程跟踪等举措，为创业企业提供便利高效的工商注册服务。减轻众创空间等孵化机构运营负担，相关部门对分管的孵化机构用于创业服务公共软件、开发工具的支出给予适当补贴。

（六）加强财政资金引导。转变财政投入方式，支持中小企业和民营经济发展引导资金、科技创新专项资金等各类资（基）金管理部门，综合运用以存引贷、竞争分配、以奖代补、风险补偿、贷款贴息、投资入股、委托贷款等多种方式，带动更多的社会资本投向大众创新创业活动。落实和完善政府采购相关措施，采用首购、订购等非招标采购方式，以及政府购买服务等方式，加大对中小企业创新产品和服务的采购力度，促进中小企业创新产品的研发和规模化应用。发挥税收政策作用，加强对重点环节和关键领域的支持，对孵化机构内在孵企业年应纳税所得额低于20万元（含20万元）的初创企业（小型微利企业），其所得减按50%计入应纳税所得额，按20%的税率缴纳企业所得税；支持天使投资、创业投资发展，培育天使投资群体，推动大众创新创业。

（七）完善创业投融资机制。发挥多层次资本市场作用，积极开展股权众筹融资试点，探索和规范发展服务创新的互联网金融，增强众筹对大众创新创业的服务能力。规范和发展服务小微企业的区域性股权市场，促进科技初创企业融资。鼓励商业银行对小微企业开展基于风险评估的续贷业务，对达到标准的企业直接进行滚动融资。对小微企业贷款实施差别化监管。支持符合条件的企业发行项目收益债，募集资金用于加大创新投入。加快发展科技保险，推进专利保险试点，降低投资风险。选择符合条件的银行业金融机构新设或改建有条件的分（支）行，作为从事科技初创企业金融服务的专业或特色分（支）行，提供科技融资担保、知识产权质押、股权质押等方式的金融服务。完善创业投资、天使投资退出和流转机制，推动民间资本健康发展。

（八）丰富创新创业活动。继续办好中国创新创业大赛，积极参与国际创新创业大赛；鼓励高校举办大学生创新创业大赛，吸引、聚集创新创业人才和创业投资机构，为双方搭建对接平台。建立健全创业辅导培训制度，组建由天使投资人、专家学者和有丰富经验及创业资源的企业家担任创业导师的辅导团队，不定期开展创业培训活动；探索建立创业实训基地、信息化创业实训平台，组织有创业愿望的社会人员参加创业培训（实训）；鼓励大企业、投资机构、孵化机构、行业协会等社会力量举办项目对接会、创业沙龙、创业大讲堂、创业训练营等，进一步丰富创业培训活动。同时，政府各组成部门按照职责分工，采取多种形式，开展市场信息咨询、风险预警、创业失败后的心理疏导等创业支援活动，让更多的人愿意创业、敢于创业。

（九）营造创新创业文化氛围。加强公益宣传，积极倡导敢为人先、宽容失败的创新文化，树立崇尚创新创业的价值导向，大力培育企业家精神和创客文化，为大众创新创业营造良好氛围。加强舆论引导，开设媒体专栏，广泛宣传大众创新创业的重大意义，全面报道国家和我省支持大众创新创业的新政策和新举措；举办多层次多形式的讲座和论坛，回应社会关切，集思广益，为我省大众创新创业事业献计献策；及时挖掘一批创新创业先进事迹和典型人物，充分展示大众创新创业的巨大能量，让大众创新创业深入人心，让大众创业、万众创新在我省蔚然成风。

三、组织实施

（一）加强组织领导。国务院提出的“大众创业、万众创新”重大战略举措，是全国新一轮改革的“风向标”和打造经济创新发展“新引擎”的新措施，各地、各部门要高度重视，借助有利契机，加大资金投入和政策保障力度，扶持大众创新创业。

（二）加强示范引导。各地、各部门要积极探索推进大众创新创业的新机制和新举措。要加强以众创空间为重点的孵化机构建设，长春、吉林、通化和延边地区要在国家高新技术产业开发区或高校聚集区打造“创业孵化一条街”；四平、辽源、白山、松原和白城地区要围绕本地特色产业构建“专业型”孵化园区，培育特色鲜明、具有引领作用的示范基地，引导和带动社会力量参与创业孵化机构建设，为我省众创空间建设发展，注入源泉动力。

（三）加强协调推进。各地政府要切实加强组织领导，督导职能部门按照要求进一步分解工作任务，明确工作时间表和路线图，确定责任单位和责任人。各地科技主管部门要加强与相关部门的工作协调，做好政策落实情况调研、发展情况统计汇总和报告等工作，切实把大众创新创业推进工作抓紧抓好抓实。

吉林省人民政府办公厅
2015年6月8日

中共黑龙江省委 黑龙江省人民政府关于建立集聚人才体制机制激励人才创新创业若干政策的意见

（黑发〔2015〕6号）

人才是经济社会发展第一资源，是深入实施创新驱动发展战略的根本动力，对我省转方式、调结构、稳增长、促发展具有极其重要意义。黑龙江省发展迫切需要人才，充分依靠人才，寄希望于人才。为深入贯彻落实习近平总书记关于人才工作的系列重要指示精神，加快建立集聚人才体制机制，激发人才创新创业活力，促进科技成果转化，提升区域发展核心竞争力，推动“五大规划”实施和“十大重点产业”发展，现就进一步创新人才使用、引进、培养机制，优化人才发展环境，制定以下政策意见。

一、激发人才活力

1．深化科技管理体制改革，进一步下放管理权限。全面盘活科研资源，赋予高等学校、科研院所等事业单位充分的用人自主权，落实全员聘用制，逐步实行工资总额包干、协议工资和绩效工资。进一步精简行政审批事项，凡用人单位能够自主决定、自担风险、自行调节的，一律取消行政审批。对直接服务我省重点产业发展的承担国家科技重大专项和重点研发计划的科研团队，省财政根据项目情况给予资助。

2．深化专业技术职称制度改革，完善人才评价机制。下放职称评审权限，赋予高等学校、科研院所、高职高专等事业单位高级职称评审权，按照事业发展需要和规定的岗位结构比例，实行职称直聘制度。民办高校和市（地）以下中等专业学校、中小学校教师系列及卫生、农业系列高级职称评审权、核准权下放到市（地）。逐步扩大企业和市（地）职称评聘自主权。改进人才评价方式，坚持重业绩导向，注重在实践中评价人才，克服过分强调学历、资历和论文的倾向，科技人员创办企业所缴纳的税收金额等同于纵向项目经费。在重点产业发展中作出重要贡献的专业技术人才和高技能人才，可破格晋升职称和职业资格等级。提高中小学教师评聘中高级职称岗位结构比例，对乡村教师、基层医务人员和农技推广人员职称岗位结构比例给予倾斜。

3．深化科技成果转化收益分配改革，促进就地转化、加快转化。充分调动科技人员的积极性，赋予高等学校、科研院所科技成果转化自主权，所获收益留归本单位，不再经主管部门审批或备案。赋予成果完成人（团队）成果转化处置权，成果鉴定登记后本单位未及时转化的，成果完成人（团队）有权在省内自主处置实现转化，促进科技成果在我省尽快转化为现实生产力。科技成果处置后由研发团队报所在单位，所在单位在两个月内报省成果转化中心备案。

二、奖励人才贡献

4．实行股权期权激励，充分体现人才的自身价值。鼓励科技创新人才成果转化后“一朝致富”，企事业单位采取科技成果作价入股、股权期权激励、优先购买股份等方式奖励有突出贡献的科技人才。高等学校、科研院所和国有企业转化职务科技成果的，所获股权或净收益的30%—90%用于奖励有关科技人员。由职务科技成果完成人依法创办企业自行转化或以技术入股进行转化的，科技成果完成人最高可以享有该科技成果在企业中股权的70%。政府资金以股权投资方式支持企业转化科技成果，在约定期满退出时，可将股权以成本价格优先转让给成果完成人。鼓励企业运用股权期权等方式激励优秀经营管理人才，允许国有控股境内、境外上市公司高级管理人员，获得不高于薪酬总水平30%和40%的股权预期收益。

5．加大分红奖励力度，重奖有突出贡献的科技人才。高等学校、科研院所和企业以转让或许可科技成果等方式获得收益的，可提取不低于净收益的35%用于有关科技人员（团队）一次性分红奖励。成果登记后本单位一年内未启动转化的，成果完成人（团队）在不变更职务科技成果权属的前提下，有权在省内自主处置实现转化，转化收益不低于70%、最高可达90%归其所有。国有及国有控股企业对自行投资研发所产生的成果在省内实施转化的，自开始盈利年度起3—5年内，每年提取该成果净收益的30%用于奖励有突出贡献的科技人员（团队）。

6.发挥财税政策作用，扩大人才奖励普惠范围。科技型小微企业成立5年内，本级财政每年参照其缴纳税金总额给予创业者奖励，最高20万元。企业为研发人员缴纳的“五险一金”，符合条件的可列入税前加计扣除，按150%抵扣应纳税所得额。研发团队将个人收益直接用于创办企业或投入受让企业所形成股权收入，在形成现金收入后按国家规定缴纳个人所得税。5年内直接帮助企业实现累计新增销售收入10亿元以上的优秀创新人才（团队），在享受相应优惠政策的基础上，当地财政给予一次性再奖励。

三、支持人才创业

7．深入推进人才试验区建设，集聚国内外人才来我省创新创业。依托我省国家级开发区和大学科技园，建设人才发展试验区，在人才引进培养、股权激励、成果转化、创业孵化、创投融资、产业扶持等方面鼓励先行先试。加强政府公共服务平台建设，支持市（地）建设人才公寓，用人单位可通过发放租房补贴或申请最长5年免费入住人才公寓等方式为引进人才提供住房保障，在高层次人才聚居区集中配置优质教育、医疗资源，设立人才俱乐部。加大省、市共建力度，重点建设国家海外高层次人才创新创业基地。对人才发展试验区引进国际一流科研、管理和产业化团队的企业，在办公用房、申报项目、成果产业化及院士专家工作站、博士后科研工作站建设方面给予优先支持。

8．允许兼职兼薪、离岗创业，引导科技人才向企业集聚。鼓励高等学校、科研院所创办经济实体，对进行科技成果产业化和提供科技服务的收益，同级财政予以全额返还，不冲抵财政性经费预算。允许和鼓励科技人员离岗创业，高等学校、科研院所和国有企事业单位的专业技术人员，经所在单位同意，可领办创办企业，5年内保留其原有身份和职称，档案工资正常晋升。建立企业与高等学校、科研院所人才联合聘用机制，允许兼职兼薪。退休人员再创业或就业不重复交纳养老金。对各类人才创业，所在单位要提供必要的支持，园区管委会在启动资金、办公用房、融资贷款等方面提供专业化服务，省属金融机构和投资担保机构为人才创业优先提供风险投资和融资担保。

9．加大政府支持力度，促进高校毕业生就业创业。以创业带动就业，使更多有创业意愿和能力的大学生成功创业。建立大学生创业种子基金，扶持大学生自主创业。对高校毕业生创办的小微型企业，按规定减免企业所得税、增值税和营业税，给予小额担保贷款支持，两年内给予社会保险补贴。允许在校大学生休学创办企业，创业活动可视为参加实践教育内容，计入实践学分。积极组织各类人才招聘会、高校毕业生供需见面会，将高校毕业生供需见面活动纳入全省大型公共就业活动予以支持。对招用应届毕业生的小微企业，给予一年的社会保险补贴。我省事业单位和国有企业空余编制主要用于公开招聘重点高校优秀毕业生。全日制硕士、博士毕业生到企业以及市（地）以下急需紧缺人才的事业单位工作，并签订5年以上合同的，用人单位按照分别不低于3万元、5万元的标准给予补助，市、县财政补贴支持。

四、培育人才体系

10．突出高端引领，加大高层次科技创新创业人才及团队培养支持力度。紧紧围绕“五大规划”实施和“十大重点产业”发展，统筹推进专业技术领军人才梯队建设工程、省杰出青年科学基金计划、“龙江学者”支持计划和哲学社科宣传文化人才队伍建设工程。结合落实国家高层次人才特殊支持计划（“万人计划”）等重点人才工程，启动实施“龙江英才”特殊支持计划。从2015年起，每年重点支持50名在自然科学、工程技术领域取得创新成果，在我省实现成果转化，取得良好经济社会效益，特别是在“千户科技企业成长三年行动计划”中作出突出贡献的高层次中青年科技创新创业人才（团队），省财政给予每人（团队）50万元资助。注重发挥院士等知名专家传帮带作用。

11．统筹高等学校、科研院所和企业人才资源，大力培养重点产业人才。加强协同创新平台建设，支持高等学校、科研院所与企业共建工程技术研发中心、企业博士后流动站和人才培训基地，联合开展人才培养、项目攻关和成果转化。重点支持行业技术研究院建设，带动矿产资源勘探开发、新能源技术研发等产业工程技术人才培养。支持国有企业、重点民营企业和小微科技企业经营管理人才培养，优先安排科技型企业经营管理人才参加境内外培训，让作出突出贡献的优秀企业家在社会上有名有位。分别重点建设100个产业急需的高技能人才培训基地和技能大师工作室，打造“龙江蓝领”。将技能人才培养经费列入职工教育经费支出，健全职业竞赛选拔机制，促进优秀技能人才脱颖而出。

12．适应发展现代农业和开发开放需要，突出抓好实用人才培养。加大对农业科技创新人才（团队）的支持，继续推进高校实施紧缺人才培养培训服务计划，深入推进省部共建国家现代农村职业教育改革试验区建设。建立农业科技协同创新联盟，搭建农业科技融资、信息、品牌服务平台。支持涉农高等学校、科研院所开展农作物良种培育、新型农机具研发，对推广面积达到100万亩的品种育成者、技术创新填补国内空白的农机研发人，享受省政府特殊津贴。鼓励基层农业科技人员以技术承包、技术参股等形式，开展农业技术指导服务，并按法定程序如期兑现。对符合条件的农村实用人才，允许评定技术等级。整合省内林业科研院所力量，优化林业专业技术岗位设置，提高团队创新能力。推进林业科技成果示范区建设，加大对林业碳汇、生物质能源开发利用等项目扶持力度。围绕黑龙江陆海丝绸之路经济带建设，培养金融、贸易、物流、能源和俄语等专业人才，深化对俄人才合作。

五、促进人才流动

13．坚持刚性与柔性相结合，大力引进国内外高端人才。实行更加开放的人才政策，加大重点产业急需紧缺高端人才引进力度。对院士、“长江学者”“千人计划”专家、“万人计划”入选者、年薪超过30万元的高层次人才以及外籍专家，签订不少于5年劳动合同并切实履行合同义务，突破我省重点产业关键技术，或领办创办参办高新技术企业、实现新增年税收500万元以上的，经省人才工作领导小组认定，省财政根据不同层次分别给予每人50万—100万元的生活资助和项目启动资助资金。从海外直接引进并入选国家“千人计划”特聘专家，按国家规定的3年服务期限，省财政给予50万元资助。鼓励各单位依托产业项目，采取联合攻关、项目顾问、技术咨询等方式柔性引进高层次科技人才和团队，为企业发展和地方财税增收作出突出贡献的，由本级财政“一事一议”给予奖励。

14．发挥企业主体作用，引进重点产业项目急需紧缺人才。对企业引进的符合全省产业发展和重大项目建设需要的优秀人才，与我省企业签订5年以上劳动合同并切实履行义务、作出贡献的，企业引进人才所需的租房补贴、安家费以及科研启动经费等人才开发费用可列入成本。对引进各类高端人才或项目团队的企业，并对当地经济社会发展作出重要贡献，所在市（地）要给予重奖。支持四煤城和艰苦边远地区重点企业引进急需紧缺人才，对引进数量较多且贡献较大的，省财政给予所需资金总额40%一次性资助。

15．畅通渠道，促进人才向企业和基层流动。打破体制壁垒，扫除身份障碍，让各类人才都有施展才华的广阔天地，鼓励党政机关、企事业单位和社会各方面人才之间的合理流动。对转入企事业单位或离岗创业的党政机关干部，在评聘专业技术职务时适当放宽条件，做好社保关系接续，身份和档案工资参照专业技术人员离岗创业有关规定，调回党政机关时可放宽年龄限制。同时，注重从企业、农村、高等学校、科研院所选拔优秀人才进入县以下党政机关，在专业性较强的职位开展聘任制公务员试点。探索建立公务员入职后5年内须有1年以上在基层工作经历的制度。高等学校、科研院所要有计划组织专业技术人才到基层对口支持或挂职锻炼。深化与知名高校人才战略合作，选调优秀毕业生到基层培养锻炼，深入实施“三支一扶”、选聘高校毕业生到村任职。

16．坚持固本强基，提高基层人才待遇。坚持省、市、县三级联动，加大投入，分类推进，加大对艰苦边远地区人才发展支持，对边远贫困地区专业技术人才申报的科技类项目，省、市主管部门优先立项。深入实施全省乡镇卫生院医务人员补充计划，确保补助资金和优先落编等政策落实到位，逐步提高社区卫生服务技术人员和乡村医生待遇。在各县（市）全面实施“农村义务教育阶段学校教师特设岗位计划”，补充农村学校师资力量。加强社会工作人才队伍建设，将社会工作服务纳入政府购买范围，加大对民办社工服务机构的扶持力度。

六、营造人才环境

17．切实加强和改善党委对人才工作的领导。坚持党管人才原则，发挥人才工作领导小组作用，把人才工作纳入各级党委、政府和各部门工作目标责任制，各级党委每年至少专题研究一次人才工作。加强基层人才工作机构建设，配齐配强工作力量。健全完善人才工作领导小组工作机制，实行成员单位联席会议、重要情况通报和人才发展情况年度报告制度。各级党委、政府要切实加强政策统筹，深入推进人才发展体制改革和政策创新，用好放活各类人才。人才工作领导小组要加强组织协调和分类指导，强化督促检查和考核评估，努力为人才发挥作用创造公平公正的良好环境。对不重视人才工作、破坏人才发展环境、造成人才严重流失的地区和单位，追究负责人相应责任，情节严重的通报批评。

18．加大人才发展资金投入。省、市（地）、县（市、区）要进一步加大人才发展资金投入力度，将其纳入财政预算，并根据财政收入增长情况保持用于人才发展的投入适当增长，用于人才引进、培养和奖励。建立人才发展资金多元化投入机制，完善人才发展资金使用管理办法，实行人才资金项目化管理和使用情况年度报告制度，促进人才资金科学合理使用。将国有企事业单位人才发展投入和人才环境建设情况列入领导班子考核内容。

19．畅通引才“绿色通道”。坚持部门联动，为引进人才提供优质高效便捷服务，确保“绿色通道”畅通。公安机关为引进人才及其配偶、子女优先办理落户或居留、出入境手续，提供“一站式”服务；人才服务机构免费代理引进人才的档案人事关系；用人单位及组织人事部门积极为引进人才家属就业提供信息；教育部门就近就便、优先安排引进人才子女入学；人力资源和社会保障部门优先为引进人才办理社会保险业务，搞好人事档案接续，工龄连续计算。有关部门为引进人才办理相关手续实行特事特办，一般不超过10个工作日。

20．加强和改进人才服务。坚持党委联系专家制度，建立健全全省高端人才智库，定期组织省优秀中青年专家评选，开展专家休假疗养活动，及时倾听意见建议。加强人才服务平台建设，建设全省统一的人才资源库，实现信息互联互通、平台共建共享。坚持事业留人、感情留人、待遇留人，加强人文关怀，为在我省工作的国家级专家和“龙江英才”获得者发放医疗保健证，提供体检、就医等优质服务。加大人才宣传力度，在全社会大兴识才、爱才、敬才、用才之风。

各市（地）要依据本意见精神，紧密结合本地实际，制定具体实施办法，大胆创新突破，创造性抓好落实。省直各有关部门要按照任务分工，制定工作细则，切实履行职责，确保各项政策措施落到实处。驻我省中直单位对本意见可按属地政策，结合自身实际和主管部门规定参照落实。

中共黑龙江省委
黑龙江省人民政府
2015年3月21日

黑龙江省畅通引进高层次人才“绿色通道”实施办法

（黑组发〔2015〕7号）

为贯彻落实《中共黑龙江省委 黑龙江省人民政府关于建立集聚人才体制机制激励人才创新创业若干政策的意见》（黑发〔2015〕6号），进一步优化人才服务环境，吸引和鼓励高层次人才来我省创新创业，特制定本办法。

第一条 我省引进的国家“两院”院士、“长江学者”“千人计划”专家、“万人计划”入选者、年薪超过30万元的高层次人才、外籍高级专家以及其他为我省科技创新和产业发展作出贡献的高层次人才，与用人单位签订5年劳动合同并经省人才工作领导小组办公室认定，享受“绿色通道”服务。

第二条 引进高层次人才的认定，由用人单位申报、主管部门初审，省人才工作领导小组办公室会同有关部门复核。经复核认定后，由省人才工作领导小组办公室发放《黑龙江省引进高层次人才服务绿卡》，各相关部门为获得人才服务绿卡的引进人才提供优质高效便捷服务。

第三条 公安机关为引进人才及其配偶、未成年子女优先办理落户、居留证件或签证等相关手续。引进人才可在其工作地或居住地落户，其配偶、未婚子女及父母可随本人迁移户口，由落户人或接收单位向拟落户地公安机关提出申请，公安机关自受理之日起10个工作日内办结。海外高层次人才持非“Z”字签证入境的，如需在我省长期工作，可不受签证种类限制，直接为其办理外国专家证和工作类居留证件，其外籍配偶和未成年子女可办理2—5年外国人居留证件。经公安部审核批准符合永久居留条件的，可申请外国人永久居留证，作为其在我省合法居留证件。公安机关对符合永久居留条件、申请材料完备的，20个工作日内办结报公安部核发，多次入境有效签证在3个工作日内办结。

第四条 外事部门审批高层次人才因公临时出国（境），根据国际学术交流需要，适当放宽出访国家数量和在国外停留期限。

第五条 人社部门为引进人才及其配偶、子女优先办理职工基本养老、城镇基本医疗、失业、工伤、生育等各项社会保险，缴费年限认定、关系转移接续、享受待遇等按规定执行。人才服务机构免费代理引进人才的档案人事关系。引进人才的档案无法转入的，用人单位可按规定为其重新建立人事档案。允许事业单位突破岗位数额和结构比例限制，设置特定岗位聘用引进的高层次人才。允许引进人才突破职称、学历、论文、外语、计算机等条件限制，晋升高级职称。

第六条 科技部门在同等条件下为引进人才申报科技项目优先立项、优先推荐，科技资源共享网络平台优先为引进人才开展科研活动提供科研资源查阅、大型科研仪器设备共享使用等服务。

第七条 引进人才的配偶就业原则上以用人单位为主进行安置，超出用人单位安置能力，需要其他单位接收安排的，由组织部门和人社部门协调解决。

第八条 教育部门就近就便、优先安排引进人才子女入学。高层次人才非黑龙江省户籍（含外籍）子女，在我省就读义务教育阶段学校和普通高中期间，享受黑龙江省户籍学生同等待遇，报考普通高中享有与当地户籍初中毕业生同等的报考资格，高中毕业后在我省参加高考的，按黑龙江省普通高校招生工作有关规定执行。

第九条 引进高层次人才到满编的事业单位工作的，主管部门所属其它同类型事业单位有空余编制的，经主管部门申请，机构编制管理部门可将空余编制调剂到用人单位，专编专用。

第十条 工商、质监、税务、人社等部门为引进人才创办企业提供“四证合一”登记服务，自今年10月1日起，收到企业登记申请材料3个工作日内，向申请人颁发“一照一码”营业执照。

第十一条 各相关部门要把引进高层次人才作为破解我省发展难题、推动创新发展的重要举措和优化我省经济发展环境的重要内容，严格按本办法规定履行部门职责，给予最大限度支持倾斜，体现对高层次人才的关心重视。要设立专门窗口、指定专人负责，提供“一站式”服务，办理引进人才相关手续一般不超过10个工作日（办理永久居留业务除外）。对故意刁难引进人才、不按规定程序受理或无正当理由超时办理的，以及其他未按本办法要求提供“绿色通道”服务的，由省人才工作领导小组办公室责令限期整改，对拒绝整改或整改不力的，严肃追究单位和直接负责人相应责任，并在全省通报批评。

第十二条 各地可参照本办法制定畅通引进人才“绿色通道”的具体办法和服务措施。

中共黑龙江省委组织部
黑龙江省人力资源和社会保障厅
黑龙江省机构编制委员会办公室
黑龙江省教育厅黑龙江省科学技术厅
黑龙江省公安厅
黑龙江省人民政府外事办公室
黑龙江省地方税务局
黑龙江省工商行政管理局
黑龙江省质量技术监督局
2015年9月15日

黑龙江省留学回国人员择优资助管理办法

（黑人社发〔2015〕72号）

第一条 为贯彻落实《中共黑龙江省委 黑龙江省人民政府关于建立集聚人才体制机制激励人才创新创业若干政策的意见》（黑发〔2015〕6号）精神，加快实施创新驱动发展战略，加大吸引留学回国人员来黑龙江省（以下简称“我省”）工作的力度，着力推进大众创业、万众创新，激发留学回国人才创新创业活力，提升区域发展竞争力，制定本办法。

第二条 本办法中留学回国人员是指在国（境）外留学一年以上，取得学士（含）以上学位（不含中外联合办学）；在国(境)外高校、科研机构、企业工作或学习连续一年以上的访问学者、博士后研究人员。

第三条 留学回国人员择优资助主要用于资助来我省工作，在自然科学和社会科学领域从事科学研究、产业开发、技术改造，对我省重点产业（领域）和经济社会发展起到推动和决策咨询作用的人员。

第四条 留学回国人员择优资助类别包括重点类和启动类。

（一）重点类（10万元）。资助与我省发展战略紧密联系，从事科技攻关、技术改造、产业发展、服务外包、应用对策研究等，在黑龙江省落地转化的项目；或推动产业园区发展，取得重大创新成果并实现产业化项目。

（二）启动类（3万元）。资助与我省经济社会发展密切相关，主要从事科技成果的应用转化、市场开发、应用决策研究等，带动各类园区发展建设，有效促进科技成果转化，对我省经济社会发展起咨询作用的项目。

第五条 项目申请和执行时间在申请者与聘用单位签订的聘用合同有效期内。近五年内承担过省留学回国人员择优资助项目的不重复申报。高等院校申请留学回国人员资助年龄不超过35周岁，其他各单位申请留学回国人员资助年龄不超过45周岁。

（一）申报重点类资助的人员应具备以下条件之一：

1. 拥有自主知识产权或掌握关键技术，具有海外工作经验，熟悉相关产业发展的人才。

2. 在国（境）外获硕士（含）以上学位，或具有中级以上专业技术职务任职资格。

3. 获硕士（含）以上学位，具有中级以上专业技术职务任职资格，取得一定成果的访问学者或博士后研究人员。

（二）申报启动类资助的人员应具备以下条件：

1. 回国工作不超过5年。

2. 在国（境）外获学士（含）以上学位，能独立主持研究开发工作。

第六条 留学回国人员择优资助申报

（一）留学人员自主确定申报资助类别，编制项目申报材料和经费使用预算说明，将申报材料提交到所在（合作）单位。

（二）所在（合作）单位审核并签署意见，按隶属关系逐级上报设区的市级人力资源社会保障部门或中省直主管部门，经过专家评选、基层公示，报省人力资源社会保障厅。

第七条 留学回国人员择优资助选拔

（一）省人力资源社会保障厅负责组织专家评审。申报人员不符合条件或已获资助未按计划完成的项目，不予参加专家评审。

（二）评审方式和评委遴选。评审采取答辩方式。评委遴选按照学科、专业类别在省级以上专家库中随机抽选，每组评审专家不少于5位。

（三）项目评选。坚持公平择优、公开透明、公正合理的原则，从申请项目的科学价值、创新性及研究方案的可行性等方面进行独立判断和评价，由评委提出评审意见。省人力资源社会保障厅根据专家组提出的评审意见，确定资助类别和资助人员。

（四）评审结果在省人力资源社会保障厅官方网站公示5个工作日。公示无异议后，将资助资金拨付到申请者所在单位或项目依托（合作）单位。

第八条 留学回国人员择优资助资金使用

（一）留学回国人员择优资助资金由受资助人支配使用，资助经费主要用于学术交流、发表论文、申请专利、耗材、图书资料及其他科研相关材料等费用。

（二）省留学回国人员择优资助资金由项目依托（合作）单位单独立账，专项管理。资助资金执行有效期为3年，允许跨年度使用。

第九条 留学回国人员应在资助项目完成后3个月内提交资助项目结题报告和资金执行情况等资料。

第十条 省人力资源社会保障厅对省留学回国人员择优资助资金使用实行统一管理，跟踪问效。设区的市级人力资源社会保障部门和中省直有关部门及时掌握资助资金使用情况，并做好资助资金的监督检查工作。项目执行过程中，受资助人员调离我省或其他原因不能正常开展工作的，应及时收回结余资金；受资助人员挪用资助资金，擅自变更资金使用用途的，资金予以收缴，并追究相关人员责任。

第十一条 留学回国人员择优资助资金的管理部门、项目依托（合作）单位及受资助人要自觉接受财政、审计和纪检监察部门监督。发现问题及时处理，切实发挥资金使用效益。

第十二条 本办法自公布之日起30日后实施。原《黑龙江省留学回国人员科技项目择优资助资金管理办法》（黑人发〔2004〕161号）同时废止。

黑龙江省人力资源和社会保障厅

2015年9月2日

中共上海市委 上海市人民政府 关于加快建设具有全球影响力的科技创新中心的意见

（沪委发〔2015〕7号）

为全面落实中央关于上海要加快向具有全球影响力的科技创新中心进军的新要求，认真贯彻《中共中央、国务院关于深化体制机制改革加快实施创新驱动发展战略的若干意见》，适应全球科技竞争和经济发展新趋势，立足国家战略推进创新发展，现就本市加快建设具有全球影响力的科技创新中心提出如下意见。

一、奋斗目标和总体要求

综观国内外发展形势，全球新一轮科技革命和产业变革正在孕育兴起，国际经济竞争更加突出地体现为科技创新的竞争。我国经济发展进入新常态，依靠要素驱动和资源消耗支撑的发展方式难以为继，只有科技创新，依靠创新驱动，才能实现经济社会持续健康发展，推动国民经济迈向更高层次、更有质量的发展阶段。不抓住机遇，不改革创新，我们就不能前进。上海作为我国建设中的国际经济、金融、贸易和航运中心，必须服从服务国家发展战略，牢牢把握世界科技进步大方向、全球产业变革大趋势、集聚人才大举措，努力在推进科技创新、实施创新驱动发展战略方面走在全国前头、走到世界前列，加快建设具有全球影响力的科技创新中心。

（一）奋斗目标。建设科技创新中心，必须树立全球视野，对标国际领先水平，不断提升上海在世界科技创新和产业变革中的影响力和竞争力；聚焦科技创新，围绕科技改变生活、推进发展、引领未来，率先走出创新驱动发展的新路；体现中心城市的辐射带动服务功能，根据国家战略部署，当好全国改革开放排头兵、创新发展先行者，为我国经济保持中高速增长、迈向中高端水平作出应有的贡献。

面向未来的奋斗目标是：努力把上海建设成为世界创新人才、科技要素和高新科技企业集聚度高，创新创造创意成果多，科技创新基础设施和服务体系完善的综合性开放型科技创新中心，成为全球创新网络的重要枢纽和国际性重大科学发展、原创技术和高新科技产业的重要策源地之一，跻身全球重要的创新城市行列。

实现这个目标，前提是打好基础，关键要强化功能，只争朝夕，持续推进。2020年前，形成科技创新中心基本框架体系，为长远发展打下坚实基础。政府管理和服务创新取得重要进展，市场配置创新资源的决定性作用明显增强，以企业为主体的产学研用相结合的技术创新体系基本形成，科技基础设施体系和统一开放的公共服务平台构架基本建成，适应创新创业的环境全面改善，科技创新人才、创新要素、创新企业、创新组织数量和质量位居全国前茅，重要科技领域和重大产业领域涌现一批具有国际领先水平并拥有自主知识产权和核心技术的科技成果和产业化项目，科技进步贡献率全面提升。再用10年时间，着力形成科技创新中心城市的核心功能，在服务国家参与全球经济科技合作与竞争中发挥枢纽作用，为我国经济发展提质增效升级作出更大的贡献。走出一条具有时代特征、中国特色、上海特点的创新驱动发展的新路，创新驱动发展走在全国前头、走到世界前列。基本形成较强的集聚辐射全球创新资源的能力、重要创新成果转移和转化能力、创新经济持续发展能力，初步成为全球创新网络的重要枢纽和最具活力的国际经济中心城市之一。最终要全面建成具有全球影响力的科技创新中心，成为与我国经济科技实力和综合国力相匹配的全球创新城市，为实现“两个一百年”奋斗目标和中华民族伟大复兴的中国梦，提供科技创新的强劲动力，打造创新发展的重要引擎。

（二）总体要求。建设科技创新中心，要深入贯彻落实党的十八大和十八届三中、四中全会精神，体现中央要求，把握好“五个坚持”。

坚持需求导向和产业化方向。面向经济社会发展主战场，推进科技创新，围绕产业链部署创新链，着力推动科技应用和创新成果产业化，解决经济社会发展的现实问题和突出难题。

坚持深化改革和制度创新。发挥市场配置资源的决定性作用和更好发挥政府作用，着力以开放促改革，破除一切制约创新的思想障碍和制度藩篱，全面激发各类创新主体的创新动力和创造活力，让一切创造社会财富的源泉充分涌流。

坚持以集聚和用好各类人才为首要。把人才作为创新的第一资源，集聚一批站在行业科技前沿、具有国际视野和产业化能力的领军人才，大力引进培育企业急需的应用型高科技创新人才，充分发挥企业家在推进技术创新和科技成果产业化中的重要作用，打通科技人才便捷流动、优化配置的通道，建立更为灵活的人才管理机制，强化分配激励，鼓励人才创新创造。

坚持以合力营造良好的创新生态环境为基础。尊重科技创新和科技成果产业化规律，培育开放、统一、公平、竞争的市场环境，建立健全科技创新和产业化发展的服务体系和支持创新的功能型平台，建设各具特色的创新园区，营造鼓励创新、宽容失败的创新文化和社会氛围。

坚持聚焦重点有所为有所不为。瞄准世界科技前沿和顶尖水平，选准关系全局和长远发展的战略必争之地，立足自身有基础、有优势、能突破的领域，前瞻布局一批科技创新基础工程和重大战略项目，支持企业通过各种途径获得若干重要产业领域的关键核心技术，实现科技创新的跨越式发展。

二、建立市场导向的创新型体制机制

清除各种障碍，让创新主体、创新要素、创新人才充分活跃起来，形成推进科技创新的强大合力，核心是解决体制机制问题，突破创新链阻断瓶颈。

（三）着力推进政府管理创新。针对企业创新投资难、群众创业难、科技成果转化难，加快政府职能转变，简政放权，创新管理。加大涉及投资、创新创业、生产经营、高技术服务等领域的行政审批清理力度。保留的行政审批事项一律依法向社会公开，公布目录清单，目录之外不得实施行政审批。市级部门和各区县政府没有行政审批设定权，凡自设的各种行政审批必须全面清理、取消。对企业创新投资项目，取消备案审批。改革创新创业型初创企业股权转让变更登记过于繁杂的管理办法，按照市场原则和企业合约，允许初创企业依法合规自愿变更股东，工商管理部门不实施实质性认定审查，依法合规办理变更登记。全面推进全过程信用管理。

放宽“互联网+”等新兴行业市场准入管制，改进对与互联网融合的金融、医疗保健、教育培训等企业的监管，促进产业跨界融合发展。放宽企业注册登记条件，允许企业集中登记、一址多照，便利创业。认真梳理政府部门及其授权的办证事项，坚决取消不必要的办证规定，便利创新创业和企业有效经营。主动探索药品审评、审批管理制度改革，争取设立国家食品药品监管总局药品审评中心上海分中心，争取试点开展创新药物临床试验审批制度改革，争取试点推行上市许可与生产许可分离的创新药物上市许可人持有制度。公务用车和公共交通车辆优先采购使用新能源汽车，多途径鼓励家庭购买使用新能源汽车，扩大新能源汽车应用领域。研究放宽版权交易管理限制。整合精简检验检测服务行政审批事项。

深入推进地理位置类、市场监管类、民生服务类等政务公共数据资源开放应用，鼓励社会主体对政务数据资源进行增值业务开发。建立市与区县政府部门横向互通、纵向一体的信息共享共用机制。

（四）改革财政科技资金管理。改变部门各自分钱分物的管理办法，建立跨部门的财政科技项目统筹决策和联动管理制度，综合协调政府各部门科技投入专项资金，建立覆盖基础研究、应用研究和产业化的项目投入管理和信息公开平台，调整优化现有各类科技计划（专项）。

对基础前沿类科技计划（专项），强化稳定性、持续性的支持；对市场需求明确的技术创新活动，通过风险补偿、后补助、创投引导等方式发挥财政资金的杠杆作用，促进科技成果转移转化和资本化、产业化。实施科技计划（专项）绩效评价，主动向社会公开，接受公众监督和审计监督。

降低政府采购和国有企业采购门槛，扩大对本市中小型科技企业创新产品和服务的采购比例。制定创新产品认定办法，对首次投放市场的创新产品实施政府采购首购政策，通过订购及政府购买服务等方式支持创新产品，鼓励采取竞争性谈判、竞争性磋商、单一来源采购等非招标方式实施首购、订购及政府购买服务。研究制定高端智能装备首台（套）突破及示范应用政策。

（五）深化科研院所分类改革。推进政事、政企分离，建立现代科研院所分类管理体制。扩大科研院所管理自主权和个人科研课题选择权，探索研究体现科研人员劳动价值的收入分配制度。对前沿和共性技术类科研院所，建立政府稳定资助、竞争性项目经费、对外技术服务收益等多元投入发展模式。探索建立科研院所创新联盟，以市场为导向、企业为主体、政府为支撑，组织重大科技专项和产业化协同攻关。

（六）健全鼓励企业主体创新投入的制度。积极贯彻国家有关要求，完善企业研发费用计核方法，调整目录管理方式，扩大研发费用加计扣除优惠政策适用范围。落实国家对包括天使投资在内的投向种子期、初创期等创新活动投资的相关税收支持政策。实施国家调整创业投资企业投资高新技术企业条件限制的规定、允许有限合伙制创业投资企业法人合伙人享受投资抵扣税收优惠政策。

完善国有企业经营业绩考核办法，加大创新转型考核权重。分类实施以创新体系建设和重点项目为核心的任期创新转型专项评价。对科技研发、收购创新资源和重大项目、模式和业态创新转型等方面的投入，均视同于利润。实施对重大创新工程和项目的容错机制，引入任期激励、股权激励等创新导向的中长期激励方式。

（七）完善科技成果转移转化机制。下放高校和科研院所科技成果的使用权、处置权、收益权，对高校和科研院所由财政资金支持形成，不涉及国防、国家安全、国家利益、重大社会公共利益的科技成果，主管部门和财政部门不再审批或备案，由高校和科研院所自主实施转移转化，成果转移转化收益全部留归单位。争取支持科技成果转移转化的普惠税制等在上海先行先试。

促进技术类无形资产交易，建立市场化的国有技术类无形资产可协议转让制度，试点实施支持个人将科技成果、知识产权等无形资产入股和转让的政策。探索知识产权资本化交易，争取国家将专利质押登记权下放至上海，探索建立专业化、市场化、国际化的知识产权交易机构，逐步开展知识产权证券化交易试点。

三、建设创新创业人才高地

创新驱动实质是人才驱动。要实施更加积极的人才政策，建立更加灵活的人才管理制度，优化人才创新创业环境，充分发挥市场在人才资源配置中的决定性作用，激发人才创新创造活力，让各类人才近者悦而尽才、远者望风而慕。

（八）进一步引进海外高层次人才。缩短外籍高层次人才永久居留证申办周期。简化外籍高层次人才居留证件、人才签证和外国专家证办理程序。对长期在沪工作的外籍高层次人才优先办理2至5年有效期的外国专家证。建立外国人就业证和外国专家证一门式受理窗口，对符合条件的人才优先办理外国专家证，放宽年龄限制。开展在沪外国留学生毕业后直接留沪就业试点。完善上海市海外人才居住证（B证）制度，降低科技创新人才申请条件，延长有效期限最高到10年。

（九）充分发挥户籍政策在国内人才引进集聚中的激励和导向作用。完善居住证积分、居住证转办户口、直接落户的人才引进政策体系，突出市场发现、市场认可、市场评价的引才机制，加大对创新创业人才的政策倾斜力度。对通过市场主体评价的创新创业人才及其核心团队，直接赋予居住证积分标准分值。对通过市场主体评价且符合一定条件的创业人才、创业投资管理运营人才、企业科技和技能人才、创新创业中介服务人才，居住证转办户口年限由7年缩短为2至5年。对获得一定规模风险投资的创业人才及其核心团队、在本市管理运营的风险投资资金达到一定规模且取得经过市场检验的显著业绩的创业投资管理运营人才及其核心团队、市场价值达到一定水平的企业科技和技能人才、经营业绩显著的企业家人才、在本市取得经过市场检验的优异业绩的创新创业中介服务人才及其核心团队，予以直接入户引进。建立统一的落户管理信息平台，实现一口受理、信息共享，优化户籍引进人才申请落户“社区公共户”的审批流程。

（十）创新人才培养和评价机制。建设创新型大学，在自主招生、经费使用等方面开展落实办学自主权的制度创新。根据上海未来发展需求，在高校建设若干国际一流学科，培育一批在国际上有重要影响力的杰出人才。推进部分普通本科高校向应用技术型高校转型，探索校企联合招生、联合培养模式。改革基础教育培养的模式，强化兴趣爱好和创造性思维培养。加强科学普及，办好一批有影响的科普类场馆、网站、期刊和广播电视科技类节目，实施提升公民科学素养行动计划。

尊重市场经济规律和人才成长规律，改革人才计划选拔机制。探索建立全市统一的人才资助信息申报经办平台，避免重复资助和交叉资助。对国有企事业单位科研人员和领导人员因公出国进行分类管理，对技术和管理人员参与国际创新合作交流活动，实行有别于领导干部、机关工作人员的出国审批制度。

健全人才评价体系，对从事科技成果转化、应用开发和基础研究的人员分类制定评价标准，强化实践能力评价，调整不恰当的论文要求。对符合条件的海外高层次留学人才及科技创新业绩突出、成果显著的人才，开辟高级职称评审绿色通道。引入专业性强、信誉度高的第三方专业机构参与人才评价。

（十一）拓展科研人员双向流动机制。鼓励科研人员在职离岗创业。允许高校和科研院所等事业单位科研人员在履行所聘岗位职责前提下，到科技创新型企业兼职兼薪。科研人员可保留人事关系离岗创业，创业孵化期3至5年内返回原单位的，工龄连续计算，保留原聘专业技术职务。鼓励高校拥有科技成果的科研人员，依据张江国家自主创新示范区股权激励等有关政策和以现金出资方式，创办科技型企业，并持有企业股权。

鼓励高校设立科技成果转化岗位，对优秀团队，增加高级专业技术岗位职数。允许企业家和企业科研人员到高校兼职，试点将企业任职经历作为高校工程类教师晋升专业技术职务的重要条件。制定实施高校大学生创业办法，支持在校学生休学创办科技型企业，创业时间计入实践教育学分。扶持大学生以创业实现就业，落实各项鼓励创业的政策措施。

（十二）加大创新创业人才激励力度。构建职务发明法定收益分配制度，允许国有企业与发明人事先约定科技成果分配方式和数额；允许高校和科研院所科技成果转化收益归属研发团队所得比例不低于70%，转化收益用于人员激励的部分不计入绩效工资总额基数。

完善科研院所绩效工资和科研经费管理制度，给予基础科研稳定的财政拨款或财政补助，提高科研项目人员经费比例。探索采用年薪工资、协议工资、项目工资等方式聘任高层次科技人才。

对高校和科研院所以科技成果作价入股的企业，放宽股权激励、股权出售对企业设立年限和盈利水平的限制。探索实施国有企业股权激励和员工持股制度，试点国有科技创新型企业对重要科技人员和管理人员实施股权和期权激励。积极落实国家关于高新技术企业和科技型中小企业科研人员通过科技成果转化取得股权奖励收入时，可在5年内分期缴纳个人所得税的税收优惠政策，并积极争取进一步完善股权奖励递延缴纳个人所得税办法。

妥善解决各类人才住房、医疗、子女入学等现实问题，鼓励人才集聚的大型企事业单位和产业园区利用自用存量用地建设单位租赁房或人才公寓。优化海外人才医疗环境，鼓励支持具备条件的医院加强与国内外保险公司合作，鼓励医院与商业医疗保险直接结算。支持国内社会组织兴办外籍人员子女学校。加大科技成果转化司法保障力度，明确界定执法标准，依法维护科研人员创新创业合法权益。

（十三）推进“双自”联动建设人才改革试验区。发挥中国（上海）自由贸易试验区和张江国家自主创新示范区政策叠加和联动优势，率先开展人才政策突破和体制机制创新，探索简化海外高层次人才外汇结汇手续，探索设立民营张江科技银行，建设海外人才离岸创业基地，推进人才试点政策在全市复制推广。建立与国际规则接轨的高层次人才招聘、薪酬、考核、科研管理、社会保障等制度，支持高校和科研院所试点建立“学科（人才）特区”，实施长聘教职制度，构建灵活的用人机制。

四、营造良好的创新创业环境

没有好的创新生态环境，不可能孕育成长科技创新中心。要秉持开放理念，弘扬创新文化，培育大众创业、万众创新的沃土，集聚国内外创新企业、创新要素和人才，共同推进科技创新中心建设。

（十四）促进科技中介服务集群化发展。重点支持和大力发展研究开发、技术转移、检验检测认证、创业孵化、知识产权、科技咨询、科技金融等专业科技服务和综合科技服务，培育一批知名科技服务机构和骨干企业，形成若干个科技服务产业集群。按照市场化、专业化原则，加快推进技术评估、知识产权服务、第三方检验检测认证等机构改革。培育市场化新型研发组织、研发中介和研发服务外包新业态。发挥科技类行业协会作用。

完善高新技术企业认定管理有关办法，按照国家将科技服务内容及其支撑技术纳入国家重点支持的高新技术领域的规定，对认定为高新技术企业的科技服务企业，减按15%的税率征收企业所得税。

充分发挥国家级技术转移交易平台的功能作用，建立与国际知名中介机构深度合作交流的渠道，打造辐射全球的技术转移交易网络，建立健全市场化、国际化、专业化的营商服务体系。

（十五）推动科技与金融紧密结合。扩大政府天使投资引导基金规模，强化对创新成果在种子期、初创期的投入，引导社会资本加大投入力度，对引导基金参股天使投资形成的股权，5年内可原值向天使投资其他股东转让。创新国资创投管理机制，允许符合条件的国有创投企业建立跟投机制，并按照市场化方式确定考核目标及相应的薪酬水平。允许符合条件的国有创投企业在国有资产评估中使用估值报告，实行事后备案。对已投资项目发生非同比例增减资，而国有创投企业未参与增减资的经济行为，允许国有创投企业出具内部报告。

支持保险机构开展科技保险产品创新，探索研究科技企业创业保险，为初创期科技企业提供创业风险保障。支持保险机构与创投企业开展合作。

支持商业银行设立全资控股的投资管理公司，与银行形成投贷利益共同体，探索实施多种形式的股权与债权相结合的融资服务方式，实行投贷联动。发挥民营银行机制灵活优势，创新科技金融产品和服务。鼓励商业银行科技金融服务专营机构加大对科技企业信贷投放力度。组建政策性融资担保机构或基金。建立政策性担保和商业银行的风险分担机制，引导银行扩大贷款规模、降低中小企业融资成本。

加快在上海证券交易所设立“战略新兴板”，推动尚未盈利但具有一定规模的科技创新企业上市。争取在上海股权托管交易中心设立科技创新专板，支持中小型科技创新创业企业挂牌。探索建立资本市场各个板块之间的转板机制，形成为不同发展阶段科技创新企业服务的良好体系。探索建立现代科技投资银行。建设股权众筹平台，简化工商登记流程，探索开展股权众筹融资服务试点。

（十六）支持各类研发创新机构发展。继续完善鼓励外资研发中心发展的相关政策，进一步吸引支持跨国公司在沪设立研发中心，鼓励其升级成为参与母公司核心技术研发的大区域研发中心和开放式创新平台。支持外资研发机构参与本市研发公共服务平台建设，承接本市政府科研项目，与本市单位共建实验室和人才培养基地，联合开展产业链核心技术攻关。大力支持本土跨国企业在沪设立全球研发中心、实验室、企业技术研究院等新型研发机构。鼓励有实力的研发机构在基础研究和重大全球性科技领域，积极参与国际科技合作、国际大科学计划和有关援外计划，营造有利于各类创新要素跨境流动的便利化环境。

优化境外创新投资管理制度。积极支持本土企业以境外投资并购等方式获取关键技术，鼓励国内企业去海外设立研发中心。探索以共建合作园、互设分基地、成立联合创投基金等多种方式，深化国际创新交流合作。用好国家会展中心和上交会、工博会、浦江创新论坛等载体，打造具有国际影响力的科技创新成果展示、发布、交易、研讨一体化的合作平台。

（十七）建造更多开放便捷的众创空间。实施“互联网+”行动计划，推动大数据发展，持续推进智慧城市建设，提升网络通信能级，降低网络通信费用，加快推动信息感知和智能应用。扶持“四新”企业发展，建设国家“四新”经济实践区。整合各类科技资源，推进大型科学仪器设备、科技文献、科学数据等科技基础条件平台建设，加快财政投入的科研基础设施向创新创业中小企业开放，建立健全开放共享的运行服务管理模式和支持方式，制定相应的公众用户评价体系和监督奖惩办法。

大力扶持众创空间发展。鼓励发展混合所有制的孵化机构，支持有优势的民营科技企业搭建孵化器等创新平台，探索设立国有非企业研发机构，引导协同创新。扶持发展创业苗圃、孵化器、加速器等创业服务机构，支持创建创业大学、创客学院，鼓励存量商业商务楼宇、旧厂房等资源改造，促进市区联动、社会力量参与，提供开放的创新创业载体。鼓励支持创造创意活动，培养具有创造发明兴趣、创新思维和动手能力的年轻创客，扶持更多创新创业社区。

（十八）强化法治保障。统筹推进地方立法，及时开展涉及创新的法规、规章的立改废释工作。制定科技成果转移、张江国家自主创新示范区条例等地方性法规。修订科学技术进步、促进中小企业发展专利保护等条例。对改革创新实践迫切需要的探索，依法作出授权，予以先行先试。

实行严格的知识产权保护。建立知识产权侵权查处快速反应机制，推进知识产权民事、行政、刑事“三合一”审判机制，发挥上海知识产权法院作用。建立健全知识产权多元纠纷解决机制，为企业“走出去”提供知识产权侵权预警、海外维权援助等服务。健全知识产权信用管理制度，将符合条件的侵权假冒案件信息纳入本市公共信用信息服务平台，强化对侵犯知识产权等失信行为的惩戒。

五、优化重大科技创新布局

瞄准世界科技前沿和顶尖水平，在基础建设上加大投入力度，在科技资源上快速布局，力争在基础科技领域作出大的创新，在关键核心技术领域取得大的突破。

（十九）加快建设张江综合性国家科学中心和若干重大创新功能型平台。在张江上海光源、蛋白质科学设施等重大科学设施基础上，依托优秀科研机构和知名大学集聚优势，建设世界级大科学设施集群。积极争取承担超强超短激光、活细胞成像平台、海底观测网等新一批国家大科学设施建设任务，形成具有世界领先水平的综合性科学研究试验基地。创建有国际影响力的高水平研究大学，汇聚全球顶尖科研机构和科学大师，引进海外顶尖科研领军人物和一流团队，建设全球领先的科学实验室，开展世界前沿性重大科学研究，探索建立张江综合性国家科学中心运行管理新机制，营造自由开放的科学研究制度环境。

建设若干重大创新功能型平台，在信息技术、生物医药、高端装备等领域，重点建设若干共性技术研发支撑平台，建设一批科技成果转化服务平台。

（二十）实施一批重大战略项目，布局一批重大基础工程。服务国家战略，积极争取国家支持，重点推进民用航空发动机与燃气轮机、大飞机、北斗导航、高端处理器芯片、集成电路制造及配套装备材料、先进传感器及物联网、智能电网、智能汽车和新能源汽车、新型显示、智能制造与机器人、深远海洋工程装备、原创新药与高端医疗装备、精准医疗、大数据及云计算等一批重大产业创新战略项目建设。把握世界科技进步大方向，积极推进脑科学与人工智能、干细胞与组织功能修复、国际人类表型组、材料基因组、新一代核能、量子通信、拟态安全、深海科学等一批重大科技基础前沿布局。

（二十一）建设各具特色的科技创新集聚区。加快建设张江国家自主创新示范区，瞄准世界一流科技园区目标，率先开展体制机制改革试验，推动园区开发管理模式转型，深化功能布局、产业布局、空间布局融合，充分发挥科技创新和科技成果产业化的示范带动作用。聚焦张江核心区和紫竹、杨浦、漕河泾、嘉定、临港等重点区域，突出各自特色，发挥比较优势，结合城市更新，打造创新要素集聚、综合服务功能强、适宜创新创业的科技创新中心重要承载区。

各区县要因地制宜、主动作为，利用中心城区和郊区不同区位条件和资源禀赋优势，创新政府管理，搭建开放创新平台，完善创业服务体系，提升环境品质，营造大众创业、万众创新的良好环境，闯出因地制宜、各具特色的创新发展新路。

（二十二）制定若干配套政策文件。围绕强化创新活力、强化科技成果转化、强化发挥人才作用，制定促进科技成果转移转化、完善金融支持体系、鼓励各类主体创新、加大知识产权运用和保护力度、激励创新创业人才等一批配套政策文件，形成可操作的具体实施计划和工作方案，加快落实各项政策措施。

建设具有全球影响力的科技创新中心是一项系统工程，需要长期艰苦努力，必须统筹谋划、周密部署、精心组织、认真实施。要加强组织领导，建立市推进科技创新中心建设领导小组，由市委、市政府主要领导挂帅，各相关部门共同参与，及时协调解决推进中的问题。要按照中央要求，加强与国家相关部门对接，争取成为首批国家系统全面创新改革试验城市，进一步完善试点方案和张江综合性国家科学中心方案。要充分依靠区县和重要科技创新集聚区大胆探索，加快推进创新发展。要积极融入“一带一路”、长江经济带等国家战略，促进长三角地区科技创新联动发展。

各级党委、政府要把科技创新中心建设摆在发展全局的核心位置，明确责任，分解任务，真抓实干。改革完善创新驱动导向评价机制和考核办法，把创新业绩纳入对领导干部考核范围。加强宣传舆论引导，实施营造创新文化氛围的行动方案，加强对创新主体、创新过程、创新成就的宣传，树立一批破难关、勇创新的先进典型，广泛发动社会参与，为加快推进具有全球影响力的科技创新中心建设营造良好环境。

中共上海市委
上海市人民政府
2015年5月25日

中共上海市委办公厅 上海市人民政府办公厅关于深化人才工作体制机制改革促进人才创新创业的实施意见

（沪委办发〔2015〕32号）

为认真贯彻落实《中共上海市委 上海市人民政府关于加快建设具有全球影响力的科技创新中心的意见》，充分发挥人才在科技创新、产业转型等方面的引领作用，为建设具有全球影响力的科技创新中心提供坚实的人才支撑和智力保障，现就深化人才工作体制机制改革，促进人才创新创业提出如下实施意见。

一、总体目标和基本任务

上海要建设具有全球影响力的科技创新中心，必须牢牢把握世界科技进步大方向、全球产业变革大趋势、集聚人才大举措。

（一）总体目标。

按照习近平总书记提出的“来得了、待得住、用得好、流得动”的总体要求，把握人才成长规律，聚焦引进培养、使用评价、分配激励等重点环节，突出国际化、高端化、市场化、制度化、法治化，创新更具竞争力的人才集聚制度，完善有利于创新创业的人才发展政策体系，进一步优化人才创新创业综合环境，使上海成为国际一流创新人才汇聚之地、培养之地、事业发展之地、价值实现之地。

（二）基本任务。

一是坚持以“双自联动”推进人才制度创新。充分发挥中国（上海）自由贸易试验区（以下简称上海自贸试验区）和张江国家自主创新示范区政策叠加和联动优势，以人才政策突破和体制机制创新为重点，在人才引进培养、股权激励、成果转化、创业孵化、创业融资等方面先行先试，大力建设创新人才高度集聚、创新资源深度融合、创新机制开放灵活、创新活力竞相迸发的国家人才改革试验区。

二是坚持以更积极、更开放、更有效的政策集聚海内外人才。推进人才对外开放，畅通海外人才集聚通道，构建具有国际竞争比较优势、来去自由、符合国际惯例的海外人才集聚政策。进一步强化市场发现、市场认可、市场评价的国内人才引进机制，大力引进以战略科学家、能驾驭市场的企业家、科技顶尖人才、创业投资家等为代表的高层次领军人才。

三是坚持以更灵活的人才管理机制激发人才创新创业活力。深入务实地推进用人制度的市场化改革，推动人才流动、人才评价依据市场规则、按照市场价格、参与市场竞争，实现效益最大化和效率最优化。以市场价值回报人才价值，以财富效应激发聪明才智，让科技人员和创新人才通过创新创造价值，实现财富和事业双丰收。

四是坚持以更完善的服务营造创新创业良好环境。以服务创新保障科技创新，鼓励社会力量为创新活动提供市场化的专业服务，形成主体多元、形式多样、内容丰富的创新创业生态。改进政府公共服务，加强依法行政和公正司法，营造良好的宜居宜业环境，为人才创新创业解决后顾之忧。在全社会大兴识才、爱才、重才、用才之风，营造鼓励创新、宽容失败的舆论环境。

二、创新更具竞争力的人才集聚制度

建设具有全球影响力的科技创新中心，关键在人才，活力在市场。要实施更加积极的创新人才引进政策，集聚一批站在科技前沿、具有国际视野和能力的领军人才。

（三）实施更积极、更开放、更有效的海外人才引进政策。

深入推进中央和本市“千人计划”，协调推进“海外高层次人才集聚工程”和“雏鹰归巢”计划，完善上海地方“外专千人计划”，加强上海“千人计划”创业园建设，充分发挥本市驻海外联络处等的作用和网络优势，加大对本市急需紧缺的海外高层次人才尤其是外籍专家的引进力度。

降低永久居留证申办条件，简化申办程序。取消对申请人就业单位类别和职务级别限制，放宽居住时限要求，建立健全市场认定人才机制。对在上海已连续工作满4年，每年在中国境内实际居住累计不少于6个月，有稳定生活保障和住所，工资性年收入和年缴纳个人所得税达到规定标准的外籍人才，经工作单位推荐，可申请在华永久居留。

完善永久居留证申办途径，探索从居留向永久居留转化衔接的机制。对入选中央和本市“千人计划”等的外籍高层次人才，可直接由市人力资源社会保障局（市外国专家局）向人力资源社会保障部、市政府推荐申办外国人永久居留证。对经上海人才主管部门认定的外籍高层次人才、上海科技创新职业清单所属单位聘雇并担保的行业高级人才，可不受60周岁年龄限制，申请5年有效期的工作类居留许可（加注“人才”），工作满3年后，经工作单位推荐，可申请在华永久居留。

充分发挥R字签证（人才签证）政策作用，扩大R字签证申请范围。扩大外籍高层次人才在口岸和境内申请办理R字签证的范围，为其提供入境和停居留便利。对经上海人才主管部门认定的外籍高层次人才、上海科技创新职业清单所属单位聘雇并担保的行业高级人才或其他邀请单位出具证明属于高层次人才的，允许其在抵达口岸后申请R字签证，入境后按照规定办理居留许可；持其他签证来华的，入境后可申请变更为人才签证或按照规定办理居留许可。

探索外国留学生毕业后直接在上海创新创业。在上海地区高校取得硕士及以上学位且到上海自贸试验区、张江国家自主创新示范区就业的外国留学生，经上海自贸试验区、市张江高新技术产业开发区管委会出具证明，可直接申请办理外国人就业手续和工作类居留许可。在国内高校毕业的具有本科及以上学历的外国留学生在上海创业，可申请有效期2年以内的私人事务类居留许可（加注“创业”），其间被有关单位聘雇的，可按照规定办理工作类居留许可。逐步探索非上海地区高校毕业的外国留学生在上海就业。

进一步简化来上海创新创业的外国人入境和居留手续。持有工作许可证明来上海工作的外国人，入境后可直接凭工作许可证明申请有效期1年以内的工作类居留许可；也可向抵达口岸的签证机关申请Z字签证（工作签证），入境后按照规定办理相应期限的工作类居留许可。计划来上海投资或创新创业的外国人，可凭投资证明或创业计划、生活来源证明等，向抵达口岸的签证机关申请S2字签证（私人事务签证），入境后办理私人事务类居留许可。

为海外人才来上海创新创业提供居留便利。制定实施港澳居民特殊人才及家属来上海定居政策。对已获得永久居留资格或持有工作类居留许可的外籍高层次人才和创新创业人才，为其聘雇的外籍家政服务人员签发相应期限的私人事务类居留许可。

完善上海市海外人才居住证（B证）制度。根据不同条件适度延长B证有效期限，最高期限可到10年。对科技创新人才降低申请条件，进一步发挥B证的引才、留才作用。

（四）充分发挥户籍政策在国内人才引进集聚中的激励和导向作用。

完善居住证积分、居住证转办户籍、直接落户的人才引进政策体系，强化市场发现、市场认可、市场评价的引才机制，加大对创新创业人才的政策倾斜力度。

完善居住证积分政策。对经由市场主体评价并获得市场认可的创业人才及其核心团队、企业科技和技能人才、创新创业中介服务人才及其核心团队等，直接赋予居住证积分标准分值。

完善居住证转办户籍政策。对经由市场主体评价且符合一定条件的创业人才及其核心团队、企业科技和技能人才、创新创业中介服务人才及其核心团队，居住证转办户籍年限可由7年缩短为3至5年；对经由市场主体评价且符合一定条件的创业投资管理运营人才，居住证转办户籍年限可由7年缩短为2至5年。

优化人才户籍直接引进政策。对获得一定规模风险投资的创业人才及其核心团队、在本市管理运营的风险投资资金达到一定规模且取得经过市场检验的显著业绩的创业投资管理运营人才及其核心团队、市场价值达到一定水平的企业科技和技能人才、取得显著经营业绩的企业家人才、在本市取得经过市场检验的显著业绩的创新创业中介服务人才及其核心团队，予以直接入户引进。

（五）为各类人才引进集聚提供便利化服务。

建立外国人就业证和外国专家证一口受理机制，对符合条件的人才优先办理外国专家证。

已连续在本市申办过2次工作类居留许可且无违法违规行为的外国人，第3次申请工作类居留许可时，可申请有效期5年以内的工作类居留许可。

优化引进人才申请“社区公共户”审批流程，建立健全人力资源社会保障部门先期审核、公安部门办理手续的工作机制。完善个人承诺、网上申请、网上备案的居住证签注和积分确认机制。建立统一的落户管理信息平台，实现一口受理、信息共享。

允许持上海市居住证的人员凭居民身份证在上海申请办理各类出入境证件（赴港澳台定居除外），进一步为非上海户籍人员提供出入境便利。

三、建立更加灵活的人才管理机制

聚焦人才激励、流动、评价、培养等环节，着力推进下放权力、放大收益、放宽条件、放开空间等工作，真正把权和利放到市场主体手中。

（六）推动“双自联动”建设人才改革试验区。

以上海自贸试验区、张江国家自主创新示范区为改革平台，发挥“双自联动”优势，创建人才改革试验区，推进人才政策先行先试，为全市人才工作体制机制创新突破提供可复制、可推广的经验。

探索建立上海自贸试验区海外人才离岸创新创业基地，加大海外人才引进渠道和平台建设力度，建立多层次的离岸创业服务支持系统，探索可复制、可推广的离岸创业托管模式，为海外人才营造开放、便利的创业营商环境。

探索设立张江科技银行等金融机构，开展针对科技型中小企业的金融服务创新，支持高层次人才创新创业。试点建立与国际规则接轨的高层次人才招聘、薪酬、考核、科研管理、社会保障等制度，支持高校、科研院所、园区等试点建立“学科（人才）特区”，实施长聘教职制度，构建灵活的用人机制。

（七）改革科技成果转化制度。

总结科技成果转化制度改革经验，尽快将财政资金支持形成的，不涉及国防、国家安全、国家利益和重大社会公共利益的科技成果的使用权、处置权、收益权，下放给高校、科研院所。高校、科研院所可以签订协议的方式，进一步将其授予研发团队。单位主管部门和财政部门对科技成果在境内的使用、处置不再审批或备案。科技成果转移转化所得收益留归单位，纳入单位预算，不再上缴国库。

引入科技成果市场化定价机制。高校、科研院所与研发团队可自主选择评估定价或协议定价方式，通过签订授权合同确定具体处置方式。

提高科研人员成果转化收益比例。科技成果转化所得收益，研发团队所得不低于70%。研发团队收益具体分配方案，由团队负责人与团队成员协商确定。科技成果转化所得收益用于人员激励部分，可一次性计入校、科研院所当年工资总额，但不纳入绩效工资总额基数。

（八）加大科研人员股权激励力度。

鼓励各类企业通过股权、期权、分红等激励方式，调动科研人员创新积极性。

对高校、科研院所以科技成果作价入股的企业，放宽股权激励、股权出售对企业设立年限和盈利水平的限制。探索实施国有企业股权激励和员工持股制度，试点国有科技创新型企业对重要科研人员和管理人员实施股权、期权激励。

积极落实国家关于高新技术企业和科技型中小企业科研人员通过科技成果转化取得股权奖励收入时，可在 5 年内分期缴纳个人所得税的税收优惠政策，并积极争取进一步完善股权奖励递延缴纳个人所得税办法。

（九）加大科研工作绩效激励力度。

结合事业单位分类改革，完善事业单位绩效工资制度，健全鼓励创新创造的分配激励机制。

根据实际需求，对基础研究和社会公益类科研院所人员经费和科研经费给予稳定的财政拨款或财政补助，为科研创新人才潜心研究和自由探索创造条件。对前沿和共性技术类科研院所，建立政府资助、竞争性项目经费资助、对外技术服务收益资助等多元投入发展模式。

给予高校、科研院所更多的经费使用自主权，进一步完善绩效奖励、间接费用补偿、分阶段拨付、后补助和增加经费使用自主权等经费管理改革试点，提高科研人员薪酬水平，充分体现其创新价值。鼓励高校、科研院所探索各类要素参与分配，采用年薪工资、协议工资、项目工资等方式聘任高层次科研人才，所需人员经费不纳入绩效工资总额调控范围。提高科研项目人员经费比例。

完善创新导向的国有企业经营业绩考核和长期激励制度。突出创新驱动发展，完善国有企业经营业绩考核办法，在国有企业领导人员任期考核中加大科技创新指标权重。改革以工资薪金、年度绩效等短期激励为主的国有企业薪酬制度，将任期激励、股权激励等创新导向的中长期激励方式作为国有企业管理和科研骨干薪酬的重要组成部分，将个人利益与企业长期业绩紧密结合，提高管理和科研骨干开展科技创新的积极性。

（十）完善科研人才双向流动制度。

允许科研人员在职或离岗创业。制定完善事业单位科研人员兼职管理办法，鼓励高校、科研院所等事业单位科研人员在履行所聘岗位职责前提下，到企业兼职从事科技成果转化、技术攻关，所得收入由个人、单位协商分配。符合条件的高校、科研院所科研人员经所在单位同意，可带着科研项目和成果，保留基本待遇离岗创业，并与原单位其他在岗人员同等享有参加职称评聘、岗位等级晋升和社会保险等方面的权利；创业孵化期内（3至5年）返回原单位的，工龄连续计算。对担任职能部门处级（含）以上领导职务的，可在辞去领导职务后以科研人员身份离岗创业；创业孵化期内返回原单位的，单位按照原聘专业技术职务做好相应的岗位聘任工作。鼓励高校拥有科技成果的科研人员依据张江国家自主创新示范区股权激励等有关政策和以现金出资方式，创办科技型企业，并持有企业股权。

探索人才柔性双向流动。支持企业创新创业人才到高校、科研院所兼职。允许高校、科研院所设立一定比例的流动岗位，吸引有创新实践经验的企业家和企业科研人才兼职。鼓励具有硕士学位授予权的高校、科研院所聘任企业、行业高层次人才担任研究生兼职导师或指导教师，并允许适当增加工资总额。通过双向挂职、短期工作、项目合作等柔性流动方式，每年引导一批高校、科研院所的博士、教授向企业一线有序流动。试点将企业任职经历作为高校工程类教师晋升专业技术职务的重要条件。鼓励、引导人才向郊区流动，促进郊区科技创新、产业转型。

完善科研人员在事业单位与企业之间流动时社保关系转移接续政策。充分发挥中国上海人力资源服务产业园区优势，促进人力资源服务业发展，推进人才资源市场化配置，促进人才自由流动。

推进产学研用协同创新。支持高校、科研院所与企业联合共建产业技术创新联盟、协同创新研究院等，做大做强产学研对接平台。打造产业技术研究院联盟，整合全市产业技术服务资源，开展产学研用协同创新。支持企业建立高校、科研院所实践基地，联合培养研究生。建成一批协同创新中心和智库，促进创新链与产业链有效衔接，加快推进创新成果有效转化。

（十一）优化博士后培养机构运作机制。

推动博士后科研“两站一基地”（流动站、工作站、创新实践基地）和企业科技创新“四平台”（企业工程研究中心、工程实验室、工程技术研究中心、企业技术中心）协同发展。通过政策、资金、人才、服务叠加，在高端人才发现、博士后人才培养、技术项目研发、院所与企业导师互聘、青年科研人才实践等方面，形成“人才+项目+产品”的产学研用合作机制。

试点实施企业博士后工作站独立招收博士后科研人员。鼓励支持研发能力强、产学研结合成效显著的企业独立招收博士后，扩大外籍博士后招生规模。

（十二）改革人才评价制度。

建立以能力、业绩、贡献为主要标准的人才评价导向，在研究课题和科技项目等申报时，逐步降低职称、学历等权重。在财政资金支持的研究课题和科技项目申报、户籍和居住证积分申请中，探索建立由第三方专业机构和用人单位等市场主体评价人才机制。

完善人才分类评价体系。对基础研究人才，弱化中短期目标考核，突出学术、技术水平评价，注重研究成果质量及对国家、社会的影响力。对应用开发人才，强化创新创造业绩贡献评价，注重创新能力、创新成果、产学研结合等，调整不恰当的论文要求。对科技成果转化人才，突出转化的效益效果评价，注重产值、利润等经济效益和吸纳就业、节约资源、保护环境等社会效益。

开辟高级职称评审绿色通道，对回国工作、符合条件的海外高层次留学人才，其国外专业工作经历、学术或专业技术贡献可作为参评高级专业技术职称的依据，不受本人国内任职年限限制。对在科技创新工作中业绩成就突出、成果显著的优秀中青年工程技术人员，可打破学历、任职资历要求，申报高一级专业技术职称。加大企业人才评价选拔力度，适度提高科技创新型企业高级工程师（教授级）的比例。高校、科研院所可设置部分科技成果转化岗位，优秀团队可增加高级专业技术岗位职数。

改革国有企业技术人员主要依靠职务提升的单一晋升模式，拓宽技术条线晋升渠道。广泛开展群众性科技创新活动，鼓励立足岗位创新创造。

（十三）构建创新型人才培养模式。

建设具有国际影响力的创新型大学，在自主招生、教师评聘、经费使用等方面开展落实办学自主权的制度创新。优化学科设置，在国内率先创设一批前沿交叉型新学科。对接上海未来发展需求，在高校建设若干国际一流水平的标志性学科，培育一批在国际上有重要影响力的杰出人才。结合国家教育综合改革试点，推进部分普通本科高校向应用技术型高校转型，优化职业教育体系，鼓励有条件的学校转型为创业型高校。探索校企联合招生、联合培养模式，提升高校人才培养对产业的支撑。推动高校本科教育改革，建设具有国际水平的科技类本科专业。

开展启发式、探究式、研究式教学方法改革试点，改革基础教育培养模式，尊重学生个性发展，强化兴趣爱好和创造性思维培养。

在高校大力开展创业教育，完善创业休学制度，鼓励学生在校创业。实施青年大学生创业引领计划，积极落实创业贷款担保、大学生科技创业基金、创业培训见习、税费减免、初创期创业补贴等鼓励创业政策措施。

大力实施专业技术人才知识更新工程，聚焦科技创新，集中开展高层次急需紧缺和骨干专业技术人员专项培训。

（十四）加大科技创新人才培养力度。

加大对创新创业人才团队选拔资助力度，完善市“领军人才”等各类人才开发计划，进一步向企业一线和青年科技人才倾斜，加快培育一批具有全球影响力的科学家、企业家、科技领军人才和高水平创新团队。改革人才计划选拔机制，探索人才资助计划管理社会化，政府部门主要负责人才发展计划的规划、政策研究、评估和监管，充分发挥社会和市场作用，形成公开、透明、高效的人才资助机制。

调整完善全市人才计划，建立相互衔接配套、覆盖人才不同发展阶段的梯次资助体系。建立人才计划备案制度，市财政部门根据备案情况安排资金。逐步建立全市统一的人才资助信息申报经办平台，整合单位和个人申报、评审评估、资助奖励、社会监督等功能，避免重复资助和交叉资助。

构筑人才国际交流和竞争舞台，拓宽本土人才世界眼光、国际视野，提高本土人才国际交流合作能力。鼓励跨国公司在沪建立地区总部或研发中心，吸引各类国际组织、学术论坛落户上海。鼓励外资研发机构与本市高校、科研院所、企业共建实验室和人才培养基地。支持企业在境外投资设厂、并购、建立研发中心和高端孵化基地，吸纳当地优秀人才为其服务。对国有企事业单位科研人员和领导人员因公出国进行分类管理，对技术和管理人员参与国际创新交流合作活动，实行有别于领导干部、机关工作人员的科研人员出国审批制度，简化审批流程。降低申办ＡＰＥＣ商务旅行卡条件，在部分园区增设受理点。充分发挥上海市市长国际企业家咨询会议、浦江创新论坛、中国（上海）国际技术进出口交易会等平台作用，组织创新创业论坛、人才峰会、人才实训、科技创新年等活动，促进人才国际交流合作。

四、优化人才创新创业的综合环境

人才竞争归根结底是综合发展环境的竞争。要充分发挥政府扶持作用、引导作用，破解人才在创新创业中的公共性、基础性难题，大力营造有利于大众创业、万众创新的综合环境。

（十五）大力发展众创空间。

加快构建众创空间。引导和鼓励各区县培育发展若干低成本、便利化、全要素、开放式的众创空间。鼓励行业领军企业、创业投资机构、社会组织等社会力量参与众创空间建设。吸引国际孵化器入驻上海。推进事业单位孵化器改造，鼓励国有孵化器引入专业团队管理运营。

加强众创空间创新创业服务。针对众创空间集中办公的特点，落实集中登记、一址多照等商事制度改革，采取一站式窗口、网上申报、三证合一等措施，为创业企业市场准入提供便利。进一步深化创业导师和创业学院建设，开展创业服务品牌活动。调整财政投入方式，加强对众创空间基础设施建设、项目和企业的资助，加大政府购买创新创业服务的力度。

（十六）拓宽人才创新创业投融资渠道。

扩大政府天使投资引导基金规模，带动社会资本共同加大对中小企业创新创业的投入，促进初创期科技型中小企业成长，支持新兴产业领域早中期、初创期企业发展。积极落实国家有关支持个人和机构开展天使投资的税收优惠政策，进一步研究完善鼓励天使投资的税收支持政策建议，并争取先行先试。进一步完善创业投资风险补偿机制，优化补偿比例和条件设定机制。

完善商业银行与风险投资、天使资本的投贷联动模式，缓解人才创业初期融资难题。组建政策性融资担保机构或基金，通过融资担保、再担保等形式为科技型中小企业提供信用增进服务。开展股权众筹融资试点，推动多渠道股权融资，积极探索和规范发展互联网金融，发展新型金融机构和融资服务机构，促进大众创业。

支持保险机构通过投资创业投资基金、设立股权投资基金或与国内外基金管理公司合作等方式，服务科技创新企业发展。创新保险产品，分散创业者创业风险。简化海外高层次人才外汇结汇、直接持有境外关联公司股权及离岸公司进行返程投资等有关审批手续。

（十七）加强人才创新创业服务体系建设。

鼓励发展市场化、专业化的研究开发、技术转移、检验检测认证、知识产权、科技咨询、科技金融、科学技术普及等专业科技服务和综合科技服务，加快发展技术交易、经纪、投融资服务、技术评估等一批专业化科技中介服务机构，打造具有国际竞争力的科技服务业集群。完善政府购买科技服务政策，加强技术经纪人培育，促进技术经纪人队伍发展。

试行“科技创新券”，对创业团队和科技企业使用加盟上海研发公共服务平台的仪器设备给予补贴，鼓励和引导科技企业利用外部科技资源开展技术创新，降低创新创业成本。

新建一站式、全流程、专业化的人才发展政策和生活服务信息综合门户网站，建立市场化机构运营、政府机构监管的运作模式，提供便捷高效、精准细致的综合服务。

（十八）优化人才生活保障。

破解人才阶段性住房难题。继续推进政府主导的公共租赁住房建设。规范和优化外环内商品住房项目中配建不低于5%的保障房主要作为面向社会的公共租赁住房使用。鼓励人才集聚的大型企事业单位和产业园区利用自用存量用地建设公共租赁住房（单位租赁房），采用划拨方式供地，并可适当突破面积7%的限制。鼓励区县、产业园区和企业向体制外优秀科技创新创业人才提供租房补贴。对达到上海市居住证积分标准分值且缴纳个人所得税达到一定数额或职工社会保险缴费基数达到一定标准的非沪籍人员，定向微调住房限购政策。

优化海外人才医疗环境。鼓励本市保险企业开发适应海外人才医疗需求的商业医疗保险产品，探索搭建面向海外高层次人才的本市保险企业国际商业医疗保险信息统一发布平台。鼓励支持具备条件的医院进一步改善海外人才就医环境、提升相关医护人员外语能力，加强与国内外保险公司合作，加入国际医疗保险的直付网络系统。支持市场主体建立第三方国际医疗保险结算平台。

扩大国际化教育资源供给。积极创造条件，更好地满足外籍人员子女的就读需求。在外籍人员和海外人才集中的区域，增设外籍人员子女学校。研究试点社会力量举办外籍人员子女学校。对引进的海外高层次人才，为其子女入读外籍人员子女学校提供便利。鼓励支持本市中小学为外籍人员子女随班就读创造更好条件。

（十九）完善创新创业法治保障。

落实依法治市各项举措，推进法治上海建设，把促进创新人才发展工作纳入法治化轨道。研究促进创新人才发展的地方立法，运用法治思维和法治方式，不断优化人才集聚机制、培养机制、流动机制、评价机制、激励机制等。

依法维护科研人员创新创业合法权益。依法妥善处置科研人员在创新创业中的争议和矛盾，探索建立发展改革、财政、人力资源社会保障、科技、教育、国资等部门参加的工作沟通机制。严格知识产权保护，营造尊重劳动、尊重知识、尊重创造的良好社会氛围。

（二十）营造创新创业社会氛围。

完善本市杰出人才荣誉制度，探索实施委托社会机构开展上海杰出人才遴选工作，大力表彰在本市创新创业的杰出人才。加强与世界著名文化机构的交流合作，引进、创办、参与大型国际文化活动，提升城市文化多样性和包容度。

大力加强科学技术普及，办好一批有影响的科普类场馆、网站、期刊和广播电视科技类节目，实施提升公民科学素养行动计划。进一步办好上海科技节。大力弘扬科学精神、创新精神、创业精神，在全社会进一步形成鼓励创新、宽容失败的价值观和尊重创造、崇尚科学、崇尚科学家、崇尚科技创新的社会氛围。

各区县党委、政府要把深化人才工作体制机制改革，促进人才创新创业摆在重要位置，根据本实施意见精神，结合实际，制定具体实施办法，大胆创新突破，创造性地抓好落实。市各相关部门要明确责任、分解任务，制定工作细则，切实履行职责，确保各项政策措施落到实处。在沪中央单位可结合自身实际和主管部门规定，参照施行本实施意见。

中共上海市委办公厅
上海市人民政府办公厅
2015年7月5日

上海市海外人才居住证管理办法

（沪府发〔2015〕32号）

第一章 总 则

第一条（目的）

为进一步加大海外人才引进力度，优化人才环境，吸引更多海外人才来沪工作或者创业，为上海经济社会发展提供有力的人才支持，制定本办法。

第二条（适用对象）

本办法适用于具有本科（学士）及以上学历（学位）或者特殊才能，在上海合法工作或者创业的人员，包括：加入外国国籍的留学人员；外国专家及其他外国高层次专业人才；持中国护照、拥有国外永久（长期）居留权且国内无户籍的留学人员和其他专业人才；香港、澳门特别行政区专业人才，台湾地区专业人才。

具有特殊才能的人才具体范围及条件等事项，由市人力资源社会保障局（市外国专家局）根据本市经济社会发展实际需要，会同有关部门确定。

第三条（部门分工）

市人力资源社会保障局（市外国专家局）负责上海市海外人才居住证（以下简称“海外人才居住证”）的申请受理、核定等综合管理工作。市公安局负责海外人才居住证的制作、签发等相关工作。市教委、市科委、市工商局、市商务委、市财政局、市地税局、市经济信息化委、市卫生计生委、人民银行上海总部、国家外汇管理局上海市分局等相关部门按照各自职责，做好与本办法相关的服务和待遇落实工作。

第二章 证件一般规定

第四条（证件功能和类别）

海外人才居住证是持证人在本市工作、生活并享受相关待遇的证明。

海外人才居住证分为主证和随员证。符合条件的海外人才可以申请主证，其配偶和未满18周岁或者高中在读的子女可以申请随员证。

第五条（载明基本信息）

海外人才居住证载明持证人姓名、性别、出生日期、国籍（地区）、证件类型及号码、近期照片、签发日期、签发单位、有效期限等内容。

第六条（有效期限）

海外人才居住证的有效期限为1至5年和10年。

市人力资源社会保障局（市外国专家局）根据申请人的年龄、学历学位、专业类别、工作资历、有效身份证件、来华工作（就业）许可、聘用（劳动）合同有效期、应聘职务等条件，确定海外人才居住证的有效期限。

第三章 证件申办

第七条（申请）

市人力资源社会保障局（市外国专家局）委托市人才服务中心等受理机构具体承担海外人才居住证的受理工作。

需要申请海外人才居住证的，由申请人所在单位向受理机构申请。

第八条（申请材料）

申请海外人才居住证，应当提供下列材料：

（一）申请表；

（二）有效的身份证明；

（三）学历学位证明、专业技术证书或者其他业绩证明材料；

（四）在本市的住所证明；

（五）有效的健康状况证明；

（六）聘用（劳动）合同；

（七）用人单位主体资格证明或者创业投资证明等材料；

（八）工作（就业）期间缴纳个人所得税完税证明材料；

（九）其他必要的证明材料。

用人单位及申请人应当对申请材料的真实性负责。

第九条（受理及材料移送）

受理机构收到申请材料后，对材料齐全且符合法定形式要求的，应当当场出具书面受理通知；对材料不齐全或者不符合法定形式要求的，应当当场出具书面补正通知，并一次性告知需要补正的全部材料。

受理机构应当自受理之日起2个工作日内，将申请信息、材料移送市人力资源社会保障局（市外国专家局）。

第十条（核定）

市人力资源社会保障局（市外国专家局）应当自收到申请信息、材料之日起7个工作日内，完成核定。对符合条件的，出具书面办理通知；对不符合条件的，书面告知申请人。

第十一条（签发、制证和发证）

海外人才居住证由市公安局统一签发，对经核定符合办理条件的，由市公安局制证部门在10个工作日内，完成制证。市公安局出入境管理局负责发证。

第十二条（信息变更）

持证人的工作单位、身份证件号码等相关信息发生变化的，应当由用人单位在30日内，持相关证明材料到受理机构办理信息变更手续。

第十三条（续签换证）

证件有效期满，持证人需要续签换证的，应当在有效期届满前30日内由用人单位为其办理续签换证手续。逾期未续签换证的，按照首次申请流程重新办理。

第十四条（挂失和补办）

证件遗失的，应当及时由用人单位到受理机构办理挂失和补办手续。

第十五条（注销）

持证人情况发生变更，不再符合海外人才居住证申办条件或者在申办时提供失实材料取得海外人才居住证的，由公安部门注销其证件。

第十六条（法律责任）

用人单位和申请人应当遵守有关法律规定。用人单位或者申请人在申请过程中伪造、变造或者使用伪造、变造证明材料的，市人力资源社会保障局（市外国专家局）可以根据情节轻重，暂停或者取消其申请资格。违反法律的，用人单位及申请人须依法承担相应的法律责任。

第四章 持证人待遇

第十七条（居留许可）

持证人是外国国籍的，可以按照规定申请办理与居住证有效期限相同的居留许可。（删去台湾）

第十八条（免办就业许可）

持证人是留学人员且已加入外国国籍或者获得国（境）外永久（长期）居留权的，可以免办其他就业许可。

第十九条（创办企业）

持证人可以技术入股或者投资等方式在本市创办企业。

第二十条（行政机关聘用）

持证人经本市有管理权限的部门批准，可以短期聘用、项目聘用等方式，接受行政机关聘用。

第二十一条（社会保险）

持证人在沪工作的，按照国家和本市有关规定，参加本市社会保险；其未就业配偶及未满18周岁或者高中在读的子女可以参加本市城镇居民基本医疗保险，并享受相应待遇。

第二十二条（子女教育）

持证人子女在学龄前教育阶段、义务教育阶段的，可以根据本市有关规定，由居住地教育行政部门按照就近原则，办理就读手续。

持证人是留学人员，其子女在国外生活5年以上并在国内语言文字适应期（3年）内参加本市初中升高中考试的，可以适当降低录取分数线；其子女在本市就读高中并获得高中毕业文凭的，可以根据有关规定报考本市高校。

第二十三条（资格评定、考试和登记）

持证人可以按照国家和本市有关规定，参加本市专业技术职务任职资格评定或者考试、职业（执业）资格考试、职业（执业）资格注册登记。

第二十四条（外汇兑换）

持证人依法纳税并取得税务部门出具的税务凭证及相关证明材料的，可以按照外汇管理有关规定，将其在本市期间的合法收入兑换成外汇，汇出境外。

第二十五条（驾驶证照办理）

持证人可以按照国家和本市有关规定，在本市申领或者换领机动车驾驶证、办理机动车注册登记手续。

第二十六条（参加评选表彰）

持证人可以按照规定参加本市有关评选表彰，并享受相应待遇。

第五章 附则

第二十七条（过渡条款）

本办法实施后，原《上海市居住证》B证在有效期内仍然有效，期满后可以按照本办法办理续签手续。

第二十八条（操作细则）

市人力资源社会保障局（市外国专家局）根据本办法，制定操作细则。

第二十九条（施行日期）

本办法自2015年7月1日起施行，有效期至2020年6月30日。

上海市人民政府
2015年7月20日

上海市海外人才居住证管理办法实施细则

（沪人社外发〔2015〕33号）

第一条（依据）

根据《上海市海外人才居住证管理办法》，制定本实施细则。上海市海外人才居住证的载体为《上海市居住证》B证（以下简称B证）。

第二条（适用对象）

具有本科（学士）及以上学历（学位）或特殊才能，在上海合法工作或者创业的以下人员，符合条件的，可以申请B证，包括：加入外国国籍的留学人员；外国专家及其他外国高层次专业人才；持中国护照、拥有国外永久（长期）居留权且国内无户籍的留学人员；持中国护照、拥有国外永久（长期）居留权且国内无户籍的其他专业人才；香港特别行政区专业人才；澳门特别行政区专业人才；台湾地区专业人才。其证件识别码分别为L、F、C、M、H、A、T。

上述人员的配偶和未满18周岁或高中在读的子女，可以申请随行人员，办理随员证。

在《关于建立更紧密经贸关系的安排》（简称CEPA）框架内的具有特殊才能的香港高技能专才，可以放宽至大专学历。

具有特殊才能的人才具体范围及条件等事项，由上海市人力资源和社会保障局（上海市外国专家局）参照本市相关人才开发目录确定。

第三条（职责分工）

上海市人力资源和社会保障局（上海市外国专家局）负责B证的申请受理、核定等综合管理工作。

上海市人才服务中心、浦东新区人力资源和社会保障局人才交流中心、杨浦区高层次人才创新创业服务中心、中国（上海）自由贸易试验区国际人才服务中心等具体负责B证的受理工作。

第四条（用人单位）

需要申请B证的，由申请人所在单位（以下称用人单位）向受理机构申请。

用人单位应当是信誉良好，在本市行政区域内注册登记，符合本市产业发展方向的各类企业、事业、社团、民办非企业机构，以及有法人授权的在沪依法注册设立的分支机构。

第五条（首次申请材料）

首次申请B证需提供以下材料：

（一）申请表，近期免冠照片一张；

（二）有效身份证明，包括：有效护照（含签证）；港澳居民来往内地通行证及港、澳身份证；台湾居民来往大陆通行证及台湾身份证；国外永久（长期）居住证明；

（三）最高学历（学位）证书及其他业绩证明材料（留学人员需同时提供由中国驻外使领馆教育处（组）出具的相关留学人员证明或国家教育部出具的《国（境）外学历学位认证书》）；

（四）居住所在地派出所出具的《境外人员临时住宿登记单》或主申请人为权利人的房产证；

（五）6个月内有效的上海国际旅行卫生保健中心出具的健康证明（持《外国专家证》、《台港澳人员就业证》的人员及70周岁以上人员免于提交）；持中国护照人员和签证类型为居留许可的外籍人员可以提供6个月内有效的本市二级（含）以上医院出具的健康证明；

（六）待履行期限在12个月以上的聘用（劳动）合同（如系投资人，另需提供上一年度的审计报告）；

（七）单位营业执照（事业单位法人登记证、社团法人或民办非企业法人证书等）及组织机构代码证书（如系外资性质企业，另需提供外商投资企业批准证书）；

（八）其他必要的证明材料。

外籍人员和台港澳人员另需提供《外国专家证》或《台港澳人员就业证》。

有随行人员办理B证的，另需提供以下材料：

（一）随行人员的有效身份证明、健康证明（18周岁以下人员免于提交健康证明）；

（二）结婚证明；

（三）子女出生证明；

（四）近期免冠照片一张。

所有材料均需提供复印件，验原件。

第六条（首次申请办理流程）

用人单位向受理机构提交申请材料。

受理机构收到申请材料后，对材料齐全且符合法定形式要求的，应当场受理，并出具书面受理凭证；对材料不齐全或者不符合法定形式要求的，应当场书面告知需要补正的全部材料。

受理机构应当自出具受理凭证之日起2个工作日内，将申请信息、材料移送市人力资源和社会保障局（市外国专家局）。

市人力资源和社会保障局（市外国专家局）自收到申请信息、材料之日起7个工作日内完成核定，并由受理机构负责将核定结果书面告知申请人。

核定通过的申请人凭通知至受理机构拍照，并领取《办理〈上海市居住证〉B证通知书》。

市社会保障卡服务中心按相关信息在10个工作日内完成制证。

申请人凭《办理〈上海市居住证〉B证通知书》至市公安局出入境管理局领证。

第七条（有效期限）

证件有效期限根据申请人条件核定为1至5年和10年。申请对象向科技创新创业人才倾斜。同时，不超过有效身份证件、来华工作（就业）许可及聘用（劳动）合同有效期。市人力资源社会保障局（市外国专家局）按照《上海市海外人才居住证有效期限核定标准》（见附件）对申请人进行核定，根据申请人的年龄、学历学位、专业类别、工作资历、应聘职务等条件，核定相应的有效期限。

第八条（信息变更）

持证人的工作单位、身份证件号码、居住地等情况发生变化的，应当由用人单位在30日内持相关证明材料到受理机构办理信息变更手续。

受理机构自受理之日起2个工作日内，将变更材料、信息移送市人力资源和社会保障局（市外国专家局），经核定同意后，予以变更。持证人30个工作日后到市公安局出入境管理局领取新证。

第九条（续签换证）

持证人应当在证件有效期限届满前30日内，由其用人单位向受理机构提交续签换证申请材料。逾期后申请续签换证的，按照首次申请流程重新办理。

续签换证需提供以下材料：

（一）本细则第五条第一款第（一）、（二）、（六）、（七）项所规定的材料；

（二）原B证有效期限内的个人所得税缴纳证明。

外籍人员和台港澳人员另需提供《外国专家证》或《台港澳人员就业证》。

有随行人员的，另需提供随行人员有效身份证明。

续签换证办理流程参照第六条首次申请办理流程。核定通过的，由市人力资源社会保障局（市外国专家局）直接出具《办理〈上海市居住证〉B证通知书》，申请人凭通知书到市公安局出入境管理局领证。

第十条（挂失和补办）

证件遗失的，应当及时由用人单位凭公安部门出具的相关报案证明或用人单位出具的遗失情况说明，到受理机构办理书面挂失和补办手续。

第十一条（实施日期）

本实施细则自2015年7月1日起实施，有效期至2020年6月30日。原《上海市海外人才居住证管理办法实施细则》（沪人社外发〔2013〕30号）同时废止。

附件：上海市海外人才居住证有效期限核定标准（略）

上海市人力资源和社会保障局

2015年7月31日

留学回国人员申办上海常住户口实施细则

（沪人社外发〔2015〕49号）

第一条 目的和依据

为贯彻落实人才强市战略，加大海外人才引进力度，规范留学回国人员申办上海常住户口工作，根据《公安部、人力资源和社会保障部〈关于规范留学回国人员落户工作有关政策的通知〉》（公通字〔2010〕19号）和市委、市政府关于深化人才工作体制机制改革的有关要求以及相关规定，制定本实施细则。

第二条 申请单位应具备的基本条件

申请单位为在本市行政区域内注册登记的具有用人自主权的党政机关、事业单位、社会团体、民办非企业单位、合伙制事务所以及符合本市产业发展方向、注册资金在100万元人民币及以上、信誉良好，并在本市依法纳税、按规定参加社会保险的各类企业（非企业法人分支机构其上级法人注册资金应不低于100万元人民币）。

第三条 留学回国人员应具备的基本条件

（一）来沪工作的留学回国人员应符合下列条件之一：

1．在国（境）外获得博士研究生学历学位。

2．在国内“211”高校（见附件1）获得本科学历、学士学位或硕士研究生学历学位（中央直属及中科院各研究生培养单位硕士毕业生参照“211”高校毕业生执行），并在国（境）外高校获得硕士研究生学历学位；或在国内非“211”高校获得本科学历、学士学位或硕士研究生学历学位，并在国（境）外世界排名前500名高校获得硕士研究生学历学位；或在国（境）外高校获得本科学历、学士学位和硕士研究生学历学位（不含大专起点本科和HND等形式）。

3．在国（境）外世界排名前500名高校获得本科学历、学士学位（累计在国（境）外学习时间须满1年以上；中外合作办学、联合培养等性质毕业生应同时获得国内和国（境）外本科学历、学士学位；不含大专起点本科和HND等形式）。

4．在国内获得硕士研究生及以上学历学位或取得副高级及以上专业技术职务任职资格，赴国（境）外进修、做访问学者满1年以上。

同时，符合上述四项条件的人员最近连续6个月在同一单位社会保险缴费基数不应低于上一年度本市职工社会平均工资，个税缴纳情况应与社会保险缴费基数合理对应。

5．其他不符合第2、3项条件，在国（境）外高校获得本科、学士及以上学历学位（本科学历、学士学位人员累计在国（境）外学习时间须满1年以上；中外合作办学、联合培养等性质毕业生应同时获得国内和国（境）外本科学历、学士学位；不含大专起点本科和HND等形式），同时最近连续12个月在同一单位社会保险缴费基数达到上一年度本市职工社会平均工资1.5倍，个税缴纳情况与社会保险缴费基数合理对应的人员。

（二）来沪创业的留学回国人员应符合下列条件：

在国（境）外高校获得本科、学士及以上学历学位（本科学历、学士学位人员要求同上）或符合第4项条件，来本市创办企业的留学回国人员（注册资金不少于50万元人民币（实缴），本人担任企业法定代表人且为第一大股东（不含股份转让、后期资金注入），个人股份一般不低于30%），同时最近连续6个月在同一单位社会保险缴费基数不低于上一年度本市职工社会平均工资，个税缴纳情况与社会保险缴费基数合理对应。

世界排名前500名高校由上海市人力资源和社会保障局（上海市外国专家局）参考英国泰晤士报高等教育副刊、美国新闻与世界报道、QS世界大学排名、上海交通大学2015年发布的学校名单确认后予以公布（见附件2，留学回国人员国（境）外毕业院校参考名单）。上述名单待每年新的世界排名公布后对新增的院校名单予以追加，12月31日前在上海市人力资源和社会保障局（上海市外国专家局）网站www.21cnhr.gov.cn和www.shafea.gov.cn予以公布。同时，留学人员在国（境）外院校获得的学历学位应属于教育部认可的范围。

留学人员回国后应直接来上海工作，累计待业时间不超过2年；与申请单位签订的劳动（聘用）合同有效期在1年（含）以上，且自申请之日起有效期在6个月（含）以上（如合同约定有试用期的，需完成试用期后方可申报）；留学回国人员年龄须距法定退休年龄5年以上。

派遣人员不属于留学回国人员申办上海常住户口范围。

第四条 申请的提出

留学回国人员申办上海常住户口，须由单位提出申请。单位引进的留学回国人员应为单位紧缺急需并发挥重要作用、拟长期使用的人才。

外国企业在沪代表处和各国驻沪领事馆通过具有资质的外事服务单位进行申报。

第五条 单位需提交的材料

除特殊说明外，所有申请材料均核对原件，留复印件。

（一）申请单位介绍信、经办人员有效身份证件。

（二）申请单位报告。

（三）法人营业执照（或法人登记证书）和组织机构代码证或统一社会信用代码（依许可经营的，另须提供相关主管部门批准的许可证书；外商投资企业、台港澳侨投资企业另须提供批准证书）。

申请单位为非法人分支机构的，提供分支机构的营业执照和组织机构代码证，同时提供上级法人的上述相关证件（须加盖上级法人公章）和上级法人的授权书。

上述营业执照、组织机构代码证或统一社会信用代码等证件剩余有效期应在6个月以上。

（四）《留学回国人员申办上海常住户口申请表》（附一张2寸证件照）。

（五）申请单位与留学回国人员签订的劳动（聘用）合同。

来本市创办企业的留学回国人员，应与其创办的企业签订劳动合同，并提交以下材料：

（一）企业验资证明。

（二）企业最近连续6个月缴纳增值税（营业税）或企业所得税税单（零税单无效）。

（三）企业最近连续6个月为员工缴纳社会保险凭证。

第六条 留学回国人员需提交的材料

（一）教育部出具的《国外学历学位认证书》。

（二）国（境）外毕业证书、成绩单；属于进修人员的提供国（境）外进修证明（须附具有资质的翻译机构的翻译件）、《留学回国人员证明》和国内硕士研究生及以上学历学位证书或副高级及以上职称证书。

（三）出国（境）留学前国内获得的相应的最高学历学位证书；出国（境）前系在职人员的，提供原工作单位同意调出或已离职证明；在国（境）外有工作经历的，提供工作单位劳动合同、税单或机构负责人签字的工作证明（须附具有资质的翻译机构的翻译件）。

（四）护照、签证及所有出入境记录、居民户口簿和身份证；出国前为农业户口的须在原籍办理“农转非”后申请；留学期间户籍已注销的须附90天内有效的户籍注销证明。

（五）在沪落户地址证明。落户地址为个人购买的产权房的，提供房产证；落户地址为配偶或直系亲属家庭地址的，提供配偶或直系亲属的房产证、居民户口簿和产权人共同签署的同意落户的书面证明；落户地址为集体户口的，提供相应的集体户口簿复印件或户籍证明以及单位同意落户的书面证明。

（六）婚姻状况证明。已婚的，提供结婚证书；离异的，提供离婚证、离婚协议书或法院调解书、判决书。持国外结（离）婚证明的，另须提供具有资质的翻译机构的翻译件。

（七）子女出生证明（在国外出生的，另须提供具有资质的翻译机构的翻译件）及合法生育的证明。

（八）在沪档案接收单位出具的同意接收证明；如档案已在沪，提供档案保管单位出具的保管证明。

（九）在本市正常缴纳社会保险和个人所得税的证明（社保缴费基数和期限由社保系统提供；未正常缴纳社会保险而补缴的、缴费单位与签订劳动合同单位不一致的、社保缴费基数与个人所得税缴纳情况不能合理对应的不予认可；党政机关、事业单位新录用人员暂无法提供上述证明的，须提供正式录用或编制内聘用相关证明）；回国后未就业时间超过半年的须附劳动用工手册或档案保管单位出具的未就业证明。

（十）其他必要的证明材料。

第七条 办理流程

（一）申请单位先在www.21cnhr.gov.cn网上进行注册，并填写相关信息，然后备齐相关书面材料到受理部门（上海市人才服务中心）进行现场申报。

（二）受理部门对申请单位提交的申请材料进行初审。对材料齐全且符合法定形式要求的，在5个工作日内受理，并出具书面受理通知书；对材料不齐全或不符合法定形式要求的，在5个工作日内出具书面补正通知书，一次性告知需要补正的全部材料，并约定补正的期限。逾期仍不能补正的，视为放弃本次申请。

（三）受理部门对予以受理的材料进行整理、复核，在10个工作日内将全部申请材料报上海市人力资源和社会保障局（上海市外国专家局）审核。

（四）上海市人力资源和社会保障局（上海市外国专家局）按照规定，对初审材料在10个工作日内完成审核工作。

（五）审核通过后，上海市人力资源和社会保障局（上海市外国专家局）将审核通过的意见反馈受理部门，并将审核通过的落户名单汇总至上海市公安局人口管理办公室（10个工作日一次），市公安局人口管理办公室将名单转发至各区县公安部门。审核未通过的出具书面《不予审批决定书》。

（六）受理部门根据审核意见在5个工作日内完成批复、落户确认单、调动人员情况登记表等批件制作。

（七）申请单位凭相关证明领取批件后办理户口迁移、申报、人事档案调动等手续。

第八条 轮候办理

留学回国人员申办本市常住户口根据本市有关规定实行年度总量调控，按照审核通过的先后顺序，自动进行排队轮候。超过当年调控总量的，继续予以受理并审核，审核通过的，依次进入下一年度办理。新的额度获得前暂停名单发送、批件制作。

第九条 家属随迁条件

符合落户条件的留学回国人员，其配偶（须回国前结婚，年龄距法定退休年龄5年以上）和16周岁以下或16周岁以上、在普通高中就读的子女属随迁范围。

回国后结婚的配偶按照本市投靠类政策办理。

申请人配偶需随迁的，应在申请人提出申请时一并提出；配偶暂未回国的，可在回国后申请补办落户手续。

申请人子女需随迁的，如子女在国内出生，须在父（母）原户籍地办理出生登记后一并提出；申请人在上海落户后再提出补办随迁的，按照本市投靠类政策办理。如子女在国外出生，应在申请人提出申请时一并提出；暂未回国的，可在回国后申请补办落户手续。

第十条 家属随迁需提交的材料

（一）《留学回国人员配偶申办上海常住户口申请表》（附一张2寸证件照，子女免表）。

（二）配偶和子女户口簿、身份证、在沪落户地址证明、配偶国内最高学历学位证书（配偶为留学回国人员的，提供《国外学历学位认证书》、护照、签证及所有出入境记录）、子女出生证明（子女在国外出生的，提供国外出生证明和具有资质的翻译机构的翻译件、中国护照（或旅行证）及签证、出入境记录）； 16周岁以上、在普通高中就读的子女需随迁的，提供学籍证明。

（三）配偶在本市有工作单位的，提供劳动（聘用）合同、单位营业执照和组织机构代码证（须加盖单位公章）；原来在外省市有工作单位的，提供原单位同意调出或已离职证明。

（四）放弃随迁的，提供居民户口簿和身份证及书面放弃随迁承诺书。

（五）其他必要的证明材料。

第十一条 法律责任

申请单位和留学回国人员应当遵守有关法律规定，为其所提供的材料真实性负责，严禁弄虚作假或者伪造。如有弄虚作假或者伪造行为的，根据其情节轻重，暂停或取消其申请资格，并记入本市社会征信系统。对通过虚假材料骗取本市常住户口的，注销其本市常住户口；构成犯罪的，依法追究其刑事责任。

第十二条 其他

本实施细则自2016年1月1日起施行，有效期至2020年12月31日。本实施细则中未尽事宜，由上海市人力资源和社会保障局（上海市外国专家局）会同相关部门负责解释。

附件：1．“211”大学名单（略）

2．留学回国人员国（境）外毕业院校参考名单（略）

上海市人力资源和社会保障局

2015年12月30日

上海市人力资源和社会保障局 上海市外国专家局 上海市公安局关于服务具有全球影响力的科技创新中心建设实施更加开放的海外人才引进政策的实施办法（试行）

（沪人社外发〔2015〕35号）

根据中共上海市委、上海市人民政府《关于加快建设具有全球影响力的科技创新中心的意见》（沪委发〔2015〕7号）、中共上海市委办公厅、上海市人民政府办公厅《关于深化人才体制机制改革 促进人才创新创业的实施意见》（沪委办发〔2015〕32号）以及人社部、公安部、国家外国专家局相关政策措施要求，为确保政策落地，便于操作，制定本实施办法。

一、外籍高层次人才认定标准

外籍高层次人才分为以下四类：

（一）知名奖项获得者或高层次人才计划入选者；

（二）知名专家、学者、杰出人才、专业人才；

（三）企业杰出人才、专业人才；

（四）其他具有特殊专长并为本市紧缺急需的特殊人才。

本实施办法所指的外籍高层次人才均按照“外籍高层次人才认定标准”（附件1）进行认定。

二、简化外籍高层次人才办理永久居留证程序

在国家永久居留证制度框架内，有针对性地降低门槛、放宽条件，对经上海市人力资源和社会保障局（上海市外国专家局）认定的外籍高层次人才，可不受60周岁年龄限制，按规定到上海市公安局出入境管理局办理5年有效期的工作类居留许可（加注“人才”）；工作满3年后，经用人单位推荐，可按规定到上海市公安局出入境管理局申请《外国人永久居留证》。

拟享受上述政策的外籍人才，由其用人单位向上海市人力资源和社会保障局（上海市外国专家局）提出申请。受理点在上海市人才服务中心（梅园路77号上海人才大厦）。

提出申请时应当提交以下材料：

（一）用人单位申请公函；

（二）由外籍人才本人填写的《外籍高层次人才资格认定登记表（推荐办理人才类工作居留许可）》（附件2）；

（三）有效护照复印件（需核验原件）；

（四）有效的《外国专家证》或《外国人就业证》复印件（需核验原件）；

（五）证明其属于外籍高层次人才的相关材料；

（六）其他必要的证明材料。

上海市人力资源和社会保障局（上海市外国专家局）审核后，对属于外籍高层次人才的人员，出具《上海市外籍高层次人才办理人才类工作居留许可推荐函》。相关人员持《推荐函》到上海市公安局出入境管理局办理相应的工作类居留许可。

三、试点为外籍高层次人才办理人才签证（R字签证）

本市试点为外籍高层次人才办理人才签证（R字签证），为上海建设具有全球影响力的科技创新中心迫切需要的外籍高层次人才提供出入境便利，方便其来上海进行科技合作、学术交流和创新创业。

拟享受上述政策的外籍人才，由其用人（邀请）单位向上海市人力资源和社会保障局（上海市外国专家局）提出申请。受理点在上海市人才服务中心（梅园路77号上海人才大厦）。

提出申请时应当提交以下材料：

（一）用人（邀请）单位申请公函；

（二）由外籍人才本人填写的《外籍高层次人才资格认定登记表（推荐办理人才签证）》（附件3）；

（三）有效护照复印件（需核验原件）；

（四）用人（邀请）单位聘用意向协议或邀请函复印件（需核验原件）；

（五）证明其属于外籍高层次人才的相关材料；

（六）其他必要的证明材料。

上海市人力资源和社会保障局（上海市外国专家局）审核后，对属于外籍高层次人才的人员，出具《上海市外籍高层次人才办理人才签证推荐函》。相关人员持《推荐函》到上海市公安局出入境管理局办理相应的人才签证（R字签证）。

四、对长期在沪工作的外籍高层次人才等人员，优先办理2—5年有效期的《外国专家证》

对长期在沪工作的外籍高层次人才和上海建设具有全球影响力的科技创新中心紧缺急需的外籍高层次人才，由上海市外国专家局根据其聘用（劳动）合同有效期限、护照有效期限等优先办理2—5年有效期的《外国专家证》，为外籍高层次人才居留和出入境提供更大便利。

拟享受上述政策的外籍人才，由其用人单位向上海市外国专家局提出申请。受理点在上海市人才服务中心（梅园路77号上海人才大厦）。

提出申请时除提交办理《外国专家证》所需的材料外，还应当提交以下材料：

（一）证明其属于外籍高层次人才的相关材料；

（二）其他必要的证明材料。

上海市外国专家局审核后，对属于外籍高层次人才的人员，发放2—5年有效期的《外国专家证》。相关人员持《外国专家证》至上海市公安局出入境管理局办理相应的工作类居留许可。

五、开展外国留学生毕业后直接留沪就业试点

在本市高校取得硕士及以上学位且在上海自贸区、张江高新区就业的外国留学毕业生，可按规定办理《外国人就业许可证书》和《外国人就业证》，并办理相应的工作类居留许可。

拟享受上述政策的外国留学毕业生，由其用人单位向上海市人力资源和社会保障局提出申请。受理点在上海市就业促进中心国（境）外人员就业处（梅园路77号上海人才大厦）。

提出申请时除提交办理《外国人就业许可证书》和《外国人就业证》所需的材料外，还应当提交以下材料：

（一）本市高校颁发的硕士及以上学位证书复印件（需核验原件）；

（二）上海自贸区、张江高新区管委会出具的工作证明；

（三）其他必要的证明材料。

上海市人力资源和社会保障局审核后，对符合条件的外国留学毕业生发放《外国人就业许可证书》和《外国人就业证》。相关人员持《外国人就业证》至上海市公安局出入境管理局办理相应的工作类居留许可。《外国人就业证》有效期为1年，到期可申请延期。

六、完善《上海市海外人才居住证》（B证）政策

进一步拓展《上海市海外人才居住证》（B证）申请范围，在原有《上海市海外人才居住证》（B证）申请对象的基础上，向科技创新创业人才倾斜，为外籍高层次人才开辟绿色通道，加快办理速度，提供更多便利。同时，延长《上海市海外人才居住证》（B证）的有限期限最高至10年，进一步发挥《上海市海外人才居住证》（B证）的引才、留才作用。

办理《上海市海外人才居住证》（B证）按照《上海市海外人才居住证管理办法实施细则》执行。

七、建立《外国专家证》和《外国人就业证》一门式受理窗口

建立一门式受理窗口，做到统一办理、统一反馈、统一查询、统一监督、统一窗口建设，通过设立“导证台”“咨询台”，引导外籍人才按层次类别办理相应的《外国专家证》或《外国人就业证》。同时，加大政策宣传力度，使更多的外籍高层次人才办理《外国专家证》，放宽年龄限制，并使之享受相应的人才待遇。

已连续在本市申办过两次工作类居留许可且无违法违规问题的外籍人员，第三次申请工作类居留许可时，可直接申请有效期5年以内的工作类居留许可。

八、外籍高层次人才认定标准由上海市人力资源和社会保障局（上海市外国专家局）根据本市经济社会发展对外籍高层次人才的需求情况适时进行调整。

九、本实施办法自2015年8月5日起实施，有效期至2017年8月4日。本实施办法由上海市人力资源和社会保障局（上海市外国专家局）会同上海市公安局负责解释。

附件：1．外籍高层次人才认定标准（略）
2．外籍高层次人才资格认定登记表（推荐办理人才类工作居留许可）（略）
3．外籍高层次人才资格认定登记表（推荐办理人才签证）（略）

上海市人力资源和社会保障局
上海市外国专家局
上海市公安局
2015年8月5日

上海市浦江人才计划管理办法

（沪人社外发〔2015〕50号）

第一章 总 则

第一条 为进一步贯彻实施中共中央、国务院《国家中长期人才发展规划纲要（2010—2020年）》和《上海市中长期人才发展规划纲要（2010—2020年）》，吸引集聚海外优秀留学人员，更好实施人才强国战略，为上海市“四个中心”建设和全球科技创新中心建设提供更好的海外人才支持，上海市人力资源和社会保障局（以下简称市人力资源社会保障局）和上海市科学技术委员会（以下简称市科委）联合设立上海市浦江人才计划（以下简称浦江计划）。

第二条 浦江计划主要资助近期回国来沪工作和创业的海外留学人员及团队，主要资助对象为：

（一）应聘来本市从事自然科学、社会科学研究的留学人员及团队；

（二）在本市创办企业的留学人员及团队；

（三）其他本市特殊急需的留学人员及团队。

第三条 浦江计划按照A（科研开发类）、B（企业创新创业类）、C（社会科学类）、D（特殊急需类）四种类型项目进行申报和资助。其中，A类项目资助以高等院校、科研院所等单位为依托的自然科学和技术研究；B类项目主要资助以企业为依托的科技创新创业，包括创新和创业两类，其中创新类针对企业引进的留学人员，创业类针对自主创办科技企业的留学人员；C类项目资助在人文社科领域进行创新创业的留学人员；D类项目资助其他本市紧缺急需的具有特殊专长的留学人员。

第四条 浦江计划资助资金来源于市财政拨款。资助经费一次核定，根据使用需要一次或分批拨付。

（一）A、B类项目经费遵照《上海市科研计划专项经费管理办法》执行。

（二）C、D类项目经费可用于：

1．科研开发、教学、文化艺术创作等研究费用，包括：设备购置、材料购买、分析测试、人员费用、出版物（文献等信息传播）费用、知识产权事务费等；

2．申请者部分生活补贴、国际交流与合作差旅费等；

3．其他特殊需求的相关费用。

第二章 组织机构

第五条 市人力资源社会保障局和市科委联合成立浦江计划领导小组（以下简称领导小组），组织实施浦江计划并监督资助经费使用。

第六条 领导小组下设两个管理办公室，分别设在市人力资源社会保障局和市科委。市人力资源社会保障局和市科委根据各自的职责，负责浦江计划的实施和资助资金的管理。

第七条 浦江计划受理窗口设在市人力资源社会保障局。

第三章 申请条件

第八条 申请者须具备以下基本条件：

（一）所在单位应在沪注册并具有独立法人资格；

（二）所在单位承诺给予申请者必要的人员配备和条件保障；

（三）截至申报当年1月1日，申请者不满50周岁，且回国工作不超过2年或回国创业不超过4年；

（四）回国后未获得过国家或本市政府资金资助；

（五）未获得过本计划资助，且申请本计划次数总计不超过2次。

第九条 A类（科研开发）项目申请者并须具备以下条件：

（一）具有博士学位；

（二）以留学身份在国（境）外连续学习或进修2年（含）以上。

第十条 B类（企业创新创业）项目申请者并须具备以下条件：

（一）创新类

1．以留学身份在国（境）外连续学习或进修2年（含）以上；

2．具有博士学位；或具有硕士学位，且在国（境）外知名企业从事专业技术或管理工作4年（含）以上。

（二）创业类

1．具有学士（含）以上学位；

2．以留学身份在国（境）外连续学习或进修1年（含）以上；

3．申请者为所创办企业的第一大股东，或担任法定代表人并持有个人股权不低于30%；

4．所创企业已获得本市有关部门颁发的工商营业执照。

第十一条 C类（社会科学）项目申请者应以留学身份在国（境）外连续学习或进修1年（含）以上，并须具备以下条件之一：

（一）具有博士学位；

（二）具有硕士学位，并被聘任为本市高校或科研院所副教授（或副研究员）（含）以上专业技术职务；

（三）具有硕士学位，并在本市新闻媒体单位担任主任记者、主任编辑、副编审（含）以上等专业技术职务；

（四）具有硕士学位，并在本市金融单位工作担任部门经理（含）以上职务；

（五）具有学士（含）以上学位，并在本市文化艺术院团担任二级导演、二级演员、二级演奏员、二级指挥、二级美术师、二级舞蹈设计师、高级工艺美术师等（含）以上专业技术职务，或者具有硕士（含）以上学位且被聘任为本市高等院校音乐曲艺类讲师（或助理研究员）以上（含）专业技术职务；

（六）创办文化产业类经济实体的，参照B类企业创业类申请条件。

第十二条 D类（特殊急需）项目申请者应以留学身份在国（境）外连续学习或进修1年（含以上），并须具备以下条件：

（一）申请项目符合年度申请指南公布的重点领域；

（二）持有重要发明专利技术或专有技术来沪自主创业或上海急需的具有特殊专长的留学回国人员；

（三）经局级单位或主管部门择优推荐，并通过浦江计划管理办公室审核。

第四章 申报

第十三条 浦江计划每年申报评审一次，由管理办公室通过“上海科技”网（www.stcsm.gov.cn）和市人力资源社会保障局门户网站（www.12333sh.gov.cn）等相关网站发布年度申请指南。

第十四条 申请者根据年度申请指南，在规定时间内持相关材料到指定地点办理资格认定后，在“上海科技”网上填报《上海市浦江人才计划申请书》，在线打印后报送所在单位审核。

第十五条 申请者所在单位按照本办法规定对申请者的基本情况和申报内容进行审核，如实填写单位意见和有关承诺，择优向管理办公室推荐。B类创业企业并须经留学人员创业园区或区（县）科委审核推荐；C、D类创业企业并须经留学人员创业园区或区（县）人力资源社会保障局审核推荐。

第十六条 一位申请者只能申报一个项目。网上填报并提交成功、报送的书面材料签章齐全并与网上提交的电子文档内容一致的申请为有效申请。

第五章 评审

第十七条 管理办公室组织专家进行网上评审。

第十八条 管理办公室提前5个工作日通知通过初评的申请者参加“专家见面会”进行复评。不参加复评的视为自动放弃。

第十九条 通过复评的申请者名单由管理办公室报领导小组审定后，分别通过“上海科技”网和市人力资源社会保障局门户网站等相关网站向社会公示，公示期为5个工作日。

第二十条 凡无异议或经异议调查后仍符合本办法规定的申请者，经市人力资源社会保障局和市科委批准，通过“上海科技”网和市人力资源社会保障局门户网站等相关网站公布资助通知，并颁发证书。

第六章 管理和考核

第二十一条 资助通知发布后，申请者应按要求填写计划任务书，编制经费预算，同时其所在单位与管理办公室签订书面合同。

第二十二条 合同签订后，市人力资源社会保障局和市科委向申请者所在单位账户拨付项目经费，用于受资助对象完成合同规定的工作。资助经费专款专用，经费管理按照相关规定执行。

第二十三条 合同到期后三个月内，受资助者应提交总结报告和预算执行情况表（经费决算表）等资料，经所在单位审核后报送管理办公室备案或验收。

第二十四条 凡得到浦江计划经费资助所取得的成果或发表的文章，均应标注中文“上海市浦江人才计划资助”或英文“Sponsored by Shanghai Pujiang Program”。

第二十五条 浦江计划入选者不得替换，资助经费不得截留、转让或挪用。在项目实施过程中，因受资助者患病、调离岗位、出国（境）等情况影响项目如期完成的，入选者及所在单位应及时向管理办公室提出书面报告，经管理办公室审核后，办理合同终止或变更手续。合同期满前三个月内，不再受理合同变更申请。

第二十六条 对弄虚作假骗取资助的，经管理办公室核实后，将终止项目、追回资助经费并取消其今后申请本计划的资格，情节严重者给予通报批评。

第七章 附 则

第二十七条 本办法自2016年1月1日起实施，有效期至2020年12月31日。

第二十八条 本办法由市人力资源社会保障局和市科委负责解释。

上海市人力资源和社会保障局
上海市科学技术委员会
2015年12月31日

中共江苏省委 江苏省人民政府
关于建设苏南国家自主创新示范区的实施意见

（苏发〔2015〕5号）

为全面贯彻党的十八大、十八届三中四中全会决策部署，认真落实习近平总书记系列重要讲话精神和对江苏工作的重要指示，按照《国务院关于同意支持苏南建设国家自主创新示范区的批复》（国函〔2014〕138号）要求，加快推进苏南创新驱动发展，更好地支撑引领全省发展方式转变和经济转型升级，现就建设苏南国家自主创新示范区提出以下实施意见。

一、抢抓机遇，凝心聚力推进苏南国家自主创新示范区建设

（一）重大意义。支持南京、苏州、无锡、常州、昆山、江阴、武进、镇江等8个国家高新技术产业开发区和苏州工业园区建设苏南国家自主创新示范区，是党中央、国务院着眼实施创新驱动发展战略作出的一项重要决策，充分体现了中央对江苏工作的高度重视和对苏南发展的殷切期望，对破解苏南发展瓶颈、促进江苏经济转型升级、探索实现区域现代化的路径具有重大而深远的意义。习近平总书记最近在江苏视察时，要求用好建设苏南国家自主创新示范区等机遇和条件，以只争朝夕的紧迫感，切实把创新抓出成效。各地各有关部门和单位要深刻认识建设苏南国家自主创新示范区的重大意义，增强使命感、责任感和紧迫感，形成强大合力，集成推进示范区建设。苏南五市党委、政府要切实担负起主体责任，着眼于适应新常态、引领新常态，认真按照国务院批复要求，凝聚各方面智慧和力量，健全有利于创新驱动发展的体制机制，大力推进示范区建设，确保取得预期成效。

（二）总体要求。全面贯彻党的十八大、十八届三中四中全会精神，以邓小平理论、“三个代表”重要思想、科学发展观为指导，认真落实习近平总书记系列重要讲话和对江苏工作的指示精神，深入实施创新驱动发展战略，大力推进科技创新工程，充分发挥苏南地区科教人才优势和开发开放优势，加强创新驱动发展顶层设计和整体谋划，全面提升自主创新能力，着力强化企业创新主体地位，优化创新创业生态，增强创新核心载体功能，推动产业结构转型升级，加快建设创新驱动发展引领区；全面深化科技体制改革，着力破除体制机制障碍，开展激励创新政策先行先试，充分发挥市场在资源配置中的决定性作用和更好发挥政府作用，最大限度激发科技第一生产力的巨大潜能，加快建设深化科技体制改革试验区；全面推进区域协同创新，着力优化创新布局，强化协同效应，提升区域创新体系整体效能，加快建设区域创新一体化先行区，为建设经济强、百姓富、环境美、社会文明程度高的新江苏提供坚强保障，为创新型国家建设作出积极贡献。

（三）推进思路。牢牢把握创新驱动发展的总体方向，紧紧围绕战略定位和发展目标，以推进高新技术产业开发区创新发展为着力点和突破口，充分发挥核心载体作用，加快构建适应创新驱动发展的体制机制，辐射带动区域发展从要素、投资驱动加快向创新驱动发展转变。强化创新引领功能。立足“高”、突出“新”，进一步解放和发展高新区，改进考核评价，集聚创新资源，大力营造有利于创新的良好条件，不断提升自主创新能力和引领发展能力，使高新区成为带动创新驱动发展的强大引擎。发挥辐射带动作用。强化示范区的创新核心载体功能，牢牢把握市场导向和产业化方向，以点带面放大辐射示范效应，推动城市自主创新能力和产业竞争力全面提升，支撑和带动区域经济社会持续健康发展。构建整体发展优势。围绕创新一体化布局和产业特色发展，加强科技资源整合集聚和开放共享，促进城市间科技创新和产业发展分工协作，发挥各自优势，集成联动、错位发展，努力提升区域协同发展能力和综合竞争能力。

（四）主要目标。到2020年，示范区创新体系整体效能显著提升，科技体制改革取得重要突破，创新一体化发展的体制机制基本形成，自主创新能力大幅提高，建成一批一流创新型园区，成为具有国际影响力的产业科技创新中心和创新型经济发展高地。示范区辐射带动作用显著增强，苏南人均地区生产总值达到18万元，全社会研发投入占地区生产总值比重超过3%，每万人发明专利拥有量达30件，高新技术企业超过10000家，科技进步贡献率超过65%，集聚一批具备全球视野与战略思维的创新创业领军人才，涌现一批拥有国际知名品牌和较强市场竞争力的创新型企业，培育一批具有自主知识产权和高附加值的战略性新兴产业。

二、聚焦重点，建设创新驱动发展引领区

（五）建设高水平的创新型园区。着力提升国家级高新区和苏州工业园区创新发展水平，进一步明确发展定位，完善产业规划，争创一批世界一流高科技园区，做强一批创新型科技园区和创新型特色园区，促进高新区转型发展、创新发展，打造产业科技创新中心和新兴产业策源地。以加强原始创新和技术研发转化为方向，大力建设江宁高新园、苏州工业园科教创新区、苏州科技城、无锡太湖科技园、宜兴环科园、常州科教城、昆山阳澄湖科技园、江阴滨江科技城、镇江知识城等，努力使之成为苏南国家自主创新示范区的创新核心区。坚持节约集约利用土地，支持高新区依照国家政策和法规调整区域范围，优先保障高新区重大创新项目用地需求。进一步增强高新区的原始创新能力，广泛集聚创新资源与要素，建成一批处于世界前沿水平的研发基地，培育一批新的产业业态，使高新区成为自主创新的战略高地、培育发展战略性新兴产业的核心载体、转变经济发展方式和调整经济结构的重要引擎、抢占世界高新技术产业制高点的前沿阵地。完善科技创业特别社区、科技企业孵化器、新兴产业加速器、大学科技园、留学生创业园等科技创业服务平台，构建“苗圃—孵化器—加速器”科技创业链条，打造科技人才创业“栖息地”。

（六）培育高成长性创新型企业。创新企业培育机制，建立覆盖企业初创、成长、发展等不同阶段的政策支持体系，培育以高新技术企业为主体的创新型企业集群。实施科技企业“小升高”计划，建立健全“创业孵化、创新支撑、融资服务”的科技中小企业抚育体系，发挥中小企业在技术创新、商业模式创新和管理创新方面的生力军作用，激发中小企业创新活力。加大创新型领军企业培育力度，充分发挥大型企业创新骨干作用，增强其整合利用全球创新资源的能力，通过并购重组、开展委托研发和购买知识产权，加速创新资源向企业集聚，大幅度提升企业自主创新能力。支持创新型企业和行业骨干企业牵头组建产业技术创新战略联盟，承担国家科技重大专项和重点工程建设项目，建设国家级工程（技术）研究中心、工程中心、企业技术中心、企业重点实验室、工程实验室等高水平研发机构，提高企业研发活动的层次和水平。推动企业与高校院所建立健全协同创新机制，加快建设南京通信与网络、苏州纳米技术等科教结合产业创新基地，促进高校院所创新资源与企业创新需求的有效对接。引导研发类企业专业化发展，鼓励各类研发机构提高公共技术研发服务能力，并支持研发机构加强合作，打造优势互补的产业技术研发集团。

（七）发展高附加值创新型产业集群。适应世界科技创新和产业变革大势，大力集聚全球高端创新要素，推进原始创新和重大集成创新，突破核心关键技术，获取重大原创成果，促进科技成果资本化、产业化，培育具有国际竞争力的战略性新兴产业集群。立足各地比较优势和发展基础，统筹新兴产业空间布局，超前部署纳米材料、石墨烯、物联网、未来网络、北斗应用、机器人等前瞻性产业，着力发展智能电网、高端装备制造、医疗器械、新型平板显示、高端软件、新能源、新材料、生物医药、节能环保等优势产业，加快形成错位发展、特色明显的产业格局。大力发展科技服务业，重点发展技术转移、检验检测认证、创业孵化、知识产权、科技金融等科技服务业，创新科技服务模式，延展科技服务链条，培育壮大科技服务市场主体，促进科技服务业专业化、规模化、国际化发展。加强高技术服务业与先进制造业、战略性新兴产业融合发展，利用大数据、云计算、移动互联等推进智能制造、网络制造、绿色制造，催生更多新技术、新产品、新业态和新商业模式。研究制定知识产权密集型产业发展规划，加强分类指导，落实关键举措，积极培育专利密集型、商标密集型、版权密集型产业。利用高新技术和先进适用技术改造提升传统优势产业，推动产业加快向价值链高端升级。

（八）打造国际化开放创新高地。进一步加强国际科技合作，加快融入全球创新网络，在更高起点上推进自主创新，把苏南国家自主创新示范区建成开放创新的桥头堡。抓住国家实施“一带一路”战略等机遇，加强与世界创新型国家和地区的全方位科技合作，坚持以开放促创新、以创新促发展，主动参与全球研发分工，在扩大开放中增强自主创新能力；支持苏州工业园区创建国家开放创新综合改革试验区。积极承接上海自贸区开放合作溢出效应，建设国际科技合作创新园，吸引海外知名大学、研发机构、跨国公司到示范区设立全球性或区域性研发中心，引导企业与研发中心开展深度合作；推动示范区与世界著名高科技园区建立稳定的合作关系。探索将外资研发机构纳入区域创新体系，支持外资研发机构实施或参与实施科技计划项目、组建或参与组建产业技术创新战略联盟。鼓励企业并购、合资、参股国际研发企业或设立海外研发中心和产业化基地，支持科技人员参加国际研发组织、承担国际科技项目，同时对企业出口高新技术产品、开展对外投资、设立海外研发机构等给予政策扶持。深化人才国际合作，支持创新创业领军人才参加国际学术交流等活动，放宽出入境限制。招才引智享受招商引资审批政策。

三、先行先试，建设深化科技体制改革试验区

（九）落实推广中关村政策。率先落实好国家向全国推广的中关村6条政策，包括科研项目经费管理改革、非上市股份转让、科技成果使用处置和收益管理、扩大税前加计扣除范围、股权和分红激励、职工教育经费税前扣除等相关政策及其配套措施。积极复制推广中关村先行先试的4条政策，包括高新技术企业转化科技成果，以股份或出资比例等股权形式给予本企业相关技术人员的奖励，技术人员可分期缴纳个人所得税，但最长不得超过5年；有限合伙制创业投资企业采取股权投资方式投资于未上市的中小高新技术企业2年以上的，该有限合伙制创业投资企业的法人合伙人可按照其投资额的70%，在股权持有满2年的当年抵扣该法人合伙人从该有限合伙创业投资企业分得的应纳税所得额，当年不足抵扣的可以在以后纳税年度结转抵扣；技术所有权转让或5年以上非独占许可使用权转让，在一个纳税年度内转让所得不超过500万元的部分免征企业所得税，超过500万元的部分减半征收企业所得税；允许高新技术企业以未分配利润、盈余公积、资本公积向个人股东转增股本的个人所得税5年内分期缴纳。

（十）开展创新政策试点。推进示范区在深化科技体制改革、建设新型科研机构、科技资源开放共享、区域协同创新等方面先行先试、寻求突破。省级层面拟先行先试的政策首先在示范区试点。支持高新区借鉴上海自贸区经验做法，探索建立负面清单管理模式，以改革工商登记制度为突破口，深化行政审批制度改革，开展相对集中审批权试点，打通有利于创新要素快速集聚的通道。研究制定支持海外高层次人才承担政府科技计划的扶持措施，建立健全企业、高校和科研机构参与国际大科学计划和大科学工程的支持机制，完善自主创新产品首购和订购的政策。探索企业研发机构、科技企业孵化器优先供地的政策。认真落实国家级科技企业孵化器、大学科技园房产税、城镇土地使用税和营业税优惠政策，加大对省级科技企业孵化器、大学科技园建设的奖励和支持力度。加快建立跨区域、跨部门的知识产权执法协作机制，积极争取建立知识产权法院，进一步提升知识产权保护水平。省有关部门要主动加强与国家相关部委的汇报沟通，为示范区争取更多的先行先试政策。示范区先行先试取得成功的改革举措和做法，要积极向各类科技园区推广。

（十一）建立健全创新驱动发展评价考核机制。完善高新区考核评价制度和指标体系，突出集聚创新要素、增加科技投入、提升创新能力、孵化中小企业、培育发展战略性新兴产业、保护生态环境等内容，引导高新区更大力度地推进创新和提升效益。国家高新区和苏州工业园区每年新增财力应主要用于科技创新。根据示范区建设成效，省、市（含省直管县）财政给予高新区一定的奖励补助，专项用于支持科技创新。深化高新区管理体制改革，赋予国家高新区与省辖市同等的经济、社会等行政管理权限。

（十二）探索建立新型产业技术研发组织。紧紧围绕产业高端发展和经济转型升级，创新产业技术研发组织方式，加强产业技术创新资源的统筹整合，完善产业技术研发体系。更好地发挥省产业技术研究院对苏南国家自主创新示范区技术创新的推动作用，支持研究院深化一所两制、合同科研、项目经理以及股权激励等改革，提高项目研发组织程度及技术创新效率，打通从“科学”到“技术”转化的通道，加快重大基础研究成果产业化。围绕“一区一战略产业”的创新布局，建设一批具有国际影响力的产业科技创新中心，加强技术集成、产业组织方式创新和商业模式创新，引领支撑形成一批特色鲜明、具有核心竞争力的高新技术产业和创新型企业。鼓励支持新型产业技术研发组织与企业、高等院校、科研院所联合承担国家科技重大专项和省重大科技攻关项目。

（十三）建设苏南人才管理改革试验区。推动苏南地区人才支持政策相互衔接、人才工作体系相互配套、人才资源市场相互贯通、人才发展平台相互支撑，构建与国际接轨、有利于人才发展的体制机制，加快构筑国际化人才高地。实施海外高层次人才居住证制度，大规模引进海外高层次人才。大力培养造就创新创业领军人才包括科技人才和管理人才，特别注重培养既懂科技又懂市场的科技企业家。加大股权激励力度，鼓励企业以股票期权、限制性股票等方式对科技人员给予股权激励，使企业科技收益与研发人员个人收益有机结合；引导高校院所、国有控股的院所转制企业建立健全科技成果所有权的认定和激励机制，鼓励科技人员以自有知识产权作价入股企业或转让，加快科技成果转化，激发人才创新创造活力。深化事业单位人事制度改革，加快建立符合事业单位特点和人才成长规律的人事管理制度，实现由固定用人向合同用人转变、由身份管理向岗位管理转变。加强人才公共服务体系建设，研究制定政府购买人才公共服务办法，充分发挥社团作用，完善支持人才服务企业发展的政策措施。支持中国苏州人力资源服务产业园等集聚区建设。健全配套保障机制，努力为高层次人才提供社保、医疗、住房、子女入学、配偶就业、出入境等综合服务。

（十四）打造苏南科技金融合作示范区。发挥金融创新对技术创新的助推作用，培育壮大创业投资和资本市场，提高信贷支持创新的灵活性和便利性，形成各类金融工具协同支持创新发展的良性局面。建立科技资源与金融资源融合机制，提高科技金融的市场化、国际化水平，加快构建以科技金融专营机构、科技金融特色机构和新型科技金融组织为支撑的科技金融服务体系。大力引进海外创投机构和专业化管理团队，积极探索与国际知名创投机构联合设立天使投资基金。探索建立人才基金，鼓励自然人开展天使投资。着力发展以“首投”为重点的创业投资、以“首贷”为重点的科技信贷、以“首保”为重点的科技保险，促进投、贷、保深度融合，创新支持科技型小微企业的科技金融模式。省、苏南五市及高新区通过调整优化科技专项资金结构与投入方式等办法，进一步增加科技金融风险补偿资金（基金）投入，3到5年内达百亿元规模。采取与商业化投融资机构合作的方式，通过增加风险补偿比例、提高财政资金风险容忍度，引导社会资金和金融资本支持科技型中小微企业创新发展。支持不同发展阶段的企业开展直接融资，推进科技企业挂牌上市，利用多层次资本市场加快发展。

四、统筹推进，建设区域创新一体化先行区

（十五）优化区域创新布局。打破现有行政区划的限制，统筹整合创新资源，推动创新要素在城市之间、园区之间、城乡之间的合理流动和高效组合，着力构建协同有序、优势互补、科学高效的区域创新体系。明确发展定位，突出发展特色，完善空间布局，推进南京、无锡、常州、苏州、镇江等国家创新型试点城市建设，提升8个国家高新区和苏州工业园区发展水平，建设各具特色的创新型园区，努力形成“五城九区多园”的一体化创新发展格局。支持符合条件的省级高新区创建国家级高新区，支持有条件的县（市）建立省级高新区，加快实现苏南县（市）省级以上高新区全覆盖。引导高新区与苏中、苏北地区加强合作，通过挂钩支持、共建分园等方式，实现空间拓展、协作共赢。推进名城名校、产城互动融合发展，加快建设研究型大学，支持高校院所与地方聚焦产业发展需求建设科教协同创新中心，推动各地围绕特色发展建设一批高新技术产业研发与产业化基地。推进科技创新工作重心下移，加快创新型县（市、区）、创新型乡镇建设，加大“科技镇长团”“科技副总”选派力度，大力促进人才、项目、成果等创新要素向基层流动集聚，不断激发基层创新驱动发展活力。

（十六）统筹重大科技设施建设。面向国际前沿和苏南战略发展需求，强化顶层设计，部署建设特色明显、支撑作用强、具有影响力的重大科技设施。积极创建通信技术国家实验室和微结构国家实验室，加快建设未来网络技术研究院、纳米真空互联实验站、超级计算中心等重大科技平台，打造若干世界一流的大科学研究中心，努力取得一批具有重大科学意义或应用价值的原创性成果，突破一批制约经济社会发展的关键核心技术，在有效解决重大科技问题上作出引领性、系统性重大创新贡献。推进国家知识产权局专利局专利审查协作江苏中心、国家技术转移中心苏南中心等跨地区综合性科技服务平台建设，提升苏州自主创新广场、国家知识产权服务业集聚发展试验区、南京麒麟科技创新园、宜兴环境医院等科技服务示范区建设水平，更好地服务科技创新和战略性新兴产业发展。

（十七）完善开放高效的科技要素市场。突出提高科技资源配置效率和公平性，加快完善科技要素市场，建立公开透明的市场规则，努力实现科技资源配置最优化和效益最大化。推进苏南各要素交易市场规范发展，着力打造面向苏南、辐射长三角的集股权、知识产权、债权等交易服务为一体的综合性产权交易服务机构，加快构建以技术转移为重点的现代技术市场体系。鼓励社会资本投资设立知识产权运营公司，开展知识产权收储、开发、组合、投资等服务，盘活知识产权资产，加快实现知识产权市场价值。大力培育科技咨询、技术评估、专利代理、科技投融资、知识产权法律服务等中介机构，促进创新要素跨区域流动整合。建立区域协作机制，健全高校院所科研设施和仪器设备开放运行制度，逐步形成示范区各类科技资源互通共享的格局。

（十八）建立协调统一的科技管理平台。着力完善科学高效的科技管理体制，健全重大科技创新与产业化任务的组织方式和区域协调机制。建立统一的科技项目管理平台，聚焦技术创新和产业发展，集成各级政府和各高新区科技计划，完善联合招标等项目组织方式，提高项目组织程度和资金使用效益。建立统一的科技管理信息系统和科研项目数据库、统一的科技报告制度和科技信用管理制度，加强科研诚信建设，及时公开科研项目及研究成果信息，避免重复立项和资源浪费。进一步完善科研项目知识产权归属管理，由财政科研资金资助形成的知识产权收益权和处置权归承担单位所有。

五、优化环境，努力为苏南国家自主创新示范区建设提供有力保障

（十九）建立工作机制。省政府设立省苏南国家自主创新示范区建设领导小组，加强组织领导和统筹协调，建立完善沟通协同推进机制，高度重视规划引导，更好地凝聚各部门和苏南五市的智慧和力量，合力推动示范区又好又快发展。积极争取国家部际协调小组的指导与支持，研究解决发展中的重大问题，共同推进重大政策先行先试。建立示范区建设工作推进服务机构，落实示范区建设各项部署和工作任务。研究编制苏南国家自主创新示范区建设规划纲要和实施方案。苏南五市及各国家高新区、苏州工业园区要建立相应的组织领导和工作推进服务机构，完善各自建设规划和方案，形成上下联动、统一高效的工作机制。

（二十）强化责任落实。建立工作责任制，分解任务，明确责任，狠抓落实。省有关部门和苏南五市要按照任务分工和要求，结合实际制定具体推进方案和措施。开展绩效评估和社会评价，引导示范区建设科学有序推进。加强督促检查，确保示范区建设各项部署要求落到实处。健全示范区建设统计制度，完善示范区建设统计监测工作。

（二十一）加大支持力度。舍得花本钱，在优化整合相关资金的基础上，省和苏南五市政府进一步加大科技创新投入。省政府通过优化整合、新增投入，设立省苏南国家自主创新示范区建设专项资金，积极探索市场化机制，强化对示范区重大科技创新载体建设、科技金融发展等的支持。统筹省有关支持产业发展专项资金，集成支持示范区重大科技成果转化和产业项目发展。研究制定《苏南国家自主创新示范区促进条例》，为示范区建设提供有力的法律保障。推进交通、能源、水利、生态、信息等基础设施建设，为示范区建设提供重要支撑。

（二十二）营造良好氛围。大力弘扬“三创三先”新时期江苏精神，积极倡导尊重知识、崇尚创新、诚信守法，着力形成敢为人先、敢冒风险、敢于竞争、鼓励创新、宽容失败的鲜明导向，着力增强领导干部的创新意识和创新思维，着力提升全民科学素养和创新能力，充分发挥创新文化在苏南国家自主创新示范区建设中的引领作用。强化宣传和舆论引导，加强对重大科技创新成果、典型创新创业人才和创新型企业的宣传，加大对创新创业者的奖励力度，努力营造有利于创新创业的舆论氛围，进一步激发全社会的创新创造活力。

中共江苏省委
江苏省人民政府
2015年2月2日

江苏省人民政府办公厅
关于进一步加强苏北地区人才工作的意见

（苏政办发〔2015〕66号）

人才是经济社会发展的第一资源，是增强苏北发展内生动力、实现全面小康的关键。近年来，苏北地区坚持人才优先发展、优先投入，完善人才政策措施，加强人才培养和引进，人才队伍建设取得明显成效，但还存在人才资源总量不足、分布不合理、人才发展环境亟待优化、区域内人才工作缺乏统筹协调等问题。为贯彻落实省委、省政府关于苏北全面小康建设的总体部署，适应经济发展新常态，推进大众创业、万众创新，更好发挥人才在引领苏北经济社会发展中的重要支撑作用，建设经济强、百姓富、环境美、社会文明程度高的新苏北，现就进一步加强苏北地区人才工作提出如下意见：

一、总体要求

（一）指导思想。认真贯彻党的十八大、十八届三中四中全会和习近平总书记系列重要讲话特别是视察江苏重要讲话精神，落实“四个全面”战略部署，围绕苏北全面小康建设，坚持党管人才原则，坚持人才优先发展战略，以扩大人才总量和提升人才质量为主导，以实施重点人才工程（项目）为抓手，创新人才发展体制机制，营造人才发展良好环境，建设一支结构合理、规模较大、层次较高、创新能力强、引领带动作用明显的人才队伍，为苏北经济社会发展迈上新台阶提供有力的人才保障和智力支撑。

（二）主要目标。到2017年，苏北人才资源总量达340万人，其中：专业技术人才180万人，高技能人才80万人，企业经营管理人才64万人，农村实用人才60万人。到2020年，苏北人才资源总量达372万人，其中：专业技术人才200万人，高技能人才104万人，企业经营管理人才70万人，农村实用人才67万人，高层次人才在人才资源总量中的比例达4.8%以上，每万名劳动者中高技能人才数量达600人。

二、加大对苏北人才发展的政策支持力度

（三）强化省级人才项目的扶持引导。加大省级人才项目对苏北地区的支持力度，优先支持苏北支柱产业、特色产业和战略性新兴产业集聚高层次、高技能紧缺人才，逐步提高苏北地区入选各类省级人才项目的比例。省级政府部门实施的人才项目要紧贴苏北经济社会发展实际，专项设置准入标准与条件，推动苏北各类人才资源规模扩大与质量提升。

（四）支持引进基础性和应用型人才。充分发挥“苏北发展急需人才引进计划”的引领作用，为苏北引进更多基础性和应用型人才。完善普通高校毕业生学费补偿办法，对省内外（不含境外）普通高校应届毕业生，自愿到苏北基层公共服务机构与艰苦行业生产第一线企业工作，连续工作满3年的，按有关规定给予学费补偿。苏北各市、县（市、区）要完善相关配套政策，增强对基础性和应用型人才的吸引力。

（五）支持柔性引进高层次人才和智力成果。根据苏北产业转型升级和创新驱动发展的需求，每年在省内外选聘300名“苏北发展特聘专家”，采取定点挂钩方式，为苏北地区企事业单位提供科技咨询、项目合作、技术攻关、人才培养等服务。发挥专业技术协会、技术中介服务等组织作用，依托各类园区、高新技术企业及基层科研单位开展专家服务活动。支持苏北地区引进高层次紧缺外国专家，鼓励用人单位与外国专家组织、人才机构洽谈对接外国专家项目。支持苏北地区通过南北共建园区和特色产业基地，在承接产业转移和成果转化的进程中，柔性引进苏南地区的人才和智力资源。

（六）完善苏北地区人才政策体系。苏北各市、县（市、区）要结合本地经济社会发展规划和人才发展规划，进一步完善人才培养、引进和使用等方面的政策措施。整合各类人才项目资金，重点实施一批高层次、高技能人才引进工程。创新人才培养模式，健全人才使用评价办法，激发各类人才创新创业活力。完善人才优先投入的财政政策，加大对人才工作的投入力度。

（七）发挥企事业单位引才用才的主体作用。强化财税政策导向作用，鼓励企事业单位加大人才培养、引进的投入力度。支持企业与高等院校、科研院所等建立人才发展基金，多形式投资人才资源开发。鼓励企事业单位引进高层次、高技能人才，推动技术改造、新技术应用、产业升级。

三、统筹推进苏北各类人才队伍建设

（八）加强专业技术人才队伍建设。实施专业技术人才知识更新工程，每年为苏北培养培训不少于7000名专业技术骨干人才。开展以掌握先进技术和提升专业技能水平为主要内容的培训活动，每年培训不少于1.2万名紧缺人才。依托苏北地区高等院校、科研机构、大型企业等施教机构，大力开展专业技术人员继续教育。

（九）加强高技能人才队伍建设。依托苏北地区大型企业、职业（技工）院校等载体，构建高技能人才实训网络。支持企业组织在职职工参加培训、技术攻关和课题研修。实施政府购买紧缺职业（工种）高技能人才培训成果，落实有关政策补贴。开展具有苏北产业发展特点的职业技能竞赛和岗位练兵活动，对成绩突出的人员按有关规定给予奖励，并晋升相应等级职业资格。

（十）加强企业经营管理人才队伍建设。以提高能力素质为核心，加快培养一支适应现代企业制度、熟悉市场规则、善于经营管理的企业家队伍。“科技企业家”培养工程、“千名企业家EMBA培养计划”“职业经理人培养计划”“千名苏商海（境）外培训”等省级人才培养工程（项目）要将苏北企业家优先纳入培养计划。加快苏北地区职业经理人队伍建设，开展职业经理人培训和评价工作。安排苏北企业经营管理人才以参观见习、岗位实习等方式，到苏南企业参与市场调研和经营决策等活动。

（十一）加强农村实用人才队伍建设。围绕推进苏北农业现代化，大力培养有文化、懂技术、会经营、善管理、能创业的农村实用人才。支持苏北地区培育以家庭农场主等农业经营主体为主要对象的新型职业农民，壮大农村创业致富带头人队伍。围绕农业生产和服务人员职业技能提升，依托现有培训资源，开展苏北农村实用人才培训标准化建设。

四、优化苏北人才发展环境

（十二）完善人才激励机制。完善苏北创业领军人才奖励办法，激励和引导各类高层次人才到苏北创新创业。鼓励支持苏北地区高等学校、科研院所人才服务企业、离岗创业。对于离岗创业的，经原单位同意，可在3年内保留人事关系，与原单位其他在岗人员同等享有参加职称评聘、岗位等级晋升和社会保险等方面的权利。引导企业建立健全人才技术技能等级与业绩贡献相结合的收入分配制度，完善职务、薪酬、绩效等激励措施。

（十三）健全人才市场配置机制。整合现有资源，形成服务苏北地区的人才推介、引进和流动平台，统筹区域招才引智和人才流动工作。支持苏北地区大力发展人力资源服务产业，采取省、市共建方式，重点建设一批在国内外有较强竞争力、在同行业有较大影响力的人力资源服务产业集群。支持苏北地区引进国内外知名人力资源服务机构，举办大型人力资源交流活动。发挥社会力量作用，引入专业性人力资源服务机构，开展政府购买人力资源公共服务成果活动。发挥苏北省级人力资源市场作用，加强公共人力资源市场合作与资源共享，推行标准化公共人力资源服务产品。

（十四）加强创新创业载体和平台建设。推动苏北地区政产学研合作，加快集聚科技创新资源。实施重点科技项目，增强苏北企业技术创新能力。支持苏北地区建设各类企业孵化器、加速器、工程研究中心、技术中心、博士后工作站和技能大师工作室等人才创新创业载体，不断提升科技园区、留学人员创业园等园区服务水平。

（十五）支持金融服务体系发展。加快建设政府引导、银行、担保、风险投资机构和企业共同参与的苏北创业融资服务平台。整合苏北创投资源，扩大省级创业投资引导资金向苏北投入的规模。深化苏南与苏北在创投领域的合作，推动苏南资本向苏北投入、创投团队向苏北转移，促进苏北创投机构发展。优先支持苏北地区设立科技小额贷款公司、科技支行、科技保险公司等新型金融组织，引导商业银行和保险公司在苏北县域新设分支机构，并按有关规定给予奖励。

（十六）构建现代职业教育体系。统筹规划和推进苏北现代职业教育体系建设，培养更多技术技能人才。支持引导一批苏北地区普通本科高等学校向应用技术类高等学校转型。推进苏北地区职业（技工）院校标准化、特色化、现代化建设，创新校企合作模式，促进院校专业设置与产业发展联动。支持社会培训组织对接企业，开展以提高就业创业能力和职业技能水平为主的继续教育和职业培训。支持苏北地区行业组织、龙头企业牵头开展多元投资主体共建职业（技工）教育集团试点。

（十七）改善人才居住环境。苏北地区要加大人才公寓用地供应力度，统筹规划和建设人才公寓。将符合当地住房保障条件的人才居住用房纳入保障性安居工程，在各类安居房中划出一定比例用于安排人才住房。

五、健全苏北人才工作机制

（十八）建立苏北人才工作统筹机制。建立由苏北5市和省有关部门参加的苏北人才工作联席会议制度，定期研究和交流苏北人才工作情况，协调政策措施，开展区域合作，实现资源共享。建立苏北人才统计监测制度，对苏北人才规模、素质、投入和人才引进、培养、使用以及人才载体建设等情况进行跟踪统计监测。定期面向社会编制与发布苏北地区紧缺人才目录。

（十九）编制苏北人才发展规划。根据苏北经济社会发展和人才队伍建设现状，组织编制苏北人才发展“十三五”规划，统筹规划苏北人才队伍建设的发展目标、主要任务和政策措施，为苏北地区人才工作提供指导。

（二十）加强工作指导和检查考核。省有关部门要分工负责、协同配合，加强对苏北人才工作的指导，强化人才工作目标任务、政策落实、资金投入、人才服务保障等检查考核。苏北各市、县（市、区）要加强对人才工作的组织领导，加大投入力度，完善配套措施，营造良好氛围，吸引更多人才到苏北创新创业。

江苏省人民政府办公厅

2015年7月14日

“创业中国”苏南创新创业示范工程实施方案（2015—2020年）

（苏科高发〔2015〕72号）

为贯彻落实《中共中央国务院关于深化体制机制改革加快实施创新驱动发展战略的若干意见》（中发〔2015〕8号）和《国务院办公厅关于发展众创空间推进大众创新创业的指导意见》（国办发〔2015〕9号），深入实施创新驱动发展战略，充分发挥苏南国家自主创新示范区引领示范作用，加快发展众创空间，激发全社会创新创业活力，以大众创业、万众创新打造经济发展新引擎，引领江苏创新创业进入新时代，根据科技部“创业中国”行动，结合苏南实际，特制订本实施方案。

一、总体要求

（一）指导思想。

以实施创新驱动发展战略为统领，将提升自主创新能力、释放市场活力作为引导创新创业活动重要的出发点和落脚点，以深化改革为动力，以科技创新创业为核心，以营造良好创新创业环境为目标，以激发全社会创新创业活力为主线，以构建众创空间等创新创业载体为突破口，有效整合资源，集成政策措施，健全服务体系，依靠市场机制和产业化创新，大力培育新技术和新产品、新服务和新模式、创新型企业和创新文化，进一步夯实创新驱动发展的社会基础，加快形成大众创业、万众创新的生动局面。

（二）主要目标。

到2020年底，苏南地区初步形成开放、高效、富有活力的创新创业生态系统，呈现出创新资源丰富、创新要素汇集、孵化主体多元、创新创业服务专业、创新创业活动活跃、各类创新创业主体协同发展的良好局面，涌现出具有“改变世界”梦想的创新创业者和“颠覆性”技术的创新型企业，努力把苏南建设成为具有国际影响力的产业科技创新中心和“创业天堂”。

——创新创业人才队伍不断壮大。形成以青年创新创业者、企业高管及连续创新创业者、科技人员和海归创新创业者为代表的创业“新四军”，吸引科技创新创业人才超过20万人。

——创新创业服务体系更加完善。适应科技经济发展需求的创业新模式不断涌现，众创空间等新型孵化器超过300家，各类科技创新创业载体超过800家，创新创业服务聚集区达10个以上。

——创新创业服务资源高度集聚。聚集一批天使投资机构和天使投资人，创业投资机构超过300家，管理资金规模超过2000亿元；科技金融风险补偿资金池规模达100亿元，支持20000家科技创业企业；科技咨询、知识产权服务等科技服务机构密集，创业导师超过2000人。

——科技型企业快速发展。掌握前沿技术和采用全新商业模式的创业企业不断涌现，促进面广量大的科技型小微企业向新模式、新业态转变，培育具有较强市场竞争力的高新技术企业超过10000家。

——创新创业文化氛围更加浓厚。全社会形成鼓励创新、宽容失败的创新创业文化，举办各类创业大赛、创业沙龙、创业培训等活动超过5000场，“创新创业苏南”品牌在全社会获得广泛认同。

二、重点任务

围绕创新型企业家培养、众创空间建设、创新型产业孵育、创新创业服务提升、创新创业资源整合、创新创业氛围营造等关键环节，组织实施六大工程，充分发挥市场配置创新创业资源的决定性作用和政府提供公共服务的职能，大力引导和推动人才、技术、资本等创新要素向苏南国家自主创新示范区集聚，积极完善苏南地区的创新创业生态系统。

（一）创新创业主体培育工程。

充分释放全社会创新创业潜力，重点做好青年和大学生创新创业者、大企业高管及连续创业者、科技人员创业者和留学归国创新创业人员等为代表的创新创业“新四军”培育工作，推动更多的群体投身创新创业，使创新创业成为一种价值导向、生活方式和时代气息。

——更加注重开展面向青年和大学生的创新创业教育和创业孵化。推进实施大学生创业引领计划，鼓励高校普遍开设创业教育课程并纳入学分管理。支持南京大学等高校院所开办创新创业学院，建设与创业教育相适应的、专兼职结合的高素质创业教师队伍，通过全新的教育理念和教育方式，为大学生开展创业教育。支持高新区采取多种方式与省内外高校院所共建大学科技园、研究院等创新创业载体，实现苏南国家级高新区内国家级大学科技园全覆盖，构建“校区/所区、园区、高新区”三区联动的大学生创新创业保障体系，实现创新创业教育、实践和活动的有机结合。充分发挥大学科技园的作用，推广北大创业训练营等模式，为大学生创业提供创业培训、工商注册、创业交流、融资对接等服务。加快高校院所科技成果转化和技术转移平台建设，高校院所与高新区共建的新型研发机构要进一步创新运营机制和管理模式，划出一定的空间，免费用于大学生创新创业实践活动，为创新创业者提供更加优惠和便捷的中试开发、技术转移、成果孵化等专业服务。

——积极支持大企业高管及连续创业者再创业。重点推进创新型领军企业和行业龙头骨干企业学习借鉴阿里巴巴、华为、腾讯等知名企业经验，凭借技术、平台、管理等优势和产业整合能力，面向企业内部员工和外部创新创业者提供资金、技术和服务，开展产业孵化和新业态创生，裂变出更多具有前沿技术和全新商业模式的创新型企业。

——广泛吸引高校院所科技人员到苏南创新创业。积极推广南京国家科技体制综合改革试点经验，进一步完善高校、科研院所、国有企业和事业单位科技人员在职和离岗创业办法，加快推进科技成果使用、处置和收益权管理改革试点，完善科技人员股权激励机制，鼓励省内外高校院所的科技人员利用科学知识、科研成果、知识产权和信息以兼职或离岗等方式，走出来创办、领办或与企业家合作创办科技型企业、科技服务机构。

——大力招揽留学归国人员落户苏南发展。深入实施江苏省“双创计划”、南京“321计划”、无锡“东方硅谷计划”、常州“龙城英才计划”、苏州“姑苏计划”、镇江“331计划”等高层次人才引进计划，切实发挥好中组部海外高层次人才创新创业基地、欧美同学会中国留学人员联谊会留学报国基地和留学生创业园等国家级创业载体的作用，积极加强与海外人才服务机构的合作，重点引进一批具有国际视野和拥有国际领先成果的高层次领军人才来苏南落地孵化和创办科技型企业。

（二）众创空间建设工程。

吸引行业领军企业、创业投资机构、社会组织等社会力量积极参与，着力构建一批适应大众创新创业需求和特点，低成本、便利化、全要素、开放式的众创空间，为大众创新创业者提供良好的工作空间、网络空间、社交空间和资源共享空间，实现创新与创业相结合、线上与线下相结合、孵化与投资相结合。

——加快发展创客空间等新型孵化器。充分发挥市场配置资源的决定性作用，进一步创新运营机制和孵化形态，按照“统筹规划、合理布局、特色鲜明”的原则，支持社会资本或行业龙头骨干企业，高效整合人才、技术、资本、市场等各种要素，兴办主要面向创业者的具有新服务、新模式等特征的新型孵化机构。加快发展苏州工业园区云彩创新孵化器、无锡高新区3S创业咖啡馆、常州高新区“嘉壹度”青年创新工场、武进高新区青武•创客空间、镇江高新区五洲创客中心等新型孵化服务机构，实现苏南高新区创新型孵化器全覆盖。充分利用苏南制造业发达优势，通过新建或改造升级大学生创业园、科技企业孵化器，规划发展一批智能化的创客空间和加速器，为创客活动聚集提供项目孵化空间。

——鼓励传统孵化器体制机制转换和模式创新。支持外资和民营资本参股创办孵化器，建设一批混合所有制孵化器。有条件的国有孵化器要加快组织创新和机制创新，吸引民营孵化器、企业、风险资本等积极参与，实现国有孵化器、民营孵化器等交叉持股、相互融合，激发孵化器发展活力。推动传统孵化器与新型创业服务机构开展深层次合作，发挥传统孵化器的基础设施和新型创业服务机构的专业服务互补优势，联合建立“创业苗圃—孵化器—加速器”孵化链条，为初创企业提供全流程服务。

——鼓励民营资本打造一批创新创业公寓。利用“退二进三”的机遇，选择交通方便、生活配套齐全的废旧工业厂房、宿舍楼、SOHO空间等进行改造，为创新创业者提供集公共办公区、会议室、活动区和住宿区为一体的价廉宜居的创新创业空间。鼓励国家级孵化器、国家大学科技园、龙头企业等骨干机构充分利用现有的孵化载体、闲置厂房，盘活学校、政府的办公楼宇和厂房，聚集相关产业联盟、创新创业服务机构，营造交流、沟通、碰撞、开放、共享的创新创业氛围，打造以苏州工业园区金鸡湖创业走廊、学府新天地、南京紫金科技创业特别社区为代表的一批生态化的创新创业示范社区。

——积极实施孵化器建设“引进来、走出去”战略。鼓励国际知名孵化器到苏南国家自主创新示范区内新建、参股、合作或受托运营管理孵化器，鼓励苏南孵化器、大企业、投资机构等组建苏南创业孵化联盟，到硅谷等世界一流创新要素集聚区创办孵化器，集聚世界一流技术、产品及人才，并推动成功孵化项目到国内落地转移转化和实现产业化。

（三）创新型产业孵育工程。

围绕国家战略需求，依托苏南国家自主创新示范区产业发展优势，充分发挥创业孵化机构的产业孵育功能，以高端化为导向，以赢得未来产业竞争为目标，整合创新创业资源，加快培育创新型产业和新兴业态。

——培育知识产权密集型产业。引导和支持科技创业企业提升知识产权战略运用能力，加快自主知识产权和自有品牌建立，提高产品质量，提升品牌层次，扩大品牌影响，实现以技术创新推进品牌与商业模式创新，推动产业向价值链高端攀升，培育一批拥有核心知识产权和自主品牌、具有国际竞争力的小巨人企业，全力推动苏南国家自主创新示范区产业形态向知识产权密集型转变。

——培育战略性新兴产业。围绕石墨烯、物联网、移动互联网、大数据、医疗器械、生物医药、高端软件、新能源、新材料等战略性新兴产业，大力推进专业孵化器建设，培育一批具有高成长性的新兴产业瞪羚企业，办好加速器，进一步通过产业组织创新、资源配置创新和服务模式创新，充分满足企业对于发展空间、技术研发、资本运作、人力资源、市场开拓、国际合作等方面个性化需求，帮助其加速成长，培育经济新增长点。

——加快发展生产性服务业。推动“互联网+”行动，鼓励创业企业围绕制造业需求，利用移动互联网、云计算、大数据、物联网等技术，提供专业化配套服务，推动现代制造业向研发、设计创意等高端环节延伸，催生先进制造业与现代服务业融合新业态。以产业转型为契机，积极鼓励和支持新兴服务业领域各类创新创业活动，重点发展研发设计、技术转移、检验检测认证、知识产权、科技咨询等科技服务型创业企业。加快推进国家技术转移苏南中心等跨地区综合性服务平台建设，大力培育科技服务市场主体，壮大一批国内外知名的科技服务机构和龙头企业，促进科技服务业专业化、网络化、规模化、国际化发展。

（四）科技金融创新工程。

发挥金融创新对科技创业的助推作用，培育壮大创业投资和资本市场，提高信贷支持创新的灵活性和便利性，形成各类金融工具协同支持创新创业的良好局面。

——加速发展以“首投”为重点的创业投资，建立和完善省市联动的天使投资风险补偿机制，不断扩大省天使投资引导资金规模，吸引更多专业化天使投资机构入库。充分发挥省天使投资引导资金的带动作用，引导社会资金、民营资本开展天使投资。省级以上科技企业孵化器要普遍建立天使投资（种子）资金，支持省高科技产业投资集团放大天使投资母基金作用，与苏南高新区、科技企业孵化器、创新型企业通过众筹等方式设立创客天使投资等特色投资基金，培育天使投资机构和天使投资人，促进天使投资支持种子期、初创期科技型中小企业发展壮大。

——大力发展以“首贷”为重点的科技信贷，开展省地高新区共建科技贷款风险补偿资金池试点，建立全省统一的科技企业库，完善快速补偿机制，提高财政资金风险容忍度。积极创新科技金融服务和产品，鼓励发展众筹、互联网金融、普惠金融、小微银行等科技创业金融服务方式，增强金融对大众创新创业的服务能力。

——发挥多层次资本市场的枢纽作用，引导和鼓励科技创业企业在股权众筹平台、区域股权交易市场进行展示挂牌和融资。以“新三板”、创业板、中小板为重点，集成各类科技计划和地方上市补贴资金，加强上市培育辅导，推进股份制改造，加快科技企业上市步伐。

（五）创新创业服务提升工程

推进建立市场主导、政府支持的创新创业服务体系，支持创新创业服务集聚区、骨干创新创业服务机构、网络化骨干公共服务平台、虚拟实验室、创业导师队伍等的专业能力建设，为创业企业提供从创业项目到产业化的全过程服务。

——培育一支高端化的创业导师队伍。支持各类创业服务平台聘请成功创业者、天使投资人、知名专家担任创业导师，深入众创空间，为科技创业者提供创业培训、创业辅导、创投对接等服务，鼓励创业导师与被辅导企业形成投资关系，建立创业者与创业导师共赢机制。

——提升科技企业孵化器服务能力。在现有科技企业孵化器市、县（区）全覆盖的基础上，着力推动科技企业孵化器建设由量的发展向质的提升转变。支持苏南有条件的国家级孵化器加快建设成为世界一流创新创业载体，提高参与国际竞争的能力。推动一批省级孵化器升级为国家级孵化器，将符合条件的新型孵化器纳入省级科技企业孵化器管理，推荐优秀创新型孵化器列入国家科技企业孵化器管理。鼓励孵化器及其管理人员持股孵化，充分调动从业人员积极性。鼓励孵化器与创业投资机构合作，采取“创投+孵化”的发展模式，实现孵化体系内资金和项目的共享。

——建设“苏南科技创新创业云服务平台”。整合苏南9个国家高新区的创新创业资源，通过云计算、大数据等技术，建立苏南科技创新创业云服务平台，实现科技资源、科技数据、科技服务和科技管理的互联互通、开放共享。依托高校和科研院所建设网络化公共服务平台，加快满足互联网、3D打印、个性化定制、众筹融资等创新创业新需求，促进众创空间与产业创新的有机结合。建设一批虚拟实验室，以市场机制和信息网络技术，实现大型科学仪器、分析测试人才、测试方法及标准等与纳米、医疗器械、磨具、环保设备、物联网、生物医药等专业孵化器的有效对接，为科技型小微企业提供更专业更便捷的科技服务。

——推动科技服务业集聚发展。建立一批以众创空间为龙头，科技咨询机构、投资机构、会计师事务所、律师事务所、知识产权机构、技术交易机构、产权交易市场等集聚发展的创新创业服务集聚区，为科技创业企业提供科学化、标准化、便利化的公共服务。进一步提升江苏（苏州）自主创新广场、常州科教城、国家知识产权服务业集聚发展试验区等科技服务集聚区建设水平，推动国家科技服务业区域、行业等试点工作。

（六）创新创业文化培育工程。

大力弘扬“三创三先”新时期江苏精神，丰富创新创业活动，打造创新创业苏南品牌，让创新创业文化贯穿于经济社会发展的全过程，在全社会形成浓厚的创新创业文化氛围。

——做好已有创新创业活动的宣传和推广，塑造创新创业苏南品牌形象。继续支持办好中国创新创业大赛暨江苏科技创新创业大赛，通过常态化举办大赛为科技创业企业和团队搭建项目路演、创投对接、宣传推介的平台。深化“全国三维数字创新设计大赛”“江苏科技创业周”“江苏科技创业导师园区行”“江苏省大学生科技创业训练营”“天使下午茶”“领军秀”等科技创业活动品牌，集中展示苏南创新创业成就，弘扬创新创业文化。

——不断创造创新活动内容和形式，为大众创新创业者提供低成本、公益性、开放共享的服务平台。鼓励和指导苏南国家高新区围绕产业创新发展和大众创新创业需求，组织各具特色的创新创业竞赛和活动。支持苏南国家高新区每年轮流举办“苏南全球创客马拉松比赛”，打造成为创新创业苏南的标志性品牌。适时表彰一批有特色、有创新建树、有引领作用的地区、单位和个人，并利用各种媒介广泛宣传。

三、保障措施

（一）加强组织领导。

“创业中国”苏南创新创业示范工程在科技部火炬中心的指导下，由江苏省科技厅负责统筹推进。苏南国家自主创新示范区内的各市、县（市）科技主管部门，省级以上高新区和科技创业园是推进“创业中国”苏南创新创业示范工程的责任主体，要与本级有关部门积极协调配合，根据本实施方案提出的总体目标，加强对创新创业工作的调查研究，结合实际，研究制定本地区的具体工作方案。省科技厅将会同财政、教育、人社、工商、税务等部门在落实工商注册、税收政策、人才流动和专利成果保护等方面加强合作，在苏南国家自主创新示范区先行先试。

（二）加大财政资金和政策支持力度。

启动实施省创客红包奖励计划，省地联动，采取科技创业补助、创新券等方式，广泛吸引海内外创客集聚苏南创新创业。实施科技服务骨干机构后补助，加大对众创空间、苗圃等的支持力度，降低创业成本。鼓励创客参加江苏科技创业大赛，对大赛获奖的企业及创业团队技术研发项目，纳入省科技型企业技术创新资金和重点研发计划（产业前瞻与共性关键技术）立项支持。加强省高层次创新创业人才引进计划和省各类科技计划与地方的联动，进一步加大对创新创业者及科技创业企业的集成支持力度。

完善高校、科研院所、国有企业和事业单位科技人员在职和离岗创业办法，进一步畅通科技人员创业通道。加快推进商事制度改革，对众创空间等新型孵化机构内的科技创业企业放宽注册条件，简化注册手续，提供工商注册便利。率先落实国家向全国和自主创新示范区推广的十条政策，执行好现有国家和省针对小微企业的各项税收优惠政策，落实国家级科技企业孵化器和大学科技园的房产税、城镇土地使用税和营业税优惠政策。

（三）实施动态考核评价。

推动各地把众创空间建设与发展列为高新区经济发展考核的重要内容。建立和完善科技创业统计及定期发布制度，研究制定江苏省众创空间建设绩效评价办法，建立针对众创空间特点，突出创新活力与能力，涵盖体制机制创新、服务标准规范、创业人才引进和企业成长培育等内容的立体化评估体系，定期组织开展评估，并将结果以适当方式进行公布。

（四）营造创新创业氛围。

切实加强对“创业中国”苏南创新创业示范工程实践中新问题新情况的研究，及时总结各地好的做法和有效模式，提炼形成可复制的经验，逐步向全省和全国推广。组织相关典型经验的交流，利用各种媒介广泛宣传，引导更多的社会力量对“创业中国”苏南创新创业示范工程的关注和支持，真正形成政府鼓励创新创业、社会支持创新创业、大众积极创新创业的良好发展环境。

江苏省科学技术厅

2015年3月31日

中共苏州市委办公室 苏州市人民政府办公室关于加快推进“海鸥计划”柔性引进海外智力的实施细则

（苏委办发〔2015〕68号）

为进一步提升我市人才集聚能力，加快实现我市经济新常态下产业转型新发展，根据《关于实施“海鸥计划”加快柔性引进海外智力的实施意见》（苏办发〔2011〕97号），修订本实施细则。

第一条 本细则所指的“柔性引进海外智力”是指打破国籍、户籍、地域、身份、人事关系等人才流动中的刚性制约，在不改变和影响人才与所属单位人事关系的前提下，以契约管理为基础的海外人才引进方式。

第二条 鼓励企业、高校、科研机构及各类社会组织以交流合作、技术攻关、培训咨询、评估诊断等多种形式实施柔性引智。优先支持重点和新兴产业领域企业柔性引进创新型、技能型和管理型人才。

第三条 本细则所指的“海外智力”包括以下对象：

1．外籍专家和港、澳、台籍专家；

2．在海（境）外工作，以柔性方式在我市企业主持或参与实质性项目的高层次人才；

第四条 用人单位柔性引进符合本细则第三条规定的各类人才，签订项目协议或工作合同，且符合下述条件，可申报海鸥计划资助。

1．企业原则上为中资企业或中方控股企业；

2．用人单位与人才签订的协议或合同中明确的每年在苏工作时间不少于15个工作日；

3．柔性引智采用阶段性全职在苏工作方式的，合同期原则上不超过三年。

同一企业（集团）中，不同子公司（事业部）间的人才派遣不在资助之列。

第五条 以引智对象所作贡献为依据实施资助，鼓励用人单位不唯学历、不唯资历、不唯职称实施柔性引智。

1．在用人单位领取劳动报酬的，实际给付的计缴所得税的劳动报酬高于50000元的，方可资助。其中，劳动报酬在5万元以上，10万以下的，按劳动报酬的20%资助；劳动报酬在10万元以上，20万元以下的，按劳动报酬的25%资助；劳动报酬在20万元以上的，按劳动报酬的30%资助。单个项目（单个人才）最高资助额不超过50万元。

2．不在用人单位领取劳动报酬的，根据项目引智的技术含量和对企业发展的针对性；引进人才的专业背景，工作经历、研究成果，在引智项目中发挥的作用；企业对实施项目的投入、团队人员组成；实施项目的进度情况、产生的阶段性成果及绩效情况；人才在苏州的时间等情况进行综合评审，对符合资助要求的分三个类别，给予3万元、4万元、5万元补贴。

3．对符合海鸥计划申报条件并入选省级以上引进国外技术、管理人才项目计划的外籍专家，按上级文件规定给予配套支持。单个项目（人才）最高资助额不超过50万元。

第六条 海鸥计划资助由用人单位网上申报，通过初审后，提交申报材料，并由市人力资源和社会保障局（市外国专家局）全年受理。

第七条 申报海鸥计划须提交以下材料：

1．申报表及证明材料。用人单位机构代码证（营业执照）；证明材料包括引智对象护照及个人相关材料证明材料复印件；与引智单位签订的项目协议或工作合同；相关行业认证材料、用人单位给付劳动报酬的相关证明材料（解款单、所得税完税证明等）；不领取劳动报酬的，单位还须提供出入境行程证明件复印件、引智说明、项目材料和在引智单位工作时间段和时间数。以上材料独立装印成册，一式3份。

2．柔性引进海外智力项目论证及相关成果报告，独立装印成册一式3份。

以上相关表格可登录姑苏人才计划服务网（www.rcsz.gov.cn），进入申报页面后填写、打印。

第八条 海鸥计划审核与评审工作每年11月集中进行。用人单位将申报材料报所在地区人力资源和社会保障局进行初审后，由各地人力资源和社会保障局统一报苏州市人力资源和社会保障局（苏州外国专家局）。部、省属及市直属单位按属地原则报送县级市、区初审。

第九条 海鸥计划评审工作坚持公开公正，由苏州市人力资源和社会保障局牵头，会同相关部门组织实施。经资格审查、相关走访、专家评审和综合评审，提出资助建议名单并报市人才办审定。

第十条 资助名单面向社会进行为期7天的公示。公示无异议的按程序资助；公示有异议的，由苏州市人力资源和社会保障局会同相关部门进行核查并提出处理意见。

第十一条 入选海鸥计划的人才（项目）优先推荐申报省级以上外国技术、管理人才引进计划。

第十二条 海鸥计划资助资金按现行财政体制分级承担。吴中区、相城区、苏州工业园区和苏州高新区范围内的资助对象，资助资金由市人才开发资金按30%拨付，姑苏区由市人才开发资金按50%拨付。

第十三条 海鸥计划资助资金，经苏州市人才工作领导小组办公室核准，由苏州市人力资源和社会保障局按规定在下一财政年度划拨至用人单位，用于海外人才引智补贴。引智对象实施的工作项目系跨年度的，追溯最长不超过3年。

第十四条 用人单位在申报过程中有欺诈行为，经查实，录入企业诚信档案，取消企业申领政府各类人才资助资格，追缴资助资金并按规定追究责任。

第十五条 海鸥计划资助情况列入县级市、区人才科技工作目标责任制考核。

第十六条 本细则由苏州市人力资源和社会保障局负责解释，自颁布之日起实施。原《关于实施“海鸥计划”加快柔性引进海外智力的实施细则（试行）》（苏办发〔2011〕97号）自行废止。

中共苏州市委办公室
苏州市人民政府办公室
2015年7月31日

苏州市人民政府
关于实施姑苏科技创业天使计划的意见

（苏府〔2015〕61号）

为加快实施人才强市和创新驱动战略，进一步优化创新创业环境，激励大众创业、万众创新，现就实施姑苏科技创业天使计划提出如下意见：

一、指导思想和工作目标

以党的十八大和十八届三中、四中全会精神为指导，紧紧围绕苏州转型升级、建设创新型城市要求，进一步激发大众科技创业热情，集聚创新创业要素，打造适宜创业团队和科技型企业发展的良好生态，积极建设创新创业首选城市。通过建立社会化遴选、培育机制和多元化创业投入机制，进一步激发市场和社会活力，提高创业成功率。力争用5年左右时间，吸引扶持2000个左右有一定技术含量和发展前景的创业团队及项目落户发展。

二、支持领域和对象

重点支持具有创业激情，具备一定研发能力、掌握相关技术及知识产权，在新能源、新材料、生物技术和新医药、节能环保、软件和服务外包、智能电网、传感技术及物联网、集成电路和新型平板显示、高端装备制造、现代服务业及现代农业等产业领域创业的科技团队。优先支持青年科技创业团队。

三、扶持政策

（一）给予最高 10 万元的创业补助，用于团队的薪酬、租房等补贴；

（二）给予最高 50 万元创业项目资助，用于创业项目的研发；

（三）由创业导师进行不超过2年的创业培育，在公司治理、市场开拓、产品研发等方面提供帮助辅导。

四、保障措施

（一）提升科技企业孵化器建设水平。积极鼓励各类孵化器承接、培育、推荐申报创业团队及项目。完善“创业苗圃+孵化器+加速器”的创业孵化全链条服务，引导孵化器向专业化、特色化发展。推广“孵化+创投”等孵化模式，鼓励社会各类主体和社会资本参与孵化器建设。积极探索创新型孵化器、众创空间等新型孵化模式，形成覆盖全市的科技创业孵化服务网络。加强对科技企业孵化器的绩效评估，对服务能力强、培育水平高、孵化绩效好的孵化器给予一定奖励。

（二）建立社会化工作机制。建立市场化、社会化的创业人才发现和支持机制。根据产业领域，委托专业水平高、创业投资经验丰富的创投企业、科技企业孵化器等专业机构，对申报项目进行评估，并择优遴选项目进行扶持培育。鼓励创投资本向初创期企业投资。天使投资机构投资初创期科技型企业的，按其实际投资额给予一定的奖励补贴。

（三）组建创业导师队伍。组建一支由专业投资专家、天使投资人、优秀科技型企业家为主，具有较强社会责任感和奉献精神，资源整合能力强，有丰富的天使投资和创业辅导经验的创业导师队伍，为创业团队提供一对一创业培育辅导。对工作认真、培育成效好的创业导师，给予奖励。

本意见自发布之日起 30 日后施行。各（县）市、区和市人才办、科技局等有关部门根据本意见制定相应的实施细则。

苏州市人民政府
2015年4月9日

苏州市人力资源和社会保障局 苏州市财政局 关于做好留学回国人员创业带动就业工作的实施意见

（苏人保规〔2015〕2号）

为做好留学回国人员创业带动就业工作，促进我市经济社会转型发展，根据江苏省人力资源和社会保障厅《关于做好留学回国人员以创业带动就业工作的通知》（苏人社发〔2014〕278号），现就做好我市留学回国人员创业带动就业工作提出以下实施意见。

一、总体要求

以党的十八大关于推动实现更高质量就业的新要求为指导，高度重视留学回国人员创业工作，将其纳入促进就业创业工作的总体规划，努力形成政策扶持、创业培训、创业服务“三位一体”的工作机制，为留学回国人员创业提供有力支持，激发在苏留学回国人员的创新活力，以创新引领创业，以创业带动就业。

二、留学回国人员的范围和身份认定

本实施意见适用的留学回国人员是指在国外学习并获得学士及以上学位的公派、自费出国留学生，其中在国外取得学士学位的需为本市户籍，在国外取得硕士及以上学位的不受户籍所在地限制。其学位经教育部留学人员管理中心认证，由市人才服务中心出具《留学回国人员登记表》作为其身份认证材料，享受相关待遇。

三、具体要求

根据《市政府关于印发苏州市创建创业型城市促进创业带动就业实施意见的通知》（苏府〔2009〕164号）、《关于印发〈苏州市区社会保险补贴办法〉的通知》（苏劳社就〔2009〕12号）、《关于印发〈苏州市劳动密集型小企业、合伙经营企业吸纳就业贴息贷款实施办法〉的通知》（苏银〔2009〕52号）、《市政府办公室关于进一步加强普通高等学校毕业生就业工作的通知》（苏府办〔2013〕208号）、《市政府关于进一步完善促进创业带动就业政策的意见》（苏府〔2013〕261号）、《市政府办公室关于转发苏州市区创业引导性资金使用管理办法的通知》（苏府办〔2014〕103号）、《市政府办公室关于做好苏州市2014年普通高等学校毕业生就业创业工作的通知》（苏府办〔2014〕116号）的文件规定，留学回国人员在苏创业带动就业工作应做好以下几点工作：

（一）抓好创业培训，提高创业能力。

符合条件的留学回国人员可免费参加SYB（创办你的企业）等创业培训，享受相关扶持政策。参加IYB（改善你的企业）培训并取得合格证书的符合条件的留学回国人员在有偿培训的基础上，对培训机构每培训一人给予财政补贴1000元。

针对留学回国人员的创业培训要具有针对性、实用性和指导性，建立由政府主管业务部门负责人、留学回国人员创业成功人士、经济学家、投融资专家等人员组成的创业导师队伍，从政策解读、市场分析、物色战略合作伙伴等方面为留学回国人员提供创业辅导。

（二）落实激励政策，优化创业环境。

对留学回国人员创办企业在开业初、正常运行后各阶段提供一次性补贴、社保补贴、吸纳就业补贴、房租补贴、税费减免等一系列与当地高校毕业生创业和其他社会人员创业的同等待遇。

1．一次性开业扶持补贴。留学回国人员在苏创业并领取营业执照的，凭税务登记证明及在本市依法缴纳社会保险证明，可申请享受一次性开业扶持补贴。补贴标准为6000元，经认定后，分别在稳定经营满6个月和1年各发放补贴3000元。同一人员不得重复享受。

2．租金补贴。对符合进入经认定的创业孵化基地（园）条件的留学回国人员创业并领取营业执照的，3年内按每户每年给予租金补贴；在孵化基地（园）之外自行解决经营场所并经认定的，3年内可按每户每年给予租金补贴，每年补贴标准不超过5000元。

3．创业培训结业并自办实体人员社保补贴。参加SYB（创办你的企业）创业培训合格，在市区办理营业执照并缴纳社会保险的留学回国人员，可申请享受社会保险补贴，补贴期限最长不超过3年。具体补贴标准以苏州市人力资源和社会保障局公布的标准进行操作。

4．创业带动就业补贴。留学回国人员创业并领取营业执照的，凭税务登记证明及在本市缴纳社会保险证明，吸纳本市户籍高校毕业生和登记失业人员就业，与其签订1年以上劳动合同并实际缴纳1年以上社会保险费的，开业3年内可按每年每新增带动1人就业一次性给予3000元的创业带动就业补贴。同一企业对带动就业的同一人3年内只享受一次，3年累计享受补贴最高不超过10万元。创业带动就业补贴与企业吸纳就业困难人员社会保险补贴不得同时享受。留学回国人员创办的企业，如每年招用应届全日制普通高校毕业生10人及以上（劳务派遣用工形式除外）且劳动合同履行和缴纳社会保险费均满1年及以上的，给予1万元的一次性就业奖励补贴（此项政策的执行期限暂至2015年年底）。

5．对于留学回国人员创办小微企业的补贴。留学回国人员创办的小微企业，新招用毕业后一年内离校未就业高校毕业生的，按照市人社局、财政局《关于贯彻落实〈省人力资源和社会保障厅省财政厅关于落实小型微型企业招用高校毕业生就业扶持政策有关问题的通知〉的通知》（苏人保就〔2013〕9号）继续享受社会保险补贴和岗前培训补贴政策。如新招用毕业后一年内的离校未就业苏州籍高校毕业生且缴纳社保满6个月的，按每吸纳一人2000元的标准给予用人单位一次性奖励补贴，且与企业招用应届全日制高校毕业生1万元一次性就业奖励补贴不重复享受（以上两项政策的执行期限暂至2015年年底）。

6．创业者成功落户政策。在市区个人实际投资100万以上，并合法经营3年以上，或近3年累计纳税20万元以上，按规定参加社会保险3年以上，并拥有合法固定住所的留学回国人员，允许其本人、配偶及其未成年子女整体迁入落户。

（三）强化资金支持，激发创业活力。

1．小额担保贷款及贴息。符合条件的留学回国人员创办企业的，可按规定申请不超过10万元的小额担保贷款；经营规模较大、创业实体吸纳人员5人及以上的，可提高到30万元，贷款期限2年，按期还款的由财政按银行基准利率全额贴息。

2．二次贷款奖息。对符合二次贷款奖息申请条件的创业留学回国人员，可申请不超过30万元的贷款，贷款期限为2年，按期还款的由财政按银行基准利率全额奖息。

3．劳动密集型小企业、合伙经营企业贷款。留学回国人员创办的劳动密集型小企业、合伙经营企业（广告业、桑拿、按摩、网吧、氧吧以及其他国家产业政策不予鼓励的企业除外），当年新招用就业困难人员、城镇登记失业人员、复员转业退役军人和登记失业的大中专（技）毕业生，与其签订一年以上期限劳动合同并正常缴纳社会保险的，根据当年实际招用就业人数，按人均不超过10万元，小企业最高贷款额度不超过200万元，合伙经营企业不超过50万元的标准，申请期限不超过2年的贷款，且本息已清（包括提前还贷）后，由财政按照人民银行公布的贷款基准利率以内的实际发生额给予50%的贴息。

4．科技型小微企业贷款。留学回国人员创办科技型小型微型企业，当年招用毕业年度高校毕业生并与其签订1年以上劳动合同的，经办金融机构可根据其实际吸纳人数，按每人不超过10万元、期限不超过2年、最高不超过200万元额度发放小额担保贷款，并由同级财政给予50%的贴息。

（四）加强政府服务，提供创业机会。

1．建设好各级留学人员创业园。各市区人力资源和社会保障部门要充分发挥综合管理留学回国人员工作的职能优势，整合各种社会资源，统筹推进一批基础条件好、服务能力强、管理水平高的留学人员创业园。对达到市级以上“创业示范基地”创建标准的，积极帮助争取申报认定，享受相关政策。根据《市政府办公室关于转发苏州市区创业引导性资金使用管理办法的通知》（苏府办〔2014〕103号）的有关规定，将符合条件的创业孵化基地纳入创业评估工作考评，并由创业引导性资金按照“三三制”原则给予相应的建设补贴和租金补贴。

2．为留学回国人员创业提供对接平台。充分利用“苏州国际精英周”和“赢在苏州”国际精英海外创业大赛、“国际性专业会议”“燃情创业”系列苏州青年（大学生）创新创业大赛等平台的作用，通过常态化的举办创业项目对接活动帮助有意在苏州创业的留学回国人员推介项目。

四、组织保障

（一）思想高度重视。留学人员是我市紧缺急需的人才资源，是发展高新技术的骨干力量，对于推动经济转型升级，建设创新型城市起着重要作用。各市区人力资源和社会保障部门要高度重视留学回国人员创业工作，把其作为促进就业工作的一项重要任务，及时调查了解区域内留学回国人员的基本情况，把未就业的留学回国人员纳入当地就业信息服务网络，并将留学回国人员列入创业就业服务范围。

（二）加强政策宣传。各市区人力资源和社会保障部门要加大对政策的宣传力度，把促进留学回国人员创业就业的相关政策从留学人员创业园覆盖到经济开发区、高新技术开发区、大学科技园区和大学创业园等各类园区，鼓励其吸纳留学人员创办符合我市产业方向的创新型科技企业、劳动密集型企业及小微企业，推动留学回国人员在更大范围内实现创业就业。

（三）抓好贯彻落实。各市、吴江区、吴中区、相城区、苏州工业园区所需资金从各地就业专项资金中列支。姑苏区、苏州高新区一次性开业扶持补贴和创业带动就业补贴所需资金按现行财政体制由市、区两级财政共同分担，其他所需资金按照原渠道列支。本意见中的补贴项目如与人才开发资金中的补贴项目重复，则就高享受。各市区可结合本地实际，参照本意见制定具体实施办法，并报市人社局备案。

本意见自发布之日起实施，相关政策由市人社局会同相关部门负责解释。

苏州市人力资源和社会保障局
苏州市财政局
2015年1月30日

中共南京市委 南京市人民政府 关于大力实施创新驱动发展战略当好苏南国家自主创新示范区建设排头兵的意见

（宁委发〔2015〕20号）

为适应经济发展新常态，推进南京创新发展新跨越，按照《国务院关于同意支持苏南建设国家自主创新示范区的批复》（国函〔2014〕138号）和《中共江苏省委 江苏省人民政府关于建设苏南国家自主创新示范区的实施意见》（苏发〔2015〕5号）要求，现就大力实施创新驱动战略，加快南京市苏南国家自主创新示范区建设提出如下意见。

一、总体要求

深入贯彻落实党的十八大和十八届三中、四中全会精神，按照《中共中央 国务院关于深化体制机制改革加快实施创新驱动发展战略的若干意见》和省委、省政府要求，充分发挥科技教育人才优势，深入实施创新驱动发展战略，坚持市场导向，不断深化科技体制机制改革，以南京高新技术产业开发区（含南京高新区、新港高新园、江宁高新园，简称“一区两园”）创新发展为重点，大力推动大众创业、万众创新，全面提升全市自主创新能力和产业竞争能力，加快发展创新型经济，推进国家创新型城市建设，奋力走在苏南国家自主创新示范区建设的前列，为建设经济强、百姓富、环境美、社会文明程度高的新南京做出积极贡献。

二、主要目标

到2020年，要把南京建成全国一流、具有国际影响力的国家创新型城市。全市科技体制综合改革取得明显成效，创新创业政策体系更加健全，创新创业服务体系更加完善，创新一体化发展机制更加优化，自主创新能力大幅提高；建成一批有效满足大众创新创业需求、具有较强专业化服务能力的众创空间等新型创业服务平台，大众创业、万众创新的生动局面基本形成；“一区两园”等核心载体创新体系整体效能显著提升，建成一批一流的产业科技创新中心和创新型经济发展高地。全市科技进步贡献率超过65%，规模以上工业企业和独立研发机构研发投入超过400亿元，占地区生产总值3%以上；战略性新兴产业主营业务收入和科技服务业总收入力争在“十二五”末基础上实现翻番，分别达到12000亿元和800亿元，全市高新技术产业产值占规模以上工业总产值的比重达到52.5%，高新技术企业超过1500家；每万人有效发明专利拥有量达到30件，每万名劳动力中研发人员数达到180人。

三、重点任务

（一）聚焦重点，全面提升创新驱动发展水平。

1. 突出企业主体地位。积极顺应新形势下技术路线更加多变、商业模式更加多样的趋势，切实推动企业成为技术创新决策、研发投入、科研组织和成果转化的主体。一是围绕创新型产业，培育以高新技术企业为主体的创新型企业集群，力争到2020年“一区两园”高新技术企业数占全市60%以上。二是加快实施“科技企业培育百千万工程”和“小升高”计划，通过“育苗造林”式培育，扶持小微企业升级为高新技术企业；加大对现有高新技术企业支持力度，助推高新技术企业加速成长，积极推动高新技术企业上市；鼓励传统企业通过并购重组、委托研发、购买知识产权等途径，加快提升企业自主创新能力，向价值链高端转型升级。三是支持高新技术企业牵头组建产业技术创新战略联盟，充分发挥南京高校院所科技资源优势，强化校企校地合作，构建产学研协同创新体系，推进集成创新；鼓励高新技术企业积极参与科技攻关和产业化，带动产业链关联企业和产业创新能力跨越式提升。

2. 发挥人才引领作用。一是加强人才引进。对接国家“千人计划”等重点人才工程，以我市重点产业为导向，聚焦创业人才，优化实施市科技创业人才“321计划”，“十三五”期间全市每年引进一批领军型科技创业人才，培养一批科技创业家，集聚一批高端顶尖人才，按必成指标分解并考核，按期成指标引进并扶持，以高端人才引领新兴产业，以产业集聚带动人才集聚。二是改进人才评审，突出高端引领、以用为本、产学研用紧密结合，重数量更重质量，重引进更重服务，做实区级预审环节，增加市场专家、行业专家、风创投专家等主体评价权重，拓宽科技创业家遴选渠道，减少评审批次为“一年一评”。三是完善人才考评，每年委托第三方专业机构评估人才创业绩效，对“321人才”实行跟踪服务管理，年度考核指标覆盖人才增量和创业存量，既注重年度引才育才数量，更加关注“十二五”期间落户人才的创业绩效和各级人才工作者服务效能，逐步提高区（园区）年度指标中的紫金科创特别社区引才育才比例。四是创新服务方式。推动人才链与创新链、产业链、资金链的有机衔接，突出企业主体地位；探索实施国资创投基金入股和政府财政资金扶持相结合的改革举措；深化创业辅导、首购首用等扶持措施，提升人才创业成功率；优化完善《南京人才居住证实施办法》和《关于进一步鼓励和促进留学回国人员在我市创业创新的若干政策》，为海内外高层次人才提供社保、医疗、住房、子女入学、配偶就业、出入境等综合服务。

3. 构建现代产业体系。坚持把产业结构调整作为创新驱动发展的主攻方向，紧紧依靠科技创新推动产业向中高端水平攀升，构建具有国际竞争力的现代产业体系。贯彻落实“中国制造2025”规划纲要和“互联网+”发展战略，推进信息化和工业化深度融合，加快传统产业升级和支柱产业振兴，打造长三角地区先进制造业中心。依托六谷二十一园，大力发展新一代信息技术、智能制造、节能环保、新材料等战略性新兴产业，形成具有国际竞争力的创新产业集群。大力发展软件及信息服务、电子商务、科技金融、现代物流、文化旅游、保健养老等现代服务业，突出发展总部经济，提升生产服务业的规模和质量，增强生活服务业的便利性和丰富性，加快形成以服务经济为主的产业结构。加快推进农业科技进步，全面提高农业装备和技术水平，推动人才、科技、资金要素向现代农业园区集聚，把生物农业谷等“一谷四园”打造成全国一流的现代农业集聚区，推动现代农业建设迈上新台阶。

4. 全力打造“一区两园”。完善发展规划，明确产业定位，重点打造南京高新区、新港高新园、江宁高新园，成为南京苏南自主创新示范区的核心区和高新技术产业策源地。其中，南京高新区以建设国际一流的高科技园区为目标，按照“科技创业孵化、机制创新引领、高端产业集聚、开放合作先导、绿色发展示范”的思路和要求，构建有利于创新驱动、促进科技成果转化和产业化的体制机制，形成生物医药、北斗应用、软件及信息服务等特色鲜明的产业集群，成为江北新区经济发展的主力军；新港高新园围绕新型显示、激光技术、固体照明、高端装备制造等领域，以提高自主创新能力为核心，坚持“人才、项目、载体、资金”四轮驱动，按“研究院+平台+产业化项目+产业基金”四位一体的模式，形成1—2个拥有技术主导权的产业集群，打造具有国际影响力的产业创新中心；江宁高新园以大学科教创新园为优势，建设国家创新人才培养示范和海外高层次人才创新创业基地，在通信与网络、生命科学、智能电网及新能源等领域取得突破，打造产业特色鲜明、创新效能突出、经济与生态协调发展的现代化高科技产业新城。

5. 着力构建“众创空间”。顺应大众创业、万众创新的新趋势，加快发展众创空间等新型创业服务平台。一是充分体现“一区两园”核心区的示范引领作用。辐射带动紫金科技人才创业特别社区、麒麟科技创新园、仙林科技城、科技企业孵化器、大学科技园、软件园、留学生创业园、大学生创业园等载体，采取市场化方式，以社会力量为主体，构建低成本、便利化、全要素、开放式的众创空间，鼓励社会资本和专业团队参与运营管理，促进创新创业与市场需求和社会资本有效对接。二是充分释放紫金科技人才创业特别社区人才集聚效应。着力提升孵化功能，突出差异化、特色化、个性化，打造最优“创客栖息地”。三是充分调动各级各类科技企业孵化器打造众创空间的积极性。加强政策集成，强调功能提升，继续实施科技企业孵化器“跃升”、“孵鹰”计划，引导全市孵化器向专业化、特色化、市场化、规模化方向发展。四是充分发挥鼓励大学生创业政策的引导效应。进一步推进在宁高校和有关区建设大学生创业园等创业载体，完善大学生创业载体功能，促进载体数量质量双提高。

（二）深化改革，全面激发创业创新活力。

6. 深化科技体制改革。深入开展国家科技体制综合改革试点工作，深化科技体制机制创新，取得新突破。一是改革科技创新评价机制，加大市场评价技术成果的比重，建立以产品成果与市场实绩为主的科技创新评价机制，完善科技成果奖励评价办法，形成科技成果市场定价机制。二是改革资金支持方式，改变以直接拨款为主的科技经费和产业引导资金支持方式，建立以风险投资基金、创新券、风险补偿等金融手段支持研发和产业化的财政支持机制。三是创新科技成果转化机制。紧扣科技与经济结合，创新培育高企模式，改革创业孵化机制，健全技术转移体系，完善技术经纪人制度和科技成果转化机构和个人奖励制度。四是推进技术研发机构市场化、企业化改革，推动应用型国有企事业单位国有资本（资金）全部退出，事业单位进行企业化改革。推进国有科技创业企业股权和项目收益分工权激励试点。

7. 完善创业创新政策体系。一是更加突出提高创新载体成效。推进实施《南京市紫金科技人才创业特别社区条例》，进一步提升特别社区规划建设、管理和服务水平，各特区聚焦1—2个主导产业。大力扶持新型孵化器，支持市级科技企业孵化器升级为省级、国家级孵化器，加快“苗圃—孵化器—加速器”科技创业孵化链条构建；对新批准立项的省级、国家级工程技术研究中心、重点实验室和科技公共服务平台给予建设补助；加快发展众创空间等新型创业服务平台，实现科技创新创业载体建设由“量”向“质”的转变。二是更加重视科技与产业的结合。鼓励企业与研发机构、高校及其他组织联合建立研究开发平台、校企联盟等；通过发放科技创新券等方式，对企业向高校院所、科技平台购买科技服务、科技成果等进行补贴；对引进的国内外500强企业研发机构在我市进行技术转移和产业化成果给予奖励。三是更加注重创新活力的激发。完善收入分配激励机制，继续鼓励在宁高校、科研院所、国有企事业单位科技人员创新创业，由财政资金资助形成的知识产权收益权和处置权归承担单位所有，参与研发的科技人员及其团队收益比例进一步提高。做好“万名青年大学生创业计划”和“大学生创业引领计划”的政策衔接，对大学生创业项目给予资助；为创业大学生提供免费场地或租金补贴；进一步加大小额贷款力度，符合条件的给予贴息；将创业培训和创业指导向高校延伸，在高校开设创新创业类课程，为创业大学生编制专项培训计划，支持高校建设创业载体，更大力度推进青年大学生创新创业。

8．积极推动政策创新。在“一区两园”积极试点国家、省赋予自主创新示范区的新政策，同时，探索争取其他新政策。一是认真落实国家推广中关村落实科研项目经费管理改革、非上市股份转让、科技成果使用处置和收益管理、扩大税前加计扣除范围、股权和分红激励、职工教育经费税前扣除等6条政策措施。二是着力推行中关村先行先试4条政策，包括高新技术企业转化科技成果，以股份或出资比例等股权形式给予本企业相关技术人员的奖励，技术人员可分期缴纳个人所得税，但最长不超过5年；有限合伙制创业投资企业采取股权投资方式投资于未上市的中小高新技术企业2年以上的，该有限合伙制创业投资企业的法人合伙人可按照其投资额的70%，在股权持有满2年的当年抵扣该法人合伙人从该有限合伙创业投资企业分得的应纳税所得额，当年不足抵扣的可结转抵扣；5年以上非独占许可使用权转让，在一个纳税年度内转让所得不超过500万元的部分免征企业所得税，超过500万元的部分减半征收企业所得税；允许高新技术企业以未分配利润、盈余公积、资本公积向个人股东转增股本的个人所得税5年内分期缴纳。三是鼓励“一区两园”体制机制改革。深化管理体制改革，赋予“一区两园”市级同等的经济、社会等行政管理权限。争取省相对集中审批权试点，协调省相关部门赋予“一区两园”内高新技术企业认定和专家证审批权限，打通有利于创新要素集聚的快速通道。全面对接上海自贸区，做好“准入前国民待遇加负面清单管理模式”准备工作。积极推行自主创新技术和产品“首购首用”和“首购首用”风险补偿机制。

9．完善国际合作创新机制。深化国际科技合作与交流，加快融入全球创新网络，主动参与全球研发分工。一是加强国际合作平台建设。高标准建设国际企业研发园，放大“全球（南京）研发峰会”效应，促进本市科技园区、企业与世界著名高科技园区、企业间的深度合作。二是实施国际科技合作计划。鼓励企业并购、合资、参股国际研发企业或设立海外研发中心和产业化基地，支持科技人员参加国际研发组织、承担国际科技项目。三是加大引进创新力度。继续引进500强企业、知名大学、研发机构等到南京设立全球性或区域性研发中心，探索将外资研发机构有效融入区域创新体系，在扩大开放中增强自主创新能力。

（三）优化服务，营造创新发展良好环境。

10．加快建设重大科技创新平台。一是聚焦重大产业平台。围绕我市战略性新兴产业和高新技术产业发展需求，加快建设通信与网络、生物医药、液晶显示、智能电网、卫星导航、激光技术等重大平台载体，服务和带动全市战略性新兴产业加快发展。二是打造关键技术平台。重点打造智能电网技术平台、特种膜分离工程技术研究中心、生命科学技术平台、轨道交通技术中心、未来网络小规模实验设施平台、高精传动设备制造技术中心、新材料技术中心等一批开放高效、专业化水准高的科技创新平台，积极引进一批高端国际研发机构，突破一批关键应用技术。三是完善公共服务平台。加快战略性新兴产业国家级检验检测中心及麒麟科技创新园、南京知识产权服务业集聚发展试验区等科技服务业示范区的建设，更好地服务科技创新和战略性新兴产业发展。四是创新平台组织模式。按照市场化原则，探索建立新型产业技术研发组织，加快推动南京未来网络、生物、软件、激光、3D打印、固体照明、北斗卫星应用等产业技术研究机构建设，创新内部管理、人才引进、收益分配等机制，争取更多更快地加盟省产业技术研究院。

11．促进科技金融融合发展。一是着力打造科技创业金融服务链。引导科技银行、保险、担保、创投等各类科技金融载体密切合作，着力打造政府资金与社会资金、直接融资与间接融资、股权融资与债权融资有机结合的多元化、多层次、多渠道的科技投融资体系。二是加强多层次科技资本市场体系建设。“一区两园”要设立科技创业投资引导基金，并积极与社会创投机构合作成立风险投资基金，放大投资效应，支持科技小微企业发展；支持具备条件的企业上市融资，实施战略性并购重组和产业整合，提升企业整体实力。三是优化科技投融资激励和风险补偿机制。修订完善科技银行、科技保险等创新发展政策措施，健全科技贷款风险补偿和利息补贴机制、科技保险保费补贴机制、银担合作风险共担机制、小微企业融资风险缓释机制等，充分发挥财政资金引导撬动作用。“一区两园”根据国家、省、市相关要求，完善政策配套，加大扶持力度。四是完善科技创业投融资服务平台功能建设。依托市科技创新创业金融服务中心、南京联合产权（科技）交易所等，充分发挥“融动紫金”等中小微企业综合金融服务平台的桥梁作用，将服务覆盖范围下沉到“一区两园”，打通线上线下金融服务快捷通道，不断改善创业创新企业融资环境。

12．大力发展创业创新公共服务。一是精心培育科技要素交易市场。大力培育融资、知识产权法律服务等中介机构，促进创新要素加快流动。加强股权、知识产权、债权等产权交易服务机构管理，推进市域范围内各科技要素交易市场健康发展。二是加强知识产权市场化运作。鼓励社会资本投资设立知识产权运营公司，开展知识产权收储、开发、组合、投资等服务，探索开展知识产权证券化业务，盘活知识产权资产，加快实现知识产权市场价值。三是发展检验检测专业服务。围绕产业需求，着力打造检验检测服务标准体系和品牌，创新检验检测信息化服务模式，并利用互联网、电子商务、现代服务业与云计算、物联网等领域的实践成果，构建信息化综合服务新业态。四是强化创业辅导。建立科技创业教育培训体系，重点针对初创科技企业、成长科技企业需求，在企业家精神培育、团队打造、商业模式等方面对创业者开展培训，设立创业导师，促进创业者与中上游企业及产业链结合，有效推动科技企业的成长壮大。

四、工作保障

（一）加强组织领导。全市各级各部门要把创新驱动发展摆在突出位置，加强顶层设计和整体谋划，进一步强化对科技创新工作的组织领导。成立南京市苏南国家自主创新示范区建设领导小组，研究制定我市示范区建设重大决策并统筹协调解决推进过程中的重要问题。设立市级常设性示范区建设工作推进服务机构，落实示范区建设各项工作任务，并与国家和省相关机构作好对接。“一区两园”建立相应的组织领导和常设工作推进服务机构，形成上下联动、统一高效的工作机制。

（二）加强队伍建设。进一步加强和改进科技人才管理队伍和创业创新载体领导班子建设，加大教育培训力度调整充实力量，整体提升政策把握能力和操作执行能力。在科创载体运营管理队伍建设，加快“去行政化、强专业化”进程。培养一支视野开阔，理念超前，服务高效的创新创业公共服务队伍。

（三）加强督查考核。明确职责分工，细化任务分解，狠抓工作落实。完善“一区两园”等核心创新载体考核评价制度和指标体系，强化科技创新对经济发展贡献度的评价，促使核心创新载体更大力度推进创新，更大力度引进和培育高端产业项目。优化对各区、园区关于科技创新方面的考核，建立共性指标与个性指标相结合考核评价体系，根据各区域的发展实际及错位发展的需求，突出特色，区别对待。

（四）营造良好氛围。积极倡导敢为人先、宽容失败的创新文化，树立崇尚创新、创业致富的价值导向，培育企业家精神和创客文化。强化宣传和舆论引导，提升全民科学素养和创新能力，加快知识产权强市建设，努力营造浓厚的大众创业、万众创新环境和氛围，进一步激发全社会的创新创造活力。

中共南京市委
南京市人民政府
2015年4月7日

中共南京市委 南京市人民政府 关于“创业南京”人才计划的实施意见

（宁委发〔2015〕45号）

为全面提升南京人才竞争力、科技竞争力、产业竞争力，在更大范围、更高层次、更深程度上推进大众创业万众创新，加快构筑具有国际影响和独特优势的产业科技人才高地，现就深化人才强市战略，实施“创业南京”人才计划，提出如下意见。

一、指导思想和目标任务

（一）指导思想。深入贯彻党的十八大、十八届三中、四中、五中全会精神和习近平总书记系列重要讲话精神，围绕协调推进“四个全面”战略布局，紧扣建设“一带一路”节点城市、长江经济带门户城市、长三角区域中心城市和国家创新型城市的目标定位，进一步强化人才“第一资源”的基础性和先导性作用，坚持以人才优先发展引领创新驱动发展，以重点人才工程引领转型升级工程，以人才结构优化引领产业结构优化，加快构建更具竞争力的人才集聚制度和大众创业万众创新环境，努力形成群贤毕至、人才辈出、以才兴业的生动局面，为“迈上新台阶、建设新南京”提供智力支持和人才支撑。

（二）目标任务。“十三五”期间，聚焦创新型、服务型、枢纽型、开放型、生态型的“五型经济”主攻方向，重点集聚100名科技顶尖专家、培育200名创新型企业家、引进3000名高层次创业人才、引领20000名青年大学生创业，着力推动科技同经济、创新成果同产业、创新项目同现实生产力、研发人员创新劳动同其利益收入“四个对接”，努力把南京建设成为高端人才汇聚城市、科技创业领军城市、人才改革先行城市，打造具有国际影响和独特优势的产业科技人才高地。

二、科技顶尖专家集聚计划

（三）科技顶尖专家，主要指具有国际视野和战略眼光，研究成果在国际上有重要影响，能快速抢占产业制高点的顶尖人才（团队）。计划从2016年起，用5年时间，重点引进和支持在我市创办科技型企业，或与科技型企业合作创立科研成果产业化基地、新型产业技术研究机构的100名（个）科技顶尖专家（团队）。

（四）科技顶尖专家分A（引进类）、B（培养类）两类。A类（引进类）应具备下列条件之一：诺贝尔奖获得者；中国或发达国家科学院院士、工程院院士；获得国家最高科学技术奖或相当层次国际科技奖项的科学家；国家“千人计划”顶尖人才与创新团队核心成员、国家“万人计划”杰出人才；其他相当层次顶尖人才（团队）。B类（培养类）应具备下列条件之一：2016年以后在我市入选的国家“千人计划”“万人计划”企业人才；2016年以后在我市入选的江苏省“双创团队”。

（五）科技顶尖专家在宁创业创新项目，经立项认定，根据项目进展和企业运营情况，可享受下列支持政策。

1．给予诺贝尔奖获得者领衔创办的法人单位或产业活动单位最高1000万元、其他A类人才领衔创办的法人单位或产业活动单位最高500万元的科研成果产业化配套资金。特别优秀并获得风险投资的，可由市紫金科技创业投资公司等按不高于风投50%的比例跟进投资，单个项目跟投不超过1亿元。

2．对我市培养入选的国家“千人计划”（创业类）特聘专家、“万人计划”科技创业领军人才，给予200万元项目资助；对培养入选国家“千人计划”（长期创新类）特聘专家、“万人计划”科技创新领军人才的在宁用人企业，给予100万元项目资助；对入选的省“双创团队”，按照省相关人才经费资助50%比例，给予科研成果产业化配套扶持。

3．5年内获风险投资的人才创业项目，经科技银行评估后，提供项目所需的融资贷款担保。

4．为长期在宁居留的A类人才提供不少于200平方米的专家公寓或租金补贴。在宁购房的，给予不超过购房金额50%、最高200万元的安家补贴。

5．科技顶尖专家参照享受南京市特约医疗保健待遇。义务教育阶段子女入学由教育部门根据相关政策，结合人才本人意愿择优安排。

三、创新型企业家培育计划

（六）创新型企业家，主要指既通科技又懂市场，在相关领域开创技术新路径、商业新模式、产业新质态，对我市实施创新驱动发展和经济转型升级起到引领示范作用的企业家。计划从2016年起，用5年时间，重点培育200名创新型企业家，培育对象创办企业中，新增挂牌上市30家，年销售收入超亿元30家，年纳税额超千万元10家。

（七）创新型企业家培育对象应具备下列条件：个人投入企业的实收资本不少于100万元（含技术入股），或持有企业30%以上股份；具有国际化视野和持续创新能力，项目有核心自主知识产权，技术成果在国内外处于领先地位，有良好的市场前景，具备规模生产、实现产业化的条件；企业注册未满5年，年销售收入不低于500万元，有较强的成长性。

（八）入选创新型企业家培育计划的，可享受下列支持政策。

1．按所创企业当年实际还贷额度和银行贷款基准利率，给予不超过三年的贷款贴息，贷款总额不超过2000万元。

2．所创企业进入政府认定的众创空间的，免收两年场地租金。

3．入选国家创新人才推进计划的，给予50万元奖励。

4．所创企业被认定为国家级、省级企业研发机构的，分别给予50万元、30万元配套支持。

5．定期组织前往境内外科技创业先进地区开展专题研修和技术成果、产业合作等对接，研修费用和交通费用给予补贴。

四、高层次创业人才引进计划

（九）高层次创业人才，主要指符合我市新兴产业发展和产业转型升级方向，带团队、带技术、带项目在宁创办企业的行业领军人才。计划从2016年起，用5年时间，以区（园区）为主体，立足区域产业发展规划，引进扶持3000名高层次创业人才，市级层面从中择优遴选并重点扶持1000名高层次创业人才。

（十）高层次创业人才引进对象，一般应具有硕士以上学位或副高以上职称（现代服务业和文化创意类人才可适当放宽至本科学历），首次在我市注册（或拟注册）创新型企业并担任法定代表人，个人投入企业的实收资本不少于100万元（含技术入股），且符合下列条件之一：具有海内外自主创业或行业领军企业的中高层任职经历，熟悉相关产业领域和国际规则，有较为丰富的科技成果转化、企业经营管理和市场开发运作经验；拥有独立自主知识产权或掌握核心技术，技术成果达到国际先进或国内领先水平，具有良好产业化潜力和市场前景。

（十一）入选高层次创业人才引进计划的，可享受下列支持政策。

1．通过区（园区）遴选认定的，由区（园区）给予不少于50万元初创扶持；通过市级遴选认定的，由市财政再给予100万元扶持，根据人才创业进度分期拨付。

2．根据人才发展和项目运营实际需要，提供100平方米左右的创业场所和100平方米左右的人才公寓，三年内免收租金，或给予租金补贴。

3．定期对入选人才项目进行评估，评估优秀的，优先推荐入选创新型企业家培育计划，并提供最高500平方米创业场所，三年内免收租金，或给予租金补贴。

4．所创企业获得社会风险投资的，根据企业发展实际需求，可由市紫金科技创业投资公司等机构按不高于社会风投机构首轮投资总额50%的比例跟进投资，单个项目投资额不超过300万元。

5．高层次创业人才引进计划作为“321人才引进计划”的改进升级版，入选的外籍人才及其家属符合相关条件的，在办理人才签证、人才居留和来华定居等手续时，享受国家重点引才计划相关便利政策。

五、青年大学生创业引领计划

（十二）青年大学生，主要指普通高校在校生和毕业5年内高校毕业生，以及留学回国的青年留学人员。计划从2016年起，用5年时间，重点资助1000个优秀大学生创业项目，扶持20000名青年大学生创业，带动80000人就业。

（十三）对大学生创业项目和相关载体，提供下列支持政策。

1．每年遴选不少于200个优秀大学生创业项目，分别给予20万—50万元的资助，市紫金科技创业投资公司天使基金投资和财政性资助各占50%。

2．对经认定的大学生创业载体给予一次性30万—50万元建设补助，对认定为国家、省级示范基地的给予配套奖励，并按实际孵化成功项目数，给予不超过5000元/户的补贴。

3．符合条件的大学生初创项目，入驻经认定的各类创业载体的，提供最高30平方米创业场所，三年内免收租金；在创业载体外租用经营场地或利用自有房产创业的，三年内给予一定补贴。

4．将小额担保贷款调整为创业担保贷款，扩大担保基金规模。大学生创业贷款额度上限提高至个人30万元、合伙最高50万元，并给予全额贴息。初创项目获银行商业性贷款，符合创业担保贷款条件的，还本付息后给予同等贴息。扩大大学生创业担保贷款绿色通道覆盖范围，符合条件的可免除创业贷款反担保要求。创办劳动密集型企业和科技型小微企业，获得商业贷款，符合规定条件的，在贷款总额300万元内按基准利率给予50%贴息。初创项目3年内获得风险投资的，可按单个项目融资总额的10%、最高不超过25万元给予配套支持。

5．大学生创业从事个体经营（除限制行业外）并持《就业创业证》或《就业失业登记证》（注明“自主创业税收政策”）的，3年内按每户每年9600元为限额，依次扣减其当年实际应缴纳的营业税、城市维护建设税、教育费附加、地方教育附加和个人所得税。

6．创业项目正常经营6个月以上，并带动其他劳动者就业且正常申报纳税的，按创业实绩和带动就业人数分别给予创业成功奖励和带动就业奖励。

六、综合环境和配套服务

（十四）优化行政审批制度。建立政府人才管理服务权力清单和责任清单，清理和规范人才引进、评价、流动等环节中的行政审批和收费事项。把“创业南京”人才项目纳入商事制度改革先行先试对象。设立人才创业企业注册登记一站式窗口，采取网上申报、“三证合一”等措施，简化注册流程，缩短受理时间，降低创业成本。

（十五）培育市场服务主体。制定政府购买人才公共服务办法，积极推动人力资源、科技金融、管理咨询、知识产权保护交易等人才服务业发展。支持人才企业购买科技中介服务，并给予一定的资金支持。鼓励社会力量参与科技人才创业特别社区、环高校众创街区及新型众创空间载体建设，推进事业单位孵化器改造，鼓励国有孵化器引入专业团队管理运营。

（十六）加大金融支持力度。积极推行知识产权质押贷款、科技保险保费补贴等政策，推广小额贷款保证保险。鼓励担保机构开展科技创业企业融资担保服务，鼓励社会创投机构投资入选人才项目，给予相应的补贴、奖励和风险补偿。设立应急互助基金，提供转贷融资服务。创新“投贷保”服务方式，推动创投、银行、保险、担保、小贷等与人才创业企业对接。发挥“小微企业直通车”“融动紫金”等平台服务功能，推动人才企业和产业资本有效结合。对符合挂牌上市条件的人才企业实施分类指导，对首发上市、新三板挂牌、区域性股权交易市场挂牌的给予费用补贴。建立人才征信系统，提高人才企业融资规范化程度。

（十七）整合科技平台资源。支持高校院所、行业领军企业及其他各类创新主体对外开放技术服务平台，对所需运营、设备配置及维护等费用给予一定资金支持。通过发放科技创新券，对购买高校院所科技成果和服务的，给予一定补贴。

（十八）加强创业辅导培训。完善创业导师制度，建设多层次、专业化的创业导师团队。丰富创业训练营、创业学院等创业辅导活动的形式和内容。完善和落实创业培训补贴政策，对业绩突出的创业指导机构和创业导师可按购买服务的方式给予补贴。对高成长性人才项目实行“一企一策”跟进培养，集成政策资源帮助企业提升持续创新能力和市场运作能力。

（十九）拓展首购首用渠道。鼓励支持财政性资金优先采购和推广应用人才企业创新产品，推动人才企业同大中型国有企业、行业龙头企业和跨国企业对接新产品新技术，帮助人才企业加快实现创新成果市场价值。

（二十）强化人力资源服务。对人才企业引进的高层次人才，符合条件的，提供住房、落户、职称评定等方面配套支持。引进博士以上人才的，给予一定补贴。大力集聚知名猎头、招聘、培训等中介机构，加快建立专业化、信息化、产业化的人力资源服务体系。

（二十一）落实税收优惠政策。推进落实科技企业孵化器、大学科技园、研发费用加计扣除、固定资产加速折旧等支持大众创业创新各类税收优惠政策，完善人才载体认定机制，推动更多符合条件的科技众创空间纳入政策适用范围。按照将国家自主创新示范区有关税收试点政策推广至全国范围实施的要求，对符合条件的人才企业，依照规定适用相关税收优惠政策。对投向种子期、初创期等的社会化人才投资，对接争取相关税收支持政策。

（二十二）完善生活配套服务。为科技顶尖专家集聚计划、创新型企业家培育计划和高层次创业人才引进计划入选者办理“南京人才居住证”B证，提供职称申报、医疗、落户、社会保险、居留和出入境、住房、子女就读、配偶就业等配套服务。按照相关规定，为青年大学生创业引领计划入选者办理落户手续。推进公共租赁住房建设，加快人才公寓、专家公寓等住房建设。为符合条件的高层次人才办理“南京市高层次人才特约优诊证”。

七、运行机制和组织保障

（二十三）加强组织领导。“创业南京”人才计划在市委市政府及市人才队伍建设和科技创新工作领导小组统一领导下，由市人才队伍建设办公室统筹组织实施。科技顶尖专家集聚计划、创新型企业家培育计划在市科委设立专项办公室，高层次创业人才引进计划、青年大学生创业引领计划在市人社局设立专项办公室，分别牵头负责各专项计划具体组织实施工作。市委组织部（市人才办）按照党管人才要求，牵头做好综合协调、政策完善和考核督查等工作，市人才队伍建设和科技创新工作领导小组各成员单位根据各自职责分工，健全工作机制，做好相应工作。建立各相关部门联席会议制度和人才工作联络员制度，定期会商研究解决计划实施中的新情况新问题，不断优化“创业南京”政策体系，确保计划有序推进落实。

（二十四）改进投入机制。拓宽人才投入渠道，建立健全以政府投入为引导、用人单位投入为主体、社会和个人投入为补充的多元化投入体系。规范人才投入管理，建立财政扶持资金专用托管账户，推行资金拨付进度与项目实施进度挂钩、财政投入力度和项目绩效挂钩的动态支持模式。优化人才项目评估方式，引入科技专家、企业家、职业经理人、风投机构和科创园区负责人等评审主体，定期对人才项目市场价值和发展绩效开展监测评估，优秀的加大扶持力度，不合格的及时履行退出程序。市区两级财政部门应根据本意见，制定实施专项资金管理办法，确保相关财政资金纳入预算、足额安排、优先保障、规范运作。

（二十五）严格目标考核。市区两级组织部门应根据本意见，制定专项考核办法，量化目标要求，细化责任分工，确保各项任务落到实处。将“创业南京”人才计划实施情况作为各级党委（党组）落实党管人才责任的重要内容，纳入党建工作责任制考核。将人才引育数量、人才服务效能、人才创业绩效等纳入市、区经济社会综合指标体系，作为重点考核内容。

（二十六）营造良好氛围。完善党委联系专家制度，建立健全各级党政领导干部联系人才工作机制。定期举办中国留学人员南京国际交流与合作大会、“赢在南京”创业大赛、留学人员创业大赛等活动，支持人才创业联合会、创客联盟、创业沙龙等创业交流活动。完善人才荣誉制度，弘扬创业精神，培育创客文化，不断浓厚识才、爱才、敬才、用才的社会氛围，努力营造人人皆可成才、人人尽展其才的创业创新环境。 本意见自发布之日起实施。本市其他文件与本意见不一致的，以本意见为准。

中共南京市委
南京市人民政府
2015年11月13日

南京市人民政府
关于发展众创空间推进大众创业创新的实施方案

（宁政发〔2015〕114号）

为深入实施创新驱动战略，主动适应新常态背景下大众创业、万众创新的新趋势，根据《国务院办公厅关于发展众创空间推进大众创新创业的指导意见》（国办发〔2015〕9号）、《中共南京市委 南京市人民政府关于大力实施创新驱动发展战略当好苏南国家自主创新示范区建设排头兵的意见》（宁委发〔2015〕20号），制定本实施方案。

一、总体要求

全面落实国家和省有关文件精神，营造良好创业创新生态环境，以苏南国家自主创新示范区建设为契机，以构建众创空间等创业服务平台和提升创业孵化服务能力为突破口，推动“创业中国”苏南创新创业示范工程在本市开展，通过整合创新资源，重构创业政策制度，进一步激发创业创新潜力，释放创业创新活力，为深入实施创新驱动战略提供新动能。

全市建成一批具有较强专业化服务能力的众创空间等新型创业服务平台，发挥各类孵化载体和服务平台对大众创业的支撑作用，打造一批初创企业、服务机构集聚度高、活跃度高、协同性强、辐射力强且品牌效应显著的创业创新社区和服务集聚区，争创国家小微企业创业创新基地示范城市，初步形成要素齐全、功能完善、合作开放和专业高效的创业创新服务体系，成为全国一流、具有国际影响力的人才与创业创新名城。

2015年，全市新增新型创业服务平台超过20家；新增创业顶尖人才超过60人、“321人才”超过600人，扶持大众自主创业1.2万人，带动就业6万人；培育高新技术企业累计超过1100家；举办各类创业竞赛、创业沙龙、创业培训等活动超过200场；创业投资机构超过30家。

2016年，全市新增新型创业服务平台超过20家；新增创业顶尖人才超过30人、“321人才”超过300人，扶持大众自主创业1.3万人，带动就业6.5万人；培育高新技术企业累计超过1200家；举办各类创业竞赛、创业沙龙、创业培训等活动超过300场；创业投资机构超过40家。

到2017年，全市新增新型创业服务平台累计超过60家；新增创业顶尖人才累计超过120人、“321人才”累计超过1200人，扶持大众自主创业累计超过4万人，带动就业20万人；培育高新技术企业累计超过1300家；举办各类创业活动累计超过500场；创业投资机构超过50家，管理资金规模超过280亿元。

二、重点任务

重点围绕众创空间发展、创业主体培育、创新型企业孵育、金融要素助推、创业服务提升、创业文化打造等六个方面推进大众创业创新，充分发挥市场配置创业创新资源的决定性作用，有效盘活闲置厂房、商务楼宇等存量资源，坚持创业承载的“硬实力”和服务支撑的“软实力”并重，推动南京地区创业创新生态系统优化升级。

（一）众创空间发展。

1．发挥高新区“一区三园”核心区的引领作用，辐射带动全市各类创业载体建设。鼓励多方参与、多种形态的创业空间发展，发展建设创业园、创业街、创业社区、创客空间等多种形式创业载体，协力创建集创业培训、实训、孵化、辅导和融资、推介服务等功能为一体的创业示范基地。

2．充分释放紫金科技人才创业特别社区的资源集聚效应，整合载体、人才、技术、资本、市场等各种要素，围绕主导产业，创新孵化服务内容，着力提升孵化功能，提供更加优惠和便捷的中试开发、技术转移、成果孵化等专业服务，突出差异化、特色化、个性化，打造最优“创客栖息地”和“创客集聚区”，形成一批生态化的创业创新示范社区。

3．继续实施科技企业孵化器“跃升”“孵鹰”计划，引导全市科技企业孵化器向专业化、特色化、市场化和规模化方向发展，促进载体数量质量双提高。推动传统孵化器在内的各类创业孵化载体与新型创业服务机构开展深层次合作，发挥传统孵化器的基础设施和新型创业服务机构的专业服务互补优势，打造创业者交流平台，推进创业者联盟、创业沙龙等创业者组织建设，加强创业者之间的合作交流、资源共享。

4．鼓励在宁高校和有关区（园区）新建或升级改造大学科技园等创业载体，提供大学生创业创新实践平台。规划发展一批智能化创客空间，持续培养以教师和学生群体为主的创客群体，为创业创新活动和项目孵化提供空间；同时完善创业服务，为大学生创业提供创业培训、工商注册、创业交流、融资对接等帮助，实现创业创新教育、实践和活动的有机结合。

5．整合利用社会资源，结合自身优势和特色，积极打造满足创业创新需求的各类创业创新集聚区。鼓励行业领军企业、创业投资机构、社会组织等社会力量和民营资本积极参与或自主建设众创空间，引入社会资本和专业团队参与运营管理，着力发展一批适应大众创业创新需求和特点，具有低成本、便利化、全要素、开放式特点的创客孵化型、专业服务型、投资促进型、培训辅导型、媒体延伸型等新型众创空间载体。

（二）创业主体培育。

6．以人才引领、科技创业为主线，对接国家“千人计划”“万人计划”和省“双创计划”等重点人才工程，完善和深化市“321人才计划”，集聚一批开创技术新路径、商业新模式和产业新质态的创业领军人物，加大对已落户人才的服务培育力度，更好地示范和带动大众创业、万众创新。

7．进一步完善我市现有支持创业的各项政策措施，鼓励支持高校科研院所以及企事业单位的科技人员利用科学知识、科技成果、知识产权和信息，创办、领办或与企业家合作创办创新型企业和科技服务机构。

8．鼓励高校院所开设创业教育课程、开办创业讲坛，支持各区（园区）与当地高校合作创办创业创新学院。建设高素质创业教育和创业培训师资队伍，建立健全大学生创业指导服务专门机构，优化创业指导和服务，推动大学生等各类青年创业创新，实施大学生创业引领计划，全面打造以大学生为代表的青年科技创业生力军，充分发挥创业创新的示范和引领效应。

9．大力开展群众性创新创业活动，培育各类创业创新主体，扶持各类人群创业创新。鼓励创新型领军企业和行业龙头骨干企业面向企业内部员工和外部创业者提供资金、技术和平台，支持企业高管及连续创业者再创业。开展海外招才引智，吸引留学归国人员来宁在宁创业创新。实施农村创业富民计划，重点鼓励和支持大学生回乡创业、农民工返乡创业、农村劳动力就地创业、农村就业困难人员家庭创业，持续扩大农民创业规模和富民效应。继续做好城镇失业人员、自主择业军转干部和自主就业退役士兵等群体的创业工作。

（三）创新型企业孵育。

10．围绕国家“互联网+”行动计划，依托苏南国家自主创新示范区建设契机，大力提升创业企业在互联网应用等方面的创新能力。充分发挥创业孵化机构的孵育功能，利用大数据、云计算、移动互联网等技术，提供专业化配套服务，鼓励大众以高端化为导向，在云媒体、3D打印、未来网络、文化创意、数字教育等新兴业态开展创业创新活动。

11．大力发展软件及信息服务、电子商务、科技金融、现代物流、文化旅游等现代服务业。支持各类创业创新主体依托第三方平台开展电子商务应用，利用APP、微博、微信、社交网络等创新电子商务服务模式，催生基于电子商务的商业模式新业态。

12．组织实施科技企业“小升高”计划。采取“创投+孵化”的发展模式，形成涵盖项目发掘、团队构建、投资对接、商业加速、后续支撑的全过程孵化服务，推动中小微企业向高成长、新模式与新业态转型，培育一批具有高成长性的高新技术产业“瞪羚企业”。

（四）金融要素助推。

13．发挥金融创新对大众创业的助推作用，培育壮大创业投资和资本市场。进一步发挥我市科技创业投资引导基金（紫金科创）的引导作用，积极引进品牌创业投资机构，合作设立覆盖战略性新兴产业的子基金，撬动社会资本，推动创新创业发展。同时发挥国有创投机构的作用，避免“市场失灵”，推动天使期、初创期投资的发展。充分发挥好省市共建科技型中小企业贷款风险补偿资金池政策引导作用，加大对科技创业企业的信贷支持。进一步落实创投基金的投资奖励和风险补偿政策，鼓励创投基金投向早期创新创业项目。

14．大力发展科技金融、文化金融和小微金融，加快发展科技支行、科技小额贷款公司、科技保险支公司、科技担保公司等新型科技金融组织。积极创新科技金融服务和产品，扩大中小企业集合债券和小微企业增信集合债券等创新融资工具对创业企业的支持，鼓励发展股权众筹、互联网金融、普惠金融、小微银行等创业金融服务方式，发展融资租赁等新型金融服务产业，推动小微企业应急互助基金试点运营，为有续贷需求但缺乏短期流动资金的小微企业提供暂时性周转资金支持，帮助小微企业防范和化解资金链断裂风险。着力推进小额贷款保证保险试点工作，为有融资需求但缺少抵质押、担保的中小微企业提供增信支持和风险保障，增强金融对小微企业创新发展的支持。

15．完善科技创业投融资服务平台功能建设。依托市科技创新创业金融服务中心、南京联合产权（科技）交易所、南京文化金融服务中心等，打造创业金融服务链，充分发挥“融动紫金”等中小微企业综合金融服务平台的桥梁作用，打通线上线下金融服务快捷通道，引导和鼓励创业企业在区域股权市场、互联网股权众筹平台进行展示挂牌和融资。探索建立知识产权交易所，鼓励并支持知识产权服务机构为小微企业开展知识产权托管服务。

（五）创业服务提升。

16．加快推动科技服务业集聚发展，大力培育融资、知识产权法律服务等中介机构，促进创新要素加快流动。建立科技咨询机构、投资机构、会计师事务所、律师事务所、知识产权机构、技术交易机构、产权交易市场等创业创新服务集聚区，为创业企业提供科学化、标准化、便利化的公共服务。

17．围绕产业需求，着力打造检验检测服务标准体系和品牌，创新检验检测信息化服务模式。利用互联网、电子商务、云计算、物联网等领域的实践成果，鼓励创办网上众创空间、科技创业媒体等新型信息化综合服务新业态，发展公共创业信息服务和技术服务平台，开展网络数字化服务。

18．强化创业教育辅导，建立创业教育培训体系，针对初创企业、成长企业需求，在企业家精神培育、团队打造、商业模式等方面对创业者开展培训；建立全市性的创业导师资源库，实施创业导师制度，支持各类创业服务平台聘请成功创业者、天使投资人、知名专家担任创业导师，形成高端化的创业导师队伍，为创业者提供创业培训、创业辅导、创投对接等服务。

19．构建开放共享互动的创新网络，分类整合重点实验室、工程实验室、工程（技术）研究中心，发挥地方与高校院所共建的新型研发机构作用，建立向企业特别是中小企业有效开放的机制；鼓励高校、科研院所和大中型企业的现有国家重大科研基础设施、大型科研仪器、工程文献信息、农业种质资源和专利信息等资源向全社会开放共享。

（六）创业文化打造。

20．大力倡导敢为人先、宽容失败的创业创新文化，培育企业家精神和创客文化，组织多领域、多方式的创业创新活动。办好“中国留学人员南京国际交流与合作大会”，进一步打造“创赢未来”“赢在南京”青年大学生创业大赛、“南京留学人员创业大赛”等南京创业品牌活动。继续支持中国创新创业大赛暨江苏科技创业大赛、“江苏科技创业周”“江苏省大学生科技创业训练营”等科技创业活动。通过各类媒体对大众创业创新活动进行新闻宣传和舆论引导，开展创业典型培养、创业明星风采展示及创业助推行动等活动，为创业企业和团队搭建项目路演、创投对接和宣传推介的平台。

21. 大力弘扬“三创三先”新时期江苏精神，鼓励社会力量围绕大众创业、万众创新组织开展各类公益活动。支持新型创业媒体转型成为新型创业孵化器，发挥媒体资源优势传播优质创业项目；不断创造创新活动内容和形式，为大众创业创新者提供低成本、公益性、开放共享的服务平台。

22. 鼓励具有行业特色或者人群特色创业服务组织聚合，采集有价值的围绕早期创业的内容，通过线上渠道统一推送和发布；挖掘和持续广泛宣传创业“明星”、创客、优秀创业导师、天使投资人、孵化器管理者；适时表彰一批有特色、有建树、有引领作用的地区、单位和个人，并利用各种媒介广泛宣传，在全社会形成浓厚的创业创新文化氛围。

三、保障措施

（一）建立工作机制。

建立发展众创空间推进大众创业创新的联席会议制度，各部门积极争取上级部门对我市众创空间建设和大众创业的政策支持；各区、园区利用现有各类科技创业载体为创业者提供工作空间、网络空间、社交空间和资源共享空间，形成上下联动、统一高效的工作机制。围绕总体目标，加强对创业创新工作的调查研究，完善推进大众创业创新的政策措施，加强对发展众创空间的指导和支持。

（二）加大政策支持。

1. 制订众创空间的评价指标体系，根据辖区内不同类型众创空间的组织体系、产业领域、创业服务、金融服务、中介服务、企业成长及日常工作等方面综合情况进行评价和激励。

2. 加强财政的引导，整合现有专项资金，采用财政直接补助和基金化运作相结合的方式对众创空间的发展予以支持。支持大学生创业引领计划的组织实施，引导社会资本投资众创空间内的创业人才、项目和企业。

3. 进一步简化工商注册审批流程，推进全程电子化登记管理。结合实际放宽新注册企业场所登记条件限制，推动“一址多照”“一照多址”登记。鼓励互联网经济等新兴业态创业，支持以知识产权等非货币资产出资形式设立互联网企业，简化互联网企业住所登记手续。

4. 对符合土地利用总体规划和城市总体规划的众创空间新建和扩建项目，在年度土地利用计划指标中优先安排建设用地。鼓励通过盘活商业用房、闲置厂房等资源提供创业场所。

（三）强化督查考核

明确职责分工，狠抓工作落实。依照国家和省的关于众创空间建设要求，建立涵盖体制机制创新、服务标准规范、创业人才引进和企业成长培育等内容的评估体系，定期组织开展各区、园区内的核心创新载体的评估，建立和完善科技创业统计及定期发布制度。优化对各区、园区关于科技创新方面的考核，建立共性指标与个性指标相结合考核评价体系，根据各区域的发展实际及错位发展的需求，突出特色，区别对待。

南京市人民政府

2015年5月14日

南京人才居住证实施办法实施细则

（宁人社〔2015〕23号）

第一章 总 则

第一条 为贯彻落实《市政府关于印发南京人才居住证实施办法的通知》（宁政规字〔2014〕7号）的精神和要求，进一步促进海内外人才在本市创业创新，结合本市实际，制定本细则。

第二条 南京人才居住证（以下称居住证）限在本市行政区域内使用，持卡人享有本细则规定的相关权益。

第三条 市人社局会同市各有关部门建立居住证信息共享平台，并设立部门联席会议制度，实行居住证信息定期通报。

第二章 申 领

第四条 居住证申请人登录南京国际人才智力网，在线填写并提出申请。市人社局会同市人才办、市公安局、市工商局、市社保中心等部门和单位在10个工作日内，对申请材料进行初审。通过初审的，通知申请人至南京人才大厦海外人才服务窗口交验材料原件并提交复印件一份。

第五条 A证申请人应交验以下材料：

1. 身份证或护照；

2. 一张一寸近期正面半身彩色免冠照片；

3. 工作或创业证明：

（1）在本市工作的申请人，提交与本市企事业单位签订的工作期限一年以上的劳动合同；

（2）在本市创业的申请人，提交企业营业执照副本、组织机构代码证和本人在企业的股权证明；

4．在本市住所证明（自己有住房的，提供房产证或购房合同；租赁房屋的，提供与业主签订的半年期以上并经区级以上房产局备案的租房合同；租赁公租房的，提供房屋产权单位出具的证明）；

5．申请人工作单位出具的居住证申请公函，并加盖单位公章；

6．（1）申请人如为留学回国人员（包括中国籍和外国籍），应提交：国（境）外学士以上学位证书（或在国（境）外进修访问一年以上的证明文件）、教育部国（境）外学历学位认证书（或我国驻外使领馆出具的“留学回国人员证明”）。中国籍留学回国人员还另需提供外市户口本（或户口注销证明）等非南京户籍的证明材料；

（2）申请人如为非留学回国人员（外国籍），应提交：硕士以上学位证书、5年以上的工作证明、无犯罪记录证明、工作单位营业执照副本和组织机构代码证。

第六条 B证申请人应交验以下材料原件并提交复印件一份：

1．入选国家、省、市重点人才计划的证明；

2．第五条中第1—5款要求的材料。

第七条 居住证持有人的偕行配偶及未成年子女申办居住证副证，需交验以下材料原件并提交复印件一份：

1．身份证或护照；

2．偕行配偶提供合法婚姻证明；偕行未成年子女应提供合法的亲属关系证明；

3．一张一寸近期正面半身彩色免冠照片；

4．中国籍副证申请人另需提交外市户口本（或户口注销证明）等非本市户籍的证明材料。

第八条 市人社局在申请人现场交验材料后15个工作日内完成审核和制证工作。审核通过的，通知申请人到南京人才大厦海外人才服务窗口领取居住证。

第三章 管 理

第九条 居住证A证有效期最长为1年、B证有效期最长为5年，但不得超过申请人劳动合同或创业的期限。居住证到期，居住证持有人需要办理延续手续的，应当在有效期届满前30日内，在线提交延期申请。符合条件的，准予延续，并发给新证，同时收回原证。

持有《南京海外留学人才居住证》的，可直接申请换领居住证 A证；持有《南京海外留学人才居住证》VIP卡的，可直接申请换领居住证 B证。

第十条 居住证持有人遗失居住证，或工作单位、居住地等重要信息发生变更的，应在遗失或信息发生变更之日起15个工作日内在线提交新证申请，申请核准后，发给新证。属变更信息的，收回原证。

第十一条 居住证持有人有下列情况之一的，其居住证自动失效。

1．有效期届满未续办的；

2．居住证持有人不再在本市工作或创业的；

3．居住证A证持有人取得本市户籍的；

4．居住证持有人使用虚假信息取得居住证的；

5．居住证持有人违反法律法规，造成恶劣影响的。

居住证失效，其副证即自动失效。

第四章 权 益

第十二条 居住证持有人主持的科技项目在申报市科技行政主管部门组织的科技发展计划时，在同等条件下，优先支持。

第十三条 居住证持有人在本市创办企业时，申请创办各类市场主体，实行注册资本认缴登记制，取消注册资本最低限额的限制；凡不属于《前置审批目录》内的经营范围，一律实行先照后证；简化企业住所（经营场所）登记条件；公司设立登记实行四证联办制度；注册登记实行首问负责制，专人咨询、指导，实行即来即办，材料齐全， 当场办结。

第十四条 居住证持有人创办企业可享受便捷的“一站式”办税服务及针对性税收辅导。

1．税务登记服务。居住证持有人在申请办理税务登记证时，免收税务登记证工本费。经税务机关审核符合条件的，当场发放税务登记证。实行国地税联合办理税务登记制度，一方办证、双方认可。

2．纳税辅导服务。办税服务厅根据居住证持有人的需求，提供针对性的税收辅导。居住证持有人可以通过拨打12366纳税服务热线（或国税特服号）进行办税咨询和服务预约。

第十五条 居住证及其副证持有人在与工作单位建立劳动关系期间，由工作单位参加社会保险；灵活就业或自谋职业期间，可以灵活就业形式参加社会保险。副证持有人，可按规定参加城镇居民基本医疗保险。居住证及其副证持有人在社会保险参保缴费及待遇享受等方面，享有与本市市民相同的权益。

第十六条 居住证持有人的工作单位，可凭《南京市城镇社会保险参保人员花名册》以及持有人身份证或护照到住房公积金服务网点，为居住证持有人办理住房公积金个人账户设立手续。

居住证持有人可以按相关法律法规和政策规定，在本市缴存和使用住房公积金。离开本市时，可以按规定办理住房公积金提取或转移手续。

第十七条 居住证持有人可参照本市中高级职称资格条件申报职称，具体条件可登陆南京市专业技术职称资格网查询，凭证免试职称外语和计算机。

第十八条 居住证持有人可参照市公安局交管局《南京人才申领驾驶证具体实施细则》申请机动车驾驶证；可参照《南京人才办理机动车注册登记业务实施细则》，办理机动车注册登记。

第十九条 外国籍居住证持有人（含外国籍配偶、未成年子女）可按相关规定在南京公安局出入境服务大厅，申请最长一年有效的居留许可或多次 F 字（访问）或 R 字（人才）签证。需提交以下材料原件并提交复印件一份：

1. 居住证；
2. 有效护照及签证；
3. 境外人员临时住宿登记单（本市宾旅馆或住宿地派出所出具）；
4. 《外国人签证、居留许可申请表》，一张近期2寸半身正面彩色免冠照片；
5. 本市工作单位申请函；
6. 本市工作单位营业执照副本或外商机构登记证、组织机构代码证；
7. 申请居留许可还需提供健康证明。

第二十条 居住证持有人可以凭居住证在本市行政辖区内的宾馆、饭店、招待所等直接登记住宿。同时，内地居民需标明身份证号码，境外人员需标明护照号以及国籍。

第二十一条 非本市户籍的中国籍居住证持有人，可以免办《暂（居）住证》。具有中国国籍且无华侨身份的居住证持有人，在本市自主创办企业，依法取得营业执照，具有完税凭证，且按规定在本市缴纳社会保险的，允许其本人在本市落户。申请办法参照《南京市人才落户工作的实施细则》执行。

第二十二条 居住证持有人承租市本级建设的公共租赁租房的，由工作单位向市住房保障办公室提出申请，其身份信息经市人社部门确认后，给予优先安排，承租期与居住证有效期相适应。

第二十三条 居住证持有人的非本市户籍未成年子女在本市就读中小学时，享受与本市市民未成年人的同等待遇。

1. 需要在本市就读小学和初中学校起始年级的，根据免试就近入学的原则，由居住地所在区教育局根据学区划分的规定，安排就读学校。

居住证持有人凭居住证和副证，以及市人力资源和社会保障局出具的加盖“南京市人力资源和社会保障局留学工作业务专用章”的子女入学申请表，在规定的时间内到居住地所在区教育局办理。

2. 需要在本市参加中考和就读高中阶段学校的，根据本市教育行政主管部门当年公布的高中阶段学校招生考试和录取的规定执行。

居住证持有人的未成年子女，在本市就读的初中学校办理报名、考试和填报志愿等手续。

3. 需要从外地转学至本市中小学就读的，按照本市中小学学籍管理有关规定执行。

居住证持有人凭居住证和副证，以及市人力资源和社会保障局出具的加盖“南京市人力资源和社会保障局留学工作业务专用章”的子女入学申请表，在规定的时间内到居住地所在区教育局办理。

4. 符合《高层次留学回国人员子女在参加中等学校招生考试时给予照顾录取的实施办法》（宁教字〔2000〕46号）文件要求的居住证持有人子女，在本市参加中考录取时可提高10分投档，如遇中考总分调整，加分分值做相应调整。居住证持有人的未成年子女，在就读初中学校领取有关表格，凭居住证和副证，在南京市人才大厦海外人才服务窗口办理身份审核手续。

第二十四条 6周岁（含）以下的居住证副证持有人，可按照本市市民同等待遇，依据《江苏省扩大儿童免疫规划实施方案》（苏卫疾控〔2008〕10号）的规定，实行免疫接种项目。符合条件的儿童按照就近接种的原则，在居住地所在社区卫生服务中心预防接种门诊接种。儿童免疫规划疫苗参照本市居民的待遇免费接种，应急接种和强化免疫按照相关实施方案确定。

第二十五条 居住证持有人的配偶在办理失业登记手续后，凭《就业失业登记证》，可享受市、区公共就业部门提供的就业扶持政策、免费职业介绍、创业扶持等。符合本市就业困难人员对象范围的，按照《南京市就业专项资金管理办法》（宁财规〔2014〕4号）相关规定享受就业援助政策。

第二十六条 居住证B证持有人除享有以上权益外，还可享有下列权益：

1. 居住证持有人可对照《南京市高级工程师、高级经济师、高级会计师专业技术资格破格认定条件》、《南京市正高级经济师资格破格认定条件（试行）》、《南京市正高级工程师资格破格认定条件（试行）》，直接申报本市副高以上专业技术资格。

2. 居住证持有人凭《南京市高层次人才特约优诊证申请登记表》一式三份、一张1寸近期正面半身免冠彩色照片，由现工作单位初审盖章后，报所在区卫生局，区卫生局负责审核、发放《南京市高层次人才特约优诊证》。《南京市高层次人才特约优诊证》仅限本人使用，不得转借、冒用、自行涂改或撕毁。

持优诊证的人员可至定点医院特约门诊或特约窗口，享受挂号、诊疗、取药优先待遇。持优诊证的人员医疗费实行现金结算，凭本人就诊结算发票回现工作单位按规定报销医疗费用；或按城镇职工基本医疗保险流程结账。

3. 居住证持有人及其偕行配偶和未成年子女（具有中国国籍和非华侨身份）可申请在本市落户，申请办法参照市公安局《南京市人才落户工作的实施细则》执行。

4. 居住证持有人可在本市公安局出入境服务大厅申请签发最长5年的居留许可。

第五章 附 则

第二十七条 居住证申请人须真实提供有关个人及家庭成员的有效信息。弄虚作假取得居住证的，将追究申请人相关法律责任，并对已享受的权益进行经费追偿和资格取缔。

第二十八条 国家对拥有外国国籍并持有外国护照的、持中国护照并取得国外长期（永久）居留权身份的人员在中国境内工作有特别规定的，从其规定。

第二十九条 本细则由市人力资源和社会保障局负责解释。

第三十条 本实施细则自发布之日起施行。

中共南京市委组织部（市人才工作办公室）
南京市住房和城乡建设委员会
南京市科学技术委员会
南京市教育局
南京市公安局
南京市财政局
南京市人力资源和社会保障局
南京市工商行政管理局
南京市卫生局
南京市国家税务局
江苏省南京地方税务局
南京市住房公积金管理中心
南京市社会保险管理中心
2015年2月13日

浙江省人民政府
关于大力推进大众创业万众创新的实施意见

（浙政发〔2015〕37号）

为深入贯彻落实党的十八届五中全会精神、《国务院关于大力推进大众创业万众创新若干政策措施的意见》（国发〔2015〕32号）、《国务院关于加快构建大众创业万众创新支撑平台的指导意见》（国发〔2015〕53号）和省委十三届八次全会精神，进一步优化创业创新环境，激发全社会创造活力，特制定以下实施意见：

一、总体要求

牢牢把握“干在实处永无止境，走在前列要谋新篇”新使命和“继续发挥先行和示范作用”总要求，认真落实大众创业万众创新决策部署，以全面深化改革和扩大开放为抓手，不断加快简政放权步伐、加大创业服务力度、加强创新支撑能力，推动新技术、新业态、新模式、新产业发展，力争经过三到五年努力，建成以民营经济和“互联网+”为特色的创业创新生态体系，以大众创业培育经济新动力，用万众创新撑起发展新未来，奋力开创浙江转型升级新局面。

——坚持深化改革。认真贯彻落实全面深化改革要求，深入推进“四张清单一张网”改革和政府职能转变，大力破除妨碍创业创新发展的制度规定，进一步加大简政放权力度，降低创新创业门槛，充分发挥市场配置资源的决定性作用，激发大众创造活力。

——坚持服务创新。针对新技术、新业态、新模式、新产业发展面临的政策、市场、资金等难点问题，创新政府公共服务方式，制定完善均等普惠政策举措，形成市场化、专业化、资本化、全链条增值服务体系，提高创业创新效率。

——坚持开放共享。营造开放包容的发展环境，大力推动体制机制创新；把握信息经济开放共享的特征，积极探索众创、众包、众扶、众筹的新平台、新形式、新应用，推动各类要素资源集聚、开放、共享，最大限度提升创业创新资源配置水平。

——坚持突出重点。以推进创业带动创新为核心，围绕我省产业转型升级和社会民生发展的重点领域，聚焦中心城市、县城以及开发区（高新园区）、省级产业集聚区、省级特色小镇等重点平台，激发以高校毕业生为代表的青年、科技人员、高层次人才、企业高管及连续创业者、浙商的创造活力，形成全省创业创新的聚合效应。

二、创造更为宽松公平的市场环境

（一）建立便捷的企业登记注册制度。深化企业登记制度改革，统一核发加载注册号、组织机构代码、税务登记证号（纳税人识别号）、社会保险登记证号和统计登记证号的营业执照。根据国务院统一部署实行“先照后证”；开展全程电子化网上登记管理试点；企业住所登记允许“一址多照”和“一照多址”；各地可根据当地实际，在符合条件的众创空间内，出台住所登记条件细则，放宽进驻企业场所登记条件限制；允许科技人员、高校毕业生等创业群体借助商务秘书公司地址托管等方式申办营业执照。

（二）维护公平竞争市场秩序。全面清理、修改或废止行政垄断、市场分割等妨碍创业的制度规定。将电子商务领域专利保护纳入《浙江省专利条例》，依法加强创新发明知识产权保护，依法查处侵犯知识产权的大案要案，加大对反复侵权、恶意侵权等行为的处罚力度，将侵权行为信息纳入社会信用记录，与市场准入、享受优惠政策挂钩，营造公平竞争的市场环境。

（三）减免相关行政性服务收费。进一步规范全省涉企行政事业性收费项目并制定目录，不在目录内的行政事业性收费项目一律不得收取。按规定落实扶持小微企业发展的各项行政事业性收费减免政策。事业单位开展以政府定价、政府指导价管理的各类行政审批前置性、强制性评估、检测、论证等服务并收费的，对初创企业均按不高于政府价格主管部门核定标准的50%收取。

三、打造更为有力的创业创新平台

（一）全力支持杭州建设具有全球影响的区域创新平台。加快创建杭州国家自主创新示范区，全面复制推广中关村成熟经验和政策，推动自主创新示范区创新政策先行先试；加快推进杭州国家自主创新示范区和中国（杭州）跨境电子商务综合试验区运行，形成自贸政策和创新政策的叠加效应。

（二）鼓励设区市创建国家相关创新创业试点示范城市。鼓励各设区市结合地方特色争创国家创新型城市建设试点和国家小微企业创业基地示范城市，进一步探索符合我省实际的创新型城市建设和小微企业发展模式。在工业和信息化发展财政专项资金中，每年安排一定资金支持小微企业转型升级和中小企业社会化服务体系建设、全省中小企业公共网络服务平台建设和运行维护，为小微企业创业创新提供良好的社会化服务平台。

（三）开展创业创新示范中心建设。进一步强化开发区（高新园区）、省级产业集聚区、科技城、省重点培育特色小镇、省级小企业创业示范基地在全省推进大众创业万众创新中的引领示范功能，引导创业创新载体集聚发展，启动建设一批运行模式先进、配套设施完善、服务环境优质、影响力和带动力强的创业创新示范中心。省级财政对全省重点建设的创业创新示范中心给予500万—1000万元的专项支持，力争到2017年底，全省建成若干个国内领先、具有国际水准的创业创新示范中心。

（四）加快构建各具特色的众创空间。把省重点培育特色小镇作为建设新型众创空间的实验区，大力发展“创客空间”“创业咖啡”“创新工场”等新型孵化模式，建设新型创业孵化生态系统。进一步提升省级小企业创业示范基地的专业化服务能力，完善创业孵化服务功能。鼓励企业将老厂房、旧仓库、存量商务楼宇等资源改造成为新型众创空间，重点吸引龙头骨干企业和世界500强企业参与众创空间建设。鼓励全省具备条件的高等院校建设公益性大学生创业创新场所，为大学生创业创新提供服务。落实科技孵化器、大学科技园的税收优惠政策，符合条件的众创空间等新型孵化机构可享受科技企业孵化器税收优惠政策。

四、培育更为活跃的创业创新主体

（一）鼓励以高校毕业生为代表的青年创业。省属高校全面建立弹性学制管理办法，在校大学生利用弹性学制休学创业的，可视为参加实践教育，并计入实践学分。对高校毕业生创办的小微型企业，按规定享受税收优惠政策以及创业担保贷款、一次性创业补贴、招用高校毕业生社保补贴等扶持政策。鼓励社会众扶年轻人创业，引导成功企业家以天使投资、慈善、指导帮扶等方式支持青年创业创新。鼓励建设农村电子商务创业园等创业平台，支持返乡大学生、农村青年依托电子商务平台和经营网络开展电子商务创业。启动实施“现代青年农场主计划”，支持青年农民返乡创业，发展农民合作社、家庭农场等新型农业经营主体。

（二）支持科技人员创业创新。提高高校、科研机构等事业单位科研人员职务成果转化收益的分享比例，职务成果转化收益用于奖励科研负责人、骨干技术人员等重要贡献人员和团队的比例不低于60%，激发科技人员创新动力。允许事业单位科研人员兼职创办科技型企业。科技人员在完成本职工作前提下在职创业，其收入在照章纳税后归个人所有。科研机构、高等院校转化职务科技成果以股份或出资比例等股权形式给予科技人员个人奖励的，暂不征收个人所得税。支持事业单位高层次人才到企业工作，对经单位同意离岗的其人事关系可保留5年，由原单位继续为其缴纳单位部分的养老、失业、医疗等社会保险。对距离法定退休年龄不足5年（含5年）且工作年限满20年的事业单位人员或工作年限满30年的事业单位人员，自愿到企业工作的，允许提前办理退休手续。

（三）引进高层次人才创业创新。继续加大对海内外高层次人才和团队的政策支持力度，大力实施“千人计划”“海鸥计划”、领军型创新创业团队引进培育计划等高层次人才和团队引进计划。入选的领军型创新创业团队首个资助周期为3年，资助期限内对每个团队投入经费不低于2000万元，其中省级财政投入不低于500万元，团队所在地政府按照不低于省级财政投入额度进行配套资助，团队所在企业按照不低于各级财政资助总额对团队进行配套投入。

（四）支持企业高管连续创业。鼓励创新型企业、行业龙头骨干企业、上市公司以及落户浙江的世界500强企业、跨国公司积极培育企业内部创客文化，建立企业内部资源平台，为有创业意愿的高管、员工以及产业链上下游创业者提供资金、技术、市场支持，搭建开放的创业创新生态圈，建立高管、员工与企业共赢机制，共同提升企业创新能力和市场竞争力。

（五）支持广大浙商回乡创业创新。依托“世界浙商大会”“浙洽会”以及杭商发展论坛、“宁波帮”大会、温商大会等重要交流活动平台，加大对广大在外浙商的创业创新政策宣传和引导，继续推进浙商创业创新促进浙江发展三年行动计划，支持在外浙商带资金、带技术回乡创业创新。

五、构筑更为活跃的创业创新投融资体系

（一）大力发展创业风险投资。建立创业投资风险补偿机制，允许创业和天使投资基金按基金长期投资余额的10%提取风险准备金，用于补偿基金投资损失。鼓励市县设立创业投资引导基金，省级引导资金可按一定比例参股。通过优化国有资本预算支出结构，进一步完善经营业绩考核制度，引导和鼓励省属国有企业加大研发投入和创业风险投资力度，积极参与新兴产业创业投资基金，设立国有资本创业投资基金。

（二）加快推动多层次资本市场发展。推动浙江股权交易中心与沪深证券交易所、“新三板”等资本市场加强合作，支持设立小微券商、小微证券服务机构。支持创业创新企业在多层次资本市场挂牌、上市和融资，对在“新三板”、浙江股权交易中心挂牌的企业给予奖励。支持创业创新企业发行各类债券、资产支持证券（票据）、吸收私募投资基金等方式融资。推动股权众筹融资试点，发展一批股权众筹平台，增强众筹对创业创新的服务能力。支持符合条件的创业创新企业在银行间市场发行（超）短期融资券、中期票据、资产支持票据、非公开定向债务融资工具等产品。

（三）加快培育创业创新融资新模式。支持银行与基金、证券、保险、信托等机构合作，探索“商行+投行”经营模式，创新金融产品，不断完善支持创业创新的金融服务体系。探索建立创业创新企业风险资金池，对金融机构发放给创业创新企业的贷款损失给予一定补偿。建立和完善专利权、商标权质押评估管理制度，推动专利权、商标权质押融资、专利保险工作常态化、规模化发展。引导商业银行探索设立科技信贷专营支行，提升科技金融服务的专业化水平。各级政府主导的融资担保公司可对初创期、成长期科技企业的融资行为，按投资额的50%、最高不超过1000万元的标准给予担保。积极利用保险机制服务创业创新，对重大技术装备保险等科技保险业务给予财政支持。支持互联网金融健康有序发展，扩大微型金融服务供给，拓展创业创新融资渠道和降低经营成本。鼓励互联网企业依法合规设立网络借贷平台，为创业者提供信息交互、撮合、资信评估等金融服务和创新。

六、建立更为完善的创业创新人才体系

（一）加强研究型大学和研究院建设。进一步加大省部合作、省院合作、省校合作的资金、项目扶持力度，在大学城、科技城、开发区（高新园区）、省级产业集聚区引进更多国内知名大学共建研究生院和创业基地，引进更多国内大院大所共建研究开发机构，加强引进和培养国内外一流研发人才与团队。

（二）推进高校建设创业学院。积极推进全省有条件的普通高校建立创业学院，完善相应的管理体制和运行机制。力争到2017年，全省建设30所左右示范性创业学院，形成10万人左右在校生规模。选择若干所有条件的院校进行专科、本科或专业硕士等多种形式的新型创新创业骨干人才培养。

（三）完善创业教育制度。促进专业教育与创业教育有机融合，调整专业课程设置，开设面向全体学生的通识性创新创业公共课程，以及具有行业特点、与创新创业密切相关的专业课程，提升学生综合实践能力的各类创新课程和实践活动课程。建设创业导师制度，吸纳有实践经验的创业者、职业经理人等加入创业师资队伍，开展创业导师与创业学生对接活动，对创业者分类、分阶段进行指导。2015—2020年，培育创业导师5000名，结对创业大学生20000名。

（四）促进创业培训交流。发挥青年创业训练营等的作用，采取培训机构面授、远程网络互动等方式开展创业培训。针对具有创业要求和培训愿望、具备一定创业条件的城乡各类劳动者，组织开展形式多样的农村青年、返乡人员创业技能培训，参加创业培训可按规定申请创业培训补贴。开展创业创新系列宣讲、咨询服务活动。支持各地搭建“互联网+”等大学生创业创新大赛、创业论坛、创业联盟、创业项目推介会、创业成果展示会等创业交流平台。

七、开启更为广阔的“互联网+”创业

（一）支持“互联网+”融合创新。贯彻落实《国务院关于积极推进“互联网+”行动的指导意见》（国发〔2015〕40号）精神，大力拓展互联网与经济社会各领域融合的广度和深度，促进跨区域、跨领域的协同创新。按照“非禁即入”原则，放宽互联网融合性产品和服务的事前准入限制，鼓励先行先试，开展事中事后监管评价。

（二）发展“互联网+”众包创业。充分利用互联网开放优势，构建社会各界创新资源交流合作的平台，鼓励企业和研发机构等通过网络平台将部分设计、研发任务分发和交付，鼓励企业通过网络社区等形式广泛征集用户创意，积极发展众包、用户参与设计、云设计等新型研发创意组织模式，实现万众创新与企业发展相互促进。加快推广制造运维、知识内容和生活服务众包，鼓励创新，改进监管，大力支持交通出行、无车承运物流、快件投递、旅游、医疗、教育等领域的众包创新模式。

（三）鼓励“互联网+”众扶创业。优化互联网创业基础支持条件，健全政府数据开放机制，建立政务信息资源大数据开放平台；协调大型互联网企业和基础电信企业，建立云计算和大数据基础服务平台；鼓励大中型企业利用互联网建立分享众扶平台，通过生产协作、共享资源、开放标准等方式，为互联网创业提供便捷的服务。经工商登记注册的互联网商户从业人员，同等享受各项就业创业扶持政策；未进行工商登记注册的互联网商户从业人员，可认定为灵活就业人员，享受灵活就业人员扶持政策，其中通过网上交易平台实名制认证的，经当地人力社保部门、财政部门认定，可按规定享受创业担保贷款及贴息政策。

（四）推广“互联网+”新经济。围绕信息经济、环保、健康、旅游、时尚、金融、高端装备制造七大产业等经济社会重点领域，在智慧城市、智慧园区、智慧企业开展“互联网+”试点示范，形成一批可复制、可推广的新技术、新业态、新模式、新产业，以点带面，全面提升我省互联网创业的水平和影响力。

八、建设更为完善的创业服务体系

（一）共建共享创业创新服务平台。积极推动社会公众众扶，促进公共科技资源和信息资源开放共享，加快建立合理的平台服务收费制度，推广利用以创新券购买服务的方式，引导和激励省重大科技创新平台开放仪器设备使用、检验检测、知识产权、数据分析、创业培训、风险投资等服务。鼓励倡导企业间分享众扶，加快完善省科技创新云服务平台，整合我省科技企业、项目、院所、创新载体等各类科技数据，实现全部科技数据、系统、资源互联互通和共享共用。鼓励有条件的企业和其他创新载体对外开放设备和研发工具，分享基础性专利或技术资源，推动产业链协同创新。

（二）加快提升孵化服务水平。增强孵化器的综合服务能力，重点引导各类创业孵化器与天使投资、创业投资相结合，为创业企业提供集中办公住所注册、税务、财务、社保等代理服务及创业咨询、投融资等增值服务。鼓励市、县（市、区）探索建立孵化器创业投资风险补偿机制和风险资金池，对合作金融机构向列入创客企业库的企业发放的贷款首次出现不良情况，由风险资金池对坏账给予一定补偿。省财政在安排省级科技型中小企业扶持专项资金中考虑风险池运作，对运作有成效的市、县（市、区）给予奖励。

（三）完善创业公共服务体系。完善创业创新人才公共服务体系，加快创业创新人才重点集聚区域的住房、教育、医疗等公共服务设施建设，落实引进人才住房保障、子女入学、配偶就业、医疗保障等措施。加大对中高层次创业创新人才的住房补贴，鼓励盘活存量楼盘，建设经济型创客公寓。强化对引进的中高层次人才子女的入学保障，引导优质教育资源向重点区域布局，积极发展国际学校。

（四）加大创业创新的政府采购力度。政府采购应向创新产品和服务倾斜，对创新产品和服务实施政府首购、订购和优先采购。对采购预算在300万元以下、中小企业有能力的通用类项目，一般应面向中小企业采购。

九、健全更为高效的组织保障

（一）加强组织领导。建立由省发改委牵头，省经信委、省科技厅、省教育厅、省公安厅、省财政厅、省人力社保厅、省国土资源厅、省建设厅、省农业厅、省商务厅、省外事侨务办、省国资委、省地税局、省工商局、省质监局、省统计局、省法制办、省金融办、省国税局、人行杭州中心支行、浙江银监局、浙江证监局、浙江保监局、省科协等单位共同参与的大众创业、万众创新部门联席会议制度，及时研究解决有关重大事项，开展创业创新政策的调查与评估，建立督查督导机制，共同推进大众创业、万众创新蓬勃发展。

（二）加大政策宣传。各地要依托浙江政务服务网建立统一、覆盖辖区部门的创业创新政策宣传平台，充分利用微信公众号、短信平台、微博、创业微电影、公益广告等开展政策宣传。出台的创业创新政策要完善配套细则，公开主承办单位、操作方式、具体流程等；定期举办政策解读和辅导培训班、讲座、论坛等，及时提供相应的政策培训和现场咨询，向创新创业者提供汇编扶持指南、创业创新指引、申报指南等手册，确保向广大创业企业、创新群体宣传普及到位。

（三）加快政策落实。各地、各部门要尽快落实本实施意见，加快制定符合本地、本部门实际的具体政策措施，明确目标任务，落实工作分工，加强协调联动，形成推进合力，确保各项举措取得实效。

浙江省人民政府

2015年11月30日

浙江省人民政府办公厅
关于加快发展众创空间促进创业创新的实施意见

（浙政办发〔2015〕79号）

近年来，各地、各有关部门深入实施创新驱动发展战略，适应和引领经济发展新常态，顺应网络时代大众创业、万众创新的新趋势，培育发展众创空间等新型创业服务平台，呈现出良好的发展势头。为贯彻落实《国务院办公厅关于发展众创空间推进大众创新创业的指导意见》（国办发〔2015〕9号）精神，进一步打造更有活力的创业创新生态系统，经省政府同意，现就加快发展众创空间、促进创业创新提出如下意见。

一、总体要求和主要目标

（一）总体要求。深入实施“八八战略”和创新驱动发展战略，以营造良好创业创新生态环境为目标，以激发全社会创业创新活力为主线，以构建众创空间等新型创业服务平台为载体，深化体制机制改革，坚持市场导向，有效整合资源，加强政策集成，强化开放共享，创新服务模式，大力培育新技术、新产品和新服务，进一步形成大众创业、万众创新的生动局面。

（二）主要目标。到2020年，基本形成开放、高效、富有活力的创业创新生态系统，呈现出创新资源丰富、创新要素汇集、孵化主体多元、创业创新服务专业、创业创新活动活跃、各类创业创新主体协同发展的良好局面。培育1000家以上有效满足大众创业创新需求、具有较强专业化服务能力的众创空间等新型创业服务平台；培育一批天使投资人，聚集创业投资机构300家以上，管理资金规模3000亿元以上，投融资渠道更加畅通；创业创新人才队伍不断壮大，吸引科技创业创新人才50万人以上；孵化培育具有较强市场竞争力的科技型小微企业30000家以上、高新技术企业10000家以上，并从中成长出能够引领未来经济发展的骨干企业，形成新的产业业态和经济增长点；培养创业导师5000人以上；创业创新政策体系更加健全，服务体系更加完善，全社会创业创新文化氛围更加浓厚，努力打造创业天堂、创新高地。

二、发展方向

在创客空间、创业咖啡、创新工场等孵化模式的基础上，大力发展市场化、专业化、集成化、网络化的众创空间。

（一）市场化。充分发挥市场配置资源的决定性作用，以社会力量为主构建市场化的众创空间，以满足个性化多样化消费需求和用户体验为出发点，促进创新创意与市场需求和社会资本有效对接。

（二）专业化。围绕我省经济社会发展的战略需求，在重点培育的大数据、云计算、移动互联网、物联网等网络信息技术产业，持续培育的支撑引领传统产业升级的高端微型服务器、新型专用芯片、多功能传感器、新型控制器、高端显示器、业务软件等专用电子及软件产业，着力培育的新材料、生物医药、新能源及节能、资源与环境、高端装备、健康、海洋开发等领域的新兴产业，加快培育的研究开发、工业设计、技术转移、检验检测认证、知识产权、科技成果交易、数字内容、电子商务以及信息技术、生物技术等高技术服务业中，加快构建产业特色鲜明、相关服务资源集聚、创业主体优势互补的众创空间。

（三）集成化。加强政策集成，完善创业创新政策体系，加大政策落实力度；完善股权激励和利益分配机制，保障创业创新者的合法权益。加强服务集成，通过市场化机制、专业化服务和资本化途径，提供研发测试、投资路演、交流推介、人才引进与培训、技术转移、市场推广等全链条服务；强化创业辅导，培育企业家精神，发挥资本推力作用，提高创业创新效率。

（四）网络化。充分运用互联网和开源技术，构建开放的创业创新平台，促进更多创业者加入和集聚。依托网络，加强跨区域、跨国技术转移，整合利用全球创新资源。推动产学研协同创新，促进科技资源开放共享。

三、加快构建众创空间

充分利用国家和省级高新区、特色小镇、科技企业孵化器、小微企业创业基地、大学科技园和高校、科研院所的有利条件，发挥行业领军企业、创业投资机构、社会组织等社会力量的主力军作用，构建一批低成本、便利化、全要素、开放式的新型创业服务平台，为广大创业创新者提供良好的工作空间、网络空间、社交空间和资源共享空间。

（一）支持各类众创空间发展。针对初创企业急需解决的资金问题，以资本为核心和纽带，聚集天使投资人、创业投资机构，依托其平台吸引汇集优质的创业项目，为创业企业提供融资服务，并帮助企业对接配套资源，发展投资促进类众创空间。以提升创业者的综合能力为目标，充分利用丰富的人脉资源，邀请知名企业家、创业投资专家、行业专家等担任创业导师，为创业者开展有针对性的创业教育和培训辅导，发展培训辅导类众创空间。依托行业龙头骨干企业，以服务移动互联网企业为主，提供行业社交网络、专业技术服务平台及产业链资源支持，协助优质创业项目与资本对接，帮助互联网行业创业者成长，发展专业服务类众创空间。在互联网技术、开发和制造工具的基础上，以服务创客群体和满足个性化需求为目标，为创客提供互联网开源硬件平台、开放实验室、加工车间、产品设计辅导、供应链管理服务和创意思想碰撞交流的空间，发展创客孵化类众创空间。鼓励行业协会、新闻媒体等机构利用自身优势，面向创业企业提供线上线下相结合，包括宣传、信息、投资等各种资源在内的综合性创业服务，发展其他各具特色的众创空间。

（二）降低运营成本。当地政府可对众创空间等新型孵化机构的房租、宽带接入费用和用于创业服务的公共软件、开发工具给予适当财政补贴；对依托符合条件的大学科技园和科技企业孵化器建设的众创空间，可按照相关规定享受企业所得税、房产税和城镇土地使用税优惠政策；对纳入众创空间管理的符合条件的小微企业，可享受相关税收优惠政策。

四、培育各类创业主体

（一）引进海内外高层次人才来我省创业。以更大力度实施“千人计划”、领军型创新创业团队引进培育计划，带动引进海内外高层次人才和团队，整合各类重大人才工程，实施国内高层次人才特殊支持计划，激发人才创业创新活力。对入选的领军型创新创业团队首个资助周期为3年，资助期限内对每个团队投入经费不低于2000万元，其中省级财政投入不低于500万元，团队所在地政府按照不低于省级财政投入额度进行配套资助，团队所在企业按照不低于各级财政资助资金总额对团队进行配套投入。

（二）鼓励大学生创业。实施大学生创业引领计划，鼓励高校开设创业课程，建立健全大学生创业指导服务专门机构，推进高校创业教育学院和大学生创业园建设，加强大学生创业培训，为大学生创业提供场所、公共服务和资金支持。在校大学生利用弹性学制休学创业的，可视为参加实践教育，并计入实践学分。对众创空间内小微企业招用高校毕业生，按规定给予社保补贴。对自主创业的高校毕业生，按规定落实创业担保贷款及贴息、创业补助和带动就业补助等扶持政策。符合条件的在浙创业的高校毕业生，根据本人意愿，可将户口迁入就业地，也可申领《浙江省引进人才居住证》。众创空间等新型孵化机构可根据需要申请设立集体户。

（三）调动科研人员创业积极性。支持省内高校、科研院所科研人员在完成本职工作和不损害本单位利益的前提下，征得单位同意后在职创业，其收入在照章纳税后归个人所有。高校、科研院所科研人员离岗创业的，经原单位同意，可在3年内保留人事关系，与原单位其他在岗人员同等享有参加职称评聘、岗位等级晋升和社会保险等方面的权利。赋予省属高校、科研院所等事业单位职务科技成果使用和处置自主权，应用职务发明成果转化所得收益，除合同另有约定外，可按60%—95%的比率，划归参与研发的科技人员及其团队拥有。高校、科研院所转化职务科技成果以股份或出资比例等股权形式给予个人奖励的，暂不征收个人所得税，待其转让该股权时按照有关规定计征。

（四）鼓励知名企业推动员工创业。鼓励创新型领军企业和行业龙头骨干企业面向企业员工和产业链相关创业者提供资金、技术和平台，形成开放的产业生态圈，培育和孵化具有前沿技术和全新商业模式的创业企业。

五、健全创业创新服务体系

（一）加强财政资金引导。发挥省、市、县三级及高新园区设立的科技型中小微企业扶持专项资金、创业投资种子资金和引导基金的作用，引导创业投资机构投资初创期科技型中小微企业。发挥省转型升级产业基金和信息经济创业投资基金杠杆作用，推动市、县（市、区）政府加快建立政府产业基金，吸引社会资金、金融资本增加投入，设立种子基金、天使基金、创投基金等子基金支持创业创新活动。对于政府产业基金投资初创期、中早期创业创新项目，可以采取一定期限收益让渡、约定退出期限和回报率、按同期银行贷款基准利率收取一定的收益等方式给予适当让利。每年对全省众创空间评价结果排名前20位的，每家给予一次性奖励50万元，在省级科技型中小企业扶持专项资金中调剂安排。鼓励采用政府首购、订购等方式，加大对中小微企业创新产品和服务的支持力度，促进创新产品和服务的研发和规模化应用。利用政府发放“创新券”鼓励和推动各类创新平台和载体为创客提供服务，对各市、县（市、区）在“创新券”省奖补政策支持范围内服务创客的支出，由省财政结合科技成果转化实绩作为绩效因素给予奖励。省财政对培育、扶持科技型中小微企业措施得力、成效显著的市、县（市、区）进行绩效奖励。

（二）完善创业投融资机制。培育发展创业投资机构和天使投资人，引导民间资本、风险投资、天使投资等各种资本投向创客企业。支持高新区、有条件的市、县（市、区）和社会组织开展天使投资人培训、天使投资项目与金融机构交流对接、天使投资案例研究等天使投资公共服务活动。加快基金小镇等私募基金机构集聚区发展，在有条件的地区设立小微券商、小微证券服务机构，鼓励发展政策性担保机构，为中小微企业提供融资担保服务。建立完善政府、投资基金、银行、保险、担保公司等多方参与、科学合理的风险分担机制，进一步加大对创业企业的信贷支持，将创业创新企业纳入小微企业贷款风险补偿政策范围。鼓励市、县（市、区）探索建立创客企业库、天使投资风险补偿机制和风险资金池，对合作金融机构向列入创客企业库的企业发放的贷款首次出现不良情况，由风险资金池对坏账损失给予一定补偿。省财政在省级科技型中小企业扶持专项资金安排中作为一个因素对设立风险资金池，且运作有成效的市、县（市、区）给予奖励。鼓励设立科技金融专营机构，推进差别化信贷准入和风险控制，鼓励各级财政部门通过贷款风险补偿、担保基金等方式给予财政扶持，分担科技贷款风险，发展个人创业小额信贷、商标专用权和专利权质押融资、中小企业集合债、科技保险等新型金融产品，创新动产、创单、保单、股权、排污权和应收账款等抵质押方式，开发灵活多样的小微企业贷款保证保险和信用保险产品。开展互联网股权众筹融资试点，增强众筹对大众创业创新的服务能力。加快推进企业股改，引导企业到新三板、浙江股权交易中心等多层次资本市场挂牌上市，合理利用境内外资本市场进行多渠道融资。

（三）支持创业创新公共服务。全面深化商事制度改革，落实先照后证改革举措，全面实行营业执照、组织机构代码证、税务登记证、社会保险登记证和统计登记证“五证合一”登记制度，实现“一照一码”。优化登记方式，放松经营范围登记管制，放宽新注册企业场所登记条件限制，推动“一址多照”、商务秘书公司代理注册等住所登记改革，分行业、分业态释放住所资源。综合运用政府购买服务、无偿资助、业务奖励等方式，支持中小企业公共服务平台和服务机构建设，并发挥浙江政务服务网及各级政务服务平台的作用，为初创企业提供法律、知识产权、财务、咨询、检验检测认证和技术转移等服务。

（四）完善技术支撑体系。省科技厅要将浙江网上技术市场延伸到众创空间，为创业者提供相关行业技术成果信息及交易服务。建立健全科研设施、仪器设备和科技文献等资源向众创空间创业企业开放的运行机制，省级科技创新服务平台、省级以上重点实验室和工程中心、省部属科研院所、省级重点企业研究院和省级企业研究院等各类创新载体要向创业者开放共享科技资源，并将提供服务情况作为年度绩效考评的重要依据。鼓励有条件的企业和其他创新载体向创客开放设备和研发工具，为创客群体提供工业设计、3D打印、检测仪器等电子和数字加工设备。

六、营造创业创新文化

（一）支持创业创新活动。支持众创空间等各类创业服务机构承办区域性、全国性和国际性的创业创新大赛，有条件的地方可根据活动的影响力、规模、效果及实际支出等情况，给予一定比例的资金支持。支持有条件的高校、科研院所和企业创办“创客学院”。建立健全创业辅导制度，培育专业创业辅导师，鼓励拥有丰富经验和创业资源的企业家、天使投资人和专家学者担任创业导师或组成辅导团队。支持社会力量举办创业沙龙、创业大讲堂、创业训练营等创业培训活动。

（二）营造创新创业文化氛围。各地、各有关部门要全面解读和广泛宣传国家、省和各地促进创业创新的政策，激发劳动者创业热情，培育企业家精神和创客文化，营造鼓励创新、支持创业、褒扬成功、宽容失败的氛围。加强各类媒体对大众创业创新的新闻宣传和舆论引导，报道一批创业创新先进事迹，发挥创业成功者的示范带动作用，让大众创业、万众创新在全社会蔚然成风。

七、加强组织领导

（一）加强协调推进。各地要高度重视推进大众创业、万众创新工作，建立科技部门牵头，经信、财政、人力社保、教育、工商、金融、税务等部门参加的工作推进机制，制订具体实施方案和政策措施，明确工作部署，切实加大资金投入、政策支持和条件保障力度。各有关部门要按照职能分工，积极落实促进创业创新的各项政策措施，实施精准服务。

（二）实施动态考评。把发展众创空间、促进创业创新工作纳入党政领导科技进步目标责任制考核。建立和完善大众创业创新统计及定期发布制度，研究制订众创空间发展评价办法，每年组织开展评价，并将评价结果向社会公布。

（三）加强示范引导。及时总结好的做法和有效模式，提炼形成可复制的经验，逐步向全省推广。有条件的地方可建设众创空间展示体验中心，展示创客产品，强化示范带动作用。

浙江省人民政府办公厅

2015年6月26日

中共杭州市委 杭州市人民政府关于杭州市高层次人才、创新创业人才及团队引进培养工作的若干意见

（市委〔2015〕2号）

根据党的十八届三中、四中全会和习近平总书记关于人才工作的系列重要讲话精神，以及省、市委全会精神，为深入实施创新强市和人才强市战略，吸引集聚各类人才来杭创新创业，更好地服务全市中心大局，现就进一步加强我市高层次人才、创新创业人才及团队引进培养工作制定如下意见。

一、总体思路

1．指导思想。人才兴则杭州兴，人才强则杭州强。重视人才，就是重视杭州未来的发展。要实现我市经济转型升级、爬坡过坎，实现3—5年赶超目标，需要各类创新创业人才支撑。信息经济、智慧经济本质上就是人才经济。进入新阶段、面对新挑战、适应新要求，必须牢固树立人才资源是第一资源理念，抢抓人才流动机遇期，努力打造人才生态最优的城市，精准推进人才发展体制机制改革和人才政策创新，加快集聚各类高层次人才来杭创新创业，为杭州推进信息经济和智慧经济发展“一号工程”、实现高起点上的新发展、继续走在全国重要城市前列提供坚强的人才支撑。

2．主要目标。通过高层次人才、创新创业人才及团队的引进培养，努力做大增量、做优存量，使我市人才队伍适应经济社会发展需要，打造区域性人才高地。到2020年，全市人才总量达到250万人左右，引进和培育国内外顶尖人才20名左右，国家级领军人才500名左右，省领军型创新创业团队15个左右。自主申报入选国家“千人计划”人选150名左右、省“千人计划”人选600名左右，评定市“521”计划人选320名左右。人才专利申请和授权量处于全国重要城市前列，人才所支撑的高新技术产业增加值高于GDP增长速度，建设一批集聚承载人才项目的平台。

3．基本原则。坚持创新机制、激发活力。坚持把深化改革作为推动人才发展的根本动力，积极破除束缚人才发展的思想观念和制度障碍，不断增强人才体制机制的灵活度和人才政策的开放度，最大限度激发人才创造活力。

坚持分层分类、科学精准。通过科学的人才分类，针对不同层次人才制定不同政策，使人才政策精准发力，对人才最关心关注的居留落户、教育医疗、社会保障、创业资助、融资渠道、成果转化等政策进行重点突破，让人才生活更加便捷和舒适、创业更有信心和保障。

坚持业绩导向、公平公正。建立以能力和业绩为导向的科学规范的人才认定评价机制，不拘一格引进、培养和使用人才，不唯学历、不唯职称、不唯资历、不唯身份，只要符合人才分类条件，都可以享受相应政策，努力形成人才辈出、人尽其才的良好局面。

坚持高端引领、统筹兼顾。统筹国内国外两种资源，坚持保高端和全覆盖相结合，重点保障国内外高端人才及团队引进培养工作，为杭州实现高起点上的新发展集聚人才，积极支持大学生、留学生和具有特殊才能的人才来杭创新创业，为杭州未来发展储备人才。

坚持政府引导、市场主导。坚持政府“有形之手”和市场“无形之手”一起抓，在发挥政府引导作用的同时，充分利用市场配置资源的决定性作用，促进人才流、资本流、项目流、技术流良性互动，进一步加快人才集聚，促进产业发展。

坚持整合资源、增强合力。坚持部门联动、合力推进，通过优化整合全市人才工作政策，逐步消除人才政策“碎片化”“多小散”问题，加快推进人才政策一体化、扶持资金规模化，促使人才政策集中发力、效应叠加。

4．人才及团队分类界定。本意见所指的高层次人才，主要是根据我市现行人才分类目录，经认定的具有较高学术造诣、较大社会影响力、较强创新创业能力的国内外顶尖人才（A类）、国家级领军人才（B类）、省级领军人才（C类）、市级领军人才（D类）、高级人才（E类）（具体分类目录附后）。创新创业人才是指具有一定知识和技能，能够产生创新创业成果的各类人才，主要包括在杭创新创业的大学生、高技能人才以及其他具有特殊才能的实用人才。团队分为创新团队和创业团队两类。创新团队是指以高层次创新人才为核心，创新业绩显著或有较大的创新潜力，依托高校、科研院所或企业研发平台和项目，致力于创新成果产业化的人才团队。创业团队是指带技术、项目、资金落户杭州创业，技术和产品有较好的市场前景，符合我市产业发展导向和技术创新需求，能引领我市产业发展和技术创新的优秀团队。

二、加大人才和团队引进培养力度

5．建立科学规范的人才分类机制。围绕杭州创新驱动战略和产业发展重点，坚持定性与定量相结合，细化人才评价标准，划分人才层次，逐步建立层次清、标准高、易操作的人才分类评价制度。建立人才分类动态调整协调机制，成立市人才分类协调小组，定期修订完善人才分类目录。针对杭州产业发展急需、社会贡献较大、现行人才目录难以界定的“偏才”“专才”，经协调小组联席会议认定后，享受相应的人才政策。进一步探索市场化的人才评价方式，运用现代人才测评技术，着力提高人才分类的专业化、制度化、科学化水平。

6．大力引进海内外创新创业人才和团队。坚持国内与海外并重，大力引进我市信息经济、智慧经济发展急需的高、精、尖等紧缺实用人才和团队。对引进的高层次人才按照不同层次，分别给予60万—100万元购房补贴。深化实施杭州市全球引才“521”计划，面向全球大力引进带着重大项目、带领关键技术、带动新兴学科的海外高层次创新创业人才。实施杭州市领军型创新创业团队引进培育计划，人才团队项目经评审认定后给予60万—2000万元资助。对顶尖人才和团队的重大项目实行“一事一议”，最高可获得1亿元项目资助。对入选浙江省领军型创新创业团队的，在首个资助期内，按照不低于省级财政投入额度进行配套资助。

7．加大国内外智力柔性引进力度。深入实施钱江特聘专家计划，每年选聘30名特聘专家，每人给予10万元工作津贴。深化实施“115”引进国外智力计划，对我市引进的高端外国专家实行年薪资助，按照30万—50万元、50万—80万元、80万元以上3个区间，分别按年薪的40%、50%、60%的标准给予资助，资助金额最高不超过60万元；对引进的国外智力项目实行项目资助，重点项目、优秀项目分别给予30万元、10万元资助。对列入国家外国专家局高端外国专家项目和“千人计划”配套引智工程资助的外国专家，实行1：1配套资助。

8．加强高层次人才事业编制保障。我市事业单位引进A、B、C类人才时，不受事业单位岗位总量、最高等级和结构比例的限制。建立浙江省杭州科技创新发展院，凡具有事业身份的高层次人才来杭创新创业，可按现行政策在发展院继续保留其事业身份，畅通其在事业单位之间流动的渠道。支持从事技术研发、成果转让工作的事业单位高层次人才到企业工作，经本单位同意，其人事关系5年内可保留在原单位，其待遇按借用人员处理，由原单位继续为其缴纳单位部分的养老、失业、医疗等社会保险；允许其回原单位申报专业技术资格，其在企业从事本专业工作期间的业绩，可作为专业技术资格评价的依据。

9．探索市场化引才新机制。充分发挥企业、高校、科研机构等用人单位的引才主体作用，鼓励和支持用人单位加大对紧缺创新创业人才引进力度。支持人才中介服务业发展，积极引进国内外知名人才中介机构。充分调动高层次人才和人才中介机构引才积极性，通过中介引才、以才引才、亲情引才，努力提高引才精准度。建立实施引才激励制度，对为我市引进国内外顶尖人才、国家“千人计划”人选、“省领军型创新创业团队”的个人和中介组织，分别给予30万元、10万元、20万元资助。

10．加强创新创业人才激励培养。进一步健全我市人才最高荣誉制度，每3年开展一次杭州市杰出人才和杭州市突出贡献引进人才评定工作，每次各评定不超过10名，分别给予每人30万元和10万元资助。继续选拔享受市政府特殊津贴人员，每2年选拔一次，每次不超过50名，给予每人2万元津贴。深化实施“131”中青年人才培养计划，对不同层次的培养人选，分别给予3万—13万元资助，积极组织培养人选开展国内外进修培训、导师结对等学术交流，提高专业能力。实施创业培养系列工程，加强民营企业经营者培训，探索建立一批由大专院校、行业组织、知名民企和网络媒体等共同参与的经营者素质提升培训基地。继续与清华大学等高等院校合作办好“杭商学堂”，重点培养企业高级经营管理人才和新生代企业家。围绕我市信息经济智慧经济发展需要，加快互联网、云计算、大数据、金融、文化创意等产业人才的培养。

11．加大高技能人才培养力度。深入实施高技能人才培训补助计划，对列入培训补助计划的项目给予全额资助。对我市企业、培训机构按规定直接培养或输送培养高技能人才的，按培养人数和技能等级给予每人500—1000元资助。对在杭高校、高职院校、技工院校学生在毕业前取得高级及以上职业资格证书的，给予每人2000元资助。被评定为杭州市首席技师的给予每人2万元资助。开展“新技术、新工艺、新材料、新设备”等高技能人才的素质提升培训，按人均1000元给予资助。加强技能大师工作室建设，对认定满3年的市级技能大师工作室进行考核评估，根据考核绩效，对评估优秀的给予5万元资助，优秀名额按照大师工作室总量的30%确定。组织和推动优秀高技能人才开展国（境）外交流培训。

12．做优做强各类人才平台。着力提升各类人才平台和产业平台对创新创业人才的承载能力，以杭州高新开发区、杭州未来科技城为引领，积极探索人才管理改革试验区建设。每2年对全市的国家、省、市人才基地的人才引进、项目落地、成果转化等情况进行考核，对考核优秀单位，给予10万元资助，优秀名额按照人才基地总量的30%确定。大力推进院士专家工作站、博士后科研工作站建设，积极吸引两院院士及其创新团队、知名高校博士进站开展成果转化工作。对省级、市级院士工作站分别给予80万元、50万元资助，被认定为优秀院士工作站给予20万元资助；探索建立专家工作站制度，对认定的专家工作站给予一定资助。对国家级、省级博士后科研工作站，分别给予50万元、20万元资助；每招收一名博士后研究人员，给予5万元资助。对经认定的市级人力资源服务产业园、留学生创业园、大学生创业园，给予50万元资助。对经认定的国家级、省级科技企业孵化器，给予100万元、50万元资助。充分发挥美国硅谷招才引智工作站和高科技孵化器的引才作用。

三、完善人才创业扶持政策

13．支持人才创业和项目研发。对海外高层次留学人才在杭创新创业的重点项目、优秀项目和启动项目，经评审分别给予100万元、50万元和3万—20万元资助，特别项目给予100万—500万元资助。举办中国杭州海外高层次人才创新创业大赛，获奖项目在杭落地转化的，享受相应资助政策。支持人才创办企业，对列入杭州市科技型初创企业培育工程（雏鹰计划、青蓝计划）的，给予最高不超过100万元资助（不与海外高层次留学人才项目和大学生创业项目重复资助）。支持人才申请专利，获国内职务发明专利授权后每件给予5000元资助。支持高层次人才承担国家973计划、863计划、国家科技支撑计划、科技型中小企业创新基金等项目，对在我市实施的项目，按要求给予配套补助。

14．加大人才创业融资扶持。扩大创业投资引导基金、转贷引导基金、政策性担保、风险池资金等融资扶持资金总量，引导社会资本投资人才项目和企业，逐步提高财政资金间接扶持比例。对获得银行贷款且列入杭州市科技型初创企业培育工程（雏鹰计划、青蓝计划）的企业，按不同贷款额度可给予50%—100%的贷款贴息补助。加大人才创业企业担保融资，对获风险投资的人才创业企业，可给予不超过投资额50%、最高不超过2000万元的政策性担保。对符合条件的人才创业企业，中小企业转贷引导基金可给予单笔不超过1500万元的转贷资金，市科技型企业融资周转金可给予单笔不超过2000万元的周转金。逐步扩大市创业投资引导基金和市蒲公英天使投资引导基金规模，鼓励设立人才创新创业的引导基金子基金，拓展海外天使投资基金。鼓励金融机构加大对人才创业企业和项目的信贷融资支持，开展信用贷款、知识产权质押贷款、股权质押贷款、信用保险及贸易融资等类型的信贷融资。鼓励设立科技金融专做专营机构，对符合相应条件的在杭各银行机构和小额贷款公司按同期贷款基准利率给予最多20%的补贴。设立杭州市中小企业信用贷款风险池资金，改善企业融资环境。对符合条件的人才创办企业，积极推荐股改、挂牌、上市，利用多层次资本市场加快发展。

15．鼓励人才成果转化。鼓励人才带高新技术研发成果、专利技术等自主知识产权项目在我市企业实现成果转化和产业化，对符合相应条件且通过浙江网上技术市场实现成果转化的项目，经评审给予不超过60万元资助。创新创业人才和团队创办企业，其技术成果可作为无形资产入股，所占注册资本比例最高可达100%。允许并鼓励人才转化科技成果，市属高校、科研院所的职务发明成果所得收益，高校可按60%—95%的比例、科研院所可按20%—50%的比例，划归参与研发的人员及其团队拥有，合同约定的从其约定。国家、省、市对科技成果完成人和为科技成果转化作出重要贡献人员的资助，不受事业单位绩效工资总额限制。符合税收政策规定条件的高校、科研院所转化职务科技成果以股份或出资比例等给予科技人员资助，获得人在取得股份、出资比例时，暂不征收个人所得税。加强知识产权的管理与服务，推广科技保险和知识产权质押贷款业务，对人才和团队创办企业的产品，具有自主知识产权的，按照相关规定在采购政策方面给予一定的支持。

16．完善人才税收优惠政策。鼓励引导各类人才创办的企业申请认定为高新技术企业，对符合税法规定的研究开发费用，形成无形资产的按其成本150%摊销，未形成无形资产的按当年研发费用实际发生额的50%加计扣除。国家重点扶持领域的高新技术企业和技术先进型服务企业，减按15%的优惠税率征收企业所得税。对新办的集成电路设计企业和符合条件的软件企业，享受企业所得税“两免三减半”的优惠政策。对符合条件的技术先进型服务企业的职工教育经费支出，不超过工资薪金总额8%的部分，准予在计算应纳税所得额时扣除。对年应纳税所得额低于10万元（含）的小型微利企业，其所得减按50%计入应纳税所得额，按20%的税率缴纳企业所得税。创业投资企业采取股权投资方式投资于未上市的中小高新技术企业2年以上的，可以按照其投资额的70%在股权持有满2年的当年抵扣该创业投资企业的应纳税所得额；当年不足抵扣的，可以在以后纳税年度结转抵扣。

17．鼓励大学生自主创业。充分发挥市场在资源配置中的决定性作用，积极引导社会资金投资成长型大学生创业企业，市本级在创业引导基金中逐步设立总规模为1亿元的成长型大学生创业子基金，并安排一定的专项扶持资金，用于扶持成长型大学生创业企业发展。大学生创业企业可申请不超过30万元的小额担保贷款和50万—200万元的“风险池”项目融资支持。在校大学生或毕业未满5年的高校毕业生在杭创办企业，经评审可给予2万—20万元资助。组织开展中国杭州大学生创业大赛，400强参赛项目和获奖项目在杭落地转化，可申请5万—20万元资助。对入选杭州市杰出创业人才培育计划的，给予每名培育对象50万元资助。新办大学生创业企业可申请三年内50平方米以内的免费经营场地或100平方米以内的房租补贴。对年税收100万元以上、带动就业100人以上的大学生创业企业，给予10万元资助。对从事电子商务经营并通过网上交易平台实名注册认证的大学生创业企业，给予5000元资助。

四、优化人才生活服务保障

18．妥善解决人才居留落户。对中组部和公安部审核确认的国家“千人计划”人选中的外籍人员，为其办理《外国人永久居留证》；对尚未获得永久居留证的高层次人才，可以申请入境有效期不超过5年、停留期不超过180日、多次出入境有效的访问（F）或人才（R）签证。对引进的具有中国国籍的A、B、C类人才，其本人在市区（不含富阳区）落户不受年龄和市域范围内工作地的限制；本人和随迁的配偶、未成年子女在市区（不含富阳区）没有合法固定住所的，允许落户单位集体户，单位没有集体户的，设立人才专户统一管理；在市区（不含富阳区）有合法固定住所的，其父母随迁不受年龄和外地身边无子女的限制，来杭后身边无子女的，其未婚成年子女可准予随迁。对D、E类人才年龄可办理至65周岁，配偶、未成年子女随迁允许落户单位集体户。对具有全日制普通高校硕士研究生以上学历者（50周岁以下），享受先落户后就业政策。对全日制普通高校大学本科学历者或具有中级专业技术职称资格者（45周岁以下），先在杭落实工作单位并办理社会保险，再办理落户手续。对我市紧缺专业的全日制普通高校大专学历人才和高技能人才落户，按现行政策办理。对我市经济社会和产业发展作出突出贡献的特殊人才，经认定，采取“一事一议”的办法办理落户。

19．妥善解决人才住房保障。按照“分层次、保无房”的原则，为我市引进培养的高层次人才和其他创新创业人才提供多渠道的住房保障。对A类人才采取一人一议的方式解决住房问题。对B、C、D类人才分别给予100万元、80万元、60万元的购房补贴。对E类人才提供人才租赁房或1200元/月的租房补贴。对具有中级（含）以上职称，或高级（含）以上职业资格证书，或本科及以上学历且毕业未满7年（具有硕士及以上学历的不受毕业年限限制）的创新创业人才，根据当年度公租房申请条件，统一纳入市公共租赁住房保障。

20．妥善解决人才子女入学问题。加快国际学校和中外合作办学机构（项目）建设，推进教育国际化进程，更好满足高层次人才子女对国际化教育的需求。海外高层次人才的外国籍子女，可去外籍人员子女学校及幼儿园就读，也可去普通中小学及幼儿园就读。对我市引进的高层次人才、创新创业人才的中国籍子女，要求入（转）义务教育段学校或幼儿园，享受杭州本市居民子女同等待遇，凭有关证明材料到户籍所在地（无户籍则为实际居住地）或父母工作所在地的区县（市）、开发区教育行政部门办理入（转）学手续，按照相对就近的原则，安排到公办义务教育段学校或幼儿园就读；要求转入或报考我市各类高中，具有与本市居民子女同等资格。A、B、C类人才〔含萧山区、余杭区、富阳区和各县（市）引进〕子女在市区就读，由市、区教育行政部门统筹协调，妥善安排。

21．切实提高高层次人才医疗保障水平。大力推进医疗卫生城市国际化四年行动计划，扩大与国外医疗机构的联合办医、联合科研和学术交流等活动，在有条件的市属医院建立国际医疗合作专病中心、国际远程会诊中心，加快市级医疗保险与国外医疗保险体系的衔接，积极为海外高层次人才提供多层次、多样化的优质医疗卫生服务。A类人才参照享受杭州市一级医疗保健待遇。B、C类人才参照享受杭州市二级医疗保健待遇（发放医疗照顾专用证历卡，享受每年一次的健康体检，可在定点医疗机构的综合保健门诊室就诊，住院时可由定点医疗机构优先安排，在参加职工医保的基础上享受重大疾病医疗补助待遇，其所需经费及管理由所在单位负责）。D类人才参照享受杭州市三级医疗保健待遇（发放市属医疗机构《优先就诊卡》，享受每年一次的健康体检，可在定点医疗机构的综合保健门诊室就诊，住院时可由定点医疗机构优先安排，其所需经费及管理由所在单位负责）。

22．优化人才公共服务保障。与我市单位建立劳动关系或创办企业的创新创业人才，可按规定参加社会保险，并享受相应待遇。用人单位在为人才办理各项社会保险的基础上，可为其购买商业补充保险。人才流动时，社会保险关系按国家和省、市有关规定执行。妥善解决高端人才交通保障问题，对A类人才采取一事一议方式解决；对在我市小客车总量调控政策实施后未办理过浙A牌照小客车登记的B、C、D类人才，通过竞拍方式取得小客车上牌指标，给予车辆上牌补贴，最高不超过3万元。妥善解决引进人才家属的就业问题，消除人才后顾之忧。进一步完善市领导联系高层次人才制度，健全人才服务专窗和服务人才专项例会等制度，每年组织高层次人才国情研修、健康体检、疗养休假及春节慰问等活动。

五、切实加强组织领导

23．明确职责任务分工。人才和团队的引进培养工作在市委、市政府的统一领导下，由市委人才工作领导小组组织实施，市委人才办、市人力社保局、市科委、市财政局牵头协调解决实施过程中的问题，相关职能部门各司其职、加强协作。市委人才办负责牵头抓总、统筹协调，督促检查政策落实情况，牵头实施重大人才工程和人才项目、重要人才平台建设、市场化引才、人才服务保障等工作。市政府研究室牵头开展人才管理改革试验区相关政策调研，参与人才政策评估。市人力社保局负责牵头建立人才评价认定办法，每年制定人才分类目录，落实高层次人才和团队引进培养、大学生创业资助、高技能人才培养、人才服务激励以及高层次人才小客车上牌补贴发放等政策，抓好博士后科研工作站、人力资源服务产业园、留创园、大创园等人才载体建设。市科委负责牵头制定并落实领军型创新创业团队引进培育计划，落实人才创业项目扶持、科技成果转化、金融扶持等政策，为人才创业提供优质的投融资服务。市财政局负责落实政策保障资金，加强财政资金监管，开展资金使用绩效评估，兑现税收优惠等扶持政策。市经信委、市金融办等部门负责为人才创业提供必要的项目和融资服务。市编委办负责牵头制定高层次人才事业编制保障实施办法。市公安局负责落实人才居留落户有关政策。市住保房管局负责落实人才住房保障有关政策。市教育局负责推进国际学校建设和引进国外优质教育资源工作，落实人才子女就学有关政策。市卫生计生委负责推进国际医院建设和引进国外优质医疗资源工作，落实高层次人才医疗保障政策及有关服务工作。市科协负责落实院士专家工作站建设相关扶持政策。市委宣传部（市文创办）、市发改委、市考评办、市市场监管局、团市委、市工商联等市直有关部门负责做好职责范围内的相关工作。

24．建立制约退出机制。强化人才发挥作用的考核，充分发挥用人单位主体作用，规范用人单位与人才之间的契约行为，运用市场化的手段评价、激励人才，支持各地各部门及用人单位根据实际情况制定具体的考核办法，通过考核约束激励人才。对发挥作用不明显的人才，可由其所在地的主管部门及用人单位提出申请，经核实认定后，政策牵头部门可取消对其的相关激励政策。对存在品行不端、违法乱纪等行为的人才，取消其人才待遇。

25．加大评估考核力度。市委人才办、市财政局牵头市直相关部门，加强对人才政策执行情况跟踪，提高财政资金使用绩效，引入第三方评价机构，对人才政策落实情况和执行效果开展绩效评估，根据评估结果及时研究调整政策。加强对区县（市）、开发区和重大人才平台的人才工作考核，调动各方面积极性。

26．保障人才资金投入。市财政要根据人才和团队引进、培养、扶持、激励等实际需要，加强人才资金保障。同时加大市级专项资金整合力度，避免对同一项目、企业或园区的重复资助，提高资金使用效益。

27．营造良好社会氛围。各级各部门要进一步加强政策宣传工作，充分利用各种渠道、各类媒介宣传杭州人才政策，提高政策影响力，做好政策兑现落实工作。加大对人才工作品牌和优秀人才事迹的宣传力度，积极营造全社会爱才尊才重才的良好氛围，形成引得进、留得住、用得好的人才发展环境。

各区、县（市）和开发区可结合实际，制定人才引进、培养和创新创业扶持政策。本意见与我市其他政策有重复、交义的，按照“从优、从高、不重复”原则执行。本意见自发文之日起执行。

附件：杭州市高层次人才分类目录（略）

中共杭州市委
杭州市人民政府
2015年1月21日

杭州市高层次人才分类认定办法（试行）

（杭委人〔2015〕3号）

为贯彻落实《杭州市高层次人才、创新创业人才及团队引进培养工作的若干意见》，做好我市高层次人才分类认定工作，特制定本办法。

一、申请范围和条件

在我市用人单位（不含省、部属在杭单位）工作，忠于祖国，遵守宪法和法律，具有不断创新的科学精神和良好的职业道德，并符合《杭州市高层次人才分类目录》（详见附件3，下同）规定的A、B、C、D、E类条件的人员可以通过所在用人单位，申请我市高层次人才分类认定。

二、申请材料要求

（一）杭州市高层次人才分类认定申请表（表格通过系统在线填写并打印）。

（二）相关附件材料：

1．身份证件。

2．《杭州市社会保险参保证明（单位专用）》（不缴纳社保的财政补助单位可以不提供）。

3．劳动合同或事业单位聘用合同；属创业人员的，提供营业执照和半年（含）以上完税证明。

4．最高学历证书（具有中专及以上学历人员提供）。

5．最高学位证书（具有学位的人员提供）。

6．职称证书（具有职称的人员提供）。

7．职业资格等级证书（具有职业资格证书的人员提供）。

8．E类人才中拟按博士条件认定的人员还须提供以下材料：

（1）取得国内院校颁发的博士学位人员，须提供教育部学位与研究生教育发展中心认证的《中国学位认证报告》（如何认证详见学位网）。

（2）取得国外院校颁发的博士学位人员，须提供教育部留学服务中心认证的《国外学历学位认证书》（如何认证详见浙江海外人才网）。

（3）取得港、澳、台地区院校颁发的博士学位人员，须提供教育部留学服务中心认证的《港澳台学历学位认证书》（如何认证详见浙江海外人才网）。

9. D类或E类人才中拟按高级职称条件认定的人员，如其职称是在外省（含中央在浙单位）评审通过的，原职称须经浙江省人力资源和社会保障厅重新确认。所需材料和确认流程详见杭州市专业技术资格网上申报评定系统常见问题栏目。按高级技师条件认定E类人才的人员，如其职业资格证书是在外省取得的，须按我省有关规定对证书进行复核认定。

10. 符合《杭州市高层次人才分类目录》规定条件的其他相关佐证材料，如荣誉证书、获奖证书、研究课题结题材料、学术论文等。

三、办理部门

（一）受理部门。市属单位人才申请购房补贴、租赁住房或租赁补贴的，材料受理部门为九大行业主管部门，即市发改委、市金融办、市经信委、市农办、市旅委、市建委、市委宣传部、市教育局、市国资委；其他用途的，按隶属关系分别由市里相应的部、委、办、局负责受理。区、县（市）属用人单位（含民营企业）人才按属地原则由所在区、县（市）相应部门负责受理。杭州经济技术开发区、杭州钱江经济开发区、杭州大江东产业集聚区用人单位人才认定工作参照区、县（市）实施。

（二）审核部门。《杭州市高层次人才分类目录》中涉及的荣誉或奖励项目，有对应市级归口管理部门的，由该部门负责审核；对分类标准中属于“相当于上述层次”的人才认定工作，由市委人才办、市人力社保局牵头组织召开联席会议（必要时组织专家评审），提出审核意见。具体审核部门详见附件2。

（三）核准部门。市委人才办会同市人力社保局负责核准A、B、C、D类人才和市属用人单位E类人才认定结果；区、县（市）委人才办会同同级人力社保部门负责核准所属用人单位E类人才认定结果。

四、认定流程

认定工作通过“杭州市人力资源和社会保障网”（www.zjhz.hrss.gov.cn）杭州市高层次人才分类认定申报管理系统进行。

（一）申请对象本人或用人单位通过“杭州市人力资源和社会保障网”杭州市高层次人才分类认定申报管理系统，在线如实填写《杭州市高层次人才分类认定申请表》（详见附件1，下同），并上传相关附件材料（用原件扫描或拍摄电子照片制作成PDF格式文档，制作方法可参阅系统帮助栏目）。

（二）相关材料在用人单位公示无异议后（公示期5个工作日），单位人事部门通过申报管理系统报送材料，打印《杭州市高层次人才分类认定申请表》并加盖单位公章，与相关附件材料原件一起送相应受理部门。

（三）受理部门负责核对相关信息。材料不完整或上传的相关附件材料与原件不一致的不予受理。材料完整且上传的相关附件材料与原件一致的予以受理，并退还原件；通过申报管理系统报送审核部门，并将《杭州市高层次人才分类认定申请表》归档保存；待批准部门核准后通过申报管理系统打印《杭州市高层次人才分类认定结果》。

（四）审核部门对照《杭州市高层次人才分类目录》进行认定条件审核工作。对未通过审核的材料，通过申报管理系统反馈认定申请人；对通过审核的材料，通过申报管理系统报送批准部门。

（五）批准部门核准并经公示无异议后（公示期3个工作日），将相关数据信息保存到高层次人才分类数据库，通过申报管理系统将认定结果反馈给认定申请人，同时向社会提供查询。

五、申报时间和办理时限

杭州市高层次人才分类认定工作常年开展，申请材料常年即时受理，认定工作办理时限为11个工作日，具体为：受理后4个工作日内报审核部门，审核环节4个工作日（不含市外核查时间），批准环节3个工作日。对《杭州市高层次人才分类目录》中属于“相当于上述层次”的人才认定工作，由市委人才办、市人力社保局牵头每半年组织召开联席会议（必要时组织专家评审），提出审核意见。

六、认定结果备案登记

为实现对人才的工作、在岗等情况进行动态跟踪管理，认定结果每满两年需要重新备案登记。

（一）备案材料要求：

1. 《杭州市高层次人才分类认定结果备案登记申请表》（表格通过系统在线填写并打印）。

2. 相关附件材料：

（1）《杭州市社会保险参保证明（单位专用）》（不缴纳社保的财政补助单位可以不提供）。

（2）劳动合同或事业单位聘用合同（劳动合同或事业单位聘用合同有变化的人员提供）。

（3）最高学历证书（学历信息有变化的人员提供）。

（4）最高学位证书（学位信息有变化的人员提供）。

（5）职称证书（职称信息有变化的人员提供）。

（6）职业资格证书（职业资格信息有变化的人员提供）。

（7）营业执照和完税证明（创业的人员提供）。

（二）备案流程

备案工作通过“杭州市人力资源和社会保障网”杭州市高层次人才分类认定申报管理系统进行。备案流程除审核环节不再进行，其余环节与认定流程基本相同。

（1）人才本人或用人单位通过杭州市高层次人才分类认定申报管理系统，在线如实填写《杭州市高层次人才分类认定结果备案登记申请表》，并上传相关附件材料（用原件扫描或拍摄电子照片制作成PDF格式文档，制作方法可参阅系统帮助栏目）。

（2）相关材料在用人单位公示无异议后（公示期5个工作日），单位人事部门通过申报管理系统报送材料，打印《杭州市高层次人才分类认定备案登记申请表》，并加盖单位公章，与相关附件材料原件一起，送相应受理部门。

（3）受理部门负责核对申报管理系统中的相关信息，上传的相关附件材料是否与原件一致。材料完整的予以受理，并退还相关附件材料原件；材料不完整或上传的相关附件材料与原件不一致的不予受理。相关材料公示无异议后（公示期3个工作日），通过申报管理系统报送批准部门，并将《杭州市高层次人才分类认定备案登记申请表》归档保存。

（4）批准部门核准后，将相关数据信息保存到高层次人才分类数据库，将备案结果通过申报管理系统反馈给认定申请人，同时向社会提供查询。

七、其他

（一）达到更高层次认定条件的人员，可按规定重新申请相应层次人才的认定。

（二）有下列情形之一者，应当取消认定资格或原认定结果在申报管理系统中予以注销：

1．学术、业绩上弄虚作假被有关部门查处。

2．提供虚假材料骗取高层次人才资格。

3．受纪检、监察部门审查并给予严重警告以上处分，在处分期内。

4．被处以刑事处罚，在执行期间。

因前款第1、2项情形取消认定资格的，3年内不再受理高层次人才认定申请。

附件：1．杭州市高层次人才分类认定申请表（略）

2．杭州市高层次人才分类认定审核部门（略）

3．杭州市高层次人才分类目录（略）

中共杭州市委人才工作领导小组办公室

杭州市人力资源和社会保障局

2015年3月17日

杭州市人民政府办公厅
关于发展众创空间推进大众创业万众创新的实施意见

（杭政办函〔2015〕136号）

为深化国家自主创新示范区和中国（杭州）跨境电子商务综合试验区建设，努力营造充满生机活力的创新创业生态系统，优化大众创业、万众创新的良好环境，根据《国务院办公厅关于发展众创空间推进大众创新创业的指导意见》（国办发〔2015〕9号）和《浙江省人民政府办公厅关于加快发展众创空间促进创业创新的实施意见》（浙政办发〔2015〕79号）等文件精神，经市政府同意，特制定本意见。

一、明确总体要求和主要目标

（一）总体要求。将创新与创业相结合、线上与线下相结合、孵化与投资相结合，强化开放共享，创新服务模式，加快推进众创空间建设，构建一批低成本、便利化、全要素、开放式的新型创业服务平台，为创业者提供良好的工作空间、网络空间、社交空间和资源共享空间，打造杭州创新创业新天堂。

（二）主要目标。通过在全市范围内规划建设一批众创空间集聚区，发挥其引领和示范作用，整体推进我市众创空间建设，打造杭州创新创业品牌；鼓励区、县（市）结合本区域产业定位和规划布局，加强当地众创空间建设。到2017年，全市创建市级众创空间60家以上，基本构建开放、高效、富有活力的创业创新生态系统，形成创新资源丰富、创新要素汇集、孵化主体多元、创业创新服务专业、创业创新活动丰富、各类创业创新主体协同发展的良好局面。

二、积极培育创新创业主体

深化商事制度改革，对认定为国家、省、市级的众创空间（含纳入国家、省科技企业孵化器管理、服务与支持体系的众创空间，以下简称众创空间），放宽市场准入，实施注册资本认缴登记制。全面实行营业执照、组织机构代码证、税务登记证、社会保险登记证、统计登记证等“五证合一”登记制度，实现“一表申请、一窗受理、一次告知、一份证照”。在国家统一实行社会信用代码制后，全面推行“一照一码”登记模式，实施“一照多址”“一址多照”等举措。积极探索全程电子化登记模式，推行企业名称远程自助查重申报，简化冠名程序。

三、加大财政和融资扶持力度

（一） 2015—2017年期间，每年分别给予国家、省、市级各众创空间30万元、25万元、20万元的资助，专项用于房租、宽带等企业运行费用的补贴。

（二）凡符合《关于印发〈杭州市蒲公英天使投资引导基金管理办法（试行）〉的通知》要求的国家、省、市级众创空间，蒲公英天使投资引导基金将积极出资与其合作设立天使基金，用于投资该众创空间内的企业（项目），蒲公英天使投资引导基金参股比例最高不超过30%，具体按照蒲公英天使投资引导基金管理办法执行。

（三）众创空间内的企业（项目）获得融资或被非控股母公司收购的，对所在的众创空间按照不超过企业（项目）前两轮融资（天使轮和A轮）总额的2%进行资助（具体比例根据申报资助总额和财政预算确定）；企业（项目）完成融资后在杭州市注册的，原则上对所在的众创空间按照每个企业(项目)不超过30万元的额度进行资助，单个众创空间每年资助总额不超过200万元。

（四）积极鼓励创客企业申请在新三板挂牌，对在场外交易市场成功挂牌的企业给予30万元的一次性资助。支持企业在浙江股权交易中心成长板挂牌，对挂牌企业给予20万元的一次性补助，具体按照《杭州市人民政府关于进一步推动企业利用资本市场加快发展的实施意见》（杭政〔2014〕39号）执行。

四、积极引导众创空间健康发展

（一）扶持杭州市众创空间联盟。联盟由众创空间、投资机构、天使投资人等自愿组成，为全市众创空间提供资源共享、交流合作的平台。鼓励联盟积极组织有助于推动我市众创空间发展的创新创业活动，每年按其实际开展的活动情况给予不超过50万元的资助。

（二）开展全市性的创业活动。鼓励众创空间举办若干在国内乃至国际具有影响力的创业活动，促进人才和资本等创业要素在我市集聚。由市科委根据众创空间发展需求向社会征集全市性创业活动计划，并从中甄选部分活动项目予以资助。每年受资助的创业活动总数不超过10项，单项活动资助额不超过该活动实际发生费用的50%，最高不超过100万元。

（三）鼓励众创空间内的企业使用省、市创新券、创业券开展人才培训、创业辅导、法律维权、管理咨询、财务指导、检验检测认证、知识产权保护、会展服务等各类公共服务项目。

五、加强众创空间发展的组织领导

（一）加强协调推进。建立健全协调机制，加强部门之间、区县（市）与市级有关部门之间的联系和沟通。各区、县（市）也要加强协调，制订相关的实施方案和政策措施，明确工作部署，切实加大资金投入、政策支持和工作保障力度。

（二）加强示范引导。市科委等部门要及时总结我市众创空间发展过程中的经验做法和有效模式，通过召开现场会、媒体宣传等方式向全市推广。

本意见自发布之日起实施，执行期为3年，由市科委、市财政局负责牵头组织实施。

杭州市人民政府办公厅
2015年9月17日

杭州“创新创业新天堂”行动实施方案

（杭政办函〔2015〕151号）

为深入实施创新驱动发展战略，适应和引领经济发展新常态，大力发展信息经济，推广智慧应用，推进国家自主创新示范区和小微企业创业创新基地城市示范建设，根据《国务院办公厅关于发展众创空间推进大众创新创业的指导意见》（国办发〔2015〕9号）精神，特制定本实施方案。

一、总体要求与发展目标

（一）总体要求。

以提升自主创新能力、完善创新创业政策和制度为重点，以建设“互联网+”创新创业中心为目标，以完善创新创业生态为抓手，以大力发展众创空间和开放式综合服务平台为突破口，深入实施创新驱动发展战略，向创新要红利，向改革要动力，向人才要后劲，激发全社会创新活力和创造潜能，将杭州建设成为“创业者的天堂”。

（二）发展目标。

1．到2017年的发展目标：

——创新创业载体高速发展。大力推进阿里百川、腾讯创新创业基地、创新牧场等“互联网+”创业平台的发展，建立“苗圃—孵化器—加速器”的科技创业孵化链条，国家级孵化器数量在省会城市中保持领先，各类孵化器、众创空间、小企业创业基地、创新园等创新创业载体达到500家，面积超过2800万平方米。

——创新创业人才高度聚集。每年接收大学毕业生7万名以上，引进来杭创新创业的海外高层次人才1.5万名，吸引科技创新创业人才超过30万人，形成青年创新创业者、科技人员、海归创业者、企业高管和连续创业者高度集聚的创业者群落，打造以“阿里系、浙商系、高校系、海归系”为主的创新创业“新四军”。

——创新创业投融资体系不断成熟。天使投资人队伍不断壮大，天使投资和创业投资高度发展，产业基金、创投引导基金和政策性担保基金规模不断扩大，创业、天使等各类引导基金规模达到40亿元，投入小微企业的民间资本和创投资金超过

2000亿元，“天使投资+创业投资+债权融资+上市融资”的多层次创业融资服务体系不断完善。

——创业服务体系更加完善。创业服务机构达到1000家，创业导师达到2000人，形成立体化多层次的创新创业辅导体系。创建国家知识产权强市，形成完善的知识产权保护体系。

——创新创业产出成效显著。科技型小微企业达到10万家，高新技术企业达到8000家，高新技术产业产值突破6000亿元，每万人拥有有效发明专利30件以上。

2．到2020年的发展目标：创新创业体系更加优化，国内外创新创业资源有效集聚，创新创业效益大幅提升，创新创业理念深入人心，成为具有全球影响力的“互联网+”创新创业中心和创新创业者向往的“创业者的天堂”。

二、主要任务

（一）实施创新创业载体建设工程。

1．大力发展众创空间。支持国家级高新区、省级高新园区、科技企业孵化器、大学科技园、海外留学人员创业园、大学生创业园和高校科研院所、行业领军企业、创业投资机构、社会组织等力量，打造一批低成本、便利化、全要素、开放式的众创空间。发挥政策的集成和协同效应，实现创新与创业相结合、线上与线下相结合、孵化与投资相结合，为广大创新创业者提供良好的工作空间、网络空间、社交空间和资源共享空间。鼓励创新型孵化器的发展，将创新型孵化器纳入政策支持范围，以政府采购服务的方式对做出成效的创新型孵化器进行扶持。支持以硅谷孵化器模式为蓝本提升孵化器服务功能，鼓励孵化器采用“海选项目、天使投资、创业养成、精益孵化”的孵化服务模式。

2．大力推进科技企业孵化器建设。加大政策扶持力度，做强国家级科技企业孵化器、国家大学科技园，做优省市级孵化器，培育一批区级创新园、产业园。加快链接全球孵化器资源，积极引进国内外行业领军企业、知名科技园和孵化器管理公司来杭建设孵化器，输出品牌和管理，共建创新创业基地。推进杭州硅谷孵化器建设。推进“苗圃—孵化器—加速器”科技创业孵化链条建设，通过为不同发展阶段的创业企业提供个性化的孵化服务，形成从项目初选到产业化的全链式创业孵化体系。鼓励民营企业以产业链为核心，以资本为纽带，投资建设科技企业孵化器等创新创业空间。

3．打造创新创业要素密集区和科技创业街区。支持杭州高新开发区、临江高新区、未来科技城、青山湖科技城、西湖区、杭州经济开发区等打造创新创业密集区，出台政策吸引研究开发、投融资、技术转移、知识产权、检验检测等各类机构和平台入驻，推动人才、资本、技术、市场等创新要素集聚。支持在西湖区文三街、滨江区海创基地、余杭区阿里巴巴西溪园区等沿线建设以“分享、共享”理念为指导的创业公共平台。引入“创业咖啡”、创业服务机构，打造以创业为特色的科技创业街区。推进杭州湾信息港、互联网金融大厦、创智天地等一批特色科技楼宇发展，培育“互联网+”新业态创业楼宇。

4．大力推进特色小镇建设。鼓励各地整合存量资源，因地制宜，打造各类以创新创业为主题的特色小镇。大力推进上城玉皇山南基金小镇、江干丁兰智慧小镇、西湖云栖小镇、余杭梦想小镇、富阳硅谷小镇、临安云制造小镇等首批省级特色小镇建设，打造一批集聚创新创业要素的新平台。

（二）实施创新创业人才集聚工程。

1．支持科研人员创新创业。鼓励和支持高校教师与科研院所专家带技术、带专利、带项目、带团队创业。鼓励高校、科研院所探索建立科技成果技术转移和产业化的有效机制，鼓励智力要素和技术要素以各种形式参与创新创业收益分配。鼓励科技人才双向兼职和流动，支持高校、科研院所选派科技人才到企业从事科技创新和成果产业化研究。

2．支持海内外人才创新创业。深入实施杭州市全球引才“521”计划，面向全球大力引进带着重大项目、带领关键技术团队、带动新兴学科的海外高层次创新创业人才。实施杭州市领军型创新创业团队引进培育计划，人才团队项目经评审认定后按规定给予资助，对顶尖人才和团队的重大项目实行“一事一议”。加大国内外智力柔性引进力度，深入实施钱江特聘专家计划、“115”引进国外智力计划。大力推进院士专家工作站、博士后科研工作站建设，积极吸引两院院士及其创新团队、知名高校博士进站开展成果转化工作。

3．激励青年人和大学生创业。加强创业保障体系建设，打造低成本的创新创业硬件环境，提供零成本的网络使用环境，支持青年人和大学生创新创业。鼓励高校和大学科技园、国家级孵化器共建创业学院和创业苗圃，为大学生创业提供全程服务。加大资金扶持力度，引导和鼓励社会力量以多种方式向自主创业大学生提供投资、贷款、担保等服务。

4．鼓励企事业人员连续创业。鼓励企事业人员发挥技术、管理等优势连续创业。鼓励国有大中型企事业单位、上市公司、行业领军企业、创业投资机构、天使投资人等组织设立连续创业者投资基金，扶持企事业人员连续创业。加大对连续创业者的创业服务力度，对创业项目在资金方面给予优先考虑、在创业团队组建方面给予政策支持。

（三）实施创新创业服务提升工程。

1．深化商事制度创新，降低创业门槛。推进“五证合一、一照一码”。支持同一辖区登记的企业集中办理登记，支持商务秘书企业登记，下放取冠市名核准权、简化取冠省名程序，放宽取冠市名中含“集团”字样企业的名称条件；对股权投资、电子商务、文化创意、软件设计、动漫游戏设计等现代服务业企业，符合多个主要办事机构共同日常办公合理需要的，允许“一室多照”；试行企业简易注销登记制度。采取一站式窗口、网上申报、多证联办等措施，为创业企业工商注册提供便利。

2．建立贸易便利化机制。以建设中国（杭州）跨境电子商务综合试验区为契机，加快推进信息共享、金融服务、智能物流、电商信用、风险防控、统计监测“六大体系”和线上“单一窗口”、线下“综合园区”两大平台建设。加快跨境电商公共海外仓建设，做好省级公共海外仓的培育和试点工作，培育和认定一批市级公共海外仓，构建公共海外仓网络，为广大B2B跨境电商出口企业提供现代物流、智能仓储、售后服务等全方位的综合服务。

3．设立创业券，丰富完善创业服务。基于大数据、云平台、移动互联网，设立全程网络化管理的创业券。依托创业APP平台，建立具有创新创业服务机构注册、创新创业活动发布、创业者在线报名、活动现场签到、参与者评价反馈等功能的云管理平台。对创新创业机构，根据其提供服务的质量和覆盖创业者的规模，给予资助。鼓励“创业咖啡”、科技媒体、创投公司、科技园运营者、中介服务机构等各方力量积极举办创新创业活动，为创新创业活动提供公共服务。大力发展企业管理、财务咨询、市场营销、人力资源、法律顾问、知识产权、检验检测、现代物流等第三方专业化服务，不断丰富和完善创业服务体系。

4．优化税费服务环境。持续做好税费政策的普及宣传工作，建立多层次立体化的信息传达体系，确保纳税人及时获知政策信息，享受政策红利。纳税人填报数据符合条件的，无需进行前置性审批或备案，即可直接享受增值税免税优惠。纳税人进行所得税申报时，税务部门应主动提醒其可享受税收优惠，并自动计算减免税额。小微企业在汇算清缴时填写年度纳税申报表相关栏次的，即视同备案，企业无需再另行提供备案资料。

（四）实施创新创业金融支持工程。

1．发展创业投资。继续扩大创业投资引导基金、蒲公英天使投资引导基金规模，发挥财政资金的杠杆作用和财税政策作用，培育发展天使投资群体，支持创业投资和天使投资发展。建立天使投资人备案制度和天使投资项目库，开展天使投资人培训、天使投资项目与金融机构交流对接、天使投资案例研究等服务和活动。建设股权众筹平台，探索开展股权众筹融资服务试点工作。

2．创新科技信贷。鼓励发展互联网金融、普惠金融、小微金融等科技创业金融服务方式。推进科技保险补贴、科技信贷风险补偿、知识产权质押融资、助保贷等科技金融产品和服务。实施更加精确、差异化程度更高的信贷扶持政策，进一步向早期企业倾斜，积极探索高新技术企业信用贷、大学生创业信用贷、人才信用贷等科技金融产品。加强银行科技金融专营机构建设，加大对科技企业信贷投放力度。

3．促进上市融资。发挥多层次资本市场的作用，引导企业在股权众筹平台、区域股权交易市场挂牌和融资。以新三板、创业板、中小板为重点，加强上市企业培育，推进股份制改造，推进科技企业上市。

4．打造科技企业信用体系。依托省市信用体系平台，建设覆盖小微企业、投资人和企业负责人的信用信息网络，实现信息互联互通。建立联合信用约束惩戒机制，在行政许可、政府采购、工程招投标、国有土地出让、财政资助、投融资等方面，对失信企业依法予以限制或禁入。

（五）实施创新创业平台支撑工程。

1．实施一批创新创业重大项目。围绕“互联网+”创新创业中心的战略定位，对接我省“七大产业”发展规划，建立重大项目发掘机制，加快推进产业集群的协同创新，组织实施一批在国际领先、国内先进的科技创新重大项目。通过项目带动，提升杭州的自主创新和辐射能力，促进经济转型升级。发挥“两区叠加”的独特优势，以“互联网+”为主攻方向，开展先行先试，推动“两区”创新成果的产业化，提升实体经济的创新力和发展力。

2．建设一批“互联网+”创新创业平台。依托浙江省科技创新云服务平台建设杭州“智慧孵化”云平台，在云平台的基础上，提供创业辅导、科技金融、技术转移人才培养等方面的一站式孵化服务，应用云计算、远程视频、互联网等现代信息技术手段，突破空间和地域局限，推进创新创业资源和服务均等化。加快推进阿里“百川计划”、富士康“创新牧场”“淘富成真”腾讯创业基地等“互联网+”创新创业平台的建设。对依托自有企业品牌、客户资源、推广渠道，以大数据、云平台支撑创业的公共服务平台给予大力支持。

3．推进高校科技资源开放和共享。推进高校和科研院所的大型科学仪器设备、科技文献、科学数据等科技资源和科技基础设施向创新创业者开放。支持以政府财政投入的科研基础设施向中小微企业开放。鼓励有条件的企事业单位和其他创新载体向社会开放大型科研设备。加大创新券的使用力度，对使用创新券的企业和平台，由市、区县（市）财政给予一定的经费补助。

4．开展创业教育实训。支持高校探索开展“学业+创业”的双导师培养模式，建立创业业绩与学分挂钩的新机制，允许学生独立创业、合伙创业或者在导师指导下创业。鼓励大学生在校期间开展创业实训，引导高校与大学科技园、孵化器共建创业教育中心，组织有创业经验的企业家、投资人等开设创业培训课程，提供创业支撑，实现资源分享。支持众创空间、创业苗圃、孵化器等开展实战型创业教育和技能实训。

（六）实施创新创业生态优化工程。

1．打造创新创业品牌。坚持开展系列化、常态化、持续化的“创新创业新天堂”创业品牌活动。定期举办由市政府领导主持，市政府有关部门和区、县（市）主要领导参加的“创业现场会”。继续办好浙商创新创业大赛、阿里云开发者大会等，积极承办中国创新创业大赛、互联网巅峰大赛等。扶持一批创业品牌活动，建立创业者、初创企业与天使投资的沟通渠道。鼓励开展各种创新创业活动，打造杭州本土的创业活动平台和品牌，发展科技创业媒体。进一步加强“市长杯”创意杭州工业设计大赛的品牌效应，促进创新人才和创意作品在杭落地。

2．营造创新创业氛围。培育创客文化，加大对大众创新创业的宣传和引导力度，树立一批创新创业典型，使创新创业成为城市的品牌和精神。树立崇尚创新、创业致富的价值导向，让全社会创新活力竞相迸发。探索为创业失败者再创业建立必要的指导和援助机制，不断增强创业信心和创业能力。

3．加强创新创业服务人才队伍建设。建立孵化器从业人员培训机制，与高校合作开办多层次的学历与非学历教育，提升从业人员的服务意识和能力。市本级和各区、县（市）安排一定经费用于支持孵化器和众创空间管理人员的职业教育和素质提升，打造一支高水平、高素质、专业化、职业化的创新创业服务队伍。

4．加强对知识产权的保护和运用。全面提升知识产权创造、运用、保护、管理和服务的能力，建立健全知识产权公共信息和服务体系，大力推进专利导航工程，在孵化器、工业功能区、大学高教园等开展知识产权托管工作。探索建立电子商务知识产权保护的新方法新模式，引导企业做好知识产权的风险防范和救济工作，为创新创业保驾护航。

三、保障措施

（一）健全组织领导体系。

加强对“创新创业新天堂”行动的领导，在杭州国家自主创新示范区领导小组机制下推进各项工作落实；健全工作机制，形成各具特色、错位竞争、竞相发展的工作格局；完善评价指标体系，开展区域创新创业监测评价，建立区域创业发展报告制度。各有关部门要加强工作协同，积极落实鼓励创新创业各项政策措施，构建市、区县（市）两级联动工作体系，开创全市创新创业新局面。

（二）完善创新创业政策体系。

结合国家自主创新示范区建设，对现有创新创业政策进行修订完善，形成符合国家自主创新示范区特点和需求的政策体系。进一步完善财政科技投入机制，探索资金扶持的新模式，促进社会资本广泛投入和参与创新创业。

（三）建立创新创业合作机制。

加强杭州都市圈的区域合作，发挥杭州的资源优势、人才优势，实现联动发展。加强与中关村、张江、东湖、深圳、长株潭、苏南等国家自主创新示范区的联系与协作，加强与长三角主要城市的互动联合。鼓励企业开拓国际市场，搭建国际化服务平台，面向硅谷、以色列等聚集全球创新创业资源，建设开放融合、面向全球的创新创业生态体系。

本方案自2015年12月11日起施行，由市科委负责牵头组织实施。

杭州市人民政府办公厅

2015年11月10日

中共宁波市委 宁波市人民政府
关于实施人才发展新政策的意见

（甬党发〔2015〕29号）

为贯彻党的十八大，十八届三中、四中全会和习近平总书记系列重要讲话精神，深入实施人才强市战略，积极推进人才政策创新，充分激发各类人才的创造活力，形成大众创业、万众创新的生动局面，更好地为宁波跻身全国大城市第一方队提供人才保障和智力支撑。现就实施人才发展新政策制定如下意见。

一、引培升级政策

1．大力延揽海内外顶尖人才。深入实施高端创业创新团队和海外高层次人才引进“3315计划”，对入选的高端团队给予500万—2000万元资助，对入选的海外高层次人才给予一次性100万元资助；对新引进的海内外顶尖人才领衔的重大项目给予最高1亿元项目资助，对其领衔的团队核心成员给予薪酬补助。

2．加快引进紧缺急需人才。实施“泛3315计划”，大力引进信息经济（电子商务）、港航物流、金融创投、文化体育、教育卫生、时尚创意、科技服务等城市发展急需的各类人才和团队，对入选的人才给予每人50万元资助，入选的团队给予100万—500万元资助。我市事业单位引进领军及以上人才时，不受事业单位岗位总量、最高等级和结构比例的限制，可制定收入分配倾斜政策，不纳入单位绩效工资总量。

3．优化外籍人才柔性引进。扩大“海外工程师”政策覆盖面，对引进海外工程师及外籍设计师、规划师、咨询师、教授、研究员等高层次人才，按照“海外工程师”年薪资助标准给予引进单位一次性10万—30万元的工薪补助。海外专家项目获得国家、省级外专专项项目支持的，给予引智项目单位最高1：1的配套资金支持。积极实施外国人在中国境内工作指导目录及计点积分方案，为外籍人才来甬提供便利。

4．充分发挥企业引才用才主体作用。对企业全职新引进顶尖人才、特优人才、领军人才以及拔尖人才并签订5年以上劳动合同的，分别给予100万元、30万元、10万元、5万元引才资助。

企业职工取得技师、高级技师等职业资格，且列入紧缺职业（工种）目录的，按照有关规定享受政府岗位补贴。

鼓励企业建设人才开发平台，对设立国家级学会宁波服务站，国家、省和市级院士工作站、博士后科研工作站、重点实验室、技能大师工作室、企业研究院等，以及收购国外研发机构的，按有关政策给予资助。

5．推进人才创业创新载体建设。鼓励有条件的县（市）区、开发区引导社会资本建设“千人计划”产业园专业园区、海外人才离岸创业基地、人才项目海外孵化器，经认定的给予50万元资助。

加快建设一批市场化主导的市级众创空间、创客服务中心，经认定分别给予不超过200万元、20万元补助，对入驻的人才创业项目，可由所在县（市）区、开发区给予办公场地租金补贴、启动资金资助等扶持。

对政府、在甬高校和企业主导引进共建的科研院所，其建设经费、科研设备购置经费，分别给予20%和30%补助，累计不超过1亿元。

6．加大人才培养力度。现有人才经自主培养申报成为两院院士等顶尖人才的，给予人才一次性200万元奖励；成为特优人才的，给予人才一次性50万元奖励。

对市领军和拔尖人才工程第一层次培养人选，在培养周期内给予每人10万元的经费资助。

加强和改进专业技术人员继续教育，对企业在职人员攻读宁波产业发展亟需专业的硕士、博士，或就读企业与知名高校联合举办的硕士培养班的，毕业后给予50%的学费补贴，每人补贴最高不超过5万元。

深化技术技能人才培养工程，对列入政府补贴的项目，按取得职业技能等级给予相应的培训资助。在甬高校、职业院校、技工院校学生和宁波生源在校学生，在毕业学年参加技能培训、创业培训，并取得相应证书的，按规定给予培训资助。

继续加大市科技、企业技术和文化创新团队培养力度。对我市人才团队入选省领军型创新创业团队的，给予400万元配套资助，市县两级各承担50%。

对企事业单位科研、技术和管理人员参与国际创新合作交流和专业培训活动，实行更加灵活便利的出国审批制度。

二、发展支持政策

7．支持“3315计划”人才（团队）创办企业快速发展。对入选“3315计划”人才（团队）创办企业自成立之日起，5年内成长发展较快、对宁波经济社会发展贡献度较大的，经认定后再给予企业最高500万元资助。

对“3315计划”人才（团队）创办企业与券商、会计师及律师事务所签订上市（新三板挂牌）服务协议后完成股份制改造，或股改后在经认定的股权交易中心托管的，给予个人或团队带头人50万元补助。

根据我市进一步推进企业挂牌上市和上市公司兼并重组加快发展的有关政策，上述企业到经认定的股权交易中心挂牌并实现股权融资500万元以上的，给予企业30万元补助；实现新三板挂牌的给予企业50万元补助；在境内外成功上市的给予企业300万元补助。

8．强化创业融资扶持。对经核准备案的创新型初创企业，符合立项条件的，给予每家不超过50万元资助。加快推进全市科技信贷风险池建设，面向创新型初创企业提供非抵押、非专业担保项下的科技信贷业务。

对“3315计划”团队创办的企业，可由指定银行给予最高2000万元信用额度支持。

聚焦人才早期创业项目，以众筹模式建立首期2亿元的“才•富”合作公社基金，定期开展对接活动，实现人才与资本共创共赢。

鼓励金融机构加大对人才项目的信贷融资支持，开展信用贷款、知识产权质押贷款、股权质押贷款、信用保险及贸易融资等类型的信贷融资。鼓励设立科技金融专做专营机构（部门）。

9．发挥投资机构创业引导作用。进一步加大天使投资基金、创业投资引导基金、海邦人才基金等政府引导性融资扶持资金投资人才项目力度，强化投后管理与服务，提高投资效率。

推进创业投资、天使投资机构集聚，加快建设“金融小镇”“基金楼宇”等基金集聚平台，对入驻机构，符合相关条件的，政府引导基金、产业发展基金可优先进行阶段参股，所在县（市）区、开发区可给予办公用房购置补贴、租赁补贴等扶持。

对无政府基金参与，基金总额3000万元以上的我市各类投资机构，投资于人才创办的创新型初创企业比例超过基金总额30%，或者累计投资上述类型企业超过3000万元的，可申请财政补贴，财政补贴金额不超过其投资总额的6%，单个项目最高不超过50万元，单家投资机构累计不超过300万元。

10．加大采购扶持力度。对本市人才创办企业的产品、技术和服务，符合条件的，优先列入宁波市自主创新与优质产品目录，属于首台（套）产品（设备）的优先采购，在政府资金投资重大工程项目招投标过程中优先选择，鼓励采取竞争性谈判、竞争性磋商、单一来源采购等非招标方式实施首购、订购及政府购买服务。

11．鼓励科技人才创业。促进高校、科研机构人才合理流动，鼓励科技人员离岗创业，经本单位同意，人事关系5年内保留在原单位，允许其回原单位申报专业技术资格，其在企业从事本专业工作期间的业绩，可作为专业技术资格评价的依据。

成立高层次人才创新港，对引进具有事业身份的科技人才或在国（境）外著名科研机构和高校工作的人才，经认定后可在企业工作或创业期间挂靠人才创新港，5年内保留事业身份。

鼓励高校、科研院所和国有企事业单位的科技成果职务发明人实施成果转移转化，所得收益可按最高95%的比例划归参与研发的科技人员及其团队拥有。

12．扶持创客人才创业。择优选择一批市级众创空间的创客人才项目，市本级对单个项目给予不超过5万元的创新创业补助。

鼓励科技银行、设有科技金融部的商业银行，为入驻市级众创空间的创客企业提供科技信贷、知识产权质押、股权质押等科技金融服务，对因提供科技信贷而发生的单笔30万元以下的不良贷款，可由科技信贷风险池给予全额代偿。

培育一支高端化的创客人才创业导师队伍，聘请企业家、天使投资人、专业学者担任创业导师，支持各类众创空间举办创业创新大赛、创业培训等活动。

13．鼓励民间人才创业创新。实施民间人才“万人计划”，定期开展遴选活动，市县两级遴选1万名左右民间优才，其中遴选市级民间优才1000名左右，加大培养力度，激励支持民间人才扎根基层创业创新。

14．落实税收优惠政策。对人才创办企业，符合税法规定的研发费用，按其成本150%摊销或按实际发生额50%加计扣除。高新技术企业，减按15%优惠税率征收企业所得税。对认定为高新技术企业的科技服务企业，减按15%的税率征收企业所得税；符合条件的科技服务企业发生的职工教育经费支出，不超过工资薪金总额8%的部分，准予在计算应纳税所得额时据实扣除。落实国家大学科技园、科技企业孵化器相关税收优惠政策，对其自用以及提供给孵化企业使用的房产、土地，免征房产税和城镇土地使用税；对其向孵化企业出租场地、房屋以及提供孵化服务的收入，免征营业税。企业符合国家有关规定进口机器设备的免征进口关税，进口的国家重大装备技术项目的关键零部件、原材料免征关税和进口环节增值税。对年应缴所得税低于20万元的小型微利企业，在国家规定期限内，其所得减按50%计入应纳税所得额，按20%的税率缴纳企业所得税。创投企业采取股权投资方式投资于未上市中小高新技术企业2年（24个月）以上，凡符合税收政策规定条件的，按投资额70%抵扣应纳税所得额。

15．提升服务联盟效能。完善服务联盟运行机制，拓宽服务领域，优化人才创业审批服务，加大政府采购服务力度，探索建立政务服务与市场化服务有机结合的服务新体系。完善助创专员制度，市县两级选聘100名左右助创专员，为100个左右人才创业项目，在项目报批、企业管理、融资股改、市场拓展、人才招聘等方面实行“一对一”和组团式服务，帮助人才创业企业突破成长瓶颈。

三、评价激励政策

16．创新人才评价机制。改进人才评价方式，对从事科技成果转化、应用开发和基础研究的人员分类制定评价标准，调整不恰当的论文要求。针对我市产业发展急需、社会贡献较大、现行目录难以界定的“偏才”“专才”，经认定可享受相应的人才政策。

深化企业职称自主评价和技能人才自主评价试点工作，建立健全政府主导、企业自主、社会组织主体的多元化人才评价机制，选择有条件的行业协会、学会等社会组织开展以行业为主体的专业技术资格评价工作。推动技能人才与相关领域专业技术人才的职业资格互通，支持符合条件的专业技术人员破格申报、特殊申报、直接申报相应层次专业技术资格评审。

17．强化中介引才激励。对投资机构“以投带招”或人力资源服务企业推荐引进领军及以上人才的给予一定奖励。对聘请的市级“人才大使”每年提供5万元经费，并根据推荐引进的人才给予3万—10万元的奖励。对人才工作海外合作中心给予每家每年10万—30万元的补助，并根据推荐引进的人才（项目）给予单个人才（项目）最高10万元的奖励，特别优秀的项目“一事一议”。

加快人力资源服务产业核心集聚区建设，对引进的知名人力资源服务企业给予一定的资金扶持。

18．健全人才荣誉制度。整合提升宁波各类人才奖励表彰活动，定期组织开展“甬城英才”评选，设立宁波市杰出人才奖、科技创新特别奖、有突出贡献专家奖、卓越企业家奖、文化名家奖、教育名师奖、卫生名医奖、优秀高技能人才奖、现代农业领军人才奖、优秀社会工作人才奖、优秀海外留学人才奖等奖项，对获奖人才进行表彰，并分别给予10万—60万元奖励。

四、服务保障政策

19．优化人才住房保障。对新引进的顶尖人才，给予300万元的安家补助；新引进的特优人才、领军人才、拔尖人才分别给予100万元、80万元、50万元的安家补助；新引进的高级人才给予15万元安家补助。全市各级机关、参照公务员法管理的单位引进的上述人才不享受本款政策，部省属驻甬单位引进的上述人才另行制定相关政策。

新引进的高级人才在享受安家补助基础上，3年内在甬首次购买住房的，给予15万元购房补贴；毕业10年内的创客人才、基础人才在甬首次购买住房的，可享受购房总额最高2%的购房补贴，上述两项购房补贴政策实施时间暂定为三年。同时，将高校毕业生公积金贷款优惠政策延长一年。

全日制普通高校本科及以上学历毕业生、全日制技师学院取得技师以上职业资格证书的毕业生，来甬就业创业，由市级相关部门及县（市）区、开发区制定政策，可给予本科、技师每月不低于300元、硕士及以上学历每月不低于600元的租房补贴或生活津贴，连续补贴不少于24个月。

20．优化人才家庭保障。设立人才专户，对引进的在宁波无合法固定住所的拔尖及以上层次人才，允许其配偶、未成年子女、成年未婚子女和符合投靠条件的双方父母随迁落户；高级专业技术人员、博士、高级技师，在甬服务三年以上的硕士、中级专业技术人员、技师及有一定贡献的紧缺人才，允许其配偶、未成年子女、成年未婚子女迁入。对引进的具有全日制本科以上学历人员及高级技工，若在宁波无合法固定住所的，允许新生儿随其本人在集体户内申报出生登记。

多渠道帮助引进人才解决配偶就业问题，对引进的拔尖及以上层次人才家属暂时未就业的，未就业期间，给予每月不低于当地社平工资标准的生活补贴，并缴纳相应社会保险，最长不超过3年。

妥善解决人才子女入学问题，对拔尖及以上层次人才的子女就读幼儿园、义务段学校的，按户籍、房产证优先在地段学校解决就学，也可以通过高层次人才服务联盟绿色通道，到指定的社会公认度比较高的学校选择就读一次；需要从外地转入我市公办高中就读的，凭当地学校录取证明和学籍证明，通过指定同等办学水平学校测试合格，可到我市高中就读。加快国际学校和中外合作办学机构建设。

21．优化人才医疗保障。定期组织特优及以上层次人才进行全面体检，并做好日常保健工作。顶尖人才、特优人才、领军人才享受市属医疗保健待遇；拔尖人才享受宁波市三级甲等医院定点医疗机构优先安排、专家提前预约等绿色就医通道服务；鼓励支持具备条件的医院加强与国内外保险公司合作，鼓励医院与商业保险直接结算。

五、责任落实机制

22．保障经费投入。建立市县两级人才发展专项投入保障机制，今后5年，市级人才发展专项投入新增5亿元。鼓励社会资本、民间资本加大投入，构建多元化人才投入体系。

23．严格准入退出。建立严格的人才准入机制、科学的作用发挥评价机制、畅通的升降级和退出机制，对作用发挥不明显的，降低或取消相关激励政策；对存在品行不端、弄虚作假、违法乱纪等行为的人才，建立黑名单联网制度，取消相关人才待遇。

24．狠抓政策兑现。明确政策执行的责任单位，制定政策兑现的操作细则，加强全程跟踪督查，对不兑现、不落地的严肃问责。强化政策执行的绩效评估，根据评估结果及时优化调整。

25．建立述职制度。建立领导小组成员单位向领导小组报告人才工作制度，强化市、县（市）区联动，试行县（市）区委人才工作领导小组组长向市委人才工作领导小组专项述职制度。

本意见自发布之日起实施，实施期限为5年。本意见与我市现有人才政策有重复、交叉的，按照“从优、从高、不重复”的原则执行。市委人才工作领导小组结合我市经济社会发展实际，每两年对人才分类目录修订一次。

中共宁波市委
宁波市人民政府
2015年8月12日

温州市人民政府办公室
关于发展众创空间推进大众创新创业的实施意见

（温政办〔2015〕113号）

为深入实施创新驱动发展战略，加快营造充满生机活力的创新创业生态环境，根据《国务院办公厅关于发展众创空间推进大众创新创业的指导意见》（国办发〔2015〕9号）和《浙江省人民政府办公厅关于加快发展众创空间促进创业创新的实施意见》（浙政办发〔2015〕79号）等文件精神，经市政府同意，特制定本意见。

一、总体要求和主要目标

（一）总体要求。将创新与创业相结合、线上与线下相结合、孵化与投资相结合，强化开放共享，创新服务模式，加快推进众创空间建设，构建一批低成本、便利化、全要素、开放式的新型创业服务平台，为创业者提供良好的工作空间、网络空间、社交空间和资源共享空间，全力打造温州创新创业名城。

（二）主要目标。到2020年，全市创建市级众创空间100家以上，基本构建开放、高效、富有活力的创业创新生态系统，形成创新资源丰富、创新要素汇集、孵化主体多元、创业创新服务专业、创业创新活动丰富、各类创业创新主体协同发展的良好局面。

二、加快发展众创空间

（三）大力发展市场化、专业化、集成化、网络化的众创空间。鼓励行业领军企业、创业投资机构、投资人、社会组织等社会力量积极参与众创空间建设。鼓励和支持创客空间、极客空间、创业咖啡、创业社区等众多不同形式、不同模式的创业服务平台建设及协同发展，为创业者和创业企业提供低成本、便利化、全要素、开放式的综合创业服务。

（四）盘活存量资源建立形式多样、主题鲜明的众创空间。鼓励各县（市、区）、产业集聚区、大企业利用已有的商业商务楼宇、工业厂房、仓储用房等存量房产，在不改变建筑结构、不影响建筑安全的前提下，改建为众创空间，土地用途和使用权人不变更。

（五）推进小微企业创业园建设众创空间。以市级小微企业创业园为重点，建设一批集孵化、服务、科研为一体的众创空间，促进众创空间内企业（项目）围绕“五一〇产业”创新链、产业链开展合作、联动发展。

（六）加快建设一批众创社区。市本级重点在市区（市级功能区）规划建设一批规模在8万平方米以上的众创社区，有条件的创建省、市级特色小镇。加强公共基础设施建设，优化创新创业服务，发挥其引领和示范作用；鼓励各县（市）结合本区域产业定位和规划布局，规划建设一批规模在4万平方米以上众创社区，整体推进我市众创空间建设。

三、培育创新创业主体

（七）鼓励科研人员创业。高校、科研院所等事业单位专业技术人员离岗创业的，经原单位同意，可在3年内保留人事关系，与原单位其他在岗人员同等享有参加职称评聘、岗位等级晋升和社会保险等方面的权利。原单位应根据专业技术人员创业的实际情况，与其签订或变更聘用合同，明确权利义务。支持职务成果转化工作，应用职务发明成果转化所得收益，除合同另有约定外，高校和科研院所可按60%至95%的比例划归参与研发的科技人员及团队拥有。

（八）支持青年大学生创新创业。认真实施“人才十条新政”，落实人才住房、创业贷款担保贴息、初创期社会保险费补贴、创业培训见习补贴等鼓励创业政策措施的落实。建立健全弹性学制管理办法，支持大学生保留学籍休学创业。鼓励在温高校、科研院所及其他科技创新平台提供大学生创新创业实践基地。

（九）支持企业高级管理人员、新生代温商、归国留学人员和市外优秀创新团队等各类人员创新创业。对经由市场主体评价并获得市场认可的创业人才及其核心团队，在入驻国家、省、市级众创空间时给予房租补助。

四、提升创新创业服务水平

（十）深化商事制度改革。允许各类众创空间注册登记名称中含有“众创空间”“创客空间”“创业孵化器”等字样，经营范围可表述为“众创空间（创客空间、创业孵化器）投资、管理”等；落实集中登记“一址多照”等商事制度改革，全面推行“一照一码”登记模式，实施“一照多址”“一址多照”等举措。全面实行营业执照、组织机构代码证、税务登记证、社会保险登记证、统计登记证等“五证合一”登记制度，实现“一表申请、一窗受理、一次告知、一份证照”。

（十一）培育发展创新服务机构。鼓励发展市场化、专业化的研究开发、技术转移、检验检测认证、知识产权、科技咨询、科技金融、科学技术普及等创新服务，为众创空间内的企业（项目）发展提供支撑服务。落实高校、科研院所资源开放共享，推进由财政投入的大型科学仪器设备、科技文献、科学数据等科技基础条件平台，以及重点实验室、工程实验室和工程（技术）研究中心、企业技术中心等研发基地向创业者和创业企业开放。

（十二）发展一批创业学院。支持高校、科研院所联合搭建创业教育资源分享平台，开设一批符合温州城市特征的创业课程。推动系统化创业教育和技能实训普及，显著提高拥有创业技能和创业经验的人口比例。支持具有创业经验和社会责任感的企业家、投资人等作为创业导师，为创业者和创业企业开展形式多样的创业辅导和创业咨询。

（十三）扶持温州市众创空间联盟。联盟由众创空间、投资机构、天使投资人等自愿组成，为全市众创空间提供资源共享、交流合作的平台。鼓励联盟积极组织有助于推动我市众创空间发展的创新创业活动。

五、完善创新创业金融支持

（十四）发挥政府产业引导基金作用。对符合要求的国家、省、市级众创空间，政府产业引导基金可出资与其合作设立"天使基金""种子基金"，并由专业的基金运营机构开展市场化运作，用于投资众创空间内的企业（项目），引导基金参股比例最高不超过30%。政府产业引导基金参股天使投资基金形成的股权，在发生首笔投资起5年内可按原值向天使投资其他股东转让。探索开展私募股权众筹试点，增加众筹对大众创新创业的服务能力。

（十五）加大企业（项目）融资支持力度。众创空间内的企业（项目）获得融资或被非控股母公司收购的，对所在的众创空间按照不超过企业（项目）前两轮融资（天使轮和A轮）总额的2%进行资助（具体比例根据申报资助总额和财政预算确定），单个众创空间每年资助总额不超过200万元。企业（项目）完成融资后在温州市注册的，对所在的众创空间按照每个企业(项目)不超过30万元的额度进行资助。

（十六）鼓励创客企业在新三板挂牌上市。对在"新三板"成功挂牌的企业给予100万元的资金奖励。支持企业在浙江股权交易中心成长板挂牌，对挂牌企业给予20万元的资金奖励。

（十七）大力推动科技金融发展。加强组织机构创新，鼓励商业银行发展科技支行，为创业企业提供全方位的金融服务。创新科技信贷服务产品，完善投贷联动机制，加强商业银行与创业投资、风险投资和股权基金等机构的合作，提升科技企业服务质量。充分发挥政策性融资担保机构和科技贷款保证保险风险基金的作用，创新科技型企业抵质押手段，实现科技企业信用增级，解决科技企业担保难问题，引导商业银行加大对科技型中小微企业的信贷支持力度。

六、加强财税扶持

（十八）优化财政资金支持方式。利用市场化机制，采取补助、创投引导、跟投、购买服务等方式，支持众创空间及创业项目、初创项目。鼓励众创空间内的企业使用创新券、服务券开展人才培训、创业辅导、科研资源共享、法律维权和会展服务等各类公共服务项目。

（十九）落实财政奖励政策。经认定的温州市级众创空间一次性给予奖励20万元，经认定（备案）的国家、省众创空间，一次性给予奖励50万元、30万元。对投资市级及以上众创空间内的创业投资企业，给予连续三年财政奖励，奖励额按该企业每年对市、县（市、区）财政贡献额100%计。

（二十）加大补助力度。对入驻国家、省、市级众创空间的企业、团队和创客，单个企业、团队和创客给予每平方米20元/月的租金补贴，年补贴最高额不超过20000元，期限1年（不到1年以实际租赁时间为准）。四个区（市级功能区）创建众创社区经认定后给予一次性补助400万元，县（市）创建众创社区经认定后给予一次性补助200万元，补助资金专项用于众创社区公共基础设施建设，营造众创氛围。对众创空间联盟每年按其实际开展的活动情况给予不超过50万元的资助。

（二十一）落实税收优惠政策。对符合条件的众创空间等新型孵化机构适用科技企业孵化器税收优惠政策，按照《关于科技企业孵化器税收政策的通知》（财税〔2013〕117号）的要求落实税收优惠政策。落实扶持小微企业、科技企业孵化器、大学科技园、创投企业的法人（合伙人）符合规定条件的可按投资额的70%抵扣应纳税所得额、研发费用加计扣除、居民企业技术转让所得、固定资产加速折旧等税收优惠政策。

七、营造创新创业浓厚氛围

（二十二）开展全市性的创新创业活动。鼓励众创空间举办各类创业活动，组织开展温州创客大赛、温州创新创业博览会和温州青年（新生代温商）创新创业大赛，推动一批创新创业项目脱颖而出，促进人才和资本等创业要素在我市集聚。由市科技局根据众创空间发展需求向社会征集全市性创新创业活动计划，并从中甄选部分活动项目予以资助。

（二十三）加强宣传示范。市科技局等部门要及时总结我市众创空间发展过程中的经验做法和有效模式，通过召开现场会、媒体宣传等方式向全市推广。支持构建线上、线下创新创业宣传传播体系，通过新媒体、自媒体等广泛传播创新创业理念，推广创新创业活动，让大众创业、万众创新蔚然成风。

八、强化创新创业组织保障

（二十四）加强组织领导。充分发挥市创新驱动发展工作领导小组的统筹协调作用，进一步明确职责，狠抓工作落实。各县（市、区）、市级功能区也要成立工作领导小组，制定实施方案和政策措施，明确工作部署，切实加大资金投入、政策支持和工作保障力度。

（二十五）严格督查考核。把发展众创空间纳入市直部门、县（市、区）政府和市级功能区管委会年度考绩和党政领导科技进步目标责任制考核。建立共性指标和个性指标相结合的考核评价体系，对不同类型众创空间的创业服务能力、服务创业者数量、初创企业存活率等方面进行综合评价和激励。定期通报工作推进和完成情况，对执行政策不力、落实政策不到位、年度计划未完成的单位进行通报批评。

（二十六）其他。本实施意见涉及市区众创空间及相关企业资金补助，根据现行财政分配机制由市、区分别承担，由各区财政兑现后，再由市级财政兑现，各县（市）参照执行。

本意见自2016年1月15日起实施，执行期为5年，由市科技局、市财政局负责牵头组织实施。

附件：温州市众创空间和众创社区认定管理办法（试行）（略）

温州市人民政府办公室
2015年12月9日

中共安徽省委办公厅 安徽省人民政府办公厅 关于进一步扶持高层次人才创新创业的若干意见

（皖办发〔2015〕24号）

为充分发挥高层次人才创新创业的示范带动作用，激发社会创新活力和创业激情，进一步提升我省自主创新能力，加快打造“三个强省”、建设美好安徽进程，现提出如下意见：

一、实施财政税收减免政策。认真贯彻落实《中共中央、国务院关于深化体制机制改革加快实施创新驱动发展战略的若干意见》（中发〔2015〕8号）精神，高新技术企业和科技型中小企业科研人员通过科技成果转化取得股权奖励收入时，可原则上在5年内分期缴纳个人所得税。科研机构、高等学校转化职务科技成果以股份或出资比例等股权形式给予科技人员个人奖励，依法享受个人所得税优惠。

二、加大科技金融支持。引导省高新技术产业投资有限公司等投资机构发起并参股设立高层次人才创新创业风险投资基金，专门投向高层次人才在皖新创办科技创新型企业。按照有关政策规定，对符合条件的经营团队和领军人才给予股权和分红权激励。多层次多形式搭建银企对接平台，通过创业贴息、奖补、风险补偿等形式，引导银行机构增加对高层次人才创办科技创新型企业信贷投放力度，鼓励各类融资性担保机构为其提供担保服务。

三、促进科技成果转化。探索推进我省高校、科研院所科技成果使用权、处置权、收益权“三权”管理改革试点。按照国家有关规定，赋予高校、科研院所科技成果使用、处置和收益管理自主权。扩大科技保险试点投保险种和范围，对高层次人才创办高新技术企业，给予一定比例的科技保险保费补助。

四、建立医疗绿色通道。卫生医疗单位为企业高层次人才建立健康服务档案，安排当地三级以上医院为其服务，提供便捷医疗通道。定期组织开展企业高层次人才免费体检服务，所需费用由各地政府多渠道统筹解决。

五、提供住房政策支持。将高层次人才纳入地方人才公寓等定向配租对象范围；将符合城镇住房保障条件的高层次人才纳入公共租赁住房保障范围，或由所在单位提供周转房免费供其居住，满足其基本住房需求。新引进的高层次人才从市场自购或自租住房的，地方政府或单位可给予一定的购房、租房补贴。用人单位应为确定稳定劳动关系的高层次人才建立住房公积金制度。

六、妥善安排子女就学。高层次人才子女接受义务教育的，充分尊重个人意愿，由当地教育部门在学区范围内安排到公办学校就读；高层次人才子女接受高中教育的，由当地教育部门依据当地考试招生政策，安排到相应普通高中就读；高层次人才子女接受学前教育的，由当地教育部门依据实际情况统筹解决。非我省户籍子女就学，享受我省户籍学生同等待遇。

七、协助解决配偶就业。人力资源社会保障部门根据高层次人才配偶原就业情况及个人条件，对需要调动工作或帮助就业的，坚持统筹调配、双向选择的原则，有重点、分层次协助解决。暂时无法安排工作的，高层次人才所在单位可参照本单位平均工资水平以适当方式为其发放生活补贴。

八、提供专门服务。建立专项联系服务制度。经认定的企业高层次人才，发放《服务联系卡》，高层次人才凭卡享受相关职能部门提供的创业、工作、生活等“一站式”专门服务。建立服务联动机制，定期召开部门联席会议，统筹解决人才服务有关问题。建立高层次人才信息库，实现全省信息联网和共享。

九、特别支持领军人才。在全省主导产业或战略性新兴产业领域创新创业并发挥领军作用的高层次人才，纳入安徽省“特支计划”遴选范围。入选人员按规定由省级财政给予每人50万元经费支持，专项用于自主选题研究、人才培养和团队建设等。

十、集聚青年创业人才。鼓励引导高等院校、科研院所优秀毕业生和海外留学人员来皖领办、创办企业，所创（领）办企业属我省重点发展战略性新兴产业或具有创新商业模式的高端现代服务业的，择优给予10万—50万元创业资助。

本意见所称“高层次人才”，主要包括省级以上重大项目主持人或主要完成人，获得百千万人才工程、千人计划、万人计划、百人计划、政府特殊津贴、国家高层次留学人才回国资助人选、省学术和技术带头人、皖江学者计划、省科技进步二等奖等省级以上人才项目认定或资助人选，具有正高级职称人员等。各市可结合实际确定本地高层次人才范围对象。高层次人才分别由省、市人才工作领导小组办公室会同相关部门分级认定。

各地、各单位要紧紧围绕实施人才强省、创新驱动发展战略，加强组织领导，制定切实可行措施，确保各项政策落实到位，进一步营造有利于高层次人才创新创业的良好环境。

中共安徽省委办公厅
安徽省人民政府办公厅
2015年6月8日

安徽省扶持高层次科技人才团队在皖创新创业实施细则（修订）

（皖政办〔2015〕40号）

第一条 为扶持高层次科技人才团队（以下简称科技团队）在皖创新创业，根据《中共安徽省委 安徽省人民政府关于实施创新驱动发展战略进一步加快创新型省份建设的意见》（皖发〔2014〕4号）精神，制定本细则。

第二条 本细则所称的科技团队是指拥有自主知识产权、具有国际先进或国内一流水平科技成果，落户安徽创业的省内外人才团队。

第三条 省政府对携带具有自主知识产权的科技成果，在皖创办公司或与省内企业共同设立公司，开展科技成果转化活动的科技团队，以投资入股方式给予支持。

第四条 市政府应制定办法，积极招引科技团队到本地创新创业，在资金、土地供给、基础设施配套、前期工作场所和生活场所提供等方面给予支持，为科技团队成员配偶就业、子女就学提供帮助。

第五条 市政府根据当地首位产业或省战略性新兴产业发展需要，提出年度科技团队招引需求，省科技部门汇总后统一向社会公开发布。

第六条 市政府委托相关部门或机构，按照相关法律法规和政策规定，与市政府审定的科技团队签订创业合作协议，明确市扶持措施及双方权利、义务。

第七条 申请省扶持资金的科技团队，应具备以下条件：

（一）科技团队创办的公司注册成立3年以内；

（二）科技团队占其创办公司的股份不低于20%；

（三）科技团队及其他股东现金出资不低于各级政府扶持资金的50%；

（四）科技团队携带的科技成果应拥有自主知识产权，具有国际先进或国内一流水平，并能在自公司注册之日起18个月内转化为产品并形成销售收入；

（五）市（县）政府支持每个科技团队的资金不少于300万元且已到位。

第八条 省科技部门通过专业机构组织专家，从团队质量、科技成果、知识产权、商业计划书、市（县）支持措施等方面，对各市申报的科技团队进行评审、现场考察，提出当年支持的30个科技团队建议名单，报省政府审定后公示。

第九条 对省政府审定且公示无异议的科技团队，给予以下支持：

（一）根据专家评审及现场考察意见，按照从高分到低分的原则，对在皖创新创业的科技团队分A、B、C三类予以支持，每类10个团队，省扶持资金分别出资参股1000万元、600万元、300万元；

（二）连续3年以上销售收入或上缴税收增长较快，发展势头良好的B类、C类科技团队，可继续申请省扶持资金支持，累计支持最高不超过1000万元；

（三）科技团队创办的企业5年内在国内主板、中小板、创业板或香港证券交易所成功上市，省扶持资金在企业中所占股份全部奖励给团队成员，每延迟1年上市奖励比例减少20%。或自协议签署年度以后的连续5个会计年度（含协议签署年度），科技团队创办的企业累计实际缴纳税金（不含土地使用税）达到省扶持资金出资总额，奖励省扶持资金在企业中所占股权的30%，每多完成的实际缴纳税金（不含土地使用税）达到省扶持资金出资总额的20%，增加10%奖励，直至达到100%。或在协议签署后60个月内（含60个月，不足1年按1年计算），科技团队有权按照投资本金及退出时同期贷款基准利率计算的资金使用成本回购省扶持资金所占股权。

第十条 省政府委托省高新技术产业投资公司作为出资人，按照相关法律法规和政策规定，与省政府审定的科技团队及其他投资主体共同签订投资协议。

第十一条 省科技部门会同省发展改革、教育、经济和信息化、财政、人力资源社会保障、公安、国土资源、外事等部门，负责协调落实支持科技团队创新创业的有关政策。

第十二条 本细则由省科技、财政部门负责解释。

安徽省人民政府办公厅
2015年7月20日

安徽省人民政府办公厅关于发展众创空间推进大众创新创业的实施意见

（皖政办〔2015〕41号）

为贯彻落实《国务院办公厅关于发展众创空间推进大众创新创业的指导意见》（国办发〔2015〕9号）精神，推动我省众创空间等新型创业服务平台建设，优化创新创业生态环境，促进大众创业、万众创新，支撑经济转型升级，经省政府同意，提出以下实施意见：

一、推进众创空间和孵化器建设

（一）加快构建众创空间。充分利用合芜蚌自主创新综合试验区、国家高新技术产业开发区、科技企业孵化器、小微企业创业基地、大学科技园和高校、科研院所的有利条件，推广创业苗圃、创业社区、创客空间、创业咖啡、创新工场等新型孵化模式，发挥行业领军企业、创业投资机构、社会组织等社会力量的主力军作用，构建一批市场化、专业化、集成化、网络化的众创空间，实现创新与创业相结合、线上与线下相结合、孵化与投资相结合，为小微企业成长和个人创业提供低成本、便利化、全要素、开放式的综合服务平台，形成“苗圃—孵化器—加速器”孵化链条。全面探索开展“众创空间”认定和备案登记工作。（省科技厅牵头，省教育厅、省人力资源社会保障厅、省经济和信息化委配合）

（二）积极支持孵化器建设。对符合条件的孵化器自用以及无偿或通过出租等方式提供给孵化企业使用的房产、土地，免征房产税和城镇土地使用税；对其向孵化企业出租场地、房屋以及提供孵化服务的收入，免征营业税。在符合土地利用总体规划的前提下，统筹各类用地总量、结构，优先安排新建孵化器用地计划指标。对利用原有工业用地建设孵化器、提高容积率的，在符合规划、不改变用途的前提下，不再增收土地出让金。（省国土资源厅、省地税局、省财政厅负责）

二、优化创新创业环境

（三）降低创新创业门槛。深化商事制度改革，全面推行“先照后证”“三证合一”“一证一号”“一址多照”改革，有序推进企业名称、经营范围、住所（经营场所）登记改革，加快推进企业电子营业执照和企业注册全程电子化。针对众创空间等新型孵化机构集中办公等特点，为各类众创孵化平台、孵化器和在孵企业开通工商注册、住所登记和税收、立项、用地、报建等业务绿色通道，简化审批手续，缩短审批时间。有条件的市、县可对众创空间等新型孵化器机构的房租、宽带接入费用和用于创业服务的公共软件、开发工具给予适当财政补贴，鼓励众创空间为创业者提供免费高带宽互联网接入服务。（省工商局、省财政厅、省国税局、省地税局、省国土资源厅、省经济和信息化委负责）

（四）支持创新创业公共服务。综合运用政府购买服务、无偿资助、业务奖励等方式，支持中小企业公共服务平台和服务机构建设，为中小企业提供全方位专业化优质服务，支持服务机构为初创企业提供法律、知识产权、财务、咨询、检验检测认证和技术转移等服务，促进科技基础条件平台开放共享。推动实施以大学生为重点的青年创业计划，建立健全创业指导服务机构，为大学生等各类创业者提供场所、资金支持，以创业带动就业。支持孵化器、社会力量自建或合作共建科技创新平台、中小企业公共服务平台和服务机构。鼓励高校科研院所科研基础设施和大型科研仪器向社会开放，推动各类创新创业服务载体以合作研究、开放课题、学术交流、委托试验、人才培训等多种形式开展良性互动，实现资源共享。（省科技厅、省经济和信息化委、省财政厅、省质监局、省教育厅负责）

（五）营造创新创业氛围。鼓励社会力量围绕大众创业、万众创新组织开展各类公益活动，积极倡导敢为人先、宽容失败的创新文化，大力培育企业家精神和创客文化。鼓励大企业建立服务大众创业的开放创新平台，支持社会力量举办创业沙龙、创业大讲堂、创业训练营等创业培训活动。对具备创业条件、创业意愿且有培训愿望的科技人员、大学生等各类创业者，免费提供多层次、全过程、阶梯式的创业培训。对定点培训机构开展创业意识培训、创办企业培训（改善企业培训）、创业模拟实训的，分别按照100元/人、1000元/人、1300元/人的标准给予补贴。创业服务机构、行业协会有意开展创业培训的，可按规定申请认定为定点创业培训机构，开展创业培训后享受创业培训补贴。（省人力资源社会保障厅、省财政厅、省科技厅、省教育厅负责）

三、落实创新创业扶持政策

（六）加大初创企业扶持力度。对入驻科技企业孵化器的初创企业给予场地租金优惠减免政策，具体由各地结合实际确定。对入驻大学生创业孵化基地、青年创业孵化基地、留学人员创业园的实体和企业按规定落实扶持政策。高校毕业生、留学回国人员初始创办科技型、现代服务型小微企业的，符合条件的给予一次性创业扶持补助。普通高等学校、职业学校、技工院校学生和留学回国人员、复员转业退役军人、登记失业人员、就业困难人员等各类创业者可按照规定享受税费减免、小额担保贷款及贴息政策。（省财政厅、省人力资源社会保障厅、省地税局、省经济和信息化委、省科技厅、省工商局、省教育厅负责）

（七）落实仪器设备购置和科技成果转化财政补贴政策。对省备案科技企业孵化器及在孵企业购置用于研发的关键仪器设备（原值10万元以上）的，省、市（县）分别按其年度实际支出额的15%予以补助，单台仪器设备补助分别不超过200万元，单个企业补助分别不超过500万元。鼓励科技成果在本省转移转化，企业和高校院所以技术入股、转让、授权使用等形式在省内转移转化科技成果的，省按其技术合同成交并实际到账额，给予技术输出方10%的补助，单项成果最高补助不超过100万元。（省科技厅、省财政厅负责）

（八）扩大小型微利企业所得税优惠相关政策。符合规定条件的小型微利企业，无论采取查账征收还是核定征收方式，均可享受所得税优惠政策；在季度、月份预缴企业所得税时，可以自行享受小型微利企业所得税优惠政策，无须税务机关审核批准。对年应纳税所得额低于20万元（含20万元）的小型微利企业，其所得减按50%计入应纳税所得额，按20%的税率缴纳企业所得税。（省国税局、省地税局、省财政厅负责）

四、拓宽创业投融资渠道

（九）加强财政资金引导。发挥创业风险投资引导基金、中小企业发展专项资金、高新技术产业基金等财政资金的杠杆作用，通过市场机制引导社会资本和金融资本支持科技型中小企业发展。发挥财税政策作用支持天使投资、创业投资发展，培育发展天使投资群体，推动大众创新创业。（省财政厅、省经济和信息化委、省科技厅、省商务厅、省工商局负责）

（十）完善创业投融资机制。发挥多层次资本市场作用，引导创业企业对接资本市场在主板、中小板、创业板及港交所上市，鼓励创业企业在全国中小企业股份转让系统、区域性股权市场挂牌融资，通过中小企业集合债券、集合票据等方式进行债券融资，大力发展创业投资引导基金。鼓励银行业金融机构新设或改造部分分（支）行，作为从事科技型中小企业金融服务的专业或特色分（支）行，提供科技融资担保、知识产权质押、股权质押等方式的金融服务。省高新技术产业投资公司要切出一定比例投资众创空间和小微企业，支持有条件的地区建设新型孵化器、加速器。（省政府金融办、人行合肥中心支行、安徽银监局、省科技厅、省知识产权局、省投资集团负责）

安徽省人民政府办公厅
2015年7月19日

安徽省留学回国人员创新创业扶持计划

（皖人社秘〔2015〕318号）

第一章 总 则

第一条 为实施人才强省和创新驱动战略，贯彻落实《安徽省中长期人才发展规划纲要（2010—2020年）》（皖发〔2010〕21号）和省委组织部、省人力资源社会保障厅《关于支持留学人员来皖创业的实施意见》（皖人社发〔2012〕16号）要求，加大对留学人员来皖创新创业的政策扶持力度，决定组织实施安徽省留学回国人员创新创业扶持计划（简称“留学人员扶持计划”）。

第二条 留学人员扶持计划包括“留学人员创新项目择优资助计划”项目和“留学人员来皖创业启动支持计划”项目。主要从我省各类企事业单位从事创新创业的留学回国人员中遴选出一批优秀项目和创业企业进行资金扶持，引进培育一批专业素质高、技术前景好、海外联系广、熟悉国际运作规则的海外高层次人才，扶持发展一批具有核心竞争力的留学人员企业。

第三条 从2015年起，每年有计划、有重点地遴选扶持20个创新科研项目、10家创业企业。

第二章 扶持对象和条件

第四条 扶持对象。主要为回到国内时间一般不超过5年，年龄一般在45周岁以下，在皖各类企事业单位工作的留学人员。

第五条 “留学人员创新项目择优资助计划”分为重点项目和启动项目。重点项目主要资助在我省自然科学或工程技术领域主持国家、省重点攻关、重大技术改造、具有广泛应用前景的新技术研究开发项目的留学人员；启动项目主要资助近3年内来皖启动某一学科或技术领域研究的留学人员。

第六条 申报“留学人员创新项目择优资助计划”须同时符合以下条件：

（一）2年以上境外学习或科研工作经历，在境外取得硕士及以上学位或在海外高校、科研机构或企业机构有正式教学、科研或工作职位；

（二）能独立主持研究开发工作，具有成为我省该领域学术或技术带头人的发展潜力；

（三）申报项目属于国内或省内该领域领先水平或填补省内空白，具有应用开发前景，可产生良好经济社会效益；

（四）申报项目直接服务于全省主导产业或战略性新兴产业发展。

第七条 申报“留学人员来皖创业启动支持计划”项目须符合以下条件：

（一）一般要由留学人员担任企业法定代表人，或留学人员自有资金（含技术入股）及海内外跟进的风险投资占企业总投资或总注册资本的25%以上；

（二）拥有自主知识产权或发明专利，技术创新性强，具有市场应用前景；

（三）熟悉相关领域国际规则，有经营管理能力，有海外自主创业经验；

（四）企业注册时间不超过3年；

（五）企业注册资本现金资产不低于50万元人民币；

（六）企业法人诚信守法，无违法犯罪记录。

第三章 资金安排及管理

第八条 留学人员扶持计划资金纳入省级人力资源社会保障部门预算人才专项经费预算中统筹安排，实行专款专用。

第九条 对入选的创新重点项目，资助项目扶持资金10万—20万元；创新启动项目，资助项目扶持资金5万—10万元，主要用于项目的研发、运作、团队建设等。对入选的创业启动企业，资助创业扶持资金20万—30万元，主要用于企业科研成果转化、开拓市场、贷款贴息、人才引进和团队建设等方面。同时积极给予融资支持，引导企业按照规定申请享受创业担保贷款及财政贴息，申请青年创业引导资金贷款。对于创办科技创新型企业的，引导企业申请高层次人才创新创业风险投资基金支持，并按规定享受股权和分红激励。

第十条 对入选国家留学人员扶持计划资助的项目，省专项资金按规定予以配套支持。各地、有关单位对入选省级资助的项目，可结合实际给予一定资金配套。

第十一条 专项资金的使用应严格遵守国家有关法律法规和省有关专项经费财务规章制度，并自觉接受财政、审计等相关部门的监督检查。

第十二条 扶持资金实行专款专用，任何单位和个人不得滞留、截留、挤占和挪用。对弄虚作假，骗取补助资金的，除追回所有补助资金外，将按有关规定严肃查处，并依法追究相关单位和人员责任。

第四章 组织实施

第十三条 留学人员扶持计划由省级人力资源社会保障部门、财政部门共同组织实施，省级人力资源社会保障部门负责具体工作。各市人力资源社会保障部门、省直有关单位负责推荐工作。

第十四条 留学人员扶持计划每年12月份集中申报。申报人员由所在单位按照隶属关系和有关要求，向本级人力资源社会保障部门或主管部门推荐。各市人力资源社会保障部门、省直有关单位，根据选拔条件，对逐级申报推荐的人选进行审核公示后，报送省级人力资源社会保障部门。原则上三年内对同一申报人选不进行重复资助。

第十五条 省级人力资源社会保障部门牵头，会同省直有关单位及专家组成评审委员会，采用集中评审、现场答辩、实地考察和专家咨询等方式，对申请项目、企业在行业内的技术水平、应用前景、风险水平、效益情况和申请人的创新能力、经营管理能力等进行综合评估，并根据评估结果提出拟资助对象和经费额度。评审结果经公示后确定。

第十六条 省级人力资源社会保障部门每年根据确定的评审结果，研究提出专项资金分配意见，省级财政部门审核后按规定程序拨付资金。项目当年评审，资金当年拨付使用。

第十七条 建立健全项目绩效评价制度。绩效评价主要包括项目目标完成程度，项目完成后所产生的积极效果，专项资金使用的合规性等。绩效评价按照单位自评、检查核实、综合评价、总结报告的程序进行，评价的结果作为项目总结评估的重要依据。各地人力资源社会保障部门具体负责资金绩效评价工作。凡当年受资助的单位和个人，需在次年6月底前向同级人力资源社会保障部门提供项目绩效评价报告和专项资金使用情况，作为以后年度安排经费的重要依据。

安徽省人力资源和社会保障厅
安徽省财政厅
2015年9月10日

合肥市进一步扶持高层次人才创新创业实施意见

（合办〔2015〕31号）

为进一步引进集聚高层次人才创新创业，充分发挥高层次人才创新创业的示范带动作用，激发社会创新活力和创业激情，加快推进合肥长三角世界级城市群副中心建设，打造“大湖名城、创新高地”，根据省委办公厅、省政府办公厅《关于进一步扶持高层次人才创新创业的若干意见》（皖办发〔2015〕24号），结合合肥实际，制定本意见。

一、实施高层次人才创业团队引进计划。围绕合肥战略性新兴产业和主导产业，从2016年起用5年时间，面向国内外引进200个左右高层次人才团队来肥创新创业。团队创办的企业落户合肥3年内，符合支持条件的，给予300万—1000万元的天使投资基金或500万—2000万元创业引导基金支持，县（市）区、开发区给予配套支持。引进高层次人才创业团队的领军人才为国家“千人计划”专家，在获得天使投资基金或创业引导基金支持的前提下，再给予创业团队100万元配套资金资助。对具有世界一流水平的创新创业团队，可突破投资额上限。（责任单位：市科技局、市财政局、市金融办、各县市区开发区）

二、实施领军人才引进“百人计划”。按照“突出重点、按需引进、优化结构、确保质量”的原则，突出“高、精、尖、缺”导向，从2016年起用5年时间，面向国内外引进200名左右能突破关键技术、推进产业转型升级的创新创业领军人才。创新领军人才分2档，分别给予50万元、30万元资助；创业领军人才分3档，分别给予300万元、200万元、100万元资助。市与县（市）区、开发区各承担50%。（责任单位：市委组织部、市人社局、市财政局、各县市区开发区）

三、实施庐州产业创新团队培养计划。围绕合肥现有高新技术企业的特定研发项目，从2016年起用5年时间，分期培育200个左右产业创新团队。经认定的产业创新团队，在3年管理期内考核合格者，分两档每年分别给予企业30万元、20万元资助。（责任单位：市委组织部、市人社局、市财政局、各县市区开发区）

四、实施庐州英才培养计划。从2016年起用5年时间，培养和扶持本地高层次创新创业人才200名左右。每年遴选40人左右，其中创新英才10人左右，创业英才30人左右。创新英才每人一次性资助30万元，创业英才每人一次性资助50万元。入选或引进国家“万人计划”专家每人资助50万元，入选省“特支计划”每人资助30万元。符合多重条件的，按上限资助，不重复享受。市级资助资金的60%作为自主选题研究、人才培养和团队建设等，40%作为个人资助。（责任单位：市委组织部、市人社局、市财政局、各县市区开发区）

五、促进科技成果转化。贯彻国家科技成果转化法，提高科研人员成果转化收益比例，由不低于20%提高到不低于50%。探索在肥高校、科研院所科技成果使用、处置和收益权“三权”管理改革，赋予高校、科研院所科技成果管理自主权，科技成果转移转化所得收益留归单位，纳入单位预算，实行统一管理，不再上缴国库。制定合肥市专利促进条例，加大专利保护力度，促进专利的实施和运用，激励人才创新创造。促进科技成果本地转化，对企业购买高校院所科技成果在肥转移转化，单项成果实际支付500万元以上的，按其技术合同到账额给予10%最高100万元补助。（责任单位：市科技局、市财政局、市法制办、市国资委）

六、搭建创新创业平台。以中科大先研院等高端产业研究院为引领，推进高端创新创业平台建设，积极探索人才管理改革，对其人才引进、项目研发、成果转化等每年予以一定研发资金支持。引导和鼓励各县（市）区培育发展一批低成本、便利化、全要素、开放式的众创空间，对众创空间基础设施建设等给予政策资金支持，聘任成功创业者、知名企业家等担任创业导师，优化创新创业服务体系。对新认定的市级孵化器及年度考核优秀的孵化器，分别给予50万元运行费资助。对新认定的国家级孵化器给予100万元资助。对新组建的各类创新战略联盟、院士专家工作站、博士后工作站按规定资助。（责任单位：市科技局、市人社局、市财政局、各县市区开发区）

七、营造创新创业氛围。按照“大众创业、万众创新”要求，抢抓全国“双创”示范市建设机遇，大力实施合肥市小微企业创新创业基地城市示范2015—2017年行动计划，落实免费创业培训、小额担保贷款、创业孵化基地、创业专家指导等各项创业扶持政策。鼓励引导高等院校优秀毕业生和海外留学人员来肥领办、创办企业，所创（领）办企业属我市重点发展战略性新兴产业或具有创新商业模式的高端现代服务业，根据相关政策择优给予支持。积极举办创新创业大赛、工业设计大赛、创新创业论坛等各类活动，激发创新创业活力，营造创新创业氛围。（责任单位：市经信委、市人社局、团市委、市财政局、市科技局）

八、加大科技金融和税收政策支持。发挥金融创新对技术创新的助推作用，培育壮大创业投资和资本市场。扩大政府天使投资基金规模，重点支持种子期、初创期科技型企业。发展科技创新贷、科技小额贷、专利质押贷等科技金融产品，完善中小企业融资担保体系，支持高新技术企业和创新型企业以多种方式融资，带动社会资本共同加大对中小企业创新创业的投入。引导金融机构面向中小企业开展服务创新，银行对企业实行基准利率投放科技创新贷等，政府按照基准利率50%给予银行利息补贴。对投保科技保险的企业，按实际支出保费的50%给予补贴。落实推广中关村国家自主创新示范区税收试点政策（财税〔2015〕62号）。（责任单位：市科技局、市财政局、市地税局、市国税局、市金融办、各县市区开发区）

九、优先推荐项目和采购。优先推荐市“百人计划”“庐州英才”入选专家和各类创新创业团队核心成员申报人才项目和重大计划项目；优先支持上述人才所在企业申请天使投资基金或创业引导基金；同等情况下，优先采购创新团队创办企业的产品。（责任单位：市委组织部、市科技局、市人社局、市财政局、市金融办、各县市区开发区）

十、优化人才生活保障。为高层次人才定期安排三级以上医院免费健康体检服务。引进的高层次人才可按规定享受购房补贴、租房补贴和5年内免费入住人才公寓等住房优惠政策。各单位自建人才公寓的，可参照保障性安居工程建设相关规定，在土地供给、规划审批等方面予以政策支持。（责任单位：市委组织部、市卫计委、市城乡建委、市国土资源局、市房产局、各县市区开发区）

十一、加强人才配套服务。妥善安排高层次人才子女就学，由市教育部门统一协调安排到相应学区公办学校就读，不得收取任何择校费、赞助费。按照统筹调配、双向选择的原则，协助解决配偶就业，暂时无法安排就业的，高层次人才所在单位可参照本单位平均工资水平为其发放生活补贴。在政策允许范围内，为高层次人才落户、外籍高层次人才签证居留和出入境等提供便捷服务。（责任单位：市委组织部、市教育局、市人社局、市公安局）

十二、建立专项服务制度。经认定的高层次人才，发放《合肥市高层次人才证书》，凭证享受创业、工作、生活等“一站式”专门服务。市人社局人才服务中心及各县（市）区设立“合肥市高层次人才一站式服务窗口”，安排专人为持证高层次人才提供公共服务，协调办理相关手续和落实政策，实行“一站式受理、一次性告知、一条龙服务”。建立服务联动机制，定期召开部门联席会议，统筹解决人才服务有关问题。建立高层次人才信息库，实现全市信息联网和共享。（责任单位：市委组织部、市人社局、各县市区开发区）

本意见所称“高层次人才”，主要包括市级以上重大项目主持人或主要完成人，获得国家“百千万人才工程”“千人计划”“万人计划”，省“百人计划”“皖江学者计划”、政府特殊津贴、国家高层次留学人才、学术技术带头人和省科技进步二等奖、市科技进步一等奖等市级以上人才项目认定或资助人选，以及市人才工作领导小组认定的高层次人才。

本实施意见由市委组织部负责解释。各县（市）区、开发区、各单位要紧紧围绕人才强市、创新驱动战略，加强组织领导，采取有效措施，确保各项政策落实到位，进一步营造有利于高层次人才创新创业的良好环境。

中共合肥市委办公厅
2015年11月25日

合肥市人民政府 关于大力推进大众创业万众创新的若干政策意见

（合政〔2015〕127号）

为贯彻落实《中共中央国务院关于深化体制机制改革加快实施创新驱动发展战略的若干意见》《国务院关于大力推进大众创业万众创新若干政策措施的意见》《国务院办公厅关于发展众创空间推进大众创新创业的指导意见》和省“1+6+2”自主创新政策、《安徽省人民政府关于进一步做好新形势下就业创业工作的实施意见》精神，结合我市实际，现就加快创建国家小微企业创业创新基地城市示范，大力推进大众创业万众创新，提出以下政策意见。

一、构建创业创新平台

1．兴建一批众创空间。加大众创空间建设力度，鼓励和支持企业、投资机构、行业组织等社会力量投资建设或管理运营创客空间、创业咖啡、创新工场等新型孵化载体。积极引进国内外行业领军企业在肥设立专业孵化器，鼓励和支持将闲置楼宇、工业厂房转型成为各类孵化载体。对新认定的国家级、省级众创空间（孵化器），分别给予100万元、50万元一次性奖补。对新认定的市级众创空间（孵化器）及年度考核优秀的众创空间（孵化器），分别资助50万元运行经费。众创空间（孵化器）每孵化一户国家级高新技术企业奖励10万元。

2．打造创业创新基地。支持面向科技人员、大学生、农民工、蓝领、下岗失业人员等不同群体的创业创新基地建设，对新认定的国家级、省级、市级孵化或创业示范基地，分别给予50万元、30万元、20万元一次性奖补，现行3年创业园区补贴政策再延长2年。对新建或改扩建商贸企业集聚区项目，经市级认定给予20万—100万元一次性奖补。对符合要求的小微企业购买或租用标准化厂房的，按照购置价或年租金分别给予5%、30%的一次性补助。支持利用闲置厂房返租返购，入驻国家级、省级和市级创业创新基地由所在地财政给予一定的租金减免。对引进的符合合肥市人才政策的创业创新型人才，给予办公及住所租金减免。

3．加强用地保障。纳入多层标准化厂房新增建设用地计划的项目，优先安排用地计划。各县（市）区、开发区于当年9月谋划项目并经市经信委确认，市国土局在次年编制用地计划上报市土地管理委员会审定。在不改变使用性质、符合规划条件和国家产业政策的前提下，按照《关于加快都市产业园标准化厂房建设的若干意见》（合经信法规〔2013〕58号），多层标准化厂房可以依法转让、出租和抵押。在符合城市建设规划的前提下，鼓励企业自有存量土地经市土地管理委员会依法批准并按规定程序补交土地出让金后升级改造。在不改变土地使用性质、符合产业政策的前提下，鼓励开发园区内众创空间工业用地升级扩容。允许现有孵化器项目房屋分幢、分层转让、分摊设置土地使用权，转让对象为工业企业或生产性服务企业。

二、拓展创业创新服务

4．构建公共服务网络。搭建全市创业创新公共服务平台网络，拓展市级中小企业服务中心功能。县（市）区、开发区小微企业网络服务平台建设面积在1000平方米以上、服务功能完善且与市核心枢纽平台互联互通的，按其信息化投资额度的50%，由市财政给予不超过200万元一次性奖补。加快“无线城市”建设，通过政府购买服务方式，实现全市公共区域无线局域网全覆盖。实施信息消费“双百”工程，对新认定的省级以上信息消费创新产品、信息消费体验中心，给予20万元一次性奖补。

5．创新公共服务模式。支持面向主导产业、优势产业和战略性新兴产业提供行业公共技术服务的“X”专业化平台建设，重点建设以讯飞、绿地、联想等龙头企业为支撑的开放式科技成果转化和工业设计服务平台，年服务企业数达200户以上的，按其投资规模给予不超过200万元一次性奖补。支持为众创、众包、众扶、众筹等新模式开展研发和测试的中试、工试服务平台建设，年服务对象达300家以上的，按其服务的频次，由市财政给予不超过300万元一次性奖补。设立合肥市中小企业创业创新公共服务“电子券”。探索开展“庐创汇”创新创业服务系列活动。

6．开放共享科技资源。建立健全科研设施、仪器设备、宽带接入、大数据应用和科技文献等资源向创客企业开放机制。推动大型科学仪器设备共享，租用纳入安徽省及合肥市仪器设备共享服务平台网的仪器设备，财政按租用仪器设备年度支出的20%给予租用单位补助，每个租用单位最高不超过200万元。支持建设小微企业设备租赁服务中心。建设安徽省联合技术产权交易所，形成“展示+交易+融资”网上技术市场，对小微企业技术合同交易按年度累计交易总额给予一定奖励，年度累计交易总额在500万—1000万元的，奖励10万元；1000万—5000万元的，奖励15万元；5000万—1亿元的，奖励20万元；1亿元以上的，奖励50万元。

7．完善基层创业服务。支持市场化网商创业平台发展，对从事社区O2O电子商务的初创企业，在其电子商务平台正式上线销售达到一定规模，且线下网点超过10个后，对当年运营支出给予50万元一次性奖补。鼓励电子商务集聚发展，对电子商务产业园区（或电子商务楼宇）实际使用面积超过2万平方米、入驻电子商务企业超过30家的，地方特色馆（或产业带）项目年网上销售额达2亿元以上的，分别给予50万元一次性奖补。鼓励国内知名电子商务服务企业在肥设立农村电子商务县级服务中心和乡（镇）服务站，村级服务点达到20个以上的企业，给予50万元一次性奖补。

8．融入全球创新网络。大力建设国际科技合作基地、国际科技企业孵化器，对新认定的国家级国际合作基地给予100万元一次性奖补，年度考核优秀的给予50万元奖补。对外资来我市设立研发机构的，按其当年实际投资额的10%给予一次性补助，最高不超过500万元。我市企业在境外当年新设立、合办、收购研发机构，按其当年实际投资额的10%给予一次性奖补，最高不超过500万元。招引先发地区科技园区管理团队，考核优秀的给予50万元一次性奖励。

9．扶持小微企业提档升级。大力促进"小升规"，对当年新增为规模以上工业企业的，由县级财政给予企业5万元一次性奖励。通过政府购买服务方式，为"小升规"企业免费提供技能培训、市场开拓等服务。实施"两化融合万千百"工程，对通过"两化融合"管理体系国家标准的企业，给予50万元一次性奖补。鼓励和支持工业设计创新服务、智能制造产业发展和小微企业品牌建设。

10．支持小微企业"专精特新"发展。对新认定为省级、市级"专精特新"小微企业，分别给予40万元、20万元一次性奖补。支持有条件的"专精特新"企业自建或与科研机构共建企业技术中心或工业设计中心，由县级财政给予市级以上新认定的技术中心或工业设计中心每个10万元奖补。对当年新认定的市级以上工业设计示范基地，给予50万元一次性奖励。鼓励电子商务服务商指导"专精特新"企业应用第三方电商平台开展电子商务，年服务"专精特新"企业开展网络营销达到100户以上的，给予50万元一次性奖励。

三、强化财税金融支持

11．落实普惠性税收政策。全面落实扶持小微企业发展的各项税收优惠政策。对年应纳税所得额低于30万元（含30万元）的小型微利企业，其所得减按50%计入应纳税所得额，按20%的税率缴纳企业所得税。对增值税小规模纳税月销售额不超过3万元的企业，暂免征收增值税。对营业税纳税月营业额不超过3万元的企业，暂免征收营业税。

12．发挥合芜蚌自主创新综合试验区政策优势。推广实施中关村4项先行先试政策，全面落实合芜蚌自主创新综合实验区各项税收试点政策，对中小高新技术企业以未分配利润等转增个人股本、示范区内高新技术企业转化科技成果给予科技人员的股权奖励，涉及的个人所得税可5年内分期缴纳。纳税年度内，注册在示范区内的居民企业，转让技术的所有权或5年以上的许可使用权所得额不超过500万元的部分免征企业所得税，超过500万元的部分减半征收。

13．实行政府采购支持。制定合肥市政府采购支持小微企业发展办法，落实小微企业产品价格以及鼓励大中型企业与小微企业组成联合体参与政府采购等优惠政策。不得以注册资本、资产总额、营业收入、从业人员、利润、纳税额等供应商的规模条件设定差别、歧视条款或作为评标加分因素。政府部门采购预算安排一定比例面向小微企业。推进政府购买第三方服务，加大创新产品和服务的采购力度。在政府采购中加大对列入全省首台套目录中我市产品的采购力度，并给予一定的财政资金奖补。

14．加大信贷支持力度。完善对金融机构考核评价体系，增设小微企业放贷考核指标。安排中小企业转贷专项资金，以基金形式设立中小微企业转贷、担保、代偿资金池，由国有控股公司运营管理，转贷业务风险容忍度提高至30%。设立小微企业信贷引导资金，合作银行按照不低于1：10的比例，给予符合条件的企业总信贷额度支持。安排小微企业贷款贴息资金，对市政府推介的小微企业，按银行同期基准利率给予上年新发生流动资金贷款利息一定比例的财政贴息。对当年新招用各类登记失业人员达到一定比例的劳动密集型小微企业，贷款额度在500万元及以内的，按贷款基准利率的50%给予贴息。建立新型政银担"4321"风险分担机制，2015年底实现全市区域和银担机构"两个全覆盖"。构建"融资担保+"创新机制，做大做强国有融资担保平台。

15．创新财政金融产品。发行"大湖名城中小企业创新发展基金"，通过财政资金增信，引入低成本社会资本，设立总规模30亿元创新型金融产品，以委托贷款或者股权投资的方式为中小微企业提供年化综合成本不高于10%的资金支持。开展"大湖名城中小微企业成长贷"业务，建立资金风险池，引导银行按10倍规模，采用无抵押股权质押等方式，对拟在或已在场外市场挂牌企业提供融资支持。开展"大湖名城中小微企业政保贷"业务，设立政府风险补偿资金池，银行按政府风险补偿资金池10倍放大，企业提供40%抵押（担保）即可获得单笔不超过2000万元融资支持。鼓励市属平台公司发行专项中小微企业财政金融产品，2015年底前，兴泰控股和产投集团先期分别发行10亿元中小微企业专项扶持债或专项扶持基金等财政金融类产品，以委托贷款方式投向全市中小微企业。推广实施小额信贷保证保险。创新"税融通"融资模式，银行业金融机构向诚信纳税中小微企业提供信用贷款或担保贷款。

16．加强资本市场融资。完善中小企业上市、挂牌、发债融资支持政策，由上市融资后奖励向股改补助转变，安排财政专项资金，对完成"规改股"的企业单户奖励50万元，力争上市和交易所待审企业突破100家，新三板挂牌和待审企业突破200家，储备直接融资后备企业3000家。鼓励"两化融合"服务机构为企业提供信息化、智能制造等融资租赁服务，对年度为企业提供融资金额超过1亿元的服务机构给予50万元一次性奖励。

17．发挥基金引导作用。制定基金发展支持政策，加快打造基金丛林。建立基金风险容忍和尽职免责机制，天使投资基金风险容忍度提高至30%，政府投资引导基金风险容忍度确定为10%。明确有限合伙制基金纳税标准，采用"先分后税"方式，对于执行事务的自然人普通合伙人，适用5%—35%的五级超额累进税率计征所得税，对于不执行事务的自然人合伙人所获投资收益，按照20%的税率计征个人所得税。给予迁入或新注册基金的管理机构一次性奖励，以合伙制形式设立的基金，募集资金规模10亿—30亿元的，对符合条件的基金管理机构给予500万—1000万元一次性奖励；募集资金规模30亿元及以上的，对符合条件的给予1500万元一次性奖励；以公司制形式设立的基金，注册资本5亿—30亿元的，对符合条件的基金管理机构给予500万—1000万元一次性奖励；注册资本30亿元及以上的，对符合条件的给予1500万元一次性奖励。对于基金管理机构连续聘用两年的高级管理人员在我市第一次购买商品房、汽车、参加专业培训的，每年按基金管理机构所管理基金实收资本5‰的金额给予高管人员一定补贴，最高不超过其当年薪资收入的5%。对于落户我市的基金机构购置的办公用房按购房价格的1.5%给予一次性补贴，最高补贴不超过500万元；新租赁的自用办公用房则按房屋租金市场指导价的30%给予租房补贴，累计不超过100万元。对在我市投资超过其实际规模50%的基金，按照超出部分投资额的1%予以奖励，最高不超过50万元。基金投资我市企业项目，在享受相关优惠政策后，每年按其实现利润的2%给予奖励，若为有限合伙企业，其自然人合伙人的分红，每年按不超过投资我市企业项目实际分红的2.5%给予奖励。

四、激活创业创新主体

18．支持科技人员创新创业。支持高校、科研院所、国有企事业单位的科技人员离岗创业，对在肥转化科技成果或创办科技型中小企业的，5年内保留其原有身份、编制和职称，档案工资正常晋升。全面落实企业股权和分红激励试点政策，支持科技成果转化，鼓励科技人员创业创新。鼓励和支持学会、协会、研究会等科技社团为科技人员创业创新提供服务。

19．支持境外人才来肥创业。小微企业引进符合我市“百人计划”条件的海内外创业创新领军人才、高级管理人才和特需人才，给予个人获得企业收入的50%、最高不超过200万元的奖补。引进（入选）国家“千人计划”、省“百人计划”特聘专家，分别给予50万元、30万元配套资助。引进符合条件的创业创新团队，给予最高500万元资助、300万—1000万元的天使投资基金或500万—2000万元的创业引导基金支持。鼓励人才中介服务机构、社会团体等参与引进创业创新领军人才，每成功引进1名给予5万元奖励。

20．支持大学生创业。设立大学生创业创新引导资金，对在校大学生和毕业5年内的高校毕业生，在工商部门注册或民政部门登记以及其他依法设立、免于注册或登记的创业创新实体，给予不超过5万元委托贷款支持。小微企业招用毕业2年内的高校毕业生，签订1年以上劳动合同并按规定缴纳社会保险费的，给予1年的五项社会保险补贴（不包括个人应缴纳的社会保险费）。

21．支持青年创业。组织实施合肥市青年创业计划，向符合条件并通过评审的创业青年发放不超过10万元免息、免担保的创业资金贷款，贷款期限最长不超过2年。提高个人创业担保贷款额度，将现行的5万元、8万元、10万元统一调整为10万元，在贷款基准利率基础上上浮3个百分点以内的，由市财政给予贴息；对有过商业贷款的申请人，可申请创业担保贷款，给予贴息扶持。

22．加强知识产权保护。推进知识产权示范城市建设，健全知识产权行政执法、维权援助工作体系。对新获批的国家知识产权示范园区、省级知识产权示范培育园区，分别给予100万、50万元一次性奖励。加强对小微企业专利托管服务，对新增专利托管企业达到100家以上的专利服务机构，给予10万元一次性奖励。对获得发明专利、实用新型专利授权的小微企业每件专利分别奖励5000元和1000元。列入市知识产权示范企业的，给予10万元一次性奖励。

五、健全创业创新机制

23．深化商事制度改革。2015年底前实现工商营业执照、组织机构代码证、税务登记证“三证合一”“一照一码”。放宽新注册企业经营场所登记条件，全面推动“一址多照”“一照多址”、集群注册等住所登记改革，实行经营场所负面清单管理。探索“互联网+工商登记”模式，推进全程电子化登记和电子营业执照应用。简化企业注销流程，完善小微企业退出机制。构建企业信用监管体系，强化失信企业信用约束。

24．推进科技成果使用处置和收益管理改革。贯彻落实国家促进科技成果转化法，赋予市属高校、科研院所等事业单位科技成果使用和处置自主权，科技成果转化所得全部归所在单位，并按照不少于50%的比例奖励科技成果完成人和为科技成果转化作出贡献的人员。企业购买高校、科研院所科技成果在肥转移转化的，并在全国技术合同网上登记完成的，按其技术合同成交并实际支付额给予补助，对单项成果实际支付500万元以上的给予10%最高100万元资金补助。

25．完善新型研究院运行机制。健全完善中科大先进技术研究院、合工大智能制造研究院、中科院技术创新工程院、清华大学公共安全研究院、北大未名生物经济研究院、中国农科院食品创新研究院等六大协同创新平台知识产权和资产处置、建设运行机制，进一步理顺资金、资产、产权关系。对研究院建设和运行经费给予支持，年度支持经费不低于5000万元。建立健全新型研究院科技成果转化制度，各研究院可自主决定对其持有的科技成果采取转让、许可、作价入股等方式转移转化。鼓励研究院引进创业团队创办科技型企业，可以知识产权等无形资产作价入股。

26．完善涉企收费目录清单管理机制。结合国家新一轮行政审批项目清理，依法大幅减少投资项目前置审批。落实涉企收费清单管理制度，动态清理涉企政府性收费、政府性基金和行政审批前置服务项目收费，全面做到“涉企收费进清单、清单之外无收费”。按照“就低不就高”的原则，收取各项规定的涉企收费。

27．建立贸易便利化机制。全面推进“四大港口”“三大特殊监管区”和对外劳务合作服务平台等八大载体建设，加快打造全国内陆经济开放新高地。按照国家一类口岸标准规划建设国际内陆港；通过“合新欧”国际货运班列，将更多的“合肥造”产品输送至“一带一路”沿线市场；抓好合肥水运港国际船代、货代公司引进工作，打造“江淮航运中心”；引导和鼓励创业投资企业“走出去”开拓国际市场，支持小微企业参加境内外重要展会。

28．加大政策落实力度。各县（市）区政府、开发区管委会、市直有关部门要按照本意见精神制定实施细则。要加大本意见各项政策兑现频次，简化政策兑现程序，确保政策落实到位、取得实效。市政府督查和目标办要加强政策落实跟踪督查，审计、监察部门要加大对政策资金使用的审计监督。

本意见自发布之日起施行。现行政策有效期按规定执行；涉及市财政资金支持的新政策从2016年1月1日起执行，有效期2年。本意见中的各项财政支持政策与市里出台的其他政策不重复享受。各条款政策由市相关部门负责解释。

合肥市人民政府

2015年10月16日

中共芜湖市委 芜湖市人民政府
关于进一步提升人才特区建设水平的意见

（芜市发〔2015〕1号）

人才聚则芜湖兴。为认真贯彻党的十八大及十八届三中、四中全会和习近平总书记关于人才工作的重要讲话精神，进一步落实省委、省政府关于建设合芜蚌人才特区的部署，结合芜湖实际，现提出如下意见。

1．总体思路。积极适应经济发展新常态，牢固树立“人才资源是第一资源”的理念，确立人才优先发展的战略布局，坚持人才资源优先开发、人才结构优先调整、人才投资优先保证、人才制度优先创新，以引进培养高层次人才为重点，以优化人才发展环境为保障，进一步提升人才特区建设水平，构建全国一流的人才高地，推动人才结构高端化与产业层次高端化、城市品质高端化相互促进，为芜湖打造经济和城市两个升级版、实现经济社会健康发展提供智力支持和人才保障。

2．鼓励企业和研发机构引进创新创业人才和团队。对企业和研发机构引进创新创业领军人才、高端人才的，根据服务期限和实际情况，经认定给予最高500万元补贴。引进人才对全市产业发展有决定性、关键性作用的，由人才特区推进工作领导小组以“一事一议”方式确定补贴额度。（责任单位：市人社局、市科技局、市发改委、市委组织部、市财政局。排名第一的为牵头单位，下同）

3．放大科技企业孵化器的聚才效应。对新建或改扩建新增孵化面积的科技企业孵化器，连续3年正常运营，经认定后以“贷改补”形式给予最高200万元补助。对运营成效优良的省级以上科技企业孵化器，给予最高50万元补助。对进入各类孵化器创业的科技型创新创业人才团队，给予最高100%租金后补助。对于符合规划的科技企业孵化器建设用地，属于新增建设用地的，其用地指标予以优先保证；利用存量工业厂房在符合规划的前提下实施科技企业孵化器项目的，可保留工业用地性质。在不改变科技企业孵化器服务用途的前提下，其厂房可按照相关规定进行转让。（责任单位：市科技局、市财政局、市国土局、市住建委、市城乡规划局）

4．放大高层次科技创新平台的育才效应。对新认定及运营成效优良的院士工作站、博士后科研工作站，给予最高50万元研发或运营补贴。（责任单位：市科技局、市人社局、市财政局）

5．实施高层次科技人才团队创业计划。对经评审认定的创业团队，市区两级可出资参股不超过2000万元，其中70%股权可用于奖励或股权激励。引进团队对全市产业发展有决定性、关键性作用的，根据项目资金需求和团队持股比例等因素，由市投资项目管理委员会以“一事一议”方式确定参股额度及激励办法。（责任单位：市科技局、市财政局、各区、集中区、开发区）

6．鼓励风险投资机构推动人才创新创业。对人才创新创业项目获得天使投资人、创业投资、私募股权投资、种子基金、创投基金、产业发展基金等投资的，由政府性投资平台通过跟进投资方式予以扶持，其中70%股权可用于股权激励，奖励给投资机构或被投企业的高级管理团队。（责任单位：市金融办、市财政局、市建投公司）

7．扶持青年创新创业活动。发展“众创空间”，充分利用国家高新区、科技企业孵化器、创业基地、大学科技园和在芜高校院所的有利条件，为创新创业者提供良好的工作空间、网络空间、社交空间和资源共享空间，构建一批低成本、便利化、全要素、开放式的综合服务平台。探索互联网股权众筹融资模式，增强众筹对大众创新创业的服务能力。对科技型创新创业人才团队通过专利权质押方式获得银行贷款，给予贴息补助。鼓励保险机构对科技型中小企业开展贷款保证保险。对毕业5年内的大学生创业，可享受最高400万元小额担保贷款贴息。对入驻省市级大学生创业孵化基地的创业实体，经认定给予最高50万元的免担保小额担保贷款及贴息。（责任单位：市人社局、团市委、市科技局、市金融办、市财政局）

8．建立市场化引才新机制。对引进创新创业领军人才、高端人才和团队的个人或社会组织，给予最高50万元资助。（责任单位：市委组织部、市人社局）

9．支持科研成果产业化。鼓励科技成果拥有人新注册公司或与老企业嫁接，进行科技成果转化。对转化科研成果并实现产业化的，根据经济社会效益贡献，按照成果转让金额的一定比例，给予最高100万元后补助。对重大成果转化推动产业转型升级，成效显著的，可采取“一事一议”的办法给予后补助。高校、科研机构在芜建立技术转移服务机构及运营成效优良的，给予最高30万元研发或运营补贴。（责任单位：市科技局、市财政局）

10．落实人才事业编制保障。引进创新创业领军人才、高端人才，不受事业单位编制和专业技术岗位限制。设立市科技创新发展研究院，凡具有事业身份的创新创业领军人才、高端人才来芜，可在该院继续保留其事业身份。（责任单位：市编办、市人社局）

11．提供住房和生活便利。对创新创业领军人才、高端人才本人或以配偶名义在我市首次购买自住商品房，给予最高50万元补贴。领军人才、高端人才可享受最高每人每月7000元生活补贴。对专科以上学历高校毕业生等人才本人或以配偶名义在我市首次购买自住商品房，继续给予安家补助。为无住房的人才提供公租房，给予最高80%的租金补贴。惠居住房金融公司为各类人才购房提供住房按揭贷款支持。推进国际化社区建设。（责任单位：市人社局、市住建委、宜居集团、惠居住房金融公司）

12．强化协调保障。坚持党管人才原则，形成党委统一领导，组织部门牵头抓总，有关部门各司其职、密切配合，社会力量广泛参与的人才工作新格局。市人才工作领导小组加强统筹规划和宏观指导，强化督促检查，确保政策落实。（责任单位：市人才办）

13．增加资金投入。设立3亿元的市人才工作专项资金，用于奖励补助。各项奖励补助支出，除已明确财政负担比例外，按现行市与县区财政体制实行分级、分比例负担。（责任单位：市财政局、市委组织部、市人社局，各县区、集中区、开发区）

14．建立评估、考核和制约机制。探索建立人才政策实施的跟踪评估、修订完善和工作考核机制，规范人才服务合同约束，发挥政策效应。制订人才资源统计和定期发布制度。（责任单位：市委组织部、市人社局、市财政局、市科技局，各县区、集中区、开发区）

15．本意见自2015年1月1日至2017年12月31日施行，此前规定与本意见不一致的，以本意见为准。由市人社局牵头，会同市委组织部、市科技局、市财政局等部门制定相关实施细则。

附件：芜湖市创新创业人才及团队的认定与分类

1．创新创业领军人才，指掌握国际领先技术，引领产业发展的人才。主要包括：中国科学院院士、中国工程院院士；国家级重点学科、重点实验室、工程（技术）研究中心、工程实验室的首席科学家；国家最高科学技术奖、国家自然科学奖、国家技术发明奖、国家科学技术进步奖、国际科学技术合作奖、中国专利金奖主要完成人；国家级有突出贡献的中青年专家；国内某一学科、技术领域的学术、技术带头人；享受国务院特殊津贴专家和国家“千人计划”、“万人计划”入选者等专家学者；国家中青年科技创新领军人才、科技创新创业人才；携带拥有国际先进水平的发明专利或自主知识产权的创新成果在我市产业化，并能够填补国际国内空白的创业项目或团队带头人；相当于上述层次的人才；年薪200万元以上的人才。

2．创新创业高端人才，指从事主导产业关键核心技术研发，转化重大科技成果的人才。主要包括：省部级有突出贡献的中青年专家；省级学术、技术带头人；享受省政府特殊津贴专家；省“百人计划”、省“特支计划”入选者等专家学者；在国内外知名高校、科研院所从事重大项目、关键技术或新兴学科研究工作，及在国内大型企业或曾在国外知名企业（机构）总部担任高级职务的专业技术或经营管理人才；承担国家和省科技计划（专项、基金）的主要完成人；在攻克技术难关、推广应用先进技术等方面作出突出贡献，代表行业最高技术水平的中华技能大奖、全国技术能手获得者、国际技能竞赛获奖者，及取得国家级技能竞赛二等奖及以上、省（部）级技能竞赛一等奖的高技能人才；携带拥有国内先进水平的自主知识产权、具有市场潜力并在我市产业化的创业项目或团队负责人；具有博士研究生学历、学位或正高级专业技术资格的人才（四县企业引进的急需紧缺的工程技术类人才，可放宽到硕士研究生学历、学位或副高级专业技术资格）；获得省级以上技能大师工作室领衔人、市级以上首席技师，及教育部认定的在国外取得硕士研究生及以上学历、学位（有在国外从事本专业3年以上工作经历）或副高级以上专业技术资格的海外留学人才；相当于上述层次的人才；年薪50万元以上的人才。

3．创新创业团队，分为高层次科技人才团队、创新团队、创业团队三类。高层次科技人才团队是指拥有自主知识产权，具有世界先进或国内领先水平的科技成果或高新技术产品，来我市独立创办公司或与我市企业（单位）共同创办公司，开展科技成果转化的省外、境外人才团队。创新团队是指以高层次创新人才为核心，创新业绩显著或有较大的创新潜力，依托高校、科研院所或企业研发平台和项目，致力于创新成果产业化的人才团队。创业团队是指带技术、项目、资金落户芜湖创业，技术和产品有较好的市场前景，符合我市产业发展导向和技术创新需求，能引领我市产业发展和技术创新的优秀团队。

中共芜湖市委
芜湖市人民政府
2015年4月20日

芜湖市扶持高层次科技人才团队创新创业实施办法

（芜政办〔2015〕16号）

为吸引、扶持高层次科技人才团队（以下简称科技团队）在我市创新创业，根据《安徽省人民政府办公厅关于修订印发实施创新驱动发展战略进一步加快创新型省份建设配套文件的通知》（皖政办〔2015〕40号）和《中共芜湖市委、芜湖市人民政府关于进一步提升人才特区建设水平的意见》（芜市发〔2015〕1号），制订本办法。

第一条 本办法所称的科技团队是指拥有自主知识产权、具有国际先进或国内一流水平科技成果，落户芜湖创业的人才团队。

第二条 市财政设立市创新创业专项资金，并纳入年度预算，主要用于扶持县区、开发区（以下简称县区）成立县区创业风险投资公司（以下简称县区风投公司）。县区风投公司由市与县区按1：1出资构成。

第三条 县区应积极招引和推进科技团队到本地创新创业，在资金、土地供给、基础设施配套、工作和生活场所提供以及团队成员配偶就业、子女就学等方面给予扶持。

第四条 各县区根据我市主导产业、战略性新兴产业发展需要，结合本区域发展规划，提出年度团队招引需求，市科技局汇总后统一向社会公开发布。

第五条 各县区应主动与科技团队进行对接，与团队签订创业合作协议，明确扶持措施及双方权利、义务。

第六条 申请市、县区扶持资金的科技团队，应具备以下条件：

（一）团队带头人一般应取得博士学位，并取得知名高校、科研院所副教授（副研究员、高级工程师）以上职称，或在国内外知名企业和机构担任高级职务3年以上，并具有自主创业经验，熟悉相关产业领域和国际规则，有较强的企业经营管理能力。

（二）科技团队成员应在3名以上（含3名），具有较高的技术水平和丰富的管理经验。一般取得硕士及以上学位，具有较强的专业创新能力或企业经营管理能力，成员间知识技能结构合理，拥有项目合作经历或与创业项目关联度较大。

（三）科技团队创办的公司注册3年以内，发展势头良好。

（四）市、县区扶持资金入股后，科技团队持股不能少于公司总股本20%，其中现金出资不少于公司总股本的10%。团队及其他股东现金出资不低于各级政府扶持资金的50%。团队成员3年内未经政府出资方同意，不得脱离公司或出让所持有的股份。

（五）科技团队携带的科技成果应拥有自主知识产权，具有较高的技术含量，并能在自公司注册之日起18个月内转化为产品并形成销售收入。

（六）科技团队成员原则上每人每年在芜湖工作3个月以上。

第七条 科技团队招引工作坚持公开、公平、择优原则。工作程序如下：

（一）发布通知。在市政府网站和市科技局网站上发布公告。

（二）材料填报。有意申报在芜创新创业的科技团队在网站上下载《芜湖市高层次科技人才团队申报书》，按要求填报，并提供相应附件材料。

（三）洽谈对接。各县区与科技团队对接，对申报团队进行考察并对团队申报的材料进行初审，与科技团队签订《高层次科技人才团队创业合作协议》。科技团队办理公司注册手续，县区向市科技局出具推荐函。

（四）资格审查。市科技局对申报材料进行复核，查实查新。

（五）专家评审。组织技术专家从团队质量、科技成果、知识产权等方面，对申报的科技团队进行评审。

（六）部门评价。组织市直部门专家从商业计划书、载体支持措施等方面，对申报的科技团队进行评价。市科技局将专家评审和部门评价得分汇总后，提请市科技创新创业工作领导小组审议。

（七）投资洽谈。县区风投公司负责按程序对团队及设立的企业进行尽职调查、项目审查，芜湖远大创业投资有限公司（以下简称市远大公司）全程参与。就股权结构、知识产权估价、股权激励和退出等内容开展商务谈判，拟定股权投资协议和扶持等级，并经县区投资委讨论通过。

（八）审定确认。市科技局会同市远大公司根据专家评审意见和各县区与团队洽谈情况，结合我市重点产业发展和培育，提出优先扶持团队名单和等级建议，并提请市投资委会议研究决定。县区风投公司按股权投资协议约定，负责将县区扶持资金先行到位。

第八条 对市政府审定的科技团队，进行以下扶持：

（一）每年扶持20个左右的科技团队来芜创新创业。根据市投资委会议决定，对在芜正式注册的科技团队分A、B、C、D四类予以支持，对每个科技团队分别出资参股2000万元、1000万元、600万元、300万元。由县区风投公司履行出资手续。

（二）上市奖励。科技团队创办的企业自市、县区扶持资金到位后，5年内在国内主板、中小板、创业板或香港证券交易所成功上市的，市、县区扶持资金1000万元以下（含1000万元）部分在企业中所占股份的70%奖励给团队成员，第6－7年上市的分别奖励50%和30%，第8年上市奖励10%，第9年后不再享受股权奖励政策；5年内在“新三板”挂牌的，奖励市、县区扶持资金在企业中所占股份的30%，后续实现转板上市的，按照就高不就低的原则，仍按照上市的奖励政策兑现。

（三）业绩奖励。自市、县区扶持资金到位后的连续5个会计年度（含扶持资金到位年度），科技团队创办的企业累计实际缴纳税金（不含土地使用税）达到扶持资金出资总额，奖励市、县区扶持资金1000万元以下（含1000万元）部分在企业中所占股权的30%，每多完成的实缴税金达到市、县区扶持资金出资总额的20%，增加10%奖励，最高奖励70%。

（四）回购奖励。自市、县区扶持资金到位后60个月内（含60个月，不足一年按一年计算），科技团队有权按照投资本金及退出时同期贷款基准利率计算的资金使用成本回购市、县区扶持资金所占股权，原则上不超过70%。

（五）对上述上市奖励、业绩奖励、回购奖励，科技团队可任选且仅选一种奖励方式。选择期限最迟不得超过市、县区扶持资金到位之日后的60个月。

（六）市、县区扶持资金到位后5年内，对销售收入、上缴税收连续3年增长20%以上的B、C、D类科技团队创办的公司，科技团队及创办的公司可继续申请扶持资金投资入股，累计最高不超过2000万元。

（七）对芜湖经济发展能产生重大影响的重点扶持团队可采取特事特办、一事一议的方式，参股支持额度可突破2000万。政府性扶持资金入股超过1000万元以上部分的奖励额度另行约定，在股权投资协议中明确。

（八）对市政府审定的重点团队项目，推荐申报省政府科技团队扶持资金。科技团队可叠加享受人才和科技创新相关政策，但不包括其他股权激励。

第九条 市、县区政府委托县区风投公司作为出资人，按照相关法律法规和政策规定，与市投资委会议确定的科技团队及其他投资主体共同签订《高层次科技人才团队股权投资协议》。

第十条 市科技创新创业工作领导小组负责统筹科技团队招引工作。领导小组各成员单位根据各自职能负责协调落实扶持团队创新创业的有关政策；市科技局负责科技团队招引工作的组织协调和评审评价工作；市财政局做好资金预算和调配工作；县区风投公司负责投资项目的项目立项、尽职调查、项目审查、决策实施、投后管理、项目退出等具体事宜。市远大公司负责管理创新创业专项资金，全程参与项目尽职调查，并对县区风投公司对科技团队投资过程进行监督管理和风险防控。

第十一条 科技团队必须提供真实、有效的申请资助材料，所在县区要严格审查把关。对以弄虚作假等方式套取财政资金的，一经核实，追回全额资金，并按规定予以处罚，5年之内不得申报各类政府补助资金；构成犯罪的，依法移送司法机关处理。

第十二条 本办法自2015年1月1日起施行，由市科技局会同市财政局负责解释。

芜湖市人民政府办公室

2015年7月30日

马鞍山市人民政府办公室
关于实施马鞍山市创业天使计划的意见

（马政办〔2015〕39号）

为进一步优化创新创业环境，全面推进“大众创业、万众创新”，加快促进我市转型升级、加快发展，结合我市实际，现就实施马鞍山市创业天使计划提出如下意见：

一、目的和意义

通过实施创业天使计划，进一步健全我市创新创业投融资服务体系，完善创业孵化服务链条，全面提升创新创业载体的服务功能，汇聚人才、成果、资金等创新要素，培育一批技术含量高、发展前景好的创新创业团队，为全市开展“大众创业、万众创新”发挥良好的引导示范作用。

二、支持的领域和对象

重点支持富有创业激情，具备较强研发能力，掌握相关技术及知识产权，符合我市主导产业、战略性新兴产业发展方向的创新创业团队（项目）和处于初创期的科技型小微企业。

三、主要工作内容

（一）建立投资引导基金。

市科技局牵头，设立“马鞍山市创业天使投资引导基金”（以下简称引导基金），按照“政府引导、集体决策、市场运作、尽职免责”的原则进行投资运作，基金规模6000万元，首批到位2000万元，其余分4年到位。

1．资金来源：市政府安排科技专项资金。

2．使用方式：通过股权投入发起组建若干支新的天使投资企业（以下简称参股天投企业）。

3．退出及获利：阶段持股，按约定的退出条件退出，参股期限一般不超过7年。所投股权50%为让利性出资，先行承担损失，投资收益奖励其他投资方，50%为同股同权性出资，用于自身滚动发展。

4．引导基金管理：市科技局、市人社局、市财政局、江东控股集团联合成立基金管理办公室，办公室设在市科技局，负责基金的资金筹措、合资合作方式选择、运行方式、绩效考核等重大事项决策和协调工作。委托安徽省高新创业投资公司作为形式出资人，负责基金日常管理和投资运作事务，经引导基金管理办公室审批，由安徽省高新创业投资公司对参股天投企业有违合伙协议或章程中约定的对外投资项目行使一票否决权，并按照引导基金专户资金额度提取管理费（5000万元以内提取1%，5000万元以上部分提取0.5%）。

5．参股天投企业管理：参股天投企业可采用公司制或有限合伙等组织形式（引导基金不作为普通合伙人且不能成为第一大股东），独立运营、市场化运作，引导基金参股比例一般不超过30%。参股天投企业对符合我市主导产业发展方向的早期创新创业团队（项目）和初创期科技型小微企业的投资额比例不得低于70%，单个企业投资额度上限500万元。

（二）配套相关政策。

1．对符合本意见支持方向、在我市注册并获参股天投企业投资的创业团队（项目）和初创期科技型小微企业。

（1）给予其创业团队最高10万元的创业补助，用于创业团队的薪酬、租房等补贴；

（2）给予其创业项目最高50万元的创业项目资助，用于创业项目的研发。

2．鼓励县区、开发园区和大型企业建设科技企业孵化器和“众创空间”。

（1）对具备独立法人资格、吸纳创业团队或企业在10家以上的“众创空间”等新型创新创业载体，给予最高10万元的建设补贴；

（2）对“众创空间”等新型创新创业载体，根据每年新增企业数，按每户3000元（不超过3年）的标准给予创业服务补助。

（3）对“众创空间”等新型创新创业载体开展的50人以上、市级或市级以上级别的创客大赛、创客品牌活动等，给予30%的活动经费补贴；

（4）建立全市科技企业孵化器、生产力促进中心、众创空间和创客空间等创新创业载体的绩效评价体系，每年组织开展绩效考核工作，并按绩效分别给予国家、省、市三级创新创业载体30万元、20万元、10万元的奖励。

3．对经专家评审认定并签订创业辅导协议（每人每年不超过5个）的创业导师，在协议期内给予相应奖励。

（1）创业导师指导初创期企业正常经营1年以上的，给予其2000元/项目的创业辅导工作经费。

（2）创业导师指导辅导对象获得参股天投企业投资的，每个项目给予其1万元的培育奖励。

（3）创业导师指导辅导对象获得新增外部投资的，按照新增投资额（不含参股天投企业投资额）的5‰给予其奖励，单个项目最高奖励额度不超过3万元。

以上政策，同一事项适用于多项优惠政策内容的，按“从优不重复”的原则予以支持。

（三）推进科技企业加速器建设。

根据创新创业的实际需求及科技部对国家级孵化器建设“苗圃—孵化器—加速器”科技创业孵化链条的要求，由江东控股集团投资，在市科创中心孵化基地预留地块上建设科技企业加速器，构建适应我市创新创业发展需求的完整生态系统。

本意见自发布之日起施行，市科技局、市财政局、市人社局等有关部门要根据本意见精神尽快制定相应的实施办法。

马鞍山市人民政府办公室
2015年8月3日

中共黄山市委 黄山市人民政府 关于加强引进高层次人才工作的若干意见

（黄字〔2015〕11号）

为贯彻落实党的十八大及十八届三中、四中、五中全会精神，充分发挥高层次人才引领经济社会发展的示范带动作用，进一步掀起“大众创业、万众创新”的热潮，根据《中共安徽省委、安徽省人民政府关于印发〈加快调结构转方式促升级行动计划〉的通知》（皖发〔2015〕13号）和《中共安徽省委办公厅、安徽省人民政府办公厅印发〈关于进一步扶持高层次人才创新创业的若干意见〉的通知》（皖办发〔2015〕24号）精神，结合我市实际，现就加强引进高层次人才工作提出如下若干意见。

一、总体目标

坚持“高端引领、按需引进、以用为本、统分结合”的原则，紧紧围绕我市经济社会发展主导产业和重点领域，从2016年起，力争用5年左右时间，引进150名左右高层次人才来黄山创新创业，为打造美丽中国先行区、共筑更美更富黄山梦提供坚强的人才保证和智力支持。

二、引进对象

1．省级以上重大项目主持人或主要完成人，获得百千万人才工程、千人计划、万人计划、百人计划、国家高层次留学人才回国资助人选，享受省级以上政府特殊津贴专家、省级以上有突出贡献的中青年专家、省学术和技术带头人、皖江学者、省科技进步二等奖以上奖项获得者，省属以上企业的高级经营管理人才等专家、学者、企业家。

2．我市急需紧缺专业的全日制博士研究生、正高级专业技术资格人才（海外留学人才须有在国外科研机构或知名企业从事相关专业3年以上工作经历，下同）。

3．我市企业急需紧缺专业的全日制硕士研究生、副高级专业技术资格人才和高级技师资格的技能人才。经市人才工作领导小组认定的其他特殊人才，视同本类人才。

鼓励高层次人才以团队形式引进。以团队形式引进且团队带头人系第1、2类高层次人才的，对2名以内取得全日制本科学历、中级专业技术资格或技师资格的团队其他成员，可按比照第3类人才享受住房补贴、生活补贴的标准予以引进。

三、政策支持

引进的高层次人才（含团队，下同），与用人单位签订5年以上聘用合同或服务协议的，经市人才工作领导小组同意，享受以下政策待遇：

1．薪酬待遇。引进的高层次人才的薪酬待遇，党政机关按照公务员法和机关工资福利政策规定执行；事业单位可通过绩效工资向高层次人才倾斜；企业单位可由用人单位根据工作岗位性质及工作任务完成情况，与本人面议协商确定。引进的高层次人才5年内薪酬收入依法缴纳个人所得税贡献较大的，给予一定补贴。

2．住房补贴。引进的高层次人才，可按其本人意愿选择享受购房补贴或租房补贴。本人或以其配偶、子女的名义在我市首次购买商品房的，给予购房补贴（首次补贴50%、其余分年度补贴到位），补贴标准为第1类人才补贴30万元，第2类人才补贴20万元，第3类人才补贴10万元。选择在我市租住商品房的，可分别按月领取3000元、2000元、1000元的租房补贴，补贴期限以实际工作时间为准且最长不超过60个月。

3．生活补贴。5年内为引进到企业工作的高层次人才发放生活补贴：第1、2、3类人才到企业工作的，每人每月分别补贴3000元、2000元、1000元。

4．学术资助。支持鼓励引进的高层次人才参加短期国际国内学术交流活动，经市人才工作领导小组审定同意后5年内视情给予每年一次2000—10000元的学术资助。

5．创业扶持。引进的高层次人才在黄创办、领办企业，所创（领）办企业属我市主导产业、战略性新兴产业或具有创新商业模式的高端现代服务业的，给予10万—50万元创业资助；在上述领域创新创业成绩显著并发挥领军作用的高层次人才，纳入省、市“特支计划”遴选范围，入选者分别给予每人50万元、10万元经费支持，专项用于自主选题研究、人才培养和团队建设等。

6．成果奖励。引进的高层次人才的科技成果，采用股份制形式在企业实施转化、提供给他人实施转化、自行转化或合作实施转化贡献突出的，分别按成果完成人实施该项成果所得净收益30%、20%、10%的比例，最高不超过10万元给予奖励。鼓励企业对引进的高层次人才实施股权、期权、分红等激励。引进的高层次人才在高新技术企业和科技型中小企业通过科技成果转化取得股权奖励收入时，原则上在5年内分期缴纳个人所得税。

7．职务聘任。事业单位引进高层次人才，对原具有专业技术资格的专业技术人员，引进后按相应资格直接聘任专业技术职务；经批准可设置特设岗位聘任职务，不受单位岗位总量和结构比例限制。引进的高层次人才，经推荐可受聘为“黄山市特聘专家”，颁发相关证件或聘书。

8．子女就学。引进的高层次人才的子女接受学前教育的，由当地教育部门依据实际情况统筹解决；接受义务教育的，充分尊重个人意愿，由当地教育部门在学区范围内优先安排到公办学校就读；接受高中教育的，由当地教育部门依据考试招生等政策，安排到相应普通高中就读。非我市户籍子女就学，享受我市户籍学生同等待遇。

9．家属就业。引进的高层次人才的配偶、子女需要来我市就业的，由人社部门优先推荐就业岗位；原来工作单位系机关、事业单位的可按原单位性质对口安排，由组织、人社部门负责协调落实，用人单位做好对接服务。第1、2类人才随迁家属暂时无法安排工作的，高层次人才所在单位在两年内参照本单位平均工资水平，以适当方式为其发放生活补贴。

10．医疗休假。引进的高层次人才，由卫生部门安排当地三级以上医院提供医疗服务和便捷医疗通道，并建立健康服务档案，5年内每年免费体检一次；每年休假20天，可参加高层次人才联谊活动，本人及其家属可免费参观游览黄山市境内景区景点。第1、2类人才，可参加高层次人才集中健康疗养活动；受聘为“黄山市特聘专家”的高层次人才，5年内享受有关保健医疗待遇。

四、保障服务

1．市人才工作领导小组负责全市高层次人才引进的组织领导和统筹协调。市委组织部会同市人社局牵头成立市引进高层次人才考核认定委员会，负责对引进的高层次人才进行评审认定和考核评价。

2．市财政增加市人才开发专项资金年度预算，专门用于引进高层次人才工作。引进高层次人才所需经费，按照“谁受益、谁负责”和政府补助相结合的原则承担。党政机关、财政拨款事业单位引进高层次人才给予100%的补助，自收自支事业单位、企业引进高层次人才给予50%的补助。各区县、黄山风景区、黄山经济开发区引进高层次人才，市财政给予30%的补助；驻黄单位引进高层次人才，市财政给予10%的补助。对在引进高层次人才工作中做出突出成绩的单位和个人，给予奖励。

3．本意见的相关实施细则由市委组织部、市人社局牵头另行制定。我市原有人才引进政策规定与本意见不一致的，以本意见为准；本意见涉及政策与市其他同类型政策不重复享受。

4．本意见自2016年1月1日起执行，由市委组织部、市人社局负责解释。各区县参照本意见执行。

中共黄山市委
黄山市人民政府
2015年12月3日

关于加强中国（福建）自由贸易试验区人才工作的十四条措施

（闽委人才〔2015〕4号）

为推动中国（福建）自由贸易试验区（以下简称“自贸试验区”）以海纳百川的胸襟和敢为天下先的气魄先行先试，进一步提升人才服务质量，优化人才发展环境，现就加强自贸试验区人才工作制定实行如下措施：

一、创新引进高层次人才评价认定机制

实行更加简便高效的引进高层次人才评价认定办法。以用人主体认可、业内认同和业绩薪酬为导向，建立资格条件制、推荐制、积分制等人才评价机制。分类研究制定自贸试验区急需引进的国际金融、国际航运、国际贸易、国际物流、国际法律、跨境电商、互联网经济、旅游策划运营、文化创意等方面高层次人才的评价认定标准。

简化引进高层次人才评价认定程序。从福建省外引进到自贸试验区的高层次人才（平潭引进范围扩大到全岛），由推荐人、用人单位或引进高层次人才本人向各片区指定人才服务窗口申报。申报1个月内，由所在设区市（区）组织部门会同人社、发改、科技、经信、财政及相关部门，根据评价认定办法，对符合条件的直接确认为引进杰出人才（A类引进高层次人才）、引进创业创新领军人才（B类引进高层次人才）、引进急需紧缺创业创新人才（C类引进高层次人才）等三类（本文稿所称“引进高层次人才”特指经上述办法确认的三类引进高层次人才）。

二、落实高层次人才税收激励政策

全面贯彻落实国务院批准自贸试验区实行的税收政策，确保高层次人才享受到税收优惠（本文稿所称“高层次人才”的范围详见说明）。按照中共中央国务院《关于深化体制机制改革加快实施创新驱动发展战略的若干意见》、国务院《关于进一步做好新形势下就业创业工作的意见》等的要求，加快推广中关村等国家自主创新示范区税收试点政策，在区内实行促进高层次人才加大科技研发投入、吸引人才加盟、吸收股权投资、发展离岸业务等方面的税收激励办法。对自贸试验区内企业以股份或出资比例等股权形式给予企业高端人才和紧缺人才的奖励，原则上实行已在中关村等地区试点的股权激励个人所得税政策。落实好闽台之间个人所得税负差额补贴政策。

三、确保高层次人才创业项目建设所需土地供给

福州、厦门、平潭及各片区所在县（市、区）要按照省国土厅、住建厅、商务厅《关于中国（福建）自由贸易试验区建设用地管理的意见》，优先保障高层次人才投资项目建设运营所需用地，从项目规划选址、征地报批、土地供应、地价优惠等方面给予政策倾斜。对高层次人才在区内创办科技型、创业型、成长型企业的，福州要根据需要提供100平方米以内3年免租金、100平方米以上3年减租金的工作场所，平潭要根据需要提供200平方米以内3年免租金、200平方米以上3年减租金的工作场所。

高层次人才在区内建设运营公共平台（含科技企业孵化器、政学研商合作平台及国际贸易、金融服务、科研设计的综合平台等），运行1年内有5名以上引进高层次人才入驻的，其在区内后续项目所需用地，按国家规定最低价标准确定土地出让底价。

支持高层次人才以行业联盟等形式发展产业。对拥有10名及以上引进高层次人才的联盟，其联盟成员在区内投资经营性项目所需用地，依照规定需公开出让的，采取设定高层次人才引进条件定向挂牌出让土地使用权，并按国家规定的最低价标准确定土地出让底价；依照规定可以实行协议出让的，按基准地价确定土地出让价格。

四、破解高层次人才项目融资难问题

设立高层次人才创业投资基金，发挥财政“种子”资金作用，引导各类资本投向高层次人才创办的科技型、创业型、成长型企业。省直相关主管部门要优先向基金管理机构提供相关企业项目信息查询和对接服务。

加大对区内高层次人才运营的优秀项目（指高层次人才参与投资或作为主要管理人员参与管理的、经设区市评审确定为优秀的项目）贷款贴息、债券贴息、融资担保、风险补偿的扶持力度。政府主导的担保公司要加大对区内高层次人才运营项目的担保支持力度，省再担保公司对区内高层次人才运营项目可适当提高再担保代偿比例。对区内高层次人才运营项目通过银行贷款的，福州、厦门、平潭市（区）级财政按当年利息额50%、不超过200万元的标准提供贷款贴息，单家企业贴息不超过3年（厦门市可根据实际情况适当提高标准，下同）。对区内高层次人才运营项目通过公开市场发行债券，及与信托公司、基金公司、证券公司、保险公司合作采取信托融资、股加债融资、保险资金融资等方式融资的，福州、厦门、平潭市（区）级财政按不低于融资额度4%、最高不超过400万元的标准给予贴息，期限为3年。对为区内高层次人才运营项目提供融资担保服务的担保机构，福州、厦门、平潭市（区）级财政按融资担保总额2%的标准给予担保补贴，期限为3年。对金融机构为区内高层次人才运营项目提供非担保融资服务形成的本金损失，福州、厦门、平潭市（区）级财政最高可给予30%的风险补偿，单笔补偿不超过1000万元。区内高层次人才以个人名义贷款并实际用于项目经营的，同等享受贷款贴息、融资担保扶持政策。

拓宽人才项目融资渠道。全面贯彻落实省政府《关于促进工业创新转型稳定增长十条措施》有关扶持中小微企业发展和金融服务的政策。“万家小微企业成长计划”“小微企业贷款保证保险”等扶持政策应优先向高层次人才运营项目倾斜。省内地方法人银行应创新科技金融服务模式，积极发展股权质押、知识产权质押、专利权质押、订单质押、应收账款质押、仓单质押、新药证书等质押融资贷款。鼓励银行业金融机构创新金融产品给予高层次人才运营公共平台支持。支持高层次人才创办的企业通过发行中期票据、短期融资券、企业债、公司债、绩优票据等方式进行融资。积极引入和鼓励各类股权投资基金、保险直投资金投向高层次人才创办的企业或运营的项目。加强人才重大活动的统筹整合，推进人才与资本、用人主体、人才载体的对接，并做好与“6·18”中国·海峡项目成果交易会的衔接。推进福建省侨商联合会、福建侨商投资企业协会会员向高层次人才项目投资。吸引一批国际创投机构入驻自贸试验区。

五、加大引进高层次人才创业创新经费支持力度

科技（研）经费支持。引进高层次人才到自贸试验区创办科技型企业，按规定申请的科研项目优先立项，纳入各级财政科研资金支持范围，在各类科研项目经费安排中予以重点支持。探索事前立项、事后补助等方式支持高层次人才所办企业开展研发活动。

公共平台建设经费支持。引进高层次人才在区内建设公共平台，可采取政府和社会资本合作（PPP）的方式予以支持；申请配套建设经费支持5000万元以上的，经有关部门评估审核，对优秀项目采取“一人一议”方式，由省委组织部协调从相关项目经费中统筹给予最高1亿元的支持。福州、平潭引进高层次人才在区内建设运营经备案的科技企业孵化器，新建的按每平方米100元（指在孵企业使用面积，含公共服务场所）、最高100万元的标准给予一次性补助；改建、扩建的按每平方米50元、最高50万元的标准给予一次性补助。

团队建设经费支持。引进高层次人才所在团队核心成员未享受到高层次人才政策支持，且年薪达到用人单位所在设区市（区）上一年度城镇单位在岗职工平均工资1.5倍及以上（凭个人所得税完税证明）的，由省级人才专项经费按照每人每年4

万元的标准给予用人单位生活补贴。每个团队前2年内最多支持5名成员，第3年最多增加到15名。同一企业（机构、项目）支持不超过3年，其团队成员个人累计支持不超过3年。

六、多渠道多形式为各类人才提供住房保障

实行引进高层次人才住房公积金特殊支持政策。引进高层次人才及其配偶可在当地缴存住房公积金。购买具有产权的自住住房的，自缴存住房公积金当月起，即可申请住房公积金贷款，贷款最高额度可放宽至当地最高贷款额度的4倍。平潭的引进高层次人才已办理购房贷款的，本人及其配偶在还贷期间可每年提取两次住房公积金用于偿还贷款；租赁自住住房的，可每年提取两次住房公积金用于支付租金；离开自贸试验区时，可以提取或转移住房公积金。探索来闽台湾人才及其家属购房贷款享受当地居民同等待遇政策。

试行引进高层次人才购房积分贴息办法。引进高层次人才依靠商业贷款或住房公积金贷款，在福建省内购买第一套普通住宅的，根据初始分值由省级人才专项经费给予购房贴息，之后根据其服务期限及创业创新情况计算积分，并相应提高贴息标准。

福州、厦门、平潭等市（区）及各片区，要根据各类人才的实际需求，综合采取人才限价房、人才公寓、购房补贴、租房补贴等各种办法，多渠道多形式提供住房保障。引进高层次人才生活用房，由福州、厦门、平潭及各片区所在县（市、区）按照人才公寓有关规定组织开发建设，或者通过建设限价商品住宅予以保障，限价商品住宅用地采取“限销售对象、限房屋售价”的方式进行公开出让。对在各类科技企业孵化器、综合性平台创业的“985”工程学校、“211”工程学校、国家一级学科、国家重点学科毕业的优秀应届毕业生，福州、平潭要提供1年以上免租金的过渡住房。

七、提供更加优惠便利的高层次人才居家生活待遇

安家补助。对经确认且正式到岗落地的引进高层次人才，由省级人才专项经费按A类引进高层次人才国内引进的100万元、境外引进的200万元（人民币，视同省政府奖励，下同），B类引进高层次人才国内引进的50万元、境外引进的100万元，C类引进高层次人才国内引进的25万元、境外引进的50万元的标准，给予用人单位一次性安家补助。其中，中直单位和厦门市引进的，省级财政按上述标准的一半进行补助；属受派方式引进的，按照上述标准，由省级人才专项经费给予用人单位岗位补贴，同一企业（机构、项目）补贴不超过10人。入选省引才“百人计划”的，省级补助部分予以相应抵扣。

子女入（转）学。持有《福建省人才居住证》的海外人才和持有《外国专家证》的高层次人才，其子女在国外生活5年以上并在国内初中学校就读未满3年，报名参加初中升高中考试的，可以适当降低录取分数线；其子女属于具有我省高级中等教育学校学籍并有我省高级中等教育学校3年完整学习经历的非福建省户籍考生，或在中国定居并符合报名条件的外国侨民（须持有我省公安厅填发的《外国人永久居留证》），允许参加我省高考，享受当地考生同等录取政策。A、B类引进高层次人才子女入园或就读义务教育学校的，可按本人意愿，选择教育部门推荐的优质公办幼儿园或义务教育学校就读，由相关市、县（区）教育行政部门负责办理入学手续。C类引进高层次人才子女入园或就读义务教育阶段学校的，由其居住地或工作所在地的市、县（区）教育行政部门负责统筹安排到条件较好的公办幼儿园或义务教育学校就读。支持厦门、福州、平潭加强国际学校建设，提升办学水平。

医保社保。引进高层次人才入选省引才“百人计划”的，按省引才“百人计划”的医疗待遇规定执行。探索在自贸试验区内推动两岸医疗保障方面的对接，落实台胞在闽参保政策和待遇，鼓励在闽台湾人才参加福建社会保险。

配偶安置。A类引进高层次人才配偶愿意在闽就业的，由所在设区市妥善安排，或参考当地平均工资水平以适当方式为其发放生活补贴。B、C类引进高层次人才配偶未安排就业的，所在设区市（区）要积极推动用人单位为其发放生活补贴。

交通便利。相关设区市（区）或片区应统筹考虑区内高层次人才上下班便利问题。对长期在区内上班、工作生活地相隔较远的高层次人才，要通过汽车购置税补贴等办法给予补助。

八、完善便利往来和签证（注）居留政策

实行更加便利的签证手续。来闽工作的外籍高层次人才，可直接向省外专局申请最长为5年期限的《外国专家证》或按《关于为外籍高层次人才来华提供签证及居留便利有关问题的通知》（人社部发〔2012〕57号）、《关于简化海外高层次引进人才居留和出入境手续的意见》（闽政办〔2009〕66号）的规定，凭相关证明材料向公安出入境管理部门办理多次出入境签证或居留证件。积极为自贸试验区高层次人才及其配偶和未满18周岁的子女提供申请签证和永久居留资格的便利。

促进两岸往来更加便利。对在自贸试验区内投资、就业的台湾高管、专家和技术人员，在项目申报、出入境等方面给予便利。为区内台资企业外籍员工办理就业许可手续提供便利，放宽签证、居留许可有效期限。对区内符合条件的外籍员工，提供入境、过境、停居留便利。加快推动台湾车辆在闽便利进出政策的实施，推动实施两岸机动车辆互通行驶。

积极争取国家支持，先行开展探索创新。在取得国家有关部门支持的前提下，先行先试外国人进入核备制度，探索建立技术移民制度。

九、加强人才服务体系建设

健全完善人才服务机制。依托省引进人才服务中心、中国海峡人才市场，建设人才服务专门机构和常态化的人才服务窗口，归口做好引进人才服务；推动和引导省市留学生联谊会、省新侨人才联谊会、海西虚拟研究院等组织开展服务。各片区要设立人才服务窗口，按照“属地管理”原则，指定专人负责全程提供企业注册、创业辅导、政策培训、经费支持、项目融资等服务。做好人才服务部门之间的信息互联互通。

加强各类人才服务平台建设。推动各片区引入海内外知名人力资源机构和猎头公司，鼓励有条件的省内人力资源服务机构在自贸试验区内与国外人力资源服务机构开展合作。支持福州市和厦门市加快中国国际人才市场海西福州分市场和厦门市分市场、中国福州海西引智试验区、国家软件集成电路人才国际培训福州基地和厦门基地建设。定期组团参加或主承办国际性人才交流合作大会。加快海峡人力资源服务产业园建设，在平潭建立两岸人才交流合作基地，引进台湾人力资源中介机构。

全面落实对台湾居民开放的专业技术资格考试。赋予平潭制定相应从业规范和标准的权限，在框架协议下，允许台湾建筑、规划、金融、医疗、旅游等服务机构的执业人员，持台湾有关机构颁发的证书，在批准范围内在区内开展业务。在区内企事业单位等机构任职的台湾人才，允许对其台湾学历、任职资历、技能等级等方面视同大陆同等水平予以采认。

十、加快打造优质人才载体

加强政产学研商协作平台建设。支持厦门大学、福建师范大学设立福建自贸试验区研究院，联合省内外高校、研究机构成立福建自贸试验区研究协同创新中心。推动自贸试验区与中国科学院大学等组织合作建立福建创新服务平台。推动成立海外侨商创业园。支持厦门建设海峡两岸人才交流合作基地、复旦-金圆两岸金融研究中心、海峡清华研究院。鼓励和支持片区加大产业技术研究院、留学人员创业园、大学生创业园、知识产权服务平台、技术成果交易平台等人才发展平台建设。推进区内企业建设院士工作站、生产力中心、博士后科研工作站、工程（技术）研究中心、企业技术中心、重点（工程）实验室。

鼓励国内外著名高等学校、国家级重点科研院所、大型企业、跨国公司、培训咨询机构、中介机构、海外华侨华人专业社团到自贸试验区设立分支机构。支持跨国公司区域性总部落户自贸试验区，或在自贸试验区内设立研发中心、结算中心、采购中心、营销中心、数据中心等功能性机构。支持区内企业发起成立国际性行业协会、产业联盟。

十一、推动和引导用人主体发挥作用

试行企业首席科技官岗位配额制，推进企业设立首席科技官岗位。对区内从事国际金融、国际贸易、国际物流、跨境电商等业务，注重商业模式创新，形成具有领先性、独创性的商业模式，年销售收入达5000万元以上、近3年内或入驻自贸试验区后4个季度销售收入平均保持25%以上增长的企业，由省级人才专项经费按其高管平均年薪一半、最高50万元的标准，给予企业首席科技官（含负责科技、管理、品牌、组织、商业模式等创新的岗位）岗位津贴，每个企业配额1个岗位，每个岗位津贴不超过3年。全省每年配额不超过3000万元（含对互联网企业首席信息官的岗位配额）。

推动企业完善人才发展机制。鼓励和支持区内企业健全人才内部流动、绩效考核、个性化服务和培养、股权分红激励等人才工作机制。各片区要制定实施支持企业做好人才工作的政策措施，加强对企业人力资源部门负责人的培训。提高科研人员成果转化收益比例，加大科研人员股权激励力度。

推动用人主体自主引才。以猎头方式引进高层次人才的，由省级人才专项经费按猎头经费30%、最高10万元的标准给予用人单位补助。对引进到高等院校、科研院所、国有企事业单位的高层次人才，可聘任中高级管理职务（职称），不受评聘时限和岗位职数限制；引进到事业单位的，不受单位现有编制限制。鼓励和支持各片区通过“以奖代补”等形式给予企业引才奖励。推动各片区制定出台柔性引才引智工作的政策措施。

允许福州、厦门、平潭以特殊政策引进自贸试验区建设专才。支持福州、厦门、平潭以政府雇员、政府特聘专家、聘任制公务员等形式引进高层次人才。引进自贸试验区建设专才，编制、职数已满的，可先安排，逐步消化调整到核定的编制职数内；使用公务员或参公事业单位编制的人员，按照聘任制公务员管理试点办法规定，在核定的编制总额内进行招聘和管理。

奖励各方面力量参与引才。成功推荐A类引进高层次人才的，由省级人才专项经费给予10万元奖励；成功推荐B、C类引进高层次人才的，由省级人才专项经费给予每人3万元奖励。入选省引才“百人计划”的，按照《福建省关于奖励高层次人才引进的暂行办法》及“就高从优不重复原则”给予推荐人奖励。

十二、加强本土人才的培养与开发

采取培训一批、挂职一批、培养一批的办法，5年内，培养开发2万名左右的干部人才。分期分批组织党政领导干部、业务管理和服务人员，参加专题培训、业务培训和挂职锻炼，以及赴境外学习访问。围绕国际化、复合型人才培养，整合优化我省现有高校教育资源，发展交叉学科，大力引进台湾等境外优质师资力量，推进国际化教育，加强高校自贸试验区专业人才的培养。依托北京大学、清华大学等战略合作伙伴，开展定向培养、委托培养。鼓励和支持区内企业选派人才到国内外著名高校、自贸试验区研修和培训，由相关市（区）或各片区给予适当补助。

推进本土人才向自贸试验区流动。鼓励和支持福州、厦门、平潭在自贸试验区内探索建立促进人才合理流动的制度体系，畅通高层次人才流动的渠道。符合条件的高校和科研院所的科研人员经所在单位批准，可带着科研项目和成果、保留基本待遇到自贸试验区企业开展创新工作或创办企业。对于离岗创业的，经原单位同意，可在3年内保留人事关系，与原单位其他在岗人员同等享有参加职称评聘、岗位等级晋升和社会保险等方面的权利。允许省内高等学校和科研院所根据自贸试验区建设需要设立一定比例流动岗位，吸引有创新实践经验的企业家和企业科技人才兼职。

十三、重奖有突出贡献的创新人才

制定实施创新奖评选办法，以政府奖励为引导，推进形成大众创业、万众创新的良好氛围。在自贸试验区率先每年评选10名以内创新奖，按贡献程度由省级人才专项经费分别给予100万元、50万元、30万元的奖励。表彰一批自贸试验区建设专才。

十四、实行人才环境第三方机构评估机制

每个片区要建立人才环境监测点，及时征集产业发展对高层次人才的需求，收集高层次人才创业创新需要解决的问题，反馈给相关部门。

省委组织部、省统计局每年委托专门机构开展省直相关责任部门人才工作满意度测评。对人才工作满意度测评较差的省直相关责任部门，由省委组织部对相关部门分管领导提出诫勉。

引进第三方机构对各片区人才情况进行评估。根据评估情况研究确定各片区引才目标责任，完善推广高层次人才政策措施；对人才工作推进力度不大、人才工作环境建设较差的片区，由省委组织部对相关市（区）分管领导提出诫勉。

说明：本文稿所称“高层次人才”包括在福建省工作入选的国家人才（科技）计划、省级人才计划的人才，及经确认的A、B、C类引进高层次人才。具体包括：我国“两院”院士，国家“千人计划”、外专“千人计划”人选，国家级杰出专业技术人才，国家有突出贡献中青年专家，国家“百千万工程”国家级人选，长江学者特聘教授（讲座教授），中科院“百人计划”入选者，国家杰出青年基金获得者，国家青年科技奖获得者，国家重点学科、重点实验室、工程（技术）研究中心首席专家，973计划、983计划的首席科学家，教育部新世纪优秀人才支持计划入选者，享受国务院政府特殊津贴专家；福建省引进高层次创业创新人才（省引才“百人计划”），福建省引进高层次人才（A类、B类、C类），福建省引进台湾高层次人才；福建省特殊支持高层次人才“双百计划”人选，福建省“外专百人计划”人选，百千万人才工程省级人选，闽江学者特聘教授（讲座教授），省杰出青年基金获得者，省青年科技奖获得者，省优秀专家，省杰出科技人才，海西产业人才高地领军人才，海西创业英才，省突出贡献企业家，省软件杰出人才，等等。

中共福建省委人才工作领导小组
2015年7月1日

福建省加强引才工作行动计划（2015—2018年）

（闽委人才〔2015〕7号）

为深入学习贯彻习近平总书记对福建工作的重要指示精神以及省委决策部署，全面落实《福建省中长期人才发展规划纲要（2010—2020年）》和《福建省“海纳百川”高端人才聚集计划（2013—2017年）》，加快发展壮大我省高层次人才资源总量，为新福建建设提供人才支持和智力保障，现就进一步加强我省引才工作提出行动计划如下：

一、总体要求和主要目标

（一）总体要求。

重点围绕我省三大主导产业、传统优势产业、战略性新兴产业、现代服务业发展和自贸试验区建设对人才需求，把握留学人员回国潮的历史机遇，坚持政府推动与企业主体、各方面力量有效参与有机统一，实行特殊政策、特别机制、特事特办，既通过综合式、集约式、团队式的人才推介会统一宣传推介，又采取精细化、专业化、模块化的方式招揽贤才，真正做到走得出去、引得进来、对接得上、落地得了、服务到位，通过建立常态化、有竞争力的引才工作机制，精准高效地发展壮大我省高层次人才资源总量。

（二）主要目标。

力争今后4年内，全省引进高层次人才数量保持20%左右的年增长速度。到2018年左右，全省符合省引才“百人计划”资格条件及确认为福建省引进高层次人才（A、B、C类）的各类引进高层次人才，累计达4000名左右；入选国家“千人计划”总量达200名左右，其中，厦门市（不含厦门大学）入选国家“千人计划”总量达20名，福州、泉州市达10名以上，其他设区市达5名；每个“十强县”入选省引才“百人计划”达3名，省级扶贫开发工作重点县达1—2名，其他县达2名。

二、创新引进高层次人才评价认定机制

在实行和优化“专家评审制”的同时，以用人主体认可、业内认同和业绩薪酬为导向，探索建立资格条件制、推荐制、积分制等人才评价认定机制，实行更加精准高效、务实管用、简便易行的引进高层次人才评价认定办法。

（一）资格条件制。

1．福建省引进高层次人才。制定公布福建省引进高层次人才评价认定办法。凡符合资格条件的人才，经申报确认后，即由省级人才专项经费一次性给予用人单位安家补助，并相应纳入设区市或省直、中直单位引进高层次人才计划给予其他方面的政策支持。之后入选省引才“百人计划”的，按照省引才“百人计划”政策给予支持，相应抵扣省级补助部分。

责任单位：省委组织部，省人社厅，省财政厅，省委人才工作领导小组其他成员单位，各设区市委、平潭综合实验区党工委

2．福建省引进国际著名高校优秀毕业生。对引进国际公认的三大世界大学最新排名均在前100名大学的博士毕业生，且学科和专业符合我省产业发展需求的，纳入福建省青年拔尖人才或“百千万”人才工程省级人选进行培养，由省级人才专项经费一次性给予用人单位每人40万元补助。其中，国有企事业单位引进的，可直接聘任高级职称，编制、专业技术职数单列。

责任单位：省人社厅，省教育厅，省财政厅，中国海峡人才市场，省委人才工作领导小组其他成员单位，各设区市委、平潭综合实验区党工委

3．福建省引进台湾高层次人才。按照《福建省引进台湾高层次人才评价认定办法》，每年引进确认100名台湾高层次人才，由省级人才专项经费一次性给予用人单位安家补助100万元，并列入设区市（区）或省直、中直单位引进高层次人才计划给予支持；4年内从中单独遴选100名台湾引进高层次人才，按照福建省引才“百人计划”和《福建省引进高层次创业创新人才暂行办法》等规定给予支持。

责任单位：省委组织部，省台办，省人社厅，省财政厅，中国海峡人才市场，福州、厦门市委、平潭综合实验区党工委

（二）推荐制。

对诺贝尔奖获得者、国际性奖项获得者、发达国家院士、我国“两院”院士，全球500强企业（指美国《财富》杂志每年评选的“全球最大500家公司”，下同）总部高管，上证50样本股、沪深300样本股、深圳成分股、深证100成分股、上证180

成分股等上市公司董事长或总裁推荐，且符合相关资格条件的，来闽之后即给予政策支持。

责任单位：省人社厅，中国海峡人才市场，省委人才工作领导小组其他成员单位，各设区市委、平潭综合实验区党工委

（三）积分制。

研究制定引进人才积分指标体系，将人才来闽后积分情况与享受的政策挂钩，实行差异化政策支持。重点面向青年拔尖人才及近5年内从省外引进但未列入省引才“百人计划”或未按资格条件制、推荐制给予支持的高层次人才。

责任单位：省委组织部，省人社厅，中国海峡人才市场，省委人才工作领导小组其他成员单位，各设区市委、平潭综合实验区党工委

三、加强海外引才工作网络建设

从多个层面建设海外引才引智组织机构，逐步由松散型合作向紧密型合作拓展延伸，形成多层面、立体式的引才工作网络体系。

（一）福建省人才工作顾问（人才战略咨询专家）。

由省委人才工作领导小组成员单位、各设区市和省直、中直有关单位负责沟通洽谈，向省委人才办申报，经省委人才工作领导小组研究后，以省委人才工作领导小组的名义聘任为福建省人才工作顾问（人才战略咨询专家）。三年一个聘期。全球聘200名左右。

聘请对象范围：海外规模较大的专业型社团组织负责人或秘书长，著名科研机构高级管理人员或高级人才，国际公认的三大世界大学最新排名前100名大学的高级管理人员或教授，全球500强企业中高级管理人员或内设科研机构领军人才，驻外机构中高级工作人员（科技参赞或领事、教育参赞或领事，国家外专局驻外代表），国侨办海外专家咨询委员会委员，中国侨联特聘专家委员会委员，著名传媒机构的高级管理人员或传媒人员，著名律师，著名人才中介机构负责人，发达国家上市公司海外高级管理人员，华人华裔商界领袖等。

责任单位：省委组织部，省人社厅，中国海峡人才市场，省委人才工作领导小组其他成员单位，各设区市委、平潭综合实验区党工委

（二）福建省海外引才联络站。

研究制定海外引才联络站管理办法。由福建省委人才工作领导小组成员单位、各设区市、有关人才中介机构负责筹建，经省委组织部会同省人社厅、中国海峡人才市场评估和研究确认后，统一纳入福建省海外引才联络站管理。日常联络管理按照“谁建站谁管理”的原则进行，并实现全省资源共享。全球布局30个左右。

经费支持办法：经评估纳入统一管理的海外引才联络站，每年由省级人才工作经费给予5万—10万元日常工作经费补助。对具体开展的招才引智活动，视工作开展情况和实际成效，由主办单位与海外引才联络站双方协商活动经费补助。对成功推荐引进人才的，按照有关规定给予奖励。

责任单位：省委组织部，省人社厅，中国海峡人才市场，省委人才工作领导小组其他成员单位，各设区市委、平潭综合实验区党工委

（三）中国海峡人才市场海外分部。

支持中国海峡人才市场根据业务发展情况和全省引才工作形势，在个别高层次人才聚集度较高的地区或重点引进目标地区适时建立2—3个分部。

主要职责：深化与海外知名华人科技协会及校友会的密切合作，深入走访当地高科技集聚区，收集整理海外人才项目资源并建立高端人才智库，为有意回国长期发展的海归人才做好服务和对接工作；利用高层次科技及技术专家，引进先进或成熟的高科技项目和管理经验，为省内企业服务。

日常办公经费、人员薪酬由中国海峡人才市场负责，视工作实际情况由省人才经费给予必要支持。

责任单位：中国海峡人才市场

（四）福建省人才战略伙伴（人才合作组织）。

推动省人社厅、人才发展研究中心、中国海峡人才市场等机构与国际公认的三大世界大学排名均前100位大学，相关学科全球排名前20名或美国排名前10名的二级学院，以及国际著名科研机构建立人才战略伙伴。全球建立5—10个人才战略伙伴（人才合作组织）。

推动与国家外专局建立人才战略伙伴关系，与中国科学院大学合作建立福建省创新协同中心。支持厦门大学、华侨大学、福州大学等省内著名高校对接我省产业优化升级、自贸试验区建设需求，与园区、企业、国际名校合作实施国际化人才培养与储备计划。

责任单位：省委组织部，省人社厅，中国海峡人才市场，省委人才工作领导小组其他成员单位，各设区市委、平潭综合实验区党工委

四、构建完备的引才工作链条

（一）高层次人才信息库建设。

围绕我省重大战略实施、产业发展和用人单位需求，充分利用闽籍人才资源，分期分批建立各类高层次人才信息库，并通过“海纳百川”高层次人才信息共享平台实现资源共享。

1. 省内用人单位高层次人才需求信息库。每年初，对省内用人单位高层次人才需求进行全面调查摸底，按照行业类别、引才目标国家或区域分类建立《福建省高层次人才需求汇编》；下半年，请用人单位复核需求变动情况。

每年召开二次高层次人才需求信息发布会，并向海外相关媒体、省级主要媒体发布高端人才需求信息。针对不同目标群体，通过多种渠道和方式发布海外高层次人才信息需求。所需经费在省级人才工作经费中列支。

责任单位：省人社厅，省委组织部，省文改办，中国海峡人才市场，省委人才工作领导小组其他成员单位，各设区市委、平潭综合实验区党工委

2．海外精准引才目标库。围绕我省三大主导产业、传统优势产业、战略性新兴产业发展及自贸试验区建设对人才需求，委托专门机构建立福建省精准引才目标库、台湾高层次人才引进目标库。向用人单位发布后，根据用人单位需求，通过海外引才联络站、福建省人才工作顾问（人才战略咨询专家）、中国海峡人才市场海外分部精准引才。

责任单位：省人社厅，省外事办，中国海峡人才市场，省委人才工作领导小组其他成员单位，各设区市委、平潭综合实验区党工委

3．闽籍海外高层次人才信息库。充分发动相关学校提供海外闽籍人才名单，梳理汇总后建立闽籍海外高层次人才信息库。

责任单位：省侨办，省委统战部，省侨联，省人社厅，省委组织部，省教育厅，省委人才工作领导小组其他成员单位，中国海峡人才市场，省内有关高校，各设区市委、平潭综合实验区党工委

4．意向回国留学人员信息库。通过海外引才联络站等各种渠道，登记有意向回国的留学人员信息，重点收集意向来闽留学人员信息。定期编印《海外留学人才信息通报》，向省内规模以上企业、海外需求量较大的用人单位、有关开发区（科技园区、高新技术区、留学人员创业园）发布。

责任单位：中国海峡人才市场，省人社厅，省委人才工作领导小组其他成员单位，各设区市委、平潭综合实验区党工委

（二）福建省人才推介会。

1．海外综合性人才推介会。每年由省领导或省委组织部、省人社厅领导带队，分别在发达国家或地区各召开2-3场综合性人才推介会，同时，根据实际情况到当地国际公认的三大世界大学排名前100位大学召开留学人员座谈会。公共费用在省级人才工作经费中列支。

责任单位：省委组织部，省人社厅，省外事办，省侨办，中国海峡人才市场，省委人才工作领导小组其他成员单位，各设区市委、平潭综合实验区党工委

2．海外专业性人才推介会。由各设区市、省直相关部门分别组团，针对某个行业、某个区域的人才引进工作召开专业性人才推介会。由省委人才办统筹安排的，按实际开支和工作成效，由省级人才工作经费给予每个团15万元以内的公共经费补助。

组织赴海外推介前，要充分利用网络平台，开展预对接，尽可能充分做好各项前期准备工作，确保取得实效。

责任单位：省委组织部，省人社厅，省外办，省侨办，中国海峡人才市场，省委人才工作领导小组其他成员单位，各设区市委、平潭综合实验区党工委

3．国内人才推介会。每年定期到北京、上海、广州、武汉、西安、成都等地召开人才推介会、博士后博士招聘会。所需费用从省级人才工作经费中列支。

每年组织海外人才需求较大的企事业单位、有关人才中介机构参加中国国际人才交流大会。统一组团参会的由省级人才工作经费给予适当支持。

责任单位：省人社厅，中国海峡人才市场，省委人才工作领导小组其他成员单位，各设区市委、平潭综合实验区党工委

（三）省内实地对接会

1．综合性对接会。省级层面每年集中举办一次综合性对接活动。坚持以“省部联办、党政引导、市场运营、中介主角、企业主体”为努力方向，按照“简化流程、统一平台、资源共享、专业办会、分工合作、省市联动”的原则，统筹整合我省现有各类人才活动，努力打造有品牌效应、有明显成效、有地方特色的人才对接活动。

责任单位：省委人才工作领导小组成员单位，各设区市委、平潭综合实验区党工委

2．中高级人才招聘会。鼓励和支持中国海峡人才市场等省内人才中介机构举办中高级人才招聘会、留学人员专场招聘会、远程视频会，对列入《全省人才工作要点》的项目，按政府购买服务的形式由省级人才工作经费给予适当支持。

责任单位：中国海峡人才市场，各设区市委、平潭综合实验区党工委

五、配套政策措施

（一）建立引才工作联席会议制度。

依托省委人才工作领导小组建立引才工作联席会议，联席会议由省委组织部牵头，省人社厅具体组织，各设区市、省直中直有关部门参加，主要任务是会商解决引才工作中遇到的问题，构建上下贯通、左右衔接、协调有力的组织保障体系，确保各项政策落实、服务到位。联席会议根据需要，随时召开。

责任单位：省委组织部，省人社厅，中国海峡人才市场，省委人才工作领导小组其他成员单位

（二）健全完善鼓励和推动各方面引才的政策。

研究制定推进企业发挥主体作用的政策措施，推动和引导企业健全完善引才育才用才机制，调动企业发挥用人主体的积极性、主动性、创造性。在自贸试验区和互联网经济企业试行对企业首席科技官岗位配额机制。以猎头方式引进福建省引进高层次人才的，由省级人才专项经费按猎头经费30%、最高10万元的标准给予用人单位补助。到国有企事业单位工作的福建省引进高层次人才，可直接聘任中高级管理职务（职称），不受评聘时限和岗位职数的限制；引进到事业单位的，不受单位现有编制的限制。

责任单位：省人社厅，省委组织部，省编办，省委人才工作领导小组其他成员单位，各设区市委、平潭综合实验区党工委

（三）加强人才服务体系建设。

建立福建省引进高层次创业创新人才协会、海峡两岸人才交流合作协会。依托省引进人才服务中心、海峡两岸人才交流合作协会，建设常态化的人才服务窗口。主要职责为：受理申报、咨询答疑，发布信息、承办活动，开展对接、落实政策；

做好福建省高层次人才网、福建省引进人才网、闽台人才交流合作网、“海纳百川”高层次人才信息共享平台的网络平台、海峡人才网的信息发布和更新，开通人才服务专线，并实现互联互通；组织引进高层次人才建言献策、休假、联谊。力争经过1—2年的努力，真正建立“一本证通行、一站式受理、一次性告之、一条龙服务”的服务体系。

加强落地后跟踪服务。引进高层次人才落地后，按照“属地管理”的原则，一般由相应的开发区（科技园区、高新技术区、留学人员创业园）或设区市人力资源部门指定专人做好引进人才的跟踪服务。跟踪服务过程中，涉及相关职能部门业务范畴的，按《福建省引进高层次人才创业创新人才服务办法》（闽人发〔2011〕76号）做好服务。

责任单位：省人社厅，中国海峡人才市场，省委人才工作领导小组其他成员单位，各设区市委、平潭综合实验区党工委

（四）切实提高人才政策知晓度。

配合海外人才推介会，在当地相关媒体发布消息、播放人才宣传片、介绍人才政策、开展宣传报道。建立人才工作者公共微信平台。组织开展企业人力资源负责人政策宣讲。分类制作人才工作者使用的《工作手册》和各类人才使用的《服务指南》，广泛向用人单位和各类人才宣传发布。

责任单位：省人社厅，省委宣传部，省委组织部，中国海峡人才市场，省委人才工作领导小组其他成员单位，各设区市委、平潭综合实验区党工委

中共福建省委人才工作领导小组

2015年6月25日

福建省人民政府
关于大力推进大众创业万众创新十条措施

（闽政〔2015〕37号）

为大力推进大众创业、万众创新，打造福建经济增长新引擎、增强发展新动力，特提出以下措施：

一、广泛宣传创业创新扶持政策

国务院《关于大力推进大众创业万众创新若干政策措施的意见》（国发〔2015〕32号）等一系列重要文件，从创新体制机制、发展众创空间、优化财税政策、扩大创业投资等多方面出台了具体扶持政策，各级各部门要通过各种新闻媒体，特别是互联网新兴媒体，广泛宣传，营造浓厚的创业创新氛围；要强化政策解读，提供咨询服务，汇编扶持指南、创业指引等小册子，确保广大创业企业、创新群体都知晓、能理解、会运用；要开展多层次的创业创新交流活动，借鉴先进经验，形成可复制可推广的工作机制；要弘扬创新精神，树立创业典型，使创业创新成为全社会共同的价值追求和行为习惯。

责任单位：各设区市人民政府、平潭综合实验区管委会，省直有关单位、高校、科研院所

二、加快构建各具特色的众创空间

积极推进重点突出、资源集聚、服务专业、特色鲜明的创业创新载体建设，2017年底前建成100家以上、2020年前建成200家以上众创空间，不断满足大众创业创新需求。

培育一批创业示范基地。各设区市和平潭综合实验区要积极争取国家小微企业创业创新基地城市示范，要发挥战略性新兴产业集聚区、高新技术产业化基地、高技能人才培养示范基地和创新型龙头企业等优势，依托现有管理机构或引进国内外高层次创业运营团队，各打造1家运行模式先进、配套设施完善、服务环境优质、影响力和带动力强的示范创业创新中心。省财政厅安排专项资金给予每家不少于500万元的奖励。

责任单位：省发改委、财政厅、科技厅、经信委、人社厅，各设区市人民政府、平潭综合实验区管委会

创建一批创业大本营。全省各普通高等学校要利用现有教育教学资源、大学科技园、产学研合作基地、创业孵化基地等，设立不少于2000平方米的公益性大学生创业创新场所。符合条件的创业大本营，吸纳创业主体超过20户以上的，省就业专项资金给予每个不超过100万元的资金补助。

责任单位：省教育厅、人社厅、财政厅

改造一批创客天地。各地要充分利用老厂房、旧仓库、存量商务楼宇以及传统文化街区等资源改造成为新型众创空间。鼓励设立劳模、国家级技能大师工作室、农村创新驿站等。符合条件的众创空间，省科技厅给予新建每平方米100元、上限100万元，改扩建每平方米50元、上限50万元孵化用房补助；使用原属划拨国有土地，改变用途后符合规划但不符合《划拨用地目录》的，除经营性商品住宅外，可经评估后补交土地出让金，补办出让手续；利用工业用地建设的作为创业创新场所房屋，在不改变用途的前提下，可按幢、层、套、间等有固定界限的部分为基本单元进行登记，并依法出租或转让。

责任单位：各设区市人民政府、平潭综合实验区管委会，省科技厅、财政厅、经信委、国土厅、住建厅、人社厅、农业厅、总工会

提升一批传统孵化器。依托国家级和省级高新技术产业开发（园）区、其他各类产业园区等，对现有孵化器进行升级改造，拓展孵化功能，鼓励与上市公司、创投机构和专业团队合作，形成创业创新、孵化投资相结合的新型孵化器。符合条件

的国家级和省级孵化器，省科技厅分别给予一次性100万元、50万元奖励。鼓励各级小微企业创业基地完善服务功能、提高服务质量、提升孵化水平，对符合条件的国家级、省级小微企业创业基地，省经信委分别给予一次性50万元、30万元补助。

责任单位：省科技厅、经信委，各设区市人民政府、平潭综合实验区管委会

三、降低创业创新门槛

简政放权。全面清理、调整与创业创新相关的审批、认证、收费、评奖事项，将保留事项向社会公布。深化商事制度改革，实行“三证合一、一照一码”，加快推行电子营业执照和全过程电子化登记管理，企业设立推行“一表申报”，允许“一址多照”“一照多址”，按工位注册企业。允许科技人员、大学生等创业群体借助“商务秘书公司”地址托管等方式申办营业执照。

责任单位：省工商局、审改办、发改委、国税局、地税局

减免规费。对初创企业免收登记类、证照类、管理类行政事业性收费。事业单位开展各类行政审批前置性、强制性评估、检测、论证等服务并收费的，对初创企业均按不高于政府价格主管部门核定标准的50%收取。

责任单位：省财政厅、物价局，各设区市人民政府、平潭综合实验区管委会

提供便利。所在地政府应为创业创新提供便利条件。支持完善网络宽带设施，对众创空间投资建设、供创业企业使用、带宽达到100M以上的，可按照其年宽带资费的50%标准给予补贴；符合条件的众创空间，属政府投资建设的，可给予入驻创业企业2—5年的房租减免，非政府投资建设的，可给予每平方米每月不超过30元的房租补贴；对创投机构投资的初创期、成长期科技企业，可给予3年全额房租补贴。

责任单位：各设区市人民政府、平潭综合实验区管委会

四、完善众创公共服务功能

发展“互联网+”创业创新服务。符合条件的众创空间，省新增互联网经济引导资金按每年实际发生的数据中心租用费的30%予以补助，年补助额度最高不超过30万元；符合条件的互联网孵化器由省科技厅从省新增互联网经济引导资金给予一次性补助30万元。推进政府和社会信息资源共享，以特许经营等方式优先支持省内企业和创业创新团队开发运营政务信息资源。发挥科技云服务平台作用，推动创客与投资机构交流对接。

责任单位：省数字办、科技厅、财政厅

提升“6·18”创业创新服务功能。完善“6·18”网络平台专业化服务体系，集中发布创业创新信息；强化“6·18”虚拟研究院协同创新功能，突出日常对接服务，办好“6·18”展会，推介展示创业创新成果；“6·18”创业投资基金重点支持创业创新项目；举办“6·18”创业创新系列大赛，吸引全省创新型企业、中小微企业、高校创业团队及其他创客群体参赛，为创投机构和创业创新人员搭建对接平台。省级“6·18”专项资金每年安排500万元奖励竞赛优胜者。

责任单位：省发改委、经信委、科技厅、教育厅、人社厅、总工会、团省委、妇联

发挥各类科技创新平台作用。各级政府建设的重点（工程）实验室、工程（技术）研究中心等科技基础设施，以及利用财政资金购置的重大科学仪器设备按照成本价向创业创新企业开放。支持企业、高等院校和科研机构向创业创新企业开放其自有科研设施。运用政府资助、业务奖励或购买企业服务等方式，支持中小企业公共服务平台建设，鼓励企业设立院士工作站、博士后工作站等，引进、培养创业创新青年高端人才。培育一批创业创新服务实体，为创业企业提供企业管理、财务咨询、市场营销、人力资源、法律顾问、知识产权、检验检测、现代物流等第三方专业化服务。推动省级行业技术开发基地承担行业共性技术开发和推广应用的功能作用，加快技术转移和产业化实施。

责任单位：省科技厅、教育厅、发改委、经信委、人社厅

健全知识产权保护和运用机制。建立面向创业创新的专利申请绿色通道，对亟需授权的核心专利申请，报请国家知识产权局优先审查；对在融资、合作等过程中需要出具专利法律状态证明的，优先办理专利登记簿副本。创新知识产权投融资方式，提高知识产权抵质押贷款评估值，建立知识产权质物处置机制。对以专利权质押获得贷款并按期偿还本息的创业企业，省知识产权局按同期银行贷款基准利率的30%—50%予以贴息，总额最高不超过50万元。鼓励企业购买专利技术，在省内注册的具有法人资格的企业购买专利技术交易额单项达20万元以上200万元以下，属非关联交易并实施转化的，省科技厅、知识产权局按10%给予补助。建立专利快速维权与维权援助机制，缩短侵权处理周期，加大对反复侵权、恶意侵权等行为的查处力度。

责任单位：省知识产权局、科技厅、财政厅、金融办

五、支持科技人员创业创新

激发科技人员创业积极性。高等学校、科研院所职务科技成果转化收益可由重要贡献人员、所属单位约定分配，未约定的，从转让收益中提取不低于50%比例用于奖励对完成、转化职务科技成果作出重要贡献的人员和团队；从事创业创新活动的业绩作为职称评定、岗位聘用、绩效考核的重要依据；吸引各类海内外人才来闽创办科技型企业，简化外籍高端人才来闽开办企业审批流程，探索改事前审批为事后备案。实施“工程技术人才回归创业工程”，鼓励闽籍在外工程技术人才回乡创业创新。对“回归”的工程技术人才，在研发项目立项、职称评定等方面给予倾斜支持；进一步完善人才社会服务与保障机制。

责任单位：省科技厅、教育厅、商务厅、人社厅、总工会

建立科研人员双向流动机制。加快落实国有企事业单位科研人员离岗创业政策，经同意离岗的可在3年内保留人事关系，并与原单位其他在岗人员同等享有参加职称评定、社会保险等方面的待遇，3年内要求返回原单位的，按原职级待遇安排工作；支持高校科研院所高级科研人员带领团队参与企业协同创新，并给予生活津贴补助。

责任单位：省人社厅、教育厅、国资委、科技厅

六、支持青年创业

鼓励大学生创业。建立健全弹性学制管理办法，将我省高校毕业生自主创业扶持政策范围延伸至普通高校在校大学生。大学生自主创业可申请最高30万元创业担保贷款，担保基金和贴息资金从就业专项资金中列支。高校毕业生创业者享受所在地经营场所、公共租赁住房政策，有条件的地方给予2年期免费，电信运营商应给予宽带资费的优惠。鼓励台湾青年大学生、科技创新人才、台湾资深创业导师及专业服务机构来闽创业，有条件的地方要积极创建面向台湾、各具特色的创业基地。

责任单位：省财政厅、人社厅、教育厅、住建厅、通信管理局、台办、团省委、妇联，人行福州中心支行，各设区市人民政府、平潭综合实验区管委会

支持返乡创业。各地要结合实际，深入实施农村青年创业富民行动、大学生返乡创业计划，出台支持返乡人员创业的扶持政策。鼓励设立各类返乡创业园，以土地租赁方式进行返乡创业园建设的，形成的固定资产归建设方所有；鼓励电子商务第三方交易平台渠道下沉，带动基层创业人员依托其平台和经营网络开展创业。对通过自营或第三方平台销售我省农产品，年销售额超过5000万元的B2C企业、超过1亿元的B2B企业，省商务厅给予最高不超过100万元奖励。支持有条件的县、乡建设一批农村互联网创业园，为我省农村电商提供网站建设、仓储配送、网络技术等服务，对从业人员达100人以上的，省人社厅给予20万元一次性奖励；做好返乡人员社保关系转移接续等工作，及时将电子商务等新兴业态创业人员纳入社保覆盖范围，探索完善返乡创业人员社会兜底保障机制，降低创业风险；支持妇女围绕传承民族文化从事手工业创业，开发民族、民间手工艺新作品。

责任单位：各设区市人民政府、平潭综合实验区管委会，省农业厅、国土厅、住建厅、商务厅、卫计委、人社厅、总工会、团省委、妇联

七、构建多元化金融服务体系

创新股权融资方式。省产业股权投资基金首期出资1亿元发起设立福建省创业创新天使基金，投资众创空间大学生等创业创新项目，参股社会资本发起设立的天使基金；允许各类股权投资企业和管理企业使用“投资基金”和“投资基金管理”字样作为企业名称中行业特征；各设区市和平潭综合实验区都要设立创业创新天使基金，支持创业创新企业发展壮大；政府引导基金退出时，优先转让给基金其他合伙人，转让价格可由政府引导基金与受让方协商；基金到期清算时如出现亏损，先行核销政府资金权益。

责任单位：省金融办、财政厅、教育厅，福建证监局，各设区市人民政府、平潭综合实验区管委会

增强资本市场融资能力。鼓励互联网和高新技术创业创新企业到资本市场上市。支持创业创新企业在“新三板”和海峡股权交易中心挂牌交易，省经信委对挂牌交易企业一次性给予不超过30万元的奖励；加快建立海峡股权交易中心与“新三板”的转板机制；海峡股权交易中心设立创柜板，引导成长性较好的企业在创柜板挂牌；建立大众创新众筹平台，进行股权众筹融资试点，鼓励众创空间组织创新产品开展网络众筹，为大众创业创新提供融资服务。发挥海峡股权交易中心、省级小微企业“发债增信资金池”作用，对在海峡股权交易中心发债的创业创新企业提供增信支持。

责任单位：福建证监局，省金融办、经信委

加大信贷支持力度。各地政府主导的融资担保公司可对创投机构投资的初创期、成长期科技企业，按投资额的50%、最高不超过500万元的标准给予担保，担保费由企业所在地财政补贴。各银行业金融机构要创新金融产品，满足创业创新企业融资需求。

责任单位：省财政厅、金融办，人行福州中心支行、福建银监局，各设区市人民政府、平潭综合实验区管委会

八、加大财税政策扶持

加大资金扶持。各设区市、平潭综合实验区要设立创业创新专项扶持资金，重点支持创业示范基地、创业大本营、创客天地、新型孵化器等众创空间。推行创新券制度，省财政每年安排2000万元，通过购买服务、后补助、绩效奖励等方式，为创业者和创新企业提供仪器设备使用、检验检测、知识产权、数据分析、法律咨询、创业培训等服务。

责任单位：省科技厅、经信委、财政厅、教育厅、人社厅、质监局、检验检疫局、金融办，各设区市人民政府、平潭综合实验区管委会

落实税收采购政策。抓紧在全省推广企业转增股本分期缴纳个人所得税、股权奖励分期缴纳个人所得税政策；推行小微企业按季度申报纳税。发挥政府采购支持作用，不得以注册资本金、资产总额、营业收入、从业人员人数、利润、纳税额等规模条件设置政府采购准入条件。推行补贴申领的“告知承诺制”和“失信惩戒制”。

责任单位：省国税局、地税局、财政厅、科技厅、经信委

九、加强创业培训辅导

推进创业教育培训。在普通高等学校、职业学校、技工院校开设创业创新类课程，并融入专业课程和就业指导课程体系。紧密结合创业特点、紧缺人才需求和地域经济特色，发挥青年创业训练营等作用，采取培训机构面授、远程网络互动等方式有效开展创业培训。组织开展形式多样的农村青年、返乡人员创业技能培训。到2020年，参加创业培训的大学生人数不低于我省应届高校毕业生总人数5%。省教育厅每年安排3000万元专项经费，用于大学生创业创新教育与指导。

责任单位：省教育厅、人社厅、农业厅、财政厅、科协，各设区市人民政府、平潭综合实验区管委会

加强创业导师队伍建设。吸纳有实践经验的创业者、职业经理人等加入创业师资队伍，组建一批由优秀企业家、专家学者、各类名师大师等组成的创业导师志愿团队，完善创业导师（专家）库，对创业者分类、分阶段进行指导。建立创业导师绩效评估和激励机制。

责任单位：省人社厅、财政厅、教育厅、经信委、科技厅、总工会、团省委、妇联、工商联

十、强化组织保障

建立由省发改委、科技厅牵头，省经信委、教育厅、财政厅、人社厅、国土厅、住建厅、农业厅、商务厅、工商局、金融办、知识产权局、总工会、团省委、妇联等共同参与的大众创业、万众创新厅际联席会议制度，及时研究解决有关重大事项，开展创业创新政策的调查与评估，建立相关督查机制，共同推进大众创业、万众创新蓬勃发展。各地、各部门要结合实际制定具体的政策措施，明确目标任务，落实工作分工，加强协调联动，形成推进合力，确保政策措施取得实效。

责任单位：各设区市人民政府、平潭综合实验区管委会，省直有关单位、高校、科研院所

福建省人民政府
2015年7月12日

福州市人民政府关于贯彻落实省政府大力推进大众创业万众创新十条措施的实施意见

（榕政综〔2015〕265号）

为贯彻落实福建省人民政府《关于大力推进大众创业万众创新十条措施的通知》（闽政〔2015〕37号），适应经济发展新常态，全面推进大众创业、万众创新，构建全市创业创新新格局，打造经济增长新引擎，现提出以下实施意见。

一、总体思路

加快实施创新驱动发展战略，主动适应经济发展新常态，有效整合资源，改革完善普惠性政策扶持体系，创优服务模式，培育创新文化，激发全社会创业创新活力，以创业带动就业、以创新促进发展，构建创业创新生态体系，实现稳增长、扩就业，促进全市社会经济平稳健康发展。

——坚持市场主导，政府引导。充分发挥市场配置资源的决定性作用，强化政府引导，促进创业创新与市场需求和社会资本有机结合，最大限度地解放各类市场主体创业创新活力，进一步解放和发展生产力。

——坚持创新推动，促进就业。推进以创新为核心的创业就业，壮大创业创新群体，实现创业创新主体从小众到大众的发展，开辟就业创业新空间。大力孵化培育科技型中小微企业，打造新的经济增长点。

——坚持机制创新，优化服务。认真帮助解决创业者面临的资金需求、市场信息、技术支撑、公共服务等瓶颈问题。降低创业创新门槛，构建市场化、专业化、资本化、全链条增值服务体系，提高创业创新效率。

——坚持政策扶持，不断改革改善相关体制机制。优化各项政策的统筹协调，落实普惠性政策措施，构建有利于大众创业、万众创新的政策环境、制度环境和公共服务体系等。

二、主要任务

（一）营造创业创新氛围。

国务院《关于大力推进大众创业万众创新若干政策措施的意见》（国发〔2015〕32号）、福建省人民政府《关于大力推进大众创业万众创新十条措施的通知》（闽政〔2015〕37号）等一系列重要文件，从创新体制机制、发展众创空间、优化财税政策、扩大创业投资等多方面出台了具体扶持政策，各级各部门要通过各种新闻媒体，特别是互联网新兴媒体，广泛宣传，营造浓厚的创业创新氛围；要强化政策解读，提供咨询服务，汇编扶持指南、创业指引等小册子，确保广大创业企业、创新群体都知晓、能理解、会运用；要开展多层次的创业创新交流活动，借鉴先进经验，形成可复制可推广的工作机制；要弘扬创新精神，树立创业典型，使创业创新成为全社会共同的价值追求和行为习惯。

责任单位：各县（市）区人民政府、福州高新区管委会，市直有关单位，市属各大中专院校、职业技术学校、科研院所

（二）推进创业创新载体建设。

积极推进重点突出、资源集聚、服务专业、特色鲜明的创业创新载体建设，2017年底前建成20家以上、2020年前建成40家以上众创空间，不断满足大众创业创新需求。科技进步先进县（市）区、高新技术产业开发区、高新技术产业基地都应建有众创空间。鼓楼、仓山、台江、晋安、马尾及高新区2017年各建设3家以上众创空间，2020年各建设5家以上众创空间；其他各县（市）2017年各建设1家以上众创空间，2020年各建设3家以上众创空间。

1．培育一批创业示范基地。积极争取国家小微企业创业创新基地城市，依托现有管理机构或引进国内外高层次创业运营团队，各县（市）区和高新区打造1家运行模式先进、配套设施完善、服务环境优质、影响力和带动力强的示范创业创新中心。市财政局安排专项资金给予每家不少于100万元的奖励。

责任单位：各县（市）区人民政府、福州高新区管委会，市发改委、市财政局、市科技局、市经信委、市人社局

2．创建一批创业大本营。市属各大中专院校、职业技术学校要利用现有教育教学资源、大学科技园、产学研合作基地、创业孵化基地等，设立不少于2000平方米的公益性大学生创业创新场所，符合条件的创业大本营，吸纳创业主体超过20户以上的，由省就业专项资金给予每个不超过100万元的资金补助；设立不少于1000平方米的公益性大中专生创业创新场所，吸纳创业主体超过10户以上的，由市就业专项资金给予每个不超过50万元的资金补助。

责任单位：市属各大中专院校、职业技术学校，市人社局、市教育局、市科技局、市财政局

3．改扩建一批创客天地。各县（市）区要充分利用老厂房、旧仓库、存量商务楼宇以及传统文化街区等资源改造成为新型众创空间。鼓励设立劳模、国家级技能大师工作室、农村创新驿站等。积极推动市级众创空间建设，符合条件的市级众创空间，先期给予建设资金补助10万元，后续再次享受相关资金支助的，差额部分予以补足，补助资金由市科技局从市级互联网经济引导资金中列支。

责任单位：各县（市）区人民政府，市科技局、市财政局、市经信委、市人社局、市总工会、市农业局

4．提升改造传统孵化器。对现有孵化器进行升级改造，拓展孵化功能，鼓励与上市公司、创投机构和专业团队合作，形成创业创新、孵化投资相结合的新型孵化器。符合条件的国家级、省级和市级孵化器，市科技局分别给予一次性100万元、50万元、10万元奖励。鼓励小微企业创业基地完善服务功能、提高服务质量、提升孵化水平，对符合条件的省级小微企业创业基地，市经信委给予一次性15万元补助。

责任单位：市科技局、市经信委、市财政局，各县（市）区人民政府、福州高新区管委会

（三）激活创业创新主体。

1．激发科技人才创业积极性。市属各大中专院校、职业技术学校、科研院所职务科技成果转化收益可由重要贡献人员、所属单位约定分配，未约定的，从转让收益中提取不低于50%比例用于奖励对完成、转化职务科技成果作出重要贡献的人员和团队；从事创业创新活动的业绩作为职称评定、岗位聘用、绩效考核的重要依据；吸引各类海内外人才来榕创办科技型企业，简化外籍高端人才来榕开办企业审批流程，企业设立实行“一口受理，一表申报”。实施“工程技术人才回归创业工程”，鼓励榕籍在外工程技术人才回乡创业创新。对“回归”的工程技术人才，在研发项目立项、职称评定等方面给予倾斜支持；进一步完善人才社会服务与保障机制。

责任单位：市属各大中专院校、职业技术学校、科研院所，市委人才办、市教育局、市财政局、市商务局、市人社局、市科技局

2．建立科研人员双向流动机制。加快落实国有企事业单位科研人员离岗创业政策，经同意离岗的可在3年内保留人事关系，并与原单位其他在岗人员同等享有参加职称评定、社会保险等方面的待遇，3年内要求返回原单位的，按原职级待遇安排工作；支持市属各大中专院校、职业技术学校、科研院所高级科研人员带领团队参与企业协同创新，并给予生活津贴补助。

责任单位：市人社局、市教育局、市国资委

3．吸引高层次人才和海归人才创业创新。鼓励国家“千人计划”“万人计划”、中科院“百人计划”、省引才“百人计划”等领军人才、高端人才，带技术、带项目、带资金来福州创业创新。按照《福州市引进高层次优秀人才办法》（榕政综〔2014〕303号）等有关人才支持政策，给予相应的住房保障、配偶子女安置等支持。对于符合《福州市留学人员创业启动资金管理办法》的留学归国创业人员（团队），经项目评审后，给予5万—30万元的创业启动资金支持；对特别优秀并带项目、带资金、带团队来榕发展的留学回国创业人员（团队），经评估认定后，给予50万—200万元的创业启动资金支持。吸引海内外高层次人才到自贸片区创业创新，并按照省、市加强自由贸易试验区福州片区人才工作的有关措施给予政策、资金等方面扶持。

责任单位：市委人才办、市人社局、市财政局

4．鼓励青年大学生创业。建立健全弹性学制管理办法，将我市高校毕业生自主创业扶持政策范围延伸至市属普通高校在校大学生。大学生自主创业可申请最高30万元创业担保贷款，担保基金和贴息资金从就业专项资金中列支。高校毕业生创业者享受所在地经营场所、公共租赁住房政策，有条件的地方给予2年期免费，各电信运营商应给予宽带资费的优惠。鼓励台湾青年大学生、科技创新人才、台湾资深创业导师及专业服务机构来榕创业，有条件的地方要积极创建面向台湾、各具特色的创业基地。

责任单位：市属各高等学校，市人社局、市财政局、市教育局、市通信管理办、市台办，各县（市）区人民政府、福州高新区管委会

5．支持返乡创业。各县（市）区要结合实际，深入实施农村青年创业富民行动、大学生返乡创业计划，出台支持返乡人员创业的扶持政策。鼓励设立各类返乡创业园，以土地租赁方式进行返乡创业园建设的，形成的固定资产归建设方所有；鼓励电子商务第三方交易平台渠道下沉，带动基层创业人员依托其平台和经营网络开展创业。对通过自营或第三方平台销售我市农产品，年销售额超过2000万元的B2C企业、超过6000万元的B2B企业，市商务局给予最高不超过50万元奖励。支持有条件的县、乡建设一批农村互联网创业园，为我市农村电商提供网站建设、仓储配送、网络技术等服务，对从业人员达50人以上的，年均税收不低于5万元的，市人社局给予10万元一次性奖励；做好返乡人员社保关系转移接续等工作，及时将电子商务等新兴业态创业人员纳入社保覆盖范围，探索完善返乡创业人员社会兜底保障机制，降低创业风险。

责任单位：各县（市）区人民政府，市商务局、市人社局、市农业局

（四）降低准入门槛。

1．简化审批。全面清理、调整与创业创新相关的审批、认证、收费、评奖事项，将保留事项向社会公布。深化商事制度改革，实行“三证合一、一照一码”，加快推行电子营业执照和全过程电子化登记管理，企业设立推行“一表申报”，允许“一址多照”“一照多址”，按工位注册企业。允许科技人员、大学生等创业群体借助“商务秘书公司”地址托管等方式申办营业执照。

责任单位：市市场监管局、市国税局、市地税局

2．规费减免。对初创企业免收登记类、证照类、管理类行政事业性收费。事业单位开展各类行政审批前置性、强制性评估、检测、论证等服务并收费的，对初创企业均按不高于政府价格主管部门核定标准的50%收取。

责任单位：市物价局、市财政局，各县（市）区人民政府

3．提供便利。各县（市）区政府应为创业创新提供便利条件。支持完善网络宽带设施，对众创空间投资建设、供创业企业使用、带宽达到100M以上的，可按照其年宽带资费的50%标准给予补贴；符合条件的众创空间，属政府投资建设的，可给予入驻创业企业2—5年的房租减免，非政府投资建设的，可给予每平方米每月不超过30元的房租补贴；对创投机构投资的初创期、成长期科技企业，可给予3年全额房租补贴。

责任单位：各县（市）区人民政府、福州高新区管委会

（五）强化公共服务功能。

1．发展“互联网+”创业创新服务。符合条件的众创空间，市级互联网经济引导资金按每年实际发生的数据中心租用费的30%予以补助，年补助额度最高不超过30万元；经认定的互联网孵化器，或现有各类科技企业孵化器设置了互联网创业空间、吸纳了5家以上互联网企业的，在获得省奖励的基础上，由市科技局从市级互联网经济引导资金给予一次性50%的配套奖励。推进政府和社会信息资源共享，以特许经营等方式优先支持市内企业和创业创新团队开发运营政务信息资源。发挥科技云服务平台作用，推动创客与投资机构交流对接。

责任单位：市科技局、市数字办、市发改委、市财政局

2．发挥各类科技创新平台作用。政府建设的重点（工程）实验室、工程（技术）研究中心等科技基础设施，以及利用财政资金购置的重大科学仪器设备按照成本价向创业创新企业开放。支持企业、大中专院校、职业技术学校和科研机构向创业创新企业开放其自有科研设施。运用政府资助、业务奖励或购买企业服务等方式，支持中小企业公共服务平台建设，鼓励企业设立院士（专家）工作站、博士后工作站等，引进、培养创业创新青年高端人才。培育一批创业创新服务实体，为创业企业提供企业管理、财务咨询、市场营销、人力资源、法律顾问、知识产权、检验检测、现代物流等第三方专业化服务。推动我市行业技术创新中心、省级行业技术开发基地承担行业共性技术开发和推广应用的功能作用，加快技术转移和产业化实施。

责任单位：市属大中专院校、职业技术学校、科研机构，市经信委、市科技局、市科协、市教育局、市发改委、市人社局

3．健全知识产权保护和运用机制。鼓励和保护发明创造及其推广应用，创新知识产权投融资方式，对福州市列入福建省专利权质押贷款贴息项目的同一笔贷款给予配套贴息，贴息比例为同期银行贷款基准利率的30%，贴息时间从计算贴息之日起最长不超过1年，每家企业享受贴息总额最高不超过30万元。鼓励企业购买专利技术，在我市注册的具有法人资格的企业购买专利技术交易额单项达20万元以上50万元以下的，属非关联交易并实施转化的，列入福建省企业购买高等学校、科研单位专利技术补助资金的项目，按省级补助额度给予50%资金配套，每家企业当年最高配套额度不超过25万元。建立企业知识产权维权保障机制，对企业购买专利保险所支付的保险费用进行补贴，按实际支出保费的50%给予补贴，每家企业单年获得的补贴资金总额不超过1万元。

责任单位：市知识产权局、市财政局、市金融办

（六）构建金融服务体系。

1．创新股权融资方式。由市财政首期出资3000万元发起设立福州市创业创新天使基金，投资众创空间、大学生创业创新等项目，支持创业创新企业发展壮大。

责任单位：市财政局、市金融办、市人社局、市教育局

2．增强资本市场融资能力。鼓励互联网和高新技术创业创新企业到资本市场上市。支持创业创新企业在“新三板”和海峡股权交易中心挂牌交易，对挂牌交易企业一次性给予不超过60万元的奖励；建立大众创新众筹平台，进行股权众筹融资试点，鼓励众创空间组织创新产品开展网络众筹，为大众创业创新提供融资服务。

责任单位：市金融办

3．加大信贷支持力度。各地政府主导的融资担保公司可对创投机构投资的初创期、成长期科技企业，按投资额的50%、最高不超过300万元的标准给予担保，担保费由企业所在地财政补贴。

责任单位：市财政局、市金融办，各县（市）区人民政府

（七）加大财税政策扶持。

1．加大资金扶持力度。市、县（市）区两级政府将创业创新专项扶持资金纳入财政预算，2015年市本级整合现有相关专项资金1亿元，用于支持福州市创业创新发展。重点支持创业示范基地、创业大本营、创客天地、新型孵化器等众创空间。推行创新券制度，通过购买服务、后补助、绩效奖励等方式，为创业者和创新企业提供仪器设备使用、检验检测、知识产权、数据分析、法律咨询、创业培训等服务。本《实施意见》中财政相关扶持政策，其资金渠道按财政体制分级承担，先由市里统一支付，县区负担部分由市财政通过上下级结算扣回。

责任单位：市财政局、市发改委、市科技局、市经信委、市人社局、市委人才办、市商务局、市教育局、市知识产权局、市金融办，各县（市）区人民政府、福州高新区管委会

2．落实税收政策。推进企业转增股本分期缴纳个人所得税、股权奖励分期缴纳个人所得税试点政策推广工作；推行小微企业原则上按季度申报纳税。发挥政府采购支持作用，不得以注册资本金、资产总额、营业收入、从业人员人数、利润、纳税额等规模条件设置政府采购准入条件。推行补贴申领的“告知承诺制”和“失信惩戒制”。

责任单位：市国税局、市地税局、市财政局、市经信委

（八）加强创业培训辅导。

1．推进创业教育培训。在市属大中专院校、职业技术学校开设创业创新类课程，并融入专业课程和就业指导课程体系。紧密结合创业特点、紧缺人才需求和地域经济特色，发挥青年创业训练营等作用，采取培训机构面授、远程网络互动等方式有效开展创业培训。组织开展形式多样的农村青年、返乡人员创业技能培训，注重培育农村科普带头人和农业技术能手，继

续深化农函大实用技术、培训示范基地工作。到2020年，参加创业培训的大学生人数不低于我市应届高校毕业生总人数5%。市教育局每年安排一定专项经费，用于大学生创业创新教育与指导。

责任单位：市属大中专院校、职业技术学校，市教育局、市人社局、市农业局、市财政局、市科协

2．加强创业导师队伍建设。吸纳有实践经验的创业者、职业经理人等加入创业师资队伍，组建一批由优秀企业家、专家学者、各类名师大师等组成的创业导师志愿团队，完善创业导师（专家）库，对创业者分类、分阶段进行指导。建立创业导师绩效评估和激励机制。

责任单位：市属大中专院校、职业技术学校，市人社局、市教育局、市经信委、市科技局

三、加强统筹协调

（一）加强组织保障。建立由市发改委、市科技局牵头，市委人才办、市经信委、市建委、市国资委、市金融办、市台办、市教育局、市财政局、市人社局、市国土局、市农业局、市商务局、市市场监管局、市数字办、市通信管理办、市国税局、市地税局、市知识产权局、市总工会、市科协等共同参与的大众创业、万众创新联席会议制度（联席会议办公室挂靠市发改委），及时研究解决有关重大事项，开展创业创新政策的调查与评估，共同推进大众创业、万众创新蓬勃发展。

（二）强化督促检查。各县（市）区、有关责任单位应把大众创业万众创新工作纳入议事日程，工作情况每季度末书面报市大众创业、万众创新联席会议办公室，市政府督查室定期组织督促检查。

福州市人民政府

2015年9月7日

厦门市留学人员身份认定办法

（厦人社〔2015〕181号）

第一章 总 则

第一条 根据《厦门经济特区鼓励留学人员来厦创业工作规定》（以下简称《规定》），制定本办法。

第二条 厦门市人力资源和社会保障局是综合管理留学人员的职能部门，其所属的厦门市留学人员管理中心负责认定等具体工作。

第三条 留学人员的认定应符合《规定》第二条所要求的条件。

高层次留学人员应符合《规定》第三条所要求的条件。

第四条 经认定的留学人员发给《厦门市留学人员身份认定证书》、高层次留学人员发给《厦门市高层次留学人员身份认定证书》。

第五条 《厦门市留学人员身份认定证书》与《厦门市高层次留学人员身份认定证书》是留学人员在厦门创业或工作享受优惠政策的凭证。

第六条 留学人员身份认定日常受理，符合条件、材料齐全的，即来即办。不符合条件、决定不核发的，应向申请人说明理由。高层次留学人员原则上每年组织一次集中评审认定。

第二章 认定程序

第七条 一般留学人员身份认定由个人申请、厦门市留学人员管理中心统一认定、核发，具体程序如下：

（一）申请。申请人登陆“厦门留学人才网”（www.xmlx.gov.cn）网上办事大厅，在线如实填写《厦门市留学人员身份认定申请表》后在网上提交。

（二）初审。厦门市留学人员管理中心根据认定条件与要求完成网上初审。

（三）报送。申请人通过网上初审后，在线打印表格，持规定的申报材料，由本人或授权委托代理人报送厦门市留学人员管理中心。

（四）核发。厦门市留学人员管理中心认定后核发《厦门市留学人员身份认定证书》。

第八条 经认定的留学人员引进到厦门创业、工作后，符合高层次留学人员申报条件的，由单位统一推荐，报厦门市留学人员管理中心统一组织评审认定。具体程序如下：

（一）申请。申请人登陆“厦门留学人才网”网上办事大厅，在线如实填写《厦门市高层次留学人员认定申请表》后在网上提交。

（二）初审。厦门市留学人员管理中心根据评审认定要求完成网上初审。

（三）报送。网上初审通过后，申请人在线打印表格、持规定的申报材料，报用人单位签署推荐意见加盖公章、人事行政主管部门或所在园区审核签章后，由用人单位统一报送厦门市留学人员管理中心。

（四）评审。出国留学获得硕士学位或者出国进修访问的留学人员，由厦门市留学人员管理中心组织相关业务部门、行业专家评审。评审采用综合评议与投票相结合的评审方式，并形成专家评审意见。专家评委由不少于3人的单数组成，从专家

库中抽取产生。

（五）核发。高层次留学人员预入选名单在“厦门留学人才网”公示五个工作日。公示无异议或者经查异议不成立的，报厦门市人力资源和社会保障局核发《厦门市高层次留学人员身份认定证书》。

第三章 申报材料

第九条　一般留学人员身份认定需提供个人近期免冠照片5cm（二寸）2张，《厦门市留学人员身份认定申请表》一式一份，并根据个人情况提供以下材料的原件和复印件，如有外文资料需提供中文翻译件：

（一）出国留学获得学士及以上学位的：

1．本人留学期间护照；

2．我国驻外使、领馆的留学回国人员证明；

3．国外学历、学位证书以及成绩单；

4．教育部留学服务中心出具的《国外学历学位认证书》；

5．出国前国内高等教育阶段的学位、学历证书；

6．身份证件。

（二）到国外高等院校、研究开发机构访问进修的：

1．本人国外访问进修期间的护照；

2．我国驻外使、领馆的留学回国人员证明；

3．出国前的邀请函与派出机构证明、访问进修结束后的证明材料；

4．国外学习访问进修后发表的论文或成果证明；

5．身份证件；

6．出国前国内高等教育阶段学历、学位证书；

7．出国前取得的国内专业技术职务任职资格证书。

第十条　申请高层次留学人员评审认定时需提供个人近期免冠照片5cm（二寸）3张，申请表一式二份，及以下材料的原件和复印件：

（一）引进时组织、人事、教育等行政主管部门审批材料以及与引进单位签署的合同、聘书等；

（二）证明个人能力、成果的材料；

（三）来厦创业的，需提供创业证明材料；

（四）厦门市留学人员身份认定证书。

第四章 附　则

第十一条　《厦门市留学人员身份认定证书》与《厦门市高层次留学人员身份认定证书》有效期限均为五年；有效期满后或留学人员的个人信息发生变动，应当申请换证。

第十二条　留学人员的评审认定原则上应当自引进入厦之日起一年内提出申请。

第十三条　提供虚假材料获得《厦门市留学人员身份认定证书》或《厦门市高层次留学人员身份认定证书》的，一经查出，取消认定资格，收回证书并通报相关部门。

推荐单位负责人及其工作人员滥用职权、弄虚作假、协助他人获得留学人员身份认定的，通报其人事行政主管部门与所在单位批评问责。

第十四条　从香港、澳门、台湾出国的留学人员适用本办法。

到香港、澳门、台湾学习、工作的同等条件人员参照适用本办法。

第十五条　本办法由厦门市人力资源和社会保障局负责解释，自2015年8月27日起施行，有效期五年。

厦门市人力资源和社会保障局
2015年8月25日

江西省人民政府关于大力推进大众创业万众创新若干政策措施的实施意见

（赣府发〔2015〕36号）

为进一步优化创业创新环境，激发全社会创业创新活力，以创业带动就业、以创新促进发展，根据《国务院关于大力推进大众创业万众创新若干政策措施的意见》（国发〔2015〕32号）精神，结合江西实际，现提出以下实施意见。

一、降低准入门槛

（一）营造宽松便捷的准入环境。加大简政放权、放管结合、优化服务等改革力度，消除对市场主体不合理的束缚和羁绊。落实注册资本登记制度改革，放宽新注册企业场所登记条件限制，试行电子商务秘书企业登记注册。推动“一址多照”“集群注册”等住所登记改革，分行业、分业态释放住所资源。加快实施工商营业执照、组织机构代码证和税务登记证“三证合一”“一照一码”，简化工作流程。允许创业者依法将家庭住所、租借房、临时商业用房等作为创业经营场所。建设“创业咨询一点通”服务平台。依托企业信用信息公示系统建立小微企业名录，增强创业企业信息透明度。（省工商局牵头，省发改委、省人社厅、省审改办、省国税局、省地税局等有关部门配合）

（二）维护公平竞争市场秩序。进一步转变政府职能，增加公共产品和服务供给，为创业者提供更多机会。逐步清理并废除妨碍创业发展的制度和规定，打破地方保护主义。建立统一透明、有序规范的市场环境。依法反垄断和反不正当竞争，消除不利于创业创新发展的垄断协议和滥用市场支配地位以及其他不正当竞争行为。把创业主体信用与市场准入、享受优惠政策挂钩。（省工商局、省发改委牵头，人行南昌中心支行、省国税局、省地税局等有关部门配合）

（三）推动个体工商户转型为企业。对个体工商户转型为企业的，在不违反法律法规的前提下，简化有关办理手续。对转型后企业参加失业保险符合条件的，按规定给予稳岗补贴。对转型后企业在政策性担保贷款上给予倾斜支持。加强创业培训辅导，提高初创企业活跃度。（省工商局牵头，省地税局、省人社厅、省财政厅、省政府金融办等有关部门配合）

（四）减免有关行政事业性收费、服务性收费。进一步规范全省涉企行政事业性收费项目并制定目录，不在目录内的行政事业性收费项目一律不得收取。落实创业负担举报反馈机制。对初创企业免收登记类、证照类、管理类行政事业性收费。事业单位服务性收费，以及依法开展的各类行政审批前置性、强制性评估、检测、论证等专业服务性收费，对初创企业可按不高于物价主管部门核定标准的50%收取。（省财政厅牵头，省发改委等有关部门配合）

二、激发主体活力

（五）提高科研技术人员创业创新积极性。完善高校、科研院所等事业单位专业技术人员在职创业、离岗创业有关政策。对离岗创业的，经原单位同意，可在3年内保留人事关系，与原单位其他在岗人员同等享有参加职称评聘、岗位等级晋升和社会保险等方面的权利。原单位应当根据专业技术人员创业实际情况，与其签订或变更聘用合同，明确权利义务。（省人社厅牵头，省教育厅、省科技厅配合）

（六）允许国有企事业单位职工停职创业。国有企业和事业单位（参照公务员法管理的事业单位除外）职工经单位批准，可停职领办创办企业。3年内不再领办创办企业的职工允许回原单位工作，3年期满后继续领办创办企业的职工按辞职规定办理。经单位批准辞职的职工，按规定参加社会保险，缴纳社会保险费，享受社会保险待遇。加快推进社会保障制度改革，破除人才自由流动制度障碍，实现党政机关、企事业单位、社会各方面人才顺畅流动。（省人社厅牵头）

（七）建立科学的职业资格体系。再取消一批职业资格许可和认定事项，落实国家职业资格目录清单制度，完善职业资格监管措施，让广大劳动者更好施展才能，推动形成创业创新蓬勃局面。（省人社厅牵头，省卫生计生委、省教育厅、省财政厅、省住房城乡建设厅等有关部门配合）

（八）引领大学生为主的青年创业创新。实施大学生创业引领计划，力争每年引领万名大学生创业。将求职补贴调整为求职创业补贴，对象范围扩展到已获得国家助学贷款的毕业年度高校毕业生，一次性求职补贴标准由每人800元提高到1000元。对符合条件的大学生（在校及毕业5年内）给予一次性创业补贴，补贴标准由2000元提高到5000元。对已进行就业创业登记并参加社会保险的自主创业大学生，可按灵活就业人员待遇给予社会保险补贴。建立健全弹性学制管理办法，支持大学生保留学籍休学创业。（省人社厅、省教育厅牵头，省财政厅、团省委、省妇联配合）

（九）鼓励农村劳动力创业创新。支持农民工返乡创业，发展农民合作社、家庭农场等新型农业经营主体，落实税收减免和普遍免费政策。支持各地依托现有各类园区，整合创建100个农民工返乡创业园，强化财政扶持和金融服务。支持各地发展农产品加工、休闲农业、乡村旅游、农村服务业等劳动密集型产业项目，促进农村产业融合。支持农民网上创业，积极组织创新创业农民与企业、小康村、市场和园区对接，创建农村科技致富示范基地，推进农村青年创业富民行动。开发家庭服务、手工制品、来料加工等适合妇女创业就业特点的项目，激发妇女创业创新积极性。（省农业厅牵头，省人社厅、省科技厅、团省委、省妇联配合）

（十）吸引海外高层次人才和赣商回乡创业创新。实施高端外国专家项目，吸引高端海外人才来赣创业创新，有计划、有重点地引进100名能够突破关键技术、发展高新产业、带动新兴学科的战略科学家和领军人才、杰出人才、青年拔尖人才，推动我省创新升级。启动海外医疗科研人才引进计划，支持各级医疗卫生单位及科研机构引进海外医疗科研人才并予以资助。开展引才引智创业创新基地建设试点。实施赣商回乡创业工程，加大对赣商回乡创业的财政、税收、融资服务、用地保障、科技创新、人才支撑等政策扶持力度。（省人社厅牵头，省工信委、省教育厅、省卫生计生委、省商务厅等有关部门配合）

（十一）鼓励电子商务创业就业。经工商登记注册的网络商户从业人员，同等享受各项就业创业扶持政策；未进行工商登记注册的网络商户从业人员，可认定为灵活就业人员，享受灵活就业人员扶持政策，其中通过网上交易平台实名制认证、稳定经营三个月以上且信誉良好的网络商户从业人员，可按规定享受创业担保贷款及贴息政策。（省人社厅牵头，省财政厅、省商务厅、省教育厅配合）

三、加大资金扶持

（十二）加大财政资金支持和统筹力度。各级财政要根据创业创新需要，统筹安排各类支持小微企业和创业创新的资金，加大对创业创新支持力度，强化资金预算执行和监管，加强资金使用绩效评价。支持有条件的地方政府设立创业基金，扶持创业创新发展。在确保公平竞争前提下，鼓励对众创空间等孵化机构的办公用房、用水、用能、网络等软硬件设施给予

适当优惠，减轻创业者负担。（省财政厅牵头，省发改委、省工信委、省科技厅、省人社厅配合）

（十三）发挥政府采购支持作用。落实促进中小企业发展的政府采购政策，加强对采购单位的政策指导和监督检查，督促采购单位改进计划编制和项目预留管理，增强政策对小微企业发展的支持效果。加大创新产品和服务的采购力度，把政府采购与支持创业发展紧密结合起来。（省财政厅牵头）

（十四）创新融资模式。实施新兴产业“双创”三年行动计划，建立一批新兴产业“双创”示范基地，引导社会资金支持大众创业。建立国有创业投资机构激励约束机制、监督管理机制。按照“政府引导、市场化运作、专业化管理”原则，统筹安排省中小企业发展专项资金和战略性新兴产业投资引导资金，加快设立工业创业投资引导基金，促进风险投资、创业投资、天使投资等投资创业创新企业发展，加大对初创企业支持力度。充分发挥资本市场作用，引导和鼓励创业创新企业在主板、中小板、创业板、“新三板”和江西联合股权交易中心上市（挂牌）融资。加大宣传推广和辅导力度，帮助具有持续盈利能力、主营业务突出、规范运作、成长性好的创业创新企业在境内外资本市场首发上市、在“新三板”挂牌；推动创业创新企业通过发行各类债券、资产支持证券（票据）、吸收私募投资基金等方式融资。（省发改委、省政府金融办牵头，省财政厅、省工信委、省国资委、人行南昌中心支行等有关部门配合）

（十五）完善融资政策。强化财政资金杠杆作用，运用“财园信贷通”、“财政惠农信贷通”等融资模式，强化对创业创新企业、新型农业经营主体的信贷扶持。通过省级小微企业创业园创业风险补偿引导基金，择优筛选部分小微创业园启动小微企业创业风险补偿金试点，引导金融机构为入园小微企业、科技创新型企业提供流动资金贷款。建立完善金融机构、企业和担保公司等多方参与、科学合理的风险分担机制。（省财政厅牵头，省政府金融办、省工信委、省科技厅、人行南昌中心支行等有关部门配合）

（十六）加强创业担保贷款扶持。将小额担保贷款调整为创业担保贷款，个体创业担保贷款最高额度为10万元；对符合二次扶持条件的个人，贷款最高限额30万元；对合伙经营和组织起来创业的，贷款最高限额50万元；对劳动密集型小企业（促进就业基地）等，贷款最高限额400万元。各市、县（区）财政要按规定落实对劳动密集型小企业25%、对促进就业基地75%的地方配套贴息资金。降低创业担保贷款反担保门槛，对创业项目前景好，但自筹资金不足且不能提供反担保的，通过诚信度评估后，可采取信用担保或互联互保方式进行反担保，给予创业担保贷款扶持。（省人社厅牵头，人行南昌中心支行、省财政厅配合）

（十七）落实促进就业创业税收优惠政策。将企业吸纳就业税收优惠的人员范围由失业一年以上人员调整为失业半年以上人员。高校毕业生、登记失业人员等重点群体创办个体工商户、个人独资企业的，可按国家规定享受税收最高上浮限额减免等政策。落实国家有关推广中关村国家自主创新示范区税收试点政策，包括职工教育经费税前扣除政策、企业转增股本分期缴纳个人所得税政策、股权奖励分期缴纳个人所得税政策。对符合条件的创业投资企业采取股权投资方式投资未上市的中小高新技术企业2年以上的，可以按照其投资额的70%在股权持有满2年的当年抵扣该创业投资企业的应纳税所得额，当年不足抵扣的，可在以后纳税年度结转抵扣。对企业为开发新技术、新产品、新工艺发生的研究开发费，未形成无形资产计入当期损益的，在按照规定据实扣除的基础上，按照研究开发费用的50%加计扣除；形成无形资产的，按照无形资产成本的150%摊销。（省财政厅牵头，省国税局、省地税局、省人社厅、省科技厅等有关部门配合）

（十八）提高创业费用补贴标准。对入驻创业孵化基地的企业、个人，在创业孵化基地3年内发生的物管费、卫生费、房租费、水电费等给予补贴，补贴标准由原来不超过50%提高到60%，所需资金由就业资金统筹安排。（省人社厅牵头，省教育厅、省财政厅配合）

（十九）资助优秀创业项目。鼓励举办各种类型创业创新大赛，主办单位可对获奖项目给予一定的资助。各地可推荐评选一批优秀创业项目，建立项目库，并给予重点扶持，所需资金由就业资金统筹安排。对获得国家和省有关部门、单位联合组织的创业大赛奖项并在江西登记注册经营的创业项目，给予一定额度的资助，其中获得国家级大赛奖项的，每个项目给予10万元—20万元；获得省级大赛前三名的，每个项目给予5万元—10万元。对创业大赛评选出的优秀创业项目，给予创业担保贷款重点支持，鼓励各种创投基金给予扶持。（省人社厅、省教育厅牵头，省财政厅、省科技厅、团省委配合）

四、提升服务水平

（二十）培育众创空间。以行业领军企业、创业投资机构、社会组织等为主力，以开发区、大学科技园、科技企业孵化器、高新技术产业化基地、高校、科研院所和知名电商为载体，培育一批众创空间。鼓励各类创新主体在高新技术和战略性新兴产业等领域，集成人才、技术、资本、市场等各种要素，兴办创新与创业相结合、线上与线下相结合、孵化与投资相结合的孵化机构。打造60个以高校为主的包括“创业咖啡”“创新工场”“创新创业实验室”在内的各种形式众创空间，鼓励所在高校提供不少于100平方米工作场所。对省级科技企业孵化器等优秀众创空间给予100万元支持，所需资金从省企业技术创新基地（平台和载体）建设工程专项资金中统筹安排。（省科技厅、省教育厅牵头，省财政厅、省工信委配合）

（二十一）创新服务模式。加快发展“互联网+”创业网络体系，建设一批小微企业创业创新基地。加强政府数据开放共享，鼓励和引导大型互联网企业和基础电信企业向创业者开放计算、存储和数据资源。积极推广众包、用户参与设计、云设计等新型研发组织模式和创业创新模式。大力发展企业管理、财务咨询、人力资源、法律顾问、现代物流等第三方专业服务。（省发改委牵头，省工信委、省科技厅等有关部门配合）

（二十二）整合众创资源。鼓励省级以上科技创新服务平台、高校科研机构、省级以上重点实验室、工程技术研究中心、分析测试中心、省部属科研院所、省级企业研究院等各类创新平台和载体向创客开放，共享科技资源，使用资源费用可减半收取。支持社会资金购买的大型科学仪器设备以合理收费方式，向创客企业提供服务。认定培育一批省级小微企业创业园和公共服务示范平台，不断提升服务能力和水平。（省科技厅、省工信委牵头，省教育厅、省人社厅等有关部门配合）

（二十三）促进技术成果转移转化。完善成果发布机制，建设成果转化项目库，积极推动网上成果对接常态化，培育扶持一批科技成果转移示范机构，推动高校、科研院所科技成果向创客企业转移转化。加大对创新型企业专利申请扶持力度，在申请费用减免、专利资助方面给予倾斜，开辟绿色通道，简化办理程序。专利技术成果转化根据《江西省战略性新兴产业专利技术研发引导与产业化示范专项资金项目和资金管理暂行办法》给予资助。加快知识产权（专利）孵化平台建设，力争3年内基本覆盖所有设区市。加强创新型企业聚集区维权援助能力建设。（省科技厅、省教育厅牵头，省财政厅等有关部门配合）

（二十四）推进创业创新教育。在普通高等学校、职业学校、技工院校全面推进创业创新教育，把创业创新课程纳入国民教育体系和学分制管理。优化教育师资结构，吸纳有实践经验的创业者、职业经理人和其他专业人员加入师资队伍。推进创业创新教育示范学校建设，鼓励有条件的学校充分依托现有资源建设创业型学院。（省教育厅牵头，省人社厅配合）

（二十五）加大创业培训力度。对具有创业要求和培训愿望、具备一定创业条件的城乡各类劳动者，参加创业培训可按规定申请创业培训补贴，补贴标准为每人1000元至1600元。组建创业导师志愿团队，建立创业导师（专家）库，对创业者分类、分阶段进行指导；开展创业创新系列宣讲、咨询服务活动。培训一批农民创业创新辅导员。省里每年评选100名有发展潜力和带头示范作用的初创企业经营者，并按每人1万元的标准资助其参加高层次进修学习或交流考察，所需资金由就业资金统筹安排。（省人社厅牵头，省农业厅、省教育厅、省财政厅、省工信委、省科技厅、团省委、省妇联等有关部门配合）

（二十六）加快创业孵化基地建设。鼓励各地、各部门和社会力量新建或利用各种场地资源改造建设创业孵化基地，搭建促进创业的公共服务平台，有条件的地方可探索采取政府和社会资本合作（PPP）模式共同投资建设。全面推动高校建立大学生创业孵化基地，对符合条件的大学生项目享受创业优惠政策。省直有关单位每年评估10个左右省级创业创新带动就业示范基地，每个给予100万元的一次性奖补；对达到国家级示范性基地建设标准的，每个给予200万元的一次性奖补，所需资金由就业资金统筹安排。（省人社厅、省教育厅牵头，省财政厅、省科技厅、省农业厅、团省委配合）

（二十七）夯实公共就业创业服务基础。健全公共就业创业服务经费保障机制，将县级以上公共就业创业服务机构和基层公共就业创业服务平台经费纳入同级财政预算。将职业介绍补贴和扶持公共就业服务补助合并调整为就业创业服务补贴。创新服务供给模式，向社会力量购买基本就业创业服务成果，形成多元参与、公平竞争格局，提高服务质量和效率。发布创业政策，集中办理创业事项，为创业者提供“一站式”创业服务。（省人社厅牵头，省科技厅、省财政厅等有关部门配合）

（二十八）营造创业创新良好氛围。支持举办创业训练营、创业创新大赛、创新成果和创业项目展示推介等活动，搭建创业者交流平台，培育创业文化，营造鼓励创业、宽容失败的良好社会氛围。发挥广播、电视、报刊、网络、微信、微博等各类媒介作用，采取多形式、多渠道，加大对大众创业、万众创新的新闻宣传和舆论引导，树立一批创业创新典型人物，让大众创业、万众创新蔚然成风。积极开展创业型城市创建活动，对政策落实好、创业环境优、工作成效显著的，按规定予以奖励。（省人社厅牵头，省教育厅、省科技厅、省财政厅等有关部门配合）

各地、各有关部门要加强组织领导，建立健全经济发展、创业创新与扩大就业的联动协调机制，结合本地区、本部门实际，抓紧制定具体操作办法，明确任务分工、落实工作责任、强化督促检查、加强舆论引导，推动本实施意见确定的各项政策措施落实到位，不断拓展大众创业、万众创新的空间，汇聚经济社会发展新动能，促进全省经济加快发展、转型升级。省政府对贯彻落实情况将开展督查，对工作不力的追究有关人员责任。

江西省人民政府
2015年7月18日

中共山东省委 山东省人民政府
关于深入实施创新驱动发展战略的意见

（鲁发〔2015〕13号）

为认真落实《中共中央、国务院关于深化体制机制改革加快实施创新驱动发展战略的若干意见》（中发〔2015〕8号），进一步激发全社会创新活力和创造潜能，营造大众创业、万众创新的政策环境和社会氛围，现结合我省实际，提出如下意见。

一、以改革完善人才使用、培养和引进机制为着力点，充分激发各类人才的创新活力

1．建立健全科研人员流动机制。高校、科研院所应批准支持科研人员带着科研项目和成果、保留基本待遇离岗到企业开展创新工作或创办企业，或在完成本单位布置的各项工作任务前提下，兼职从事科技成果转化活动，兼职收入归个人所有。高校、科研院所离岗人员3年内保留人事关系，与在岗人员同等享有职称评聘、岗位等级晋升和社会保险等方面的权利。高校、科研院所应与离岗人员、相关企业签订协议，明确各方权利义务和服务期限。协议期满，离岗人员可返回原单位工作，或与原单位解除聘用关系。

高校、科研院所可将不高于30%的编制员额按有关规定用于聘任有创新实践经验的企业家和企业科技人才兼职，财政按编制内人员经费拨款标准拨付经费；兼职人员不纳入实名制管理。试点将企业任职或兼职经历作为高校新聘工程类教师的必要条件和科研人员晋升工程类职称的重要条件。

建立健全科研人员在事业单位之间、事业单位与企业之间流动的社会保险关系转移接续办法，促进科研人员顺畅流动。

自然科学、工程技术研究人员因公临时出国批次、时间不予限制，可根据任务需要向外事部门申报出国天数。对开展国际研发合作项目所需付汇，实行研发单位事先承诺，商务、科技、税务部门事后并联监管。

2．建立完善创新型人才培养机制。推进部分普通本科高校向应用技术型高校转型，加快建立需求导向的应用型学科专业。鼓励高校探索校校、校企、校所以及国际合作的协同培育模式，建立跨院系、跨学科、跨专业交叉培养创新创业人才的新机制。鼓励企业参与科技人才培养，建成一批教育联合培养基地。改革基础教育培养模式，强化兴趣爱好和创造性思维培养。

推进现代职业教育体系建设，完善并落实学历证书与职业资格证书“双证书”制度。围绕重点发展的新兴产业、支柱产业和特色产业，开展对口贯通分段培养；开展校企联合招生、联合培养的现代学徒教育。开展职业院校股份制或混合所有制改造试点，实行董事会或理事会管理制度。

3．建立更加开放的引才机制。研究建立引进高层次和高技能人才“绿色通道”，在出入境和居留、配偶随迁、子女就学、社会保险、职称评定等方面提供快捷高效服务。完善“领军人才+创新团队”的人才引进模式，吸引海内外高层次和高技能人才带领团队来鲁创新创业，并为团队成员出入境等提供便利条件，研究放宽并逐步取消国外科技创新人才来鲁工作许可的年龄限制。

深入实施泰山学者工程，五年内引进培养500名高层次创新人才；大力实施泰山产业领军人才工程，五年内引进培养1000名从事产业技术创新、成果产业化和技能攻关的领军人才。对省政府确定的高层次人才取得的政府奖励，免征个人所得税。

建立引资与引智同步推进机制，强化招商引资政策与引进人才政策的叠加共振，以招商项目为载体打包引进领军人才和团队。支持省外科研机构或科研人员来鲁设立法人分支机构，从事科技成果转化等技术服务，并与省内科研机构、科研人员享受同等政策。

4．促进大学生创新创业。鼓励高校设置合理的创新创业学分，建立创新创业学分积累与转换制度，将学生开展创新实验、发表论文、获得专利和自主创业等情况折算为学分，将学生参与课题研究、项目实验等活动认定为课堂学习。实施弹性学制，放宽学生修业年限，允许调整学业进程、保留学籍休学创新创业。鼓励社会组织、公益团体、企事业单位和个人设立大学生创业风险基金。

加强大学生创业教育和实训基地建设，加快建设大学生创业孵化示范基地、创新实践基地和大学生创业园。高校要建立学生创业指导服务机构，对自主创业学生实行持续帮扶、全程指导、一站式服务。

深入实施新一轮大学生创业引领计划，大学生自主创业、创办符合条件的小微企业分别享受最高额度10万元、300万元的创业担保贷款。大学毕业生创办的小微企业，对月销售额不超过3万元的暂免征收增值税和营业税；对年应纳税所得额不高于20万元的小微企业，其所得减按50%计入应纳税所得额，按20%的税率缴纳企业所得税；在电商平台开办网店符合条件的享受创业担保贷款和贴息。

5．扶持发展众创空间。鼓励发展混合所有制的孵化机构，支持有优势的民营科技企业搭建孵化器等创新平台。鼓励通过盘活闲置厂房、改造存量商业商务楼宇等资源，为创业企业提供成本较低的场所。支持发展创业苗圃、孵化器、加速器等创业服务机构，支持创建创业大学、创客学院。

二、以科学合理的利益分配格局为导向，加快促进科技成果转化为现实生产力

6．推动科技成果“三权”下放。开展科技成果使用、处置和收益权管理改革试点，将财政资金支持形成的，不涉及国防、国家安全、国家利益、重大社会公共利益的科技成果的使用、处置和收益权，全部下放给项目承担单位。单位主管部门和财政部门对科技成果在境内的使用、处置不再审批或备案，主要加强事后监管。科技成果转移转化所得收入全部留归承担单位，纳入单位预算，实行统一管理，处置收入不上缴国库。转移转化收入要在重要贡献人员、所属单位之间合理分配，并且要向科研人员倾斜。

7．提高科研人员成果转化收益比例。在政府设立并投资建设的高校、科研院所中，职务发明成果转化收益要按不少于70%、不超出95%的比例用于奖励科研负责人、骨干技术人员等重要贡献人员和团队，团队负责人有内部收益分配权。单位一年内未实施转化的，成果完成人或团队拥有优先处置权。转化收益用于人员激励的部分，计入当年工资总额，不计入绩效工资总额基数。

鼓励和允许国有企业在科技成果转化实现盈利后，连续3—5年每年提取不高于30%的转化利润，用于奖励核心研发人员、团队成员及有重大贡献的科技管理人员。

8．探索建立有利于科技成果转化的管理体制。积极推进科研院所管办分离、建立法人治理结构试点，逐步取消行政级别，探索推动科研院所去行政化。科技成果转化后，省属高校、科研院所等具有独立法人资格的事业单位领导班子正职可以获得一定的现金奖励，副职可以获得一定的现金奖励或股权激励；其他领导人员，按照干部管理权限审批后，可以在科技成果转化企业兼职，获得一定的现金奖励或股权激励，但不能领取其他报酬。

9．促进科技成果转移转化。逐步实现高校、科研院所与下属公司剥离，高校、科研院所不再新办企业，强化科技成果以许可、作价入股等方式对外转移扩散，充分实现创新成果的市场价值。

探索改革高校和科研院所科研评价制度，建立健全有利于促进科研开发和成果转化的评价机制。建立完善高校、科研院所科技成果转移转化统计和报告制度。

10．强化科研人员股权激励。鼓励高校、科研院所以科技成果等无形资产作价入股的企业、国有控股的院所转制企业开展股权及分红激励，并放宽股权奖励、股权出售对企业设立年限和盈利水平的限制。

高校、科研院所奖励科研人员的股权激励方案，由本单位自主提出、集体决定并组织实施。对于奖励股权的数量超过本单位股权50%的，由单位职工代表大会讨论决定。

探索实施国有企业股权激励和员工持股激励方式，开展国有企业重要科技人员和管理人员股权和期权激励试点。

经国家认定的高新技术企业科研人员通过科技成果转化取得的股权奖励收入，可在五年内分期缴纳个人所得税，或者在股份分红、转让股权时一并缴纳。

11．强化对科研工作的绩效激励。完善科研经费管理，分类规定间接费用和绩效支出比例，合理补偿项目承担单位间接成本和绩效支出，加强经费使用监管。

高校、科研院所承担省财政拨款科研项目，在满足科研物耗需求的前提下，间接费用按照不低于项目经费中直接费用扣除设备费后的30%核定；间接费用中绩效支出按不低于直接费用扣除设备费后的15%核定。

三、以建立市场化的技术创新机制为目的，着力强化企业的技术创新主体地位

12．扩大企业在创新决策中的话语权。吸收更多企业参与研究制定科技发展规划、计划和政策、标准；在相关专家咨询组中，产业专家和企业家比例原则上不低于1/3。

13．强化企业创新主体作用。对接国家“创新百强”工程，首批选择10家企业开展龙头企业创新转型试点，探索政府支持企业技术创新、管理创新、商业模式创新的新机制。

鼓励和支持骨干企业发挥技术创新核心作用，牵头成立以企业为主导、产学研合作的产业技术创新合作组织，并支持登记为社会团体或民办非企业单位法人，推进建立持续稳定的合作关系。

围绕全省工业、农业、服务业转型升级急需的关键共性技术，面向社会公开征集科技项目，由企业牵头、政府引导、联合高校和科研院所实施，开展协同攻关。支持企业建设工程实验室、工程（技术）研究中心等以试验验证为主要功能的创新平台，开展科技成果中试、验证和转化活动，打通从科学研究到产业化之间的通道。

健全省属国有企业技术创新经营业绩考核制度，把研发经费占销售收入比重、人力资本效率等纳入考核指标，加大技术创新在国有企业经营业绩考核中的比重。

14．建立完善创新服务体系。完善技术创新公共服务平台，建立健全中小企业技术创新社会化服务体系，大力扶持发展技术转移、检验检测认证、创业孵化、知识产权等专业科技服务和综合科技服务机构，扶持培育一批中介机构品牌，鼓励报考专利代理人并在我省执业。

加快建设全省技术交易市场，积极培育网上技术市场、军民融合等新型创新服务业态，探索社会化运营模式。

优化各类创新平台布局，按功能定位整合建立一批区域创新中心，服务“两区一圈一带”创新驱动发展。

完善山东省大型科学仪器设备协作共用网络平台建设，优化扩大“创新券”政策实施范围，推动实施重大科研基础设施和大型科研仪器向社会开放。

15．推动企业“走出去”合作创新。强化部门协调，支持企业参与国际科技合作，到境外建立、并购研发中心，整合境外技术和品牌。通过设立引导基金等方式，支持企业海外投资创新类项目。

支持企业探索跨境合作新模式，建立涵盖金融、通关、物流、退税、外汇等环节的跨境电商综合服务平台，推动设立具备海关、检验检疫监管和物流仓储功能的监管中心。

鼓励金融机构综合运用内保外贷、外保外贷、投资保险、融资担保等方式，为企业跨国经营和境外创新提供综合金融服务，支持重大装备、先进技术、自主品牌和优势产能走出去。

四、以营造公平竞争的创新环境为抓手，着力深化知识产权创造、运营和保护

16．支持鼓励知识产权创造。对企业首次发明专利授权给予申请费、代理费全额补贴；对年授权发明专利达到10件以上的企业给予奖励；对维持5年以上及具有较好市场价值的有效发明专利和获得国外授权的发明专利给予资助；对高校、科研院所与企业通过委托开发、联合研发等形式开展合作并获得知识产权的给予资助。

推行企业知识产权标准化管理，对通过国家标准体系认证的企业给予奖励。促进标准研制与科技创新协调推进，鼓励将创新成果尽快转化为标准，借助标准将创新技术和产品推向市场。

加大专利奖支持力度，对产生重大经济社会效益的专利项目给予支持，其发明人可以优先或破格晋升职称。

17．支持开展知识产权运营。鼓励组建知识产权运营公司，收购专利技术并开展许可、转让、作价入股、专利池集成运作等知识产权运营服务。

探索发展知识产权交易平台，逐步建立并完善知识产权评估、质押、托管、流转、变现机制，加快推进知识产权证券化。设立知识产权质押融资风险补偿金，鼓励金融机构开展知识产权质押贷款业务，简化贷款流程。引导和鼓励融资性担保公司为中小企业知识产权质押融资提供担保服务。

提高专利信息利用水平，完善国家区域专利信息服务（济南）中心和国家级专利信息传播与利用基地。健全省、市、县三级知识产权信息服务网络，对正常运转的，由同级财政部门给予支持。引导重点企业建立专利专题数据库，开展知识产权分析预警。

实施专利导航工程，强化专利对产业技术创新、产品创新、组织创新和商业模式创新的引领支撑，推动重点产业的专利协同运用，培育形成专利导航产业发展新模式。

18．加强知识产权保护。加强知识产权行政执法队伍建设，配备符合法定要求的专利执法人员，改善执法装备等基础条件，加强公安、工商行政管理等部门的联合执法。

完善知识产权审判工作机制，建立知识产权纠纷调解协议的司法确认制度；构建知识产权仲裁运行机制，试点专利确权与侵权仲裁的无缝衔接。健全知识产权快速维权援助体系，简化维权程序，减轻权利人的举证责任。

建立知识产权保护社会信用标准和监督机制，依法将各类主体知识产权侵权信息纳入社会信用评价体系。试点开展企业知识产权保护诚信评级工作。支持建立战略性新兴产业知识产权保护联盟。

五、以优化财税政策为引导，着力强化金融支持创新作用

19．加大财政资金支持和统筹力度。加大对基础研究和公益研究的政府投入，完善稳定支持与竞争性支持相协调的机制。稳步扩大自然科学基金规模，重点支持开展原创性基础研究。加大高校、科研院所科研经费整合力度，支持瞄准需求导向、问题导向和技术前沿自主布局科研项目。

逐步将政府对企业技术创新的投入方式转变为以普惠性政策为主，支持方式向后补助及间接投入为主转变，且占比逐年提高。

加大对技术创新中试环节的支持力度，建立风险补偿机制。对省级工程实验室、工程（技术）研究中心等主要服务于成果转化中试环节的创新平台，转化效益突出且运行评价优秀的，按照其上一年度中试装置建设投入资金的一定比例，省财政给予补助。

加大对创新产品和服务采购的支持力度，探索开展首购、订购等非招标采购方式试点；完善首台（套）技术装备及关键核心零部件保险补偿政策，扩大首台（套）技术装备及关键核心零部件产品范围，提高保险补贴比例，强化对产品创新、增值服务和示范应用等环节的激励约束。

20．实行优惠的税收政策。企业为开发新技术、新产品、新工艺发生的研究开发费用，未形成无形资产计入当期损益的，在依规据实扣除的基础上，按照研究开发费用的50%加计扣除；形成无形资产的，按照无形资产成本的150%摊销。企业委托省外或与省外合作开发先进技术的相关费用，按规定享受加计扣除税收优惠。

国家级和省级工程实验室、重点实验室、工程（技术）研究中心、企业技术中心依托企业研发投入以不低于上年销售总额3%的比例计提，并逐步增长；其科技人员实际发放的工资额在计算应纳税所得额时可据实扣除。

获得免税资格认定的国家大学科技园、科技企业孵化器等非营利组织收入中属于免税收入部分，享受企业所得税优惠政策。

21．挖掘多层次资本市场功能。鼓励和引导科技型中小企业通过中小板、创业板、“新三板”等实现上市融资。创新发展区域性股权市场，强化市场投融资和金融交易功能，打造专业化中小企业投融资服务平台。探索和规范发展互联网金融等融资新模式。

争取建立区域性债券（票据）市场，探索发行高收益债券、可转换债券等新型债务工具，为科技型企业搭建区域性债务直接融资平台。积极争取开展项目收益债试点，鼓励承担政府与社会资本合作（PPP）项目的企业通过项目收益债融资，支持企业探索发行固定收益产品和资产证券化。

22．创新金融机构支持方式。支持符合条件的银行业机构在山东先行先试，探索为企业创新活动提供股权和债权相结合的融资服务方式，与创业投资、股权投资机构实现投贷联动。支持青岛国家财富管理金融综合改革试验区建设。在有效防范风险的前提下，鼓励和支持符合条件的银行业理财资金或自有资金通过信托、附回购条款的股权性融资、认股权证、可转换债券等方式或渠道，支持创新创业企业融资。

支持发展民营银行，鼓励银行业机构探索设立科技支行或科技贷款专营机构，实行专门的信贷审批和风险管理政策，开拓知识产权质押贷款、贷投联动等新型信贷业务，为科技型企业提供专营化、特色化服务。

促进小额贷款公司、民间融资机构、融资租赁公司等新型地方金融组织持续健康发展，引导民间资本重点投放符合政策的创新领域。

加快发展科技保险，有序推动专利保险试点，探索建立保险资金与创新创业投资对接机制。

23．壮大创业投资规模。逐步扩大省级创业投资引导基金规模。建立政府引导资金和社会资本共同支持初创科技型企业发展的风险投资机制，引导创业投资机构投资科技型中小企业。

设立新兴产业创业投资引导基金，带动社会资本支持战略性新兴产业和高技术产业早中期、初创期创新型企业发展。

创业投资企业采取股权投资方式投资未上市中小高新技术企业2年（24个月）以上，凡符合规定条件的，可以按照有关规定抵扣创业投资企业的应纳税所得额，当年不足抵扣的，可以在以后纳税年度结转抵扣。

实施创新驱动发展战略，是立足全局、面向未来的重大战略，是加快转变经济发展方式、破解经济发展深层次矛盾和问题、增强经济发展内生动力和活力的根本举措，是山东抢抓机遇、继续走在前列的关键所在。各级、各部门务必深刻认识创新驱动的重大意义，切实增强创新自信，解放思想、敢为人先、锐意改革，真正破除一切制约创新的思想障碍和制度藩篱，创造性地开展工作，激发齐鲁人民的创新活力和创造潜能，让创新主体、创新要素、创新人才充分活跃起来，实现科技创新、制度创新和开放创新的协同发展。要树立鲜明的考核激励导向，把创新驱动发展成效纳入17市、省直机关科学发展综合考核范围；要加强对创新驱动的正确引导，宣传改革经验，弘扬科学精神，倡导创新文化，回应社会关切；要引导社会舆论，大力营造勇于探索、鼓励创新、宽容失败、重奖成功的良好文化氛围和社会环境，加快实现“山东制造”向“山东创造”的战略性转变。

省直有关部门要根据《重点任务分工及进度安排表》扎实推进各项工作，并对本意见实施中遇到的具体问题及时予以协调、加以明确。各市要结合实际抓紧制定实施方案及细则，确保各项政策措施落到实处。

附件：重点任务分工及进度安排表（略）

中共山东省委
山东省人民政府
2015年8月1日

山东省人民政府办公厅转发省科技厅关于加快推进大众创新创业的实施意见

（鲁政办发〔2015〕36号）

为贯彻落实《国务院办公厅关于发展众创空间推进大众创新创业的指导意见》（国办发〔2015〕9号）精神，推动形成大众创业、万众创新的新局面，打造助力我省经济中高速增长、向中高端水平迈进的新引擎，现就推进大众创新创业制定以下实施意见：

一、明确推进创新创业的总体要求

1．明确总体思路和目标。以激发创新创业活力、满足创新创业需求为导向，以建立和完善创新创业体系、提升创新创业服务能力为重点任务，加强资源整合和政策集成，打通科技型小微企业快速成长的通道，打造有利于创新创业的生态系统，在全省形成以创新引领创业、以创业促进创新的创新创业新格局。到2020年，基本形成创业要素集聚化、创业载体多元化、创业服务专业化、创业活动持续化、创业资源开放化的生态体系，全省创新创业科技服务机构超过2000家，各类科技企业孵化器超过200家，孵化具有较强创新能力的科技企业6000家以上。

2．统筹资源推进创新创业。坚持人才、平台、项目一体化模式，以人才为核心，以平台为载体，以项目为纽带，统筹各类创新资源，实现科技项目实施与推动创新创业的有效衔接。将小微企业创新人才建设纳入科技人才发展规划。实施山东省科技人才推进计划，建立科技项目对创新创业人才团队成长的持续支持机制，切实把科技项目实施的过程变成人才培育的过程。加强政策集成和衔接，推进国家、省支持创新创业政策的深入落实，强化对创新企业的支持和服务。

3．加强对创新创业的示范引领。将推进创新创业作为创建山东半岛国家自主创新示范区的重要内容和方向，加强体制机制创新，围绕成果转化、科技金融、人才引进等方面先行先试，积极探索推进大众创新创业、促进创业企业快速成长的新路径、新模式。结合高新技术产业开发区（以下简称高新区）转型升级，在有条件的高新区开展创新创业区域试点，不断完善创新创业服务体系。强化典型示范，培育一批创业孵化示范载体、科技服务示范机构、创新创业明星企业和企业家。将服务绩效显著的科技服务机构纳入省级科技企业孵化器、工程技术研究中心等平台扶持范围，按规定享受相应扶持政策。

二、打造创新创业孵化载体

4．推进科技企业孵化器提质升级。坚持孵化器专业化发展方向，鼓励各市、各高新区围绕产业特点和孵化链条需求，按一器多区、分类集群模式布局培育一批专业孵化器。到2020年，全省专业孵化器占全省孵化器总数的比例达到60%以上。省科技计划对孵化器搭建的专业技术公共服务平台给予重点支持。进一步完善“苗圃—孵化器—加速器”的科技创业孵化链条，加速创业企业成长。加强孵化器高水平管理人才团队的引进、培育和使用，定期组织全省科技企业孵化器管理人员培训，提升孵化服务水平。鼓励孵化机构以市场化手段联合金融、投资、技术转移、知识产权等各类科技服务机构组建孵化器联盟等行业组织，促进创新创业服务资源向孵化器聚集，为创新创业提供全方位、多层次和多元化的一站式服务。支持孵化器引进发展高端人力资源服务机构，为科技企业加速成长提供专业化的人力资源服务。实施省创新公共服务平台计划，从现有科技条件建设专项中安排资金，重点支持服务体系完善、服务绩效显著、孵化特色突出的专业孵化器和孵化器联盟建设。其中，对新升级为国家级的孵化器，择优一次性给予不超过500万元的资金奖励。

5．加快构建新型孵化载体。以高新区、大学科技园和高校院所为依托，构建一批低成本、便利化、全要素、开放式的众创空间，开展创新创业服务和示范。按照互联网+创新创业模式，通过政府购买服务、提供创业支持的方式，重点培育以创客空间、创业咖啡、网上创新工厂等为代表的创业孵化新业态，满足不同群体创业需要。对发挥作用好、创业培育能力强、孵化企业创新活跃的新型孵化载体，不唯孵化面积、在孵企业数量等指标，根据其孵化和服务绩效，择优纳入省级科技企业孵化器支持范围，并支持其申报国家级孵化器，享受相关优惠和扶持政策。

6．鼓励多途径创建孵化器。鼓励领军企业建设专业孵化器，加速孵化进程，吸引创新创业人才，培育产业后备力量，营造大企业与小微企业共同发展的生态环境。支持高等院校在大学科技园内建立大学生见习基地、大学生创业苗圃，扶持大学生创新创业。支持孵化器与高等院校合作，通过异地孵化、网络孵化、虚拟孵化等线下与线上相结合的方式，由孵化器提供企业注册、财务管理、创业辅导、融资等创新创业服务，联建单位提供物理空间和物业服务。

三、激发创新创业主体活力

7．支持科技人员创新创业。认真落实鼓励高等院校、科研院所科研人员离岗创业、促进科研成果转化的激励政策。高等院校、科研院所的专业技术人员经所在单位批准离岗创业的，可在3年内保留人事关系，与原单位其他在岗人员同等享有参加职称评聘、岗位等级晋升等方面的权利。鼓励科技人员在企业与高等院校、科研院所之间双向兼职。科技人员在兼职中进行的科技成果研发和转化工作，作为其职称评定的依据之一。

8．支持大学生创新创业。支持大学生积极参与创新创业大赛等活动。允许创业大学生在孵化器虚拟注册企业，并享受孵化器提供的各项服务。支持组建大学生创业者联盟，定期开展联谊活动，交流创业经验，加强与政府创业政策和创业服务的信息互通，共享创新创业服务资源。发挥留学人员创业园的载体和服务功能，创造有利条件，吸引国外留学人员或团队携带项目回国转移转化。省市两级科技计划将大学生创办企业的研发项目和留学人员主持的创业研发项目纳入支持范围。高等院校应通过多种形式、多种途径加强对在校学生的创新创业教育和培训，引导、扶持具备创新创业潜质的在校生创办企业。

9．以政府购买服务的方式支持孵化企业发展。对进入孵化器提供专业服务的企业管理、信息咨询、研发设计、人力资源服务、专利代理、专利运营、专利分析评议等科技服务机构，通过政府购买服务的方式根据其服务绩效给予支持。对孵化机构的房租和用于创业服务的公共软件、开发工具给予适当补贴，支持孵化机构为创业者提供免费高带宽互联网接入服务，降低创业企业创业成本。在省科技重大专项和重点研发计划中，按不高于市级财政支持总额50%的比例予以补贴，补贴总额每个孵化器每年最高不超过100万元。

10．培植一批小微企业成长为高新技术企业。通过现有省级财政科技资金，实施小微企业“小升高”助推计划，按照国家高新技术企业认定管理的有关标准，加大对小微企业的辅导和培养，规范管理，提升创新能力，支持创业企业健康发展、快速成长。小微企业申报高新技术企业被省高新技术企业认定管理机构受理的，对其申报过程中实际发生的专项审计、咨询等费用给予资金补助。首次申报的小微企业按40%补助；首次申报未通过的，再次申报时按20%补助；单个企业累计最高补助不超过10万元。力争到2020年培育小微高新技术企业1000家。

四、加强创新创业公共服务

11．加强对创新创业企业的综合服务。鼓励高新区建立健全“小微企业综合服务中心”“小微企业综合服务窗口”，不断完善服务功能，为小微企业提供科技、融资、法律、财税、知识产权、人力资源、创业辅导等方面的政策咨询、行政审批、综合协调等服务，实现资源共享、协同服务。

12．提供创业辅导。把创业导师工作绩效作为重要指标，纳入对科技企业孵化器的绩效评价。支持创业投资机构高管、企业家、职业经理人担当创业导师。充分利用各类专家库资源，有针对性地筛选技术、财务、法律、金融等各方面专业人才，不断壮大和完善我省创业导师队伍。对成绩突出的创业导师，纳入省高层次人才库管理，受聘参与省级重点人才工程考察、评估等工作，符合条件的，泰山产业领军人才工程等给予优先支持。积极整合创业导师资源和小微企业创业需求，搭建网络化的创业辅导平台，面向全省科技企业孵化器开放，坚持线上线下辅导相结合，促进创业企业与创业导师的有效对接。

13．发挥专利支持创新创业的作用。完善专利审查快速通道，对小微企业亟需获得授权的核心专利申请予以优先审查，并按照《发明专利申请优先审查办法》规定的程序办理。加快推进建立专利侵权纠纷快速调解机制，帮助小微企业及时获得有效保护。大力推动以专利技术吸储、许可、转让、融资、产业化、作价入股、专利池集成运作等知识产权运营服务，推动专利技术的产业化。建立专利导航产业发展和知识产权分析评议工作机制，实现创新驱动创业发展。

14．加强科技资源共享服务。认真贯彻执行《国务院关于国家重点科技基础设施和大型科研仪器向社会开放的意见》（国发〔2014〕70号），进一步落实《山东省小微企业创新券管理使用办法》，扩大“创新券”优惠政策实施范围，提高“创新券”补贴比例，对西部隆起带小微企业补助比例由30%提高到60%，其他地区（不含青岛）由20%提高到40%。鼓励支持国家和省级重点实验室、工程（技术）研究中心等各类创新平台向社会开放，实现科技服务资源开放共享，为科技型小微企业提供研发服务。

15．突出技术转移服务的市场导向。发挥省科技成果转化服务平台的作用，促进创新创业与市场需求的对接，鼓励通过技术开发、技术转让、技术服务、技术咨询、技术入股等技术交易活动开展创新创业。创业企业提供技术转让、技术开发和与之相关的技术咨询、技术服务，经省级科技行政主管部门认定，可按规定申请免征增值税。对在一个纳税年度内，符合条件的技术转让所得，不超过500万元的部分，免征企业所得税；超过500万元的部分，减半征收企业所得税；企业委托或合作开发先进技术的相关费用，符合研究开发费用加计扣除条件的，可按规定享受加计扣除的税收优惠政策。技术市场交易的技术成果，经登记进入省科技成果转化引导基金项目库，向省天使投资基金、科技成果转化基金优先推荐。

五、加大创新创业投融资支持

16．强化政府财政资金引导。组织实施好省科技成果转化引导基金和省天使投资引导基金，发挥财政资金杠杆作用，鼓励创投机构、大型骨干企业成立子基金，扶持创新创业人才团队，促进成果转化。对于省引导基金子基金支持的科技型小微企业，省科技计划优先立项，跟进支持。

17．完善创新创业投融资机制。通过现有省级财政科技资金，探索建立科技投贷风险补偿机制，充分调动银行、融资性担保公司、创业投资机构支持创新创业的积极性。鼓励金融机构不断创新金融服务产品，开展知识产权质押和股权质押等金融服务工作，支持设立专业性科技融资担保公司和再担保机构，积极拓宽创业投资机构退出渠道。

18．整合优化知识产权专项资金使用方向。鼓励开展知识产权质押融资，为中小微企业知识产权质押融资提供担保、贴息或科技计划支持，减轻企业融资成本负担，引导和支持金融、保险等机构为企业知识产权质押融资提供服务。加快培育和规范专利保险市场，探索推动知识产权证券化。

六、营造鼓励创新创业的社会氛围

19．开展创新创业竞赛展示。定期组织创新创业大赛、高端创业论坛、银企对接等活动，吸引创投机构、金融机构全过程参与，为创业者和小微企业提供专业的创业辅导、管理咨询和投融资服务。将大赛获奖企业及团队的技术研发项目纳入省级科技计划立项支持，优先推荐申请国家中小企业发展专项资金。

20．加强政策宣讲和培训。围绕国家和省市出台的鼓励创新创业的政策措施，组织对高校院所、科技型小微企业、科技服务机构进行宣讲培训，发放科技政策明白纸、一览表，切实将各项扶持政策落实到位。

21．培育创新创业文化。积极倡导崇尚创新、宽容失败的创新文化，大力弘扬创新创业精神，加强各类媒体对大众创新创业的新闻宣传和舆论引导，对创新创业范例和典型人物进行全方位的宣传报道，让大众创业、万众创新在全社会蔚然成风。

22．上述政策中，凡涉及科技计划、资金奖励、补贴、补偿等内容的，除另有办法规定，均自2016年1月1日起开始执行。

山东省人民政府办公厅
2015年8月22日

中共青岛市委 青岛市人民政府
关于大力实施创新驱动发展战略的意见

（青发〔2015〕8号）

为全面贯彻落实中央、省实施创新驱动发展战略的部署要求，现就大力实施创新驱动发展战略，全力打好“三创”（创新、创业、创客）发展战役，加快打造创新之城、创业之都、创客之岛，提出如下意见。

一、总体要求

1．总体思路

实施创新驱动发展战略、打好“三创”发展战役，就是把创新驱动作为城市发展的核心，以科技为要、人才为本、教育为基、文化为魂，推动以科技创新为核心的全面创新，破除一切制约创新的思想障碍和制度藩篱，激发全社会创新活力和创造潜能，营造大众创业、万众创新的政策环境和制度环境，加快汇聚起经济社会发展的强大新动能。

——打造创新之城。创新驱动贯穿于经济社会发展的各个领域、各个方面，科技创新、产业发展和社会管理深度融合，科技支撑引领作用显著。

——打造创业之都。鼓励创新、宽容失败的创业理念深入人心，创业服务体系完善，创业文化氛围浓郁，创新创业带动城市经济社会发展效果突出。

——打造创客之岛。创客群体激情迸发，成为城市创新发展的重要动力源泉，创客精神广泛传播，成为城市文化的重要内涵，创客空间无处不在。

2．基本原则

——创城市观念之新。坚持唯创新者进、唯创新者强、唯创新者胜，进一步解放思想，以创新的城市观念引领创新行动，增强创新驱动发展源动力。

——创体制机制之新。着力破除科研人员、企业家、创客、创业者创新创业的障碍，打通科技成果向现实生产力转化的通道，全速发动创新驱动引擎，充分激发全社会创新能量。

——创产业模式之新。创新产业发展模式，统筹推进科技、管理、品牌、组织、商业模式创新，大力发展“互联网+”“海洋+”，把创新成果变成实实在在的产业活动，让创新真正落实到创造新的经济增长点上，促进经济转型发展。

——创发展氛围之新。发挥青岛本土优势，寻标对标先进城市，全力优化创新创业环境，努力把青岛打造成同类城市中审批事项最少、办事效率最高、营商环境最优的城市，着力营造鼓励创新、宽容失败的文化和社会氛围。

3．主要目标

到2016年，重点打造“一谷两区”三大重点创新区、10条创业街、100家创客空间，集聚和服务5万名创客，构建“一区一街一基金”（每个区市建设一条创业街区，设立一支创业孵化投资基金）和“一校所一基地一基金”（每个高等院校和科研院所建设一个创业孵化基地，设立一支创业孵化投资基金）的格局。全社会研发经费占生产总值比重达到2.77%；全市人才资源总量达到170万人；每万人有效发明专利拥有量达到15件；高新技术企业数量力争达到1000家，科技型中小企业数量超过8000家；技术交易额超过100亿元；战略性新兴产业增加值占全市生产总值比重达到10%左右；海洋生产总值占全市生产总值比重达到22%。

到2020年，适应创新驱动发展要求的制度环境和政策体系基本形成，人才、信息、技术、管理、资本等创新创业要素富集，企业创新主体作用更加突出，企业研发人员和发明专利占全市的比重力争达到80%，企业研发机构和研发投入占全市的比重力争达到90%，协同创新能力不断增强，创新成果得到充分保护，创新价值得到更大体现，创新资源配置效率大幅提高，现代产业结构持续优化，把青岛打造成为特色鲜明的创新之城、创业之都、创客之岛。

二、营造鼓励创新的公平竞争环境

4．强化知识产权保护运用。制定《青岛市知识产权战略行动计划（2015—2020年）》，创建知识产权强市。完善专利创造、运用激励政策，重点支持PCT国际专利申请，强化专利转化运营。推进版权免费登记，实行计算机软件版权登记补贴制度，引进培育高端服务机构和专业人才，打造东北亚知识产权服务中心。争取设立市知识产权法院，完善知识产权民事、刑事、行政案件“三审合一”制度。健全侵权查处机制，将侵权行为纳入社会信用记录。探索建立专利、商标、版权“三合一”管理体制。争取设立国家专利复审委员会山东分中心。

牵头单位：市科技局；责任单位：市编委办、市中级法院、市文广新局、市工商局等。

5．建设公平开放透明的市场环境。深化商事制度改革，实行注册资本认缴制度，推进工商登记便利化，加快工商营业执照、组织机构代码证和税务登记证“三证合一”，实行“一照一号”。打破行政审批中介机构行业垄断。建立规范透明的政府投资预算项目公示、查询制度，完善符合市场规则的信息公开机制和投资者参与机制。推进商贸流通体制改革，清理和废除影响市场公平竞争的规定。纠正不当补贴和利用行政权力限制、排除竞争的行为。加快建立全社会征信体系。

牵头单位：市工商局；责任单位：市编委办、市发展改革委、市财政局、市商务局、市质监局、市政务服务管理办、市国税局、市地税局等。

6．改革产业准入和监管制度。落实国家支持新技术新产品新商业模式发展的改革举措。出台企业投资便利化改革试点方案。改革产业监管制度，将注重前置审批转为加强事中事后监管。建立市场综合执法平台，强化监管部门行政执法联动。

牵头单位：市发展改革委；责任单位：市编委办、市经济信息化委、市政务服务管理办等。

7．健全要素价格倒逼创新机制。实行资源有偿使用和生态补偿制度。落实“两高”行业差别电价、惩罚性电价、阶梯式电价和超定额用水加价制度。完善市场化工业用地价格形成机制，实行新增工业用地弹性出让年期制，推行工业用地长期租赁、先租后让、租让结合供应模式。健全企业职工工资正常增长机制和支付保障机制。

牵头部门：市发展改革委；责任单位：市人力资源社会保障局、市国土资源房管局、市物价局等。

三、健全技术创新市场导向机制

8．完善企业为主体的创新机制。充分发挥企业在创新决策中的重要作用，在规划、计划、政策、标准等研究制定中吸收更多企业家参与，扩大企业在创新决策中的话语权。对市场导向明确的科技项目，由企业牵头，政府引导，联合高等院校和科研院所组织实施。鼓励企业自主决策、先行投入，开展重大产业技术研发攻关，政府更多运用财政后补助和间接投入等方式予以支持。鼓励企业牵头组建产业技术创新战略联盟。到2020年，开展研发活动的规模以上企业比例力争突破15%。

牵头部门：市经济信息化委；责任部门：市发展改革委、市科技局、市财政局等。

9．激发企业创新活力。发挥大企业创新骨干作用，开放共享创新资源，搭建新型创业平台，培育和带动产业链上下游企业集聚发展。强化高新技术企业培育，简化认定评审程序，全面落实高新技术企业税收优惠、企业研发费税前加计扣除等激励政策。加快实施“千帆计划”，强化普惠性政策支持，开展科技创新券试点，促进科技型中小企业快速成长。

牵头部门：市科技局；责任部门：市经济信息化委、市财政局、市国税局、市地税局等。

10．健全创新产品采购政策。完善支持采购创新产品和服务的政策措施，加大创新产品和服务的政府采购力度。采用首购、订购等非招标采购以及政府购买服务等方式，促进创新产品研发和规模化应用。加快落实使用首台（套）重大技术装备鼓励政策。大力支持民口企业、科研单位进入军品科研生产和维修采购范围。

牵头部门：市财政局；责任部门：市发展改革委、市经济信息化委、市科技局等。

四、激发高等院校和科研院所创新活力

11．支持高等院校和科研院所深化改革。鼓励和支持高等院校与科研院所结合地方需求适当调整学科（课程）设置，设立青岛发展研究院和专职专岗的应用技术研究机构。鼓励高等院校与企业联合培养本科生、研究生，推行“双导师制”。鼓励人才在企业和高等院校、科研院所之间双向流动，高等院校和科研院所可设置一定比例的流动岗位，选聘有创新创业实践经验的企业人才兼职兼薪。允许和鼓励高等院校与科研院所科技人员经单位批准，带科研项目和成果、保留基本待遇到企业开展创新工作或创办企业。到2016年高等院校和科研院所孵化科技型企业过百家。

牵头单位：市教育局；责任单位：市委组织部、市科技局、市人力资源社会保障局等。

12．支持引进科研院所创新发展。区市政府、功能区管委要加快引进高等院校、科研院所和企业在青设立研究生院、应用类研发机构或成果转化基地，到2016年全市新增引进机构20家以上。创新科研院所管理体制，完善法人治理结构，推行理事会领导下的科研院（所）长负责制，加快企业化管理、市场化运营。引进科研院所应组建成果转化平台公司和创业投资基金，开展技术转移和创业孵化。推进引进的科研院所派驻人员“五险一金”实施本地化管理，允许享受青岛市人才落户、子女入学、住房、医疗以及职称评审等政策。

牵头单位：市科技局；责任单位：市编委办、市财政局、市人力资源社会保障局、市住房公积金管理中心，各区市政府、功能区管委等。

13．提升高等院校和科研院所产业技术支撑能力。支持高等院校和科研院所面向地方产业需求开展前沿技术和应用基础研究，提高联合基金财政出资比例。支持高等院校、科研院所和新型研发机构依托重点实验室、工程中心等创新平台建设产业技术研究院，通过自主研发、合同科研等方式，组织开展行业共性技术开发，孵化育成新兴产业。发挥产业技术研究院智库作用。

牵头单位：市科技局；责任单位：市编委办、市财政局等。

五、完善科技成果转化激励机制

14．赋予高等院校和科研院所科技成果自主处置权。高等院校和科研院所应设立技术转移机构，开展科技成果转化，强化知识产权申请、运营权责。除涉及国防、国家安全、国家利益和重大社会公共利益外，赋予高等院校和科研院所科技成果自主处置权，鼓励科技成果在技术交易市场公开挂牌交易。单位主管部门和财政部门对科技成果在境内的使用、处置不再审批或备案，成果转化所得收入全部留归单位自主分配，纳入单位预算，实行统一管理，处置收入不上缴国库。

牵头部门：市科技局；责任单位：市教育局、市财政局等。

15．健全科技成果转化收益分享机制。鼓励高等院校和科研院所将职务发明成果转让收益在重要贡献人员、所属单位之间合理分配，用于奖励科研负责人、骨干技术人员等重要贡献人员和团队的部分不低于收益额的80%。国有企事业单位对职务发明完成人、成果转化重要贡献人员和团队的奖励，计入当年单位工资总额，不作为工资总额基数。

牵头单位：市科技局；责任单位：市教育局、市财政局、市人力资源社会保障局、市政府国资委等。

16．加大科技人员股权激励力度。制定创新人才股权激励办法，鼓励各类企业通过股权、期权、分红等方式，调动科技人员创新积极性。高等院校和科研院所以科技成果作价入股企业的，用于奖励科研负责人、骨干技术人员等重要贡献人员和团队（含管理岗位技术人员）的股权比例不低于50%。建立促进国有企业创新的激励制度，按照“人在股在、人退股退”的原则，对在创新中作出重要贡献的技术人员实施股权和分红权激励。落实高新技术企业和科技型中小企业科研人员通过科技成果转化取得股权奖励收入时的优惠政策，原则上在5年内分期缴纳个人所得税。

牵头单位：市科技局；责任单位：市委改革办、市教育局、市财政局、市政府国资委等。

17．完善科技人员职称评审和奖励制度。将专利创造、标准制定及成果转化作为职称评审和岗位考核的重要依据。高等院校和科研院所科技人员在职称评审与岗位考核中，发明专利转化应用情况与论文指标要求同等对待，横向与纵向课题指标要求同等对待。推进国家科技成果标准化评价试点工作。改革市科技奖励制度，将科技成果转化应用以及对地方经济社会发展的贡献情况作为奖励的重要依据，在科技进步奖中增加对人才团队、科技创业者以及海洋领域创新的奖励，增设专利奖。

牵头单位：市人力资源社会保障局；责任单位：市教育局、市科技局等。

六、打造大众创业生态体系

18．加快构建众创空间。推进“创业中国”青岛示范工程，编制众创空间发展规划，分行业、分区域、分层次布局发展各具特色的众创空间。实施“青岛大众创业工程”和“创业青岛千帆启航工程”，加强政策集成和资源共享，打造主体大众化、空间多样化、服务专业化的创业孵化生态体系。

牵头单位：市科技局；责任单位：市经济信息化委、市人力资源社会保障局、市工商局等。

19．培育壮大创业群体。实施“万名大学生聚青创业计划”，开展“百所高校千名博士青岛行”系列活动。实施弹性学制，允许在校大学生保留学籍休学创业，创业实践可按相关规定计入学分。支持高等院校和科研院所、企业等各类优秀人才到孵化器创办企业。深入实施“青岛英才211计划”和“青岛111引才工程”，设立创新创业人才基金，制定柔性引进高端人才及团队等政策。制定更加开放的海外人才引进政策，完善房租补贴、设备购置、团队建设等方面支持措施，鼓励海外人才来青创新创业。

牵头单位：市人力资源社会保障局；责任单位：市委组织部、市教育局、市科技局、市财政局、团市委等。

20．推进孵化器转型升级。出台孵化器创新发展若干政策，加快推进千万平米孵化器建设，在旧城、旧村、旧厂房改造中，优先保障孵化载体建设用房、用地需求，用于改（扩）建孵化器和新型创业公寓。鼓励利用科教、工业和其他商务设施用地、农村经济组织发展留用地或物业等建设孵化器。高等院校和科研院所在已划拨的科教用地上改（扩）建孵化器的，容积率可适当提高。

牵头单位：市科技局；责任单位：市国土资源房管局、市规划局，各区市政府、功能区管委等。

21．提升创业服务能力。加强创业辅导，鼓励企业家、投资人和专家学者担任创业导师，大力培育发展天使投资群体，打造高素质、专业化的创业服务队伍。各区市政府、功能区管委要加大力度引进孵化器专业运营机构，提升服务水平，创建服务品牌；对成效显著的机构，市、区（市）两级给予支持。支持社会力量举办创业大赛、沙龙、路演和训练营等各类创业活动。到2016年，创业导师超过1000人，创业服务机构超过500家。

牵头单位：市科技局；责任单位：市财政局、市人力资源社会保障局，各区市政府、功能区管委等。

22．加快千万平米人才公寓建设。各区市政府、功能区管委要在创新创业人才相对集中区域，统一配建周转公寓或购买存量房出租给创新创业人才居住。支持高等院校和科研院所、大企业利用自有存量国有建设用地，建设租赁型人才周转公寓，或利用自有资金购买、租用商品房出租给创新创业人才居住。

牵头单位：市国土资源房管局；责任单位：市科技局、市人力资源社会保障局、市规划局，各区市政府、功能区管委等。

七、推动创客群体蓬勃发展

23．开展全城创客行动。重点推动以大学生、海外留学人员、科技人员以及技能人才为骨干力量的创客实践活动。各区市政府、功能区管委要按“一区一街一基金”要求，利用现有设施，大力推进创业街区建设，强化金融支撑，加快打造各具特色的创客空间。推广海尔“人人创客”模式，鼓励企业成为新型创业平台，为内部员工和外部创业者提供“供应链+创投+市场”资源支持。高等院校和科研院所应加快发展创客教育，建立创业网络大学、创业学院和技术转移研究院等线上线下相结合的平台，实现“一校所一基地一基金”。鼓励孵化器设立创客专区。支持多元化主体打造“零收费”创客空间，提供平台、食宿等服务，市、区（市）两级给予适当补助。

牵头单位：市科技局；责任单位：市经济信息化委、市教育局、市人力资源社会保障局、团市委、市妇联，各区市政府、功能区管委等。

24．搭建创客服务平台。加快智能硬件、众研众筹等各类服务平台建设，为创客提供线上线下相融合的低成本、便利化、开放式服务。鼓励高等院校和科研院所、企业开放实验室资源，其中利用财政资金购置的仪器设备要向社会开放，为创客提供开源软硬件、检验检测、试验加工等无偿服务。

牵头单位：市科技局；责任单位：市经济信息化委、市教育局、市财政局、市人力资源社会保障局等。

25．培植创客精神。在大中学生中广泛开展创客教育，建立实践基地和科普基地，培养创新思维，提高实践能力。鼓励开展创客交流活动，搭建创客与企业家、投资人和创业导师的互动平台，分享创意，促进合作，传播创客文化，弘扬创客精神。举办创客产品大集、创客活动周、创客大赛等各类活动，在全社会营造支持创客、鼓励创造的浓厚氛围。

牵头单位：市教育局；责任单位：市委宣传部、市科技局、市人力资源社会保障局、团市委、市妇联、市科协，各区市政府、功能区管委等。

八、强化金融对创新创业的支持

26．壮大创业投资规模。发挥财政资金引导和放大效应，逐步扩大海洋成果转化基金、天使投资引导基金、创业投资引导基金、产业引导基金等基金规模，提高天使投资基金财政出资比例。城投、国信、华通等国有平台公司要设立创业投资基金，支持创新创业。落实促进创投机构发展优惠政策，对符合条件的投资类企业给予落户补贴。

牵头单位：市财政局；责任单位：市发展改革委、市经济信息化委、市科技局、市政府国资委、市金融工作办等。

27．加大科技信贷、保险支持力度。建立科技金融风险补偿机制，对金融机构为科技型中小企业提供贷款、担保、保险等发生的损失给予一定比例补偿。商业银行应建立适应科技型中小企业特点的信贷管理和贷款评审制度。建立知识产权质押融资风险补偿机制，引导金融机构开展专利权、商标权、版权等知识产权质押贷款业务。争取国家在我市开展知识产权保险试点。出台金融机构创新奖励政策。

牵头单位：市科技局；责任单位：市财政局、市金融工作办、人民银行青岛市中心支行、青岛银监局、青岛保监局等。

28．强化资本市场对创新创业的支持。引导科技型中小企业在多层次资本市场融资。鼓励企业上市融资，支持在“新三板”挂牌企业发行中小企业私募债和优先股。支持蓝海股权交易中心做大做强，为企业提供股权融资、债权融资、并购融资、资产证券化等产品和服务。争创国家级科技金融服务中心，完善科技金融服务体系。

牵头单位：市金融工作办；责任单位：市发展改革委、市经济信息化委、市科技局、市财政局、青岛证监局等。

九、构建深度融合的开放创新机制

29．鼓励创新要素跨境流动。对开展国际研发合作项目所需付汇，实行研发单位事先承诺，商务、科技、税务部门事后并联监管。对科技人员因公出国进行分类管理，放宽因公临时出国批次限量管理政策。复制推广上海自贸区经验，积极申办青岛自贸港区。争取将我市列入中日韩自贸区协定框架下地方经济合作示范城市、国家跨境贸易电子商务综合试验区和“保税进口”模式试点。建设“一带一路”陆海空多式联运互联互通综合贸易枢纽。对研发所需设备、样本及样品进行分类管理，采用重点审核、抽检、免检等方式，提高审核效率。

牵头单位：市商务局；责任单位：市发展改革委、市政府外办、人民银行青岛市中心支行、青岛海关、青岛出入境检验检疫局，青岛前湾保税港区管委等。

30．优化境外创新投资服务。鼓励上市公司海外投资创新类项目。支持本地技术、产品、标准和品牌走出去，开拓国际市场。在投资审批、外汇管理、金融保险、海关通关、检验检疫等方面争取国家政策支持，简化办理手续，将境内直接投资业务和境外直接投资业务下放至银行办理，为企业和个人开展境外创新投资提供便利。推进实施境外投资备案制，强化境外投资政策服务和监管，完善境外投资风险防范体系。

牵头单位：市商务局；责任单位：市金融工作办、人民银行青岛市中心支行、青岛海关、青岛出入境检验检疫局等。

31．支持国际创新平台建设。鼓励和吸引海外研发机构、技术转移机构、跨国公司在青建立研发中心和技术转移平台。支持企业对接海外优质创新资源，并购或建立海外研发中心。鼓励高等院校和科研院所、企业建立跨境联合研发中心，重点推进青岛高速列车全球技术创新中心、中俄工科大学联盟中方总部、国际海洋创新联盟等高端创新平台建设。

牵头单位：市科技局；责任单位：市教育局、市商务局等。

十、推进产业模式创新

32．创新发展“互联网+”。制定“互联网+”发展规划，促进以云计算、物联网、大数据为代表的新一代信息技术与现代制造业、生产性服务业等融合创新。推进“互联网+工业”“互联网+农业”“互联网+商务”“互联网+文化”等各领域发展，形成以互联网为基础设施和实现工具的经济发展新形态。加强载体支撑，推进千万平米软件园建设。

牵头单位：市发展改革委；责任单位：市经济信息化委、市科技局、市农委、市商务局、市文广新局等。

33．创新发展“海洋+”。制定“海洋+”发展规划，推动海洋与新技术、新产业、新模式、新载体等深度融合。加快海洋国家实验室建设，创新体制机制，汇聚高端人才，打造世界一流海洋科研中心。推进国家海洋技术转移中心建设，加快成果转化，培育壮大海洋新兴产业。对接“一带一路”战略，以“一谷两区”为重点，打造海洋创新高地，提质发展海洋经济，彰显青岛城市特色。

牵头单位：市发展改革委；责任单位：市科技局、市海洋与渔业局等。

34．大力发展战略性新兴产业。实施“青岛制造2025”等重大工程，以智能制造、轨道交通、新能源汽车、大数据、生物医药等领域为重点，集中力量突破关键技术，壮大产业规模，提升核心竞争能力。跟踪前沿技术发展趋势，开展技术预测研究，超前培育石墨烯、深海装备、海洋新能源等未来产业。

牵头单位：市发展改革委；责任单位：市经济信息化委、市科技局等。

35．加快发展科技服务业。出台科技服务业发展实施意见，重点加强研究开发、技术转移、创业孵化、科技金融和知识产权服务，大力推进检验检测、科技咨询、科学普及和综合科技服务，打造功能全面、梯度发展的科技服务产业体系。强化市场主体培育，加快专业机构和人才引进，通过政府购买服务等普惠性措施，激发市场活力，促进市场繁荣。建立科技服务业统计制度。

牵头单位：市科技局；责任单位：市发展改革委、市经济信息化委、市统计局等。

十一、营造有利于创新创业的良好氛围

36．加强组织领导。建立科技创新议事协调机构，统筹领导、协调全市创新创业工作，构建“大科技”发展格局。各级各部门各单位要把大力实施创新驱动发展战略、打好“三创”发展战役摆上重要议事日程，明确职责任务，制定实施办法，加强协作联动，确保各项政策全面落实。

牵头单位：市编委办；责任单位：市发展改革委、市经济信息化委、市科技局、市人力资源社会保障局，各区市政府、功能区管委等。

37．加强创新政策统筹。加强科技、经济、社会等方面的政策、规划和改革措施的统筹协调和有效衔接。鼓励各类创新要素开放、流动、共享、合作，促进企业、科研院所、高等院校协同创新。强化军民融合创新，建设国家级军民融合创新示范区。加快推进青岛高新区“一区多园”建设，积极创建国家自主创新示范区。

牵头单位：市科技局；责任单位：市发展改革委、市经济信息化委、市教育局、市金融工作办等。

38．完善创新驱动发展考核评价体系。强化对区市政府、功能区管委科技创新的考核，加强对创新驱动政策、目标和任务落实情况的监督检查。健全国有企业技术创新经营业绩考核制度，加大技术创新在国有企业经营业绩考核中的比重。建立高等院校和科研院所服务地方的绩效评估机制，评估结果作为优先列入政府共建支持的重要依据。

牵头单位：市科技局；责任单位：市委组织部、市发展改革委、市经济信息化委、市教育局、市统计局、市政府国资委等。

39．大力弘扬创新创业创客文化。在全社会倡导鼓励创新、宽容失败、敢为人先、脚踏实地的城市观念。大力培育企业家精神和创客文化，打造一批创新创业活动品牌，推出一批创新创业先进典型，讲好青岛创新创业故事，不断激发全社会的创新创业激情，让大众创业、万众创新在全社会蔚然成风。

牵头单位：市委宣传部；责任单位：市发展改革委、市经济信息化委、市科技局、市人力资源社会保障局、市总工会、团市委、市妇联、市科协等。

中共青岛市委
青岛市人民政府
2015年6月24日

青岛市人民政府
关于实施大众创业工程打造创业之都的意见

（青政发〔2015〕15号）

为加快推进经济结构调整，增强发展新动力，根据《国务院关于进一步做好新形势下就业创业工作的意见》（国发〔2015〕23号）、《国务院关于大力推进大众创业万众创新若干政策措施的意见》（国发〔2015〕32号）和《中共青岛市委青岛市人民政府关于大力实施创新驱动发展战略的意见》（青发〔2015〕8号），现就实施大众创业工程，打造创业之都提出以下意见。

一、目标任务

到2017年，全市创业实体大幅增加，创业活力显著增强，创业服务体系更加完善，创业带动就业倍增效应充分释放，城市创业品质明显提升。全市新增创业实体100万户，带动就业100万人；新增创业孵化载体100万平方米，创业孵化10万人；集聚一批天使投资人和创业投资机构，各类创业创新投融资规模超过100亿元。

二、营造宽松便捷创业环境

1．全面放开市场准入。凡是法律法规未禁止的行业领域，一律向各类创业主体开放。全面完成清理非行政许可审批事项，依法大幅减少投资项目前置审批。建立小微企业目录，对小微企业发展状况开展抽样统计。建立各行业产业信息发布制度，及时发布创业市场供需信息，促进创业资源高效流通和优化配置，引导各类创业活动向“蓝、高、新”产业集中。（牵头单位：市工商局、市发展改革委；责任单位：市统计局、市经济信息化委、各区市政府）

2．深化商事制度改革。实行注册资本认缴制度，全面实施“先照后证”、创业实体住所（经营场所）申报制，允许创业实体住所与生产经营场所分离，实行“一照多址”“一址多照”“一照一号”和集群注册，分行业、分业态释放住所创业资源。打破中介机构行业垄断，清理和废除影响市场公平竞争的规定。建立同步联动审批制度，建立一站式电子并联审批平台，全面实施工商营业执照、组织机构代码证和税务登记证“三证合一”。推行企业设立登记“单一窗口”制度，按照“一个部门受理、一套表格申报、一个窗口发证”的流程，建立一口受理、综合审批服务模式。（牵头单位：市工商局；责任单位：市质监局、市国税局、市地税局）

3．加大减税降费力度。落实更加积极的促进就业创业税收优惠政策。落实国家、省有关规定，对各类商贸企业、服务型企业等符合条件的，吸纳就业税收优惠的人员范围由登记失业1年以上调整为登记失业半年以上，在3年内根据实际招用人数予以定额依次扣减营业税、城市维护建设税、教育费附加、地方教育附加和企业所得税，定额标准按每人每年5200元执行。毕业年度内高校毕业生、本市户籍登记失业半年以上的人员等重点群体创办个体工商户、个人独资企业的，在3年内限额依次扣减其当年实际应缴纳的营业税、城市维护建设税、教育费附加、地方教育附加和个人所得税，限额标准按每人每年9600元执行。落实涉企收费清单管理制度和创业负担举报反馈机制，全面清理涉企行政事业性收费、政府性基金、具有强制垄断性的经营服务性收费、行业协会商会涉企收费。（牵头单位：市国税局、市地税局；责任单位：市财政局、市发展改革委、市经济信息化委、市物价局）

三、支持各类群体创业

4．支持大众创业。鼓励扶持创办各类市场主体，对毕业5年内高校毕业生、驻青高校毕业年度毕业生、休学创业大学生和本市户籍毕业年度大学生、城乡登记失业人员、返乡农民工，在青岛行政区域内从事个体经营、创办企业以及民办非企业单位、开设“网店”和“一址多照”等创业实体，符合条件的由工商注册地区（市）给予1万元的创业补贴，2年内纳入创业就业管理，市财政对区（市）按照每人5000元的标准给予补助。对首次领取小微企业营业执照、正常经营并在创办企业缴纳社会保险费满1年的创业者，符合条件的由工商注册地区（市）给予1.2万元小微企业创业补贴，市财政对区（市）按照每人1万元的标准给予补助；吸纳就业1人以上的，由工商注册地区（市）给予2万元小微企业创业补贴，市财政对区（市）按照每人1.5万元的标准给予补助。（牵头单位：市人力资源社会保障局、市财政局；责任单位：各区市政府）

5．支持大学生创业。实施“青岛大学生创业海鸥行动计划”，开展“百所高校千名博士青岛行”系列活动。实施弹性学制，支持在校大学生保留学籍休学创业，创业实践可按相关规定计入学分。拓宽大学生创业融资渠道，创新大学生创业担保贷款反担保形式，对无反担保人或抵押品的创业大学生，可依法采取“联户联保”、第三方信用保证等形式提供反担保。对经评审入驻大学生创业孵化基地（园区）的高校毕业生，可享受第一年100%、第二年50%、第三年30%的租金减免优惠。（牵头单位：市人力资源社会保障局；责任单位：市财政局、市金融工作办、人民银行青岛市中心支行、各区市政府）

6．支持科研人员创业。探索高校、科研院所等事业单位专业技术人员在职创业、离岗创业有关政策。对离岗创业的，经原单位同意，可在3年内保留人事关系，与原单位其他在岗人员同等享有职称评聘、岗位等级晋升和社会保险等方面的权利。原单位要建立相应管理办法，规范和确保专业技术人员离岗期间和期满后的权利和义务。允许高校、科研院所专业技术人员在符合法律法规和政策规定条件下，经所在单位批准从事创业或到企业开展研发、成果转化并取得合法收入。鼓励利用财政性资金设立的科研机构、普通高校、职业院校，通过合作实施、转让、许可和投资等方式，向高校毕业生创设的小微企业优先转移科技成果。完善科技人员创业股权激励政策，放宽股权奖励、股权出售的企业设立年限和盈利水平限制。（牵头单位：市人力资源社会保障局；责任单位：市科技局、市教育局、市经济信息化委、市财政局）

7．支持留学回国人员创业。取消妨碍人才自由流动的户籍、学历等限制，营造创业创新便利条件，为新科技、新业态、新模式成长留出空间，不得随意设卡。出台青岛市留学回国人员来青创业启动支持计划，对来青创业的留学回国人员，市财政给予资金扶持；对参加中国青岛留学回国人员创业创新大赛，获奖并落地的创业项目，市财政给予奖补。加大对市本级创业孵化基地（中心）、留学人员创业园区、博士创业园、海洋人才创业中心、青岛创业大学的扶持力度，市财政给予补助；被认定为省级创业示范平台的，按照省级标准给予奖补。（牵头单位：市人力资源社会保障局；责任单位：市财政局、市公安局）

8．支持农民创业。支持农民工返乡创业，发展农民专业合作社、家庭农场等新型农业经营主体，落实定向减税和普遍性降费政策。支持农村劳动力、返乡农民工发展农产品加工、休闲农业、农村服务业等二、三产业，支持农村劳动力、返乡农民工通过“互联网+”、电子商务等形式创办创业实体，鼓励农民以合作、入股等多种方式投资创业。深入实施农村青年创业富民行动，支持返乡创业人员因地制宜围绕休闲农业、农产品深加工、乡村旅游、农村服务业等开展创业。引导返乡创业人员融入特色专业市场，打造具有区域特点的创业集群和优势产业集群。各区市要依托现有各类园区等存量资源，整合创建一批农民创业园，为农民创业提供经营场所、宽带网络、公共软件、创业培训、创业服务等支持，区（市）每年给予资金扶持；被认定为市级农民创业园的，市财政给予一定奖补。（牵头单位：市人力资源社会保障局；责任单位：市农委、市财政局、市国税局、市地税局、各区市政府）

9．优化创客模式。推广海尔“人人创客”模式，鼓励企业由传统的管控型组织转型为新型创业平台，为员工创业提供政策、投融资、技术研发、市场营销、贷款担保等支持。对新型创业平台上的员工创办市场主体的，鼓励政策性创业投资基金优先予以扶持。市、区（市）开通企业新型创业平台“服务直通车”，符合条件的，可享受创业补贴、小微企业创业补贴、创业担保贷款及贴息、信贷融资、股权交易补偿等政策扶持。（牵头单位：市人力资源社会保障局；责任单位：市发展改革委、市经济信息化委、市科技局、市政府国资委）

四、加快构建创业孵化平台

10．打造众创空间。鼓励各区市、功能区、高校院所、企业及街道（镇）、社区，推广创业咖啡、柴火空间、创新工场等新型孵化模式，建立各具特色的众创空间，为创业者提供低成本、便利化、全要素、开放式的综合服务平台和发展空间。对经认定的众创空间房租、宽带网络、公共软件、开发工具等，由所在区（市）给予适当补助。大力推进创业型街道（镇）、创业型社区建设，对认定为市级创业型街道（镇）、创业型社区的，由市、区（市）给予奖补。高校院所、企业利用市财政资金购置的仪器设备全部向社会开放，为创业者提供无偿服务。（牵头单位：市科技局、市人力资源社会保障局；责任单位：市经济信息化委、市财政局、各区市政府）

11．构建创业总部。以市创业就业实训基地为载体，构建青岛创业总部。集聚国内外各类创业资源和要素，打造集创业综合服务、创业成果转化、创业项目交易、创业投资融资、创业人才聚集、创业培训研发等于一体的创业平台。促进创新创业与市场需求、社会资本的有效对接，加速形成创业总部经济，建立创业循环发展的新生态。（牵头单位：市人力资源社会保障局）

12．壮大创业基地。编制青岛市创业载体建设3年发展规划（2015—2017年），实现载体建设与产业布局协调发展。鼓励各区市、功能区、高等院校、企业、社会组织盘活闲置厂房、物流设施等，新建或改建一批创业孵化基地。对经认定的市级、区（市）级创业孵化示范基地（园区），按入驻企业户数、吸纳就业人数、孵化成功率、提供办公面积等因素，由市、区（市）给予奖补。对经认定的省级及以上创业孵化示范基地、创业示范园区（含大学生创业孵化示范基地、创业示范园区），根据入驻企业户数和吸纳就业人数，给予每处不超过500万元的一次性奖补资金，其中直接购买或租赁已开发闲置房地产楼盘作为创业孵化示范基地和创业示范园区的，奖补标准提高到每处1000万元。鼓励各街道（镇）、社区依托辖区内各类场地资源，整合创建一批小型创业孵化基地，为就近就地创业提供低成本、便利化、网络化等创业服务，由区（市）给予奖补。鼓励各类创业孵化基地（园区）、众创空间优势互补、资源共享、协同发展。对经认定的市级小企业产业园和小企业创业基地，按规定给予扶持。（牵头单位：市人力资源社会保障局；责任单位：市经济信息化委、市科技局、市财政局、各区市政府）

五、拓宽创业投融资渠道

13．提供创业担保贷款。将小额担保贷款调整为创业担保贷款，符合条件的创业者，在本市行政区域内从事个体经营或创办企业的，可申请最高45万元的创业担保贷款，首次贷款从事微利项目的给予全额贴息；对符合条件的小微企业，可申请最高300万元的创业担保贷款，按照中国人民银行公布的同期限贷款基准利率的50%给予贷款贴息。健全贷款发放考核办法和财政贴息资金规范管理约束机制，提高代偿效率，完善担保基金呆坏账核销办法。（牵头单位：人民银行青岛市中心支行；责任单位：市人力资源社会保障局、市财政局、各区市政府）

14．设立大众创业投资引导基金。采取“政府引导、企业注资、社会参与”的原则，创建青岛市大众创业投资引导基金。市财政引导基金实行承诺制，带动社会资本加大对创业投入，面向初创期、种子期企业及创业者提供风险投资、天使投资、贷款担保等融资服务。基金实行市场化运作、专业化管理，由出资方成立基金管理委员会，对基金的运行、利益分配、资本回收等进行监管。择优选择基金管理公司负责运营、自主投资决策，投资分配实行先回本后分红，社会出资人可优先分红。政府出资受益可适当让利，收回资金优先用于基金滚存使用。（牵头单位：市人力资源社会保障局、市财政局）

15．保障创业资金投入。各级政府要根据创业就业状况和目标任务，统筹安排扶持资金，落实创业就业以及鼓励创新相关政策措施。按照系统规范、精简效能的原则，明确政府间促进就业创业政策的功能定位，严格支出责任划分。进一步规范资金管理，强化资金预算执行和监管，加强资金使用绩效评价，着力提高资金使用效益。（牵头单位：市财政局；责任单位：市人力资源社会保障局、各区市政府）

六、强化创业服务

16．完善创业服务体系。充分发挥各级公共就业服务机构、高校毕业生就业指导机构作用，为创业者提供政策咨询、创业指导等公共创业服务。通过购买服务或奖补等方式，发展创业孵化和营销、财务等第三方服务，大力引进专业化社会创业服务机构，承担创业载体运营管理、创业项目遴选、创业活动组织、创业培训等工作。加强创业导师队伍建设，市级统一组建由企业家、创业专家、天使投资人、创业成功人员等组成的大众创业导师（专家）库，建立创业导师激励机制，由承担主体通过购买服务的方式，对创业者进行帮扶指导。（牵头单位：市人力资源社会保障局；责任单位：市财政局、各区市政府）

17．遴选推广创业项目。结合产业发展规划和区域特色，遴选一批优秀创业项目，由市或区（市）财政给予奖励。鼓励政策性创业投资基金及社会风险资本，对优秀创业项目给予投资扶持。鼓励各区市、社会力量举办创业大赛、沙龙、路演和训练营等各类创业活动。定期举办市级大众创业竞赛，市财政给予支持。（牵头单位：市人力资源社会保障局；责任单位：市财政局、各区市政府）

18．推进创业教育。将创新创业课程纳入国民教育体系，支持驻青高校、职业院校（含技工院校）全面开展创业教育，开设创新创业类课程，并融入专业课程或就业指导课程体系。引导驻青高校设置合理的创新创业学分，建立创新创业学分积累与转换制度。驻青高校、科研院所要加快发展创客教育，建立创业网络大学、创业学院和技术转移研究院等线上线下相结合的平台。加快推进中德创业大学项目落地，建设创业领域学历教育高等院校。各区市要积极创办“创客学院”，鼓励青岛创业大学与各区市、驻青高校、创业培训机构、大企业等全面开展合作，积极推进创业教育培训。鼓励“青岛创投学院”建设，将创投人才培养纳入全市人才培训计划，为全市创投行业培养专业运作人才。（牵头单位：市教育局；责任单位：市发展改革委、市人力资源社会保障局）

19．强化创业培训。健全覆盖城乡的创业培训体系，尊重劳动者培训意愿，引导劳动者自主选择培训项目、培训方式和培训机构。完善创业培训市场竞争机制，吸引国内外知名院校、社会培训机构、企业等在青岛开展创业培训。创新创业培训模式，打造网络创业培训平台，将创业培训课程上传网络，为创业者提供网上创业培训，健全培训全程监督和绩效评价机制，着力提升劳动者创业技能水平。优化创业培训跟踪服务机制，加快培育一批创业培训示范基地。实施创业师资培训计划，建立一支高水平的创业师资队伍。（牵头单位：市人力资源社会保障局）

20．搭建创业云平台。加强创业创新信息资源整合，加快发展“互联网+”创业网络体系，采取政府与社会力量联合开发、市场化运营等方式，创建青岛创业云平台，集中发布创业政策，集合各类创业要素，打造网上创业大集、众创空间、投融资中心、人才超市、创业社交等于一体的网络互动载体，促进创业与创新、创业与就业、线上与线下相结合，为创业者提供一体化、个性化、智能化服务，增强创业创新信息透明度。鼓励开展各类公益讲坛、创业论坛、创业培训等活动，丰富创业平台形式和内容。（牵头单位：市人力资源社会保障局）

七、完善保障机制

21．建立大众创业工作协调机制。市人力资源社会保障局牵头建立大众创业工作协调机制，负责统筹规划、组织协调推进大众创业工作。各区市要参照建立相应的工作协调机制。（牵头单位：市人力资源社会保障局；责任单位：各有关部门和单位、各区市政府）

22．完善考核激励机制。将大众创业工作开展情况纳入就业目标考核体系，建立和完善大众创业政策执行督导机制、评估体系和季度调度通报制度，确保各项政策落到实处。对在推进大众创业工作中取得显著成绩的单位和个人，按规定予以表彰。（牵头单位：市人力资源社会保障局；责任单位：各区市政府）

23．加强舆论宣传。广泛宣传国家和省、市促进大众创业政策，积极培育创业典型，发挥创业成功者的示范带动作用，激发劳动者创业热情。发挥媒体舆论引导作用，推出专题专栏，发布有关政策、宣传先进典型，增进全社会对创业者的理解和支持，培育开放、创新、实干、进取的创业文化，形成崇尚创业、褒奖成功、宽容失败的创业氛围。（责任单位：各有关部门、各区市政府）

青岛市人民政府
2015年6月23日

中共烟台市委 烟台市人民政府关于深化拓展高端人才（团队）引进“双百计划”的意见

（烟发〔2015〕12号）

为大力实施人才强市战略，加快集聚各类高端人才，实现我市转型升级、率先发展，现就深化拓展高端人才（团队）引进“双百计划”，提出如下意见。

一、目标任务

坚持人才服务产业，以高端人才引领产业转型升级、以产业转型升级集聚高端人才，突出重点产业发展、关键领域突破和科技创新需要，面向海内外加快引进一批高端创新创业人才和蓝色产业领军人才团队。

围绕机械制造、电子信息、食品加工、黄金、现代化工等传统优势产业领域，新能源与节能环保、新材料、生物技术、高端装备制造、新一代信息技术等战略性新兴产业领域和金融保险、文化创意、现代物流、中介服务等现代服务业领域，引进100名高端创新人才和100名高端创业人才。

围绕《烟台市蓝色经济区发展规划》确定的海洋装备制造、海洋生物医药、现代海洋渔业、现代海洋化工、海洋新能源、海洋新材料、海水综合利用、海洋环保，以及海洋运输物流、海洋新兴服务等蓝色产业重点领域，按照“领军人才+团队+项目”的模式，引进30个蓝色产业领军人才创新团队和创业团队。

二、高端创新创业人才标准条件及支持政策

高端创新创业人才分为全职创新人才（含三个层次）、兼职创新人才和创业人才（含三个层次）。

（一）标准条件

高端创新创业人才，一般应取得硕士以上学位或副高级以上职称，其学术、技术或管理水平国内外领先，能够带来较大经济社会效益，对我市学科建设和产业发展产生重大影响。

1．全职创新人才。主要是指与用人单位签订5年以上劳动（聘用）合同，全职在烟工作的高端人才。具体分为以下三个层次：

第一层次，具备下列条件之一：诺贝尔奖、图灵奖、菲尔茨奖等国际大奖的获得者；中国科学院院士、中国工程院院士以及相应层次的国外科学院院士和工程院院士；国家最高科学技术奖获得者；国家自然科学奖、技术发明奖、科学技术进步奖一等奖的前2位完成人；中国国际科技合作奖获得者；相应层次的海外战略科学家和科技领军人才。

第二层次，具备下列条件之一：国家自然科学奖、技术发明奖、科学技术进步奖二等奖的前2位完成人；省级最高科学技术奖获得者；省级自然科学奖、技术发明奖、科学技术进步奖一等奖的前2位完成人；国内外公认的著名专家学者、金融家、企业家、设计大师等；省级以上人才工程入选者；在本领域做出创造性成就或卓越业绩，在全国产生重大影响，取得重大经济社会效益，在国内同行中处于领先水平，并获得省级以上奖励、荣誉称号的人员；相应层次的海外高端人才。

第三层次，具备下列条件之一：在世界和国内500强企业、中央企业以及世界著名金融、会计等经济鉴证类中介机构担任中高级职务的专业技术人才和经营管理人才；省级自然科学奖、技术发明奖、科学技术进步奖二等奖的前2位完成人；地市级自然科学奖、技术发明奖、科学技术进步奖一等奖的首位完成人；市级以上人才工程入选者；在本领域做出重要成就或突出业绩，在全省产生重大影响，取得明显经济社会效益，在省内同行中处于领先水平，并获得市级以上奖励、荣誉称号的人员；市重点产业发展急需紧缺且掌握关键技术的高端人才。

2．兼职创新人才。主要是指经劳动（人事）关系所在单位同意，以柔性引进的方式，来烟兼职工作的高端人才。须符合全职创新人才第二层次以上条件；与我市用人单位签订5年以上劳务合同、工作协议或服务协议，每年累计在烟工作3个月以上；有明确具体的工作目标任务，能够做出实质性贡献；用人单位原则上应拥有创新平台、人才团队等良好基础条件。

3．创业人才。主要是指具有较强的创新创业精神、市场开拓和经营管理能力，带技术、带项目、带资金来烟创办企业的高端人才，特别是高端产业创业领军人才。一般应具备创业经验或曾任知名企业中高层管理职位；拥有自主知识产权或掌握核心技术，具有良好市场前景和产业化潜力；作为企业的主要创办人且为第一大股东，占股比例不低于35%；所创办企业成立时间不超过 3 年。具体分为以下三个层次：

第一层次：创业企业实际投入资金不低于150万元，技术水平国际领先或取得发明专利，项目已突破核心技术、完成中试，可直接进入产业化阶段，产品附加值高、市场潜力大，能够有效带动我市重点产业发展，能够取得显著经济社会效益。

第二层次：创业企业实际投入资金不低于100万元，技术水平国内领先或取得发明专利，项目已进入中试或中试放大阶段，产品市场潜力较大，能够产生明显的经济社会效益。

第三层次：创业企业实际投入资金不低于50万元，技术水平省内领先，项目处于孵化阶段，产品符合我市重点产业发展方向、具有较大市场潜力和预期经济社会效益。

（二）支持政策

1. 高端创新创业人才管理期为5年。

2. 入选全职创新人才第一、二、三层次的，分别给予600万元、200万元和100万元创新资助；入选兼职创新人才的，给予50万元创新资助；入选创业人才第一、二、三层次的，分别给予300万元、200万元和100万元创业资助。

3. 创新创业资助资金均由项目补助和生活补助构成，分别占70%和30%。

创新人才项目补助主要用于完成项目任务的支出，包括材料费、仪器设备费、差旅费、培训费等方面费用；创业人才项目补助主要用于创办企业生产经营支出。项目补助须在所在单位监督下由高端人才根据相关规定支配使用，按照“先支出、后补助”原则进行兑现。管理期内，每年拨付额度为项目补助总额的20%。

生活补助主要用于改善个人生活条件等，包括购租住房、购买车辆等方面费用。管理期内，每年拨付生活补助总额的20%。

4. 对进入产业化阶段的创业企业，在项目立项、规划审批、用地用海指标等方面给予支持，帮助加速建成投产。

三、蓝色产业领军人才团队标准条件及支持政策

蓝色产业领军人才团队分为创新团队和创业团队。

（一）标准条件

团队由蓝色产业领军人才和3—5名团队核心成员组成，内部结构合理，合作关系稳定，持续创新能力强，与企业签订3年以上劳动合同或工作协议；领军人才须拥有自主知识产权或掌握核心技术；团队能够突破重大技术或开发出新产品新工艺、已完成前期研发或可以直接进行成果转化，3年内能够在烟台市内实现产业化；企业投入项目建设的资金不低于资助资金；团队所负责的产业项目已经主管部门批准，用地用海、环保、规划等手续完备，符合安全、节能等有关标准、规定，产业化前景好，预期效益显著。

1. 创新团队。主要是指依托我市企业进行持续创新创造的高端团队。申报企业上年度销售收入不低于5000万元；申报企业上年度R&D（研究与开发）经费占销售收入的比例不低于3%；申报企业须拥有市级以上创新平台，拥有省级以上创新平台的优先支持；领军人才和核心成员在申报企业工作时间每年累计达到9个月以上，紧缺急需的领军人才可放宽到3个月，全职引进的高端团队优先支持。

2. 创业团队。主要是指拥有先进技术、科研成果或发明专利，具有一定管理经验，来我市创办企业的高端团队。所创办企业成立时间不超过3年，经营状况良好；领军人才是企业的主要创办人和主要股东，占股比例不低于35%；领军人才、核心成员有成功创业经验或曾任国内外知名企业中高层管理职位，团队拥有技术研发、经营管理、市场开发等专业人才，具备重大科技成果产业化的能力。

（二）支持政策

1. 蓝色产业领军人才团队管理期为3年。

2. 入选蓝色产业领军人才团队的，给予300万—600万元团队资助。

3. 资助资金由产业项目补助和团队生活补助构成，分别占70%和30%。

产业项目补助主要用于项目土建、设备购置等固定资产投资及科技研发。产业项目补助分启动期、中期和期满验收三个阶段，按 4∶4∶2的比例拨付。

团队生活补助主要用于领军人才及团队核心成员改善个人生活条件。其中，领军人才生活补助占团队生活补助资金的60%；团队核心成员生活补助占团队生活补助资金的40%。管理期内，分年度平均拨付生活补助。

4. 优先推荐市蓝色产业领军人才团队申报省蓝色产业领军人才团队支撑计划。入选后，市级财政资金不给予重复扶持。

四、配套政策

1. 通过市场化运作，多渠道引入社会资本，鼓励各类产业投资基金、风险投资基金、天使基金、种子基金等，对高端人才（团队）进行资金扶持。

2. 为入选的高端人才（团队）办理“烟台优才卡”，提供配偶安置、子女入学、医疗保健、居留与出入境、人才联谊等配套服务。

3. 鼓励用人单位进一步创新用人机制，允许高端人才（团队）在科研立项、团队组建、经费使用、评估激励等方面享有充分自主权。

4. 对烟台科技进步、产业升级具有重大拉动作用的高端人才（团队），可一事一议，进一步加大支持力度。

五、申报评审

评审工作一般每年组织1—2次。特殊情况可随时组织评审。

（一）申报程序

1. 申报推荐。符合条件的高端人才（团队）须填报高端人才（团队）引进“双百计划”申报书，并提交有关证明材料。根据申报人选（团队）所在工作单位的隶属关系和属地关系，逐级推荐至主办机关（市委组织部或市发展改革委）。

2. 资格审查。主办机关对推荐人选（团队）的材料进行初审，也可委托有关单位评估其项目水平和创新创业业绩，确定候选人选（团队）。

3．项目评审。主办机关组建评审委员会，对候选人选（团队）进行面试答辩、综合评分，确定考察人选（团队）。其中，高端创业人才（团队）评审，分为项目路演和专家评审两个环节，项目路演由潜在客户、投资人、企业家对其市场竞争力进行评估。项目路演结果作为专家评审的重要参考。

4．考察公示。主办机关组织有关人员对考察人选（团队）进行考察、复评，并在一定范围内进行公示，公示期5个工作日。公示后，空缺数额，不予递补。

5．审定公布。将拟定人选（团队）名单报市人才工作领导小组审定通过，按程序出台有关文件，公布入选人才（团队）名单。

（二）申报事项

1．高端创新创业人才申报主体为在烟台市行政区域内注册并纳税的企业，以及具有独立法人资格的事业单位；总部在烟重点企业的海内外研发机构中符合条件的高端人才，也可申报。蓝色产业领军人才团队申报主体为烟台市行政区域内注册并纳税的企业，高校、科研院所须通过联合企业的方式申报；团队须从山东省外、海外引进；已入选山东省相关人才工程的，不得申报市蓝色产业领军人才团队。

2．高端人才（团队）只能申报本意见所列人才（团队）类别其中一项；属于蓝色产业发展重点领域的企业及人才（团队），只能申报蓝色产业领军人才团队。入选后，在管理期内不能申报本意见所列其他人才（团队）。

3．高端人才（团队）累计申报次数不超过2次。

六、组织保障

1．组织领导。高端人才（团队）引进“双百计划”由市人才工作领导小组统一领导，市人才工作领导小组办公室综合协调并负责部署申报、制定评审规则、审定人选、监督检查等工作。市委组织部、市发展改革委分别具体负责高端创新创业人才、蓝色产业领军人才团队的组织实施工作，包括申报受理、组织评审、考察复评、日常管理、绩效评估等环节。市财政局负责资金预算监督等工作。其他成员单位及有关部门各司其职、密切配合，社会力量积极参与，共同做好高端人才（团队）引进工作。

2．日常管理。高端人才（团队）入选后，根据隶属关系，与用人单位、所在县市区或市直主管部门单位、主办机关、市人才工作领导小组办公室等签订工作协议，明确各方职责、管理期限、支持政策、资金使用方式等事项。设立烟台市高层次人才服务窗口，集中受理落实本意见中所列扶持政策。对高端人才（团队）在工作生活中遇到的实际问题，可特事特办，妥善解决。

3．资金保障。中央、省属驻烟及市属企事业单位引进的高端人才（团队），资助资金由市级财政承担；县市区属企事业单位引进的高端人才（团队），资助资金由市级财政、所在县市区财政按照5∶5的比例承担。蓝色产业领军人才团队资助资金额度由市发展改革委研究确定，并由市蓝色产业发展专项资金保障。

4．绩效评估。管理期内，对高端人才（团队）工作进展和经费使用情况开展年度评估、中期评估、期满评估。必要时，可采取购买服务方式开展有关工作。对工作目标出现重大调整、未按规定完成项目进度、双方合作中止、企业股权变化、人才岗位变动、创业企业离烟或弄虚作假等情况，可采取暂停资金发放、取消相关待遇或追缴有关款项等方式进行处理。

本意见自2016年1月1日起施行。《中共烟台市委、烟台市人民政府关于实施高端人才引进“双百计划”的意见（试行）》（烟发〔2009〕24号）、《市委办公室、市政府办公室关于将国家“千人计划”专家和省“泰山学者海外特聘专家”纳入市“双百计划”管理的意见》（烟办发〔2011〕32号）和《关于印发〈烟台市高端人才引进“双百计划”实施细则〉的通知》（烟组发〔2009〕52号）同时废止，但管理期未满的原“双百计划”入选者，仍按原文件执行。

中共烟台市委
烟台市人民政府
2015年12月22日

中共潍坊市委 潍坊市人民政府
关于加快建设人才强市的若干意见

（潍发〔2015〕15号）

为深入实施创新驱动和人才强市战略，大力推进各类人才培养、集聚和发展，加快形成大众创业、万众创新的生动局面，支撑和推动全市转型升级，努力实现更高层次新发展，现就加快建设人才强市工作提出如下意见。

一、指导思想和目标要求

1．指导思想。认真落实“四个全面”战略布局，主动适应经济转型新常态，牢固树立人才是第一资源、创新驱动实质是人才驱动的理念，抢抓人才流动机遇期，聚焦关键领域和重点产业发展需求，以高层次、高技能人才为重点统筹推进各类人才队伍建设，深入推进人才发展体制机制改革和政策创新，加快打造区域人才高地，为潍坊加快推进转方式调结构、增创未来发展新优势提供有力支撑。

2．主要目标。加快建设一支数量充足、结构合理、素质优良、适应创新发展需要的人才队伍，企业自主创新能力和经济发展核心竞争力显著提升。到2020年，全市人才资源总量达到220万人左右，其中专业技术人才总量90万人，企业经营管理人才总量40万人，高技能人才总量35万人；引进培育并重点支持1000名左右能突破关键技术、发展高新技术产业、带动新兴学科和新兴产业发展、取得显著效益的高端创新创业人才，以及5000名左右产业转型升级、社会公共事业发展紧缺的重点人才。其中，引进培育"千人计划""万人计划"专家等国家级顶尖人才100名左右，泰山产业领军人才和团队、泰山学者等省级高端人才200名左右，鸢都产业领军人才、鸢都学者等市级高层次人才400名左右。建设一批集聚承载人才项目的平台。人才专利申请和授权量居全省前列。

3．基本原则。

（1）坚持创新机制、激发活力。把深化改革作为推动人才发展的根本动力，积极破除束缚人才发展的思想观念和制度障碍，增强人才体制机制灵活度和人才政策开放度，推动人才资源有序流动和高效配置，最大限度激发和释放人才创造活力。

（2）坚持高端引领、产业集聚。围绕以人才兴产业、以产业聚人才，推动以"产业链"吸引"人才链"，引导人才向产业集聚、投入向研发倾斜、成果在企业转化，推动产业集群布局、转型发展。

（3）坚持业绩导向、以用为本。建立健全以能力优先和注重业绩为导向的科学规范的人才认定评价机制，不唯学历、不唯职称、不唯资历、不唯身份，不求所有、但求所用，不拘一格引进、培养和使用人才，为各类人才发挥才智、干事创业创造良好条件，促进全社会创新智慧、创业激情竞相进发。

（4）坚持政策倾斜、统筹推进。实行部门联动，优化整合、创新突破各类人才政策，加快解决"碎片化"和"低效化"问题，促进人才政策集中发力、效应叠加；立足当前、着眼长远，全方位优化人才政策环境。

二、加快引进培育创新创业高端人才和团队

4．鸢都产业领军人才（团队）工程。围绕构建"1669"现代产业体系，坚持国内与海外并重，大力引进培育"高、精、尖、缺"领军人才（团队），着力打造拥有关键技术、引领新兴产业、带动经济转型升级的高端创新创业人才队伍。

从2015年起，对新引进的国际顶尖人才（团队），实行"一事一议"的特殊扶持政策，依据项目评估情况给予500万——2000万元的经费资助；对引进和培育的国家级、省级领军人才（团队），在分别享受国家和省相关政策的基础上，市财政再给予每人100万元、每个团队300万元的经费资助；对技术研发能力较强、创新成果突出或科技创业项目能够引领产业发展、经营业绩较好，有望成长为国家级、省级创新创业领军人才（团队）的，每年遴选一批，给予每人100万元、每个团队300万元的经费资助。

上述领军人才（团队）在享受经费资助的同时，还可申请政府性创新创业投资引导基金支持，依据项目质量、规模和预期效益评估情况，资金额最高可达1亿元；科技创业项目产业化过程中获得银行贷款的，按不超过银行同期贷款基准利率的50%给予贴息补助，每名（个）科技创业人才（团队）及企业累计可最高贴息100万元；对获风险投资的科技创业企业，可给予不超过投资额50%、最高2000万元的政策性担保。

5．"鸢都学者"培养工程。从高等学校、科研院所、医疗机构及其他学术机构和社会组织中，遴选一批在一线从事基础研究、原始创新和共性技术研究的高层次创新型学术学科或专科带头人进行重点培养，带动建设高水平科研创新团队。每两年评选一次"鸢都学者"，每批20名左右，培养管理期为四年。培养管理期内实行目标考核、动态管理，由市财政每人每年给予10万元科研项目经费补助。对通过我市申报入选或全职引进的"泰山学者"，在享受上级政策的基础上，市财政再给予100万元的经费资助。

6．海内外柔性引智工程。鼓励企业采取兼职聘用、联合攻关、项目合作等方式柔性引进高层次人才和团队。对取得重大科技创新成果，为企业带来显著经济效益、作出突出贡献的，采取"一事一议"的方式给予引进企业奖励。实施引进"海外专家"计划，对引进聘用海外工程师及外籍设计师、规划师、咨询师、教授、研究员等高层次人才成效显著的，给予引进单位5万—20万元的一次性工薪补助。引进的海外专家项目获得国家和省级奖励的，给予最高1：1比例的配套资金支持。通过我市申报获得中国政府友谊奖、齐鲁友谊奖、鸢都友谊奖的外国专家，市财政分别给予10万元、5万元、2万元一次性奖励。

7．博士、硕士集聚工程。鼓励支持各行业特别是企业大力引进博士、硕士研究生。对企业和专业性较强的事业单位新引进签订5年以上工作合同、按规定交纳社会保险的博士研究生，经人社部门考核认定称职的，由同级财政给予每人每年2万元生活补助，期限为3年；新进入博士后科研工作（流动）站的博士后，按其在站从事科研实际工作月数，由同级财政给予每人每月2000元生活补助；企业新引进签订5年以上工作合同、按规定交纳社会保险的硕士研究生，经人社部门考核认定称职的，由同级财政给予每人每年4000元生活补助，期限为3年。

三、统筹实施各类重点专业人才培养支持计划

8．企业经营管理人才素质提升计划。以优秀企业家和高级职业经理人为重点，培养造就一支职业化、国际化的企业经营管理人才队伍。建立健全职业经理人制度，鼓励和支持企业面向国内外引进高级经营管理人才。依托国内外知名高校和专业培训机构，每年选拔200名企业家及后备人才参加境内外脱产培训，培训经费从市人才工作专项资金中列支。实行市、县联动，五年内将企业高层管理人才及小微企业负责人全部轮训一遍。

9．优秀专业技术人才激励计划。面向全市选拔有突出贡献的中青年专家，重点支持和培养在相关行业和领域影响较大、取得显著经济社会效益的优秀专业技术人员。每两年评选一次，每批100名，在四年的培养管理期内，市财政给予每人每月600元津贴，每两年进行1次轮训。

10．高技能人才培养计划。抓住用好我市创建国家职业教育创新发展试验区的机遇，支持职业学校、社会培训机构加强与企业的对接合作，以企业需求为导向，大力培养“适销对路”的高技能应用型人才。鼓励企业自建、共建职业学校，或以投资入股方式参与职业学校建设和管理。市内大中专院校和技工学校学生在毕业前取得高级工、预备技师职业资格的，对培养单位分别按每人500元、1000元标准给予一次性奖励。对在企业取得技师、高级技师职业资格的技能人才，分别给予1500元、2000元培训补助。继续开展市首席技师选拔活动，每两年选拔一批，每批50人左右，在四年的培养管理期内，市财政给予每人每月600元津贴。企业、职业学校获批设立国家级技能大师工作室、省级技师（名师）工作站的，市财政分别给予10万元、5万元经费资助；获得全国职业技能大赛金牌奖的，市财政给予5万元经费资助。

11．现代农业人才培养支持计划。加大农村各类实用人才培训力度，实施新型职业农民培训工程，着力培育适应农业产业化、标准化、国际化、现代化建设需要的现代农业人才。到2020年，全市具备中高级职业资格条件的新型农民力争达到1.5万人。着眼选拔培养建设现代农业、推进新农村建设方面的引领、示范性人才，每两年评选一次“潍坊乡村之星”，每批50名左右，在四年的培养管理期内，市财政给予每人每月600元津贴。

12．鼓励支持大学生自主创业计划。逐步扩大潍坊市大学生创业基金规模，引导社会资金投资成长型大学生创业企业。在校大学生或毕业未满5年的大学生创办的企业，可申请入驻大学生创业孵化基地，前两年免收房租，第三年减半收取。对大学生自主创业项目，各县市区和市属各开发区应制定落实相应的资助和奖励政策。

13．其他行业领域重点人才培养支持计划。继续组织实施“潍坊和谐使者”“潍坊名师名校长”“潍坊名医名护卫生名师和首席公共卫生专家”“潍坊民间艺术大师”“潍坊会计领军人才”等培养支持计划。对信息经济（电子商务）、金融创投、港航物流、城市建设、文化创意、法律服务、社会中介、国际交流等经济社会发展急需紧缺人才，建立专项人才需求目录和年度发布制度，分别由相关部门制定引进培养支持计划，经市人才工作领导小组研究同意后组织实施。

四、创新完善人才激励政策

14．支持人才创业和项目研发。定期举办潍坊海内外英才创业周等活动，搭建人才、项目、科技、金融合作交流平台，对在潍落地的获奖项目，市财政给予10万—50万元的创业经费资助。各类人才创办的科技创新型企业，凡符合立项条件的，都可申请政府性投资引导基金支持，最高可达5000万元。支持高层次人才承担国家“863”和“973”计划、国家科技支撑计划、科技型中小企业创新基金等项目，对在我市实施的项目按规定给予配套补助。大力支持人才申请专利，对获得国内、国外发明专利的，由同级财政分别给予每件2000元、10000元补助。

15．鼓励人才转化科研成果。全面落实国务院和省政府关于激励高等学校、科研院所等事业单位专业技术人员兼职创业、离岗创业、获取成果转化收益等各项政策，促进科技人员顺畅流动、勇于创业。科技人员就地转化科技成果所得收益，可按至少70%的比例奖励给技术成果完成人以及对技术成果转化有突出贡献的人员，有合同约定的从其约定。科技人员可以高新技术成果和知识产权作为无形资产入股创办科技型企业，所占注册资本比例最高可达100%。

16．开展股权和分红激励改革。支持高等学校、医疗机构、科研院所以科技成果作价入股企业，实施股权激励及分红激励试点，促进研发者和创新者合理分享产品收益。对作出突出贡献的科研人员和经营管理人员，实施期权、技术入股、股权等多种形式的奖励，对职务科技成果完成人进行科技成果转化收益奖励，充分激发科研人员和经营管理人员开展自主创新和实施科技成果转化的积极性。

17．强化职称评聘激励和事业编制保障。对获得省部级以上科技奖励，或主导国内外技术标准制定或修订，取得重大创新成果或作出突出贡献的科技创新人才，以及从海内外引进的其他高层次人才，属授权我市评审高级职称的，采取“一事一议”的评聘方式。企业生产一线技能高超、业绩突出的职工，可破格申报技师和高级技师职业资格。对事业单位引进的急需紧缺高层次人才，所需编制从各级高层次人才专项编制中解决。

18．强化知识产权工作。结合建设国家知识产权示范城市，打造一批拥有自主知识产权的领军企业，造就一批知识产权领军人才，努力创出一批拥有自主知识产权的核心技术成果。到2020年，培育知识产权优势企业100家，培养一大批企业知识产权代理人。完善知识产权保护执法协作联动机制，常态化开展知识产权执法维权专项行动，切实保障人才合法权益。建设利用好潍坊知识产权信息综合服务平台和潍坊市知识产权运营中心，推动知识产权商品化、资本化、金融化。

19．建立政府奖励荣誉制度。对作出杰出贡献的优秀人才，授予“潍坊杰出人才”荣誉称号，颁发荣誉勋章，每两年评选一次，每次不超过10名。鼓励各级各部门各单位对作出杰出贡献的优秀人才和团队给予重奖。对推荐引进创新创业人才成绩突出的海内外人才工作站、人力资源服务企业及个人，每两年评选奖励一批，其中对推荐引进高端人才（团队）的，每全职引进1名国际顶尖人才奖励10万元、1名国家级领军人才奖励3万元、1名省级领军人才奖励2万元。

五、做优做强各类人才平台

20．科技创新平台。积极与高等学校、科研院所合作共建高端公共技术研发平台，大力引进国际国内高端研发机构落户潍坊。全面推进规模以上企业建立研发机构，着力提升各类平台对人才发展的服务能力。对在潍设立分支机构、研发机构、技术转移中心、成果转化基地且正式运营的国内外知名高校、科研院所和大企业，市财政给予适当奖励。对新认定的国家级、省级企业科技创新“四平台”（企业技术中心、工程技术研究中心、工程实验室、工程研究中心），分别由同级财政给予200万元、40万元的奖励；对国家、省认定的“三站一基地”（院士工作站、博士后科研流动站、博士后科研工作站、博士后创新实践基地）以及产业技术创新战略联盟、创新型试点企业、重点实验室等，分别由同级财政给予20万元、10万元的奖励。鼓励市域内国家级和省级工程中心、实验室及大型仪器设备、分析检测试验、科技文献查询检索等公共科技资源，通过市场化推动开放、共享，帮助企业特别是中小企业开发新产品。

21．创业孵化平台。建设一批市场化主导的创业载体和“众创空间”，营造良好的人才创业生态环境。实施科技企业孵化器改造提升计划，支持现有重点科技企业孵化器改造提升。加大特色孵化器建设力度，到2017年，新增省级以上孵化器10家、市级孵化器20家；到2020年，每个国家级开发区和县市区都拥有省级以上孵化器，省级开发区都拥有市级以上孵化器。

新认定为国家级、省级科技企业孵化器、加速器的，市财政分别给予100万元、50万元的奖励。对新认定的国家级、省级人力资源服务产业园、留学人员创业园、大学生创业园，市财政分别给予100万元、50万元资助。对经认定的市场化主导的市级“众创空间”、创客服务中心，最高可分别给予100万元、20万元资助。

22．科技金融平台。针对科技创新各环节的投融资需求，探索科技资源与金融资源对接新机制和新模式，培育一批科技金融专营机构、创业风险投资机构、科技金融创新产品和科技型上市企业。鼓励设立科技金融专做专营机构，对符合相应条件的，在潍各银行机构和小额贷款公司按同期贷款基准利率最高可给予20%的补贴。扩大市、县两级政策性创新创业投资引导基金规模，推进扶持创业投资、天使投资机构集聚发展，加大对种子期、初创期科技型中小企业及人才项目的投资力度，强化投后管理与服务，提高投资效率。鼓励金融机构加大对人才项目的信贷融资支持，广泛开展信用贷款、知识产权质押贷款、股权质押贷款、信用保险及贸易融资等类型的信贷融资。

23．技术转移平台。建设“政府、企业、科技中介、技术经纪人”四位一体的潍坊市技术交易服务中心，搭建企业与技术信息对接平台，为技术转移提供中试、技术集成与运营、技术交易与投融资等公共服务。建立技术成果目录和技术转移服务指引，鼓励科技企业孵化器设立技术转移平台。支持各类市场主体联合国内外知名技术转移机构，在我市建设技术转移服务平台。

24．人才服务平台。大力引进培育猎头、培训、评价、注册、咨询、财会、税务、法律、知识产权代理等中介机构和社会组织，提高人才服务的市场化、社会化水平。对在潍注册设立地区总部的国内外知名人才服务中介机构，认定后由市财政给予5万—20万元奖励。建设网上人才公共服务平台，在政务服务中心设立人才服务窗口，选拔培训人才服务专员，制定实施引进人才“绿卡”管理办法，为人才创新创业提供政策解读、信息咨询、落户考察、项目申报、创业代理、职称评定、产学研合作等全过程、专业化、“打包式”服务，全面提高人才服务效能。

六、优化人才生活服务保障

25．妥善解决人才住房问题。规划建设高端人才社区，解决高层次创新创业人才住房问题。鼓励支持各县市区、市属各开发区和企业相对集中的园区及有条件的企业建设人才公寓，解决辖区内各类人才临时周转住房问题。制定落实人才社区（公寓）建设和使用管理办法，强化潍坊人才社区（公寓）品牌影响力。对来潍自主创业的各类人才，除享受入住人才公寓政策外，其创业项目属创新型、成长性，且三年内实际投资额达到500万元以上或累计缴纳税金30万元以上的，发放10万元“购房券”，用于购买自有住房。实际投资额每增加500万元或累计缴纳税金每增加30万元，增发5万元“购房券”，最高为50万元。

26．妥善解决高层次人才随迁配偶安置和子女入学问题。高层次人才随迁配偶属公务员或事业单位在编在岗人员的，由同级组织、人社部门本着对口原则帮助协调安排工作；属企业人员的，原则上由用人单位负责安排。对引进的高端人才家属暂时未就业的，未就业期间，给予每月不低于当地社会平均工资标准的生活补助，最长不超过3年。规划建设国际学校、国际幼儿园，切实解决引进海外人才子女入学入托问题。随迁子女入学入托，由当地教育部门根据本人意愿予以协调安排。

27．提高高层次人才医疗保障水平。加强与国外医疗机构的联合办医，选择市属医疗机构建立国际医疗合作中心、国际远程会诊中心和符合国际医疗规范的专家门诊。采取市、县联动方式，每年组织鸢都产业领军人才、鸢都学者及以上高层次人才健康体检和疗养休假。市级及以上各类重点人才享受潍坊市三级甲等医院定点医疗机构优先安排、专家提前预约等绿色就医通道服务。提倡用人单位在为高层次人才办理社会保险的基础上，购买商业补充医疗保险。

七、加强组织领导

28．明确职责任务分工。市人才工作领导小组在市委、市政府统一领导下，负责人才强市工作的组织落实。领导小组各成员单位要各司其职、协作配合，抓好相关任务落实，并实行向领导小组报告人才工作制度。对本《意见》提出的各项政策措施，各县市区、市属各开发区和市直相关责任部门（单位）要研究制定具体实施办法，认真抓好推进落实。

29．深化体制机制改革。健全完善人才培养开发、流动配置、评价激励、服务保障等政策体系，积极探索知识、技术、管理等要素参与分配的实现形式，充分发挥企业引才引智和创新主体作用。积极创建“人才管理改革试验区”，打通人才在体制内外的流转通道，促进人才资源优化配置和合理开发利用，引导人才到基层一线创新创业，激发各类人才的创造潜能和创新活力。

30．保障经费投入。建立市、县两级人才发展专项投入保障机制，按人才发展需要不断增加财政预算。鼓励社会资本、民间资本加大投入，构建多元化人才投入体系。加大市级现有专项资金整合和跟踪问效力度，引入第三方评估机制，避免重复资助、无效资助和违规使用，提高财政资金使用效益。对弄虚作假、骗取财政资金的单位和个人依法予以惩戒，并纳入信用负面清单管理。

31．建立人才评价和制约退出机制。强化人才发挥作用的综合评价，支持各地各部门及用人单位根据实际情况制定具体评价办法，规范用人单位与人才之间的契约行为，注重运用市场化手段评价和激励人才。对发挥作用不明显的，可由其所在地主管部门及用人单位提出申请，经核实认定后，由政策牵头部门取消其相关待遇。

32．加大督查考核力度。加强对人才政策执行情况的跟踪督查，对不兑现、未落地的严肃问责。定期开展政策执行绩效评估，认真对待人才反映和诉求，及时调整优化政策，研究解决存在的问题。完善人才工作目标责任制考核办法，强化目标管理、督导落实和量化考核，将考核结果纳入县市区、市属开发区和市直部门（单位）科学发展综合考核。

33．营造人才发展良好环境。坚持领导干部联系专家制度，倾听意见建议，把握人才需求，及时解决他们工作、生活中的困难和问题。充分运用各种渠道、各类媒介宣传推介我市人才政策和发展环境。大力宣传人才工作品牌和优秀人才事迹，倡树人才创新精神，营造识才爱才敬才用才的良好氛围，形成引得进、留得住、用得好的人才发展环境。

本《意见》中有关财政扶持资金，未明确由市财政、同级财政承担的，确定由市、县两级财政各承担50%。本《意见》所列扶持政策与我市现行政策有交叉的，按照“从优、从高”原则执行，不重复享受扶持政策。

本《意见》自下发之日起施行，由市人才工作领导小组办公室负责解释，有效期至2020年12月31日。我市之前出台的《关于进一步加强人才工作的意见》（潍发〔2004〕7号）、《关于加强高层次人才队伍建设的意见》（潍发〔2007〕35号）、《关于引进高层次创新人才的暂行规定》（潍委〔2007〕87号）、《关于更大力度做好高层次创新创业人才引进扶持工作的意见》（潍发〔2012〕9号），自本《意见》下发之日起废止。

中共潍坊市委
潍坊市人民政府
2015年9月10日

河南省人民政府
关于发展众创空间推进大众创新创业的实施意见

（豫政〔2015〕31号）

为贯彻党中央、国务院关于进一步激励大众创业、万众创新的精神，落实《中共中央 国务院关于深化体制机制改革加快实施创新驱动发展战略的若干意见》、《国务院办公厅关于发展众创空间推进大众创新创业的指导意见》（国办发〔2015〕9号）和《河南省全面建成小康社会加快现代化建设战略纲要》要求，加快发展我省众创空间等新型创业服务平台，激发全社会创新创业活力，营造良好的创新创业生态环境，打造经济发展新引擎，特提出以下意见，请认真贯彻落实。

一、加快构建众创空间

依托郑州航空港经济综合实验区、高新技术产业开发区、经济技术开发区、产业聚集区、高校、科技企业孵化器、大学科技园、小企业创业基地等各类创新创业载体，加快建设市场化、专业化、集成化、网络化的众创空间，为小微企业成长和个人创业提供低成本、便利化、全要素的开放式综合服务平台。（省科技厅、发展改革委、教育厅、工业和信息化委负责）

支持高校、科研机构、大企业等各类投资主体，充分利用闲置厂房或楼宇构建众创空间。鼓励依托创业投资机构，打造孵化与投资相结合的众创空间，为小微企业和创业人员提供融资支持。（省科技厅、教育厅、工业和信息化委、河南证监局负责）

充分运用互联网和开源技术，打造“互联网+”创新平台，建设“互联网+”创业社区，促进互联网与各产业融合创新发展，提升众创空间服务能力。（省科技厅、发展改革委、工业和信息化委负责）

有条件的地方对众创空间的房租、宽带网络、公共软件、法律财务服务等要给予支持。科技、教育、人力资源社会保障等部门要加强对众创空间的分类指导，引导众创空间快速健康发展。（省科技厅、教育厅、人力资源社会保障厅和各省辖市、县〔市、区〕政府负责）

二、大力发展科技企业孵化器

鼓励和支持多元化主体投资建设科技企业孵化器、大学科技园等创业服务载体，在土地、资金、基础设施建设等方面积极支持。鼓励高校举办科技企业孵化器、大学科技园，各地工商部门要为科技企业孵化器、大学科技园等法人主体注册提供便利，及时快捷予以登记。鼓励行业骨干企业建立专业孵化机构，完善创新链，加快壮大小微企业群体。（省科技厅、教育厅、工业和信息化委、财政厅、国土资源厅、住房城乡建设厅、工商局负责）

鼓励各类孵化载体通过招投标程序确定专门的孵化运营团队（运营管理机构），实行市场化运营。完善“苗圃+孵化+加速”孵化服务链条，建设一批产业整合、金融协作、资源共享的创业孵化示范区，探索创业孵化新机制、新模式。（省科技厅、教育厅、工业和信息化委、人力资源社会保障厅负责）

鼓励孵化器设立孵化资金，支持利用孵化资金对在孵企业进行投资和资助。对新认定的省级以上科技企业孵化器、大学科技园，省财政给予一次性奖补，并根据其运行情况给予一定补贴。（省科技厅、教育厅、财政厅负责）

三、降低创新创业门槛

深化商事制度改革工作，积极推进“三证”（工商营业执照、组织机构代码证、税务登记证）合一，认真实施“先证后照”改革，优化工作流程，强化服务效能，进一步推进工商登记便利化，为各类创业主体准入营造宽松便捷的环境。（省工商局负责）

众创空间、科技企业孵化器、大学科技园、小企业创业基地、大学生创业孵化基地等孵化载体要为创业者提供房租优惠、技术共享、创业辅导、免费高带宽互联网接入等服务。（省科技厅、教育厅、工业和信息化委、财政厅、人力资源社会保障厅负责）

四、鼓励大学生创新创业

推进实施大学生创业引领计划，鼓励各高校开设创新创业教育课程，开展大学生创业培训，重点建设一批大学生创业教育示范学校。整合国家和省级高校毕业生就业创业基金，为大学生创业提供场所、公共服务和资金支持，以创业带动就业。

鼓励高校加强与金融部门、小额担保贷款管理部门合作，探索设立校内大学生创业小额担保贷款指导服务站，提升贷款审批效率。（省教育厅、工业和信息化委、财政厅、省政府金融办负责）

建立创新创业导师团队，在各专业管理部门设立专项培训课程，定期由行业导师授课，指导大学生熟知国家技术政策及导向。（省教育厅、科技厅负责）

加快建设河南省大学生创业实践示范基地，充分发挥大学科技园、科技企业孵化器、高校创业实践示范基地等孵化载体作用，为大学生创业者提供创业空间、创业培训、营销代理、工商注册、法律服务、创业交流、融资对接等服务，解决大学生创业初期资金和经验不足等难题。（省教育厅、科技厅、人力资源社会保障厅负责）

在校大学生（研究生）到各类孵化载体休学创办小微企业，可向学校申请保留学籍2年，并可根据创业绩效给予一定学分奖励。（省教育厅负责）

五、健全科技人员创业激励机制

鼓励高校、科研院所科研人员创办科技型中小企业，对省属高校和科研院所科技人员创办科技型中小企业的，省财政给予一次性创业补助。（省科技厅、财政厅负责）

省属高校和科研院所职务发明成果转让收益中用于奖励科研负责人、骨干技术人员等重要贡献人员和团队的比例不低于50%。科技成果转移转化所得收入全部留归单位，纳入单位预算，实行统一管理，处置收入不上缴国库。（省科技厅、财政厅负责）

允许省属高校和科研院所等事业单位科技人员在不影响本职工作和单位权益的条件下到企业兼职或在职创办企业进行成果转化。（省科技厅、教育厅、人力资源社会保障厅负责）

高新技术企业和科技型中小企业科研人员通过科技成果转化取得股权奖励收入时，原则上在5年内分期缴纳个人所得税。个人以股权、不动产、技术发明成果等非货币性资产进行投资的实际收益，可分期纳税。（省科技厅、财政厅、国税局、地税局负责）

六、提升科技型中小企业创新能力

实施科技“小巨人”培育计划，遴选一批创新能力强、成长速度快、发展潜力大的科技“小巨人（培育）”企业进行重点扶持，帮助其发展成为年营业收入超亿元的科技“小巨人”企业。实施省科技型中小企业培育专项，引导科技“小巨人（培育）”企业开展创新活动，提升创新能力。（省科技厅、财政厅负责）

加强全省科技型中小企业培育和备案工作，鼓励其建立企业实验室、企业技术中心、工程（技术）研究中心等研发机构。鼓励和引导科技型中小企业加强技术改造与升级，支持其采用新技术、新工艺、新设备，调整优化产业和产品结构。（省科技厅、发展改革委、工业和信息化委负责）

加大对小微企业技术创新产品和服务的政府采购力度，鼓励小微企业组成联合体共同参加政府采购与首台（套）示范项目。（省财政厅、发展改革委、科技厅、工业和信息化委负责）

七、完善创新创业公共服务平台

支持小微企业公共服务平台和服务机构建设，鼓励科技企业孵化器与省级以上各类协同创新中心对接合作，建设专业技术服务平台。优化国家实验室、重点实验室、工程实验室、工程（技术）研究中心布局，按功能定位分类整合，构建开放、共享、互动的创新网络，建立向企业特别是小微企业有效开放的机制。加大国家重大科研基础设施、大型科研仪器和专利基础信息资源等向社会开放力度。（省科技厅、发展改革委、教育厅、工业和信息化委、知识产权局负责）

以国家技术转移郑州中心、国家知识产权专利审查河南中心、河南技术产权交易所等国家级科技服务机构为依托，加快建立覆盖全省、服务企业的技术转移网络。（省科技厅、财政厅、知识产权局负责）

加强电子商务基础建设，为创新创业搭建高效便利的服务平台，提高小微企业市场竞争力。（省商务厅、工业和信息化委负责）

优化创新创业项目资源库。建立创新创业信息发布机制，广泛征集创新创业项目，使项目与创业者有效对接，促进项目成功转化。（省科技厅、教育厅、工业和信息化委、人力资源社会保障厅负责）

八、加强财政资金引导

发挥省科技创新创业投资引导基金作用，引导社会资本投入，通过股权投资的方式，推动科技成果转化和种子期、初创期小微企业发展。鼓励有条件的省辖市、国家高新技术产业开发区通过设立创业投资引导基金和创业券等多种方式支持创新创业。（省财政厅、科技厅和各省辖市、县〔市、区〕政府负责）

通过科技型企业培育、自主创新产品、科技金融结合等专项，采取以奖代补、后补助、风险补偿等方式，发挥财政资金的杠杆作用，激励小微企业加大研发投入，引导金融资本支持创新创业。（省科技厅、财政厅负责）

加快技术转移转化，对经技术转移机构促成在我省转化的项目，省财政科技资金按成交额的一定比例给予技术承接单位转化补助，并给予技术转移机构转化奖励。（省科技厅、财政厅负责）

九、构建创业投融资体系

围绕创新创业企业不同发展阶段的融资需求，积极引导社会力量，构建多层次的创业投融资服务体系。鼓励优秀企业家、创业导师等对创业团队和种子期、初创期的小微企业提供天使投资。省财政对向小微企业提供创业投资和贷款的金融机构给予风险补偿。（省发展改革委、省政府金融办、省科技厅、工业和信息化委、财政厅、人行郑州中心支行、河南银监局、证监局、保监局负责）

加大对小微企业改制和上市辅导等工作环节的支持力度，积极引导和鼓励创业企业在中小板、创业板、新三板、区域股权交易市场等多层次资本市场上市、挂牌融资。对小微企业发行中小企业集合债券、中小企业私募债等债务融资工具成功实现融资的，省财政给予一定比例的发行费补贴。（省政府金融办、省科技厅、教育厅、工业和信息化委、财政厅、河南证监局负责）

鼓励金融机构设立科技支行，大力发展金融服务。鼓励开展互联网股权众筹融资、债券市场融资、知识产权质押、科技融资担保等多种金融服务。（省政府金融办、省财政厅、人行郑州中心支行、河南银监局、证监局负责）

十、丰富创新创业活动

开展“创新创业引领中原”活动，支持科技企业孵化器、大学科技园、众创空间、小企业创业基地、高校、大企业等举办各种创业大赛、投资路演、创业沙龙、创业讲堂、创业训练营等活动，营造人人支持创业、人人推动创新的创业文化氛围。（省科技厅、教育厅、工业和信息化委、人力资源社会保障厅负责）

做好河南省科技创业雏鹰大赛举办工作，为投资机构与创新创业者搭建对接平台。对新创办小微企业的获奖创业团队，省财政给予一次性创业资助。（省科技厅、教育厅、财政厅负责）

完善孵化器从业人员培训体系，加强创业导师队伍建设，建立创业导师辅导机制，开展创业导师服务绩效考评，并给予奖补。（省科技厅、财政厅负责）

发展创业服务业，引进、培育一批高水平、专业化创业服务企业。加强职业技能和创业培训。完善政府购买培训成果机制，积极开展高校毕业生、登记失业人员、退役军人、就业困难人员和农村转移劳动力就业技能培训及企业岗位技能提升培训，加强失业人员职业指导培训。（省人力资源社会保障厅、教育厅、科技厅、财政厅负责）

十一、强化组织领导和政策落实

加强省、省辖市、县（市、区）联动，明确责任，统筹协调，整合集成创业创新资源。完善区域创新创业考核督促机制，引导和督促各省辖市、高新技术产业开发区、经济技术开发区、产业聚集区加强创新创业基础能力建设。（省科技厅和各省辖市、县〔市、区〕政府负责）

省科技部门要加强与其他相关部门的工作协调，研究完善推进大众创新创业的政策措施。（省科技厅负责）各地、各部门要高度重视推进大众创新创业工作，尽快制定出台本地、本部门支持措施，进一步加大简政放权力度，优化市场竞争环境，加大国家鼓励创新创业的政策落实力度。（各省辖市、县〔市、区〕政府和各有关省直部门负责）

河南省人民政府
2015年5月15日

河南省高层次科技人才引进工程实施方案

（豫政办〔2015〕53号）

党的十八大提出实施创新驱动发展战略，是立足全局、面向未来的重大战略，是加快转变经济发展方式、破解经济发展深层次矛盾和问题、增强经济发展内生动力和活力的根本措施。创新驱动实质上是人才驱动。为认真贯彻《中共河南省委 河南省人民政府关于加快自主创新体系建设促进创新驱动发展的意见》（豫发〔2013〕7号），坚持人才为先，大力吸引集聚创新创业人才，加快实施创新驱动发展战略，决定实施高层次科技人才引进工程（以下简称“引进工程”）。

一、总体要求

聚焦我省国家粮食生产核心区、中原经济区、郑州航空港经济综合实验区三大国家战略规划和我省经济社会发展重大技术需求，围绕加快自主创新体系建设、促进创新驱动发展，面向海内外积极引进一批急需紧缺的具有国内先进水平或在国内得到广泛认可的高层次科技人才及创新型科技团队，加快形成一支规模宏大、富有创新精神、勇于担当的创新型科技人才队伍，加快提升我省科技创新能力，为实现全面建设小康社会宏伟目标提供科技人才保证。

到2017年，引进1000名以上具有国内一流水平的在相关领域内起骨干核心作用或在国际上有竞争力的高层次创新人才、创业人才、创新创业服务人才，100个以上对支撑我省产业发展作用强、成效显著的产业技术创新研发及成果产业化团队、创新创业服务团队，并带动大批的省内外创新创业人才在我省创办、领办科技型企业。到2020年，引进2000名以上具有国内一流水平的高层次科技人才，200个以上的高层次科技团队，并带动大批的省内外创新创业人才在我省创办、领办科技型企业。

二、引进标准

高层次科技人才是指富有追求真理、勇于创新精神，在所从事的科技领域中学术造诣较高或掌握关键技术，在创新创业活动中做出积极贡献的人才，包括创新人才、创业人才和创新创业服务人才。

（一）高层次创新人才。一般应取得博士学位，并符合下列条件之一：在国内外知名高校、科研机构担任相当于副教授以上职务的专家学者；在国内外知名企业担任中高级职务的科技人才；主持或作为重要成员参加过国际大型科研、工程项目，具有丰富经验的专业技术人员；主持或作为重要成员参加过国家重大科研任务、高层次创新团队、国家级创新基地创建，其研究工作具有重大创新性和发展前景的科技人才。

（二）高层次创业人才。一般应取得硕士及以上学位，并符合下列条件之一：拥有自主知识产权，技术水平属于国内一流或填补国内空白，具有较大市场开发潜力；有创业经验或曾在国际、国内知名企业担任中高层管理职位2年以上，有经营管理能力，所创办企业属于战略性新兴产业或符合新技术、新业态、新模式、新经济的发展趋势。

（三）高层次创新创业服务人才。一般应取得硕士及以上学位，并符合下列条件之一：有5年以上国内外知名科技服务（主要包括技术转移、创业孵化、创业投资、技术交易、知识产权、科技咨询、科技金融等专业科技服务和综合科技服务）机构中担任中高级职务的经历；有较好服务业绩的天使投资人、创业导师等；在高校、科研机构中从事与科技服务业相关工作，业绩突出。

（四）高层次产业技术创新研发及成果产业化团队。团队成员具有博士学位或高级专业技术职务的人数占50%以上，符合高层次创新人才条件的核心成员一般不少于4人，拥有国内先进水平的发明专利或自主知识产权的创新成果，具有一定的持续创新能力或创新成果转化能力，在国内外科研机构合作或参与重大项目3年以上。

（五）高层次创新创业服务团队。主要包括从事技术转移、创业孵化、创业投资、技术交易、知识产权、科技咨询、科技金融等专业科技服务，团队成员中符合高层次创新创业服务人才的核心成员一般不少于4人，业绩突出。

三、政策措施

（一）对引进的院士、国家“千人计划”人选等高层次科技人才及其团队，符合条件的优先立项建设省级重点实验室、工程（技术）研究中心、工业公共技术研发设计中心、工程实验室、产业技术研究院等创新平台。支持重点骨干企业加强国家、省级重点实验室、工程（技术）研究中心等创新平台建设，为引进的高层次人才发展提供支撑。在省级以上重点实验室、工程（技术）研究中心、工业公共技术研发设计中心、工程实验室、产业技术研究院等创新平台，可根据引才需要设立首席科学家、特聘专家等特设工作岗位。此项工作分级实施。省级首席科学家、特聘专家由各省辖市、省直管县（市）政府、省政府主管部门提出申请，经省政府批准，按照人在岗在、人走岗消的管理方式，由省政府聘任并提供津贴，为高层次科技人才创新创业创造条件。省级首席科学家一般应聘用院士、国家“千人计划”人选及具有相当水平的高层次科技人才，省级特聘专家一般应聘用国家“特殊支持计划”人选、省“百人计划”人选及具有相当水平的高层次科技人才。

引进海外高层次留学人才来豫从事专业技术工作，在一定时限内首次申报职称，可根据其学术技术水平和能力，直接申报评定相应级别的专业技术资格；也可参加我省职称评价绿色通道考核认定，用人单位结构比例达到控制标准的可单列岗位。

各省辖市可参照省设立首席科学家、特聘专家办法特设工作岗位。对引进具有国内领先水平的科技领军人才或特别重要的研发机构，可采取“一事一议”“特事特办”的方式确定特殊待遇。对引进创业人才创办的科技型企业优先解决土地指标，并落实各项土地优惠政策。

加快大型科学仪器设备资源共享体系建设，面向引进的高层次科技人才提供大型科学仪器设备资源共享服务，支持其开展科学研究和技术开发。

（二）加强高层次科技人才创业支持。对引进的高层次创业人才及其团队申报的符合相关科技计划条件的项目优先予以支持，优先推荐申报国家级项目。有条件的省辖市、国家级各类产业集聚区（包括高新区、郑州航空港经济综合实验区、产业集聚区、城乡一体化示范区等）、科技企业孵化器可通过设立创业投资基金、种子基金等，以股权形式为引进人才在豫创业提供创业资本。省科技创新创业投资引导基金将引进高层次科技人才创业项目优先纳入项目库并向子基金推荐。鼓励科技企业孵化器以免租金或以租金、服务收费等作价入股企业，支持引进人才在豫创业。各省辖市、县（市、区）对引进的高层次人才创办的企业可以按其业绩和贡献给予奖励。

各省辖市、国家级各类产业集聚区、科技企业孵化器要积极搭建平台，积极开展形式多样的创业团队（企业）与创业投资机构的对接会、洽谈会，积极举办各类创新创业大赛，营造优良的创业环境。

（三）为引进高层次科技人才创造良好的工作条件和生活环境。各省辖市政府对落户我省的高层次科技人才应给予一定的安家补贴和购车补助，并协助做好其家属安置、医疗服务、出入境手续办理等工作。引进高层次科技人才的随迁子女，由教育部门负责协调进入优质学校就读。鼓励各省辖市、各类产业聚集区建设专家公寓等，为高层次科技人才提供优良的居住环境和生活环境。加强文化设施建设，丰富文化生活。

企业、科研院所、高等院校等用人单位对引进的高层次科技人才，要切实提升人才工作水平，营造科技人才能充分发挥才干的优良环境，积极引才聚才，努力激发其创新创造活力和工作热情。参照引进人才来豫前的收入水平，协商确定引进人才的合理薪酬。对企业引进的高层次科技人才，鼓励实行年薪制，实行股权奖励、股票期权等激励政策。

省级及以上重点实验室、工程（技术）研究中心等高水平创新平台要加快引进急需紧缺的高层次科技人才特别是高水平的创新领军人才，提高自主创新能力，争创国内一流或国际先进水平的研发平台。

国际科技合作基地、大学科技园、省级及以上科技企业孵化器等各类创业服务平台要积极引进创业投资、创业辅导等人才，尽快提升服务水平、完善服务功能，积极吸引国内外创业人才创新创业。

（四）加大经费支持力度。对引进的中国科学院、中国工程院院士，国家 “千人计划”人选，“特殊支持计划”人选、科技部“推进计划”人选、国家杰出青年基金获得者、国家有突出贡献中青年专家、“长江学者”，国家级重点实验室、工程（技术）研究中心的首席科学家，省“百人计划”人选等高层次科技人才，省财政统筹相关专项资金给予100万元科研资助。

对新建、引进的重大科技研发和公共服务平台项目，按照“一事一议”的原则，根据引进主体的投入情况省财政给予配套支持。

四、引进方式

坚持招商引才并重、引技聚才并举，因地制宜，广泛依托科技创新基地、平台、项目，结合招商引资、产业转移、技术转移等多种方式大力引进高层次科技人才，着力提高引进人才的效率和效果。

（一）整体机构引进。围绕加快培育战略性新兴产业、高新技术产业和改造提升传统支柱产业，引进国内外一流科研院所、知名高等院校、中央企业以及世界500强、中国500强企业等在我省设立研发机构、技术产业化机构。充分发挥我省区位优势、基础条件、资源禀赋，积极引进国内外科研机构、跨国科技服务机构在我省建立高水平科技孵化器、技术转移中心，吸引国内外著名创业投资公司来我省设立分支机构。通过团队式引进，高效集聚大批的高层次创新人才和科技服务业人才。

（二）研发平台引进。加强重点实验室、工程（技术）研究中心、院士工作站等高水平创新平台建设。依托省部级以上重点实验室、工程（技术）研究中心、工业公共技术研发设计中心、院士工作站、工程实验室、国际创新园、国际联合实验室、国际科技合作基地等各类创新平台，积极吸引高层次创新人才、创业人才和科技服务业人才。做到建好平台吸引人才、集聚人才提升平台。

（三）孵化创业引进。充分发挥我省区位优势和优良的基础设施，加强大学科技园、科技企业孵化器等高水平创业平台建设，优化创业环境，吸引高层次创业人才、创业团队来我省创办、孵化科技型企业。重点抓住当前北京等创新资源丰富地区技术成果外溢，在我省创业交通便利、成本优势突出的难得机遇，积极吸引首都等地的企业、科研机构和各类高层次创业人才、创业团队来我省创办科技型企业。

（四）成果转化引进。积极引进高水平科技成果、技术，通过技术成果转化引进高层次创业人才、创新人才及团队，实现科技成果、项目与人才引进协同共进。

（五）研发合作引进。加强我省企业与国内外知名高等院校、科研机构的产学研合作，引进高层次创新人才、创业人才及技术创新研发、成果产业化团队，加强技术创新和成果产业化，实现产业发展与人才引进协同推进。

（六）产业转移引进。按照构建产业集群、完善产业链、提升价值链的要求，通过强化人才引进构建完善创新链。通过引进项目、配套引进研发机构、建立研发及科技服务平台等措施，积极引进高层次创业人才、创新创业服务人才及团队，推进产业技术创新体系建设，提升产业整体竞争力。

（七）企业并购引进。积极鼓励企业并购国内外企业，并购创业企业、项目及团队。通过并购使企业获取技术和人才，引进高层次创新人才、创业人才及团队，提升竞争力。

（八）营造环境引进。紧紧抓住和用好新一轮科技革命和产业变革的机遇，建立高效的科技成果转化机制，营造良好的创新创业环境，吸引积聚创新创业人才。各地要不断加强科技开放合作，加强全球资源共享，学习借鉴国际国内成功的经验，聚集各类创新要素，为科技企业提供全方位、多层次和多元化的一条龙服务，探索和实践科技成果转化为现实生产力的最佳途径，营造良好的创新创业生态环境，形成组织体系网络化、创业服务专业化、服务体系规范化的发展局面。要通过不断摸索和创新，形成服务科技创业的业态，为企业提供更加专业的服务；要在载体建设和服务水平提升的基础上，加强品牌建设，融合和集成各种创新创业要素，形成适合科技创业的生态系统。支持郑州航空港引智试验区和郑州高新区国家级高层次人才创新创业基地建设，对其在引进海外高层次科技人才方面给予政策上的先行先试和资金上的重点支持。

五、组织领导

（一）加强组织领导。实施引进工程是具有战略性、系统性的工作，各地、各部门要提高认识，加强领导，制定切实有效的政策措施，扎实推进。引进工程在省政府及省人才工作领导小组领导下，各省辖市、省直管县（市）政府和省直有关部门按照各自职责分工，共同组织实施，具体工作由各级科技部门牵头负责。逐步形成党委政府统一领导，各地、各部门共同参与、分工协作的高层次科技人才引进工作运行机制。

（二）强化工作落实。各省辖市、省直管县（市）和省直有关部门要根据本方案，结合实际，制定具体实施办法。各市、县（市、区）政府和各类产业集聚区，企业、科研院所、高等院校，国家和省级重点实验室、工程实验室、工程（技术）研究中心、协同创新中心、院士工作站、大学科技园、科技企业孵化器等高水平创新平台是引进高层次科技人才的实施主体；要积极引进高层次科技人才，并为其发展创造条件；发挥涉外行政部门在引进高层次科技人才中的作用，积极搭建海外人才交流平台。郑州航空港经济综合实验区、国家及省级高新区、国家海外高层次人才创新创业基地等要着力发挥重要人才聚集载体的作用，吸引集聚高层次科技人才。各类产业集聚区要按照构建主导产业集群、完善产业链、提升价值链的要求，认真规划建设主导产业技术创新体系，通过建立研发及科技服务平台、制定积极可行的政策等措施，积极引进人才，切实推进创新驱动发展，提升产业整体竞争力。各类产业集聚区要积极发展科技企业孵化、创业投资，为引进高层次科技人才转化成果创办企业提供良好的创业孵化、金融服务和资金支持。完善科技人才信息服务平台，为高层次科技人才引进提供支持。

对取得重大科技成果和技术突破、经济效益突出的引进的高层次科技人才给予表彰和创新资助资金奖励，每次表彰50名，每2年表彰一次。把高层次科技人才引进工作列入省级重点实验室、工程（技术）研究中心考评的重要内容，考评结果作为重要的评价依据。

（三）实行认定评审。引进高层次科技人才实行认定评审，认定评审每年组织两次。由省政府有关主管部门和各省辖市、省直管县（市）科技部门按属地管理原则进行初审后，统一向省科技厅推荐申报。推荐申报的高层次科技人才必须在我省有关机构、创新平台等担任实职中层以上技术或科技管理职务，每年在豫工作时间不少于6个月。省科技厅负责组织专家进行评审，审定引进工程人选名单并公布。

河南省人民政府办公厅
2015年4月28日

中共郑州市委 郑州市人民政府
关于引进培育创新创业领军人才（团队）的意见

（郑发〔2015〕9号）

为加快实施开放创新双驱动战略，打造有利于人才集聚、创新创业的发展环境，发挥高层次人才对郑州都市区建设的引领支撑作用，特制定本意见。

一、指导思想、总体要求和目标任务

（一）指导思想。以党的十八大和十八届三中、四中全会精神为指导，按照市委十届九次全会关于实施开放创新双驱动战略部署，以引进培育科技创新创业领军人才（团队）为重点，坚持以市场为主导、企业为主体、政府为引导，以"两金一扶"为保障，以创新创业综合体为重要载体，坚持引进培育和服务管理并重，实现人才链、创新链、产业链和服务链的融合对接，着力构建产学研政资介相结合的科技创新体系，引领我市战略性新兴产业快速发展和传统优势产业转型升级，为郑州都市区建设提供坚实的人才智力支撑。

（二）总体要求。按照"依托产业集聚人才、创新体制成就人才、优化环境留住人才"的要求，以服务重点产业和重大项目、促进科技成果转化和产业化、深化产业结构调整和转型升级、提升城市自主创新能力为着力点，加快发展众创空间等新型创新创业服务平台，实现人才、科技、金融、服务相结合，政府、市场、社会、环境相统一，健全市场配置机制，有效集成落实政策，优化创新创业环境，加快集聚培育一批创新创业领军人才，打造一批创新创业领军团队，大力推进创新创业高层次人才队伍建设，以激发全社会创新创业活力。

（三）目标任务。围绕我市重点发展的电子信息、汽车与装备制造、现代商贸物流、文化创意旅游和新材料、生物医药、铝及铝精深加工、现代农业及食品加工、现代金融、高端服务业等"4+6"战略主导优势产业，航空经济、互联网技术、大数据技术、智能化制造等战略性新兴产业发展方向，用5年左右时间，力争重点引进1000名左右掌握核心技术、具有较强创新创业能力的领军人才和高层次创新创业紧缺人才，100个领军型科技创新创业团队；培养200名左右具有国际化视野和持续创新能力，拥有核心自主知识产权的科技创业企业家；汇聚50名左右"两院"院士、国家"千人计划""万人计划"等海内外顶尖人才（以下简称"智汇郑州·1125聚才计划"），形成人才与科技相互助益、创新与创业紧密结合、企业与产业协调发展的良好局面，把郑州建设成为人才智力竞相汇聚、新兴产业快速发展、体制机制充满活力的国际商都。

二、引进培育对象

结合我市经济社会发展的实际需要，重点引进培育在海内外具有创新创业经历，具有国际化视野和持续创新能力，拥有自主知识产权，技术成果国内外领先或填补国内空白，初步具备规模生产、实现产业化的条件，市场开发前景广阔，能够引领我市相关产业发展，带技术、带项目、带资金来郑创新创业的人才和团队。

（一）创新创业领军人才（团队）。

1. 创新创业领军团队

须在相关领域达到国际先进或国内领先水平，在同行中具有重要的创新地位和学术影响，拥有自主知识产权的可产业化的科技成果或发明专利，具备突破重大技术、解决关键问题的持续创新能力和成果转化能力，并能产生显著经济社会效益；团队带头人须符合国家"千人计划""万人计划"个人基本申报条件，核心成员须有3人以上且符合省"百人计划"个人基本申报条件等。

2. 创业领军人才

须取得博士学位或正高级专业技术职称，且有5年以上的海内外大型企事业单位工作经历；拥有自主知识产权的科技成果或发明专利，技术水平国际先进或填补国内空白，具有市场潜力并处于中试或产业化阶段；创办科技型企业，本人投入企业的注册资本不少于200万元人民币（不含技术入股），非法人代表的股权不得低于总投资的30%。

3. 创新领军人才

须取得博士学位或正高级专业技术职称，且有5年以上的海内外大型企事业单位工作经历；在国内外著名高校、科研院所担任教授、研究员、首席科学家或相当职务的专家学者，掌握关键技术并拥有自主知识产权的重大成果；在国际知名企业、金融机构、国际组织中担任中高级职务，熟悉相关产业发展和国际规则的专业技术人才和经营管理人才；承担过重大科技项目相关的任务，具有较强的产品研发能力和产业化潜力的领军人才。

（二）高层次创新创业紧缺人才。

1. 高层次创业紧缺人才

须取得硕士以上学位或副高级以上专业技术职称，有5年以上工作经验；符合我市战略主导产业和战略性新兴产业发展方向，拥有自主知识产权或关键技术，能够实现产业化，并具有市场前景；创办科技型企业，本人投入企业的注册资本不少于100万元人民币（不含技术入股），非法人代表的股权不得低于总投资的30%。

2. 高层次创新紧缺人才

企业紧缺的具有硕士以上学位或副高级职称人才，具有5年以上在国内外知名企业、高校、科研机构及相关单位关键岗位从事科研、管理或教学工作经历；与所在企业或平台签订5年以上聘任合同，并保证每年至少有6个月在签约企业或平台工作；拥有关键技术和重要科技成果。

针对郑州产业发展急需、社会贡献较大、现行人才目录难以界定的“偏才”“专才”，经市人才工作领导小组认定后，享受相应的人才政策。

三、工作措施

（一）实施重点人才引进培育计划。

1．大力引进高层次创新创业人才。围绕我市“三大主体”工作，实施“智汇郑州•1125聚才计划”，制定出台《郑州市引进培育创新创业领军人才（团队）“智汇郑州·1125聚才计划”实施办法》，为高层次人才创新创业提供政策支持；依托“数字郑州”“智慧城市”建设，大力引进第三产业中的应用型高层次人才；依托驻外招商机构面向海内外开展引才引智工作，每年不定期组团赴高校和人才比较集中的城市招聘高层次人才，力争做到引进一批人才，培育一批团队，带动一批项目，形成一批新兴产业；支持我市企业与驻郑高校、院所建立共引共享的人才引进新机制。

2．大力培育高层次创新创业人才。建立健全院（校）地、院（校）企高层次人才培养合作机制，鼓励各类用人主体委托国内外知名科研院所（大学）培养高层次人才。采取“人才+项目”等方式，依托国家和省重点人才计划及重点科研、工程和产业项目培养高层次人才。建立每年定期邀请国内知名专家来郑开展专题培训机制。从在郑高校、科研院所、国有企业以及事业单位中选派科技、经营管理人员到科技型中小企业兼职、挂职，帮助培养高层次创新创业人才。支持各类优秀人才参与省级及以上各类人才荣誉称号的评选。

3．实施尖端人才柔性引进“双百计划”。按照“不求所有，但求所用；不求常在，但求常来”原则，依托我市重点产业集聚区、特色优势学科等载体平台，吸引外地创新人才，依法依规与我市企事业单位开展合作研发和帮助培养人才；接受委托，承担项目或课题研究，提供智力服务；开展专利、专有技术、科研成果推广应用和转化工作。充分利用国家引智政策，实施高层次外国专家项目引进计划，实施引智精品示范工程，力争5年时间，在全市建立100个左右院士工作站，柔性引进100名左右“两院”院士；完成40个左右市级以上高层次引进国外人才项目，建立20个左右引智成果示范推广基地，20个以上海智工作站（海智工作基地）。鼓励我市企业在域外建立研发中心，吸纳人才和技术。

4．实施本地人才创业开发计划。建立各类优秀人才信息库，实施分类管理，跟踪服务；重点实施对全市现有政府特贴专家、专业技术拔尖人才、学术技术带头人等人才的素质提升计划；每年遴选100名左右优秀创业人才进行专项培养，提高人才创业在资本运作、人力资源开发、金融服务、现代管理等方面能力。鼓励各类退休专家和研发人员，担任科技型中小企业技术顾问，帮助解决技术难题。符合条件的科研院所的科研人员经所在单位批准，可带着科研项目和成果、保留基本待遇到企业开展创新工作或创办企业，支持在校大学生、研究生及博士生创业。允许高等学校和科研院所设立一定比例流动岗位，吸引有创新实践经验的企业家和企业科技人才兼职。

5．大力实施科技创业企业家培育计划。围绕我市优势产业和战略性新兴产业领域，每年组织50名左右科技创业企业家学习深造、培训研修，支持科技创新；实施“中青年人才国际化培养计划”，资助高层次专业技术人才和高技能人才赴国（境）外学习进修，造就一支我市经济社会发展急需的企业家队伍，扶持一批起点高、科研能力强、发展潜力大的初创阶段科技创新创业团队。

（二）搭建人才创新创业平台。

1．加快中国郑州航空港引智试验区和郑州高新区国家级海外高层次人才创新创业基地建设。采取市区共建模式，以郑州航空港实验区为基地，充分利用电子信息产业园、国际服务外包示范基地、海外留学人员创业园等基础设施和平台资源，通过大力实施高层次人才与高端智力引进、海内外科技创新要素引进、航空经济人才培训等“三大计划”，重点推进航空港口建设与发展、国际航空城建设等六大领域人才智力引进工程，力争将郑州航空港引智试验区建设成为我市引智创新基地、引智成果转化基地、创新创业人才培养基地和引智创新综合试验区。加快郑州高新区国家级海外高层次人才创新创业基地和人才特区建设，依托高新区现有的高校、科研院所、孵化器和人才优势，营造适宜高端人才创新创业的环境，全力将高新区打造成为中部地区国家级人才特区。

2．加快创新创业综合体建设，大力发展众创空间等新型创业服务机构。围绕我市主导产业和战略性新兴产业等重点产业领域，认真落实《郑州市创新创业综合体建设管理办法》，到2016年底，全市建成20个创新创业综合体，建设一批科技企业孵化器、加速器、人才用房和配套服务设施，总面积达到400万平方米，入驻企业超过3000家，使综合体成为我市高新技术研发与创新创业集聚地。适应和引领经济发展新常态，顺应网络时代大众创业、万众创新的新趋势，推广创客空间、创业咖啡、创新工场等新型孵化模式，充分利用创新创业综合体、科技企业孵化器、大学科技园和高校、科研院所的有利条件，发挥行业领军企业、创业投资机构、社会组织等社会力量的主力军作用，构建一批低成本、便利化、全要素、开放式的众创空间。发挥政策集成和协同效应，实现创新与创业相结合、线上与线下相结合、孵化与投资相结合，为广大创新创业者提供良好的工作空间、网络空间、社交空间和资源共享空间。

3．打造招才引智交流平台。支持人才中介服务业发展，积极引进国内外知名人才中介机构。加快培育人才中介市场，大力引进培育人力资源服务、技术转移服务、管理信息咨询服务、法律服务等机构，打造具有技术、市场和资本融合功能的科技服务产业链。加强与国外专家组织、著名大学等相关国际组织和国际猎头公司等中介机构的合作，深化海外高端人才和国外智力的引进。积极利用“国际人才交流大会”“留学人员科技交流会”等国内大型人才交流活动，宣传推介郑州产业发展优势和人才政策环境，促成人才、项目、载体和资本要素有效集聚。

4．建设科技金融服务平台。充分利用市产业发展引导资金、市股权投资资金、市产业发展引导基金、小微企业创业投资引导基金、市小微企业贷款风险补偿基金，加大对科技型企业投融资支持力度。围绕科技型企业不同发展阶段，制定有针对性扶持政策，鼓励支持各种投资主体兴办风险投资机构，形成政府资金为引导、民间资本为主体的风险投资与担保机制，为科技型中小企业创立、成长提供全方位、全过程、立体化的科技与金融服务。

5．搭建产学研政资介合作平台。强化科技型企业在创新创业人才引进培养和技术创新中的主体地位，引导企业增加研发投入，建立研发机构，开展研发活动。鼓励支持企业与高校、科研机构联合组建重点实验室、工程（技术）研究中心、产业创新中心、产业技术研究院以及院士工作站、博士后科研工作站（研发基地、流动站）、引智成果示范推广基地、海智工作站，加速高校科技创新成果和智慧资源向企业转移。支持各类机构和社会资本搭建创新创业载体平台。推进清华大学、西安交通大学等著名高校研究生郑州实践基地建设。加强对各类创新研发平台的考核评估，实行动态管理。

（三）优化服务体系建设。

1．建立健全"一站式"服务。建立健全人才创业跟踪服务机制，畅通党委、政府与人才的经常性联系渠道，为人才创新创业提供全过程服务，有效解决人才创新创业普遍关心的困难问题。到2016年，建立20个产业园区人才公共服务平台和100个人才工作示范点。

2．创新配套服务措施。研究制定高层次人才在创业资助、医疗服务、社会保险、购房、子女入学等方面的优惠政策和措施。鼓励支持企事业单位以更加优惠的政策、更加开放的姿态、更加优越的条件，吸引各类优秀人才创新创业。

3．营造创新创业生态环境。定期组织开展高层次专家论坛、研讨交流和各类咨询服务活动，主动为各类人才提供服务。加强宣传和舆论引导，使"人才是第一资源"深入人心，使人才引育、创新创业理念成为各级领导干部的自觉共识和全社会的共同取向。尊重首创精神、尊重实践、尊重创造，培育和弘扬"敢为人先、争创一流、宽容失败"的创新文化，激发全社会的创造活力。提升公众科学人文素养，提高政府服务水平，优化人才宜业宜居环境。

四、集成激励政策

（一）项目产业化扶持资金资助。

1．引进的创新创业领军团队，经评审认定，按不同层次给予支持。国家最高科学技术奖获得者、"两院"院士领衔的创新创业团队，每个团队给予2000万—3000万元项目产业化扶持资金资助；国家"千人计划"专家团队及同等层次创新创业团队，每个团队给予500万—1000万元项目产业化扶持资金资助；经认定的市级以上其他创新创业团队，每个团队给予100万—300万元项目产业化扶持资金资助。

2．经市评审认定的创新创业领军人才，按不同类型给予支持。创业领军人才给予200万元项目产业化扶持资金资助；全职引进创新领军人才给予100万元项目研发扶持资金资助。

3．经市评审认定的高层次创新创业紧缺人才，按不同类型给予支持。高层次创业紧缺人才，给予100万元项目产业化扶持资金资助；全职引进高层次创新紧缺人才，给予50万元项目研发扶持资金资助。

4．对我市产业发展具有奠基性、战略性、支撑性的领军人才和团队特别重大项目实行"一事一议"，最高可获得1亿元项目产业化资金资助。

（二）多元化资金金融支持。

经评审认定的科技领军人才创新创业项目（以下简称"创新创业项目"），根据项目类型，全面享受6个方面资金金融资助：

1．股权投资资金：根据创新创业项目实际投资额度，经论证审批后，按照《郑州市财政专项资金股权投资管理暂行办法》，市股权投资资金以国有法人股方式提供实际投资额20%左右的股权投资。

2．产业引导投资：根据创新创业项目投资需求，经论证审批后，按照《郑州市产业发展引导基金管理暂行办法》《郑州市小微企业创业投资引导基金实施细则》，市产业发展引导基金、小微企业创业投资引导基金可采用参股投资或跟进投资等运作方式注入企业。

3．风险创业投资：为支持风险创投的投资活动，创新创业项目成功吸引权威部门认定的社会风险投资的，可由市产业引导基金或小微企业创业投资引导基金提供10%—30%的跟进配套风险投资，原则上最高不超过1000万元人民币。

4．贷款风险补偿投资：为鼓励和促进银行业金融机构加大对创新创业项目的创投扶持力度，按照"政府引导、保险托底、市场运作、风险共担、试点先行"的原则，按照《郑州市小微企业贷款风险补偿基金实施细则》，由市小微企业贷款风险补偿基金对银行及保险机构进行有限补偿。

5．项目贷款担保：经评审认定的创新创业项目已进入中期或产业化初期，因流动资金不足申请融资的，由市有关担保机构可给予最高500万元的融资担保，并由同级财政给予一定的风险补偿。

6．银行贷款贴息：对于创新性强、市场前景好的创新创业项目，经评审认定，创业初期3年内融资所付银行利息，由同级财政按照同期银行贷款基准利率全额补贴。市各金融机构可给予一定的银行授信和优惠的贷款利率，不另收取各种附加费用。支持创新型、创业型、成长型中小微高新技术企业，参加"银行+共保体"融资新模式，市财政给予贴息支持，贴息利率为同期银行贷款基准利率的20%（含），每户企业的年贴息额最高不超过10万元。

（三）实施上市融资奖补。

对企业在沪深证券交易所、境外资本市场及全国中小企业股份转让系统（即"新三板"）实现挂牌的，给予相应金额的资金补助。

（四）鼓励科技自主创新。

1．经评审认定的科技领军人才创办企业，积极支持申报为高新技术企业；对新认定的省级和国家级创新型（试点）企业，分别给予50万元和100万元的一次性资金资助。

2．支持科技领军人才和团队建立各类研发中心，对新认定的省级和国家级各类研发中心，分别给予100万元和200万元的一次性资助。同一级别的研发中心不重复资助，省级以上补足差额。对新认定的院士工作站给予50万元的一次性资金支持。

3．对发明、实用新型、外观设计授权专利分别给予每件2000元、800元和500元的一次性资助，对涉外授权专利给予每件2万元的一次性资助。拥有自主知识产权的，引导金融机构依据评估价值提供相应金额的知识产权质押贷款。

4．社会投融资机构设立创业种子资金，支持创新创业项目，经评审认定，按照创业种子资金对项目年度实际投资额5%的比例给予风险补偿，对每家创业种子资金公司的风险补偿最高不超过100万元。

5．社会担保机构为创新创业项目提供融资担保服务，融资担保额度300万元以内的，对在孵企业实际支付的担保费给予全额补贴；300万元以上部分的担保费，给予50%的补贴，单个企业最高补贴总额不超过10万元。

6．鼓励综合体等各类孵化载体通过招投标程序确定专门的孵化运营团队（运营管理机构），实行市场化运营。对孵化运营团队（运营管理机构）实行年度考核，依据企业孵化、平台建设、中介服务等工作绩效，经评审认定，给予优秀孵化运营团队（运营管理机构）不超过50万元的资金支持，专门用于孵化载体内公共服务平台建设、孵化团队管理和优秀创业导师、创业辅导员奖励。

7．鼓励综合体等各类孵化载体建设完备的专业技术支撑平台、科技金融服务平台和综合公共服务平台。对新认定的国家级、省级科技创业服务中心（科技企业孵化器），市本级分别给予200万元、50万元资助，用于提升服务能力。

8．鼓励商务、财务金融、检验检测、技术转移、评估咨询、法律、人力资源等人才和团队（专业服务商）在综合体等各类孵化载体内建立分支机构。境内外知名人才和团队（专业服务商）在综合体等各类孵化载体内设立分支机构开展专业服务业务的，自设立起5年内给予一定奖励；对评审为优秀的给予一定奖励。

（五）完善股权与分红激励机制。

鼓励企业对科技成果转化过程中作出突出贡献的引进人才实施股权和分红激励。驻郑高等学校、科研机构和企业以转让或许可职务科技成果等方式获得收益的，可按60%—95%的比例，划归参与研发的人员及其团队拥有，合同约定的从其约定。通过科技成果转化取得股权奖励收入，原则上在5年内分期缴纳个人所得税。探索制定国有企业经营管理人才、专业技术人才、高技能人才股权、期权、分红权等中长期激励办法，留住企业核心人才。

（六）无形资产作价入股。

申请设立科技企业，经评估或协商，允许引进人才以科技成果、知识产权和专利技术等无形资产按注册资本最多100%的比例作价入股，允许股份制公司注册资本分期到位。

（七）创新创业场租补贴。

1．对经认定的创新创业团队、创业领军人才及高层次创业紧缺人才由企业注册地所在的地区负责分别不低于300平方米、200平方米、100平方米的创业场所，3年内免租金。自行租赁办公用房的，3年内由企业注册地所在的开发区、县（市）区按市场价格给予相应租金补助。

2．创新创业领军团队、领军人才和高层次紧缺人才需要生产性标准厂房和建设用地的，按照工业用地标准优先给予供地。

（八）满足人才安居需求。

1．创新创业领军团队带头人和创业领军人才3年内由所在县（市）区免费提供不低于100平方米的人才用房，或由同级财政给予相应的房租补贴。不使用人才用房，在郑首次购房的，由用人单位或所在开发区、县（市）区给予最高50万元的购房补贴。

2．创新创业领军团队核心成员（每个团队一般不超过5人）及高层次创业紧缺人才3年内由所在地免费提供人才用房，或由同级财政给予相应的房租补贴。不使用人才用房，在郑首次购房的，由用人单位或所在开发区、县（市）区给予最高20万元的购房补贴。

（九）享受特别生活配套服务。

1．经评审认定的引进人才享受市优秀专家医疗保健待遇，建立健康档案，在市定点医疗保健机构就诊可享受VIP门急诊、住院、出诊、专家会诊服务。

2．设立海内外招才引智绿色服务窗口，为引进高层次创新创业人才提供咨询和服务。对符合条件的外国人才给予工作许可便利，对符合条件的外国人才及其随行家属给予签证和居留等便利，并提供一对一的服务。

3．经评审认定的引进人才的配偶、子女以及已到退休年龄的父母、岳父母可以随迁来郑。配偶在原单位属公务员或事业单位在编在岗人员的，由人社和编制部门在空编单位协调调动工作。

4．经评审认定的引进人才的适龄子女，入幼儿园的，优先解决入园需求，接受义务教育的，按照相对就近入学原则，优先安排在公办学校就读。接受高中教育的，参加河南省统一组织的高级中等学校招生考试，在条件相同的情况下，优先录取。

（十）给予特别荣誉激励。

1．优先推荐评审认定的创新创业领军人才申报国家“千人计划”、国家“万人计划”“国务院政府特殊津贴专家”和省“百人计划”等市以上重点人才计划。

2．对于有突出贡献的引进人才，市委市政府授予“郑州市创新创业突出贡献奖”“商都友谊奖”等荣誉，并给予奖励。建立专家咨询制度，对作出突出贡献、有参政议政能力的人才，优先推荐参评各级劳动模范、“五一奖章”等荣誉，推荐和协商为各级党代表、人大代表、政协委员等职务候选人。

3．经评审认定的引进人才评聘专业技术职务职数，实行专项申报，引进后作出较大贡献且符合条件的，可按规定破格晋升专业技术职务。

4. 坚持领导干部挂钩联系高层次人才制度，定期了解联系对象创新创业及生活情况，及时帮助协调解决遇到的困难和问题。

5. 协调在郑高等院校、科研院所为领军型科技创业人才提供兼职教授、研究员岗位；协调在郑高等院校、科研院所图书资料、研发平台和公共技术服务平台向领军型科技创业人才开放。

五、组织保障

（一）健全工作机制。贯彻落实党管人才原则，充分发挥市人才领导小组牵头抓总作用，明确相关部门职责，形成分工明确、各司其职、密切配合的工作机制。建立健全联席会议、季度例会、领导联系高端人才等工作机制，及时研究解决工作中存在的问题。

（二）强化投入保障。坚持人才投入优先保障，形成政府投入为导向、用人单位投入为主体、社会力量投入为补充的多元化人才投入机制。市财政要根据人才和团队引进、培养、扶持、激励等实际需要，加强人才资金保障。同时加大市级专项资金整合力度，避免对同一项目、企业或园区的重复资助，提高资金使用效益。

（三）完善考核评价。市人才办、市财政局牵头市直相关部门，加强对人才政策执行情况跟踪，提高财政资金使用绩效，引入第三方评价机构，定期组织实施人才满意度调查和人才需求分析研判，对人才政策落实情况和执行效果开展绩效评估，根据评估结果及时研究调整政策。加强对开发区、县（市）区和重大人才平台的人才工作考核，调动各方面积极性。

（四）完善退出机制。强化人才发挥作用的考核，充分发挥用人单位主体作用，规范用人单位与人才之间的契约行为，运用市场化的手段评价、激励人才，支持用人单位根据实际情况制定具体的考核办法，通过考核约束激励人才。对发挥作用不明显的人才，可由用人单位提出申请，经核实认定后，政策牵头部门可取消对其的相关激励政策。对存在品行不端、违法乱纪等行为的人才，取消其人才待遇。

各开发区、县（市）区可结合实际，制定人才引进培育和创新创业扶持政策。本意见自发文之日起执行，与我市其他政策有重复、交叉的，按照本意见执行。

中共郑州市委
郑州市人民政府
2015年5月20日

郑州市人民政府
关于加快发展众创空间推进大众创新创业的实施意见

（郑政〔2015〕30号）

为认真贯彻落实《国务院办公厅关于发展众创空间推进大众创新创业的指导意见》（国办发〔2015〕9号）、《河南省人民政府关于发展众创空间推进大众创新创业的实施意见》（豫政〔2015〕31号）、《中共郑州市委 郑州市人民政府关于加快建设创新型城市的意见》（郑发〔2014〕34号），《中共郑州市委 郑州市人民政府关于引进培育创新创业领军人才（团队）的意见》（郑发〔2015〕9号），深入实施开放创新双驱动战略，适应和引领经济发展新常态，着力优化创新创业生态系统，构建引领新兴产业发展方向的众创空间，推动形成大众创业、万众创新的新态势，为郑州都市区建设提供新引擎，特制定本实施意见。

一、总体要求

（一）指导思想。

以党的十八大和十八届三中、四中全会精神为指导，按照市委十届九次全会关于实施开放创新双驱动战略部署，以激发释放创业资源和潜力为主线，以构建众创空间等创新创业服务平台为载体，以完善设施、提升服务、培育主体、丰富要素、营造环境为抓手，切实优化市场竞争环境，集成落实政策，降低创业门槛，拓展创业空间，大力实施众创空间倍增工程、创客育引工程、创新创业服务提升工程、技术成果转化工程、科技金融助推工程、创业生态优化工程，形成大众创业、万众创新良好局面，实现聚集创业群体、聚合创新资源、聚焦新兴产业、聚变发展引擎。

（二）目标任务。

到2018年，形成一批有效满足大众创新创业需求、具有较强专业化服务能力的众创空间等多层次创业服务平台，全市20个创新创业综合体功能完善、高效运转，入驻企业超过3000家，全市创新创业载体数量达到200家，载体面积突破1000万平方米；投融资渠道更加畅通，全市服务创新创业的投融资机构达到100家，累计服务科技型企业3000家；孵化培育一批创新型小微企业，并从中成长出能够引领未来经济发展的骨干企业，形成新的产业业态和经济增长点，每年新创科技型企业超过1000家，科技型企业总数突破10000家，高新技术产业产值超过10000亿元；创业群体高度活跃，以创业促进就业，提供更多高质量就业岗位，创业服务机构达到500家，创业导师达到1000人，科技创新创业者突破10万人；创新创业政策体系更加健全，服务体系更加完善，创新创业成为时尚风气，创业生态更加完善。到2020年，形成全域覆盖、功能完善、特色突出、中部领先、示范带动的创业支撑体系。

二、重点任务及措施

（一）众创空间倍增工程。

大力发展包括互联网创业平台、科技创业苗圃、科技企业孵化器、加速器、创新创业综合体在内的梯级创新创业载体，构建市场化、专业化、集成化、网络化的众创空间，形成适合各类创新创业需求的生态圈。到2018年，实现创业空间规模达到1000万平方米，比2014年增加一倍。加强创业功能提升，实现创新与创业、线上与线下、孵化与投资相结合，为广大创新创业者提供良好的工作空间、网络空间、社交空间和资源共享空间。

1．加快推进全市20个创新创业综合体建设发展和运营管理。各开发区、各县（市、区）要把创新创业综合体建设及运营作为抓环境、抓载体、抓服务的重要抓手，建立班子、明确目标、形成合力、制定政策、完善考核。要做好产业规划和定位，高标准、大幅度提升创新创业综合体的形态、品质、文化和环境。要做到建设和运营同步，“引外、培内、育苗”并举，组建或引进精干、高效、专业化的建设运营团队和创业服务机构。市科技、规划、国土、住房保障、工商等部门要简化流程、主动服务，及时协调解决有关问题。

2．打造围绕高校院所的创新创业生态圈。充分释放高校院所创新创业潜力，推动高校院所成为培育青年创业者的大本营，打造围绕高校院所的创新创业生态圈。支持高校院所建设大学科技园、大学生创业园、大学生创业服务中心、校园创业实验室等载体，满足大学生创业距离近、配套全、网速快的需求，服务科技人员和大学生创业。支持高校院所组织企业家、天使投资人走进校园，为大学生提供创业辅导。鼓励在郑高校利用现有存量房产资源改建扩建科技企业孵化器。

3．形成围绕园区发展的创新创业群落。鼓励和支持多元化主体投资建设科技企业孵化器，支持开发区、产业集聚区利用自身优势，完善“苗圃+孵化+加速”创业服务链条，建设一批产业整合、金融协作、资源共享的创业孵化示范区，探索创业孵化新机制新模式，为创业团队和创业企业提供创业空间和专业化服务，加快壮大小微企业群体，形成围绕园区发展的创新创业群落。

4．加快发展开放式的创新型孵化器。顺应互联网时代大众创新、万众创业的新趋势，支持各类市场主体建设低成本、便利化、全要素开放式的众创空间。支持互联网创业服务平台、互联网股权众筹平台建设，促进互联网与产业融合创新发展。积极引进成熟创业服务机构在郑发展。支持有条件的区域引进建设“孵化器+宿舍”“孵化器+商业”“孵化器+会议”“YOU+创业公寓”等创客空间和创业社区，积极发展“孵化器+创投”模式的新型孵化器。支持金水区、郑东新区、郑州高新区改造盘活办公楼宇和园区，建设一批生态化的创业示范街区。开展众创空间的身份确认工作，对符合条件的众创空间可认定为创新型孵化器，并享受有关孵化器的支持政策。

5．推动产生领军企业创业派系。推广百度、联想、华为、腾讯等知名企业的经验，鼓励我市领军企业面向企业内部员工和外部创业者提供资金、技术、平台和服务，形成开放的产业生态圈，培育和孵化具有前沿技术和全新商业模式的创业企业，产生多个从领军企业走出来的创业系，成为孵化创业企业的领航者。支持领军企业凭借技术优势和产业整合能力，构建创业孵化平台和产业技术服务平台，开展新兴技术领域的产业孵化。

6．鼓励异地建设创业服务机构。鼓励我市园区、高校和企业在美国硅谷、以色列、北京中关村、深圳等创新创业活跃地区建设创业孵化基地，建立信息和市场资源共享渠道，吸纳技术和人才在郑州注册企业并进行异地孵化。

7．加大对创新创业载体平台建设的支持。强化并完善支持科技企业孵化器的支持措施。在符合城市规划的前提下，优先安排孵化器用地指标，可按照工业用地性质以出让方式用于孵化器建设，按限定租售价格和租售对象的原则，孵化器在不改变孵化服务用途的前提下，可按产权分割转让。对利用老校区校舍等存量房产资源改建扩建孵化器的，由所在县（市、区）按照改建扩建孵化面积50元/平方米的标准给予一次性补贴，每个孵化器最高200万元。落实国家级科技企业孵化器和大学科技园的房产税、城镇土地使用税和营业税优惠政策。支持面向产业创新的公共技术服务平台建设（包括以企业主体建设），经评审认定，可给予不超过50%的建设成本（不包含基建）资助。

（二）创客育引工程。

按照“依托产业集聚人才、创新体制成就人才、优化环境留住人才”的要求，优化创新创业环境，支持大学生（包括在校大学生和取得国家承认学历的毕业5年以内高校毕业生，含留学来郑人员，下同）、科技人员、大企业员工、海归、连续创业者等多元化创业主体在郑州创新创业，加快集聚培育一批创新创业领军人才，打造一批创新创业领军团队，形成人才与科技相互助益、创新与创业紧密结合、企业与产业协调发展的良好局面。

1．大力集聚高端创业人才。落实郑发〔2015〕9号文件，拓宽吸引高端创业人才的渠道，加快中国郑州航空港引智试验区和郑州高新区国家级海外高层次人才创新创业基地建设，加强人才、科技、经济、财政等创业政策的统筹衔接，健全工作机制、强化投入保障、完善考核评价，全面完成“智汇郑州·1125聚才计划”工作目标，打造中西部地区高层次科技人才创业标杆。

2．鼓励科技人员离岗创业。允许驻郑高校院所拥有科技成果的科技人员离岗创业或进行有利于本职工作的兼职活动。鼓励高校将从事科技创业、兼职活动所取得的业绩作为职称推荐、岗位聘用、绩效考核的重要依据。经所在单位批准离岗创业的，3年内保留其原有身份和职称，档案工资正常晋升。对带项目、带成果创新创业的科技人员，依法享受股权激励政策。申请设立科技型企业的，注册资本中知识产权等无形资产的出资比例不受限制。

3．支持大学生创新创业。实施大学生创新创业资助计划。鼓励驻郑高校出台支持在校学生创业政策，以创业带动就业。支持驻郑高校开发开设创新创业教育课程，加强创新创业技能教育，建设一批创新创业实践和孵化基地，向“教学+科研+创业”转型发展。全面落实国家、省、市关于大学生创业优惠政策，统筹各类国家、省、市就业创业资金，为大学生创业提供场所、公共服务和资金支持。鼓励驻郑高校建立创业学分积累与转换制度，允许将大学生开展创新实验、发表论文、获得专利、参加创业实践活动和自主创业等成效折算为学分，允许在校大学生保留学籍2年休学从事自主创业。

（三）创新创业服务提升工程。

推进公益服务与市场化服务有效结合的模式，不断提升创业服务水平。围绕降低创业成本、提高创业成功率，建立区域创业需求与创业服务资源有效对接工作平台，支持各类创业服务平台之间的合作联动与资源开放共享。发挥财政资金的引导作用，采用政府购买服务等方式，有效组织创意、人才、技术、资本、市场等创业要素和行业资源，为创业主体提供从创业项目到产业化的全过程服务。

1. 做强政务服务“软环境”。以提高创办企业的便捷性为根本，优化简化政务服务流程，推动工商、税务、项目、人才等政务服务高效协同，消除创业障碍，减少企业登记注册、注销手续和办税程序。为众创空间、科技企业孵化器、创业投资机构（基金）的注册简化程序、提供便利。探索开展科技企业网上登记注册，逐步实现企业经营范围由登记事项改为备案事项，科技型小微企业可按有关规定定期申报纳税。各开发区、县（市、区）、创新创业综合体都要设立大学生创业服务窗口。

2. 做大创业服务团队。加快培育引进一批高水平、专业化的创业服务运营团队。鼓励创新创业综合体通过招投标程序确定专业的运营管理团队，实行市场化运营。对引进的创业服务团队，经评审认定，可享受我市“智汇郑州·1125聚才计划”中“创新创业领军团队”激励政策。鼓励对小微科技企业实行零房租孵化。支持创业载体做好毕业企业的跟踪和落地转化服务，实现数据共享，县（市、区）对年度输送5家以上经认定的科技型企业落地郑州的创新型孵化器，每输出一家企业给予5万元奖励。

3. 建设创业要素大市场。加强市科技管理部门创业服务力量，结合所属事业单位改革，建设创业要素大市场，通过“线上+线下”的模式，构建虚实相生的创业服务平台。开发建设创新创业网站和微信服务平台，采用“O2O模式”，聚集标准化、网络化、低成本的创业服务产品，打造创新要素商城，构建线上创新创业网络空间。启动建设创新要素线下有形交易市场，丰富创新创业要素资源交易渠道，吸引一批品牌服务机构入驻，完善创新创业服务链，构建创新创业生态圈。

4. 进一步加大对创新创业的财税支持力度。加大各类科技计划对科技型中小企业技术创新活动的支持力度。对于研发投入占企业总收入达到一定比例的科技型中小企业给予梯次补贴。通过政府采购支持科技型中小企业技术创新，各级机关、事业单位和社团组织的政府采购活动，在同等条件下，鼓励优先采购科技型中小企业的产品和服务。鼓励科技型中小企业组成联合体共同参加政府采购与首台（套）示范项目。

5. 切实降低创业门槛和中小微企业发展成本。通过政府购买服务或后补助等方式支持各类创业载体不断完善创业服务设施、建设创业导师队伍、引入金融服务机构，为创业者提供咨询、法律、知识产权、财务、检验检测认证、技术转移、大数据、开源工具以及创业辅导、投融资、媒体宣传等服务。经认定的创新型孵化器，自认定之日起，由所在县（市、区）连续三年给予50%的房租补贴，单个孵化器补贴面积不超过1000平方米，对使用自有房产的，参照市场价格给予补贴。支持创新型孵化器完善网络宽带设施。支持国内外高校院所、知名企业和创新创业综合体开展战略合作，实现资源、信息共享，为在孵企业提供定制服务。协调在郑高等院校、科研院所图书资料、研发平台和公共技术服务平台低成本向创新创业综合体内注册企业开放。

6. 完善创业保障机制。探索设立创业风险援助资金，对在创新创业综合体或创新型孵化器内注册、创业活动持续1年以上、创业失败的在孵企业，其核心团队成员缴纳社会保险满1年、未实现就业的，市级财政对其缴纳的社会保险费用给予50%补贴，并给予最长不超过6个月的失业保险金。支持建立“企业提需求、高校出编制、政府给支持”的创新创业人才引进模式。协调驻郑高校院所设立一定比例流动岗位，吸引有创新实践经验的企业家和企业科技人才到高校兼职，从事专业教学、担任创业导师或开展科研课题研究，促进大学与社会互动，研究与市场融合。

（四）技术成果转化工程。

完善科技市场体系，实施有利于科技人员创新创业的成果转化激励政策，加速科技成果转化，让科技人员在创新活动中得到合理回报，通过成果应用体现创新价值，在创业中实现成果转化创造财富。

1. 加快建设面向创业的技术转移机构。支持高校设立市场导向、机制完善、运行高效的技术转移转化机构，支持市场主体建立专业性质、定向服务的技术交易服务平台，经认定，一次性给予新建机构30万元经费补贴。被认定为省级、国家级技术转移示范机构的，分别一次性给予50万元、100万元的资金支持。

2. 完善科技成果转化机制。对促成有效技术成果向我市企业转移转化的技术转移服务机构，所在县（市、区）可按年度技术转让、技术开发合同中技术交易额的2%给予补贴，同一项目多次转让不重复补贴，每个机构单一年度补贴金额不超过100万元。支持企业购买高等院校、科研院所及其他研发机构的科技成果和发明专利，可按交易额的10%给予补贴，每个单位年度补贴金额不超过100万元。在郑高等院校、科研院所及其他研发机构向我市转移转化科技成果和发明专利，或与企业联合开展技术攻关、产品研发，可按技术交易额10%、单个项目最高给予100万元的补贴。

3. 加大科研人员股权激励力度。在郑高等院校、科研院所以技术转让或技术许可方式将职务科技成果、发明专利转移给企业实施转化的，可从技术转让所得的净收入中，按照不低于70%的比例，一次性奖励科技成果完成人以及对科技成果转化有突出贡献的人员（包括担任行政领导职务的科技人员）。在郑高等院校、科研院所科技成果、发明专利一年内未实施转化的，成果完成人和团队成员在成果所有权不变更的前提下，可以根据与本单位的协议进行该项科技成果、发明专利的转化，转化收益可按不低于70%的比例归成果完成人和团队成员所有。高等院校和科研机构以职务科技成果或发明专利向企业作价入股，可将因该成果或专利所获股权不高于70%的比例，奖励有关科技人员。

（五）科技金融助推工程。

发挥财政资金的引导和杠杆作用，完善“两金一扶持”的政策环境，充分利用市产业发展引导资金、市股权投资资金、市产业发展引导基金、小微企业创业投资引导基金、市小微企业贷款风险补偿基金，加大对科技型企业投融资支持力度。围绕科技型企业不同发展阶段，制定有针对性扶持政策，提升金融对创业引导和创新升级的功能。创新科技投入方式，在市级财政技术研究开发经费中，设立郑州市科技金融资助专项，通过政府资金的投入，引导社会资金支持我市的创新创业活动。

1．壮大创业投融资规模。支持各种投资主体兴办创业投资机构，壮大我市创业投融资规模。支持投资企业或创业投资管理企业向国家有关部门申请设立“科技成果转化引导基金创业投资子基金”。鼓励金融机构创新金融服务产品，面向创业企业和创业团队提供知识产权质押融资、股权质押融资、信用贷款和科技融资担保。鼓励保险机构大力发展知识产权保险、首台（套）产品保险、产品研发责任险、关键研发设备险、成果转化险等科技保险产品。

2．引导社会资金支持我市的创新创业活动。发挥财政资金的引导作用，推动更多社会资金支持我市创新创业活动。对获得社会创投机构投资的科技创新创业项目，按照年度实际到位投资额的10%、最高100万元给予创新创业补助。担保公司为我市科技型中小企业提供担保的，可按照实际担保额给予相应风险补助。探索发展众筹等融资模式，加大对知识产权产业化项目的支持。

3．探索建立科技信用服务体系。加快科技型中小企业信用体系建设，引导建立科技企业信用评价标准，设立信用促进专业中介机构，开展对科技型中小企业的信用评价，开通创业企业银行贷款绿色通道。健全科技型中小企业统计调查、监测分析和定期发布制度。

4．实行科技创新券制度。创新财政科技投入方式，提高财政资金使用效率，推动科技创新服务需求方和供给方有效对接，提高企业对创新服务资源选择的主导权。在市级财政技术研究开发经费中，先期设立5000万元科技创新券，市科技管理部门向科技型企业发放创新券，企业向科技服务机构购买创新服务时，用创新券抵扣一定比例的服务费用，服务机构持收到的创新券向科技部门兑现并获得一定的服务补贴。

（六）创业生态优化工程。

积极举办各种促进大众创新、万众创业的活动，完善创业培训体系，强化舆论导向，使连续创业成为工作方式，树立以创业为荣的观念，营造创新创业文化氛围。

1．鼓励开展品牌化、开放型创新创业交流活动。支持社会机构开展创业路演、创业大赛、创业训练营、创业论坛、创业产品展会等各类创业活动。办好“郑州国际创新创业大会”等活动，为投资机构与创新创业者提供对接平台，引导创业投资机构和金融机构进行支持，打造创新创业品牌，对落户创新创业综合体的获奖项目，优先保障创业要素服务。对社会评价良好，成效显著的，可按照其举办活动实际支出给予后补助。

2．面向社会公众开展创业辅导培训。依托驻郑高校或专业服务机构，打造一批创新创业学院，集聚一批创业导师，开发创新创业课程，完善培训及实训设施，面向社会公众开展创业辅导培训。支持创新创业综合体联合培训机构建设创新创业驿站，面向科技人员或初创企业开展创业辅导培训，提升创业成功率。对符合条件的创新创业学院和创新驿站，经评审，可给予运营主体奖补。

3．扩大我市创业导师规模。建立健全创业辅导制度，建设创新创业导师库，培育引进一批专业创业导师。鼓励拥有丰富经验和创业资源的企业家、天使投资人和专家学者担任创业导师或组成辅导团队，市政府对有效开展创业服务的创业导师或团队授予“创业大使”荣誉，并给予后补助支持。

4．搭建一批科技展示体验平台。各县（市、区）围绕主导产业定位，在每个创新创业综合体建设集前沿技术展示，创业成果推介、应用前景展望，公众参与体验为一体的高层次科技体验展厅。对符合条件的展示体验中心可认定为科普教育基地。

5．营造创新创业文化氛围。在市级层面设立创新创业评比奖项，树立表彰一批创新创业典型人物。加强各类媒体对大众创新创业的新闻宣传和舆论引导，大力培育企业家精神和创客文化，将奇思妙想、创新创意转化为实实在在的创业活动，使连续创业成为一种工作方式，形成“不以成败论英雄”的创业观。

三、组织实施

（一）加强组织领导。市政府各部门、各开发区、县（市、区）要高度重视推进大众创新创业工作，加强支持措施的联动，切实抓紧抓好。各有关部门要按照职能分工，结合实际制定具体实施方案，明确工作部署，切实加大资金投入、政策支持和条件保障力度，积极落实促进创新创业的各项政策措施。

（二）加强示范引导。在创新创业综合体、产业集聚区、孵化器、大学科技园和其他有条件的地区开展创新创业示范工程，探索实行国家推广的自主创新示范区政策。鼓励各部门积极探索推进大众创新创业的新机制、新政策，不断完善创新创业服务体系，营造良好的创新创业环境。

（三）加强协调推进。市科技局要加强与相关部门的工作协调，研究完善推进大众创新创业的政策措施，加强对发展众创空间的指导和支持。加强对大众创新创业政策落实情况调研、发展情况统计汇总等工作，把握创新创业新的特点和需求，及时总结，不断完善服务模式。

各开发区、县（市、区）可结合实际，制定众创空间建设和创新创业扶持政策。本意见自发文之日起执行，有效期3年，与我市其他政策有重复、交叉的，按照本意见执行。

郑州市人民政府
2015年6月29日

郑州市引进培育创新创业领军人才（团队）“智汇郑州·1125聚才计划”实施办法（暂行）

（郑办〔2015〕18号）

第一章 总 则

第一条 为加快推进开放创新双驱动战略，进一步加大高层次创新创业领军人才（团队）引进培育力度，根据市委、市政府《关于加快建设创新型城市的意见》（郑发〔2014〕34号）、《关于引进培育创新创业领军人才（团队）的意见》（郑发〔2015〕9号）等文件精神，学习借鉴先进地区经验做法，制定本实施办法。

第二条 “智汇郑州·1125聚才计划”主要任务是，围绕我市战略支撑产业、优势主导产业和战略新兴产业，用5年左右时间，引进1000名左右科技创新创业领军人才和高层次创新创业紧缺人才，100个领军型科技创新创业团队，培育200名左右科技型创业企业家，汇聚50名左右“两院”院士、国家“千人计划”“万人计划”等海内外顶尖人才，为郑州都市区建设提供人才保证和智力支持。

第三条 引进培育人才范围包括：符合全市经济社会发展重大战略、主导产业、重大科技创新工程以及“三大一中”项目建设需要；在推进工业七大主导产业和“6+2”产业基地高端发展，服务业七大主导产业和“十中心”提速发展、现代农业高效发展中发挥重要促进作用；电子信息、汽车与装备制造、现代商贸物流、文化创意旅游和新材料、生物医药、铝及铝精深加工、现代农业及食品加工、现代金融、高端服务业等“4+6”战略主导优势产业，航空经济、互联网技术、大数据技术、智能化制造等战略性新兴产业发展急需的创新创业领军人才和高层次创新创业紧缺人才。

第二章 工作职责及分工

第四条 “智汇郑州·1125聚才计划”由市人才工作领导小组负责统筹协调，主要负责审定年度引才工作计划和引才指南，审定引进计划专项资金的年度经费预（决）算，审定专项资金资助对象、资助内容及资助额度，协调解决实施工作中的重大问题。市人才工作领导小组办公室（以下简称市人才办）承担“智汇郑州·1125聚才计划”的牵头组织工作。

第五条 市人才办、市科技局、市财政局负责“智汇郑州·1125聚才计划”的具体实施工作。

（一）市人才办履行牵头抓总职责，会同市科技局、市财政局做好“智汇郑州·1125聚才计划”的组织实施工作，负责协调制定政策措施和考核评估，解决计划实施中的重大问题，抓好各项任务监督检查。向市人才工作领导小组汇报计划执行情况，协调解决实施过程中遇到的具体问题。

（二）市人才办负责发布“智汇郑州·1125聚才计划”年度需求目录和公告，负责受理“智汇郑州·1125聚才计划”申报、计划管理、人才遴选、制定相关评审细则，组织安家补贴等审核。

（三）市科技局负责制定“智汇郑州·1125聚才计划”引进对象实施项目的评审细则，组织项目评审、过程管理和结题验收。落实人才创业项目扶持、科技成果转化等政策。

（四）市财政局根据市人才工作领导小组确定的年度引才计划，在年度专项资金中编制“智汇郑州·1125聚才计划”专项资金预算、预算评审、资金拨付、经济效益指标审核和监督检查等工作。

（五）市人才工作领导小组其他成员单位，按照各自职责分工，积极做好宣传推介、咨询联络、申报受理、组织评审、政策兑现、人才服务等工作，提供“一站式”服务。落户地有关单位要积极主动做好意向洽谈、团队落户、日常管理服务等工作。

第三章 引进培育对象和条件

第六条 创新创业领军团队

1．创新创业领军团队成员中，领军人才、核心成员须有3人以上，至少有1人应全职来郑创新创业，其余成员每年应在郑州工作6个月以上。团队带头人须符合国家“千人计划”“万人计划”个人基本申报条件，核心成员须有3人以上且符合省“百人计划”个人基本申报条件，成员间的专业结构合理，具有关联性和互补性，且在郑稳定合作工作5年以上。

2．创新创业领军团队在相关领域达到国际先进或国内领先水平，符合我市战略主导优势产业和战略新兴产业发展方向，在同行中具有重要的创新地位和学术影响，拥有可产业化的发明专利或自主知识产权的创新成果，具备突破重大技术、解决关键问题的持续创新能力和成果转化能力，并能产生显著经济社会效益。

3．创新创业团队成员与用人单位签订5年以上工作合同，且认真履约；所创办企业须在郑完成工商注册、参保等相关手续。

第七条 创新创业领军人才

1．创业领军人才

须取得博士学位或正高级专业技术职称，且有5年以上海内外大型企事业单位工作经历，年龄不超过55周岁，引进后每年在郑工作时间不少于6个月，并同时具备以下条件：

（1）拥有自主知识产权和发明专利，且其技术成果国际先进或填补国内空白、具有市场潜力并处于中试或产业化阶段，符合我市战略支撑产业和战略新兴产业发展方向。

（2）有自主创业经验，在国际国内知名企业担任管理职位5年以上，熟悉相关领域和国际规则的经营管理人才。

（3）创办科技型企业，本人投入企业的注册资本不少于200万元人民币（不含技术入股），非法人代表的股权不得低于总投资的30%。

2. 创新领军人才

须取得博士学位或正高级专业技术职称，且有5年以上海内外大型企事业单位工作经历，年龄不超过55周岁，引进后在签约企业或平台工作时间不少于5年且每年不少于6个月，并符合以下条件之一：

（1）在国内外著名高校、科研院所担任教授、研究员、首席科学家或相当职务的专家学者，掌握关键技术并拥有自主知识产权的重大成果。

（2）在国际知名企业、金融机构、国际组织中担任中高级职务，熟悉相关产业发展和国际规则的专业技术人才和经营管理人才。

（3）承担过国家级重大科技项目相关的任务，具有较强的产品开发能力和产业化潜力的领军人才。

（4）能够解决关键技术和工艺操作性难题，或自主创新产品具有国际水平的企业领军人才。

对于研发水平或拥有核心技术的产品处于国内领先、国际先进的创新创业领军人才，经专家评审机构认定后，可以适当放宽学历和年龄限制。

第八条 高层次创新创业紧缺人才

1. 高层次创业紧缺人才

（1）须取得硕士以上学位或副高级以上专业技术职称，年龄不超过55周岁，有5年以上工作经验；

（2）拥有与创业领域产品、技术相应的自主知识产权或关键技术，符合我市战略支撑产业和战略新兴产业发展方向，相关技术能够转化，相关产品能够产业化，并具有市场前景；

（3）创办科技型企业，本人投入企业的注册资本不少于100万元人民币（不含技术入股），非法人代表的股权不得低于总投资的30%。

2. 高层次创新紧缺人才

（1）企业紧缺的具有硕士以上学位或副高级以上专业技术职称人才；

（2）具有5年以上在国内外知名企业、高校、科研机构及相关单位关键岗位从事科研、管理或教学工作经历，符合我市战略支撑产业和战略新兴产业发展方向，拥有核心技术和重要科技成果，或具有学科重要奖励，业绩突出；

（3）与所在企业或平台签订5年以上聘任合同，并保证每年至少有6个月在签约企业或平台工作。

对于特别优秀的高层次创新创业人才，经专家评审机构认定后，可以适当放宽学历和年龄限制。

第四章 申报评审

第九条 郑州市范围内注册创办或领办企业以及企业引进的高层次人才及团队，均可申报高层次人才引进计划。实行网上常年申报，每年集中组织评审两次，具体要求以当年申报公告或通知为准。

第十条 申报及评审程序：

1. 信息发布。根据我市产业发展需求制定人才需求目录和人才认定标准，报请市人才工作领导小组同意后，向社会发布引才公告，引导符合条件的人才与我市相关单位和载体对接。

2. 组织申报。印发申报通知，申报材料包括申报表、创新创业计划书及相关证明材料。各开发区、县（市）区、市直部门及各企业单位积极组织符合条件的单位和个人通过市人才网进行申报，填写《郑州市创新创业人才（团队）申报表》。

3. 审核推荐。纸质申报材料由开发区、县（市）区组织部门集中申报，符合条件的在其申报表中加具推荐意见后连同相关证明材料报送市人才办。市人才办核实引进人才的身份、年龄、学历、经历和业绩等申报资料，根据人才认定办法和认定标准进行初步筛选。

4. 技术评审。市科技局核实进入初选人才拥有科技成果、专利等申报资料，对项目进行初审，邀请相关专家，围绕申报项目的技术先进性、创新性、可行性等方面进行评定，提出项目评审意见。

5. 综合评审。市人才办会同有关部门组织专家对申报对象进行资格审查、技术评审、综合评审和实地考察，形成评审意见和推荐人选。

6. 确定人选。拟资助人选经市人才工作领导小组审定，提请市委、市政府研究同意后，面向社会公示。经公示无异议，确定为资助对象，由人才领导小组发放《郑州市创新创业领军人才（团队）证书》《郑州市高层次创新创业紧缺人才证书》。

7. 项目资助。依据人才证书及创新创业项目进展情况，分批拨付资助资金，兑现其他扶持政策。

第五章 实施与管理

第十一条 人才（团队）计划自签订任务书起正式实施，执行期为3年。

第十二条 立项资助通知下达后，市人才办与计划人才（团队）签订《郑州市创新创业人才（团队）计划任务书》，市科技局与项目单位签订《郑州市科技研究与开发经费支持项目目标合同书》，明确实施内容、经费总额、完成目标等。

第十三条 任务书签订后12—18个月，经推荐单位对计划人才（团队）预先评估后，市人才办会同市科技局、市财政局等开展中期评估，进行书面和实地审查。

未通过中期评估的，限期整改；整改不合格的，终止计划。

第十四条 计划执行期满3个月内，经推荐单位预先验收后，市人才办会同市科技局组织结题验收。验收不合格的，按要求整改后参加次年度验收；验收仍不合格的，按照《郑州市创新创业人才（团队）建设专项资金实施细则（暂行）》执行。

第十五条 计划执行期内，计划人才（团队）发生工作变动的，推荐单位应及时报告市人才办。因在市内工作变动影响计划实施的，按有关规定对经费进行调整；调离市外的，按有关规定终止计划并收回扶持资金。

第六章 资金管理与绩效评估

第十六条 市级财政不断加大人才工作投入，保证人才资助资金使用。市产业发展引导资金、市股权投资资金、市产业发展引导基金、小微企业创业投资引导基金、市小微企业贷款风险补偿基金等优先对人才创业项目进行扶持。

第十七条 计划人才（团队）奖励资助经费按现行财政体制分级承担。团队落户市内五区的，资助资金由市和区按市区财政管理体制中税收分成比例分别负担；对市引进项目落户开发区、县（市）的，由开发区、县（市）负担。

第十八条 经评审认定的引进高层次创新创业人才相关政策落实，由市财政专项经费承担的，经郑州市人才工作领导小组核准，由郑州市财政局按有关规定划拨。由县区财政或人才工作专项经费承担的，遵照市级办法执行。

第十九条 各开发区、各县（市）区、引进人才及所在单位、创新创业综合体应对申报材料的真实性负责，对弄虚作假的，一经查实，即取消申报资格，并进行通报，5年内不再接受该单位和个人的申报，并记入信用档案。

第二十条 无正当理由逾期未能完成项目验收或擅自中止项目的人才及企业，给予通报批评、按规定追缴已资助的经费等处理，并在两年内不再受理该项目承担单位申报的项目。

第二十一条 探索建立多元化的人才开发投入机制，完善人才投入绩效评估机制，提高人才投入资金的规范化、精细化、科学化管理水平。

第二十二条 市人才工作领导小组对各开发区、县（市）区、市人才工作领导小组成员单位人才工作进行年度考核，考核结果分别纳入开发区、县（市）区综合考核和市级机关绩效考核，并作为对领导班子和领导干部综合分析评判的重要依据。

第七章 附 则

第二十三条 各开发区、县（市）区和市人才工作领导小组成员单位要按照本政策，制订各地人才引进培育扶持政策和实施细则，强化工作措施，保证任务落实。

第二十四条 本办法施行前颁布的有关文件与本办法规定不一致的，按照本办法执行。在执行本办法过程中，国家有新政策出台，按新规定执行。

中共郑州市委办公厅
郑州市人民政府办公厅
2015年5月20日

中共洛阳市委 洛阳市人民政府 关于实施“河洛英才计划”加快引进创新创业人才（团队）的意见（试行）

（洛发〔2015〕9号）

为主动把握和积极适应经济发展新常态，加快实施开放创新双驱动战略，打造“白领”集聚的创新创业高地，充分发挥人才对建设中原经济区副中心城市的引领支撑作用，现就实施“河洛英才计划”，加快引进创新创业人才（团队），提出如下意见：

一、总体目标

紧紧围绕《建设中原经济区副中心城市战略纲要（2015—2020年）》，大力实施“河洛英才计划”，即：5年内拿出不少于20亿元，用于引进和培育创新创业人才（团队），力争组织引进创新创业团队50个以上，吸引500名以上高层次人才来洛创新创业，创办科技型创新型企业200家以上，人才专利申请和授权量处于中西部城市前列，科技孵化器和人才集聚平台功能日臻完善。力争实现高端人才的集聚效应、创新创业的带动效应和群众满意的社会效应，使人才资源配置和产业优化升级的高端化、高匹配，推动我市经济发展方式进入创新驱动发展轨道。

二、基本原则

突出创新引领。在优化现有人才队伍结构的同时，把创新引领作为重要标准，增强人才政策的引导性、针对性和灵活性，更加契合当前创新驱动发展战略的需求。重点保障国内外高端人才（团队）引进培养工作，积极支持具有特殊才能的人才（团队）来洛创新创业，探索构建创客空间、创业咖啡、创新工场等创新创业服务平台。

突出成果转化。优先引进在战略性新兴产业或传统优势产业领域具备创新能力特别是成果转化能力的人才（团队），促其项目、技术或成果在有效时间内落地并打开市场。同时注重发挥市场的调节作用，促进人才、资本、项目、技术良性互动，加速其成果转化。

突出资源整合。坚持部门联动、合力推进，消除人才政策“碎片化”“多小散”问题，实现扶持资金规模化，促使人才政策集中发力，产生叠加效应。

突出资金保障。根据人才（团队）引进、培养、扶持、激励等实际需要，每年按要求列支专项经费，坚持专款专用，资金不结余、不流转。2015年财政支出不少于3亿元的专项经费，未来4年内每年列支不少于4亿元的专项经费，如遇优秀团队、一流项目，因资金（专项经费）不足时，经研究可追加经费。

三、引进对象

引进对象为符合我市经济社会发展重大战略、主导产业、重大科技创新工程及重点项目建设需要的创新创业人才（团队）。重点引进创新业绩显著或有较大创新潜力，拥有可产业化的发明专利或自主知识产权的创新成果的人才（团队）；带技术（或专利、项目、资金等）落户洛阳创业，技术和产品能产生显著经济社会效益，能引领我市经济、产业发展和技术创新的人才（团队）。

创新创业人才（团队）一般分为以下三类：

1．领军型创新创业人才（团队）

人才（团队带头人）一般为某一领域的开拓人、奠基人，在国际学术技术界享有很高声望；对某一领域发展有过重大贡献的著名科学家；拥有自主知识产权和发明专利，且技术成果为国际先进或填补国内空白，并具有较好产业化开发潜力，对我市经济社会发展有巨大贡献及引领作用的领军型人才。

2．高层次创新创业人才（团队）

人才（团队带头人）一般为某一领域造诣较深，对某一领域的发展有过较大贡献，在同行中具有重要的创新地位或学术影响，拥有自主知识产权的可产业化的科技成果或发明专利，对我市经济社会发展有突出贡献，为业内普遍认可的高层次人才。

3．紧缺型创新创业人才（团队）

人才（团队带头人）一般为符合我市战略性新兴产业或传统优势产业发展急需的、对我市经济社会发展有较大贡献的、创新创业型“专才”，特别是具有较强的创新创业能力，拥有海外创业经验的青年归国人才，或符合我市发展需求，拥有良好发展前景，能带动我市某一领域科技进步、产业升级的归乡创新创业人才。

四、支持政策

1．启动资助。创新创业人才（团队）落户我市创办企业，或与用人单位签订有效合同的，经综合评估项目预期产值、税收、就业等经济社会效益指标，按不同层次给予支持。给予领军型创新创业人才（团队）不低于5000万元的启动资助；给予高层次创新创业人才（团队）不低于3000万元的启动资助；给予紧缺型创新创业人才（团队）不低于1000万元的启动资助。对拥有战略性新兴产业或传统优势产业领域重大关键技术和项目的创新创业人才（团队），可不受最高启动资金限制，实行“一事一议”。

2．融资扶持。扩大风险池资金、科技创新券、创业投资引导基金等融资扶持资金总量，探索“科创贷”等形式，通过信用担保、贴息贷款，向有需求的创新创业人才（团队）提供实用高效的金融服务。引导社会资本投资创新创业人才（团队）及项目，逐步提高财政资金间接扶持比例。对创新创业项目成功获得社会风险投资的，可提供10%—30%的跟进配套风险投资，原则上不超过1000万元。对符合条件的人才（团队）创办企业，积极推荐股改、挂牌、上市，利用多层次资本市场加快发展。对成功上市的企业，按照《洛阳市人民政府关于利用资本市场支持地方经济发展的意见》（洛政〔2013〕78 号）执行。

3．服务保障。对创新创业人才（团队）落地的企业和项目提供场租补贴，自落地之日起两年内给予500平方米以下部分每月每平方米20元场租补贴，自落地之日起第三年给予500平方米以下部分每月每平方米10元场租补贴。此外，在税收、出入境、落户、住房安置、配偶就业、子女入学、医疗、市内旅游等方面享受的政策按照《中共洛阳市委、洛阳市人民政府印发关于进一步提高人才工作服务水平的实施方案的通知》（洛发〔2013〕7 号）中的最优待遇执行。

4．落户我市产业集聚区、科技园区、孵化器的创新创业项目除享受市定政策外，还可享受园区的相关优惠政策。

5．鼓励在洛高校、科研院所建设创新创业平台，开放共享研发资源，为各类创新创业主体提供技术服务。提倡和支持我市有条件的企业“走出去”，与国内外高校、研发机构合作，采取委托研发、联建实验室等形式，破解技术难题，助推产业升级。具体按照《洛阳市人民政府关于印发洛阳市促进产学研融合发展若干政策措施的通知》（洛政〔2014〕58号）执行。

五、申报评审程序

1．发布公告。根据我市产业发展需求，对外发布创新创业人才（团队）引进政策及申报通知。符合条件的人才（团队）可通过洛阳人才网（www.lyhero.com）进行申报，根据要求填写信息并上传各类附件（申报表、创新创业计划书及相关证明材料等）。

2．资格认定。由市人才办负责汇总申报信息，统一申报时间、明确资格认定时间表，并会同相关委局开展资格认定工作。其中，市科技局负责核实引进人才（团队）拥有的科技成果、专利等申报资料；市人力资源社会保障局负责核实引进人才（团队）的身份、职称等申报资料；市教育局负责核实引进人才（团队）的学历等申报资料；市公安局负责核实引进人才（团队）的护照等申报资料。

3．综合评估。申报对象资格认定合格后，由市人才工作领导小组会同相关委局、专业机构和相关专家对人才（团队）类别及项目情况进行综合评估，形成专家评估意见。

4．确定对象。拟引进对象及其技术、项目评估意见经市委常委会研究同意后，确定为引进对象。

六、工作机制

1．健全组织协调机制。创新创业人才（团队）引进工作在市委、市政府领导下，由市人才工作领导小组统一组织实施，市服务企业办、市人才办及相关委局、县（市）区密切配合，形成合力，共同协调解决项目推进过程中的困难和问题，为创新创业人才（团队）提供良好的环境。

2．完善专项引才机制。根据洛阳产业发展需求，建立创新创业人才库，有针对性地开展引才活动，突出亲情引才、乡情引才，发挥洛阳在京专家咨询委员会、在沪人才联谊会和洛阳在外商会的平台作用，建立洛阳籍人才经常性沟通联系机制，吸引和激励归国、归乡人才（团队）回洛创新创业。充分调动企业、高校、科研院所等用人单位的引才积极性，鼓励和支持用人单位加大对创新创业人才（团队）的引进力度。建立引才激励制度，对引进创新创业人才（团队）的个人、中介组织或用人单位，给予10万—30万元的奖励。

3．建立考核评价机制。根据引进人才（团队）时的协议约定，由市人才工作领导小组组织市服务企业办、市人才办、相关委局和专家对人才（团队）项目完成情况、经费使用管理等进行期满考核评价，对履职较好、经费使用规范、产业带动效果明显的，给予100万元的奖励。

4．优化创新创业生态环境。通过组织开展“河洛英才”论坛、研讨交流和咨询服务等活动，主动为各类人才提供服务。通过各种渠道、各类媒介宣传洛阳人才政策，在洛阳日报等市级媒体上开设“河洛英才”等栏目，广泛宣传引进的人才（团队）在创新创业过程中取得的业绩和典型事例，积极营造全社会爱才、尊才、重才的良好氛围，吸引各类人才向洛阳流动，形成人才低洼集聚地，营造人才宜商宜业宜居环境。

七、附则

我市本土培养的创新创业人才（团队）符合本意见规定的，参照本意见执行。

创新创业人才（团队）引进常年接受申报，每季度集中组织评审一次，具体要求以当年申报公告或通知为准。各单位可走出去有针对性的引进与当地产业发展相关的优秀人才。

符合条件的创新创业人才（团队）按照同一项目就高享受一次、不同项目分别享受的原则，享受本意见规定的支持政策与相关单位的扶持政策。

本意见自发布之日起施行，有效期为 5 年。

中共洛阳市委
洛阳市人民政府
2015年6月21日

许昌市人民政府
关于加快推进大众创业万众创新的实施意见

（许政〔2015〕53号）

为贯彻落实《河南省人民政府关于发展众创空间推进大众创新创业的实施意见》（豫政〔2015〕31号），加快发展新型创业服务平台，激发全社会创新创业活力，营造创新创业生态环境，现结合我市实际，提出如下意见。

一、坚持以创新创业促进就业

以优化创新创业生态环境为目标，以激发全社会创新创业活力为主线，以构建众创空间等创业服务平台为载体，有效整合资源，集成落实政策，完善服务模式，培育创新文化，加快形成大众创业、万众创新的生动局面。从2015年起，全市每年新增创业主体20000家（户），其中新增企业5000家、个体工商户15000户，促进就业65000人以上；到2020年，形成一批有效满足大众创新创业需求、具有较强专业化服务能力的新型创业服务平台；培育一批天使投资人和创业投资机构，投融资渠道更加畅通；孵化培育一批创新型小微企业，并从中成长出能够引领未来经济发展的骨干企业，形成新的产业业态和经济增长点；创业群体高度活跃，以创业促进就业，提供更多高质量就业岗位；创新创业政策体系更加健全，全社会创新创业氛围更加浓厚，成功创建国家级创业型城市。

二、加快构建众创空间

依托产业集聚区科技企业孵化器和许昌学院、许昌职业技术学院大学生创业园、实训基地等创新创业载体，加快建设市场化、专业化、集成化、网络化的众创空间，为个人创业和小微企业成长提供低成本、便利化、全要素的开放式综合服务平台。支持高校、科研机构和企业利用闲置楼宇或厂房构建众创空间。依托创业投资机构，打造孵化与投资相结合的众创空间，为小微企业和创业人员提供融资支持。运用互联网和开源技术，打造“互联网+”创新平台，建“互联网+”创业社区，促进互联网与产业融合发展。科技、教育、人社等部门要加强对众创空间的分类指导，引导众创空间快速健康发展。对新认定的国家级、省级、市级“众创空间”，市财政分别给予50万元、20万元、5万元一次性奖励。对“众创空间”提供的宽带网络、公共软件服务费用，按照30%比例给予补贴。

三、加强创业孵化基地建设

在抓好现有创业孵化基地的基础上，再规划建设10个公益性创业孵化示范基地。其中，市本级和各县（市、区）分别建设1个。综合型、楼宇型、门面型和市场型孵化基地经营场地面积不少于1500平方米，加工型孵化基地经营面积不少于2000平方米，创业实体创业孵化成功率不低于60%。设立专门服务区域，配备相应服务设施和人员，为进入基地的创业实体提供咨询、培训、融资等服务。人社部门要对创业孵化基地实行动态管理，每年复查一次，对不符合标准的，取消其创业孵化基地资格。

鼓励和支持多元化主体投资建设科技企业孵化器、大学科技园、众创空间等创业服务载体。工商部门要为科技企业孵化器、大学科技园、众创空间等法人主体注册提供便利，及时快捷予以登记。鼓励骨干企业建立专业孵化机构，完善创新链条，培育壮大小微企业群体。鼓励各类孵化载体通过招投标程序确定专门的孵化运营团队，实行市场化运营。完善“苗圃+孵化+加速”孵化服务链条，探索建立产业整合、金融协作、资源共享的创业孵化新模式。鼓励孵化器设立孵化资金，支持利用孵化资金对在孵企业进行投资和资助。

在市城乡一体化示范区规划建设许昌高新技术产业孵化器，设立技术转移中心或共建研发平台，吸引高校和科研机构进驻。各产业集聚区2015年底前分别建成1家以上市级科技企业孵化器，其中二星级产业集聚区2016年底前要建成1家以上省级科技企业孵化器。支持现有省级科技企业孵化器积极申建国家级科技企业孵化器。对新认定的国家级、省级、市级科技企业孵化器，市财政分别给予100万元、50万元、20万元一次性奖励。

四、降低创新创业门槛

对创业主体坚持“能免则免、能减则减、能放则放、能补则补”的原则，区别不同情况依法减免有关税费，放宽投资创业领域、项目审批管理、投资创业注册等限制。申请个体工商户、创办合伙企业或个人独资企业，一律不受出资数额限制。对符合条件的创业主体给予相应的创业、房租、水电等补助以及社会保险、技能培训、小额贷款贴息等补贴。对拥有自有住房并从事电子商务、软件开发、设计策划等经营活动的创业者，在不影响居民正常生活、依法取得业主同意的前提下，允许将其住所申请登记为经营场所。

深化商事制度改革，积极推进“三证”（工商营业执照、组织机构代码证、税务登记证）合一，认真实施“先证后照”改革，优化工作流程，强化服务效能，进一步推进工商登记便利化，为各类创业主体准入营造宽松便捷的环境。

五、鼓励大学生创新创业

实施大学生创业引领计划，对初次创业的应届及毕业两年以内的高校毕业生给予每人5000元一次性创业补贴。鼓励高校开设创新创业教育课程，开展大学生创业培训，支持许昌学院、许昌职业技术学院建设大学生创新创业学院。鼓励高校与金融部门、小额担保贷款管理部门合作，探索设立校内大学生创业小额担保贷款指导服务站，提升贷款审批效率，小额担保贷款额度统一调整为不超过10万元。

建立许昌市大学生创业实践示范基地，充分发挥大学科技园、科技企业孵化器、高校创业实践示范基地等孵化载体作用，为大学生创业者提供创业培训、营销代理、工商注册、法律服务、创业交流、融资对接等服务，解决大学生创业初期资金和经验不足等难题。在校大学生到孵化载体休学创办小微企业，可向学校申请保留学籍2年，并根据创业绩效给予一定学分奖励。

六、提升科技型中小企业创新能力

实施科技型中小企业培育专项，遴选一批创新能力强、成长速度快、发展潜力大的科技“小巨人”企业进行重点扶持。鼓励科技型中小企业建立实验室、技术中心、工程研究中心等研发机构，引导其加强技术改造，采用新技术、新工艺、新设备，调整优化产品结构。加大对小微企业技术创新产品和服务的政府采购力度，鼓励小微企业组成联合体共同参加政府采购与首台（套）示范项目。

依托主导特色产业，积极引进国内一流大学、科研院所到我市建立大学科技园或科研分支机构。对建设大学科技园的，按照“一事一议、特事特办”原则给予特殊政策支持。对建立科研分支机构的，除在土地使用等方面给予重点支持外，待完成工商注册等手续后，由市财政专项给予不低于3000万元的经费资助，所在县（市、区）要等额给予配套。

鼓励高校、科研院所科研人员创办科技型中小企业，允许高校和科研院所等事业单位科技人员在不影响本职工作和单位权益的条件下到企业兼职或在职创办企业进行成果转化。高新技术企业和科技型中小企业科研人员通过科技成果转化取得股权奖励收入时，原则上在5年内分期缴纳个人所得税。个人以股权、不动产、技术发明成果等非货币性资产进行投资的实际收益，可分期纳税。

积极与中科院河南产业技术创新与育成中心开展合作，建立中科院河南产业技术创新与育成中心许昌分中心，以此为载体引进中科院人才、技术成果，并积极申报中科院有关项目。市财政每年从科技经费中安排200万元，对我市企业与中科院合作实施的项目给予配套支持。

七、完善创新创业服务平台

强化公共创业就业服务，健全覆盖城乡的公共创业就业服务体系，乡（镇、街道）人力资源社会保障机构由县级人力资源社会保障部门垂直管理，提高服务均等化、标准化和专业化水平，为创业者提供创业指导、项目推介、融资服务、跟踪扶持等服务。健全公共创业就业服务经费保障机制，将县级以上公共创业就业服务机构经费纳入同级财政预算，对县级以下基层公共创业就业服务平台提供的公共创业就业服务，采取政府购买服务的方式予以补偿。各产业集聚区要完善提升辖区现有乡（镇）级人力资源市场（人力资源社会保障事务所）服务功能，其中每个产业集聚区人力资源市场场地面积不少于100平方米，以更好地提供创业就业、人才招聘、职业培训、社会保障等综合服务。支持小微企业公共服务平台和服务机构建设，鼓励科技企业孵化器与市级以上各类创新平台对接合作，建设专业技术服务平台。优化重点实验室、工程（技术）研究中心布局，按功能定位分类整合，构建开放、共享、互动的创新网络，建立向企业特别是小微企业有效开放的机制。加大科研基础设施、大型科研仪器和专利基础信息资源等向社会开放力度。加快建立覆盖全市、服务企业的技术转移网络。加强电子商务基础建设，为创新创业搭建高效便利的服务平台，提高小微企业市场竞争力。

加强创业项目库建设，每年开发创业项目500个以上，健全市、县、乡、村四级联动、资源共享的创业项目库，通过服务平台向群众展示推广。因地制宜地探索和发展具有地方特色的创业项目，向各类有创业意愿和创业条件的劳动者推介，提高创业项目的有效对接率，促进项目成功转化。

八、强化财政资金支持引导

市、县两级政府根据就业状况和创业就业工作目标，在财政预算中合理安排创业就业资金，其中市财政每年安排创业就业资金1000万元、县（市、区）财政每年安排300万元，为创业就业服务机构建设、创业就业专项活动、创业项目开发、创业专家服务、创业宣传和表彰奖励等提供保障。按照系统规范、精简效能的原则，明确政府间促进创业就业政策的功能定位，严格支出责任划分。进一步规范就业专项资金管理，强化资金预算执行和监督，开展资金使用绩效评价，着力提高就业专项资金使用效益。

设立1000万元的许昌市科技创新创业投资引导基金，引导创办或引进科技创新创业风险投资机构，遵循引导性、间接性、非营利性和市场化原则，通过与社会资本合作设立子基金等方式，对科技成果转化和科技型小微企业开展股权投资。争取用2年时间，建成1—2家科技创新创业风险投资机构。

通过科技型企业培育、自主创新产品、科技金融结合等专项，采取以奖代补、风险补偿等方式，发挥财政资金的杠杆作用，激励小微企业加大研发投入，引导金融资本支持创新创业。

九、构建创业投融资体系

围绕创新创业企业不同发展阶段的融资需求，积极引导社会力量，构建多层次的创业投融资服务体系。鼓励优秀企业家、创业导师等对创业团队和种子期、初创期的小微企业提供天使投资。市财政对向小微企业提供创业投资和贷款的金融机构给予风险补偿。

加大对小微企业改制和上市辅导等工作环节的支持力度，积极引导和鼓励创业企业在中小板、创业板、新三板、区域股权交易市场等多层次资本市场上市、挂牌融资。对小微企业发行中小企业集合债券、中小企业私募债等债务融资工具成功实现融资的，市财政给予一定比例的发行费补贴。

鼓励金融机构设立科技支行，大力发展金融服务。鼓励开展互联网股权众筹融资、债券市场融资、知识产权质押、科技融资担保等多种金融服务。

十、建立创新创业工作机制

强化对大众创业、万众创新工作的组织领导，健全政府负责人牵头的工作协调机制，及时对创新创业形势分析研判，细化目标任务，落实完善优惠政策，协调解决重点难点问题，确保各项创业就业工作目标完成和就业局势稳定。

支持科技企业孵化器、大学科技园、众创空间等举办各种创业大赛、创业沙龙、创业讲堂、创业训练营等活动，营造人人推动创新、人人支持创业的社会氛围。

发展创业服务业，引进、培育一批高水平、专业化创业服务企业。加强职业技能和创业培训。完善政府购买培训成果机制，积极开展高校毕业生、登记失业人员、退役军人、就业困难人员和农村转移劳动力就业技能培训及企业岗位技能提升培训，加强失业人员职业指导培训。

加强市、县（市、区）联动，明确责任，统筹协调，整合集成创新创业资源。完善区域创新创业考核督促机制，引导和督促各县（市、区）、产业集聚区加强创新创业基础能力建设。

许昌市人民政府
2015年8月26日

南阳市高层次人才、创新创业人才及团队引进培养办法（试行）

（宛发〔2015〕19号）

第一章 总 则

第一条 实施人才强市战略，落实大众创业万众创新新要求，激发创新创业活力，优化发展环境，集聚海内外各类人才来宛创新创业，打造经济发展新引擎，为建设大美南阳、活力南阳、幸福南阳提供人才支撑和智力保障，依据有关法律法规，制定本办法。

第二条 高层次人才、创新创业人才及团队（以下简称高层次人才及团队）的引进培养坚持以下原则：

1．立足当前、着眼长远，使用与储备统筹考量；

2．不求所有、但求所用，引才与引智相结合；

3．适需充缺、按需引才，从实际出发；

4．注重实绩、讲求实效，重学历、职称又不唯学历、职称；

5．事业引才、待遇引才，激励与保障并重。

第三条 本办法所称高层次人才，是根据我市现行人才分类目录，经认定具有较高学术水平、较强创新创业能力的各类高端人才和高级人才，包括：

1．国内外顶尖人才（A类），主要包括诺贝尔奖获得者、中国科学院院士、中国工程院院士及相当层次的人才；

2．国家级领军人才（B类），主要包括国家级有突出贡献的中青年专家、国家“千人计划”专家、长江学者及相当层次的人才；

3．省级领军人才（C类），主要包括省部级有突出贡献的中青年专家、中原学者、省“百人计划”专家及相当层次的人才；

4．市级领军人才（D类），主要包括市（厅、局）级拔尖人才、科技功臣及相当层次的人才；

5．高级人才（E类），主要包括具有全日制博士研究生学历学位或具有副高级以上专业技术职务的人才、市（厅、局）级以上表彰的规模以上企业主要经营管理人才及相当层次的人才。

对我市急需紧缺、确有真才实学、社会贡献较大、现行人才目录难以界定的在某些方面具有特殊才能或特别贡献的“偏才”“专才”，经评审认定后，享受相应的人才待遇。

第四条 本办法所称创新创业人才，主要是指具有一定知识或技能，适合我市经济社会发展重点领域方向，能够产生创新创业成果的各类人才。团队分为创新团队和创业团队两类。创新团队是指以高层次创新人才为核心，创新业绩显著或有较大的创新潜力，依托高校、科研院所或企业研发平台，致力于创新成果产业化的人才团队。创业团队是指带技术、项目、资金等落户南阳创业，技术和产品有较好的市场前景，符合我市产业发展方向和技术创新需求，能引领我市产业发展和技术创新的优秀团队。

第五条 各类高层次人才及团队的引进培养要紧紧围绕高效生态经济示范市建设，主要集中在“龙腾计划”“雁阵计划”“金地计划”确定的经济发展重点领域和教育、卫生等社会发展重点领域。

第六条 高层次人才及团队引进培养工作在市人才工作领导小组领导下，由市人才工作领导小组办公室统筹协调，市人社部门组织实施，相关部门协同配合，共同参与。

第七条 建立高层次人才及团队评价认定和淘汰更新机制。设立南阳市高层次人才及团队评审认定委员会（以下简称评审认定委员会），负责提出高层次人才及团队的评价、认定、享受待遇、淘汰更新等方面的意见。

第八条 引进方式：

1．刚性引进。人事关系转入我市，或与我市用才单位签订5年以上全职劳动合同。

2．柔性引进。不迁户口、不转人事关系，定时或不定时来我市兼职、咨询、短期工作、项目合作、领办联办企业等。

第九条 市财政从2016年起设立人才发展专项资金，纳入年度预算优先保障，主要用于人才及团队的引进、开发、培养、奖励等。鼓励用才单位设立人才发展专项资金，在人才引进、开发过程中发生的费用可计入成本，在税前列支。

第二章 创新创业支持

第十条 对从事符合我市经济发展重点领域的科研与技术开发项目，并由引进的高层次人才控股或拥有不低于30%股权的企业，经审定后，由受益财政给予30万—50万元的科技开发启动资金。

对在宛工作期间获得国家或省部级重大科技奖项的，经审定后，从市或县区人才发展专项资金中给予国家或省（部）同等额度的资金奖励。各类人才获国内职务发明专利授权后每件给予5000元奖励。承担国家973计划、863计划、国家科技支撑计划项目给予一次性奖励80万元;承担科技型中小企业创新基金项目给予一次性奖励10万元。

对从国外引进的重点或优秀智力项目分别给予30万元、10万元资助。对获得国家和省外国专家局批准的引进国外技术、管理人才项目按照国家下拨引智经费要求，由受益或同级财政按照与国家资助1：1比例匹配配套资金。

第十一条 对引进的高层次人才及团队在我市创办高新技术企业，且项目具有自主知识产权或技术成果国际领先、能够填补国内空白，有较高科技含量、良好市场潜力和产业化条件的，经审定后，由受益财政给予100万元的创业启动资金。

第十二条 鼓励金融机构加大对人才创业企业和项目的信贷融资支持，开展信用贷款、知识产权质押贷款、股权质押贷款、信用保险及贸易融资等类型的信贷融资。设立创业投资引导基金、风险池资金等融资扶持资金，引导社会资本投资人才项目和企业，逐步提高财政资金间接扶持比例。加大人才创业企业担保融资，鼓励政策性担保机构对符合条件的人才创业企业融资担保，根据需要可按最高上限担保额给予贷款担保，按最低下限收费标准收取担保费，最大限度地支持人才创业企业融资和降低融资成本。根据创业项目进展需要，经审定后，对符合条件的，优先提供或使用不超过400万元的小额担保贷款，并按规定给予担保及贴息资助。对获风险投资的人才创业企业，可给予不超过投资额50%、最高不超过500万元的政策性担保。对获得银行贷款且列入南阳市重点培育100家高成长骨干企业的，按不同贷款额度给予贷款贴息补助。逐步扩大市创业投资引导基金规模，鼓励设立人才创新创业引导基金子基金和南阳市中小企业信用贷款风险池资金，改善企业融资环境。对符合条件的人才创业企业，积极推荐进行单一发债、集合发债、股权融资、股改、挂牌、上市等，利用多层次资本市场助推企业加快发展。

第十三条 引进的高层次人才及团队，带省级以上具有自主知识产权的高新技术成果或项目来我市实施转化、创办企业或从事技术项目研究开发的，可根据我市关于科技计划项目和科技发展专项经费的规定，享受有关优惠政策。国家、省、市对科技成果完成人和为科技成果转化作出重要贡献人员的资助，不受事业单位绩效工资总额限制。符合税收政策规定条件的高校、科研院所转化职务科技成果以股份或出资比例等给予科技人员资助，获得人在取得股份、出资比例时，暂不征收个人所得税。加强知识产权的管理与服务，推广科技保险和知识产权质押贷款业务，对人才和团队创办企业的产品，具有自主知识产权的，按照相关规定在采购政策方面给予一定的支持。

第十四条 鼓励引导各类人才创办的企业申请高新技术企业。对符合税法规定的研究开发费用，形成无形资产的，按照无形资产成本的150%摊销，未形成无形资产的，在按照规定据实扣除的基础上，按照研究开发费用的50%加计扣除。国家重点扶持的高新技术企业，减按15%的税率征收企业所得税。对新办的集成电路设计企业和符合条件的软件企业，经认定后，在2017年12月31日前自获利年度起计算优惠期，享受企业所得税“两免三减半”优惠政策。从2015年1月1日至2017年12月31日，对年应纳税所得额低于20万元（含）的小型微利企业，其所得减按50%计入应纳税所得额，按20%的税率缴纳企业所得税。创业投资企业采取股权投资方式投资于未上市的中小高新技术企业2年以上的，可以按照其投资额的70%在股权持有满2年的当年抵扣该创业投资企业的应纳税所得额；当年不足抵扣的，可以在以后纳税年度结转抵扣。对生物药品制造业，专用设备制造业，铁路、船舶、航空航天和其他运输设备制造业，计算机、通信和其他电子设备制造业，仪器仪表制造业，信息传输、软件和信息技术服务业等6个行业的企业2014年1月1日后新购进的固定资产，可缩短折旧年限或采取加速折旧的方法。对上述6个行业的小型微利企业2014年1月1日后新购进的研发和生产经营共用的仪器、设备，单位价值不超过100万元的，允许一次性计入当期成本费用在计算应纳税所得额时扣除，不再分年度计算折旧；单位价值超过100万元的，可缩短折旧年限或采取加速折旧的方法。

第十五条 大学生自主创办企业或从事个体经营的，可申请不超过20万元的小额担保贷款。根据项目吸纳能力、科技含量、潜在经济社会效益、市场前景等因素，分别给予2万元至15万元资金扶持。对拥有独立自主知识产权和发明专利、节能降耗、劳动密集型创业项目优先扶持。

第三章 工作生活待遇

第十六条 刚性引进符合本办法第三条规定的高层次人才，经审定后，享受以下工作、生活待遇：

1．符合本办法第三条A类人才，给予100万元安家费，提供不低于100万元的科研启动经费，每年给予2万元岗位津贴、1万元差旅费。用才单位提供与之相适应的实验室，并根据本人意愿配备工作助手1—2名，配备工作用车或给予工作用车购置一次性补助。

2．符合本办法第三条B类人才，给予60万元安家费，提供不低于30万元的科研启动经费，每年给予2万元岗位津贴、1万元差旅费。用才单位提供与之相适应的实验室，并根据本人意愿配备工作助手1—2名，配备工作用车或给予工作用车购置一次性补助。

3．符合本办法第三条C类人才，给予40万元安家费，提供不低于20万元的科研启动经费，每年给予1万元岗位津贴、5000元差旅费。用才单位提供与之相适应的实验室，并根据本人意愿配备工作助手1名，配备工作用车或给予工作用车购置一次性补助。

4．符合本办法第三条D、E类人才，给予不低于15万元安家费，提供5万—10万元的科研启动经费，给予一次性综合补助2万元。用才单位根据情况提供实验室，配备工作助手、工作用车或给予工作用车购置一次性补助。

上述条款中，安家补贴按照引进时的标准一次性计发，每人只享受一次。夫妻双方同属引进高层次人才的，按照补贴标准高的一方全额、另一方减半计发。

对我市引进的高端外国专家实行一次性资助，按照年薪30万—50万元、50万—80万元、80万元以上3个区间，分别按年薪的40%、50%、60%的标准给予资助，资助金额最高不超过60万元。

第十七条 对柔性引进各类高层次人才的工作生活待遇，由评审认定委员会根据每个人才不同情况，参考刚性引进高层次人才工作生活待遇标准，核定其应享受的工作生活待遇。

第十八条 对刚性引进超（满）编事业单位的各类高层次人才，由市、县区机构编制部门按照有关规定核定专项编制。

对进入企业工作的高层次人才，根据本人意愿，可以核定人才专项编制，保留在市、县区人才交流中心，但不改变引进时约定的工资、福利等供给渠道。

人才引进中，纯属流动原因不能正常接转人事关系的，经市人社局确认后，可重新建档，工龄及社保缴费连续计算。

第十九条 引进高层次人才评聘专业技术职务，不受所在单位专业技术岗位数额和结构比例限制。在国外取得的业绩成果，可以作为申报专业技术职务资格时的业绩依据。业绩成果突出的人才，可不受资历和现有专业技术职务限制，直接申报评审相应的专业技术职务资格。

第二十条 积极推进“人才家园（公寓）”建设，逐步建立周转房租住制度，为引进的高层次人才提供住房保障。鼓励各县区和在宛高校、科研院所及企业自行建设“人才家园（公寓）”，允许高层次人才较为集中且有自用土地的单位，建设住房解决引进高层次人才的住房问题。对具有中级（含）以上专业技术职务，或高级（含）以上职业资格证书，或本科及以上学历且毕业未满7年（具有硕士及以上学历的不受毕业年限限制）的创新创业人才，优先纳入市公共租赁住房保障。

第二十一条 引进的高层次人才，其配偶有工作意向，符合就业条件的，由人社部门负责协调安排工作，或通过市场化运作、政府购买服务等方式帮助解决就业。

第二十二条 引进高层次人才的子女，在所属行政辖区内，根据就学意向，由教育部门妥善安排优质教育资源。

第二十三条 切实提高高层次人才医疗保障水平，引进的A类人才，参照享受河南省一级保健对象医疗保障待遇（特殊人才待遇）；B类人才享受河南省二级保健对象医疗保障待遇；C类人才，享受河南省三类干部医疗保障待遇；D类、E类人才，参照享受南阳市正、副处级领导干部医疗保障待遇。

第二十四条 刚性引进我市的高层次人才，在宛工作期间入选国家“千人计划”和省“百人计划”及相当层次专家，在享受国家、省规定待遇同时，分别给予20万元和10万元的一次性奖励；被评为享受国务院特殊津贴及相当层次专家，给予一次性2万元奖励；被评为享受河南省政府特殊津贴及相当层次专家，给予一次性1万元奖励。对经省级认定的科技创新团队一次性给予10万元奖励。奖励资金从市或县区人才发展专项资金中列支。

第二十五条 新引进的高层次人才在宛做出突出贡献且表现优秀、符合相关资格条件规定的，优先作为各级党代表、人大代表、政协委员和各级劳动模范、先进工作者等人选推荐。

第四章 人才激励及培养

第二十六条 进一步健全我市人才最高荣誉制度，每3年开展一次南阳市杰出人才评选工作，每次10名，给予每人一次性奖励10万元；每3年开展一次南阳市科技功臣评选工作，每次10名，给予每人一次性奖励5万元；每2年评选一次享受市政府特殊津贴人员，每次20名，给予每人一次性津贴1.5万元；每2年评选一次创新创业青年人才，每次20名，给予每人一次性奖励2万元；每3年评选一批南阳市拔尖人才，每批200名，给予每人每月200元津贴。费用从市人才发展专项资金中列支。

第二十七条 加大高技能人才培养力度。实施高技能人才培训补助计划，对列入培训补助计划的项目给予全额资助。对我市企业、培训机构按规定直接培养或输送培养高技能人才并取得高级工、技师资格的，按培养人数和技能等级给予每人500、1000元资助；对在宛高校、高职院校、技工院校学生在毕业前取得高级及以上职业资格证书的，给予每人1000元资助；开展“新技术、新工艺、新材料、新设备”等高技能人才的素质提升培训，按人均1000元给予资助；对参加急需紧缺技师、高级技师培训，经考核取得相应技师、高级技师国家职业资格证书的，按每人2000元的标准对个人予以补助，被评定为南阳市首席技师的给予每人1万元资助。加强技能大师工作室建设，对认定满3年的市级以上优秀技能大师工作室给予5万元资助。

第二十八条 支持人才中介服务业发展，积极引进国内外知名人才中介机构。建立实施引才激励制度，对为我市引进A、B类人才及“省领军型创新创业团队”的个人或中介组织，分别给予30万元、10万元、20万元奖励。

第二十九条 支持企业、科研院所和高校通过建立院士工作站、博士后科研工作站等研发机构留住人才、用好人才，加强科技创新。对建站成功的院士工作站，一次性给予30万元资助。对新建立的博士后科研工作站、河南省博士后研发基地，给予每站20万—30万元资金补助；现有博士后科研工作站招收博士后进站开展科研活动，每进站1名博士后给予10万元经费资助；被评为优秀博士后科研工作站和河南省博士后研发基地的给予2万元奖励。对经认定的国家级、省级、市级研发平台，分别一次性给予100万元、30万元、10万元资助；对引进的符合我市产业发展方向且成果在我市转化的国家级研发平台，一次性给予50万元资助。对经认定的市级人力资源服务产业园、留学生创业园、大学生创业园，给予30万元资助。上述费用从市县区人才发展专项资金中列支。

第三十条 鼓励和支持有关部门、用才单位以实际贡献为主要标准，加大对高层次人才奖励扶持力度，鼓励和提倡社会力量与专业机构创办各类人才表彰奖项。对同一人才同一事项获得多个奖项，涉及市级财政资金奖励的，依就高原则不重复享受。

第五章 服务保障

第三十一条 根据全市高层次人才及团队的需求情况，定期发布“南阳市高层次人才/创新创业人才及团队需求目录”。引进人才及团队常年接受申报，原则上每半年集中组织审定一次。

第三十二条 引进的高层次人才及团队，颁发《南阳市引进高层次人才/创新创业人才及团队证书》，凭证书享受人才落户、补贴、社会保障、配偶安置、子女入学等待遇和扶持政策。

第三十三条 市评审认定委员会每年对资助对象的工作情况跟踪了解和业绩评价，对综合评估达不到相关要求的，可暂停资助。

引进人才因个人原因未履行合同或在资助期内有违法违纪行为的，经审定后，取消相关待遇、追缴已资助经费等。

第六章 附 则

第三十四条 本办法适用于我市范围内的各类企事业单位和社会团体，不包含各级党政机关和参照公务员法管理的事业单位。各县区可依据本办法，结合本地实际，制定实施办法。

第三十五条 将引进高层次人才及团队工作作为一项重要内容，列入人才目标考评和领导班子领导干部年度考核范围，重点对县区、市直相关职能部门引进高层次人才及团队工作和各项优惠政策落实情况考核问责。

第三十六条 对具有较高水平，能引领我市产业发展、产生重大经济社会效益的国内外各类高层次人才及团队，实行“一人一策、特事特办”。

本办法未明确的其他优惠政策，可本着“互惠共赢、一事一议”的原则，由引才单位与引进人才具体协商。

第三十七条 本办法未明确经费供给渠道，用才单位是财政全供事业性质的，其各种费用按照用才单位的隶属关系，按财政管理方式供给；用才单位是财政差供、自收自支事业或企业性质的，经审定后，其各种费用由同级或受益财政给予一定补贴。

第三十八条 我市现有人才，符合本办法规定的高层次人才条件标准的，经审定后享受相应待遇，另行制定细则。

第三十九条 本办法由市委组织部、市人社局负责解释。

本办法所涉及的资金使用管理、优惠政策措施、人才评价认定等配套实施细则，由相关职能部门负责制定并组织实施。

第四十条 本办法自2015年10月1日起施行。

中共南阳市委
南阳市人民政府
2015年7月16日

湖北省人民政府关于深入推进大众创业万众创新打造经济发展新引擎的实施意见

（鄂政发〔2015〕65号）

为贯彻落实《国务院关于大力推进大众创业万众创新若干政策措施的意见》（国发〔2015〕32号）精神，全面优化创业创新环境，激发全社会创业创新活力，培育催生新企业，开发推广新产品，开辟拓展新市场，打造全省经济发展新引擎，增强发展新动力，制定以下实施意见。

一、指导思想

深入贯彻党的十八大和十八届三中、四中全会精神，按照“四个全面”战略布局，坚持以深化改革为动力，以激发创业创新活力、满足创业创新需求为导向，以建立和完善创业创新体系、提升创业创新服务能力为重点，以我省科教资源和人才优势为支撑，充分发挥市场在创业创新资源配置中的决定性作用和更好发挥政府作用，不断推进资源整合和政策集成，着力构建有利于创业创新的政策环境、制度环境和公共服务体系，在全省迅速掀起大众创业、万众创新的新浪潮，以创业带动就业、创新促进发展，加快推动我省“建成支点、走在前列”进程。

二、总体目标

到2020年，基本形成创业创新“要素集聚、载体多元、服务专业、活动持续、资源开放”的生态体系，全省创业创新新型服务机构超过3000家，孵化具有较强创新能力的科技企业30000家以上，培育造就优秀创业创新人才100万人以上。实现“六个一”，即营造一个政策清晰、机制创新、操作可靠、法律完备、监管高效的创业创新环境；打造一批适应创业创新企业特点和需求的专业化、便利化、低成本、全要素、开放式的众创空间；凝聚一批以企业家、高端人才、科技人员、大学生、返乡农民工为主体的创业创新实践者；培育一批以新兴业态、新兴商业模式为代表的创新型企业；建成一批特色鲜明、服务集聚度高、辐射能力强、品牌效应显著的科技企业孵化器、创业园区和电子商务示范基地；发展一批专业性强、活跃度高、增值服务广泛的创业投资机构。弘扬“敢为人先、追求创新、百折不挠”的创业精神，厚植创业创新文化，不断增强创业创新意识，使创业创新成为全社会共同的价值追求和行为习惯。

三、政策措施

（一）创新体制机制，实现创业便利化。

1．深化商事制度改革。继续实施“三证合一”“一照一码”，深化“先照后证”改革，加快推进电子化进程，实现网上申请、网上受理、网上审核、网上公示和网上年审等全程电子化管理服务。放宽企业名称登记限制，允许注册资金100万元以上的有限合伙企业和特殊普通合伙企业冠用省行政区划名。简化名称申请材料，支持网上名称登记核准，进一步放宽企业住所登记条件，简化住所登记手续，允许“一址多照”。按照非禁即入、公平公开原则，在企业名称登记、企业投资资格、市场主体住所等领域探索负面清单管理。开展电子注册、同城通办和简易注销登记试点。（责任单位：省工商局、省地税局、省质监局、省国税局）

2．优化行政审批服务。按照简政放权、放管结合、优化服务的原则，最大限度地减少行政审批，再取消和下放一批行政审批事项。全面启动“一站式”在线审批，实行一网共知、多部门同步办理、省市县三级联通的审批模式。支持建设网上办事大厅和政务云平台，加快实现“互联网+”公共服务。全面清理、规范涉企行政事业性收费和实行政府定价管理的涉企经营服务性收费，完善收费清单管理制度，实行动态调整。（责任单位：省编办、省发展改革委、省经信委、省财政厅、省物价局）

3．强化知识产权保护。简化知识产权保护程序，推进知识产权民事、刑事、行政案件的“三审合一”，探索专利、版权、商标“三合一”知识产权行政执法体制改革，加强对小微企业、科技人员知识产权的保护，营造有利于自主创新的环境。健全知识产权维权援助体系，设立知识产权维权援助工作站。依法提高对知识产权侵权类案件的损害赔偿标准。（责任单位：省知识产权局、省新闻出版广电局、省工商局、省政府法制办）

4．塑造公平市场环境。加强社会信用体系建设，推进信用信息资源共享，完善信用联合奖惩机制，对诚实守信的创业创新主体在重大项目建设、政府采购、招标投标、国有土地出让、公共资源交易、政府资金安排、企业债券申报、银行贷款、企业投融资管理和服务等重点领域设立“绿色通道”，让失信市场主体“一处违规、处处受限”。积极推进反垄断和反不正当竞争执法工作，严肃查处损害竞争、损害消费者权益以及妨碍创新和技术进步的垄断协议、滥用市场支配地位行为。（责任单位：省发展改革委、省财政厅、省国土资源厅、省商务厅、省工商局、省物价局、省公共资源交易监管局、省政府采购中心、人行武汉分行、湖北银监局）

（二）优化财税金融政策，强化创业创新扶持。

1．加强财政支持。发挥财政资金杠杆作用，通过市场机制引导社会资金和金融资本支持创业创新活动。各级财政要根据创业创新需要，统筹安排各类支持企业发展的相关资金，综合运用各种政策手段，降低融资、物流、审批、社保等创业成本，加大对创业创新的支持力度。支持各类新型创业创新服务平台建设，对优秀创业项目、科技创新项目给予适当补助，对各类新型创业创新服务平台为创业创新主体提供创业服务的房租、水电、宽带网络、公共软件等给予适当补贴。对创业创新企业使用省科学仪器共享平台仪器设备，以及购买专利保险、信用保险、小额贷款保证保险、首台（套）装备保险的费用给予适当补贴。采用政府购买服务的方式，支持各类平台开展项目路演、创业培训等创业创新服务。加大创新产品和服务的政府采购力度，大力扶持创业创新企业的发展。（责任单位：省财政厅、省发展改革委、省教育厅、省科技厅、省人社厅）

2．落实税收优惠。全面落实创业创新企业各项税收优惠政策，争取开展扩大创业创新企业研发费用加计扣除范围试点。加大对创业创新企业研发费用归集等基础管理的辅导力度，指导创业创新企业建立现代企业制度，确保各项税收优惠政策落地。（责任单位：省国税局、省地税局）

3．强化金融支撑。大力发展科技金融，鼓励商业银行提高对小微企业的贷款额度，提供科技融资担保、知识产权质押、股权质押、债权融资、信用担保、银保联动等金融服务。开展知识产权资产证券化及专利保险试点，简化知识产权质押融资流程，拓宽科技型企业融资渠道。鼓励高新技术产业园区、各类创业创新服务平台以贴息、担保的方式帮助小微企业贷款。支持创业创新企业在“新三板”、区域性股权市场进行股权转让融资，运用中小企业集合债券、集合票据等方式进行债券融资。增强武汉股权托管交易中心的服务和融资能力，探索建立省级政府债券融资风险补偿机制。加快培育新型金融机构和融资服务机构，发展实物、股权众筹和网络借贷，有效拓宽金融体系服务创业创新的新渠道新功能。鼓励创业创新企业通过P2P等方式拓宽融资渠道，支持通过PPP方式投资建设创业创新服务平台。（责任单位：省政府金融办、省发展改革委、省科技厅、省财政厅、省知识产权局、人行武汉分行、湖北银监局、湖北证监局、湖北保监局）

（三）扩大创业投资，支持创业起步成长。

1．大力发展创业投资。省级创业投资引导基金、股权投资引导基金、长江经济带产业基金等优先支持创业投资发展。鼓励各地设立创业投资引导基金，支持省、市（州）互动发展，双向参股设立创投基金。探索财政资金与银行、企业、社会资本联合设立多种形式的创业投资引导基金，不断加大创业投资对我省新兴产业发展的支持力度。（责任单位：省财政厅、省政府金融办、省发展改革委、省经信委、省科技厅、省国资委、省长江产业投资集团、省高新技术产业投资有限公司）

2．拓展创业创新资金链。大力发展天使投资、创投基金、风险投资、私募股权投资。省级创业投资引导基金、股权投资引导基金、长江经济带产业基金等支持设立天使基金、创投基金、产业基金、并购基金，鼓励社会资本参股设立各类投资基金，丰富创业投资品种，打造全链条融资体系。引导社会资本投资早期创业创新实践。（责任单位：省财政厅、省政府金融办、省发展改革委、省经信委、省科技厅、省国资委、省长江产业投资集团、省高新技术产业投资有限公司）

3．建立创业风险补偿机制。探索建立省级创业投资引导基金的容错机制，研究制定天使投资管理办法，完善创业投资管理办法，建立风险补偿机制。各级财政资金参股设立天使基金的股权，3年内可原值向其他股东转让。对投资早期创业创新企业的各类基金管理机构给予适当奖励；对投资早期创业创新企业占总投资额60%以上的各类创投基金，省级创业投资引导基金给予适当让利。（责任单位：省财政厅、省发展改革委、省科技厅、省政府金融办、省高新技术产业投资有限公司）

（四）提升创业服务能力，建设创业创新平台。

1．加快众创空间建设，创建示范基地。启动实施大众创业、万众创新三年行动计划。支持各类市场主体建设低成本、便利化、全要素、开放式的新型创业创新服务平台。盘活老旧厂房、库房等闲置资源，为创业创新者提供创业场所。加快湖北省创业创新云服务平台建设，充分利用国家和省级高新区（开发区）、科技企业孵化器、小型微型企业创业示范基地、电子商务示范基地、大学科技园和高校、科研院所的基础条件，按照创业创新主体需求构建专业服务链。鼓励大型企业设立创业创新孵化服务平台和内部创客空间。以提升创业创新服务能力为抓手，着力培育一批设施完备、管理规范、功能齐全、示范带动作用强的创业创新示范基地。（责任单位：省科技厅、省发展改革委、省经信委、省教育厅、省财政厅、省人社厅、省商务厅、省国资委）

2．推进资源共享，提高服务能力。加快省级创业创新服务平台建设，构建创业扶持政策发布咨询、创业信息汇聚、创业创新互动、创业投资对接的综合服务平台。支持众创空间、科技企业孵化器、小型微型企业创业示范基地、电子商务示范基地、创业就业培训基地等开展创业创新项目路演、创业创新交流及培训活动；引导资源集聚，形成集合效应，鼓励有条件的地方设立梦想小镇、创业小镇、基金小镇等；支持组织区域性、全国性和国际性的创业创新大赛、创业大讲堂、创业训练营等公益性活动。鼓励各类创业创新服务机构平台开放、资源共享、功能互补、合作共赢，为创业者提供政策咨询、创业指导、项目推介、投融资服务等“一站式”创业服务。定期对各类创业创新服务平台开展绩效评价，对运行良好、特色突出、服务绩效优秀的予以奖励，促进各类平台提升服务水平。（责任单位：省发展改革委、省经信委、省教育厅、省科技厅、省财政厅、省人社厅、省商务厅）

3．创新服务模式，促进融合创新。加速发展“互联网+”创业网络体系，促进创业与创新、创业与就业、线上与线下相结合。支持建设互联网众创空间，为互联网创业团队提供培训、技术支撑、产品评估等服务。鼓励和引导大型互联网企业和电信、广电运营商向创业者开放计算、存储和数据资源，为小微企业提供便捷、低廉、有保障的服务。积极推广众包、用户参与设计、云设计等新型研发组织模式和创业创新模式。大力发展企业管理、财务咨询、人力资源、法律顾问、知识产权、检验检测、现代物流等第三方专业服务，支持各地政府为创业创新团队提供注册登记、人才引进、专利申请、科技创新等服务。（责任单位：省发展改革委、省经信委、省教育厅、省科技厅、省财政厅、省人社厅）

（五）构建纳才引智体系，实现创业带动就业。

1．支持返乡创业集聚发展。结合推进新型城镇化，引导农民工返乡创业的企业适当向小城镇集聚，充分利用小城镇和乡村的存量非农建设用地，支持返乡农民工创办适合当地产业发展的各类企业。鼓励各地建设返乡创业园，完善基础设施建设，集中发展现代农业、农产品深加工、休闲农业、观光农业，形成聚集效应，增强农村发展活力。推进电子商务示范基地向基层延伸，发挥产业聚集优势和辐射效应。引导各类创业孵化基地为电子商务创业人员提供场地支持和创业孵化服务，鼓励有条件的地区建立电子商务产业园，促进工业品和农产品双向流通。（责任单位：省发展改革委、省科技厅、省财政厅、省人社厅、省国土资源厅、省住建厅、省农业厅、省商务厅）

2. 支持大学生创业就业。深入实施大学生创业引领计划和湖北省大学生创业扶持项目，全面落实扶持大学生创业的各项政策措施。推进高校创业教育制度改革，完善创业课程设置，培养在校学生创业意识。允许在校大学生利用弹性学制休学创业，在校大学生利用弹性学制休学创业的可视为参加实践教育，并计入实践学分。鼓励教师带领或辅导学生创业，在职称评定、绩效考核上给予倾斜。（责任单位：省教育厅、省人社厅、省发展改革委、省科技厅）

3. 支持科技人员创业创新。全面贯彻《促进高校、院所科技成果转化暂行办法》，落实激励政策。支持高校、科研院所、国有企事业单位的科技人员离岗创业。鼓励在职科技人员在完成本职工作的基础上，采取兼职兼薪方式创业或服务企业创新。（责任单位：省科技厅、省教育厅、省财政厅、省人社厅、省国资委）

4. 支持高端人才引领创新。以引进创业创新人才和创业创新团队为重点，深入实施“千人计划”和“百人计划”，培养聚集一大批具有创业创新示范引领作用的人才。支持海外归国人才创业创新，建设海外人才离岸产业创新中心，为海外归国人才提供创业创新便利服务。把握人才回归趋势，实施“楚才回归”工程，引进我省急需的“互联网+”等新兴产业和新兴业态的领军人才。放宽创业者落户等条件，构建引进高层次人才“绿色通道”，对有战略意义的高端人才以“一事一议”的方式解决人才引进相关事宜。加快构建有利于创业创新的人才发展体制机制，破除各类高层次人才创业创新的身份、评价、激励等制度壁垒。制定战略性新兴产业新业态人才行动计划，实施湖北省创业创新战略团队项目，引导海内外高层次人才到一线创业创新。（责任单位：省委人才办、省编办、省发展改革委、省教育厅、省科技厅、省公安厅、省财政厅、省人社厅、省外侨办）

5. 健全创业创新培训体系。推进各类创业创新培训资源整合，采取培训机构面授、远程网络互动等方式，将技能培训、理论学习、模拟实训、创业实践、跟踪服务相结合，切实提高创业培训的质量和实效。支持高校、科技企业孵化器、众创空间等新型创业创新服务平台积极开展创业创新培训。建立创业导师库，对创业者分类、分阶段进行指导。加强对潜在农民工创业者技术能力的培训，重点开展互联网应用、电子商务、信息处理等专业知识和技能的培训。（责任单位：省发展改革委、省教育厅、省科技厅、省财政厅、省人社厅）

四、保障机制

（一）加强组织领导。建立由省发展改革委牵头的湖北省推进创业创新工作联席会议制度，加强对全省创业创新工作的顶层设计、政策制定、统筹协调、督办评估，及时协调解决创业创新中面临的突出问题，统筹整合各部门支持政策，共同推动大众创业、万众创新蓬勃发展。重大事项要及时向省人民政府报告。

（二）加强上下联动。各地、各部门要进一步统一思想认识，把推进创业创新工作摆在突出位置，按照本实施意见的要求，明确任务分工，落实工作责任，推动支持创业创新发展的各项政策措施落到实处。建立部门之间、部门与地方之间政策协调联动机制，形成政策合力。

（三）加强检查督办。将各地、各部门推进创业创新工作纳入绩效考核体系，按要求组织检查考评。加快建立推进大众创业、万众创新有关普惠性政策措施落实情况督查督导机制，建立和完善政策执行评估体系和通报制度，确保各项政策措施落地生根。

（四）加强宣传引导。要加大对大众创业、万众创新的宣传力度，办好每年“全国大众创业万众创新活动周”，在各类新闻媒体开设创业创新专栏，及时发布支持创业创新的政策措施，宣传推介创业创新项目路演、对接、培训、大赛等活动，加强舆论引导，大力营造鼓励创新、宽容失败的良好环境。

湖北省人民政府

2015年10月24日

湖北省人民政府办公厅
关于发展众创空间推进大众创新创业的实施意见

（鄂政办发〔2015〕64号）

根据《中共中央国务院关于深化体制机制改革加快实施创新驱动发展战略的若干意见》（中发〔2015〕8号）精神和《国务院办公厅关于发展众创空间推进大众创新创业的指导意见》（国办发〔2015〕9号）要求，经省人民政府同意，现就全省大力发展众创空间推进大众创新创业提出以下实施意见。

一、总体要求和发展目标

（一）总体要求。全面贯彻落实党中央、国务院部署要求，主动适应我国经济发展新常态，坚持“市场导向、政策集成、开放共享、创新服务”原则，将发展众创空间推进大众创新创业作为推进“创新湖北”建设和构建中部崛起重要战略支点的重要突破口，实施“创业湖北”行动，以营造良好创新创业生态环境为目标，以激发全社会创新创业活力为主线，以构建创新创业服务平台为重点，充分发挥我省科教、人才优势，加快转变政府职能，充分发挥市场作用，着力建设创新创业平台、发展创新创业主体、优化创新创业服务、培育创新创业人才，推进形成全省上下大众创业、万众创新的生动局面，为湖北经济社会转型升级发展注入新动力。

（二）发展目标。到2020年，建成载体多元、要素聚集、人才活跃、服务专业、资源开放，能够充分释放市场活力和社会创造力的创新创业生态系统，使湖北成为中部地区乃至全国范围内具有重大影响的创新创业高地。建成150个国内知名、区域领先、特色鲜明的科技企业孵化器；建成20家初创企业、服务机构集聚度高、辐射力强且品牌效应显著的创业园区，全省各级各类科技企业孵化器面积达到2000万平方米；聚集1000家活跃度高、专业性强、市场化程度高的创业投资机构；新孵化培育3万家新兴产业领域的创新型科技企业；全社会创新意识显著增强，创业活力全面激发，创新创业政策体系更加健全，服务体系更加完善，创新创业文化氛围更加浓厚。

二、大力建设创新创业平台

（三）支持产业园区建设创新创业服务平台。支持武汉东湖国家自主创新示范区、省内各高新技术产业开发区、经济技术开发区等产业园区，大力发展科技企业孵化器等创新创业服务平台，推广创客空间、创业咖啡、创新工场等新型孵化模式，围绕产业发展需求，高效整合各类创新创业要素，逐步建立线上与线下相结合、孵化与投资相结合、大企业带动创业企业的科技创新创业服务体系。

（四）支持高校院所建设创新创业孵化器。支持大学科技园建设，鼓励在鄂高校和科研院所充分利用自身资源自建或联合共建科技创业孵化器，为科技创业、技术转移、成果转化和创新创业人才培养提供实体空间和服务平台。支持高校向校园科技创业孵化器开放共享各类资源，促进高校科研项目的市场化、产业化和高端创业人才的培养、孵化。省级科技管理部门应将校园科技创业孵化器纳入科技企业孵化器管理体系，并对运行良好、特色突出、服务绩效优秀的校园科技创业孵化器进行奖励。

（五）支持社会力量建设众创空间等新型创业服务平台。鼓励行业领军企业、创业投资机构、社会组织等社会力量和民营资本积极参与或自主建设创新创业服务平台，发展一批适应大众创新创业需求和特点，低成本、便利化、全要素、开放式的众创空间等新型创业服务平台。加强对众创空间等新型创业服务平台的分类指导，根据其创建成效，通过后补贴等方式支持其进一步提升服务能力。

（六）提升各类创新创业平台服务功能。坚持数量扩展与质量提升相结合，引导科技企业孵化器、大学科技园、中小企业服务中心、大学生创业基地、众创空间、科技服务中介机构等各类创新创业服务平台完善服务功能，提升服务能力，增强服务绩效，开展服务合作。定期对各类创新创业服务平台开展绩效考核，每年安排一定资金对绩效优秀的创业服务机构进行奖励。充分运用互联网等现代信息技术，建立创新创业在线管理和服务平台，面向全省创新创业人才、企业、服务机构等提供全面、系统、及时的政策、信息、研发、投资、项目、知识产权等各类服务。

（七）建立创新创业技术支撑平台。支持省级以上科技企业孵化器自建或者合作建设基础、公用的专业技术平台，对平台新购置通用的、基础性的仪器设备费用的30%给予后补贴，单个孵化器补贴总额不超过100万元。鼓励在创新创业企业集中的产业集群建设产业技术研究院。鼓励创新创业企业建立重点实验室、工程（技术）研究中心、企业技术中心。

三、大力培育创新创业主体

（八）鼓励科技人员创业。全面贯彻落实省政府《关于促进高校院所科技成果转化暂行办法》（鄂政发〔2013〕60号）及实施细则，大力推动科技成果使用、处置和收益改革，进一步探索科技人才分类评价体制改革，推进高校、院所建立健全鼓励科技人才创新创业的工作机制和薪酬岗位管理制度，激发教师、科技人员离岗、在岗创新创业的积极性，释放创新创业活力。建立健全科学的职称评价制度，高校教师、科研人员在创新创业方面取得突出成绩者，在表彰奖励、职称评审等方面予以倾斜。

（九）鼓励大学生创业。高校应实行弹性学制，放宽修业年限，按规定允许在校大学生休学创业，休学创业的学生可申请免修实习实训等相关实践教学课程。高校要设置创新创业学分，建立创新创业学分积累与转换制度。深入推进湖北省大学生科技创业专项、大学生创业引领计划等计划，重点支持毕业5年内的大学生和研究生、在校大学生和研究生以及海外留学生创新创业。

（十）吸引海外留学回国人才来鄂创新创业。加大华创会、中博会等平台宣传力度，吸引海外留学回国人才特别是领军人才、高端人才来鄂创业发展。加强留学人员创业基地建设，为海外人才来鄂创业创建优良载体。加大对高层次留学回国人才的资助力度，支持国家、省、市各级人才计划入选对象所在企业承担国家、省部级科技计划、重点项目或重大工程建设。健全完善留学人才在配偶就业、子女入学、医疗、住房、社会保障等方面配套政策措施，为海外留学人员回国创新创业营造良好环境。

（十一）大力扶持科技型中小微企业。进一步扩大省级创业投资引导基金规模，调整基金支持方向，重点支持初创期科技型企业发展。通过阶段参股、风险补助和投资保障等方式，发挥财政资金杠杆作用，引导创业投资机构投资初创期科技型中小企业。采取前资助、后补助，“创新券”“投资券”“知识产权服务券”等方式，对创新创业企业和符合条件的创新创业服务机构给予重点支持。

四、降低创新创业门槛

（十二）深化商事制度改革。全面落实“先照后证”“三证合一、一照一码”改革。加快推进工商登记注册全程电子化，以电子营业执照为支撑，实现工商注册网上申请、网上受理、网上审核、网上发照和网上公示，推进工商注册便利化。鼓励创新创业主体注册商标，实行品牌化发展，提高创新创业主体的市场竞争力。加大对创新创业主体商标的保护力度，严厉打击侵犯商标专用权的违法行为，切实维护大众创新创业的合法权益。

（十三）放宽企业登记注册条件。放宽企业名称登记限制，企业名称可以使用“众创空间”“创客中心”等与众创空间相关的字样；放宽企业住所登记条件，进一步简化住所登记手续，允许“一址多照”，众创空间内的市场主体可凭众创空间主办方的住所证明及主办方提供的工位号办理注册登记；放宽企业经营范围限制，众创空间等新型创业服务机构的经营范围可用反映行业特点的用语表述；除法律、行政法规和国务院决定保留的登记前置审批事项外，其他事项一律不得作为企业设立登记的前置审批条件。

（十四）减轻创新创业行政事业性收费负担。在省级科技企业孵化器设立的小微企业，设立之后3年内免收登记类、证照类、管理类等行政事业性收费。切实加强对各类涉企收费行为的监管，《湖北省涉企行政事业性收费标准目录清单》外的所有行政事业性收费项目一律不得执行。

（十五）开辟创新创业绿色通道。各级工商管理部门对在众创空间等各类集中区域办公的企业，要开辟绿色通道，对申请人提交的材料，经审查材料齐全、符合法定条件的，应当即时核准。各级知识产权部门对小微企业亟需获得授权的核心专利申请，要予以优先受理、初审，尽快申报，并充分利用电话讨论、远程会晤等方式加强指导。

五、加大财税政策引导力度

（十六）实行创业成本费用补贴。有条件的地方可对在科技企业孵化器内创业的企业，一定时期内予以房租、水电、宽带接入等费用补贴，减轻初创期企业负担。

（十七）实行一次性创业补贴。大学毕业生自毕业学年起3年内在湖北省初次创办小型微型企业或从事个体经营，领取工商营业执照正常经营6个月以上、带动就业3人以上的，可向工商注册地人社部门申请5000元的一次性创业补贴。

（十八）实行创业带动就业补贴。对新招用毕业年度高校毕业生，与其签订1年以上劳动合同并按时足额缴纳基本养老保险、基本医疗保险和失业保险费的小型微型企业，给予1年的基本养老保险费、基本医疗保险费和失业保险费补贴。

（十九）全面落实企业创新创业税收减免政策。全面落实高新技术企业减按15%的税率征收企业所得税、企业研究开发费用加计扣除、企业固定资产加速折旧等政策。加快落实小微企业税收减免政策，对年应纳税所得额低于20万元（含20万元）的小型微利企业，在2015年1月1日至2017年12月31日内其所得额减按50%计入应纳税所得额，按20%的税率缴纳企业所得税。小微企业月营业额不超过3万元（按季纳税9万元）的，免征营业税或增值税。

（二十）全面落实创业带动就业税收优惠政策。在湖北省吸纳登记失业半年以上高校毕业生就业的企业，可按规定享受税收定额扣减优惠，定额标准为每人每年4800元。

（二十一）全面落实科技成果转化税收优惠政策。湖北省内企业在一个纳税年度内，技术转让所得不超过500万元的部分，免征企业所得税；超过500万元的部分，减半征收企业所得税。科技人员和研发团队将科技成果转化收益直接用于创办企业或者投入受让企业的暂不征税，在转让其股权、出资比例和获得分红时征收个人所得税。

（二十二）全面落实创业投资企业税收优惠政策。创业投资企业采取股权投资方式投资于未上市的中小高新技术企业2年以上的，可以按照其投资额的70%在股权持有满2年的当年，抵扣该创业投资企业的应纳税所得额；当年不足抵扣的，可以在以后纳税年度结转抵扣。

六、整合创新创业服务资源

（二十三）引导高校院所服务创新创业。鼓励和支持高校、科研院所主动服务科技创业企业，建立健全创业服务绩效考核和激励机制。省级自然科学基金计划对创业服务绩效排名靠前的高校院所给予重点支持。高校院所科技人员创新创业所获得的收益，在绩效工资调控总量之外核定和管理，不纳入工资总额基数。

（二十四）引导大企业服务创新创业企业。鼓励行业龙头企业和领军企业与科技创业企业建立业务配套、研发合作的对接联络机制，建立国有企业带动创业企业发展的绩效考核评价机制。省发改、经信、科技等部门要将服务科技创业企业作为省级重大计划项目申报及验收考核的重要指标。

（二十五）促进科技资源开放共享。推进高校、科研院所和大中型企业对现有的国家重大科研基础设施、大型科研仪器、工程文献信息和专利信息等资源向全社会开放共享。省内高新技术企业和科技企业孵化器在孵企业使用省科学仪器共享平台仪器设备进行研发检测的，省级科技管理部门按照规定对其检测费用的30%进行后补贴；注册不满3年的在孵企业，补贴比例可提高到50%。省科技信息共享服务平台免费向科技企业孵化器、大学科技园、大学生创业见习基地内企业开放。

七、优化创新创业投融资环境

（二十六）大力发展天使投资、创业投资。大力培育天使投资人，鼓励各地对在科技企业孵化器内开展早期创业投资的天使投资人提供场租补贴及资金奖励，引导更多的天使投资人投资早期创业活动。省创业投资引导基金对社会资本和地方财政资金联合设立天使投资基金的，可给予不高于地方财政出资额的配套支持，财政资金投资额最高不超过基金总额的30%。鼓励各类创业投资机构投资省级以上科技企业孵化器内初创企业，省创业投资引导基金根据被投资企业的注册年限，给予创投机构100%—300%的事后注资，支持其新设创业投资基金。

（二十七）建立完善科技创业投融资服务体系。鼓励银行业金融机构在科技园区内设立科技金融专营机构，为科技型中小企业提供投贷联动、融资担保、知识产权质押、股权质押等金融服务。各级财政部门通过政府购买服务方式，支持服务机构为创业企业提供融资辅导、投融资对接以及开展创新创业大赛等公益性活动和公共服务活动，搭建线上线下科技金融服务平台。

（二十八）发挥多层次资本市场作用。鼓励发展各类股权众筹平台，支持科技型中小企业到新三板和区域性股权交易市场进行展示挂牌和融资。重点鼓励省级以上孵化器在孵企业到武汉股权托管交易中心挂牌，享受政策对接、资本对接、转板对接、融智对接等专项服务。完善创业投资、天使投资退出和流转机制。各级政府对在全国中小企业股份转让系统和武汉股权托管交易中心挂牌的科技型企业予以奖励和扶持。

八、加快培育创新创业人才

（二十九）加大创业导师培育力度。组建一批由成功创业者、知名企业家、天使投资人、专家学者及部门工作人员等组成的创业导师团队，建立创业导师库，对创业者分类、分阶段进行指导，形成创业者与企业家、天使投资人等创业导师的良性互动机制。建立创业导师激励机制，根据其服务绩效给予相应补贴。

（三十）加大创新创业人才培养力度。深入实施湖北省“千名创新人才计划”和“万名创业人才计划”等重大人才工程，培养聚集一批具有示范引领作用的创新创业人才。高校应将创新创业教育融入专业教学和人才培养全过程，进一步完善专业设置、课程安排和人才培养质量标准、人才培养机制等，健全创新创业教育课程体系，改革教育方法和考核方式，强化创新创业实践，造就一大批创新创业高技能人才和实用人才。支持高校、科技企业孵化器、众创空间等新型创新创业服务平台面向社会开展创新创业培训，提高科技人才创业能力和素质。

（三十一）加大海外人才引进力度。以更大力度实施引进海外高层次人才“百人计划”，力争引进更多人才入围中央“千人计划”。加强留学人员创业园、未来科技城等各类平台建设，确保各类人才引得进、留得住、用得好。对海外留学人员回国创业开通工商注册登记绿色通道。简化海外人才出访手续，放宽海外创新创业人才在国（境）外停留时间限制，实行一次审批、多次往返备案。

九、营造浓厚创新创业氛围

（三十二）支持创新创业活动。支持众创空间等各类创新创业服务机构承办区域性、全国性和国际性的创业大赛、投资路演、创业沙龙、创业训练营、导师分享会等活动。有条件的地方应根据创新创业服务机构开展活动的影响力、规模、效果及实际支出等情况，给予一定比例的资金支持。支持各类众创空间和科普教育基地开展创新创业活动，将奇思妙想、创新创意转化为实实在在的创新创业实践。

（三十三）加大创新创业宣传。加强对大众创新创业的新闻宣传和舆论引导，报道“创业湖北”工作进展和我省创新创业的先进人物事迹，树立一批创新创业典型人物。积极倡导敢为人先、宽容失败的创新创业文化，大力培育企业家精神和创客文化，让大众创业、万众创新在全省社会蔚然成风。

十、加强创新创业组织领导

（三十四）加强组织领导。各地、各部门要高度重视推进大众创新创业工作，加强对创新创业工作的组织领导，要结合实际制定具体实施方案，明确工作部署，加大资金投入、政策支持和条件保障力度；各有关部门要按照职能分工，积极落实促进创新创业的各项政策措施。

（三十五）加强示范引领。重点推动东湖国家自主创新示范区、襄阳、宜昌、荆门、孝感、黄冈等高新区开展创业示范引领，通过强化体制机制创新和政策先行先试，大力引导人才、技术、资本、服务等创新资源向园区集聚，积极争取纳入“创业中国”行动体系。对在推动大众创新创业工作中成绩突出的高新园区和创业服务机构给予重点支持，并及时将先进经验向全省推广。

（三十六）加强督办检查。省政府将对各市（州）创新创业各项工作进行专项督查。省科技管理部门要加强对众创空间的指导和支持。各市（州）要做好大众创新创业政策落实情况调研、发展情况统计汇总等工作，及时向省政府报告有关进展情况。

湖北省人民政府办公厅
2015年8月26日

湖北省科学技术厅关于深入推进科技创业的十条意见

（鄂科技规〔2015〕1号）

为了全面贯彻落实《国务院办公厅关于发展众创空间推进大众创新创业的指导意见》（国办发〔2015〕9号）和《湖北省科技厅深化科技体制改革推进“创新湖北”建设的实施意见（试行）》（鄂科技规〔2015〕1号），深入推进湖北科技创业，加快营造大众创业、万众创新的良好生态环境，特制定意见如下：

一、建设新型科技创业服务机构。加快建设一批低成本、便利化、全要素、开放式的“众创空间”“校园创业孵化器”等新型创业服务机构，将其纳入省级科技企业孵化器管理服务体系，并根据其服务绩效进行奖励，支持其进一步提升服务能力。

二、鼓励建立专业技术开发平台。支持省级以上科技企业孵化器搭建基础、公用的专业技术条件平台，为创业企业提供开放共享服务。按其新购置的通用、基础性的仪器设备费用的30%给予后补贴，单个孵化器补贴总额不超过100万元。

三、降低初创企业创新创业成本。提高省级以上孵化器在孵企业研发检测费用补贴标准，成立不满3年的在孵企业，使用省科学仪器共享平台仪器设备发生的检测费用，补贴比例可达到50%。简化研发检测费用补贴申报程序，可由企业所在孵化器按照补贴管理规定统一申报。

四、激励创投机构投资初创企业。省创业投资引导基金鼓励创业投资机构投资省级以上孵化器内的初创企业。根据被投资企业的注册年限，省创业投资引导基金按创业投资机构投资额的100%—300%出资，支持其新设创业投资基金。其中：对投资不满一年的初创企业的按照实际到位投资额的300%予以支持，不满2年的按照200%予以支持，不满3年的按照100%予以支持。

五、大力发展天使投资基金。省创业投资引导基金优先支持社会资本设立天使投资基金。支持市、州政府财政性资金参与设立天使投资基金，省创业投资引导基金按地方政府出资额的100%予以配套支持。

六、支持在孵科技企业到区域股权交易市场融资发展。鼓励孵化器在孵企业到武汉股权托管交易中心挂牌展示，协调有关部门，享受减免免挂牌费和政策对接、资本对接、转板对接、融智对接等五类专项服务。

七、健全创新资源服务科技创业工作机制。建立完善高校、院所及骨干龙头企业与科技企业孵化器的常态联络机制。鼓励高校、院所和企业各类实验室、工程中心等向创业企业开放，低成本提供服务，并将其服务绩效纳入省科技计划项目申报和验收考核的指标体系，健全创业服务机制。引导申报或承担省级科技计划项目的单位建立与科技企业孵化器稳定的信息沟通渠道，加快促进各类创新资源向创业一线聚集。

八、提高省大学生科技创业专项规模。支持高校毕业生到孵化器内开展创新创业实践。从2015年起，省大学生科技创业专项预算增加50%，支持300项省级以上孵化器内的项目，重点资助互联网领域的创新创业。

九、加大省中小企业创新基金支持力度。调整省级科技型中小企业创新基金支持方向，从2016年起，省创新基金的50%专项用于支持省级以上孵化器内的初创期创新型企业。

十、着力优化创新创业环境。开发、应用创业移动服务客户端和微信订阅号等线上创业服务信息平台，集聚创新创业政策、整合创业服务资源，提供全程增值服务，促进创新创业便利化、快捷化、简单化。支持开展创新创业教育，健全创业辅导制度，举办创新创业大赛活动，加强舆论宣传，营造崇尚创新，宽容失败的创业文化氛围。

本意见由湖北省科技厅负责解释，自公布之日起实行。

湖北省科学技术厅
2015年5月21日

中共武汉市委 武汉市人民政府关于加快推进全面创新改革建设国家创新型城市的意见

（武发〔2015〕7号）

为全面贯彻落实习近平总书记关于实施创新驱动发展战略一系列重要讲话和《中共中央、国务院关于深化体制机制改革加快实施创新驱动发展战略的若干意见》（中发（2015）8号）精神，以及国务院提出的关于开展武汉市国家创新型城市试点的要求，现就加快推进全面创新改革、建设国家创新型城市提出如下意见。

一、总体思路和主要目标

当前，以互联网为核心的新一轮科技革命和产业变革孕育兴起，正在重构城市之间的竞争格局，为武汉赶超国内外发达城市提供了重大机遇。在经济发展进入新常态的背景下，依靠要素驱动和资源消耗支撑的发展方式难以为继，必须加快创新驱动发展，让创新成为城市经济社会发展的第一动力。中央对武汉创新发展寄予厚望，《国务院关于依托黄金水道推动长江经济带发展的指导意见》（国发（2014）39号）明确提出，开展武汉市国家创新型城市试点。这是改革开放以来，武汉的最大机遇、最大使命。

全市上下必须以高度的责任感、使命感和紧迫感，汇聚全武汉地区创新力量，激发全市人民创新创业激情，用最好资源、最优政策、最多投入，全方位、全体系、全区域、全领域推进全面创新改革。要坚持问题导向，进一步明确政府的角色定位，着力破除各种体制机制障碍，让市场在创新资源配置中发挥决定性作用，让企业成为创新的主体力量。要坚持需求导向和产业化方向，按照“面向世界科技前沿、面向国家发展战略需求、面向国民经济主战场”的要求，瞄准未来产业方向，紧紧围绕产业链部署创新链、人才链、资金链，加快推进产业从“0”到“1”跃升，构建支撑城市未来发展的产业体系和产业创新体系，努力打造具有全球影响力、强大创新力、显著辐射力的国家创新型城市。

到2020年，形成具有全球影响力的国家创新型城市的基本框架。集聚一批优秀创新人才、研发转化一批国际领先科技成果、做大做强一批具有全球影响力的创新型企业、打造一批国际知名的创新品牌，基本形成具有武汉特色的自主创新体系，成为促进我国中部地区崛起和长江经济带建设的重要战略支点。全社会研究与试验发展（R&D）经费支出占地区生产总值（GDP）的比重达到35%。全市高新技术企业总数超过2500家，高新技术产业产值突破16500亿元，高新技术产业增加值占GDP比重达到25%。东湖国家自主创新示范区企业总收入达到3万亿元。全社会科技创新创业投资基金规模达到1000亿元。技术合同成交额突破700亿元。万人有效发明专利拥有量达到25件以上。参与制定的国际标准数大幅度增加。公民具备基本科学素质比例超过15%。

到2030年，形成具有全球影响力的国家创新型城市的核心功能。成为全国高端创新要素集聚中心，成为知识创新的策源地、技术创新的枢纽地、创新创业的圆梦地。培育5家以上世界500强的知名高技术企业，培育和集聚跨国企业研发机构500

家，产生一批国内市场占有率超过50%、全球市场占有率超过20%的高技术产品，战略性新兴产业总量规模进入全国副省级城市前三名，东湖国家自主创新示范区企业总收入达到15万亿元。培育发展一批世界一流学科，国家级科技基础设施数量居于全国城市前列，全社会研究与试验发展（R&D）经费支出占地区生产总值（GDP）的比重达到45%。全社会科技创新创业投资基金规模进入全国城市前三名。

到2049年，全面建成具有全球影响力的综合型、开放式的国家创新型城市。成为全球重要的科技创新高端要素配置中心、具有全球影响力的科技创新中心，走出一条具有时代特征、中国特色、武汉特点的创新驱动发展新路，为实现"两个一百年"奋斗目标和中华民族伟大复兴中国梦，提供科技创新的强劲动力，打造创新发展的重要引擎。形成若干在全球居于引领地位的战略性新兴产业集群，建成世界级大学之城，1—2所大学成为世界一流大学，一批科研院所建成该领域全球技术中心。

二、完善以企业为主体、市场为导向的创新体制机制

（一）进一步强化企业在产业创新中的主体地位。发挥市场对技术研发方向、路线选择和各类创新资源配置的导向作用，引导创新资源向企业集聚，促进企业真正成为技术创新决策、研发投入、科研组织和成果转化的主体。支持企业建立研发机构，实现高新技术企业研发机构全覆盖。争取下放高新技术企业认定管理权限，将科技服务企业纳入高新技术企业认定范围，加快培育一批产值过百亿元甚至千亿元的高新技术领军企业。

降低政府采购和国有企业采购门槛，扩大对本地中小型科技企业创新产品和服务的采购比例。制定创新产品认定办法，对首次投放市场的创新产品实施政府采购首购政策，鼓励采取竞争性谈判、竞争性磋商、单一来源采购等非招标方式实施首购、订购及政府购买服务。研究制定高端智能装备首台（套）突破及示范应用政策。

（二）改革财政专项资金管理机制，支持企业创新发展。建立普惠性财税政策，变项目申报制和直接资助为"后补助""后奖励"及间接投入等方式支持企业开展研发活动。改革政府产业、科技等财政性资金管理体制机制，整合市级各类产业、科技财政资金，集中财力办大事；推进财政性资金由无偿拨款模式向政府引导基金和股权投资模式转变。争取国家政策支持，完善企业研发费用计核方法，调整目录管理方式，扩大研发费用加计扣除优惠政策适用范围。落实国家调整创业投资企业投资高新技术企业条件限制的规定、允许有限合伙制创业投资企业法人合伙人享受投资抵扣税收优惠政策。

完善国有企业经营业绩考核办法，加大创新转型考核权重。分类实施以创新体系建设和重点项目为核心的任期创新转型专项评价。对科技研发、收购创新资源、业态创新转型等方面的投入，均视同于利润。实施对重大创新工程和项目的容错机制。

（三）开展高校院所考核奖评制度改革试点。深化职务科技成果管理、使用和处置权改革，构建市场导向的成果转化和技术转移机制。对高校院所的职务科技成果，除涉及国防、国家安全、国家利益、重大社会公共利益外，单位可自主处置，主管部门和财政部门不再审批。职务科技成果转化所得收益不上缴国库，全部留归单位，纳入单位预算，实行统一管理。职务科技成果转化所得净收益，按照不低于70%的比例归参与研发的科技人员及团队拥有。推进高校院所考核评价制度改革，在专业技术职称评聘中，确保一定比例的名额用于参与技术转移、成果转化和产业化的人员。支持在汉高校院所面向本地企业开展技术转移和技术合作，加强技术转移服务体系建设，培育壮大技术转移示范企业、示范机构、示范基地。

（四）完善创新驱动发展的政务环境。深化行政审批制度改革。加大涉及投资、创新创业、生产经营、高技术服务等领域的行政审批清理力度。保留的行政审批事项一律依法向社会公开，公布目录清单，目录之外不得实施行政审批。对企业创新投资项目，取消备案审批。改革创新创业型企业股权转让变更登记过于繁杂的管理办法，按照市场原则和企业合约，工商管理部门除对涉嫌虚假申请材料进行实质性审查需现场确认外，允许企业依法合规自愿登记变更股东时不要求当事股东亲自办理。全面推进全过程信用管理。

放宽企业注册登记条件，允许企业集中登记、一址多照，便利创业。主动探索药品审评、审批管理制度改革，争取试点开展创新药物临床试验审批制度改革，争取试点推行上市许可与生产许可分离的创新药物上市许可人持有制度。公务用车和公共交通车辆优先采购使用新能源汽车，多途径鼓励家庭购买使用新能源汽车，扩大新能源汽车应用领域。研究放宽版权交易管理限制。

大力推进政府由主导创新向服务创新转变。建立依托专业机构管理科研项目的机制，政府部门不再直接管理具体项目，最大限度地减少政府对企业创新创业活动的管制。推进政府各部门数据的互联互通和开放共享，加强政府组织结构、运作模式和服务模式创新，打造透明、开放、智能化、扁平化政府。

（五）建设知识产权强市。实施发明专利倍增计划。进一步提高知识产权拥有量，优化结构，大幅提升核心专利、知名品牌、版权精品和优良植物新品种数量。健全完善武汉知识产权交易所专利投融资综合服务平台功能和专利收储转化工作机制，探索建立专利收储制度，支持市场主体根据需要收储专利。完善知识产权服务体系，推进光谷国家知识产权示范区建设，大力吸引国内外知识产权专业服务机构集聚发展。探索设立武汉地区专利运营基金，促进高校院所知识产权开放共享，建立高校、院所、企业等共建共享的专利联盟、专利池和技术标准联盟，推动专利集成运营。完善专利申请快速通道，对小微企业亟需获得授权的核心专利申请开辟绿色通道。

实行严格知识产权保护制度。建立知识产权侵权查处快速反应机制，积极争取设立武汉知识产权法院。建立健全知识产权纠纷多元解决机制，为企业"走出去"提供知识产权预警分析、海外维权援助等服务。

健全知识产权信用管理制度。争取授权下放知识产权质押登记权，建立知识产权质押融资市场化风险补偿机制，简化知识产权质押融资流程，争取知识产权资本化、证券化试点。加强与全球知名技术转移网络和基金的合作，加快构建一批专业化、市场化、国际化的技术交易平台，大力发展技术经纪人队伍，建设立足武汉、服务全国的国家技术转移中部中心、长江经济带技术转移中心。

三、优化重大科技创新布局，打造国家级产业创新中心

（六）进一步放大东湖新技术开发区、武汉经济技术开发区等国家级开发区引擎作用，打造特色产业集群和基地。发挥东湖国家自主创新示范区先行先试政策优势，推动东湖新技术开发区探索建设“自由创新区”，努力实现国内外人才自由流动、技术自由转化、资本自由融通，做大做强光电子信息、生物与健康、智能制造、新能源与节能环保、现代服务业等优势产业，加快建设世界一流高科技园区。推进武汉经济技术开发区建设汽车及零部件产业集群。推进武汉临空港经济技术开发区建设现代物流产业、电子商务、食品轻工业产业集群。推进武汉化工区建设化工新材料产业集群。

加快东湖新技术开发区“一区多园”试点，将可复制、可推广的先行先试政策逐步推广到全市各科技园区，带动各区突出特色、聚焦优势、错位发展，形成以东湖新技术开发区为龙头、各区协同推进的区域创新体系。深化“基金+基地”发展模式，探索建立政府投入引导、社会资本参与的战略性新兴产业基金和园区。推动各区（开发区）工业园区转型升级，高标准规划与新建一批科技产业园区。积极推动科技园区的市场化管理改革，探索引入中介机构、企业及科研机构参与园区管理。

（七）加快推进战略性新兴产业成为千亿级支柱产业。坚持需求导向和产业化方向，集中力量打造信息技术、生命健康、智能制造三大战略性新兴产业，建成若干国家级产业创新中心，成为国家产业创新体系中的重要一极。积极发展新材料、新能源、节能环保等新兴产业和国防科技工业，加速赶超、引领步伐。进一步完善政府引导的产业基金运作模式，重点培育引进一批领军企业，在关键核心领域布局一批重大项目，打造全国主要的战略性新兴产业基地，加快培育形成若干新的千亿级产业。

信息技术产业。重点布局移动互联、集成电路、新型显示、地球空间信息、物联网、全光网络等领域，强力推进武汉新芯存储芯片研发制造基地建设，策划建设大数据、云计算等产业基地，加快研发大容量存储、新型智能终端、新型路由交换、新一代基站、超大容量光纤传输、超强超快激光等设备，构建完整的信息通信制造研发体系，培育形成具有世界影响力的新一代信息技术产业集群。

生命健康产业。重点布局生物医药、医疗器械、生物农业、生物制造等领域，加快推动基因测序、干细胞与再生医学、分子靶向治疗、仿生科技等技术大规模应用，超前布局生命、信息、纳米等科技的融合创新领域，加快发展针对重大疾病的药物和医疗器械新产品，争取在一些领域抢占全球制高点，努力建设全国重要的生命健康产业中心。

智能制造产业。重点布局智能机器人、高端数控机床、增材制造等领域，打造全国重要的智能装备研发制造产业集群。推动人工智能技术突破发展，加快智能家居、智能汽车、智能船舶、无人机等产业化发展。

（八）全力推进“互联网+”行动，加快传统产业向中高端升级。将武汉建成“互联网+”创新创业的试验场。积极运用开放式创新思维，采用“外包”模式，变购买设备为买服务、买功能，加大对本土互联网企业“首台、首套、首创”产品的政府采购力度。采用众创、众研、众包、众规等方式，围绕长期困扰城市治理的难点、痛点问题，定期开展竞赛活动，吸引促进各类主体进行“互联网+”创新创业。探索在城市中心地带、生态环境优美的区域，着力打造若干“互联网+”应用示范区，探索试行适合“互联网+”发展的负面清单管理、工商登记、财政税收等特殊政策，鼓励发展“互联网+”新技术、新产品、新业态、新模式。

加快推进公共数据资源开放共享。建设政府大数据中心、政务云，尽快打通各部门“信息孤岛”，实现政府大数据互联互通，在保证安全的前提下，尽可能多地把数据尽快迁移到“云端”，鼓励企业对政务数据资源进行增值业务开发。大力发展智慧交通、智慧医疗、云教育等，力争智慧城市建设走在全国前列。

超前布局信息基础设施建设。创新城市新一代信息基础设施投资建设和运营模式，加快建设城市高速互联网，推进4.5G移动网络建设，尽快实现100兆宽带入户，城区重要公共场所免费WIFI全覆盖，食品、药品等主要消费品二维码全覆盖，做到网络收费全国最低、网络速度全国最快。

成立市推进“互联网+”行动委员会，放宽“互联网+”等新兴行业市场准入管制，改进对与互联网融合的金融、环保、医疗卫生、文化、教育等领域的监管，促进互联网与各行业、各产业跨界融合发展，推动产业转型升级。

大力发展电子商务、智慧物流、互联网金融等新兴服务业，支持武汉东湖综合保税区建设跨境电商产业园。完善农村信息化业务平台和服务中心，推动农产品生产、流通、加工、储运、销售、服务等环节的互联网化，助推农业现代化发展。

（九）大力发展工研院等新型技术创新机构。坚持企业化、市场化发展方向，着力构建集“研究所+技术平台+工程中心+孵化育成中心”四位一体的新型创新创业平台。探索完善工研院发展体制机制和运作模式，聘请世界级的产业科学家主持运营，强化工研院自主决策和运行管理，建立企业化的决策管理机制、市场化的团队选聘及管理机制、科学合理的人才评价和激励机制。设立工研院发展专项引导基金，对工研院建设初期阶段收益归属政府部分及税收实行全额返还。探索采取企业主导、院校协作、多元投资、军民融合、成果分享的新模式，支持和鼓励国内外领军企业、高校院所、创新团队等各类主体在汉创办多种体制的工研院、产业技术创新战略联盟等新型技术创新机构。

四、推进大众创业、万众创新，激发全社会创新潜能和创业活力

（十）打造开放便捷的众创空间。以激发青年大学生、高校院所科研人员、大企业高管、留学归国人员创新创业活力为主线，抢抓“互联网+”先机，通过建平台、降门槛、优服务，重点在培育创业主体、建设创业载体、鼓励创业活动、繁荣创业投资等方面取得创新和突破。结合“三旧”改造、城市有机更新，鼓励支持企业、投资机构、行业组织等社会力量投资建设或管理运营创客空间、创业咖啡、创新工场、微观装配实验室等新型孵化载体，打造一批低成本、便利化、全要素、开放式的众创空间。扩大各类孵化器的数量和规模，引导现有孵化器提档升级。以东湖国家自主创新示范区为中心，打造环高校众创圈、大东湖创客带，在鲁巷、街道口等区域建设连片创业街区、创业园区。对各类新型孵化平台实施房租补贴和宽带网络等方面优惠扶持政策。鼓励各区（开发区）、高校、孵化器和社会各方面力量，利用老旧厂房、闲置房屋、商业设施等资源进行整合和改造提升，为众创免费提供专门场所。

（十一）支持开展丰富多彩的创新创业活动。大力实施“摇篮工程”、“青桐计划”，全面鼓励和系统支持大学生创新创业，打造“全国青年创业圣地”。支持高校制定实施大学生创业办法，在校学生休学创办科技型企业，创业时间计入实践教育学分。策划举办“武汉国际创业周”“科技节”“科幻节”等一批创新创业主题节会，大力开展创新创业大赛、创客周、发明大赛、创业论坛、创客马拉松、青年创客营、创新成果和创业项目展示推介等活动和赛事，倾力打造青桐汇、光谷创新创业大赛等特色活动品牌，让武汉成为海内外创业先锋领袖的汇聚地、国际性创新创业活动的集聚地。建立健全创业辅导制度，支持高等院校、职业学校开设创业课程。

（十二）进一步完善创新创业配套服务体系。综合运用政府购买服务、资金补助、无偿资助、业务奖励等方式，鼓励支持技术创新、工业设计、质量检测、知识产权、信息网络、电子商务、中试孵化、企业融资、成果交易等众创服务平台建设。加强众创空间网络信息平台建设，通过政策集成和创新，发挥协同效应，实现创新与创业相结合、线上与线下相结合、孵化与投资相结合，为广大创新创业者提供良好的工作空间、网络空间、社交空间和资源共享空间，真正形成国内首屈一指的创新创业环境。实施科技创新券制度，鼓励企业开展各类研发活动。加强电子商务基础建设，提高小微企业市场竞争力。

积极推动创业教育，与在汉高校联手共建一批创业学院，支持社会力量创办各类创业教育培训机构，定期邀请全国知名创业企业家、天使投资人到武汉培训创业者，让更多的创业大学生和青年人在创业之前，接受创业教育、掌握创业技能，提高创业成功率。

五、完善人才发展机制，加快构建创新创业人才高地

（十三）实施“城市合伙人计划”。大力培育引进集聚创新创业者和创业投资人，把他们作为“城市合伙人”，结成“奋斗共同体”，共同怀抱改变世界的理想与情怀，共担风险，共历艰辛，共创未来，努力将武汉打造成为人才向往和首选的创新乐园、创业家园。

探索市场化人才选拔引进、扶持资助方式，以创业领军科学家、企业家和团队为重点，建立高层次人才分类认定标准和认定程序，给予相应的奖励补贴和生活保障等待遇。对获得A轮以上投资的企业引进高管团队和技术精英，政府给予一定补贴。实施“千企万人”支持计划，激励企业引进和培育高层次人才。拓宽引才平台和渠道，发挥“华创会”“新侨沙龙”品牌作用，创办“高创会”等高端人才交流平台，在发达国家的创新中心设立实体化、常态化海外人才工作联络站，建立覆盖全球的海外高层次人才信息库。

建立完善战略性新兴产业基金与人才计划的衔接机制，实现人才链与资金链的有效对接。设立政府资金引导、社会资金参与的武汉人才创新创业投资基金，支持人才创新创业活动。设立股权激励代持专项资金，加快推进高新技术企业股权激励、员工持股。

积极打造国际人才自由港，探索建设海外人才离岸创业基地。营造国际化的服务环境，推进人才创新创业超市建设，引进培育一批国际化、专业化的人才中介服务机构。对符合条件的海外高层次留学人才及科技创新业绩突出、成果显著的人才，放宽高级职称评审限制。探索建立技术移民制度，规范和放宽外籍高层次人才取得外国人居留证的条件，简化居留证、人才签证和外国专家证办理程序。为外籍人士办理社会保险和购买商业性补充养老保险，解决海外高层次人才居留与生活难题。建立科技人员正常出国学术交流制度，放宽出国次数、时长限制。

按照不同层次，采取货币化补贴或实物配租方式，多渠道为创新创业人才提供住房保障。吸引国内外资本和专业运营商，建设一批国际社区、国际医院、国际学校、国际体育文化和休闲娱乐设施。鼓励引导各类社会主体利用闲置厂房、商业用房、宿舍等，建设各类青年创业公寓、创业社区，为创新创业大学毕业生提供公租房。设立“社区公共户”，建立统一的落户管理平台，简化办理审批流程，为大学毕业生落户提供最大便利。

（十四）拓宽科研人员双向流动机制。推动高校院所按“人员用时打通”原则进行去行政化改革。允许高校院所等事业单位科研人员与企业家、企业科研人员，在履行所聘岗位职责前提下，开展双向兼职。科研人员可保留人事关系离岗创业，创业孵化期5年内返回原单位的，工龄连续计算，保留原聘专业技术职务。鼓励高校拥有科技成果的科研人员创办科技型企业，并依据东湖国家自主创新示范区股权激励等有关政策持有企业股权。

六、强化金融创新功能，建设科技金融特区

（十五）推动科技与金融结合，努力打造“天使之城”。加快建设多层次资本市场，推动金融资产、知识产权等各类要素交易市场建设发展，支持科技型企业在主板、创业板、新三板、科技板市场上市，加快武汉股权托管交易中心发展。创新财政科技投入方式，通过“资金变基金”“间接补”“后补助”、利用金融工具等方式，实现资金杠杆多级放大。设立市级天使投资母基金，同等比例募集社会资本设立天使子基金，由市发改委统筹监管，委托第三方市场化机构运营。大力培育和引进天使投资人，支持组建“长江天使汇”等天使投资俱乐部。落实国家对天使投资的相关税收支持政策，改革完善鼓励天使、风投、股权投资、并购等基金集聚发展的法规政策。

（十六）探索开展股权众筹融资服务试点。积极向国家争取公募股权众筹牌照，建立武汉众筹金融交易所。简化工商登记流程，探索开展股权众筹融资服务试点。支持金融机构联合创业风投资本设立科技银行、科技支行，大力开展科技保险、信用贷款、知识产权质押贷款等融资服务。支持符合条件的创新创业企业发行公司债券，支持符合条件的企业发行项目收益债，募集资金用于加大创新投入。支持保险机构开展科技保险产品创新、专利保险试点和小额贷款保证保险，探索研究科技企业创业保险，为初创期科技企业提供创业风险保障。

（十七）发挥东湖新技术开发区“资本特区”的示范效应。创新国资创投管理机制，允许符合条件的国有创投企业建立跟投机制，并按照市场化方式确定考核目标及相应的薪酬水平。允许符合条件的国有创投企业在国有资产评估中使用估值报告，实行事后备案。推进企业信用体系和中介服务体系建设，创新银政企合作和服务模式，完善“政府+保险+银行”的风险共担模式和风险补偿机制，推广光谷“萌芽贷”模式。支持商业银行设立全资控股的投资管理公司，与银行形成投贷利益共同体，探索实施多种形式的股权与债权相结合的融资服务方式，实行投贷联动。组建政策性融资担保机构或基金，建立政策性担保和商业银行的风险分担机制，引导银行扩大贷款规模、降低中小企业融资成本。

七、全力支持高校院所改革发展，加快建设世界一流大学

（十八）加快建设世界一流大学和学科。全力支持武汉大学、华中科技大学加快建设世界一流大学。支持在汉高校与世界知名大学、研究机构联合在汉创办国际合作大学、科研机构、实验室等。支持中科院武汉分院等科研院所与在汉高校联合兴办高水平研究型大学。支持在汉高校加快推进高等教育综合改革，创新办学体制、办学模式、管理体制，探索校董会、教授治校等扩大自主权改革举措。按照“新投入用于新平台、新机制配置新资源”的增量改革思路，打造“学术特区”，聚焦武汉地区高校优势学科及科技产业变革和经济社会发展亟需的新兴学科，探索建立与世界一流大学接轨的学科建设体制机制，在全球选聘领军科学家，集成资金、人才等投入，加快建设一批具有世界影响力的学科。设立“会议大使”制度，吸引一批全国和国际性高水平学术会议在汉举办，创办、协办国际学术期刊。大力发展职业教育，突破性改革职业学院办学方式和体制机制，探索职业教育“双轨制”模式，构建现代职业教育体系。

（十九）加快建设世界一流科研院所。面向国家战略需求，大力部署和建设国家“大科学工程”。联合在汉高校院所，主动争取国家实验室、大科学装置、多学科研究平台等国家级重大基础研究项目布局武汉。支持武汉大学、华中科技大学、中科院武汉分院等高校院所在汉建设卓越创新中心、创新研究院、大科学研究中心和特色研究所。

深化科研院所分类改革。建立现代科研院所分类管理体制。扩大科研院所管理自主权和个人科研课题选择权，探索研究体现科研人员劳动价值的收入分配制度。对前沿和共性技术类科研院所，建立政府稳定资助、竞争性项目经费、对外技术服务收益等多元投入发展模式。探索建立科研院所创新联盟，以市场为导向、企业为主体、政府为支撑，组织重大科技专项和产业化协同攻关。

（二十）加快推进大学之城建设。推动校区、社区、园区统一的空间规划、产业发展、生态文明建设、社会事业服务、社会治理，促进大学与城市共生融合发展。积极推动高校科研设施、文体设施、图书信息资源有序开放共享，深入推进社会公共服务进校园。支持大学深化招生制度改革，引导高校与中小学联动，推动中小学实施素质教育，巩固提升武汉基础教育在全国的竞争力。加快“教育云”建设，积极探索“慕课”等互联网教育模式创新。推动社会资本创新模式、创新方式进入教育领域。

八、全面提高开放创新水平，建设全球研发网络重要节点城市

（二十一）集聚全球研发资源，打造国际创新高地。遵循开放式创新理念，积极融入全球创新网络，全面提升我市科技创新的国际化水平和在全球科技创新体系中的地位。依托各工业园区和科技园区，建设若干国际化、智慧化、专业化的研发产业基地，加快引进以跨国公司为主体的国际研发资源，鼓励跨国公司、国际高校院所、国际科技组织、国内大企业在汉设立研发中心、分支机构，组建跨境跨地区的产学研联盟，鼓励现有在汉研发中心升级成为参与母公司核心技术研发的区域研发总部和开放式创新平台。支持国际研发机构联合在汉单位协同研发。支持外资研发机构参与本地研发公共服务平台建设，承接本地政府科研项目，与本地单位共建实验室和人才培养基地，联合开展产业链核心技术攻关。

（二十二）整合内生研发资源，深度参与国际科技合作与创新。推进与美国硅谷及芝加哥地区“双城双谷”合作，积极与世界级创新城市建立合作关系，通过探索共建国际级研发中心和合作园、互设分基地、成立联合创投基金等多种方式，加强政府间科技创新合作。推动在汉高校院所及企业加强与国际一流科研协会、行业协会交流合作，主动参与或牵头开展国际重大科学工程项目。建立海外研发投资风险准备金制度，支持企业开展境外并购重组和研发合作。支持领军企业在对外投资、出口成熟技术过程中形成标准和专利。支持企业在外设立研发中心，鼓励企业与国外一流高校院所建立合作研发中心或联合实验室。充分发挥“华创会”“中博会”“光博会”“机博会”等载体作用，打造具有国际影响力的科技创新成果展示、发布、交易、研讨一体化合作平台。积极融入“一带一路”、长江经济带等国家战略，促进长江中游城市群科技创新联动发展。加快建设国际资源配置中心。

（二十三）推动科技协同创新，提升城市创新辐射能力。深入实施国际化水平提升计划，打造创新宜居环境和开放创新生态。加快建设中法武汉生态示范城。支持高校联合科研院所、企业积极争取国家“2011计划”，建设一批国家级协同创新中心。积极组建部市（省市）协同创新、军民融合发展的平台和联盟。支持企业与高校院所共建学科和专业、研发机构、技术转移中心、成果中试（转化）基地、科技园区等。推动科技创新资源共享体制机制改革，实行公共创新平台开放补助政策，推动高校院所和企业的大型科技基础设施、仪器设备、科技文献、科学数据等科技资源向社会开放。支持企业等市场主体建立大型科研设备、机器设备等租赁、后援服务平台。

九、强化组织领导

（二十四）建立实施创新驱动发展战略协调机制。成立武汉创新驱动发展委员会，由市委主要领导担任主任，市委市政府有关领导和市直相关部门负责人、高校院所负责人、创新创业领军人物等共同参与、共同谋划、共同推动，打造创新驱动发展的决策协调领导平台，委员会下设投资工作、新兴产业发展、产业创新体系建设、“城市合伙人”计划、“互联网+”行动等若干专业委员会和办公室。按照中央要求，积极加强与国家相关部门对接，争取成为首批国家系统全面创新改革试验城市。建立创新政策协调审查机制。发挥地方立法引领保障作用，及时开展涉及创新的法规、规章的立改废释工作。

（二十五）发挥智库对创新决策的支撑作用。增强党政研究机构决策服务能力。推动社会科学研究机构、高校院所等建设高水平科技创新智库。规范引导社会智库健康发展，大力引进国内外知名专业智库，探索与国际知名智库交流合作机制，鼓励各类智库深度参与城市经济社会发展各领域咨询研究。

（二十六）加强舆论引导，提高大众科技素养。大力弘扬“敢为人先、追求卓越”的武汉精神，鼓励创新、宽容失败，培育卓越意识，倡导全社会形成专注、极致、完美的创新文化。加强宣传舆论引导，树立一批破难关、勇创新的先进典型。

加强科普能力建设，大力开展公益性科普服务。推动传统媒体和新兴媒体融合发展，进一步增强武汉主流媒体传播力、公信力、影响力和舆论引导能力。积极推进科技和文化融合，努力建设武汉东湖国家级文化和科技融合示范基地，打造全国重要的科教文化中心。

（二十七）完善绩效考核。改革完善创新驱动导向评价机制和考核办法，把创新业绩纳入对领导干部考核范围。研究建立科技创新、知识产权与产业发展相结合的创新驱动发展评价指标，并纳入国民经济和社会发展规划。加强调度，对创新型城市建设情况进行定期评估。探索建立“改革创新责任豁免”制度，对在改革创新中勤勉尽责、不牟私利，但因客观原因未能实现预期目标的，免予追究相关人员的责任，为改革创新者消除后顾之忧。

中共武汉市委
武汉市人民政府
2015年7月20日

中共武汉市委办公厅 武汉市人民政府办公厅 关于建设创新创业人才高地的实施意见

（武办发〔2015〕21号）

为贯彻中央关于深化人才发展体制机制改革精神，落实《中共武汉市委、武汉市人民政府关于加快推进全面创新改革建设国家创新型城市的意见》，深入实施“城市合伙人计划”，加快建设创新创业人才高地，现提出如下实施意见。

1．明确创新创业人才高地建设目标。充分发挥人才在创新驱动发展中的引领作用，大力引进培育创新创业人才，建设支撑城市未来发展的产业和创新体系，力争用5年时间，引进和培育10名以上产业创新顶尖领军人才，1000名以上高层次创新创业人才，吸引带动10000名以上各类优秀人才创新创业。

2．加快引进产业领军人才及团队。围绕我市产业发展重点，加大引才力度，按照国内外顶尖人才、国家级产业领军人才、省市级产业高端人才三个层次，建立高层次人才分类认定标准和认定程序，并给予相应的奖励补贴和生活保障待遇。

对引进的国内外顶尖人才（包括诺贝尔奖获得者、两院院士以及相当层次的人才），给予每人一次性200万元奖励补贴；对引进的产业发展急需、拥有关键技术和成果、能带来重大经济效益和社会效益的国内外顶尖人才及团队，实行“一事一议”，最高可给予1亿元资金资助。

对引进的国家级产业领军人才（包括中央“千人计划”创业人才、国家“万人计划”杰出人才以及相当层次的人才），来汉创办企业或开展成果产业化活动，给予每人一次性100万元奖励补贴。

对引进的省市级产业高端人才（包括副省级城市及以上人才工程入选者以及相当层次的人才），来汉创办企业或开展成果产业化活动，给予每人一次性50万元奖励补贴。

3．加大人才创新创业资金资助。深化“黄鹤英才计划”，改进评审方式，建立由用户、市场和专家等相关第三方参与的竞争性人才评审机制，推行评审专家责任和信誉制度，完善评审结果公示制度。采取“无偿资助+股权投资”的人才项目资助方式，对在汉创新创业的高层次人才，经评审后，给予100万元项目资金资助和最高1000万元股权投资；入选人才项目在实施过程中形成新成果、新技术、新产品的，经评审可再次给予100万元资金资助。

对参加创新创业大赛、华创杯、大学生创业大赛等国家、省、市级赛事活动，且取得第三等次及以上的人才创业项目，在我市落地实施后，可直接组织专家开展实地考察论证入选“黄鹤英才计划”，并按照相关规定给予相应资金资助。

4．激励企业引进培育高层次人才。实施“千企万人”支持计划，用5年左右时间，支持1000家左右具有良好前景和发展潜力的科技型企业，引进和培育10000名左右创新创业人才。企业每引进培育1名国内外顶尖人才，给予企业100万元奖励补贴；企业每引进培育1名国家级产业领军人才，给予企业50万元奖励补贴；企业每引进培育1名省市级产业高端人才，给予企业20万元奖励补贴；企业每引进培育1个科技研发团队（5人及以上），给予企业30万元奖励补贴。

重点支持获得A轮以上投资的创业企业，从北京、上海、深圳等一线城市及海外引进高管团队和技术人才，3年内每年按其薪酬50%给予补贴。

5．为创新创业人才提供落户居留便利。简化落户手续和审批流程，设立“社区公共户”，建立统一的落户管理平台，对来汉工作的创新创业人才及其配偶、未成年子女，实行落户免审直批制度。

积极争取国家政策支持，降低外籍高层次人才永久居留证申办条件，放宽对申请人就业单位类别、职务级别限制以及居住时限要求；对已获得永久居留资格的外籍高层次人才，为其聘雇的外籍家政服务人员签发相应期限的私人事务类居留许可。对长期在汉工作的外籍或持外国人永久居留许可证的高层次人才，优先办理2—5年有效期的外国专家证，其配偶、未婚子女可办理有效期5年的海外高层次人才居住证，免办就业许可；对需要多次出入境的，同时发给5年多次往返“R”类签证。简化办事流程，缩短办理时间，对海外人才办理就业证、居留证、人才签证和外国专家证等，实行“一口受理、一窗办结”。

6．促进各类创新创业人才顺畅流动。高校院所科研人员离岗在汉转化科技成果、创办科技型企业的，保留编制、身份、人事关系，档案工资正常晋升，5年内可回原单位继续工作。对担任高校院所机关职能部门处级（含处级）以上领导职务的，可在辞去领导职务后，以科研人员身份离岗创业；5年创业期内返回原单位工作的，单位按照原聘专业技术职务做好相应的岗位聘任工作。鼓励科研人员在履行所聘岗位职责的前提下，到企业兼职从事科技成果转化、技术攻关以及兼职创办企业，并按规定获取所得收入。

畅通社会优秀人才进入党政机关渠道，通过调任、聘任、公开选拔、挂职锻炼等多种方式，从企业、高校院所、社会组织直接选拔优秀人才进入党政机关，专业性较强的职位可以实行专业技术职务首席制、聘任制或雇员制。

对国有企事业单位科研人员和领导人员因公出国（境）实施分类管理，市属国有企事业单位技术和管理人员参加国际合作交流活动，不受因公出国（境）的批次、时限等限制。

7．提高人才创新成果转化收益比例。高校院所对利用财政性资金形成的技术成果，在完成后1年内没有以转化、许可或者入股等方式运用的，成果完成人有权要求有偿受让、运用该技术成果。重奖作出突出贡献的人才及团队，科技人员成果转化收益所得占成果转化收益比例不低于70%；所得收益用于人员激励部分，可一次性计入高校院所当年工资总额，但不纳入绩效工资总额基数。

8．推行人才股权激励。试点国有科技型企业对重要科研人员和管理人员实施股权、期权激励，推行股权奖励延迟纳税政策，探索实行技术入股形成现金收益后再纳税办法。设立1亿元股权激励代持专项资金，对符合股权激励条件的团队和个人，给予股权认购、代持及股权取得阶段所产生的个人所得税代垫等资金支持。

9．加大创业融资支持。鼓励天使、风投、股权投资、并购等基金聚集发展，发挥政府引导基金作用，建立风险补偿机制，大力引进和培育天使投资人，把武汉建成天使投资最活跃的“天使之城”。由市级财政出资，设立1亿元市级人才创新创业投资基金，吸纳各区国有资本参与，委托专业团队按市场化机制运作，撬动社会资本共同为人才创业提供投融资支持。

10．放宽创新创业人才职称评审限制。对回国工作、符合条件的海外留学归国人才，其国外专业工作经历、学术或专业技术贡献可作为参评高级专业技术职称的依据，不受本人国内任职年限限制。对在科技创新工作中业绩突出、成果显著的优秀中青年工程技术人员，可打破学历、任职资历要求，申报高一级专业技术职称。

11．优化人才创新创业服务。拓展市级高层次人才“绿色通道”服务功能，实行“一张绿卡管引才”，根据人才类别将“绿卡”分为“A卡”和“B卡”，有针对性提供服务，便利人才创新创业。深化武汉人才创新创业超市建设，推动创新创业园区（街区）建设，合理布局建设“武汉优创空间”，完善人才服务专员制度，构建市、区、园区（街区）、优创空间四级人才服务网络。

放宽外国投资者在汉设立中外合资人力资源中介机构股权比例限制。支持武汉中央商务区建设中国武汉人力资源服务产业园，引进和培育一批具有影响力的国内外人力资源服务品牌和骨干企业。每年设立不少于200万元市级引才奖励专项资金，对引才业绩突出的海外人才工作联络站、人力资源服务机构给予奖励补贴。

12．加强高层次人才住房保障。对从外地引进来汉创新创业的高层次人才，经认定后，按照不同层次，采取货币化补贴或实物配租方式多渠道提供住房保障。国内外顶尖人才可免租入住200平方米左右的住房，在我市工作居住满5年并取得本市户籍，且在工作中作出突出贡献的，产权可赠予个人；国家级产业领军人才可申请领取总额50万元的购房补贴，5年内按年度核发；省市级产业高端人才可申请领取3500元/月的租房补贴，最高可补贴5年。

鼓励引导各类社会主体利用闲置厂房、商业用房、宿舍等，建设各类青年创业公寓、创业社区；提高公共租赁住房对创新创业人才的分配比例，为创新创业大学毕业生提供1万套以上公租房。

13．改善高层次人才生活待遇。在武汉地区医疗机构开设“高层次人才优诊优疗专窗”，为高层次人才办理优诊优疗卡，持卡可享受“八优先”医疗保健服务，高层次人才就医可免除医保定点医院限制。支持武汉地区有条件的医院建立国际医疗合作中心、国际远程会诊中心，推动市级医疗保险与国外医疗保险体系的衔接。

国内外顶尖人才、国家级产业领军人才、省市级产业高端人才以及“黄鹤英才计划”入选人才，其子女在汉接受幼儿园和中小学教育，可根据本人意愿和实际情况，由市、区教育行政部门协调安排入学。扩大国际化教育资源供给，在海外人才集中区域增设国际学校，鼓励支持本市中小学开设国际班，为海外高层次人才子女随班就读提供便利。

设立海外高层次人才社会保险专项补助资金，外籍或持外国人永久居留许可证的高层次人才，可按规定办理基本社会保险和补充养老保险。

14．打造国际人才自由港。支持东湖国家自主创新示范区建设具有全球影响力的“自由创新区”，率先探索人才发展体制机制改革，推进人才政策先行先试，推动技术自由转化、人才自由流动、资本自由融通，为全市人才工作改革创新提供可复制、可推广的经验。建设中英光谷人才孵化器，打造海外人才离岸创新创业基地，建立多层次的离岸服务支持体系。

15．营造支持创新创业的社会氛围。组织开展创业大赛、发明大赛、创业论坛、“众创帮”等创新创业活动，大力培育创客队伍和创客精神。对社会机构承办具有国际、国内影响力的创业沙龙、论坛、大赛等创新创业活动，经审核备案，给予实际支出50%、每年最高100万元资金资助。

完善我市人才荣誉制度，优先推荐创新创业人才参评“杰出人才奖”“科技进步奖”“黄鹤友谊奖”等。加大优秀高层次创新创业人才宣传力度，推动全社会形成识才、爱才、重才、用才的良好风气。

中共武汉市委办公厅
武汉市人民政府办公厅
2015年7月20日

武汉市人民政府办公厅
关于加快发展众创空间支持大众创新创业的实施意见

（武政办〔2015〕127号）

为加快全市众创空间发展，努力营造良好的创新创业生态环境，激发全社会创造活力，形成大众创业、万众创新的生动局面，打造我市经济发展新引擎，经市人民政府同意，现提出如下意见。

一、指导思想

深入贯彻落实《国务院办公厅关于发展众创空间推进大众创新创业的指导意见》（国办发〔2015〕9号）、《中共武汉市委武汉市人民政府关于加快推进全面创新改革建设国家创新型城市的意见》（武发〔2015〕7号）精神，以激发青年大学生、高校院所科技人员、大企业高管及连续创业者、留学归国创业者创新创业活力为主线，抢抓"互联网+"先机，通过建平台、降门槛、优服务，加快推进我市众创空间大发展、创新创业大繁荣。

二、发展目标

重点在培育创业主体、建设创业载体、鼓励创业活动、繁荣创业投资、构建企业生态等方面取得创新和突破。到2020年，把武汉建设成为具有全球影响力的众创中心。

（一）创业主体。集聚科技创新创业人才超过20万人；孵化培育创新型小微企业超过10000家。

（二）创业载体。建成有效满足大众创新创业需求、具有较强专业化服务能力的众创空间等新型创新创业服务平台100家以上。

（三）创业活动。每年开展创新创业活动超过100场。

（四）创业投资。全社会科技创新创业投资基金达到1000亿元。

（五）创业生态。构建更加完善的众创政策体系和众创服务体系，形成市场导向、政策集成、开放共享、模式创新的众创城市。

三、重点任务

（一）加快构建众创空间。按照市场化原则，支持鼓励企业、投资机构、行业组织等社会力量投资建设或管理运营创客空间、创业咖啡、创新工场等创新型孵化载体，鼓励各区（含武汉东湖新技术开发区、武汉经济技术开发区、市东湖生态旅游风景区、武汉化工区，下同）至少新建1家区域中心性众创空间，打造一批低成本、便利化、全要素、开放式的众创空间，让众创空间遍布全城。以东湖国家自主创新示范区为中心，打造环高校众创圈、环东湖众创带，在鲁巷、街道口等区域建设10个以上连片创业街区、创业园区。各区、各高校、各孵化器要利用老旧厂房、闲置房屋、商业设施等资源进行整合和改造提升，免费提供专门的众创场所。发挥政策集成和协同效应，实现创新与创业相结合、线上与线下相结合、孵化与投资相结合，为广大创新创业者提供良好的工作空间、网络空间、社交空间和资源共享空间。（责任单位：各区人民政府，市委人才办，市科技、教育、财政局，市发展改革委、经济和信息化委）

（二）降低创新创业门槛。深化商事制度改革，放宽企业名称登记条件，实现注册登记便利化。发挥"市民之家""人才超市"等集中办公窗口的重要作用，采取一站式窗口、网上申报、多证联办等措施为创业企业办理工商注册等提供便利服务。对入驻众创空间等新型孵化机构的创业企业，按照相关规定在一定时间内对其房屋租金、互联网和公共软件使用费用等给予财政补贴。（责任单位：市工商、人力资源社会保障、科技局，市经济和信息化委，各区人民政府）

（三）鼓励各类人才创新创业。以青年大学生、高校院所科技人员、大企业高管及连续创业者、留学归国创业者等为重点，不断完善人才发展机制，加快构建创新创业人才高地。积极推进实施"青桐计划"、大企业高管创新创业试点、成果转化"三权"改革试点等计划，并通过市级财政专项资金奖励或者补贴等方式对人才创新企业给予支持。支持高校建设一批创业实践和孵化基地，允许在校大学生利用弹性学制休学创业。支持高等院校、科研院所、国有企事业单位的科研人员离岗创业。加快推进科技成果使用、处置和收益管理改革，完善科技人员创业股权激励机制。（责任单位：市委人才办，市科技、教育、财政、审计局，市国资委，武汉东湖新技术开发区管委会）

（四）提供创新创业公共服务。综合运用政府购买服务、资金补助、无偿资助、业务奖励等方式，鼓励支持研发设计、科技中介、金融服务、中试孵化、成果交易、认证检测等众创服务平台建设。通过发放和兑付科技创新券，鼓励企业与武汉地区的技术和服务提供方之间开展专利购买、技术检测和委托研发等活动。加强电子商务基础建设，为创新创业搭建高效便利的信息共享平台、服务平台，提高小微企业市场竞争力。完善专利申请快速通道，对小微企业亟需获得授权的核心专利申请开通绿色通道。（责任单位：市科技局，市经济和信息化委、发展改革委，市网信办，各区人民政府）

（五）加强财政资金引导。探索对众创空间等新型创业服务组织的补贴奖励机制，加强普惠性政策的实施推广，加大对众创空间的支持力度，广泛吸引海内外创客集聚武汉创新创业。通过市、区两级财政专项资金，运用贷款贴息、风险补偿、保费补贴和设立风险池等方式，引导创业投资机构投资初创期科技型中小企业，鼓励金融机构加大对创新创业的金融支持力度。（责任单位：市科技、金融工作、财政局，市经济和信息化委、发展改革委）

（六）完善创业投融资机制。扩大市科技创业投资引导基金规模，引导社会资本进入科技创新领域。制定优惠政策，大力吸引各类风险投资机构来汉落户投资。积极发展天使投资，为入驻孵化器、众创空间创业以及种子期的企业和项目提供股权投资、履约投资等服务。设立“青桐基金”，优先解决众创空间内大学生创办企业初创阶段的资金需求。支持商业银行先行先试，积极探索科技型中小企业贷款模式、产品和服务创新；综合运用各类金融工具和产品，开展信贷、投资、债券、信托、保险等多种工具相融合的一揽子金融服务，进一步优化工作流程、降低融资成本；进一步完善知识产权质押贷款、就业再就业小额担保贷款、科技保证保险贷款、萌芽贷等金融产品。（责任单位：人行武汉分行营管部，市金融工作、科技局，市经济和信息化委、发展改革委，各区人民政府）

（七）创新金融支持方式。实施财政引导支持及人才培养引进等政策，促进互联网金融多业态健康发展，建设互联网金融产业聚集区，鼓励兴办服务互联网金融企业的创新型孵化器，服务产业创新。积极争取公募股权众筹试点，建立覆盖长江中游的众筹金融交易所，鼓励社会资本发起私募众筹，形成众筹部落。争取试点设立服务区域股权市场的小微券商，打造我国中部地区和长江中游城市群的场外市场体系（新四板），增强服务创新型、创业型、成长型企业的能力。利用互联网整合众创空间资源，打造众创空间交易所，构建创业孵化与投融资高效交互的综合型创新平台。（责任单位：市金融工作、科技、财政局，市发展改革委，各区人民政府）

（八）丰富创新创业活动。大力开展创业大赛、发明大赛、青年创客大赛、“青桐汇”、创新成果和创业项目展示推介等特色创业要素对接、创业辅导活动，培育与完善用户参与、互帮互助、金融支持的开放式创业生态系统。鼓励支持传统媒体和新兴媒体发挥内容生产、资讯传播、渠道拓展等优势，打造媒体融合的众创空间和创业项目的孵化、传播平台。新型创业媒体转型成为新型众创空间，发挥媒体资源优势传播、孵化优质创业项目。建立健全创业辅导制度，培训一批专业创业辅导师，鼓励拥有丰富经验和创业资源的企业家、天使投资人和专家学者担任创业导师或组成辅导团队。鼓励大企业建立服务大众创业的开放创新平台，支持社会力量举办创业沙龙、创业大讲堂、创业训练营等创业培训活动。（责任单位：市委人才办、市委宣传部，市科技、人力资源社会保障局，市经济和信息化委，团市委，各区人民政府）

（九）营造创新创业文化氛围。积极倡导敢为人先、宽容失败的创新文化，树立崇尚创新、创业致富的价值导向，大力培育企业家精神和创客文化，将奇思妙想、创新创意转化为实实在在的创业活动。广泛宣传创新创业先进人物和优秀团队，激发全社会关心支持创新创业的热情，营造人人支持创业、人人参与创新的舆论环境和良好氛围。在电视媒体上打造一档以“创业秀”为主题的品牌节目，在传统媒体上开辟一批以“创+”“最武汉”为题材的众创专栏，在新媒体上创建一群以“武汉众创”为核心的官方公众号、创业微信群、QQ群、微博，构建线上线下众创宣传传播体系。（责任单位：市委宣传部，市科技、文化局，市经济和信息化委，市科协，团市委）

四、工作措施

（一）加强组织领导。建立市众创工作联席会议制度，统筹协调上述各相关部门以及各区相关资源，形成发展共识与合力。各区、各有关部门要按照职责分工，积极落实促进大众创新创业的各项政策措施，细化工作任务。由市科技局牵头负责制订年度行动计划并明确责任分工，集中调度，协调推进，确保相关工作落实到位。

（二）搞好示范引导。在东湖国家自主创新示范区、武汉经济技术开发区、大学科技园和其他有条件的园区大力开展创业示范工程，发挥创新创业资源的集聚效应和创新创业活动的规模优势。鼓励积极探索推进大众创新创业的新机制、新政策，不断完善创新创业服务体系。

（三）营造良好环境。加强对“武汉众创”实践中新问题新情况的研究，及时总结好的做法和有效模式，提炼形成可复制的经验，并逐步进行推广。加强知识产权行政保护和司法保护，加大对侵犯专利权、商标权、著作权和商业秘密等行为的查处力度。加强诚信宣传和知识普及，为创新创业营造良好的金融生态环境。引导更多社会力量关注和支持武汉众创，真正形成政府鼓励创新创业、社会支持创新创业、大众积极参与创新创业的良好发展环境。

武汉市人民政府办公厅

2015年9月10日

湖南省发展众创空间推进大众创新创业实施方案

（湘政办发〔2015〕74号）

为贯彻落实《国务院办公厅关于发展众创空间推进大众创新创业的指导意见》（国办发〔2015〕9号）精神，促进众创空间发展，推动大众创业、万众创新，激发经济发展活力，结合我省实际，制定本实施方案。

一、发展目标

到2018年，实现“1211”发展目标。即：构建100个以上低成本、便利化、全要素、开放式的众创空间；新增2万个科技型小微企业；创业投资机构达到100个以上；提供10万个高质量的就业岗位。创新创业政策体系更加健全，形成开放共享的科技创新创业公共服务平台和全链条的创新创业服务体系，帮助各类人才实现创业梦想。

二、主要任务

组织实施“众创空间建设”“创客培育”“创新创业服务提升”“财税金融支撑”和“创新创业文化培育”等五项行动计划，建立创新创业信息共享平台，引导人才、技术、资本等创新要素向众创空间集聚，打造良好的创新创业生态系统。

（一）众创空间建设行动计划。

1．开展众创空间示范。依托湖南省工业设计创新平台、长沙高新区创业服务中心、中南大学学生创新创业指导中心等，在互联网应用、智能制造、工业设计、生物医药等领域，构建10个左右有影响力的众创空间示范基地，带动全省众创空间建设。（责任单位：省科技厅）

2．推动科技企业孵化器转型升级。制定湖南省众创空间认定管理办法，推动创业服务中心、生产力促进中心、大学科技园、中小企业创业基地等科技企业孵化机构优化运营机制和业务模式，转型升级为投资促进型、培训辅导型、专业服务型和创客孵化型等各具特色的众创空间。支持园区和县市区建设众创空间，促进省、市、县联动。（责任单位：省科技厅、省发改委、省经信委）

（二）创客培育行动计划。

3．鼓励支持大学生创业。依托省内高等院校建立一批大学生创业培育示范基地，组建湖南省大学生创业基地联盟。支持高等院校开设创新创业课程，加强创业培训。组建由成功创业者、天使投资人、知名专家等为主的创业导师队伍。组织创业导师编辑出版创业辅导培训教材和政策汇编，开展“创业学院”“创业大讲堂”“创业培训班”等各类创业培训。支持湖南省大学生创新创业孵化基地、大学科技园等平台为大学生创业提供场所和公共服务。加大对大学生、青年科技人才等群体创新创业支持力度。在校大学生休学创业时间可视为参加实践教育时间。（责任单位：省教育厅、省人力资源社会保障厅、省科技厅、团省委）

4．支持科技人员创业。支持高等院校、科研院所的科技人员兼职或离岗等方式，走出来创办、领办或与企业家合作创办科技型企业、科技服务机构，经所在单位同意离岗的可在3年内保留人事关系，原单位应根据科技人员创业的实际情况与其签订或变更聘用合同，明确权利义务，符合条件的可正常申报评审相应专业技术职务，建立健全科研人员双向流动机制。深化科技成果处置权、收益权改革，除涉及国家安全、国家利益和重大社会公共利益的成果外，转移转化所得收入全部留归单位；对于职务发明成果转让收益（入股股权），成果持有单位按不低于50%的比例奖励科研负责人、骨干技术人员等重要贡献人员和团队。加大“企业科技特派专家行动计划”和“企业科技创新创业团队支持计划”推进和支持力度。鼓励支持企业科技特派专家和农村科技特派员深入基层一线创办、领办、协办科技型中小企业、科技服务实体和专业合作组织，实现生产、技术和市场的有效连接。（责任单位：省人力资源社会保障厅、省科技厅、省教育厅、省财政厅、省国资委、省科协）

5．支持海外高层次人才来湘创业。建立和完善海外高端创新创业人才引进机制，通过国家“千人计划”、省“百人计划”等人才引进计划的实施，引进一批海外高层次人才和团队到湖南创新创业。依托长株潭国家自主创新示范区和各地留学生创业园，引进一批具有国际视野留学归国人员创办科技型企业。落实来湘创业海外高层次人才配偶就业、子女入学、医疗住房、社会保障相关政策。重点支持海外高层次人才引进国际先进技术成果在湖南落地转化。（责任单位：省人力资源社会保障厅、省委人才办、省科技厅、省科协）

6．支持外出务工人员返乡创业。依托农村专业技术协会、农民专业合作社和农村科普示范基地等农村创新创业平台，为返乡创业人员提供各类创业服务。支持返乡创业人员因地制宜围绕农产品深加工、农村服务业、休闲农业、乡村旅游等开展创业。培育一批新型职业农民，积极引导金融机构支持外出务工人员返乡兴办企业和经济实体，落实创业担保贷款及财政贴息等创业扶持政策，为返乡创业者提供良好的创业环境。（责任单位：省农委、省科技厅、省商务厅、省人力资源社会保障厅、省科协、团省委）

（三）创新创业服务提升行动计划。

7．降低创新创业门槛。深化商事制度改革，加快实施工商营业执照、组织机构代码证、税务登记证“三证合一”“一照一码”，落实“先照后证”改革，推进全程电子化登记和电子营业执照应用。放宽企业注册资本登记条件，实行注册资本认缴登记制。简化住所（经营场所）登记手续，对众创空间内的企业实行“一照多址”、集群注册。采取一站式窗口，网上申报、预约服务等措施，为创客企业工商注册提供简捷便利服务。鼓励各地对众创空间等新型孵化机构的房租、宽带接入费用和用于创业服务的公共软件、开发工具给予适当财政补贴，鼓励众创空间为创业者提供免费高带宽互联网接入服务。（责任单位：省工商局、省财政厅、省科技厅）

8．推进创新创业公共服务体系建设。依托湖南科技成果转化平台、湖南省农村农业信息化综合服务平台、湖南省中小企业公共服务平台网络、湖南省大学生创新创业孵化基地、湖南省知识产权交易中心等平台，整合服务资源，完善服务功能，构建全方位的创业公共服务体系，为创业者提供法律、知识产权、财务、咨询、检验检测认证和技术转移等“一站式”创业服务。搭建军民两用技术转化平台，促进军民深度融合。研究探索创新券应用试点工作，推动众创空间各项创新活动有效开展。（责任单位：省科技厅、省经信委、省发改委、省财政厅、省教育厅、省人力资源社会保障厅、省知识产权局）

（四）财税金融支撑行动计划。

9．加强财税政策引导。整合优化现有扶持创新创业的各项财政资金，通过政府购买服务和后补助等方式，重点支持众创空间建设、公共服务平台和创新创业活动。利用国家及省中小企业发展专项资金，运用阶段参股、风险补助和投资保障等方式，引导创业投资机构投资于初创期科技型中小企业。发挥国家及省新兴产业创业投资引导基金对社会资本的带动作用，重点支持战略性新兴产业和高技术产业早中期、初创期创新型企业发展。发挥财政资金杠杆作用，通过市场机制引导社会资金和金融资本支持创业活动。发挥财税政策支持天使投资、创业投资发展的作用，培育发展天使投资群体，推动大众创新创业。落实科技企业孵化器、大学科技园、研发费用加计扣除、固定资产加速折旧、高新技术企业、重点群体创业就业和支持小微企业发展等税收优惠政策。（责任单位：省财政厅、省地税局、省国税局、省科技厅、省经信委、省发改委）

10．完善创业投融资服务。利用国家和省科技成果转化引导基金，吸引社会资本共同发起设立天使基金、创投基金等创业投资企业。开展互联网股权众筹融资试点，增强众筹对大众创新创业的服务能力。规范和发展服务小微企业的区域性股权市场，促进科技初创企业融资，完善创业投资、天使投资退出和流转机制。鼓励银行业金融机构新设或改造部分分（支）行，作为从事科技型中小企业金融服务的专业或特色分（支）行，提供科技融资、知识产权质押、股权质押等方式的金融服务。（责任单位：省科技厅、省政府金融办、人民银行长沙中心支行、省发改委、湖南银监局、湖南证监局、湖南保监局、省知识产权局、省财政厅）

（五）创新创业文化培育行动计划。

11．举办创新创业系列活动。办好“湖南省创新创业大赛”“湖南省青年创新创业大赛”“湖南省大学生创新创业大赛”、湖南省大学生”挑战杯”等创新创业赛事，举办创新创业活动和展会。鼓励众创空间针对不同的创客群体，举办各类创新沙龙。（责任单位：省科技厅、省教育厅、省人力资源社会保障厅、省科协、团省委）

12．加强对创新创业的宣传。调动政府、高等院校、媒体、服务机构的宣传力量，发挥互联网、博客、微信公众号等新媒体的作用，持续组织“大众创业、万众创新”宣传活动，报道一批创新创业先进事迹，树立一批创新创业典型人物，让大众创业、万众创新在全社会蔚然成风。（责任单位：省委宣传部、省科技厅、省教育厅、省新闻出版广电局、省人力资源社会保障厅、团省委、省科协）

（六）建立创新创业信息共享平台。

13．以“互联网+”模式实现资源共享。立足云计算、大数据等技术，建立湖南省创新创业信息共享平台，充分集成科技成果、人才、资金、机构和政策等信息，实现与现有科技资源及信息系统的有机衔接，实现线上线下紧密互动，资源共享，积极为创新创业主体提供创新服务，释放服务潜能。（责任单位：省科技厅、省经信委、省教育厅）

三、保障措施

各级各有关部门要高度重视，切实加强对推动众创空间建设工作的组织领导，完善配套政策和保障措施，确保方案顺利实施。建立湖南省推动众创空间建设联席会议制度，联席会议办公室设在省科技厅，落实部门职责，加强协调指导，及时研究解决推动众创空间建设的重大问题。建立市州政府和省直有关部门推动众创空间建设工作通报制度，定期向联席会议办公室报送工作实施进展情况。省科技厅会同省人力资源社会保障厅制定众创空间建设工作考核评价办法，对市州政府和省直有关部门考核结果将纳入省绩效评估范围。

湖南省人民政府办公厅
2015年9月11日

湖南省大众创业万众创新行动计划（2015—2017年）

（湘政办发〔2015〕89号）

为进一步激发创业创新活力，根据《国务院关于大力推进大众创业万众创新若干政策措施的意见》（国发〔2015〕32号）精神，结合我省实际，制定本行动计划。

一、总体目标

到2017年，着力构建100个省级重点创新创业园区，新增90个以上省级创业孵化基地，建成150个中小微企业创业基地，构建100个以上省级众创空间，新增创业主体90万个以上，带动就业150万人以上。全省创业创新政策体系进一步健全，服务体系基本完善，制度环境全面优化，市场主体迅猛发展。

二、行动内容

（一）载体升级发展工程。

1．主要任务：加强创业创新载体建设，完善配套服务，提升承载能力，为创业创新提供良好的发展空间。

2．具体措施：（1）大力发展众创。大力推广创客空间、创业咖啡、创新工场等新型孵化模式，充分利用现有各类园区、基地和高校、科研院所、企业等条件，三年内在新兴制造业和现代服务业等领域打造100个以上省级众创空间，整合相关专项资金，支持众创空间开展创新创业活动。（2）升级发展孵化器。推动大学科技园、留学人员创业园、创业服务中心、生产力促进中心、中小微企业创业基地等科技企业孵化机构优化运营机制和业务模式，向投资促进型、培训辅导型、专业服务型、创客孵化型等方向转型升级。（3）加强中小微企业创业基地建设。每年重点支持30个以上省级中小微企业创业基地公共服务平台建设，新认定一批省级中小微企业创业基地，加强创业辅导，提高孵化培育能力。实施小微企业创业创新基地城市示范工程。（4）大力建设创业孵化基地。以建设国家级和省级创业型城市为抓手，依托省“135”工程，加快建设创业孵化基地，力争实现国家级和省级创业型城市全覆盖，每年新增省级创业孵化基地30个。（5）继续开展大学生创新创业孵化基地建设，整合全省大学生创新创业孵化基地资源，建立全省大学生创新创业孵化基地联盟，为大学生创新创业项目提供良好孵化服务。（6）推动青年创业园区建设。集成整合各类资源，建设青年创业园区，为青年创业提供良好的环境。每个市州至少建立1个青年创业园区。（7）充分发挥企业的创新主体作用，鼓励和支持有条件的大型企业发展创业平台、投资并购小微企业等，增强企业创业创新活力。（8）加快创业创新园区建设。立足现有省级以上园区，深入实施 “135”工程，大力推进创业创新园区发展。积极盘活区域内闲置的商业用房、工业厂房、企业库房、物流设施和家庭住所、租赁房等资源，为创业者提供低成本办公场所和居住条件。切实保障创业创新基地的建设用地，在符合规划、不改变用途的前提下，现有工业用地提高土地利用率和增加容积率的，不再增收土地价款。（责任单位：省科技厅、省发改委、省经信委、省人力资源社会保障厅、省财政厅、省国土资源厅、省教育厅、团省委、省妇联等）

（二）资源开放共享工程。

1．主要任务：整合科技资源、信息资源等，建立面向全社会开放的长效机制，实现资源开放共享，为创业创新提供有力支撑。

2．具体措施：（1）发展公共服务平台。整合创业创新信息资源，实现创业创新政策、项目、培训、比赛等信息集中发布。加快建立创业企业、创业投资统计指标体系，加强监测和分析。建立创业失败援助机制，对受援者提供创业指导、经济救助、心理抚慰等服务。（2）用好创业创新技术平台。编制科技资源开放共享目录，探索建立大型科学仪器和科研设施共享服务后补助机制。完善国家工程（技术）研究中心、国家重点（工程）实验室、国家企业技术中心等国家级和省级科研平台向社会开放机制。借鉴中关村开放实验室成功经验，依托长株潭国家自主创新示范区，采取共建联合方式，鼓励高校、科研机构、企业开放共享检测认证设备资源，建设开放实验室。（3）开放高校教育培训平台。依托我省优势教育资源，实施创业创新辅导计划，鼓励高校面向社会开设创业创新辅导培训公开课，提供专业化系统化培训辅导。（责任单位：省科技厅、省发改委、省质监局、省经信委、省人力资源社会保障厅、省财政厅、省教育厅、省统计局、团省委等）

（三）服务创新拓展工程。

1．主要任务：创新服务模式，拓展服务范畴，营造良好创业创新生态。

2．具体措施：（1）创新服务模式。积极推广众包、用户参与设计、云设计等创业创新新模式。支持创业孵化基地、中小微企业创业基地和创业园区建立信息服务平台，提供各项信息服务。（2）发展第三方专业化服务。加快发展企业管理、财务咨询、市场营销、人力资源、法律顾问、知识产权、检验检测、现代物流等第三方专业化服务。（3）开展专家指导服务行动。建立健全各级创业创新服务专家库和服务团，对创业创新服务专家按规定开展创业创新指导服务行动的，给予一定服务补贴。（4）鼓励发展众扶、众筹。依托“互联网+”等新技术新模式，发展众扶、众筹，使创新资源配置更灵活、更精准，形成内脑与外脑结合、企业与个人协同的创新格局。（责任单位：省发改委、省科技厅、省经信委、省财政厅、省教育厅、省人力资源社会保障厅等）

（四）素质培育提升工程。

1．主要任务：加强创业创新教育和培训，激发创业创新热情，提升创业创新能力和素质。

2．具体措施：（1）加强创业创新教育。将创业创新精神教育和素质教育融入国民教育体系，深化中小学课程改革，加强实践实验类课程教育。深化高等学校创业创新教育改革，加强创业创新教育课程体系建设，实施大学生研究性学习与创新实验计划，提升教师创业创新指导能力，创新人才培养机制。（2）开展创业创新培训。开展针对不同群体、创业活动不同阶段特点的培训项目，提高创业创新培训的针对性和有效性。建立一支千人以上高水平创业创新培训师资队伍，每年开展创业创新培训7万人次以上。（3）组织创业创新比赛。举办中国创新创业大赛（湖南赛区）、黄炎培职业教育奖创业规划大赛、湖南青年创新创业大赛、大学生创新创业大赛、巾帼创新创业技能大赛等赛事，以比赛为契机培育提升创业创新素质。（4）积极开展多样化培训教育。充分发挥网络、电视、手机微媒等传媒作用，开展在线培训教育、远程培训教育，提供开放、灵活、方便的创业创新教育资源。（责任单位：省教育厅、省经信委、省人力资源社会保障厅、省科技厅、省财政厅、省新闻出版广电局、团省委、省妇联等）

（五）人才激活开发工程。

1．主要任务：落实各项优惠政策，激发科技人员、大学生、高层次人才等创业创新主体的创造活力，开发创业创新潜力。

2．具体措施：（1）提高科技人员创业创新积极性。完善高校、科研院所等事业单位专业技术人员在职创业、离岗创业有关政策。对离岗创业的，经原单位同意，可在3年内保留人事关系，与原单位其他在岗人员同等享有参加职称评聘、岗位等级晋升和社会保险等方面的权利，原单位应当根据专业技术人员创业的实际情况，与其签订或变更聘用合同，明确权利义务。（2）引领大学生创业创新。深入实施大学生创业引领计划。依托大学生创新创业孵化基地和企业博士后科研工作站（协作研发中心），激励大学生自主创业。鼓励高校开设创业创新课程，加强创业创新培训和辅导，鼓励大学生参与科研和技术创新研究。建立健全弹性学分制管理办法，支持大学生保留学籍休学创业。（3）吸引高层次人才来湘创业创新。建立和完善高端创业创新人才引进机制，依托国家海外高层次人才创新创业基地、长株潭国家自主创新示范区和留学生创业园，通过国家“千人计划”、“万人计划”和省“百人计划”等人才引进计划的实施，引进一批高层次人才和团队来湘创业创新，落实其配偶就业、子女入学、医疗、住房、社会保障相关政策。（4）大力引导外出务工人员返乡创业。鼓励依托各类产业园区，盘活闲置厂房等存量资源，设立返乡创业园。支持发展农民合作社、家庭农场等新型农业经营主体，符合政策规定条件的，享受有关税费优惠政策。支持返乡创业人员因地制宜发展地方特色产业。切实完善基层各类公共服务平台，加快乡村通信、交通物流等基础设施建设，为返乡创业提供便利。（5）鼓励城镇失业人员、失地农民、退役军人开展创业，落实贷款、税收等优惠政策，加大创业帮扶力度，提升创业能力。开发适合妇女创业特点的项目，激发妇女创业创新积极性。（责任单位：省人力资源社会保障厅、省科技厅、省教育厅、省发改委、省经信委、省财政厅、省农委、省商务厅、团省委、省妇联等）

（六）环境提质优化工程。

1．主要任务：创新体制机制，为创业创新提供各项便利；转变政府职能，完善公平竞争市场环境；落实优惠政策，减免相关收费。

2．具体措施：（1）提高创业便利化水平。2015年年底前全面实施工商营业执照、组织机构代码证、税务登记证“三证合一”“一照一码”。除法律、行政法规和国务院规定的特定行业外，实行注册资本认缴登记制度，允许注册资本“零首付”；落实“先照后证”改革，推进全程电子化登记和电子营业执照应用。推动“一址多照”“集群注册”等住所登记改革。按照“非禁即入”的原则，允许各类创业主体平等进入国家法律法规未禁入的所有行业和领域。开展企业简易注销试点，建立便捷的市场退出机制。依托企业信用信息公示系统建立小微企业名录，增强创业企业信息透明度。（2）完善公平竞争市场环境。进一步转变政府职能，增加公共产品和服务供给，为创业者提供更多机会。逐步清理并废除妨碍创业创新发展的制度和规定，打破地方保护主义。建立统一透明、有序规范的市场环境。依法反垄断和反不正当竞争，消除不利于创业创新发展的垄断协议和滥用市场支配地位以及其他不正当竞争行为。把创业主体信用与市场准入、享受优惠政策挂钩。（3）落实有关行政事业性收费和服务性收费减免政策。对小微企业和从事个体经营的行政事业性收费按规定实施减免政策。严禁各种名义、各种形式的集资、摊派、乱收费和强制服务、强制收费。严格规范行业协会、中介组织收费，各类中介机构对登记失业人员、高校毕业生从事个体经营、创办小微企业涉及的服务性收费，要给予优惠。建立创新创业企业负担举报和反馈机制。（责任单位：省工商局、省发改委、省人力资源社会保障厅、省编办、省财政厅、省政府法制办、省质监局、人民银行长沙中心支行、省国税局、省地税局）

（七）财政金融支撑工程。

1．主要任务：加大财政支持和统筹力度，支持创业创新健康成长。加大信贷支持，完善金融服务，优化资本市场，拓宽资金渠道，为创业创新提供便捷融资。

2．具体措施：（1）加大财政资金支持和统筹力度。根据创业创新需要，整合现有各类支持创业创新资金，促进省创业投资引导基金、省新兴产业发展基金、省科技成果转化引导基金等协同联动，支持创业创新发展。（2）加大信贷支持，完善金融服务。推动各银行业金融机构加强金融产品和服务方式创新，通过信用担保、财产抵押、股权质押、知识产权质押等多种形式，加大对创新创业企业的信贷支持。鼓励各银行业金融机构向创新创业企业提供结算、融资、理财、咨询等一站式系统化的金融服务。（3）依托资本市场，拓展融资渠道。支持符合条件的创业创新企业在中小板、创业板、全国中小企业股份转让系统、湖南股权交易所等市场挂牌、上市、融资，鼓励创业企业通过发行债券、股权私募等多种方式筹集资金。（4）发展国有资本创业投资。落实鼓励国有资本参与创业投资的政策措施，建立国有创业投资机构激励约束机制、监督管理机制。引导国有企业参与新兴产业创业投资基金，设立国有资本创业投资基金等，充分发挥国有资本在创业创新中的作用。（5）鼓励社会资本参与创业创新。充分调动社会资本积极性，鼓励各类社会资本通过股权投资方式支持创业创新。（6）鼓励中小企业信用担保机构为创新创业融资提供担保服务。充分发挥财政资金的引导作用，鼓励政策性中小企业信用担保机构为创新创业融资提供低担保费的担保服务。（责任单位：省财政厅、省政府金融办、湖南银监局、湖南证监局、人民银行长沙中心支行、省发改委、省科技厅、省经信委、省人力资源社会保障厅、省国资委等）

三、保障措施

（一）加强组织领导。建立湖南省推进大众创业万众创新联席会议制度，加强对创业创新工作的统筹、指导和协调。加强部门之间、部门与地方之间政策协调，增强政策普惠性、连贯性和协同性，形成强大合力。加强政策落实情况督查，确保各项政策落到实处。

（二）营造良好氛围。组织开展各类推动大众创业万众创新活动。支持科技企业孵化器、大学科技园、众创空间、中小微企业创业基地、高校、大中型企业等举办各种创业创新大赛、投资路演、创业沙龙、创业讲堂、创业训练营等活动，营造良好的创业创新氛围。发挥广播、电视、报刊、网络等各类媒介作用，多形式、多渠道加大对大众创业、万众创新的新闻宣传和舆论引导，树立创业创新典型人物，让大众创业、万众创新蔚然成风。

各地各有关部门要结合本地区本部门实际，抓紧制定具体操作办法，明确任务分工，落实工作责任，强化督促检查，加强舆论引导，推动本行动计划确定的各项具体措施落实到位，促进全省经济平稳健康发展。

湖南省人民政府办公厅

2015年10月20日

广东省人民政府关于加快科技创新的若干政策意见

（粤府〔2015〕1号）

科技创新是创新驱动的核心。为全面贯彻落实《中共广东省委广东省人民政府关于全面深化科技体制改革加快创新驱动发展的决定》（粤发〔2014〕12号），优化全省创新创业环境，经研究，特制定以下若干政策意见：

一、建立企业研发准备金制度。运用财政补助机制激励引导企业普遍建立研发准备金制度。对已建立研发准备金制度的企业，省市县财政通过预算安排，根据经核实的企业研发投入情况对企业实行普惠性财政补助，引导企业有计划、持续地增加研发投入。具体实施办法由省财政厅会同省科技厅另行制定。

二、开展创新券补助政策试点。鼓励各地根据实际情况开展创新券补助政策试点，引导中小微企业加强与高等学校、科研机构、科技中介服务机构及大型科学仪器设施共享服务平台的对接。以各地级以上市科技、财政部门为政策制定和执行主体，面向中小微企业发放创新券和落实后补助。省科技、财政部门根据上一年度各地市的补助额度，给予各地市一定比例的补助额度，并将财政补助资金划拨至各地市财政部门，由各地市统筹用于创新券补助。具体实施办法由省科技厅会同省财政厅另行制定。

三、试行创新产品与服务远期约定政府购买制度。围绕全省经济社会发展重大战略需求和政府购买实际需求，探索试行创新产品与服务远期约定政府购买制度。省财政、科技部门委托第三方机构向社会发布远期购买需求，通过政府购买方式确定创新产品与服务提供商，并在创新产品与服务达到合同约定的要求时，购买单位按合同约定的规模和价格实施购买。具体实施办法由省财政厅会同省科技厅等部门另行制定。

四、完善科技企业孵化器建设用地政策。各地级以上市根据自身发展实际需求，在符合土地利用总体规划、城乡规划和产业发展规划的前提下，每年可安排一定比例的全市计划用地作为科技企业孵化器建设用地。利用新增工业用地开发建设科技企业孵化器，可按一类工业用地性质供地。工业用地建设的科技企业孵化器，在不改变科技企业孵化服务用途的前提下，其载体房屋可按幢、层等有固定界限的部分为基本单元进行产权登记并出租或转让。具体实施办法由各地级以上市结合本地情况另行制定。

五、建立科技企业孵化器财政资金补助制度。对新建或改扩建新增孵化面积的科技企业孵化器，其运营机构获得所在地级以上市财政补助资金的，省财政再按不高于各市补助一半比例给予后补助。运营成效优良并获得所在地级以上市财政补助的科技企业孵化器，省财政按一定比例给予后补助。具体实施办法由省科技厅会同省财政厅等部门另行制定。

六、建立科技企业孵化器风险补偿制度。省市共建面向科技企业孵化器的风险补偿金，对天使投资失败项目，由省市财政按损失额的一定比例给予补偿。对在孵企业首贷出现的坏账项目，省市财政按一定比例分担本金损失。省财政对单个项目的本金风险补偿金额不超过200万元。建立省科技企业孵化器天使投资引导基金，参股引导科技企业孵化器、民间投资机构等共同组建天使投资基金。支持投资企业或创业投资管理企业向国家有关部门申请设立“科技成果转化引导基金创业投资子基金”，募集资金总额不低于1亿元人民币，基金经营范围为创业投资业务，组织形式为公司制或有限合伙制。具体实施办法由省科技厅会同省财政厅等部门另行制定。

七、赋予高等学校、科研机构科技成果自主处置权。除涉及国家安全、国家利益和重大社会公共利益外，赋予高等学校、科研机构科技成果自主处置权，可自主决定科技成果的实施、转让、对外投资和实施许可等科技成果转化事项。

八、完善高等学校、科研机构科技成果转化所获收益激励机制。高等学校、科研机构科技成果转化所获收益全部留归单位自主分配，纳入单位预算，实行统一管理，处置收入不上缴国库。科技成果转化所获收益用于人员激励的支出部分，按国家和省有关规定执行，暂不纳入绩效工资管理。高等学校、科研机构转化职务科技成果以股份或出资比例等股权形式给予个人奖励时，获奖人可暂不缴纳个人所得税。

九、完善高等学校、科研机构科技成果转换个人奖励约定政策。高等学校、科研机构转化科技成果以股份或出资比例等股权形式给予个人奖励约定，可以进行股权确认。财政、国有资产管理、知识产权、工商、监察等部门对上述约定的股权奖励和确认应当予以承认，并全面落实国有资产确权、国有资产变更、知识产权、注册登记等相关事项。

十、完善科技人员职称评审政策。将专利创造、标准制定及成果转化作为职称评审的重要依据之一。科技人员参与职称评审与岗位考核时，发明专利转化应用情况与论文指标要求同等对待，技术转让成交额与纵向课题指标要求同等对待。具体实施办法由省人力资源社会保障厅会同有关部门另行制定。

十一、扶持新型研发机构发展政策。新型研发机构在政府项目承担、职称评审、人才引进、建设用地、投融资等方面可享受国有科研机构待遇。非营利性科研机构自用的房产、土地，按国家规定免征房产税、城镇土地使用税。按照房产税、城镇土地使用税条例、细则及相关规定，属于省政府重点扶持且纳税确有困难的新型研发机构，可向主管税务机关申请，经批准可酌情给予减税或免税照顾。省政府重点扶持的新型研发机构名单由省科技厅报省政府审定后，在每年9月底前提供给省地税局按照规定办理。对符合条件的新型研发机构进口科研用品免征进口关税和进口环节增值税、消费税，国家另有规定的从其规定。

十二、完善高层次人才居住保障政策。高层次人才安居可以采取货币补贴或实物出租等方式解决。支持各级政府在引进人才相对集中的地区统一建设人才周转公寓或购买商品房出租给在当地无房的高层次人才居住。支持高等学校、科研机构参照所在地政府有关规定，利用自有存量国有建设用地建设租赁型人才周转公寓。支持高等学校、科研机构、大型骨干企业利用自有资金购买或租用商品房出租给高层次人才居住。高层次人才周转公寓建设、使用和管理办法由各级政府另行制定。

本政策意见自公布之日起实施，由广东省科学技术厅会同有关部门负责解释。省有关部门和各地级以上市要制定相应实施细则，并加强对相关政策的绩效评估。

广东省人民政府
2015年2月15日

中共广州市委 广州市人民政府
关于加快实施创新驱动发展战略的决定

（穗字〔2015〕4号）

为贯彻落实《中共中央 国务院关于深化体制机制改革加快实施创新驱动发展战略的若干意见》《中共广东省委 广东省人民政府关于全面深化科技体制改革加快创新驱动发展的决定》精神，加快实施创新驱动发展战略，深化科技体制改革，提升我市科技创新能力，特作出如下决定：

一、总体要求

（一）指导思想。加快实施创新驱动发展战略，是新时期、新常态下推进改革发展的重大选择，是以科技创新为核心推动全面创新的重要措施。广州要当好创新驱动发展的排头兵，必须将创新驱动发展作为核心战略，积极探索全面创新改革试验，破除一切制约创新的思想障碍和制度藩篱，完善创新创造和创业发展的良好生态环境，推动科技与产业、平台、金融、人才、知识产权、民生、国际合作结合，发挥科技资源优势，促进科技创新成果转化为现实生产力，实现从要素驱动向创新驱动的根本转变，为建成面向世界、服务全国的国际化大都市提供强大的科技支撑。

（二）基本原则。坚持需求导向，服务发展。紧扣经济社会发展和城市转型升级重大需求，深化体制机制改革，发挥知识产权制度对激励创新的基本保障作用，打通创新成果转化通道，实现创新发展。坚持全面创新，统筹协调。推进科技、管理、品牌、组织、商业模式等创新，统筹协调各类创新主体，实现科技创新、制度创新、开放创新有机统一和协同发展。坚持企业主体，市场主导。突出企业的技术创新主体地位，把握技术创新、成果转化的市场规律，充分发挥市场配置创新资源的决定性作用。坚持以人为本，优化环境。充分发挥科技人员的创新创业活力，强化激励机制，让科技人员和创业者获取更多的权益，建立适合大众创业、万众创新的良好生态环境。

（三）主要目标。到2020年，将广州建成体制创新、机制健全的国家区域创新平台，具有国际影响力的国家创新中心，形成开放、宽松、自由的创新生态。

创新投入大幅提高。2017年和2020年全社会研究与开发（R&D）经费占地区生产总值（GDP）的比重分别达2.7%和2.8%以上。

创新能力大幅增强。2017年和2020年，高新技术企业分别达2500家和3500家，高新技术产品产值占规模以上工业总产值的比重力争分别超过47%和49%，全市规模以上工业企业建立研发机构的比例分别超过40%和50%，每万人发明专利拥有量分别达20件和25件以上，国家级重点实验室、企业工程研究开发中心、技术中心等创新平台分别达到60家和65家。

创新人才高度集聚。2017年和2020年，高技能人才占技能劳动者比例达到32%和34%，高级职称专业技术人才总量达到17万人和20万人，公民具备基本科学素质的比例分别超过10%和15%。

二、强化企业创新主体地位

（四）大力发展高新技术企业。实施加快高新技术企业发展三年行动计划，大力推动高新技术企业认定工作，建立高新技术企业后备库，按“一企一策”重点扶持，对推荐申报高新技术企业认定但未获得认定的，安排专门经费用于辅导认定。通过技术改造、加速孵化等措施加快培育一批高新技术企业。孵化器培育的企业被认定为高新技术企业的，对孵化器予以奖励。

（五）大力发展创新型企业。实施创新型企业示范工程，发展壮大一批市创新型企业。加大创新型企业的引进力度，结合实际按照“一企一策”定向开展科技招商。市创新型企业优先承担市级科技计划重大专项。支持市创新型企业提升技术和产品自主创新能力，掌握核心技术和自主知识产权，形成综合创新能力强、在国内或国际同行业中具有领先地位的创新型龙头企业。

（六）加大对科技型企业扶持力度。实施科技小巨人企业培育计划，通过技术改造、产学研合作等方式，对现有中小企业进行改造，增加科技含量，促进一批中小企业转变为活力强、发展快的科技型中小企业。实施科技型中小企业技术创新资金专项，资助初创期企业和成长期企业技术研发。完善创业孵化、人才培训、质量检测、工业设计、信息网络、知识产权、电子商务、企业融资等公共服务平台建设。建立科技创新券制度，补助中小微企业向政府公布的创新服务机构购买创新服务。围绕全市经济社会发展重大战略需求和政府购买实际需求，试行创新产品与服务远期约定政府购买制度。

（七）大力推动企业研发机构建设。制定推动企业研发机构建设发展的意见，支持企业加强与高等学校、科研院所合作建设企业研发机构。新组建研发机构的企业，以后补助方式一次性给予建设经费补助。支持企业建立工程技术研究开发中心、工程实验室、技术中心、科技特派员工作站以及其他科技研究开发机构。支持企业借智引智，建立院士工作站、博士后工作站等研发机构。实施企业研发经费投入后补助政策，支持企业自主决策先行投入开展创新活动。制定市属国有企业加大创新投入方案，提高国有企业创新能力。探索以政府购买服务方式支持企业创新。

（八）推动商业模式创新。探索政府支持企业商业模式创新的新机制，商业模式创新纳入市科技计划予以支持。引导企业发挥技术和市场优势，完善企业产品、服务和信息流等体系，在产业组织、产品、经营模式等方面全面创新，培育一批具有创新活力和动力的新业态。引导媒体挖掘创新生态良好及有影响力的企业，大力宣传创新能力强的标杆创新企业。

三、营造良好的创新生态环境

（九）建设政府创新集成服务平台。通过财政科技经费以政府购买服务的方式为科技型中小企业提供法律、工商、会计、税收、知识产权、信息服务等一条龙的政府集成服务。大力发展科技服务业，重点支持研究开发及其服务、技术转移、检验检测认证、知识产权等专业科技服务和综合服务发展。开展科技服务业区域和行业试点示范。支持科技服务机构提升专业服务能力、搭建公共服务平台、创新服务模式。实行科技服务业动态监测，建立全市科技服务企业诚信档案。设立市科技服务业专项发展资金，以政府购买服务、后补助等方式对科技服务机构、公共创新服务平台、科技服务性展会等进行补贴。推进专利代理、专利导航和专利预警分析，促进知识产权服务业发展。

（十）营造促进创新的市场环境。发挥市场竞争激励创新的根本性作用，营造公平、开放、透明的市场环境。改革产业监管制度，将前置审批为主转变为依法加强事中监管为主。深化行政审批制度改革，最大限度减少政府对微观事务的管理，简化企业注册登记、税务登记等办事流程，实现网上一站式办理。

（十一）营造保护创新的法治环境。加强知识产权保护，建立知识产权保护高地，开展跨部门、跨地区联合执法和协作，建立和完善知识产权维权援助网络和涉外维权预警机制。通过政府购买服务方式支持知识产权保护咨询和援助机构，为企业知识产权诉讼提供维权咨询和援助服务。发挥广州知识产权法院的作用，完善知识产权审判工作机制，大力引导扶持知识产权法律服务业发展。强化行政执法与司法衔接，将侵权行为信息纳入社会信用记录。

（十二）营造鼓励创新和宽容失败的社会氛围。支持举办科技创业论坛、创新创业大赛等活动，在全社会弘扬“敢为人先”的广州精神，活跃广州创新创业氛围；建立科学研究与公众沟通的体制和机制，办好系列科普活动，设立“科技开放日”，鼓励高等学校、科研院所和企业的科研仪器设备和实验场所向公众开放。加强青少年科技创新和知识产权意识的教育和培养。在科技计划项目实施和管理中，建立宽容失败的制度保障。

四、促进科技成果转化

（十三）发挥广州中心城市科技资源的作用。充分发挥广州科技、教育资源集中的优势，强化激励，合理分工，增强高等学校、科研院所原始创新能力和共性技术研发能力。支持广州地区高校、科研院所建立科技服务机构，利用其人才、技术资源为广州科技创新服务。加强高等学校、科研院所知识产权管理，强化其知识产权申请、运营权责。建立高等学校、科研院所的科技成果转化统计和报告制度，推动广州地区高校、科研院所科技成果在广州转化。

（十四）建立有利于成果转化的体制和机制。制定促进科技成果转化实施办法，完善科技成果转化的利益分享机制，提高骨干团队、成果主要完成者受益的比例。高等学校、科研院所可自主决定对科技成果的合作实施、转让、对外投资和实施许可等科技成果转化事项，鼓励在高等学校设立科技成果转化岗位。建立高等学校、科研院所科技成果转化个人奖励约定政策，鼓励各类企业通过股权、期权、分红等激励方式，调动科研人员创新积极性。

（十五）强化科技创新创业服务载体建设。建设广州科技创新创业服务中心，发挥广州科技创新创业资源优势，整合广州科技创新创业服务资源，吸引创新要素聚集，建成集国际青年创业驿站、科技创新创业服务平台、校地协同创新服务平台、科技成果转化服务平台于一体的全链条、综合性科技创新创业服务体系，促进创新创业、产学研协同创新及成果转移转化。

（十六）加快技术转移机构建设。扶持建设国家、省、市级技术转移和知识产权交易示范服务机构，积极引进国内外高端科技服务机构，扶持技术合同登记服务机构建设。建立一站式科技创新服务模式，为产学研合作、科技成果转化搭建科技信息和交易平台。举办中国创新科技成果交流会，建设国家级专业化科技成果交流合作平台。

五、加强创新人才的培养、引进和激励

（十七）实施人才培养和引进计划。优化创新人才政策，实现人才政策重大突破。实施博士后培养工程、珠江科技新星计划、菁英计划、高层次金融人才计划等创新人才培养项目，培养一批具有原始创新潜力的青年学科带头人。加快实施“羊城高层次创新创业人才支持计划”，大力培养、引进支持创新创业领军团队和人才。组织实施“智汇广州”高端人才对接服务行动，发挥中国留学人员广州科技交流会的作用，吸引海内外高层次人才来穗开展联合攻关、项目对接、成果转化等创新合作与服务。以创建珠三角国家自主创新示范区为契机，争取先行试点探索建立技术移民制度。建立服务绿色通道，对引进的海内外人才，实行特殊的居住政策。对符合条件的外国人才及其随行家属给予签证和居留等便利，对持有外国人永久居留证的外籍高层次人才在创办科技型企业等方面给予国民待遇。

（十八）加快人才创新创业平台建设。以建设国家级人才管理改革试验区为标准，加快建设南沙“粤港澳人才合作示范区”。探索建设有利于推动协同创新和创业发展的示范基地，集中打造资讯科技园、粤港科技创新产业园等一批高水平的公共科技创业平台，建设国际高端医疗健康城、国际教育合作实验区。发挥“千人计划”南方创业服务中心等平台和新型智库的重要作用，加快推进广州市人才资源服务产业园建设，大力培育人力资源服务业。

（十九）推动高校、院所和企业的人才交流互动。鼓励符合条件的企业优秀人才在高等学校、科研院所评聘职称、兼职、授课、培养研究生。支持企业建立高等学校学生实践训练基地，联合培养研究生。高等学校、科研院所选派到基层或者企业从事技术开发等科技活动的科技人员，选派期间鼓励原单位保留其待遇不变，其在基层或者企业的创新业绩，可以作为技术职务聘用的依据。

六、全面推进源头创新和协同创新

（二十）加强基础性、战略性和共性技术研究。实施科学研究专项，资助高等学校和科研院所开展基础性、战略性、前沿性的科学研究和产业共性技术研究，提高源头创新能力。加强与国家自然科学基金委及省政府的合作，共建大数据科学研究中心和设立自然科学联合基金。面向全国组织实施大数据科学研究计划，汇聚源头创新的人才和技术资源。

（二十一）建设和引进一批重大科研基础设施。加快广州超算中心建设，争取省市联动依托中心组织实施云计算与大数据等重大科技专项，突破掌握核心关键技术，形成重大战略产品，带动重点产业发展。积极争取中国科学院、中国工程院和国家部委的支持，在生命科学、材料科学、工程技术科学等领域，推动国家重大科技基础设施落户广州。

（二十二）大力推进校地协同创新。按照一校（院）一行动的原则，制定市校（院）协同创新合作实施方案。各区应因地制宜，与高等学校、科研院所合作共建科技创新平台、基地或产业园区。发挥广州校地协同创新联盟的平台作用，推进一批专业协同创新组织建设，对协同创新组织的组建、运行予以经费补助。大力实施一批协同创新重大项目，以无偿资助、后补助、贷款贴息等多种方式支持重大项目的研发和产业化。

（二十三）推进国际科技合作。推动与国（境）外开展政府间国际科技合作，与国（境）外企业、高等学校和科研院所合作，共建产业技术转移园区，吸引创新要素跨境流动。鼓励跨国公司来穗设立研发总部或研发中心。创新合作机制，大力引进国际一流高校和研究机构来穗合作设立分支机构。推动骨干企业建立海外研发机构，利用国外创新资源，开展技术研发活动。发展一批国际科技合作平台和基地，实现基地、项目、人才的聚集，提升技术研发水平。

七、提升科技创新平台服务能力

（二十四）推进重大创新平台建设。落实促进科技企业孵化器发展系列政策，完善科技企业孵化器建设用地政策，实施科技企业孵化器倍增计划，实现孵化器数量、面积和孵化企业三个倍增。制定支持新型研发机构建设与发展的政策，加大新型研发机构引进和建设支持力度。推进广州高新区、中新广州知识城、南沙新区等国家级创新平台建设。完善科技园区专业技术支撑平台、科技金融服务平台和综合公共服务平台等，为入驻企业提供股权投资、创业导师、创业场所等综合服务。完善园区配套服务，引入法律、财务、评估、担保等中介服务机构，建立一站式创新创业服务办理平台。

（二十五）积极申报国家自主创新示范区。推进以广州为主体、广州高新区为核心的珠三角国家自主创新示范区建设，沿珠江两岸着力打造广州自主创新示范带，科学布局其他自主创新示范园区建设，以创新示范带为核心，形成带园互补、协调发展的空间布局。

（二十六）推进科技创新平台和大型科研仪器设备开放共享。加强科技创新平台资源的整合，构建网络化、特色化、专业化的科技创新平台服务体系。编制、发布科技创新平台及其服务目录，将高等学校、科研院所、企事业单位管理的单台（套）价值在一定额度以上，用于科学研究和技术开发活动的科学仪器和实验设施定期向社会发布。实施科技创新平台年度共享服务评估制度，按照评估结果给予奖励。利用财政资金购买单台（套）价值一定额度以上大型仪器设备应当履行开放共享义务。不履行开放义务的管理单位由科技行政部门在网上予以通报，限期整改；不按期整改的，取消管理单位申报市科技计划项目的资格。

（二十七）建设科技创业社区和众创空间。在科教资源丰富和配套服务设施相对齐全的社区和街道，建设一批以特定科技基础设施、行政服务体系、人居环境为支撑的科技创业社区。科技创业社区自建的创业苗圃、孵化器等用地在符合城乡规划的前提下可按照科技研发用地管理；公益性科技研发用地可以划拨方式提供；重大科技成果产业化项目可通过入股等形式依法使用集体建设用地。发挥高等学校、科技园区、行业协会、科技社团等的作用，推广创客空间、创业咖啡、创新工场等孵化模式，建设若干广州国际创新驿站、创业实训基地，有效组织人才、技术、资本、市场等要素，实现创新与创业相结合、线上与线下相结合、孵化与投资相结合，构建一批低成本、便利化、全要素、开放式的众创空间。市科技计划项目对个人创业、个体创新活动予以支持。

八、促进科技创新与金融的结合

（二十八）完善科技金融服务综合体系。大力发展服务科技产业的各类金融机构和组织，支持成立以科技信贷为主的商业银行，支持各类商业银行设立科技支行；探索成立专门服务科技企业的小额贷款公司、融资租赁公司、融资担保公司。推进广州国家级促进科技和金融结合试点工作，鼓励有条件的区建立科技金融产业园区。以企业法人方式设立广州市科技金融综合服务中心，构建“一站式”科技金融服务平台，加快建立覆盖全市、市场化运作的科技金融服务体系。鼓励广州高新区等建设科技金融信用体系建设示范区。引导建设互联网金融产业基地。依托中国（广州）国际金融交易•博览会等大型会展平台，强化科技金融交易和服务功能。

（二十九）完善科技金融服务机制。大力发展创业投资和股权投资，扩大市创业投资引导基金规模，鼓励市、区联合发展政策性种子基金、科技孵化发展基金、科技项目股权众筹平台，扶持初创期科技企业发展。建立科技企业孵化器风险补偿制度，省市共建面向科技企业孵化器的风险补偿金，对天使投资失败项目给予一定额度的补偿。支持证券机构、投资机构设立并购基金或产业基金，推动科技资源优化集聚。引导保险资金以创业投资、股权投资等形式投向科技企业。建立财政科技经费与创业投资协同支持科技项目的新机制，引导提高金融资源的配置效益。建立支持科技创新成果产业化的股权投资机制。建立银行机构科技信贷风险分担机制，设立科技信贷风险补偿资金，对商业银行、科技支行的贷款项目实行贴息政策。

（三十）积极发展和利用多层次资本市场。建立科技型企业上市后备资源库，加大奖励力度，推动科技企业上市。鼓励已上市科技企业通过增发股份、并购重组等方式做大做强。支持科技企业到全国中小企业股份转让系统挂牌交易，推动中小科技企业到广州股权交易中心挂牌融资。支持科技型企业发行区域集优融资模式下的中小企业集合票据，推进科技型企业资产证券化产品创新，多渠道扩大融资规模。加快发展知识产权质押融资担保业务，建立风险补偿机制，简化融资流程；依托广州产权交易所、广州知识产权交易中心、南方联合产权交易中心等平台，创新产权评估机制，开展专利技术评估、交易和管理保护等业务。推动开展专利保险试点。

九、加强科技创新与产业融合发展

（三十一）大力发展高新技术产业和民生科技。重点发展新一代信息技术、生物与健康、新材料与高端制造、时尚创意、新能源与节能环保、新能源汽车等产业，制定面向未来和全球竞争的高新技术产业发展技术路线图。实施重大科技专项，围绕云计算与大数据管理技术、移动互联网新技术、新型印制显示材料、智能工业机器人、创新药物与疫苗、医学诊断试剂与医疗器械、干细胞与组织工程、第三方检测和高端医疗技术等领域，以企业为主体，高等学校、科研院所参与的方式，政府投入引导、科技金融支撑，组织从源头创新到成果产业化的全链条协同创新。实施民生科技专项行动，形成一批关键共性技术成果并转化应用。实施健康医疗协同创新重大专项，整合广州地区科研、临床资源，探索并建立包括医疗诊治一体化技术创新、科技经费投入方式创新、协同攻关机制创新在内的健康医疗创新“广州模式”。

（三十二）推动科技与优势产业结合。加快推进汽车关键零部件产业发展，推动新能源汽车示范推广和产业化，做大做强汽车产业。改造提升传统装备产业，将工业机器人和智能制造装备、轨道交通装备等高端制造业打造成为我市新型支柱产业。实施“一产业一改造”提升三年专项行动，改造提升传统产业核心竞争力。结合“三旧”改造，实施“一场一策”分类改造，应用先进技术和信息化手段提升专业批发市场和货运站场发展水平。

（三十三）大力促进科技与文化融合创新发展。组织开展对原创动漫、数字游戏、数字新媒体等文化领域共性关键技术研究，实施一批科技与文化融合重点项目，支持科技成果向文化企业转移，提升文化企业研发能力和技术应用水平。加大对科技文化企业的扶持力度，推进广州高新区国家级文化与科技融合示范基地建设，创建一批文化科技公共服务平台，形成一批科技与文化融合集聚区。

十、加强知识产权创造

（三十四）实施知识产权与标准化战略。建设知识产权示范和枢纽城市，支持中新广州知识城申报国家知识产权运用和保护综合改革试点，开发建设知识产权综合集聚区。加快国家专利审查协作（广东）中心建设。市财政重点资助发明专利授权、专利合作条约（PCT）国际专利申请及有效发明专利的维持。支持企业实施知识产权战略，建立健全知识产权管理制度，培育知识产权优势企业和示范企业。企业、高等学校、科研院所、行业协会等主导或参与国际标准、国家标准、行业标准和地方标准的制定和修订的，给予资金支持。实施市属国有工业企业专利“灭零倍增计划”，提高企业拥有的专利数量和质量。支持在中新广州知识城设立国家商标注册派出机构，开展商标注册业务，提高商标注册审查效率。

（三十五）强化科技计划项目知识产权管理。对科技计划项目实行全过程知识产权管理。财政科技经费优先支持具有或者可能形成自主知识产权的研究开发项目。申报市重大科技项目，应提供知识产权状况和风险评估等情况。应用性研究开发项目以获得知识产权作为项目验收的主要指标。

十一、加强创新工作组织领导和考核

（三十六）建立创新工作统筹机制。成立由市委主要领导任组长的市科技创新工作领导小组，研究和协调全市科技创新工作的重大事项。落实国家、省创新政策，积极探索在知识产权、科研、高等教育、人才流动、国际合作、金融创新、激励机制、市场准入等领域开展全面创新改革试验。市直各部门要结合各自工作职责，落实创新驱动发展的各项工作任务。各区要强化一把手抓创新的意识，落实创新驱动重点工作责任，制定工作方案，细化政策措施。科技行政部门要强化组织协调作用，加大对科技创新发展优先领域、重点任务、重大项目等的统筹力度。

统筹全市科技经费使用安排。保障各级财政科技资金依法按计划增长和使用。强化市科技行政部门经费归口管理预算职能，市各部门科技经费使用实行统一规划、统筹审核、统筹安排，确保专项资金错位支持、领域互补。加强对区级财政科技经费使用的统筹指导，推进科技重大创新项目的配套衔接和工作联动，提高科技经费的使用效益。

统筹全市各类科技园区建设与发展。以“一区多园”模式统筹全市各类科技园区，实行统一管理，统一规划，享受统一的政策及服务。

（三十七）深化科技管理体制改革。建立主要由市场决定技术创新项目和经费分配、成果评价的机制。完善科技计划项目管理办法，调整财政科技经费的支持方向，重点支持科技成果转化、企业创新能力提升、源头创新、创新环境建设。改革科技经费投入方式，市场导向明确的项目由企业牵头承担，联合高等学校和科研院所实施，财政资金以后补助方式予以支持。建立涵盖科技计划项目实施全过程的管理制度和公开透明的操作规程。科技计划项目管理委托第三方专业机构负责。建立重大决策科技专家咨询制度，发挥企业和企业家在创新决策中的重要作用，建立高层次、常态化的企业技术创新对话、咨询制度。

（三十八）加大财政科技投入。建立以政府投入为引导、企业投入为主体、社会资金参与的科技经费投入体系，提高全社会研究开发经费总体水平。实施财政科技经费倍增计划，市、区两级大幅增加财政科技投入，到2017年力争实现全市地方财政科技经费倍增。

（三十九）加强创新监测评价与考核。制定广州城市创新指数，委托第三方机构每年发布各区和主要创新机构的创新指数。将科技创新工作纳入市委、市政府绩效目标考核体系，作为考核评价各级党政领导班子和领导干部的重要内容。明确各区落实创新驱动重要指标的责任目标，并加强考核。

中共广州市委
广州市人民政府
2015年6月2日

广州市鼓励留学人员来穗工作规定（2015年7月修正）

（广州市人民政府令第126号）

（2012年7月8日广州市人民政府令第76号公布，根据2015年7月1日广州市人民政府令第126号《广州市人民政府关于修改〈广州市摩托车报废管理规定〉等5件政府规章的决定》修正）

第一条 为鼓励留学人员来穗工作，发挥留学人员的专长和对外联系的作用，建设人才强市，根据本市实际，制定本规定。

第二条 符合下列条件之一的留学人员，经认定并取得相关证明后，可以享受本规定各项优惠待遇：

（一）公派、自费出国学习，并取得国外硕士及以上学位的人员；

（二）在国内取得研究生以上学历或者硕士以上学位后，到国外进修、做访问学者1年以上，或者从事博士后研究，取得一定科研成果的人员。

赴港、澳、台地区攻读学位、做访问学者或博士后研究且符合前款（一）、（二）项中学历、学位和成果条件的人员，参照本规定执行。

第三条 留学人员来穗工作的方式包括：

（一）到国家机关、企事业单位和其他组织任职或者兼职；

（二）创办、承包、租赁各类经济实体和研究开发机构；

（三）以自己的专利、专有技术、资金等形式向各类企业入股；

（四）应聘担任国家机关、企事业单位的顾问或者咨询专家；

（五）来穗开展科研合作、技术开发等活动。

第四条 留学人员来穗工作，遵循来去自由、出入方便、学用一致、人尽其才的原则。

第五条 市人力资源和社会保障部门是本市留学人员服务管理工作的主管部门。

中国留学人员广州科技交流会办公室负责承办中国留学人员广州科技交流会，协助做好留学人员的引进工作。

广州留学人员服务管理中心是为留学人员提供综合服务的机构，具体负责留学人员来穗工作的联系、接待、咨询、出具相关证明以及提供信息交流、协助申报、代办手续等服务。

第六条 市政府设立留学人员专项资金，用于改善来穗工作留学人员的生活条件和工作环境，以及对留学人员短期来穗服务、讲学、技术支持、成果推荐、国际学术交流与合作等活动的资助。

第七条 留学人员的薪酬，由聘用单位和留学人员协商，从优确定。企业单位聘用的，可以根据情况自定工资标准；事业单位聘用的，其工资可以比照本单位同类人员从优确定。

第八条 留学人员出国前后符合国家工龄政策的工龄合并计算，并可以视同养老保险缴费年限，出国前后参加社会医疗保险的缴费年限可以合并计算。

获得硕士、博士学位的留学人员，其攻读硕士、博士学位的时间计算连续工龄。

第九条 留学人员回国后首次申报评审专业技术职务资格时，可以按实际专业技术水平和能力直接申报评审相应等级的专业技术职务资格。具体申报条件、程序和渠道按照有关规定执行。

来穗工作的高层次留学人员，可以根据其学历、学术或者专业技术水平，按照人事管理权限，经主管部门审核，报同级人力资源和社会保障部门确认后，直接聘任相应等级的专业技术职务，不受本人任职年限、单位专业技术岗位结构比例等限制。

本规定所称的高层次留学人员是指留学后在海外从事本专业相关工作并取得显著成绩，为本市急需引进的各类高级人才，以及拥有较好产业化开发前景的专利或者专有技术的人员。

第十条 市人力资源和社会保障部门确定人才中介机构免费为来穗的留学人员提供2年人事代理服务。

已办理人事代理服务的留学人员，可以按国家规定办理专业技术职务资格评定、出国（境）政审和社会保险等事宜。

第十一条 来穗定居的留学人员及一同随迁的配偶、未成年子女，可以凭《广州市区入户卡》与市人力资源和社会保障部门出具的相关证明，到公安机关办理入户手续。

夫妻双方在国外连续居住1年以上的持中国护照的留学人员，按政策生育或者在国外期间生育以及在国外怀孕后回中国内地生育第二胎的，其子女可以随父母入户广州。

第十二条 留学人员子女入园、入托由当地教育部门和有关部门协助安排；接受义务教育的，由居住地所在区、县级市教育部门免试就近安排；参加高中阶段学校招生考试统一录取的，享受政策性照顾借读生待遇。

留学人员子女入托、入园、入读少年宫和入学，托幼机构、少年宫和学校不得收取物价部门规定或者核准以外的任何费用。

第十三条 持中国护照且未在穗定居入户的留学人员，凭市人力资源和社会保障部门的相关证明，在购买住房方面享受本市居民待遇。

符合下列条件之一的留学人员，凭在穗所购住房的房产证、商品房预售登记证明书、契税完税证明或者房屋租赁合同，可以向人力资源和社会保障部门申请从留学人员专项资金中提供的安家补助费：

（一）在海外取得博士学位的；

（二）在海外曾从事博士后研究的；

（三）在海外取得硕士学位并且在本专业领域有5年以上海外工作经验的；

（四）经认定的其他留学人员。

第十四条 用人单位对来穗工作的留学人员应当优先解决居住问题。符合申请人才公寓条件的，可以申请租用广州市人才公寓。具体管理办法由市人力资源和社会保障部门会同市国土资源和房屋管理部门另行制定。

第十五条 持中国护照应聘到广州市属单位工作或者在广州投资办企业的留学人员，可以根据需要申办因公多次往返港澳证件或者出国任务批件。

来穗工作的留学人员，在办理多次往返港澳证件及签注时，可以享受办证绿色通道及办证时限上的便利。

对入选广州市以上高层次人才计划、加入外籍的留学回国人员，公安机关可以按规定为其签发2年至5年有效期的《外国人居留许可》。

第十六条 留学人员自国外毕业之日起，在外停留不超过2年，且自毕业后首次入境之日起1年内，可以向海关申请购买1辆免税国产小轿车。

第十七条 市政府设立留学人员创业专项扶持资金，用于资助留学人员来穗创办符合本市经济和社会发展方向、具有较为广阔的市场前景或者较为显著的社会效益的企业。

第十八条 留学人员以知识产权和其他可以用货币估价并且可以依法转让的科技成果或者股权、债权作价出资占企业注册资本的比例，由各出资方依法协商约定。

留学人员以知识产权出资设立合伙企业，需要评估作价的，可以由全体合伙人协商确定，也可以由全体合伙人委托法定评估机构评估。

涉及以国有资产出资的，应当符合有关国有资产管理的规定。

第十九条 留学人员以自己持有的专利或者专有技术在广州创办的企业，认定为高新技术企业的，享受高新技术企业的优惠待遇。

第二十条 留学人员以广州作为专利申请地址申请并取得海外专利的，可以向市人力资源和社会保障部门申请资助。

第二十一条 市科技和信息化部门对进驻留学人员广州创业园或者市级高新技术孵化基地的，给予减免租金等优惠扶持；对符合条件的高新技术成果转化和产业化项目，优先给予市科技风险投资资金、科技型中小企业贷款担保支持。

第二十二条 留学人员创业园区、为留学人员企业提供服务的中介机构，可以向市科技和信息化部门申请留学人员服务支撑体系建设资助，用于改善留学人员创业环境、提高为留学人员企业服务的质量。

第二十三条 市政府鼓励和扶持留学人员创新创业基地建设。

留学人员企业、留学人员创业园区和接收留学人员的单位，可以申报广州市海外高层次人才创新创业基地。

经认定的广州市海外高层次人才创新创业基地或者入选国家海外高层次人才创新创业基地的，市财政给予适当的资助和配套经费。

第二十四条 市政府开展评选广州十大优秀留学回国人员工作，表彰、奖励对本市经济建设、科技进步和社会发展作出突出贡献的留学人员。

第二十五条 市统计部门应当建立留学回国人员统计工作制度，向社会公布留学回国人员有关统计信息。

市人力资源和社会保障部门应当建立留学回国人员信息库和出国留学人员信息库，实现资源共享，为人才遴选提供支持。

第二十六条 已获得本市其他同类财政资助的留学人员，不能同时享受本规定的财政资助。

第二十七条 留学人员在穗工作期间与用人单位发生劳动人事争议的，可以向市劳动人事仲裁机构申请仲裁。

第二十八条 本规定涉及的项目资金及其资助办法，由市人力资源和社会保障、科技和信息化、知识产权部门依照各自职能，会同市财政部门在本规定施行1年内另行制定。

第二十九条 本规定自2012年10月1日施行。1999年12月25日公布的《广州市鼓励留学人员来穗工作规定》同时废止。

广州市人民政府

2015年7月1日

广州市人民政府关于加快科技创新的若干政策意见

（穗府〔2015〕10号）

为加快实施创新驱动发展战略，进一步优化全市创新创业环境，经研究，现制定以下意见：

一、落实省企业普惠性财政补助政策。已享受我市企业研发后补助政策的企业，若建立了企业研发准备金制度且符合省企业普惠性财政补助政策条件的，可同时享受省研发投入财政补助。

二、实施科技创新券制度。设立市科技创新券。由市科技创新委编制并发布创新服务机构及创新服务目录，科技型中小微企业按照目录购买研究开发、产品设计、知识产权、科技咨询、技术检测、认证、高性能计算等服务的，可凭服务合同申请获取科技创新券，作为购买服务的支付凭证交付提供服务的机构。科技创新券最高可支付单项技术服务合同金额的30%，每家企业每年最高申请获取创新券总额不超过300万元。市、区（县级市）两级财政每年一次性按1∶1比例分摊，向服务机构兑换创新券。鼓励广州地区科技服务机构为珠三角地区科技型中小微企业提供服务。具体实施办法由市科技创新委会同市财政局另行制定。

三、试行创新产品与服务远期约定政府购买制度。围绕全市经济社会发展重大战略需求和政府购买实际需求，试行创新产品与服务远期约定政府购买制度。市科技创新委委托第三方机构向社会发布远期政府购买需求，相关需求部门按政府购买方式与创新产品和服务提供商签订远期约定购买合同，并在约定购买的创新产品和服务达到合同约定的要求时，按合同约定的规模和价格实施购买。创新产品和服务提供商优先选择广州地区企业或机构。具体实施办法由市科技创新委会同市财政局等部门另行制定。

四、完善企业研发机构建设补助制度。鼓励企业以工程技术研发中心、技术中心、工程实验室、博士后科研工作站、院士工作站以及与高等学校、科研院所建立联合实验室等多种方式建设研发机构。市财政设立企业研发机构建设专项资金，引导和支持企业加大研发创新投入，加强与高等学校和科研院所合作，不断完善研究、开发和试验条件，按一定标准组建企业研发机构。以事后立项事后补助的方式支持企业组建研发机构，市、区（县级市）分别按财政补助经费的60%和40%给予补助。具体实施办法由市科技创新委另行制定。

五、改革高等学校、科研院所科技成果使用、处置和收益权。高等学校、科研院所自主决定对科技成果的合作实施、转让、对外投资和实施许可等科技成果转化事项。高等学校、科研院所科技成果转化所获收益全部留归单位自主分配，纳入单位预算，实行统一管理。科技成果转化所获收益可按不少于70%的比例，用于对科技成果完成人和为科技成果转化做出重要贡献的人员进行奖励。科技成果转化所获收益用于人员激励的支出部分，按国家、省有关规定执行，暂不纳入绩效工资管理。高等学校、科研院所转化科技成果以股份或出资比例等股权形式给予个人奖励，获奖人在取得股份、出资比例时，暂不缴纳个人所得税。具体实施办法由市科技创新委会同市财政局、税务部门另行制定。

六、完善高等学校、科研院所科技成果转化个人奖励约定政策。高等学校、科研院所转化科技成果以股份或出资比例等股权形式给予个人奖励约定，可以进行股权确认。市监察局、财政局、国资委、工商局、知识产权局等部门对上述约定的股权奖励和确认予以承认，并全面落实国有资产确权、国有资产变更、知识产权、注册登记等相关事项。

七、建立支持科技创新成果产业化的投资新机制。市财政设立重大科技成果转化专项资金，不以盈利为目的，按照“政府委托、市场运作、重在激励、及时退出”原则，以股权投资方式，通过委托投资和循环使用，支持符合重点产业发展方向、技术含量高、知识产权权属明晰、具有良好市场前景和较强市场竞争力的重大科技创新成果在广州转化和产业化。投资形成的股权（即出资本金与其同期银行活期存款利率收益之和）优先转让给被投资企业的科技人员、经营管理团队及原始股东。具体实施办法由市科技创新委会同市财政局另行制定。

八、建立科技成果交易补贴制度。鼓励引进国内外高等学校、科研院所技术成果并在广州实现转化，对购买技术成果的广州企业，按技术合同中实际发生的技术交易额的一定比例给予补助。具体实施办法由市科技创新委另行制定。

九、完善科技人才评价机制。完善科技人员的考核评价和技术职务聘用制度，将专利创造和科技成果推广应用、产业化等指标作为科技人员考核评价和技术职务聘用的重要依据。对科技人员进行职称评审与岗位考核时，发明专利转化应用情况应与论文指标要求同等对待，技术转让成交额应与纵向课题指标要求同等对待。引导高等学校、科研院所在现有职称评定、岗位聘用、科技成果评审体系中，增加专利、技术转让、成果产业化等职称评定要素的比重。具体实施办法由市人力资源和社会保障局会同有关部门另行制定。

十、鼓励个人和在校学生创业。降低门槛，简化流程，支持广大创业者创办科技型企业。市科技计划支持个人创新创业活动。支持在校学生创业，在校学生休学创业时间可视为参加实践教育的时间。设立学生创业项目支持资金，在校学生到众创空间、科技创业社区、市级以上科技企业孵化器等创新创业载体创业的，给予房租减免、创业辅导等补助；鼓励高等学校教师作为天使投资人投资学生创业项目，上述支持资金可按照教师实际投资额度的50%作为学生的股权给予配套支持，单个创业项目最高配套资金为50万元。具体实施办法由市科技创新委会同市教育局另行制定。

十一、完善科技企业孵化器建设用地政策。在符合土地利用总体规划、城乡规划和产业发展规划的前提下，将科技企业孵化器建设用地等科研用地，列入年度土地供应计划优先办理供地手续。利用新增工业用地开发建设科技企业孵化器，可按一类工业用地性质供地。工业用地建设的科技企业孵化器，在不改变科技企业孵化服务用途的前提下，其载体房屋可按幢、层等有固定界限的部分为基本单元进行产权登记并出租或转让。具体实施办法由市法制办会同市科技创新委、国土资源和规划委、住房和城乡建设委另行制定。

十二、完善高层次和急需专业技术人才居住和购车保障政策。高层次和急需专业技术人才购买商品房不受户籍限制，购车申请指标不受户籍限制。高层次人才安居可以采取货币补贴或实物出租等方式解决。支持区（县级市）政府在引进人才相对集中的地区统一建设人才周转公寓或购买商品房出租给在广州无房的高层次人才居住。支持高等学校和科研院所参照所在地政府有关规定，利用自有存量国有建设用地建设租赁型人才周转公寓。支持高等学校、科研院所和大型骨干企业利用自有资金购买或租用商品房出租给高层次人才居住。具体实施办法由市府研究室会同市人力资源和社会保障局、住房和城乡建设委、科技创新委、国土资源和规划委、交委另行制定。

本意见自发布之日起施行，有效期5年，由市科技创新委会同有关部门负责解释。市各有关部门根据意见规定在2015年12月底前制定相关实施办法，并定期对相关政策进行绩效评估。

广州市人民政府
2015年5月27日

广州市留学人员来穗工作资助管理办法

（穗人社发〔2015〕9号）

第一条　为鼓励留学人员来穗工作，发挥留学人员的专长和对外联系的作用，建设人才强市，规范留学人员来穗工作资助资金的使用，根据国家和省、市有关规定，按照《广州市鼓励留学人员来穗工作规定》（市政府令第76号，以下简称《工作规定》）要求，制定本办法。

第二条　本办法所称来穗工作资助资金包括《工作规定》第六条规定的留学人员政府资助资金和第二十条规定的海外专利资助资金。

第三条　市人力资源和社会保障部门负责留学人员政府资助资金的预算编制、统筹安排和宏观管理，授权、指导广州留学人员服务管理中心做好留学人员政府资助资金的申请受理和拨付审核等具体工作。

市知识产权部门负责海外专利资助资金的统筹安排和预算编报及使用管理，授权、指导广州留学人员服务管理中心受理海外专利资助的申请。

市财政部门负责上述资助资金的预算安排和监督管理。

第四条 留学人员政府资助资金主要包括安家补助费、留学人员短期活动资助两部分。

（一）安家补助费是指按照《工作规定》第十三条的规定，对经审定符合条件的留学人员在穗居住给予的资助资金。

（二）留学人员短期活动资助是指按照《工作规定》第六条的规定，对留学人员短期来穗服务、讲学、技术支持、成果推荐、国际学术交流与合作等活动给予的资助资金。

第五条 海外专利资助的申请按照广州市专利资助有关规定执行。

第六条 各项资助资金的申报条件及资助标准：

（一）安家补助费

1．申报条件

2012年10月1日后首次回国且在广州市属国家机关、企事业单位工作或在广州创办企业，并已在穗购房或租房居住，且符合以下条件之一的留学人员：

（1）在海外取得博士学位的；

（2）在海外曾从事博士后研究的；

（3）在海外取得硕士学位并且在本专业领域有5年以上海外工作经验的；

（4）经认定为特别优秀且为我市急需的海外人才。

2．申请材料

（1）《广州市留学人员优惠资格证》；

（2）教育部颁发的《国外学历学位认证书》、国外博士后研究证明、海外工作证明或其他证明材料。外文证明材料需同时提供具有资质的翻译机构出具的中文翻译件；

（3）购房或租房证明材料；

（4）与所在工作单位签订的《劳动合同》及社会保险缴费证明；

（5）《广州市留学人员安家补助费申请表》一式两份；

（6）留学人员接受安家补助费的银行账号；

（7）留学人员个人身份证件材料。

安家补助费分3年申请拨付，逐年通过广州留学人员服务管理中心的“留学人员管理信息系统”（www.gzscse.gov.cn）提交申请；第2年、第3年申请时，申请人需再次更新提交上述（1）、（3）、（4）、（5）等4项材料；若申请人已更换工作单位，需提交与新工作单位签订的《劳动合同》及社会保险缴费证明。

网上审批通过后提交纸质材料，并核对原件。

3．资助标准

安家补助费的标准为每人10万元，采取分期拨付的方式，第一年拨付2万元资助，第二年拨付3万元资助，第三年拨付5万元资助。

（二）留学人员短期活动资助

1．申报条件

经广东省外国专家局界定的海外高层次留学人才或符合《关于做好海外高层次留学人才界定工作的通知》（粤人发〔2007〕74号）条件的海外高层次留学人才，可申请留学人员短期活动资助。短期活动包括：

（1）市属企事业单位组织的海外高层次留学人才来穗讲学或进行学术交流的项目；

（2）市属企事业单位邀请海外高层次留学人才来穗进行技术支持和技术合作的项目；

（3）市属企事业单位组织的海外高层次留学人才来穗成果推荐活动项目。

2．申请材料

（1）高层次留学人才证明材料或界定材料；

（2）个人身份证件材料；

（3）《广州市留学人员短期活动项目资助申请表》，包括受资助人员的基本情况、学术成就、项目经历、实施方案、预期成效、预算方案等情况；

（4）受资助人员学术成就等其他证明材料。

上述申请通过广州留学人员服务管理中心的“留学人员管理信息系统”（www.gzscse.gov.cn）提交，通过审批后提交纸质材料，并核对原件。

3．资助标准

项目采取“先实施、后补助”的资助方式。每个项目按实际发生费用审核，最高资助5万元。具体费用审核标准参照国家外国专家局《关于印发〈引进人才专家经费管理实施细则〉的通知》（外专发〔2010〕87号）执行。

（三）海外专利资助

1．申报条件

以广州为专利申请地址并获得国内外专利授权的留学人员，符合广州市专利资助政策相关规定的，由广州留学人员服务管理中心按照市知识产权部门有关规定受理申请，由市知识产权部门进行审批，审批合格后发放资助款。

2. 申请材料

申请资助采用网上申报方式。申请人需通过“广州市专利信息服务网”（www.gzpic.cn）提交《广州市资助专利申请表》（网上填报），并向广州留学人员服务管理中心提交以下验证材料：

（1）《广州市留学人员优惠资格证》；

（2）企业营业执照副本或事业法人登记证、社团登记证、个人身份证明材料；

（3）专利申请人接受资助款的广州本地银行账号，对于个人共同申请的，需提供由共同申请人签名认可的银行账号；

（4）专利授权证书；申请PCT（专利合作协定）专利的，需提交国家知识产权部门发出的申请受理文件。

以上材料均为复印件，并提交原件核对。

3. 资助标准

按照我市专利资助的有关规定执行。

第七条 市人力资源和社会保障部门根据每年留学人员来穗工作实际情况，将所需的留学人员政府资助资金编入部门预算。

第八条 留学人员来穗工作资助资金应按资助资金的使用范围合理使用，实行专账核算，专账管理。

第九条 留学人员来穗工作资助资金的申请由广州留学人员服务管理中心受理，经上级业务部门审核批准后报市财政局按国库集中支付的方式拨付。

留学人员来穗工作资助资金的使用情况应按规定在市人力资源和社会保障局或知识产权局的网站公示。

第十条 留学人员资助资金的使用，应按照年度由市人力资源和社会保障局、市知识产权局按照各自职能做好绩效评估。

留学人员短期活动项目资助资金的使用单位应在项目完成后，及时向市人力资源和社会保障部门报送项目执行绩效和资金使用情况。

第十一条 资金使用单位应建立内控机制，强化自我监督，主动接受市财政、审计等部门对资助资金预算执行、资金使用绩效和财务管理等方面的监督检查。

第十二条 对未按规定使用财政资金或存在骗取、截留、挤占、滞留、挪用等其他违法行为的，将按照《财政违法行为处罚处分条例》（国务院令第 427 号）进行处理并追究有关单位及人员的法律责任。

第十三条 已获得原《广州市鼓励留学人员来穗工作规定》（市政府令10号）以及市委、市政府文件中规定的安家资助类补助的留学人员，不能再次享受本办法规定的安家补助费资助。

第十四条 本办法自印发之日起施行，有效期五年。有效期届满，根据实施情况进行评估修订。《关于印发〈广州市留学人员专项资金管理办法〉的通知》（穗人〔2000〕66号）同时废止。

附件：1. 广州市留学人员安家补助费申请表（略）

2. 广州市留学人员短期活动项目资助申请表（略）

广州市人力资源和社会保障局
广州市财政局
广州市知识产权局
2015年2月6日

珠海市人民政府关于进一步促进创业工作的意见

（珠府〔2015〕71号）

为贯彻落实党的十八届三中全会关于“完善扶持创业的优惠政策，形成政府激励创业、社会支持创业、劳动者勇于创业新机制”要求，根据《广东省人民政府关于进一步促进创业带动就业的意见》（粤府〔2015〕28号）规定，现就进一步促进我市创业工作提出如下意见：

一、培养提升创业能力

（一）加强创业培训。具有创业要求和培训愿望并具备一定创业条件的城乡各类劳动者（含毕业学年高校毕业生、本市职业学校和技工院校毕业学年毕业生、复员转业退役军人以及登记失业人员，以下统称“有创业意愿人员”），参加本市创业培训机构组织的创业培训，并取得相应创业培训合格证书的，每人每个等级可享受一次创业培训补贴，其中取得GYB培训合格证书的补贴400元、取得SYB或IYB培训合格证书的补贴1000元。鼓励创业服务机构、行业协会等组织开发创业培训（实训）项目，经省、市人力资源社会保障部门会同相关部门组织评审后纳入补贴范围，组织符合条件人员培训后，每人最高补贴2500元。（市人力资源社会保障局牵头，市财政局配合）

（二）开展创业实训。建立一批创业实训（见习）基地。创业实训（见习）基地对有创业意愿人员提供创业实训（见习）服务的，按服务人数每人每月500元标准给予创业实训（见习）补贴，补贴期限最长为3个月；有创业意愿人员经创业实训（见习）后在本市成功创业（办理工商注册登记或其他法定登记手续）的，每成功创业一人按1500元标准给予奖补。创业实训（见习）基地管理办法由市人力资源社会保障局另行制定。（市人力资源社会保障局牵头，市财政局配合）

（三）推进创业教育。推进创业意识教育，在普通高等学校、职业学校、技工院校全面推进创业教育，将创业教育融入人才培养体系，贯穿人才培养全过程，积极开设创新创业类课程，并融入专业课程或就业指导课程体系。优化创业教育师资结构，吸纳有实践经验的创业者、职业经理人和其他专业人员加入师资队伍。推进创新创业教育示范学校建设，积极搭建创新创业平台。市、区人力资源社会保障部门可通过政府购买服务方式，每年举办1—2期创业领导能力培训班和创业企业骨干人才培训班，培养创新创业人才和企业业务骨干。（市教育局、人力资源社会保障局牵头，市财政局配合）

二、鼓励创业

（四）提供创业资助。在校及毕业5年内的普通高等学校（含港澳台普通高等学校）、职业学校、技工院校学生和领取毕业证5年内出国（境）留学回国人员、复员转业退役军人、登记失业人员、就业困难人员（以下统称“创业者”）在本市成功创业，按规定办理税务登记、就业登记和缴纳社会保险费，且正常经营6个月以上的，给予一次性5000元的创业资助；团队创业的，每增加一名合伙人或股东，再给予2500元的创业资助，每户最高不超过10000元。（市人力资源社会保障局牵头，市财政局配合）

（五）提供租金补贴。入驻各级政府部门所属创业孵化基地、创业园区的初创企业（是指注册登记3年内的小微企业、个体工商户、民办非企业单位和农民专业合作社、家庭农场等，下同），按照第一年不低于80%、第二年不低于50%、第三年不低于20%的比例减免租金。创业者在本市租用经营场地（含社会资本投资的孵化基地）创业，按规定办理税务登记、就业登记并缴纳社会保险费的，按照经营场地租赁面积、创业人数和带动就业等情况，每年给予最高8000元、最长不超过3年的租金补贴。（市人力资源社会保障局牵头，各区政府（管委会）、市财政局配合）

（六）开展优秀创业项目资助。结合本地产业发展规划，每年遴选10个左右优秀创业项目并给予重点扶持。对评选为市级优秀创业项目的，每个项目给予5万元至10万元资助。（市人力资源社会保障局牵头，市科技和工业信息化局、市教育局、团市委配合）

三、鼓励创业带动就业

（七）提供创业社会保险补贴。初创企业招用应届高校毕业生或本市就业困难人员，签订1年以上期限劳动合同并按规定缴纳社会保险费的，创业者（含合伙人或股东）及其招用的应届高校毕业生和就业困难人员可享受最长3年的社会保险补贴。社会保险补贴标准按用人单位实际缴纳的社会保险费之和计算（个人缴费部分仍由个人承担，已享受用人单位吸纳就业同类社会保险补贴的不再重复享受）。本市户籍创业者（含合伙人或股东）在初创企业期间创业失败（注销工商或其他法定注册登记、税务登记），办理失业登记，并以个人身份缴纳社会保险费（职工基本养老、医疗保险）的，从创业失败次月起参照本市就业困难人员灵活就业社会保险补贴标准，给予最长1年的社会保险补贴。创业失败人员已实现就业的，社会保险补贴终止发放。（市人力资源社会保障局牵头，市财政局配合）

（八）提供创业带动就业补贴。初创企业与被吸纳就业人员签订1年以上期限劳动合同并按规定缴纳社会保险费的，按吸纳就业人数给予创业带动就业补贴。招用3人（含3人）以下的按每人2000元给予补贴；招用3人以上的每增加1人给予3000元补贴，补贴总额最高不超过3万元。（市人力资源社会保障局牵头，市财政局配合）

（九）提供人才租房补贴。市、区创业孵化基地内的初创企业招用各类人才就业并缴纳社会保险费满3个月的，给予被招用人才最长2年的租房补贴。具有博士学位的，给予1000元/月；具有硕士学位的，给予600元/月；属于我市紧缺高技能人才的，给予300元/月。已在本市有住房、已承租保障性住房（含人才周转住房）或享受过其他住房补贴优惠政策的不享受该项补贴。同一人员同时符合享受我市多项住房优惠政策待遇的，按照“就高不重复”的原则，由申请人选择其一。（市人力资源社会保障局牵头，各区政府（管委会）、市财政局、市住房和城乡规划建设局配合）

四、大力支持留学人员创业

（十）搭建面向全球开放的留学人员创新创业项目申报平台。借助信息化手段，实现留学人员创业项目与我市快捷对接，对有意向来本市发展的高质量创业项目，实行项目预评审，对通过评审的项目落地后，再行兑现相应的优惠政策，力争有更多的高层次留学人员来珠海创业发展。（市人力资源社会保障局牵头）

（十一）加大对高层次留学人员创新创业项目的资金扶持力度。在我市重点发展的产业领域取得先进创新成果或拥有自主知识产权，项目产业化前景广阔的高层次留学人员，其创新创业项目通过评审的，给予项目经费补贴及办公场地租金补贴，具体按本市有关规定执行。其他符合条件的高层次人才创新创业项目可同等享受该项资金扶持。（市人力资源社会保障局、市财政局牵头）

（十二）扩大中国·珠海留学人员创业园辐射面。支持各区在条件成熟时建立留学人员创业园，并出台本区引进留学人员相配套的创业优惠政策，建立高效的创业园运行管理机制。将市级留学人员创业园优惠政策覆盖到各区，确保各区落实好各项优惠政策和服务。（市人力资源社会保障局牵头）

五、完善创业投融资机制

（十三）完善创业小额贷款政策。在本市领取工商营业执照或办理其他法定注册登记手续，办理就业登记和缴纳社会保险费的创业者，以及在本市签订有关种养合同且办理就业登记和缴纳社会保险的从事种养业人员，因经营资金不足，向本市创业小额贷款经办银行申请创业小额贷款，按期还本付息后可给予创业小额贷款贴息。个人享受贴息的创业小额贷款额度最高为20万元，吸纳就业并办理就业登记、缴纳社会保险费满3个月的，可根据吸纳就业人数，按每人10万元的标准增加贴息额度，享受贴息的贷款额度最高不超过200万元。已享受本市其他财政性贴息政策的，不得重复申请贴息。各类担保机构为创业者申请创业小额贷款提供有偿担保的，根据双方约定的担保费用据实给予创业者一次性补贴（担保费用最高不超过担保贷款金额的3%），每笔补贴金额不超过5万元。（市人力资源社会保障局牵头，市财政局、市科技和工业信息化局、中国人民银行珠海市中心支行、市金融工作局配合）

（十四）加强创业项目与投资机构对接。积极搭建创业融资网上对接平台，促进创业者与银行、小额贷款公司、担保机构、天使投资基金、风险投资机构的交流合作，通过风险投资、网络众筹、股权融资等多种方式解决创业者的融资难题。（市人力资源社会保障局牵头，市财政局、市科技和工业信息化局、中国人民银行珠海市中心支行、市金融工作局、团市委配合）

（十五）设立创业投资基金。市、区设立创业投资基金用于扶持创业，实行专业运营，滚动发展。相关运营管理办法由市人力资源社会保障局会同相关部门另行制定。（市人力资源社会保障局、市财政局牵头）

六、推进创业孵化培育

（十六）加强创业孵化平台建设。鼓励各区、在珠高校和社会力量新建或利用各种场地资源改造建设创业孵化基地，搭建促进创业的公共服务平台，有条件的可探索采取政府入股的方式与社会力量共同投资建设。对被认定为市级创业孵化基地的，按孵化基地规模给予最高50万元的一次性建设扶持经费。结合我市城市更新改造工程，充分利用闲置厂房、场地和楼宇设施，通过省、市合作共建，建设一个总面积10000平方米左右、容纳创业项目200个左右、直接带动就业1000人以上，集融资服务、展厅展会服务、知识产权代理与品牌推广、创业公共技术服务、电子商务产品库、创业资讯查询服务为一体的省级创业孵化（实训）示范基地，并力争在三年内打造建设国家级创业孵化（实训）示范基地。规范科技企业孵化器的认定和扶持，对新认定的国家级、省级和市级孵化器的财政奖励政策，新建或改扩建新增孵化面积的科技企业孵化器的财政补助政策按本市有关规定执行。市级创业孵化基地认定办法由市人力资源社会保障局另行制定。（市人力资源社会保障局、市科技和工业信息化局牵头，各区政府（管委会）、市财政局配合）

（十七）鼓励提供创业孵化服务。完善孵化基地服务管理办法，经市、区人力资源社会保障部门认定的创业孵化基地按规定为创业者提供创业孵化服务的，按实际孵化成功（搬离基地并在本市办理注册登记）户数每户不超过3000元标准给予创业孵化补贴。（市人力资源社会保障局牵头，各区政府（管委会）、市财政局配合）

七、提升公共创业服务能力

（十八）完善公共创业服务。依托本市各级公共就业人才服务机构，为创业者提供政策咨询、项目推介、开业指导、融资服务、补贴发放等“一站式”创业服务。加快公共创业服务信息网和业务管理系统建设。建立市级创业项目库，为有创业意愿人员提供项目展示平台和创业项目信息。鼓励社会力量开发创业项目，经过评审纳入市级项目库的，每个项目给予2000元的补贴；被有创业意愿人员使用并在本市实现成功创业的，再给予1000元的奖补。（市人力资源社会保障局牵头，市财政局配合）

（十九）鼓励创建创业型城市。鼓励各区积极开展创建创业型城市工作，对被评选为国家级创业型城市的区，给予一次性20万元奖励；评选为省级创业型城市的区，给予一次性10万元奖励。（各区政府、管委会牵头）

（二十）降低初创企业登记门槛。深化商事制度改革，精简和规范前置行政审批事项，依法依规改革公司注册资本、名称、住所（经营场所）等有关登记事项。落实国家和省关于加强社会组织建设的部署精神，进一步简化民办非企业单位登记程序。（市工商局、市民政局牵头）

（二十一）减免有关行政事业性收费和规费、服务收费。按照有关政策规定，对初创企业免收登记类、证照类、管理类行政事业性收费和工会费。事业单位的服务收费，以及各类行政审批前置性、强制性评估、检测、论证等专业服务收费，对初创企业均按不高于物价主管部门核定标准的50%收取。（市发展和改革局牵头，市财政局、市总工会等配合）

（二十二）推行补贴申领发放“告知承诺制”和“失信惩戒制”。创业者凭身份证明及工商营业执照（或其他法定注册登记手续），承诺在规定期限内提交相关材料的，可申请先行核发以下补贴：申请人承诺6个月内提供税务登记证和社会保险登记证，可先行核发一次性创业资助；申请人承诺6个月内提供税务登记证、社会保险登记证和经营场地租赁合同，可先行核发租金补贴；申请人承诺6个月内提供税务登记证和所吸纳就业人员最近3个月的社保缴费凭证，可先行核发创业带动就业补贴。对规定期限内未履行承诺、提供相应材料且不退回补贴的申请人，列入失信惩戒“黑名单”，并按省、市有关骗取财政资金规定给予处罚；情节严重的，依法追究相关刑事责任。（市人力资源社会保障局、市财政局牵头）

（二十三）拓宽创业者入户渠道。初创企业正常经营1年以上，并依法纳税和缴纳社会保险费的，可适当增加法定代表人在积分制入户、子女积分入学的积分分值；达到积分制入户条件的，可以申请入户。（市发展和改革局、市公安局、市人力资源社会保障局、市教育局牵头）

八、整合社会创业资源

（二十四）建立创业导师团队。建立市级创业导师（专家）库，对全市创业者分类、分阶段进行指导。建立创业导师绩效评估和激励机制，根据实际出勤时间给予交通伙食费补贴。对指导的创业项目在本市落地创业，或获得市政府部门以上奖励的，给予创业导师最高5000元的工作奖补。（市人力资源社会保障局牵头，市财政局、市教育局、团市委、市妇联等部门配合）

（二十五）支持在珠高校开展创业工作。落实《中共珠海市委珠海市人民政府关于促进高等教育发展的若干意见》，设立大学生创业奖励资金，鼓励和支持在珠高校开展创业教育、创业实训和创业孵化，引导鼓励大学生深入探索珠海经济社会发展的现实问题，立足本地需求创新创业。具体办法由市人力资源社会保障局会同有关部门另行制定。（市人力资源社会保障局、市教育局、市财政局牵头）

（二十六）充分发挥社会创业力量。鼓励和支持建立创业类社团组织、行业协会和社会创业服务机构，为创业者提供工商注册、税务登记、代理记账、人事代理、项目推介等专业中介服务。加大政府向社会组织购买创业服务力度，制定政府购买社会创业服务项目清单。建立创业工作联盟机制，充分发挥高校、企业和社会组织力量，实现社会创业资源的整合优化。（市人力资源社会保障局、市财政局牵头）

九、营造创新创业社会氛围

（二十七）大力弘扬创业精神。加大创业宣传力度，积极倡导敢为人先、宽容失败的创新文化，树立崇尚创新、创业致富的价值导向，大力培育企业家精神和创客文化，将奇思妙想、创新创意转化为实实在在的创业活动。加强各类媒体对大众创新创业的新闻宣传和舆论引导，报道一批创新创业先进事迹，树立一批创新创业典型人物，让大众创业、万众创新在全社会蔚然成风。（市委宣传部牵头，各区政府（管委会）、市人力资源社会保障局配合）

（二十八）开展创业主题活动。定期举办珠海市创业博览会、创业训练营、创新成果和创业项目展示推介、创业大赛等创业主题活动。对在珠海市市级创业大赛中获奖的，给予最高10万元的奖励。（市人力资源社会保障局牵头）

十、加强工作保障

（二十九）强化组织领导。发挥市就业工作联席会议的统筹协调作用，联合社会各方力量，共同做好全市创业工作。各相关部门结合本部门职能分工，要抓紧出台配套实施方案或操作指南，各区可结合实际出台更加优惠的扶持政策。各相关职能部门要建立常态沟通交流机制，加强创业工作的统筹规划、组织协调和督促检查。（市人力资源社会保障局牵头）

（三十）确保各项资金监管到位。各级财政要积极调整财政支出结构，多渠道筹集资金，确保各项创业扶持政策落实到位。市人力资源社会保障局、市财政局根据本意见要求制定创业资金使用管理办法，确保资金安全规范使用，并接受审计部门和社会监督。（市财政局牵头，各区政府（管委会）、市人力资源社会保障局配合）

珠海市人民政府
2015年6月22日

阳江市人民政府
关于加快科技创新驱动发展的实施意见

（阳府〔2015〕26号）

为贯彻落实《中共广东省委 广东省人民政府关于全面深化科技体制改革加快创新驱动发展的决定》（粤发〔2014〕12号）和《广东省人民政府关于加快科技创新的若干政策意见》（粤府〔2015〕1号）精神，通过科技创新驱动产业转型发展，增强我市区域创新能力，提出以下实施意见：

一、总体要求

主动适应经济发展新常态，推进以科技创新为核心的全面创新，强化创新驱动发展战略的核心战略地位，坚持需求导向、人才为先、政府推动、企业主体的原则，以促进经济结构调整和产业转型升级为主线，以深化体制机制改革为动力，以协同创新为抓手，组织实施科技创新驱动战略，以科技创新促产业转型，以产业转型促科学发展，为全面建成小康社会提供强劲动力。

二、目标任务

力争到2018年，全市技术创新市场导向机制与产学研协同创新机制比较完善，科技资源和创新要素配置更加优化，区域创新能力明显增强，创新型经济发展水平大幅提升，创新成为经济增长的基本驱动力，努力实现从要素驱动向创新驱动转变，为阳江产业结构优化调整提供有力支撑。全社会研究与开发（R&D）投入占地区生产总值（GDP）的比重达1.1%以上，每万人专利年申请量超过8件，每万名劳动力中研发人员超过40人年，公民具备基本科学素质的比例超过5%，全市高新技术企业总数超过30家；规模以上工业企业基本建有研发机构，新型研发机构数量达到5家以上。

三、重点措施

（一）整合优化科技投入资金。

1．设立科技专项资金。按照“围绕产业链部署创新链，围绕创新链完善资金链”的思路，从2016年起，将科技三项经费优化整合，设立五大科技专项资金，推动创新链、资金链、产业链融合发展，各专项资金按要求逐年提高。（市财政局、市科技局负责）

科技重大专项资金。2016年安排1500万元专项资金（逐年增加），根据全市产业发展情况，围绕全市工业、农业、社会和民生等重点领域、重点产业的重大科技需求，集中科技资源、力量和资金，组织实施2—3项重大科技项目，进行科技攻关，突破一批前沿、关键和核心技术。

产业技术创新专项资金。2016年安排1000万元专项资金（逐年增加），支持科技型中小企业开展技术创新项目；支持行业关键和共性技术攻关及研发；支持企业创新水平高，能够较快形成产业化，显著提升相关产业技术水平和核心竞争力的项目；支持传统产业转型升级，培育战略性新兴产业；市委、市政府确定的科技事业发展的其他工作。

协同创新专项资金。2016年安排400万元专项资金（逐年增加），支持工程技术研究开发中心、新型研发机构等公共创新平台、创新服务体系建设；支持产学研结合与科技合作等协同创新，支持高新区、专业镇、孵化器、民营科技园、农业科技园区建设，完善科技服务和技术交易网络体系，培育创新文化和优化创新环境等。

科技创新环境建设专项资金。2016年安排400万元专项资金（逐年增加），支持科技条件建设、创新政策研究，完善创新环境；支持省、市级实验室建设；支持创新人才的培育和引进；支持引进科技领军人物、科技人才和科技创新、创业团队；科技奖励；支持区域科技合作项目；支持开展科技金融服务，完善创新创业投融资环境。

知识产权发展专项资金。2016年安排350万元专项资金（逐年增加），支持知识产权运用，主要包括专利申请资助、知识产权交易、投融资、运营及高端运用，专利产业化及专利预警等工作。支持知识产权保护，主要包括知识产权保护统筹协调、行政执法，会展和行业知识产权保护。支持知识产权管理，主要包括知识产权宣传教育，知识产权试点，知识产权战略实施。市委、市政府确定的知识产权事业发展的其他工作。

（二）深化科技体制改革和拓宽科技资金投入渠道。

2．切实落实鼓励科技创新的优惠政策。财政、科技、税务等部门要建立工作联系制度，按中央、省有关规定全面落实企业研究开发费用所得税税前加计扣除、技术转让所得税减免、高新技术企业税收优惠、科研设备加速折旧、科技企业孵化器税收优惠等各项优惠政策。（市财政局、市地税局、市国税局、市科技局、市经济和信息化局负责）

3．采用多种投入方式。从科技项目立项后拨款资助的单一方式向采用多种投入方式转变，包括无偿投入方式，注重稳定性和竞争性支持相结合；事前立项补助、奖励性后补助相结合；股权投资、引导性投资、融资补贴、风险补偿、研发费后补助等间接投入方式。充分发挥企业科技投入主体作用，鼓励、引导和带动社会资本参与科技创新。大力争取国家、省各类科技计划项目资金，发挥政府资金引导放大作用。（市科技局、市财政局、市经济和信息化局、市商务局负责）

4．引导企业加大研发投入。运用财政奖补机制激励引导企业普遍建立研发准备金制度，对已建立研发准备金制度的企业，根据经核实的企业研发投入情况对企业实行普惠性财政补助。对当年企业研发投入达到一定比例和增幅的制定奖励政策，引导企业有计划、持续地增加研发投入。安排专项资金开展“创新券”补助政策试点，优先支持研发投入增长迅速的企业向高等学校、科研机构、科技服务机构购买技术和服务。（市财政局、市地税局、市国税局、市科技局、市经济和信息化局负责）

四、重点任务和主要行动

（一）实施“科技创新引领”工程，强化支撑引导作用。

5．实施重大科技专项抢占技术制高点。重点围绕我市工业、农业和高新技术产业，特别是五金刀剪、水产品加工和镍合金材料等创新产业集群及创新链，每年实施2—3个重大科技专项，重点解决一批制约产业和行业发展的共性、关键核心技术，开发一批具有较强市场竞争能力的高新技术产品，突破制约产业转型发展的瓶颈。重点围绕五金刀剪产业，研究采用以先进激光焊接技术为核心技术，开发五金刀剪刀刃的增材制造装备、配套用材体系及制造工艺。2016年，在五金刀剪增材制造领域的关键核心技术上取得重大突破，在主要五金刀剪企业中推广应用。（市科技局、市经济和信息化局、市财政局负责）

6．加快传统优势产业改造提升步伐。大力推广高新技术和先进适用技术，建立健全技术改造长效机制，推动优势传统产业和重点企业技术向高端化、低碳化、智能化发展，确保三年内有条件改造的规模以上工业企业全面实现改造。大力支持刀剪机械研发，大力推进“机器换人”，推广“数控一代”示范工程，提高产品设计创新能力，抢占制造产业价值链的高端。（市科技局、市经济和信息化局、市商务局、市财政局负责）

7．加强农业领域科技创新。以科技创新引领和支撑现代农业发展。支持农业领域的科技创新项目，开展农业技术攻关和先进适用技术推广。加大农产品生产质量安全全程控制技术和农产品加工及物流等新技术的研发和应用。加快现代农业园建设，建立农业科技成果转化示范基地和农业高新科技展示窗口，促进农业品种优良化、技术先进化、管理科学化、生产标准化。依托农业科研单位共建都市农业科技创新中心，推动高素质人才和重大科研项目向我市聚集、重大科研成果在我市孵化应用。（市科技局、市农业局、市林业局、市财政局负责）

（二）实施“创新载体提升”工程，构筑产业支撑平台。

8．强化以企业为主体的创新平台建设。扶持有条件的企业组建国家和省级工程技术研究开发中心，加快建立完善以企业为主体的技术创新体系。鼓励已建立省级工程中心的企业通过兼并国有科研院所，与研究型大学、研究所合作，以及建立技术联盟等形式组建省级研究开发院，加强核心技术、关键技术、前瞻性技术和共性技术的研究以及对引进技术的消化吸收，带动行业的技术进步和科技成果转化，逐步形成行业竞争优势。到2018年，全市规模以上工业企业建立工程技术研究开发中心覆盖率达70%以上，其中，建立省级工程技术研究开发中心30家以上、市级工程技术研究开发中心100家以上。（市科技局、市经济和信息化局、市财政局负责）

9．大力加强专业镇技术创新平台建设。加快实施专业镇技术创新平台建设，鼓励和引导各专业镇采取多种形式创建技术创新平台；积极推进产学研结合，大力引进技术和人才，促进专业镇技术创新能力不断增强。推进创新示范专业镇试点工作，促进专业镇发展从量的扩张转向质的提高。新培育一批产业相对集中，经济规模大的专业镇。到2018年，全市省级专业镇达20个以上，建有技术创新平台的省级专业镇比例达80%以上；专业镇技术创新平台的技术创新能力和服务能力明显提高。（市科技局、市经济和信息化局、市教育局、市财政局、各县（市、区）政府负责）

10．支持新型研发机构发展。在专项资金中择优扶持，支持企业与省内外高等院校、科研机构、企业和社会团体以产学研结合形式在我市创办新型研发机构。重点支持建设五金刀剪产业技术研究院，推进省市共建，加快完善产业技术研究院的建设，拓展产业技术研究院业务范围，使之成为我市科研和科技人才培养的主阵地。到2018年，各主要行业至少建设一个面向行业提供公共科技服务的新型研发机构，全市新型研发机构达5家以上。（市科技局、市经济和信息化局、市民政局、市工商局、市财政局负责）

11．推进科技企业孵化器建设。创造优良环境和条件，提供完善的孵化服务，吸引高技术人才创办科技企业，培育具有竞争力的高新技术企业和企业家。推动各县（市、区），引导企业、高校院所和民间金融机构等各类投资主体共同参与建设科技企业孵化载体。至2018年，各县（市、区）均建有科技企业孵化器。（市科技局、市经济和信息化局、市财政局、各县（市、区）政府）负责）

12．支持有条件的企业自建孵化载体。对建设运营成效优良的科技企业孵化器制定奖励性后补助政策。在符合土地利用总体规划、城乡规划和产业发展规划的前提下，每年可安排一定比例的全市计划用地作为科技企业孵化器建设用地，按省的规定完善落实科技企业孵化器建设用地政策。提高孵化器的服务水平和运营能力，完善孵化器的投融资功能，建立面向科技企业孵化器在孵企业的创业投资风险补偿和信贷风险补偿机制。（市科技局、市经济和信息化局、市国土资源局、市住房规划建设局、市财政局、各县（市、区）政府负责）

（三）实施“创新资源集聚”工程，完善科技交流合作机制。

13．深入开展产学研合作。吸引高校、科研院所到阳江市设立科研和技术开发推广基地，推进企业与高等院校、科研院所加强技术合作，建立技术研究开发战略联盟；积极探索企业与高等院校、科研院所共建重点实验室、工程技术研究中心。鼓励、支持企业建立院士、博士后工作站和科技特派员工作站。大力引进企业科技特派员，帮助企业解决生产与技术难题。至2018年，在全市建立各种形式的产学研合作示范基地10个以上；院士工作站1家；博士后工作站3家；科技特派员工作站2个；引进科技特派员200人以上，覆盖全市主要企业。（市科技局、市经济和信息化局、市教育局、市人力资源社会保障局、市财政局、各县（市、区）政府负责）

14．加快引进科技创新团队。坚持“不求所有，但求所用”的柔性引才方式，面向境内外建立更加开放灵活的人才引进和使用机制。拓宽高层次创新型人才引进渠道，瞄准海内外“高、精、尖”技术领军人物和科研团队，吸纳更多高层次人才携技术项目来阳江创新创业。至2018年，全市引进省“扬帆”计划科技创新团队5个以上，市级科技创新团队6个以上。（市科技局、市经济和信息化局、市教育局、市人力资源社会保障局、市财政局、各县（市、区）政府负责）

15．集聚高层次创新人才。贯彻落实省有关科技人员职称评审政策，将专利创造、标准制定及成果转化作为职称评审的重要依据之一。支持高等学校、科研机构利用自有存量国有建设用地建设租赁型人才周转公寓。支持高等学校、科研机构、大型骨干企业利用自有资金购买或租用商品房出租给高层次人才居住。切实解决高层次科技人才医疗卫生、子女入学、配偶就业、学术交流等问题，加强人文关怀，全面营造有利于科技人才发展的环境。（市科技局、市经济和信息化局、市教育局、市人力资源社会保障局、市住房规划建设局、市财政局、各县（市、区）政府负责）

（四）实施“创新创业服务”工程，强化服务体系建设。

16．完善科技成果转化机制。贯彻落实省有关文件精神，除涉及国家安全、国家利益和重大社会公共利益外，赋予高等学校、科研机构科技成果自主处置权，可自主决定科技成果的实施、转让、对外投资和实施许可等科技成果转化事项。对获市财政立项支持的科研项目所产生的科技成果完善科研人员奖励激励机制。（市科技局、市经济和信息化局、市教育局、市人力资源社会保障局、市财政局、各县（市、区）政府负责）

17．促进科技服务业发展。优化科技服务业扶持政策，大力培育科技服务机构，重点发展研发设计、技术交易、创业孵化、科技投融资、知识产权评估、专利信息利用、科技咨询、电子商务等专业或综合性的科技服务机构。积极培育发展科技服务新业态，引导科技服务机构创新服务模式和商业模式，发展全链条全方位的科技服务，发展壮大若干科技集成服务商。鼓励引进国内外知名优质服务机构在我市开展科技服务活动以及相关科技对接活动。到2018年，建立各类科技中介服务机构5个以上。（市科技局、市经济和信息化局、市商务局、市民政局、各县（市、区）政府负责）

18．构建创新创业服务网络。加强区域内外各类型创新创业服务资源的集成，完善相关平台，创新管理服务，构筑形成有利于技术转移和成果转化的服务网络。建立健全重大科技基础设施、新型研发机构等科技资源的共享和运行制度，促进科技资源向社会开放共享。充分发挥行业协会、科技社团、产业技术创新联盟、新媒体等社会组织的作用，为科技创新和成果转化提供专业化服务，打造良好的创新创业生态系统。（市科技局、市经济和信息化局、市商务局、市民政局、各县（市、区）政府负责）

19．提升知识产权创造、运用和保护水平。优化专利申请资助政策，重点资助发明专利申请、专利合作条约（PCT）国际专利申请。加强知识产权管理贯标工作，引导企业建立健全知识产权管理制度，培育发展一批具有行业竞争优势的专利优势企业，推动知识产权与产业转型融合发展，促进专利与金融的有机结合。健全知识产权侵权查处机制，加强知识产权行政执法。完善中国阳江（五金刀剪）知识产权快速维权中心建设。健全知识产权举报投诉和维权援助机制，提升维权援助服务。至2018年，全市专利年申请量达3000件，年均增长率保持在15%以上；形成一批具有自主知识产权的高新技术标准，培育一批运用自主知识产权参与国际和国内标准制定的企业。（市科技局、市工商局、市经济和信息化局、市商务局负责）

（五）实施“科技金融结合”工程。

20．开展科技金融合作试点。支持和鼓励金融机构在我市设立1家以上科技支行，面向科技中小企业开展金融服务，重点对科技型企业开展知识产权质押贷款和信用贷款等信贷支持。（市科技局、人行阳江市中心支行、市金融局负责）

21．鼓励面向科技企业的金融创新。整合社会金融资源，吸引民营银行、小额贷款公司、融资担保公司、融资租赁公司、典当行、再担保公司等新型经济金融组织集聚发展。支持各类融资租赁机构在我市成立总部或开设分支机构，为企业、科研院所开展科技研发和技术改造提供大型设备、精密器材等租赁服务。（市科技局、市金融局、人行阳江市中心支行、阳江银监分局、市商务局负责）

22．健全科技金融服务体系。推动广东省科技金融综合服务中心在阳江建分中心，鼓励县（市、区）和园区组建专业化的科技金融服务机构，逐步完善市、县（市、区）、园区联动的科技金融公共服务体系。建设科技金融服务网、科技金融服务信息数据库，搭建技术成果与金融资本对接平台，完善科技、金融、产业之间的对接机制。优化对科技企业利用资本市场的服务，帮助解决企业上市过程中遇到的各类问题，积极引导企业运用公司债、可转换债券、中期票据、资产证券化等债务融资工具。（市科技局、市金融局、阳江银监分局、人行阳江市中心支行、各县（市、区）政府负责）

23．大力培育高新技术企业。围绕新材料、机械制造、生物与新医药、新能源与节能环保等高新技术产业领域，每年培育3家以上高新技术企业，研发一批高新技术产品，打造高新技术产业发展新的增长极。对新认定为国家级高新技术企业的，给予一定的补助资金。到2018年，全市高新技术企业达30家以上，高新技术企业产值达500亿元以上。（市科技局、市经济和信息化局、市商务局、市国税局、市地税局负责）

五、强化保障措施

24．强化创新驱动发展的理念。全市各县（市、区）、各部门要统一认识，加快转变发展观念，增强使命意识，把实施创新驱动发展战略作为本地加快转型升级、提升发展质量的“一号工程”。研究建立科技创新、知识产权与产业发展相结合的创新驱动发展评价指标，并纳入国民经济和社会发展规划。广泛深入实施意见的宣传，形成讲创新、敢创新、能创新的社会氛围。（各县（市、区）政府、市科技局、市发展改革局、市委宣传部负责）

25．持续加大科技投入。健全财政科技投入稳定增长机制，逐步提高科技经费投入的总体水平。“十三五”期间，要进一步加大地方财政科技投入，强化政策和制度创新，充分发挥财政资金在引导、激励等方面杠杆作用，形成推进创新发展的强大合力。（市财政局、市科技局、各县（市、区）政府负责）

26．加强财政科研资金管理。建立健全科技项目审批、执行、评价相对分开、互相监督的运行机制，实行科研项目信息公开制度。公开资金管理办法、申报指南、项目绩效评价、监督检查和审计结果等情况；建立财务审计验收绩效评价和责任追究制度。市科技局要对专项资金的使用、项目实施情况和绩效评价等进行监督检查，确保专项资金使用安全。提高资金使用效益。市财政、审计、纪检监察部门要加强对科技专项资金预算执行、资金使用效益和财务管理等方面的情况进行监督检查，确保资金专款专用，最大限度发挥财政资金对促进科技进步的推动作用。（市财政局、市科技局负责）

27．加强全市科技创新统筹协调。建立由市委、市政府主要领导牵头，市有关部门参加的科技创新协调领导机制，加强统筹。强化市科技部门在实施创新发展战略中的职能，充实管理力量，加强科技发展战略、规划、政策、布局、评估和监管工作。促进各部门之间的协同配合，为创新驱动发展战略的实施提供便捷高效服务，形成支持创新、服务创业的宽松政务环境。强化县（市、区）党政“一把手”抓“第一生产力”的责任机制，进一步明确目标责任。充分聚合社会各界力量，调动各方积极性，形成全市上下共同推进创新驱动发展的大科技工作格局。（市科技局、各县（市、区）政府负责）

阳江市人民政府

2015年5月25日

广西大力促进众创空间发展工作方案

（桂政办发〔2015〕83号）

众创空间是政府集成扶持政策、依托社会力量，为小微创新企业成长和个人创新创业提供低成本、便利化、全要素服务的开放式综合服务平台，是促进大众创业、万众创新的重要载体和有效方式。根据《国务院办公厅关于发展众创空间推进大众创新创业的指导意见》（国办发〔2015〕9号）精神，现就推动我区众创空间健康发展制定本方案。

一、总体要求

（一）工作思路。

全面落实党的十八大和十八届二中、三中、四中全会精神，按照自治区党委、自治区人民政府深入实施“双核驱动”战略、构建“三区统筹”格局的工作部署，以加快实施创新驱动发展战略为统领，以创建良好创新生态系统为目标，以激发全社会创新创业活力为主线，以实施“六大工程”为抓手，积极引导利用社会力量，充分依托高新技术产业开发区、科技企业孵化器、大学科技园和高校、科研院所，大力发展众创空间等创新创业服务平台，完善服务模式，培育创新文化，加快形成大众创业、万众创新的生动局面，打造我区经济转型的新引擎，强化科技对我区实现“两个建成”目标的支撑作用。

（二）发展目标。

到2020年，全区创新创业政策体系更加健全，服务体系更加完善，全社会创新创业文化氛围更加浓厚，形成一批能有效满足大众创新创业需求，具有较强专业化服务能力的新型创新创业服务平台。全区建成20个以上众创空间，其中每个市和自治区级高新技术产业开发区各建成1个以上、国家级高新技术产业开发区各建成2个以上；全区建成60个以上科技企业孵化器、8个以上大学科技园、10个以上大学生创业示范基地、40个以上小微企业创业孵化基地；在全区形成100家以上创业咨询专业机构，选拔创业导师、咨询师超过500人；各类创业群体高度活跃，以大学生创业者、海外创业者和高校、科研院所创业者等为代表的创新创业人才达到4万人以上；累计孵化创业企业达到1500家以上，带动就业10万人以上。

二、主要措施

（一）新型创新创业平台构建工程。

建设一批新型众创空间。以高新技术产业开发区、文化创意聚集区、大学科技园、科技企业孵化器及高校、科研院所等为载体，针对战略性新兴产业、现代服务业、文化创意产业等重点领域的不同特色，因地制宜推广创客空间、创业咖啡、创新工场、创业社区等新型孵化模式，建设新型众创空间。研究制定新型众创空间培育示范政策，扶持一批低成本、便利化、全要素、开放式的重点示范众创空间。（责任单位：自治区科技厅、教育厅、工业和信息化委、文化厅、财政厅、商务厅、人力资源社会保障厅，各市人民政府；排第一位的部门为牵头单位，下同）

提升一批科技企业孵化器。以国家级和自治区级科技企业孵化器为示范，建立健全孵化服务团队的激励机制和入驻企业流动机制，提升孵化服务水平，构建覆盖项目发现、团队构建、投资对接、商业加速、后续支撑全过程服务的孵化链条。采用政府机构、创业投资机构、社会组织多方合作模式，推动政府资金、社会资本与创业孵化的深度融合，重点在战略性新兴产业、现代服务业、现代农业、文化创意等领域新建一批新型科技企业孵化器。（责任单位：科技厅，各市人民政府）

打造一批小微企业创业孵化基地。充分利用各类工业园区和孵化基地的闲置厂房、公共设施等资源，加快培育和支持小微企业创业基地建设。支持有条件的地方建立一批市级和县级创业孵化基地，发展一批设施完备、功能齐全、管理规范、孵化效果明显的自治区级创业孵化基地，培育打造国家级创业孵化示范基地。落实对创业孵化基地的奖补政策，充分发挥政策激励作用，引导社会力量参与创业孵化基地建设。（责任单位：自治区人力资源社会保障厅、工业和信息化委，各市人民政府）

布局一批大学科技园和高校大学生创业基地。加强规划，合理布局，在高校新建一批大学科技园。修订完善大学科技园认定和管理办法，加强大学科技园的管理和考评，提升大学科技园运行管理水平。落实国家对大学科技园的税收优惠政策，加大对大学科技园创新创业服务平台能力建设的支持力度。鼓励高校与行业协会、企业合作共建大学生创业实践基地，开展高校大学生创业示范基地评选活动，逐步建成高校大学生创业基地群。（责任单位：教育厅、科技厅、人力资源社会保障厅，各市人民政府）

（二）创新创业环境优化工程。

推进简政放权。加快推进“三证合一”“一照一码”、全程电子化登记和电子营业执照应用等商事制度改革，努力降低创新创业门槛。按照众创空间等新型孵化机构的特点，放宽新注册企业场所登记条件限制，推动“一址多照”“一照多址”登记。简化企业工商注销流程，对未开业企业以及无债权债务企业试行简易注销程序。打破行政区域界限，在创客空间等孵化机构集中地区，开设政务服务窗口，上门提供企业注册登记等服务。（责任单位：自治区工商局、政管办、财政厅、发展改革委、地税局、质监局、国税局等）

安排财政补贴。有条件的地方要对众创空间等新型孵化机构的场地租赁、宽带接入和用于创业服务的公共软件、开发工具给予适当的财政补贴。（责任单位：各市人民政府）

（三）创新创业引领工程。

鼓励科技人员创新创业。制定科技人员创新创业的鼓励政策，加大科技人员股权激励力度，鼓励企业通过股权、期权、分红等激励方式，调动科技人员的创新积极性。鼓励研究开发机构、高校聘请企业及社会组织的科技人员，兼职从事教学和科研工作，支持科技人员到企业及其他组织从事科技成果转化活动。（责任单位：自治区人力资源社会保障厅、教育厅、财政厅、科技厅、工业和信息化委等）

实施大学生创业引领计划。各高校要普遍开设创新创业教育课程，本科院校要开设创业基础课程，并纳入教学计划，确保创业课程不少于32学时、不低于2学分。实施弹性学制，在校大学生创业可保留学籍休学，创业实践可按相关规定计入学分。鼓励高校开展大学生创业示范建设，将实验教学示范中心、实验室向开展创新创业活动的学生免费开放。（责任单位：教育厅）

吸引留学人员回国创业。加强留学人员创业园和留学人员创新创业基地建设，鼓励有条件的园区设立留学人员创业专项资金，组织开展“海外留学人才八桂创业行”“海外留学人员创业周”等各种活动，引进海外高层次人才到我区创业。在人才落户、子女入学、社会保险等方面设立服务绿色通道，享受我区高层次人才创业和鼓励留学人员创业的有关待遇。（责任单位：自治区人力资源社会保障厅、科技厅、工业和信息化委、财政厅等）

鼓励和支持农民工创业。加快推进农民工创业园建设试点，支持具有一技之长的农民工回乡创业。将农民工创办企业所招用的农村劳动力培训纳入“阳光工程”、“雨露计划”等工程的组织实施范围，给予相应的职业培训补贴和职业技能鉴定补贴。（责任单位：人力资源社会保障厅、财政厅，各市人民政府）

（四）创新创业公共服务能力提升工程。

加强创新创业服务机构建设。持续构建市场主导、政府支持的创新创业服务体系，围绕生产性服务业、新兴服务业、科技服务业等重点领域，加快建设一批生产力促进中心、技术服务中心、检验检测认证机构和专利代理、专利信息利用、专利转化交易服务、知识产权分析评议机构。鼓励支持知识产权服务机构为小微企业开展知识产权托管服务。支持公共服务机构提升专业服务能力、搭建公共服务平台、创新服务模式。加快推进中小企业公共服务平台建设，为中小企业提供专业化优质创新服务。（责任单位：自治区科技厅、工业和信息化委、财政厅、商务厅、质监局、知识产权局，各市人民政府）

建立健全创业辅导制度。建立创业辅导制度，从拥有丰富行业经验和行业资源的企业家、职业经理人，以及金融、财税、法律等方面的专家、职业投资人中选拔一批创业导师，组建创业导师团，采取“志愿服务+政府购买服务”的方式，为创业者提供创业辅导。吸引和聘请优秀国外专家为创业者进行创业辅导。（责任单位：人力资源社会保障厅、教育厅、财政厅等）

加强创新创业师资队伍建设。鼓励高校举办创业就业指导教师培训班，聘请国内外优秀专家培训创新创业师资队伍。鼓励高校聘请成功创业者、企业家、投资人担任兼职创业导师，对创新创业大学生及其团队进行“一对一”指导。支持高校教师到企业挂职锻炼，参与社会创新创业实践，积累创新创业实践经验。（责任单位：教育厅、人力资源社会保障厅、财政厅等）

（五）创业投融资扶持工程。

加强财政资金引导。充分整合现有各类支持中小企业发展的专项资金，鼓励有条件的地方设立专项投资引导基金用于扶持创新创业，充分发挥政府财政资金和财税政策的导向作用，采取阶段参股、风险补助和投资保障等方式，对种子期、初创期科技型中小微企业和创新型企业给予重点支持，支持公共服务平台建设。（责任单位：自治区工业和信息化委、财政厅、金融办、发展改革委、科技厅，各市人民政府）

完善创业投融资机制。大力培育天使投资主体，支持天使投资、创业投资发展。加强与天使投资的合作，对接多层次资本市场，推动中小企业进入资本市场融资，扩宽创新创业型企业融资渠道。引导金融机构积极介入各类创业大赛、创业行动、创业讲堂等创业活动。建立知识产权交易平台。建设区域性股权交易市场，开展互联网股权众筹融资试点，鼓励金融机构开发科技融资担保、知识产权质押等产品和服务。认真落实小额担保贷款政策，为符合条件的创业者申请小额担保贷款提供便利和支持。（责任单位：自治区金融办、工业和信息化委、发展改革委、科技厅，各市人民政府）

（六）创新创业文化培育工程。

丰富创新创业主题活动。鼓励社会组织广泛开展促进大众创业、万众创新的各类活动。深入开展全区性的创新创业大赛、电子商务创业大赛等主题活动，支持有条件的地方开展国家级“创新型、创业型城市”创建活动。鼓励高新技术产业开发区及工业园区建设实体展示体验中心，开展创客创新实践和创客产品体验活动，培育创客文化。依托青少年科技创新大赛等科技活动，深入实施中小学生发明创造项目。（责任单位：自治区科技厅、文化厅、教育厅、人力资源社会保障厅、商务厅、工业和信息化委、科协，团区委，各市人民政府）

营造创新创业文化氛围。积极倡导敢为人先、宽容失败的创新文化，树立崇尚创新、创业致富的价值导向，大力培育企业家精神和创客文化，鼓励科技人员和大学生将奇思妙想、创新创意转化为实实在在的创业活动。加强对大众创业、万众创新的宣传和舆论引导，对成功创业者、青年创业者、天使投资人、创业导师、创业服务机构等创新创业先进事迹进行宣传，树立一批创新创业典型，营造大众创新创业的良好氛围。（主要责任单位：自治区科技厅、文化厅、教育厅、人力资源社会保障厅、工业和信息化委，团区委，各市人民政府）

三、组织实施

（一）加强组织领导。

各牵头单位要组织相关责任单位按照职能分工，制定具体工作方案，积极落实促进创新创业的各项政策措施。各市要结合本地实际，参照制定实施方案，建立工作机制，分解任务，明确职责。各市、各部门要做好大众创新创业政策落实情况调研、发展情况统计汇总、众创空间建设情况总结等工作。

（二）加强示范引导。

各地、各部门要积极探索推进大众创新创业的新机制和新举措，在高新技术产业开发区、小微企业创业孵化基地、大学科技园和其他有条件的地区开展创新创业示范。要加强各类创新创业示范的认定和管理，通过新型孵化模式典型的示范引领，不断创新体制机制，带动我区创新创业平台加快发展。

（三）加大扶持力度。

完善市场化运行长效机制，形成多元化、多渠道的创业资金支持体系。自治区、市级财政要加强对发展众创空间、推进大众创新创业的支持，建立稳定的财政投入机制。各部门要切实落实各项扶持政策，积极引导社会资金投入众创空间建设，促进我区大众创新创业发展。

广西壮族自治区人民政府办公厅

2015年8月25日

海南省高层次人才认定办法（试行）

（琼府办〔2015〕15号）

第一章 总 则

第一条 为深入实施人才强省战略，建立科学、规范的高层次人才选拔、评价、培养和保障体系，培养适应海南国际旅游岛建设发展需要的人才队伍，根据我省实际，制定本办法。

第二条 高层次人才的认定及认定标准的编制发布适用本办法。

第三条 本办法所称高层次人才依其业绩与贡献不同，划分为大师级人才、杰出人才、领军人才、拔尖人才、其他高层次人才5个层次。

第四条 高层次人才认定坚持公开、公平、公正的原则；坚持品德、知识、能力和业绩兼顾的原则；坚持业内认可、社会认可的原则。

第二章 认定范围与条件

第五条 高层次人才的认定，不受国籍、户籍的限制。

第六条 高层次人才认定对象为已在我省工作和新引进的人才。（柔性引进人才按照《中共海南省委办公厅 海南省人民政府办公厅关于印发〈海南省柔性引进人才暂行办法〉的通知》（琼办发〔2014〕34号）执行）

公务员及参照公务员法管理的事业单位工作人员不列入认定对象（国家另有规定的除外）。

第七条 高层次人才认定不设名额限制。

第八条 高层次人才除应具备认定标准规定的条件外，还应当同时具备以下条件：

（一）遵纪守法；

（二）有良好的职业道德，严谨的工作作风；

（三）业绩显著，贡献突出；

（四）已在我省工作的人才，年龄不受限制。新引进的人才，除大师级人才年龄不受限制外，其他层次人才须在55周岁以下。

第三章 认定标准编制与发布

第九条 根据我省经济社会发展和人才需求状况，制定高层次人才认定标准，并根据实际情况适时调整，实行动态发布。

第十条 高层次人才认定标准的编制和发布程序如下：

（一）省人才办负责编制高层次人才认定标准；

（二）高层次人才认定标准经省人才工作领导小组审议后发布实施。

第四章 认定程序

第十一条 高层次人才认定申请常年受理。

第十二条 高层次人才认定程序：

（一）个人申报。个人向所在单位提出认定申请，提供有关证明材料，并对照认定标准，选择认定层次，填写《海南省高层次人才认定申报表》。

（二）审核和认定。申报人所在单位对申报人各项条件进行审核，符合条件的在《申报表》中作出推荐意见，连同相关材料报送省级主管部门（其中非公经济领域人才报统战部门、社会组织人才报民政部门），主管部门作出推荐意见后，报省人力资源社会保障厅认定。

（三）公示和发证。经审核符合条件的人选由省人力资源社会保障厅通过政府网站向社会公示，公示期为7天。公示无异议后，由省人力资源社会保障厅颁发相应的《海南省高层次人才证书》。

第五章 认定管理

第十三条 依据本办法对高层次人才作出认定后，可按规定享受相应的激励保障待遇。高层次人才认定周期为3年，3年后须按照简化程序重新进行认定。

第十四条 高层次人才认定后，达到更高层次认定条件的，可继续申报相应层次人才认定。

第十五条 建立高层次人才数据库。申报人员经认定后，列入我省高层次人才信息库管理。

第十六条 有下列情形之一的，取消高层次人才称号：

（一）学术、业绩上弄虚作假被有关部门查处的；

（二）受纪检、监察机关审查并给予严重警告以上处分的；

（三）被处以刑事处罚的；

（四）违反有关规定出国或出境逾期不归的。

第六章 附则

第十七条 本办法自发布之日起试行。

附件：《海南省高层次人才认定标准（2014）》（略）

海南省人民政府办公厅
2015年2月9日

海南省引进科技创新团队实施办法

（琼府办〔2015〕110号）

第一章 总 则

第一条 为进一步完善人才发展机制，优化我省人才发展环境，吸引创新团队来海南创业发展，根据《国家中长期人才发展规划纲要（2010—2020年）》和《海南省中长期人才发展规划纲要（2010—2020年）》，制定本办法。

第二条 本办法所指科技创新团队，是指由团队带头人和若干名核心成员组成，以团队协作为基础，有明确目标任务，依托一定平台和项目，进行创新创造和新产品研发，对我省支柱产业、高新技术产业和战略性新兴产业发展有重大影响、带来重大经济效益和社会效益的人才群体。

第三条 引进科技创新团队的目标任务：到2020年，在生物医药、新能源、新材料、热带现代农业、海洋科学、电子信息、文化创意产业等领域，形成一批具有国际领先水平、能够明显提升我省自主创新核心竞争力的科技创新团队。

第四条 引进科技创新团队以“政府引导、市场主导、以用为本、优化配置”为基本原则，即政府侧重于政策引导和服务，充分发挥市场配置人才资源的基础性作用和科技创新团队及企业、高等院校、科研院所等用人单位的主体作用，促进产学研结合和各种资源优化配置。

第五条 省人力资源和社会保障厅会同省人才工作领导小组办公室、省科学技术厅负责海南省引进科技创新团队工作。

国土、建设、金融、外事、财政、地税、教育、公安、园区管委会等部门在各自职责范围内配合做好引进科技创新团队工作。

第二章 引进标准

第六条 科技创新团队分为世界一流科技创新团队、国际先进科技创新团队和国内领先科技创新团队三类。

世界一流科技创新团队：研究方向和项目目标属国际重大科技、重大应用研究问题前沿，研究成果在国际同行中处于领先地位和一流水平，具有明显的持续创新能力或创新成果转化能力。

国际先进科技创新团队：研究方向和项目目标属国内重大科技、重大应用研究问题前沿，研究成果在国际同行中处于先进水平，具有持续的创新能力或创新成果转化能力。

国内领先科技创新团队：研究方向和项目目标属国内科技、应用研究问题前沿，研究成果在国内同行中处于领先地位，具有一定的持续创新能力或创新成果转化能力。

科技创新团队具体评价办法另行制定。

第七条 引进的科技创新团队应当同时符合以下条件：

（一）具有突出的创新成果。从事高新技术产品研发及推广应用，拥有自主知识产权的发明专利，满足国家和海南发展建设的现实需求。

（二）具有合理的专业、年龄和梯队结构。创新团队成员不少于5人，带头人1名，核心成员3名；团队三分之一以上成员在海内外科研机构或省级以上重大项目稳定合作3年以上。

（三）具有科学的内部管理制度，成熟的技术引进和自主知识产权保护制度。

（四）具有良好的创新平台。一般以院士工作站、博士后科研工作站或省级以上重点学科、重点专业、重点实验室、工程研究中心、工程技术研究中心、企业技术中心或产学研合作平台等为依托，有健全的创新管理机制和激励机制。

第八条 科技创新团队带头人应当具有较高的学术和技术水平，具有较强的创新意识、组织协调能力和团队合作精神，同时应当具备以下条件之一：

（一）拥有国内外发明专利或曾获省部级以上科技进步奖或优秀科研成果奖；

（二）主持过海内外重点实验室工作；

（三）具有高级专业技术职称或曾在海外重点实验室、跨国公司担任高级研究员。

科技创新团队核心成员一般具有研究生以上学历、高级专业技术职称或高级技师资格，具有较强的科研和市场开发能力。

第九条 对带项目、带资金的科技创新团队及团队带头人，在实际申报评审过程中，可不受本办法第七条第二项、第七条第四项和第八条的限制，独立开展项目研发工作。其团队出资人代表1人可享受团队带头人优惠政策。

第三章 激励与保障

第十条 符合本办法规定的科技创新团队可享受3年政府激励政策，3年后经考核合格的可继续享受激励政策。

第十一条 科技创新团队享受创业启动经费支持。

世界一流科技创新团队给予500万元（人民币，下同）资助；国际先进科技创新团队给予300万元资助；国内领先科技创新团队给予200万元资助。已享受相关优惠待遇的，按就高不就低的原则不重复享受。

第十二条 政府在园区或科技创新团队相对集中的地区统一建设人才公寓出租给科技创新团队带头人和核心成员，并允许其购买政策性住房。

第十三条 海外归来无专业技术职称的科技创新团队带头人和核心成员，可根据自身的专业技术水平直接申报相应的专业技术职称；已在国内其他省市取得专业技术职称的，可直接予以确认。

第十四条 科技创新团队带头人、核心成员和其他具有硕士以上学位或中级以上专业技术职称、高级技师资格的团队成员，由省人力资源和社会保障厅办理备案手续，确认其工作关系及计生证明，并按有关规定办理落户手续。

科技创新团队的带头人和核心成员，符合我省事业单位公开招聘有关规定的，可由省人力资源和社会保障厅办理入编手续。

第十五条 外籍的科技创新团队带头人和核心成员，经省人力资源和社会保障厅报人力资源和社会保障部同意后，符合《外国人在中国永久居留审批管理办法》规定的，由公安机关出入境管理部门积极协助其申办《外国人在中国永久居留证》（简称“绿卡”）；对于未获得“绿卡”的外籍科技创新团队带头人和核心成员及其配偶和未成年子女，可由公安机关出入境管理部门办理5年有效期的多次往返签证。

第十六条 科技创新团队带头人和核心成员子女入托、就学，可以选择当地的公办幼儿园或中小学就读，由当地教育部门协调办理入学手续；其子女参加中考、高考享受本省考生待遇。

第十七条 科技创新团队带头人和核心成员家属的就业问题由用人单位会同当地政府人力资源和社会保障部门妥善解决。

第十八条 科技创新团队所在单位为创新团队成员缴纳社会保险费。各级政府为科技创新团队带头人和核心成员购买意外险、高端商业医疗保险等商业补充保险。

第十九条 事业单位科技创新团队承担有价值的国家计划和项目，省人才资源开发专项资金给予适当补助。

第二十条 在琼高校、科研院所等事业单位工作人员在科技创新团队工作的，可以兼职或离岗参与团队科技项目的研发，3年内保留其原有身份和职称，档案工资正常晋升。

第二十一条 科技创新团队成员享受税收优惠政策按照国家有关人才的税收优惠政策执行。

第二十二条 科技创新团队可享受以下优先服务：

（一）优先推荐申报国家或省级科技项目；

（二）优先申报科研经费，优先申报工作设备采购，优先申报享受国务院政府特殊津贴人员、海南省有突出贡献的优秀专家、“千人计划”、海南省高层次创新创业人才的评审等；

（三）优先推荐申报工程技术研发中心、博士后工作站、国家重点实验室；

（四）优先推荐入驻高新区或产业园区；

（五）优先扶持上市；

（六）优先推荐成果认定；

（七）优先享受我省有关人才引进方面的优惠政策和待遇；

（八）优先提供海外留学人才绿色通道服务；

（九）有项目、有资金，原始投资在3000万元以上的科技创新团队，政府优先支持土地供应；

（十）有项目、无资金的科技创新团队，政府优先向国内、省内金融机构、风险投资公司推荐创新团队研究开发和科技成果转化项目。

第四章 申报和评审

第二十三条 科技创新团队申报评审工作采取自愿申报、单位推荐、专家评审、组织批准的方式进行。

第二十四条 科技创新团队申报评审工作每年进行一次。评审数量根据当年度申报情况确定。

第二十五条 申报评审科技创新团队应提交以下材料：

（一）《海南省引进科技创新团队申报表》；

（二）《海南省科技创新团队带头人申报表》；

（三）《海南省科技创新团队核心成员申报表》；

（四）申报团队所在单位的工商营业执照（或事业单位法人证书），团队成员的身份证明、职称证书、学历证书或学位证书；

（五）申报团队近3年的工作业绩；

（六）申报团队近期的发展规划和科研计划；

（七）其他相关的证明材料。

第二十六条 由省人力资源和社会保障厅会同省人才工作领导小组办公室、省科学技术厅负责科技创新团队的认定。在对拟引进科技创新团队的工作基础、学术水平、创新能力、研究方向、项目建设目标等方面进行审查并提出意见后，形成推荐名单报省人才工作领导小组审议。

第二十七条 省人才工作领导小组审议通过后，出具《海南省科技创新团队认定审批表》。各级政府及有关部门凭《海南省科技创新团队认定审批表》落实相关政策。

第五章 管理和考核

第二十八条 科技创新团队发表、出版与本办法资助有关的论文、著作、学术报告，以及申报成果奖励、专利等，均应标注“海南省引进科技创新团队计划资助”字样。

第二十九条 科技创新团队成员应与所在单位签订合同，每年在海南累计工作时间不少于6个月。

第三十条 省人力资源和社会保障厅会同省人才工作领导小组办公室、省科学技术厅，定期组织专家对科技创新团队的工作进展、成果业绩、团队建设、经费使用与投入、科研平台建设、单位配套服务等情况进行考核，合格的继续享受政策优惠，不合格的取消资格，团队及个人不再享受政策优惠。

团队在考核中有弄虚作假、营私舞弊行为的，视情节轻重给予通报批评、撤销项目资助、追缴项目资金和取消资格等处理。

组织和参与评审的人员在评审过程中有弄虚作假、营私舞弊行为的，按有关规定予以处理。

第三十一条 引进创新团队经费，包括引进资助（含创业启动经费）、评审选拔、公告宣传等经费，从省人才资源开发专项资金中统筹安排，并按《海南省人才资源开发专项资金管理办法（试行）》（琼财社〔2009〕1773号）规定核拨，专款专用。

第六章 附 则

第三十二条 本办法由省人力资源和社会保障厅、省人才工作领导小组办公室负责解释。

第三十三条 本办法自发布之日起执行。

海南省人民政府办公厅

2015年7月1日

海南省引进海外高层次人才实施办法

（琼府办〔2015〕111号）

第一章 总 则

第一条 为深入实施人才强省战略，推进实施我省高层次创新创业人才引进工程，充分发挥海外高层次人才在我省经济社会发展中的作用，根据《海南省中长期人才发展规划纲要（2010—2020年）》，制定本办法。

第二条 海外高层次人才引进的目标任务：到2020年，在生物工程、医药、海洋科学、新能源、新材料、电子信息、热带现代农业、金融业、旅游业、文化创意产业等重点和急需领域，依托高等院校、科研院所、医疗机构、大中型企业、金融机构以及各类园区，引进100名左右我省急需紧缺的海外高层次人才。

第三条 海外高层次人才引进的基本原则：突出重点、按需引进、以用为本、特事特办。即依托我省重点发展领域，引进一批我省急需紧缺的海外高层次人才，营造有利于人才创新创业的环境，充分发挥海外高层次人才的作用；统筹协调，形成高效工作机制，充分发挥市场的配置作用、用人单位的主体作用和政府的推动作用，形成各司其职、办事高效的引才机制。

第四条 引进海外高层次人才工作由省人才工作领导小组统一领导，设立海南省海外高层次人才引进工作专项办公室（以下简称省专项办）。省专项办挂靠省人才工作领导小组办公室，主要职责是研究制定相关政策，协调解决引才工作中的重大问题。

第五条 省委宣传部、省委统战部、省机构编制委员会办公室、省政府金融工作办公室、省人力资源和社会保障厅、省工业和信息化厅、省财政厅、省教育厅、省文化广电出版体育厅、省卫生和计划生育委员会、省公安厅、省住房和城乡建设厅、省科学技术厅、省外事侨务办公室、省政府国有资产监督管理委员会、省地方税务局、海口海关、中国人民银行海口中心支行、高新区（开发区）管委会、省工商业联合会等部门（单位）为省专项办成员单位。

各重点领域的海外高层次人才引进工作由相关成员单位牵头负责并组织实施（以下简称牵头单位）。以战略性新兴产业为主的人才引进工作由省工业和信息化厅牵头；国有商业金融机构人才引进工作由省政府金融工作办公室、中国人民银行海口中心支行牵头；重点学科、重点实验室人才引进工作分别由省教育厅、省科学技术厅牵头；省重点创新项目人才引进工作由省科学技术厅牵头；省属国有大中型企业人才引进工作由省政府国有资产监督管理委员会牵头；非公企业人才引进工作由省委统战部和省工商业联合会牵头；以高新技术开发区为主的各类园区引进创业人才的工作由省科学技术厅、高新区（开发区）管委会牵头。

专项办成员单位和涉及海外高层次人才引进工作的有关部门要按照各自职能，做好落实引才优惠政策、建设人才信息库、实施跟踪计划、提供配套服务等工作。

第二章 引才标准

第六条 引进的海外高层次人才一般应取得博士学位，年龄不超过55周岁，无不良职业道德记录，引进后每年在省内工作时间不少于6个月。特殊专才可适当放宽条件。引进的海外高层次人才应符合下列条件之一：

（一）在国（境）外著名高校、科研院所或医疗机构担任相当于副教授以上职务的专家、学者；

（二）在世界500强企业或国际知名金融机构、国际组织中担任高级职务的专业技术人才或经营管理人才；

（三）具备较高的科技创新能力，研发水平、科研成果为同行公认，达到国内一流水平的领军型人才；

（四）拥有我省重点发展产业、行业、领域所需的自主知识产权或掌握核心技术，并在我省各类园区领办、创办科技型企业的创业人才；

（五）其他急需紧缺的海外高层次人才。

第三章 支持与保障

第七条 对引进的海外高层次人才，根据我省实际，在经济待遇、落户、居留与出入境、保险与医疗、住房、税收、编制岗位与职称评聘、配偶安置、子女就学等方面，实行优惠政策。

第八条 引进的海外高层次人才享受以下经济待遇：

（一）对引进带项目、带资金的科技型创业领军人才，政府补助给予每人人民币（以下同）100万元的项目启动经费；对按照本办法引进的其他人才，政府补助每人50万元的项目启动经费。政府资助根据考核结果按照服务年限逐年拨付到位。

（二）本着待遇从优的原则，用人单位可参照引进人才回国（来华）前的收入水平，一并考虑为其支付住房（租房）补贴、子女教育补贴、配偶生活补贴等，协商确定引进人才的合理薪酬。对引进的人才可采取管理、技术作价入股和股权期权红权以及年金等中长期激励方式。

（三）用人单位、主管部门和地方政府可配套其他资金，用于改善引进人才的工作和生活条件。企业为引进人才配套的科研启动、安家、购房补贴等经费，可列入企业成本核算。

第九条 引进的海外高层次人才享受以下落户、居留和出入境政策：

（一）引进的中国籍人才，可不受出国前户籍所在地的限制，选择在我省任一城市落户，其家属和未成年子女可一并随迁。

（二）引进的外籍人才及其随迁外籍配偶和未成年子女，符合《外国人在中国永久居留审批管理办法》规定的，由公安机关出入境管理部门积极协助其申办《外国人在中国永久居留证》（简称“绿卡”）；对于未获得“绿卡”的引进人才及其配偶和未成年子女，可由公安机关出入境管理部门办理5年有效期的多次往返签证。

（三）对于申请加入或恢复中国国籍的，依照《中华人民共和国国籍法》的有关规定办理。

第十条 引进的海外高层次人才享受以下保险、医疗政策：

（一）引进人才参加国内各项社会保险，与本省居民享受同等待遇；

（二）引进人才享受医疗待遇的有关规定另行制定。

第十一条 引进的海外高层次人才享受以下住房待遇：

（一）政府在引进人才相对集中的地区筹集人才公寓，出租给引进人才；

（二）符合条件的，允许购买政策性住房；

（三）引进人才未租用人才公寓，也未在我省购买自住用房的，在琼工作期间，可由用人单位为其租用便于其生活、工作的住房，或根据市场行情承担相应租房补贴。

第十二条 引进的海外高层次人才享受以下税收政策：

（一）省级人民政府颁发的奖金，依法免征个人所得税。

（二）对引进人才在省内创办的企业符合条件的技术转让所得，一个纳税年度内不超过500万元的，依法免征企业所得税；超过500万元的部分，依法减半征收企业所得税。

（三）引进人才在省内创办的企业，凡属国家鼓励发展的投资项目，在投资总额内，因生产需要进口必要的自用设备和按照合同随设备进口的技术及配套件、备件，除国家规定不予免税的商品外，由所在单位按国家相关规定向有关部门申请，经批准后到主管海关办理进口免税手续。所需外汇，凭规定的有效证明和商业票据，报外汇管理部门批准后，到外汇指定银行购买。

（四）引进人才在省内创办的企业自行生产的高新技术产品出口后，税务部门优先予以落实出口退（免）税政策。

（五）在我省定居或来华连续工作1年以上的引进人才，可以依据有关规定申请从境外运进自用小汽车，海关依据有关规定办理进口手续。

（六）进境少量的科研、教学物品和进境规定范围内合理数量的生活自用物品，海关依据有关规定予以免税验放。

第十三条 事业单位因工作需要引进海外高层次人才，可不受人员编制和专业技术岗位结构比例限制，编制已满的，可经编制部门同意后，先接收再消化；专业技术岗位已达到规定比例的，可通过特设岗位解决岗位聘用问题。

第十四条 引进的海外高层次人才可根据自身的专业技术水平直接申报相应级别的专业技术职称；已在国内其他省市取得专业技术职称的，可直接予以确认。

省级有关部门优先推荐其参加国家、省各类人才荣誉称号的评审，同等条件下优先选拔，协助推荐“两院”院士的申报评选。

第十五条 引进的海外高层次人才配偶一同来琼并愿意就业的，由用人单位负责妥善安排其工作；用人单位安排确有困难的，可商请政府相关部门协调解决。

第十六条 引进的海外高层次人才随迁子女入托、入中小学，可以优先就近入学，由当地教育部门协调办理入学手续。其子女参加中考和普通高等学校招生入学考试的，享受本省考生待遇；其外国籍子女申请国内高等院校的，按照招收外国留学生的有关规定录取。

第四章 途径与程序

第十七条 用人单位要拓宽引才渠道，通过多种途径加强与海外人才机构联系，包括驻外机构、境外猎头机构、海外留学生社团等，创造条件建立海外引才联络机构。省专项办成员单位组织或参与的各项涉外工作都要兼具引才任务，根据需要组织到海外集中招聘。

鼓励通过师承关系、同学同事关系、合作伙伴关系，以才引才。

第十八条 每年上半年，省专项办综合相关部门和用人单位意见，汇总形成海外高层次人才引进年度工作计划，报省人才工作领导小组审定后发布执行。

第十九条 引进海外高层次人才的申报、认定程序如下：

（一）用人单位与拟引进人选达成引进意向后，由用人单位填写引进人才申报书，向牵头单位申报。牵头单位组织专家对申报人员的学历学位、资历、专业水平、创新能力以及科研成果进行评审，提出意见建议，报送省专项办。

符合条件的海外高层次人才也可以通过自荐或第三方推荐的方式，直接向省专项办申报。由省专项办会同有关部门向用人单位推荐或直接向牵头单位推荐参加评审。

（二）省专项办征求有关部门意见后，报省人才工作领导小组批准。经批准的引进人才，由省专项办向用人单位或牵头单位下达同意引进通知书。

（三）申报人须提供以下材料：

1．海外留学人员须提供省留学回国人员工作站出具的留学回国人员证明，外国专家须提供省外国专家局出具的《外国专家来华工作许可证》及《外国专家证》；

2．科技成果证明材料（专利、论文、项目等）；

3．国外所获得的荣誉及奖励证明；

4．创业型人才还须提供项目报告、营业执照及资金证明。

第二十条 用人单位根据省专项办的通知，与引进人才签订期限为5年以上的聘用合同或劳动合同，办理引进手续，并按有关规定落实相关政策待遇，提供相应的工作条件。

引进人才因个人原因未履行协议，由牵头单位提出意见，经专项办审核并报省人才工作领导小组批准后，取消其享受的相关待遇。

第五章 日常服务和管理

第二十一条 用人单位要创新工作机制，搭建事业平台，营造有利于创新创业的良好氛围，全心全意提供各方面便利服务，充分发挥海外高层次人才的作用。

第二十二条 省专项办建立引进人才专门档案和人才信息库，为人才引进提供支持。建立人才跟踪服务和沟通反馈机制，及时掌握海外高层次人才的相关信息。

第二十三条 建立引进海外高层次人才绩效考核机制，由省专项办负责引进人才的考核工作。引进人才考核不合格的，终止资助，并取消本办法所规定的其他待遇。

第二十四条 各级人力资源市场设立引进海外高层次人才绿色通道，为办理引才手续提供一站式服务。

第二十五条 申报人员及所在单位提交的申报及考核材料必须真实有效，对弄虚作假者，给予取消引进人才资格、取消所有相关待遇及追缴政府资助资金的处理。

第二十六条 引进海外高层次人才经费，包括培养资助、评审选拔、公告宣传等经费，从省人才资源开发专项资金中统筹安排，并按《海南省人才资源开发专项资金管理办法（试行）》（琼财社〔2009〕1773号）规定核拨，专款专用。

第六章 附 则

第二十七条 市县和省直相关部门可根据本办法制定本地区、本部门的具体规定。

第二十八条 本办法由省人才工作领导小组办公室负责解释。

第二十九条 本办法自发布之日起施行。

海南省人民政府办公厅

2015年7月1日

重庆市深化体制机制改革加快实施创新驱动发展战略行动计划（2015—2020）

（渝委发〔2015〕13号）

创新是推动一个国家和民族向前发展的重要力量，也是推动整个人类社会向前发展的重要力量。当前，党中央、国务院把握全球新一轮科技革命与产业变革的重大机遇，及时出台《关于深化体制机制改革加快实施创新驱动发展战略的若干意见》（中发〔2015〕8号）。为深入落实党中央、国务院战略部署，结合重庆实际，制定本行动计划。

一、总体要求

（一）指导思想。

认真贯彻落实党的十八大和十八届三中、四中全会以及习近平总书记系列重要讲话精神，紧扣“四个全面”战略布局，按照“一带一路”和长江经济带发展战略指向要求，深入实施五大功能区域发展战略，以深化科技体制改革为动力，以推动应用研发创新为重点，充分发挥市场配置创新资源要素的决定性作用，更好发挥政府的引导与服务作用，进一步解放思想，破除一切制约创新驱动的体制机制障碍，强化企业在技术创新中的主体地位，激发大众创业、万众创新活力，切实增强创新驱动力与产业竞争力，为我市全面建成小康社会提供坚强的动力支撑。

（二）基本原则。

需求导向，“三链”协同。紧扣经济社会发展重大需求，让创新真正落实到创造新的增长点上，把创新成果变成实实在在的产业活动。深度整合创新驱动既有政策，通过准确的导向机制和强有力的推进机制，实现产业链、创新链、资金链的耦合协同。围绕产业链部署创新链，依托“6+1”支柱产业、十大战略性新兴产业和现代服务业、现代农业布局创新项目；围绕创新链完善资金链，创新政府资金投入方式和财税激励机制，强化金融对创新驱动的支撑作用。

人才为先，企业为主。坚持市场导向，充分发挥市场配置资源的决定性作用。让人才成为创新的第一资源，创新人才引进、流动和培养模式，更加注重强化激励机制，更加注重发挥企业家和技术技能人才队伍创新作用，让一切创新要素都活跃起来。让企业成为创新的主体力量，支持大型企业发挥创新骨干作用，支持中小微企业开展科技创新，积极鼓励和支持大众创业创新。

遵循规律，全面创新。把握好科学研究的探索发现规律、技术创新的市场规律，坚持技术与市场双轮驱动，统筹推进科技体制改革和经济社会领域改革，整合全社会资源，以科技创新为核心，以商业模式创新为载体，以管理创新为关键，加强知识产权保护，统筹推进科研院所、高等学校、企业、政府、社会服务全面创新，统筹推进军民融合创新，实现科技创新、制度创新、开放创新的有机统一和协同发展。

（三）总体目标。

到2020年，企业在技术创新中的主体地位进一步强化，科技资源和创新要素优化配置取得明显成效，科技服务能力显著提升，科技创新活力大大增强，开放型区域创新体系和创新型经济形态基本形成，初步实现从要素驱动向创新驱动转变，建成科技水平高、创新能力强的长江上游科技创新中心和国家创新驱动示范城市。

到2020年，全社会R&D（研究与开发）经费支出占GDP（国内生产总值）比重超过2%，规模以上工业企业研发投入占销售收入比重达到1.2%，技术进步贡献率达到60%以上，科研成果转化中的股权化率达到75%以上，战略性新兴产业产值占工业总产值的比重提高到30%以上，万人有效专利拥有量达到50件。

两江新区作为全市创新驱动发展的核心区和战略性新兴产业发展、内陆开放高地建设和现代服务业发展的主战场，到2020年，R&D经费投入占比达到5%以上，战略性新兴产业产值占全市的比重达到40%以上，规模以上工业企业研发投入占销售收入比重达到2%以上。

二、构建以市场为导向的创新体系

（一）大力提升企业技术研发创新水平。

围绕产业发展构建“金字塔”型企业创新体系，通过“靶向”精准政策扶持引导，形成合理的梯级晋升机制，调动企业创新争优的积极性，增强经济增长的支撑力。

培育10家以上在国内同行业中具有领先地位的企业研发创新中心：重点围绕汽车、电子信息、高端装备、智能机器、现代化工、新型材料、节能环保、生物医药等优势产业或细分领域，通过开放引进与巩固提升现有国家级企业技术中心相结合，以项目带动、资源整合、产学研联盟等多种方式，进一步扩大增量、提升质量。凡发明专利拥有量在国内同行业保持前五名，研发成果转化率达到50%以上、新产品销售收入占主营业务收入达到50%以上、R&D经费支出占企业销售收入达到5%以上，即认定为企业研发创新中心。

培育50家国家级企业技术中心：鼓励市级企业技术中心联合行业性工程研究中心、产学研战略联盟、2011协同创新中心等科研机构，强化产业关键技术突破，加快新产品、新工艺研发进程。鼓励企业在科研院所、高等学校建立研发中心。凡发明专利拥有量排名全市同行业前列，研发成果转化率达到20%以上、新产品销售收入占主营业务收入达到30%以上、R&D经费支出占企业销售收入达到4%以上的，优先申报国家级企业技术中心。力争到2020年累计推动30家左右市级企业技术中心升格为国家级企业技术中心，全市总量达到50家。

培育600家市级企业技术中心：用好用足国家关于高新技术企业财税优惠政策，鼓励企业加大研发创新投入力度，开展科研技术、组织模式和商业模式创新。凡R&D经费支出占企业销售收入达到3%以上，有较强的经济技术实力和较好的经济效益，研究开发与创新水平在全市同行业中处于领先地位的，优先纳入市级企业技术中心评定范围。力争到2020年累计新增200家左右市级企业技术中心，全市总量达到600家。

实施差异化的“靶向”扶持措施：对于行业领军型企业研发创新中心和国家级企业技术中心，除国家已明确的各类普惠性激励政策之外，市财政科研专项资金以“后补助”方式予以奖励扶持；其科技成果优先纳入市级及以上科技进步奖评选范围；其学术带头人或管理团队负责人优先作为市政府科技顾问或参事候选人；市政府支持该企业先行先试相关改革；重庆战略性新兴产业股权投资基金优先跟进支持其科技成果产业化。

对于市级企业技术中心，除国家已明确的普惠性政策外，市财政科研专项资金按企业上年研发投入强度、新产品销售收入占主营业务收入比重、专利拥有量、技术标准获批情况等，以“后补助”方式予以奖励扶持；市政府产业投资股权引导基金、风险投资基金等优先跟进支持其科技成果产业化；将企业优先纳入上市公司储备库予以上市辅导。

（二）加快完善技术创新服务体系。

以项目为载体、资本为纽带，推动科研院所和高等学校重点实验室、工程（技术）研究中心为创新成果转化服务，加强创新成果与产业应用对接，加强创新项目与市场需求对接，为企业和社会提供多层面研发创新、技术验证及产业化服务。

搭建一批产业技术创新联盟：支持科研院所、高等学校联合大型企业集团，在通信设备、下一代互联网、智能制造、特种装备、新材料、页岩气开采及装备、道路交通、医学健康、科技服务、智慧城市、绿色建筑产业、特色效益农业等行业建立技术创新联盟。通过专利导航、技术标准评级补贴、创新成果产业化补贴和股权化改造等方式，推动产业技术创新联盟开展技术合作，形成产业技术标准，建立公共技术平台，实行知识产权共享，为提升产业整体竞争力服务。

建设一批科技成果转化服务中心：推动科研院所及高等学校现有工程（技术）研究中心、工程实验室、重点实验室改革体制机制，面向全社会提供科技成果转化服务，让更多科技人员用得起科研设备，让更多科研成果转化为生产力。加快新技术、新工艺、新产品的转化与应用，财政资金投入主要通过成果转化率、向社会开放度和向企业提供服务等绩效评价方式给予支持。

建设科技资源共享与交易云服务平台：建设重庆科技服务大市场，集聚各类科技人力、财力、物力和成果等资源，构建统一开放、线上线下同步的科技资源共享与交易平台，实现科技资源整合、信息开放共享互动、技术成果交易以及科技金融服务无缝对接，促进知识产权转移转化，支撑和服务产业发展。到2020年，全市科技成果交易量位居西部前列。

（三）推动大众创业万众创新。

发挥政策集成和协同效应，着力降低创新创业门槛，推动创新与创业相结合、线上与线下相结合、孵化与风险投资相结合，完善创新创业服务模式，强化技术支撑、投融资保障和环境营造，壮大创新创业群体，形成大众创业、万众创新的生动局面。

大力营造创新创业良好环境：加大简政放权力度，完善创新创业政策体系，推动政策落地，形成“想创新、敢创业、能成业”的良好环境。推行行业准入负面清单、行政审批承诺制和注册资本认缴制等管理制度，降低创新创业市场准入门槛。推行工商营业执照、税务登记证、组织机构代码证“三证合一”办理及公章刻制“多证联办、并联审批”制度，以及一次性免费上门服务和网上审批登记服务，提升创新创业服务水平。鼓励各类金融资本、风险投资支持参与创业投资。加大财政扶持力度，鼓励区县（自治县，以下简称区县）给予房租、宽带接入费用和用于创业服务的公共软件、开发工具等适当财政支持，支撑大众创业创新。

打造1000个以上众创空间：以各类企业、投资机构、行业组织等社会力量为主构建市场化的众创空间，支持众创空间申请市场主体登记。构建开放创新创业平台，有效集成创新创业服务资源，促进创新创意与市场需求和社会资本有效对接，建立“平台+服务+资本”的创新创业模式。充分利用闲置工业厂房、商务科研楼宇、仓库等载体，突出线上服务平台、线下孵化载体（含投资促进、培训辅导、宣传营销、专业服务、创客孵化、咨询交流等创新创业孵化器）、创业辅导体系以及技术与资本支撑等四大要素整合，推广创客空间、创业咖啡、创新工场、星创天地等新型孵化模式，加快完善现有产业园区、高新技术产业基地、孵化器、协同创新中心、成果转化服务中心、科技金融服务中心等创新创业平台的服务功能，打造形成一批低成本、便利化、全要素、开放式的众创空间，为广大创新创业者提供良好的工作空间、网络空间、社交空间和资源共享空间。2016年，各区县至少打造3—5个众创空间，各高等学校至少打造2—3个众创空间，全市众创空间达到500个以上；2020年，众创空间达到1000个以上，其中至少10个在国内具有品牌效应。

构建1000家以上创新服务机构：大力发展检验检测认证、知识产权、科技推广、科技咨询、科普等各类科技服务机构，通过将科技服务纳入政府购买服务范围，制定科技服务业市场准入负面清单，完善服务标准体系和诚信体系，形成覆盖全市重点产业的科技服务产业链。2016年，全市各类创新服务机构达到500家以上；2020年，各类创新服务机构达到1000家以上，其中具有跨区域影响力的品牌机构100家以上。

培育1000家以上科技型“小巨人”企业：充分发挥科技型中小微企业技术创新基金、中小微企业发展专项资金等对创新型中小微企业发展的促进作用，探索以发行“创新券”等“后补助”方式支持中小微企业开展科技研发和成果转化，并加大政府对中小微企业产品及服务的采购力度。2020年，科技型“小巨人”企业达到1000家以上。

三、激发广大科技人员的创新活力

（一）加快推进科研院所和高等学校科研管理体制改革。

扩大科研院所和高等学校科研管理自主权：支持高等学校、科研院所自主布局科研项目，扩大学术自主权和个人科研选题选择权。对于财政资金支持形成的科技成果，除涉及国防、国家安全、国家利益、重大社会公共利益外，高等学校和科研院所享有科技成果的使用权、处置权和收益权。单位主管部门和财政部门对科技成果在境内的使用、处置不再审批或备案。科技成果转移转化所得收入全部留归单位，纳入单位预算，处置收入不上缴国库。

建立现代创新型企业制度：引导转制后的科研院所完善现代法人治理结构，形成自主运行的公司决策机制、科研开发机制、知识产权管理机制、成果转化机制和人员激励机制，以产权为纽带加快建立“产权清晰、权责明确、政企分开、管理科学”的现代创新型企业制度。

（二）加快人才评价制度改革。

职称政策向科技人才倾斜：坚持应用技术研究重在市场认可的导向，改变科技人才评价过于单一和偏于理论研究的倾向，分别以论文和著作等理论成果、专利和计算机软件等知识产权、创新产品等实物成果、保证产品质量的标准和流程、组织管理创新和服务成效作为评价的重要指标。对获得国家、省部级科学技术奖励的，在本专业领域取得授权专利、研发出新产品和新工艺等创新成果并实现产业化的，主导国内外技术标准制定或修订的，在本专业领域取得重大创新的，以及为经济社会发展作出突出贡献的科技创新人才，取消学历等条件限制，按照各专业破格申报条件优先申报评定高级专业技术资格。

职称政策向企业人才倾斜：建立与产业发展需求和经济结构相适应的企业人才评价机制，优化产业人才结构。企业人才申报评定高、中级专业技术资格不受单位所有制、岗位和评审通过率限制。研究制定职业学校教师和企业优秀人才“双师”职称评聘办法。中华技能大奖获得者、全国技术能手和全国职业技能大赛获奖者及指导教师可破格申报评定相应高级专业技术资格。市场业绩突出的企业经营管理领域的特殊人才可直接申报评定高级经济师资格。

探索评聘分离改革：在坚持学术技术水平和从业资格标准不降低的前提下，在应用型科研院所探索职称评定与职务聘任相分离试点，探索建立个人自主申报、岗位评聘分离、政府指导监督的新机制，吸引优秀人才，鼓励人才流动，充分激发人才创新的积极性。

（三）完善成果转化激励政策。

落实科研成果转化激励政策：在科研成果产生之初、科研成果产业化、企业转制股份转让、企业上市、企业进行混合所有制改造等五个关键环节，明确单位、科研团队、个人的股权，不断完善产权保护、员工持股、股权转化、分红激励等政策，建立资本、知识、技术、管理等要素报酬由市场决定的机制。

完善科研奖励报酬制度：在利用财政资金设立的科研院所和高等学校中，将职务发明成果转让收益在重要贡献人员、所属单位之间合理分配，用于奖励科研项目牵头人、骨干技术人员等重要贡献人员和团队的收益比例不低于50%，上不封顶。国有企业事业单位对职务发明完成人、科技成果转化重要贡献人员和团队的奖励，计入当年单位工资总额，不作为工资总额基数。

加大科研人员股权激励力度：鼓励和引导以科技成果作价出资创办企业，不再限制科技成果作价份额占注册资本的比例，由企业投资人之间协商确定，并可将作价份额不低于20%的比例奖励给成果完成人以及为成果转化作出重要贡献的管理人员，上不封顶。高新技术企业和科技型中小微企业科研人员通过科技成果转化取得企业股权时，可按规定在不超过5个公历年度内分期缴纳个人所得税。

（四）改革人才管理体制。

构建创新型人才队伍：坚持在创新创业活动中发现人才、培育人才、引进人才。大力培养和引进一批科技型领军人才、高端技术人才和高层次创业人才，加快形成高质量的创新型人才队伍。根据全市重点产业发展方向，重点引进拥有重大、关键核心技术的人才和创新创业融合性人才。发挥好“两院”院士、长江学者、“千人计划”领军人才的作用，加大“两江”学者扶持力度，积极推荐现有地方级人才升格为国家级人才。支持骨干企业与科研院所、高等学校联合培养“双师”人才，建立以企业为核心集聚创新型领军人才的机制。

促进人才合理流动：加强人才工作平台建设，引导创新型人才向重点产业流动，构建产业建设与人才支撑的互动信息平台。支持高等学校建设协同创新中心，探索构建服务产业技术创新的专职科研队伍。建立健全与市场聘用机制接轨的科技人员薪酬和岗位制度。允许科研院所和高等学校设置一定比例的流动岗位，吸引有创新实践经验的企业家和企业科技人才兼职。试点将企业任职经历作为高等学校新聘工程类教师的必要条件。高等学校在校学生休学创业的，可以保留学籍3年。

优化人才培养模式：推动部分有条件的普通本科高等学校向应用技术型高等学校转型。鼓励高等学校和职业教育学校围绕重点产业，按照市场需求设置相关专业，调整专业结构，开办创新创业专门课程，为重点产业发展培养创新型和应用型人才。支持骨干企业与高等学校开展高职本科、应用型本科以及专业硕士、博士联合招生、联合培养的现代学徒制试点。开展“五年一贯制”高等职业教育人才一体化培养改革试点，开展中职学校与本科学校对口贯通分段人才培养改革试点。引导职业教育学校依托企业、贴近产业，需求导向、突出应用，建立校企结合、产教结合的办学模式。支持企业面向职业技术学校建设公共专业实训基地，推行任务驱动、项目导向、实训为主的教学方式。

四、营造全面开放的创新环境

（一）构建创新驱动三大功能平台。

建设创新驱动核心区：按照一区多园模式，以两江新区为核心，高新区、经开区、璧山高新区为载体，加快申报国家自主创新示范区。围绕产业链需求，成体系地建设研发平台和创新服务平台，集聚研发机构、创新创业人才、创业投资资本、重大创新成果等创新要素，打造区域创新中心。以提升产业创新能力为核心，大力发展高新技术企业和科技型企业，培育具有国际竞争力的创新型产业集群，打造高新技术产业中心。以促进全面创新为关键，坚持制度、环境建设为先，积极推进科技金融、知识产权、技术转移及成果产业化、股权激励、市场准入、行政管理等改革创新试验，打造商业模式、管理模式、组织模式创新的先行区。两江新区要充分发挥全市科技创新龙头作用，通过市场化方式，形成完善的科技金融服务链和投融资机制，帮助中小微企业成为科技创新的生力军，让更多的科技创新成果尽快产业化，成为全市高技术产业的创新创业平台，带头营造浓厚的创新创业氛围。

建设创新驱动示范区：充分发挥国家级经开区和各类科技园区的创新驱动示范作用。完善以企业为主体的产业技术创新机制和知识产权管理服务体系，加快产业结构调整步伐，大力发展电子信息、高端装备、节能环保、高技术服务等新兴产业，形成农业科技园区、知识产权试点示范园区、特色产业科技园区等多层次、多类型的示范发展格局。

建设创新驱动辐射区：错位发展区县特色产业园区，依托产业带动，就地就近推进大学生创业园区、农民工返乡创业园区等特定群体创业园建设，完善交通、通信、物流、网络等配套基础设施，打造创新创业社区，由点及面，为各类创新创业者提供施展才华的平台。

（二）推进建设国际国内创新合作平台。

积极引进国际科研资源：主动利用全球创新资源，积极培育创新发展优势。积极引进世界知名大学、著名研发机构、世界500强企业来渝建立分支机构或搭建创新平台，加快融入全球创新网络体系。支持企业通过项目合作、股权合作等方式引导专业团队和科研成果在渝落地。对接国际规则，支持参与国际大科学工程研发和国际间的科技交流，鼓励获取国际科技新资讯、新技术，鼓励具有自主知识产权的创新产品输出。继续办好“科技外交官服务重庆活动”。到2020年，引进或共建国外研发机构100个以上，在先进制造、新材料、信息技术、现代农业等重点领域引进新技术和新产品1000项以上，引进联合研发团队100个以上，布局国际合作基地50个。

引进或共建一批国内合作平台：发挥中国重庆高交会、渝洽会作用，围绕战略性新兴产业、现代服务业、现代农业等开展多领域创新创业合作。支持科研院所、高等学校和企业与中国科学院、中国工程院、十一大军工集团、北京大学、清华大学及国内大型企业和知名研发机构开展合作，共建研发和产业化基地。到2020年，引进或共建国内知名研发机构10个以上，引进国内研发团队100个以上，联合研发项目500项以上，引进与全市产业发展和社会民生相适宜的技术成果10000项以上。

培育一批产业技术创新研究院：鼓励和支持企业、科研院所和高等学校创新机制与模式，重点围绕石墨烯、机器人、页岩气等新兴产业，组建独立法人、实体化运行的产业技术创新研究院，抢占国内外新兴产业研发创新高端，推动产业关键共性技术突破，为产业集群发展提供技术源头支撑。通过嫁接各类普惠性激励政策和股权投资基金支持，打造一批能够规模化应用的核心技术和产品。到2020年，全市组建5家以上产业技术创新研究院。

（三）营造激励创新的公平竞争环境。

健全创新产品准入管理：研究出台重大新产品首台（套）、首购、首试等奖励补贴政策，积极支持市内符合条件的创新创业主体的创新产品进入政府采购目录。建立健全使用创新产品的政府采购制度，国家机关、事业单位和团体组织应优先招标采购企业创新成果转化的产品，帮助生产企业验证产品可靠性、积累行业资质和运营经验。配套建立对首台（套）重大技术装备和示范应用项目的保险制度和风险补偿机制，研究出台重大新产品前期应用推广的补贴政策。

实行严格的知识产权保护制度：研究修订《重庆市专利促进与保护条例》，强化知识产权运用和保护，依法打击侵犯知识产权的违法行为。强化知识产权综合行政执法，推进重点产业知识产权快速维权体系建设。对合理期限内未完成转化的财政资金支持形成的知识产权进行强制许可转化。加快知识产权系统社会信用体系建设，推动将专利侵权假冒及执行失信、专利代理人失信等信息纳入市联合征信系统。建立企业重大涉外知识产权纠纷应对工作机制。用知识产权战略的各种手段，支持企业开展技术引进、联合研发、投资并购和海外专利布局，开展重大经济活动知识产权风险预警和评估。

五、构建有利于创新驱动的投融资体制机制

（一）改革政府科技投入方式。

分类指导公益性研究项目与竞争性研究项目：对于基础性和公益性研究，以及重大共性关键技术研究、开发、集成等公共科技活动，一般仍采用"前补助"方式支持。对于以科技成果工程化、产业化为目标，可考核的竞争性科研项目，改变政府投入方式，更多地采用市场化的方式进行扶持。要结合实际，合理确定基础性、公益性研究和竞争性研究项目的标准与范围，做到统筹兼顾，地方政府的投入应更多投向能够产业化的科研项目。

改"前补助"为"后补助"：鼓励和引导研发企业根据市场需求及自身发展需要先行投入资金，组织开展技术研发、工艺提升和技术改造，项目实施成功后可按规定程序申请政府补助。对企业技术中心的"后补助"，要与研发成果转化率、新产品销售收入占主营业务收入比重和R&D经费支出占企业销售收入比重以及专利拥有量等指标挂钩；对公共实验室和科技成果转化服务中心的"后补助"，要与研发成果转化率、服务提供率等指标挂钩。

改"直接补"为"间接补"：政府用于扶持、支持企业的资金（包括招商引资中给予的政策）从补助生产或建设向补助企业搞研发创新或购买研发创新成果转变。对企业购买重大科技成果的补助项目，组织现场核实评审，必要时可进行专项审计，核查企业购买的成果是否落地转化，根据项目实施效果择优资助。逐步将补助方式向重大研发机构引进、企业科技创新平台认定、国家级与市级孵化器或公共服务平台、科技与金融结合等方面拓展。

改"行业部门决策补"为"多维评价决策补"：针对科研工作特点和科研活动载体不同，面向国家级企业技术中心、科技成果转化服务中心、创新型企业、创新成果孵化器、众创空间、个人等不同科研载体，探索建立团队考核与个人成果相结合、长周期考核与过程管理相结合的多维度评价体系，推进"同行评议""第三方评价""国际评价"和"市场价值评价"等评价方法，将评价结果与政府补贴、拨款和奖励挂钩。

（二）设立多层次的投资基金。

用好政府产业投资股权引导基金：加大投入力度，确保现有产业投资引导基金按1：3或1：4比例带动社会资本，专项用于我市工业、农业、科技、知识产权、现代服务业、文化旅游等产业和领域的技改、技术进步、产业化和资本化。

做大科技创业风险投资引导基金：依托现有引导基金，通过市场化运作，有效吸引社会资金，充分发挥引导和放大作用，切实扩大基金规模。引导基金带动社会风险投资，重点扶持高成长性的科技型企业发展。

设立天使投资引导基金：吸引社会资本参与天使投资，鼓励科研院所、高等学校、区县及产业园区利用自有资金与社会资本合作组建天使基金，重点扶持包括1000个众创空间、1000家创新服务机构、1000家科技型"小巨人"企业等在内的在孵企业、科技创业人才和项目。

（三）利用资本市场支持企业创新。

设立重点创新型企业上市储备库：抓住股票发行注册制改革机遇，按照"储备一批、辅导一批、培育一批、上市一批"的总体思路，每年滚动培养一批发展方向属于国家和我市战略性新兴产业、技术含量高、成长性好的企业进入上市公司储备库。

启动科技型中小微企业新三板挂牌培育计划：以10000家创新型中小微企业为重点，每年组织指导一批企业与中介服务机构深度对接并实现挂牌。对成功挂牌的企业，受益财政对企业给予一定奖励。

推动有条件企业IPO（首次公开募股）上市：围绕重点创新型企业上市公司储备库企业，强化辅导培育，加大政策扶持，协助有条件企业完善相关申报备案手续，推动一批在创业板、中小板、主板上市。

启动创新型企业增资扩股：每年支持一批上市企业通过增资扩股进行业务重组，运用专利导航手段购买创新成果或创新企业，推动产品结构优化和企业转型升级，扩大市场份额。

稳步推进债权融资：大力推动和组织科技创新企业通过发行公司债、短期融资券、中期票据、集合债、集合票据、集合信托等债权融资工具融资，拓宽科技创新企业多元化债权融资渠道。

（四）强化金融对创新驱动的支撑作用。

积极开展知识产权质押融资：鼓励和推动各类金融机构开展专利、版权和商标等知识产权质押融资业务，对知识产权质押贷款业务参与方给予适当补贴或风险补偿。

积极推动科技保险：支持保险企业在渝创新科技保险产品，积极推广面向科技创新企业的高新技术企业产品研发责任保险、专利保险、营业中断保险、小额贷款保证保险等险种。

建立科技融资担保风险补偿机制：建立完善科技融资担保风险补偿机制，在全市范围内构建"市级+区县级"的"伞形"担保风险补偿机制。

鼓励金融机构支持企业创新：大力探索适合创新活动"短、频、快"融资需求的融资模式、信贷及抵质押产品和知识产权证券化等金融产品。实施差异化引领，鼓励银行对创新型项目和企业贷款实行基准利率，简化贷款审批手续，构建创新贷款信用安保体系，推动信贷资金更多支持创新活动。

六、强化组织实施

（一）加强组织领导，高效务实推进。设立重庆市创新驱动发展战略行动计划领导小组，建立市级联席会议制度，专门负责行动计划的组织实施。市级有关部门按照职能分工，积极落实促进创新驱动的各项政策措施。各区县要加强对创新驱动工作的组织领导，结合实际制定具体实施方案，明确工作任务，切实加大资金投入、政策支持和条件保障力度，使创新活动能够始终围绕见企业、见项目、见产品、见流量、见配套体系“五见”的标准务实推进。

（二）完善管理服务，开展试点示范。建立科技创新、知识产权与产业发展相结合的创新驱动发展评价指标，并纳入国民经济和社会发展规划。加强创新企业统计队伍建设，提升全面准确及时反映全社会创新成果的统计能力。在有条件的区域或领域开展创新驱动改革试点，前三年抓好试点示范，后三年抓好应用推广。鼓励区县探索建立推进创新驱动的新机制、新政策，不断完善创新驱动服务体系。

（三）健全考核制度，强化督查督办。按照本行动计划制定年度工作计划，分解落实市级有关部门责任，市委督查室、市政府督查室加强督查。建立健全市属国有企业技术创新经营业绩考核制度，加大技术创新在国有企业经营业绩考核中的比重，探索国有企业研发投入和产出分类考核机制。将创新驱动发展成效纳入区县经济社会发展实绩考核内容，逐步提高考核权重。

（四）抓好宣传引导，营造创新氛围。充分发挥各类媒体的宣传引导作用，每年举办十大创新创业人物评选，树立一批创新人物、创新企业、创新团队典型，大力营造勇于创新、鼓励成功、宽容失败的社会氛围。推动科技资源科普化，加快科研设施向公众开放。结合新兴产业发展，适时开展系列专题科技、知识产权宣传活动，营造人人关注创新创业、人人参与创新体验的新景象。

中共重庆市委
重庆市人民政府
2015年6月15日

中共重庆市委办公厅 重庆市人民政府办公厅
关于发展众创空间推进大众创业万众创新的实施意见

（渝委办发〔2015〕20号）

为深入贯彻《国务院关于大力推进大众创业万众创新若干政策措施的意见》（国发〔2015〕32号）、《国务院关于加快科技服务业发展的若干意见》（国发〔2014〕49号）和《国务院办公厅关于发展众创空间推进大众创新创业的指导意见》（国办发〔2015〕9号）精神，深入实施创新驱动发展战略，现就我市发展众创空间、推进大众创业万众创新，提出如下实施意见。

一、加快构建众创空间

（一）科学规划发展众创空间。

顺应网络时代大众创业、万众创新的新趋势，发挥政策集成和协同效应，充分运用互联网和开源技术，以投资促进型、培训辅导型、媒体延伸型、专业服务型、创客孵化型等新型孵化器为重点，积极构建融合线上服务平台、线下孵化载体、创业辅导体系、技术与资本支撑等基本功能的众创空间，为广大创新创业人员提供良好的工作空间、网络空间、社交空间、资源共享空间以及低成本、便利化、全要素、开放式服务，以创新促进创业、创业带动就业。

到2016年，全市建设有效满足大众创新创业需求、具有较强专业服务能力的示范性众创空间300家。其中，区县建设100家，高等学校和科研院所建设100家，企业和行业组织等主体建设100家。到2020年，全市建设众创空间1000家以上，形成创新创业要素集聚化、主体多元化、资源开放化、服务专业化、活动持续化、运营模式市场化的众创空间发展格局。

（二）整合资源建设众创空间。

各区县、各部门和各类开发区要以五大功能区产业发展需求为导向，通过“互联网+”“创投基金+”等服务模式创新，积极整合资源，完善现有各类园区、基地、孵化器、协同创新中心、成果转化服务中心、科技金融服务中心等创新创业平台的服务功能，提升发展一批众创空间。

鼓励高等院校、科研院所及各类研究开发机构盘活现有土地、商务科研楼宇等存量资产，引入市场化机构，投资建设并运营大学生创业基地、硕博研究生创业园、创客空间等众创空间。

鼓励行业领军企业、创业投资机构、专业孵化机构、天使投资人、行业协会及联盟等社会力量，充分利用开发区（园区）、核心商圈、城镇社区的工业厂房、仓库、商业用房等存量资产或传统孵化器，建设创业咖啡、创新工场、创业大街、创业特色社区、返乡创业园、星创天地等新型孵化平台，建设具有“创业苗圃+孵化器+加速器”孵化链条的众创空间。

二、培育创新创业主体

（三）鼓励高等学校、科研院所及科技人员创新创业。

将财政资金支持形成的不涉及国防、国家安全、国家利益、重大社会公共利益的科技成果使用权、处置权和收益权，全部下放给高等学校、科研院所等项目承担单位。单位主管部门和财政部门对科技成果在境内使用、处置不再审批或备案，科技成果转移转化所得收入全部留归单位，纳入单位预算，实行统一管理，处置收入不上缴国库。

完善科技成果、知识产权归属和利益分享机制，在利用财政资金设立的高等学校、科研院所中，将职务发明成果转让收益和非财政资金支持的横向课题收益在重要贡献人员、所属单位之间合理分配，用于奖励科研负责人、骨干技术人员等重要贡献人员和团队的收益比例不低于50%。高等学校、科研院所对职务发明完成人、科技成果转化重要贡献人员和团队的奖励，计入当年单位工资总额，不作为工资总额基数。

鼓励高等学校、科研院所专业技术人员在职创业、离岗创业和多点执业。带项目、成果离岗创新创业的，经所在单位同意， 3年内保留人事关系，与原单位其他在岗人员同等享有参加职称评聘、岗位等级晋升和社会保险等方面的权利。高等学校、科研院所应设置一定比例的流动岗位，吸引有创新创业实践经验的企业家和企业科技人员兼职。

高等学校、科研院所评聘职称时，优先考虑有创新创业成效的科技人员；对创新创业成绩突出的，可破格评定相应职称；科技人员承担非财政资金支持的横向科研项目获得的经费、创办科技型企业所缴纳的税收，以及转化科技成果所得捐赠给原单位的资金，在职称评聘时视同承担财政资金支持的纵向科研项目的经费对待。在坚持学术水平和从业资格标准不降低的前提下，在具备条件的应用型科研院所开展职称评聘分离改革试点。

（四）鼓励企业创新创业。

支持各类企业集成运用创新驱动优惠政策，开展技术创新、产品创新、组织管理创新和商业模式创新等，培育新的产业业态和新的经济增长点。积极推广众包、用户参与设计、云设计等新型研发组织模式和创业创新模式。

鼓励各类企业由传统的管控型组织转型为新型创业平台，通过在职培训、技能竞赛、专项奖励等有效措施，推进职工全员创新。引导和支持有条件的领军企业创建特色服务平台，面向企业内部和外部创业者提供资金、技术和服务支撑。

推进企业内设研发机构实施法人化改革，内设研发机构按规定调整为研发类企业法人后，享受高等学校、科研院所创新创业相关政策。

（五）鼓励大学生创新创业。

深入实施大学生创业引领计划和研究生教育创新计划，建立健全创业教育基金、创业资助和创业导师体系，推动高等学校开设创新创业学院和相关教育课程，普及创新创业教育，落实大学生创业培训财政补贴相关政策，加强大学生创新创业培训。鼓励区县、高等学校充分利用各种资源建设大学科技园、大学生创业园等创新创业基地，建设实践教育基地、科技创业实习基地等创新创业实训基地。

建立高等学校创新创业学分积累与转换制度，探索将学生开展创新实验、发表论文、获得专利和自主创业等情况折算为学分，将学生参与课题研究、项目实验等活动认定为课堂学习。经高等学校同意，学生休学创业，3年内保留学籍。

鼓励高等学校设立创新创业奖学金，并在现有相关评优评先项目中拿出一定比例用于表彰优秀创新创业学生。

中等职业学校学生创新创业，比照高等学校学生享受学分转换与学籍保留的相关政策。

（六）鼓励全民创新创业。

鼓励高校毕业生、返乡农民工、退役军人、失业人员以及青年、妇女、退休人员、农村群众等创新创业。各区县要统筹建立创业辅导培训中心，科技、教育、农业、人力社保、工商等部门和工、青、妇等社会团体要整合资源建立各具特色的创业辅导站，加强大众创新创业的辅导培训。

各区县各部门要采取安家资助、分配激励、项目扶持、创业补贴等更加有针对性的措施，吸引留学归国人员、市外高端人才来渝创新创业。

三、降低创新创业成本

（七）降低市场准入门槛。

推行行业准入负面清单制度，实施行政权力与行政责任清单制度，落实注册资本认缴制度，加大放宽市场准入力度，支持符合条件的创新创业人员创办各类市场主体。

推进注册和经营便利化，允许利用家庭住所、租赁房、商业用房、闲置库房、工业厂房等作为创业场所，引导初创企业利用众创空间等新型孵化机构集中办公，允许“一址多照”、集群注册。在众创空间试行商务秘书企业登记，积极引导商务秘书企业为小微企业提供住所托管等配套服务。加快实施工商营业执照、组织机构代码证、税务登记证“三证合一”“一照一码”，落实“先照后证”改革，推进全程电子化登记和电子营业执照应用。

（八）加大财政扶持力度。

统筹用好民营经济发展专项资金、微型企业发展专项资金、中小企业发展专项资金等各种产业发展资金，以及大学生创业、青年创业、妇女创业和职工创业等财政扶持资金，对众创空间的建设运营、房租、宽带接入、水电气等费用给予补贴，对购买公共软件、开发工具和科技中介服务给予补助。市财政每年整合不少于2亿元的众创空间发展专项资金，用于众创空间能力建设和运行绩效后补助。

对创办科技创新、电子商务、节能环保、文化创意、特色效益农业等鼓励类微型企业，给予一次性创业补助。对新办微型企业、鼓励类中小企业，所缴纳的企业所得税、营业税和增值税地方留存部分，按规定给予2年补贴。对小微企业新招用毕业年度高校毕业生，签订社保合同并依法缴费的，按规定享受1年社保补贴政策。

众创空间运营机构、科技中介服务机构和其他创新创业服务机构符合规定条件的，可享受中小微企业相关财政扶持政策。

鼓励区县和市级有关部门，创新对科技型中小微企业的扶持方式，通过调整财政扶持资金的结算办法，促进产学研协同创新。

（九）落实税收优惠政策。

进一步下放审批层级、简化办理程序，加大企业研究开发费用税前加计扣除、科研设备加速折旧等普惠政策的落实力度，提高全社会特别是企业研发投入。

进一步落实高新技术企业、软件企业、小微企业、互联网企业的税收减免政策，鼓励企业开展技术创新。初创企业符合《税收征管法》规定条件的，可延期缴纳税款。

高等学校、科研院所转化职务科技成果，以股份或出资比例等股权形式给予科技人员个人奖励，符合有关规定的暂不征收个人所得税；高新技术企业和科技型中小微企业科技人员通过科技成果转化取得企业股权奖励收入时，可按有关规定在5年内分期缴纳相应个人所得税。

符合条件的众创空间等新型孵化机构适用科技企业孵化器税收优惠政策。

（十）防范知识产权风险。

鼓励知识产权信息服务机构向创新创业人员提供免费国内外知识产权信息和低成本项目立项、产品研发、市场开拓等知识产权分析预警导航服务。

充分利用知识产权审查快速通道，优先审查小微企业亟需获得授权的知识产权申请。

加强知识产权保护，完善知识产权快速维权与维权援助机制。引导企业及时申报专利权、商标权、著作权等知识产权，增强维权意识，减少和降低因侵权造成的损失。

四、强化创新创业服务

（十一）强化技术支撑。

推进科研项目管理改革，市级科技计划项目按公益类项目和市场类项目分类实施。公益类项目实行竞争立项与目标验收相结合的管理方式，通过创新主体申报、政府邀请招标的办法组织实施。市场类项目实行分类管理，属于产业转型升级的共性关键技术研发项目，按照政府引导、目标验收的方式，实行事前资助与事后补助；属于企业自主创新的特色个性技术研发项目，按照自愿申报、绩效评估的方式，实行事后补助。

推进科研经费管理改革，按照预算评审、目标验收与绩效评估相结合的方式配置财政科技经费。市级科技计划项目配置的经费，由项目承担单位按照本单位财务制度自主管理。

推进科技研发平台管理改革，按照科技资源开放共享和产学研协同创新的原则，鼓励高等学校、科研院所及各类研发机构提升科技创新能力。根据培育战略性新兴产业和提升传统支柱产业的需要，建设新型产业技术研究院和重点实验室、工程（技术）研究中心、工程实验室、企业技术中心等研发平台，引进国内外先进研发资源，加强产业共性关键技术、军民融合技术研发，面向创新创业主体提供科技研发与设计服务。

推进科技服务平台管理改革，大力培育科技服务机构，支持科技咨询、检验检测认证、价值评估、科技成果交易、知识产权代理、科技经纪等服务机构创新服务机制，为创新创业主体提供网络化、集成化、全过程的保姆式服务。搭建重庆科技服务云平台，建设重庆科技服务大市场，运用“互联网+”服务模式，整合共享技术成果、科学数据、仪器设备、科技文献、专利信息等科技资源，开展成果展示、价值评估、交易撮合、质押登记等服务，促进技术创新和成果转化。在科技服务云平台框架下，对财政投入形成的科技基础设施、大型科研仪器、检验检测设备以及科技文献等科技资源，建立约束机制，实施开放共享；对其他科技资源，建立激励机制，鼓励开放共享。

推进科研成果管理改革，建立以产业化和经济社会发展贡献率为主要导向的科研项目评价考核体系。对科技成果的评价和奖励，公益类项目按照应用导向、同行评价的原则组织实施，市场类项目按照效益优先、多维评价的原则组织实施，提高评价的科学性和奖励的导向性，强化优秀科技成果供给和转移转化。

继续按照有关规定实施科技副区（县）长、科技副乡（镇）长和科技特派员制度，为大众创业、万众创新提供技术支持和人才保障。

（十二）强化投融资保障

对接企业成长需求，完善创业投资体系。设立创业种子投资引导基金，与区县、园区、高等学校等共同组建创业种子投资基金，以公益参股和免息信用贷款等方式服务于种子期科技型小微企业；设立天使投资引导基金，引导社会资本、专业天使投资团队组建市场化运作的天使投资基金，服务于初创期科技型中小微企业；做大风险投资引导基金规模，大力发展风险投资事业，鼓励社会资本参与组建各类功能的创投基金，服务于成长期科技型企业做大做强。充分利用资本市场，进一步完善创业投资基金投资退出流转机制，增加创业投资基金的流动性，提高使用效率。

鼓励商业银行设立科技支行、小微专营支行，鼓励发展融资租赁、保理、科技保险、科技担保、小微担保、互联网金融等，支持开发有利于创新创业的金融产品和服务。推动发展投贷联动、投保联动、投债联动等新模式，不断加大对创业创新的融资支持。

将小额担保贷款调整为创业担保贷款，贷款额度上限不足10万元的调整为10万元，个人贷款利率比基础利率上浮3个百分点以内的部分由财政贴息。

对创新创业主体利用知识产权质押融资的，按规定给予财政贴息，或对担保与保险机构为知识产权提供相应服务的，按规定给予担保与保费补贴。探索对科技型中小微企业利用知识产权质押融资贷款的风险补偿制度，促进科技成果转化。

鼓励企业通过中小板、创业板、新三板、区域性股权交易市场等多层次资本市场直接融资，并按规定给予一定的财政补贴。积极探索开展众筹融资等互联网金融试点。

（十三）强化环境建设。

增加和优化众创空间的路、水、电、气、讯等公共产品和公共服务供给，加强政府公共服务数据开放共享，推动大型互联网企业和基础电信企业向创业者开放计算、存储和数据资源，为创新创业主体的生产经营活动提供优质的基础硬环境。

推进行政审批制度、行政事业性收费制度及行政执法体制改革，深化科技体制改革和科技金融创新，为众创空间发展和大众创业、万众创新提供良好的发展软环境。

加快政府职能转变和管理创新，完善市场监管体系，打破行业垄断，发挥市场配置资源的决定性作用，及时查处限制竞争、知识产权侵权等不正当竞争行为，营造公平、开放、透明的市场竞争环境。

大力弘扬敢为人先、宽容失败的创新文化，树立崇尚创新、创业致富的价值导向，培育企业家精神和创客文化，积极举办各类创新创业赛事、论坛、培训等活动，加强典型宣传和舆论引导，利用各类媒体宣传创新文化和典型人物、成功事例，为大众创业、万众创新营造优良的社会文化环境。

（十四）强化组织实施。

成立由市政府统一领导、市级各相关部门共同组成的市发展众创空间协调小组，负责众创空间的统一规划和协调推进。协调小组下设办公室，负责日常联络、监测统计、协调服务和考核评估等工作，办公室设在市科委。

各区县要切实把发展众创空间、推进大众创业万众创新作为加快经济转型升级的重大举措，因地制宜、找准定位、注重特色，加强组织领导，加大资金投入，强化政策支持和条件保障，确保各项工作任务和政策措施落到实处。市级相关部门要按职责分工，大力整合资源，大胆开拓创新，协同推进众创空间建设，形成大众创业、万众创新的生动局面。

中共重庆市委办公厅
重庆市人民政府办公厅
2015年8月20日

重庆市人民政府办公厅
关于加快重庆创业投资发展的意见

（渝府办发〔2015〕155号）

创业投资是指向具有高成长潜力的未上市创业企业，特别是中小微创新型企业进行权益性投资，并为之提供创业管理服务，以期所投资企业发育成熟或相对成熟后，主要通过权益转让获得资本增值收益的一种股权投资行为。为鼓励各类社会资本参与重庆创业投资，加快实施创新驱动发展战略，根据《中共中央国务院关于深化体制机制改革加快实施创新驱动发展战略的若干意见》（中发〔2015〕8号）、《国务院办公厅关于发展众创空间推进大众创新创业的指导意见》（国办发〔2015〕9号）、《重庆市深化体制机制改革加快实施创新驱动发展战略行动计划（2015—2020年）》（渝委发〔2015〕13号）、《中共重庆市委办公厅 重庆市人民政府办公厅关于发展众创空间推进大众创业万众创新的实施意见》（渝委办发〔2015〕20号）等文件精神，经市政府同意，现就加快重庆创业投资发展提出如下意见：

一、指导思想

深入贯彻落实党的十八大和十八届三中、四中全会精神，充分发挥市场在资源配置中的决定性作用和更好发挥政府作用，以促进创新创业为目标，着力优化创业投资发展环境，大力发展创业投资，为我市加快实施创新驱动发展战略、促进经济转型升级提供有力支撑。

二、总体目标

发挥政府引导作用，加快构建参与主体丰富、资本属性多元、专业人才聚集，能满足创新型企业从种子期、初创期到成长期不同发展阶段融资需求的创业投资体系，到2020年，形成创业投资引导基金参股基金规模300亿元、全社会创业投资规模1000亿元以上，培育以创业投资业务为主的创业投资机构100家以上，将重庆打造成为国内具有较强竞争力和较大影响力的创业投资中心、长江上游的创业投资集聚高地。

三、主要任务

（一）积极培育种子投资基金。设立市级创业种子投资引导基金，按照专项资金管理运行。市财政每年整合一定额度的科技发展专项资金用于创业种子投资引导基金，不断扩大基金规模。按照多方联动、专项管理、公益运作原则，推动创业种子投资引导基金与各区县（自治县）、园区、高等院校、科研院所等合作组建创业种子投资基金，以公益参股和免息信用贷款方式，重点支持众创空间等创业载体中的创业团队和种子期创新型小微企业，推动其对新兴产业中的新技术、新构思、新原理的商业潜能发掘。（市科委、市财政局等部门按职责分工会同区县政府落实）

（二）加快推动天使投资发展。将重庆市科技创业风险投资引导基金调整为重庆市天使投资引导基金，按照市场化方式运作。每年整合一定额度的科技发展专项资金持续注入天使投资引导基金，推动创业投资支持重点向创新创业前端延伸。按照政府引导、专业管理、市场运作原则，引导各类社会资本投资组建天使投资基金，以股权投资等方式重点支持初创期创新型小微企业，推动新兴产业中具有商业潜能的新技术、新构思、新原理的商业应用。天使投资应具备全球视野，把握新兴产业发展方向和机遇，鼓励研发和引进国内外先进技术，支持国内外创新创业人才和创新型企业来渝发展。（市科委、市财政局等部门按职责分工会同区县政府落实）

（三）扶持壮大风险投资。设立市级风险投资引导基金，按照专业管理、市场运作、效益优先原则，引导各类社会资本投资组建风险投资基金，以股权投资等方式重点支持成长期创新型中小企业快速发展，推动其商业价值实现规模化。风险投资引导基金按照市场化母基金方式运行，不断丰富基金品种、健全退出机制、增加基金流动性，加快推动我市新兴产业培育发展。（市科委、市财政局等部门按职责分工会同区县政府落实）

（四）鼓励国有创业投资机构加快发展。建立健全符合创业投资行业特点的国资管理机制，鼓励我市具备条件的国有企业设立创业投资机构或开展创业投资业务。支持国有创业投资机构探索混合所有制模式，简化投资及退出决策行政审批程序。国有创业投资机构应建立适应创业投资行业特点的考核评价体系，健全投资损失核销机制，简化投资损失核销流程；建立与风险、责任、收益相匹配的激励约束制度，按照市场化方式确定考核目标及相应的薪酬水平。允许国有创业投资机构建立跟投机制。（市国资委会同市财政局、市科委等有关部门落实）

（五）集聚各类创业投资资源。鼓励各类创业投资机构落户重庆，积极吸引各类社会资本在我市参与设立创业投资基金。鼓励各区县（自治县）、园区安排创业投资专项资金与市级引导基金联动，支持创业投资发展。积极争取境外专业机构在我市组建人民币创业投资基金试点。鼓励社保基金、证券公司、保险公司、信托投资公司等机构安排资金用于支持创业投资。支持商业银行探索实施多种形式的股权与债权相结合的融资服务方式支持创业投资。鼓励创业投资机构依法通过私募股权融资、上市募集、发行企业债券、发行资金信托和募集保险资金等方式拓展融资渠道。允许创业投资机构按有关规定通过股权众筹等互联网金融方式募集资金。建立创业投资机构（含自然人）统计制度，鼓励高净值个人参与天使投资。（市国资委、市金融办、市科委按职责分工会同人行重庆营管部、重庆银监局、重庆证监局、重庆保监局落实）

四、政策措施

（一）加大创业投资财税扶持力度。创业投资机构采取股权投资方式投资于未上市中小高新技术企业2年（24个月）以上，符合国家相关规定的，可按其对中小高新技术企业投资额的70%，在股权持有满2年的当年抵扣该创业投资机构的应纳税所得额，当年不足抵扣的，可以在以后纳税年度结转抵扣。支持创业投资机构向科技、金融集聚区集聚，鼓励有条件的区县（自治县）、园区为创业投资机构提供财政、购房等补贴政策。（市财政局、市地税局按职责分工会同市级有关部门及区县政府落实）

（二）引进和培养创业投资人才。设立创业投资行业领军人才专项计划，对创业投资管理人才的引进、培养提供全程服务。全市各级政府要加强对创业投资人才的服务。推进我市创业投资人员与国内外富有经验的创业投资专家的合作与交流，加强联合投资。在重庆有条件的高等院校开设创业投资专业课程，推进本地高校与国内外知名院校合作办学，采取多种形式加强创业投资人才队伍培养。（市人力社保局、市教委、市科委等部门按职责分工会同区县政府落实）

（三）完善创业投资多渠道退出机制。进一步完善创业投资退出流转机制，充分利用资本市场，增加创业投资基金的流动性。优先支持创业投资机构投资的创新型企业在主板、中小板、创业板、新三板等国内资本市场上市或挂牌。加快完善区域性股权交易市场，争取在重庆股份转让中心设立科技创新专板，支持创新型中小微企业挂牌。（市金融办、重庆证监局、市科委按职责分工会同有关部门落实）

（四）建立创业投资与政府专项对接机制。做好政府部门之间沟通协调，及时发布政府专项资金支持项目信息，引导创业投资机构投资。扩大创业投资机构管理人员在政府专项项目评审中的参与度。探索建立创业投资机构向政府部门推荐专项资金支持项目机制。（市发展改革委、市经济信息委、市科委按职责分工会同有关部门落实）

五、环境保障

（一）加强对创业投资工作的协调指导。建立创业投资工作部门协调制度，由市科委牵头，会同市发展改革委、市经济信息委、市财政局、市国资委、市地税局、市工商局、市外经贸委、市金融办、人行重庆营管部、重庆银监局、重庆证监局、重庆保监局、外汇局重庆外汇管理部等部门和单位，研究制定创业投资发展政策，协调解决面临的重大问题。市政府有关部门和各区县（自治县）政府要结合自身职能，密切配合，协同做好综合保障、统计备案、税费征管、政策联动、风险监测等事宜，共同推动我市创业投资加快发展。（市科委会同有关部门落实）

（二）培育优质创业投资项目源。加快实施“三个一千” 专项行动（培育1000家众创空间、1000家科技“小巨人”企业、1000家新型科技平台），为创业投资机构提供更多优质投资项目源。实施新兴产业科技创新和创业投资引领工程，在先进制造、大健康、互联网、新材料、节能环保等产业领域，通过科技创新与创业投资联动，培育更多优秀创新型企业。（市发展改革委、市经济信息委、市教委、市科委、市工商局等部门落实）

（三）完善创业投资中介服务。建立线上线下结合的创业投资综合性服务平台，通过举办投融资交流、项目路演、创业大赛等活动，实现创业投资机构和创新型企业的信息互动。充分发挥中介服务机构在项目对接、财务、法律、咨询、评估等方面的重要作用，为创业投资机构提供技术经纪、信息服务、市场预测、项目评估、资信评级、财务及法律咨询等服务，逐步建立和完善创业投资发展所需的社会化服务体系。（市科委会同有关部门落实）

（四）加强创业投资与金融机构联动。大力推动创业投资机构与银行、证券、保险和互联网金融等机构的业务交流合作，积极推动投贷联动、投保联动等多种创新模式。鼓励融资担保机构为创业投资机构及其投资的我市创新型企业提供融资担保。（市金融办、市科委按职责分工会同人行重庆营管部、重庆银监局、重庆证监局、重庆保监局落实）

（五）加强创业投资行业协作和自律。充分发挥创业投资行业协会作用，通过建立种子投资、天使投资、风险投资衔接联动机制，定期评选优秀创业投资机构，制定行业自律公约等方式，加强行业协作和行业自律，协助政府主管部门做好行业管理相关工作，积极为创业投资机构和会员单位提供高质量服务。深入研究创业投资行业发展中存在的问题并提出解决思路，努力营造创业投资行业健康发展的环境氛围。（市金融办、市发展改革委、市科委等部门落实）

重庆市人民政府办公厅
2015年10月8日

中共四川省委关于全面创新改革驱动转型发展的决定

（川委发〔2015〕21号）

中央把四川列入国家系统推进全面创新改革试验区域，是我省转型发展关键时期具有里程碑意义的大事。为贯彻落实中央重大决策部署，中共四川省委十届七次全体会议认真分析当前形势和任务，对全面创新改革驱动转型发展进行了研究，作出以下决定。

一、把握全面创新改革驱动转型发展总体要求

（一）重大意义。

党的十八大以来，面对经济发展新常态，省委认真贯彻中央“四个全面”战略布局，把握新一轮科技革命和产业变革新趋势，树立“转型才能更好发展、后发也要高点起步”的理念，大力实施创新驱动发展战略，加快转方式调结构，积极培育发展新动能，为全省经济社会持续较快发展提供了有力支撑。但总体上看，制约创新发展的体制机制障碍仍然突出，自主创新能力不够强，科技与经济结合不够紧密，创新人才动力活力没有得到充分释放，产业发展仍处于中低端，完成发展动力转换的历史性任务还很艰巨。在我省系统推进全面创新改革试验，是改革开放30多年来党中央、国务院赋予四川最重要的改革试验任务之一，是四川在转型发展关键时期赢得的关键机遇。以全面创新改革为契机，加快推动全省转型发展，对于有效破解创新驱动发展瓶颈制约，充分激发全社会创新活力和创造潜能，加快形成经济社会发展新引擎，具有重大的现实意义和深远的历史意义。

（二）指导思想。

全面贯彻党的十八大和十八届三中、四中、五中全会精神，深入学习贯彻习近平总书记系列重要讲话精神，牢固树立并切实贯彻创新、协调、绿色、开放、共享的发展理念，以实现创新驱动转型发展为目标，以推动科技创新为核心，以破除体制机制障碍为主攻方向，开展系统性、整体性、协同性创新改革试验，统筹推进经济社会和科技领域改革，加快形成适应经济发展新常态的体制机制和发展方式，推动经济增长保持中高速、产业发展迈向中高端，加快建成国家创新驱动发展先行省，奋力推进“两个跨越”。

——坚持问题导向，紧扣转型发展。着眼破解制约创新驱动发展的突出矛盾和问题，突出企业主体地位，聚焦产业转型升级，找准全面创新改革的突破口，着力打通科技向现实生产力转化的通道，让创新落实到形成新的增长点、增长极、增长带上。

——坚持深化改革，优化创新环境。把科技创新和体制机制创新作为双重任务，全面推进经济、科技、教育等相关领域改革，使市场在资源配置中起决定性作用和更好发挥政府作用，形成勇于探索、鼓励创新、宽容失败的文化和社会氛围。

——坚持全面创新，着力重点突破。把科技创新摆在我省发展全局的核心位置，统筹推进科技、管理、品牌、组织和商业模式创新，统筹推进军民融合创新、区域协同创新、开放合作创新，聚焦最紧迫、有影响、可实现的重大举措，实现科技创新、制度创新、开放创新的有机统一和协同发展。

——坚持人才为先，激发创新活力。把人才作为创新的第一资源，把完善激励机制放在优先位置，建立更具竞争力的人才集聚制度和更具灵活性的人才管理机制，给予科技人员合理利益回报和精神鼓励，营造大众创业、万众创新的政策环境和制度环境。

（三）主要目标。

“三年试验突破”。通过三年努力，基本完成中央确定的全面创新改革试验任务，重点地区率先在创新驱动转型发展方面迈出实质性步伐，基本构建起推进创新改革的长效机制，初步培育一批具有自主知识产权的创新型企业和若干高端产业集群，初步建成一批具有示范带动作用的创新发展平台，初步建立一支富有创新精神的高层次创新人才队伍，着力打造成德绵军民深度融合发展示范区，引领、示范和带动全省加快实现创新驱动转型发展。

“五年基本转型”。通过五年努力，全省总体进入创新驱动发展阶段，衡量创新发展的主要指标高于全国平均水平，形成以创新为主要引领的经济体系和发展模式，构建起适应创新驱动发展要求的制度环境和政策法规体系，实现“发展动力转换、发展方式转变”，加快建成国家创新驱动发展先行省。

——动力结构基本转型。创新能力大幅增强，产业发展更多依靠人力资本质量和科技进步，全社会研究与开发投入占比明显提高，科技对经济增长贡献率明显提高，发展动力从主要依靠资源和低成本劳动力等要素投入转向创新驱动。

——产业结构基本转型。三次产业结构进一步优化，高新技术产业占规模以上工业比重、战略性新兴产业总产值占工业总产值比重显著提高，推动“四川制造”向“四川智造”转变取得重要进展。

——消费结构基本转型。新兴消费业态和商业模式蓬勃发展，消费对经济增长贡献稳步提高，城乡居民消费由物质型消费向服务型消费升级。

——城镇结构基本转型。形成一批高端人才汇集、制度体系完备、创新氛围浓厚的重点创新区域，建成一批国家级和省级创新型城市、智慧城市，使城市等级与创新活动相匹配、城市规模与优势产业发展相匹配，发展空间格局更加优化。

——人才结构基本转型。形成导向鲜明、激励有效、科学规范的人才培养、引进和使用模式，高层次创新型人才和技能型人才规模明显扩大，重点企业和重点产业领域创新型人才数量大幅增加，各类人才积极性创造性充分激发，全社会创新创业蓬勃发展，人口红利加快向人才红利转变。

二、优化重点区域布局，打造创新发展增长极

遵循创新区域高度集聚的规律，在新型工业化新型城镇化进程中，着力促进创新要素集聚和知识传播扩散，打造创新发展载体，构建起以重点区域、创新园区、产业基地、创新平台为支撑的区域创新发展新格局，形成区域创新发展新优势。

（一）推进成德绵创新改革试验。加强顶层设计和统筹部署，依托成德绵系统推进全面创新改革试验。通过三年努力，在试验区域基本构建起推进全面创新的长效机制，在军民融合、区域协同、科技经济融合、内陆开放、创新创业、科技金融服务、政府与市场关系等方面取得重大改革突破，每年向全省、全国推广一批可复制的改革举措和重大政策。

推进成德绵一体化改革，突破行政区划壁垒，实现平台共建、资源共享、政策共用。成都市以国家自主创新示范区、成都科学城和“创业天府”行动计划为主要抓手，加快推进政产学研用协同发展，着力推进军民深度融合发展，大力实施知识产权、人才发展、金融支持、开放合作战略，加快建设国家创新型城市，打造具有国际影响力的区域创新创业中心。德阳市重点推进德阳经济技术开发区、高新技术产业开发区转型发展，着力推进装备智能制造核心技术攻关，着力推进重大装备制造领域军民融合发展，深化国家高等职业教育综合改革试验，加快建设国家高端装备产业创新发展示范基地。

绵阳市重点推进绵阳科技城建设，着力构建推动军民深度融合的创新转化体系、产业培育体系、人才集聚体系、开放合作体系和服务保障体系，提升国防科研创新能力，形成以军民融合为特色的高新技术产业体系，加快建设国家军民融合创新改革发展示范基地。

（二）推动重点区域创新发展。发挥成德绵的辐射带动作用，加快建设天府新区，推动眉山市、雅安市、资阳市、遂宁市、乐山市实现转型升级，把成都平原经济区建设成为创新驱动发展先导区。川南经济区重点推进区域协同创新和传统优势产业迈向中高端，走出一条依靠创新振兴老工业基地的发展之路。攀西经济区重点探索创新有利于资源综合利用、加快结构调整和发展方式转变的体制机制，加快产学研协同攻关，突破核心关键技术，加快建设国家级战略资源创新开发试验区。川东北经济区重点推进优势资源创新开发和现代农业科技创新，探索建立天然气、页岩气等资源科学开发机制，促进资源就地转化，加快建设国家天然气创新开发利用示范区。川西北生态经济区重点创新生态经济发展模式，加快发展旅游经济，创建一批国家级和省级生态旅游示范区，培育绿色低碳发展竞争新优势。

（三）建设区域重大创新平台。坚持产业引领创新、城市支撑创新，依托“四大城市群”和区域性中心城市，构建科技创新体系，聚集高校、科研院所、创新型企业和创新人才等资源要素，形成层级分明、各具特色、互补衔接的空间布局。大力推进国家创新型试点城市建设，支持成都市、德阳市、绵阳市率先建成国家创新型城市。选择一批市县开展创新型城市、智慧城市试点，推动城市转型发展。

加快天府新区、绵阳科技城、攀西战略资源创新开发试验区、成都国家自主创新示范区等建设，大力发展壮大国家级和省级高新区（经开区），把各类园区建设成为产城一体、融合创新的城市新区，提升城镇在创新发展中的聚合与扩散功能。改革省级高新区认定管理办法，扩大认定范围，优化高新区布局。支持省级开发区升级为国家级开发区，打造各具特色的高新技术产业基地，发展优势产业和产业集群。

加强国际合作创新载体建设。规划建设中韩创新创业园。支持中法成都生态园、中法农业科技园、川法生态科技园、川德中小企业合作园、东盟国际产业园、川韩产业园等建设，打造具有示范效应和国际影响力的合作发展平台。加快建设一批高水平国际联合研究中心、国际技术转移中心。推进欧盟项目创新中心（成都）、中加创新创业中心、四川大学—多伦多大学发泡材料联合研究中心、四川—安大略联合创新创业中心等开放创新平台建设。推进四川新能源汽车产业技术创新联盟与匈牙利汽车联盟建立战略合作关系。充分发挥西博会、科博会、海科会等重大平台作用，加强国际科技创新合作与交流。

加快建设国家级重大科技创新平台。支持建设轨道交通等国家实验室。加快建设国家级和省级重点实验室、国家重大科技基础设施、国家级和省级工程技术研究中心（院），建设一批国家和省级检验检测中心。在新材料、生物医药、高端装备等领域，布局科技创新转化平台。争取建设西部国家科学中心、国家制造业创新中心和国家技术标准创新基地。

三、发展创新型经济，形成创新发展增长带

围绕产业链部署创新链，促进科技创新和产业创新互动，培育发展新技术、新产业、新业态和新商业模式，推动产业结构加快调整，形成以先进制造业、现代服务业和新兴产业为支撑的产业发展体系，形成西部最具活力的创新创业带、最具竞争力的高新技术产业带。

（一）加快发展先进制造业。依托四川科技优势和产业基础，实施《中国制造2025四川行动计划》，加快发展新一代信息技术、航空航天、先进电力装备、智能制造装备、先进轨道交通装备、节能环保、油气钻采及海洋工程装备、汽车、新材料、医药等产业。制定实施先进制造业发展专项规划，攻克一批核心技术，获取一批自主知识产权，实施一批重大科技成果转化专项，布局一批重大产业项目，培育一批拳头产品，壮大一批行业领军企业，迅速做大产业规模。

（二）大力推进传统产业提质增效。实施工业强基工程，开展质量品牌提升行动，广泛运用新技术、新工艺、新设备、新材料，改造提升饮料食品、制药、纺织、冶金、轻工、建材等传统产业，提高装备和工艺水平，增强企业新产品开发和品牌创建能力。推广应用自动化、数字化、智能化、网络化、供应链管理等先进技术装备和管理服务，促进节能降耗减排治污。转变农业发展方式，创新农业经营体系，强化农业科技创新和成果推广应用。培育发展生物种业。大力发展茶叶、中药材、食用菌、花卉等特色效益农业，做大现代林业、现代畜牧业、现代水产养殖业，提升良种化、规模化、标准化和集约化水平。

（三）以新兴业态引领服务业升级。适应由物质型消费向服务型消费加快转型的大趋势，以网络化、定制化、个性化为方向，发展更富智慧的现代服务业。优先发展电子商务、现代物流、现代金融、科技服务、养老健康服务等五大新兴先导型服务业，培育发展云服务、数字消费、物联网等服务业新业态，重视发展现代会展业和农村服务业。推动文化与旅游、科技、金融、生态等深度融合，重视发展移动互联网文化产品，打造特色文化品牌，使文化产业成为支柱产业。推进服务业与制造业、现代农业的互动发展，加快产业融合与组织模式创新。

（四）实施“互联网+”行动计划。推进互联网广泛深度应用，加快基于互联网的产业组织、商业模式、供应链、物流链等各类创新，拓展产业发展新空间。推进“互联网+制造”，大力推动智能制造，促进制造业服务化转型，支持工业企业发展新模式、新业态。推进互联网与服务领域广泛融合，发展互联网金融、智慧旅游、智能交通、互联网医疗健康等新业态、新模式，积极发展跨境电子商务。推动“互联网+农业”，大力发展农村电子商务，创新农产品流通模式。加强互联网基础设施建设，构建泛在普惠的互联网络，促进大数据资源开发开放，加快大数据产业发展。

四、发展壮大创新型企业，培育创新发展增长点

发挥市场对创新资源配置的导向作用，促进创新资源向企业集聚，加快培育具有较强影响力、拥有自主知识产权的创新型企业，形成高新技术企业、科技型中小微企业蓬勃发展的格局。

（一）实施高新技术企业倍增行动。大力培育高新技术企业，确定培育条件，建立培育后备库，对符合条件的入库企业和新认定企业给予财政后补助。探索完善高新技术企业分类认定制度，扩大高新技术企业的数量和规模。开展龙头企业创新转型试点，在重点产业领域遴选一批具有自主知识产权、自主品牌和创新引领能力的龙头骨干企业予以重点支持，符合条件的优先挂牌上市。推动高新技术企业实施企业知识产权管理国家标准，提升企业知识产权制度运用水平。实施大型工业企业研发机构全覆盖行动，支持大型骨干企业建设中央研究院和产业共性技术研发基地。

（二）实施科技型中小微企业培育工程。探索培育科技型中小微企业的有效模式，分行业、分领域打造一批科技型中小微领军企业。支持建设科技型中小微企业创业基地和公共服务平台，为企业成长和个人创业提供线上线下相结合的开放式综合服务。开展面向科技型中小微企业的专利信息推送服务，降低企业研发时间和成本。充分发挥科技型中小微企业技术自主创新项目引导作用，重点支持科技型中小微企业技术创新活动。打造科技型中小微企业直接债务融资支持平台和知识产权融资服务平台，拓宽科技型中小微企业跨境融资渠道。支持科技型中小微企业利用多层次资本市场融资发展，加快做大做强。

（三）增强企业技术创新能力。支持企业参与制定重大技术创新计划和规划，扩大企业创新决策话语权。鼓励企业参与制定、修订国际标准及国外先进标准。产业目标明确的省级科技计划项目，全部由企业牵头组织实施。加强对企业创新的政策支持，建立政府支持企业技术创新、管理创新、商业模式创新的新机制。鼓励企业积极参与和承担国家重大科技专项。改进企业研发费用计核办法，引导企业加大创新投入。完善国有企业经营业绩考核办法，加大创新转型考核权重。

（四）引导创新资源向企业集聚。充分发挥市场对技术研发方向、路线选择、要素价格和各类创新资源配置的导向作用，强化政府对创新活动的服务和引导，将更多的研发机构建设到企业、更多的创新人才引进到企业、更多的创新资本投入到企业、更多的科研项目配置到企业、更多的科技成果转化到企业，通过产学研合作促进创新要素融合重组，提高创新资源在企业的集聚度。建立高层次、常态化的企业技术创新对话、咨询制度。竞争性产业技术创新的研发方向、技术路线和要素配置领域，由企业根据市场需求自主决策。引导科研院所、高校更多地为企业技术创新提供支持和服务，促进技术、人才等创新要素向企业研发机构流动。加大对企业主导的新兴产业链扶持力度，支持创新型骨干企业整合创新资源。

五、完善政产学研用协同创新体系，提升支撑创新发展能力

构建更加高效的科研体系，建立协同创新机制，整合创新资源，形成政府引导、企业主体、院校协作、多元投资、军民融合、成果分享的政产学研用协同创新模式，为经济增长和结构调整提供有力的科技支撑。

（一）强化企业主导的产学研用协同创新。支持企业牵头联合科研院所、高校，在合作共赢、风险共担、利益共享基础上，建设一批产业技术创新战略联盟，强化产学研协同，增强技术创新能力。支持企业自建或与科研院所、高校共建高水平研发机构、中试基地和成果转化基地。研究制定一批特色优势产业的技术路线图，明确技术壁垒和知识产权风险，选准技术瓶颈，开展关键技术、共性技术的协同创新和联合攻关。

（二）充分激发科研院所创新积极性。推进公益类科研院所进一步建立健全科技人员激励机制，强化财政资金扶持，提升服务创新发展能力。对于前沿和共性技术类科研院所，建立财政经费、项目经费、技术收益等多元投入发展模式。推动具备条件的应用研究类、工程开发类科研院所转企改制。推进转制类科研院所股份制改造，建立完善现代企业制度。新建一批新型研发机构，重点支持按照市场化原则、产学研用协同建立一批利益共享、产权明晰、风险共担的产业研究院。支持中央在川科研院所参与全面创新改革试验，就地转化科技成果，服务地方经济社会发展。

（三）有效发挥高校在创新中的重要作用。探索“企业需求+高校研究”的运行模式，发挥高校在人才培养、原始创新、协同创新、成果转化等方面的作用。选择30所在川部委属和省属高校开展创新改革试点，对接国家一流大学建设计划，重点建设一批高水平大学和具有国际竞争力的一流学科。鼓励高校主动承接国家和我省重大科研任务，开展应用研究和关键共性技术攻关。

支持有条件的高校建设大学科技园，孵化高新技术企业和科技型中小企业。支持高校建立技术转移机构，加速高校科技成果转移转化，提供技术咨询服务，释放高校技术溢出效应。推进校地合作，鼓励高校与市县联合建立产业园区、产业技术研究院，支撑地方产业创新发展。推进校企合作，帮助企业解决技术难题，提升企业创新能力。

扩大和落实高校办学自主权，提高创新能力和人才培养质量。努力改善高校办学条件。

（四）积极融入全球创新网络。用好“一带一路”建设的重大机遇，把科技创新与经济开放更加紧密结合起来，积极吸纳全球创新资源，主动融入全球创新体系。加强与重点地区、重点领域的合作，组织实施一批重大国际科技合作项目。扩大科技计划对外开放，鼓励境外投资者来川设立研发机构，共同建设区域研发中心。优化境外创新投资管理制度，支持有条件的企业开展联合研发、专利交叉许可等国际合作，引进先进技术和设备。积极推动我省与国（境）外友好省（州）、合作院校的交流合作。鼓励参加国际大科学计划和大科学工程。

六、打通成果转化通道，推进科技经济深度融合

以明确科技成果权属为突破口，完善科技成果资本化产业化制度，搭建发现、筛选、撮合、转化一体化平台，实现科技同经济对接、创新成果同产业对接、创新项目同现实生产力对接、研发人员创新劳动同其经济收入对接。

（一）推进军民深度融合发展。全面推进军民融合创新，促进军民优势资源双向流动、相互转化，着力打造军民深度融合发展示范区。

创新军民融合发展机制。建立军民融合发展领导机构，健全军民融合发展的组织管理体系、工作运行体系、政策制度体系。制定军民融合发展专项规划。推动军工科研院所改革，支持军工企业加快股份制改造。创新军用技术成果转化机制，建立军用技术再研发降密、解密机制，设立军用技术再研发专项资金。推动军民科技创新资源共享，鼓励军地共建技术研发中心，建立军民两用人才共享数据库。创新“民参军”机制，引导民口企业参与武器装备科研、生产、维修，建立“民参军”科技创新奖励机制，引导社会资本参与军工科技创新平台建设。

构建军民融合产业发展体系。创新军民融合产业投融资机制，鼓励符合条件的投资主体进入国防科技工业领域，设立军民融合产业发展基金，组建军民融合发展投资公司，制定军民融合发展财税激励政策。加强与央属军工企业战略合作，争取国家在川布局实施一批重大项目，培育具有核心竞争力的军民融合高新技术产业集群。大力拓展军贸出口，优化军贸产品结构，着力培育一批具有国际知名度的品牌产品。

建立军民融合核心载体。加快绵阳科技城建设。加强国家军民两用技术交易中心、军民融合技术转移中心等各类平台建设。积极支持建设一批特色军民融合产业园区（基地）。

加快培养军民两用人才，鼓励并支持在川高校设立国防科技学院和国防科技专业。

（二）完善科技成果转移转化机制。将科技成果使用权、处置权和收益权下放至科研院所、高校。对科研院所、高校由财政资金支持形成，同时不涉及国防、国家安全、国家利益、重大社会公共利益的科技成果，由其自主实施转移转化，转移转化收益全部留归单位。开展职务科技成果权属混合所有制试点，明确科技人员与所属单位是科技成果权属的共同所有人。修订《四川省促进科技成果转化条例》，强化科技成果转移转化的法治保障。

（三）构建技术转移转化服务体系。建设科技成果转化信息、专利信息、技术转移、分析测试、区域服务、工程化、孵化、融资等平台。大力发展科技成果转化中介服务。支持在成都建设国家技术转移（西南）中心。制定科技成果转移转化资金补助政策，设立重大科技成果转移转化专项资金。创新技术类无形资产交易制度，建立协议定价制度、交易公示制度，促进交易方式多样化和交易价格市场化。探索开展技术转移、技术经纪职业教育和学历教育，加强技术经纪人队伍建设。

（四）加强创新创业孵化力度。围绕大众创业、万众创新的现实需求，实施创业四川行动，积极发展众创、众包、众扶、众筹等新模式，形成想创、会创、能创、齐创的生动局面。依托高新技术产业园区、专业镇（街）、大学科技园和产学研结合示范基地、新型研发机构、民营机构等创新载体，打造前孵化器—孵化器—加速器—专业园区的完整孵化链条，建设一批“孵化+创投”“互联网+”等新型孵化器，提高孵化器的科技成果转化率和在孵企业毕业率。引进国内外知名孵化机构落户四川，鼓励社会资本设立科技孵化基金，探索发展一批混合所有制孵化器。推进孵化楼宇、创业社区、创业小镇等创新创业集聚区发展，构建一批低成本、便利化、全要素、开放式的众创空间，逐步形成“创业苗圃+孵化器+加速器+产业园”阶梯型孵化体系。完善创新创业人才社会服务机制，打造四川创业品牌活动，推动科研院所、高校科技人才和青年大学生、海外高层次人才、民间能人进入创新创业主战场。

七、促进科技金融产业结合，强化金融创新助推功能

发挥金融创新对技术创新的助推作用，培育壮大创业投资规模，用好资本市场，完善金融科技结合机制，加大各类金融工具协同支持创新力度，推动科技金融产业融合发展。

（一）壮大创业投资规模。发挥政府创业投资引导基金的引导和放大作用，撬动更多社会资本参与天使投资、创业投资和股权投资，拓宽科技创新企业“最先一公里”的资金来源渠道。设立四川新兴产业创业投资引导基金和科技成果转化投资引导基金，带动社会资本支持战略性新兴产业、高端成长型产业发展和创新型企业培育。结合国有企业改革，完善国有（控股）创投机构激励约束机制。支持境内外创业投资基金、风险投资基金、产业投资基金等各类创业投资机构在川设立区域性总部，加快股权投资基金发展步伐，打造西部股权投资基金基地。

（二）强化资本市场对技术创新的支持。发挥多层次资本市场作用，推动科技型企业到沪深交易所主板、深交所中小板和创业板、全国中小企业股份转让系统和成都（川藏）股权交易中心等市场上市、挂牌及融资，加强成都—前海合作，拓展科技型中小微企业融资渠道。发展债券融资，引导符合条件的科技型企业发行短期融资券、中期票据、企业债券、公司债券及集合债券等私募债。发展股权众筹融资，推进建立西部（成都）股权众筹交易所，开展股权众筹融资业务试点。支持各类股权众筹融资平台创新业务模式、拓展业务领域，推动符合条件的科技创新企业通过股权众筹融资平台募集资金。抓好成都高新区、绵阳市的国家科技和金融结合试点，推进股权融资服务、债权融资服务和增值服务。用好海外资本市场，帮助科技型企业多渠道从境外融资和上市。

（三）拓宽技术创新的间接融资渠道。大力推进商业银行科技支行建设，为科技型中小微企业和科技创新研发提供多渠道、多元化融资服务。推动地方金融机构不断创新金融产品和服务，增强全省金融创新服务能力。鼓励大型企业集团在川设立财务公司，拓展核心企业上下游产业链的融资新模式。支持四川发展等我省有条件的地方企业通过投资控股方式组建新的金融控股集团，有序开发跨机构、跨市场、跨领域的金融业务。支持科技型跨国公司外汇资金集中运营管理。发展离岸金融结算市场，支持跨国公司离岸结算中心落户四川。

（四）创新科技金融产品和服务机制。探索股权和债权相结合的新型融资方式，推动与天使投资、创业投资等股权投资实现投贷互动。完善财政与金融互动政策，制定金融机构开展知识产权质押融资、应收账款质押融资、科创贷、成长贷等金融创新业务的鼓励政策。探索建立“政府信用+商业信用+专业保险经纪服务”科技保险发展模式，支持保险机构面向科技型企业，开发科技创新研发风险责任保险、高新技术产品出口信用保险等创新险种。

（五）推动互联网与传统金融业融合发展。推动在川金融机构利用互联网技术拓展金融服务渠道，创新产品、业务和交易方式，实现互联网金融与创新创业资源无缝对接，提升服务水平。拓宽互联网企业进入金融领域的渠道，大力支持互联网企业发展第三方支付、移动支付、网络借贷、征信机构等，推动知名互联网企业的金融机构和金融平台落户。

八、实施创新人才战略，充分激发创新者动力活力

创新驱动实质上是人才驱动。把激励创新者的积极性放在优先位置，用好利益分配杠杆，按照创新规律培育和引进人才，按照市场规律配置、激励和使用人才，努力实现人尽其才、才尽其用、用有所成。

（一）建立以能力和贡献为导向的人才激励机制。实行以增加知识价值为导向的分配政策，让科研人员在创新活动中得到合理回报。开展科研院所、高校县处级及以上领导干部去行政化管理试点。提高科研院所、高校职务科研成果转化收益划归成果完成人及其团队的比例。依法赋予创新领军人才更大财务支配权、技术路线决策权，提高劳务经费支出占比。鼓励科研人员在完成教学科研本职任务前提下，面向企业和社会承担科研项目，所获收益由个人及其团队支配，劳动报酬部分不计入绩效工资总额。对技术创新和成果转化中作出重要贡献的技术人员、核心骨干，可实施股权和期权激励。国有企事业单位与发明人可共同申请、享有和实施专利权。建立人才功勋奖励制度，设立四川杰出创新人才奖。

（二）完善创新型人才培养模式。改革基础教育培养模式，突出创造性思维培养。实施高校教学质量提升计划，开展启发式、探究式、研究式教学方法改革试点。加快部分省属普通高校转向应用技术型，培养应用型高技能人才。开展校企联合招生、联合培养试点，增进教学与实践的融合。实施创新型企业家和科技人才培养计划，依托重大科研和工程项目、重点学科和科研基地、国际学术交流和合作项目，培养造就一大批高端产业发展的紧缺人才。加大青年拔尖人才培育，稳步扩大博士后设站规模。推行开放式校企联合培养模式，以订单式和现代学徒制等方式培养技能型产业工人和高技能人才。推进高等职业教育集团建设，鼓励社会资金投资兴办职业教育机构。

（三）实行更具竞争力的人才吸引制度。建设天府新区、成都高新区和绵阳科技城“人才特区”，创建成德绵创新驱动人才示范区。加强与海内外名校名院名企的战略合作，深入实施高层次人才引进“千人计划”“天府高端引智计划”等重大引才工程。支持国有企业采取市场聘用、股权激励、特聘顾问等方式，引进海内外高层次人才、创新团队和职业经理人。实行更积极、更开放、更有效的外籍人才和海外人才引进政策，开展技术移民和投资移民、海外人才离岸创新创业基地、在川外国留学生毕业后直接留川就业等试点。

（四）探索建立人才分类评价体系。

完善人才评价标准和方式，对从事科技成果转化、应用开发和基础研究的人员分类制定评价标准。强化创新实践能力评价，增加知识产权运用、成果转化和推广、创办领办企业等评价指标的权重，调整不恰当的论文要求。开辟海外引进人才和非公有制经济社会组织人才参加高级职称评审绿色通道，对回国工作、符合条件的海外高层次留学人才，其国外专业工作经历、学术或专业技术贡献，可作为参评高级专业技术职称的依据。下放职称评审权，建立企业技能人才自主评价机制。引入专业性强、信誉度高的第三方专业机构参与人才评价。

（五）建立完善人才流动机制。鼓励科研人员在职离岗创业，所取得科技成果可作为在原单位职称评定依据。允许科研院所、高校等事业单位科研人员在履行所聘岗位职责前提下，到科技创新企业兼职兼薪。允许科研院所、高校设立一定比例流动岗位，吸引有创新实践经验的企业家和企业科技人才兼职。完善急需紧缺人才目录发布制度，探索建立人才需求预测机制，促进创新人才供需高效对接。

九、优化政策制度环境，营造创新创业良好生态

加快政府职能转变，营造公平、开放、透明的市场环境，形成有利于创新发展的政策导向，加强知识产权保护，更好发挥政府推动创新的作用。

（一）推进创新要素改革。严格落实国家有关要素价格改革政策，探索天然气、电力等资源市场化定价机制，促使企业从依靠过度消耗资源能源、低性能低成本竞争，向依靠创新、实施差别化竞争转变。改进产业监管制度，将前置审批为主转变为依法加强事中事后监管为主，形成有利于转型升级、鼓励创新的产业政策导向。

推进创新创业的税收优惠政策落地，落实企业研发费用加计扣除调整政策。完善采购创新产品和服务的政策，加大采购力度，鼓励采用首购、订购等非招标采购方式，以及政府购买服务等方式予以支持，促进创新产品的研发和规模化应用。完善使用首台（套）重大技术装备鼓励政策，建立保险补偿机制。制定对科技成果转移转化提供方和需求方的资金补助政策。落实对创业投资企业等股权投资企业的差异化税收优惠政策。积极组织装备、汽车、电子信息等行业龙头企业与上下游企业开展对接合作，促进本地产品就地就近配套。

（二）深化商事制度改革。加大对涉及投资、创新创业、高技术服务等领域的行政审批清理力度。加大对新技术、新产品、新商业模式的支持力度，改进互联网、金融、环保、医疗卫生、文化、教育等领域的监管。采取一站式窗口、网上申报、多证联办等措施，为创新型企业工商注册提供便利。

加快转变政府职能。积极为各类市场主体开展创新活动提供服务，提高政务服务质量和效率。减少政府对创新资源的直接分配和对市场导向明确的创新活动的干预。加快推进垄断性行业改革，放开自然垄断行业竞争性业务，建立鼓励创新的统一透明、有序规范的市场环境。改革市场准入制度，有序实施市场准入负面清单，对未纳入负面清单管理的行业、领域、业务等，各类市场主体皆可依法平等进入。抓好科技类社团等中介组织承接政府职能转移改革，培育一批技术转移、检测检验认证、科技咨询等方面的科技服务机构和骨干组织。

（三）推进科技计划管理改革。完善省级科技创新投入决策和协调机制，改进支持方式，完善对基础性、战略性、前沿性科学研究和共性技术研究的支持机制。强化发展需求导向和市场决定作用，改革科研项目组织方式和形成机制。对接国家科技管理平台，推进建立公开、透明、统一的省级科技计划管理平台。建立创新调查制度和科技报告制度，构建公开透明的省级科研资源管理和项目评价机制，建立完善全省科研诚信档案制度。

（四）实行严格的知识产权保护制度。健全知识产权保护法规体系。针对重大科技成果，制定重点知识产权保护名录，加大知识产权侵权打击力度，推进知识产权民事、刑事、行政案件的“三审合一”。健全知识产权侵权查处机制，调整损害赔偿标准，探索实施惩罚性赔偿制度。加强知识产权综合行政执法，强化行政执法与刑事司法衔接。推进知识产权维权援助中心和快速维权援助中心建设，探索建立知识产权海外维权援助机制。完善知识产权运营机制，组建重点产业知识产权运营基金，探索建立知识产权质押处置平台和运营平台。完善知识产权归属和利益分享机制。优化专利申请资助政策，重点资助发明专利的授权、申请国外专利、有效发明专利的维持。推进成都知识产权法院建设。

十、强化组织保障，加强对全面创新改革驱动转型发展的统筹协调

全面创新改革驱动转型发展，是一项事关全局和长远的重大任务。要完善工作机制，强化责任落实，形成职责明晰、积极有为、协调有力、长效管用的创新治理体系。

（一）加强组织领导。各级党委、政府要进一步统一思想认识，把创新驱动发展摆在核心战略位置，精心组织谋划，加强工作统筹，及时研究解决重大问题，建立一级抓一级、层层抓落实的目标责任制，确保各项工作落到实处。

（二）改进评价体系。建立科技创新、知识产权与产业发展相结合的创新型经济发展评价指标，并纳入国民经济和社会发展规划。明确各市（州）、县（市、区）的工作定位和目标任务，把创新驱动发展成效纳入各级领导干部考核范围。

（三）坚持系统推进。及时总结推广全面创新改革试验的经验做法，发挥引领示范作用。加强创新政策、规划和改革举措的统筹协调，建立重大事项领导牵头负责、部门落实的工作机制，形成目标协同、权责明确、整体推进的工作格局。

（四）加强舆论引导。培育创新文化，弘扬创新精神。大力宣传创新企业、创新成果、创新品牌，树立一批先进典型，倡导尊重劳动、尊重知识、尊重人才、尊重创造，建立试错、容错和纠错机制，营造鼓励创新、宽容失败的良好氛围，激发全社会创新创造活力。

中共四川省委

2015年11月17日

四川省人民政府
关于全面推进大众创业万众创新的意见

（川府发〔2015〕27号）

为全面贯彻党中央、国务院关于大众创新创业的决策部署，加快实施创新驱动发展战略，适应经济发展新常态，顺应网络时代新要求，全面推进大众创业、万众创新，打造促进经济增长“新引擎”，特提出以下意见。

一、总体思路和主要目标

加快实施创新驱动发展战略，主动适应经济发展新常态，实施创业四川行动，有效整合资源，集成落实政策，完善服务模式，培育创新文化，激发全社会创新创业活力，搭建创新创业转化孵化平台，构建创新创业生态体系，形成想创、会创、能创、齐创的生动局面，实现新增长、扩大新就业，促进全省经济平稳健康发展。

——坚持市场主导，政府引导。充分发挥市场配置资源的决定性作用，强化政府引导，促进创新创业与市场需求和社会资本有机结合。

——坚持创新推动，促进就业。推进以创新为核心的创业就业，壮大创新创业群体，大力孵化培育科技型中小微企业，打造新的经济增长点。

——坚持机制创新，优化服务。降低创新创业门槛，构建市场化、专业化、资本化、全链条增值服务体系，提高创新创业效率。

到2017年，实现创新创业主体从小众到大众、创新创业载体从重点布局到全面建设、创新创业服务从强硬条件到重软服务的转变。全省各类孵化载体达到500家，面积达到1000万平方米以上，初步建成覆盖全省各市（州）、县（市、区）的科技企业孵化培育体系，新增科技型中小微企业20000家，科技创业者突破10万人，发明专利申请量达到4.5万件，培育一批天使投资人和创业投资机构，创新创业政策体系更加健全，服务体系更加完善，形成全社会创新创业的浓厚社会氛围。

二、主要任务

（一）激活创新创业主体。深化科技体制机制改革，破除高等学校、科研院所等事业单位在人才流动、成果处置、收益分配等方面的政策束缚，激励科技人员创新创业。推进大学生创新创业俱乐部和创新创业园建设，强化大学生创新创业教育和培训体系建设，探索建立大学生创新创业导师制，实施“四川青年创业促进计划”，推动青年大学生创新创业。开展海外招才引智、省校省院省企战略合作、中国西部海外高新科技人才洽谈会等活动，实施“千人计划”、留学人员回国创业启动支持计划等，完善社会服务机制，吸引海外高层次人才来川创新创业。大力开展群众性创新创业活动，扶持草根能人创新创业。

（二）夯实创新创业载体。各市(州)要集中力量重点打造孵化器大平台，构建一批低成本、便利化、全要素、开放式的众创空间。2015年各市（州）要建立1家及以上科技企业孵化器（包括孵化大楼、孵化工场、孵化园区等），为初创企业提供低廉的创业场所。各县(市、区)要结合自身优势和特色，通过整合资源、制定政策等方式搭建平台，积极打造满足创新创业需求的孵化楼宇、社区、小镇，形成创新创业集聚区。支持建立一批以大学生创新创业俱乐部、大学生创业场、创业沙龙为代表的创业苗圃。支持建设一批“孵化+创投”、“互联网+”、创新工场等新型孵化器。充分利用各类科技企业孵化器、大学科技园、小企业创业基地等现有条件，依托“51025”等全省重点产业园区，加快建设一批创新创业园（孵化基地），在全省逐步形成“创业苗圃（前孵化器）+孵化器+加速器+产业园”阶梯型孵化体系。

（三）营造创新创业市场环境。深化商事制度改革，鼓励各市（州）结合实际，按照国家改革行政审批、行政许可的要求，简化住所登记手续，采取一站式窗口、网上申报、多证联办等措施，为创业企业工商注册提供便利，降低创新创业门槛。依法加强创新发明知识产权保护，将侵权行为信息纳入社会信用记录，营造创新创业公平竞争的市场环境。鼓励地方政府对众创空间等新型孵化机构的房租、宽带接入费用和用于创业服务的公共软件、开发工具给予适当补贴，鼓励众创空间为创业者提供免费高带宽互联网接入服务。

（四）强化创新创业公共服务。综合运用政府购买服务、无偿资助、业务奖励等方式，支持中小企业公共服务平台和服务机构建设，为科技型中小微企业提供全方位专业化优质服务，支持服务机构为初创企业提供法律、知识产权、财务、咨询、检验检测认证和技术转移等服务。各市（州）、县（市、区）要分级设立众创咨询服务平台，加强电子商务基础建设，开展基于互联网的创新创业综合服务。建立面向创新创业者的专利申请绿色通道，对小微企业申请发明专利进行资助。

（五）强化财政资金引导。设立四川省创新创业投资引导基金，发挥财政资金杠杆作用，通过市场机制引导社会资金和金融资本支持创新创业，重点支持初创期、种子期及成长期的科技型中小微企业。积极争取设立国家参股新兴产业创投基金，通过设立创业投资子基金、贷款风险补偿等方式支持科技型中小企业发展。用好中小企业发展专项资金、电子商务财银联动资金，运用风险补助和投资保障等方式，引导创业投资机构投资于科技型中小微企业。发挥财税政策作用，支持天使投资、创业投资发展，培育发展天使投资群体。

（六）完善创业投融资机制。发挥多层次资本市场作用，推动科技型企业上市融资，以及在全国中小企业股权转让系统和成都（川藏）股权交易中心等区域性股权交易市场挂牌融资，完善私募投资基金和股权众筹等投融资机制，积极利用中小企业私募债、资产证券化、银行间市场等拓展科技型中小微企业融资渠道，为科技型中小微企业提供综合金融服务。完善银科对接系统建设，搭建银科对接平台，推进银行业机构科技支行建设，推进知识产权质押融资，开展科技小额贷款试点。创新科技保险产品和服务模式，探索大型设备首台套保险，加大对科技型中小微企业的支持力度。完善省市县三级联动的科技金融服务体系。

（七）推进创新创业资源开放共享。优化我省创新创业平台布局，形成基础研究、应用研究、技术创新和成果转化协调发展体系，推动重点实验室、工程实验室、工程（技术）研究中心、科技基础条件平台等向全社会开放，建立兼顾各方利益的资源开放共享机制，为科技型中小微企业提供公共研发服务。

（八）打造系列创新创业活动品牌。举办中国创新创业大赛（四川赛区）、四川青年创新创业创富大赛、“创青春”四川省大学生创新创业大赛、天府•宝岛工业设计大赛、四川青年电子商务创新创意创业大赛等赛事，开展创新创业者、企业家、投资人和专家学者共同参与的创新创业沙龙、创新创业大讲堂、创新创业训练营和成都“创业天府•菁蓉汇”等活动，搭建创新创业展示和投融资对接平台。

三、支持政策

（九）下放科技成果使用、处置和收益权。对财政资金支持形成的，不涉及国防、国家安全、国家利益、重大社会公共利益的科技成果使用权、处置权和收益权，全部下放给符合条件的项目承担单位。单位主管部门和财政部门对科技成果在境内使用、处置不再审批或备案，科技成果转移转化所得收入全部留归单位，纳入单位预算，实行统一管理，处置收入不上缴国库。

（十）鼓励科技人员离岗创办企业。符合条件的科研院所科技人员经所在单位批准，可带科研项目和成果、保留基本待遇到企业开展创新工作或创办企业，3年内可保留人事关系，工龄连续计算，薪级工资按规定正常晋升，保留其原聘专业技术岗位等级，不影响职称评定。单位建立相应管理办法，规范科技人员离岗期间和期满后的权利和义务。允许高等学校、科研院所科技人员在符合法律法规和政策规定条件下，经所在单位批准从事创业或到企业开展研发、成果转化并取得合法收入。

（十一）提高科研人员成果转化收益比例。高等学校、科研院所科技人员（包括担任行政领导职务的科技人员）职务科技成果转化的收益，按至少70%的比例划归成果完成人及其团队所有。国有企业事业单位对职务发明完成人、科技成果转化重要贡献人员和团队的奖励，计入当年单位工资总额，不作为工资总额基数，不纳入绩效工资总额管理。

（十二）允许科技人员兼职取酬。财政资金设立的高等学校、科研院所科技人员在完成岗位职责和聘用合同约定任务的前提下，依法经所在单位批准，可在川兼职从事技术研发、产品开发、技术咨询、技术服务等成果转化活动，以及在川创办、领办科技型企业，并取得相应合法股权或薪资。允许高等学校和科研院所设立一定比例流动岗位，吸引有创新实践经验的企业家和企业科技人才兼职。

（十三）放宽科技计划项目经费使用范围。规范直接费用支出管理，提高间接费用比例，调整劳务费开支范围，将项目临时聘用人员的社会保险补助纳入劳务费科目中列支。项目在研期间，年度资金结余可按规定结转继续使用一年。项目完成任务目标并通过验收，信用评价好的项目结余资金，由单位统筹安排用于科研活动的直接支出。对科研人员因公出国进行分类管理，放宽因公临时出国批次限量管理政策。所需差旅费如有不足，可在科研项目经费中会议费、国际合作与交流费两项支出中调剂安排，但不得突破三项支出预算总额。

（十四）允许在校大学生休学开展创新创业活动。在川高校大学生可休学创业，休学年限按照高校相关规定执行。

（十五）加大对大学生创新创业的补贴力度。对在校大学生和毕业5年内的高校毕业生，在工商部门注册或民政部门登记，以及其他依法设立、免于注册或登记的创业实体（如开办网店、农业职业经理人等），给予1万元创业补贴。在高校或地方各类创业园区（孵化基地）内孵化的创业项目，每个项目给予1万元补贴。同一领创主体有多个创业项目的，最高补贴可达到10万元。

（十六）加大对青年创新创业的扶持力度。组织实施“四川青年创业促进计划”，向符合条件并通过评审的创业青年发放3万—10万元免息、免担保的创业资金贷款，贷款周期为3年，并一对一匹配专家导师开展创业帮扶。科技型小微企业招收高校毕业生达到一定比例的，可申请不超过200万元的小额贷款，并享受财政贴息。加强银行业机构与团委合作，鼓励银行业机构创新设计“青年创业”贷款。落实小额担保贷款政策，加大对创业青年的金融支持力度。

（十七）吸引海外高层次创新创业人才。通过省“千人计划”引进的海外高层次创新创业人才给予50万—100万元的资助，引进的创新创业团队给予200万—500万元资助。对持有外国人永久居留证的外籍高层次人才创办科技型企业等创新创业活动，给予中国籍公民同等待遇。完善高层次人才社会服务机制，落实引进人才社会养老、医疗保障、配偶就业、子女入学等保障措施。

（十八）强化对大学生创新创业载体的支持。经评审符合条件的创新创业俱乐部，可申请100万—300万元左右的资金补助，用于创新创业培训、项目孵化和设备购置等。规模较大、成效突出的创新创业俱乐部，经项目验收合格的，可申请连续资金补助。经评审符合条件的大学生创新创业园，根据其规模和发展情况，可申请100万—500万元的资金补助，主要用于基础设施建设、孵化平台建设、创新创业团队及项目资助、创新创业辅导培训等。

（十九）加大孵化器建设支持力度。利用工业用地建设的科技企业孵化器，在不改变科技企业孵化服务用途的前提下，其载体房屋可按幢、层等有固定界限的部分为基本单元进行产权登记并出租或转让。对申报国家高新区的省级高新区孵化器和各市（州）重点建设的孵化器给予专项支持500万—1000万元。对新认定的国家级孵化器给予专项项目支持50万—100万元。

（二十）探索先照后证工商登记模式。选取成都、泸州、遂宁、甘孜四个市（州）推行先照后证试点。除涉及市场主体机构设立的审批事项及依法予以保留的外，其余涉及市场主体经营项目、经营资格的前置许可事项，不再实行先主管部门审批、再工商登记的制度。

（二十一）开展创新券补助政策试点。鼓励各地开展创新券补助政策试点，支持科技型中小微企业利用创新券，向高等学校、科研机构、科技中介服务机构及大型科学仪器设施共享服务平台购买所需科研服务，相关科研服务机构持创新券到政府部门兑现补贴。省科技、财政部门根据上一年度各地的补助额度，给予适当补助。

（二十二）大力支持专利实施转化。鼓励单位和个人依法采取专利入股、质押、转让、许可等方式促进专利实施获得收益。以专利权等依法可以转让的非货币财产作价入股的，在公司注册资本中所占比例不受限制。既未约定也未在单位规章制度中规定的情形下，国有企事业单位自行实施其发明专利的，在专利有效期内，每年给予全体职务发明人的报酬总额不低于实施该发明专利营业利润的5%；转让、许可他人实施专利或者以专利出资入股的，给予发明人或者设计人的报酬应不低于转让费、许可费或者出资比例的20%。

四、组织实施

（二十三）加强组织领导。建立四川省推进创新创业工作联席会议制度，加强对创新创业工作的统筹、指导和协调。各地、各部门要高度重视推进大众创新创业工作，结合实际制定具体实施方案，明确工作任务，切实加大资金投入、政策支持和条件保障力度。

（二十四）形成推进合力。各市（州）、县（市、区）科技管理部门要加强与党政部门、群团组织的工作协调，不断完善政策措施，加强对众创空间的指导和支持。各地要做好大众创新创业政策落实情况调研、发展情况统计汇总等工作，及时报告有关进展情况。

（二十五）加强示范引导。成都市、绵阳市要发挥好创新创业引导示范作用。鼓励天府新区、高新技术产业开发区、小企业创业基地和其他有条件的地方开展创新创业试点，积极探索推进大众创新创业的新机制、新政策，不断完善创新创业服务体系。

（二十六）营造创新创业氛围。积极倡导敢为人先、宽容失败的创新文化，树立崇尚创新、创业致富的价值导向，大力培育创业精神和创客文化，将奇思妙想、创新创意转化为实实在在的创业活动。加强各类媒体对大众创新创业的新闻宣传和舆论引导，报道一批创新创业先进事迹，树立一批创新创业典型人物，让大众创业、万众创新在全社会蔚然成风。

附件：大众创业万众创新工作任务和政策落实分工表（略）

四川省人民政府

2015年5月5日

云南省人民政府办公厅
关于发展众创空间推进大众创新创业的实施意见

（云政办发〔2015〕48号）

为贯彻落实《国务院办公厅关于发展众创空间推进大众创新创业的指导意见》（国办发〔2015〕9号），抓住“一带一路”、长江经济带战略实施，以及加快建设我国面向南亚东南亚辐射中心机遇，努力构建充满生机活力的创新生态系统，营造“大众创业、万众创新”的软硬件环境和氛围，激发千万群众创业活力，打造我省经济发展新引擎，经省人民政府同意，现提出以下意见：

一、指导思想和发展目标

（一）指导思想。全面落实党的十八大和十八届二中、三中、四中全会精神，按照省委、省政府决策部署，大力推动简政放权，进一步激发市场活力，充分运用互联网+基础设施+服务，以营造良好创新创业生态环境为目标，以激发全社会创新创业活力为主线，以构建市场化、专业化、集成化、网络化的众创空间等创业服务平台为载体，把大力发展众创空间作为实施创新驱动战略的重要举措，有效整合资源，集成落实政策，完善服务模式，培育创新文化，促进科技资源开放共享，让创新创业者的创意智慧与市场需求充分有效对接，助推小微企业成长和个人创业，培育新的经济增长点，加快形成大众创业、万众创新的生动局面。

（二）发展目标。鼓励每个州市（滇中产业新区）建立1个以上、有条件的州市建立多个能满足大众创新创业需求、具有较强专业化服务能力的众创空间。到2020年，全省建成50个以上众创空间等新型创业服务平台；每年集聚10000人左右的大学生、研究生创业者和高校、科研院所创业人才等为代表的创业大军；每年吸引1000人海外、省外大学生到云南创新创业；鼓励企业技术人员创新创业；组织500人左右服务大众创新创业的创业导师队伍；培育引进100个以上天使投资和创业投资机构；优选100个以上高水平、低收费的咨询公司、律师事务所、会计师事务所、知识产权机构、技术转移等中介服务机构，为小微企业提供创新创业服务；孵化培育10000户以上创新型小微企业，发展一批科技型小巨人企业。

二、主要任务

（三）加快构建形式多样的众创空间。

充分发挥互联网在生产要素配置中的优化和集成作用，鼓励高新技术产业开发区、高等学校、科研院所以及科技创新园、科技企业孵化器、大学科技园、生产力促进中心、有条件的企业、创业投资机构、社会组织等，建设创客空间、创业孵化营、创业咖啡、创业苗圃、创业公社、创新工场、创客总部等新型孵化载体，构建一批低成本、便利化、全要素、开放式的众创空间，实现创新与创业相结合、线上与线下相结合、孵化与投资相结合，形成用户参与、互帮互助、创业辅导、金融支持的开放式创业生态系统，为创新团队和创新创业者提供良好的工作空间、网络空间、社交空间和资源共享空间。

（四）提升面向众创的资源共享和服务能力。

深化商事制度改革。有关部门简化住所登记手续，采取一站式窗口、网上申报、多证联办等措施为创业企业提供便利。

全省工程（技术）研究中心、重点实验室、工程实验室等创新载体必须向社会开放共享科技资源，尽可能提供免费服务，构建科技资源共享服务制度体系，研究制定服务规范和指引。

众创空间必须为创新创业者提供政策咨询、网上申报、多证联办、工商注册、信息对接、产品展示等一站式免费服务的条件。

中国电信、中国移动、中国联通等电信运营商要与众创空间合作，为众创空间提供优惠便利的互联网服务。

鼓励咨询公司、投资机构、律师事务所、会计师事务所、知识产权机构、技术转移等机构为创新创业者提供低收费的专业服务。

充分发挥社团组织、行业协会和社会创业服务机构作用，通过公开招标等方式购买社会创业服务机构提供的创业服务，鼓励全社会创新创业。

（五）鼓励科技人员和大学生、研究生创新创业。

鼓励科研人员离岗创业，经原单位同意，可在3年内保留人事关系，与原单位其他在岗人员同等享有参加职称评聘、岗位等级晋升和社会保险等方面的权利。

鼓励大学生、研究生创新创业，鼓励高校在校大学生调整学业进程、保留学籍休学创新创业。

推进科技成果使用处置和收益管理改革政策措施落实，健全科技成果转化激励政策制度。

完善高等学校和科研院所科技人员创办的科技型企业、高新技术企业实施企业股权激励（股权奖励、股权出售、股票期权）及分红激励机制。

高等学校应开设系统化、专业化的创业教育课程和创业培训，营造科技人员和大学生、研究生敢于创业、乐于创业的氛围。

鼓励高等学校、科研院所、企业科技人员辞职创新创业。

建立面向南亚东南亚创新创业人才生态圈，积极吸引国内外优秀人才到我省创新创业，鼓励省内人才到国（境）外创新创业，充分发挥中国—东盟创新中心、中国—南亚技术转移中心、国际科技特派员的作用，构建由跨境人才联络、跨境合作创业平台，形成具有国际竞争力的创新创业人才发展环境。

（六）加强财政资金引导。

发挥云南省科技成果转化与创业投资基金对社会资本的带动作用，重点支持战略性新兴产业和高技术产业初创期创新型企业发展；综合运用设立创业投资子基金、贷款风险补偿、后补助等方式，促进科技成果转移转化。

发挥财政资金杠杆作用，通过市场机制引导社会资金和金融资本支持创业活动。发挥财税政策作用，支持天使投资、创业投资发展，培育发展天使投资群体，推动大众创新创业。

（七）大力发展众创空间金融服务体系。

建立完善政府、投资基金、银行、创客企业、担保公司等多方参与、科学合理的风险分担机制，引导银行进一步加大对创客企业的信贷支持。

鼓励和引导民间资本、风险投资投向众创空间，加大对创客项目的资金支持力度。

发挥多层次资本市场的枢纽作用，引导和鼓励创客企业在股权众筹平台、区域股权交易市场、“新三板”进行挂牌和融资。

高新区和有条件的地区要发展服务创客的专利权质押融资。

鼓励社会资本独立或参股设立科技融资担保公司，进一步开发适合创客企业的担保新品种，减小创客创业创新风险。

（八）建立健全创业导师队伍。

支持省内创业平台、服务机构聘请知名企业家、成功创业者、天使投资者以及熟悉经济发展和创业政策的人员，组建创业导师服务团，实行创业指导帮带服务，形成创业者+企业家+天使投资人+创业导师的帮助机制，帮助创业团队构建商业模式、提供行业资源整合与合作、公司架构搭建、品牌传播策略、技术产品选型、市场开拓咨询与建议等全流程创新创业指导服务。

构建云南创业导师库，聘请国内外、省内外知名企业家、拥有丰富经验的创客、投资人和专家学者，为创业者提供技术、产品、市场、法律、财务、投融资等方面的专业化辅导，建立创业导师绩效评估和激励机制，并对成效显著的导师，授予“云南省优秀创业导师”称号。

（九）组织创新创业活动。

办好云南省创新创业大赛，积极组织参加“挑战杯”全国大学生课外学术科技作品竞赛以及国际、国内各种创新创业大赛。

支持高等学校、科研机构、大型企业以及社会力量积极开展项目路演，举办创业沙龙、创业大讲堂、创业训练营、创业辅导等培训活动，实现创业团队、优秀创业导师面对面沟通交流，争取并支持承办跨地区跨领域的创业大赛活动。

鼓励跨界交流，营造自由开放的协作环境，促进创意实现产品化、商业化。

三、组织实施

（十）加强组织领导。在省人民政府统一领导下，建立由省科技厅、发展改革委、工业和信息化委、教育厅、财政厅、人力资源社会保障厅、地税局、工商局、金融办、国税局、科协和中科院昆明分院等部门负责人参与的云南众创空间发展协同推进机制，加强政策研究、统筹协调、集成公共资源、落实有关扶持政策。省科技厅依托省科学技术院，成立众创空间发展协同推进工作组，承办众创空间发展的组织及日常事务工作，落实具体工作任务，完善服务管理职能，提高工作效率。

（十一）加强示范引导。结合我省创新创业现状，制定众创空间认定和评价办法，建立有示范作用的云南科技众创空间。积极引导高新区、经开区、大学科技园、科技孵化器、工业园区等开展创新创业示范工程。探索新机制、新政策、新模式，不断完善创新创业服务体系。

（十二）加大支持力度。按照国家深化财政科技计划（专项、基金）管理改革的要求，结合我省省级科技计划（专项、基金）体系的建设思路和支持方向，以及省发展改革委、工业和信息化委、教育厅、财政厅、人力资源社会保障厅等部门有关鼓励创新创业促进就业资金，加大对大众创新创业的财政引导支持。切实抓好省人力资源社会保障厅“云岭大学生创业引领计划”、省工业和信息化委《微型企业创业扶持实施办法》等制度政策的落实力度，最大限度释放政策红利。政府对众创空间等新型创业服务平台的房租、宽带网络费用、公共软件、开发工具等给予适当补贴。对于企业参与众创空间活动发生的研发费用支出，按照规定享受企业研究开发费用税前加计扣除政策。

（十三）加强协调推进。构建部门互动、上下联动的协调推进机制。科技管理部门要加强与有关部门的工作协调，研究完善推进大众创新创业的政策措施，在政策集成落实、开放共享、服务创新等方面加强对发展众创空间的指导和支持。科技部门要做好大众创新创业政策落实情况调研、发展情况统计汇总等工作，及时报告有关进展情况。

（十四）加大宣传力度。支持各类众创空间的创客创新实践和科普教育基地开展创新教育活动，宣传创业典型，鼓励创客文化。支持众创空间组织各类创客大赛，有条件的地方要建设众创空间的实体展示体验中心，集中展示创客产品，提升公众对创客产品的体验。要通过科技活动周、科技下乡集中示范活动、文化科技卫生三下乡等方式，加大对发展众创空间推进大众创新创业的宣传普及，营造良好的创新创业社会氛围。

各州、市人民政府和滇中产业新区管委会须根据本意见制定具体实施细则。

云南省人民政府办公厅

2015年6月20日

中共昆明市委 昆明市人民政府 关于创新体制机制加强人才工作的实施意见

（昆发〔2015〕15号）

为认真贯彻落实《中共云南省委、云南省人民政府关于创新体制机制加强人才工作的意见》（云发〔2014〕1号）和《中共云南省委办公厅印发〈关于进一步加强党管人才的实施意见〉的通知》（云办发〔2014〕29号）精神，深入落实国家、省和市中长期人才发展规划，大力推进人才强市战略，着力构建人才竞争比较优势，为昆明加快建设区域性国际城市，争当全省跨越式发展排头兵和火车头提供强有力的人才保证和智力支持，现就创新体制机制加强人才工作制定本实施意见。

一、重要意义

人才资源是最重要的战略资源，人才在综合实力竞争中具有决定性意义。昆明市委、市政府历来高度重视人才工作，经过全市广大人才工作者共同努力，近年来我市人才总量稳步提升，人才结构日趋合理，人才环境不断优化，人才工作和人才队伍建设取得了明显成效。但必须清醒认识到，目前我市人才发展的总体水平与昆明经济社会发展的现实需要有较大差距，人才发展既是昆明提高核心竞争力、加快建设区域性国际城市的关键要素，也是昆明抓住主动服务和融入国家发展“一带一路”战略机遇、应对挑战的重大战略选择。我们必须增强责任感、使命感和危机感，主动适应经济发展新常态，围绕云南建设民族团结进步示范区、生态文明建设排头兵、面向南亚东南亚辐射中心引进培养人才，加快开放型经济建设，把加强人才发展作为转型发展之要、竞争制胜之本、富民强市之基，坚定不移地走人才强市之路，科学规划、深化改革、重点突破、整体推进，切实做好人才工作，开创人才工作新局面。

二、主要目标

以提升人才综合竞争力为主线，以提高人才创新创业能力为核心，以扩大人才总量为基础，以优化人才结构为重点，以建立健全人才工作体制机制建设为保障，深入贯彻落实国家和省、市中长期人才发展规划，大力推进人才强市战略，实施新一轮“春城人才行动”，营造大众创业、万众创新的政策环境和制度环境，全力建设中国面向西南开放的人才特区、打造西部人才高地，培养和造就一支数量充足、门类齐全、素质优良、梯次衔接、布局合理，能够适应和引领经济社会发展的人才队伍，确立人才竞争比较优势，率先建成西部地区人才强市，成为全省人才工作的“排头兵”。到2020年，全市人才资源总量达177万人，每万劳动力中研发人员达46人，高技能人才占技能劳动者比例达20%，主要劳动人口受过高等教育的比例达26%，人力资本投资占国内生产总值比例达18%，人才贡献率达37%。

三、主要任务

（一）突出培养创新创业创优人才。加快实施创新驱动战略，紧紧围绕创新型城市建设和创业型城市建设目标，坚持内外结合，营造大众创业、万众创新的政策环境和制度环境，构建面向人才的各类创新创业服务平台；依托战略性新兴产业和高新技术企业等，重点培养造就一批掌握关键技术，具有较高科技研发水平和产业化发展能力的创新创业领军人才和团队。到2020年，研发人员总量、创新创业人才总量有明显增长，优势产业和重大项目高端人才短缺问题得到缓解。全市培养中青年学术和技术带头人总数达1000人以上，重点培养造就50名国内领先、国际知名的科技领域领军人才，打造30个掌握核心技术，拥有独立知识产权，具有一流科技研发水平和能力的创新创业团队。

（二）大力开发经济领域紧缺亟需人才。积极适应经济全球化发展潮流，紧紧围绕建设中国面向西南开放的区域性国际城市奋斗目标，突出经济重点发展领域人才需求。在装备制造、生物医药、高原特色农业、新能源、环保、信息技术等战略性新兴产业和金融、物流业等现代服务业领域培养开发亟需紧缺专门人才，大力开发一批数量充足、结构合理、素质一流的外向型经济人才。到2020年，从国内外重点引进经济社会发展紧缺急需的高层次人才1000名左右，使我市经济发展重点领域各类专业人才数量充足，人才引领带动产业发展作用发挥明显。

（三）大力开发社会公共服务重点领域专门人才。以提高素质为根本，以优化结构为重点，以满足我市全面建成小康社会需要为目标，大力开发我市社会重点领域专门人才，推动各行业、各领域、各层次社会人才协调发展，并逐步实现初、中、高级社会专业人才合理配置。到2020年，市级以上宣传文化系统“四个一批”人才达50名，医疗卫生人才总量达7万人，教育优秀人才总量达1万人以上，社会工作专业人才总量达到1.5万人左右，法治专业人才达1.8万人。

（四）实施重大人才工程项目。继续推进实施昆明市中长期人才发展规划中的人才特区建设工程、高层次人才引进工程、借才引智工程、创新创业人才培育工程、万名六类人才素质提升工程、文化名家集聚工程、全民健康卫生人才保障工程、“人才春城”学习型社会建设工程、人才信息化平台建设工程九大工程和高技能人才开发计划、“春城之星”青年英才培养计划、“红霞之光”老年人才开发计划、面向西南开放国际化专门人才开发计划、都市农业人才开发计划、新兴产业人才开发计划、物联网人才开发计划、现代服务业人才开发计划八大计划，以建立健全人才工作体制机制建设为保障，不断优化人才发展环境，激发人才队伍活力。积极培养申报“云岭牌”人才，到2020年，力争培养4名“云岭学者”、30名“云岭产业技术领军人才”、20名“云岭首席技师”、30名“云岭教学名师”、8名“云岭名医”、5名“云岭文化名家”。

四、主要措施

（五）搭建创新创业平台。

1．设立创新创业园区聚集高层次人才。出台优惠扶持政策，鼓励支持各县区、五个开发（度假）园区充分利用自身特色资源优势，设立创新创业园区吸引、聚集高层次人才。

2．建设一批院士工作站。紧紧围绕经济社会发展需要，以企业为主要载体，依托各级各类园区，加强产学研合作，建立一批院士工作站，推动院士工作站向企业聚集、向创业行动、向市场发展。对经昆明市批准建立的院士工作站，给予50万元经费补助，主要用于院士工作站条件改善、日常运作、重大项目和科技成果前期准备等。

3．设立博士后工作扶持站。每年设立3—5个博士后工作扶持站，作为博士后科研工作（流动）站的前期培养单位，集中力量对有发展前景的科研企事业单位进行扶持，每个扶持站扶持期四年，扶持资金20万元，分年补助，每年5万元。扶持期内，鼓励条件成熟单位申报国家级博士后科研工作（流动）站。

4．建设昆明市高层次人才创新创业创优示范基地。紧密围绕昆明市重点产业、战略性新兴产业等领域，“十三五”期间，在企业、科研机构、高等院校、工业园区（开发区）、大学生（留学生）创业园等各类园区建设20个示范基地，在推动“大众创业、万众创新”中起到引领示范作用。其中企业申报的示范基地入选比例原则上不低于60%；加大对基地的扶持力度，支持基地和基地内的单位申报科技项目、工程项目、产业发展等项目；对成绩突出的示范基地重点培养，作为候选推荐申报云南省高层次人才创新创业示范基地。

5．支持创建昆明市青少年科技创新实验室。对被认定为昆明市青少年科技创新实验室的企业、高等院校、科研院所及中小学校等单位，市级科技计划安排每个单位10万元的引导经费，用于开展各类青少年科技创新活动。

（六）创新人才培养模式。

1．实施科技创新梦想工程。贯彻落实以大众创业、万众创新打造经济发展的新引擎的要求，积极打造以大学生为主的各类青年创新创业人才的众创空间，帮助青年创新人才实现创新、创业、创造梦想。实施创新梦想工程三个计划即创新梦想导师计划、创新梦想孵化基地计划及创新梦想服务平台计划。简称为335工程，即：2015年起，力争到2017年，全市认定300名创新创业梦想导师和50个创新创业梦想孵化基地，建设一批创新创业梦想服务平台。

2．加大创新人才培养力度。继续开展高层次创新人才选拔培养工作，对确认为昆明市中青年学术和技术带头人及后备人选的，在培养期内，其年度考核结果为“实现培养计划目标”“基本实现考核培养计划目标”，分别给予带头人、后备人选相关工作津贴；带头人5年考核结果均为“实现培养计划目标”且培养期满综合考核为“优秀”的，可授予“昆明市科技领军人才”荣誉称号。

3．加大科技创新团队的建设培养力度。对批准创建科技创新团队的，市级科技计划一次性安排不低于20万元的引导经费，所在单位按不低于3：1的比例配套，主要用于项目（课题）研发和人才培养等创新团队建设。市级创新团队经培养成为省级科技创新团队的，再一次性给予10万元奖补。

（七）培养经济领域专门人才。

1．建设重点实验室和工程技术研究中心。支持各级重点实验室和工程技术研究中心建设，经认定的市级重点实验室、工程技术研究中心，采取后补助的方式一次性给予不低于20万元奖补；市级重点实验室、工程技术研究中心经市科技管理部门推荐并获得省级认定的，采取后补助方式给予40万元奖补；对通过国家级重点实验室和工程技术研究中心认定的，采取后补助方式给予100万元奖补；对在昆明设立分支机构的国家级重点实验室和工程技术研究中心，市级科技计划安排不低于200万元的建设引导经费。支持企业、科研院所、高等院校与园区联合建立重点实验室或工程技术研究中心。

2．推进专家服务站建设。每年培育3个以企业为主体的专家服务站。对经昆明市批准建立的专家服务站，给予30万元经费补助，用于专家服务站条件改善，日常运作，重大项目、科技成果前期准备、科技成果推广等。促进企业与专家及其创新资源共享，优势互补，努力研发和转化一批技术创新成果、培育一批自主知识产权和自主品牌、培养一批经济建设一线科技人才和创新团队，将专家服务站作为引进人才、引进项目、引进资金的创新载体，最大程度地把创新要素引入基层，为企业可持续发展提供有效的技术支撑和人才保障。

3．充分发挥企业培养经营管理人才的主体作用。按照“政府组织推动、职能部门牵头、行业协会组织实施、企业主体自觉参与”的运行机制，建立以需求为导向、项目为核心、市场化配置为重点的企业高层次经营管理人才培养使用机制，充分发挥企业培养经营管理人才的主体作用，形成企业自主投入、自主实施、自主管理的自主培训机制，发现和培养一批懂经济、会管理、会招商引资的人才。开展企业经营管理人才素质提升工程，提升经营管理人才管理水平和职业素养。培养一批能够带动企业发展的产业领军人才。加强企业家后备人才队伍和职业经理人队伍建设，加快培养对外经贸与国际物流、国际金融与资本运作、通晓国际贸易规则的外向型人才培养。大力引进职业经理人，支持国有企业采取年薪制、管理入股、股权激励等多种方式，引进急需经营管理人才，建立健全职业经理人制度。加强非公经济组织人才工作，完善政策规定，健全工作机制，充分调动他们做好人才工作的积极性。

4．在招商引资中搭建招才引智平台。在环渤海、长三角、珠三角等国内适当区域设立招商引资小分队，在完成招商引资任务的同时，组织实施高层次人才引进计划；将市政府驻京办、驻沪办、驻深办等驻外机构的主要职能界定为招商引资和招才引智，依托驻外机构设立引进高层次人才工作站，负责延揽我市急需紧缺人才，各驻外办事处主任或副主任兼任站长；在举行招商引资推介活动和重大招商洽谈活动的时候，市投资促进局与市人力资源社会保障局可共同组织开展人才招聘会，推介我市人才引进政策环境，招聘各类人才来我市投资兴业。

5．设立“名匠工作室”加强技师培养。坚持名匠带高徒的原则，每三年按照产业分布从社会能工巧匠中挑选15名优秀高技能人才担任“昆明市名匠工作室”的名匠，开展技术传承创新工作。通过开展“名匠进社区”活动，了解居民的技能培养需求，推动社区开展技能人才培养工作，在全社会营造有利于技能人才成长的良好氛围。对选拔出的名匠在人才培养任期内由市级财政安排享受3000元/月的名匠津贴。

6．实施“春城企业职工职业技能”提升工程。围绕工业、现代服务业、文化产业、高原特色农业等重点产业发展需要，加大职工职业技能提升培训工作力度，大中型企业职工职业技能培训的经费应不少于当年工资总额的2.5%。对于实施技师、高级技师培训项目的市属企业（行业）和职业培训学校，可给予一定的高技能人才培养补贴。

7．实施“高技能人才振兴行动”。积极有效地整合、培育技能培训资源，构筑职业教育与学历教育之间的“立交桥”，在各类职业学校中积极推行学历证书和职业资格证书“双证书”制度，通过学校教育培养、企业岗位培训、个人自学提高等方式，加快高技能人才的培养，力争每年争取国家级高技能人才培训基地和省级高技能人才培训基地项目1至2个，促进技工院校专业建设和内涵发展。

8．遴选培养优秀农村实用人才。开展昆明市农村实用人才评选奖励活动，从2015年起，每年遴选出在种植、养殖、农产品加工和流通等方面推广应用实用技术，取得明显经济效益，辐射带动当地农民增收致富，推动农业产业结构调整的优秀农村实用人才10名进行重点培养开发，培养期3年。

（八）统筹社会公共服务领域人才开发。

1．实施教育优秀人才培养“万人工程”，提升队伍整体素质。以基础性人才、骨干人才、专家团队为重点构建教育系统人才队伍建设体系，通过人才引进、本土培养等多种方式，打造教育人才高地。组织实施《昆明市中小学教师素质提升三年行动计划（2015—2017年）》，实现教师全员培训，市级集中培训万名中小学专任教师。建立健全教坛新秀、骨干教师、学科带头人等层次的系列化培训、培养、评选制度，搭建优秀教师成长平台。创新实施“春城教学名师”工作，打造一批教学名师。加强专家团队建设，建设一批“名师工作室”“名班主任工作室”“名校长基地”“教科研专家工作室”。推行校长职级制。创新和完善教师补充机制，面向全国公开招聘、选调、引进优秀教师，继续实施“特岗教师”和免费师范生计划。对做出杰出贡献的优秀教育工作者由市政府授予“杰出园丁”“优秀园丁”荣誉称号，纳入市政府“昆明市有突出贡献优秀专业技术人员”管理。到2020年，培养教坛新秀3500名、学科带头人和骨干教师达到3000名、名班主任2500名、春城教学名师500名、名校长100名，引进教育人才400名。

2．全方位提升医疗卫生人才队伍素质。分层次建立名医工作室、名老中医传承工作室、学术流派工作室，加快培养一批德技双馨和高素质医疗卫生人才。逐步规范对民间中医人员的管理。建立一、二级学科人才培训基地，市直属医疗卫生机构分别建立1—2个专业培训基地，对县区级医疗卫生机构人员进行专项业务培训，开展住院（全科）医师规范化培训。各县区级医疗卫生单位，建立相应专业培训基地，对乡镇医疗机构人员进行业务培训。实施人才培养培训工程，加大优秀年轻医疗人才培养、引进、选拔工作力度，对具有创新能力和发展潜力的优秀学科带头人进行重点培养。实施昆明市卫生科技人才培养“十百千”工程，即到2020年，培养国内知名专家10名，省级知名专家100名，市级知名专家、学科带头人、学科带头人后备人选1000名。加强以全科医师为重点的基层卫生人才队伍建设，全面提升基层医疗卫生人员服务能力。

3．加强社会工作人才队伍建设。合理配置社会工作人才，充分发挥社会工作专业人才在社会福利、社会救助、慈善事业、社区建设、婚姻家庭、精神卫生、残障康复、教育辅导、就业援助、职工帮扶、犯罪预防、禁毒戒毒、矫治帮教、人口计生、纠纷调解、应急处置等领域直接提供个性化、专业化社会服务的优势，优先培养为特殊困难群体、家庭和个人服务的社会工作专业人才，推动各行业、各领域、各层次社会工作专业人才队伍协调发展，并逐步实现初、中、高级社会工作专业人才合理配置。加大培训培养社会工作管理人才的力度，严格落实“推进村（社区）工作者专业化发展，对村（社区）干部考取社会工作师职称的社会工作者每月给予200元的职称补贴，由县级财政结合干部补贴待遇予以落实”规定，鼓励本市人员尤其是城乡村（居）民自治组织、社区服务组织、公益服务类社会组织、基层社会服务部门等相关人员参加社会工作职业水平考试和评价。到2020年，全市社会工作专业人才总量达到1.5万人左右，其中具有社会工作师职业水平证书或达到同等能力素质的中级社会工作专业人才达到600人左右，促进在岗社会工作服务人员接受良好的专业教育和培训。

4．打造思想过硬法治专业人才队伍。结合中央和省相关政策，制定昆明市法治人才队伍建设实施意见。把政治过硬作为首要标准，强化政治理论教育，打造思想过硬法治专业人才队伍。突出“三化”培训，加大法治专业人才的教育力度。创新和落实法治人才保障激励机制，切实解决法治专业人才的后顾之忧。建立健全政法部门和法学院校人员双向交流机制，落实高校和法治工作部门人员互聘计划，重点打造一支政治立场坚定、理论功底深厚、熟悉昆明市情的高水平法学专家团队。设立大学生法律实践基地或工作站，让法律专业大学生到社区、人民调解室、律师事务所、公证处等参与社会矛盾调处、法律咨询以及社区矫正等工作。

5．加大民族民间文化人才扶持力度。以提供传承场所和传承补助经费等方式，支持我市各级非物质文化遗产代表性传承人开展传承、传播活动。提高市级非物质文化遗产代表性传承人经费补助标准，建立县区级传承人补助机制。鼓励开办传习馆，带徒授艺，对开展传承活动较好、积极参加宣传展示交流等公益性活动的各级非遗传承人，给予支持帮助。

6．强化文化创意人才支撑。以人才结构调整引领产业结构调整，着力提高人才对文化创意产业发展的贡献率。搭建多种形式的人才成长和培养平台，重点培养和引进高端创意、高级管理、高级营销人才和行业领军人才，完善高级人才奖励和就医、就学、生活等配套服务政策。加强高层次人才培训，与云南大学等高校建立战略合作，依托高校和科研机构的智力和教育资源，共建文化创意产业产、学、研基地，与社会专业机构合作，加强专业技能型人才培训，形成多元人才支撑格局。通过高端人才引进、培训，加强与先进发达地区的学习和交流，提高全市文产干部和文化企业负责人的综合素质。建设一支文化、科技、管理复合型人才队伍，把人才优势转化为知识优势、产业优势和发展优势。

（九）引导人才合理流动。

1．加大对外人才交流合作力度。加强留学人员创业园区、科技孵化器等引才载体建设。支持高等院校、科研院所与海外特别是南亚、东南亚高水平教育、科研机构建立联合研发基地。对进入国家“千人计划”和云南省“百人计划”的海外高层次人才进行重点扶持。探索建立“双向互通、学历互认、联合培养、多方共赢”的区域人才体系，努力把昆明打造成为南亚、东南亚区域科技流、知识流、信息流、人才流的枢纽和中心。

2．做好特殊人才专业技术职称评审、职业资格鉴定服务。组建昆明市特殊人才中级专业技术职称资格、职业资格评审委员会，对引进人才和职称、学历达不到要求但学术技术水平超群的特殊人才，进行评审认定，有效解决特殊人才中级专业技术职称评审、职业资格鉴定等问题。

3．鼓励专业技术人员到基层服务。围绕我市优势特色产业，开展市级科技特派员（服务型、创业型）聘任工作，促进项目、资金、技术、成果等各类科技创新要素向基层一线聚集，加速科技成果转化和应用。县级以上具有中级以上职称的专业技术人员、具有执业医师资格的卫生技术人员，到乡镇连续工作满2年（含）以上的，给予相应岗位补贴，服务人员单位应予以鼓励支持。

4．开辟技能人才上升通道。技能人才可从企业技术技能岗位向专业技术或管理岗位流动，在基层和企业生产一线的高级技师、技师、高级工等高技能人才，符合机关、事业单位招考条件的，可比照本岗位的高级工程师、工程师、助理工程师参加机关、事业单位的工勤人员或事业单位专业技术人员的招考（招聘）。参加国家级、省级、市级技能大赛的优秀选手可破格晋升为高级工、技师或高级技师。

（十）提升人才服务水平。

1．畅通人才服务绿色通道。认真落实引进高层次人才绿色通道服务政策，在出入境和居留、户籍办理、工商、税务、金融、住房、海关、配偶随迁、子女就学、社会保险、职称评定等方面为引进人才提供快捷高效服务。建立高层次人才联络员制度，用人单位要指定专人，负责与培养、引进的高层次人才联系，及时了解他们在工作、生活中的实际困难，并采取有效措施，切实予以解决。各相关职能部门在我市各级政务服务中心设立的服务窗口增加为人才服务内容。加强各类园区的人才服务中心和人才创业基地建设，做好各类社会人才的服务、协调工作。

2．大力发展人力资源服务业。以产业引导、政策扶持和环境营造为重点，不断完善人力资源服务体系，提升人力资源开发配置水平，激发市场主体活力，进一步推动发展我市人力资源服务业。要加快推进公共服务与经营性服务分离改革，加大人才中介服务机构培育力度，逐步把政府人才服务机构中经营性业务交给中介服务机构办理，加大政府购买人才公共服务力度。制定人力资源服务业地方性行业规范，推动人力资源市场服务多元化、专业化和产业化。

3．实施特殊政策引才。重点引进一批拥有国内外领先专利技术和教学科研成果、能推动我市重点产业技术突破、能带动高新技术产业和金融服务业发展的特殊人才和创新团队，允许特殊人才自带优秀助手，并不受学历、职称、身份和专业技术人员岗位比例设置等条件限制。市级引进的高端科技人才、海外高层次人才采购的试验仪器设备，经批准，可以自主采购。依托招商引资引才，招商引资项目落地中引进的人才及其团队，符合条件的，可享受高层次人才、服务业人才等扶持政策。

4．改善高层次人才待遇。适当提高我市企事业单位引进的高层次人才生活补助和租房补贴标准。完善政府荣誉制度建设，对作出杰出贡献的优秀专业技术人才由市政府授予荣誉称号；提高昆明市有突出贡献优秀专业技术人员奖励力度，一次性奖励2万元。

5．建立健全高技能人才激励机制。充分发挥政府奖励导向作用，在各县区、各开发（度假）园区建立规范有效的高技能人才奖励制度，对为当地经济和社会发展做出突出贡献的高技能人才予以表彰和奖励。建立健全技能等级与业绩贡献相结合的收入分配制度和激励机制，制定技能人才技能等级工资指导价位；企业在制定薪酬结构时，应充分考虑技能劳动者的技能等级和业绩贡献等因素，着力构建科学合理的高技能人才薪酬制度；企业在聘的高级工、技师、高级技师，可参照专业技术人员享受待遇。完善高技能人才合理流动机制，坚持以市场为导向，依法维护用人单位和高技能人才的合法权益，保证人才流动的规范性和有序性。建立健全高技能人才柔性流动和区域合作机制，鼓励高技能人才通过兼职服务、技术攻关、项目引进等多种方式发挥作用。

6．设立昆明市外国专家“春城友谊奖”。从2016年起，每3年组织一次评选表彰奖励活动，对在我市经济社会发展做出贡献的外国专家，积极为我市培养人才、向我市捐赠、帮助我市建立新科学、新专业、重点实验室及希望小学，在教学、科研、出版、对外宣传引进国外智力做出突出贡献的国外官方或民间组织的友好人士，帮助提高对“三资”企业的生产经营水平及对企业的发展等方面做出突出贡献的外商投资企业家以及积极招商引资的外方友好人士，由昆明市人民政府授予昆明市外国专家“春城友谊奖”。奖章及证书以昆明市市长名义签署颁发，并奖励人民币1万元，同时获奖专家将作为国家“友谊奖”、云南省“彩云奖”后备人选推荐。

7．放宽基层专业技术人员职称评聘条件。在县及县以下单位工作的专业技术人员，除国家执业准入制度有明确要求的行业外，大专或中专毕业，从事专业技术工作分别满15年或20年，且中级专业技术职务履职满5年，可申报评审副高级专业技术职称资格；大专或中专毕业，从事专业技术工作分别满8年或13年，且初级专业技术职务履职满5年者，可申报评审中级专业技术职称。在职称申报评审中，对论文不作硬性要求，可将年度考核结果或获得市级以上的表彰奖励等，作为基层专业技术人员职称评审的主要依据。在县区所属事业单位专业技术工作岗位工作，取得高级专业技术职称资格，女年满50周岁，男年满55周岁，或连续工作满30年的，因受到单位高级专业技术岗位数额限制未聘用到相应岗位等级的，可由单位先进行聘任，再进行岗位设置方案调整或自然消化；在乡镇及以下事业单位工作的专业技术人员，可不受高级岗位数额限制，评聘相应专业技术职称。

五、组织保障

（十一）加强人才工作组织领导。各级党委（党组、党工委）要发挥在人才工作中的核心领导作用，党委（党组、党工委）书记作为人才工作第一责任人，要带头抓好“第一资源”，确立人才优先发展战略布局，把握人才工作方向，谋划人才工作大局，管好人才工作大事。各级人才工作领导小组及其办公室不断加快推进人才工作科学化领导步伐，增强统筹协调的意识和能力，不断完善人才工作统筹协调机制，切实履行好“管宏观、管政策、管协调、管服务，抓战略思想研究、抓总体规划制定、抓重要政策统筹、抓典型案例宣传、抓创新工程策划、抓重点人才培养”的“四管六抓”职能职责。加大全市人才工作统计监测力度，确保昆明市人才创新体制机制工作顺利实施。

（十二）充实市人才工作领导小组成员单位工作力量。根据《中共昆明市委办公厅关于印发〈中共昆明市委议事协调机构设置方案〉的通知》（昆办通〔2014〕48号）精神，调整市人才工作领导小组成员单位为市委组织部、市委宣传部、市委统战部、市发展改革委、市工业和信息化委、市教育局、市科技局、市民委、市民政局、市财政局、市人力资源社会保障局、市农业局、市文化广电体育局、市卫生计生委、市国资委、市统计局。各成员单位要根据工作实际成立本单位的人才工作领导小组办公室，明确专人，统筹本单位业务处（室）力量开展人才工作。

（十三）建立人才工作议事决策机制。各地各部门要不断创新“一把手”抓“第一资源”的方式方法，及时让“一把手”了解获知人才工作进展情况，积极争取“一把手”对人才工作的领导和支持，形成各部门人才工作重大事项报部门党委（党组、党工委）会讨论决策、各地人才工作重大事项报同级党委组织部部务会议讨论决定后向同级党委常委会议通报核准的议事决策机制。

（十四）理顺党政职能部门人才工作职责。政府人力资源社会保障部门是政府主管人才工作的综合职能部门，要在制定人才政策法规、构建人才服务体系、培育和发展人力资源市场等方面积极发挥作用。党委组织部门、政府国有资产监督管理部门和工信部门、人力资源社会保障部门、农业部门、民政部门是承担党政人才、企业经营管理人才、专业技术人才、高技能人才、农村实用人才、社会工作人才队伍建设的主要责任部门，要切实采取有力措施统筹推进各级各类人才发展。宣传、统战、发改、教育、科技、民族、公安、财政、文化、卫生等职能部门，要主动做好人才发展有关工作，抓好本行业系统内的人才队伍建设。各党政职能部门要积极贯彻落实党委关于人才工作的各项大政方针、决策部署和工作任务，充分调动本部门资源优势，齐抓共管、通力合作，共同推动人才工作各项任务落实。

（十五）调动社会各方面力量参与人才工作。引导和支持工会、共青团、妇联、科协、工商联、文联、社科联等人民团体和各民主党派、无党派人士、社会组织等各方面力量积极参与人才工作，努力扩大人才工作覆盖面，提高人才工作影响力。各群团组织要按照党委（党组、党工委）、政府（管委会）的部署和要求，积极参与和开展人才工作，团结凝聚人才，真诚服务人才的桥梁和纽带作用，及时向党委、政府反映人才的呼声和建议。充分发挥昆明人才协会凝聚人才、服务人才的作用。

（十六）夯实人才工作基础。积极发展专业化人才理论研究机构，加强人才发展理论和实践问题研究，重视研究成果运用，提高成果转化率。建立健全人才资源统计和发布制度，明确统计调查的主要内容、调查方式和责任分工，为全面及时掌握全市人才资源基本状况提供支撑性保障。建立健全人才信息网络和数据库，建设政府与企业、人才互联互通的“春城人才网”，进一步提高人才工作信息化水平。

（十七）深化人才工作项目化工作。围绕我市经济社会发展对人才的需求和我市中长期人才发展规划中重点任务和重大人才工程的实施，以及年度重点人才工作目标的完成，按照引领性、针对性、示范性、适用性原则，在调查研究和可行性论证的基础上，设计确定并组织实施重点人才工作项目，严格按照项目申报、审批、实施、验收等程序，统一项目申报、统一评审立项、落实责任主体，由市、县两级给予项目资金扶持、进行绩效考核评审，确保重点人才项目的开展服务于经济社会发展的需要。

（十八）加强人才工作信息的沟通交流。建立以人才工作联络员为主渠道的人才工作信息沟通交流制度、人才工作领导小组联席（扩大）会议制度、人才工作联络员例会制度、人才工作热点难点问题研讨协调制度、县区人才工作沟通交流制度、县区人才工作者跟班实践制度，形成纵横贯通、高效协调的人才工作运行机制。

（十九）加大人才工作经费投入力度。各级政府（管委会）优先保证对人才发展的投入，专项资金专门用于人才开发、培养、引进、资助、奖励、统计和服务等工作。制定全市人才工作专项资金使用管理办法，实行人才工作经费预决算制度，对规划重点项目牵头单位给予保障经费，对重点人才工作项目给予资金扶持，促进人才投入资金形成规模效益，保障财政资金投入人才工作的效益。市人才工作领导小组办公室专项工作经费主要用于保障全市重点人才工程的开展和推进。

（二十）健全完善监督落实制度。各级党委（党组、党工委）、政府（管委会）要坚持党管人才原则，切实加强对人才工作的领导，不断完善人才工作职责体系，统筹推进各类人才队伍建设。建立重要申报事项联动机制，对我市申报省级组织实施的各项人才工程，实行行业主管部门牵头组织、相关职能部门密切配合、市人才办统筹备案上报的工作机制。市人才办通过随机调研、专项检查等措施，加强重点工作督促指导和跟踪问效，确保人才工作各项任务落到实处。各地人才工作领导小组及其采取年度检查和日常督查相结合的方式，对本地本部门工作落实情况进行检查，检查结果以适当形式通报。各县区、五个开发（度假）园区党委（党工委）和政府（管委会）要建立健全人才工作目标责任制，加强督查考核。

附件：主要任务分解表（略）

中共昆明市委
昆明市人民政府
2015年9月28日

中共西藏自治区委员会办公厅 西藏自治区人民政府办公厅关于推进西藏科技长足发展促进大众创业万众创新的意见

（藏党办发〔2015〕41号）

为深入贯彻落实国家创新驱动发展战略，全面推进大众创业万众创新，不断增强全区经济社会发展的内生动力，根据《中共中央关于进一步推进西藏经济社会发展和长治久安的意见》（中发〔2015〕23号）和《国务院关于大力推进大众创业万众创新若干政策措施的意见》（国发〔2015〕32号）精神，按照区党委八届七次全委会议的部署要求，结合我区实际，提出如下意见。

一、总体要求

1．指导思想。高举中国特色社会主义伟大旗帜，深入贯彻落实党的十八大，十八届三中、四中、五中全会和中央第六次西藏工作座谈会精神，以邓小平理论、三个代表重要思想、科学发展观为指导，贯彻落实习近平总书记系列重要讲话精神，特别是治国必治边、治边先稳藏重要战略思想和“加强民族团结、建设美丽西藏”题词精神，坚持以“四个全面”战略布局为统领，坚持党的治藏方略，坚持依法治藏、富民兴藏、长期建藏、凝聚人心、夯实基础的重要原则，积极深化改革，加大简政放权力度，不断完善体制机制、健全普惠性政策措施，放宽政策、放开市场、放活主体，加快实施创新驱动发展战略，着力构建有利于大众创业、万众创新蓬勃发展的政策环境、制度环境和公共服务体系，充分激发全社会创业创新活力，努力促进全区经济社会持续健康发展。

2．基本原则。坚持政府引导，强化政府的引导作用，促进创业创新与市场需求和社会资本有机结合，鼓励有条件的地区先行先试，探索形成可复制、可推广的创业创新经验。坚持深化改革，进一步简政放权，积极完善相关法律法规、扶持政策和激励措施，解决好创业者面临的资金需求、市场信息、政策扶持、技术支撑、公共服务等瓶颈问题，最大限度释放各类市场主体创业创新活力。坚持开放共享，整合利用全区创业创新资源，实现人才等创业创新要素跨地区、跨行业自由流动；同时，依托“互联网+”、大数据等，推动各行业创新商业模式，建立和完善线上与线下、境内与境外、政府与市场开放合作等创业创新机制。

二、培育创业创新主体

3．促进企业成为技术创新主体。建立健全技术创新的市场导向机制和政府引导机制，引导各类创新要素向企业集聚，重点支持高原特色农牧业、太阳能光伏、天然饮用水等行业龙头企业和骨干企业设立研发机构、建立研发平台、培养研发团队。引导企业牵头、产学研合作建立特色优势产业技术创新战略联盟，开展重点特色产业关键共性技术、装备和标准的研发攻关。支持和鼓励企业设立创业创新流动岗位，吸引科研人员带着科研项目到企业开展技术创新和成果转化工作或创办企业。修订自治区科技型中小企业的认定条件和标准，扩大科技型中小企业创新基金规模和支持范围。

4．支持科技人员创业创新。探索建立科技人员创业创新的利益保障制度和管理机制，支持区内高等学校、科研机构和科技型企业改革科研人员薪金和岗位管理制度，完善绩效工资制度，健全与岗位职责、工作业绩、实际贡献紧密联系的分配激励机制。积极推广众包、云设计等新型研发组织模式，支持科研人员通过技术创新和商业模式创新，对传统企业进行升级改造。

5．鼓励大学生创业创新。把创新精神和创业素质教育纳入国民教育体系，开展创业创新教育，设置大学生创业创新教育课程，建立创业实训体系。试行普通本科高等学校本科专业向应用技术型高等学校转型。探索创业导师队伍建设。支持高校设立大学生创业创新社团，开展创业创新实践。推进各类科研机构科研平台、科研设备向大学生开放，建立大学生创业见习基地、科技创业实习基地、校外实践教育基地、创业示范基地。鼓励社会各类资本投资大学生创业创新项目，支持各类社会化、市场化专业服务机构及社团组织为大学生创业创新提供财务、法律、训练平台等专业服务。

6．提高农牧民创业创新技能。支持“三区”人才支持计划科技人员带项目、带资金、带技术到基层为农牧民开展技术服务和创业服务。实施科技特派员创业行动计划，建立农牧民科技特派员创业创新服务平台，培养一批农牧民科技特派员创业带头人。鼓励有技能的农牧民带头建立专业技术合作组织、经济实体和社会化服务组织。实施青稞、草牧业、特色牲畜、农产品深加工等重大科技专项。

三、打造创业创新载体

7．加快推进科技平台建设。建立创业创新政策集中发布平台，完善专业化、网络化服务体系。加强和完善中小企业公共服务平台网络建设，鼓励企业建立一批专业化、市场化的技术转移平台。加强科技基础平台建设，支持建设西藏自治区青稞种质改良和牦牛繁育省部共建国家重点实验室，在特色优势领域新建一批重点实验室和工程技术研究中心。加快大型科学仪器设备、科学文献、科学数据等科技基础条件平台建设，组建科技资源统筹中心，整合利用各类科技资源，推进西藏大型科学仪器设备、文献、数据向各类创业创新主体开放。鼓励依托三维（3D）打印、网络制造等先进的技术和发展模式，提供面向创业者社会化服务。研究建立一批西藏特色产业“双创”基地。

8．推进科技园区和示范基地建设。大力推进西藏（拉萨）科技孵化器、林芝国家可持续发展实验区、拉萨国家现代科技服务业文化旅游创意产业化基地、拉萨国家农业科技园区、日喀则国家农业科技园区建设，加快拉萨高新技术产业开发区、那曲地区畜牧业科技园区升级步伐。把科技园区和产业基地、成果转化基地等建设成集技术创新、成果推广、创业培训为一体的综合平台，挑选一批国家及自治区级科技项目成果在园区内进行创业创新示范推广。

9．发展“互联网+”创业创新平台。制定《西藏自治区关于发展众创空间促进大众创业万众创新的指导意见》。大力发展和利用“互联网+”网络创新体系，积极发展众创、众包、众扶、众筹等新模式，探索建成西藏大众创业万众创新的支撑平台。搭建各类创业创新对话交流平台，重点发展特色优势领域众创空间和网络众创平台，实现创新与创业、创业与就业、线上与线下互动互补。

10．加强创业创新服务。加快发展创业创新孵化服务，优化创业创新空间布局，培育创业创新发展形态，依托科技孵化器、众创空间等载体，孵化培育一批高新技术企业和科技型中小企业，培养一批具有创业创新素质和现代管理能力的企业家。大力发展第三方服务。加大基层创业支撑服务，健全职业技能培训体系；引导金融机构为基层创业创新提供金融产品。

四、强化智力支撑

11．实施人才兴藏战略。依托“国家创新人才推进计划”培养“高层次科技创新人才”和“重点领域创新团队”。依托“西部之光”“西藏特培”等平台有重点地培养一批中青年科技骨干。加大人才引进力度，以调入引进、创业创新引进、柔性引进等方式引进不同层次的急需人才，全面落实《西藏自治区高层次人才引进办法（试行）》，落实好引进人才科研补助费、薪酬待遇、职务待遇等优惠政策，吸引更多高层次人才到我区创业创新。

12．深化科技援藏。协调推动规划“十三五”时期全国科技援藏工作，进一步完善部区会商、区院合作、对口支援等机制，建立健全科技援藏新模式、新布局。充分发挥和有效利用国家部委和全国科技系统的技术、人才和资金优势，拓宽科技援藏新领域、激发科技援藏新活力。

13．促进科技交流合作。在特色资源开发、人才队伍建设等方面，加强与全国高等学校和科研院所的科技合作，建立重大项目合作协同机制，实现创新资源共享双赢。支持鼓励与我区特色资源开发紧密关联的国内外科技人才来我区创业创新，在政策、资金方面给予扶持。

14．完善激励引导措施。进一步深化科技奖励，把成果效益作为重要参考指标，加大科技奖励力度。推进职称制度改革，促进职称评价结果和科技人才岗位聘用有效衔接。实行科技人员分类评价，建立以能力和贡献为导向的评价和激励机制。试行推进科研事业单位实施绩效工资，重点向关键岗位、业务骨干和贡献突出的人员倾斜。

五、优化政策服务

15．推进科技体制机制创新。发挥政府在创业创新投入中的引导作用，优化科技资源配置，提升公共服务能力和水平，创造有利于创业创新的行政管理机制和社会环境。根据科技体制改革要求，调整科技管理机构职能和编制，大力培育科技中介服务机构。稳步推进科研院所分类改革，完善和加强高等学校科研体系，充分发挥科研院所和高等学校在科技创新中的主力军作用。

16．优化财税扶持政策。加快自治区财政科技计划体系和科技项目资金管理体制改革，加大自治区财政对创业创新的投入。落实中央和自治区关于支持企业技术创新的各项结构性减税政策，落实小微企业发展的各项税收优惠政策，逐步将财政对企业的技术创新投入转变为以普惠性财税政策为主。严格落实推动高新技术企业发展和企业产品研发费用加计扣除方面的企业所得税优惠政策。安排各类支持小微企业和创业创新的资金，探索完善小微企业创业创新发展的优惠政策。完善落实政府采购促进中小企业创业创新发展的相关政策措施，加大创新产品和服务的采购力度。研究设立自治区创业基金，扶持创业创新发展。探索创业券、创新券等创业创新公共服务新模式。

17．优化金融扶持政策。积极发挥金融资本的杠杆作用，激励企业增加研发投入，逐步完善以国家投入为主，企业、金融共同参与的多元化创业创新投入体系。完善创业创新担保贷款政策。出台小微金融服务考核办法，加大对小微企业的信贷投入力度。建立政府引导资金和社会资本共同支持初创科技型企业发展的风险投资机制。鼓励支持区内外投资机构共同发起设立风险投资机构，建立阶段参股、风险补助和投资保障等扶持机制。探索制定促进西藏科技金融发展的措施和办法，建立科技风险投资保证基金、财政担保基金等，研究试点科技保险制度。

18．完善知识产权政策。研究商业模式等新形态知识产权的保护办法。积极推进知识产权交易。完善知识产权快速维权与援助机制。完善科技成果、知识产权和利益分享机制，提高骨干团队、主要发明人受益比例。建立知识产权质押融资风险补偿机制，引导金融机构开展专利权、商标权、版权等知识产权质押贷款业务。

19．深化商事改革制度。加快实施工商营业执照、组织机构代码证、税务登记证“三证合一”“先照后证”。支持各地结合实际放宽新注册企业场所登记条件限制，推动“一址多照”、集群注册等住所登记改革，为创业创新提供便利的工商登记服务，建立市场准入等负面清单、建立市场退出机制。

20．促进科技成果转化。修订《西藏自治区实施〈中华人民共和国促进科技成果转化法〉办法》，实施自治区科技成果转移转化工程，培育建设成果转化基地。探索下放科技成果使用权、处置权和收益管理权，推动创新链与产业链互动。支持科研院所和大学的技术成果产业化。

六、强化组织保障

21．加强组织领导。建立自治区加强科技创新、推进大众创业万众创新联席会议制度，加强对创业创新工作的组织指导，加强对科技创新等重大问题的研究，提出意见和建议。梳理各项政策措施，推动对初创企业的扶持方式从选拔式、分配式向普惠式、引领式转变。建立推进大众创业万众创新有关普惠性政策措施落实情况的督查督导机制，建立完善众创工作考核制度，将创业创新工作任务完成情况纳入各级领导班子和领导干部工作实绩考核，确保各项政策措施落地生根。

22．强化协调配合。各地市各部门要转变观念，创新管理和服务，加大对创业创新工作支持力度。建立协调联动机制，加强信息共享和工作联动，形成合力。探索建立乡镇、社区创业服务机构，提高“草根”创业的成功率。

23．做好示范引导。建立科技创新和大众创业万众创新引导示范机制，积极开展各种奖励和成果转化、创业创新评选表彰等活动。鼓励有条件的地方开展创业创新试点。

24．营造良好氛围。大力弘扬“老西藏精神”和“两路精神”，培育特别能创新、特别能创业的理念，培育具有创新意识、创新精神和创新勇气的价值观，在全社会形成尊重创造、注重开放、敢冒风险、宽容失败的创业创新文化。大力宣传创业创新成果、成效和经验，大力宣传创业创新的先进人物、典型事迹，形成大众创业万众创新的浓厚氛围。

中共西藏自治区委员会办公厅
西藏自治区人民政府办公厅
2015年12月12日

甘肃省发展众创空间推进大众创新创业实施方案

（甘政办发〔2015〕79号）

为了贯彻落实《国务院办公厅关于发展众创空间推进大众创新创业的指导意见》（国办发〔2015〕9号）精神，加快我省实施创新驱动发展战略，适应和引领经济发展新常态，顺应网络时代大众创业、万众创新的新趋势，加快发展众创空间等新型创业服务平台，营造良好的创新创业生态环境，推动产业优化升级，激发全社会创新创业活力，全面融入国家“一带一路”建设的大战略，倾力打造丝绸之路经济带甘肃段，积极探索西部欠发达地区依靠创新驱动、实现跨越发展的新模式，现结合我省实际，制定本实施方案。

一、总体要求

（一）指导思想。以邓小平理论、“三个代表”重要思想和科学发展观为指导，认真贯彻落实党的十八大和十八届三中、四中全会以及《中共中央国务院关于深化体制机制改革加快实施创新驱动发展战略的若干意见》精神，以深入实施创新驱动发展战略为主题，以打造丝绸之路经济带甘肃黄金段和建设兰白科技创新改革试验区为契机，以营造良好创新创业生态环境为目标，以激发全社会创新创业活力为主线，以提高区域创新能力为核心，以构建众创空间等创业服务平台为载体，充分考虑我省资本、人才等区域特点，因地制宜，有效整合资源，集成落实政策，完善服务模式，优化体制机制，培养创新人才，厚植创新文化，积极培育和践行社会主义核心价值观，加快形成我省大众创业、万众创新的生动局面。

（二）发展目标。到2020年，形成一批有效满足大众创新创业需求、具有较强专业化服务能力的众创空间等新型创业服务平台，全省孵化器数量达到50家以上，探索利用互联网建立虚拟孵化器。孵化培育一批创新型企业，并从中成长出能够引领未来经济发展的骨干企业。培育一批创业投资机构和天使投资人，进一步拓展投融资渠道。健全创新创业政策体系，完善配套服务体系，产生一批具有影响力和甘肃特色的众创空间。

二、重点任务

（一）加快构建众创空间。总结推广创客空间、创业咖啡、创新工场等新型孵化模式，充分利用兰白科技创新改革试验区、国家高新区、国家农业科技园区、国家级经济技术开发区、科技企业孵化器、大学科技园、科技大市场、文化创意园、大学生创业见习基地和高校、科研院所等有利条件，构建一批综合性创业服务平台。充分发挥行业领军企业的主力军作用，鼓励企业建立专业化孵化器和平台，大中型企业带动产业链上的小微企业，实现产业集聚和抱团发展。各地要紧密结合区域资源禀赋、特色支柱产业和园区功能布局，重点在战略性新兴产业、现代服务业、现代农业、文化传媒等领域，建立形成“创业苗圃+孵化器+加速器+产业园”的全产业链孵化链条。鼓励创业投资机构、社会组织等形成多元化的创新服务平台建设模式，构建一批低成本、便利化、全要素、开放式的众创空间。发挥政策集成和协同效应，实现创新与创业相结合、线上与线下相结合、孵化与投资相结合，数量扩张和质量提升并举，为广大创新创业者提供良好的工作空间、网络空间、社交空间和资源共享空间。（责任单位：省科技厅、省发展改革委、省教育厅、省工信委、省人社厅、省文化厅、省商务厅、省新闻出版广电局、省政府国资委、各市州政府、兰州新区管委会）

（二）营造更宽松的创新创业政策环境。充分发挥市场配置资源的决定性作用，制定和规范更为宽松的行业准入政策，改革产业准入制度，制定和实施产业准入负面清单，对未纳入负面清单管理的行业、领域、业务等，各类市场主体皆可依法平等进入。全面落实企业所得税研发费用加计扣除和高新技术企业税收优惠政策，促进企业创新发展。发挥金融创新对技术创新的助推作用，培育壮大创业投资和资本市场，提高信贷支持创新的灵活性和便利性。深化商事制度改革，针对众创空间等新型孵化机构集中办公等特点，简化住所登记手续，采取一站式窗口、网上申报、多证联办等措施为创业企业工商注册提供便利。对众创空间等新型孵化机构的房租、宽带接入费用和用于创业服务的公共软件、开发工具给予适当财政补贴，鼓励众创空间为创业者提供免费高带宽互联网接入服务。贯彻落实国家有关政府采购支持创新产品和服务、促进中小企业创新发展的相关政策措施。整合汇集各部门制定的支持小微企业发展和创新创业的优惠政策，建立健全由科技部门牵头的劳动协调机制，为企业提供系统的政策服务和辅导。（责任单位：省科技厅、省发展改革委、省工信委、省文化厅、省商务厅、省财政厅、省人社厅、省政府金融办、省工商局、省国税局、省地税局、省知识产权局、各市州政府）

（三）鼓励全社会参与创新创业。鼓励社会机构和个人积极投身创新创业，重点调动科技人员和大学生创业积极性。加快下放科技成果使用、处置和收益权，结合事业单位分类改革要求，尽快将财政资金支持形成的，不涉及国防、国家安全、国家利益、重大社会公共利益的科技成果的使用权、处置权和收益权，全部下放给符合条件的项目承担单位。科技成果转移转化所得收入全部留归单位，纳入单位预算，实行统一管理，处置收入不上缴国库。提高科研人员成果转化收益比例，完善职务发明制度，在利用财政资金设立的高等学校和科研院所中，将职务发明成果转让收益在重要贡献人员、所属单位之间合理分配，对用于奖励科研负责人、骨干技术人员等重要贡献人员和团队的收益比例，可以从现行不低于20%提高到不低于50%。加大科研人员股权激励力度，鼓励各类企业通过股权、期权、分红等激励方式，调动科研人员创新积极性，科技成果入股比例不设上线。财政资助的科研创新发展类项目，项目承担单位应结合一线科研人员实际贡献，公开公正安排绩效支出，充分体现科研人员的创新价值。推进实施大学生创业引领计划，鼓励高校开设创新创业类教育课程，逐步普及创业实训，建立大学生创业全程跟踪指导制度，制定创业服务公共财政购买实施办法，建立健全公共财政购买创业服务机制，建立健全大学生创业指导服务专门机构，加强大学生创业培训，为大学生创业提供场所、公共服务和资金支持，以创业带动就业。鼓励有技能和经营能力的农民工返乡创业，创办家庭农场，创办涉农龙头企业及农业社会化服务组织。实施科技特派员创业行动，鼓励科技特派员围绕我省产业发展进行创业服务，研究制定科技特派员创新创业服务财政购买办法。进一步营造尊重劳动、崇尚技能、鼓励创新的良好社会氛围，加大开展全省职工岗位技能提升行动力度，实施全省职工技能素质建设工程，积极创办劳模（技能人才）创新工作室，开展职工优秀技术创新成果评选表彰活动，为包括城镇失业人员和农民工在内的广大职工提供转岗就业培训、自主创业培训和职业技能培训，进一步营造尊重劳动、崇尚技能、鼓励创新的良好社会氛围。（责任单位：省科技厅、省发展改革委、省教育厅、省财政厅、省人社厅、省工信委、省政府国资委、省总工会、各市州政府）

（四）加强财政资金引导和税收优惠。各级财税部门要严格落实税收优惠政策，充分利用各类专项资金支持中小企业发展，创新资金扶持方式，更多运用阶段参股、风险补助和投资保障等方式，引导创业投资机构投资于初创期科技型中小企业。按照政府引导、市场运作的原则，用好甘肃省战略性新兴产业创业投资引导基金和兰白科技创新改革试验区技术创新驱动基金，带动社会资本投入，重点支持战略性新兴产业和兰白科技创新改革试验区内高新技术产业早中期、初创期创新型企业发展。发挥财政资金杠杆作用，探索建立科技创新券制度，通过市场机制引导社会资金和金融资本支持创业活动。建立和增加财政支持科技担保的奖励和补偿资金，支持科技担保业的发展。建立知识产权质押融资市场化风险补偿机制，简化知识产权质押融资流程。发挥好技术创新驱动基金作用，吸引省内外投资机构共同发起成立天使投资、风险投资等，培育发展天使投资群体，设立专项资金，支持职工技术创新活动，推动大众创新。全面落实财政部和国家税务总局支持科技企业孵化器的税收优惠政策，鼓励孵化器创新发展。（责任单位：省财政厅、省发展改革委、省科技厅、省工信委、省人社厅、省国税局、省地税局）

（五）完善创业投融资机制。发挥金融创新对技术创新的助推作用，培育壮大创业投资和资本市场，提高信贷支持创新的灵活性和便利性，形成各类金融工具协同支持创新创业的良好局面。推动省内银行业金融机构与创业投资和股权投资机构实施投贷联动，为企业创新活动提供股权、债权相结合的融资服务。发挥多层次资本市场作用，为创新型企业提供综合金融服务。建立创业投融资平台，开展互联网股权众筹融资试点，增强众筹对大众创新创业的服务能力。规范和发展服务小微企业的区域性股权市场，促进科技初创企业融资，完善创业投资、天使投资退出和流转机制。鼓励银行业金融机构设立服务科技型中小微企业的专业部门或分支机构。结合科技型企业轻资产、高技术含量的特点，积极开展知识产权质押、股权质押和融资担保服务。加快科技保险业的发展，推进专利保险试点。发挥政府投资机构的作用，加强对中小微企业的投资引导，并通过市场机制，撬动社会资本共同参与创业投资。继续加强甘肃省股权交易中心建设，充分发挥区域股权交易中心在股权融资、股份转让和产品创新等方面的功能。（责任单位：省政府金融办、银监会甘肃监管局、省发展改革委、省科技厅、省工信委、省财政厅、省人社厅、保监会甘肃监管局）

（六）积极发展电子商务。放宽电子商务市场主体住所（经营场所）登记条件。按规定将网络从业人员纳入社会保险，给予同等就业创业扶持。建立适应电子商务发展的多元化投融资机制，引导创业投资基金加大对电子商务初创企业的支持，放开外商投资电子商务业务外方持股比例限制。加强网络、快递物流等电子商务基础设施建设，为创业者提供免费的项目展示平台。推动电子商务与贸易流通、工业生产、金融服务等相关领域联动发展，创新和拓展面向“三农”的服务，推进网络购物、网络化制造和经营管理、跨境电子商务等新业态成长，建设促进居民消费的电子商务平台，支持实体店与电商、线上与线下协同发展。营造公平竞争的环境和舞台，提升网上销售产品的质量和品质，完善网上交易投诉和维权机制，打击网络盗窃、诈骗等违法行为，保护知识产权和网络交易安全。引导全省连锁超市等传统企业积极应用电子商务升级发展模式，鼓励商贸企业发展网络零售，开展线上线下一体化创新应用，支持全省专业市场借助电子商务扩展交易渠道、升级交易模式，支持小微网商和个人创业者借助专业市场完整的产业链优势，依托第三方平台开展网络分销与零售业务。加强电子商务创业孵化基地和示范园区建设，在电子商务发展成熟的地区率先建立电子商务创业孵化基地和创业实训基地，依托有条件的高校和职业院校，成立我省电子商务学院。（责任单位：省商务厅、省工信委、省人社厅、省发展改革委、省文化厅、省工商局、省教育厅）

（七）建立完善的创新创业公共服务体系。综合运用政府购买服务、无偿资助、业务奖励等方式，支持中小企业公共服务平台和服务机构建设。充分发挥创业服务中心、生产力促进中心、知识产权服务机构等公益性服务机构的作用，聚集服务资源优势，组建科技服务业联盟，完善中小企业创新服务体系，加快推进创业孵化、知识产权服务、第三方检验检测认证等机构的专业化、市场化改革，壮大技术交易市场。为中小企业提供全方位专业化优质服务，支持服务机构为初创企业提供法律、知识产权、创业导师、财务、咨询、检验检测认证和技术转移等服务，促进科技基础条件平台开放共享。着力发挥传统孵化器在基础设施方面和新型创业服务机构在专业服务方面的互补优势，促进传统孵化器与新型创业服务机构的深层合作，为初创企业提供全流程服务。鼓励孵化器建设公共实验室和研发平台，为入孵企业提供技术研发、产品或工艺设计服务，共享数据、软件、装备、设施等资源。与专业机构合作建立检验检测服务平台，提供检验、检测、认证等方面服务。联合本行业领军企业建立中试车间和厂房，提供技术集成、中试开发、小规模产品试制等方面服务。与省内外高校、科研院所合作建立各领域的成果转化和技术转移机构，提供成果转化、技术交易等方面服务。积极探索020服务模式，建立科技创业服务平台，把互联网基因注入科技服务业，实现创业大赛服务、科技创业咨询服务、中小企业信息服务、项目申报服务、技术交易服务、科技金融服务和创业培训服务。加快发展会计、审计、保险等各类专业服务机构。完善专利审查快速通道，对小微企业亟需获得授权的核心专利申请予以优先审查。优化重点实验室、工程（技术）研究中心布局，构建开放共享互动的创新网络，建立向企业特别是中小企业有效开放的机制。（责任单位：省财政厅、省科技厅、省发展改革委、省工信委、省教育厅、省政府国资委、省商务厅、省人社厅、省质监局、省知识产权局）

（八）营造创新创业文化氛围。积极倡导敢为人先、宽容失败的创新文化，树立崇尚创新、创业致富的价值导向，大力培育企业家精神和创客文化，将奇思妙想、创新创意转化为实实在在的创业活动。鼓励孵化器精心营造以“服务创业、服务创意、服务创新”为主题的孵化生态文化环境，积极搭建各类对话交流平台，开展创意设计大赛、创业咖啡训练营、技术项目对接会、创业辅导培训、专题论坛讲座等各类活动。广泛宣传创新创业的先进人物和优秀团队，激发全社会关心支持创新创业的热情，营造人人支持创业、人人参与创新的舆论环境和良好氛围。加强各类媒体对大众创业、万众创新的新闻宣传和舆论引导，报道一批创新创业先进事迹，树立一批创新创业典型人物，让大众创业、万众创新在全社会蔚然成风。创新培养、用好和吸引人才机制。丰富创新创业活动，鼓励社会力量围绕大众创业、万众创新组织开展各类公益活动，组织开展甘肃省大学生创新创业大赛，提升大学生参与创业的积极性，继续办好中国创新创业大赛甘肃赛区活动，积极支持参与国际创新创业大赛，为投资机构与创新创业者提供对接平台。（责任单位：省文化厅、新闻出版广电局、省人社厅、省科技厅、省工信委、团省委、各市州政府）

（九）加快建立创业孵化人才队伍。全面落实国家和我省各类人才激励扶持政策，大力引进相关技术领域的留学人才、领军人才和其他专业性技术人才在孵化器集聚发展。鼓励和支持孵化器与省内外高等院校、科研院所全方位、多领域广泛开展技术合作和成果转化交流，为入孵企业和创业人才提供专业技术服务和研发平台支持。建立健全创业辅导制度，培养一批创业培训师资，鼓励拥有丰富经验和创业资源的企业家、天使投资人和专家学者担任创业导师或组成辅导团队。将创业实训、创业孵化、创业辅导紧密结合，加强孵化器管理服务人员的业务培训，不断提高孵化器管理水平和创业孵化成功率。围绕全省经济建设重大需求，面向全球引进高层次科技创新人才到甘肃从事创新研究和创业。（责任单位：省人社厅、省科技厅、省工信委、省教育厅、团省委）

（十）以兰白科技创新改革试验区为重点区域，推进大众创业、万众创新。兰白科技创新改革试验区要深入实施创新驱动发展战略，以深化科技体制改革为主线，营造创新环境和政策空间，不断引聚各类创新要素，激发各个创新主体和各类人才的创新创业活力，构建起有特色的区域创新体系和创新生态。鼓励大专院校、科研院所和各类科技人员在实验区内创新创业，科研院所可自主处置科技成果的合作转让、对外投资和实施许可等事项，科技成果转化所获收益可按不少于90%的比例用于对成果完成人员和成果转化突出贡献人员进行奖励。紧紧抓住丝绸之路经济带建设的重要机遇，加强同丝绸之路沿线国家的科技交流与合作，建立国际联合研究中心、国际科技合作基地、技术转移中心，加强人才引进和交流，吸引国内外、省内外企业积极参与兰白科技创新改革试验区发展和建设。加强同国内相关机构的合作交流，建立张江兰白科技创新改革试验区技术转移中心、北京大学等技术转移基地等，在项目实施、资源共享、人才交流等方面建立健全区域科技合作机制，扩大对外开放，强化引资引智，承接产业转移。制定“创业在家乡”计划，着力培养本地创业人才支持开展职工技术创新活动，鼓励职工“创新在岗位”，推动企业技术进步。（责任单位：兰州市政府、白银市政府、兰州新区管委会、省发展改革委、省教育厅、省科技厅、省工信委、省财政厅、省人社厅、省国土资源厅、省政府国资委、省地税局、省国税局、省政府金融办）

三、保障措施

（一）加强组织领导。各地、各有关部门要高度重视推进大众创新创业工作，加强协调推进，积极研究完善推进大众创新创业的政策措施，认真做好大众创新创业政策落实情况调研、发展情况统计等工作，及时报告有关进展情况，切实抓好各项工作的组织落实。

（二）加强示范引导。最大限度地盘活利用兰白科技创新改革试验区、兰州高新技术产业开发区、白银高新技术产业开发区、创新型试点城市、文化创意园、兰州大学国家大学科技园、兰州交通大学国家大学科技园、兰州理工大学国家大学科技园的创新创业资源，激励高校、院所开放科研仪器设备和科技服务，发挥创新创业资源的集聚效应和创新创业活动的规模优势。鼓励各地积极探索推进大众创新创业的新机制、新政策，不断完善创新创业服务体系，为创业者提供创业服务平台，让所有创业者都能“用其智、得其利、创其富”。

（三）加快政府职能转变。各地、各有关部门要加强对大众创新创业的宏观引导、公共服务和市场监管，营造公平合理的市场竞争环境。凡是市场机制有效的领域，政府要顺势而为，充分发挥市场配置创新创业资源的决定性作用，坚持让市场选择大众创新创业的方向和路径，让价格机制和供需关系来调节大众创新创业的规模和形式，避免直接干预创新创业活动。要着力完善创新创业政策体系和制度体系，保障创新创业者合法权益和竞争秩序，不断夯实创新创业基础设施，提高政府公共服务水平。对初创企业的扶持方式要从选拔式、分配式支持向普惠式、引领式转变，发挥财政资金撬动社会资本的杠杆作用，用政府对创新创业的“小投入”吸引来社会资本的“大投入”，形成市场化的创新资源配置格局和公平竞争、优胜劣汰的市场经济秩序。

甘肃省人民政府办公厅

2015年5月29日

青海省人民政府办公厅
关于发展众创空间推进大众创新创业的实施意见

（青政办〔2015〕144号）

为深入贯彻落实《国务院关于大力推进大众创业万众创新若干政策措施的意见》（国发〔2015〕32号）和《国务院办公厅关于发展众创空间推进大众创新创业的指导意见》（国办发〔2015〕9号）精神，加快建设符合我省经济社会发展实际的众创空间等创新创业服务平台，为创新创业营造良好的制度环境和政策环境，着力推进创新驱动发展战略实施，现结合我省实际，制定本实施意见。

一、总体要求

（一）指导思想。

以营造良好的创新创业环境为目标，以构建众创空间等创新创业服务平台为着力点，充分发挥各市州县政府、省级各类工业园区和大学等责任主体作用，有效整合资源，集成落实政策，完善服务模式，培育创新创业文化，激发全社会创新创业活力，加快形成大众创业、万众创新的生动局面。

（二）基本原则。

加强政府引导。充分发挥各市（州）、县政府构建众创空间的责任主体作用；加强财政资金的引导作用；系统整合各类资源，合力推进众创空间建设。

坚持市场导向。充分发挥市场配置资源的决定性作用，鼓励和扶持以社会力量为主、适应市场发展的众创空间，促进创新创业与市场需求和社会资本有效对接。

培育市场主体。营造氛围，激发创新创业的热情和活力，形成加快培育市场主体的合力，建立有利于激发市场主体发展新活力的制度，完善发展市场主体的政策环境和体制机制。

创新服务模式。促进社会公共资源开放共享，利用互联网、云计算等现代信息化手段，构建开放的创新创业服务平台，综合运用市场化、专业化的运行手段，提供全链条增值服务，强化创业辅导，提高创新创业效率。

（三）发展目标。

到2020年，全省建成众创空间50家以上，培育企业1000家以上，基本形成创新创业全链条服务体系；培育一批创业投资机构，畅通创业投融资渠道；孵化和培育一大批创新型中小微企业，并从中成长出能够引领未来经济发展的骨干企业，通过发展众创空间等创新创业服务平台，推进大众创新创业，打造新常态下经济发展的新引擎。其中：2016年，全省设市城市（含县级市）、州府所在地城镇、西宁经济技术开发区（青海高新区）、柴达木循环经济试验区、海东工业园区及青海大学、青海师范大学和青海民族大学均要建成1家以上众创空间；到2017年，全省有条件的城镇及职业技术学校（学院）均要建成1家以上众创空间，全省累计达到20家以上，培育企业500家以上。

二、重点任务

（一）加快构建众创空间。各地区要按照众创空间发展目标要求，围绕本地区主导产业和经济发展特点，制定相关发展规划，引进推广创客空间、创业咖啡、创新工场等新型创新创业服务平台，与社会资源相结合，构建一批低成本、便利化、全要素、开放式的众创空间。西宁经济技术开发区（青海高新区）、海东工业园区、国家农业园等要建设一批专业化的众创空间。全省各普通高校要利用现有教育资源及大学科技园、产学研合作基地、创业孵化基地等，设立不少于2000平方米的公益性大学生创新创业场所。鼓励职业技术学校设立创新创业场所。鼓励各类创业服务机构利用现有存量土地和闲置场地、厂房等改造建设众创空间等创新创业服务平台。经省科技厅、省财政厅组织认定的众创空间，由省财政从省级科技发展资金中一次性给予资金补助。（各市、州政府，省发展改革委、省经济和信息化委、省国资委、省财政厅、省教育厅、省科技厅、省人力资源社会保障厅、省农牧厅、省商务厅，团省委，西宁经济技术开发区管委会）

（二）降低创新创业门槛。在众创空间优先实施放宽新注册企业场所登记条件限制，推动"一址多照"、集群注册等住所登记改革，为众创空间里的创新创业者提供便利的工商登记服务。在众创空间率先破除不合理的行业准入限制，率先依托企业信用信息公示系统建立小微企业名录，增强创业企业信息透明度，优先开展对初创企业免收登记类、证照类、管理类行政事业性收费。（省工商局、省国税局、省地税局、省发展改革委、省科技厅、省商务厅、省财政厅、省金融办，各市、州政府）

（三）鼓励科技人员和大学生创业。允许和鼓励高校、科研院所、技术推广单位和国有企业等企事业单位科技人员经批准后到众创空间离岗创业，可在3年内保留其人事关系。允许和鼓励高校、在青科研院所科技人员在完成本单位布置的各项工作任务前提下在职到众创空间等创业平台创业，其收入归个人所有。科技人员以知识产权和科技成果作价入股到众创空间等创业平台创办企业，其占股比例不设上限，由各方共同商定，属职务创造发明的，相关个人可以个人名义持有一定股权。鼓励省内高校允许全日制在校学生休学到众创空间创业。凡到省内众创空间创业的学生，可视同其参加课程要求的学习、实训、实践教育，并按相关规定计入学分。对高校毕业生在众创空间创办的小型微利企业，年应纳税所得额低于30万元（含30

万元）的，减按20%的税率征收企业所得税；年应纳税所得额低于20万元（含20万元）的，在2017年12月31日前，其所得减按50%计入应纳税所得额，按20%的税率征收企业所得税。月销售额2万元（含2万元）至3万元（含3万元）的增值税小规模纳税人，在2015年12月31日前免征增值税。各有关地区和部门要优先落实高校毕业生在众创空间创办小型微型企业的场租、水电及省政府出台的各类创业补贴政策。（省人力资源社会保障厅、省教育厅、省发展改革委、省经济和信息化委、省国资委、省国税局、省地税局、省科技厅、省财政厅，省总工会，各市、州政府）

（四）加强财政资金引导。各类财政资金均要支持发展众创空间，推进大众创新创业，各市州要整合现有资金，用好现有财政引导资金，撬动社会资金，共同支持众创空间等创新创业服务平台建设。要发挥财税政策作用支持天使投资、风险和创业投资发展，培育发展天使投资、风险投资等投资主体，推动大众创新创业。研究设立科技企业孵化种子（天使）基金，与社会投资相结合，采取有偿使用和股权投资等多种形式，支持创新创业。扩大科技型中小企业创业投资引导基金规模，积极发展创业投资和风险投资，鼓励产业投资基金向初创期企业倾斜。每年整合5000万元财政科技资金，建立大学生创新创业引导资金，支持由省内各高校在读两年以上的大学生及毕业七年以内的省内外高校毕业生在青海境内创办企业从事创新创业活动；对于为大学生提供技术、检验检测、知识产权、财务、法律、金融等服务，业绩较突出的众创空间给予100万元以内的奖励支持。（省财政厅、省金融办、省科技厅、省教育厅、省发展改革委、省经济和信息化委、省商务厅、省地税局、省国税局，团省委，各市、州政府）

（五）创新金融服务产品和模式。政府机构、金融监管部门、金融机构形成合力支持众创空间发展，将各类财政扶持资金与金融机构贷款项目紧密结合，形成联动机制，共同支持创新创业。各类银行业金融机构要根据大众创新创业的特点，降低贷款门槛，优化审批流程；依托青海高新区开展设立科技支行试验或设立科技贷款专项，对众创空间等创新创业服务平台内的企业实施“优先调查、优先评级、优先授信、优先放贷”的政策，进行“一站式服务”，率先创新信贷产品和服务模式，充分发挥知识产权质押融资的积极作用，为众创空间内的创业企业提供综合金融服务。对在众创空间初次创业的高校毕业生可申请最高不超过10万元的小额担保贷款并给予财政贴息；合伙经营或组织起来就业的，可申请人均10万元、总额50万元以内为期2年的小额担保贷款并给予财政贴息（除国家规定不予贴息的）。各银行业金融机构要进一步完善通过抵押、质押、联保、保证和信用贷款等方式，优先为在众创空间创业的大学生解决反担保难问题，切实落实银行贷款和财政贴息。鼓励支持保险公司、科研机构、中介机构和科技企业在众创空间共同探索科技保险产品创新机制试验，支持保险公司开发出具有针对性的专属科技保险产品。（省金融办、青海银监局、省人力资源社会保障厅、省发展改革委、省科技厅、省经济和信息化委、省财政厅、青海保监局）

（六）支持创新创业公共服务。综合运用政府购买服务、无偿资助、业务奖励等方式，支持众创空间等新型创新创业服务平台和服务机构建设，为中小企业提供全方位专业化优质服务。各级政府建设的重点（工程）实验室、工程（技术）研究中心等科技基础设施，以及利用财政资金购置的重大科学仪器设备按照成本价优先向众创空间的创业企业开放，支持企业、高校和科研机构优先向众创空间的创业企业开放其自有科研设施。特别强化在众创空间落实对小微企业专利申请和发明专利获得授权的资助和奖励政策。对小微企业申请专利的费用实行减免，当年发明专利申请20件以上，各类专利申请50件以上，给予10万元奖励支持，发明专利获得授权，奖励2万元。鼓励生产力促进中心等技术转移机构在众创空间创新服务模式和商业模式，强化全过程的技术转移集成服务，强化研发费用税前加计扣除政策宣传、辅导及政策落实的工作力度。（省财政厅、省科技厅、省发展改革委、省经济和信息化委、省国资委、省教育厅、省商务厅、省国税局、省地税局）

（七）营造创新创业文化氛围。鼓励社会力量围绕大众创业、万众创新组织开展各类公益活动。依托众创空间等创新创业服务平台组织开展大学生创新创业大赛等活动，为投资机构与创新创业者提供对接平台。率先在众创空间建立健全创业辅导制度，一方面依靠众创空间培育一批专业创业辅导师，另一方面鼓励拥有丰富经验和创业资源的企业家、天使投资人和专家学者优先到众创空间开展辅导活动。省属高校应设立创新创业课程，其应届毕业生创新创业教育率要达到100%。进一步调整完善创业培训补贴政策，支持每年组织1500名大学生参加创业培训。以建设众创空间为契机，支持社会力量率先在众创空间举办创业沙龙、创业大讲堂、创业训练营等创业培训活动，倡导敢为人先、宽容失败的创新文化，树立崇尚创新、创业致富的价值取向，大力培育企业家精神和创客文化，将创新创意转化为实实在在的创业活动。（各有关单位）

三、保障措施

（一）加强组织领导。由省科技厅、省财政厅、省发展改革委、省经济和信息化委、省教育厅、省人力资源社会保障厅、省金融办、青海银监局、团省委等单位组成推进大众创新创业工作领导小组，负责推动此项工作的落实。各地区、各部门要高度重视推进大众创新创业工作，认真抓好组织协调，确保各项措施落到实处。

（二）注重示范引领。各市、州要依托本地区优势资源，打造众创空间引领工程，重点抓好大学科技园、科技企业孵化器等创新创业服务平台建设，总结成功经验，形成引领示范、全面推动的良好机制。

（三）强化宣传引导。各地区、各行业要广泛开展创业大赛、技术一项目对接会、创业辅导培训、专题论坛讲座等各类活动，宣传、推广创新创业交流活动，促进人才与市场、市场与项目之间的良性互动和有效对接。通过各类媒体广泛宣传创新创业的先进人物和优秀团队，激发全社会关心支持创新创业的热情，营造人人支持创业、人人参与创新的良好社会氛围。

（四）实施动态考核评价。将众创空间建设与发展情况纳入地区和部门年度目标任务考核体系，研究制定众创空间建设绩效评价办法，建立评估指标体系，定期组织开展评估，并将考评结果以适当方式公布。

四、本意见自2015年8月30日起施行，有效期至2020年8月29日。

青海省人民政府办公厅

2015年7月31日

宁夏回族自治区人才工作协调小组 关于规范柔性引才工作的实施意见

（宁人才组〔2015〕7号）

为健全完善规范有序的柔性引才工作机制，广泛吸纳各类优秀高层次人才和高技能人才来宁创新创业或工作服务，根据自治区党委、人民政府《关于创新体制机制促进人才与经济社会协调发展的若干意见》（宁党发〔2014〕53号）精神，结合我区实际，现就规范柔性引才工作提出如下实施意见：

一、总体要求

坚持“以人为本”和“不求所有、但求所用、共同发展”的人才观念，按照“政府引导、单位主导，市场配置、双向选择，契约管理、来去自由”的原则，在国家法律法规允许范围内，由用人单位以项目合作为纽带，以智力服务为目的，突破人才的地域、户籍、身份、档案、人事关系和工作方式等的限制，通过构建科学有效工作机制和采用灵活务实的引才方式，大力引进我区经济社会发展急需的人才智力，为建设开放、富裕、和谐、美丽宁夏提供人才支撑和智力保障。

二、范围对象

围绕自治区重点产业、重点领域、重点项目、重点学科（专科）和重大工程建设需要，柔性引进我区企事业单位急需的新型工业化领军人才、农业特色优势产业领军人才、现代服务业领军人才和教育、科技、文化、卫生、民政、社科等领域领军人才。重点柔性引进以下人员：

1．中国科学院院士、中国工程院院士、国外知名院士。

2．全国杰出专业技术人员、国家有突出贡献中青年专家、享受国务院特殊津贴人员；国家“千人计划”“特支计划”“百千万人才工程”入选者；中华技能大奖、全国技术能手获得者；全国文化名家暨“四个一批”人才。

3．国家自然科学奖、国家技术发明奖和国家科技进步一等奖主要完成人及何梁何利奖获得者。

4．省部级有突出贡献的中青年专家、科学技术突出贡献奖获得者和省级优秀专家、技术能手。

5．主持或参与过国内外大型科研或工程项目，有较丰富的科研、工程技术、资本运营经验的专家或科技带头人。

6．国家级或省部级重点实验室、技术中心、工程技术研究中心等研发机构的科研技术骨干。

7．拥有自主知识产权，其技术成果国内领先，具有较好市场潜力，能够进行成果转化、有望取得较大效益的创新型科技研发人才。

8．在产业发展、科技攻关、技术进步等方面具有较强研发能力、较高经营管理水平和一技之长，能够发挥领军作用和团队核心作用的优秀人才。

9．其他带资金、带项目、带技术的创业人才。“带资金”是指能为引进企业带来200万元人民币以上科研启动资金；“带项目”是指带来科研、生产项目，并经有关部门评估预测可产生较好经济效益；“带技术”是指拥有专利或专有技术并能进行产业化运作的。

10．其他领域急需紧缺人才和特殊人才。

三、引才方式

1．项目引才。用人单位以项目为依托，与区外高等院校、科研院所、知名企业等高层次人才和高技能人才签订协议，委托开展技术创新、技术推广、项目（课题）研究、产品研发、市场开发等工作。

2．合作引才。用人单位与区外高等院校、科研院所、知名企业等高层次人才和高技能人才签订协议，围绕共建平台、技术合作、经营合作、人才培养等内容开展工作。

3．兼职引才。用人单位通过签订协议，以特聘兼职的方式，聘请区外高层次人才和高技能人才担任技术顾问、特聘教授、首席专家等开展工作。

4．创业引才。区外高层次人才和高技能人才带项目、带资金、带技术到我区创办、领办环保科技型企业。

5．海外引才。通过外专“千人计划”、国家高端外国专家项目、“海外华侨华人专家引进计划”等人才工程，引进国外高层次人才来我区开展服务活动。

6．人才租赁、技术入股等其他适合单位实际需要的引才方式。

用人单位应明确引才的方式，并与拟引进人才就聘用时限、工作岗位、工作目标、工作内容、工作任务、成果使用、保密要求，以及工作、生活条件待遇等事宜达成意向性协议。柔性引进的人才应具有良好的职业道德、严谨的科研作风、扎实的专业知识、精湛的技术水平、突出的业绩成果和较强的协作精神，能够满足用人单位的合作需要。

四、工作程序

1．组织申报。按照属地管理、逐级申报的原则，由5市人力资源社会保障局和区直各部门统计汇总本地区、本单位拟柔性引进的人才信息，并对人才的奖项、荣誉等情况进行初步核实，提出拟聘用人才名单，组织填写《宁夏回族自治区柔性引进人才申请表》，报自治区人力资源社会保障厅。

中央驻宁单位和自治区各大中型企业直接报自治区人力资源社会保障厅。非公有制单位，按属地管理的原则，报所属地市人力资源社会保障局。

2．专家评议。组织专家对各地、各部门（单位）、企业提出的拟柔性引进人才的能力、业绩、成果、奖项和达成的意向性协议等情况进行综合评议，提出拟柔性引进“自治区特聘专家”和“自治区政府顾问”人选建议名单。

3．会议审定。建议名单经自治区人才工作协调小组会议研究审定后，“自治区特聘专家”由自治区党委组织部、人力资源社会保障厅联合聘任并颁发聘书。“自治区政府顾问”提请自治区政府审定，由自治区人民政府聘任并颁发聘书。

4．签订协议。用人单位须与柔性引进人才签订正式聘用协议或劳动合同（协议），明确双方的权利、责任和义务。柔性引进人才的聘期一般不得超过3年，原则上每年来宁服务时间不少于3个月。

五、服务保障

1．加强组织领导。柔性引才工作在自治区人才工作协调小组领导下，由自治区人力资源社会保障厅牵头组织，各市、县（区）和区直各部门单位及各企业人力资源机构配合实施。

2．落实支持政策。受聘“自治区特聘专家”，经考核合格，按照院士每人每年5万元、专家每人每年3万元的标准给予引进单位资助，资助经费主要用于组织引进人才开展学术研讨、技术交流、项目论证等活动。“自治区政府顾问”按项目完成情况给予引进人才单位5万—20万元的奖励。凡带项目、资金和技术的，经自治区人才工作协调小组审定，一次性给予引进单位10万—20万元的科研项目经费资助。

3．严格考核管理。柔性引进的人才均纳入各级党委政府联系专家的范围，实行分层联系、分类管理。用人单位对柔性引进人才负有培养使用、服务管理等责任。要对引进人才的工作业绩和发挥作用情况进行年度考核，对考核不合格，没有完成协议规定的目标任务和相关要求，实际作用发挥不明显的，停发资助经费。

4．适时表彰奖励。自治区每3年对柔性引才工作和柔性引进人才的业绩情况进行综合考核评定，对柔性引才成绩显著的单位及柔性引进的优秀人才给予表彰奖励。

各地各部门单位各企业引进本实施意见规定之外的人才；可参照本实施意见执行。

宁夏回族自治区人才工作协调小组
2015年11月26日

新疆维吾尔自治区人民政府办公厅
关于发展众创空间推进大众创新创业的实施意见

（新政办发〔2015〕115号）

为贯彻落实国务院办公厅《关于发展众创空间推进大众创新创业的指导意见》（国办发〔2015〕9号）精神，加快实施创新驱动发展战略，顺应网络时代大众创业、万众创新新趋势，发展众创空间等新型创业服务平台，激发全社会创新创业活力，营造良好的创业带动就业环境，结合我区实际制定本实施意见。

一、指导思想和主要目标

（一）指导思想。

以党的十八大和十八届三中、四中全会精神为指导，认真贯彻落实《中共中央国务院关于深化体制机制改革加快实施创新驱动发展战略的若干意见》精神，以打造丝绸之路经济带核心区为契机，以激发全社会创新创业活力为主线，以构建众创空间、各类孵化器等创业服务平台为载体，以营造良好创新创业环境、促进就业为目标，有效整合资源，优化体制机制，完善服务模式，厚植创新文化，培养创新人才，加快形成政府激励创业、社会支持创业、劳动者勇于创业的新局面，以先进文化和现代科技支撑引领新疆现代化建设，实现我区经济转型和增效升级。

（二）发展目标。

到2020年，形成一批有效满足大众创新创业需求、具有较强专业化服务能力的众创空间，培育一批天使投资人和创业投资机构，建设一批科技企业孵化器、大学科技园、文化创意园、文化产业基地、大学生创业见习基地等。全区培育众创空间等各类科技创业服务平台30家以上，国家级各类孵化器数量争取达到10家以上，自治区级各类孵化器数量达到50家以上，孵化一批创新型小微企业，并从中培育出能够引领创新经济发展的骨干企业，直接带动就业10万人左右，间接带动就业30万人左右。

二、重点任务

（一）加快构建众创空间。

1．加快创新创业服务平台建设。众创空间是面向大众的重要创业服务平台，是加速推动科技型创业、支撑经济转型升级的重要载体。鼓励各级政府机构、创业投资机构、社会组织等形成多元化的创新创业服务平台建设模式，构建低成本、便利化、全要素、开放式的众创空间。推广应用创客空间、创业咖啡、创新工场等新型孵化模式，充分利用科技企业孵化器、农业科技园区、大学科技园、文化创意园、文化产业基地、大学生创业见习基地等，构建一批创新创业服务平台。发挥政策集成和协同效应，实现创新与创业相结合、线上与线下相结合、孵化与投资相结合，数量扩张和质量并举，为广大创新创业者提供良好的工作场所、网络空间、社交空间和资源共享空间。

2．完善创新创业服务平台功能。鼓励和引导众创空间、孵化器与高校、科研院所、企业、检验检测机构等深化合作关系，联合建立科技创新公共服务平台、成果转化和技术转移平台、检验检测服务平台、中试开发与小规模产品试制平台，为初创企业提供全流程服务；推动大型仪器设备、数据库等共享共用，构建开放共享互动的创新网络。充分发挥行业领军企业的主力军作用，鼓励大中型企业建立专业化的孵化器和平台，带动产业链上的小微企业，实现产业集聚和抱团发展。

3．积极发展电子商务。放宽电子商务市场主体住所（经营场所）登记条件。引导创业投资基金加大对电子商务初创企业的支持。促进第三方电子商务平台建设，为创业者提供免费的项目展示平台。加快农村电子商务服务业发展，引导广大农村青年运用电子商务创业就业、增收致富。经认定的网络创业人员及其吸纳的就业人员，按规定享受社会保险补贴。加快电子商务信用体系建设，完善网上交易投诉和维权机制。鼓励有条件的职业院校、社会培训机构开展网络创业培训。探索建立众筹网络平台，以电子商务的蓬勃发展助推大众创业、万众创新。

（二）优化创新创业政策环境。

4．降低创新创业门槛。深化商事登记改革，针对众创空间等新型孵化机构集中办公等特点，简化住所（经营场所）登记手续，放宽注册资本登记条件，推进全程电子化登记管理方式，为创业企业工商注册提供便利。充分发挥市场在资源配置中的决定性作用，制定更为宽松的行业准入政策，进一步取消和下放与创业密切相关的审批事项。

5．加大财税政策扶持力度。营造良好的创新环境，激发创新主体和各类人才的创新创业活力，不断引聚各类创新要素。有条件的地方，对众创空间等新型孵化机构的房租、宽带接入费用和用于创业服务的公共软件、开发工具给予适当财政补贴。鼓励众创空间为创业者提供免费高带宽互联网接入服务。注册经营网店经认定符合条件的，可享受创业担保贷款、创业培训补贴、税费减免、场租补贴等创业扶持政策。

6．深化科技合作。争取对口援疆省市在创新创业方面人才、项目、资金的支持。加强同国内相关机构的合作交流，利用科技援疆渠道和国家大学科技园联盟等载体，引进国内知名科技企业孵化器、大学科技园、技术转移中心、成果转化中心等在疆建立分支机构，在项目实施、资源共享、人才交流等方面建立健全区域科技合作机制，强化引资引智。加强同丝绸之路沿线国家的科技交流与合作，探索建立国际联合研究中心、国际科技合作基地、技术转移中心、知识产权合作中心和教育文化交流中心等，利用“两种资源、两个市场”拓展创新创业空间。

（三）鼓励全社会参与创新创业。

7．充分调动科技人员创新积极性。建立科技人员创业股权激励机制，提高科研人员成果转化收益比例。在利用财政资金设立的高等学校和科研院所中，合理分配职务发明成果转让收益，提高科研负责人、骨干技术人员等重要贡献人员和团队的收益比例。财政资助的科研创新发展类项目，承担单位应结合一线科研人员实际贡献，公开公正安排绩效支出，充分体现科研人员的创新价值。

8．加快建立创业孵化人才队伍。围绕丝绸之路经济带核心区建设需求，面向国内外引进高层次创新人才从事创新研究和创业。建立健全创业辅导制度，鼓励拥有丰富经验和创业资源的企业家、天使投资人和专家学者担任创业导师或组成辅导团队。加强孵化器管理服务人员的业务培训，不断提高孵化器管理水平和创业孵化成功率。

9．实施青年群体创业引领计划。推动普通高校、职业院校普及创新教育，开发并实施创业培训项目。完善大学生创业指导服务机制，为大学生创业提供场所、公共服务和资金支持。充分发挥群团组织优势，激发青年创新创业潜能，鼓励广大青年走在创新创业创优前列。筹建新疆青年创业就业网，通过线上线下服务搭建青年创业项目孵化平台、青年创业人才汇聚平台、青年创业项目展示和资源对接平台。

（四）加强财政资金引导。

10．转变财政资金投入方式。充分发挥中小微企业创业投资引导基金、科技型中小企业技术创新基金、战略性新兴产业发展专项资金的引导和放大作用，通过股权投资等方式支持发展天使投资基金，支持初创期和高成长性的科技型企业发展。依托新疆青年创业就业基金会设立青年创新创业扶持基金，推动大众创新创业。

11．用好各类财政专项资金。用好自治区中小企业发展专项资金，重点支持中小企业服务体系、融资担保体系建设和带动就业广的中小微企业。用好自治区专利实施专项资金、专利申请资助专项资金，激发企事业单位、机关团体和个人发明创造的积极性，推动自主创新能力建设。用好自治区科技成果转化专项资金、科技型中小企业技术创新基金，支持自主知识产权的科技成果、各类科技计划成果、国内外科技合作科技成果转化项目，引导科技型中小企业技术创新，鼓励先进、成熟、适用技术的推广应用。

（五）完善创新创业投融资机制。

12．发挥各类投资机构作用。进一步培育壮大创新创业投资和资本市场，发挥金融创新对技术创新的助推作用，提高信贷支持创新的灵活性和便利性，形成各类金融工具协同支持创新创业的良好局面。加强对中小微企业的投资引导，通过市场机制撬动社会资本共同参与创业投资；鼓励上市公司或民间资本投资创业企业。

13．建立互创新创业投融资平台。开展互联网股权众筹融资试点，支持互联网众筹平台面向创业企业开展股权众筹、项目众筹和公益众筹。选择符合条件的银行业金融机构探索试点为企业创新活动提供股权和债权相结合的融资服务方式，配套建立促进知识产权质押融资的协同推进机制、服务机制、市场化风险补偿机制以及评估管理体系，与创业投资、股权投资机构实现投贷联动。鼓励银行业金融机构新设或改造部分分（支）行，作为从事科技型中小微企业金融服务的专业或特色分（支）行，提供科技融资担保、知识产权质押、企业联保、股权质押、仓单质押、应收账款质押等金融服务，不断满足微创企业资金需求。推进科技保险和专利保险业务发展。

（六）营造创新创业文化氛围。

14．加大创新创业宣传力度。营造尊重知识、尊重人才的社会氛围，树立崇尚创新、创业致富的价值导向，大力培育企业家精神和创客文化，将奇思妙想、创新创意、“金点子”转化为实实在在的创业活动。倡导敢为人先、宽容失败的创新文化，摆脱固有观念束缚，给具有创新思维的创业人才更加宽松、宽容和广阔的发展空间。加强各类媒体对大众创业、万众创新的新闻宣传和舆论引导，树立一批创新创业典型人物，激发全社会关心支持创新创业的热情，营造大众支持创业、人人参与创新的舆论环境。

15．丰富创新创业活动内容。办好新疆各类创新创业大赛，积极支持参与国际创新创业大赛，为投资机构与创新创业者提供项目对接平台。鼓励众创空间和孵化器营造以“服务创业、服务创意、服务创新”为主题的孵化生态文化环境，积极搭建各类对话交流平台，开展创意设计大赛、创业咖啡训练营、技术项目对接会、创业辅导培训、专题论坛讲座等各类活动。鼓励社会力量围绕大众创业、万众创新组织开展各类公益活动。

三、保障措施

（一）加强组织领导。各地各部门要高度重视发展众创空间推进大众创新创业工作，加强沟通协调，认真抓好各项工作的组织落实。自治区发展改革委、经信委、教育厅、科技厅、财政厅、人力资源和社会保障厅、商务厅，地税局、工商局、金融办等有关部门要按照职能分工，研究制定发展众创空间推进大众创新创业的具体措施。各地要结合实际制定具体措施。

（二）加强示范引导。最大限度地利用好现有各类孵化器、企业服务中心、科技文化创意园区等，激励高校、院所开放实验室和科技服务，发挥创新创业资源的集聚效应和创新创业活动的规模优势。鼓励各地积极探索推进大众创新创业的新机制、新政策，不断完善创新创业服务体系，为创业者提供创业服务平台，让所有创业者都能“用其智、得其利、创其富”。

（三）加强协调推进。各地各部门要加强工作协调、指导和支持。做好大众创新创业政策落实情况调研、发展情况及统计等工作，及时向自治区人民政府办公厅报告有关进展情况。

新疆维吾尔自治区人民政府办公厅

2015年8月22日

第三部分

北大留学人员创业园

园区概况

北大留学人员创业园成立于2002年9月，由北京大学与中关村科技园区管理委员会共建，开创了国内高校与地方政府合作共同扶持留学人员回国创业的先例，实现了地方政府与国家高等院校共同利用大学优势资源服务高层次留学人员自主创业的先河。创业园在响应国家和中关村人才战略，大力发展自主创新和人才优势实现高新技术成果产业化的背景下，由中关村管委会留学服务总部和北大留创园管理团队共同推动，在全国掀起了首都高校与地方政府合作吸引海外留学生回国自主创业的高潮，为国家引智战略输送了新鲜的血液。2006年2月，被北京市人事局和市科委评审认定为首批“北京留学人员创业园”。

创业园地处中关村核心区，依托北京大学，汇聚多领域的创新技术、管理思想和人文精神，吸引着众多海外留学人员回国入园创办高科技企业。同时，创业园积极为园区企业提供专业的咨询辅导、投融资、建立营销渠道、促进技术成果转化等服务，是一家为具有原创自主知识产权的项目提供全程创业孵化及促进科技成果转化的专业机构。

创业园实施以“3M+T”孵化服务模式（Money、Mentor、Marketing、TLO）为核心的融资服务体系、创业辅导体系、市场营销服务体系以及技术成果转化服务。为入驻企业提供完善的全方位服务，提供创业资金支持，专业的投资、融资服务；提供宝贵的境内外上市联合推荐机会；提供熟知国际惯例、符合中国国情的全程创业咨询与孵化服务；同时协助申请国家科技产业资金，提供更多留学人员创业贷款贴息机会；协助办理专利注册申请、科技成果鉴定、新技术企业资格认证、先进技术企业申报；协助办理“火炬计划”“新产品开发计划”“成果推广计划”；协助申报北京市人民政府设立的北京市留学人员创业奖、科技进步奖；集中政府审批，集中工商、税务服务；专业的政府公关、媒体运作、市场推广及广告服务等。此外，园区搭建企业共性技术平台，整合北京大学52家省部级重点实验室，推动北京大学科技成果转化及横向技术交流与合作；搭建知识产权平台、微构分析测试平台、光电子精密测量仪器研发平台，为入园企业提供国际顶尖的技术以及系统服务，加速园区企业发展。

创业园重点搭建的服务支撑平台包括：（1）节能环保新材料研究室。通过“商业型应用技术工程化研究模式”，实现学校技术源为创新技术平台的科研成果转化模式，创新技术平台围绕北大工学院科技成果、科研实力及人才优势，开展产学研合作，初步建成先进技术研究/转化机构13个。（2）专门成立北京北达燕园微构分析测试中心有限公司，一方面为园内在孵企业及所有客户提供便捷的高度专业的测试分析服务，另一方面通过合作研究早期发现和介入原创性种子项目，采用具体技术手段支持“3M+T”核心孵化服务模式。（3）科技园通过汇聚、梳理并协调组织核心区的科技创新、成果转化和科技服务资源，依托海淀园网络化的协作体系，建设创新驿站，并与平台形成良性互动。

2014年，创业园着力打造“网上科技园”与实体科技园020的服务体系，为园区实施“大数据驱动发展”战略建立基础，其战略目标是采用线上（云服务、大数据、物联网）服务与线下服务相结合方式，推出“科技创新与创业解决方案”及“创新型科技企业增值服务体系”，从而使北大留创园发展成为“技术转移顶层设计及商业模式”的提供商，“创意及技术提供、需求解决方案”的信息港，战略新兴产业孵化基地服务商和投资创新企业投资商和特色产业发展基地及加速器运营商。

联系方式

地　址：北京市海淀区中关村北大街127-1号
邮　编：100080
电　话：86-10-62769088
传　真：86-10-82667188
邮　箱：pkuincubator@pkusp.com.cn
网　址：www.pkusp.com.cn

北航留学人员创业园

园区概况

北航留学人员创业园成立于2003年4月12日，由北京航空航天大学和中关村科技园区管委会共同建立，以促进北京航空航天大学及周边高校科技成果转化、培育中小企业及造就科技企业家为宗旨，加速创业企业的群体成长，推动区域经济发展，提高区域创新能力。

创业园位于北航国家大学科技园内，共有孵化场地2.7万平方米，下设企业服务部、财务服务部、人力资源部及投融资部等部门，为企业提供工商注册、高新技术企业认证、财务代理、税收申报、人事代理、人才引进与招聘、科技企业优惠政策咨询，并协助企业进行市场开拓与融资。

创业园将不断提高服务队伍素质，聚集与整合政府有关部门、中关村科技园区与海淀园区、北京航空航天大学、北航大学科技园以及其他社会资源，构建完善的企业服务支撑体系，有效地支持大学科研成果的转化，更好地开展企业创业辅导、优惠政策咨询、企业管理与发展规划、企业体制改革咨询及投融资服务，逐步形成以北航科技园、北航创业园入驻企业为服务主体，面向中关村科技园区及海淀园区企业的开放式发展格局，打造北航创业园的企业孵化服务品牌。

联系方式

地　址：北京市海淀区北四环中路238号柏彦大厦406室
邮　编：100083
电　话：86-10-82316255
传　真：86-10-82338204
邮　箱：zhaibin@bbi.com.cn

北京工业大学留学人员创业园

园区概况

北京工业大学留学人员创业园成立于2005年12月，由北京工业大学和中关村科技园区管理委员会共同建设，主要服务对象是海外留学归国人员创办的高新技术企业。2012年被北京市人力资源和社会保障局评为北京市留学人员创业园。

创业园位于北京工业大学西校区，面积共2万平方米，先期启动4000平方米，园区一期孵化器已经驻满，二期孵化器目前也已投入使用，该孵化器集科研、开发、办公为一体，为留学人员创办的高科技企业提供水、电、暖、电梯、通讯、健身、会议、网络接入、绿地、停车场、打印、收发、卫生、安保等物业服务，可容纳50多家留创企业，内设学术报告厅、会议室、中介服务中心、健身房等基础设施，宽敞明亮、造型别致的阳光厅将为留学人员营造又一个幽雅、舒适、安全、现代的创业环境。

为加速创业园的创新发展，进一步优化创新创业服务环境，提升创业园的服务层次和质量，更好地为园内企业服务，北京工业大学留学人员创业园2012年申请政府专项，投资14万余元建立了北工大留学人员创业园的网上“园区创新创业公共服务平台”。该平台将针对留学人员来园创业所关心的各种优惠政策及主管部门的行政审批统一整合，形成网上宣传与办公的窗口，为留学人员创业提供更加便捷的服务，为园区科学管理和服务提供保障，打造国内领先的创新创业软环境。目前该平台已开始试运行。平台具体包括：（1）建设园区对外门户官网，实现园区对外形象宣传展示。（2）建设网上办公平台，提升办公能力和效率。（3）建设创业绿色服务通道。（4）建设企业商务服务支持平台。（5）建设园区创业专家智库。（6）建设企业资源和设备共享平台。（7）建设企业研发技术和成果推介平台。（8）建设校企对接人才服务平台。（9）建设创业者俱乐部。（10）建设创业园“虚拟微企业群”孵育管理平台。

联系方式

地　址：北京市海淀区车公庄西路35号
邮　编：100048
电　话：86-10-68458163
传　真：86-10-68458163
邮　箱：zhenxiaohang@bjut.edu.cn

北京瀚海智业留学人员创业园

园区概况

瀚海智业留学人员创业园是在中关村科技园区管委会和东城区政府的大力支持和指导下，于2009年依托汉潮大成国家级科技企业孵化器创建而成。瀚海智业留学人员创业园是北京市中心城区第一家留学人员创业园，园区位于东直门商圈，交通便利、商务配套设施齐全，园区周边总部林立、人才密集。园区拥有创业孵化面积7000多平方米，种子孵化基金500万元，并配备留创服务专业团队，为留学人员企业提供政策指引、创业辅导、投融资等多层次、多角度的优质配套服务，助力企业健康快速发展。

创业园秉承“商以载道、成人达己”的经营理念，按照“政府指导、企业运作”的运营思路，充分发挥园区自主经营、高效便捷的机制优势，集聚资金、人才、市场、管理等各种资源，协助留学人员企业将技术、信息、智力等优势与政策有效结合，致力于成为培育具有创新能力和国际竞争力的留创企业的摇篮。

创业园成功打造了文化创意和中医药两个特色专业品牌，截至目前，瀚海智业留创园在园留创企业19家，聚集了一批如招通致晟、永航科技、宇信金实、朗动科技等由海外高层次人才回国创办的优秀留创企业，带动了园区内中小企业创业创新活力以及上下游产业生态的形成，正逐步成为东城区高层次人才引进的聚集高地和新的亮点。

2012年，瀚海智业留学人员创业园的海外窗口——中关村瀚海硅谷科技园正式运营，开启了瀚海智业留创园国际化发展新征程。海外窗口的建设旨在引导和帮助海外留学人才归国创业，促进海外优质项目和人才与国内留创园全面对接，实现归国留学人才聚集，打造文化与科技高端人才和项目汇聚的创业生态基地。

联系方式

地　址：北京市东城区东直门内海运仓1号
　　　　瀚海海运仓大厦1018室
邮　编：100007
电　话：86-10-64050488，64050575，51239477
邮　箱：bjhcdc2011@163.com
网　址：www.bjhcdc.com

北京化工大学留学人员创业园

园区概况

北京化工大学留学人员创业园成立于2009年3月，由北京化工大学和中关村科技园区管理委员会共同建立。园区位于北京化工大学西校区，拥有良好的交通环境、办公设施和服务功能，为入驻企业提供了良好的创业平台。创业园日常管理工作由北京化大科技园科技发展中心负责，作为北京化工大学科技园的园中园，充分依托北京化工大学的资源优势，为留学生从事高科技创业提供优质服务。园区的建设宗旨是吸引更多优秀海外留学人员回国创业，促进科技创新，为首都的经济发展增添新的活力。

作为创业园的资源平台，北京化工大学是教育部直属的全国重点大学、国家“211工程”和“优势学科创新平台”重点建设大学。经过近50多年的建设，已经发展成为理科基础坚实，工科实力雄厚，文、法、管、经济学科富有特色的多科性重点大学，形成了从本科生教育到硕士研究生、博士研究生、博士后流动站以及留学生教育等多层次人才培养格局。北京化工大学科技园于2004年经国家科技部、教育部批准，被认定为“国家大学科技园”。

创业园积极扶持鼓励留学人员来园区创业，为留学人员创业提供了诸多优惠政策。首先，可申请管委会设立的中关村科技园区归国留学人员创业企业扶持资金；其次，落户创业园的高新技术企业自成立之日起，将享受有关税收优惠政策；留学人员创办企业注册公司时，在申办营业执照和高新技术企业认定等方面中关村管委会将给予优先办理和减免相关费用的支持。同时，入园企业第一年可免交40平方米孵化场地面积的租金，第二年开始采取优惠收取租金的方式，优惠期限为3年。入驻园区的优秀企业，在申请银行贷款时，可以享受管委会制定的留学人员贷款贴息和担保政策，另外，园区高新技术企业还可以享受北京市财政专项资金和其他形式的资金支持。

创业园自成立以来，经过一段时间的发展，已有10多家留学人员企业入驻，吸纳了来自美国、日本、英国、法国、德国、瑞典、巴西、韩国等国的20多名留学人员来园创业，从业人员近百人，行业涉及新材料、新能源、电子信息、机械、远程教育等多个领域。

联系方式

地　址：北京市海淀区紫竹院路98号北京化工大学（西校区）科技园写字楼
邮　编：100029
电　话：86-10-88588552，64435482
传　真：86-10-51589055
网　址：www.bhlcy.com

北京交大留学人员创业园

园区概况

北京交大留学人员创业园成立于2007年7月，由北京交通大学与中关村科技园区管委会共建。创业园依托北京交通大学的学科优势、专业优势、教育资源优势和中关村科技园区企业创新机制优势、政策优势，旨在吸引更多轨道交通领域专业人员创业，促进科技创新、服务创新、人才创新等新型创业企业的发展，加快中关村科技园区的全面建设，为首都高新技术产业的发展增添新的活力。

创业园位于北京交通大学东校区内，由交大科技园划拨5000平方米科教楼房屋用于孵化建设，办公设施齐全，服务功能完备，拥有良好的公共服务平台和共同技术平台，能够满足留学回国人员创办企业需要。创业园主要为轨道交通技术及相关领域业务的企业提供创业孵化服务，通过构造新型实验平台，提供专业化的技术服务，增强轨道高新技术企业的自主创新能力。同时，创业园通过产学研结合和完善的孵化服务体系致力于打造强优企业，为地区培育出新的经济增长点和产业热点。

联系方式

地　址：北京市海淀区高粱桥斜街44号一区89号科教楼1018室
邮　编：100044
电　话：86-10-51686946
传　真：86-10-51686946
邮　箱：dinglei-1983@hotmail.com

北京经济技术开发区留学人员（汇龙森）创业园

园区概况

北京经济技术开发区留学人员（汇龙森）创业园正式挂牌成立于2005年5月，是在北京经济技术开发区管委会和中关村科技园区管委会大力支持下，经北京经济技术开发区管委会批准，由北京经济技术开发区人才交流服务中心与汇龙森国际企业孵化（北京）有限公司共同创建的北京第一家民营留学人员创业园。

创业园地处北京经济技术开发区和中关村科技园区亦庄园的重叠区域，是目前开发区唯一一家留学人员创业园。2006年3月，正式被纳入中关村科技园区留学人员创业服务体系，命名为“中关村科技园区亦庄汇龙森留学人员创业园”。

汇龙森2006年12月被科技部火炬中心授予“国家高新技术创业服务中心”及被北京市科委授予“2006年度北京市优秀科技中介机构”；2012年被北京市经信委认定为“北京市中小企业公共服务平台”“北京市小企业创业基地”；被市科委认定为“战略性新兴产业孵育基地”；被北京市委组织部、北京市科委、北京市人社局等共同认定为“北京市优秀留学人员创业园”。

创业园以“迎来创业者、送出企业家”为宗旨，按照“政府指导、企业运作”的模式，本着人才培养与成果转化相结合的原则，充分发挥园区自主经营、高效便捷的机制优势，集中资金、人才、市场、管理、政府等各种资源，为园区留学人员企业提供多层次、多角度的创业服务。创业园通过专业技术服务平台、综合服务支撑平台及企业资金服务平台等服务载体建设和服务内容建设，为园区企业提供专业化的服务和支持。专业技术服务平台主要包括“国家生物产业基地中小企业公共技术服务中心”“先进材料公共技术服务平台”“国际化创新医疗产业化平台”；综合服务支撑平台主要包括“孵化器管理应用平台”“软件技术支撑平台”“综合商务平台”；资金服务平台主要由园区的债权服务与股权服务两大板块构成。目前，园区在生物医药、新材料、医疗器械这三个产业领域均具备了较强的服务支撑能力。

联系方式

地　址：北京经济技术开发区科创十四街99号
邮　编：101111
电　话：86-10-59755345，59755588-8835/8833/8832
传　真：86-10-59755396
邮　箱：liuchuangyuan@huilongsen.com
网　址：www.huilongsen.com

北京经开·北工大软件园留学人员创业园

园区概况

北京经开·北工大软件园留学人员创业园是北京经开工大投资管理有限公司为深入贯彻落实北京经济技术开发区科技强区、人才强区战略，在北京经济技术开发区管委会相关部门指导下，于2011年11月份成立。创业园以“营造环境、培育企业、孵化项目、造就人才”的发展思路，积极整合各种资源，提升和拓展创业服务功能，不断加大对入驻企业的扶持力度，园区被评为“北京市小企业创业基地”“院士专家工作站”，并先后设立北京12330知识产权服务工作站、工商服务工作站等，为园区企业提供全程、全方位的服务。

创业园位于北京新城市发展规划的“东部发展带”——北京经济技术开发区的核心发展区域。总占地面积17.41万平方米，一期A区3.7万平方米2003年建成开园，二期B区11万平方米建筑于2010年开园投入使用。包括研发办公、孵化器、教育培训、综合配套服务等功能分区，统一规划，整体开发，具备良好的硬件设施、完善的服务体系，可为上万名研发人员提供良好的工作、生活环境。

创业园周边各大生活配套、商务配套均已呈现规模，形成高档、成熟的生活社区氛围，区内可供出租与出售的房源充足。开发区“青年公寓”“博大永康公寓”项目，可为入区各企业员工提供居住服务。并且开发区有完善的医疗、商业、金融及休闲配套，满足办公居住的各种需要。凉水河景观公园环绕园区，为入孵企业创造出极优的生态商务环境。

创业园为入孵企业提供独栋专享办公区域，将36号研发楼8000平方米面积用作孵化器第一期专用孵化场地，研发楼地下一层为孵化器专用停车场，地上8层为办公区，可为入园孵化企业提供多种规格的独立办公空间作为孵化单元。园区内拥有1.4万平方米的公共服务设施，包括会议中心、企业会所、员工餐厅、银行自助取款机、便利店等，孵化企业可同其他入园企业共享园区内便利的配套设施。

作为北京市三大软件园之一，北工大软件园拥有北京云基地、美国应用材料、中国路桥研发中心、中国电子、民生证券、贝达药业等世界500强在内的众多国内外著名企业。北工大软件园以创新驱动、聚力发展，通过完善公共服务平台，升级园区“软”服务，来构建差异化的竞争优势。目前园区已初步形成包括基础物业、技术支撑、中介咨询、创业孵化、投融资等五大服务模块。

联系方式

地　址：北京经济技术开发区地盛北街1号A区2号楼4层
邮　编：100176
电　话：86-10-67862520
传　真：86-10-67877560
邮　箱：zhangchuntao0530@126.com
网　址：www.bpusp.com.cn

北京科大留学人员创业园

园区概况

北京科大留学人员创业园成立于2003年6月，由北京科技大学和中关村科技园区管理委员会共同组建。2005年9月，创业园被原北京市人事局和北京市科委首批认定为“北京留学人员创业园”；2007年12月，被教育部、科技部联合授予“春晖杯创业大赛创业基地”荣誉称号；2011年底，通过“北京市留学人员创业园”复核考评。

创业园依托北京科大国家大学科技园、方兴孵化器等平台，始终坚持企业化、专业化、网络化的发展模式，围绕新材料、制造业信息化、新能源行业领域建设专业园区，先后搭建了北京市新材料技术转移中心、北京科大分析测试服务中心、北京市留创新材料共性技术支撑体系、北京北科大新兴产业技术研究院等重要支撑平台，可为企业、项目提供孵化资金、中试、生产场地、项目管理、市场咨询等成果转化服务，以及联合研发、材料分析测试、技术咨询、实验室建设，人员培训等技术咨询特色服务。同时，园区与多类型专业机构、中介服务公司建立长期战略合作伙伴关系，为园区企业提供法律、工商、税务、人才、融资、培训、策划、知识产权等各类综合性咨询与服务。

创业园以新材料研究与制备技术、制造业信息化技术为办园特色，重点吸纳新材料领域的留学回国人员入园创办企业，项目和业务领域涉及新材料、制造业信息化、电子信息、能源环保等诸多领域，其中，41%属于新材料领域。

截至2015年底，有在园企业159家，其中，留学人员企业38家，在园创业或工作的留学人员86人；2015年，新引进留学人员企业6家；从创建至今，园区累计孵化留学人员企业98家。目前，在园留学人员企业主要分布在电子信息、新材料 、新能源环保等行业领域，园区主要发展的特色产业有新材料、新能源环保。

联系方式

地　址：北京市海淀区学院路30号方兴大厦6层611室
邮　编：100083
电　话：86-10-62316722
传　真：86-10-62316722
邮　箱：zhanghq@ustbcm.com
网　址：www.ustbsp.cn

北京理工留学人员创业园

园区概况

北京理工留学人员创业园成立于2003年，由北京理工大学和中关村管委会共建。创业园以服务企业为宗旨，追求高效务实的工作作风，致力于为留学人员搭建创业平台，落实政府专项政策，创造和谐创业环境。根据园区的功能定位，着力于创新创业能力建设，通过资源整合提供各种增值服务，搭建有特色的创新创业平台，加强了学校与园区及园区留学人员企业的合作和交流，为企业与风险投资、中介机构等搭建了沟通的桥梁，完善了创业服务体系和创新支撑体系，促进了园区的发展、留学人员企业的成长，为更多的海外留学人员回国创业搭建了平台。2006年5月，经北京市人事局、北京市科委认定为“北京市留学人员创业园”；2012年5月，经北京市社保局、北京市科委认定为“北京市优秀留学人员创业园”。自成立以来，北理工留创园多年的建设与发展成绩得到了各级政府部门的肯定。2012年2月9日，通过国家级科技企业孵化器复核；2012年3月31日，通过国家大学科技园绩效评价；2012年11月6日，通过战略性新兴产业孵育基地年度答辩；2012年12月12日，被北京市经信委授予“北京市小企业创业基地”称号。

创业园为入驻企业提供落实国家、北京市、中关村有关创办企业支持政策方面的服务。包括制作政府项目申报动态，推送项目申报信息；对企业项目申报出现的问题，安排有经验的专人答疑解惑；针对企业申报众多的项目，如科技型中小企业创新资金，举办项目申报专题培训。在北京理工科技园12330工作站的基础上，建立起北理工知识产权培训服务平台（“专利谈”），有针对性地开展知识产权活动，为企业的知识产权工作保驾护航。

创业园采取引导投资与融资相结合的原则，为企业提供一系列投融资服务，帮助企业争取融资机会。一方面，设有500万元种子资金，对部分在孵企业进行股权投资，通过实践，对“孵化+创投”及“持股孵化”进行初步有益的探索。另一方面，开辟多元化的投融资渠道，通过企业融资辅导、留创园主任投资能力培训、承办中关村留学人员企业精品项目推介会等形式做好企业融资服务。

截至2015年底，创业园累计吸引230家留学人员创业企业，在园留学人员企业106家，企业分布在新一代信息技术、新能源汽车、新材料、新能源环保等领域，普遍具有技术水平高、团队素质好、自主知识产权多、视野开阔等优势。创业园至今，先后吸引了400余名留学人员，其中，3人入选中央“千人计划”，15人入选北京市“海聚工程”，8人入选中关村“高聚工程”，另引进了4名被外省推荐入选的“千人计划”创业人才。

联系方式

地　址：北京市海淀区中关村南大街9号理工科技大厦902室
邮　编：100081
电　话：86-10-68470073，68470075
传　真：86-10-68470073转8999
邮　箱：bitrp@126.com
网　址：www.bitrp.com.cn

北京市留学人员大兴创业园

园区概况

北京市留学人员大兴创业园是由北京市留学人员服务中心与大兴开发区开发经营总公司于1997年成立的北京市第二家留学生创业园，于2003年9月被市科委认定为“北京市高新技术产业孵化基地”。

创业园位于国家新媒体产业基地核心地带，占地50亩，分为一期、二期、三期工程，总建筑面积5万多平方米，是集办公、商务、娱乐、生活为一体的高档综合服务园区。

创业园致力于打造以新媒体产业为主的专业集聚区，建设集文化创意产业、现代服务业、现代制造业等业态为主的新型园区，并建立了相应的孵化服务平台，具备研发、培训、创作、孵化、制作、交易、展示与体验和配套服务等八大功能。园区目前孵化面积38000平方米，管理团队17人。

联系方式

地　址：北京市大兴经济开发区科苑路18号
邮　编：102600
电　话：86-10-61271941/42、61273247
传　真：86-10-61271943
邮　箱：msx7060@126.com
网　址：www.coeland.com

北京市留学人员海淀创业园

园区概况

北京市留学人员海淀创业园成立于1997年10月，是北京市留学人员服务中心与中关村科技园区海淀园创业服务中心共建的北京市首家专门吸引留学人员回国创业的科技企业孵化器。2007年10月，海淀创业园成为国家人事部与北京市人民政府的共建单位，并正式命名为中国北京（海淀）留学人员创业园。

海淀创业园自成立之日起，就树立了把自身建设为一所“针对特殊人群，培育明星企业和优秀企业家”学校的宗旨，在孵化器建设就是学校建设的理念引导下，着重在“优选入园企业、加强过程管理、提高毕业标准、完善服务手段”四个环节上下功夫，并逐步形成了自身独特的核心竞争力，构建了“一个中心、三个平台、六项服务”的完整孵化服务体系，即围绕海淀创业园，构建企业孵化平台、科技条件平台、创业导师平台，以推进对企业的创业辅导、人才引进、企业融资、成果转化、股权投资、产业促进六项服务，促进创业者向企业家的转变，助力企业快速成长。

历年来，海淀创业园培育了一批又一批的优秀企业和企业家，得到了党和国家领导人、各级政府及社会各届的关注与认可。先后有两位国家领导人到海淀创业园视察。2000年江泽民总书记到海淀创业园视察；2003年胡锦涛总书记接见了海淀创业园优秀毕业企业的创办人。

1998年7月，海淀创业园被国家科技部认定为“国家高新技术创业服务中心”；2000年1月，被北京市科委列为“高新技术产业孵化基地”；2000年10月，被国家科技部、人事部、教育部和国家外专局确定为“国家留学人员创业园首批示范建设试点单位”；2001年9月，被国家科技部授予“国家高新区先进孵化机构”称号；2004年4年，被北京市科委认定为首批“首都科技条件平台试点单位”；2005年12月，被荷兰科学联盟评选为“最佳社会投资收益奖”；2008年12月，被评为“火炬计划实施二十周年先进服务机构”；2009年3月，获得“中关村科技园区20周年突出贡献奖”；2012年，被国家人社部认定为“全国创业孵化示范基地”；2013年10月，获得北京市经信委认定的“北京市小企业创业基地”授牌；2014年7月，被北京市人社局认定为“北京市创业孵化示范基地”；2015年，“金种子创业谷”成功入选中关村示范区创新型孵化器，并先后获得了中关村管委会创新型孵化器及市级和国家级众创空间的认定等等。

海淀创业园坐落于环境优美的中关村科技园区上地信息产业基地，处于北京著名的文化旅游区，紧邻清华、北大、中国科学院等全国最高学府和研究机构，形成强大的科技条件支撑和技术依托，是集科研、开发、生产、经营、生活和服务于一体的新型社区。

经过多年的发展，海淀创业园现有金种子创业谷、留学人员创业园、留学人员发展园、中关村生物医药园四大孵化基地，孵化面积近8万平方米，配有良好的通信条件、完善的共用设备及完备的服务设施，以适合不同发展时期、不同类型企业的创业环境和发展空间。

金种子创业谷，亦叫“零成本创业谷”，于2013年9月正式启动，孵化面积超过2000平方米。主要用于整合各类创新创业要素，聚集高层次创新创业团队，培育战略性新兴产业源头企业，依托海淀创业园的空间资源及孵化服务体系优势，为入孵项目提供从创业苗圃到孵化器再到加速器的全链条式孵化服务，并针对企业发展的不同阶段提供全过程的创业辅导。

留学人员创业园孵化场地面积22000平方米，主要服务于留学人员新办的科技型中小企业，创业园通过整合多种资源为入园企业提供全方位的创业辅导，包括政策咨询、管理咨询、融资协助、人才引进等，为企业提供优惠的办公用房并协助办理工商、税务、知识产权代理等相关事务。

留学人员发展园孵化场地面积17000平方米，主要服务于留学人员创业园毕业企业，为快速发展的企业提供配套的办公场地，服务的重点为融资咨询、产品宣传及推广。

中关村生物医药园孵化场地面积30000平方米，是北京市科委授牌的“首都科技条件平台－生物医药专业孵化器”。园内设有生物制品中试车间、分析测试中心、生物工程开放实验室、合成制剂开放实验室、医疗器械产业化示范车间，配备49个标准实验室。为企业提供包括药品注册咨询在内的科技条件租赁、实验室共享、委托试验等服务。

多年的历程，海淀创业园孵化企业硕果累累。先后有韩庚辰、严望佳、俞孔坚、寿国梁、宋守根、朱荣辉等百余人次优秀的创业者受到国家各级政府的表彰，其中入选“千人计划”者30名、“海聚工程”47名、“高聚工程”23名，3名创业者获得了六部委颁发的“留学回国人员成就奖”，6名创业者分别获得第一、二届北京市留学人员创业奖等等，共走出16家上市企业。

截至2015年底，海淀创业园累积孵化企业1155家，毕业企业372家。目前共有在园企业300家，主要分布在电子信息、生物医药、光机电、环保与节能、新材料等行业领域；迄今累计引进888名留学人员入园创业。

2015年度，在园企业创新创业成果颇丰，共120家次获得政府资金2673万元；81家企业获得股权投资20.63亿元；33家企业获得债权融资3960万元。

联系方式

地　址：北京市海淀区上地信息路26号中关村创业大厦106室
邮　编：100085
电　话：86-10-82898748，82898799
传　真：86-10-62984933
邮　箱：chuangye@ospp.com
网　址：www.ospp.com

北京望京留学人员创业园

园区概况

北京望京留学人员创业园成立于1999年8月，依托于北京望京科技园。2000年2月，望京科技园被市科委认定为北京市首批高新技术企业孵化基地。2000年8月，被科技部火炬中心认定为国家级高新技术创业服务中心。2000年12月，北京市人事局留学人员服务中心与朝阳区人事局和望京高新技术产业区签订协议，在望京科技创业园基础上共建“北京市留学人员望京创业园”。2001年6月12日，经国家科技部批准，望京高新技术产业区内以望京科技创业园为中心的3平方公里范围，正式加入中关村园区，称为“中关村科技园电子城西区”，在税收、人才、财政等各方面享受与中关村园区同等的优惠政策。2002年7月，国家人事部批复，与北京市政府共建中国北京（望京）留学人员创业园。2003年4月，中国北京（望京）留学人员创业园正式揭牌。2005年12月，望京科技园被团中央和全国青年联合会正式授予“中国青年留学人员创业基地”的称号。2006年2月，望京科技创业园被北京市人事局与市科委于联合授牌为首批8家“北京留学人员创业园”之一。园区现有孵化场地约2.5万平方米，并于2012年底承租朝来高科技发展园9号楼作为创新企业加速器，面积近8000平方米。

联系方式

地　址：北京市朝阳区望京新兴产业区利泽中二路2号
邮　编：100102
电　话：86-10-64390345
传　真：86-10-64392019
邮　箱：wangjingkejiyuan@126.com
网　址：www.wangjing.gov.cn

北师大留学人员创业园

园区概况

北师大留学人员创业园于2005年12月成立，由中关村科技园区管委会和北京师范大学共同创建。园区在中关村科技园区管委会、海淀园区管委会的支持下，依托学校的优势资源，不断完善孵化服务体系，吸引了来自美国、加拿大、法国、日本、澳大利亚、俄罗斯等数十个国家的近百名海归精英在此创业。借鉴国内外大学留创园的建设经验，本着特色办园的思想，依托百年师大的优势资源，北师大留创园充分整合北京师范大学科研资源、人才资源、产业资源，以“北师大教育服务产业研究院”和“高科技产业研究与技术转移中心”为依托，以中医药现代化、特色新材料、现代放射性化学药物、环境保护及减灾与公共安全等技术平台为支撑，搭建大学资源与社会资本对接的有力平台。

创业园以“中关村国大中小微企业成长促进会”和“中关村科学城”建设项目两个新的平台为契机，全面延伸留创园企业服务范围，重点挖掘和培育“金种子”企业、高端人才创业企业，进一步完善了专业技术平台和科研资源。

目前，创业园已获得科技部“火炬计划重点单位”、团中央“青年就业创业见习基地”“北京市专利试点单位”“北京市海淀区产学研示范基地”、教育部“高校学生科技创业实习基地”“北京留学人员创业园”“北京市高新技术产业专业孵化基地“等称号，加入“中关村科学城”项目，全面构建以北师大产学研为核心的地缘文化经济产业链，打造中国领先的教育、科技、文化联动产业聚集区，并获得中国产学研合作促进奖。

截至2015年底，创业园累积孵化企业168家，其中，留学人员企业44家，培育上市或挂牌企业1家；目前在园企业90家，留学人员企业23家，主要分布在教育科技、电子信息、文化创意等行业领域，园区主要发展教育科技、电子信息产业；在园创业或工作的留学人员有34人，累积入选中央“千人计划”2人。2015年园区企业总收入42279.102万元，企业专利总数43项，企业各项融资总额5217万元。

联系方式

地　址：北京市海淀区学院南路12号北师大科技园
邮　编：100082
电　话：86-10-62205399
传　真：86-10-62206051
邮　箱：Bsd_kjy@163.com
网　址：www.park.bnu.edu.cn

北邮留学人员创业园

园区概况

北邮留学人员创业园成立于2003年12月4日，由北京邮电大学和中关村管委会共建。创业园是以北京邮电大学为依托，充分利用北京邮电大学的综合智力资源优势，通过包括风险投资在内的多元化投融资渠道，在政府政策的引导和支持下，建立从事技术创新和企业孵化的信息通信类孵化基地，旨在更好地吸引海外留学人员归国创业，加快中关村科技园区的建设，提升北京邮电大学产学研相结合的能力，发挥一流高校服务区域经济的社会职能。

创业园位于北京邮电大学校内，总建筑面积为1万平方米，先期启动5000平方米，办公设施齐全，服务功能完备。创业园结合北京邮电大学的学科特点和优势，主要面向IT行业，着眼通讯领域，立足信息特色，定位于专业的信息科技园，以特色求发展，以创新达成功。

创业园搭建了面向信息通信领域的“3+2”服务体系，可为入园企业提供具有专业特色的科技创新和成果孵化服务。创业园在确保为入驻企业提供基本商务、管理咨询和资本运作等立体式服务同时，充分利用北邮在信息产业的行业优势，在园区内搭建了互联网技术条件、电信产品推广服务和电信增值业务条件三个核心公共技术平台。开放时间每周在20小时以上，可以向企业提供信息通信领域的科学研究和技术开发平台，为企业科技创新提供覆盖整个通信信息领域从底层到应用，各种不同媒介的，向企业提供试验开发平台，测试平台，验证平台的使用服务。切实帮助创业企业降低了IT行业准入门槛和创业成本。创业园与北邮生命电子科学工程中心EMC—EMB实验室以及北邮宽带通信网络实验室合作，为入园企业提供优惠的专业服务，并以此为契机，共同向北京市申报实验室开放平台资助。

联系方式

地　址：北京市海淀区西土城路10号北京邮电大学综合服务楼5楼510室
邮　编：100876
电　话：86-10-62281497，62281487
传　真：86-10-62285259
邮　箱：1409000@sina.com
网　址：www.buptincubator.com

华北电力大学留学人员创业园

园区概况

华北电力大学留学人员创业园成立于2008年10月，由华北电力大学和中关村科技园区管委会共同建立，旨在吸引优秀海外留学人员回国创业，加快中关村科技园区建设，提升华北电力大学产学研结合能力，发挥一流高校服务区域经济的社会职能。

创业园位于华北电力大学国家大学科技园内，面积约2万平方米，办公设施齐全，服务功能完备。创业园充分利用和发挥华北电力大学创新创业环境和人才、学科、科研、设施及成果转化等综合资源优势，同时依托国内外的校友资源优势，着重吸引、发掘、培育一批创业团队完备、跨洋研发能力出众、拥有自主知识产权的国际领先技术、产业化前景巨大、国家重点支持领域项目的优秀留学人员创业企业，业已发展成为科研孵化、人才聚集、高新技术成果转化的重要基地，为首都科技创新体系建设和区域经济发展做出贡献。

目前，创业园已拥有科技创新创业实习基地、小企业创业基地服务、展示平台等系列服务设施，为园区企业营造了优良的服务环境和完善的创新创业服务体系。园区通过一系列配套服务的推行，完善企业基础服务平台、技术服务平台、创新创业平台及金融服务平台以及综合商务服务平台的建设，为在园企业提供综合性、全方位的孵化服务。

联系方式

地　址：北京市昌平区北农路2号华北电力大学主楼D1006
邮　编：102206
电　话：86-10-61772723
传　真：86-10-61772866
邮　箱：chx@ncepu.edu.cn

清华留学人员创业园

园区概况

清华留学人员创业园成立于2002年12月，是清华大学和中关村管委会共同发起设立，由北京启迪创业孵化器有限公司负责日常运营和管理。

创业园依托清华大学的科技优势和清华科技园的资源优势，采用“孵化+风险投资”的经营模式，重点吸引回国留学人员创办的拥有国际先进技术、具有高附加值、高成长性的企业入园。清华创业园通过整合“政、产、学、研、金、介、贸、媒”等创新资源、搭建成熟完善的创新创业孵化体系、开发建设信息化的创新服务网络平台，并借助清华科技园辐射全国近30个城市和地区的分园网络，已经成为促进区域经济发展和科技型创业企业发展的强大支撑力量。

创业园先后被评为“国家级留创园”“国家级孵化器”“优秀留学人员创业园”；是火炬中心认定的国家级孵化器之一；是北京市科技条件平台首批试点机构；海淀区企业服务体系首批合作伙伴；曾被荷兰科学联盟组织的全球科技孵化器评为“科学孵化器最佳实践奖”。

清华留创园和启迪孵化器不断谋求为中小企业发展提供多种增值服务，探索创新服务内容，与企业共同成长，与各类金融机构进行沟通合作，联合浦发银行推出了中小企业信用贷款一站式服务平台；与齐鲁证券达成战略合作意向，为园区企业开展新三板上市咨询与相关服务工作。启迪孵化器和启迪创投联合设立了启迪天使投资（北京）有限公司，专注于投资早期企业，基金规模5000万，覆盖TMT、清洁技术、新能源、生命科学、消费品等领域。清华科技园知识产权服务平台始建于2008年，是国知局首批“企业专利工作交流站”之一、“海淀园知识产权服务平台”、北知局企业知识产权托管服务平台。

联系方式

地　址：北京市海淀区清华大学科技园创新大厦A座15层
邮　编：100084
电　话：86-10-62785888
传　真：86-10-62772777
邮　箱：xuyy@tuspark.com
网　址：www.spmember.com，www.tusstar.com

首都师范大学留学人员创业园

园区概况

首都师范大学留学人员创业园成立于2007年10月，由首都师范大学与中关村科技园区管理委员会共同建立，是中关村科技园区创业体系的组成部分之一，是留学人员回国创业的重要基地。

创业园位于北京市海淀区首都师范大学校内，一期与首都师范大学科技园共用一座教学楼，办公环境良好，软硬件设施一应俱全。

创业园充分发挥首都师范大学深厚的文化、教育资源优势，突出“以文化、教育为特色，以高新技术为依托”的建园方针，以产学研联合工作为纽带，在留学人员创业企业与高校间建立通畅的桥梁，为企业的孵化、发展、壮大提供优质高效的服务。创业园重点吸纳、培育在文化创意及科技创新方面具有特色优势，具有自主研发能力和自主知识产权，与国内文化及经济建设需求紧密结合的留学人员创业企业。

经过不断的努力，园区逐步确立了“以高新技术为依托，以文化教育优势为特色，以产学研联合工作为主体，以科学技术成果的市场转化为手段，以服务于北京市社会、经济、文化建设发展为目标”的建设宗旨。一批优秀科研成果进入科技园进行孵化，并取得了良好成绩。2003年7月，首都师范大学科技园被市科委、市教委认定为北京市大学科技园，标志着科技园整体工作跃上了一个新的台阶。到目前为止，创业园已初步形成了文化创意、教育技术、高新技术三个重要产业化发展方向。

联系方式

地　址：北京市海淀区西三环北路105号首师大科技园（留学人员创业园）教一楼207室
邮　编：100037
电　话：86-10-68907023
邮　箱：kjy@mail.cnu.edu.cn

中关村博雅留学人员创业园

园区概况

中关村博雅留学人员创业园成立于2011年12月23日，由中关村科技园区管理委员会和北京市海淀区人民政府共建，是中关村多媒体创意产业园吸引海外人才、推动留学生回国创业工作的重要组成部分。创业园的建设是为了积极落实中关村人才特区的总体要求，促进科技创新、体制创新，吸引更多的以海外高层次人才为代表的发展所特需的各类留学人员回国创业，服务于留学归国人员创办的高新技术企业。

中关村多媒体创意产业园是中关村国家自主创新示范区的专业科技园，地处示范区核心区，位于中国北京市海淀区西三环紫竹桥与西四环四季青桥之间，占地95公顷，是北京率先以多媒体创意产业为核心发展方向的跨媒体专业园区。

创业园依托中关村多媒体创意产业园的资源与服务体系，为入园的留学归国创业人员提供行业指导、战略顾问、金融投资、创业辅导、品牌建设、市场推广、项目融资、高层次人才对接和运行团队组建等方面的系统服务，为企业的创新发展提供有力的支持。

目前，园区已聚集企业及机构800余家，累计吸引投资超过26亿元，其中已产生区域经济贡献的企业685家。园区企业创新活跃、发展迅猛，产值增幅迅速，形成涵盖物联网、移动互联网、电子支付、动漫游戏、软件开发、系统集成、广告会展等领域在内，集产品、服务和应用等方面于一体的跨媒体产业集合。园区产业生态循环体系发展完善，企业已呈现出以产业集群模式进行集群化、规模化发展趋势，具有显著的产业聚集与辐射带动能力。

联系方式

地　址：北京市海淀区紫竹院路116号C座
邮　编：100097
电　话：86-10-51709191
网　址：www.bjmmedia.cn

中关村法大科技服务园

园区概况

中关村法大科技服务园成立于2007年5月28日，由中关村科技园区管理委员会和中国政法大学共同建立，是全国首家以法律服务为主的大学科技园。

创业园位于中国政法大学校园内，创建初期启动面积为3000平方米，总规划建筑面积共约25000平方米，致力于建设一流的硬件设施，提供优良的工作环境和物业管理。

创业园依托中国政法大学优势学科，发展法律服务产业，包括法律咨询服务、知识产权和专利服务、法律信息和法律出版服务、法学教育培训服务、证据和法庭科学技术服务、律师和公证服务等法律相关领域的新兴特色产业。

创业园的发展目标是重点培育一批国内一流法律服务企业，并逐步扩大发展规模，使法律服务范围覆盖中关村科技园区的所有创新企业，把园区建设成为国际知名的法律服务基地；建立与全国法律信息资源的建设者、所有者、使用者之间的多边联合；与中关村其他专业园区形成产业互补，促进和服务高科技产业发展。

联系方式

地　址：北京市海淀区西土城路25号中国政法大学旧1号楼109室
邮　编：100088
电　话：86-10-58908009
传　真：86-10-58908007
邮　箱：lyl0312@163.com

中关村国际孵化园

园区概况

中关村国际孵化园（北京中关村国际孵化器有限公司）创立于2000年12月26日，是科技部认定的“国家级高新技术创业服务中心”“北京市高新技术产业孵化基地”“北京留学人员创业园”和“北京市小企业创业基地”。按照“政府引导，市场运作”的模式，园区为留学人员归国创业提供“孵化+创投”的全程、全方位服务。2003年1月，胡锦涛同志在刘淇等领导的陪同下到北京中关村国际孵化器有限公司视察，对留学人员归国创业做出了重要指示。

园区地处上地信息产业基地，拥有两幢共2.14万平方米的现代化商务楼，可满足入驻企业不同发展阶段的需求。园区整合各方资源，引入工商注册、法律、会计、人才等中介机构，搭建产学研平台，争取政府资助，设立贷款担保保证金和投资基金，带动风险投资，为企业走向成功铺路搭桥。

园区与北京大学光华管理学院、清华大学经济管理学院、北京航空航天大学软件学院、中国科学院软件学院、新加坡南洋理工大学联手打造了国际MBA和创业与创新学生实习基地、软件工程师实训基地；与中关村科技园区驻硅谷、伦敦、多伦多、马里兰、东京、伦敦、悉尼联络处建立了密切关系，为海外留学人员回国创业提供服务，为园内企业向海外拓展、寻求国际合作创造条件；与北京软件产品质量监测检验中心合作建立共享软件技术平台；与海淀生物医药园合作建立生物医药技术平台；投资建立电子信息技术测试与展示中心；投资开发企业评估体系软件等。在园企业可享受诸多优惠政策，孵化园为企业提供免费创业服务；组织各种项目推介会及融资洽谈会；协助企业申请各类政府专项资助；通过对优秀企业给予投资支持，帮助企业引进风险投资；协助企业申请各种贷款。同时，园区搭建了中介服务平台，组织企业家沙龙，促进企业间及企业与社会各界间的交流与合作，为园内创业者营造一个实现梦想的良好环境。

联系方式

地　址：北京市海淀区上地信息路2号创业园D栋
邮　编：100085
电　话：86-10－82893008
传　真：86-10－62974804
邮　箱：fjy1726@139.com
网　址：www.incubase.net

中关村集成电路留学人员创业园

园区概况

中关村集成电路留学人员创业园是在充分依托北京集成电路设计园现有的专业技术优势，于2006年1月由北京集成电路设计园和中关村科技园区管委会共同建立的。创业园位于中关村科技园区高科技企业云集的核心地带——北京市海淀区知春路27号北京集成电路设计园内，包括量子芯座和量子银座两座写字楼，创业园总面积约20000平方米。

园区自建设以来，先后被国家及地方科技部门授予国家（北京）集成电路产业园、中关村开放实验室、中关村科技园区海淀园高新技术企业服务平台、国家中小企业公共服务示范平台等称号，具有鲜明的专业特点和服务特色。2007年3月，中关村科技园区管理委员会在北京集成电路设计园挂牌“中关村集成电路EDA开放实验室”；2011年11月，由工信部授予“国家中小企业公共（技术）服务示范平台”的牌匾，科技部授予“北京现代服务业基地”；2012年12月，北京市经信委授予“北京市小企业创业基地”。

创业园依托北京地区丰富的集成电路设计资源优势，重点建设了以EDA工具为主的集成电路设计公共技术平台，为集成电路设计留创企业提供包括：EDA工具、IP、芯片生产、封装、测试和专业人才培养等集成电路设计产业链专业技术服务，帮助留创企业降低研发成本和技术门槛，加快留创企业发展。创业园建设的留创企业服务体系，可为留创企业提供政策法规咨询、企业注册咨询、行业信息发布、招商引资及知识产权等服务内容，结合园区掌握的国际国内行业发展情况，提供行业咨询，帮助留创企业迅速融入国内的产业环境；另外，根据集成电路留创企业的投融资需求，创业园积极与国资公司系统内的投融资机构及创业投资机构进行交流与合作，为留创企业与创投机构之间牵线搭桥，助力留创企业的成长。同时，创业园在对留创企业孵化及服务的过程中，积极落实各级政府制定的支持留创企业发展的支持政策，并配以园区的服务支持，已成功协助园区留创企业获得了企业开办费、房租补贴等；并成功推荐园区的优秀海归人才入选了国家“千人计划”、北京市“海聚工程”等。

联系方式

地　址：北京市海淀区知春路27号量子芯座508
邮　编：100191
电　话：86-1082357176
传　真：86-1082357178
邮　箱：service@bjicpark.com
网　址：www.bjicpark.com

中关村京仪海归人才创业园

园区概况

中关村京仪海归人才创业园由中关村科技园区管委会与北京京仪集团有限责任公司共建，北京京仪科技孵化器有限公司负责创业园的组织实施和日常管理。

京仪留创园总孵化面积9098平方米，其中大钟寺总园面积2300平方米，百万庄分园面积6798平方米。园区主要吸引新一代信息技术以及高端装备制造领域海归人才企业，通过整合京仪集团相关技术和市场资源为入驻企业提供创业服务。京仪集团在创业园建设上给予政策方面的支持，一是开放集团自身的试验测试和加工资源，二是开放产业化的市场推广和销售渠道，三是在房租和场地上给予优惠，四是充分发挥北京市仪器仪表工业人才服务中心的人才服务功能，为海归人才创业企业提供人才培训、人事代理和人力资源咨询等相关人力资源服务。

同时，创业园通过公共服务平台（关键共性技术服务平台、科技咨询服务平台、市场推广服务平台、技术转移服务平台、中介服务平台）的建设运营，把海归人才创业企业的研发和成果资源与京仪集团产业化资源进行结合，实现产、学、研、用联合，促进行业技术进步和产业升级，助力海归人才创业企业的发展。

联系方式

地　址：北京市海淀区大钟寺东路9号
邮　编：100098
电　话：86-10-82121529
传　真：86-10-62252281
邮　箱：lijin5903@sohu.com
网　址：www.jyfhq.com.cn

中关村科技园区丰台园留学人员创业园

园区概况

中关村科技园区丰台园留学人员创业园成立于2004年4月，依托中关村科技园区丰台园，由中关村科技园区丰台园科技创业服务中心（北京IBI）具体运作。北京IBI以输出品牌和管理的方式，低成本、高速度运营，整合丰台园基地一期及“科技一条街”资源，已形成中关村丰台园软件孵化中心、赛欧科园孵化中心、颐安鑫鼎孵化中心、生命科学孵化中心等分中心，作为留学生企业发展园、产业园。2007年，被北京市人事局、市科委批准为“北京留学人员创业园”。

创业园积极响应国家大力吸引海外高层次人才的号召，以“五大创新服务体系”和综合性技术服务平台为支撑，以提高自主创新能力和可持续发展能力为核心，推进留学人员创业服务体系建设，优化创业服务措施，营造优质创业环境。园区为企业推出“留学生服务直通车”计划，推动科技中介服务体系建设，打造交流合作平台，营造引资引智氛围，申请政府资助，落实优惠政策，搭建引智渠道，完善人才资源服务平台。

联系方式

地　址：北京市丰台区科兴路9号
邮　编：100070
电　话：86-10-63744650
传　真：86-10-63728448
邮　箱：zxx@bjibi.org.cn
网　址：www.bjibi.org.cn

中关村软件园留学人员创业园

园区概况

中关村软件园留学人员创业园法人单位为北京中关村软件园孵化服务有限公司，公司成立于2001年11月28日，由北京中关村软件园发展有限责任公司、中关村高科技产业促进中心、北京软件与信息服务业促进中心以及北京赛西电子科技公司联合出资成立，注册资金5300万元。在十余年的建设和发展中，创业园集成政府、社会、团体和企业的多种资源，在软件企业的专业服务领域不断探索和实践，其间得到了政府的大力扶持和认可。2002年1月1日被北京市科委认定为“北京高新技术产业孵化基地”；2004年1月被正式命名为“中关村科技园区留学人员创业园”；2006年被国家科技部认定为“国家高新技术创业服务中心”；2006年获“2006年度北京市优秀科技中介机构”称号；2007年被北京市人事局和北京市科委联合命名为“北京留学人员创业园”；同时园区还获“中关村科技园区20周年突出贡献企业”“海淀区企业党的纪检工作优秀党组织”“海淀园先进基层党组织”“北京市知识产权托管基地”“北京市小企业创业基地”“北京市战略性新兴产业孵育基地”等称号。

创业园孵化服务围绕“贴身、贴心”的服务宗旨，建立了一中心七平台及特色服务体系。一中心指企业服务中心，为企业提供基础的创业服务，七平台包括软件人才服务平台（为企业提供人才招聘及人才互济服务）、网络产品发布平台（在中国软件网宣传企业产品）、投融资服务平台（为企业提供投融资对接服务）、科技创新平台、软件综合资源平台（建立项目库，促进企业间技术合作）、产业促进平台（促进企业与企业间的合作）、国际交流合作平台（促进企业进行国际技术转移及合作）。此外，特色服务包括创业导师行动（为企业提供融资、知识产权、法律、管理、技术、市场等方面的创业指导）、知识产权托管基地（帮助企业建立知识产权规划、申请、维权等服务）、信用工作平台（帮助企业建立信用制度及与信用有关的服务）、商标工作平台（帮助企业建立商标制度及商标维权等服务）、创业企业家俱乐部（促进企业间的交流合作）。

创业园在未来规划中，将继续依托国家软件产业基地、国家软件出口基地良好的产业发展态势，利用丰富的政府资源、科技资源和社会资源，不断完善面向中小软件企业的创业孵化服务体系。始终把握“做专业资源的整合者”和“聚集‘一横两纵’企业”的产业定位，在创业服务不断深化、细化、专业化的过程中，促进软件企业的产业合作与发展。

联系方式

地　址：北京市海淀区东北旺西路8号中关村软件园3号楼B座1318室
邮　编：100093
电　话：86-10-82825187，82825188
传　真：86-10-82825186
邮　箱：spi@zgcspi.com
网　址：www.zgcspi.com

中关村生命科学园留学人员创业园

园区概况

北京中关村生命科学园留学人员创业园成立于2004年，由生物医药科技孵化有限公司负责运营。创业园的主要宗旨是帮助中小型生物医药企业成长，为归国留学创业人员提供良好环境，推动生命园区及北京市生物医药产业的发展。创业园成立以来受到了社会各界的肯定与好评，获得了包括国家级科技企业孵化器、国家中小企业窗口示范平台、北京市战略新兴产业孵化基地、北京市科技成果转化基地、北京市优秀留学人员创业园、北京市优秀基层科技工作单位、中关村20周年突出贡献奖单位等众多资质和荣誉。

创业园总孵化面积50000平方米，包括各类实验室，细胞室、中试洁净车间、清洗消毒室、纯水制备间、洁净空调室、试验废水处理间、行政办公室和公共会议室等各种类型的场地和专业设施，能为企业提供完备的办公和生物医药研发条件。在基础设施建设方面，创业园能为企业提供包括分析检测实验室、分子生物学实验室、固体制剂实验室、纯水系统、实验污水处理系统、通风及空调系统、中试车间、万级细胞培养室及公用会议室在内的工作条件，以确保创业企业工作的顺利展开。创业园累计投入1500万元用于平台的建设工作，先后获得北京市科技条件平台、中关村开放实验室、国家CNAS认证。目前，具有较强服务能力的四个平台包括分析检测平台、分子生物学平台、固体制剂平台及细胞级药筛平台。同时，整合各类仪器资源近2亿元人民币，充分实现了科技资源的优惠共享。在产业引导与合作方面，创业园组建成立了中关村生命科学园开放实验室、中关村生物医药研发外包联盟、生命科学园资源网络同盟、生命园产业及孵化公共服务平台网等技术或产业联盟，整合了大量科技资源，为生物医药企业提供了良好的资源环境。同时，生命园孵化器在留学生创业、专业技术服务、产业资金申请、医药产品注册咨询，引导性创业投资等方面也都形成了自身的服务优势。

联系方式

地　址：北京市昌平区生命园路29号孵化科研生产大楼B-215
邮　编：102206
电　话：86-10-80715731
传　真：86-10-80715732-1005
邮　箱：zgcbmi@yahoo.com.cn

中关村数字娱乐留学人员创业园

园区概况

中关村数字娱乐留学人员创业园成立于2006年9月8日，是中关村科技园区管理委员会和北京市石景山区政府的第一个合作项目，主要服务于北京市文化创意产业留学生企业，是全国第一个专注于数字文化产业的留学人员创业园，是全国第一个以文化创意产业为服务对象的留学人员创业园。

创业园坐落于北京西山脚下，背靠八大处风景区，周边环绕着具有悠久历史的旅游文化博览胜地。整个地区风景秀丽、富含创意、宜居宜商，为从事文化创意创业的留学人员提供了得天独厚的工作及生活环境。创业园一期建筑面积8000平方米，拟扩充至28000平方米。优雅的人文环境、便捷的交通环境和齐全的基础设置配备，为海归留学人员企业的发展推波助澜。

对于从事文化创意、数字娱乐产业创业企业，在办公环境上“求新、求变”的特别需求，创业园给予了充分考虑。创业园配套有米黄色大型沙发茶座，在整个楼层无线网络的覆盖下，拓展了创业人员办公及思考空间。园内设有24小时保安和电子指纹式门禁系统。为进一步降低创业企业运营成本，创业园设立独立房间分体式空调、集团程控电话分机和计算机网络宽带接入。水、电、暖等基础配备24小时均设专人负责维护，复印机、传真机以及会议室等公用设施对入驻企业全部开放。

创业园在中关村石景山园管委会的指导下，依托石景山区打造首都休闲娱乐中心区的特点，旨在打造具有知名品牌、最多服务功能、最低创业成本的留学人员创业园，为留学人员归国后从事文化创意、高科技产业的创业提供全方位的服务，协助创业企业在全球创意经济迅猛发展的浪潮中不断壮大。

联系方式

地　址：北京市石景山区八大处高科技园区实兴东街11号楼北楼1层
邮　编：100043
电　话：86-10-88794725
传　真：86-10-88794725
邮　箱：suppersix@gmail.com

中国科学院中科海外人才创业园

园区概况

中国科学院中科海外人才创业园（原中国科学院中自留学人员创业园）成立于2004年10月，由中国科学院与中关村科技园区管委会共建而成，是中国科学院北京地区第一家海外人才创业园；同时，也是中国科学院目前唯一的一家海外人才创业园。

创业园现建有主园区和分园区（与北京市科委创业中心共建）两部分。其中，主园区位于海淀区中科资源大厦、中科院自动化所；分园区位于朝阳区北京创业大厦。中科院中科海创园由北京中科喀斯玛科技孵化器有限公司负责具体管理和运营。中科喀斯玛公司重组于2013年底，前身是中科院自动化所国有资产管理公司、中科院国家技术转移中心子平台，现为（中科院）北京中科资源有限公司控股、中科院自动化所参股的国有控股企业。

创业园作为中关村国家自主创新示范区人才特区创新创业服务的组成部分，围绕北京市和中关村整体发展部署，偕同中科院的尖端科技、优秀人才和先进研究成果以及各科研院所的支持等丰厚的资源优势，为海外人才企业提供有力的技术支持、良好的创业氛围和中介机构增值服务的同时，也开展了一系列为企业提供科研成果转化、科技资源整合、科学研究交流与大型企业对接合作等园区特色服务，充分满足海外人才创办企业的需求，现已发展成为独具特色的、带有鲜明中科院品牌的海外人才创业园。

创业园以中科院院所科技、信息、政策、品牌、专家等为基础，依托海淀区、中关村高科技园区的广阔行政服务网络，引进风险投资资本，凝聚区域内现有科技成果转移机构资源共同打造科技协同创新机制，发挥新形势下政产学研合作新途径的优势，努力推动海外人才归国创业、中科院科技成果的转移、转化，带动相关产业升级，服务地方、区域经济。近年来，随着平台体系建设的不断加强，转移中心为高校、院所、企事业单位提供的服务也愈发系统和专业，逐步探索具有中科院特色的体系化服务模式。创业园充分发挥中科院科技创新资源，建立的“科技条件平台”包括专家顾问库、项目资源库、专利数据库和科研设备库等多个单元的中科院共享体系资源。

联系方式

地　址：北京市海淀区中关村东路95号自动化大厦东楼309室
邮　编：100080
电　话：86-10-61943380
传　真：86-10-61943380
邮　箱：casmpark@126.com，zhouy_work@126.com
网　址：www.casmpark.com

中国矿业大学留学人员创业园

园区概况

中国矿业大学留学人员创业园（中关村能源安全科技园）成立于2007年7月12日，是中国矿业大学（北京）与中关村科技园区管委会共建的具有显著能源与安全特色的专业科技园区，是我国第一家能源安全科技园，是中国矿业大学（北京）产学研结合及科技创新体系、中关村国家自主创新示范区及首都区域创新体系建设的重要组成部分。国家、北京市和相关部委领导十分重视和关心创业园的建设发展，时任国务委员刘延东，教育部部长周济，国家安全生产监督管理总局局长骆琳，教育部副部长陈希、吴启迪，科技部副部长刘燕华、尚勇等先后来创业园视察工作，并对创业园取得的成绩给予了充分肯定。

创业园地处中关村科技园区的核心地带，交通便利，位于城市主干道学院路和清华东路的交汇处附近，孵化面积1.5万平方米。创业园始终致力于打造能源安全品牌，为能源安全新技术产业集聚创造一流的服务平台，在完善多项基础设施建设的同时，搭建了创业服务、企业经营服务、公共技术服务、知识产权服务、信息服务、物业服务等15项软环境平台，开展了高效、快捷、全面的企业专业服务工作。

创业园针对煤炭能源行业的现状和亟待解决的突出问题，创新性地以“孵化+创投”的形式进行“项目孵化”，即对有前景的高新技术项目和项目所有人进行吸收，设立工程技术研究中心，直接面向矿山一线，形成产学研紧密结合的技术与产业平台。目前，已成立节能减排、绿色开采、矿山建设、固液处理、矿山机电和矿山数字化等6个工程技术中心。同时，创业园公司（北京矿大能源安全科技有限公司）利用中国矿业大学的科研优势和工程技术中心的产业优势，自主研发核心技术，培育核心竞争力，2009年通过了国家级高新技术企业认证，获得了中小企业创新基金，研发项目“矿井回风源热泵系统与配套技术”获得煤炭行业科技进步一等奖。

联系方式

地　址：北京市海淀区清华东路16号3号楼中关村能源与安全科技园A2-1803
邮　编：100083
电　话：86-10-51733888
传　真：86-10-51733590
邮　箱：menggy@263.net

中国农大留学人员现代农业创业基地

园区概况

中国农大留学人员现代农业创业基地成立于2005年8月4日，由中国农业大学和中关村科技园区管理委员会共同创建，主要服务对象是海外留学归国人员创办的以现代农业和生物技术领域为主的高新技术企业，重点吸引、发掘、培育一批创业团队完备、跨洋研发能力出众、拥有自主知识产权的国际领先技术、农业产业化潜力巨大、国家重点支持领域项目特别是面向“三农”的高质量留学人员创业企业。

创业基地位于中国农大科技园的西区核心园区，面积共20000平方米，先期启动7200平方米。创业基地拥有完善的供电系统、供水系统和供暖系统，可供租用已装修不同档次的各种规格研发单元；对入驻企业提供各类的会议室、报告厅、接待室、餐厅、客房和娱乐、购物场所；提供宽带多媒体通讯网络服务，光缆已进入室内，每个单元均配置CATV接口。创业基地有可供租用的会议室、洽谈室共计15间，具备多媒体音像、投影设备。

创业基地依托中国农业大学在种子、农兽药、畜牧、肥料、农产品与食品、农业工程与装备及农业信息化等领域的人才和科研优势及在高新技术转化方面积累的经验，进一步将孵化功能向企业发展的上下游延伸。通过产学研的有机结合、孵化体系的日益完善，创业基地将吸引更多优秀海外留学人员归国创业，从而为地区培育出新的经济增长点及产业热点，形成中关村科技园区中的农业研发、推广和示范基地，成为国家农业高技术创新创业源头。

联系方式

地　址：北京市海淀区清华东路17号科贸楼C201
邮　编：100083
电　话：86-10-62732266
传　真：86-10-62736902
邮　箱：hujy@cau.edu.cn
网　址：www.cau.edu.cn

中国人民大学留学人员创业园

园区概况

中国人民大学留学人员创业园成立于2005年12月，由中国人民大学与中关村科技园区管委会共建，是全国第一家文化主题的留学人员创业园，在留学人员创业园普遍只服务高新技术企业的背景下开始针对非科技类的文化创意企业提供创业服务。由人大文化科技企业孵化器公司负责运营。2012年3月，创业园被北京市委组织部、北京市人力资源和社会保障局、北京市科学技术委员会评为“优秀留学人员创业园”；2012年4月，中国人民大学文化科技园运作公司北京人大文化科技园建设发展有限公司，全资设立子公司北京人大文化科技企业孵化器有限公司，专业负责中国人民大学留学人员创业园运营管理；2012年12月，获中国留学人员创业创新大赛组委会授予“春晖杯”创业大赛创业基地；2013年，被认定为“北京市战略性新兴产业孵育基地”；2013年4月，获得第七届中国北京国际文化创意产业博览会“单项活动优秀组织奖”；2013年5月，获得第九届中国（深圳）国际文化产业博览交易会“优秀组织奖”。

创业园地处中关村核心区域，交通便捷，人才、资本高度密集，拥有13520平方米的孵化面积，园区内建设有全国第一家文化创意产业特色的国家大学科技园、全国第一家国家版权贸易基地、全国第一家依托大学建立的国家文化产业示范基地。创业园致力于孵化文化创意企业，除了为企业切实落实政府优惠政策外，还提供部分租金减免、种子资金投资、国际合作补贴、企业上市补贴等，着力打造中国文化创意产业品牌和有全球影响力的文化创新中心。

创业园借助中关村国家自主创新示范区的政策优势和中国人民大学在人文社会科学方面的资源优势，建立了以科技及文化创意相关产业为主导方向，享受园区以“创业服务+创业投资+创业导师”为核心的综合孵化服务体系。园区为留创企业提供“全流程、全方位、全链条、立体化”的专业优质孵化服务。“全流程”是对文化企业从孵化前，到孵化中，再到加速成长过程中提供的一系列服务；“全方位”是为创业团队提供创业培训课程、帮助创业融资、配备创业导师、营造创业人脉圈；“全链条”是指打造从“项目孵化”到“企业孵化”再到“新兴文化科技产业链孵化”的全产业孵化链条；“立体化”是指整合孵化器现有线上、线下资源，为文化企业提供线上企业诊断软件加线下企业会诊等集成服务。创业园建立了企业跟踪评价系统，为园区企业的健康发展提供了强有力的支撑，企业对园区的认同感、归属感不断增强，企业与园区已形成良性互动、共赢发展的格局。

联系方式

地　址：北京市海淀区中关村大街甲59号人大文化大厦2104室
邮　编：100872
电　话：86-10-82509532
传　真：86-10-62516386
邮　箱：cspruc@ruc.edu.cn
网　址：www.cyruc.com

中央财大留学人员创业园

园区概况

中央财大留学人员创业园成立于2006年12月8日，由中央财经大学与中关村科技园区管委会合作共建，是中关村留学人员创业园协会秘书长单位。园区管理机构为北京中财园科技有限公司。创业园的服务对象是海外留学回国人员创办的各类高新技术企业、文化创意企业和创新服务企业。创业园重点培育、孵化在海外学有所成、学有特色、有跨国研发能力、创业团队较为完备、拥有自主知识产权、产业发展潜力大的留学回国人员的创业企业。

依托中央财经大学及中央财经大学科技园的资源优势，创业园搭建了财税事务公共服务平台、经济法律事务公共服务平台、科技认证及工商注册公共服务平台、人才交流培训平台、投融资事务公共服务平台等创业孵化服务平台，为企业提供财税咨询、法律咨询、科技企业认证及注册、企业文化宣传、人才培训、融资推荐等服务。平台不仅为创业园内企业提供各类服务，而且已将服务功能拓展至整个中关村科技园区。

创业园新建规划位于北京市海淀区学院南路39号中央财经大学校内东南角。规划用地面积10000平方米，规划建筑面积将达3万余平方米。建成后的创业园将是一个办公环境优美、配套设施齐全、服务功能完备的一流企业孵化器。创业园将利用中央财经大学在财经、金融领域的学科、人才等资源优势，通过产学研的结合和完善的孵化服务体系，为入园留学人员企业创造良好的成长环境。创业园重点吸引、发掘、培育、孵化在海外真正学有所成、学有特色、有跨洋研发能力、创业团队较为完备、拥有自主知识产权、产业发展潜力巨大的高质量留学人员创业企业，从而为首都培育出新的经济增长点及产业热点。

联系方式

地　址：北京市海淀区学院南路39号
邮　编：100081
电　话：86-10-62288385
传　真：86-10-62288385
邮　箱：cufezcy@163.com
网　址：www.cufesp.org

天津滨海高新区海外留学生创业园

园区概况

天津滨海高新区海外留学生创业园（天津滨海高新区国际创业中心）成立于1998年8月，是天津滨海高新区管委会创办并直接管理的孵化器，是国内唯一一个处于都市中心区的留学人员创业园。作为国家级留学人员创业园，创业园先后被批准为部市共建“中国留学人员创业园”“国家留学人员创业园示范建设试点”，被中央组织部授予“全国留学回国人员先进工作单位”等9个国家级创业基地品牌和8个国家级和市级荣誉称号。

创立十余年来，创业园始终以“促进科技成果转化、培育高新技术企业和企业家”为宗旨，坚持“孵化精品企业”的基本工作方针，求真务实，不断进取，形成了以归国留学人员创办的企业为重点孵化对象，以具有自主知识产权的高科技项目为重点孵化项目的发展特点。创业园高效的孵化机制和优良的孵化业绩得到了国家各有关部委、天津市各有关部门以及社会各界的一致肯定和高度评价，目前已成为天津滨海高新区国家海外高层次人才创新创业基地的核心孵化载体、部市共建国家生物医药国际创新园核心实施主体和天津滨海新区的核心孵化器。

创业园围绕天津滨海高新区绿色能源、高端信息制造、生物医药、先进制造、现代服务业等主导产业领域，重点吸引能够参与全球竞争、处在世界科技前沿和产业高端、熟悉国际市场和国际规则的海外高层次人才来区创新创业，以培养战略性新兴产业企业、高成长性企业、领军企业、科技小巨人企业、上市企业为目标，深入开展精品孵化服务。园区重点打造了公共技术平台、人力资源服务平台、投融资平台与公共秘书平台等四大平台，为创业者提供无障碍、一站式、个性化、全方位的"全案式"服务。

联系方式

地　址：天津滨海高新技术产业开发区华苑科技园华天道2号
邮　编：300384
电　话：86-22-83710085
传　真：86-22-83710936
邮　箱：tibi@thip.gov.cn
网　址：www.tibi.com.cn

天津经济技术开发区留学生创业园

园区概况

天津经济技术开发区留学生创业园（中国天津留学人员创业园天津开发区分园、天津泰达国际创业中心）成立于1996年8月，位于天津滨海新区的核心区域——天津经济技术开发区，与天津经济技术开发区生产力促进中心系同一机构，是天津开发区管委会下属事业单位，为天津泰达科技发展集团核心成员单位。2002年经科技部认定成为国家级高新技术创业服务中心，2005年经国家人事部批准成为部市共建的国家级留学生创业园，现为中国留学人员回国服务联盟成员单位、中国留学人员创业园联盟副理事长单位、天津市国际人才交流协会常务理事单位。多年来，创业园在各级党委和政府的领导下，在中国留学人员创业园联盟的支持下，本着"以留学回国人员创新创业需求为导向"的工作方针，秉承"不以善小而不为"的工作理念，始终将吸引服务留学回国人员创新创业作为工作重点，制定了一系列工作措施和方法，发挥了为海外人才及其所创办的科技企业提供全方位孵化和服务的职能。

创业园目前孵化总面积为18万平方米，孵化场地由创业中心、天大科技园、融科大厦等构成。园区一直以来担负着战略性新兴产业促进、海外高层次人才创业、科技平台运营、科技中小企业孵化和加速成长、科技园区管理运营的职责。作为天津滨海新区最大的中小科技企业孵化器之一，园区已经成为滨海新区科技创新创业的旗舰，为海外人才创业营造了良好的办公、生产、技术研发、资本运作、人才培育、信息交流的发展环境，成为滨海新区高新技术企业和海外高层次人才创新创业的聚集地。

为了能给海外人才营造一个舒适良好的创新创业环境，让人才更好地专注于自己的事业，园区建立了"四化六板块"的服务体系。"四化"为系统化、专业化、定制化、长期化。"六板块"为：管理提升、技术创新、人力资源、科技融资、政策咨询、市场开拓。在为企业和人才服务的过程中，具体开展如下工作：（1）建立了企业服务专员制度；（2）开展企业走访和问卷调研活动；（3）完善企业培训体系；（4）开展创业导师服务；（5）为企业提供市场拓展服务；（6）提供公共平台专业化服务；（7）深化产学研合作；（8）构建"泰达科技中介服务网络"；（9）营造丰富健康的科技园区精神文化生活氛围；（10）组织海外人才联谊活动。

截至2015年底，在园留学生企业已达到150家，在园海外创新创业人才超过200人。目前开发区共有13位博士入选国家创业"千人计划"；有28人入选天津市创业"千人计划"；园区10家企业入选中国留学人员创业园百家"最具成长性创业企业"、10家企业入选中国留学人员创业园百家"创业潜力企业"，3人入选"中国留学人员创业园十大领军人物"。近20年来，开发区留创园已成功孵化培育出凯莱英公司洪浩博士、博益气动公司陈乃克博士、博纳艾杰尔公司汪群杰博士等一大批海外高层次人才创办的高成长性企业。凯莱英、博益气动、赛诺医疗、瑞奇外科、博纳艾杰尔等10家留学生企业快速成长，成为年产值过亿元的科技"小巨人企业"。这些企业极大地促进了天津开发区产业集群的完善，有力推动了创新型区域建设，成为天津滨海新区新的经济增长点。创业园留学回国人员工作成绩显著曾多次荣获"天津市留学回国人员工作先进单位"称号。在天津市外国专家局组织的2014和2015年度天津市留学人员创业园考核评比中开发区留创园连续两年荣获第一名的佳绩。

联系方式

地　址：天津经济技术开发区第四大街80号天大科技园A1楼四层
邮　编：300457
电　话：86-22-66211527
传　真：86-22-66211504
邮　箱：caoypemail@163.com，caoyp@teda.net
网　址：www.innovateda.org，www.newteda.com

天津国际生物医药联合研究院

园区概况

天津国际生物医药联合研究院于2009年11月正式挂牌成立，是一家典型的留学人员创业园。联合研究院坐落于天津滨海新区洞庭路，由天津市政府投资11亿元建设，是国家生物医药国际创新园的核心和标志。2014年被评定为天津市唯一的一家（A类）优秀级科技企业孵化器，是中组部和天津市海外高层次人才基地、博士后基地和科技部国际合作基地，天津市科技创新创业的领头兵。联合研究院重点围绕恶性肿瘤、心脑血管疾病、神经退行性疾病、代谢性疾病、自身免疫性疾病等重大疾病和艾滋病、病毒性肝炎、结核病等重大传染病，聚焦新型疫苗、诊断试剂、创新药物和医疗器械等领域，引进生物医药产业化项目和顶尖人才。

联合研究院规划用地340亩，规划建筑面积35万平方米，一期工程共计68639平米于2009年6月投入使用。作为国家级A类科技企业孵化器以及国际科技合作基地，联合研究院践行“滨海模式”，提供“一条龙、一站式、拎包入住”的保姆式服务，为留学归国创业团队提供国际一流的技术保障，贯穿药物研发的始终。联合研究院建成了包括药物分析测试平台、药物发现平台、药物研发信息平台、新药毒理评价平台（动物房）、生物药GMP中试研发平台等，从药物早期发现、临床前研究、临床实验到中试生产的国家级重大新药创制综合性大平台，服务平台总投资额近1.5个亿，现有设备2500余台，已经初步形成了涵盖新药研发各个环节的技术服务平台体系，对留学人员以低于市场价格优惠开放分析测试等公共服务平台，同时提供技术支持和辅导。同时，联合研究院向投融资机构推介优秀项目参与路演并与知名医药企业对接；积极协助高水平项目争取开发区、滨海新区、天津市以及国家等各层级政策支持。针对留学人员创办企业的具体特点，协调多方资源配套专业孵化服务，例如知识产权咨询、药事申报辅导、工商税务代办、企业创业沙龙等，积极促成企业和团队间的交流与互动，促进企业发展壮大。

联合研究院成立以来，累积培育孵化科技型中小企业135家，在园企业149家，全部为生物医药科技型企业，初步打造形成了生物医药集群产业链。已聚集18名中央“千人计划”人才，40名天津市“千人计划”人才，13名京津冀生物医药产业化示范区领军人才；300余个高水平项目落地，其中，超过60%的项目来源于海外；总共吸引93位留学人员归国创办企业，占比达到62%，海外生物医药产业人才高地初具规模，极大地带动了天津市生物医药产业的集群化发展。

联系方式

地　址：天津经济技术开发区洞庭路220号

邮　编：300457

电　话：86-22-65378009，4006166680

传　真：86-22-65378036

邮　箱：tjab@tjab.org，tjab2009@126.com

网　址：www.tjab.org

海外留学人员石家庄市创业园

园区概况

海外留学人员石家庄市创业园于2000年5月经河北省人事厅批准成立，坐落在石家庄高新技术产业开发区科技创业园区内，是河北省最大的留学生创业园。作为留学生创业企业和科技孵化企业的服务平台，创业园为留学生企业创造良好的环境，提供全面的、专业的孵化服务，吸引高层次的海外留学人员来石创办高新技术企业，促进高新项目和科技成果转化，培育企业和企业家，推动地区经济发展。

创业园拥有1.2万平方米的孵化场地，建有一幢四层的标准化厂房，按楼层划分为生物医药、电子信息等区域，并按企业需求进行隔断装，水、电、暖、通信及网络设施齐全，环境舒适，配有商务中心、会议室、多功能厅、产品展示厅等共享空间。创业园产业特色和石家庄高新区的产业特色相结合，主要集中在电子信息和生物医药领域，企业用人成本相对较低。

创业园采用市场化管理和政府支持相结合的管理模式，成立了专门的管理办公室，结合石家庄高新区及园区情况，先后制定了《海外留学人员石家庄创业园管理办法》《留学人员创业园专项扶持资金管理办法》，以政策作支撑，在为留学人员企业提供注册、入驻、运营管理、项目申报、咨询服务、培训、财务管理等服务的同时，不断拓宽服务范围，提高自身的服务水平和服务范围，并注重平台建设。园区建立了人力资源服务平台，2012年引入河北省最大的人力资源服务机构之一的“河北诺亚人力资源开发有限公司”进驻园区，为企业提供人员招聘、人事档案管理、劳务派遣、职业培训、职称评定、社会保险及HR外包服务等。积极协调各部门落实相关政策，为企业搭建融资平台，联络孵化器内的成熟企业成立天使会，设立天使资金，为园内企业项目提供资金支持；协调银行和人力资源部门协作，为符合条件的企业提供贷款贴息业务，缓解企业融资难题。促进产学研相结合，加强与大专院校和科研院所的联系，多次组织企业与石家庄市内的信息产业部五十四所、十三所等单位开展洽谈对接，帮助企业实现科技成果转化，保持企业技术创新力。建立企业交流互动平台，成立了海外留学人员联谊会石家庄高新区分会，理事和成员单位均由留学人员及企业组成，定期举行交流活动，加强联系与沟通。注重品牌效应，与石家庄华侨联合会等单位共同举办“月圆故乡行”“海外人才河北行”“河北省首届海外人才洽谈会”等活动，吸引更多的留学人员来园区创业。

自成立以来，创业园先后接待了来自美国、加拿大、英国、德国、日本、澳大利亚等14个国家的130多名留学归国人员，累计孵化留学生企业78家。

联系方式

地　址：河北省石家庄市新石北路368号科技创业园

邮　编：050091

电　话：86-311-83815014，83818546

传　真：86-311-83825920

邮　箱：hbsjzlcy@126.com

网　址：www.sjzlcy.com

海外留学人员晋州市创业园

园区概况

海外留学人员晋州市创业园成立于2011年6月10日，创业园位于河北省晋州市经济开发区。晋州经开区成立于2008年，规划面积6.16平方公里，以生物、化工、医药和装备制造业为主。石德铁路、307国道、衡井公路横穿园区，樵营公路纵穿南北，地理位置优越，交通十分便利。开发区土地资源丰富，新一轮土地修编完成后，园区一期用地全部调整为工业用地，未来发展空间很大。2011年，获批省级经济开发区。

创业园占地800亩，环境优良，不仅做到水、电、路、气、暖、污、信等硬件上的“七通”，还实现了信息通、配套通、服务通等软件上的“三通”，以便捷的交通、畅通的信息、优美的环境吸引客商投资和留学人员入园创业。创业园致力于发展高新技术产业，积极引进高端人才，产业以生物、化工、制药和装备制造业为主导，积极推进清洁生产，实现工业和环境的可持续协调发展，努力打造高科技产业集群。

创业园推出了“重点项目VIP服务”“一站式”保姆服务，对高新技术企业前3年的贷款利息以及担保费给予全额补贴；晋州市财政预算每年安排“创业园创业专项基金”3000万元，以支持“创业园”的发展。

创业园目前成功引进了加拿大籍博士李玮等7位海外留学博士到园区创业。

联系方式

地　址：河北省晋州市槐树镇经济开发区
邮　编：052260
电　话：86-311-84322334，843253
传　真：86-311-83825920
邮　箱：jzsjyfwj@sina.com

唐山市归国留学人员创业园

园区概况

唐山市归国留学人员创业园成立于1999年9月，是唐山市人事局和唐山市高新技术开发区管委会共同创办的为归国留学人员提供科技创业服务的公益性孵化器。2001年6月，被团中央、国家青联授予“中国青年科技创新行动示范基地”；2002年7月，被国家人事部批准为人事部和唐山市政府共建的“中国唐山留学人员创业园”；2002年12月，被团省委、省青联授予“河北省青年科技创新杰出奖”；2002年4月，唐山高新技术创业中心被科技部认定为国家级创业中心，是省内唯一的一家由省级开发区主办的创业中心晋升为国家级的创业中心。

创业园与共同管理的唐山高新技术创业中心、高校科技创业园实行三个园区、一套机构的管理模式，构成唐山市的技术创新以及高新技术创业基地。园区内有孵化场地26000平方米，每个孵化间有独立计量的水、电设施以及供暖设施，配有语音接口和到桌面10兆的国际互联网接口，配备会议室、学术报告厅、产品展示厅、餐厅、客房以及停车场、商务、餐饮、住宿、健身等服务设施完备，可为入驻企业提供完善的生产及经营条件，是适合IT、生物工程、新材料、节能环保、机电一体化等高新技术项目创业的理想环境。

创业园积极创造良好条件促进入驻企业发展，免费为入驻企业办理或协助办理工商、税务登记、日常服务等基本服务，并向更高层次服务发展。成立以来，在国家、省、市人事部门的大力支持与帮助下，创业园实现了快速发展，先后有从澳大利亚、日本、比利时、德国、新加坡等国家留学归来的人员入园创新创业，涉及高端装备制造、软件开发、节能环保、半导体材料、电子商务及新能源等诸多产业领域，已涌现出一批高成长性企业，成为唐山市吸引海外人才智力的重要基地和发展战略性新兴产业的重要策源地。

联系方式

地　址：河北省唐山市高新区西昌路北口创新大厦
邮　编：063020
电　话：86-315-3859345，3856847
传　真：86-315-3856847
邮　箱：info@mail.tsdz.gov.cn
网　址：www.iodd.com.cn

秦皇岛市留学生创业园

园区概况

秦皇岛市留学生创业园成立于2006年8月，依托秦皇岛经济技术开发区国家级高新技术创业服务中心为平台，是秦皇岛市唯一针对海外留学人员归国创业成立的创业服务机构。创业园以服务留学人员创业为宗旨，为创业初期的中小型留学生企业提供办公及研发场地，资金筹措、人员培训等方面的综合性服务，重点发展光机电一体化、电子信息、生物工程等国家鼓励支持的行业。

创业园下设综合部、项目部、企业发展部、园区管理办公室、专家评审委员会。为吸引高新技术企业入驻，一是从房租、税收、项目申报等方面提供一系列优惠政策；二是由秦皇岛市财政和开发区财政每年共同出资200万元，设立留学人员创业基金，重奖为该市作出突出贡献的留学人员；三是扶持中小企业里有上市条件的企业上市，培育更多更好的企业，为他们提供项目储备和经济支撑。创业园利用秦皇岛开发区已建成的河北省软件产业（秦皇岛）基地、秦皇岛开发区服务外包基地、在建的秦皇岛数据产业园等高新技术产业集群优势大力发展高新技术产业。

成立至今，创业园已经成功地引入70多家企业，涉及的领域包括机电、化工、环境保护、电子、计算机软件、医疗设备、新材料及纳米技术等，企业产品和技术研发、市场营销、企业管理等方面均处于良好状态。

联系方式

地　址：河北省秦皇岛经济技术开发区珠江道29号
邮　编：066004
电　话：86-335-8576605
传　真：86-335-5909689
网　址：www.qhdcy.cn

海外留学人员邯郸创业园

园区概况

海外留学人员邯郸创业园是经河北省人事厅正式批准的新型科技园区，主要为留学人员提供优质服务和良好的孵化条件，创造与国际接轨、适合中外科技型企业发展的环境，进行科技成果转化，推动经济与科技的结合，进一步促进本地区产业结构的优化。

创业园位于邯郸经济技术开发区内，拥有研发用房及科技孵化大楼，内部设施完善，水、电、宽带等各项配套设施全部齐全到位，并具有多功能展示厅、多功能休闲活动室、会议室、洽谈室、培训中心、商务中心。

经过多年的发展，邯郸经济技术开发区已经从一片荒沙地发展为配套设施完善、管理完备的科技区，并以加快建设“生态型、文化型、科技型”现代化综合性新城区为目标，不断优化投资环境，同时就高层次人才创业、技术创新和技术改造等制定扶持政策，营造了宽松、高效的创业环境。目前，邯郸开发区以新材料、生物医药、信息技术、先进制造业为支柱产业的产业布局基本形成，并以建设国家级新材料基地为目标，重点引进一批科技含量高、产业关联度大的项目，设立研发基地，加快形成特色产业集群。

建园以来，创业园吸引了一大批从美国、瑞士、荷兰、土耳其等国家留学回国人员创办的企业进驻，累计孵化了勇龙陶瓷、鑫诺光纤、克莱锐富、凯利奥拉色谱分析、土金科技、凯瑞特科技、长寿源健康科技等70余家科技企业。

联系方式

地　址：河北省邯郸市开发区世纪大街2号
邮　编：056107
电　话：86-310-8067891，8067896
邮　箱：chenghui315@126.com

沧州市海外留学人员创业园

园区概况

沧州市海外留学人员创业园由沧州市人事局、沧州市经济技术开发区联合创办，于2000年12月12日正式开园。其宗旨是利用创业园的优惠政策和良好的投资环境，专门吸引海外留学人员回国创办企业，以促进高新技术成果商品化，培育一流科技企业，促进劳动区域经济发展。

创业园提供先进的数字智能新硬件环境，提供办公、研发、中试生产、会议等场地及配置设施。协助企业办理进区审批、工商注册、税务登记银行开户手续；协助项目申报、转移嫁接，以及新产品研究开发、鉴定；提供咨询服务；提供打字、复印、电传及互联网通信等。在创业园注册企业，从事研发的博士、硕士，由“开发区科技发展基金”分别给予每人每年1万—3万元不等的补助经费，由其个人支配；属于高新技术企业的，还享受其他政策优惠。

联系方式

地　址：河北省沧州经济技术开发区纬二路18号
邮　编：061000
电　话：86-317-3093322
邮　箱：lige77999@163.com

海外留学人员廊坊燕郊创业园

园区概况

海外留学人员廊坊燕郊创业园成立于2001年12月，是河北省人事厅批准成立的省级海外留学人员创业园。其宗旨是充分发挥人事系统的人才管理优势，利用创业园的优惠政策、良好的投资环境和一流的服务水平，创造海外留学人员回国创业的局部优化环境，加速高科技成果的商品化、产业化、国际化，促进高新技术产业发展和国内外科技交流。

创业园设在燕郊经济技术开发区创业大厦内，与燕郊经济技术开发区创业中心合署办公，是河北省距北京市最近的一家留学人员创业基地，具有独特的区位优势、明显的人才优势、“九平一通”的高质量园区服务优势。创业中心初建于1999年10月，正式成立于2005年3月，隶属于燕郊开发区管委会，属事业单位、实行企业化管理，以促进科技成果转化、培植高新技术企业和企业家为宗旨的社会公益性科技服务机构，属于综合性科技企业孵化器。

创业园孵化面积2.3万平方米，拥有燕郊创业大厦。根据创业大厦建筑格局，按照“一器多区”发展模式设立了电子信息、生物医药、光机电一体化、新材料、环保新能源等5个专业孵化功能区，可满足不同类型科技型中小企业的孵化需求。并设有商务中心、网络中心、多功能厅、接待室、洽谈室、会议室、图书室、健身活动室、餐厅等完善的配套设施以及会计师事务所、律师事务所、公证处、风险投资公司、管理咨询公司、生产力促进中心等中介服务机构，可为入驻企业提供全方位、多层次的优质服务，解决企业在创业发展过程中的困难和问题。

创业园遵循“瞄准制高点、服务争一流、创新求发展”这一总体发展思路，依托燕郊开发区得天独厚的区位、环境、政策、产业等优势以及北京的各科技信息、人才资源，为高新技术成果向现实生产力转化提供孵化场地、资金支持、创业辅导、企业诊断、项目包装、技术产权交易、中介服务、人才培训及对外交流等综合性配套服务，努力营造适合于科技型中小企业发展的局部优化环境，从而降低创业风险和创业成本，提高孵化成功率，为燕郊开发区培育有市场竞争力、成熟的高新技术企业。

联系方式

地　址：河北省三河市燕郊经济开发区迎宾北路2号
邮　编：101601
电　话：86-316-3314523
传　真：86-316-3327322
邮　箱：quhongbo@yanjiao.jov.cn

太原留学人员创业园

园区概况

太原留学人员创业园成立于2003年，是太原高新区管委会的直属事业单位，是山西省唯一一家国家级留学人员创业园。创业园管理办公室负责创业园的管理和高新区内所有留学人员及留学人员企业的服务工作，具体包括留学人员创业园的招商引资、引智，留学人员企业的项目申报、项目扶持和中央“千人计划”、山西省“百人计划”的申报工作；落实留学人员回国创业的各项优惠政策，以及依托中介服务机构为留学人员及留学人员企业提供商务服务、企业代理、投融资、培训、讲座、财务代理、项目对接、市场运作等系列服务。创业园依托太原高新区的整体资源优势，弘扬“勇于创新、敢于冒险、宽容失败、讲求诚信”的创业文化，构建了标准的“6S企业服务平台”为海外学子提供全方位、高层次的创业孵化服务，已成为山西省吸引海外归国人员创新创业的重要载体和高新技术成果转化的主要基地。

在高新区管委会的领导下，通过多年的努力，创业园投资环境渐趋优良，基础设施日臻完善，为胸怀大志的创业者们搭建了一个理想的创业平台，成为广大企业家投资兴业、报效家乡的一片沃土。目前，创业园总孵化面积15万平方米，孵化项目涉及电子信息技术、软件开发、生物医药与新医药开发、环保节能、新材料等多个先进技术领域，逐步形成山西特色的产业发展格局。创业园重点提供以下政策支持：留学人员来园创业，可享受60—100平方米研发、办公场地，免房租费三年；留学人员在园新创办经认定符合条件的企业，太原高新区财政配给一定的启动资金；留学人员在园新创办经认定符合条件的企业，可获得山西省人事厅留学人员科技活动项目择优资助经费；留学人员在园创办经认定项目优秀的企业，可优先获得山西省科技厅科技攻关计划项目资助；留学人员在园创办符合条件的企业，可优先享受太原高新区的所有相关优惠政策。同时，高新区和创业园还在留学人员及家属居住便利化、子女入学入托、微利房分配、职称评定、驾证管理等方面连续出台了多项政策。

截至2015年底，创业园已吸引来自美国、英国、德国、加拿大、新西兰等国家和地区的留学人员266名，累计孵化企业158家，已毕业49家；在孵企业共拥有高新技术产品项目519个，申请专利259个，获取专利217件，占高新区全部专利的三分之一。

联系方式

地　址：山西省太原高新技术产业开发区科技街15号
邮　编：030006
电　话：86-351-7033799，7033029
传　真：86-351-7033799
邮　箱：gxqcz@126.com
网　址：www.sxlcy.cc

内蒙古自治区留学人员创业园

园区概况

内蒙古自治区留学人员创业园成立于2002年5月，是自治区首家留学人员创业园，2010年1月，被批准为“省部共建”国家级留学人员创业园。2011年以来，先后被中国留学人员创业园联盟、教育部留学服务中心、科技部火炬中心、中共中央组织部认定为中国留学人员创业园联盟内蒙古产业化基地、“春晖杯”创业大赛创业基地、国家级科技企业孵化器、国家级海外高层次人才创新创业基地，被自治区党委组织部、自治区发改委、自治区科技厅、自治区人社厅认定为“内蒙古自治区高层次人才创新创业基地”“草原英才”工程高层次创新创业基地，2013年获评内蒙古自治区“优秀科技中介服务机构”荣誉称号。

创业园坐落于包头稀土高新区，拥有孵化面积6.18万平方米、产业化用地700亩。园区借助国家级稀土高新技术产业开发区和园区自身的综合优势，以良好的软硬环境为留学人员服务于自治区社会、经济建设搭建了良好的创业平台。

截至2015年底，创业园累计吸引了342名海外留学人员归国创业，其中海外博士115名、海外硕士112名。孵化留学人员领办、创办的企业333家。入选国家“千人计划”创业人才6名，引进国家“万人计划”人才1名，入选内蒙古自治区“草原英才”工程人才29名，“草原英才”工程创业团队9个。在孵企业达到164家，实现产业化企业近50家，海外高层次人才呈现聚集优势，包括国家“863计划”“火炬计划”和“十二五重大专项”项目在内的一大批项目达到国际、国内先进水平。

联系方式

地　址：内蒙古包头稀土高新区创业园区软件园大厦B座203室
邮　编：014010
电　话：86-472-5328646，5326636
传　真：86-472-5165902
邮　箱：626660146@qq.com，635789868@qq.com
网　址：www.nmglcy.org.cn

呼和浩特留学人员创业园

园区概况

呼和浩特留学人员创业园是2004年国家人事部批准设立的省部共建的国家级留学人员创业园，2010年3月26日成功揭牌并启动运行，是自治区打造“草原硅谷”的核心区，是首府“一体两翼”人才建设工程和科技创新体系的重要载体，是开发区实现“二次创业”的重要引擎。2010年12月，经国家科技部批准为国家级科技企业孵化器；2015年11月，经国家工信部认定为首批国家小型微型企业创业创新示范基地。同时也是内蒙古青年创业人才示范基地和青年就业创业见习基地、内蒙古自治区高层次人才创新创业基地、内蒙古自治区人才改革试验园区、内蒙古自治区小企业创业示范基地、内蒙古自治区第一批众创空间试点单位。

在自治区、呼市两级党委政府的关怀下，各相关部门的大力支持下，创业园立足于打造“四高”基地，即：高层次人才创新创业基地、高科技企业孵化培育基地、高新技术产业示范基地、高附加值企业发展基地；建设“五大服务平台”，即：政策扶持服务平台、投融资服务平台、创业导师服务平台、公共技术服务平台、人才培训服务平台。截至目前，入驻企业168家，包括中国航天科工集团建设的航天云网、中国航天科技集团建设的3D打印材料研发基地、中国通服公司建设的通信全产业链项目、清科华芯建设的芯片国产化项目、创客星空孵化器项目等一批重点企业。其中科技孵化企业109家，占65%，现代服务业企业59家，占35%，进入产业化、市场化企业50家，获得自主知识产权110项。

作为内蒙古自治区高端人才创业园，呼和浩特留学人员创业园将牢固坚持“创新、协调、绿色、开放、共享”五大发展理念，按照自治区及呼市两级党委、政府的要求，充分发挥好国家级留创园、国家级科技企业孵化器、国家级小型微型企业创新示范基地这“三大载体”，加速构建以“创业苗圃—孵化器—加速器—产业示范园”为模式的完整孵化链，使留创园早日成为“草原硅谷”的核心示范区，为全市乃至自治区的创新发展，大众创业贡献更大的力量。

联系方式

地　址：内蒙古呼和浩特市科尔沁南路69号留学人员创业园创新创业大厦
邮　编：010010
电　话：86-471-4617766，4614220
传　真：86-471-4617766，4610755
邮　箱：hhhtibi@163.com
网　址：www.hhhtibi.gov.cn

内蒙古鄂尔多斯留学人员创业园

园区概况

内蒙古鄂尔多斯留学人员创业园成立于2013年9月9日。以新能源、节能环保、新材料、清洁煤、生物医药、电子信息、智能装备、云计算、文化创意及服务外包等产业为重点领域，以培育战略性新兴产业源头企业和创新创业领军人才为建设目标，努力营造科技创新创业的良好环境，致力于成为海内外高层次人才和创新创业团队的首选之地，打造鄂尔多斯市招才引智、科技创新和培育高新技术企业的重要基地和对外开放的重要窗口。

创业园位于鄂尔多斯市高新技术产业园区核心区域——科教孵化区，在空间格局设置上分为科技研发区域、中试生产区域、商务配套服务区域和人才生活区域。已建成投入使用孵化器两栋共2万平米孵化场地，3万平米的中试基地，8万平米的标准化厂房已经开工建设，能满足项目的产业化需求。高新区还为创业园规划了科技项目产业化基地，用于毕业企业的产业拓展。同时，配套建设了6万平米的专家公寓、人才住房、健身场地、餐饮服务等较完备的配套生活设施和商业环境，全方位为入驻企业提供普适普惠的标准化硬件平台及相关政策保障。创业园针对留学回国人员群体，以及入驻企业的不同发展阶段，开展“特殊人才政策+项目孵化+风险投资+市场开拓”的个性化服务。此外，创业园进一步完善产学研合作模式，与中科院、中国工程院、清华大学、浙江大学、武汉理工大学、大连理工大学等国内知名院所合作共建了大规模储能技术研究所、中科镓谷高技术（内蒙古）研发中心等14家科研机构，其中大规模储能技术研究所被认定为国家级重点实验室。投资3000万元建设了生物技术实验室、环境治理综合实验室、光电材料综合实验室、理化分析检测综合实验室、超级计算机运算中心、鄂尔多斯技术转移与协同创新服务平台等公共技术平台。这些平台与载体已经成为鄂尔多斯科技创新资源的源头活水，也为入驻企业的技术研发和成果转化提供了有力支撑。

联系方式

地　址：内蒙古鄂尔多斯市高新技术产业园区科教孵化园孵化器B座503
邮　编：017010
电　话：86-477-2299112
邮　箱：limin@ordostp.com

沈阳海外学子创业园

园区概况

沈阳海外学子创业园成立于1999年8月，与沈阳国家高新技术创业服务中心一套机构、两块牌子，是沈阳国家高新区管委会所属的社会公益性科技创新服务机构和海外归国高层次人才创新创业基地。创业园以吸引海外学子、促进科技成果转化和高新技术产业化、培养高新技术企业和企业家为宗旨，坚持“孵化梦想，助推创业，实践成功，传递感悟”的服务理念，按照重点产业集群化、创业服务专业化、服务平台标准化、服务内容国际化的发展原则，积极整合各种资源，努力创造适合技术创新、利于中小科技企业发展的软硬环境，有效促进科技成果商品化、产业化和国际化。2000年3月创业园被科技部评为“国家级科技企业孵化器”；2000年5月，被国家科技部、人事部、教育部、国家外专局联合批准为“国家留学人员创业园示范建设园区”；2001年3月，成为国家人事部和沈阳市人民政府共建园区；2002年5月，被中国侨联评为“科技兴业示范企业”；2010年3月，被科技部评为全国首批“大学生科技创业见习基地”。

创业园孵化场地由火炬信息园、德宝大厦3个园区构成，总建筑面积3.5万平方米，其中可用于海外学子创业面积2.8万平方米。此外，创业园在原有规模的基础上，结合高新区的主导产业，逐步建设了生物医药、地理信息、软件和动漫等领域的专业孵化器。

多年来沈阳海外学子创业园始终坚持“为创业者创造价值”的服务理念，在促进高新技术产业发展中，成功地为新区输送了一大批有竞争力的高新技术企业，并成为创新成果的重要孵化载体，连接技术创新链中研发和产业化的关键环节。为沈阳高新区加速转化科技成果，凝聚科技人才，培育成熟科技企业贡献自己的绵薄之力。

截至2015年底，有在园企业95家，其中，留学人员企业26家，在园创业或工作的留学人员54人；2015年，新引进留学人员企业5家，毕业留学人员企业6家；从创建至今，园区累积孵化企业262家，其中，留学人员企业112家。目前，在园留学人员企业主要分布在电子信息、生物医药、文化创意等行业领域，园区主要发展的特色产业为电子信息。

联系方式

地　址：辽宁省沈阳市浑南新区世纪路22号
邮　编：110179
电　话：86-24-31899851
传　真：86-24-31681059
邮　箱：55765115@qq.com

大连海外学子创业园

园区概况

大连海外学子创业园创建于2000年，其管理主体为大连市高新技术创业服务中心，是为海外留学人员归国创业而设立的专业孵化器。创业园以科技型中小企业为服务对象，提供场地、资金、人才、市场、技术、信息、政策、培训、中介、商务等多方面的服务，为创业企业成长创造良好的环境；通过搭建平台、促进孵化链条建设、落实各项优惠政策及实施细则，充分发挥科技孵化器的作用；以专业化、多样化、系统化的孵化手段，成为吸引留学人员回国创业的基地，为科技企业的创新创业提供有力保障。创业园先后获得“国家留学人员创业园示范建设试点基地”“全国留学回国人员先进工作单位”“全国最佳留学人员回国工作机构”“中国青年留学人员创业基地”“国家中小企业公共服务示范平台（培训、创业）”“苗圃—孵化器—加速器科技创业孵化链条建设示范单位”“春晖杯中国留学人员创新创业大赛创业基地”“火炬计划15周年先进服务机构”“火炬计划20周年先进服务机构”等荣誉称号。

创业园坐落于大连高新区核心功能区内，依山傍海，交通便捷，大连理工大学、大连海事大学、东北财经大学等十几所高等院校和中科院大连化物所等科研机构怀抱其中，为其发展提供充足的人才储备和科技支撑。目前，形成以大连海外学子创业园、大连创意产业园、大连海外学子产业园等为主体的全方位、多功能的孵化格局，它们分布在大连高新区产业带内，可满足不同科技类创业企业的发展需要。创业园始终秉承“勇于担当、善于合作、乐于创新、期于成事”的工作理念，坚持“破围墙、延手臂、搭平台”，进一步创新孵化手段、完善孵化体系、提升孵化水平，全面提升孵化平台的整体服务功能。2014年，由创业园精心培育的以投资功能为主导的新型孵化器——创业工坊，成功获批国家级科技企业孵化器。目前，创业工坊已形成了以创业苗圃、咖啡厅、投资基地创业生态链为核心，创业高校、创业ABC、新媒体营销中心为平台，创业社区为主线的服务模式。同时，创业园全力支持创业工坊实施“走出去”战略，将本土项目带到北、上、广、深等资本市场活跃地区以吸引更多的投资人及投资机构，有39家企业或项目获得天使投资、风险投资1.15亿元。通过组织建设创投俱乐部、创业者俱乐部、小产业集群，加强创业者间的相互交流，让企业与企业之间相互融合，形成创新生态系统。

联系方式

地　址：辽宁省大连高新区火炬路32号创业大厦A座6楼
邮　编：116023
电　话：86-411-84754903
传　真：86-411-84792713
邮　箱：wsl@dhbi.cn
网　址：www.dhbi.cn

鞍山海外学子创业园

园区概况

鞍山海外学子创业园成立于2001年6月29日，是鞍山市政府为海外学子回国创业建设的专业园区，是鞍山高新区创业中心直属单位。为进一步优化海外学子创业环境，创业园采取民办公助共建孵化器的模式，并建成了鞍山海外学子创业大厦。同时，创造了二级孵化新理念，通过采取二级孵化的模式为园区内的中小企业提供一定规模的产业化基地，大大降低了园区企业生产经营成本，实现快速发展。

与国内同类园区相比，创业园是依托鞍钢老工业基地改造和鞍山产业结构调整而建立的，因此围绕钢铁冶金这一产业发展特色，鞍山海外学子创业园的发展目标是建成具有钢铁冶金自动化产业特色的全国一流高科技园区。

目前，创业园拥有孵化基地3.5万平方米，有来自美国、加拿大、澳大利亚、日本等国家和地区的70多名海外学子在园区创业，先后有90余家海外学子企业落户园区，企业注册总资本达2.2亿元。其中，毕业企业46家，实现产业化企业9家。企业主要涉及信息技术、光电子、生物医药、环保、新材料等产业，涉及项目60多项，多数具有国际领先水平。大多数海外学子企业从孵化期逐步发展进入成长期，呈现了良好的发展势头，不仅为鞍山高新区的经济发展和科技进步做出了巨大贡献，而且也为海外学子回国创业起到了良好的示范带头作用。

联系方式

地　址：辽宁省鞍山市千山中路288号
邮　编：114044
电　话：86-412-5216552
传　真：86-412-5212221

长春海外学人创业园

园区概况

长春海外学人创业园成立于1999年6月，是由吉林省人事厅、科技厅、教育厅、长春市人民政府外事办公室、人事局、科技局、教育局、长春高新区、长春科技创业服务中心，以及吉林大学、东北师大、中科院长春应化所、中科院长春光机所等13家单位共同发起创办的。2001年3月，创业园被国家人事部、科技部、教育部和外国专家局联合认定为“国家留学人员创业园示范建设试点”园区；2003年被国务院侨办确定为重点联系单位。创业园建立以来，按照营造良好的创新创业环境，吸引和扶持海外留学人员归国创业，促进了国外先进技术、管理经验与国内资源的有效结合，培育了一批具有国际竞争力的高新技术企业和复合型的企业家，成为吉林省相关产业中的骨干企业和地方经济新的增长点。

围绕留学人员为国服务的需求，创业园通过协调各级政府部门职能，整合资源、扩张自身服务功能，初步形成一整套覆盖长春市的服务体系。创业园立足留学人员企业的需求变化趋势，围绕打造孵化企业核心竞争力，对孵化流程进行了重新定位，把创业园自身的孵化功能和能调动的社会资源，综合运用于各个流程阶段，以最高的效率，最少的资源占用量，使企业得到量身定制的有效服务。

创业园先后搭建了工程咨询中心、生产力促进中心、留学人员服务中心、中小企业创业服务网、中国留学人员之家和博士后中国专业网站，并通过协调政府职能，整合社会资源，构建了10大类30项专业化服务功能，覆盖了企业成长的全过程，为科技企业营造一流的创业平台和交流平台。为使入驻园区能够快速发展，创业园在资金注册、税费、房租和信息服务等方面给予了企业更大的政策扶持，吸引更多的海外高层次人才到创业园创办科技企业。

在国家、省市有关部门的关怀和指导下，同时依托吉林省科技、政策和环境优势，实施人才战略，创业园正逐步成为吉林省和长春市促进高新技术产业发展、培养引进高素质人才的重要基地。

联系方式

地　址：吉林省长春市高新开发区锦湖大路1357号
邮　编：130012
电　话：86-431-85542465
传　真：86-431-85528550
邮　箱：adele0814@hotmail.com
网　址：www.chida.gov.cn

吉林高新区留学人员创业园

园区概况

吉林高新区留学人员创业园始建于2000年，由吉林高新技术创业服务中心负责运营管理。创业中心先后获得“先进高新技术创业服务中心”“优秀国家高新技术创业服务中心”“国家科技计划（火炬计划）实施二十周年先进服务机构”，吉林市委、市政府“科教兴市先进集体”，吉林市科技局“科技管理工作先进集体”等荣誉。

经过多年发展，创业园目前已初具规模。为了强化科技创新工作，围绕企业研发共性需求，创业中心依托高校、科研院所及行业龙头企业技术资源，自2003年起先后建设了国家级精细化工平台、国家级软件开发公共测试平台、国家级电力电子科技研发公共服务平台、国家级嵌入式控制技术开发平台和省级精细化工平台等多个公共服务平台，为区域各类中小企业提供各类平台服务，降低了研发投入。2014年，创业中心针对众多企业提出的人才瓶颈问题，联合国内知名职业教育上市公司上海智翔集团以及吉林电子职业技术信息学院联合打造了高新区科技人才实训服务平台，缓解了企业人才压力，并正在谋划电力电子检测试验公共服务平台及自动化控制公共服务平台建设。为了推动产学研合作，促进高校技术成果产业化，经过多方共同努力，北华大学科技园、东北电力大学科技园先后进驻创业园。其中，北华大学科技园面积1500平方米，东北电力大学科技园面积3300平方米。创业园还集聚了为企业提供工商注册、财务记账、投融资服务、商务中心、科技咨询和服务、组织项目评审、专利申请等中介服务机构，并且积极拓宽融资渠道，为企业加快产业化步伐提供良好的软硬件环境。

创业园为企业集聚营造了良好的创业氛围，产业集群效应初现。目前，园区已形成了以中讯软件、吉智工场、东忠大仝股份有限公司、万奇软件、大连易尚阳光科技、鹏福网络、天通宝业等30余家企业为代表的信息产业集群；以特纳普节能环保、沃尔姆、长城科技、芯微电子及东北电力大学科技园内的数十家企业为代表的电力电子产业集群。

联系方式

地　址：吉林省吉林市深圳街86号创业园A419
邮　编：132013
电　话：86-432-4648201
传　真：86-432-4648207
网　址：www.jlincubator.com.cn

哈尔滨海外学人创业园

园区概况

哈尔滨海外学人创业园创建于2000年6月，是在哈尔滨市委市政府支持下，由哈尔滨开发区管委会投资建设的专门为海外学人来哈创办科技型企业服务的专业孵化器，由哈尔滨高科技创业中心负责管理。2010年6月8日，被国家科技部、国家人事部、国家教育部、国家外专局联合认定为“国家留学人员创业园示范园区”。

哈尔滨市政府为营造良好的政策环境，于2000年12月出台了《哈尔滨市鼓励留学人员入创业园创业的若干规定》，开发区在资金、服务等方面也给予了特殊的倾斜。为突出软件服务外包产业特色，在原海外学人创业园的基础上，开发区管委会于2006年投资建设了留学生创业二园，配备了功能完善的报告厅、会议室、接待室、活动室、信息中心、商务中心、多功能厅等共享服务设备设施，建设了电子产品共享实验室、软件开发平台等专业技术服务平台，使创业园总规模达到17500平方米，孵化企业的能力达到140家左右，硬件建设总体上达到了“环境优美、设施优良”，实现了与国际接轨。为做好为创业园入驻企业服务工作，创业中心还设立专门机构留学生服务部负责创业园的建设与管理，并负责对区内企业的培育与服务，全力培育一批能与国际接轨、具备国际竞争力的高新技术企业，成为振兴地方经济的生力军。

联系方式

地　址：黑龙江省哈尔滨开发区南岗集中区嵩山路5号
邮　编：150090
电　话：86-451-82344005
传　真：86-451-82321334
邮　箱：huangrf100@sina.com
网　址：www.hrbincubator.com

大庆留学人员创业园

园区概况

大庆留学人员创业园成立于2001年6月，是大庆市委市政府和大庆高新区工委、管委会为鼓励海外学子创新创业、报效祖国，按智能化、国际化、高标准建设的创业基地。创业园内环境优美、共享设施配套齐全，配备高素质的管理队伍，为留学人员回国创业提供高效快捷、热情周到的服务。

创业园依托大庆高新技术创业服务中心的孵化管理服务，以吸引高素质的海外留学人员和高科技含量的科技项目进驻创业园创业为宗旨，为企业提供优良的创新创业环境，落实优惠政策，提供资金支持。为支持和培育中小科技企业发展，创业园已建设了商务、中介、研发、信息、资金、培训等服务平台，为企业从创立到发展，提供产、学、研、资、介、贸全程服务。

目前，创业园已吸引了留学美国、加拿大、德国、澳大利亚、英国、日本、法国等10多个国家的回国人才，在新材料、精细化工、节能环保、生物医药、软件、先进机械制造业等高新技术领域开发和实施了一批技术含量高、发展潜力大的项目，已经发展成为高新区技术创新体系的核心、人才聚集的高地、小型科技企业创新创业的理想家园。

联系方式

地　址：黑龙江省大庆高新区高新路10号
邮　编：163316
电　话：86-459-6282541
传　真：86-459-6282536
邮　箱：hancq6618@163.com
网　址：www.dhbi.org

上海宝山留学人员创业园

园区概况

上海宝山留学人员创业园成立于2003年3月，是由上海市人事局、上海市宝山区人民政府、上海市宝山区城市工业区建立的高科技、外向型创业园区，以企业孵化为主，重点引进留学人员开发的高新技术项目。创业园位于上海宝山城市工业园区内，环境优越，交通便捷，四通发达。

宝山区委、区政府对创业园的发展在政策、人力、资金上给予大力支持，明确城市工业园区两个楼面共3500平方米、纳米大楼一个楼面1400平方米供创业园使用，在租金上给予优惠，在税收上享受三资企业的待遇，对留学生创业具有极大的吸引力。创业园从起步到逐步规范，从体制调整到创业基地的拓展，现已走上健康发展的轨道，逐步成为宝山吸引海外高层人才的集聚地和高新技术企业的孵化基地。

创业园分为三个部分，总部坐落于上海宝山科技园区的海纳大厦内，位于上海宝山区大场镇上大路以南、中环路以北、祁连山路以东、沪太路旁侧。海纳科技大楼由加拿大HOK设计师事务所设计，建筑面积1.2万平方米，可使用面积7246.2平方米，共112间办公室；外部通体玻璃设计，外观时尚前卫；内部采用扇形设计，通风采光充足。真陈路分部位于上海宝山城市工业园区，南接普陀西连嘉定，距铁路新客站8公里，虹桥国际机场15公里，浦东国际机场50公里，上海港码头15公里，外环线0.5公里，交通便捷，四通发达。淞宝路分部为企业服务部办事处，位于淞宝路50号科委科协院内，临近宝山区中心、吴淞口码头以及宝山区招商大楼，为企业办证服务提供便利。

联系方式

地　址：上海市宝山区丰翔路1409号

邮　编：200436

电　话：86-21-56171777

传　真：86-21-36161568

上海虹桥临空留学人员创业园

园区概况

上海虹桥临空留学人员创业园成立于1996年6月，是上海市人事局下设的市级留学生创业园区。创业园位于上海市长宁区虹桥临空经济园区民营经济城内，环境配套均已臻成熟。创业园区作为由长宁区人民政府和新泾镇人民政府投资兴建的上海虹桥临空经济园区的重要组成部分，其日常管理机构实行两块牌子、一套班子，即日常管理机构为上海虹桥临空经济园区开发建设办公室和上海虹桥临空经济园区发展有限公司，长宁区人民政府专门设立了上海虹桥临空经济园区开发领导小组。

虹桥临空经济园区的产业规划重点是鼓励发展以IT为主的高科技产业和高附加值的电子电器、服装服饰，吸引跨国公司、国内外著名企业的地区总部、研发中心、销售中心、现代物流中心、营运管理中心落户，并涌现出了一批以奥雷、贝奥路、奥米、我武、昂信等为代表的优秀在园企业。

长宁区属上海中心城区，城市基础设施健全，人文环境良好，长宁区域内的虹桥开发区和古北新区向归国留学人员展示了现代化城市的魅力。临空园区品牌效应、招商的集聚效应日渐显现，留学人员企业与其他企业一同纷纷落户园区。目前，创业园已引进企业200多家。同时，长宁区政府已将大量吸引留学人员来区创办企业作为实施“五业拓展”发展战略，推动长宁区新一轮经济发展的重要任务。

联系方式

地　址：上海市长宁区天山西路789号1楼

邮　编：200335

电　话：86-21-52180000

传　真：86-21-52187709

邮　箱：jemmyxie@vip.163.com

网　址：www.hqlk.com.cn

上海留学人员漕河泾创业园区

园区概况

上海留学人员漕河泾创业园区成立于1996年6月，是由上海漕河泾新兴技术开发区与上海市人事局共建的上海第一批留学人员创业园区。创业园区位于国家级漕河泾新兴技术开发区内，拥有6.8万平方米创业基地，其中，孵化基地大楼1.6万平方米，国际孵化中心5.2万平方米，环境良好，交通便利，区内基础设施齐全，通讯捷达，集中了众多的科研院所和高新技术企业。十余年来，园区始终致力于以优惠条件、优良环境和优质服务支持科技型中小企业及加速企业，特别是归国留学人员企业的创办和发展，全方位地积极做好留学生企业服务工作，充分发挥企业孵化培育的功能，为留学人员企业的快速发展创造与国际接轨的环境。同时，作为上海市重要的留学人员创业基地，园区也是促进科技成果转化和技术创新、推动地方经济发展的一个重要基地。注重科技成果商品化、商品的市场化和市场的国际化，营造适合留学人员企业发展的办公环境、技术环境、人才环境、资本环境、信息环境和市场环境，为入驻的留学人员企业提供入驻、孵化、毕业三个阶段的完整规范、高效优质的服务。

创业园区在体制上三位一体，由留学人员创业园区、国家级高新技术创业服务中心和上海国际企业孵化器（漕河泾基地）共同组成。园区管理机构为上海漕河泾新兴技术开发区科技创业中心，是由上海市漕河泾新兴技术开发区发展总公司全额投资并主管的以培育和支持高新技术企业及其产业发展，促进科技成果商品化、产业化、国际化为目的的企业孵化器。创业中心先后被国家科技部评为“国家级高新技术创业中心”“国家高新区先进孵化服务机构”，被国家科技部与联合国开发计划署（UNDP）共同认定为“上海国际企业孵化器（基地）”。2009年4月，园区与徐汇区共建“大学生创业创新园”，重点帮助大学生和留学生创业，获团中央“大学生创业就业见习基地”；2009年9月，被中国技术创业协会留学人员创业联盟评为“第一届理事会常务理事单位”，园区总经理韩宝富任选为中国留学人员创业园联盟第一届理事会副秘书长；2011年，园区成立国际孵化中心，同年，园区管理机构创业中心被亚洲企业孵化器协会（AABI）

授予“2010年度亚洲最佳企业孵化器”奖，被上海市孵化行业协会评价为年度优秀孵化器，再获2009—2010年度上海市文明单位，并被市中小办推荐为上海市“2011年度科技创新创业（双创）品牌服务”单位。此外，还荣获“国家级海外高层次人才创新创业基地”“上海市首批知识产权示范园区”“上海张江高新技术产业开发区建设发展突出贡献单位”“百家企业文化建设优胜单位”等荣誉称号；2013年，第八次被上海市孵化行业协会评价为年度优秀孵化器，获2013中国技术创业协会科技创业服务机构模式奖。

联系方式

地　址：上海市徐汇区桂平路410号国际孵化中心B区3楼
邮　编：200233
电　话：86-21-64952625
传　真：86-31-64951721
邮　箱：scic@caohejing.com
网　址：www.caohejingibi.com

上海留学人员嘉定创业园

园区概况

上海留学人员嘉定创业园建立于1996年，是上海国家高新技术产业开发区“一区六园”之一，也是第一批被国家人事部、科技部、教育部确立的“国家级留学人员创业园示范园区”。南北两大园区采取“两块牌子、一套班子”的方式进行企业化管理。2000年，创业园获批“国家留学人员创业园示范建设试点单位”；2002年，被评为“全国十佳民营科技园区”；2003年，荣获“上海市火炬计划先进集体奖”，被评为“上海最具影响的科技园区”；2005年，荣获“上海最具活力科技创业园”；2006年，被评为“全国先进科技产业园”；2010年，获批“上海市知识产权试点园”；2012年，获批“上海市海外高层次人才创新创业基地”，被评为“上海张江高新技术产业开发区建设发展突出贡献单位”“上海市高新技术企业认定工作优秀单位”“上海科技创新创业服务先进集体”；2013年，获批“上海市知识产权示范园区”。

创业园位于张江国家自主创新示范区嘉定园内，地处上海西北部——长三角15个城市群的中心地带，总面积800亩，新规划的上海嘉定高新技术园北园区占地500亩，划分为4个板块：打造面向头脑型、研发型和孵化型企业的“嘉定硅谷园”，建设成高新技术研发和科技孵化基地；集中多功能商务会所、培训中心、宾馆酒楼、展示大厅等的生产生活配套服务区；建设高档标准厂房，并提供智能化安全技术防范和物业管理的先进制造业生产加工区；用以吸引国内外的著名高科技企业投资建厂的高新技术企业生产用地。

凭借自身优势和嘉定工业区的广阔空间，创业园得到长足发展，已经成为引导企业自主创新、发挥孵化器功效的重要载体。创业园以高起点的布局规划，以汽车零部件、信息电子、医疗设备、机电配件的现代制造业为产业导向，力求凭借标准的设计建设程序、产学研一体的创新制度、功能齐全的配套服务，为嘉定工业区不断聚集科技动力，成为海外学子归国创业的摇篮，科技企业投资开发的热土，是全国留学人员创业园中聚集留学生最多的园区之一。

截至2015年底，在园企业共有2050家。其中，留学人员企业278家，在园创业或工作的留学人员1030人。2015年，新引进留学人员企业5家，毕业留学人员企业11家。从创建至今，园区累积孵化企业500家，其中，留学人员企业 278家。在园留学人员企业主要分布在电子信息、科技服务、生物医药等行业领域，园区主要发展的特色产业是新能源汽车及零部件、高端医疗装备、新材料、新能源等新兴产业。

联系方式

地　址：上海市嘉定区叶城路1288号
邮　编：201821
电　话：86-21-59166232
传　真：86-21-59166232
邮　箱：Zhangyf@jdhitech.com
网　址：www.jdhitech.com

上海留学人员张江创业园区

园区概况

上海留学人员张江创业园区成立于1996年6月，由上海市人事局与上海张江高科技园区发展总公司共建。2000年，创业园区被国家科技部、教育部、人事部、国家外国专家局认定为国家留学人员创业园示范基地。创业园区作为国家批准设立的国家级高新技术产业开发区，经过十年的开发建设，已成为集科研、教育、科技创业孵化、高科技产业和休闲生活于一体的国际化的高新技术开发区。

创业园区具有优美的自然环境，北邻汤臣高尔夫球场，西靠中央公园和新国际博览中心，南依川杨河自然景观。园区绿化面积40%，设置公共绿化链，绿化链由大片有坡度的共享绿地和人工湖泊组成，形成主导景观。高标准的住宅小区与高雅的别墅、齐全的文化娱乐设施、良好的医疗卫生条件、各类学校、商业中心等构成了令人满意的园区环境。

为了推动张江高科技园区的发展，上海市和浦东新区先后出台了《上海市促进张江高科技园区发展的若干规定》等一系列推动园区发展的专项优惠政策，为创业园区的建设提供了迅速发展的机遇。浦东新区留学生服务中心对在张江服务和创业的留学人员提供更直接、更便捷的一揽子服务，帮助已落户的留学人员企业和个人解决融资贷款、厂房用地、进口关税、商检外汇、子女入学、户口档案挂靠等实际困难。园区建造了2.3万平方米的创业公寓，为归国留学人员解决安居问题；建有实行双语教学的上海外国语大学附属中学，留学人员子女义务教育阶段可在浦东新区自选学校。

为了支持创业园区的发展，浦东新区工商、财税、科技、海关、出入境和招商中心等政府部门在园区内设一门式办事机构，新区留学生服务中心、生产力促进中心、创业服务中心和人才交流中心张江分部纷纷进驻园区，银行、产权交易、律师事务所、会计师事务所、审计师事务所等中介机构等服务部门一应俱全，为进驻和落户园区的企业提供“一门式”服务。浦东新区财政还拨专款设立了浦东新区海外留学人员创业专项资金和每年1000万元的浦东科技创业（人才）资助资金；在园区设立了专项担保基金，解决中小企业担保难的问题；设立专门机构协助企业申请国家及市区有关基金，如国家中小企业创新基金、上海市种子基金、浦东新区科技发展专项基金等；引入了政府为主体的财政资本与民间资本相结合的机制并成立了相应的运作机构，如上海创投、浦东创投、浦东科投、张江创投等10多家投资公司，积极探索风险投资的市场化运作机制，培养和发展风险投资公司，吸纳境内外风险投资管理基金，探索风险投资退出机制，使风险投资行为规范化；推动高新技术企业在国内和国外上市；成立专业协会，作为对金融服务体系的补充，如投资银行家俱乐部、张江创业俱乐部等。

创业园区从人才吸引、开发和人才培训、服务两方面入手加强人才服务体系建设。连续多年赴海外招聘，吸引美国、加拿大、法国、德国、英国和香港等国家和地区人才加盟园区，建成了浦东海外人才网。在人才培训、服务方面，针对大型高科技项目及关联的新兴产业部门开展专业人才培训和继续教育，引进了复旦国际信息科技学院、中科大培训中心、软件园培训中心等机构。

联系方式

地　址：上海市张江高科技园区科苑路1300号2楼
邮　编：201203
电　话：86-21-61053526
邮　箱：hyw205@hotmail.com
网　址：www.zjpark.com

上海南汇留学人员创业园

园区概况

上海南汇留学人员创业园成立于2009年1月19日，由上海市人力资源和社会保障局与原南汇区人民政府共同批准设立，采取“企业化运作、公益性服务”的运作模式。

创业园位于地处浦东核心位置的上海国际医学园区内，一期占地面积60亩，总建筑面积约4.3万平方米，包括1栋综合服务楼以及6栋研发办公楼；二期占地面积8.7亩，总建筑面积1.34万平方米，包括2栋研发办公楼和1个地下车库。为满足小微企业创业兴业的需求，创业园在一期内特辟了1.2万平方米场地用于提供孵化服务。

创业园以服务和扶持海外归国人员创业为主，产业定位以生物医药、医疗器械以及相关的医疗产业为主，同时辅以发展其它具备科技含量的生产性服务业及相关产业，旨在推动先进制造业和与之配套的生产性服务业快速发展，提升园区的自主创新和科技成果转化能力。

借助各级政府的服务平台以及依托创业园已有的优质服务，加之创业园颇具潜力的地理位置，截至2014年底，创业园已吸引了包括科文斯、金域检测等知名企业在内的留学人员创业企业及其他符合园区产业定位的企业170余家，其中，留学人员企业40家；集聚有留学人员近100人，共引进中央“千人计划”专家1人，上海市“千人计划”专家8人，浦东新区“百人计划”专家2人，上海市“浦江人才计划”人才8人。

联系方式

地　址：上海市浦东新区周祝公路337号5号楼
邮　编：201318
电　话：86-21-021-68119873，38019036，38019189

上海普陀留学人员创业园

园区概况

上海普陀留学人员创业园设立于上海天地软件园内。上海天地软件园成立于2004年11月，是由上海市经济和信息化委员会与普陀区人民政府联合创办的、以软件和信息服务业、文化创意产业为主的高科技产业园区。园区空间集中，占地面积近100亩，由26栋花园式标准厂房组成，整体建筑面积为11万平方米，入驻企业180多家，是上海中心城区最大的信息产业集聚地。2005年，园区被市经委认定为“上海市创意产业集聚区”；2006年，被上海市发改委和上海市信息委联合认定为“上海市级软件产业基地”，并通过上海市人事局评审认定为“上海市留学人员创业园”；2007年，被中国电信上海公司授牌“信息化应用示范产业园区”；2009年，被中共上海市委宣传部、上海市经济和信息化委员会、上海市文化广播影视管理局、上海市新闻出版局四部门联合认定为“上海市文化产业园区”，并通过中共上海市委宣传部、上海市科学技术委员会、上海市教育委员会、上海市科学技术协会的联合评审认定为“上海市科普教育基地”。此外，还先后被评为“国家级文化产业示范基地”“上海市服务外包专业园区”“上海市电子商务示范园区”“上海市文化创意产业示范园区”“上海市软件出口（创新）园区”“上海市明星软件园（领先型）”等。

创业园依托上海天地软件园的硬件设施，通过建设一流的宽带数据通讯平台，形成“千兆作主干，百兆到桌面”的网络结构和300多平方米的园区中心机房；通过建设动漫制作公共服务平台和多媒体紧缺人才培训基地，为园区企业的发展提供强大的技术和人才支撑，降低企业的成本；园区还建设了全覆盖的监控、电子巡更等安保系统，能够全天候保障入驻企业的安全。

自创建以来，创业园确立了以软件园的硬件和软件资源优势，吸引集聚海外留学人员创业，鼓励和培育一批软件企业、孵化一批软件创新成果、培养一批中高级软件人才为工作重点，吸引海外留学人员来园区施展才华。为促进留学人员在园发展，园区从财税、公共服务、人事人才、资金扶持等方面提供相应的配套服务，除享受区政府制定的财税扶持政策、相应的创业资金资助和部分“中小企业贷款信用担保资金”融资贷款贴息支持外，还在“一门式”免费服务、人事人才代理和家属就业推荐、子女入学，以及海外人才信息交流沟通、专业化增值服务等方面提供服务，积极搭建优质、高效的留学人员服务平台。同时，创业园定期和不定期举办科技政策宣讲、大型人才招聘会、企业经理人沙龙等活动，为园区企业申报各类创新项目、招聘人才、获得风险投资和相关行业资讯提供帮助，营造了一个良好的发展环境。

联系方式

地　址：上海市中江路879号天地园管理有限公司
邮　编：200333
电　话：86-21-61423089
传　真：86-21-52595508
邮　箱：15821056781@139.com
网　址：www.universal.sh.cn

上海莘闵回国留学人员科技创业园区

园区概况

上海莘闵高新技术暨回国留学人员科技创业园区成立于2000年7月，是由上海市人保局与闵行区人民政府共建留学人员创业园，是政府为留学人员创业企业和科技孵化企业搭建的服务平台，是以促进科技成果转化、培养高新技术企业和企业家为宗旨的社会科技创业服务机构。创业园区是国家科技部认定的“国家高新技术创业服务中心”、科技部教育部命名的“春晖杯”中国留学人员创新创业大赛创业基地、上海市人保局与闵行区人民政府共建的市级留学生创业园区、“YBC中国青年创业国际计划服务站”、上海市科委认定为“科技产业化基地”。2008年，被评为上海市火炬计划实施20周年先进单位；2009年，获上海市科技孵化协会颁发“最佳创新孵化环境奖”；2010年，被上海市科技创业中心评为“创新创业服务先进集体”；2011年，通过国家级孵化器复核，并获得上海市孵化器考评A级称号。

创业园区拥有近12万平方米的六大孵化基地，以“打造具有全球影响力的科技创新中心”为整体目标，承载科技企业孵化和留学人员创业服务，全面优化园区各项服务体系，始终坚持高层次人才为主、高新技术优先的发展策略，为留学回国人员创业提供全方位、全天候、人性化的服务。园区提出建立一个有特色的、高效的“创业企业技术孵化服务体系”，针对孵化企业成长发展中的需求，有效帮助和支持这些企业克服影响阻碍他们发展的技术、市场、资金瓶颈性问题，通过提供全面的、专业化的孵化服务，营造一个促进自主研发和自主创新的良好环境，使园区成为留学人员企业自主创新之源、优秀企业和人才、品牌的发源地、科技成果转化的摇篮。

随着张江国家自主示范区“八大平台”+“人才网”的开通，创业园区成为第一批试点单位，使得知识产权服务、科技中介服务、人才服务、科技金融服务得以深入开展。而智慧园区3.0时代的到来，促使园区的服务功能配套正从传统的招商，衍生至金融、管理、法务等企业运营各环节，进一步拓展企业服务的新内涵，增加服务的深度和广度，探索全生态链服务模式，形成园区新服务增值的优势。从企业自主创新意识的引导，政府政策的传递、宣传、落实，各级政府科技扶持资金的申报，到企业项目与资金的对接、产品的推广、市场的开拓，以及毕业企业的“后孵化”服务，在吸引人才、成果转化等方面作出了显著成绩。

截至2015年底，园区共有企业352家，其中，留学人员企业185家，在园创业或工作的留学人员221人。2015年，新引进留学人员企业7家，毕业留学人员企业2家。目前，在园留学人员企业主要分布在电子信息、生物医药、现代服务业等行业领域，园区主要发展的特色产业为先进制造业。

联系方式

地　址：上海市金都路4299号
邮　编：201109
电　话：86-21-64129265
传　真：86-21-64123218
邮　箱：xmxmxm@263.net
网　址：www.shxinmin.org

上海徐汇留学人员创业园

园区概况

上海徐汇留学人员创业园是由上海徐汇区人民政府根据有关鼓励留学人员归国发展的相关政策和徐汇区现有的科技产业功能、形态布局而建立。徐汇区作为科技资源集聚之地，拥有包括复旦大学、交通大学在内的10余所高校和包括中科院上海分院、上科院在内的100多家科研院所和国家级的漕河泾新兴技术开发区。近年来，徐汇区委、区政府坚持“科教兴区”的主战略，依托辖区内丰富的科技资源，不断优化科技创新的综合环境，形成了以高新技术产业为先导、各类科技产业同步协调发展、科技进步促进区域经济持续发展的良好格局。

创业园以“一园多基地”形态构成，分别利用各个不同的高新技术产业化基地现有的功能，为留学人员创业和企业发展提供空间和服务。主要包括：

徐汇软件基地是国家级产业化基地，基地共辖虹桥路628号、虹桥路550号、天文大厦等六块基地，建筑面积46500平方米。徐汇软件基地第七、八块基地——两幢5A级智能化大厦已经在建，面积共达40000平方米。

慧谷高科技创业中心孵化基地面积43000平方米，在孵企业中70%以上是IT企业，是上海市绿色都市型工业园区、上海市级软件产业基地（软件园）、国家高新技术创业服务中心、上海国际企业孵化器基地。

上海聚科生物园区是徐汇区人民政府和中国科学院上海生命科学研究院联合创办的生物技术创业企业孵化园区，园区现有漕宝路500号和关港共两期基地。

上海纳米技术孵化基地位于梅陇地区，孵化面积6000多平方米，与华东理工大学、上海交通大学、上海市计量测试技术研究院、上海材料研究所等单位联合成立了“上海市纳米材料检测中心”，为上海市及全国提供纳米材料检测、分析、评估服务。

徐家汇青年创业孵化园区占地面积2100平方米，作为徐汇区留学人员创业园区的一个点，既充分发挥了园区“青年”和“创业”特色，又提升了园区的科技含量。

在原有服务功能的基础上，创业园还增加了投融资、进出口、信息综合等体现中心城区国际化的商务、便捷的生活功能，并对留学人员企业在人力资源建设、市场开拓及本土融入等方面进行指导。同时，提供各类政府绿色通道，加速留学人员企业高科技成果产业化，打造成为海外归国留学人员回国创业的成长基地。

联系方式

地　址：上海市徐汇区番禺路1028号102室
邮　编：200030
电　话：86-21-64077973
传　真：86-21-64077973
邮　箱：mail@decsh.org
网　址：www.decsh.org

上海杨浦海外高层次人才创新创业基地

园区概况

上海杨浦海外高层次人才创新创业基地成立于2009年6月，是全国第一家综合性、区域性海外高层次人才创新创业基地。基地占地9.46平方公里，集中了复旦、同济、上海财大、二军大、上海理工等10余所知名高校、150余家科研机构、66个国家重点学科和22家国家重点实验室，专业科技园区12家，5000余家知识密集型企业云集于此，成为上海最大的科技企业孵化基地。

基地推出“3310”计划，即“三大工程三大目标十项政策”。实施“百千万”工程，实现标志性人才集聚的目标；实施人才环境工程，实现标志性成果突出的目标；实施主导产业集群发展工程，实现标志性产业清晰的目标，并配套十项创新创业扶持政策，海外高层次人才带技术、带资金、带项目在杨浦创业，可以通过“三方两审”（“三方”指技术专家、风险投资专家、经营管理专家，“两审”指函审和面审），分别给予A、B、C类扶持。基地还设立5年共3亿元专项资金，用于扶持海外高层次人才创新创业；设立杨浦区高层次人才创新创业服务中心，为海外高层次人才提供“一口式受理”“一门式服务”，具体推进基地建设。

基地秉持“基地共建、人才共享、资源共用、发展共赢”的“四共”原则，整合大学校区、科技园区、公共社区的优势资源，为海外高层次人才提供创新创业的广阔舞台。

联系方式

地　址：上海市杨浦区大学路243号8楼
邮　编：200433
电　话：86-21-55062055
传　真：86-21-55067190
邮　箱：yp3310@vip.163.com
网　址：www.yp3310.sh.cn

上海杨浦知识创新区留学人员创业园

园区概况

上海杨浦知识创新区留学人员创业园是根据上海新一轮发展总体规划，由上海市人事局和杨浦区人民政府共同组建的创业园区。创业园位于上海中心城区东北部，地处高校集中的地区，开发占地3.4公顷，拥有建筑面积9.5万平方米的商务办公大楼和中试综合楼。

创业园围绕杨浦大学城的建设，以教育服务、科学研究、科研成果孵化、产学研一体化为核心，以IT产业、微电子、生命科学、生物医药、建筑设计、环保科技、新材料、评估咨询为主要发展方向，重点引进留学人员开发的高新技术项目，为创办企业的留学人员提供全方位服务。

为进一步吸引海外学子到杨浦知识创新区创业，杨浦区发布了一系列优惠政策，包括提供100万元的创业启动资金、100万元的创业补偿金、200万元的信用担保贷款、500万元的创业贷款息贴、100万平方米的创业办公用房、100平方米的人才公寓等。

联系方式

地　址：上海市杨浦区大学路243号8楼
邮　编：200433
电　话：86-21-55062055
传　真：86-21-55067190
邮　箱：yp3310@163.com
网　址：www.yp3310.sh.cn

南京留学人员创业园

园区概况

南京留学人员创业园于2005年由国家人事部、教育部与南京市人民政府共建，前身为1994年由南京市人事局和南京高新区共建的“金陵海外学子科技工业园”；2005年，共建“中国•金陵留学人员创业园”；2006年9月，经南京市编委同意成立“南京高新技术产业开发区留学人员创业园管理服务中心”，行政隶属南京高新区管委会；后更名为“中国•南京留学人员创业园”。2010年12月，获科技部“国家级科技企业孵化器”称号。创业园成立后依托于南京国家科技创业服务中心，是国家人事部、教育部和南京市政府共建的全国第一个留学人员创业园，是江苏省第一家科技成果转化、创新创业以及企业的孵化基地。

经过多年的发展，当年的金陵海外学子创业园已成长为当前包括经济技术开发区创业园、江宁经济技术开发区创业园、金港科技创业园、珠江路科技创业园、东南大学国家大学科技创业园、南京大学—鼓楼高校国家大学科技创业园、高淳外向型农业综合资源创业园、傅家边现代农业创业园和河西新城创业园在内的“一区十园”的规模，形成了“十园共建、资源共享”的创业网模式。创业园通过医药研发平台带动企业研究发展，2004年3月份建成的“江苏省新药创业服务中心”作为江苏省的重点技术基础设施平台，建立了41500平方米生物医药专业孵化器和国内一流的生物医药公共技术服务平台；建设规模3.6万平方米的国际生物医药孵化器已投入使用并通过省级认证；另有南京大学国家小鼠基因库、南京工业大学国家生化工程中心等创新平台。

创业园以“集约化、专业化、信息化、社区化、国际化”为建设和运营标准，通过集聚科技创业企业、科技成果、科技创业人才，构建“创业苗圃—孵化器—加速器”科技创业链条和服务体系，全力推进高新区创新孵化体系从单体孵化器、专业园向品质一流、功能完善的科技园区提升。

联系方式

地　址：江苏省南京高新区惠达路9号A座508室
邮　编：210061
电　话：86-25-66000613
传　真：86-25-66000623
邮　箱：zhaohang0903@163.com

南京金港留学人员创业园

园区概况

南京金港留学人员创业园成立于2000年10月，与2000年8月成立的南京金港科技创业中心施行“两块牌子、一套人马”。创业中心于2004年被科技部认定为“国家级高新技术创业服务中心”。创业园位于南京市东北部栖霞区，地处南京仙林大学城和南京经济技术开发区的中间地带，直接受惠其人文与产业辐射，投资环境优美、开发潜力巨大、科技人才优越、人居环境舒适。

创业园依托自身雄厚的场地和科技孵化资源优势，积极与劳动、人事、发改、工商、税务等部门合作，全力打造海外学人创业发展基地，为归国创业的学人提供场地和资金等方面的优惠政策扶持和专业化服务。

创业园针对中小型科技企业的需求特点，不断完善创业服务体系，以系列化、全程化、模块化的服务方式，拓宽服务范围，提升服务品质，全力满足企业在金融、培训、项目申报等方面的新需求。

创业园与省标准化研究院共建“江苏省射频识别产品质量监督检验中心暨省射频识别技术公共服务中心”。园区配备建设射频识别产品公共检验检测服务平台和产品研发公共实验室，为物联网领域中小科技型企业的孵化和培育提供技术支持；与南京师范大学共建“南京师范大学科技创新中心”，切实推进高校的应用技术研究与发展，促进高校优秀应用型成果转化和孵化。

创业园大力推进金融服务体系建设，初步建立起可满足企业多种资金需求的金融服务网络体系，园区与交通银行签订金融服务协议，与广发银行合作设立特色信贷产品基地。同时，积极探索建立企业融资担保和股权投资机制，为符合条件的企业提供信用担保，对有潜力的企业进行股权投资。

联系方式

地　址：江苏省南京市栖霞区甘家边东108号
邮　编：210046
电　话：86-25-85551126
传　真：86-25-85550902
邮　箱：njjgkjcyzx@163.com
网　址：www.njqxkj.gov.cn

南京归国博士创业园

园区概况

南京归国博士创业园成立于2009年6月，由江宁开发区与硅谷留美博士企业家协会合作共建。在各级领导的关怀和支持下，2009年11月，创业园大厦正式投入使用。创业园主要围绕新能源、新材料、节能环保、生物医药、电子信息、服务外包、动漫设计等新兴产业，着力引进在国内外具有创新创业经历、引领相关产业发展、市场开发前景广阔的人才，以及引领产业发展的带技术、带项目、带资金和具有自主创新能力的创业领军人才。

目前，园区已接待创业博士100多人，创业项目50多个，有12名高层次人才通过综合评审入孵，其中2人获江苏省“双创”计划扶持，6人获开发区“千百十”政策资助。

联系方式

地　址：江苏省南京市江宁区秦淮路20号
邮　编：211106
电　话：86-25-52078592
网　址：www.jndz.gov.cn

无锡留学人员创业园

园区概况

无锡留学人员创业园成立于2000年3月。2004年，创业园与无锡国家高新技术创业服务中心合署办公；2006年，国家人事部与江苏省人民政府合作共建“中国无锡留学人员创业园”；2008年，由无锡科技创业发展有限公司和无锡市创业投资有限公司共同出资组建了无锡留学人员创业园发展有限公司，注册资本1亿元，公司负责无锡留学人员创业大厦（530大厦）的规划建设及留学人员创业园的运营管理。创业园是全国首批科技型中小企业创新基金创业项目投资补贴型地方服务机构、科技部火炬中心首批国际科技合作依托机构试点单位之一、2007年度国家唯一实施创新基金项目地方现场评审的服务机构。多年来，先后获得国家科技部授予的“国家高新技术创业服务中心”“国家高新区先进孵化器服务机构”、火炬计划十五周年“先进国家创业服务中心”、火炬计划二十周年“先进国家创业服务中心”、江苏省“优秀科技企业孵化器”、江苏省高新技术产业化工作先进集体、江苏省服务业名牌、无锡市腾飞奖等荣誉称号。2013年，获得国家科技部首批“苗圃—孵化器—加速器”科技创业孵化链条建设试点。

创业园目前拥有孵化总面积25万平方米，孵化场地主要由无锡新区长江路地块约6.1万平米、新区太湖国际科技园地块约20万平米、生命科技园总部研发区5万平米构成。

创业园的孵化服务有两大特色：（1）率先推行辅导员制度：传感网大学科技园通过以服务股权为特色的辅导员工作，开展个性化增值服务，建设孵化器、加速器核心服务优势的长效机制。按照不同孵化企业的发展阶段和发展特点，向企业派遣不同特长的工作人员担任企业辅导员，推行个性化服务。辅导员既要帮助企业解决问题，建立个性化的科技战略和产业战略，又要对企业实行监督，防止无谓的损失。辅导员一般由创业中心派人出任，部分通过外部专家聘用形式，通过双向选择、定期考核的原则对辅导员进行聘任、评估。为更好推进辅导员工作制度，园区引入了服务股权的概念。通过服务股权这一市场化手段，完善了园区的造血机制，降低财政压力，从孵化成果中为传感网大学科技园的生存和发展争取了更大的空间。（2）积极构建中介支撑服务联盟：根据孵化企业的实际运作需求和园区的实际管理要求，将中介支撑平台划分为三种类型：第一，基础服务类。为创业企业提供法律咨询、知识产权保护、财务咨询、环境认证等服务。第二，延伸服务类。为创业企业提供管理咨询、质量认证、广告策划、语言培训等服务。第三，核心服务类。为已经度过创业风险期企业提供投融资咨询、运作管理、上市指导和策划以及科技申报咨询等服务。目前，已签约机构达16家，包括会计师事务所、律师事务所、专利事务所等，通过引入这些中介机构的专业技能，丰富了服务手段，提升了服务能力，为促进科技成果转化以及实现产业化持续发展奠定了基础。

联系方式

地　址：江苏省无锡新区太湖国际科技园大学科技园清源路530大厦A区2层
邮　编：214135
电　话：86-510-85229915
传　真：86-510-85213590
邮　箱：lxs@wnd.gov.cn
网　址：www.wxsp.gov.cn

无锡崇安区留学生创业创意园

园区概况

无锡崇安区留学生创业创意园成立于2008年5月，是江苏省首家以文化创意产业为发展重点的留学人员创业园。创业园紧靠闻名中外的京杭古运河边，规划建筑面积2万余平方米，一期建筑面积约7000平方米，利用一幢民族工商业特色鲜明的丝茧仓库改造而成，创业园的设计被中央电视台、时尚杂志共同评为年度“中国最具创意奖”。目前，各类设计企业已入驻经营。

创业园二期建设将通过整体收购、承租等形式，总投资3亿元，沿古运河建成占地约20亩，建筑面积2万平方米以上的创意产业集聚区，使其成为集艺术创作设计、文化传媒、工艺装饰、服装设计、前卫演出、美术展览、休闲会客于一体的文化创意高地。另配套建设2000多平方米的餐饮、购物、娱乐等各种生活设施，把创业园建成留学生创业的摇篮以及成长的家园。

联系方式

地　址：江苏省无锡市崇安区北仓门37号
邮　编：214008

无锡南长留学人员创业园

园区概况

无锡南长留学人员创业园是依托南长区科技创业服务中心（2008年12月批准认定的省级科技孵化器）运营管理的创业载体、服务体系和发展平台，采取“一套班子、两块牌子”的运作方式，在创业中心增挂“无锡南长留学人员创业园”牌子，办公地点设在无锡市清扬路333号南长创业大厦内。为吸引更多海外留学人员来南长创业发展，提升南长科技创新水平，营造南长发展新优势，推进南长经济社会又好又快发展，2009年南长区政府决定在原南长区科技创业服务中心的基础上，积极争创省级留学人员创业园；2009年10月，获批成为省级留学人员创业园。

创业园目前拥有“三创”载体三个，分别是扬名高新科技创业园、扬名奕淳大厦1—6层和南长创业大厦，总面积约4.56万平方米。

扬名高新科技创业园位于无锡市下甸桥堍，总建筑面积1.01万平方米，园内已成功孵化出年销售上亿元的无锡国盛精密模具有限公司和无锡意昂数字技术有限公司。

扬名奕淳大厦为南长区科技创业服务中心营运管理的科技孵化器二期，总面积1.8万平方米，主要引进以电子信息技术、现代信息技术为基础的科技型服务外包企业和研发机构。

南长创业大厦于2006年破土动工，2008年年底交付使用，总投资7000万元左右，占地面积3000平方米，发展定位是建成一个以软件研发、委托设计、动漫制作、外包服务为主导，融培训、展示、贸易、孵化于一体的特色专业楼宇。

为进一步帮扶归国留学人员创业，创业园在硬件设施和软件设施上加大投入，配备了双回路供电，保证入驻企业24小时连续供电，并为归国留学人员提供千兆网络、地下停车场、一站式服务中心，同时配备了多功能会议中心和接待中心，为入驻企业提供便利。另外，配有无锡市国际商务人才培训中心、无锡纵横知识产权代理有限公司、无锡润德管理培训有限公司、江苏洲豪风险投资担保有限公司、江苏苏亚金诚会计师事务所有限公司、无锡市基础信息安全测评认证中心等配套服务机构。

联系方式

地　址：江苏省无锡市南长区清扬路333号金匮苑27号楼
邮　编：214021
电　话：86-510-85025990

无锡北塘留学人员创业园

园区概况

无锡北塘留学人员创业园（无锡市北塘区北创科技创业孵化基地）由无锡产业发展集团有限公司、无锡创业投资集团有限公司、无锡市北塘区资产经营有限公司共同出资成立于2002年，是集“创业苗圃—孵化器—加速器”为一体化的科技创业孵化园区。创业园先后被各级政府职能部门命名为“国家高新技术创业服务中心”“江苏省科技企业孵化器”“江苏省现代服务业（科技）集聚区”“江苏省无锡北塘留学人员创业园”“无锡市创业孵化基地”。

创业园注册资本3.15亿元，计划投资35亿元，规划总占地100亩，建设总建筑面积50万平方米。园区一期现有一幢地下二层、地上二十一层的“530创业大厦”，于2010年12月竣工建成，总建筑面积87585平方米，具备较为完善的为科技成果转化提供信息、中介、培训、资金、市场等综合服务的功能。

目前，创业园已逐渐形成了以电子产业、信息产业、科技服务业、节能产业为产业特色的创业集群。

联系方式

地　址：江苏省无锡市新源北路401号
邮　编：214043
电　话：86-510-82600211
传　真：86-510-82600211

无锡滨湖留学人员创业园

园区概况

无锡滨湖留学人员创业园前身为江苏省无锡蠡园经济开发区。2003年5月，被国家科技部批准为国内首家以工业设计为主题的高新技术专业化园区；2006年9月，被国家知识产权局认定为无锡（国家）工业设计知识产权园；2007年被认定挂牌为江苏省现代服务业集聚区、江苏省国际服务外包示范区、江苏省无锡滨湖留学人员创业园。

创业园投资建成了创意园、工业设计大厦、530大厦、中锐大厦、联创大厦等80多万平方米的“三创”载体，已初步形成了以汽车设计、集成电路设计、软件研发、模型和工具设计、建筑设计、产品设计、自控系统设计、服务外包为主的创意产业格局。同时，创业园结合无锡“530”政策，努力吸引国外领军型海外留学归国创业人才来园区创业，一批涉及无线射频技术、汽车检测系统研发、纳米生物科技的创新企业已入驻园区。

联系方式

地　址：江苏省无锡市太湖西大道1890号
　　　　太湖明珠发展大厦
邮　编：214072
电　话：86-510-85101872
传　真：86-510-85102785
网　址：www.dpark.gov.cn

东陇海留学人员创业园

园区概况

东陇海留学人员创业园成立于2008年9月22日，经省人事厅正式批准，在无锡—新沂工业园创建。鼓励海内外留学人员以知识、技术、专利等到新沂市创业，从事新产品研发，实施科技成果转化，进行高新技术研究、技术交流合作等活动，为他们在东陇海产业带创业、创新、实践提供一流的基地和发展平台。创业园与无锡新区留学人员创业园、江阴留学人员创业园联合，实行人才、项目、技术对接，努力打造先进制造业、现代服务业和高新技术研发的“人才高地”，以增强开发区创新能力，加快科技成果转化。新沂市是江北唯一的“三级一类中心城市”，被省委、省政府定位为“江苏新兴工业城市”“苏鲁接壤地区新兴的交通枢纽和商贸旅游中心”，先后两次当选“长三角最具投资价值县（市）”“全国最具投资潜力中小城市百强”，是江苏省“人才特区”试点单位之一，是东陇海产业带上的高新产业基地、物流服务基地。新沂市工业基础扎实雄厚，拥有省级经济技术开发区和无锡—新沂工业园，拥有大中型企业100多家，其中，高新技术企业20多家。新沂市和无锡—新沂工业园区较好的工业、农业、旅游、服务、社会事业等行业和产业基础，为创业园建设发展提供了有力的保障。

创业园占地8平方公里，4000平方米的办公大楼已经建成并投入使用，一期专家楼项目2011年2月竣工，总投资5000万元、建筑面积5万平方米的标准厂房已经全部建成，作为留学人员科技成果转化的孵化基地。创业园设立了专门的管理机构，根据职能设有主任室、综合管理部、科技招商部、企业发展部和财务部，新沂市发改委、税务、国土等13部门一次授权到位，由园区代替部门行使行政职权，为来新沂创业的留学人员提供全方位的快捷服务。为留学人员提供税收、高新科技项目研发经费，获得财政匹配奖金支持及职称评审、住房、配偶就业、子女就学等一系列服务。

为了扎实推进“江苏省东陇海留学人员创业园”建设，新沂市采取有力措施和扶持政策支持留学人员创业园建设，先后制订出台了《江苏省东陇海留学人员创业园管理暂行办法》《关于加快引进高层次人才和紧缺人才的意见》《江苏省东陇海留学人员创业园组织机构及职能》等政策文件，推进留学人员创业园建设，达到了“五有”：有优惠的政策条件、有科学规范的管理体系、有完善的基础设施、有健全的组织机构、有配套齐全的办公场所。

经过一段时间的建设，创业园已经形成了一个初步的高新企业培育体系，引进了一批高层次人才和高科技项目，促进了无锡—新沂开发区创新能力、科技成果的转化，为打造先进制造业、现代服务业、高新技术研发的“人才高地”，起到了强有力的推动作用。

联系方式

地　址：江苏省无锡市滨湖区龙山路4号
　　　　旺庄科技创业中心大楼B栋9层
邮　编：221400
电　话：86-516-81600111，88898366
邮　箱：liuluping001@126.com

无锡海泰留学人员创业园

园区概况

无锡海泰留学人员创业园（中国无锡国际科技合作园）是无锡市科技局构筑国际新技术高地、人才高地的重要载体，主要面向留学归国人员创新创业、国际研发中心、电子信息产业成果转化。园区位于无锡国家高新技术产业开发区内，区位优势明显，交通便利，享受国家级高新技术产业开发区的所有优惠政策。

创业园建筑面积15000平方米，综合服务楼内建有多功能会议室、咖啡吧、商务中心、产品展示厅等，功能齐全、布局合理，环境舒适幽雅，是一个智能化、园林化、现代化的科学园区。无锡市科技局集其政府职能为入园企业进行政策、资金、项目专项支持，并根据入园企业特点对工程中心、国际合作、知识产权保护等重点项目进行资金扶持，为符合政策的企业进行流动资金担保。同时，积极协助入驻园区的科技创业企业申报高新技术产品、高新技术企业及申报市、省、国家的各类科技攻关项目、中小企业创新基金等。

联系方式

地　址：江苏省无锡新区泰山路2号
邮　编：214028
电　话：86-510-8525971
邮　箱：spsp0722@163.com

无锡锡山留学人员创业园

园区概况

无锡锡山留学人员创业园（江苏省锡山经济开发区科技创业园）成立于2008年6月，是锡山经济开发区投资建设的综合型科技园区，是中国科学院—清华大学（无锡）青年创新创业实践基地、清华大学无锡科技成果转化基地、江苏省电子信息产业基地、江苏省省级留学生创业园。2008年9月，被认定为省级科技创业园和省级留学人员创业园；2008年12月，被认定为江苏省中小企业创业基地；2009年1月，被批准建设江苏省博士后工作站。

创业园位于江苏锡山经济开发区腹地，沪宁杭经济圈中心，东靠上海，南临杭州，西临南京，北依长江，处于得天独厚的水陆枢纽位置。规划建设面积750亩，目前已建成区面积18万平方米，16栋研发楼，已启用一期12万平方米。

创业园以电子信息、生物医学、新材料，软件外包为主要发展方向，引进海外留学人员、科研院所科技人员创业项目，以及具有高科技含量和成长性的产业类项目和建设商、运行商、投资商、各类中介机构的服务类项目。同时，为海外领军人才创业提供创业投资、孵化场地、决策咨询、项目研究论证、科技攻关、信息化支持、人才支撑、投融资等全方位的服务，推行管家式、专家型服务。目前，园区几乎集中了锡山区所有的无锡市“530”计划项目。

联系方式

地　址：江苏省锡山经济开发区芙蓉中三路99号
邮　编：214192
电　话：86-510-83781855
传　真：86-510-83781733
邮　箱：xs.vpark@gmail.com
网　址：www.xkkj.org.cn

无锡惠山留学人员创业园

园区概况

无锡惠山留学人员创业园成立于2006年10月，依托于无锡惠山国家高新技术创业服务中心，致力于为科技型中小企业提供优质高效服务和良好的创业环境，加速科技成果的商品化、产业化、国际化，为地区培育高新技术企业和企业家。2007年，被江苏省科技厅和江苏省人事厅认定为省级高新技术创业服务中心和省级留学人员创业园；2009年，被科技部认定为国家级科技企业孵化器；2011年，通过了国家级科技企业孵化器复核；2013年，被科技部认定为国家级国际科技合作基地，被江苏省人社厅认定为省级创业示范基地，被省经信委认定为省级小企业创业基地；2014年通过科技部火炬中心的评价考核，列入A类（优秀）国家级科技企业孵化器，获评了江苏省三星级服务平台、江苏省科普教育基地、江苏省创业示范基地等荣誉资质。

创业园位于惠山经济开发区内，现有建筑面积10.68万平方米，占地60多亩，设有初创企业孵化区、成长企业加速区、总部经济集聚区和公共配套服务区四大功能区域。园内水、电、电梯、通讯、互联网接入及绿地、广场、餐饮、会议、娱乐、健身等基础设施完备，环境优美，为进园企业提供良好的办公、科研和生产空间。创业园以惠山区良好的投资环境为基础，以政府的相关职能为依托，为进园企业提供包括税收、人才、资金、用房、征地、工商行政管理等各方面的优惠待遇和全方位、全过程的高效优质服务，是留学人员回国创业的理想天地。经过多年的发展，目前创业园已经成为惠山区重要的科技成果转化基地、创新人才集聚高地和创新服务体系建设载体。

联系方式

地　址：江苏省无锡市惠山区政和大道189号
邮　编：214174
电　话：86-510-83593668
传　真：86-510-83595062
邮　箱：whedzcn@yahoo.com.cn
网　址：www.whedz.com

无锡江阴留学人员创业园

园区概况

无锡江阴留学人员创业园（江阴高新技术创业园）成立于2005年1月，隶属江阴经济开发区。2005年9月，被江苏省人事厅批准为省级留学人员创业园，与江阴高新技术创业园“两块牌子、一套班子”，合署办公。2006年8月，经江阴市委，市政府调整改为江阴市人民政府直接管理。2007年8月，被江苏省科学技术厅正式认定为省级高新技术创业园；2008年12月，被认定为国家高新技术创业服务中心。

创业园总规划面积20万平方米，以新传感、新医药、新能源、新材料、新装备、文化创意设计等为研发培育重点，搭建了五大公共服务平台，初步形成了“项目引进—孵化育成—科技加速—产业化”的科技企业成长路线。

目前，创业园已累计引进孵化企业130多家，引进留学归国人员60多人，培育了一批以远景能源、力博生物、迈康升华、德飞激光、强顺科技等为代表的重点企业。

联系方式

地　址：江苏省江阴市澄江中路159号
邮　编：214434
电　话：86-510-81602108
传　真：86-510-81602220
邮　箱：jycyy@jycyy.com
网　址：www.jycyy.com

宜兴经济开发区留学人员创业园

园区概况

宜兴经济开发区留学人员创业园成立于2007年10月，是江苏宜兴经济开发区为进一步加快高新技术产业的发展，提高园区自主创新能力，引进高层次创新创业人才，实施转型发展、优化发展战略而设立的综合性科技企业孵化机构。2008年6月，被江苏省科技厅认定为省级高新技术创业园；2009年9月，被江苏省人力资源和社会保障厅认定为省级留学人员创业园。

创业园现拥有创业园一期、二期和创意软件大厦等各类“三创”载体30万平方米。同时，正在加紧建设以华东光电子科技创新基地、创业孵化大厦、投影产业园和白领公寓等项目为核心，总面积超40万平方米的“三创”载体。为进一步支持高层次人才创新创业，创业园组建了一期总额1亿元的风投基金，投入创业风险投资总额2000万元以上。

目前，创业园已引进各类高新技术孵化企业30余家，入围无锡市“530计划”项目超过30多个，以“世界液晶先生”张宏勇博士和“中国投影光源第一人”沈立博士为代表的高层次科技领军人才100人以上，初步形成了以光电子、汽车关键零部件、软件服务外包等为代表的特色产业。

联系方式

地　址：江苏省宜兴经济开发区锦城大道11号
邮　编：214213
电　话：86-510-87822622
邮　箱：webmaster@hky.gov.cn
网　址：www.hky.gov.cn

徐州留学人员创业园

园区概况

徐州留学人员创业园于2005年经江苏省人事厅批准建立，由徐州市人事局会同市科技局、徐州经济开发区创办，是以促进科技成果转化、培育高新技术企业、为留学人员回国创业提供综合服务的公益性科技中介机构。

创业园位于江苏徐州科技创业园内，毗邻中国矿业大学。按照徐州的特色产业、医疗器械企业的共性需求，提供医疗电子产业研发的常规设备及测试仪器，减少企业的前期投入，提高企业的自主创新能力，培育医疗电子特色基地，打造医疗电子企业特色产业群。

无锡市委、市政府十分重视留学人员来徐创业创新工作，先后制定出台了《徐州市引进海外留学人员来徐创业服务规定》《关于徐州科技创业园进园项目的优惠政策》等文件，不断加大创业园的建设力度。

针对徐州市医疗电子企业研发能力弱的情况，创业园建立了医疗电子共性技术的共享研发平台，提供安全测试、超声测试、细胞显微、频谱分析、红外热成像、微波试验、光纤测温等医疗电子产品研发中的共性技术研发测试、实验手段。同时，整合与江苏徐州市医疗电子企业合作的东南大学毫米波实验室、上海交大电力实验室、中国矿大信电学院等研发力量，提升研发能力。在强化徐州市在超声仪器设备和光学仪器与窥镜等优势产品领域的市场竞争优势，扶持企业在优势产品领域做大、做强的同时，提高高档医疗电子产品的研发，树立品牌，促进产品升级和换代，提升企业的核心竞争力，将徐州建成我国医疗电子行业的研发基地和特色产业基地。

目前，园区已累计孵化中小科技企业146家，8家企业被评为省级高新技术企业。

联系方式

地　址：江苏省徐州市解放南路科技城
　　　　高新技术创业中心307室
邮　编：210000
电　话：86-516-83897228
传　真：86-516-83990238
邮　箱：cyzx2004@126.com

常州留学人员创业园

园区概况

常州留学人员创业园（常州国家高新技术创业服务中心）是隶属于常州高新区管委会的公益性科技服务机构。中心经江苏省科委批准始建于1993年；1994年，经省科委批准成为省级科技创业服务中心；1999年12月，被认定为国家级高新技术创业服务中心；2001年3月，由省人事厅认定为省级留学人员创业园；2001年10月，被科技部授予“先进孵化服务机构”称号；2008年，被江苏省政府授予“江苏省留学归国工作先进单位”。

创业园始终贯彻区委、区政府提出的“加强自主创新，加快建设创新型园区”的指导思想，以大力推进高科技产业发展为目标，以“项目聚集、人才聚集和资金聚集”为抓手，坚持创新的理念，围绕光伏、创意、生物医药和新能源车辆等重点产业，突出专业孵化，加强孵化服务体系建设，培育企业自主创新能力，取得了明显成效。

随着园区服务功能的不断完善，中心积累了大量企业孵化服务的先进管理经验和服务经验，目前除了提供常规服务外，建立起了咨询、留学生专项服务等个性化的服务。为创业者和企业提供入驻、成长直至毕业的过程中所需的培训、项目申报、咨询、创业导师、分级分类、种子资金、融投资、知识产权、公共技术平台、国际合作以及会议、餐饮、物业服务等全方位的服务。使一大批科技型中小企业从无到有，从小到大，实现了超常规发展，已经成为区域科技创新的重要力量、科技成果产业化的重要基地、吸引和集聚科技人才的重要载体和培育中小科技企业的重要载体。

联系方式

地　址：江苏省常州市新北区高新科技园10号楼310室
邮　编：213022
电　话：86-519-85106846
传　真：86-519-85106846
网　址：www.czibi.com.cn

常州钟楼留学人员创业园

园区概况

常州钟楼留学人员创业园成立于2006年，是在2003年成立的钟楼科技创业服务中心的基础上演化而来。创业中心与创业园实行“两块牌子、一套班子”的运行机制，由江苏常州钟楼经济开发区管委会直接领导。2008年，被江苏省人力资源和社会保障厅批准为江苏省留学人员创业园；2009年，被科技部批准为国家级高新技术创业服务中心。创业园还先后获得江苏省工程技术文献中心、常州市大学生创业见习基地、常州市小企业创业示范基地、常州市五大产业发展专项资金三大重点创业平台之一等多项认定。

创业园由主基地和4个分基地组成，总孵化面积8.8万平方米。主基地位于钟楼经济开发区玉龙路和星港大道的交汇处，临近钟楼区行政中心、生活居住区、商贸商务区、产业开发区。主楼高16层，总建筑面积2万平方米，整个大楼由留学人员创业区、高新项目孵化区、创意设计研发区、风险投资中介机构工作区、科技成果展示区、共享设施配套区等六大区域组成。主基地同时是旅法博士留学生中国（常州）创业基地、旅日华人工程师协会中国（常州）创业基地的所在地。4个分基地分别是：星港路65号标准厂房科技创业孵化基地、白云路3号南大紫金科技创业孵化基地、童子河西路壹地科技创业孵化基地、机场路新闻科技创业孵化基地。

为支持各类主体来园创新创业，钟楼区政府制定了《关于进一步加快常州钟楼高新技术创业服务中心和壹地创意设计产业园发展的政策意见》《常州市钟楼区关于引进高层次创业创新人才的实施意见》等文件，对软件企业、动漫企业、高层次人才创办的企业、科技创新型企业分别给予优惠政策。创业园十分注重与相关科技创新资源单位的联系。通过各种形式和渠道，已与江苏省孵化器网络、省创业投资协会、省科技咨询协会、省科技条件管理服务中心、省大型科学仪器设备资源共享服务平台、省三药创制公共服务平台、市制造业信息化服务中心等机构以及部分高校、科研院所建立了工作联系。同时，把整合社会创新资源作为重要服务内容，在选择部分科技、中介机构进驻大楼直接为被孵化企业服务的同时，与40多家科技咨询、科技成果转让、科技创业投资、人才服务、财务服务、法律服务、报关货代、速递物流、创意策划、快速成型、工业设计、专利代理、商标服务、图文快印、电信服务、科技创新、质量检测等机构建立了战略合作关系，方便进驻企业与社会创新资源互动，放大服务功能和服务能力。“企业科技创新管理”是创业园精心打造的优势服务项目，亮点是帮助进驻企业构建和运营好企业内部的技术创新管理系统，使进驻企业在科技创新中合理解决“有事做、有人做、有机构做、有资金做、有能力做”的问题。为增大海归人才申报项目和落户创业的成功率，创业园及时指导海归人才起草项目申报表、创业计划书，为海归人才寻求创投公司和项目投资者牵针引线。

联系方式

地　址：江苏省常州市钟楼区玉龙路6号
邮　编：213014
电　话：86-519-88890740，83976971
传　真：86-519-83976972
邮　箱：sun995110@163.com

常州天宁留学人员创业园

园区概况

常州天宁留学人员创业园成立于2009年12月，依托于常州市天宁高新技术创业服务中心。创业中心位于天宁经济开发区，是天宁区政府创办的公益性科技企业孵化器，成立于2008年4月。2009年2月，被省科技厅认定为省级科技企业孵化器；2009年12月，被批准为“常州市天宁留学人员创业园”；2012年12月，被国家科技部认定为国家级科技企业孵化器；2014年9月，获批“江苏省常州天宁留学人员创业园”。

创业园目前已建成4个园区，其中河海东路、高阳路、丰润大厦为孵化园区，弘达园区为加速园区，孵化总面积5.7万平方米，园内建有会议室、接待室、餐厅、人才公寓、公共技术服务平台、标准厂房等基础设施。

创业园以“引进海外高层次人才、培育高新技术企业和培养科技型企业家”为宗旨，以建设“企业孵化、公共服务、招才引智”三大平台一体化发展为目标，充分发挥园区服务高效、机制灵活、政策优惠、团队优秀等优势，整合资金、人才、市场、管理等社会资源，为园区创业企业提供多层次、全方位的创业服务。

截至2015年底，创业园累计引进留学人员52名，在孵留学人员企业25家，毕业企业9家。

联系方式

地　址：江苏省常州市河海东路9号
邮　编：213164
电　话：86-519-8550623
邮　箱：tncy@tncy.org
网　址：www.tncy.org

常州市三晶世界科技产业发展有限公司（孵化基地）留学人员创业园

园区概况

常州市三晶世界科技产业发展有限公司（孵化基地）留学人员创业园成立于2006年，由新北区三井街道办事处投资建设。2008年，被江苏省科技厅认定为省级科技企业孵化器；2010年12月，被国家科技部认定为国家高新技术创业服务中心；2012年，被认定为市级留学人员创业园。创业园是以信息技术及相关功能新材料为特色的孵化基地，是常州市高新区创新创业的重要载体之一。

创业园在吸引海外人才、转化科技成果，孵化科技企业、发展高新技术产业，培养创新创业人才、创造新的就业机会等方面具有有利条件，已经取得明显的经济效益和社会效益。

目前，创业园拥有海归创业团队44家，在孵企业创办人中，有3人入选中央 “千人计划”，1人荣获中国侨界“双百”贡献奖，11人入选江苏省“双创”计划，6人入选“江苏省企业博士集聚计划”，2人荣获“常州市十佳海归人才”奖。

联系方式

地　址：江苏省常州市长江北路25号园区内
邮　编：213022
电　话：86-519-81238780

常州科教城留学人员创业园

园区概况

常州科教城由江苏省教育厅、江苏省科技厅与常州市人民政府共同建设，2011年经省人力资源和社会保障厅批准为省级留学人员创业园，管理机构是常州市国家大学科技园管理中心。创业园位于武进区，占地5平方公里，分为高教园区、科技园区两部分，是国家高职教育发展综合改革实验区、国家大学科技园和国家海外高层次人才创新创业基地。胡锦涛、江泽民、温家宝等党和国家领导人先后视察常州科教城，对常州大力发展高职教育和构筑产学研协同创新平台给予了充分肯定。2007年，园区被江苏省发改委认定为江苏省“现代服务业集聚区（科技服务业）”；2008年，被科技部国际合作司认定为“国际科技合作基地”，被科技部认定为“国家可再生能源基地”，被江苏省对外贸易经济合作厅认定为“江苏省国际服务外包人才培训基地”；2009年，被科技部、教育部认定为“国家大学科技园”，被江苏省商务厅认定为“江苏省国际服务外包示范区”；2010年，被江苏省科技厅确认为首批“省级科技企业加速器”，被江苏省人力资源与社会保障厅认定为“江苏省留学人员创业园”，被江苏省发展和改革委员会认定为“江苏省新能源汽车特色产业基地”，被中国科学技术协会认定为“海外智力为国服务行动计划工作站”；2011年，被中央人才工作协调小组定为“国家海外高层次人才创新创业基地”，被省经信委授予“江苏省信息化和工业化融合服务产业示范园”称号。

创业园推行在常州科教城、武进高新区建立“一园两区”的发展格局，在创新创业环境的建设上充分积聚创业优势和产业优势，实现联动双赢发展。“创业孵化区”设在常州科教城，“产业拓展区”设在武进高新区。

园区全力打造了科技金融中心，积极组织投融资对接会、精品项目路演、科技创业投资论坛等活动，拓宽支持创业企业发展的融资渠道，包括财政拨款、风险投资、银行贷款、信用担保、民营或私人自募资金等，建成一个以PE/VC为主、股权投资基金为特色的综合金融服务平台，实现科技和金融的无缝对接。园内目前有公共研发机构30家，其中，中科院已有20多个研究所在园设立了14个分中心和6个研究院所，建成了26个专业实验室，与企业共建26个研发中心，科研人员达420余人。同时，南京大学、东南大学、北京化工大学、合肥工业大学、西南交通大学等17所著名高校在园设立了研发机构或孵化基地，其中，9家大学建立研究院，为园区企业的发展提供技术支持。为进一步深化产学研合作，创业园还每年均举办中国常州先进制造技术成果展示洽谈会，组织成果发布、对接洽谈、专题论坛、开工揭牌等活动。

联系方式

地　址：江苏省常州市常武中路801号
邮　编：213164
电　话：86-519-86339226
传　真：86-519-86339658
邮　箱：czlian@yeah.net
网　址：www.czkjc.gov.cn

津通留学人员创业园

园区概况

津通留学人员创业园由津通集团有限公司建设、运营，位于长三角地理心脏和沪宁高速公（铁）路中段的江苏省武进高新技术产业开发区内的津通国际工业园内，距上海1小时40分钟车程，离南京禄口国际机场40分钟车程，2小时可达杭州，具有吸收沪宁杭等特大城市辐射并向周边腹地扩散的焦点区位。津通国际工业园总规划建筑面积90万平方米，已建成近30万平方米的高标准工业厂房、生产服务中心和生活服务中心。园区完全参照国际先进科技工业园的标准建设，吸纳众多科技工业园的特点和要求，整体形态、功能设置和运作拓展已形成了以现代化高标准厂房为主体，集科研孵化中心、制造生产中心和现代服务中心为一体，以花园式社区为环境特征的智能化管理新型高新技术产业园区。整个园区已通过ISO9001和ISO14001体系认证，从设计风格、建筑形态、企业运营和物流保障等都一步到位地实现了与发达国家产业环境及企业平台的完美对接。工业园作为一个省级开发区内的“区中园”，受到海内外的广泛关注和高度赞赏，曾先后被联合国中小企业联合会、美国电子协会、欧盟机械制造协会等国际组织列为“外商在华投资重点推荐园区”。园区受到国家及省市各级领导的表彰鼓励，先后获得国家级“国际科技合作基地”“海外人才中国创业示范基地”“科技企业孵化器”；省级“江苏省两化融合产业服务示范园”“现代服务业集聚区”“重点培育小企业创业基地”“留学人员创业园”“特色产业园”；华侨华人专业人士江苏创业基地、中国民营科技促进会“津通科技产业化示范基地”等荣誉称号。

创业园建筑面积10.2万平方米，为津通国际工业园1号、2号、5号、16号楼。园内建有信息电子产品检测平台、基于提供远程服务的SaaS生产性信息服务平台、嵌入式信息技术平台、先进制造与科技服务集成平台等专业平台，并与常州佰腾科技有限公司合作共建中国企业专利信息服务平台、高校科技成果转化平台，为在孵企业提供各类专业服务。同时，通过集聚大量的服务业企业，为在园留学人员企业提供生产性服务、生产要素公共支撑服务、公共技术支撑服务、投融资服务、信息化服务和创业辅导服务，使企业将其非专业、不经济的业务流程外包，通过社会化资源配置，以实现其运作的扁平化，降低运作成本、提升运行效率，帮助初创型企业快速成长。此外，常州市及武进区政府通过领军型海外留学归国人才创业计划、“龙城英才”计划、科技基础设施计划、国际科技合作专项等计划，对引进的具有前瞻性的留学人员人才及企业实施的项目，在资金上给予专项支持，在政策上给予优惠待遇。

联系方式

地　址：江苏省常州市武进高新区西湖路8号
邮　编：213164
电　话：86-519-86220888转8107，8056
传　真：86-519-86220616
邮　箱：yppei@jinton.com
网　址：www.jinton.con

武进留学人员创业园

园区概况

武进留学人员创业园创立于2004年8月，经常州市人事局批准设立，2007年4月，被认定升级为省级园区。从“高效、精简”的角度出发，创业园依托武进（国家）高新技术创业服务中心的现有条件，与创业中心合署办公，实行“两块牌子、一套班子”的运作机制。在武进区委和深圳清华大学研究院领导的全力支持下，2005年初，创业中心与深圳清华力合国际技术转移有限公司共同出资设立了江苏武进力合企业孵化器有限公司，将创业中心的主营业务采取委托方式，由孵化器公司运营。孵化器公司的成立，整合了地方政府和深圳清华大学研究院双方的优势资源，在孵化项目筛选、高层次人才引进、为孵化企业提供创业投资等增值服务方面，提供了更广阔的发展空间。

创业园坐落在常州市城南，已投入资金近5000万元，建成了3.6万多平方米的孵化场地，办公设施齐全，服务功能完备。创业园注意瞄准当今世界科技发展潮流，把孵化重点放在电子信息、新材料、机电一体化等新兴产业，严格把好项目入口关，加快引进高新技术项目，努力营造高新技术优势，对每一个洽谈项目进行科学的评估和决策。企业批准进驻后，园区在创业环境、创业条件、创业资金、创业政策等方面提供方便，以及管理咨询、人才培训、融资担保、物业支撑等优质高效服务，并按不同企业的实际情况进行针对性孵化，使企业在宽松广阔的创业平台上运作。

创业园目前有留学人员创办企业近20家，涉及电子信息、软件开发、精密机械、新材料、生物医药等行业领域。

联系方式

地　址：江苏省常州市武进人民东路158号
邮　编：213161
电　话：86-519-86322963
传　真：86-519-86574082
邮　箱：bcd_cz@hotmail.com
网　址：www.wjibi.com

江苏中关村留学人员创业园

园区概况

江苏中关村留学人员创业园成立于2012年3月，由江苏中关村科技产业园投资建设，日常管理机构为溧阳高新技术创业中心。产业园是常州市政府与北京中关村开展体制创新与区域合作的成果，也是中关村在北京市外设立的第一个科技产业园区，已被江苏省政府确定为省级高新技术开发区，并将优先申报国家级高新区。创业中心成立于2001年；2007年，被常州市人事局批准为常州市级留学人员创业园；2008年，被省科技厅认定为省级科技孵化器；2012年3月，溧阳市成立江苏中关村创业园，溧阳高新技术创业中心并入其中；2013年，被江苏省人社厅批准成立省级留学人员创业园。创业园致力于为初创阶段高科技企业及项目提供综合服务，培育高新技术企业。作为承载江苏中关村产业园及整个溧阳市高新技术成果转化和技术创新的重要基地，创业园力求打造成为高素质人才、高水平研发机构、高科技创业企业集聚的一流的科技创业基地。

创业园现有孵化面积15.7万平方米，建成面积8万平方米，专门设立了领导工作小组，配备了专职员工开展工作，除为入孵企业提供全程免费代理工商、税务登记等一条龙服务和周到的后勤服务外，着手搭建了政策咨询、投融资中介、管理培训、信息交流、人才支撑与技术支撑等服务平台，并与11家大学、研发中心建立了产学研基地及共建研究中心。

创业园通过多年的努力，一批优秀高科技企业成功毕业，培养了一批成功的企业家。目前，有在园留学人员企业27家，已毕业22家，其中有多家毕业企业被认定为高新技术企业，覆盖了小型风机、太阳能薄膜电池、新材料等多个行业领域。

联系方式

地　址：江苏省溧阳市泓口路218号
邮　编：213399
电　话：86-519-87310357

金坛留学人员创业园

园区概况

金坛留学人员创业园成立于2007年11月，是由原常州市人事局批准设立的综合型科技创新创业场所，隶属江苏省金坛经济开发区，与金坛市高新技术创业服务中心合署办公，实行“两块牌子，一套班子”的运作机制。2009年2月，被省科技厅认定为省级高新技术创业服务中心；2009年10月，被省中小企业局认定为省重点培育小企业创业基地；2010年7月，被省中小企业局认定为江苏省小企业创业示范基地；2011年5月，中国科协海智基地金坛工作站在中心挂牌成立；2011年12月，被认定为“江苏省留学人员创业园”。

创业园依托政府平台与北京中关村、清华科技园建立了紧密的合作关系，利用中关村科创硅谷孵化器这一大平台搭建国内外区域政府间的合作交流平台，实现国内外高端创新要素的集成和流通。同时，着力加强与海外各科技团体和科技专家学者的联系，拓展交流渠道，与海外人才网、美国华人专业团体、中国旅美科技协会、北美华人创业协会、加拿大华人信息技术专业人士协会等多家海外科技团体形成了友好的合作。

创业园推行“一站式”“保姆式”服务，在此基础上强化服务功能，开展个性化、增值化服务，对在孵企业按规模、分门类提供有针对性的帮扶，促进创业者尽快成长和创业企业发展壮大。针对创业孵化器要求管理人员综合素质好、知识面广、活动能力强等特点，创业园采取多种形式加强学习和培训，着力打造一支充分履行服务和管理职能的高效能队伍，细化工作措施，分解落实责任，创新工作方法，不断提升各项工作成效。在做好基础性服务工作的同时，创业园强化政策配套的实施，积极与各类中介结构如会计事务所、律师事务所、专利事务所等加强合作；加快创投公司和科技小贷公司的引进，引进成立了金坛协立创投、江苏凯迪创投、东华矿业投资、行知常峰创投4家创投公司，成立了金坛瑞丰科技小贷公司，有力推动了技术与资本的深度融合，促进优质企业的快速发展。

联系方式

地　址：江苏省金坛市华城路296号
邮　编：213200
电　话：86-519-82693333
传　真：86-519-82693333
邮　箱：jsjtlh@126.com

苏州留学人员创业园

园区概况

苏州留学人员创业园创建于1998年2月，依托苏州高新技术创业服务中心，由教育部留学服务中心、科技部火炬中心、江苏省人才流动服务中心、苏州市科技发展中心、苏州新区管委会等部门联合组建，是苏州国家高新技术产业开发区重要的科技创新创业载体和国际科技合作基地，也是苏州高新区重点打造的两个服务外包集聚区之一。1999年12月，创业园被团中央、全国青联授予“中国青年科技创新行动示范基地”；2001年5月，被国家科技部、人事部、教育部和外国专家局联合授予“国家留学人员创业园示范园区”称号；2003年，被中共中央组织部、宣传部、统战部，国务院人事部、教育部、科技部共同授予“留学回国人员先进工作单位”，被科技部授予“先进高新技术创业服务中心”，被江苏省科技厅授予“江苏省高新技术产业化工作先进集体”；2004年8月，被中共江苏省委、省政府授予“江苏省留学回国人员工作先进单位”；2005年，被江苏省科技厅工商局等联合授予“江苏省AAA级信誉咨询企业”；2006年，被中国民营科技促进会授予“全国民营科技企业奉献奖”；2007年，被苏州市政府授予“苏州市服务业发展重点集聚区”，被江苏省名牌战略推进委员会授予“江苏服务业名牌”称号；2010年，被科技部确认为“全国大学生科技创业见习基地试点单位”；2011年，被苏州市知识产权局授予“苏州市知识产权工作示范园区”。

创业园内的服务平台包括国家火炬计划现代化中药工艺研究和中试平台、国家软件和集成电路公共服务平台江苏分中心、江苏省生物医药创业服务平台和苏州高新区嵌入式系统软件公共服务平台等，并与中科院医工所、浙江大学、中国传媒大学、苏州大学等科研院所和高校开展了广泛而深入的产学研合作。创业园还为企业搭建各种市场推广平台，包括南京国际软件博览会，中国国际进口产品博览会，中国苏州文化创意设计产业交易会，苏州市公共机构节能新产品、新材料、新技术推介会，苏州电子信息博览会，中国（泰州）国际医药博览会等大型展会活动。

作为中国国际企业孵化器网络成员单位之一，创业园通过“走出去”“引进来”的策略促进国内外合作与交流平台的建设。在引进来策略上不断吸引海外留学生回国创业，建立外资研发机构服务中心，在走出去方面引导并帮助园内企业走出去，主动寻求国际交流与合作。目前，已经与德国海德堡科技园、芬兰德里玻里科技园、土耳其梅尔辛科技园等多个海外孵化器签订了合作协议。

联系方式

地　址：江苏省苏州市竹园路209号
邮　编：215011
电　话：86-812-68089925
传　真：86-812-68783306
邮　箱：qth@csibi.cn
网　址：www.csibi.cn

苏州国际科技园

园区概况

苏州国际科技园成立于2000年4月，是苏州工业园区科技创新、知识创新和企业孵化的重要载体，是国家级科技企业孵化器、软件产业基地、动画产业基地、欧美软件出口工程试点基地以及中国服务外包示范基地骨干成员。国际科技园以软件研发、集成电路设计和数码娱乐三大特色产业为基础，大力发展以业务流程外包和信息技术外包为核心的服务外包产业，以及以动漫游戏、工业设计为核心的创意产业。

国际科技园地处苏州中国新加坡合作区的西南角，总体规划占地面积62公顷，规划建筑面积114万平方米，总投资逾40亿元，分六期建设。一至四期工程建筑面积32万平方米，主要承担科技企业孵化基地、服务外包基地和软件产业基地的功能；正在建设的占地74万平方米的五期“创意产业园”，以及已建成的占地2万平方米的六期工程“创意泵站”，主要在软件开发、动漫游戏等现有特色产业的基础上，大力引进、培育和扶持艺术、传媒、广告、数码娱乐、时尚设计及工业设计等服务外包和现代创意产业。同时，逐渐完善了创业咨询、政策信息、技术支撑、成果转化、知识产权保护等服务体系，以及以软件评测中心、知识产权保护中心、软件园培训中心、集成电路设计中心、动漫影视技术平台、综合数据服务中心、中小企业信息化平台等七大公共技术服务平台体系。

联系方式

地　址：江苏省苏州工业园区金鸡湖大道1355号
邮　编：215021
电　话：86-512-62529888
传　真：86-512-62529777
邮　箱：hej@sipis.com.cn
网　址：www.sispark.com.cn

苏州吴中留学人员创业园

园区概况

苏州吴中留学人员创业园成立于2004年12月，位于吴中科技创业园内，是专门为海外留学人员回国创业服务的载体。苏州吴中科技创业园是由政府投入、以企业化机制运作的公益型科技企业孵化器，2006年12月，被科技部认定为“国家级科技创业园”。

在区域医药和IT产业快速发展的大背景下，创业园通过创造局部优化的创新创业环境，提供特殊优惠政策和优质高效服务，积极有效地培育和引进电子信息及软件企业、生物医药和光机电一体化企业。入驻企业不仅享受企业注册、税务登记、人才支撑及政策咨询等“一站式”服务，而且还可以获得国家高新技术产业园区的各项相关优惠政策。在提供场地租用及物业服务同时，创业园还建设了中心机房、多功能厅、电子阅览室和公共实验室，完善了相关配套设施。建立并完善了吴中科技创业园网站，同时连接江苏省工程技术文献信息中心，对专业数据库、专业性数据软件、数字化图书杂志进行筛选和协议使用，为企业开通专业信息服务、科技查新服务。

2014年，园区在已有5万平方米左右的场地空间的基础上与苏州电信合作，按照国际T3标准已经建有40个机柜的独立IDC数据中心。经有关部门批准，IDC数据服务中心正式开通网站备案绿色通道，该绿色通道是苏州市内，除了苏州市电信之外的唯一合法备案渠道，并在此基础上形成信息服务业企业集聚基地，积极探索新兴产业培育与企业做强做大的新模式。

联系方式

地　址：江苏省苏州市吴中区东吴北路31号
邮　编：215128
电　话：86-512-65270617
邮　箱：zhu_qin1@163.com
网　址：www.wzcy.cn

常熟留学人员创业园

园区概况

常熟留学人员创业园成立于2010年4月，位于常熟市经济开发区内，交通便利，环境优美，政策宽松、人才资源和资金资源丰富，具有良好投资环境。其创办旨在为给学有所成、回国创业的留学人员创造良好的创业环境。

创业园已建成孵化场地13.5万平方米，有智能化大楼1幢，标准化厂房5000多平方米，配套设施齐全，创业环境优越，可提供一流水准的孵化服务。创业园鼓励留学人员回国创业，科研院所来常合作，加速科技成果商品化、产业化、国际化，进一步推动经济与科技的结合，促进常熟市产业结构的调整，为区域经济的发展不断培育拥有民族自主知识产权的高新技术企业群体。

创业园依托教育部“春晖杯”创业基地，以“综合孵化器+专业孵化器+加速器”的载体建设、优质的专业服务、良好的创新创业环境吸引了越来越多的海外留学人员来常工作。截至2015年底，累计引进留学人员创办企业32家，毕业企业12家，涉及高端基础器件、新兴行业电子等多种领域。累计引进海外留学人员62名，其中博士41名、硕士21名，其中，入选中央“千人计划”1人、江苏省“双创”计划7人，苏州市“姑苏创新创业领军人才计划”6人。

联系方式

地　址：江苏省常熟经济开发区滨江新城
电　话：86-512-52805327
传　真：86-512-52805310
邮　箱：info@ppos.com.cn

常熟高新技术产业开发区留学人员创业园

园区概况

常熟高新技术产业开发区留学人员创业园成立于2010年4月，是由常熟高新区依托常熟国家大学科技园建立的市级留学人员创业园。2013年10月，获批省级留学人员创业园。创业园立足优化产业结构、提升产业层次、培育新兴产业，把引进海外高层次留学人员放在最突出位置，不断加强载体建设，深化创业服务，创新与整合留学人员人才政策比较优势，吸引和聚集国外高端科技人才入园创新创业，为区域产业转型升级提供智力保障。

创业园依托教育部“春晖杯”创业基地，以“综合孵化器+专业孵化器+加速器”的载体建设，以“创业孵化+创业投资+创业导师”的专业服务，营造良好的创新创业环境。创业园先后承办或参加苏州国际精英创业周、海外华侨华人高层次人才江苏行、美南中国专家协会联合会江苏行、美中高层次人才常熟行等活动，每年参与广州春晖杯留交会、大连海外学子创业周等各地人才盛会。通过一系列的举措，为留学人员搭建了优质的创业平台。

目前，创业园建成孵化场地13.8万平方米，累计引进留学人员创办企业42家，毕业企业12家；在园企业30家，涉及高端基础器件、新兴行业电子等领域。累计引进海外留学人员82名，其中博士51名、硕士31名，其中，入选中央“千人计划”2人、江苏省“双创”计划8人、苏州市“姑苏创新创业领军人才计划”12人。

联系方式

地　址：江苏省常熟市东南大道333号科创大厦3楼
电　话：86-512-52350317
传　真：86-512-52355339
邮　箱：gl@changshu.net

张家港留学人员创业园

园区概况

张家港留学人员创业园成立于2001年，由张家港市人民政府投资兴建，是张家港市为留学人员回国创新创业、施展才华提供的重要舞台。为强化管理与服务，创业园与张家港市高新技术创业服务中心实行“两块牌子、一套班子”的运作模式。2003年11月，创业园被江苏省人事厅批准为省级留学人员创业园；2004年4月，被苏州市委、市政府授予“苏州市留学人员先进工作单位”；2006年12月，被国家科技部认定为国家级科技企业孵化器；2011年，被苏州市知识产权局授予“苏州市知识产权示范园区”。

创业园按照整体规划、分步实施、滚动发展的建设模式，建有孵化大楼8幢、建筑面积6万多平方米，包括综合服务楼1幢、生物医药专业孵化楼1幢。此外，拥有总投资1200万元、总面积1200平方米的生物医药公共技术服务平台，为园区内处于初创期的生物医药类企业提供研发实验、分析检测等方面的专业技术服务。该平台建成以来，吸引了越来越多的海外高层次人才落户，生物医药产业链初显端倪。

创业园通过“政府投资、公益性引导、事业单位管理”的运营模式，全力培养拥有自主知识产权的科技企业和具备自主创新能力的科技企业家。以公共服务为主线，推行融资推荐、项目申报、定期走访、创业导师以及市场推广等增值服务，引入中介服务机构，打造专业服务，增强孵化能力。

联系方式

地　址：江苏省张家港市国泰北路1号
邮　编：215600
电　话：86-512-58541960
传　真：86-512-58541980
邮　箱：htic@zjghtic.gov.cn
网　址：www.zjghtic.gov.cn

张家港保税区留学人员创业园

园区概况

张家港保税区留学人员创业园成立于2011年4月，2014年11月获批江苏省省级留学人员创业园。创业园主要为高层次人才发展高新技术产业提供服务，并为来保税区的国内外大专院校、科研机构和社会各类科技人员的创业需求提供服务，通过落实扶持政策，营造宽松优惠的创业环境，帮助企业渡过营运初期的风险阶段，加快商品化和产业化进程。

创业园位于张家港保税区环保新材料产业园内，规划面积210亩，首期规划103亩。一期和二期共7万平方米研发生产大楼已建设完成交付使用，三期7万平方米场地正在建设中。研发大楼内水电气管网等基础设施全部按照国际一流工业园区标准设计到位，企业可以根据自己的需要进行隔断，分出实验室、生产车间、办公室、休息室等。

截至2015年底，创业园有在孵企业40余家，累计吸引留学人员100多人，先后引进国家“千人计划”人才10人。

联系方式

地　址：江苏省张家港保税区环保新材料产业园
邮　编：215633

昆山留学人员创业园

园区概况

昆山留学人员创业园成立于1998年，是由江苏省人事厅、科技厅和昆山经济技术开发区联合创办的吸引海外留学人员回国创业的科技园区。创业园先后被命名为“全国首批中国青年科技创新行动示范基地”“国家火炬计划先进管理单位”“国家先进高新技术创业服务中心”“江苏省优秀科技企业孵化器”“江苏省先进科技企业孵化器”“江苏省火炬先进管理单位”“江苏省留学回国人员工作先进单位”“江苏省博士后管理工作先进单位”“江苏省文明单位”；被国家科技部、人事部、教育部、国家外国专家局联合评审为全国首批“国家留学人员创业园”，成为全国县级市中唯一进入“国家队”的创业园区；被中央组织部、宣传部、统战部、国家人事部、教育部、科技部联合授予“全国留学回国人员先进工作单位”荣誉称号；2011年，获批为国家人社部和江苏省人民政府共建的国家创业园，成为全国唯一一家设立于县级市的“省部共建”创业园。

创业园现有孵化面积14万平方米，包括科技广场、现代广场、科技创业基地等载体，设有公共会议室、学术报告厅、图书馆、“第三空间”咖啡室、工程技术文献检索服务平台，非核心业务公共服务中心等。园区先后建立了全国县市级首家微软技术中心公共平台、专利信息检索服务平台、工程技术文献检索服务平台、集成电路失效分析技术平台、知识产权网络公共服务平台、园区网络信息服务平台等，为企业提供个性化科技公共服务，已服务企业5000余次。园区不断完善创业园“科技企业评估诊断系统”，对企业经营及发展中遇到的问题进行诊断评估，为企业决策提供政策、信息咨询和各种帮助，建立完善“1+3”跟踪服务机制，确保每家企业均有1名联络员、1名辅导员、1名创业导师负责帮扶指导，定期举办专业培训、创业沙龙，为初创型科技企业的培育、成长，传授经营经验，提供业务辅导。

目前，创业园已形成了比较完善的科技企业培育体系，吸引了一批海外学者创办的科技企业，引进了一批高层次科技人才，开发了一批技术领先并拥有自主知识产权的产品，推动了与大院大所的项目合作，培育了华恒、网进、锐芯、澳昆等一批明星企业。

联系方式

地　址：江苏省昆山市前进东路科技广场2楼
电　话：86-512-50360660，50360661
传　真：86-512-50360660
邮　箱：ksppcn@yahoo.com.cn
网　址：www.kscyy.com.cn

吴江市留学人员创业园

园区概况

吴江市留学人员创业园（吴江市科技人员创业园）成立于2007年2月，由吴江市科技局与吴江经济开发区管委会共同建设，并由开发区发展总公司和市科技开发中心共同出资5000万元成立吴江科技创业投资有限公司，负责创业园内项目建设管理、物业管理和各类专业申报等业务。创业园的设立主要用于鼓励和吸引国内外优秀科技人才来开发区创新创业，加快企业科技创新水平和高科技成果的转化，提升开发区的自主创新能力，加快企业科技创新的速度和加强科技创新能力，是促进产业由劳动密集型向科技密集型转变，加快实现从“吴江制造”向“吴江创造”转化的有效载体。

创业园位于吴江经济开发区内，占地面积1万平方米，其中研发大楼占地面积1500平方米，6层建筑面积为7500平方米，6幢生产厂房为2.45万平方米，总建筑面积3.2万平方米。园内设有多功能厅、多媒体会议室、商务、展示厅、超市、物业、专家用住房、餐厅、车库、停车场、警卫室等齐全的配套设施，二期研发大楼2万平方米业已动工。2008年，吴江市政府下发了《关于明确我市科技人员暨留学人员创业园优惠政策的意见》，明确了吴江市科技人员暨留学人员进入园创业可享受的优惠政策。

联系方式

地　址：江苏省吴江经济技术开发区云梨路1688号
邮　编：215200
电　话：86-512－63960806
传　真：86-512－63960811
网　址：www.wjkfq.gov.cn

太仓市留学人员创业园

园区概况

太仓市科技创业园暨留学人员创业园成立于2004年9月，以生物医药、电子信息、新材料、新能源、节能环保及服务外包、文化创意等产业为重点开发领域，以培育战略性新兴产业源头企业和创新创业领军人才为目标，致力于营造科技创新创业良好环境，打造成为海内外高层次人才和团队的首选园区之一。创业园先后被认定为国家级科技企业孵化器、国家大学生科技创业见习基地、省级留学人员创业园、省级博士后科研工作站、省级小企业创业示范基地、省三星级中小企业服务机构、苏州市服务业重点集聚区。

创业园位于太仓经济开发区北京西路，占地约100亩，总建筑面积10万平方米，拥有餐厅、宿舍、超市等配套服务设施。园区为入驻企业提供普适普惠的标准化硬件平台及政策性保障，并深入研究入驻企业的个性化服务需求，搭建企业深度孵化服务平台，以创业协作中心、创新研究中心为核心，针对不同的企业和不同发展阶段，为入驻企业提供深度孵化服务，帮助企业成长。

联系方式

地　址：江苏省太仓市经济开发区北京西路6号
电　话：86-512-53990555
传　真：86-512-53990556
邮　箱：kjcyy@yahoo.com.cn
网　址：www.kjcyy.com

南通市经济技术开发区留学人员创业园

园区概况

南通市经济技术开发区留学人员创业园成立于2003年，由江苏省南通市人事局联合市经济技术开发区共同创办。作为高新技术产品和项目的孵化器，创业园通过营造优良的环境、优质的服务、优惠的政策，已逐渐成为留学人员创业和不断走向成功的支点。

创业园孵化总面积28.2万平方米，采取一中心多园区的建设模式，实现园区孵化器规模扩大、质量提升、环境优化的和谐推进。在平台建设方面，园区建立了商务服务平台、科技服务平台、中介服务平台三大服务平台，实现了园区与园区间、园区与企业间、企业与企业间的信息交流与技术合作等功能，极大地提高了园区管理和服务效率。在创业启动资金方面、办公场地房租的租金、创业平台载体建设等方面园区也在进一步制定适合区情的创业园优惠政策，吸引更多的留学生入园，增强园区的创新能力和成果技术的转化能力，建立种子期创业基金，引入风险投资公司，促进中心和创业园的科技企业的发展。同时，创业园鼓励各大企业和省级以上科研院所、全国重点高等院校产学研合作共建创新载体，钻研攻关关键技术，同时将科研院所、高等院校的成果和当地产业相结合，寻求产业化。围绕骨干企业整合资源，依托国家火炬计划椒江缝制设备高新技术特色产业基地和省级化学原料药高新技术特色产业基地，加大对企业技术创新能力的建设，着力培育一批高技术含量、高附加值、高市场占有率的高新技术企业。

近年来，创业园在市人事局、外侨办、科技等部门的支持下积极加强与外国专家组织、海外留学生团体、海外同乡会、华侨社团组织的沟通与联系，先后与中国旅美科技协会、中国留日同学会、中国海外科技创业投资协会、中国海外博士专家回国创业联合会达成了多项合作协议。相继组织举办了中国南通国际人才技术合作洽谈会、中国留日同学会技术项目交流洽谈活动、中国海外人才项目洽谈会等多项海外留学人员交流活动，邀请了近千名海外留学人才来通开展项目交流与合作，达成合作协议200多项。

联系方式

地　址：江苏省南通市经济技术开发区中央路29号
邮　编：226009
电　话：86-513-85922263
邮　箱：ntchyy@163.com
网　址：www.ntkfqrl.gov.cn

南通产业技术研究院留学人员创业园

园区概况

南通产业技术研究院留学人员创业园成立于2013年9月，是深化自主创新、提升区域科技竞争力，为推动新兴产业发展，提升传统产业能级而提供统筹、支撑、服务的创新平台。2014年5月，获批江苏省省级留学人员创业园。

创业园致力打造长三角北翼的科技创新示范平台，着力建设产业技术创新中心和高端人才集聚中心，构建行政推动、企业化运作、产学研支撑，研究机构、科技园区、产业园区三位一体的运作模式。围绕新材料、新能源、电子信息和生物技术等四大产业，努力完成产业技术研究机构建设、搭建公共技术服务平台、加速创新成果转移转化、吸纳培育技术创新人才、提供产业发展决策参考等五大任务。

创业园的发展目标是，到“十二五”末，全面实现研发孵化面积35万平方米，引进大院大所10家，企业研发机构10家，建设公共技术服务平台10个，合作引进天使、风投机构10家，引进培育国家“千人计划”人才10名、创新创业人才团队50个，新增自主知识产权500项，促进3—5家科技企业上市等六大目标。

联系方式

地　址：江苏省南通市崇川路58号
邮　编：226019
电　话：86-513-85012988
传　真：86-513-85012982
网　址：www.ntiti.com.cn

海安留学人员创业园

园区概况

海安留学人员创业园位于省级开发区江苏海安经济开发区内，是由江苏省海安县人民政府领导、策划，南通华新建工集团投资3.6亿元兴建，旨在鼓励和吸引海外留学人员创业、创新，促进高新技术成果产业化，为区域经济长远发展提供人才支撑、技术支撑和项目支撑的科技创业服务机构。创业园由海安高科技创业园管理中心负责管理运营。创业园先后被认定为市级科技孵化器、省级科技企业孵化器。

创业园目前已建成孵化载体3万平方米，留学人员创业项目主要涉及软件开发、机械制造、精细化工、新能源等高新技术领域。

联系方式

地　址：江苏省南通市海安县海安镇长江西路288号
邮　编：226602
电　话：86-513-88783122
传　真：86-513-88783119
邮　箱：hakech@163.com
网　址：jshxbi.com

连云港留学人员创业园

园区概况

连云港留学人员创业园成立于2003年，是苏北地区第一家留学人员创业园，设在省级高新技术产业开发区内。园区管理机构为连云港经济技术开发区管委会、连云港市人社局，连云港经济技术开发区经济发展局和区党群工作部共同负责管理。创业园与市科技创业服务中心、省级服务外包示范区实行“三块牌子、两套班子”的管理模式。

创业园占地面积16亩，孵化面积7000平方米，留学人员入园创业除了可以享受国家规定的各项优惠政策，还可以享受该园专门制定的一系列优惠政策。如：可享受开发区科技发展金和科技创业风险基金的扶持和融资担保，并提供贷款贴息；提供孵化场地，减免租金供企业使用；免费办理常住户口，提供设施完善的住房；对于贡献突出的创业人员，将授予科技贡献奖，并授予荣誉称号等。

联系方式

地　址：江苏省连云港经济技术开发区振华路15号
邮　编：222047
电　话：86-518-82341701
传　真：86-518-82341025

连云港科教创业园区留学人员创业园

园区概况

连云港科教创业园区留学人员创业园成立于2008年，主要为海外归国留学人员为主的高层次人才创新创业和具有自主知识产权的高新技术成果孵化提供服务，江苏省海洋资源开发研究院、淮海工学院大学科技园同年正式启动建设。通过多年的发展建设，创业园形成了“一园多区”的发展格局，“一园”即科教园区留学人员创业园，“多区”主要由花果山大学科技园、淮海工学院大学科技园、省海洋资源开发研究院三大板块组成。2011年12月，经省人力资源和社会保障厅批准，科教园区留学人员创业园正式升格为省级留学人员创业园。创业园管理机构为连云港市新海新区建设指挥部，园区设立管理委员会、留学人员创业园服务中心、工商分局、投资公司等机构，成立专业招商及管理队伍，80%工作人员拥有大专以上文凭，为留学人员来园区创业创新提供全方位的服务。

创业园孵化总面积4万平方米，其中科研孵化面积3万平方米，公共服务面积1万平方米。拥有科教、旅游、文化三大特色产业板块，着力打造以人才培养、科技研发为主体的智慧产业集聚区，以低碳便捷、山水田园为特色的自然生态宜居区，以文化创意、旅游休闲为要素的城市软实力核心区。创业园设立帮办制度，一对一企业服务，免费提供工商注册、税务登记等服务，协助办理高新技术产品、科技发展计划等项目及技术成果鉴定、登记等，并提供人事、财务等多项代理服务。创业园出台了《连云港市科教创业园区关于支持留学人员创业园建设若干优惠政策的规定》并配合落实；与各银行开展对接，建设了留创园融资平台，择优推荐留学人员企业向银行申请贷款服务，优先推荐与国内外投资者进行嫁接和建立联系；帮助园区企业与各大高校、科研院所开展产学研合作，吸引了南京大学、南京理工大学、南京工业大学高新研究院落户，成立合作科研机构。

联系方式

地　址：江苏省连云港市新浦区晨光路2号
　　　　职业技术学院科技南楼
邮　编：222006
电　话：86-518-81089913
传　真：86-518-81089915

淮安留学人员创业园

园区概况

淮安留学人员创业园成立于2006年，是淮安市政府直属事业单位。2007年，成为国家人力资源和社会保障部与江苏省人民政府共建的“中国淮安留学人员创业园”；2009年，被科技部批准为国家高新技术创业服务中心，是江苏省江北地区唯一一家省部共建留学人员创业园。经过10年的持续发展，园区已成为国内具有一定知名度的人才高地、创新创业创意高地和服务高地，是全市人才“蓄水池”。

创业园位于淮安经济技术开发区，拥有迎宾大道和海创空间两个园区，孵化面积12万平方米，精心打造了以“一广场两中心五平台”为主的创新创业服务系统。

创建至今，创业园累计吸引留学归国高端人才70多名，包括中央“千人计划”专家15名，江苏省“双创计划”人才25名。园区在孵企业112家，成功孵化企业45家，国家级高新技术企业10家，知识产权300多件，形成了先进制造、新能源新材料、生命健康和新一代信息技术四大特色产业。

联系方式

地　址：江苏省淮安市经济技术开发区海口路9号
邮　编：223005
电　话：86-517-83600288
传　真：86-517-83600262
邮　箱：liyueping0707@163.com
网　址：www.hacyy.com

盐城留学人员创业园

园区概况

盐城留学人员创业园（高新技术创业园）成立于2004年10月，是盐城市人民政府兴办的培育和扶持高新技术企业的服务机构。2009年4月，获批为省级留学人员创业园。

创业园位于江苏省盐城经济开发区内，地理位置优越，占地约百亩，2.6万平方米的孵化用房已竣工，并实现了“六通一平”，具备了企业入驻的必备条件。江苏盐城市科技局、盐城经济开发区管委会、盐城市财政局联合组建了盐城高新技术创业园有限公司，对进园企业实行服务承诺制度，推行“一站式”全程服务。

创业园通过提供政策优惠、免费物理空间、项目扶持等各种有效的支持和服务，降低创业者的创业风险和创业成本，吸引高等院校、科研院所和科技人员的高新技术成果到创业园实现产业化，提高创业成功率，促进科技成果转化，培育科技型企业和企业家，推动盐城高新技术产业的发展。

联系方式

地　址：江苏省盐城市世纪大道东路15号
邮　编：224007
电　话：86-515-88155332
传　真：86-515-88155332
网　址：www.ycdc.cn

大丰留学人员创业园

园区概况

大丰留学人员创业园于2010年10月设立，2012年被省人社厅认定为“省级留学人员创业园”。自成立以来，创业园先后获得“春晖杯”创业大赛创业基地、江苏省侨界人才创新创业基地等荣誉，并成功加入中国留学人员创业园联盟。

创业园坐落在大丰经济开发区商贸区内，环境优美，配套完善，分为两个区域：一是科技研发区，建有层高24层，占地面积18000平方米，建筑面积40000平方米的国际商务大厦。大厦南侧配套建设了占地300亩的公园，大厦内设有会议洽谈区、餐饮中心、创业咖啡厅、健身中心和五星级标准的人才公寓等，是集商务办公、科技研发、生活娱乐为一体的综合性创业平台。二是科技孵化区，设立在国家级孵化器内，占地面积56000平方米，拥有各种规格的标准厂房近40幢，基础设施配套齐全，为留学人员提供一流的科研成果孵化和中试基地。科技孵化区内还配备有中小企业服务中心，随时为在孵企业提供帮助，解决难题。

创业园自创建以来，始终遵循“政府引导、市场运作、资源共享、服务开放”的建设原则，围绕大丰经济开发区主导产业，集聚高层次海外人才。创业园充分发挥自身优势，吸引和培养高知识和高含金量的科技型企业，逐步形成以精密制造、机电一体化、电子信息、新能源等项目为主导产业的科技型企业的合理布局和有效聚集。为更好地为企业服务，园区打造了一站式综合管理服务平台、人才服务平台、投融资平台、技术转移平台、信息网络支撑平台、科技中介服务平台，满足留学人员的创业需求。创业园的目标是利用社会存量资源，联合高校、科研院所、吸引海外留学人员，形成极具特色的海归人才专业孵化器。

联系方式

地　址：江苏省大丰市南翔西路666号
邮　编：224100
电　话：86-515-83855923
传　真：86-515-83855922
邮　箱：jssdflcy@163.com

扬州留学人员创业园

园区概况

扬州留学人员创业园于2003年8月由江苏省人事厅批准成立，2004年6月30日正式挂牌。创业园依托于扬州高新技术创业服务中心的现有条件，与创业中心实行“两块牌子、一套班子”。创业中心成立于1998年11月，是集管理、科研、生产、经营、服务于一体的科技服务机构。创业园的主要职能是为企业和科技创业者提供多种有效服务，创造一个局部优化适合体制创新和技术创新的环境和条件，引进、开发和转化高新技术成果、孵化高新技术企业，并吸引留学回国人员来园创业。

创业园自建成以来，已经有来自日本、法国、英国、德国等国的留学人员创办的多家企业入驻，主要以软件及电子行业为主，许多产品和软件具有国际先进水平。

联系方式

地　址：江苏省扬州市邗江中路119号
邮　编：225009
电　话：86-514-87898911
传　真：86-514-85126567
邮　箱：yzgxjs@yahoo.com
网　址：www.yzgxjs.com

江苏信息服务产业基地（扬州）海外留学人员创业园

园区概况

江苏信息服务产业基地（扬州）成立于2007年，2008年经市人事局批准成立留学人员创业园，成为扬州市第二家专为扶持留学人员回国创业而建立的市级科技企业孵化器。2011年11月，被省人力资源和社会保障厅批准为省级留学人员创业园。

创业园占地63亩，建设总投资10亿元，规划建筑单体6座，其中标准面积的产业楼3幢，配套服务楼1幢，配套会所及展示中心2座，总建筑面积近5万平方米。创业园先后组织同济大学建筑学院、南京大学设计院、北京蔡德勒设计院、中国电子工程设计院等专业设计机构，从建筑物的层高、承重、网络等方面，针对性地对首发项目单体建筑物的形态进行了设计，在“国际研发社区”的标准中创造性地植入了“商务公园”的理念，为投资者提供“成本最低化、效益最大化、质量最优化”的创业空间。建设了包括呼叫中心产业区、数据服务产业区、软件研发产业区、教育培训区和综合配套区共五个专业区，以及便利店、健身房、员工宿舍、员工餐厅、声谷咖啡厅、多功能报告厅等配套设施，初步实现了环境园林化、区域功能化、交通网络化、后勤社会化、办公数字化、研发系列化、服务优质化、招商国际化。

创业园以引进、研发和转化信息服务类高新技术成果、孵化高新技术企业、双软企业，培养懂技术、善管理的高新技术企业家，为科技创业者提供多种有效的技术服务为运作目标和原则。为此，园区管理办公室不断创新方法，采取切实有效措施，为入驻企业提供研发、中试生产、经营场地和办公方面的有利条件，以及政策、管理、法律、财务、融资、市场推广和培训等方面的服务支持。

目前，创业园累积孵化留学人员企业20多家，其中，毕业企业7家，在孵企业16家；留学人员中有6人入选中央“千人计划”，4人入选江苏省“双创”计划，5人入选扬州市“绿扬金凤”引才计划。

联系方式

地　址：江苏省扬州市广陵新城信息大道1号
　　　　信息服务大厦2层
邮　编：225000
电　话：86-514-87456015
邮　箱：glgeyb2010@gmail.com
网　址：www.cnccdc.com

扬州市邗江区留学人员创业园

园区概况

扬州市邗江区留学人员创业园是以国家级科技企业孵化器——扬州市邗江区高新技术创业服务中心为依托所建立的为留学人员企业提供科技创新创业公共服务的载体，2005年被认定为市级留学人员创业园。作为全区高新技术成果孵化的重要载体和高层次人才创业的重要平台，创业园紧紧围绕“打造一流环境、引进一流人才、赢得一流效益”的目标，全力营造创新创业环境，全面推进标准化服务工作，在区域经济结构优化、区域经济协调发展中发挥了重要作用。

创业园地处江苏省扬州高新技术产业开发区北园科技集聚区，交通便捷，是人流、物流、资金流聚集之地。园区占地面积88亩，总投资约1.2亿元，建筑面积6.3万平方米，其中孵化用房面积5.9万平方米、配套设施面积4000平方米。

创业园充分运用高新区和国家级创业中心的影响力、辐射力，增强对留学人员的吸引力，在特色定位上与扬州高新区的产业特色相呼应，将智能装备、电子信息和生物医药及其配套业作为创业园的主导产业，通过高新区产业特色和大企业的配套和带动，以产业吸引项目，以项目集聚人才。

联系方式

地　址：江苏省扬州市开发西路217号
邮　编：225127
电　话：86-514-87860259
传　真：86-514-87860259
邮　箱：Hjkj1118@163.com

仪征留学人员创业园

园区概况

仪征留学人员创业园由仪征高创科技发展有限公司负责管理和运营，在企业注册、租金减免、项目申报、投资融资等方面为入驻孵化企业提供一系列的优惠政策和服务。2008年，被认定为省级高新技术创业服务中心；2009年7月，被批准为扬州市县级首家省级留学人员创业园。

创业园占地面积100亩，总投资1.1亿元，一期工程2幢5层共1.42万平方米的孵化厂房及附属设施已于2009年投入使用，二期工程2.84万平方米的4栋研发用房和8880平方米6栋厂房于2011年建成。

目前，创业园累计孵化企业30余家，引进高层次人才15人，其中，海外创新创业领军人才5人，江苏省“双创”计划人才3人，扬州市“绿扬金凤”计划人才2人。

联系方式

地　址：江苏省仪征经济开发区闽泰大道9号
邮　编：211400
邮　箱：gxb200910@163.com

镇江留学人员创业园

园区概况

镇江留学人员创业园成立于2000年，由镇江市人事局与镇江新区管委会联合创办，2002年，经国家人事部批准成为首批由人事部与地方政府共建的国家级留学生创业园。园区聚合镇江国家大学科技园、国家级镇江高新技术创业服务中心、省级镇江软件园、镇江国际服务外包示范区，实行“五位一体，资源共享，合署办公”。创业园先后被评为“镇江市科技进步先进集体”“镇江市创业实训基地”“镇江市大学生创业见习基地”“国务院侨务办公室引智引资重点联系单位”“清华大学研究生江苏省就业实践基地”。

创业园在管理中不断创新完善动态跟踪机制，根据企业的孵化情况，为入园企业提供专属资助、共享科技创新平台、人力资源服务、资本技术服务、商务物业服务等多种个性化特色服务。创业园依托北交大、东大、南大等合作高校的研究院、技术转移中心，通过广泛宣传、上门走访等多种形式，鼓励企业与合作高校科研院所进行深度产学研合作。同时，与中科控股、银河证券、深创投等十余家风投机构和金融机构建立合作，为在园企业提供融资和信贷支持。

联系方式

地　址：江苏省镇江市高新园区丁卯经十二路
邮　编：212009
电　话：86-511-88895106
传　真：86-511-88895106
邮　箱：lgyonline@163.com

镇江市丹阳留学人员创业园

园区概况

镇江市丹阳留学人员创业园与丹阳留学人员科技创业园于2009年8月同时获镇江市人事局批准成立，这也标志着镇江市留学生创业园规范化建设正式启动。丹阳留学人员创业园与丹阳留学人员科技创业园分别位于该市经济技术开发区和云阳镇高新技术产业集中区，各占地面积180亩和1500亩。创业园的成立，进一步完善了丹阳海外留学人员回国创业的重要条件，将显著提升高新技术产业的积聚和人才的吸纳效应，在引导留学人员企业向规模化、高端化发展等方面具有重大的战略意义。

目前，创业园已经吸引了来自加拿大、挪威以及美国等多个博士团队领军的生物医药、新能源、软件开发和半导体存储等企业落户。

联系方式

地　址：江苏省丹阳经济开发区金陵西路101号
邮　编：212300
电　话：86-511-86987909
传　真：86-811-86989005
网　址：www.dykfq.com.cn

扬中留学人员创业园

园区概况

扬中留学人员创业园成立于2007年，由扬中市政府创办，是一家公益性的综合科技服务机构，主要为留学人员创业企业提供全方位服务和一流的孵化条件，促进区域产业结构调整和经济持续发展。创业园成立了江苏大行临港产业投资有限公司，与扬中经济开发区形成政企合一的管理模式，为园区发展提供资产整合、投资、融资等服务。2009年，经镇江市人事局批准为镇江市扬中留学生创业园；2011年，经江苏省人力资源和社会保障厅批准为省级留学人员创业园。

创业园孵化总面积7.5万平方米，建立了光伏产业平台和省级光伏产业网上平台，并与复旦大学、浙江大学、东南大学、厦门大学、华中科技大学等高校科研院所建立了良好的合作交流机制，开展产学研合作，推进企业工程中心、技术中心建设。

创业园对入园企业提供“一条龙”“全过程”服务，在企业注册、人力资源、技术开发、科技人才立项等方面提供“保姆式”服务。同时，落实省、市、县人才政策，为入园企业提供免费研发场所，提供配套资金支持。

联系方式

地　址：江苏省扬中市开发区2号线港隆路科创中心
邮　编：212215
电　话：86-511-88224055
传　真：86-511-88224055
邮　箱：my2890756@163.com
网　址：www.yzedz.gov.cn

镇江市句容留学人员创业园

园区概况

镇江市句容留学人员创业园成立于2009年9月，由句容市人事局与句容经济开发区联合创建，并由后者具体负责具体管理运营工作。创业园的设立，旨在进一步加强句容经济开发区的建设和发展，增强区域科研开发的实力和水平，吸引留学归国人员来句容兴办实业，推动园区经济和科技的整合，促进科技成果的商品化、产业化和国际化。

创业园位于句容经济开发区的核心位置，占地面积100亩，总建筑面积11.2万平方米，项目总投资1.6亿元，基础和配套设施完备，并为进驻企业提供研发、生产、市场营销等全方位的“一条龙”服务。

目前，创业园已有句容驰邀运动器材有限公司等多家企业入驻，未来将建成长三角地区具有鲜明特色的光电子、输变电、新材料和运动休闲的研发、应用的服务业集聚区。

联系方式

地　址：江苏省句容市华阳西路开发区综合服务部
邮　编：212400
电　话：86-511-87265575
传　真：86-811-87266222
邮　箱：jrkfq@jrkfq.com.cn

泰州留学人员创业园

园区概况

泰州留学人员创业园位于江苏泰州开发区高新技术园内，2003年8月，经江苏省人事厅批准成为省级留学人员创业园。

园区规划总面积140亩，建筑面积近13万平方米，绿化面积1.2万平方米，项目总投资8000万元。分办公区、生产区、研发区、生活服务中心区，已建成综合办公楼4000多平方米、标准厂房12万平方米，另有会议中心、接待室、健身房、餐厅、展览中心等配套设施。

创业园根据泰州的产业基础和产业特色，结合开发区招商引资实际，产业定位于精密机械、机电一体化、生物医药、嵌入式软件、汽车零部件、新型材料等。目前，创业园已有近20家留学人员企业落地。

联系方式

地　址：江苏省泰州市凤凰西路98号1号楼

邮　编：225300

电　话：86-523-80660007

邮　箱：tonyblire@hotmail.com

网　址：www.tzibi.com

泰州海陵留学人员创业园

园区概况

泰州海陵留学人员创业园成立于2010年，以泰州市海陵区高新技术创业中心为依托。创业中心于2007年12月28日挂牌成立，2009年5月，被省科技厅认定为省级科技企业孵化器；2012年12月，被国家科技部认定为国家级科技企业孵化器；2014年，被省人社厅认定为省级创业示范基地。

创业园位于海陵区工业园区内，西临兴泰公路，北靠泰州火车站，交通便利，环境优美。园区规划用地51亩，规划建筑面积5万平方米，总投资7000万元。现已建成孵化场地3.15万平方米，道路、下水、消防、绿化、供电、网络、门卫等配套工程一应俱全，并筹建一幢6层大楼作为核心部分，重点招引软件类、广告创意类等科技项目入驻。

自创业园建立以来，海陵区不断完善留学人员创业政策，制定了“3个100”优惠政策，即提供不少于100平方米的创业场所、100平方米的住所、100万元的扶持资金，积极倡导为留学人员创新创业提供“101%”的服务。

联系方式

地　址：江苏省泰州海陵工业园区

邮　编：225300

电　话：86-523-86227765

泰兴留学人员创业园

园区概况

泰兴留学人员创业园位于泰兴市经济开发区高新产业园内，区位优越、交通便捷、设施齐全，是研发、创业、投资、发展的理想场所。2010年11月，被江苏省人力资源和社会保障厅批准为省级留学人员创业园。创业园以促进科技成果转化、培育高新技术产业、带动全市工业转型升级发展为目标，依托完善的创新培育体系和优越的创业服务体系，降低留学人员创业成本，吸引更多的留学人员来泰创业。

创业园首期占地100亩，建筑面积3.5万平方米，总投资8000万元，内设电讯网络、商务会议中心、科技展示交易大厅、科技报告厅、职工餐厅、留学人员公寓等公用设施，拥有60多个孵化单元，可为不同类型的留学人员回国创办企业提供50—300平方米的孵化空间和研发基地。

目前，有留学美、德、加拿大、日等国家的近20名从事电子信息、新材料、机械等高新技术领域研究开发的博士在园创业创新。

联系方式

地　址：江苏省泰兴市大庆西路39号

邮　编：225400

电　话：86-523-87662686

邮　箱：yongzhong@126.com

杭州高新区留学人员创业园

园区概况

杭州高新区留学人员创业园成立于1998年，是浙江省第一家留学人员创业园。创业园先后成为国侨办两家重点联系单位之一，国家“三部一局”的国家留学人员创业园示范建设试点单位，国家人事部与杭州市政府共建单位，被中组部、国家人事部等六部委联合授予“全国留学回国人员先进工作单位”称号。

2009年，创业园被中央人才工作协调小组批准成为“海外高层次人才创新创业基地”。基地成立后，园区在工作机制、服务机制、政策扶持、创业环境等方面进行改革和创新，出台《关于进一步鼓励海外留学人员来杭州高新区（滨江）创新创业的若干意见》和《关于实施海外高层次留学人才来杭州高新区（滨江）创新创业的“5050计划”的暂行办法（试行）》，进一步鼓励扶持海外高层次人才创新创业，推进基地建设，打造人才特区。目前，创业园已成为海外高层次人才创新创业的重要舞台。

联系方式

地　址：浙江省杭州市滨江区江南大道100号区政府1楼1129室

邮　编：310051

电　话：86-571-87703201

传　真：86-571-87702525

邮　箱：hhtzrc@163.com

网　址：www.hhrc.com.cn

杭州市经济技术开发区留学人员创业园

园区概况

杭州市经济技术开发区留学人员创业园成立于2005年10月。创业园以科技产业园区的建设为支撑，充分依托杭州经济技术开发区的综合优势，全面利用国家级开发区对人、财、物的集聚效应，积极营造与国际接轨、符合国际惯例的留学人员创业软硬件环境。杭州经济技术开发区党工委、管委会专门成立以工委主要领导为组长、各部门负责人为成员的人才工作领导小组和创业园领导小组，建立了人才工作联席会议制度，加强对开发区留学人员创业工作的指导。

创业园着力打造“四优四新”现代产业体系（生物医药、电子信息、食品饮料、装备制造四大优势产业，汽车及零部件、新能源新材料、服务外包及文化创意、现代物流四大新经济产业）的人才创业天堂。杭州经济技术开发区拥有新加坡科技园、高科技孵化器、服务外包人才培训基地等创新创业平台，这些创新创业平台包括以高新技术项目的研发、生产为主体，配套商务中心、金融管理、法律咨询等服务的综合性平台，可以为留学人员科技企业研发、孵化提供完善的共享设施和配套服务。近年来，在省、市有关部门的指导和帮助下，创业园申报的多个留学人员项目获得了杭州市留学人员创业资助资金的扶持。2007年，杭州经济技术开发区出台了《关于加强高层次人才队伍建设的暂行办法》《关于鼓励留学人员来杭州经济技术开发区创业发展的若干意见》《关于鼓励设立博士后科研工作站的暂行规定》等“三大人才政策”体系，设立了1000万元人才发展专项资金。2008年，开发区根据杭州市委、市政府的相关要求，制定了“留学回国人员创业三年行动计划”，通过明确目标、落实责任、开拓创新，建立起招商、工商、税务等部门的定期联络制度，强势推进开发区创业园的建设，为留学人才创业提供“一条龙”服务。为不断健全服务制度，创业园每年都会定期举办留学人员座谈会和联谊会，并通过日常的上门走访、电话访谈、问卷调查等多种形式，在加强与留学人员沟通交流的同时，及时了解留学人员的最新动态以及对创业园建设的合理建议。

目前，创业园已有海外创业人员580名，其中列入国家“千人计划”1名，浙江省海外高层次人才引进计划5名；留学人员创办的企业37家，留学人员服务企业90家，行业涉及电子信息、生物医药、新能源环保、精密机械等多个领域，已经成为开发区推进科学发展、跨越发展的一支重要力量。

联系方式

地　址：浙江省杭州经济技术开发区学林路1288号
邮　编：310018
电　话：86-571-86794698
传　真：86-571-86878786
邮　箱：chenyaoya@163.com
网　址：www.hedarc.gov.cn

杭州市留学人员拱墅区创业园

园区概况

杭州市留学人员拱墅区创业园成立于2008年8月，由拱墅区与杭州市人事局共同创立，与拱墅区国家级创业服务中心、北部软件园相互依托，实行“三园一中心”统一管理服务模式。

创业园坐落在杭州市中心城区北部，孵化面积20万平方米。依托拱墅区科技功能区的实体平台，创业园为留学人员创业提供政策咨询和扶持、融资、商务、信息交流、场地管理等“一站式”“一条龙”配套服务。留学人员在园区创业可享受的优惠政策包括：资助资金配套，经认定纳入拱墅区科技企业孵化器的可享受区级孵化器相关优惠政策、科技立项企业税收优惠、投资奖励；鼓励技术成果投资，对于办高新技术企业、中介服务企业、文化创意产业业绩突出的给予政府奖励；减免部分房租，优先列为拱墅区杭州市专项经济适用住房的申购对象等。此外，拱墅区出台了《关于印发吸引和鼓励留学人员来拱墅区创业的若干意见（试行）的通知》，实施政府支持、政策配套；拱墅区人事局下属人才交流中心成立了“拱墅区留学人员创业服务中心”，为留学回国人员提供政策咨询、人事代理、项目代理申报、落户以及组织开展文化交流活动等一系列服务。

联系方式

地　址：浙江省杭州市台州路1号区政府大楼1号楼1325
邮　编：310015
电　话：86-571-88259665
网　址：www.hzzjlx.com

杭州市留学人员上城区创业园

园区概况

杭州市留学人员上城区创业园成立于2006年9月，由杭州市人事局与上城区政府联合创建，是杭州市首家位于老城区的留学人员创业园。

创业园自成立以来，以上城区科技创业中心和工业功能区为依托，坚持政府推动与企业主导相结合、政策支持与优化环境相结合，招商引资与招才引智相结合，加大高层次、创新型人才引进力度，加强创业园规模化建设，不断增强创新创业优势，充分发挥了海归群体在构筑区域创新体系中的引领作用，发展成效显著，以促进高新成果转化和自主创新为有效载体，形成了电子信息、生物医药、食品化工为主，创意产业为新内容的发展格局，实现了经济效益和社会效益双丰收。

联系方式

地　址：浙江省杭州市惠民路26号区政府综合楼510室
邮　编：310002
电　话：86-571-87822813
邮　箱：hzscrc@163.com
网　址：www.scrcw.com

杭州市留学人员下城区创业园

园区概况

杭州市留学人员下城区创业园暨杭州市大学生创业园（下城）成立于2009年5月31日，由杭州市人事局和下城区政府共同创建，依托于下城区科技创业中心和科技孵化园。

创业园位于下城区星火电子商务产业园内，建筑面积3600平方米，一期建设1200平方米。园区内办公场所、会议室、休息洽谈室、通信网络、员工餐厅、商务中心、员工宿舍、物业管理等工作、生活配套设施一应俱全。为了能给留学人员到下城创新创业营造氛围，创业园不仅为留学生提供包括政策咨询、扶持资金申请、企业登记注册、商务、融资等在内的“一站式”服务，还同时配套出台了一系列优惠扶持政策。

联系方式

地　址：浙江省杭州市下城区东新街道费家塘路588号
邮　编：310004
电　话：86-571-85820625

杭州市留学人员江干区创业园

园区概况

杭州市留学人员江干区创业园成立于2009年12月，由杭州市人事局与江干区政府联合创建，以江干区科技创业中心和江干科技经济园为依托，并逐步向全区辐射。创业中心以吸引创业初期尚处在起步阶段的留学人员企业为主，科技经济园则重点吸引初具规模、具有一定科研与成果转化能力的留学人员企业。

江干区科技创业中心（天城信息产业研发基地、海潮信息产业研发基地）是浙江省科技厅认定的省级重点科技企业孵化器，研发基地位于城市核心商务区，地理位置优越，交通便捷，周边配套设施齐全，浓郁的研发氛围和优良的环境是创业者的理想选择。杭州市江干科技经济园位于杭州城市东部，总规划面积505公顷，是杭州市高新技术产业园和特色城镇工业功能先进单位，已成为拉动江干经济稳健强劲发展的重要平台。园区着重以引进、培育、调整、服务为手段，鼓励企业走“品牌+研发+网络+核心工厂”的发展路子，通过多元招商和项目筛选，引进、培育生物医药、新材料、新能源等高新技术产业，加快高新技术企业的发展。

创业园在充分发挥孵化器和产业基地的高新技术企业培育功能的基础上，集人事、科技、发改、工商、招商、财税、劳动、教育等各职能部门于一体，强化创业服务体系建设，为留学人员来江干创业提供政策咨询、人才人事、融资、公用、商务等一站式、一条龙配套服务。

联系方式

地　址：浙江省杭州市九堡九盛路9号
　　　　江干科技经济园管委会408室
邮　编：310000
电　话：86-571-86905958
传　真：86-571-86909219
网　址：www.eastcloud.com.cn

杭州市留学人员西湖区创业园

园区概况

杭州市留学人员西湖区创业园成立于2008年12月，由西湖区政府经市人事局批准设立。创业园以“一街二带六园”及九大科技企业孵化器为载体，初期以西湖科技园、之江文化创意园为基地，逐步向浙大科技园、转塘科技经济区块、西溪文化创意园等园区辐射，建设泛西湖区域的留学人员创业园。

创业园依托西湖区推出六大服务新举措，致力打造一个具有最佳创业环境的创业摇篮。

一是为创业企业提供房租补贴和配套设施，同时为创业企业提供共享服务设施，方便创业企业开展商务活动，降低企业运营成本。

二是推荐和协助企业申报政府资金扶持计划。设立“西湖区留学生创业专项资金”，给予留学人员创业企业20万元以下一次性创业资助资金，同时积极帮助创业企业申请浙江省各类科技计划项目、杭州市科技创业种子资金项目，解决制约初创企业发展的投融资瓶颈，帮助高科技、高成长性、高附加值创业企业做大做强。

三是免费为企业提供人才代理服务。根据企业需求，加强创业企业人才档案管理、人才引进、外地人员进杭落户手续办理等服务工作。

四是打造信息服务平台。开设“西湖人才邮箱”、短信服务平台，为创业企业提供便捷、高效的网络信息服务，举办创业者沙龙和创业论坛，为创业企业经理人创造信息交流和思维碰撞的互动平台。

五是建立公共技术服务平台。依托浙江大学雄厚的科研技术和完善的设备条件，目前已建成“浙江大学国家大学科技园光与电技术开放实验室”和“浙江大学科技园生物医药技术测试中心”，为信息技术、光机电一体化、生物医药、新材料、新能源和生命科学等技术领域的留学人员企业技术研发和分析测试提供便利条件。

六是强化创业培训。帮助创业企业联络辖区高校、科研院所及有关培训机构，为创业企业提供政策、管理、金融、税务、法律、市场、财务等方面的培训。

联系方式

地　址：浙江省杭州市浙大路1号
邮　编：310013
电　话：86-571-87935180
网　址：www.xhkjy.com

杭州市留学人员萧山区创业园

园区概况

杭州市留学人员萧山区创业园成立于2006年1月。创业大厦坐落于杭州市萧山区金融、行政、商务中心区，总面积约8000平方米，配备多功能厅、接待室、会议室、健身活动室等完善的配套设施，以及会计师事务所、律师事务所、公证处、风投公司、管理咨询公司、生产力促进中心等中介服务机构，可为入驻企业提供全方位、多层次的优质服务。

创业园主要针对高科技企业和回国创业的留学人员，通过免租、减租、奖励、资助等手段重点扶持电子信息、生物与医药科技、新型材料、机电一体化、新能源、高效节能与环保等高科技产业。依托得天独厚的区位、环境、政策、产业等优势以及杭州的科技信息、人才资源，营造适合于科技型中小企业发展的优化环境，为萧山培育有市场竞争力的、成熟的高新技术企业。

联系方式

地　址：浙江省杭州市萧山区金城路1038号
邮　编：311201
电　话：86-571-82898583
邮　箱：ljping@xs.zj.cn
网　址：xiec.xswjm.gov.cn

杭州市留学人员余杭区创业园

园区概况

杭州市留学人员余杭区创业园成立于2009年3月，由杭州市人事局与余杭区政府共建，由杭州余杭高新技术产业园区创业中心负责管理。

创业园占地11亩，建筑面积6787平方米，可供孵化面积5772平方米。以余杭经济开发区（省级高新园区）、仓前高新高教园区余杭创新基地——生态科技岛两个重点集聚地为依托，按实体与虚拟相结合的原则建成，并逐步向全区辐射。创业园以吸引创业初期尚处在起步阶段的留学人员企业为主，基地则重点吸引初具规模、具有一定科研与成果转化能力的留学人员企业。创业园在硬件配套上，拥有公共接待大厅，配有培训室、会议室及休息洽谈室；在软件服务上，设立了留学人员服务办公室和科技项目服务办公室等部门，一对一地为项目发展做好服务。

联系方式

地　址：浙江省杭州市余杭区东湖街道保健路67号
邮　编：311199
电　话：86-571-86223642

杭州市留学人员富阳创业园

园区概况

杭州市留学生人员富阳创业园成立于2009年12月28日，由杭州市人事局和富阳市政府共同创建，是杭州五县市中首家留学人员创业园，以吸引创业初期尚处在起步阶段的留学人员企业为主。创业园依托富阳国家级经济开发区，按照“一园多点多基地”模式，搭建创业平台，完善政策体系，优化服务环境。目前，设有杭州市留学人员富阳创业园银湖科创总部、杭州市留学人员富阳创业园东洲分园、杭州市留学人员富阳创业园杭科院分园。2013年12月，经浙江省人力资源和社会保障局批准成为省级留学人员创业园。

创业园位于东洲街道，拥有5000平方米的创业孵化楼，集工作、休闲、娱乐于一体，设有会议室、报告厅、展示中心、商务中心等开放设施，并且提供税收、土地、资金、用房等各方面的优惠待遇，为园区企业提供全方位、全过程的优质高效服务。

2010年4月，杭州市留学人员富阳创业园生物医药基地正式成立，是创业园设立的首家留学人员专业性创新创业孵化基地。基地的建立，可以有效地满足生物医药科研项目的环境孵化需求，加快生物医药项目落地转化步伐，更好地实现留学人员和企业互利双赢。

联系方式

地　址：浙江省富阳市江滨东大道138号
邮　编：311499
电　话：86-571-87196586，87196588
传　真：86-571-87196587
邮　箱：hzfylcy@163.com

宁波保税区留学人员创业园

园区概况

宁波保税区留学人员创业园成立于1999年9月，由浙江省人事厅、宁波市人事局、宁波保税区管理委员会联合组建，是目前我国唯一一家设在保税区内的留学人员创业园。2000年10月，被国家科技部、人事部、教育部和国家外国专家局批准为首批9家国家留学人员创业园示范园区之一；2001年12月，被团中央、全国青联授予“中国青年海外学人创业基地”；2005年7月，被命名为2004年度宁波市“青年文明号”，并经国家人事部批准设立了区域博士后科研工作站；2006年，被授予“国家高新技术创业服务中心”称号。

创业园已建成并投入使用创业大楼3栋，拥有创业孵化场地总面积13.7万平方米，目前已转让给孵化毕业企业9.1万平方米。创业孵化场地配套齐备，拥有学术交流、网络教学、商务接待、样品展示等综合服务设施和各类文体休闲娱乐设施及人才公寓等生活服务设施，大部分设施均供创业企业免费使用。十多年来，除硬件设施建设投入外，区管委会累计投入创业平台运作经费4000多万元，投入种子孵化资金3000多万元，获得上级科技经费资助8300多万元，累计转化科技成果360多项；在孵企业和毕业企业共获得各级各类科技计划立项项目280项，承担并完成国家科技计划项目53项，拥有发明专利80多件。同时，创业园形成了具有自身特色的“三级孵化模式”（即成果孵化、创业孵化、实现产业化）和“六大服务体系”（由创业支撑服务、政策信息服务、人力资源服务、后勤保障服务、创业融资服务、科技合作服务构成）。

联系方式

地　址：浙江省宁波市保税区大厦6楼
邮　编：315800
电　话：86-574-86865661
传　真：86-574-86869112
邮　箱：zjie@nftz.gov.cn
网　址：www.pioneers.gov.cn

宁波高新区留学人员创业园

园区概况

宁波高新区留学人员创业园经宁波市人事局批准成立于2001年2月。2003年12月，经浙江省人事厅批准为浙江省留学人员创业园；2007年，成为国家人事部与宁波市人民政府共建的中国宁波留学人员创业园。创业园原与宁波市科技创业中心实行“两块牌子，一套班子”合署运营；2013年，宁波市科技创业中心、宁波研发园合并成立宁波创新创业管理服务中心，单位行政级别由处级事业单位升格为副局级事业单位，创业园隶属服务中心管理。近十年来，创业园不断完善孵化设施建设、优化海外人才创业平台服务功能，已成为区域科技自主创新，培育高新技术产业，吸引海外高技术人才来宁波创业的重要载体。2002年12月，被国家科技部批准为国家高新技术创业服务中心；2004年2月，被国家科技部创新基金管理中心正式列为创新基金小额资助依托机构；2005年10月，成为国务院侨办的重点联系单位；2006年4月，成为科技部火炬中心全国16家国际科技合作依托机构之一；2007年4月，成为宁波市科技创业孵化协会会长单位；2010年3月，被科技部列为国家大学生科技创业见习基地试点单位；2011年1月，荣获省级文明单位称号。

创业园创业大厦建筑面积3.07万平方米，按智能化要求建造，网络宽带千兆到大楼，孵化场地宽敞，拥有学术报告厅、会议中心、电子阅览室、商务中心、咖啡厅、商场等配套设施。2009年建成10万平方米标准厂房并投入使用，为留学人员创业企业提供后期产业化基地，现已形成了以人才创业为核心，项目孵化、企业加速、规模上市一体化的递进式孵化服务体系。

联系方式

地　址：浙江省宁波国家高新区光华路299弄19号302室
邮　编：315040
电　话：0574-87914605
传　真：0574-87907758
邮　箱：236840571@qq.com
网　站：www.nbiip.com

宁波经济技术开发区留学人员创业园

园区概况

宁波经济技术开发区留学人员创业园成立于2000年5月，是专供海外留学人员回国从事科研、开发、生产的创新基地。旨在充分发挥国家级开发区的综合功能优势，鼓励和吸引国内外优秀科技人才创新创业，促进高新技术成果产业化，为区域的长远发展提供充分的人才支撑、技术支撑和项目支撑。2002年5月，被中华全国侨联授予“科教兴国示范基地”称号。创业园采用独特的“一园多基地”组建模式，同时设立留学人员创业园、宁波国际软件园开发区基地，其中宁波国际软件园已被国家科技部认定为国家火炬计划宁波软件出口加工实验园。

创业园创业大厦高8层，采用智能化综合布线系统，适合不同产业的科技企业从事研发、办公。标准厂房高三层，空间布局灵活，便于分隔，适合不同产业的科技企业入驻，从事研发、中试和生产。同时，园区高标准地配备了供水、排水、排污、电力、通信、蒸汽、宽带网络、员工餐厅等基础设施。留学人员、科研人员、国内外中小型科技企业以及科研院所、大专院校等均可在创业园设立外资企业、中外合资（合作）经营企业和内资性质的各类有限责任公司，享受各级政府及开发区管委会提供的优惠政策。

目前，园区累计入驻各类科技型创业企业200多家，涉及电子信息、生物工程、新材料等高新技术领域；引进各类人才378人，其中海外留学人员164人，留学归国博士李霖、张发饶入选国家“千人计划”，5名留学归国人员入选省“千人计划”。园区企业共获得各类科技项目141项，包括国家级科技项目34项，留学人员项目26项，其中国家“863”计划1项、“星火计划”2项、“火炬计划”2项，国家重点新产品计划3项，国家科技型中小企业技术创新基金9项，国家科技攻关计划引导项目1项，国家电子信息产业发展基金项目1项，国家留学回国人员科技活动择优资助6项。创业园获得各级各类科技项目补助资金4400多万元，其中留学人员创业项目资助3100万元。

联系方式

地　址：浙江省宁波市北仑明州西路477号
邮　编：315800
电　话：86-574-86783582
传　真：86-574-86783589
邮　箱：zhangliang@mail.netd.gov.cn
网　址：www.nbcyy.com

宁波江北区留学人员创业园

园区概况

宁波江北留学人员创业园（宁波海外人才江北创业园）成立于2009年11月，是由宁波市人事局批准的首家海外人才创业园。创业园由宁波蓝野医疗器械有限公司等4家民营企业投资建设的江北区中部科技创业服务有限公司进行管理，与宁波海外人才江北创业中心以“两块牌子、一套班子”的方式运营，为传统的园区建设管理模式注入了新的活力。

创业园位于江北区洪塘街道核心商业中心，毗邻杭州湾跨海大桥连接线进入宁波的第一个出口，地理位置优越。园区拥有五幢办公楼和厂房，总建筑面积8700平方米，绿化率达45%，并配有一系列软硬件设施。创业园是宁波唯一一家政府指导下企业化运作的留创园，拥有一支高效的服务团队，为企业提供工商注册、入驻全程包办、企业包装、企业科技项目申报指导、创业指导、人才招聘、知识产权咨询、科技成果推介和技术专家咨询等一系列完善的服务。资深瑞典籍、法籍商业顾问长期入驻园区，扶持留学生和其他外资企业入驻园区发展，提供多语种咨询和服务。

截至2015年底，创业园已形成了以牙科设备的研发制造销售为主业，牙科文化和牙科教育为两翼的产业格局，入驻企业15家，在孵企业32家，聚集人才600余人。创业园正以其鲜明的特色、完备的服务、温馨的文化氛围，以及显而易见的孵化潜力，成为海外人才创业和区域科技发展的亮点。

联系方式

地　址：浙江省宁波市江北区洪塘街道长阳路35号
邮　编：315033
电　话：86-574-55003300
传　真：86-574-55003300
邮　箱：incubator@cn4311.com
网　址：www.nscse.com

宁波镇海区留学人员创业园

园区概况

宁波镇海区留学人员创业园于2007年12月经宁波市人事局批准设立，是宁波市11个县（市）、区中首家市级留学人员创业园。

创业园坐落于风景优美的宁波市高教园区（北区）宁波市大学科技园内，该区块毗邻中科院材料所、宁波大学、宁波工程学院等科研院所和高等院校，规划为未来宁波市的高端研发机构集聚基地、科技创新创业孵化基地、高新技术产业化基地、创意产业基地和留学人员创业基地。创业园所在的科技创业大厦建筑面积2.6万平方米，集研发办公、创业孵化、展示交易及专业市场等综合功能和一流物业管理于一体，为包括留学人员在内的人才创业发展提供良好的平台。

目前，创业园已建设成为集技术创新、高新技术企业孵化、创新人才培育、科研成果产业化等四大功能为一体的新型园区，拥有国内著名大中型企业40多家。

联系方式

地　址：浙江省宁波市镇海区胜利路112号
邮　编：315200
电　话：86-574-86681188
传　真：86-574-86256470
邮　箱：zhdxscyy@163.com
网　址：www.zhrsrc.gov.cn

宁波鄞州区留学生创业园

园区概况

宁波鄞州区留学生创业园于2008年8月经宁波市人事局批准建立，依托宁波市鄞创科技孵化器管理服务有限公司，旨在吸引留学人员到鄞州区创业，为海外留学人才及其项目开发提供新的平台。鄞创孵化器是由区内5家核心机构（宁波市鄞州区科技创业投资有限公司、宁波杉杉科技创业服务有限公司、浙江中物九鼎科技孵化器有限公司、宁波恩科投资有限公司、宁波市鄞州区青年创业协会）出资成立的一家“资源整合一体、功能覆盖全区”的孵化器管理机构，实行“政府指导、企业化运作”模式，采用“孵化器＋加速器＋产业园”的器园结合发展方式，把创业苗圃、孵化器、加速器、产业园紧密相连，形成完整的科技孵化产业体系。创业园先后被评为“国家级科技企业孵化器”“国家级大学生科技创业见习基地试点单位”“浙江省留学人员创业园”。

创业园位于鄞州区中心城区，孵化总面积8.76万平方米，包括科技中心孵化器1万平方米，恩科科技创业园2.08万平方米，首南科技创业园0.7万平方米，鄞州大学生创业园0.7万平方米，杉杉科创孵化器2.96万平方米，高桥普天科技创业园0.72万平方米，中河街道和邦孵化器0.6万平方米。除入驻服务、创业培训、人才招聘、项目申报、风险投资、中介服务等基本服务外，创业园还建立了联络员、辅导员、创业导师“三位一体”的创业辅导服务模式，总部与基地配备两级专职联络员，帮助企业健康快速的成长。同时，鄞州区政府与杭州银行宁波科技支行建立合作关系，成立风险池基金，在无需抵押或担保前提下，在孵企业科技贷款可达100万元，毕业企业可达300万元，特别优秀的企业经科技管理部门核准后还可放宽贷款额度。

联系方式

地　址：浙江省宁波市鄞州区学士路298号
邮　编：315100
电　话：86-574-87417791
传　真：86-574-87417791
邮　箱：2658298410@qq.com
网　址：www.yzbizs.com.cn

宁波（浙江慈溪出口加工区）留学生创业园

园区概况

宁波（浙江慈溪出口加工区）留学生创业园于2008年8月经宁波市人事局批准设立，由慈溪市和杭州湾新区共同投资建设，受杭州湾新区科技创业服务中心管理。

创业园占地面积60亩，建筑面积3.86万平方米，总投资1.2亿元，由服务外包产业基地、高端研发机构集聚基地、科技创新创业孵化基地、高新技术产业化基地四大基地和一个博士后工作站、一个院士工作站组成，是一个以应用型开发为主，兼具孵化、中试、商务办公及娱乐休闲为一体的综合性公共服务平台。创业园主要扶持的产业包括创意设计、广告策划、电子信息、生物医药、新能源新材料、机电一体化、环保节能等高新创新产业。创业园依托杭州湾新区的区位优势和政策优势，全力吸引慈溪及周边地区海外留学人员回国创业，打造宁波市人才智力引进的又一个重要平台。

联系方式

地　址：浙江省慈溪市杭州湾新区兴慈一路1号
电　话：86-574-63071029
传　真：86-574-63071000
邮　箱：office@cepz.ningbo.gov.cn
网　址：cepz.ningbo.gov.cn

温州留学人员创业园

园区概况

温州留学人员创业园是2002年7月经国家人事部批准，由人事部与温州市人民政府共建的国家级留学人员创业园。2003年12月，创业园被中国侨联列为全国第二批23个“科教兴国示范基地”之一。

创业园坐落在温州高新园区黄金地段，紧邻温州市行政中心区和城市“绿色之肾”三垟湿地。创业园拥有设施齐全的花园式办公及生产用房9万平方米，以及完善的后勤服务设施，并提供特殊优惠政策和优质高效服务，为海外归国留学人员创造一个良好的创业环境和创业平台，吸引留学人员回国创办科技型企业。

联系方式

地　址：浙江省温州市龙湾区中兴大道高新技术产业园
邮　编：325000
电　话：86-577-81581002
传　真：86-577-86581003
邮　箱：4718199@qq.com
网　址：www.wzbi.com

嘉兴留学人员创业园

园区概况

嘉兴留学人员创业园于2000年7月与嘉兴科技创业服务中心同时挂牌成立，实行“两块牌子、一套班子”的管理运营方式。2006年，成为由嘉兴市科技局、嘉兴市人事局、嘉兴高新技术产业园区管委会和浙江省留学生工作站联合共建的省级创业园区。创业中心是浙江省嘉兴市首家国家高新技术创业服务中心，先后被认定为“浙江省小企业创业基地”“浙江省软件产业（嘉兴）基地”“浙江省重点科技企业孵化器”“浙江省青年创业基地”等。

创业园占地近200亩，坐落于国家级浙江嘉兴经济开发区内，交通便利，紧邻高教园区，占地近200亩，规划孵化面积18.6万平方米，拥有1幢科技大楼，1幢创业大厦，17幢标准孵化楼，共12万多平方米的孵化及加速场地，集孵化器与加速器于一体，满足企业从初创期到成长期对孵化场地的不同需求。创业园以“创造环境、孵化项目、培育企业、造就人才”为宗旨，利用各项优惠政策，通过有效服务，为入驻企业提供租金扶持、创业指导、中介咨询、项目申报、培训服务、人才服务、融资服务、研发支持等创业服务，努力打造科技企业的摇篮、技术创新的基地、科技创业的舞台。

目前，创业园入驻孵化企业累计近300家，先后有45家企业孵化成功，培育了省、市级高新技术企业40余家，软件企业29家；现有在孵企业140余家，在园创业和从业人员2000多人。

联系方式

地　址：浙江省嘉兴市城南路1369号
邮　编：314031
电　话：86-573-82651772
传　真：86-573-82651779
网　址：www.jxbi.com

嘉兴科技城留学人员创业园

园区概况

嘉兴科技城留学人员创业园成立于2003年12月，是嘉兴市政府根据浙江省政府“打造环杭州湾先进制造业基地”、实施“引进大院名校共建创新载体”的战略要求而设立的。

创业园设在南湖科技创业中心，5万平方米孵化园已全面投入使用，构筑起了以浙江清华长三角研究院、中国科学院嘉兴中心为核心，以软件园、通讯园、芯片园、新材料园、生物园、孵化园为主体的高新技术产业创业群的“双核六园”创新创业发展格局。

创业园为海外高层次留学生的创业营造了良好的创业氛围，积极贯彻嘉兴市政府出台的《关于进一步加强高层次人才和智力开发工作的若干规定》《关于鼓励引进海外高层次留学人才的若干规定》等7个政策和南湖区政府制定的《关于进一步加强人才队伍建设的若干规定》等一系列政策措施，通过科技创新种子资金、留学人员创业补助基金等，为留学人员投资创业创造了一流的环境。

联系方式

地　址：浙江省嘉兴市南湖区凌公塘路3339号
　　　　嘉兴科技城
邮　编：314006
电　话：86-573-83915021，83915022
传　真：86-571-83915022
邮　箱：jiaxing812@hotmail.com
网　址：www.jxsc.gov.cn

嘉善留学人员创业园

园区概况

嘉善留学人员创业园设立于2006年，是由嘉善县人民政府全额投资的公益性科技服务机构，与嘉善科技创业服务中心合署办公。2006年6月，被浙江省人事厅认定为省级留学人员创业园，是浙江省首家设立在县一级的省级留学人员创业园；同年12月，被浙江省人事厅定为省级博士后试点工作单位。

创业园占地面积7.5万平方米，总投资1.6亿元，规划建筑面积6.3万平方米。一期投资7500万元，建设孵化用房3万平方米，公寓房、报告厅和食堂等7000平方米。已建成的中心分为三个区域，包括：东区为五栋孵化楼，主要是新型材料和电子信息项目的孵化区；中区为综合孵化楼，用于综合项目、软件企业的孵化和服务管理机构用房；西区为后勤服务区。园区内硬软件配套设施齐全，整个园区实行双回路供电，装备了监控系统、一卡通系统、广播系统等，网络实现“千兆到中心、百兆到桌面”。中心配有大小不等的会议室、计算机教室、接待室、可容纳200人的报告厅，是中国长三角地区规模较大、设施齐全的综合性孵化园。

嘉善县政府为了增强地方科技创新能力，发展高新技术产业，每年安排2000多万元科技专项经费，重点扶持高新科技企业的发展，并降低创业者的创业风险和创业成本推出了多项扶持政策。同时，创业园为入驻企业提供商务、融资、信息、咨询、培训、技术开发与交流、国际合作等多方面的服务。为扶持入驻企业快速成长，从入驻项目的洽谈，到评审、签约、入驻、种子资金初审和考核等，制定了一整套的服务和管理制度。

创业园目前已吸纳了众多留学美国、德国、加拿大、日本等国的留学归国人员学者出资创办企业，入园项目主要涉及电子信息、软件开发、生物医药和新材料等高科技产业。

联系方式

地　址：浙江省嘉兴市嘉善县晋阳东路568号
邮　编：314100
电　话：86-573-4228239
传　真：86-573-4228250
邮　箱：office@fhq.zj.cn
网　址：www.fhq.zj.cn

湖州留学人员创业园

园区概况

湖州留学人员创业园成立于2001年，由浙江省留学生工作站、湖州市人事局、湖州高新技术园区管委会共同组建，与湖州经济技术开发区、湖州高新技术产业园区合署办公。2002年5月，经浙江省人事厅批准升格为省级园区。

创业园位于湖州市西北部，地处湖州经济技术开发区、湖州高新技术产业园内，规划面积2平方公里，分为研发和创业投资两个区块。依托经湖州经济技术开发区近十年来开发建设所积累的通信、电力、能源、污水处理等资源优势，创业园按照市场经济的运作要求，建立了与国际接轨的经济运行体制，土管、城建、财政、公安、工商行政管理等市级职能部门在开发区设立了分局，对园区内企业实行全过程“宾馆式”服务。

建园之初，创业园就以吸引留学人员发展高新技术产业为目的，紧紧围绕“高科技、产业化”的发展方向，着力推进技术创新和科技进步，积极鼓励企业以实施高新技术项目和产品为准绳，企业技术创新势头强劲。为支持园区建设，创业园着力吸引具有较高技术含量的留学人员企业入驻，并设立了科技创业基金，每年安排100万元，重点支持高科技企业产业化和海外留学人员创业项目产业化。此外，创业园大力规划建设了南太湖科技创新中心、生物技术产业化公共平台，旨在更好地服务留学人员创新创业。南太湖科技创新中心总建筑面积30余万平方米，建设了生物技术、环保技术、电子信息技术等科技产业化公共平台，目前已有中科院湖州应用技术与产业化研究中心、中电15所等4家单位提出入驻意向。生物技术产业化公共平台一期建设细胞基因生物技术和抗体技术两个相关技术研究及产业化中心，分别由相关生物技术企业及技术团队为主建设。同时，在园区建设发展的过程中，创业园借助长三角人才开发一体化的大好发展机遇，积极开展与留学人才的交流与合作，与其他兄弟城市协作，进一步扩大园区的影响力。

创业园先后引进中央“千人计划”人才3名，浙江省“千人计划”人才9名，“南太湖精英计划”创业团队19个；培育留学人员企业36家，年产值过亿的企业2家，超过2000万元的5家，国家重点扶持高新技术企业5家。

联系方式

地　址：浙江省湖州市龙溪路208号
邮　编：313000
电　话：86-572-2101018
传　真：86-572-2101753
邮　箱：kfqgw@mial.huptt.zj.cn
网　址：www.hetd.gov.cn

吴兴留学人员创业园

园区概况

吴兴留学人员创业园成立于2008年3月。2010年10月，被认定为浙江省留学人员创业园吴兴园区，是湖州市唯一一家同时拥有“国家级科技企业孵化器”和“省级留学人员创业园”的科技创新创业平台。2015年10月，经国家科技部考核被列为湖州地区唯一的A类国家级科技企业孵化器，同年12月被评为“省级现代服务业集聚示范区”。

创业园总占地320亩，建筑面积25万平方米，是湖州市产业功能布局完备、配套设施相对齐全的园区之一。创业园以“打造纵向生态链、拓宽横向服务面、打造总部经济圈”为发展宗旨，以“一核多园+平台”为构建模式，即以吴兴区科技发展公司为核心，以吴兴众创空间、吴兴科技创业园、高新区产业园为载体，同时加速集聚EBD总部自由港等平台，并辐射多媒体产业园、七幸孵化器等民营孵化器。

截至2015年底，在园企业110家，其中，留学人员企业30家，在园创业或工作的留学人员89人；2015年，新引进留学人员企业6家；从创建至今，园区累积孵化企业155家，其中，留学人员企业35家。目前，在园留学人员企业主要分布在新材料、信息经济、生物医药等行业领域，园区主要发展的特色产业以现代智慧装备与新材料科技研发服务业为核心，信息服务业与创意设计产业为引领，以“互联网+”的理念指导并推动全区产业创新发展。

联系方式

地　址：浙江省湖州市吴兴区戴山路1888号
（吴兴科技创业园）D幢705室
邮　编：313028
电　话：86-572-2282122，2282635
邮　箱：525241756@qq.com
网　址：www.wxkcy.com

南浔留学人员创业园

园区概况

南浔留学人员创业园成立于2011年10月，2014年经浙江省人力资源和社会保障厅批准，升格为浙江省留学人员创业园南浔园区。创业园按照“科创园+孵化基地+中试基地+产业化基地”的“一园三基地”模式运作，以规划先行为龙头，以平台建设为抓手，以引领产业为支撑，以有效投入为保障，通过夯实基础配套建设、完善政策保障体系、健全海外引才服务等措施，加强留学人员创业载体建设，优化南浔创业环境。2013年，获得“湖州市海外高层次人才创业创新基地”称号，被浙江省科技厅认定为省级科技企业孵化器。

创业园占地15.36亩，总投资约2亿元，园内基础设施完善，服务功能健全，配备办公研发场所、中试产业化标准厂房、人才公寓等，为入驻企业提供政策咨询、信息与管理咨询、项目洽谈、立项申请、工商注册、税务登记、财务管理、法律事务、项目推介等全方位服务。

联系方式

地　址：浙江省湖州市南浔区南浔镇朝阳路666号
邮　编：313009
电　话：86-572-3013686
传　真：86-572-3013686
邮　箱：nx3013686@163.com

绍兴留学人员创业园

园区概况

绍兴留学人员创业园经浙江省人事厅批准于2004年4月成立，位于绍兴袍江工业区科技企业孵化中心内，与科创中心合署办公，是绍兴市区唯一的一家省级留学人员创业园。创业园依托绍兴袍江工业区的软硬环境和多年来形成的健全服务体系，为广大留学人员、博士等高层次人才创业和发展提供政策指导、优惠政策、投融资服务、管理咨询、培训等全方位的服务，在局部构建一个优化的创业环境，以吸引海内外学人前来进行科技成果转化，培育具有一定竞争能力的高新技术企业和高素质的科技型企业家。

创业园内基础设施完善，拥有研发用房及智能化科技孵化大楼1.8万平方米，水、电、宽带等各项配套设施完备，并具有多功能展示厅、会议室、洽谈室、培训中心、人才公寓等。创业园成立以来，积极通过组织和参加各种博士、留学人员座谈会，走访全国重点院所、院校等形式，为入园企业拓展资源，开辟发展空间。

联系方式

地　址：浙江省绍兴市袍江工业区教育路66-9号
邮　编：312000
电　话：86-575-88132889
传　真：86-575-88132889
邮　箱：wuyan020@163.com

金华留学人员创业园

园区概况

金华留学人员创业园成立于2003年6月，由金华省级高新技术产业园区管委会与金华市人事局共同创建。为培育和提升企业的自主创新能力，高新区管委会构筑了一套功能完善的技术创新服务体系和健全的管理服务机制，并依托金华科技园创业服务中心的孵化场地和共享设施，为企业自主创新提供强有力的人才引进、技术研发与合作平台，使创业园建设取得跨越式发展。2005年，经浙江省人事厅批准成为省级留学人员创业园。

金华科技园创业服务中心成立于2001年3月，目前已建成六个孵化基地，场地面积5万平方米，孵化器规模名列浙江省前茅。2005年，被评为国家级高新技术创业服务中心。创业中心可为留学人员创业园在孵化场地、办公、研发、生活和园区信息化等方面提供配套齐全的共享设施，在企业孵化、科技创新、成果转化等方面提供全方位的配套服务，成为留学人员强有力的创新、创业支撑体。

创业园充分利用中科院金华科技园、浙江网上技术市场“工科会”等科技合作与人才交流平台，推动园区企业与院校所开展科技合作和引进人才；积极筹办“金华籍博士故乡行”、海外博士科技成果展示交易会、海外博士科技信息发布会和海外博士座谈会等活动，吸引留学人员来园区创业。为解决企业在引进技术、管理、技能人才方面的困难，创业园还成立了博士后科研工作站，与金华职业技术学院建立了全面合作关系，建立起一套多层次的人才引进体系。

近年来，创业园充分利用海外留学人员在技术、观念、管理、市场等方面的优势，培育一批高科技企业，留学人员创业园发展呈现出“一快三高”的特点，即增速快、创业人员素质高、发展产业档次高、孵化项目科技含量高。近几年入园的留学人员年龄大多在40岁以下，大多在国外从事产品研发，充分了解各自领域的最新科技发展动态，掌握关键技术。留学人员企业涉及电子信息、生物医药、机电一体化、环保、新材料等高新技术产业，为高新园区已成规模的电子信息、生物医药、汽车及配件、机电一体化及新材料四大特色产业提供了量的补充和质的提升，并涌现出了一批技术含量高、销售前景广阔的高新技术产品。

联系方式

地　址：浙江省金华市双溪西路620号
邮　编：321017
电　话：86-579-83183913
传　真：86-579-83183913
邮　箱：7427098@qq.com
网　址：www.jhcy.cn

舟山留学人员创业园

园区概况

舟山留学人员创业园由浙江省人力资源和社会保障厅于2012年11月批准建立。创业园位于浙江舟山群岛新区新城，背依舟山行政中心，面向浩瀚的大海，占地面积约1000亩，是中国（舟山）海洋科学城的核心组成部分。

创业园充分依托舟山作为群岛新区的发展优势，吸引一流研发机构、科技型企业和高素质人才入驻，是舟山新区发展的创新园、高端人才的集聚地。园区重点打造海洋科技研发产业集群（海洋资源研发、涉海基础设施工程研发、数字海洋信息应用研发）和海洋电子信息产业集群（船舶及海工电子、海洋地理信息、海洋创意及信息服务），并根据区位功能分为启动区、核心区和综合区。其中，启动区块布局涉海科技研发中心、海洋电子信息产业示范中心、工业设计中心、科技创业创新服务中心和孵化器等；核心区块以园中园模式设置海洋科技研发园、海洋产业示范园和集聚院士工作站、博士后工作站及留学人员创业中心的创新创业园。

联系方式

地　址：浙江省舟山市新城体育路18号
邮　编：316021
电　话：86-580-2291909
传　真：86-580-2291900
邮　箱：zskc@zskc.gov.cn

台州留学人员创业园

园区概况

台州留学人员创业园成立于2010年，由台州市人力资源和社会保障局、台州经济开发区牵头组成创业园办公室，负责优秀留学人员入园创办的企业相关事项的协调落实，台州经济开发区管委会具体负责创业园的建设和管理工作。

创业园重点引进汽车零部件、新材料、装备制造业、金融、商贸、现代商务、电子商务、文化创意等各类产业。优秀留学人员入园创办企业和研发机构，可享受《台州市海外优秀人才引进计划实施办法》规定的各项优惠政策，如：实施产业化生产后，3年内企业所得税形成的地方财政收入部分，全额奖励给企业用于研发或扩大生产；给予创办企业或作为企业主要股东的优秀留学人员，相当于在该企业实施产业化生产后3年内所缴纳的个人所得税地方留成部分总金额的一次性奖励等。

联系方式

地　址：浙江省台州市东环大道五联大厦3楼
邮　编：318000
电　话：86-576-88530327
传　真：86-576-88538888
邮　箱：tzslcy999@163.com

合肥留学人员创业园

园区概况

合肥留学人员创业园成立于2000年6月，经安徽省人民政府批准设立，由安徽省科技厅、省人事厅、省教育厅、合肥市人民政府、合肥国家高新区管委会联合创办。2001年，被科技部、人事部、教育部确定为“国家留学人员创业园示范建设试点单位”；2008年5月，被国家人事部正式授牌“中国合肥留学人员创业园”，成为安徽省第一家省部共建的留学人员创业园。

创业园依托合肥高新区优良的软硬环境，经过十多年的运作发展，孵化设施已配套完善。创业园以项目引才、政策引才、外出引才等方式，大力引进海外留学人才，并形成了较为健全的创业服务体系，为留学人员创业和发展提供政策咨询、优惠待遇、投融资服务、人才培训、合作交流、企业发展战略指导、物业管理等全方位、全过程的优质高效服务。目前，创业园已经成为海外留学人才科技创新、智力创新的高地，在实施高新区“二次创业”、打造“千亿”园区的战略中，为经济社会发展做出了积极贡献。

联系方式

地　址：安徽省合肥市望江西路860号307室
邮　编：230088
电　话：86-551-5869520
邮　箱：yimingfan888@yahoo.com.cn
网　址：www.hefei-stip.com.cn

留学人员芜湖创业园

园区概况

留学人员芜湖创业园成立于2003年4月，是经安徽省人民政府批准成立的科技服务机构。2013年，被国家人力资源和社会保障部认定为部省共建留学人员创业园。

创业园位于国家级芜湖高新技术创业中心内，规划建筑面积30万平方米，现已建成面积5.7万平方米。创业园致力于引进留学归国人才，建立了一整套服务体系，从申请孵化、申办企业、产品鉴定到成熟毕业，提供全过程、全方位的服务，并设置了人才交流培训、法律咨询、商务信息、财税代办、产品质量检测等服务机构。

联系方式
地　址：安徽省芜湖市经济技术开发区银湖北路
邮　编：241009
电　话：86-553-5848089
传　真：86-553-5848005
邮　箱：whcyzx@163.com
网　址：www.whgkc.com

留学人员马鞍山创业园

园区概况

留学人员马鞍山创业园于2007年8月成立，创业园与马鞍山市高新技术创业服务中心合署办公，由市科技局、市人社局、市经开区管委会共同组建。其中，市人社局负责留学生身份资格审定工作；市经开区管委会负责创业园内涉及到开发区相关事宜的协调落实工作；市科技局科创中心负责创业园日常管理工作。

创业园的宗旨是广泛吸引优秀海外留学人员携带国外先进管理经验和科技成果回国创业，为回国创业人员营造宽松的创业环境，营造机制创新和技术创新氛围，在其创业阶段给予孵化场所、政策和资金支持，并提供创造发展条件和指导性管理、项目管理、人才培训、投融资等综合服务，为留学人员回国施展才华、创业发展提供平台，促进高新技术转化，是实施科技兴市和人才强市战略，实现经济可持续发展的综合性智能化的创业基地。历年来获得的荣誉资质有生物芯片国家工程研究中心马鞍山分中心、科技部科技型中小企业技术创新基金申报服务机构、中国留学人员创业园联盟理事单位、安徽省科技企业孵化器协会常务理事单位、马鞍山市人才工作先进单位、中国科协“海智计划”安徽（马鞍山）工作基地留学人员创业园工作站等。

创业园位于马鞍山市经济技术开发区内。毗邻江苏南京市，距离南京禄口国际机场仅38公里，距离南京南站40公里，通讯发达、交通便利、环境优美，是研发创业、投资发展的理想场所。创业园占地20亩，建筑面积8464平方米，大楼为7层结构，配有公寓式工作单元27间、生产办公用房30间等。在服务项目方面，创业园为留学生企业提供多功能报告厅、展示厅、会议室、商务中心、网管中心、餐厅等公共服务设施，为入园企业提供舒适、便利、完善、安全的工作环境。创业园为留学人员创业企业提供物业管理、商务、政策咨询、企业培训、投融资、招才引智等“一站式”服务。此外，鉴于留学创业人员不熟悉国内政策与金融环境的特殊情况，创业园积极落实政府各项优惠政策，提供场地资金减免、创业咨询等服务。

截至2015年底，园区有留学人员企业13家。其中，马鞍山绿盾防护材料科技有限公司荣获“中国留学人员创业园百家最具创业潜力企业”，马鞍山国声生物技术有限公司荣获2014年“中国创新创业大赛”安徽赛区企业组三等奖并进入生物医药行业全国总决赛，获得优秀企业奖，以及被评为2014年度“中国留学人员创业园百家最具投资价值企业”。

联系方式

地　址：安徽省马鞍山市经济技术开发区红旗南路88号
邮　编：243000
电　话：86-555-8323440
邮　箱：1370647855@qq.com

留学人员淮北创业园

园区概况

留学人员淮北创业园成立于2014年，是以安徽海聚信息科技有限责任公司为主体，由淮北经济开发区、市人社局共同创建的高科技创业园。

创业园设在淮北经济开发区龙湖高新技术产业园区内，总占地面积120余亩，拥有孵化场地约3万平方米，一期项目总建筑13.4万平方米，项目总投资5亿元。创业园以丰富的人才储备为根本，以完善的投资环境为依托，整合各大产业资源和优势，将人才、技术、电子信息等资源与淮北的区域功能、政策优势、产业优势、企业集群效应相结合，加快高新技术成果转化，为留学人员提供创业的平台。为实现创业园更高水平发展，淮北市出台《打造“百亿海聚”行动计划》等一系列优惠政策，成立了以市政府主要领导任组长的淮北市海聚创业园领导小组，从项目资金、人才招聘、资金投入等方面提供支持，多措并举力争创建安徽省一流的留学回国人员创业园。

联系方式

地　址：安徽省淮北经济开发区新区滨河路
邮　编：235000
电　话：86-561-3199500

留学人员安庆创业园

园区概况

留学人员安庆创业园成立于2006年8月，经安徽省人民政府批准设立。创业园围绕“活力安庆”的目标，积极引进包括留学回国人员在内的各类人才，重点鼓励汽车零部件、生物制药、电子信息、光机电一体、精细化工、新能源新材料等高新技术项目入园发展。

创业园坐落在安庆经济技术开发区的中心区域，建筑面积9万平方米，已建成首期创业基地5000多平方米。创业园提供“一条龙”的优质服务，包括接待留学创业人员，提供咨询服务和创业辅导；为进园企业提供政策指导、优惠政策、投融资、企业发展战略指导、物业租赁等全方位、全过程的创业服务；提供注册登记、项目申报、财务代理、人事代理、物业管理、网络通信等系列服务；提供办公（部分免费）、生产、商务洽谈、会议接待、产品展示等场所；协助申报高新技术产品、“火炬计划”、科研成果等认定、科研项目的资助经费等。留学人员进园创业，可享受的优惠政策包括创新奖励、税费减免、资金扶持、房租减免、科研经费补助、用地扶持等。

联系方式

地　址：安徽省安庆市经济技术开发区天柱山路80号
邮　编：246005
电　话：86-556-5317981
邮　箱：aqlxcyy@163.com

福建留学人员创业园

园区概况

福建留学人员创业园成立于1998年11月，由福建省公务员局、福建省人力资源开发办公室主管，福建省留学人员创业园管理中心是创业园的管理部门。2000年10月，被国家科技部、人事部、教育部和外国专家局列入首批国家留学人员创业园示范建设试点单位之一；2003年9月，被中央组织部、中央宣传部、中央统战部、人事部、教育部、科技部授予“留学回国人员先进工作单位”荣誉称号；2004年12月，成为国家人事部与福建省人民政府共建的“中国福建留学人员创业园”。

创业园一期建设总建筑面积为5.5万平方米，其中研究试验综合用房建筑面积3.2万平方米，另有高新技术孵化用房、研发楼和科研配套用房等。创业园管理中心组建了专业团队，为入园创业的留学人员提供工商、税务、经济资助、项目论证推广、投融资策划、人力支撑等相关服务，包括协助企业办理登记、注册、报批、开户等手续；协助办理高新技术企业、高新技术产品认定；提供文印、会务、后勤等低成本服务；提供人才招聘、人才评价等系列人事服务；提供人事档案管理、职称评定、出国政审等系列配套服务；提供法律咨询、财务顾问、信息交流、展览培训等专业服务；帮助企业申报“火炬计划”“新产品开发计划”、科技企业技术创新基金等。

自创建以来，创业园始终致力于建设成为基础设施完善、信息网络发达、生态环境优美、企业富有活力、对高科技产业具有强劲推动力的智能型园区，吸引、聚集海内外高层次人才来闽创业和培养高素质创新人才的高地，大力开展招才引智和项目引进工作，通过举办“海外留学博士海峡西岸行”“福建（厦门）海外留学人才与项目对接洽谈会”等活动，并以“中国海峡项目成果交易会”为平台，促进海外留学人才与项目对接，为福建省企事业单位引进留学人才与智力牵线搭桥，为留学人员服务海峡西岸经济区提供渠道和平台，取得了良好成效。

联系方式

地　址：福建省福州市马伟江滨东大道108号
邮　编：350015
电　话：86-591-87609259
传　真：86-591-87677833
邮　箱：office@fjlx.net

厦门留学人员创业园

园区概况

厦门创业园是厦门高新技术创业中心、厦门留学人员创业园、厦门台湾科技企业育成中心、厦门光电子孵化器、厦门科技企业加速器的总称，拥有孵化场地总建筑面积40多万平方米，是科技部重点扶持、海峡西岸最大、厦门火炬高新区管委会直属的国家级科技企业孵化集群。

厦门高新技术创业中心于1996年12月成立，2001年8月，被科技部认定为“国家高新技术创业服务中心”；2002年，经人事部批准设立“博士后科研工作站”；2006年，被共青团中央、中国科协、教育部、全国学联联合认定为首批“中国大学生创业园”；2010年，被教育部、科技部联合认定为全国首批“高校学生科技创业实习基地”，先后获得科技部“实施火炬计划十五周年先进高新技术创业服务中心”“国家科技计划（火炬计划）实施二十周年先进服务机构”“优秀国家高新技术创业服务中心”“第四届中国技术市场协会金桥奖先进集体奖”和福建省“火炬计划先进管理单位”“科技管理系统先进集体”等荣誉称号。

厦门留学人员创业园创建于2000年4月，占地面积6.8万平方米，建筑面积10.84万平方米。2001年6月，被科技部、人事部、教育部、国家外专局联合认定为“国家留学人员创业园”；2004年12月，人事部与厦门市人民政府共建“中国厦门留学人员创业园”；2006年1月14日，中共中央总书记、国家主席、中央军委主席胡锦涛亲临厦门留学人员创业园视察，对创业园的孵化工作给予了充分肯定，并对创业园的未来发展做出重要指示。

在厦门市委、市政府“着力打造新火炬”政策方针和厦门火炬高新区管委会“项目、研发、资本、人才”四个带动发展战略引导下，创业园大力实施“空间、人才、项目、资本、平台、品牌”的六大驱动发展战略，汇聚政府、投融资及中介机构、大学科研院所等创新要素与各种人才物资源，重点构建市场推广网络平台、专业化技术研发平台、规模化融资平台、高端人才服务平台等四大创业促进公共服务平台，为科技人才建立起全方位、高效率的创新创业孵化平台。同时，不断完善政策环境，通过提供无偿资助金、配套资本金、创新基金、房租减免、专利资助、名牌奖励等优惠政策扶持，为留学人员入园创业创造良好条件。

联系方式

地　址：福建省厦门市湖里区火炬东路11号
邮　编：361015
电　话：86-592-3923888
传　真：86-592-3923999
邮　箱：office@xmibi.com
网　址：www.xmibi.com

南昌留学人员创业园

园区概况

南昌留学人员创业园于2000年4月经省政府批准在南昌国家高新技术产业开发区内成立。2003年4月，成为国家人事部与江西省人民政府共建的国家级创业园。创业园坚持“优质为留学人员服务，优质为园区服务，组织开展为社会服务”的服务宗旨，开拓创新，不断进取，为有效地发挥留学人员的聪明才智，起到了积极的作用。

江西省先后出台了《中国江西留学人员创业园管理暂行办法》《江西留学人员创业园专项资金评审办法》《关于支持留学人员企业发展的政策措施》等文件；南昌市为大力引进海外高层次人才，出台了“洪城计划”“洪城特聘专家”计划、引进国外智力计划等一系列引才优惠政策。这些政策措施的出台，加大了创业园对外的影响，极大地调动了留学人员创业的积极性。同时，省财政从2004年始，每年拨出200万元专项资金，用于重点扶持留学人员创业园企业的项目延续、衔接和开发，重点扶持的项目有信息技术、电子技术、食品开发、建筑材料、新能源、电器、电化学、遥感技术、中药开发、新药开发等。在省市政府高度重视下，创业园得到了较快的发展，形成了江西省高技术产业发展中心园区、南昌高新技术产业开发区创业服务中心园区、南昌大学国家科技园园区“三块孵化基地”的发展格局。

目前，创业园已建成孵化场地6.7万平方米，累计吸引来自英、美、法、日、德等20余个国家的500多名海外留学人员来区创新、创业，成功孵化海外留学人员高科技企业50多家，并涌现出了一批包括中央“千人计划”“中国留学人员回国创业启动支持计划”入选者的创新、创业拔尖人才。

联系方式

地　址：江西省南昌高新区火炬大街201号
邮　编：330029
电　话：86-791-8113085

济南留学人员创业园

园区概况

济南留学人员创业园成立于1999年5月，2000年，被国家科技部、人事部、教育部、国务院外国专家局联合批准为全国首批“国家留学人员创业园”；2002年，成为国家人事部与济南市政府共建的“中国济南留学人员创业园”。创业园经过15年的发展，目前已成为海外高端人才归国创业的乐土、高新技术企业集中发展的聚集地和自主知识产权项目转化的发源地。

经过近几年的加速发展，创业园孵化场地实现了飞速扩张，总计已达85万平方米，其中自建孵化基地53万平方米，联建孵化器9万平方米，产业园加速器23万平方米，21万平米的药谷平台区和产业化基地也已投入使用，为留学人员来济创业提供了场地保证。

创业园以健全、成熟的孵化培育服务体系为依托，以

“一切为企业着想、为企业创造价值、让企业百分之百满意”为宗旨，以促进科技成果转化为己任，快速、有效地帮助企业将外围的技术、人才、资本、信息、市场、环境等创新资源合理、科学配置于企业创新创业的全过程，为技术创新提供全方位的服务，建成了适合初创中小科技企业生存发展的配套较为完善、环境优良、孵化服务体系较为健全的科技企业创业孵化基地。为了降低留学生归国创业的成本，凡入驻园区的普通留学生根据其项目大小，可享有3万到10万元的资金补贴，高端人才能享有50万到300万元的项目补贴。此外，园内所有企业都能享有100平方米3年内免房租的办公场地。为了使留学人员科研成果尽快产业化，园区还提供全方位的一体化服务。

面对国家科技重大专项——山东省重大新药创制平台和创新药物孵化基地落户高新区这一契机，创业园加快专业孵化器、加速器、产业区建设。以山东国家重大新药创制平台为技术支撑，以山东国家创新药物孵化基地为产业支撑，广纳海外生物医药领域高端人才和技术项目，按照技术链和产业链相结合打造高新区生物医药创新产业体系，以“一平台、一基地、一园区”的发展思路，加大力度进行空间建设和企业聚集，突出优势构建起化学药、生物工程、预防与健康、医疗器械、医药物流五大产业集群，加快建设“济南药谷”，全力打造生物医药产业集群，推动引进海外高层次人才创新创业实现新跨越。

联系方式

地　址：山东省济南市高新区出口加工区港源二路
邮　编：250100
电　话：86-531-88037888
传　真：86-531-88037860
邮　箱：deng003@vip.sina.com
网　址：www.jnbi.com.cn

山东省医疗卫生行业留学人员创业园

园区概况

山东省医疗卫生行业留学人员创业园成立于2002年10月，由山东省人事厅、山东省卫生厅联合批准成立，是全国第一家医疗卫生行业的专业性留学人员创业园。创业园根据卫生行业的特点，发挥专业优势，为全国医疗卫生行业的科技成果转化和产业化担负起开路先锋并起到示范作用，努力把创业园办成促进医疗卫生高新技术产业发展，培养引进高素质人才的重要基地。

创业园以山东省立医院为依托，充分利用和享受同高新技术开发区及经济技术开发区等同的企业孵化优惠政策，按《山东省人才柔性流动若干规定》标准，为广大留学人员创造了良好的创业环境和巨大的发展空间。山东省立医院拥有国内先进的配套设施和科技人才，充足的留学人力资源和国际、国内学术交流合作网络，并得到了国家卫生部等部委和山东省人民政府有关部门的大力支持，为归国留学人员创业提供优质高效的孵化服务和现代化的孵化环境。创业园享受济南高新技术开发区和经济开发区企业内孵化机构的优惠政策，为留学人员回国创业提供研发基地、税收优惠，以及创业咨询、投资、融资、市场开发、人才、信息、后勤等各方面的服务，促使其发展成为成功企业。

联系方式

地　址：山东省济南市经五路纬七路324号
邮　编：250001
电　话：86-531-86881659
传　真：86-531-87904002
邮　箱：syrsc@tom.com

青岛留学人员创业园

园区概况

青岛留学人员创业园成立于2002年4月，2012年8月，经国家人力资源和社会保障部批准，由人社部与青岛市政府在青岛高新区共建中国青岛留学人员创业园；2014年5月，创业园在高新区正式揭牌。创业园由主孵化园、企业加速分园、工业科创分园、蓝色生物医药产业园组成，经过近3年筹建，已引进中星微电子、迪玛尔海洋工程等一批留学人员企业，逐渐形成主园孵化、分园加速、集群化产业发展模式，并获批建设国家“千人计划”青岛创新基地、山东省海外高层次人才创新创业基地、青岛“人才特区”。

创业园主孵化园总面积4.6万平方米，企业加速分园规划总建筑面积约11.5万平方米；工业科创分园总建筑面积6.2万平方米，重点引进信息、通讯、仪器仪表、高端装备制造四个产业方向；蓝色生物医药产业园规划总建筑面积195万平方米，主要集聚生物技术及生物医药产业企业、新兴的生物医药研发外包企业、生物医药企业研发中心、生物医药中介机构等，形成生物医药产业集群，一期已经投入使用，有多名中央“千人计划”专家和留学人员入驻创业。

高新区发挥青岛“人才特区”的政策优势，整合产业、科技、金融、创新创业等方面政策，在集聚高端海归人才上打出一系列“组合拳”。在人才政策方面，制定了鼓励留学回国人才干事创业的若干意见和办法。每年设立亿元青岛“人才特区”专项资金，给予单个人才项目最高5000万元的创业扶持，给予“千人计划”专家创业项目100万元的扶持资金。给予优秀留创企业5万—20万元的创业补贴。同时，创业园在青岛市政府支持下，结合海外高层次人才的特点，通过提升留学人员创业基地水平，整合资源、规范管理、整体推进、合作新建留学人员创业园区5家（青岛留学人员市南创业园、青岛留学人员市北创业园、青岛留学人员四方创业园、青岛留学人员崂山创业园、青岛留学人员开发区创业园），共有创业孵化面积80多万平方米，全市形成各具特色、优势互补、功能完善的留学人员创业园体系。

联系方式

地　址：山东省青岛市海尔路178号
邮　编：266101
电　话：86-532-88911726
传　真：86-532-88911726
邮　箱：xch0618@126.com
网　址：www.qdpb.gov.cn

青岛留学人员开发区创业园

园区概况

青岛留学人员开发区创业园成立于2010年1月，前身是青岛开发区高科技创业服务中心。创业中心创办于2001年，2006年被国家科技部认定为国家高新技术创业服务中心。创业园有健全、成熟的孵化培育服务体系，以促进科技成果转化，培育科技企业家，扶持和帮助留学人员回国创业为己任，依托青岛开发区雄厚的科技资源，努力营造适合于中小科技企业的发展环境和创新环境，力争不断促进高科技成果的商品化、产业化、国际化。

目前，创业园孵化基地总面积已达1.5万平方米，累计吸纳电子信息、新材料、生物医药等多类孵化企业148家，其中，在孵企业100家，已毕业企业48家；吸纳管理咨询、投融资、专利代理、会计事务所、保险等中介服务机构23家；园区企业入驻率达95%；转化科技成果250余项，申请专利170余项，为社会提供就业岗位4000多个。

联系方式

地　址：山东省青岛市经济技术开发区香江路110号
邮　编：266555
电　话：86-532-86971838
传　真：86-532-86971838

青岛留学人员市南创业园

园区概况

青岛留学人员市南创业园成立于2010年1月29日，由青岛市人力资源和社会保障局与市南区共建，依托市南区软件园和青岛国际动漫游戏产业园，为留学人员在青岛创业搭建专业平台。

市南软件园背靠浮山生态山林，直面黄海之滨的奥帆赛场，是全国少有的坐落在城市中心区的软件产业园区。园区占地12.6万平方米，规划建筑面积26万平方米，已有约20万平方米办公面积投入使用，建有1.5万平方米的停车场、3.5万伏变电站、3500平方米公共餐厅、综合性商务酒店等配套设施。

青岛国际动漫游戏产业园占地150亩，建筑面积11.6万平方米，由5栋独立楼宇组成，包括大企业研发楼、培训楼、公共技术平台及孵化器和综合研发楼。园区三面环山，秀美自然风光和贯穿其中的万米人工湖使动漫游戏园被誉为“深林中的产业园，山谷中的研发楼”。

创业园为入园企业提供完善的“一条龙”配套服务和创业启动资金资助、购房安家补贴等优惠政策

联系方式

地　址：山东省青岛市宁夏路288号青岛软件园3号楼
邮　编：266073
电　话：86-532-88728875
传　真：86-532-88728588

青岛留学人员市北创业园

园区概况

青岛留学人员市北创业园创建于2010年1月。创业园依山而建，环境优雅，拥有总建筑面积达6万平方米的多功能、综合性文化创意产业基地。创业园利用特有的高低错落台地，分成南北两个园区，以现代艺术、建筑设计、工业设计、广告和时尚品牌设计、管理咨询、创意产品展示等创意产业为主要特色，吸引国际、国内各创意产业门类中的领军企业入驻。

创业园为入园企业提供完善系统的工商、税收、资金、产业支持等“一条龙”配套服务，另有政府贴租、税收奖励、著作权登记奖励、留学归国人员创业小额资金扶持、科技专项资金扶持，以及子女就近入学、入托等政策扶持。

联系方式

地　址：山东省青岛市上清路12-16号
邮　编：266022
电　话：86-532-83631379，83641669
传　真：86-532-83631379

青岛留学人员四方创业园

园区概况

青岛留学人员四方创业园成立于2010年1月，依托于青岛科大都市科技园建立，由青岛科大都市科技园发展有限公司进行管理运营。2006年，科技园被确定为青岛市科技企业孵化器；2009年2月，经青岛市工商行政部门的批准，由发展公司变更为集团公司；2010年12月，科技园被国家科技部认定为国家级科技企业孵化器。

科技园总体规划面积1.8平方公里，以青岛科技大学校本部为中心，以郑州路为轴线，向学校四周幅射，并争取在三期规划中与位于岛城东部的高科园接轨。园区规划由“一街二园三区”组成：一街即郑州路科技创业一条街；二园即青岛造纸厂科技产业园、青岛软控科技产业园；三区即研发区，东、西孵化区。一期70亩地块已于2011年6月建成竣工并投入使用。

2013年，青岛科技大学与青岛市北区人民政府签订共建国家大学科技园全面战略合作协议。根据协议，双方将依托青岛科大都市科技园，在创新创业人才培养、科技成果转化孵化、产学研合作等方面开展全面战略合作，共同建设集总部经济、研发中心、信息中心、孵化中心、创业中心、生活配套服务中心等于一体的国家大学科技园，形成大学校区、科技园区、公共社区三区合一的高端产业聚集区。

联系方式

地　址：山东省青岛市四方区郑州路53号
邮　编：266045
电　话：86-532-68606066
传　真：86-532-68606066

青岛留学人员崂山创业园

园区概况

青岛留学人员崂山创业园成立于2010年1月，是经国家科技部认定的“国家高新技术创业服务中心”，市政府批准的“民营与中小企业创业辅导基地”。

创业园孵化基地总面积近30万平方米，配套有水、电、宽带网、公共餐厅、商务中心、网络系统、多媒体报告厅、接待室、洽谈室、会议室、活动室等，并为入园企业提供场地、注册登记、咨询、培训、融资、协助申报国家科技型中小企业技术创新基金及相关事务代理等专业化服务。

联系方式

地　址：山东省青岛市崂山区株洲路153号
邮　编：266101
电　话：86-532-88998816
传　真：86-532-88998816

淄博留学人员创业园

园区概况

淄博留学人员创业园成立于1999年，是淄博高新区管委会投资建设的科技企业孵化器，与淄博高新技术创业服务中心合署办公。2002年被认定为国家级科技创业服务中心。

创业园切合实际情况和孵化器的发展趋势，在整体布局上形成了高层次人才创业区、生物医药暨新材料孵化区、电子信息暨软件孵化区、环保暨光机电一体化孵化区、综合服务区等专业功能相对集中的“一器多区”的格局，并规划逐步建立完善无机非金属材料、生化技术、电子信息等专业技术孵化平台，实现由专业孵化区向专业孵化器的转变，最终形成“一园多器”的格局。同时，在资金扶持、办公、住宿、家庭子女、土地使用、项目发展等方面给予扶持。

联系方式

地　址：山东省淄博高新区政通路135号
邮　编：255086
电　话：86-533-3583091，3580205
传　真：86-533-3583091
邮　箱：muxianquan@hotmail.com
网　址：www.ziboibi.com

烟台留学人员创业园区

园区概况

烟台留学人员创业园区成立于1996年10月，是全国最早设立的留学人员创业园区之一。2001年，被国家科技部、人事部、教育部和外国专家局联合认定为国家级留学人员创业园；2003年，被中组部、中宣部、统战部、人事部、科技部和教育部授予“留学回国人员先进工作单位”，被科技部认定为国家高新技术创业服务中心；2009年，被省政府授予“全省留学人员回国创业工作先进单位”，被市政府授予“人才工作先进单位”，被市民营企业经济发展局与市财政局联合认定为烟台市中小企业创业辅导基地；2010年，被国家科技部认定为“大学生科技创业见习基地试点单位”，被山东省发改委认定为“省重点服务业科技创业园区”。近年来，创业园区建载体、引人才、强服务，逐步形成了海内外人才高地和特色产业品牌，被各界誉为“金种子工程”。

创业园区位于山东省烟台经济技术开发区黄金地段，孵化面积12万平方米，其中科技大厦、大型标准厂房等公共孵化平台近8万平方米，专业孵化场地2.8万平方米，“孵化加速器”1.2万平方米，配备了安防消控等智能化系统，可满足各类高层次人才创业和高新技术企业研发生产需求。

创业园区设立管理服务中心，内设综合处、项目推进处和企业服务处三个处室，负责园区管理服务，承担引进海外留学人员、各类高层次人才、高科技项目、培育在园区孵化创业的企业等工作。管理服务团队牢固树立“企业和人才的成功就是我们的事业”的服务理念，想创业者所想，做创业者所需，形成了“一站式服务”“交钥匙工程”、企业走访调研、专业知识培训、项目入园论证、企业发展评价等完善的服务体系和高效的运行机制，努力做到“创业之前当保姆，创业之中当导师，创业之后当保安”。

联系方式

地　址：山东省烟台开发区珠江路28号科技大厦10楼
邮　编：264006
电　话：86-535-6385289
传　真：86-535-6379571
邮　箱：yt_cyyq@126.com
网　址：www.cyyq.org

潍坊留学人员创业园

园区概况

潍坊留学人员创业园成立于1999年，位于潍坊高新技术产业开发区科技孵化基地。创业园依托高新区完善的服务体系和优越的创业环境条件，吸引海外留学人员到潍坊工作和创业，发挥留学人员在信息技术、科研等方面的优势，把在国外学到的知识、掌握的技术、积累的经验和研究的成果带到本市进行开发，加快科技成果向现实生产力的转化，促进潍坊市高新技术产业发展。

创业园在为留学人员企业提供必要的基本服务基础上，引进了金融、会计师事务所、律师事务所、国际货运代理公司、报关代理公司、企业策划等社会中介服务机构，为企业提供更为丰富的业务咨询和服务。

联系方式

地　址：山东省潍坊高新区玉清东街高新大厦
邮　编：261031
电　话：86-536-2999009
传　真：86-536-2999009

威海留学人员创业园

园区概况

威海留学人员创业园成立于2006年5月，由威海经济技术开发区创新中心与教育部留学服务中心共建。创业园秉承“引进原创性，鼓励创新型，促进产业化”的原则，引进科技创新企业，促进科技成果转化，主要服务对象是中小型高新技术企业、海外留学人员回国创办的企业及中小型韩日科技企业。

2006年，创业园与北京中关村国际孵化园共建威海产业化基地，将中关村先进的技术及科研成果引进威海，实现和威海传统产业的对接，在实现先进技术产业化的同时，促进了威海传统产业的技术升级，达到双赢的目的。同时，与国家教育部留学服务中心、科技部火炬中心共建“春晖杯”中国留学人员创新创业大赛评审基地，为留学人员创办船舶制造、港口信息管理、软件信息等为核心的高科技企业提供有力支持和理想服务。

联系方式

地　址：山东省威海经济技术开发区海滨南路28号建设大厦1层

邮　编：264209

电　话：86-631-5980656

威海海外学人高科技创新园

园区概况

威海海外学人高科技创新园成立于1999年12月，由威海高新区高新技术创业服务中心与中国留日同学总会共同创建。2001年，创业园与自26个国家归国的32个留学生团体创建了“威海留学人员创业创新示范基地”，并由国家人事部批准设立“博士后科研工作站”；2001年7月，被共青团中央命名为“中国青年创新行动示范基地”。2015年，成为国家人社部与山东省人民政府共建的“中国威海留学人员创业园”。

创业园已建成1.5万平方米创业基地、0.4万平方米公寓，配套设施齐全，可满足企业创业发展多方面需要。为提升服务功能，创业园又引进了会计公司、银行代办处、技术交易等中介服务机构，为企业提供社会化、专业化服务。

目前，创业园已累积吸引了61家留学人员企业入驻，3位创业人才入选中央“千人计划”，培育了吉威医疗、远航科技、海富光子等一批拥有自主知识产权的高科技企业，2014年技工贸收入超过9.7亿元，吸纳就业2100余人。

联系方式

地　址：山东省威海市文化西路288号火炬大厦

邮　编：264200

电　话：86-631-5629100

邮　箱：webmaster@whctp.gov.cn

网　址：www.whtdz.com.cn

济宁留学人员创业园

园区概况

济宁留学人员创业园成立于2001年11月，由山东省济宁市人事局、济宁市高新区管委会联合创建。创业园依托高新区完善的服务体系和国家级创业中心优越的创业环境，为归国留学人员来济宁搭建创业的载体和平台。济宁留学人员创业园在做好“待遇留人”“感情留人”的同时，更加注重“事业留人”，立足搭建“政、产、学、研、资、介、贸”等创业要素集合的平台，让留学人员的成果在这里得到转化，让留学人员企业在这里扬名，让留学人员的个人价值在这里实现。创业园先后获得山东省政府“归国留学人员工作先进单位”、国家人事部“国家博士后科研工作站建站单位”、国家科技部“火炬计划国家生物产业基地”、国家科技部“全国优秀国家级高新技术创业服务中心”、山东省首批软件产业基地和全国博士后管委会“全国博士后科研工作先进单位”等称号。

创业园占地101亩，拥有2.1万平方米的高标准孵化厂房。园区积极扶持留学人员创业企业项目申报政策支持，在产业化初期投入一定高科技风险投资资金，推动中小高新技术企业快速成长。同时，对于留学人员承担的科技攻关计划项目，优先列入济宁市各类科技计划，优先安排科技三项经费，并采取贴息补助和无偿支持的办法给予扶持。

目前，创业园共有34位留学人员牵头创办了21家高科技企业，研制开发的拥有自主知识产权的高科技项目45项。

联系方式

地　址：山东省济宁市金宇路52号

邮　编：272023

电　话：86-537-2363611

传　真：86-537-2168952

邮　箱：jncyzx109@163.com

网　址：www.jnhn.gov.cn

泰山留学人员创业园

园区概况

泰山留学人员创业园成立于2000年8月，是泰安高新技术产业开发区管委会管理下的社会公益型科技事业服务机构，与泰安高新技术创业服务中心合署办公，是泰安市和高新区的技术创新基地和科技成果转化基地，是发展高新技术、培育中小型科技企业和企业家的摇篮。创业园旨在引进高层次的科技人才，吸引海外人员创办高新技术企业，进行科技成果转化，推动科技与经济结合，使之成为留学人员回国创业的基地、发展高新技术产业的孵化器、对外开放和招商引资的窗口。

创业园依托国家、省、市及高新区的优惠政策，以及泰安高新区良好的投资环境和完善的基础设施，为有发展前景的高新技术成果以及中小型科技企业提供创业服务。自运行以来，孵化服务能力不断增强，创新创业服务体系逐步健全，在创办初期的3万平方米孵化场地的基础上，又相继创办了泰山科技城和星火科技园二次孵化基地，使泰安创业中心孵化场地达到19万平方米。目前，创业园拥有公共EDA实验室、孵化器信息管理系统等，可提供设施齐全的孵化场地和相应的物业管理、投融资、商务信息、发展咨询、培训、企业注册咨询、落实优惠政策，以及申报科技计划、技术成果、高新技术企业和申请创新基金支持等全方位、全过程的优质高效服务。

创业园成立以来，培育和孵化了近300家拥有高新技术成果的科技企业，涉及仪器仪表、软件开发、光机电一体化、生物技术、环保节能等高新技术领域，成为留学人员施展才干、成就事业的理想天地。

联系方式

地　址：山东省泰安高新区泰山科技城
邮　编：271000
电　话：86-538-8515685
传　真：86-538-8938300
邮　箱：tcyzx@taigx.cn
网　址：www.taigx.cn

日照留学人员创业园

园区概况

日照留学人员创业园成立于1999年9月，属于公益性科技事业服务机构。创业园按照国际惯例进行建设，重点发展以电子信息、生物技术、新型材料、海洋化工、机电一体化为主导的高新技术产业，积极引进各类高级专业技术人才、管理人才、留学归国人员，鼓励各类人才带项目、带资金、带课题进园创业。

创业园位于日照开发区的黄金地段，拥有孵化面积3万余平方米，设有精简高效的管理服务机构，在项目建设、劳动人事等方面享有市级管理权限，实行封闭管理，为留学人员进园创业提供便捷高效的“一条龙”优质服务。为吸引广大的海外留学人员进园区创办企业，创业园初步建立了适合中小科技企业发展的体制和机制，先后引进凯威数码、凯讯电子、斯文电子、哈工大微电机项目、红惠医药、中科生物、平易软件等20余家高科技企业和科研机构，并在税费政策、房屋租赁、工商注册、资金等方面给予最大限度的优惠和扶持。

目前，创业园有入驻企业70余家，引进留学人员和各类高科技人才50余名，入驻企业绝大部分属于科技、教育、文化、创意、低碳环保、新能源等国家重点扶持的领域。创业园将积极发挥对外交流和人才引进的窗口带动作用，吸引更多的留学人员和高科技人才来园区创业。

联系方式

地　址：山东省日照经济技术开发区
邮　编：276800
电　话：86-633-8339816
传　真：86-633-8331049
邮　箱：rdp@rz-public.sd.cninfo.net
网　址：www.lietou.com

莱芜市留学人员创业园

园区概况

莱芜市留学人员创业园成立于2001年9月，由莱芜高新技术产业开发区挂牌，是山东省政府批准的省级高新区。

创业园坐落于莱芜城区东部，紧连市区，总规划面积35平方公里，两条高速公路、两条铁路专用线贯穿其中，与济青高速、京沪高速以及胶济、京沪两大铁路相连，距济南国际机场80公里，距青岛港300公里，形成了四通八达的交通网络。区内现已形成“十纵十横”的道路主网络，并建设了110千伏输变电站、热力站、水厂等一批能源设施，在14.5平方公里范围内实现了“九通一平”，30平方公里范围内实现了“五通一平”。另设有青岛海关莱芜办事处，通关快速便捷。

创业园始终致力于创业环境的不断优化，以“亲商、富商、安商”和“你投资经营、我服务全程”为最高服务理念，设立了“一站式”服务大厅，全面落实了服务承诺、首问负责、违诺处罚、手续代办等制度，实现了涵盖“项目审批、开工建设、投产经营”的一条龙全过程服务。入驻企业除享有山东省省级高新区的优惠政策外，还享有莱芜市委、市政府在土地政策、财政政策、收费政策等各方面赋予的更大程度的优惠。

创业园优美的环境、优惠的政策、优良的秩序、优质的服务，已经吸引了来自美国、德国、加拿大、韩国等10多个国家和地区归国的留学人员前来投资兴业。

联系方式

地　址：山东省莱芜市汇源大街108号
邮　编：271100
电　话：86-634-8867136
传　真：86-634-8867960

临沂留学人员创业园

园区概况

临沂留学人员创业园位于临沂高新技术产业开发区科技孵化基地内，与临沂高新技术创业服务中心合署办公，其主要任务是通过国家、省、市及高新区的优惠政策和创业服务中心的优质服务，为学有所成的归国留学生人员提供广阔的发展空间。

创业园现有创业场地25万平方米，包括创新大厦、科苑广场以及科技企业加速器（科技园区），设有高标准办公研发场所、中试厂房、公用会议室、科技报告厅、商务中心等，餐饮服务、健身娱乐、通讯网络等配套设施齐全，可满足企业研发、中试和产业化不同阶段的需求。为快速聚集科技资源和产业要素，实现资源共享，降低创业成本，解决科技企业发展中遇到的共性难题、关键技术，创业园通过“政府引导、企业参与、多元化投资”方式，建设了山东省分析测试中心临沂分中心、金属材料强度国家重点实验室临沂研究中心、山东省分析测试中心临沂分中心、临沂光影动漫技术服务中心、生物医药分析测试中心等公共技术服务平台，同时可为留学人员创办的企业提供技术、人才、信息、咨询、培训、融资等一系列的服务。 留学人员创办的企业可享受的主要优惠政策有：享受国家、省、市及高新区对高新技术企业制定的相关政策；设立“科技创业基金”以无偿补助、贴息和资本金投入等方式扶持科技型企业的发展；对留学人员创办的企业，在一定的开发、生产及经营用房面积内，实行房租减免政策，并实行税收返还政策；对于科技含量高、市场前景好、具有自主知识产权的项目，在资金、税收、工商行政管理、出入境等方面享受更优惠的待遇等等。

联系方式

地　址：山东省临沂高新区新华路西段创业大厦
邮　编：276017
电　话：86-539-7109126
传　真：86-539-7109096
邮　箱：lycyzx@126.com
网　址：www.lycyzx.org.cn

德州市留学人员创业园

园区概况

德州市留学人员创业园成立于2007年，是由德州市人民政府投资兴办的社会公益性科技服务机构，主要职责是为留学人员创业提供综合服务，促进科技成果转化，培养高新技术企业和企业家。2010年2月，被国家科技部火炬中心授予“大学生科技创业见习基地”荣誉称号；2010年12月，被科技部认定为“国家级科技企业孵化器”，并先后被认定为山东省大学生创业孵化示范基地、德州市中小企业创业辅导基地示范单位、中国留学人员创业园联盟理事单位。

创业园坐落于国家级开发区德州经济技术开发区，环境优美，位置优越，规划面积70万平方米，规划建筑面积45万平方米。建设有研发服务核心区、大学生创业孵化基地、科技企业孵化基地、科技企业加速器和新能源新材料、电子信息、光机电装备制造、生物医药、农产品深加工五个专业孵化器，初步形成了集“发生、孵化、加速、产业化”四位一体的现代孵化体系。其中，研发服务核心区占地3.2万平方米，建筑面积2.5万平方米，建有多功能报告厅、展厅、会议室、培训室、接待室等公共设施，并配套建设新能源新材料公共技术服务平台、科技中小微企业创业综合服务大厅和科技成果展示交易大厅，主要对接大学科研院所建设科研机构，引进高端科技人才创新创业。大学生创业孵化基地现有孵化面积7500平方米，水、电、暖、通讯等设施齐全，配有专业孵化指导和服务团队，能够为大学生创业提供良好的环境和培训、指导等服务。科技企业孵化基地占地15亩，建筑面积1.1万平方米，孵化楼主体现已完工，拟建生物医药、先进装备制造产业孵化器。科技企业加速器位于高铁新区，交通便利，距高铁德州东站仅5分钟车程，占地900亩，一期占地360亩，建成标准厂房10万平方米，服务楼2万平方米。

创业园拥有一支素质优良、精干实效的管理服务团队，引进了各类科技中介服务机构，能够为在孵企业提供完善的投融资、对外合作交流、专利代理等服务。

联系方式

地　址：山东省德州经济开发区晶华大道587号
邮　编：253076
电　话：86-534-2558586
传　真：86-534-2556586
邮　箱：Dz587@163.com
网　址：www.dzgczx.com

河南留学人员创业园

园区概况

河南留学人员创业园成立于1998年1月。2002年7月，成为河南省唯一一家由国家人力资源和社会保障部与河南省人民政府共建的留学人员创业园。2010年12月，创业园成功进入科技部“国家级科技企业孵化器”行列；2014年11月，被共青团中央首批命名为“全国青年创业示范园区”，是河南省中小企业创业基地、郑州市创业孵化基地、河南省留学归国工作先进单位。创业园基本功能定位于孵化、服务、示范、聚集，紧紧围绕海外归国留学生的科技创业活动，输入园区政策、资金、服务，使海外科技成果转化为生产力，培养大批高素质的留学生科技企业和企业家，成为转变经济发展方式、调整经济结构和发展高新技术产业的重要载体。

创业园位于国家郑州经济技术开发区内，地理位置优越，交通便捷，新的创业孵化基地40万平方米，已完成8万平米的建设施工。按照国家科技部对科技企业孵化器“苗圃—孵化—加速—产业化”的要求，创业园出台各项优惠政策，在孵化基地设立了创业苗圃，提供企业创新创业服务通道、组建投融资平台、设立人才引进培训机制、成立园区公共实验室、组建创业导师团队，积极辅导扶助初创期的留学人员企业发展。

截至2015年底，创业园已引进来自美、英、法、俄、日、澳大利亚、加拿大、新西兰等国家和地区留学生213人，包括5位中央“千人计划”专家，在孵科技企业99家，省级重点实验室1家。

联系方式

地　址：河南省郑州经济技术开发区航海东路1356号
　　　　创业大厦A座507室
邮　编：450016
电　话：86-371-66786588
邮　箱：hnlxrycyy@126.com
网　址：www.hnchuangtou.com

郑州留学人员创业园

园区概况

郑州留学人员创业园于2001年8月由河南省人事厅批复成立，是郑州高新区为充分发挥我国留学人员特殊的智力资源优势，在园区营造有利于留学人员创新创业的良好环境而兴办的公益性科技服务机构。

创业园位于郑州国家高新区，现有孵化场地3.5万平方米，内设中央空调系统，停车场、商务中心、休息室、会议室、宽带等公共设施，服务健全，环境幽雅、舒适，是集办公、生产、科研、休闲、娱乐、餐饮于一体的综合型现代化的孵化基地，适合中小型科技企业入驻创业。入驻创业园的孵化企业，符合相应条件的，除可以享受郑州高新区的有关税收优惠政策之外，还可以申报中小型科技企业创新基金，高新区孵化基金等科技计划项目。此外，创业园建立了一套趋于完善的服务体系，包括多元化的投融资服务体系、宣传培训体系、专家咨询体系、中介服务体系等，全力提高对企业的孵化成功率。

目前，入驻创业园的留学人员企业有50余家，留学人员分别来自美国、加拿大、英国、澳大利亚、日本等国家，大都具有硕士以上学位，从事的行业涉及光机电、电子信息、生物医药等领域。

联系方式

地　址：河南省郑州高新技术产业开发区长椿路11号
邮　编：450001
电　话：86-371-67980650
传　真：86-371-67986162
邮　箱：chenbr@zzgx.gov.cn

洛阳留学人员创业园

园区概况

洛阳留学人员创业园成立于2007年7月，由河南省人事厅批准，洛阳高新技术创业中心和捷威精密制造（洛阳）有限公司共同创办。

创业园坐落于洛阳高新技术开发区滨河路中段，交通便利，环境优美。园区建有多层标准厂房3栋3.3万平方米，钢结构厂房4000平方米，综合办公楼8000平方米，高层科研商务楼和生活服务设施2.9万平方米，是集办公、科研、生产、商住于一体的智能化、多功能、花园式的高新技术产业孵化基地。作为连接政府、企业、社会资源的纽带，创业园按照“政府引导、市场运作、专业服务”的运营模式，利用政府及社会资源优势，拓展和提升服务功能，不断加大对入驻企业的扶持力度，实行规范化的统一物业管理，为留学人员归国创业提供“孵化+创投”全方位服务。

入驻创业园的企业可享受国家高新技术开发业的各项优惠政策，如留学人员创办企业从事技术转让、技术开发和与之相关的技术咨询、技术服务取得的收入，经税务机关认定后免征营业税；对获得省高新技术产品证书、获得科技进步奖、获得专利、获得著作权的企业，给予一定的经济补贴等。创业园还为入驻企业搭建起广阔的服务平台，提供全方位的优质服务。比如引进、协调各类中介机构，建立中介服务体系，为入驻企业提供包括工商登记、高新技术企业资格认证、科技成果鉴定、法律业务咨询、财务顾问、信用评估、专利申请、媒体策划等全方位的综合性服务；协助入驻企业办理引进人才的户口、人事档案、技术职称评定、社会劳动保险等相关事宜；为企业提供价格优惠的标准厂房、写字间、会议室和商住两用房，以及科研实验室等场地，并提供水电、通讯、交通等配套服务。

创业园积极整合多种优势资源，不断拓展、提升自身的服务功能，加大对入驻企业的扶持力度。除了给予入驻企业良好的发展环境外，还积极通过中小型企业贷款平台、担保平台、孵化基金和联保基金等向符合条件的入驻企业提供融资服务，并与国内著名院校、科研机构和海外留学人员等建立密切联系，为企业积极寻求技术扶持，铺就发展之路。创业园与清华大学和西安交通大学等著名院校建立了研发合作战略联盟，建立了中关村国际孵化园洛阳基地，使优势资源入驻园区，汇集了一大批知名企业，推动了高新技术产业化发展。

联系方式

地　址：河南省洛阳高新区滨河路22号
邮　编：471003
电　话：86-379-64338125
传　真：86-379-64310818
邮　箱：zhcluoyang@tom.com

平顶山留学人员创业园

园区概况

平顶山留学人员创业园成立于2012年7月，经河南省人力资源和社会保障厅批准，由平顶山高新区与平顶山市人力资源和社会保障局联合设立，依托平顶山高新技术创业服务中心，是国家级科技企业孵化器、省级留学人员创业园。

创业园孵化基地4.7万平方米，建有标准厂房12栋，环境优雅，基础设施齐全，可为入驻的留学人员企业和科技企业提供厂房、水电等物业管理，以及融资、技术开发、信息咨询、人才培训、企业管理、质量认证、项目审批等综合性服务，帮助企业不断地成长壮大。

目前，创业园已入驻企业30余家，其中已有4家企业5个产品分别被认定为高新技术企业和高新技术产品，1个项目被认定为河南省火炬项目。创业园将以促进科技成果转化、培育高新技术企业和企业家为宗旨，以新材料、新能源和机电装备为重点产业方向，引进海外高层次留学人员，发挥其科技创新优势，提高企业参与国际竞争的能力，为促进平顶山地区经济结构调整和经济增长方式的转变，为建设创新型城市、促进区域知识经济发展做贡献。

联系方式

地　址：河南省平顶山市建设路东段高新区创业服务中心
邮　编：467000
电　话：86-375-3987501
传　真：86-375-3987502

许昌留学人员创业园

园区概况

许昌留学人员创业园成立于2011年12月22日，是由许昌市人社局和中原电气谷管委会共同创建的省级留学人员创业园，是许昌市委、市政府实施人才强市战略，吸引海外高层次人才来许创新创业而设立的新型现代化科技园区，是许昌市首个针对海外留学人员建设的高新技术产业创业示范园。创业园由市政府委托中原电气谷管委会管理，成立“一组一中心”作为行政、经济、建设、投资、服务的专职机构。

创业园位于中原电气谷核心区，占地面积约324亩，总投资约12亿元，总建筑面积13.3万平方米，建设有科研办公楼、标准化厂房、公寓楼等设施。该创业园主要以电力装备企业为服务对象，为周边产业集聚区内的电力装备制造企业和创新创业者提供科技咨询、研发设计、管理咨询、市场推广、企业孵化等全方位服务。为了加快园区发展，促进企业孵化，缩短科研成果产业化、商品化、效益化，使企业快速发展壮大，形成产业规模，市政府颁布实施了《许昌留学人员创业园管理暂行办法》，为鼓励海外留学人员入园创业提供了一系列优惠政策。

目前，创业园的配套政策日趋完善，环境逐步优化，初步形成了一个布局合理、环境适宜、现代化、多功能的高科技园区。园区集企业孵化、产业培育、科技人才培养等职能为一体，以新能源、电力电子、电力装备制造等产业为发展方向，为海外高层次人才搭建的广阔创业平台。截至2015年底，创业园在孵企业突破30家，可实现年产值4.3亿元。

联系方式

地　址：河南省许昌市魏武大道中段许昌新区管委会
邮　编：461000
电　话：86-374-3190067，3190068
传　真：86-374-3190081
邮　箱：zydqgbgs@126.com，zydqgzs@126.com

武汉留学生创业园

园区概况

武汉留学生创业园成立于1998年5月，是武汉市政府为了吸引和鼓励海外高层次留学人员回武汉创业而专门成立的科技企业孵化器。目前武汉留创园成为湖北省科投集团有限公司下属单位。2001年6月，创业园被国家科技部、人事部、教育部和国家外专局认定为“留学人员创业示范建设单位”；2003年9月，被中共中央宣传部、组织部、统战部和国务院人事部、科技部、教育部联合授予“全国留学回国人员先进工作单位”光荣称号；2004年12月，与国家人事部、市人事局共建国家级留学人员创业园；2006年，被科技部批准成为国家高新技术创业服务中心；2011年1月，被湖北省科技厅授予“优秀科技企业孵化器”称号，被武汉市科技局授予“武汉市科技企业孵化示范基地”“武汉市全民创业科技行动立功单位”荣誉称号；2011年2月，被武汉市人民政府授予“留学人员先进单位”称号；2012年8月，被科技部认定为“国家级科技企业孵化器”；2013年2月，获第十二届华侨华人创业发展洽谈会“项目促进先进单位”；并被认定为国务院侨办首家“重点联系单位”“湖北省博士后产业基地”以及欧美同学会“报国计划基地”。

创业园现有自营及委托经营的标准孵化场地面积共6.16万平方米，先后建成了光电技术中心（数码港和国企中心）、软件技术中心、集成电路设计中心、生物技术中心四大专业园区。

创业园通过营造局部优良环境，为留学人员创业企业集中解决共性和个性问题，有效促进了企业的快速成长。除了为入孵企业提供设施完备、功能齐全、价格低廉的孵化场地外，还提供政策、管理、市场、人力资源、融资、上市等全方位的咨询和对接服务，协助企业办理工商、税务、海关、居留资格申请、项目申报等事务，并针对企业不同阶段的发展需求，提供企业培训、企业联谊等个性化服务。

联系方式

地　址：湖北省武汉东湖高新区高新大道666号
　　　　光谷生物城C5栋北楼1楼
邮　编：430075
电　话：86-27-87617342
传　真：86-27-87747847
邮　箱：wosp@wh-newstart.org
网　址：www.wh-newstart.org

湖北省留学生襄阳创业园

园区概况

湖北省留学生襄阳创业园成立于2010年3月11日，经湖北省人力资源和社会保障厅批准由襄阳市人事局、市人才办和高新技术开发区合作共建。

创业园坐落在襄阳高新技术开发区，为留学人员入园进行高新技术开发、创办企业提供优质高效服务和优良的孵化场所，并努力降低入园企业的创业成本和风险，帮助受孵化企业渡过企业初期的高风险阶段。襄阳高新技术产业开发区特别设立了“留学人员创新创业专项资金”，自2010年起每年至少安排2000万元资金，重点支持留学人员到高新区留学人员创业园创新创业。以下各种奖励、资助和补贴均在专项资金中列支。

创业资助：给予创业资金资助。带项目、带资金来区创业的留学人员所办企业，其研发产品、技术有一定优势，企业发展前景良好，入园满1年后经申请，可按照国家高新技术企业资格认定办法对企业进行初步审核评估，审核合格的企业，予以在企业设立时法定代表人实际出资额20%的创业资助，最高30万元；企业正式获得国家高新技术企业资格认定后，可再获得同等额度的创业资金资助；留学人员所办企业，每吸引1名全日制硕士以上（含硕士）学位的人员到企业工作，可享受3年每年5000元专款补贴用于企业交纳各类社会保险，享受补贴人数最多5人；3年内免费提供最高100平方米的工作场地。

鼓励政策：对符合规定到园区创办企业，且担任法定代表人的留学人员，3年内每年给予1万元的住房补贴；对其未满18周岁在学子女，5年内每人每年发放5000元的教育津贴；3年内给予个人所得税留区部分的全额奖励。

社会化服务保障：为企业成立代办各种审批手续；人事代理、委托招聘服务；后勤物业保障服务；企业融资与财税服务；信息咨询服务；协助企业申报认定高新技术企业，组织企业科技成果和产品鉴定；专利产品代理服务；提供企业诊断、人才培训、CI策划，协助企业开辟国际合作渠道。

工作与生活待遇：包括子女入学入园、人才落户、职称评定等方面享受相关待遇。

联系方式

地　址：湖北省襄阳市高新区追日路2号
邮　编：441003
电　话：86-710-3756010，3700606
传　真：86-710-3756011
网　址：www.xfhdz.org.cn

长沙留学人员创业园

园区概况

长沙留学人员创业园成立于2002年，隶属于长沙高新区管委会，是科技部、人事部、教育部和国家外专局共同审批确定的首批“国家留学人员创业园”，是以促进科技成果转化、产业化，为初创型、中小型高新技术企业提供创新创业综合服务的公益型事业单位，是“全国优秀国家级创业园”、科技部火炬中心“创新基金初创期小企业创新项目服务机构”“湖南省留学生创业园先进单位”“湖南省大学生创新创业基地”及长沙市首批“中小企业创业基地”。2003年12月，被国家科技部批准为国家级高新技术创业园；2004年，被评为科技部全国25家优秀留学人员创业园之一；2005年，被国家发改委批准为国家大学生创业就业服务中心项目承担单位；2005年，与意大利西西里科技园合作互设办事处，设立欧洲在中国建立的第一家科技创业园；2006年10月，获批国家人事部和湖南省人民政府“部省共建”留学人员创业园；2007年12月，成为“中国火炬创业导师行动”首批12家启动单位之一；2011年12月，获评湖南省唯一一家“国家海外高层次人才创新创业基地”；2012年，被评为湖南省优秀留学人员创业园。

创业园孵化总面积22万平方米，园区有巨星创业基地、延农创业基地、C2创业基地、MO创业基地、长海创业基地、新瑞信创业基地、天劲创业基地、德邦创业基地、人印创业基地等孵化场地。为了吸引海内外高端人才来园区创业，长沙高新区管委会先后出台了《长沙高新区关于建设国家创新型科技园区的若干政策意见》《长沙高新区关于进一步加强人才工作的意见》《长沙高新区引进高层次人才五年行动计划（2012—2016）实施办法》等政策，并拨款1亿元设立高层次人才创业投资基金，成立高层次人才创业投资有限公司作为基金的管理机构，由创业园具体负责公司日常管理和运营，鼓励和支持留学人员入园工作和创业。创业园在全力落实管委会政策的同时，制定了《长沙高新区创业园鼓励留学人员、大学生来区创业的实施办法》《长沙留学人员创业园房租补贴细则》等配套落实文件，并提供全方位的创业服务，为留学人员企业发展创造良好的环境。此外，创业园大力拓展孵化服务内涵，提升创业服务品质，通过成立麓谷创业学院、承办湖南省创新创业大赛，不断夯实服务平台，丰富服务内容，塑造创业服务品牌。

联系方式

地　址：河南省长沙高新技术产业开发区麓景路8号
　　　　巨星创业基地205
电　话：86-731-89777053
传　真：86-731-89777055
网　址：www.cnibi.cn

长沙经济技术开发区留学人员创业园

园区概况

长沙经济技术开发区留学人员创业园成立于2010年6月，由湖南省人力资源和社会保障厅、长沙市人力资源和社会保障局联合授牌。创业园重点吸引留学人员在工程机械、汽车制造、电子信息、新材料等高科技产业领域创业，形成与创业园建设总体目标相适应、符合“创业之都”战略要求的功能格局。创业园由长沙经开区管委会授权长沙经开区创业服务中心统一管理。创业中心成立于2002年，是长沙经济技术开发区管理委员会全额拨款事业单位，是为留学人员创业企业提供综合服务的公益性科技事业服务机构。创业中心以“创造优良环境、提供优质服务、培育优秀企业家”为目标，在各级政府和社会各界及广大创业者的关心支持下，已建立了比较健全的创业服务体系，形成了规范化、专业化的创业服务机制。

创业园以国阳科技园为核心，以和祥科技园、物丰科技园等其他孵化基地为补充，孵化面积达14万多平方米。其中，国阳工业园占地60亩，总投资8600多万，园区按孵化生产区、公共服务区、生活配套区三大功能规划建设。和祥科技园占地98亩，已开发面积80亩，完成投资7452万元，建筑面积6万平方米，由标准厂房、办公楼和公寓楼三大部分组成，园内配套完善，餐饮、娱乐、购物、健身一应俱全，是长沙经开区最早的孵化基地。物丰机电产业园占地面积6万平方米，总建筑面积5.07万平方米，总投资7000多万元，由钢结构标准厂房、通用厂房、员工宿舍楼和综合楼四大部分组成，拥有完善的生产、商务、办公功能区，布局科学合理，使企业足不出园就可以进行各种活动。

联系方式

地　址：湖南省长沙市星沙三一路2号
　　　　长沙经济技术开发区创业服务中心
邮　编：410100
电　话：86-0731-84020187
网　址：www.cetz.gov.cn

湖南生物医药留学人员创业园

园区概况

湖南生物医药留学人员创业园由湖南省人事厅批准成立，是以生物医药领域高科技项目孵化为主的专业服务机构。创业园建设是长沙国家生物产业基地重要发展战略之一，该基地是2006年10月由国家发改委批准认定的、以湖南浏阳生物医药园区为核心区的国家级生物产业基地，是中西部地区第一个国家级生物产业基地，是由联合国工发组织与长沙市政府共建的国际医药产业园，是科技部的生物医药火炬计划基地，国家商务部定点的全国十二大医药出口基地之一，湖南省的重点工程、长沙市十大标志性工程之一。

创业园总建筑面积3万平方米，其中孵化场地5200平方米，依托基地良好的投资环境、较为完善的产业化共享服务平台体系，通过创造一个局部优化、适合留学人员创业的环境和条件，提供具有国内先进水平的生物医药专业化服务，以加速中小科技创业型企业能够依托基地资源迅速发展。创业园以资源整合、优化配置为主线，逐渐形成了基因芯片技术、胶体金诊断试剂技术、组织芯片技术、病理检测抗体技术、组合生物合成、化学药物研究以及中药提取技术等七大共享实验技术平台，并积极协助入园企业共同建设新的技术平台。创业园与欧洲最大生物基地德国柏林生物医药园、挪威生物医药创业中心等建立了合作关系；承担了国家发改委的中国政府与古巴的生物技术合作并与三家古巴国家生物所签订合作协议；参与科技部的中英剑桥园并负责生物技术类项目洽谈合作；在省政府支持下，建立了药用植物资源国际合作研发中心、生物技术服务外包国际合作中心等。

创业园重点发展生物诊断试剂、单克隆抗体以及新药研发外包服务（CRO）三大技术领域，积极引进著名企业和投资商，促使创业园生物单克隆抗体产业规模化，并成长为园区继标准化提取物之后第二大的出口品种。较为完善的产业服务平台与专业化的服务，使园区目前集聚了一批先进生物技术项目和创业人才，逐渐形成了生物芯片技术、诊断试剂技术、新药研发外包服务技术、单克隆抗体技术以及中药标准化提取物技术等产业集群。

联系方式

地　址：湖南省浏阳生物医药园区科创大楼
邮　编：410329
电　话：86-731-3280359
传　真：86-731-3280666
邮　箱：13907484359@139.com
网　址：www.lipip.com

株洲留学人员创业园

园区概况

株洲留学人员创业园成立于1999年7月，是湖南省成立的第一家留学人员创业园。创业园与株洲国家高新技术创业服务中心、大学生创业示范园采取“三块牌子、一套人马”的方式运作，按企业化管理模式运行，实行自收自支的财务管理体制。创业园先后荣获“全国先进高新技术创业服务中心”“湖南省留学人员创业园先进单位”“湖南省国家火炬计划实施20周年先进服务机构”“湖南省非公有制经济服务先进单位”“湖南省先进基层党组织”“湖南省文明窗口单位”“湖南省科技管理系统先进集体”“湖南省和谐劳动关系示范工业园区”“湖南省优秀留学人员创业园”“株洲轨道交通产业集群创新创业平台”“湖南省促进就业创业孵化基地”“国家级大学生科技创业见习基地”等100多项荣誉。

创业园孵化总面积14.87万平方米，包括“一园两基地”创业园本部和天台金谷孵化基地。创业园大力推进“苗圃—孵化器—加速器”一体化的科技创业孵化链建设，更好地满足不同发展阶段的创业企业和团队的要求，进一步提升孵化器的服务能力和服务水平。创业园与省内外高校及科研机构建立长期合作关系，发挥其人才、学科和科技成果优势，搭建多种技术合作平台，推进产、学、研结合，加速科技成果转化。与株洲时代新材国家级检测中心合作成立了“株洲高新区轨道交通产业科研测试中心”，与湖南大学、湖南科技大学、湖南工业大学、湖南商学院、株洲职业技术学院、湖南省化工职业技术学院等高校合作共建技术合作基地、MBA教育实习基地、学生创新实践基地，与湖南工贸技师学院合作创办工人技能培训班基地。创业园鼓励有创业意向的科研人员、大学生、留学人员等开展创业见习实习，组织长、株、潭地区科研院所专家学者、园区成功创业的企业家作为创业导师来园讲学，提供团队组建、管理运营、技术攻关、产品市场前景分析等具体指导，为未成立企业的优秀创业项目和创业团队提供专业、系统的“预孵化”服务。

截至2015年底，创业园入驻孵化企业220多家，有30余个高新项目，涵盖电子信息、新材料等多个领域。其中，海外留学人员36人，创办企业28家。

联系方式

地　址：湖南省株洲市天元区泰山路43号
邮　编：412007
电　话：86-731-28827865，86-73128811372-804
传　真：86-731-28836881
网　址：www.zzic.com.cn

湘潭留学人员创业园

园区概况

湘潭留学人员创业园于2003年8月29日经湖南省人事厅批准成立，10月28日正式授牌，是湘潭高新开发区管委会直属的公益性科技型事业单位，与湘潭国家高新技术创业服务中心采取“两块牌子、一套人马”的方式运作。

创业园依托创业中心3.8万平方米创业孵化大楼，建设1.44万平方米的标准厂房，以优惠的政策和良好的服务，吸引海内外留学人员归国创业。同时，配合德国科技园引进国外项目进行孵化，逐步建成国际企业孵化器。

联系方式

地　址：湖南省湘潭市晓塘中路火炬创新创业园
创新大厦2楼
邮　编：411100
电　话：86-0731-58551800
传　真：86-0731-58551800
邮　箱：haoxinqing@sohu.com
网　址：www.xtctp.com

岳阳留学人员创业园

园区概况

岳阳留学人员创业园创建于2001年6月，经湖南省人事厅批准，于2002年7月正式挂牌。创业园位于岳阳高新技术产业开发区内，是吸引留学人员来岳阳创业发展的重要平台，是推动岳阳高新区及其高新技术产业发展的重要载体。

创业园规划了8000平方米的厂房作为孵化基地，并建设了留学人员创业科技大楼，实行优惠政策，为留学人员新办企业提供场地、资金、申报项目、办理手续等服务。

目前，创业园引进项目大多处于国际国内领先水平，部分被列入湖南省科技厅重点支持项目，多名留学回国人员在园内成功兴办高新技术企业。

联系方式

地　址：湖南省岳阳市巴陵中路创业大厦
邮　编：414000
电　话：86-730-8720888
邮　箱：282423357@qq.com
网　址：www.yykfq.gov.cn

常德留学人员创业园

园区概况

常德留学人员创业园成立于2005年6月，是继长沙、株洲、浏阳、岳阳、湘潭之后湖南省内第六家留学创业园。常德市政府采取灵活政策，提供启动经费与免费办公条件，并按照“政府搭台，企业唱戏；民办官助，大胆创新”的建设方针，将创业园交给留学人员自己经营管理。

目前，创业园成功吸引了一批来自美国、日本、加拿大、英国、比利时等国的留学人员，集聚了一批信息技术、材料、能源、交通、农业等高科技项目，成功开发出一系列如新型光缆材料、网络教育资源平台、GPS车辆监控系统、建筑节能系统、生物试剂等新型产品。

联系方式

地　址：湖南省常德市人民东路320号农业局大厦1楼
邮　编：415003
电　话：86-736-2597057
传　真：86-736-2519882
邮　箱：hncdwsb517@163.com

益阳留学人员创业园

园区概况

益阳留学人员创业园成立于2007年12月，被湖南省人事厅认定为省级留学人员创业园，并先后被认定授牌为“益阳会龙电子信息园”“湖南省高等院校科研院所科技成果转化及产业开发基地”“中南大学科技园”“清华大学科技园”等。

创业园位于湖南省益阳高新区南片区，规划总面积510亩，以云雾山路为轴线，分南北两个功能区：南边为生产区，规划建设标准化厂房和管理及仓储用房；北边为综合服务区，规划建设各类套型公寓、公共服务大楼和综合孵化大楼，以满足企业高管和其他工作人员的生活服务需求。创业园分别与清华大学、中国科技大学、国防科大、中南大学、湖南大学、湘潭大学、北京国力源研究中心、湖南省林科院等42所大学院校科研院所建立了密切的合作关系，园内大多企业建立了自己的研发机构。

目前，创业园累计入孵企业52家，其中在孵企业30家，毕业企业22家；累计实施省级以上科技项目20余项，申报专利25件，授权专利12件，转化科技成果3项，开发新产品62项。汇盛科技、瑞亚高科、方圆液压、祥瑞科技等一批企业发展迅猛，有力地促进了益阳高新区新能源、新材料、新兴信息技术及服务业、高端装备制造、农产品精深加工等主导产业的快速形成。

联系方式

地　址：湖南省益阳市高新区云雾山路
邮　编：413000
电　话：86-737-2223126，2223128

留学人员广州创业园

园区概况

留学人员广州创业园成立于1999年8月，由广州开发区投资创办并与国家教育部、科技部合作共建，是广州开发区留学人员创业的主要聚集地。2001年8月，被国家科技部、教育部、人事部和外国专家局联合认定为国家留学人员创业园建设示范点，是广东省唯一的国家级留学人员创业园。创业园管理机构是广州火炬高新技术创业服务中心，是科技部认定的国家级高新技术创业服务中心、首批国家级“大学生科技创业见习基地试点单位”。

创业园已建成了广州科技创新基地园区、广州科学城综合研发孵化区园区、广州开发区西区园区、广州国际企业孵化器园区、广东软件科学园园区、科学城信息大厦园区六个园区，形成了资源互补、配套齐全的孵化网络，总孵化场地达15万平方米。

创业园致力于为广大留学人员提供从企业筹建、项目研发到产业化的全过程、全方位、专业化的孵化服务，引进和培育了大批优秀留学人员企业，涉及生物医药、电子信息、新材料、光机电一体化等多个产业领域。

联系方式

地　址：广东省广州科学城揽月路80号
　　　　广州科技创新基地综合服务楼708
邮　编：510663
电　话：86-20-32290476，32290563
传　真：86-20-32290839
邮　箱：anleex@enterpark.com
网　址：www.entrepark.com

广州市留学人员创业（海珠）基地

园区概况

广州市留学人员创业（海珠）基地成立于2001年9月，是为留学人员来海珠市创业而设立的科技企业孵化器。基地与广州市海珠高新技术创业服务中心实行“两个牌子、一套班子”进行运作。创业中心是由海珠区政府于2000年1月建立的科技创业服务机构，隶属广州市海珠区科技产业基地管理委员会直接管理。2000年12月，被广州市科技局认定为“市级高新技术创业服务中心”；2001年9月，被市科技局批准成为“广州市留学人员创业（海珠）基地”；2005年12月被科技部认定为“国家高新技术创业服务中心”。

创业基地位于广州城市新中轴线，占地面积1.1万平方米，有6座主要建筑物，可供科技企业创业的建筑面积1.5万平方米，内设置有高新技术成果（产品）展览厅、多功能会议厅、商务中心、培训中心以及宽敞的停车场等基础设施，环境优美，周边生活服务设施齐全。创业基地为扶持进入中心的企业发展制定了各项优惠政策，入驻企业除可享受国家、省、市扶持发展高新科技产业的各项优惠政策外，还设有项目扶持资金及纳税奖励等一系列优惠措施。对留学人员自带项目到基地创业，经审查批准，可从广州市留学人员管理服务中心申请留学人员专项资金10万元；在此基础上，还可从海珠区高新技术创业扶持资金中获得10万元以上的资助，作为留学人员的项目启动资金。同时，提供园区物业管理、后勤服务，为入园企业办理工商、税务、证照等服务。

联系方式

地　址：广东省广州市海珠区敦和路189号
邮　编：510300
电　话：86-20-89225040
传　真：86-20-89225984
邮　箱：gzlinjin@sina.com
网　址：www.cy-center.com

广州市荔湾留学生科技创业园

园区概况

广州市荔湾留学生科技创业园成立于2002年，是荔湾区人民政府出资、由荔湾区科学技术局主办、荔湾区生产力促进中心创办并管理的科技企业孵化基地。旨在建立一个良好的创业环境，以鼓励和支持留学人员和高新技术企业来区创业发展，为进驻的科技型企业提供从项目研究开发、中试小规模生产到市场开拓的多功能、全方位、全过程的优质服务。

科技园临近荔湾区政府及地铁，交通便利，环境优美，已建成由中山七路园区、穗丰大厦园区和聚龙中试基地（广州市市级高新技术创业服务中心）、东沙创业中心四个园区组成的完整体系。其中，最新成立的东沙创业中心位于荔湾区东沙工业园区内，建筑面积达4500平方米。

科技园成立以来，吸引了近200家科技型企业入园，近半是留学回国人员创办的企业；引进各类人才400多人，其中归国留学人员60多人，硕士以上学历人员100多人，已成为推动荔湾科技、经济和社会发展的一个亮点。

联系方式

地　址：广东省广州市荔湾区逢源路330号3楼
邮　编：510000
电　话：86-20-81377323
传　真：86-20-81033258
邮　箱：leif1963@21cn.com

深圳市留学生创业园

园区概况

深圳市留学生创业园成立于2000年10月，由深圳市人事局、高新办、龙岗区政府和美国国际华人科技工商协会联合投资兴办，实行“政府引导，企业化运作，留学生管理”，这种模式在全国尚属首创。2004年12月，成为国家人事部与深圳市人民政府共建的“中国深圳留学人员创业园”，并被国家科技部认定为“国家高新技术创业服务中心”；2010年，被广东省认定为“广东省小企业创业基地”；2012年，被广东省认定为“广东省科技服务业百强企业（机构）”；2013年3月，被深圳市委组织部确定为“人才工作基层联系点”。

创业园现有孵化场地3.34万平方米，拥有孵化、项目管理和资金管理三大功能，建立了财税咨询服务平台、创业园网络管理平台、企业知识产权全流程服务平台和多媒体培训平台四大公共服务平台，为入园企业提供基础设施、创业辅导、融资服务、人才引进、交流培训、市场推广、管理咨询、项目推介、专业服务、联谊沟通等十大类百余项服务内容。

联系方式

地　址：广东省深圳市南山区高新南环路29号
　　　　留学生创业大厦2101室
邮　编：518057
电　话：86-755-86329000
传　真：86-755-86329004
邮　箱：Sz86329000@163.com
网　址：www.szchuangye.com

深圳市留学人员（福田）创业园

园区概况

深圳市留学人员（福田）创业园成立于2003年，依托于福田区高新技术创业中心（深圳市软件园福田分园），创业中心是由深圳市福田区人民政府投资创办的，为创业阶段的科技企业提供各种服务且不以营利为目的的公益型科技服务机构。2003年，创业中心被认定为深圳软件园（福田）分园、深圳市留学人员（福田）创业园和深圳市留学生联谊会（福田）分会；2007年，通过深圳市科技企业孵化器认定。

创业园现有4个孵化基地，总孵化面积约11万平方米。包括：位于滨河路边的“松岭”基地，孵化面积5000平方米，入驻企业主要为电子信息、软件开发行业的初创企业。位于彩田北路的“彩田”基地，也称中科大（福田）产学研基地，孵化面积6700平方米，发挥中国科技大学的人才和技术支撑点作用，将中国科技大学的高新技术成果引入福田区内孵化和产业化，促进海外留学人员带科技成果来福田创业。位于深圳市老工业区八卦三路荣生大厦的“八卦岭”基地，孵化面积1.10万平方米，是利用原有的工业办公楼进行功能重新定位，创建工业厂房向科技产业转型的典范，已吸引大批科技企业进入。位于福田保税区的福田软件出口基地，孵化面积约5.8万，利用保税区的政策优势，吸引海内外创业投资者，重点发展行业应用软件、行业应用中间件、工业自动化软件，致力于提升福田区软件产业的规模和水平，成为软件出口的重要源头。

联系方式

地　址：广东省深圳市福田区松岭路1号
邮　编：518031
电　话：86-755-83650188
传　真：86-755-83650588

深圳市留学人员（国际科技）创业园

园区概况

深圳市留学人员（国际科技）创业园成立于2013年12月10日，是深圳市科学技术协会、深圳市福田区人民政府及深圳光启研究院，为搭建国际化的技术创新平台，引进国际先进技术和高端创新团队，促进深圳自主创新型城市建设和福田产业高端化发展而合作建立的国际科技创业园。创业园为入园企业提供国际专业化支持和智力服务，从政府扶持政策与创业配套服务等方面帮助国际创新团队尽快建立企业化运营模式，实现技术产业化和生产规模化。

创业园在深圳市科学技术协会、深圳市福田区人民政府的支持和指导下，建设项目将分两个阶段运行。第一阶段为示范项目阶段，选址位于福田区中投国际商务中心，作为过渡基地，共约3000平方米，计划引进海外高端创业团队或项目6到8家，目前已达饱合状态。第二阶段为拓展运营阶段，选址福田区深圳国际创新中心，计划投入运营面积约2万平方米，将引进40到60家海外高端创业团队，已有近200家国际高科技创业团队或项目向园区提出了入园申请，进入园区优质“种子企业库”。

创业园以深圳光启研究院所拥有的国际智力资源为核心驱动，以超材料产业发展基金为重要支撑，引进了一批国际化、专业化的高层次运营管理团队、投资团队和科学家团队，为入园企业提供全面的创业服务支持，并依托光启的海外合作机构，促进园区与海外机构的深入合作。同时，以新材料和新一代信息技术两大战略性新兴产业为主线，通过人才聚集和项目运作，集中特色技术进行园区产业布局。

联系方式

地　址：广东省深圳市福田区香梅路1061号
　　　　中投国际商务中心A座18-B
邮　编：518040
电　话：86-755-23482785转812
传　真：86-755-82705173
邮　箱：sziip@kuang-chi.org

深圳市留学人员（龙岗）创业园

园区概况

深圳市留学人员（龙岗）创业园成立于2001年7月，是深圳市龙岗区为吸引海外留学生来龙岗创办高新技术企业而投资兴建，以引进优秀归国留学人员携带高科技项目来龙岗创业，提高相关产业水平，加快科技成果化，引导和带动自主创新体系建设为目的的综合性科技企业孵化器。2004年，通过深圳市科技企业孵化器认定；2005年，通过国家级科技企业孵化器认定；2006年，被授予“深圳市优秀引智单位”称号；2007年，被认定为“深圳市优秀科技企业孵化器”；2008年4月，成立知识产权工作站；2008年6月，通过ISO9000管理体系认证。

创业园地理位置优越、环境优美，总孵化面积近4万平方米，各项配套设施完善。科技图书馆、商务中心、情报中心、乒乓球室、台球室、会议室、洽谈室、展览厅、多功能厅均免费对企业开放；引进了深圳低成本健康实验室和CAE实验室、深圳市声学噪音处理检测平台、深圳市环保环评检测等公共技术检测平台；引进了咖啡厅、社康中心等社会配套机构；同时，为创业企业提供低成本的办公、科研及生产场地，以及一站式、全方位的服务。

目前，创业园内有在孵企业80余家，累计毕业企业60余家；在园企业共拥有专利280项，著作权35项，商标46个，拥有多项国际领先技术。

联系方式

地　址：广东省深圳市龙岗区中心城留学生创业园
　　　　一园213室
邮　编：518172
电　话：86-755-28938007
传　真：86-755-28938001
邮　箱：lgcy@vip163.com
网　址：www.cy.longgang.gov.cn

华丰（龙岗）留学生产业园

园区概况

华丰（龙岗）留学生产业园成立于2009年5月，是由华丰世纪集团投资兴建的留学生产业园，是深圳市引智办和龙岗区科技局重点项目。

产业园一期规划用地面积约4.5万平方米，总建筑面积逾10万平方米，建有标准化工业厂房8栋，配套公寓5栋，地理位置优越，环境优美，配套完善。商务中心、情报中心、乒乓球室、台球室、会议室、洽谈室、展览厅、多功能厅等均免费对企业开放。华丰集团先后投入300余万元资金，根据国际标准化工业园对园区的绿化、监控系统、电梯系统、配电系统、热水系统、通信系统、有线电视系统、语音广播系统、办公会议系统进行全面改造。产业园客户服务中心积极与外部企业及政府机构沟通交流，同时进行全方位的合作。龙岗区留学生联谊会已经成为联系园内外留学生的重要纽带。

目前，产业园累计引进高新科技型企业25家，其中留学生企业16家、外资企业1家、中国台湾合资企业1家；园区企业共获得专利20余项，6家企业已采用或通过ISO等国际质量标准管理体系；1个博士后科研工作站、1个产学研合作基地正在筹建中；累计吸引投资4亿元人民币，提供就业岗位3000余个。

联系方式

地　址：广东省深圳市龙岗区宝龙工业区宝龙一路与宝荷路交叉路口
邮　编：518116
电　话：86-755-89668288
传　真：86-755-27856777

深圳市留学人员（光明）创业园

园区概况

光明新区留学人员创业园成立于2013年11月，是光明新区管委会为落实国家留学政策，吸引学有所成的海外留学人员到新区创办企业，培育具有国际竞争力的企业和企业家，促进新区经济与社会发展而投资设立的高新项目孵化基地。

创业园一期启动区4000平方米的场地已投入使用，地理位置优越，周边环境优美，配套设施完善，是海外留学人员创业的理想场所。创业园以优惠政策为入园企业提供孵化场地，并针对处于创业期、成长前期企业的特点，提供各类孵化服务，促进科技成果转化，帮助海外留学人员实现技术项目商品化与产业化。

根据市委、市政府要求，创业园被定位为光明新区引进、培养和发挥留学人员作用的重要载体，是实现科技成果转化的重要基地，是海外留学人员施展才华的创业舞台。

联系方式

地　址：广东省深圳市光明新区观光路招商科技园A3栋C2—C6单元
邮　编：518107
电　话：86-755-88211505
传　真：86-755-88211505

深圳市留学人员（龙华）创业园

园区概况

龙华新区留学生创业园于2013年8月20日在观澜银星工业园挂牌成立，依托龙华新区科技企业孵化器创建，旨在为留学回国人员创业提供优质服务平台。2013年11月，被授予“深圳市留学人员（龙华）创业园”牌匾，正式成为深圳市留学人员创业园中的一个重要组成部分。创业园在成立之初由龙华新区组织人事局负责日常管理，现在采用“政府指导、民间运营”的方式，由深圳市龙新国际孵化器管理有限公司直接运营管理。

当前，龙华新区重点发展“一个发展中轴，九个重点片区”，其中，有五个片区在创业园周边，为园区未来发展提供了地域与空间活力保障。创业园规划总建筑面积约10万平方米，可容纳200家创业企业和100家成长性企业入驻。一期建成面积1.5万平方米，配备有公共服务平台（培训、政策咨询、创业咖啡、特色餐饮、专家公寓、交通配套、秘书服务、法律服务站、财务服务站、人才服务站、超级前台、电子商务、知识产权代办机构、创投机构、知识产权服务站）和公共技术平台（公共实验室、公共测试平台、公共技术开发体系），并有员工食堂、班车、宿舍以及公共会议室、培训室等配套。

创业园构建科技服务创新系统，有效聚集整合政府、协会等多方面资源，入驻企业将享受专项资金扶持等优惠；为支持企业发展，园区对于重大项目的引进，可提供长免租期、厂房订制、股权投资、银行贷款、资金补助申请等方面的增值服务。创业园设立了创业咖啡吧和成果展示中心，通过舒适的创业环境激发优秀的创业灵感，通过专业成果展示勾兑高效的成果转移，最大限度的提供增值服务和模式创新，加快园区企业成长。

联系方式

地　址：广东省深圳市龙华新区观澜街道观光路1301号银星高科技大厦
邮　编：518110
电　话：86-755-23703093
传　真：86-755-23317956
邮　箱：szlhti@szyxjt.com
网　址：szlhti.com

深圳市留学人员（坪山）创业园

园区概况

深圳市留学人员（坪山）创业园（坪山新区留学生创新产业园）成立于2011年11月，是坪山新区管委会为吸引海外留学人才员来区创业而投资设立的高新技术成果孵化基地，主要承担海外留学人员创业企业成长前期的孵育功能。2012年11月，被深圳市政府认定授牌为“深圳市留学人员（坪山）创业园”。

创业园位于华瀚科技工业园内，地处新区中心区的核心区，地理位置优越，总建筑面积23800平方米，一期1.75万平方米的科研、实验、办公场地已建成并投入使用，配套设施完备。对于入驻园区的留学人员，除了享受深圳市政府提供的优惠政策外，还可同时享受新区管委会提供的“零费用”进驻，入驻园区进行创新创业、研发的留学人员企业，办公场租全免、科研场租全免、试生产场租全免。

截至2015年底，创业园累计孵化入园企业36家，涉及生物医药、新材料、新能源、新一代电子信息等高新技术领域，成为坪山创新企业发展的摇篮。

联系方式

地　址：广东省深圳市坪山新区金牛西路16号华瀚科技工业园内
邮　编：518000
电　话：86-755-28339215
传　真：86-755-28339266
邮　箱：cx10001@126.com
网　址：www.psxq.gov.cn

珠海留学人员创业园

园区概况

珠海留学人员创业园成立于2003年2月，由国家人事部与珠海市政府共建。创业园受珠海高新区管委会管理，珠海市政府人事和科技行政部门归口指导。珠海高新区管委会下设创业园管理服务中心，具体负责园区日常管理和服务工作。

创业园设在珠海国家高新技术产业开发区内，面积2.3万平方米，分为A、B两区，A区位于科技创新海岸的南方软件园内，面积1万平方米；B区位于南屏科技工业园内，面积1.3万平方米。已形成了集研究、实验、中试、孵化为一体的留学人员创业基地，基础设施完善、信息网络发达、生态环境优美、技术创新氛围浓郁的智能型园区，成为珠海市实现科技成果转化的重要基地。

经过十多年的努力，截至2015年底，创业园已吸引300多家留学人员企业入驻，600多名留学人员在园发展，企业分布在电子信息、生物制药、新材料等领域。以创业园为龙头，全市吸引了6000多名留学人员在珠海创业工作，包括中央“千人计划”专家30多名、广东省领军人才7名、广东省创新创业团队2个。

联系方式

地　址：广东省珠海市唐家湾镇港湾大道科技一路10号民营科技大厦一楼
邮　编：519085
电　话：86-756-3629995，3629996
传　真：86-756-3629900
网　址：www.zhhbi.com

惠州留学人员创业园

园区概况

惠州留学人员创业园（原仲恺高新区留学生创业园）成立于2003年7月。惠州市政府依托仲恺高新区的产业基础，批复成立了仲恺高新区科技创业服务中心（仲恺高新区留学生创业服务中心）作为仲恺高新区留学生创业园管理部门，秉承“服务科技，扶持创新”的发展思路，吸引初创期科技型中小企业和创业企业入孵，为归国留学创业人员提供创业启动资金、科技服务和商业配套服务。2008年9月，创业中心被省科技厅认定为“广东省高新技术创业服务中心”，被市纪委、市监察局认定为“惠州市改革开放成果教育基地”；2009年，获得“省中小企业服务机构示范单位”“广东省高校毕业生科技创业孵化基地”认定；2010年，被国家人力资源和社会保障部全国博士后管委会认定为“博士后科研工作站”，被科技部火炬中心认定为“国家级科技企业孵化器”，被省中小企业局认定为“广东省小企业创业基地”，被省发改委员会认定为“广东省现代服务业集聚区”；2012年，被市政府认定为“惠州市现代服务业集聚区”，被省中小企业局认定为“广东省中小企业公共服务示范平台”，被省人社厅认定为“广东省创业带动就业孵化基地”。2015年11月，成为广东省人社厅与惠州市政府共建的广东惠州留学人员创业园。

创业园孵化总面积20万平方米，孵化场地由仲恺高新区科技创业服务中心1、2、3号楼，TCL科技大厦科技创新研究服务中心，惠南、东江产业园科技创业服务中心，陈江、惠环加速器以及北京中关村异地孵化器、美国波士顿异地孵化器、政企共建孵化器等构成，针对不同成长阶段科技企业的需求，建设与之相适应的不同类型科技创新创业孵化载体，从创业苗圃到孵化器、加速器，再到产业园等，建立完善科技创新创业孵化链条，形成了“创业苗圃+孵化器+加速器”的孵化体系。创业园积极探索“前孵化器”和异地科技创新服务体系建设，依托国内外知名高校和科研院所，推动产学研合作，支持有创业需求的精英和创新团队把仍处于研究早期的技术产品甚至技术思路进一步完善并在仲恺高新区进行产业化。同时，为进一步优化仲恺高新区人才政策环境，仲恺高新区先后出台《仲恺高新区引进扶持高层次人才激励政策（暂行）》《仲恺高新区管委会关于仲恺高新区“恺旋人才计划”的实施意见》，针对海外高层人才，协助办理工商注册、税务登记、海外高层次人才居住证等一站式服务，提供生活津贴及一次性住房补贴等补贴待遇。

创业园历经多年的建设，在其带动下，截至2015年底，仲恺高新区已聚集留学人员近200人，留学人员创业企业10多家，占惠州市留学人员科技创业企业总数80%以上，多个项目被列为国家、省、市科技重点支持对象。

联系方式

地　址：广东省惠州市仲恺高新区惠风东二路16号
邮　编：516006
电　话：86-752-2653699
传　真：86-752-2653896
邮　箱：smart008@21cn.com
网　址：kc.hzzk.gov.cn/lxscy

东莞市留学人员创业园

园区概况

东莞市留学人员创业园成立于2003年，是东莞市委、市政府实施科教兴市和人才强市战略，吸引海外留学人员来莞创业的重要平台。其宗旨是为留学人员来莞创业提供优质服务，营造适宜中小科技企业成长的创新环境，促进先进科技成果转化，加快培育自主创新型企业和现代企业家，推动东莞新兴产业、高科技产业发展。2005年底，被团中央授予“中国青年留学人员创业基地”的称号；2007年12月，被国家科技部认定为“国家高新技术创业服务中心”。

创业园设在风景优美的东莞松山湖科技产业园区，有孵化场地面积4万多平方米，建成生物医药专业孵化器、创意产业孵化器，以及生物医药工程中心、微电子材料研发中心等多个公共技术平台。此外，还专门配备了会议室、多功能报告厅、员工食堂、咖啡厅、文体活动室等，为入驻企业提供良好的商务、生活环境。

联系方式

地　址：广东省东莞市松山湖科技产业园区学术交流中心
邮　编：523808
电　话：86-769-22891118
邮　箱：ljy@ssl.gov.cn
网　址：www.dghg.org

中山留学人员创业园

园区概况

中山留学人员创业园成立于2007年8月，由中山市人事局批准成立，与中山火炬高新技术创业中心、中山火炬生产力促进中心合署办公，实行“一套人马、三块牌子”的运作机制。中山火炬高新技术创业中心由火炬开发区管委会于1992年创办，2005年被科技部认定为“国家高新技术创业服务中心”，并被广东省科技厅批准为“广东科技人才基地（中山）”建设的依托单位。2011年12月，创业园成为全省首家由广东省人力资源和社会保障厅与中山市人民政府共建的省级创业园。

创业园已建成的建筑总面积达到30万平方米，拥有1个综合孵化器和5个专业孵化器，包括投资大厦、数码大厦、科技大厦、孵化中心大厦，有商务酒店、商业购物区、学校、专家楼、留学人员公寓等配套设施。此外，专用于留学人员创业的数码大厦已投入使用，孵化场地面积近10万平方米，可容纳企业近500家。科技中介服务区、创业人才生活区、高新技术成果展示区、高新技术产品交易区等四大人才创业配套服务功能区已基本成形。对入园创业的回国留学人员，创业园提供以下优惠政策：一是开发区一次性补贴10万元创业投资资金；二是从企业设立之日起的2年内，根据企业固定资产投资规模给予一次性3%的补贴，最高达到60万元；三是企业从登记之日起3年内，按投资总额的20%一次性给予贷款贴息；四是对于进入创业园达到博士学位或者是博导职称的，给予安家费10万—30万元，另外每月给予1000—3000元工资外的生活补贴。在科技创新方面，科技专项经费也给予优先的资助。同时，在子女进入园区之后的就学、就业、家属安置等方面也给予优惠，为留学人员提供广阔的创业平台和优质的生活环境。

目前，创业园已聚集了20多家留学人员科技创业企业，逐步形成了电子信息和软件开发、包装印刷、生物医药、新能源与新材料、光机电五大支柱产业，多个项目被列入国家、省、市科技重点支持对象。

联系方式

地　址：广东省中山市中山港康乐大道创业大厦101
邮　编：528437
电　话：86-760-85316969，85316213
传　真：86-760-5310271
邮　箱：hpp7943@sohu.com
网　址：www.zstorchibi.com

南宁留学人员创业园

园区概况

南宁留学人员创业园成立于2000年初，坐落在南宁国家高新技术产业开发区内，由南宁新技术创业者中心负责服务管理。

创业园拥有孵化场地4000平方米，经过多年发展，建立起了较为完善的孵化培育服务体系。创业园结合南宁高新区的实际情况制定了一系列的优惠措施，包括提供留学人员创业启动资金、办公科研场地的优惠使用、协助企业申请各项科技经费、提供专家公寓、提供企业发展咨询服务等。

目前，创业园已吸引了一批来自美国、英国、日本等国家和地区的海外人员，以及国内博士和博士后前来创业。

联系方式

地　址：广西南宁市科园大道68号4栋6层
邮　编：530004
电　话：86-771-3213233，3213368
邮　箱：smart008@21cn.com
网　址：5039993.my.sme.cn

柳州留学人员创业园

园区概况

柳州留学人员创业园成立于2007年8月，由柳州市人事局、柳州高新区共同组织和管理，为留学回国人员提供资金、场地及相关配套服务。创业园实行“政府引导、企业运作、留学生管理”的运作管理模式，即通过海外留学生入股，创造“一头在国内、一头在国外、中间是政府”的“杠铃模式”，以最优惠的价格提供科研、实验、办公、配套和管理服务，利用政府资源参与运作和管理，引进风险投资资金，协助入园企业解决融资问题。

早在2003年就进入国家级的柳州高新技术创业服务中心，已形成了一整套完善的孵化服务体系，共有孵化场地2.7万平方米。创业园成立后，又制定了一系列优惠政策，除设立了留学人员基金外，还在柳州高新区中心和柳东新区提供了近1000平方米的场地，免费作为入园留学生的研发和生活区。创业园主要构建生物工程和生物制药、高新技术及新材料新能源、软件及文化产业、投融资等四大优势产业。

联系方式

地　址：广西柳州市高新一路科技工业苑11层
邮　编：545006

电　话：86-772-3998128
传　真：86-772-3998138
网　址：www.lzisti.net.cn

桂林留学人员创业园

园区概况

桂林留学人员创业园成立于2001年3月，由原国家人事部、广西壮族自治区人民政府和桂林市人民政府联合共建，2001年12月正式挂牌。创业园位于桂林国家高新技术产业开发区内，由桂林国家高新区管委会负责具体实施，是专为到桂林创业的留学人员、博士等高层次人才而设立的创业基地。创业园正式挂牌运作以来，充分利用国家人事部、自治区人民政府、桂林市人民政府的政策导向，依托桂林国家高新区良好的投资环境，发挥共建各方自身优势，吸引留学人员、博士以及立志创业的各方人士前来创业。促进科技成果商品化、产业化、国际化，培育一流的高新技术企业，造就精通技术、善于管理、通晓经营的复合型科技人才。2006年12月，创业园被广西区党委组织部授予“广西留学人员工作先进单位”的称号。

创业园现由创新大厦、创业大厦、铁山科技园、创意产业园四大孵化场地构成。创新大厦是高新区电子信息产业专业孵化器所在地，一期孵化场地面积2.7万平方米，利用地处信息产业园优势，专门吸纳中小型电子、通电企业，形成电子、通信企业集群，作为园区各规模企业产业链延伸的载体和末端，逐渐形成完整的产业链条。创业大厦地处高新区老区1平方公里内，孵化场地面积2.1万平方米，有8000平方米的轻钢工业厂房，周边有华诺威制药、晖昂制药等生物医药骨干企业，地理位置优越，交通便利，知名度高，建有“广西数字化产品开发制造公共技术服务平台”“桂林工业产品设计人才培训基地”重点孵化生物医药、光机电一体化企业，着力打造创业苗圃。铁山科技园一期孵化场地面积1.6万平方米，主要用于吸纳大专院校、科研院所成果转化，创业者以留学人员、博士、大学老师、大学生等高素质人群为主体，设有创业中心本部、全国大学生科技创业实习基地，将发挥“一个中心”的引领示范作用，成为多个专业孵化器的“辐射源”。创意产业园孵化场地面积6.8万平方米，是一个全新的，以集聚动漫制作、软件开发、产品设计等创意型企业为首要的园区，建有“高新区软件外包人才培训基地”“高新区动漫制作公共技术服务平台”，承载着高新区转变经济增长方式，文化立区的新理念。

创业园在局部打造了一个吸引留学人员回国创业的优化环境，在求得自身发展的同时也为高新区科技创新营造了一个新的亮点。目前，在孵企业达到300多家，培育规模以上企业80多家。

联系方式

地　址：广西桂林国家高新区大学科技园二楼
邮　编：541004
电　话：86-773-2670907
传　真：86-773-5819274
邮　箱：44603899@qq.com
网　址：www.glbic.com

北海留学人员创业园

园区概况

北海留学人员创业园成立于2006年2月，由北海市人民政府和广西壮族自治区人事厅合作共建。创业园分别设在北海市贵州路科技创业中心大楼，北海市北海大道科技大厦精品项目孵化器，北海市体育北路综合孵化基地等三个孵化器内，日常服务工作由北海市高新技术创业服务中心负责。

创业园先后引进了广西桂能信息工程有限公司，促成了广西桂能集团在北海工业园的亿元投资，产生了拉动北海经济发展的巨大效益；引进了北海金明阳风力潮汐发电科技有限公司，也促成了广西柳州明阳机电集团公司在北海市投资1.3亿元建设风电项目。园区企业为北海市的园区经济、高新技术产业的发展注入了新的活力，增添了新的力量。

联系方式

地　址：广西北海市北海大道科技大厦7楼
邮　编：536000
电　话：86-779-2020594
传　真：86-779-2023001
邮　箱：bhsulidong@sina.com

海口国家高新区留学人员创业园

园区概况

海口国家高新区留学人员创业园成立于2001年12月，由海南省人力资源和社会保障厅与海口国家高新区共同创建，由海口国家高新区科信局主管，旨在吸引优秀留学人员入园创办高新技术企业，重点孵化一批具有国际领先技术和自主知识产权、市场潜力巨大、国家重点支持领域的项目，促使先进技术与本地资源的有效结合，加快科技成果转化和产业化，促进海南经济的快速发展。2009年，创业园被海口市创建创业型城市领导小组认定为“创业孵化示范基地”。

创业园孵化总面积1800平方米，并拟建1.8万平方米创业孵化大楼作为新的创业孵化基地。工程分两期建设，完工后可满足创业人员办公、科研、中试的需求。创业园区在管理模式上创新，以“媒婆+保姆”的管理模式和“以人为本”的服务理念，努力为在孵企业和创业人员提供有效服务。高新区设立有创业扶持基金，每年筹备200万元作为扶持创业的匹配资金。此外，创业园联合政府部门、金融部门、风投机构建立投融资平台，努力让在孵项目和资金对接；联合省、市科技部门对企业技术成果进行鉴定、推广、交易；通过组织部门协调高校、科研院所的科学实验平台进行资源共享，重大科技项目可联合多方研发。

目前，创业园已聚集了一批由留学回国人员创办的高科技企业，主要集中在高科技农业、信息技术、生物医药、干细胞工程研究、蛋白质工程研究、分子细胞技术应用、中子核辐照技术应用、热带海洋研究等行业领域。

联系方式

地　址：海南省海口市南海大道168号
（海口保税区内）留学人员创业园112室
邮　编：570216
电　话：86-898-66826121
传　真：86-898-66826151
邮　箱：Hkwsyao@126.com

重庆留学人员创业园

园区概况

重庆留学人员创业园成立于2003年8月，由重庆市政府批准设立，其前身为重庆高新技术产业开发区管委会于2000年3月所创建的“重庆高新区出国留学人员创业园”。2007年，成为国家人力资源和社会保障部与重庆市人民政府共建的“中国重庆留学人员创业园”；2009年10月，被重庆市委、市政府评选为“留学人员归国创业服务工作先进单位”。

创业园位于重庆高新区二郎科技新城，总建筑面积8.92万平方米，总投资额为22亿元，是集科研、中试、生产、办公、展厅为一体的综合性现代化创业园区。

目前，创业园内有留学人员创办或领办企业23家，主要涉及电子信息、生物医药、新材料、先进制造等领域；成功培育华邦制药成为全国首批中小板上市企业，梅安森科技成为西部首家煤矿安全领域创业板上市企业。在园留学人员624人，中央“千人计划”入选者5人。

联系方式

地　址：重庆市高新区二郎科城路77号A座2楼
邮　编：400039
电　话：86-23-68683600
传　真：86-23-68416305
邮　箱：7009932@qq.com

成都留学人员创业园

园区概况

成都留学人员创业园成立于1998年8月，是成都高新区管委会下设的为留学人员回国创业提供服务、促进成果转化的公益性科技事业服务机构，是全国首家由国家人事部与地方政府共建的留学人员创业园。经过多年的发展，创业园不断完善留学人员回国创业的激励机制，按照“以优惠的政策吸引人才，以优良的环境留住人才，以优异的事业发展人才”的发展思路，通过有针对性的基础服务、增值服务和定制服务，促进人才资源向人才资本转化。

创业园在高新区管委会的大力支持和领导下，实施大孵化战略，聚集高层次创新创业人才，培育企业自主创新能力，取得了显著成绩。截至2014年底，园区累计孵化企业500多家；在园留学人员企业中，主要集中在信息技术、生物医药、新材料、环保节能、光机电一体化等高技术领域；成功培育出飞博创和芯微电子、亚连、摩尔、特普等一批拥有自主知识产权、具有核心竞争优势的留学人员企业，培育了一批懂技术、懂管理、善经营的优秀企业家，为高新技术产业发展作出了贡献。

截至2015年底，有在园企业513家，其中，留学人员企业314家，在园创业或工作的留学人员533人。2015年，新引进留学人员企业121家，毕业留学人员企业86家。从创建至今，园区累积孵化企业908家，其中，留学人员企业420家。在园留学人员企业主要分布在电子信息、生物医药、新材料、新能源环保、装备制造、新能源汽车等行业领域。

联系方式

地　址：四川省成都高新区益州大道中段1800号
移动互联创业大厦4楼
邮　编：610041
电　话：86-28-85171424
传　真：86-28-85312171
邮　箱：354422258@qq.com
网　址：www.cdibi.org.cn

绵阳留学人员创业园

园区概况

绵阳留学人员创业园建立于2000年5月，由四川省人事厅、科技厅、教育厅与绵阳市人民政府联合共建，市人事局、教育局、科技局与高新区管委会具体承建。创业园依托绵阳国家级高新技术产业区，按照市场经济规律和国际通行规则运作，以吸引和扶持留学人员，培育具有创新能力与国际竞争力的高新技术企业和科技企业家为重点，促进高新技术的发展和科技成果的转化。

创业园规划面积50万平方米，实现园区的连片开发和集中管理，已建成孵化中心、标准厂房和博士别墅住宅等基础设施，投入使用孵化面积4000多平方米，标准厂房面积5000多平方米，引入会计师事务所、企业咨询、风险投资等中介服务机构，为留学人员来区创业提供专业化服务。

创业园吸引了来自美国、加拿大、日本、澳大利亚、德国、英国等国家的留学人员创办高科技企业，为促进高新技术成果的转化，提高绵阳高新区科技创新能力作出了突出贡献，初步形成了人才聚集效应。

联系方式

地　址：四川省绵阳市普明南路东段95号创业服务中心
邮　编：621000
电　话：86-816-2546170，540097
传　真：86-816-2535118

贵阳留学人员创业园

园区概况

贵阳留学人员创业园（原贵阳留学归国人才创业园暨贵阳海外高层次人才创新创业基地”）成立于2010年1月，其前身是成立于2003年的贵州留学回国人员创业园、贵州学子回乡创业园，是贵州省唯一的留学人员创业园。创业园由贵阳国家高新区投资建设，与贵阳高新技术创业服务中心实行“两块牌子、一套人马”，鼓励和扶持高层次海外留学人员回国创业。创业中心成立于1992年，是直属贵阳国家高新区管理委员会领导下的科技服务机构，1998年被科技部认定为“国家级创业服务中心”。2015年5月26日，人社部批复同意与贵州省政府共同建设“中国贵阳留学人员创业园”；12月17日，贵阳留学人员创业园正式挂牌。

贵阳市高新区管委为创业园制定了系统管理办法和政策措施，着力培育具有创新能力和国际竞争力的高新技术企业。并以贵阳高新技术创业服务中心综合孵化服务功能为基础，在研发、项目孵化、团队建设、技术改造、市场开拓等方面给予扶持。包括：搭建政府服务平台，完善人才信息库、人才供求信息网络和人才档案管理中心的服务功能，通过人才服务机构与中介机构，更好地发挥市场对人才资源的配置作用。搭建人才创业平台，设立科技人才创业基金和科技成果转化基金，开辟科技成果转化的融资渠道，鼓励科技人才走向社会带头创业，实现科研、技术成果转化，帮助科技人才成就事业。通过引导有条件的企业组建新产品研发中心、申建与本企业研发新产品紧密相关的博士后科研工作站、建立企业与博士联谊会等形式，搭建高层次科教人才创业发展平台。搭建人才柔性流动平台，变“所管”为“所用”，打破了国籍、户籍、身份、档案、人事关系等人才流动中的刚性制约，突破工作地、工作单位、工作方式的限制，采用进出更自由、渠道更畅通、方法更灵活的人才流动方式，鼓励和引导企业主动到高等院校、科研院所去聘请专家、租赁科技人才。创造条件让科技人才走出“学堂”“书房”和“实验室”，到市场经济的大潮中施展抱负，促进了人才的自我开放性流动。

截至2015年底，创业园已累计吸引60多个留学归国人才创业团队、100多名留学人员入园创办了60多家企业，涵盖制造业、电子信息、生物医药等高新技术产业；推荐申报获批“千人计划”专家2人，引进国家“千人计划”专家6人，聚集核心研发团队50个、博士344人、硕士613人；获批国家、省级各类支持资金2000万元，高新区扶持资金3000万元，已成为全省科技创新创业人才最集中的区域。

联系方式

地　址：贵州省贵阳市金阳新区长岭南路创业大厦6层
邮　编：550022
电　话：86-851-4700588
传　真：86-851-4701009
邮　箱：260875268@qq.com
网　址：www.gyibi.net.cn

云南留学人员创业园

园区概况

云南留学人员创业园成立于2001年9月，是由昆明高新技术产业开发区创办的为海外留学人员回国创业提供创业服务的专业化园区。创业园与云南省国家大学科技园两园合一，合署办公，实行“两块牌子、一套班子”的运作模式，管理机构为云南留学人员创业园管理办公室、云南省大学科技园办公室。创业园以服务、创新为重点，以高新技术成果的商品化、产业化和国际化为目标，以促进科技成果转化、孵化高新技术企业、培育创新型企业为宗旨，着力吸引、挖掘、培育创业团队完备、研发能力突出、拥有自主知识产权的科技型企业。同时，依托省内外高校的教学、科研设施和研究成果，充分发挥昆明国家高新技术产业开发区体制、机制、政策的优势和社会服务功能，实现了高校、科研机构的智力资源与社会资源的有机结合，现已成为昆明高新技术产业开发区技术创新体系的重要组成部分，成为云南省、昆明市留学归国人员重要的创业平台。2004年，创业园被共青团中央评为“中国青年科技创新示范基地”；2008年，被科技部评为“国家火炬计划先进集体”；2009年，被省科技厅评为“优秀科技企业孵化器”；2010年，被昆明市科技局认定为市级孵化器；2011年，荣获“昆明名牌产品”称号；2012年，获“国家中小企业公共服务示范平台”称号。

创业园依托昆明高新技术产业开发区区域资源禀赋、产业基础和区位优势，集中发展生物医药、电子信息及现代服务业和新材料及先进装备制造业三大产业集群，园区产业呈现集群式、专业化、特色型发展的态势。园区拥有孵化场地13万平方米，已建成生物医药、电子商务专业孵化器、创业苗圃等孵化平台。

联系方式

地　址：云南省昆明二环西路220号云南软件园产业楼501室
邮　编：650106
电　话：86-871-68180605
传　真：86-871-68181219
邮　箱：1716175429@qq.com
网　址：www.ynupp.org.cn

云南海归创业园

园区概况

云南海归创业园于2006年成立，是在昆明经济技术开发区管理委员会的指导下，采用股份制企业化形式运作的，重点面向海归创业者建设的综合性科技企业孵化器。产业发展以信息技术、生物技术和环保新材料等为重点，不仅具有依托经开区新兴产业发展产业链，构筑产业机构支撑点的优势，还具有面向东南亚和南亚的地域优势。创业园发展至今，已经成为云南目前单体规模最大的科技企业孵化器，也是云南目前规模最大的留学人员创业园。先后被科技部认定为国家级科技企业孵化器、云南省科技厅认定为省级科技企业孵化器、昆明市科技局认定为市级科技企业孵化器，被人社部认定为全国创业孵化示范基地。同时，作为国家级昆明经济技术开发区配套的重点科技创业园区，被认定为国家级昆明经济技术开发区的二级招商引资平台、经开区引进海外高层次人才联络站、云南省留学服务中心经开区分中心、外贸服务基地、云南省科协科技专家服务站及省级生产力中心等。

创业园位于昆明开发区信息产业基地，占地109亩，已建设完成投入使用的面积达15.48万平方米。其中，孵化场地5.08万平方米，公共配套服务1771平方米，专属的留学生和大学生创业实习基地3000平方米，另有10.4万平方米作为产业加速器，主要用于规模化生产。创业园非常注重公共服务平台建设，采取自建与合作的方式整合自身及外部专业服务资源，目前已建立企业融资服务平台、政策咨询与项目申报服务平台、技术产权服务平台、教育培训服务平台、市场营销服务平台、人力资源服务平台等16个服务子平台，全面搭建了特色创业服务，为企业发展提供全面支撑。同时，创业园为留学回国人员创业制定了“育林式“全程服务，即“预孵化（引种幼树）—技术孵化（修枝培土）—企业孵化（施肥浇水）—企业加速（优良嫁接）”的全过程、全阶段的跟踪孵化服务。目前，园区以综合型科技企业孵化器为基础，着重培育信息技术、生物医药、新材料、节能环保、新能源及光电子信息等领域的科技产业，向专业孵化器和产业加速器方向发展，已成功培育出云南北斗银河导航、康嘉乐生物科技、圣周伟业等一大批知名高科技企业。创业园的建立，起到了降低留学人员创业门槛，对接优势资源、搭建融资平台、提供技术保障、营造国际化生活配套环境，带动留学人员归国创业，促进科技成果转化，完善经开区科技创新体系、带动和引领产业结构调整优化和产业升级的积极作用。

联系方式

地　址：云南省昆明市经济技术开发区信息产业基地春漫大道80号

邮　编：650217

电　话：86-871-66386416

传　真：86-871-66358760

邮　箱：9908773@qq.com

网　址：www.ynorpp.com

西安留学人员创业园

园区概况

西安留学人员创业园成立于1998年5月，位于国家级西安高新技术产业开发区内，是国家科技部、人事部、教育部和国家外专局共同审批确定的首批“国家留学人员创业园”。2002年7月，成为国家人事部与陕西省政府共建的留学人员创业园，同年12月被团中央认定为“青年科技人才创新基地”；2003年9月，被中央组织部、宣传部、统战部、人事部、教育部、科技部六部委共同授予“留学回国人员先进工作单位”称号；2006年6月，被中国民营科技促进会组织评为“全国先进科技产业园和先进管理者”；2008年12月，西安高新区被中央人才工作协调小组列为“海外高层次人才创新创业基地”；2009年4月，被列为“国务院侨务办公室引智引资重点联系单位”；2012年8月，创业园入选“新侨人才创业孵化团队”，是全国唯一入选的留学人员创业园；2013年3月，创业园被西安市外侨办评为“西安市侨务工作先进集体”。

创业园总面积99.48万平方米，拥有由孵化基地、产业化基地、综合性园区组成的13个创业基地，已形成由1个综合性孵化器和多个专业孵化器相结合的“1+N”的孵化器集群发展模式。创业园围绕中小型科技企业的发展需求，提供创业咨询与指导服务、投融资促进服务、培训服务、共性技术服务、项目策划与申报服务等20多项专业化服务，建立了面向高新区科技型中小企业的分阶段、分领域培育的创业服务体系，为区域产业集群的发展源源不断地输送后配力量。

创业园牢固树立“至诚服务、创造一流”的理念，充分发挥政策优势、产业优势和环境优势，在促进海外科技成果的引进、吸收、再创新方面取得了显著的成绩，促成了大批海外学人创业项目在西安高新区落户，培育有高度创新能力和强劲市场竞争力的大批高科技企业和现代企业家。

截至2015年底，有在园企业845家，其中，留学人员企业367家，在园创业或工作的留学人员394人；2015年，新引进留学人员企业24家，毕业留学人员企业6家；从创建至今，园区累积孵化企业2881家，其中，留学人员企业896家。目前，在园留学人员企业主要分布在电子信息、生物医药、装备制造、现代服务等行业领域，园区主要发展的特色产业为电子信息类产业。

联系方式

地　址：陕西省西安高新区锦业路69号瞪羚谷G座2层

邮　编：710077

电　话：86-29-88314728

传　真：86-29-88320126

邮　箱：lixu@xdz.gov.cn

网　址：www.xibi.com.cn

西安经济技术开发区留学人员创业园

园区概况

西安经济技术开发区留学人员创业园成立于2008年8月，由西安市人事局和西安经济技术开发区共同组建，西安经开区管委会负责园区的各项管理和具体运作，设立专门办事机构，配备专职人员，提供专门办公场所，制定相关办法和细则，建立创业扶植基金等，规划园区建设用地及负责项目建设；西安市人事局在宏观规划、指导协调以及对创业园的考察评估等方面发挥职能优势。

创业园以经开区总体发展战略规划为依托，以经开区创业园管理办公室为政策管理及服务平台，以留学人员和国际高端人才为智力资源，结合区域实际，以经开区现有产业板块、入驻企业及科研项目为留学人员和国际高端人才创新及就业提供服务，以培育具有创新能力与国际竞争力的高新技术制造企业和科技企业家为重点，促进高新技术制造业的发展和科技成果转化，引领产业升级，逐步建立专业化创业基地，充分发挥示范、导向带头作用，为进一步建立国家级留学人员创业园奠定基础。

创业园管理工作由西安经济技术开发区留学人员创业园服务管理中心负责，不但为留学回国人员创办的企业提供共享服务空间、经营生产场地、办公设备、交通工具等基础设施服务，还为企业提供政策指导、优惠政策落实、国际合作及各类咨询服务。创业园开设了留学人员创业频道，设有专栏和信箱，并由专人负责留学人员到西安经开创业的前期咨询服务工作。同时，协助留学人员创办企业过程中的企业名称审定、工商注册、税务登记、银行开户、办理企业代码证、海关登记等手续。

联系方式

地　址：陕西省西安市凤城十二路1号凯瑞大厦A座206室
邮　编：710018
电　话：86-29-86135117，86517914
网　址：www.etpc.com.cn

杨凌示范区留学人员创业园

园区概况

杨凌示范区留学人员创业园成立于2000年8月，经杨凌示范区管委会批准，在杨凌示范区创业服务中心的基础上组建，是我国最早设立的农业高科技留学人员创业园。留学人员创业园与创业中心合署办公，实行“一套人马、两块牌子”的运作机制。创业园通过提供与国外接轨的良好的孵化条件和优质服务，鼓励吸引海外留学人员来杨凌示范区投资创业，加快农业高新技术成果的商品化、产业化、国际化进程。

创业园基础设施配套完善，拥有1.1万平方米的创业大厦、6500平方米的创新大厦、1.4万平方米的创业园标准厂房。创业大厦地理位置优越，办公室宽敞明亮，物业管理服务已达到星级水平。创业园还具有完善的共享设施，如中央空调系统、ADSL宽带信息网、多功能会议室、健身房、餐厅、娱乐厅，是企业开展科学研究、进行产品生产和办公的理想场所。创业园提供从创业策划到注册登记、办公和生产场地选择、员工住宿、申报各类科技产业计划、申报科技企业和高新技术企业认定以及组织企业参加各类经贸活动等方面的全程服务，并向有希望的项目提供贷款推荐、贷款担保、风险资金、短期合作等。

目前，创业园在孵企业主要涉及生物医药、绿色食品、环保农资、良种繁育和涉农服务业等领域，在孵企业注册资金累计5亿元，年产值3亿元，共开发转化科技项目310项，形成具有生产能力的产品220个，并有3项达到世界领先水平，3项达到世界先进水平，11项达到国内领先水平，90项达到国内先进水平，85项为专利技术，105项获国家及地方各类计划资金支持，55项列入国家和省火炬计划、攻关计划和重点新产品计划等。

联系方式

地　址：陕西省杨凌示范区神农路16号创业大厦
邮　编：712100
电　话：86-29-87036933，87035538
传　真：86-29-87035398
网　址：www.cysn.net

兰州留学人员创业园

园区概况

兰州留学人员创业园成立于2001年12月，由甘肃省人事厅、兰州市人事局、兰州高新技术产业开发区管理委员会共同发起组建。2010年1月19日，国家人力资源和社会保障部同意与甘肃省人民政府共建“中国兰州留学人员创业园”，并于2010年12月7日揭牌成立。

建设初期，创业园租用了科庆科技园综合楼部分办公用房建立了兰州高新区留学人员创业孵化基地、兰州高新区人才特区示范基地，连续3年无偿提供给留学人员创新创业。目前，基地已引进20名留学人员创办的企业15家入驻孵化，另外还有15位留学人员正在申请到基地创办企业。同时，为解决专业园区生产场地缺乏的问题，加速留学人员创业园的建设和发展，新建中国兰州留学人员创业园彭家坪产业研发基地（部省共建）。该基地总占地面积为61.67亩，建筑面积14万平方米，建设投资3亿多元，建有标准化厂房、办公楼、公共基础设施等，设施完整，公共配套全面，能够为100—160家企业提供开发场地和共享的创业保障平台。

创业园自成立以来，大力开展招商引智工作，建立健全了招才引智运作制度，包括身份认定、入园手续办理、优惠政策研讨、项目申报、协助企业成果鉴定等；不断强化服务功能，针对留学人员特点，不断简化工作程序，做到热心、细致、专业、务实，积极扶持园区企业的技术研发和创新；不断改善园区软、硬环境，结合园区实际情况，突出重点，扎实工作，优化创业环境，扩大对外宣传，多渠道、全方位吸纳留学人员回国创业，目前已取得了较好成果。

联系方式

地　址：甘肃省兰州市城关区南面滩268号45号信箱
邮　编：730010
电　话：86-931-8552029
传　真：86-931-8553171
网　址：www.lzgxcy.com

宁夏留学人员创业园

园区概况

宁夏留学人员创业园成立于2003年6月，经宁夏回族自治区人民政府批准，由自治区人力资源和社会保障厅、银川市人民政府、银川经济技术开发区管委会共同建立。创业园与宁夏高新技术创业服务中心合署办公，由宁夏留学人员创业园管理办公室负责具体管理工作。

创业园自成立以来，在自治区人力资源和社会保障厅的关怀指导下，在开发区党工委、管委会的高度重视和各有关部门的支持帮助下，不断改善园区软、硬环境，优化回宁留学人员创业环境。为吸引优秀留学人才回宁创业，开发区管委会先后制定了《银川经济技术开发区管委会留学人员创业园管理规定（暂行）》《银川经济技术开发区管委会吸引优秀人才基金管理办法（试行）》《银川高新区高新技术风险担保基金管理办法》《银川高新区扶持高新技术企业发展基金管理办法》和《银川经济技术开发区“十二五”时期建设“人才特区”暂行办法》等配套政策，提出了引进人才智力的一系列政策措施，对留学人员创业园的建设、发展提出了具体的目标要求和扶持政策。创业园服务体系逐步完善，不断强化服务功能，建立了包括身份认定、入园手续办理、优惠政策落实、项目立项申请、高新科技成果转化等运作制度，以热心、细致、专业、务实的态度，积极扶持园区企业进行技术研发和成果转化。

目前，创业园累计吸引了44名回国留学人员创办科技企业17家，涉及生物工程、新材料、汽车制造、电子信息、网络通讯等领域，累计注册资本2800万元。

联系方式

地　址：宁夏回族自治区银川市黄河东路创新园48号
　　　　银川经济技术开发区管委会组织人事劳动局
邮　编：750001
电　话：86-951-5062867
传　真：86-951-5062830，5062845
邮　箱：ycdaldj@163.com

新疆留学人员创业园

园区概况

新疆留学人员创业园于2013年经自治区人民政府批准成立，是新疆自治区、乌鲁木齐市和开发区（头屯河区）着力打造的为培育具有创新能力与国际竞争力的高新技术企业和科技企业家，促进高新技术发展和科技成果转化，鼓励吸引海内外高层次人才来疆创业发展，促进创业类企业发展壮大而建立的高层次人才创新创业基地。园区管理机构为新疆留学人员创业园管理办公室，属于乌鲁木齐经济技术开发区（头屯河区）直属事业单位。

创业园所在的新软创智大厦于2015年7月投入使用，拥有公共会议室、公共洽谈区、知识产权服务中心、中小企业服务中心、科技创业“一站式”服务中心等，提供孵化面积5100平方米。同时，采取园外园模式与顺德创业孵化基地建立了战略合作关系，提供孵化面积1400平方米，目前可为创业企业提供的孵化面积共计6500平方米。创业园重点强化创业辅导、人才引进、企业融资、成果转化、股权投资、产业促进六大服务，吸引和扶持海内外高层次人才创业。

截至2015年底，创业园已累计吸引企业30家，行业涉及现代农业科技、环保、医疗检测、新能源、移动互联、食品安全等，入园企业中留学人员共有20余名，主要从美、日、英、法等国家留学归国，其中博士9名，硕士15名。仅2015年，入园企业创造产值已过亿元。

联系方式

地　址：乌鲁木齐经济技术开发区（头屯河区）
　　　　喀纳斯湖北路455号新软创智大厦B座
邮　编：830057
电　话：86-991-3075362，3075365
传　真：96-991-3075366
邮　箱：409165831@qq.com
网　址：www.xj-lcy.com

乌鲁木齐留学人员创业园

园区概况

乌鲁木齐留学人员创业园成立于2002年，2010年经人力资源和社会保障部与新疆维吾尔自治区人民政府共建成为“中国乌鲁木齐留学人员创业园”。留学人员创业园和乌鲁木齐高新技术产业开发区高新技术创业服务中心实行“两块牌子，一套班子”的运作方式，管理机构为乌鲁木齐高新技术产业开发区管理委员会。2004年，创业园被科技部认定为“国家级高新技术创业服务中心”；2009年4月，被自治区政府授予“自治区留学回国人员工作特别贡献奖”；2010年2月，被科技部认定为“科技企业孵化器大学生科技创业见习基地”；2010年10月，被教育部、科技部认定为“高校学生科技创业实习基地”；2011年3月，被市委、市政府认定为“先进公共服务机构”；2012年12月，被自治区经济和信息化委员会认定为“2012年新疆维吾尔自治区中小企业公共服务示范平台”。

创业园现有孵化场地面积2.69万平方米，其中供孵化企业使用的场地2.65万平方米。创业园按照ISO9000质量管理体系要求，规范了服务质量，建立了创业导师制度，定期组织创业专题讲座；认真贯彻落实对科技创业企业和博士留学人员创业企业的支持政策，聘请法律顾问和专业技术顾问，为入孵企业提供法律咨询和各类专业技术服务；开发面向中小企业电子商务平台，链接“万方数据”“维普资讯”“新疆科技文献资源共享平台”，为入驻企业免费提供科技文献查询。此外，创业园通过与乌鲁木齐中奥文泰教育咨询公司签订共建“新疆科技创业（教育）培训学校”合作协议，创建孵化“苗圃”，面向在校大学生、社会科技创业人才，搭建以“创新形式、力求实效、内外互动、跨越发展”为理念的科技创业培训高地；积极与中科院新疆分院新疆理化所联系，参与实施“新疆维吾尔自治区民族药创新工程研究中心”项目，不断完善生物医药专业孵化器专业技术服务平台建设；成立创业者俱乐部，积极开展各项培训、参观、交流活动，构建了良好的创业创新环境。

截至2015年底，有在园企业268家，其中，留学人员企业32家，在园创业或工作的留学人员54人；2015年，新引进留学人员企业6家；从创建至今，园区累积孵化企业640家，其中，留学人员企业116家。目前，在园留学人员企业主要分布在电子信息、生物医药、新材料、新能源等行业领域，园区主要发展的特色产业为生物医药领域。

联系方式

地　址：新疆维吾尔自治区乌鲁木齐市天津南路682号
邮　编：830011
电　话：86-991-3672988
传　真：86-991-3671733
邮　箱：181092469@qq.com
网　址：www.xjidi.org.cn

第四部分

人物篇

中国留学人员创业年鉴 2016

注：本篇所收录的是在2015年入选第十一批中央引进海外高层次人才“千人计划”的创业人才，按姓氏拼音排序。

安松柱

广州源生医药科技有限公司总裁。于美国密苏里大学哥伦比亚分校获博士学位，并在美国加州大学从事博士后研究，曾任美国安进公司、Tularik公司主管科学家和项目负责人，领导和管理新药研发项目，有近20年的实践经验，发表论文50余篇，获得专利10多项。2009年12月回国，创立广州源生医药科技有限公司，任总裁。公司利用国际领先的科学和技术，建立了独特的新药筛选平台，是中国第一家聚焦于世界尖端干细胞科学的新药研发企业。2013年，公司获上海千骥创投的风险投资；2014年，“消化系统肿瘤项目”获得“十二五”国家重大专项“重大新药创制”的立项。目前，公司正在研发一批针对创新药物靶点的、用来治疗肿瘤和脏器纤维化等疾病，并拥有自主知识产权的原创化学新药。2009年，个人获评“广州开发区科技领军人才”；2012年，获评“广州市创新创业领军人才”。2015年，入选第十一批中央引进海外高层次人才“千人计划”创业人才。

陈本峰

美通云动（北京）科技有限公司董事长兼CEO。1998年至2003年，就读于中国科技大学电子工程系，获得大学软件大赛第一名，加入科大讯飞初创团队，参与中文语音合成系统的研发；2003年至2006年，就读于香港科技大学，获计算机科学硕士学位，其间申请一项国际发明专利以及多篇顶级学术论文。2006年至2011年，任微软美国总部IE浏览器核心研发工程师，发布了IE8、IE9、IE10以及参与下一代互联网国际标准HTML5的制定，曾获微软最有价值技术专家荣誉称号、微软最佳产品贡献奖；2011年至2012年，创办香港WebNova公司，为香港最大移动运营商——和记电信（李嘉诚旗下）提供移动浏览增值服务。2012年9月，创办美通云动（北京）科技有限公司，任董事长兼CEO，并发明了一行代码各种终端网页适配技术——云适配技术。公司获得了“微软云加速器创新创业计划”的支持，以云适配为主营业务，解决移动端与端之间数据割裂和内容分离问题，极大降低企业移动化成本和门槛，该技术已获得国际专利，客户包括全球500强企业、美国政府、国内政府机关、国内外上市公司以及互联网标准化组织W3C，服务网站超过10万家，先后荣获红鲱鱼“亚洲创新百强”、2014香港ICT“最佳科技创新奖”。个人荣获“2013中关村十大海归新星”称号。2015年，入选第十一批中央引进海外高层次人才“千人计划”创业人才。

陈海滨

杭州展科科技有限公司董事长兼CEO。毕业于美国哥伦比亚大学，曾任Trilogy、Vignette和Accenture的首席架构师和高级顾问，以及思科/网讯（CISCO / WebEx）公司技术副总裁，有10年在美留学和工作经历。2009年1月回国，创立杭州展科科技有限公司，任董事长兼CEO。公司致力于研发和运营世界领先的网络实时直播、网络教育培训和虚拟课堂平台，以独到的技术产品创新，在在线教育和网络培训技术领域独树一帜。经过5年的高速发展，公司的大规模互动直播和教育培训实时课堂软件，已经署于海内外多个数据中心上，保证在大规模访问数据并发状态下的稳定运行和流畅互动，具有强大的分布式部署能力、先进的视频编码及视频技术、完善的API接口集成和良好的产品体验，赢得了众多知名品牌客户的认同，是公认的中国最好的实时课堂和互动直播平台。2015年，个人入选第十一批中央引进海外高层次人才“千人计划”创业人才。

陈靓

南京鹏云网络科技有限公司董事长。2006年获美国俄亥俄州立大学计算机博士学位，毕业后任美国亚马逊公司云计算组核心构架师，负责云计算平台（EC2）和云存储（S3）的研发；任美国恒桥科技公司CEO，负责海云存储系统开发；在多个高性能计算国际会议委员和顶级期刊担任委员和审稿专家，拥有多项美国和中国云计算方面的专利。2013年7月，作为南京“321计划”领军型科技创业人才引进，在麒麟科技创新园创办南京鹏云网络科技有限公司，任董事长。公司从事分布式云存储、云计算和大数据等产品的研发，掌握世界领先的云计算技术，专注于以“软件定义的数据中心”为客户提供业内领先的产品和解决方案。其中，软件定义的存储产品拥有自主知识产权和核心技术专利。公司在南京和西雅图设立研发中心，核心研发人员大多是曾就职于国内外著名的高科技企业的技术精英，如亚马逊、华为、谷歌、微软等。2014年5月，公司获得真格基金天使轮投资；6月，“鹏云分布式虚拟化存储软件系统v1.0”产品入选“中央国家机关政府采购中心采购目录”。2015年，个人入选第十一批中央引进海外高层次人才“千人计划”创业人才。

陈燕智

宁波普利达智能科技应用有限公司总经理。毕业于德国柏林理工大学，在德国留学和生活了17年，曾在德国大众汽车任自动化部门主任，在机器人的打磨、焊接的线外编程等领域颇有建树，拥有9项自主创新专利，其研发的一套自动打磨系统，被德国机器人自动化业界大量使用；后任富士康公司事业处主管，带领团队开发出全世界首台基于PC-based控制器的“深圳一号”六轴机器人，并陆续开发多种四轴、六轴机器人和CCD视觉系统。2013年，在浙江余姚经济开发区成立宁波普利达智能科技应用有限公司，任总经理。公司是浙江省重点发展的骨干及高新技术企业，拥有先进的精密加工和测试设备、科学化的管理模式、严谨的工艺流程及高素质的工程技术团队，为客户提供先进的自动化设备、柔性自动化线和优质的工程服务。公司利用自主研发的技术开发出的智能机器人柔性自动化系统，将工业机器人、CCD视觉系统、PLC控制、智能传感器、CAD、CAM和机电一体化等七大领域技术集成于一体，实现智能机器人柔性自动化和一机多能。目前，产品已应用于美的、华硕集团、双林股份、得力文具等企业客户。2015年，个人入选第十一批中央引进海外高层次人才“千人计划”创业人才。

陈祖辉

福建科创光电有限公司董事长。美国佛罗里达大学博士，新加坡微电子研究院科学家。2012年2月回国，创建福建科创光电有限公司，任董事长。公司是一家专业制造电容触摸屏的生产厂家，现有厂房面积2500平方米，产品包含小、中、大尺寸电容式触摸屏，主要应用于手机、上网本、平板电脑、电子书、工控仪器和便携式游戏机消费类电子产品等领域。目前，公司已经生产出多款高分辨率多点触控电容屏，与多家大型企业建立供货关系。公司重视核心技术的研究与应用，先后与福州大学光电显示技术研究所、美国加州大学爱尔文分校和美国Z&L Creative科研公司建立起产学研合作关系，实现平台共建。其中，与福州大学联合建设的平板显示技术国家地方联合工程实验室"福建科创光电触控技术研发中心"以及"福州大学—科创光电研究生教育创新基地"已经建成。2015年，个人入选第十一批中央引进海外高层次人才"千人计划"创业人才。

程凯

苏州晶湛半导体有限公司董事长。2008年毕业于比利时天主教鲁汶大学（欧洲微电子中心），从事氮化镓材料研究十多年，是业界公认的硅上氮化镓外延技术的开拓者之一，在业界第一次开发出150mm和200mm的硅上氮化镓高压材料，曾担任欧洲微电子中心资深科学家，在国际期刊和会议上发表文章100余篇，申请国内外专利59项，授权专利7项。2012年3月回国，创办苏州晶湛半导体有限公司，任董事长。公司主要生产用于电子技术领域的氮化镓外延材料，是目前国际上唯一可以批量生产200mm硅上氮化镓高压外延材料的上游供应商，产品质量达到国际领先水平，与欧洲航天局、德国爱思强（Aixtron）、美国应用材料（Applied Material）建立了良好的合作关系。2014年，公司入驻苏州纳米城，目前正筹建一条国际先进的氮化镓外延材料生产线，厂房面积500平方米，达产后预计可年产150毫米氮化镓外延片2万片。2014年，个人入选江苏省"双创人才计划"、苏州市"姑苏领军人才计划"。2015年，入选第十一批中央引进海外高层次人才"千人计划"创业人才。

崔琛焕

浙江天泉表面技术有限公司总经理。在浙江大学大研究生毕业后，进入美国波士顿大学机械工程系攻读博士，主攻热喷涂技术在高端装备制造领域的应用。后长期在美国从事先进表面处理技术的研发，曾在美国通用汽车、美国领先生物有限公司等国际企业任高级研发职务。2011年4月回国，在浙江湖州经济技术开发区创办浙江天泉表面技术有限公司，任总经理。公司以高科技喷涂技术为核心，开展高质量热障涂层为特色产品的表面工程制造、检测、研发和生产，将国际先进的热喷涂表面技术与创业团队的自身核心技术结合起来，既可以生产高规格的陶瓷/合金应用涂层，同时又能精确检测涂层的各种性能，突破困扰国内高端制造业表面涂层工艺的"瓶颈"问题，填补了国内的这一项关键技术的空白。公司自主研发的热障涂层科研项目入选"浙江省重大科技专项重大工业项目"并获得项目经费支持。个人先后入选浙江省"千人计划""钱江人才计划"、湖州市"南太湖精英计划"。2015年，入选第十一批中央引进海外高层次人才"千人计划"创业人才。

董虎

数岩科技（厦门）有限公司董事长。2008年获得英国帝国理工大学石油工程专业博士学位，曾在挪威数字岩石公司担任项目经理，负责微米CT数字岩心分析部门，有7年从事数字岩心行业的经验，主要研究领域为微纳米CT在岩心分析中的应用和孔隙网络模型的建立。2010年9月回国，创立数岩科技（厦门）有限公司，任董事长。公司拥有世界领先水平的"数字岩芯"分析设备，可分析包括砂岩、碳酸盐岩、致密砂岩、页岩等在内的各种复杂岩芯样本，为全球石油公司的勘探开发部门提供分析服务，帮助制定开发方案，以提高采收率，是目前全球三家可提供全面数字岩芯分析服务的公司之一。公司充分利用现代计算机的高速运算能力，在保障分析质量的前提下，将岩芯分析时间由传统岩芯分析所需要的3个月到1年的时间，缩短至1个月甚至几天，使石油公司在勘探完毕后即时制定开采方案成为可能。同时，所有分析均可交由计算机处理，无需专业人员进行物理实验，大大节省了人力成本。目前，公司已经与中石油、阿布扎比陆上石油公司、壳牌石油等公司达成合作，并与中国石油大学共同成立了"联合数岩研究院"，和油气资源与探测国家重点实验室共建了数字岩心实验室。2015年，个人入选第十一批中央引进海外高层次人才"千人计划"创业人才。

龚斌

南京特雷西能源科技有限公司总经理。留美博士。曾任美国雪佛龙石油公司研究员。2009年1月回国，2012年入选南京"321人才引进计划"重点项目，2013年4月在南京新城科技园国家级孵化器内创立南京特雷西能源科技有限公司，任总经理。公司主要从事石油、天然气等能源勘探技术应用软件研发、相关的数值模拟高端软件的研发以及技术咨询等服务。目前，公司产品已经形成产业化。2015年，个人入选第十一批中央引进海外高层次人才"千人计划"创业人才。

关士友

江苏国泰超威新材料有限公司总经理。1992年在中国科学院化学研究所获理学博士学位；1992年至1996年，在黑龙江大学化学化工与材料学院任讲师及副教授。1996年至1997年，获日本学术振兴会（JSPS）博士后基金，在名古屋大学野依良治（2001年诺贝尔化学奖获得者）研究室完成博士后工作。1997年至2001年，作为客座研究员在日本丰田中央研究所从事新型纳米材料的研究与开发工作；2001年至2008年，在日本三洋化成工业株式会社任副主事及科研主管，负责新能源材料的研究与开发工作。2008年10月回国，聘为华东理工大学特聘教授，主持新能源材料方面的研究与开发工作。掌握有"有机无机复合型介孔材料""超级电容器电解质材料及纳米多孔电极材料"等核心技术，参加和主持完成的各类科研项目共计近20项，发表学术论文20余篇，申请专利30余项，获奖10项，在国际学术研讨会及其他学术研讨会上发表论文15篇。2011年，与张家港国泰华荣化工新材料有限公司合作创办江苏国泰超威新材料有限公司，任总经理。公司致力于研究和开发高端超级电容器电解质材料，包括锂离子电池电解质及添加剂、超级电容器电解质及电解液、锂离子电容器电解液、铝电解电容器电解质及电解液、抗静电剂、离子液体以及特种氟化学品等领域。目前，公司投入1亿元、规划50亩的生产基地正加快建设中，预计建成后年产值超5亿元。2013年，个人获评江苏省"双创人才"。2015年，入选第十一批中央引进海外高层次人才"千人计划"创业人才。

洪熙

南京嵘天绿色化学有限公司董事长。2001年取得南京大学应用化学专业学士学位后获美国全额奖学金资助留学，就读于密歇根州立大学，获得化工专业博士学位。2012年7月，携带在美国研发的“从甘油生产1,3-二羟基丙酮（DHA）”先进成果回国，在紫金化工园科技创业特别社区创办南京嵘天绿色化学有限公司，任董事长。公司致力于绿色化学工艺的推广和应用，重点开发各类低碳环保的生产工艺和产品。一期项目主要使用甘油等植物提取物为原料，经过绿色工艺生产环保型绿色溶剂、表面清洁剂、脱漆剂，以及柴油添加剂等绿色产品。这些新型工艺的应用不仅能够实现节能减排，并且生产出来的产品在成本和性能上也都等同或优于以石化产品为原料的传统工艺，有效促进我国循环经济的发展。二期将与南京大学合作开展“使用稀土催化剂对固定源烟气进行中低温SCR脱硝”项目，在大气污染控制方面具有很好的社会效益和应用前景。公司拥有一支具有国际领先开发能力和产业化能力的科技队伍，先后获得了美国密歇根州立大学生物质能源材料研究中心、南京大学化学化工学院以及南京信息工程大学环境学院在科研方面的合作支持。个人先后入选南京市“321人才引进计划”和江苏省“双创人才计划”。2015年，入选第十一批中央引进海外高层次人才“千人计划”创业人才。

侯曙光

四川普锐特医药科技有限责任公司总经理。1991年从北京医科大学本科毕业并留校任助教，1996年赴美求学，在弗吉尼亚州大学攻读博士，师从国际顶尖的药用气雾剂科学家Peter R.Byron博士，从事新型气雾剂的学习与研究。博士毕业后，曾先后在美国PPD公司和3M公司工作，历任资深研究专家、中国区技术部经理、亚太区市场技术商业部经理等职务。2012年1月回国，创建四川普锐特医药科技有限责任公司，任总经理。公司是一家集药品研发和生产于一体的高科技创新企业，致力于打造呼吸系统药物递送的国家级科技平台。公司集中于开发创新型的药物递送剂型，如透皮贴剂和微针透皮给药技术，生产具有国际先进水准的高质量吸入气雾剂、干粉吸入剂、雾化吸入剂和鼻喷剂药物产品等，努力成为具备化学药业和生物药物研发生产多功能高端创新型企业。公司拥有超过1000平米的GLP实验室，配置国际先进的药物研究和质量分析的仪器设备，引进瑞士Pamasol气雾剂生产线、德国Harro Hoefliger干粉制剂生产线，建有符合新版GMP标准的中试生产车间，符合欧美标准的GMP生产车间建设也在同时推进中。2015年，个人入选第十一批中央引进海外高层次人才“千人计划”创业人才。

胡亦宁

海德星科技（厦门）有限公司董事长。1989年毕业于北京大学化学系，1997年在美国凯斯西储大学获化学博士学位，同年加入美国阿冈国家实验室进行博士后研究。曾先后在美国海威技术公司（Headway Technologies），TDK美国分公司和美国西部数据公司（Western Digital）就职，历任高级工程师、工艺部经理、新产品整合部资深经理、总监等职，领导了包括40兆至200兆数代磁存储设备在内的多项产品的研发和产业化。2006年，与两位合伙人共同创立了Advantools,LLC.并在国内设建立了芯硕半导体（中国）有限公司，成功开发出中国首套商用直写式光刻设备。2009年11月，创办海德星科技（厦门）有限公司，任董事长。公司致力于压电马达研发和产业化，是精密运动控制产品的专业供应商和系统集成商。公司的技术团队涵盖机械、电子、软件、控制、光学等领域，同时与北京大学、哈尔滨工业大学、中科院长春光机所、美国ALIO、美国VAREDAN、瑞士OPTOTUNE等研究机构及企业建立了着良好的合作关系，以压电器件和精密运动控制为核心，开发出直线电机位移台、微纳米操作台、压电马达及驱动器模块三大系列产品，目前已经成功应用于医疗设备、激光加工及工业自动化等领域。个人于2009年被评为厦门火炬“515工程”领军人才，2010年被评为“福建省引进高层次人才”、厦门市“双百计划”领军型创业人才。2015年，入选第十一批中央引进海外高层次人才“千人计划”创业人才。

黄子良

浙江健能隆生物医药有限公司董事长兼总经理。1984年至1987年，在华东理工大学取得生物化学工程学士和硕士学位；1995年获新加坡国立大学化学工程博士。曾在德国生物科技中心研究高密度细胞培养及发酵过程自动监控；1995年起担任美国俄亥俄州生物工程研究集团（OBRC）副主任；1999加入美国EGEN CORPORATION，负责其中国业务和担任中国分公司总经理，其间顺利完成重组人胰岛素和重组人生长激素在中国的技术转移和产品注册；2001年加入香港主板上市企业香港药业Hong Kong Pharmaceuticals，任首席科技总监，并担任上海华新生物高技术公司总经理。2004年，创办浙江健能隆生物医药有限公司，任董事长兼总经理。公司致力于运用现代生物技术，按照国际标准研发创新型生物医药产品，在研产品主要针对尚未解决的医疗难题，如肿瘤、炎症和自身免疫性疾病等。公司建立了高效哺乳动物细胞的蛋白表达技术及完整的新药研发技术平台，开发了具有专利技术的Di-Kine新药核心技术，并成功推出一系列处于临床和临床前阶段的1类创新生物药。2015年，个人入选第十一批中央引进海外高层次人才“千人计划”创业人才。

姜鑫

南京米乐为微电子科技有限公司董事长。1999年毕业于东南大学电子工程系，2001年获得美国北卡罗来纳州立大学硕士学位，2005年于密西根大学电子工程系获得博士学位。毕业后加入美国讯泰微波（Hittite Microwave）公司，任首席工程师，负责多条产品线的研发、生产和技术支持，成功管理了170多个产品，亲自设计并发布了50多款新产品，客户遍布全球38个国家地区，2010年被选为IEEE协会高级会员。2012年初，作为海外引进人才加入东南大学毫米波国家重点实验室，主要研究方向集中在微波、毫米波单片集成电路芯片（MMIC）和系统、高功率放大器和毫米波收发信等方面。此后，创立了广州慧智微电子和南京米乐为微电子两家集成电路芯片公司，任董事长。南京米乐为位于江宁创业创新基地——中国（南京）无线谷，公司专注于射频/微波/毫米波集成电路芯片的设计、研发和供应。依托团队雄厚的技术储备，致力于打破西方国家在微波/毫米波频段芯片产品和技术上对中国的垄断，为国防/军工和民用客户提供具有自主知识产权的高频率、高性能、高集成度的芯片和模块产品。公司成立第二年初（2013年）已经推出了8条产品线、30款芯片产品，包括覆盖微波、毫米波频段的高功率放大器产品系列，低损耗信号控制产品系列（包含开关、混频、变频 、数控衰减和移相器等），以及多功能收发信机模块系列等。其中多款高频段功放芯片和毫米波收发信机集成芯片产品填补了国内空白，性能指标属国际一流，并且都是欧美国家对我国完全禁运的产品。2015年，个人入选第十一批中央引进海外高层次人才“千人计划”创业人才。

金伟华

苏州格拉斯通绿色建材科技有限公司董事长。1988年毕业于同济大学建材系，获工学学士及硕士学位，后就职于交通部上海港湾工程设计研究院，参与了杨浦大桥、南浦大桥、金茂大厦等上海市重点工程的设计施工。1994年赴美留学，1998年获美国哥伦比亚大学土木工程博士学位。其间在国际上率先开展了废玻璃再生绿色建筑材料的研究，成功地解决了玻璃颗粒存在的碱骨料活性反应技术难题。2006年起担任美国艾斯通公司首席科学家，将发明的玻璃石成功推向市场，产品应用于美洲银行总部大楼、美国绿色建筑协会总部及盖茨基金会总部等诸多知名绿色建筑中。2010年后，任职美国纽约市立大学和纽约大学教授，在绿色建筑及节能材料、结构减灾材料、智能储热、CO_2再生技术、三维打印建筑创意材料等前沿领域开展了创新性的研究工作，共发表论文18篇，拥有3项美国及中国核心专利。2013年1月回国，在昆山留学人员创业园创立苏州格拉斯通绿色建材科技有限公司，任董事长。公司以“大面积的玻璃石整体装饰地坪”为核心技术产品，致力于城市固体垃圾资源化利用、绿色建筑装饰及节能材料的产业化。公司目前拥有办公及产品展示厅、中试车间、配料车间共计2千多平方米场地，并已建设完成2万吨玻璃石配料生产线，开始生产玻璃石配料和进行成品试验加工，未来以核心产品衍生的系列产品将包括现场浇筑的玻璃石地坪、室内装饰玻璃石板材、保温装饰一体化玻璃石外墙、玻璃石创意设计产品等。2013年，个人被评为江苏省“双创人才”、苏州市“姑苏创新创业领军人才”、昆山市“领军型创业人才”。2015年，入选第十一批中央引进海外高层次人才“千人计划”创业人才。

李广骏

帝特汽车技术（上海）有限公司总经理。留美博士，曾任美国通用汽车公司北美技术中心高级工程师。2009年10月回国，创办帝特汽车技术（上海）有限公司，任总经理。公司位于上海市浦东新区，是美国DEP公司在中国的分公司，专业从事CAE（Computer Aided Engineering）软件和工程服务。公司拥有世界领先的CAE工程软件DEP Morpher，具有结构线性及非线性分析、静动力分析、疲劳及断裂分析、可靠性及安全性分析、多物理场耦合分析、汽车NVH分析及整车碰撞分析等多种分析能力，以及丰富的工程优化设计经验，服务领域涵盖航空航天、汽车、船舶、通用机械等多个行业，用户覆盖欧洲、美洲和亚洲，包括全球多家汽车生产商和零部件厂商。公司立志于为用户提供完善、专业、高品质的工程CAE技术及产品优化设计服务，帮助企业降低成本，加快产品研发，不断提升产品自主研发水平和市场竞争能力。2015年，个人入选第十一批中央引进海外高层次人才“千人计划”创业人才。

李灏

深圳纽迪瑞科技开发有限公司董事长。1996年从北京有色金属研究总院硕士毕业，赴美国马里兰大学深造，获材料学博士学位。此后被美国摩托罗拉中心实验室聘用，历任高级工程师、主任工程师、高级主任工程师，领导开发出了世界首款多点触控的压力触摸屏，拥有22项美国专利，在国际一流期刊发表论文34篇，曾获2009年度华尔街日报科技创新奖。2011年4月回国，创办深圳纽迪瑞科技开发有限公司，任董事长。公司致力于压力感应触摸产品的开发和产业化，世界首创“压力感应触控技术”，首次在金属表面实现压力感应触摸，拥有美国发明专利、PCT发明专利、国家发明专利13项。并建有千级、百级无尘车间1300平方米，具备年产200万件压力触控产品的生产能力。目前，公司已成功开发了金属触摸压力按键、多点压力触摸屏幕和终极压力触摸屏幕三大类产品，广泛应用于工业控制、家用电器、消费电子、汽车电子、医疗器械、安防等领域，其中，“压力加密键盘”获得2014年国际消费电子创新展“创新设计与工程奖”。公司先后获得深圳市“孔雀计划”资助，入选国务院侨办第三批重点华侨华人创业团队。2015年，个人入选第十一批中央引进海外高层次人才“千人计划”创业人才。

李惠民

山东网聪软件科技有限公司董事长。1980年至1989年，在西安交通大学获得电气工程硕士和博士学位。后被学校派往苏格兰大学继续深造，1992年完成博士后研究工作。毕业后的十几年间曾先后就职于加拿大北方电信公司、美国朗讯科技公司等全球知名电信设备供应公司。2010年1月回国，在济南高新技术产业开发区创办山东网聪软件科技有限公司，任董事长。公司定位为智能电网大数据处理与分析领域的技术和服务供应商，致力于将先进的互联网分布式及并行计算技术及海量数据的实时处理技术应用于电力系统，用来解决智能电网自动化、信息化中许多亟待解决的问题。公司推出的软件通过海量数据处理技术，让国内低端的数字化变电站控制更加精准，实现了对配电网络的实时监控和信号的情况、事故的前因后果分析，达到虚拟配电网络得高可视化，能够有效降低停电率和减少电路传输中的电损耗。目前，已拥有国家电网、南方电网、和平高电气等重要客户及战略合作伙伴。个人入选山东省“泰山学者”计划及济南市“5150”高层次人才计划。2015年，入选第十一批中央引进海外高层次人才“千人计划”创业人才。

李俊

苏州方德门达新药开发有限公司总经理。本科毕业于武汉大学病毒系，1995年获得北京医科大学免疫学硕士学位，2001年获美国犹他大学生物化学博士学位。后在美国诺华制药集团工作，先后担任多个创新药物研发组的首席科学家，并推动两个项目进入人体临床研究。2009年，在美国创办医药公司，两年内创建了“PH依赖型长效抗体平台”，完成案例验证，并就其核心技术和筛选工艺申请了两项国际专利。2012年7月，携带两项核心专利和多个创新抗体项目回国，在吴江科创园创立苏州方德门达新药开发有限公司，任总经理。公司专注于创新抗体药物的研发，为国内外大型药企提供针对重大疾病市场的、针对创新靶点的、后续开发度高的单抗药物候选分子，并通过与大企业合作进行转化和产业化。公司研发团队开发的首个单克隆抗体产品已经成功转让给上海众合医药科技股份有限公司，正开展临床前的药效、药代和安评研究。另一个单克隆抗体产品也已完成了鼠抗的人源化，正在通过动物实验证明其成药性，得到了大型国营药企的关注，形成了合作开发意向。2015年，个人入选第十一批中央引进海外高层次人才“千人计划”创业人才。

李骁军

上海飞博激光科技有限公司总经理。1996获北京大学电子学学士学位；2005年获美国波士顿大学博士学位，师从光纤界元老Dr. Theodore Morse教授。2000年至2003年，在由双包层光纤之父Hong Po先生创立美国Lasersharp公司担任激光科学家；2006年至2012年初，历任美国恩耐激光光纤激光工程总监、工业激光部高级总监等职，带领产品工程团队开发了多款光纤激光器产品，产品远销北美和欧洲。2012年6月回国，与中科院上海光机所合作在上海嘉定高新区创立飞博激光科技有限公司，任总经理。公司创立至今，已成功研制和推出中功率2微米光纤激光器、线偏光纤激光器、亚纳秒脉冲光纤激光器等十余种具有国际先进水平的特种光纤激光器产品。2015年，个人入选第十一批中央引进海外高层次人才“千人计划”创业人才。

李兴斌

北京谛力泰克科技有限公司总裁、芸装家居创始人。1997年从上海理工大学毕业后到北京工作，1999年赴英国赫特福德大学攻读计算机硕士。2006年与人合伙创办英国安森德有限公司，任总裁。2009年8月回国，在中关村软件园留学人员创业园创办了北京谛力泰克科技有限公司，并于2013年10月获得1000万元人民币的风险投资。公司致力于泛家居领域智能终端产品的研发和销售，为国内外大型企业定制研发移动互联应用的同时，专注研发自有知识产权移动互联软件产品，在iOS应用产品开发方面处于国内领先地位。公司于2014年推出了全国首家升级版电商平台——大美虎家居网，该平台依托强大的3D在线设计功能，让消费者在购买家居商品之前通过三维体验实现“线上设计、空间尺寸、软装搭配”等效果，用直观的演示搭配出自己理想的家居风格。2015年，个人入选第十一批中央引进海外高层次人才“千人计划”创业人才。

廖春元

亮风台（上海）信息科技有限公司董事长。清华大学学士及硕士，上世纪90年代赴美国留学，获马里兰大学计算机博士学位，后进入富士施乐公司工作，任富士施乐硅谷研究院正研究员，从事图像识别和人机交互方向的研究长达十余年。2012年8月回国，创办亮风台（上海）信息科技有限公司，任董事长。公司是基于图像识别、搜索技术的互联网高科技企业，核心团队成员由世界级计算机视觉、机器学习和人机交互领域科学家、国内顶尖移动开发团队以及传媒专家组成，拥有具备自主知识产权的“图像识别”和“增强现实”核心技术。公司推出的“HiScene海讯”图像识别解决方案应用平台，针对传统媒介、汽车电子、广电通信、户外广告、快速消费、互联网电商等行业，提供图像识别搜索、增强现实、线上线下整合等系统解决方案，为91助手等数十家标准客户提供了包括微信图答应、应用拍拍、幻镜拍拍、基美耀拍等方案，累计覆盖用户已达两亿。目前，公司正从提供解决方案转型至提供独立的服务平台，并长期专注于视觉算法的研究和应用，并与OPPO合作发布了自主研发的基于云端的图像交互业务平台“O-video”。2015年，个人入选第十一批中央引进海外高层次人才“千人计划”创业人才。

刘昊扬

北京诺亦腾科技有限公司总经理。本科毕业于同济大学土木工程系，2003年获美国约翰霍普金斯大学土木工程系博士学位，是美国Smart Bridge Technology公司的合伙人。2010年12月回国，在中关村科技园区德胜科技园创办北京诺亦腾科技有限公司，任总经理，兼任北京市侨联委员、北京市西城区政协常委等社会职务。公司是一家在动作捕捉领域具有国际竞争力的企业，核心团队由多名海外留学归国人员组成，具有世界级研发能力，研究领域涉及传感器、模态识别、运动科学、有限元分析、生物力学以及虚拟现实等。通过多学科知识交叉融合，公司开发了具有国际领先水平的“基于MEMS惯性传感器的动作捕捉技术”，并在此基础上形成了一系列具有完全自主知识产权的低成本高精度动作捕捉产品，已成功应用于动画与游戏制作、体育训练、医疗诊断、虚拟现实以及机器人等领域。2015年，个人入选第十一批中央引进海外高层次人才“千人计划”创业人才。

刘自鸿

深圳市柔宇科技有限公司董事长兼CEO。2004年清华大学电子工程系本科毕业后，在清华大学电子工程系/微电子学研究所继续攻读硕士学位，2005年荣获“第二届中国青少年科技创新奖”。2006年赴美国斯坦福大学电子工程系攻读博士学位，2009年顺利完成博士答辩，时年仅26岁，其间获中国国家优秀海外留学生奖。2009年10月，加入美国IBM公司位于纽约的著名研究机构沃森研发中心，并担任美中高层次人才交流协会纽约分会副会长。2012年3月，在美国硅谷和中国深圳同时创立了柔宇科技有限公司，任董事长兼CEO。兼任美国国家自然科学基金（NSF）评审委员会专家、美国斯坦福大学电子工程系特邀客座讲师、深圳欧美同学会副会长等职务。公司主要从事下一代新型信息显示技术及其相关电子产品的研究、开发、生产及销售，核心技术领域之一是可大规模量产的高性能超薄彩色柔性显示器。2014年8月，公司面向全球发布与智能手机平台成功对接的全球最薄彩色柔性显示器，厚度仅为0.01毫米，卷曲半径可达1毫米，刷新了显示领域的世界纪录。个人曾获“广东青年五四奖章”、2013年DoNews中国互联网“年度最佳创业者大奖”，被评为深圳市“孔雀计划”海外高层次人才、“十大深圳好青年”等。2015年，个人入选第十一批中央引进海外高层次人才“千人计划”创业人才。

吕军震

新博卓畅技术（北京）有限公司总经理。毕业于美国波士顿大学，生物医学工程硕士，曾任美国NDT公司首席信息官，在国际会议上发表了多篇文章，在卫生信息化与医疗大数据建设领域具有丰富经验。2010年1月回国，创办新博卓畅技术（北京）有限公司，任总经理。公司是新奥集团成员企业，是国家双软认定企业和国家高新技术企业，长期致力于医疗卫生信息化建设和医疗软件的研发。公司基于多年的医疗大数据技术积累，与GE、哈佛大学、清华大学以及北京301医院、协和医院等权威学术及业务机构形成了长期稳定的战略合作伙伴关系，通过引进CSC公司的CONNECT理念和架构（开源），成功研制了符合中国国情的X-CONNECT架构和9大医疗数据引擎技术，开创了采用引擎技术解决医疗数据共享的先例，解决了中国医院数字化第一阶段出现的众多难题，先后在多个城市实施了城市智慧医疗和医疗大数据应用项目，得到了社会各界的高度认可，并获得了国家发改委的立项和资金支持。公司先后获得“北京市信息网络产业新业态创新企业30新”“德勤亦庄高科技高成长20强”“中关村瞪羚企业”等多项荣誉，并成为中关村重点培育的高科技企业。2014年，个人入选第十一批中央引进海外高层次人才“千人计划”创业人才。

马振坤

丹诺医药（苏州）有限公司CEO。毕业于北京大学化学系，获康州大学博士学位并在波士顿学院从事博士后研究工作，曾在盖茨基金会投资的全球结核新药研发联盟任首席科技官，在雅培实验室担任药物研发的领导职务，并参与了美国高峰生物制药公司的创建工作。2013年4月回国，在苏州工业园区生物纳米科技园创办丹诺医药（苏州）有限公司，任CEO。公司是一家专门从事治疗消化道感染的新药研发、生产与销售的创新型生物制药企业。公司组建了由北京生命科学研究所所长、美国国家科学院院士王晓东博士领衔的科学指导委员会，新药研发团队经验丰富，拥有完全独立自主的知识产权、独特的双靶标分子新药研发平台和一个强大的新药产品组合，现拥有11项全球保护的授权专利，其前导新药候选药物是一个双靶标分子，已经在美国完成一期单剂量与多剂量的临床研究。目前，公司正在针对中国医药市场的迫切需求对该产品进行开发，防治由幽门螺杆菌感染引起的慢性胃炎、胃溃疡和胃癌等消化道疾病，从根本上解决现有标准三联药或四联药方案所存在的耐药性等重大问题。同事，计划进一步扩大其产品组合，将适应症扩展到包括难辨梭菌感染、肝性脑病和克隆氏症等其他重大消化系统疾病。2015年，个人入选第十一批中央引进海外高层次人才“千人计划”创业人才。

穆科明

南京杰迈视讯科技有限公司创始人、董事长兼CEO。毕业于美国伊利诺伊大学厄巴纳—香槟分校，曾任美国视能电子科技有限公司中国区总经理，主导研发了世界第一台200万像素Webcam（被微软采用）、第一台自动去红眼数码相机（被佳能采用）、世界第一台3D高清视频语音视频传感系统（被索尼采用）、世界第一台千兆网络防火墙和VPN等先进产品。2010年8月，带领旅美博士团队回国创办了南京杰迈视讯科技有限公司，任董事长兼CEO。公司主要从事机器视觉、智能分析方面的研究，目前已推出智能高清工业摄像机、微码级并行算法库、多传感器融合智能系统、智能视频管理软件平台、视觉分析软件、视频检索服务器、高端视觉行业应用定制等产品，应用于智能交通、智能安防、影像医疗、工业自动化、生态环保、水利信息化等高端视频领域。公司现设有美国硅谷研究中心gm-innovation inc.、南京杰迈视讯科技有限公司、杰迈杭州研究所三个研发机构，拥有多项国际领先的cmos传感器、视频处理、人工智能、模式识别等核心技术和发明专利。2014年1月，公司荣获 “第三届中国安防十大最具影响力品牌”。个人先后入选江苏省“双创人才计划”、南京“321人才计划”。2015年，入选第十一批中央引进海外高层次人才“千人计划”创业人才。

聂春

宁波斯普锐汽车部件有限公司董事长。1986年获上海交通大学船舶与海洋工程硕士学位，后留校任教。1992年获得了日本文部省国家全额奖学金，进入广岛大学攻读工学博士学位。毕业后先进入日本三菱重工，后加入大协西川株式会社，进行汽车塑料零部件的研究开发。作为大协西川的主要研发人员，与团队合作开发的丰田VITZ发动机进气歧管获得2011年日本文部科学大臣奖；2003年成为大协西川驻上海代表处首席代表，2006年出任上海子公司——帝恩（上海）软件科技有限公司的总经理，2009年兼任大协西川常熟工厂的董事。2013年获得宁波余姚市“姚江英才计划”A级“3个500万”的支持，创立宁波斯普锐汽车部件有限公司，任董事长。公司主要从事发动机周边零部件（包括发动机进气系统、气缸缸盖、油底壳、机油集滤器等）的塑料轻量化研发及产业化。公司技术研发水平处于国内领先地位，长短管切换结构专利技术是国内首家无极可变进气歧管专利技术，已累积申请专利5项、软件著作权 1 项。2014年，公司与南京聚隆科技股份有限公司合作成立了研发中心，并投资2000万元在余姚建设1500平方米的厂房，将极大地提升研发和生产能力。2015年，个人入选第十一批中央引进海外高层次人才“千人计划”创业人才。

钱向平

苏州润新生物科技有限公司总裁兼CEO。1993年毕业于南京大学基础学科强化班，获得化学学士学位，同年进入南京大学化学系攻读硕士学位。1995年9月，赴加拿大阿尔伯塔大学留学，2000年获有机化学博士学位。在攻读博士学位期间，主要从事糖的化学和酶合成方面的研究；随后赴美国哈佛大学化学系George M.Whitesides教授组开展博士后的研究工作，主要从事新型药物的设计与合成、生物功能材料等方面的研究。2001年加入美国莎托药业公司（Cytokinetics），先后任研究员、资深研究员、项目主管、药物化学部副主任、项目总监，主要负责肿瘤、心血管、呼吸道疾病、神经退行性疾病药物的研制与开发。2010年3月回国，创建苏州润新生物科技有限公司，任总裁兼

CEO。公司主要从事靶向创新药物的研制，自主开发了靶向药物发现平台，为新药研发提供了强大的技术支撑，先后申请发明专利50多项，授权专利10多项。公司与苏州大学共同成立了新药研发中心，并与多家科研院所开展了项目合作，并承担多项国家科研课题的研究。目前，自主研发的用于肝癌、结肠癌等恶性肿瘤治疗的1.1类小分子新药RX108已在澳大利亚开始I期临床试验。个人先后被认定为“苏州工业园区科技领军人才”“姑苏创新创业领军人才”、江苏省“双创人才”。2015年，入选第十一批中央引进海外高层次人才“千人计划”创业人才。

尚建库

张家港格林台科环保设备有限公司董事长。留美博士，美国伊利诺伊大学香槟分校副教授，在新型净水材料研发上享有较高的国际声誉，拥有多项已授权美国和中国发明专利。2012年5月回国，创办张家港市格林台科环保设备有限公司，任董事长。兼任中科院金属所特聘研究员、净水材料中心主任。公司专业从事新型净水材料及器件、重金属处理器、环保设备的生产与销售，占地面积2000平方米，拥有现代化标准环保厂房，研发的核心新材料安脱丝陶瓷纤维材料和格林台丝离子交换纤维材料性能处于国际领先水平。公司目前主要产品和服务包括高端饮用水重金属去除材料及器件，矿泉水中溴酸盐、亚硝酸盐去除材料及器件，治理砷超标生活用水、含重金属离子工业废水处理等，为我国环境保护与治理、提供安全健康的饮用水贡献了力量。个人先后被评为江苏省“双创人才”、苏州市“姑苏创新创业领军人才”。2015年，入选第十一批中央引进海外高层次人才“千人计划”创业人才。

盛晓霞

杭州领业医药科技有限公司总经理，女。1999年在北京大学取得化学学士学位后，赴美国明尼苏达大学攻读化学工程博士，随后在麻省理工学院从事高分子材料领域的博士后研究。此后，在国际著名大型制药集团雅培公司研发总部任高级研究员，主导多个抗癌、抗病毒感染、中枢神经系统等重大疾病领域的药物开发，积累了坚实的技术基础和丰富的管理经验。2009年，回国考察生物医药市场，并萌生了回国创业的念头。2010年8月正式回国，创办了杭州领业医药科技有限公司，任总经理。公司专注于固态制药技术开发及产业化，向全球制药企业提供包括药物固体形态筛选、处方前评估、结晶工艺开发、制剂开发、分析检测等固态制药技术开发服务和解决方案。目前，已经开展的各类合同开发项目达15个，客户涉及近10家长三角地区大中型制药企业，并已申报40多项药物晶型发明专利。2015年，个人入选第十一批中央引进海外高层次人才“千人计划”创业人才。

苏萌

北京百分点信息科技有限公司董事长。1996年毕业于沈阳工业大学经贸学院，后留学美国。1999年攻读佛罗里达大西洋大学商学院MBA；2000年攻读伊利诺伊大学香槟分校商学院管理科学专业博士；2005年在康奈尔大学约翰逊管理学院学习，先后获管理学硕士、统计学硕士、市场营销学博士学位；后就职于美国东北认证有限公司，任碳事业部总经理。2009年7月回国，在北京创办北京百分点信息科技有限公司，任董事长。2011年任沃顿商学院互动媒体创新中心中国会议联合主席，并曾执教于北京大学光华管理学院，任副教授、副系主任、博士生导师、新媒体营销研究中心执行主任，在个性化、推荐引擎、消费者行为与偏好建模等领域有多篇论文发表于国内外顶尖学术期刊。公司是国内第一家专注于大数据与推荐引擎的互联网技术公司，为电子商务企业与互联网媒体企业提供站内流量转化和商业智能分析的相关产品与整体优化解决方案，同时也为传统行业提供大数据基础技术、大数据管理和应用的云平台和整体解决方案，在沈阳、深圳、杭州、南京、成都设有分支机构。目前，百分点推荐引擎与分析引擎已成功应用在包括一号店、银泰、聚美优品、海尔商城、中关村商城、360团购导航、麦包包、走秀网、芒果网、天极网、新东方、39健康网、西祠胡同等超过1500家电商和资讯类网站中，服务超过7亿的网络终端用户，每日产生推荐超过1亿次。百分点通过机器学习构建了商品类目体系与标签体系，搭建了淘宝外最大的商品数据平台，其中包括500万标品以及1亿的非标商品，涵盖了衣食住行、3C、母婴、汽车等数十个领域的商品信息。个人2011年荣获中国CE-MEGA百名最活跃年轻创业家，2012年入选北京市“海聚工程”，是2013年自然科学基金国家重点项目获得者。2015年，个人入选第十一批中央引进海外高层次人才“千人计划”创业人才。

苏维

威盛纳斯（苏州）医疗器械有限公司董事长，留美博士，曾任美国IntraVista医疗系统公司总裁。2013年1月回国，在苏州生物纳米园创办威盛纳斯（苏州）医疗器械有限公司，任董事长。公司主要从事新生儿眼科疾病筛查技术的研发和相关设备的生产，并致力于发展成为医疗大数据企业。公司研制的全球首台高清广角便携式眼病筛查仪已经获得CFDA批准上市，有望填补新生儿视力快速普筛设备市场的空白。该产品有基于完全自主知识产权的创新型眼科广域成像系统，克服了传统眼底镜容易漏诊周边部病变的不足，解决了深色眼睛成像模糊的技术难题，便携、智能、无线传输、高清成像、操作简单，性能、精度远超目前美国同类产品，产品的上市将打破现在相关产品使用的局限性，扩大筛查范围和地区，提高新生儿眼疾的治愈率。2014年1月，公司完成了新型眼科广域成像系统PanoCam LT量产型的开发，并正搭建眼科筛查数据服务网络，通过普筛建立新生人口医疗数据库，支持联网多级转诊、数据云存储以及医疗信息和医疗记录查询，为新生儿眼科全面筛查提供产品、技术支撑。2015年，个人入选第十一批中央引进海外高层次人才“千人计划”创业人才。

王洪波

无锡佑仁科技有限公司董事长，留日博士，曾任日本株式会社DAIHEN参事。2009年4月回国，创办无锡佑仁科技有限公司，任董事长。公司属无锡市“530企业”，是无锡市政府重点扶持的，专门从事康复机器人、上下肢康复机器人及驱动器、传感器等康复产品生产、销售的新型高新技术型企业。公司拥有专业技术人员20名，设有多名专职的检测、检验人员，并经过国家药品食品监督局生产许可和经营许可。公司主要产品有康复训练器、残障人电动代步车、电动轮椅、专用电动护理起居床、室内康复移动吊具等多种残疾人和老年人康复用品用具，配套各级康复中心（医院）、社区卫生服务中心、敬老院、家庭康复护理等场所领域。其中，电动代步车和电动轮椅是自己研究开发，是目前国内唯一一家专门为日本整机生产康复代步工具系列产品的厂家，也是日本爱普生工业机器人、机械手以及配件的专业工厂主动化的设备供应商和EPSON指定的定点售后企业。2015年，个人入选第十一批中央引进海外高层次人才“千人计划”创业人才。

王俊峰

南京宇都通讯科技有限公司总经理。1992年获东南大学学士学位，1995年获清华大学硕士学位，1999年获美国麻省理工学院博士学位。曾任美国恒原微电子公司首席技术官。2012年1月回国，创办南京宇都通讯科技有限公司，任总经理。公司集聚了包括USB2.0标准制定人、MoCA标准制定人等多名高层次海外人才，拥有十多项国际专利和自主创新技术产品，，立足于SmartCable（有线千兆）和SmartAir（无线千兆）这两项自主创新的宽带通讯核心前沿技术，提供千兆宽带接入和千兆家庭网的系统解决方案、关键设备和核心芯片。2013年11月，广电总局广播科学研究院与公司签订战略合作协议，正式参与国家下一代宽带接入标准HINOC2.0的制定工作，并作为国内唯一可以完成HINOC2.0射频芯片量产的公司，运用SmartCable技术提供量产化芯片，成为国家宽带战略实施的重要组成部分。目前，公司的第一代产品已成功量产，2014年公司销售收入达到1940万元。个人于2012年入选南京市“321人才引进计划”，2013年入选江苏省“双创人才计划”。2015年，入选第十一批中央引进海外高层次人才“千人计划”创业人才。

王盛

浙江致晟信息科技有限公司董事长兼总经理。2006年在日本东京工业大学取得工学博士学位，后被聘为日本国立理化学研究所研究员，拥有13年的环境、能源动力、现代制造业及智能城市等方面的信息化技术研发经验。2012年1月回国，在安吉科技创业园创办浙江致晟信息科技有限公司，任董事长兼总经理。公司是一家开发新一代信息技术，并将其运用于工业和民用的高科技企业，主营业务包括基于移动智能终端的“智慧城市”项目开发、中小微型企业信息管理系统开发、新一代CAD/CAE/CAM软件系统的研发及产业运用等。核心技术团队由6名专业博士组成，克服了市场上现有的计算机辅助设计和计算机辅助工程中使用软件的不足，开发了多套创新型软件，为产业界提供信息技术服务，并开展相关软件销售业务，利用掌握的核心技术为企业和社会提供解决方案，呈现出良好的市场前景。2012年，个人入选浙江省“千人计划”。2015年，入选第十一批中央引进海外高层次人才“千人计划”创业人才。

王扬斌

阜博通（杭州）信息科技有限公司总裁。浙江大学电子工程与计算机工程学专业毕业，后赴美国佛罗里达大学读研究生，曾参与开发出世界第一套实时MPEG-2视频压缩芯片系统，项目获艾美技术奖；参与研发出世界第一套成功商用的卫星直播数字电视系统，个人荣获银星奖。2001年回国首次创业，成立了以研发交互数字电视（IPTV）平台为主的杭州英卓网络科技有限公司，和华数、网通合作，共同开发了数字电视机顶盒技术。2005年，联合浙报传媒集团创办阜博通（杭州）信息科技有限公司，任总裁。公司是一家专注于传媒产业的高新技术软件企业，是全球领先的音视频内容识别和大数据分析技术服务提供商。公司自主研发的核心专利“影视基因”技术，从根本上解决了音视频内容在制作和全媒体传播发行过程中存在的网络信息安全、新一代广播电视网络播出安全、版权管理、商业增值以及物联网大数据等产业价值链方面的问题，通过多项国内外权威专业机构评测，已经成为音视频内容识别领域的事实技术标准。目前，公司全球研发中心位于杭州，在北京、上海、广州、重庆、香港等地有分公司或一线技术支持，在美国、日本、新加坡设有海外分公司，客户包括美国六大影视集团、美国四大全国广播电视网、华数传媒集团、南方传媒集团、优酷土豆网、腾讯视频、搜狐视频、俄罗斯Rutube、日本NHK、富士电视台等众多知名电视台和影视节目制作、出版和发行机构。同时，与浙江大学、中国传媒大学、解放军信息工程大学等著名高等学府和科研机构建立起了产学研合作。个人入选浙江省“千人计划”，被评为首届“科技新浙商”。2015年，入选第十一批中央引进海外高层次人才“千人计划”创业人才。

王勇竞

苏州全谱光电科技有限公司董事长，留美博士，曾任美国DPS公司总裁。2011年1月回国，创办苏州全谱光电科技有限公司，任董事长。公司是一家聚焦于新型投影显示技术、3D投影显示技术及其在智能手机方面的新颖应用，在光电领域具有高度创新能力的科技公司。公司拥有包括角度彩色编码微型（ACP）投影技术、角度3D投影技术及其应用方面多项核心技术与专利，开发生产双模投影式平板电脑、投影式电子阅报器、3D投影机、激光投影机、超短焦微型投影机等新颖投影产品。公司通过自主开发的ACP投影技术，解决了智能手机输入输出瓶颈，使得智能手机可以随时完成投影需求，成为一个小巧便携的笔记本电脑，目前主要产品有双模投影式平板电脑LightPad与超短焦微型投影机LSMP 01。2015年，个人入选第十一批中央引进海外高层次人才“千人计划”创业人才。

魏云峰

宿迁波尔高压电源有限公司总经理。1984年至1992年，在清华大学电机工程系完成本科和硕士研究生学习，毕业后在中国科学院电工研究所担任高级医疗设备中心副主任、副研究员，从事医用X射线高压电源的研究开发工作，期间参与的“医用体外震波碎石机高电压脉冲电源”重大发明项目，获得国家科技进步一等奖。2001年至2009年，受邀到英国真维特公司Genvlt公司担任总设计师，研发各类高科技产品近30项，是高压电源设计专家。2009年10月回到祖籍地，在宿迁高新区领衔创办了宿迁波尔高压电源有限公司，任总经理。公司由英国真维特公司投资，主要设计、生产、定做各种规格精密高压电源、大功率高压电源以及各种电源产品。公司创办5年来，先后申请12项国家专利和1项英国专利，研发26个科研项目。2014年，“高效处理工业颗粒物用大功率智能高频高压电源装置”项目获得科技部100万元的资助。个人于2009年入选江苏省“双创人才计划”。2015年，入选第十一批中央引进海外高层次人才“千人计划”创业人才。

闻晓光

泰州越洋医药开发有限公司董事长。在北京大学医学部获得学士学位，加拿大萨斯卡切温大学获得博士学位并做博士后研究，在北美学习工作近20年，曾受聘于葛兰素史克、辉瑞、卡乐康等国际知名药企，担任资深科学家、制剂部经理、全球技术经理。精通制剂行业先进的技术和工艺，领导和参与了多个年销售额过亿美元的缓控释制剂新药的开发。2011年12月回国，入选泰州市“113人才”并在中国医药城创办了泰州越洋医药开发有限公司，任董事长。兼任中国颗粒协会理事、中国药学会制剂专业委员会委员、国家发改委价格评审专家、江苏省侨界专家委员会委员。公司主营创新制剂产品开发及产业化、创新制剂出口和技术咨询服务。拥有中国第一台德国进口的多功能压片机，第一台美国进口的全自动在线检测、全程录像溶出仪以及其他高端制剂及分析设备。目前已完成1个治疗阿尔兹海默综合征产品的美国FDA生产批件申报、2个治疗癫痫症的缓控释新药中国CFDA临床批件申报。2014年6月，公司荣获“第四届黑马大赛智慧医疗行业”一等奖。个人入选江苏省“双创人才计划”。2015年，入选第十一批中央引进海外高层次人才“千人计划”创业人才。

吴景晖

宁波创润新材料有限公司总经理。1992年考入东北工学院，1996年保送东北大学硕博连读。1999年获全额奖学金赴美国匹兹堡大学攻读博士学位，2004年获材料科学与工程专业工学博士学位。曾任美国汉武冶金技术咨询有限公司首席技术管，是国际上金属钛提纯领域少数掌握核心技术的华人专家之一。2012年3月回国，创立宁波创润新材料有限公司，任总经理。公司致力于建立国内首家低氧超高纯钛产业化生产基地，通过自主设计的提纯工艺和设备，彻底实现我国超高纯钛的独立自主生产。2014年6月，公司成功下线了国内第一炉电子级低氧超高纯钛，不仅填补了我国相关产业和技术的空白，也打破了发达国家对这一项目的垄断，成为2014中国新材料行业十大新闻之首。2014年9月，又成功产出钛锭，距离年产250吨电子级低氧超高纯钛的目标再近一步。形成量产后，超高纯钛生产线作为原材料供应的关键环节，将为形成中国完整的有色金属精深加工产业链提供关键技术支撑。2012年，个人入选浙江省“千人计划”。2015年，入选第十一批中央引进海外高层次人才“千人计划”创业人才。

夏瑜

中山康方生物医药有限公司董事长兼CEO，女，中山大学本科毕业，留英博士。曾任美国雅培公司首席科学家、美国中美冠科生物技术有限公司营运副总裁。2012年3月，在中山留学人员创业园创办中山康方生物医药有限公司，任董事长兼CEO。公司主要为国内外的生物制药公司提供高品质的技术外包服务。公司目前拥有8000平方米的国际标准实验室，以及投资几千万元的高端实验仪器，团队70多人中超过45%是硕士以上学历，拥有16项已获授权专利。凭借出色的技术实力，公司先后获得10多项各级别的项目立项，包括“科技部2012年国家火炬计划”“国家中小企业创新基金”、广东省“蛋白工程和抗体药物开发工程实验室”“第四批广东省博士后创新实践基地”、中山市“2013年引进科研创新团队”等。个人荣获科技部2013年国家创新推进计划“创新创业人才”称号。2015年，入选第十一批中央引进海外高层次人才“千人计划”创业人才。

薛立新

宁波莲华环保科技股份有限公司总经理。1987年获中国科技大学化学物理专业学士学位，1991年获上海有机所有机氟化学硕士学位，1996年获美国南卡州克莱门森大学含氟离子膜化学博士学位，曾获得中国科技大学“亿利达实验科学奖”和“菲利普莫里斯科技杰出奖”科技大奖。毕业后至2009年间，先后在AliedSignal、Philip Morris和Celanese Acetate公司任高级科研人员；2009起担任中科院宁波材料所高分子与复合材料事业部主任。环境治理新型功能膜材料等研究成果共申请发明专利150余项（包括美国专利28项），获得授权80余项，发表SCI论文60余篇。2012年，创办宁波莲华环保科技股份有限公司，任总经理。公司主要从事高性能分离膜研制和水处理、空气净化和清洁能源方面膜产品的开发，并提供与分离纯化、清洁生产、浓缩过程相关的膜技术和综合解决方案，应用于环境保护、食品安全等民生领域。目前，公司在水处理膜组件、新型海水淡化设备、膜应用工程方面申请专利12项，已获授权6项。同时，与中国科学院、美国霍尼韦尔国际公司、浙江大学、杭州水处理研究开发中心等科研机构建立起了外包合作的科研关系。2010年，个人入选浙江省“千人计划”。2015年，入选第十一批中央引进海外高层次人才“千人计划”创业人才。

阳学仕

上海宝存信息科技有限公司总经理。1998年本科毕业于清华大学电子与计算机工程专业，后赴美国德雷塞尔大学攻读硕士和博士学位。博士毕业后，就职于位于美国宾夕法尼亚州的希捷公司研发中心，领衔团队研发高端硬盘存储控制器。2005年，加入Marvell半导体公司，负责固态存储技术（SSD）架构工作，在职期间共研发四代产品，申请超过150项国际专利。带领技术团队研发了Mavell第一代闪存控制器，领导开发的多代SSD控制芯片产品占有超过50%的全球台式机SSD市场份额，年销售额逾亿美金。拥有100多项美国及世界专利，发表过超过20篇国际学术论文及5本专著，是IEEE会员、EURASIP无线通信及网络技术学报编辑。2011年离职，举家归国创业，于2012年1月创立上海宝存信息科技有限公司总经理，任总经理。公司专注于开发企业级高性能的固态存储产品及解决方案，通过提供创新性固态存储产品，帮助用户持续优化IT系统架构和性能并以此降低客户的采购成本和维护费用。成立仅一年多，公司团队就在大型企业级固态硬盘主控器技术的研发上取得了突破性进展。2014年4月，公司自主研发的6.4TB超大容量Direct-IOTM PCIe单卡面市，作为一款专为解决高性能应用中的IO（输入输出）瓶颈而量身定制的企业级存储产品，一举成为集高性能、高可靠性和高可塑性于一身的全球最大容量的存储单卡。2011年，公司被列入上海市杨浦区“3310计划”A类重点支持企业。2015年，个人入选第十一批中央引进海外高层次人才“千人计划”创业人才。

杨治国

武汉珞珈德毅科技发展有限公司总经理。2001年从武汉大学赴德国学习，在斯图加特大学攻读博士，毕业后留德工作，曾任德国航天科工欧洲分公司总经理。2009年5月回国，在武汉东湖国家自主创新示范区创办武汉珞珈德毅科技发展有限公司，任总经理。公司依托武汉大学、测绘遥感信息工程国家重点实验室、国家卫星定位系统工程技术研究中心（GNSS）、德国斯图加特大学等国内外科研单位，实现基于“3S（GIS/GNSS/RS）+C（Communication）”的技术融合及产业创新应用的产学研一体化，提供“空间数据快速获取与处理、集成管理与更新、共享服务发布与三维应用”的地理信息全产业链产品及服务。公司基于北斗地基增强，以三维技术为先导，以传统地理信息为基础，辅以云计算、通讯、LiDAR及遥感技术，进行专业地理信息基础软件平台研发与行业应用开发，承接大型行业信息化工程，提供企业级海量数据的二、三维专业应用与服务。公司自主研发的“德毅智慧”系列产品，为智慧城市提供二三维一体化的空间信息综合管理解决方案，拓展北斗高精度导航定位技术在智慧城市中的应用，并在国土测绘、电力、水利、公安、交通等行业积累了丰富的应用实施经验。2015年，入选第十一批中央引进海外高层次人才“千人计划”创业人才。

叶涛

宁波立芯射频股份有限公司总经理。1988年，被保送就读北京清华大学电子工程系。因学业成绩优异，于1993年底得到美国斯坦福大学电子工程系的直博机会，主攻集成电路设计。在读博的第三年加入导师创办的一家集成电路公司，被美国新思科技公司收购。后继续攻读博士，2003年获美国斯坦福大学博士学位。毕业后进入美国英频杰公司负责芯片研发工作，公司是最早进军物联网芯片领域的企业之一，如今已经成为全球超高频RFID芯片领军企业，其间带头研发了世界第一个无线射频UHF Gen2标签芯片及阅读器系统，并参与了EPC Global无线射频识别技术的世界标准及协议的制定及实施。2007年，香港政府成立物联网研发中心，任研发总监并主持中心研究工作。2012年12月回到内地，创办宁波立芯射频股份有限公司，任总经理。公司定位于集RFID开发、生产及销售为一体的高新技术企业，主营方向是为全球客户提供高品质的RFID产品和系统应用解决方案。公司拥有先进的电子标签产品研发检测实验室、大型微波暗室等研发试验环境，可根据复杂多变的RFID应用需求，设计制造定制化产品。目前，研发生产的RFID标签产品已被全球客户应用于物流、零售、服装、身份证件、航空、票证、物品追踪等领域。2015年，个人入选第十一批中央引进海外高层次人才“千人计划”创业人才。

袁涛

昆山睿翔讯通通信技术有限公司总经理。先后在新加坡、美国、丹麦等地留学工作，曾任美国莫仕连接器有限公司（Molex）丹麦分公司研发经理，拥有丰富的天线专业技术和实践经验。2010年11月回国，创办昆山睿翔讯通通信技术有限公司，任总经理。公司致力于研发和生产手机4G天线等无线产品，牵头组建了“4G—LTE天线模组江苏省信息产业企业联合研发创新中心”，在国际上第一个将物理信道加密技术应用到天线模组，有望从根本上解决天线泄密的问题。公司成立短短3年，销售收入从2013年的133万元增长到2014年的2287万元；无线产品市场份额从占比0.5%上升到39%；人员规模从创业初期的2人扩展到90多人，已成为联想、中兴等知名企业的供应商。2015年，个人入选第十一批中央引进海外高层次人才“千人计划”创业人才。

张建伟

昆山瑞泰智能科技有限公司董事长。德国卡尔斯鲁厄大学计算机专业博士、教授，有近20年从事机电一体化、自动控制、传感器研究与开发的经验。在德国高校任职期间，主持多项德国科学基金重点项目、联邦教研部与工业合作项目、欧盟IST研究项目。2002年起任留德中国学生学者团体联合会主席；2004年起任德国清华校友会会长，并被推荐为全国政协海外委员。2008年从德国引入昆山，任昆山工研院智能机器人工程研究所所长，先后申请国内专利10项。2009年6月，创建昆山瑞泰智能科技有限公司，任董事长。公司以“智能机器人，改善人类生活”为理念，致力于机器人、智能系统、自动化设备及相关产品的开发、生产、销售、咨询和技术服务，主要业务内容包括服务机器人和工业自动化系统集成应用两个方面。公司现拥有专利8项，其中发明专利2项、商标6件。目前，已研制出技术领先、特色鲜明的服务机器人产品并推向市场，包括“好博特家庭服务机器人”“酷博模块化教育机器人”等。同时，公司承接企业委托，开发了多种工厂自动化设备和工业机器人应用系统并投入生产现场实际应用，包括“码垛机械手”“注塑插针机器人系统”“贴标机器人系统”等。2015年，个人入选第十一批中央引进海外高层次人才“千人计划”创业人才。

张　渭

上海博览达信息科技有限公司总裁，留美博士，曾任美国UGS公司系统仿真部总监，是多体动力学、振动与结构动力学、有限元方法、测试—有限元相关性分析、控制—结构互动性、材料疲劳评估、系统仿真等多个领域的专家。2010年1月，创办上海博览达信息科技有限公司，任CEO兼技术总监，后出任总裁。公司专业提供高端制造业所需的工程用软件和生产性服务，开发和引进“电脑辅助工程”（CAE）相关的仿真、测试分析和应用软件，以及信息化仿真和测试管理系统，帮助制造企业提升技术水平、节省产品开发成本、缩短产品开发周期抢占市场，客户目前已遍及汽车、航空、航天、船舶、能源、工程机械、高档数控机床、制造装备、高科技电子等机械和机电相关领域。2015年，个人入选第十一批中央引进海外高层次人才“千人计划”创业人才。

张研

上海康众光电科技有限公司总经理。2008年获剑桥大学电子工程学博士学位，留校担任英国剑桥大学大面积电子器件研究中心副主任，兼任英国剑桥大学驻亚太地区首席联络官。2011年10月回国，在南京经济技术开发区紫金新港科创特区成立康众光电科技有限公司，后成立上海康众光电科技有限公司，任总经理。公司主要从事“碳纳米冷阴极X光机”及可穿戴高科技电子产品的研发，研发出的“碳纳米冷阴极X射线管”“碳纳米冷阴极X射线源”等新型发射冷阴极x射线发生器核心技术目前处于世界领先水平，可广泛用于安检、医疗、食品检测等方面，填补了国内市场的空白。公司推出的“包裹X光检测机”，可用于机场、地铁安检；便携式“碳纳米冷阴极X光机”，则可用于食品、药品、毒品等方面的检测，瞬时发现包装灌装食品中的杂物、中药材中的异物、藏于各种地方的毒品等。现在，样机已经在国内一家医疗器械企业、英国一家安全检查设备公司及几家研发机构试用。2015年，个人入选第十一批中央引进海外高层次人才“千人计划”创业人才。

张以弛

杭州硅易科技有限公司董事长。曾就读于英国剑桥大学，在校期间创立Greedy公司，任CEO，获得英国政府资助和剑桥企业种子基金风险投资，并荣获剑桥创业比赛大奖。2010年8月带项目和团队回国，获“春晖杯”创新创业大赛一等奖，并创办杭州硅易科技有限公司，任董事长。公司致力于通过先进的人工智能、自然语言处理、机器学习以及数据挖掘技术，帮助传统教育行业在互联网时代进行教学方式的创新和线上与线下的融合，提升教育教学效率。公司先后荣获《创业家》第二届中国最具投资价值企业、2012互联网创新产品、Red Herring亚洲创新百强等奖项，并入选杭州高新区“5050计划”。2015年，个人入选第十一批中央引进海外高层次人才“千人计划”创业人才。

张云飞

珠海云洲智能科技有限公司董事长。香港科技大学机械自动化专业博士。2010年4月，创办珠海云洲智能科技有限公司，任董事长。公司是国内最领先的民用无人船研发和供应商，专注于自动智能无人船等机器人自动化技术，目前已有多款产品面市，包括全自动采样无人船、应急监测无人船、采样监测两用无人船和海洋探测无人船等，在全国14个省市自治区的41个城市，应用于环保水质监测、航道测量、水面垃圾清理、科研等多领域。公司已获得专利及软件著作权23项，其中包括6项发明专利，同时还主导编写了中国第一个无人船相关的企业技术标准。2014年9月，公司推出了“领航者”系列海洋高性能无人船平台，填补了国内这一领域的空白。公司先后获得国家级高新技术企业、广东省高新技术产品、广东省自主创新示范企业、珠海市创新产业化示范基地等多项认定，并荣获2013年“第二届全国创新创业大赛”初创组总冠军、2014年“克莱斯勒”杯黑马大赛冠军。2015年，个人入选第十一批中央引进海外高层次人才“千人计划”创业人才。

赵建辉

瀚天天成电子科技（厦门）有限公司董事长，留美博士，美国罗格斯大学教授。2010年12月回国，在厦门火炬高技术产业开发区创业园创办瀚天天成电子科技（厦门）有限公司，任董事长。公司是一家集研发、生产、销售碳化硅半导体外延晶片的中美合资高科技企业，注册资金1.42亿元建立了规模量产的生产基地，引进了国际最新型的碳化硅外延生产线和各种高端检测设备，汇集了国内外碳化硅半导体领域顶尖的技术专家，是中国第一家提供产业化3英寸、4英寸和6英寸碳化硅半导体外延晶片的生产商。公司在碳化硅外延晶片研发和生产上连续取得重大突破，产品填补了国内在该领域的多项空白，并获得“福建省引进高层次创业创新团队”荣誉称号。目前，公司正积极拓展与上下游企业的合作，未来有望在福建建立庞大而完整的产业集群，带动千亿级产业链，打造中国的“碳化硅谷”。2015年，个人入选第十一批中央引进海外高层次人才“千人计划”创业人才。

赵青春

南京华尔达激光有限公司董事长。1995年西安交通大学博士生毕业，后赴美留深造和工作，曾任美国Intense有限公司高级工程师。2012年7月，带着由激光技术行业的专家组成的团队回国，组建了苏州华必大激光有限公司，并且在中科院苏州纳米所里拥有一个激光研究实验室。2012年7月，通过佛山南海区“蓝海人才”计划引进，创办佛山高聚激光有限公司，并获得佛山高新区300万元新兴产业扶持奖励资金；后又创办南京华尔达激光有限公司，任董事长。公司主要从事激光相关的技术咨询、转让、服务，以及相关产品的销售，获得了西屋康达1000万元注资，政府也不断设立奖励基金进行扶持，苏州工厂、佛山工厂快速成长，占地总面积达到2000平方米。此外，公司正在美国筹建技术研发室，并与南京航空大学、南京东南大学、武汉华中科技大学、佛山大学、河海大学等高校建立了良好合作关系，准备在各大高校成立实习基地和产学研中心，搭建国内先进科技教育行业第一个网上技术教育平台——GTP学院。2015年，个人入选第十一批中央引进海外高层次人才“千人计划”创业人才。

赵永新

杭州多禧生物科技有限公司董事长。毕业于武汉大学，取得环境化学学士和硕士学位，后分配到国家环境保护部门进行科研工作。此后通过自考留学美国伊利偌伊大学，获得生物医药专业博士学位，并在美国康奈尔大学医学研究生院及美国知名癌症研究和治疗第一机构——纪念斯隆—凯特琳癌症研究中心做博士后研究，专注于癌细胞抗原和天然抗癌产物的工作。曾在美国梦山都公司、法玛西亚公司从事过营养分子、消炎和癌症药物研究。回国前近十年，一直在美国珞博特药业有限公司从事抗体药物共轭体靶向治疗癌症的研究，作为主要发明人的多项技术应用到临床试验药物中，尤其是发明的链接体技术在卵巢癌药物临床使用上取得了突破性进展。2008年，被美国Nerac情报咨询公司授予美国年度“创新者奖”。2012年12月回国，与海外团队一起在杭州经济技术开发区创办杭州多禧生物科技有限公司，任董事长。公司致力于研发用智能键将单克隆抗体与小分子药物交联在一起，共同构成共轭体药物（俗称“生物导弹”），用于恶性肿瘤的靶向治疗，基于小鼠肿瘤模型的试验显示公司专利药物的抗癌疗效明显优于同类上市药物，有望填补国内空白。2014年，公司荣获“2014中国留学人员创业园百家最具投资价值企业”称号，并入选杭州市第四批“521”计划创业创新团队。2015年，个人入选第十一批中央引进海外高层次人才“千人计划”创业人才。

赵中

浙江归创医疗器械有限公司董事长。在四川大学本科毕业后，被保送至南开大学化学系攻读硕士研究生，师从著名高分子化学家何炳林教授。1989年留学美国，至1996年先后获得约翰·霍普金斯大学生物医学工程硕士和博士学位。博士毕业后，加入博士导师创办的专注于定向、定点治疗癌症的生物制药公司，作为医用高聚物和缓释剂型开发的技术核心人员，先后申请专利近30项。2001年进入美国强生公司工作，2005年成为强生研发部门总监，先后参与和领导了一系列心血管方面的高端植入医疗器械的开发和临床试验。2012年11月回国，在浙江海外高层次人才创业园成立浙江归创医疗器械有限公司，任董事长。公司作为海创园A类重点引进项目，注册资金6667万元，建有1800平方米的高科技现代化研发中心及GMP车间，主要研发生产具有国际专利的三类高端植入/介入医疗器械产品。2014年3月，成功研发出外周血管载药支架和球囊两个产品，并已申报1项国际PCT发明专利、3项国内发明专利、1项实用新型专利和2项外观设计专利。个人入选浙江省“千人计划”。2015年，入选第十一批中央引进海外高层次人才“千人计划”创业人才。

郑伟

苏州康乃德生物医药有限公司CEO。美国加州大学戴维斯分校免疫生物化学博士，曾在美国生物医药公司从事新药研发，先后担任科学家、资深科学家、部门副总监、总监等职务，领导若干个创新药物的研发工作，拥有20年药物研发与管理经验，有多项新技术和新药的国际发明专利，在知名国际学术期刊发表多篇文章并应邀在国际学术大会上演讲。2012年5月回国，在太仓市生物医药产业园创办苏州康乃德生物医药有限公司，任CEO。公司专注于以G蛋白偶联受体（GPCR）为靶点，开发相关治疗自身免疫（抗过敏、炎症等）疾病及肿瘤的创新药物。公司具有自主开发的GPCR单克隆抗体药物技术，并致力于成为GPCR单克隆抗体药物开发方面独特的国际领先企业。目前，公司在积极推进开展美国Arena制药公司独家全球授权新药项目的临床前开发和产业化工作，所开发的药物将用于治疗过敏性鼻炎和过敏性皮炎。2015年，个人入选第十一批中央引进海外高层次人才“千人计划”创业人才。

周广滨

中山高璐美数码科技有限公司董事长。毕业于纽约州立大学和美国雪城大学化工系，获得高分子化学博士和高分子膜工程博士后，曾是国际著名公司惠普和古楼的彩喷技术产品研发团队的核心成员，掌握用水性环保材料制作彩喷打印材料的先进技术，特别是“可移胶”技术填补了国内新材料领域的空白。2012年回国，在中山留学人员创业园创建了荣思东数码科技有限公司，后完成了对中山高璐美数码科技有限公司的并购，任董事长。公司是国内设备、技术先进的彩喷耗材生产基地，整套引进美国先进的彩喷耗材生产技术和工艺，备有先进的彩喷耗材研发中心和产品测试中心，拥有全新现代化厂房和多条自动化宽幅涂布生产线。公司的新一代彩喷涂层技术各项技术指标达到国际一流水平，打印的图像画面解像力高，色彩艳丽，抗水、抗紫外线、抗老化性强，产品涂层附着力和内聚力超过同行业类似产品。同时，公司以具有国际水准的产品研发能力，可根据客户的特殊要求，设计生产各种符合市场需求的特种彩喷打印耗材。目前，产品已远销美国、欧洲、日本、东南亚等国家和地区。2015年，个人入选第十一批中央引进海外高层次人才“千人计划”创业人才。

周辉

安徽达辉生物科技股份有限公司董事长兼总经理。美国纽约大学博士。2011年10月回国，在芜湖留学人员创业园创办安徽达辉生物科技股份有限公司，任董事长兼总经理。公司是以生物医学技术和医疗器械的研发与生产、贸易、中美医生咨询培训及医院投资管理为主体的高科技生物医学技术公司，是目前世界上唯一具备AMCL生产技术及专利的公司。作为一种新型的角膜创伤修复技术，AMCL是眼科领域中一项重大的技术突破，属于国际先进技术，该项技术的开发将开创角膜创伤修复的新领域并填补国内外空白。公司团队目前在眼科新材料、肿瘤与遗传疾病、心血管疾病诊断和激光治疗方面积累了丰硕的成果，拥有多项中国和美国授权发明专利技术。2013年，公司入选人社部“最具成长潜力的留学人员创业企业”，并纳入芜湖市科技计划重点支持项目；2014年，获批国家高新技术企业认定，国家中小企业创新基金、省科技计划、市科技小巨人项目资金支持，以及第五届中国侨界贡献创新团队奖”。 2013年，个人入选安徽省第三批“百人计划”。2015年，入选第十一批中央引进海外高层次人才“千人计划”创业人才。

周逊伟

杭州协能科技有限公司总经理，留美博士，曾任美国汉力国际微电子有限公司工程副总裁，有着20年的模拟IC系统设计经验，从事电源管理设计相关研究、开发和应用10多年。1998年发明的针对英特尔CPU电源管理系统，现已成为全球计算机CPU电源管理系统的标准架构，2004年成为国际电子技术与电子工程师协会（IEEE）高级会员，拥有6项国际专利。2011年1月带专利技术回国，于2012年5月在杭州西湖区创办杭州万唐科技有限公司，任总经理。公司专注于电池管理、电源管理、模拟芯片、数模混合芯片等前沿电子领域的研究，拥有国际化的管理团队和多名优秀的留美归国博士，在美国硅谷设有研发机构。公司为绿色能源、智能电网和消费类电子产品提供高性能的模拟集成电路产品和系统方案，目前已开发出集成功率芯片、电动汽车均衡系统、智能储能系统、智能充电机、智能LED系统等四大类近10种产品，营销网络遍及浙江、山东、北京、江苏等地，相关技术已申请美国发明专利6项，获中国专利2项，软件著作权3项，通过了浙江省科技厅组织的专家组鉴定，技术达到国内领先水平，产品达到国际同类产品先进水平。个人先后入选浙江省“千人计划”、杭州市“521”计划、滨江区“5050”计划。2015年，入选第十一批中央引进海外高层次人才“千人计划”创业人才。

第五部分

社团篇

欧美同学会·中国留学人员联谊会

概况

欧美同学会于1913年成立，2003年增冠“中国留学人员联谊会”会名，是由中国留学海外各国归国同学自愿组成的群众团体。由中共中央书记处领导，中央统战部代管。

欧美同学会·中国留学人员联谊会设有理事会、常务理事会和会长会，理事会为最高权力机构。下设留美、苏、英、德奥、法、意、加、瑞士、东欧、北欧、拉美、日本、澳新、朝韩14个分会（东南亚分会正在筹建中）；16家团体会员及近百个校友会；组织、宣传、联络、建言献策、团体会员、社会服务、会员活动7个专门工作委员会；MBA协会、企业家联谊会、商务人士委员会、酒店业专家委员会。与21个省区市留学人员组织，美、英、德、日、澳等主要留学国家的百余家留学人员团体建立了工作联系。

欧美同学会·中国留学人员联谊会广泛联系海内外留学人员，反映他们的意见建议和愿望要求，团结和引导广大留学人员服务于社会主义经济建设、政治建设、文化建设和社会建设，如发起“报国计划”，组织“为国服务团”，召开21世纪中国研讨会和海外留学人员座谈会，服务奥运，举办募捐赈灾活动，参与主办中国留学人员广州科技交流会、中国·海峡项目成果交易会、中国海外学子辽宁（大连）创业周，还作为海外高层次人才引进计划（简称“千人计划”）的主要窗口单位开展各项工作。

欧美同学会·中国留学人员联谊会工作机构下设行政事务管理部、人事文秘部、会员工作部、联络工作部、社会服务部和宣传部，办有会刊《留学生》（月刊），《欧美同学会通讯》和网站。

党和政府高度重视欧美同学会·中国留学人员联谊会及留学人员工作。毛泽东主席对留学人员寄予了“希望寄托在你们身上”的深情厚望，周恩来总理曾亲自来会所探望、视察。1987年，邓小平同志为欧美同学会会刊题写刊名。1997年，江泽民同志为欧美同学会题词“学习、奋斗、团结、奉献”，2003年；题写“中国留学人员联谊会”新会名。党和国家领导人多次出席欧美同学会举办的重要活动。1993年，江泽民同志出席欧美同学会成立80周年大会并发表重要讲话；2003年，胡锦涛同志出席欧美同学会成立90周年纪念大会并强调指出，欧美同学会要“努力成为党联系广大留学人员的桥梁和纽带，成为党和政府做好留学人员工作的助手……努力成为留学人员之家”。

在新的历史条件下，欧美同学会·中国留学人员联谊会将坚持“团结立会、民主办会、依章治会、实干兴会”的办会方针，高举留学报国的爱国主义旗帜，弘扬留学报国的光荣传统，广泛团结和凝聚海内外留学人员，为全面建设小康社会，实现中华民族的伟大复兴作出新的贡献。

宗旨

以邓小平理论和“三个代表”重要思想为指导，团结和服务海内外留学人员，继承发扬留学报国的爱国主义传统，秉持修学、游艺、敦谊、励行的理念，为全面建设小康社会和实现中华民族伟大复兴服务，为完成祖国完全统一大业服务，为维护世界和平与促进共同发展服务。

主要任务

一、学习贯彻党和政府关于留学人员工作、知识分子工作和人才工作的方针政策。

二、推动留学人员报国实践，宣传留学人员报国业绩。

三、开展咨询、信息服务和人员培训等，为促进国家和地方经济社会发展献策出力。

四、联系海外留学人员和团体，开展科技、经济、文化、教育、卫生等领域的交流与合作，组织和推动海外留学人员为国服务。

五、开展多种形式的活动，加强学术交流，丰富文化生活，增进留学人员之间的联系和友谊。

六、反映留学人员的意见和要求，维护会员的合法权益，关心会员的工作和生活，努力为留学人员服务，把本会办成留学人员之家。

七、表彰优秀留学人员，积极举荐人才。

联系方式

地　址：北京市东城区南河沿大街111号

邮　编：100006

电　话：86-10-65592511，65255269

传　真：86-10-65273621

邮　箱：wrsa-hyb@coesa.cn

网　址：www.wrsa.net

中国技术创业协会留学人员创业园联盟

概况

中国技术创业协会留学人员创业园联盟（又称“中国留学人员创业园联盟”）是在国家科技部、教育部、人力资源和社会保障部、国家外国专家局以及致公党中央的共同支持下，由致力于支持留学人员创新创业发展的创业园和相关企事业单位、机构共同发起，以自愿方式组成的全国性非营利性的社会组织，在中国技术创业协会领导下开展工作。业务指导单位为国家科技部火炬高技术产业开发中心、国家教育部国际合作与交流司、国家教育部留学服务中心、国家人力资源和社会保障部留学人员和专家服务中心、国家外国专家局经济技术专家司、中国国际人才交流中心、致公党中央留学人员委员会。英文名称“China Overseas Scholars Pioneer Park Alliance”。

联盟承担起国家有关部门的业务委托，围绕科技创新、人才引进、载体建设，积极开展各项工作，不断探索行业发展的新思路，通过汇聚全国留学人员创业园的各类优质资源，搭建政策、活动、宣传、交流与合作、国际技术转移、投融资等平台，形成人才、技术、资本、市场等方面的资源共享机制，探索行业发展模式，推动园区品牌创新，加快科技成果转化，提升孵化服务能力，营造海外高层次人才归国创新创业的良好环境。联盟制定了较为完善的服务工作体系，为留学人员创业园、留学人员企业提供服务支持。

宗旨

遵循国家法律法规和相关方针政策，全面整合各方的资源，推动全国留学人员创业园的全面发展，为建设创新型国家做出贡献。

主要任务

一、制定全国留学人员创业园发展指引、全国留学人员创业园指标评价体系，引导和规范创业园区建设发展，形成示范品牌效应；在全国范围内评选表彰优秀留学人员企业，树立优秀典型，激发海外留学人员回国创新创业热情。

二、搭建“海创邦”“海创空间”等线上线下的技术、项目、资本对接、合作、交流平台，建立全国留学人员创业园信息化工作平台，实施中国留学人员创业园“联盟孵化”工程，全面整合各级政府、园区、企业、高校院所、海内外相关机构和团体等各类资源，形成中国海外高端人才协同创新创业网络，打造“人才服务+企业孵化+产学研合作”发展模式。

三、发起成立中国留学人员创业园创业投资基金，为在园企业提供更为便利的融资渠道，解决企业资金难题，助推企业成长；通过“海创之星”培育、成长、腾飞计划和“中国留学人员创业园百家企业”评选活动，从项目申报、成果转化、市场拓展、创业投资、品牌传播、管理培训等方面对接各类社会资源，促进不同阶段的留学人员创业企业成长。

四、主办中国海归创业大赛、全国留学人员创业园网络年会等活动，参与承办和协同开展“春晖杯”中国留学人员创新创业大赛、中国留学人员广州科技交流会、中国海外学子创业周等大型引才活动；组办行业及联盟区域性工作交流研讨会，拓展人才引进路径，创新园区管理服务。

五、编撰《中国留学人员创业园年度发展报告》《中国留学人员创业年鉴》，开展留学人员回国服务领域基础性重大问题前瞻性研究，为政府部门制定各项推进留学人员创业园发展的政策和措施提供建议；出版联盟会刊，联合战略合作媒体，构建信息主干道和立体化推广平台，提升行业影响力。

联系方式

地　址：北京市海淀大街3号鼎好大厦A座19层1923室
邮　编：100080
电　话：86-10-82698998
传　真：86-10-62261247
邮　箱：lianmeng@osechina.com
网　址：www.osechina.com

中国留学人员回国服务联盟

概况

中国留学人员回国服务联盟（简称“服务联盟”）成立于2011年8月22日，是由首批92家国内从事留学人员回国服务工作的组织发起成立，专门为留学回国人员和留学回国工作提供服务的一个开放式的非法人行业联盟组织与合作交流平台。英文名称“China Union of Service Organizations for Returned Overseas Students”，简称CUSOROS。

中国留学人员回国服务联盟将致力于健全留学人员回国服务机构的合作机制，加强各服务联盟成员间的协调配合，推动服务联盟成员间在编制留学人才引进计划、实施重点项目、落实重要政策时，加强沟通与协调，共同营造和谐的服务工作环境。还将建设留学人员回国服务信息平台，以中国留学人才信息网为依托，构建面向社会和广大海外留学人员的留学回国工作信息平台，促进留学人才、项目、政策、资金等信息资源的交流和共享。

宗旨

以邓小平理论和“三个代表”重要思想为指导，深入贯彻落实科学发展观，坚持“支持留学、鼓励回国、来去自由”的方针，按照“拓宽留学渠道、吸引人才回国、支持创新创业、鼓励为国服务”的要求，团结各留学人员回国服务组织，整合服务资源，提高服务能力，落实具体政策，加快建设服务理念先进、服务机制健全、服务功能齐全、服务质量优良的留学人员回国服务体系，为充分开发利用留学人才资源，吸引更多优秀留学人员回国工作、创业和以多种方式为国服务提供保障。

主要任务

一、推进留学人员回国服务网络建设。以各地区各部门所属留学人员服务机构为骨干，充分发挥各服务联盟成员作用，统筹服务资源，实现资源共享，完善留学人员回国服务网络。

二、健全留学人员回国服务机构的合作机制。加强各服务联盟成员间的协调配合，推动服务联盟成员间在编制留学人才引进计划、实施重点项目、落实重要政策时，加强沟通与协调，共同营造和谐的服务工作环境。

三、建设留学人员回国服务信息平台。以中国留学人才信息网为依托，与有关服务联盟成员留学信息网相互贯通，充分利用互联网便捷高效的特点，构建面向社会和广大海外留学人员的留学回国工作信息平台，促进留学人才、项目、政策、资金等信息资源的交流和共享。

四、组织成员单位开展相关活动。组织协调服务联盟成员单位开展区域性合作活动和跨区域的专业性交流活动；发挥服务联盟成员单位的资源优势，加强服务联盟成员单位的自身培训，通过多种途径和形式，对留学人员开展国情、政策和就业等方面的培训。

联系方式

地　址：北京市海淀区学院路30号博士后公寓办公楼
邮　编：100083
电　话：86-10-82388262，62322968，62330841
传　真：86-10-62321842
邮　箱：lxhgfw@163.com

“千人计划”专家联谊会

概况

“千人计划”专家联谊会成立于2011年1月15日，是欧美同学会·中国留学人员联谊会的一个分会，是国家“千人计划”项目引进专家自愿发起和组成的非营利性社会团体。联谊会凝聚全体“千人计划”专家，旨在联谊交流、协同合作、建言献策和服务社会。联谊会将团结并服务于海内外留学人才，积极践行科技兴国和人才强国战略，努力成为国家创新创业的生力军，为建设创新型国家、实现中华民族的伟大复兴贡献智慧和力量。“千人计划”专家联谊会热爱祖国，拥护中国共产党的领导，遵守国家宪法和法律，积极反映会员的意见和要求，维护会员的合法权益。

“千人计划”专家联谊会办公室是联谊会具体工作的执行机构。联谊会办公室在专项办及执委会的指导下，办公室主任的领导下，八个专业委员会的配合下，主要负责活动组织、联系交流、新闻宣传等方面工作，力求实现联谊会办会宗旨。“千人计划”专家联谊会根据专业发展需要设立专业委员会，目前设信息科学与技术，化学化工，能源、资源与环境，工程与材料，生物医药与生命科学，数学物理，经济、金融与管理，高新技术，青年委员会9个专业委员会。

宗旨

凝聚全体“千人计划”专家，团结并服务于海内外留学人才，积极践行科教兴国和人才强国战略，努力成为国家创新创业的生力军，为建设创新型国家、实现中华民族的伟大复兴贡献智慧和力量。

主要任务

一、开展会员间的联谊交流。

二、推进会员间、本会与其他社会团体间，在学术、科研、产业发展等方面的交流合作。

三、为国家科技、经济、教育、产业、人才等方面的科学发展建言献策。

四、关心公益，服务社会。

联系方式

地　址：北京市东城区南河沿大街111号

邮　编：100006

电　话：86-10-65127388-6112

传　真：86-10-65266906

邮　箱：lianyihui@1000plan.org

网　址：www.1000plan.org/lianyihui2

中华全国青年联合会留学人员联谊会

概况

中华全国青年联合会留学人员联谊会成立于2004年12月21日，是由愿意遵守本会章程的中国青年留学人员（含青年华侨华人）和留学人员社团（含华侨华人社团）自愿结成的、非营利性的社会团体，接受中华全国青年联合会的领导。英文全称“Returned and Overseas Chinese Scholars Association of All-China Youth Federation”，简称ROCSA。

联谊会的领导机构是理事会，每届任期3年。联谊会设会长1人、副会长22人、秘书长1人，组成会长会议，在理事会闭会期间主持本会工作。设农业科学、信息技术、生物技术、材料科学、管理科学、金融投资、商贸物流、法律、教育文化、新闻传媒、医药卫生、华侨共12个专业委员会，由各专业委员会秘书长主持开展工作。联谊会秘书处设在全国青联海外学人工作部。

联谊会会员主要为在本行业、领域有一定成就和影响的青年留学人员代表性人物，分布在国内各省、区、市和香港、澳门特别行政区以及美国等15个国家。

宗旨

广泛联系，促进交流，凝聚力量，为国服务。

主要任务

一、广泛联系、团结海内外青年留学人员，大力弘扬爱国主义传统，加强青年留学人员之间及与国内社会各界的交流。

二、宣传祖国经济和社会发展成就，广开渠道，促进青年留学人员与国内各地开展人才、资金、项目、技术等合作。

三、维护青年留学人员的合法权益，为青年留学人员的成长成才和事业发展服务，举荐、宣传优秀青年留学人员。

四、会同有关方面开展青年留学人员工作，提出意见和建议，努力优化青年留学人员成长和创业环境。

五、开展中华全国青年联合会授权的其他工作。

联系方式

地　址：北京市前门东大街10号

邮　编：100051

电　话：86-10-85212680

传　真：86-10-85212680

网　址：www.gqt.org.cn/ocss/lyh

北京市侨联归国留学人员联合会

概况

北京市侨联归国留学人员联合会成立于2004年1月6日，是在北京市侨联领导下，在中国侨联及北京市委统战部的指导下，由在北京创业或工作的归国留学人员自愿组成的、自主管理的、非营利性的社会团体。联合会承认《中华全国归国华侨联合会章程》，面向北京5万多名归国留学人员。

宗旨

团结、教育、引导广大归国留学人员及其眷属，维护归国留学人员的合法权益，为归国留学人员在北京创业和工作服务，发挥归国留学人员的团体优势，成为北京市委和市政府联系团结广大归国留学人员的桥梁和纽带。

主要任务

一、做好吸引海外人才和智力工作，为实现“新北京、新奥运”的战略目标，为首都率先基本实现现代化服务。

二、面向最基层广大归国留学人员，为留学人员创业、就业、社会交往提供各种服务。

三、维护留学人员合法权益，协助政府有关部门解决留学人员实际困难。

四、关心归国留学人员的政治诉求，积极推荐表彰留学人员代表人物；弘扬创业精神，宣传推介留学人员的事迹和成就。

五、发挥北京人才与高新技术优势，组织广大会员积极参与其他省市的科技、人才交流等活动。

六、加强自身建设，积极推进留学人员工作的理论研究。

七、加强与海外留学人员、海外留学人员社团组织及新侨组织的联谊工作，推动国际交流与祖国统一进程。

联系方式

地　址:北京市朝阳区建外SOHO西区11号楼2002室

邮　编：100022

电　话：86-10-65502259

传　真：86-10-65502259

邮　箱：member@rocsf.org

网　址：www.rocsf.org

北京海外高层次人才协会

概况

北京海外高层次人才协会成立于2011年12月12日，由北京海外学人中心和李彦宏等5位在京的优秀海外高层次人才共同发起成立，是经北京市社会团体管理办公室核准登记的非营利性社会团体法人。英文全称“Beijing Overseas Talents Association”，简称BOTA。接受业务主管单位、社团登记管理机关北京市民政局的业务指导和监督管理。

协会是北京海外高层次人才联谊交流的桥梁和纽带，是促进科技与产业资源整合的人才集群，也是进一步推动北京以及北京周边地区高端人才一体化发展的枢纽型人才组织。

宗旨

遵守宪法、法律、法规和国家政策，遵守社会道德风尚，搭建海外高层次人才交流平台，团结、凝聚和服务在京地区创新创业的优秀海外高层次人才，拓展渠道、整合资源、加强合作，促进海外人才的聚集和发展，充分发挥海外高层次人才的作用，服务北京的创新发展，为北京有中国特色的世界城市建设提供人才支持保障。

主要任务

一、组织海外高层次人才学习贯彻党的方针政策和国家法律法规，了解国家和北京市经济社会发展情况和海外人才相关政策。

二、广泛开展形式多样的交流联谊活动，增进北京以及与津冀地区海外高层次人才之间的联系与交流。

三、加强对海外高层次人才的联系服务，反映海外高层次人才的意愿，进一步优化高端人才的发展环境。

四、为海外高层次人才搭建学术研讨、科技联合攻关、创业合作、投融资服务、科研成果转化等服务平台。

五、发挥海外高层次人才的优势，为北京有中国特色的世界城市建设与“首都经济圈”发展建言献策。

六、开展海外高层次人才相关的研究，编辑出版刊物或书籍，组织论坛、研讨、展览等各种宣传活动。

七、通过多种渠道广泛宣传北京市的优秀海外高层次人才。

八、广泛联系海外专家组织、留学生组织和海外人才交流机构，促进会员开展国际交流合作，吸引更多优秀海外人才到北京创新创业。

联系方式

地　址：北京市西城区德外大街83号德胜国际中心B座6层
邮　编：100088
电　话：86-10-58540533，58540534
传　真：86-10-58540535
邮　箱：bota@8610hr.cn
网　址：www.8610hr.cn/xiehui

天津市留学人员联谊会

概况

天津市留学人员联谊会成立于2005年4月22日，是由天津市留学海外的归国同学及海外留学人员自愿组成的群众组织（联合性非营利性组织）。英文全称“Tianjin Overseas Returned Scholars Association”，简称TORSA。接受主管单位中共天津滨海新区区委统战部和中共天津滨海高新区工委的领导和监督管理。

宗旨

遵守国家的法律、法规和国家政策，遵守社会道德风尚，团结和组织广大留学人员，增进友谊，交流学术，努力成为党和政府密切联系广大海内外留学人员、学者的桥梁和纽带。积极提供信息、开展服务，围绕国家的人才战略，服务天津发展，促进经济社会、科学技术、教育卫生、文化体育和各项事业发展。

主要任务

一、弘扬爱国主义思想，倡导报国奉献精神，宣传留学人员的先进事迹和学术成就。

二、开展海内外学友之间的联谊活动，加强学术交流和信息沟通，丰富文化生活，增进会员联系和友谊。

三、推动海内外专家、学者及各界人士之间的联系，增进相互了解，在科技、文化、教育、经济等领域广泛开展合作。

四、组织会员发挥综合智力优势，为天津的发展献计献策，为天津企事业单位提供各类咨询、信息服务和人员培训，为各行业对外合作与交流开辟渠道。

五、联络与天津有渊源的海外学友和留学人员团体，加强他们与天津的沟通。

六、维护会员的合法权益，积极反映海内外留学人员的需求，协助解决困难和问题。

联系方式

地　址：天津市新技术产业园区华天道2号国际创业中心
邮　编：300041
电　话：86-22-27126427，60330550
传　真：86-22-27112792，60330551
邮　箱：tjtorsa@163.com
网　址：www.tjtorsa.com

河北留学人员联谊会

概况

河北留学人员联谊会是由河北省归国留学人员自愿组成的非营利性社会团体，由河北省人事厅进行工作指导。在2008年7月正式成为欧美同学会·中国留学人员联谊会团体会员。

宗旨

紧密结合河北省改革建设实际，密切关注人才紧缺的专业和行业，开展多层次、多领域、多形式的咨询服务和智力招聘活动，为海外留学人员和用人单位牵线搭桥；有效利用现代信息工具和手段，为实施人才强省战略、建设创新型河北提供坚实的信息资源保障；营造留学人员来河北工作的良好氛围，让一切有志于来河北发展的留学人员有才可用、有业可创、有誉可享。

主要任务

一、积极宣传、贯彻执行国家和河北省有关留学人员工作的方针、政策，为各类留学人员回国工作和为国服务开展咨询，提供服务。

二、收集反映留学人员的意见、建议和要求，维护留学人员的合法权益，为留学人员创造良好的学习、工作和生活环境。

三、积极组织多种形式的联谊活动，加强海内外留学人员之间和留学人员社团之间的信息、技术和学术交流，丰富会员文化生活，加强留学人员之间的联系与友谊。

四、宣传留学人员留学报国的业绩和贡献，动员组织在河北省的留学人员为振兴河北做贡献。开展留学人员表彰、奖励活动。

五、受主管部门委托，组织留学人员为各级党政机关、企事业单位和非公有组织等部门开展决策咨询、信息服务和人员培训等工作，为河北省建设沿海经济社会发展强省提供智力支持和人才保障。

联系方式

地　址：河北省石家庄市维明北大街118号
邮　编：050051
电　话：86-311-88616757
传　真：86-311-88616757
邮　箱：hbzl@hebrs.gov.cn

山西欧美同学会·山西留学人员联谊会

概况

山西欧美同学会·山西留学人员联谊会成立于2008年10月26日，是欧美同学会·中国留学人员联谊会的团体会员，是由山西归国留学人员自愿组成的、非营利性的群众团体。该组织受中共山西省委领导，由省委统战部代省委管理，是省委联系广大留学人员的桥梁和纽带。

宗旨

遵守国家宪法、法律、法规和政策，发扬留学报国的爱国主义传统，团结归国留学人员，广泛联系海内外学友，团结立会，依章治会，民主办会，实干兴会，为振兴中华、繁荣山西作贡献。

主要任务

一、充分认识开展留学人员工作的重大意义，增强做好留学人员工作的责任感、使命感和光荣感。

二、充分发挥留学人员联谊会的作用，引导支持广大留学人员为山西省实现“三个发展”做出积极贡献。

三、在各级统战部门统一领导下，与有关部门加强协调沟通，逐步形成职责明确、制度健全、运转高效的留学人员统战工作机制，把留学人员统战工作真正落到实处。

四、积极开展工作，当好党联系广大留学人员的桥梁纽带，党和政府做好留学工作的助手，最广泛地把广大留学人员团结在党和政府的周围，把广大留学人员的智慧和力量凝聚到山西省经济社会又好又快发展上来。

联系方式

地　址：山西省太原市迎泽大街369号山西省委统战部六处
邮　编：030071
电　话：86-351-4019502
传　真：86-351-4019502

大连市归国留学人员联谊会

概况

大连市归国留学人员联谊会成立于2007年1月10日，是在大连市委统战部领导下，由工作、生活在大连市的归国留学人员自愿组成的地方性、联合性和非营利性的社会团体。

联谊会成立以来，积极争取欧美同学会·中国留学人员联谊会留学报国基地落户大连；申请欧美同学会·中国留学人员联谊会作为大连“海创周”主办单位，邀请300余名海外留学人员参加“海创周”；组团出访日本、韩国、澳大利亚等国家，与海外留学人员团体建立广泛密切的合作机制；每两年举办一次归国留学人员创业英才评比表彰活动。

宗旨

以邓小平理论和“三个代表”重要思想为指导，全面贯彻落实科学发展观，高举社会主义、爱国主义旗帜，宣传和贯彻党的留学人员政策，广泛联系本市归国留学人员，促进会员交流交往，帮助留学人员创业发展和以多种形式为国服务，引导留学人员为推进我市率先实现全面振兴贡献力量。

主要任务

一、广泛凝聚大连市归国留学人员，积极吸引海外留学人员。

二、适应大连市贯彻国家战略、提升核心地位的新形势，围绕全市工作大局，抓住加快“三个中心”建设的重大课题，开展调查研究，积极建言献策。

三、发挥归国留学人员联系广泛的优势，密切与海外留学人员团体、友好城市的交流交往，主动为招商引资、项目对接牵线搭桥。

四、鼓励归国留学人员在立足岗位做贡献的同时，广泛参与社会服务和公益事业，努力把联谊会建设成为归国留学人员锻炼成长的园地和摇篮。

联系方式

地　址：辽宁省大连市中山区鲁迅路278号
邮　编：116002
电　话：86-411-82758937，82758947
传　真：86-411-82758947
邮　箱：glh937@sina.com

丹东市留学人员联谊会

概况

丹东市留学人员联谊会成立于2004年12月8日，是由丹东籍的留学人员和在丹东市工作的归国留学人员自愿结成的联合性、非营利性的地方社会团体。

宗旨

作为与海内外留学人员和学者密切联系的桥梁和纽带，积极宣传和推介丹东，吸引和凝聚更多的留学人员来丹东创业发展，为促进丹东经济发展和社会进步做出贡献。

联系方式

地　址：辽宁省丹东市振兴区六纬路24号608室
邮　编：118000
电　话：86-415-2127846
传　真：86-415-2121479
邮　箱：ddmjwrj@126.com

吉林省留学人员联谊会

概况

吉林省留学人员联谊会成立于2006年10月13日，是由在（来）吉工作的留学归国人员、在国（境）外学习、工作并关心吉林发展的留学人员和热心留学事业的吉林省社会各界人士自愿组成的非营利性社会团体组织，是省委、省政府联系广大留学人员的桥梁和纽带，是做好留学人员工作的重要社会力量，是留学人员之家，是中国留学人员联谊会的地方分会。英文全称“Jilin Overseas Scholars Union”，简称JOSU。

联谊会进一步扩大了与国（境）外留学人员的交流与合作，增强了留学人员到吉工作的吸引力，推动留学人员的能力建设、继续教育和社会实践，造就了一支能够为振兴吉林老工业基地提供智力支撑的高层次留学人员队伍。

宗旨

遵守国家宪法、法律法规和各项政策，遵守社会道德风尚；以马列主义、毛泽东思想、邓小平理论和“三个代表”重要思想为指导；坚持科学技术是第一生产力，认真落实党的人才政策，积极有效地调动各类留学人员的创新创业精神，努力营造“尊重劳动、尊重知识、尊重人才、尊重创造”的良好社会氛围，为实施科教兴省和人才兴业战略做出应有的贡献。

主要任务

一、向省委、省政府反映留学人员的意见、建议和要求，协助省委、省政府做好留学人员服务工作，不断改善留学人员的工作、生活环境，维护留学人员的合法权益。

二、开展留学人员业绩和成果的宣传工作，组织各种形式的联谊活动，加强国内外留学人员和留学人员社会团体之间的信息交流、学术技术交流，促进不同领域留学人员之间的了解与沟通。

三、推动留学人员科技与专利成果的转化，研究成果转化的途径和方式，开辟科技成果向现实社会生产力转化的“绿色通道”，有效地开展资金、技术和人才的引进工作。

四、发挥留学人员的智囊作用，将留学人员的潜能转化为现实生产、管理能力。受政府有关部门委托，组织留学人员投入生产、管理第一线，为各级党政机关、企事业单位、非公经济组织和个人开展综合性管理和单项技术的咨询论证工作。

联系方式

地　址：吉林省长春市人民大街7988号
邮　编：130022
电　话：86-431-89997998
邮　箱：liudj999@sina.com

长春市留学人员联谊会

概况

长春市留学人员联谊会成立于2004年12月25日，是在中共长春市委统战部的指导下，由长春市归国留学人员自愿组成的群众团体。

长春市委统战部高度重视留学人员联谊会作用的发挥，支持有条件的城区和高校成立联谊会分会。同时，指导联谊会加大引才力度，开展交流交往，加强自身建设，努力把联谊会建设成为广纳人才的集聚地、收集和提供信息的智囊团、政府和人才的连心桥。联谊会结合市情，有针对性地开展了联谊交友、市情调研、专题议政、座谈交流、学术研讨、对口帮扶等工作，在经济社会建设中发挥了独特作用。

宗旨

高举社会主义和爱国主义旗帜，团结归国留学人员，广泛联系海内外学人，促进合作，为统一祖国、振兴中华、建设长春贡献力量。

联系方式

地　址：吉林省长春市人民大街2626号341室
邮　编：130041
电　话：86-431-88776527
传　真：86-431-88776527
邮　箱：tuoliqin@changchun.gov.cn

黑龙江省欧美同学会·黑龙江省留学人员联谊会

概况

黑龙江省欧美同学会创建于1998年12月22日，是由黑龙江省留学世界各地归国学人自愿组织的群众团体，也是一个覆盖面广的高层次人才团体。英文全称“Heilongjiang Overseas Returned Scholars Association”，简称HORSA。联谊会会员留学国别涉及30个国家和地区，下设5个分会和1个专业委员会。

宗旨

团结归国学人，联系海内外学友，增进友谊、沟通信息、交流学术、开展协作，为振兴中华和黑龙江经济建设做出贡献。

主要任务

一、学习、宣传并贯彻党和政府关于留学人员和人才工作的方针政策。

二、弘扬爱国主义思想，倡导留学报国，宣传介绍留学人员的优秀事迹和学术成就。

三、联系海外留学人员和留学人员团体，开展经济、科技、文化、教育、卫生等领域的交流与合作，努力拓宽海外留学人员与黑龙江省联系和为国服务的渠道。

四、开展咨询、信息等服务，为黑龙江省的经济建设和社会发展献策出力。

五、开展多种形式的活动，加强学术交流，丰富文化生活，增进会员联系和友谊。

六、维护会员的合法权益，关心会员的工作和生活，发挥会员的专长和作用，反映会员的建议和要求。

七、表彰、奖励优秀留学人员，积极举荐人才。

联系方式

地　址：黑龙江省哈尔滨市南岗区学府路50-1号
电　话：86-451-82628104
传　真：86-451-82648814
邮　箱：bgs@horsa.org
网　址：www.horsa.org

哈尔滨市留学人员联谊会

概况

哈尔滨市留学人员联谊会成立于2004年12月，其前身是哈尔滨市留日学生联谊会和哈尔滨市归国留学生联谊会。是以哈尔滨市留学人员为主体，自愿组成的非营利性的联谊性社会团体。接受业务主管单位中共哈尔滨市委统战部和社团登记管理机关的业务指导和监督管理。

宗旨

在遵守国家宪法、法律、法规和国家政策，遵守社会道德风尚的原则下，发扬爱国传统，团结哈尔滨市归国留学人员和与哈尔滨有渊源关系的华裔、华侨学人，广泛联系海内外学友，促进哈尔滨市对外科学技术、经济文化交流，起到留学人员与党和政府间的桥梁和纽带作用，为繁荣哈尔滨作出贡献。

主要任务

一、弘扬爱国主义思想，倡导报国奉献精神，宣传海内外留学人员的先进事迹和学术成就。

二、推动哈尔滨市海内外留学人员和企业人士之间的联系，增进相互了解，在科技、文化、教育、经济等领域广泛开展交流与合作。

三、发挥综合智力优势，为哈尔滨市的发展提供建设性意见，为企事业单位的发展开展各类咨询、信息服务和人员培训。

四、联络哈尔滨海外学友和留学人员团体，广交朋友，增进友谊，促进哈尔滨市对外交流与合作。

五、维护会员的合法权益，积极反映留学人员的需求，协助解决困难和问题。

联系方式

地　址：黑龙江省哈尔滨市道里区兆麟街123号
邮　编：150010
电　话：86-451-84693198
传　真：86-451-84696365
邮　箱：zhangchangzain@sina.com
网　址：www.hrbofa.com

上海市欧美同学会·上海市留学人员联合会

概况

上海市欧美同学会·上海市留学人员联合会（英文简称SORSA）是上海市留学归国学人自愿组织的民间团体，也是一个覆盖面广的高层次人才团体。

早在1905年7月1日，复旦大学老校长李登辉在上海创立了寰球中国学生会，此为欧美同学会前身。1913年又成立了上海欧美同学会；1919年在上海成立了全国中华欧美同学会；1984年9月3日，恢复成立了上海市欧美同学会；为适应新世纪新阶段留学人员工作的发展需要，在保持同学会优良传统的同时最大限度地团结海内外广大留学人员，于2007年12月29日正式增冠新会名“上海市留学人员联合会”。

宗旨

广泛团结归国留学人员，联系海内外学友，增进友谊、沟通信息、交流学术、开展协作、发挥纽带和桥梁作用，为振兴中华、繁荣上海作出贡献。

主要任务

一、举办学术讲座、论坛、研讨会，以及各种联谊、交流活动。

二、编印出版《会讯》及各种文集。

三、组织参观考察，发挥跨学科、跨行业、跨部门优势，建言献策，提供服务咨询，协助引进人才、技术和资金，为上海社会、经济和文化发展牵线搭桥。

联系方式

地　址：上海市陕西北路128号5楼
邮　编：200041
电　话：86-21-62673528
传　真：86-21-62728215
邮　箱：sorsa@sh163.net
网　址：www.china-sorsa.org

上海市留学人员联谊会

概况

上海市留学人员联谊会成立于1996年8月8日，是由来上海工作和为上海建设发展服务的出国留学人员组成的民间组织，经上海市民政局核准登记成立，取得社会团体法人资格。业务主管部门是上海市人力资源和社会保障局。

联谊会在有关部门的支持下，针对留学人员回国工作时存在的一些共性困难，积极采取措施，逐步加以解决，使他们能全身心地投入到工作中去。还针对留学人员的特点组织各类活动，与侨办、妇联、青联、欧美同学会等团体联合举办联谊活动，加强了留学人员与社会各界的联系和沟通。

联谊会作为联结海内外留学人员的“桥梁”和“纽带”，在团结海内外留学人员、帮助留学人员了解上海的发展、鼓励他们回国工作和为国服务、促进和帮助上海构筑人才资源高地等方面发挥了积极的作用。联谊会集聚的一大批优秀人才，有的已经成为上海科研和高新技术领域的中坚力量和学科带头人，被誉为“留学人员之家”。

宗旨

坚持四项基本原则，团结广大留学人员，鼓励留学人员为报效祖国、振兴上海贡献聪明才智。

主要任务

一、贯彻落实“支持留学，鼓励回国，来去自由”的留学工作总方针，宣传上海经济和社会发展的成就，鼓励留学人员回国来上海工作和以多种形式为国、为上海服务。

二、发挥留学人员的专业特长和对外联系的桥梁作用，推动上海的科技、文化、经济的发展和对外交流。

三、对留学人员工作提出咨询意见及建议。

四、团结海内外留学人员，共同为把上海建设成国际经济、金融、贸易中心之一而贡献力量。

联系方式

地　址：上海市浦东新区世博村路300号
邮　编：200125
电　话：86-21-23110328
传　真：86-21-50722823
邮　箱：srsf@21cnhr.gor.cn
网　址：www.shafea.gov.cn

上海市闵行区留学人员联谊会

概况

上海市闵行区留学人员联谊会成立于2004年11月30日，是由闵行区内留学人员自愿组成的非营利性社会团体法人，业务主管单位为闵行区人事局。联谊会成立以来，按照自身宗旨，在团结海内外留学人员，帮助留学人员了解闵行，鼓励他们为国服务，在贯彻落实“人才强区”战略方针中发挥了积极作用，是党和政府团结联系广大留学人员的桥梁和纽带。

宗旨

坚持四项基本原则，遵守宪法、法律、法规和国家的政策，遵守道德风尚，团结广大留学人员、华侨华裔，鼓励他们为报效祖国、振兴上海贡献聪明才智。

主要任务

一、学习、贯彻党和政府关于留学人员工作、知识分子工作的方针政策。

二、弘扬爱国主义思想，倡导报国奉献精神，宣传留学人员报国业绩。

三、组织会员发挥综合智力优势，为闵行经济社会发展建言献策。

四、反映留学人员的意见和要求，维护会员合法权益，关心会员的工作和生活，努力为留学人员服务，把本会办成留学人员之家。

五、表彰奖励优秀留学人员，积极举荐优秀留学人员。

联系方式

地　址：上海市沪闵路6555号（莘庄建设银行大楼内）1707室

邮　编：201100

电　话：86-21-54176205，541762056

传　真：86-21-64140775

邮　箱：mhlxslyh@yahoo.com.cn

网　址：www.mhll.org.cn

上海市浦东新区归国留学人员联合会

概况

浦东新区归国留学人员联谊会成立于2000年，是由浦东新区归国留学人员自愿组成的非营利性社会组织，是经上海市浦东新区民政局核准登记的社会团体法人。2005年更名为浦东新区归国留学人员联合会。联合会接受业务主管单位浦东新区人事局和社会团体登记管理机关浦东新区民政局的业务指导和监督管理。

作为留学人员在浦东的民间组织，联合会在团结归国留学人员，联系海外留学人员和华侨华裔学者，开展协作，为留学人员回国提供帮助，为浦东科技进步、社会发展等方面作出了贡献和努力。

宗旨

遵守宪法、法律、法规和国家政策，遵守社会道德风尚，遵守诚实、信用、公平的原则，团结浦东新区归国留学人员，联系海外留学人员和华侨华裔学者，增进友谊，沟通信息，交流学术，开展协作，为留学人员回国创业提供帮助；为科教兴国，为浦东科技进步、社会发展和繁荣做出贡献。

主要任务

一、宣传爱国主义思想，倡导报国奉献精神，介绍浦东发展现状和未来前景，宣传留学人员在浦东开发建设的先进事迹和学术成就。

二、开展多样性的海内外留学人员之间的联谊活动，加强学术和创业经验交流以及信息沟通，促进行业之间的合作。

三、推动与海外留学人员、专家、学者和企业人士之间的联系，促进相互了解和对浦东的了解，开展民间往来，在引智、科教、经济等领域广泛开展交流与合作。

四、组织会员发挥综合智力优势，为浦东的开发开放建设提供建设性的建议，为浦东企事业单位发展开展信息服务和人员培训。

五、维护会员的合法权益，向有关部门反映并协助解决留学人员的困难和问题。

联系方式

地　址：上海市浦东新区松涛路563号A座

邮　编：201203

电　话：86-21-50800484，50800485

传　真：86-21-50800439

邮　箱：service@paros.cn

网　址：www.paros.cn

南京留学人员联谊会

概况

南京留学人员联谊会成立于2005年1月16日，是由南京市有代表性、有影响性的各界留学人员代表人士自愿组成的，具有团结性、知识性、互助性、联合性、地方性和非营利性的社会团体组织。英文全称“Nanjing Overseas and Returned Scholars Association”，简称NORSA。联谊会的业务主管部门为中共南京市委统战部，同时接受南京海外联谊会的指导和监督管理。

宗旨

以邓小平理论和“三个代表”重要思想为指导，遵守国家的宪法、法律；宣传和贯彻党的统一战线方针政策，加强本市各界留学人员之间以及他们与港澳台同胞和外籍华人之间的了解和友谊、交流与合作；维护留学人员的权益，团结和调动广大留学人员，为促进南京经济和社会发展，促进祖国统一大业做出贡献。

主要任务

一、学习和宣传党的方针政策，了解和反映留学人员的意见、建议和要求；关心留学人员的工作、学习和生活，维护他们的合法权益；协助解决他们的困难和问题。

二、开展形式多样的海内外学友之间的联谊活动，加强学术交流和信息沟通。

三、联络海外留学人员，努力拓宽他们同祖国的联系渠道；促进海外学友、专家学者、企业家和各界人士与南京的联系，增进互相了解，加强民间往来，在科教、文化、经济等领域广泛开展交流与合作。

四、发挥理事的智力优势和专业特长，围绕我市的中心工作建言献策。开展各种形式的社会讲学、培训、科技咨询、科技开发等活动，帮助理事将科技成果转化为现实生产力，为社会谋福利，为人民服务。积极推动理事为我市的改革开放和“两个率先”做贡献。

五、培养输送优秀党外代表人士。

联系方式

地　址：江苏省南京市北京东路41号6号楼

邮　编：210008

电　话：86-25-83637720

传　真：86-25-83637720

邮　箱：nanjingzgc@163.net

无锡市留学人员联谊会

概况

无锡市留学人员联谊会是以无锡市留学人员为主体所组织的非营利性的民间团体。英文全称“Wuxi Overseas & Returned Scholars Association”，简称WORSA。联谊会接受无锡市委组织部、无锡市委统战部、无锡市人事局的业务指导及无锡市民政局的监督管理。

宗旨

团结留学人员和与无锡有关的华裔、华侨、海内外学友，增进友谊，沟通信息，交流学术，开展协作，促进创新，为推动无锡城市国际化进程作出贡献。遵守宪法、法律、法规和国家政策，遵守社会道德风尚，在有关政策规定指导下开展活动。

主要任务

一、宣传爱国主义思想，倡导报效祖国、振兴民族的奉献精神，宣传海内外留学人员的先进事迹和学术成就。

二、促进与海内外会员、专家、学者和企业人士之间的联系，增强相互了解，开展民间往来，在科教、文化、经济等领域广泛开展交流与合作。

三、组织会员发挥综合优势，为无锡的发展提供人才和智力支持，开展各类咨询、信息服务和人员培训；联络与无锡有关的海外学友和留学人员团体，加强他们与无锡的沟通。

四、维护会员合法权益，向政府有关部门反映并协助解决海内外留学人员的困难和问题。

联系方式

地　址：江苏省无锡市解放东路888号无锡人才信息大厦4楼
邮　编：214007
电　话：86-510-82828102，82823057
传　真：86-510-82828102
邮　箱：chinawuxi530@vip.163.com
网　址：www.wxrcw.com

常州市留学归国人员协会

概况

常州市留学归国人员协会成立于2007年11月13日。协会的成立，是为了进一步发挥留学归国人员的作用，为留学归国人员和外国专家创建一个新的沟通平台，也标志着常州市人才工作在国际化的道路上又迈上了新的台阶。

常州市制定落实了引进高层次人才尤其是针对海外高层次人才的多项优惠政策，如鼓励支持海外高层次人才来常州投资入股、领办创办企业，对领军型海归创业人才给予“三个百”的优惠政策等等，使常州成为海外人才创新创业的一方“热土”。留学归国人员协会成立后，将加快建立海外人才信息网络和畅通高效的海外沟通平台，热忱为留学归国人才和外国专家服务，同时加大“招才引智”力度，吸引更多更优秀的人才来常州创业，真正成为一个层次最高、力量最强、成效最好的协会，成为常州留学归国人员自己的“家”。

宗旨

自愿、自治、自律、自尊、自强。

主要任务

一、弘扬创新创业的精神，发挥桥梁纽带的作用，吸引更多更优秀的海外人才。

二、广泛联系留学归国人员，组织留学人员积极参与科技创新、创办企业等多种形式的活动。

三、维护留学归国人员的合法权益，会同有关部门落实留学人员政策，帮助留学人员解决实际困难。

联系方式

地　址：江苏省常州市博爱路129号2号楼4楼
邮　编：213003
电　话：86-519-86677276
传　真：86-519-86677276
邮　箱：czrosa@163.com
网　址：www.czrc.com.cn

苏州市留学人才协会

概况

苏州市留学人才协会是由致力于留学生工作的人员和留学生自愿组成的非营利性社团组织，是具有独立法人资格的社会团体，接受苏州市人事局的业务指导、管理和监督。

协会和政府相关部门积极行动，为留创企业争取资金、技术和高层次人才，创造更好的发展环境；同时加强苏州留学回国人员间的交流，形成合力，推动企业的深入发展。

宗旨

通过留学生工作以及与国内外留学人员和组织、团体建立广泛联系与合作关系，推动国际人才交流，为促进苏州的改革开放和经济建设，尽快实现建成新兴科技城市、人文城市、环境城市、法治城市的目标做出贡献。

主要任务

一、针对苏州经济发展的总体目标，组织会员研究、探讨经济发展的情况和加强留学人才工作的经验交流和工作研讨，为苏州市政府有关部门提供做好留学人才工作的决策参考。

二、会同有关部门开展、推荐、选派会员外出考察、参观、学习、研修，帮助会员提高思想文化素质和专业技术才能。

三、提供政策咨询服务，帮助会员及时获取有关经济信息和留学人才工作的政策。

四、促进会员与政府部门、社会各界的联系交流，为我市的经济建设、科研献计献策。

五、加强同兄弟省市相关协会的交流，积极参与社会公益活动，扩大会员的交往范围和社会影响。

六、为地方经济和社会发展无偿提供翻译任务。

七、反映会员的意愿和要求，维护会员的合法权益。

八、配合有关部门搞好优秀留学人才的评选和表彰。

九、完成苏州市人事局交办的其他任务。

联系方式

地　址：江苏省苏州市道前街170号
邮　编：215002
电　话：86-512-65228871
传　真：86-512-65228832
邮　件：fhy@rsj.suzhou.gov.cn
网　址：www.csisuzhou.com

太仓市留学人才协会

概况

太仓市留学人才协会成立于2007年6月11日，是由太仓市留学归国人员自愿组成的非营利性社团组织，是具有独立法人资格的社会团体，接受太仓市人事局的业务指导、管理和监督。英文名称“Taicang Returnese Association”。协会的成立旨在进一步做好太仓市留学回国人员服务工作，为太仓市实现“东方新欧洲”发展战略服务。

宗旨

发扬爱国主义精神，团结太仓市留学归国人员，增进友谊、沟通信息、交流学术、开展协作，共同繁荣太仓、振兴中华。

主要任务

一、在太仓市人事局指导下，通过与海外劳动局和华人团体的合作，吸纳优秀海外人才来太仓工作，形成以人才促进项目，以项目吸引人才的良性循环。

二、同海外华人团体和中文媒体合作，宣传太仓人文居住及工作环境，扩大太仓在海内外的知名度。

三、组织会员发挥专业和语言特长，为太仓市经济建设和社会全面发展出谋献策，做企业技术咨询的专家组和政府决策的顾问团。积极参与社会公益活动，发挥会员语言优势和跨文化沟通能力。

四、着眼太仓可持续发展，建立与国外华人科技专业协会的联系与合作，增强太仓市非公有制企业科技创新能力及技术本土化转化能力。

五、联络海外留学人员，努力拓宽他们同祖国，尤其是和太仓的联系渠道；促进海外留学人员、专家学者和各界人士与太仓的联系，增进相互了解，加强民间往来，在科教、文化、经济等领域广泛开展交流与合作。

六、提供政策咨询服务，帮助会员及时获取有关政策信息。维护会员合法权益，协助解决他们在工作和生活中的实际困难和问题。

七、太仓市人事局交办的其他工作。

联系方式

地　址：江苏省太仓市上海西路5号
邮　编：215400
电　话：86-512-53545982
邮　箱：webmaster@tcrc.com

浙江省留学人员和家属联谊会

概况

浙江省留学人员和家属联谊会，简称“浙江省留联会”，其前身为“浙江省出国留学人员家属联谊会”，成立于1998年9月28日，是浙江省留学人员和家属自愿组成的联谊性社会团体。英文名称为“Zhejiang Assocition of Scholars Abroad and Their Families”。浙江省留联会是经省民政厅注册登记具有法人资格的社会团体，主管单位为省委统战部，日常办事机构设在省侨联，在省侨联的具体指导下开展工作。2006年底，经民政厅批准，正式更名为“浙江省留学人员和家属联谊会”。

宗旨

遵守中华人民共和国宪法、有关法律、法规和政策，努力维护会员的合法权益，积极倡导会员遵守社会道德风尚；高举社会主义、爱国主义旗帜，团结和组织全省留学人员及其家属，加强联系、交流信息、增进友谊，为弘扬民族文化、早日实现祖国统一、促进家乡和祖国的繁荣昌盛作出贡献。

主要任务

一、调查了解留学人员的希望和要求，反映他们的切身问题，维护他们的正当权益。

二、为留学人员和家属提供咨询服务，协助其在浙江创业、生活等有关事宜。

三、密切与留学人员和家属的联系，传达、贯彻党和国家以及省委、省政府的有关侨务政策与对留学人员工作的方针政策，沟通思想、交流信息，增进相互之间的了解、理解和友谊。

四、发挥留学人员和家属的积极作用，促进浙江与海外经济、文化、体育、科技等方面的合作与交流。

五、配合侨务工作中心，搞好有关社会服务。

六、组织各种健康文化娱乐活动，为会员丰富业余生活服务。

七、开展有利于实现本会宗旨的各种其他活动和服务。

联系方式

地　址：浙江省杭州市保俶路24号
邮　编：310007
电　话：86-571-85118535
传　真：86-571-85151007
邮　箱：zjqlwz@126.com
网　址：www.zjsql.com.cn

福建省留学生同学会·福建留学人员联谊会

概况

福建省留学生同学会成立于1986年10月，是由福建省留学归国人员自愿结成的联合性、非营利性社会组织。2005年增冠“福建留学人员联谊会”会名。英文名称为“Fujian Overseas and Returned Scholars Association”，简称FORSA。协会接受业务主管单位中共福建省委统战部和社团登记管理机关福建省民政厅的业务指导和监督管理。

宗旨

继承爱国主义优良传统。遵守宪法、法律、法规和国家政策，遵守社会道德风尚。团结福建留学归国同学，广泛联系海内外同学、学人，增进友谊，沟通信息，交流学术，开展协作，共同为繁荣福建、振兴中华和统一祖国大业作出贡献。

主要任务

一、弘扬爱国主义精神，倡导留学报国思想，宣传介绍海内外留学人员的先进事迹和学术成就。

二、开展形式多样的海内外学友之间的联谊活动，加强学术交流和信息沟通。

三、联络海外福建留学人员和留学生团体，努力拓宽他们同祖国的联系渠道；促进海外专家学者和各界人士之间的联系，增进互相了解，加强民间往来，在科教、文化、经济等领域广泛开展交流和合作。

四、组织会员发挥专业特长，为我省经济和社会全面发展出谋献策；举办各种类型的咨询、信息服务和人员培训等活动。

五、维护社会的合法权益，关心他们的工作和生活情况，及时向有关部门反映他们的建议和意见，并协助解决他们的困难和问题。

联系方式

地　址：福建省福州市湖东路276号同心楼20层
邮　编：350001
电　话：86-591-87532516
传　真：86-591-88016835
邮　箱：forsal@forsa.org.cn
网　址：wwww.forsa.org.cn

福州市留学生同学会

概况

福州市留学生同学会成立于1998年11月，是经福州市民政局正式批准具有法人的社团组织。在福州市委统战部的领导下，发扬爱国主义优良传统，团结福州市归国学人，广泛联系海外学友，增进友谊、沟通信息、交流学术、开启协作，共同为福州省会中心城市经济建设和海西发展出谋献策，贡献力量。

主要任务

一、弘扬爱国主义思想，倡导留学报国精神，宣传介绍海内外留学人员的先进事迹和学术成就。

二、促进与海外留学生、专家学者和各界人士之间的联系，增进了解，发展民间往来，在科教、文化、经济等领域开展交流合作。

三、利用我会企业家较多的优势，积极参加本市经济活动。

四、组织医务界会员到缺医少药的农村义诊及举办科普讲座等社会公益性活动。

五、维护会员的合法权益，关心他们的工作和生活情况，向有关部门反映他们的建议及意见，并协助解决他们的困难和问题。

联系方式

地　址：福建省福州市鼓楼区福飞路井尾5号
　　　　福州市委统战部大楼201室
邮　编：350012
电　话：86-591-87750076
传　真：86-591-87891282
邮　箱：orsafz@163.com
网　址：www.orsafz.org

厦门市留学生联谊会

概况

厦门市留学生联谊会成立于2000年4月，是厦门市留学归国人员自愿组成的具有独立法人资格的地方性、联合性、非营利性社会组织。英文名称为“Association of Xiamen Overseas and Returned Scholars”，简称AXORS。联谊会接受业务主管单位厦门市委统战部、社团登记管理机关厦门市民政局的业务指导和监督管理。

宗旨

发扬爱国主义精神，团结厦门市留学归国人员，广泛联系海内外学人，增进友谊，沟通信息，交流学术，开展协作，共同为繁荣厦门、振兴中华和统一祖国大业服务。

主要任务

一、弘扬爱国主义精神，倡导留学报国思想，宣传介绍海内外留学人员的先进事迹和学术成就。

二、开展形式多样的海内外学友之间的联谊活动，加强学术交流和信息沟通。

三、联络海外留学人员，努力拓宽他们同祖国，尤其是和厦门的联系渠道；促进海外学友、专家学者和各界人士与厦门的联系，增进互相了解，加强民间往来，在科教、文化、经济等领域广泛开展交流与合作。

四、组织会员发挥专业特长，为厦门市的经济建设和社会全面发展进行专题调查研究、出谋献策。举办各种类型的咨询、信息服务和人员培训活动。

五、维护会员的合法权益，关心他们的工作和生活情况，及时向有关部门反映他们的建议和意见，并协助解决他们的困难和问题。

六、承接政府部门委托与本会有关事项。

联系方式

地　址：福建省厦门市白鹭洲路16号团结大厦1310室
邮　编：361004
电　话：86-592-2296646，2699024
传　真：86-592-2699024
邮　箱：axors@public.xm.fj.cn
网　址：www.xmlxs.org.cn

泉州市留学人员暨归国创业人员联谊会

概况

泉州市留学人员暨归国创业人员联谊会是由泉州市留学归国人员组成的具有独立法人资格的地方性、联合性非营利性社会组织。英文名称为“Quanzhou Oversas Returned Scholars Association”，简称QORSA。业务主管部门是中共泉州市委统战部，同时接受泉州市民政局的监督管理，并接受福建留学人员联谊会的业务指导。

宗旨

广泛联系和团结海内外泉州籍和来泉工作、生活的留学人员及归国创业人员，继承发扬留学报国的爱国主义传统，秉持修学、游艺、敦谊、励行的理念，为家乡发展、海西建设，为全面建设小康社会和实现中华民族伟大复兴服务，为完成祖国完全统一大业服务，为维护世界和平与促进共同发展服务。

主要任务

一、倡导留学报国思想，宣传介绍海内外留学人员的先进事迹和学术成就。

二、开展形式多样的海内外学友之间的联谊活动，为留学人员提供科技交流、互通信息、交流感情、横向合作的渠道。

三、发挥会员的专长和智力优势，为泉州市的经济建设和社会发展进行调查研究、出谋献策，举办各种类型的咨询、信息服务和培训活动。鼓励会员利用所掌握的技术、管理、资金等资源优势，自主创业，为提升我市传统产业，发展我市第三产业，活跃我市资本、文化市场做出贡献。

四、联络海外留学人员，努力拓宽他们同泉州的联系渠道，促进海外学友、专家学者和各界人士与泉州的联系，增进了解，加强在科技、文化、经济等领域的交流合作。

五、维护会员的合法权益，收集、反映留学回国人员的意见和要求，及时向有关部门反映他们的建议和意见，协助有关部门解决留学回国人员在工作、学习、生活等方面的问题与困难。把本会办成留学人员之家。

六、举办扶困济贫活动和慈善、光彩活动，关心、帮助社会困难群体，促进社会和谐。

七、表彰、奖励优秀留学人员，积极举荐人才。

八、承接政府部门委托的有关任务。

联系方式

地　址：福建省泉州市行政中心4号楼4509
邮　编：362000
传　真：86-595-22276200
电　话：86-595-22276209
邮　箱：1787273942@qq.com
网　址：www.qorsa.com

龙岩留学人员联谊会

概况

龙岩留学人员联谊会是由龙岩市留学人员为主体自愿结成的联合性、非营利性社会组织。英文名称为“Longyan Overseas and Returned Scholars Associaion”，简称LORSA。本会接受上级留学生同学会、留学人员联谊会的指导，接受业务主管单位中共龙岩市委统战部和社团登记管理机关龙岩市民政局的业务指导和监督管理。

宗旨

继承爱国主义优良传统。遵守宪法、法律、法规和国家政策，遵守社会道德风尚。团结龙岩市留学归国人员，广泛联系海内外留学人员、学人，增进友谊，沟通信息，交流学术，开展协作，共同为促进海西重要增长极服务，为促进祖国和平统一大业作贡献。

主要任务

一、弘扬爱国主义精神，倡导留学报国思想，宣传介绍海内外留学人员的先进事迹和学术成就。

二、开展形式多样的海内外学友之间的联谊活动，加强学术交流和信息沟通。

三、联络海外龙岩留学人员和留学生团体，努力拓宽他们同祖国的联系渠道；促进海外专家学者和各界人士之间的联系，增进互相了解，加强民间往来，在科教、文化、经济等领域广泛开展交流和合作。

四、组织会员发挥专业特长，为我市经济和社会全面发展出谋献策；举办各种类型的咨询、信息服务和人员培训活动。

五、维护会员的合法权益，关心他们的工作和生活情况，及时向有关部门反映他们的建议和意见，并协助解决他们的困难和问题。

联系方式

地　址：福建省龙岩市龙岩大道万阳城A栋913
邮　编：364000
电　话：86-597-2301879
邮　箱：lylxrytxh@163.com
网　址：www.lylxry.com

济南留学人员联谊会

概况

济南留学人员联谊会成立于2006年4月6日，是山东省统战系统成立的第一个留学人员联谊会。联谊会的成立，为广泛联系和团结留学人员开辟了一条新的渠道，标志着济南市留学人员工作进入了一个新的阶段。

宗旨

成为开展留学人员工作的有效载体，成为了解留学人员情况、反映他们真知灼见的重要渠道，成为输送留学人员代表性人物的人才库，为济南的改革、发展发挥积极的作用。

主要任务

一、团结济南广大留学人员，充分发挥联谊会作为党和政府联系海内外留学人员的桥梁和纽带作用，巩固和壮大爱国统一战线。

二、不断增强做好留学人员工作的责任感和使命感，积极探索新的机制，加强对留学人员代表人士的培养选拔。

三、加强自身建设，为做好留学人员工作提供保障。

四、主动进入经济主战场，倾力推进科教兴市战略的实施，为济南市改革开放和建设创新型城市做出贡献。

联系方式

地　址：山东省济南市建国小经三路37号市委统战部知识分子处
邮　编：250001
电　话：86-531-82038318
传　真：86-531-82038318
邮　箱：yaoaiyu@jn.gov.cn

青岛市留学人员协会

概况

青岛市留学人员协会成立于2004年2月7日，由青岛市留学回国人员自愿组成的具有独立法人资格的群众团体。

宗旨

凝聚、联系和服务留学回国人员，促进留学回国人员在青岛建功立业。

主要任务

一、及时传达国家和青岛的留学回国工作优惠政策，凝聚留学人员来青岛工作和以各种方式为国家、为青岛服务。

二、组织广大留学人员发挥专业特长，积极参与科技创新、创办企业和多种形式的咨询服务活动。

三、广泛联系留学人员，倡导留学报国，宣传介绍留学人员为国服务的先进事迹和学术成就。

四、多渠道开展科技、经贸、教育、文化等方面的对外交流，联系海内外的留学人员及团体，为青岛招才引智、招商引资牵线搭桥。

五、根据青岛市经济建设和社会发展的需要，为用人单位推荐和引进急需的留学人才。

六、维护留学人员的合法权益，会同有关部门落实留学人员政策，帮助留学人员解决实际困难。

联系方式

地 址：山东省青岛市同安路189号青岛市留学回国人员创业园201室

邮 编：266101

电 话：86-532-89913130

传 真：86-532-88916306

烟台市留学人员联谊会

概况

烟台市留学人员联谊会是烟台市留学人员的群众性、非营利性的社会组织机构，同时也是党和政府团结联系广大留学人员的桥梁和纽带。

宗旨

依照宪法和法律，贯彻落实党中央和国务院关于“支持留学、鼓励回国、来去自由”的留学工作方针，维护留学人员合法权益，团结广大留学人员，发扬团结、奉献、奋发创业的精神，为把烟台市建设成现代化、国际性港口城市发挥作用。

主要任务

一、宣传烟台市经济、社会发展形势和对外开放政策，支持和引导留学人员为我市的建设和发展多做贡献。

二、联络广大留学人员对烟台市经济、科技等领域的工作进行研究探讨，为有关部门决策提供咨询服务。

三、组织留学人员广开渠道，积极促进烟台市同国外开展经济、技术、文化交流，为引进国外智力、技术和资金发挥牵线搭桥作用。

四、协助有关部门积极改善留学人员的学习、工作、生活条件，更好地发挥留学人员的作用。

联系方式

地 址：山东省烟台市莱山区观海路128-108

邮 编：264003

电 话：86-535-6683330

传 真：86-535-6683269

邮 箱：rsjhbh@163.net

河南省留学人员联谊会

概况

河南省留学人员联谊会成立于1992年10月，是河南省留学回国人员自愿组成的群众性团体，是河南省委、省政府联系海内外留学人员和海外专家的桥梁和纽带。

宗旨

宣传党的基本路线，坚持党的改革开放方针，执行党和国家的留学工作政策，加强与海内外留学人员的联系，积极为留学人员创造优良环境和条件，充分发挥留学人员的作用，拓宽对外开放的渠道，依靠科技进步，为促进河南省经济发展贡献力量。

主要任务

一、举办研讨会、座谈会、学术讲座；

二、提供服务咨询，协助引进人才、技术和资金；

三、为河南省社会、经济和文化发展牵线搭桥。

联系方式

地 址：河南省郑州市顺河路32号

邮 编：450004

电 话：86-371-66359360

传 真：86-371-66329937

邮 箱：ylxec@163.com

洛阳市留学归国人员联谊会

概况

洛阳市留学归国人员联谊会，其前身为“洛阳留学人员联谊会”成立于2015年1月31日，是由市侨联主管、我市留学归国人员及海外留学人员自愿组成的具有独立法人资格的地方性、联合性、非营利性群众组织，其宗旨是弘扬爱国主义精神，团结留学归国人员，联络海外留学人员，增进友谊、沟通信息、交流学术、开展协作、促进创业，服务洛阳建设。

宗旨

加强我市留学回国人员与党和政府的联系，团结联系广大留学人员为我市发展多做贡献；加强与国内外及其他留学生组织的联络合作，为留学人员提供科技交流、互通信息、交流感情、横向合作的渠道；帮助留学人员回国创业发展，从留学生创业生态环境体系入手，收集、反映留学回国人员的意见和要求；协助有关部门解决留学回国人员在工作、学习、生活等方面的问题与困难，更好地发挥留学回国人员在我市发展建设中的作用。

主要任务

一、弘扬爱国主义精神，倡导留学报国思想，宣传介绍海内外留学人员的先进事迹和学术成就。

二、举办形式多样的海内外学友之间的联谊活动，加强学术交流和信息沟通，丰富文化生活，增进会员联系和友谊。

三、联络海外留学人员，努力拓宽他们同祖国，尤其是和洛阳的联系渠道，促进海外学友、专家学者和各界人士与洛阳的联系，增进互相了解，加强民间往来，在科教、文化、经济等领域广泛开展交流与合作。

四、组织会员发挥综合智力优势，为洛阳市的经济建设和社会全面发展进行专题调查研究、出谋献策。举办各种类型的咨询、信息服务和人员培训活动。

五、积极动员会员为我市引进海外高层次人才牵线搭桥，鼓励和扶持海外留学归国人员来我市创业，促进我市高新技术产业的发展。

六、联络与洛阳有渊源的海外学友和留学人员团体，加强他们与洛阳的沟通与联系。

七、维护会员的合法权益，关心他们的工作和生活情况，及时向有关部门反映他们的建议和意见，并协助解决他们的困难和问题。

八、承接党委、政府部门委托与本会有关的事项。

联系方式

地 址：河南省洛阳市新区政和路16号院2号楼

邮 编：471000

电　话：0379-63317355
邮　箱：luoyangqiaolian@163.com
　　　　yql2009@126.com
网　址：lyqiaolian.orgcc.com

湖北欧美同学会·湖北留学人员联合会

概况

湖北欧美同学会·湖北留学人员联合会成立于2011年4月8日，是以湖北省留学海外各国归国同学为主体自愿组成的组织，以加强与海内外留学人员和留学团体的联系和交往，开展在经济、科技、文化、教育、卫生等领域的交流与合作，组织和推动海外留学人员为湖北服务等为任务。

联合会团结和依靠广大归国留学人员，秉持修学、游艺、敦谊、励行的理念，致力于建设成为联系广大留学人员的桥梁和纽带，成为全省留学人员的温馨家园。

联系方式

地　址：湖北省武汉市武昌区洪山路16号
邮　编：430071
电　话：86-27-87824798
传　真：86-27-87824798
邮　箱：hbomtxh@126.com

湖北省留学人员联谊会

概况

湖北省留学人员联谊会创建于1992年1月7日，是非政府民间团体。通过定期组织各种会务活动，探讨学术，日益成为联系海内外留学人员的桥梁和纽带。

宗旨

遵守宪法、法律、法规和国家政策，遵守社会道德风尚。团结广大留学人员，密切留学人员与党和政府的联系，加强留学人员与海外科技、经贸及文化教育界的沟通，促进留学人员来鄂工作或为鄂服务，推动湖北对外开放和现代化建设。

主要任务

一、努力当好党和政府团结、联系广大留学人员的桥梁和纽带，认真宣传党和政府有关留学人员的方针、政策，动员留学人员团结协作、奋发图强，在各自的工作岗位上为湖北的经济建设和社会发展作贡献。同时，以向有关部门推荐人才、提供咨询服务等多种方式积极参政议政。

二、发挥沟通海内外的桥梁和纽带的作用，以多种方式积极促进和组织我省同国外开展科技、经济、文化、教育、卫生等领域的交流和合作，为引进国外智力、技术和资金发挥牵线搭桥作用。

三、强化留学人员之间联谊的桥梁和纽带的功能，努力维护留学人员的合法权益，及时向有关部门反映他们的意见和要求，协助有关部门积极为他们来鄂创业以及在海内外的学习、工作和生活创造良好的环境。办好会刊、交流信息、推广经验、宣传先进、促进湖北留学人员工作进一步改进和提高，以达留学人员“强强联合、优势互补、共同发展”。

四、建立“湖北留学人员数据库”，开设“湖北省留学回国人员网站”。

联系方式

地　址：湖北省武汉市武昌区八一路58号省军培基地
　　　　3楼302-306室
邮　编：430071
电　话：86-27-87233233
传　真：86-27-87303009
网　址：www.hbll.org

武汉欧美同学会·武汉留学人员联谊会

概况

武汉欧美同学会成立于1998年12月，2007年8月增冠“武汉留学人员联谊会”会名，是以武汉地区留学归国人员为主体自愿组成的群众组织。联谊会接受中共武汉市委统战部、武汉市民政局的业务指导和监督管理。

宗旨

高举社会主义和爱国主义的旗帜，团结留学归国同学，广泛联系海外学人，修学敦谊，相互切磋，扩大交流，促进合作，为统一祖国，振兴中华，发展武汉做出贡献。

主要任务

一、弘扬爱国主义思想，倡导留学报国精神，宣传海内外留学人员的先进事迹和学术成就。

二、举办各种活动，加强学术交流和信息沟通，增进会员联系和友谊。

三、加强与海外专家、学者和各界人士的联系，增进相互了解与合作，开展民间往来，在科技、经济、文化等领域进行交流与合作。

四、发挥会员综合智力优势，开办各类咨询、信息服务和人才培训，为武汉科技、经济和社会发展献计献策。

五、联络与武汉有渊源关系的海外学人和留学生会，拓宽他们与武汉的联系和为国服务的渠道。

六、维护会员的合法权益，向政府有关部门反映他们的建议和要求，协助解决武汉归国留学人员的困难和问题。

联系方式

地　址：湖北省武汉市汉口沿江大道149号605室
邮　编：430032
电　话：86-27-82306250
传　真：86-27-82306250
邮　箱：worsa@vip.sina.com
网　址：www.worsa.org.cn

湖南欧美同学会·湖南留学人员联谊会

概况

湖南欧美同学会·湖南留学人员联合会（英文简称HORSA）成立于2009年5月26日。该会是在中国共产党领导下，由湖南省归国留学人员自愿组成、非营利性质、具有法人资格的群众团体，也是一个覆盖面广的高层次人才团体，理事有158名，海外特邀理事有17名。

宗旨

以邓小平理论和“三个代表”重要思想为指导，全面贯彻落实科学发展观，团结和服务海内外留学人员，继承发扬留学报国的爱国主义传统，秉持修学、游艺、敦谊、励行的理念，为振兴中华和湖南发展作出贡献。

主要任务

一、弘扬爱国主义思想，倡导留学报国，宣传介绍和组织交流留学人员的优秀事迹和成就。

二、举办各种活动，加强学术交流，丰富文化生活，增进理事联系和友谊。

三、促进与海外专家学者及各界人士的相互了解与合作，开展民间友好往来，在科技、经济、文化等领域进行人才交流暨学术交流。

四、发挥理事专长，为政府及企事业单位提供咨询及中介服务、为留学人员在创办高新技术企业、合作项目、开展交流活动等方面提供服务。

五、维护理事的合法权益，关心他们的工作和生活，促进并发挥他们的专长和作用，向有关方面反映他们的建议和要求。

六、联络海外留学人员和留学生团体，努力拓宽他们与祖国联系和为国服务的渠道。

联系方式

地　址：湖南省长沙市迎宾路185号
邮　编：410011
电　话：86-731-82215613，82217095，82217219
传　真：86-731-82215749
邮　箱：hwrsa@163.com
网　址：hnwrsa.hnswtzb.org

湖南省留学人员联谊会

概况

湖南省留学人员联谊会是湖南省海内外留学人员自愿参加的社会团体。业务主管部门为湖南省人事厅，并接受社会团体管理机关的监督与管理。

宗旨

遵守党的基本路线，协助业务主管部门执行党和国家有关的方针、政策，团结海内外留学人员，加强广大留学人员与党和政府的联系，充分发挥留学人员的聪明才智和对外联系的桥梁纽带作用，促进我省改革开放和现代化建设事业的发展。

主要任务

一、宣传党和国家关于留学人员工作的方针政策以及留学人员报效祖国的先进事迹。

二、促进湖南省同国外开展经济、科技、文化、教育、卫生等领域的交流与合作，为引进国外智力、技术和资金牵线搭桥。

三、加强同广大留学人员的联系，了解和反映他们的意见与要求。维护留学人员的合法权益，协助有关部门为留学人员的学习、工作和生活创造良好环境。鼓励广大留学人员为湖南省社会经济发展建功立业。

四、接受政府主管部门的委托，为湖南省留学人员管理工作和政策法规建设提供咨询与服务，完成托办的任务。

五、有计划地开展丰富多彩的联谊活动，沟通思想，交流信息，增进友谊，团结海内外留学人员。

六、面向社会，广开渠道，积极开展科技咨询、开发、服务和外引内联等活动。

联系方式

地　址：湖南省长沙市中共湖南省委办公楼5楼522室
邮　编：410011
电　话：86-731-2219375

广州欧美同学会·广州留学人员联谊会

概况

广州欧美同学会创建于1925年，1936年更名为广东欧美同学会，会址设在广州市文德路39号，这幢美式洋房是由留学欧美的学者集资兴建起来的永久性会址。历任会长黄宪昭、韦增復、李禄超（曾任孙中山先生秘书）、陈宗南等。新中国成立后，因会员四散，会务停顿。1984年，为团结广大留学欧美的学者专家，切磋学术交流，弘扬爱国主义精神，报效祖国，由在广州工作的留学欧美学者、原广东欧美同学会老会员蒲蛰龙（中山大学）、罗明燏（华南工学院）、罗开富（中科院广州地理所）、李炳熙（暨南大学）、黎献勇（珠江水利委员会）等5人联名发起和倡议，向广州市人民政府和广大留学欧美学友提出恢复“广东欧美同学会”的活动，得到了时任广州市市长叶选平的关心，并批示由广州市科协牵头组织。经过两年多时间的筹备，于1987年6月14日在广州市委礼堂正式宣布重新恢复活动，成立广州欧美同学会。叶选平学长任名誉会长，我国著名淀粉糖专家、化学家、留美学者张力田教授，华南理工大学原校长刘焕彬教授先后任会长。2010年9月6日，广州市机构编制委员会正式下文《关于广州欧美同学会列入市群众团体序列等问题的批复》，明确了广州欧美同学会的性质和地位，并批准增冠“广州留学人员联谊会”会名。

广州欧美同学会是由留学欧美或其他国家的学友组成，会员遍布广州地区各行各业，是一个覆盖面广的高层次人才团体。现有会员3000多人。广州欧美同学会是欧美同学会·中国留学人员联谊会省市团体会员单位之一，由中共广州市委统战部主管。

宗旨

在党的领导下，遵守国家宪法、法律、法规，遵守社会道德风尚，团结广大留学归国人员，广泛联系海内外学友，继承发扬留学报国的爱国主义传统，为促进社会和谐和全面建设小康社会服务，为完成祖国完全统一大业和实现中华民族伟大复兴服务。

主要任务

一、学习贯彻党和政府关于留学人员工作、知识分子工作和人才工作的方针政策。

二、推动留学人员报国实践，宣传留学人员报国业绩。

三、开展咨询、信息服务和培训，发挥智力优势，为广东、广州社会经济发展，建设幸福广东、幸福广州建言出力。

四、广泛联系海外留学人员团体和留学人员，积极开展多领域的交流与合作，做好引荐海外高层次人才工作，组织和推动海外留学人员为广东、广州服务。

五、开展多种形式的活动，加强学术交流，丰富文化生活，增进留学人员之间的联系和友谊。

六、反映留学人员的意见和要求，维护会员的合法权益，关心会员的工作和生活，努力为留学人员服务，把本会办成留学人员之家。

七、表彰、奖励优秀留学人员，积极举荐人才。

联系方式

地　址：广东省广州市起义路144号广州市社会主义学院102室

邮　编：510030

电　话：86-20-83177417

邮　箱：gzomtxh@163.com

网　址：www.gzorsa.org

广州留学人员商会

概况

广州留学人员商会创建于2002年，是全国首家商会性质的非营利性留学归国人员组织。现有会员逾千名，已成为在穗留学人员的真正家园。

本着“为会员谋利益，为社会谋共识”的目的，在祖国高速腾飞的今天，商会主动承担起了团结归国创业精英的责任，以期通过这一平台，积极参加国家建设，配合政府主办的各项大型招商会展及交流活动，同时开展与其他大型民间社团组织的交流，共创和谐广州。商会也是信息交流、学术交流及情感交流的场所，帮助留学归国人员尽快融入当地文化，使所学所能得以充分发挥。同时，针对会员特性建立了5个专业委员会和1个中心，并以此为基础开展针对性的活动。

宗旨

一、联合在广州及周边地区的留学归国人员，组建成一个在党和政府领导下的留学归国人员的非营利性组织。

二、为会员及会员企业与政府搭建友好的沟通和合作的桥梁。

三、发挥商会凝聚力，服务会员，为会员的事业发展搭建创业及发展平台，最大程度地发挥他们的经济及社会效益，从而实现他们知识报国、技术报国的良好夙愿。

四、最大限度地引进和输出境内外的技术和信息，利用境内外的投资资金，促进境内外的人才交流。

主要任务

一、向回国留学人员介绍情况、发布信息、提供各种优惠政策。

二、协助留学人员在国内注册公司、寻找合作伙伴、风险基金。

三、协助留学人员与各级政府、各职能部门沟通，组织有关留学回国政策、工商税务的发布会。

四、组织参加各种商业活动、展览会、交易会、交流会，促进留学人员项目转化及项目招商。

五、联系新闻媒介，及时报道宣传优秀留学人员及其创业企业，向社会呼吁保护留学创业人员的合法权益。

六、充分发挥利用海内外留学人员的潜力和优势，服务于中国民营经济发展，与工商联其他职能部门合作，定期组织举办服务于民营经济的各种讲座与活动。

七、与各地政府、教育部、人事部、科技部、经贸部、侨办、侨联、欧美同学会、开发区、商业团体、公司联系并协调关系，与海内外留学生团体、华人商会建立友好协作关系，与国外商会、学校建立友好协作关系。

联系方式

地　址：广东省广州市海珠区敦和路189号留学人员创业园3栋307

邮　编：510310

电　话：86-20-34321880，34321883

传　真：86-20-34321885

邮　箱：contact@ocscc.org

网　址：www.ocscc.org

广州留学回国科技工作者协会

概况

广州留学回国科技工作者协会成立于1998年8月3日，是由广州地区学有所成的归国科技精英倡议，广大留学回国科技工作者及留学生热烈响应，在广州市领导及有关部门热情关怀和大力支持下成立的群众性组织，是广州市科学技术协会的团体会员，也是泛珠三角区域“9+2”合作组织的重要成员单位。

宗旨

在党和政府的领导下，团结广州及其周边地区留学归来的科技工作者，组成具有整体优势的一支生力军，充分调动他们的积极性，发挥他们的聪明才智，把他们在海外所学知识、技术运用到科技进步与经济发展中去。

主要任务

一、通过协会，加强与国内外专家学者、科技团体及企业的联络，促进对内对外科技、经济的交流与合作。

二、架起沟通广大科技人员与政府之间的桥梁，维护他们的权益，反映他们的心声。

三、协助政府做好留学生与进修生的吸引、接收、安置等方面的工作，鼓励更多的海外学子回国服务。

联系方式

地　址：广东省广州市解放北路618-620号府前大厦A座1805室

邮　编：510130

电　话：86-20-83325995，83325053，83325019

传　真：86-20-83325995

邮　箱：ocs413@126.com

惠州市留学人员联谊会

概况

惠州市留学人员联谊会在惠州市委市政府的关心与支持下于2006年1月23日成立，是以留学人员及海外归国人员为主体的、学术性的、自愿结成的非营利性社会组织。英文名称“Huizhou Association of Overseas & Returned Scholars”，简称HAORS。接受业务主管单位惠州市科学技术协会及社团登记管理机关惠州市民政局的业务指导和监督管理。

宗旨

继承爱国主义传统，团结留学归国学子，广泛联系海内外学人共同为振兴中华做出贡献。

主要任务

一、举办或承办各种与惠州经济建设和社会发展有关的国际、国内学术研讨会。

二、组织会员发挥本会的综合智力优势，为惠州的发展献计献策。

三、为惠州企事业单位的发展开展各类咨询、信息服务和人才培训、交流，开展出国留学咨询与服务。

四、通过海内外的民间学术团体和留学人员组织，为我市的智力、人才、技术、资金、项目的引进做好中介服务。

五、积极反映海内外留学人员的需求，协助解决他们的工作及生活难题。

六、采取多种多样的联谊方式加强海内外专家、学者和企业人士之间的联系，促进惠州与海外在科技、文化、教育、经济等领域开展广泛的交流与合作。

七、团结广大归国留学人员和仍在海外的惠州籍学子、华裔、华侨学人，以各种方式为惠州经济社会发展服务。

八、国家法律允许范围内的其他专业性服务。

联系方式

地　址：广东省惠州仲恺国家高新区惠台工业园
　　　　54号小区科创中心
邮　编：506001
电　话：86-752-2653896
传　真：86-752-2601581
邮　箱：haors@163.com
网　址：www.haors.org

东莞市侨联归国留学人员联谊会

概况

东莞市侨联归国留学人员联谊会成立于2012年6月9日，是在东莞市归国华侨联合会领导下，由在东莞工作或生活的、具海外留学经历和与东莞有紧密联系的归国留学人员自愿组成，承认《中华全国归国华侨联合会章程》，是独立自主开展活动的非营利性侨界团体，东莞市侨联的团体会员，现有注册会员1000多人。

宗旨

一、海纳百川、团结奉献。

二、了解国家和东莞的建设发展情况，鼓励、引导、发挥留学人员优势，广泛联络海内外留学人员，为推进东莞经济社会双转型、建设富强幸福新东莞服务。

主要任务

一、组织广大归国留学人员学习党的方针政策、国家的法律法规，提高他们的爱国和建国热情。

二、引导归国留学人员参政议政，反映侨界的利益要求；关心归国留学人员，就他们在工作与生活中的问题和困难，向政府及职能部门提出意见和建议。

三、依法维护归国留学人员合法权益，推动社会经济文明建设；协助政府为归国留学人员在东莞创新创业、工作和生活等方面提供支持和服务。

四、组织开展适合归国留学人员特点的科技、经贸、对外联络交流等活动，促进归国留学人员事业的发展。

五、广泛联络海内外留学人员及其智力团体，促进交流与合作，为东莞招才引智服务。

联系方式

地　址：广东省东莞市莞城向阳路侨务楼
邮　编：523007
电　话：86-769-33229088，22227821，22221033
传　真：0769-22221829，22232539
邮　箱：mail@dgosa.com
网　址：www.dgosa.com

中山市留学回国人员联谊会

概况

中山市留学回国人员联谊会成立于2008年6月10日。联谊会的成立，是中山市经济建设和社会发展的需要，是中山市扩大对外开放和参与国际人才竞争的需要，也是联系和服务广大留学回国人员的需要，将进一步密切留学回国人员与市委、市政府的联系，为留学回国人员提供了感情交流、信息互通、科技交流、横向合作的渠道，也便于收集、反映留学回国人员的意见和要求，协助有关部门解决留学回国人员在工作、学习、生活方面的问题和困难。一直以来，中山市有关部门高度关注海外留学生和留学回国人员，为筹备成立中山市留学回国人员联谊会做了大量的前期工作。联谊会的成立得到广东省侨办和市委市政府的大力支持。联谊会积极贯彻市委市政府关于进一步加快培养引进紧缺适用人才的战略部署，主动联系，服务广大留学回国人员，不断完善中山市海外引智网络，成为“留学回国人员之家”。

联系方式

地　址：广东省中山市松苑路1号中山市外事侨务局
　　　　国际交流部
邮　编：528400
电　话：86-760-88334455
传　真：86-760-88334455
邮　箱：faob.zsnews.cn

潮州市留学回国人员联谊会

概况

潮州市留学人员联谊会成立于2012年7月6日，是在潮州市归国华侨联合会领导下，由在潮州工作或生活的、具海外留学经历和与潮州有紧密联系的归国留学人员自愿组成，是独立自主开展活动的非营利性侨界团体，是潮州市侨联的团体会员。

宗旨

以马克思列宁主义、毛泽东思想、邓小平理论、“三个代表”重要思想和科学发展观为指导，高举中国特色社会主义和爱国主义旗帜，根据本章程，积极团结潮州市归国留学人员，发挥归国留学人员的团体优势，联络海外留学人员等专业人才，秉着“团结、互助、共进”的精神，为归国留学人员在潮州创业、发展服务，为潮州经济建设和社会发展，为实现中华民族伟大复兴和祖国完全统一作贡献。

主要任务

一、了解国家，特别是潮州的建设发展情况，鼓励、引导、发挥留学人员优势，广泛联络海内外留学人员，为加快经济发展、建设幸福潮州做出贡献。

二、组织广大归国留学人员学习党的方针政策、国家的法律法规，提高他们的爱国爱乡热情。

三、引导归国留学人员参政议政，反映侨界的利益要求。

四、关心归国留学人员，将他们在工作与生活中的问题和困难，向政府及职能部门提出意见和建议。

五、依法维护归国留学人员合法权益，推动社会经济文明建设。

六、为有意赴国外留学的学生提供相关资讯及帮助。

七、为归国留学人员在潮州创新创业、工作和生活等方面，提供支持和服务。

八、组织开展适合归国留学人员特点的科技、经贸、对外联络交流等活动，促进归国留学人员事业的发展。

九、加强自身建设，加强与社会各界的联系与交流，积极参加社会公益事业，维护和提高潮州归国留学人员群体形象。

十、广泛联络海内外留学人员及其智力团体，促进交流与合作，为潮州招才引智服务。

十一、表彰、奖励优秀归国留学人员，积极举荐人才。

十二、承接潮州市政府及其职能部门委托与本会有关的事项。

联系方式

地　址：广东省潮州市新洋路新阳楼5号大地教育

邮　编：521000

电　话：86-18948509206

传　真：86-768-2211838

邮　箱：1292919492@qq.com

网　址：www.cosa.org.cn

广西留学人员联谊会（广西欧美同学会）

概况

广西留学人员联谊会（广西欧美同学会）成立于1986年，是以广西壮族自治区留学人员为主体的、适当吸收海外华裔和华侨学人自愿参加的非营利性的人民群众团体。英文名称为“Guangxi Association of Overseas & Returned Scholars”，简称GAORS。主管部门为自治区统战部，会址设在广西南宁市。

宗旨

继承爱国主义传统，团结留学归国学子，广泛联系海内外学人和与广西有渊源关系的华裔、华侨学人，修学敦谊，相互切磋，共同为振兴中华、繁荣广西做出贡献。

主要任务

一、继承爱国主义思想，倡导报国奉献精神，宣传海内外留学人员的先进事迹和学术成就。

二、团结广大归国留学人员和仍在海外的广西籍学子、华裔、华侨学人，以各种方式为广西经济社会发展服务。

三、采取多种多样的联谊方式加强海内外专家、学者和企业人士之间的联系，增进相互了解，促进广西与海外在科技、文化、教育、经济等领域开展广泛的交流与合作。

四、组织会员发挥本会的综合智力优势，为广西的发展提出建设性意见，为广西企事业单位的发展开展各类咨询、信息服务和人才培训与交流，开展出国留学咨询与服务，开展各项对广西经济和社会发展有意义的活动。

五、通过国外的民间学术团体和留学人员组织，为我区的智力、人才、技术、资金、项目的引进做好中介服务。

六、承担政府部门委托的广西重大经济建设项目的立项、鉴定、评估任务或其他课题。

七、维护广大留学人员的合法权益，积极反映海内外留学人员的需求，协助解决他们的困难和问题。

八、举办或承办各种与广西经济建设和社会发展有关的国际、国内研讨会。

九、协助党委和政府部门做好与留学人员沟通等工作。

联系方式

地　址：广西南宁市滨湖路63号

邮　编：530028

电　话：86-771-5568639，5568677

传　真：86-771-5568649

邮　箱：gaors_gx@126.com

网　址：gorsa.gxnews.com.cn

桂林欧美同学会·桂林留学人员联谊会

概况

桂林欧美同学会·桂林留学人员联谊会成立于2004年12月19日，是由桂林归国留学人员组成的群众团体。桂林欧美同学会作为在党领导下的群众团体，为桂林市归国留学人员搭建起了一个交流平台，把服务桂林建设与发展同服务广大留学人员结合起来，把做好回国留学人员的工作同做好海外留学人员的工作结合起来，把发挥广大留学人员的作用同在他们中发现、培养和举荐人才结合起来，为大力推进桂林市“三个文明”做出贡献。

宗旨

团结桂林市海内外留学人员，广泛联系海内外学人和与桂林有渊源关系的华裔、华侨学人，修学敦谊，相互切磋，构架与广大海内外人员和学者密切联系的桥梁和纽带，共同为繁荣桂林做贡献。

联系方式

地　址：广西桂林市榕湖路北路6号

邮　编：541001

电　话：86-773-2818858

传　真：86-773-2823330

邮　箱：gllx2007@126.com

海南欧美同学会

概况

海南欧美同学会成立于2012年5月23日，是以海南留学欧美各国归国同学为主体自愿组成的具有统战性、知识性、联谊性的群众组织，是中国共产党领导下的人民团体，是党联系留学人员的桥梁和纽带，是党和政府做好留学人员工作的助手。海南欧美同学会主管单位为海南省委统战部。本会接受中共海南省委统战部的政治领导和业务指导，在欧美同学会·中国留学人员联谊会的指导下开展各项工作。本会接受海南省社会团体登记管理机关海南省民政厅的监督管理。

主要任务

（一）学习贯彻党和政府关于留学人员工作、知识分子工作和人才工作的方针政策；

（二）弘扬爱国主义传统，推动留学人员报国实践，宣传留学人员报国业绩，表彰、奖励优秀留学人员；

（三）加强与欧美同学会·中国留学人员联谊会和海外留学人员、留学人员团体的联系，参与开展科技、经济、文化、教育、卫生等领域的交流与合作，组织和推动留学人员为海南经济社会发展服务；

（四）发挥会员的专长和作用，开展教育培训、学术交流、信息咨询、联谊交友、考察调研等活动，积极建言献策；

（五）为海外归国留学人员来海南创业牵线搭桥；

（六）反映会员的意见和要求，关心会员的工作和生活，维护会员的合法权益，努力为会员服务，把本会办成留学人员之家；

（七）积极举荐人才。

联系方式

地址：海南省海口市国兴大道69号海南广场5栋401
邮编：570203
电话：086-0898-65359192，65220221
传真：086-0898-65359192，65220221
邮箱：hnomtxh@hainan.gov.cn

重庆留学人员联谊会

概况

重庆留学人员联谊会于1994年5月成立，旨在充分发挥留学人员投身内陆开放高地和“五个重庆”建设的积极性，加强重庆市留学人员之间的交流合作，维护广大留学人员的合法权益。

宗旨

坚持以邓小平理论和“三个代表”重要思想为指导，深入贯彻落实科学发展观，按照党和国家关于“支持留学，鼓励回国，来去自由”的方针，采取多种形式，鼓励海外人才回国为社会经济建设服务。遵守国家宪法、法律、法规和各项方针政策，继承和发扬留学报国的爱国主义传统，团结、吸引、联系广大留学回国人员，增进友谊，沟通信息，交流学术，开展协作，为促进重庆对外开放和经济社会发展做出贡献。

主要任务

一、弘扬爱国主义思想，倡导留学报国精神，宣传海内外留学人员的先进事迹和学术成就。

二、举办各种活动，加强学术交流，丰富文化生活，增进海内外留学人员的联系和联谊。

三、推动海内外专家、学者和各界人士之间的联系，增进相互了解，在科技、文化、教育、经济等领域广泛开展交流与合作。

四、为海外学人回国创业兴业提供智力支持。

五、组织会员发挥综合智力优势，积极开展各类咨询、信息服务和人员培训等活动，为重庆的发展提供建设性意见。

六、联络与重庆有渊源关系的海外学人和留学人员团体，努力拓宽他们与祖国的联系和为国服务的渠道。

七、维护会员的合法权益，关心他们的工作和生活，积极反映他们的需求，协助解决困难和问题。

联系方式

地　址：重庆市渝北区新牌坊一路1号
邮　编：401147
电　话：86-23-86868567
传　真：86-23-86868567

四川欧美同学会·四川留学人员联谊会

概况

四川欧美同学会·四川留学人员联谊会成立于2015年9月23日，其前身是四川省留学人员联谊会，是四川省各行业留学人员及部分企事业单位自愿结成的社会团体组织。联席会作为连接政府、社会和留学人员的桥梁，进一步整合省内留学人员资源，服务经济社会建设。

宗旨

通过联络感情、沟通信息，成为留学人员之家。

主要任务

一、向党和政府反映留学人员的意见、建议和要求，协助党委和政府做好留学人员服务工作，不断改善留学人员的工作、生活环境，维护留学人员的合法权益。

二、开展留学人员业绩和成果宣传工作，组织各种形式的联谊活动，加强国内外留学人员之间的信息交流、学术交流，促进不同领域留学人员之间的了解与沟通。

三、加速留学人员科技与专利成果的转化，研究成果转化的途径和方式，开辟科技成果转化为现实社会生产力的“绿色通道”。

四、发挥留学人员的智囊作用，激励留学人员开展科技咨询，鼓励并组织留学人员投入生产、管理第一线，为各级党政机关、企事业单位、个体业主和农户做顾问，开展单项技术、经济咨询和综合性管理“会诊”，将留学人员的潜能转化为现实生产、管理能力。

五、加强同国内外知名留学人员和留学人员社会团体的联系，交换信息，扩大视野，有效地开展资金、技术和人才的引进工作。

联系方式

地　址：四川省成都市东二巷18号四川省人事厅509室
邮　编：610015
电　话：86-28-86763106，86627109
传　真：86-28-86627109，86765106
邮　箱：yybeauty@tom.com
网　址：www.sczjfw.com

贵州留学人员联谊会（贵州欧美同学会）

概况

贵州留学人员联谊会（贵州欧美同学会）成立于2008年12月。联谊会的成立，为贵州省广大留学人员创造了一个学术交流的平台，一个反映意见建议的渠道、咨询服务的窗口和寻求支持的依托。

联谊会在政府与留学人员之间充分发挥了桥梁和纽带作用，为留学人员提供优质服务，并通过自己在国外的各种联系，为贵州引进更多人才，尤其是贵州经济社会发展急需的领导人才。在团结凝聚留学人员发挥作用方面作出新贡献，在协助党和政府开展留学人员工作方面取得新成效，在加强自身建设方面实现新突破，真正成为党联系广大留学人员的桥梁纽带，成为党和政府做好留学人员工作的助手，成为具有广泛影响力和强大凝聚力的留学人员之家，为推进贵州经济社会历史性跨越作出新贡献。

宗旨

继承爱国主义传统，团结留学归国学子，广泛联系海内外学人和与贵州有渊源关系的华裔、华侨学人，修学敦谊，相互切磋，共同为振兴中华、繁荣贵州做出贡献。

联系方式

地　址：贵州省贵阳市广胜路1号

邮　编：550002

电　话：86-851-5895140

传　真：86-851-5895140

云南省留学人员联谊会

概况

云南省留学人员联谊会成立于2008年12月21日。联谊会的成立得到了云南省委统战部、云南省民政厅的批准指导。

宗旨

为云南省留学人员搭建参政议政、建言献策、施展才华、加强联系与合作、加深友谊的平台，进一步调动云南省留学人员的积极性、创造性，开拓留学人员工作新局面。

主要任务

一、充分发挥智力密集、联系广泛的优势，调动一切可以调动的积极因素，团结一切可以团结的积极力量，群策群力，服务于云南改革发展大局，服务于解放和发展生产力。

二、围绕云南省经济社会发展中的重大问题，深入调查研究，为各级党委政府多献科学发展之言，多谋富民惠民之策。

三、进一步加强同港澳台和海外各界人士的联系，广交朋友，联络感情，宣传政策，牵线搭桥，推动云南与港澳台和海外在经济、科教、文化等方面的交流与合作，为云南省扩大开放、整合资源、加快发展、提高竞争力作出贡献。

联系方式

地　址：云南省昆明市广福福路8号中共云南省委统战部

邮　编：650228

电　话：86-871-3992481，3992488

传　真：86-871-3992482

邮　箱：ynlyh@126.com

网　址：www.ynrosa.or.cn

云南省留学人员创业协会

概况

云南省留学人员创业协会成立于2008年9月，是由云南省留学归国人员及有关企事业单位、民间组织自愿组成的非营利性社会团体。协会会员主要来自留学归国人员在滇创业的企业和企业家，留学归国的中高级人才和经理人，以及正待归国、有意归国创业的留学人员。云南留学人员创业协会的成立，顺应了广大留学人员归国创业发展的需求，为他们提供了难得的高端交流平台，同时也为海内外各界有识之士为中国现代化大业建言献策提供了便捷渠道。

宗旨

立足于云南、面向全国、团结四海、放眼世界。秉承老一辈留学人员留学报国的优良传统，进一步团结和凝集广大在滇留学人员，努力成为党和政府联系留学人员的桥梁和纽带。协会通过搭建平台，为会员提供创业互助，合作交流，共谋发展。为政府建言献策，招商引资引智。

主要任务

一、充分发挥留学人员创业精神足，创新能力强，掌握国际先进技术，具有中外文化合璧的背景和广泛的国内外人际关系等独特优势，搭建科技交流、信息交流、创业服务平台，促进项目技术、人才、资金的国际流动。

二、帮助留学归国人员解决创业过程中面临的实际困难，维护留学人员的合法权益，会同有关部门落实留学人员政策。

三、组织留学人员积极参与科技创新，创办企业和多种形式的活动。

四、进一步发挥留学人员的作用，为云南省的社会经济事业的可持续发展作出自己的贡献。

联系方式

地　址：云南省昆明经济技术开发区云大西路39号
创业大厦608室

电　话：86-871-6358828

传　真：86-871-6358788

邮　箱：ypocepa@163.com

网　址：www.ypocepa.com

昆明留学人员联谊会

概况

昆明留学人员联谊会成立于1993年4月，由本地区各行各业的留学归国人员组成，与海外相关科研院所、社会组织、高层次人才保持着密切联系，具有广泛群众性、高知识、多元性和开放性。

联谊会在各级领导的关心下，在市委统战部及市科协的领导下，在全体会员的积极支持与参与下，始终紧密围绕昆明市经济社会发展重点开展工作，为实施科教兴昆，人才强市，以开放促发展，促进科学技术的引进、普及与推广，为经济结构的调整做出了贡献。

宗旨

抓住云南省桥头堡战略实施，扩大对外开放，以及昆明市建设中国面向西南开放的国际性区域城市的机遇，围绕党和政府的中心工作，进一步做好广大留学人员的工作，整合广大归国人员的智力与人脉资源，服务地方经济社会发展，将联谊会建设成为党和政府联系广大留学人员的桥梁和纽带，成为党和政府做好留学人员工作的助手。

主要任务

以服务留学人员为宗旨，关心留学人员的工作、学习和生活，反映他们的愿望和要求，维护他们的合法权益，为留学人员回国创业和为国服务创造条件、搭建平台，成为留学人员之家。

联系方式

地　址：云南省昆明市呈贡新区市级行政中心7号楼135室
电　话：86-871-3192873
传　真：86-871-3192873
邮　箱：gjb@kmkp.net.cn
网　址：www.kmkp.net.cn

陕西省留学人员联谊会

概况

陕西省留学人员联谊会成立于1989年，是在省民政厅注册的陕西省留学人员群众性组织，主管部门为省人力资源和社会保障厅，日常业务受省外国专家局指导。作为党和政府团结、联系广大留学人员的纽带和桥梁，通过各种形式的活动，组织广大留学人员在国内外广泛开展科技、经济、文化交流，为陕西经济建设和社会发展作出了积极贡献。

宗旨

广泛联系全省留学人员，促进全省留学人员的团结和进步，帮助留学人员在陕创业，引导广大留学人员以多种方式参与陕西省的经济建设和社会发展。

联系方式

地　址：陕西省西安市建设东路3号省人社厅太乙路办公区2号办公楼310室
邮　编：710054
电　话：86-29-89538077
传　真：86-29-89538077

宁夏留学人员联谊会

概况

宁夏留学人员联谊会于2009年4月28日成立，是由在宁夏工作的留学人员自愿组成的非营利性的社会群众团体。业务主管单位是宁夏回族自治区党委组织部、人力资源和社会保障厅，社团登记管理机关是宁夏回族自治区民政厅。团体接受业务主管单位和社团登记管理机关的业务指导和监督管理。英文名称为“Ningxia Returned Scholars Association”，简称NXRSA。

宗旨

遵守国家宪法、法律、法规和国家政策，遵守社会道德风尚，坚持科学发展观，以人为本，广泛联系海内外留学人员，广交朋友，增进友谊，宣传宁夏，吸引国（境）外人才、智力、技术和资金，为宁夏经济建设和社会发展服务。

主要任务

一、通过宁夏留学人员联谊会向自治区党委和政府反映在宁夏留学人员的意见、建议和要求，协助党委和政府做好留学回国人员服务工作，不断改善留学回国人员的工作、生活环境，维护留学回国人员的合法权益。

二、开展留学回国人员业绩和成果宣传工作，组织各种形式的联谊活动，加强国内外留学人员之间的信息交流、学术交流，促进不同领域留学回国人员之间的了解与沟通。

三、加速留学回国人员科技与专利成果的转化，研究成果转化的途径和方式，开辟科技成果转化为现实社会生产力的“绿色通道”。

四、发挥留学回国人员与其他人才的智囊作用，激励留学回国人员开展科技咨询，鼓励并组织留学人员投入生产、管理第一线，为各级党政机关、企事业单位、个体业主和农户做顾问，开展单项技术、经济咨询和综合性管理“会诊”，将留学回国人员的潜能转化为现实生产、管理能力。

五、加强同国内外知名留学人员及留学人员社会团体的联系，交换信息，扩大视野，有效地开展资金、技术和人才的引进工作。

联系方式

地　址：宁夏银川市上海东路40号
邮　编：750001
电　话：86-951-5099081
传　真：86-951-5099100
邮　箱：nxzj2088@126.com

新疆留学人员联谊会

概况

新疆留学人员联谊会成立于2006年7月24日，是在新疆维吾尔自治区党委组织部、统战部、自治区人事厅等有关部门的共同发起下成立的，由新疆维吾尔自治区各行各业的留学人员自愿组成的，具有独立法人资格的非营利性社会团体组织，是党和政府联系广大留学人员的桥梁，是留学人员间相互联系与合作的纽带。

联谊会自成立以来，继承和发扬留学报国的光荣传统，充分发挥桥梁、纽带作用，以“团结立会、依章治会、民主办会、实干兴会”为办会方针，创造性地开展工作，组织了丰富多样的活动，努力凝聚广大留学人员，并通过与境外合作，拓展为新疆服务的平台。

宗旨

发扬爱国主义精神，团结广大新疆籍留学人员，广泛联系海内外学人，增进友谊，沟通信息，交流学术，促进合作，共同为振兴新疆经济、维护祖国统一服务。

主要任务

一、弘扬爱国主义精神，倡导留学报国，宣传介绍海内外留学人员的先进事迹和学术成就。

二、组织归国留学人员发挥专业特长，加强学术交流，举行各类咨询、信息服务和人员培训等活动，为自治区经济发展开展招才引智、招商引资、扶贫帮困等工作；进行专项调研，为新疆的经济建设和社会全面发展出谋献策。

三、联系海内外留学人员及其团体，拓展他们与祖国联系和为国服务的渠道，加强民间友好交往，开展在经济、科学、教育和文化等领域的交流与合作。

四、维护归国留学人员的合法权益，向党和政府反映留学人员的意见、建议和要求，做好留学人员服务工作。

五、增进留学人员的联系和友谊，丰富文化生活，举办各种有益的联谊活动。

联系方式

地　址：新疆乌鲁木齐市文化路38号
邮　编：830002
电　话：86-991-2398135，2391342，2391123
传　真：86-991-2391342
邮　箱：xjlxrylyh@xjts.cn
网　址：www.xjlxrylyh.com

第六部分

附录篇

附录篇

留学人员回国服务机构一览

中国（教育部）留学服务中心

为了适应国家改革开放、教育国际交流与合作发展，在邓小平同志的亲自提议和关怀下，国家教委留学服务中心于1989年3月31日批准成立。1998年，更名为教育部留学服务中心，对外称中国留学服务中心。

中国（教育部）留学服务中心，是教育部直属事业单位，以事业单位法人注册，主要从事出国留学、留学回国、来华留学以及教育国际交流与合作等领域的相关服务。其主要业务范围包括：公派留学、自费留学、签证代理、国外宣传保障、留学人员档案管理、留学人员集体户口管理、国(境)外学历学位认证、留学人员回国安置、受理留学回国人员科研启动基金申请、中国留学人才市场、中国国际教育巡回展、留学中国教育展、来华留学毕业生联络联谊工作、回国创业政策咨询、承办“春晖杯”中国留学人员创新创业大赛以及承办其他政府项目等。目前中心设有13个部门、两个直属注册企业和30个各地分中心。伴随着新中国留学工作的不断发展，教育部留学服务中心走过了光辉历程，取得了伟大成就，其留学服务工作在我国教育、科研、经济、文化、社会发展以及中国的对外开放和国际交流等方面，均起到了不可替代的重要作用。

作为教育部在留学服务领域里的助手和依托，教育部留学服务中心将不断适应中国留学事业的发展和需求，坚持服务创新，按照社会化、市场化、国际化、专业化、网络化的发展思路，努力工作，开拓进取，为配合国家实施“科教兴国”和“人才强国”战略，做出新的更大贡献。

主要职能：

一、出国留学

1. 中国国际教育巡回展是经教育部批准，中国（教育部）留学服务中心主办，以介绍国外优质教育资源为主要内容的大型展览，通常在每年春季举办。

2. 公派留学和出访签证代理。受教育部委托并经外交部批准，中心公派出国留学事务处主要负责为各类公派留学(包括：国家留学基金全额资助，国家留学基金部分资助，政府互换奖学金项目，各部委、科研院所、地方省市自筹资金以及院校际交流等)人员提供办理出国和出境手续的服务，保证公派出国留学人员顺利出国学习和从事科研、进修。

3. 自费留学。自2003年起，在教育部国际司的指导下，中心承担了以教育部的名义公布国外院校名单的工作。同时，受教育部委托，中心还负责对外提供自费留学信息咨询与确认服务。

4. 留学人员档案管理。经国家主管部门批准，中心于1997年成立留学人员档案室，专门从事留学人员人事档案的管理及相关业务的咨询工作。其服务内容主要包括：为出国留学和留学回国人员提供档案管理服务、开具各种人事证明、记录国外留学经历等。

二、留学回国

1. 留学人员集体户口管理。2005年5月，为解决出国留学人员户籍管理和迁移问题以及部分留学回国人员落户难问题，经北京市公安局批准，中心设立留学人员集体户口，负责部分出国留学人员和留学回国人员的户口管理工作。

2. 国（境）外学历学位认证。经国务院学位委员会和国家教育部批准同意，中心面向全国开展对国（境）外学位证书和高等教育文凭的认证服务。2001年4月，经国务院学位办批准，中心正式对外受理中外合作办学颁发国外学位证书的认证申请。

3. 中国留学人才市场。是中国（教育部）留学服务中心为适应海外留学人才回国就业需要而设立的专门机构，它是国内首家获得国家主管部门许可专事留学人才中介服务的机构。中国留学人才市场以“中国留学英才网”网络平台为依托，结合传统网下人才招聘会和视频招聘等多种形式，面向海外留学人才和国内用人单位提供专业化人才中介服务。

4. 留学回国就业。受教育部委托，中心负责为留学回国人员办理就业报到相关手续。

三、来华留学

1. 科研启动基金申请。教育部于1990年特设立留学回国人员科研启动基金项目，受教育部委托中心承担有关该项目的咨询、申请、初评、上报和拨款工作，并协助主管部门进行项目效益的追踪与调研工作。

2. 回国创业。1995年4月，国务院决定在中心成立留学人员投资事务处，加大留学人员为国服务，特别是为留学人员回国创业提供服务的力度，负责为在外留学人员回国投资创办企业、短期讲学、合作科研、科技成果转让、新技术开发、引进国外先进技术项目等提供政策咨询和中介服务，为海外高层次人才以多种形式为国服务提供多次入出境及在华长期居留的便利服务。

3. 留学中国教育展。是经教育部批准，由中心牵头组织中国院校赴境外招收来华留学生的国际教育展览，每年有计划地、有重点地在部分国家的重要城市举办。

4. 留华毕业生联络联谊。留华毕业生联络处是中心受教育部委托建立的机构，旨在将全世界在华留学生和毕业生联系起来，为他们提供信息交流的平台和组织联谊活动，努力使他们成为沟通中国和世界的桥梁。

四、国际合作

1. 英国高等教育文凭项目。2003年，中心与英国苏格兰学历管理委员会（SQA）合作，将英国高等教育文凭项目引入中国。

2. 中国留学服务中心—荷兰高等教育国际交流协会合作办公室。中国留学服务中心-荷兰高等教育国际交流协会合作办公室(CSCSE-Neso China)系中国（教育部）留学服务中心与荷兰高等教育国际交流协会（Nuffic）于2001年在北京联合成立的非营利性组织，旨在为促进中荷教育交流与合作提供服务与支持。

3. 新加坡政府奖学金项目。1992年和1993年，经原国家教委批准，中国（教育部）留学服务中心先后与新加坡教育部、卫生部合作，开展了新加坡本科奖学金项目和新加坡护理奖学金项目。

4. 中俄联合培养本科生项目。根据中俄教文卫体合作委员会第五次会议纪要和中俄教育合作分委会第四次会议纪要规定，2004年教育部设立了中俄联合培养本科生项目。受教育部委托，中国（教育部）留学服务中心负责对中俄联合培养本科生项目进行统一管理，以保证和促进该项目能够稳定健康发展。

五、其他服务

1. 出国留学培训基地项目。出国留学培训基地的建立是中心协助教育部规范出国留学市场秩序，建立出国留学示范样板的重要举措。

2. 境外教育机构资质鉴定服务。中心根据长期专门从事出国留学、留学回国、国际教育资源信息咨询、国外学历学位证书认证等相关业务所积累的工作经验和资源优势，开展境外教育机构资质情况查询服务。

3．教育外事服务。受教育部委托，中心公派团组护照签证事务处主要负责为教育部机关、企事业单位、部直属高校校级领导以及部分直属高校因公临时出国人员提供办理护照和签证服务，负责对上述人员因公护照进行管理和监督，负责为教育部驻外使（领）馆人员及其家属办理出国护照和签证手续，确保了公务团组的顺利出访和外交人员的顺利赴任。

4．信息服务。为满足信息化、网络化办公和广大留学人员信息咨询的需要，中国（教育部）留学服务中心在教育部的大力支持下，于1996年建立了“中国留学网”。经过多年来的建设和改版，中国留学网已经建设成为中国（教育部）留学服务中心对外交流合作的窗口和服务平台。

5．承担着教育部、科技部主办的“春晖杯”中国留学人员创新创业大赛相关的组委会办公室工作，并为留学人员回国创业提供相关的服务。

联系方式：

地　址：北京市海淀区北四环西路56号辉煌时代大厦5层
邮　编：100080
电　话：86-10-62677800
传　真：86-10-62677504
网　址：www.cscse.edu.cn

科学技术部火炬高技术产业开发中心

1988年，党中央、国务院正式批准实施旨在发展中国高新技术产业的指导性计划——火炬计划。作为火炬计划的具体组织实施单位——科学技术部火炬高技术产业开发中心（简称“火炬中心”）成立于1989年10月，是隶属于国家科学技术部的独立事业法人单位。在科学技术部指导下，火炬中心以“发展高科技，实现产业化”为己任，大胆探索，不断创新，推动了中国高新技术产业不断向前发展。

20年来，火炬中心坚持以“国家目标、地方组织、市场导向”为方针，以创新谋发展，创造性地丰富了火炬计划的内涵。通过国家高新技术产业开发区、科技型中小企业技术创新基金、科技企业孵化器等一系列政策工具的制定和实施，在建设创新创业环境，聚集科技资源，促进技术创新与转化，加强科技和经济结合，调整产业结构，增强区域创新能力等方面，火炬计划取得了卓越的成绩，极大地推动了我国高新技术的商品化、产业化和国际化。“火炬”已成为中国发展高新技术产业的一面光辉旗帜。

为了更好地贯彻实施《国家中长期科学和技术发展规划纲要》，实现“增强自主创新能力、建设创新型国家”的国家使命，加强技术创新环境建设和高新技术产业化进程，科技部对原“科学技术部火炬高技术产业开发中心”“科学技术部科技型中小企业技术创新基金管理中心”“中国技术市场管理促进中心”进行了合并重组，组建了新的“科学技术部火炬高技术产业开发中心”。在科学技术部的领导和社会各界的大力支持下，火炬中心将继续高举“火炬”旗帜，以落实科学发展观为统领，以提高企业自主创新能力为核心，以营造技术创新环境和促进高新技术产业化为主线，通过实施“育苗造林”工程，大力发展科技型中小企业群体，推进产业集群向创新集群升级，聚集和激活人才、技术和资本等创新资源要素，推动“火炬”全面走进国家经济建设主战场，为建设创新型国家做出应有的贡献。

主要职能：

1．研究我国高新技术产业化及高新区发展的状况和问题、为科技部宏观决策提出建议和对策；研究提出火炬计划，国家高新区的发展规划、计划及有关政策建议。

2．研究我国技术市场发展的状况和问题，提出技术市场的发展规划及有关政策，为科技部宏观决策提出建议和对策。

3．承担火炬计划管理办公室的事务性管理工作，承担火炬计划的组织实施工作，推进高新技术产品成果商品化、产业化和国际化。

4．负责国家高新技术开发区的日常管理，为高新区的发展提供咨询与服务。

5．承担科技型中小企业技术创新基金的组织实施工作。

6．承担全国技术市场日常运行管理，以及登记、统计、培训、信息交流与技术转移等工作；联系和协调全国技术市场管理机构；开展科技成果推广和产业化咨询服务等工作。

7．研究提出科技企业孵化器发展规划、计划和有关政策建议，承担孵化器的日常管理；承担高新技术企业、国家级创业服务中心、国家留学人员创业园、技术交易机构、海外科技园、创业投资机构等的管理。

8．承担生产力促进中心、大学科技园、高新技术产业化基地、工业领域国家工程中心、国家重点新产品计划、科技兴贸行动专项等的组织实施工作。

9．承担火炬计划软件产业化工作；承担火炬计划产业化基地的管理工作。

10．研究提出高新技术产业化投融资政策建议，组织并推动科技风险投资工作。

11．承担编制《中国高新技术产品目录》及技术出口产品目录等工作。

12．负责火炬计划国家级高新区统计的专项工作，承担高新技术产业化的统计、宣传、信息交流、培训以及国际合作等工作。

13．承担科技部有关司局委托的工作。

14．承担科技部领导交办的其他工作。

联系方式：

地　址：北京市西城区三里河二区甲18号
邮　编：100045
电　话：86-10-88656100
传　真：86-10-88656116
邮　箱：Mail@chinatorch.gov.cn
网　址：www.chinatorch.gov.cn

人力资源和社会保障部留学人员和专家服务中心

留学人员和专家服务中心为人力资源和社会保障部直属事业单位，同时作为中国博士后科学基金会的办公机构。中心拥有权威的高层次人才信息和丰富的科技成果资源，为“千人计划”引进的海外高层次人才落实特定生活待遇，为留学人员回国工作、创业、为国服务提供咨询、推介、人事代理等各种服务；承担高层次专业技术人才选拔、培养等事务工作，为专家队伍建设和发挥专家作用提供各种形式的服务；承办边远、少数民族地区专业技术人才特殊培养工作；负责中国博士后科学基金规划、筹集、管理工作；承担中国博士后网、中国留学人才网和中国专家网网站的建设、运营和管理；参与建立和完善我国高层次人才信息库。

主要职能：

1．负责海外高层次人才引进服务窗口工作：负责“千人计划”服务窗口工作，为“千人计划”引进的海外高层次人才落实居留和出入境、落户、医疗、住房、税收、子女就学等方面的特殊政策，办理相关手续。根据政策规定，按照引进人才的需求，为引进人才提供优质服务，营造海外高层次人才回国（来华）创新创业的良好环境。

2．负责中国留学人员回国服务联盟秘书处有关工作：承担服务联盟具体日常工作，负责服务联盟组织建设工作，召开服务联盟成员大会，审核加入或退出的成员单位，成员单位间的沟通协调工作等。主要工作任务有：推进留学人员回国服务网络建设，健全留学人员回国服务机构的合作机制，建设留学人员回国服务信息平台，组织成员单位开展相关活动。

3．负责中国留学人员回国创业专家指导委员会秘书处有关工作：会同欧美同学会建言献策委员会承担专家委员会具体日常工作，组织专家委员会入选专家，为“千人计划”创业人才入选者、中国留学人员回国创业启动支持计划入选者、各地及留学人员创业园推荐的具有发展潜力的重点留学人员企业等，开展创业培训、创业咨询、创业指导、深度合作、企业推介等形式的留学人员回国创业指导与服务。

4．管理海外高层次人才联系窗口：承担“千人计划”人力资源和社会保障部网上海外高层次人才联系窗口（www.mohrss.gov.cn）管理工作，积极宣传海外高层次人才引进工作，认真做好接受海外高层次人才自荐有关工作。收集海外高层次人才基础信息，配合做好海外高层次人才信息库建设。

5．管理运营中国留学人才信息网（www.Chinatalents.gov.cn）：中国留学人才信息网作为专门服务于海内外留学人员的政府网站，权威性和政策性强，已初步成为宣传党和国家有关留学人才政策，为留学人员和国内用人单位提供信息服务，做好留学人才资源开发工作的一个重要窗口。网站目前设有留学与人才、综合报道、要闻与动态、留学人才推荐、专家与博士后、工作交流、政策法规、回国指南、人才自荐、单位招聘、创业园区、经费资助指南、异域生活等栏目。

6．组织留学人员回国服务活动：中心与各地地方政府或地方人事部门合作，组织了多次海内外留学人员智力服务与科技项目示范活动，这些活动的成功举办为带动地方经济、科技发展，促进地方引进高层次海外留学人才工作发挥了重要的推动作用。有些活动在当地已形成品牌，取得了很好的效果，深受海外留学人员和当地各界的好评。

7．海外留学人才推荐工作：在中国留学人才信息网上开设留学人才推荐、回国指南、单位招聘、人才自荐等栏目，收集、发布国内人才和技术需求，协助用人单位开展招聘海外留学人员活动。根据留学人才特长和需求，采取网上推荐、出函推荐、重点推荐等形式，为留学人员回国提供就业推荐、信息咨询等各项服务。

8．留学人员创业园管理服务工作：帮助创业园协调落实鼓励、支持留学人员回国创业的有关政策，为创业园提供人才、项目推荐服务。为留学人员创业提供人才、成果、推介及信息咨询服务。

联系方式：

地　址：北京市海淀区学院路30号博士后公寓办公楼
邮　编：100083
电　话：86-10-82388262，62322968，62330841
传　真：86-10-62321842
邮　箱：lxhgfw@163.com
网　址：www.chinatalents.gov.cn

中国留学人员回国创业专家指导委员会

为完善留学人员回国创业服务体系，配合实施国家“千人计划”和中国留学人员回国创业启动支持计划，进一步加大对留学人员回国创业的支持力度，人力资源和社会保障部会同欧美同学会成立中国留学人员回国创业专家指导委员会。

专家委员会成员由下列人员担任：风险投资专家，市场营销专家，世界五百强企业以及著名跨国企业的高管，创业成功的留学人员企业家，全国省部共建国家级留学人员创业园负责人，从事企业咨询、人力资源管理以及会计师事务所、律师事务所等可为海归创业提供服务与咨询的相关领域专家。

专家委员会的主要服务对象包括入选“千人计划”的创业人才，入选“中国留学人员回国创业启动支持计划”的创业人才，各地人社部门和省部共建留学人员创业园推荐的、具有较大发展潜力的留学人员企业。

专家委员会秘书处设在人力资源和社会保障部留学人员和专家服务中心。

主要职能：

1．创业培训。举办留学人员回国创业培训班，邀请专家委员会成员以及其他国内外优秀的企业家、知名专家学者、金融领域的知名专家，对回国创业的留学人员进行创业培训与辅导。

2．创业咨询。组织专家委员会相关专家到留学人员创业园对企业开展创业咨询服务，现场调研，现场诊断，现场解决问题，传授成功经验，进行针对性辅导，提供个性化服务。

3．创业指导。由各地或省部共建留学人员创业园推荐具有发展潜力并有创业服务需求的留学人员企业提交专家委员会，各位专家根据不同产业方向和市场前景以及创业者的需求，选择1至3家创业企业进行对接服务，给予企业全面创业指导，协助解决问题，推动企业发展。

4．深度合作。鼓励专家委员会专家与留学人员企业开展投资、入股、贸易、技术交流、合作开发等不同形式的深度合作，做到优势互补，加快国际先进技术与国内市场运作的交流，加大上下游产品的相互促进，加快技术和产品的转化。

5．企业推介。每年由专家委员会根据创业指导情况，推出一批最具成长潜力的留学人员企业，为留学人员企业创造良好的环境，助推留学人员企业快速成长。

联系方式：

地　址：北京市海淀区学院路30号博士后公寓办公楼
邮　编：100083
电　话：86-10-82388262、62322968、62330841
传　真：86-10-62321842
邮　箱：lxhgfw@163.com
网　址：www.chinatalents.gov.cn

北京海外学人中心

北京海外学人中心是北京市委市政府于2008年12月成立的专门联系海外学人、引进海外学人、服务海外学人的工作机构。中心秉承“尊重劳动、尊重知识、尊重人才、尊重创造”的方针，凭借专业化、信息化、国际化的人力资源开发能力，将为高层次人才和广大留学人员来京创新创业提供广阔的发展平台和全面的服务保障，力图打造连接海外优秀人才与北京的纽带和首都海外学人温馨之家。

北京海外学人中心将以“海纳百川，汇聚英才”的胸怀欢迎每一位海外学人的归来。

主要职能：

1．宣传国家和北京市关于海外人才的工作政策及经济社会发展情况。

2．研究提出北京市海外人才开发工作的中长期规划和政策措施建议。

3．收集、发布重大项目信息，海外学人信息和海外高层次人才政策信息。

4．负责北京市引进海外人才的认定评估工作。

5．广泛联系驻外使领馆、海外专家组织、海外人才交流机构、留学生组织、海外人才和国内相关组织，代表市委市政府多渠道寻访海外高层次人才。

6．组织实施海外人才培训交流活动。

7．为北京市重大科技项目、重点学科建设和重要产业发展提供引进海外高层次人才和智力的有关支持。

8．为在北京创新创业的海外人才提供事业发展和生活条件等综合配备服务。

9．为中央实施海外高层次人才开发工作服务。

10．联系指导协调本市各海外学人分中心的工作。

11．开展公派、自费出国留学咨询服务和回国留学人员工作创业指导。

联系方式：

北京海外学人中心

地　址：北京市西城区德外大街83号德胜国际中心B座6层

邮　编：100088

电　话：86-10-58540566，58540567，58540568

传　真：86-10-58540568

邮　箱：botc@8610hr.cn

网　址：www.8610hr.cn

北京海外学人中心服务大厅

地　址：北京市海淀区中关村海淀北二街10号泰鹏大厦二层

邮　编：100080

电　话：86-10-82484901，82484905，82484907

传　真：86-10-82484897

邮　箱：fuwu@8610hr.cn

天津市留学服务中心

天津市留学服务中心是天津市人事局直属事业单位，是负责全市留学人员服务工作的专门服务机构。天津市留学人员服务中心又是中国（教育部）留学服务中心天津分中心。主要任务是宣传、贯彻、落实国家关于留学人员工作的方针、政策、规定；为天津市留学回国人员提供全方位的管理与服务；积极引进海外留学人员中的人才、智力、技术、资金；承办天津市人事局及国家留学人员工作主管部门委托和交办的任务；与国内外相关组织建立业务合作关系。

主要职能：

一、出国留学服务

1．为预备出国留学人员提供各类外语培训。

2．自费留学咨询服务工作，提供国外有关学校的信息资料，协助联系学校、申请就读、申办签证等事宜。

二、留学回国服务

1．为各类留学人员来津工作和用人单位录用留学人员提供信息服务和双向选择服务，并根据双方需要进行重点推荐。

2．为各类留学人员短期来津讲学、学术交流、合作科研、投资考察提供牵线搭桥服务。

3．为已加入外国籍的高层次留学人才办理2至5年期多次入境签证、外国人居留证。

4．为外省市来津工作的留学回国人员办理工作接转、派遣和落户等相关手续。

5．为来津工作、创业的留学回国人员制作并颁发《留学回国人员证书》。

6．组织天津市留学回国人员开展留学人员联谊活动。

三、留学综合服务

1．提供国家及天津市有关留学人员工作的政策、规定的咨询服务。

2．为天津市自费出国留学人员提供档案管理等服务。

3．管理“天津留学人才网”及“天津市留学人员数据库”。

联系方式：

地　址：天津市河东区九经路25号中国（天津）人力资源发展促进中心3楼D区

邮　编：300171

电　话：86-22-24236966、24236951、24236952

邮　箱：haiwairencai@hotmail.com

河北省专家与留学人员服务中心

河北省专家与留学人员服务中心是2002年河北省编办批准成立的全额拨款的事业单位。主要任务是为河北省享受津贴的专家发放国务院特殊津贴和省政府专家岗位津贴；为河北省人事厅组织的来河北省的留学人员提供各项服务，协助用人单位开展招聘留学人员活动，为留学人员就业提供信息咨询服务；受河北省人事厅委托，与河北省选派的出国培训专家签订《出国培训协议书》，并负责违约人员培训经费的收回和违约金的追缴工作；为专家开展科技活动提供信息和服务；负责“河北留学人员联谊会”秘书处的日常工作。2004年5月与中国留学服务中心正式签订合作协议，成为中国（教育部）留学服务中心河北分中心。

主要职能：

一、专家服务工作

1．为发挥我省专家队伍的作用提供各种服务。负责专家津贴拨款统计和各类专家变化的跟踪服务工作；组织专家开展学术和联谊活动，协助专家管理处做好政府资助的专家休假工作，为人社部门组织的专家休假、学术交流等各种活动提供服务，组织开展专家和高层次人才培训工作。负责国（境）外机构在国内招聘专业人才出国（境）工作的审核、认证。

2．承担建设和完善我省高层次人才信息库的工作。

二、津贴发放工作

1．为我省享受国务院特殊津贴专家和享受省政府岗位津贴专家发放津贴。

2．建立专家津贴发放责任制。

三、留学派出工作

1．对我省选派的出国培训人员进行外语培训。

2．为出国培训人员办理出国前和回国后的各项手续。

3．将培训人员的研究成果分类汇集出版，对研究成果进行评审奖励。

4．违约追究。

四、留学回国服务

1．为省人事厅组织的来我省的留学人员提供各种服务；

2．负责各类留学回国人员的讲学、考察、技术交流、科技开发的组织和接待。

3．为留学人员回河北工作、创业和发挥作用提供各种中介服务。宣传和发布我省引进留学人员的优惠政策；收集、发布国内急需人才和技术需求的信息；协助用人单位招聘海外留学人员，为留学回国人员就业提供信息、咨询和服务；组织交流洽谈，为留学人员提供就业推荐、信息咨询、人事代理等各项服务；开展留学人员技术成果评价、开发、转让等服务工作。

4．承办留学回国人员科技活动择优资助经费申报的事务性工作。

5．承办我厅批准或与有关部门合办的省级留学人员创业园的具体工作，帮助创业园落实国家及省制定的有关鼓励、支持留学人员回国创业的政策，为留学人员创办企业疏通渠道。

6．积极和国家人事部留学人员与专家服务中心配合，拓宽留学和专家境外培训的形式与渠道。

7．接待留学人员来信、来访。

五、中国留学服务中心河北分中心服务项目

为创新为留学人员服务方式，拓宽为留学人员服务领域，中心与国家教育部中国留学人员服务中心开展以下几项留学业务的合作。

1．建立“中国留学服务中心河北分中心”。

2．开展海外高层次留学人员身份确认业务。

3．受理“教育部留学回国人员科研启动基金”申请。

4．办理我省留学人员档案存放。

5．与“中国留学网”链接分中心网页。

6．建立“国外学历（学位）认证”申请材料河北验证点。

六、“河北留学人员联谊会”秘书处的日常工作

1．积极宣传、贯彻执行国家和我省有关留学人员工作的方针、政策。为各类留学人员回国工作和为国服务开展咨询、提供服务。

2．向上级部门收集反映留学人员的意见、建议和要求；维护留学人员的合法权益，为留学人员创造良好的学习、工作和生活环境。

3．积极组织多种形式的联谊活动，加强海内外留学人员之间和留学人员社团之间的信息、技术和学术交流，丰富会员文化生活，加强留学人员之间的联系与友谊。

4．宣传留学人员留学报国的业绩和贡献，动员组织在冀留学人员为振兴河北做贡献。开展留学人员表彰、奖励活动。

5．受主管部门委托，组织留学人员为各级党政机关、企事业单位和非公有组织等部门开展决策咨询、信息服务和人员培训等工作，为我省建设沿海经济社会、发展强省提供智力支持和人才保障。

联系方式：

地　址：河北省石家庄市维明北大街118号

邮　编：050051

电　话：86-311-88616757

传　真：86-311-88616757

邮　箱：li_chang_75@163.com

山西海外人才服务中心

山西海外人才服务中心隶属山西省人事厅，为政府全民事业单位。依托地方各地政府、人事、财政、商务、科技、教育、企管等相关部门，本着务实、推进对外开放、促进经济发展、引导人才互动的宗旨，服务于海外各类人才（含外籍）、山西省各类企事业单位和各级政府。充分发挥观念新、思路宽、点子多、空间大、成本低的服务优势，实行融入式服务，以项目为载体，人才和企业为主体，培训、考察、讲学、中介、代理、认证兼做。

主要职能：

1．以项目+人才为主要方式引进国外智力、人才，为全省企事业单位服务。

2．负责山西国际人才交流协会各项工作的组织落实。

3．创办、经营山西国际人才市场和海外留学人员创业园。

4．负责全省国家公务员、专业技术和管理人才出国（境）培训的组织实施。

5．承办外国专家学术交流、考察、疗养、休假、联谊、奖励、技术培训，承办各类讲学、办学事宜。

6．组织经济、贸易、技术等信息咨询服务、成果鉴定推广、人才评价、项目论证及技术攻关。

7．提供国内外人才的人事代理服务。

联系方式：

地　址：山西省太原市迎泽西大街80号希望大厦7-8F

邮　编：030024

电　话：86-351-6179963

传　真：86-351-6177978

邮　箱：yuandingan@163.com

网　址：sotsc.caiep.org

沈阳市留学人员服务中心

沈阳市留学人员服务中心隶属于沈阳市人事局（外国专家局），是负责沈阳市留学人员管理与服务工作的专门机构。主要任务是：宣传、贯彻、落实国家、省、市有关留学人员工作的方针、政策和规定；为在沈留学人员提供全方位的管理与服务；积极引进留学人员中的人才、智力、技术、资金；承办沈阳市人民政府和沈阳市人事局（外国专家局）委托和交办的任务；与国内外有关组织建立交流与合作。

主要职能：

一、公费出国留学服务

承担沈阳市非教育系统公费留学工作咨询、申报、选拔和派出工作。

二、留学回国服务

1．有针对性地为来沈留学人员和用人单位提供信息服务和双向选择服务。

2．协助留学人员短期来沈进行学术交流、企业合资、项目合作等活动。

3．为来沈的海外高层次留学人员进行身份认定并出具证明。

4．定期组织在沈留学人员开展座谈、联谊等活动，为其提供沟通交流条件。

三、留学综合服务

1．提供国家及省、市有关留学人员的政策、规定的咨询服务。

2．收集留学人员信息，建立留学人员信息库。

3．通过网站发布用人单位人才需求信息和留学人员求职信息。

联系方式：

地　址：辽宁省沈阳市市府大路260号1号楼240房间

邮　编：110013

电　话：86-24-22728564，23768159

传　真：86-24-23768039

大连市留学人员服务中心

大连市留学人员服务中心是大连市人事局直属事业单位，是负责全市留学人员服务工作的专门服务机构。大连市留学人员服务中心又是中国（教育部）留学服务中心大连分中心。

主要职能：

1．为引进的留学人员办理来连工作和落户等相关手续。

2．为引进的留学人员提供国（境）外学历学位认证材料审核服务。

3．为承担科研项目的留学人员向国家人事部申请科研资助经费。

4．每年组织“海外学子创业周”活动，为留学人员回国创业搭建平台。

5．组团赴国外招聘留学人员。

联系方式：

地　址：辽宁省大连市沙河口区联合路100号

邮　编：116021

电　话：86-411-84618663，84618798

传　真：86-411-84618883

邮　箱：dlgirc@yahoo.com.cn

网　址：www.dl-rc.com

吉林省留学回国人员和专家服务中心

吉林省留学回国人员和专家服务中心是吉林省人力资源和社会保障厅直属事业单位，是负责吉林省留学人员、专家及博士后人员服务工作的专门服务机构。吉林省留学回国人员和专家服务中心又是中国（教育部）留学服务中心吉林分中心。

主要任务是宣传、贯彻、落实国家关于留学人员、专家及博士后人员工作的方针、政策、规定；为吉林省各类留学人员、专家及博士后人员提供全方位的管理与服务；承办吉林省人力资源和社会保障厅及国家主管部门委托和交办的任务。

主要职能：

一、留学人员服务工作

1．建立留学人员的基本情况资料库，向社会提供服务。

2．为留学回国人员提供就业推荐、信息咨询、人事代理等服务。

3．收集、发布省内急需人才和技术需求，帮助用人单位招聘海外留学人员。

4．负责各类留学人员来我省讲学、考察、技术交流、科技开发的沟通与衔接，为留学人员来我省创业提供人才、成果及有关信息服务；负责留学回国人员科技活动择优资助经费评审事务，对资助项目的情况进行跟踪，帮助解决有关问题。

5．组织开展留学回国人员联谊活动。

6．管理“吉林省院士专家留学人员服务网”，通过国际互联网向社会各界及海内外留学人员提供各种信息服务及相关服务。

7．开展海外留学人员学历学位认证工作。

8．负责吉林省留学生联谊会各项工作。

二、专家及博士后人员服务工作

1．为专家队伍建设和发挥专家作用提供各种形式的服务。

2．组织专家异地休假考察、专家年度体检工作。

3．负责各类专家特殊津贴的发放工作。

4．组织各类专家采用多种形式为经济建设服务。

5．组织开展专家及专业技术人员培训活动。

6．负责博士后公寓的建设管理及博士后人员服务工作。

7．负责职称评审申报和初级职称认定工作。

8．开展专家智力帮扶活动和建立各类专家服务基地。

9．负责高级专家研修班工作。

联系方式：

地　址：吉林省长春市人民大街7988号

邮　编：130022

电　话：86-431-89997998

传　真：86-431-89997996

邮　箱：liudj999@sina.com

黑龙江省留学人员服务中心

黑龙江省留学人员服务中心是黑龙江省人事厅直属事业单位，是负责全省留学人员服务工作的专门服务机构。主要任务是宣传、贯彻、落实关于留学人员工作的方针、政策、规定；为黑龙江省各类留学人员提供全方位的管理与服务；积极引进海外留学人员中的人才、智力、技术、资金；承办省人事厅及国家留学人员工作主管部门委托和交办的任务；与国内外相关组织建立业务合作关系。

主要职能：

一、留学回国服务

1．为各类留学人员来黑龙江工作和用人单位录用留学人员提供信息服务和双向选择服务，并根据双方需要进行重点推荐。

2．为各类留学人员短期来黑龙江讲学、学术交流、合作科研、投资考察提供牵线搭桥服务。

3．为外省市进黑龙江工作、落户的留学人员办理工作安置、落户及家属随归、随迁、随调子女上学相关手续。

4．为来黑龙江创办企（事）业的留学人员进行身份认定并颁发证书。

5．组织留学回国人员申请留学回国人员的科研资助经费。

6．指导全省留学人员创业园建设工作。

二、留学综合服务

1．提供国家及黑龙江省有关留学人员工作的政策、规定的咨询服务。

2．管理黑龙江省留学人员档案库，为在外留学人员及部分留学回省工作的人员提供档案管理及相关服务。

联系方式：

地　址：黑龙江省哈尔滨市南岗区中山路68号

邮　编：150036

电　话：86-451-87130140

传　真：86-451-87130140

邮　箱：rstwanghaiquan@163.com

上海市人才服务中心

上海市人才服务中心（上海市流动人才党员服务中心、上海市回国留学人员服务中心）是在原市人事局所属上海市国际人才服务中心和上海市回国留学人员服务中心的基础上，整合其服务功能而成立起来的海外人才公共服务平台机构。中心将海外留学人员、外国专家、香港专才及澳、台专业人士一起纳入服务对象范围，上海国际人才交流协会、上海市留学人员联谊会两个社团设立社团事务部，派驻在上海市人才服务中心。组建工作协作网，在原有市工商局、市税务局、市外经委、海关、市技术监督局、市外汇管理局等6

个政府部门“一门式”服务的机制上，扩大市公安局、市社保局、市医保局、市外办等部门组成职能处室层面上的工作协作网络，作为海外人才服务中心的支持部门。

上海市人才服务中心成立以来，按照《上海市“十一五”人才发展规划纲要》，努力构建海外人才服务平台。中心以一门式服务为抓手，努力建设海外人才公共服务体系，已经初步形成海外人才专业、便捷、高效、全方位的服务网络。

主要职能：

1．申办《上海市居住证》B证，同时根据需要代办《外国专家证》《外国人居住证》《外国人就业许可证》《港澳华侨暂住证》《台湾居民通行证签注》。

2．留学人员申办上海户籍手续。

3．受理留学人员申办企业的资格认定，同时根据需要代办工商局、外资委、税务局、海关、技监局、外汇管理局等相关政府部门的审批事项。

4．受理代办留学人员境外学历、学位认定事项（由国家教育部留学服务中心认定）。

5．受理留学人员回国工作求职推荐（万名海外留学人才聚集工程项目移交进来）。

6．受理境外专业人士来沪工作求职推荐（外国专家及港澳台专业人士、香港专才的引进工作移交进来）。

7．委托受理上海国际人才交流协会、上海留学人员联谊会秘书处的相关事务性服务。

8．留学人员公寓租赁服务。

9．留学人员非专业人士配偶来沪工作求职推荐服务。

10．海外人才来沪定居工作，生活物品保管服务。

11．海外人才子女来沪就学咨询及代理服务。

12．出国（境）留学咨询服务。

13．受委托办理出国（境）培训的事务性服务。

14．留学人员企业融资咨询服务。

15．海外人才投资咨询服务。

16．海外人才法律咨询服务。

17．海外人才来沪购房、租房咨询及代理服务。

18．组织海外留学人员子女假期来沪学习中文培训服务。

19．代办飞机、火车、轮船票务服务。

20．受理特殊需要的其他专项服务，如为各类领军人才配备行政助理服务等。

21．其他交办和委托的事务。

22．海外人才服务中的延伸机构及职能。为了使海外人才服务中心的职能能够覆盖全市，并使人才服务走社会化、市场化道路，海外人才服务中心动员和依靠区（县）政府和相关机构的人事部门、社会力量参与服务体系建设，形成全社会服务网络的格局。

联系方式：

地　址：上海市闸北区梅园路77号人才大厦4楼
邮　编：200070
电　话：86-21-32511599
邮　箱：hrsc@shrc.com.cn
shfwck@sotsc.com
网　址：www.shrc.com.cn

江苏省留学回国人员服务中心

江苏省留学回国人员服务中心创建于1995年12月，与江苏省人才流动服务中心、中国留学服务中心江苏分中心合署。江苏省留学回国人员服务中心以为江苏经济与社会事业发展服务，为用人单位服务，为广大留学人才和海外人才服务为宗旨，经过近十年来的不断探索与努力，服务项目逐步齐全，服务功能日益完善，已经成为留学人才、海外人才为江苏服务必不可少的桥梁和纽带。

主要职能：

1．组织赴国外招聘：组织有留学人才需求的单位赴国外招聘，吸纳有意为江苏服务的留学人才、海外人才。

2．设立海外联络机构：设立留学回国服务海外联络处，直接开展全方位服务，实现国内机构在外的延伸服务。

3．留学人员登记与推荐：收集留学人员信息，建立留学人员信息库，有针对性地向用人单位推荐留学人才就业。

4．留学回国政策咨询与就业指导：解答留学人员来江苏就业、创业、进行项目合作及以其他方式为江苏服务的相关政策，开展相关就业指导工作。

5．需求岗位与留学人员信息发布：不定期发布用人单位需求岗位信息和留学人员来苏求职信息。

6．留学回国人员学历学位认证：根据中国留学服务中心的相关规定，受理留学回国人员的学历学位认定，办理相关手续。

7．留学回国人员接受录用：办理江苏省省属企事业单位录用留学回国人员的接收手续以及身份认定。

8．留学人员人事档案保管：保管留学人员的人事档案，并围绕档案提供各类服务。

9．留学回国人员户口申报及家属子女随迁：办理留学回国人员及其家属子女的户口申报、随迁手续。

10．留学回国人员社会保障代办：根据留学回国人员需要，办理社会保障事宜。

11．留学人员联谊：定期组织留学人员开展联谊、座谈等活动，提供沟通交流的条件。

12．根据留学人员需求提供其他服务等工作。

联系方式：

地　址：江苏省南京市广州路213号
邮　编：210029
电　话：86-25-83238876
传　真：86-25-83238880
邮　箱：jshwrc@126.com
网　址：www.jsrsrc.gov.cn

南京留学人员服务中心

南京留学人员服务中心（又称“中国留学服务中心南京分中心”）是直属于南京市人事局的事业机构，专职从事南京地区留学人员的引进和服务工作。业务上受国家人事部、教育部的指导。主要任务是宣传、贯彻国家关于留学人员工作的方针、政策、规定；为南京地区各类留学人员提供全方位的专业化服务；积极引进海外留学人才、智力、技术、项目和资金；承办南京市人事局委托和交办的任务；与国内外相关组织建立业务合作关系。

主要职能：

1．为来南京工作的留学人员提供接待咨询，并受理学历验证申请。

2．为引进留学人员来南京工作和用人单位聘用留学人员提供信息服务，组织国内外留学人才供需洽谈活动。

3．为来南京工作的留学人员提供岗位实训、假期见习，并协助办理落户手续。

4．具体实施以技术合作和学术交流为主题的留学人员短期回国服务项目的组织与资助。

5．为留学人员在南京推广新技术、新产品举办多种形式的推介会，协助寻求合作伙伴。

6．为各类留学人员来南京创办企业、技术转让、新产品研发等提供咨询服务和政策支持。

7．负责组织留学人员申报国家、省、市等各级留学主管部门的各类资助经费申报工作。

8．负责南京留学人员协会秘书处的工作，推动并指导协会组织南京留学人员开展技术服务、技术咨询、技术转让、产品开发和其他科技和社会公益服务活动。

9．推动并指导南京（金陵）留学人员创业园建设，并为各分园及成员单位提供政策支持、人才和项目信息服务、专家咨询服务、法律服务和宣传推介等专项服务。

10．管理“南京国际人才智力网”，通过该网站向社会各界及海内外留学人员提供各种信息服务。

联系方式：

地　址：江苏省南京市北京东路63号南京人才大厦一楼服务大厅17号柜台
邮　编：210008
电　话：86-25-83151722
传　真：86-25-83213166
网　址：www.njrsrc.com

常州市国际人才服务中心

常州市国际人才服务中心是常州市人事局、常州市外国专家局下属的，专业从事人才国际化交流服务的全民事业单位。通过人才国际交流的形式，以实现人才与国际结轨，为常州市开放型经济提供国际化人才保障。主要任务是宣传、贯彻、落实国家、省、市关于留学人员工作的方针、政策、规定，为归国留学人员来常州创业、就业提供全方位的管理与服务，积极引进海外智力项目、为外国专家在常州工作提供专门的服务，同时大力开展海外招聘、境外就业、境外培训等业务，促进人才国际交流和提高本地人才国际化程度。

主要职能：

1．代理国外学历学位证书认证。

2．办理户口迁移核办手续。

3．办理回国留学人员就业、恢复国家干部身份手续。

联系方式：

地　址：江苏省常州市北直街35号
邮　编：213003
电　话：86-519-86630023
传　真：86-519-86670355
邮　箱：czrsbgs@sina.com
网　址：www.czrc.com.cn

浙江省专家与留学人员服务中心

浙江省专家与留学人员服务中心（浙江省留学生工作站、中国留学服务中心浙江分中心）是浙江省人民政府为海内外留学人员及专家提供综合服务的专门机构，隶属于浙江省人事厅，为财政全额拨款的县处级事业单位，中心致力于为各类专家，特别是海外高层次留学人员来浙江参加经济建设服务，努力为浙江提前基本实现现代化做出贡献。

主要职能：

1．为来浙江工作或短期服务的留学人员与专家提供咨询服务，帮助联系、落实接收单位。

2．组织留学人员与专家开展技术咨询、技术转让、新产品开发等科技活动，为留学人员来浙创办企业牵线搭桥，提供服务。

3．为定居浙江或来浙短期工作的国内外留学人员和专家提供过渡用公寓。

4．对非教育系统回国留学人员开展科技活动提供必要的资金资助等。

5．负责管理浙江省留学人员创业园杭州高新园区、宁波保税区园区、宁波高新区园区、温州园区、湖州园区、绍兴园区、金华园区、嘉兴园区、嘉善园区，以及宁波、台州、海宁、余姚、乐清五市博士后科技开发基地。

6．负责管理浙江省欧美同学会、浙江省博士后联谊会的日常工作。

7．建有浙江省留学人员与专家信息网，为留学人员和各类专家提供国家和浙江省有关政策法规、浙江投资环境、科技人才需求、技术合作项目等信息，并通过专家库、科技成果库和项目库，开展多种形式的科技服务活动。

联系方式：

地　址：浙江省杭州市西湖区古翠路50号人力社保大楼
邮　编：310012
电　话：86-571-88394819
传　真：86-571-88394815
邮　箱：chl@zilx.gov.cn
网　址：www.zjrc.com

杭州市专家与留学人员服务中心

杭州市专家和留学人员服务中心是经杭州市人民政府批准成立，专门为来杭工作、创业、交流合作的留学人员及社会各类企事业单位提供全方位服务的机构，隶属杭州市人事局。

主要职能：

1．建立各类专家、博士后、留学人员信息库。

2．开展专家、博士后、留学人员科技成果的宣传、推广、开发、转让等服务。

3．开展留学人员政策咨询，帮助留学人员推荐接收单位。

4．为海外留学人员来杭短期工作和留学人员引资、投资、创办实体、搞合作研究等提供服务。

联系方式：

地　址：浙江省杭州市西湖区天目山路135号玉泉大厦1204、1211室
邮　编：310007
电　话：86-571-88396357
传　真：86-571-88396357
邮　箱：rsj.lxfw@hz.gov.cn
网　址：www.hzzjlx.com

宁波市海外人才服务中心

宁波市海外人才服务中心是宁波市人力资源和社会保障局直属事业单位，是宁波市唯一综合性的留学人员工作管理和服务机构。宁波市海外人才服务中心又是中国（教育部）留学服务中心宁波分中心，接受国家教育部、人社部的业务指导，并且与本市各高等院校、科研单位、各机关和企事业单位保持着密切的联系。宁波市海外人才服务中心的主要工作职责是贯彻上级有关留学人员工作的方针、政策和规定，为来甬工作、创业、交流合作的留学人员及社会各类企事业

单位提供服务，具体承担市人社部门交办的相关海外留学人员、海外人才的活动和任务；承担“宁波海外人才网”建设和日常运行与管理，负责留学人员、海外工程师工作的有关信息的采集、处理和发布，加强供求双方沟通、对接和合作，组织海外留学人才网上洽谈会，实现宁波海外人才队伍建设数据化、网络化、现代化；开展留学人员回国派遣、就业落户、国内外学历认证、海外人才洽谈引进等工作。

主要职能：

留学回国服务

一、国（境）外学历学位认证：

经中国（教育部）留学服务中心授权，开展国外学历学位证书和高等教育文凭认证代办服务。此外，针对宁波有中外合作办学项目的高校，提供集中上门服务办理。

主要作用：

1.留学人员在国内升学、就业及参加各类专业资格考试。

2.为用人和招生单位鉴别国（境）外学历学位证书及高等教育文凭提供依据和相关咨询意见。

二、国内学历学位证书鉴定

提供国内学历学位真伪鉴定服务。

主要功能：

1.外省市人才引进（落户）。

2.为各企事业单位招聘人才把好学历关。

3.为各企事业单位员工评聘职称、升职晋级把好学历关。

三、留学人员回国派遣、落户

为来宁波就业、落户的留学回国人员办理派遣手续。

四、浙江省海外高层次人才居住证——“浙江红卡”

旨在鼓励海外高层次人才来浙江省创新创业。持卡人员将在创业、投资、教育、社保、住房等各方面享受相对应的保障和服务。

五、浙江省海外高层次留学回国人才工作证

旨在全面实施人才强省战略，更多地引进海外高层次留学人才参与浙江现代化建设。

其他特色服务：

一、海外人才引进（海外人才网络视频见面会）

旨在甬企事业单位与海外人才、项目、资本、信息搭建对接平台，为海外人才就业、有海外人才需求的企业提供专业性服务；

二、国家“千人计划”、省“千人计划”、“3315计划”和留学人员择优资助等项目申报

三、留交会及赴外相关工作

1.组织高校、科研院所、留创园、企业参加杭州、南京、广州等国际交流大会。

2.组织赴外学习交流、高端团队引进及创业服务工作。

四、沙盘推演等创业服务活动

旨在通过案例教学、情景模拟、沙盘对战推演与模拟市场竞争等环节，检验企业决策思路，提升留学创业人才在认识企业全局经营的思考要素，提升其创业水平。

五、网络宣传平台

通过3315海外人才网，以及包括神州学人等合作网站的信息发布，加强宁波各个县市区留创园及相关单位的政策宣传，切实提高海外留学人员了解信息的渠道，搭建互相了解交流的虚拟平台。

联系方式：

地　址：浙江省宁波市兴宁东路228号人力资源大厦
2楼服务大厅56—57号窗口

邮　编：315000

电　话：86-574-87116274，87115191

传　真：86-574-87116274

网　址：www.nb3315.org/www.nscse.com

福建省海外人才中心

福建省海外人才中心是中国海峡人才市场直属事业单位，又是中国（教育部）留学服务中心福建分中心，主要从事国际间人才交流与培训，为出国及回国人员提供咨询及系列服务。福建省海外人才中心目前与福建省人事厅所属的福建留学人员创业园管理中心、福建省留学回国人员工作站合署办公。

主要职能：

一、人才出国服务

1．出国留学服务：选送高中生、大中专毕业生以及在职的技术和管理人员赴国外留学。

2．移民出入境中介服务：为福建省公民赴境外定居、探亲、访友、继承财产和其他非公务活动提供信息介绍、法律咨询、沟通联系、境外安排、签证申办及相关服务。

3．出国考察培训服务：联系国外专家组织、国际猎头公司、国际人才中介机构，组织国内单位出国招聘，进行商务考察、项目商谈、招商引资、技术转让、专业培训等活动。

4．中外合作办学业务：开展工商管理、计算机、英语等课程的中外合作办学，培养具有国际竞争力的专门人才。

二、留学回国人员服务

1．留学人员学历验证服务：鉴别国外或境外颁发学位证书或高等教育文凭机构的合法性，甄别外国或境外高等教育机构颁发的学位证书或具有学位效用的高等教育文凭、证书的真实性，为经认证的外国或境外学位或高等教育文凭出具认证证书。

2．留学回国人员身份认定服务：依托福建省留学回国人员工作站，认证公派或自费留学人员以及到国外高等院校、科研机构开展合作研究的访问学者和进修人员。

3．留学人员回国创业服务：依托福建留学人员创业园管理中心，提出留学人员企业优惠政策及福建留学人员创业园园区建设发展纲要；联络海外留学人员，举办交流活动；负责福建留学人员创业园园区的日常管理和服务工作；参与福建留学人员创业园基地的开发、建设、经营和管理。

4．海外人才交流服务：为留学人员和愿意来闽工作的外籍人士与国内有关部门开展以交流学术、项目协作、科技攻关、信息沟通为主要内容的交流与合作提供优质服务。组织留学回国人员深入基层、厂矿企业，举办讲座、培训和咨询活动，解决问题。

联系方式：

地　址：福建省福州市东大路36号福建人才大厦六层

邮　编：350001

电　话：86-591-87383108

传　真：86-591-87677833

邮　箱：422179358@qq.com

网　址：www.fjotic.com

福建省引进人才服务中心

福建省引进人才服务中心（福建省留学回国人员工作站），为福建省公务员局直属事业单位，机构规格相当于正处级，主要承担为引进高层次创业创新人才（含留学回国人员）协调办理相关手续，落实有关优惠政策和待遇，建立相

关数据以及海内外人才智力引进交流等服务性工作；中心同时协助开展海外人才招聘会和座谈会；帮助海外高层次人才和留学人员来闽创业或工作；协助省内企业与国内外科研机构、专家进行对接；积极为引进高层次创业创新人才建立服务绿色通道，采用“征集需求、一窗接件、并联预审、集中反馈、专员办理、统一建档”的方式，为引进人才提供“一对一、全程式、保姆式”服务。

主要职能：

承担为引进高层次创业创新人才（含留学回国人员）协调办理相关手续，落实有关优惠政策和待遇，建立相关数据以及海内外人才智力引进交流等服务性工作。

联系方式：

地　址：福建省福州市鼓楼区思儿亭路11号专家服务中心6层
邮　编：350003
电　话：0591-87307327，87729466
传　真：0591-87729466
邮　箱：fujian_hcz@163.com
网　址：www.fjrs.gov.cn/fjrc/

厦门市留学人员管理中心

厦门市留学人员管理中心是厦门市政府设立的、负责全市留学回国人员工作的专门机构，隶属于厦门市人事局。与厦门市留学人员工作站实行两块牌子、一套人马。负责组织实施《厦门经济特区鼓励留学人员来厦创业工作规定》，具体行使全市留学人员工作的行政管理和服务职能，为广大海外留学人员来厦创业、工作无偿提供各种服务，包括留学人员身份认定、户口入厦、子女入学、人事关系迁入、安家费申请、生活津贴发放、教育部学历学位认证等“一站式”服务，以及接待、咨询、协调、投诉受理等服务内容。

主要职能：

1．在海内外留学生群体中宣传厦门市的人才、招商引资政策与环境。

2．提供留学人员在境外期间的人事档案代理。

3．创建、管理留学人员供需信息库，为留学人员来厦创业、工作和企业的人才需求、项目需求等提供双向选择的服务平台。

4．接受留学回国人员来厦登记，身份认定，帮助推荐就业。

5．协助留学回国人员科研活动资助经费的申报和进入留学人员创业园的项目资助款的申请划拨。

6．为各类留学人员短期回国讲学、合作科研、学术交流牵线搭桥。

7．协调相关部门落实留学人员的有关待遇。

8．协助回国独资创办企业的留学人员办理有关手续。

9．接受留学人员委托，协助办理在厦有关服务项目。

10．受厦门市人事局、厦门财政局的委托，负责厦门市留学人员专项资金的日常管理工作。

联系方式：

地　址：福建省厦门市湖滨东路319号c座3楼B区
邮　编：361012
电　话：86-592-5396698，5396699
传　真：86-592-5396697
邮　箱：xmlx@xmlx.gov.cn
网　址：www.xmix.gov.cn

江西省留学人员服务中心

江西省留学人员服务中心是江西省人事厅的内设机构，行使江西省留学人员服务的职能。

主要职能：

1．积极开展专家科技成果推介服务；举办高层次人才及专业技术人才研讨（修）活动；协助做好留学回国人员认证工作；协助有关部门做好专家、学者出国（境）考察的组织推荐工作和服务保障工作。

2．在专家管理处指导下，建立和完善江西省高层次人才信息库；承担留学人员和专家信息网站的具体管理和运营。

3．办理江西省专家国贴、江西省贴的发放；协助专家管理处做好江西省博士后科研流动站、企业博士后科研工作站审报的有关事务性工作；为博士后设站单位和博士后人员提供各类中介服务。

4．承担享受政府特贴专家变化的跟踪服务工作；加强与留学人员和专家的联系，反映他们的意见、建议，为政府部门决策提供参考；承担职称社会化评价有关事务工作。

5．协助有关部门管理好留学人员创业园；承办专家、学者的学术交流、专业会议、科技活动的组织工作；做好人事部门组织的专家休假、学术交流等工作。

6．在专家管理处指导下，承办专家联谊会和留学回国人员联谊会日常工作。

7．承办上级交办的其他工作。

联系方式：

地　址：江西省南昌市省府大院南一路10号14楼
邮　编：330046
电　话：86-791-86386196
传　真：86-791-86386196
邮　箱：jiangshup@163.com

山东省留学人员和专家服务中心

山东省留学人员和专家服务中心是山东省人力资源和社会保障厅厅级直属事业单位。

主要职能：

1．贯彻执行国家和省吸引留学人员的政策和规定，承办引进海外高层次人才及留学人员来鲁服务工作。

2．办理海外留学人员来鲁就业的服务指导工作。

3．承办山东省留学人员协会秘书处的日常工作。

4．承办公费和自费留学的事务性工作。

5．为专家队伍建设和发挥专家作用提供各种形式的服务。

联系方式：

地　址：山东省济南市历下区解放东路16号
邮　编：250014
电　话：86-531-88597980
传　真：86-531-88597986
邮　箱：shandongok@163.com
网　址：www.sdhrss.gov.cn

济南市留学回国人员工作站

济南留学回国人员工作站（济南市人才引进办公室）是济南市人事局直属的正县级全额拨款事业单位，主要负责全市海外留学回国人员和高层次急需人才的引进工作。2006年教育部留学服务中心同意在工作站原有业务的基础上成立教育部留学服务中心济南分中心。主要任务是引进、接收、安置留学回国人员和高层次急需人才；负责来济留学人员的身份认定、接待服务、信息咨询、政策落实等工作；负责留学人员的管理和服务工作，指导留学人员创业园区工作。

主要职能：

1．负责《济南市引进海外留学人员规定》和《济南市引进高层次急需人才规定》及其他相关政策的宣传、咨询、落实工作。

2．负责人事部留学人员科技活动项目择优资助经费及其他留学人员资助经费的申报工作。

3．宏观上协调本市留学人员创业园、区及海外科技人才创业基地的发展建设工作。

4．负责本市驻外工勤人员的推荐及选派工作。

5．负责为来我市工作创业的符合条件的留学回国人员申请安家费。

6．负责非教育系统公派出国申报的审核工作。

7．代办海外留学人员学历学位审验工作。

联系方式：

地　址：山东省济南市龙鼎大道1号龙奥大厦5楼C区0518

邮　编：250099

电　话：86-531-66605966

传　真：86-531-66605966

邮　箱：jnlx2012@163.com

网　址：www.jnhrss.gov.cn

青岛市留学人员服务中心

青岛市留学人员服务中心是青岛市人事局直属事业单位，是负责全市留学人员服务工作的专门服务机构。青岛市留学回国人员服务中心又是中国（教育部）留学服务中心青岛分中心。主要任务是宣传、贯彻、落实国家关于留学人员工作的方针、政策、规定；为青岛市各类留学人员提供全方位的管理与服务；积极引进海外留学人员中的人才、智力、技术、资金；承办青岛市人事局及国家留学人员工作主管部门委托和交办的任务；与国内外相关组织建立业务合作关系。

主要职能：

1．为来青留学人员办理学历认证的验证预审服务和派遣、安置服务。

2．为各类留学人员来青工作和用人单位录用留学人员提供信息服务和双向选择服务，并根据双方需要进行重点推荐。

3．为各类留学人员短期来青讲学、学术交流、合作科研、投资考察提供牵线搭桥服务。

4．为各类留学人员来青开办公司（企业）、转让技术、开发新产品等提供咨询和合作。

5．为已加入外国籍的留学人员与外省留学人员办理《青岛市留学人员特聘工作证》相关手续。

6．为外省市进青工作、落户的留学人员办理进青户口及家属随归、随迁、随调相关手续。

7．为来青创办企业的留学人员提供相应服务。

8．组织留学回国人员申请国家留学主管部门和青岛市设立的面向留学回国人员的科研资助经费。

9．具体负责青岛市留学人员创业园、青岛市留学人员协会工作。

联系方式：

地　址：山东省青岛市海尔路178号留学人员创业园201室

邮　编：266101

电　话：86-532-88913226

传　真：86-532-88911726

邮　箱：qdliuxuezhan@126.com

烟台留学回国人员工作站

烟台留学回国人员工作站是烟台市人事局直属事业单位，是负责全市留学回国人员服务工作的专门机构。经教育部留学服务中心批准，烟台留学回国人员工作站又是中国留学服务中心烟台分中心。

主要职能：

1．宣传、贯彻和落实国家有关留学回国工作的方针、政策。

2．负责海外留学回国人员的引进、接收。

3．宏观调控全市留学回国人员的就业方向和地区分布。

4．提供供求双方情况，为双向选择创造条件。

5．承担留学回国人员科研资助经费的审查、申报。

6．承担烟台留学人员创业园区日常工作的协调、管理和服务。

7．为海外留学人员来烟工作提供国(境)外学历学位查验认证、工作派遣、户口迁移等服务。

8．负责烟台市留学人员联谊会的日常会务服务工作等。

9．组织留学回国人员为祖国的建设贡献力量。

联系方式：

地　址：山东省烟台市莱山区观海路128-108

邮　编：264001

电　话：86-535-6683330

传　真：86-535-6683269

邮　箱：rshbh@163.com

河南省留学人员与专家服务中心

河南省留学人员与专家服务中心是河南省人事厅直属事业单位，是负责全省留学人员和专家服务工作的专门服务机构。河南省留学人员与专家服务中心又是中国（教育部）留学服务中心河南分中心。主要任务是宣传、贯彻、落实国家关于留学人员工作的方针、政策、规定；为河南省各类留学人员和专家提供全方位的管理和服务；积极引进海外留学人员中的人才、智力、技术、资金；承办河南省人事厅及国家留学人员工作主管部门委托和交办的任务；与国内外相关组织建立业务合作关系。

主要职能：

一、留学回国服务

1．为各类留学人员来豫工作和用人单位录用留学人员提供信息服务和双向选择服务，并根据双方需要进行重点推荐。

2．接收安置留学回国人员，并协调其家属安置、农转非、子女入学等工作。

3．为各类留学人员短期来豫讲学、学术交流、合作研究、投资考察提供牵线搭桥服务。

4．组织承办留学人员和高层次专业技术人才的科技成果推广和转让工作。

5．为专家队伍建设和发挥专家作用提供多种形式的服务。

6．建立留学回国人员和高层次人才信息库。

7．为来豫工作的留学人员进行身份认定并颁发证书。

8．组织留学回国人员申请国家留学主管部门和河南省设立的面向留学回国人员的科研资助经费。

9．代理教育部留学回国人员国（境）外学历学位认证、海外高层次留学人员身份认证等工作。

10．指导河南省各留学人员创业园、河南省留学人员联谊会工作。

二、留学综合服务

1．研究制定河南省留学回国人员工作的政策，并督促、检查各有关单位留学工作政策的落实情况。

2．提供国家及河南省有关留学人员工作的政策、规定的咨询服务。

3．管理“河南留学人才服务网”，通过国际互联网向社会各界及海内外留学人员提供各种信息服务及相关服务。

联系方式：

地　址：河南省郑州市顺河路32号9楼
邮　编：450004
电　话：86-371-66359360，66329937
传　真：86-371-66329937
邮　箱：ylxec@163.com
网　址：www.ha.hrss.gov.cn

湖北省人才市场

湖北省人才市场是湖北省人力资源和社会保障厅直属单位，经国家教育部、公安部批准于2002年获得合法留学中介机构资质，2005年湖北省人才市场获教育部留学服务中心授权，设立中国留学服务中心湖北分中心，为湖北省内外留学回国人员提供国（境）外学历学位认证、就业推荐、派遣落户等回国后的各项服务。

湖北省人才市场是湖北省内唯一一家为留学人员提供自费出国留学、中外合作办学、语言考试培训、国外文凭认证、就业派遣落户、留学档案托管、猎头人才推荐等，从出国求学到回国就业全方位、“一站式”服务的政府所属的专业留学机构。

主要职能：

1．自费出国留学：主要开展到英国、美国、加拿大、澳大利亚、新西兰、新加坡、日本等热门国家的自费出国留学和家长探亲业务。湖北省人才市场有适合高中生、大学生、研究生在读生或毕业生申请的多层次留学项目，为学生提供咨询评估、文案制作、院校申请、代办公证、语言培训、签证申请、协助汇款、预订机票、体检指导、接机住宿、行前培训、后续跟踪等一整套全面、优质、规范的服务。

2．国（境）外学历学位认证：经国务院学位委员会和教育部批准，教育部留学服务中心是国内唯一一家从事国（境）外学历学位认证的专业性机构。教育部留学服务中心出具的国（境）外学历学位认证书因其权威性和准确性，已经得到了社会各界的普遍认可，成为留学回国人员升学、就业和参加各类专业资格考试的有效证明。湖北省人才市场是教育部留学服务中心在湖北省设立的国（境）外学历学位认证申请材料验证机构。

3．留学人员就业派遣落户：教育部留学服务中心依据国家留学政策及地方政府制定的促进和鼓励留学人员回国工作的相关政策和规定，参照全国普通高校毕业生就业管理办法，为留学回国人员开具就业报到证和落户介绍信，以协助国内用人单位完善人事劳动手续，方便留学人员顺利就业。北京、上海、深圳以外地区就业的留学回国人员可以在湖北省人才市场办理手续。

联系方式：

地　址：湖北省武汉市武昌区中南路14号发展大厦5楼501室国际合作部
邮　编：430071
电　话：86-27-87277473，87257917，87257705
网　址：www.jobhb.com

湖南省留学人员管理服务中心

湖南省留学人员管理服务中心是湖南省人事厅直属事业单位，是负责全省留学人员服务工作的专门服务机构。湖南省留学人员管理服务中心同时也是湖南省专家服务中心。主要任务是宣传、贯彻、落实国家关于留学人员工作的方针、政策、规定，积极引进海外留学人员中的人才、智力、技术、资金，为来湘工作或为湘服务的各类留学人员提供全方位的管理与服务。

主要职能：

1．负责湖南留学人员创业园的有关管理服务工作。

2．负责湖南省留学人员联谊会的各项日常工作。

3．负责全省留学回国人员信息库建设工作。

4．承办引进海外留学人才、智力、技术、资金的工作，为留学回国人员来湘创业和回湘工作提供各方面的服务。

5．组织留学回国人员科技活动择优资助经费的评审、申报、下拨和资金使用情况的监督检查。

6．承办国家留学人员工作主管部门和湖南省人事厅委托和交办的任务。

联系方式：

地　址：湖南省长沙市韶山路1号
邮　编：410011
电　话：86-731-82219159
传　真：86-731-82216375
邮　箱：ynyfzo900@126.com

广东省留学人员服务中心

广东省留学人员服务中心是经国家教育部、公安部批准成立，由广东省人事厅直接管理，负责办理全省自费出国留学业务的服务机构。其前身是上世纪80年代成立的广东省赴美留学咨询处，2000年即成为广东省内首家获得国家教育部、公安部批准成立的合法自费出国留学服务机构，迄今已积累了近30年留学专业服务经验。

为满足广大有意出国留学学子选择留学国家和院校的要求，中心充分运用其所属政府人事部门的优势，与美国、英国、澳大利亚、加拿大、新西兰、德国、法国、荷兰、瑞士、俄罗斯、乌克兰等国家近200所大学、学院和中学建立了招收中国留学生的合作关系。这些海外院校为我国大学本科、专科毕业生、在读生（含五大毕业生）和高中毕业生、在读生提供了大学本科课程、本硕连读课程、硕士学位课程、博士学位课程和大学预科课程、A-level课程、语言课程等。

主要职能：

1．拥有一支恪守职业道德、多年从事留学服务工作、精通出国留学业务、热情为学生服务的工作人员队伍，分工合理，职责明确，运转协调，工作效率较高。

2．办理留学国家众多，提供的课程和专业门类齐全，可为学子量身定做留学方案和提供个性化服务。

3．办理留学的大学均是我国教育部公布承认学历、学位的，且是建校历史悠久、学校规模较大、师资力量雄厚、学术成就卓著的国立、公立大学或享有盛名的私立大学。

4．设有专门的部门收集、研究已与中心建立了合作招收中国留学生关系的十几个国家的留学政策、签证政策的最新动态信息，办理留学业务的质量和水平比较高。

5. 开设有留学服务专业网站（www.gdscse.net），主要包括：教育部公布的留学预警通告、教育部公布的国外学校、留学国家概况、留学院校介绍、留学政策动态、留学 签证指南、托福和雅思考试信息、网上咨询报名留学、留学回国发展的优惠政策、留学国外生活常识等十几个栏目。目前是广东省政府网选供直接链接的唯一权威留学网站。

6. 聘请国内外知名大学的教授担纲任教，根据需要适时开办英、法、德等语言培训课程，帮助学生提高出国留学必备的外语水平。

7. 为学生申请国外学校方便、快捷，并且信守一贯的承诺，学生不被国外学校录取，免收服务费。

8. 对赴各国留学的学生，提供境外接机、安排住宿、协助办理国外居留证、购买保险、开立个人银行账户、帮助学生熟悉环境等后续服务。

9. 与广东省人事厅海外人才引进服务中心合署办公，为留学回国人员提供推荐择业服务。

联系方式：

地　址：广东省广州市天河路13号润粤大厦5楼东

邮　编：510000

电　话：86-20-37605951，37605997

传　真：86-20-37605489

邮　箱：gdscse@gdscse.net

网　址：www.gdscse.net

广州留学人员服务管理中心

广州留学人员服务管理中心（简称留学管理中心）于1999年由教育部留学服务中心广州分中心和广州回国留学人员服务管理中心合并而成，是广州市专门为留学人员及（海外）高层次人才提供综合服务和管理的机构，于2009年1月增挂“广州海外人才服务管理中心”的牌子。承担市（海外）高层次人才服务窗口职能，同时也是中央“千人计划”广东省服务窗口广州分窗口，提供高层次人才服务、“一站式”留学回国服务、华南四省公派出国及广州市政府公派留学（“菁英计划”）服务、外国专家服务。

主要职能：

一、承担市（海外）高层次人才服务窗口职能

设立了（海外）高层次人才服务平台，由专人负责广州市高层次人才认定评定、市创新创业领军人才申报评审、市博士后工作、市“121人才梯队工程”、享受政府特殊津贴人员选拔、海外人才身份确认函、高层次人才(外籍)申请2—5年“居留许可”、高层次人才职称评定、“百名南粤杰出人才培养工程”、国家“千人计划”、省创新领军人才、青年拔尖人才申报等工作。根据国家、省、市高层次人才申报、认定、评定情况，为每位高层次人才提供便捷的服务方案，并实施主动预约上门服务制度。同时，还为高层次人才提供住房服务、落户和居留、配偶安置、子女入学、医疗待遇等生活服务。同期还打造了“海外高端人才综合服务平台”，配合新创办的专刊《广州领军人才》、广州（海外）留学人才网的领军人才网上沙龙，构成了立体的高层次人才服务平台，全方位服务在穗高层次人才。

二、构建“一站式”留学回国服务体系

多年来，留学管理中心致力于建立政府公共服务平台，领先全国构建了留学回国服务体系，以留学回国人员急需的创业培训、就业培训、创业融资等专项活动为服务特色，打造留学人员“一站式”服务品牌，回国服务项目由1999年的6项发展到现在的12大类25项，为逾万名留学人员提供了留学人员来穗优惠资格认定，国（境）外学历、学位认证，专项资金申请和拨付，异地调入，档案保管，落户，子女入学，工商登记注册，办理留学人员工作派遣证明，办理“高层次海外人才身份证明”，办理评审职称，就业推荐，创业服务以及提供信息交流、协助申报、代办手续等全方位“一站式”服务。

三、提供外国专家服务

在多年留学人员回国服务基础上，设置了外国专家服务窗口，为外国专家提供来华工作许可、居留许可办理等一系列配套服务。

四、提供出国留学服务

1. 承担国家留学基金委华南四省公派出国服务。为广东、广西、海南、福建四省公派出国留学人员提供从办理签证、订购机票、预发生活费、出具报到证到落地等“一条龙”配套服务。

2. 承担广州市公派留学项目“菁英计划”派出服务和管理工作。负责接收申请材料、组织资格审查、发放学费生活费及国际旅费、派出学生在外日常管理等工作，提供留学人员档案和户口保管、出国前培训、签证等服务。

3. 引导自费出国留学人员理性求学并提供专业、优质的服务。

4. 为预备出国留学人员提供相关外语培训。

五、其他服务

1. 提供人才“再配置”猎头服务；

2. 提供国际交流服务。

联系方式：

地　址：广东省广州市小北路266号北秀大厦6-7楼

邮　编：510050

电　话：86-20-83543133，83568066

传　真：86-20-83568076

邮　箱：gzscse@gzscse.gov.cn

网　址：www.gzscse.gov.cn

深圳市人事人才公共服务中心

深圳市人事人才公共服务中心直属于深圳市人事局，是具有法人资格的全额拨款事业单位。经教育部留学服务中心批准，中心加挂“中国留学服务中心深圳分中心”牌子。

主要职能：

1. 为来深创业的留学人员、在深工作的国（境）内外专家、高级人才以及特殊人才提供个性化服务；负责留学归国人员学历学位的认证代办工作；为国内外人才提供信息、咨询等服务；负责全市人才档案的保管、整理工作。

2. 个性化服务：为引进高层次人才提供“一站式”服务，协助解决在深工作、生活中有关社保、子女入学、配偶就业、居住以及相关问题；支持高层次人才服务社会，推荐高层次人才参与政府决策咨询工作。

3. 留学生学历学位认证服务：为来深创业和工作的留学人员代办国（境）外学历学位认证。

4. 信息咨询服务：通过互联网站的形式为各类人才提供有关人才政策法规、政府办事流程、人事人才服务等方面的信息咨询服务。

联系方式：
地　址：广东省深圳市福田区深南中路1025号新城大厦东座2楼
邮　编：518026
电　话：86-755-25985107
传　真：86-755-25943020
邮　箱：szrenzheng@126.com
网　址：www.rsj.sz.gov.cn/tsrcfw

海南省留学回国人员工作站

海南省留学回国人员工作站属海南省人力资源开发局（省就业局）的内设机构，为来琼留学回国人员提供就业和创业服务。

主要职能：

1．为来琼就业或创业的留学回国人员进行身份认证。

2．为来琼工作的留学人员和录用留学人员的用人单位提供信息和双选服务。

3．为留学人员短期来琼讲学、学术交流、合作科研、投资考察提供牵线搭桥服务。

4．组织留学回国人员申请国家留学主管部门设立的面向留学回国人员的科研资助经费。

5．指导海南省海口国家高新区留学人员创业园及海南省留学回国人员联谊会工作。

6．提供有关留学人员工作政策、规定的咨询服务。

7．为自费留学人员、在外留学人员及部分留学回国人员提供档案管理及相关服务。

联系方式：
地　址：海南省海口市白龙南路53号
邮　编：570203
电　话：86-898-65355140
传　真：86-896-65311034

四川省留学人员服务中心

四川省留学人员服务中心是负责全省留学人员服务工作的专门机构，成立于2001年5月，与四川省专家服务中心合署办公。中心的主要任务是宣传、贯彻、落实国家关于留学人员服务中心的方针、政策、规定；积极建立海外留学人员来川服务的渠道，搭建留学人员智力资源转化平台。

主要职能：

1．为留学回国来川工作、来川创业、来川发挥作用的人员提供政策信息咨询、就业推荐、合作伙伴介绍、人事代理等各类中介服务。

2．多渠道创（合）办留学人员创业园区，为留学人员来川提供各种生活服务。

3．承办全省留学回国人员科技择优资助项目评审及经费划拨的事务性工作。

4．为海外留学人员提供国（境）外学历学位认证、四川省海外留学人员身份认证、职称认定、接收手续办理等“一站式”综合服务。

5．负责留学人员回国服务工作厅际联席会议协调办公室的工作。

6．指导四川省留学人员创业园的工作。

7．负责四川省留学人员信息化建设工作。

联系方式：
地　址：四川省成都市东二巷21号
邮　编：610015
电　话：86-28-86741860
传　真：86-28-86741860
邮　箱：sclxfwzx@163.com

重庆市专家服务中心

重庆市专家服务中心是重庆市人力资源和社会保障局所属的事业单位。

主要职能：

1．负责全市高级专家的健康体检、休假疗养、津贴发放等工作。

2．根据国家和重庆市关于留学人员工作的政策，做好留学回国人员的相关服务工作，为引进海外人才提供服务与咨询，为制定、修改留学人员政策提供信息依据。

3．开展人事人才国际交流和国（境）外智力引进的服务工作，承办来渝国（境）外专家的服务工作。

4．负责重庆市博士后联谊会和重庆市留学人员联谊会的管理服务工作。

5．承办相关部门委托和交办的其他事项。

联系方式：
地　址：重庆市渝北区新牌坊1路1号
邮　编：401147
电　话：023-86868567
传　真：023-86868567
邮　箱：cqzjfw@126.com

贵州省留学人员与专家服务中心

贵州省留学人员与专家服务中心是贵州省人事厅管理的事业单位，主要任务是为留学回国人员回黔创业提供各种咨询服务。

主要职能：

1．为留学回国人员回黔来黔创业提供服务。

2．承担留学回国人员科技活动项目择优资助经费推荐的事务工作。

3．承担贵州省留学人员回国服务工作厅际联席会议办公室的日常工作。

4．筹备“贵州省留学回国人员创业园”。

5．为专家队伍建设和发挥专家作用提供服务。

联系方式：
地　址：贵州省贵阳市贵州省政府大院5号楼13楼1303
邮　编：550001
电　话：86-851-6828173
传　真：86-851-6828602

陕西省留学服务中心

陕西省留学服务中心，是陕西省教育厅直属事业单位，是负责全省出国留学、留学回国服务的专业服务机构，是中国（教育部）留学服务中心设在陕西省的国外（境外）学位证书和高等教育文凭的认证点。

陕西省留学服务中心全面贯彻“支持留学，鼓励回国，来去自由”的国家留学政策，本着“诚信、可靠、安全、高效”的服务宗旨，充分发挥陕西省留学服务中心教育交流面广量大的资源优势，秉承“树立政府形象，确保真诚服务；坚持专业标准，保护学生权益”的工作理念，为广大留学人员、留学回国人员提供周到、快速、准确、高效的服务。

主要职能：

一、出国留学服务

1．宣传、贯彻、落实国家关于留学工作的方针、政策和规定，提供留学政策、海外教育制度、自费留学办理程序以及国外院校情况的咨询与服务。

2．承办省内公派留学和短期因公出访人员签证的事宜。

3．根据留学申请人的教育背景及自身条件，提供留学评估服务；指导并帮助申请人选择最适合的留学国别、留学院校及留学专业。

4．协助申请人准备签证材料、提供签证指导，并根据各国使馆要求为申请人申请签证。

二、留学回国服务

1．负责陕西省境内国外（境外）学历、学位的认证工作；提供留学回国人员的派遣、落户工作。

2．为留学人员提供人事关系代理和档案管理工作，方便留学回国人员在国内、省内择业、创业。

3．积极宣传陕西为海外高层次人才提供的优惠政策。

4．充分发挥陕西省留学服务中心的资源优势，积极为本省留学人员创业园建设服务，加速引进海外高层次人才和高新技术项目，为西部大开发和建设西部经济强省服务。

三、留学信息服务

1．和陕西省教育厅国际合作与交流处共同创办“陕西留学网”（www.sxcse.com），按国际合作与交流处的政府管理职能和留学服务中心的服务功能，分两大板块、9个栏目，为陕西省教育国际交流提供权威性、指导性的政策平台，给陕西省留学人员提供权威、规范、快捷的服务。

2．定期编发《陕西留学服务通讯》，及时、准确地报道国家、省最新留学及教育国际交流的政策和信息，及时为留学人员提供各类服务信息，搭建留学回国人员展示才华、创业奉献的交流平台，充分展示陕西省留学服务中心的政府品牌形象，着力打造百姓最信赖的留学品牌机构，为建设西部经济强省提供高层次人才和智力支持。

联系方式：

地　址：陕西省西安市药王洞153号陕西省教育厅东办公楼2楼

邮　编：710003

电　话：86-29-87315559，87317688

传　真：86-29-87311206

邮　箱：sxscse@yahoo.com.cn

西安留学人员工作站

西安留学人员工作站是经国家教育部、公安部批准成立的留学中介服务机构。工作站隶属西安市人事局，是西安地区派出留学人员的主要渠道之一。

主要职能：

一、出国留学服务

1．联络国际文化教育相关机构并对出国留学及对外教育交流人员提供咨询服务。

2．为自费留学开辟渠道，为赴国外研读包括中学、预科、本科、研究生、MBA等课程在内的各类自费留学生提供中介服务。

3．为自费留学人员代管档案、代缴养老保险金。

二、留学咨询服务

1．出国留学信息咨询服务：出国留学政策、手续、程序以及各国教育制度、专业以及奖学金设置的全面介绍。

2．为出国留学人员及对外教育交流人员办理护照、签证、公证、原件翻译、行前指导和预订机票等相关配套服务。

三、留学回国服务

1．为各类留学人员回国工作和国内用人单位选聘留学人员提供双向信息和有关政策咨询服务；为留学人员回国工作办理派遣落户手续。

2．为各类留学人员短期回国讲学、学术交流、合作科研提供牵线搭桥服务。

3．承担留学回国人员科研资助费用的初审和拨款工作。

4．全国31个站点实行网络联系，实现异地指导就业并安置。

四、为来华留学提供服务

对欲来华留学的外籍人士提供法律政策的咨询服务工作及为他们积极联系在华学习的相关事宜。

联系方式：

地　址：陕西省西安市西门里西大街安定广场4号楼4-301

邮　编：710002

电　话：86-29-87625654

传　真：86-29-87625479

邮　箱：xaabroad@163.com

甘肃省留学人员与专家服务中心

甘肃省留学人员与专家服务中心是甘肃省人事厅直属事业单位，是负责全省留学回国人员的专门服务机构。主要任务是宣传、贯彻、落实国家关于留学回国人员工作的方针、政策、规定；为留学回国人员提供全方位的管理与服务；承办、鼓励、引进海外留学人员回国来甘肃工作。

主要职能：

1．研究创建留学人员创业的政策环境。

2．办理留学人员创业园建园的审批事宜。

3．办理与国家人事部共建留学人员创业园的申办工作。

4．负责留学回国人员科研经费的申报工作。

5．为留学回国人员创业园申报博士后科研工作站的工作。

6．为留学回国人员领办、创办高新技术企业、开展学术技术交流活动提供相应的服务。

7．指导留学回国人员联谊会活动。

8．了解和反映留学回国人员的意见、建议和要求，协助办理留学人员的出入境手续。

9．协助留学回国人员解决落户、住房、配偶工作、子女就业等手续。

联系方式：

地　址：甘肃省兰州市城关区皋兰路78号兴业大厦607室

邮　编：730000

电　话：86-931-8410817

传　真：86-931-8410817

邮　箱：bxf@rst.gansu.gov.cn

宁夏回族自治区专家与留学人员服务中心

宁夏回族自治区专家与留学人员服务中心是宁夏回族自治区人事厅直属事业单位，是负责全区专家和留学人员服务工作的机构。主要任务是宣传、贯彻、落实国家关于留学人员工作的方针、政策、规定；为宁夏回族自治区各类留学人员提供全方位的管理与服务；积极引进海外留学人员中的人才、智力、技术、资金；承办宁夏回族自治区人事厅及国家留学人员工作主管部门委托和交办的任务；与国内外相关组织建立业务合作关系。

主要职能：

1. 负责向社会提供留学人员科研成果的咨询和服务。

2. 负责和组织留学人员为地方党政机关、企事业单位重大决策提供论证咨询。

3. 负责留学回国人员科技活动资助经费的申报管理。

4. 为各类留学人员来宁夏短期讲学、学术交流、合作科研、投资考察提供牵线搭桥服务。

5. 为各类留学人员来宁夏工作和用人单位录用留学人员提供信息服务和双向选择服务，并根据双方需要进行重点推荐。

6. 来宁夏开展学术活动的高层次留学人才的接待工作。

7. 指导宁夏回族自治区留学人员创业园、宁夏留学人员联谊会工作。

8. 帮助留学人员解决工作、学习、生活中的困难，做好相关服务等工作。

联系方式：

地　址：宁夏银川市上海东路40号

邮　编：750001

电　话：86-951-5099081

传　真：86-951-5099100

邮　箱：nxzj2088@126.com

附录篇

中华人民共和国驻外使（领）馆教育处(组)一览

馆 别	地 址	电 话/传 真/邮 箱/网 址
驻美国使馆教育处	3505 INTERNATIONAL PLACE, N.W. WASHINGTON, D.C. 20008 U.S.A.	001-202-243-1158 001-202-243-1159 001-202-243-1160 001-202-243-0631 (Fax) admin@sino-education.org www.sino-education.org
驻纽约总领馆教育组	Education Office, 520 12TH AVENUE, NEW YORK, NY 10036, U.S.A.	001-212-244-9392 001-212-564-9413 (Fax) sinofubo@gmail.com www.nyconsulate.prchina.org
驻旧金山总领馆教育组	Education Office, 1450 Laguna St., San Francisco, CA 94115, U.S.A.	001-415-852-5982 001-415-852-5985 001-415-852-5980 (Fax) xuyj@moe.edu.cn www.edusf.org
驻洛杉矶总领馆教育组	Education Office, 443 Shatto Place, Los Angeles, CA 90020, U.S.A.	001-213-807-8071 001-213-807-8051 (Fax) educationsection@gmail.com www.edulosangeles.org
驻休斯敦总领馆教育组	Education Office, 811 Holman St. Houston, TX 77002, U.S.A.	001-713-522-0231 001-713-522-0015 (Fax) zhangyiqun@yahoo.cn houston.china-consulate.org
驻芝加哥总领馆教育组	Education Office, 3322 West Peterson Ave., Chicago, IL 60659, U.S.A.	001-773-279-0337 001-773-279-0701 001-773-279-0370 (Fax) www.educhicago.org
驻加拿大使馆教育处	80 Cobourg St. Ottawa, Ontario, Canada K1N 8H1	001-613-789-6312 001-613-789-0262 (Fax) www.chineseeducation.ca
驻蒙特利尔教育处	2100 Ste-Catherine West, 8th Floor Montreal, Quebec, H3H 2T3, Canada	001-514-419-6748 001-514-878-9692 (Fax) eduone@edumontreal.org www.edumontreal.org
驻多伦多总领馆教育组	24 Admiral Rd, Toronto, Ontario, Canada M5R 2L5	001-416-324-8536 001-416-324-9688 001-416-324-9931 (Fax) liyufei@moe.edu.cn www.educationtoronto.org
驻温哥华总领馆教育组	2215 Eddington Drive, Vancouver, BC, Canada V6L 2E6	001-604-738-9157 001-604-738-1801 (Fax) chunling@chinaeduvan.org www.chinaeduvan.org
驻墨西哥使馆教育组	Av. Rio Magdalena No.172 Deleg, Alvaro Obregon, Col Tizapan, Mexico	0052-5-663-3473 0052-5-661-1972 (Fax) www.embajadachina.org.mx
驻哥斯达黎加使馆教育组	Frente a la casa de Don Oscar Arias, Rohrmoser, Pavas, San José, Costa Rica	00506-5-663-3473 00506-5-661-1972 (Fax) cr.china-embassy.org
驻古巴使馆教育组	DEPT. DE EDUCATION, CALLE 13 NO.551, ENTER CYD, VEDADO, HABANA, CUBA	0053-7-833-3005 0053-7-833-3092 (Fax)

驻日本使馆教育处	135-0023 日本国東京都江東区平野2-2-9	0081-3-3643-0305 0081-3-3643-0269（Fax） www.china-embassy.or.jp
日中会馆	112-0004 東京都文京区後楽1丁目5番3号	0081-3-3811-5317 www.jcfc.or.jp
驻大阪总领馆教育组	564-0063 日本国大阪府吹田市江坂町5-4-4	0081-6-6821-2301 0081-6-6821-2313（Fax） jyz@cronos.ocn.ne.jp osaka.china-consulate.org
驻札幌总领馆教育组	064 日本国札幌市中央区南13条西23丁目5-1	0081-11-563-8991 0081-11-563-7314（Fax） sapporo.china-consulate.org
驻福冈总领馆教育组	810-0065 日本国福冈县福冈市中央区地行浜1-3-3	0081-92-713-1121 0081-92-771-5637（Fax） www.edufukuoka.org
驻新潟总领馆教育组	951-8104 日本国新潟县新潟市中央区西大畑町5220-18	0081-25-228-8878 0081-25-228-8901（Fax） niigata.chineseconsulate.org
驻朝鲜使馆教育组	朝鲜民主主义人民共和国平壤市牡丹峰区长村洞	0085-02-381-3013 0085-02-381-3423（Fax） kp.china-embassy.org
驻韩国使馆教育处	韩国首尔特别市钟路区孝子洞54番地紫霞门路70号	0082-2-730-2068 0082-2-738-1044（Fax） zhuhanjiaoyuchu@yahoo.com.cn www.eoe.or.kr
驻新加坡使馆教育处	150 Tanglin Road Singapore 247969	0065-6418-0235 0065-6418-0454（Fax） www.chinaembassy.org.sg
驻泰国使馆教育组	57 Ratchadaphisek Road Bangkok 10310, Thailand	0066-2-247-8518 0066-2-247-8957（Fax） www.chinaembassy.or.th
驻印度使馆教育组	50-D, Shantipath, Chanakyapuri New Delhi-110021, India	0091-11-2611-4711 0091-11-2687-2031（Fax） in.china-embassy.org
驻也门使馆教育组	PO Box 482, Sana’a, Al-Zubeiri St. Sana’a, Yemen	00967-1-275-340 00967-1-245-168（Fax） ye.chineseembassy.org
驻以色列使馆教育组	222 Ben Yehuda Street P.O. Box 6067 Tel Aviv 61060, Israel	00972-3-602-4597 00972-3-526-1787（Fax） il.china-embassy.org
驻埃及使馆教育处	Room 901, No.8, Al-mansur Muhanmed Str. Al-Zamalek, Cairo, Egypt	0020-2-2735-5861 0020-2-2736-1939（Fax） jycegypt@hotmail.com eg.china-embassy.org
驻南非使馆教育组	965 Church Street, Arcadia 0083, Pretoria, South Africa	0027-12-342-6566 0027-12-342-0911（Fax） za.china-embassy.org
驻澳大利亚使馆教育处	6 Dalman Crescent, O’Malley, Canberra, ACT 2606, Australia	0061-2-6286-9982 0061-2-6290-1652（Fax） educhem@sino-education.org.au www.sino-education.org.au

驻悉尼总领馆教育组	19 Anzac Parade, Kensington 2033, New South Wales, Australia	0061-2-9662-1723 0061-2-9697-3869 0061-2-9697-3368（Fax） sydney. chineseconsulate. org
驻墨尔本总领馆教育组	14 Selborne Road, Toorak, VIC3142, Australia	0061-3-9826-3179 0061-3-9827-5985 0061-3-9804-8603（Fax） www. edumel. org
驻布里斯班总领馆教育组	Level 9, 79 Adelaide St., Brisbane QLD 4000, Australia	0061-7-3210-6509 0061-7-3210-6394（Fax） brisbane. chineseconsulate. org
驻新西兰使馆教育组	37 Penrose St., Woburn, Lower Hutt 5010, Wellington, New Zealand	0064-4-570-2758 0064-4-570-2832（Fax） www. chinanz-education. org
驻奥克兰总领馆教育组	8 Dromorne Road, Remuera Auckland, New Zealand	0064-9-623-3793 0064-9-623-0812（Fax） www. chinaconsulate. org. nz
驻克赖斯特彻奇总领馆教育组	106, Hansons Lane, Upper Riccarton, Christchurch, 8041, New Zealand	0064-3-341-8536 0064-3-341-8071（Fax） www. chchedu. org
驻俄罗斯使馆教育处	6, St. Friendship (Lenin Hill) Moscow, Russia	007-499-143-7230 007-499-783-0861（Fax） www. eduru. org
驻圣彼得堡总领馆教育组	Room 97, 7 Nahimova St. 199226, Saint-Petersburg, Russia	007-812-355-0673 saint-petersburg. china-consulate. org
驻伊尔库茨克总领馆教育组	664007 Russia, Irkutsk, St. Karla-Marksa 40(101) Consulate General of China in Irkutsk	007-395-278-1434 saint-petersburg. china-consulate. org
驻叶卡捷琳堡总领馆教育组	улицаЧайковского,45, Екатеринбург,Свердловская область,Россия	007-343-253-5786 007-343-253-5781（Fax） ekaterinburg. chineseconsulate. org
驻白俄罗斯使馆教育组	22,Berestyanskaya Str.,Minsk,The Republic of Belarus, 220071	00375-172-328-6396 00375-172-285-3681（Fax） by. chineseembassy. org
驻乌克兰使馆教育处	32 Grushevskogo St. Kiev,Ukraine 252021	00380-44-280-7642 ua. chineseembassy. org
驻罗马尼亚使馆教育组	Soseaua Nordului nr. 2, Sector 1, 71512 Bucuresti, Romania	0040-21-314-3868 www. chinaembassy. org. ro
驻匈牙利使馆教育组	1068 Budapest, Benczur U. 43-iii/6, Hungary	0036-1-707-3767 0036-1-322-2544（Fax） www. chinaembassy. hude
驻波兰使馆教育处	UL. Bonifraterska 100-203 Warsza, Poland	0048-22-831-6182 educhina@medianet. pl www. chinaembassy. org. pl
驻捷克使馆教育组	Education Section Embassy of P. R. China Pelleova 18,160 00 Praha 6 The Czech Republic	00420-233-028-868 00420-233-028-869（Fax） cz. chineseembassy. org

驻塞尔维亚和黑山使馆教育组	Aradska 4, 11000 Beograd Serbia and Montenegro	00381-11-380-8396 00381-11-380-7583 (Fax) esce_beograd@hotmail.com
驻保加利亚使馆教育组	No.7 Anri Babuse Str. Sofia 1113, Bulgaria	00359-2-973-3247 00359-2-971-2005 (Fax) www.chinaembassy.bg
驻德国使馆教育处	Dresdener Str.44, 10179 Berlin Germany	0049-30-305-7536 0049-30-304-0825 (Fax) jych_dg@yahoo.de www.edu-chinaembassy.de
驻法兰克福使馆教育处	Stresemannallee 19-23, D-60596 Frankfurt am Main, Germany	0049-69-7508-5522 0049-69-7508-5550 (Fax) consulate_frankfurt4@hotmail.com frankfurt.china-consulate.org
驻波恩办事处教育室	Rheinallee 53, 53173 Bonn, Germany	0049-228-350-2660
驻慕尼黑总领馆教育组	Romanstrasse 107 80639 Muenchen, Germany	0049-89-170-8602 0049-89-170-8639 (Fax) munich.china-consulate.org
驻瑞士使馆教育处	Bersetweg 6, CH-3073, Gümligen Switzerland	0041-31-951-4325 0041-31-951-4331 (Fax) www.cnedu-ch.org
驻比利时使馆教育处	Av. Bel- Air 16, 1180 UCCLE Bruxelles, Belgique	0032-2-348-9450 0032-2-735-9452 (Fax) www.chinaedu.be
驻欧盟使团教育文化处	Avenue de Tervuren 443-445, 1150 Woluwe Saint-Pierre, Belgium	0032-2-7723702 0032-2-7628259 (Fax) www.chinamission.be
驻奥地利使馆教育处	Mettenrnichgasse 11/16 A-1030 Wien, Austria	0043-1-713-1788 0043-1-715-7095 (Fax) www.chinaembassy.at
驻荷兰使馆教育处	Antonic Duckystraat 132 2582 TR Den Haag The Netherlands	0031-70-354-1276 0031-70-351-2902 (Fax) edu.nl@moe.edu.cn nl.china-embassy.org
驻意大利使馆教育处	Via Malcesine 39/12, 00135 Roma, Italia	0039-06-301-7539 0039-06-305-3916 (Fax) it.china-embassy.org
驻葡萄牙使馆教育组	Rua De Sao Caetano 2, a lapa 1200 Lisboa Portugal	00351-213-928445 00351-213-975632 (Fax) pt.chineseembassy.org
驻瑞典使馆教育处	Skoldvagen 10,182 64 Djursholm, Stockholm Sweden	0046-8-755-2318 0046-8-753-1269 (Fax) info@cnedu.nu www.cnedu.nu
驻丹麦使馆教育组	Henningsens Alle 24, 2900 Hellerup, Copenhagen Denmark	0045-3962-3854 www.chinaembassy.dk
驻挪威使馆教育组	Holmenkollveien 30B, 0376 Oslo, Norway	0047-2249-4285 0047-2249-5855 education@chinese-embassy.no www.chinese-embassy.no

驻西班牙使馆教育组	Calle Matías Turrión No.28, 1 B, 28043, Madrid	0034-91-388-3988 0034-91-759-9292 (Fax) www.embajadachina.es
驻芬兰使馆教育组	Kuusiniementie 14 A, 00340 Helsinki, Finland	00358-9-698-6418 00358-9-687-1114 (Fax) www.educn-fi.org
驻法国使馆教育处	29, Rue de la Glaciere 75013 Paris, France	0033-1-4408-1940 0033-1-4408-1960 (Fax) echange@edu-ambchine.org www.edu-ambchine.org
驻爱尔兰使馆教育组	40 Ailesbury Road, Dublin 4, Ireland	00353-1-269-1501 00353-1-283-9938 (Fax) www.fmprc.gov.cn/ce/ceie
驻英国使馆教育处	50 Portland Place, London, UK, W1B 1NQ	0044-20-7512-0250 0044-20-7580-4474 (Fax) www.edu-chinaembassy.org.uk
驻曼彻斯特总领馆教育组	153 Barlow Moor Road, West Didsbury Manchester M20 2YA, UK	0044-161-445-4586 0044-161-448-9154 (Fax) www.consulateman.org
纽约中国留学服务中心	90 Broad Street, Suite 701, New York, N.Y. 10004, U.S.A.	001-212-835-5520 001-212-367-7431 (Fax) new.chinesehighway.com
中国常驻联合国 教科文组织代表团	1, Rue Miollis 75015 Paris, France	0033-1-4568-3456 0033-1-4219-0199 (Fax)

附录篇

中华人民共和国驻外使（领）馆科技处(组)一览

馆 别	地 址	电 话/传 真/网 址
驻日本使馆科技处	106日本东京都港区元麻布三丁目四番三十三号	0081-3-3403-3388 0081-3-3403-3385（Fax） www.china-embassy.or.jp
驻大阪总领馆科技组	550-0004大阪府大阪市西区靭本3-9-2	0081-6-6445-9481 0081-6-6445-9475（Fax） www.osaka.china-consulate.org
驻福冈总领事馆科技组	810-0065福冈县福冈市中央区地1-3-3	0081-92-713-1124 0081-92-781-8906（Fax） www.chn-consulate-fukuoka.or.jp
驻札幌总领事馆科技组	064-0913北海道札幌市中央区南13条23-5-1	0081-11-563-5563 0081-11-563-1818（Fax） sapporo.china-consulate.org
驻长崎总领事馆科技组	852-8114长崎县长崎市桥口町10-35	0081-95-849-3311 0081-95-849-3312（Fax） sapporo.china-consulate.org
驻名古屋总领事馆科技组	461-0005名古屋市东区东樱二丁目8番地37号	0081-52-932-1058 0081-52-932-1169（Fax） nagoya.chineseconsulate.org
驻印度使馆科技处	50-D, Shantipath, Chanakyapuri New Delhi-110021 India	0091-11-2687-1585 0091-11-2611-1104（Fax） www.fmprc.gov.cn/ce/cein
驻朝鲜使馆科技组	Kinmaeuldong, Pyongyang D.P.R of Korea	00850-2-381-3116 00850-2-381-3425（Fax） kp.china-embassy.org
驻韩国使馆科技处	110-033 54 Hyoja-Dong, Jongno-Gu, Seoul, 110-033 the Republic of Korea	0082-2-738-1038 0082-2-738-1045（Fax） www.chinaemb.or.kr
驻以色列使馆科技处	222 Ben Yehuda Street P.O.Box 6067 Tel Aviv 61060, Israel	00972-3-546-7277 00972-3-544-0443（Fax） www.fmprc.gov.cn/ce/ceil
驻泰国使馆科技处	57 Rachadapisake Road Bangkok 10310 Thailand	0066-2-245-0088 0066-2-245-7048（Fax） www.chinaembassy.or.th
驻印度尼西亚使馆科技处	JL. Mega Kuningan No. 2, Jakarta Selatan 12950 Indonesia	0062-21-576-1264 0062-21-576-1033（Fax） www.fmprc.gov.cn/ce/ceindo
驻新加坡使馆科技组	150 Tanglin Road, Singapore 247969	0065-6418-0105 0065-6471-3603（Fax） www.chinaembassy.org.sg
驻巴基斯坦使馆科技组	Diplomatic, Enclave Ramma 4, Islamabad Pakistan	0092-51-282-4786 0092-51-287-2830（Fax） pk.chineseembassy.org
驻哈萨克斯坦使馆科技处	12, baitasov Str. Almaty, 050010	007-723-700-208 kz.mofcom.gov.cn
驻德国使馆科技处	Märkisches Ufer 54,10179 Berlin Germany	0049-30-2758-8237 0049-30-2758-8221（Fax） www.china-botschaft.de

驻法国使馆科技处	20, Rue de Washington 75008 Paris France	0033-1-5375-8891 0033-1-5375-8904（Fax） www.amb-chine.fr
驻英国使馆科技处	42 Maida Vale, London, W91RP, U.K.	0044-20-7432-8376 0044-20-7286-6833（Fax） www.chinese-embassy.org.uk/chn/lxwm/
驻爱尔兰使馆科技处	40 Ailesbury Road, Ballsbridge, Dublin 4, Ireland	00353-1-269-1501 00353-1-283-9938（Fax） ie.china-embassy.org
驻瑞典使馆科技处	Lidovägen 8, 115 25 Stockholm, Sweden	0046-8-767-5825 0046-8-731-0740（Fax） www.chinaembassy.se
驻意大利使馆科技处	56 Via Bruxelles, 00198 Roma, Italia	0039-06-884-8186 0039-06-853-1203（Fax） www.it.chineseembassy.org
驻米兰总领事馆科技组	Via Benaco, 4-20139 Milano	0039-02-569-0869 0039-02-569-4131（Fax） www.consolatocinami.it
驻欧盟使团科技处	Boulevard de la Woluwé100 1200 Bruxelles Belgique	0032-2-772-9572 0032-2-770-4790（Fax） www.chinamission.be
驻比利时使馆科技处	Boulevard du Souverain 400, 1160 Auderghem, Bruxelles Belgique	0032-2-663-3012（Fax） 0032-2-770-2326 www.chinaembassy-org.be
驻瑞士使馆科技处	Kalcheggweg 10, 3006 Bern, Switzerland	0041-31-351-5817 www.china-embassy.ch
驻芬兰使馆科技组	Vanha kelkkamäki 9, Kulosaari, 00570, Helsinki, Finland	00358-9-2289-0153 00358-9-2289-0155（Fax） www.chinaembassy-fi.org
驻奥地利使馆科技处	Metternichgass 4 Wien A-1030 Austria	0043-1-714-4925 0043-1-713-6816（Fax） www.chinaembassy.at
驻丹麦使馆科技处	Ahlmanns Alle 22, 2900 Hellerup Denmark	0045-3946-0887 0045-3946-0888（Fax） www.chinaembassy.dk
驻挪威使馆科技处	Tuengen Allé 2B, 0244 Oslo, Norway	0047-22-492-052 0047-22-921-978（Fax） www.chinese-embassy.no
驻荷兰使馆科技处	Willem Lodewijklaan 10, 2517 Jt. the Hague, Netherlands	0031-70-306-5077 0031-70-355-1651（Fax） nl.china-embassy.org
驻西班牙使馆科技处	Calle Arturo Soria, 113, 28043 Madrid, Espana	0034-91-519-4242 0034-91-519-2035（Fax） www.embajadachina.es
驻葡萄牙使馆科技组	Rua Do Pau Da Bendeira 11-13, A Lapa 1200-756 Lisboa Portugal	00351-21-392-8440 00351-21-392-8431（Fax） www.fmprc.gov.cn/ce/cept
驻希腊使馆科技组	2A Krinon Street, P. Psychico, 15452 Athens, Greece	0030-210-677-6743 gr.china-embassy.org

驻俄罗斯使馆科技处	117330, Ulitsa Druzhby 6, Moscow Russia	007-495-143-6146 007-495-938-2141 (Fax) ru.china-embassy.org
驻哈巴罗夫斯克总领事馆科技组	Stadium Lenin, Khabarovsk 680028, Russia	007-42-1230-2353 007-42-1230-2354 (Fax) www.fmprc.gov.cn/ce/cgkhb
驻圣彼得堡总领事馆科技组	No.134, Nab. Kanala Griboedova, St. Petersburg, Russia	007-812-714-2711 007-812-714-4958 (Fax) saint-petersburg.china-consulate.org
驻白俄罗斯使馆科技处	22, Berestyanskaya Str., minsk, the republic of Belarus, 220071	00375-17-294-7759 by.china-embassy.org
驻乌克兰使馆科技处	NO.32, grushevskogo STR., kyiv, ukraine, 01901	0038-044-253-0433 ua.chineseembassy.org/
驻罗马尼亚使馆科技处	No.2 Bucurestt, Sector 1, 014 101, Romania	0040-21-232-1923 www.chinaembassy.org.ro
驻匈牙利使馆科技组	Budapest 1068 Benczur Utca 18 Hungary	0036-1-413-3370 0036-1-413-3393 (Fax) www.chinaembassy.hu
驻捷克使馆科技处	Pelleova 18, 16000 Prague 6-Bubeneč	00420-22-3302-8866 00420-22-3302-8865 (Fax) www.chinaembassy.cz
驻波兰使馆科技处	ul. Bonifraterska 100-203 Warszawa, Polska (Poland)	0048-22-831-5823 www.chinaembassy.org.pl
驻保加利亚使馆科技处	Str. Alexander von Humbold 7, Sofia 1113, Republic of Bulgaria	00359-2-973-3873 00359-2-971-3345 (Fax) www.chinaembassy.bg
驻美国使馆科技处	2300 Wisconsin Avenue N.W., Suite 110, Washington D.C. 20007 U.S.A.	001-202-495-2240 001-202-495-2242 (Fax) www.china-embassy.org
驻纽约总领事馆科技组	520 12th Avenue New York, NY 10036 U.S.A.	001-212-244-9392 001-212-564-9443 (Fax) www.nyconsulate.prchina.org
驻旧金山总领事馆科技组	1450 Laguna Street San Francisco, CA 94115 U.S.A.	001-415-674-2964 001-415-563-4867 (Fax) www.chinaconsulatesf.org
驻休斯敦总领事馆科技组	3417 Montrose Boulevard, Houston, Texas 77006 U.S.A.	001-713-520-1462 001-713-521-0876 (Fax) www.fmprc.gov.cn/ce/cght
驻芝加哥总领事馆科技组	100 West Erie Street Chicago. IL 60610 U.S.A.	001-312-803-0095 001-312-803-0110 (Fax) www.chinaconsulatechicago.org
驻洛杉矶总领事馆科技组	443 Shatto Place Los Angeles, CA 90020 U.S.A.	001-213-807-8065 001-213-807-8019 (Fax) losangeles.china-consulate.org
驻加拿大使馆科技处	515 St.Patrick Street Ottawa, Ontario Canada K1N 5H3	001-613-789-3508 001-613-789-1911 www.chinaembassycanada.org

驻多伦多总领事馆科技组	240 St.George Street, Toronto Ontario Canada M5R 2P4	001-416-324-6457 001-416-324-6456 (Fax) www.fmprc.gov.cn/ce/cgtrt
驻温哥华总领事馆科技组	3380 Granville Street Vancouver, BC, Canada V6H 3K3	001-604-731-6767 001-604-736-4343 (Fax) vancouver.china-consulate.org
驻卡尔加里总领事馆科技组	Suite 100, 1011-6th Ave,SW. Calgary, Alberta, Canada T2P 0W1	001-403-264-3322 001-403-264-6656 (Fax) calgary.china-consulate.org
驻巴西使馆科技处	Embaixada da República Popular da China SES.Av. das Nações.Lote 51.Quadra 813.Brasília. DF. Brasil	0055-61-2195-8240 0055-61-2195-8292 (Fax) br.china-embassy.org
驻墨西哥使馆科技组	Av. Río del la Magdalena 172, Colonia Tizapón - San Angel Delegación Alvaro Obregón, C.P. 01090	0052-55-5616-4324 0052-55-5616-5849 (Fax) www.embajadachina.org.mx
驻古巴使馆科技组	Calle 13, No.551 Entre CYD, Vedado, la Habana, Cuba	0053-7-833-3005 0053-7-333-0920 (Fax)
驻智利使馆科技组	Av. Pedro de Valdivia 550 Santiago, Chile	0056-2-233-9880 0056-2-234-1129 (Fax) cl.chineseembassy.org
驻哥斯达黎加使馆科技组	De la casa de D.oscar arias 100 metros al sury 50 metros al oeste, rohrmoser,pavas, san jose, costa rica	00506-2291-4659 00506-2291-4654 (Fax)
驻澳大利亚使馆科技处	15 Coronationa Drive Yarralumla, Canberra, ACT 2600 Australia	0061-2-6273-4786 0061-2-6273-5504 (Fax) au.china-embassy.org
驻悉尼总领事馆科技组	39 Dunblane Street, Camperdown Nsw 2050, Sydney Australia	0061-2-8595-8050 0061-2-8595-8051 (Fax) sydney.chineseconsulate.org
驻新西兰使馆科技组	2-6 Glenmore Street, Po Box 17-257, Karori, Wellington, New Zealand	0064-4-4749-6282 0064-4-4749-6291 (Fax) www.chinaembassy.org.nz
驻埃及使馆科技组	14, Bahgat Ali Street Zamalek, Cairo Egypt	0020-2-2735-6746 www.fmprc.gov.cn/ce/ceegy
驻南非使馆科技处	965 Church Street, Arcadia 0083, Pretoria, South Africa	0027-12-431-6550 0027-12-342-3338 (Fax) za.china-embassy.org
常驻联合国代表团科技组	350 East 35th Street, New York, NY 10016, USA	001-212-655-6159 001-212-655-6151 (Fax) www.china-un.org
常驻日内瓦代表团科技组	11, Chemin de Surville 1213 Petit-Lancy, Geneva Switzerland	0041-22-879-5635 0041-22-879-5637 (Fax) www.china-un.ch
国际原子能机构科技处	Steinfeldgasse 3 A-1190, Vienna, Austria	0043-1-486-1635 0043-1-370-6626 (Fax) www.iaea.org

附录篇

引智机构信息一览

机构名称	通信地址	电话/传真	邮箱
中国国际人才交流基金会	北京市海淀区中关村南大街1号友谊宾馆	86-10-68944604 86-10-68944604	citef@citef.org.cn
国家外国专家局培训中心	北京市海淀区中关村南大街1号友谊宾馆5号楼	86-10-68944784 86-10-68468003	tc@tcsafea.org.cn
《国际人才交流》杂志	北京市海淀区中关村南大街1号	86-10-68948886 86-10-68425584 86-10-68948886	wetalent@gmail.com
北京市外国专家局 北京国际人才交流协会	北京市东城区台基厂大街三条3号	86-10-65590180 86-10-65288648	
天津市外国专家局	天津市和平区解放北路167号	86-22-23312021 86-22-23124051	taiep@tjpnet.gov.cn
河北省外国专家局	河北省石家庄市维明北大街118号河北省人力资源和社会保障厅	86-311-88616006 86-311-88616007	zxf_wzj@126.com
山西省外国专家局 山西省国际人才交流协会	山西省太原市长风大街30号	86-351-7676067 86-351-7676023	sxswgzjj@163.com
内蒙古外国专家局 内蒙古国际人才交流协会	内蒙古呼和浩特市中山东路团结巷8号	86-471-6944216	
辽宁省外国专家局 辽宁省国际人才交流协会	辽宁省沈阳市沈河区中山路377号	86-24-22959193 86-24-22829820	lnwzj@163.com
沈阳市外国专家局 沈阳海外人才交流协会	辽宁省沈阳市沈河区北京街16号市人才大厦1204室	86-24-22533898 86-24-22531479	
大连市外国专家局	辽宁省大连市沙河口区联合路100号	86-411-83623465	
吉林省国际人才交流协会	吉林省长春市亚泰大街3336号金业大厦B座809	86-431-88690906 86-431-88690906	jaiep@public.cc.jl.cn
长春市外国专家局	吉林省长春市西民主大街809号	86-25-89871365 86-25-85679971	ccafea@163.com
黑龙江省外国专家局	黑龙江省哈尔滨市香坊区68号	86-451-87130148	
哈尔滨市外国专家局 哈尔滨国际人才交流协会	黑龙江省哈尔滨市道里区友谊路425号人力资源和社会保障局3号楼	86-451-84871683 86-451-84871683	hwzj0425@163.com
上海市外国专家局 上海国际人才交流协会	上海市浦东新区世博村路300号	86-21-23111111 86-21-50722823	
江苏省国际人才交流协会	江苏省南京市中山北路49号	86-25-83236024 86-25-83236136	yangzhenghuax@163.com
南京市国际人才交流协会	江苏省南京市北京东路43-2号台城大厦902室	86-25-83639175	
徐州国际人才交流协会	江苏省徐州市解放南路科技城高新技术创业中心大厦307室	86-516-83897228 86-516-83897228	xzaiep@163.com
浙江省国际人才交流协会	浙江省政府2号楼	86-571-87051075 86-571-87051075	zaiep@zjrs.gov.cn
杭州国际人才交流协会	浙江省杭州市莫干山路73号金汇大厦1016室	86-571-88392816 86-571-88392869	haiep_hz@hotmail.com
宁波国际人才交流协会	浙江省宁波市解放北路91号	86-574-87186224 86-574-87284726	nbcaiep@mail.nbptt.zj.cn
安徽省外国专家局 安徽省国际人才交流协会	安徽省合肥市长江中路333号省人力资源和社会保障厅东四楼	86-551-62653950 86-551-62653750	gjc@ah.hrss.gov.cn
福建省外国专家局	福建省福州市华林路省政府大院8号楼513	86-591-87833950 86-591-87833900	87833950@163.com
厦门市国际人才交流协会	福建省厦门市湖滨北路61号	86-592-5366613 86-592-5116399	wzj@xmrs.gov.cn
江西省外国专家局	江西省南昌市省政府大院南一路10号	86-791-6386283 86-791-6386287	jxaiep@126.com
山东省外国专家局 山东省国际人才交流协会	山东省济南市省府前街1号	86-531-86095543 86-531-86118524	sdwgzj@163.com

济南市外国专家局 济南国际人才交流协会	山东省济南市龙鼎大道1号济南龙奥大厦5层D区	86-531-66605975 86-531-87914770	jnfea@163.com
青岛市外国专家局 青岛国际人才交流协会	山东省青岛市市南区闽江路7号	86-532-85911347 86-532-85912090	qingdaoyzb@126.com
河南省国际人才交流协会	河南省郑州市金水路39号	86-371-66371379 86-371-66366102	hnswzj@126.com
郑州市外国专家局 郑州市国际人才交流协会	河南省郑州市陇海路360号	86-371-67185103 86-371-67177610	zzswzj@163.com
湖北省外国专家局 湖北国际人才交流协会	湖北省武汉市武昌区八一路3号	86-27-87827927 86-27-87827927	hb_feb@163.com
武汉市外国专家局 武汉国际人才交流协会	湖北省武汉市江岸区胜利街263号	86-27-82827387 86-27-82812889	rswxl@yahoo.com.cn
湖南省外国专家局	湖南省长沙市韶山路1号	86-731-2215730 86-731-2215730	hnfeb@163. com
长沙市外国专家局	湖南省长沙市岳麓大道218号市政府第二办公楼0847-48室	86-731-88668028 86-731-88666718	csswgzjj@tom. com
广东省外国专家局	广东省广州市东风中路483号粤财大厦	86-20-83134790 86-20-83134793	gdaiep@21cn.com
广州市外国专家局 广州国际人才交流协会	广东省广州市小北路266号北秀大厦7楼	86-20-83540910 86-20-83541272	
深圳市引进国外智力办公室（深圳市外国专家局）	广东省深圳市福田深南中路1025号新城大厦东座1-2楼	86-755-25942934 86-755-25988396	
广西外国专家局 广西国际人才交流中心	广西南宁市星湖路35号	86-771-5847513 86-771-5853371	gxbfea@163.com
海南省外国专家局 海南省国际人才交流协会	海南省海口市白龙南路42号万福大厦9楼	86-898-65334237 86-898-65334141	hpbfea@gmail.com
重庆市外国专家局 重庆国际人才交流协会	重庆市渝北区新牌坊一路1号	86-23-86868533 86-23-86868507	
四川省外国专家局 四川省国际人才交流协会	四川省成都市人民中路东二巷18号	86-28-86742939 86-28-86628201	sicaiep@163. com
成都市外国专家局 成都留学回国人员工作站	四川省成都市锦城大道366号3号楼24楼	86-28-61888213 86-28-61888213	cdwzj2005@163.com
贵州省国际人才交流协会	贵州省贵阳市省政府大院5号楼11层	86-851-6830156 86-851-6830156	gzaiep@public.gz.cn
云南省外国专家局	云南省昆明市如安街56号	86-871-3630501 86-871-3630502 86-871-3630505	yunnan@caiep.org
西藏自治区外国专家局	西藏拉萨市夺底路24号区就业办公大楼4017办公室	86-891-6602571 86-891-6602510	
陕西省外国专家局 陕西省国际人才交流协会	陕西省西安市新城广场省政府前大楼618室	86-29-87293648 86-29-87293648	saiep@shaanxi.gov.cn
西安市外国专家局 西安国际人才交流协会	陕西省西安市凤城八路109号西安市政府6号楼4层	86-29-86786937 86-29-86786937	xian@caiep.org
甘肃省外国专家局 甘肃省国际人才交流协会	甘肃省兰州市金昌南路280号红星大厦14层	86-931-8877115 86-931-8877117 86-931-8885342	gsaiep@public.lz.gs.cn
青海省外国专家局	青海省西宁市五四西路5号	86-971-6307594 86-971-6312283	qhwzj0971@sina.com
宁夏外国专家局 宁夏国际人才交流协会	宁夏银川市上海东路40号	86-951-5099077 86-951-5099089 86-951-5099013	nxwzj2010@163.com
新疆生产建设兵团外国专家局	新疆乌鲁木齐市光明路196号	86-991-2899404 86-991-2899403 86-991-2890460	2899404@xjbt.gov.cn
新疆国际人才交流协会	新疆乌鲁木齐市北京南路445号	86-991-3689758 86-991-3689923	wgzjj@xjrs.gov.cn

附录篇

2015年在园企业名录

企业名称	所在园区	所属行业
北京创美先进科技有限公司	北大留学人员创业园	电子信息
北京弘璟科技有限公司	北大留学人员创业园	电子信息
北京洪烽科技有限公司	北大留学人员创业园	电子信息
北京吉遨时代科技有限公司	北大留学人员创业园	电子信息
北京晶桥软件科技有限公司	北大留学人员创业园	电子信息
北京聚锋科技文化有限公司	北大留学人员创业园	电子信息
北京老虎致远科技有限公司	北大留学人员创业园	电子信息
北京量科邦信息技术有限公司	北大留学人员创业园	电子信息
北京罗兰加洛科技有限公司	北大留学人员创业园	电子信息
北京摩根麒麟信息技术有限公司	北大留学人员创业园	电子信息
北京上诺斯生物科技有限公司	北大留学人员创业园	电子信息
北京搜霸天下网络科技有限公司	北大留学人员创业园	电子信息
北京询达数据科技有限公司	北大留学人员创业园	电子信息
北京易思迈科技有限责任公司	北大留学人员创业园	电子信息
北京英华时代科技有限公司	北大留学人员创业园	电子信息
北京智慧视通科技有限公司	北大留学人员创业园	电子信息
聚牛科技（北京）有限公司	北大留学人员创业园	电子信息
源世界（北京）科技有限公司	北大留学人员创业园	电子信息
北京和美健康科技有限责任公司	北大留学人员创业园	生物医药
北京聚精瑞生科技有限公司	北大留学人员创业园	生物医药
北京强光海洋工程有限公司	北大留学人员创业园	生物医药
华诚睿光（北京）科技发展有限公司	北大留学人员创业园	生物医药
新源汇能(北京）生物科技有限公司	北大留学人员创业园	生物医药
北京迈赛富特科技有限责任公司	北大留学人员创业园	先进制造
北京韶华恒志科技有限公司	北大留学人员创业园	先进制造
北京爱森科技有限公司	北大留学人员创业园	新材料
北京至感科技有限公司	北大留学人员创业园	新材料
北京鸿讯无限科技有限公司	北大留学人员创业园	文化创意
北京嘉豪世纪科技有限公司	北大留学人员创业园	文化创意
北京土人城市规划设计有限公司	北大留学人员创业园	文化创意
北京土人景观与建筑规划设计研究院	北大留学人员创业园	文化创意
北京也土文化传播有限公司	北大留学人员创业园	文化创意
博雅和正管理咨询（北京）科技有限公司	北大留学人员创业园	文化创意
华商菁英（北京）文化发展有限公司	北大留学人员创业园	文化创意
农金博雅（北京）投资管理有限公司	北大留学人员创业园	文化创意
北京嘟豆信息技术有限公司	北大留学人员创业园	现代服务
北京海英商务俱乐部有限公司	北大留学人员创业园	现代服务
北京集智宏宇科技有限公司	北大留学人员创业园	现代服务
北京佳杰品尚国际贸易有限公司	北大留学人员创业园	现代服务
北京凯瑞思德社会经济咨询有限责任公司	北大留学人员创业园	现代服务
北京迈为思教育科技有限责任公司	北大留学人员创业园	现代服务
北京青禾旅读教育科技有限公司	北大留学人员创业园	现代服务
北京琼雨文化艺术有限公司	北大留学人员创业园	现代服务
北京威泰科技投资管理有限公司	北大留学人员创业园	现代服务
北京蔚道科技有限公司	北大留学人员创业园	现代服务
和华智慧（北京咨询有限公司	北大留学人员创业园	现代服务
中坤恒达（北京）科技有限公司	北大留学人员创业园	现代服务
爱默必晟科技（北京）有限公司	北京工业大学留学人员创业园	电子信息
北京阿德马斯系统集成有限责任公司	北京工业大学留学人员创业园	电子信息
北京爱奥时代信息科技有限公司	北京工业大学留学人员创业园	电子信息
北京和润科仪科技有限公司	北京工业大学留学人员创业园	电子信息
北京惠利莱科技有限公司	北京工业大学留学人员创业园	电子信息
北京铭鸿时代网络科技有限公司	北京工业大学留学人员创业园	电子信息
北京尼洛科技发展有限公司	北京工业大学留学人员创业园	电子信息
北京赛灵科技有限公司	北京工业大学留学人员创业园	电子信息
北京数优华智科技有限公司	北京工业大学留学人员创业园	电子信息
北京沃顿光华教育科技有限公司	北京工业大学留学人员创业园	电子信息
北京西塔网络科技有限公司	北京工业大学留学人员创业园	电子信息

北京喜地盛景多媒体技术有限公司	北京工业大学留学人员创业园	电子信息
北京学门科技有限公司	北京工业大学留学人员创业园	电子信息
北京众思悦科技发展有限公司	北京工业大学留学人员创业园	电子信息
辅弼清源科技有限责任公司	北京工业大学留学人员创业园	电子信息
中慧富纳科技（北京）有限公司	北京工业大学留学人员创业园	电子信息
中科育科技(北京)有限公司	北京工业大学留学人员创业园	电子信息
北京伽拓医药研究有限公司	北京工业大学留学人员创业园	生物医药
基诺克（北京）生物检验科技有限公司	北京工业大学留学人员创业园	生物医药
北京飞旋天行科技有限公司	北京工业大学留学人员创业园	先进制造
北京福莱达斯科技有限公司	北京工业大学留学人员创业园	先进制造
纳瑞科技（北京）有限公司	北京工业大学留学人员创业园	先进制造
阿姆弗莱克斯（北京）科技有限公司	北京工业大学留学人员创业园	新材料
北京泰和信科技有限公司	北京工业大学留学人员创业园	新材料
北京智德佳华教育科技有限公司	北京工业大学留学人员创业园	新材料
国益迪康环境技术（北京）有限公司	北京工业大学留学人员创业园	新材料
北京爱节堡石化科技有限公司	北京工业大学留学人员创业园	新能源环保
北京美索乐家新能源环保科技有限公司	北京工业大学留学人员创业园	新能源环保
金麦达新能源环保科技（北京）有限公司	北京工业大学留学人员创业园	新能源环保
北京京师快线教育咨询有限公司	北京工业大学留学人员创业园	文化创意
北京软影未来文化传播有限责任公司	北京工业大学留学人员创业园	文化创意
北京元气一派科技发展有限公司	北京工业大学留学人员创业园	文化创意
北京东方美中咨询有限公司	北京工业大学留学人员创业园	现代服务
北京惠宇乐邦环保科技有限公司	北京工业大学留学人员创业园	现代服务
北京集成创新经济咨询中心	北京工业大学留学人员创业园	现代服务
北京金耀汇金投资有限责任公司	北京工业大学留学人员创业园	现代服务
北京妙策士医疗科技有限公司	北京工业大学留学人员创业园	现代服务
北京万澎科技有限公司	北京工业大学留学人员创业园	现代服务
北京雨希阳科技有限责任公司	北京工业大学留学人员创业园	现代服务
北京中联文峰环保技术发展有限公司	北京工业大学留学人员创业园	现代服务
维态同慧（北京）科技有限公司	北京工业大学留学人员创业园	现代服务
中安高科检测科技（北京）有限公司	北京工业大学留学人员创业园	现代服务
北京艾德思奇科技有限公司	北航留学人员创业园	电子信息
北京澳盖尼克科技有限公司	北航留学人员创业园	电子信息
北京百树恒仁科技有限公司	北航留学人员创业园	电子信息
北京柏富特软件有限公司	北航留学人员创业园	电子信息
北京拜翠思科技有限公司	北航留学人员创业园	电子信息
北京北弟航安技术有限公司	北航留学人员创业园	电子信息
北京迪帆科技有限公司	北航留学人员创业园	电子信息
北京点众伟业科技有限公司	北航留学人员创业园	电子信息
北京动态时空科技有限公司	北航留学人员创业园	电子信息
北京恩能科技发展有限公司	北航留学人员创业园	电子信息
北京富讯盈科网络技术有限公司	北航留学人员创业园	电子信息
北京感华遂通科技有限公司	北航留学人员创业园	电子信息
北京古梁燕苑科技有限公司	北航留学人员创业园	电子信息
北京国是经委科技有限公司	北航留学人员创业园	电子信息
北京环球先锋科技有限公司	北航留学人员创业园	电子信息
北京环球新视窗信息科技有限公司	北航留学人员创业园	电子信息
北京佳意德文化科技有限公司	北航留学人员创业园	电子信息
北京嘉华开元科技发展有限公司	北航留学人员创业园	电子信息
北京金智海泰科技发展有限公司	北航留学人员创业园	电子信息
北京凯摩一百信息技术有限公司	北航留学人员创业园	电子信息
北京康联科讯科技有限公司	北航留学人员创业园	电子信息
北京昆士德技术有限公司	北航留学人员创业园	电子信息
北京乐迪爱通科技有限公司	北航留学人员创业园	电子信息
北京乐奇莱斯科技有限责任公司	北航留学人员创业园	电子信息
北京略颂信息技术有限公司	北航留学人员创业园	电子信息
北京迈迪泰克科技有限公司	北航留学人员创业园	电子信息
北京名智创亿技术发展有限公司	北航留学人员创业园	电子信息
北京旗硕基业科技有限公司	北航留学人员创业园	电子信息
北京庆达乐科技开发有限公司	北航留学人员创业园	电子信息

北京荣泰创想科技有限公司	北航留学人员创业园	电子信息
北京锐思科创科技有限公司	北航留学人员创业园	电子信息
北京瑞德金科技有限公司	北航留学人员创业园	电子信息
北京圣普创业科技有限公司	北航留学人员创业园	电子信息
北京食苑星技术有限公司分公司	北航留学人员创业园	电子信息
北京世纪三虹信息技术有限公司	北航留学人员创业园	电子信息
北京天汇万博科技发展有限公司	北航留学人员创业园	电子信息
北京拓智新宇科技发展有限公司	北航留学人员创业园	电子信息
北京微创博业科技有限公司	北航留学人员创业园	电子信息
北京维克斯软件有限公司	北航留学人员创业园	电子信息
北京药智软件技术科技有限公司	北航留学人员创业园	电子信息
北京益宇科技有限公司	北航留学人员创业园	电子信息
北京英特快捷科技有限公司	北航留学人员创业园	电子信息
北京盈美高科数字媒体网络科技有限公司	北航留学人员创业园	电子信息
北京元中方略科技发展有限公司	北航留学人员创业园	电子信息
北京长河旭日科技有限公司	北航留学人员创业园	电子信息
北京中大永盛科技有限公司	北航留学人员创业园	电子信息
北京中航星空通信技术有限公司	北航留学人员创业园	电子信息
北京中科微能科技有限公司	北航留学人员创业园	电子信息
北京竹松科技有限责任公司	北航留学人员创业园	电子信息
鸿运永高（北京）科技有限责任公司	北航留学人员创业园	电子信息
聚客网（北京）科技有限责任公司	北航留学人员创业园	电子信息
靠垫网络科技（北京）有限公司	北航留学人员创业园	电子信息
梦想人（北京）科技有限公司	北航留学人员创业园	电子信息
摩宝微科（北京）软件技术有限公司	北航留学人员创业园	电子信息
侨域高新技术（北京）有限公司	北航留学人员创业园	电子信息
软次方软件科技（北京）有限公司	北航留学人员创业园	电子信息
阳光汇通管理科技（北京）有限公司	北航留学人员创业园	电子信息
易福润德（北京）科技有限公司	北航留学人员创业园	电子信息
真实一路信息技术（北京）有限公司	北航留学人员创业园	电子信息
志诚信联（北京）信息技术有限公司	北航留学人员创业园	电子信息
北京柏辉瑞生物科技有限公司	北航留学人员创业园	生物医药
北京博尚展新生物技术有限公司	北航留学人员创业园	生物医药
北京恩瑞恒科技有限公司	北航留学人员创业园	生物医药
北京希而欧生物医药开发有限公司	北航留学人员创业园	生物医药
北京科致瑞斯自动化技术有限公司	北航留学人员创业园	先进制造
北京欧嘉科技发展有限公司	北航留学人员创业园	新材料
北京维泰凯信新技术有限公司	北航留学人员创业园	新材料
安元易如国际科技发展（北京）有限公司	北航留学人员创业园	新能源环保
HORTOR（北京）科技有限公司	北京科大留学人员创业园	电子信息
安迪曼（北京）科技有限公司	北京科大留学人员创业园	电子信息
北京爱林特立科技有限公司	北京科大留学人员创业园	电子信息
北京安科兴业科技有限公司	北京科大留学人员创业园	电子信息
北京北科智芯科技有限公司	北京科大留学人员创业园	电子信息
北京豪腾嘉科科技有限公司	北京科大留学人员创业园	电子信息
北京汇知通科贸有限公司	北京科大留学人员创业园	电子信息
北京凯英信业科技股份有限公司	北京科大留学人员创业园	电子信息
北京科大森浪信息技术有限公司	北京科大留学人员创业园	电子信息
北京凌声芯语音科技有限公司	北京科大留学人员创业园	电子信息
北京沁果科技有限公司	北京科大留学人员创业园	电子信息
北京洋浦伟业科技发展有限公司	北京科大留学人员创业园	电子信息
北京优米思科技有限责任公司	北京科大留学人员创业园	电子信息
北京兆易创新科技有限公司	北京科大留学人员创业园	电子信息
京微雅格（北京）科技有限公司	北京科大留学人员创业园	电子信息
康顺永泰（北京）国际文化科技有限公司	北京科大留学人员创业园	电子信息
能力天空科技（北京）有限公司	北京科大留学人员创业园	电子信息
曦丽科技（北京）股份有限公司	北京科大留学人员创业园	电子信息
英得赛斯科技（北京）有限公司	北京科大留学人员创业园	电子信息
北京强新生物科技有限公司	北京科大留学人员创业园	生物医药
北京兰德汇健康科技有限公司	北京科大留学人员创业园	生物医药

奥美合金材料科技（北京）有限公司	北京科大留学人员创业园	新材料
北京北科炫彤科技有限公司	北京科大留学人员创业园	新材料
北京高融材料科技有限公司	北京科大留学人员创业园	新材料
北京浩运金能科技有限公司	北京科大留学人员创业园	新材料
北京科大方兴高新技术有限公司	北京科大留学人员创业园	新材料
北京群硕新创科技有限公司	北京科大留学人员创业园	新材料
北京赛亿焊接技术有限公司	北京科大留学人员创业园	新材料
北京赛亿科技股份有限公司	北京科大留学人员创业园	新材料
北京时代锐智科技有限公司	北京科大留学人员创业园	新材料
北京为康环保科技有限公司	北京科大留学人员创业园	新材料
北京中科浩运科技有限公司	北京科大留学人员创业园	新材料
北京航添腾远科技发展有限公司	北京科大留学人员创业园	新能源环保
北京华业恒威油品新技术有限公司	北京科大留学人员创业园	新能源环保
北京科大朗涤环保工程技术有限公司	北京科大留学人员创业园	新能源环保
万若（北京）环境工程技术有限公司	北京科大留学人员创业园	新能源环保
安进医疗科技（北京）有限公司	北京科大留学人员创业园	装备制造
北京北科德瑞冶金工程技术有限公司	北京科大留学人员创业园	装备制造
北京华实达自动化控制工程技术有限公司	北京科大留学人员创业园	装备制造
北京华夏天合科技有限公司	北京科大留学人员创业园	装备制造
北京浩运广告传媒有限公司	北京科大留学人员创业园	文化创意
北京爱普乐信息技术有限公司	北京理工留学人员创业园	电子信息
北京爱思博锐科技有限公司	北京理工留学人员创业园	电子信息
北京按钮云商科技有限公司	北京理工留学人员创业园	电子信息
北京宝瑞光电科技有限公司	北京理工留学人员创业园	电子信息
北京宝通东亚制氢科技有限公司	北京理工留学人员创业园	电子信息
北京播谷医疗科技有限公司	北京理工留学人员创业园	电子信息
北京诚睿教育科技有限公司	北京理工留学人员创业园	电子信息
北京道格恩教育科技有限公司	北京理工留学人员创业园	电子信息
北京德可达科技有限公司	北京理工留学人员创业园	电子信息
北京帝比特科技有限公司	北京理工留学人员创业园	电子信息
北京凡博拓普创新科技有限公司	北京理工留学人员创业园	电子信息
北京风语纵贯线科技发展有限责任公司	北京理工留学人员创业园	电子信息
北京蜂鸟视图科技有限公司	北京理工留学人员创业园	电子信息
北京高材科技有限公司	北京理工留学人员创业园	电子信息
北京国承万通信息科技有限公司	北京理工留学人员创业园	电子信息
北京汉宇海阔软件科技有限公司	北京理工留学人员创业园	电子信息
北京恒通安信科技有限公司	北京理工留学人员创业园	电子信息
北京华大环球信息科技有限公司	北京理工留学人员创业园	电子信息
北京华威天立信息科技有限公司	北京理工留学人员创业园	电子信息
北京华新光讯科技有限公司	北京理工留学人员创业园	电子信息
北京华宁聚源科技发展有限公司	北京理工留学人员创业园	电子信息
北京机遇科技有限公司	北京理工留学人员创业园	电子信息
北京基摩信息科技有限公司	北京理工留学人员创业园	电子信息
北京嘉华思创科技有限公司	北京理工留学人员创业园	电子信息
北京金达雷科技有限公司	北京理工留学人员创业园	电子信息
北京精英高科高科技有限公司	北京理工留学人员创业园	电子信息
北京决策信诺科技有限公司	北京理工留学人员创业园	电子信息
北京乐奥克科技发展有限公司	北京理工留学人员创业园	电子信息
北京利迅金铭科技有限公司	北京理工留学人员创业园	电子信息
北京联星科通微电子技术有限公司	北京理工留学人员创业园	电子信息
北京麦克斯泰科技有限公司	北京理工留学人员创业园	电子信息
北京南风科创应用技术有限公司	北京理工留学人员创业园	电子信息
北京诺信泰伺服科技有限公司	北京理工留学人员创业园	电子信息
北京欧达恒基科技发展有限公司	北京理工留学人员创业园	电子信息
北京派特森科技发展有限公司	北京理工留学人员创业园	电子信息
北京清科立业科技有限责任公司	北京理工留学人员创业园	电子信息
北京穷游天下科技发展有限公司	北京理工留学人员创业园	电子信息
北京睿日车心科技有限公司	北京理工留学人员创业园	电子信息
北京赛因哲信息技术有限公司	北京理工留学人员创业园	电子信息
北京时代金鹰管理科技有限责任公司	北京理工留学人员创业园	电子信息

北京加华博来科技有限公司	北京理工留学人员创业园	电子信息
北京覃思科技发展有限责任公司	北京理工留学人员创业园	电子信息
北京通顺达科技有限公司	北京理工留学人员创业园	电子信息
北京拓维思科技有限公司	北京理工留学人员创业园	电子信息
北京新峰维特光电科技有限公司	北京理工留学人员创业园	电子信息
北京新峰维讯科技发展有限公司	北京理工留学人员创业园	电子信息
北京信达软创科技有限公司	北京理工留学人员创业园	电子信息
北京星枫先控科技有限公司	北京理工留学人员创业园	电子信息
北京炎黄永辉科技有限公司	北京理工留学人员创业园	电子信息
北京怡凯智能技术有限公司	北京理工留学人员创业园	电子信息
北京屹林智信科技发展有限公司	北京理工留学人员创业园	电子信息
北京翼行科技有限公司	北京理工留学人员创业园	电子信息
北京盈龙数字科技有限公司	北京理工留学人员创业园	电子信息
北京永洪商智科技有限公司	北京理工留学人员创业园	电子信息
北京涌金冠泰网络技术有限公司	北京理工留学人员创业园	电子信息
北京优客思信息技术有限公司	北京理工留学人员创业园	电子信息
北京云启信息技术有限公司	北京理工留学人员创业园	电子信息
北京中德开元科技发展有限公司	北京理工留学人员创业园	电子信息
北京中科软银信息技术有限公司	北京理工留学人员创业园	电子信息
创极意（北京）科技有限公司	北京理工留学人员创业园	电子信息
菲特福康（北京）科技有限公司	北京理工留学人员创业园	电子信息
海德星科技（北京）有限公司	北京理工留学人员创业园	电子信息
华尔兹（北京）科技有限公司	北京理工留学人员创业园	电子信息
华能卫通科技（北京）有限公司	北京理工留学人员创业园	电子信息
华夏星通（北京）科技发展有限公司	北京理工留学人员创业园	电子信息
寰宇慧旅（北京）科技有限公司	北京理工留学人员创业园	电子信息
慧众行知科技（北京）有限公司	北京理工留学人员创业园	电子信息
嘉翔佰仕（北京）科技有限公司	北京理工留学人员创业园	电子信息
鲲鹏动力（北京）科技有限公司	北京理工留学人员创业园	电子信息
融智贝能科技（北京）有限公司	北京理工留学人员创业园	电子信息
尚诺科技（中国）有限公司	北京理工留学人员创业园	电子信息
泰邦泰平科技（北京）有限公司	北京理工留学人员创业园	电子信息
泰瑞数创科技（北京）有限公司	北京理工留学人员创业园	电子信息
泰瑞天际科技（北京）有限公司	北京理工留学人员创业园	电子信息
泰圣思信息系统开发（北京）有限公司	北京理工留学人员创业园	电子信息
天际瞰宇信息技术（北京）有限公司	北京理工留学人员创业园	电子信息
途锐数创（北京）科技有限公司	北京理工留学人员创业园	电子信息
万思飞科科技（北京）有限责任公司	北京理工留学人员创业园	电子信息
矽华远通（北京）科技有限公司	北京理工留学人员创业园	电子信息
星枫科技（北京）有限公司	北京理工留学人员创业园	电子信息
亚航科技（北京）有限公司	北京理工留学人员创业园	电子信息
亚太麒麟（北京）电子信息技术有限公司	北京理工留学人员创业园	电子信息
一起走（北京）健康科技有限公司	北京理工留学人员创业园	电子信息
亿维融智软件科技（北京）有限公司	北京理工留学人员创业园	电子信息
易云捷讯信息科技（北京）有限责任公司	北京理工留学人员创业园	电子信息
优美微迅（北京）科技有限公司	北京理工留学人员创业园	电子信息
游戏风雷（北京）科技有限公司	北京理工留学人员创业园	电子信息
掌通万维（北京）科技有限公司	北京理工留学人员创业园	电子信息
智城在线科技（北京）有限公司	北京理工留学人员创业园	电子信息
中安信博科技（北京）有限公司	北京理工留学人员创业园	电子信息
中科律信息技术（北京）有限公司	北京理工留学人员创业园	电子信息
中科泰岳（北京）科技有限公司	北京理工留学人员创业园	电子信息
自由飞越国际航空技术服务（北京）有限公司	北京理工留学人员创业园	电子信息
北京北交科仪科技有限公司	北京理工留学人员创业园	生物医药
北京思弗威生物科技有限公司	北京理工留学人员创业园	生物医药
太阳圣华（北京）医疗科技有限公司	北京理工留学人员创业园	生物医药
北京北交科仪科技有限公司	北京理工留学人员创业园	新材料
北京碧华环境工程有限公司	北京理工留学人员创业园	新材料
北京固本科技有限公司	北京理工留学人员创业园	新材料
北京海利高科科技有限公司	北京理工留学人员创业园	新材料

北京极泰冷锻科技有限公司	北京理工留学人员创业园	新材料
北京五泽坤科技有限公司	北京理工留学人员创业园	新材料
北京亚方元新技术发展有限公司	北京理工留学人员创业园	新材料
北京耀锐能源科技有限公司	北京理工留学人员创业园	新材料
北京意普万工程塑料有限公司	北京理工留学人员创业园	新材料
北京宇极科技发展有限公司	北京理工留学人员创业园	新材料
北京宇极神光科技有限公司	北京理工留学人员创业园	新材料
北京宇极芯光光电技术有限公司	北京理工留学人员创业园	新材料
北京中村宇极科技有限公司	北京理工留学人员创业园	新材料
汉朗科技（北京）有限责任公司	北京理工留学人员创业园	新材料
北京海美节能科技有限公司	北京理工留学人员创业园	新能源环保
北京京创鸿业智能动力系统有限公司	北京理工留学人员创业园	新能源环保
北京盛华和一科技有限公司	北京理工留学人员创业园	新能源环保
中丹康灵（北京）生物技术有限公司	北京理工留学人员创业园	新能源环保
北京因极技术有限公司	北京理工留学人员创业园	新能源汽车
安志（北京）资产管理有限公司	北京理工留学人员创业园	现代服务
北京励俊亮景教育科技有限责任公司	北京理工留学人员创业园	现代服务
北京热瓦教育科技有限公司	北京理工留学人员创业园	现代服务
北京思弗威生物科技有限公司	北京理工留学人员创业园	现代服务
鲁宾数唯管理咨询（北京）有限公司	北京理工留学人员创业园	现代服务
百维数元信息科技（北京）有限公司	北京经济技术开发区留学人员（汇龙森）创业园	电子信息
北京布洛维科技有限公司	北京经济技术开发区留学人员（汇龙森）创业园	电子信息
北京地米科技有限公司	北京经济技术开发区留学人员（汇龙森）创业园	电子信息
北京鸿智电通科技有限公司	北京经济技术开发区留学人员（汇龙森）创业园	电子信息
北京集翔多维信息技术有限公司	北京经济技术开发区留学人员（汇龙森）创业园	电子信息
北京捷安高信息科技有限公司	北京经济技术开发区留学人员（汇龙森）创业园	电子信息
北京洛美科技有限公司	北京经济技术开发区留学人员（汇龙森）创业园	电子信息
北京强盛明禾科技发展有限公司	北京经济技术开发区留学人员（汇龙森）创业园	电子信息
北京人众人科技发展有限公司	北京经济技术开发区留学人员（汇龙森）创业园	电子信息
北京宇辰新立技术有限公司	北京经济技术开发区留学人员（汇龙森）创业园	电子信息
中盛国联技术（北京）有限公司	北京经济技术开发区留学人员（汇龙森）创业园	电子信息
自由人(北京)信息技术开发有限公司	北京经济技术开发区留学人员（汇龙森）创业园	电子信息
奥达国际生物技术（北京）有限公司	北京经济技术开发区留学人员（汇龙森）创业园	生物医药
北京艾百诺科技有限公司	北京经济技术开发区留学人员（汇龙森）创业园	生物医药
北京傲锐东源生物科技有限公司	北京经济技术开发区留学人员（汇龙森）创业园	生物医药
北京奥科迪医药技术开发有限公司	北京经济技术开发区留学人员（汇龙森）创业园	生物医药
北京奥萨医药研究中心有限公司	北京经济技术开发区留学人员（汇龙森）创业园	生物医药
北京泛生子生物科技有限公司	北京经济技术开发区留学人员（汇龙森）创业园	生物医药
北京冈大医疗科技有限公司	北京经济技术开发区留学人员（汇龙森）创业园	生物医药
北京华美协康生物科技有限公司	北京经济技术开发区留学人员（汇龙森）创业园	生物医药
北京华夏凯奇生物技术有限公司	北京经济技术开发区留学人员（汇龙森）创业园	生物医药
北京汇智泰康医药技术有限公司	北京经济技术开发区留学人员（汇龙森）创业园	生物医药
北京金点晴科技有限公司	北京经济技术开发区留学人员（汇龙森）创业园	生物医药
北京凯莱天成医药科技有限公司	北京经济技术开发区留学人员（汇龙森）创业园	生物医药
北京康晋老龄用品科技有限公司	北京经济技术开发区留学人员（汇龙森）创业园	生物医药
北京康朴尼检测技术有限公司	北京经济技术开发区留学人员（汇龙森）创业园	生物医药
北京龙兴生物医药有限公司	北京经济技术开发区留学人员（汇龙森）创业园	生物医药
北京迈康斯德医药技术有限公司	北京经济技术开发区留学人员（汇龙森）创业园	生物医药
北京普禄德医药科技有限公司	北京经济技术开发区留学人员（汇龙森）创业园	生物医药
北京睿宇博为医疗技术有限公司	北京经济技术开发区留学人员（汇龙森）创业园	生物医药
北京赛诺进医药科技有限公司	北京经济技术开发区留学人员（汇龙森）创业园	生物医药
北京天成新脉生物技术有限公司	北京经济技术开发区留学人员（汇龙森）创业园	生物医药
北京义翘神州生物技术有限公司	北京经济技术开发区留学人员（汇龙森）创业园	生物医药
北京友通上昊科技有限公司	北京经济技术开发区留学人员（汇龙森）创业园	生物医药
博瑞佳影（北京）科技有限公司	北京经济技术开发区留学人员（汇龙森）创业园	生物医药
杜比环球医疗技术（北京）有限公司	北京经济技术开发区留学人员（汇龙森）创业园	生物医药
神州细胞工程有限公司	北京经济技术开发区留学人员（汇龙森）创业园	生物医药
新博医疗技术有限公司	北京经济技术开发区留学人员（汇龙森）创业园	生物医药
中黄乾元（北京）生物技术有限公司	北京经济技术开发区留学人员（汇龙森）创业园	生物医药
北京欧美利华科技有限公司	北京经济技术开发区留学人员（汇龙森）创业园	先进制造

北京欧仕鸿彦音响科技有限公司	北京经济技术开发区留学人员（汇龙森）创业园	先进制造
北京欧仕鸿彦影音设备有限公司	北京经济技术开发区留学人员（汇龙森）创业园	先进制造
北京锐洁机器人科技有限公司	北京经济技术开发区留学人员（汇龙森）创业园	先进制造
北京瑞驰拓维科技有限公司	北京经济技术开发区留学人员（汇龙森）创业园	先进制造
北京睿昱达科技有限公司	北京经济技术开发区留学人员（汇龙森）创业园	先进制造
北京易拓智谱科技有限公司	北京经济技术开发区留学人员（汇龙森）创业园	先进制造
北京中机精科自润轴承有限公司	北京经济技术开发区留学人员（汇龙森）创业园	先进制造
北京住信通光电技术有限公司	北京经济技术开发区留学人员（汇龙森）创业园	先进制造
奥码拓（北京）科技有限公司	北京经济技术开发区留学人员（汇龙森）创业园	新材料
北京方佳得众科技有限公司	北京经济技术开发区留学人员（汇龙森）创业园	新材料
北京开元科创科技发展有限公司	北京经济技术开发区留学人员（汇龙森）创业园	新材料
远景雅涵材料科技（北京）有限公司	北京经济技术开发区留学人员（汇龙森）创业园	新材料
北京海瑞克科技发展有限公司	北京经济技术开发区留学人员（汇龙森）创业园	新能源环保
北京银河之舟环保科技有限公司	北京经济技术开发区留学人员（汇龙森）创业园	新能源环保
北京云鹏盛元环保科技有限公司	北京经济技术开发区留学人员（汇龙森）创业园	新能源环保
德赛奥智能科技（北京）有限公司	北京经济技术开发区留学人员（汇龙森）创业园	新能源环保
恒利和信建筑环境科技（北京）有限公司	北京经济技术开发区留学人员（汇龙森）创业园	新能源环保
京科高新（北京）环境科学研究所	北京经济技术开发区留学人员（汇龙森）创业园	新能源环保
北京创雅文化有限公司	北京经济技术开发区留学人员（汇龙森）创业园	文化创意
北京南北佳亦管理咨询有限公司	北京经济技术开发区留学人员（汇龙森）创业园	文化创意
北京汉科云端科技发展有限公司	北京经开•北工大软件园留学人员创业园	电子信息
北京精科评测技术有限公司	北京经开•北工大软件园留学人员创业园	电子信息
北京科跃信息技术有限公司	北京经开•北工大软件园留学人员创业园	电子信息
北京联凯捷信息科技发展有限公司	北京经开•北工大软件园留学人员创业园	电子信息
北京亮慧通科技发展有限公司	北京经开•北工大软件园留学人员创业园	电子信息
北京诺维远通科技发展有限公司	北京经开•北工大软件园留学人员创业园	电子信息
北京维基泰格科技有限公司	北京经开•北工大软件园留学人员创业园	电子信息
北京物泰天杰信息科技有限公司	北京经开•北工大软件园留学人员创业园	电子信息
勒加美制冷科技(北京)有限公司	北京经开•北工大软件园留学人员创业园	电子信息
全景腾飞管理科技（北京）有限公司	北京经开•北工大软件园留学人员创业园	电子信息
太极光控制软件(北京)有限公司	北京经开•北工大软件园留学人员创业园	电子信息
北京贝美拓新药研发有限公司	北京经开•北工大软件园留学人员创业园	生物医药
北京康源健科技发展有限公司	北京经开•北工大软件园留学人员创业园	生物医药
北京乐健堂健康科技中心有限公司	北京经开•北工大软件园留学人员创业园	生物医药
北京益生汇康生物技术有限公司	北京经开•北工大软件园留学人员创业园	生物医药
尼科布莱克（北京）科技发展有限公司	北京经开•北工大软件园留学人员创业园	生物医药
中辰环能技术（北京）有限公司	北京经开•北工大软件园留学人员创业园	新材料
北京熠坤世纪文化传播有限公司	北京经开•北工大软件园留学人员创业园	文化创意
北京爱种网络科技有限公司	北京市留学人员海淀创业园	电子信息
北京奥普泰克科技有限责任公司	北京市留学人员海淀创业园	电子信息
北京百胜扬软件技术有限公司	北京市留学人员海淀创业园	电子信息
北京博奥联盟国际体育发展有限公司	北京市留学人员海淀创业园	电子信息
北京博翰凯林科技有限公司	北京市留学人员海淀创业园	电子信息
北京博盟华建科技有限公司	北京市留学人员海淀创业园	电子信息
北京博盟文化传媒有限公司	北京市留学人员海淀创业园	电子信息
北京博视汇众科技有限公司	北京市留学人员海淀创业园	电子信息
北京才冠软件有限公司	北京市留学人员海淀创业园	电子信息
北京触亨科技有限公司	北京市留学人员海淀创业园	电子信息
北京创锐时光信息科技有限公司	北京市留学人员海淀创业园	电子信息
北京答美文化传播有限公司	北京市留学人员海淀创业园	电子信息
北京大云悦动科技有限公司	北京市留学人员海淀创业园	电子信息
北京德意创智科技有限公司	北京市留学人员海淀创业园	电子信息
北京德中天地科技有限责任公司	北京市留学人员海淀创业园	电子信息
北京迪格斯玛科技有限公司	北京市留学人员海淀创业园	电子信息
北京地丰宝科技有限公司	北京市留学人员海淀创业园	电子信息
北京法佑美博科技有限公司	北京市留学人员海淀创业园	电子信息
北京泛维智联信息技术有限公司	北京市留学人员海淀创业园	电子信息
北京方寸致远科技有限公司	北京市留学人员海淀创业园	电子信息
北京丰华联合科技有限公司	北京市留学人员海淀创业园	电子信息
北京枫业天际科技有限责任公司	北京市留学人员海淀创业园	电子信息

北京富通润泽科技有限公司	北京市留学人员海淀创业园	电子信息
北京冠生云医疗技术有限公司	北京市留学人员海淀创业园	电子信息
北京桂花网科技有限公司	北京市留学人员海淀创业园	电子信息
北京浩源科汇信息技术有限公司	北京市留学人员海淀创业园	电子信息
北京合众映画影视科技有限公司	北京市留学人员海淀创业园	电子信息
北京黑尾狗科技有限公司	北京市留学人员海淀创业园	电子信息
北京华成经纬软件科技有限公司	北京市留学人员海淀创业园	电子信息
北京华通伟业科技发展有限公司	北京市留学人员海淀创业园	电子信息
北京华夏博信环境咨询有限公司	北京市留学人员海淀创业园	电子信息
北京华兴宏视技术发展有限公司	北京市留学人员海淀创业园	电子信息
北京欢乐畅娱科技发展有限公司	北京市留学人员海淀创业园	电子信息
北京回首科技有限公司	北京市留学人员海淀创业园	电子信息
北京见筑见造科技有限公司	北京市留学人员海淀创业园	电子信息
北京金码荣科技有限公司	北京市留学人员海淀创业园	电子信息
北京金脑信科科技有限公司	北京市留学人员海淀创业园	电子信息
北京晶科华盛科技有限公司	北京市留学人员海淀创业园	电子信息
北京九章云极科技有限公司	北京市留学人员海淀创业园	电子信息
北京久久相悦科技有限公司	北京市留学人员海淀创业园	电子信息
北京宽量科技有限公司	北京市留学人员海淀创业园	电子信息
北京朗波芯微技术有限公司	北京市留学人员海淀创业园	电子信息
北京立道软件股份有限公司	北京市留学人员海淀创业园	电子信息
北京良舟通讯科技有限公司	北京市留学人员海淀创业园	电子信息
北京萌爪科技有限公司	北京市留学人员海淀创业园	电子信息
北京秘密科技有限公司	北京市留学人员海淀创业园	电子信息
北京诺可瑞网络科技有限公司	北京市留学人员海淀创业园	电子信息
北京诺克安维特生物科技有限公司	北京市留学人员海淀创业园	电子信息
北京鹏飞遥遥科技有限公司	北京市留学人员海淀创业园	电子信息
北京奇想工房信息科技有限公司	北京市留学人员海淀创业园	电子信息
北京黔龙泰达科技有限公司	北京市留学人员海淀创业园	电子信息
北京黔龙图视科技有限公司	北京市留学人员海淀创业园	电子信息
北京求思智云计算科技有限公司	北京市留学人员海淀创业园	电子信息
北京睿信毅城科技有限公司	北京市留学人员海淀创业园	电子信息
北京尚世同禾科技有限公司	北京市留学人员海淀创业园	电子信息
北京圣博亚科技有限公司	北京市留学人员海淀创业园	电子信息
北京盛世弘康科技有限公司	北京市留学人员海淀创业园	电子信息
北京市航芯微科技有限公司	北京市留学人员海淀创业园	电子信息
北京天河石科技有限责任公司	北京市留学人员海淀创业园	电子信息
北京天下旅行科技有限公司	北京市留学人员海淀创业园	电子信息
北京途伴云游科技有限公司	北京市留学人员海淀创业园	电子信息
北京旺泰通信息技术服务有限责任公司	北京市留学人员海淀创业园	电子信息
北京威视云通科技有限公司	北京市留学人员海淀创业园	电子信息
北京唯体科技有限责任公司	北京市留学人员海淀创业园	电子信息
北京蔚道科技有限公司	北京市留学人员海淀创业园	电子信息
北京悟波智联科技有限公司	北京市留学人员海淀创业园	电子信息
北京先知科技有限公司	北京市留学人员海淀创业园	电子信息
北京小仙科技有限公司	北京市留学人员海淀创业园	电子信息
北京欣润科技有限公司	北京市留学人员海淀创业园	电子信息
北京新凯咨询有限责任公司	北京市留学人员海淀创业园	电子信息
北京新影科技有限公司	北京市留学人员海淀创业园	电子信息
北京新兆民科技有限公司	北京市留学人员海淀创业园	电子信息
北京馨宁科技有限公司	北京市留学人员海淀创业园	电子信息
北京星闪世图科技有限公司	北京市留学人员海淀创业园	电子信息
北京循之网络科技有限公司	北京市留学人员海淀创业园	电子信息
北京阳河湾科技有限公司	北京市留学人员海淀创业园	电子信息
北京伊瑟嘉科技有限公司	北京市留学人员海淀创业园	电子信息
北京以萨数据科技有限公司	北京市留学人员海淀创业园	电子信息
北京亿信达科技有限公司	北京市留学人员海淀创业园	电子信息
北京银融科技有限责任公司	北京市留学人员海淀创业园	电子信息
北京英创启智数字出版技术有限公司	北京市留学人员海淀创业园	电子信息
北京优医行科技有限公司	北京市留学人员海淀创业园	电子信息

北京云风速科技有限公司	北京市留学人员海淀创业园	电子信息
北京正和之道科技有限公司	北京市留学人员海淀创业园	电子信息
北京帧观半导体科技有限公司	北京市留学人员海淀创业园	电子信息
北京智汇康美科技有限责任公司	北京市留学人员海淀创业园	电子信息
北京智慧云享网络科技有限公司	北京市留学人员海淀创业园	电子信息
北京中天金谷电子商务有限公司	北京市留学人员海淀创业园	电子信息
北京众融科技有限公司	北京市留学人员海淀创业园	电子信息
北京众智人人信息科技有限责任公司	北京市留学人员海淀创业园	电子信息
北京众智无限科技有限公司	北京市留学人员海淀创业园	电子信息
北京紫晶信息技术有限公司	北京市留学人员海淀创业园	电子信息
创想汇智科技（北京）有限公司	北京市留学人员海淀创业园	电子信息
法佑美博（北京）科技有限公司	北京市留学人员海淀创业园	电子信息
宏盛高科科技（北京）有限公司	北京市留学人员海淀创业园	电子信息
华语传颂（北京）教育科技有限公司	北京市留学人员海淀创业园	电子信息
寰球立德（北京）科技有限公司	北京市留学人员海淀创业园	电子信息
汇金元通投资服务（北京）有限公司	北京市留学人员海淀创业园	电子信息
火花飞翔（北京）移动科技有限公司	北京市留学人员海淀创业园	电子信息
家生活（北京）科技有限公司	北京市留学人员海淀创业园	电子信息
经研八信息科技（北京）有限公司	北京市留学人员海淀创业园	电子信息
蚂蚁互联科技（北京）有限公司	北京市留学人员海淀创业园	电子信息
妙麒麟（北京）科技有限公司	北京市留学人员海淀创业园	电子信息
睿芯联科（北京）电子科技有限公司	北京市留学人员海淀创业园	电子信息
狮美国际文化传播（北京）有限责任公司	北京市留学人员海淀创业园	电子信息
顽石运动智能科技（北京）有限公司	北京市留学人员海淀创业园	电子信息
向阳水木（北京）科技有限公司	北京市留学人员海淀创业园	电子信息
信真维超能源科技（北京）有限公司	北京市留学人员海淀创业园	电子信息
优比交互（北京）科技有限公司	北京市留学人员海淀创业园	电子信息
游鱼科技（北京）有限责任公司	北京市留学人员海淀创业园	电子信息
正品万家(北京)电子商务有限公司	北京市留学人员海淀创业园	电子信息
中车信科技有限公司	北京市留学人员海淀创业园	电子信息
中交智能科技股份有限公司	北京市留学人员海淀创业园	电子信息
中科纳维科技（北京）有限公司	北京市留学人员海淀创业园	电子信息
中卓信（北京）科技有限公司	北京市留学人员海淀创业园	电子信息
众投天地科技(北京)有限公司	北京市留学人员海淀创业园	电子信息
北京滨辉世纪科技有限公司	北京市留学人员海淀创业园	生物医药
北京春风绿生物医药科技有限公司	北京市留学人员海淀创业园	生物医药
北京冈大医疗科技有限公司	北京市留学人员海淀创业园	生物医药
北京海略世纪生物技术有限责任公司	北京市留学人员海淀创业园	生物医药
北京华普众生科技有限公司	北京市留学人员海淀创业园	生物医药
北京惠博远致科技有限公司	北京市留学人员海淀创业园	生物医药
北京九草堂药物研究院有限公司	北京市留学人员海淀创业园	生物医药
北京玖佳宜科技有限公司	北京市留学人员海淀创业园	生物医药
北京康湾科技有限公司	北京市留学人员海淀创业园	生物医药
北京尼博生物科技有限公司	北京市留学人员海淀创业园	生物医药
北京农哥农业科技有限公司	北京市留学人员海淀创业园	生物医药
北京派拉斯生物医药科技有限公司	北京市留学人员海淀创业园	生物医药
北京普迪克科技有限公司	北京市留学人员海淀创业园	生物医药
北京圣庭生物技术有限公司	北京市留学人员海淀创业园	生物医药
北京为肯科技有限公司	北京市留学人员海淀创业园	生物医药
北京维索科科技有限公司	北京市留学人员海淀创业园	生物医药
北京温馨天使科技有限公司	北京市留学人员海淀创业园	生物医药
北京西康英迪科技有限公司	北京市留学人员海淀创业园	生物医药
北京亿赛科技发展有限责任公司	北京市留学人员海淀创业园	生物医药
北京易活生物科技有限公司	北京市留学人员海淀创业园	生物医药
北京英特派生物科技有限公司	北京市留学人员海淀创业园	生物医药
北京优多爱特生物科技有限公司	北京市留学人员海淀创业园	生物医药
沃迪康（北京）医院管理有限公司	北京市留学人员海淀创业园	生物医药
北京超微上达科技有限公司	北京市留学人员海淀创业园	新材料
北京共价科技有限公司	北京市留学人员海淀创业园	新材料
北京晶晶星科技有限公司	北京市留学人员海淀创业园	新材料

北京中科嘉固科技有限公司	北京市留学人员海淀创业园	新材料
儒亚科技(北京)有限公司	北京市留学人员海淀创业园	新材料
升信新材（北京）科技有限公司	北京市留学人员海淀创业园	新材料
向阳水木（北京）新材料有限公司	北京市留学人员海淀创业园	新材料
柏美迪康环境科技（北京）有限公司	北京市留学人员海淀创业园	新能源环保
北京艾科格林科技有限公司	北京市留学人员海淀创业园	新能源环保
北京安澜尔雅科技有限公司	北京市留学人员海淀创业园	新能源环保
北京安生绿源科技有限公司	北京市留学人员海淀创业园	新能源环保
北京海珍志阔科技有限公司	北京市留学人员海淀创业园	新能源环保
北京和竑灵源照明技术有限公司	北京市留学人员海淀创业园	新能源环保
北京华清寰宇科技有限公司	北京市留学人员海淀创业园	新能源环保
北京华清茵蓝科技有限公司	北京市留学人员海淀创业园	新能源环保
北京科兰之星环保科技有限公司	北京市留学人员海淀创业园	新能源环保
北京谭珀金斯景观规划设计研究院	北京市留学人员海淀创业园	新能源环保
北京秀江河园林科技有限公司	北京市留学人员海淀创业园	新能源环保
北京智箱科技责任有限公司	北京市留学人员海淀创业园	新能源环保
北京中陆能环科技有限公司	北京市留学人员海淀创业园	新能源环保
枫荻思远（北京）国际节能技术有限公司	北京市留学人员海淀创业园	新能源环保
光合未来（北京）绿植科技有限责任公司	北京市留学人员海淀创业园	新能源环保
国泰隆（北京）科技有限公司	北京市留学人员海淀创业园	新能源环保
瑞曼博（北京）环保科技有限公司	北京市留学人员海淀创业园	新能源环保
中电电能科技（北京）有限公司	北京市留学人员海淀创业园	新能源环保
北京畅游水下科技有限公司	北京市留学人员海淀创业园	高端制造
北京东方锐择科技有限公司	北京市留学人员海淀创业园	高端制造
北京发源动力机械设计研究有限公司	北京市留学人员海淀创业园	高端制造
北京衡仪科技有限公司	北京市留学人员海淀创业园	高端制造
北京华尚精仪科技有限公司	北京市留学人员海淀创业园	高端制造
北京芥微科技有限公司	北京市留学人员海淀创业园	高端制造
北京莱邦科技有限公司	北京市留学人员海淀创业园	高端制造
北京零偏科技有限责任公司	北京市留学人员海淀创业园	高端制造
北京隆腾科技发展有限公司	北京市留学人员海淀创业园	高端制造
北京绿能嘉业新能源有限公司	北京市留学人员海淀创业园	高端制造
北京盟尚电力科技有限公司	北京市留学人员海淀创业园	高端制造
北京仁光信息技术有限公司	北京市留学人员海淀创业园	高端制造
北京润菲利德科技有限公司	北京市留学人员海淀创业园	高端制造
北京天河聚智科技有限公司	北京市留学人员海淀创业园	高端制造
北京志光伯元科技有限公司	北京市留学人员海淀创业园	高端制造
红京鸟力维(北京)科技有限公司	北京市留学人员海淀创业园	高端制造
一淼国际旅游景观规划设计（北京）有限责任公司	北京市留学人员海淀创业园	高端制造
中科安源（北京）科技有限公司	北京市留学人员海淀创业园	高端制造
艾莱华汇业科技（北京）有限公司	北京（望京）留学人员创业园	电子信息
北京博雅致用信息科技有限公司	北京（望京）留学人员创业园	电子信息
北京财富智库信息系统有限公司	北京（望京）留学人员创业园	电子信息
北京广益网络科技有限责任公司	北京（望京）留学人员创业园	电子信息
北京滚雷电子商务有限公司	北京（望京）留学人员创业园	电子信息
北京龙德远征科技有限公司	北京（望京）留学人员创业园	电子信息
北京妙微科技有限公司	北京（望京）留学人员创业园	电子信息
北京奇乐客科技有限公司	北京（望京）留学人员创业园	电子信息
北京唐海科技有限公司	北京（望京）留学人员创业园	电子信息
北京信久通科技有限公司	北京（望京）留学人员创业园	电子信息
北京中重重机软件科技有限公司	北京（望京）留学人员创业园	电子信息
乐鲲（北京）科技有限公司	北京（望京）留学人员创业园	电子信息
全维智码信息技术（北京）有限公司	北京（望京）留学人员创业园	电子信息
爱科凯能科技（北京）有限公司	北京（望京）留学人员创业园	生物医药
北海康成（北京）医药科技有限公司	北京（望京）留学人员创业园	生物医药
北京杰华生物技术有限责任公司	北京（望京）留学人员创业园	生物医药
北京青元盛康生物医药科技有限公司	北京（望京）留学人员创业园	生物医药
杰华（北京）生物医药研究院	北京（望京）留学人员创业园	生物医药
欧中瑞华（北京）科技发展有限责任公司	北京（望京）留学人员创业园	生物医药
维德世医学仪器系统（北京）有限公司	北京（望京）留学人员创业园	生物医药

北京雷吉特科技发展有限公司	北京（望京）留学人员创业园	先进制造
北京德华众升能源科技有限公司	北京（望京）留学人员创业园	新能源环保
北京可视化节能科技有限公司	北京（望京）留学人员创业园	新能源环保
北京默凯斯能源技术有限公司	北京（望京）留学人员创业园	新能源环保
北京万瑞尔高科技有限公司	北京（望京）留学人员创业园	新能源环保
国鑫矿业勘探有限公司	北京（望京）留学人员创业园	新能源环保
精进电动科技（北京）有限公司	北京（望京）留学人员创业园	新能源环保
北京诺兰特生态设计研究院有限公司	北京（望京）留学人员创业园	文化创意
北京无源建筑规划设计院	北京（望京）留学人员创业园	文化创意
漫游世界（北京）科技发展有限公司	北京（望京）留学人员创业园	文化创意
北京贝羿海科技有限公司	北京（望京）留学人员创业园	现代服务
北京华奥汽车服务有限公司	北京（望京）留学人员创业园	现代服务
北京科润兰德投资股份有限公司	北京（望京）留学人员创业园	现代服务
北京兰亭高创科技有限公司	北京（望京）留学人员创业园	现代服务
北京麦克西姆科技有限公司	北京（望京）留学人员创业园	现代服务
北京美欧联合投资有限公司	北京（望京）留学人员创业园	现代服务
北京睿思博意咨询管理有限公司	北京（望京）留学人员创业园	现代服务
北京视宴传媒科技有限公司	北京（望京）留学人员创业园	现代服务
北京释码大华科技有限公司	北京（望京）留学人员创业园	现代服务
北京塔科特医疗技术有限公司	北京（望京）留学人员创业园	现代服务
北京天睿空间科技有限公司	北京（望京）留学人员创业园	现代服务
北京天正创智信息技术有限公司	北京（望京）留学人员创业园	现代服务
北京英捷特数字出版技术有限公司	北京（望京）留学人员创业园	现代服务
北京智杰华隆技术发展有限公司	北京（望京）留学人员创业园	现代服务
本洲（北京）新技术推广有限公司	北京（望京）留学人员创业园	现代服务
都会佰（北京）科技发展有限公司	北京（望京）留学人员创业园	现代服务
凤凰云科技（北京）有限公司	北京（望京）留学人员创业园	现代服务
弘宜森合（北京）科技有限公司	北京（望京）留学人员创业园	现代服务
乐辰科技(北京)有限公司	北京（望京）留学人员创业园	现代服务
育软（北京）科技有限公司	北京（望京）留学人员创业园	现代服务
泽碧克（北京）建筑设计咨询有限公司	北京（望京）留学人员创业园	现代服务
北京爱世华辰科技有限公司	北师大留学人员创业园	电子信息
北京汇智润生教育咨询有限公司	北师大留学人员创业园	电子信息
北京京师育才教育科技中心	北师大留学人员创业园	电子信息
北京聚云位智信息科技有限公司	北师大留学人员创业园	电子信息
北京留友教育科技股份有限公司	北师大留学人员创业园	电子信息
北京铭汉科技有限公司	北师大留学人员创业园	电子信息
北京沙丘神童科技有限公司	北师大留学人员创业园	电子信息
北京市莱科智多教育科技有限公司	北师大留学人员创业园	电子信息
北京亚鸿世纪科技发展有限公司	北师大留学人员创业园	电子信息
北京引众思源教育科技有限公司	北师大留学人员创业园	电子信息
互联智业（北京）科技有限公司	北师大留学人员创业园	电子信息
华文杏坛（北京）教育科技有限公司	北师大留学人员创业园	电子信息
麦德云（北京）科技有限公司	北师大留学人员创业园	电子信息
欣民网络技术（北京）有限公司	北师大留学人员创业园	电子信息
一美和（北京）信息技术有限公司	北师大留学人员创业园	电子信息
云通网联（北京）科技有限公司	北师大留学人员创业园	电子信息
北京美丽泌码美容技术有限公司	北师大留学人员创业园	生物医药
北京大方科技有限责任公司	北师大留学人员创业园	新能源环保
北京佳诺贝科技有限责任公司	北师大留学人员创业园	新能源环保
北京丝缤科技发展有限责任公司	北师大留学人员创业园	新能源环保
北京点密数字科技有限公司	北师大留学人员创业园	文化创意
北京数字幻想科技有限公司	北师大留学人员创业园	文化创意
北京天阳赛纳教育科技有限公司	北师大留学人员创业园	文化创意
京师慧谷（北京）文化创意有限公司	北师大留学人员创业园	文化创意
熙典国际教育科技（北京）有限公司	北师大留学人员创业园	文化创意
喜佳森（北京）文化传播有限公司	北师大留学人员创业园	文化创意
有爱分子文化创意（北京）有限公司	北师大留学人员创业园	文化创意
罂美尚品艺术设计（北京）有限公司	北师大留学人员创业园	文化创意
北京安卡科技有限公司	北师大留学人员创业园	现代服务

北京汇智润生教育咨询有限公司	北师大留学人员创业园	现代服务
北京佳诺贝科技有限责任公司	北师大留学人员创业园	现代服务
北京京师育才教育科技中心	北师大留学人员创业园	现代服务
北京留友教育科技股份有限公司	北师大留学人员创业园	现代服务
北京天阳赛纳教育科技有限公司	北师大留学人员创业园	现代服务
万博智库（北京）国际数学科学研究院	北师大留学人员创业园	现代服务
北京北邮安博胜通信技术有限公司	北邮留学人员创业园	电子信息
北京创讯未来软件技术有限公司	北邮留学人员创业园	电子信息
北京词酷科技有限公司	北邮留学人员创业园	电子信息
北京词网科技有限公司	北邮留学人员创业园	电子信息
北京多维恒达科技有限公司	北邮留学人员创业园	电子信息
北京飞思睿科技有限公司	北邮留学人员创业园	电子信息
北京翰阳天科技有限公司	北邮留学人员创业园	电子信息
北京九驹网络科技有限公司	北邮留学人员创业园	电子信息
北京美中天芯科技有限公司	北邮留学人员创业园	电子信息
北京市安拓思科技有限责任公司	北邮留学人员创业园	电子信息
北京天星讯通电子科技有限公司	北邮留学人员创业园	电子信息
北京元德胜通信技术有限责任公司	北邮留学人员创业园	电子信息
北邮中邮致鼎科技有限公司	北邮留学人员创业园	电子信息
可可网联科技（北京）有限公司	北邮留学人员创业园	电子信息
昭易盛德电子封装技术有限公司	北邮留学人员创业园	电子信息
北京瑞腾格润环保科技有限公司	北邮留学人员创业园	电子信息
北京捷能嘉科技有限公司	北邮留学人员创业园	电子信息
北京东方传韵文化传媒有限公司	北邮留学人员创业园	电子信息
梦幻世界科技（北京）有限公司	北邮留学人员创业园	电子信息
北京安华水木科技开发有限公司	清华留学人员创业园	电子信息
北京博信视通科技有限公司	清华留学人员创业园	电子信息
北京创毅视讯科技有限公司	清华留学人员创业园	电子信息
北京萃凝网络技术有限公司	清华留学人员创业园	电子信息
北京笛威欧亚交通科技有限公司	清华留学人员创业园	电子信息
北京点击科技有限公司	清华留学人员创业园	电子信息
北京飞翔人信息技术有限公司	清华留学人员创业园	电子信息
北京海辰天润科技有限公司	清华留学人员创业园	电子信息
北京华达诺科技有限公司	清华留学人员创业园	电子信息
北京吉奥伊曼技术有限公司	清华留学人员创业园	电子信息
北京鲸鲨软件科技有限公司	清华留学人员创业园	电子信息
北京九华互联科技有限公司	清华留学人员创业园	电子信息
北京九州安华信息技术有限公司	清华留学人员创业园	电子信息
北京昆天科微电子技术有限公司	清华留学人员创业园	电子信息
北京清大逸达交通技术有限公司	清华留学人员创业园	电子信息
北京施达优技术有限公司	清华留学人员创业园	电子信息
北京泰可尚电子科技有限公司	清华留学人员创业园	电子信息
北京文迪网络通讯科技有限公司	清华留学人员创业园	电子信息
北京芯景泰达科技有限公司	清华留学人员创业园	电子信息
北京新岸线软件科技有限公司	清华留学人员创业园	电子信息
北京新岸线网络技术有限公司	清华留学人员创业园	电子信息
北京新岸线移动多媒体技术有限公司	清华留学人员创业园	电子信息
北京亿科三友科技有限公司	清华留学人员创业园	电子信息
北京正远达通科技有限公司	清华留学人员创业园	电子信息
北京中瑞经纬科技有限公司	清华留学人员创业园	电子信息
创毅无限（北京）科技发展有限公司	清华留学人员创业园	电子信息
德润特数字影像科技（北京）有限公司	清华留学人员创业园	电子信息
高拓讯达（北京）科技有限公司	清华留学人员创业园	电子信息
坚流科技（北京）有限公司	清华留学人员创业园	电子信息
山石网科通信技术（北京）有限公司	清华留学人员创业园	电子信息
商助科技（北京）有限公司	清华留学人员创业园	电子信息
视算新里程（北京）有限公司	清华留学人员创业园	电子信息
水木智芯（北京）科技有限公司	清华留学人员创业园	电子信息
雅格罗技（北京）科技有限公司	清华留学人员创业园	电子信息
云路网络技术（北京）有限公司	清华留学人员创业园	电子信息

北京海瑞祥天生物技术有限公司	清华留学人员创业园	生物医药
北京乐目堂健康科技有限公司	清华留学人员创业园	生物医药
北京赛林泰医药技术有限公司	清华留学人员创业园	生物医药
海纳医信（北京）软件科技有限责任公司	清华留学人员创业园	生物医药
康肽生物科技（北京）有限公司	清华留学人员创业园	生物医药
优瑞科(北京)生物技术有限公司	清华留学人员创业园	生物医药
北京蔚蓝仕科技有限公司	清华留学人员创业园	先进制造
北京普能世纪科技有限公司	清华留学人员创业园	新能源环保
北京中清明阳太阳能光伏技术有限公司	清华留学人员创业园	新能源环保
清源华动（北京）科技有限公司	清华留学人员创业园	新能源环保
北京优利康生物农业技术有限公司	清华留学人员创业园	现代服务
北京爱博泰克科技发展有限公司	中关村科技园区丰台园留学人员创业园	电子信息
北京车易通软件有限公司	中关村科技园区丰台园留学人员创业园	电子信息
北京飞华领航科技发展有限公司	中关村科技园区丰台园留学人员创业园	电子信息
北京恒泰信立科技有限公司	中关村科技园区丰台园留学人员创业园	电子信息
北京华兴堂科技有限公司	中关村科技园区丰台园留学人员创业园	电子信息
北京华智凯科技有限公司	中关村科技园区丰台园留学人员创业园	电子信息
北京嘉仪科技有限公司	中关村科技园区丰台园留学人员创业园	电子信息
北京徕特安科技有限公司	中关村科技园区丰台园留学人员创业园	电子信息
北京蓝讯时代科技有限公司	中关村科技园区丰台园留学人员创业园	电子信息
北京能为科技发展有限公司	中关村科技园区丰台园留学人员创业园	电子信息
北京企财通科技有限公司	中关村科技园区丰台园留学人员创业园	电子信息
北京锐志方达科技开发有限公司	中关村科技园区丰台园留学人员创业园	电子信息
北京滕阳科技有限公司	中关村科技园区丰台园留学人员创业园	电子信息
北京星嘉华信息科技有限公司	中关村科技园区丰台园留学人员创业园	电子信息
北京雪项科贸有限公司	中关村科技园区丰台园留学人员创业园	电子信息
北京易泊安科技有限公司	中关村科技园区丰台园留学人员创业园	电子信息
北京易行德佳信息科技有限公司	中关村科技园区丰台园留学人员创业园	电子信息
北京易通伟杰信息技术有限公司	中关村科技园区丰台园留学人员创业园	电子信息
北京银速金捷科技发展有限公司	中关村科技园区丰台园留学人员创业园	电子信息
北京中锐识华信息科技有限公司	中关村科技园区丰台园留学人员创业园	电子信息
北京中盛兴林木材科技有限公司	中关村科技园区丰台园留学人员创业园	电子信息
铂思互动（北京）科技有限公司	中关村科技园区丰台园留学人员创业园	电子信息
超清博亿科技（北京）有限公司	中关村科技园区丰台园留学人员创业园	电子信息
大库（北京）网络科技有限公司	中关村科技园区丰台园留学人员创业园	电子信息
大壮众诚（北京）科技股份有限公司	中关村科技园区丰台园留学人员创业园	电子信息
海汇金石信息科技（北京）有限公司	中关村科技园区丰台园留学人员创业园	电子信息
三友同创（北京）信息技术有限公司	中关村科技园区丰台园留学人员创业园	电子信息
尚唐古道科技有限公司	中关村科技园区丰台园留学人员创业园	电子信息
我路尚品（北京）科技有限公司	中关村科技园区丰台园留学人员创业园	电子信息
北京安泰时空科技有限公司	中关村科技园区丰台园留学人员创业园	生物医药
北京博菲康生物技术有限公司	中关村科技园区丰台园留学人员创业园	生物医药
北京博能康成科技有限公司	中关村科技园区丰台园留学人员创业园	生物医药
北京德众万全医药科技有限公司	中关村科技园区丰台园留学人员创业园	生物医药
北京海利赢医疗科技有限公司	中关村科技园区丰台园留学人员创业园	生物医药
北京君康创新科技开发有限公司	中关村科技园区丰台园留学人员创业园	生物医药
北京朗坤生物科技有限公司	中关村科技园区丰台园留学人员创业园	生物医药
北京麦可明科技有限公司	中关村科技园区丰台园留学人员创业园	生物医药
北京瑞恒升股份有限公司	中关村科技园区丰台园留学人员创业园	生物医药
北京瑞建天行生物技术有限公司	中关村科技园区丰台园留学人员创业园	生物医药
北京若安心医药科技有限公司	中关村科技园区丰台园留学人员创业园	生物医药
北京赛诺泰生物科技有限公司	中关村科技园区丰台园留学人员创业园	生物医药
北京天瑞兴华科技有限公司	中关村科技园区丰台园留学人员创业园	生物医药
北京依凯诺医药技术开发有限公司	中关村科技园区丰台园留学人员创业园	生物医药
北京源天彩生物科技有限公司	中关村科技园区丰台园留学人员创业园	生物医药
北京中盛佳鸿科技有限公司	中关村科技园区丰台园留学人员创业园	生物医药
昊欣伟业国际医疗科技（北京）有限公司	中关村科技园区丰台园留学人员创业园	生物医药
九曲景和生物科技有限公司	中关村科技园区丰台园留学人员创业园	生物医药
美中能特医药化学科技（北京）有限公司	中关村科技园区丰台园留学人员创业园	生物医药
普瑞麦迪（北京）实验室技术有限公司	中关村科技园区丰台园留学人员创业园	生物医药

奥博塔科技（北京）有限公司	中关村科技园区丰台园留学人员创业园	先进制造
北京川荣海威机械有限公司	中关村科技园区丰台园留学人员创业园	先进制造
北京华仁康医药科技有限公司	中关村科技园区丰台园留学人员创业园	先进制造
北京华盛清源环保科技有限公司	中关村科技园区丰台园留学人员创业园	先进制造
北京聚光世达科技有限公司	中关村科技园区丰台园留学人员创业园	先进制造
北京沃思捷科技有限公司	中关村科技园区丰台园留学人员创业园	先进制造
北华源（北京）科技有限公司	中关村科技园区丰台园留学人员创业园	新材料
北京海创金汇科技有限公司	中关村科技园区丰台园留学人员创业园	新材料
北京华中实力经贸有限公司	中关村科技园区丰台园留学人员创业园	新材料
北京其安正阳新材料技术有限公司	中关村科技园区丰台园留学人员创业园	新材料
北京盛大华源科技有限公司	中关村科技园区丰台园留学人员创业园	新材料
北京天洁时代科技有限公司	中关村科技园区丰台园留学人员创业园	新材料
北京安驰迅捷科技有限公司	中关村科技园区丰台园留学人员创业园	新能源环保
北京澳多汽车技术开发有限公司	中关村科技园区丰台园留学人员创业园	新能源环保
北京大禹创业科技有限责任公司	中关村科技园区丰台园留学人员创业园	新能源环保
北京丹华创联科技有限公司	中关村科技园区丰台园留学人员创业园	新能源环保
北京东寰天纬工程技术有限公司	中关村科技园区丰台园留学人员创业园	新能源环保
北京海纳琪鑫科技有限公司	中关村科技园区丰台园留学人员创业园	新能源环保
北京恒瑞天齐科技有限公司	中关村科技园区丰台园留学人员创业园	新能源环保
北京汇智通达科技有限公司	中关村科技园区丰台园留学人员创业园	新能源环保
北京科美源环境技术有限公司	中关村科技园区丰台园留学人员创业园	新能源环保
北京朗盛欧泽科技有限公司	中关村科技园区丰台园留学人员创业园	新能源环保
北京三益能源环保发展股份有限公司	中关村科技园区丰台园留学人员创业园	新能源环保
北京世纪汉元科技有限公司	中关村科技园区丰台园留学人员创业园	新能源环保
北京万维易信科技发展有限公司	中关村科技园区丰台园留学人员创业园	新能源环保
北京友信宏科电子科技有限公司	中关村科技园区丰台园留学人员创业园	新能源环保
北京中宜汇富环保技术有限公司	中关村科技园区丰台园留学人员创业园	新能源环保
高灵能源科技（中国）有限公司	中关村科技园区丰台园留学人员创业园	新能源环保
泰科时代工程技术（北京）有限公司	中关村科技园区丰台园留学人员创业园	新能源环保
北京法集科技发展有限公司	中关村科技园区丰台园留学人员创业园	文化创意
北京尤嘉卓越传媒科技有限公司	中关村科技园区丰台园留学人员创业园	文化创意
酷歌动漫科技（北京）有限公司	中关村科技园区丰台园留学人员创业园	文化创意
北京丰彩博雅科技有限公司	中关村科技园区丰台园留学人员创业园	现代服务
北京朗途天下技术有限公司	中关村科技园区丰台园留学人员创业园	现代服务
北京美中互通高新技术有限公司	中关村科技园区丰台园留学人员创业园	现代服务
北京市金康普食品添加剂科技有限公司	中关村科技园区丰台园留学人员创业园	现代服务
北京市蒙歌泰科技发展有限责任公司	中关村科技园区丰台园留学人员创业园	现代服务
北京思瑞明科技发展有限公司	中关村科技园区丰台园留学人员创业园	现代服务
北京膺芙橡宇科技开发有限公司	中关村科技园区丰台园留学人员创业园	现代服务
北京中杰快询科技有限公司	中关村科技园区丰台园留学人员创业园	现代服务
东方华峰控股有限公司	中关村科技园区丰台园留学人员创业园	现代服务
曼嘉利诗国际科贸（北京）有限公司	中关村科技园区丰台园留学人员创业园	现代服务
欧华通科技（北京）有限公司	中关村科技园区丰台园留学人员创业园	现代服务
欧若玛科技发展有限公司	中关村科技园区丰台园留学人员创业园	现代服务
日都（北京）高新建筑科技设计咨询有限公司	中关村科技园区丰台园留学人员创业园	现代服务
意格建筑规划设计（北京）有限公司	中关村科技园区丰台园留学人员创业园	现代服务
北京爱书虫传媒技术有限责任公司	中关村国际孵化园	电子信息
北京博路盈科技发展有限公司	中关村国际孵化园	电子信息
北京诚迈创通科技有限公司	中关村国际孵化园	电子信息
北京德锐磁星科技有限公司	中关村国际孵化园	电子信息
北京东方爱译科技有限责任公司	中关村国际孵化园	电子信息
北京栋邦达科技有限公司	中关村国际孵化园	电子信息
北京合科赛德科技有限公司	中关村国际孵化园	电子信息
北京和立健信科技有限公司	中关村国际孵化园	电子信息
北京恒升力扬科技有限公司	中关村国际孵化园	电子信息
北京恒拓达力科技有限公司	中关村国际孵化园	电子信息
北京华通视博技术有限公司	中关村国际孵化园	电子信息
北京汇图科技有限责任公司	中关村国际孵化园	电子信息
北京慧和仕科技有限责任公司	中关村国际孵化园	电子信息
北京江加软件有限公司	中关村国际孵化园	电子信息

北京金玉衡科技有限责任公司	中关村国际孵化园	电子信息
北京金源启迪教育科技有限公司	中关村国际孵化园	电子信息
北京科奥飞科技有限公司	中关村国际孵化园	电子信息
北京酷博悦康信息技术有限公司	中关村国际孵化园	电子信息
北京乐享云创科技有限公司	中关村国际孵化园	电子信息
北京美名腾网络技术有限	中关村国际孵化园	电子信息
北京品科艺科技有限公司	中关村国际孵化园	电子信息
北京秦晋之光科技有限公司	中关村国际孵化园	电子信息
北京瑞柏泰克科技有限公司	中关村国际孵化园	电子信息
北京森思博锐科技有限公司	中关村国际孵化园	电子信息
北京时幻砂科技发展有限公司	中关村国际孵化园	电子信息
北京实路通捷信息技术有限公司	中关村国际孵化园	电子信息
北京天天海淘科技有限公司	中关村国际孵化园	电子信息
北京通软博大科技有限公司	中关村国际孵化园	电子信息
北京微义汇软件科技有限公司	中关村国际孵化园	电子信息
北京祥雍智杰科技有限公司	中关村国际孵化园	电子信息
北京翔拓科技有限公司	中关村国际孵化园	电子信息
北京芯奇迹科技发展有限公司	中关村国际孵化园	电子信息
北京信普达系统工程有限公司	中关村国际孵化园	电子信息
北京星云大数科技有限公司	中关村国际孵化园	电子信息
北京行的科技有限公司	中关村国际孵化园	电子信息
北京尧鼎光电科技有限公司	中关村国际孵化园	电子信息
北京一网数据软件有限公司	中关村国际孵化园	电子信息
北京英华桑瑞光电有限公司	中关村国际孵化园	电子信息
北京优纳科技有限公司	中关村国际孵化园	电子信息
北京优品优客科技有限公司	中关村国际孵化园	电子信息
北京优时尚科技有限公司	中关村国际孵化园	电子信息
北京真值信诚软件技术有限公司	中关村国际孵化园	电子信息
北京智物达科技有限公司	中关村国际孵化园	电子信息
北京中科锐工科技有限公司	中关村国际孵化园	电子信息
北京中科微纳物联网技术股份有限公司	中关村国际孵化园	电子信息
北京中联云蛙数据技术研究院	中关村国际孵化园	电子信息
博恩东方检测技术（北京）有限公司	中关村国际孵化园	电子信息
才智创鑫（北京）技术服务有限公司	中关村国际孵化园	电子信息
楚格（北京）科技有限公司	中关村国际孵化园	电子信息
二四七信息技术（北京）有限公司	中关村国际孵化园	电子信息
宏盛高科科技（北京）有限公司	中关村国际孵化园	电子信息
华芮（北京）电气科技有限公司	中关村国际孵化园	电子信息
经纶世纪医疗网络技术（北京）有限公司	中关村国际孵化园	电子信息
美迪泰科（北京）传媒科技有限公司	中关村国际孵化园	电子信息
千礼寻宝网络科技（北京）有限公司	中关村国际孵化园	电子信息
仁路通达（北京）科技有限公司	中关村国际孵化园	电子信息
瑞沃康科技（北京）有限公司	中关村国际孵化园	电子信息
润恺禾信息系统技术开发（北京）有限公司	中关村国际孵化园	电子信息
石山（北京）科技有限公司	中关村国际孵化园	电子信息
拓普中关（北京）科技有限公司	中关村国际孵化园	电子信息
蛙觉物联科技（北京）有限公司	中关村国际孵化园	电子信息
新海之日（北京）科技有限公司	中关村国际孵化园	电子信息
亿度时代科技（北京）有限公司	中关村国际孵化园	电子信息
优讯时代（北京）网络技术有限公司	中关村国际孵化园	电子信息
云天弈（北京）信息技术有限公司	中关村国际孵化园	电子信息
早大智源科技（北京）有限公司	中关村国际孵化园	电子信息
中科荣耀（北京）生物科学研究有限公司	中关村国际孵化园	电子信息
中联网盟科技（北京）有限公司	中关村国际孵化园	电子信息
中智华体（北京）科技有限公司	中关村国际孵化园	电子信息
北京阿纽山医药科技有限公司	中关村国际孵化园	生物医药
北京诚恒健康科技有限公司	中关村国际孵化园	生物医药
北京诚恒生物技术有限公司	中关村国际孵化园	生物医药
北京弘韵科技有限公司	中关村国际孵化园	生物医药
北京慧宝康源医学研究有限责任公司	中关村国际孵化园	生物医药

北京慧宝源企业管理有限公司	中关村国际孵化园	生物医药
北京联民大道科技有限公司	中关村国际孵化园	生物医药
北京芒种科技有限公司	中关村国际孵化园	生物医药
北京铭道众缘生物科技有限公司	中关村国际孵化园	生物医药
北京诺普德医药科技有限公司	中关村国际孵化园	生物医药
北京欧博方医药科技有限公司	中关村国际孵化园	生物医药
北京毗邻智慧医疗科技有限公司	中关村国际孵化园	生物医药
北京瑞尔通激光科技有限公司	中关村国际孵化园	生物医药
北京元博方医药科技有限公司	中关村国际孵化园	生物医药
北京中诺恒康生物科技有限公司	中关村国际孵化园	生物医药
北京博锐双光子科技有限公司	中关村国际孵化园	先进制造
北京泰恩飞翔科技有限公司	中关村国际孵化园	新材料
北京天安联众科技有限公司	中关村国际孵化园	新材料
明华高登科技发展（北京）有限公司	中关村国际孵化园	新材料
升信新材（北京）科技有限公司	中关村国际孵化园	新材料
安纳泰科（北京）科技有限公司	中关村国际孵化园	新能源环保
北京国发加美环保科技有限公司	中关村国际孵化园	新能源环保
杰耐瑞(北京)科技有限公司	中关村国际孵化园	新能源环保
旭升孚萃能源科技（北京）有限公司	中关村国际孵化园	新能源环保
北京尚润文化发展有限公司	中关村国际孵化园	文化创意
北京百福资科技有限公司	中关村国际孵化园	现代服务
北京嘉慧林园林科技有限公司	中关村国际孵化园	现代服务
北京栎权德坤科技有限公司	中关村国际孵化园	现代服务
北京思清源生物科技有限公司	中关村国际孵化园	现代服务
乐圭科技（北京）有限公司	中关村集成电路留学人员创业园	电子信息
北京六合万通微电子技术股份有限公司	中关村集成电路留学人员创业园	电子信息
遨游世界（北京）网络技术有限公司	中关村软件园留学人员创业园	电子信息
巴别塔（北京）科技有限公司	中关村软件园留学人员创业园	电子信息
北京艾普斯科技有限公司	中关村软件园留学人员创业园	电子信息
北京安久信息科技有限公司	中关村软件园留学人员创业园	电子信息
北京奥赛乐思科技有限公司	中关村软件园留学人员创业园	电子信息
北京邦邦吾科技有限公司	中关村软件园留学人员创业园	电子信息
北京博瑞金信息技术有限公司	中关村软件园留学人员创业园	电子信息
北京博实联创科技有限公司	中关村软件园留学人员创业园	电子信息
北京博思廷科技有限公司	中关村软件园留学人员创业园	电子信息
北京道业科技有限公司	中关村软件园留学人员创业园	电子信息
北京德望高高科技系统有限公司	中关村软件园留学人员创业园	电子信息
北京德西诺科技发展有限公司	中关村软件园留学人员创业园	电子信息
北京谛力泰克科技有限公司	中关村软件园留学人员创业园	电子信息
北京点讯灵动科技有限公司	中关村软件园留学人员创业园	电子信息
北京分播时代网络科技有限公司	中关村软件园留学人员创业园	电子信息
北京丰牵云启信息技术有限公司	中关村软件园留学人员创业园	电子信息
北京红柑桔信息技术有限公司	中关村软件园留学人员创业园	电子信息
北京华诺恒网络科技有限公司	中关村软件园留学人员创业园	电子信息
北京京胜盛融技术有限公司	中关村软件园留学人员创业园	电子信息
北京科元天成信息技术有限公司	中关村软件园留学人员创业园	电子信息
北京快乐天成软件技术有限公司	中关村软件园留学人员创业园	电子信息
北京兰德菲环保科技有限公司	中关村软件园留学人员创业园	电子信息
北京利德捷信信息科技有限公司	中关村软件园留学人员创业园	电子信息
北京利德罗泰科技有限公司	中关村软件园留学人员创业园	电子信息
北京漫博创新网络科技有限公司	中关村软件园留学人员创业园	电子信息
北京漫宸科技有限公司	中关村软件园留学人员创业园	电子信息
北京佩吾科技有限公司	中关村软件园留学人员创业园	电子信息
北京七彩鱼网络技术有限公司	中关村软件园留学人员创业园	电子信息
北京钱粮科技有限公司	中关村软件园留学人员创业园	电子信息
北京乾图方园软件技术有限公司	中关村软件园留学人员创业园	电子信息
北京全奥体育数据科技有限公司	中关村软件园留学人员创业园	电子信息
北京睿识融汇网络科技有限责任公司	中关村软件园留学人员创业园	电子信息
北京晟视万维科技有限公司	中关村软件园留学人员创业园	电子信息
北京数字绿土科技有限公司	中关村软件园留学人员创业园	电子信息

北京斯泰威网络科技有限公司	中关村软件园留学人员创业园	电子信息
北京天行汇通信息技术有限公司	中关村软件园留学人员创业园	电子信息
北京天际云端科技有限公司	中关村软件园留学人员创业园	电子信息
北京天龙睿智科技有限公司	中关村软件园留学人员创业园	电子信息
北京网能经纬科技有限公司	中关村软件园留学人员创业园	电子信息
北京网谱通讯系统有限公司	中关村软件园留学人员创业园	电子信息
北京希尔信息技术有限公司	中关村软件园留学人员创业园	电子信息
北京协成致远网络科技有限公司	中关村软件园留学人员创业园	电子信息
北京新皓然软件技术有限责任公司	中关村软件园留学人员创业园	电子信息
北京亚格斯科技发展有限公司	中关村软件园留学人员创业园	电子信息
北京研创自动化技术有限公司	中关村软件园留学人员创业园	电子信息
北京依诺维尔科技有限公司	中关村软件园留学人员创业园	电子信息
北京钲瀚兄弟科技有限公司	中关村软件园留学人员创业园	电子信息
北京知立方科技有限公司	中关村软件园留学人员创业园	电子信息
北京中财金保科技股份有限公司	中关村软件园留学人员创业园	电子信息
北京中科领美科技有限公司	中关村软件园留学人员创业园	电子信息
北京舟游国际体育文化发展有限公司	中关村软件园留学人员创业园	电子信息
博瑞金科技（北京）有限公司	中关村软件园留学人员创业园	电子信息
创睿恒（北京）科技有限公司	中关村软件园留学人员创业园	电子信息
道里云信息技术（北京）有限公司	中关村软件园留学人员创业园	电子信息
地模（北京）科技有限公司	中关村软件园留学人员创业园	电子信息
汉峰世纪科技（北京）有限公司	中关村软件园留学人员创业园	电子信息
恒泰艾普石油天然气技术服务股份有限公司	中关村软件园留学人员创业园	电子信息
珂溢鸿科技发展（北京）有限公司	中关村软件园留学人员创业园	电子信息
普迪思科技（北京）有限公司	中关村软件园留学人员创业园	电子信息
瑞华融信（北京）管理咨询有限公司	中关村软件园留学人员创业园	电子信息
瑞科网信（北京）科技有限公司	中关村软件园留学人员创业园	电子信息
微方联信（北京）科技有限公司	中关村软件园留学人员创业园	电子信息
维克松（北京）科技有限公司	中关村软件园留学人员创业园	电子信息
雅讯英华（北京）科技有限公司	中关村软件园留学人员创业园	电子信息
英国雅讯通信有限公司北京代表处	中关村软件园留学人员创业园	电子信息
真值瑞思（北京）管理咨询有限公司	中关村软件园留学人员创业园	电子信息
真值万奥（北京）软件科技有限公司	中关村软件园留学人员创业园	电子信息
DATA生物科技（北京）有限公司	中关村生命科学园留学人员创业园	生物医药
百赛维斯生物科技（北京）有限公司	中关村生命科学园留学人员创业园	生物医药
北京阿恩替生物科技有限公司	中关村生命科学园留学人员创业园	生物医药
北京爱思益普生物科技股份有限公司	中关村生命科学园留学人员创业园	生物医药
北京安为天检测科技有限公司	中关村生命科学园留学人员创业园	生物医药
北京百鸥创投生物科技有限公司	中关村生命科学园留学人员创业园	生物医药
北京拜赛安斯生物科技有限公司	中关村生命科学园留学人员创业园	生物医药
北京贝瑞和康生物技术有限公司	中关村生命科学园留学人员创业园	生物医药
北京博奥晶典生物技术有限公司	中关村生命科学园留学人员创业园	生物医药
北京博润天慧科技有限公司	中关村生命科学园留学人员创业园	生物医药
北京大德海岚生物科技有限公司	中关村生命科学园留学人员创业园	生物医药
北京大德万康生物科技有限公司	中关村生命科学园留学人员创业园	生物医药
北京大德万通生物科技有限公司	中关村生命科学园留学人员创业园	生物医药
北京德佰欧生物科技有限公司	中关村生命科学园留学人员创业园	生物医药
北京冠瑞金生物科技有限公司	中关村生命科学园留学人员创业园	生物医药
北京和杰创新生物医学科技有限公司	中关村生命科学园留学人员创业园	生物医药
北京弘瑞高新医药科技有限公司	中关村生命科学园留学人员创业园	生物医药
北京华迈元素科技有限公司（注册）	中关村生命科学园留学人员创业园	生物医药
北京华诺医药科技有限公司	中关村生命科学园留学人员创业园	生物医药
北京华禧联合科技发展有限公司	中关村生命科学园留学人员创业园	生物医药
北京基诺莱普生物技术有限公司	中关村生命科学园留学人员创业园	生物医药
北京吉诺沃生物科技有限公司	中关村生命科学园留学人员创业园	生物医药
北京佳汇德生物科技有限公司	中关村生命科学园留学人员创业园	生物医药
北京颉翔鸟生物科技有限公司	中关村生命科学园留学人员创业园	生物医药
北京晶润宏达医药科技有限公司	中关村生命科学园留学人员创业园	生物医药
北京康爱营养科技股份有限公司	中关村生命科学园留学人员创业园	生物医药
北京康福乐科技有限公司	中关村生命科学园留学人员创业园	生物医药

北京康润诚业生物科技有限公司	中关村生命科学园留学人员创业园	生物医药
北京康润星业生物技术有限公司	中关村生命科学园留学人员创业园	生物医药
北京康正康仁生物科技有限公司	中关村生命科学园留学人员创业园	生物医药
北京乐威泰克医药技术有限公司	中关村生命科学园留学人员创业园	生物医药
北京立博美华基因科技有限责任公司	中关村生命科学园留学人员创业园	生物医药
北京凌飞思生物技术有限公司	中关村生命科学园留学人员创业园	生物医药
北京迈基诺基因科技有限责任公司	中关村生命科学园留学人员创业园	生物医药
北京美洛可生物科技有限公司	中关村生命科学园留学人员创业园	生物医药
北京诺禾致源生物信息科技有限公司	中关村生命科学园留学人员创业园	生物医药
北京普华五峨科技有限公司	中关村生命科学园留学人员创业园	生物医药
北京谱之源生物科技有限公司	中关村生命科学园留学人员创业园	生物医药
北京勤邦生物科技有限公司	中关村生命科学园留学人员创业园	生物医药
北京清美联创干细胞科技有限公司	中关村生命科学园留学人员创业园	生物医药
北京瑞健高科生物科技有限公司	中关村生命科学园留学人员创业园	生物医药
北京睿熙生物制药有限公司	中关村生命科学园留学人员创业园	生物医药
北京润生生物科技有限公司	中关村生命科学园留学人员创业园	生物医药
北京赛贝生物技术有限公司	中关村生命科学园留学人员创业园	生物医药
北京尚德天蕴国际医药研究院	中关村生命科学园留学人员创业园	生物医药
北京泰德晟康生物医药科技有限公司	中关村生命科学园留学人员创业园	生物医药
北京天生平安医药生物科技有限公司	中关村生命科学园留学人员创业园	生物医药
北京维克生生物科技股份有限公司	中关村生命科学园留学人员创业园	生物医药
北京维他法技术研发有限公司	中关村生命科学园留学人员创业园	生物医药
北京维他法姆技术研发有限公司	中关村生命科学园留学人员创业园	生物医药
北京文丰天济医药科技有限公司	中关村生命科学园留学人员创业园	生物医药
北京希康宁生物技术有限公司	中关村生命科学园留学人员创业园	生物医药
北京益生合生物科技有限公司	中关村生命科学园留学人员创业园	生物医药
北京因卓越生物科技有限公司	中关村生命科学园留学人员创业园	生物医药
北京英力精化技术发展有限公司	中关村生命科学园留学人员创业园	生物医药
北京英石瑞科生物医药科技有限公司	中关村生命科学园留学人员创业园	生物医药
北京雍元盛景生物医药科技有限公司	中关村生命科学园留学人员创业园	生物医药
北京优尼脉科技开发有限公司	中关村生命科学园留学人员创业园	生物医药
北京有容吉纤生物技术有限公司	中关村生命科学园留学人员创业园	生物医药
北京中科创生生物科技有限公司	中关村生命科学园留学人员创业园	生物医药
北京卓诚惠生生物科技有限公司	中关村生命科学园留学人员创业园	生物医药
博仲盛景医药技术（北京）有限公司	中关村生命科学园留学人员创业园	生物医药
大赛璐手性技术（上海）有限公司	中关村生命科学园留学人员创业园	生物医药
方正医药研究院有限公司	中关村生命科学园留学人员创业园	生物医药
丰汇华农（北京）生物科技股份有限公司	中关村生命科学园留学人员创业园	生物医药
瀚吉康生物科技（北京）有限公司	中关村生命科学园留学人员创业园	生物医药
霍普金斯医药研究院（北京）有限公司	中关村生命科学园留学人员创业园	生物医药
美兰创新（北京）科技有限公司	中关村生命科学园留学人员创业园	生物医药
瑞奇外科器械（北京）有限公司	中关村生命科学园留学人员创业园	生物医药
上医在线（北京）信息技术有限公司	中关村生命科学园留学人员创业园	生物医药
同昕生物技术（北京）有限公司	中关村生命科学园留学人员创业园	生物医药
新禾德润生物技术（北京）有限公司	中关村生命科学园留学人员创业园	生物医药
一达国际生物科技（北京）有限公司	中关村生命科学园留学人员创业园	生物医药
中际国润（北京）科技有限公司	中关村生命科学园留学人员创业园	生物医药
北京明朗创新科技有限公司	中关村数字娱乐留学人员创业园	电子信息
北京思立达科技有限公司	中关村数字娱乐留学人员创业园	电子信息
北京智营互动科技有限公司	中关村数字娱乐留学人员创业园	电子信息
布谷（北京）网络科技有限公司	中关村数字娱乐留学人员创业园	电子信息
聪投（北京）信息技术有限公司	中关村数字娱乐留学人员创业园	电子信息
乐动科技（北京）有限公司	中关村数字娱乐留学人员创业园	电子信息
昕诺吉技术（北京）有限公司	中关村数字娱乐留学人员创业园	电子信息
易游达人科技（北京）有限公司	中关村数字娱乐留学人员创业园	电子信息
易游无限科技(北京)有限公司	中关村数字娱乐留学人员创业园	电子信息
北京春谷生物科技有限公司	中关村数字娱乐留学人员创业园	生物医药
北京华创远航科技有限公司	中关村数字娱乐留学人员创业园	生物医药
北京颐森斯国际通用设备有限公司	中关村数字娱乐留学人员创业园	生物医药
北京北科亿力科技有限公司	中关村数字娱乐留学人员创业园	先进制造

北京能信机电设备有限公司	中关村数字娱乐留学人员创业园	先进制造
北京岩田博远股份有限公司	中关村数字娱乐留学人员创业园	先进制造
北京百舜华年传媒有限公司	中关村数字娱乐留学人员创业园	文化创意
北京奥瑞鑫农业科技有限公司	中国农大留学人员现代农业创业基地	电子信息
北京格瑞恩科技发展公司	中国农大留学人员现代农业创业基地	电子信息
北京海思派克科技有限公司	中国农大留学人员现代农业创业基地	电子信息
北京集百思信息技术有限公司	中国农大留学人员现代农业创业基地	电子信息
北京杰斯创科技发展有限公司	中国农大留学人员现代农业创业基地	电子信息
北京坤泰伟业科技有限公司	中国农大留学人员现代农业创业基地	电子信息
北京万和顺科技发展有限公司	中国农大留学人员现代农业创业基地	电子信息
北京易西特软件开发有限公司	中国农大留学人员现代农业创业基地	电子信息
北京智能达讯信息技术有限责任公司	中国农大留学人员现代农业创业基地	电子信息
北京中海捷畅电子技术有限公司	中国农大留学人员现代农业创业基地	电子信息
北京中锐卓文科技有限公司	中国农大留学人员现代农业创业基地	电子信息
北京汇丰通田生物科技有限公司	中国农大留学人员现代农业创业基地	生物医药
北京凯捷聚鑫新技术有限公司	中国农大留学人员现代农业创业基地	生物医药
北京康泉生物技术有限公司	中国农大留学人员现代农业创业基地	生物医药
北京乾元浩生物股份有限公司	中国农大留学人员现代农业创业基地	生物医药
北京益微康壮生物投资有限公司	中国农大留学人员现代农业创业基地	生物医药
北京中农德馨生化技术有限公司	中国农大留学人员现代农业创业基地	生物医药
北京北农绿邦科技开发有限公司	中国农大留学人员现代农业创业基地	先进制造
北京比尔比特科技有限公司	中国农大留学人员现代农业创业基地	先进制造
北京诚物博达国际科技发展有限公司	中国农大留学人员现代农业创业基地	先进制造
北京金光大地科技有限公司	中国农大留学人员现代农业创业基地	先进制造
北京思威驰电力技术有限公司	中国农大留学人员现代农业创业基地	先进制造
北京新泰永清国际科技发展有限公司	中国农大留学人员现代农业创业基地	先进制造
北京阿格瑞能源环境工程有限公司	中国农大留学人员现代农业创业基地	新能源环保
北京绿源天地生态环境科技中心有限公司	中国农大留学人员现代农业创业基地	新能源环保
北京市富通环境工程公司	中国农大留学人员现代农业创业基地	新能源环保
北京本德利投资有限公司	中国农大留学人员现代农业创业基地	现代服务
北京东方畅想建筑设计有限公司	中国农大留学人员现代农业创业基地	现代服务
北京东方人科技发展有限公司	中国农大留学人员现代农业创业基地	现代服务
北京国农置业有限公司	中国农大留学人员现代农业创业基地	现代服务
北京华瑞新成科技有限公司	中国农大留学人员现代农业创业基地	现代服务
北京金旺农科技发展有限公司	中国农大留学人员现代农业创业基地	现代服务
北京日宏力科技有限公司	中国农大留学人员现代农业创业基地	现代服务
北京荣利特油泵嘴经营有限公司	中国农大留学人员现代农业创业基地	现代服务
北京市先飞农业工程高技术公司	中国农大留学人员现代农业创业基地	现代服务
北京亚楠项目管理技术有限公司	中国农大留学人员现代农业创业基地	现代服务
北京中科合力科技发展有限责任公司	中国农大留学人员现代农业创业基地	现代服务
阿奈特（北京）科技有限公司	中国科学院中科海外人才创业园	电子信息
爱迪科特（北京）科技有限公司	中国科学院中科海外人才创业园	电子信息
北京爱车客科技有限公司	中国科学院中科海外人才创业园	电子信息
北京动网天下科技有限公司	中国科学院中科海外人才创业园	电子信息
北京海诺维科技有限公司	中国科学院中科海外人才创业园	电子信息
北京恒远志卓科技有限公司	中国科学院中科海外人才创业园	电子信息
北京江山汉鼎科技有限公司	中国科学院中科海外人才创业园	电子信息
北京耐特康托科技有限公司	中国科学院中科海外人才创业园	电子信息
北京凝思科技有限公司	中国科学院中科海外人才创业园	电子信息
北京软坤科技有限公司	中国科学院中科海外人才创业园	电子信息
北京双子创新科技有限责任公司	中国科学院中科海外人才创业园	电子信息
北京直立人科技有限公司	中国科学院中科海外人才创业园	电子信息
北京智腾诚远科技有限公司	中国科学院中科海外人才创业园	电子信息
北京中科风云咨询有限公司	中国科学院中科海外人才创业园	电子信息
北京中科技达科技有限公司	中国科学院中科海外人才创业园	电子信息
北京中科鉴臻科技有限公司	中国科学院中科海外人才创业园	电子信息
广维智码科技（北京）有限公司	中国科学院中科海外人才创业园	电子信息
极地星空（北京）通信技术有限责任公司	中国科学院中科海外人才创业园	电子信息
润知信息技术(北京)有限公司	中国科学院中科海外人才创业园	电子信息
智协慧同（北京）科技有限公司	中国科学院中科海外人才创业园	电子信息

北京春风绿生物医药科技有限公司	中国科学院中科海外人才创业园	生物医药
北京橄榄叶科技有限公司	中国科学院中科海外人才创业园	生物医药
北京吉利奥生物科技发展有限公司	中国科学院中科海外人才创业园	生物医药
北京摩诘创新科技股份有限公司	中国科学院中科海外人才创业园	先进制造
北京欧顿科技有限公司	中国科学院中科海外人才创业园	先进制造
北京普瑞微纳科技有限公司	中国科学院中科海外人才创业园	先进制造
北京中科锐工科技有限公司	中国科学院中科海外人才创业园	先进制造
北京德信视景高新技术有限公司	中国科学院中科海外人才创业园	新材料
北京鼎卫科技服务有限公司	中国科学院中科海外人才创业园	新材料
北京科锋星辰科技有限公司	中国科学院中科海外人才创业园	新材料
北京力拓科技有限公司	中国科学院中科海外人才创业园	新材料
中科圣博科技（北京）有限公司	中国科学院中科海外人才创业园	新材料
北京科海宏声科技有限公司	中国科学院中科海外人才创业园	新能源环保
北京微陶环保技术研究中心有限公司	中国科学院中科海外人才创业园	新能源环保
北京沃明节能科技有限公司	中国科学院中科海外人才创业园	新能源环保
中北国科（北京）科技有限公司	中国科学院中科海外人才创业园	新能源环保
中科清旭（北京）环境技术有限公司	中国科学院中科海外人才创业园	新能源环保
北京合明投资管理有限公司	中国科学院中科海外人才创业园	现代服务
北京乐邦乐成创业投资管理有限公司	中国科学院中科海外人才创业园	现代服务
硕德（北京）科技有限公司	中国科学院中科海外人才创业园	现代服务
中科鼎越（北京）科技有限公司	中国科学院中科海外人才创业园	现代服务
北京广大泰祥自动化技术有限公司	中国矿业大学留学人员创业园	电子信息
北京圣威尔电子有限公司	中国矿业大学留学人员创业园	电子信息
北京中矿优控科技发展有限公司	中国矿业大学留学人员创业园	电子信息
山科中天(北京)电子有限公司	中国矿业大学留学人员创业园	电子信息
赛真（北京）生物技术有限公司	中国矿业大学留学人员创业园	生物医药
北京华丰达系统技术有限公司	中国矿业大学留学人员创业园	先进制造
北京慧摩森电子系统技术有限公司	中国矿业大学留学人员创业园	先进制造
北京瑞吉达科技有限公司	中国矿业大学留学人员创业园	新材料
北京卓勤矿业科技有限公司	中国矿业大学留学人员创业园	新能源环保
中矿龙科能源科技（北京）有限公	中国矿业大学留学人员创业园	新能源环保
中矿威德能源科技有限公司	中国矿业大学留学人员创业园	新能源环保
兖矿新陆建设发展有限公司	中国矿业大学留学人员创业园	现代服务
中矿君月财务顾问公司	中国矿业大学留学人员创业园	现代服务
北京诚传教育科技有限公司	中国人民大学留学人员创业园	电子信息
北京华旭正信知识产权代理有限公司	中国人民大学留学人员创业园	电子信息
北京火河科技有限公司	中国人民大学留学人员创业园	电子信息
北京领通科技有限公司	中国人民大学留学人员创业园	电子信息
北京齐云泰克科技有限公司	中国人民大学留学人员创业园	电子信息
北京睿特信息科技有限公司	中国人民大学留学人员创业园	电子信息
北京艺加科技文化有限公司	中国人民大学留学人员创业园	电子信息
北京艺舟创新纪元科技有限公司	中国人民大学留学人员创业园	电子信息
北京易乐网景科技发展有限责任公司	中国人民大学留学人员创业园	电子信息
哥大诺博（北京）教育科技有限公司	中国人民大学留学人员创业园	电子信息
极晨智道信息技术(北京)有限公司	中国人民大学留学人员创业园	电子信息
量邦信息科技（北京）有限公司	中国人民大学留学人员创业园	电子信息
玛雅动力（北京）电子商务有限公司	中国人民大学留学人员创业园	电子信息
瑞美嘉信国际信息技术（北京）有限公司	中国人民大学留学人员创业园	电子信息
同维思创网络科技（北京）有限责任公司	中国人民大学留学人员创业园	电子信息
英沃凯晟（北京）科技有限公司	中国人民大学留学人员创业园	电子信息
源世界（北京）科技有限公司	中国人民大学留学人员创业园	电子信息
北京北加美瑞生物技术有限公司	中国人民大学留学人员创业园	生物医药
力生道明生物医药科技(北京)有限公司	中国人民大学留学人员创业园	生物医药
北京爱戏时代科技有限公司	中国人民大学留学人员创业园	文化创意
北京厚朴汇通咨询有限公司	中国人民大学留学人员创业园	文化创意
北京环凯国际文化艺术有限公司	中国人民大学留学人员创业园	文化创意
北京嘉华远逸旅游文化有限公司	中国人民大学留学人员创业园	文化创意
北京灵游坊网络科技有限公司	中国人民大学留学人员创业园	文化创意
北京木子诺科技有限责任公司	中国人民大学留学人员创业园	文化创意
北京山湖文化传播有限公司	中国人民大学留学人员创业园	文化创意

北京世事传文化传媒有限公司	中国人民大学留学人员创业园	文化创意
北京天拓建科建筑规划设计有限公司	中国人民大学留学人员创业园	文化创意
北京威百富艺术投资管理有限公司	中国人民大学留学人员创业园	文化创意
北京文创立承文化有限公司	中国人民大学留学人员创业园	文化创意
北京舞悦文化传播有限公司	中国人民大学留学人员创业园	文化创意
北京想象创造文化发展有限公司	中国人民大学留学人员创业园	文化创意
北京艺鼎传奇文化传播有限公司	中国人民大学留学人员创业园	文化创意
谷浪远景(北京)科技发展有限公司	中国人民大学留学人员创业园	文化创意
柯瑞莫(北京)科技有限公司	中国人民大学留学人员创业园	文化创意
力德有威（北京）教育科技有限公司	中国人民大学留学人员创业园	文化创意
美创思建筑规划设计（北京）有限公司	中国人民大学留学人员创业园	文化创意
民生伟业（北京）科技文化有限公司	中国人民大学留学人员创业园	文化创意
欧艺视界（北京）文化艺术发展有限公司	中国人民大学留学人员创业园	文化创意
盛世星播传媒科技（北京）有限公司	中国人民大学留学人员创业园	文化创意
北京博如德工程技术研究有限公司	中国人民大学留学人员创业园	新材料
北京冠维材科技有限公司	中国人民大学留学人员创业园	新材料
北京天阳地畅资讯有限公司	中国人民大学留学人员创业园	现代服务
北京知以文化发展有限公司	中国人民大学留学人员创业园	现代服务
伯昂（北京）咨询有限责任公司	中国人民大学留学人员创业园	现代服务
蔚蓝海岸投资管理（北京）有限公司	中国人民大学留学人员创业园	现代服务
北京爱普博斯科技有限责任公司	中央财大留学人员创业园	电子信息
北京安讯康硕信息技术有限公司	中央财大留学人员创业园	电子信息
北京大唐天成科技有限公司	中央财大留学人员创业园	电子信息
北京风软技术有限公司	中央财大留学人员创业园	电子信息
北京互联铂智科技有限公司	中央财大留学人员创业园	电子信息
北京环宇趣联科技有限公司	中央财大留学人员创业园	电子信息
北京明日时尚信息技术有限公司	中央财大留学人员创业园	电子信息
北京尚友通达信息技术有限公司	中央财大留学人员创业园	电子信息
北京数矿信息技术有限公司	中央财大留学人员创业园	电子信息
金保汇诚（北京）高科技发展有限公司	中央财大留学人员创业园	电子信息
天道德勤（北京）管理咨询有限公司	中央财大留学人员创业园	电子信息
北京格瑞博鼎建筑咨询有限公司	中央财大留学人员创业园	新能源环保
北京睿鸿星科技有限公司	中央财大留学人员创业园	新能源环保
北京云清源环境有限公司	中央财大留学人员创业园	新能源环保
北京龙韵九方文化传播有限公司	中央财大留学人员创业园	文化创意
北京文之毅行国际文化传媒有限公司	中央财大留学人员创业园	文化创意
北京奥通瑞特科技有限公司	中央财大留学人员创业园	现代服务
北京冠天能工程科技有限公司	中央财大留学人员创业园	现代服务
北京瑞盛碳易电子商务科技有限公司	中央财大留学人员创业园	现代服务
加州格林咨询（北京）有限公司	中央财大留学人员创业园	现代服务
信能及远科技（北京）有限公司	中央财大留学人员创业园	现代服务
乐配（天津）科技有限公司	天津滨海高新区海外留学生创业园	电子信息
蒲公英（天津）科技有限公司	天津滨海高新区海外留学生创业园	电子信息
奇微创想（天津)科技有限责任公司	天津滨海高新区海外留学生创业园	电子信息
天津艾克斯诺科技有限公司	天津滨海高新区海外留学生创业园	电子信息
天津爱迪通智科技有限公司	天津滨海高新区海外留学生创业园	电子信息
天津昂肯科技有限公司	天津滨海高新区海外留学生创业园	电子信息
天津博骏科技有限公司	天津滨海高新区海外留学生创业园	电子信息
天津二十一世纪纳斯达科技发展有限公司	天津滨海高新区海外留学生创业园	电子信息
天津峰景光电科技有限公司	天津滨海高新区海外留学生创业园	电子信息
天津福创科技发展有限公司	天津滨海高新区海外留学生创业园	电子信息
天津观易科技有限公司	天津滨海高新区海外留学生创业园	电子信息
天津国阳科技发展有限公司	天津滨海高新区海外留学生创业园	电子信息
天津华威智信科技发展有限公司	天津滨海高新区海外留学生创业园	电子信息
天津基理科技有限公司	天津滨海高新区海外留学生创业园	电子信息
天津津科翰林软件有限公司	天津滨海高新区海外留学生创业园	电子信息
天津珺兰科技有限公司	天津滨海高新区海外留学生创业园	电子信息
天津开域通信技术有限公司	天津滨海高新区海外留学生创业园	电子信息
天津酷歌科技有限公司	天津滨海高新区海外留学生创业园	电子信息
天津力芯电子技术有限公司	天津滨海高新区海外留学生创业园	电子信息

天津联芯科技有限公司	天津滨海高新区海外留学生创业园	电子信息
天津明新科技有限公司	天津滨海高新区海外留学生创业园	电子信息
天津奇谱光电技术有限公司	天津滨海高新区海外留学生创业园	电子信息
天津启通科技有限公司	天津滨海高新区海外留学生创业园	电子信息
天津前方科技有限公司	天津滨海高新区海外留学生创业园	电子信息
天津瑞发科半导体技术有限公司	天津滨海高新区海外留学生创业园	电子信息
天津圣日网络信息安全技术有限公司	天津滨海高新区海外留学生创业园	电子信息
天津市哈维泰科技有限公司	天津滨海高新区海外留学生创业园	电子信息
天津市华海星云信息技术有限公司	天津滨海高新区海外留学生创业园	电子信息
天津市莱科信息技术有限公司	天津滨海高新区海外留学生创业园	电子信息
天津市赛安科技发展有限公司	天津滨海高新区海外留学生创业园	电子信息
天津市尚林明德科技有限公司	天津滨海高新区海外留学生创业园	电子信息
天津市圣信通网络通信技术有限公司	天津滨海高新区海外留学生创业园	电子信息
天津市凸清汇智信息技术有限公司	天津滨海高新区海外留学生创业园	电子信息
天津天天挑科技有限公司	天津滨海高新区海外留学生创业园	电子信息
天津头领科技有限公司	天津滨海高新区海外留学生创业园	电子信息
天津万创科技有限责任公司	天津滨海高新区海外留学生创业园	电子信息
天津网中网科技有限公司	天津滨海高新区海外留学生创业园	电子信息
天津微智通科技发展有限公司	天津滨海高新区海外留学生创业园	电子信息
天津星甫科技有限公司	天津滨海高新区海外留学生创业园	电子信息
天津亿联世讯科技有限公司	天津滨海高新区海外留学生创业园	电子信息
天津易翰林创意科技有限公司	天津滨海高新区海外留学生创业园	电子信息
天津易泰通信息技术有限公司	天津滨海高新区海外留学生创业园	电子信息
天津音超科技有限公司	天津滨海高新区海外留学生创业园	电子信息
天津元云软件有限公司	天津滨海高新区海外留学生创业园	电子信息
天津卓联科技有限责任公司	天津滨海高新区海外留学生创业园	电子信息
友友新创系统技术（天津）有限公司	天津滨海高新区海外留学生创业园	电子信息
中思科技（天津）有限公司	天津滨海高新区海外留学生创业园	电子信息
天津坤爱生物科技有限公司	天津滨海高新区海外留学生创业园	生物医药
冠洋康健（天津）生物技术有限公司	天津滨海高新区海外留学生创业园	生物医药
卡尔迪雅（天津）医疗器械有限公司	天津滨海高新区海外留学生创业园	生物医药
天津安必森生物技术有限公司	天津滨海高新区海外留学生创业园	生物医药
天津百鸥瑞达生物科技有限公司	天津滨海高新区海外留学生创业园	生物医药
天津百瑞森科技有限公司	天津滨海高新区海外留学生创业园	生物医药
天津白盛泰克生物科技有限公司	天津滨海高新区海外留学生创业园	生物医药
天津博奥生物科技有限公司	天津滨海高新区海外留学生创业园	生物医药
天津博敏达生物科技有限公司	天津滨海高新区海外留学生创业园	生物医药
天津朝海科技有限公司	天津滨海高新区海外留学生创业园	生物医药
天津迪一生物科技有限公司	天津滨海高新区海外留学生创业园	生物医药
天津谷堆生物医药科技有限公司	天津滨海高新区海外留学生创业园	生物医药
天津广盛达科技发展有限公司	天津滨海高新区海外留学生创业园	生物医药
天津汉思睿智医药开发有限公司	天津滨海高新区海外留学生创业园	生物医药
天津经纬亨基生物科技有限公司	天津滨海高新区海外留学生创业园	生物医药
天津康福明生物科技有限公司	天津滨海高新区海外留学生创业园	生物医药
天津美德佰泰医学科技发展有限公司	天津滨海高新区海外留学生创业园	生物医药
天津纳百芯科技有限公司	天津滨海高新区海外留学生创业园	生物医药
天津尼欧生物科技有限公司	天津滨海高新区海外留学生创业园	生物医药
天津强微特生物科技有限公司	天津滨海高新区海外留学生创业园	生物医药
天津尚德药缘科技有限公司	天津滨海高新区海外留学生创业园	生物医药
天津神基生物技术有限公司	天津滨海高新区海外留学生创业园	生物医药
天津市北洋医学检测仪器与技术研究所	天津滨海高新区海外留学生创业园	生物医药
天津市康信医药科技有限公司	天津滨海高新区海外留学生创业园	生物医药
天津泰瑞倍药研科技有限公司	天津滨海高新区海外留学生创业园	生物医药
天津天颖制药技术有限公司	天津滨海高新区海外留学生创业园	生物医药
天津微瑞超分子材料科技有限公司	天津滨海高新区海外留学生创业园	生物医药
天津悟木科技有限公司	天津滨海高新区海外留学生创业园	生物医药
天津希恩思生化科技有限公司	天津滨海高新区海外留学生创业园	生物医药
天津新济复兴药业科技有限公司	天津滨海高新区海外留学生创业园	生物医药
天津自然云天科技有限公司	天津滨海高新区海外留学生创业园	生物医药
仪诺康科技（天津）有限公司	天津滨海高新区海外留学生创业园	生物医药

帝尔时代（天津）科技有限公司	天津滨海高新区海外留学生创业园	先进制造
天津德闻数据发展有限公司	天津滨海高新区海外留学生创业园	先进制造
天津凯蒂亚自动化设备有限公司	天津滨海高新区海外留学生创业园	先进制造
天津欧佩亚海洋工程有限公司	天津滨海高新区海外留学生创业园	先进制造
天津菩盛源照明科技有限公司	天津滨海高新区海外留学生创业园	先进制造
天津智易高科技发展有限公司	天津滨海高新区海外留学生创业园	先进制造
天津德兰玮诚生物技术有限公司	天津滨海高新区海外留学生创业园	新材料
天津都创科技有限公司	天津滨海高新区海外留学生创业园	新材料
天津介川新材料科技有限公司	天津滨海高新区海外留学生创业园	新材料
天津派尔尼尔科技发展有限公司	天津滨海高新区海外留学生创业园	新材料
天津普兰纳米科技有限公司	天津滨海高新区海外留学生创业园	新材料
天津若泽化学技术有限公司	天津滨海高新区海外留学生创业园	新材料
天津市鼎上科技有限公司	天津滨海高新区海外留学生创业园	新材料
卡特韦尔（天津）科技有限公司	天津滨海高新区海外留学生创业园	新能源环保
天津浩利通科技有限公司	天津滨海高新区海外留学生创业园	新能源环保
天津洛卡鹏节能技术开发有限公司	天津滨海高新区海外留学生创业园	新能源环保
天津能元谷科技有限公司	天津滨海高新区海外留学生创业园	新能源环保
天津日望环境技术有限公司	天津滨海高新区海外留学生创业园	新能源环保
天津市天佳惠科技发展有限公司	天津滨海高新区海外留学生创业园	新能源环保
天津艾瑞投资管理有限公司	天津滨海高新区海外留学生创业园	现代服务
天津东方财智科技有限公司	天津滨海高新区海外留学生创业园	现代服务
天津东方策略科技有限公司	天津滨海高新区海外留学生创业园	现代服务
天津瑞持普合商务咨询有限公司	天津滨海高新区海外留学生创业园	现代服务
天津瑞持普惠企业管理咨询合伙企业（有限合伙）	天津滨海高新区海外留学生创业园	现代服务
天津指点未来科技有限公司	天津滨海高新区海外留学生创业园	现代服务
博宇铭基信息科技有限公司	天津经济技术开发区留学生创业园	电子信息
当代精工工程技术管理咨询服务有限公司	天津经济技术开发区留学生创业园	电子信息
恒拓开源(天津)信息科技有限公司	天津经济技术开发区留学生创业园	电子信息
江恒（天津）科技发展有限公司	天津经济技术开发区留学生创业园	电子信息
南大强芯半导体芯片设计有限公司	天津经济技术开发区留学生创业园	电子信息
锐石微电子有限公司	天津经济技术开发区留学生创业园	电子信息
瑞博强芯（天津）电子有限公司	天津经济技术开发区留学生创业园	电子信息
数维（天津）信息技术开发有限公司	天津经济技术开发区留学生创业园	电子信息
天津艾思科尔科技有限公司	天津经济技术开发区留学生创业园	电子信息
天津爱迪尔软件开发有限公司	天津经济技术开发区留学生创业园	电子信息
天津博易斯特网络科技有限公司	天津经济技术开发区留学生创业园	电子信息
天津车云网络科技有限公司	天津经济技术开发区留学生创业园	电子信息
天津鼎韬外包服务有限公司	天津经济技术开发区留学生创业园	电子信息
天津动吧科技有限公司	天津经济技术开发区留学生创业园	电子信息
天津都易信息科技有限公司	天津经济技术开发区留学生创业园	电子信息
天津哈雷彗星科技有限公司	天津经济技术开发区留学生创业园	电子信息
天津华数科技发展有限公司	天津经济技术开发区留学生创业园	电子信息
天津汇冠触摸技术有限公司	天津经济技术开发区留学生创业园	电子信息
天津慧尊科技发展有限公司	天津经济技术开发区留学生创业园	电子信息
天津火凤凰微电子有限公司	天津经济技术开发区留学生创业园	电子信息
天津建坤光电科技有限公司	天津经济技术开发区留学生创业园	电子信息
天津金栅科技有限公司	天津经济技术开发区留学生创业园	电子信息
天津精一科技发展有限公司	天津经济技术开发区留学生创业园	电子信息
天津巨卓科技有限公司	天津经济技术开发区留学生创业园	电子信息
天津凯恩德软件开发有限公司	天津经济技术开发区留学生创业园	电子信息
天津凯天信息技术有限公司	天津经济技术开发区留学生创业园	电子信息
天津快友世纪科技有限公司	天津经济技术开发区留学生创业园	电子信息
天津蓝海微科技有限公司	天津经济技术开发区留学生创业园	电子信息
天津朗波微电子有限公司	天津经济技术开发区留学生创业园	电子信息
天津里外科技有限公司	天津经济技术开发区留学生创业园	电子信息
天津利帆科技发展有限公司	天津经济技术开发区留学生创业园	电子信息
天津联盟科技有限公司	天津经济技术开发区留学生创业园	电子信息
天津美数信息科技有限公司	天津经济技术开发区留学生创业园	电子信息
天津美维信息技术有限公司	天津经济技术开发区留学生创业园	电子信息
天津妙计科技有限公司	天津经济技术开发区留学生创业园	电子信息

天津湃讯科技发展有限公司	天津经济技术开发区留学生创业园	电子信息
天津鹏翔华夏科技有限公司	天津经济技术开发区留学生创业园	电子信息
天津普乐利思科技有限公司	天津经济技术开发区留学生创业园	电子信息
天津全球行科技有限公司	天津经济技术开发区留学生创业园	电子信息
天津锐石微电子有限公司	天津经济技术开发区留学生创业园	电子信息
天津润成天泽科技有限公司	天津经济技术开发区留学生创业园	电子信息
天津施诚电子商务有限公司	天津经济技术开发区留学生创业园	电子信息
天津市多智信息科技有限公司	天津经济技术开发区留学生创业园	电子信息
天津市精井科技有限公司	天津经济技术开发区留学生创业园	电子信息
天津数字太和科技有限公司	天津经济技术开发区留学生创业园	电子信息
天津速玛联盟网络科技有限公司	天津经济技术开发区留学生创业园	电子信息
天津泰凡科技有限公司	天津经济技术开发区留学生创业园	电子信息
天津蔚蓝科技有限公司	天津经济技术开发区留学生创业园	电子信息
天津希图信息技术有限公司	天津经济技术开发区留学生创业园	电子信息
天津新智感科技有限公司	天津经济技术开发区留学生创业园	电子信息
天津益华微电子有限公司	天津经济技术开发区留学生创业园	电子信息
天津英诺华微电子技术有限公司	天津经济技术开发区留学生创业园	电子信息
天津友嘻嘻科技有限公司	天津经济技术开发区留学生创业园	电子信息
天津云世界网络科技有限公司	天津经济技术开发区留学生创业园	电子信息
天津智巧数据科技有限公司	天津经济技术开发区留学生创业园	电子信息
天津中科智安科技有限公司	天津经济技术开发区留学生创业园	电子信息
铜雀梦乔（天津）科技发展有限公司	天津经济技术开发区留学生创业园	电子信息
唯捷创新（天津）电子技术有限公司	天津经济技术开发区留学生创业园	电子信息
英特格灵芯片（天津）有限公司	天津经济技术开发区留学生创业园	电子信息
中星电子股份有限公司	天津经济技术开发区留学生创业园	电子信息
艾琪生物科技（天津）有限公司	天津经济技术开发区留学生创业园	生物医药
安必奇（天津）生物科技有限公司	天津经济技术开发区留学生创业园	生物医药
安赛伯（天津）生物科技有限公司	天津经济技术开发区留学生创业园	生物医药
澳泰科技（天津）有限公司	天津经济技术开发区留学生创业园	生物医药
波纳维科（天津）医疗科技有限公司	天津经济技术开发区留学生创业园	生物医药
伯佳瑞（天津）科技发展有限公司	天津经济技术开发区留学生创业园	生物医药
德康润生物科技（天津）有限公司	天津经济技术开发区留学生创业园	生物医药
迪卡利(天津)生物科技有限公司	天津经济技术开发区留学生创业园	生物医药
翰尔希沃德（天津）医疗科技有限公司	天津经济技术开发区留学生创业园	生物医药
灏灵赛奥（天津）生物科技有限公司	天津经济技术开发区留学生创业园	生物医药
科宁(天津)医疗设备有限公司	天津经济技术开发区留学生创业园	生物医药
启明光（天津）科技有限公司	天津经济技术开发区留学生创业园	生物医药
燃点科技（天津）有限公司	天津经济技术开发区留学生创业园	生物医药
荣速汇康（天津）科技发展有限公司	天津经济技术开发区留学生创业园	生物医药
瑞奇外科器械（中国）有限公司	天津经济技术开发区留学生创业园	生物医药
赛诺医疗科学技术有限公司	天津经济技术开发区留学生创业园	生物医药
天津阿尔塔科技有限公司	天津经济技术开发区留学生创业园	生物医药
天津昂赛细胞基因工程有限公司	天津经济技术开发区留学生创业园	生物医药
天津奥维亚生物技术有限公司	天津经济技术开发区留学生创业园	生物医药
天津百萤生物科技有限公司	天津经济技术开发区留学生创业园	生物医药
天津贝朗齐生物医药科技有限公司	天津经济技术开发区留学生创业园	生物医药
天津滨江药物研发有限公司	天津经济技术开发区留学生创业园	生物医药
天津博美开泰生物医药科技有限公司	天津经济技术开发区留学生创业园	生物医药
天津渤海新其医养科技有限公司	天津经济技术开发区留学生创业园	生物医药
天津晨星生物工程有限公司	天津经济技术开发区留学生创业园	生物医药
天津海河标测技术检测有限公司	天津经济技术开发区留学生创业园	生物医药
天津浩信纤维素基科技有限责任公司	天津经济技术开发区留学生创业园	生物医药
天津键凯科技有限公司	天津经济技术开发区留学生创业园	生物医药
天津晶润锐拓科技发展有限公司	天津经济技术开发区留学生创业园	生物医药
天津骏伦生物医药科技有限公司	天津经济技术开发区留学生创业园	生物医药
天津康希诺生物技术有限公司	天津经济技术开发区留学生创业园	生物医药
天津科恩达科技有限公司	天津经济技术开发区留学生创业园	生物医药
天津科纳提克生物科技有限公司	天津经济技术开发区留学生创业园	生物医药
天津林达生物科技有限公司	天津经济技术开发区留学生创业园	生物医药
天津迈道康生物科技有限公司	天津经济技术开发区留学生创业园	生物医药

天津纽安迪生物技术有限公司	天津经济技术开发区留学生创业园	生物医药
天津诺星生物医药科技有限公司	天津经济技术开发区留学生创业园	生物医药
天津欧德莱生物医药科技有限公司	天津经济技术开发区留学生创业园	生物医药
天津派格生物技术有限公司	天津经济技术开发区留学生创业园	生物医药
天津普恒制药工程技术有限公司	天津经济技术开发区留学生创业园	生物医药
天津溥瀛生物技术有限公司	天津经济技术开发区留学生创业园	生物医药
天津奇帆农业科技发展有限公司	天津经济技术开发区留学生创业园	生物医药
天津瑞德康科技有限公司	天津经济技术开发区留学生创业园	生物医药
天津瑞麟祥生物科技有限责任公司	天津经济技术开发区留学生创业园	生物医药
天津赛迪思科技发展有限公司	天津经济技术开发区留学生创业园	生物医药
天津三箭生物公司	天津经济技术开发区留学生创业园	生物医药
天津桑尼匹克生物科技有限公司	天津经济技术开发区留学生创业园	生物医药
天津生物芯片技术有限责任公司	天津经济技术开发区留学生创业园	生物医药
天津市百茵生物技术有限公司	天津经济技术开发区留学生创业园	生物医药
天津市尖峰天然产物研究开发有限公司	天津经济技术开发区留学生创业园	生物医药
天津市斯芬克司药物研发有限公司	天津经济技术开发区留学生创业园	生物医药
天津天达联合工程技术有限公司	天津经济技术开发区留学生创业园	生物医药
天津天农康嘉生态养殖有限公司	天津经济技术开发区留学生创业园	生物医药
天津微纳芯科技有限公司	天津经济技术开发区留学生创业园	生物医药
天津心康科技发展有限公司	天津经济技术开发区留学生创业园	生物医药
天津新航程生物科技有限公司	天津经济技术开发区留学生创业园	生物医药
天津新其科技发展有限公司	天津经济技术开发区留学生创业园	生物医药
天津新斯隆达生物技术发展有限公司	天津经济技术开发区留学生创业园	生物医药
天津伊美雅科技发展有限公司	天津经济技术开发区留学生创业园	生物医药
天津宜诺药物科技有限公司	天津经济技术开发区留学生创业园	生物医药
天津翼骏生物科技有限公司	天津经济技术开发区留学生创业园	生物医药
天津优纳斯生物科技有限公司	天津经济技术开发区留学生创业园	生物医药
天津裕强生物医药科技有限公司	天津经济技术开发区留学生创业园	生物医药
天津贞利康生物科技有限公司	天津经济技术开发区留学生创业园	生物医药
天津中澳新生物技术有限公司	天津经济技术开发区留学生创业园	生物医药
天津中孛科技有限公司	天津经济技术开发区留学生创业园	生物医药
协和同仁科技（天津）有限责任公司	天津经济技术开发区留学生创业园	生物医药
旭洋启创（天津）科技有限公司	天津经济技术开发区留学生创业园	生物医药
英科博雅基因科技（天津）有限公司	天津经济技术开发区留学生创业园	生物医药
复朗施（天津）纳米科技有限公司	天津经济技术开发区留学生创业园	新材料
高辉（天津）科技有限公司	天津经济技术开发区留学生创业园	新材料
天津博纳艾杰尔科技有限公司	天津经济技术开发区留学生创业园	新材料
天津开发区博新工贸有限公司	天津经济技术开发区留学生创业园	新材料
天津康为镁科技有限公司	天津经济技术开发区留学生创业园	新材料
天津纳德科技有限公司	天津经济技术开发区留学生创业园	新材料
天津市宏忻桓科技发展有限公司	天津经济技术开发区留学生创业园	新材料
天津双君智材科技发展有限公司	天津经济技术开发区留学生创业园	新材料
天津新动源科技有限公司	天津经济技术开发区留学生创业园	新材料
天津新世纪耐火材料有限公司	天津经济技术开发区留学生创业园	新材料
天津众智科技有限公司	天津经济技术开发区留学生创业园	新材料
图湖科技发展（天津）有限责任公司	天津经济技术开发区留学生创业园	新材料
威程（天津）科技有限公司	天津经济技术开发区留学生创业园	新材料
百思特环保设备制造安装工程有限公司	天津经济技术开发区留学生创业园	新能源环保
天津海蓝德能源技术发展有限公司	天津经济技术开发区留学生创业园	新能源环保
天津海源流体工程技术有限公司	天津经济技术开发区留学生创业园	新能源环保
天津凯德新能源科技有限公司	天津经济技术开发区留学生创业园	新能源环保
天津魁都科技有限公司	天津经济技术开发区留学生创业园	新能源环保
天津瑞森泽尔新能源环保科技有限公司	天津经济技术开发区留学生创业园	新能源环保
天津市裕川环境科技有限公司	天津经济技术开发区留学生创业园	新能源环保
天津思凯汽车环保科技有限公司	天津经济技术开发区留学生创业园	新能源环保
天津斯隆达科技发展有限公司	天津经济技术开发区留学生创业园	新能源环保
天津微锐生物科技有限公司	天津经济技术开发区留学生创业园	新能源环保
天津芯之铠光电技术研发有限公司	天津经济技术开发区留学生创业园	新能源环保
崴朗能源服务（天津）有限公司	天津经济技术开发区留学生创业园	新能源环保
希洁环保科技（天津）有限公司	天津经济技术开发区留学生创业园	新能源环保

天津博益气动股份有限公司	天津经济技术开发区留学生创业园	装备制造
长江智能技术研究院（天津）有限公司	天津经济技术开发区留学生创业园	装备制造
海通达（天津）海洋科技有限公司	天津经济技术开发区留学生创业园	装备制造
天津博益气动股份有限公司	天津经济技术开发区留学生创业园	装备制造
天津深之蓝海洋设备科技有限公司	天津经济技术开发区留学生创业园	装备制造
天津市创恒机器人技术有限公司	天津经济技术开发区留学生创业园	装备制造
天津市发现者厨房机器人科技有限公司	天津经济技术开发区留学生创业园	装备制造
天津索利普智能科技有限公司	天津经济技术开发区留学生创业园	装备制造
天津唯实科技发展有限公司	天津经济技术开发区留学生创业园	装备制造
沃孜（天津）流体技术研发有限公司	天津经济技术开发区留学生创业园	装备制造
天津静水清音文化传播有限公司	天津经济技术开发区留学生创业园	文化创意
智道云创文化传播有限公司	天津经济技术开发区留学生创业园	文化创意
翰尔希安泰（天津）门诊部有限公司	天津经济技术开发区留学生创业园	现代服务
天津万民福科技发展有限公司	天津经济技术开发区留学生创业园	现代服务
瑞达科技咨询（天津）有限公司	天津经济技术开发区留学生创业园	现代服务
颐和（天津）健康咨询有限公司	天津经济技术开发区留学生创业园	现代服务
石家庄开发区波宏科技有限公司	海外留学人员石家庄创业园	电子信息
河北达龙软件科技有限公司	海外留学人员石家庄创业园	电子信息
河北鼎讯信息科技有限公司	海外留学人员石家庄创业园	电子信息
河北奇宜通讯科技有限公司	海外留学人员石家庄创业园	电子信息
河北仁方计算机科技有限公司	海外留学人员石家庄创业园	电子信息
河北四海航通安全技术工程有限公司	海外留学人员石家庄创业园	电子信息
河北天测信息技术有限公司	海外留学人员石家庄创业园	电子信息
河北亚创软件科技股份有限公司	海外留学人员石家庄创业园	电子信息
河北正扬积点网络技术有限公司	海外留学人员石家庄创业园	电子信息
杰美克（石家庄）科技有限公司	海外留学人员石家庄创业园	电子信息
石家庄风雨软件科技有限公司	海外留学人员石家庄创业园	电子信息
石家庄高新区慧远电子技术有限公司	海外留学人员石家庄创业园	电子信息
石家庄高新区立明电子科技有限公司	海外留学人员石家庄创业园	电子信息
石家庄力天海鑫科技有限公司	海外留学人员石家庄创业园	电子信息
石家庄南元数码科技有限公司	海外留学人员石家庄创业园	电子信息
石家庄昭瑞科技有限公司	海外留学人员石家庄创业园	电子信息
河北文博生物科技有限公司	海外留学人员石家庄创业园	生物医药
石家庄博士德生物科技有限公司	海外留学人员石家庄创业园	生物医药
石家庄开发区达为医药科技有限公司	海外留学人员石家庄创业园	生物医药
石家庄康美泰医药科技有限公司（万尚医药科技公司）	海外留学人员石家庄创业园	生物医药
石家庄手性化学有限公司	海外留学人员石家庄创业园	生物医药
石家庄宏图航空摄影器材有限公司	海外留学人员石家庄创业园	先进制造
河北敏建科技有限公司	海外留学人员石家庄创业园	先进制造
石家庄宏鑫致远航空科技开发有限公司	海外留学人员石家庄创业园	先进制造
石家庄普瑞精密仪器有限公司	海外留学人员石家庄创业园	先进制造
河北绿洲新能源技术有限公司	海外留学人员石家庄创业园	新材料
石家庄固盾防水保护材料有限公司	海外留学人员石家庄创业园	新材料
河北复卿环保科技有限公司	海外留学人员石家庄创业园	新能源环保
河北绿龙环境工程有限公司	海外留学人员石家庄创业园	新能源环保
石家庄奥新节能技术有限公司	海外留学人员石家庄创业园	新能源环保
石家庄高新区占峰科技有限公司	海外留学人员石家庄创业园	新能源环保
石家庄美施达生物化工有限公司	海外留学人员石家庄创业园	新能源环保
石家庄市信之信节能技术有限公司	海外留学人员石家庄创业园	新能源环保
石家庄天赐节能科技有限公司	海外留学人员石家庄创业园	新能源环保
石家庄天途路桥养护有限公司	海外留学人员石家庄创业园	新能源环保
英国环保产业及技术服务有限公司（EPS）驻河北代表处	海外留学人员石家庄创业园	新能源环保
石家庄福沃泉商贸有限公司	海外留学人员石家庄创业园	现代服务
石家庄高新区卡芙商贸有限公司	海外留学人员石家庄创业园	现代服务
石家庄哥哈贸易有限公司	海外留学人员石家庄创业园	现代服务
石家庄市嘉伦健康文化传播有限公司	海外留学人员石家庄创业园	现代服务
磐基讯析技术（太原）有限公司	太原留学人员创业园	电子信息
山西爱斯普科技开发有限公司	太原留学人员创业园	电子信息
山西安联泰门业科技有限公司	太原留学人员创业园	电子信息
山西成文科技有限公司	太原留学人员创业园	电子信息

山西创感科技有限公司	太原留学人员创业园	电子信息
山西达益赛尔科技有限公司	太原留学人员创业园	电子信息
山西德士特科技有限公司	太原留学人员创业园	电子信息
山西东华软件有限公司	太原留学人员创业园	电子信息
山西昊荃盛华佳科技有限公司	太原留学人员创业园	电子信息
山西辉煌高新技术有限公司	太原留学人员创业园	电子信息
山西金翼软件有限公司	太原留学人员创业园	电子信息
山西凯吉安科技有限公司	太原留学人员创业园	电子信息
山西朗思科技有限公司	太原留学人员创业园	电子信息
山西力扬科技开发有限公司	太原留学人员创业园	电子信息
山西双赢智能科技有限公司	太原留学人员创业园	电子信息
山西索易科技有限公司	太原留学人员创业园	电子信息
山西泰和鑫软件有限公司	太原留学人员创业园	电子信息
山西天脉聚源传媒科技有限公司	太原留学人员创业园	电子信息
山西炎黄智杰科技有限公司	太原留学人员创业园	电子信息
山西一诺飞扬科技有限公司	太原留学人员创业园	电子信息
山西颐顺鑫商贸有限公司	太原留学人员创业园	电子信息
山西毅诚科信科技有限公司	太原留学人员创业园	电子信息
山西英利迪科技有限公司	太原留学人员创业园	电子信息
山西元度科技有限公司	太原留学人员创业园	电子信息
山西元亨利贞科技有限公司	太原留学人员创业园	电子信息
山西志业天成信息技术有限公司	太原留学人员创业园	电子信息
山西中交远洲鑫泽信息工程有限公司	太原留学人员创业园	电子信息
山西中科博杰科技有限公司	太原留学人员创业园	电子信息
山西中科天维科技有限公司	太原留学人员创业园	电子信息
斯马特（太原）技术发展有限公司	太原留学人员创业园	电子信息
太原春灏科技有限公司	太原留学人员创业园	电子信息
太原点通科技有限公司	太原留学人员创业园	电子信息
太原晋砚津源科技有限公司	太原留学人员创业园	电子信息
太原卡腾科技有限公司	太原留学人员创业园	电子信息
太原绿地阳光科技有限公司	太原留学人员创业园	电子信息
太原齐齐运达科技服务有限公司	太原留学人员创业园	电子信息
太原山大全元科技有限公司	太原留学人员创业园	电子信息
太原时代天元科技发展有限公司	太原留学人员创业园	电子信息
太原市必威德软件开发有限公司	太原留学人员创业园	电子信息
太原市多方通信科技有限公司	太原留学人员创业园	电子信息
太原市数佳科技有限公司	太原留学人员创业园	电子信息
太原特玛茹电子科技有限公司	太原留学人员创业园	电子信息
太原星云科贸有限公司	太原留学人员创业园	电子信息
太原优班图科技有限公司	太原留学人员创业园	电子信息
太原优联科技有限公司	太原留学人员创业园	电子信息
太原语信科技有限公司	太原留学人员创业园	电子信息
山西华城睿光生物科技股份有限公司	太原留学人员创业园	生物医药
太原市川至生物工程有限公司	太原留学人员创业园	生物医药
太原市中科恒业数码有限公司	太原留学人员创业园	生物医药
山西培行高科电器有限公司	太原留学人员创业园	先进制造
太原泽布尼茨门窗制造有限公司	太原留学人员创业园	先进制造
山西凯尔环保科技有限责任公司	太原留学人员创业园	新能源环保
山西煤层气有限责任公司	太原留学人员创业园	新能源环保
山西颐华清生态科技有限公司	太原留学人员创业园	新能源环保
太原市特石生物能源技术有限公司	太原留学人员创业园	新能源环保
山西舶奥动画制作有限公司	太原留学人员创业园	文化创意
山西创艺影视制作有限责任公司	太原留学人员创业园	文化创意
山西创影影视动画有限公司	太原留学人员创业园	文化创意
山西大雨点文化传媒有限公司	太原留学人员创业园	文化创意
山西道合文化传媒有限责任公司	太原留学人员创业园	文化创意
山西迪迈创意文化传媒有限公司	太原留学人员创业园	文化创意
山西盖亚文化传媒有限公司	太原留学人员创业园	文化创意
山西高铁文化传媒有限公司	太原留学人员创业园	文化创意
山西高新博澳文化产业股份有限公司	太原留学人员创业园	文化创意

山西汉字传奇文化传播有限公司	太原留学人员创业园	文化创意
山西和信文化传媒有限责任公司	太原留学人员创业园	文化创意
山西泓翰文化传播有限公司	太原留学人员创业园	文化创意
山西汇众动漫科技开发有限公司	太原留学人员创业园	文化创意
山西慧创文化传媒有限公司	太原留学人员创业园	文化创意
山西君濡文化创意有限公司	太原留学人员创业园	文化创意
山西鎏金文化发展有限公司	太原留学人员创业园	文化创意
山西七宝动漫科技有限公司	太原留学人员创业园	文化创意
山西文华盛世文化传播有限公司	太原留学人员创业园	文化创意
山西小伙伴影业有限公司	太原留学人员创业园	文化创意
山西鑫泽联绎文化有限公司	太原留学人员创业园	文化创意
太原金卡通传媒科技有限公司	太原留学人员创业园	文化创意
包头曼德堂医疗器械有限公司	内蒙古自治区留学人员创业园	电子信息
包头三陆零电子商务有限公司	内蒙古自治区留学人员创业园	电子信息
包头尚琅科技有限公司	内蒙古自治区留学人员创业园	电子信息
包头盛网信息科技有限公司	内蒙古自治区留学人员创业园	电子信息
包头市柏锐农林科技有限公司	内蒙古自治区留学人员创业园	电子信息
包头市北发机电科技有限责任公司	内蒙古自治区留学人员创业园	电子信息
包头市比特科技服务有限责任公司	内蒙古自治区留学人员创业园	电子信息
包头市博辰科技有限有限公司	内蒙古自治区留学人员创业园	电子信息
包头市鼎盛浩科技发展有限公司	内蒙古自治区留学人员创业园	电子信息
包头市和迅科技有限责任公司	内蒙古自治区留学人员创业园	电子信息
包头市和中控制技术有限责任公司	内蒙古自治区留学人员创业园	电子信息
包头市恒裕电子科技有限责任公司	内蒙古自治区留学人员创业园	电子信息
包头市宏坤昌运信息科技有限公司	内蒙古自治区留学人员创业园	电子信息
包头市华电博瑞电力自动化工程技术有限责任公司	内蒙古自治区留学人员创业园	电子信息
包头市晶华科技有限责任公司	内蒙古自治区留学人员创业园	电子信息
包头市美途电子科技有限公司	内蒙古自治区留学人员创业园	电子信息
包头市敏辉网络科技有限公司	内蒙古自治区留学人员创业园	电子信息
包头市全工智能科技有限公司	内蒙古自治区留学人员创业园	电子信息
包头市瑞和信息科技有限公司	内蒙古自治区留学人员创业园	电子信息
包头市瑞盛科技发展有限责任公司	内蒙古自治区留学人员创业园	电子信息
包头市视闻通晓信息技术有限公司	内蒙古自治区留学人员创业园	电子信息
包头市硕人海泰能源科技有限公司	内蒙古自治区留学人员创业园	电子信息
包头市晓龙科技有限责任公司	内蒙古自治区留学人员创业园	电子信息
包头市亚美达数码科技有限公司	内蒙古自治区留学人员创业园	电子信息
包头市义晶商贸有限公司	内蒙古自治区留学人员创业园	电子信息
包头市易捷贷金融信息服务有限公司	内蒙古自治区留学人员创业园	电子信息
包头市易通网络科技有限公司	内蒙古自治区留学人员创业园	电子信息
包头市优诣网络科技有限公司	内蒙古自治区留学人员创业园	电子信息
包头市元威科技有限责任公司	内蒙古自治区留学人员创业园	电子信息
包头市云思网络有限公司	内蒙古自治区留学人员创业园	电子信息
内蒙古百仕力工业装备科技有限公司	内蒙古自治区留学人员创业园	电子信息
内蒙古博凯群信息科技有限公司	内蒙古自治区留学人员创业园	电子信息
内蒙古海洋工信科技有限责任公司	内蒙古自治区留学人员创业园	电子信息
内蒙古鸿洋科技有限责任公司	内蒙古自治区留学人员创业园	电子信息
内蒙古互融网络科技发展有限公司	内蒙古自治区留学人员创业园	电子信息
内蒙古交互信息科技有限公司	内蒙古自治区留学人员创业园	电子信息
内蒙古金仕力人力资源管理顾问有限公司	内蒙古自治区留学人员创业园	电子信息
内蒙古开力源数码科技有限公司	内蒙古自治区留学人员创业园	电子信息
内蒙古铭格网络科技有限公司	内蒙古自治区留学人员创业园	电子信息
内蒙古普诺杰医疗信息技术有限公司	内蒙古自治区留学人员创业园	电子信息
内蒙古三宝物联电子科技有限责任公司	内蒙古自治区留学人员创业园	电子信息
内蒙古物通天下网络科技有限责任公司	内蒙古自治区留学人员创业园	电子信息
内蒙古掌景无限网络科技有限公司	内蒙古自治区留学人员创业园	电子信息
内蒙古中大传媒发展有限公司	内蒙古自治区留学人员创业园	电子信息
易云捷讯科技（包头）有限公司	内蒙古自治区留学人员创业园	电子信息
包头市寰基生物科技有限公司	内蒙古自治区留学人员创业园	生物医药
包头市健垒制药科技有限公司	内蒙古自治区留学人员创业园	生物医药
包头市康百佳医疗科技有限责任公司	内蒙古自治区留学人员创业园	生物医药

包头市丽程科技有限责任公司	内蒙古自治区留学人员创业园	生物医药
包头市蒙科赛生物科技有限责任公司	内蒙古自治区留学人员创业园	生物医药
包头市蒙原生物科技有限责任公司	内蒙古自治区留学人员创业园	生物医药
包头市奇芯基因科技有限公司	内蒙古自治区留学人员创业园	生物医药
包头市清力环保科技发展有限公司	内蒙古自治区留学人员创业园	生物医药
包头市熙林化工科技有限公司	内蒙古自治区留学人员创业园	生物医药
包头市永动对流气体有限公司	内蒙古自治区留学人员创业园	生物医药
包头市煜洋生物科技发展有限公司	内蒙古自治区留学人员创业园	生物医药
包头思宁科技发展有限责任公司	内蒙古自治区留学人员创业园	生物医药
内蒙古博格农牧业开发有限责任公司	内蒙古自治区留学人员创业园	生物医药
内蒙古辰吕康业贸易有限公司	内蒙古自治区留学人员创业园	生物医药
内蒙古科恩伯格生物科技有限责任公司	内蒙古自治区留学人员创业园	生物医药
内蒙古力丰医疗科技有限公司	内蒙古自治区留学人员创业园	生物医药
内蒙古龙驹股份有限公司	内蒙古自治区留学人员创业园	生物医药
内蒙古易比西农业科技有限公司	内蒙古自治区留学人员创业园	生物医药
内蒙古易康生生物科技有限公司	内蒙古自治区留学人员创业园	生物医药
内蒙古英华荣泰高科技发展有限公司	内蒙古自治区留学人员创业园	生物医药
包头市广和表面工程技术有限公司	内蒙古自治区留学人员创业园	新材料
包头市华惠新材料科技有限公司	内蒙古自治区留学人员创业园	新材料
包头市华源科技有限责任公司	内蒙古自治区留学人员创业园	新材料
包头市凯化科技有限公司	内蒙古自治区留学人员创业园	新材料
包头市三禾光机电有限公司	内蒙古自治区留学人员创业园	新材料
包头市三三功能陶瓷有限公司	内蒙古自治区留学人员创业园	新材料
包头市神聚矿产品有限公司	内蒙古自治区留学人员创业园	新材料
包头市锡安贸易有限责任公司	内蒙古自治区留学人员创业园	新材料
包头市熙林化工科技有限公司	内蒙古自治区留学人员创业园	新材料
包头市亿源稀土有限责任公司	内蒙古自治区留学人员创业园	新材料
包头市裕智科贸有限公司	内蒙古自治区留学人员创业园	新材料
包头新镧系稀土科技有限公司	内蒙古自治区留学人员创业园	新材料
包头中丹康灵环境技术有限公司	内蒙古自治区留学人员创业园	新材料
内蒙古高源重工有限公司	内蒙古自治区留学人员创业园	新材料
内蒙古光谷高源激光有限公司	内蒙古自治区留学人员创业园	新材料
内蒙古桂华科技有限责任公司	内蒙古自治区留学人员创业园	新材料
内蒙古五环高效工业科技股份有限公司	内蒙古自治区留学人员创业园	新材料
包头博特科技有限责任公司	内蒙古自治区留学人员创业园	新能源环保
包头高和华泰节能环保科技有限公司	内蒙古自治区留学人员创业园	新能源环保
包头市奥克莱恩有限责任公司	内蒙古自治区留学人员创业园	新能源环保
包头市大青山环保技术有限责任公司	内蒙古自治区留学人员创业园	新能源环保
包头市格润节能环保科技有限公司	内蒙古自治区留学人员创业园	新能源环保
包头市硅谷纳米建材有限责任公司	内蒙古自治区留学人员创业园	新能源环保
包头市哈德斯沂兴环保科技有限公司	内蒙古自治区留学人员创业园	新能源环保
包头市弘亚科技环保有限公司	内蒙古自治区留学人员创业园	新能源环保
包头市华晨环保科技有限责任公司	内蒙古自治区留学人员创业园	新能源环保
包头市科净源科技发展有限公司	内蒙古自治区留学人员创业园	新能源环保
包头市朗誉贸易有限责任公司	内蒙古自治区留学人员创业园	新能源环保
包头市庆和燃气有限公司	内蒙古自治区留学人员创业园	新能源环保
包头市瑞驰环境技术有限公司	内蒙古自治区留学人员创业园	新能源环保
包头市润鑫电子科技有限公司	内蒙古自治区留学人员创业园	新能源环保
包头市天恩浩环保科技有限公司	内蒙古自治区留学人员创业园	新能源环保
包头市拓又达新能源科技有限公司	内蒙古自治区留学人员创业园	新能源环保
包头市英诺威森环保科技有限公司	内蒙古自治区留学人员创业园	新能源环保
包头市正唐节能环保有限公司	内蒙古自治区留学人员创业园	新能源环保
包头市中升嘉益科技发展有限责任公司	内蒙古自治区留学人员创业园	新能源环保
内蒙古德贝纳节能科技有限公司	内蒙古自治区留学人员创业园	新能源环保
内蒙古君子津环境科技有限公司	内蒙古自治区留学人员创业园	新能源环保
内蒙古赛奥奇环保科技有限公司	内蒙古自治区留学人员创业园	新能源环保
内蒙古圣和新能源科技股份有限公司	内蒙古自治区留学人员创业园	新能源环保
内蒙古炜艺晨环保节能有限公司	内蒙古自治区留学人员创业园	新能源环保
内蒙古中旭科技有限公司	内蒙古自治区留学人员创业园	新能源环保
深圳市北林地景园林工程有限公司包头分公司	内蒙古自治区留学人员创业园	新能源环保

包钢建安集团奥通科技有限公司	内蒙古自治区留学人员创业园	装备制造
包头高原激光科技发展公司	内蒙古自治区留学人员创业园	装备制造
包头雷蒙赛博机电技术有限责任公司	内蒙古自治区留学人员创业园	装备制造
包头联方高新技术有限公司	内蒙古自治区留学人员创业园	装备制造
包头实田科技有限公司	内蒙古自治区留学人员创业园	装备制造
包头市宝腾精工科技有限公司	内蒙古自治区留学人员创业园	装备制造
包头市创联炉窑技术有限公司	内蒙古自治区留学人员创业园	装备制造
包头市大川机械科技有限公司	内蒙古自治区留学人员创业园	装备制造
包头市大恒机电设备有限公司	内蒙古自治区留学人员创业园	装备制造
包头市多源新煤炭有限公司	内蒙古自治区留学人员创业园	装备制造
包头市福马科技有限公司	内蒙古自治区留学人员创业园	装备制造
包头市广乐机电科技有限公司	内蒙古自治区留学人员创业园	装备制造
包头市灵昊机电环保设备有限公司	内蒙古自治区留学人员创业园	装备制造
包头市华电博瑞电力自动化工程技术有限责任公司	内蒙古自治区留学人员创业园	装备制造
包头市慧宇硅钢科技有限公司	内蒙古自治区留学人员创业园	装备制造
包头市劲力电力工程有限责任公司	内蒙古自治区留学人员创业园	装备制造
包头市精正高新建材有限公司	内蒙古自治区留学人员创业园	装备制造
包头市科益达自动化有限责任公司	内蒙古自治区留学人员创业园	装备制造
包头市铭绅机电设备有限公司	内蒙古自治区留学人员创业园	装备制造
包头市派尔流体有限公司	内蒙古自治区留学人员创业园	装备制造
包头市锐思科技有限责任公司	内蒙古自治区留学人员创业园	装备制造
包头市瑞玛科技有限责任公司	内蒙古自治区留学人员创业园	装备制造
包头市润丰机电技术有限公司	内蒙古自治区留学人员创业园	装备制造
包头市三合信息技术有限公司	内蒙古自治区留学人员创业园	装备制造
包头市森普勒机电设备有限公司	内蒙古自治区留学人员创业园	装备制造
包头市晟特瑞机电设备有限公司	内蒙古自治区留学人员创业园	装备制造
包头市天阳科技有限责任公司	内蒙古自治区留学人员创业园	装备制造
包头市天一金属有限公司	内蒙古自治区留学人员创业园	装备制造
包头市通鑫源物资有限责任公司	内蒙古自治区留学人员创业园	装备制造
包头市同德实业有限责任公司	内蒙古自治区留学人员创业园	装备制造
包头市旺泉稀土开发有限责任公司	内蒙古自治区留学人员创业园	装备制造
包头市西溪精益机电技术工程有限公司	内蒙古自治区留学人员创业园	装备制造
包头市新阳机电工程有限责任公司	内蒙古自治区留学人员创业园	装备制造
包头市鑫熠机电科技有限公司	内蒙古自治区留学人员创业园	装备制造
包头市益缘机电成套技术有限公司	内蒙古自治区留学人员创业园	装备制造
包头市中浙恒通科技有限责任公司	内蒙古自治区留学人员创业园	装备制造
包头同德芯线合金有限公司	内蒙古自治区留学人员创业园	装备制造
内蒙古得众电力设备有限责任公司	内蒙古自治区留学人员创业园	装备制造
内蒙古华创科技有限公司	内蒙古自治区留学人员创业园	装备制造
内蒙古瑞尔工业设备有限公司	内蒙古自治区留学人员创业园	装备制造
内蒙古泽达机电设备有限公司	内蒙古自治区留学人员创业园	装备制造
包头电视台经济生活频道内蒙古天源影视文化传媒公司	内蒙古自治区留学人员创业园	文化创意
包头市佰龙广告有限责任公司	内蒙古自治区留学人员创业园	文化创意
包头市创棋文化传媒有限公司	内蒙古自治区留学人员创业园	文化创意
包头市大愚影视文化传播有限责任公司	内蒙古自治区留学人员创业园	文化创意
包头市枫叶广告制作有限责任公司	内蒙古自治区留学人员创业园	文化创意
包头市广和民族文化艺术有限责任公司	内蒙古自治区留学人员创业园	文化创意
包头市领驭传媒有限公司	内蒙古自治区留学人员创业园	文化创意
包头市蜃景路上设计顾问有限公司	内蒙古自治区留学人员创业园	文化创意
包头市水火文化传播有限公司	内蒙古自治区留学人员创业园	文化创意
包头市天翼文化传媒有限公司	内蒙古自治区留学人员创业园	文化创意
包头市艺苑民族文化有限责任公司	内蒙古自治区留学人员创业园	文化创意
包头市远景视觉设计有限责任公司	内蒙古自治区留学人员创业园	文化创意
包头依鹏贝尔科技发展有限责任公司	内蒙古自治区留学人员创业园	文化创意
北京新思想影视广告有限责任公司包头分公司	内蒙古自治区留学人员创业园	文化创意
内蒙古破晓时代文化创意发展有限公司	内蒙古自治区留学人员创业园	文化创意
内蒙古文心雕塑有限公司	内蒙古自治区留学人员创业园	文化创意
包头高新联合会计师事务所	内蒙古自治区留学人员创业园	现代服务
包头融荣资产评估事务所	内蒙古自治区留学人员创业园	现代服务
包头市东源龙工贸有限责任公司	内蒙古自治区留学人员创业园	现代服务

包头市高新代理事务所	内蒙古自治区留学人员创业园	现代服务
包头市国联贸易有限公司	内蒙古自治区留学人员创业园	现代服务
包头市海洋人力资源有限公司	内蒙古自治区留学人员创业园	现代服务
包头市花猫投资咨询有限公司	内蒙古自治区留学人员创业园	现代服务
包头市金运来财务代理有限公司	内蒙古自治区留学人员创业园	现代服务
包头市久旭贸易有限公司	内蒙古自治区留学人员创业园	现代服务
包头市联科生产力促进中心	内蒙古自治区留学人员创业园	现代服务
包头市美赢贸易有限公司	内蒙古自治区留学人员创业园	现代服务
包头市蒙欣科技有限责任公司	内蒙古自治区留学人员创业园	现代服务
包头市明盛煤炭科技有限公司	内蒙古自治区留学人员创业园	现代服务
包头市明阳科技发展有限责任公司	内蒙古自治区留学人员创业园	现代服务
包头市尚宏科贸有限责任公司	内蒙古自治区留学人员创业园	现代服务
包头市祥瑞数码快印服务有限公司	内蒙古自治区留学人员创业园	现代服务
包头市新高财税咨询服务有限公司	内蒙古自治区留学人员创业园	现代服务
包头市鑫海贸易有限责任公司	内蒙古自治区留学人员创业园	现代服务
包头市雅图现代彩色印刷有限公司	内蒙古自治区留学人员创业园	现代服务
包头市一源物资供应有限责任公司	内蒙古自治区留学人员创业园	现代服务
包头市艺林贸易有限责任公司	内蒙古自治区留学人员创业园	现代服务
包头市英榆物资有限公司	内蒙古自治区留学人员创业园	现代服务
包头市盈方勘察设计有限责任公司	内蒙古自治区留学人员创业园	现代服务
包头市中标建筑装饰有限公司	内蒙古自治区留学人员创业园	现代服务
内蒙古海通招标代理公司	内蒙古自治区留学人员创业园	现代服务
内蒙古恒海工贸有限责任公司	内蒙古自治区留学人员创业园	现代服务
内蒙古华德钢铁有限公司	内蒙古自治区留学人员创业园	现代服务
内蒙古荣融财务咨询有限责任公司	内蒙古自治区留学人员创业园	现代服务
内蒙古荣融资产评估有限责任公司	内蒙古自治区留学人员创业园	现代服务
内蒙古融丰源创股权投资管理有限公司	内蒙古自治区留学人员创业园	现代服务
内蒙古亿能普煤炭运销有限公司	内蒙古自治区留学人员创业园	现代服务
内蒙古中汇富瑞投资管理有限公司	内蒙古自治区留学人员创业园	现代服务
内蒙古中油新兴煤炭运销有限公司	内蒙古自治区留学人员创业园	现代服务
内蒙古卓越招标代理有限责任公司	内蒙古自治区留学人员创业园	现代服务
内蒙古子健管理咨询有限公司	内蒙古自治区留学人员创业园	现代服务
呼和浩特市光庭科技有限责任公司	呼和浩特留学人员创业园	电子信息
呼和浩特市岷朋信息技术有限责任公司	呼和浩特留学人员创业园	电子信息
呼和浩特市星火燎原科技有限公司	呼和浩特留学人员创业园	电子信息
呼和浩特市易物天下企业服务有限责任公司	呼和浩特留学人员创业园	电子信息
呼和浩特市元泰电子科技有限责任公司	呼和浩特留学人员创业园	电子信息
呼和浩特市源创电子科技有限公司	呼和浩特留学人员创业园	电子信息
内蒙古博海电子科技有限责任公司	呼和浩特留学人员创业园	电子信息
内蒙古丹纳斯科技贸易有限责任公司	呼和浩特留学人员创业园	电子信息
内蒙古方维电器制造有限责任公司	呼和浩特留学人员创业园	电子信息
内蒙古和讯气象科技有限责任公司	呼和浩特留学人员创业园	电子信息
内蒙古华博电子商务有限责任公司	呼和浩特留学人员创业园	电子信息
内蒙古监信物联网科技有限公司	呼和浩特留学人员创业园	电子信息
内蒙古金瑞精准医学研究院	呼和浩特留学人员创业园	电子信息
内蒙古近远信息技术有限责任公司	呼和浩特留学人员创业园	电子信息
内蒙古晶新科技有限责任公司	呼和浩特留学人员创业园	电子信息
内蒙古开妍电子科技有限公司	呼和浩特留学人员创业园	电子信息
内蒙古蓝蜂鸟智能高科技股份有限公司	呼和浩特留学人员创业园	电子信息
内蒙古蓝元科技发展有限公司	呼和浩特留学人员创业园	电子信息
内蒙古利贞科技有限责任公司	呼和浩特留学人员创业园	电子信息
内蒙古麦田信息科技有限公司	呼和浩特留学人员创业园	电子信息
内蒙古诺德科技有限公司	呼和浩特留学人员创业园	电子信息
内蒙古旗纳尔卫星运用科技有限公司	呼和浩特留学人员创业园	电子信息
内蒙古清科华芯科技有限公司	呼和浩特留学人员创业园	电子信息
内蒙古天域科技有限公司	呼和浩特留学人员创业园	电子信息
内蒙古天之风信息科技有限责任公司	呼和浩特留学人员创业园	电子信息
内蒙古万德信通科技有限公司	呼和浩特留学人员创业园	电子信息
内蒙古万德宜通信息服务有限责任公司	呼和浩特留学人员创业园	电子信息
内蒙古万嘉信息技术有限公司	呼和浩特留学人员创业园	电子信息

内蒙古维讯信息技术有限责任公司	呼和浩特留学人员创业园	电子信息
内蒙古伊腾云计算资源股份有限公司	呼和浩特留学人员创业园	电子信息
内蒙古易捷贷网络科技有限公司	呼和浩特留学人员创业园	电子信息
内蒙古盈嘉电子科技有限公司	呼和浩特留学人员创业园	电子信息
内蒙古云利科技有限公司	呼和浩特留学人员创业园	电子信息
内蒙古兆田信息技术有限公司	呼和浩特留学人员创业园	电子信息
内蒙古智慧源科技有限公司	呼和浩特留学人员创业园	电子信息
内蒙古智扬网络科技有限公司	呼和浩特留学人员创业园	电子信息
内蒙古中电智通科技有限公司	呼和浩特留学人员创业园	电子信息
呼和浩特市百瑞尔生物技术有限公司	呼和浩特留学人员创业园	生物医药
呼和浩特市草原清晨食品有限责任公司	呼和浩特留学人员创业园	生物医药
呼和浩特市海日瀚生物技术研发中心	呼和浩特留学人员创业园	生物医药
呼和浩特市佐瑞特生物科技有限责任	呼和浩特留学人员创业园	生物医药
内蒙古安格瓦科技有限责任公司	呼和浩特留学人员创业园	生物医药
内蒙古不倒公食品有限责任公司	呼和浩特留学人员创业园	生物医药
内蒙古大德新技术有限责任公司	呼和浩特留学人员创业园	生物医药
内蒙古东瑞时科医药科技有限公司	呼和浩特留学人员创业园	生物医药
内蒙古合顺利达生物科技有限责任公司	呼和浩特留学人员创业园	生物医药
内蒙古捷怡农业科技有限责任公司	呼和浩特留学人员创业园	生物医药
内蒙古盛凯源农业科技有限公司	呼和浩特留学人员创业园	生物医药
内蒙古硕高生物科技有限责任公司	呼和浩特留学人员创业园	生物医药
内蒙古益稷生物科技有限公司	呼和浩特留学人员创业园	生物医药
内蒙古郑氏燕麦开发有限公司	呼和浩特留学人员创业园	生物医药
中草生态农业股份有限公司	呼和浩特留学人员创业园	生物医药
内蒙古福瑞佳新能源环保有限公司	呼和浩特留学人员创业园	新材料
内蒙古昊辰纤维材料有限公司	呼和浩特留学人员创业园	新材料
内蒙古利器工程科技有限公司	呼和浩特留学人员创业园	新材料
内蒙古猎哥磁力科技有限公司	呼和浩特留学人员创业园	新材料
内蒙古天川生化技术有限责任公司	呼和浩特留学人员创业园	新材料
内蒙古伊晟环境材料有限公司	呼和浩特留学人员创业园	新材料
内蒙古英诺威科技有限公司	呼和浩特留学人员创业园	新材料
呼和浩特海瑞新能源环保科技服务有限责任公司	呼和浩特留学人员创业园	新能源环保
呼和浩特市华仁达科技有限责任公司	呼和浩特留学人员创业园	新能源环保
呼和浩特市佳兴源科技有限公司	呼和浩特留学人员创业园	新能源环保
呼和浩特市若兹新能源环保有限责任公司	呼和浩特留学人员创业园	新能源环保
内蒙古北方农牧业科学研究院	呼和浩特留学人员创业园	新能源环保
内蒙古富尔泰环保科技有限公司	呼和浩特留学人员创业园	新能源环保
内蒙古富山能源有限责任公司	呼和浩特留学人员创业园	新能源环保
内蒙古鸿锦科技有限公司	呼和浩特留学人员创业园	新能源环保
内蒙古绿品源环保有限公司	呼和浩特留学人员创业园	新能源环保
内蒙古清源能源有限责任公司	呼和浩特留学人员创业园	新能源环保
内蒙古瑞能再生技术有限责任公司	呼和浩特留学人员创业园	新能源环保
内蒙古腾力格环保节能科技有限公司	呼和浩特留学人员创业园	新能源环保
内蒙古天浩纸业有限公司	呼和浩特留学人员创业园	新能源环保
内蒙古天一环境技术有限公司	呼和浩特留学人员创业园	新能源环保
内蒙古协创环境科技有限公司	呼和浩特留学人员创业园	新能源环保
内蒙古英利新能源环保有限公司	呼和浩特留学人员创业园	新能源环保
上海麦杰环境科技有限公司内蒙古分公司	呼和浩特留学人员创业园	新能源环保
呼和浩特市虹澳科技有限责任公司	呼和浩特留学人员创业园	文化创意
呼和浩特市莲讯文化传媒有限责任公司	呼和浩特留学人员创业园	文化创意
内蒙古奥格萨文化传媒有限责任公司	呼和浩特留学人员创业园	文化创意
内蒙古博仁文化传媒有限责任公司	呼和浩特留学人员创业园	文化创意
内蒙古建恒文化有限公司	呼和浩特留学人员创业园	文化创意
内蒙古魅力文化传媒有限公司	呼和浩特留学人员创业园	文化创意
内蒙古仁路源文化艺术品有限公司	呼和浩特留学人员创业园	文化创意
内蒙古盛传泽泰文化传媒有限责任公司	呼和浩特留学人员创业园	文化创意
内蒙古时代影视动画产业有限责任公司	呼和浩特留学人员创业园	文化创意
内蒙古元融文化传播有限公司	呼和浩特留学人员创业园	文化创意
呼和浩特市文博文化艺术有限责任公司	呼和浩特留学人员创业园	现代服务
呼和浩特市允公明德知识产权服务有限公司	呼和浩特留学人员创业园	现代服务

内蒙古超控科技有限责任公司	呼和浩特留学人员创业园	现代服务
内蒙古格润蓝德生物科技有限公司	呼和浩特留学人员创业园	现代服务
内蒙古韩亚美容服务有限公司	呼和浩特留学人员创业园	现代服务
内蒙古皓然文化传媒有限责任公司	呼和浩特留学人员创业园	现代服务
内蒙古鸿讯三信信息科技有限公司	呼和浩特留学人员创业园	现代服务
内蒙古华银节能服务有限公司	呼和浩特留学人员创业园	现代服务
内蒙古同城惠购信息技术有限公司	呼和浩特留学人员创业园	现代服务
内蒙古易达宝电子商务有限责任公司	呼和浩特留学人员创业园	现代服务
内蒙古易捷贷网络科技有限公司	呼和浩特留学人员创业园	现代服务
内蒙古易信商务有限责任公司	呼和浩特留学人员创业园	现代服务
内蒙古英商教育科技有限公司	呼和浩特留学人员创业园	现代服务
内蒙古优势力文化传媒有限公司	呼和浩特留学人员创业园	现代服务
沈阳市给排水勘察设计研究院有限公司内蒙古分公司	呼和浩特留学人员创业园	现代服务
中安网盾信息服务公司	呼和浩特留学人员创业园	现代服务
鄂尔多斯市赛思信息技术有限公司	内蒙古鄂尔多斯留学人员创业园	电子信息
鄂尔多斯市蒙游科技有限公司	内蒙古鄂尔多斯留学人员创业园	电子信息
鄂尔多斯市蒙德科贸有限公司	内蒙古鄂尔多斯留学人员创业园	生物医药
鄂尔多斯市鄂美医疗设备有限公司	内蒙古鄂尔多斯留学人员创业园	生物医药
鄂尔多斯市威蒙科技有限公司	内蒙古鄂尔多斯留学人员创业园	生物医药
鄂尔多斯市光能科技有限公司	内蒙古鄂尔多斯留学人员创业园	先进制造
鄂尔多斯市沃华仪器制造有限公司	内蒙古鄂尔多斯留学人员创业园	先进制造
鄂尔多斯市中沃晟华科技有限公司	内蒙古鄂尔多斯留学人员创业园	新材料
鄂尔多斯市中科镓谷科技有限公司	内蒙古鄂尔多斯留学人员创业园	新材料
鄂尔多斯市君实科技有限公司	内蒙古鄂尔多斯留学人员创业园	新材料
鄂尔多斯市普渡科技有限公司	内蒙古鄂尔多斯留学人员创业园	新能源环保
鄂尔多斯市瑞光捷元科技有限公司	内蒙古鄂尔多斯留学人员创业园	新能源环保
鄂尔多斯市长润科技有限公司	内蒙古鄂尔多斯留学人员创业园	新能源环保
内蒙古海静环保科技有限责任公司	内蒙古鄂尔多斯留学人员创业园	新能源环保
鄂尔多斯市安信泰环保科技有限公司	内蒙古鄂尔多斯留学人员创业园	新能源环保
尤尼特斯鄂尔多斯化工科技有限公司	内蒙古鄂尔多斯留学人员创业园	新能源环保
鄂尔多斯市祝融环保科技有限公司	内蒙古鄂尔多斯留学人员创业园	新能源环保
鄂尔多斯市治平环保科技有限公司	内蒙古鄂尔多斯留学人员创业园	新能源环保
鄂尔多斯市物阜民康系统科技有限公司	内蒙古鄂尔多斯留学人员创业园.	其他行业
鄂尔多斯市安畅科技有限公司	内蒙古鄂尔多斯留学人员创业园	其他行业
辽宁坤泰消防安全监控技术有限公司	沈阳海外学子创业园	电子信息
沈阳安新自动化控制有限公司	沈阳海外学子创业园	电子信息
沈阳百捷软件有限公司	沈阳海外学子创业园	电子信息
沈阳鼎润通宝支付技术有限公司	沈阳海外学子创业园	电子信息
沈阳锋澜科技有限公司	沈阳海外学子创业园	电子信息
沈阳福源通信技术有限公司	沈阳海外学子创业园	电子信息
沈阳华博科技有限公司	沈阳海外学子创业园	电子信息
沈阳凯塔数据科技有限公司	沈阳海外学子创业园	电子信息
沈阳领航者汽车技术有限公司	沈阳海外学子创业园	电子信息
沈阳美行科技有限公司	沈阳海外学子创业园	电子信息
沈阳铭基电子技术有限公司	沈阳海外学子创业园	电子信息
沈阳晟霖信息技术有限公司	沈阳海外学子创业园	电子信息
沈阳通用机器人技术股份有限公司	沈阳海外学子创业园	电子信息
沈阳同翔科技发展有限公司	沈阳海外学子创业园	电子信息
沈阳鑫鑫聚拢科技有限公司	沈阳海外学子创业园	电子信息
沈阳云汉科技有限公司	沈阳海外学子创业园	电子信息
沈阳展拓机电设备有限公司	沈阳海外学子创业园	电子信息
沈阳兆鱼积分宝科技有限公司	沈阳海外学子创业园	电子信息
沈阳真鑫科技有限公司	沈阳海外学子创业园	电子信息
沈阳正道安全科技股份有限公司	沈阳海外学子创业园	电子信息
沈阳知容科技有限公司	沈阳海外学子创业园	电子信息
沈阳众智网络科技有限公司	沈阳海外学子创业园	电子信息
辽宁盘谷科技发展有限公司	沈阳海外学子创业园	生物医药
辽宁盛生医药集团有限公司	沈阳海外学子创业园	生物医药
辽宁正鑫药物研究有限公司	沈阳海外学子创业园	生物医药
沈阳百创特生物科技有限公司	沈阳海外学子创业园	生物医药

沈阳博鹏医药科技有限公司	沈阳海外学子创业园	生物医药
沈阳法美诺医药科技有限公司	沈阳海外学子创业园	生物医药
沈阳格仕特医药科技有限公司	沈阳海外学子创业园	生物医药
沈阳恒德医疗器械研发有限公司	沈阳海外学子创业园	生物医药
沈阳泓博智源医药技术有限公司	沈阳海外学子创业园	生物医药
沈阳慧康伟业医疗技术有限公司	沈阳海外学子创业园	生物医药
沈阳迈迪生物医学技术有限公司	沈阳海外学子创业园	生物医药
沈阳摩尔医药技术开发有限公司	沈阳海外学子创业园	生物医药
沈阳偶联生物医药科技有限公司	沈阳海外学子创业园	生物医药
沈阳尚贤科技股份有限公司	沈阳海外学子创业园	生物医药
沈阳世格生化材料有限公司	沈阳海外学子创业园	生物医药
沈阳双鼎制药有限公司	沈阳海外学子创业园	生物医药
沈阳斯佳科技发展有限公司	沈阳海外学子创业园	生物医药
沈阳同元素科技有限公司	沈阳海外学子创业园	生物医药
沈阳万类生物科技有限公司	沈阳海外学子创业园	生物医药
沈阳旺宁生物科技有限公司	沈阳海外学子创业园	生物医药
沈阳药大制剂新技术有限公司	沈阳海外学子创业园	生物医药
沈阳亿灵医药科技有限公司	沈阳海外学子创业园	生物医药
沈阳金铠建筑科技股份有限公司	沈阳海外学子创业园	新材料
辽宁奥科锦农新能源有限公司	沈阳海外学子创业园	新能源环保
沈阳蓝天智慧燃气供热有限公司	沈阳海外学子创业园	新能源环保
沈阳百得威远科技有限公司	沈阳海外学子创业园	装备制造
沈阳泰恒环境工程有限公司	沈阳海外学子创业园	装备制造
沈阳真鑫科技有限公司	沈阳海外学子创业园	装备制造
沈阳恒创艺燃文化艺术有限公司	沈阳海外学子创业园	文化创意
沈阳境和科技有限公司	沈阳海外学子创业园	文化创意
沈阳猛玛动画数学媒体有限公司	沈阳海外学子创业园	文化创意
沈阳麒麟影视动画有限公司	沈阳海外学子创业园	文化创意
沈阳四色厨房网络科技有限公司	沈阳海外学子创业园	文化创意
沈阳舞之兰心动漫科技有限公司	沈阳海外学子创业园	文化创意
沈阳地铁巴士公共交通有限公司	沈阳海外学子创业园	现代服务
沈阳火炬高新技术产业服务中心有限公司	沈阳海外学子创业园	现代服务
大连鳌石科技有限公司	大连海外学子创业园	电子信息
大连百莱德科技有限公司	大连海外学子创业园	电子信息
大连北星科技有限公司	大连海外学子创业园	电子信息
大连贝斯特电子有限公司	大连海外学子创业园	电子信息
大连诚思科技股份有限公司	大连海外学子创业园	电子信息
大连慈航电子有限公司	大连海外学子创业园	电子信息
大连达硕信息技术有限公司	大连海外学子创业园	电子信息
大连德道科技发展有限公司	大连海外学子创业园	电子信息
大连海大知通科技发展有限公司	大连海外学子创业园	电子信息
大连海科信息技术有限公司	大连海外学子创业园	电子信息
大连弘文信息技术有限公司	大连海外学子创业园	电子信息
大连华飞科技有限公司	大连海外学子创业园	电子信息
大连环信科技有限公司	大连海外学子创业园	电子信息
大连精拓光电有限公司	大连海外学子创业园	电子信息
大连康百克数据库工程有限公司	大连海外学子创业园	电子信息
大连联合企邦科技有限公司	大连海外学子创业园	电子信息
大连摩尔登科技股份有限公司	大连海外学子创业园	电子信息
大连秦腾科技有限公司	大连海外学子创业园	电子信息
大连市恒芯科技有限公司	大连海外学子创业园	电子信息
大连泰克赛尔软件有限公司	大连海外学子创业园	电子信息
大连特攻科技有限公司	大连海外学子创业园	电子信息
大连天维科技有限公司	大连海外学子创业园	电子信息
大连拓中教育科技有限公司	大连海外学子创业园	电子信息
大连拓中科技有限公司	大连海外学子创业园	电子信息
大连威帆思科技有限公司	大连海外学子创业园	电子信息
大连唯展科技发展有限公司	大连海外学子创业园	电子信息
大连纬吉科技有限公司	大连海外学子创业园	电子信息
大连新程软件有限公司	大连海外学子创业园	电子信息

大连新连科技有限公司	大连海外学子创业园	电子信息
大连优尼思科技有限公司	大连海外学子创业园	电子信息
大连宇光虚拟网络技术股份有限公司	大连海外学子创业园	电子信息
大连真想科技有限公司	大连海外学子创业园	电子信息
大连中睿科技发展有限公司	大连海外学子创业园	电子信息
大连纵深地质勘探技术有限公司	大连海外学子创业园	电子信息
盖乐普科技（大连）有限公司	大连海外学子创业园	电子信息
红运（大连）科技有限公司	大连海外学子创业园	电子信息
鸿创高科科技（大连）有限公司	大连海外学子创业园	电子信息
乐辰科技（大连）有限公司	大连海外学子创业园	电子信息
联大汇智（大连）信息技术有限公司	大连海外学子创业园	电子信息
辽宁创元科技有限公司	大连海外学子创业园	电子信息
睿芯（大连）股份有限公司	大连海外学子创业园	电子信息
赛景(大连）软件有限公司	大连海外学子创业园	电子信息
因泽瑞合科技发展（大连）有限公司	大连海外学子创业园	电子信息
英极软件(大连)股份有限公司	大连海外学子创业园	电子信息
英特工程仿真技术（大连）有限公司	大连海外学子创业园	电子信息
大连奥普森生物工程有限公司	大连海外学子创业园	生物医药
大连佰奥健生物技术有限公司	大连海外学子创业园	生物医药
大连嘉和纳美生物科技有限公司	大连海外学子创业园	生物医药
大连普肽生物科技有限公司	大连海外学子创业园	生物医药
大连英凯生物医药技术有限公司	大连海外学子创业园	生物医药
大连原美亿德生物科技有限公司	大连海外学子创业园	生物医药
大连兆科生物化工有限公司	大连海外学子创业园	生物医药
大连知微生物科技有限公司	大连海外学子创业园	生物医药
基恩生物科技（大连）有限公司	大连海外学子创业园	生物医药
益基（大连）生物科技有限公司	大连海外学子创业园	生物医药
大连博众应用材料有限公司	大连海外学子创业园	新材料
大连德元化工有限公司	大连海外学子创业园	新材料
大连海大耐特新材料有限公司	大连海外学子创业园	新材料
大连星亚科技有限公司	大连海外学子创业园	新材料
大连依兰特科技有限公司	大连海外学子创业园	新材料
大连源创科技发展有限公司	大连海外学子创业园	新材料
绿之态环保科技（大连）有限公司	大连海外学子创业园	新材料
茵泰科技（大连）有限公司	大连海外学子创业园	新材料
大连博统能源科技有限公司	大连海外学子创业园	新能源环保
大连凯信科技研发有限公司	大连海外学子创业园	新能源环保
大连赛恩仪表股份有限公司	大连海外学子创业园	新能源环保
大连思源环保技术有限公司	大连海外学子创业园	新能源环保
大连鑫恒盛新能源环保技术有限公司	大连海外学子创业园	新能源环保
国誉新能源环保科技（大连）有限公司	大连海外学子创业园	新能源环保
普升光电（大连）有限责任公司	大连海外学子创业园	新能源环保
大连邦尼外企服务有限公司	大连海外学子创业园	现代服务
大连光耀辉科技有限公司	大连海外学子创业园	现代服务
大连红星海商务咨询有限公司	大连海外学子创业园	现代服务
大连蓝海易普企业管理咨询服务有限公司	大连海外学子创业园	现代服务
大连力行现代传动科技发展有限公司	大连海外学子创业园	现代服务
大连欧富科海洋工程有限公司	大连海外学子创业园	现代服务
莱特建筑设计(大连)有限公司	大连海外学子创业园	现代服务
美先端科技（大连）有限公司	大连海外学子创业园	现代服务
东北师大理想软件股份有限公司	长春海外学人创业园	电子信息
东北师范大学长春理想信息技术研究院	长春海外学人创业园	电子信息
华软（长春）科技有限公司	长春海外学人创业园	电子信息
吉林工大同拓金网格模具中心	长春海外学人创业园	电子信息
吉林广元信息技术有限公司	长春海外学人创业园	电子信息
吉林美能绿色能源有限公司	长春海外学人创业园	电子信息
吉林模糊未名科技有限公司	长春海外学人创业园	电子信息
吉林企通软件开发有限责任公司	长春海外学人创业园	电子信息
吉林省澳亿迈科技有限公司	长春海外学人创业园	电子信息
吉林省光年通讯技术有限公司	长春海外学人创业园	电子信息

吉林省恒嘉影音制作有限公司	长春海外学人创业园	电子信息
吉林省计算机信息安全服务中心	长春海外学人创业园	电子信息
吉林省考博电子商务有限公司	长春海外学人创业园	电子信息
吉林省联兴信息通讯有限公司	长春海外学人创业园	电子信息
吉林省清华科技有限公司	长春海外学人创业园	电子信息
吉林省锐驰科技信息有限公司	长春海外学人创业园	电子信息
吉林省思达保全系统工程有限公司	长春海外学人创业园	电子信息
吉林省中财软件有限公司	长春海外学人创业园	电子信息
吉林同济科贸有限公司	长春海外学人创业园	电子信息
长春地平线科技有限公司	长春海外学人创业园	电子信息
长春东大软件有限责任公司	长春海外学人创业园	电子信息
长春东翔科技有限责任公司	长春海外学人创业园	电子信息
长春多维信息技术有限公司	长春海外学人创业园	电子信息
长春格登希尔电子有限公司	长春海外学人创业园	电子信息
长春宏天阙信息技术有限公司	长春海外学人创业园	电子信息
长春宏展科技开发有限责任公司	长春海外学人创业园	电子信息
长春互动时代科技发展有限公司	长春海外学人创业园	电子信息
长春华网软件有限公司	长春海外学人创业园	电子信息
长春汇一电气有限公司	长春海外学人创业园	电子信息
长春吉大博峰汽车测控技术有限责任公司	长春海外学人创业园	电子信息
长春吉大科诺科技有限责任公司	长春海外学人创业园	电子信息
长春吉大斯博莱科技有限公司	长春海外学人创业园	电子信息
长春吉大正元信息技术股份有限公司	长春海外学人创业园	电子信息
长春吉地软件科技有限公司	长春海外学人创业园	电子信息
长春吉致科技发展有限公司	长春海外学人创业园	电子信息
长春理想科技信息有限公司	长春海外学人创业园	电子信息
长春赛能科技有限公司	长春海外学人创业园	电子信息
长春市艾森信息技术有限公司	长春海外学人创业园	电子信息
长春市东联技术服务中心	长春海外学人创业园	电子信息
长春市海思电子信息技术有限责任公司	长春海外学人创业园	电子信息
长春市天泰科技发展有限责任公司	长春海外学人创业园	电子信息
长春市中达电子有限责任公司	长春海外学人创业园	电子信息
长春思科计算机有限公司	长春海外学人创业园	电子信息
长春天星信息技术有限公司	长春海外学人创业园	电子信息
长春天易企业运营管理服务有限公司	长春海外学人创业园	电子信息
长春星澜动力发展有限责任公司	长春海外学人创业园	电子信息
长春星宇智能工程有限责任公司	长春海外学人创业园	电子信息
长春星智信息系统开发有限公司	长春海外学人创业园	电子信息
长春优方科技有限公司	长春海外学人创业园	电子信息
长春宇泰结构控制技术研究所	长春海外学人创业园	电子信息
长春云翔科技有限公司	长春海外学人创业园	电子信息
长春运泰网络技术有限公司	长春海外学人创业园	电子信息
长春长兴科技有限公司	长春海外学人创业园	电子信息
长春中联软件工程有限公司	长春海外学人创业园	电子信息
吉林省奥泰医药技术有限公司	长春海外学人创业园	生物医药
吉林省大自然生物工程有限责任公司	长春海外学人创业园	生物医药
吉林省华医数码科技有限公司	长春海外学人创业园	生物医药
吉林省现代生物医药专业技术服务中心有限公司	长春海外学人创业园	生物医药
吉林省中药现代化科技产业中心	长春海外学人创业园	生物医药
吉林天药科技股份有限公司	长春海外学人创业园	生物医药
通化天源生物工程有限责任公司长春研究所	长春海外学人创业园	生物医药
长春安东生物科技有限责任公司	长春海外学人创业园	生物医药
长春安济尔药业有限责任公司	长春海外学人创业园	生物医药
长春百克药业有限责任公司	长春海外学人创业园	生物医药
长春百龙生物技术有限公司	长春海外学人创业园	生物医药
长春百泰生物工程有限公司	长春海外学人创业园	生物医药
长春博德生物技术有限责任公司	长春海外学人创业园	生物医药
长春博美基因技术有限公司	长春海外学人创业园	生物医药
长春博泰医药生物技术有限责任公司	长春海外学人创业园	生物医药
长春博迅生物技术有限责任公司	长春海外学人创业园	生物医药

长春德来富生物技术有限公司	长春海外学人创业园	生物医药
长春东北师大基因工程有限公司	长春海外学人创业园	生物医药
长春方大生物工程有限公司	长春海外学人创业园	生物医药
长春高新百克药物研究院	长春海外学人创业园	生物医药
长春格登希尔信息技术有限公司	长春海外学人创业园	生物医药
长春海王生物制药有限责任公司	长春海外学人创业园	生物医药
长春恒泰生物技术有限公司	长春海外学人创业园	生物医药
长春华鸿网络科技有限公司	长春海外学人创业园	生物医药
长春华嘉医药技术有限公司	长春海外学人创业园	生物医药
长春汇鑫生物制药科技有限公司	长春海外学人创业园	生物医药
长春吉大广元酶工程有限公司	长春海外学人创业园	生物医药
长春吉大天元化学技术股份有限公司	长春海外学人创业园	生物医药
长春极大高科生物工程有限责任公司	长春海外学人创业园	生物医药
长春金赛药业有限责任公司	长春海外学人创业园	生物医药
长春凯尔生命科技有限公司	长春海外学人创业园	生物医药
长春康河药业有限公司	长春海外学人创业园	生物医药
长春康普医药科技有限公司	长春海外学人创业园	生物医药
长春普莱医药技术有限公司	长春海外学人创业园	生物医药
长春瑞奥生物技术有限责任公司	长春海外学人创业园	生物医药
长春双英科技有限公司	长春海外学人创业园	生物医药
长春西诺生物科技有限公司	长春海外学人创业园	生物医药
长春现代生物医药研发有限公司	长春海外学人创业园	生物医药
长春新耀科技开发有限公司	长春海外学人创业园	生物医药
长春星叶生化科技有限公司	长春海外学人创业园	生物医药
长春医药集团新药研究开发有限公司	长春海外学人创业园	生物医药
长春易阳转基因技术有限公司	长春海外学人创业园	生物医药
长春长生基因药业股份有限公司	长春海外学人创业园	生物医药
长春正阳基因工程有限责任公司	长春海外学人创业园	生物医药
吉林工业大学机电设计研究院	长春海外学人创业园	先进制造
吉林省广驰科技有限公司	长春海外学人创业园	先进制造
吉林省华拓科技发展有限公司	长春海外学人创业园	先进制造
吉林省吉大交通车辆技术有限责任公司	长春海外学人创业园	先进制造
长春奥尔石油科技有限公司	长春海外学人创业园	先进制造
长春邦大精密技术有限公司	长春海外学人创业园	先进制造
长春诚源科技有限公司	长春海外学人创业园	先进制造
长春德泰电子技术有限公司	长春海外学人创业园	先进制造
长春德信光电技术有限公司	长春海外学人创业园	先进制造
长春工业机器人工程有限责任公司	长春海外学人创业园	先进制造
长春光华科技发展有限公司	长春海外学人创业园	先进制造
长春光华伟业科技发展有限公司	长春海外学人创业园	先进制造
长春红枫网络工程开发有限公司	长春海外学人创业园	先进制造
长春吉大吉豹车辆设备技术有限责任公司	长春海外学人创业园	先进制造
长春吉大科学仪器设备有限公司	长春海外学人创业园	先进制造
长春南曦光电有限公司	长春海外学人创业园	先进制造
长春前锋科技有限公司	长春海外学人创业园	先进制造
长春瑞光科技股份有限公司	长春海外学人创业园	先进制造
长春瑞曼技术有限责任公司	长春海外学人创业园	先进制造
长春市宝丽龙科技有限公司	长春海外学人创业园	先进制造
长春市东润石油测试技术有限公司	长春海外学人创业园	先进制造
长春市共创数码科技有限责任公司	长春海外学人创业园	先进制造
长春市恒友机电工程安装有限公司	长春海外学人创业园	先进制造
长春市巨信医疗器械有限公司	长春海外学人创业园	先进制造
长春市珠峰科技有限责任公司	长春海外学人创业园	先进制造
长春四达工业激光科技有限公司	长春海外学人创业园	先进制造
长春新产业光电技术有限公司	长春海外学人创业园	先进制造
长春新科能电力技术开发有限公司	长春海外学人创业园	先进制造
长春新业蓝光科技有限公司	长春海外学人创业园	先进制造
长春易方科技有限公司	长春海外学人创业园	先进制造
长春长理数字医疗技术有限公司	长春海外学人创业园	先进制造
中国科学院长春光机所科技总公司	长春海外学人创业园	先进制造

长春安普应用材料有限公司	长春海外学人创业园	新材料
吉林省奥登环保科技有限公司	长春海外学人创业园	新材料
吉林省锦华实业有限公司	长春海外学人创业园	新材料
吉林省银河金属结构工程有限公司	长春海外学人创业园	新材料
宇泰（长春）科技事业有限公司	长春海外学人创业园	新材料
长春恒润石油科技有限公司	长春海外学人创业园	新材料
长春恒威电磁兼容技术有限公司	长春海外学人创业园	新材料
长春环镁科技开发有限责任公司	长春海外学人创业园	新材料
长春惠工净化工业有限公司	长春海外学人创业园	新材料
长春吉大高新材料有限责任公司	长春海外学人创业园	新材料
长春坤立汽车技术有限公司	长春海外学人创业园	新材料
长春蓝谷高科技研发有限责任公司	长春海外学人创业园	新材料
长春普赛特科技有限责任公司	长春海外学人创业园	新材料
长春瑞亚先进材料有限责任公司	长春海外学人创业园	新材料
长春三川表面技术有限公司	长春海外学人创业园	新材料
长春市科恩医用新材料有限公司	长春海外学人创业园	新材料
长春鑫良科贸有限公司	长春海外学人创业园	新材料
长春伊凯科技发展有限公司	长春海外学人创业园	新材料
长春瀛光高新技术服务有限公司	长春海外学人创业园	新材料
长春应化特种工程塑料有限公司	长春海外学人创业园	新材料
长春宇泰环保制品有限公司	长春海外学人创业园	新材料
长春至高科技有限公司	长春海外学人创业园	新材料
长春中能电力技术开发有限公司	长春海外学人创业园	新材料
吉林省莱尔特能源科技有限公司	长春海外学人创业园	新能源环保
长春百瑞篮莓科技发展有限公司	长春海外学人创业园	新能源环保
长春光华环保有限责任公司	长春海外学人创业园	新能源环保
长春联创水务有限责任公司	长春海外学人创业园	新能源环保
长春绿苏生态工程有限公司	长春海外学人创业园	新能源环保
长春世洋环境工程技术有限公司	长春海外学人创业园	新能源环保
长春市恒友贸易有限公司	长春海外学人创业园	新能源环保
长春市天瑞环境科技设备厂	长春海外学人创业园	新能源环保
长春市通达水技术工程有限公司	长春海外学人创业园	新能源环保
长春宇泰建设有限公司	长春海外学人创业园	新能源环保
长春北田服饰技术有限责任公司	长春海外学人创业园	现代服务
吉林省智达测控仪器有限公司	长春海外学人创业园	现代服务
吉林省中英园艺有限公司	长春海外学人创业园	现代服务
长春科润农业技术有限责任公司	长春海外学人创业园	现代服务
长春田园农业科技开发有限公司	长春海外学人创业园	现代服务
长春友联农业科技有限公司	长春海外学人创业园	现代服务
中国科学院长春地理研究所科技开发中心	长春海外学人创业园	现代服务
吉林高新区吉创互联网应用研究所	吉林高新区留学人员创业园	电子信息
吉林市艾迪科技开发有限公司	吉林高新区留学人员创业园	电子信息
吉林市电科技术开发有限公司	吉林高新区留学人员创业园	电子信息
吉林市东北电力开元科技有限公司	吉林高新区留学人员创业园	电子信息
吉林市东海科技有限公司	吉林高新区留学人员创业园	电子信息
吉林市华莱特科技有限公司	吉林高新区留学人员创业园	电子信息
吉林市火博士软件开发有限公司	吉林高新区留学人员创业园	电子信息
吉林市莱恩安防科技开发有限公司	吉林高新区留学人员创业园	电子信息
吉林市千叶计算机开发有限公司	吉林高新区留学人员创业园	电子信息
吉林市瑞力博电力技术有限公司	吉林高新区留学人员创业园	电子信息
吉林市瑞廷科技开发有限公司	吉林高新区留学人员创业园	电子信息
吉林市泰德电工技术有限公司	吉林高新区留学人员创业园	电子信息
吉林市仙源科技有限公司	吉林高新区留学人员创业园	电子信息
吉林市迅达科技开发有限公司	吉林高新区留学人员创业园	电子信息
吉林市银升计算机开发有限公司	吉林高新区留学人员创业园	电子信息
吉林市云翔科技开有限公司	吉林高新区留学人员创业园	电子信息
吉林索富工科技开发有限公司	吉林高新区留学人员创业园	电子信息
吉林市柏讯科技开发有限公司	吉林高新区留学人员创业园	先进制造
吉林市北华电子技术开发有限公司	吉林高新区留学人员创业园	先进制造
吉林市东方新能源环保有限责任公司	吉林高新区留学人员创业园	先进制造

吉林市非特科技有限公司	吉林高新区留学人员创业园	先进制造
吉林市华普仪控科技开发有限公司	吉林高新区留学人员创业园	先进制造
吉林市科达自动化设备有限公司	吉林高新区留学人员创业园	先进制造
吉林市七彩照明技术有限公司	吉林高新区留学人员创业园	先进制造
吉林市双利医疗气节有限责任公司	吉林高新区留学人员创业园	先进制造
吉林市天幕清洁服务公司	吉林高新区留学人员创业园	先进制造
吉林市方正木业有限公司	吉林高新区留学人员创业园	新材料
吉林市华信化工有限公司	吉林高新区留学人员创业园	新材料
吉林市万友网络科技有限公司	吉林高新区留学人员创业园	新材料
吉林市新才科技开发有限公司	吉林高新区留学人员创业园	新材料
吉林市泰发实业有限公司	吉林高新区留学人员创业园	现代服务
哈尔滨艾福特科技有限公司	哈尔滨海外学人创业园	电子信息
哈尔滨爱林特立科技有限公司	哈尔滨海外学人创业园	电子信息
哈尔滨澳斯瑞科技发展有限公司	哈尔滨海外学人创业园	电子信息
哈尔滨百信通科技有限公司	哈尔滨海外学人创业园	电子信息
哈尔滨博扬电子有限公司	哈尔滨海外学人创业园	电子信息
哈尔滨东森科技发展有限公司	哈尔滨海外学人创业园	电子信息
哈尔滨多邦科技有限公司	哈尔滨海外学人创业园	电子信息
哈尔滨凡泰科技有限公司	哈尔滨海外学人创业园	电子信息
哈尔滨枫芝信息技术有限责任公司	哈尔滨海外学人创业园	电子信息
哈尔滨哈科赛科技有限公司	哈尔滨海外学人创业园	电子信息
哈尔滨慧灵通科技开发有限公司	哈尔滨海外学人创业园	电子信息
哈尔滨朗科科技有限公司	哈尔滨海外学人创业园	电子信息
哈尔滨浪嘉科技开发有限公司	哈尔滨海外学人创业园	电子信息
哈尔滨乐辰科技有限责任公司	哈尔滨海外学人创业园	电子信息
哈尔滨联达科技有限公司	哈尔滨海外学人创业园	电子信息
哈尔滨联达雷恩网络科技有限责任公司	哈尔滨海外学人创业园	电子信息
哈尔滨联合高新技术有限责任公司	哈尔滨海外学人创业园	电子信息
哈尔滨润泽通际新技术有限公司	哈尔滨海外学人创业园	电子信息
哈尔滨申阳科技发展有限公司	哈尔滨海外学人创业园	电子信息
哈尔滨市东圣信息技术有限责任公司	哈尔滨海外学人创业园	电子信息
哈尔滨泰菲克电子科技有限公司	哈尔滨海外学人创业园	电子信息
哈尔滨天成电子技术开发有限公司	哈尔滨海外学人创业园	电子信息
哈尔滨天智科技有限公司	哈尔滨海外学人创业园	电子信息
哈尔滨天智网络通信工程有限公司	哈尔滨海外学人创业园	电子信息
哈尔滨通力电力控制工程有限公司	哈尔滨海外学人创业园	电子信息
哈尔滨通力软件开发有限公司	哈尔滨海外学人创业园	电子信息
哈尔滨先明计算机技术有限公司	哈尔滨海外学人创业园	电子信息
哈尔滨新浪资讯有限公司	哈尔滨海外学人创业园	电子信息
哈尔滨亚联电器技术有限公司	哈尔滨海外学人创业园	电子信息
哈尔滨银税科技开发有限公司	哈尔滨海外学人创业园	电子信息
哈尔滨英特纳科技有限责任公司	哈尔滨海外学人创业园	电子信息
哈尔滨宇博科技开发有限公司	哈尔滨海外学人创业园	电子信息
哈尔滨禹舜科技有限公司	哈尔滨海外学人创业园	电子信息
哈尔滨智捷科技有限公司	哈尔滨海外学人创业园	电子信息
哈尔滨智能光电科技有限公司	哈尔滨海外学人创业园	电子信息
哈尔滨中和信息技术有限公司	哈尔滨海外学人创业园	电子信息
黑龙江方略软件开发有限公司	哈尔滨海外学人创业园	电子信息
黑龙江省中弘科技有限公司	哈尔滨海外学人创业园	电子信息
哈尔滨爱乐生物技术开发有限公司	哈尔滨海外学人创业园	生物医药
哈尔滨安普科技发展有限公司	哈尔滨海外学人创业园	生物医药
哈尔滨百爱科技有限公司	哈尔滨海外学人创业园	生物医药
哈尔滨多伦多农业生物科技有限公司	哈尔滨海外学人创业园	生物医药
哈尔滨峰源高科技开发有限公司	哈尔滨海外学人创业园	生物医药
哈尔滨惠迪科技有限公司	哈尔滨海外学人创业园	生物医药
哈尔滨基太生物芯片开发有限责任公司	哈尔滨海外学人创业园	生物医药
哈尔滨接触科技有限公司	哈尔滨海外学人创业园	生物医药
哈尔滨龙沪环境生物工程有限公司	哈尔滨海外学人创业园	生物医药
哈尔滨仁博士生物医学有限公司	哈尔滨海外学人创业园	生物医药
哈尔滨三元阳普医药科技有限责任公司	哈尔滨海外学人创业园	生物医药

哈尔滨四泰生物科技股份有限公司	哈尔滨海外学人创业园	生物医药
哈尔滨亿实达生态科技开发有限责任公司	哈尔滨海外学人创业园	生物医药
哈尔滨众生北药生物工程有限公司	哈尔滨海外学人创业园	生物医药
黑龙江蓝德奥饮品有限公司	哈尔滨海外学人创业园	生物医药
哈尔滨安康科技有限责任公司	哈尔滨海外学人创业园	先进制造
哈尔滨奥瑞驰高新技术有限公司	哈尔滨海外学人创业园	先进制造
哈尔滨德威电子技术有限公司	哈尔滨海外学人创业园	先进制造
哈尔滨哈成套电气工程有限公司	哈尔滨海外学人创业园	先进制造
哈尔滨海太精密电子有限公司	哈尔滨海外学人创业园	先进制造
哈尔滨行健机器人技术有限公司	哈尔滨海外学人创业园	先进制造
哈尔滨华奥新技术开发有限公司	哈尔滨海外学人创业园	先进制造
哈尔滨华恒科技有限公司	哈尔滨海外学人创业园	先进制造
哈尔滨华良科技有限公司	哈尔滨海外学人创业园	先进制造
哈尔滨环博机电有限公司	哈尔滨海外学人创业园	先进制造
哈尔滨精石自动化有限责任公司	哈尔滨海外学人创业园	先进制造
哈尔滨蓝雪微电子封装技术开发有限公司	哈尔滨海外学人创业园	先进制造
哈尔滨力富科技有限公司	哈尔滨海外学人创业园	先进制造
哈尔滨俪富清雪机械有限公司	哈尔滨海外学人创业园	先进制造
哈尔滨六维数控设备有限公司	哈尔滨海外学人创业园	先进制造
哈尔滨蒙鹰科技有限公司	哈尔滨海外学人创业园	先进制造
哈尔滨帕特尔科技有限公司	哈尔滨海外学人创业园	先进制造
哈尔滨润邦科技发展有限公司	哈尔滨海外学人创业园	先进制造
哈尔滨市东典智能科技开发有限责任公司	哈尔滨海外学人创业园	先进制造
哈尔滨市东圣智能控制工程有限责任公司	哈尔滨海外学人创业园	先进制造
哈尔滨四野科技开发有限公司	哈尔滨海外学人创业园	先进制造
哈尔滨泰伦特科技开发有限公司	哈尔滨海外学人创业园	先进制造
哈尔滨万得科技股份有限公司	哈尔滨海外学人创业园	先进制造
哈尔滨威波瑞科技有限公司	哈尔滨海外学人创业园	先进制造
哈尔滨先锋机电技术开发有限公司	哈尔滨海外学人创业园	先进制造
哈尔滨新世科技有限责任公司	哈尔滨海外学人创业园	先进制造
哈尔滨伊菲特科技有限责任公司	哈尔滨海外学人创业园	先进制造
哈尔滨泽恩磨浆机有限公司	哈尔滨海外学人创业园	先进制造
哈尔滨中飞新技术有限公司	哈尔滨海外学人创业园	先进制造
哈尔滨中佳科技有限公司	哈尔滨海外学人创业园	先进制造
黑龙江立高科技开发有限公司	哈尔滨海外学人创业园	先进制造
黑龙江天宏工程设计有限公司	哈尔滨海外学人创业园	先进制造
哈尔滨稻京液氨制造有限公司	哈尔滨海外学人创业园	新材料
哈尔滨菲尼克斯光学新材料有限公司	哈尔滨海外学人创业园	新材料
哈尔滨吉斯达材料科技有限公司	哈尔滨海外学人创业园	新材料
哈尔滨君宇科技开发有限公司	哈尔滨海外学人创业园	新材料
哈尔滨科泰新材料有限公司	哈尔滨海外学人创业园	新材料
哈尔滨安洁瑞环境科技有限公司	哈尔滨海外学人创业园	新能源环保
哈尔滨工大格瑞环保能源科技有限公司	哈尔滨海外学人创业园	新能源环保
哈尔滨蓝达环境科技有限公司	哈尔滨海外学人创业园	新能源环保
哈尔滨明亚薰香制品有限公司	哈尔滨海外学人创业园	新能源环保
哈尔滨市呈光科技开发有限公司	哈尔滨海外学人创业园	新能源环保
哈尔滨韬之博科技开发有限公司	哈尔滨海外学人创业园	新能源环保
哈尔滨旭达磁技术有限公司	哈尔滨海外学人创业园	新能源环保
黑龙江深深蓝水处理科技有限公司	哈尔滨海外学人创业园	新能源环保
黑龙江省明杰科技开发有限公司	哈尔滨海外学人创业园	新能源环保
哈尔滨朗新世纪科技贸易有限公司	哈尔滨海外学人创业园	现代服务
哈尔滨全福农业科技有限公司	哈尔滨海外学人创业园	现代服务
洪国（上海）网络科技有限公司	上海宝山留学人员创业园	电子信息
日商（上海）网络科技有限公司	上海宝山留学人员创业园	电子信息
上海威腾信息科技发展有限公司	上海宝山留学人员创业园	电子信息
游比（上海）数码有限公司	上海宝山留学人员创业园	电子信息
上海邦智奇生物科技有限公司	上海宝山留学人员创业园	生物医药
上海丹尼尔化学技术有限公司	上海宝山留学人员创业园	生物医药
上海金润生物制品有限公司	上海宝山留学人员创业园	生物医药
上海赛沃化工材料有限公司	上海宝山留学人员创业园	生物医药

上海泰飞尔生化技术有限公司	上海宝山留学人员创业园	生物医药
比尔安达（上海）润滑材料有限公司	上海宝山留学人员创业园	新材料
上海竑泰新材料科技有限公司	上海宝山留学人员创业园	新材料
上海桑吴太阳能科技有限公司	上海宝山留学人员创业园	新能源环保
金腾投资咨询（上海）有限公司	上海宝山留学人员创业园	现代服务
栗木园林设计（上海）有限公司	上海宝山留学人员创业园	现代服务
上海宝星科技发展公司	上海宝山留学人员创业园	现代服务
上海博科技术经纪有限公司	上海宝山留学人员创业园	现代服务
上海昌灏商贸有限公司	上海宝山留学人员创业园	现代服务
上海东昕工业设计有限公司	上海宝山留学人员创业园	现代服务
上海法澜捷服饰有限公司	上海宝山留学人员创业园	现代服务
上海飞桥投资咨询有限公司	上海宝山留学人员创业园	现代服务
上海功大建材检测有限公司	上海宝山留学人员创业园	现代服务
上海和悦办公家具有限公司	上海宝山留学人员创业园	现代服务
上海欧柯企业管理咨询有限公司	上海宝山留学人员创业园	现代服务
上海帕立特科技发展有限公司	上海宝山留学人员创业园	现代服务
上海乾力建设咨询有限公司	上海宝山留学人员创业园	现代服务
上海三生机械设备有限公司	上海宝山留学人员创业园	现代服务
上海神州海事工程有限公司	上海宝山留学人员创业园	现代服务
上海新世傲股份有限公司	上海宝山留学人员创业园	现代服务
上海熊莹商贸有限公司	上海宝山留学人员创业园	现代服务
上海煜弘海事技术服务有限公司	上海宝山留学人员创业园	现代服务
上海早欣投资咨询有限公司	上海宝山留学人员创业园	现代服务
上海哲夕投资管理咨询有限公司	上海宝山留学人员创业园	现代服务
晏美服饰上海有限公司	上海宝山留学人员创业园	现代服务
上海蓝鸟科技股份有限公司	上海普陀留学人员创业园	电子信息
上海灵禅信息技术有限公司	上海普陀留学人员创业园	电子信息
上海坦思计算机有限公司	上海普陀留学人员创业园	电子信息
上海天擎信息技术有限公司	上海普陀留学人员创业园	电子信息
上海新浩艺软件有限公司	上海普陀留学人员创业园	电子信息
上海优迈信息技术有限公司	上海普陀留学人员创业园	电子信息
上海中磐信息技术有限公司	上海普陀留学人员创业园	电子信息
上海中软资源技术服务有限公司	上海普陀留学人员创业园	电子信息
上海中信信息发展有限公司	上海普陀留学人员创业园	电子信息
思华科技（上海）有限公司	上海普陀留学人员创业园	电子信息
维鹏信息技术（上海）有限公司	上海普陀留学人员创业园	电子信息
上海展达文化传播有限公司	上海普陀留学人员创业园	文化创意
上海博科资讯股份有限公司	上海普陀留学人员创业园	现代服务
艾迪悌科技（上海）有限公司	上海留学人员漕河泾创业园区	电子信息
艾维思通讯技术（上海）有限公司	上海留学人员漕河泾创业园区	电子信息
安德鲁科技（上海）有限公司	上海留学人员漕河泾创业园区	电子信息
安美微电子（上海）有限公司	上海留学人员漕河泾创业园区	电子信息
澳赛尔斯生物技术（上海）有限公司	上海留学人员漕河泾创业园区	电子信息
博康数码科技（上海)有限公司	上海留学人员漕河泾创业园区	电子信息
多威通信系统（上海）有限公司	上海留学人员漕河泾创业园区	电子信息
国核电站运行服务技术有限公司	上海留学人员漕河泾创业园区	电子信息
华润矽威科技(上海)有限公司	上海留学人员漕河泾创业园区	电子信息
甲骨文(中国)软件系统有限公司	上海留学人员漕河泾创业园区	电子信息
杰同信息（上海）有限公司	上海留学人员漕河泾创业园区	电子信息
捷普科技（上海）有限公司	上海留学人员漕河泾创业园区	电子信息
今翌信息科技（上海）有限公司	上海留学人员漕河泾创业园区	电子信息
竞察信息技术（上海）有限公司	上海留学人员漕河泾创业园区	电子信息
科亿尔数码科技（上海）有限公司	上海留学人员漕河泾创业园区	电子信息
快板电子科技（上海）有限公司	上海留学人员漕河泾创业园区	电子信息
澜起科技（上海）有限公司	上海留学人员漕河泾创业园区	电子信息
联芯科技有限公司	上海留学人员漕河泾创业园区	电子信息
律典(上海)信息技术有限公司	上海留学人员漕河泾创业园区	电子信息
美维创新技术（上海）有限公司	上海留学人员漕河泾创业园区	电子信息
米技电子电器（上海）有限公司	上海留学人员漕河泾创业园区	电子信息
派那信息系统（上海）有限公司	上海留学人员漕河泾创业园区	电子信息

谱瑞集成电路(上海)有限公司	上海留学人员漕河泾创业园区	电子信息
善诚科技发展（上海）有限公司	上海留学人员漕河泾创业园区	电子信息
上海爱克发感光器材有限公司	上海留学人员漕河泾创业园区	电子信息
上海遨遨科技有限公司	上海留学人员漕河泾创业园区	电子信息
上海柏飞电子科技股份有限公司	上海留学人员漕河泾创业园区	电子信息
上海贝岭股份有限公司	上海留学人员漕河泾创业园区	电子信息
上海碧宝特电子科技有限公司	上海留学人员漕河泾创业园区	电子信息
上海才烁人才信息咨询有限公司	上海留学人员漕河泾创业园区	电子信息
上海查尔斯电子有限公司	上海留学人员漕河泾创业园区	电子信息
上海创库商务咨询有限公司	上海留学人员漕河泾创业园区	电子信息
上海创库信息科技有限公司	上海留学人员漕河泾创业园区	电子信息
上海东禾信息技术有限公司	上海留学人员漕河泾创业园区	电子信息
上海东升新材料有限公司	上海留学人员漕河泾创业园区	电子信息
上海昉秀网络科技有限公司	上海留学人员漕河泾创业园区	电子信息
上海丰宝电子信息科技有限公司	上海留学人员漕河泾创业园区	电子信息
上海丰普软件有限公司	上海留学人员漕河泾创业园区	电子信息
上海伽利略导航有限公司	上海留学人员漕河泾创业园区	电子信息
上海高清数字科技产业有限公司	上海留学人员漕河泾创业园区	电子信息
上海高意激光技术有限公司	上海留学人员漕河泾创业园区	电子信息
上海广电通信技术有限公司	上海留学人员漕河泾创业园区	电子信息
上海海高通信发展有限公司	上海留学人员漕河泾创业园区	电子信息
上海海隆软件股份有限公司	上海留学人员漕河泾创业园区	电子信息
上海荷枫网络科技有限公司	上海留学人员漕河泾创业园区	电子信息
上海弘视通信技术有限公司	上海留学人员漕河泾创业园区	电子信息
上海华超电器科技有限公司	上海留学人员漕河泾创业园区	电子信息
上海华腾软件系统有限公司	上海留学人员漕河泾创业园区	电子信息
上海惠安系统控制有限公司	上海留学人员漕河泾创业园区	电子信息
上海剑桥科技有限公司	上海留学人员漕河泾创业园区	电子信息
上海金陵电子网络股份有限公司	上海留学人员漕河泾创业园区	电子信息
上海晋恒软件有限公司	上海留学人员漕河泾创业园区	电子信息
上海科华实验系统有限公司	上海留学人员漕河泾创业园区	电子信息
上海乐界网络科技有限公司	上海留学人员漕河泾创业园区	电子信息
上海乐石网络科技有限公司	上海留学人员漕河泾创业园区	电子信息
上海利策科技有限公司	上海留学人员漕河泾创业园区	电子信息
上海岭芯微电子有限公司	上海留学人员漕河泾创业园区	电子信息
上海六晶金属科技有限公司	上海留学人员漕河泾创业园区	电子信息
上海普洛麦格生物产品有限公司	上海留学人员漕河泾创业园区	电子信息
上海谱尼测试技术有限公司	上海留学人员漕河泾创业园区	电子信息
上海全波通信技术有限公司	上海留学人员漕河泾创业园区	电子信息
上海热泛信息技术有限公司	上海留学人员漕河泾创业园区	电子信息
上海莎江生物科技有限公司	上海留学人员漕河泾创业园区	电子信息
上海杉德金卡信息系统科技有限公司	上海留学人员漕河泾创业园区	电子信息
上海申通轨道交通研究咨询有限公司	上海留学人员漕河泾创业园区	电子信息
上海神开石油化工装备股份有限公司	上海留学人员漕河泾创业园区	电子信息
上海圣然信息科技有限公司	上海留学人员漕河泾创业园区	电子信息
上海泰成科技发展有限公司	上海留学人员漕河泾创业园区	电子信息
上海淘米网络科技有限公司	上海留学人员漕河泾创业园区	电子信息
上海天游软件有限公司	上海留学人员漕河泾创业园区	电子信息
上海威士机械有限公司	上海留学人员漕河泾创业园区	电子信息
上海未来伙伴机器人有限公司	上海留学人员漕河泾创业园区	电子信息
上海文煊软件有限公司	上海留学人员漕河泾创业园区	电子信息
上海芯轩微电子有限公司	上海留学人员漕河泾创业园区	电子信息
上海新进半导体制造有限公司	上海留学人员漕河泾创业园区	电子信息
上海新茂半导体有限公司	上海留学人员漕河泾创业园区	电子信息
上海新宇新材料科技有限公司	上海留学人员漕河泾创业园区	电子信息
上海信朴臻微电子有限公司	上海留学人员漕河泾创业园区	电子信息
上海秀派电子科技有限公司	上海留学人员漕河泾创业园区	电子信息
上海永值企业发展有限公司	上海留学人员漕河泾创业园区	电子信息
上海优乐网络科技股份有限公司	上海留学人员漕河泾创业园区	电子信息
上海裕山信息科技有限公司	上海留学人员漕河泾创业园区	电子信息

上海悦乎网络技术有限公司	上海留学人员漕河泾创业园区	电子信息
上海征途信息技术有限公司	上海留学人员漕河泾创业园区	电子信息
上海致胜信息技术有限公司	上海留学人员漕河泾创业园区	电子信息
上海中科光纤通讯器件有限公司	上海留学人员漕河泾创业园区	电子信息
上海卓越睿新数码科技有限公司	上海留学人员漕河泾创业园区	电子信息
晟朗(上海)电力电子有限公司	上海留学人员漕河泾创业园区	电子信息
思科系统(上海)视频技术有限公司	上海留学人员漕河泾创业园区	电子信息
泰鼎多媒体技术（上海）有限公司	上海留学人员漕河泾创业园区	电子信息
泰科电子(上海)有限公司	上海留学人员漕河泾创业园区	电子信息
泰克科技(中国)有限公司	上海留学人员漕河泾创业园区	电子信息
万达信息股份有限公司	上海留学人员漕河泾创业园区	电子信息
翔光（上海）光通讯器材有限公司	上海留学人员漕河泾创业园区	电子信息
芯旸光电科技（上海）有限公司	上海留学人员漕河泾创业园区	电子信息
新相微电子（上海）有限公司	上海留学人员漕河泾创业园区	电子信息
新得付信息技术（上海）有限公司	上海留学人员漕河泾创业园区	电子信息
英华达(上海)电子有限公司	上海留学人员漕河泾创业园区	电子信息
英顺达科技有限公司	上海留学人员漕河泾创业园区	电子信息
源讯高维资讯（上海）有限公司	上海留学人员漕河泾创业园区	电子信息
展唐通讯科技（上海）有限公司	上海留学人员漕河泾创业园区	电子信息
长兴科技（上海）有限公司	上海留学人员漕河泾创业园区	电子信息
知图（上海）信息技术有限公司	上海留学人员漕河泾创业园区	电子信息
中国电子科技集团公司第二十一研究所	上海留学人员漕河泾创业园区	电子信息
中国航空无线电电子研究所	上海留学人员漕河泾创业园区	电子信息
中颖电子（上海）有限公司	上海留学人员漕河泾创业园区	电子信息
佐拉科技（上海）有限公司	上海留学人员漕河泾创业园区	电子信息
艾比玛特生物医药（上海）有限公司	上海留学人员漕河泾创业园区	生物医药
贺尔碧格(上海)有限公司	上海留学人员漕河泾创业园区	生物医药
贺利氏古莎齿科有限公司	上海留学人员漕河泾创业园区	生物医药
梅特勒-托利多仪器（上海）有限公司	上海留学人员漕河泾创业园区	生物医药
上海安康医药有限公司	上海留学人员漕河泾创业园区	生物医药
上海存中生物技术有限公司	上海留学人员漕河泾创业园区	生物医药
上海吉凯基因化学技术有限公司	上海留学人员漕河泾创业园区	生物医药
上海今科通信系统有限公司	上海留学人员漕河泾创业园区	生物医药
上海科华生物工程股份有限公司	上海留学人员漕河泾创业园区	生物医药
上海模具技术研究所有限公司	上海留学人员漕河泾创业园区	生物医药
上海仁康科技有限公司	上海留学人员漕河泾创业园区	生物医药
上海拓能医疗器械有限公司	上海留学人员漕河泾创业园区	生物医药
上海唯上生物科技有限公司	上海留学人员漕河泾创业园区	生物医药
上海晓乐东潮生物技术开发有限公司	上海留学人员漕河泾创业园区	生物医药
上海裕隆生物科技有限公司	上海留学人员漕河泾创业园区	生物医药
上海知善生物科技有限公司	上海留学人员漕河泾创业园区	生物医药
新鸟医药科技（上海）有限公司	上海留学人员漕河泾创业园区	生物医药
臻景生物技术（上海）有限公司	上海留学人员漕河泾创业园区	生物医药
上海核工程研究设计院	上海留学人员漕河泾创业园区	先进制造
国核工程有限公司	上海留学人员漕河泾创业园区	先进制造
上海澜起微电子科技有限公司	上海留学人员漕河泾创业园区	新材料
上海碳联环保科技有限公司	上海留学人员漕河泾创业园区	新材料
上海凸版光掩模有限公司	上海留学人员漕河泾创业园区	新材料
上海新岭材料有限公司	上海留学人员漕河泾创业园区	新材料
上海埃士工业科技有限公司	上海留学人员漕河泾创业园区	新能源环保
上海环信环境工程有限公司	上海留学人员漕河泾创业园区	新能源环保
上海神开石油科技有限公司	上海留学人员漕河泾创业园区	新能源环保
上海鑫圭晶太阳能科技有限公司	上海留学人员漕河泾创业园区	新能源环保
上海联合光盘有限公司	上海留学人员漕河泾创业园区	现代服务
上海领世通信技术发展有限公司	上海留学人员漕河泾创业园区	现代服务
百度在线网络技术（北京）有限公司上海分公司	上海留学人员嘉定创业园	电子信息
飞确安网络通讯设备（上海）有限公司	上海留学人员嘉定创业园	电子信息
上海标晨电子科技有限公司	上海留学人员嘉定创业园	电子信息
上海诚进网络科技有限公司	上海留学人员嘉定创业园	电子信息
上海德才信息科技有限公司	上海留学人员嘉定创业园	电子信息

上海法左克电子有限公司	上海留学人员嘉定创业园	电子信息
上海富桑电子有限公司	上海留学人员嘉定创业园	电子信息
上海果实网络信息技术有限公司	上海留学人员嘉定创业园	电子信息
上海捷华通讯电子有限公司	上海留学人员嘉定创业园	电子信息
上海晶展电子有限公司	上海留学人员嘉定创业园	电子信息
上海联能光子技术有限公司	上海留学人员嘉定创业园	电子信息
上海律浩网络科技有限公司	上海留学人员嘉定创业园	电子信息
上海绿苹果数码科技有限公司	上海留学人员嘉定创业园	电子信息
上海美媒软件有限公司	上海留学人员嘉定创业园	电子信息
上海冕通电子科技有限公司	上海留学人员嘉定创业园	电子信息
上海欧保电子技术有限公司	上海留学人员嘉定创业园	电子信息
上海浦一网络科技有限公司	上海留学人员嘉定创业园	电子信息
上海浦易联通信发展公司	上海留学人员嘉定创业园	电子信息
上海锐派计算机科技有限公司	上海留学人员嘉定创业园	电子信息
上海申百网络科技有限公司	上海留学人员嘉定创业园	电子信息
上海圣索电子科技有限公司	上海留学人员嘉定创业园	电子信息
上海舒觅信息科技有限公司	上海留学人员嘉定创业园	电子信息
上海网眼信息科技有限公司	上海留学人员嘉定创业园	电子信息
上海玺尔信息技术有限公司	上海留学人员嘉定创业园	电子信息
上海携程网络科技有限公司	上海留学人员嘉定创业园	电子信息
上海星地通讯工程研究所	上海留学人员嘉定创业园	电子信息
上海雅俊信息科技有限公司	上海留学人员嘉定创业园	电子信息
上海亿空信息技术有限公司	上海留学人员嘉定创业园	电子信息
上海长长电子科技发展有限公司	上海留学人员嘉定创业园	电子信息
腾龙计算机电子技术（上海）有限公司	上海留学人员嘉定创业园	电子信息
华宝食用香精香料（上海）有限公司	上海留学人员嘉定创业园	生物医药
佳贝生物技术（上海）有限公司	上海留学人员嘉定创业园	生物医药
上海华宝孔雀香精香料（上海）有限公司	上海留学人员嘉定创业园	生物医药
上海宽健医药科技有限公司	上海留学人员嘉定创业园	生物医药
上海联格生物科技有限公司	上海留学人员嘉定创业园	生物医药
上海生大医保股份有限公司	上海留学人员嘉定创业园	生物医药
上海思米酵素科技有限公司	上海留学人员嘉定创业园	生物医药
上海月圆医疗仪器有限公司	上海留学人员嘉定创业园	生物医药
埃莱克汽车零部件（上海）有限	上海留学人员嘉定创业园	先进制造
菲耐柯斯微系统（上海）有限公司	上海留学人员嘉定创业园	先进制造
欧好光电控制技术（上海）有限公司	上海留学人员嘉定创业园	先进制造
上海宝菱塑料制品有限公司	上海留学人员嘉定创业园	先进制造
上海碧然光电科技有限公司	上海留学人员嘉定创业园	先进制造
上海晨一精密刀具有限公司	上海留学人员嘉定创业园	先进制造
上海富桑电子科技有限公司	上海留学人员嘉定创业园	先进制造
上海硅步科学仪器有限公司	上海留学人员嘉定创业园	先进制造
上海贵鑫金属制品有限公司	上海留学人员嘉定创业园	先进制造
上海航天电子有限公司	上海留学人员嘉定创业园	先进制造
上海恒强磁电有限公司	上海留学人员嘉定创业园	先进制造
上海华科电子显像有限公司	上海留学人员嘉定创业园	先进制造
上海惠晟电子有限公司	上海留学人员嘉定创业园	先进制造
上海机电一体工程有限公司	上海留学人员嘉定创业园	先进制造
上海凯美特功能陶瓷技术有限公司	上海留学人员嘉定创业园	先进制造
上海科曼车辆部件系统有限公司	上海留学人员嘉定创业园	先进制造
上海乐得机电设备有限公司	上海留学人员嘉定创业园	先进制造
上海帕格萨斯饰品有限公司	上海留学人员嘉定创业园	先进制造
上海群鼎机电成套设备有限公司	上海留学人员嘉定创业园	先进制造
上海声驰机电设备科技有限公司	上海留学人员嘉定创业园	先进制造
上海思宾尼斯仪表技术有限公司	上海留学人员嘉定创业园	先进制造
上海四创光电科技研究所	上海留学人员嘉定创业园	先进制造
上海特略精密数控机床有限公司	上海留学人员嘉定创业园	先进制造
上海统宝自动化设备有限公司	上海留学人员嘉定创业园	先进制造
上海旭品机械有限公司	上海留学人员嘉定创业园	先进制造
上海雅纳锶精密仪器有限公司	上海留学人员嘉定创业园	先进制造
上海远帅机械有限公司	上海留学人员嘉定创业园	先进制造

上海远新机械科技有限公司	上海留学人员嘉定创业园	先进制造
上海振平机床附件有限公司	上海留学人员嘉定创业园	先进制造
上海芝原数字控制有限公司	上海留学人员嘉定创业园	先进制造
上鹤自动化仪器设备（上海）有限公司	上海留学人员嘉定创业园	先进制造
上海宝徕科技开发有限公司	上海留学人员嘉定创业园	新材料
上海创开无框阳台窗有限公司	上海留学人员嘉定创业园	新材料
上海大汉金属材料科技有限公司	上海留学人员嘉定创业园	新材料
上海谷创新材料有限公司	上海留学人员嘉定创业园	新材料
上海嘉翎电子科技有限公司	上海留学人员嘉定创业园	新材料
上海嘉翎仪表材料科技研究所	上海留学人员嘉定创业园	新材料
上海特视精密仪器有限公司	上海留学人员嘉定创业园	新材料
上海小水电子材料有限公司	上海留学人员嘉定创业园	新材料
土平知可飒（上海）有限公司	上海留学人员嘉定创业园	新材料
西立新材料（上海）有限公司	上海留学人员嘉定创业园	新材料
阳地钢建筑新材料（上海）有限公司	上海留学人员嘉定创业园	新材料
埃莱克汽车零部件（上海）有限公司	上海留学人员嘉定创业园	新能源环保
上海米尚环保设备科技有限公司	上海留学人员嘉定创业园	新能源环保
上海萨格汽车零部件有限公司	上海留学人员嘉定创业园	新能源环保
上海盛道石油勘探技术有限公司	上海留学人员嘉定创业园	新能源环保
上海万宏动力能源有限公司	上海留学人员嘉定创业园	新能源环保
上海威廉照明电气有限公司	上海留学人员嘉定创业园	新能源环保
上海菁艺广告有限公司	上海留学人员嘉定创业园	文化创意
上海艾孟芙商贸有限公司	上海留学人员嘉定创业园	现代服务
昂科信息技术（上海）有限公司	上海留学人员张江创业园区	电子信息
昂一科技（上海）有限公司	上海留学人员张江创业园区	电子信息
发茵特科技（上海）有限公司	上海留学人员张江创业园区	电子信息
继德软件（上海）有限公司	上海留学人员张江创业园区	电子信息
来西智能科技（上海）有限公司	上海留学人员张江创业园区	电子信息
上海岱诺信息技术有限公司	上海留学人员张江创业园区	电子信息
上海红榿网络科技有限公司	上海留学人员张江创业园区	电子信息
上海凯路微电子有限公司	上海留学人员张江创业园区	电子信息
上海康茂信息技术有限公司	上海留学人员张江创业园区	电子信息
上海软波工程软件有限公司	上海留学人员张江创业园区	电子信息
上海涛起半导体有限公司	上海留学人员张江创业园区	电子信息
双态软件技术（上海）有限公司	上海留学人员张江创业园区	电子信息
硕微科技（上海）有限公司	上海留学人员张江创业园区	电子信息
新高和（上海）软件有限公司	上海留学人员张江创业园区	电子信息
慈博生物医药技术（上海）有限公司	上海留学人员张江创业园区	生物医药
美时医疗技术（上海）有限公司	上海留学人员张江创业园区	生物医药
明博医药技术开发（上海）有限公司	上海留学人员张江创业园区	生物医药
上海臣邦医药科技有限公司	上海留学人员张江创业园区	生物医药
上海单抗制药技术有限公司	上海留学人员张江创业园区	生物医药
上海多林化工科技有限公司	上海留学人员张江创业园区	生物医药
上海宋季园医药科技有限公司	上海留学人员张江创业园区	生物医药
上海秀新臣邦医药科技有限公司	上海留学人员张江创业园区	生物医药
上海宝特环保新材料有限公司	上海留学人员张江创业园区	新材料
上海禾呈环保科技有限公司	上海留学人员张江创业园区	新能源环保
上海华浪环保技术应用有限公司	上海留学人员张江创业园区	新能源环保
上海绿环机械有限公司	上海留学人员张江创业园区	新能源环保
上海意昂汽车电子有限公司	上海留学人员张江创业园区	新能源环保
特莱仕环境检测技术（上海）有限公司	上海留学人员张江创业园区	新能源环保
上海时代创业管理有限公司	上海留学人员张江创业园区	现代服务
时代创新投资管理（上海）有限公司	上海留学人员张江创业园区	现代服务
艾钜计算机技术（上海）有限公司	上海虹桥临空留学人员创业园	电子信息
昂信软件（上海）有限公司	上海虹桥临空留学人员创业园	电子信息
奥雷通光通讯设备（上海）有限公司	上海虹桥临空留学人员创业园	电子信息
佩思宾软件科技（上海）有限公司	上海虹桥临空留学人员创业园	电子信息
奇耀软件（上海）有限公司	上海虹桥临空留学人员创业园	电子信息
上海奥米电子有限公司	上海虹桥临空留学人员创业园	电子信息
上海泛太旺捷资讯有限公司	上海虹桥临空留学人员创业园	电子信息

上海华瀛软件有限公司	上海虹桥临空留学人员创业园	电子信息
上海科银软件系统有限公司	上海虹桥临空留学人员创业园	电子信息
申泽信息技术（上海）有限公司	上海虹桥临空留学人员创业园	电子信息
吴羽计算机软件（上海）有限公司	上海虹桥临空留学人员创业园	电子信息
优玛特信息技术（上海）有限公司	上海虹桥临空留学人员创业园	电子信息
赛托细胞生物技术（上海）有限公司	上海虹桥临空留学人员创业园	生物医药
上海贝奥路生物材料有限公司	上海虹桥临空留学人员创业园	生物医药
上海天朗医学科技咨询有限公司	上海虹桥临空留学人员创业园	生物医药
上海我武生物技术有限公司	上海虹桥临空留学人员创业园	生物医药
维中生物技术（上海）有限公司	上海虹桥临空留学人员创业园	生物医药
上海澳普机电有限公司	上海虹桥临空留学人员创业园	先进制造
上海逸华仪表电器有限公司	上海虹桥临空留学人员创业园	先进制造
特克机电（上海）有限公司	上海虹桥临空留学人员创业园	先进制造
埃慕迪磁电科技（上海）有限公司	上海虹桥临空留学人员创业园	新材料
丰宁荣材料科技（上海）有限公司	上海虹桥临空留学人员创业园	新材料
航亚电器（上海）有限公司	上海虹桥临空留学人员创业园	新材料
环通环保技术（上海）有限公司	上海虹桥临空留学人员创业园	新材料
洛基山环保技术（上海）有限公司	上海虹桥临空留学人员创业园	新材料
上海凡瑞得新型建材有限公司	上海虹桥临空留学人员创业园	新材料
上海麦克斯金属管道配件制造有限公司	上海虹桥临空留学人员创业园	新材料
斯梅克（上海）工程顾问有限公司	上海虹桥临空留学人员创业园	新材料
安博设计咨询（上海）有限公司	上海虹桥临空留学人员创业园	现代服务
安恒咨询（上海）有限公司	上海虹桥临空留学人员创业园	现代服务
佰朗咨询（上海）有限公司	上海虹桥临空留学人员创业园	现代服务
碧谱照明设计（上海）有限公司	上海虹桥临空留学人员创业园	现代服务
博鹰咨询（上海）有限公司	上海虹桥临空留学人员创业园	现代服务
创值管理咨询（上海）有限公司	上海虹桥临空留学人员创业园	现代服务
德林咨询（上海）有限公司	上海虹桥临空留学人员创业园	现代服务
德业企业管理咨询（上海）有限公司	上海虹桥临空留学人员创业园	现代服务
东技咨询（上海）有限公司	上海虹桥临空留学人员创业园	现代服务
高普亚建建筑咨询（上海）有限公司	上海虹桥临空留学人员创业园	现代服务
歌迪卡服饰（上海）有限公司	上海虹桥临空留学人员创业园	现代服务
共同建筑设计咨询（上海）有限公司	上海虹桥临空留学人员创业园	现代服务
胡姬咨询（上海）有限公司	上海虹桥临空留学人员创业园	现代服务
建艺咨询（上海）有限公司	上海虹桥临空留学人员创业园	现代服务
杰西咨询（上海）有限公司	上海虹桥临空留学人员创业园	现代服务
卡顿咨询（上海）有限公司	上海虹桥临空留学人员创业园	现代服务
楷思旺华管理咨询（上海）有限公司	上海虹桥临空留学人员创业园	现代服务
康馨投资管理咨询（上海）有限公司	上海虹桥临空留学人员创业园	现代服务
科趣信息顾问（上海）有限公司	上海虹桥临空留学人员创业园	现代服务
莱佛士管理咨询（上海）有限公司	上海虹桥临空留学人员创业园	现代服务
蓝程咨询（上海）有限公司	上海虹桥临空留学人员创业园	现代服务
乐芙雪化妆品（上海）有限公司	上海虹桥临空留学人员创业园	现代服务
丽恒服饰（上海）有限公司	上海虹桥临空留学人员创业园	现代服务
联同投资咨询（上海）有限公司	上海虹桥临空留学人员创业园	现代服务
龙神咨询（上海）有限公司	上海虹桥临空留学人员创业园	现代服务
麦晨咨询（上海）有限公司	上海虹桥临空留学人员创业园	现代服务
美贝咨询（上海）有限公司	上海虹桥临空留学人员创业园	现代服务
明景咨询（上海）有限公司	上海虹桥临空留学人员创业园	现代服务
纽优企业策划（上海）有限公司	上海虹桥临空留学人员创业园	现代服务
欧德联信息咨询（上海）有限公司	上海虹桥临空留学人员创业园	现代服务
派瑞迪景观园林环境设计咨询（上海）有限公司	上海虹桥临空留学人员创业园	现代服务
浦拉斯服饰（上海）有限公司	上海虹桥临空留学人员创业园	现代服务
琪琳咨询（上海）有限公司	上海虹桥临空留学人员创业园	现代服务
森苑商务咨询（上海）有限公司	上海虹桥临空留学人员创业园	现代服务
上海晨锦咨询有限公司	上海虹桥临空留学人员创业园	现代服务
上海创尼商务咨询有限公司	上海虹桥临空留学人员创业园	现代服务
上海叠森机电设备有限公司	上海虹桥临空留学人员创业园	现代服务
上海瀚策国际贸易咨询有限公司	上海虹桥临空留学人员创业园	现代服务
上海豪信投资管理咨询有限公司	上海虹桥临空留学人员创业园	现代服务

上海和海咨询有限公司	上海虹桥临空留学人员创业园	现代服务
上海和樱美术设计咨询有限公司	上海虹桥临空留学人员创业园	现代服务
上海恒冠体育信息咨询有限公司	上海虹桥临空留学人员创业园	现代服务
上海恒益投资咨询有限公司	上海虹桥临空留学人员创业园	现代服务
上海宏睿投资咨询有限公司	上海虹桥临空留学人员创业园	现代服务
上海华津咨询有限公司	上海虹桥临空留学人员创业园	现代服务
上海环美科技咨询有限公司	上海虹桥临空留学人员创业园	现代服务
上海佳兴建筑工程咨询有限公司	上海虹桥临空留学人员创业园	现代服务
上海嘉子投资管理咨询有限公司	上海虹桥临空留学人员创业园	现代服务
上海兰谷咨询有限公司	上海虹桥临空留学人员创业园	现代服务
上海联众咨询有限公司	上海虹桥临空留学人员创业园	现代服务
上海诺特健康保健咨询有限公司	上海虹桥临空留学人员创业园	现代服务
上海派力特商务咨询有限公司	上海虹桥临空留学人员创业园	现代服务
上海清逸投资咨询有限公司	上海虹桥临空留学人员创业园	现代服务
上海秋丽普服饰有限公司	上海虹桥临空留学人员创业园	现代服务
上海蕊帛服饰有限公司	上海虹桥临空留学人员创业园	现代服务
上海锐铠科技咨询有限公司	上海虹桥临空留学人员创业园	现代服务
上海三珏信息咨询有限公司	上海虹桥临空留学人员创业园	现代服务
上海申麦咨询有限公司	上海虹桥临空留学人员创业园	现代服务
上海胜远咨询有限公司	上海虹桥临空留学人员创业园	现代服务
上海数安科技咨询有限公司	上海虹桥临空留学人员创业园	现代服务
上海唐隆模具有限公司	上海虹桥临空留学人员创业园	现代服务
上海万吉特建筑规划设计咨询有限公司	上海虹桥临空留学人员创业园	现代服务
上海维纳饰品有限公司	上海虹桥临空留学人员创业园	现代服务
上海维宇科技咨询有限公司	上海虹桥临空留学人员创业园	现代服务
上海新世园科技咨询有限公司	上海虹桥临空留学人员创业园	现代服务
上海兴创投资管理咨询有限公司	上海虹桥临空留学人员创业园	现代服务
上海英联投资管理咨询有限公司	上海虹桥临空留学人员创业园	现代服务
时效咨询（上海）有限公司	上海虹桥临空留学人员创业园	现代服务
梯升咨询（上海）有限公司	上海虹桥临空留学人员创业园	现代服务
天铭投资管理咨询（上海）有限公司	上海虹桥临空留学人员创业园	现代服务
威瑞咨询（上海）有限公司	上海虹桥临空留学人员创业园	现代服务
希腾咨询（上海）有限公司	上海虹桥临空留学人员创业园	现代服务
心育心咨询（上海）有限公司	上海虹桥临空留学人员创业园	现代服务
怡庭咨询（上海）有限公司	上海虹桥临空留学人员创业园	现代服务
音通钢琴（上海）有限公司	上海虹桥临空留学人员创业园	现代服务
英多纳得咨询（上海）有限公司	上海虹桥临空留学人员创业园	现代服务
优耐智咨询（上海）有限公司	上海虹桥临空留学人员创业园	现代服务
执安商务咨询（上海）有限公司	上海虹桥临空留学人员创业园	现代服务
中裕咨询（上海）有限公司	上海虹桥临空留学人员创业园	现代服务
八荣信息技术服务（上海）有限公司	上海莘闵回国留学人员科技创业园区	电子信息
岛风机电科技（上海）有限公司	上海莘闵回国留学人员科技创业园区	电子信息
华澳通讯（上海）有限公司	上海莘闵回国留学人员科技创业园区	电子信息
嘉丰（上海）软件有限公司	上海莘闵回国留学人员科技创业园区	电子信息
捷考奥电子（上海）有限公司	上海莘闵回国留学人员科技创业园区	电子信息
酷町（上海）网络科技有限公司	上海莘闵回国留学人员科技创业园区	电子信息
伦硕信息科技（上海）有限公司	上海莘闵回国留学人员科技创业园区	电子信息
容亚电子科技（上海）有限公司	上海莘闵回国留学人员科技创业园区	电子信息
锐选自动化科技（上海）有限公司	上海莘闵回国留学人员科技创业园区	电子信息
上海爱诺信泰生物医学信息服务有限公司	上海莘闵回国留学人员科技创业园区	电子信息
上海爰壹得信息科技有限公司	上海莘闵回国留学人员科技创业园区	电子信息
上海德慕电子科技有限公司	上海莘闵回国留学人员科技创业园区	电子信息
上海电虹软件有限公司	上海莘闵回国留学人员科技创业园区	电子信息
上海鼎万电子科技有限公司	上海莘闵回国留学人员科技创业园区	电子信息
上海海脉实业有限公司	上海莘闵回国留学人员科技创业园区	电子信息
上海怀之信息技术有限公司	上海莘闵回国留学人员科技创业园区	电子信息
上海极熵数据科技有限公司	上海莘闵回国留学人员科技创业园区	电子信息
上海肯度信息科技有限公司	上海莘闵回国留学人员科技创业园区	电子信息
上海联迈信息技术有限公司	上海莘闵回国留学人员科技创业园区	电子信息
上海麦杯电子商务有限公司	上海莘闵回国留学人员科技创业园区	电子信息

上海麦风信息科技有限公司	上海莘闵回国留学人员科技创业园区	电子信息
上海摩凯防伪技术有限公司	上海莘闵回国留学人员科技创业园区	电子信息
上海奇蒙信息科技有限公司	上海莘闵回国留学人员科技创业园区	电子信息
上海千镭星电子科技有限公司	上海莘闵回国留学人员科技创业园区	电子信息
上海乔太网络技术有限公司	上海莘闵回国留学人员科技创业园区	电子信息
上海铨焱信息科技有限公司	上海莘闵回国留学人员科技创业园区	电子信息
上海沙丘微电子有限公司	上海莘闵回国留学人员科技创业园区	电子信息
上海商宏网络科技有限公司	上海莘闵回国留学人员科技创业园区	电子信息
上海实证信息技术有限公司	上海莘闵回国留学人员科技创业园区	电子信息
上海水蓝信息科技有限公司	上海莘闵回国留学人员科技创业园区	电子信息
上海特悦网络科技有限公司	上海莘闵回国留学人员科技创业园区	电子信息
上海文光精密仪器有限公司	上海莘闵回国留学人员科技创业园区	电子信息
上海业成软件技术有限公司	上海莘闵回国留学人员科技创业园区	电子信息
上海易溯信息科技有限公司	上海莘闵回国留学人员科技创业园区	电子信息
上海熠傲信息科技有限公司	上海莘闵回国留学人员科技创业园区	电子信息
上海优溢网络技术有限公司	上海莘闵回国留学人员科技创业园区	电子信息
上海云骅电子科技有限公司	上海莘闵回国留学人员科技创业园区	电子信息
上海兆昱光电科技有限公司	上海莘闵回国留学人员科技创业园区	电子信息
上海紫莓仪器有限公司	上海莘闵回国留学人员科技创业园区	电子信息
时趣信息科技（上海）有限公司	上海莘闵回国留学人员科技创业园区	电子信息
数伦计算机技术（上海）有限公司	上海莘闵回国留学人员科技创业园区	电子信息
唐友信息技术（上海）有限公司	上海莘闵回国留学人员科技创业园区	电子信息
协晶电子科技（上海）有限公司	上海莘闵回国留学人员科技创业园区	电子信息
炫米信息技术（上海）有限公司	上海莘闵回国留学人员科技创业园区	电子信息
屹昂计算化学软件（上海）有限公司	上海莘闵回国留学人员科技创业园区	电子信息
智标仪器（上海）有限公司	上海莘闵回国留学人员科技创业园区	电子信息
爱博新药研发（上海）有限公司	上海莘闵回国留学人员科技创业园区	生物医药
创导生物科技（上海）有限公司	上海莘闵回国留学人员科技创业园区	生物医药
春葵生物科技（上海）有限公司	上海莘闵回国留学人员科技创业园区	生物医药
芮屈生物技术（上海）有限公司	上海莘闵回国留学人员科技创业园区	生物医药
上海安久生物科技有限公司	上海莘闵回国留学人员科技创业园区	生物医药
上海白塔医药科技有限公司	上海莘闵回国留学人员科技创业园区	生物医药
上海百润医药科技有限公司	上海莘闵回国留学人员科技创业园区	生物医药
上海枫岭生物技术有限公司	上海莘闵回国留学人员科技创业园区	生物医药
上海吉耀生物科技有限公司	上海莘闵回国留学人员科技创业园区	生物医药
上海居知园生物技术有限公司	上海莘闵回国留学人员科技创业园区	生物医药
上海坤巨科技发展有限公司	上海莘闵回国留学人员科技创业园区	生物医药
上海蓝怡科技有限公司	上海莘闵回国留学人员科技创业园区	生物医药
上海蓝怡医药有限公司	上海莘闵回国留学人员科技创业园区	生物医药
上海麦奇生物科技有限公司	上海莘闵回国留学人员科技创业园区	生物医药
上海纳药医疗器械有限公司	上海莘闵回国留学人员科技创业园区	生物医药
上海神架医疗科技有限公司	上海莘闵回国留学人员科技创业园区	生物医药
上海生泉生物科技有限公司	上海莘闵回国留学人员科技创业园区	生物医药
上海松力生物技术有限公司	上海莘闵回国留学人员科技创业园区	生物医药
上海松力医疗器械有限公司	上海莘闵回国留学人员科技创业园区	生物医药
上海松之力生物材料有限公司	上海莘闵回国留学人员科技创业园区	生物医药
上海逍鹏生物科技有限公司	上海莘闵回国留学人员科技创业园区	生物医药
上海赞南药业有限公司	上海莘闵回国留学人员科技创业园区	生物医药
颐维医疗器械（上海）有限公司	上海莘闵回国留学人员科技创业园区	生物医药
辉旭微粉技术（上海）有限公司	上海莘闵回国留学人员科技创业园区	新材料
三信化学（上海）有限公司	上海莘闵回国留学人员科技创业园区	新材料
上海传业材料技术有限公司	上海莘闵回国留学人员科技创业园区	新材料
上海鼎道科技发展有限公司	上海莘闵回国留学人员科技创业园区	新材料
上海虹宙新材料科技有限公司	上海莘闵回国留学人员科技创业园区	新材料
上海永置新材料技术有限公司	上海莘闵回国留学人员科技创业园区	新材料
赞南科技（上海）有限公司	上海莘闵回国留学人员科技创业园区	新材料
管丽环境技术（上海）有限公司	上海莘闵回国留学人员科技创业园区	新能源环保
蓝源能源科技（上海）有限公司	上海莘闵回国留学人员科技创业园区	新能源环保
森崎环保科技（上海）有限公司	上海莘闵回国留学人员科技创业园区	新能源环保
上海艾派科环境技术有限公司	上海莘闵回国留学人员科技创业园区	新能源环保

上海希萌新能源科技有限公司	上海莘闵回国留学人员科技创业园区	新能源环保
上海愿恒科技发展有限公司	上海莘闵回国留学人员科技创业园区	新能源环保
茵卡动力系统（上海）有限公司	上海莘闵回国留学人员科技创业园区	新能源环保
上海埃尔法工业制刷有限公司	上海莘闵回国留学人员科技创业园区	装备制造
上海博显实业有限公司	上海莘闵回国留学人员科技创业园区	装备制造
上海穿山鱼电子科技有限公司	上海莘闵回国留学人员科技创业园区	装备制造
上海福狮机械技术有限公司	上海莘闵回国留学人员科技创业园区	装备制造
上海极特实业有限公司	上海莘闵回国留学人员科技创业园区	装备制造
上海济微机械科技有限公司	上海莘闵回国留学人员科技创业园区	装备制造
上海三义交通科技有限公司	上海莘闵回国留学人员科技创业园区	装备制造
上海腾坦自动化科技有限公司	上海莘闵回国留学人员科技创业园区	装备制造
上海腾为机电工程有限公司	上海莘闵回国留学人员科技创业园区	装备制造
上海伟司机械设备有限公司	上海莘闵回国留学人员科技创业园区	装备制造
上海余创机电科技有限公司	上海莘闵回国留学人员科技创业园区	装备制造
上海詹盛机械制造有限公司	上海莘闵回国留学人员科技创业园区	装备制造
上海知兄电子科技有限公司	上海莘闵回国留学人员科技创业园区	装备制造
上海直川电子科技有限公司	上海莘闵回国留学人员科技创业园区	装备制造
由瑞胜机械工程（上海）有限公司	上海莘闵回国留学人员科技创业园区	装备制造
爱碧商务咨询（上海）有限公司	上海莘闵回国留学人员科技创业园区	现代服务
柏木建筑设计咨询（上海）有限公司	上海莘闵回国留学人员科技创业园区	现代服务
班库（上海）商务咨询有限公司	上海莘闵回国留学人员科技创业园区	现代服务
本杰明钢结构建筑系统（上海）有限公司	上海莘闵回国留学人员科技创业园区	现代服务
冈华投资咨询（上海）有限公司	上海莘闵回国留学人员科技创业园区	现代服务
皋娴（上海）文化交流工作室	上海莘闵回国留学人员科技创业园区	现代服务
虹亘（上海）建筑设计咨询有限公司	上海莘闵回国留学人员科技创业园区	现代服务
华羿企业管理咨询（上海）有限公司	上海莘闵回国留学人员科技创业园区	现代服务
开智建筑技术咨询（上海）有限公司	上海莘闵回国留学人员科技创业园区	现代服务
康加企业管理咨询（上海）有限公司	上海莘闵回国留学人员科技创业园区	现代服务
律和企业管理咨询（上海）有限公司	上海莘闵回国留学人员科技创业园区	现代服务
美适（上海）工程技术有限公司	上海莘闵回国留学人员科技创业园区	现代服务
镁达管理咨询（上海）有限公司	上海莘闵回国留学人员科技创业园区	现代服务
妙圆园林设计咨询（上海）有限公司	上海莘闵回国留学人员科技创业园区	现代服务
庞德咨询（上海）有限公司	上海莘闵回国留学人员科技创业园区	现代服务
秋信投资咨询（上海）有限公司	上海莘闵回国留学人员科技创业园区	现代服务
群贤企业管理咨询（上海）有限公司	上海莘闵回国留学人员科技创业园区	现代服务
莎克逊（上海）教育咨询有限公司	上海莘闵回国留学人员科技创业园区	现代服务
上海爱阳格企业管理咨询有限公司	上海莘闵回国留学人员科技创业园区	现代服务
上海安奥投资咨询有限公司	上海莘闵回国留学人员科技创业园区	现代服务
上海翱翥国际贸易有限公司	上海莘闵回国留学人员科技创业园区	现代服务
上海白氏贸易有限公司	上海莘闵回国留学人员科技创业园区	现代服务
上海比合磊建筑设计咨询有限公司	上海莘闵回国留学人员科技创业园区	现代服务
上海碧华环保科技有限公司	上海莘闵回国留学人员科技创业园区	现代服务
上海碧亚投资管理有限公司	上海莘闵回国留学人员科技创业园区	现代服务
上海缤喜实业有限公司	上海莘闵回国留学人员科技创业园区	现代服务
上海博昂咨询有限公司	上海莘闵回国留学人员科技创业园区	现代服务
上海博林建筑工程咨询有限公司	上海莘闵回国留学人员科技创业园区	现代服务
上海巢仙文化传播有限公司	上海莘闵回国留学人员科技创业园区	现代服务
上海戴胜建筑技术有限公司	上海莘闵回国留学人员科技创业园区	现代服务
上海德谌企业管理咨询有限公司	上海莘闵回国留学人员科技创业园区	现代服务
上海德众企业管理咨询有限公司	上海莘闵回国留学人员科技创业园区	现代服务
上海迪茂投资管理咨询有限公司	上海莘闵回国留学人员科技创业园区	现代服务
上海东阀管理咨询有限公司	上海莘闵回国留学人员科技创业园区	现代服务
上海都能建筑设计有限公司	上海莘闵回国留学人员科技创业园区	现代服务
上海枫帆投资管理咨询有限公司	上海莘闵回国留学人员科技创业园区	现代服务
上海高才商务咨询有限公司	上海莘闵回国留学人员科技创业园区	现代服务
上海邗韵电子科技有限公司	上海莘闵回国留学人员科技创业园区	现代服务
上海禾溪华投资管理有限公司	上海莘闵回国留学人员科技创业园区	现代服务
上海宏源国际运输有限公司	上海莘闵回国留学人员科技创业园区	现代服务
上海华耕化工科技有限公司	上海莘闵回国留学人员科技创业园区	现代服务
上海华昊科技咨询有限公司	上海莘闵回国留学人员科技创业园区	现代服务

上海皆信商务咨询有限公司	上海莘闵回国留学人员科技创业园区	现代服务
上海康雄科技咨询有限公司	上海莘闵回国留学人员科技创业园区	现代服务
上海坤巨教育信息咨询有限公司	上海莘闵回国留学人员科技创业园区	现代服务
上海坤巨投资管理有限公司	上海莘闵回国留学人员科技创业园区	现代服务
上海雷奥咨询有限公司	上海莘闵回国留学人员科技创业园区	现代服务
上海礼德文化传播有限公司	上海莘闵回国留学人员科技创业园区	现代服务
上海龙辕工程技术咨询有限公司	上海莘闵回国留学人员科技创业园区	现代服务
上海卢顿管理咨询有限公司	上海莘闵回国留学人员科技创业园区	现代服务
上海弥理商务咨询有限公司	上海莘闵回国留学人员科技创业园区	现代服务
上海摩魔人商贸有限公司	上海莘闵回国留学人员科技创业园区	现代服务
上海欧升贸易有限公司	上海莘闵回国留学人员科技创业园区	现代服务
上海启德投资管理有限公司	上海莘闵回国留学人员科技创业园区	现代服务
上海荣峰医疗用品有限公司	上海莘闵回国留学人员科技创业园区	现代服务
上海锐酷文化传播有限公司	上海莘闵回国留学人员科技创业园区	现代服务
上海若恩国际贸易有限公司	上海莘闵回国留学人员科技创业园区	现代服务
上海赛优贸易有限公司	上海莘闵回国留学人员科技创业园区	现代服务
上海申承商务咨询有限公司	上海莘闵回国留学人员科技创业园区	现代服务
上海升涛建筑景观设计有限公司	上海莘闵回国留学人员科技创业园区	现代服务
上海事典国际贸易有限公司	上海莘闵回国留学人员科技创业园区	现代服务
上海斯壮投资咨询有限公司	上海莘闵回国留学人员科技创业园区	现代服务
上海泰投实业有限公司	上海莘闵回国留学人员科技创业园区	现代服务
上海田源文化传播有限公司	上海莘闵回国留学人员科技创业园区	现代服务
上海拓英实业有限公司	上海莘闵回国留学人员科技创业园区	现代服务
上海五谷殿资产管理有限公司	上海莘闵回国留学人员科技创业园区	现代服务
上海玺可商务咨询有限公司	上海莘闵回国留学人员科技创业园区	现代服务
上海信男教育投资咨询有限公司	上海莘闵回国留学人员科技创业园区	现代服务
上海业益生态环境咨询有限公司	上海莘闵回国留学人员科技创业园区	现代服务
上海伊致商务咨询有限公司	上海莘闵回国留学人员科技创业园区	现代服务
上海伊世特科技管理有限公司	上海莘闵回国留学人员科技创业园区	现代服务
上海宜生管理咨询有限公司	上海莘闵回国留学人员科技创业园区	现代服务
上海益樱商务咨询有限公司	上海莘闵回国留学人员科技创业园区	现代服务
上海逸澜商务咨询有限公司	上海莘闵回国留学人员科技创业园区	现代服务
上海意田工业设计有限公司	上海莘闵回国留学人员科技创业园区	现代服务
上海银炼科技咨询有限公司	上海莘闵回国留学人员科技创业园区	现代服务
上海永制空调技术有限公司	上海莘闵回国留学人员科技创业园区	现代服务
上海语莘健康信息咨询有限公司	上海莘闵回国留学人员科技创业园区	现代服务
上海元程实业有限公司	上海莘闵回国留学人员科技创业园区	现代服务
上海云潇网络科技有限公司	上海莘闵回国留学人员科技创业园区	现代服务
上海彰誉投资管理有限公司	上海莘闵回国留学人员科技创业园区	现代服务
上海真平商务咨询有限公司	上海莘闵回国留学人员科技创业园区	现代服务
上海致尚文化传播有限公司	上海莘闵回国留学人员科技创业园区	现代服务
上海致友实业有限公司	上海莘闵回国留学人员科技创业园区	现代服务
上海智林货物运输代理咨询有限公司	上海莘闵回国留学人员科技创业园区	现代服务
上海中珏石油化工工程有限公司	上海莘闵回国留学人员科技创业园区	现代服务
上海众茂国际贸易有限公司	上海莘闵回国留学人员科技创业园区	现代服务
上海卓銮科技有限公司	上海莘闵回国留学人员科技创业园区	现代服务
斯旦建筑设计咨询（上海）有限公司	上海莘闵回国留学人员科技创业园区	现代服务
特豪商务管理咨询（上海）有限公司	上海莘闵回国留学人员科技创业园区	现代服务
五贝景观设计咨询（上海）有限公司	上海莘闵回国留学人员科技创业园区	现代服务
言通贸易（上海）有限公司	上海莘闵回国留学人员科技创业园区	现代服务
映睿驰企业管理咨询（上海）有限公司	上海莘闵回国留学人员科技创业园区	现代服务
韵慕商务咨询（上海）有限公司	上海莘闵回国留学人员科技创业园区	现代服务
詹迪建筑设计咨询（上海）有限公司	上海莘闵回国留学人员科技创业园区	现代服务
尖微软件（上海）有限公司	上海徐汇留学人员创业园	电子信息
帕圣科技发展（上海）有限公司	上海徐汇留学人员创业园	电子信息
派瑞斯特软件技术（上海）有限公司	上海徐汇留学人员创业园	电子信息
乾寰（上海）信息技术有限公司	上海徐汇留学人员创业园	电子信息
上海安奇逊仪器有限公司	上海徐汇留学人员创业园	电子信息
上海鼎新计算机通讯技术开发有限公司	上海徐汇留学人员创业园	电子信息
上海东久电脑技术有限公司	上海徐汇留学人员创业园	电子信息

上海东仪咨询有限公司	上海徐汇留学人员创业园	电子信息
上海东游信息科技有限公司	上海徐汇留学人员创业园	电子信息
上海工达电子有限公司	上海徐汇留学人员创业园	电子信息
上海及仕投资咨询有限公司	上海徐汇留学人员创业园	电子信息
上海集智商务咨询有限公司	上海徐汇留学人员创业园	电子信息
上海乐迪电脑印花有限公司	上海徐汇留学人员创业园	电子信息
上海懋文信息技术有限公司	上海徐汇留学人员创业园	电子信息
上海青川系统工程有限公司	上海徐汇留学人员创业园	电子信息
上海史蒂文电器有限公司	上海徐汇留学人员创业园	电子信息
上海泰戈商务咨询有限公司	上海徐汇留学人员创业园	电子信息
上海通利电脑技术有限公司	上海徐汇留学人员创业园	电子信息
上海拓能软件有限公司	上海徐汇留学人员创业园	电子信息
上海西尔信息咨询有限公司	上海徐汇留学人员创业园	电子信息
上海研联信息技术有限公司	上海徐汇留学人员创业园	电子信息
上海英博市场咨询有限公司	上海徐汇留学人员创业园	电子信息
上海英弗普尔电子技术有限公司	上海徐汇留学人员创业园	电子信息
中昭和科技咨询（上海）有限公司	上海徐汇留学人员创业园	电子信息
万灵结信息技术（上海）有限公司	上海徐汇留学人员创业园	电子信息
西诺咨询（上海）有限公司	上海徐汇留学人员创业园	电子信息
载达信息咨询（上海）有限公司	上海徐汇留学人员创业园	电子信息
捷瑞生物工程（上海）有限公司	上海徐汇留学人员创业园	生物医药
挪亚生物科技（上海）有限公司	上海徐汇留学人员创业园	生物医药
上海安生科技咨询有限公司	上海徐汇留学人员创业园	生物医药
上海斯威医药化学技术公司	上海徐汇留学人员创业园	生物医药
上海特麦科生物工程有限公司	上海徐汇留学人员创业园	生物医药
上海天普能生物化学技术有限公司	上海徐汇留学人员创业园	生物医药
德美（上海）影像器材有限公司	上海徐汇留学人员创业园	先进制造
上海爱迪尔国际装潢材料有限公司	上海徐汇留学人员创业园	先进制造
上海东海印刷器械有限公司	上海徐汇留学人员创业园	先进制造
上海蓉马家具有限公司	上海徐汇留学人员创业园	先进制造
国龙科技饲料（上海）有限公司	上海徐汇留学人员创业园	新能源环保
欧朵食品（上海）有限公司	上海徐汇留学人员创业园	新能源环保
仁芳涂料环境技术（上海）有限公司	上海徐汇留学人员创业园	新能源环保
瑞东环保技术咨询（上海）有限公司	上海徐汇留学人员创业园	新能源环保
森岛（上海）电气有限公司	上海徐汇留学人员创业园	新能源环保
天鼎新能源环保科技（上海）有限公司	上海徐汇留学人员创业园	新能源环保
安兰投资咨询（上海）有限公司	上海徐汇留学人员创业园	现代服务
华瓷咨询（上海）有限公司	上海徐汇留学人员创业园	现代服务
霍洛威（上海）商务咨询有限公司	上海徐汇留学人员创业园	现代服务
嘉旭咨询（上海）有限公司	上海徐汇留学人员创业园	现代服务
皆美咨询（上海）有限公司	上海徐汇留学人员创业园	现代服务
捷门咨询（上海）有限公司	上海徐汇留学人员创业园	现代服务
莱勒（上海）商务咨询有限公司	上海徐汇留学人员创业园	现代服务
马泰尔商务咨询（上海）有限公司	上海徐汇留学人员创业园	现代服务
美西富蒙投资顾问（上海）有限公司	上海徐汇留学人员创业园	现代服务
佩纳咨询（上海）有限公司	上海徐汇留学人员创业园	现代服务
上海爱克莎尔建筑咨询有限公司	上海徐汇留学人员创业园	现代服务
上海必得咨询有限公司	上海徐汇留学人员创业园	现代服务
上海创致商务咨询有限公司	上海徐汇留学人员创业园	现代服务
上海恩普技术咨询有限公司	上海徐汇留学人员创业园	现代服务
上海费莱投资咨询有限公司	上海徐汇留学人员创业园	现代服务
上海华雷建筑设计咨询有限公司	上海徐汇留学人员创业园	现代服务
上海华欣国际咨询有限公司	上海徐汇留学人员创业园	现代服务
上海金联国际咨询服务有限公司	上海徐汇留学人员创业园	现代服务
上海君维士投资咨询有限公司	上海徐汇留学人员创业园	现代服务
上海联德国际咨询有限公司	上海徐汇留学人员创业园	现代服务
上海藤友国际咨询有限公司	上海徐汇留学人员创业园	现代服务
上海通利商务咨询有限公司	上海徐汇留学人员创业园	现代服务
上海薇尔彬咨询有限公司	上海徐汇留学人员创业园	现代服务
上海伊达国际咨询有限公司	上海徐汇留学人员创业园	现代服务

上海悦珂科技咨询有限公司	上海徐汇留学人员创业园	现代服务
泰克诺（上海）建筑咨询有限公司	上海徐汇留学人员创业园	现代服务
项秉仁建筑设计咨询（上海）有限公司	上海徐汇留学人员创业园	现代服务
志洲投资咨询（上海）有限公司	上海徐汇留学人员创业园	现代服务
泛迪电子科技（上海）有限公司	上海杨浦知识创新区留学人员创业园	电子信息
日丽信息科技（上海）有限公司	上海杨浦知识创新区留学人员创业园	电子信息
上海桑扬太阳能工程技术有限公司	上海杨浦知识创新区留学人员创业园	电子信息
上海天成信息科技有限公司	上海杨浦知识创新区留学人员创业园	电子信息
上海笑达信息技术有限公司	上海杨浦知识创新区留学人员创业园	电子信息
上海宣汶苑电子科技有限公司	上海杨浦知识创新区留学人员创业园	电子信息
上海双云生物技术有限公司	上海杨浦知识创新区留学人员创业园	生物医药
上海西港生物科技有限公司	上海杨浦知识创新区留学人员创业园	生物医药
上海喜玛山医学科技有限公司	上海杨浦知识创新区留学人员创业园	生物医药
恒匀精密模塑（上海）有限公司	上海杨浦知识创新区留学人员创业园	新材料
上海辰瀚室内空气环境检测有限公司	上海杨浦知识创新区留学人员创业园	新能源环保
上海爱亚文化传播有限公司	上海杨浦知识创新区留学人员创业园	文化创意
锟澳科技信息咨询（上海）有限公司	上海杨浦知识创新区留学人员创业园	现代服务
上海晨设室内设计事务所	上海杨浦知识创新区留学人员创业园	现代服务
上海承锋商务咨询有限公司	上海杨浦知识创新区留学人员创业园	现代服务
上海宁君商务咨询有限公司	上海杨浦知识创新区留学人员创业园	现代服务
上海诺理杰经济管理研究所	上海杨浦知识创新区留学人员创业园	现代服务
上海欧韵彩色玻璃有限公司	上海杨浦知识创新区留学人员创业园	现代服务
上海睿语商务咨询有限公司	上海杨浦知识创新区留学人员创业园	现代服务
上海思蒲灵贸易有限公司	上海杨浦知识创新区留学人员创业园	现代服务
上海映榕贸易有限公司	上海杨浦知识创新区留学人员创业园	现代服务
上海尤恒汽车服务有限公司	上海杨浦知识创新区留学人员创业园	现代服务
华亚微电子（上海）有限公司南京分公司	南京留学人员创业园	电子信息
南京奥特高科技有限公司	南京留学人员创业园	电子信息
南京百敖软件有限公司	南京留学人员创业园	电子信息
南京百英利科技有限责任公司	南京留学人员创业园	电子信息
南京标辰科技有限公司	南京留学人员创业园	电子信息
南京电研信息系统有限公司	南京留学人员创业园	电子信息
南京高新技术市场	南京留学人员创业园	电子信息
南京光讯达科技有限公司	南京留学人员创业园	电子信息
南京恒生科技有限公司	南京留学人员创业园	电子信息
南京鸿源泰电子有限公司	南京留学人员创业园	电子信息
南京南自电力控制系统有限公司	南京留学人员创业园	电子信息
南京能杰数字科技有限公司	南京留学人员创业园	电子信息
南京青石科技发展有限公司	南京留学人员创业园	电子信息
南京萨德科技有限公司	南京留学人员创业园	电子信息
南京双诚科技实业有限公司	南京留学人员创业园	电子信息
南京索瑞软件工程有限公司	南京留学人员创业园	电子信息
南京西尔特电子有限公司	南京留学人员创业园	电子信息
南京希思特盟信息技术有限公司	南京留学人员创业园	电子信息
南京新之捷科技有限公司	南京留学人员创业园	电子信息
南京远立科技有限公司	南京留学人员创业园	电子信息
南京紫台星河电子有限公司	南京留学人员创业园	电子信息
英特神斯软件（南京）有限公司	南京留学人员创业园	电子信息
爱斯医药科技（南京）有限公司	南京留学人员创业园	生物医药
南京爱德程医药科技有限公司	南京留学人员创业园	生物医药
南京博奥泰医药有限公司	南京留学人员创业园	生物医药
南京川博生物技术有限公司	南京留学人员创业园	生物医药
南京大学模式动物研究所	南京留学人员创业园	生物医药
南京鼎业百泰生物科技有限公司	南京留学人员创业园	生物医药
南京富纳生物技术有限公司	南京留学人员创业园	生物医药
南京高新生物医药研究所	南京留学人员创业园	生物医药
南京高新医学研究中心	南京留学人员创业园	生物医药
南京弘昌生物科技有限公司	南京留学人员创业园	生物医药
南京靖龙医药科技有限公司	南京留学人员创业园	生物医药
南京凯瑞尔纳米生物技术有限公司	南京留学人员创业园	生物医药

南京龙马动物药业有限公司	南京留学人员创业园	生物医药
南京南大药业生化公司	南京留学人员创业园	生物医药
南京宁创医疗设备有限公司	南京留学人员创业园	生物医药
南京森博医药研发有限公司	南京留学人员创业园	生物医药
南京生物工程与医药科技发展有限公司	南京留学人员创业园	生物医药
南京生兴生物技术有限公司	南京留学人员创业园	生物医药
南京圣诺生物科技实业有限公司	南京留学人员创业园	生物医药
南京苏邦生物技术有限公司	南京留学人员创业园	生物医药
南京微通生物医药工程有限公司	南京留学人员创业园	生物医药
南京伟沃生物科技有限公司	南京留学人员创业园	生物医药
南京药科大生物制造有限公司	南京留学人员创业园	生物医药
南京永平医院有限公司	南京留学人员创业园	生物医药
南京逐陆医药科技有限公司	南京留学人员创业园	生物医药
林奈克斯南京机电有限公司	南京留学人员创业园	先进制造
南京爱宝文仪有限公司	南京留学人员创业园	先进制造
南京爱睦能源自动化有限公司	南京留学人员创业园	先进制造
南京碧盾环保装备有限公司	南京留学人员创业园	先进制造
南京高新经纬电气有限公司	南京留学人员创业园	先进制造
南京冠亚电源设备有限公司	南京留学人员创业园	先进制造
南京国芯半导体有限公司	南京留学人员创业园	先进制造
南京恒源自动化有限公司	南京留学人员创业园	先进制造
南京佳盛机电器材材料公司	南京留学人员创业园	先进制造
南京嘉瑞动力控制有限公司	南京留学人员创业园	先进制造
南京江琛自动化系统有限公司	南京留学人员创业园	先进制造
南京金丫日用化工发展有限责任公司	南京留学人员创业园	先进制造
南京开广化工有限公司	南京留学人员创业园	先进制造
南京南自四创电器有限公司	南京留学人员创业园	先进制造
南京浦口华阳电器厂	南京留学人员创业园	先进制造
南京普天通信股份有限公司	南京留学人员创业园	先进制造
南京奇诺自控设备有限公司	南京留学人员创业园	先进制造
南京全旺薄膜开关有限公司	南京留学人员创业园	先进制造
南京三环忠义汽车零部件制造有限公司	南京留学人员创业园	先进制造
南京申瑞电力电子有限公司	南京留学人员创业园	先进制造
南京水利电力仪器工程有限责任公司	南京留学人员创业园	先进制造
南京威克斯勒电仪设备有限公司	南京留学人员创业园	先进制造
南京新飞分析仪器制造有限公司	南京留学人员创业园	先进制造
南京新联汽车空调有限公司	南京留学人员创业园	先进制造
南京永固机电工程技术有限公司	南京留学人员创业园	先进制造
南京智慧自动化应用技术有限公司	南京留学人员创业园	先进制造
艾志（南京）机械技术有限公司	南京留学人员创业园	新材料
江苏建筑科学院有限公司	南京留学人员创业园	新材料
南京吉泰复合材料有限公司	南京留学人员创业园	新材料
南京秦邦氟树脂有公司	南京留学人员创业园	新材料
南京神舟高分子材料有限责任公司	南京留学人员创业园	新材料
南京索沃新材料科技有限公司	南京留学人员创业园	新材料
南京钛威科技有限公司	南京留学人员创业园	新材料
南京格瑞能源科技有限公司	南京留学人员创业园	新能源环保
南京国能环保工程有限公司	南京留学人员创业园	新能源环保
南京金亮达照明有限公司	南京留学人员创业园	新能源环保
南京龙源环保有限公司	南京留学人员创业园	新能源环保
南京露华能源有限公司	南京留学人员创业园	新能源环保
南京新亚能源自动化有限公司	南京留学人员创业园	新能源环保
南京中电联环保工程有限公司	南京留学人员创业园	新能源环保
中电电气（南京）光伏有限公司	南京留学人员创业园	新能源环保
江苏伟信工程咨询有限公司	南京留学人员创业园	现代服务
南京高科创业发展实业有限公司	南京留学人员创业园	现代服务
南京和敏管理咨询有限公司	南京留学人员创业园	现代服务
南京杰帝工贸有限公司	南京留学人员创业园	现代服务
南京凯创信息系统有限公司	南京留学人员创业园	现代服务
南京凯汇工业科技有限公司	南京留学人员创业园	现代服务

南京柯瑞沃信息产业有限公司	南京留学人员创业园	现代服务
南京南自水力电力岩土工程仪器质量检测有限公司	南京留学人员创业园	现代服务
南京长航风凰货运有限公司	南京留学人员创业园	现代服务
无锡艾吉因生物信息有限公司	无锡留学人员创业园	电子信息
无锡爱迪信光电科技有限公司	无锡留学人员创业园	电子信息
无锡安行科技有限公司	无锡留学人员创业园	电子信息
无锡安则通科技有限公司	无锡留学人员创业园	电子信息
无锡柏森松传感技术有限公司	无锡留学人员创业园	电子信息
无锡倍多科技有限公司	无锡留学人员创业园	电子信息
无锡铂特科技有限公司	无锡留学人员创业园	电子信息
无锡博翰信息技术有限公司	无锡留学人员创业园	电子信息
无锡道飞科技有限公司	无锡留学人员创业园	电子信息
无锡德飞科技有限公司	无锡留学人员创业园	电子信息
无锡德思普科技有限公司	无锡留学人员创业园	电子信息
无锡菲迪光电技术有限公司	无锡留学人员创业园	电子信息
无锡弗玏电子科技有限公司	无锡留学人员创业园	电子信息
无锡盖泰科通信技术有限公司	无锡留学人员创业园	电子信息
无锡高迪多媒体科技有限公司	无锡留学人员创业园	电子信息
无锡戈林信息技术有限公司	无锡留学人员创业园	电子信息
无锡格林思凯科技有限公司	无锡留学人员创业园	电子信息
无锡光芯科技有限公司	无锡留学人员创业园	电子信息
无锡国发汽车电机有限公司	无锡留学人员创业园	电子信息
无锡汉水信息技术服务有限公司	无锡留学人员创业园	电子信息
无锡瀚智精算咨询有限公司	无锡留学人员创业园	电子信息
无锡合众信息科技有限公司	无锡留学人员创业园	电子信息
无锡赫泰普微电子有限公司	无锡留学人员创业园	电子信息
无锡华聪微纳电子材料有限公司	无锡留学人员创业园	电子信息
无锡华航电子科技有限责任公司	无锡留学人员创业园	电子信息
无锡华鑫应用信息技术有限公司	无锡留学人员创业园	电子信息
无锡嘉翔生物科技有限公司	无锡留学人员创业园	电子信息
无锡捷纽因信息科技有限公司	无锡留学人员创业园	电子信息
无锡捷普达动力工程有限公司	无锡留学人员创业园	电子信息
无锡晶尧科技有限公司	无锡留学人员创业园	电子信息
无锡精工泰创科技有限公司	无锡留学人员创业园	电子信息
无锡凯姆特科技有限公司	无锡留学人员创业园	电子信息
无锡科睿坦电子科技有限公司	无锡留学人员创业园	电子信息
无锡科思电子科技有限公司	无锡留学人员创业园	电子信息
无锡乐智科技有限公司	无锡留学人员创业园	电子信息
无锡励才杰思科技有限公司	无锡留学人员创业园	电子信息
无锡能数电力技术有限公司	无锡留学人员创业园	电子信息
无锡宁震科技有限公司	无锡留学人员创业园	电子信息
无锡乾煜信息技术有限公司	无锡留学人员创业园	电子信息
无锡嵌牛乐居科技有限公司	无锡留学人员创业园	电子信息
无锡清玛科技有限公司	无锡留学人员创业园	电子信息
无锡日联光电有限公司	无锡留学人员创业园	电子信息
无锡睿当科技有限公司	无锡留学人员创业园	电子信息
无锡睿联信息科技有限公司	无锡留学人员创业园	电子信息
无锡睿网科技有限公司	无锡留学人员创业园	电子信息
无锡圣火令科技有限公司	无锡留学人员创业园	电子信息
无锡圣莱科技有限公司	无锡留学人员创业园	电子信息
无锡圣敏传感科技有限公司	无锡留学人员创业园	电子信息
无锡识凌科技有限公司	无锡留学人员创业园	电子信息
无锡市康源环保科技有限公司	无锡留学人员创业园	电子信息
无锡市纳微电子有限公司	无锡留学人员创业园	电子信息
无锡市帕沃海泰投资有限公司	无锡留学人员创业园	电子信息
无锡市索福科技有限公司	无锡留学人员创业园	电子信息
无锡市网蓝工业仿真技术有限公司	无锡留学人员创业园	电子信息
无锡市唯尔奇科技有限公司	无锡留学人员创业园	电子信息
无锡市优特科科技有限公司	无锡留学人员创业园	电子信息
无锡数云科技有限公司	无锡留学人员创业园	电子信息

无锡帅芯微电子有限公司	无锡留学人员创业园	电子信息
无锡思科锐自动化设备有限公司	无锡留学人员创业园	电子信息
无锡思宁通信科技有限公司	无锡留学人员创业园	电子信息
无锡泰普精密仪器技术有限公司	无锡留学人员创业园	电子信息
无锡特威光纤传感技术有限公司	无锡留学人员创业园	电子信息
无锡天图科技有限公司	无锡留学人员创业园	电子信息
无锡通明科技有限公司	无锡留学人员创业园	电子信息
无锡图凌科技有限公司	无锡留学人员创业园	电子信息
无锡微磁传感科技有限公司	无锡留学人员创业园	电子信息
无锡维可视科技有限公司	无锡留学人员创业园	电子信息
无锡悟莘科技有限公司	无锡留学人员创业园	电子信息
无锡新吉凯氏测量技术有限公司	无锡留学人员创业园	电子信息
无锡迅德环保科技有限公司	无锡留学人员创业园	电子信息
无锡亿仕龙传感控制技术有限公司	无锡留学人员创业园	电子信息
无锡易斯科电子技术有限公司	无锡留学人员创业园	电子信息
无锡友友科技有限公司	无锡留学人员创业园	电子信息
无锡宇传科技有限公司	无锡留学人员创业园	电子信息
无锡浙潮科技有限公司	无锡留学人员创业园	电子信息
无锡振达昌科技有限公司	无锡留学人员创业园	电子信息
无锡志宇光伏科技有限公司	无锡留学人员创业园	电子信息
无锡智为科技有限公司	无锡留学人员创业园	电子信息
无锡中皓汽车电子有限公司	无锡留学人员创业园	电子信息
无锡中星微电子有限公司	无锡留学人员创业园	电子信息
江苏锐阳生物科技有限公司	无锡留学人员创业园	生物医药
江苏仙融环境技术有限公司	无锡留学人员创业园	生物医药
迈健干细胞与再生医学研究无锡有限公司	无锡留学人员创业园	生物医药
无锡成达医疗科技有限公司	无锡留学人员创业园	生物医药
无锡多健科技有限公司	无锡留学人员创业园	生物医药
无锡复润医药科技有限公司	无锡留学人员创业园	生物医药
无锡海斯凯尔医学有限公司	无锡留学人员创业园	生物医药
无锡和邦生物科技有限公司	无锡留学人员创业园	生物医药
无锡泓宝微生物日用品有限公司	无锡留学人员创业园	生物医药
无锡华平医疗科技有限公司	无锡留学人员创业园	生物医药
无锡吉迪生物科技有限公司	无锡留学人员创业园	生物医药
无锡坤泰升生物医药有限公司	无锡留学人员创业园	生物医药
无锡郎明生物技术有限公司	无锡留学人员创业园	生物医药
无锡雷莱生物技术有限公司	无锡留学人员创业园	生物医药
无锡立博医药科技有限公司	无锡留学人员创业园	生物医药
无锡灵特生物技术有限责任公司	无锡留学人员创业园	生物医药
无锡绿水之源生物科技有限公司	无锡留学人员创业园	生物医药
无锡美德尔生物技术有限公司	无锡留学人员创业园	生物医药
无锡派克斯医疗器械有限公司	无锡留学人员创业园	生物医药
无锡普林制药有限公司	无锡留学人员创业园	生物医药
无锡仁科医疗电子有限公司	无锡留学人员创业园	生物医药
无锡荣兴科技有限公司	无锡留学人员创业园	生物医药
无锡赛拓基因科技有限公司	无锡留学人员创业园	生物医药
无锡尚沃生物科技有限公司	无锡留学人员创业园	生物医药
无锡顺泰生物技术有限公司	无锡留学人员创业园	生物医药
无锡天演生物技术有限公司	无锡留学人员创业园	生物医药
无锡万顺生物技术有限公司	无锡留学人员创业园	生物医药
无锡翔天牧生物科技有限公司	无锡留学人员创业园	生物医药
无锡新慧达生物科技有限公司	无锡留学人员创业园	生物医药
无锡呀呼唯生物科学技术有限公司	无锡留学人员创业园	生物医药
无锡智超医疗器械有限公司	无锡留学人员创业园	生物医药
无锡中美亿芯生物科技有限公司	无锡留学人员创业园	生物医药
江苏伊施德创新科技有限公司	无锡留学人员创业园	先进制造
无锡市澳富特成型技术科研有限公司	无锡留学人员创业园	先进制造
江苏碧水源环境科技有限责任公司	无锡留学人员创业园	新材料
江苏鹏立新能源科技有限公司	无锡留学人员创业园	新材料
无锡爱儿森环保科技发展有限公司	无锡留学人员创业园	新材料

无锡福尔顺科技有限公司	无锡留学人员创业园	新材料
无锡格瑞普尔膜科技有限公司	无锡留学人员创业园	新材料
无锡广惠薄膜科技有限公司	无锡留学人员创业园	新材料
无锡惠星新材料科技有限公司	无锡留学人员创业园	新材料
无锡齐天纳微技术有限公司	无锡留学人员创业园	新材料
无锡工聚合一九九四新材料科技有限公司	无锡留学人员创业园	新材料
无锡铱创光电科技有限公司	无锡留学人员创业园	新材料
无锡博士能环保电池有限公司	无锡留学人员创业园	新能源环保
无锡昌海新能源科技有限公司	无锡留学人员创业园	新能源环保
无锡国绿环保能源有限公司	无锡留学人员创业园	新能源环保
无锡能斯特新能源科技有限公司	无锡留学人员创业园	新能源环保
无锡天清新能源科技有限公司	无锡留学人员创业园	新能源环保
无锡信德照明科技有限公司	无锡留学人员创业园	新能源环保
无锡旭能光热电能源有限公司	无锡留学人员创业园	新能源环保
无锡优构太阳能电力科技有限公司	无锡留学人员创业园	新能源环保
无锡比比网信息有限公司	无锡留学人员创业园	现代服务
无锡艾德思奇科技有限公司	无锡留学人员创业园	现代服务
无锡亿口网络科技有限公司	无锡留学人员创业园	现代服务
无锡优马传媒有限公司	无锡留学人员创业园	现代服务
江苏宝乾电子科技有限公司	无锡南长留学人员创业园	电子信息
科智软件无锡有限公司	无锡南长留学人员创业园	电子信息
全维智码信息技术有限公司	无锡南长留学人员创业园	电子信息
无锡博达乐思科技有限公司	无锡南长留学人员创业园	电子信息
无锡富斯福自动化科技有限公司	无锡南长留学人员创业园	电子信息
无锡高凯电子科技有限公司	无锡南长留学人员创业园	电子信息
无锡冠华时代科技有限公司	无锡南长留学人员创业园	电子信息
无锡哈博曼科技有限公司	无锡南长留学人员创业园	电子信息
无锡企源投资有限公司	无锡南长留学人员创业园	电子信息
无锡上维自动化技术有限公司	无锡南长留学人员创业园	电子信息
无锡世纪辰光网络科技有限公司	无锡南长留学人员创业园	电子信息
无锡市达思网络科技有限公司	无锡南长留学人员创业园	电子信息
无锡市福莱特信息有限公司	无锡南长留学人员创业园	电子信息
无锡市基础信息安全测评认证中心	无锡南长留学人员创业园	电子信息
无锡市浏立方科技有限公司	无锡南长留学人员创业园	电子信息
无锡市箐蕊网络信息技术有限公司	无锡南长留学人员创业园	电子信息
无锡市亿路科技有限公司	无锡南长留学人员创业园	电子信息
无锡思澜科技有限公司	无锡南长留学人员创业园	电子信息
无锡松本科技有限公司	无锡南长留学人员创业园	电子信息
无锡物华电子科技有限公司	无锡南长留学人员创业园	电子信息
无锡先迪德宝电子有限公司	无锡南长留学人员创业园	电子信息
无锡学承软件技术有限公司	无锡南长留学人员创业园	电子信息
无锡业伦科技有限公司	无锡南长留学人员创业园	电子信息
无锡中盾安全科技有限公司	无锡南长留学人员创业园	电子信息
无锡中讯科技有限公司	无锡南长留学人员创业园	电子信息
无锡富尔金属制品有限公司	无锡南长留学人员创业园	先进制造
无锡佳美自控系统科技有限公司	无锡南长留学人员创业园	先进制造
无锡久恒机电设备工程有限公司	无锡南长留学人员创业园	先进制造
无锡可迪机械有限公司	无锡南长留学人员创业园	先进制造
无锡市汉森金属有限公司	无锡南长留学人员创业园	先进制造
无锡益源建设工程有限公司	无锡南长留学人员创业园	先进制造
无锡德科新能源环保技术有限公司	无锡南长留学人员创业园	新能源环保
无锡科锐环境科技有限公司	无锡南长留学人员创业园	新能源环保
无锡中科水质环境技术有限公司	无锡南长留学人员创业园	新能源环保
江苏佳家颂企业服务有限公司	无锡南长留学人员创业园	现代服务
江苏苏亚金诚工程管理咨询有限公司无锡分公司	无锡南长留学人员创业园	现代服务
江苏苏亚金诚会计师事务所有限公司无锡分所	无锡南长留学人员创业园	现代服务
江苏洲豪风险投资担保有限公司	无锡南长留学人员创业园	现代服务
南长区锦绣四方图文设计室	无锡南长留学人员创业园	现代服务
无锡润德管理培训有限公司	无锡南长留学人员创业园	现代服务
无锡市国际商务人才培训中心	无锡南长留学人员创业园	现代服务

无锡市立创动力精密机械有限公司	无锡南长留学人员创业园	现代服务
无锡市洲豪国际货运代理有限公司	无锡南长留学人员创业园	现代服务
福赛特生物技术江阴有限公司	无锡江阴留学人员创业园	电子信息
火努科技江阴有限公司	无锡江阴留学人员创业园	电子信息
江苏鼎泰软件科技有限公司	无锡江阴留学人员创业园	电子信息
江苏凯路威电子有限公司	无锡江阴留学人员创业园	电子信息
江苏耐威科技有限公司	无锡江阴留学人员创业园	电子信息
江苏省利奥射频识别创新科技有限公司	无锡江阴留学人员创业园	电子信息
江苏鑫皓信息技术有限公司	无锡江阴留学人员创业园	电子信息
江阴鼎峰网络通信有限公司	无锡江阴留学人员创业园	电子信息
江阴汉德天坤科技发展有限公司	无锡江阴留学人员创业园	电子信息
江阴和普微电子有限公司	无锡江阴留学人员创业园	电子信息
江阴华波光电科技有限公司	无锡江阴留学人员创业园	电子信息
江阴聚友探测技术有限公司	无锡江阴留学人员创业园	电子信息
江阴美瑞泰海洋信息技术有限公司	无锡江阴留学人员创业园	电子信息
江阴美英特生物仪器科技有限公司	无锡江阴留学人员创业园	电子信息
江阴能联科技有限公司	无锡江阴留学人员创业园	电子信息
江阴睿讯科技有限责任公司	无锡江阴留学人员创业园	电子信息
江阴市领悟信息技术有限公司	无锡江阴留学人员创业园	电子信息
江阴思图依信息科技有限公司	无锡江阴留学人员创业园	电子信息
江阴天恒计算机信息技术有限公司	无锡江阴留学人员创业园	电子信息
江阴网新博创科技有限公司	无锡江阴留学人员创业园	电子信息
江阴沿动信息技术有限公司	无锡江阴留学人员创业园	电子信息
江阴优胜信息技术有限公司	无锡江阴留学人员创业园	电子信息
江阴中创网络信息有限公司	无锡江阴留学人员创业园	电子信息
上海致昆网络科技有限公司江阴分公司	无锡江阴留学人员创业园	电子信息
无锡奥盛信息科技有限公司	无锡江阴留学人员创业园	电子信息
无锡泛在智能网络科技有限公司	无锡江阴留学人员创业园	电子信息
无锡吉亦思自动化科技有限公司	无锡江阴留学人员创业园	电子信息
无锡纳索信息技术有限公司	无锡江阴留学人员创业园	电子信息
无锡视虚科技有限公司	无锡江阴留学人员创业园	电子信息
无锡踏浪信息技术有限公司	无锡江阴留学人员创业园	电子信息
无锡伟诺升华软件科技有限公司	无锡江阴留学人员创业园	电子信息
无锡真知信息技术有限公司	无锡江阴留学人员创业园	电子信息
江阴安博生物医药有限公司	无锡江阴留学人员创业园	生物医药
江阴百胜生物科技有限公司	无锡江阴留学人员创业园	生物医药
江阴基因泰普生物技术有限公司	无锡江阴留学人员创业园	生物医药
江阴力通应用神经技术有限公司	无锡江阴留学人员创业园	生物医药
江阴迈康升华医药科技有限公司	无锡江阴留学人员创业园	生物医药
江阴市苏达汇诚医疗器械有限公司	无锡江阴留学人员创业园	生物医药
江阴万联医药科技研发有限公司	无锡江阴留学人员创业园	生物医药
江阴新申奥生物科技有限公司	无锡江阴留学人员创业园	生物医药
江阴阳森生物技术有限公司	无锡江阴留学人员创业园	生物医药
江阴中利生物技术有限公司	无锡江阴留学人员创业园	生物医药
无锡百奥康生物医药科技有限公司	无锡江阴留学人员创业园	生物医药
无锡贝塔医药科技有限公司	无锡江阴留学人员创业园	生物医药
无锡博桥生物医药科技有限公司	无锡江阴留学人员创业园	生物医药
无锡枫华生物科技有限公司	无锡江阴留学人员创业园	生物医药
无锡弗里斯特生物科技有限公司	无锡江阴留学人员创业园	生物医药
无锡久江生物科技有限公司	无锡江阴留学人员创业园	生物医药
无锡泰雅生物科技有限公司	无锡江阴留学人员创业园	生物医药
江阴德力激光设备有限公司	无锡江阴留学人员创业园	先进制造
江阴浩瀚光电技术应用开发有限公司	无锡江阴留学人员创业园	先进制造
江阴逆流科技有限公司	无锡江阴留学人员创业园	先进制造
江阴全凯机电科技有限公司	无锡江阴留学人员创业园	先进制造
江阴源芯电子有限公司	无锡江阴留学人员创业园	先进制造
江阴智海新能源环保科技有限公司	无锡江阴留学人员创业园	先进制造
无锡尚实电子科技有限公司	无锡江阴留学人员创业园	先进制造
江苏中博钻石科技有限公司	无锡江阴留学人员创业园	新材料
江阴爱迪超生技术有限公司	无锡江阴留学人员创业园	新材料

江阴东大新材料研究院有限责任公司	无锡江阴留学人员创业园	新材料
江阴飞宇高分子材料研究所有限公司	无锡江阴留学人员创业园	新材料
江阴盛辉科技有限公司	无锡江阴留学人员创业园	新材料
江阴市明邦科技有限公司	无锡江阴留学人员创业园	新材料
江阴中科英特雅光纳米技术有限公司	无锡江阴留学人员创业园	新材料
无锡安飞纤维材料科技有限公司	无锡江阴留学人员创业园	新材料
无锡保丽真防伪科技有限公司	无锡江阴留学人员创业园	新材料
无锡江天高新纳米技术材料有限公司	无锡江阴留学人员创业园	新材料
无锡荣升汇彩科技有限公司	无锡江阴留学人员创业园	新材料
江苏欣锐新能源环保技术有限公司	无锡江阴留学人员创业园	新能源环保
江阴德高环保科技有限公司	无锡江阴留学人员创业园	新能源环保
江阴纳米克斯新能源环保科技有限公司	无锡江阴留学人员创业园	新能源环保
江阴南方智蓝环保科技有限公司	无锡江阴留学人员创业园	新能源环保
江阴仁有环保科技有限公司	无锡江阴留学人员创业园	新能源环保
江阴远景能源科技有限公司	无锡江阴留学人员创业园	新能源环保
无锡光和新能源环保科技有限公司	无锡江阴留学人员创业园	新能源环保
无锡酷可琳新能源环保科技有限公司	无锡江阴留学人员创业园	新能源环保
无锡索能太阳能科技有限公司	无锡江阴留学人员创业园	新能源环保
江阴迪杰时装设计有限公司	无锡江阴留学人员创业园	文化创意
江阴风雷动画艺术设计有限公司	无锡江阴留学人员创业园	文化创意
江阴国动文化传媒有限公司	无锡江阴留学人员创业园	文化创意
江阴朗途数码动漫设计有限公司	无锡江阴留学人员创业园	文化创意
江阴云裳创意设计有限公司	无锡江阴留学人员创业园	文化创意
无锡大一影视科技有限公司	无锡江阴留学人员创业园	文化创意
无锡市盈泰行传媒有限公司	无锡江阴留学人员创业园	文化创意
江阴移动风尚汽车服务管理有限公司	无锡江阴留学人员创业园	现代服务
常州安荣电气科技有限公司	常州留学人员创业园	电子信息
常州暴雨信息科技有限公司	常州留学人员创业园	电子信息
常州北星自动化科技有限公司	常州留学人员创业园	电子信息
常州博拓电子科技有限公司	常州留学人员创业园	电子信息
常州诚润信息技术有限公司	常州留学人员创业园	电子信息
常州德一物联网络科技有限公司	常州留学人员创业园	电子信息
常州富裕谷网络科技有限公司	常州留学人员创业园	电子信息
常州硅谷信息科技有限公司	常州留学人员创业园	电子信息
常州恒创软件有限公司	常州留学人员创业园	电子信息
常州鸿源动力科技有限公司	常州留学人员创业园	电子信息
常州冷源动力科技有限公司	常州留学人员创业园	电子信息
常州隆辉照明科技有限公司	常州留学人员创业园	电子信息
常州面包电子科技有限公司	常州留学人员创业园	电子信息
常州乾曜信息技术有限公司	常州留学人员创业园	电子信息
常州群承软件技术有限公司	常州留学人员创业园	电子信息
常州瑞科微电子科技有限公司	常州留学人员创业园	电子信息
常州瑞择微电子科技有限公司	常州留学人员创业园	电子信息
常州三博机电科技有限公司	常州留学人员创业园	电子信息
常州晟永光电材料有限公司	常州留学人员创业园	电子信息
常州盛游网络科技有限公司	常州留学人员创业园	电子信息
常州时析电子科技有限公司	常州留学人员创业园	电子信息
常州市阿德塞电子科技有限公司	常州留学人员创业园	电子信息
常州市联百力智能化系统工程有限公司	常州留学人员创业园	电子信息
常州泰思达工程计算与分析科技有限公司	常州留学人员创业园	电子信息
常州网腾技术软件公司	常州留学人员创业园	电子信息
常州西芯数码科技有限公司	常州留学人员创业园	电子信息
常州兆能电子科技有限公司	常州留学人员创业园	电子信息
常州志邦电子科技有限公司	常州留学人员创业园	电子信息
江苏宏电节能服务有限公司	常州留学人员创业园	电子信息
江苏宏微科技有限公司	常州留学人员创业园	电子信息
江苏集晟电子科技有限公司	常州留学人员创业园	电子信息
江苏三思信息科技有限公司	常州留学人员创业园	电子信息
常州安吉拉生物医药科技有限公司	常州留学人员创业园	生物医药
常州安诺生物医药有限公司	常州留学人员创业园	生物医药

常州奥森药物科技有限公司	常州留学人员创业园	生物医药
常州百适得生物科技有限公司	常州留学人员创业园	生物医药
常州邦哲系统生物工程研究所有限公司	常州留学人员创业园	生物医药
常州博信生物技术有限公司	常州留学人员创业园	生物医药
常州常瑞生物技术有限公司	常州留学人员创业园	生物医药
常州楚天生物科技有限公司	常州留学人员创业园	生物医药
常州德健生物科技有限公司	常州留学人员创业园	生物医药
常州德莱医药科技有限公司	常州留学人员创业园	生物医药
常州格露康生物医药科技有限公司	常州留学人员创业园	生物医药
常州凯南迪克医疗科技有限公司	常州留学人员创业园	生物医药
常州康和生物技术有限公司	常州留学人员创业园	生物医药
常州康卫生物技术有限公司	常州留学人员创业园	生物医药
常州乐奥医疗科技有限公司	常州留学人员创业园	生物医药
常州荣君生物医药科技有限公司	常州留学人员创业园	生物医药
常州三高生物技术开发有限公司	常州留学人员创业园	生物医药
常州三泰科技有限公司	常州留学人员创业园	生物医药
常州市思杰生物化学有限公司	常州留学人员创业园	生物医药
常州市勇毅生物药业有限公司	常州留学人员创业园	生物医药
常州松源高效生物氘有限公司	常州留学人员创业园	生物医药
常州太平洋药物研究所有限公司	常州留学人员创业园	生物医药
常州天磊生物技术有限公司	常州留学人员创业园	生物医药
常州微纳生物科技有限公司	常州留学人员创业园	生物医药
常州微诊生物医药科技有限公司	常州留学人员创业园	生物医药
常州欣宏科生物化学有限公司	常州留学人员创业园	生物医药
常州亚当生物技术有限公司	常州留学人员创业园	生物医药
常州医凌生命科技有限公司	常州留学人员创业园	生物医药
常州以成医药科技有限公司	常州留学人员创业园	生物医药
常州益菌加生物科技有限公司	常州留学人员创业园	生物医药
常州英诺升康生物医药科技有限公司	常州留学人员创业园	生物医药
常州长吉生物技术开发有限公司	常州留学人员创业园	生物医药
江苏铼泰医药生物技术有限公司	常州留学人员创业园	生物医药
江苏维泉生物科技有限公司	常州留学人员创业园	生物医药
江苏众红生物工程创药研究院有限公司	常州留学人员创业园	生物医药
常州春秋农业机械有限公司	常州留学人员创业园	先进制造
常州高凯精密机械有限公司	常州留学人员创业园	先进制造
常州广为仪器科技有限公司	常州留学人员创业园	先进制造
常州环能涡轮动力有限公司	常州留学人员创业园	先进制造
常州杰耐机械有限公司	常州留学人员创业园	先进制造
常州凯捷特水射流科技有限公司	常州留学人员创业园	先进制造
常州雷射激光设备有限公司	常州留学人员创业园	先进制造
常州视觉龙机电设备有限公司	常州留学人员创业园	先进制造
常州威欧传输设备有限公司	常州留学人员创业园	先进制造
江苏昊润电子科技有限公司	常州留学人员创业园	先进制造
江苏在望节能科技有限公司	常州留学人员创业园	先进制造
常州浩瀚新材料科技有限公司	常州留学人员创业园	新材料
常州杰美科技有限公司	常州留学人员创业园	新材料
常州清玉光电有限公司	常州留学人员创业园	新材料
常州睿新园艺科技有限公司	常州留学人员创业园	新材料
常州胜杰化工有限公司	常州留学人员创业园	新材料
常州市纳罗可涂料有限公司	常州留学人员创业园	新材料
常州苏晶电子材料有限公司	常州留学人员创业园	新材料
常州西晶科技有限公司	常州留学人员创业园	新材料
江苏敦超电子科技有限公司	常州留学人员创业园	新材料
江苏中简科技有限公司	常州留学人员创业园	新材料
常州爱斯特净化设备有限公司	常州留学人员创业园	新能源环保
常州合特光电有限公司	常州留学人员创业园	新能源环保
常州佳讯光电产业发展有限公司	常州留学人员创业园	新能源环保
常州杰创环境科技有限公司	常州留学人员创业园	新能源环保
常州施瑞迪能源科技有限公司	常州留学人员创业园	新能源环保
常州思瑞科技有限公司	常州留学人员创业园	新能源环保

常州银宇氢动车环保科技有限公司	常州留学人员创业园	新能源环保
常州优特科新能源环保有限公司	常州留学人员创业园	新能源环保
常州紫波电子科技有限公司	常州留学人员创业园	新能源环保
常州紫波太阳能科技有限公司	常州留学人员创业园	新能源环保
江苏东润光伏科技有限公司	常州留学人员创业园	新能源环保
江苏诺迪新能源环保科技有限公司	常州留学人员创业园	新能源环保
江苏维尔利环保科技股份有限公司	常州留学人员创业园	新能源环保
常州八度信息科技有限公司	常州留学人员创业园	文化创意
常州保纳绿创环保科技有限公司	常州留学人员创业园	文化创意
常州博创软件技术有限公司	常州留学人员创业园	文化创意
常州德诗蓝电子科技有限公司	常州留学人员创业园	文化创意
常州多邦科技有限公司	常州留学人员创业园	文化创意
常州发创软件有限公司	常州留学人员创业园	文化创意
常州哈酷那软件科技有限公司	常州留学人员创业园	文化创意
常州慧天网络科技有限公司	常州留学人员创业园	文化创意
常州金刚网络技术有限公司	常州留学人员创业园	文化创意
常州康新电子科技有限公司	常州留学人员创业园	文化创意
常州快书包信息科技有限公司（拟）	常州留学人员创业园	文化创意
常州龙族网络科技有限公司	常州留学人员创业园	文化创意
常州路珈中网信息技术有限公司	常州留学人员创业园	文化创意
常州泡泡海信息技术有限公司	常州留学人员创业园	文化创意
常州镕汇物流信息有限公司	常州留学人员创业园	文化创意
常州瑞虎网络科技有限公司	常州留学人员创业园	文化创意
常州润云软件科技有限公司	常州留学人员创业园	文化创意
常州赛吉软件有限公司	常州留学人员创业园	文化创意
常州市奇程网信息技术有限公司	常州留学人员创业园	文化创意
常州水木数字信息技术有限公司	常州留学人员创业园	文化创意
常州途游网络科技有限公司	常州留学人员创业园	文化创意
常州元素信息技术有限公司	常州留学人员创业园	文化创意
常州云枢信息技术有限公司	常州留学人员创业园	文化创意
济中能源科技（常州）有限公司	常州留学人员创业园	文化创意
江苏博圣云峰信息咨询有限公司	常州留学人员创业园	文化创意
江苏固立得精密光电有限公司	常州留学人员创业园	文化创意
江苏华睿智能工程有限公司	常州留学人员创业园	文化创意
江苏竞游信息科技有限公司	常州留学人员创业园	文化创意
江苏科航网络科技有限公司	常州留学人员创业园	文化创意
江苏乐众信息技术有限公司	常州留学人员创业园	文化创意
江苏诠美医疗科技有限公司	常州留学人员创业园	文化创意
江苏四维智能装备技术有限公司	常州留学人员创业园	文化创意
纳好电子商务（江苏）有限公司）	常州留学人员创业园	文化创意
四海商舟电子商务有限公司	常州留学人员创业园	文化创意
常州世纪伟通投资有限公司	常州留学人员创业园	现代服务
常州网视领航网络科技有限公司	常州留学人员创业园	现代服务
常州西门沃斯贸易有限公司	常州留学人员创业园	现代服务
常州正诚资产评估事务所有限公司	常州留学人员创业园	现代服务
常州艾伊格尔信息科技有限公司	常州钟楼留学人员创业园	电子信息
常州奥施特信息科技有限公司	常州钟楼留学人员创业园	电子信息
常州超媒体与感知技术研究所有限公司	常州钟楼留学人员创业园	电子信息
常州达奇医疗科技有限公司	常州钟楼留学人员创业园	电子信息
常州冠科电子有限公司	常州钟楼留学人员创业园	电子信息
常州海超电子科技有限公司	常州钟楼留学人员创业园	电子信息
常州翰力信息科技有限公司	常州钟楼留学人员创业园	电子信息
常州华科联锐信息技术有限公司	常州钟楼留学人员创业园	电子信息
常州环视高科电子科技有限公司	常州钟楼留学人员创业园	电子信息
常州加美科技有限公司	常州钟楼留学人员创业园	电子信息
常州玖为电子科技有限公司	常州钟楼留学人员创业园	电子信息
常州康维科技电子有限公司	常州钟楼留学人员创业园	电子信息
常州蓝城信息科技有限公司	常州钟楼留学人员创业园	电子信息
常州联星智通科技有限公司	常州钟楼留学人员创业园	电子信息
常州米谷电子科技有限公司	常州钟楼留学人员创业园	电子信息

常州南基天盛电子科技有限公司	常州钟楼留学人员创业园	电子信息
常州能动电子科技有限公司	常州钟楼留学人员创业园	电子信息
常州普适信息科技有限公司	常州钟楼留学人员创业园	电子信息
常州千鸟绝信息技术有限公司	常州钟楼留学人员创业园	电子信息
常州睿擎信息科技有限公司	常州钟楼留学人员创业园	电子信息
常州赛彦电子科技有限公司	常州钟楼留学人员创业园	电子信息
常州市日津消防科技有限公司	常州钟楼留学人员创业园	电子信息
常州市银策融科软件开发有限公司	常州钟楼留学人员创业园	电子信息
常州司曼睿信息科技有限公司	常州钟楼留学人员创业园	电子信息
常州泰宇信息科技有限公司	常州钟楼留学人员创业园	电子信息
常州图强信息技术有限公司	常州钟楼留学人员创业园	电子信息
常州微朗电子科技有限公司	常州钟楼留学人员创业园	电子信息
常州维吉恩信息科技有限公司	常州钟楼留学人员创业园	电子信息
常州芯奇微电子科技有限公司	常州钟楼留学人员创业园	电子信息
常州学学信息科技有限公司	常州钟楼留学人员创业园	电子信息
常州意辉尔科技有限公司	常州钟楼留学人员创业园	电子信息
常州元黄信息科技有限公司	常州钟楼留学人员创业园	电子信息
常州正选软件科技有限公司	常州钟楼留学人员创业园	电子信息
常州中导传感科技有限公司	常州钟楼留学人员创业园	电子信息
江苏应能微电子有限公司	常州钟楼留学人员创业园	电子信息
常州百和世生物科技有限公司	常州钟楼留学人员创业园	生物医药
常州费洛斯药业科技有限公司	常州钟楼留学人员创业园	生物医药
常州莫迪凯德医药信息科技有限公司	常州钟楼留学人员创业园	生物医药
常州生奥基因生物科技有限公司	常州钟楼留学人员创业园	生物医药
常州市怡德医疗科技有限公司	常州钟楼留学人员创业园	生物医药
常州市怡先生物科技有限公司	常州钟楼留学人员创业园	生物医药
常州安姆精密仪器有限公司	常州钟楼留学人员创业园	先进制造
常州澳泰精密仪器有限公司	常州钟楼留学人员创业园	先进制造
常州格力博工具技术研发有限公司	常州钟楼留学人员创业园	先进制造
常州精瑞自动化装备技术有限公司	常州钟楼留学人员创业园	先进制造
常州诺曼数码自动化设备有限公司	常州钟楼留学人员创业园	先进制造
常州欧特斯汽车电子科技有限公司	常州钟楼留学人员创业园	先进制造
常州普美电子科技有限公司	常州钟楼留学人员创业园	先进制造
常州嵘驰发动机技术有限公司	常州钟楼留学人员创业园	先进制造
常州市儒昊电气设备有限公司	常州钟楼留学人员创业园	先进制造
常州信雷迪诺电子工程有限公司	常州钟楼留学人员创业园	先进制造
瑞力盟数控技术有限公司	常州钟楼留学人员创业园	先进制造
常州国博新材料科技有限公司	常州钟楼留学人员创业园	新材料
常州护佳卫生用品有限公司	常州钟楼留学人员创业园	新材料
常州纳乐科思光学有限公司	常州钟楼留学人员创业园	新材料
常州兴邦塑胶科技有限公司	常州钟楼留学人员创业园	新材料
常州英中纳米科技有限公司	常州钟楼留学人员创业园	新材料
常州钜岳水务环保科技有限公司	常州钟楼留学人员创业园	新能源环保
常州罗盘星检测科技有限公司	常州钟楼留学人员创业园	新能源环保
常州市康舒环境科技有限公司	常州钟楼留学人员创业园	新能源环保
常州天天太阳能有限公司	常州钟楼留学人员创业园	新能源环保
常州英诺能源科技有限公司	常州钟楼留学人员创业园	新能源环保
江苏科雷斯普能源科技有限公司	常州钟楼留学人员创业园	新能源环保
常州法中企业服务有限公司	常州钟楼留学人员创业园	现代服务
常州正道信息咨询有限公司	常州钟楼留学人员创业园	现代服务
常州安盾智能化工程有限公司	常州科教城留学人员创业园	电子信息
常州奥科保鲜技术有限公司	常州科教城留学人员创业园	电子信息
常州博世伟业生物科技有限公司	常州科教城留学人员创业园	电子信息
常州崇高纳米材料有限公司	常州科教城留学人员创业园	电子信息
常州多源海量信息技术有限公司	常州科教城留学人员创业园	电子信息
常州复米信息科技有限公司	常州科教城留学人员创业园	电子信息
常州汉国电子科技有限公司	常州科教城留学人员创业园	电子信息
常州华瑞陶瓷材料技术有限公司	常州科教城留学人员创业园	电子信息
常州汇园教育科技有限公司	常州科教城留学人员创业园	电子信息
常州激蓝科技有限公司	常州科教城留学人员创业园	电子信息

常州健慈生物医药科技有限公司	常州科教城留学人员创业园	电子信息
常州健身网络软件有限公司	常州科教城留学人员创业园	电子信息
常州金惠甫山人才测评软件科技有限公司	常州科教城留学人员创业园	电子信息
常州精嘉博研电子技术有限公司	常州科教城留学人员创业园	电子信息
常州凯恩信息技术有限公司	常州科教城留学人员创业园	电子信息
常州欧智汽车电子有限公司	常州科教城留学人员创业园	电子信息
常州毗邻智慧医疗科技有限公司	常州科教城留学人员创业园	电子信息
常州睿联网络科技有限公司	常州科教城留学人员创业园	电子信息
常州赛杰电子信息有限公司	常州科教城留学人员创业园	电子信息
常州三乐商电子科技有限公司	常州科教城留学人员创业园	电子信息
常州桑澳能源幕墙科技有限公司	常州科教城留学人员创业园	电子信息
常州善尚光电科技有限公司	常州科教城留学人员创业园	电子信息
常州市厚载电子科技有限公司	常州科教城留学人员创业园	电子信息
常州泰美鑫电子科技有限公司	常州科教城留学人员创业园	电子信息
常州天之云信息科技有限公司	常州科教城留学人员创业园	电子信息
常州图索软件有限公司	常州科教城留学人员创业园	电子信息
常州谐筑信息科技有限公司	常州科教城留学人员创业园	电子信息
常州芯阳微电子科技有限公司	常州科教城留学人员创业园	电子信息
常州一马信息科技有限公司	常州科教城留学人员创业园	电子信息
常州易控汽车电子有限公司	常州科教城留学人员创业园	电子信息
常州智尚联程信息科技有限公司	常州科教城留学人员创业园	电子信息
常州子睦微电子有限公司	常州科教城留学人员创业园	电子信息
江苏海航涂料科技有限公司	常州科教城留学人员创业园	电子信息
江苏海威客网络科技有限公司	常州科教城留学人员创业园	电子信息
江苏盛天交通科技有限公司	常州科教城留学人员创业园	电子信息
江苏谐云智能科技有限公司	常州科教城留学人员创业园	电子信息
江苏印信通达电子科技有限公司	常州科教城留学人员创业园	电子信息
常州艾利肯药业科技有限公司	常州科教城留学人员创业园	生物医药
常州安倍利电子科技有限公司	常州科教城留学人员创业园	生物医药
常州大岳生物科技有限公司	常州科教城留学人员创业园	生物医药
常州德中环保工程有限公司	常州科教城留学人员创业园	生物医药
常州迪锐特电子科技有限公司	常州科教城留学人员创业园	生物医药
常州飞寻视讯信息科技有限公司	常州科教城留学人员创业园	生物医药
常州菲胜图自动化仪器有限公司	常州科教城留学人员创业园	生物医药
常州富思生物科技有限公司	常州科教城留学人员创业园	生物医药
常州京森生物医药研究所有限公司	常州科教城留学人员创业园	生物医药
常州凯祺维纳科技有限公司	常州科教城留学人员创业园	生物医药
常州康悠生物医药科技有限公司	常州科教城留学人员创业园	生物医药
常州绿尚节能建筑科技有限公司	常州科教城留学人员创业园	生物医药
常州麦科卡电动车辆科技有限公司	常州科教城留学人员创业园	生物医药
常州梦泰照明科技有限公司	常州科教城留学人员创业园	生物医药
常州梦想人多媒体科技有限公司	常州科教城留学人员创业园	生物医药
常州诺方医药生物技术有限公司	常州科教城留学人员创业园	生物医药
常州锐博生物科技有限公司	常州科教城留学人员创业园	生物医药
常州盛德信息科技有限公司	常州科教城留学人员创业园	生物医药
常州喜鹊医药有限公司	常州科教城留学人员创业园	生物医药
常州新平机器人科技有限公司	常州科教城留学人员创业园	生物医药
常州宇之爱遥感技术有限公司	常州科教城留学人员创业园	生物医药
常州远量机器人科技有限公司	常州科教城留学人员创业园	生物医药
常州竺思光电科技有限公司	常州科教城留学人员创业园	生物医药
江苏建艺节能科技有限公司	常州科教城留学人员创业园	生物医药
江苏明化合晟生物科技有限公司	常州科教城留学人员创业园	生物医药
常州佰宫能源科技有限公司	常州科教城留学人员创业园	先进制造
常州福生生物技术有限公司	常州科教城留学人员创业园	先进制造
常州涵德再生医学科技有限公司	常州科教城留学人员创业园	先进制造
常州汉迪机器人科技有限公司	常州科教城留学人员创业园	先进制造
常州介孔催化材料有限公司	常州科教城留学人员创业园	先进制造
常州宽谱光电仪器有限公司	常州科教城留学人员创业园	先进制造
常州西工激光科技有限公司	常州科教城留学人员创业园	先进制造
常州英诺激光科技有限公司	常州科教城留学人员创业园	先进制造

常州宇环光电有限公司	常州科教城留学人员创业园	先进制造
常州中港纺织智能科技有限公司	常州科教城留学人员创业园	先进制造
江苏靶标生物医药研究所有限公司	常州科教城留学人员创业园	先进制造
江苏法华纺织机械有限公司	常州科教城留学人员创业园	先进制造
江苏智邦精工科技有限公司	常州科教城留学人员创业园	先进制造
常州艾美迪先进材料科技有限公司	常州科教城留学人员创业园	新材料
常州德翰纳米材料科技有限公司	常州科教城留学人员创业园	新材料
常州鼎悦电子科技有限公司	常州科教城留学人员创业园	新材料
常州固特易化工科技有限公司	常州科教城留学人员创业园	新材料
常州嘉众新材料科技有限公司	常州科教城留学人员创业园	新材料
常州龙途新材料科技有限公司	常州科教城留学人员创业园	新材料
常州麦它生物科技有限公司	常州科教城留学人员创业园	新材料
常州美镓伟业光电科技有限公司	常州科教城留学人员创业园	新材料
常州明成翔锐环保科技有限公司	常州科教城留学人员创业园	新材料
常州赛斐斯新材料科技有限公司	常州科教城留学人员创业园	新材料
常州苏瑞纳碳科技有限公司	常州科教城留学人员创业园	新材料
常州铁基新材料科技有限公司	常州科教城留学人员创业园	新材料
常州威尔思信息科技有限公司	常州科教城留学人员创业园	新材料
常州威迈特环保科技有限公司	常州科教城留学人员创业园	新材料
常州雅谱智能变色光学器件有限公司	常州科教城留学人员创业园	新材料
常州优控信息科技有限公司	常州科教城留学人员创业园	新材料
江苏康朋医疗科技有限公司	常州科教城留学人员创业园	新材料
江苏普罗赛生物技术有限公司	常州科教城留学人员创业园	新材料
常州爱尔发膜技术有限公司	常州科教城留学人员创业园	新能源环保
常州倍尔生生物科技有限公司	常州科教城留学人员创业园	新能源环保
常州氮源光电科技有限公司	常州科教城留学人员创业园	新能源环保
常州德美环保科技有限公司	常州科教城留学人员创业园	新能源环保
常州法雷电子科技有限公司	常州科教城留学人员创业园	新能源环保
常州格瑞展泰再生能源有限公司	常州科教城留学人员创业园	新能源环保
常州洪荒谷电子科技有限公司	常州科教城留学人员创业园	新能源环保
常州鸿宇生物科技有限公司	常州科教城留学人员创业园	新能源环保
常州徽电科瑞电子科技有限公司	常州科教城留学人员创业园	新能源环保
常州吉赫射频电子技术有限公司	常州科教城留学人员创业园	新能源环保
常州均益新材料科技有限公司	常州科教城留学人员创业园	新能源环保
常州卡斯比生物科技有限公司	常州科教城留学人员创业园	新能源环保
常州蓝曼光电科技有限公司	常州科教城留学人员创业园	新能源环保
常州里程新能源环保科技有限公司	常州科教城留学人员创业园	新能源环保
常州普创半导体有限公司	常州科教城留学人员创业园	新能源环保
常州瑞恩动力科技有限公司	常州科教城留学人员创业园	新能源环保
常州三爱电子科技有限公司	常州科教城留学人员创业园	新能源环保
常州深蓝涂层技术有限公司	常州科教城留学人员创业园	新能源环保
常州市菲涅克斯电器技术有限公司	常州科教城留学人员创业园	新能源环保
常州四海纳睿电子科技有限公司	常州科教城留学人员创业园	新能源环保
常州优创新港信息科技有限公司	常州科教城留学人员创业园	新能源环保
常州真知信息技术有限公司	常州科教城留学人员创业园	新能源环保
华霆（常州）动力技术有限公司	常州科教城留学人员创业园	新能源环保
江苏晔铭生物医药科技有限公司	常州科教城留学人员创业园	新能源环保
常州林美工程设计咨询有限公司	常州科教城留学人员创业园	现代服务
常州安比森生物科技有限公司	武进留学人员创业园	生物医药
常州金甙生物技术有限公司	武进留学人员创业园	生物医药
常州金赛肿瘤医药科技有限公司	武进留学人员创业园	生物医药
常州日美水产科技有限公司	武进留学人员创业园	生物医药
常州瑞比亚医药科技有限公司	武进留学人员创业园	生物医药
常州中美歆新生物科技有限公司	武进留学人员创业园	生物医药
微奥基因科技常州有限公司	武进留学人员创业园	生物医药
常州豪兴诺自动化技术有限公司	武进留学人员创业园	先进制造
常州伟肯精密机械有限公司	武进留学人员创业园	先进制造
常州众洁新材料科技有限公司	武进留学人员创业园	新材料
常州帝杰特打印技术有限公司	武进留学人员创业园	新能源环保
常州桑昊太阳能工程技术有限公司	武进留学人员创业园	新能源环保

常州安卓网络科技有限公司	津通留学人员创业园	电子信息
常州浩讯信息科技有限公司	津通留学人员创业园	电子信息
常州节安得能源科技有限公司	津通留学人员创业园	电子信息
常州杰傲病理诊断技术有限公司	津通留学人员创业园	电子信息
常州聚焦新能源环保科技有限公司	津通留学人员创业园	电子信息
常州凯木德信息科技有限公司	津通留学人员创业园	电子信息
常州罗科自动化技术有限公司	津通留学人员创业园	电子信息
常州敏创自动化技术有限公司	津通留学人员创业园	电子信息
常州拍房网络科技有限公司	津通留学人员创业园	电子信息
常州普旭电子商务有限公司	津通留学人员创业园	电子信息
常州热火电子科技有限公司	津通留学人员创业园	电子信息
常州生活家智能家居有限公司	津通留学人员创业园	电子信息
常州石广电子有限公司	津通留学人员创业园	电子信息
常州中安医疗器械有限公司	津通留学人员创业园	电子信息
江苏吉利思信息科技有限公司	津通留学人员创业园	电子信息
江苏津通先锋光电显示技术有限公司	津通留学人员创业园	电子信息
江苏美淼信息科技有限公司	津通留学人员创业园	电子信息
江苏一品农家生态农产品有限公司电子商务中心	津通留学人员创业园	电子信息
江苏易团电子商务有限公司	津通留学人员创业园	电子信息
常州普洛立德生物科技有限公司	津通留学人员创业园	生物医药
江苏艾信兰生物医药科技有限公司	津通留学人员创业园	生物医药
常州海通电气自动化技术装备有限公司	津通留学人员创业园	先进制造
常州莱星精密机械制造有限公司	津通留学人员创业园	先进制造
江苏中晶光电科技有限公司	津通留学人员创业园	先进制造
常州格润新材料科技有限公司	津通留学人员创业园	新材料
常州美胜生物材料有限公司	津通留学人员创业园	新材料
方达瑞真空科技（常州）有限公司	津通留学人员创业园	新材料
江苏津恒能源科技有限公司	津通留学人员创业园	新能源环保
常州鼎力投资有限公司	津通留学人员创业园	现代服务
常州市千汇人力资源有限公司	津通留学人员创业园	现代服务
常州市怡天广告传媒有限公司	津通留学人员创业园	现代服务
常州无极管理咨询有限公司	津通留学人员创业园	现代服务
常州普润电子科技有限公司	金坛留学人员创业园	电子信息
常州融合通讯软件技术有限公司	金坛留学人员创业园	电子信息
常州赛得瑞尔生物科技有限公司	金坛留学人员创业园	生物医药
江苏德仁生物科技公司	金坛留学人员创业园	生物医药
常州清研电子科技有限公司	金坛留学人员创业园	先进制造
常州剑河新材料科技有限公司	金坛留学人员创业园	新材料
常州六九新材料科技有限公司	金坛留学人员创业园	新材料
常州市恒旭电工器材制造有限公司	金坛留学人员创业园	新材料
凡登（常州）新型金属材料技术有限公司	金坛留学人员创业园	新材料
江苏豪辰光学材料有限公司	金坛留学人员创业园	新材料
江苏科泰绝热新材料有限公司	金坛留学人员创业园	新材料
浦发成型焊片（常州）有限公司	金坛留学人员创业园	新材料
盛利维尔（中国）新材料技术有限公司	金坛留学人员创业园	新材料
海优威太阳能材料（常州）有限公司	金坛留学人员创业园	新能源环保
江苏磁源动力科技有限公司	金坛留学人员创业园	新能源环保
江苏伟康信息技术有限公司	苏州留学人员创业园	电子信息
苏州阿富爱迪物联网技术有限公司	苏州留学人员创业园	电子信息
苏州奥曦特电子科技有限公司	苏州留学人员创业园	电子信息
苏州贝克微电子有限公司	苏州留学人员创业园	电子信息
苏州富鑫林光电科技有限公司	苏州留学人员创业园	电子信息
苏州盖通科技有限公司	苏州留学人员创业园	电子信息
苏州谷之道软件科技有限公司	苏州留学人员创业园	电子信息
苏州国烁新材料有限公司	苏州留学人员创业园	电子信息
苏州海吉亚生物科技有限公司	苏州留学人员创业园	电子信息
苏州汉辰电子科技有限公司	苏州留学人员创业园	电子信息
苏州汉辰数字科技有限公司	苏州留学人员创业园	电子信息
苏州汉软物联科技有限公司	苏州留学人员创业园	电子信息
苏州华天公信数字技术有限公司	苏州留学人员创业园	电子信息

苏州华天亚讯科技有限公司	苏州留学人员创业园	电子信息
苏州华兴源创电子科技有限公司	苏州留学人员创业园	电子信息
苏州佳祺仕信息科技有限公司	苏州留学人员创业园	电子信息
苏州雷视通电子技术有限公司	苏州留学人员创业园	电子信息
苏州灵矽微系统有限公司	苏州留学人员创业园	电子信息
苏州派米网络科技有限公司	苏州留学人员创业园	电子信息
苏州荣鼎信息技术有限公司	苏州留学人员创业园	电子信息
苏州三诺信息科技有限公司	苏州留学人员创业园	电子信息
苏州盛腾信息科技有限公司	苏州留学人员创业园	电子信息
苏州市好掌柜软件科技有限公司	苏州留学人员创业园	电子信息
苏州市中能能源科技有限公司	苏州留学人员创业园	电子信息
苏州讯和软件技术有限公司	苏州留学人员创业园	电子信息
苏州一远远电子科技有限公司	苏州留学人员创业园	电子信息
苏州易行街科技有限公司	苏州留学人员创业园	电子信息
苏州翼宝博信息科技有限公司	苏州留学人员创业园	电子信息
苏州优品在线软件技术有限公司	苏州留学人员创业园	电子信息
苏州远唯网络技术服务有限公司	苏州留学人员创业园	电子信息
苏州云存电子科技有限公司	苏州留学人员创业园	电子信息
苏州智信通电子科技有限公司	苏州留学人员创业园	电子信息
先特计软件（苏州）有限公司	苏州留学人员创业园	电子信息
江苏蓝拓生物科技有限公司	苏州留学人员创业园	生物医药
江苏银浩生物科技有公司	苏州留学人员创业园	生物医药
江苏准基生物科技有限公司	苏州留学人员创业园	生物医药
苏州奥格瑞生物技术有限公司	苏州留学人员创业园	生物医药
苏州百源基因技术有限公司	苏州留学人员创业园	生物医药
苏州柏适捷药物化学有限公司	苏州留学人员创业园	生物医药
苏州方策科技发展有限公司	苏州留学人员创业园	生物医药
苏州盖依亚生物医药有限公司	苏州留学人员创业园	生物医药
苏州格兰斯生物科技有限公司	苏州留学人员创业园	生物医药
苏州国弘医药科技有限公司	苏州留学人员创业园	生物医药
苏州恒瑞生物医药科技有限公司	苏州留学人员创业园	生物医药
苏州华万泰医疗器械有限公司	苏州留学人员创业园	生物医药
苏州环球色谱有限责任公司	苏州留学人员创业园	生物医药
苏州辉斯康医药开发有限公司	苏州留学人员创业园	生物医药
苏州汇通色谱分离纯化有限公司	苏州留学人员创业园	生物医药
苏州晶因生物科技有限公司	苏州留学人员创业园	生物医药
苏州康正生物医药有限公司	苏州留学人员创业园	生物医药
苏州科沐兰医药科技有限公司	苏州留学人员创业园	生物医药
苏州科耐尔医药科技有限公司	苏州留学人员创业园	生物医药
苏州朗易生物医药研究有限公司	苏州留学人员创业园	生物医药
苏州领航生物科技有限公司	苏州留学人员创业园	生物医药
苏州麦特维逊医疗科技有限公司	苏州留学人员创业园	生物医药
苏州美迪斯达生物科技有限公司	苏州留学人员创业园	生物医药
苏州美立通科技有限公司	苏州留学人员创业园	生物医药
苏州默锐克生物科技有限责任公司	苏州留学人员创业园	生物医药
苏州纽微生物技术有限公司	苏州留学人员创业园	生物医药
苏州欧泰格瑞生物医药科技有限公司	苏州留学人员创业园	生物医药
苏州派腾生物医药科技有限公司	苏州留学人员创业园	生物医药
苏州普迪生物医药有限公司	苏州留学人员创业园	生物医药
苏州普逻丁生物技术有限公司	苏州留学人员创业园	生物医药
苏州市苏瑞医药化工有限公司	苏州留学人员创业园	生物医药
苏州市万方生物科技有限公司	苏州留学人员创业园	生物医药
苏州万木春生物技术有限公司	苏州留学人员创业园	生物医药
苏州曦元生物科技有限公司	苏州留学人员创业园	生物医药
苏州新凯生物医药技术有限公司	苏州留学人员创业园	生物医药
苏州星雨生物技术有限公司	苏州留学人员创业园	生物医药
苏州元基生物技术有限公司	苏州留学人员创业园	生物医药
苏州中基生物科技有限公司	苏州留学人员创业园	生物医药
苏州衷中医药科技有限公司	苏州留学人员创业园	生物医药
苏州丰宝新材料系统科技有限公司	苏州留学人员创业园	先进制造

苏州富鑫林微纳结构科技有限公司	苏州留学人员创业园	先进制造
苏州朗吉温控系统有限公司	苏州留学人员创业园	先进制造
苏州绿奇环保科技有限公司	苏州留学人员创业园	先进制造
苏州图星光电有限公司	苏州留学人员创业园	先进制造
苏州威拓科技有限公司	苏州留学人员创业园	先进制造
苏州安安新材料有限公司	苏州留学人员创业园	新材料
苏州波塞顿新能源环保工程有限公司	苏州留学人员创业园	新材料
苏州牛剑新材料有限公司	苏州留学人员创业园	新材料
苏州苏尼克新材料科技有限公司	苏州留学人员创业园	新材料
苏州正广节能材料有限公司	苏州留学人员创业园	新材料
苏州艾克玛能源科技有限公司	苏州留学人员创业园	新能源环保
苏州嘉言能源设备有限公司	苏州留学人员创业园	新能源环保
苏州泽众新能源环保科技有限公司	苏州留学人员创业园	新能源环保
苏州巴斯德环保技术有限公司	苏州留学人员创业园	现代服务
苏州知慧谷教育科技有限公司	苏州留学人员创业园	现代服务
创达特（苏州）科技有限责任公司	苏州国际科技园	电子信息
宏智科技（苏州）有限公司	苏州国际科技园	电子信息
利品国际数码科技（苏州）有限公司	苏州国际科技园	电子信息
青峰软件（苏州工业园区）有限公司	苏州国际科技园	电子信息
苏州工业园区北极光网络信息服务有限公司	苏州国际科技园	电子信息
苏州工业园区大诚电讯科技有限公司	苏州国际科技园	电子信息
苏州工业园区国信方舟软件技术有限公司	苏州国际科技园	电子信息
苏州工业园区科升通讯有限公司	苏州国际科技园	电子信息
苏州工业园区乐升软件有限公司	苏州国际科技园	电子信息
苏州工业园区理慧科技有限公司	苏州国际科技园	电子信息
苏州工业园区天舟信息技术服务有限公司	苏州国际科技园	电子信息
苏州工业园区仪仪软件有限公司	苏州国际科技园	电子信息
苏州技杰软件有限公司	苏州国际科技园	电子信息
苏州南大苏富特科技有限公司	苏州国际科技园	电子信息
苏州工业园区澳凯科技有限公司	苏州国际科技园	先进制造
苏州工业园区立得科技有限公司	苏州国际科技园	先进制造
苏州工业园区瑞新自动化设备有限公司	苏州国际科技园	先进制造
苏州工业园区升华科技有限公司	苏州国际科技园	先进制造
澳龙塑料制品（苏州）有限公司	苏州国际科技园	新材料
苏州工业园区易辰电子系统有限公司	苏州国际科技园	新能源环保
苏州奥杰创意设计有限公司	苏州国际科技园	文化创意
苏州工业园区新凯艺建筑设计有限公司	苏州国际科技园	文化创意
汉科信息科技（张家港）有限公司	张家港留学人员创业园	电子信息
江苏能华微电子科技发展有限公司	张家港留学人员创业园	电子信息
江苏新羽信息技术有限公司	张家港留学人员创业园	电子信息
千人计划（张家港）电力电子集成技术研究院有限公司	张家港留学人员创业园	电子信息
苏州东大金点物联科技有限公司	张家港留学人员创业园	电子信息
苏州飞智信息科技有限公司	张家港留学人员创业园	电子信息
苏州港能信息技术有限公司	张家港留学人员创业园	电子信息
苏州华博电子科技有限公司	张家港留学人员创业园	电子信息
苏州盛纳微电子科技有限公司	张家港留学人员创业园	电子信息
苏州视云信息科技有限公司	张家港留学人员创业园	电子信息
苏州芷宁信息科技有限公司	张家港留学人员创业园	电子信息
苏州智精灵教育科技有限公司	张家港留学人员创业园	电子信息
张家港昌盛进丰电子科技有限公司	张家港留学人员创业园	电子信息
张家港捷瑞物联网科技有限公司	张家港留学人员创业园	电子信息
张家港美核电子科技有限公司	张家港留学人员创业园	电子信息
张家港市耐维思通电子科技有限公司	张家港留学人员创业园	电子信息
张家港市泰克软件有限公司	张家港留学人员创业园	电子信息
张家港市玉同电子科技有限公司	张家港留学人员创业园	电子信息
江苏金标世纪生物科技有限公司	张家港留学人员创业园	生物医药
苏州百康生物科技有限公司	张家港留学人员创业园	生物医药
苏州汉酶生物技术有限公司	张家港留学人员创业园	生物医药
苏州凯祥生物科技有限公司	张家港留学人员创业园	生物医药
苏州良辰生物医药科技有限公司	张家港留学人员创业园	生物医药

苏州迈泰生物技术有限公司	张家港留学人员创业园	生物医药
苏州美维生物科技有限公司	张家港留学人员创业园	生物医药
苏州普瑞诺药物技术有限公司	张家港留学人员创业园	生物医药
苏州润昌医疗科技有限公司	张家港留学人员创业园	生物医药
苏州神洲基因有限公司	张家港留学人员创业园	生物医药
苏州同力生物医药有限公司	张家港留学人员创业园	生物医药
苏州维因生物科技有限公司	张家港留学人员创业园	生物医药
苏州宜生生物技术有限公司	张家港留学人员创业园	生物医药
苏州中新百奥生物科技有限公司	张家港留学人员创业园	生物医药
张家港九木科技有限公司	张家港留学人员创业园	生物医药
张家港蓝苏生物工程有限公司	张家港留学人员创业园	生物医药
苏州百器智能装备系统有限公司	张家港留学人员创业园	先进制造
苏州福来兹检测科技有限公司	张家港留学人员创业园	先进制造
苏州衡微仪器科技有限公司	张家港留学人员创业园	先进制造
苏州罗伯特机器人科技有限公司	张家港留学人员创业园	先进制造
苏州美高立电气有限公司	张家港留学人员创业园	先进制造
苏州深蓝创搏海洋装备科技有限公司	张家港留学人员创业园	先进制造
特克斯勒电子技术（张家港）有限公司	张家港留学人员创业园	先进制造
张家港宝昇科技有限公司	张家港留学人员创业园	先进制造
张家港哈工药机科技有限公司	张家港留学人员创业园	先进制造
张家港海太精密仪器有限公司	张家港留学人员创业园	先进制造
张家港托利计量设备系统有限公司	张家港留学人员创业园	先进制造
苏州乐华新材料有限公司	张家港留学人员创业园	新材料
张家港安飞材料科技有限公司	张家港留学人员创业园	新材料
张家港博发纳米科技有限公司	张家港留学人员创业园	新材料
张家港卡邦新材料有限公司	张家港留学人员创业园	新材料
张家港耐尔纳米科技有限公司	张家港留学人员创业园	新材料
张家港瑞诺光电材料科技有限公司	张家港留学人员创业园	新材料
苏州宝特环保科技有限公司	张家港留学人员创业园	新能源环保
苏州光翼光电科技有限公司	张家港留学人员创业园	新能源环保
苏州凯新分离科技有限公司	张家港留学人员创业园	新能源环保
苏州乐盛环保技术有限公司	张家港留学人员创业园	新能源环保
张家港富瑞分布式能源研究院有限公司	张家港留学人员创业园	新能源环保
张家港麦智电子科技有限公司	张家港留学人员创业园	新能源环保
张家港山河水新能源环保科技有限公司	张家港留学人员创业园	新能源环保
张家港智电芳华蓄电研究所有限公司	张家港留学人员创业园	新能源环保
江苏舞之数码动画制作有限公司	张家港留学人员创业园	文化创意
苏州和合大唐创意有限公司	张家港留学人员创业园	文化创意
苏州市磐石卡通有限公司	张家港留学人员创业园	文化创意
张家港市北斗星数字科技图像设计有限公司	张家港留学人员创业园	文化创意
张家港市虹之谷卡通制作有限公司	张家港留学人员创业园	文化创意
江苏明道法商务咨询有限公司	张家港留学人员创业园	现代服务
江苏新捷新能源环保有限公司	张家港留学人员创业园	现代服务
江苏智慧港城投资发展有限公司	张家港留学人员创业园	现代服务
南京苏科专利代理有限责任公司张家港分公司	张家港留学人员创业园	现代服务
苏州创元专利商标事务所有限公司张家港分公司	张家港留学人员创业园	现代服务
苏州君信安全环境技术服务有限公司	张家港留学人员创业园	现代服务
张家港北大技术转移有限公司	张家港留学人员创业园	现代服务
张家港麦金利科技咨询有限公司	张家港留学人员创业园	现代服务
昆山百傲软件技术有限公司	昆山留学人员创业园	电子信息
昆山创通微电子有限公司	昆山留学人员创业园	电子信息
昆山行龙软件信息技术有限公司	昆山留学人员创业园	电子信息
昆山弧光信息科技有限公司	昆山留学人员创业园	电子信息
昆山精讯电子技术有限公司	昆山留学人员创业园	电子信息
昆山凯铭电子有限公司	昆山留学人员创业园	电子信息
昆山科睿坦电子科技有限公司	昆山留学人员创业园	电子信息
昆山酷威微电子科技有限公司	昆山留学人员创业园	电子信息
昆山麦克斯泰科技有限公司	昆山留学人员创业园	电子信息
昆山明普信息科技有限公司	昆山留学人员创业园	电子信息
昆山普洛特信息技术有限公司	昆山留学人员创业园	电子信息

昆山普荣达信息技术有限公司	昆山留学人员创业园	电子信息
昆山锐芯微电子有限公司	昆山留学人员创业园	电子信息
昆山瑞达生物技术有限公司	昆山留学人员创业园	电子信息
昆山瑞奇安泰电子科技有限公司	昆山留学人员创业园	电子信息
昆山盛鸿信息科技有限公司	昆山留学人员创业园	电子信息
昆山双狮光电科技有限公司	昆山留学人员创业园	电子信息
昆山苏容电子科技有限公司	昆山留学人员创业园	电子信息
昆山文石信息科技有限公司	昆山留学人员创业园	电子信息
昆山先联信息系统有限公司	昆山留学人员创业园	电子信息
昆山芯视讯电子科技有限公司	昆山留学人员创业园	电子信息
昆山依泰克电子科技有限公司	昆山留学人员创业园	电子信息
昆山引光奴电子科技有限公司	昆山留学人员创业园	电子信息
昆山樾源电子科技有限公司	昆山留学人员创业园	电子信息
昆山云锦信息技术发展有限公司	昆山留学人员创业园	电子信息
昆山掌客信息技术有限公司	昆山留学人员创业园	电子信息
昆山掌天信息技术有限公司	昆山留学人员创业园	电子信息
昆山子力高新科技实业有限公司	昆山留学人员创业园	电子信息
苏州爱思普信息科技有限公司	昆山留学人员创业园	电子信息
苏州比特速浪电子科技有限公司	昆山留学人员创业园	电子信息
苏州德仕勤微电子有限公司	昆山留学人员创业园	电子信息
苏州华控电子科技有限公司	昆山留学人员创业园	电子信息
苏州昆微软件技术有限公司	昆山留学人员创业园	电子信息
苏州明志生物信息技术有限公司	昆山留学人员创业园	电子信息
苏州鹏山电子科技有限公司	昆山留学人员创业园	电子信息
苏州赛特斯网络科技有限公司	昆山留学人员创业园	电子信息
苏州瓦恩特瑞信息科技有限公司	昆山留学人员创业园	电子信息
苏州芯美微电子有限公司	昆山留学人员创业园	电子信息
江苏明志诊断产品有限公司	昆山留学人员创业园	生物医药
江苏锐竨生物技术有限公司	昆山留学人员创业园	生物医药
江苏依博康分子诊断有限公司	昆山留学人员创业园	生物医药
昆山博康医疗设备有限公司	昆山留学人员创业园	生物医药
昆山力田医化科技有限公司	昆山留学人员创业园	生物医药
昆山盟迪医疗器械有限公司	昆山留学人员创业园	生物医药
苏州华氏生物技术有限公司	昆山留学人员创业园	生物医药
苏州克诺奇生物医学科技有限公司	昆山留学人员创业园	生物医药
北陆中能工业炉设备(昆山)有限公司	昆山留学人员创业园	先进制造
江苏时迈科学仪器有限公司	昆山留学人员创业园	先进制造
昆山艾尔发计量科技有限公司	昆山留学人员创业园	先进制造
昆山爱达斯工业设计有限公司	昆山留学人员创业园	先进制造
昆山宝力马科技有限公司	昆山留学人员创业园	先进制造
昆山博爱模具开发有限公司	昆山留学人员创业园	先进制造
昆山博格马丁电力技术有限公司	昆山留学人员创业园	先进制造
昆山海普过滤分离科技有限公司	昆山留学人员创业园	先进制造
昆山海斯电子科技有限公司	昆山留学人员创业园	先进制造
昆山恒广检测仪器有限公司	昆山留学人员创业园	先进制造
昆山洁驰环保科技有限公司	昆山留学人员创业园	先进制造
昆山开思拓空调技术有限公司	昆山留学人员创业园	先进制造
昆山科致瑞斯传感技术有限公司	昆山留学人员创业园	先进制造
昆山莱恩数控设备有限公司	昆山留学人员创业园	先进制造
昆山力通机电科技有限公司	昆山留学人员创业园	先进制造
昆山善思科技有限公司	昆山留学人员创业园	先进制造
昆山市智汽电子科技有限公司	昆山留学人员创业园	先进制造
昆山双陈电子科技有限公司	昆山留学人员创业园	先进制造
昆山易方达精密仪器有限公司	昆山留学人员创业园	先进制造
昆山易控科技有限公司	昆山留学人员创业园	先进制造
昆山英智科信息技术有限公司	昆山留学人员创业园	先进制造
深圳光韵达激光应用有限公司昆山分公司	昆山留学人员创业园	先进制造
苏州爱锐邦智能科技有限公司	昆山留学人员创业园	先进制造
苏州澳昆智能机器人技术有限公司	昆山留学人员创业园	先进制造
苏州精创光学仪器有限公司	昆山留学人员创业园	先进制造

苏州镭创光电技术有限公司	昆山留学人员创业园	先进制造
苏州悦安医疗电子有限公司	昆山留学人员创业园	先进制造
苏州兆年自动喷涂	昆山留学人员创业园	先进制造
昆山华保化工材料有限公司	昆山留学人员创业园	新材料
昆山瑞仕莱斯水处理科技有限公司	昆山留学人员创业园	新材料
昆山月旭材料科技有限公司	昆山留学人员创业园	新材料
苏州衡睿新材料科技有限公司	昆山留学人员创业园	新材料
苏州汇维新材料科技有限公司	昆山留学人员创业园	新材料
苏州松灿新材料科技发展有限公司	昆山留学人员创业园	新材料
苏州迅康纳米科技有限公司	昆山留学人员创业园	新材料
苏州中锆新材料有限公司	昆山留学人员创业园	新材料
江苏太阳鸟能源科技有限公司	昆山留学人员创业园	新能源环保
江苏中青能源建设有限公司	昆山留学人员创业园	新能源环保
昆山锂能新能源环保科技有限公司	昆山留学人员创业园	新能源环保
昆山绿保节能科技有限公司	昆山留学人员创业园	新能源环保
昆山日月星网版科技有限公司	昆山留学人员创业园	新能源环保
昆山睿基新能源环保有限公司	昆山留学人员创业园	新能源环保
昆山圣光太阳能科技有限公司	昆山留学人员创业园	新能源环保
昆山香山红叶环保技术有限公司	昆山留学人员创业园	新能源环保
昆山英菲特光电科技有限公司	昆山留学人员创业园	新能源环保
昆山优利德科技能源有限公司	昆山留学人员创业园	新能源环保
苏州东旭弘业高效节能科技有限公司	昆山留学人员创业园	新能源环保
苏州世纪正源环保科技有限公司	昆山留学人员创业园	新能源环保
苏州掌为新能源环保科技有限公司	昆山留学人员创业园	新能源环保
红塔创新（昆山）创业投资有限公司	昆山留学人员创业园	现代服务
昆山藏宝堂健康科技有限公司	昆山留学人员创业园	现代服务
昆山东企科技园发展有限公司	昆山留学人员创业园	现代服务
昆山格雷罗贸易有限公司	昆山留学人员创业园	现代服务
昆山翔升机械设计事务所	昆山留学人员创业园	现代服务
昆山立轩人才咨询有限公司	昆山留学人员创业园	现代服务
昆山联挚纺织科技有限公司	昆山留学人员创业园	现代服务
昆山市康宝婴童用品有限公司	昆山留学人员创业园	现代服务
昆山子曰广告创意设计有限公司	昆山留学人员创业园	现代服务
南京众联专利代理有限公司昆山办事处	昆山留学人员创业园	现代服务
虹鼎国际（南通）有限公司	南通留学人员创业园	电子信息
南通安易软件有限公司	南通留学人员创业园	电子信息
南通大唐科技有限公司	南通留学人员创业园	电子信息
南通金创源技术有限公司	南通留学人员创业园	电子信息
南通羚网电子商务有限公司	南通留学人员创业园	电子信息
南通三金软件技术有限公司	南通留学人员创业园	电子信息
南通先河科技有限公司	南通留学人员创业园	电子信息
南通信和科技有限公司	南通留学人员创业园	电子信息
南通伊士生物工程有限公司	南通留学人员创业园	生物医药
南通纽兰德机械有限公司	南通留学人员创业园	先进制造
南通桑达电子有限公司	南通留学人员创业园	先进制造
南通格瑞塑胶有限公司	南通留学人员创业园	新材料
南通天华新型建筑材料有限公司	南通留学人员创业园	新材料
天成国际（南通）有限公司	南通留学人员创业园	新材料
南通纽兰德工艺美术品有限公司	南通留学人员创业园	文化创意
南通天马工作室有限公司	南通留学人员创业园	文化创意
海安膜华材料科技有限公司	海安留学人员创业园	新材料
江苏海迅集团股份有限公司	海安留学人员创业园	新材料
江苏申菱集团电器股份有限公司	海安留学人员创业园	新材料
江苏天成集团股份有限公司	海安留学人员创业园	新材料
南通柯林纳尔环保科技有限公司	海安留学人员创业园	新材料
江苏华源氢能科技发展有限公司	海安留学人员创业园	新能源环保
连云港金豆科技有限公司	连云港留学人员创业园	电子信息
连云港龙泽商务有限公司	连云港留学人员创业园	电子信息
连云港尚品电子有限公司	连云港留学人员创业园	电子信息
连云港龙源生物科技有限公司	连云港留学人员创业园	生物医药

江苏新元素数字科技有限公司	连云港留学人员创业园	文化创意
连云港酷歌动漫技术有限公司	连云港留学人员创业园	文化创意
连云港阿凡达数字动画有限公司	连云港科教创业园区留学人员创业园	电子信息
连云港古蓝网络科技有限公司	连云港科教创业园区留学人员创业园	电子信息
连云港华频科技有限公司	连云港科教创业园区留学人员创业园	电子信息
连云港嘉创信息技术有限公司	连云港科教创业园区留学人员创业园	电子信息
连云港浪速网络技术有限公司	连云港科教创业园区留学人员创业园	电子信息
连云港立鼎科技发展有限公司	连云港科教创业园区留学人员创业园	电子信息
连云港普罗杰信息技术有限公司	连云港科教创业园区留学人员创业园	电子信息
连云港易简信息技术服务有限公司	连云港科教创业园区留学人员创业园	电子信息
连云港泽瑞高科技发展有限公司	连云港科教创业园区留学人员创业园	电子信息
金康生物医药工程研发中心	连云港科教创业园区留学人员创业园	生物医药
连云港海恒生化科技有限公司	连云港科教创业园区留学人员创业园	生物医药
连云港海康生物科技有限公司	连云港科教创业园区留学人员创业园	生物医药
连云港吉之海生物科技有限公司	连云港科教创业园区留学人员创业园	生物医药
连云港盛和生物科技有限公司	连云港科教创业园区留学人员创业园	生物医药
连云港长慧医药有限公司	连云港科教创业园区留学人员创业园	生物医药
连云港脂立方生物医药研究所有限公司	连云港科教创业园区留学人员创业园	生物医药
江苏华信勘测设计有限公司	连云港科教创业园区留学人员创业园	先进制造
连云港大帅化工科技有限公司	连云港科教创业园区留学人员创业园	先进制造
连云港泛在勘探测绘有限公司	连云港科教创业园区留学人员创业园	先进制造
南京工业大学工业技术研究院	连云港科教创业园区留学人员创业园	先进制造
南京理工大学连云港研究院	连云港科教创业园区留学人员创业园	先进制造
江苏中电长迅能源材料有限公司	连云港科教创业园区留学人员创业园	新材料
连云港华海诚科电子材料有限公司	连云港科教创业园区留学人员创业园	新材料
南京大学高新技术研究院	连云港科教创业园区留学人员创业园	新材料
连云港瑞豪环境工程科技有限公司	连云港科教创业园区留学人员创业园	新能源环保
连云港安德鲁英语培训中心	连云港科教创业园区留学人员创业园	文化创意
连云港市安环职业健康技术服务有限公司	连云港科教创业园区留学人员创业园	现代服务
淮安鼎兴科技发展有限公司	淮安留学人员创业园	电子信息
淮安金瑞丰自动化设备制造有限公司	淮安留学人员创业园	电子信息
淮安九天半导体科技有限公司	淮安留学人员创业园	电子信息
淮安盛达科技有限公司	淮安留学人员创业园	电子信息
淮安市迪尔讯科技发展有限公司	淮安留学人员创业园	电子信息
淮安市禾山科技有限公司	淮安留学人员创业园	电子信息
淮安市金立软件科技有限公司	淮安留学人员创业园	电子信息
淮安市网略软件有限公司	淮安留学人员创业园	电子信息
淮安网进科技有限公司	淮安留学人员创业园	电子信息
淮安易捷科技有限公司	淮安留学人员创业园	电子信息
淮安远景德盛科技有限公司	淮安留学人员创业园	电子信息
淮工深蓝科技有限公司	淮安留学人员创业园	电子信息
常州罗地尔生化技术有限公司	淮安留学人员创业园	生物医药
淮安百麦绿色生物能源有限公司	淮安留学人员创业园	生物医药
淮安博施生物制品有限公司	淮安留学人员创业园	生物医药
淮安市伟洁卫生用品厂	淮安留学人员创业园	生物医药
淮安奥特电气有限公司	淮安留学人员创业园	先进制造
淮安博锦电子有限公司	淮安留学人员创业园	先进制造
淮安东英自控有限公司	淮安留学人员创业园	先进制造
淮安福康电子科技有限公司	淮安留学人员创业园	先进制造
淮安科达电气有限公司	淮安留学人员创业园	先进制造
淮安三爱电子有限公司	淮安留学人员创业园	先进制造
淮安盛杰科技有限公司	淮安留学人员创业园	先进制造
淮安市菲力特光电元件有限公司	淮安留学人员创业园	先进制造
淮安市富彩光电科技有限公司	淮安留学人员创业园	先进制造
淮安市金恒泰科技有限公司	淮安留学人员创业园	先进制造
淮安市精英电气有限公司	淮安留学人员创业园	先进制造
淮安市清江电子有限公司	淮安留学人员创业园	先进制造
淮安市水务智能仪表有限公司	淮安留学人员创业园	先进制造
淮安市万泰来科技有限公司	淮安留学人员创业园	先进制造
淮安市星辰电子科技有限公司	淮安留学人员创业园	先进制造

淮安市旭升流体有限公司	淮安留学人员创业园	先进制造
淮安市中远太阳能灯具有限公司	淮安留学人员创业园	先进制造
淮安苏达电气有限公司	淮安留学人员创业园	先进制造
淮安艺彤机电制造有限公司	淮安留学人员创业园	先进制造
淮安长丰机电设备有限公司	淮安留学人员创业园	先进制造
淮安嘉能光电科技有限公司	淮安留学人员创业园	新能源环保
淮安麒麟电子科技有限公司	淮安留学人员创业园	新能源环保
淮安市爱斯德电源有限公司	淮安留学人员创业园	新能源环保
淮安市恒信水务科技有限公司	淮安留学人员创业园	新能源环保
淮安市今水环保科技有限公司	淮安留学人员创业园	新能源环保
淮安市大源科技有限公司	淮安留学人员创业园	新能源环保
淮安市同诚新能源环保设备有限公司	淮安留学人员创业园	新能源环保
淮安市祥光电子有限公司	淮安留学人员创业园	新能源环保
淮安英硕能源有限公司	淮安留学人员创业园	新能源环保
江苏奥博洋信息技术有限公司	镇江留学人员创业园	电子信息
江苏超创信息软件发展股份有限公司	镇江留学人员创业园	电子信息
江苏华信光电科技有限公司	镇江留学人员创业园	电子信息
江苏集科电通电子科技有限公司	镇江留学人员创业园	电子信息
江苏京安拓达软件科技有限公司	镇江留学人员创业园	电子信息
江苏刻维信息技术有限公司	镇江留学人员创业园	电子信息
江苏蓝铃视频信息科技有限公司	镇江留学人员创业园	电子信息
江苏丽恒电子科技有限公司	镇江留学人员创业园	电子信息
江苏万联新兆信息科技有限公司	镇江留学人员创业园	电子信息
江苏物泰信息科技有限公司	镇江留学人员创业园	电子信息
江苏振华信息科技有限公司	镇江留学人员创业园	电子信息
江苏中云科技有限公司	镇江留学人员创业园	电子信息
天空电子商务江苏有限公司	镇江留学人员创业园	电子信息
镇江艾科半导体有限公司	镇江留学人员创业园	电子信息
镇江创思维力信息技术有限公司	镇江留学人员创业园	电子信息
镇江硅谷信息科技有限公司	镇江留学人员创业园	电子信息
镇江海腾光电科技有限公司	镇江留学人员创业园	电子信息
镇江和邦通信技术有限公司	镇江留学人员创业园	电子信息
镇江加视诚智能科技有限公司	镇江留学人员创业园	电子信息
镇江科瑞电子有限公司	镇江留学人员创业园	电子信息
镇江蓝锐奇电子科技有限公司	镇江留学人员创业园	电子信息
镇江凌空网络技术有限公司	镇江留学人员创业园	电子信息
镇江隆智半导体有限公司	镇江留学人员创业园	电子信息
镇江诺尼基智能技术有限公司	镇江留学人员创业园	电子信息
镇江如意互通电气技术有限公司	镇江留学人员创业园	电子信息
镇江润欣科技信息有限公司	镇江留学人员创业园	电子信息
镇江市澳华测控技术有限公司	镇江留学人员创业园	电子信息
镇江数据堂网络技术有限公司	镇江留学人员创业园	电子信息
镇江唐桥微电子有限公司	镇江留学人员创业园	电子信息
镇江亿智邦电子科技有限公司	镇江留学人员创业园	电子信息
镇江逸致仪器有限公司	镇江留学人员创业园	电子信息
镇江优捷信息技术有限公司	镇江留学人员创业园	电子信息
镇江中信科技开发有限公司	镇江留学人员创业园	电子信息
江苏昌吉永生物科技有限公司	镇江留学人员创业园	生物医药
江苏健华检验检测有限公司	镇江留学人员创业园	生物医药
江苏维赛科技生物发展有限公司	镇江留学人员创业园	生物医药
江苏新万和医药科技有限公司	镇江留学人员创业园	生物医药
镇江奥斯康科学仪器有限公司	镇江留学人员创业园	生物医药
镇江拜因诺生物科技有限公司	镇江留学人员创业园	生物医药
镇江飞尔膜科技有限公司	镇江留学人员创业园	生物医药
镇江格瑞生物工程有限公司	镇江留学人员创业园	生物医药
镇江固特丽生物科技有限公司	镇江留学人员创业园	生物医药
镇江和华医疗科技有限公司	镇江留学人员创业园	生物医药
镇江华瑞生物技术科技有限公司	镇江留学人员创业园	生物医药
镇江美博生物科技有限公司	镇江留学人员创业园	生物医药
镇江仁健医疗设备有限公司	镇江留学人员创业园	生物医药

镇江欣隆生物有限公司	镇江留学人员创业园	生物医药
镇江新元素医药科技有限公司	镇江留学人员创业园	生物医药
镇江亿特生物科技发展有限公司	镇江留学人员创业园	生物医药
艾塔斯科技（镇江）有限公司	镇江留学人员创业园	先进制造
江苏沃尔特电气有限公司	镇江留学人员创业园	先进制造
镇江恒驰科技有限公司	镇江留学人员创业园	先进制造
镇江九劲智能机械有限公司	镇江留学人员创业园	先进制造
镇江威信广厦模块建筑有限公司	镇江留学人员创业园	先进制造
江苏瑞博豪泰金属材料股份有限公司	镇江留学人员创业园	新材料
江苏特森特新材料科技有限公司	镇江留学人员创业园	新材料
江苏硕阳电子科技有限公司	镇江留学人员创业园	新能源环保
江苏元中直流微电网有限公司	镇江留学人员创业园	新能源环保
镇江金敏能源股份有限公司	镇江留学人员创业园	新能源环保
江苏亚太生命科学有限公司	镇江留学人员创业园	现代服务
大丰凯博科技有限公司	大丰留学人员创业园	电子信息
大丰诗翔光电科技有限公司	大丰留学人员创业园	电子信息
大丰市苏捷电子科技有限公司	大丰留学人员创业园	电子信息
大丰网一电子商务有限公司	大丰留学人员创业园	电子信息
江苏大丰聚力科技有限公司	大丰留学人员创业园	电子信息
江苏佳丰电子商务有限公司	大丰留学人员创业园	电子信息
江苏明微电子有限公司	大丰留学人员创业园	电子信息
盐城大丰海眼信息技术有限公司	大丰留学人员创业园	电子信息
盐城市大丰菲克斯电子科技有限公司	大丰留学人员创业园	电子信息
盐城市大丰海网科技有限公司	大丰留学人员创业园	电子信息
盐城市鸿钧光电科技有限公司	大丰留学人员创业园	电子信息
大丰三友生物技术有限公司	大丰留学人员创业园	生物医药
大丰先知药业有限公司	大丰留学人员创业园	生物医药
中发麦迪尔生物科技江苏有限公司	大丰留学人员创业园	生物医药
大丰鸿升科创新材料技术发展有限公司	大丰留学人员创业园	新材料
大丰市米彩纸品有限公司	大丰留学人员创业园	新材料
江苏晓宝复合材料有限公司	大丰留学人员创业园	新材料
大丰市好山水环保科技有限公司	大丰留学人员创业园	新能源环保
大丰市建银太阳能科技有限公司	大丰留学人员创业园	新能源环保
大丰市鑫泰能源技术有限责任公司	大丰留学人员创业园	新能源环保
大丰永辉光电科技有限公司	大丰留学人员创业园	新能源环保
江苏碳汇林业有限公司	大丰留学人员创业园	新能源环保
盐城登瀛科技有限公司	大丰留学人员创业园	新能源环保
大丰格雷特科技有限公司	大丰留学人员创业园	装备制造
大丰金诺精密机械科技有限公司	大丰留学人员创业园	装备制造
大丰市信达机械制造有限公司	大丰留学人员创业园	装备制造
江苏海工能源设备科技有限公司	大丰留学人员创业园	装备制造
晶淇机电大丰有限公司	大丰留学人员创业园	装备制造
盐城丰德精密机械有限公司	大丰留学人员创业园	装备制造
盐城市迈能科技有限公司	大丰留学人员创业园	装备制造
大丰生彩云媒体技术有限公司	大丰留学人员创业园	文化创意
课都科技有限公司	大丰留学人员创业园	现代服务
安剖分析软件科技（杭州）有限公司	杭州高新区留学人员创业园	电子信息
奥宝信息技术（杭州）有限公司	杭州高新区留学人员创业园	电子信息
博达乐思信息技术（杭州）有限公司	杭州高新区留学人员创业园	电子信息
光溪软件（杭州）有限公司	杭州高新区留学人员创业园	电子信息
汉帆（杭州）信息技术有限公司	杭州高新区留学人员创业园	电子信息
杭州安赛信息技术有限公司	杭州高新区留学人员创业园	电子信息
杭州奥格信息科技有限公司	杭州高新区留学人员创业园	电子信息
杭州奥维信息工程有限公司	杭州高新区留学人员创业园	电子信息
杭州澳之星科技有限公司	杭州高新区留学人员创业园	电子信息
杭州百维科技有限公司	杭州高新区留学人员创业园	电子信息
杭州博朗科技有限公司	杭州高新区留学人员创业园	电子信息
杭州博日科技有限公司	杭州高新区留学人员创业园	电子信息
杭州超海科技有限公司	杭州高新区留学人员创业园	电子信息
杭州晨达科技有限公司	杭州高新区留学人员创业园	电子信息

杭州诚永软件有限公司	杭州高新区留学人员创业园	电子信息
杭州创喜中日科技有限公司	杭州高新区留学人员创业园	电子信息
杭州创业软件股份有限公司	杭州高新区留学人员创业园	电子信息
杭州地平线软件技术有限公司	杭州高新区留学人员创业园	电子信息
杭州丰鼎科技有限公司	杭州高新区留学人员创业园	电子信息
杭州福寿康信息技术有限公司	杭州高新区留学人员创业园	电子信息
杭州富通计算机软件有限公司	杭州高新区留学人员创业园	电子信息
杭州格林蓝德信息技术有限公司	杭州高新区留学人员创业园	电子信息
杭州国芯科技有限公司	杭州高新区留学人员创业园	电子信息
杭州合众信息工程有限公司	杭州高新区留学人员创业园	电子信息
杭州和润科技有限公司	杭州高新区留学人员创业园	电子信息
杭州和源精密工具有限公司	杭州高新区留学人员创业园	电子信息
杭州衡欣科技有限公司	杭州高新区留学人员创业园	电子信息
杭州华高工业技术开发有限公司	杭州高新区留学人员创业园	电子信息
杭州华泰机电液技术工程有限公司	杭州高新区留学人员创业园	电子信息
杭州吉柏信息科技有限公司	杭州高新区留学人员创业园	电子信息
杭州杰智科技有限公司	杭州高新区留学人员创业园	电子信息
杭州金枫叶科技有限公司	杭州高新区留学人员创业园	电子信息
杭州金和软件有限公司	杭州高新区留学人员创业园	电子信息
杭州进新工程软件有限公司	杭州高新区留学人员创业园	电子信息
杭州柯瑞自动化技术有限公司	杭州高新区留学人员创业园	电子信息
杭州科尔光信技术有限公司	杭州高新区留学人员创业园	电子信息
杭州科姆力通讯系统有限公司	杭州高新区留学人员创业园	电子信息
杭州科臻科技有限公司	杭州高新区留学人员创业园	电子信息
杭州朗益科技有限公司	杭州高新区留学人员创业园	电子信息
杭州乐之网络科技有限公司	杭州高新区留学人员创业园	电子信息
杭州雷动科技有限公司	杭州高新区留学人员创业园	电子信息
杭州力孚信息科技有限公司	杭州高新区留学人员创业园	电子信息
杭州立普电讯有限公司	杭州高新区留学人员创业园	电子信息
杭州立盛电子信息有限公司	杭州高新区留学人员创业园	电子信息
杭州利洋软件科技有限公司	杭州高新区留学人员创业园	电子信息
杭州联合信息技术有限公司	杭州高新区留学人员创业园	电子信息
杭州六和时代科技有限公司	杭州高新区留学人员创业园	电子信息
杭州美盾防护技术有限公司	杭州高新区留学人员创业园	电子信息
杭州美中网络科技有限公司	杭州高新区留学人员创业园	电子信息
杭州明宇科技有限公司	杭州高新区留学人员创业园	电子信息
杭州牛耳图像科技有限公司	杭州高新区留学人员创业园	电子信息
杭州培根科技有限公司	杭州高新区留学人员创业园	电子信息
杭州千帆科技有限公司	杭州高新区留学人员创业园	电子信息
杭州勤生伟业科技有限公司	杭州高新区留学人员创业园	电子信息
杭州瑞琦信息技术有限公司	杭州高新区留学人员创业园	电子信息
杭州赛盟信息系统有限公司	杭州高新区留学人员创业园	电子信息
杭州士康射频技术有限公司	杭州高新区留学人员创业园	电子信息
杭州舜天科技有限公司	杭州高新区留学人员创业园	电子信息
杭州思绘信息技术有限公司	杭州高新区留学人员创业园	电子信息
杭州太平洋科技有限公司	杭州高新区留学人员创业园	电子信息
杭州天阙科技有限公司	杭州高新区留学人员创业园	电子信息
杭州天夏科技集团有限公司	杭州高新区留学人员创业园	电子信息
杭州铁三角科技有限公司	杭州高新区留学人员创业园	电子信息
杭州拓力马网络技术有限公司	杭州高新区留学人员创业园	电子信息
杭州拓天科技有限公司	杭州高新区留学人员创业园	电子信息
杭州万工科技有限公司	杭州高新区留学人员创业园	电子信息
杭州万年青网络科技有限公司	杭州高新区留学人员创业园	电子信息
杭州威望科技有限公司	杭州高新区留学人员创业园	电子信息
杭州协科信息技术有限公司	杭州高新区留学人员创业园	电子信息
杭州新迪数字工程系统有限公司	杭州高新区留学人员创业园	电子信息
杭州新力软件技术服务有限公司	杭州高新区留学人员创业园	电子信息
杭州新唐科技有限公司	杭州高新区留学人员创业园	电子信息
杭州信得捷电子有限公司	杭州高新区留学人员创业园	电子信息
杭州星月巨能软件有限公司	杭州高新区留学人员创业园	电子信息

杭州轩爱科技有限公司	杭州高新区留学人员创业园	电子信息
杭州学易科技有限公司	杭州高新区留学人员创业园	电子信息
杭州讯杰科技有限公司	杭州高新区留学人员创业园	电子信息
杭州迅美科技有限公司	杭州高新区留学人员创业园	电子信息
杭州亚唐软件科技有限公司	杭州高新区留学人员创业园	电子信息
杭州一创科技有限公司	杭州高新区留学人员创业园	电子信息
杭州伊柯夫科技有限公司	杭州高新区留学人员创业园	电子信息
杭州亿通科技有限公司	杭州高新区留学人员创业园	电子信息
杭州益赛信息系统工程有限公司	杭州高新区留学人员创业园	电子信息
杭州英迈克电子有限公司	杭州高新区留学人员创业园	电子信息
杭州英卓网络科技有限公司	杭州高新区留学人员创业园	电子信息
杭州悠扬电子有限公司	杭州高新区留学人员创业园	电子信息
杭州有则软件有限公司	杭州高新区留学人员创业园	电子信息
杭州宇动科技有限公司	杭州高新区留学人员创业园	电子信息
杭州远拓科技有限公司	杭州高新区留学人员创业园	电子信息
杭州跃翔科技有限公司	杭州高新区留学人员创业园	电子信息
杭州长聚科技有限公司	杭州高新区留学人员创业园	电子信息
杭州长源数码科技有限公司	杭州高新区留学人员创业园	电子信息
杭州浙大数字几何有限公司	杭州高新区留学人员创业园	电子信息
杭州正蓝网络技术有限公司	杭州高新区留学人员创业园	电子信息
杭州中博软件技术有限公司	杭州高新区留学人员创业园	电子信息
杭州中科微电子有限公司	杭州高新区留学人员创业园	电子信息
杭州中汽网络技术有限公司	杭州高新区留学人员创业园	电子信息
杭州中瑞科技有限公司	杭州高新区留学人员创业园	电子信息
杭州中天微系统有限公司	杭州高新区留学人员创业园	电子信息
杭州自维科技有限公司	杭州高新区留学人员创业园	电子信息
虹软（杭州）多媒体信息技术有限公司	杭州高新区留学人员创业园	电子信息
虹软（杭州）科技有限公司	杭州高新区留学人员创业园	电子信息
康奋威科技（杭州）有限公司	杭州高新区留学人员创业园	电子信息
康福特科技（杭州）有限公司	杭州高新区留学人员创业园	电子信息
普高（杭州）科技开发有限公司	杭州高新区留学人员创业园	电子信息
润通科技（杭州）有限公司	杭州高新区留学人员创业园	电子信息
数域科技（杭州）有限公司	杭州高新区留学人员创业园	电子信息
天恒通讯技术（杭州）有限公司	杭州高新区留学人员创业园	电子信息
微明（杭州）信息科技有限公司	杭州高新区留学人员创业园	电子信息
星际（杭州）网络技术有限公司	杭州高新区留学人员创业园	电子信息
星梦科技（杭州）有限公司	杭州高新区留学人员创业园	电子信息
亚龙信息科技（杭州）有限公司	杭州高新区留学人员创业园	电子信息
亿创（杭州）软件有限公司	杭州高新区留学人员创业园	电子信息
易世代（杭州）信息技术有限公司	杭州高新区留学人员创业园	电子信息
远村（杭州）科技开发有限公司	杭州高新区留学人员创业园	电子信息
浙大网新科技股份有限公司	杭州高新区留学人员创业园	电子信息
浙江安科网络技术有限公司	杭州高新区留学人员创业园	电子信息
浙江中控软件技术有限公司	杭州高新区留学人员创业园	电子信息
智网科技（杭州）有限公司	杭州高新区留学人员创业园	电子信息
中控科技集团有限公司	杭州高新区留学人员创业园	电子信息
爱思进生物技术（杭州）有限公司	杭州高新区留学人员创业园	生物医药
澳杰生物科技（杭州）有限公司	杭州高新区留学人员创业园	生物医药
杭州奥美生物医药有限公司	杭州高新区留学人员创业园	生物医药
杭州北斗生物技术有限公司	杭州高新区留学人员创业园	生物医药
杭州博可生物科技有限公司	杭州高新区留学人员创业园	生物医药
杭州德默医药科技有限公司	杭州高新区留学人员创业园	生物医药
杭州东伟生物技术有限公司	杭州高新区留学人员创业园	生物医药
杭州格林费尔生化技术有限公司	杭州高新区留学人员创业园	生物医药
杭州广林生物医药有限公司	杭州高新区留学人员创业园	生物医药
杭州华安生物技术有限公司	杭州高新区留学人员创业园	生物医药
杭州慧根药业有限公司	杭州高新区留学人员创业园	生物医药
杭州基伟生物技术有限公司	杭州高新区留学人员创业园	生物医药
杭州佳宜医药技术有限公司	杭州高新区留学人员创业园	生物医药
杭州凯普医药化工有限公司	杭州高新区留学人员创业园	生物医药

杭州康特尔医药科技有限公司	杭州高新区留学人员创业园	生物医药
杭州麦塔威逊生物科技有限公司	杭州高新区留学人员创业园	生物医药
杭州纽罗西敏生物科技有限公司	杭州高新区留学人员创业园	生物医药
杭州容立医药科技有限公司	杭州高新区留学人员创业园	生物医药
杭州曙光药业有限公司	杭州高新区留学人员创业园	生物医药
杭州泰格医药科技有限公司	杭州高新区留学人员创业园	生物医药
杭州威欧生物科技有限公司	杭州高新区留学人员创业园	生物医药
杭州英仕利生物科技有限公司	杭州高新区留学人员创业园	生物医药
杭州友好医学检验中心有限公司	杭州高新区留学人员创业园	生物医药
杭州宇之助生物科技有限公司	杭州高新区留学人员创业园	生物医药
杭州浙大生科生物技术有限公司	杭州高新区留学人员创业园	生物医药
杭州中瑞医药有限公司	杭州高新区留学人员创业园	生物医药
极地基因技术（杭州）有限公司	杭州高新区留学人员创业园	生物医药
丹纳森工程装备（杭州）有限公司	杭州高新区留学人员创业园	先进制造
丹尼（杭州）科技有限公司	杭州高新区留学人员创业园	先进制造
感易（杭州）科技有限公司	杭州高新区留学人员创业园	先进制造
杭州（火炬）西斗门膜工业有限公司	杭州高新区留学人员创业园	先进制造
杭州奥加工程机械科技有限公司	杭州高新区留学人员创业园	先进制造
杭州精彩化工有限公司	杭州高新区留学人员创业园	先进制造
杭州精工技研有限公司	杭州高新区留学人员创业园	先进制造
杭州精卓楼宇智能设备有限公司	杭州高新区留学人员创业园	先进制造
杭州摩科商用设备有限公司	杭州高新区留学人员创业园	先进制造
杭州锐力光学有限公司	杭州高新区留学人员创业园	先进制造
杭州瑞波科技开发有限公司	杭州高新区留学人员创业园	先进制造
杭州瑞胜电气有限公司	杭州高新区留学人员创业园	先进制造
杭州总研电气有限公司	杭州高新区留学人员创业园	先进制造
宏视精密仪器（杭州）有限公司	杭州高新区留学人员创业园	先进制造
特朗斯福纺织印花（杭州）有限公司	杭州高新区留学人员创业园	先进制造
杭州安阳建材科技有限公司	杭州高新区留学人员创业园	新材料
杭州大和热磁电子有限公司	杭州高新区留学人员创业园	新材料
杭州东帝科技有限公司	杭州高新区留学人员创业园	新材料
杭州风向照明科技有限公司	杭州高新区留学人员创业园	新材料
杭州双威纳米科技有限公司	杭州高新区留学人员创业园	新材料
杭州先进陶瓷材料有限公司	杭州高新区留学人员创业园	新材料
开泰新材料（杭州）有限公司	杭州高新区留学人员创业园	新材料
桑博硅技术（杭州）有限公司	杭州高新区留学人员创业园	新材料
杭州博泰水业有限公司	杭州高新区留学人员创业园	新能源环保
杭州东天虹环境保护有限公司	杭州高新区留学人员创业园	新能源环保
杭州合一环境科技有限公司	杭州高新区留学人员创业园	新能源环保
杭州健桥环保设备科技有限公司	杭州高新区留学人员创业园	新能源环保
杭州青绿蓝环境技术有限公司	杭州高新区留学人员创业园	新能源环保
杭州三和环保技术工程有限公司	杭州高新区留学人员创业园	新能源环保
杭州天达环保科技有限公司	杭州高新区留学人员创业园	新能源环保
杭州雪中炭恒温技术有限公司	杭州高新区留学人员创业园	新能源环保
聚光科技（杭州）有限公司	杭州高新区留学人员创业园	新能源环保
帕萨旺—洛帝格环保技术（杭州）有限公司	杭州高新区留学人员创业园	新能源环保
杭州九越数字动画有限公司	杭州高新区留学人员创业园	文化创意
阿杰弗（杭州）建筑规划景观设计咨询有限公司	杭州高新区留学人员创业园	现代服务
艾斯弧（杭州）建筑规划设计咨询有限公司	杭州高新区留学人员创业园	现代服务
奥兰多（杭州）实业有限公司	杭州高新区留学人员创业园	现代服务
澳华建筑顾问（杭州）有限公司	杭州高新区留学人员创业园	现代服务
澳士达科技（杭州）有限公司	杭州高新区留学人员创业园	现代服务
百尔盛（杭州）电子有限公司	杭州高新区留学人员创业园	现代服务
德包豪斯视觉建筑设计（杭州）有限公司	杭州高新区留学人员创业园	现代服务
高博管理科学研究所（杭州）有限公司	杭州高新区留学人员创业园	现代服务
高博技术与战略研究所（杭州）有限公司	杭州高新区留学人员创业园	现代服务
杭州博文教育咨询有限公司	杭州高新区留学人员创业园	现代服务
杭州策兰企业管理咨询有限公司	杭州高新区留学人员创业园	现代服务
杭州富瑞斯珂管理咨询有限公司	杭州高新区留学人员创业园	现代服务
杭州高商企业管理咨询有限公司	杭州高新区留学人员创业园	现代服务

杭州嘉诺展览有限公司	杭州高新区留学人员创业园	现代服务
杭州嘉瑞建筑规划设计咨询有限公司	杭州高新区留学人员创业园	现代服务
杭州连衡商务咨询有限公司	杭州高新区留学人员创业园	现代服务
杭州零陆空间展示设计有限公司	杭州高新区留学人员创业园	现代服务
杭州美中教育科技有限公司	杭州高新区留学人员创业园	现代服务
杭州普迪规划设计有限公司	杭州高新区留学人员创业园	现代服务
杭州赛维服饰设计有限公司	杭州高新区留学人员创业园	现代服务
杭州三佳建筑设计咨询有限公司	杭州高新区留学人员创业园	现代服务
杭州伟图网页设计咨询有限公司	杭州高新区留学人员创业园	现代服务
杭州新洋投资管理有限公司	杭州高新区留学人员创业园	现代服务
杭州易思维投资管理咨询有限公司	杭州高新区留学人员创业园	现代服务
杭州越洋信息咨询有限公司	杭州高新区留学人员创业园	现代服务
金枫叶（杭州）科技咨询有限公司	杭州高新区留学人员创业园	现代服务
易如咨询（杭州）有限公司	杭州高新区留学人员创业园	现代服务
英特纳教育科技有限公司	杭州高新区留学人员创业园	现代服务
浙江艾斯弧建筑景观设计有限公司	杭州高新区留学人员创业园	现代服务
宁波艾骊科微控技术有限公司	宁波保税区留学人员创业园	电子信息
宁波奥科电子技术有限公司	宁波保税区留学人员创业园	电子信息
宁波保税区艾顿信息科技有限公司	宁波保税区留学人员创业园	电子信息
宁波保税区迪信迦美科技有限公司	宁波保税区留学人员创业园	电子信息
宁波迪吉特电子科技发展有限公司	宁波保税区留学人员创业园	电子信息
宁波福斯特计算机应用技术有限公司	宁波保税区留学人员创业园	电子信息
宁波海加网络科技有限公司	宁波保税区留学人员创业园	电子信息
宁波海王机电科技有限公司	宁波保税区留学人员创业园	电子信息
宁波科力亿创信息技术有限公司	宁波保税区留学人员创业园	电子信息
宁波坤麟信息技术有限公司	宁波保税区留学人员创业园	电子信息
宁波派金信息科技有限公司	宁波保税区留学人员创业园	电子信息
宁波瑞美软件科技有限公司	宁波保税区留学人员创业园	电子信息
宁波赛盟科技发展有限公司	宁波保税区留学人员创业园	电子信息
宁波万由电子科技有限公司	宁波保税区留学人员创业园	电子信息
宁波新吉凯氏测量技术有限公司	宁波保税区留学人员创业园	电子信息
宁波循泽电子科技有限公司	宁波保税区留学人员创业园	电子信息
宁波颐康信息技术服务有限公司	宁波保税区留学人员创业园	电子信息
威瑞泰科技发展（宁波）有限公司	宁波保税区留学人员创业园	电子信息
宁波艾克伦医疗科技有限公司	宁波保税区留学人员创业园	生物医药
宁波保税区安杰脉德医疗器械有限公司	宁波保税区留学人员创业园	生物医药
宁波保税区德宝生物科技有限公司	宁波保税区留学人员创业园	生物医药
宁波保税区盛宁医疗科技有限公司	宁波保税区留学人员创业园	生物医药
宁波保税区欣诺生物技术有限公司	宁波保税区留学人员创业园	生物医药
宁波迈达医疗仪器有限公司	宁波保税区留学人员创业园	生物医药
宁波市一嘉生物化工有限公司	宁波保税区留学人员创业园	生物医药
浙江瑞康生物技术有限公司	宁波保税区留学人员创业园	生物医药
宁波保税区德波尔电器有限公司	宁波保税区留学人员创业园	先进制造
宁波保税区天馏非充气轮子有限公司	宁波保税区留学人员创业园	先进制造
宁波睿控电器有限公司	宁波保税区留学人员创业园	先进制造
宁波市海澳斯水处理设备有限公司	宁波保税区留学人员创业园	先进制造
宁波思达利光电科技有限公司	宁波保税区留学人员创业园	先进制造
宁波斯宾拿建荣机械有限公司	宁波保税区留学人员创业园	先进制造
宁波斯宾拿精密机械制造有限公司	宁波保税区留学人员创业园	先进制造
宁波威瑞泰默赛多相流仪器设备有限公司	宁波保税区留学人员创业园	先进制造
宁波中宁伟业液压有限公司	宁波保税区留学人员创业园	先进制造
浙江海桐高新工程技术有限公司	宁波保税区留学人员创业园	先进制造
宁波爱洁世迪恩特环保材料有限公司	宁波保税区留学人员创业园	新材料
宁波保税区龙豪新材料科技有限公司	宁波保税区留学人员创业园	新材料
宁波密克斯新材料科技有限公司	宁波保税区留学人员创业园	新材料
艾科理环境监测科技（宁波）有限公司	宁波保税区留学人员创业园	新能源环保
宁波保税区绿光能源科技有限公司	宁波保税区留学人员创业园	新能源环保
宁波保税区唯英能源科技有限公司	宁波保税区留学人员创业园	新能源环保
宁波博浪热能设备有限公司	宁波保税区留学人员创业园	新能源环保
宁波源禄光电有限公司	宁波保税区留学人员创业园	新能源环保

宁波高新区国图软件有限公司	宁波高新区留学人员创业园	电子信息
宁波艾思科尔电子科技有限公司	宁波高新区留学人员创业园	电子信息
宁波安陆通信科技有限公司	宁波高新区留学人员创业园	电子信息
宁波八门电子技术有限公司	宁波高新区留学人员创业园	电子信息
宁波百事德信息科技有限公司	宁波高新区留学人员创业园	电子信息
宁波博来净化科技有限公司	宁波高新区留学人员创业园	电子信息
宁波大数信息科技有限公司	宁波高新区留学人员创业园	电子信息
宁波帝人液压有限公司	宁波高新区留学人员创业园	电子信息
宁波东峻信息科技有限公司	宁波高新区留学人员创业园	电子信息
宁波纷享软件科技有限公司	宁波高新区留学人员创业园	电子信息
宁波高新区安贸泰科技有限公司	宁波高新区留学人员创业园	电子信息
宁波高新区博荣信息技术有限公司	宁波高新区留学人员创业园	电子信息
宁波高新区车邦士节能科技有限公司	宁波高新区留学人员创业园	电子信息
宁波高新区大略科技有限公司	宁波高新区留学人员创业园	电子信息
宁波高新区多西亚信息科技有限公司	宁波高新区留学人员创业园	电子信息
宁波高新区芳洁生态科技有限公司	宁波高新区留学人员创业园	电子信息
宁波高新区蜂鸟创熠科技有限公司	宁波高新区留学人员创业园	电子信息
宁波高新区国保金泰信息安全技术有限公司	宁波高新区留学人员创业园	电子信息
宁波高新区海辰生物科技有限公司	宁波高新区留学人员创业园	电子信息
宁波高新区弘有通讯技术有限公司	宁波高新区留学人员创业园	电子信息
宁波高新区慧天下智能科技有限公司	宁波高新区留学人员创业园	电子信息
宁波高新区景峰科技有限公司	宁波高新区留学人员创业园	电子信息
宁波高新区马许科技有限公司	宁波高新区留学人员创业园	电子信息
宁波高新区迈蒂可科技有公司	宁波高新区留学人员创业园	电子信息
宁波高新区鹏博科技有限公司	宁波高新区留学人员创业园	电子信息
宁波高新区群创科技有限责任公司	宁波高新区留学人员创业园	电子信息
宁波高新区赛维斯窥镜技术有限公司	宁波高新区留学人员创业园	电子信息
宁波高新区三通丰茂电子有限公司	宁波高新区留学人员创业园	电子信息
宁波高新区天童科技有限公司	宁波高新区留学人员创业园	电子信息
宁波高新区效拓科技有限公司	宁波高新区留学人员创业园	电子信息
宁波高新区芯拓科技有限公司	宁波高新区留学人员创业园	电子信息
宁波高新区扬基电子科技有限公司	宁波高新区留学人员创业园	电子信息
宁波高新区尧瑶科技有限公司	宁波高新区留学人员创业园	电子信息
宁波高新区一元科技有限公司	宁波高新区留学人员创业园	电子信息
宁波高新区银欧科技有限公司	宁波高新区留学人员创业园	电子信息
宁波高新区宇善科技有限公司	宁波高新区留学人员创业园	电子信息
宁波高新区中基德兴科技有限公司	宁波高新区留学人员创业园	电子信息
宁波高新区资富信息技术有限公司	宁波高新区留学人员创业园	电子信息
宁波格明电子科技有限公司	宁波高新区留学人员创业园	电子信息
宁波观原网络科技有限公司	宁波高新区留学人员创业园	电子信息
宁波海创天下信息科技有限公司	宁波高新区留学人员创业园	电子信息
宁波海域天华通信技术有限公司	宁波高新区留学人员创业园	电子信息
宁波恒通联拓信息科技有限公司	宁波高新区留学人员创业园	电子信息
宁波恒云迅信息科技有限公司	宁波高新区留学人员创业园	电子信息
宁波互动星空信息科技有限公司	宁波高新区留学人员创业园	电子信息
宁波极视信息科技有限公司	宁波高新区留学人员创业园	电子信息
宁波极小值信息科技有限公司	宁波高新区留学人员创业园	电子信息
宁波嘉道网络科技有限公司	宁波高新区留学人员创业园	电子信息
宁波京舟电子科技有限公司	宁波高新区留学人员创业园	电子信息
宁波晶耀电子科技有限公司	宁波高新区留学人员创业园	电子信息
宁波开放通达网络科技有限公司	宁波高新区留学人员创业园	电子信息
宁波康铭泰克信息科技有限公司	宁波高新区留学人员创业园	电子信息
宁波兰玛颂网络科技有限公司	宁波高新区留学人员创业园	电子信息
宁波力芯科信息科技有限公司	宁波高新区留学人员创业园	电子信息
宁波谱波数字系统有限公司	宁波高新区留学人员创业园	电子信息
宁波去你那儿网络信息技术有限公司	宁波高新区留学人员创业园	电子信息
宁波荣瑞升动力科技有限公司	宁波高新区留学人员创业园	电子信息
宁波融序信息技术有限公司	宁波高新区留学人员创业园	电子信息
宁波瑞康达电子科技有限公司	宁波高新区留学人员创业园	电子信息
宁波润赛信息科技有限公司	宁波高新区留学人员创业园	电子信息

宁波商埃曲信息科技有限公司	宁波高新区留学人员创业园	电子信息
宁波市户易网络科技有限公司	宁波高新区留学人员创业园	电子信息
宁波市智灵软件科技有限公司	宁波高新区留学人员创业园	电子信息
宁波阳光传说网络科技有限公司	宁波高新区留学人员创业园	电子信息
宁波易买易卖网络科技有限公司	宁波高新区留学人员创业园	电子信息
宁波翊成电子科技有限公司	宁波高新区留学人员创业园	电子信息
宁波毅远信息科技有限公司	宁波高新区留学人员创业园	电子信息
宁波银华元创智能科技有限公司	宁波高新区留学人员创业园	电子信息
宁波英瑞特电子科技有限公司	宁波高新区留学人员创业园	电子信息
宁波盈和星泰信息技术有限公司	宁波高新区留学人员创业园	电子信息
宁波甬动信息科技有限公司	宁波高新区留学人员创业园	电子信息
宁波云传多媒体技术有限公司	宁波高新区留学人员创业园	电子信息
宁波招达网络科技有限公司	宁波高新区留学人员创业园	电子信息
宁波兆尔电子科技有限公司	宁波高新区留学人员创业园	电子信息
宁波智汇鑫电子科技有限公司	宁波高新区留学人员创业园	电子信息
浙江钧普科技股份有限公司	宁波高新区留学人员创业园	电子信息
浙江思特邦威电子科技有限公司	宁波高新区留学人员创业园	电子信息
浙江中之杰软件技术有限公司	宁波高新区留学人员创业园	电子信息
科晶（宁波）生物科技有限公司	宁波高新区留学人员创业园	生物医药
宁波高新区贝姿生物科技有限公司	宁波高新区留学人员创业园	生物医药
宁波高新区中鼎生物技术有限公司	宁波高新区留学人员创业园	生物医药
宁波君和生物科技有限公司	宁波高新区留学人员创业园	生物医药
宁波康贝生化有限公司	宁波高新区留学人员创业园	生物医药
宁波诺杰医疗科技有限公司	宁波高新区留学人员创业园	生物医药
宁波市美灵思医疗科技有限公司	宁波高新区留学人员创业园	生物医药
宁波市重鼎生物技术有限公司	宁波高新区留学人员创业园	生物医药
宁波易文赛生物科技有限公司	宁波高新区留学人员创业园	生物医药
宁波益福康生物科技有限公司	宁波高新区留学人员创业园	生物医药
宁波有成生物医药科技有限公司	宁波高新区留学人员创业园	生物医药
宁波柏瑞机电有限公司	宁波高新区留学人员创业园	先进制造
宁波博能印刷电子科技有限公司	宁波高新区留学人员创业园	先进制造
宁波晨阳光电科技有限公司	宁波高新区留学人员创业园	先进制造
宁波川拓自动化科技有限公司	宁波高新区留学人员创业园	先进制造
宁波大龙农业科技有限公司	宁波高新区留学人员创业园	先进制造
宁波高联机器人有限公司	宁波高新区留学人员创业园	先进制造
宁波高新区光之瞳光电科技有限公司	宁波高新区留学人员创业园	先进制造
宁波高新区河姆鹿玩具有限公司	宁波高新区留学人员创业园	先进制造
宁波高新区摩森科技有限公司	宁波高新区留学人员创业园	先进制造
宁波高新区思搏科技有限公司	宁波高新区留学人员创业园	先进制造
宁波高新区晓圆科技有限公司	宁波高新区留学人员创业园	先进制造
宁波高新区泽广机电技术服务有限公司	宁波高新区留学人员创业园	先进制造
宁波汉迪传感器技术有限公司	宁波高新区留学人员创业园	先进制造
宁波华厚工业设备有限公司	宁波高新区留学人员创业园	先进制造
宁波吉瑞陶瓷技术有限公司	宁波高新区留学人员创业园	先进制造
宁波科廷光电科技有限公司	宁波高新区留学人员创业园	先进制造
宁波肯迪迅机电文化设备有限公司	宁波高新区留学人员创业园	先进制造
宁波力达得为高分子科技有限公司	宁波高新区留学人员创业园	先进制造
宁波丽诺美容设备有限公司	宁波高新区留学人员创业园	先进制造
宁波龙诚祥自动化机械有限公司	宁波高新区留学人员创业园	先进制造
宁波驱达汽车零部件制造有限公司	宁波高新区留学人员创业园	先进制造
宁波赛晖电子科技有限公司	宁波高新区留学人员创业园	先进制造
宁波神筹环保设备有限公司	宁波高新区留学人员创业园	先进制造
宁波盛世东飞模塑科技有限公司	宁波高新区留学人员创业园	先进制造
宁波新联湾五金科技有限公司	宁波高新区留学人员创业园	先进制造
宁波福沃德新材料科技有限公司	宁波高新区留学人员创业园	新材料
宁波高新区崇高新材料有限公司	宁波高新区留学人员创业园	新材料
宁波高新区思百树新材料科技有限公司	宁波高新区留学人员创业园	新材料
宁波格霖纳新材料科技有限公司	宁波高新区留学人员创业园	新材料
宁波豪方材料有限公司	宁波高新区留学人员创业园	新材料
宁波华尔克应用材料有限公司	宁波高新区留学人员创业园	新材料

宁波凯得新材料科技有限公司	宁波高新区留学人员创业园	新材料
宁波乐嘉新材料科技有限公司	宁波高新区留学人员创业园	新材料
宁波诺沃新材料科技有限公司	宁波高新区留学人员创业园	新材料
宁波赛瑞特新材料科技有限公司	宁波高新区留学人员创业园	新材料
宁波桑尼新材料科技有限公司	宁波高新区留学人员创业园	新材料
宁波圣科新材料有限公司	宁波高新区留学人员创业园	新材料
宁波天泽新材料科技有限公司	宁波高新区留学人员创业园	新材料
宁波玉成新材料科技有限公司	宁波高新区留学人员创业园	新材料
宁波智锐新材料有限公司	宁波高新区留学人员创业园	新材料
宁波中科八益新材料股份有限公司	宁波高新区留学人员创业园	新材料
宁波中淼光伏科技有限公司	宁波高新区留学人员创业园	新材料
宁波宝能节能环保科技有限公司	宁波高新区留学人员创业园	新能源环保
宁波碧悦科技有限公司	宁波高新区留学人员创业园	新能源环保
宁波鼎承能源科技有限公司	宁波高新区留学人员创业园	新能源环保
宁波高新区聚光太阳能有限公司	宁波高新区留学人员创业园	新能源环保
宁波高新区美天美环保科技有限公司	宁波高新区留学人员创业园	新能源环保
宁波恒新能源科技有限公司	宁波高新区留学人员创业园	新能源环保
宁波立新生物质能源有限公司	宁波高新区留学人员创业园	新能源环保
宁波琼森环保木业有限公司	宁波高新区留学人员创业园	新能源环保
宁波市高德日化科技有限公司	宁波高新区留学人员创业园	新能源环保
宁波市清鄰环保工程有限公司	宁波高新区留学人员创业园	新能源环保
宁波水韵生态环保科技有限公司	宁波高新区留学人员创业园	新能源环保
宁波硕源新能源科技有限公司	宁波高新区留学人员创业园	新能源环保
宁波斯凯蒙新能源科技有限公司	宁波高新区留学人员创业园	新能源环保
宁波高新区极速文化创意有限公司	宁波高新区留学人员创业园	文化创意
宁波高新区玖策公关策划有限公司	宁波高新区留学人员创业园	文化创意
宁波高新区塞娜薇文化传播有限公司	宁波高新区留学人员创业园	文化创意
宁波高新区昱星文化传媒有限公司	宁波高新区留学人员创业园	文化创意
宁波故园文化传媒有限公司	宁波高新区留学人员创业园	文化创意
宁波考工记产品创意有限公司	宁波高新区留学人员创业园	文化创意
宁波罗斯旋风文化传播有限公司	宁波高新区留学人员创业园	文化创意
浙江美麟文化发展有限公司	宁波高新区留学人员创业园	文化创意
宁波高新区聚方物联科技有限公司	宁波高新区留学人员创业园	现代服务
宁波高新区隆源智信知识产权咨询有限公司	宁波高新区留学人员创业园	现代服务
宁波高新区亿点传媒策划有限公司	宁波高新区留学人员创业园	现代服务
宁波高新区银瑞家居科技有限公司	宁波高新区留学人员创业园	现代服务
宁波华祥技术服务有限公司	宁波高新区留学人员创业园	现代服务
宁波金珂科技咨询有限公司	宁波高新区留学人员创业园	现代服务
宁波科金工业腐蚀监测技术有限公司	宁波高新区留学人员创业园	现代服务
宁波隆捷慧通物联科技有限公司	宁波高新区留学人员创业园	现代服务
宁波普锐达物联科技有限公司	宁波高新区留学人员创业园	现代服务
宁波声浪音乐制作有限公司	宁波高新区留学人员创业园	现代服务
宁波市信德投资管理咨询有限公司	宁波高新区留学人员创业园	现代服务
宁波曙川家具科技有限公司	宁波高新区留学人员创业园	现代服务
宁波微至广告策划有限公司	宁波高新区留学人员创业园	现代服务
宁波安盛节电科技有限公司	宁波经济技术开发区留学人员创业园	新能源环保
宁波华研信息技术有限公司	宁波经济技术开发区留学人员创业园	新能源环保
宁波吉达智能交通技术有限公司	宁波经济技术开发区留学人员创业园	新能源环保
宁波经济技术开发区全盛软件科技有限公司	宁波经济技术开发区留学人员创业园	新能源环保
宁波信嘉诺网络科技有限公司	宁波经济技术开发区留学人员创业园	新能源环保
宁波讯强电子科技有限公司	宁波经济技术开发区留学人员创业园	新能源环保
宁波经济技术开发区高科海洋技术开发有限公司	宁波经济技术开发区留学人员创业园	新能源环保
宁波经济技术开发区名谛生物技术有限公司	宁波经济技术开发区留学人员创业园	新能源环保
宁波锐视医疗设备科技有限公司	宁波经济技术开发区留学人员创业园	新能源环保
雷神机电宁波有限公司	宁波经济技术开发区留学人员创业园	文化创意
宁波昂振光电子有限公司	宁波经济技术开发区留学人员创业园	文化创意
宁波经济技术开发区联丰技术发展有限公司	宁波经济技术开发区留学人员创业园	文化创意
宁波经济技术开发区顺成模具有限公司	宁波经济技术开发区留学人员创业园	文化创意
宁波凌日表面工程有限公司	宁波经济技术开发区留学人员创业园	文化创意
宁波欧龙感应设备有限公司	宁波经济技术开发区留学人员创业园	文化创意

宁波润兴电器有限公司	宁波经济技术开发区留学人员创业园	文化创意
宁波同飞精密机械有限公司	宁波经济技术开发区留学人员创业园	文化创意
宁波昂振塑料制品有限公司	宁波经济技术开发区留学人员创业园	现代服务
宁波京美橡塑科技有限公司	宁波经济技术开发区留学人员创业园	现代服务
宁波经济技术开发区晶格新材料开发有限公司	宁波经济技术开发区留学人员创业园	现代服务
宁波摩根精细化工材料有限公司	宁波经济技术开发区留学人员创业园	现代服务
宁波能聚工程塑料有限公司	宁波经济技术开发区留学人员创业园	现代服务
宁波能之光新材料科技有限公司	宁波经济技术开发区留学人员创业园	现代服务
宁波威克丽特化工材料有限公司	宁波经济技术开发区留学人员创业园	现代服务
温州飞扬软件有限公司	温州留学人员创业园	电子信息
温州环科电子信息技术有限公司	温州留学人员创业园	电子信息
温州吉芯科技有限公司	温州留学人员创业园	电子信息
温州美橙互易信息科技有限公司	温州留学人员创业园	电子信息
温州三境网络技术有限公司	温州留学人员创业园	电子信息
温州市易能软件有限公司	温州留学人员创业园	电子信息
温州天点网络传媒有限公司	温州留学人员创业园	电子信息
温州一诺信息有限公司	温州留学人员创业园	电子信息
温州易天信息科技有限公司	温州留学人员创业园	电子信息
浙江麦克斯韦尔有限公司	温州留学人员创业园	电子信息
浙江紫朝科技有限公司	温州留学人员创业园	电子信息
温州艾微尔生物有限公司	温州留学人员创业园	生物医药
温州爱盟科技有限公司	温州留学人员创业园	生物医药
温州安得森生物科技有限公司	温州留学人员创业园	生物医药
温州广成生物科技有限公司	温州留学人员创业园	生物医药
温州绿农生物技术有限公司	温州留学人员创业园	生物医药
温州启星生物技术有限公司	温州留学人员创业园	生物医药
温州欣视界科技有限公司	温州留学人员创业园	生物医药
温州星康医学科技有限公司	温州留学人员创业园	生物医药
温州医学院眼视光器械有限公司	温州留学人员创业园	生物医药
温州永辉光电科技有限公司	温州留学人员创业园	生物医药
温州泛波激光有限公司	温州留学人员创业园	先进制造
温州杰拓数控设备有限公司	温州留学人员创业园	先进制造
温州雷蒙光电科技有限公司	温州留学人员创业园	先进制造
温州温医雷赛医学激光有限公司	温州留学人员创业园	先进制造
温州亿德科技有限公司	温州留学人员创业园	先进制造
温州华韵科技开发有限公司	温州留学人员创业园	新材料
温州科迪光电科技有限公司	温州留学人员创业园	新能源环保
温州绿电太阳能科技有限公司	温州留学人员创业园	新能源环保
浙江竟成环保科技有限公司	温州留学人员创业园	新能源环保
嘉兴鼎洪信息软件科技有限公司	嘉兴留学人员创业园	电子信息
嘉兴市晶英光电子技术有限公司	嘉兴留学人员创业园	电子信息
嘉兴市泰福龙机械电子有限公司	嘉兴留学人员创业园	电子信息
嘉兴博美生物技术有限公司	嘉兴留学人员创业园	生物医药
嘉兴蓝光生物科技有限公司	嘉兴留学人员创业园	生物医药
嘉兴市绿洲生物技术研究有限公司	嘉兴留学人员创业园	生物医药
嘉兴麦可超纤有限公司	嘉兴留学人员创业园	新材料
嘉善艾珂电子商务有限公司	嘉善留学人员创业园	电子信息
嘉善宝盈网络技术有限公司	嘉善留学人员创业园	电子信息
嘉善恩益迪电声技术服务有限公司	嘉善留学人员创业园	电子信息
嘉善恒杰热管科技有限公司	嘉善留学人员创业园	电子信息
嘉善骏晨网络科技有限公司	嘉善留学人员创业园	电子信息
嘉善力通信息技术有限公司	嘉善留学人员创业园	电子信息
嘉善谱发光电科技有限公司	嘉善留学人员创业园	电子信息
嘉善神机信息技术有限公司	嘉善留学人员创业园	电子信息
嘉善思源科技有限公司	嘉善留学人员创业园	电子信息
嘉善托泰电子技术有限公司	嘉善留学人员创业园	电子信息
嘉善玉成其美软件设计有限公司	嘉善留学人员创业园	电子信息
嘉善智源电子科技有限公司	嘉善留学人员创业园	电子信息
嘉善中正电子科技有限公司	嘉善留学人员创业园	电子信息
嘉兴景焱智能装备技术有限公司	嘉善留学人员创业园	电子信息

嘉兴瑞智光能科技有限公司	嘉善留学人员创业园	电子信息
嘉兴易都信息技术有限公司	嘉善留学人员创业园	电子信息
浙江华震数字化工程有限公司	嘉善留学人员创业园	电子信息
浙江一网通信息科技有限公司	嘉善留学人员创业园	电子信息
浙江中科电声研发中心	嘉善留学人员创业园	电子信息
浙江中科空间信息技术应用研发中心	嘉善留学人员创业园	电子信息
浙江中科无线授时与定位研发中心	嘉善留学人员创业园	电子信息
嘉善德智医疗器械科技有限公司	嘉善留学人员创业园	生物医药
嘉善加斯戴克医疗器械有限公司	嘉善留学人员创业园	生物医药
嘉善嘉博生物技术有限公司	嘉善留学人员创业园	生物医药
嘉兴活力达生物科技有限公司	嘉善留学人员创业园	生物医药
浙江群良生物科技有限公司	嘉善留学人员创业园	生物医药
浙江群鑫生物产业开发有限公司	嘉善留学人员创业园	生物医药
嘉善大冶机电科技有限公司	嘉善留学人员创业园	先进制造
嘉善瑞创电子科技有限公司	嘉善留学人员创业园	先进制造
嘉善盾立科技有限公司	嘉善留学人员创业园	新材料
嘉善美节陶瓷科技有限公司	嘉善留学人员创业园	新材料
嘉善申嘉科技有限公司	嘉善留学人员创业园	新材料
浙江中科辐射高分子材料研发中心	嘉善留学人员创业园	新材料
嘉善艾亿迪电子有限公司	嘉善留学人员创业园	新能源环保
嘉善爱迪曼水科技有限公司	嘉善留学人员创业园	新能源环保
嘉善博兴电子科技有限公司	嘉善留学人员创业园	新能源环保
嘉善恒烁光电科技有限公司	嘉善留学人员创业园	新能源环保
嘉善华江电子科技有限公司	嘉善留学人员创业园	新能源环保
嘉善嘉阳电子有限公司	嘉善留学人员创业园	新能源环保
嘉善绿拓照明科技有限公司	嘉善留学人员创业园	新能源环保
嘉善冉迪光电科技有限公司	嘉善留学人员创业园	新能源环保
嘉善神光电子科技有限公司	嘉善留学人员创业园	新能源环保
嘉善索罗太阳能科技有限公司	嘉善留学人员创业园	新能源环保
嘉善鑫誉电子科技有限公司	嘉善留学人员创业园	新能源环保
嘉兴雷明电子科技有限公司	嘉善留学人员创业园	新能源环保
嘉兴欧阳照明电器有限公司	嘉善留学人员创业园	新能源环保
嘉兴市亮剑照明科技有限公司	嘉善留学人员创业园	新能源环保
浙江嘉善谦信和电子科技有限公司	嘉善留学人员创业园	新能源环保
浙江亿米光电科技有限公司	嘉善留学人员创业园	新能源环保
嘉善采青咨询有限公司	嘉善留学人员创业园	现代服务
嘉善天恒科技中介服务有限公司	嘉善留学人员创业园	现代服务
上海强思企业管理咨询有限公司嘉善分公司	嘉善留学人员创业园	现代服务
浙江茂鸿国际货运代理有限公司	嘉善留学人员创业园	现代服务
湖州埃幕计算机技术有限公司	湖州留学人员创业园	电子信息
浙江金时代生物技术有限公司	湖州留学人员创业园	生物医药
湖州绿达环保科技服务有限公司	湖州留学人员创业园	新能源环保
浙江瑞普环境技术有限公司	湖州留学人员创业园	新能源环保
湖州艾米信息科技有限公司	吴兴留学人员创业园	电子信息
湖州电迅文化传播有限公司	吴兴留学人员创业园	电子信息
湖州汉文电子科技有限公司	吴兴留学人员创业园	电子信息
湖州弘柘电子科技有限公司	吴兴留学人员创业园	电子信息
湖州华泰电子科技有限公司	吴兴留学人员创业园	电子信息
湖州环达科技服务有限公司	吴兴留学人员创业园	电子信息
湖州杰远光电科技有限公司	吴兴留学人员创业园	电子信息
湖州开合电子有限公司	吴兴留学人员创业园	电子信息
湖州朗盾科技有限公司	吴兴留学人员创业园	电子信息
湖州凌杰信息科技有限公司	吴兴留学人员创业园	电子信息
湖州妮素贸易有限公司	吴兴留学人员创业园	电子信息
湖州欧麦斯通信科技有限公司	吴兴留学人员创业园	电子信息
湖州瑞云信息科技有限公司	吴兴留学人员创业园	电子信息
湖州松润科技有限公司（中外合资）	吴兴留学人员创业园	电子信息
湖州维德光电科技有限公司	吴兴留学人员创业园	电子信息
湖州吴兴溢鸣电子科技有限公司	吴兴留学人员创业园	电子信息
湖州新晶科技有限公司	吴兴留学人员创业园	电子信息

湖州新智源电子科技有限公司（中外合资）	吴兴留学人员创业园	电子信息
湖州煊卓信息技术有限公司	吴兴留学人员创业园	电子信息
湖州一众通信科技有限公司	吴兴留学人员创业园	电子信息
浙江海瑞网络信息科技有限公司	吴兴留学人员创业园	电子信息
浙江琨瑞科技有限公司	吴兴留学人员创业园	电子信息
浙江美晶科技有限公司	吴兴留学人员创业园	电子信息
浙江中诚安源科技有限公司	吴兴留学人员创业园	电子信息
湖州安束生物科技有限公司	吴兴留学人员创业园	生物医药
湖州鼎康生物科技有限公司	吴兴留学人员创业园	生物医药
湖州凯妍生物科技有限公司	吴兴留学人员创业园	生物医药
湖州礼来生物技术有限公司	吴兴留学人员创业园	生物医药
湖州麦福食品科技有限公司	吴兴留学人员创业园	生物医药
上海昂朴医学检验有限公司	吴兴留学人员创业园	生物医药
湖州奥博石英科技有限公司	吴兴留学人员创业园	新材料
湖州德赛堡建筑材料有限公司	吴兴留学人员创业园	新材料
湖州恒弘建筑节能技术有限公司	吴兴留学人员创业园	新材料
湖州科森玻璃科技有限公司	吴兴留学人员创业园	新材料
湖州美典新材料有限公司	吴兴留学人员创业园	新材料
湖州欧力塑业有限公司	吴兴留学人员创业园	新材料
湖州森诺氟材料科技有限公司	吴兴留学人员创业园	新材料
湖州斯科能新材料有限公司	吴兴留学人员创业园	新材料
湖州松润科技有限公司	吴兴留学人员创业园	新材料
湖州天多蓝新材料有限公司	吴兴留学人员创业园	新材料
湖州同泰新材料有限公司	吴兴留学人员创业园	新材料
湖州鑫鼎半导体材料有限公司	吴兴留学人员创业园	新材料
湖州梓诚环保科技有限公司	吴兴留学人员创业园	新材料
湖州鼎泰净水科技有限公司	吴兴留学人员创业园	新能源环保
湖州恒怡节能科技有限公司	吴兴留学人员创业园	新能源环保
湖州华泰国安新能源环保有限公司	吴兴留学人员创业园	新能源环保
湖州环境科技创新中心	吴兴留学人员创业园	新能源环保
湖州嘉汇节能科技有限公司	吴兴留学人员创业园	新能源环保
湖州科诺水处理化工原料有限公司	吴兴留学人员创业园	新能源环保
湖州朗盾信息科技有限公司	吴兴留学人员创业园	新能源环保
湖州绿华环保科技有限公司	吴兴留学人员创业园	新能源环保
湖州美晶电子有限公司	吴兴留学人员创业园	新能源环保
湖州上德水处理设备有限公司	吴兴留学人员创业园	新能源环保
湖州柿子电器有限公司	吴兴留学人员创业园	新能源环保
湖州天厚生物科技有限公司	吴兴留学人员创业园	新能源环保
湖州天濮环保科技有限公司	吴兴留学人员创业园	新能源环保
湖州新晶科技有限公司	吴兴留学人员创业园	新能源环保
湖州宜可欧环保科技有限公司	吴兴留学人员创业园	新能源环保
湖州永汇水处理工程有限公司	吴兴留学人员创业园	新能源环保
湖州远景环境工程有限公司	吴兴留学人员创业园	新能源环保
湖州蕴天新能源环保科技有限公司	吴兴留学人员创业园	新能源环保
浙江宝玛电气有限公司	吴兴留学人员创业园	新能源环保
浙江悟能环保科技有限公司	吴兴留学人员创业园	新能源环保
湖州博得物流设备有限公司	吴兴留学人员创业园	装备制造
湖州城区顺泰水处理设备厂	吴兴留学人员创业园	装备制造
湖州鼎亞进出口有限公司	吴兴留学人员创业园	装备制造
湖州东润环保设备有限公司	吴兴留学人员创业园	装备制造
湖州东震能源设备有限公司	吴兴留学人员创业园	装备制造
湖州多利物流设备有限公司	吴兴留学人员创业园	装备制造
湖州高登机器研发有限公司	吴兴留学人员创业园	装备制造
湖州高源金机械有限公司	吴兴留学人员创业园	装备制造
湖州汉和物流设备有限公司	吴兴留学人员创业园	装备制造
湖州积微电子科技有限公司	吴兴留学人员创业园	装备制造
湖州交达数控科技有限公司	吴兴留学人员创业园	装备制造
湖州杰径智能科技有限公司	吴兴留学人员创业园	装备制造
湖州九州信义科技有限公司	吴兴留学人员创业园	装备制造
湖州美泰电气有限公司	吴兴留学人员创业园	装备制造

湖州牧天机电科技有限公司	吴兴留学人员创业园	装备制造
湖州清维电子科技有限公司	吴兴留学人员创业园	装备制造
湖州瑞海气象专用仪器有限公司	吴兴留学人员创业园	装备制造
湖州三井低温设备有限公司	吴兴留学人员创业园	装备制造
湖州三洲电子科学仪器厂	吴兴留学人员创业园	装备制造
湖州升谱电子科技有限公司	吴兴留学人员创业园	装备制造
湖州新纳贝通光电技术有限公司	吴兴留学人员创业园	装备制造
湖州兴贝克合金科技有限公司	吴兴留学人员创业园	装备制造
湖州宜可欧环保科技有限公司（中外合资）	吴兴留学人员创业园	装备制造
湖州友勒机械有限公司	吴兴留学人员创业园	装备制造
湖州浙艺照明科技有限公司	吴兴留学人员创业园	装备制造
湖州正诚自动化科技有限公司	吴兴留学人员创业园	装备制造
浙江百易机器人技术有限公司	吴兴留学人员创业园	装备制造
浙江比洛德传动技术有限公司	吴兴留学人员创业园	装备制造
浙江创源照明科技有限公司	吴兴留学人员创业园	装备制造
浙江嘉翔精密机械技术有限公司	吴兴留学人员创业园	装备制造
浙江亿森机械科技有限公司	吴兴留学人员创业园	装备制造
湖州比德弗科技有限公司	吴兴留学人员创业园	现代服务
湖州弗睿科技咨询有限公司	吴兴留学人员创业园	现代服务
湖州杭环检测科技有限公司	吴兴留学人员创业园	现代服务
湖州经发信息科技有限公司	吴兴留学人员创业园	现代服务
湖州利升检测有限公司	吴兴留学人员创业园	现代服务
湖州龙猫供应链科技有限公司	吴兴留学人员创业园	现代服务
湖州上电科电器科学研究有限公司	吴兴留学人员创业园	现代服务
湖州贝特微电子有限公司	南浔留学人员创业园	电子信息
湖州浩博信息科技有限公司	南浔留学人员创业园	电子信息
湖州领创通讯设备有限公司	南浔留学人员创业园	电子信息
湖州明硕光电科技有限公司	南浔留学人员创业园	先进装备
湖州睿高新材料有限公司	南浔留学人员创业园	先进装备
浙江麦格赫尔数控科技有限公司	南浔留学人员创业园	先进装备
湖州畔源伊纯环保科技有限公司	南浔留学人员创业园	新能源环保
湖州三峰能源科技有限公司	南浔留学人员创业园	新能源环保
湖州太源绿能科技有限公司	南浔留学人员创业园	新能源环保
绍兴和仁网络技术有限公司	绍兴留学人员创业园	电子信息
绍兴华锋半导体有限公司	绍兴留学人员创业园	电子信息
绍兴莱恩智能技术有限公司	绍兴留学人员创业园	电子信息
绍兴则圆自动控制设备公司	绍兴留学人员创业园	电子信息
唯上科技（控股）有限公司	绍兴留学人员创业园	电子信息
绍兴康佳医疗器械有限公司	绍兴留学人员创业园	生物医药
绍兴明透装甲材料有限公司	绍兴留学人员创业园	新材料
绍兴爱力克节能技术开发有限公司	绍兴留学人员创业园	新能源环保
鼎盛电子科技（金华）有限公司	金华留学人员创业园	现代服务
金华八婺网络有限公司	金华留学人员创业园	现代服务
金华高科运通软件有限公司	金华留学人员创业园	现代服务
金华海信信息科技有限公司	金华留学人员创业园	现代服务
金华基业通译软件有限公司	金华留学人员创业园	现代服务
金华隆德电子科技有限公司	金华留学人员创业园	现代服务
金华天阳电子有限公司	金华留学人员创业园	电子信息
金华网格信息技术有限公司	金华留学人员创业园	电子信息
金华网视软件技术有限公司	金华留学人员创业园	电子信息
金华宇联电子科技有限公司	金华留学人员创业园	电子信息
金华云辉电子科技有限公司	金华留学人员创业园	电子信息
金华洛克兰生物工程技术有限公司	金华留学人员创业园	生物医药
金华市金海威生物技术有限公司	金华留学人员创业园	生物医药
金华首康生物科技有限公司	金华留学人员创业园	生物医药
金华天业生物科技有限公司	金华留学人员创业园	生物医药
金华亚德生物技术工程限公司	金华留学人员创业园	生物医药
浙江微创医疗器械有限公司	金华留学人员创业园	生物医药
金华西岭机电有限公司	金华留学人员创业园	先进制造
金华远思机电工业技术有限公司	金华留学人员创业园	先进制造

浙江阿尔法光电科技有限公司	金华留学人员创业园	先进制造
浙江金华爱司米电气有限公司	金华留学人员创业园	先进制造
金华泰丰表面处理技术开发有限公司	金华留学人员创业园	新材料
金华雅欧玻璃陶瓷有限公司	金华留学人员创业园	新材料
金华汉克环保自动化控制技术有限公司	金华留学人员创业园	新能源环保
金华市中荷环保科技有限公司	金华留学人员创业园	新能源环保
达斯玛工程科技（金华）有限公司	金华留学人员创业园	现代服务
金华美中教育科技有限公司	金华留学人员创业园	现代服务
金华市森立车业有限公司	金华留学人员创业园	现代服务
金华斯密卡投资咨询有限公司	金华留学人员创业园	现代服务
金华永灵食品有限公司	金华留学人员创业园	现代服务
金华至远进出口贸易有限公司	金华留学人员创业园	现代服务
爱侃（合肥）网络科技有限公司	合肥留学人员创业园	电子信息
安徽汇博科技发展有限公司	合肥留学人员创业园	电子信息
安徽捷强电子科技有限公司	合肥留学人员创业园	电子信息
安徽睿仪通讯技术有限公司	合肥留学人员创业园	电子信息
安徽省嵩岭信息科技有限公司	合肥留学人员创业园	电子信息
安徽视窗网络信息有限公司	合肥留学人员创业园	电子信息
安徽同徽信息技术有限公司	合肥留学人员创业园	电子信息
安徽文清光电科技有限公司	合肥留学人员创业园	电子信息
安徽英科制控股份有限公司	合肥留学人员创业园	电子信息
安徽远路信息科技有限公司	合肥留学人员创业园	电子信息
安徽中锐投资顾问咨询有限公司	合肥留学人员创业园	电子信息
安徽中新软件有限公司	合肥留学人员创业园	电子信息
奥利奥克（安徽）信息技术有限公司	合肥留学人员创业园	电子信息
合肥创丰电子技术有限公司	合肥留学人员创业园	电子信息
合肥戴特智能技术有限公司	合肥留学人员创业园	电子信息
合肥迪普电子科技开发公司	合肥留学人员创业园	电子信息
合肥汉记数码科技有限公司	合肥留学人员创业园	电子信息
合肥汉思信息技术有限公司	合肥留学人员创业园	电子信息
合肥和帮交通有限公司	合肥留学人员创业园	电子信息
合肥开元精密工程有限责任公司	合肥留学人员创业园	电子信息
合肥茂林华学科技有限公司	合肥留学人员创业园	电子信息
合肥瑞扬信息科技有限公司	合肥留学人员创业园	电子信息
合肥三钱原子经济研究所	合肥留学人员创业园	电子信息
合肥盛柏科技有限公司	合肥留学人员创业园	电子信息
合肥时讯信息技术有限公司	合肥留学人员创业园	电子信息
合肥索甲电子科技有限公司	合肥留学人员创业园	电子信息
合肥梯升科技有限公司	合肥留学人员创业园	电子信息
合肥天锐电子有限公司	合肥留学人员创业园	电子信息
合肥网龙信息技术有限公司	合肥留学人员创业园	电子信息
合肥网迅软件有限公司	合肥留学人员创业园	电子信息
合肥新华海信息有限公司	合肥留学人员创业园	电子信息
合肥新泰特种深层技术有限公司	合肥留学人员创业园	电子信息
合肥讯峰信息技术有限公司	合肥留学人员创业园	电子信息
合肥易通电力科技有限公司	合肥留学人员创业园	电子信息
合肥英塔信息技术有限公司	合肥留学人员创业园	电子信息
合肥永君数码科技有限公司	合肥留学人员创业园	电子信息
合肥智瑞真空技术开发有限公司	合肥留学人员创业园	电子信息
合肥智同科技有限公司	合肥留学人员创业园	电子信息
合肥中科华仑安全技术有限公司	合肥留学人员创业园	电子信息
开元精密工程公司	合肥留学人员创业园	电子信息
凯捷技术（合肥）有限公司	合肥留学人员创业园	电子信息
科大恒星电子商务有限公司	合肥留学人员创业园	电子信息
美科数字（安徽）有限公司	合肥留学人员创业园	电子信息
瑞科信息系统（合肥）有限公司	合肥留学人员创业园	电子信息
赛智（合肥）信息科技有限公司	合肥留学人员创业园	电子信息
三通信息技术（合肥）有限公司	合肥留学人员创业园	电子信息
亚微信息技术（安徽）有限公司	合肥留学人员创业园	电子信息
英图微电子（合肥）有限公司	合肥留学人员创业园	电子信息

致亿电脑科技合肥有限责任公司	合肥留学人员创业园	电子信息
安徽徽州地下灾害研究设计院	合肥留学人员创业园	生物医药
安徽金健桥医疗科技有限公司	合肥留学人员创业园	生物医药
合肥标品生物技术有限公司	合肥留学人员创业园	生物医药
合肥勃朗金峰生态农林开发有限公司	合肥留学人员创业园	生物医药
合肥科泉化工技术有限公司	合肥留学人员创业园	生物医药
合肥晟瑞斯生物科技有限公司	合肥留学人员创业园	生物医药
合肥英诺生物检测仪器有限公司	合肥留学人员创业园	生物医药
合肥科创电气技术有限公司	合肥留学人员创业园	先进制造
合肥微研机电技术有限公司	合肥留学人员创业园	先进制造
合肥科晶材料技术有限公司	合肥留学人员创业园	新材料
特丽洁不织布（安徽）有限公司	合肥留学人员创业园	新材料
智瑞真空技术开发有限公司	合肥留学人员创业园	新材料
安徽固力建筑新技术发展有限公司	合肥留学人员创业园	新能源环保
合肥德泰能源科技有限公司	合肥留学人员创业园	新能源环保
合肥美科氦业有限公司	合肥留学人员创业园	新能源环保
北丹麦中国咨询公司合肥办事处	合肥留学人员创业园	现代服务
合肥五谷时代食品科技有限公司	合肥留学人员创业园	现代服务
马鞍山安意达电气技术有限公司	留学人员马鞍山创业园	电子信息
马鞍山方德思通网络科技有限公司	留学人员马鞍山创业园	电子信息
马鞍山市微亭网络科技有限公司	留学人员马鞍山创业园	电子信息
马鞍山市新鲜达电子商务有限公司	留学人员马鞍山创业园	电子信息
马鞍山戴博光电科技有限公司	留学人员马鞍山创业园	生物医药
马鞍山国声生物技术有限公司	留学人员马鞍山创业园	生物医药
马鞍山海普微奇生物科技有限公司	留学人员马鞍山创业园	生物医药
马鞍山赛普科技发展有限公司	留学人员马鞍山创业园	生物医药
马鞍山市盛宁高分子材料科技有限公司	留学人员马鞍山创业园	生物医药
马鞍山微因泰克生物科技有限公司	留学人员马鞍山创业园	生物医药
马鞍山多晶金属材料科技有限公司	留学人员马鞍山创业园	新材料
马鞍山力博新材料科技有限公司	留学人员马鞍山创业园	新材料
马鞍山绿盾防护材料科技有限公司	留学人员马鞍山创业园	新材料
马鞍山特赛特轴承科技有限公司	留学人员马鞍山创业园	新材料
马鞍山宇驰新能源材料有限公司	留学人员马鞍山创业园	新能源环保
福州安泰安电子公司	福建留学人员创业园	电子信息
福州创高电子有限公司	福建留学人员创业园	电子信息
福州创嘉科技有限公司	福建留学人员创业园	电子信息
福州福大科源电脑技术有限公司	福建留学人员创业园	电子信息
福州华政软件有限公司	福建留学人员创业园	电子信息
福州蓝潮信息技术有限公司	福建留学人员创业园	电子信息
福州龙宝利电子有限公司	福建留学人员创业园	电子信息
福州闽高电力科技有限公司	福建留学人员创业园	电子信息
福州明辉电脑服务中心	福建留学人员创业园	电子信息
福州圣德莉信息技术有限公司	福建留学人员创业园	电子信息
福州天视信息技术有限公司	福建留学人员创业园	电子信息
福州威腾电子科技有限公司	福建留学人员创业园	电子信息
福州迅鑫电子科技有限公司	福建留学人员创业园	电子信息
福州益荣电子有限公司	福建留学人员创业园	电子信息
福州英福特信息工程有限公司	福建留学人员创业园	电子信息
福州智讯达网络科技有限公司	福建留学人员创业园	电子信息
亚洲仿真系统控制工程（福建）有限公司	福建留学人员创业园	电子信息
中康信息公司	福建留学人员创业园	电子信息
福建众智生物科技有限公司	福建留学人员创业园	生物医药
福州宸宥生物科技有限公司	福建留学人员创业园	生物医药
福州沪荣盛医疗公司	福建留学人员创业园	生物医药
福州能子生物科技有限公司	福建留学人员创业园	生物医药
福州善维生医疗技术有限公司	福建留学人员创业园	生物医药
福州欣欣医疗器械有限公司	福建留学人员创业园	生物医药
福州鑫美源生物科技有限公司	福建留学人员创业园	生物医药
康正生物公司	福建留学人员创业园	生物医药
农祥生物公司	福建留学人员创业园	生物医药

诚安光电技术有限公司	福建留学人员创业园	先进制造
福晟光学有限公司	福建留学人员创业园	新材料
福州电气硝子玻璃有限公司	福建留学人员创业园	新材料
福州华昆赛车配件技研有限公司	福建留学人员创业园	新材料
福州华莉模具有限公司	福建留学人员创业园	新材料
福州华廷化建有限公司	福建留学人员创业园	新材料
吉阳聚光公司	福建留学人员创业园	新材料
福州般若森林景观设计有限公司	福建留学人员创业园	新能源环保
联众气体公司	福建留学人员创业园	新能源环保
新世纪环保科技有限公司	福建留学人员创业园	新能源环保
正海海洋公司	福建留学人员创业园	新能源环保
志品环保科技公司	福建留学人员创业园	新能源环保
福州金博士文化传播有限公司	福建留学人员创业园	文化创意
福建甘诺宝力连锁经营有限公司	福建留学人员创业园	现代服务
福建金山种子有限公司	福建留学人员创业园	现代服务
福建省东南企业研究院	福建留学人员创业园	现代服务
福建省海峡国际学院	福建留学人员创业园	现代服务
福建省环球科教顾问公司	福建留学人员创业园	现代服务
福州共荣贸易有限公司	福建留学人员创业园	现代服务
福州宏岩贸易有限公司	福建留学人员创业园	现代服务
福州华日食品检测有限公司	福建留学人员创业园	现代服务
福州美之源化妆品贸易有限公司	福建留学人员创业园	现代服务
福州农播王种苗有限公司	福建留学人员创业园	现代服务
福州沁园春房地产有限公司	福建留学人员创业园	现代服务
福州天朗办公设备有限公司	福建留学人员创业园	现代服务
福州天元创业研究有限公司	福建留学人员创业园	现代服务
福州旭茂测绘有限公司	福建留学人员创业园	现代服务
福州远卓管理咨询有限公司	福建留学人员创业园	现代服务
海顺船务公司	福建留学人员创业园	现代服务
和创行贸易公司	福建留学人员创业园	现代服务
蓝天律师事务所	福建留学人员创业园	现代服务
龙田三村第一冷冻厂	福建留学人员创业园	现代服务
闽榕投资公司	福建留学人员创业园	现代服务
南平恒亚经贸有限公司	福建留学人员创业园	现代服务
雅文企业公司	福建留学人员创业园	现代服务
百思科（厦门）信息科技有限公司	厦门留学人员创业园	电子信息
凤凰岛（厦门）文化传播有限公司	厦门留学人员创业园	电子信息
豪伯（厦门）电子材料有限公司	厦门留学人员创业园	电子信息
凯斯诺（厦门）信息科技有限公司	厦门留学人员创业园	电子信息
立烽电子科技（厦门）有限公司	厦门留学人员创业园	电子信息
厦门冰讯数码动画科技有限公司	厦门留学人员创业园	电子信息
厦门车程网络有限公司	厦门留学人员创业园	电子信息
厦门崇达智能科技有限公司	厦门留学人员创业园	电子信息
厦门福芯微电子科技有限公司	厦门留学人员创业园	电子信息
厦门海蒙科技有限公司	厦门留学人员创业园	电子信息
厦门赫姿医疗器械有限公司	厦门留学人员创业园	电子信息
厦门科拓通讯技术有限公司	厦门留学人员创业园	电子信息
厦门迈泰电子科技有限公司	厦门留学人员创业园	电子信息
厦门美迪兴科技有限公司	厦门留学人员创业园	电子信息
厦门耐普讯信息科技有限公司	厦门留学人员创业园	电子信息
厦门时代缔依信息技术有限公司	厦门留学人员创业园	电子信息
厦门泰纳信息科技有限公司	厦门留学人员创业园	电子信息
厦门天特尔数码科技有限公司	厦门留学人员创业园	电子信息
厦门微得利科技有限公司	厦门留学人员创业园	电子信息
厦门欣圆通计算机技术有限公司	厦门留学人员创业园	电子信息
厦门易能电力技术有限公司	厦门留学人员创业园	电子信息
厦门引速得信息科技有限公司	厦门留学人员创业园	电子信息
厦门足下网科技有限公司	厦门留学人员创业园	电子信息
天明来电子信息（厦门）有限公司	厦门留学人员创业园	电子信息
威硕（厦门）精密科技有限公司	厦门留学人员创业园	电子信息

芯锐电（厦门）光电科技有限公司	厦门留学人员创业园	电子信息
亚尔迪（厦门）科技有限公司	厦门留学人员创业园	电子信息
阳光赛特软件（厦门）有限公司	厦门留学人员创业园	电子信息
博分（厦门）医药研发有限公司	厦门留学人员创业园	生物医药
蓝德尔（厦门）生物技术有限公司	厦门留学人员创业园	生物医药
麦仑（厦门）生物科技有限公司	厦门留学人员创业园	生物医药
厦门霸旺生物科技有限公司	厦门留学人员创业园	生物医药
厦门百拓生物工程有限公司	厦门留学人员创业园	生物医药
厦门百维康生物科技有限公司	厦门留学人员创业园	生物医药
厦门百维信生物科技有限公司	厦门留学人员创业园	生物医药
厦门伯德生物技术有限公司	厦门留学人员创业园	生物医药
厦门博肽生物科技有限公司	厦门留学人员创业园	生物医药
厦门禾嘉吉升生物技术有限公司	厦门留学人员创业园	生物医药
厦门吉发生物科技有限公司	厦门留学人员创业园	生物医药
厦门健康人生物科技有限公司	厦门留学人员创业园	生物医药
厦门今润医药科学发展有限公司	厦门留学人员创业园	生物医药
厦门蓝博思生物技术有限公司	厦门留学人员创业园	生物医药
厦门六维生物科技有限公司	厦门留学人员创业园	生物医药
厦门绿波生物科技有限公司	厦门留学人员创业园	生物医药
厦门圣平科技有限公司	厦门留学人员创业园	生物医药
厦门斯坦道生物科技有限公司	厦门留学人员创业园	生物医药
厦门太阳马生物工程有限公司	厦门留学人员创业园	生物医药
厦门先端科技有限公司	厦门留学人员创业园	生物医药
厦门智星生物科技有限公司	厦门留学人员创业园	生物医药
阿斯特机电科技（厦门）有限公司	厦门留学人员创业园	先进制造
艾博利电子科技（厦门）有限公司	厦门留学人员创业园	先进制造
富稳净化（厦门）电子有限公司	厦门留学人员创业园	先进制造
佳真（厦门）精密模具有限公司	厦门留学人员创业园	先进制造
乐源未来电子科技（厦门）有限公司	厦门留学人员创业园	先进制造
厦门爱的科技有限公司	厦门留学人员创业园	先进制造
厦门爱美克科技有限公司	厦门留学人员创业园	先进制造
厦门奥伦控制工程有限公司	厦门留学人员创业园	先进制造
厦门超力电子有限公司	厦门留学人员创业园	先进制造
厦门法博科技有限公司	厦门留学人员创业园	先进制造
厦门汉京自动化科技有限公司	厦门留学人员创业园	先进制造
厦门汇佳精密模具有限公司	厦门留学人员创业园	先进制造
厦门加华电力科技有限公司	厦门留学人员创业园	先进制造
厦门凯美特科学仪器有限公司	厦门留学人员创业园	先进制造
厦门科兰光电有限公司	厦门留学人员创业园	先进制造
厦门蓝溪科技有限公司	厦门留学人员创业园	先进制造
厦门利茗精密机电有限公司	厦门留学人员创业园	先进制造
厦门龙净环保物料输送科技有限公司	厦门留学人员创业园	先进制造
厦门明翰电气有限公司	厦门留学人员创业园	先进制造
厦门欧达科仪发展有限公司	厦门留学人员创业园	先进制造
厦门品鼎光电科技有限公司	厦门留学人员创业园	先进制造
厦门清源光电有限公司	厦门留学人员创业园	先进制造
厦门诠质科技有限公司	厦门留学人员创业园	先进制造
厦门荣健医疗器械有限公司	厦门留学人员创业园	先进制造
厦门锐锋科技有限公司	厦门留学人员创业园	先进制造
厦门申颖科技有限公司	厦门留学人员创业园	先进制造
厦门拓斯仪器开发有限公司	厦门留学人员创业园	先进制造
厦门万连电子科技有限公司	厦门留学人员创业园	先进制造
厦门无线创想科技有限公司	厦门留学人员创业园	先进制造
厦门仪加光电科技有限公司	厦门留学人员创业园	先进制造
厦门溢华科技有限公司	厦门留学人员创业园	先进制造
厦门盈瑞丰科技有限公司	厦门留学人员创业园	先进制造
厦门永易通光电科技有限公司	厦门留学人员创业园	先进制造
厦门至佳科技有限公司	厦门留学人员创业园	先进制造
善思科技（厦门）有限公司	厦门留学人员创业园	先进制造
特盈自动化科技（厦门）有限公司	厦门留学人员创业园	先进制造

亿伏特（厦门）光电科技有限公司	厦门留学人员创业园	先进制造
哲能（厦门）光电有限公司	厦门留学人员创业园	先进制造
厦门绿业化工有限公司	厦门留学人员创业园	新材料
厦门泉心功能材料有限公司	厦门留学人员创业园	新材料
厦门田菱精细化工有限公司	厦门留学人员创业园	新材料
厦门维丽多科技有限公司	厦门留学人员创业园	新材料
厦门新鑫田高科技材料有限公司	厦门留学人员创业园	新材料
世纪博创科技（厦门）有限公司	厦门留学人员创业园	新材料
信悦化工（厦门）有限公司	厦门留学人员创业园	新材料
颉能科技工程（厦门）有限公司	厦门留学人员创业园	新能源环保
厦门爱芯环保科技有限公司	厦门留学人员创业园	新能源环保
厦门大雄能源科技有限公司	厦门留学人员创业园	新能源环保
厦门金达莱科技有限公司	厦门留学人员创业园	新能源环保
厦门金名节能科技有限公司	厦门留学人员创业园	新能源环保
厦门蓝博科技开发有限公司	厦门留学人员创业园	新能源环保
厦门龙盛堂净化设备有限公司	厦门留学人员创业园	新能源环保
厦门纳米克热电电子有限公司	厦门留学人员创业园	新能源环保
厦门热工环保系统工程有限公司	厦门留学人员创业园	新能源环保
厦门太龙照明科技有限公司	厦门留学人员创业园	新能源环保
厦门万久科技有限公司	厦门留学人员创业园	新能源环保
厦门洸霸科技有限公司	厦门留学人员创业园	新能源环保
新奥（厦门）农牧发展有限公司	厦门留学人员创业园	新能源环保
厦门闽和食品有限公司	厦门留学人员创业园	现代服务
厦门泰禾科技有限公司	厦门留学人员创业园	现代服务
济南爱迪雷特科技有限公司	济南留学人员创业园	电子信息
济南顶端软件有限公司	济南留学人员创业园	电子信息
济南互信互通信息技术有限公司	济南留学人员创业园	电子信息
济南辉达信息科技有限公司	济南留学人员创业园	电子信息
济南吉大利软件科技有限公司	济南留学人员创业园	电子信息
济南经达管理技术开发有限公司	济南留学人员创业园	电子信息
济南乐胜信息科技有限公司	济南留学人员创业园	电子信息
济南品质科技有限责任公司	济南留学人员创业园	电子信息
济南企财通软件有限公司	济南留学人员创业园	电子信息
济南盛联天下网络科技有限公司	济南留学人员创业园	电子信息
济南识龙信息服务有限责任公司	济南留学人员创业园	电子信息
济南顺动信息科技发展有限公司	济南留学人员创业园	电子信息
济南舜天计算机信息技术有限公司	济南留学人员创业园	电子信息
济南天运汽车电子技术有限公司	济南留学人员创业园	电子信息
济南夏一科技有限公司	济南留学人员创业园	电子信息
济南易大森科技有限公司	济南留学人员创业园	电子信息
济南盈昂信息科技有限公司	济南留学人员创业园	电子信息
济南勇明通信科技有限公司	济南留学人员创业园	电子信息
济南源码信息科技有限公司	济南留学人员创业园	电子信息
山东和承信息科技有限公司	济南留学人员创业园	电子信息
济南艾诺科生物科技有限公司	济南留学人员创业园	生物医药
济南倍生康医药化学有限公司	济南留学人员创业园	生物医药
济南磁能科技有限公司	济南留学人员创业园	生物医药
济南德诚医疗技术有限公司	济南留学人员创业园	生物医药
济南登益得科贸有限公司	济南留学人员创业园	生物医药
济南迪博生物技术有限公司	济南留学人员创业园	生物医药
济南海乐医药技术开发有限公司	济南留学人员创业园	生物医药
济南浩隆生物科技有限公司	济南留学人员创业园	生物医药
济南净洁生物技术有限公司	济南留学人员创业园	生物医药
济南瑞通药物化学有限公司	济南留学人员创业园	生物医药
济南五环医药科技有限公司	济南留学人员创业园	生物医药
济南兆德生物科技有限公司	济南留学人员创业园	生物医药
济南挚诚生物科技有限公司	济南留学人员创业园	生物医药
山东艾克韦生物技术有限公司	济南留学人员创业园	生物医药
山东创新药物研发有限公司	济南留学人员创业园	生物医药
济南安诺汽车部件有限公司	济南留学人员创业园	先进制造

济南佳美视觉技术有限公司	济南留学人员创业园	先进制造
济南库伦特科技有限公司	济南留学人员创业园	先进制造
济南迈隆科技有限公司	济南留学人员创业园	先进制造
济南诺斯机械有限公司	济南留学人员创业园	先进制造
济南先进机电技术有限公司	济南留学人员创业园	先进制造
济南蓓麟机电设备有限公司	济南留学人员创业园	新能源环保
济南光中新能源环保科技开发有限公司	济南留学人员创业园	新能源环保
济南华昭环境技术有限公司	济南留学人员创业园	新能源环保
济南杰赛防护科技有限公司	济南留学人员创业园	新能源环保
济南科曼过滤技术有限公司	济南留学人员创业园	新能源环保
山东百峰环保工程有限公司	济南留学人员创业园	新能源环保
青岛奥普信息技术有限公司	青岛留学人员创业园	电子信息
青岛康创自动化工程有限公司	青岛留学人员创业园	电子信息
青岛罗杰网络科技有限公司	青岛留学人员创业园	电子信息
青岛日松数码信息有限公司	青岛留学人员创业园	电子信息
派美克生化（青岛）有限公司	青岛留学人员创业园	生物医药
青岛海奇普海洋生物科技发展有限公司	青岛留学人员创业园	生物医药
青岛康旭工程科技有限公司	青岛留学人员创业园	新材料
青岛同翔特种粉末冶金有限公司	青岛留学人员创业园	新材料
山东东方化工贸易有限公司	青岛留学人员创业园	新材料
青岛格林斯通环境设备工程有限公司	青岛留学人员创业园	新能源环保
青岛华桑科技有限公司	青岛留学人员创业园	新能源环保
青岛蓝森环保科技有限公司	青岛留学人员创业园	新能源环保
青岛绿创新基环境科技发展有限公司	青岛留学人员创业园	新能源环保
青岛瑞新环保科技有限公司	青岛留学人员创业园	新能源环保
青岛赛尔环境保护有限公司	青岛留学人员创业园	新能源环保
青岛爱思普瑞国际贸易有限公司	青岛留学人员创业园	现代服务
青岛千叶都市建筑设计有限公司	青岛留学人员创业园	现代服务
青岛日商科技贸易有限公司	青岛留学人员创业园	现代服务
青岛儒联现代教育技术研究所	青岛留学人员创业园	现代服务
青岛世展科技有限公司	青岛留学人员创业园	现代服务
青岛希尔韦技术有限公司	青岛留学人员创业园	现代服务
青岛先锋科技发展有限公司	青岛留学人员创业园	现代服务
山东欧控电子科技发展公司	淄博留学人员创业园	电子信息
山东天利和软件有限公司	淄博留学人员创业园	电子信息
山东维多利亚电子有限公司	淄博留学人员创业园	电子信息
思艾工程（淄博）有限公司	淄博留学人员创业园	电子信息
淄博艾肯电脑有限公司	淄博留学人员创业园	电子信息
淄博爱迪尔计算机有限公司	淄博留学人员创业园	电子信息
淄博博凯软件有限公司	淄博留学人员创业园	电子信息
淄博淳阳电子有限公司	淄博留学人员创业园	电子信息
淄博顶点信息技术有限公司	淄博留学人员创业园	电子信息
淄博高通科技有限公司	淄博留学人员创业园	电子信息
淄博高新区百舸网络技术研究所	淄博留学人员创业园	电子信息
淄博海尔兄弟教育产品有限公司	淄博留学人员创业园	电子信息
淄博汉邦电子科技有限公司	淄博留学人员创业园	电子信息
淄博航宇数字勘测技术公司	淄博留学人员创业园	电子信息
淄博华邦高创网络科技公司	淄博留学人员创业园	电子信息
淄博惠智电子有限公司	淄博留学人员创业园	电子信息
淄博吉庆电气有限公司	淄博留学人员创业园	电子信息
淄博佳安电子有限公司	淄博留学人员创业园	电子信息
淄博嘉日通迅技术有限公司	淄博留学人员创业园	电子信息
淄博金狐电脑有限公司	淄博留学人员创业园	电子信息
淄博金苹果计算机系统工程有限公司	淄博留学人员创业园	电子信息
淄博金硕电子信息有限公司	淄博留学人员创业园	电子信息
淄博金四达计算机有限公司	淄博留学人员创业园	电子信息
淄博精彩电子商务发展公司	淄博留学人员创业园	电子信息
淄博凯恩软件有限公司	淄博留学人员创业园	电子信息
淄博朗特网络科技有限公司	淄博留学人员创业园	电子信息
淄博雷鸣工业自动化公司	淄博留学人员创业园	电子信息

淄博利方软件有限公司	淄博留学人员创业园	电子信息
淄博连创电子有限公司	淄博留学人员创业园	电子信息
淄博量子电气有限公司	淄博留学人员创业园	电子信息
淄博龙脉网络有限公司	淄博留学人员创业园	电子信息
淄博鲁安电子科技有限公司	淄博留学人员创业园	电子信息
淄博欧马光纤通讯设备公司	淄博留学人员创业园	电子信息
淄博庞特电子有限公司	淄博留学人员创业园	电子信息
淄博奇风林电子科技有限公司	淄博留学人员创业园	电子信息
淄博乾晨电子有限公司	淄博留学人员创业园	电子信息
淄博清方电子科技有限公司	淄博留学人员创业园	电子信息
淄博锐讯信息技术有限公司	淄博留学人员创业园	电子信息
淄博商信电子有限公司	淄博留学人员创业园	电子信息
淄博盛世天元数码动画公司	淄博留学人员创业园	电子信息
淄博双百电子有限公司	淄博留学人员创业园	电子信息
淄博顺拓电气有限公司	淄博留学人员创业园	电子信息
淄博思科电子有限公司	淄博留学人员创业园	电子信息
淄博泰诺技防工程发展有限公司	淄博留学人员创业园	电子信息
淄博天辉网络技术有限公司	淄博留学人员创业园	电子信息
淄博万方电子有限公司	淄博留学人员创业园	电子信息
淄博网友电子有限公司	淄博留学人员创业园	电子信息
淄博微联电子有限公司	淄博留学人员创业园	电子信息
淄博新华奇林软件有限公司	淄博留学人员创业园	电子信息
淄博新火炬电子信息公司	淄博留学人员创业园	电子信息
淄博新视博数字传媒技术有限公司	淄博留学人员创业园	电子信息
淄博一帆信息技术公司	淄博留学人员创业园	电子信息
淄博亿海计算机网络有限公司	淄博留学人员创业园	电子信息
淄博银领电子有限公司	淄博留学人员创业园	电子信息
淄博元策信息科技有限公司	淄博留学人员创业园	电子信息
淄博正瑞电子有限公司	淄博留学人员创业园	电子信息
淄博中道瑞风电子科技有限公司	淄博留学人员创业园	电子信息
淄博中联数码有限公司	淄博留学人员创业园	电子信息
淄博中企智业有限公司	淄博留学人员创业园	电子信息
淄博中煜电子科技有限公司	淄博留学人员创业园	电子信息
淄博卓尔电器有限公司	淄博留学人员创业园	电子信息
山东赛安迪生物工程制品公司	淄博留学人员创业园	生物医药
淄博爱普瑞生化肥业有限公司	淄博留学人员创业园	生物医药
淄博德赛生物纤维有限公司	淄博留学人员创业园	生物医药
淄博贯一海洋生物制品公司	淄博留学人员创业园	生物医药
淄博济世保健食品科技有限公司	淄博留学人员创业园	生物医药
淄博康基生物工程有限公司	淄博留学人员创业园	生物医药
淄博普生医疗器械有限公司	淄博留学人员创业园	生物医药
淄博圣纳生物医药有限公司	淄博留学人员创业园	生物医药
淄博英维健蛋白有限公司	淄博留学人员创业园	生物医药
淄博昫辉生物化工技术有限公司	淄博留学人员创业园	生物医药
淄博中澳惠尔液肥有限公司	淄博留学人员创业园	生物医药
赛欧机电（淄博）有限公司	淄博留学人员创业园	先进制造
山东华海科技有限公司	淄博留学人员创业园	先进制造
山东申普汽车控制技术公司	淄博留学人员创业园	先进制造
山东应天宗立光电科技公司	淄博留学人员创业园	先进制造
西安先行测控系统有限公司淄博分公司	淄博留学人员创业园	先进制造
淄博艾克维昂水处理设备有限公司	淄博留学人员创业园	先进制造
淄博艾能电气有限公司	淄博留学人员创业园	先进制造
淄博安顺达汽车尾气检测有限公司	淄博留学人员创业园	先进制造
淄博百泉水业科技有限公司	淄博留学人员创业园	先进制造
淄博博鸿电气有限公司	淄博留学人员创业园	先进制造
淄博博硕工业控制技术公司	淄博留学人员创业园	先进制造
淄博诚杰电控科技开发公司	淄博留学人员创业园	先进制造
淄博创尔沃制冷科技有限公司	淄博留学人员创业园	先进制造
淄博迪芯电气控制系统集成有限公司	淄博留学人员创业园	先进制造
淄博顿仪器仪表有限公司	淄博留学人员创业园	先进制造

淄博福尔德医疗设备有限公司	淄博留学人员创业园	先进制造
淄博福莱德变电设备有限公司	淄博留学人员创业园	先进制造
淄博富能电气有限公司	淄博留学人员创业园	先进制造
淄博格雷德电气有限公司	淄博留学人员创业园	先进制造
淄博国力自动化设备有限公司	淄博留学人员创业园	先进制造
淄博海瑞林医疗器械有限公司	淄博留学人员创业园	先进制造
淄博海拓仪表有限公司	淄博留学人员创业园	先进制造
淄博瀚海电气有限公司	淄博留学人员创业园	先进制造
淄博鸿铭网络科技有限公司	淄博留学人员创业园	先进制造
淄博华航机械技术开发公司	淄博留学人员创业园	先进制造
淄博华捷设备有限公司	淄博留学人员创业园	先进制造
淄博华铭电器有限公司	淄博留学人员创业园	先进制造
淄博惠杰电器技术开发公司	淄博留学人员创业园	先进制造
淄博今业啤酒设备有限公司	淄博留学人员创业园	先进制造
淄博金安特机电设备公司	淄博留学人员创业园	先进制造
淄博金太阳科贸有限公司	淄博留学人员创业园	先进制造
淄博金钥匙电子发展有限公司	淄博留学人员创业园	先进制造
淄博凯腾仪表开发有限公司	淄博留学人员创业园	先进制造
淄博科明电器有限公司	淄博留学人员创业园	先进制造
淄博科廷机电有限公司	淄博留学人员创业园	先进制造
淄博莱茵机电科技有限公司	淄博留学人员创业园	先进制造
淄博利安机电科技有限公司	淄博留学人员创业园	先进制造
淄博龙翔光电技术有限公司	淄博留学人员创业园	先进制造
淄博迈瑞医疗器械有限公司	淄博留学人员创业园	先进制造
淄博纽氏达特齿轮传动技术有限公司	淄博留学人员创业园	先进制造
淄博前沿医疗设备有限公司	淄博留学人员创业园	先进制造
淄博人和健身器材有限公司	淄博留学人员创业园	先进制造
淄博日泰工业自动化有限公司	淄博留学人员创业园	先进制造
淄博瑞克科贸发展有限公司	淄博留学人员创业园	先进制造
淄博瑞森化工设备有限公司	淄博留学人员创业园	先进制造
淄博瑞尚化工机械有限公司	淄博留学人员创业园	先进制造
淄博瑞源电力保护设备公司	淄博留学人员创业园	先进制造
淄博三丰电气有限公司	淄博留学人员创业园	先进制造
淄博三剑电气有限公司	淄博留学人员创业园	先进制造
淄博三普机电有限公司	淄博留学人员创业园	先进制造
淄博三瑞燃气成套设备公司	淄博留学人员创业园	先进制造
淄博三维模具有限公司	淄博留学人员创业园	先进制造
淄博桑特动力设备有限公司	淄博留学人员创业园	先进制造
淄博盛贝尔工贸有限公司	淄博留学人员创业园	先进制造
淄博盛永电气科技有限公司	淄博留学人员创业园	先进制造
淄博瞬龙工业自动化设备公司	淄博留学人员创业园	先进制造
淄博天九通工程有限公司	淄博留学人员创业园	先进制造
淄博天骏清洁设备有限公司	淄博留学人员创业园	先进制造
淄博天能电力有限公司	淄博留学人员创业园	先进制造
淄博拓驰电器有限公司	淄博留学人员创业园	先进制造
淄博威特电气有限公司	淄博留学人员创业园	先进制造
淄博威特汽车节油器有限公司	淄博留学人员创业园	先进制造
淄博新思源电器有限公司	淄博留学人员创业园	先进制造
淄博信邦电器有限公司	淄博留学人员创业园	先进制造
淄博迅实电气有限公司	淄博留学人员创业园	先进制造
淄博扬中电器有限公司	淄博留学人员创业园	先进制造
淄博英斯派克机电科技公司	淄博留学人员创业园	先进制造
淄博越华汽车燃气技术公司	淄博留学人员创业园	先进制造
淄博昭瑞通信设备有限公司	淄博留学人员创业园	先进制造
淄博智洋电气有限公司	淄博留学人员创业园	先进制造
淄博中瑞自动化控制工程系统有限公司	淄博留学人员创业园	先进制造
淄博中为通信设备有限公司	淄博留学人员创业园	先进制造
山东道奇橡胶轮胎新材料公司	淄博留学人员创业园	新材料
山东东大一诺威聚氨酯公司	淄博留学人员创业园	新材料
山东齐兴能源材料有限公司	淄博留学人员创业园	新材料

山东省帝龙矿业有限公司	淄博留学人员创业园	新材料
山东淄博康淄石油化工公司	淄博留学人员创业园	新材料
淄博爰普化工科技有限公司	淄博留学人员创业园	新材料
淄博奥克罗拉新材料公司	淄博留学人员创业园	新材料
淄博奥克新科技有限公司	淄博留学人员创业园	新材料
淄博博纳科技发展公司	淄博留学人员创业园	新材料
淄博畅安陶瓷科技有限公司	淄博留学人员创业园	新材料
淄博德诺铝业科技有限公司	淄博留学人员创业园	新材料
淄博法恩新材料有限公司	淄博留学人员创业园	新材料
淄博福世蓝高分子复合材料技术有限公司	淄博留学人员创业园	新材料
淄博亘泽精细化工有限公司	淄博留学人员创业园	新材料
淄博海泰高温材料科技公司	淄博留学人员创业园	新材料
淄博瀚宇材料有限公司	淄博留学人员创业园	新材料
淄博恒毅峻高分子滤材科技开发有限公司	淄博留学人员创业园	新材料
淄博华熙纺织印花有限公司	淄博留学人员创业园	新材料
淄博金纪元研磨材有限公司	淄博留学人员创业园	新材料
淄博巨宝轻工制品有限公司	淄博留学人员创业园	新材料
淄博开发区多纶油剂化工公司	淄博留学人员创业园	新材料
淄博科伦新技术有限公司	淄博留学人员创业园	新材料
淄博科麦化工科技开发公司	淄博留学人员创业园	新材料
淄博蓝资科技有限公司	淄博留学人员创业园	新材料
淄博理研泰山涂附磨具公司	淄博留学人员创业园	新材料
淄博鲁德新型发热材料开发有限公司	淄博留学人员创业园	新材料
淄博骆仕高温制品有限公司	淄博留学人员创业园	新材料
淄博奈奇尔纺织科技发展公司	淄博留学人员创业园	新材料
淄博诺达化工有限公司	淄博留学人员创业园	新材料
淄博普瑞家用纺织品科技公司	淄博留学人员创业园	新材料
淄博市劲松金属材料有限公司	淄博留学人员创业园	新材料
淄博四砂泰山砂布砂纸公司	淄博留学人员创业园	新材料
淄博溯源新材料科技有限公司	淄博留学人员创业园	新材料
淄博天疆化工建材有限公司	淄博留学人员创业园	新材料
淄博天峻德化工有限公司	淄博留学人员创业园	新材料
淄博新邦陶瓷科技有限公司	淄博留学人员创业园	新材料
淄博雪春化工科技有限公司	淄博留学人员创业园	新材料
淄博永麒化工有限公司	淄博留学人员创业园	新材料
淄博优能科技发展有限公司	淄博留学人员创业园	新材料
淄博中邦锆铝精细材料公司	淄博留学人员创业园	新材料
淄博中恒陶瓷色釉料有限公司	淄博留学人员创业园	新材料
淄博中理磨具公司	淄博留学人员创业园	新材料
淄博中南纺织科技有限公司	淄博留学人员创业园	新材料
淄博宝泉环保工程有限公司	淄博留学人员创业园	新能源环保
淄博广和窑业有限公司	淄博留学人员创业园	新能源环保
淄博海洁环境工程公司	淄博留学人员创业园	新能源环保
淄博科邦建材技术有限公司	淄博留学人员创业园	新能源环保
淄博科信窑炉工程有限公司	淄博留学人员创业园	新能源环保
淄博联星窑业技术公司	淄博留学人员创业园	新能源环保
淄博隆泰科技有限公司	淄博留学人员创业园	新能源环保
淄博梦溪环保科技有限公司	淄博留学人员创业园	新能源环保
淄博铭创环境科技有限公司	淄博留学人员创业园	新能源环保
淄博圣达瀚科邦新能源环保技术有限公司	淄博留学人员创业园	新能源环保
淄博翔瑞能源设备科技公司	淄博留学人员创业园	新能源环保
山东东方纹理防伪技术公司	淄博留学人员创业园	现代服务
山东信博洁具有限公司	淄博留学人员创业园	现代服务
赢时通科技（深圳）有限公司淄博分公司	淄博留学人员创业园	现代服务
淄博广景建筑工程咨询公司	淄博留学人员创业园	现代服务
烟台阿尔伯特电子科技有限公司	烟台留学人员创业园区	电子信息
烟台荷境软件科技有限公司	烟台留学人员创业园区	电子信息
烟台恒太光电技术有限公司	烟台留学人员创业园区	电子信息
烟台宏益微波科技有限公司	烟台留学人员创业园区	电子信息
烟台晶泰电子科技有限公司	烟台留学人员创业园区	电子信息

烟台立丰电子有限公司	烟台留学人员创业园区	电子信息
烟台特晶电子有限公司	烟台留学人员创业园区	电子信息
烟台羿中医疗科技有限公司	烟台留学人员创业园区	电子信息
烟台知勇电子科技有限公司	烟台留学人员创业园区	电子信息
山东靶点药物研究有限公司	烟台留学人员创业园区	生物医药
山东北药鲁抗医药科技有限公司	烟台留学人员创业园区	生物医药
烟台宝华生物技术有限公司	烟台留学人员创业园区	生物医药
烟台博杰瀚贤生物科技有限公司	烟台留学人员创业园区	生物医药
烟台博润泰合医药科技有限公司	烟台留学人员创业园区	生物医药
烟台哈博生物技术有限公司	烟台留学人员创业园区	生物医药
烟台海安药物研发有限公司	烟台留学人员创业园区	生物医药
烟台合能生物科技有限公司	烟台留学人员创业园区	生物医药
烟台汇鹏生物科技有限公司	烟台留学人员创业园区	生物医药
烟台嘉恒生物科技有限公司	烟台留学人员创业园区	生物医药
烟台隽秀生物科技有限公司	烟台留学人员创业园区	生物医药
烟台睿盈生物科技有限公司	烟台留学人员创业园区	生物医药
烟台天乐生物科技有限公司	烟台留学人员创业园区	生物医药
烟台益诺依生物医药科技有限公司	烟台留学人员创业园区	生物医药
烟台遨沣汽车科技有限公司	烟台留学人员创业园区	先进制造
烟台鼎成卫星导航定位技术有限公司	烟台留学人员创业园区	先进制造
烟台开发区大丰轴瓦有限公司	烟台留学人员创业园区	先进制造
烟台清瑞环保科技有限公司	烟台留学人员创业园区	先进制造
烟台神宇航天科技有限公司	烟台留学人员创业园区	先进制造
烟台水泰和水科技有限公司	烟台留学人员创业园区	先进制造
烟台爱德泰克光电材料有限公司	烟台留学人员创业园区	新材料
烟台晶品电子材料有限公司	烟台留学人员创业园区	新材料
烟台绿水赋膜材料有限公司	烟台留学人员创业园区	新材料
烟台润鑫新材料科技有限公司	烟台留学人员创业园区	新材料
烟台一诺电子材料有限公司	烟台留学人员创业园区	新材料
山东尚瑞环保节能科技有限公司	烟台留学人员创业园区	新能源环保
烟台开发区世纪能源科技有限公司	烟台留学人员创业园区	新能源环保
烟台澳西玩具有限公司	烟台留学人员创业园区	现代服务
烟台佰健海洋生物有限公司	烟台留学人员创业园区	现代服务
烟台海洋宝贝生物工程有限公司	烟台留学人员创业园区	现代服务
烟台恒马电子科技有限公司	烟台留学人员创业园区	现代服务
烟台联宇网络科技有限公司	烟台留学人员创业园区	现代服务
烟台润丰果酒有限公司	烟台留学人员创业园区	现代服务
威海奥博软件有限公司	威海留学人员创业园	电子信息
威海伯泰电子有限公司	威海留学人员创业园	电子信息
威海腓力建筑技术咨询有限公司	威海留学人员创业园	电子信息
威海枫叶科技开发有限公司	威海留学人员创业园	电子信息
威海光成信息技术有限公司	威海留学人员创业园	电子信息
威海嘉讯电子技术公司	威海留学人员创业园	电子信息
威海克劳斯数码通讯设备有限公司	威海留学人员创业园	电子信息
威海梦之路软件有限公司	威海留学人员创业园	电子信息
威海市金黎明科技开发有限公司	威海留学人员创业园	电子信息
威海市乐家电子科技有限公司	威海留学人员创业园	电子信息
威海维吉尼亚光电技术有限公司	威海留学人员创业园	电子信息
威海欣智信息科技有限公司	威海留学人员创业园	电子信息
威海新儒教育科技开发中心	威海留学人员创业园	电子信息
威海信石软件有限公司	威海留学人员创业园	电子信息
山东吉威医疗制品有限公司	威海留学人员创业园	生物医药
威海科力斯生物工程有限公司	威海留学人员创业园	生物医药
威海盛世田园生物工程有限公司	威海留学人员创业园	生物医药
威海市馥嘉园花卉有限公司	威海留学人员创业园	生物医药
威海祥泰药物控制释放技术开发有限公司	威海留学人员创业园	生物医药
威海秀水药物研发有限公司	威海留学人员创业园	生物医药
威海益康农业生物技术有限公司	威海留学人员创业园	生物医药
威海百克环保工程有限公司	威海留学人员创业园	先进制造
威海富瑞沃电子有限公司	威海留学人员创业园	先进制造

威海诺达科技有限公司	威海留学人员创业园	先进制造
威海远航科技发展有限公司	威海留学人员创业园	先进制造
威海鸿瑞通讯器材有限公司	威海留学人员创业园	新材料
威海健坤新材料制品有限公司	威海留学人员创业园	新材料
威海科益达电子有限公司	威海留学人员创业园	新材料
威海启航科技有限公司	威海留学人员创业园	新材料
威海紫润化工有限公司	威海留学人员创业园	新材料
山东二十度节能技术服务有限公司	威海留学人员创业园	新能源环保
河南道兰德智能科技有限公司	河南留学人员创业园	电子信息
河南诺尔康顿电子科技有限公司	河南留学人员创业园	电子信息
河南省辉耀网络技术有限公司	河南留学人员创业园	电子信息
河南云众创新信息技术有限公司	河南留学人员创业园	电子信息
郑州埃文计算机科技有限公司	河南留学人员创业园	电子信息
郑州安监科技有限公司	河南留学人员创业园	电子信息
郑州六如信息科技有限公司	河南留学人员创业园	电子信息
郑州帕菲特信息技术有限公司	河南留学人员创业园	电子信息
郑州三友软件科技有限公司	河南留学人员创业园	电子信息
郑州尚佐电子商务有限公司	河南留学人员创业园	电子信息
河南加华生物科技有限公司	河南留学人员创业园	生物医药
河南金赛生物科技有限公司	河南留学人员创业园	生物医药
河南金泰生物技术股份有限公司	河南留学人员创业园	生物医药
河南龙光三维生物工程有限公司	河南留学人员创业园	生物医药
河南旭阳生物技术有限公司	河南留学人员创业园	生物医药
郑州华纳生物科技有限公司	河南留学人员创业园	生物医药
郑州嘉豫医疗器械有限公司	河南留学人员创业园	生物医药
郑州润至生物科技有限公司	河南留学人员创业园	生物医药
郑州雅晨生物科技有限公司	河南留学人员创业园	生物医药
郑州海纳矿用设备有限公司	河南留学人员创业园	高端制造
河南金瑞新材料有限公司	河南留学人员创业园	新材料
河南恒天润景环境科技有限公司	河南留学人员创业园	新能源环保
郑州新锐达节能科技有限公司	河南留学人员创业园	新能源环保
郑州吉雅文化传播有限公司	河南留学人员创业园	文化创意
河南德之翼贸易有限公司	河南留学人员创业园	现代服务
河南绿地农业科技有限公司	河南留学人员创业园	现代服务
河南盛丰投资基金管理中心（有限合伙）	河南留学人员创业园	现代服务
郑州市政海平面设计有限公司	河南留学人员创业园	现代服务
郑州兴鸿装饰工程有限公司	河南留学人员创业园	现代服务
伊文特信息科技有限公司	郑州留学人员创业园	电子信息
郑州帕博信息有限公司	郑州留学人员创业园	电子信息
紫光捷通科技有限公司	郑州留学人员创业园	电子信息
海而思（郑州）科技有限公司	郑州留学人员创业园	生物医药
郑州极限药物有限公司	郑州留学人员创业园	生物医药
郑州美方科技有限公司	郑州留学人员创业园	生物医药
郑州谐创生物有限公司	郑州留学人员创业园	生物医药
郑州英诺色谱科技有限公司	郑州留学人员创业园	生物医药
郑州枫华实业有限公司	郑州留学人员创业园	先进制造
大润（郑州）科技有限公司	郑州留学人员创业园	新能源环保
立宇（郑州）化学有限公司	郑州留学人员创业园	新能源环保
郑州艾蒂奥科技有限公司	郑州留学人员创业园	新能源环保
洛阳电力工程设计研究院	洛阳留学人员创业园	电子信息
洛阳海普信息科技有限公司	洛阳留学人员创业园	电子信息
洛阳恒锐测控技术有限公司	洛阳留学人员创业园	电子信息
洛阳路为电子科技有限公司	洛阳留学人员创业园	电子信息
洛阳铭亚达机电设备有限公司	洛阳留学人员创业园	电子信息
洛阳神佳电子陶瓷有限公司	洛阳留学人员创业园	电子信息
洛阳紫光新技术有限公司	洛阳留学人员创业园	电子信息
河南健古生物工程有限公司	洛阳留学人员创业园	生物医药
捷威精密制造（洛阳）有限公司	洛阳留学人员创业园	先进制造
洛阳博丹机电科技有限公司	洛阳留学人员创业园	先进制造
洛阳润环电机轴承有限公司	洛阳留学人员创业园	先进制造

洛阳中航光电科技有限公司	洛阳留学人员创业园	先进制造
洛阳鸿泰半导体有限公司	洛阳留学人员创业园	新材料
洛阳美克金刚石有限公司	洛阳留学人员创业园	新材料
洛阳中商纳米材料有限公司	洛阳留学人员创业园	新材料
绿潮科技环保有限公司	洛阳留学人员创业园	新能源环保
洛阳博航光电科技有限公司	洛阳留学人员创业园	新能源环保
洛阳德茂电力有限公司	洛阳留学人员创业园	新能源环保
洛阳格瑞泰德科技环保有限公司	洛阳留学人员创业园	新能源环保
洛阳瑞英华节能蒸发器科技有限公司	洛阳留学人员创业园	新能源环保
洛阳市万有力重机有限公司	洛阳留学人员创业园	新能源环保
河南安泰保安有限公司	洛阳留学人员创业园	现代服务
洛阳融泰保险代理有限公司	洛阳留学人员创业园	现代服务
洛阳水泥工程设计研究院有限公司	洛阳留学人员创业园	现代服务
洛阳顺隆商贸有限公司	洛阳留学人员创业园	现代服务
东润博联（武汉）投资管理有限公司	武汉留学生创业园	电子信息
歌锦企业信息科技（武汉）有限公司	武汉留学生创业园	电子信息
光谷发展智慧产业（武汉）研究院有限公司	武汉留学生创业园	电子信息
光谷云计算武汉有限公司	武汉留学生创业园	电子信息
湖北思高科技发展有限公司	武汉留学生创业园	电子信息
湖北微模式科技发展有限公司	武汉留学生创业园	电子信息
湖北印象光电信息产业有限公司	武汉留学生创业园	电子信息
联思普瑞（武汉）电子科技有限公司	武汉留学生创业园	电子信息
武汉艾若信息科技有限公司	武汉留学生创业园	电子信息
武汉安扬激光技术有限责任公司	武汉留学生创业园	电子信息
武汉奥美达易货有限公司	武汉留学生创业园	电子信息
武汉布拉德科技有限公司	武汉留学生创业园	电子信息
武汉畅联光电科技有限公司	武汉留学生创业园	电子信息
武汉东科创星管理咨询有限公司	武汉留学生创业园	电子信息
武汉东羽光机电科技有限公司	武汉留学生创业园	电子信息
武汉风亦云科技有限公司	武汉留学生创业园	电子信息
武汉福创投资管理有限公司	武汉留学生创业园	电子信息
武汉富泰华创科技有限公司	武汉留学生创业园	电子信息
武汉高晟知光科技有限公司	武汉留学生创业园	电子信息
武汉古马路科技有限公司	武汉留学生创业园	电子信息
武汉光谷集成股份有限公司	武汉留学生创业园	电子信息
武汉光粒网络科技有限公司	武汉留学生创业园	电子信息
武汉海为无线科技有限公司	武汉留学生创业园	电子信息
武汉汉达瑞科技有限公司	武汉留学生创业园	电子信息
武汉昊奇科技有限公司	武汉留学生创业园	电子信息
武汉恒泰志远科技有限责任公司	武汉留学生创业园	电子信息
武汉宏源寰球科技有限公司	武汉留学生创业园	电子信息
武汉华适壮智能新科技有限公司	武汉留学生创业园	电子信息
武汉辉创信息科技有限公司	武汉留学生创业园	电子信息
武汉慧人信息科技有限公司	武汉留学生创业园	电子信息
武汉基数星通信科技有限公司	武汉留学生创业园	电子信息
武汉加图电子有限公司	武汉留学生创业园	电子信息
武汉嘉业恒科技有限公司	武汉留学生创业园	电子信息
武汉晶镭科技有限公司	武汉留学生创业园	电子信息
武汉聚电科技有限责任公司	武汉留学生创业园	电子信息
武汉凯信科技有限公司	武汉留学生创业园	电子信息
武汉康桥伟业高新科技有限公司	武汉留学生创业园	电子信息
武汉科晟华科技有限公司	武汉留学生创业园	电子信息
武汉力益半导体科技有限公司	武汉留学生创业园	电子信息
武汉联瑞科微电子有限公司	武汉留学生创业园	电子信息
武汉洛英科技有限公司	武汉留学生创业园	电子信息
武汉美电恩智电子科技有限公司	武汉留学生创业园	电子信息
武汉眸博科技有限公司	武汉留学生创业园	电子信息
武汉欧众科技发展有限公司	武汉留学生创业园	电子信息
武汉磐阳科技有限公司	武汉留学生创业园	电子信息
武汉祺景科技有限公司	武汉留学生创业园	电子信息

武汉瑞芯科微电子技术有限公司	武汉留学生创业园	电子信息
武汉十五现代心理科学研究院	武汉留学生创业园	电子信息
武汉史蒂芬凯科技有限公司	武汉留学生创业园	电子信息
武汉市兑尔科技有限公司	武汉留学生创业园	电子信息
武汉市三联永成科技有限公司	武汉留学生创业园	电子信息
武汉市天晨翔云数据有限公司	武汉留学生创业园	电子信息
武汉市云瞻信息科技有限公司	武汉留学生创业园	电子信息
武汉司南科技有限公司	武汉留学生创业园	电子信息
武汉图歌信息技术有限责任公司	武汉留学生创业园	电子信息
武汉威大科技技术有限公司	武汉留学生创业园	电子信息
武汉帷幄信息技术有限公司	武汉留学生创业园	电子信息
武汉新旅程创新科技有限公司	武汉留学生创业园	电子信息
武汉星聚汇科技有限公司	武汉留学生创业园	电子信息
武汉迅光微电子科技有限公司	武汉留学生创业园	电子信息
武汉一唐科技有限公司	武汉留学生创业园	电子信息
武汉易路网络技术有限公司	武汉留学生创业园	电子信息
武汉意普科技有限责任公司	武汉留学生创业园	电子信息
武汉鹰飞拓光电子有限公司	武汉留学生创业园	电子信息
武汉优维科技有限责任公司	武汉留学生创业园	电子信息
武汉优赢科技有限公司	武汉留学生创业园	电子信息
武汉友睿科技有限公司	武汉留学生创业园	电子信息
武汉远众科技有限公司	武汉留学生创业园	电子信息
武汉云歌科技有限公司	武汉留学生创业园	电子信息
武汉云雅科技有限公司	武汉留学生创业园	电子信息
武汉智丽丰信息科技有限公司	武汉留学生创业园	电子信息
武汉中昊信科技有限公司	武汉留学生创业园	电子信息
武汉众合德信技术有限公司	武汉留学生创业园	电子信息
英伟讯（湖北）信息技术有限公司	武汉留学生创业园	电子信息
艾博（武汉）生物技术有限公司	武汉留学生创业园	生物医药
安拜（武汉）生物科技有限公司	武汉留学生创业园	生物医药
湖北维达健基因技术有限公司	武汉留学生创业园	生物医药
朗力生物医药（武汉）有限公司	武汉留学生创业园	生物医药
天至生物科技有限公司	武汉留学生创业园	生物医药
武汉奥斯梅得生物医药有限公司	武汉留学生创业园	生物医药
武汉百翼生物科技有限公司	武汉留学生创业园	生物医药
武汉高华细胞技术有限公司	武汉留学生创业园	生物医药
武汉格林泰克科技有限公司	武汉留学生创业园	生物医药
武汉哈福科技有限公司	武汉留学生创业园	生物医药
武汉吉肽生物科技有限公司	武汉留学生创业园	生物医药
武汉璟泓金晟生物科技有限公司	武汉留学生创业园	生物医药
武汉康碧瑞医疗科技发展有限公司	武汉留学生创业园	生物医药
武汉科奥美萃生物科技有限公司	武汉留学生创业园	生物医药
武汉摩尔生物科技有限公司	武汉留学生创业园	生物医药
武汉沐风科技有限公司	武汉留学生创业园	生物医药
武汉荣坛技术有限公司	武汉留学生创业园	生物医药
武汉瑞迪沃兹生物工程有限责任公司	武汉留学生创业园	生物医药
武汉市星熠艾克生物医药有限责任公司	武汉留学生创业园	生物医药
武汉蔚澜生物技术有限公司	武汉留学生创业园	生物医药
武汉友联述康医药技术有限公司	武汉留学生创业园	生物医药
武汉远征世纪制药有限公司	武汉留学生创业园	生物医药
武汉志邦化学技术有限公司	武汉留学生创业园	生物医药
武汉光晔科技有限公司	武汉留学生创业园	新材料
武汉汉唐电子材料开发有限公司	武汉留学生创业园	新材料
武汉环材科技有限公司	武汉留学生创业园	新材料
武汉思臻光信息科技有限公司	武汉留学生创业园	新材料
大湖生物（武汉）有限责任公司	武汉留学生创业园	新能源环保
湖北华测能源系统工程有限公司	武汉留学生创业园	新能源环保
湖北景禾环保有限公司	武汉留学生创业园	新能源环保
湖北纽太力环境科技有限公司	武汉留学生创业园	新能源环保
武汉碧海云天科技股份有限公司	武汉留学生创业园	新能源环保

武汉福斯隆科技有限公司	武汉留学生创业园	新能源环保
武汉格林威科技发展有限公司	武汉留学生创业园	新能源环保
武汉国能恩格新能源环保科技有限公司	武汉留学生创业园	新能源环保
武汉视窗卫士高科技有限公司	武汉留学生创业园	新能源环保
武汉威科奇科技发展有限公司	武汉留学生创业园	新能源环保
武汉希瑞技术有限公司	武汉留学生创业园	新能源环保
武汉紫灿科技有限公司	武汉留学生创业园	新能源环保
迅捷卓越传动系统科技（武汉）有限责任公司	武汉留学生创业园	新能源环保
武汉汉迪机器人科技有限公司	武汉留学生创业园	先进制造
武汉金顿激光科技有限公司	武汉留学生创业园	先进制造
武汉光谷西铂科技有限公司	武汉留学生创业园	现代服务
武汉上谱分析科技有限责任公司	武汉留学生创业园	现代服务
武汉昭融汇利投资管理有限责任公司	武汉留学生创业园	现代服务
湖南海邦高科技术有限公司	长沙留学人员创业园	电子信息
湖南航网电子科技有限公司	长沙留学人员创业园	电子信息
湖南好百客科技有限责任公司	长沙留学人员创业园	电子信息
湖南辉鹏投资有限公司	长沙留学人员创业园	电子信息
湖南省万博教育发展有限公司	长沙留学人员创业园	电子信息
湖南惟思科技有限公司	长沙留学人员创业园	电子信息
湖南湘瑞智能工控设备有限公司	长沙留学人员创业园	电子信息
湖南众淼科技有限公司	长沙留学人员创业园	电子信息
长沙安力国昌科技有限公司	长沙留学人员创业园	电子信息
长沙博为软件技术有限公司	长沙留学人员创业园	电子信息
长沙畅行支付信息技术有限公司	长沙留学人员创业园	电子信息
长沙德灵软件有限公司	长沙留学人员创业园	电子信息
长沙梵天网络科技有限公司	长沙留学人员创业园	电子信息
长沙高新开发区中雅科技有限公司	长沙留学人员创业园	电子信息
长沙立中软件开发有限公司	长沙留学人员创业园	电子信息
长沙诺沙能源科技有限公司	长沙留学人员创业园	电子信息
长沙奇星网络科技有限公司	长沙留学人员创业园	电子信息
长沙市勉志教育咨询有限公司	长沙留学人员创业园	电子信息
长沙天野电子科技有限公司	长沙留学人员创业园	电子信息
长沙帷幄信息科技有限公司	长沙留学人员创业园	电子信息
长沙我看信息技术有限公司	长沙留学人员创业园	电子信息
长沙新睿信息科技有限公司	长沙留学人员创业园	电子信息
长沙医林信息技术有限公司	长沙留学人员创业园	电子信息
长沙依斯基微震监测设备有限公司	长沙留学人员创业园	电子信息
长沙元泰科技有限公司	长沙留学人员创业园	电子信息
长沙知金电子科技有限公司	长沙留学人员创业园	电子信息
大邦（湖南）生物制药有限公司	长沙留学人员创业园	生物医药
汉五生物工程（长沙）有限公司	长沙留学人员创业园	生物医药
湖南安淳高新技术有限公司	长沙留学人员创业园	生物医药
湖南安和寿生物科技有限公司	长沙留学人员创业园	生物医药
湖南程谦森中药基因研究所	长沙留学人员创业园	生物医药
湖南昊康医疗科技有限公司	长沙留学人员创业园	生物医药
湖南华立美东高科技有限公司	长沙留学人员创业园	生物医药
湖南华腾制药有限公司	长沙留学人员创业园	生物医药
湖南惠霖生命科技有限公司	长沙留学人员创业园	生物医药
湖南金缔康营养品股份有限公司	长沙留学人员创业园	生物医药
湖南科恩医药有限公司	长沙留学人员创业园	生物医药
湖南科尔生物技术有限公司	长沙留学人员创业园	生物医药
湖南麓谷仁馨生物技术有限公司	长沙留学人员创业园	生物医药
湖南强邦化工科技有限公司	长沙留学人员创业园	生物医药
湖南圣湘生物科技有限公司	长沙留学人员创业园	生物医药
湖南新诺基生物科技有限公司	长沙留学人员创业园	生物医药
湖南盈资生物科技有限公司	长沙留学人员创业园	生物医药
湖南佑立科技股份有限公司	长沙留学人员创业园	生物医药
湖南远泰生物技术有限公司	长沙留学人员创业园	生物医药
长沙安比奥生物技术有限公司	长沙留学人员创业园	生物医药
长沙安迪生物科技有限公司	长沙留学人员创业园	生物医药

长沙奥国生物科技有限公司	长沙留学人员创业园	生物医药
长沙博优生物科技有限公司	长沙留学人员创业园	生物医药
长沙传奇生物科技有限公司	长沙留学人员创业园	生物医药
长沙德源生物科技有限公	长沙留学人员创业园	生物医药
长沙珐茱生物科技有限公司	长沙留学人员创业园	生物医药
长沙福滋堂生物技术开发有限公司绿洲植物	长沙留学人员创业园	生物医药
长沙富能生物技术有限公司	长沙留学人员创业园	生物医药
长沙厚益深泰医药科技有限公司	长沙留学人员创业园	生物医药
长沙美东医药科技有限公司	长沙留学人员创业园	生物医药
长沙三诺生物传感技术有限公司	长沙留学人员创业园	生物医药
长沙桑霖生物科技有限公司	长沙留学人员创业园	生物医药
长沙圣艾薇生物科技有限公司	长沙留学人员创业园	生物医药
长沙市智丰生物技术合伙企业（普通合伙）	长沙留学人员创业园	生物医药
长沙翔亚医药科技有限公司	长沙留学人员创业园	生物医药
长沙新生康源生物医药有限公司	长沙留学人员创业园	生物医药
湖南奔腾动力有限公司	长沙留学人员创业园	先进制造
湖南华曙高科技有限责任公司	长沙留学人员创业园	先进制造
湖南惠诚控制系统有限公司	长沙留学人员创业园	先进制造
湖南江麓容大车辆传动股份有限公司	长沙留学人员创业园	先进制造
湖南美纳科技有限公司	长沙留学人员创业园	先进制造
湖南容大汽车电子技术有限公司	长沙留学人员创业园	先进制造
湖南万合能源科技有限公司	长沙留学人员创业园	先进制造
湖南易通莲花汽车悬架科技股份有限公司	长沙留学人员创业园	先进制造
长沙大方精密机电有限公司	长沙留学人员创业园	先进制造
长沙高新开发区拓旗汽车电器有限公司	长沙留学人员创业园	先进制造
长沙高新区奥西机电科技有限公司	长沙留学人员创业园	先进制造
长沙立中汽车设计开发有限公司	长沙留学人员创业园	先进制造
长沙溇澧机电科技有限公司	长沙留学人员创业园	先进制造
长沙赛德技术推广服务有限公司	长沙留学人员创业园	先进制造
长沙市新龙机电科技有限公司	长沙留学人员创业园	先进制造
长沙长能电气有限公司	长沙留学人员创业园	先进制造
长沙作为测量技术有限公司	长沙留学人员创业园	先进制造
湖南百富瑞材料有限责任公司	长沙留学人员创业园	新材料
湖南吉瑞斯材料科技有限公司	长沙留学人员创业园	新材料
湖南金戈新材料有限责任公司	长沙留学人员创业园	新材料
湖南力澳投资发展有限公司	长沙留学人员创业园	新材料
湖南迈迪科新材有限公司	长沙留学人员创业园	新材料
湖南赛钴国际贸易有限公司	长沙留学人员创业园	新材料
湖南省银义新材料科技有限公司	长沙留学人员创业园	新材料
湖南文象炭基环保材料有限公司	长沙留学人员创业园	新材料
湖南友能高新技术有限公司	长沙留学人员创业园	新材料
湖南源创高科工业技术有限公司	长沙留学人员创业园	新材料
湖南长坤材料有限公司	长沙留学人员创业园	新材料
湖南中科微纳新能源环保科技有限公司	长沙留学人员创业园	新材料
湖南筑泰工程有限公司	长沙留学人员创业园	新材料
长沙澳大冶金工程技术有限公司	长沙留学人员创业园	新材料
长沙邦捷电池有限公司	长沙留学人员创业园	新材料
长沙宝锋能源科技有限公司	长沙留学人员创业园	新材料
长沙岱勒金刚石制品有限公司	长沙留学人员创业园	新材料
长沙华希金属材料有限公司	长沙留学人员创业园	新材料
长沙汇远新材料有限公司	长沙留学人员创业园	新材料
长沙凯森竹木新技术有限公司	长沙留学人员创业园	新材料
长沙伟晖高科技新材料有限公司	长沙留学人员创业园	新材料
长沙奕景科技发展有限公司	长沙留学人员创业园	新材料
长沙中大建设工程检测技术有限公司	长沙留学人员创业园	新材料
湖南先科环保有限公司	长沙留学人员创业园	新能源环保
湖南鼎创环保科技有限公司	长沙留学人员创业园	新能源环保
湖南和创环境工程有限公司	长沙留学人员创业园	新能源环保
湖南开昂新能源环保科技有限公司	长沙留学人员创业园	新能源环保
湖南斯凯电气有限公司	长沙留学人员创业园	新能源环保

湖南泰颐动力有限公司	长沙留学人员创业园	新能源环保
湖南永清环保研究院有限公司	长沙留学人员创业园	新能源环保
瑞斯拓（湖南）科技有限公司	长沙留学人员创业园	新能源环保
长沙创享环保科技有限公司	长沙留学人员创业园	新能源环保
长沙福泉环保科技有限公司	长沙留学人员创业园	新能源环保
长沙凯力能源科技有限公司	长沙留学人员创业园	新能源环保
长沙祺辰环保科技有限公司	长沙留学人员创业园	新能源环保
长沙市海德机电科技有限公司	长沙留学人员创业园	新能源环保
长沙禹之神环保技术有限公司	长沙留学人员创业园	新能源环保
湖南创安科技有限公司	长沙留学人员创业园	现代服务
湖南盛德投资管理有限公司	长沙留学人员创业园	现代服务
湖南未名凯拓作物分子设计中心有限公司	长沙留学人员创业园	现代服务
长沙爱世普林投资管理有限公司	长沙留学人员创业园	现代服务
长沙和邦管理咨询有限公司	长沙留学人员创业园	现代服务
长沙九派企业管理公司	长沙留学人员创业园	现代服务
长沙卡斯蒂亚商贸有限公司	长沙留学人员创业园	现代服务
长沙卡斯蒂亚西班牙语教育咨询有限公司	长沙留学人员创业园	现代服务
长沙乐活家芬家居用品有限公司	长沙留学人员创业园	现代服务
长沙舍那文化传播有限公司	长沙留学人员创业园	现代服务
长沙市常宸信息技术有限公司	长沙留学人员创业园	现代服务
长沙亿多环保科技有限公司	长沙留学人员创业园	现代服务
湖南博瑞新药有限公司	湖南生物医药留学人员创业园	生物医药
湖南福湘生物技术有限公司	湖南生物医药留学人员创业园	生物医药
湖南汉方生物科技有限公司	湖南生物医药留学人员创业园	生物医药
湖南宏灏生物医药有限公司	湖南生物医药留学人员创业园	生物医药
湖南三清药业有限公司	湖南生物医药留学人员创业园	生物医药
湖南湘雅基因技术有限公司	湖南生物医药留学人员创业园	生物医药
湖南一线生物工程有限公司	湖南生物医药留学人员创业园	生物医药
湖南有色凯铂生物药业有限公司	湖南生物医药留学人员创业园	生物医药
浏阳艾特天然产物研究与开发有限公司	湖南生物医药留学人员创业园	生物医药
浏阳恒业生物科技有限公司	湖南生物医药留学人员创业园	生物医药
浏阳市汉东新药技术开发有限公司	湖南生物医药留学人员创业园	生物医药
长沙奥顿生物医药科技有限公司	湖南生物医药留学人员创业园	生物医药
长沙德文生物科技开发有限公司	湖南生物医药留学人员创业园	生物医药
长沙和新康生物工程有限公司	湖南生物医药留学人员创业园	生物医药
长沙华源医药科技开发有限公司	湖南生物医药留学人员创业园	生物医药
长沙凯斯唐生物化学技术开发有限公司	湖南生物医药留学人员创业园	生物医药
长沙科恩医药技术有限公司	湖南生物医药留学人员创业园	生物医药
长沙欧力生物医药技术有限公司	湖南生物医药留学人员创业园	生物医药
长沙三创生物技术有限公司	湖南生物医药留学人员创业园	生物医药
长沙天赐生物医药科技有限公司	湖南生物医药留学人员创业园	生物医药
长沙英赛特生物技术有限公司	湖南生物医药留学人员创业园	生物医药
株洲和丰动力电器有限公司	株洲留学人员创业园	电子信息
株洲华通科技有限责任公司	株洲留学人员创业园	电子信息
株洲嘉成科技发展有限公司	株洲留学人员创业园	电子信息
株洲君安企业技术中心	株洲留学人员创业园	电子信息
株洲开发区智能电子有限公司	株洲留学人员创业园	电子信息
株洲开发区中南电脑科技有限公司	株洲留学人员创业园	电子信息
株洲起源科技有限公司	株洲留学人员创业园	电子信息
株洲踏浪信息技术有限公司	株洲留学人员创业园	电子信息
株洲兴联科技有限公司	株洲留学人员创业园	电子信息
湖南恒祥高科数码技术有限公司	株洲留学人员创业园	先进制造
湖南三本科技发展有限公司	株洲留学人员创业园	先进制造
湘煤立达矿山装备股份有限公司	株洲留学人员创业园	先进制造
株洲广义电子技术有限公司	株洲留学人员创业园	先进制造
株洲美盛科技有限公司	株洲留学人员创业园	先进制造
湖南晨翔复合材料科技有限公司	株洲留学人员创业园	新材料
株洲创锐高强陶瓷有限公司	株洲留学人员创业园	新材料
株洲高新技术开发区金鑫科技有限公司	株洲留学人员创业园	新材料
株洲华美钨合金有限公司	株洲留学人员创业园	新材料

株洲华锐硬质合金工具有限公司	株洲留学人员创业园	新材料
株洲联信金属有限公司	株洲留学人员创业园	新材料
株洲融城高分子材料有限公司	株洲留学人员创业园	新材料
株洲瑞高塑胶有限责任公司	株洲留学人员创业园	新材料
株洲市申龙硬质合金有限公司	株洲留学人员创业园	新材料
株洲沃尔德金属材料有限公司	株洲留学人员创业园	新材料
株洲众诚新材料科技有限公司	株洲留学人员创业园	新材料
湖南富利来环保科技有限公司	株洲留学人员创业园	新能源环保
湖南秋克热源塔热泵科技工程有限公司	株洲留学人员创业园	新能源环保
湖南生命伟业科技有限公司	株洲留学人员创业园	新能源环保
株洲丛发环保科技有限公司	株洲留学人员创业园	新能源环保
株洲金陶高能材料有限公司	株洲留学人员创业园	新能源环保
湖南立晶科技有限责任公司	株洲留学人员创业园	现代服务
湘晟文化传播有限公司	株洲留学人员创业园	现代服务
株洲朗微数控工具有限公司	株洲留学人员创业园	现代服务
株洲联和进出口贸易有限公司	株洲留学人员创业园	现代服务
株洲时代铁路机电有限责任公司	株洲留学人员创业园	现代服务
株洲天利铁路机车车辆配件有限公司	株洲留学人员创业园	现代服务
株洲印象光电信息产业有限公司	株洲留学人员创业园	现代服务
株洲振兴湘企信息技术有限公司	株洲留学人员创业园	现代服务
安凯（广州）软件技术有限公司	留学人员广州创业园	电子信息
广州爱亿信息科技有限公司	留学人员广州创业园	电子信息
广州澳科勘探技术有限公司	留学人员广州创业园	电子信息
广州必视谷信息技术有限公司	留学人员广州创业园	电子信息
广州德高教育软件有限公司	留学人员广州创业园	电子信息
广州德宏矿业科技有限公司	留学人员广州创业园	电子信息
广州德联通讯技术有限公司	留学人员广州创业园	电子信息
广州东唐电子科技有限公司	留学人员广州创业园	电子信息
广州关键光电子科技有限公司	留学人员广州创业园	电子信息
广州佳彩数码科技有限公司	留学人员广州创业园	电子信息
广州嘉崎智能科技有限公司	留学人员广州创业园	电子信息
广州精源电子设备有限公司	留学人员广州创业园	电子信息
广州凯斯瑞自动化科技有限公司	留学人员广州创业园	电子信息
广州康中德电子材料有限公司	留学人员广州创业园	电子信息
广州每日物流管理技术有限公司	留学人员广州创业园	电子信息
广州欧竞信息科技有限公司	留学人员广州创业园	电子信息
广州睿慧新电子有限公司	留学人员广州创业园	电子信息
广州三则电子材料有限公司	留学人员广州创业园	电子信息
广州商惠信息科技有限公司	留学人员广州创业园	电子信息
广州升力智能科技有限公司	留学人员广州创业园	电子信息
广州市华电技术有限公司	留学人员广州创业园	电子信息
广州市加信电子技术有限公司	留学人员广州创业园	电子信息
广州市金明科技有限公司	留学人员广州创业园	电子信息
广州市精进电子科技有限公司	留学人员广州创业园	电子信息
广州市绿讯科技有限公司	留学人员广州创业园	电子信息
广州市夏商周网络技术有限公司	留学人员广州创业园	电子信息
广州市泫浩网络科技有限公司	留学人员广州创业园	电子信息
广州市扬帆计算机科技有限公司	留学人员广州创业园	电子信息
广州市知盾安全系统技术有限公司	留学人员广州创业园	电子信息
广州市智同计算机软件有限公司	留学人员广州创业园	电子信息
广州视新电子科技有限公司	留学人员广州创业园	电子信息
广州斯麦电子科技有限公司	留学人员广州创业园	电子信息
广州索答信息科技有限公司	留学人员广州创业园	电子信息
广州万德威尔自动化系统有限公司	留学人员广州创业园	电子信息
广州伟沃工业设备有限公司	留学人员广州创业园	电子信息
广州沃创特电子有限公司	留学人员广州创业园	电子信息
广州亿恩网络科技有限公司	留学人员广州创业园	电子信息
广州粤瓷电子科技有限公司	留学人员广州创业园	电子信息
广州中加矿业有限公司	留学人员广州创业园	电子信息
百奥泰生物科技（广州）有限公司	留学人员广州创业园	生物医药

广东冠昊生物科技有限公司	留学人员广州创业园	生物医药
广东华南联合疫苗开发院有限公司	留学人员广州创业园	生物医药
广东五羊医药科技有限公司	留学人员广州创业园	生物医药
广东中大南海海洋生物技术工程中心有限公司	留学人员广州创业园	生物医药
广州艾格生物科技有限公司	留学人员广州创业园	生物医药
广州艾奇西医药科技有限公司	留学人员广州创业园	生物医药
广州爱格生物医药有限公司	留学人员广州创业园	生物医药
广州博雅睡眠科技有限公司	留学人员广州创业园	生物医药
广州达博生物制品有限公司	留学人员广州创业园	生物医药
广州迪澳生物科技有限公司	留学人员广州创业园	生物医药
广州帝奇医药技术有限公司	留学人员广州创业园	生物医药
广州飞扬生物工程有限公司	留学人员广州创业园	生物医药
广州弗赛生物科技有限公司	留学人员广州创业园	生物医药
广州复能基因有限公司	留学人员广州创业园	生物医药
广州格林泰克化学技术有限公司	留学人员广州创业园	生物医药
广州共禾医药科技有限公司	留学人员广州创业园	生物医药
广州海力特生物科技有限公司	留学人员广州创业园	生物医药
广州海天德威生物科技有限公司	留学人员广州创业园	生物医药
广州和竺生物科技有限公司	留学人员广州创业园	生物医药
广州鸿琪光学仪器科技有限公司	留学人员广州创业园	生物医药
广州呼研所医药科技有限公司	留学人员广州创业园	生物医药
广州华灿医药科技有限公司	留学人员广州创业园	生物医药
广州华峰生物科技有限公司	留学人员广州创业园	生物医药
广州华美康联生物科技有限公司	留学人员广州创业园	生物医药
广州华银医药科技有限公司	留学人员广州创业园	生物医药
广州惠泽生物科技有限公司	留学人员广州创业园	生物医药
广州加原医药科技有限公司	留学人员广州创业园	生物医药
广州健天基因技术有限公司	留学人员广州创业园	生物医药
广州进黔医药技术咨询有限公司	留学人员广州创业园	生物医药
广州精达医学科技有限公司	留学人员广州创业园	生物医药
广州隽康生物科技有限公司	留学人员广州创业园	生物医药
广州兰锐医疗科技有限公司	留学人员广州创业园	生物医药
广州力元生物技术有限公司	留学人员广州创业园	生物医药
广州立恩生物科技有限公司	留学人员广州创业园	生物医药
广州柳元生物技术有限公司	留学人员广州创业园	生物医药
广州罗森生物制药有限公司	留学人员广州创业园	生物医药
广州绿萃生物科技有限公司	留学人员广州创业园	生物医药
广州迈普再生医学科技有限公司	留学人员广州创业园	生物医药
广州美可生物科技有限公司	留学人员广州创业园	生物医药
广州门捷生物科技有限公司	留学人员广州创业园	生物医药
广州欧浦瑞医疗科技有限公司	留学人员广州创业园	生物医药
广州普霖施通医疗科技有限公司	留学人员广州创业园	生物医药
广州普星药业有限公司	留学人员广州创业园	生物医药
广州锐达生物科技有限公司	留学人员广州创业园	生物医药
广州锐士伯医疗科技有限公司	留学人员广州创业园	生物医药
广州瑞博奥生物科技有限公司	留学人员广州创业园	生物医药
广州睿凯生物技术有限公司	留学人员广州创业园	生物医药
广州申益皮卡生物技术有限公司	留学人员广州创业园	生物医药
广州市佰而林生物科技有限公司	留学人员广州创业园	生物医药
广州市搏克生物技术有限公司	留学人员广州创业园	生物医药
广州市创制医药技术开发有限公司	留学人员广州创业园	生物医药
广州市碱素生物制品有限公司	留学人员广州创业园	生物医药
广州市凯诺生物科技有限公司	留学人员广州创业园	生物医药
广州市启源生物科技有限公司	留学人员广州创业园	生物医药
广州市锐博生物科技有限公司	留学人员广州创业园	生物医药
广州市泰乙医药生物技术有限公司	留学人员广州创业园	生物医药
广州市威司特生物科技有限公司	留学人员广州创业园	生物医药
广州市研创生物技术发展有限公司	留学人员广州创业园	生物医药
广州市忆明科学仪器有限公司	留学人员广州创业园	生物医药
广州斯威森科技有限公司	留学人员广州创业园	生物医药

广州维仁生物科技有限公司	留学人员广州创业园	生物医药
广州益善生物技术有限公司	留学人员广州创业园	生物医药
广州银河阳光生物制品有限公司	留学人员广州创业园	生物医药
广州英诺生物医药有限公司	留学人员广州创业园	生物医药
广州尤尼科生物科技有限公司	留学人员广州创业园	生物医药
广州源生医药科技有限公司	留学人员广州创业园	生物医药
海狸（广州）生物科技有限公司	留学人员广州创业园	生物医药
赛业（广州）生物科技有限公司	留学人员广州创业园	生物医药
广州富通光科技有限公司	留学人员广州创业园	先进制造
广州弘立机电设备有限公司	留学人员广州创业园	先进制造
广州魁科机电科技有限公司	留学人员广州创业园	先进制造
广州市晨森机电工程有限公司	留学人员广州创业园	先进制造
广州市穗进机电技术有限公司	留学人员广州创业园	先进制造
广州格瑞特材料科技有限公司	留学人员广州创业园	新材料
广州华之特奥因特种材料科技有限公司	留学人员广州创业园	新材料
广州齐达材料科技有限公司	留学人员广州创业园	新材料
广州锐优表面科技有限公司	留学人员广州创业园	新材料
广州三辰化工科技有限公司	留学人员广州创业园	新材料
广州市研理复合材料科技有限公司	留学人员广州创业园	新材料
广州市银塑阻燃化工有限公司	留学人员广州创业园	新材料
广州数码艺精细化学有限公司	留学人员广州创业园	新材料
广州西克化工科技有限公司	留学人员广州创业园	新材料
广州优本化工有限公司	留学人员广州创业园	新材料
广州优路美新型建材有限公司	留学人员广州创业园	新材料
金毅新材料科技（广州）有限公司	留学人员广州创业园	新材料
广东高空风能技术有限公司	留学人员广州创业园	新能源环保
广州博能能源科技有限公司	留学人员广州创业园	新能源环保
广州达威散热科技有限公司	留学人员广州创业园	新能源环保
广州灏和节能科技有限公司	留学人员广州创业园	新能源环保
广州洁柏能源科技有限公司	留学人员广州创业园	新能源环保
广州市捷晶能源科技有限公司	留学人员广州创业园	新能源环保
广州市科林太克环保设备有限公司	留学人员广州创业园	新能源环保
广州市利示普照明科技有限公司	留学人员广州创业园	新能源环保
广州市绿巨人生物环保技术有限公司	留学人员广州创业园	新能源环保
广州市臻康环保科技有限公司	留学人员广州创业园	新能源环保
广州思腾低碳科技有限公司	留学人员广州创业园	新能源环保
广州翔曦能源科技有限公司	留学人员广州创业园	新能源环保
广州远兰矿业科技有限公司	留学人员广州创业园	新能源环保
广州珠水环境科技有限公司	留学人员广州创业园	新能源环保
联企（广州）环保科技有限公司	留学人员广州创业园	新能源环保
广州市财智情商动漫有限公司	留学人员广州创业园	文化创意
广东安信风险投资有限公司	留学人员广州创业园	现代服务
广州宝祺来贸易有限公司	留学人员广州创业园	现代服务
广州珞科贸易有限公司开发区分公司	留学人员广州创业园	现代服务
广州市唐大投资咨询有限公司	留学人员广州创业园	现代服务
广州朗粤信息科技有限公司	广州市留学人员创业（海珠）基地	电子信息
广州市纽兰达计算机技术有限公司	广州市留学人员创业（海珠）基地	电子信息
广州市锐星计算机科技有限公司	广州市留学人员创业（海珠）基地	电子信息
广州市忠微计算机科技有限公司	广州市留学人员创业（海珠）基地	电子信息
广州维奇数码科技有限公司	广州市留学人员创业（海珠）基地	电子信息
广州掌景数码科技有限公司	广州市留学人员创业（海珠）基地	电子信息
广州市泛凯生物科技有限公司	广州市留学人员创业（海珠）基地	生物医药
广州市豪骏生物工程有限公司	广州市留学人员创业（海珠）基地	生物医药
广州市开恒生物科技有限公司	广州市留学人员创业（海珠）基地	生物医药
广州裕立生物科技有限公司	广州市留学人员创业（海珠）基地	生物医药
广州市翔宇电子有限公司	广州市留学人员创业（海珠）基地	新材料
AEM科技（苏州）有限公司深圳分公司	深圳市留学生创业园	电子信息
才外才信息科技（深圳）有限公司	深圳市留学生创业园	电子信息
深圳爱生再生医学科技有限公司	深圳市留学生创业园	电子信息
深圳奥比中光科技有限公司	深圳市留学生创业园	电子信息

深圳澳宝森科技有限公司	深圳市留学生创业园	电子信息
深圳宾大科技有限公司	深圳市留学生创业园	电子信息
深圳才库数据技术有限公司	深圳市留学生创业园	电子信息
深圳飞人移动媒体有限公司	深圳市留学生创业园	电子信息
深圳格恩全球站科技有限公司	深圳市留学生创业园	电子信息
深圳格兰德尔科技有限公司	深圳市留学生创业园	电子信息
深圳恒邦逢源科技有限公司	深圳市留学生创业园	电子信息
深圳弘江军科技有限公司	深圳市留学生创业园	电子信息
深圳华创富通科技有限公司	深圳市留学生创业园	电子信息
深圳凯瑟玛科技有限公司	深圳市留学生创业园	电子信息
深圳蓝光子午线科技有限公司	深圳市留学生创业园	电子信息
深圳礼义和电子信息科技有限公司	深圳市留学生创业园	电子信息
深圳量子在线信息网络有限公司	深圳市留学生创业园	电子信息
深圳络威信息技术有限公司	深圳市留学生创业园	电子信息
深圳麦芬科技有限公司	深圳市留学生创业园	电子信息
深圳纽迪瑞科技开发有限公司	深圳市留学生创业园	电子信息
深圳鹏开信息技术有限公司	深圳市留学生创业园	电子信息
深圳普得技术有限公司	深圳市留学生创业园	电子信息
深圳青铜剑电力电子科技有限公司	深圳市留学生创业园	电子信息
深圳瑞谷电子有限公司	深圳市留学生创业园	电子信息
深圳睿思灵视讯科技有限公司	深圳市留学生创业园	电子信息
深圳市阿派斯实业有限公司	深圳市留学生创业园	电子信息
深圳市艾合石科技有限公司	深圳市留学生创业园	电子信息
深圳市艾思脉电子股份有限公司	深圳市留学生创业园	电子信息
深圳市爱德特科技有限公司	深圳市留学生创业园	电子信息
深圳市爱慧思科技有限公司	深圳市留学生创业园	电子信息
深圳市百特连通科技有限公司	深圳市留学生创业园	电子信息
深圳市邦旭科技有限公司	深圳市留学生创业园	电子信息
深圳市贝成科技有限公司	深圳市留学生创业园	电子信息
深圳市比维迪科技有限公司	深圳市留学生创业园	电子信息
深圳市标鉴网络科技有限公司	深圳市留学生创业园	电子信息
深圳市标盛科技投资有限公司	深圳市留学生创业园	电子信息
深圳市博德维建筑技术有限公司	深圳市留学生创业园	电子信息
深圳市博曼科技有限公司	深圳市留学生创业园	电子信息
深圳市博思慧通科技有限公司	深圳市留学生创业园	电子信息
深圳市博斯软件服务有限公司	深圳市留学生创业园	电子信息
深圳市策文科技发展有限公司	深圳市留学生创业园	电子信息
深圳市出众数字技术有限公司	深圳市留学生创业园	电子信息
深圳市创杰新赛科技有限公司	深圳市留学生创业园	电子信息
深圳市创世互娱科技有限公司	深圳市留学生创业园	电子信息
深圳市滴答科技开发有限公司	深圳市留学生创业园	电子信息
深圳市东海动力信息技术有限公司	深圳市留学生创业园	电子信息
深圳市东兴慧通科技有限公司	深圳市留学生创业园	电子信息
深圳市方领科技有限公司	深圳市留学生创业园	电子信息
深圳市方通科技有限公司	深圳市留学生创业园	电子信息
深圳市规感科技有限公司	深圳市留学生创业园	电子信息
深圳市国投电信有限公司	深圳市留学生创业园	电子信息
深圳市海岸会议服务有限公司	深圳市留学生创业园	电子信息
深圳市海创星汇网络科技有限公司	深圳市留学生创业园	电子信息
深圳市海迪斯科技有限公司	深圳市留学生创业园	电子信息
深圳市昊乐天网络科技有限公司	深圳市留学生创业园	电子信息
深圳市皓明佳科技有限公司	深圳市留学生创业园	电子信息
深圳市禾力科技有限公司	深圳市留学生创业园	电子信息
深圳市和厚科技有限公司	深圳市留学生创业园	电子信息
深圳市红宇创新科技有限公司	深圳市留学生创业园	电子信息
深圳市华傲数据技术有限公司	深圳市留学生创业园	电子信息
深圳市华勤科技有限公司	深圳市留学生创业园	电子信息
深圳市华英教育咨询有限公司	深圳市留学生创业园	电子信息
深圳市汇智成科技有限公司	深圳市留学生创业园	电子信息
深圳市汇智集信息科技有限公司	深圳市留学生创业园	电子信息

深圳市慧达科技有限公司	深圳市留学生创业园	电子信息
深圳市佳吉数码通讯有限公司	深圳市留学生创业园	电子信息
深圳市佳吉天成科技有限公司	深圳市留学生创业园	电子信息
深圳市嘉德永丰科技有限公司	深圳市留学生创业园	电子信息
深圳市健康鼠科技有限公司	深圳市留学生创业园	电子信息
深圳市杰特能电子有限公司	深圳市留学生创业园	电子信息
深圳市捷电科技有限公司	深圳市留学生创业园	电子信息
深圳市金鹏正科技有限公司	深圳市留学生创业园	电子信息
深圳市金研微科技有限公司	深圳市留学生创业园	电子信息
深圳市锦绣天章科技有限公司	深圳市留学生创业园	电子信息
深圳市酷跑互动科技有限公司	深圳市留学生创业园	电子信息
深圳市莱科电子技术有限公司	深圳市留学生创业园	电子信息
深圳市乐信网络科技有限公司	深圳市留学生创业园	电子信息
深圳市联晟软件开发有限公司	深圳市留学生创业园	电子信息
深圳市辂元科技有限公司	深圳市留学生创业园	电子信息
深圳市绿耳朵科技开发有限公司	深圳市留学生创业园	电子信息
深圳市玛蒂迩科技有限公司	深圳市留学生创业园	电子信息
深圳市迈德通信设备有限公司	深圳市留学生创业园	电子信息
深圳市迈凯科技有限公司	深圳市留学生创业园	电子信息
深圳市美万嘉数字技术有限公司	深圳市留学生创业园	电子信息
深圳市鸣仁科技有限公司	深圳市留学生创业园	电子信息
深圳市摩掌信息技术有限公司	深圳市留学生创业园	电子信息
深圳市墨思达信息技术有限公司	深圳市留学生创业园	电子信息
深圳市欧普索科技有限公司	深圳市留学生创业园	电子信息
深圳市鹏联创科技有限公司	深圳市留学生创业园	电子信息
深圳市柔宇科技有限公司南山区分公司	深圳市留学生创业园	电子信息
深圳市锐迪芯电子有限公司	深圳市留学生创业园	电子信息
深圳市瑞辰信息科技有限公司	深圳市留学生创业园	电子信息
深圳市睿海智电子科技有限公司	深圳市留学生创业园	电子信息
深圳市赛博云计算技术有限公司	深圳市留学生创业园	电子信息
深圳市闪云通网络科技有限公司	深圳市留学生创业园	电子信息
深圳市圣迪能科技有限公司	深圳市留学生创业园	电子信息
深圳市顺衍科技有限公司	深圳市留学生创业园	电子信息
深圳市泰屹科技有限公司	深圳市留学生创业园	电子信息
深圳市瑭瑞文化科技有限公司	深圳市留学生创业园	电子信息
深圳市特诺通讯技术有限公司	深圳市留学生创业园	电子信息
深圳市天工开物科技发展有限公司	深圳市留学生创业园	电子信息
深圳市天界通科技有限公司	深圳市留学生创业园	电子信息
深圳市网元科技有限公司	深圳市留学生创业园	电子信息
深圳市微泰斯生物工程有限公司	深圳市留学生创业园	电子信息
深圳市蔚蓝科技有限公司	深圳市留学生创业园	电子信息
深圳市向源铭略科技有限公司	深圳市留学生创业园	电子信息
深圳市协尔通信技术有限公司	深圳市留学生创业园	电子信息
深圳市芯科鼎创科技有限公司	深圳市留学生创业园	电子信息
深圳市新伯乐网络科技有限公司	深圳市留学生创业园	电子信息
深圳市新点医疗信息系统有限公司	深圳市留学生创业园	电子信息
深圳市新前途网络技术有限公司	深圳市留学生创业园	电子信息
深圳市新智飞科技有限公司	深圳市留学生创业园	电子信息
深圳市信驰达科技有限公司	深圳市留学生创业园	电子信息
深圳市星航佳科技开发有限公司	深圳市留学生创业园	电子信息
深圳市迅雷网络技术有限公司	深圳市留学生创业园	电子信息
深圳市亚来网络技术有限公司	深圳市留学生创业园	电子信息
深圳市言起行科技有限公司	深圳市留学生创业园	电子信息
深圳市研强通信技术有限公司	深圳市留学生创业园	电子信息
深圳市易通无限科技有限公司	深圳市留学生创业园	电子信息
深圳市银河贝思特科技有限公司	深圳市留学生创业园	电子信息
深圳市盈达基科技有限公司	深圳市留学生创业园	电子信息
深圳市友炬互动科技有限公司	深圳市留学生创业园	电子信息
深圳市圆周率软件科技有限责任公司	深圳市留学生创业园	电子信息
深圳市悦畅信息技术有限公司	深圳市留学生创业园	电子信息

深圳市云来网络科技有限公司	深圳市留学生创业园	电子信息
深圳市云速信息科技有限公司	深圳市留学生创业园	电子信息
深圳市云众网络科技有限公司	深圳市留学生创业园	电子信息
深圳市运通信息技术有限公司	深圳市留学生创业园	电子信息
深圳市载乐网络科技有限公司	深圳市留学生创业园	电子信息
深圳市哲蚌电子有限公司	深圳市留学生创业园	电子信息
深圳市至佳生活网络科技有限公司	深圳市留学生创业园	电子信息
深圳市智联信通科技有限公司	深圳市留学生创业园	电子信息
深圳市智能矩阵网络技术有限公司	深圳市留学生创业园	电子信息
深圳市中安联科技有限公司	深圳市留学生创业园	电子信息
深圳市卓德高清视讯软件有限公司	深圳市留学生创业园	电子信息
深圳太清微电子科技有限公司	深圳市留学生创业园	电子信息
深圳腾泽科技有限公司	深圳市留学生创业园	电子信息
深圳为因教育科技有限公司	深圳市留学生创业园	电子信息
深圳希朋科技有限公司	深圳市留学生创业园	电子信息
深圳英盟欣科技有限公司	深圳市留学生创业园	电子信息
深圳英鹏互动娱乐有限公司	深圳市留学生创业园	电子信息
深圳誉佳创意设计有限公司	深圳市留学生创业园	电子信息
深圳粤和通科技有限公司	深圳市留学生创业园	电子信息
深圳真格科技有限公司	深圳市留学生创业园	电子信息
深圳致明兴科技有限公司	深圳市留学生创业园	电子信息
深圳中科健安科技有限公司	深圳市留学生创业园	电子信息
深圳卓智达时代通信有限公司	深圳市留学生创业园	电子信息
深圳自定义信息科技有限公司	深圳市留学生创业园	电子信息
圣地亚哥科技（深圳）有限公司	深圳市留学生创业园	电子信息
泰宸科技（深圳）有限公司	深圳市留学生创业园	电子信息
我爱购科技（深圳）有限公司	深圳市留学生创业园	电子信息
欣新科技（深圳）有限公司	深圳市留学生创业园	电子信息
亚来（深圳）电子商务有限公司	深圳市留学生创业园	电子信息
深圳市微观达美生物科技有限公司	深圳市留学生创业园	生物医药
瑞莱生物工程（深圳）有限公司	深圳市留学生创业园	生物医药
深圳大唐金控科技有限公司	深圳市留学生创业园	生物医药
深圳市奥多美生物科技有限公司	深圳市留学生创业园	生物医药
深圳市瀚海基因生物科技有限公司	深圳市留学生创业园	生物医药
深圳市健元医药科技有限公司	深圳市留学生创业园	生物医药
深圳市天瑞人健生物科技有限责任公司	深圳市留学生创业园	生物医药
深圳市益康医疗科技有限公司	深圳市留学生创业园	生物医药
深圳中水航海投资管理有限公司	深圳市留学生创业园	生物医药
万代生物技术(深圳)有限公司	深圳市留学生创业园	生物医药
深圳镭射微视科技有限公司	深圳市留学生创业园	先进制造
深圳市杰克比科技有限公司	深圳市留学生创业园	先进制造
深圳市英赛腾智能设备有限公司	深圳市留学生创业园	先进制造
深圳博英轩科技有限公司	深圳市留学生创业园	新材料
深圳迪意信科技发展有限公司	深圳市留学生创业园	新材料
深圳琦美龙新建材科技有限公司	深圳市留学生创业园	新材料
深圳市创万科技有限公司	深圳市留学生创业园	新材料
深圳市普迈达科技有限公司	深圳市留学生创业园	新材料
深圳市思钛新材料有限公司	深圳市留学生创业园	新材料
深圳英铭利科技有限公司	深圳市留学生创业园	新材料
深圳百时得能源环保科技有限公司	深圳市留学生创业园	新能源环保
深圳德瑞新能科技有限公司	深圳市留学生创业园	新能源环保
深圳海天力科技有限公司	深圳市留学生创业园	新能源环保
深圳绿方科技有限公司	深圳市留学生创业园	新能源环保
深圳市富士光源有限公司	深圳市留学生创业园	新能源环保
深圳市奇昕科技有限公司	深圳市留学生创业园	新能源环保
深圳市赛朗肯科技有限公司	深圳市留学生创业园	新能源环保
深圳维示泰克技术有限公司	深圳市留学生创业园	新能源环保
深圳壹号能量酷科技有限公司	深圳市留学生创业园	新能源环保
希伦斯轨道交通科技股份有限公司	深圳市留学生创业园	新能源环保
深圳门萨通信科技有限公司	深圳市留学生创业园	现代服务

深圳市标迪赛思科技有限公司	深圳市留学生创业园	现代服务
深圳市长吉好漫福文化科技发展有限公司	深圳市留学生创业园	现代服务
深圳市达泰投资管理有限公司	深圳市留学生创业园	现代服务
深圳市德平国瀚汽车电子科技有限公司	深圳市留学生创业园	现代服务
深圳市法林资讯有限公司	深圳市留学生创业园	现代服务
深圳市汉者科技开发有限公司	深圳市留学生创业园	现代服务
深圳市赫林德环境规划设计有限公司	深圳市留学生创业园	现代服务
深圳市恒益富通投资管理有限公司	深圳市留学生创业园	现代服务
深圳市蓝湾企业管理顾问有限公司	深圳市留学生创业园	现代服务
深圳市绿谷科技开发有限责任公司	深圳市留学生创业园	现代服务
深圳市南桥资本投资管理合伙企业	深圳市留学生创业园	现代服务
东莞安泰智能科技有限公司	东莞市留学人员创业园	电子信息
东莞市百成科技有限公司	东莞市留学人员创业园	电子信息
东莞市博华软件有限公司	东莞市留学人员创业园	电子信息
东莞市超越数码科技有限公司	东莞市留学人员创业园	电子信息
东莞市飞达汽车科技有限公司	东莞市留学人员创业园	电子信息
东莞市飞萌驱动技术有限公司	东莞市留学人员创业园	电子信息
东莞市泓信科技有限公司	东莞市留学人员创业园	电子信息
东莞市金之桥通讯科技有限公司	东莞市留学人员创业园	电子信息
东莞市莱桐网络通讯技术有限公司	东莞市留学人员创业园	电子信息
东莞市敏思特软件有限公司	东莞市留学人员创业园	电子信息
东莞市三宇电子科技有限公司	东莞市留学人员创业园	电子信息
东莞市晟龙电子有限公司	东莞市留学人员创业园	电子信息
东莞市天狼电子信息有限公司	东莞市留学人员创业园	电子信息
东莞市天唯智能科技有限公司	东莞市留学人员创业园	电子信息
东莞市拓扑光电科技有限公司	东莞市留学人员创业园	电子信息
东莞市微模式软件有限公司	东莞市留学人员创业园	电子信息
东莞市尤思科新技术有限公司	东莞市留学人员创业园	电子信息
东莞市源创信息科技有限公司	东莞市留学人员创业园	电子信息
东莞市远见软件科技开发有限公司	东莞市留学人员创业园	电子信息
东莞市中移通信技术有限公司	东莞市留学人员创业园	电子信息
东莞泛亚太生物科技有限公司	东莞市留学人员创业园	生物医药
东莞劲芳生物医药孵化器有限公司	东莞市留学人员创业园	生物医药
东莞市风华生物技术有限公司	东莞市留学人员创业园	生物医药
东莞市宏祥生物工程有限公司	东莞市留学人员创业园	生物医药
东莞市华微纳米科技有限公司	东莞市留学人员创业园	生物医药
东莞市九域星生命科技有限公司	东莞市留学人员创业园	生物医药
东莞市凯法生物医药有限公司	东莞市留学人员创业园	生物医药
东莞市立康生物科技有限公司	东莞市留学人员创业园	生物医药
东莞市纳勤生物医药科技有限公司	东莞市留学人员创业园	生物医药
东莞市瑞康生物工程有限公司	东莞市留学人员创业园	生物医药
东莞市盛泰医药科技有限公司	东莞市留学人员创业园	生物医药
东莞市汤神生物科技有限公司	东莞市留学人员创业园	生物医药
东莞市维正生物科技有限公司	东莞市留学人员创业园	生物医药
东莞市听力医疗科技有限公司	东莞市留学人员创业园	生物医药
东莞市新地药业研发有限公司	东莞市留学人员创业园	生物医药
东莞圣太光电技术有限公司	东莞市留学人员创业园	先进制造
东莞市百赛仪器有限公司	东莞市留学人员创业园	先进制造
东莞市飞速达精密机械有限公司	东莞市留学人员创业园	先进制造
东莞市华科机电科技有限公司	东莞市留学人员创业园	先进制造
东莞市康益玩具有限公司	东莞市留学人员创业园	先进制造
东莞市泰洲精密模具机械科技有限公司	东莞市留学人员创业园	先进制造
东莞华纳新材料科技有限公司	东莞市留学人员创业园	新材料
东莞市艾斯迪新材料有限公司	东莞市留学人员创业园	新材料
东莞市迪凯精密管材有限公司	东莞市留学人员创业园	新材料
东莞市嘉宏有机硅科技有限公司	东莞市留学人员创业园	新材料
东莞市纳明新材料科技有限公司	东莞市留学人员创业园	新材料
东莞市普赛特电子科技有限公司	东莞市留学人员创业园	新材料
东莞市腾威电子材料技术有限公司	东莞市留学人员创业园	新材料
东莞市一新科技有限公司	东莞市留学人员创业园	新材料

东莞市意普万工程塑料有限公司	东莞市留学人员创业园	新材料
东莞巨通力实业有限公司	东莞市留学人员创业园	新能源环保
东莞市博大环保科技有限公司	东莞市留学人员创业园	新能源环保
东莞市康正源环保科技有限公司	东莞市留学人员创业园	新能源环保
东莞市乐荻室内环境技术有限公司	东莞市留学人员创业园	新能源环保
东莞市弗诗莱文化开发有限公司	东莞市留学人员创业园	文化创意
东莞市光扬动漫设计制作有限公司	东莞市留学人员创业园	文化创意
东莞市高科创业投资顾问有限公司	东莞市留学人员创业园	现代服务
东莞市华测检测科技有限公司	东莞市留学人员创业园	现代服务
东莞市利马投资有限公司	东莞市留学人员创业园	现代服务
中山华盈互联网信息科技有限公司	中山留学人员创业园	电子信息
中山市泰威士技术研发有限公司	中山留学人员创业园	电子信息
中山新诺科技有限公司	中山留学人员创业园	电子信息
安士制药（中山）有限公司	中山留学人员创业园	生物医药
生命科技（中山）生物药业有限公司	中山留学人员创业园	生物医药
中山本草堂医药科技有限公司	中山留学人员创业园	生物医药
中山润兴生物科技有限公司	中山留学人员创业园	生物医药
中山市尤利卡天然药物有限公司	中山留学人员创业园	生物医药
中山以诺生物科技有限公司	中山留学人员创业园	生物医药
中山市安基交通电子有限公司	中山留学人员创业园	先进制造
中山市华通光源股份有限公司	中山留学人员创业园	先进制造
中山市立顺实业有限公司	中山留学人员创业园	先进制造
中山市鑫力弘科技有限公司	中山留学人员创业园	新材料
桂林艾因蒂克电子科技有限公司	桂林留学人员创业园	电子信息
桂林安金测控技术有限公司	桂林留学人员创业园	电子信息
桂林安信软件有限公司	桂林留学人员创业园	电子信息
桂林安一量具有限公司	桂林留学人员创业园	电子信息
桂林迪纳泰电子科技有限公司	桂林留学人员创业园	电子信息
桂林康兴医学科技有限责任公司	桂林留学人员创业园	电子信息
桂林朗道诊断用品有限公司	桂林留学人员创业园	电子信息
桂林明辉信息科技有限公司	桂林留学人员创业园	电子信息
桂林世强机电科技有限公司	桂林留学人员创业园	电子信息
桂林市国泰安信息技术有限公司	桂林留学人员创业园	电子信息
桂林市同信化工科技有限公司	桂林留学人员创业园	电子信息
桂林市新鑫科技有限公司	桂林留学人员创业园	电子信息
桂林通炀机电有限责任公司	桂林留学人员创业园	电子信息
桂林万盛软件技术有限公司	桂林留学人员创业园	电子信息
桂林新力科技有限公司	桂林留学人员创业园	电子信息
桂林优利特医疗电子仪器有限公司	桂林留学人员创业园	电子信息
桂林优盛特电子技术有限公司	桂林留学人员创业园	电子信息
桂林远望智能通信科技有限公司	桂林留学人员创业园	电子信息
桂林长河电子有限公司	桂林留学人员创业园	电子信息
桂林东浩生物技术有限公司	桂林留学人员创业园	生物医药
桂林泛谱生物技术有限公司	桂林留学人员创业园	生物医药
桂林稼瑞园艺有限公司	桂林留学人员创业园	生物医药
桂林赛奥生物技术有限公司	桂林留学人员创业园	生物医药
桂林微邦生物技术有限公司	桂林留学人员创业园	生物医药
桂林英美特生物技术有限公司	桂林留学人员创业园	生物医药
桂林懿可仕机械制造有限公司	桂林留学人员创业园	先进制造
桂林德态环保科技有限公司	桂林留学人员创业园	新材料
桂林市阿尔法橡塑科技有限公司	桂林留学人员创业园	新材料
桂林宝利建材设备有限公司	桂林留学人员创业园	新能源环保
桂林蓝光科技有限公司	桂林留学人员创业园	新能源环保
桂林沃富新能源环保有限责任公司	桂林留学人员创业园	新能源环保
广西力君世纪动漫策划	桂林留学人员创业园	文化创意
桂林崛起动漫科技有限公司	桂林留学人员创业园	文化创意
桂林坤鹤文化传播有限公司	桂林留学人员创业园	文化创意
桂林市朗道天成信息科技有限责任公司	桂林留学人员创业园	文化创意
桂林苏珊娜动漫影视有限公司	桂林留学人员创业园	文化创意
桂林群峰盛景企业管理咨询有限公司	桂林留学人员创业园	现代服务

桂林三盛科技信息咨询有限公司	桂林留学人员创业园	现代服务
桂林新符号房地产策划有限公司	桂林留学人员创业园	现代服务
北海西格玛科技有限公司	北海留学人员创业园	电子信息
广西桂能信息工程有限公司	北海留学人员创业园	电子信息
北海北部湾海洋生物研究中心	北海留学人员创业园	生物医药
北海北极光海洋生物技术有限公司	北海留学人员创业园	生物医药
北海超信科技有限公司	北海留学人员创业园	生物医药
北海格兰生物科技有限公司	北海留学人员创业园	生物医药
北海海博生物科技有限	北海留学人员创业园	生物医药
北海华宝海洋生物技术有限公司	北海留学人员创业园	生物医药
北海蓝波湾海洋生命科技有限公司	北海留学人员创业园	生物医药
北海市生巴达生物科技有限公司	北海留学人员创业园	生物医药
北海金明阳风力潮汐发电科技有限公司	北海留学人员创业园	新能源环保
北海珠娃娃动漫有限公司	北海留学人员创业园	文化创意
北海安得利投资顾问有限公司	北海留学人员创业园	现代服务
海口保税区亚太高新科技有限公司	海口高新区留学人员创业园	电子信息
海口知己网络科技有限公司	海口高新区留学人员创业园	电子信息
海南恒讯通信技术有限公司	海口高新区留学人员创业园	电子信息
海南世纪桥信息服务有限公司	海口高新区留学人员创业园	电子信息
海南中济医院管理有限公司	海口高新区留学人员创业园	电子信息
海口保税区远兮细胞分子技术应用研发有限公司	海口高新区留学人员创业园	生物医药
海口祁樾生物基因科技有限公司	海口高新区留学人员创业园	生物医药
海口植之素生物资源研究所有限公司	海口高新区留学人员创业园	生物医药
海南明远高科有限公司	海口高新区留学人员创业园	先进制造
海南银石热带海洋研究所有限公司	海口高新区留学人员创业园	先进制造
海南远和船舶科技有限公司	海口高新区留学人员创业园	先进制造
海口兆晟科技发展有限公司	海口高新区留学人员创业园	新材料
海口中世文化传播有限公司	海口高新区留学人员创业园	文化创意
海口保税区天创科技实业有限公司	海口高新区留学人员创业园	现代服务
海口高新区神龙贸易有限公司	海口高新区留学人员创业园	现代服务
海口乐游助信息服务有限公司	海口高新区留学人员创业园	现代服务
海南芳绿源科技开发有限公司	海口高新区留学人员创业园	现代服务
海南兰地高新科技有限公司	海口高新区留学人员创业园	现代服务
海南泰嘉高尔夫管理有限公司	海口高新区留学人员创业园	现代服务
重庆金瓯科技有限公司	重庆留学人员创业园	电子信息
重庆凯泽科技有限责任公司	重庆留学人员创业园	电子信息
重庆领鑫安信息技术有限公司	重庆留学人员创业园	电子信息
重庆星能电气有限公司	重庆留学人员创业园	电子信息
重庆富进生物医药有限公司	重庆留学人员创业园	生物医药
重庆佳一医药有限公司	重庆留学人员创业园	生物医药
重庆前沿生物技术有限公司	重庆留学人员创业园	生物医药
重庆探生科技有限公司	重庆留学人员创业园	生物医药
重庆中元生物技术有限公司	重庆留学人员创业园	生物医药
重庆杜克高压密封件有限公司	重庆留学人员创业园	先进制造
重庆多耐达科技有限公司	重庆留学人员创业园	先进制造
重庆墨希科技有限公司	重庆留学人员创业园	新材料
阿旺斯半导体成都有限公司	成都留学人员创业园	电子信息
凹凸网络科技有限公司成都公司	成都留学人员创业园	电子信息
北京英思创科技有限公司成都分公司	成都留学人员创业园	电子信息
博微视科技（成都）有限公司	成都留学人员创业园	电子信息
成都阿特米控制阀门仪表有限公司	成都留学人员创业园	电子信息
成都艾格拉斯光学科技有限公司	成都留学人员创业园	电子信息
成都艾索语音技术有限公司	成都留学人员创业园	电子信息
成都艾纬科技有限公司	成都留学人员创业园	电子信息
成都爱达尔科技有限公司	成都留学人员创业园	电子信息
成都爱智游科技有限公司	成都留学人员创业园	电子信息
成都安恒信息技术有限公司	成都留学人员创业园	电子信息
成都安擎微波科技有限责任公司	成都留学人员创业园	电子信息
成都奥邦科技有限责任公司	成都留学人员创业园	电子信息
成都奥尔特实业有限公司	成都留学人员创业园	电子信息

成都奥林特科技发展有限责任公司	成都留学人员创业园	电子信息
成都奥唐科技有限公司	成都留学人员创业园	电子信息
成都奥知睿云科技有限公司	成都留学人员创业园	电子信息
成都澳华科技有限公司	成都留学人员创业园	电子信息
成都澳能石油科技有限公司	成都留学人员创业园	电子信息
成都百川智慧科技有限公司	成都留学人员创业园	电子信息
成都百润百成科技股份有限公司	成都留学人员创业园	电子信息
成都宝诗科技有限公司	成都留学人员创业园	电子信息
成都北岸科技有限公司	成都留学人员创业园	电子信息
成都北相赛勃科技有限公司	成都留学人员创业园	电子信息
成都贝森伟任科技有限责任公司	成都留学人员创业园	电子信息
成都彼得和他的朋友们科技有限公司	成都留学人员创业园	电子信息
成都标讯科技发展有限公司	成都留学人员创业园	电子信息
成都博华科技有限公司	成都留学人员创业园	电子信息
成都博纳斯科技有限公司	成都留学人员创业园	电子信息
成都博诺创新技术有限公司	成都留学人员创业园	电子信息
成都博锐数码科技有限公司	成都留学人员创业园	电子信息
成都博芯联科科技有限公司	成都留学人员创业园	电子信息
成都博宇科技有限公司	成都留学人员创业园	电子信息
成都博智云创科技有限公司	成都留学人员创业园	电子信息
成都长者益康科技有限公司	成都留学人员创业园	电子信息
成都畅达通地下工程科技发展有限公司	成都留学人员创业园	电子信息
成都畅翔空间信息技术有限公司	成都留学人员创业园	电子信息
成都成长动力网络科技有限公司	成都留学人员创业园	电子信息
成都成电光信科技有限责任公司	成都留学人员创业园	电子信息
成都成电天悦信息技术有限公司	成都留学人员创业园	电子信息
成都崇达科技有限公司	成都留学人员创业园	电子信息
成都川膜机电科技有限公司	成都留学人员创业园	电子信息
成都穿跃集成电路设计有限公司	成都留学人员创业园	电子信息
成都创联睿智科技有限公司	成都留学人员创业园	电子信息
成都大院子科技有限公司	成都留学人员创业园	电子信息
成都大悦力和网络技术有限公司	成都留学人员创业园	电子信息
成都道盛嘉通自动识别技术有限公司	成都留学人员创业园	电子信息
成都道引科技有限公司	成都留学人员创业园	电子信息
成都道永网络技术有限公司	成都留学人员创业园	电子信息
成都稻米互动科技有限公司	成都留学人员创业园	电子信息
成都得凯科技有限责任公司	成都留学人员创业园	电子信息
成都得一佳品科技有限公司	成都留学人员创业园	电子信息
成都德锋尚亨科技有限公司	成都留学人员创业园	电子信息
成都登巅科技有限公司	成都留学人员创业园	电子信息
成都迪格天河科技股份有限公司	成都留学人员创业园	电子信息
成都迪拉克科学计算软件有限责任公司	成都留学人员创业园	电子信息
成都东软系统集成有限公司	成都留学人员创业园	电子信息
成都东讯电子技术有限公司	成都留学人员创业园	电子信息
成都动鱼数码科技有限公司	成都留学人员创业园	电子信息
成都多极子科技有限公司	成都留学人员创业园	电子信息
成都多维科技有限公司	成都留学人员创业园	电子信息
成都凡达科技有限责任公司	成都留学人员创业园	电子信息
成都泛利科技有限公司	成都留学人员创业园	电子信息
成都方纳科技有限公司	成都留学人员创业园	电子信息
成都飞学软件有限公司	成都留学人员创业园	电子信息
成都分期超人科技有限公司	成都留学人员创业园	电子信息
成都峰脊信息技术有限公司	成都留学人员创业园	电子信息
成都福满科技有限公司	成都留学人员创业园	电子信息
成都港奇科技有限公司	成都留学人员创业园	电子信息
成都高必昇教育科技有限责任公司	成都留学人员创业园	电子信息
成都高新区中科前程科技有限公司	成都留学人员创业园	电子信息
成都观宇科技有限公司	成都留学人员创业园	电子信息
成都光起管理模式设计有限公司	成都留学人员创业园	电子信息
成都广越（川美新）射频技术有限公司	成都留学人员创业园	电子信息

成都硅创科技有限公司	成都留学人员创业园	电子信息
成都硅绮科技有限公司	成都留学人员创业园	电子信息
成都国特电气有限责任公司	成都留学人员创业园	电子信息
成都国腾软件资源有限公司	成都留学人员创业园	电子信息
成都国信信息发展有限公司	成都留学人员创业园	电子信息
成都海奥德科技有限公司	成都留学人员创业园	电子信息
成都海容智能科技发展有限公司	成都留学人员创业园	电子信息
成都汉驰科技有限责任公司	成都留学人员创业园	电子信息
成都汉为科技有限公司	成都留学人员创业园	电子信息
成都浩泊云动科技有限公司	成都留学人员创业园	电子信息
成都浩视通科技有限公司	成都留学人员创业园	电子信息
成都合力新锐科技有限公司	成都留学人员创业园	电子信息
成都合众联心医疗科技有限公司	成都留学人员创业园	电子信息
成都合纵连横数字科技有限公司	成都留学人员创业园	电子信息
成都和泰数联科技有限公司	成都留学人员创业园	电子信息
成都和禹网络科技有限公司	成都留学人员创业园	电子信息
成都鹤舞文化发展有限公司	成都留学人员创业园	电子信息
成都黑优客网络科技有限公司	成都留学人员创业园	电子信息
成都恒普锐空间信息技术有限公司	成都留学人员创业园	电子信息
成都恒云世纪网络技术有限公司	成都留学人员创业园	电子信息
成都红嘴犀网络传媒有限公司	成都留学人员创业园	电子信息
成都宏志微纳光电技术有限公司	成都留学人员创业园	电子信息
成都虹跃科技有限公司	成都留学人员创业园	电子信息
成都厚立信息技术有限公司	成都留学人员创业园	电子信息
成都华典智能办公设备有限公司	成都留学人员创业园	电子信息
成都华夏通联微控技术有限公司	成都留学人员创业园	电子信息
成都华炎科技有限公司	成都留学人员创业园	电子信息
成都华域国盛科技有限公司	成都留学人员创业园	电子信息
成都环洲科技有限公司	成都留学人员创业园	电子信息
成都慧谷科技有限公司	成都留学人员创业园	电子信息
成都积格科技有限公司	成都留学人员创业园	电子信息
成都吉普斯能源科技有限公司	成都留学人员创业园	电子信息
成都极氪科技有限公司	成都留学人员创业园	电子信息
成都极艺科技有限公司	成都留学人员创业园	电子信息
成都集思科技有限公司	成都留学人员创业园	电子信息
成都加讯科技有限责任公司	成都留学人员创业园	电子信息
成都佳楠科技有限公司	成都留学人员创业园	电子信息
成都嘉仪林电子科技有限公司	成都留学人员创业园	电子信息
成都坚果互动科技有限公司	成都留学人员创业园	电子信息
成都江法科技有限公司	成都留学人员创业园	电子信息
成都捷茂科技有限公司	成都留学人员创业园	电子信息
成都金恩科技有限公司	成都留学人员创业园	电子信息
成都金景盛风科技有限公司	成都留学人员创业园	电子信息
成都金顺达科技有限责任公司	成都留学人员创业园	电子信息
成都金思沃科技有限公司	成都留学人员创业园	电子信息
成都劲宏科技有限公司	成都留学人员创业园	电子信息
成都经致科技有限公司	成都留学人员创业园	电子信息
成都精通网络系统有限公司	成都留学人员创业园	电子信息
成都君兰微电子有限公司	成都留学人员创业园	电子信息
成都君晟科技有限公司	成都留学人员创业园	电子信息
成都君万科技有限公司	成都留学人员创业园	电子信息
成都骏元科技发展有限责任公司	成都留学人员创业园	电子信息
成都恺阳科技有限公司	成都留学人员创业园	电子信息
成都楷码信息技术有限公司	成都留学人员创业园	电子信息
成都康立信科技有限公司	成都留学人员创业园	电子信息
成都康拓邦科技有限公司	成都留学人员创业园	电子信息
成都康迅信息技术有限公司	成都留学人员创业园	电子信息
成都康域科技有限公司	成都留学人员创业园	电子信息
成都科来欧科技有限公司	成都留学人员创业园	电子信息
成都科木信息技术有限公司	成都留学人员创业园	电子信息

成都科瑞特科技有限公司	成都留学人员创业园	电子信息
成都科泰地理信息技术有限公司	成都留学人员创业园	电子信息
成都可游科技有限公司	成都留学人员创业园	电子信息
成都快维咨询服务有限公司	成都留学人员创业园	电子信息
成都昆腾科技发展有限公司	成都留学人员创业园	电子信息
成都鲲鹏高新技术开发有限公司	成都留学人员创业园	电子信息
成都蓝码科技发展有限公司	成都留学人员创业园	电子信息
成都浪湾科技有限公司	成都留学人员创业园	电子信息
成都乐梵科技有限公司	成都留学人员创业园	电子信息
成都雷尼尔科技有限公司	成都留学人员创业园	电子信息
成都冷云能源科技有限公司	成都留学人员创业园	电子信息
成都理奥软件有限公司	成都留学人员创业园	电子信息
成都理工空间信息技术有限公司	成都留学人员创业园	电子信息
成都立达信息技术有限公司	成都留学人员创业园	电子信息
成都立方致元科技开发有限公司	成都留学人员创业园	电子信息
成都利可达科技发展有限公司	成都留学人员创业园	电子信息
成都连邦地下岩土工程研究有限公司	成都留学人员创业园	电子信息
成都联星微电子有限公司	成都留学人员创业园	电子信息
成都联众智科技有限公司	成都留学人员创业园	电子信息
成都林海电子有限责任公司	成都留学人员创业园	电子信息
成都六活科技有限责任公司	成都留学人员创业园	电子信息
成都龙之翔信息技术有限公司	成都留学人员创业园	电子信息
成都迈思信息技术有限公司	成都留学人员创业园	电子信息
成都麦克斯韦光电科技有限公司	成都留学人员创业园	电子信息
成都美谷软件开发有限公司	成都留学人员创业园	电子信息
成都美华联英科技有限公司	成都留学人员创业园	电子信息
成都美幻科技有限公司	成都留学人员创业园	电子信息
成都美森软件系统有限公司	成都留学人员创业园	电子信息
成都盟士数码科技有限公司	成都留学人员创业园	电子信息
成都米丁科技有限公司	成都留学人员创业园	电子信息
成都魔豆互动科技有限公司	成都留学人员创业园	电子信息
成都墨墨科技股份有限公司	成都留学人员创业园	电子信息
成都默一科技有限公司	成都留学人员创业园	电子信息
成都纳能微电子有限公司	成都留学人员创业园	电子信息
成都纳微特科技开发有限公司	成都留学人员创业园	电子信息
成都能力天空科技有限公司	成都留学人员创业园	电子信息
成都纽捷那科技有限公司	成都留学人员创业园	电子信息
成都纽赛思科技有限公司	成都留学人员创业园	电子信息
成都纽斯达电子有限责任公司	成都留学人员创业园	电子信息
成都欧联新人数码艺术有限责任公司	成都留学人员创业园	电子信息
成都欧美佳科技发展有限公司	成都留学人员创业园	电子信息
成都欧信科技发展有限公司	成都留学人员创业园	电子信息
成都帕尔科技发展有限责任公司	成都留学人员创业园	电子信息
成都平凡谷科技有限公司	成都留学人员创业园	电子信息
成都平方网络科技有限公司	成都留学人员创业园	电子信息
成都璞芯科技有限公司	成都留学人员创业园	电子信息
成都普安科技有限公司	成都留学人员创业园	电子信息
成都普辰视讯技术有限公司	成都留学人员创业园	电子信息
成都普拉雷思科技有限公司	成都留学人员创业园	电子信息
成都普洛信德科技有限公司	成都留学人员创业园	电子信息
成都普涉拉科技有限公司	成都留学人员创业园	电子信息
成都千帆渡网络科技有限公司	成都留学人员创业园	电子信息
成都千帆时代网络有限公司	成都留学人员创业园	电子信息
成都千牛信息技术有限公司	成都留学人员创业园	电子信息
成都千悦软件有限公司	成都留学人员创业园	电子信息
成都前沿动力科技有限公司	成都留学人员创业园	电子信息
成都樵枫科技发展有限公司	成都留学人员创业园	电子信息
成都琴睿科技有限公司	成都留学人员创业园	电子信息
成都取菜啦农业开发有限公司	成都留学人员创业园	电子信息
成都全晟互联科技有限公司	成都留学人员创业园	电子信息

成都全时健康管理咨询有限公司	成都留学人员创业园	电子信息
成都群侠科技有限公司	成都留学人员创业园	电子信息
成都荣耀科技有限公司	成都留学人员创业园	电子信息
成都融路信通科技有限公司	成都留学人员创业园	电子信息
成都如临其境创意科技有限公司	成都留学人员创业园	电子信息
成都软智科技有限公司	成都留学人员创业园	电子信息
成都芮腾科技有限公司	成都留学人员创业园	电子信息
成都锐菲网络科技有限公司	成都留学人员创业园	电子信息
成都锐开云科技有限公司	成都留学人员创业园	电子信息
成都锐可科技有限公司	成都留学人员创业园	电子信息
成都锐维视科技有限公司	成都留学人员创业园	电子信息
成都锐之狮科技有限公司	成都留学人员创业园	电子信息
成都瑞贝英特信息技术有限公司	成都留学人员创业园	电子信息
成都瑞华科技有限公司	成都留学人员创业园	电子信息
成都瑞诺唯新科技有限公司	成都留学人员创业园	电子信息
成都瑞石软件有限公司	成都留学人员创业园	电子信息
成都瑞同科技有限责任公司	成都留学人员创业园	电子信息
成都瑞众科技有限公司	成都留学人员创业园	电子信息
成都润锦科技有限公司	成都留学人员创业园	电子信息
成都赛恩泰科技有限公司	成都留学人员创业园	电子信息
成都赛洋科技有限公司	成都留学人员创业园	电子信息
成都三策科技有限公司	成都留学人员创业园	电子信息
成都三维康物联网科技有限公司	成都留学人员创业园	电子信息
成都商海通舟信息技术有限公司	成都留学人员创业园	电子信息
成都商腾网络有限公司	成都留学人员创业园	电子信息
成都尚医信息科技有限公司	成都留学人员创业园	电子信息
成都圣桥科技发展有限公司	成都留学人员创业园	电子信息
成都盛高电子有限公司	成都留学人员创业园	电子信息
成都盛世博通网络科技有限公司	成都留学人员创业园	电子信息
成都时光软件有限公司	成都留学人员创业园	电子信息
成都时云医疗科技有限公司	成都留学人员创业园	电子信息
成都市高博汇科信息科技有限公司	成都留学人员创业园	电子信息
成都市洛艾文化产业工业设计有限公司	成都留学人员创业园	电子信息
成都市艺圈网络科技有限公司	成都留学人员创业园	电子信息
成都市益正科技发展有限公司	成都留学人员创业园	电子信息
成都市优艾维机器人科技有限公司	成都留学人员创业园	电子信息
成都市预订宝科技服务有限公司	成都留学人员创业园	电子信息
成都市悦顺科技有限公司	成都留学人员创业园	电子信息
成都市智慧源科技有限公司	成都留学人员创业园	电子信息
成都视微特数码科技有限公司	成都留学人员创业园	电子信息
成都数虎图像科技有限公司	成都留学人员创业园	电子信息
成都数聚时代科技有限公司	成都留学人员创业园	电子信息
成都数梦软件有限公司	成都留学人员创业园	电子信息
成都数视微科技有限公司	成都留学人员创业园	电子信息
成都数象科技有限公司	成都留学人员创业园	电子信息
成都双扬科技有限责任公司	成都留学人员创业园	电子信息
成都思必瑞特科技有限公司	成都留学人员创业园	电子信息
成都思骏网络有限公司	成都留学人员创业园	电子信息
成都思为交互科技有限公司	成都留学人员创业园	电子信息
成都斯贝克电子系统设备有限公司	成都留学人员创业园	电子信息
成都斯菲科思信息技术有限公司	成都留学人员创业园	电子信息
成都斯马特科技有限公司	成都留学人员创业园	电子信息
成都斯迈锐科技有限公司	成都留学人员创业园	电子信息
成都斯普奥汀科技有限公司	成都留学人员创业园	电子信息
成都斯托克电气有限公司	成都留学人员创业园	电子信息
成都搜酷科技有限公司	成都留学人员创业园	电子信息
成都苏力曼丹科技有限公司	成都留学人员创业园	电子信息
成都溯码信息科技有限公司	成都留学人员创业园	电子信息
成都索夫思达科技有限公司	成都留学人员创业园	电子信息
成都索迈科技有限公司	成都留学人员创业园	电子信息

成都钛氪火星科技有限公司	成都留学人员创业园	电子信息
成都泰聚泰科技有限公司	成都留学人员创业园	电子信息
成都泰来腾达科技有限公司	成都留学人员创业园	电子信息
成都汤谷信息系统服务有限公司	成都留学人员创业园	电子信息
成都唐恩科技有限公司	成都留学人员创业园	电子信息
成都唐枫软件有限公司	成都留学人员创业园	电子信息
成都特普科技发展有限公司	成都留学人员创业园	电子信息
成都滕远辉电子商务有限公司	成都留学人员创业园	电子信息
成都天策互动科技有限责任公司	成都留学人员创业园	电子信息
成都天际锐思科技有限责任公司	成都留学人员创业园	电子信息
成都天盟网络技术有限公司	成都留学人员创业园	电子信息
成都天拓众成科技有限公司	成都留学人员创业园	电子信息
成都天象互动科技有限公司	成都留学人员创业园	电子信息
成都天钥科技有限公司	成都留学人员创业园	电子信息
成都天志大行信息科技有限公司	成都留学人员创业园	电子信息
成都天智创信息技术有限公司	成都留学人员创业园	电子信息
成都通达思库尔软件有限责任公司	成都留学人员创业园	电子信息
成都通量科技有限公司	成都留学人员创业园	电子信息
成都通为科技有限公司	成都留学人员创业园	电子信息
成都托菲诺教育发展有限公司	成都留学人员创业园	电子信息
成都万创科技有限责任公司	成都留学人员创业园	电子信息
成都王潮信息网络发展有限公司	成都留学人员创业园	电子信息
成都威力士科技有限公司	成都留学人员创业园	电子信息
成都维特比科技有限公司	成都留学人员创业园	电子信息
成都维友科技有限公司	成都留学人员创业园	电子信息
成都未来时光网络科技有限责任公司	成都留学人员创业园	电子信息
成都未名信息技术有限责任公司	成都留学人员创业园	电子信息
成都文朝科技有限公司	成都留学人员创业园	电子信息
成都物通天成科技有限公司	成都留学人员创业园	电子信息
成都西谷曙光数字技术有限公司	成都留学人员创业园	电子信息
成都西加云杉科技有限公司	成都留学人员创业园	电子信息
成都西诺科技有限公司	成都留学人员创业园	电子信息
成都希创掌中科技有限公司	成都留学人员创业园	电子信息
成都嘻嘻噜噜信息科技有限公司	成都留学人员创业园	电子信息
成都玺汇科技有限公司	成都留学人员创业园	电子信息
成都祥瑞天和科技有限公司	成都留学人员创业园	电子信息
成都祥云智慧科技有限公司	成都留学人员创业园	电子信息
成都翔飞科技发展有限责任公司	成都留学人员创业园	电子信息
成都小河马科技有限公司	成都留学人员创业园	电子信息
成都校校网信息技术有限公司	成都留学人员创业园	电子信息
成都协慧科技有限公司	成都留学人员创业园	电子信息
成都新川喜美科技有限公司	成都留学人员创业园	电子信息
成都新顶峰网络科技有限公司	成都留学人员创业园	电子信息
成都新业科技有限公司	成都留学人员创业园	电子信息
成都新舟锐视科技有限公司	成都留学人员创业园	电子信息
成都星云信息系统有限公司	成都留学人员创业园	电子信息
成都星阵地科技有限公司	成都留学人员创业园	电子信息
成都学舟信息技术有限公司	成都留学人员创业园	电子信息
成都亚新宏道信息技术有限公司	成都留学人员创业园	电子信息
成都一动科技有限公司	成都留学人员创业园	电子信息
成都一云数据处理有限公司	成都留学人员创业园	电子信息
成都医云科技有限公司	成都留学人员创业园	电子信息
成都移网传媒科技有限责任公司	成都留学人员创业园	电子信息
成都亿科资源环境保护有限责任公司	成都留学人员创业园	电子信息
成都易宝天创数据服务有限公司	成都留学人员创业园	电子信息
成都易达天下网络科技有限公司	成都留学人员创业园	电子信息
成都易分期科技有限公司	成都留学人员创业园	电子信息
成都易华信息科技开发有限公司	成都留学人员创业园	电子信息
成都易科慧思信息技术有限公司	成都留学人员创业园	电子信息
成都易晟远通科技发展有限公司	成都留学人员创业园	电子信息

成都易索科技有限公司	成都留学人员创业园	电子信息
成都易瞳科技有限公司	成都留学人员创业园	电子信息
成都易之软件有限责任公司	成都留学人员创业园	电子信息
成都易知脉科技有限责任公司	成都留学人员创业园	电子信息
成都逸创信息技术有限公司	成都留学人员创业园	电子信息
成都引力联创科技有限公司	成都留学人员创业园	电子信息
成都英吉莱科技有限公司	成都留学人员创业园	电子信息
成都英尼菲特管理咨询有限公司	成都留学人员创业园	电子信息
成都鹰瑞科技有限公司	成都留学人员创业园	电子信息
成都映南桥信息技术有限公司	成都留学人员创业园	电子信息
成都永宏泰科技有限公司	成都留学人员创业园	电子信息
成都永思通软件技术有限公司	成都留学人员创业园	电子信息
成都优科信息工程有限	成都留学人员创业园	电子信息
成都优途科技有限公司	成都留学人员创业园	电子信息
成都优优远途科技有限公司	成都留学人员创业园	电子信息
成都悠云高科技有限公司	成都留学人员创业园	电子信息
成都由你网络科技有限公司	成都留学人员创业园	电子信息
成都友道科技有限公司	成都留学人员创业园	电子信息
成都有数科技有限责任公司	成都留学人员创业园	电子信息
成都玉米游信息技术有限公司	成都留学人员创业园	电子信息
成都跃动方舟科技有限公司	成都留学人员创业园	电子信息
成都云理网络科技有限公司	成都留学人员创业园	电子信息
成都云志科技有限公司	成都留学人员创业园	电子信息
成都云卓越科技有限公司	成都留学人员创业园	电子信息
成都掌上春秋网络技术有限责任公司	成都留学人员创业园	电子信息
成都知数科技有限公司	成都留学人员创业园	电子信息
成都智诚华信科技有限公司	成都留学人员创业园	电子信息
成都智诚思创科技有限公司	成都留学人员创业园	电子信息
成都智多晶科技有限公司	成都留学人员创业园	电子信息
成都智汇纵横信息技术有限公司	成都留学人员创业园	电子信息
成都智慧星球科技有限公司	成都留学人员创业园	电子信息
成都智溢信息工程有限公司	成都留学人员创业园	电子信息
成都中创云讯科技有限公司	成都留学人员创业园	电子信息
成都中炅英孚科技有限公司	成都留学人员创业园	电子信息
成都中科慧创软件有限公司	成都留学人员创业园	电子信息
成都中嵌自动化工程限公司	成都留学人员创业园	电子信息
成都众合云盛科技有限公司	成都留学人员创业园	电子信息
成都众思创信息技术有限公司	成都留学人员创业园	电子信息
叠嘉（成都）科技有限公司	成都留学人员创业园	电子信息
飞博创（成都）科技有限公司	成都留学人员创业园	电子信息
佳绩科技（成都）有限公司	成都留学人员创业园	电子信息
君领无限科技成都有限公司	成都留学人员创业园	电子信息
凯维三度（成都）科技有限责任公司	成都留学人员创业园	电子信息
美国高级波导公司成都代表处	成都留学人员创业园	电子信息
美国环球通信（成都）有限公司	成都留学人员创业园	电子信息
美联医邦信息科技成都有限公司	成都留学人员创业园	电子信息
思澜科技（成都）有限公司	成都留学人员创业园	电子信息
四川爱泽触摸电子有限公司	成都留学人员创业园	电子信息
四川百毅软件有限公司	成都留学人员创业园	电子信息
四川佰合国利信息网络有限公司	成都留学人员创业园	电子信息
四川帮医邦信息技术有限公司	成都留学人员创业园	电子信息
四川倍信通科技有限公司	成都留学人员创业园	电子信息
四川大呈管理咨询有限责任公司	成都留学人员创业园	电子信息
四川道口教育科技有限责任公司	成都留学人员创业园	电子信息
四川登巅微电子有限公司	成都留学人员创业园	电子信息
四川福瑞达科技有限公司	成都留学人员创业园	电子信息
四川广驰科技发展有限公司	成都留学人员创业园	电子信息
四川国器电子信息技术有限公司	成都留学人员创业园	电子信息
四川虹微技术有限公司	成都留学人员创业园	电子信息
四川华廷威思信息技术有限公司	成都留学人员创业园	电子信息

四川嘉通科技有限公司	成都留学人员创业园	电子信息
四川金信石信息技术有限公司	成都留学人员创业园	电子信息
四川九鼎数码科技有限公司	成都留学人员创业园	电子信息
四川巨源科技有限公司	成都留学人员创业园	电子信息
四川量子西宇科技股份有限公司	成都留学人员创业园	电子信息
四川梦之星教育科技有限公司	成都留学人员创业园	电子信息
四川南山之桥微电子有限公司	成都留学人员创业园	电子信息
四川纽泽西信息科技有限责任公司	成都留学人员创业园	电子信息
四川旗龙科技开发有限公司	成都留学人员创业园	电子信息
四川上古伟业企业管理有限公司	成都留学人员创业园	电子信息
四川省金科成地理信息技术有限公司	成都留学人员创业园	电子信息
四川数智通软件有限责任公司	成都留学人员创业园	电子信息
四川通捷科技有限公司	成都留学人员创业园	电子信息
四川拓牛网络科技有限公司	成都留学人员创业园	电子信息
四川闻天信息技术有限公司	成都留学人员创业园	电子信息
四川西部高新产业开发有限公司	成都留学人员创业园	电子信息
四川西格玛科技发展有限公司	成都留学人员创业园	电子信息
四川西讯计算机技术有限公司	成都留学人员创业园	电子信息
四川兴高电子信息有限公司	成都留学人员创业园	电子信息
四川星盾科技有限公司	成都留学人员创业园	电子信息
四川讯亨网络有限公司	成都留学人员创业园	电子信息
四川亚联高科技有限责任公司	成都留学人员创业园	电子信息
四川岩博科技发展有限责任公司	成都留学人员创业园	电子信息
四川英吉语音技术有限公司	成都留学人员创业园	电子信息
四川云上九洲科技有限公司	成都留学人员创业园	电子信息
四川云讯科技有限公司	成都留学人员创业园	电子信息
四川中测微格科技有限公司	成都留学人员创业园	电子信息
四川中电昆辰科技有限公司	成都留学人员创业园	电子信息
博和生物科技（成都）有限公司	成都留学人员创业园	生物医药
成都爱比骨科技有限责任公司	成都留学人员创业园	生物医药
成都爱斯特新技术产业化有限公司	成都留学人员创业园	生物医药
成都爱特科生物技术有限公司	成都留学人员创业园	生物医药
成都安铂奥金生物科技有限公司	成都留学人员创业园	生物医药
成都安斯利生物医药有限公司	成都留学人员创业园	生物医药
成都奥成天行生物科技有限公司	成都留学人员创业园	生物医药
成都拜特生物技术有限公司	成都留学人员创业园	生物医药
成都贝尔丹生物科技有限公司	成都留学人员创业园	生物医药
成都倍菲生物工程有限公司	成都留学人员创业园	生物医药
成都博翎医药科技有限公司	成都留学人员创业园	生物医药
成都博迈科技有限责任公司	成都留学人员创业园	生物医药
成都博晟特生物科技有限公司	成都留学人员创业园	生物医药
成都诚诺新技术有限公司	成都留学人员创业园	生物医药
成都达远药物有限公司	成都留学人员创业园	生物医药
成都岱奥思科技有限公司	成都留学人员创业园	生物医药
成都迪康医用数字设备有限公司	成都留学人员创业园	生物医药
成都动康畜牧科技有限公司	成都留学人员创业园	生物医药
成都凤磐生物科技有限公司	成都留学人员创业园	生物医药
成都福际生物技术有限公司	成都留学人员创业园	生物医药
成都福稷生物技术有限公司	成都留学人员创业园	生物医药
成都福瑞康生物科技有限公司	成都留学人员创业园	生物医药
成都抚南医药有限公司	成都留学人员创业园	生物医药
成都高朋天然药物开发有限公司	成都留学人员创业园	生物医药
成都格兰普生物技术有限公司	成都留学人员创业园	生物医药
成都古猿生物科技有限公司	成都留学人员创业园	生物医药
成都海博锐药业有限公司	成都留学人员创业园	生物医药
成都海创药业有限公司	成都留学人员创业园	生物医药
成都禾扬医药科技有限公司	成都留学人员创业园	生物医药
成都华创天汇生物技术有限公司	成都留学人员创业园	生物医药
成都华立科技有限公司	成都留学人员创业园	生物医药
成都华生时代生物科技有限公司	成都留学人员创业园	生物医药

成都华西海圻医药科技有限公司	成都留学人员创业园	生物医药
成都化润药业有限公司	成都留学人员创业园	生物医药
成都晖宏生物食品有限公司	成都留学人员创业园	生物医药
成都汇瑞新元科技有限责任公司	成都留学人员创业园	生物医药
成都慧石医药科技有限公司	成都留学人员创业园	生物医药
成都活力生物科技有限责任公司	成都留学人员创业园	生物医药
成都基因格生物技术应用有限责任公司	成都留学人员创业园	生物医药
成都检圣科技有限公司	成都留学人员创业园	生物医药
成都洁燕生物科技有限公司	成都留学人员创业园	生物医药
成都锦绣生物医药科技有限公司	成都留学人员创业园	生物医药
成都君亚科技有限公司	成都留学人员创业园	生物医药
成都开利生物技术有限公司	成都留学人员创业园	生物医药
成都康成锦业科技有限公司	成都留学人员创业园	生物医药
成都夸常科技有限公司	成都留学人员创业园	生物医药
成都夸常医学工业有限公司	成都留学人员创业园	生物医药
成都朗利海洁生物科技有限责任公司	成都留学人员创业园	生物医药
成都灵动生物技术有限公司	成都留学人员创业园	生物医药
成都马克生物药业有限公司	成都留学人员创业园	生物医药
成都美进生物科技有限公司	成都留学人员创业园	生物医药
成都美睿科生物科技有限公司	成都留学人员创业园	生物医药
成都摩尔生物医药有限公司	成都留学人员创业园	生物医药
成都莫非生物科技有限公司	成都留学人员创业园	生物医药
成都农邦生物科技有限公司	成都留学人员创业园	生物医药
成都诺金生物科技有限公司	成都留学人员创业园	生物医药
成都诺维尔生物医药有限公司	成都留学人员创业园	生物医药
成都派德生物技术有限公司	成都留学人员创业园	生物医药
成都朴华科技有限公司	成都留学人员创业园	生物医药
成都朴锐生物科技有限公司	成都留学人员创业园	生物医药
成都普天康生物科技有限责任公司	成都留学人员创业园	生物医药
成都千百润生物高技术有限公司	成都留学人员创业园	生物医药
成都千禧莱医药科技有限公司	成都留学人员创业园	生物医药
成都全分技术服务有限公司	成都留学人员创业园	生物医药
成都蓉美康宁纳生物科技有限公司	成都留学人员创业园	生物医药
成都瑞恩生物技术有限公司	成都留学人员创业园	生物医药
成都睿慧医药技术有限公司	成都留学人员创业园	生物医药
成都赛彼科技有限公司	成都留学人员创业园	生物医药
成都赛昆思生物技术有限公司	成都留学人员创业园	生物医药
成都山信药业有限公司	成都留学人员创业园	生物医药
成都尚新创生物科技有限公司	成都留学人员创业园	生物医药
成都生生医药保健品有限公司	成都留学人员创业园	生物医药
成都仕康美生物科技有限公司	成都留学人员创业园	生物医药
成都市佳彬科技有限责任公司	成都留学人员创业园	生物医药
成都市康飞药业有限公司	成都留学人员创业园	生物医药
成都市康诺生物技术有限公司	成都留学人员创业园	生物医药
成都市颜易生物工程技术有限公司	成都留学人员创业园	生物医药
成都市药友科技发展有限公司	成都留学人员创业园	生物医药
成都手性药物研究院有限公司	成都留学人员创业园	生物医药
成都斯坦福基因信息工程有限公司	成都留学人员创业园	生物医药
成都四方科技投资发展有限公司	成都留学人员创业园	生物医药
成都四面体医药科技发展有限公司	成都留学人员创业园	生物医药
成都塔拉生物科技有限公司	成都留学人员创业园	生物医药
成都探高医药科技有限公司	成都留学人员创业园	生物医药
成都天赐生物药业有限公司	成都留学人员创业园	生物医药
成都天琅科技有限责任公司	成都留学人员创业园	生物医药
成都同创源医药科技有限公司	成都留学人员创业园	生物医药
成都威尔诺生物科技有限公司	成都留学人员创业园	生物医药
成都威克药业有限责任公司	成都留学人员创业园	生物医药
成都唯知生物科技开发有限公司	成都留学人员创业园	生物医药
成都惟新医药科技有限公司	成都留学人员创业园	生物医药
成都先基生化科技有限公司	成都留学人员创业园	生物医药

成都新基因格生物科技有限公司	成都留学人员创业园	生物医药
成都扬氏生物科技有限公司	成都留学人员创业园	生物医药
成都易生玄科技有限公司	成都留学人员创业园	生物医药
成都影泰科技有限公司	成都留学人员创业园	生物医药
成都优力顿科技有限公司	成都留学人员创业园	生物医药
成都渊源生物科技有限公司	成都留学人员创业园	生物医药
成都元茂科技有限公司	成都留学人员创业园	生物医药
成都运帷化工有限公司	成都留学人员创业园	生物医药
成都增视能医疗科技有限公司	成都留学人员创业园	生物医药
成都知普莱生物医药科技有限公司	成都留学人员创业园	生物医药
成都中畜德科生物技术有限公司	成都留学人员创业园	生物医药
凯惠医药发展（成都）有限公司	成都留学人员创业园	生物医药
美昇科技（成都）有限公司	成都留学人员创业园	生物医药
纽奥维特（成都）生物科技有限公司	成都留学人员创业园	生物医药
四川博星莱特生物科技有限公司	成都留学人员创业园	生物医药
四川创生生物科技有限公司	成都留学人员创业园	生物医药
四川荷斯马科技有限公司	成都留学人员创业园	生物医药
四川惠生中医药科技发展有限公司	成都留学人员创业园	生物医药
四川嘉博文生物科技有限公司	成都留学人员创业园	生物医药
四川建福化学制品有限公司	成都留学人员创业园	生物医药
四川晶华生物科技有限公司	成都留学人员创业园	生物医药
四川美节纳米科技有限公司	成都留学人员创业园	生物医药
四川诺亚医药科技有限公司	成都留学人员创业园	生物医药
四川普锐特医药科技有限责任公司	成都留学人员创业园	生物医药
四川瑞希康生物医药有限公司	成都留学人员创业园	生物医药
四川欣诚和科技发展有限公司	成都留学人员创业园	生物医药
四川新帆语生物医药科技有限公司	成都留学人员创业园	生物医药
四川新朗医疗科技有限公司	成都留学人员创业园	生物医药
四川新源生物电子科技有限公司	成都留学人员创业园	生物医药
四川源生生物药业有限公司	成都留学人员创业园	生物医药
成都埃福斯材料科技有限公司	成都留学人员创业园	新材料
成都安澜德科技有限公司	成都留学人员创业园	新材料
成都奥林光学薄膜有限公司	成都留学人员创业园	新材料
成都澳贝龙科技有限公司	成都留学人员创业园	新材料
成都宝利根科技有限公司	成都留学人员创业园	新材料
成都比拓超硬材料有限公司	成都留学人员创业园	新材料
成都博润四通科技有限公司	成都留学人员创业园	新材料
成都创胜真空镀膜有限公司	成都留学人员创业园	新材料
成都德众科技有限公司	成都留学人员创业园	新材料
成都东联高科新材料有限公司	成都留学人员创业园	新材料
成都动力天润科技有限公司	成都留学人员创业园	新材料
成都方拓仿真技术有限责任公司	成都留学人员创业园	新材料
成都汉威科技有限公司	成都留学人员创业园	新材料
成都航创科瑞科技有限公司	成都留学人员创业园	新材料
成都恒嘉管道防腐工程有限公司	成都留学人员创业园	新材料
成都恒新威石化科技有限公司	成都留学人员创业园	新材料
成都宏鑫阳电子技术有限公司	成都留学人员创业园	新材料
成都慧成科技有限责任公司	成都留学人员创业园	新材料
成都吉因科技有限公司	成都留学人员创业园	新材料
成都嘉泰美康生物科技有限公司	成都留学人员创业园	新材料
成都今天化工有限公司	成都留学人员创业园	新材料
成都金桨高新材料有限公司	成都留学人员创业园	新材料
成都凯贝克纳米镀膜技术有限公司	成都留学人员创业园	新材料
成都凯泰化学有限责任公司	成都留学人员创业园	新材料
成都乐氏科技有限公司	成都留学人员创业园	新材料
成都迈尔斯登科技有限公司	成都留学人员创业园	新材料
成都美保康新材料有限公司	成都留学人员创业园	新材料
成都美兴泰新材料开发有限公司	成都留学人员创业园	新材料
成都朋和科技有限公司	成都留学人员创业园	新材料
成都齐兴真空镀膜技术有限公司	成都留学人员创业园	新材料

成都瑞芝科技有限公司	成都留学人员创业园	新材料
成都斯科泰科技有限公司	成都留学人员创业园	新材料
成都四态科技有限责任公司	成都留学人员创业园	新材料
成都索伊新材料有限公司	成都留学人员创业园	新材料
成都烯诺新材料科技有限公司	成都留学人员创业园	新材料
成都药航科技有限公司	成都留学人员创业园	新材料
成都易态科技有限公司	成都留学人员创业园	新材料
成都鹰发科学技术有限公司	成都留学人员创业园	新材料
四川环碳科技有限公司	成都留学人员创业园	新材料
四川沃瑞信科技有限公司	成都留学人员创业园	新材料
四川矽亚科技有限公司	成都留学人员创业园	新材料
四川兴康脉通医疗器械有限公司	成都留学人员创业园	新材料
成都澳鑫隆环保科技有限公司	成都留学人员创业园	新能源环保
成都澄和科技有限公司	成都留学人员创业园	新能源环保
成都高新区环能科技有限公司	成都留学人员创业园	新能源环保
成都格莱飞科技股份有限公司	成都留学人员创业园	新能源环保
成都光博创科技有限公司	成都留学人员创业园	新能源环保
成都光巡科技有限公司	成都留学人员创业园	新能源环保
成都禾力宝生物肥料有限责任公司	成都留学人员创业园	新能源环保
成都和恒生态技术有限公司	成都留学人员创业园	新能源环保
成都惠联洋房实业有限公司	成都留学人员创业园	新能源环保
成都凯恩思环保科技有限公司	成都留学人员创业园	新能源环保
成都全景环保科技有限公司	成都留学人员创业园	新能源环保
成都壬申环境资源开发有限公司	成都留学人员创业园	新能源环保
成都赛亿科技有限公司	成都留学人员创业园	新能源环保
成都拓能新技术有限公司	成都留学人员创业园	新能源环保
成都西电环境工程设计咨询有限公司	成都留学人员创业园	新能源环保
成都欣华源科技有限责任公司	成都留学人员创业园	新能源环保
成都新核中创信息科技有限公司	成都留学人员创业园	新能源环保
成都颐泰合同能源管理有限公司	成都留学人员创业园	新能源环保
成都亿伏科技有限公司	成都留学人员创业园	新能源环保
成都亿科环境科技有限公司	成都留学人员创业园	新能源环保
成都源涌节能科技有限责任公司	成都留学人员创业园	新能源环保
利马高科（成都）有限公司	成都留学人员创业园	新能源环保
四川汉华都朋科技有限公司	成都留学人员创业园	新能源环保
四川恒达环境技术有限公司	成都留学人员创业园	新能源环保
四川华洋能源开发有限公司	成都留学人员创业园	新能源环保
四川莱威科技有限公司	成都留学人员创业园	新能源环保
四川赛高斯科技有限公司	成都留学人员创业园	新能源环保
四川省前景科技顾问有限责任公司	成都留学人员创业园	新能源环保
四川天富巨能节能环保科技有限责任公司	成都留学人员创业园	新能源环保
四川西路环保设备有限公司	成都留学人员创业园	新能源环保
四川益康环境科技有限公司	成都留学人员创业园	新能源环保
成都世纪精英游乐设备有限公司	成都留学人员创业园	装备制造
成都世盟科技开发有限公司	成都留学人员创业园	装备制造
成都市宏程超凡实业有限公司	成都留学人员创业园	装备制造
成都天进仪器有限公司	成都留学人员创业园	装备制造
四川南洋精密压铸有限公司	成都留学人员创业园	装备制造
成都谷米创意文化传播有限公司	成都留学人员创业园	文化创意
成都美影美画文化传媒有限公司	成都留学人员创业园	文化创意
四川荷塘月色科技有限公司	成都留学人员创业园	文化创意
成都艾格林新农业有限公司	成都留学人员创业园	现代服务
成都博世高雅企业管理有限公司	成都留学人员创业园	现代服务
成都道勤管理顾问服务有限公司	成都留学人员创业园	现代服务
成都鼎美汇业品牌营销管理有限公司	成都留学人员创业园	现代服务
成都东方赫日科技有限公司	成都留学人员创业园	现代服务
成都方良生态信息实业有限公司	成都留学人员创业园	现代服务
成都飞来天咨询教育有限公司	成都留学人员创业园	现代服务
成都高端人力资源咨询有限公司	成都留学人员创业园	现代服务
成都律诚同业知识产权服务有限公司	成都留学人员创业园	现代服务

成都美和一新展示设计制作有限公司	成都留学人员创业园	现代服务
成都思博管理顾问有限公司	成都留学人员创业园	现代服务
成都雅升信财务咨询有限公司	成都留学人员创业园	现代服务
成都伊士顿科技教育产业有限公司	成都留学人员创业园	现代服务
美声克（成都）科技有限公司	成都留学人员创业园	现代服务
蒙特利尔园区管理咨询（成都）有限公司	成都留学人员创业园	现代服务
四川绿海农业生态科技有限公司	成都留学人员创业园	现代服务
昆明晨昊科技有限公司	云南留学人员创业园	电子信息
昆明迪特科技有限公司	云南留学人员创业园	电子信息
昆明东电科技有限公司	云南留学人员创业园	电子信息
昆明高驰科技有限责任公司	云南留学人员创业园	电子信息
昆明恒少电子商务有限公司	云南留学人员创业园	电子信息
昆明理工精诚科技有限公司	云南留学人员创业园	电子信息
昆明利普机器视觉工程有限公司	云南留学人员创业园	电子信息
昆明同城掌上搜网络科技有限公司	云南留学人员创业园	电子信息
昆明万德科技有限公司	云南留学人员创业园	电子信息
昆明威士科技有限公司	云南留学人员创业园	电子信息
昆明文林博德信息有限公司	云南留学人员创业园	电子信息
昆明雨纳软件开发有限公司	云南留学人员创业园	电子信息
昆明智合力兴信息系统集成有限公司	云南留学人员创业园	电子信息
云南山灞图像传输科技有限公司	云南留学人员创业园	电子信息
云南神掌科技发展有限公司	云南留学人员创业园	电子信息
云南熙昌信息系统有限公司	云南留学人员创业园	电子信息
云南香农信息技术有限公司	云南留学人员创业园	电子信息
云南易热网络科技开发有限公司	云南留学人员创业园	电子信息
云南臻倬网络科技有限公司	云南留学人员创业园	电子信息
中软国际（昆明）信息技术有限公司	云南留学人员创业园	电子信息
昆明法莫泰克药物技术有限公司	云南留学人员创业园	生物医药
昆明迈多生物科技开发有限公司	云南留学人员创业园	生物医药
云南滇农本草科技有限公司	云南留学人员创业园	生物医药
云南绿A生物工程有限公司	云南留学人员创业园	生物医药
云南魅力汉道医药科技有限公司	云南留学人员创业园	生物医药
云南思摩贝特生物科技有限公司	云南留学人员创业园	生物医药
云南天保桦生物资源开发有限公司	云南留学人员创业园	生物医药
云南沃森生物技术股份有限公司	云南留学人员创业园	生物医药
昆明经纬正向光电科技有限公司	云南留学人员创业园	先进制造
云南智海光电技术有限公司	云南留学人员创业园	先进制造
云南众诚士德柔性自动化设备有限公司	云南留学人员创业园	先进制造
昆明德中微纳新材料有限公司	云南留学人员创业园	新材料
昆明纳太能源科技有限公司	云南留学人员创业园	新材料
昆明锦钰环保科技有限公司	云南留学人员创业园	新能源环保
昆明科林科技工程有限公司	云南留学人员创业园	新能源环保
昆明雷舟科技有限公司	云南留学人员创业园	新能源环保
昆明麦能环境工程有限公司	云南留学人员创业园	新能源环保
昆明阳光基业新能源发展有限公司	云南留学人员创业园	新能源环保
云南瑞沃思新能源科技有限公司	云南留学人员创业园	新能源环保
云南圣清环境监测科技有限公司	云南留学人员创业园	新能源环保
云南騰众新能源科技有限公司	云南留学人员创业园	新能源环保
云南天兰环保科技开发有限公司	云南留学人员创业园	新能源环保
云南银发环保集团股份有限公司	云南留学人员创业园	新能源环保
昆明东启科技股份有限公司	云南留学人员创业园	现代服务
昆明和利时自动化工程有限公司	云南留学人员创业园	现代服务
云南黄龙实业有限公司	云南留学人员创业园	现代服务
云南良道农业科技有限责任公司	云南留学人员创业园	现代服务
云南乾聚通汽车信息咨询服务有限公司	云南留学人员创业园	现代服务
云南融骏投资有限公司	云南留学人员创业园	现代服务
昆明搏万科技有限公司	云南海归创业园	电子信息
昆明钏译科技有限公司	云南海归创业园	电子信息
昆明福珀工贸有限公司	云南海归创业园	电子信息
昆明广跃科技有限公司	云南海归创业园	电子信息

昆明易极信息技术有限公司	云南海归创业园	电子信息
云南绿之光照明器材有限公司	云南海归创业园	电子信息
云南同轴科技有限公司	云南海归创业园	电子信息
昆明法罗适科技有限公司	云南海归创业园	生物医药
昆明海银生物科技有限公司	云南海归创业园	生物医药
昆明寰基生物芯片开发有限公司	云南海归创业园	生物医药
昆明康嘉乐生物科技有限公司	云南海归创业园	生物医药
昆明坤九香精香料有限公司	云南海归创业园	生物医药
昆明七彩云花生物科技有限公司	云南海归创业园	生物医药
昆明森基生物工程有限公司	云南海归创业园	生物医药
昆明特美瑞生物科技有限公司	云南海归创业园	生物医药
昆明雅美义齿制作有限公司	云南海归创业园	生物医药
云南辰美生物技术开发有限公司	云南海归创业园	生物医药
云南庚源医药生物科技有限公司	云南海归创业园	生物医药
云南云草堂化妆品有限公司	云南海归创业园	生物医药
昆明桂丰机械有限公司	云南海归创业园	先进制造
云南北斗银河导航应用技术有限公司	云南海归创业园	先进制造
云南广厚电工合金有限公司	云南海归创业园	先进制造
云南洪范光电科技有限公司	云南海归创业园	先进制造
云南南宇电器有限公司	云南海归创业园	先进制造
云南三衡塑胶有限公司	云南海归创业园	先进制造
云南卓鑫电气成套设备制造有限公司	云南海归创业园	先进制造
库尔兹压烫科技（合肥）有限公司昆明分公司	云南海归创业园	新材料
昆明泽之民建材科技有限公司	云南海归创业园	新材料
昆明善洲绿化环保有限公司	云南海归创业园	新能源环保
云南大江新能源环保开发科技有限公司	云南海归创业园	新能源环保
云南昊晟汽车服务有限公司	云南海归创业园	新能源环保
云南兢力达环境工程有限公司	云南海归创业园	新能源环保
云南特赛思汽车销售有限公司	云南海归创业园	新能源环保
昆明芭谛思花卉供应链经营管理有限公司	云南海归创业园	现代服务
昆明精仪财务管理有限公司	云南海归创业园	现代服务
昆明景天工税代理有限公司	云南海归创业园	现代服务
昆明同顺达贸易有限公司	云南海归创业园	现代服务
昆明星之光物流有限公司	云南海归创业园	现代服务
上海天祥质量技术服务有限公司昆明分公司	云南海归创业园	现代服务
云南南岛河茶叶有限公司	云南海归创业园	现代服务
云南证券印务有限公司	云南海归创业园	现代服务
澳微特通信科技（西安）有限责任公司	西安留学人员创业园	电子信息
科达奇（西安）软件开发有限公司	西安留学人员创业园	电子信息
鲁邦思（西安）智能仪器有限公司	西安留学人员创业园	电子信息
萨伏威（西安）导航技术有限公司	西安留学人员创业园	电子信息
陕西创艺灵动信息技术有限公司	西安留学人员创业园	电子信息
陕西海尔普科技发展有限公司	西安留学人员创业园	电子信息
陕西汉唐中天信息技术有限公司	西安留学人员创业园	电子信息
陕西鸿德立恒电子科技有限公司	西安留学人员创业园	电子信息
陕西华思迅通企业服务有限公司	西安留学人员创业园	电子信息
陕西炬能自动控制技术有限公司	西安留学人员创业园	电子信息
陕西君天行机电科技有限公司	西安留学人员创业园	电子信息
陕西开放电子科技有限公司	西安留学人员创业园	电子信息
陕西凯艾迪系统控制有限公司	西安留学人员创业园	电子信息
陕西科思德电子科技有限公司	西安留学人员创业园	电子信息
陕西蓝思微电子有限公司	西安留学人员创业园	电子信息
陕西立竜科工贸有限公司	西安留学人员创业园	电子信息
陕西明泰电子科技发展有限公司	西安留学人员创业园	电子信息
陕西时光软件有限公司	西安留学人员创业园	电子信息
陕西识代运筹信息科技股份有限公司	西安留学人员创业园	电子信息
陕西思联众达机电科技有限公司	西安留学人员创业园	电子信息
陕西新光源科技有限责任公司	西安留学人员创业园	电子信息
陕西逸融网络服务有限公司	西安留学人员创业园	电子信息
陕西源能微电子有限公司	西安留学人员创业园	电子信息

陕西云翔科技有限公司	西安留学人员创业园	电子信息
陕西泽明信息科技有限公司	西安留学人员创业园	电子信息
陕西知本信息技术有限公司	西安留学人员创业园	电子信息
西安阿普莱特光电科技有限公司	西安留学人员创业园	电子信息
西安艾尔特仪器有限公司	西安留学人员创业园	电子信息
西安昂纳博电子科技有限公司	西安留学人员创业园	电子信息
西安奥德里里信息技术有限公司	西安留学人员创业园	电子信息
西安奥特玛自动化设备有限公司	西安留学人员创业园	电子信息
西安澳新软件技术有限公司	西安留学人员创业园	电子信息
西安百利信息科技有限公司	西安留学人员创业园	电子信息
西安宝莱特光电科技有限公司	西安留学人员创业园	电子信息
西安堡垒新能源科技有限责任公司	西安留学人员创业园	电子信息
西安贝森信息科技有限公司	西安留学人员创业园	电子信息
西安必成科技有限责任公司	西安留学人员创业园	电子信息
西安铂锐智能科技有限公司	西安留学人员创业园	电子信息
西安博恩计算机科技有限责任公司	西安留学人员创业园	电子信息
西安博构电子信息科技有限公司	西安留学人员创业园	电子信息
西安博瑞集信电子科技有限公司	西安留学人员创业园	电子信息
西安博深半导体照明有限公司	西安留学人员创业园	电子信息
西安博深矿用设备技术发展有限公司	西安留学人员创业园	电子信息
西安博燊网络信息科技有限公司	西安留学人员创业园	电子信息
西安博益美华软件科技有限公司	西安留学人员创业园	电子信息
西安博昱新能源有限公司	西安留学人员创业园	电子信息
西安步云网络科技有限公司	西安留学人员创业园	电子信息
西安才锐电子科技有限公司	西安留学人员创业园	电子信息
西安常通软件技术开发有限公司	西安留学人员创业园	电子信息
西安朝前智能科技有限公司	西安留学人员创业园	电子信息
西安车同道合汽车信息科技有限公司	西安留学人员创业园	电子信息
西安辰晓商务信息咨询有限公司	西安留学人员创业园	电子信息
西安晨星传感技术有限公司	西安留学人员创业园	电子信息
西安成峰科技有限公司	西安留学人员创业园	电子信息
西安创尼尔汽车电子技术有限公司	西安留学人员创业园	电子信息
西安创泰科技有限责任公司	西安留学人员创业园	电子信息
西安创亿能源科技有限公司	西安留学人员创业园	电子信息
西安大数软件科技有限公司	西安留学人员创业园	电子信息
西安德塞尔科技发展公司	西安留学人员创业园	电子信息
西安德宇软件科技有限公司	西安留学人员创业园	电子信息
西安点通软件信息技术有限公司	西安留学人员创业园	电子信息
西安点驿下网络科技有限公司	西安留学人员创业园	电子信息
西安鼎控电子科技有限公司	西安留学人员创业园	电子信息
西安鼎控工业智能技术有限公司	西安留学人员创业园	电子信息
西安鼎蓝通信技术有限公司	西安留学人员创业园	电子信息
西安东尚信软件技术有限公司	西安留学人员创业园	电子信息
西安恩科网络技术有限公司	西安留学人员创业园	电子信息
西安方科新材料科技有限公司	西安留学人员创业园	电子信息
西安非凡士机器人科技有限公司	西安留学人员创业园	电子信息
西安菲博富科技有限公司	西安留学人员创业园	电子信息
西安蜂鸟智能科技有限公司	西安留学人员创业园	电子信息
西安弗优软件科技有限公司	西安留学人员创业园	电子信息
西安福祈软件科技有限公司	西安留学人员创业园	电子信息
西安高软软件科技有限公司	西安留学人员创业园	电子信息
西安庚商网络信息技术有限公司	西安留学人员创业园	电子信息
西安光向信息科技有限公司	西安留学人员创业园	电子信息
西安国昌机械设备有限公司	西安留学人员创业园	电子信息
西安国华软件有限公司	西安留学人员创业园	电子信息
西安国能科技有限公司	西安留学人员创业园	电子信息
西安海晶光电科技有限公司	西安留学人员创业园	电子信息
西安汉海航测科技发展有限公司	西安留学人员创业园	电子信息
西安翰默顿电子科技有限公司	西安留学人员创业园	电子信息
西安航谷微波光电科技有限公司	西安留学人员创业园	电子信息

西安航天华迅科技有限公司	西安留学人员创业园	电子信息
西安合科软件有限公司	西安留学人员创业园	电子信息
西安荷佐里机电科技有限公司	西安留学人员创业园	电子信息
西安恒惠科技有限公司	西安留学人员创业园	电子信息
西安恒泰测控技术有限公司	西安留学人员创业园	电子信息
西安恒运达工程建设技术有限公司	西安留学人员创业园	电子信息
西安红叶通讯科技有限公司	西安留学人员创业园	电子信息
西安红云计算机信息系统技术有限公司	西安留学人员创业园	电子信息
西安鸿晟丽电子科技有限公司	西安留学人员创业园	电子信息
西安互联软件有限公司	西安留学人员创业园	电子信息
西安华创软件有限公司	西安留学人员创业园	电子信息
西安华杰网络科技有限公司	西安留学人员创业园	电子信息
西安华科光电有限公司	西安留学人员创业园	电子信息
西安华美海润软件工程有限公司	西安留学人员创业园	电子信息
西安华芯半导体有限公司	西安留学人员创业园	电子信息
西安华游网络科技有限公司	西安留学人员创业园	电子信息
西安寰微电子科技有限公司	西安留学人员创业园	电子信息
西安辉炜信息科技有限公司（技术）	西安留学人员创业园	电子信息
西安汇明科技发展有限责任公司	西安留学人员创业园	电子信息
西安积德停车服务有限公司	西安留学人员创业园	电子信息
西安吉天利光电科技有限公司	西安留学人员创业园	电子信息
西安际科网络科技有限公司	西安留学人员创业园	电子信息
西安江基锦申电子信息科技有限公司	西安留学人员创业园	电子信息
西安江泽数字科技有限公司	西安留学人员创业园	电子信息
西安杰能电力科技股份有限公司	西安留学人员创业园	电子信息
西安金林通信科技信息有限公司	西安留学人员创业园	电子信息
西安金知网运营管理中心有限公司	西安留学人员创业园	电子信息
西安金知网知识产权电子商务有限公司	西安留学人员创业园	电子信息
西安京大智能科技有限责任公司	西安留学人员创业园	电子信息
西安晶纳电子科技有限公司	西安留学人员创业园	电子信息
西安景辉信息科技有限公司	西安留学人员创业园	电子信息
西安洰沣网络科技有限公司	西安留学人员创业园	电子信息
西安炬光科技股份有限公司	西安留学人员创业园	电子信息
西安聚芯电子有限公司	西安留学人员创业园	电子信息
西安开放通讯科技有限公司	西安留学人员创业园	电子信息
西安凯硕电子科技有限公司	西安留学人员创业园	电子信息
西安康本通讯科技有限公司	西安留学人员创业园	电子信息
西安康奈网络科技有限公司	西安留学人员创业园	电子信息
西安叩云网络科技有限公司	西安留学人员创业园	电子信息
西安快通科技有限公司	西安留学人员创业园	电子信息
西安坤元软件有限公司	西安留学人员创业园	电子信息
西安阔途软件科技有限公司	西安留学人员创业园	电子信息
西安蓝喆软件科技有限公司	西安留学人员创业园	电子信息
西安朗格光电科技有限公司	西安留学人员创业园	电子信息
西安朗通科技发展有限公司	西安留学人员创业园	电子信息
西安乐元电子科技有限公司	西安留学人员创业园	电子信息
西安乐知软件科技有限责任公司	西安留学人员创业园	电子信息
西安李群物联科技有限公司	西安留学人员创业园	电子信息
西安力腾实业有限公司	西安留学人员创业园	电子信息
西安立芯光电科技有限公司	西安留学人员创业园	电子信息
西安丽镜软件信息技术有限公司	西安留学人员创业园	电子信息
西安励德微系统科技有限公司	西安留学人员创业园	电子信息
西安励致科技有限公司	西安留学人员创业园	电子信息
西安联客信息技术有限公司	西安留学人员创业园	电子信息
西安良客思软件科技有限公司	西安留学人员创业园	电子信息
西安羚控电子科技有限公司	西安留学人员创业园	电子信息
西安领邦高铁光电有限公司	西安留学人员创业园	电子信息
西安领先微电子有限公司	西安留学人员创业园	电子信息
西安绿通电子技术有限公司	西安留学人员创业园	电子信息
西安魔盾电气工程自动化研究所有限公司	西安留学人员创业园	电子信息

西安募格网络科技有限公司	西安留学人员创业园	电子信息
西安耐斯格林信息技术有限公司	西安留学人员创业园	电子信息
西安能讯微电子有限公司	西安留学人员创业园	电子信息
西安诺曼电子科技有限公司	西安留学人员创业园	电子信息
西安欧必信息技术有限公司	西安留学人员创业园	电子信息
西安欧博微纳光电科技有限公司	西安留学人员创业园	电子信息
西安欧通福网络科技有限责任公司	西安留学人员创业园	电子信息
西安品之茶文化传播有限公司	西安留学人员创业园	电子信息
西安奇维科技股份有限公司	西安留学人员创业园	电子信息
西安奇芯光电科技有限公司	西安留学人员创业园	电子信息
西安千依科技有限公司	西安留学人员创业园	电子信息
西安前景智能电子科技有限公司	西安留学人员创业园	电子信息
西安前沿动力软件开发有限责任公司	西安留学人员创业园	电子信息
西安青石集成微系统有限公司	西安留学人员创业园	电子信息
西安擎天软件科技有限公司	西安留学人员创业园	电子信息
西安冉科信息技术有限公司	西安留学人员创业园	电子信息
西安荣硕电子科技有限公司	西安留学人员创业园	电子信息
西安锐驰电器有限公司	西安留学人员创业园	电子信息
西安瑞旺特信息技术有限公司	西安留学人员创业园	电子信息
西安睿恩教育科技有限公司	西安留学人员创业园	电子信息
西安睿视软件科技有限责任公司	西安留学人员创业园	电子信息
西安睿维申电子科技有限公司	西安留学人员创业园	电子信息
西安睿鑫工业自动化科技有限公司	西安留学人员创业园	电子信息
西安润物电子科技有限公司	西安留学人员创业园	电子信息
西安赛昂信息工程管理咨询有限公司	西安留学人员创业园	电子信息
西安闪光软件科技有限公司	西安留学人员创业园	电子信息
西安深亚电子有限公司	西安留学人员创业园	电子信息
西安盛道信息技术有限公司	西安留学人员创业园	电子信息
西安盛华安电气科技有限公司	西安留学人员创业园	电子信息
西安盛佳光电有限公司	西安留学人员创业园	电子信息
西安盛美联华旅游信息咨询有限公司	西安留学人员创业园	电子信息
西安石文软件有限公司	西安留学人员创业园	电子信息
西安时安达网络科技有限公司	西安留学人员创业园	电子信息
西安时光科技发展有限公司	西安留学人员创业园	电子信息
西安思科特软件有限公司	西安留学人员创业园	电子信息
西安思锐软件科技有限公司	西安留学人员创业园	电子信息
西安思孰软件科技有限公司	西安留学人员创业园	电子信息
西安斯凯智能科技有限公司	西安留学人员创业园	电子信息
西安特瑞斯自动化技术有限公司	西安留学人员创业园	电子信息
西安天芯电子科技有限公司	西安留学人员创业园	电子信息
西安田间道软件有限公司	西安留学人员创业园	电子信息
西安途秀信息技术有限公司	西安留学人员创业园	电子信息
西安拓尔微电子有限责任公司	西安留学人员创业园	电子信息
西安网意网络信息技术有限公司	西安留学人员创业园	电子信息
西安望海电子科技有限公司	西安留学人员创业园	电子信息
西安微端网络信息科技有限公司	西安留学人员创业园	电子信息
西安微势力网络科技有限公司	西安留学人员创业园	电子信息
西安蔚之蓝网络科技有限公司限公司	西安留学人员创业园	电子信息
西安沃购网络科技有限公司	西安留学人员创业园	电子信息
西安五行素自动控制工程有限公司	西安留学人员创业园	电子信息
西安西步数据技术有限公司	西安留学人员创业园	电子信息
西安西工大科信软件有限责任公司	西安留学人员创业园	电子信息
西安矽景集成电路设计有限公司	西安留学人员创业园	电子信息
西安习兆电子科技有限公司	西安留学人员创业园	电子信息
西安芯派电子科技有限公司	西安留学人员创业园	电子信息
西安星团网络科技有限公司	西安留学人员创业园	电子信息
西安星网天线技术有限公司	西安留学人员创业园	电子信息
西安行恒信息科技有限公司	西安留学人员创业园	电子信息
西安轩敞科技有限公司	西安留学人员创业园	电子信息
西安训鸿信息科技有限公司	西安留学人员创业园	电子信息

西安迅湃快速充电技术有限公司	西安留学人员创业园	电子信息
西安迅腾科技有限责任公司	西安留学人员创业园	电子信息
西安亚华电信有限责任公司	西安留学人员创业园	电子信息
西安亚迅光电科技有限公司	西安留学人员创业园	电子信息
西安阳光德瑞教育软件科技有限公司	西安留学人员创业园	电子信息
西安阳晓电子科技有限公司	西安留学人员创业园	电子信息
西安曜锐电子科技有限公司	西安留学人员创业园	电子信息
西安耀能电子科技有限公司	西安留学人员创业园	电子信息
西安易博软件有限责任公司	西安留学人员创业园	电子信息
西安银河电信技术有限责任公司	西安留学人员创业园	电子信息
西安英菲泰尔电子科技有限公司	西安留学人员创业园	电子信息
西安英格智能科技有限公司	西安留学人员创业园	电子信息
西安英瀚电子科技有限责任公司	西安留学人员创业园	电子信息
西安鹰格电子科技有限公司	西安留学人员创业园	电子信息
西安盈谷科技有限公司	西安留学人员创业园	电子信息
西安优将信息科技有限公司	西安留学人员创业园	电子信息
西安优肯电子科技有限公司	西安留学人员创业园	电子信息
西安优括网络科技有限公司	西安留学人员创业园	电子信息
西安优蓝电子科技有限公司	西安留学人员创业园	电子信息
西安域视光电科技有限公司	西安留学人员创业园	电子信息
西安元智系统技术有限责任公司	西安留学人员创业园	电子信息
西安源合科技有限公司	西安留学人员创业园	电子信息
西安远景动力模拟技术有限公司	西安留学人员创业园	电子信息
西安云帆新材料科技有限公司	西安留学人员创业园	电子信息
西安云景智维科技有限公司	西安留学人员创业园	电子信息
西安云澜信息科技有限公司	西安留学人员创业园	电子信息
西安云晟信息技术咨询有限公司	西安留学人员创业园	电子信息
西安展意信息科技有限公司	西安留学人员创业园	电子信息
西安哲创电子科技有限公司	西安留学人员创业园	电子信息
西安智达交通科技有限公司	西安留学人员创业园	电子信息
西安智多晶微电子有限公司	西安留学人员创业园	电子信息
西安智信网络技术有限公司	西安留学人员创业园	电子信息
西安中科贝昂环保科技有限公司	西安留学人员创业园	电子信息
西安中科比奇创新科技有限责任公司	西安留学人员创业园	电子信息
西安中霖信息科技有限公司	西安留学人员创业园	电子信息
西安中润科技有限公司	西安留学人员创业园	电子信息
西安中微软件技术有限公司	西安留学人员创业园	电子信息
西安中信服信息技术有限公司	西安留学人员创业园	电子信息
西安众宏工业自动化技术有限公司	西安留学人员创业园	电子信息
西安众聚力合网络科技有限公司	西安留学人员创业园	电子信息
西安众科物联科技有限公司	西安留学人员创业园	电子信息
西安众擎电子科技有限公司	西安留学人员创业园	电子信息
西安宙晨电子科技有限责任公司	西安留学人员创业园	电子信息
西安筑波科技有限公司	西安留学人员创业园	电子信息
西安紫光国芯半导体有限公司	西安留学人员创业园	电子信息
西安佐邦智能科技有限责任公司	西安留学人员创业园	电子信息
信源通科技（西安）有限公司	西安留学人员创业园	电子信息
优碧特软件（西安）有限公司	西安留学人员创业园	电子信息
奥芬博格（西安）医疗器械有限公司	西安留学人员创业园	生物医药
陕西佰美基因股份有限公司	西安留学人员创业园	生物医药
陕西葆秀医疗科技有限公司	西安留学人员创业园	生物医药
陕西鸿德立恒电子科技有限公司	西安留学人员创业园	生物医药
陕西京典生物科技有限公司	西安留学人员创业园	生物医药
陕西脉元生物科技有限公司	西安留学人员创业园	生物医药
陕西瑞奇生物科技有限公司	西安留学人员创业园	生物医药
陕西天正达生物科技股份有限公司	西安留学人员创业园	生物医药
陕西医格利亚医疗科技有限公司	西安留学人员创业园	生物医药
西安爱德万思医疗科技有限公司	西安留学人员创业园	生物医药
西安爱二十三基因健康科技有限公司	西安留学人员创业园	生物医药
西安百思达生物科技有限公司	西安留学人员创业园	生物医药

西安佰纳生物技术有限公司	西安留学人员创业园	生物医药
西安保宁生物科技有限公司	西安留学人员创业园	生物医药
西安博登斯医疗器械有限公司	西安留学人员创业园	生物医药
西安鼎九科技有限公司	西安留学人员创业园	生物医药
西安东美齿科科技有限公司	西安留学人员创业园	生物医药
西安恒成生物科技有限公司	西安留学人员创业园	生物医药
西安宏邦生物技术有限责任公司	西安留学人员创业园	生物医药
西安鸿生生物技术有限公司	西安留学人员创业园	生物医药
西安华萃生物技术有限责任公司	西安留学人员创业园	生物医药
西安华旗电子技术有限公司	西安留学人员创业园	生物医药
西安交大辰方科技有限公司	西安留学人员创业园	生物医药
西安巨子生物基因技术有限公司	西安留学人员创业园	生物医药
西安科莱泊尔材料科技有限公司	西安留学人员创业园	生物医药
西安科之奇生物技术有限公司	西安留学人员创业园	生物医药
西安蓝绿卓生物科技有限公司	西安留学人员创业园	生物医药
西安力邦临床营养股份有限公司	西安留学人员创业园	生物医药
西安力邦医疗电子有限公司	西安留学人员创业园	生物医药
西安力邦医药科技有限责任公司	西安留学人员创业园	生物医药
西安联众救护用品有限责任公司	西安留学人员创业园	生物医药
西安罗塞塔生物科技有限公司	西安留学人员创业园	生物医药
西安迈通生物医药科技有限公司	西安留学人员创业园	生物医药
西安千康基因科技有限公司	西安留学人员创业园	生物医药
西安瑞佰特生物科技有限公司	西安留学人员创业园	生物医药
西安瑞德生物科技有限公司	西安留学人员创业园	生物医药
西安瑞捷生物医疗技术有限公司	西安留学人员创业园	生物医药
西安润林生物科技有限公司	西安留学人员创业园	生物医药
西安赛乐思特生物医药投资咨询有限公司	西安留学人员创业园	生物医药
西安三曜生物医药有限公司	西安留学人员创业园	生物医药
西安生微医疗器械有限责任公司	西安留学人员创业园	生物医药
西安晟金新材料科技股份有限公司	西安留学人员创业园	生物医药
西安盛景生化科技有限责任公司	西安留学人员创业园	生物医药
西安时代基因健康科技有限公司	西安留学人员创业园	生物医药
西安天美生物科技股份有限公司	西安留学人员创业园	生物医药
西安天勤生物科技有限公司	西安留学人员创业园	生物医药
西安维萃禾生物科技有限公司	西安留学人员创业园	生物医药
西安维特生物科技有限责任公司	西安留学人员创业园	生物医药
西安雅美齿科科技有限公司	西安留学人员创业园	生物医药
西安亚博生物技术有限公司	西安留学人员创业园	生物医药
西安易乐生物科技有限公司	西安留学人员创业园	生物医药
西安英创生物技术有限公司	西安留学人员创业园	生物医药
西安颖秀生物科技有限公司	西安留学人员创业园	生物医药
西安远鸿科技有限责任公司	西安留学人员创业园	生物医药
西安云合生物科技有限公司	西安留学人员创业园	生物医药
西安自然之源植物工程有限责任公司	西安留学人员创业园	生物医药
陕西培元电子科技有限公司	西安留学人员创业园	新材料
西安艾姆高分子材料有限公司	西安留学人员创业园	新材料
西安博诚新材料有限公司	西安留学人员创业园	新材料
西安彩富尔建筑科技有限公司	西安留学人员创业园	新材料
西安金美特金属材料科技有限公司	西安留学人员创业园	新材料
西安金岩金属材料有限公司	西安留学人员创业园	新材料
西安凯威金属材料有限公司	西安留学人员创业园	新材料
西安康博新材料科技有限公司	西安留学人员创业园	新材料
西安蓝晓科技有限公司	西安留学人员创业园	新材料
西安青果新材料科技开发有限公司	西安留学人员创业园	新材料
西安荣盛通环保节能科技有限公司	西安留学人员创业园	新材料
西安晟金新材料科技股份有限公司	西安留学人员创业园	新材料
西安斯凯兰新材料科技发展有限公司	西安留学人员创业园	新材料
西安鑫奥碳新能源科技有限公司	西安留学人员创业园	新材料
西安英特金属复合材料有限公司	西安留学人员创业园	新材料
西安宇杰表面工程有限公司	西安留学人员创业园	新材料

西安智晶电子科技有限责任公司	西安留学人员创业园	新材料
西安中齐金属新材料科技有限公司	西安留学人员创业园	新材料
陕西动力源节能环保科技有限公司	西安留学人员创业园	新能源环保
陕西凯斯特能源科技有限公司	西安留学人员创业园	新能源环保
陕西绿谷节能环保技术有限公司	西安留学人员创业园	新能源环保
陕西迈拓克能源科技有限公司	西安留学人员创业园	新能源环保
陕西仁鑫能源工程有限公司	西安留学人员创业园	新能源环保
陕西太阳景环保科技有限公司	西安留学人员创业园	新能源环保
陕西无极弘业新能源科技工程有限公司	西安留学人员创业园	新能源环保
西安澳科新能源科技有限公司	西安留学人员创业园	新能源环保
西安保利秦华新能源有限公司	西安留学人员创业园	新能源环保
西安博今科技发展有限公司	西安留学人员创业园	新能源环保
西安博昱新能源有限公司	西安留学人员创业园	新能源环保
西安鸿雅达电子有限公司	西安留学人员创业园	新能源环保
西安洁姆环保科技有限责任公司	西安留学人员创业园	新能源环保
西安绿标水环境科技有限公司	西安留学人员创业园	新能源环保
西安秦澳新能源技术有限公司	西安留学人员创业园	新能源环保
西安鑫奥碳新能源科技有限公司	西安留学人员创业园	新能源环保
西安银泰新能源材料科技有限公司	西安留学人员创业园	新能源环保
西安越达环保科技有限公司	西安留学人员创业园	新能源环保
奥恒科技（西安）有限公司	西安留学人员创业园	装备制造
鲁邦思（西安）智能仪器有限公司	西安留学人员创业园	装备制造
萨伏威（西安）导航技术有限公司	西安留学人员创业园	装备制造
陕西海尔普科技发展有限公司	西安留学人员创业园	装备制造
陕西炬能自动控制技术有限公司	西安留学人员创业园	装备制造
陕西科思德电子科技有限公司	西安留学人员创业园	装备制造
陕西思联众达机电科技有限公司	西安留学人员创业园	装备制造
陕西威尔机电科技有限公司	西安留学人员创业园	装备制造
陕西中航气弹簧有限责任公司	西安留学人员创业园	装备制造
西安爱德华测量设备有限公司	西安留学人员创业园	装备制造
西安佰人科技有限公司	西安留学人员创业园	装备制造
西安博深矿用设备技术发展有限公司	西安留学人员创业园	装备制造
西安博新机电高新技术有限公司	西安留学人员创业园	装备制造
西安超越机电设备有限公司	西安留学人员创业园	装备制造
西安大山机械有限公司	西安留学人员创业园	装备制造
西安福莱特热处理有限公司	西安留学人员创业园	装备制造
西安国昌机械设备有限公司	西安留学人员创业园	装备制造
西安航威机电设备有限公司	西安留学人员创业园	装备制造
西安恒久科技发展有限公司	西安留学人员创业园	装备制造
西安华科光电有限公司	西安留学人员创业园	装备制造
西安华朗物探科技有限公司	西安留学人员创业园	装备制造
西安华欧精密机械有限公司	西安留学人员创业园	装备制造
西安华舜测量设备有限责任公司	西安留学人员创业园	装备制造
西安寰微电子科技有限公司	西安留学人员创业园	装备制造
西安磺石环保设备有限公司	西安留学人员创业园	装备制造
西安凯迪机电设备有限公司	西安留学人员创业园	装备制造
西安康瑞矿用设备股份有限公司	西安留学人员创业园	装备制造
西安魔盾自动化控制系统有限公司	西安留学人员创业园	装备制造
西安纳瑞工控科技有限公司	西安留学人员创业园	装备制造
西安秦申特种调节阀有限责任公司	西安留学人员创业园	装备制造
西安市耀石科技发展有限公司	西安留学人员创业园	装备制造
西安思翰光电科技有限公司	西安留学人员创业园	装备制造
西安天衡新技术开发有限公司	西安留学人员创业园	装备制造
西安西古恒温技术有限公司	西安留学人员创业园	装备制造
西安西立电子技术有限公司	西安留学人员创业园	装备制造
西安迅湃快速充电技术有限公司	西安留学人员创业园	装备制造
西安易行科技有限责任公司	西安留学人员创业园	装备制造
西安英格智能科技有限公司	西安留学人员创业园	装备制造
西安英瀚电子科技有限责任公司	西安留学人员创业园	装备制造
西安越达环保科技有限公司	西安留学人员创业园	装备制造

西安拽亘弗莱工业自动化科技有限公司	西安留学人员创业园	装备制造
新懿机电技术发展（西安）公司	西安留学人员创业园	装备制造
西安富克斯语言文化传播有限公司	西安留学人员创业园	文化创意
陕西文妆创意设计有限公司	西安留学人员创业园	文化创意
西安恒光广告有限公司	西安留学人员创业园	文化创意
西安迈世文化交流咨询有限责任公司	西安留学人员创业园	文化创意
西安品之茶文化传播有限公司	西安留学人员创业园	文化创意
西安秦创博艺广告文化传播有限公司	西安留学人员创业园	文化创意
西安依蔓美术文化传播有限责任公司	西安留学人员创业园	文化创意
陕西巴顿酒店管理有限公司	西安留学人员创业园	现代服务
陕西高德知识产权代理有限公司	西安留学人员创业园	现代服务
陕西汉唐中天信息技术有限公司	西安留学人员创业园	现代服务
陕西和农农业有限公司	西安留学人员创业园	现代服务
陕西汇之源动力科技有限公司	西安留学人员创业园	现代服务
陕西跨界企业文化传播有限责任公司	西安留学人员创业园	现代服务
陕西米迦勒建筑科技有限公司	西安留学人员创业园	现代服务
陕西齐泰精细化工科技有限公司	西安留学人员创业园	现代服务
陕西瑞亚环境工程有限公司	西安留学人员创业园	现代服务
陕西土木石建筑设计事务所有限公司	西安留学人员创业园	现代服务
陕西中德金桥投资策划有限责任公司	西安留学人员创业园	现代服务
西安百川教育发展有限公司	西安留学人员创业园	现代服务
西安堡垒新能源科技有限责任公司	西安留学人员创业园	现代服务
西安彩富尔建筑科技有限公司	西安留学人员创业园	现代服务
西安辰晓商务信息咨询有限公司	西安留学人员创业园	现代服务
西安非常道商业管理有限公司	西安留学人员创业园	现代服务
西安国润实业有限公司	西安留学人员创业园	现代服务
西安汉逸软件信息科技有限公司	西安留学人员创业园	现代服务
西安弘传科技开发有限责任公司	西安留学人员创业园	现代服务
西安虎标行南洋补品有限责任公司	西安留学人员创业园	现代服务
西安华睿商务信息咨询服务有限公司	西安留学人员创业园	现代服务
西安莱恩财务管理有限公司	西安留学人员创业园	现代服务
西安力图信息技术咨询服务有限公司	西安留学人员创业园	现代服务
西安罗斯德尔汽车工程设计有限公司	西安留学人员创业园	现代服务
西安名柄自动化工程技术有限公司	西安留学人员创业园	现代服务
西安普瑞恩动力科技有限公司	西安留学人员创业园	现代服务
西安瑞旺特信息技术有限公司	西安留学人员创业园	现代服务
西安睿银投资管理有限公司	西安留学人员创业园	现代服务
西安盛美联华旅游信息咨询有限公司	西安留学人员创业园	现代服务
西安泰瑞商务信息咨询有限公司	西安留学人员创业园	现代服务
西安庭树商务信息咨询有限责任公司	西安留学人员创业园	现代服务
西安拓越能源应用技术有限公司	西安留学人员创业园	现代服务
西安威石投资管理有限公司	西安留学人员创业园	现代服务
西安西鼎生物科技有限责任公司	西安留学人员创业园	现代服务
西安新时代航空技术有限公司	西安留学人员创业园	现代服务
西安新阳光信息技术有限公司	西安留学人员创业园	现代服务
西安雅石企业管理咨询有限公司	西安留学人员创业园	现代服务
西安易比特科技咨询管理有限公司	西安留学人员创业园	现代服务
西安意匠建筑设计有限公司	西安留学人员创业园	现代服务
西安永佳房地产顾问有限公司	西安留学人员创业园	现代服务
西安优将信息科技有限公司	西安留学人员创业园	现代服务
西安卓曦技术经理人科技有限公司	西安留学人员创业园	现代服务
西安子跃商务信息咨询服务有限公司	西安留学人员创业园	现代服务
陕西和农农业有限公司	西安留学人员创业园	其他行业
陕西齐泰精细化工科技有限公司	西安留学人员创业园	其他行业
西安百川教育发展有限公司	西安留学人员创业园	其他行业
西安虎标行南洋补品有限责任公司	西安留学人员创业园	其他行业
西安力腾实业有限公司	西安留学人员创业园	其他行业
西安立人行档案文件管理咨询有限公司	西安留学人员创业园	其他行业
西安绿标水环境科技有限公司	西安留学人员创业园	其他行业
西安迈世文化交流咨询有限责任公司	西安留学人员创业园	其他行业

西安名柄自动化工程技术有限公司	西安留学人员创业园	其他行业
西安秦创博艺广告文化传播有限公司	西安留学人员创业园	其他行业
西安思翰光电科技有限公司	西安留学人员创业园	其他行业
西安依蔓美术文化传播有限责任公司	西安留学人员创业园	其他行业
西安原石雕塑有限责任公司	西安留学人员创业园	其他行业
西安震旦纪实业有限公司	西安留学人员创业园	其他行业
甘肃天佑生物科技有限公司	兰州留学人员创业园	电子信息
甘肃鑫工自动化控制有限公司	兰州留学人员创业园	电子信息
兰州艾乐顿智能科技有限公司	兰州留学人员创业园	电子信息
兰州联创科技股份有限公司	兰州留学人员创业园	电子信息
兰州南特科技股份有限公司	兰州留学人员创业园	电子信息
兰州天安恒通科技有限公司	兰州留学人员创业园	电子信息
兰州沃福计算机系统有限公司	兰州留学人员创业园	电子信息
兰州新陇科技有限公司	兰州留学人员创业园	电子信息
兰州致恒科技有限公司	兰州留学人员创业园	电子信息
兰州智天科技有限公司	兰州留学人员创业园	电子信息
北京华阳绿园技术开发有限公司兰州分公司	兰州留学人员创业园	生物医药
甘肃方舟生态科技有限公司	兰州留学人员创业园	生物医药
甘肃绿洲医疗用品有限责任公司	兰州留学人员创业园	生物医药
兰州百源基因技术有限公司	兰州留学人员创业园	生物医药
兰州宝瑞科技有限公司	兰州留学人员创业园	生物医药
兰州宝瑞生物技术有限公司	兰州留学人员创业园	生物医药
兰州大得利生物化学制药厂	兰州留学人员创业园	生物医药
兰州嘉瑞生物医药科技开发有限公司	兰州留学人员创业园	生物医药
兰州凯博生物技术有限公司	兰州留学人员创业园	生物医药
兰州派神生物技术开发有限公司	兰州留学人员创业园	生物医药
兰州雅华生物技术有限公司	兰州留学人员创业园	生物医药
兰州傲能工业设备有限公司	兰州留学人员创业园	先进制造
兰州大成自动化工程有限责任公司	兰州留学人员创业园	先进制造
兰州海默科技股份有限公司	兰州留学人员创业园	先进制造
兰州华联电力有限公司	兰州留学人员创业园	先进制造
兰州科庆仪器仪表有限公司	兰州留学人员创业园	先进制造
兰州立盛达铁路新技术有限公司	兰州留学人员创业园	先进制造
兰州沃特克环境科学技术有限公司	兰州留学人员创业园	先进制造
兰州阳普科技有限公司	兰州留学人员创业园	先进制造
甘肃长实隔震材料有限公司	兰州留学人员创业园	新材料
甘肃凌云纳米材料有限公司	兰州留学人员创业园	新材料
兰州长城新元膜科技有限公司	兰州留学人员创业园	新材料
兰州浩达精细化工研究所	兰州留学人员创业园	新材料
兰州天际环保有限公司	兰州留学人员创业园	新能源环保
兰州天泰环保工程有限公司	兰州留学人员创业园	新能源环保
甘肃富农高科技种业有限公司	兰州留学人员创业园	现代服务
甘肃环球设计研究所	兰州留学人员创业园	现代服务
甘肃科业达科技开发有限公司	兰州留学人员创业园	现代服务
甘肃武港食品有限公司	兰州留学人员创业园	现代服务
兰州爱美信科技咨询服务有限公司	兰州留学人员创业园	现代服务
兰州博亚饲料有限公司	兰州留学人员创业园	现代服务
兰州格瑞特管理顾问有限公司	兰州留学人员创业园	现代服务
兰州好为尔爱的现代牛业发展有限公司	兰州留学人员创业园	现代服务
兰州兰泰草坪科技开发有限公司	兰州留学人员创业园	现代服务
兰州兰泰高尔夫工程有限公司	兰州留学人员创业园	现代服务
兰州前导经济文化咨询有限公司	兰州留学人员创业园	现代服务
兰州泰华饲料有限公司	兰州留学人员创业园	现代服务
兰州西域科技总公司	兰州留学人员创业园	现代服务
乌鲁木齐丝路尚品信息科技有限公司	新疆留学人员创业园	电子信息
新疆睿尔天成信息科技有限公司	新疆留学人员创业园	电子信息
新疆丝路汇创网络科技有限公司	新疆留学人员创业园	电子信息
新疆智云讯达网络科技有限公司	新疆留学人员创业园	电子信息
乌鲁木齐新台共创农产品科技开发有限公司	新疆留学人员创业园	生物医药
新疆富民智慧农业科技有限公司	新疆留学人员创业园	生物医药

新疆华草医药科技有限公司	新疆留学人员创业园	生物医药
新疆凯旋致远生物技术有限公司	新疆留学人员创业园	生物医药
新疆美思阔食品饮料科技研发有限公司	新疆留学人员创业园	生物医药
新疆土肥水农业科技工程中心有限公司	新疆留学人员创业园	生物医药
新疆中兵投资控股有限公司	新疆留学人员创业园	生物医药
乌鲁木齐慧农方兴农业科技有限公司	新疆留学人员创业园	新材料
新疆卡润祺降解塑料工程技术中心	新疆留学人员创业园	新材料
新疆罗赛达新文化科技有限公司	新疆留学人员创业园	新材料
新疆凯旋新世纪环保科技有限公司	新疆留学人员创业园	新能源环保
新疆中能金涛环保科技有限公司	新疆留学人员创业园	新能源环保
新疆中矿智汇矿业科技有限公司	新疆留学人员创业园	其他行业
新疆中讯新能投资管理有限公司	新疆留学人员创业园	其他行业
乌鲁木齐金华友谊电子科技有限公司	乌鲁木齐留学人员创业园	电子信息
乌鲁木齐蓝海智胜信息服务有限公司	乌鲁木齐留学人员创业园	电子信息
乌鲁木齐睿图超信软件科技有限公司	乌鲁木齐留学人员创业园	电子信息
乌鲁木齐市齿轮财富软件有限公司	乌鲁木齐留学人员创业园	电子信息
乌鲁木齐市云实环境科技有限公司	乌鲁木齐留学人员创业园	电子信息
乌鲁木齐新同建节能环保科技有限公司	乌鲁木齐留学人员创业园	电子信息
乌鲁木齐雨岑不倒翁信息科技有限公司	乌鲁木齐留学人员创业园	电子信息
新疆超化科技有限公司	乌鲁木齐留学人员创业园	电子信息
新疆德元智成信息科技有限公司	乌鲁木齐留学人员创业园	电子信息
新疆烽火连城网络科技有限公司	乌鲁木齐留学人员创业园	电子信息
新疆福锐思信息科技有限公司	乌鲁木齐留学人员创业园	电子信息
新疆华疆教育科技有限公司	乌鲁木齐留学人员创业园	电子信息
新疆吉祥源信息科技有限公司	乌鲁木齐留学人员创业园	电子信息
新疆晶致创易网络科技有限公司	乌鲁木齐留学人员创业园	电子信息
新疆九城智能科技有限公司	乌鲁木齐留学人员创业园	电子信息
新疆普工网络科技有限公司	乌鲁木齐留学人员创业园	电子信息
新疆松鼠到家家政服务有限公司	乌鲁木齐留学人员创业园	电子信息
新疆天合丰众软件科技有限责任公司	乌鲁木齐留学人员创业园	电子信息
新疆协领汇科科技有限责任公司	乌鲁木齐留学人员创业园	电子信息
新疆亚泰信息技术有限公司	乌鲁木齐留学人员创业园	电子信息
新疆云地信息科技有限公司	乌鲁木齐留学人员创业园	电子信息
新疆智润信息科技有限公司	乌鲁木齐留学人员创业园	电子信息
新疆智行方圆信息科技有限公司	乌鲁木齐留学人员创业园	电子信息
新疆中鸿汇欣环保科技有限公司	乌鲁木齐留学人员创业园	电子信息
新疆中辉逸腾电子科技有限公司	乌鲁木齐留学人员创业园	电子信息
乌鲁木齐葵恩希巴生物科技有限公司	乌鲁木齐留学人员创业园	生物医药
乌鲁木齐易比西农业科技有限公司	乌鲁木齐留学人员创业园	生物医药
新疆阿尔森生物科技有限公司	乌鲁木齐留学人员创业园	生物医药
新疆法拉丁生物科技有限责任公司	乌鲁木齐留学人员创业园	生物医药
新疆莎菲雅生物科技有限公司	乌鲁木齐留学人员创业园	生物医药
新疆无离生物科技有限公司	乌鲁木齐留学人员创业园	生物医药
乌鲁木齐市真石科技有限公司	乌鲁木齐留学人员创业园	新材料
新疆惠宇路桥技术有限公司	乌鲁木齐留学人员创业园	新材料
乌鲁木齐天工兴水环保科技有限公司	乌鲁木齐留学人员创业园	新能源环保
新疆名石光电照明工程有限公司	乌鲁木齐留学人员创业园	新能源环保
新疆朋成高科信息科技有限公司	乌鲁木齐留学人员创业园	新能源环保
新疆雨润环保工程有限公司	乌鲁木齐留学人员创业园	新能源环保
乌鲁木齐吉佳工业设计有限公司	乌鲁木齐留学人员创业园	文化创意

图书在版编目（CIP）数据

中国留学人员创业年鉴. 2016/教育部留学服务中心等编. —北京：中国致公出版社，2016

ISBN 978-7-5145-0994-6

Ⅰ. ①中… Ⅱ. ①教… Ⅲ. ①高技术产业—企业管理—中国—2016—年鉴②留学生—生平事迹—中国—现代

Ⅳ. ①F279.244.4-54②K820.76

中国版本图书馆CIP数据核字（2016）第245181号

中国留学人员创业年鉴

2016

RETURNED CHINESE SCHOLARS PIONEER YEARBOOK 2016

中国致公出版社 出版

中国留学人员创业年鉴编辑部 编辑

廊坊市华玺印务有限公司 印装

社址：北京市朝阳区八里庄西里100号住邦2000商务中心1号楼东区15层 邮编：100025

电话：（010）82259658

各地新华书店经销

889×1194 16开 45.5印张 1900千字

2016年10月第1版 2016年10月第1次印刷

ISBN 978-7-5145-0994-6 定价：890.00元

（图书出现印刷问题，本社负责调换）